1 MONTH OF
FREE
READING

at

www.ForgottenBooks.com

By purchasing this book you are eligible for one month membership to ForgottenBooks.com, giving you unlimited access to our entire collection of over 1,000,000 titles via our web site and mobile apps.

To claim your free month visit:

www.forgottenbooks.com/free1285994

ISBN 978-0-364-95322-8
PIBN 11285994

This book is a reproduction of an important historical work. Forgotten Books uses
state-of-the-art technology to digitally reconstruct the work, preserving the original format
whilst repairing imperfections present in the aged copy. In rare cases, an imperfection in
the original, such as a blemish or missing page, may be replicated in our edition. We do,
however, repair the vast majority of imperfections successfully; any imperfections that
remain are intentionally left to preserve the state of such historical works.

FINANZ-ARCHIV.

ZEITSCHRIFT

FÜR DAS

GESAMTE FINANZWESEN.

HERAUSGEGEBEN

VON

DR. GEORG SCHANZ,

K. B. HOFRAT UND O. Ö. PROFESSOR DER NATIONALÖKONOMIE, STATISTIK UND FINANZWISSENSCHAFT
AN DER UNIVERSITÄT WÜRZBURG.

DRITTER JAHRGANG.

ERSTER BAND.

STUTTGART.

VERLAG DER J. G. COTTA'SCHEN BUCHHANDLUNG.

1886.

FINANZ-ARCHIV.

ZEITSCHRIFT

FÜR DAS

GESAMTE FINANZWESEN.

HERAUSGEGEBEN

VON

DR. GEORG SCHANZ,

K. B. HOFRAT UND O. Ö. PROFESSOR DER NATIONALÖKONOMIE, STATISTIK UND FINANZWISSENSCHAFT
AN DER UNIVERSITÄT WÜRZBURG.

DRITTER JAHRGANG.
1886.

STUTTGART.

VERLAG DER J. G. COTTA'SCHEN BUCHHANDLUNG.

Druck von Gebrüder Kröner in Stuttgart.

Inhaltsverzeichnis.

Finanzgesetzgebung.

Abhandlungen.

Zuckersteuer und Zuckerindustrie in den europäischen Ländern und in der amerikanischen Union von 1882 bis 1885[1]), mit besonderer Rücksichtnahme auf Deutschland und die Steuerreform daselbst[2]).

Von

Dr. Julius Wolf,
Docent an der Universität Zürich.

Die Jahre 1882 bis 1885 waren eine höchst bedeutsame Epoche für die Zuckerindustrie. Sie wurde in diesem Zeitraum von einer Krise betroffen, welche für einige Länder den Untergang eines nicht ganz kleinen Teiles ihrer Zuckerfabriken zu bedeuten schien. Ueberall, und dies nicht nur in Europa, sondern ebenso in den überseeischen Produktionsländern, wurde der Staat zu Hilfe gerufen. Hieraus ergaben sich gesetzgeberische Aktionen von Bedeutung. Grösstenteils wurden die Massregeln zur Abhilfe auf dem Gebiete der Steuer und des Zolles getroffen. Kolonialmächte ermässigten den Zoll für die

---

[1]) Zur Entwicklung der Zuckersteuergesetzgebung 1878 bis 1881 vgl. Wolf, Die Zuckersteuer, ihre Stellung im Steuersystem, ihre Erhebungsformen und finanziellen Ergebnisse, in der Zeitschr. f. d. ges. Staatswissenschaft 1882, Heft 1, 2, 3 und 4 (auch in Separatabdruck); zur Geschichte der Zuckersteuer vor 1878 vgl. Kaufmann, Die Zuckerindustrie in ihrer wirtschaftlichen und steuerfiskalischen Bedeutung, Berlin 1878.

[2]) Vorliegender Aufsatz wurde im September 1885 geschrieben. Für denselben wurden neben den im folgenden speciell bezeichneten Arbeiten insbesondere die Zeitschriften „Die deutsche Zuckerindustrie" (Berlin), der „Marktbericht" (Wien) und die als „Organ des Centralvereins für Rübenzuckerindustrie in der österreichisch-ungarischen Monarchie" herausgegebenen Monatshefte benützt.

Einfuhr aus ihren Kolonien oder begünstigten die letzteren zum mindesten durch Zollzuschlag auf europäische Importe; hatte man auch
für eine einheimische Zuckerindustrie zu sorgen, so nützte man mit
letzterer Massregel nach zwei Seiten. Des Weiteren wurden unter
dem Einflusse der Krise neue Prämien durch Steuer-„Reformen" oder
temporäre Akte der Gesetzgebung geschaffen oder auch ein aus der
bestehenden Steuergesetzgebung resultierendes Anwachsen der Prämie
vorläufig unbeschnitten gelassen. Schliesslich wurden Konzessionen
durch Erleichterungen bei der Steuerzahlung gewährt.

Man hat dadurch eine in einer Beziehung eigentümliche Situation geschaffen. Der Anreiz zu jener Ueberproduktion, als deren
Ausfluss die Zuckerkrise sich darstellt, war insbesondere in der von
Deutschland gewährten Prämie für die Zuckerausfuhr zu suchen.
Wenn man nun während der Krise der Prämie die bisherige Höhe,
und auch in Deutschland, beliess, so war dies wohl zu rechtfertigen,
sobald das Zugeständnis offenkundig provisorischen Charakter trug.
In einem Lande aber, Frankreich, ist die Krise Anlass zur Neu-
systematisierung einer Prämienwirtschaft geworden. Dort hat man
an die Stelle einer Fabrikatsteuer mit geringfügiger Prämie eine
Rübensteuer mit ausserordentlich hoher und dauernd ansteigender
Prämie gesetzt und derart unter der Aegide der Krise den Samen
für neuerliche Ueberproduktion gelegt.

Es ist heute keine Frage mehr, dass die Bedeutung der Krise
hinsichtlich ihrer Schärfe und Dauer seitens der beteiligten Kreise
erheblich überschätzt worden ist. Am meisten schien sie in Frankreich einen dauernden Niedergang der Zuckerindustrie einzuleiten.
Es ist auch offenbar, dass sie die Industrie dieses Landes am aller-
schwersten traf. Nicht als ob dort die Preise noch stärker zurückgegangen wären, als etwa auf den deutschen oder österreichischen
Märkten. Die Erscheinung, dass die Krise in Frankreich wuchtiger
traf, lag in der Zurückgebliebenheit einer Anzahl Fabriken des Landes und in einer ziemlich allgemeinen Vernachlässigung der Grundsätze einer rationellen Rübenkultur. So konnte es kommen, dass die
Zahl jener Fabriken in Frankreich, welche dem Untergange geweiht
sind, in der letzten Zeit der Krise auf nicht weniger als 60 bis 100
angeschlagen wurde. In der Krise galt es nun die Rettung der
lebensfähigen Fabriken. Man sah das Heil in der Absetzung der
Fabrikatsteuer und in der Einführung einer Rübensteuer mit hohen
Prämien. Indem das Ministerium eine solche Vorlage ausarbeitete,

konnte es auf die Zustimmung der Kammern um so eher rechnen, als für die Reform der Patriotismus und die Revanchegelüste gegen Deutschland aufgerufen werden konnten. „Meine Herren," liess sich der Deputierte Desprez im Vorjahre vernehmen, „eine unserer grossen landwirtschaftlichen Industrien ist im Begriffe, unter den gewaltigen Anstrengungen der durch die Gesetzgebung ihres Landes begünstigten Konkurrenten zu verschwinden, wenn nicht die Regierung und die Kammern sofort die energischesten Massregeln ergreifen, um diese schmerzliche Katastrophe zu beschwören und um unseren Landsleuten die neue Niederlage zu ersparen, welche ihnen auf wirtschaftlichem Gebiete unsere mitleidlosen Besieger von 1870 beibringen wollen. ... Wenn ich den Arbeitern, die ich hier vertrete, sagte: 100,000 französische Landwirte bebauen die Erde und leben davon, diese 100,000 Feldarbeiter, eure Brüder, werden ausser Brot und ins Elend kommen und, nachdem sie wacker gekämpft, werden sie unter den Anstrengungen ihrer Feinde erliegen, und diese Feinde sind Preussen, ihr allein könntet sie retten, allerdings durch Entbehrungen, denn ihr werdet einige Pfennige eures täglichen Lohnes hingeben müssen, aber, wenn ihr einwilligt, diese brüderliche Gabe zu opfern, wird der Sieg Frankreich gehören, dann werden alle einstimmig ausrufen — und ich bin bereit, zu diesem Zwecke eine gewaltige Volksversammlung zu berufen — „Bewilligt das Gesetz und auf gegen den Feind!" — Auf gegen den Feind! denn schliesslich handelt es sich darum, ob wir die Tributpflichtigen der Deutschen werden; es handelt sich darum, ob wir verurteilt werden sollen, preussischen Zucker zu essen oder französischen, und ob es in der Geschichte verzeichnet werden soll, dass eine französische Versammlung, eine republikanische Regierung, trotzdem sie das Mittel kennt, wie schwer zu tragen es auch immer sei, das uns vor dieser letzten und schmerzhaften Erniedrigung bewahren könnte, es unbeachtet gelassen, und unsere Bauern verurteilt hätte, die Republik zu verfluchen, die sie zu Grunde gerichtet hat." Die Burleske hatte vollen Erfolg. Die Fabrikatsteuer wurde abgeschafft, die Rübensteuer eingesetzt und die Prämien feierten neuerlich ihren Einzug in Frankreich[1]).

Die Tragweite dieses Ereignisses — des bedeutsamsten auf dem Gebiete der Zuckersteuergesetzgebung während des zu behandelnden

---

[1]) Vgl. meinen Artikel „Kontinentale Zuckerprämien" in der „Neuen freien Presse" vom 5. September 1885.

Trienniums — liegt nicht nur auf dem Gebiete des Zuckermarktes und einer neuerlich drohenden, wenn auch sicher in engeren Grenzen bleibenden Ueberproduktion; jene Steuerreform wird offenbar ihre Wirkungen auch nach anderer Richtung äussern. Sie schliesst nämlich eine Epoche der Zuckersteuergesetzgebung ab, deren wirksame Tendenz das allgemeine Streben nach Herabsetzung und Abschaffung der Prämien war. Seit jeher ist die Abschaffung der Prämien in dem einen Staate an dem Fortbestande der Prämie in dem anderen gescheitert. Man hat daher schon früh Versuche gemacht, im gegenseitigen Einvernehmen der Prämien gewährenden Staaten an die Aufhebung der Prämien zu schreiten. Es wurden in den Jahren 1865, 1875 und 1877 Konventionen zwischen Frankreich, Belgien, Holland und Grossbritannien geschlossen, welche auf vollständige und endgültige Abschaffung der von den drei erstgenannten Ländern gewährten Exportprämien hinzielten. Doch wurden die Bestimmungen keiner der drei Konventionen von den unterzeichnenden drei Mächten gewissenhaft ausgeführt, und so blieb schliesslich alles beim alten. Ende 1880 war es das letzte Mal, dass Schritte für eine Konvention gethan wurden. Grossbritannien nahm die Sache in die Hand. Aber die Auspicien zeigten sich alsbald nicht vielversprechend, und England konnte nichts Besseres thun, als die Idee der Konvention einfach fallen zu lassen.

Die Propaganda für eine Abschaffung der Prämien blieb sodann ruhig. Da brachte das Jahr 1881 zwei wichtige Ereignisse. Frankreich und Russland schafften die Prämien ab. Frankreich war seit jeher unter den Prämien gewährenden Staaten obenan gestanden; mit der Abschaffung der Prämie in diesem Staate musste daher die Durchführbarkeit der Abschaffung in den anderen Staaten sehr erheblich gewinnen. Was Russland betraf, so war dieses wohl trotz seiner enormen Prämie nur selten auf den Weltmarkt hinausgetreten; aber bei der wirtschaftspolitischen Unzugänglichkeit des Landes, welche eine von auswärts kommende Intervention für die Abschaffung die Prämie unmöglich gemacht hätte, musste auch hier eine solche Abschaffung aus eigenem Antrieb besonders wertvoll sein — abgesehen davon, dass sie von einem Lande mit hochschutzzöllnerischer und den Prämien freundlicher Tendenz ausging.

Die Auspicien für eine allgemeine Herabminderung oder Abschaffung der Prämien besserten sich noch in den Jahren 1882 und 1883, indem die amerikanische Union die Prämie, welche bis dahin ihre Raffinerie genossen hatte, sehr erheblich reduzierte, und indem Deutschland Schritte für eine ernstliche Reform seiner Zuckersteuergesetzgebung machen zu wollen schien, welche den vorläufigen Ausdruck bereits in dem Gesetze vom 7. Juni 1883 fanden.

Es ist also offenbar, dass vor dem Ausbruch der Zuckerkrise und vor Hinausgabe des neuen französischen Steuergesetzes die Tendenz für die Abschaffung und Herabminderung der Prämien in weiten Kreisen wirksame Vertretung hatte. Wird sie nun auch durch die französische Steuerform als Tendenz beileibe nicht zu Grabe getragen, so ist sie doch für die folgenden Jahre sicherlich zur Rolle eines Theorems verurteilt, dem bei aller Anerkennung seiner grundsätzlichen Richtigkeit die Umsetzung in die Praxis nicht ganz zu folgen vermag. Die Fabrikanten der mit Frankreich konkurrierenden Länder werden gegen fiskalische und auf rationellere Gestaltung der Gesetzgebung gerichtete Bestrebungen immer — und mit Recht — auf die französischen Prämien hinzuweisen haben.

Wir schicken den folgenden Einzeldarstellungen einige zusammenfassende Tabellen voraus.

I.
Rohzucker[1].

Staat.		Produktion.	Einfuhr.		Ausfuhr.		Konsum.	Konsum pro Kopf. kg
		Tons à 1000 Kilogramm.						
Deutschland	(1883/84)	960,609	5,379		595,814		370,170	8,05
Oesterreich-Ungarn	(1883/84)	500,000	760		259,880		230,000	5,75
Russland	(1883/84)	323,572	(1883)		141	(1883) 13	(1883/84) 323,440	3,85
Finnland	(1883)	—	10,500		—		10,500	4,7
Frankreich	(1883/84)	406,008	(1884) 246,908		156,210		410,375	11,0
Belgien	(1883/84)	104,000	(1884) 33,480		68,920		39,200	7,0
Holland	(1883/84)	ca. 37,000	(1883)ca.119,000		86,000		ca. 50,000	12,0
Grossbritannien	(1884)	—	1,416,000		109,000		1,076,000	30,0
Dänemark	(1883)	7,791	30,300		2,700		31,000	15,5
Schweden	(1883)	2,460	42,000		--		44,000	10,0
Norwegen	(1883)	—	14,000		—		14,000	7,2
Schweiz	(1884)	—	41,326		—		41,326	14,25
Italien	(1884)	—	97,000		—		97,000	3,3
Rumänien	(1884)	?	10,900		—		11,900	2,0
Serbien	(1883)	—	3,785		—		3,785	2,0
Türkei	(1883)	—	ca. 21,500		—		ca. 21,580	3,1
Griechenland	(1883)	—	8,000		—		8,000	4,0
Spanien	(1883)	ca. 25,000	47,440		—		ca. 72,000	4,3
Portugal	(1884)	—	20,800		—		ca. 20,800	4,4
Europa		2,366,000					2,864,000	8,57
Vereinigte Staaten von Nordamerika		ca. 160,000	1,155,000		73,000		1,265,000	23,4

[1] Die Reduktion von Raffinade auf Rohzucker erfolgte nach dem Verhältnis 9:10.

Man sieht hieraus, dass Deutschland 1883/84 z w e i F ü n f t e l der gesamten Rübenzuckerproduktion Europas besorgte. 1884/85 hat sich der verhältnismässige Anteil Deutschlands noch verstärkt, und 1885/86 ist er, wenn auch kaum dauernd, bei 50 Prozent der europäischen Erzeugung. Für 1884/85 sind folgende Ziffern der Erzeugung anzuführen:

Deutschland . . .	1,185,000 Tons	Holland	25,000 Tons
Oesterreich-Ungarn	605,000 „	Dänemark, Schweden	15,000 „
Russland	360,000 „	Spanien	25,000 „
Frankreich . . .	275,000 „	Europa	2,575,000 Tons.
Belgien	85,000 „		

Für 1885/86 wurde im September 1885 folgende Erzeugung angenommen:

Deutschland . . .	1,000,000 Tons	Frankreich . . .	225,000 Tons
Oesterreich-Ungarn	360,000 „	Belgien	60,000 „

In noch höherem Masse kommt die Bedeutung der deutschen Zuckerindustrie in den Ausfuhrziffern zur Geltung. Deutschland, Oesterreich-Ungarn und Belgien sind in Europa Länder mit ständig die Einfuhr überschreitendem Export. Deutschlands Netto-Export war bereits 1883/84 doppelt so gross wie jener der beiden daneben in Betracht kommenden Länder.

Der besseren Veranschaulichung der Konsumziffer in den einzelnen europäischen Ländern dient die folgende Aufstellung:

Kilogr.-Konsum pro Kopf

Grossbritannien . .	30,0	Spanien	4,3
Dänemark . . .	15,5	Griechenland . .	4,0
Schweiz	14,25	Russland	3,85
Holland	12,0	Italien	3,3
Frankreich . . .	11,0	Türkei	3,1
Schweden	10,0	Rumänien . . .	2,0
Deutschland . . .	8,05	Serbien	2,0
Norwegen . . .	7,2	Europa	8,575
Belgien	7,0		
Oesterreich - Ungarn	5,75	Verein. Staaten von	
Finnland	4,7	Nordamerika . .	23,4
Portugal	4,4		

Es ist offenbar viel zu weit gegangen, den Zuckerkonsum etwa als Mass der kulturellen Höhe eines Landes zu betrachten[1]. Aber

---

[1] Auch dass „besonders die fortschreitende ‚Kultur‘ des letzten Jahrhunderts" den Zuckergenuss so „ausserordentlich verallgemeinert" habe (Kaufmann a. a. O. S. 26), lässt sich kaum behaupten.

nicht unbrauchbar wird er sein für die Prüfung der Stärke der mittleren Wohlstandsschicht, für die Beantwortung insbesondere der Frage, inwieweit das Gros der Bevölkerung in einem Lande einen befriedigenden standard of life hat. Doch muss auch für diesen letzten Zweck die gebotene Ziffer cum grano salis betrachtet und vornehmlich auf specielle Lebensgewohnheiten einiger Länder (für die Schweiz offenbar auch auf den starken Fremdenzufluss) Bedacht genommen werden.

II.

Staat.	Normalsteuersatz.	Ausfuhrvergütung.	Ueberwälzbarer Steuersatz.	Prämie.	Effectiv entrichteter Steuersatz.	Zoll.
		Mark pro Mctr. Rohzucker.				
Deutschland	20	18	18	(1883/84) 3,25	14,75	24,00
Oesterreich-Ungarn . .	16,80	16,80	16,80	(1883/84) 4,16	14,64	30,00
Russland	39,65	—	39,65	(1883/84) —	39,65	134,20
Finnland	—	—	—	—	—	24,94
Frankreich	36,00	36,00	36,00	(1884/85) 3,50 u. 10,00	32,50 u. 26,00	41,60
Belgien	36,00	36,00	36,00	(1882/85) 10,00	26,00	41,10
Holland	40,39	40,39	44,39	?	?	40,39
Grossbritannien . . .	—	—	—	—	—	—
Dänemark	21,56	23,00	23,60	15,00	28,56	23,66
Schweden	11,75	—	29,38	?	?	29,38
Norwegen	—	—	—	—	—	50,00
Schweiz	—	—	—	—	—	16,00
Italien	25,75	—	24,40	—	26,75	42,40
Rumänien	—	—	—	—	—	9,60
Serbien	—	—	—	—	—	17,20
Türkei	—	—	—	—	—	8°/₀
Griechenland	—	—	—	—	—	12,00
Spanien	?	—	?	—	—	21,60—46,24
Portugal	—	—	—	—	—	45
Vereinigte Staaten von Nordamerika	—	—	—	—	—	25,70

In der vorstehenden Tabelle sind bloss die Posten „Normalsteuersatz", „Ausfuhrvergütung" und „Zoll" nach amtlich vorliegenden Daten eingestellt. Es ist hierbei zu bemerken, dass die Umrechnung auf Mark hier wie in der folgenden Tabelle ohne Rücksicht auf das Agio (Russland, Oesterreich-Ungarn) erfolgte. Es geschah dies in der Erwägung, dass bei dem vergleichenden Zweck der Tabellen alle angeführten Positionen nach ihrer internen Bedeutung für ihr Land zu messen und darzustellen sind und in Staaten unterwertigen Geldes die stattgefundene Zurückführung aller Preise auf den Agiostand den Steuersatz faktisch nicht in dem Masse niedriger stellt, als dies bei gold- oder wechselkursmässiger Umrechnung auf fremde Währung erschiene.

Als überwälzbarer Steuersatz wurde in der vorstehenden Tabelle
der Satz der Ausfuhrvergütung angesehen [1]), wenn das betreffende
Land Exportland ist, der Satz des Zolles, wenn das Land ständig
einer Einfuhr bedarf. Aus dem überwälzbaren, d. h. dem durch den
Zuckerverkäufer vom Konsumenten erhobenen Steuersatz ergab sich
in den Ländern mit Prämie durch Abzug dieser lezteren die Höhe
der an den Staat gegebenen Steuer.

Mark Steuer vom Metercentner Rohzucker

Norwegen . . . 50,00	Deutschland . . . 18,00
Portugal 45,00	Oesterreich-Ungarn 16,80
Italien 42,40	Griechenland . . 12,00
Holland 40,39	Rumänien 9,16
Russland 39,65	Serbien 7,20
Frankreich . . . 36,00	Schweiz 6.00
Belgien 36,00	(Türkei 8 Proz. des Wertes)
Schweden 29,38	Grossbritannien . . 0
Finnland 24,94	Verein. Staaten von
Dänemark . . . 23,60	Nordamerika . . 25,70

Die Resultate der Auflage auf den Zucker bringt die folgende
Tabelle zur Darstellung.

III.

Staat.	Steuer-ertrag.	Zoll-einnahme.	Ausfuhr-vergütg.	Netto-Einnahme.	Ertrag pro Kopf.
	Tausende Mark.				M.
Deutschland . . . . (1883/84)	142,690	1,401	106,940	35,151	0,76
Oesterreich·Ungarn . (1883/84)	66,953	18	49,665	22,400	0,56
Russland . . . . . (1883/84)	40,505	516	—	41,021	0,49
Finnland . . . . . (1883)	—	ca. 3,840	—	ca. 3,840	1,83
Frankreich	—	—	—	(1884) 128,000	3,40
Belgien	—	—	—	(1883/84) ca. 9,600	1,40
Holland	—	—	—	(1883) 10,660	2,54
Grossbritannien	—	—	—		
Dänemark	—	—	—	(1883) ca. 7,570	3,785
Schweden . . . . . (1883)	ca. 288	ca. 13,400	—	ca. 13,700	3,0
Norwegen . . . . . (1883)	—	5,565		5,565	2,82
Schweiz . . . . . . (1884)	—	ca. 300	—	ca. 300	1,03
Italien . . . . . . (1884)	175	40,850	—	41,026	1,40
Rumänien	—	ca. 1,560	—	ca. 1,560	0,30
Serbien	—	ca. 270	—	ca. 255	0,15
Türkei	—	?	—	?	?
Griechenland	—	ca. 930	—	ca. 930	0,47
Spanien . . . . . . (1884)	1,638	ca. 15	—	ca. 1,653	1,00
Portugal . . . . . . (1884)	—	ca. 10,275	—	ca. 10,275	2,1
Vereinigte Staaten von Nord-amerika . . . . . (1883/84)	—	199,500	—	199,500	3,69

[1]) Siehe hierzu meine Ausführungen in der Tübinger Zeitschr., Sep.-Abdr.
S. 31 ff., und in „Die Branntweinsteuer“ (Tübingen 1884) S. 26 ff.

Deutschland.

	Thätige Fabriken. Mctr.	Versteuerte Rübe. Mctr.	Gewonnener Zucker. Mctr.	Mctr. Rüben pro Mctr. Zucker.	Zucker aus Rüben. Prozent.
1869/70	296	25,845,866	2,153,822	12,00	8,33
1870/71	303	30,506,465	2,629,867	11,60	8,62
1871/72	311	22,509,182	1,864,419	12,07	8,28
1872/73	324	31,815,508	2,625,511	12,12	8,25
1873/74	327	35,287,639	2,910,407	12,12	8,25
1874/75	333	27,567,451	2,564,124	10,75	. 9,30
·1875/76	332	41,612,842	3,580,482	11,62	8,60
1876/77	328	35,500,366	2,909,227 [1]	12,20	8,19
1877/78	329	· 40,909,680	3,805,091 [2]	10,75	9,30
1878/79	324	46,287,477	4,301,551 [3]	10,76	9,29
1879/80	323	48,052,615	4,154,152 [4]	11,57	8,65
1880/81	333	63,237,788	5,730,214 [5]	11,06	9,04
1881/82	343	62,719,479	6,222,885 [6]	10,08	9,92
1882/83	358	87,471,537	8,489,226 [7]	10,30	9,71
1883/84	376	89,181,303	9,606,093 [8]	9,28	10,77
1884/85	410	103,987,975	ca.11,550,000	8,96	11,16

	Einfuhr. Mctr.	Ausfuhr. Mctr.	Konsum. Mctr.	Konsum pro Kopf. kg	5jähriger Durchschnitt. kg
		Auf Rohzucker reduziert [9].			
1869/70	57,235	207,865	2,003,192	5,17	
1870/71	83,165	490,424	2,222,608	5,70	
1871/72	497,556	142,759	2,219,216	5,51	6,04
1872/73	274,414	179,383	2,720,542	6,60	
1873/74	297,102	216,550	2,990,959	7,19	

[1] Zuzüglich 15,000 Mctr. aus der Melasse in den Fabriken ohne Rübenverarbeitung gewonnenen Zuckers.

[2] Zuzüglich 25,000 Mctr. aus der Melasse in den Fabriken ohne Rübenverarbeitung gewonnenen Zuckers.

[3] Zuzüglich 40,000 Mctr. aus der Melasse in den Fabriken ohne Rübenverarbeitung gewonnenen Zuckers.

[4] Zuzüglich 60,000 Mctr. aus der Melasse in den Fabriken ohne Rübenverarbeitung gewonnenen Zuckers.

[5] Zuzüglich 75,000 Mctr. aus der Melasse in den Fabriken ohne Rübenverarbeitung gewonnenen Zuckers.

[6] Zuzüglich 85,000 Mctr.·aus der Melasse in den Fabriken ohne Rübenverarbeitung gewonnenen Zuckers.

[7] Zuzüglich 125,900 Mctr. aus der Melasse in den Fabriken ohne Rübenverarbeitung gewonnenen Zuckers.

[8] Zuzüglich 205,000 Mctr. aus der Melasse in den Fabriken ohne Rübenverarbeitung gewonnenen Zuckers.

[9] Bei der Berechnung auf Rohzucker wurden in Uebereinstimmung mit den Annahmen des statistischen Amtes 100 kg Rohzucker gleichgestellt: 90 kg

	Einfuhr.	Ausfuhr.	Konsum.	Konsum pro Kopf.	5jähriger Durchschnitt.
		Auf Rohzucker reduziert.			
	Mctr.	Mctr.	Mctr.	kg	kg
1874/75	276,902	108,107	2,732,919	6,50	
1875/76	212,532	561,211	3,231,803	7,61	
1876/77	125,060	603,539	2,430,748	5,66	6,67
1877/78	88,831	967,780	2,926,142	6,74	
1878/79	79,711	1,378,907	3,002,355	6,84	
1879/80	65,842	1,342,159	2,877,835	6,48	
1880/81	60,573	2,922,034	2,868,753	6,40	
1881/82	57,719	3,133,649	3,136,955	6,94	7,26
1882/83	66,515	4,725,514	3,830,227	8,40	
1883/84	53,793	5,958,144	3,701,742	8,05	
1884/85		6,090,000	3,817,000	8,15	

	Rübensteuer. M.	Zoll-Einnahme. M.	Ausfuhrvergütung. M.	Brutto-Einnahme. M.	Einnahme pro Kopf. M.	Erhebungskosten[1]. M.	Netto-Einnahme. M.
1869/70	41,353,386	1,509,474	4,052,104	38,810,756	1,00	1,654,135	37,156,621
1870/71	48,810,344	2,168,330	9,600,318	41,378,356	1,06	1,952,414	39,425,942
1871/72	36,014,691	12,498,588	2,378,536	46,134,743	1,15	1,440,598	44,694,145
1872/73	50,904,813	7,127,915	3,333,016	54,699,710	1,33	2,036,193	52,663,517
1873/74	56,460,222	7,779,357	3,784,186	60,505,393	1,45	2,258,409	58,246,984
1874/75	44,107,922	7,218,297	1,781,304	49,544,915	1,18	1,764,317	47,780,598
1875/76	66,580,547	5,672,769	10,259,091	61,994,225	1,46	2,663,222	58,331,003
1876/77	56,800,586	3,354,873	11,327,595	48,827,864	1,14	2,272,023	46,555,841
1877/78	65,455,488	2,370,186	18,407,873	49,417,801	1,14	2,618,220	46,799,581
1878/79	74,059,963	2,112,591	26,366,267	49,806,287	1,13	2,962,399	46,843,888
1879/80	76,884,184	1,732,906	25,791,076	52,825,314	1,19	3,075,367	49,749,947
1880/81	101,180,461	1,600,344	56,867,355	46,913,450	1,05	4,047,218	42,866,232
1881/82	100,351,166	1,518,741	60,032,916	41,836,991	0,93	4,014,047	37,822,944
1882/83	139,954,459	1,730,595	90,040,871	51,644,183	1,13	5,598,178	46,046,005
1883/84	142,690,084	1,400,862	108,939,621	35,151,325	0,76	5,707,603	29,443,721[2]
1884/85	166,380,760		123,204,697			6,855,230	

Dem in Deutschland seit 1869 bestehenden Satze der Ausfuhr-restitution war die Annahme, dass für die Darstellung eines Centners Zucker 11³/₄ Ctr. Rübe benötigt werden, zu Grunde gelegt. Damit war für die Ausfuhrvergütung ein geringerer Betrag normiert als nach der Annahme des Gesetzes bei der Zuckererzeugung an Steuer gezahlt wurde. Denn indem das Gesetz vom 26. Juni 1869 eine Steuer von 80 Pf. pro Ctr. (zu 50 kg) Rübe aussprach, wollte es eine Steuer von 10 M. auf den Centner (zu 50 kg) legen, es nahm also eine Ausbeute von 1 Ctr. Zucker aus erst 12¹/₂ Ctr. Rübe an.

raffiniertem Zucker, Kandis-, anderem harten Zucker und Zucker ohne Vergütung, ferner gleich 182 kg Sirup.

[1] 4 Prozent der Einnahme.

[2] Die vorstehenden Tabellen sind, ausgenommen die Ziffern pro 1884/85, der „Deutschen Zuckerindustrie" entnommen.

Die thatsächliche Ausbeute aus der Rübe jedoch erreichte, wie man aus den vorangestellten Tabellen ersieht, nie die Niedrigkeit dieser Annahme. Ja, bereits 1870/71, sodann 1874/75, 1875/76 und von 1877/78 an alle Jahre wurden Ausbeuten erzielt, welche selbst höher waren als jene, welche der normierten Ausfuhrvergütung zu Grunde lagen. Einnahme-Entgänge konnten unter diesen Umständen nicht ausbleiben. Wenn beispielsweise 1874/75 aus 10³/₄ Ctr. Rübe 1 Ctr. Zucker dargestellt wurde, so bedeutete dies, dass der Fabrikant nicht wie angenommen 10 M. per Centner Steuer zahlte, sondern nur 8 M. 60 Pf. und dass in der Ausfuhrvergütung von 9 M. 40 Pf. ein Gewinn von 80 Pf. per Centner Ausfuhr lag.

Die Steuerentgänge wurden jedoch solange nicht auffallend, als die Ausfuhr keine grossen Dimensionen hatte. Wohl war auch ohne jede Ausfuhr in dem Augenblicke ein Verlust für den Staat vorhanden, wo die Ausbeute-Berechnung des Steuergesetzes nicht zutraf. Denn auch der für den Inlandskonsum bestimmte Zucker trug niedrigere Steuer. Aber die allmähliche Steigerung dieser Verluste wurde durch das gleichzeitige Anwachsen des Konsums ziemlich wett und unmerkbar gemacht.

Während eines Jahres nun, von 1879/80 auf 1880/81, stieg der Export um 1,600,000, nämlich von 1,300,000 auf 2,900,000 Mctr. Dies hatte, trotzdem die Rübe nur eine mittelmässige war, eine auffallende Verminderung der Einnahmen zur Folge. Eine Zeitlang erschien dieselbe noch weit grösser als sie wirklich war. Die Rübensteuer wurde nämlich auf 6 Monate kreditiert, wohingegen die Rückvergütung der Steuer bei der Ausfuhr innerhalb 3—3¹/₂ Monate nach letzterer erfolgte. Bei einer starken Ausfuhr im Beginne der Campagne konnten daher Steuerbeträge zurückgezahlt werden, die bar noch gar nicht eingegangen waren. Gerade in der Campagne 1880/81 war letzteres der Fall. Gelegentlich der Einbringung des Etats am 24. Februar 1881 sprach der Staatssekretär des Reichsschatzamtes von den Mindereinnahmen aus der Zuckersteuer als einer „jedenfalls zu besonderen Erwägungen Anlass gebenden Erscheinung". Am 17. Mai konnte er bereits mitteilen, dass die Regierungen dem Gegenstande fortgesetzt ihre Aufmerksamkeit widmen. Damit war in weiten Kreisen das Signal zur Erörterung der einschlagenden Fragen gegeben.

Wir haben bereits erwähnt, dass infolge Ungleichzeitigkeit der Steuerzahlungs- und Steuerrückvergütungs-Termine sich für 1880/81 ein grösseres Defizit rechnerisch herausstellte, als es thatsächlich bestand. Man wurde hierdurch erst auf die Nachteile, welche der Reichskasse aus jener Art der Verrechnung erwuchsen, recht aufmerksam. Dies hatte eine Vorlage des Reichskanzlers an den Bundesrat zur Abstellung des Uebelstands zur Folge. In der Sitzung des letzteren vom 2. Juli 1881 genehmigt, hat dieselbe Vorsorge getroffen, dass eine frühere Vergütung der Steuer als deren Zahlung im allgemeinen nicht mehr vorkommen kann.

Gelegentlich der Etatsberatung in 1881 waren die Einnahme-Entgänge aus der Zuckersteuer im Reichstage zur Sprache gekommen. In der Sitzung vom 17. Dezember 1881 betonte eine Anzahl Redner die Notwendigkeit, zum mindesten Erhebungen über die Entwickelung der Fabrikation in letzter Zeit und über die Dienlichkeit einer Reform zu pflegen. Dem entsprechend wurde ein Antrag angenommen, lautend:

„Der Reichstag wolle beschliessen: den Herrn Reichskanzler zu ersuchen, eine eingehende Untersuchung darüber anstellen zu lassen, ob und wie weit infolge technischer Fortschritte bei der Zuckerindustrie der Ertrag aus der Rübensteuer durch die Höhe der Exportbonifikation eine Einbusse erleidet, und je nach dem Ausfalle dieser Untersuchung die nötigen Gesetzesvorschläge zu machen."

Im Jahre 1882 geschah sehr wenig für die Förderung der Reform. Infolge der Resolution des Reichstags von 1881 ersuchte der Reichskanzler die verbündeten Regierungen, die vom Reichstag gewünschten Ermittelungen anzustellen. Erst gegen Schluss 1882 liefen die Gutachten ein. Die Zuckersteuerfrage hatte sich inzwischen jedoch auf der Oberfläche der Diskussion erhalten. Im Dezember veröffentlichte der Verein für Zuckerindustrie des Deutschen Reiches eine Denkschrift, in welcher er eine Aenderung des Gesetzes durch Herabsetzung der Bonifikation auf 9 M. als zulässig anerkannte und darin auch das „einfachste Mittel zur Abhilfe" fand.

Mit 1883 gewann die Erörterung der Reform an Lebhaftigkeit. Die politischen und Fachzeitungen und eine reiche Broschürenlitteratur wie auch zahlreiche Versammlungen von Zuckerfabrikanten hatten sich ihrer bemächtigt und hielten die Diskussion in fortwährendem Fluss. Wie immer in solchen Fällen war die Zahl der Reformvorschläge keine kleine.

Im Januar 1883 erschien ein Vorschlag aus der berufenen Feder des Abgeordneten Sombart[1]). Herr Sombart befürwortete die Entrichtung einer Kontrolabgabe von 1 M. für 100 kg Zucker, zunächst um eine genaue Ermittelung der heutigen Zuckerproduktion zu erlangen, sodann um dem Reiche eine Mehreinnahme von 7 Mill. Mark zu verschaffen. Die Abgabe sollte indes mit keinerlei Belästigung für den Betrieb verbunden sein, sondern „durch Nota, Frachtbrief, Lieferschein, Kontoübertragung, resp. Faktura der Fabrik ermittelt und monatlich mittelst Anerkenntnis amtlich festgestellt werden". Ein Fachblatt äusserte zu dem Vorschlage: „Dieser Entwurf wird auf den entschiedensten Widerstand der Zuckerfabrikanten stossen, welche in demselben den vorbereitenden Schritt zur Einführung der Fabrikatsteuer erblicken. Sombart will freilich nach den beigegebenen Motiven die letztere nur neben der Rübensteuer, aber es ist klar, dass der Staat auf die Dauer nicht ein und dasselbe Objekt vermittelst zwei verschiedener Hebungsmethoden zur Steuer heranziehen wird, und dass er, sobald sich die Kontrolabgabe, als die wirkliche Produktion treffend, bewährt, die Rübensteuer fallen lassen und die erstere entsprechend erhöhen wird." Der Gedanke Sombarts wurde später noch vom Abgeordneten Rohland aufgenommen, welcher die Erhebung einer Kontrolgebühr von 50 Pf. für den Centner Zucker, die Ermässigung der Rückvergütung um 40 Pf. für Zucker von 90—98 Prozent Polarisation, und um 60 Pf. für Zucker von 88—90 Prozent beantragte.

Von Januar 1883 datieren weiters vier Brochüren: „Zur Zuckersteuerfrage — als Manuskript gedruckt"[2]), „Beitrag zur Zuckersteuerfrage" von Jos. Görz[3]), „Die Regelung der Zuckerbesteuerung auf statistischen Grundlagen." Ein Versuch zur Klarstellung von C. Wilbrandt zu Pisede[4]). „Die Reform der Zuckersteuer. Ein Beitrag zur Lösung dieser Frage" von Dr. Witte-Rostock[5]).

Die zuerst genannte Schrift nimmt Partei für eine Herabsetzung der Ausfuhrvergütung unter gleichzeitiger Teilung der heutigen Rohzuckerklasse in eine von 88—93 Prozent und von 93—98 Prozent. Für die erstere hätte die Reduktion 80 Pf., für die

---

[1]) Magdeburger Zeitung Nr. 37 vom 23. Januar.
[2]) Bei L. Reiter, Dessau.
[3]) Berlin, im Januar 1883.
[4]) Wismar 1883.
[5]) Rostock 1883.

letztere 40 Pf. per Centner zu betragen. Die Schrift spricht principiell für die Beibehaltung der Rübensteuer und gegen die Besteuerung der Melasse, ist jedoch einer temporären Melassesteuer in
Form eines vorübergehenden Notgesetzes zur Erhöhung der Einnahmen nicht abgeneigt.

Die an zweiter Stelle angeführte Schrift erklärt sich mit Entschiedenheit und guten Gründen gegen die Melassebesteuerung
und tritt gleichfalls für eine Herabsetzung der Ausfuhrvergütung — um 40 Pf. — ein.

Wilbrandt zu Pisede in einer trefflichen Arbeit macht den
Vorschlag auf Einführung eines Aufschlags auf die Rüben-
steuer von 3½ Pf. per Centner und einer Besteuerung der zur
Entzuckerung gelangenden Melasse von 1 M. 80 Pf. per
Centner.

Die an vierter Stelle genannte Arbeit, die jedenfalls als ein
wertvoller, wenn auch nicht in allen Teilen objektiver Beitrag zur
Zuckersteuerfrage betrachtet werden muss, erblickt die definitive
Reform in der Fabrikatsteuer, da diese aber nicht sofort durchzuführen sei, empfiehlt sie „den Erlass eines vorläufigen Notgesetzes",
nämlich Herabsetzung der Ausfuhrvergütung von 9 M. 40 Pf.
auf 8 M. 40 Pf. und Besteuerung der Melasse beim Osmosever-
verfahren mit 1 M. 68 Pf., beim Elutions- und Substitutionsverfahren
mit 3 M. 19 Pf., und beim Strontianitverfahren mit 4 M. 20 Pf. per
Centner. Es mag nicht unerwähnt beiben, dass die hier vorgeschlagenen Melasse-Steuersätze im Interesse der Melassenbrenner
sehr hoch geraten sind.

Durch ihre einlässlichen Erörterungen über Entwickelung und
Stand von Industrie und Reichseinnahmen, wie über die verschiedenen
zur Reform gemachten Vorschläge ragt eine zu Anfang Februar er-
schienene Schrift „Ein Vorschlag zur Reform der Zuckerbesteuerung"
von W. Herbertz[1] hervor. Ihre Spitze findet diese Schrift in dem
Vorschlage zur Ermässigung der Rübensteuer von 80 auf 60 Pf.
bei gleichzeitiger Herabsetzung der Ausfuhrbonifikation von 9 M. 40 Pf.
auf 6 M. 30 Pf. Das Minus im Steuersatze werde seinen Ausgleich
in dem der Ermässigung folgenden Plus des Konsums finden.

F. O. Licht, der Herausgeber eines bekannten deutschen
Zuckermarktberichts, sprach sich gegen Fabrikatsteuer, aber auch

---

[1] Berlin 1883.

gegen Herabsetzung der Bonifikation aus und empfahl Erhöhung der Rübensteuer von 80 auf 90 Pf. per Centner als das allein Richtige.

Des weiteren mag an dieser Stelle eine ebenfalls in 1883 publizierte Broschüre „Salomon, die Zuckersteuerfrage" [1]) Erwähnung finden, welche, nach Erörterung der auf Herabsetzung der Ausfuhrvergütung, auf Melassesteuer und auf Erhebung einer Kontrolabgabe gerichteten Vorschläge die vorläufige Erhöhung der Rübensteuer und sodannige Einführung der Fabrikatsteuer empfiehlt.

Am 15. Februar 1883 reichte der Verein der Industriellen des Regierungsbezirkes Köln als Antrag an den Bundesrat einen Vorschlag ein, welcher die Versteuerung der Rübe nach ihrer Qualität (Prozente Trockensubstanz) in den Vordergrund stellte. Eine Skala, bei $12\frac{1}{2}$ und weniger Prozent Trockensubstanz der Rübe mit 70 Pf. Steuer per Centner beginnend und für 18 und mehr Prozent Trockensubstanz mit 120 Pf. endend, sollte hierbei in Anwendung gebracht werden. Weiters wurde vorgeschlagen, die Bonifikationssätze von 10 M. 80 Pf. und 11 M. 50 Pf. auf bezw. 10 M. 56 Pf. und 11 M. 26 Pf. herabzusetzen und für Melasse, sowie für Raffineriesirup eine Steuerrestitution von 2 M. 35 Pf. per Centner einzuführen, sofern der Steuerbehörde der Nachweis erbracht wird, dass die Verwendung der Melasse, resp. des Sirup, nicht im Inlande zur Entzuckerung erfolge. Bei Anwendung von Strontian zur Zuckergewinnung, sowie bei Einführung neuer Fabrikationsmethoden sollte der Steuerbehörde eine Beschreibung des allgemeinen Arbeitsganges zu geben und durch den Bundesrat auf Antrag der Steuerbehörde die Art und die Höhe der Besteuerung zu bestimmen sein.

Im Februar 1883 ging dem Reichstag ein Gesetzentwurf zu, betreffend die Steuervergütung für Zucker. Er setzte die Bonifikation für den Centner Zucker um 40 Pf. herab und erwartete hieraus einen Vorteil für die Reichskasse von $2\frac{1}{2}$—3 Mill. Mark. Die Massregel wurde jedoch als bloss vorläufig bezeichnet. „Die bisherigen Erörterungen unter den Bundesregierungen", wurde in der Begründung gesagt, „haben zu der Ueberzeugung geführt, dass die Grundlagen unserer Zuckersteuerstatistik in Bezug auf den Nachweis der Zuckerausbeute mangelhafte sind." Unter diesen Um-

---

[1]) Leipzig 1883.

ständen hat der Bundesrat beschlossen, eine besondere Enquete zur Untersuchung des Gegenstandes zu veranstalten, um auf diese Weise thunlichst bald die Gründe des finanziellen Rückganges der Rübenzuckersteuer genügend klarzulegen und eine ausreichende Grundlage für die Entscheidung darüber zu schaffen, welche gesetzgeberische Massnahmen zu treffen seien. Erst auf der durch die Enquete gewonnenen Grundlage kann demnächst ein Gesetzentwurf aufgestellt werden, welcher den Gegenstand erschöpfend behandelt und eine für einen längeren Zeitraum zu treffende Neuordnung bezielt.

Die erste Lesung des Entwurfes fand in der Sitzung des Reichstags vom 6. April 1883 statt. Gleichzeitig gelangte ein Antrag des Abgeordneten Ausfeld und Genossen zur Beratung, welcher, noch 1882 gestellt, neben der Ermässigung der Ausfuhrvergütung eine Melassesteuer forderte. Der Regierungsantrag und Antrag Ausfeld wurden einer Kommission überwiesen. Derselben lagen noch Anträge der Abgeordneten Rohland (s. oben), Schwarzenberg (Herabsetzung der Ausfuhrvergütung um 40 Pf. bei gleichzeitiger Erhöhung der Rübensteuer um 5 Pf. und bei Besteuerung der nur Melasse verarbeitenden Fabriken mit 5 M. per Centner), Sonnemann (Normierung der Bonifikationssätze mit bezw. 8 M. 80 Pf., 10 M. 50 Pf. und 9 M. 80 Pf. mit Garantie und eventueller Steuernachzahlung der Industrie für eine Steuereinnahme in 1883/84 von 1 M. 25 Pf. per Kopf der Bevölkerung), Reichensperger (Erhöhung der Rübensteuer um 5 Pf. und 9 M. Bonifikation, eventuell ohne Rübensteuererhöhung 8 M. 80 Pf. Bonifikation), von Arnswalde (Erhöhung der Rübensteuer um 4 Pf. und 9 M. 40 Pf. Bonifikation) und Stengel (zwei Abstufungen der Bonifikation: 8 M. 70 Pf. und 8 M 80 Pf.) vor.

Ende Mai hatte die Kommission ihren Bericht fertig gestellt. Derselbe empfahl den wesentlichsten Punkt der Regierungsvorlage, Herabsetzung der Ausfuhrvergütung um 40 Pf. per Centner, zur Annahme. Gegenüber den verschiedenen anderen vor die Kommission gelangten Vorschlägen wurde insbesondere die Natur des gegenwärtig zu beschliessenden Gesetzes als eines bloss provisorischen geltend gemacht. Das Material für eine definitive Ordnung würde erst durch die vorbereitete Enquete zu gewinnen sein.

Der Reichstag nahm, nachdem in den Sitzungen vom 4. und 5. Juni die zweite Lesung des Regierungsentwurfs erfolgt war, denselben am 7. Juni in dritter Lesung nach dem Antrage der Kommission an.

Vom 7. Juli 1883 datiert, erschien das gleichlautende Gesetz. Der Text desselben ist der folgende:

An die Stelle der im § 3 des Gesetzes vom 26. Juni 1869, die Besteuerung des Zuckers betreffend (Bundes-Gesetzbl. S. 282) bestimmten Sätze der Steuervergütung treten für a) dieses Gesetzes vom 1. August 1883, für b) und c) vom 1. September 1883 ab die nachstehenden Sätze für je 50 kg:

a) für Rohzucker von mindestens 88 Prozent Polarisation M. 9,00
b) für Kandis und für Zucker in weissen, vollen, harten Broten bis zu 12,5 kg Nettogewicht oder in Gegenwart der Zollbehörde zerkleinert . . . . M. 11,10
c) für allen übrigen harten Zucker, sowie für alle weisse trockene (nicht über 1 Prozent Wasser enthaltende) Zucker in Kristall-, Krümel- und Mehlform von mindestens 98 Prozent Polarisation . . . . M. 10,40

Die Bestimmungen dieses Gesetzes treten mit dem 1. August 1885 ausser Kraft. Wird bis zu diesem Zeitpunkte ein anderweites Gesetz nicht erlassen, so treten mit diesem Zeitpunkte die Bestimmungen des Gesetzes von 1869 wieder in Kraft.

Am 30. Juni 1883 wurden die Vernehmungen für die grosse Zuckersteuerenquete begonnen, am 28. Juli beendet; die Zahl der eingeladenen Sachverständigen war 58. Weiters wurden von der eingesetzten Kommission zur Ermittelung der Gesamtproduktion von Roh- und raffiniertem Zucker an sämtliche deutsche Zuckerfabriken und Raffinerien Fragebogen versandt. Am 27. März 1884 erstattete die Kommission an den Bundesrat ihren Bericht. Der letztere enthielt folgende wichtigste Erklärungen [1]: 1) Nach dem gegenwärtigen Stand der Leistungsfähigkeit der Rüben- und der Zuckerproduktion sind 10,75 Doppelctr. roher Rüben als durchschnittlich erforderlich zur Herstellung eines Doppelcentners Rohzucker von 93,75 Procent Polarisation anzusehen. 2) Die gegenwärtige Rübensteuer ist von 1 M. 60 Pf. auf 1 M. 70 Pf. für den Doppelcentner roher Rüben zu erhöhen. 3) Die Ausfuhrvergütung für den Doppelcentner Zucker ist wie folgt festzusetzen: a) für Rohzucker von mindestens 88 Prozent Polarisation auf 17 M. 15 Pf., b) für Kandis und für Zucker in weissen, vollen, harten Broten oder in Gegenwart der Zollbehörde zerkleinert 21 M. 16 Pf., c) für allen übrigen harten Zucker, sowie für allen weissen, trockenen (nicht über 1 Prozent Wasser enthaltenden) Zucker

---

[1] In vortrefflichem Auszug ist der Bericht wiedergegeben durch Riecke in Schönbergs Handb., 2. Aufl. III S. 436 ff.

in Kristall-, Krümel- und Mehlform von mindestens 98 Prozent Polarisation 19 M. 80 Pf. 4) Die für Zucker bestehenden Eingangszölle sind nicht herabzusetzen.

Im Februar 1884 hatte sich auch noch der deutsche Landwirtschaftsrat zur Frage geäussert. In einem bereits November 1883 verfassten Berichte hatte Graf von Lerchenfeld-Köfering folgende Anträge gestellt:

I. „Es wäre vom landwirtschaftlichen Standpunkte zu bedauern, wenn das gegenwärtige System der Zuckerbesteuerung verlassen werden wollte und etwa auf die Fabrikatsteuer übergegangen würde.

II. Um bei dem bisherigen Steuersysteme verbleiben zu können, empfiehlt sich:

1) Die Entzuckerung der Melasse in geeigneter Weise durch das Gesetz zur Steuer heranzuziehen.

2) Die Steuereinheitssätze per Centner Rüben alle drei Jahre jeweilig nach der Durchschnittsberechnung der letzten zehnjährigen Ausbeute festzustellen. Für die nächsten drei Jahre eine Erhöhung bis zu 4 Pf. höchstens in Vorschlag zu bringen.

3) Die Exportbonifikation der effektiven Nettosteuer entsprechend und in Anbetracht der auf der Steuer lastenden Verwaltungskosten noch um beiläufig 10 Pf. herabzumindern.“

In einem anderen Antrage, ausgehend von Regierungsrat Drolshagen-Sigmaringen, wurde wie die Fabrikatsteuer so auch die Melassesteuer verworfen, dagegen empfohlen, die Reineinnahme des Reiches aus der Besteuerung der Rüben zu kontingentieren und als kontingentierte Steuer die Summe von 55 Mill. Mark bei einer Bevölkerung von 46 Mill. zu Grunde zu legen, welche Summe jährlich mit Anwachsen der Bevölkerungsziffer zu 1 M. 20 Pf. per Kopf oder in runder Summe um 600,000 M. zu erhöhen ist. Wesentlichen Aenderungen entsprechend, welche Graf von Lerchenfeld-Köfering an seinen Anträgen angebracht hatte, wurde vom Landwirtschaftsrat schliesslich die Erklärung, die Rübensteuer sei beizubehalten und im gegebenen Zeitpunkte angesichts der eingetretenen Zuckerkrise auch keine Aenderung des Steuersatzes vorzunehmen, angenommen und gleichzeitig eine Kommission gewählt, welche diese Beschlüsse zu geeigneter Zeit bei den gesetzgebenden Faktoren vertreten und erforderlichenfalls nur eine Herabsetzung der Ausfuhrvergütung als thunlich anerkennen sollte.

Aus dem zweiten Punkte der Beschlüsse des Landwirtschaftsrates ersieht man, dass die Situation in der Zuckerindustrie eine Aenderung erfahren hatte. Dieselbe war bestimmt, auf die vorläufige Behandlung der Reformfragen entscheidenden Einfluss zu nehmen.

Im Mai 1884 wurde der Gesetzentwurf zur „definitiven Regelung der Rübenzuckersteuer" im Bundesrate eingebracht. Derselbe tritt im Princip den Anträgen der Steuer-Enquete-Kommission bei, aber an dem Detail der Vorschläge der letzteren sind erhebliche Aenderungen vorgenommen worden. Bei Acceptierung des von der Kommission ermittelten Ausbeuteverhältnisses wird im Entwurfe die Erhöhung der Steuer über den Vorschlag der Kommission hinaus bis auf 1 M. 80 Pf. per Mctr. Rüben beantragt.

Bei der Voraussetzung eines Bedarfs von 10,75 Doppelctr. Rüben zur Herstellung eines Doppelcentners Rohzucker würde die Steuer für diesen nach dem bisherigen Satz 17 M. 20 Pf., nach der von der Enquetekommission vorgeschlagenen Erhöhung der Steuer 18. M. 27,5 Pf., nach dem Entwurfe des Reichsschatzamtes 19 M. 35 Pf. betragen, im letzteren Falle also 2 M. 15 Pf. mehr, als bisher. Bei einer Verarbeitung von 89 Mill. Mctr. Rübe würden also nach dem Vorschlage der Kommission gegen 9, nach dem Entwurfe gegen 18 Mill. Mark an Steuer mehr gezahlt werden.

Auch bezüglich der Exportbonifikation weicht der Entwurf von dem Vorschlage der Kommission ab, hier aber zu Gunsten der Rübenzuckerfabrikation, indem er an dem bisherigen Satz von 18 M. für den Mctr. Rohzucker festhält, während die Kommission eine Herabsetzung auf 17. M. 15 Pf. in Vorschlag gebracht hat. Nachträglich erfolgte sogar noch eine Erhöhung des vorgeschlagenen Bonifikationssatzes. Die preussische Regierung hatte sich bei dem Einbringen der Vorlage im Bundesrate vorbehalten, bis zur Beratung im Plenum noch eine Abänderung der Bonifikation vorzuschlagen. Diese Aenderung wurde vorgenommen, indem man statt des Satzes von 18 M. einen solchen von 18 M. 60 Pf. als Rückvergütung in den Entwurf stellte.

Der Entwurf hat danach in seinem wesentlichen Teile folgende Gestalt:

§. 1. Die Rübenzuckersteuer wird mit 1. M. 80 Pf. von 100 kg der zur Zuckerbereitung bestimmten rohen Rüben erhoben.

§ 2. Bei der Ausfuhr von Zucker über die Zollgrenze oder
bei dessen Niederlegung in öffentlichen Niederlagen wird, wenn die
Menge wenigstens 500 kg beträgt, eine Steuervergütung nach folgenden Sätzen für 100 kg gewährt:

a) für Rohzucker von mindestens 90 Prozent Polarisation und für raffinierten Zucker von unter
   98, aber mindestens 90 Prozent Polarisation . 18 M. 60 Pf.

b) für Kandis und für Zucker in weissen, vollen,
   harten Broten, Blöcken, Platten oder Stangen,
   oder in Gegenwart der Steuerbehörde zerkleinert . . . . 22 „ 80 „

c) für allen übrigen harten Zucker, sowie für
   allen weissen trockenen (nicht über 1 Prozent
   Wasser enthaltenden) Zucker in Kristall-,
   Krümel- und Mehlform von mindestens 98 Prozent Polarisation . . . . 21 „ 40 „

Im übrigen werden die Inhaber von Rübenzuckerfabriken,
Zuckerraffinerien, von Melasse-Entzuckerungs-Anstalten ohne Rübenverarbeitung und von Stärkezucker- oder Sirupfabriken verpflichtet,
über ihren gesamten Fabrikationsbetrieb, insbesondere über die Menge
und Art der verarbeiteten Zuckerstoffe und der gewonnenen Produkte,
nach den von der Steuerbehörde mitzuteilenden Mustern Anschreibungen
zu führen, Auszüge daraus in zu bestimmenden Zeitabschnitten der
Bezirkshebestelle einzureichen, und die Anschreibungen, sowie die
besonderen Fabrikbücher, welche etwa ausserdem über den Verbrauch
von Zuckerstoffen und die Produktion von Zucker geführt werden,
den Oberbeamten der Steuerverwaltung jederzeit auf Erfordern zur
Einsicht vorzulegen.

Noch bevor der Entwurf in der Oeffentlichkeit bekannt wurde,
waren Petitionen um Hinausschiebung des Zeitpunktes der Reform
eingelaufen. Als die Zuckerkrise einen bedrohlichen Charakter gewann, zeigte auch die Regierung Geneigtheit, mit der Betreibung der
Reform zuzuwarten und das Provisorium um ein Jahr auszudehnen. Dem entsprechend wurde am 6. März 1885 im Bundesrat ein Entwurf eingebracht, demzufolge die Geltungsdauer des
Gesetzes vom 7. Juli 1883 eine Verlängerung bis 1. August 1886
erfahren sollte. Die Vorlage fand bei Bundesrat und Reichstag keinen
Widerspruch und wurde unter dem 13. Mai Gesetz. Durch einen
weiteren Artikel desselben Gesetzes wurde noch einem zweiten An-

liegen der Zuckerindustrie entsprochen, indem in Artikel 2 der Bundesrat ermächtigt wurde, die nach dem Inkrafttreten dieses Gesetzes fälligen Rübenzuckersteuerkredite aus dem Betriebsjahre 1884/85 um drei Monate gegen eine von dem Kreditnehmer zu entrichtende und zur Reichskasse fliessende ratierliche Vergütung von vier Prozent der Kreditsumme zu verlängern. Diese Vergünstigung sollte mit ein Mittel sein, um der Zuckerindustrie in der Krise aus ihren Nöten zu helfen.

In seiner nächsten Session wird sich nun der Reichstag mit der endgültigen Regelung der Zuckersteuer zu beschäftigen haben. Eine weitere Ausdehnung des Provisoriums wird bei der erheblich gebesserten Lage des Zuckermarktes kaum in Aussicht genommen werden.

Bevor wir uns der Besprechung der vom Bundesrat genehmigten Vorlage zur definitiven Reform zuwenden, scheint es uns geeignet, einen Blick auf einige Punkte der Entwickelung der deutschen Rübenzuckerindustrie zu thun.

Der Gang der Steuergesetzgebung seit Einführung der Rübensteuer ist in der folgenden Aufstellung kurz skizziert.

	Steuer			
	vom Ctr. Rohzucker M.	vom Ctr. Rüben	Ausbeute-Annahme	Ausfuhrvergütung vom Ctr. Rohzucker M.
Gesetz von 1841	1	0,05	1 aus 20	—
„ „ 1844	3	0,15	1 aus 20	
„ „ 1850	6	0,30	1 aus 20	
„ „ 1853	—	0,60	—	—
„ „ 1858	—	0,75		—
„ „ 1861		—		8,25 [1]
„ „ 1866	—	—	—	8,60 [1]
„ „ 1869	10	0,80	1 aus 12½	9,40 [1]
„ „ 1883	—	—	—	9,00 [1]

[1] Aus dem Verhältnis von Ausfuhrvergütung und Rübensteuer berechnen sich folgende Ausbeuteannahmen:

1861	(Ausfuhr 25,000 Mctr.)	1 aus 11
1866	(Ausfuhr 430,000 Mctr.)	1 aus 11,5
1869	(Ausfuhr 230,000 Mctr.)	1 aus 11,75
1883		1 aus 11,25.

Es ist zu erinnern, dass der Satz der Ausfuhrvergütung in
jedem Lande mit ständiger und erheblicher Ausfuhr massgebend ist
für die Höhe des Betrages, welchen der Fabrikant als Steuer auf
den Konsumenten überwälzen kann.

Nach den eingangs aufgestellten Tabellen, deren Rendement-
Annahmen sehr mässig sind, verhielten sich die dem Staate über-
antwortete Steuer und der vom Fabrikanten im Preise eingezogene
Betrag der Steuer während des letzten Jahrzehnts folgendermassen:

	Vom Fabrikanten an den Staat gezahlte Steuer	Vom Konsumenten an den Fabrikanten gezahlte Steuer	Prämie oder Verlust des Fabrikanten	
		Tausende Mark		
1874/75	49,545	51,381	1,836	—
1875/76	61,994	60,758	—	1,236
1876/77	48,828	45,697	—	3,131
1877/78	49,418	55,011	5,593	
1878/79	49,806	56,445	6,639	
1879/80	52,825	56,302	3,477	
1880/81	46,913	53,933	7,020	
1881/82	41,837	57,876	16,039	
1882/83	51,644	72,008	20,364	
1883/84	35,151	66,306	31,155	—
1884/85	43,580	78,444	34,864	—
			126,987	4,367

Der Fortschritte, infolge deren es gelungen ist, zu den
hohen Ausbeuten von heute zu gelangen, sind mehrere.. In erster
Linie muss hierher gerechnet werden die Einführung des
Diffusions- statt des Pressverfahrens. 1873/74 arbeiteten
von 337 Fabriken nur 80 mit Diffusion und noch 257 auf andere
Weise, 1883/84 von 376 schon 368 mit Diffusion. Gegenwärtig
bildet das Diffusionsverfahren so sehr die Regel, dass andere
Saftgewinnungsverfahren nur noch ganz ausnahmsweise zur Anwendung gelangen. Im Pressverfahren blieb in den Pressrückständen
noch ein Gehalt an Zucker von 0,7—1,2 Prozent des Rübengewichts. Die Rückstände des Diffusionsverfahrens enthalten dagegen
nur 0,2—0,4 Prozent des Rübengewichts an Zucker. Ueberdies wird
ein reinerer Saft erzielt. Die Mehrausbeute an Zucker durch das
neuere Verfahren kann im Mittel auf etwa 0,65 Prozent des Rübengewichts geschätzt werden. Hierzu kommt, dass die Diffusion schnel-
lere Verarbeitung der Rüben, also eine Abkürzung der Campagne
ermöglicht. Hierdurch werden unter anderem die Zuckerverluste ver-

mieden, die früher bei dem längeren Aufbewahren der Rüben in den
Monaten Februar und März zu entstehen pflegten.

Des Weiteren sind von vorteilhaften Neuerungen der letzten
Jahre anzuführen: vervollkommnete Saturation, sorgfältiges Aussüssen
des Schlammes und Verbesserung der Filtriermethoden.

Neben den Fortschritten in der Fabrikation sind zweitens jene
anzuführen, die in der Rübenkultur gemacht wurden. Die Verbesserung dahier erstreckt sich in nicht geringerem Masse auf von
den Fabrikanten gekaufte als auf selbst gebaute Rüben. Für die
Aufzucht der Kaufrüben werden dem Landwirte von den Fabriken
genaue Vorschriften gemacht, die sich auf die Fruchtfolge, die Verwendung von geeignetem Rübensamen und bestimmten künstlichen
Düngemitteln (Samen und Kunstdünger werden meist von den Fabriken selbst entweder unentgeltlich oder zu bestimmten Preisen
abgegeben), Bearbeitung des Ackers, das Legen der Rübenkerne,
Verziehen und Behacken der Pflanzen u. s. w. beziehen und deren
Ausführung strenge überwacht wird. Nach Angaben des statistischen
Amtes war das Verhältnis der selbstgewonnenen und gekauften Rüben
1883 47,2 : 52,8 gegen 69,2 : 30,8 in 1874, doch wird angenommen,
dass die Verhältniszahl per 1883 nicht ganz richtig ermittelt ist und
der Prozentsatz der selbstgewonnenen Rüben denn doch ein etwas
grösserer ist. Die mit Rüben bebaute Fläche war 1883 300,000 bis
330,000 ha, der durchschnittliche Ertrag des Hektars 299 Mctr.

Von besonderer Bedeutung für die Entwicklung der Zuckerfabrikation war drittens die Entzuckerung der Melasse. Je
nach der ursprünglichen Reinheit der Rübensäfte und der mehr oder
weniger sorgfältigen Reinigung derselben resultiert von der Fabrikation ein grösseres oder geringeres Quantum Melasse, welches durchschnittlich 2³/₄ Prozent des Rübengewichtes beträgt und 50 Prozent
Zucker enthält. Erst in der Campagne 1877/78 kamen das von
Dubrunfaut erfundene und schon seit vielen Jahren in Frankreich
und Belgien angewandte Osmoseverfahren und das von Scheibler
erfundene Elutionsverfahren (nachdem dieses Bodenbender
in Wasserleben während der Campagnen 1875/76 und 1876/77
im Fabrikbetriebe durchgeführt hatte) in Anwendung. Aus der
Scheibler'schen Erfindung entsprossen bald nachher das Procédé
Manoury und das sogenannte Fällungsverfahren; im Sommer
1878 trat der österreichische Ingenieur Steffen mit dem Substitutionsverfahren hervor und im Jahre 1882 wurde das von

der Dessauer Raffinerie seit bereits zehn Jahren angewandte Strontianitverfahren jedem Zuckerindustriellen zugänglich. Die Verwendung der Melasse-Entzuckerungsverfahren erfolgte sofort in grossem Umfange. Nach Angaben des statistischen Amtes war bereits 1877 bis 1878 die Elution in mindestens 12, die Osmose in 80 Fabriken eingeführt [1]), 1878/79 die Elution in 23, die Osmose in mehr als 90 Fabriken.

In den Jahren seit 1879/80 hatten die Melasse-Entzuckerungsverfahren folgende Verbreitung:

Fabriken mit

	Osmose	Elution	Sub-stitution	Fällung	Aus-scheidung	Strontianit	Zu-sammen
1879/80	111	32	3	—	—	—	146
1880/81	121	35	4	—	—	—	160
1881/82	134	44	4	4	—	2 [2])	188
1882/83	124	50	8	6	—	2 [2])	190
1883/84	115	46	13	4	2	4 [2])	184

Ueber die Zuckergewinnung aus Melasse liegen folgende Mitteilungen des statistischen Amtes vor:

	1880/81				1881/82				1882/83			
	Zahl der Fabriken	Verarbeitete Melasse (taus.Mctr.)	Gewonnener Zucker (taus.Mctr.)	Proz. Zucker auf Melasse	Zahl der Fabriken	Verarbeitete Melasse (taus.Mctr.)	Gewonnener Zucker (taus.Mctr.)	Proz. Zucker auf Melasse	Zahl der Fabriken	Verarbeitete Melasse (taus.Mctr.)	Gewonnener Zucker (taus.Mctr.)	Proz. Zucker auf Melasse
Osmose	121	755	168	22,34	131	740	166	22,47	126	869	185	21,3
Elution	35	471	170	36,20	44	660	233	35,44	50	847	299	35,3
Substitution	4	31	11	37,76	4	60	19	32,00	8	91	27	30,24
Fällungsverfahren . . .	—	—	—	—	7	—	—	—	6	71	28	39,87
Strontianverfahren . .	—	—	—	—	2	170	71	42,00	2	99	37	37,34
Hiezu kommen noch die Resultate der Strontianitraffinerien	160	1,257	350	27,86	187	1,630	490	1,29	192	1,979	577	29,2
	2	83	35	—	2	107	45	—	4	261	110	42
	162	1,341	385	—	189	1,737	535	—	196	2,241	687	—

Ueber die 1883/84 erzielten Ausbeuten liegen in Bezug auf 30 von den 115 Osmosefabriken Angaben vor, wonach dieselben aus

---

[1]) Nach der „Deutschen Zuckerindustrie" 1879 S. 515 wäre 1877/80 die Elution in 24, die Osmose „wohl in mehr als 150" Fabriken in Verwendung gekommen. Jedoch scheint insbesondere die letztere Ziffer zu hoch gegriffen.

[2]) Abgesehen von diesen Fabriken ist auch noch in einigen Zuckerraffinerien (1880/81: 2, 1881/82: 2, 1882/83: 4), welche keine Rübe verarbeiten, mittelst des Strontianitverfahrens Zucker aus der Melasse gewonnen worden.

231,136 Mctr. verarbeiteter Melasse 49,772 Mctr. oder 21,10 Proz.
Rohzucker gezogen haben. Es wurden weiter in acht Fabriken im
Wege der Elution aus 167,369 Mctr. Melasse 57,831 Mctr. oder
34,55 Proz., in vier Fabriken mittelst der Substitution aus 44,020 Mctr.
Melasse 13,567 Mctr. oder 30,82 Proz., in einer Fabrik mittelst des
Ausscheidungsverfahrens aus 9,650 Mctr. Melasse 3,298 Mctr. oder
34,18 Proz. und in zwei Fabriken mittelst des Strontianitverfahrens
aus 50,968 Mctr. Melasse 20,560 Mctr. oder 40,34 Proz. Rohzucker
dargestellt.

Wir haben bereits ausgeführt, dass als die Reform der Zuckersteuer auf die Tagesordnung kam, es an Vorschlägen hierfür nicht
fehlte. Es erhoben sich Stimmen gegen die Rübensteuer und für
Einführung einer Fabriksteuer oder mindestens einer Rübensteuer,
welche die Rücksichtnahme auf die Qualität des Erzeugnisses nicht
versäumt. Meistenteils wollte man indes die Rübensteuer bestehen
lassen und die Reform in einer Zusatzsteuer auf Melasse, oder in
einer Erhöhung der Steuer, oder auch in einer Ermässigung der Ausfuhrvergütung suchen. Die beiden letzten Wege sind bekanntlich
durch das Gesetz vom 7. Juli 1883 und die Regierungsvorlage zur
definitiven Reform beschritten worden. Auch für eine Ermässigung
der Steuer wurde gesprochen und für Sicherung der Einnahmen in
gewisser Höhe der Vorschlag einer Kontingentierung nach österreichischem oder belgischem Muster gemacht.

Indem wir mit der Erörterung der weitestgehenden Entwürfe
beginnen, werden wir zuerst den Argumenten gegen den
Weiterbestand der Rübensteuer zu folgen haben. Der erheblichste und fast ausschliessliche Einwurf, der auch heute gegen
die Rübensteuer erhoben werden kann, ist die Ungleichheit, mit
der sie den Fabrikanten belastet. Nach den Mitteilungen des statistischen Amtes wurden 1881, 1882 und 1883 folgende Mengen Rüben
in Metercentner für die Erzeugung eines Metercentners Rohzucker
benötigt:

	1881	1882	1883
Ostpreussen	—	9,71	10,17
Westpreussen	11,28	10,32	9,57
Brandenburg	11,43	11,15	9,80
Pommern	10,76	10,90	9,74
Posen	10,76	10,49	9,58
Schlesien	12,37	10,95	10,05

	1881	1882	1883
Sachsen	10,08	10,57	9,28
Schwarzburg. Unterherrsch.	9,97	10,68	9,11
Schleswig-Holstein . . .	10,71	10,43	11,02
Hannover	9,50	9,57	9,01
Westfalen	10,51	10,44	9,59
Hessen-Nassau	10,98	11,67	10,60
Rheinprovinz	10,52	10,93	9,55
Bayern	9,68	10,98	10,76
Sachsen	—	—	10,63
Württemberg	12,27	11,39	10,13
Baden	10,14	10,71	9,56
Hessen	—	—	10,60
Mecklenburg	9,36	10,43	9,65
Thüringen	9,92	10,46	8,97
Braunschweig	9,94	10,04	9,42
Anhalt	10,61	10,61	9,50
Luxemburg	9,71	11,08	10,32
Deutsches Zollgebiet . .	10,46	10,51	9,40

Dies sind jedoch nur Durchschnittsziffern für ganze Provinzen. Wenn man innerhalb derselben auf die einzelnen Fabriken greift, so werden die Verschiedenheiten weit bedeutender. Wilbrandt teilt das Rübenerfordernis für den Metercentner Zucker aus dreissig hannöverschen Fabriken für die Campagnen 1879/80 und 1881/82 mit. Für die erstere Campagne sind die Extreme 9,23 und 12,94 Mctr. Rüben, für die zweite Campagne 9,77 und 14,75 Mctr. Die bei solcher Ausbeute zu zahlende Steuer war beziehungsweise 7,38 und 10,35, 7,82 und 11,80 Mark. Der eine Fabrikant konnte also wirklich in die Lage kommen, weit über ein Drittel der Steuer mehr zu zahlen als sein Genosse in der Fabrikation. Die Fabriken mit der besten Ausbeute in den beiden Campagnen genossen gegen die Steuer eine Prämie von 2 und 1 1/2 Mark, die Fabriken mit der schlechtesten Ausbeute zahlten ein Mehr gegen die hereingebrachte Steuer von 1 und 2 1/2 Mark per Metercentner. In höherem Masse erträglich wären solche Verhältnisse, wenn das eine Jahr dieser, das andere Jahr jener Fabrik gute oder schlechte Rübe brächte. Sodann läge der Fall mindestens einer zeitlichen Ausgleichung von Verlust und Prämie vor. Nachdem aber die Güte der Rübe mit dem Boden, auf welchem sie gepflanzt ist, gegeben ist, findet solche Ausgleichung nicht statt, und die in der Rübensteuer liegende Ungleichheit tritt mit voller Schärfe und dauernd auf. Es könnte auch nicht gesagt

werden, dass auf Grund des langen Bestandes der Rübensteuer die
Höhe der Steuer sich vergleichmässigt hätte infolge Unterganges
der in schlechten Rübengegenden gelegenen Fabriken. Dies sollte
füglich erwartet werden. Aber in Widerspruch mit dieser Annahme
hat sich der Rübenbau in letzter Zeit auch auf Gegenden ausgedehnt,
welche früher als ungeeignet für denselben galten und deren Rübe
zu den minder zuckerhaltigen zählt. Die neuen Fabriken der letzten
Zeit entstanden hauptsächlich in den östlichen Provinzen, wo Land
und Arbeitskräfte billiger sind als namentlich im Centrum. Die Gewinne, welche man aus der Zuckerfabrikation zog, sollten den Verlust an der Steuer mehr als wett machen.

Aus jener Ungleichheit der Besteuerung entwickeln sich weitere
Uebelstände, aber auch ein Teil der Vorzüge der Rübensteuer: zu
ersteren die Ungleichmässigkeit der Steuereingänge mit
der Tendenz steter Einnahmeminderung, die Gewährung auch unbe-
absichtigter Prämien, die teilweise Aufwendung unwirtschaftlicher (d. h. für die Volkswirtschaft ein Deficit bedeutender) Höher-
kosten in der Rübenkultur und Fabrikation. Als Vorzug,
der der Ungleichheit der Rübensteuer entspringt, ist bekanntermassen
der Anstoss, den sie zu Fortschritten in der Rübenzüchtung und in
der Industrie gibt, zu nennen. Und es kann nicht verkannt werden,
dass trotz der Unwirtschaftlichkeiten, welche in der übertriebenen
Ausnützung von in der Industrie und bei dem Rübenanbau sich bieten-
den Vorteilen liegen, das Facit — auch abgesehen von den hierdurch
errungenen Steuervorteilen — ein für die Industrie günstiges ist.
Es ist Thatsache, dass der Zucker in Deutschland billiger produziert
wird als in Frankreich oder Russland trotz der Fabrikatsteuer, welche
diese Länder haben.

Des weiteren ist für die Rübensteuer anzuführen: die Geringfügigkeit der Kontrolle und die damit zusammenhängende
Kleinheit der Erhebungskosten. Die Kontrolle ist eine
solche, dass sie den Fabrikanten nicht nur nicht hindert, sondern
ihm geradezu zu Nutzen kommt, indem, wenn seitens des Fiskus
die Erhebung des Rübengewichts bei dem Eingang in die Fabrik
nicht erfolgen würde, die Nötigung hierzu an den Fabrikanten selbst
heranträte.

Was gegen die Rübensteuer geltend gemacht werden konnte,
dient gleichzeitig einer Befürwortung der Fabrikatsteuer: so die
Gleichmässigkeit der Besteuerung und die mit ihr zusammenhängende

Stetigkeit der Einnahmenentwickelung in genauem Verhältnis zum
Konsum, das Fehlen nicht gewollter Prämien. Die russische Fabrikatsteuer zeigt uns, dass auch jene Schwierigkeit nicht besteht,
welcher die Denkschrift der deutschen Rübenzuckerfabrikanten vom
Dezember 1882 folgendermassen gedenkt: „Unter dem gemeinschaftlichen Namen ‚Zucker' werden Erzeugnisse von sehr ungleicher
Beschaffenheit und Preiswürdigkeit begriffen. Eine einheitliche, d. h.
nach einem Satz bemessene Steuer würde deshalb nicht geringere
Ungleichheiten schaffen wie diejenigen, welche man der Rübensteuer
zum Vorwurf macht. Einer Abstufung der Steuersätze nach der
Beschaffenheit der Fabrikate aber steht der Mangel eines genügend
sicheren Mittels zur Feststellung der Güte entgegen. Der Handel
begnügt sich jetzt mit der Polarisation oder mit der Aschenbestim-
mung, obwohl beide als wenig zuverlässig notorisch bekannt sind,
weil er kein besseres Mittel hat." Die russische Fabrikatsteuer,
welche jener Steuerform nahe steht, die wir selbst vor einigen Jahren
als Fabrikatsteuer vorschlugen[1]), besteuert bloss den für den Konsum fertiggestellten Zucker und lässt sich für allen noch zu verarbeitenden Zucker an der Kontrolle des Ausgangs aus der Fabrik
und des Eingangs in die Raffinerie genügen, ohne dass sich hieraus
bisher irgendwelche Missstände entwickelt hätten.

Die wesentlichsten Mängel der Fabrikatsteuer liegen in
der Behinderung, welche die mit ihr verbundenen Kontrollen für
den Fabrikanten bedeuten, und in den hohen Erhebungskosten. Man
vermisst in ihr weiters jenen Reiz zu Verbesserungen, welcher in
der Rübensteuer liegt. Nicht so sehr in der Zuckerfabrikation selbst
als in dem Anbau der Rüben soll sich jene Passivität der Fabrikatsteuer ungünstig äussern. Die Verfechter der Rübensteuer machen
zwar geltend, dass auch bei Einführung der Fabrikatsteuer in Deutschland die einmal gewonnenen Vorteile bestehen blieben. „Der Einwand," sagt Herr Knauer, „dass bei verändertem Modus wieder
geringere Rüben gebaut werden müssen, ist hinfällig; denn nachdem
man einmal weiss, dass es 15- und 16prozentige Rüben gibt, wird
und muss jeder Fabrikant auch in Zukunft streben, solche zu verarbeiten; nicht die Steuer allein entscheidet das Bedürfnis nach guten
Rüben." Dem wird aber erwidert, dass auch in Frankreich seitens
einzelner vorzügliche Rübe gezüchtet wird, ohne dass sie in die

---

[1]) Zeitschr. f. d. ges. Staatswissensch. 1882, Sep.-Abdr. S. 71 ff.

Praxis entsprechend eingeführt worden wäre. Für die richtige Beurteilung dieses Streitpunkts hat man wohl den Gegnern und den Fürsprechern der Fabrikatsteuer etwas zuzugestehen. „In den Rüben produzierenden Wirtschaften," führt Salomon[1]) aus, „hat ein besonderes System des Betriebs sich herausgebildet, welches nach bewährten Anwendungsnormen der Bodenbearbeitung, der Düngung, der Fruchtfolge, des Körnerbaues, der Viehhaltung, der Fütterung etc. ausgeführt wird." Dass dieses System nach Einführung der Fabrikatsteuer nicht sofort verlassen werden würde, ist wohl anzunehmen. Aber man muss doch beachten, dass bereits heute „Kaufrübenlieferanten und sogar Fabrikmitbesitzer, Aktionäre von Zuckerfabriken, welch letztere die Verpflichtung haben, ein bestimmtes Quantum Zuckerrüben für die Fabrik ihrer Beteiligung zu bauen, mit seltenen Ausnahmen fortgesetzt das Bestreben an den Tag legen, grosse quantitative Ernten zu erzielen, unbekümmert um die Qualität. Die Qualität der Rüben wird hauptsächlich — man kann fast sagen allein — durch die von der Fabrik erlassenen Anbauvorschriften bedingt; der Rübenbauer möchte aber meist noch weniger für die Qualität der Rüben thun, als er nach den gegebenen Vorschriften thun sollte, wie häufige Strafen wegen diesbezüglicher Uebertretungen beweisen. Jedenfalls wird er aber Sorge tragen, so hart als möglich an die Grenze desjenigen Erlaubten heranzugehen, welches zur Erzielung einer guten Rübe vorgeschrieben ist, da er weiss, dass die Erzielung einer zuckerreichen Rübe mehr oder minder nur auf Kosten der Quantität zu erzielen ist." Treten solche Verhältnisse bei dem Bestand der Rübensteuer zu Tage, so ist die Furcht, dass die Fabrikatsteuer zum Fallenlassen bereits gesichert geglaubter Grundsätze der Rübenkultur führen könne, doch nicht ganz unbegründet.

Noch sind, wenn es sich um die Frage einer Einführung der Fabrikatsteuer in Deutschland handelt, die Schwierigkeiten, welche in dem Uebergange aus den bisherigen, der Rübensteuer entsprungenen Verhältnissen liegen, zu berücksichtigen. Die Rübensteuer war bisher massgebend bei der Auswahl der Gegend für die Errichtung der Fabrik. Die Kaufpreise und die Pachten sind hier auf eine Höhe gelangt, welche mit Einführung der Fabrikatsteuer zum Teile verloren wäre. Soweit Besitzwechsel zur Zeit der hohen Preise

---

[1]) Zur Zuckersteuerfrage, Leipzig 1883, S. 18.

hier stattgefunden haben, würde die nunmehrige Einführung der Fabrikatsteuer der Hinwegnahme eines Vermögensteiles gleichkommen.

Die Bedeutung dieses Moments wird jedoch in der Regel überschätzt. Von einer „enormen Umwälzung", welche beispielsweise Abgeordneter Oechelhäuser nach einer Aeusserung in der Sitzung des Reichstags vom 26. Januar 1884 in den bisherigen Verhältnissen der Zuckerdistrikte von der Einführung der Fabrikatsteuer voraussieht, kann nicht die Rede sein. Aus verschiedenen Gründen: die zuckerhaltigere Rübe wird nach wie vor über das Verhältnis hinaus besser als die weniger zuckerhaltige Rübe gezahlt sein, da der höhere Zuckergehalt an Fabrikationskosten sparen lässt. Die Rübe wird wie früher ihren Absatz finden, da die Fabriken in den besten Distrikten auch nach Einführung der Fabrikatsteuer in Vorteil gegen die schlechter situierten Fabriken stehen, nur dass dieser Vorteil sich nicht auf die Steuer erstreckt. Und endlich möchte es fast scheinen, — wir verweisen diesbezüglich auf das oben Gesagte — als ob die Zulässigkeit, auch die Rübenquantität zu pflegen, für den Bauer einen Gewinn bedeutet, der hinter dem Verlust, welcher durch die teilweise Erniedrigung der Rübenpreise entsteht, nicht allzuviel zurückstehen kann. — Die Umwälzungen, welche die Einführung einer Rübensteuer nach einer Fabrikatsteuer bedeutet, sind viel weitgehender als jene, welche im umgekehrten Falle, also jenem Deutschlands, vorauszusehen sind. Trotzdem hat Frankreich den Entschluss, zur Rübensteuer überzugehen, nicht gescheut.

Wir wollen, indem wir dies gesagt, nicht der Reform im Wege der Fabrikatsteuer das Wort reden, sondern nur die für und wider geltend gemachten Momente auf das richtige Mass zurückführen, es dabei anderen überlassend, zu urteilen, auf welcher Seite das Mehr der guten Gründe gefunden wird. Wir für uns sind der Ansicht, dass die Beibehaltung der Rübensteuer heute denn doch noch das bessere ist. Aber wir verkennen nicht, dass die in Deutschland geltend zu machenden Argumente gegen Rübensteuer und für Fabrikatsteuer und jene für Rübensteuer und gegen Fabrikatsteuer sich ziemlich die Wage halten und dass bloss die subjektive Auffassung von ihrer gegenseitigen Bedeutung jenes Uebergewicht für oder wider zu ergeben vermag, welches zu einem Urteile führt.

Es ist gelegentlich der Reform auch der Vorschlag einer Versteuerung der Rüben nach ihrer Qualität zur Sprache gekommen [1]). Der Verein für die Rübenzuckerindustrie des Deutschen Reichs äusserte hierzu: „Die Besteuerung der Rüben nach ihrer Beschaffenheit lässt den wichtigen Zweifel offen, ob Trockensubstanz der Rübe und Zuckergehalt derselben sich decken, und ob die zur Zeit vorhandenen technischen Hilfsmittel die längst ersehnte Lösung des Rätsels wirklich in befriedigender Weise bringen" [2]). Aehnliches sprach der Bericht der Enquetekommission aus: „Wenn es ein Mittel gäbe, den Zuckergehalt der Rübe auf leicht ausführbare Weise mit einiger Genauigkeit festzustellen, so würde eine solche Steuer vielleicht den Vorzug verdienen. Aber ein solches Mittel gibt es nicht."

Zu den lebhaftesten Erörterungen hat die Frage, ob die Zuckergewinnung aus der Melasse einer Specialsteuer zu unterwerfen sei, geführt. Befürwortet war sie seit jeher von den Melassebrennereien. Diese, welche für die Gewinnung von Branntwein aus der Melasse Steuer zahlen mussten, fanden es ungerecht, dass die Gewinnung des Zuckers aus der Melasse steuerfrei sei; insbesondere erklärten sie sich benachteiligt durch jene Fabriken, welche die Melasse zum Zwecke der Entzuckerung ankaufen, die also auch keine Rübensteuer zahlen. Den Brennereien, welche von einer Melasse-

---

[1]) Bereits 1799 schlug man (Aktenst. z. Gesch. d. Rübenzuckerfabr. in Deutschland, Festschrift z. Feier d. 25j. Bestehens d. Vereins f. d. Rübenzuckerind. d. Deutschen Reichs, S. 63), wenn die Besteuerung des Rübenbaues als eine Art Grundsteuer nicht durchgeführt werden könne, ein Gefälle von den Runkelrüben vor, „welches dem auszumittelnden Gehalte derselben an Sirup, Zucker und Brandtewein" angemessen sei. Es lässt sich indes nicht mit Sicherheit beurteilen, ob diese Aeusserung wirklich eine verschiedene Besteuerung der Rübe nach ihrer verschiedenen Qualität in Aussicht nahm. Russland hat durch sein 1880 abgeschafftes Zonensystem, welches die Rüben verschiedener Distrikte verschieden besteuerte, einen Ausgleich der verschiedenen Rübenqualitäten in den einzelnen Gegenden versucht. Im ganzen gab es drei Zonen. Auf die ungefähren Verschiedenheiten innerhalb jeder Zone selbst wurde aber keine Rücksicht genommen, ebenso nicht darauf, dass es einzelnen Fabriken nicht schwer sein konnte, trotzdem sie niedriger besteuert waren, eine bessere oder gerade so gute Rübe zu gewinnen wie eine Fabrik in anderen Gouvernements mit höherer Steuer. — Im ungarischen Parlament wurde (4. Juni 1880) vom Abgeordneten Hegedüs eine Resolution proponiert: Die Regierung solle bezüglich des Zonensystems eingehende Studien vornehmen. Die Regierung sprach sich indes gegen Einführung des Zonensystems aus. Siehe hierzu auch weiter unten S. 43.

[2]) Der Reinheitsquotient schwankt zwischen 74 und 88, so dass es sehr leicht vorkommen kann, dass nach dem vorgeschlagenen Modus zuckerreichere Rüben weniger Steuer zahlen als ärmere.

steuer Verbilligung der Melasse erwarten, stellten sich zur Seite die
Fabrikanten, die ihre Melasse nicht entzuckerten und nun eine Erhöhung der Rübensteuer, welche veranlasst war durch die mit Melasseentzuckerung gegebene höhere Ausbeute, mittragen sollen; und endlich forderten auch einige Raffineure, die „in jeder Strontianitraffinerie
den bevorzugten Fabrikanten erblickten", die Melassesteuer.

Man glaubte, sich in dieser Forderung auf ein vorhandenes
Recht stützen zu können. Aber man konnte den Fürsprechern der
Melassesteuer hier entgegnen, dass in der Rübe auch schon die
Melasse, resp. der aus ihr gewonnene Zucker versteuert sei und,
wenn Melasse von einer Fabrik an eine andere behufs Entzuckerung
abgegeben werde, es sich eben auch nur um bereits versteuerte
Melasse handle. Die vorhandene Irrung bezüglich des Rechtsstand-
punkts war dadurch begünstigt, dass es sich in dem aus der Melasse
gewonnenen Zucker durchgängig um solchen handelte, der über den
Ausbeuteansatz des Steuergesetzes hinaus gewonnen wurde, der also
steuerfrei war. Solche steuerfreie Erzeugung war aber vollständig
nach dem Gesetz, die dem Fabrikanten hieraus zu gute kommende
Prämie hatte seiner g a n z e n Zuckererzeugung zu gelten, denn nicht
bloss ein Quantum Zucker, wie es aus der Melasse gewonnen wurde,
wird ausgeführt, sondern weit darüber hinaus, und der aus der Melasse gewonnene Zucker geniesst also keine höhere Prämie als aller
andere gewonnene Zucker. Sehr schwer müsste es auch sein, eine
entsprechende Form für die Steuer zu finden. Es ist fast unmöglich, den speciell aus der Melasse gewonnenen Zucker genau zu ermitteln. Häufig werden, bevor es zur Melasse gekommen, die Syrupe
zweiter oder späterer Produkte den Entzuckerungsverfahren unterworfen und wohl immer, bevor man den Zucker daraus gewonnen,
als Zuckerkalkmilch oder in anderer Form den Rübensäften zugesetzt. Wie wollte man, fragt ein zur Sache sprechender Zuckerfabrikant, ein Produkt besteuern, das gar nicht Melasse ist, aber
doch Melasse enthält, z. B. Füllmasse, welche von den Rohzuckerfabriken an Central - Raffinerien mit dem Strontianitverfahren als
Appendix abgeliefert würde? Oder, wie wollte man die Darstellung
eines Rohzuckers von 88 Prozent Zuckergehalt inhibieren, der ebenfalls in den genannten Fabriken verarbeitet werden würde, ohne die
Möglichkeit, von der in solchen geringwertigen Zuckern enthaltenen
Melasse die Steuer zu erheben? — Und, abgesehen von all diesen
Hinterthüren, wer bürgte dafür, dass nicht über Nacht Verfahren

auftauchen, die gar keine Melasse mehr resultieren lassen, sondern direkt aus der Rübe die höchsten Ausbeuten ziehen?

Unter den gezeichneten Verhältnissen hätte es mindestens grosse Schwierigkeiten, die Melassesteuer an die Melasse anzulegen und man müsste sich voraussichtlich damit begnügen, nach gewissen, durch die Fabrikation gegebenen Anhalten, die wahrscheinlich gewonnene oder zur Entzuckerung gelangende Melasse zu pauschalieren und darnach mit der Steuer vorzugehen. Hier steht der Vorschlag im Vordergrund, einen festen Prozentsatz vom Gewichte der verarbeiteten Rüben als durchschnittliche Melasseausbeute anzunehmen und die Steuer darnach auf die gesamte Industrie zu legen[1]). Dem steht aber das Bedenken gegenüber, dass damit Fabriken, welche nicht entzuckern, mit jenen gleichgestellt werden, welche dies thun, und selbst mit jenen, welche auch noch fremde Melasse zukaufen. Nicht einig ist man auch darüber, ob man die Steuer nach einigen Sätzen, entsprechend den verschiedenen Zuckerausbeuten, welche die einzelnen Entzuckerungsverfahren gewähren, oder nach uniformem Satze umlegen sollte. Für ersteres spricht, dass die Normierung eines einheitlichen Satzes voraussichtlich dazu führen müsste, dasjenige Verfahren über Gebühr zu begünstigen, welches die grösste Zuckerausbeute gewährt. Für uniformen Satz ist geltend zu machen, dass er am wenigsten die an die Melassesteuer geknüpfte Befürchtung rechtfertigt, diese Steuer möchte der weiteren Ausbildung der Melasse-Entzuckerungsverfahren hinderlich im Wege stehen. Es muss hier übrigens bemerkt werden, dass vielfach gar nicht die Besteuerung aller vorhandenen oder entzuckerten Melasse beabsichtigt wird, sondern die Besteuerung nur jener, welche seitens der Fabrikanten zugekauft wird, oder auch die Besteuerung selbst nur jener, welche in besonderen Melasse-Entzuckerungsanstalten zur Verarbeitung kommt.

Ein Einwand gegen alle Melassesteuer, der wohl in die Zukunft greift, dem aber nach allem, was heute bekannt ist, die Berechtigung nicht abgesprochen werden kann, geht dahin, dass die Steuer über kurz oder lang durch direkte Gewinnung allen Zuckers aus den Rübensäften (wo dann Melasse überhaupt nicht mehr erzeugt wird) ihr Objekt verlieren könne. Endlich wird noch geltend gemacht,

---

[1]) In Belgien besteht ein Aufschlag zur Rübensteuer für die ihre Melasse entzuckernden Fabriken, der aber das Vorhandensein einer grossen Prämie nicht hindert.

dass die Einführung der Entzuckerungsverfahren die Industrie grosse Summen gekostet habe, dass diese Verfahren durchgängig den Zucker teurer erzeugen lassen, als die einfache Gewinnung aus der Rübe, und dass die Steuer eine teilweise Entwertung derselben herbeiführen würde. Nicht mit Unrecht wird indes speciell diesem Einwande erwidert, dass die meisten Fabrikanten sich „mit dem Bewusstsein salvieren können, ihre Anlagen in der Zeit der Steuerfreiheit der Melasse zwei- und dreimal verdient zu haben".

Irrig wäre es übrigens, von der Melassesteuer Einnahmen in der Höhe des gegenwärtigen Steuerausfalls zu erwarten. Würde die Steuer so hoch angesetzt, so würde sie wirklich irrationell. Zu vernünftigem Satze aber aufgelegt, enthebt sie nicht der Notwendigkeit, noch auf anderem Wege mit der Reform vorzugehen.

Das Gesetz vom 7. Juli 1883 hat, wie wir wissen, eine vorläufige Reform in der Herabsetzung der Ausfuhrvergütung von 9 M. 40 Pf. auf 9 M. gesucht. Es ist nun die Frage, ob nicht in einer Weiterführung dieser Massregel auch die endgiltige Reform gefunden werden sollte. Wir verneinen dies. Die Herabsetzung der Ausfuhrvergütung schien uns auch nicht die geeignete Massregel für die provisorische Reform. Wir wissen, dass sich die Höhe des Preises im Inland nach der Höhe der Ausfuhrvergütung richtet. Jede Ermässigung der Ausfuhrvergütung kommt daher auch dem Konsumenten im Inlande zu gute. Die Erniedrigung der Ausfuhrvergütung von 1883/84 an z. B. hat zur Folge gehabt: 1) dass der Fiskus um etwa 4³/₄ Mill. Mark weniger an Steuervergütung verausgabte, als wenn er den früheren Restitutionssatz behalten hätte; 2) dass der Konsument um 3 Mill. weniger bei dem Zuckerankauf zahlte. Die Verbilligung des Zuckers im Inland war durch die Vorlage aber gar nicht beabsichtigt, sondern deren Zweck war Erhöhung der Reichseinnahmen. Hätte man, statt die Ausfuhrvergütung zu ermässigen, die Rübensteuer genau im Verhältnis, wie die Ausfuhrvergütung ermässigt wurde, erhöht, so wäre dem Staate nicht eine Mehreinnahme von bloss 4³/₄ Mill. zugeflossen, sondern auch jene 3 Mill., welche der Konsument ganz zwecklos und unbeabsichtigt erhielt, hätten ihren Weg in den Staatssäckel gefunden.

Die Erhöhung der Rübensteuer ist auch jetzt als das bessere gegen die Herabsetzung der Ausfuhrvergütung zu betrachten, und man kann daher der Vorlage zur definitiven Reform, welche die Steuer von 1 M. 60 Pf. auf 1 M. 80 Pf. per Mctr. Rübe erhöhen will, bei gleichzeitiger Normierung der Ausfuhrvergütung mit 18 M. 60 Pf. per Mctr. Rohrzucker den Beifall weniger versagen, als dem Gesetz zur vorläufigen Reform. Wenn die Rübensteuer auf 1 M. 80 Pf. per Mctr. erhöht wird, so bedeutet dies bei einer Campagne gleich jener von 1883/84 eine Mehreinnahme von 17,800,000 Mark. Die beabsichtigte Erhöhung der Ausfuhrvergütung bedeutet einen Verlust von 3 1/2 Mill. Mark, so dass das Facit (nach Campagneziffern von 1883/84) eine Mehreinnahme von 14,300,000 M. ist.

Nun wird wohl gegen die Erhöhung der Rübensteuer eine ganze Reihe von Einwänden geltend gemacht. Wir hören, dass die in der Rübensteuer liegenden Ungleichheiten des Bodens und der Jahre eine Verschärfung erführen, dass die Prämie, welche der Melasseentzuckerung gegeben sei, erhöht würde und sie dann einem Zwang zur allgemeinen Einführung der Melasseentzuckerung gleichkäme, dass das Streben der Industrie, den letzten Rest Zuckers herauszuziehen, selbst unter Aufwand von Fabrikationskosten, die sich nur durch Steuerersparnis an dem mehrgewonnenen Zucker bezahlt machen, verstärkt würde, dass die Verteuerung des Zuckers eine Beeinträchtigung des Zuckerkonsums im Inlande bedeute oder dass die Erhöhung auf den Produzenten, in letzter Linie vielleicht auf die Landwirtschaft fallen würde durch Herabdrücken der Rübenpreise. „Es ist kaum zweifelhaft," sagt eine Denkschrift des deutschen Rübenzuckerindustrievereins, „dass ein nicht geringer Teil der Fabriken, namentlich die älteren, lediglich auf die eigene Landwirtschaft basierten, einer Steuererhöhung zum Opfer fallen würden." Des ferneren wird noch geltend gemacht, dass die Steuer bereits heute relativ hoch sei, 80 Prozent der Kosten des Rohmaterials und mehr als 30 Prozent der Selbstkosten des Erzeugers betrage, dass sie als Steuer vom gesamten Rohmaterial den Fiskus nötige, mit sehr grossen Summen zu operieren, 140 Mill. Mark und mehr zu vereinnahmen, um schliesslich 30 oder 35 Mill. Mark zu behalten.

Mit wenigen Ausnahmen lässt sich diesen Argumenten gegen eine Erhöhung der Rübensteuer die Berechtigung nicht absprechen, aber sie dürften doch bloss geltend zu machen sein, wenn es sich um eine materielle und bedeutende Erhöhung der Steuer handelt, nicht um eine Nivellierung des Steuersatzes, um dem Staate Einnahmen in früherer Höhe einfach zu sichern. In keinem der Jahre bis 1881—82 wurde weniger Steuer für den Mctr. Zucker gezahlt als der Gesetzentwurf nun beantragt; eine effektive

Erhöhung läge auch gar nicht in der Absicht des Gesetzgebers. Damit wird ziemlich allen jenen Argumenten gegen die Erhöhung der Boden genommen.

Aber auch wenn eine Erhöhung der Steuer vorläge, wären mindestens jene Einwände, welche eine Beeinträchtigung des Zuckerkonsums voraussehen, abweisbar. Die Höhe der Steuer, welche auf den Konsumenten fällt, richtet sich ja gar nicht nach der Höhe der Rübensteuer, sondern nach dem Satz der Ausfuhrvergütung. Rübensteuer und Zuckerpreis stehen hier in keinem Zusammenhange. Wenn wir nun aber zur Ausfuhrvergütung sehen, so finden wir, dass der Konsum an Steuer zu tragen hatte: Vor 1883/84 18 M. 80 Pf. per Mctr.; von 1883/84 bis zur Zeit, wo die Reform ins Leben tritt: 18 M. per Mctr.; nach Wirksammachung der Reform 18 M. 60 Pf. per Mctr. Abgesehen davon, dass eine Verschiebung des Zuckerpreises um 60 Pf. per Mctr. gar keine Wirkung äussern kann, wo die normalen Schwankungen des Zuckerpreises während eines Jahres 5 M. übersteigen, liegt eine Erhöhung der Steuerquote gegen die Jahre, in welchen man zur heutigen Konsumziffer gelangte (Verbrauch per Kopf in 1882/83 8,4 kg), gar nicht vor, sondern sogar eine kleine Ermässigung um 20 Pf.

Der Fabrikant allerdings wird mehr Steuer zahlen als in den Jahren, deren niedriges Steuererträgnis Veranlassung zur Reform war, aber er wird nicht mehr Steuer zahlen, als er vor einem Jahrfünft zahlte und auch nicht mehr als wenigtens im Sinne der bis heute geltenden Gesetzgebung lag. Als gefährdet könnte schlimmsten Falls ein Teil jener Fabriken gelten, welche in allerletzter Zeit auf der Basis der zu hohen Steuergewinne erbaut worden sind.

Das Kassenrevirement, um auch noch diesen Punkt zu berühren, wird kein bedeutend erhöhtes, es steigt um kaum 18 Mill. Mark gegen 1883/84; will man aber selbst dem Hinweis auf diese Steigerung einige Berechtigung nicht absprechen, so steht er doch nach seiner Bedeutung gänzlich im Hintergrunde.

Es bleibt uns noch übrig, von zwei Vorschlägen zur Steuerreform zu sprechen, jenem der Steuerermässigung behufs Konsumerhöhung und jenem, der — auch in Verbindung mit dem vorigen gebracht — eine Kontingentierung der jährlichen Zuckersteuer erstrebt.

Geistiger Urheber des Vorschlags auf Steuerermässigung ist der Redakteur der „Deutschen Zuckerindustrie", Hr. Herbertz.

Er machte den Vorschlag, die Rübensteuer von 80 auf 60 Pf. und die Ausfuhrvergütung von 9 M. 40 Pf. auf 6 M. 30 Pf. per deutschen Centner à 50 kg herabzusetzen, was eine Verwohlfeilung des Zuckers um 3 M. 10 Pf. und weiterhin eine Hebung des Verbrauchs zur Folge haben würde, welche eine finanzielle Einbusse wenn nicht ganz verhindert, so doch auf ein bescheidenes Mass beschränkt. Herbertz stützte sich in seiner Annahme der Konsumsteigerung insbesondere auf die Erfahrungen Englands und Frankreichs. Ueberdies konnte er für die Ermässigung der Steuer anführen, dass durch sie alle Fehler des Systems vermindert würden. „Der 12 Ctr. Rüben zur Gewinnung von 1 Ctr. Zucker bedarf, ist (nach dem Ermässigungsvorschlage) gegen den, der mit 10 auskommt, nur um 1 M. 20 Pf. statt der jetzigen 1 M. 60 Pf. ungünstiger gestellt und der Gewinn an sogenanntem steuerfreien Zucker vermindert sich von 9 M. 40 Pf. auf 6 M. 30 Pf., das sind 33 Prozent. Man kann daher sagen, dass durch diese Massregel der aus der Melasse gewonnene Zucker mit einer Steuer von 3 M. 10 Pf. getroffen wird. Auch die Konkurrenzfähigkeit der deutschen Raffinerie erhält damit eine Verstärkung um 33 Prozent. Man hat sich bisheran oft gewundert, dass, obgleich Deutschland den billigsten Rohzucker produziert und mithin seinen Raffinerien das wohlfeilste Halbfabrikat bietet, die Ausfuhr hauptsächlich aus Rohzuckern besteht. Die Erklärung dieser bedauernswerten Thatsache liegt zum Teil darin, dass die billigsten Zucker von der einheimischen Raffinerie nicht gekauft werden können, weil sie in deren Preisen die sie übermässig belastende Steuer von 9 M. 40 Pf. zu zahlen hätte, während der Engländer und Franzose diesen Zucker steuerfrei erhält. Gehen wir von 9 M. 40 Pf. auf 6 M. 30 Pf. herab, so ist, wie erwähnt, dieser Nachteil um ein Drittel geringer."

Der Vorschlag auf Ermässigung fand seine Freunde, aber an massgebender Stelle konnten die ihm zu Grunde liegenden Annahmen um so mehr gewagt bezeichnet werden, als die Ergebnisse der Steuerermässigung in Frankreich während der letzten Zeit bereits hinter den Erwartungen zurückgeblieben sind.

Es wurde darauf auch seitens des Urhebers der Vorschlag fallen gelassen und an seiner Statt jener einer Kontingentierung aufgenommen; ein Aufbringen aus der Besteuerung des Zuckers, einschliesslich der Eingangszölle und ohne Berücksichtigung der Erhebungskosten von 1 M. 10 Pf. per Kopf, wurde in Anschlag genommen und daraus für eine Bevölkerung von 46,400,000 Seelen eine Steuer-

minimalsumme von 51 Mill. Mark berechnet. Diese Kontingentierung
sollte eine Herabsetzung der Rübensteuer von 80 auf 70 Pf. und der
Rückvergütung (nach einem Rendement von 10 1/2 : 1) auf 7 M. 35 Pf.
ermöglichen. Der Vorschlag auf Kontingentierung wurde von einer
nicht kleinen Zahl Zuckerindustrieller aufgenommen; ein anderer Teil
befürwortete sie als Provisorium bis zur definitiven Gestaltung der
Zuckersteuer. Auch in der Enquetekommission wurde der Vorschlag
einer Kontingentierung eifrig erörtert. Inzwischen hat die Gesetzgebung, wie der vorbereitete Entwurf zeigt, keine Neigung, den Antrag, die Zuckersteuer, sei es zeitweilig, sei es dauernd, zu kontingentieren, und es dürfte ihr hier recht zu geben sein. Die Nachteile,
welche die Kontingentierung für die Industrie herbeiführt, scheinen
uns von der Art, dass sie den Vorteil, welchen der Staat aus der
Sicherheit eines Minus an Steuereinnahmen gewinnt, mindestens wett
machen. Jener Nachteile sind insbesondere zwei hervorzuheben.
Zum ersten kommt die Unsicherheit in Betracht, welche die Ungewissheit des Ob und des Wieviel der Nachzahlung für den Fabrikanten
herbeiführt, sowohl und insbesondere mit Bezug auf alle Preiskalkulation, als mit Bezug auf die bereitzustellenden Gelder u. s. f.
Dies ist ein Punkt von nicht zu unterschätzender Tragweite, denn
er bedeutet, dass der Fabrikant in seiner Gebarung vielfach gehindert ist, dass er gezwungen wird, mit dem Zufall oder einer vagen
Wahrscheinlichkeit zu rechnen, wo die Reellität des Betriebs sonst
durchaus sichere Basis fordert. Es ist eine Maxime, deren Richtigkeit erst die letzte Zeit wieder bekräftigt hat, dass der Fabrikant
nie auch Spekulant, bezw. Händler sein soll, sondern dass er, nachdem er seine Produktionskostenrechnung aufgestellt und die Erzeugung nach den Preisen des Tages profitabel gefunden hat, an die
Erzeugung schreiten und das Produkt sofort losschlagen soll. Die
Kontingentierung benimmt aber dem Fabrikanten die Möglichkeit
zu ermitteln, wie teuer seine Produktion war. Es ist möglich, dass
er auf den Mctr. Rübe hinterher so und so viel Nachzahlung zu
leisten haben wird. Die Kontingentierung führt den Industriellen
derart unabweislich auf die Bahn der Spekulation; er muss sich seine
Ansicht zu bilden suchen über Erzeugung und Export, um danach
eine Wahrscheinlichkeitsziffer betreffs der Nachzahlung zu gewinnen
und dieser Ziffer entsprechend beim Verkaufe vorzugehen. Zum
zweiten gibt die Kontingentierung jedem einzelnen Fabrikanten die
Möglichkeit in die Hand, auf den Steuerbetrag, welchen die übrige

Industrie als Nachzahlung zu leisten hat, zu influieren. Selbst wenn eine Anzahl Personen, die der Zuckerindustrie ferne stehen, geflissentlich Ware in grossen Massen ins Ausland wirft oder zurückhält, so ist auf die Höhe der Nachzahlung ein — bei seiner Unberechenbarkeit nicht hoch genug zu veranschlagender — Einfluss geübt. — Derselbe kann aber offenbar von keiner Gesetzgebung gewollt sein. Die Kontingentierung setzt unausgesprochen ein einträchtiges, sozusagen schematisches Zusammenwirken der Fabrikanten voraus. Den Fürsprechern der Kontingentierung muss man aber zum Vorwurf machen, dass sie die Thatsache, dass solches Zusammenwirken nicht besteht und bei der Bedeutung ausserhalb der Fabrikation stehender massgebender Faktoren nicht bestehen und selbst gegebenen Falls nur beschränkten Einfluss üben kann, übersehen.

Es möge zum Schluss bemerkt sein, dass auch die österreichische Industrie die Mängel der Kontingentierung in letzter Zeit bitter empfunden hat. Das Entgegenkommen, welches die Regierung mit ihrer Anregung einer Steuerreform bei den Fabrikanten fand [1]), ist ein untrügliches Zeichen, dass die österreich.-ungarische Industrie das von ihr seinerzeit selbst empfohlene System der Kontingentierung gerne aufgibt, wenn sie nur irgend eine Gewähr dafür hat, in einer anderen Form nicht erheblich mehr Steuer zahlen zu müssen.

Oesterreich-Ungarn.

Campagne	Fabriken	Versteuerte Mctr. Rübe	Erzeugung Mctr. (Schätzung d. V.)	Export Mctr.	
				Raffinade	Rohzucker
1884/85	229	43,401,900	6,045,000	1,283,034	2,155,648
1883/84	232	41,845,679	5,000,000	1,251,786	1,105,021
1882/83	232	48,863,203	5,150,000	1,257,466	1,387,934
1881/82	230	42,969,414	4,475,000	891,022	1,204,814
1880/81	227	44,097,228	5,320,000	880,059	2,113,493

	1884/85 fl.	1883/84 fl.	1882/83 fl.	1881/82 fl.	1880/81 fl.
Steueranschreibung . . .	34,721,521	33,476,542	39,090,563	34,375,531	35,277,782
Einfuhrzoll .	17,112	8,781	10,593	14,862	8,462
Summa . . .	34,728,633	33,485,323	39,101,156	34,390,393	35,286,245
Ausfuhrvergütung . . .	35,173,674	24,832,666	27,563,813	21,608,839	29,994,947
Differenz . .	—445,041	+8,652,657	+11,537,342	+12,781,553	+5,291,998

[1]) Siehe S. 43.

	1884/85	1883/84	1882/83	1881/82	1880/81
	fl.	fl.	fl.	fl.	fl.
Garantiertes Erträgnis .	11,600,000	11,200,000	10,800,000	10,400,000	10,000,000
Nachzahlung .	12,045,041	2,547,353 [1])			
Mehrertrag . .			737,342	2,381553	

Die Zuckereinfuhr nach Oesterreich-Ungarn ist höchst unbedeutend. Sie war

	Rohzucker	Raffinade	Sirup und Melasse
	Mctr.	Mctr.	Mctr.
1884	118	384	10,198
1883	96	292	13,510

Das Gesetz vom 18. Juni 1880 hat in Oesterreich-Ungarn eine Verbesserung der bestehenden Pauschalierungssteuer angestrebt. Bis dahin war die Pauschalierung für die eintägige Leistungsfähigkeit eines Hektoliters jedes der Diffuseure erfolgt. Da sich dieser Massstab aber als zu unsicher erwies, wurde 1880 eine mechanische Kontrolle der Füllungen der Diffuseure eingeführt. Dies bewirkte, dass während früher der Feststellung des Pauschalierungsmassstabes auch eine Annahme bezüglich der täglichen Zahl Diffuseurfüllungen zu Grunde gelegt werden musste, der Gesetzgeber nunmehr einer Schätzung dieses Faktors überhoben war und er nur mehr die für die einzelne Füllung auf den Hektoliter des Diffuseurs in Anrechnung zu bringende Rübenmenge festzustellen hatte. Als solche Massstäbe galten nach den Erlässen vom 25. Mai 1882, 25. Mai 1883 und 24. Mai 1884 46 kg, wenn die Diffuseure folgendermassen benützt wurden: a. die Rübenschnitzel müssen bei der Einbringung in die Diffuseure in frischem Zustande sich befinden, dürfen also weder vorgewärmt noch eingemaischt, noch sonstwie präpariert sein; b. die Füllung der Diffuseure muss ohne Anwendung einer die Dichte der Lagerung der Rübenschnitzel vergrössernden Druck- oder Stampfvorrichtung, wozu aber Schaufeln, Krücken und Rechen nicht gezählt werden, erfolgen; c. bei keiner Füllung eines Diffuseurs dürfen, nachdem die Diffusion bereits begonnen hat, Rübenschnitzel nachgefüllt werden. 2) Mit 69 kg, wenn unter den vorstehenden Bedingungen jene unter a. oder jene unter b. nicht vorhanden ist. 3) Mit 80,2 kg, wenn von den vorstehenden Bedingungen keine vorhanden ist, oder jene unter a.

---

[1]) Durch ausnahmsweise zugestandene Hinzunahme des Ueberschusses aus der Vorcampagne hat sich die erforderliche Nachzahlung auf 1,809,999 fl. vermindert.

zugleich mit jener unter b. oder jene unter c. mangelt. II. Bei
Batterien von weniger als 9 oder mehr als 11 Diffusionsgefässen, je
nach der Art der Benützung, mit den vorstehenden Sätzen, erhöht
um je 25 Prozent. III. Die Sätze unter I., resp. jene unter II. gelten
für Diffuseure, die wenigstens 75 cm hoch sind. Bei einer Höhe von

75 bis 70 cm erfolgt ein Zuschlag von 5   Prozent,
70 „ 65 „   „   „   „ .   „ 7 ½   „

immer für 5 cm Minderhöhe ein Zuschlag von 2 ½ Prozent, der jedoch
mit 30 Prozent (bei einer Höhe unter 30 cm) seine Grenze findet.
Eine specielle Gefässvarietät, die sogenannten Tischnowitzer Diffuseure,
erfährt überdies einen Steuerzuschlag von 9 Prozent.

Durch Erlass vom 25. Mai 1885 wurden die vorgenannten Pau-
schalierungssätze auf bezüglich 50, 75 und 87 ½ kg Rübe erhöht.

1880/81 hatten die Zählapparate an den Diffuseuren des
öfteren versagt, und eine grosse Zahl Fehlmarkierungen kam vor.
In der Campagne 1881/82 ereigneten sich solche Zwischenfälle nur
mehr ganz vereinzelt und seit 1882/83 sind sie überhaupt nicht
mehr gemeldet worden.

Nachdem auf dem Programm des nächsten 1887 abzuschliessenden
Ausgleichs zwischen Oesterreich und Ungarn auch die Frage einer
Zuckersteuerreform steht, griff die österreichische Regierung in 1885
die Erörterung einer Reform auf. Die Zuckerfabrikanten nahmen
Stellung in der Generalversammlung des „Zentralvereins für Rübenzuckerindustrie in der österreichisch-ungarischen Monarchie" vom
1. Mai 1885. Man erörterte hier die Saft-, die Fabrikat- und die
Rübensteuer. — Zur Saftsteuer wurde geltend gemacht, dass sie
alle Nachteile der Rübensteuer habe, während ihr die Vorteile derselben mangeln. „Die Kontrolle ist bei der Saftsteuer unendlich
schwierig; die Spindelung muss im Rohsafte, also vor der Scheidung,
vorgenommen werden, oder aber sie muss nach der Läuterung erfolgen. In dem einen Falle wird sofort nach der Spindelung die
Scheidung vorgenommen werden, im anderen Falle wird der Saft
direkt zur Schlammpresse und von da zur Filtration geführt und
entzieht sich so jeder Kontrolle. Man wird bei einer solchen Steuer
ausschliesslich auf die Aufschreibungen des betreffenden Beamten
angewiesen sein. — Die Spindelung gibt die Trockensubstanz im
Saft an und reflektiert nicht auf den Zuckergehalt. Da wissen wir
nun, dass von 2 Rüben, die z. B. 16° Bg. haben, die eine 13.5, die
andere 12.5 polarisiert und daher ein Quotient von 82.5, resp. 87.5

resultiert; trotzdem aber werden diese beiden Rüben mit demselben
Steuersatze getroffen. Noch schlimmer stellt sich die Sache, wenn
man einen Vergleich zieht zwischen guten und schlechten Jahren.
In schlechten Jahren ist der Zuckerfabrikant der Gefahr ausgesetzt,
dass er trotz der erzielten schlechteren Ausbeute noch eine höhere
Steuer bezahlt, und umgekehrt kann es dem Aerar passieren, dass
bei wenig hoher Spindelung und hohem Quotienten der Fabrikant
weniger Steuer zahlt als ihm zukommen würde; mit einem Worte,
es werden Ungleichheiten herbeigeführt, denen man nicht das Wort
reden kann."

Zur Fabrikatsteuer stellte man sich, wenn auch nur be-
dingungsweise, günstiger. Es würde, hiess es, die Frage auftauchen,
was besteuert werden solle: die fertige weisse Ware oder der Rohzucker. „In Frankreich, wo sich ja in dieser Richtung die Steuer
recht gut bewährt hatte, lagen die Verhältnisse ganz anders als in
Oesterreich." In Frankreich sei gleichsam die Fabrikatsteuer zuerst
da gewesen und auf ihr sei die Zuckerindustrie aufgebaut. „Die
französische Zuckerindustrie hat von vornherein nichts anderes ge-
kannt, und infolgedessen sind die Fabriken dem entsprechend eingerichtet worden, und daher ist es gekommen, dass dort Raffinerie
und Rohzuckerproduktion streng von einander geschieden sind. In
Oesterreich ist Raffinerie und Rohzuckerproduktion nicht geschieden,
sondern in vielen Fabriken wird gemischt gearbeitet. Unter allen
Umständen müsste die Zuckerindustrie darauf bestehen, dass bei Einführung dieser Besteuerungsmethode eine sechs - bis achtjährige
Uebergangsperiode nach Erlassung des fertigen Gesetzes gewährt
würde."

Zur Rübensteuer wurde bemerkt, in Deutschland sei der
Boden derart bearbeitet und ausgeglichen, dass die Rüben in ihrer
Zusammensetzung einander näher stehen, als in Oesterreich. Hiezu
kämen in Deutschland die klimatischen Verhältnisse, welche in gewissen Zwischenräumen Regen bringen und eine grössere Gleichmässigkeit des Wachstums und des Saftgehaltes der Rübe zur Folge
haben. „Wenn wir in Oesterreich-Ungarn noch eine Reihe von
Jahren Rüben gebaut haben werden, so können wir wohl die Gleichmässigkeit des Bodens erzielen, in ähnlicher Weise, wie dies in
Deutschland bereits der Fall ist, aber die Gleichmässigkeit des Klimas
wie in Deutschland werden wir niemals herbeiführen, und deswegen
kann man die Abwage der Rübe nur dann für gerecht und durch-

führbar halten, wenn man zwischen den einzelnen Ländern einen Unterschied in der Besteuerung Platz greifen liesse; die Rübe ist entschieden in Nord- und Mittelböhmen am besten, dann kommt Südböhmen, Mähren und ein Teil von Schlesien, schliesslich Nieder-österreich, Galizien und Ungarn, welche Länder im Durchschnitte der Jahre die schlechtesten Rüben haben. Die Rübensteuer hätte in Oesterreich-Ungarn aber noch eine Schwierigkeit: die Gefahr der Defraude. Die Abwage in Oesterreich könnte man nur dann ein-führen, wenn wir gleichzeitig den Strafparagraphen für Defraude erzielen könnten, wenn fraudulöses Vorgehen nicht mit Geld, sondern mit Zuchthaus bestraft würde, in ähnlicher Weise wie dies in Deutschland der Fall ist.

Im Juni 1885 trat auf Berufung der österreichischen Regierung eine Kommission zusammen, um das Programm der Steuerreform aufzunehmen. Ein Regierungsvertreter brachte die Fabrikatsteuer zum Vorschlage. Die Vertreter der Industrie gaben ihre Meinung nun dahin ab, dass sie einer Einführung der Fabrikatsteuer zustimmen würden, „wenn 1) innerhalb des Rahmens des Gesetzes, wenigstens insolange als Frankreich, Deutschland und die anderen Zucker produ-zierenden Länder eine Exportprämie durch die Bestimmungen ihrer Steuergesetze geniessen, dem im Inlande erzeugten Zucker eine durch-schnittlich ebenso grosse Exportprämie gewährt wird; wenn 2. den Fabriken in deren innerer Gebarung keine wie immer gearteten Beschränkungen auferlegt werden; 3) wenn die Ueberwachung im Verkehr nach aussen in so zuverlässiger Weise eingerichtet werden kann, dass keine das Aerar und ebenso den redlichen Steuerträger schädigenden Malversationen vorkommen können." — Die Kommissions-mitglieder glaubten indes auch einer Beibehaltung der bestehenden Pauschalierungssteuer mit Kontingentierung das Wort reden zu können, wenn das bestehende Gesetz entsprechende Aenderungen erführe. Ueberschüsse über das Kontingent sollten den Fabrikanten zu gute kommen, Kontingent und Steigerungsraten keine Erhöhung gegen die bisherigen erfahren; Erleichterungen mit Bezug auf die täglich zu machende Anzahl Füllungen, mit Bezug auf die Steuerabrechnung, Steuerzahlung u. dgl. sollten gewährt werden. Zu einer entschiedenen Klärung über die Frage der Steuerreform haben die zwischen Re-gierung und Industriellen gewechselten Ansichten bisher offenbar nicht geführt.

Zur Berechnung von Zuckerproduktion und Prämie in

Oesterreich-Ungarn fehlt ein sicherer Anhalt. Indes kann man immerhin und zwar auf verschiedenen Wegen zu ziemlich zuverlässigen Schätzungen gelangen. Nach Annahme einer schon erwähnten ministeriellen Verordnung war für die Campagne 1883/84 die zu versteuernde Rübenmenge per Hektoliter Rauminhalt der Diffuseure auf 46 kg festgesetzt. Nach dem Zeugnisse Sachverständiger soll aber in 1883/84 eine Füllung von 55 kg per hl die durchschnittliche gewesen sein. Die 1883/84 versteuerte Rübenmenge betrug 418,000,000 Mctr. Bei Annahme des Verhältnisses von 46 zu 55 würde sich die wirklich verarbeitete Menge auf rund 50,000,000 Mctr. stellen. Kalkuliert man die Ausbeute aus der Rübe mit 10 Prozent, so gelangt man zu einer Produktion von 5,000,000 Mctr. Im Jahre 1883/84 betrug die Ausfuhr 2,607,100 Mctr., überdies blieb über die Campagne hinaus ein gegen die frühere Campagne grösserer Bestand, den man auf 100,000 Mctr. schätzte. Als Konsum ergibt sich hienach eine Menge von 2,300,000 Mctr. oder per Kopf der Bevölkerung 5³/₄ kg. Die Prämie berechnet sich sodann:

2,300,000 Mctr. à 9 fl. 40 kr. . . . . . 21,620,000 fl.
Steuerkontingent 1883/84 . . . . . . 11,200,000 „
Prämie . . . . 10,420,000 fl.

Verteilt man diesen Betrag auf 5,000,000 Mctr., so resultiert eine Prämie von 2 fl. 8 kr. per Mctr. Rohzucker.

Russland.

Campagne	Zahl der Fabriken	Zuckerproduktion Pud	Steuerertrag Rubel
1884/85	245	22,100,000	?
1883/84	244	19,731,801	12,656,159
1882/83	237	17,537,890	8,783,359
1881/82	235	15,936,714	7,962,258
1880/81	236	12,399,897	3,590,772
1879/80	239	12,544,628	4,169,536
1878/79	240	11,101,063	4,537,814
1877/78	245	10,602,918	4,972,553
1876/77	260	12,669,594	6,616,048
1875/76	254	9,507,105	4,850,809

Periode	Rübenareal Desjatinen	Verarbeitete Rüben Berkowetz	Gewonnener Zucker Pud	Zucker aus Rüben Prozent
1884/85	291,725	24,995,763	20,600,000	?
1883/84	276,131	22,473,096	19,731,801	8,78

Periode	Rübenareal	Verarbeitete Rüben	Gewonnener Zucker	Zucker aus Rüben
	Desjatinen	Berkowetz	Pud	Prozent
1882/83	234,425	22,897,076	17,537,890	7,66
1881/82	223,093	22,054,086	15,936,714	7,23

Jahr	Zuckereinfuhr		Zuckerausfuhr
	Rohzucker	Raffinade	
	Pud	Pud	Pud
1883	85,689	—	8,143 [1]
1882	95,232	—	94,942 [2]
1881	987	18	50,817 [3]
1880	1,201	127	139,276
1879	572	57	159,913

Russland hat 1881 die **Fabrikatsteuer** eingeführt. Wie verlautet, funktioniert dieselbe auf das beste und befriedigt allerseits. Der Satz der Steuer, welcher vom 1. August 1881 bis 1. August 1883 50 Prozent per Pud war, ist festgesetzt für die Zeit

vom 1. August 1883 bis 1. August 1886 mit 65 Kopeken
„ 1. „ 1886 „ 1. „ 1889 „ 85 „
„ 1. „ 1889 an „ 1 Rubel.

An **Zoll** ist nach den Dekreten vom 1. August 1881 und 3./15. Juni 1885 zu entrichten: 2.20 Rbl. per Pud Rohzucker, 3.30 Rbl. per Pud Raffinade.

Zölle von dieser Höhe schliessen den russischen Zuckermarkt vom Ausland fast vollkommen ab. Die russischen Märkte stellen sich denn auch von den ausländischen gänzlich unabhängig. Bloss in dieser Isolierung auch konnte sich die während einiger Jahre Russland eigentümliche einseitige Beherrschung des Marktes durch Fabrikanten und Händler entwickeln. Man konstatiert hier die Erscheinung, dass, ohne dass der Konsument es verhindern konnte und doch auch ohne specielle Verabredung der interessierten Kreise die Zukerpreise eine vernunftwidrige Höhe erreichten, welche Jahre hindurch Zucker- erzeugern und Händlern Gewinn von ausserordentlicher Höhe in den Schoss warf.

---

[1] Davon 30 Pud Rohzucker.
[2] Davon 417 Pud Rohzucker.
[3] Davon 1373 Pud Rohzucker.

Sandzucker notierte an der Moskauer Börse

Jahre	Minimalpreis R.	Maximalpreis R.	Differenz R.	Der Min.-Preis in Prozent.
1878/79	4,80	5,50	0,70	14,6
1879/80	4,90	6,00	1,10	22,4
1880/81	5,20	7,50	2,30	44,2
1881/82	5,50	8,10	2,60	47,3

Alljährlich wurden die Schwankungen des Preises vom höchsten zum niedrigsten bedeutender. Es ist dies charakteristisch für das Gewagte der Situation. Nichtsdestoweniger gelang es, das Durchschnittsniveau des Preises von Jahr zu Jahr zu heben.

Charakteristisch für die Natur des Zuckerhandels an den russischen Börsen während dieser Zeit sind einige statistische Zusammenstellungen von der Kiewer Börse. Wir erfahren, dass in 1882 der Verkauf prompt lieferbarer Ware ein Drittel, der Verkauf von Terminware zwei Drittel des ganzen Börsenumsatzes repräsentiert, dass von den Fabriken nur die Hälfte des von der Börse verzeichneten Sandzuckers verkauft wurde, die andere Hälfte durch Händler, dass der Ankauf des Zuckers zu 71 Prozent durch Händler erfolgte und dass 35 Prozent des vorhandenen Zuckers ohne irgend welche Teilnahme von Fabrikanten oder Raffineuren, bloss zwischen Spekulanten den Besitz gewechselt haben.

Mit der fortdauernden Haltlosigkeit der Situation hängt es zusammen, dass die Spekulanten weniger bei dem Handel mit Lieferungsware, mehr bei jenem mit prompter Ware in den Vordergrund treten. Es liegen hiefür folgende Zusammenstellungen vor:

Kiew 1882.

	Abschlüsse für	
	Promptware Proz.	Lieferungsware Proz.
mit Fabrikanten	6,82	19,63
Produzenten an Spekulanten . .	25,06	40,38
Spekulanten an Raffineure . . .	15,85	13,00
Spekulanten an Spekulanten . .	52,27	26,99

Seinen Höhepunkt erreichte der Zuckerpreis im März 1883 mit 8.40 Rbl. Sodann beginnt die Reaktion. Nach 1883 sinkt der Preis bis auf 5.65 Rbl. Während des ganzen Jahres 1884 hält die Baissetendenz an und als im Oktober eine sehr bedeutende Moskauer Firma die Zahlungen mit Passiven von beinahe 9 Millionen einstellt, wird die ungünstige Tendenz fast zur Panik. Eine Reihe kleinerer Opfer hatte die Spekulation schon früher gefordert.

Im April 1885 ist der Preis des Zuckers bis auf 4 Rbl. gesunken. Im Mai wird nun seitens der Kiewer Interessenten eine Petition an die Regierung gerichtet, des Inhalts, die Regierung möge die Ausfuhr von Zucker ins Ausland ermöglichen. Daraufhin verfügt ein Gesetz vom 7. August 1885: „Um den Export von Sandzucker und Raffinade zu ermöglichen, wird ausser der Rückvergütung der gezahlten Acciseabgabe noch 1 Rbl. per Pud Prämie gewährt; diese Vergünstigung wird nur den Transporten bis zum 1. Januar 1886 gewährt, die bis zu dieser Zeit eine Grenze nach einem europäischen Staat passiert sind. Die Exportprämie von 1 Rbl. wird bei Accisezahlungen der Jahre 1885/86 und 1886/87 zurückgefordert. Der zu exportierende Zucker muss 99 1/2 prozentiger sein. Sobald der Export die Höhe von zwei Millionen Pud erreicht hat, tritt dieses Gesetz ausser Kraft" [1].

Wie überall in solchen Fällen haben wir auch in der abnormen Entwickelung, welche der Zuckerpreis auf dem russischen Markte während des letzten Quinquenniums genommen hat, nur die Ausschreitung einer bei Einhaltung des Masses richtigen Tendenz zu sehen. Seit dem russisch-türkischen Kriege und der Entwertung der Valuta, welche derselbe im Gefolge hatte, haben sich alle Gegenstände des Verbrauchs und Gebrauchs in Russland verteuert oder besser im Nominalpreise erhöht: Fleisch, Hülsenfrüchte und Brod eben so sehr wie Kleidung, Mieten u. s. w. Auf dem Zuckermarkte gab ein zeitweiliges Deficit in der Rübenernte weiteren Anstoss. Aber der Zucker ging — und hier haben wir den Part der Spekulation vor uns — weit über das durch die Umstände gebotene Preisniveau hinaus. Das Uebel wurde ärger, indem man die Preishöhe auch festhalten wollte, als der thatsächliche Untergrund, den sie wenigstens zum Teile vorher hatte, auch schon geschwunden war;

---

[1] Die Gewährung von temporären Prämien ist in Russland nicht neu. Bereits im Jahre 1876, als der russische Zuckermarkt sich in schwieriger Lage befand, machte man demselben dadurch Luft, dass man den damaligen Nennwert (80 Kopeken pro Pud) der Zuckersteuer bei der Ausfuhr (ohne Anspruch auf Rückzahlung) zurückstattete. Da sich damals die Steuer thatsächlich nur auf etwa 25 Kopeken stellte, war die „zurückerstattete" Steuer von 80 Kopeken ungefähr viermal so hoch als die wirklich gezahlte. Die daraus sich ergebende bedeutende Ausfuhrprämie bewirkte denn auch, dass im Jahre 1877 3,891,902 Pud russischen Zuckers ins Ausland ausgeführt und dafür über drei Millionen Rubel Steuer, fast die Hälfte der ganzen damaligen Zuckersteuer, rückvergütet wurden.

damit kam man denn, als die geänderten Verhältnisse unvermeidlicher-
weise ihr Recht doch geltend machten, zu jenem Preisabsturze, angesichts dessen man jetzt die Regierung zu Hilfe ruft.

Finnland.

	Einfuhr		Raffinadeerzeugung aus	Konsum von Raffinade	
	Rohzucker	Raffinade	eingeführtem Rohzucker	im ganzen	per Kopf
	Mctr.	Mctr.	Mctr.	Mctr.	kg
1883	35,700	64,055	32,861	96,916	4,70
1882	36,032	53,363	32,674	86,037	4,17
1881	37,204	38,888	32,682	71,570	3,47
1880	35,757	36,677	30,149	66,826	3,24
1879	31,314	27,472	26,255	53,727	2,60

Finnland hat zwei Raffinerien, welche den eingeführten Rohzucker
— grösstenteils Rohrzucker — auf Raffinade verarbeiten. Russischer
Zucker geniesst bei der Einfuhr keinen Vorzug. Er kann nur konkurrieren, wenn niedrige Zuckerpreise mit niedrigem Stand der Valuta
zusammenfallen. So fand 1860/77 keine Einfuhr russischer Zucker
statt. Seit dem Kriegsjahre 1877/78 wurden geringe, sich übrigens
jährlich mit der Besserung der Valuta wieder vermindernde, Mengen
russischen Zuckers eingeführt.

An Zoll werden gezahlt:

Von Rohzucker unter Stand Nr. 18   2 finn. M. 65 Py. pr. Liespfd. (8,5 kg)

„   „   von St. Nr. 18 u. darüb. 3 „   „ 65 „   „   „

„ Raffinade und Kandis   4 „   „ 65 „   „   „

Frankreich.

	Einfuhr				Ausfuhr	
	Rohrzucker		Rüben-	raffinierter	Roh-	raffin.
	aus franz.	aus fremden	rohzucker	Zucker	zucker	Zucker
	Kolonien	Ländern				
			Tons à 10 Mctr.			
1884	89,919	32,471	93,127	19,992	26,560	116,322
1883	78,629	29,986	89,482	9,032	45,782	124,133
1882	96,552	74,485	75,964	7,008	45,403	118,997
1881	80,595	53,920	91,444	7,785	43,673	117,151

	Konsum [1])	Zoll- und Steuereinnahme
1884	Tons 410,475	Frs. 159,775,000
1883	„ 393,416	„ 146,162,739

[1]) Licht gibt die Konsumtion Frankreichs wie folgt an:

1884/85	459,656 Tons
1883/84	447,815 „

	Konsum	Steuer- und Zolleinnahme
1882	Tons 408,239	Frs. 145,746,506
1881	„ 376,480	„ 133,697,945

Campagne	Fabriken	Verarbeitete Rübe Tons	Versteuerter raff. Zucker Tons	kg Rübe pro kg raff. Zucker
1884/85	449		273,031	
1883/84	483	7,310,923	406,008	16,08
1882/83	497	7,211,274	362,738	17,75
1881/82	486	6,628,678	335,576	17,64
1880/81	493	?	283,602	

Campagne 1884/85:

Fabrikatsteuerfabriken		142
Gewonnene Saftmenge . . . . hl		33,311,643
Mittlere Saftdichtigkeit . . . . Grade		3,4
Angeschriebene Produktion . . . . . . Tons		150,707
Rübensteuerfabriken		307
Verarbeitete Rübenmenge . . . . . . Tons		
mit 5 Proz. angenommene Zuckerausbeute		617,230
mit 5 Proz. angenommene Zuckerausbeute		1,063,895
Angeschriebene Produktion . . . . . . Tons		122,324
Totalproduktion . . Tons		273,031

Wie schon erwähnt, hat Frankreich für die Periode 1882/85 unter allen hier in Behandlung kommenden Staaten die weitgehendsten Aenderungen an der Zuckersteuergesetzgebung zu verzeichnen. Bevor wir uns der Besprechung dieser Aenderungen zuwenden, haben wir vorerst noch die Wirkungen eines Gesetzes vom 19. Juli 1880, welches die Zuckersteuer in Frankreich um 44 Prozent ermässigt hat, zu erörtern. Der Zuckerkonsum Frankreichs hatte sich in dem Zeitraum von 1849/69 von 121,421,000 kg auf 278,872,000 kg gehoben und zeigte somit eine jährliche Durchschnittszunahme von 7,800,000 kg. Wäre diese Progression die gleiche geblieben, so hätte der Zuckerkonsum im Jahre 1879 330,195,000 kg betragen müssen (wobei 20,300,000 kg in Abzug gebracht sind, welche Elsass-Lothringen alljährlich verbraucht); er hat jedoch nur 290,462,000 kg betragen. Dass eine Zeit des Stillstandes eingetreten ist, liegt an den in den Jahren 1871, 1872 und 1873 votierten Erhöhungen der Steuer. Nachdem die Steuer 73 Frs. 32 Cts. per 100 kg raffinierten Zuckers erreicht hatte, repräsentierte sie nicht weniger als 100 bis

1882/83	444,630 Tons
1881/82	419,428 „
1880/81	389,630 „

120 Prozent des wirklichen Wertes des Produkts. Nur eine beträchtliche Ermässigung der Steuer vermochte dem Konsum seine frühere
Dehnbarkeit wieder zu verleihen. Ueberdies wurde dieselbe im gemeinsamen Interesse der Zuckerindustrie und Landwirtschaft gefordert.
Dies waren die Verhältnisse, unter denen das Gesetz vom 19. Juli 1880
beschlossen wurde. Der Motivenbericht zu diesem Gesetze nahm an,
dass unter dem Einfluss der Entlastung der Konsum sich im ersten
Jahre um 20, in den folgenden Jahren um 10 Prozent vermehren
werde.

Die Steigerung von 20 Prozent im ersten Jahre wurde wirklich
erreicht, nicht ganz mehr die für das zweite Jahr in Aussicht genommene von 10 Prozent. Im dritten Jahre zeigte sich bereits ein
Rückgang, den wohl eine Erhöhung im folgenden Jahre wieder wett
machte, aber doch nur wett machte, so dass vom dritten Jahr an
keine Steigerung mehr zu rechnen ist, und die Erwartungen, welche
der Gesetzgeber an die Steuerermässigung geknüpft hat, also nicht
erfüllt sind. Die Konsumsteigerung während vier Jahren beträgt kaum
30 Proz., während die Annahme des Motivenberichts auf 50 Proz. ging.

Nach den Ergebnissen der ersten Jahre hatte die Regierung
Geneigtheit gezeigt, gegebenen Falles eine weitere Ermässigung der
Zuckersteuer eintreten zu lassen. Dass man zu einer solchen Ermässigung schliesslich aber doch nicht schritt, ist nach den ungünstigen Resultaten, welche die Folgezeit brachte, leicht begreiflich.

Man hatte die Steuerermässigung auch von dem Gesichtspunkte
einer Steuerreform, welche mit ihr möglich sei, befürwortet. „Wie
die Steuer gegenwärtig ist,“ hatte sich Minister Say im Juni 1882
geäussert, „ist ihre Erhebung eine sehr komplizierte. Sie hat zur
Grundlage den Zuckergehalt und wird festgestellt durch Operationen
des Laboratoriums. Eine so umständliche Form kann nicht lange
bestehen. Man muss zu einer so niedrigen Steuer kommen, dass man
einen einheitlichen Satz (für die verschiedenen Qualitäten) einführen
kann.“ — Damit war von autoritärer Seite die Reformbedürftigkeit
des geltenden Systems anerkannt. Bald kamen aber andere Umstände
dazu, welche die Bestrebungen für eine Reform untertsützten und sie
zuletzt als äusserst dringlich erscheinen liessen.

Anfangs März 1883 brachte der Deputierte Robert einen Gesetzentwurf bei der Abgeordnetenkammer ein, dessen erster Artikel
lautete: Der Zoll auf ausländische Zucker wird von 3 Frs. auf 10 Frs.
erhöht. In der Begründung hiezu liess sich Herr Robert des folgen-

den vernehmen: „Als die Kammer im Jahre 1880 den Zoll auf 3 Frs. festsetzte, welcher jetzt von ausländischen Zuckern bei der Einfuhr nach Frankreich erhoben wird, konnte sich unsere nationale Industrie als befriedigt erachten. Der englische Markt, der grosse Regulator des Weltpreises, blieb unseren Fabrikanten offen, während die Grenze gegen die Einfuhr von seiten der hauptsächlichsten Produktionsländer wie Deutschland und Oesterreich-Ungarn hinlänglich geschützt war. Aber dieses Gleichgewicht ist zerstört. Die Produktion Deutschlands, welche damals nur 400 Millionen kg betrug, hat, indem sie plötzlich auf 800 Millionen gestiegen ist, den englischen Markt überzogen, unsere Grenzen überschritten und binnen wenigen Wochen auf unserem heimischen Markte ein solches Sinken der Preise herbeigeführt, dass die Zuckerindustrie in ihrer Existenz ganz ernstlich bedroht erscheint. — Die Kriegskostenentschädigung, welche Frankreich an Deutschland gezahlt hat, hat dem letzteren gestattet, dem Zucker vom fiskalischen Gesichtspunkte aus eine im hohen Grade bevorzugte Stellung einzuräumen oder zu belassen, wogegen der Zucker bei uns, selbst nach der Entlastung von 1880, einer übermässig hohen Steuer unterworfen bleibt. Durch diese beiden Umstände begünstigt, ist die deutsche Industrie·in den Stand gesetzt, gegen die unsere einen Vernichtungskampf zu führen, und scheint die Krisis, deren Zeugen wir jetzt sind, nur das Vorspiel zu noch ernsteren Schwierigkeiten zu sein."

Der Gesetzentwurf des Herrn Robert hatte es vermocht, die Aufmerksamkeit der gesetzgebenden Körper in erhöhtem Masse auf Zuckerindustrie und Zuckermarkt zu lenken. Verglich man die Entwicklung der französischen Zuckerfabrikation während eines Jahrzehnts mit jener Deutschlands und Oesterreich-Ungarns, so musste man allerdings finden, dass, während Frankreichs Produktion stehen geblieben war, Deutschland sie vervierfacht, Oesterreich-Ungarn verdoppelt hatte. Stand Frankreich vordem an erster Stelle unter den zuckerproduzierenden Ländern Europas, so war es jetzt an die dritte Stelle gerückt und es stand in Gefahr, alsbald auch von Russland überholt zu werden. Hatte Deutschland seinen Export von 200,000 Mctr. auf 5 Mill. Mctr., Oesterreich von 800,000 Mctr. auf fast 3 Mill. Mctr. hinaufgebracht, so war Frankreich mit seiner Ausfuhr von $2\frac{1}{2}$ Mill. auf 2 Mill. Mctr. zurückgegangen.

Im Mai 1883 hielten die französischen Zuckerfabrikanten einen Kongress in Amiens zur Beratung einer Hilfsaktion in Form einer Steuerreform ab. Da man hier zu keiner Einigung gelangte, liess man

im Juni einen Aufruf mit der Aufforderung an sämtliche Fabrikanten
ergehen, eine Meinung bezüglich der in Vorschlag zu bringenden
neuen Steuerreform abzugeben. Etwa 115 Fabriken enthielten
sich einer Aeusserung, 160 Fabriken sprachen für die einheitliche
Fabrikatsteuer zu einem Satz von 25 Frs., 107 Fabriken empfahlen
die Rübensteuer, 42 traten für die Besteuerung der Füllmassen und
3 für die Besteuerung der Zuckerprodukte in jedem Stadium des
Betriebes ein.

Alsbald begann auch die Regierung, Stellung zur Frage zu
nehmen. Eine von dem conseil supérieur de l'agriculture ernannte
Kommission zur Untersuchung der Steuerfrage befürwortete die Einführung der Saftsteuer in Frankreich. Die Kommission fand in
Uebereinstimmung mit anderen Aeusserungen, dass die Schuld an dem
Niedergange der französischen Industrie vorzugsweise in dem Vorhandensein schlechter, wenig Zucker hältiger Rübe liege. Die Kultur
einer zuckerreichen Rübe anzuregen, wären zwei Steuersysteme, die
Rübensteuer und die Saftsteuer, geeignet. Da erstere aber eine Revolutionierung des Gewerbes bedeuten würde durch die enorme Be-
nachteilung, welche Fabriken in schlechter Rübengegend durch sie
erführen, so ziehe man die weniger intensiv wirkende Saftsteuer vor.
Abgesehen davon, dass diese Steuer die Kultur einer guten Rübe
begünstige, sei auch dieser Steuermodus der Verwaltung, welche ihn
bereits gehandhabt hat, vertraut und biete keine unüberwindlichen
Schwierigkeiten, trotz der Verschiedenheit der durch den Dichtigkeitsmesser zu untersuchenden Flüssigkeiten.

Die Zuckerfabrikanten, denen auf dem Kongresse zu Amiens
die Saftsteuer gar nicht in Vorschlag gebracht worden war, schienen
anfangs gegen das Votum des Landwirtschaftsrates Einspruch erheben
zu wollen; aber als sich im Verlaufe einiger Monate die Ansichten
klärten, versagte man ihm nicht die Zustimmung. Erst später machte
sich wieder ein Dissens geltend, indem ein Teil der Fabrikanten sich
zur Rübensteuer schlug.

Im März 1884 kam der Antrag Robert zur Beschlussfassung
vor die Kammer. Er war Anlass, dass man nicht nur der Frage
einer Erhöhung des Einfuhrzolles, sondern jener anderen, die längst
auf der allgemeinen Tagesordnung stand, jener der Reform der Zuckersteuer, nahe trat. Eine von der Kammer ernannte Kommission erklärte sich für die Reform und schlug im Einvernehmen mit der
Regierung gegen das Votum des Landwirtschaftsrates fakultative

Einführung der Rübensteuer vor. Da die Industrie keine Einwendungen machte, erklärte sich auch das Plenum der Kammer und sodann der Senat für die Rübensteuer. Man zögerte nicht mit der Inswerksetzung derselben. Mit 10. Juli bereits publizierte das Journal officiel ein neues Gesetz betreffend die Einführung der Rübensteuer in Frankreich.

Das Gesetz hat folgenden Inhalt: Die Steuer auf Zucker, die an den Konsum geliefert werden, ist festgesetzt wie folgt:

Roh- und raffinierte Zucker 50 Frs., für 100 raffinierte kg Kandis 53 Frs. 50 Cts. Melassen, die nicht zum Branntweinbrennen verwendet werden und einen absoluten Zuckergehalt von mindestens 50 Prozent haben, 15 Frs. für 100 kg. Melassen, die nicht zum Branntweinbrennen verwendet werden und einen absoluten Zuckergehalt von über 50 Prozent haben, 32 Frs. für 100 kg. Die Steuer auf Roh- und raffinierte Zucker jeden Ursprungs, die bei der Bereitung von Wein, Apfel- und Birnwein vor der Gärung verwendet werden, ist ermässigt auf 20 Frs. für 100 kg raffinierten Zuckers.

Jeder Fabrikant einheimischen Zuckers kann mit der Verwaltung der indirekten Steuern ein Abkommen (abonnement) treffen, vermöge dessen die Quantitäten des zu versteuernden Zuckers nach dem Gewicht der verarbeiteten Rüben belastet werden. Diese Belastung ist endgültig, gleichviel welche Ausfälle oder Ueberschüsse sich ergeben mögen. Sie findet unter folgenden Bedingungen statt:

Fabrikationsverfahren	Rendement von 100 kg Rüben.
Diffusion	6 kg an raff. Zucker
Pressen	5 „ „ „ „

Während der drei Campagnen von 1884/85, 1885/86 und 1886/87 wird den nicht abonnierten (Fabrikatsteuer behaltenden) Fabrikanten auf die Gesamtmenge ihrer Produktion ein Fabrikationsverlust von 8 Prozent vergütet.

Vom 1. September 1887 an wird in allen Fabriken die Rübensteuer obligatorisch.

Die zu versteuernden Rendements von 100 kg Rüben werden sodann sein:

für die Campagne	1887/88	6,250 kg an raff. Zucker
„ „ „	1888/89	6,500 „ „ „ „
„ „ „	1889/90	6,750 „ „ „ „
„ „ „	1890/91	7,000 „ „ „ „

Für direkt nach Frankreich aus den französischen Kolonien eingeführte Zucker wird ein Fabrikationsverlust von 12 Prozent vergütet.

Von der Bekanntmachung des gegenwärtigen Gesetzes ab und
bis zum 31. August 1886 wird von den aus europäischen Ländern
eingeführten Roh- und den raffinierten nicht gleichgestellten Zuckern
ein nicht zurückzuvergütender Aufschlagszoll (surtaxe) von 7 Frs.
per 100 kg erhoben.

Die Bestimmungen früherer Gesetze bleiben insoweit in Kraft,
als sie dem gegenwärtigen Gesetze nicht zuwiderlaufen. —

Ein Dekret vom 1. August 1884 vervollständigte die Bestimmungen des Gesetzes. Laut demselben werden in den „abonnierten"
(Rübensteuer-) Fabriken die Verwiegungen vermittelst einer vom
Eichamt geprüften und mit einem automatischen Zähler versehenen
Wage vorgenommen. Der Zähler gibt die Anzahl der nach und
nach stattgefundenen Verwiegungen an. Dieser Zähler muss gegen
jede äussere Verletzung durch eine Glashülle geschützt sein, die vermittelst eines Vorlegeschlosses, dessen Schlüssel sich in den Händen
der Steuerbehörde befindet, verschlossen ist. Der zur Aufnahme der
auf die Wage gelangenden Rüben dienende Behälter darf keinen
grösseren Rauminhalt haben, als denjenigen, welcher dem gleichmässigen für jede Verwiegung angenommenen Gewichte entspricht.
Dieses Gewicht muss 500 kg sein oder mehr, aber ein vielfaches
von 100. Die Schnitzelmaschine oder Reibe muss derart aufgestellt
sein, dass sie nur durch die Rüben beschickt werden kann, welche
von der unter den Augen der Beamten stehenden Wage kommen.
Zu diesem Zwecke sind die Wage und das Lokal, worin sich das
Bureau befindet, von der Schnitzelmaschine oder der Reibe durch
ein starkes und hinlänglich dichtes Gitter getrennt, in welchem sich
zur Einführung der Rüben nur eine Oeffnung befindet, die genau die
Grösse hat, um dem die Rüben fassenden Behälter Durchgang zu
gewähren. Die Steuerbehörde kann ausserdem verlangen, dass die
Oeffnung selbst durch eine Thür geschlossen sei, die sich bei jeder
Rübenzuführung öffnet und sich selbstthätig wieder schliesst, wobei
sie einen unter Glas befindlichen Zähler, wie den der Wage und den
des Rübenbehälters, in Bewegung setzt. Die Beamten zeichnen in
einem besonderen Notizbuche die Anzahl der erfolgten Verwiegungen
auf. Dieses Notizbuch wird durch den Betriebsleiter der Fabrik
täglich abgeschlossen und diejenigen Mengen raffinierten Zuckers,

welche dem Gewicht der verarbeiteten Rüben entsprechen, dem allgemeinen Fabrikationskonto belastet.

Den abonnierten Fabrikanten wird ein Register zur Verfügung gestellt. Sie schreiben darin für jede einzelne Centrifugenarbeit ein: 1) die Zeit des Beginns des Schleuderns, 2) die Zeit der Einstellung desselben, 3) die Art und Menge der zum Schleudern gelangten Füllmassen und Dicksäfte, 4) das Gewicht der den Apparaten entnommenen Zucker. Die Eintragungen in dieses Register stehen unter steueramtlicher Kontrolle.

————————

Wir gelangen nunmehr zur Beurteilung des neuen Gesetzes. „Seit 1815," bemerkte mit einiger Bitterkeit der Finanzminister Hr. Tirard bei den Verhandlungen der Deputiertenkammer über den von ihrer Kommission ausgearbeiteten Gesetzentwurf, „ist es das sechsundzwanzigste Mal, dass sich die Parlamente mit der Zuckersteuergesetzgebung zu beschäftigen haben. Jedesmal erfolgten die Abänderungen auf das Verlangen der Industrie, jedesmal haben die Regierungen wie die Parlamente dem Verlangen entsprochen, und dennoch erklärte dieselbe nach einigen Jahren, wenn nicht gar nach einigen Monaten, dass sie sich in einem schlimmeren Zustande befände, als zuvor." Wird das neueste Gesetz, frägt ein Beurteiler, wird das Gesetz, mit dem sich die Deputiertenkammer in acht Sitzungen fast ausschliesslich beschäftigt hat, so dass die stenographischen Berichte 300 enggedruckte Spalten des „Journal officiel" füllen, erfolgreicher sein und die Industrie in eine befriedigende Lage bringen? Jedenfalls hat die Gesetzgebung wiederum ziemlich alle Wünsche der Industrie erfüllt; sie hat derselben die Rübensteuer gegeben und dabei das Ausbringen so niedrig bemessen, dass die Fabrikanten sich einen grossen Steuergewinn verschaffen können; dann hat sie die Erhöhung des Zollzuschlages von 3 Frs. auf 7 Frs. per 100 kg, der auch bei der Ausfuhr nicht zurückerstattet wird, ferner für eine Uebergangszeit von drei Jahren den Fabriken, welche die Rübensteuer noch nicht einführen, einen Steuernachlass von 8 Prozent, gleich 4 Frs. für 100 kg raffinierten Zuckers, und endlich den französischen Kolonien für den in das Mutterland eingeführten Zucker einen Nachlass von 12 Prozent, gleich 6 Frs., bewilligt.

Wie erheblich die damit der Industrie gewährten Unterstützungen sind, ersieht man aus dem Umstande, dass man gleichzeitig, um

den Staatsschatz keine Einbusse erleiden zu lassen, die Rübensteuer
von 40 Frs. auf 50 Frs., also um 10 Frs. für 100 kg raffinierten
Zuckers erhöht hat.

Die Bedeutung des neuen Gesetzes liegt offenbar in der Einführung der Rübensteuer. Aber mehr als diese hat in der Kammer
die Erhöhung des Zuschlagszolls auf 7 Frs. den Gegenstand weit-
läufiger und erbitterter Diskussionen gebildet. In dieser Sache
standen sich nämlich, was bei dem Vorschlage der Steuerreform nicht
der Fall war, zwei feindliche Parteien gegenüber: Zuckerfabrikanten
und Raffineure. Erstere forderten die Erhöhung, letzteren kam sie
unerwünscht. Die Raffineure, als Vertreter riesiger Unternehmungen,
haben seit jeher einen grösseren Einfluss in den gesetzgebenden
Körpern geübt [1]). Sie wussten es auch durchzusetzen, dass eine Erhöhung des Zollzuschlags von 3 auf 7 Frs., wie sie die Fabrikanten
forderten, in die Anträge der Kommission der Deputiertenkammer
nicht aufgenommen wurde; in der Kammer wurde sodann in drei
Sitzungen um die Erhöhung gekämpft, und ohne das Eingreifen der
Regierung, die, nachdem sie sich bis dahin neutral verhalten, die
Erhöhung im letzten Augenblicke befürwortete, „weil die Landwirtschaft sie verlange", wäre sie nicht bewilligt worden. Die Regierung
knüpfte an die Erhöhung die Klausel, dass sie nur für zwei Jahre,
bis zum 31. August 1886, Geltung und nur bei europäischen oder
aus .europäischen Niederlagen kommenden Zuckern in Anwendung
komme. Die Massregel war hauptsächlich gegen die deutschen Zucker
gerichtet, wie das offen in der Versammlung ausgesprochen wurde.

Zur Einführung der Rübensteuer in Frankreich ist zu bemerken,
dass der Gedanke des Uebergangs zur Saftsteuer fallen gelassen
wurde auf Grund einer Erklärung des Finanzministers, wonach diese
Steuerform dem Fiskus nicht genügende Sicherheiten gewähre. Die
Fabrikanten, von denen sich ein Teil bereits früher für die Rüben-

---

[1]) In ganz Frankreich, wo 530 Millionen Kilogramm zur Einschmelzung
kommen, gibt es nur zehn Raffinerien; davon vier in Paris, die mehr als drei
Fünftel dieses grossen Quantums verarbeiten; vier Raffinerien in Bordeaux und
zwei in Marseille. Die Surtaxe bezweckt, die französischen Raffineure, welche
bisher etwa 100 Millionen Kilogramm Rohzucker aus Deutschland, Oesterreich-
Ungarn und Belgien bezogen, um ihn nebst seiner Melasse zu raffinieren
und dann nach England auszuführen, wobei man ihnen einen Gewinn von
10,260,000 Francs nachrechnet, zu zwingen, diesen Import, wenn nicht einzustellen, so doch zu Gunsten des französischen Produkts zu vermindern.

steuer erklärt hatte, schlossen sich nach jener offiziellen Aeusserung sämtlich der Rübensteuer an. Für die Annahme der Rübensteuer war nicht zum wenigsten ein Bericht massgebend, welchen der Deputierte Bernot über eine von' französischen Landwirten und Zuckerfabrikanten in Deutschland unternommene Inspektionsreise der Zuckersteuerkommission der Deputiertenkammer vorgelegt hatte. Dieser Reisebericht enthielt u. a. folgende Stellen: „Wir mussten uns fragen, ob das Gedeihen der Landwirtschaft, von dem man uns berichtete, nicht hauptsächlich seinen Grund in dem hohen Rübenpreise hatte. Ausserdem aber wollten wir uns vergewissern, ob ausser einer Ernte von 35,000—40,000 kg zuckerreicher Rüben per Hektar, Getreideernten von 53 hl per Hektar in den Rübengegenden das Durchschnittsergebnis seien. Bestätigte sich dieses letztere Resultat, so war es sicher, dass auch darin ein wesentlicher Faktor des landwirtschaftlichen Wohlergehens unserer Nachbarn gesucht werden musste. Unser Urteil war bald gefällt, denn geradezu erstaunt waren wir während dieser langgestreckten Reise über die Regelmässigkeit der Ernten, über die Gleichmässigkeit der befolgten Kulturmethoden und deren Resultate, welche ebensosehr bei kleinem wie bei grösserem Grundbesitz bestehen. So ist es denn auch gar nicht zu verwundern, dass der Grundwert auf dieser ganzen Strecke überall der gleiche und dass der Preis per Hektar 8—10,000 Frs. (das wären 533 bis 666 Thlr. per Morgen, was offenbar zu hoch ist) beträgt, eine Summe, die wir in Frankreich nicht mehr kennen; ebensowenig kann es auffallen, wenn die Wohlhabenheit dieser Gegend Deutschlands eine sehr grosse ist. Welcher Ursache aber muss man dies alles zuschreiben? Nach unserer Ueberzeugung nur einer einzigen, der R ü b e n s t e u e r. Welches waren thatsächlich die Folgen dieser Steuer? Man musste die bisher befolgten Kulturmethoden vollständig aufgeben, man musste es vermeiden, im frisch gedüngten Boden Rüben zu pflanzen und das Getreide als Vorfrucht betrachten. Indem man die Bodenkultur so änderte, stiess man auf zwei Schwierigkeiten; man musste das Lagern des Getreides vermeiden und möglichst unkrautfreies Getreide erzielen. Das letztere war verhältnismässig leicht durch das Säen in Reihen und das Hacken im Frühjahr zu überwinden, während das erstere weniger leicht, nur durch die ausdauerndsten Anstrengungen erzielt werden konnte. Heute ist dies alles aber erreicht, dank der rationellen Düngung und den Eigenschaften des angewandten Samens. Welches sind nun die Resultate

dieser Anstrengungen? Man erntete durchschnittlich 30 hl Getreide
per Hektar, als dasselbe der Rübe in der Fruchtfolge nachkam —
heute erntet man die wirklich staunenswerte Quantität von ca. 53 hl
per Hektar. Dies ist eine Folge der Steuer auf die Rübe. Vergleichen
wir doch unsere Erträge mit denen unserer Nachbarn! Man erhielt
im Durchschnitt der letzten Jahre in Deutschland:

53 hl Weizen à 19 Frs. . . . . 1007 Frs.
   35 kg Rüben à 30 Frs. per 1000 kg (mittlerer, aber bei
   den Fabriken nicht beteiligten Rübenpflanzern gezahlter
   Preis, welcher den Fabrikanten noch genügenden Verdienst lässt) . . . . 1050 „
33 Ctr. Hafer oder Gerste à 20 Frs. . . . . 660 „
                Wert der drei Ernten 2717 Frs.

     In Frankreich:

40,000 kg Rüben à 20 Frs. . . . . 800 Frs.
   (mittlerer Preis der letzten Jahre, welcher häufig zu
     Verlusten führte)
30 hl Weizen à 20 Frs. . . . . 600 „
25 Ctr. Hafer à 20 Frs. . . . . 500 „
                Wert der drei Ernten 1900 Frs.

Bei dem Eingehen in die Einzelheiten des französischen Steuergesetzes ist zu beachten, dass die dort aufgestellten Rendementziffern
das Ausbringen an raffiniertem Zucker bedeuten, so dass, um es den
deutschen Sätzen gegenüberstellen zu können, eine Erhöhung nach
dem Verhältnisse von 88 (welches Rendement durchschnittlich die
Rohzucker haben) zu 100 einzutreten hat. Hiernach stellt sich das
Rendement von Rohzucker für Pressfabriken auf 5,68 Prozent und
auf 6,62 Prozent für Diffusionsfabriken; oder mit anderen Worten:
es wird angenommen, dass zur Darstellung eines Centners Rohzucker
die ersteren 17,6, die letzteren 15 Ctr. Rüben benötigen. In Deutschland hatte schon das Gesetz vom Jahre 1869 ein Ausbringen von
8½ Prozent angenommen, oder 11,75 Rüben gleich 1 Ctr. Zucker;
seit der Campagne 1883/84 gelten 8,88 Prozent, und die dem Reichstage 1884 gemachte Vorlage unterstellt 9,68 Prozent. In Frankreich
sind freilich die Rüben zuckerärmer, aber doch schon in der ersten
Campagne unter der neuen Steuer 1884/85 war die Ausbeute aus
denselben weit über dem Ansatze des Gesetzes. Die Zuckererzeugung
der Rübensteuerfabriken war 1,222,905 Mctr., sie entrichteten aber

Steuer für nur 946,953 Mctr., d. h. 275,952 Mctr. blieben unversteuert. Während das Gesetz ein Verhältnis von 15,7 Ctr. Rüben
gleich 1 Ctr. Rohzucker annahm, sind die Fabriken mit 12,7 Ctr. aus-
gekommen. Die Rübensteuerfabriken erzielten derart einen Steuergewinn von 11 Frs. 30 Cts. per 100 kg raffinierten Zuckers, wohingegen den Fabrikatsteuerfabriken ein Steuerabzug von nur 4 Frs. zu
gute kam.

Der stärkste Nachteil der Rübensteuer wird aber immer in der
Ungleichheit der Besteuerung, welche sie mit sich bringt, liegen.
Bereits in der Campagne 1884/85 machten sich die Anfänge einer
Verschiebung in den Standorten der Zuckerfabrikation in Frankreich
bemerkbar, und mit vollem Rechte konnte seitens eines Fachblattes
ausgesprochen werden: „Die Departements du Nord und Pas-de-Calais,
in welchen, wie in Deutschland in den Provinzen Sachsen und Schlesien,
die Industrie ihren Anfang und ihren Aufschwung genommen, die
lange Jahre hindurch die grösste Zahl der Fabriken und die stärkste
Produktion zeigten, laufen Gefahr, dieselbe, wenn nicht ganz, so doch
zum grössten Teile zu verlieren.‘

Jene Revolutionierung der Industrie, welche der französische
Landwirtschaftsminister von der Einführung der Rübensteuer befürchtete und derentwegen er die Saftsteuer vorschlug, hat also wirklich
statt. Während der Zeit bis 1887/88 wird die Rübensteuer obligatorisch werden und werden voraussichtlich alle Fabriken von der
Oberfläche verschwunden sein, welche eine entsprechende Rübe nicht
heranzuziehen vermögen. Einige Distrikte Frankreichs werden von
Rübenkultur zum Anbau anderer Früchte übergehen und die Landwirtschaft wird an manchen Punkten hiedurch erheblichen Schaden
leiden.

Die Rübensteuer ist eben keine Steuerform für eine alte Industrie,
die ihre Standorte nach Gesichtspunkten gewählt hat, die der Rübensteuer fremd sind und mit ihr hinfällig werden.

In Frankreich verschärft sich die Spitze, welche die Rübensteuer
gegen die Fabriken in schlechter Rübengegend kehrt, ganz besonders
durch die verhältnismässig hohe Steuer. In Frankreich ist die Steuer
auf den Mctr. raffinierten Zuckers 50 Frs. oder 40 M., in Deutschland nur 27 Frs. 75 Cts. oder 22 M. 20 Pf. Wer in Deutschland
eine um 3 Prozent geringere Ausbeute hat, oder, in anderen Worten,
11³/₄ Mctr. Rüben zur Gewinnung eines Metercentners Zuckers be-
bedarf, während sein Nachbar mit 9¹/₂ Mctr. auskommt, hat gegen

diesen 3 M. 60 Pf. oder 4 Frs. 50 Cts. mehr an Steuer zu zahlen, in
Frankreich aber 12 Frs. 50 Cts.[1]).

Soweit der Zuckerfabrikation durch das neue Gesetz Begünstigungen eingeräumt worden sind, wurden sie wesentlich mit dem
Hinweis auf die deutsche Konkurrenz begründet und bewilligt. In
der der Ausarbeitung des Gesetzentwurfes vorhergegangenen Enquete
wurde von einer Seite eine Differenz der Produktionskosten in Deutschland und Frankreich von 13 Frs. per 100 kg Zucker zu Ungunsten
Frankreichs berechnet[2]); von einer anderen Seite kam man auf
15 Frs. Diese Berechnungen sind mit einem starken Aufgebot von

---

[1]) Die Nachteile einer ungleichen Steuerbelastung wurden auch in den
Verhandlungen der französischen Deputiertenkammer zur Sprache gebracht.
Insbesondere war es Baron des Rotours, welcher an die Erfahrungen erinnerte, die man mit der Saftsteuer gemacht habe. Letztere wurde in Frankreich durch das Gesetz vom 23. Mai 1860 eingeführt, das jedoch den Fabriken
anheimstellte, ob sie die Saftsteuer annehmen, das heisst, wie man auch jetzt
bei der Rübensteuer sagt, ob sie sich abonnieren wollten. In diesem Falle
wurde unterstellt, dass der Saft für jeden Grad nach dem Dichtigkeitsmesser
und per Hektoliter 1425 g (in Belgien werden bekanntlich 1500 g zu Grunde
gelegt) Zucker ergäbe, welches Quantum zu versteuern war, ob man nun weniger
oder mehr erhielt. Gleichzeitig wurde die Steuer von Frs. 54 auf Frs. 30
herabgesetzt und als einheitlicher Satz (droit unique), also auf Zucker jeder
Qualität, in Anwendung gebracht. Trotz dieser günstigen Bestimmungen abonnierten nur wenige, vortrefflich eingerichtete Fabriken und zwar derjenigen
Departements, welche erst kürzlich die Rübenkultur eingeführt hatten. Diese
Fabriken stellten feinen Konsumzucker her und erzielten, in gewöhnlichem Rohzucker ausgedrückt, Rendements bis zu 1760 g, während die grosse Mehrzahl
und speciell die der Departements du Nord und Pas de Calais die gesetzliche
Annahme von 1425 g nicht erreichen konnten. Es wurde behauptet, wie auch
jetzt, dass in den alten Rübenländern weniger zuckerreiche Rüben wüchsen als
in den neuen; man wies auf den Gewinn hin, welchen die abonnierten Fabriken
an der Steuer hätten, der drei bis sechs Francs betrug, und man glaubte daraus
eine ganze Verschiebung der Industrie aus den alten nach den neuen Rüben-
bezirken prophezeien zu können. Da auch die Raffineure, die Seehäfen und die
Kolonien gegen die Saftsteuer auftraten, veranlasste die Regierung im Jahre 1863,
wo von 340 Fabriken nur 31 abonniert waren, eine grosse Enquete, aus deren Beratung das Gesetz vom 7. Mai 1864 hervorging, welches die Saftsteuer aufhob,
die Fabrikatsteuer allein beibehielt, das Typensystem einführte, den französischen
Kolonien vom 15. Juni 1864 ab bis zum 1. Januar 1870 einen Steuernachlass von
Frs. 5 gewährte und die europäischen Zucker wie die von fremden Schiffen eingeführten aussereuropäischen mit einem Zollaufschlage von Frs. 2 belegte.

[2]) Die neue Surtaxe von 7 Frs. soll in Verbindung mit dem an die
Fabrikanten gegebenen Nachlass von 4 Frs. und den 2 Frs. Transportkosten
eine Ausgleichung bewerkstelligen.

Parteilichkeit geführt worden. Ihnen gegenüber wurde von deutscher fachmännischer Seite insbesondere das hervorgehoben, dass der berechnete Nachteil der französischen Fabrikation nur aus dem geringeren Zuckergehalte der französischen Rüben hervorgeht. „So wie man in Frankreich eine gleich zuckerreiche Rübe erzielt wie in Deutschland, und dem steht nach den bestimmten in der Enquete wie bei den Verhandlungen gemachten Aussagen sehr sachverständiger Personen weder Boden noch Klima noch sonst etwas entgegen, wird man in Frankreich zu demselben Preise den Centner Zucker herstellen wie in Deutschland; den Unterschied bilden dann nur noch die Prämien. Bei einem Ausbringen von 10 Prozent Rohzucker von 88 Prozent Rendement, wie ein solches dann in Deutschland und in Frankreich stattfinden würde, wäre die deutsche Prämie 2 Frs. 50 Cts. per 100 kg Zucker (da die auf 1000 kg Rüben gezahlte Steuer 20 Frs. (16 M.) ausmacht, wohingegen für die 100 kg daraus gewonnenen Zuckers 22 Frs. 50 Cts. (18 M.) rückvergütet werden), die französische Prämie betrüge dagegen 19 Frs.“

Belgien.

Campagne	1884/85	1883/84	1882/83	1881/82	1880/81
			Tons à 10 Mctr.		
Rohzuckereinfuhr	16,444	16,132	18,437	19,913	22,260
Rohzuckererzeugung	63,533	91,509	77,059	72,966	66,618
hiervon a. ausgeführt oder auf Niederlagen gebracht	55,898	93,488	69,892	67,245	56,460
hiervon b. versteuert	7,667		7,226	5,792	9,866
Summa des für den Konsum deklarierten Rohzuckers	24,111	14,183	25,704	25,705	32,127
Ergebnis an Raffinade	23,888	13,757	24,933	24,934	31,163
Von Niederlagen zum Konsum gebrachte Raffinade	39	2	19	106	73
Raffinadeeinfuhr	4,782	6,604	7,250	6,062	5,890
Gesamtmenge vorhandener Raffinade	28,206	20,365	32,202	31,102	37,125
Raffinadeausfuhr	9,557	9,396	12,356	12,509	12,162
Versteuerter Raffinadekonsum	18,651	10,968	19,846	18,593	24,963
Steuerminimum (Tausende Frs.)	6,000	7,600	7,600	7,800	6,800

	Einfuhr		Zoll-	Einfuhr	Zoll-	Ausfuhr	
	Rohzucker	Raffinade	ertrag	Sirup und Melasse	ertrag	Rohzucker	Raffinade
	Tons	Tons	Frs.	Tons	Frs.	Tons	Tons
1884	16,517	6,446	3,343,178	16,297	549,186	58,609	9,279
1883	16,974	6,921	3,548,267	15,170	511,349	95,531	9,650

	Einfuhr	Zoll-	Einfuhr	Zoll-	Ausfuhr	
	Roh- Raffinade	ertrag	Sirup und	ertrag	Roh-	Raf-'
	zucker		Melasse		zucker	finade
	Tons Tons	Frs.	Tons	Frs.	Tons	Tons
1882	19,817 6,535	3,344,192	15,277	525,977	62,908	14,044
1881	22,289 5,630	2,881,075	15,504	513,234	63,833	11,476

In Belgien wurde die Zuckerkrise Anlass zu Aenderungen des
Zolltarifs. Im August 1884 wurde an den Finanzminister in der
Kammer der Abgeordneten eine Interpellation gerichtet, dahingehend,
ob die Regierung zu Massregeln für die Abwendung der der belgischen
Zuckerindustrie drohenden Gefahren geneigt sei. Der Minister antwortete bejahend. Bereits Anfang September wurde von der Regierung ein Gesetzentwurf eingereicht und sogleich von Deputiertenkammer und Senat angenommen, welcher der Regierung die Macht
gab, provisorische Zollzuschläge auf fremde Zucker einzuführen.
Auf Grund dieser Vollmacht erging dann unterm 25. September ein
königlicher Beschluss, der u. a. auf den Zuckerzoll einen Zuschlag
von 10 Prozent legte. Da man diese Massregel aber für unzureichend
zur Behebung der Schwierigkeiten erachtete, so wurde Anfang Dezember eine Kommission von Abgeordneten, Zuckerfabrikanten und
Beamten des Finanzministeriums für Beratung einer Steuerreform
eingesetzt. Am 18. März 1885 beendete die Kommission ihre Arbeiten. Ihr Vorschlag ging auf Einführung einer fakultativen
Rübensteuer neben der Saftsteuer. Die Kommission verlangte,
dass bei der Saftsteuer der Durchschnitt des per Liter Saft und Grad
Dichtigkeit angenommenen Zuckers um 100 Gramm herabgesetzt werde.
Für die Rübensteuer schlug sie eine Ausbeuteannahme der Zuckers
aus der Rübe bei hydraulischen Pressen mit 6 Prozent, und bei der
Diffusion mit $6\frac{1}{2}$ Prozent vor.

Der Vorschlag wurde durch die Regierung nicht genehmigt.
Diese legte im Mai 1885 den Kammern einen Gesetzentwurf vor, der,
mit grosser Raschheit zum Gesetz (vom 28. Juli 1885) erhoben, neben
die Steuer betreffenden Bestimmungen von geringerem Interesse die
Hinaufsetzung des Zollzuschlags auf 15 Prozent aussprach.
Die verkümmerte Frucht der für eine Reform gepflogenen Erhebungen
war ein Erlass des Ministers vom 29. Juli 1885, welcher betreffs des
Zuschlags zur Saftsteuer bei Entzuckerung der Melasse Bestimmungen
traf, ferner aussprach, dass für die durch Ausscheidung entzuckerte
Melasse, die aus früheren Campagnen herrührt, oder die den Rest
derjenigen Campagne bildet, in welcher ein Teil der gewonnenen

Melasse nicht entzuckert wurde, 16 Prozent des Melassegewichts als Zucker angenommen und zur Last gestellt werden sollen, und der schliesslich mit Bezug auf die Erhebung der Dichtigkeit des Saftes einige Aenderungen brachte.

In Belgien wird die Zuckersteuer nach den Verhältnissen der Menge und der Dichtigkeit des Saftes erhoben; diese beiden Zahlen multipliziert und dann mit dem Koeffizienten 1500 vervielfacht, geben die Menge des zu besteuernden Zuckers. Hat man z. B. eine Scheidepfanne von 20 hl Inhalt und die Steuerbeamten haben eine Dichtigkeit von 4 Grad festgestellt, so wird die Belastung (prise en charge), das heisst die Zuckermenge, welche der Fabrikant gewinnen und für welche er die Steuer zahlen muss, ausgedrückt durch $20 \times 4 \times 1500 \, g$ $= 120$ kg und zwar Zucker von Nr. 10—14 h. St. Da nun für diese Qualität die Steuer 45 Frs. beträgt, wird der Fabrikant mit $\dfrac{120.45}{100}$ gleich 54 Frs. belastet. Wenn 2000 kg Rüben 20 hl Saft geben, so beträgt die Steuer 27 Frs. für 1000 kg Rüben (= 1 M. 8 Pf. per Zollctr.). Der Saft wird in dem Zustande gemessen, in welchem er sich befindet, wann er in die Messgefässe, „jaugeurs" genannt, eingelassen wird. Bezüglich des zu versteuernden Volumens gilt, dass, wenn der Saft 40 Gr. C. oder darüber hat, $1/2$ Prozent vom Rauminhalt desselben abgerechnet wird, während bei 40 Gr. bereits $7/10$ abgerechnet werden. Um die Dichte des Saftes zu ermitteln, wird eine dem Messgefässe entnommene Probe auf 15 Gr. C. abgekühlt. Sobald irgend eine Melasseentzuckerung stattfindet, wird die Belastung verhältnismässig erhöht und zwar bei der Osmose um 6 Prozent, also auf 1590, bei der Elution auf 8 Prozent, also 1620 Gramm.

Die Eingangszölle betragen — ohne Zuschlag —
51 Frs. 13 Cts. für Zucker über Nr. 18   h. St. und raffinierte;
48 „ — „ „ „ von „ 15—18 „ „ mit Rendement von 94%
45 „ — „ „ „ „ „ 10—14 „ „ „ „ „ 88 „
40 „ 91 „ „ „ „ „ 7—9 „ „ „ „ „ 80 „
34 „ 26 „ „ „ „ unter Nr. 7 „ „ „ „ „ 67 „
Diese Sätze verhindern die Einfuhr von Zucker über Nr. 18, weil dieser dieselbe Steuer wie raffinierter zu tragen hätte. Für die Ausfuhrvergütung bestehen drei Klassen. Es werden rückvergütet:
51 Frs. 13 Cts. für raffinierten Zucker in Broten;
45 - — „ „ einheimische Rohzucker von Nr. 11 und höher
40 „ 91 „ „ - - „ „ 8—11.

Da die Rückvergütung für Rohzucker der Farbe Nr. 11 dieselbe ist wie für weisse Zucker, so macht man keine weissen Zucker für die Ausfuhr, und, da sich die ganze Industrie der Darstellung von braunem Zucker zuwendet, macht man selbst für den einheimischen Verbrauch keinen weissen Zucker. Zucker unter Nr. 8 darf man nicht ausführen, es gibt jedoch eine Ausnahme für die „Bastern" der Raffinerie.

Entsprechend den Gesetzen vom 18. Juli 1860 und 27. Mai 1861 wird alljährlich ein Kontingent als Mindestbetrag der Einnahme ausgesprochen. Für die Campagne 1885/86 wurde dasselbe durch königlichen Beschluss vom 13. August 1885 auf 6 Mill. Frs. festgesetzt.

Der Fabrikant kann auf dreierlei Weise seine Belastung tilgen:

1) durch direkte oder vermittelst eines Händlers bewirkte Ausfuhr mit einem Ausfuhrerlaubnisschein des Finanzbeamten;

2) durch bare Zahlung nach 6 Monaten der alle 14 Tage zusammengestellten Belastung;

3) durch Uebertragung der Steuern für den verkauften Zucker auf die Rechnung eines Raffinadeurs.

Die Fabrikanten gewinnen eine grössere Menge Zucker als die, wofür sie belastet werden, sie haben Ueberschüsse (excédents). Der Staat bewilligt aber die Ausfuhr nur für das belastete Quantum. Der Fabrikant muss daher seinen Ueberschuss an den Konsum verkaufen; indessen kann er letzteres, falls es ihm passt, vermeiden, indem er an der Börse oder vom Raffineur die ihm fehlenden Erlaubnisscheine kauft; er hat dann die Ausfuhrerlaubnis seitens der Finanzbeamten oder des Kommunalempfängers nicht mehr nötig. Daraus ist der Handel mit Ausfuhrscheinen entstanden. Ihr Wert schwankt mit einem Agio von 3—25 Prozent, je nachdem der Rohzuckerfabrikant mehr oder weniger Ueberschüsse und der Raffineur mehr oder weniger ausgeführt hat.

Die Prämie berechnet sich in Belgien folgendermassen: Konsumschätzungen gehen von $6\frac{1}{2}$—$7\frac{1}{2}$ kg per Kopf. 7 kg Konsum ergeben bei einer Bevölkerung von 5,600,000 Einwohnern 392,000 Mctr. Gesamtverbrauch.

Der versteuerte Durchschnittskonsum der Jahre 1882/85 war 165,000 Mctr. Unversteuert blieben also 227,000 Mctr. Zu 45 Frs. Steuerschuldigkeit resultiert hieraus eine Gesamtprämie von 10,200,000 Frs. und bei einer Produktion von 810,000 Mctr. Rohzucker eine Prämie per Mctr. Rohzucker von 12 Frs. 60 Cts.

In der Rübenzuckerindustrie Belgiens kann man drei örtlich geschiedene Gruppen von verschiedener Prosperität bemerken [1]. Das Hennegau, wo die Zuckerfabrikation eingeführt wurde, hat einen sehr fruchtbaren Boden und eine sehr vorgeschrittene Kultur. Dieser Distrikt zählt 90 Fabriken unter den 150 des ganzen Landes; die meisten sind kleine Fabriken, schlecht eingerichtet und noch schlechter geleitet, zuweilen 2 bis 3 in demselben Dorfe, die per Jahr oft weniger als 4 Millionen Kilo Rüben verarbeiten von schlechter Qualität und die ein Nachbar dem andern streitig macht und wegnimmt. Der Eigentümer ist ein Bauer, der es versteht, Vieh zu mästen und der die Rübe nur nach ihrem Gewichtsertrage per Hektar schätzt; der Direktor ist ein Maschinist oder Kocher, welcher im selben Masse wie sein Chef die Wissenschaft verabscheut und verächtlich lächelt, sobald man von Chemie spricht.

Die Hesbaye bildet die zweite Gruppe und umfasst Teile der Provinzen Brabant, Lüttich, Namur und Limburg; hier ist die Industrie etwas besser repräsentiert, obgleich es auch noch zu kleine, schlecht eingerichtete und geleitete Fabriken gibt, die keine Zukunft haben, weil sie sich das Rohmaterial nicht in genügender Menge beschaffen können. Im ganzen bestehen hier gegen sechzig Fabriken, worunter einige von ziemlicher Bedeutung. Mehrere Etablissements haben Diffusion und Osmose; der Betrieb wird gut geleitet, die chemische Kontrolle gehörig durchgeführt und die verarbeitete Rübe ist infolge unausgesetzter Anstrengungen von besserer Qualität.

Zur dritten Gruppe gehören die beiden Flandern und einige Fabriken der Provinz Antwerpen; es sind in derselben 68, meistens ziemlich bedeutende Etablissements, gut eingerichtet und geleitet, die vorwiegend ihre Rüben von Alluvialböden, Polders genannt, beziehen und diese bis in den benachbarten Provinzen Hollands aufsuchen.

Die Diffusion gewinnt nur sehr langsam an Terrain und noch täglich hört man gegen dieses System Einwendungen und Nachteile aufführen, die hundertmal widerlegt wurden und die ein einsichtvoller Industrieller nicht mehr machen dürfte. Mit einem solchen hartnäckigen Vorurteil bleibt man bei der einmaligen hydraulischen Pressung und einer Saftgewinnung von 6 bis 7 Prozent Zucker aus Rüben, die 10 bis 11 Prozent geben könnten. Die Scheidung, die

---

[1] Die folgende Schilderung ist der „Deutschen Zuckerindustrie" 1882, S. 937 ff., entnommen.

Saturation werden mit wirklichem Unverständnis durchgeführt und
der Saccharimeter, der Polarimeter u. s. w. sind unbekannte Instrumente. Viele Fabriken führen eine kümmerliche Existenz, wobei sie
ihre ganze Hoffnung auf bessere Zuckerpreise setzen und dann und
wann auf die Regierung grollen, welche sie gegen das Ausland nicht
genug schütze. Doch zeigt sich am Horizont eine lichte Stelle.
Wenn die vorstehende Charakteristik für die Mehrzahl der belgischen
Fabriken zutrifft, so gibt es doch auch einige vortrefflich eingerichtete
Etablissements. Schon arbeiten etwa 40 Fabriken mit Diffusion und
jedes Jahr macht man einige Umänderungen, bei welchen stets die
Chemie beachtet wird. Der Polarisationsapparat beginnt Aufnahme
zu finden. In einigen Bezirken wird der Ankauf der Rüben nach
ihrem Zuckergehalt durchgeführt, wobei man 11 Prozent Zucker als
Preisbasis nimmt und den Preis um 1 Fr. 25 Cts. bis 2 Frs. auf
1 Prozent Zucker und 1000 Kilo erhöht oder herabmindert.

Holland.

Campagne	Fabriken	Versteuerte Zuckererzeugung Tonnen à 10 Mctr.
1883/84	30	36,473
1882/83	20	25,136
1881/82	28	21,953
1880/81	31	24,238

	Ertrag der Zuckersteuer	
1883	6,272,000	Gulden
1882	7,405,000	„
1881	6,488,000	„
1880	5,872,000	„
1879	6,541,000	„

Einfuhr   Ausfuhr

im allgemeinen Verkehr

	Robzucker					
	aus Java	anderer Provenienzen	zu- sammen	Raf- finade	Roh- zucker	Raf- finade
		Millionen	Kilogramm			
1883	21	138	159,77	14,64	50,06	82,70
1882	19	83	116,88	12,75	34,21	73,96
1881	28	93,5	122,19	14,41	32,82	74,90

	Einfuhr				Ausfuhr	
		im besonderen Verkehr				
			Rohzucker			
	aus den Kolonien	davon aus Java	Rüben- zucker	Zu- sammen	Roh- zucker	Raf- finade
			Millionen Kilogramm			
1883	6,3	3,8	109,2	115,597	22	68,706
1882	12,5	6,4	82,9	95,394	11,1	60,626
1881	8,6	3,6	90,0	98,668	11,4	60,042
1880	15,8	6	79,1	94,993	11,7	64,167
1879	29,1	26	74,7	103,953	11,9	66,787

	Raffinerien	
	Zahl	Verarbeiteter Rohzucker
1883	16	119,945 Tons
1882	16	104,794 „
1881	16	105,874 „
1880	15	103,841 „
1879	15	111,614 „

Mit 25. Mai 1880 war für Holland ein Gesetz gegen Missbräuche bei der Verzollung von eingeführtem Zucker erlassen worden.
Bei der Bemessung des Zolles von eingeführtem Zucker war bis dahin
allein die Farbe (Type) massgebend gewesen. Dies hatte dazu geführt, dass hochgradige Zucker künstlich derart gefärbt wurden, dass
sie in eine niedrigere Klasse fielen als jene, der sie nach ihrem Zuckergehalte angehören sollten. So kam es häufig vor, dass Rohzucker
mit dem Zuckergehalte der ersten Klasse in der vierten Klasse versteuert wurde. Es war keine Seltenheit, dass ein Zucker, welcher
nach der Klasse, in die er eingestellt worden war, 67 Prozent
rendieren sollte, in Wirklichkeit bei einer vorgenommenen Untersuchung 94 Prozent und mehr ergab. Das Gesetz von 1880 ver-
ordnete nun, dass, wenn eingeführter Zucker einen höheren Gehalt
voraussetzen lässt, als den der höchsten Nummer der Klasse, für
welche er angemeldet wird, er nach dem Scheibler-Gunning'schen
Verfahren auf seinen Zuckergehalt untersucht werden darf. Sollte
man dann finden, dass der Zucker selbst ein höheres Rendement
hat als jenes der nächst höheren Klasse, so darf er zur Verzollung in diese nächst höhere Klasse eingestellt werden. Uebersteigt sein Zuckergehalt aber nicht jenen der nächst höheren Klasse,
so verbleibt er in der Klasse, für die er angemeldet ist. Durch
diese Bestimmungen war die Defraude im ungemessenen Umfange,
wie sie bei dem früheren Gesetz betrieben werden konnte, abge-

schnitten; aber immer noch konnte die Einfuhr derart bewerkstelligt
werden, dass dem Staatsschatz ein grosser Teil des ihm zugehörigen
Betrages verloren ging. Wenn der Raffineur Rohzucker in die Raffinerie
einführte, so wurde er für den eingeführten Zucker nach der sich für die
Farbentype desselben ergebenden Steuer belastet. Er wurde belastet
nach der Annahme eines Rendements an reinem Zucker von 88 Prozent in der 2., von 80 Prozent in der 3., und von 67 Prozent in der
4. Klasse. Der wahre Zuckergehalt durfte aber der nächst höheren
Klasse und zwar noch deren höchster Nummer angehören. Es durfte
danach zur zweiten Klasse angemeldeter Zucker bis 97,8 Prozent
(1. Klasse), zur dritten Klasse angemeldeter Zucker bis 94,4 Prozent
(2. Klasse) und zur vierten Klasse angemeldeter Zucker bis 87,4 Prozent Zucker haben. Führte der Raffineur Zucker von 87,4 Prozent
ein, so versteuerte er ihn, wenn nur die Farbe danach war, mit bloss
67 Prozent reinem Zucker und 20,4 Prozent waren die Prämie. Für
die zweite Klasse stellte sich die Prämie auf 9,8, für die dritte Klasse
auf 14,4 Prozent. Da die Steuer per Mctr. Raffinade 27 fl. betrug,
wurde also ein Mctr. Zucker zweiter Klasse auf 2 fl. 56 kr., ein
Mctr. Zucker dritter Klasse mit 3 fl. 89 kr., ein Mctr. Zucker vierter
Klasse mit 5 fl. 51 kr. prämiiert. Der Zuckerverbrauch in Holland
ist nach einem sehr mässigen Ueberschlage der Rotterdamer Handelskammer auf jährlich 40 Mill. kg zu berechnen, für welchen die
Konsumenten zum Satze von 27 fl. 10,800,000 fl. zu zahlen haben,
während der Staat durchschnittlich 7 Mill. fl. (1882: 7,405,134 fl.)
erhält und 3,800,000 fl. somit verliert. Von diesen 3,800,000 fl.
dienen 600,000 fl. zur Deckung gänzlich unwirtschaftlicher Ausgaben.
Für das Färben der im Auslande gekauften Zucker wird $\frac{1}{2}$ fl., bisweilen auch mehr per Mctr., über den gewöhnlichen Preis gezahlt,
und diesen Färbstoff hat der Raffineur wieder zu entfernen, was ihm
$\frac{1}{4}$ fl. kostet.

Das Gesetz von 1880 hatte die Einnahmen gegen früher wohl
gesteigert, aber die in ihm liegenden Mängel waren doch zu arg,
um nicht eine weitere Reform anzuregen. Im Dezember 1882 wurde
der zweiten Kammer ein Gesetzentwurf vorgelegt, welcher einmal
Verfügungen gegen den Schmuggel traf, weiters an die Stelle der
Verzollung des Rohzuckers nach Farbentypen die Versteuerung des
raffinierten Zuckers in dem Augenblicke, wo er die Raffinerie verliess, oder die Besteuerung des Rohzuckers nach seinem sacchari-
metrisch ermittelten Gehalt an kristallinischem Zucker treten lassen

wollte. Die Regierung war noch in Zweifel, welches der beiden
Systeme das bessere sei, und sie wollte daher die Befugnis erhalten,
versuchsweise die Raffinerien durch zwei Jahre der steueramtlichen
Betriebskontrolle zu unterwerfen. Sie stiess in dem letzten Punkte
jedoch auf heftigen Widerstand, und als ein Ministerwechsel eintrat,
wurde, unter Zurückziehung des früheren Entwurfs, Oktober 1883,
ein neuer vorgelegt, welcher einen Paragraph über die Befugnis zur
Einführung der Betriebskontrolle nicht mehr enthielt. Nach dem neuen
Entwurf sollte das bis dahin geltende Verfahren der Verzollung bis
1. Januar 1885 in Gültigkeit bleiben und in der Zwischenzeit die Regierung über den besten Weg der Reform Untersuchung pflegen.
Als für das zweite Halbjahr 1883 sich eine besonders grosse Einfuhr
gefärbter Rübenzucker der dritten und vierten Klasse zeigte, brachte
der Finanzminister zu seinem Entwurfe eine Ergänzung ein, nach
welcher Raffineure und Rohzuckerhändler eine Zollzuschlagszahlung
im Masse ihrer Einfuhr leisten sollten, wenn das Einkommen aus der
Steuer während des zweiten Halbjahres 1883 oder während des
ersten Semesters 1884 weniger als 3,250,000 fl. betrüge. Am
18. und 19. März fanden die Verhandlungen über den Entwurf
statt und führten, nachdem der Finanzminister seinen Antrag auf
Nachzahlung für das zweite Halbjahr 1883 zurückgezogen, zur Annahme desselben.

Ende März 1884 legte der Finanzminister einen Gesetzentwurf
zur definitiven Regelung der Erhebung der Zuckerzölle vor. Man
hatte aus drei Systemen zu wählen gehabt, aus jenem des einheitlichen Steuersatzes für allen Zucker, aus dem der Ueberwachung der
Raffinerien und aus jenem der saccharimetrischen Zuckergehaltsermittelung. Ersteres verwarf man, weil die einheitliche Besteuerung
verschiedenen Zuckers Ungleichheit der Besteuerung bedeutet. Das
exercice lehnte man ab, der Schwierigkeit der Ueberwachung wegen.
Die holländischen Raffinerien stecken enge zwischen anderen Gebäuden,
bei welchen eine Bewachung der Ein- und Ausgänge nicht hinreicht,
um vor Defrauden zu schützen, und eine innere Kontrolle erfordert
bei dem Tag und Nacht anhaltenden Betriebe der Raffinerien eine
zu grosse Zahl durchaus zuverlässiger Steuerbeamten. Es blieb somit
die saccharimetrische Untersuchung der Zucker. Man hatte hier
wieder zwischen zwei Methoden zu wählen; als die richtigste Methode
der Zuckergehaltsermittelung wurde das Scheibler-Gunning'sche Verfahren bezeichnet. Da dieses aber im Ausland nicht in Verwendung

stand, hielt man es für rätlich, das französische Verfahren der Zucker-gehaltsermittelung anzunehmen.

Der Entwurf wurde von beiden Kammern genehmigt. Das Gesetz vom 20. Juli 1884, zu dem er führte, besagt folgendes: Die Accise von Rohzucker wird berechnet nach dessen Polarisationsergebnis, wobei das Zweifache des Glucosegehalts und das Vierfache des Aschen-gehalts von dem ermittelten reinen Zucker abgezogen wird. Ueber-dies erfolgt ein Abzug von 1½ Prozent für Gewichtsverlust bei der Raffination.

Die Steuer beträgt:

für Kandis 1. Klasse . . . . 31 fl. 86 kr. per Mctr.
„   „   2.   „   . . . . 28 „ 89 „   „   „
„ Raffinade   . . . . 27 „ — „   „   „
„ jedes Prozent Zucker in Rohzucker . . — „ 27 „
„ Sirup, Melasse, Traubenzucker . . . 18 „ — „   „   „

Das Gesetz tritt mit 1. August 1884 in Kraft und soll vor dem 1. Juni 1887 revidiert werden.

Durch das neue Gesetz ist die Prämie bei der Einfuhr von Zucker auf den geringen Betrag beschränkt, der sich durch ein Aus-bringen von Kristallzucker, welches etwas höher ist als die gesetz-liche Berechnung annimmt, ergeben kann.

Grossbritannien und Irland.

	Einfuhr		Ausfuhr.		
	Rohzucker	Raffinade	Rohzucker	fremde Raff.	brit. Raff.
			Tons		
1884	1,190,000	213,335	35,500	11,000	65,000
1883	1,182,126	164,273	42,512	7,290	57,798
1882	1,128,727	138,452	19,944	6,327	52,394
1881	1,072,552	139,180	21,492	7,742	45,412

Raffinerien 1883/84

Standort	Zahl	Verarbeitung	
London	12	260,000	Tons
Liverpool	10	250,000	„
Greenock und Umgebung .	9	237,090	
Bristol	2	36,000	„
Sundvies	3	33,000	„
	36	816,000	Tons

Grossbritannien ist ohne Zuckersteuer oder Zuckerzoll. Es sind in letzter Zeit neuere Daten darüber veröffentlicht worden, wie sehr die allmähliche Aufhebung des Zuckerzolles für eine Erhöhung des Konsums gewirkt hat. Seit Anfang dieses Jahrhunderts hat sich der Zuckerkonsum in Grossbritannien folgendermassen entwickelt:

Jahr	Gesamt-verbrauch in Tons	Durchschnitts-preis pro Cwt. unverzollt	Durch-schnitts-zoll pro Cwt.	Durchschnittlicher Verbrauch pro Kopf		Ausgabe pro Kopf für die verbrauchte Menge
				Pfd.	Unzen	
1801	130,639	59/5	20/0 $^1/_2$	19	6	13/9
1805	103,805	51/8	23/6	13	15	9/4
1810	174,465	49/1	17/10 $^1/_4$	21	15	13/1
1815	110,564	61/10	31/2	12	15	10/9
(1816	126,496	48/7	22/1 $^1/_4$	14	8	9/1)
(1817	164,947	49/8	26/10 $^1/_2$	18	12	12/10)
(1818	86,344	50/	31/10 $^1/_4$	9	9	6/11)
(1819	140,045	41/4	28/4	15	5	9/6)
1820	145,093	36/2	27/	15	11	8/10
1825	153,992	38/6	27/	15	1	8/10
1830	186,102	24/11	25/6	17	8	7/11
1835	192,828	33/5	24/2	17	3	3/10
1840	179,741	49/1	24/9	15	4	10/1
(1844	206,472	33/8	25/2 $^1/_2$	16	12	8/9)
1845	242,831	32/11	14/16 $^1/_4$	19	14	8/4
1850	304,575	26/1	12/9	24	13	8/7
1855	371,726	27/4	13/5	29	13	10/10
1860	438,020	28/10	13/8 $^1/_2$	33	15	12/11
1865	518,318	22/5	10/1 $^1/_2$	38	11	11/3
1870	693,501	22/7	7/9 $^1/_2$	49	12	13/4
1871	702,200	25/1	4/6 $^3/_4$	49	14	13/2
1872	715,401	26/2	4/5 $^1/_4$	50	11	13/10
1873	786,033	23/1	4/2	54	12	13/4
1874	836,000	22/3	2/0	57	12	12/6
1875	749,000	21/	0/0 $^3/_4$	62	6	11/8
1876	880,000	20/	—	59	11	10/9
1877	847,000	23/		56	11	11/8
1878	939,000	19/9		62	4	10/11 $^1/_2$
1879	953,000	18/3		62	8	10/1 $^1/_2$
1880	956,000	19/6		62	2	10/10
1881	1,000,000	19/9		64	2	11/3 $^1/_2$
1882	998,000	19/6		63	5	11/1
1883	1,068,000	18/6		67	2	11/1 $^1/_2$
1884	1,076,000	16/3	—	67	1	9/9

Während fast der ganzen Hälfte dieses Jahrhunderts, bis 1844, hat der Konsum per Kopf keine Steigerung aufzuweisen. Der Zoll hat während der ersten fünfzehn Jahre grösstenteils Erhöhungen,

sodann in der Regel nur leise Ermässigungen erfahren. Zweimal
(1810 und 1816/17), wo der Zoll bedeutendere Ermässigungen erfährt, bringt dies eine merkbare Steigerung des Verbrauchs zu Wege,
aber sie bricht mit dem Augenblicke ab, wo der Zollsatz wieder auf
seine frühere Höhe schnellt. Erst das Jahr 1845 bringt eine bedeutende Zollermässigung, die festgehalten wird, und sie bewirkt eine
langsame und ständige Erhöhung des Konsums. Weitere Ermässigungen, seit 1865, lassen die Konsumerhöhung sich noch weiterhin
fortsetzen. Heute ist der Zuckerkonsum in Grossbritannien ein
derart hoher, dass nach Berechnungen der Daily News bereits
auf 5 $\frac{1}{2}$ Pfd. Weizen 1 Pfd. Zucker verbraucht wird und auf
3 Pfd. St. Ausgabe für Brot 1 Pfd. St. für Zucker kommt. Es
ist übrigens nicht zu verkennen, dass jene seit der Ermässigung des
Zolles anhaltende Konsumsteigerung begünstigt war durch die gleichzeitig sich vollziehende Erniedrigung des Zuckerpreises,
die ihrerseits zum Teile durch die Prämien auf den Kontinent
veranlasst war.

The Prod. Market's Review, deren Aufstellungen Verbrauchs-
und Preisdaten aufweisen, die um ein geringes von den eben genannten verschieden sind, bringt noch folgende Berechnungen: Der
Zuckerverbrauch des Landes betrug 1863 509,733 Tons. Im Jahre
1873, nachdem die Steuer zweimal um die Hälfte ermässigt worden,
war er 779,100 Tons und im Jahre 1883, nach beinahe zehn Jahren
zollfreien Zuckers, stieg er auf 1,088,759 Tons. Der Umfang des
Zuckerhandels hat sich also in zwanzig Jahren mehr als verdoppelt
und doch kosteten die 1,088,759 Tons, die jetzt verbraucht worden,
der Gesamtbevölkerung weniger als noch nicht die Hälfte dieser
Menge im Jahre 1863. Der Einkaufspreis stellte sich nach den
Büchern eines Engroshauses für die Kleinhändler auf 41 per Cwt.
in 1863, auf 29/9 in 1873 und auf 23/3 in 1883. Es kostete der
Zucker, den man im Jahre 1863 verbrauchte, 20,899,033 Pfd. St., die
im Jahre 1873 verbrauchte Quantität 23,175,200 Pfd. St. und die von
1883 24,316,646 Pfd. St. Es ist jedoch zu berücksichtigen, dass von
dieser Gesamtsumme im Jahre 1883 ein Betrag von 5,497,770 Pfd. St.
in Form von Kommissionen, Frachten, Gewinn etc. mehr in die Hände
einzelner Mitglieder der Bevölkerung gelangte als in 1863, und
2,977,000 Pfd. St. wurden so im Jahre 1883 mehr verdient als in
1873. Ziehen wir 5,497,770 Pfd. St., die verschiedenen Personen
des britischen Publikums zu Gute kommen, von 24,313,646 Pfd. St.

ab, so würde sich der Engrospreis des Zuckers im Jahre 1883 verglichen mit dem von 1863 stellen

in 1883 auf 18,815,876 Pfd. St. für 1,088,759 Tons
„ 1863 „ 20,899,033 „ „ „ 509,733 „

Der verdoppelte Konsum erfordert also keine höhere Ausgabe.

Seit Jahren versucht man, in England die Rübenzuckerfabrikation einzubürgern: bisher ohne nennenswerten Erfolg. Mit der Wende von 1884 auf 1885 wurde die bereits 1869—1873 betriebene Zuckerfabrik Lavenham wieder in Thätigkeit gesetzt. Aber auch diesmal blieben günstige Resultate aus, und nach kurzem wurde daher der Betrieb ganz eingestellt.

Die Agitation gegen die kontinentalen Zuckerprämien, welche von 1876 bis 1881 in England mit grosser Vehemenz betrieben wurde, hat sich seitdem abgeschwächt. Bis 1881 waren brotlos gewordene Arbeiter und dem Verfall entgegengehende Raffinerien hinter ihr gestanden, vertreten in den zwei Vereinen „Bristol operative sugar Refiners" und „British Sugar Refiners Committee". Seit 1877 und 1878 haben die Arbeiter anderweitig ihre Verwendung gefunden und für die Raffinerien ist nach Hinwegräumung der schwächeren Existenzen eine Periode mässiger Gewinne getreten. Der Regierung ist diese Aenderung in der Situation nicht fremd geblieben und sie hat sich darnach zur Frage einer Abschaffung der Prämien ziemlich gleichgültig gestellt.

Im einzelnen ist seit 1881 folgendes zur Geschichte der Antiprämienbewegung zu verzeichnen.

Anfangs 1881 hatte die englische Regierung auf Andrängen insbesondere der „nationalen Antiprämienliga" an die europäischen Zucker exportierenden Staaten eine Einladung zur Teilnahme an einer Konferenz zur allseitigen Abschaffung der Prämien ergehen lassen. Oesterreich-Ungarn und Belgien äusserten sich zustimmend, Deutschland und Holland lehnten ab, Frankreich wollte nur teilnehmen, wenn England sich verpflichten würde, von dem Zucker derjenigen Länder, welche der Konvention nicht beitreten, Ausgleichszölle zu erheben. Daraufhin liess England die Idee einer Konvention einfach fallen.

Im Oktober 1881 wurden die Verhandlungen zum Abschluss des Handelsvertrages mit Frankreich von der Antiprämienliga zum Anlass der Forderung genommen, es möge die Meistbegünstigungsklausel eine Gestalt erhalten, welche Ausgleichszölle auf nach Eng-

land geführten Prämienzucker ermögliche. Dieser Anregung wurde
ebensowenig Folge geleistet, als einer vom westindischen Komite
anfangs 1882 ausgehenden und sodann des öftern wiederholten,
welche nochmalige Schritte zur Einberufung einer internationalen
Konferenz befürwortete.

Unter dem 31. August 1883 richtete das westindische Komite
ein ausführliches und gut redigiertes Memorandum an das Kolonial-
amt, in welchem dargelegt wurde, dass durch den kontinentalen und
vorzugsweise durch den deutschen Zucker das Produkt der englischen Kolonien vom Mutterlande verdrängt und auf einen Markt
gelenkt sei, jenen der Vereinigten Staaten, welcher weder mit Bezug
auf Umfang, noch auf Sicherheit des Absatzes gleiche Garantien biete
wie das Mutterland. Es wurde dem Kolonialamte gesagt, es sei sich
der Tragweite der Angelegenheit nur ungenügend bewusst, und endlich
wurde auf das angelegentlichste eine energische Aktion durch den
Staatssekretär des Auswärtigen empfohlen. Indes auch diese Petition
wurde ad acta gelegt.

Einer Klärung der Situation dienen insbesondere zwei Schreiben
des Handelsamtes vom Juni 1884. Die Behörde gibt hier der Vermutung Ausdruck, dass hinter den drei sich an der Agitation hauptsächlich beteiligenden Vereinen, der Workmens National Association
for the Abolition of foreign Sugar Bounties, dem British Sugar Refiners Committee und dem West India Committee eine Hand stecke,
die zur Förderung ihrer Agitation Interessen vorschiebe, vorzugsweise
jene der englischen Arbeiter, welche zu vertreten sie in keiner Weise
berechtigt sei. Man kann sich auch wirklich bei Durchsicht der
von den einzelnen Vereinen und insbesondere der von der National
Association ausgegangenen Memoranden der Ueberzeugung nicht ent-
schlagen, dass man es nicht mit einer übermässig redlich geführten
Agitation zu thun habe. Thatsachen werden mit offenbarer Absicht-
lichkeit einseitig dargestellt, und nicht selten begegnet man haltlosen
und fast abenteuerlichen Ziffernkombinationen, die dann trotz ihrer
für jeden Sachverständigen evidenten Gewagtheit mit einem Tone
unbezweifelbarer Sicherheit vorgeführt werden, der an sich schon
Misstrauen gegen die verfochtene Sache zu erregen geeignet ist. Es
besteht die Vermutung, dass die Agitation durch Zuckerpflanzer der
Kolonien bestritten wird, auch soweit sie äusserlich durch die Workmen
Association und das Refiner-Committee repräsentiert ist.

Im September 1884 trat eine Delegation des West India Committee, nachdem abermalige Vorstellungen bei der Regierung zur Einberufung einer Konferenz fruchtlos geblieben waren, eine Reise in die Zucker exportierenden Staaten des Kontinents an, um „die Abschaffung der Prämie auf Exportzucker durch Zusammenwirkung der in den verschiedenen Ländern Europas dem Freihandel huldigenden Kaufleute herbeizuführen, ferner die Regierung solcher Länder, die das Prämiensystem beibehalten, zu bewegen, demselben zu entsagen und schliesslich in Erfahrung zu bringen, wie sich die öffentliche Meinung dem Prämiensystem gegenüber verhält." Von Resultaten dieser Reise hat nichts verlautet.

Die Gründe, aus denen die Regierung in einen Kampf gegen die kontinentalen Zuckerprämien nicht eingehen, also insbesondere nicht Ausgleichszölle einführen will, sind am ausführlichsten dargelegt in einem Schreiben, welches Sir T. H. Farrer vom britischen Handelsamte unter dem 25. Juni 1884 an die Workmen's National Association gerichtet hat [1]). Es wird hier zuerst ausgeführt, dass bis 1882 keine wesentliche Verminderung der Zuckererzeugung in den britischen Kolonien stattgefunden habe. Sodann wird auf die Behauptung der Association eingegangen, durch die Prämien seien 51,000 englische Arbeiter ihres Verdienstes beraubt worden. Durch das Handelsamt wird dem gegenüber der strikte Nachweis geführt, dass gegenwärtig mehr Personen in der britischen, den Rohzucker verarbeitenden Industrie beschäftigt sind als vor zwei Jahrzehnten. Gegen Ausgleichszölle macht das Handelsamt geltend: Allgemeines Princip der britischen Handelspolitik ist, von jedem Eingriff in den natürlichen Gang des Handels abzustehen. Schutzzölle in anderen Ländern sind in höherem Grade injuriös als Prämien, denn sie benachteiligen den englischen Produzenten, ohne, wie die Prämien, dem Konsumenten Vorteil zu gewähren. Trotzdem hat Grossbritannien nie Retorsion geübt. Es liege weiters keine Möglichkeit vor, die von den einzelnen Staaten gewährten Prämien genau zu ermitteln. Nicht zu übersehen sei, dass Ausgleichszölle gegen die Meistbegünstigungsklausel verstossen. Eine Preisgebung der Klausel wäre aber mit Gefahren für die britische Wirtschaft verknüpft. Ein Ausgleichszoll würde wahrscheinlich den Preis des Zuckers um mehr als den Betrag des Zolles erhöhen. Ein Ausgleichszoll von ¼ Pf. per Pfund, wie er gewöhnlich

---

[1]) Siehe Blaubuch über die Zuckerprämien vom 28. November 1884, S. 140 ff.

gefordert wird, würde nicht eine Belastung von 2,666,000 Pf. St. [1]),
wie sie sich rechnerisch ergibt, sondern — infolge der Aufschläge
der Zwischenhändler — eine solche von etwa 3,600,000 Pf. St. provo-
zieren — eine Belastung, welche einem Satze der Einkommensteuer
von 2 Pf. auf das Pfund entspricht. Die Steuer würde vorzugsweise
durch die arbeitenden Klassen getragen werden müssen.

Nach alledem könne auf den Vorschlag, Ausgleichszölle einzuführen, nicht eingegangen werden.

Dänemark.

	Zucker-	
	Einfuhr	Ausfuhr
	Centner à 50 kg	
1883	585,978	48,247
1882	521,090	61,419
1881	567,245	73,536
1880	558,810	55,470
1879	557,930	94,540

Seit 1874 bestanden zwei Zuckerfabriken in Dänemark. Im
Oktober 1882 wurde eine dritte eröffnet. Die den Namen „de danske
Sukkerfabriker" führende Aktiengesellschaft, welche diese drei Fabriken
besitzt, wollte nach Mitteilungen aus 1883 weitere zwei Fabriken für
die Campagne 1884/85 und eine sechste Fabrik für 1885/86 fertig stellen.
Der Bau letzterer Fabrik ist jedoch im Juni 1885 sistiert worden.

	Erzeugung[2])	hiervon im Lande verbraucht	erlegte Steuer Kronen
		Centner à 50 kg	
1883	155,220	96,844	835,606
1882	85,741	20,071	173,737
1881	64,139	51,987	456,895
1880	49,580	37,980	340,160
1879	35,236	26,723	230,899

Der gesamte Zuckerverbrauch aus Inlandserzeugung und Einfuhr war 1883: 61,589, 1882: 57,002, 1881: 57,978, 1880: 56,338,
1879: 55,358 Ctr.

In Dänemark besteht Fabrikatsteuer. Sobald der Zucker

---

[1]) Es ist zu bemerken, dass das Handelsamt den Ausgleichszoll für die
gesamte Einfuhr nach Grossbritannien, nicht bloss für die Einfuhr prämiierter
Zucker berechnet.

[2]) Nach Sachs war dieselbe 1884/85 243,800 Ctr.
                               1883/84 151,360 „
                               1882/83 105,020 „

die Centrifugen, wo er fertig wird, verlässt, wird er von den Steuerbeamten verwogen und in ein Lagerhaus gebracht, wo er verbleibt,
bis er an die Raffinerien geliefert oder anderweitig abgesetzt wird.

Steuer und Zollsätze haben während der letzten Jahre keine
Veränderung erlitten. Es beträgt darnach:

Die Steuer für Zucker Stand. Nr. 19 od. heller 19,71 Kron. pr. Mctr.

„   „   „   „   „   „ dunkler als 19 17,25   „   „   „

Der Zoll   „   „   „   „ 19 od. heller,

ferner für Kandis u. Raffde. 27,20   „   „   „

„   „   „   „ Stand. Nr. 10—19   18,88   „   „   „

„   „   „   „   „   „ unter 10   17,21   „   „   „

Die Steuerrestitution für Raffinade   20,52   „   „   „

Schweden.

	Rohzucker	Raffinade	Raffinade-
		Einfuhr	Erzeugung.
		metrische Centner	
1883	269,245	137,255	22,144
1882	246,451	111,060	22,842
1881	214,184	112,347	19,554
1880	187,377	134,588	16,869
1879	177,040	127,939	16,140

Der Export von Zucker ist äusserst unbedeutend.

Es bestehen sechs Raffinerien, von denen zwei auch Rüben verarbeiten. Zwei Rohzuckerfabriken gingen vor einigen Jahren ein, dagegen ist eine Fabrik gegenwärtig im Baue. Die Inlandsfabrikation
von Zucker wurde in 1884—85 auf 4000 Tons geschätzt.

Geltende Steuerform ist die Rübensteuer. Sie wird nach der
Verordnung vom 16. Juni 1882 unter Annahme einer Ausbeute von
6 $\frac{1}{4}$ kg Rohzucker aus dem Metercentner Runkelrübe erhoben. Steuersatz sind $\frac{2}{5}$ des auf Rohzucker unter Stand. Nr. 18 gelegten Zolls.

Als Zoll werden erhoben:

von Raffinade und Rohzucker von Nr. 18 und heller 33 Öre pr. kg

„ Rohzucker unter Nr. 18 23,5   „   „   „

Norwegen.

Die Einfuhr von Zucker nach Norwegen war 1883: 219,600,
1882: 204,400, 1881: 187,800 Ctr. à 50 kg. Ueberdies wurden 1883
108,720 Ctr. Sirup (entsprechend 59,800 Ctr. Rohzucker) für den
Konsum eingeführt. Eine Erzeugung oder eine nennenswerte Ausfuhr von Zucker findet nicht statt.

Eingangszoll von Zucker in Norwegen ist 0,41 Krone per kg. Die Einnahmen aus dem Eingangszoll waren von Zucker, bezw. Sirup 1883: 4,126,000 und 326,000, 1882: 3,955,000 und 340,000, 1881: 3,360,000 und 339,000 Kronen.

Schweiz.

Für frühere Jahre berechnet sich der Verbrauch pro Kopf:

1881 auf 10,66 kg pro Kopf.		1875 auf 9,40 kg pro Kopf.	
1880 „ 10,09 „ „ „		1874 „ 8,06 „ „ „	
1879 „ 9,46 „ „ „		1873 „ 7,52 „ „ „	
1878 „ 9,16 „ „ „		1872 „ 6,30 „ „ „	
1877 „ 9,03 „ „ „		1871 „ 6,02 „ „ „	
1876 „ 9,49 „ „ „		1870 „ 5,39 „ „ „	

	Einfuhr von		Einfuhr von		Einfuhr von	
	Zucker	Sirup und Melasse	Zucker	Sirup und Melasse	Zucker	Sirup und Melasse
	Metercentner					
	1884		1883		1882	
Einfuhr	368,172	13,481	295,191	15,135	279,681	13,873
Ausfuhr	326	42	176	25	191	55
	367,846	13,523	295,015	15,160	279,490	13,928
zuzüglich 12 Proz. . .	44.142		35.402		33.539	
an Rohzucker	411,988		330,417		313,029	
zuz. 50 Proz. d. farbl. Sirups	1,269		1,693		1.413	
Gesamtverbrauch . . .	413,257		332,110		314,442	
Bevölkerung	2,900,100		2,882,400		2,864,700	
Verbrauch pro Kopf . .	14,25		11,52		10,98	

Da die Schweiz bis 31. Dezember 1884 einen gleichen Zollsatz für Zucker aller Art hatte (7 Frs. per Mctr.), so wurde bis dahin fast nur raffinierter Zucker eingeführt. Um die entsprechende Quantität Rohzucker zu finden, ist der Zuschlag von 12 Prozent gemacht.

Mit 1. Januar 1885 sind neue Zölle in Kraft getreten und zwar:

für Melasse und ungereinigten Sirup . . . . . 2 Frs. per Mctr.

„ gereinigten Sirup . . . . 7 „ „ „

„ Roh- und Kristall-, Pilé- und Traubenzucker 7,50 „ „ „

„ Raffinade, nicht geschnitten oder fein gepulvert 8,50 „ „ „

„ Raffinade, geschnitten oder fein gepulvert . 10 „ „ „

Die Zollerhöhung, die damit stattgefunden hat, hat eine vermehrte Einfuhr in den letzten Monaten des Jahres 1884 bewirkt. Die für dieses Jahr ermittelte Konsumziffer kann daher nicht als bezeichnend gelten.

Italien [1].

	Einfuhr			Zollertrag
	Raffinade	Rohzucker	Zusammen	Lire.
	metr. Ctr.			
1884	75,959	884,050	960,009	
1883	147,495	773,919	926,414	51,054,251
1882	192,292	615,867	808,159	45,380,296
1881	174,112	587,135	761,247	42,653,084
1880	148,290	361,556	509,846	28,986,680
1879	365,957	649,800	1,015,757	45,403,430

Während 1871 noch 80 Procent alles eingeführten Zuckers Raffinaden waren, 1875 noch 56 Procent und 1880 29 Procent, war in 1883 der Anteil der Raffinade an der gesamten Zuckereinfuhr auf 16 und 1884 auf 8 Procent gesunken. Stellt man daneben die absolute Steigerung, welche der Zuckerkonsum in Italien seit 1870 erfahren hat (832,000 Mctr. im Jahresdurchschnitt von 1881—83 gegen 740,000 Mctr. in 1871/73), so sieht man, in wie starkem Masse sich die Thätigkeit der italienischen Raffinerie erweitert hat.

Nicht gelungen ist es — trotz ständig fortgesetzter Versuche — der Rübenkultur und Rübenzuckerfabrikation in Italien eine nennenswerte Ausdehnung zu geben. Das Klima ist bereits zu heiss, um für den Rübenbau noch geeignet zu sein. 1882 wurden zwei neue Fabriken errichtet, von denen aber die eine in 1884 nicht mehr in Thätigkeit war. Ueber Produktion und Steuerleistung der letzten Jahre geben folgende Ziffern Aufschluss:

	Zuckerfabriken in Betrieb	Erzeugung Mctr.	Steuerleistung Lire
1884	3	7221	233,036
1883	4	3536	119,977
1882	4	1916	170,226
1881	2	635	23,757

Die Zuckerzölle haben in den 'letzten Jahren keine ziffermässige Aenderung erfahren, doch wurde durch Gesetz vom 6. Juli 1883 verfügt, dass der bis dahin für Rohzucker bestandene Zoll von 53 Lire per Mtcr. für allen Zucker nicht über Stand. Nr. 20 gelten solle, während der Zoll von 66,25 Lire für allen Zucker von höherer

---

[1] Vgl. auch Finanzarchiv I, 446 ff.

Type einzutreten habe. Dieser Aenderung in der Klassifikation, durch
welche die Einfuhr auch besserer Zuckersorten als Rohzucker unter
dem Namen des letzteren möglich war, ist die weitgehende Steigerung,
welche die „Rohzucker"-Einfuhr gerade in 1883 und 1884 gegen
Raffinade erfahren hat, mit zuzuschreiben. Ende November 1885
wurde der Kammer ein Gesetzentwurf vorgelegt, nach welchem der Zoll
für Zucker erster Klasse von 66,25 auf 78,50 Lire und jener für Zucker
zweiter Klasse von 53 auf 64 Lire erhöht werden sollte. Gleichzeitig
wurde eine Erhöhung der Steuer auf 43,20 Lire für Rohzucker und
49,60 Lire für Raffinade vorgeschlagen.

Vornehmlich im Interesse der einheimischen Zuckerfabrikation
wurde der seit 1877 in Italien in Geltung stehenden Fabrikatsteuer
durch Gesetz vom 13. Juli 1883 fakultativ eine Zuckersaftsteuer
an die Seite gestellt. Die Steuersätze sind die früheren, 32,20 Lire
für den Mctr. Rohzucker und 37,40 Lire für den Mctr. Raffinade.
Die Berechnung der Steuer erfolgt entweder nach der Menge des
wirklich gewonnenen Zuckers oder auf Grund der Dichtigkeit des
Saftes, indem per Hektoliter Saft und Dichtegrad 15 kg Rohzucker
zur Anschreibung kommen.

Die Bestimmungen des Reglements für die Besteuerung der
Zuckerfabriken sind im wesentlichsten die folgenden: Um eine Zuckerfabrik in Betrieb zu setzen, muss deren Anmeldung bei der Steuer-
intendanz der Provinz mindestens einen Monat vor dem Beginn des
Betriebes erfolgen. Die Anmeldung, welcher ein Plan der Fabrik
beizufügen ist, muss eine Beschreibung der Fabrik und eine Angabe
betreffend die Anzahl und den Inhalt der Kessel, Gefässe, Apparate
und Maschinen jeder Art enthalten. Jede Veränderung in der Fabrik
muss gleicherweise angemeldet werden. Auf Grund der Anmeldung
wird eine amtliche Besichtigung der Fabrik und eine Nachmessung
der Kessel und Gefässe vorgenommen. Die Fabrik muss am Thore
die Bezeichnung als Zuckerfabrik tragen. Eine innere Verbindung
zwischen Fabrik und anstossenden Grundstücken darf nicht vorhanden
sein. Alle nach aussen gehenden Fenster müssen eiserne Gitter
haben. Jährlich, mindestens einen Monat vor Beginn der Arbeit,
hat der Fabrikant eine Deklaration über das in Anwendung kommende
Arbeitsverfahren, über die Arbeitszeit und einen Betriebsstundenplan
einzureichen. Veränderungen hierin sind ebenfalls anzuzeigen.

So weit die allgemeinen Bestimmungen. Speciell für Fabriken
mit Saftsteuer ist insbesondere verordnet: die Saftreservoirs müssen

leicht zugänglich sein und auf fester und unbeweglicher Unterlage ruhen. Der Fabrikant muss jede Entleerung der Reservoirs mit Angabe von Menge, Temperatur und Dichte der Flüssigkeit in ein vorbereitetes Buch eintragen. Ein Beamter des Steueramtes muss sich beständig bei dem Behälter aufhalten, um die Angaben zu sammeln und sowohl in sein, als in das Buch des Fabrikanten einzutragen. Letzteres muss am Schluss jedes Tages von einem Steuerbeamten abgeschlossen werden, indem derselbe nach Massgabe der Eintragungen die entfallende Steuer feststellt. Zur Bestimmung der Dichtigkeit und der Temperatur des Saftes wird eine Probe unmittelbar vor Entleerung der Reservoirs entnommen.

In den Fabriken mit Fabrikatsteuer muss am Monatsschluss oder bei Beendigung des Betriebes die Steuerberechnung vorgenommen werden.

Rumänien.

Rumänien führte ein an Raffinade (von Rohzucker werden nur minime Mengen importiert): 1883: 98,095, 1882: 76,462, 1881: 64,006, 1880: 56,261 metr. Ctr. Eine nennenswerte Ausfuhr besteht nicht.

Trotz der für die Zuckerfabrikation votierten Subventionen hat von den zwei Fabriken des Landes eine (Chitila) den Betrieb eingestellt, und der zweiten (Sascut) drohte nach Mitteilungen vom April 1885 das gleiche Schicksal.

Die in Rumänien geltenden Einfuhrzölle sind (Frs. pro 100 kg)

	Konventionaltarif	Generaltarif
Raffinade	20,00	23,00
Rohzucker	12,00	13,80

Serbien.

Man importierte nach Serbien 1883: 34,070, 1882: 33,160, 1881: 25,200 metr. Ctr. Raffinade.

Ausfuhr oder Inlandserzeugung besteht nicht.

Der am 23. Juli 1883 in Kraft getretene „allgemeine“ Zolltarif bestimmt 10 Frs. Zoll für 100 kg Raffinade.

Europäische Türkei.

Die Zuckereinfuhr in die Türkei beträgt jährlich 190,000—200,000 metr. Ctr. Zuckerfabriken oder Raffinerien sind im Lande nicht vorhanden.

Der Zoll beträgt 8 Prozent vom Werte.

Griechenland.

Die Zuckereinfuhr (ausschliesslich Raffinade) nach Griechenland war 1883: 73,292, 1882: 66,711, 1881: 54,875 metr. Ctr.

Eine Zuckererzeugung oder Raffination im Lande findet nicht statt.

Der Zoll auf Raffinade beträgt nach dem Tarif vom 7. Juni 1884 20 Lepta pro Oker à 1¼ kg.

Spanien.

Die Einfuhr von Zucker nach Spanien betrug:

	1879	1880	1881	1882	1883
		M e t e r c e n t n e r.			
Gesamteinfuhr . .	333,727	284,738	339,195	350,158	445,260
Aus Hamburg . .	26,547	19,134	39,383	58,690	117,697
„ Cuba . . .	264,050	171,200	215,250	172,380	124,890
„ Portorico . .	8,073	3,820	11,670	18,620	57,980
„ Manila . . .	19,160	36,480	99,980	41,500	77,880
Summa	317,830	230,634	366,283	291,190	378,447

In den südlichen Provinzen Spaniens wird Rohrzucker gebaut
mit einem Ertrage in den letzten Jahren von 10—15,000 Tons. In und
bei Barcelona besteht je eine Zuckerraffinerie.

Die Regierung hat in letzter Zeit Massregeln ergriffen, einmal
um die Zuckerproduzenten in den Kolonien zu unterstützen, dann um
die Einrichtung von Raffinerien in Spanien zu begünstigen und endlich
um der einheimischen Zuckerproduktion die Gelegenheit zur Entwicklung zu geben. Dem ersten Zwecke diente bereits ein Gesetz vom
30. Juni 1882, welches bestimmte, dass die Zölle von Kolonialzucker
allmählich heruntergesetzt werden sollen. Es sollte erhoben werden
für 100 kg vom 1. Juli 1882 bis 1. Juli 1883 für Zucker über
Nr. 14 12,00 Pes., unter Nr. 14 5,50 Pes., — vom. 1. Juli 1883 bis
1. Juli 1884 10,80, bezw. 4,95, — vom 1. Juli 1884 bis 1. Juli 1885
9,60 bezw. 4,40 Pes., völlige Zollbefreiung sollte erst am 1. Juli
1892 eintreten, bis dahin also nur eine allmähliche Reduktion von
10 Prozent jährlich statthaben.

Als 1884 die Krise über den Zuckermarkt hereinbrach und ganz
besonders arg die spanischen Kolonien, vorzüglich Cuba, hernahm,
fand man die Begünstigungen des Gesetzes von 1882 ungenügend.
Eine königliche Verordnung vom 5. Oktober 1884 bestimmte, dass
bereits vom 15. Oktober 1884 an die Einfuhr von Zucker aus Cuba
und Portorico, wenn sie auf spanischen Schiffen erfolgt, zollfrei zu
behandeln, wenn unter fremder Flagge erfolgend, mit einem Zoll von
nur 8 Frs. 85 Cts. für Qualitäten unter Nr. 14 h. St. und von 17 Frs.
für solche über Nr. 14 zu belegen sei. Eine Verordnung vom
9. Juli 1885 dehnte diese Vergünstigung auf die Philippinen aus.
Doch bleiben für alle Zucker, ob aus Kolonien oder aus begünstigten
oder nicht begünstigten Staaten stammend, die Zollzuschläge von
27 Pes. für 100 kg, nämlich: 13,50 Pes. „Derecho transitorio" und
13,50 Pes. „Recargo Municipal" bestehen.

Die Begünstigung auch der spanischen Raffinerie hat eine zweite Verordnung vom 5. Oktober 1884 im Auge, welche bestimmt, dass vom 1. Januar 1885 an die Zucker der begünstigten Nationen, die zuletzt:

25,25 Pes. Zoll
und 27,00 Pes. Zuschlag } zusammen 52,25 Pes.

für 100 kg gezahlt hatten, nunmehr

30,80 Pes. Zoll
und 27,00 Pes. Zuschlag } zusammen 57,80 Pes.

für 100 kg zahlen sollten. Die nicht begünstigten Nationen bleiben mit 32,25 Pes. Zoll und 27 Pes. Zuschlag, zusammen 59,25 Pes. für 100 kg. belastet.

Endlich hat noch die einheimische Zuckerproduktion durch eine dritte Verordnung vom 5. Oktober 1884 Förderung erhalten, indem vom 15. Oktoker 1884 bis 1. Januar 1886 nur die Hälfte der bisherigen Steuer (von der Höhe des Einfuhrzolles) zu zahlen ist.

Den Interessen seiner westindischen Kolonien hat Spanien noch durch einen Vertrag mit den Vereinigten Staaten von Nordamerika Rechnung getragen, nach welchem Zucker nicht über Stand. Nr. 13 zollfrei in die Union eingeführt werden darf.

Portugal.

In 1884 wurden nach Portugal 12,500 Tonnen Rohzucker und 7500 Tonnen Raffinade eingeführt.

Eine Zuckergewinnung im Lande gibt es nicht. Dagegen besteht eine grosse Zahl kleiner Raffinerien, welche den Rohzucker auf primitive Weise für den Gebrauch vorbereiten.

Die portugiesischen Raffineure und Importeure von Rohzucker streben eine Aenderung der Zölle dahin an, dass Farin- und Pilézucker, als direkt in den Konsum gehend, nicht mehr wie bisher zum Zollsatze für nichtraffinirte Zucker eingeführt werde.

Vereinigte Staaten von Nordamerika.

Konsum in Tons à 10 metr. Ctr.

	Rohzucker	Aus Melasse bereiteter Zucker	Ahorn- zucker	Rüben- zucker	Gesamt- konsum
1884	1,189,233	50,000	25,000	1050	1,205,283
1883	1,105,169	40,722	18,500	—	1,164,391
1882	993,493	64,456	20,000	—	1,077,949
1881	959,983	39,949	9,000		1,008,932

	Zucker-Einfuhr		Ausfuhr	
	Atlantische Küste	Stiller Ocean	Rohzucker	Raffinade
1884	1,082,340	72,386	8672	63,643
1883	932,522	54,154	2190	11,580
1882	879,387	50,603	1045	5,060
1881	777,906	41,638	1425	8,242

Die Produktion Louisianas war 1884: 135,443, 1883: 142,298, 1882: 76,373, 1881: 127,367 Tons. 1882/83 waren 810, 1880/81 1114 Zuckersiedereien in Betrieb.
An Zöllen wurden entrichtet:

Fiskaljahr 1883/84: 47,501,750 Dollars.

1882/83: 43,591,449 „

In den Vereinigten Staaten sind seit vielen Jahren wiederholt und in den verschiedensten Distrikten Versuche zur Einführung der Rübenzucker-Industrie gemacht worden. Den Unternehmern stand nicht allein die Befreiung von jeder Besteuerung zur Seite, die bei den hohen Eingangszöllen auf fremden Zucker eine wesentliche Unterstützung gewährt, sondern es wurden auch in den meisten Fällen Prämien von einzelnen Staaten zugesichert. Indessen sind bisher alle Versuche misslungen und nur eine einzige Fabrik (Alvarado in Californien) hat einen mehrjährigen Betrieb aufzuweisen. Die Ursache des Misslingens ist vorzugsweise in dem Mangel an billiger Arbeitskraft — der Rübenbau erfordert sehr viel Handarbeit — zu suchen.

Die nach dem Gesetz vom 25. Dezember 1876 in der Union geltenden Zölle wurden nach der Farbe des Rohzuckers, für welchen die holländische Standard-Klassifizierung bestand, erhoben. Seitens der Importeure wurde dies in der Weise ausgenützt, dass sie hochgradigen Zucker, dem sie eine dunkle Farbe gaben, niedriger als seinem Zuckergehalte entsprechend verzollten. Derart wurde Zucker, der nach seinem Zuckergehalte 37/16 Cents per Pfund zu zahlen gehabt hätte, zum niedrigsten Satz von 23/16 Cents ab eingeführt. Massnahmen, welche das Schatzamt im Verordnungswege wiederholt gegen dieses Vorgehen ergriffen hatte, waren durch eine Entscheidung des Supreme-Court vom Februar 1882 als ungesetzlich erklärt worden. Damit war man auf den Weg einer Gesetzesreform gewiesen.

Eine vom Kongress eingesetzte Commission zur Ausarbeitung eines neuen Zolltarifs hatte sich auch mit den Zuckerzöllen zu beschäftigen und sie machte im Dezember 1882 den Vorschlag auf Einführung der polarimetrischen Untersuchung des eingeführten Zuckers statt der Verzollung nach der Farbentype. Man ging auf den Vorschlag ein. Das Tarifgesetz vom März 1883 enthält bereits die betreffenden Bestimmungen. Gleichzeitig hat es die Klassifikation

einer Modifikation unterworfen und die Zollsätze im Durchschnitte um fast $^1/_4$ Cent per Pfund oder 9,32 Prozent des Wertes ermässigt. Mit Juni 1883 trat darnach folgender Tarif in Kraft:
Zucker nicht über Stand. Nr. 13 und nicht über

75 Grad Polarisation . . . . 1,4 Cents per Pfund,
für jeden Grad über 75 Grad . . . . . $^4/_{100}$ Cents mehr
Zucker von Nr. 13—16 . . . . 2$^3/_4$ Cents per Pfund,
„ „ „ 16—20 . . . . 3 „ „ „
„ „ über 20 . . . . 3$^1/_2$ „ „ „

Es musste nunmehr die Färbung des Zuckers zum grössten Teile ausser Anwendung kommen, weil Zucker von Farbe unter Nr. 13 künstlich herzustellen, keinerlei Vorteile mehr brachte.

Durch die Veränderung der Einfuhrzölle war auch eine Modifikation in den Sätzen der Ausfuhrrestitution bedingt. Es wird Rohzucker in die Union geführt, um nach erfolgter Raffination wieder ausgeführt zu werden. Die Zollrückvergütung für ausgeführten verzollten Zucker wurde — vorerst provisorisch — festgesetzt:
für trocken raffinierten Zucker mit . . . . . 2,82 Cts. pr. Pfd.
„ ungetrockneten raffinierten Kaffeezucker über
St. Nr. 20 . . . . 2,28 „ „ „
„ raffinierten Kaffeezucker von St. Nr. 20 und
darunter . . . . 1,84 „ „ „

Diese Sätze sollten nach der Absicht des Gesetzgebers das blosse Aequivalent der Einfuhrzölle sein. Eine später eingesetzte Kommission hat indes erwiesen, dass sie eine Prämie von 50 Cents per 100 Pfund gegen den Einfuhrzoll darstellen, indem der Rohzucker einführende Raffineur bei der Ausfuhr von aus diesem Rohzucker erzeugten 100 Pfund Raffinade um 50 Cents mehr zurückerhält, als er für den Rohzucker an Zoll gezahlt hat [1]). Es hängt damit zusammen, dass in 1884 die Raffinadeausfuhr aus der Union eine nie gehabte Ausdehnung erlangt hat.

Nachtrag zu Seite 34 und 35. Der neue Zuckersteuergesetzentwurf beantragt die Besteuerung für den Doppelcentner Rüben für 1886/87 auf 1 M. 70 Pf., für die Folge auf 1 M. 80 Pf. festzusetzen. Die Ausfuhrvergütung für Zucker soll für 1886/87 pro Doppelcentner 18 M., für die Folge 18 M. 90 Pf. betragen. Die Kreditfrist wird nach Bedürfnis auf 12 Monate verlängert, für Fabrikate aus vergütungsfähigem inländischen Zucker soll nach näherer Bestimmung des Bundesrates eine entsprechende Exportbonifikation gewährt werden.

---

[1]) Näheres hierüber s. das englische Blaubuch über Zuckerprämien vom 22. November 1884, S. 72 ff., 80 ff.

Zur sog. Meldangabe bei der Veranlagung der persönlichen Steuern.

Von

. Carl Burkart,

Regierungsrat und Rentamtsvorstand in München.

Im Eingang der Abhandlung: „Die Meldangabe bei der Veranlagung der persönlichen Steuern" — II. Jahrgang I. Heft des
Finanzarchivs — wird hervorgehoben, dass der Stoff in der Theorie
nicht einmal der Beachtung, geschweige denn einer Durcharbeitung
gewürdigt worden sei und zum Beleg unter anderem auch auf meine
Darstellung der bestehenden Einkommensteuern in Hirths Annalen
des Deutschen Reichs 1876/1880 hingewiesen. Wenn es sich dabei wirklich, wie weiter bemerkt wird, um einen der „wichtigsten
Punkte" im Anlageverfahren, der persönlichen Steuern handeln sollte,
wodurch dessen Mängel zum „grössten Teil" beseitigt werden —
S. 53 — so würde die Nichtbeachtung dieses Gegenstandes zweifellos eine nicht geringe Unachtsamkeit oder Kurzsichtigkeit bekunden,
und glaube ich deshalb um so weniger auf Abwehr verzichten zu
dürfen, als auch gegenüber der ganzen Abhandlung nicht unerhebliche Berichtigungen angezeigt sind.

Nach meiner ursprünglichen, inzwischen durch eine auf breiterer
Grundlage gewonnene Diensteserfahrung nur bestärkten Ueberzeugung
ist die sog. Meldangabe, insoweit sich dieselbe nach entsprechender
Abgrenzung des Stoffes als eine specifisch steuertechnische Einrichtung betrachten lässt, kaum ein besonders wichtiger, geschweige denn
einer der wichtigsten Punkte des Steueranlageverfahrens und keineswegs geeignet zu intensiver wissenschaftlicher Behandlung. Ich hatte
demnach keine Veranlassung zu einer eingehenderen allgemeinen Erörterung der Sache [1]), und am allerwenigsten an der S. 3 angeführten

---

[1]) Dass dieselbe von mir nicht unerwähnt gelassen worden ist, zeigen
die häufigen Citate der Abhandlung.

Stelle meiner Arbeit — Annalen Jhrg. 1879 S. 16 — wie sich gleich
bei der Betrachtung der für die Einrichtung gewählten Benennung
ergeben wird.

Das Wort „Meldangabe" enthält eine Tautologie, da melden
und angeben im wesentlichen gleichbedeutende Begriffe sind. Die
Zusammensetzung bedarf daher der Erläuterung. Zu diesem Behufe
wird in der Abhandlung — S. 1 und 2 — das einfache Wort: „Angabe" d. h. „der erstmaligen Ansetzung der Steuer vorangehende
steuerliche Auskünfte oder Erklärungen" als ein allgemeiner steuertechnischer Begriff vorangestellt und sodann gefolgert, dass es einseitig und unvollständig sei, nur die Aussagen der Steuerpersonen
über sich selbst — direkte Angabe, Bekenntnis, Steuererklärung,
Deklaration, Fassion — als „Angabe" anzusehen, sondern dass vielmehr auch die Aussagen Dritter über eine Steuerperson — indirekte [1])
Angabe, indirekte Deklaration — als „Angabe" aufgefasst werden
müssten. Es stehe daher der ersteren Art der Angabe — Selbstangabe — die andere Art gegenüber, für welche der bequeme Ausdruck „Meldangabe" vorgeschlagen wird.

Gegen diese Ableitung lässt sich formell erinnern, dass das einfache Wort „Angabe" nie und nirgends als ein steuertechnischer
Ausdruck gebraucht wird, was doch die notwendige Voraussetzung
für die Begründung jener Wortbildung ist. Diese selbst wird aber
auch durch die gegebene Erklärung nicht logischer, denn sie deutet
an sich keinen Gegensatz zu der Selbstangabe an. Auch der Selbst-
angebende meldet. Mit vorausgehendem Kommentar würde daher
eine einfache Bezeichnung wie etwa „Meldung" dieselben Dienste
thun und jedenfalls den Vorzug der Ungezwungenheit mit jenem der
grösseren Bequemlichkeit vereinigen. Doch der Name ist ja neben-
sächlich; der Haupteinwand gegen den obigen Aufbau der „Meldangabe" liegt natürlich im Wesen der Sache, nämlich darin, dass es
nicht angeht, die Selbstangabe — das Steuerbekenntnis — und die
„Meldangabe" als selbstverständliche gleichberechtigte Korrelate
zu behandeln. Eine formelle Beziehung zwischen beiden liesse sich
allenfalls durch Zuhilfenahme der Analogie des Prozesses finden,
wonach die „Selbstangabe" als Geständnis, die „Meldangabe" als
Zeugnis, beide aber als Beweismittel erscheinen. Allein auch hier

---

[1]) Diese Angabe ist ebenso direkt wie das Bekenntnis: vom Wissenden
unmittelbar an die Behörde. Wo ist ein Mittelglied?

zeigt sich bei näherer Betrachtung gleich ein tiefgehender Unterschied: das prozessuale Geständnis ist absolutes und selbständiges
Beweismittel, das Steuerbekenntnis Beweismittel und Beweis-
gegenstand zugleich. Dazu treten aber noch verschiedene andere
gewichtige Merkmale, wie die Unfreiwilligkeit, die Allgemeinheit, die
Schwierigkeit, die Vielgestaltigkeit des Steuerbekenntnisses etc., welche
demselben eine so eigenartige und bedeutsame Stellung im Be-
steuerungsverfahren anweisen, dass sich kein ebenbürtiges Gegenstück
zu demselben finden lässt, es sei denn die den ganzen Inhalt
des Bekenntnisses umfassende Steuerfestsetzung durch die
Kommission.

　　Die sog. Meldangabe eignet sich hierzu keinesfalls; sie bildet
lediglich einen untergeordneten, den objektiven Inhalt des Bekenntnisses häufig gar nicht oder nur zum Teil berührenden Prüfungs-
behelf, weil sie selbst in der, wie ich zeigen werde, ihr ungerechtfertigt zugeschriebenen Ausdehnung sich lediglich auf Arbeitsverdienst
und Kapitalrente bezieht.

　　Es erscheint daher die obige Begriffsbestimmung der Meldangabe schon wegen dieser Einseitigkeit unhaltbar.

　　Im übrigen würde dieselbe, selbst wenn sie als folgerichtig anerkannt werden müsste, immer nur insoweit zutreffen, als wirklich
Selbstangabe besteht; im Rahmen einer Gesetzgebung, welche diese
nicht kennt, findet wegen des mangelnden Gegensatzes selbstverständlich auch die „Meldangabe" keine Stelle [1]).

　　Nach alledem kann bei einer theoretischen Erörterung des
Steuerbekenntnisses, wie sie meine Arbeit a. a. O. enthält, nicht von
der „Meldangabe" die Rede sein, und es ist dies bisher auch von
anderer Seite ebensowenig geschehen, als es vermutlich in Zukunft
je der Fall sein wird.

　　Zur Begründung meiner abweichenden Meinung über die principielle und praktische Tragweite der „Meldangabe" habe ich nun
festzustellen, was thatsächlich hierunter verstanden werden kann, da
die Abhandlung hierüber keine Klarheit gewährt. Nach S. 4 besteht
Begriff und rechtliche Bedeutung der „Meldangabe" darin, dass sie

---

[1]) Die Bemerkung auf S. 2 Abs. 1, dass von bedeutenderen Kulturstaaten
nur Frankreich die Selbstangabe nicht kenne, ist unrichtig. Ich möchte nur
an Preussen erinnern. Vgl. meine Arbeit a. a. O. S. 13, dann auch Finanzarchiv
1884 I S. 289 Abs. 1.

Aufschlüsse öffentlich rechtlicher Natur über bestimmte steuerliche Thatsachen in Beziehung auf Dritte auf Grund eigener Wahrnehmung gibt; sie ist nichts anderes als Zeugenschaft im Steuerverfahren, und der Rechtsgrund des Staates für die in der Meldangabe liegende Zeugenschaft deckt sich mit dem Rechtsgrund für die Zeugenschaft im gerichtlichen Verfahren.

Das ist ja vollkommen richtig [1]); wo bleibt aber dann eine besondere „Theorie der Meldangabe" und wozu der besondere Name?

Wenn die materielle Zeugnis- oder Auskunftspflicht im Steuerverfahren erörtert werden wollte, dann war die Abhandlung ganz anders zu halten, und es durfte unter anderem die wichtigste einschlägige Bestimmung einiger Gesetze [2]), dass jedermann zur Auskunftserteilung verpflichtet ist, dann die Auskunftspflicht der Banken und verschiedenes andere nicht vollständig mit Stillschweigen übergangen werden, bezw. unbesprochen bleiben.

Nach dem ganzen Inhalt der Arbeit und insbesondere der formellen Abgliederung des Stoffes in Haus-, Haushaltungs-, Arbeitsverdienst- und Kapitallisten ist dies aber offenbar nicht beabsichtigt, sondern es soll mit der „Meldangabe" nur eine bestimmte allgemeine Form des Zeugnisses in Steuersachen zur Darstellung gelangen.

Dies wäre die allgemeine Anzeige gewisser Thatsachen bei Beginn des Einsteuerungsverfahrens auf Grund gesetzlich ausgesprochener Verpflichtung und vorausgegangener Aufforderung seitens bestimmter Kategorien von physischen oder juristischen Personen, wie sie in der Gesetzgebung schon eingeführt oder in Entwicklung begriffen ist.

Hieran wird aber in der Abhandlung nicht festgehalten, indem vorwiegend Erhebungen als „Meldangaben" behandelt werden, welche sich lediglich als von der Behörde im Vorbereitungsverfahren speciell veranlasste Auskünfte darstellen und naturgemäss darstellen können.

In dieser Weise wird der Stoff über Gebühr erweitert und bedarf einer kritischen Sichtung, wobei, abgesehen von der nötigen

---

[1]) Bis auf die „steuerlichen Thatsachen", soweit es sich um den Hauptgegenstand der Personenlisten handelt; die Angabe der Bewohner eines Hauses enthält doch keine an sich „steuerliche" Thatsache.

[2]) Sachsen, Einkommensteuergesetz v. 2. Juli 1878 § 31 Abs. 3. Italien, Ges. v. 24. August 1877 Art. 37 Ziff. 3.

Absonderung des Nichtzugehörigen, im Auge behalten werden muss,
dass nur dasjenige besondere Beachtung und Bearbeitung für die
Steuerwissenschaft und Praxis verdient, was diesem Gebiete eigen-
artig, erheblich und nicht bereits anderwärts genügend behandelt und
geklärt ist.

Von diesem Gesichtspunkt aus müssen vor allem die Haus- und
Haushaltungslisten ausser Spiel bleiben, denn was zu anderen Staats-
zwecken, z. B. der Volkszählung, in gleichem oder noch grösserem
Umfang geschieht, kann im Steuerwesen nicht als etwas Eigenartiges,
einer besonderen Begründung Bedürfendes betrachtet werden, es sei
denn, dass die Massnahme hier für die aktiv und passiv Beteiligten
eine aussergewöhnliche Bedeutung annehmen würde. Dies ist aber
bei jenen Listen sicher nicht der Fall, denn die Anzeige von so offen-
liegenden Thatsachen, wie die hier bekundeten, welche jeder Haus-
einwohner und Nachbar kennt und der Polizeibehörde grösstenteils
regelmässig angezeigt werden müssen, ist doch nichts weniger als
eine bedeutungsvolle Einsteuerungsmassregel; die Anfertigung der
Anzeigen nicht lästiger wie die Herstellung der Volkszählungslisten
und Strafeinschreitung in irgend einer Form, zur Zwecksicherung
ebenso selbstverständlich wie bei allen anderen allgemeinen Anordnungen der Staatsgewalt. Die Haus- und Haushaltungslisten sind
also bei Licht betrachtet nichts anderes als statistische Erhebungen,
und es fällt die Frage ihrer Anwendbarkeit und zweckmässigen Einrichtung in das allgemeine Gebiet der Verwaltung, bezw. der statistischen Technik.

Von den Arbeitsverdienstlisten sind wieder vorweg die Angaben
über Bezüge der öffentlichen Bediensteten auszuscheiden, weil, abgesehen von der Offenkundigkeit dieser Bezüge, die Mitteilung derselben von Behörde zu Behörde als eine so selbstverständliche innere
Verwaltungsmassregel erscheint, dass hierüber kein Wort .zu verlieren ist.

Nicht minder müssen die Listen über den Arbeitsverdienst aus
freien Beschäftigungen wegfallen, da solche Listen in Wirklichkeit nicht existieren. Zum Beleg wird in dieser Richtung lediglich
auf Ungarn und St. Gallen Bezug genommen, deren Gesetze Agentur-
gebühren, bezw. Tantiemen von Verwaltungs- und Aufsichtsräten der
Aktiengesellschaften als Gegenstand der Meldung behandeln sollen,
allein die letzteren Bezüge gehören offenbar nicht hierher, weil die
Funktionen ihrer Empfänger nicht als freie Beschäftigungen, sondern

als Bedienstungen[1]) zu betrachten sind, während die vereinzelte
Detailvorschrift eines einzigen Staates wie Ungarn nicht ins Gewicht
fallen kann.

Wenn aber im übrigen die Meldung des Arbeitsverdienstes aus
freien Beschäftigungen als eine künftiger Entwicklung des Steuerwesens vorbehaltene Einrichtung bezeichnet wird und als wichtigste
einschlägige Gruppen die Agenten, Kommissionäre, Hausärzte, Rechts-
vertreter von Firmen, Litteraten, Komponisten, Maler etc. hervorgehoben werden, so liegt dieser Anschauung die oben berührte
Vermengung genereller Meldung mit specieller Auskunft zu Grunde,
denn die erstere wird in nennenswertem Umfange nach der Natur
der Dinge in Zukunft hier ebenso wenig möglich sein wie in der
Gegenwart.

Das wird sofort klar, wenn man sich die Meldepflichtigen bei
den vorerwähnten Gruppen vergegenwärtigt. Also bei den Agenten
und Kommissionären die kommitierenden Häuser und Privatpersonen,
bei den Aerzten und Advokaten die regelmässiges Honorar verab-
reichenden Familien und Firmen, bei den Litteraten, Komponisten,
Malern die Verleger und Kunsthändler. Es ergeht nun die Aufforderung zur Meldung an alle diese Pflichtigen in einer grösseren
Stadt, in welcher sich viele Hunderte oder Tausende von Steuerpflichtigen der genannten Kategorien befinden; da wird selbstverständlich von auswärtigen Honorarzahlern nichts gemeldet werden,
wonach alle von diesen ihre Bezüge empfangenden Steuerpflichtigen
unkontrolliert bleiben. Von den inländischen Meldepflichtigen gibt
ein Teil seine Meldung ab, ein anderer Teil nicht. Wie soll nun
dieser Teil zur Erfüllung seiner Verpflichtung angehalten werden,
wenn die Behörde generell absolut nicht wissen kann, welche Geschäftshäuser Privatpersonen etc. überhaupt zu melden haben?

Angenommen aber, es melden alle oder der grösste Teil gewissenhaft die treffenden von ihnen ausbezahlten Bezüge, dann wird

---

[1]) Die fraglichen Bezüge fallen daher unter die Lohnlisten, welche auch
im Betrag schwankende Reichnisse zum Gegenstand haben. Es muss hier die
unbegründete Identifizierung der Begriffe „fest" und „ständig" auf S. 33 Abs. 2
und S. 34 Abs. 3 berichtigt werden, welche ein falsches Bild von der angezogenen bayerischen Gesetzgebung gibt. Dieselbe spricht bloss von ständig,
nicht von fest, und sind demnach die ihrer Natur nach schwankenden
Tantiemen, vorausgesetzt, dass sie ständig fliessen, zweifellos zu melden.

bei den Behörden ein sehr ansehnliches Papiermaterial einlaufen,
dessen überaus mühselige und zeitraubende Sichtung oder Zurechtlegung für die Einsteuerung ein verschwindend kleines oder gar kein
Resultat ergibt. Angaben über das Einkommen von Steuerpflichtigen
haben nämlich im allgemeinen nur unter der Voraussetzung Wert
für die Steuerveranlagung, dass sie eine den mutmasslichen oder den
bereits früher zur Steuer gezogenen Betrag des Einkommens übersteigende Ziffer bekunden.

Es bringt also nicht den geringsten Nutzen, wenn beispielsweise durch die Meldung der Behörde bekannt wird, dass irgend ein
Agent, Advokat, Litterat etc. von irgend einer oder auch von mehreren Firmen zusammen etwa 4000 M. im Jahr bezogen hat, wenn
derselbe notorischermassen mindestens 10,000 M. jährlich verzehrt,
von jeher mit diesem Betrag oder etwa auf Grund abgegebener
Steuererklärung noch höher zur Steuer gezogen ist. Zu diesem negativen Resultat werden aber weitaus die meisten Meldungen führen,
weil die Angehörigen der bezeichneten Gruppen in den seltensten
Fällen ihr gesamtes Einkommen ausschliesslich von meldepflichtigen
inländischen Häusern oder Firmen beziehen.

Ein ähnliches Verhältnis zeigt sich in Ansehung der „Kapitallisten",
denn eine generelle Meldung von Schuldkapitalien in Listenform besteht,
soweit meine Kenntnis der Gesetzgebung reicht [1]), ebensowenig als deren
Einführung irgendwo zu erwarten ist. In dem betreffenden Abschnitt
der Abhandlung — S. 37—47 — werden unterschieden: Kapitalien
und deren Erträge auf Inhaber und auf Namen, und letztere wieder
in öffentliche Schulden, dann in versicherte und unversicherte Privatschulden abgeteilt. Die Kapitalien auf Inhaber sollen zur Zeit noch
der „Meldangabe" verschlossen sein. Ich habe, abgesehen von der
zeitlichen Einschränkung, hiergegen nichts zu erinnern. Um so
weniger vermag ich den Ausführungen über die öffentlichen Schulden

---

[1]) Die auf S. 48—50 angezogenen amerikanischen und Schweizer Gesetze
stehen mir nicht zur Hand; ich glaube aber dennoch mit Grund annehmen zu
dürfen, dass von Kapitallisten im obigen Sinne auch hier nicht die Rede sein
kann. Abgesehen hiervon wird zugegeben werden müssen, dass die Einrichtungen einzelner amerikanischer und Schweizer Bundesstaaten nicht als Richt-
punkte für die Entwicklung des Steuerwesens in den grossen europäischen
Staatswesen gelten können. Dort ist bekanntlich bei der fundamentalen Verschiedenheit der politischen Entwicklung vieles möglich, was sich hier vorläufig
noch nicht einmal diskutieren lässt.

beizupflichten. Von Meldung kann nach meinem Dafürhalten bei den in „Staats- u. s. w. Schuldbüchern oder in Staatspapieren auf Namen" beurkundeten öffentlichen Schulden nicht die Rede sein. Wenn die Steuerverwaltung diese „ganz parat liegenden steuerlichen Vorgänge für die Meldangabe ausnützen" will, sieht sie sich der grossen Frage des Steuerabzugs von der Rente [1]) gegenüber, denn die Meldung der Staatspapiere auf Namen, welche in der Regel nur auf Verlangen der Gläubiger ausgestellt werden, dürfte als einseitige, quantitativ unerhebliche und von den Betroffenen leicht zu durchkreuzende Massnahme nicht ins Gewicht fallen. Das gleiche gilt bezüglich der auf Namen lautenden Schulden öffentlicher Unternehmungen und Gesellschaften, nämlich der Aktien. Im übrigen besteht zu einer Meldung dieser Titel insoweit kein Bedürfnis, als die Aktiengesellschaften zur öffentlichen Rechnungslegung verpflichtet und selbst Steuersubjekte sind. Dies ist in den meisten Staaten bereits der Fall oder in Aussicht genommen, wie beispielsweise in den preussischen Gesetzentwürfen vom Jahre 1883, und dreht sich hierbei die Frage regelmässig nicht um das Entschlüpfen der Aktien, sondern vielmehr um die Zulässigkeit oder Unzulässigkeit ihrer mehrfachen Besteuerung [2]).

Die Bemerkung auf S. 40 Absatz 1, dass in „Europa noch nicht einmal dieses Gebiet ausgenützt sei", dürfte demnach nicht zutreffen. Sofern sich dieselbe aber auf den ganzen Abschnitt beziehen sollte, muss an den in England und Italien längst bestehenden Abzug der Einkommensteuer von der Rente erinnert werden. Vgl. Finanzarchiv 1884 I, S. 248. — Italienische Gesetze vom 7. Juli 1868 Art. 24, und 24. August 1877 Art. 11.

In Ansehung der versicherten Privatschulden — S. 40 — wird unter Bezugnahme auf S. 6 hervorgehoben, dass Hypotheken- und dergleichen öffentlich geführte Bücher nicht in das Gebiet der Meldangabe fallen. Dies hat nach der angeführten Stelle darin seinen Grund, dass jene Bücher „nicht für eine bestimmte Steuer aufge-

---

[1]) Die hervorragende Bedeutung dieser Frage in Frankreich ist ja bekannt. — In den neuen Gesetzen von Preussen und Sachsen über die Staatsschuldbücher ist weder Meldung noch Abzug und selbst die Auskunft für die Steuerbehörde nur von Sachsen zugelassen. Finanzarchiv 1884 I, S. 283 u. 289, dann 1885 I, S. 197. Hier zeigt sich recht schlagend die Notwendigkeit scharfer Auseinanderhaltung von Meldung oder Auskunft.

[2]) Vgl. Finanzarchiv II, S. 317 ff. u. 912 ff.

nommen sind und in der Hauptsache auf Angaben über die eigene
Person oder auf Behördenaufnahme beruhen". Diese Voraussetzung
ist ebenso unbestreitbar als die daraus gezogene Folgerung unzutreffend, weil hierbei die Meldung mit ihren Grundlagen verwechselt
wird. Es wird niemand einfallen, die Hypothekenbücher an sich als
„Meldangaben anzusehen" — wörtlich S. 6 Absatz 4 Zeile 7 — sondern
es handelt sich lediglich um die Frage, ob ihr Inhalt Gegenstand
der „Meldangabe" sein kann oder nicht. Diese Frage wird nach
obiger Schlussfolgerung natürlich nicht weiter untersucht, sondern
a. a. O. nur noch bemerkt: „es sollte der Einfluss der öffentlich geführten Hypotheken- und dergleichen Bücher dahin festgestellt
werden, dass die schuldnerische oder Meldangabe durch sie überflüssig wird und man sich mit der Gläubiger- oder Selbstangabe
neben der „Auskunft" von seiten der Behörden für diese Schuldkapitalien begnügen kann. Die hier in Frage kommenden Angaben
werden „also" nicht die „Auskunft" von seiten einer Behörde umfassen, sondern ausschliesslich Angaben von seiten der Schuldner
sein, die der Steuerverwaltung vorgängig zukommen." Hierbei bleibt
die Art und Weise der Feststellung jenes Einflusses ebenso im Unklaren wie die Kausalverbindung der beiden Sätze, von welchen sich
der eine auf die Zukunft, der andere auf die Gegenwart zu beziehen
und die Meldangabe seitens der Schuldner als bestehende
Einrichtung anzunehmen scheint.

Auch die folgenden Ausführungen, welche fast ausschliesslich
eine singuläre Einrichtung, nämlich die Kapitalsteuerregister in Bern
betreffen, verbreiten kein weiteres Licht darüber, worauf die Abhandlung bei den versicherten Privatschulden eigentlich abzielt, und es
muss daher dieser Gegenstand verlassen und auf den von den unversicherten Privatschulden handelnden Abschnitt — S. 43 — übergegangen werden.

Diese Gruppe wird als der vorhergehenden an Bedeutung über-
legen bezeichnet, was freilich nicht recht verständlich ist, da ja die
„Meldangabe" seitens der Schuldner hier wie dort Platz greifen soll
und die Ueberlegenheit der unversicherten Privatschulden über die
versicherten in jeder Beziehung problematisch sein dürfte.

Auf die „Meldangabe" der unversicherten Privatschulden scheinen
auch die allgemeinen Bemerkungen im Eingang des Abschnittes S. 37
abzuzielen, wonach „die Steuerpraxis die Schuldnachweisung nicht,
wie es bisher stets geschah, als ein Stück der Selbstangabe,

sondern als eine Unterart der Meldangabe betrachten" solle. Es
fehlt aber jeder Fingerzeig darüber, wann, wo und wie die Praxis
ihren bisherigen Standpunkt verlassen hat. Dagegen zeigt ein Blick
auf die im Anhang abgedruckten einschlägigen Gesetzesstellen, dass
die Anordnung der Angabe der Gläubiger beim Abzug von Privat-
schuldzinsen behufs Minderung des der Einkommen- oder Kapitalrentensteuer unterliegenden Ertrags von jeher und bis zur Stunde
lediglich als eine naheliegende praktische Vorsichtsmassregel gegenüber dem Schuldner erscheint, deren Ausnützung gegenüber dem
Gläubiger so selbstverständlich wie möglich ist. Die Bezeichnung
der Gläubiger bildet überall bloss einen Incidenzpunkt im Einsteuerungsverfahren, keine selbständige organische Einrichtung, wie
es die Meldung ist, welche notwendig die primäre Verpflichtung
aller oder wenigstens gewisser Gruppen von Schuldzinszahlern einschliesslich der nicht steuerpflichtigen zur Angabe des Betrags der Zinsen und ihrer Empfänger erheischen würde. Hiervon
findet sich aber in der bestehenden Gesetzgebung mit einer einzigen
Ausnahme auch nicht die entfernteste Spur, ja es besteht nicht einmal eine absolute, sondern nur eine relative individuelle Verpflichtung zur Angabe der Gläubiger, denn wenn auch die Gesetze
dieselbe anordnen, so hat dies immer den rein fakultativen
Schuldenabzug zur Voraussetzung. Mit dem Verzicht auf diesen
wird der Schuldner seiner Verpflichtung zur Angabe des
Gläubigers ledig. Das ist auch vom praktischen Standpunkt aus
betrachtet ganz in der Ordnung, denn insoweit der Schuldner die
Schuldkapitalien durch Verzicht auf den ihm zustehenden Abzug
selbst versteuert, besteht im allgemeinen für die Steuerbehörde kein
Grund mehr, sich nach dem Gläubiger umzusehen.

Es ist nur eine Konsequenz dieses Standpunktes, wenn, wie in
Italien, die Zulassung des Schuldenabzugs von der Möglichkeit der
Besteuerung des Gläubigers abhängig gemacht wird, und demnach
ganz unzulässig, diese rein zufälligen und sekundären Angaben von
Gläubigern als Meldung zu behandeln; wenn aber vollends am Schluss
— S. 51 — in der systematischen Uebersicht der „bestehenden
Meldangaben" neben den Haus- und Lohnlisten „Kapitallisten"
für alle Schuldgattungen aufgeführt werden, so ist eine derartige
Zurechtlegung der Thatsachen entschieden zu missbilligen. Eine aus-
führbare, unter einer gewissen Voraussetzung auch Erfolg ver-
sprechende Meldung von Geldkapital liesse sich nur seitens der

grösseren Geldinstitute denken — die kleineren, wie Spar-[1]) und
andere ähnliche Kassen können keinesfalls in Betracht kommen —
und es ist auffallend, dass gerade dieser Punkt gar nicht weiter erörtert wird, obwohl auf S. 45 Absatz 2 und 3 von Gelddepositen bei
Banken, Banquiers etc. als von einer „für die Veranlagung persönlicher Steuern bedeutenden Gruppe, die sich in wirksamer Weise
erfassen lasse," unter Bezugnahme auf eine einschlägige Gesetzesbestimmung in Bern die Rede ist. Die gleich darauf folgenden
Ausführungen handeln nämlich bloss von der Meldung in Bezug auf
Spar- und andere dergleichen Kassen und kommen nach
längerem Für und Wider zu dem Schluss, dass die Einführung derselben bei dieser Gruppe heute noch als eine volkswirtschaftliche
Gefahr erkannt werden müsse. Die Gelddepositen bei Banken und
Banquiers werden hierbei nicht mehr erwähnt und doch würde deren
Mitwirkung bei der Einsteuerung viel wichtiger sein, da es sich hier
hauptsächlich um die richtige Erfassung des Grosskapitals handelt.

Die Betrachtung dieser Frage muss freilich ebenfalls zu schwer-
wiegenden Bedenken gegen die gesetzliche Anordnung der Meldung
seitens der Geldinstitute führen.

Ausser Zweifel dürfte vorweg stehen, dass als Gegenstand der
Meldung nur die nicht kaufmännischen Depots in Frage kommen
könnten, denn die positive Unmöglichkeit, den Bankunternehmungen
die generelle Anzeige der sämtlichen, grösstenteils vorübergehenden
Guthaben ihrer kaufmännischen Kunden aus laufender Rechnung
oder Giroverkehr etc. aufzuerlegen, wird jedermann einleuchten. Auch
bei jenen Depots muss aber wieder unterschieden werden zwischen
vereinzelten baren Geldeinlagen augenblicklicher Kunden der Bank
und ständigen Vermögensdepots. Die Unthunlichkeit einer allgemeinen Meldung der ersteren Einlagen ohne Rücksicht auf die Zeitdauer und den Betrag derselben bedarf ebenfalls keines Nachweises,
wenn man die hiermit verknüpfte enorme Mühewaltung für die beteiligten Institute und die das Meldematerial entgegennehmenden,
sichtenden und verfolgenden Behörden, sowie die unvermeidlichen
Plackereien der einlegenden Privatpersonen mit dem möglichen Erfolg abgleicht. Es bleiben demnach nur die ständigen Vermögens-

---

[1]) Eine Meldung seitens dieser wurde auch bei der hessischen Steuerreform von der Regierung nicht beabsichtigt. Finanzarchiv S. 294 Abs. 2 cr. f.
Es ist aber die Auskunftspflicht ebenfalls nicht durchgegangen.

depots — offene Depots — übrig, deren Meldung bei der stetig zunehmenden Ausbreitung dieser Einrichtung eine sehr willkommene Handhabe bilden würde, die undurchdringlichen grossen Rentiers richtig zu treffen — vorausgesetzt dass sie sich treffen lassen wollen. Allein man wird mit dieser Voraussetzung nicht rechnen dürfen, denn die Deponenten, welche nicht bloss zur genauen Versteuerung ihrer Renten gewillt, sondern zugleich unempfindlich dagegen sind, dass ihr Vermögen mit seinen jeweiligen Veränderungen weiteren Kreisen in ganz exakter Weise bekannt wird, werden zu zählen sein [1]).

Wenn demnach angenommen werden darf, dass die Meldung von Depots selbst gewissenhaften Steuerzahlern unbequem werden und sie zur Aufgebung oder Verlegung derselben veranlassen kann, so gilt dies natürlich in noch viel höherem Grade von der minder gewissenhaften Sorte und würde demnach eine derartige Massnahme der volkswirthschaftlich nützlichen Einrichtung der Vermögensdepots vermutlich erheblichen Abbruch thun. Auch der Kampf um diese Einrichtung dürfte gegebenenfalls nicht minder hart entbrennen wie bezüglich der Spar- und Leihkassen — S. 45. Dies steht jedoch nirgends in Aussicht, denn die fragliche Mitwirkung der Bankgeschäfte bei der Einsteuerung ist bis jetzt mit Ausnahme von Bern in der europäischen und insbesondere der deutschen Gesetzgebung weder eingeführt noch überhaupt ernstlich ins Auge gefasst worden. Es besteht daher keine Veranlassung, den Gegenstand hier weiter zu erörtern, da die allerdings sehr wichtige Frage der materiellen Auskunftspflicht der Bankgeschäfte [2]) dem Zweck dieser Bemerkungen ferne liegt.

Nach den vorgenommenen Reduktionen bleibt als Meldung in dem oben präcisirten Sinne einer eigenartigen erheblichen steuer-

---

[1]) Dass von absoluter Geheimhaltung der Einsteuerungsresultate im allgemeinen nicht die Rede sein kann, habe ich in meiner angezogenen Arbeit — Annalen 1880 S. 223 — näher ausgeführt. Im besten Falle sind immer die Steuerkommissionen, das Steueramts- und Einhebepersonal Mitwisser. Hiernach könnte man meinen, es müsse dem redlichen, seine Rente genau angebenden Steuerpflichtigen die Bekanntgabe seines Depots ziemlich gleichgültig sein. Dies ist aber durchaus nicht der Fall, denn die Steuererklärung oder die Steuerfestsetzung ohne exakte Grundlage gewährt keine objektive Gewissheit über die Vermögenslage einer Person, weil zu bekannt ist, dass absichtlich oder unabsichtlich unrichtig fatiert oder eingeschätzt werden kann.

[2]) Dieser heiklen Frage scheint man auch in Hessen aus dem Wege gegangen zu sein. Vgl. Finanzarchiv II, S. 295.

technischen Einrichtung lediglich die Anzeige der Gehaltsbezüge und
Löhne von Privatbediensteten und Arbeitern übrig, welche als „Lohnmeldung" oder „Lohnanzeige" vollkommen klar und erschöpfend bezeichnet werden würde.

Der absolute praktische Wert der Lohnmeldung mag in der
Wirklichkeit je nach den in Betracht kommenden konkreten Verhältnissen ein grösserer oder geringerer sein — relativ ist er immer
ein sehr beschränkter, da der rein persönliche Arbeitsverdienst im
Gegenhalt zu den Kapitalzinsen, Erträgnissen aus Grund und Boden,
Industrie und Handel eine quantitativ minder wichtige und im grossen
und ganzen durchsichtigere Steuerquelle bildet.

Der Stand der Löhne der grossen Klasse der Handarbeiter —
Taglöhner, Handwerksgesellen, Fabrikarbeiter, Dienstboten — im
allgemeinen ist ja überall eine offenkundige Thatsache; ähnlich verhält es sich mit den Bezügen des in Kanzleien und Comptoirs verwendeten gewöhnlichen Schreibpersonals. Das Bedürfnis näherer
Information kann sich daher immer nur in Ausnahmsfällen geltend
machen und demselben im Wege specieller Erkundigung und Auskunft entsprochen werden. Es sollte daher die allgemeine Lohnmeldung immer nur mit Auswahl stattfinden, und kann ich nicht
beipflichten, wenn auf S. 16 und 17 der Abhandlung nach Unterscheidung zwischen einer fakultativen und obligaten, sowie
einer allgemein und auf Erfordern obligaten Rechtsform [1]
der Meldung die letztere als ganz ungerecht, und die erstere als einzig
zweckmässig und wirklich verwendbar bezeichnet wird. Jene ist eben-

---

[1] Bei dieser Gelegenheit wird in einer Fussnote meine „Verirrung" —
Annalen 1879 S. 12 ff. — zu einer Einschätzungsmethode: fakultative
Steuererklärung niedriger gehängt. Dies kann nur auf ausschliesslicher Berücksichtigung der Ueberschrift des bezüglichen Abschnittes beruhen, denn dass
ich die Sache im Text nicht rein mechanisch als Methode — der Ausdruck
kommt gar nicht mehr vor — sondern vornehmlich vom Rechtsstandpunkte
aus behandelt habe, dürften die Erörterungen auf S. 15 u. 16 doch deutlich
genug zeigen. Ob aber nicht vielmehr die Erfindung einer „fakultativen
Rechtsform", abgesehen von dem absoluten Mangel jeder thatsächlichen
Grundlage, eine Verirrung ist? — Auch die „Irrung", welche ich a. a. O. nach
Note i S. 26 der Abhandlung durch die Mitteilung verschuldet haben soll.
Bern habe „diese Art der Meldangabe", ist aus der Luft gegriffen, denn
ich spreche hier weder von dieser noch von jener Art der mir ganz unbekannten
„Meldangabe", sondern gebe einfach die Thatsache wieder, dass Bern die Her-
stellung der Nachweisung der Steuerpflichtigen den Kommissionen überträgt.

sowenig ungerecht als diese zweckmässig. Bei jeder Unternehmung muss doch ein richtiges Verhältnis zwischen Zweck und Mittel bestehen; man wird nicht mit Armeen Jagd auf ein paar Flüchtlinge machen, welche durch die regulären Landjäger eingefangen werden können.

Solche Kraft und Stoffverschwendung muss aber da und dort unvermeidlich werden, wenn die Meldung in einem grösseren Staatsgebiet allgemein obligat ist, denn es sind ja die Verhältnisse in den verschiedenen Einsteuerungsbezirken nirgends gleichgeartet; objektive und subjektive Ursachen mancherlei Art, wie Zahl der Steuerpflichtigen, Gruppierung der Bevölkerungsklassen, Leistungsfähigkeit und Zusammenwirken der zur regelmässigen Wahrnehmung der zu meldenden Thatsachen berufenen Organe der Finanz-, Gemeinde- und Polizeiverwaltung etc., können in dem einen Bezirke der Meldung Wert verleihen, während sie in dem anderen nicht einmal die Kosten des verwendeten Formularpapieres, geschweige den unvermeidlichen Aufwand an Zeit und Mühe verlohnen [1]).

Es ist demnach das einzig Zweckmässige, die Entscheidung darüber, ob, wann und an welchem Orte die Meldung stattzufinden hat, der mit den Verhältnissen vertrauten Verwaltung zu überlassen und schlechterdings nicht abzusehen, wie von Ungerechtigkeit oder gar Unwürdigkeit! — S. 17 — die Rede sein kann, wenn die Staatsgewalt nach bestem Ermessen zur Ersparnis von Kosten und Belästigung der Staatsbürger eine ihr zustehende Massregel bloss insoweit Platz greifen lässt, als sie wirklich Nutzen verspricht.

Nachdem nun die bisherigen Erörterungen gezeigt haben, dass sich die Meldung trotz ihrer beschränkten Bedeutung als ein besonderer Bestandteil der Beweiserhebung im Einsteuerungsverfahren scharf abgrenzen lässt und dass sie abgegrenzt werden muss, wenn der Gegenstand einer selbständigen Betrachtung unterliegen soll, will ich noch versuchen, die Voraussetzungen ihrer Anwendbarkeit allgemein festzustellen. Ich bin hierzu, abgesehen von dem Bedürfnis

---

[1]) Vom rein praktischen Standpunkt aus liesse sich wohl die Frage aufwerfen, ob die Lohnmeldung mit Bezug auf die niederen arbeitenden Klassen nicht am zweckmässigsten ganz aufzugeben wäre, denn eine genaue Bilancierung dieses Geschäftes — den Aufwand an Zeit, Mühe und Kosten auf der einen, die erzielte Steuermehrung auf der andern Seite — würde kaum irgendwo einen nennenswerten Gewinnsaldo, wohl aber in den meisten Fällen erhebliche Verluste herausstellen.

möglichster Klärung der Frage, durch die Bemerkungen auf S. 52
Absatz 2 der Abhandlung veranlasst, welche hervorheben, „dass es sich
nicht sowohl um das Gebiet und den Entwicklungsgang der in Frage
stehenden steuertechnischen Massnahme, als vielmehr in der Hauptsache um die Frage handle, ob vorgängige Angaben oder nachträgliche Auskünfte[1]), Vernehmungen und dergleichen erfolgen sollen".
Hiergegen kann nichts erinnert und nur bedauert werden, dass diesem
Standpunkt in der ganzen Untersuchung in sehr geringem Masse
Rechnung getragen worden ist, denn das Hauptaugenmerk erscheint
vielmehr durchgehends auf möglichste Erweiterung des Gebietes der „Meldangabe" und ihres Entwicklungsganges gerichtet. Die obige Frage wird aber auch a. a. O. nicht näher untersucht, sondern lediglich das Bedürfnis nach „Meldangabe" auf das
„Wesen der modernen Kulturverhältnisse" mit ihrem „schnellen und
häufigen Orts- und Personenwechsel, ihren zahlreichen Einkommens-
und Vermögensänderungen" zurückgeführt. Diese Verhältnisse mögen
allerdings die äussere Veranlassung zur Einrichtung der Meldung und
zwar insbesondere der freilich schon länger bestehenden Personen-
meldung[2]) gebildet haben, allein sie geben nicht die Merkmale zur
Entscheidung darüber an die Hand, ob und in. wie weit sich die
Objektmeldung über das bisher von ihr ausschliesslich betroffene
Gebiet des persönlichen Arbeitsverdienstes hinaus noch entwickeln
könnte.

Hierin liegt aber zweifellos der Springpunkt der ganzen Frage.

---

[1]) Die Bezeichnung „vorgängige Angabe" als identisch mit „Meldangabe",
im Gegensatz zur „nachträglichen Auskunft" kommt in der Abhandlung öfter
vor und scheint auf den Unterschied zwischen genereller Meldung und specieller
Auskunft abzuzielen. Allein auch diese Terminologie ist nicht klar, denn der
„erstmaligen Ansetzung der Steuer vorangehen" — vgl. S. 2 Z. 1 — muss doch
alles, was hierbei benützt werden soll, und es kann sogar gerade die Auskunft
im Gegensatz zur Meldung dem Anlageverfahren selbst vorangehen. Oder ist
unter der erstmaligen Ansetzung der Steuer etwas anderes zu verstehen als
die erstinstantielle Steuerfestsetzung? Eine mehrmalige Ansetzung der Steuer
kommt doch im Anlageverfahren nicht vor. Wollte man aber die nachträgliche Auskunft auf das Berufungsverfahren beziehen, wovon übrigens
in der Abhandlung nirgends die Rede ist, dann würde es im Anlageverfahren
bloss Meldung ohne Auskunft geben und die Sache noch unverständlicher werden.

[2]) Die englische und die preussische Einkommensteuer v. J. 1842 bezw.
1851 kennen dieselbe schon und die „geographische" (?) Verbreitung derselben
ist ebenso alt. Vgl. Gesetzesnachweisung S. 48 ff.

Die Lohnmeldung ist als das einzige durch die Erfahrung dar-
gebotene Muster der Einrichtung zu betrachten; ihre Merkmale müssen
in entsprechendem Umfange gegeben sein, wenn eine neue in gleich
bestimmter Weise aus dem allgemeinen Rahmen der Erhebungen
hervortretende Objektsmeldung geschaffen werden soll. Es handelt
sich hier vornehmlich um nachstehende drei Bedingungen:

1) Die Meldung ist ein besonderes, an bestimmte Fristen und
Formen gebundenes Verfahren, dessen regelmässiger und zweckentsprechender Verlauf von der Behörde überwacht und nötigenfalls
erzwungen werden kann und muss; 2) die Aufforderung zur Meldung
richtet sich nur an ganz bestimmte Kategorien von offenkundig
meldepflichtigen physischen oder juristischen Personen innerhalb des
Staatsgebiets; 3) die Meldung umfasst im allgemeinen nur Einheiten,
nicht Bruchteile des Meldeobjekts.

Alle drei Voraussetzungen sind unerlässlich und stehen in einem
untrennbaren Zusammenhang.

Die Erscheinungsform eines besonderen Verfahrens ist notwendig
zum Hervortreten der Einrichtung aus dem allgemeinen Rahmen des
Einsteuerungsverfahrens, die Möglichkeit jenes Verfahrens aber von
dem Vorhandensein der anderen beiden Voraussetzungen abhängig.

Ich habe in dieser Beziehung bereits oben gelegentlich der Besprechung der Meldung des Arbeitsverdienstes aus freien Beschäftigungen
einige praktische Andeutungen gegeben und will dies nun mit Bezug
auf die Meldung der Privatschulden weiter veranschaulichen, weil
hierauf in der Abhandlung besonderes Gewicht gelegt wird[1]) und
dieser Meldung, ihre Durchführbarkeit vorausgesetzt, auch in der That
besondere praktische Bedeutung zukommen würde.

Wenn die Angabe der Privatschulden unter Bezeichnung der
Gläubiger nicht, wie es durchgehends der Fall, lediglich als eine sekundäre, von der Geltendmachung des Schuldenabzugs abhängige Ob-
liegenheit, sondern als eine primäre „Verpflichtung des Schuldners im
Interesse des Staats und im Hinblick auf den Gläubiger" zu betrachten
ist — S. 37 Note 4 ebendaselbst — und daher Meldung stattfinden
soll, so muss eine allgemeine Aufforderung an alle Schuldner ergehen, denn der Staat kann sich unter jener Voraussetzung selbstverständlich nicht damit begnügen, lediglich die der Behörde zu-

---

[1]) Nach S. 37 Note 4 sollen ja auch „vorgängige Angaben" über die
Schuldkapitalien gemacht werden.

fällig bekannten Schuldner zu der fraglichen Angabe zu
veranlassen. Das wäre dann auch lediglich specielle Auskunfts-
erhebung, nicht Meldung. Da nun die Schuldzinsenzahler nicht wie
die Lohngeber eine offenkundig meldepflichtige Kategorie bilden,
so würde demnach die obige zweite Vorbedingung der Meldung nicht
gegeben sein.

Soll nun gleichwohl die Meldung der Gläubiger seitens der
Schuldner eingeführt werden, so müsste zu diesem Behufe eine
öffentliche Aufforderung [1]) an alle Schuldzinsenzahler ergehen,
innerhalb einer bestimmten Frist bei Vermeidung von Strafeinschreitung der Behörde die in Frage stehenden Angaben zu machen. Es
fragt sich nun, wie die Vollständigkeit der nach Ablauf der Frist
eingegangenen Erklärungen in subjektiver Richtung geprüft werden
soll, denn ohne Prüfung und Kontrolle der Säumigen wäre ja die
Sache blosse Tändelei. Die Antwort scheint bei den hypothekarisch
versicherten Privatschulden einfach zu sein: man benützt natürlich
die Hypothekenbücher; wenn man sich aber die Art und Weise der
Benützung zurechtlegt, muss sich der Gedanke aufdrängen, die
Schuldner ganz ausser Spiel zu lassen, da es doch keinen Sinn hat,
sich mit der Ausmittlung und Verfolgung derselben herumzuschlagen,
während das Hypothekenbuch alles Nötige urkundlich an die Hand
gibt. Undurchführbar würde freilich beides, die Meldung seitens des
Hypothekenamts aber immer noch vorzuziehen sein [2]). Bei den unversicherten Privatschulden hört dagegen jede Kontrolle auf; es sei
denn, dass der Kontrollgegenstand, nämlich die Steuererklärung
des Schuldzinsenempfängers zum Kontrollbehelf durch die demselben aufgelegte Verpflichtung gemacht werden würde, seine Schuldner
bei Strafvermeidung genau zu bezeichnen. Da hätte man nun in
Bezug auf die Kapitalrente ein doppeltes, nämlich ein positives und
ein negatives Einsteuerungsverfahren, welches schon a priori sicher
keine Vereinfachung bedeutet. Hierüber müsste jedoch hinweggesehen
werden, wenn dieser Dualismus zweifellos überwiegende Vorteile
bringen würde. Solche könnten aber im Gesamtresultat nur unter

---

[1]) Von wirtschaftlichen und anderen gewichtigen Bedenken gegen ein
allgemeines Schuldneraufgebot soll hier gar nicht die Rede sein.

[2]) Die Hypothekenbücher können ebensowenig wie die Staatsschuldbücher
für die Steuerverwaltung vollständig ausgezogen werden. Dies müsste aber im
einen wie im anderen Fall geschehen; nur würde bei der hypthekenamtlichen
Meldung die ganze Prozedur mit den Schuldnern wegfallen.

der Voraussetzung eintreten, dass die positiven und die negativen Steuererklärungen sich im allgemeinen nach ihrem Inhalt quantitativ decken würden. Wenn jeder Privatschuldner nur einen Gläubiger und umgekehrt jeder Gläubiger nur einen Privatschuldner hat, dann kann es sich ja der Mühe lohnen, den einen gegen den anderen auszuspielen, denn wenn der Gläubiger nicht richtig angibt oder seine Angabe nicht kontrolliert werden kann, so trifft dies vielleicht beim Schuldner zu oder umgekehrt, und da man immer nur einen dingfest zu machen hat, um ein richtiges Resultat zu erzielen, so hat dieses regelmässig doppelte Chancen. Allein diese Voraussetzung trifft bekanntlich in der Wirklichkeit nicht zu; die positive und die negative Steuererklärung decken sich in den seltensten Fällen: jede einzelne derselben enthält in der Regel nur Bruchteile ihres Korrelats und es müssen die Ergänzungsteile, soweit sie überhaupt parat sind, erst mühsam zusammengesucht und nach den abgängigen nicht minder mühsam gefahndet werden, um das Gesamtresultat feststellen zu können, was gleichwohl in den meisten Fällen nicht gelingen wird.

Bei so problematischem Erfolg erscheint die Kontrolle der Meldung durch die Steuererklärung, abgesehen von der hiermit verbundenen unendlichen Komplikation und dem Widersinn des Stellentausches zwischen Kontrollbehelf und Kontrollgegenstand, zweifellos ausgeschlossen.

Der berührte Umstand, dass die Meldung des Schuldners in der Regel nur Bruchteile der Rente des Gläubigers umfasst, also der Mangel der dritten der obigen Vorbedingungen mit seinen soeben besprochenen Folgen im Verein mit der Unthunlichkeit der subjektiven Kontrolle, zeigt aber auch die praktische Undurchführbarkeit jener Meldung selbst.

Ich muss mich am gegenwärtigen Orte auf vorstehende allgemeine Andeutungen beschränken und darauf verzichten, noch weiter im Detail unter Anführung von praktischen Beispielen nachzuweisen, welche Verwirrung die fragliche Einrichtung in das Einsteuerungsverfahren bringen würde, insoweit nicht die bei der Lohnmeldung vorhandenen Bedingungen gegeben sind.

Das Obige dürfte jedoch zum Verständnis der Thatsache hinreichen, dass die bestehende Gesetzgebung nur die Lohnmeldung kennt und nennenswerte und entwicklungsfähige Ansätze zu einer analogen Uebertragung derselben auf andere Objekte bis jetzt nirgends wahrgenommen werden können.

Unter diesen Umständen halte ich eine theoretische Behandlung
der Meldung zwar für möglich, jedoch bei der Abgeschlossenheit und
engen Begrenzung ihres Gebietes für wenig förderlich und habe durch
den soeben, lediglich zur Klärung unternommenen Versuch einer von
der Lohnmeldung abstrahierten Theorie diese Anschauung gewiss
nur erhärtet. Dass bei der Beratung von Steuerreformvorlagen
in den Kammern immer noch über die Meldung weidlich hin und
her debattiert wird, kann nicht zum Gegenbeweis dienen, denn
die Argumente, welche man hier zu hören bekommt, verdienen,
soweit sie principieller Natur sind, meist keine ernstliche Wider-
legung.

Massgebend sind in dieser Richtung immer die vom Gesetz
adoptierten Grundsätze über die materielle Auskunftspflicht, deren
Verallgemeinerung unter genauer Bezeichnung der subjektiven und
objektiven Ausnahmen noch anzustreben ist[1]). Gehen diese Grundsätze schon so weit, dass jeder Dienstherr etc. zweifellos die von ihm
verabreichten Löhne und Gehälter auf Verlangen der Steuerbehörde
wahrheitsgetreu mitzuteilen hat, so ist die allgemeine Aufforderung
hierzu keine Principien-, sondern lediglich eine Opportunitäts-
und Zweckmässigkeitsfrage, im entgegengesetzten Fall aber
die Frage überhaupt nicht möglich. Es handelt sich also im Grund
genommen um eine sehr einfache Sache, welche nur deshalb bei
der Beratung von Gesetzesvorlagen mehr als billige Erörterung in
principieller Richtung erfährt, weil man einer präcisen Regelung
der Zeugenpflicht in Steuersachen nach Analogie des Prozesses im
allgemeinen immer noch aus dem Wege geht.

Dass aber die Sache nicht auch noch von der Theorie statt
geklärt weiter verwickelt wird, muss jedem am Herzen liegen, der
sich mit derselben sowohl theoretisch wie praktisch befasst, und
hieraus glaube ich vornehmlich neben der eingangs berührten subjek-

---

[1]) Diese hochwichtige Frage beschränkt sich selbstverständlich nicht bloss
auf den Arbeitsverdienst und die Kapitalrente wie die „Meldangabe", sondern
erstreckt sich auch auf die übrigen wichtigeren Steuerquellen, nämlich die Erträgnisse der Landwirtschaft und des Gewerbebetriebs. Gerade bei diesen eröffnet sich aber ein unbegrenztes Feld für die Erhebung und vermöchte ich eine
Menge verwertbarer Thatsachen anführen, welche von Dritten — physischen oder
juristischen Personen — in Bezug auf jene Erträgnisse auf Grund eigener Wahrnehmung an die Hand gegeben werden können, allein es kann von Meldung
nirgends die Rede sein.

tiven Veranlassung meine Legitimation zur vorstehenden Berichtigung ableiten zu dürfen.

Nachstehend folgen noch im Wortlaut die gesetzlichen Bestimmungen über die als „Meldangabe" — „Kapitallisten" — hingestellte Schuldzinsennachweisung aus den mir augenblicklich zur Verfügung stehenden Gesetzen:

1) Bayern. Kapitalrentensteuergesetz vom 19. Mai 1881.

Art. 5. Von der steuerbaren Kapitalrente „dürfen" die von den Steuerpflichtigen erweislich zu zahlenden Passivkapitalzinsen . . . . . in Abzug gebracht werden.

Der Nachweis ist durch Bezeichnung des den Abzug bedingenden Rechtsgeschäftes, dann der Person, des Standes und Wohnorts des Gläubigers oder Rentenempfängers, endlich des auf jeden Gläubiger oder Empfänger treffenden Zins- oder Rentenbetrages anzutreten.

Art. 16. Jedem Steuerpflichtigen, welcher Passivkapitalzinsen . . . . von der steuerbaren Kapitalrente in Abzug bringt, „kann" vom Rentamte . . . . . bei Vermeidung der Nichtberücksichtigung dieser Abzüge zur Auflage gemacht werden, das Vorhandensein derselben urkundlich oder in sonst glaubhafter Weise darzuthun. Dieser Nachweis gilt als erbracht, wenn die treffenden Passivzinsen oder Lasten in der Steuererklärung des Empfängers derselben zur Besteuerung angegeben sind.

2) Italien. Gesetz über die Steuer von Einkünften aus beweglichem Vermögen vom 24. August 1877.

Art. 1 . Den Steuerpflichtigen ist „gestattet" — i contribuenti sono ammessi" — die Passivzinsen, einschliesslich der hypothekarischen, anzugeben, welche ihre aus beweglichem Vermögen fliessenden Einkünfte belasten. Jene Passivzinsen werden den Pflichtigen in Vormerkung gehalten, bis ihr Bestand vollständig festgestellt und die Person, sowie der Wohnsitz der im Staate lebenden Gläubiger ermittelt werden kann.

Insoweit diese Bedingungen erfüllt sind, wird der den Passivzinsen entsprechende Betrag an den eigenen steuerbaren Einkünften des Pflichtigen gekürzt.

Insoweit sie nicht zutreffen, sind die Pflichtigen gehalten, die schuldige Steuer in ihrer Gemeinde vorbehaltlich des Abzugsrechtes gegenüber dem Gläubiger voll zu entrichten.

Art. 60 Abs. 3 der Instruktion — regolamento —:

Wenn der Agent den Bestand der Passivzinsen oder die Person und den Wohnsitz des Gläubigers nicht festzustellen vermag oder wenn er wahrnimmt, dass derselbe seinen Wohnsitz nicht im Königreich hat, so lässt er den Abzug nicht zu und gibt hiervon dem Schuldner schriftlich Nachricht.

3) Oldenburg. Einkommensteuergesetz vom 6. April 1864.

Art. 6. Von dem steuerbaren Einkommen sind in Abzug zu bringen: . . . . . die Zinsen für hypothekarisch eingetragene und andere Schulden, soweit die Schulden den Schätzungsausschüssen mit Bestimmtheit als vorhanden bekannt sind oder alljährlich bis zum 7. Mai unter Angabe des Namens und Wohnorts des Gläubigers und des Zinsfusses angegeben und auf Verlangen speciell nachgewiesen sind. An die Beobachtung dieser Frist ist alljährlich wenigstens vier Wochen vorher durch eine in angemessener Weise veröffentlichenden Aufforderung zu erinnern. Der Abzug der Zinsen nicht rechtzeitig angemeldeter, bezw. nicht nachgewiesener Schulden kann nicht verlangt werden.

4) Königreich Sachsen. Einkommensteuergesetz vom 2. Juli 1878.

§ 40. Die Deklaration hat . . . . . zu enthalten . . . . . die Nachweisung der Schuldzinsen . . . . .

§ 43 letzter Abs. . . . . . Die Kommission ist nicht verpflichtet, das Vorhandensein von Schuldzinsen . . . . . über welche eine Nachweisung von seiten der Beitragspflichtigen nicht vorliegt, selbständig zu erörtern.

5) Altenburg. Klassen- und Einkommensteuergesetz vom 17. März 1868.

§ 5 lit. c letzter Abs. . . . . . Die Zinsen für hypothekarisch eingetragene und andere Kapitalschulden werden in Abzug gebracht, müssen jedoch auf Erfordern und zwar die Schulden unter Angabe des Namens und Wohnorts des Gläubigers, sowie des Datums der Schuldurkunde speciell nachgewiesen werden. Lit. g ebendas. . . . . . Zinsen von Privatschulden, wenn sie unter Angabe des Namens und Wohnorts des Gläubigers und des Datums der Schuldurkunde speciell nachgewiesen werden, kommen in Abzug.

6) Gotha. Einkommen- und Klassensteuergesetz vom 10. Januar 1854.

§ 7 letzter Abs. . . . . . Zinsen für hypothekarisch eingetragene und andere Schulden werden in Abzug gebracht, müssen jedoch auf Erfordern und zwar die Schulden unter Angabe des Namens und Wohnorts des Gläubigers, sowie des Datums der Schuldurkunde speziell nachgewiesen werden.

———

Gegenüber diesem Wortlaut der Gesetze lässt sich nicht absehen, worauf in der Gesetzesnachweisung S. 48 u. 49 der Abhandlung die irrigen Angaben fussen, dass in Bayern, Königreich Sachsen und Sachsen-Altenburg Kapitallisten „nur für unversicherte Privatschulden" vorkommen; ferner ist übersehen, dass Koburg-Gotha ebenfalls „Kapitallisten" hat. — Dass die angeführten Gesetzesbestimmungen meine oben ausgesprochene Meinung über diese Listen vollkommen rechtfertigen, springt wohl von selbst in die Augen, und es gilt dies auch von Oldenburg, welches in der öffentlichen Aufforderung wenigstens eines der von mir bezeichneten Merkmale der Meldung ersehen lässt, denn es ist klar, dass diese Aufforderung lediglich im Interesse des Schuldners und nicht im Interesse des Staats, zur Fassung des Gläubigers, erfolgt, und dass der die Aufforderung ausserachtlassende Schuldner nicht eine Pflicht versäumt, sondern lediglich sein Recht im Stich lässt. — Ich bin der festen Ueberzeugung, dass mich auch der Inhalt der vorstehend unberücksichtigt gebliebenen von den in obiger Nachweisung angezogenen Gesetzen nicht widerlegen wird, werde mich aber entgegengesetzten Falls gerne berichtigen lassen.

Die deutsche Reichsbank im Dienste der Finanzverwaltung des Reichs und der Bundesstaaten.

Von

Dr. E. Philippovich v. Philippsberg,
Professor in Freiburg.

Die Reichsbank war bei ihrer Gründung wesentlich dazu bestimmt, in das verwirrte Notenwesen Deutschlands Ordnung zu bringen.
Durch die hier nicht näher zu berührenden Bestimmungen des Bankgesetzes vom 14. März 1875 über den Notenumlauf wurde denn auch
die Stellung der Reichsbank derart begünstigt, dass nunmehr über
zwei Drittel der im Umlauf befindlichen Noten Reichsbanknoten sind.
Ihr Ansehen und ihre Bedeutung hat sich auch auf anderen Ge-
schäftsgebieten gesteigert. Der von ihr betriebene Giroverkehr hat
eine in keinem anderen Staat erreichte Entwicklung erlangt. Sie
besitzt eine dominierende Stellung im Deutschen Reiche, welche sich
nicht allein auf ihre Autorität als (verstecktes) Reichsinstitut, sondern
besonders auf ihre wirtschaftliche Thätigkeit stützt.

In einigen Jahren wird der Reichstag darüber zu beraten haben,
ob die Reichsbank in ihrer gegenwärtigen Form fortbestehen oder
vom Reiche erworben werden solle. Es wäre vorzeitig und hier nicht
am Platze, in eine Untersuchung darüber einzugehen, welche Stellung
zu dieser Frage einzunehmen sei. Allein das darf wohl behauptet
werden, dass zur Entscheidung der Frage auch der Umstand beitragen wird, in welcher Weise die öffentliche Geldverwaltung aufgefasst bezw. in welche Verbindung sie mit der Reichsbank gebracht
wird. Hier kann über diesen Punkt nur mitgeteilt werden, was über
das gegenwärtige Verhältnis Positives zu wissen möglich ist [1]). Es

---

[1]) Das Verhältnis der Reichsbank zum Reiche und den Bundesstaaten in
Bezug auf die Geldverwaltung entbehrt fast vollkommen einer gesetzlichen

wird sich zeigen, dass dasselbe trotz der vorzüglichen Organisation und Einrichtung der Bank unvollkommen ist und hinter den belgischen und englischen Ordnungen zurücksteht.

Die gesetzlichen Bestimmungen über den Verkehr der Reichsbank mit dem Reiche und den Bundesstaaten sind äusserst dürftig. § 22 des Bankgesetzes sagt: „Die Reichsbank ist verpflichtet ohne Entgelt für Rechnung des Reiches Zahlungen anzunehmen und bis auf die Höhe des Reichsguthabens zu leisten. Sie ist berechtigt, das nämliche Geschäft für die Bundesstaaten zu übernehmen." Der Bestimmung dieses Paragraphen wäre Genüge geleistet gewesen, wenn die Reichsbank dem Reiche ein Conto eröffnet hätte, auf welches Zahlungen angenommen, von welchem sie geleistet werden konnten. Allein derselbe hat durch § 11 der Statuten eine meritorische Erweiterung erfahren.

Es heisst daselbst: „Der Reichsbank liegt ob, das Reichsguthaben unentgeltlich zu verwalten und über die für Rechnung des Reiches angenommenen und geleisteten Zahlungen Buch zu führen und Rechnung zu legen." Infolgedessen sind sodann im Verordnungswege weitere Verfügungen getroffen worden, welche als Ausführung dieser Erweiterung des Gesetzes erscheinen. Der Verkehr mit den Bundesstaaten stellt sich aber auf die enge Grundlage des § 22, welche zur Benützung der Bank als blosser Transportanstalt geführt hat. Allein auch die weitergehenden Verfügungen zu Gunsten des Reiches lassen das System der Verbindung der staatlichen Geldverwaltung mit der Bankverwaltung noch lückenhaft erscheinen.

Das Verhältnis der Bank zu den Bundesstaaten hat die vom Reichskanzler erlassenen Normativbedingungen zur Grundlage. Der wesentliche Inhalt derselben ist folgender: Jede Bundesregierung, welche die Vermittlung der Reichsbank zur Auszahlung und Einzahlung in Anspruch nimmt, hat sich an das Reichsbankdirektorium zu wenden und diejenige Bankstelle zu bezeichnen, bei welcher ein Conto für sie geführt werden solle. Es wird nur an einer Stelle ein Conto für sie geführt werden, die Wahl derselben steht ihr aber vollkommen frei. Zugleich sind seitens des Bundesstaates diejenigen Beamten unter Bekanntgabe ihrer Originalunterschrift zu bezeichnen, welche über ein Guthaben zu verfügen berechtigt sein sollen.

Regelung und das Folgende gründet sich daher grösstenteils auf persönliche Mitteilungen, welche dem Schreiber dieses in dankenswerter Weise von kompetenter Seite gemacht wurden.

Jede einzelne Einzahlung zu Gunsten des Bundesstaates muss mindestens 10,000 Mark betragen. Die Reichsbank stellt für die Einzahlungen Kassenquittungen aus und gibt noch an demselben Tage der das Conto führenden Stelle von der geschehenen Einzahlung Kenntnis. Die Einzahlungen können im ganzen Reiche, auch von Privaten vor sich gehen. Die letzteren sind durch die Kassenquittung vollkommen gedeckt.

Die Abhebung kann nur dort erfolgen, wo das Conto geführt wird und geschieht durch Uebersendung einer Quittung seitens des verfügungsberechtigten Beamten an die Bank. Auch die Auszahlungen der Bundesregierungen müssen mindestens 10,000 Mark betragen. Sie gehen nur von diesem einen Conto aus, können sich aber über das ganze Reich erstrecken und werden über Auftrag des verfügungsberechtigten Beamten, da oder dort Zahlung zu leisten, vorgenommen.

Die Abrechnungen zwischen der Reichsbank und dem Bundesstaate geschehen im halben Januar und halben Juli. Hiebei müssen etwaige Differenzen bar beglichen werden. Dies ist jedoch nicht so zu verstehen, als ob die Bank in die Lage kommen könnte, den Bundesstaaten einen Vorschuss zu geben. Sie thut dies weder beim Reiche noch bei den Bundesstaaten. Es handelt sich vielmehr um das Minimum des Guthabens, welches die Bank sich ausbedungen hat.

Die Zahlungen und Empfangnahmen der Gelder geschehen kostenfrei. Doch behält die Bank sich vor, das Conto des Bundesstaates mit einmonatlicher Kündigung aufzuheben, wenn sie ihre Rechnung dabei nicht finden sollte. Die Bundesstaaten können durch einfache Abhebung des Guthabens ihr Verhältnis lösen.

Zwischen dem von der Reichsbank ins Leben gerufenen Giroverkehr und dem Zahlungsverkehr der Bundesstaaten besteht kein qualitativer Unterschied. Die Höhe der Umsätze und gewisse Abänderungen in der Art des Verfügens über das Konto bei der Bank sind die einzigen unterscheidenden Momente, so dass die Bundesstaaten der Bank gegenüber als einfache Geschäftskunden erscheinen. Der Gewinn der Bank liegt in der Ausnützung der Guthaben, der der Bundesstaaten in der leichteren und rascheren Vereinigung, Verteilung und kostenlosen Transportierung von Geldern, was für die gesamte Kassenverwaltung eine Verminderung der Betriebsfonds bedeutet.

Inwieweit die einzelnen Bundesstaaten in ein Verhältnis zur Reichsbank getreten sind, waren wir nur bei Preussen in der Lage zu ermitteln.

Preussen besitzt ein Minimalguthaben von 10 Millionen Mark bei der Bank und hat sein Conto in Berlin. Es wird geführt für Rechnung der „Generalstaatskasse" d. i. der „Centralkasse des preussischen Staates". Das Verfügungsrecht darüber steht dem Finanzminister zu. Da von den 3—5 Regierungsbezirken Preussens sich fast alle am Sitze einer Bankstelle befinden und bei den Regierungen die Regierungshauptkassen mit der Doppelfunktion: Sammlung der bei den Perzeptionsämtern ihres Gebietes eingehenden Gelder und Dotierung derselben für bestimmte Ausgabszwecke bestehen, geschieht die Konzentrierung der Staatsgelder bei der Generalstaatskasse und ihre zweckentsprechende Verteilung ganz durch die Bank. So ist die Reichsbank wohl der Mittelpunkt der Geldsendungen, nicht aber der Zahlungen.

Das Reich besitzt bei der Bank ein von der Hauptbuchhalterei daselbst in Debet und Credit geführtes Hauptconto, auf welchem die für Reichsrechnung eingehenden Gelder und geleisteten Zahlungen in grossen Summen verfolgt werden, so dass das bilanzierte Conto den jeweiligen Stand des Reichsguthabens bei der Reichsbank ergibt. Zur Verrechnung dieses Guthabens im Detail entsprechend den budgetmässigen Eingängen und Ausgaben ist eine besondere Abteilung der Hauptkasse der Reichsbank, die Reichshauptkasse bestimmt, welche sich mit dem Centralkassengeschäft des Reiches zu befassen hat.

Diese aus einem Vorstand und mehreren Buchhaltern bestehende Reichshauptkasse hält jedoch nicht die Reichsgelder als gesonderten Bestand, es liegt ihr vielmehr nur die Buchführung und Rechnungslegung ob, da bezüglich der Gelder selbst der Grundsatz aufgestellt ist, dass der buchmässige Bestand der Reichshauptkasse sich als Reichsguthaben unter dem Gesamtkassenbestand der Reichsbank befindet und daher eine Trennung der Reichsgelder nicht statthat [1]). Die Reichshauptkasse hat daher auch weder Zahlungen reell zu empfangen noch reell zu leisten. Es geschieht dies vielmehr für ihre Rechnung durch die Hauptkasse resp. Nebenstellen der Reichsbank. Sie stellt nur Quittungen aus, bucht und verrechnet

---

[1]) Eine Ausnahme von diesem Verschmelzen der Reichsgelder mit den Kassenbeständen findet nur insofern statt, als das Reichsschatzamt die Verausgabung gewisser für Reichsrechnung eingezogener Sortenbestände von besonderer Anordnung abhängig machen kann. Eine Befugnis, welche bei vollkommen geordneten Münzverhältnissen als ungehörig bezeichnet werden müsste, jedenfalls aber eine eminente Beschränkung der Handlungsfreiheit der Bank ist.

die Eingänge, auf der anderen Seite weist sie Zahlungen an, bucht
und verrechnet dieselben und empfängt die Zahlungsbelege. Das
eigentliche Kassengeschäft wird durch sie nicht besorgt. Nach aussen
aber steht die Reichshauptkasse zu den zahlreichen selbständigen
Kassen (den Kassen, durch welche ihr die Einnahmen zufliessen, den
Kassen der Militärverwaltung, der preussischen Staatsschuldenkasse,
der Generalpostkasse, der Eisenbahnhauptkasse u. s. w.) vollkommen
in denselben Beziehungen, wie eine staatliche Centralkasse, d. h. sie
sammelt die Ueberschüsse der ersteren und dotiert die letzteren nach
Massgabe von Etats. Auf diese Weise ist die Reichshauptkasse jener
Teil des Bankorganismus, welcher als der Centralpunkt des Zahlungs-
verkehrs des Reiches angesehen werden muss.

Demgemäss stellt auch, sobald der Reichsetat festgesetzt ist,
das Reichsschatzamt jährlich auf Grund dieses Reichshaushaltsetats
den Hauptetat der Reichshauptkasse zusammen. Derselbe schliesst
sich vollkommen an den ersteren an und enthält bei den einzelnen
Abteilungen, unter Umständen auch bei den einzelnen Kapiteln
und Titeln der Einnahme und Ausgabe den Nachweis der Kassen,
welche die Einnahmen oder Ueberschüsse abzuliefern oder an welche
Dotationen zu erfolgen haben, unter Bezeichnung des jeweiligen Betrages derselben, sowie etwaiger Bestimmungen über die Rechnungs-
pflicht der einzelnen Kassen (Legung einer Specialrechnung u. s. w.).
Dieser Hauptetat bildet die Grundlage der Operationen der Reichshauptkasse und der von ihr vorzunehmenden Buchführung.

Das Anweisungsrecht zur Erhebung der einzelnen Einnahmen,
sowie Leistung der einzelnen Ausgaben steht dem Reichsschatzamt
und den mit der Ausführung von Etats der Reichsverwaltung sonst
beauftragten, dem Bankdirektorium und der Reichshauptkasse bekannt zu gebenden Behörden oder Personen zu.

Die Sammlung resp. Vereinigung der Einnahmen des Reiches
geschieht nun vollständig durch die Bank. Zahlungspflichtige Personen können bei jeder Bankstelle zu Gunsten der Reichshauptkasse
Zahlungen leisten, erhalten eine vorläufige Empfangsbestätigung,
welche die Reichshauptkasse auf Verlangen gegen eine formelle Quittung eintauscht und die empfangende Bankstelle verfährt mit dem
übernommenen Reichsgelde nach den allgemeinen Vorschriften der
Bank. In jedem Falle erhält aber die Reichshauptkasse sogleich
Nachricht von der geschehenen Einzahlung unter Angabe des Zah-
lungsgrundes. In derselben Weise verfahren die mit der Einhebung

der Reichseinnahmen betrauten Reichs- oder Landeskassen, für welche in besonderer Instruktion Art und Zeit dergestalter Ablieferung und Verrechnung mit der Reichshauptkasse bestimmt ist.

In Bezug auf die Ausgaben des Reiches ist wohl zu beachten, dass die Reichsbank nur die von der Reichshauptkasse zu leistenden Zahlungen ausführt. Der vielteilige Bankorganismus repräsentiert also nicht den Zahlungsorganismus des Reiches, er liefert vielmehr nur einen Centralpunkt für den letzteren (in der Reichshauptkasse) und die Verbindungskanäle zwischen diesem und den übrigen selbständigen Reichskassen. Nur soweit die Reichshauptkasse selbst endgiltige Zahlungen, d. h. solche, durch welche das Reich von einer rechtlichen Verpflichtung befreit wird, zu leisten hat, fungiert die Reichsbank als staatliche Zahlstelle. In allen übrigen Fällen aber ist sie nur das Medium für die Verteilung der Reichsgelder. Da nun für die Verwaltung der auswärtigen Angelegenheiten, des Reichsheeres, der Marine, der Post und Telegraphie, der Reichsschuld, des allgemeinen Pensions- und des Invalidenfonds, für den Reichstag und den obersten Rechnungshof besondere Kassen bestehen, an welche die Reichshauptkasse über gehörige Anweisung nur grosse Summen zu überweisen hat, während die Detailzahlung daselbst geschieht, ist der eigentliche Zahlungsdienst der Reichsbank ein beschränkter.

Was die Form betrifft, in welcher die Ausgaben der Reichshauptkasse durchgeführt werden, so ist für sämtliche Zahlungen derselben, sowohl für die endgiltigen Zahlungen, als die blosse Verteilung der Reichsgelder eine Anweisung des Bankdirektoriums an die die Zahlung leistende Bankstelle nötig. Dieselbe erfolgt über Ansuchen der Reichshauptkasse, welche hiezu wieder durch die Anweisung der entsprechenden Reichsbehörde ermächtigt wird.

Von der Reichshauptkasse wird jede einzelne Einnahme und einzelne Ausgabe den Abteilungen, Kapiteln und Titeln ihres Hauptetats gemäss gebucht. Am Ende eines jeden Tages übersendet die Hauptkasse der Reichsbank einen Abschluss mit den Rechnungsbelegen über die Einnahmen und Ausgaben für das Reich an die Hauptbuchhalterei der Reichsbank, welche sodann das Conto des Reiches mit der Gesamtsumme der Ausgaben belastet, demselben die Gesamtsumme der Einnahmen gutschreibt und die Belege mit einem entsprechenden Kassenauszuge an die Reichshauptkasse weiter gibt. Das Conto der Hauptbuchhalterei und das Hauptjournal der Reichshauptkasse müssen sich daher stets im Einklange befinden.

Von den täglichen Abschlüssen sowohl, wie von den monatlich und am Ende des Jahres vorzunehmenden erhält das Reichsschatz-amt Kenntnis und dieselben dienen ihm als Uebersichten über die finanzielle Lage des Reiches, sowie als Grundlage für die von ihm zu übende Buchrevision und Kontrolle der Reichshauptkasse.

Nur die Postverwaltung hat ihren Zahlungsverkehr in selb-ständiger Weise mit dem der Reichsbank enger verschmolzen. Die Generalpostkasse des Reiches besitzt nämlich seit 1. März 1879 ein Conto im Giro-Comptoir der Reichsbank, welches den der Reichs-postverwaltung zur Verfügung stehenden in ihren Kassen entbehr-lichen Betriebsfonds repräsentiert. Sämtliche Postanstalten des Reiches führen ihre Ueberschüsse an die nächste Reichsbankstelle ab, welche das Giro-Comptoir der Reichsbank von der geschehenen Einzahlung in Kenntnis setzt, worauf der Eingang der Generalpostkasse auf ihrem Conto gutgeschrieben wird. Ebenso zahlen sämtliche Bank-stellen an die Postanstalten und werden diese Beträge von dem Giro-conto abgeschrieben. Die Verfügung über dies Postgiroconto wird noch dadurch erleichtert, dass die Reichsbank auch auf telegraphische Forderungen der Postanstalten Gelder anweist.

Das Conto der Postverwaltung wird täglich abgeschlossen, ein allfälliger Ueberschuss an die Reichshauptkasse geleitet, welche aber auch umgekehrt ein etwaiges Deficit aus dem Reichsguthaben zu decken hat. Monatlich endlich hält die Reichshauptkasse Abrechnung mit der Generalpostkasse.

Zum richtigen Verständnis der Bedeutung der deutschen Reichs-bank für die Kassenverwaltung des Reiches müssen wir noch einen Blick auf die Betriebsfonds der letzteren werfen. Als das Deutsche Reich gegründet wurde, mussten der Finanzverwaltung zur Sicher-stellung eines geordneten Wirtschaftsbetriebes Betriebsfonds zur Ausstattung der Kassen gegeben werden. Dieselben wurden mit 18,810,000 M. zu eisernen Vorschussbeständen der Truppenkassen der Militärverwaltung, 5,250,000 M. für die Post- und Telegraphen-verwaltung und 6,000,000 M. für die Reichscentralkasse, zusammen auf 30,050,000 M. bemessen [1]. Allein mit der Zeit erwiesen sich diese Summen als ungenügend, um als Grundlage für den gesteigerten Zahlungsverkehr des Reiches zu dienen und es wurden daher durch den Reichshaushaltetat für 1882/83 zur Verstärkung der dauernden

---

[1] Vgl. Reichshaushaltsetat für 1872.

Betriebsfonds, hauptsächlich für den Bedarf der Postverwaltung, weitere 9,150,000 M. aus der Reichsanleihe bereit gestellt, so dass der feste Bestand des Reichs an Betriebsfonds zur Zeit 39,210,000 M. beträgt.

Zur Deckung eines vorübergehenden Bedarfes an Betriebsfonds war der Reichsregierung stets das Recht gewährt worden, Schatzanweisungen im Höchstbetrage von ursprünglich 24, späterhin 40 Millionen auszugeben. Dieser Höchstbetrag wurde nun durch den Reichshaushaltsetat für 1882/83 auf 70 Millionen festgesetzt. Die Ausfertigung der Schatzanweisungen ist nicht der Bank und nicht der Reichshauptkasse, sondern der preussischen Hauptverwaltung der Staatsschulden, welche in ihren Funktionen für das Reich die Benennung „Reichsschuldenverwaltung" führt, übertragen, ihre Ausgabe aber erfolgt durch die Reichshauptkasse. Ihre Umlaufzeit darf das Etatsjahr um höchstens sechs Monate überschreiten, doch kann innerhalb dieser Zeit der Betrag wiederholt ausgegeben werden, jedoch nur zur Deckung der in Verkehr gesetzten Schatzanweisungen.

Zur Sicherstellung der Reichsbank, welche bei der Knappheit der festen Betriebsfonds der Reichshauptkasse in die Lage kommen könnte, Zahlungen für das Reich leisten zu müssen, ohne für dieselben Deckung zu besitzen, in einem solchen Falle also dem Reiche einen unverzinsten Vorschuss gewähren würde, ist die Verfügung getroffen, dass sie, wenn das Guthaben des Reiches unter 10 Millionen Mark sinkt, von den bei der Reichshauptkasse erliegenden Schatzanweisungen, soviel als zur Ergänzung auf obige Summe nötig ist, mindestens aber den Betrag von 3 Millionen Mark, auszugeben berechtigt ist.

Aus dem vorbeschriebenen Zustande des Verhältnisses des Deutschen Reiches zur Reichsbank ist zu ersehen, dass man auch hier noch weit entfernt ist, die durch die Existenz einer so eminent staatlich organisierten Bank gebotene Gelegenheit zu benützen und den Zahlungsorganismus des Reiches vollkommen in dem der Bank aufgehen zu lassen. Die Bank versieht zwar den Dienst der Vereinigung der Einnahmen und Zuweisung der Ausgaben in grossen Summen, allein nur der kleinste Teil endgiltiger staatlicher Zahlungen wird bei ihr selbst besorgt.

Von dem gesamten Ausgabebudget des Deutschen Reiches von beiläufig etwa 800 Mill. Mark wird nur der geringste Teil durch

die Reichsbank der Erfüllung der staatlichen Zahlungspflicht zugeführt werden. Es sind dies die Zahlungen des Reichsamtes des
Innern, der Justiz und des Schatzamtes. Das auswärtige Amt mit
7 Mill. hat die Legationskasse in Berlin, welche mit 750,000 **Mark**
Betriebsfonds dotiert ist. Die aus der Reichsschuld entstehende
Zahlungsverbindlichkeit von nahe 16 Millionen wird durch die preussische Staatsschuldenkasse erfüllt, wofür Preussen eine Vergütung
von 12,500 M. als Beitrag zu den Kosten dieser Behörde erhält.
Zur Bestreitung der Ausgaben des Reichsheeres, gegen 344 Mill.,
der Marine 28 Mill., des allg. Pensionsfonds 20 Mill., des Invalidenfonds 30 Mill., sind die Generalmilitärkasse in Berlin, nebst den mit
den preussischen Regierungshauptkassen verbundenen Corpszahlungs-
stellen, die Kriegszahlämter in Dresden und Stuttgart, die Central-
staatskasse in München und ihre Unterzahlämter berufen u. s. w.

Eine derartige Zersplitterung des gesamten Zahlungswesens
übersieht .vollkommen die grossen Vorteile, welche durch Uebertragung der Zahlungen auf die Bank geboten sind. Dieselben sind
bei der bureaukratischen Organisation der Reichsbank auch durchaus
mit jenen Sicherheiten versehen, welche ein Amtsorganismus bietet
und es ist wohl nur dem Beharrungsvermögen, mit welchem einmal
gewordene staatliche Einrichtungen ihre Existenz behaupten, zuzuschreiben, dass nicht bereits das gesamte Zahlungswesen des Reiches
reorganisiert ist.

Es ist daraus auch erklärlich, dass das Deutsche Reich nicht
nur nicht daran denken kann, seine Kassenbestände zu verwerten,
dieselben vielmehr häufig vollständig in Frage gestellt sieht und daher eines ausserordentlichen Kreditmittels bedarf, das im kritischen
Moment leicht seinen Dienst versagen kann [1]) Wenn aber einmal

---

[1]) Wie unzureichend die Reichskasse wenigstens zur Zeit bis zu der am
1. April 1882 gewährten Verstärkung mit Betriebsfonds ausgestattet war, erhellt
aus dem Vorkommnis, dass im Frühjahr 1881 trotz eines Restbestandes der
Kriegskostenentschädigung von etwa noch 13,596,000 Mark und obwohl nicht
nur die der Finanzverwaltung zur vorübergehenden Verstärkung
des ordentlichen Betriebsfonds der Reichshauptkasse zur Verfügung gestellten 40 Millionen Schatzanweisungen vollständig
begeben, sondern auch die Geldmittel für alle, mit ihrer Deckung auf besondere Fondsanleihen, Reichsfestungsbaufonds, Reichseisenbahnfonds angewiesenen
Ausgabezwecke, zum Teil über den für diese Zwecke hervorgetretenen Bedarf
hinaus, flüssig gemacht und bereit gestellt worden waren, wiederholt der Fall

der ganze Zahlungsverkehr des Reiches von der Reichsbank übernommen sein wird, soweit dies die Kongruenz der Bankgebiete und Verwaltungsgebiete gestattet und es technisch möglich ist, wird auch in Deutschland wie in England an die Stelle des Schatzanweisungskredits der gesetzlich geregelte, billigere Buchkredit der Bank treten. Der erstere muss stets in seiner Höhe fixiert sein und ist daher nur eine beschränkte Hilfe, der letztere bedarf nur einer Regelung der Formen und Bedingungen, unter welchen er in Anspruch genommen werden darf, um sodann ganz mechanisch benützt werden zu können.

---

hat eintreten können, dass das Guthaben des Reiches bei der Reichsbank nahezu völlig aufgeräumt war." Denkschrift zum Reichshaushaltsetat für 1882/83 S. 52.

Finanzstatistik.

Das Budget des Königreichs Italien.

Von

Prof. Dr. Richard von Kaufmann.

Bei dem Versuch eines möglichst zusammengedrängten Ueberblicks über
die Finanzen des Königreichs Italien wollen wir unsere Aufmerksamkeit vorzugsweise auf eine Betrachtung der Mittel richten, die das junge Königreich angewandt hat, um der nach langen Kämpfen errungenen Einheit eine auf gesunde
finanzwirtschaftliche Grundlage zu bieten und diese zu festigen, und werden
wir bei unseren Betrachtungen ausschliesslich officielle Quellen benutzen.

I. Rückblick.

Das neuere Italien tritt in Existenz mit dem Züricher Friedensschluss vom
10. November 1859, der zum Königreich Sardinien die Lombardei gesellt und
die weiteren Anschlüsse des Jahres 1860 ermöglicht, so dass Ende jenes Jahres
bereits neben den genannten Teilen: Modena, Parma, Toskana, das Königreich
beider Sizilien und die vom Kirchenstaat abgerissenen Provinzen: Marken und
Umbrien zu einem Ganzen von 21,770,384 Einwohnern[1]) verschmolzen waren.

Die so plötzlich zusammengefassten Länder waren aber im einzelnen so verschiedenartig organisiert, dass dieselben noch keineswegs ein einheitliches Staats-
ganze, sondern nur mehr das allerdings willige Material zu einem solchen darstellten. Auch fehlten, als am 17. März 1861 das Königreich Italien feierlich
proklamiert worden war, noch zwei Edelsteine in der königlichen Krone: Venedig
und Rom. Es war aber nicht allein der fehlende Glanz, der bei jener äusseren
Unfertigkeit betrauert wurde, sondern man war sich klar darüber, dass
gerade in dem Fehlen jener Teile der Keim zu neuen Gefahren, die Notwendigkeit weiterer Anstrengungen und Kämpfe belegen sei. Das ganze Land war so
von dem Gefühl beherrscht, dass die Reorganisation desselben, der Aufbau des
neuen Staates ohne die noch losgelösten Provinzen nur schwer gelingen werde,
und dass die letzteren zum Ganzen nötig seien, auch schon damit die fehlenden
Glieder einen Teil der für das Ganze notwendigen Lasten auf sich nehmen könnten.

Auf allen Gebieten war sofort Neues zu schaffen: so musste ein einheitliches Münzwesen eingeführt werden, die inneren Zollschranken mussten fallen,

---

[1]) Annuario statistico Italiano. Roma 1878.

die ganze Verwaltung war neu zu ordnen. Fast jeder der einzelnen Bestandteile des neuen Staats hatte aber auch eine andere Finanzwirtschaft; auf anderer
Basis angelegt, hatten die einzelnen Einkünfte in den verschiedenen früher selbständigen Provinzen verschiedene Namen, und selbst wo derselbe Name vorkam,
bedeutete derselbe in der einen Provinz ganz anderes wie in der anderen und
waren für die eventuell gleiche Art der Steuer die verschiedensten Sätze in
Anwendung. Auch die Steuererhebung ging überall verschiedenartig von statten:
hier hatte man staatlich angestellte Steuereinnehmer, die festes Gehalt bezogen,
dort waren dieselben auf Tantièmen verwiesen, anderswo waren die Abgaben
verpachtet und abermals an anderer Stelle waren die Gemeindeempfänger gleichzeitig mit der Abführung der Staatssteuern betraut.

All diese Verschiedenheiten waren so gross, dass für das erste Jahr (1861)
nach der Proklamierung des Königreichs Italien zwei besondere Budgets, eines
für den Süden und eines für den Norden, aufgestellt werden mussten, und es
erst für das Jahr 1862 gelang, einen einheitlichen Etat zustande zu bringen.

Die bezügliche schwierige Arbeit lastete auf dem Finanzminister Bastogi.
In dem von demselben im Dezember 1861 der Kammer vorgelegten provisorischen[1]) Budget für 1862 standen 840 Mill. Ausgaben nur 531 Mill. Einnahmen
gegenüber. Das beträchtliche Deficit hatte verschiedene Ursachen: erstens hatten
die meisten der neuen Provinzen ihr specielles Deficit mitgebracht und anderseits hatte die kurze Revolutionszeit unbedacht einfach mit vielen Steuern auf-
räumen zu können geglaubt; dabei war die Steuerlast des Südens nur halb
so gross als die des Nordens und doch sollten die Ausgaben für alle Teile von
nun an gleichmässig sein.

Die erste Aufgabe, das Finanzwesen des neuen Königreichs zu sanieren,
bestand in einer Vereinheitlichung der Schulden: Jeder der fusionierten Staaten
hatte solche. Damit wurde die Möglichkeit, neue Anleihen aufzunehmen, zwar
grösser, anderseits aber musste auch die zur Ziffer gelangte Gesamtschuldenlast
verhältnismässig schwer erscheinen.

Neue Steuern einzuführen, ermangelte es für den Augenblick an Zeit zu
bezüglichen Studien und Beschlüssen. So begnügte man sich mit dem Notbehelf,
zunächst für alle bestehenden Steuern einen Zuschlag von 10 Prozent zu
votieren. Dieser Zuschlag war indes keineswegs ausreichend das Deficit zu be-
gleichen und wurde eine neue Anleihe von 500 Mill. aufgelegt (5 Prozent zum
Kurse von à 70), die — ein gutes Omen! — fast doppelt gezeichnet wurde.

Jene 500 Mill. bedeuten aber nur eine erste Rate. Während der Voranschlag für das Jahr 1862 von vornherein, wie wir sahen, ein Deficit von
309 Mill. in Ansatz brachte, betrug die Unterbilanz des Jahres 1861 weitere
400 Mill., so dass über 700 Mill. nötig waren. Somit blieben 200 Mill. einstweilen ungedeckt, denen gegenüber 59 Mill. durch Operationen bei der Uni-
fikation der neapolitanischen Schuld vereinnahmt wurden, während der Rest
durch Steuern hereingebracht werden sollte. Die thatsächlich ausgeschriebenen
Steuern blieben aber in ihren Erträgnissen hinter dem Ansatz zurück. Es zeigte

---

[1]) In Italien werden zwei Budgetvorlagen gemacht: eine sogenannte provisorische vor dem Beginn des Etatsjahres, und eine sogenannte definitive einige
Zeit nach dem Anfang desselben.

sich auch hier das bei grossen Mehrbelastungen stets wiederkehrende Bild, dass jede neue Steuer nur langsam und nicht auf einmal ihre normalen Erträgnisse abwirft. Zudem war aber auch die Gesetzgebung nicht geneigt gewesen, sich bei Einführung von neuen Steuern zu übereilen. So kamen statt der notwendigen 150 Mill. nur die Hälfte mit 75 Mill. thatsächlich ein, und zwar erstens von einer Eisenbahnsteuer (10 Prozent von den Personenbillets und dem Eilgutverkehr), zweitens von einer Erhöhung des Preises des Salzes und des Tabaks. Weiter waren die Stempel- und Registrierungsgebühren in den verschiedenen Provinzen auf die gleiche Höhe gebracht und schliesslich die Korporationen und Aktiengesellschaften besteuert worden.

Der Nachfolger von Bastogi, der sehr tüchtige und sehr energische Sella, stand also von vornherein einem Fehlbetrage von 75 Mill. gegenüber, bei welchem es aber nicht blieb, da grosse ausserordentliche Ausgaben unumgänglich notwendig erschienen: Die Armee musste reorganisiert, die Marine vervollständigt werden, das Eisenbahnnetz war auszubauen, kurz, überall war Neues zu schaffen. Wenn man nun auch darauf rechnete, dass die bestehenden Steuern als solche im laufenden Jahre selbst 50 Mill. mehr eintragen würden als im vergangenen, so war dennoch ein Deficit von abermals 450 Mill. zu erwarten. Was war zu thun? Die Aufnahme eines neuen Anlehens schien nicht ratsam. Die letzte, so gut aufgenommene Anleihe war noch nicht in festen Händen, ihr Kurs gefallen; die neue Anleihe hätte statt zu 70 zu 60 emittiert werden müssen. Das neue Jahr war dabei schon so weit vorgerückt, dass es nicht mehr möglich schien, neue Steuern von den beiden Kammern bewilligen zu lassen. Da kam Sella auf den Gedanken, gewisse vom Staat in Bau genommene Eisenbahnen gegen Uebernahme einer Staatsgarantie an Privatgesellschaften zu übertragen, und die Kanäle, welche dem Staate nur 800,000 Lire brachten, für 20 Mill. L. zu verkaufen.

Bei Durchführung dieses Projektes und gleichzeitiger Ausgabe von 100 Mill. an Schatzscheinen wäre das Deficit auf 225 Mill. gesunken. Diesem fehlenden Rest gegenüber verlangte der Finanzminister die Autorisation, die nicht zu „öffentlichen Zwecken" verwandten Staatsdomänen zu verkaufen, und zwar unter diesen alle im Jahre 1855 [1]) im Königreich Sardinien und im Jahre 1860 und 1861 in den Provinzen Umbrien und den Marken eingezogenen geistlichen Güter. Jenem zu verkaufenden Staatsbesitz gegenüber sollten, da der Verkauf voraussichtlich längere Zeit in Anspruch nehmen würde, abermals Schatzscheine ausgegeben und ein weiterer Zuschlag auf die Stempel und Einregistrierungsgebühren von 10 Prozent erhoben werden. Das Parlament genehmigte das Projekt, doch war die Finanzlage als solche durch dasselbe kaum gebessert, da erstens die Steuererträgnisse hinter dem Voranschlage, und zweitens sämtliche ordentlichen Einnahmen immerhin noch um einige 100 Mill. hinter den unvermeidlichen Ausgaben zurückblieben. So stand auch thatsächlich im folgenden Jahr Minghetti, der Nachfolger Sellas, abermals vor einem Deficit von etwa 400 Mill., von denen auf das ordentliche Budget 226 Mill. entfielen, da die ordentlichen

---

[1]) Gesetz vom 26. Mai. — Der Band 4 der Serie II der Annali di Statistica behandelt die Geschichte des Asse Ecclesiastico, d. h. der Einziehung der Kirchengüter, bis zum Jahre 1879.

Einnahmen auf 546 Mill. und die ständigen Ausgaben auf 772 Mill. geschätzt wurden. Minghetti zeigte sich von diesen Zahlen nicht erschreckt: während er die ausserordentlichen Ausgaben bedeutend einschränken zu können hoffte, glaubte er die Fehlbeträge des ordentlichen Budgets durch eine gleichzeitige Erhöhung der Steuern um 115 Mill. und durch eine Verminderung der Ausgaben um 100 Mill. auf die Dauer ganz beseitigen zu können.

Trotz seines Optimismus war der Minister aber vorsichtig genug zu erklären, dass ein so hoch gestecktes Ziel sich nicht in einem Jahre, wohl aber, wie er glaube, in vier Jahren erreichen lasse, bis zu welcher Zeit das im Augenblick vorhandene Deficit mitgerechnet, die Unterbilanzen zusammen 1325 Mill. ausmachen würden, welche wenigstens zum Teil durch Anleihen zu decken seien. Somit trug er darauf an, man möge ihm erlauben, 700 Mill. aufzunehmen, während der Rest aus den Erträgnissen des Domänenverkaufs aufzubringen wäre, unter gleichzeitiger Herabsetzung der Schatzscheincirkulation von 300 auf 150 Mill.

Die sogenannte schwebende Schuld hatte nämlich und zwar, wie wir oben schon sahen, gerade mit Rücksicht auf den Domänenverkauf die Form von auf 3, 6, 12 Monate ausgestellten Schatzscheinen angenommen. Dieser Verkauf war aber noch nicht durchzuführen gewesen, so dass, wenn man die Schatzscheincirkulation vermindern wollte, dies nur in Form einer Konsolidierung derselben durch eine Anleihe möglich schien. — Die hierauf wirklich zunächst in Höhe von 500 Mill. zum Kurse von 70 emittierte 5prozentige Anleihe fand, wie sie eine Verzinsung von mehr als 7 Prozent bot, leicht Abnehmer. Um aber bis 500 Mill. effektiv zu erhalten, musste sich das Land eine nominelle Last von 714 Mill. aufbürden. Wie dann das Ende des Jahres herankam, waren die Domänen immer noch nicht verkauft, und die Steuererträgnisse nur unbedeutend gestiegen, die Finanzlage selbst aber ebenso schlimm wie im Beginn des Jahres; vielleicht kann man die Situation noch schlimmer nennen; da nunmehr auch das Vertrauen in eine Besserung erschüttert schien so dass Minghetti des Aufgebots seiner bekanntlich sehr grossen Rednergabe bedurfte, um die Kammern einigermassen zu beruhigen.

Während der Minister selbst an seinem alten Optimismus festhielt, sahen alle übrigen Beteiligten nur mit Bangen dem Jahre 1864 entgegen. Zunächst wurde nach harten Kämpfen in den Kammern eine Steuer auf das bewegliche Vermögen (Richezza mobile), ein die Stelle einer Einkommensteuer vertretendes, wohldurchdachtes Einkünftesteuersystem, von dem weiterhin die Rede sein soll, gleichmässig im ganzen Lande eingeführt, von dem man 30 Mill. erwartete; zwei andere Steuergesetze, von denen man einen Ertrag von zusammen 52 Mill. erwartete, erhielten ebenfalls die Genehmigung der Kammern. Das eine betraf die Peräquation der Konsumtionsabgaben, das andere die der Grundsteuer, d. h. deren Gleichstellung in den verschiedenen Landesteilen, wobei es sich um eine schwere, aber gerechte und notwendige Operation handelte. Gerade die Schwierigkeit der Durchführung aber und die spät im Jahre erfolgende Promulgation der Gesetze nahmen denselben für 1864 jeden praktischen Wert. Auch der endlich energischer in die Hand genommene Verkauf der Domänen erfüllte keineswegs die auf denselben gesetzten Erwartungen, denn statt der erwarteten 400—500 Mill. flossen nur 200 Mill. durch denselben in die Staats-

kasse. Das Deficit wuchs: zu den noch cirkulierenden 150 Mill. Schatzscheinen
wurden weitere 50 Mill. emittiert und musste der hart bedrängte Finanzminister
eingestehen, dass er sich verrechnet habe.

So blieb Minghetti kein anderer Ausweg, als der Verkauf der italienischen Staatsbahnen. Eine Gesellschaft bot für die oberitalienischen Bahnen
200 Mill., doch kam der Vertrag wegen der gleichzeitigen Verlegung der Hauptstadt von Turin nach Florenz nicht zu stande. Der Minister fiel und Sella
übernahm von neuem das Finanzministerium. Um sich selbst für die Zukunft
seiner Finanzgebahrung möglichst zu decken, hatte der neue Finanzminister
das grösste Interesse daran, klar zu legen, wie sehr sich sein Vorgänger vom
Schein hätte trügen lassen; wieviel Einnahmen, welche der Voranschlag desselben versprochen habe, einerseits thatsächlich ausgeblieben und wieviel Mehrausgaben andererseits zu verzeichnen seien; mit einem Wort, Sella berechnete
den Unterschied zwischen den Zahlen der Budgets und den thatsächlichen Einnahmen und Ausgaben des Jahres auf 316 Mill. Diese waren zu finden oder
der Bankerott stand vor der Thür.

Dem drohenden Geschick gegenüber hatte Sella in der Kammer leichteres
Spiel. An eine neue Anleihe war nicht zu denken, Europa stand vor einer
Geldkrisis, sämtliche Banken erhöhten ihren Diskont. Weit ausschauende Pläne
aufzustellen fehlte es an Zeit; vor allem galt es für den Augenblick zu sorgen.
Waren aber erst 250 Mill. herbeigeschafft, so konnte die Zukunft durch Verminderung der Ausgaben und Vermehrung der Steuern das ihrige thun. Abermals wurden 50 Mill. neue Schatzscheine ausgegeben. Eine Gesellschaft, die
sich für den Verkauf der Domänen gebildet und als solche thatsächlich Anerkennung gefunden hatte, lieh weitere 50 Mill. Die Grundsteuer des Jahres
1865 musste praenumerando im Dezember 1864 gezahlt werden[1]), wobei an
Zahlungsstatt die am 1. Januar 1865 fälligen Coupons der Staatsschuld in Anrechnung genommen wurden, und der immer noch übrig bleibende Fehlbetrag
von 36 Mill. wurde durch in gleichem Kapitalbetrage ausgegebene Rente
herbeigeschafft.

Während die Krone ihrerseits an Opfermut mit dem Volke wetteiferte und
aus freien Stücken bis auf weiteres auf 3 Millionen ihrer Dotation verzichtete,
nahm in jenen sorgenvollen Zeiten das italienische Volk opferfreudig
weitere Erhöhungen der Steuerlast auf sich. Der Preis des Tabaks (der bekanntlich ebenso wie das Salz in Italien in Form des Monopolbetriebes besteuert
ist) wurde um ein Drittel erhöht, wodurch man auf neue 27 Mill. rechnen zu
können glaubte, und das Salz sollte durch eine Steuerzulage von 10 Frcs. per
100 kg 12½ Mill. Mehrerträgnisse liefern, 5—6 Mill. erwartete man von verschiedenen kleinen Abgaben und fernere 5 Mill. von einem Abzug an den Gehältern der Staatsbeamten.

Alles half nichts: Das nächste Jahr zeigte ein noch gefährlicheres Antlitz,
als die vergangenen. Aehnliche Hilfsmittel anzuwenden, wurde versucht, eine neue
Anleihe aufgenommen. Auch war bereits von der Einführung der berüchtigten
Mahlsteuer (macinato) die Rede und gleichzeitig wurde die Einziehung von

---

[1]) Am 15. Dez. waren bereits 103 Mill. auf die im ganzen geforderten
121 Mill. eingegangen.

Kirchengütern auch in denjenigen Provinzen verlangt, wo dieselbe bis dahin noch nicht stattgefunden hatte.

Eine weitere Wiederholung der den ausserordentlichen Schwierigkeiten gegenüber beliebten Auskunftsmittel scheint an dieser Stelle unnötig; hervorzuheben aber ist, dass in dieser ersten mit dem Jahre 1866 abschliessenden Periode zum Heile Italiens noch kein Gebrauch weder von dem gefährlichen Auskunftsmittel der Ausgabe von Papiergeld, noch vom Zwangskurse gemacht wurde. Ein sprechendes Bild aber von der Opferfreudigkeit des Landes gibt die einfache Steigerungsziffer der ordentlichen von Steuern herrührenden Einkünfte, die von 458 Mill. im Jahre 1861 auf 471 Mill. in 1862, 511 in 1863, 565 Mill. in 1864, auf 637 Mill. im Jahre 1865 gestiegen waren: das ist eine Steigerung von 45 Prozent, die um so bedeutungsvoller erscheint, wenn man berücksichtigt, dass Italien damals keineswegs zu den reichen Ländern zu zählen war. So wurden denn auch die Kammern, nachdem trotz all der gebrachten Opfer die Finanzlage sich immer noch nicht gebessert hatte, unruhig, und ebenso wie man in Frankreich im Jahre 1870 nach jeder verlorenen Schlacht den betreffenden General des Verrats bezichtigte, so schrie man ebenso in der italienischen Kammer: Verrat, und kam auf den tollen Einfall, alle bisherigen Finanzminister der Untreue anklagen zu wollen. Die Thorheit des Moments hatte keine weitere Folge, als dass Sella demissionierte und Scialoja das Ministerium übernahm.

Alle schönen Pläne und Aufstellungen des neuen Finanzministers wurden durch die politischen Ereignisse des Jahres 1866 zerstört. Er hatte im Anfang des Jahres geglaubt mit einigen neuen Steuern und Einziehung der Kirchengüter sich helfen zu können, da aber kam der Krieg und mit ihm gewaltig wachsende, im Augenblick zu befriedigende Mehrerfordernisse. Nunmehr war einer der letzten Schritte einer in Not geratenden Finanzwirtschaft unvermeidlich: Die Papiergeldwirtschaft brach los. Gleich nach Abschluss des Offensiv- und Defensivtraktats mit Preussen beauftragte ein königliches Dekret vom 1. Mai 1866 den Minister, bei der Königlichen Reichsnationalbank (die früher für das Königreich Sardinien begründet worden war) [1] eine Anleihe von 250 Mill. in Papier gegen Hinterlegung von Staatsrente zu kontrahieren, d. h. der Staat erhielt zu 1½ Prozent Zinsen diese Summe in Banknoten und diese Noten der Bank erhielten Zwangskurs. Damit musste der Zwangskurs auch auf die andern von der Bank emittierten Noten ausgedehnt werden, eine Massregel, die an und für sich schon notwendig geworden wäre, da bei der allgemeinen Geldkrisis, die neben dem ausbrechenden Krieg einherging, die Königliche Bank dem Run des Publikums nicht hätte widerstehen können. War aber die Proklamierung des Zwangskurses für eine Bank notwendig geworden, so musste ebenso auch den andern Banken, nämlich denen von Neapel und Sizilien und den beiden von Toskana (die römische gehörte noch nicht zum Königreich) das gleiche Privilegium eingeräumt werden, wobei nur der Unterschied gemacht wurde, dass letztere vier Banken das bezügliche Privilegium nur für ihre respektiven Bezirke d. h. die früheren Landesgrenzen der Länder, für die sie gegründet worden waren, erhielten. — In dem Augenblick (Mai 1866), als der Staat jene 250 Mill.

---

[1] Die italienischen Emissionsbanken angehend, cf. S. 141.

in Noten von der Bank erborgte, hatten sämtliche Banken eine Cirkulation von zusammen 362,450,125 Lire, macht plus den 250 Mill. des Staats 612½ Mill. oder nach dem Annuario von 1878 (Introduzione p. 153) 26,98 Frcs. auf jeden Einwohner. Das Goldagio betrug gleichzeitig 5,47 [1]).

Wie wir noch sehen werden, wurden obige Summen weiter überschritten, doch war es ein Akt grosser Weisheit der Regierung, dass sie jene indirekte Form wählte und nicht zur Ausgabe reinen Staatspapiergeldes überging. In der Form des Darlehens lag eben eine Mahnung zur Masshaltung und erinnerte das zinsverschlingende Anleihen jeden Augenblick daran, dass es sich dabei nur um einen temporären Notbehelf handle und dass die Schuld sobald als möglich zurückzuzahlen sei. Daher kam es denn auch, dass sich der Kurs jener Banknoten verhältnismässig hoch hielt.

Die Grösse der Not zwang aber auch weiter noch zu energischsten Mitteln: eine ganze Reihe neuer Steuern wurde votiert, neue Artikel mit Konsumtionsabgaben belegt, die Tabak- und Salzpreise abermals erhöht, die Zölle einer Revision unterworfen. Wie aber im ganzen noch an freihändlerischen Principien festgehalten wurde, so blieben die Zölle einstweilen noch niedrig, indem principiell festgestellt worden war, dass kein Warenzoll 3 Prozent vom Werte der Ware übersteigen solle. Gleichzeitig aber kam es zu gewissen Luxussteuern; so von dem Halten von Dienstboten und Wagen; wie auch die direkten Steuern nicht unberührt blieben. Alles nähere hierhin gehörende angehend, sei auf den den Steuern gewidmeten Absatz verwiesen (cf. S. 129 ff.).

Durch Gesetz vom 7. Juni 1866 wurde die schon früher geplante Aufhebung der geistlichen Orden und die Einziehung ihrer Güter ausgeführt. Aber weder die neuen Steuern, noch die Erträgnisse aus jenen Gütern waren genügend, die laufenden Ausgaben zu decken, während gleichzeitig die finsteren Wolken, die am politischen Horizont standen, jede Aussicht auf eine erfolgreiche Kreditoperation benahmen. So schritt man zum alleräussersten Mittel: der Aufnahme eines Zwangsanlehens. Die Pflicht der Selbsterhaltung ist für jeden Staat die allerhöchste, hinter der alle andern Rücksichten zurückzutreten haben, und so griff also auch Italien zu diesem einzig noch gebliebenen Mittel, indem man 400 Mill. Zwangsanleihe zum Emissionspreise von 95 Prozent mit 5 Prozent Zinsen und 1 Prozent Tilgung ausschrieb, wodurch 350 Mill. in die Staatskasse flossen.

Diese Zwangsanleihe wurde so aufgelegt, dass die Steuerzahler ihrem Einkommen nach in 8 Klassen geteilt [2]) und jeder Klasse mit Ausnahme der untersten verhältnismässige Beiträge auferlegt wurden; wobei rühmend hervorzuheben ist, dass das Geld mit grosser Pünktlichkeit einkam.

Der Krieg mit Oesterreich hatte 357½ Mill. gekostet, d. h. um so viel wurden die für 1866 vorgesehenen ausserordentlichen Ausgaben überschritten. Eine Folge des Kriegs war aber bekanntlich der Zuwachs der venetianischen Provinz und damit war für Italien viel gewonnen. Indessen war die Lage noch

---

[1]) Infolge der Proklamierung des Zwangskurses durften die Banken den Diskont ohne Erlaubnis der Regierung nicht erhöhen.
[2]) Das Gesamteinkommen wurde geschätzt auf: 1,917,000,000 L. Auf jeden Kopf der Bevölkerung kamen 18,37 L. Zwangsanleihe.

immer nicht geklärt; vor allen Dingen empfand man schwer, dass Rom noch immer fehlte, indem man richtig voraussetzte, dass erst nach der Wiedervereinigung auch Roms mit dem übrigen Italien eine dauernde Klärung der Verhältnisse möglich sein werde.

Im Jahre 1867 waren die ordentlichen Einkünfte schon auf 784 Mill. gestiegen, ohne jedoch trotz jener Steigerung die Höhe der unvermeidlichen Ausgaben erreichen zu können, und genau dasselbe Bild zeigen die Jahre 1868 und 1869.

Abermals musste nach neuen Mitteln, die Ausgleichung zu ermöglichen, gegriffen werden. Eines dieser Mittel nannte man „die Liquidation der Kirchengüter" [1]. Dieser höfliche Ausdruck wurde beibehalten, wie man sich überhaupt hütete, von einer wirklichen Konfiskation der Kirchengüter zu reden. Man sagte, man wolle dieselben nur „konvertieren", und zwar kommt jener Ausdruck auch schon in dem Gesetz vom 7. Juni 1866, das, wie erwähnt, die Klöster und geistlichen Korporationen aufhob, vor, wo es im Artikel 11 im zweiten Absatz heisst: I beni immobili .... saranno pure convertiti per opera dello stato, mediante iscrizione in favore degli enti morali cui i bene appartengono, in una rendita 5 par cento, eguale alla rendita accertata e sottoposta come sopra al pagamento della tassa di manomorta.

Die bisherigen Nutzniesser sollten also gegen ihre Grundstücke eine 5prozentige Rente erhalten, die nach einigen Abzügen dem ermittelten bisherigen Ertrage derselben entspricht, d. h., die aus ihren Klöstern ausgewiesenen Mönche und Nonnen und andere im Gesetz näher bezeichnete Personen sollten von Kultusfonds [2] (fondo per il culto) einfach Pensionen ausgezahlt erhalten.

Nachdem diese Gesetze einmal erlassen waren, handelte es sich darum, baldigst aus den eingezogenen Gütern Geld zu machen. Ein zu schneller Verkauf der grossen Menge von Grundbesitz hätte aber den Preis ausserordentlich drücken müssen, und wurden daher allerhand Vorschläge gemacht, um ein möglichst günstiges bezügliches Resultat zu erzielen. So hatte man zeitweise vor, die Kirche selbst mit der Liquidation zu beauftragen und ihr von vornherein zwei Drittel des Ertrages zuzugestehen, während der Staat nur ein Drittel für sich in Anspruch zu nehmen hätte. — An den verschiedenen gemachten Versuchen scheiterte ein Minister nach dem andern; hintereinander Sciajola, Deprétis, Ferrara, bis Ratazzi endlich mit seinem Projekt durchdrang, indem er einstweilen auf Grund des Kirchengüterbesitzes 400 Mill. Obligationen ausgab, die das Publikum bei dem Kauf der Güter in Zahlung geben konnte.

Ein anderes Verzweiflungsmittel des nächsten Jahres war die Einführung der Mahlsteuer [3]. Diese Steuer war von vornherein begreiflicherweise sehr unpopulär und kam nur mit grosser Mühe zustande, doch erwartete man von derselben ein Erträgnis von 76 Mill. So wurde die Steuer im Jahre 1868 thatsächlich votiert und trat mit dem 1. Januar 1869 in Wirksamkeit. Auf die Steuer selbst, welche grosse Dienste leistete (sie ist inzwischen wieder auf-

---

[1] Der Ausdruck „Liquidation der Kirchengüter" kommt zuerst im Gesetz vom 17. August 1867 vor, welches überschrieben ist: Legge per la liquidazione dell' asse ecclesiastico.

[2] Cf. S. 134 und 158.

[3] La tassa sulla macinazione dei cereali, kurz „macinato" genannt.

gehoben) und von dem Minister Cambray-Digny durchgesetzt wurde, werden wir später zurückkommen.

Ferner kam es in jener Zeit zur Errichtung der Società anonima italiana per la Regia cointeressata dei tabacchi.

Der Staat verpachtete dieser Gesellschaft das Tabakmonopol, behielt sich jedoch von dem von ihr zu machenden Gewinn, im Finanzarchiv I, S. 445 ausführlich besprochene Anteile vor, während die Gesellschaft an den Staat sofort einen Vorschuss von 180 Mill. zu leisten hatte. Auch diese Einrichtung, die nur die damalige Notlage entschuldigt, existiert nicht mehr.

Die weiteren Steuererhöhungen und Kreditoperationen dieser Periode wollen wir zunächst übergehen, um einen Ueberblick der bis Ende des Jahres 1871, also nachdem Rom die Hauptstadt Italiens geworden war, erreichten Resultate zu gewinnen.

Im Annuario von 1884, Seite 228 ff. werden für den damaligen Zeitpunkt die Einnahmen aller Art auf 1193 Mill. beziffert, denen 1277 Mill. Ausgaben gegenüber stehen, das macht ein Deficit von 84 Mill. Die ordentlichen Einnahmen den ordentlichen Ausgaben gegenübergestellt, macht 1012 Mill. gegen 1079 Mill., also ein Deficit von 67 Mill. Aus diesen wenigen Ziffern erhellt allein schon der gemachte gewaltige Fortschritt gegenüber den Zeiten, in welchen die ordentlichen Einnahmen kaum mehr als die Hälfte der Ausgaben zu decken imstande waren. Die obigen nackten Ziffern genügen indes allein nicht, um ein richtiges Bild von der damaligen Finanzlage zu geben, doch können wir erst später zu einer genaueren Analyse zurückkehren, während wir hier nur bemerken, dass der vom Staat inscenierte Papierumlauf, der mit 250 Mill. begonnen hatte, unterdessen auf 629 Mill. gestiegen war und daneben die Banken gleichzeitig für eigene Rechnung 577½ Mill. Noten ausgegeben hatten, das ist eine Gesamtcirkulation von 1206½ Mill. Selbst in den schlimmsten Zeiten war man aber bezüglich jener Cirkulation möglichst behutsam geblieben: und war so schon im Jahre 1868 die damals allerdings unmögliche Aufhebung des Zwangskurses beantragt worden. Von jenen 629 Mill. Papiergeld, die die staatliche Cirkulation ausmachten, waren denn auch 184 Mill. erst im letzten Moment, im Jahre 1871. notgedrungenerweise zur Ausgabe gelangt.

Es bedurfte weiterer Kämpfe, um das Gleichgewicht zwischen Einnahmen und Ausgaben herzustellen, und mühten sich zur Erreichung dieses Ziels nacheinander die Finanzminister Sella und Minghetti. Das ersehnte Ziel war aber um so schwerer zu erreichen, als die Gewohnheit herrschte, das Einnahmebudget zu optimistisch aufzustellen; besonders wurden die Erträgnisse aus den neuen Steuern stets zu günstig geschätzt, dem gegenüber allerdings ein jährlicher Zuwachs von 10 Mill. aus den alten Steuern in etwas Remedur schaffte. Hauptsächlich blieb aber darum das Deficit permanent, weil die Ausgaben zumal für die Armee und den Bau der Eisenbahnen jährlich zunahmen. Dann laborierte man ja auch immer noch an den alten Deficits, die abzuzahlen waren, wobei sich die Amortisation nicht consolidierter Schulden als besonders schwere Last erwies.

Die Periode von 1872 bis 1876 [1]) gab abermals öfters Gelegenheit zu

---

[1]) In der 11. Relazione della Ragioneria generale dello stato (Bericht der Staatsbuchhalterei. Rom 1884) zeigt ein Diagramm, wie die Einnahmenkurve

Steuererhöhungen und neuen Steuerveranlagungen; überall wurde gefeilt und ge-
feilscht, im grossen ganzen aber mussten Kreditoperationen aushelfen, bis Ende
des Jahres 1875 die staatliche Papiergeldcirkulation ihr Maximum mit 940 Mill.
erreicht hatte [1].

Der Voranschlag für 1876 konnte endlich mit fast erreichtem Gleichgewicht aufgestellt werden, indem in demselben nur ein Deficit von 6 Mill.
vorgesehen war. Es war schon viel erreicht, dass ein derartiges, verhältnismässig günstiges Resultat als wahrscheinlich hingestellt werden konnte, doch
wurden vielfach Zweifel laut, ob sich dasselbe auch bewahrheiten werde, und
wirklich waren denn auch gewisse Ausgaben für öffentliche Bauten nicht mitgerechnet worden. Gleichzeitig ging man auch mit dem Plane um, die Eisenbahnen zu verstaatlichen, wodurch abermals unvorhergesehene Mehrausgaben
nötig geworden wären. So verwarf die Kammer den Voranschlag. Minghetti
trat ab und Deprétis übernahm das Portefeuille. Derselbe beabsichtigte gleichfalls die Eisenbahnen zu verstaatlichen, nur war er gegen den Betrieb derselben
durch den Staat. In Oberitalien war übrigens die Verstaatlichung aus politischen Rücksichten geboten, da die betreffenden Bahnen früher zu einem österreichischen Netz gehört hatten. Auch auf die italienischen Eisenbahnen werden
wir weiter unten etwas näher einzugehen haben, während an dieser Stelle, das
Gesamtresultat des Finanzjahres angehend, zu bemerken ist, dass schliesslich
die Totaleinnahmen von 1876 1429 Mill. [2], darunter 1114 Mill. an Steuern, ausmachten, während die Totalausgaben 1436 Mill. betrugen, darunter 1034 an
ordentlichen Ausgaben. Damit war man endlich so weit, dass für das Jahr
1877 das erste Budget mit Einnahmeüberschuss aufgestellt werden konnte,
und entsprach denn auch die Ist-Rechnung thatsächlich den Voraussetzungen
des Voranschlags, indem die Gesamteinnahmen 1491,78 Mill. betrugen, gegen
1480,95 Mill. Ausgaben, wobei auf den Ertrag der Steuer 1180,84 Mill. entfallen gegenüber den ordentlichen Ausgaben in Höhe von 1157,91 Mill.

Damit begann eine neue Aera für Italiens Finanzen. Bisher bestand ein
Struggle for life — nunmehr war die Existenz gesichert. Aber man hatte in
der Not zu mancherlei anormalen Mitteln seine Zuflucht nehmen müssen, von
welchen man sich nunmehr befreien musste, wollte man in regelmässige Bahnen
einlenken: Am Budget wurde so hin und her gebessert, die Ausgaben streng
kritisiert, trotzdem aber die längst als notwendig befundene Erhöhung der
Gehälter der Staatsbeamten durchgeführt; zugleich aber galt es, die Last
der drückendsten Steuern zu mildern und die Schäden des Zwangskurses zu
heilen. Dank dann dem steigenden Kredit des jungen, nun aber befestigten
Staats gelang alles Erforderliche in der verhältnismässig kurzen Zeit von 3 bis
4 Jahren. Dass die gänzliche Sanierung aber so schnell von statten ging, war

---

die Ausgabenkurve zwischen den Jahren 1874/75 schneidet und übersteigt und
sich so hält. Es handelt sich dabei um die Isteinnahmen, abgesehen von den
durchlaufenden Posten und den Ausgaben und Einnahmen, die neben dem
Budget laufen.

[1] Der Umlauf der Banken betrug weitere 621 Mill.

[2] Nach dem Bericht der Staatsbuchhalterei. Im Annuario statistico sind
die Zahlen nach einem andern Schema aufgestellt.

neben der bewunderungswürdigen Opferfreudigkeit der ganzen Nation der
klugen Voraussicht, die selbst in den schlimmsten Zeiten Italiens Staatsmänner
nicht verliess, zu danken.

Betrachten wir nun kurz das Sanierungswerk: Es wurde bereits erwähnt, dass das staatlicherseits cirkulierende Papiergeld kein eigentliches
Staatspapiergeld war, sondern die Form einer Anleihe angenommen hatte,
die vom Staat bei der Nationalbank gegen Zinsen aufgenommen worden war.
Um das immer weitere Anwachsen dieser Schuld in möglichst enge Grenzen
zu bannen, gleichzeitig aber auch, um den Staat von der Nationalbank so
viel wie angängig frei zu erhalten und den Noten ihre Cirkulation zu erleichtern, hatte der Finanzminister Minghetti schon 1874 die Annahme eines
Gesetzes erlangt, welches die damals bestehenden sechs Emissionsbanken zu
einem „Consorzio" zusammenfasste. Dieses Consorzio hatte dem Staat bis 1000
Millionen in Noten gegen ½ Prozent Zinsen vorzuschiessen, wobei jener Betrag
unter die einzelnen Anstalten nach der Grösse ihres Vermögens verteilt wurde.
Auf diese 1000 Mill., die nie vollständig zur Ausgabe kamen, wurde dann
das Recht auf Zwangskurs beschränkt, während den eigenen Noten der Banken
nur ein legaler Kurs in dem Sinne weiter eingeräumt blieb, dass der Staat sich
verpflichtete, dieselben an Geldes statt an seinen Kassen anzunehmen.

Die Bemerkung scheint kaum nötig, dass der Umlauf von Papiergeld das
Metallgeld aus dem Lande getrieben hatte, soweit dasselbe nicht etwa durch
künstliche Mittel in den Banken, in den Staatskassen oder sonstwo fast gewalt-
sam zurückgehalten wurde; es war daher mit Recht das Hauptbestreben der
verschiedenen Finanzminister darauf gerichtet, den Metallgeldumlauf möglichst
wieder herzustellen und den Corso forzoso aufzuheben. Das betreffende Gesetz,
auf welches wir noch weiterhin zurückkommen werden, konnte endlich am
7. April 1881 promulgiert werden, und sei hier schon bemerkt, dass sich die
Aufnahme der Barzahlungen auf überraschend leichte Weise im Jahre 1883
vollzog.

Eine weitere, der Regierung ebenso wie dem Parlament am Herzen liegende
Reform bestand in der Abschaffung der Mahlsteuer. Auch dieser Wunsch wurde
mittelst einer Reihe von Gesetzen, die ihren Ausgangspunkt von einem am
25. Juli 1879 erlassenen Gesetz nahmen, erfüllt, doch ward der berüchtigte macinato erst im Jahre 1883 vollständig im Budget gestrichen.

Mit dem 1. Januar 1884 übernahm der Staat auch wieder den Betrieb
des Tabakmonopols und war damit auch diese wichtige Steuerquelle von neuem
ganz für Zwecke des allgemeinen Interesses flüssig gemacht.

Somit war also Italien siegreich aus den vielen Finanzkämpfen hervorgegangen. Die Zeit seiner finanziellen Kinderkrankheiten ist damit vorüber.
Italien steht heute auf gesunder finanzieller Basis und hat, was seine Finanzwirtschaft angeht, keine anderen Feinde wie jeder andere Staat: die sich überall
Eitelkeit und Ehrgeiz nach aussen und innen nennen. Die Ausgaben für den
Eisenbahnbau, welche in neuester Zeit das Gleichgewicht des Budgets zu bedrohen
schienen, lassen sich sehr gut verteidigen und ein kürzlich abgeschlossener
und genehmigter Vertrag wird auch hierin Erleichterung bringen, so dass augenblicklich unter allen Ausgabeposten des italienischen Budgets nur der für die
Armee zu Ausstellungen Anlass geben könnte.

Nachdem wir unsere geschichtliche Skizze in vorstehenden Zeilen bis in die neueste Zeit geführt haben, ist es notwendig, bevor wir die gegenwärtige Lage darstellen, einzelne bisher nur vorübergehend berührte Punkte ausführlicher zu behandeln, und beginnen wir zwecks dessen mit den Steuern.

II. Die Steuern.

Unter den direkten Steuern Italiens sind die überwiegend wichtigsten die Abgaben von den Erträgen der Immobilien und eine solche von den Erträgen des beweglichen Vermögens.

Bei der Konstituierung des Königreichs hatte eine Grundsteuer bereits überall bestanden, die jedoch nach verschiedenen Grundsätzen angelegt war, wie sich allein 15 verschiedenartige Katastrierungen aufführen lassen; die sämtlichen Grundsteuern der zu dem Königreich verbundenen Länder erbrachten im Jahre 1861 zusammen eine Isteinnahme von 111,396,495 Lire [1]). Sofort wurde der Versuch gemacht, die Grundsteuer nach gleichmässigen Principien überall zu peräquieren. Bevor aber ein nennenswerter Erfolg in dieser Richtung zu verzeichnen war, waren sechs Minister mit ihren bezüglichen Versuchen gescheitert.

Bereits im Jahre 1864 waren die Kontingente der verschiedenen Provinzen — ein unzulänglicher Notbehelf! — nach annähernden Schätzungen neu verteilt worden. Auf die, auf die einzelnen Provinzen entfallenden Beträge waren dann wiederholt neben den lokalen Zuschlägen Steueraufschläge von 10 Prozent gelegt worden, so dass schliesslich die Last so schwer wurde, dass eine Entlastung unvermeidlich schien.

Vorher war aber im Jahre 1865 insofern eine einschneidende Veränderung in der Veranlagung eingetreten, als von da an auf den Steuerlisten unterschieden wurde zwischen Gebäuden (fabbricati) und Grund und Boden (terrerii). Wie weiter alle landwirtschaftlichen Gebäude nicht zu besteuern waren, so handelt es sich bei den fabbricati wesentlich um städtischen Immobilbesitz, im Gegensatz zu dem ländlichen, den beni rurali. Ersterer sollte 12½ Prozent vom Ertrage steuern, welcher Prozentsatz durch Aufschläge mit der Zeit noch erhöht wurde.

Die Peräquation der Besteuerung des ländlichen Grundbesitzes ist bis zum heutigen Tage noch nicht durchgeführt [2]), die Steuererträgnisse aus dem gesamten Immobilbesitz als solche gingen aber während der bezüglichen Arbeiten bedeutend in die Höhe: Als man die Gebäude ausschied, trugen sie der Staatskasse 28 Mill. ein, im nächsten Jahre bereits 39 Mill., 1872, nachdem allerdings unterdessen Rom und Venedig hinzugetreten waren, mit ³/₁₀ Zu-

---

[1]) Eine eigentümliche Schwierigkeit bietet bei der Aufstellung von Ziffern der italienischen Finanzverwaltung, dass in den italienischen Quellen selbst, ohne jede nähere Erklärung, bald die Gesamteinnahme des Jahres (Rückstände mitgerechnet) erscheint, bald Solleinnahme. Wir wünschen stets erstere Zahlen zu geben, doch ist es bei der gerügten Ungenauigkeit oft schwierig, die richtige Zahl zu treffen. Für einen so kursorischen Ueberblick, wie derselbe an dieser Stelle nur beabsichtigt ist, ist übrigens eine event. Differenz, als ohne Einfluss auf die Folgerungen, nur wenig ins Gewicht fallend.

[2]) Vgl. näheres Finanzarchiv II, 747.

schlag 50 Mill., 10 Jahre später 64 Mill., im Augenblick 65 Mill. Der ländliche Grundbesitz, der bei der Abtrennung mit ¹/₁₀ Zuschlag etwas über 100 Mill. Einnahme brachte, trug im Jahre 1872 mit zwei neuen Zehnteln Zuschlag 128 Mill. ein, 1873 133 Mill., um später nach einigen Erleichterungen in seinen Erträgnissen auf 125 Mill. zurückzugehen, ein Steuerertrag, den man im Augenblick eher zu verringern als zu erhöhen geneigt ist.

Die Steuer von den Einkünften aus dem beweglichen Vermögen (Imposta sui redditi della richezza mobile) [1] wurde im Jahre 1864 im ganzen Königreich eingeführt. Dieselbe war bereits im Jahre 1862 projektiert worden und entsprang einem doppelten Bedürfnis: einerseits die Einkünfte des Staats zu erhöhen und andererseits auch diese Steuer im ganzen Lande zu vereinheitlichen. Vor dem Jahre 1861 hatte nämlich bereits in den nördlichen italienischen Staaten ausser der Grundsteuer noch eine Abgabe vom beweglichen Vermögen bestanden. So kannte man in Piemont ebenso wie in Sardinien eine der französischen Personal-mobilier-Steuer entsprechende Steuer und auch eine Gewerbesteuer; in Toskana existierte eine sogenannte Familientaxe, in der Lombardei eine Einkommen- und Gewerbesteuer [2]. Die Sätze, durch welche bei diesen verschiedenen Steuern das mobile Vermögen getroffen werden sollte, waren aber sehr verschieden und zwar meistens sehr niedrig, ein Grund mehr dafür, alle diese Abgaben in eine einzige gleichmässige Steuer umzuwandeln.

Die Einführung jeder Steuer vom beweglichen Besitz hat immer mit ihr eigentümlichen Schwierigkeiten zu kämpfen, und zwar mit grösseren, als die bei vielen anderen Steuern: Neben dem zu bringenden Geldopfer scheuen die Steuerpflichtigen die bei einer richtig angelegten Steuer von dem Einkommen aus dem beweglichen Besitz notwendige Darlegung ihrer Vermögensverhältnisse. Auch in Italien hatte die neue Steuer mit heftiger Opposition zu kämpfen, wurde aber trotzdem durchgeführt. Ihre Resultate waren im Anfang freilich sehr gering und mussten vielfach Gesetzänderungen vorgenommen werden, bevor diese Steuer irgendwie genügend funktionierte.

Die zu überwindenden Schwierigkeiten gehen schon aus den Erträgen der ersten Jahre hervor. Im ersten Jahre (1865) brachte die Steuer nur 65 Mill., 1866 nach den offiziellen Quellen 31 Mill. [3], 1867 86 Mill., 1868 sollen abermals nach den offiziellen Angaben nur 13 Mill. eingekommen sein [4], 1869 119 Mill., 1870 91 Mill., 1871 142 Mill., 1872 183 Mill., 1873 160 Mill. (Annuario von 1884, pag. 228). Von dieser Zeit an bleiben die Zahlen regelmässiger und sind die Einnahmen aus der Mobiliarsteuer im Voranschlag für 1885/86 auf 199,230 Mill. angenommen. Die während der Jahre von 1865 bis

---

[1] Auch kurz richezza mobile genannt. Ausser der italienischen Litteratur ist über diese Steuer ein sehr guter Bericht von Vesselowski, jetzt Direktor der Statistik im russischen Finanzministerium, erschienen: „L'impôt sur le revenu mobilier en Italie. Petersbourg 1879".

[2] Vgl. Finanzarchiv II, 749.

[3] Es handelt sich hierbei wohl um einen Druckfehler und dürfte die Zahl von Vesselowski, der die Erträgnisse für 1866 auf 61 Mill. beziffert, die richtige sein.

[4] Vesselowski führt 64 Mill. auf. Es ist überhaupt zu bemerken, dass in dem offiziellen Annuario vielfache Druckfehler unterlaufen; auch erinnern wir an die Anmerkung Seite 12.

1877 vorgekommenen Schwankungen näher zu erklären und alle in dieser Periode gemachten Verbesserungsversuche im einzelnen zu behandeln, scheint an dieser Stelle unangänglich, so dass wir zweckmässiger sofort zu einer Analyse des Gesetzes vom 24. August 1877, das im wesentlichen die Grundlage für die heute bestehende Steuer bildet, übergehen:

Die Steuer soll alle nicht aus Grundstückseigentum herrührenden Einkünfte treffen, dazu gehören Zinsen von Hypotheken, Gehälter, Pensionen, Annuitäten, Dividenden und Renten, Erwerb im Handel und in der Industrie, Einkünfte aus sogenannten liberalen Professionen (Honorare) u. s. w.; befreit von der Steuer sind nur die königliche Familie, fremde Diplomaten und Konsuln, dann noch gewisse Wohlthätigkeitsanstalten. Zwecks unterschiedlicher Veranlagung der Steuer sind die verschiedenen Einkünfte in vier Kategorien eingeteilt, und zwar werden mit ihrem ganzen Ertrage zur Steuer veranlagt die Einkünfte aus Kategorie a.: allen reinen Kapitalrenten. Mit $^6/_8$ ihres Ertrages werden veranlagt b. alle Einkünfte, die erfliessen aus dem Zusammenwirken von Kapital und Arbeit, also vor allem aus gewerblichen Betrieben (Industrie, Handel, landw. Pacht). Mit $^5/_8$ ihres Ertrages werden c. veranlagt die Einkünfte aus reiner Arbeit: wie Löhne, Gehälter aus Beschäftigung im Privatdienst, Honorare, dann weiter personale, also ausser Zusammenhang mit Kapitaleigentum bezogene Renten, wie Pensionen etc. und schliesslich mit $^4/_8$ ihres Ertrages d. die vom Staate, den Provinzen oder den Gemeinden ausgezahlten Gehälter und Pensionen. Von allen diesen Einkünften sind 13,20 Prozent von der ermittelten steuerbaren Quote zu erheben resp. einzuhalten.

Eine fünfte Kategorie bilden die Einkünfte der sogenannten Halbpartpächter. Diese haben eine Abgabe gleich 5 Prozent der Grundsteuer, die auf den von ihnen bewirtschafteten Grundstücken zu veranlagen ist, wenn diese 50 Lire übersteigt, zu entrichten.

Bei den Kategorien a. und d. kommt die Steuer meist vorab in Abzug, während für die Kategorien b. und c. Steuerkataster existieren. Letztere werden auf Grund kontrollierter Selbstdeklaration aufgestellt. Die Kontrolleure sind Staatsbeamte, von denen an eine Kommission appelliert werden kann. Wo keine Deklaration der Steuerpflichtigen vorliegt, findet Abschätzung statt. Für die Kategorien b., c. und d. sind Steuernachlässe gesetzlich stipuliert, so sind alle Gesamteinkommen unter 400 Lire steuerfrei, zwischen 400 und 800 Lire werden von dem zu versteuernden Einkommen 250 bis 100 Lire steuerfrei gelassen (Einkommen von 600 Lire werden z. B. nur für 400 Lire besteuert); von 800 Lire an wird dagegen das ganze Einkommen zur Steuer herangezogen. Schulden werden überall in Abzug gebracht. Fremde sind ebenfalls steuerpflichtig. Weitere Einzelheiten, die sich meist auf die Prozedur bei der Veranlagung beziehen und deren Tendenz dahin geht, den die Deklarationen kontrollierenden Beamten eine sehr bedeutende Macht zu gewähren, können wir hier übergehen. Trotz aller Kautelen aber scheinen sich doch noch sehr viele steuerbare Einkünfte dem Fiskus zu entziehen.

Die Steuer erbrachte in Millionen Lire:

	mittelst Steuerkataster erhoben	vorweg in Abzug gebracht	zusammen
1877	100	85	185
1878	96	87	183
1879	97	87	184

mittelst Steuerkataster erhoben	vorweg in Abzug gebracht	zusammen
1880	98	87	185
1881	106	86	192
1882	102	96	198

Das also sind die Steuererträge und diesen gegenüber stellen wir in der folgenden Tabelle die offiziell ermittelten Einkünfte, nach den vier Kategorien verteilt, auf, so dass wir in Millionen Lire für nachstehende Jahre folgende offizielle Summen finden:

	Kategorie a.	b.	c.	d.	Zusammen.
1877	232,7	285,4	93,3	25,6	637,0
1878	255,8	259,6	83,9	26,5	625,8
1880	267,3	270,0	88,8	28,6	654,7
1881	278,1	275,5	90,2	29,2	673,0
1882	270,2	283,5	94,5	30,3	678,5

Nach diesen Aufstellungen liefern je 1000 Lire in der Kategorie a. etwa 400 Lire, Kategorie b. 418 Lire, Kategorie c. 138 Lire, Kategorie d. 44 Lire. Das aber ist auffallend wenig für b. und c., wenn man berücksichtigt, dass die erstere gerade Handel und Industrie betrifft, während Klasse c. alle Beamten u. s. w., die von Lohn, Gehalt oder Honorar leben, umfasst. Die Steuerpflichtigen der Klasse b. hätten nach den offiziellen Ziffern im Durchschnitt etwa 800 Lire Jahreseinkommen, in der Klasse c. hätten die Aerzte 400 Lire, die Advokaten Anwälte u. s. w. 683 Lire, Ingenieure 485 Lire, die Künstler 527 Lire: Durchschnittszahlen die ohne weiteren Kommentar beweisen, dass dieselben weit hinter den wirklichen Verhältnissen zurückbleiben. Weil dem aber so ist, ist die an und für sich enorm hohe Abgabe von (inkl. der Zuschläge bei der mittelst Steuerrolle erhobenen Steuer) 16 Prozent, thatsächlich nicht so drückend, wie man auf den ersten Anblick glaubt.

Die Grundsteuer mit der Gebäudesteuer und die Richezza mobile decken zusammen nicht ganz ¹/₃ der Ausgabebedürfnisse des Landes und ist der Ertrag aus denselben einstweilen kaum höher zu treiben.

Bei der weiteren Betrachtung der Steuern sind zunächst die Tassi sugli affari ins Auge zu fassen. Das ist eine Steuerkategorie, die mit Unrecht zuweilen mit „Steuer vom Geschäftsbetrieb"[1]) übersetzt wird. Eine Steuer vom Geschäftsbetrieb wäre identisch mit einer Gewerbesteuer, während es sich hier nur um eine Abgabe bei einzelnen Geschäftsabschlüssen handelt. Jede irgend eine Geschäftsgebarung betreffende Urkunde ist mit dieser Steuer belegt, so dass der Ausdruck Geschäftsabschlusssteuer vielleicht am Platz wäre. Sie setzt sich zusammen aus einer bunten Reihe von Gebühren und Abgaben, vor allem der Einregistrierungsgebühr, die über 58 Mill. Lire einbringt. Bei der erstmaligen Uebertragung von Immobilien unter Lebenden sind zu zahlen 4,80 Prozent vom Wert derselben, erfolgt innerhalb zweier Jahre eine neue Uebertragung 3,60 Prozent. Bei Uebertragung von Mobilien 1,44 Prozent bis 12 Prozent. Bei Schenkungen unter Lebenden nach dem Grade der Verwandtschaft 0,60 bis 0,78 Prozent vom Kapitalwert.

Die Stempelsteuer (bollo) bringt annähernd dieselbe Summe. Wechsel

---

¹) So z. B. im Gothaischen Hofkalender.

unter 6 Monaten laufend zahlen 0,05 von 100 Lire bis 0,50 von 600—1000 Lire,
Darüber hinaus zahlt jedes 1000 Lire weitere 0,50 Ctms. Wechsel über 6 Monate
laufend, zahlen die doppelte Steuer.

Für die Notencirkulation zahlen die Banken, die dem Consorzio angehören, (cf. S. 141 u. 144), 1 Prozent, andere Institute 1,20 per Mille. Oeffentliche
Schaustellungen zahlen 12 Prozent von der Bruttoeinnahme an Stelle der
früheren Gebühren auf die Entreebillets etc. Börsenoperationen zahlen je
nach ihrer Natur einen festen Stempel von 1 und 4 Lire und 0,25 bis 0,50 Ctms.
von der Summe, um die es sich handelt. Spielkarten zahlen 0,30 oder
0,50 Ctms. Alle im Personen- oder Frachtverkehr ausgegebene Billets etc.
sind mit einem fixen Stempel von 0,05 Ctms. zu versehen u. s. w.

Alle hierhin gehörenden Einzelheiten an dieser Stelle aufzuführen, scheint
unthunlich und sei nur bemerkt, dass sowohl die Einregistrierungsgebühr, wie
die Stempelsteuern im wesentlichen den gleichnamigen französischen Abgaben
nachgebildet sind.

Unter der gleichen Bezeichnung wird ferner mit eingeschlossen die Erbschaftssteuer, die nach dem Grade der Verwandtschaft, von 12 Prozent bis
1,44 Prozent degressiv angelegt wird [1]). Die höchsten Sätze kommen verhältnismässig selten zur Anwendung, da etwa die Hälfte der Erbschaften den Kindern
zufällt, ein weiteres Viertel den Eheleuten und von dem letzten Viertel abermals mehr als die Hälfte auf Geschwister übergeht. Die Erbschaftssteuer, die
im Jahre 1862 nur 7,1 Mill. erbrachte, figuriert für 1882 mit 29,0 Mill. im
Budget [2]): ein Beweis für den rapid wachsenden Wohlstand des Landes.

Unter den Tassi sugli affari figurieren weiter noch: 1) die Abgaben von
den Gütern der toten Hand; durch diese Steuer werden erbracht zwischen
6—7 Mill. 2) eine Gesellschaftssteuer — gegen 5 Mill. Lire einbringend.
Bei derselben handelt es sich um eine Abgabe von 1,20 Lire per 1000 Lire
der in irgendwelcher Form von Gesellschaften des Inlandes ausgegebenen Wertpapiere. Ausländische Gesellschaften bezahlen eben so viel für die Kapitalien,
mit denen sie im Inland Geschäfte machen wollen. Die doppelte Steuer trifft
alle von öffentlichen Gesellschaften gemachten Pfand- oder Lombardgeschäfte.
Weiter sind alle Versicherungsgeschäfte mit Abgaben belegt. 3) Hypotheken-
gebühren, 0,60 Prozent vom Betrage der Eintragung: Einnahme für den Staat
etwa 5½ Mill. 4) Staatskonzessionen (concessioni governativi). Dazu gehören Gebühren für Ausstellung von Jagdscheinen, Adelsdiplomen, (30,000 Lire für
den Prinzentitel bis 5000 Lire für das einfache Adelsprädikat), Konzessionen von
Aktiengesellschaften, Statutenveränderungen derselben, Erlaubnis für ausländische
Gesellschaften, ihren Geschäftsbetrieb auf Italien auszudehnen, zur Eröffnung eines
Theaters u. s. w. Es handelt sich dabei also um Gebühren der verschiedensten Art,
deren oft recht hohe Sätze zusammen 6 Mill. erbringen. 5) Transportsteuer auf
gewöhnlichen Personen- und Frachtverkehr; dieselbe beträgt 2 Prozent und bringt
weniger denn 2 Mill. Auf dem Eilguttransport und dem Eilpersonenverkehr liegt
eine Steuer bis zu 13 Prozent, welche dem Staat mehr als 13 Mill. erbringt.

Aus dem Vorhergehenden ist ersichtlich, ein wie buntes Gemisch von

---

[1]) Vgl. Finanzarchiv II, 881.
[2]) Die Zahlen für die einzelnen Jahre siehe Finanzarchiv II, 881.

Abgaben der verschiedensten Art unter jenen Tassi sugli affari zusammengefasst ist. Theoretisch haben wir die einzelnen hierher gehörigen Erträgnisse
bald zu den direkten, bald zu den indirekten Steuern, bald zu den Gebühren u. s. w.
zu rechnen. In den Staatsbudgets wird eben meist sehr wenig nach Name und
Klassifikation gefragt, die Hauptsache ist, dass die betreffende Abgabe einträglich sei und dafür sorgten nacheinander die verschiedenen Finanzminister.
Jährlich wurde an den Tassi sugli affari herumgefeilt und wenn es nicht
gelang, dieselben sonstwie erträglicher zu machen, so schlug man ihnen einfach
einige Prozent auf. Das Land war eben in Not und musste à tout prix zur
Deckung seiner Bedürfnisse Mittel finden; dass das italienische Volk aber den
Druck aller ihm auferlegten Lasten ertragen konnte, beweist die demselben
innewohnende Schwungkraft. Die vorgenannten Abgaben zusammen brachten
im Jahre 1861 einen Ertrag von fast 43 Mill. gegen 125 Mill. im Jahre 1872
und 146 Mill. im Jahre 1882.

Wir kommen nunmehr zur Besprechung der Konsumsteuern[1]). Dabei
haben wir vor allen Dingen einer Steuer zu gedenken, die nur wenige Jahre
bestand, sehr unpopulär war, grosse Dienste leistete und doch mit Recht abgeschafft wurde. Wir meinen die Mahlsteuer, welche seit 1862 von fünf verschiedenen Finanzministern in Vorschlag gebracht, mit Widerstreben in der
Kammer in Erwägung gezogen und schliesslich, wie es sich bei dieser Steuer
um eine Brotsteuer im eminentesten Sinne des Wortes handelte und jedes Billig-
keitsgefühl sich gegen dieselbe empörte, so dass sie sogar politisch bedenklich
erschien, ohne allen Enthusiasmus, nur der Not gehorchend, von den Kammern
am 7. Juli 1868 angenommen worden war. — An vielen Orten war die Steuer
übrigens nicht ohne Anwendung von Gewalt durchführbar.

Während in einzelnen Provinzen der Ertrag aus der Mahlsteuer nicht
über 1 Lire pro Kopf der Bevölkerung hinausging, war der Durchschnitt des
Ertrages im ganzen Königreich 2 1/2 Lire pro Person.

Die Hebung der Steuer bot grosse technische Schwierigkeiten: Es gab damals
in Italien 69,421 Mühlen, von denen 20,886 permanent beschäftigt waren, während
die übrigen nur zeitweise arbeiteten. In diesen Mühlen wurden 55,986 Gänge
vom Wasser, 716 durch Dampfkraft oder Wind, 38,105 von Tieren in Bewegung
gesetzt. Aus diesen Zahlen allein ergibt sich schon, dass es sich meistens um
sehr kleine Betriebe handelte. So mahlten denn auch wirklich 68,286 Mühlen
weniger als 5000 Centner im Laufe des Jahres, während 755 zwischen 5 und
10,000, 274 zwischen 10 und 20,000, nur 106 über 20,000 Centner verarbeiteten.
Die in sämtlichen Mühlen zur Verarbeitung gelangten Getreidemengen sind
auf 20 1/2 Mill. Ctr. Weizen, 16 Mill. Ctr. Mais und etwa auf 1,800,000 Ctr.
andere Körnerfrüchte berechnet worden. Der Steuersatz war von vornherein
2 Lire per Ctr. Weizen, 1 Lire für Mais und Roggen, 1,20 Lire für Hafer.
1/2 Lire für alle anderen Körnerfrüchte.

Bezüglich des Ertrags der Mahlsteuer verweisen wir auf das Finanzarchiv I, 440. Das höchste Erträgnis war 83,5 Mill. im Jahre 1878, dann wurde
die Steuer allmählich herabgemindert, bis sie schliesslich ganz verschwand. Dabei
ist hervorzuheben, dass sehr viele Stimmen in Italien die Abschaffung jener

---

[1]) Vgl. über diese noch Finanzarchiv II, 431 ff.

Steuer lebhaft bedauern; sie behaupten, die Einrichtung derselben habe zu viel Mühe gekostet, um eine so einträgliche Hilfsquelle so schnell wieder aufzugeben.

Wir gehen nun zur Betrachtung der Getränkesteuer und einiger anderer Abgaben über, welche im italienischen Budget als Dazio consumo zusammengefasst sind. Innerhalb dieser Steuern ist die Veranlagung eine sehr verschiedene. Zunächst handelt es sich um Fabrikationssteuern, die über 16 Mill. erbringen, von denen etwa 12 Mill. auf den Spiritus, und 1 Mill. auf Bier entfallen, während die restierenden 3 Mill. auf künstliche Mineralwasser, Schiesspulver, Cichorien, Zucker und Leinsamenöl sich verteilen. Alle diese Steuern sind neueren Ursprungs.

Die Biersteuer datiert vom Jahre 1864, resp. wurde dieselbe damals vereinheitlicht und auf 5 Lire per Hektoliter festgesetzt. Seitdem ist dieselbe verändert worden und wird nun nach dem Zuckerstoff und Spiritusgehalt bemessen. Die Branntweinfabrikationssteuer datiert erst vom Jahre 1870, wo sie mit 20 Lire per Hektoliter anfängt, während sie nach und nach auf 1 Lire pro Grad Alkohol per Hektoliter (Gesetz vom 6. Juli 1883) gestiegen ist. Die Sätze dieser Fabrikationssteuer werden bei der Einfuhr von Spiritus zu den betreffenden Zöllen aufgeschlagen. Trotz der starken Besteuerung hat aber der Spirituskonsum gewaltig zugenommen, denn während im Jahre 1871 nur 22,817 hl (100°) versteuert wurden, handelt es sich 10 Jahre später bereits um 218,362 hl. Ein Teil dieses Alkohols wird zu gewerblichen Zwecken verwandt, vor allen Dingen auch zur „Weinverbesserung".

Die Zuckerfabrikationssteuer wurde erst am 2. Juli 1877 eingeführt, und zwar begann man mit einer Besteuerung von 21,15 Lire per 100 kg, eine Steuer, die ebenfalls den Zöllen bei importiertem Zucker zugeschlagen wird. Die Zuckerfabrikationssteuer wurde mehrfach reorganisiert; wie aber verhältnismässig unbedeutende Quantitäten von Zucker in Italien selbst fabriziert werden, haben diese Veränderungen für uns wenig Interesse [1]).

Weit wichtiger als diese Fabrikationssteuern sind für das italienische Budget die beim Konsum selbst erhobenen indirekten Steuern. Die italienischen Dazio consumo haben grosse Aehnlichkeit mit den französischen Octrois, zugleich zeigen sie aber auch wesentliche Unterscheidungsmerkmale und schon der Ausgangspunkt ist verschieden: in Frankreich hat der Staat den Gemeinden die Octroi-Einrichtung (Thoraccise) zugestanden und wo sie gestattet wurde, sind die Gemeindeoctroi-Einnehmer beauftragt, auch event. Staatskonsumsteuern mit zu erheben. In Italien ist es umgekehrt der Staat, der die Octroieinrichtung zuerst trifft, und die Gemeinden benutzen dann die Gelegenheit, Kommunalzuschläge zu machen. Wie es sich hier um ein besonders interessantes Kapitel handelt, dürfte ein etwas näheres Eingehen auf diese Einrichtung wohl am Platze sein.

Besteuert sind Getränke, Fleisch (lebendes, geschlachtetes und gepökeltes), Mehl und Brot (auch Teig und Kuchen), Reis, Oel, Butter, Früchte und Zucker. Die Taxen sind nicht überall gleich, sie richten sich vielmehr nach der Zahl der Einwohner des betreffenden Ortes, wo die Octroieinrichtung besteht: je grösser der Platz, desto höher die Steuer. Um eine Einheitlichkeit in dieser

---

[1]) Weiteres Detail über die einzelnen Fabrikationssteuern siehe im Finanzarchiv I, 446 ff.

Hinsicht zu erzielen, wurden sämtliche Gemeinden im Jahre 1864 in 5 Klassen eingeteilt; 1) Gemeinden mit mehr als 60,000 Einwohnern; 2) solche mit 40 bis 60,000; 3) solche mit 20—40,000; 4) 8—20,000; 5) Gemeinden mit weniger als 8000 Einwohner. Die vier ersten Klassen werden als „geschlossene Gemeinden" behandelt, während die fünfte als „offene Gemeinde" im Steuersatz bezeichnet ist, d. h. in den ersten vier Klassen wird die Steuer an den Thoren oder an den Eingängen zu den Ortschaften gehoben, während die Steuer in der fünften Klasse bei den einzelnen Krämern oder in den Schlachthäusern zur Einziehung gelangt. Im Jahre 1867 wurden dann die ersten drei Klassen in zwei zusammengezogen, die erste mit über 50,000, die zweite mit 20—50,000 Einwohner. so dass also jetzt die dritte Orte mit 8—20,000 und die vierte solche unter 8000 Einwohner umfasste und somit nur mehr noch drei Klassen von geschlossenen Gemeinden und eine offene existierten. Zugleich wurden die Taxen erhöht. Trotzdem es sich bei diesen Octrois von vornherein um Staatssteuern handelt, wird doch die Hebung derselben meistens durch Gemeindebeamte besorgt und diese Art der Erhebung verallgemeinert sich um so mehr, als die Gemeinden das Recht erhalten haben, nicht allein auf die vom Staat besteuerten Konsumartikel Zuschläge (bis 50 Prozent) zu legen, sondern auch noch andere Artikel (z. B. Viehfutter, Baumaterialien u. s. w.) mit einer Abgabe bis zu 20 Prozent vom Wert zu besteuern.

Es fanden und finden auch zwischen dem Staat und den Gemeinden verschiedene Vereinbarungen in Bezug auf die Erträgnisse der Konsumsteuern statt: So garantieren z. B. mehr als 1000 Gemeinden dem Staat ein Minimalerträgnis von der Accise oder dem Dazio, während der darüber hinaus eingehende Mehrertrag zwischen Gemeinde und Staat geteilt wird. Andere Gemeinden wieder, und mehr wie 3000 haben sich dazu entschlossen, haben sich auf ein Abonnement mit dem Staat in der Weise eingelassen, dass sie sich zur Abführung einer jährlichen Pauschalsumme verpflichten. Für die übrigen Gemeinden, etwa 3360, hat sich schon im Jahr 1864 eine allgemeine Pachtgesellschaft gebildet, an die der Staat die Einhebung der Taxen verpachtete [1]).

Was die Höhe der Taxen angeht, so genüge es, die beiden extremen Sätze (für die kleinste und für die grösste Gemeinde) für einige Hauptartikel hier anzuführen: Wein 3,50 bis 7 Lire, Alkohol und Branntwein unter 59° 9 bis 14 Lire, über 59° 16—40 Lire, Ochsen 20 bis 40 Lire per Haupt, Kühe 14 bis 25 Lire, junge Kälber 6—12 Lire, Schweine 8—16 Lire, Schafe und Ziegen 20—25 Ctms., frisches Fleisch 6—12,50 Lire die 100 kg, Pökelfleisch, Schweineschmalz 14—25 Lire je 100 kg, Weizenmehl, Brot, Reis 1,40 bis 2 Lire je 100 kg, geringe Mehlsorten 0,90 bis 1,40 Lire, Butter und Speiseöl 5—8 Lire, Zucker 4—10 Lire je 100 kg.

Dieser Dazio consumo geht unabhängig neben den Fabrikationssteuern einher und zieht Italien aus dem Dazio consumo im Augenblick 80 Mill. Lire, das ist mehr als das Fünffache der Summe, welche für 1861 einging.

Wenn die im italienischen Budget sogenannten Konsumsteuern keineswegs gering sind, so sind dieselben doch, wie wir sahen, sehr verschieden nach der Grösse der Gemeinden angelegt. In grossen Gemeinden übersteigt die betreffende

---

[1]) In den kleineren Octroi-Ortschaften Frankreichs gibt es ebenfalls Pächter.

Last 14 Lire per Kopf der Bevölkerung, während in der 2. Klasse der Durchschnitt etwa 7,85 Lire, in der dritten 4,75 Lire und in der 4. Klasse 3,96 Lire beträgt, wobei freilich die sehr verschiedenen Gemeindezuschläge nicht mitgerechnet sind.

Im Anschluss an die inländischen Konsumsteuern (internal revenues, wie die Engländer sagen) wollen wir, bevor wir die in Form des Monopols erhobene Tabak- und Salzsteuer besprechen, noch in Kürze die italienischen Zölle erwähnen [1]). Dieselben wurden zunächst wesentlich als Finanzzölle aufgefasst, während Ende der siebziger Jahre und mehr noch zu Anfang der achtziger das gemässigte Freihandelssystem, das bis dahin geherrscht hatte, einem wenn auch mässigen Schutzzollsystem Platz machte.

Der Wandel in den handelspolitischen Anschauungen ebenso wie die Zwangslage, in der der Staat sich befand, hatten zusammen dazu beigetragen, auch die Zölle möglichst einträglich für die Staatskasse zu gestalten und so wurden mancherlei im einzelnen an dieser Stelle nicht näher aufzuführende Veränderungen in den Tarifen veranlasst, deren Tendenz stets war, die Zölle im ganzen ergiebiger zu gestalten. Während dieselben im Jahre 1862 nur ungefähr 57 Mill. eingetragen hatten, erbrachten sie im Jahre 1869 schon 79 Mill., um 1874 bereits 100 Mill. zu überschreiten, im Jahre 1882 auf 143 Mill. zu gelangen und bis heute auf ca. 160 Mill. zu steigen.

Was die in Form des Monopols erhobenen Konsumsteuern angeht, so ist auch die Tabaksteuer und die bezügliche Verwaltungsgesetzgebung im Jahre 1862 für das Land ausser der Insel Sizilien einheitlich geregelt worden, nachdem bereits früher mit Ausnahme der Insel Sizilien überall ein Tabakmonopol eingeführt gewesen war. Die Regierung bezeichnete die zur Tabakkultur geeigneten Landstrecken, die demnächst mit Tabak bebaut werden dürften, fixierte die näheren technischen Bedingungen, unter denen die Kultur stattfinden kann und setzte den Preis fest, zu dem die Staatsmanufakturen das Rohmaterial von den Produzenten aufkaufen sollten, während denselben anderseits die Ausfuhr freigestellt wurde. Im grossen ganzen haben alle diese Verwaltungsbestimmungen viel Aehnlichkeit mit den bezüglichen französischen.

Der Preis der Tabakfabrikate wurde auch in Italien wiederholt erhöht und es zeigte sich dort, wie auch in andern Ländern, dass trotz der vorgenommenen Erhöhungen der Konsum auf die Dauer nicht abnahm, sondern im Gegenteil stieg.

Während der Preis des Tabaks im Durchschnitt der Sorten von 1874 zwischen 6 und 7 Lire per Kilo schwankte, nach der Preiserhöhung von 1875 zwischen 7,64 und 7,87, nach der vom 2. Februar 1882 zwischen 9,17 und 9,43 Lire, stellte sich im Jahr 1862 der durchschnittliche Verbrauch auf 514 g, im Jahr 1881 auf 662 g.

Das Besondere der Geschichte der italienischen Tabakmanufaktur liegt übrigens in der Verpachtung des Tabakmonopols an eine Privatgesellschaft, die dem Staat gleich bei der Uebernahme der Pacht 180 Mill. Lire vorzuschiessen hatte. Ueber alles bezügliche hat das Finanzarchiv bereits (I, 416 ff.) Näheres berichtet, so dass wir nicht nötig haben, darauf näher einzugehen. Ebenso können wir in betreff der Erträgnisse auf Finanzarchiv I, 465 und II, 856 ver-

----

[1]) Siehe auch Finanzarchiv I, S. 445.

weisen. Seit dem 1. Januar 1884 hat der Staat den Betrieb des Monopols wieder
für eigene Rechnung übernommen und wurden der Pachtgesellschaft gleichzeitig
für die vorhandenen Rohstoffe und für die von derselben angeschafften Maschinen
vom Staat 75 Mill. zugesichert, die vor Ende des Jahres 1885 zu zahlen waren.

Das Salzmonopol, das nur auf dem Festlande, nicht in Sizilien und
Sardinien eingeführt ist, hat eine verhältnismässig kurze Geschichte. Die früher
vorhandenen Salzsteuern wurden im Jahre 1863 vereinheitlicht und dann diese
Steuer mehreremale gesteigert. Im Augenblick kostet das Salz je nach der
Qualität 55, 66, 76 Lire für 100 kg, so dass also die Steuer eine verhältnismässig sehr hohe ist, für deren Herabsetzung denn auch vielfach, bisher jedoch ohne Erfolg, agitiert wird. Der Staat zieht aus der Salzsteuer jährlich
70 Mill., bei einer Bruttoeinnahme von 83 Mill. Die Steuersätze für das in den
Gewerben verbrauchte Salz sind sehr niedrig.

Nachdem wir bisher die eigentlichen Steuerquellen überblickt haben, erübrigt es noch, einige andere Einnahmequellen, die zusammen eine erkleckliche
Summe zu dem Staatseinkommen beitragen, zu erwähnen. Von den Domänen-
erträgnissen sehen wir dabei an dieser Stelle ab, da von denselben in einem
besonderen Abschnitt (S. 148) die Rede sein wird.

Zunächst figuriert die Lotterie mit 72 Mill. im Budget, von der die
allerschädlichste Form, die Zahlenlotterie (von 1—90), in Italien herrscht. Gerade aber mit der Zahlenlotterie ist der bei der Klassenlotterie lange nicht in
demselben Umfange sich zeigende Uebelstand verbunden, dass die Einsätze
ausserordentlich klein sein können und die Lotterie sich sehr häufig im Jahre
wiederholt, wodurch zumal die ärmeren Klassen der Bevölkerung zum Spielen
verführt werden. Die im italienischen Budget aufgeführten 73 Mill. stellen nur
die Bruttoeinnahmen dar, während der Staat einen Nettogewinn von über 30 Mill.
aus der Lotterie zieht. — Die italienische Zahlenlotterie ist derartig eingerichtet,
dass einigemale im Monat 5 Nummern gezogen werden und dass man 1, 2, 3,
4, 5 Nummern im voraus setzt. Kommen die Nummern heraus, auf die man
gesetzt hatte, so erhält man, wenn man eine Nummer getroffen hat, 14¹/₂ bis je
nach dem Fall 71²/₃mal den Einsatz. Hat man 2 Nummern (Ambo) getroffen,
erhält man den Einsatz 300mal, bei 3 Nummern (Terne) 5000mal, bei 4 Nummern (Quaterne) 60,000mal.

Die Posten und Telegraphen lassen der italienischen Staatskasse
einen Ueberschuss von 7—8 Mill. Trotz dieses Ueberschusses, der den Charakter
einer Besteuerung des Nachrichtenwesens annimmt, haben Post und Telegraphie
in Italien einen mächtigen Aufschwung genommen und legen ein glänzendes
Zeugnis von dem Blühen des Handels und der Gewerbe ab: so haben sich in
den letzten 20 Jahren die Bruttoerträgnisse der Post z. B. verdreifacht.

Der Ertrag aus den Eisenbahnen nimmt im Budget des italienischen
Staates einen breiteren Raum ein und da wir das Kapitel der Eisenbahnen
ebenfalls in einem besonderen Abschnitt behandeln werden (S. 153), genügt es
hier, zu bemerken, dass der Staat verschiedene Bahnen selbst gebaut hat,
während er einzelne von Privaten gebaute verstaatlichte, andere Privatbahnen
wiederum dem Staatsbetrieb unterstehen u. s. w., so dass gerade die Geschichte
der italienischen Eisenbahnen recht verwickelt ist. Die Bruttoeinnahmen aus
dem Eisenbahnbetrieb beziffern sich 1883 auf 567 Mill. Lire.

Ferner sind hier noch an Einnahmen kurz zu erwähnen: 6—7 Mill. aus Geldstrafen und Gerichtskosten, 3—4 Mill. aus Gefängnisarbeiten, 1—2 Mill. für die Verifikation von Mass und Gewicht, und auch gewisse Kataster-, hygienische u. s. w. Gebühren bringen ebenso wie das Münzwesen der Staatskasse kleine Summen.

Bereits in unserem kurzen historischen Ueberblick haben wir gesehen, dass in den gefährlichen Perioden der italienischen Finanzgeschichte die ordentlichen Einnahmen allein nicht imstande waren, das Staatsschiff flott zu erhalten. Dem ist nun anders geworden, nachdem sich die ordentlichen Einkünfte des italienischen Staates in den ersten 20 Jahren seines Bestehens verdreifacht haben, d. h. von rund 500 Mill. auf rund 1500 Mill. Lire stiegen. Dass eine so gewaltige Steigerung aber in so kurzer Zeit möglich war, ist der beste Beweis für die segensreichen Folgen, welche die Einigung des Landes für Aufblühen von Handel und Wandel gehabt hat.

Einen Ueberblick der Einnahmen nach dem Budget von 1885/86 geben wir weiter unten (S. 164).

III. Die Kreditoperationen.

Mehr noch als die Natur hassen Staatskassen den leeren Raum. Das erste, woran der Staatsmann aber bei vorhandenem leerem Raum in der Kasse denkt, ist: eine Anleihe aufzunehmen.

So wurden denn auch diejenigen Beträge des italienischen Budgets, die nicht durch ordentliche Einnahmen aufgebracht werden konnten, durch Kreditoperationen beschafft, und wurden solche in den verschiedensten Formen versucht.

Während wir im vorhergehenden bereits einer Anleihe Erwähnung thaten, die bei der Verpachtung des Tabakmonopols aufgenommen wurde, wollen wir die übrigen Kreditoperationen, in vier Abschnitte gesondert, kurz durchlaufen: 1) Anleihen, konsolidierte und tilgbare Schuld. 2) Papiergeld und Zwangskurs. 3) Mit Domänen und Kirchengütern zusammenhängende. 4) Mit den Eisenbahnen zusammenhängende.

1) Anleihen, konsolidierte und tilgbare Schuld. Die italienischen Staatsschulden angehend, tritt uns zunächst ein Betrag von 116 Mill. Renten entgegen, der bei der Vereinigung der Schulden der früheren Einzelstaaten sich herausstellte. Zu dieser Summe hatten Sardinien 64 Mill., Neapel und Sizilien 36 Mill., Toskana beinahe 6 Mill., die Lombardei 7 Mill., den Rest die andern kleinen Staaten beigetragen. Die 116 Mill. verteilen sich auf 42 verschiedene Rubriken: Anleihen verschiedenartigsten Datums mit ebenso verschiedenem, von 3—5 Prozent variierendem Zinssatz. Bei der Vereinigung von Venedig wurden weitere 15 Mill. Rente eingetragen, für die im Jahre 1862 annektierten Teile des Kirchenstaats 18 Mill. und schliesslich noch rund 36 Mill. bei der Annexion von Rom.

Die erste vom Königreich Italien als solchem gemachte Anleihe wurde im Jahre 1861 aufgenommen und betrug 715 Mill. Kapital, entsprechend 35,7 Mill. 5procentiger Rente. (Wie es sich den konsolidierten Anleihen vorläufig nicht um Rückzahlung des Kapitals handelt, hat die Zinssumme für uns das grössere Interesse.) 1862 kam eine neue Anleihe nicht zustande und half man sich mit

Kreditoperationen anderer Art. Dagegen wurde 1863 eine neue Anleihe mit über
700 Mill. Kapital genehmigt, wofür successive 50,716 Mill. Lire Rente ausgegeben
wurden. Im Jahre 1865 erschien abermals eine Anleihe von 425 Mill. auf dem
Geldmarkt, wobei man von neuem zu vermeiden suchte, denselben auf einmal
durch grössere Summen zu belasten; man begnügte sich so, mit für die augenblicklichen Bedürfnisse ausreichenden kleinen und kleinsten Rentenemissionen.
Von da an nahm die Regierung, wie wir nachher noch näher sehen werden,
Zuflucht zur Vermittlung der Banken, so dass von nun das Papiergeld ein
häufiges Aushilfsmittel wurde. Die Kreditoperationen verlieren gleichzeitig mit
ihrer verhältnismässigen Kleinheit für uns an Bedeutung, so dass uns nur noch
das Endresultat interessiert, das im Annuario folgendermassen aufgeführt ist:
Im Jahre 1865 überstiegen die konsolidierten Renten die Summe von 237 Mill.,
1869 272 Mill., 1874 357 Mill., 1879 399 Mill. und Ende 1883 447 Mill. Rente.

Bei so grossen Summen versteht es sich von selbst, dass dieselben in
Italien allein nicht aufgebracht werden konnten, sondern dass ein grosser Teil der
Rente zunächst im Auslande placiert wurde. Wie der Coupon aber der italienischen Rente an einzelnen Plätzen des Auslandes gezahlt wird, so lässt sich aus
den daselbst ausgezahlten Summen mit ziemlicher Genauigkeit die Höhe der ausserhalb Italiens befindlichen Rente berechnen. Dabei ist sehr bemerkenswert, dass
Italien bereits in der Lage gewesen ist, nach und nach einen ansehnlichen
Teil seiner im Auslande kursierenden Rente zurückzukaufen. Dieser Aufkauf
wird übrigens durch den Umstand noch erleichtert, dass die italienischen Staatspapiere im Auslande meist etwas niedriger stehen als in Italien selbst[1]).

Neben der konsolidierten (also nicht tilgbaren, non redimibile) Rente kennt
Italien auch eine tilgbare Rente, die nach und nach vom Staate abzutragen ist. Die Zinsen dieser Schuld betrugen im Jahre 1883 69,681,579 Mill. Lire,
während dieselben im Jahre 1882 72,913,136 Mill. ausmachten. Diese tilgbare
Rente ist zum Teil ebenfalls von den früheren Staaten auf das Königreich Italien
übergegangen, während der Rest eine Folge der Zwangsanleihe von 1866
und einiger andern Kreditoperationen ist, welche besonders mit der Einziehung
der Kirchengüter und der Eisenbahnpolitik in Zusammenhang stehen. Die
tilgbare Schuld wuchs von Zeit zu Zeit, besonders in den Jahren 1867/1871
und weiter im Jahr 1882, doch wurden die Tilgungsraten regelmässig
innegehalten, ein Umstand, der dem italienischen Kredit ausserordentlich zu
Nutzen kam.

Eine dritte in Italien bekannte Staatsschuldenart betrifft die Schatzscheine (buoni del Tesoro), die auf kurze Zeit — 3 oder 6 Monate — Zins
tragend ausgegeben werden. Von derartigen Scheinen zirkulierten in den Jahren
1867/1870 450—525 Mill., 1883 dagegen nur noch 221 Mill. Die bezüglichen
Zahlen fallen und steigen wellenartig je nach dem Bedürfnis. In den finanziell
schlechten Jahren standen die Zinsen jener Schatzscheine hoch, während der
Zinsfuss derselben in besseren Jahren fiel, doch kam dieses Aushilfsmittel dem

---

[1]) Während nach dem Annuario des Finanzministeriums (1884) im Jahre
1882 noch 23,94 Prozent der italienischen Consols im Auslande verzinst wurden,
waren es 1883 nur mehr noch 20,64 Prozent, so dass also in einem Jahre der bedeutende Betrag von 3 1/3 Prozent vom italienischen Inland hatte angekauft werden
können.

italienischen Staat im grossen ganzen nicht allzu teuer zu stehen. Die grösste Ausgabe für derartige Schatzscheine zeigten die Jahre 1867 mit 16,9 Mill. und 1868 mit 15,8 Mill., während in den Jahren 1872 und 1879 nur 6½ Mill. an Zinsen für ausgegebene Schatzscheine zu zahlen waren.

Bei einem streng konstitutionell regierten Staate wie Italien, ist es kaum nötig hinzuzufügen, dass die Ausgabe derartiger Schatzscheine stets von der Zustimmung der Kammer abhängig ist, ebensowenig braucht besonders hervorgehoben zu werden, dass diese Schatzscheine Teile der schwebenden Schuld bilden, da dieselben in absehbar kurzen Terminen einzulösen sind, während das Papiergeld mit Zwangskurs diesen Charakter nicht trägt, wie bei dem Fehlen der Einlösungspflicht die bezüglichen Beträge eben nie fällig werden. Immerhin handelt es sich dabei aber auch um eine Schuld, die wir ihrer besonderen Art wegen besonders zu betrachten haben:

2) Papiergeld und Zwangskurs. Wenn auch jede Papiergeldwirtschaft als solche wenig rätlich scheint, so können doch Fälle eintreten, in denen ebenso wie gewisse Gifte dem Kranken Heilung bringen, so auch dieses Gift im staatlichen Körper schliesslich zum Heile führt, wenn eben die richtige Dosis nie überschritten wird. Dieselbe Erfahrung hat auch, ebenso wie Frankreich dieselbe mit dem 1870 dekretierten Zwangskurs machte, Italien gemacht, dem das Papiergeld in Zeiten grosser Not sehr gute Dienste leistete, die die im Agio sich ausdrückenden Nachteile wohl aufwogen.

Auch war die in Italien gewählte Form der staatlichen Papiergeldzirkulation, wie wir uns bereits sagten, sehr wohl geeignet, die Uebelstände derselben auf das kleinste Mass zurückzudrängen. Die Regierung hatte eben, statt sich eine planche aux assignats stechen zu lassen, d. h. statt selbst Geld zu drucken, sich an die Banken gewandt und dem Papiergeld die Form einer Specialanleihe gegeben. Dadurch wurden die Inhaber der Papiere nicht direkte Gläubiger des Staats, sondern bloss der Banken, während der Staat seinerseits gegen als Unterpfand bei denselben deponierte Rententitel oder Schatzscheine diesen schuldete.

An dieser Stelle müssen wir einen Augenblick innehalten und auf das italienische Bankwesen einen kurzen Blick werfen.

a) Die Nationalbank des Königreichs (Banca nazionale del regno) war ursprünglich im Jahre 1849 aus einer Verschmelzung der Turiner Bank mit der von Genua entstanden. Ihr Kapital betrug damals 8 Mill. Durch ein Gesetz von 1850 erhielt dieselbe das ausschliessliche Recht der Notenausgabe für den Umfang des ganzen Königreichs Sardinien. Um jedem Zweifel vorzubeugen, hatten dann bei Erweiterung der Reichsgrenzen besondere Dekrete die Befugnisse der Bank auch auf die jeweilig neu erworbenen Provinzen ausgedehnt, von welchen Befugnissen die Bank thatsächlich auch Gebrauch machte, indem sie dort Filialen errichtete. Sie hat jetzt 8 grössere Bankstellen: in Florenz, Genua, Mailand, Neapel, Palermo, Rom, Turin und in Venedig, neben 63 kleineren Filialen.

Mit der Ausdehnung ihres Wirkungskreises musste eine Erhöhung des Kapitals der Bank Hand in Hand gehen. Dasselbe wurde im Jahre 1852 auf 32 Mill., im Jahre 1860 auf 40 Mill., im Jahre 1865 auf 100 Mill., im Jahre 1872 auf nominell 200 Mill. mit einer vorläufigen Einzahlung von 150 Mill. gebracht, um 1883 die 200 Mill. voll zu erhalten.

Die Bank darf dreimal so viel Noten ausgeben, als der Betrag ihrer

metallischen Bardeckung ausmacht, und kann die Regierung von ihr statutgemäss stets Vorschüsse zu 3 Prozent bis zum Betrage von 40 Mill. gegen Hinterlegung von Schatzscheinen verlangen, wogegen die Staatskassen die Noten der
Bank wie bar Geld annehmen.

b) Die toskanische Nationalbank entstand im Jahre 1857 aus der Vereinigung mehrerer kleiner Banken und begann ebenfalls mit 8 Mill. Kapital,
welches im Jahre 1860 auf 10 Mill. und im Jahre 1870 auf 30 Mill. erhöht
wurde. Sie hat ebenso wie die Reichsnationalbank ihre Filialen, und hat dieselbe wiederholt gewünscht, sich mit jener zu verschmelzen, wozu die Regierung
aber ihre Genehmigung versagte. Die Bank ist statutgemäss verpflichtet, der
Regierung bis 7½ Mill. Vorschüsse zu machen, welche die Form einer unge-
deckten Kontokorrentschuld annehmen.

c) In Florenz besteht eine weitere Emissionsbank: die toskanische Kreditbank, welche im Jahre 1860 begründet, ein nominelles Kapital von 40 Mill. hat,
von dem aber nur ¼ emittiert worden ist. Sie darf dreimal so viel Noten
ausgeben als ihr Kapital beträgt. Anfänglich bestand keine statutgemässe Verpflichtung zu Vorschüssen an die Regierung, doch wurde die Vorschusspflicht
der Bank später auf 1,600,000 Frcs. festgesetzt.

d) Die römische Bank entstand im Jahre 1850 unter dem Namen der
„Kirchenstaatlichen Bank", während sie ihren jetzigen Namen 1870 erhielt. Zu
jener Zeit betrug ihr Kapital 10 Mill., 1874 15 Mill. Sie ist zu Vorschüssen
an die Regierung bis zu ⅔ ihres Kapitals verpflichtet, wogegen bei ihr ebenfalls Schatzscheine als Unterpfand zu hinterlegen sind.

e) Die neapolitanische Bank (Banco, nicht Banca di Napoli[1]) stammt aus
dem vorigen Jahrhundert und wurde häufig reorganisiert. Ihre Noten hatten
eine Zeit lang die Form von Depotscheinen und lauteten auf Namen. Dieselben
waren cedierbar und hatten gesetzlichen oder legalen Kurs, d. h. die Staatskassen nahmen diese Scheine für bares Geld an. Die neapolitanische Bank hat
kein Aktienkapital, sie ist vielmehr aus der Verschmelzung mehrerer Wohlthätigkeitsanstalten, Leihhäuser u. s. w. entstanden und genoss ein grosses Zutrauen
bei Staat, Stadt und Publikum, die ihr Depositen brachten und dafür „Polizze"
o   'edole" (fedi di credito), jene Certifikate oder Bescheinigungen erhielten,
von den wir oben sprachen. Die neueste Organisation der Bank datiert, wenn
wir von dem Dekret vom 1. Mai 1866, das den Zwangskurs einführte, absehen,
vom 14. Januar 1864. Uebrigens steht eine neuere Reorganisation bevor, für
die ein Vorschlag der Kammern bereits vorliegt. Diese Bank ist verpflichtet,
dem Staate bis zu 20 Mill. 3prozentige Vorschüsse zu machen.

f) Der Banco von Sizilien begann als Filiale des vorigen und wurde erst
1849 selbständig. Er funktioniert nur als Depositenbank und waren bei ihm
auch die Staatsgelder zu deponieren. Im Jahre 1866 besass der Banco als
Dotation 2½ Mill., mit denen er Diskontogeschäfte machte; er wurde im Jahre
1867 reorganisiert und hat an den Staat bis höchstens 5 Mill. Lire Vorschüsse
zu machen.

Diese Banken hatte die Regierung also vor sich, als die schweren Zeiten

---

[1] Der veraltete Ausdruck Banco bedeutet Bureau; die anderen Bankanstalten Italiens heissen Banca.

eintraten (die römische Bank trat erst im Jahre 1870 hinzu). Jene schweren Zeiten drückten die Banken gleichmässig wie den Staat, und es ist nicht unwahrscheinlich, dass gerade die Notwendigkeit, den Banken zu Hilfe zu kommen. dem Finanzminister den Gedanken eingab, einerseits Papiergeld auszugeben. andererseits die für die Emission dieses Papiergeldes angenommene, wiederholt erwähnte Form zu wählen.

Als am 1. Mai .1866 der Zwangskurs dekretiert wurde, zirkulierten im ganzen 249 Mill. Noten, und zwar 116,9 Mill. der Reichsnationalbank von Italien, 23,9 Mill. der Toskanischen Nationalbank, 300,000 der Toskanischen Kreditbank, 84,7 der Bank von Neapel und 23,3 Mill. der Bank von Sizilien. An die Dekretierung des Zwangskurses für diese Noten, resp. an die Dispensation der Banken von der Einlösungspflicht derselben wurden seitens der Regierung mancherlei Bedingungen geknüpft: Wir sahen bereits, dass für die Noten der Reichsnationalbank der Zwangskurs über das ganze Land ausgedehnt ward, während die Noten der anderen Banken ein bezügliches Privilegium nur innerhalb der Landesgrenzen, für welche sie ehedem errichtet worden waren, erhielten. Zwei Drittel der Barreserven der vier letztgenannten Banken hatten diese der Reichsnationalbank in Deposito zu geben, wogegen sie von der letzteren für einen gleich hohen Nominalbetrag im ganzen Lande zirkulierende Noten erhielten. Die Banken durften des weiteren ihren Diskontosatz ohne Genehmigung der Regierung nicht verändern.

Wie das Dekret vom 1. Mai 1866 die Gefahr, in der die Banken geschwebt hatten, für den Augenblick beschwor, half dasselbe gleichzeitig auch der Staatskasse aus der Not, indem die Reichsnationalbank dem Staat 250 Mill. Lire in besonderen Noten vorzustrecken hatte, die über den Betrag der sonst zirkulierenden Noten hinaus zu emittieren waren. Diese 250 Mill. vertreten also das eigentliche Staatspapiergeld, und wenn deren Cirkulation schliesslich auch bis auf 940 Mill. stieg, so fühlt man doch stets den Widerwillen heraus, mit dem bei der jedesmaligen Erhöhung zu dem bezüglichen Notmittel gegriffen wurde.

Die Regierung hatte nach dem angeführten Dekret die Mittel in Händen, ihre ersten Kriegskosten zu decken, während aber auf der einen Seite die Geldkrise für den Augenblick gehoben war, brach anderseits sofort in direkter Folge des Zwangskurses eine andere Krise herein, die sich im Verschwinden des Metallgeldes ausdrückt. Wenn eine ähnliche Erscheinung stets einer künstlichen Vermehrung der Papierzirkulation zu folgen pflegt, so trug in dem vorliegenden speciellen Falle ein weiterer Umstand dazu bei, die Silbermünzen ausser Landes zu treiben: es war dies die momentane Ueberwertung des Silbers, der gleichzeitig die lateinische Münzkonvention ihre Entstehung verdankt.

Italien war aber so sehr vom Metallgeld entblösst, dass das zuerst versuchte Hilfsmittel der Nationalbank, neben den früher nicht unter 50 Lire laufenden Banknoten auch solche zu 20 L. auszugeben, nichts half und sehr bald auch 5, 2, 1 und ¹/₂ Lirenoten in Umlauf gebracht werden mussten. Als selbst die Ausgabe so kleiner Noten nicht mehr ausreichte und sich vielfach Privatgeschäfte damit befassten, ihrerseits auf Grund grösserer Appoints kleine banknotenartige Zettel auszugeben, wurde schliesslich die Emissionsbank beauftragt, für 30 Mill. Stempelmarken zu fertigen, die an Stelle von Scheidemünzen verwandt werden konnten. Wie dann aber jene Stempelmarken sehr bald kolossal gefälscht

wurden, mussten dieselben wieder eingezogen werden und kamen deren bei der
Einlösung für 30,142,000 Lire zur Präsentation.

Nachdem jene 30 Mill. Lire in Stempelmarken dem Verkehr wieder entzogen waren, begann das alte Spiel von neuem, und wurde das Land von den oben
erwähnten kleinen Zetteln abermals vollständig überschwemmt. Das Unwesen
wurde so gross, dass demselben auf irgend eine Weise unter allen Umständen ein
Ende gemacht werden musste. Gleichzeitig hatte die eigentliche Notencirkulation
stark zugenommen — dieselbe hatte sich im Jahre 1870 gegen 1866, die als Staatspapiergeld laufenden Noten nicht mitgerechnet, vervierfacht — und wenn auch
diese Masse von papiernem Umlaufsmittel auf das wirtschaftliche Leben der Nation
noch keinen direkt ungünstigen Einfluss gehabt hatte, so war doch zu befürchten,
dass schliesslich aus derselben grosse wirtschaftliche Schäden erwachsen müssten.

So untersagte ein nach mehreren Versuchen erst im Jahre 1874 zustande
gekommenes Gesetz allen Privaten, sowie allen Anstalten ausser den sechs
Emissionsbanken auf das bestimmteste die Ausgabe von Noten in jeder Form
und behielt sich der Staat vor, solche in Abschnitten von 50 Cent., 1, 2, 5, 10,
20, 100, 250 Lire in Kurs zu setzen. Zu diesem Zweck und um weiter Geld zu
schaffen, wurden die sechs Emissionsbanken zu dem bereits erwähnten Consorzio
zusammengefasst, von dem der Staat bis zu einer Milliarde Lire in jenen Noten
gegen ¹/₂ Prozent Zinsen in den ersten 4 Jahren und ⁴/₁₀ Prozent Zinsen in den
folgenden Jahren als Vorschuss zu verlangen berechtigt sein sollte. Die Mittel,
die der Staat sich durch diese Anleihe verschaffte, benutzte er zunächst, um die
allein bei der Reichsnationalbank nach und nach aufgenommenen 800 Mill. in
diesen neuen Banknoten zurückzuzahlen, da nunmehr das Consorzio an Stelle der
einen Bank die betreffenden Vorschüsse an den Staat zu machen hatte, welche
Vorschüsse in maximo 940 Mill. Lire erreichten.

Ausser den als Staatspapiergeld ausgegebenen Appoints cirkulierten die
eigentlichen — von den Banken emittierten — Noten weiter; jene, auf weissem
Papier gedruckt, sollten nach dem Gesetz von 1874 allein Zwangskurs haben,
während die letzteren, auf farbigem Papier gedruckt, nur legalen Kurs haben
sollten und nur in Appoints von 50 Lire an aufwärts ausgegeben werden durften.

Durch Gesetz vom 31. Dezember 1873 wurde ferner das Maximum der Noten-
emission der Banken auf das Dreifache ihres Aktivkapitals festgesetzt, und zwar
für die Reichsnationalbank auf 450 Mill., für die Toskanische Bank auf 63, für
die Römische Bank auf 45, für die Kreditbank von Toskana auf 15 Mill. Lire,
während die Neapolitanische Bank 146³/₄ Mill. und die Sizilianische 36 Mill.
als Maximum sollten ausgeben können, das macht im ganzen 755³/₄ Mill. Lire.
Doch behielt sich die Regierung gleichzeitig vor, in gewissen Fällen die Erlaubnis zu geben, auch über die angegebenen Maxima hinauszugehen, die eventuell
darüber hinaus emittierten Banknoten dürfen aber höchstens 3 Monate laufen
(Gesetz vom 30. April 1874). Der legale Kurs für die eigentlichen Banknoten
sollte zuerst nur bis 1876 in Anwendung bleiben, wurde schliesslich aber von
Fall zu Fall bis zum Jahre 1880 verlängert.

Wir haben nunmehr die Geschichte der italienischen Banknotencirkulation
bis zum Jahre 1881, in welchem der Zwangskurs aufgehoben werden konnte,
verfolgt. Die betreffende Massregel war lange Zeit vorher geplant und immer
wieder von neuem hinausgeschoben worden.

So hatte bereits im Jahre 1867 der Finanzminister Ferrara ein Mittel vorschlagen zu können geglaubt, sich von dem Zwangskurs zu befreien. Der Vorschlag kam jedoch viel zu früh, doch stellte ein Jahr später eine Enquetekommission abermals den Antrag, der Minister solle sich mit der Frage der
Abschaffung des Zwangskurses beschäftigen.

Weiter tritt ein denselben Plan verfolgendes Projekt von Cambray-Digny
im Jahre 1869 hervor, dem 1870 ein ähnliches von Sella folgte.

Im Jahre 1874 endlich wurde der erste Schritt auf dem Wege zum gewünschten Ziel durch das oben analysirte Gesetz gethan. Zunächst hatte
man die ganze Papiergeldwirtschaft regeln und ihrer weiteren Ausdehnung
Schranken setzen müssen; dann musste man den ordentlichen Einnahmen Zeit
lassen, heranzuwachsen, damit sie die Kassen füllen und Kreditoperationen
entbehrlich machen konnten, und erst im Augenblick, als man soweit er-
starkt war, dass die regelmässigen Einnahmen zur Deckung der regelmässigen
Ausgaben ausreichten, konnte man an die grosse Operation der Abschaffung
des Zwangskurses mit Aussicht auf Erfolg denken. Der Erfolg blieb denn
auch schliesslich nicht aus, während die Versuche von Depretis im Jahre 1877
und das Projekt von Seismit-Doda (1878) ebenso verfrüht waren wie die vor-
hererwähnten.

Ende 1880 brachte der geniale Finanzminister Magliani dann ein Projekt
ein, das in fast unnötiger Weise damit beginnt, zunächst von den Nachteilen
des Zwangskurses im allgemeinen zu sprechen. Wenn die Motive aber auch
im grossen ganzen nur Bekanntes mitteilen, so enthalten dieselben doch auch
einzelne Punkte, die immerhin einer Wiedergabe wert sein mögen: Das Papiergeld war unter Pari gesunken, es schwankte um 90, und dieses Schwanken
allein, führten die Motive aus, sei schon ein Uebel. Der Finanzminister rechnete
so aus, dass das Agio dem Staat jährlich über 12 Mill. koste, und zudem
müssten dem Consorzio jährlich an Zinsen für das Papiergeld 3,263,000 Lire
bezahlt werden, so dass durch die Papiergeldwirtschaft von der Staatskasse
direkt über 15 Mill. jährlich aufzubringen wären.

Um den Zwangskurs aufheben zu können, war eine Anleihe nötig, mittelst
welcher das in das Ausland gegangene Metall wieder in das Land geführt
werden konnte, mit welchem die in Form von Papiergeld kontrahierte Schuld abzutragen war. Jene Anleihe, welche der Minister in Höhe von 630 Mill. aufzunehmen vorschlug, legte hinwiederum dem Lande eine permanente Zinslast
von 30 Mill. jährlich auf, der gegenüber allerdings die oben erwähnten 15 Mill.
gespart wurden, und hoffte der Minister die restierenden 15 Mill. bei einer Konsolidierung der Pensionen erübrigen zu können.

Vielfach wurde bezweifelt, ob eine Anleihe von 630 Mill. genügen würde,
die Metallgeldcirkulation wieder in Gang zu bringen und besonders, ob sich
das Bargeld würde im Lande zurückhalten lassen. Jenen Einwürfen gegenüber versuchten die Motive zu erweisen, dass der Wohlstand des Landes ungemein zugenommen habe, wofür vielfaches Material herbeigeschafft wurde, so
z. B. die Notiz, dass im Jahre 1865 in den Sparkassen nur 225 Mill. gelegen
hätten, gegen 891 Mill. im Jahre 1880. Weiter zeigten die Motive, dass in den
Depositenkassen im Jahre 1880 1592 Mill. Lire lägen, welcher Betrag von Jahr zu
Jahr wüchse; die Einfuhr- und Ausfuhrziffern würden ebenso fortdauernd grösser,

die Portefeuilles der Bank füllten sich mehr und mehr mit guten Wechseln u. s. w., — kurz, die Gesamtlage des Staates sei so günstig, dass zu erwarten stehe, dass die neue 5prozentige Anleihe al pari untergebracht werden könnte. Pari heisst in diesem Falle 86,80 netto, da 13,20 B. als Steuer sofort einbehalten wird. Effektiv sollte die Anleihe 644 Mill. Lire betragen, von denen 44 Mill. in Gold an die Nationalbank für eine Anleihe des Jahres 1875 zurückzuzahlen und 600 Mill. zur Einlösung der vom Consorzio erhaltenen Noten, also des Papiergeldes, bestimmt waren. Weiter sollten gegen die 644 Mill.: 400 Mill. Lire in Gold und 244 Mill. Lire in Silber angeschafft werden. Die im Ausland cirku- lierenden italienischen Münzen schätzten die Motive auf nur 93 Mill. und wenn sich auch kein Metallgeld mehr im inländischen Verkehr zeige, so wäre dennoch mit Bestimmtheit darauf zu rechnen, dass sich bedeutende Summen im Inland ver- steckt hielten, die, abgesehen von dem reichlich vorhandenen Kupfergeld, nach und nach zum Vorschein kommen würden. Die Motive schätzten aber die im Lande gebliebenen Barbeträge auf 209 Mill. in Gold, 171 Mill. in 5 L.-Stücken, 64 Mill. in Silberscheidemünze, 75 Mill. in Kupferscheidemünze, zusammen 519 Mill.

Gleichzeitig wäre es nötig, den eingeführten legalen Kurs der eigentlichen Banknoten aufzuheben und die Papiercirkulation überhaupt zu beschränken; dieselbe sollte in normalen Zeiten eine Maximalcirkulation von 660 Mill. Lire nicht überschreiten dürfen. Von den als Papiergeld cirkulierenden Noten wären vor allen Dingen 315 Mill. in Appoints von $1/2$, 1, 2 und 5 Lire einzuziehen, während die Beträge der höheren Appoints, die auf $243^1/2$ Mill. in 10 Lirenoten, 50 Mill. in 20, $40^1/4$ Mill. in 100, 250 bis 1000 Lirenoten anzunehmen seien, langsam eingezogen werden könnten.

Der Gesetzvorschlag wurde von den Kammern nicht pure acceptiert, wie sich aus dem folgenden kurzen Ueberblick über das am 7. April 1881 beschlos- sene Gesetz ergeben wird. Nach demselben wurde das Consorzio mit dem 30. Juni aufgelöst und zieht der Staat unter gleichem Datum die dem letzteren als Garantiefonds übergebenen Staatsrententitel zurück; das Consorzio übergibt dem Staat gegen Ersatz des Wertes alle zur Fabrikation von Noten bisher ge- brauchten Materialien und Maschinen.

Alle $1/2$, 1 und 2 Lirenoten und alle Noten über 10 Lire sollen eingelöst und vernichtet werden, während die 5 Lirenoten nur teilweise, d. h. bis auf eine in Umlauf belassene Summe von 100 Mill., eingezogen wurden, so dass das nunmehr direkt vom Staate ausgegebene Papiergeld im Betrag von 340,000 Mill. nurmehr in 5 und 10 Lirescheinen besteht, welche aber jederzeit auf Präsentation an den Staatskassen gegen Metallgeld einzutauschen sind.

Die zur Einziehung der cirkulierenden Noten nötigen 640 Mill., — von denen wenigstens 400 Mill. in Gold [1]) — sollen durch eine Anleihe beschafft werden gegen Ausgabe von als Garantie beim Consorzio bis zum entsprechenden Betrage hinterlegten Renten. Als Deckung dagegen für die nicht eingelösten 340 Mill. soll eine gleiche Summe bei der Depositenkasse in Staatsrenten hinterlegt werden. — Weitere Bestimmungen des Gesetzes beziehen sich so- wohl auf die Metallreserven der Banken, als auf den Goldbestand innerhalb

---

[1]) Eigentlich 644 Mill. und 444 Mill. in Gold, wovon 44 Mill. zur Tilgung einer Schuld bei der Reichsnationalbank zu verwenden waren.

derselben und das Recht der Notenausgabe, das für alle Banken bis zum Jahre 1889 bestehen bleiben sollte. Ein bezüglicher Gesetzvorschlag zu einem bis dahin zu promulgierenden Bankgesetz, der im Augenblick vorliegt, wird uns weiter unten noch beschäftigen.

Die Anleihe wurde emittiert und setzte die Regierung es durch, dass sie 491 Mill. in Gold und nur 153 Mill. in Silber erhielt. Bereits im Juni 1881 fingen die Behörden an, einen Teil ihrer Zahlungen und zwar in steigender Proportion in klingender Münze auszuführen; vom 12. April 1883 an war die Metallwährung durchgeführt. Alle mit der Aufhebung des Zwangskurses zusammenhängenden Massnahmen gingen leicht von statten, von all den geweissagten Schwierigkeiten zeigte sich keine Spur und gereicht die Durchführung der ganzen auf das trefflichste vorbereiteten Operation dem italienischen Staat und vor allen Dingen der Finanzleitung desselben zur grössten Ehre.

Das oben erwähnte neue B a n k g e s e t z p r o j e k t will die Pluralität der Emissionsbanken beibehalten, wobei man sich den Anschein gibt, principielle Gründe für die Decentralisierung der Banknotenemission zu haben. Bei näherem Zusehen dürfte es sich jedoch erweisen lassen, dass von irgend welchen Principien dabei keine Rede ist. Die bestehenden Regionalbanken haben einfach ihre mächtigen Verteidiger, und wie dieselben zusammenhalten, sind sie stärker als ihre etwaigen Gegner. Es handelt sich nur darum, das geschichtlich Gegebene beizubehalten und mit den Erfordernissen des Augenblicks möglichst in Einklang zu bringen.

Nach dem Projekt sollen Notenbanken in Zukunft nur mit Genehmigung der Regierung entstehen können, die über die Dauer der Konzession, über die näheren Modalitäten, unter denen Noten zu emittieren sind u. s. w., zu bestimmen hat. Das Kapital einer solchen Bank soll nicht weniger als 15 Mill. Lire betragen, von denen 10 Mill. effektiv eingezahlt sein müssen: die Notenausgabe soll das dreifache des eingezahlten Kapitals in maximo erreichen dürfen, aber nur, wenn gleichzeitig ein Drittel Metalldeckung nachgewiesen ist.

Weiter sollen sämtliche Banken des Reichs ohne besonderen Dispens der Regierung nicht mehr als 1050 Mill. Noten zusammen ausgeben dürfen. Die einzelnen Banken können Filialen errichten und haben gegenseitig ihre Noten in Zahlung zu nehmen.

Im weiteren erhält der Gesetzvorschlag Vorschriften für die den Banken erlaubten Geschäfte: so dürfen die von den Banken zu diskontierenden Wechsel höchstens drei Monate laufen und müssen drei Unterschriften tragen u. s. w. Für alle andern Geschäfte muss eine besondere Metallreserve vorhanden sein; Privatleute sind nicht verpflichtet, Banknoten in Zahlung zu nehmen, die Staatskassen können sie nehmen. Der Staat hat das Recht, von den Emissionsbanken bis ⅔ ihres Kapitals gegen den jeweiligen Diskontsatz, höchstens aber zu 3 Prozent Zinsen Vorschüsse zu verlangen, und zwar sind zwei Drittel der verlangten Summen sofort zahlbar, während bis zur Auszahlung des letzten Drittels zwei Monate verfliessen können. Schliesslich haben die Banken dem Staat unentgeltlich als Banquier zu dienen.

Die vorstehende, sehr gedrängte Skizze zeigt, dass keineswegs, wie vielfach behauptet wurde, Bankfreiheit in Italien geplant ist.

3) Die Domänen und die Einziehung der Kirchengüter. Die Einziehung der Kirchengüter hat dem italienischen Staate zweifellos grosse Dienste geleistet und haben wir über die Zulässigkeit oder Rechtmässigkeit dieser Massregel an dieser Stelle nicht zu urteilen und uns lediglich auf den finanziellen Standpunkt zu stellen. Im übrigen zeigt ja die Geschichte aller Länder, dass sich von Zeit zu Zeit kein Land gescheut hat, die Kirchengüter einzuziehen, und wenn man sie einmal eingezogen hat, d. h. sobald dieselben als Staatsdomänen figurieren, dann gilt es nur, dieselben möglichst dem allgemeinen Besten dienstbar zu machen. Im Königreich Italien scheint übrigens die erste Anregung zu dem betreffenden Vorgehen nicht von der Regierung ausgegangen zu sein: dasselbe hat ein Präcedenz in dem piemontesisch-sardinischen Vorgang des Jahres 1855, über den das von Cesare Correnti herausgegebene Annuario statistico Italiano (Anno I, 1857/58, Milano) nähere Auskunft gibt. In demselben gibt Correnti einen Bericht über eine Petition aus dem Jahre 1852: (Relazione del 20 dicembre 1852 sulle petizioni presentate alla Camera da molti cittadini e consigli comunali, per ottenere l'incameramento dei beni ecclesiastici...) wieder, in der „viele Bürger und Gemeinderäte" die Einziehung der Kirchengüter, resp. der Güter, die im Besitz von geistigen Korporationen waren [1]), verlangen. Ein strebsames Land, wie es damals das Königreich Sardinien war, braucht immer Geld, und liess sich gern dazu drängen, die Kirchengüter zu Domänen zu erklären. Doch wählte man dabei die milde Form, den Enteigneten gewisse Entschädigungen in der Form von Renten zukommen zu lassen, darum nannte man die Massregel eine Conversion. Die Güter sollten bloss „saranno pure convertiti" in vom Staat auszuzahlende Renten oder Pensionen verwandelt werden, mit deren Auszahlung eine eigene Behörde, die sogenannte „Kirchenkasse" betraut wurde, der man die Verwaltung der Güter übergab, aus deren Ertrag sie jene Renten und Pensionen zu zahlen hatte.

Dem von Sardinien gegebenen Beispiel folgte das Königreich Italien. Man ging dabei aber langsam und schrittweise zu Werke. Als im Jahre 1862 zum erstenmale grosse Mittel nötig waren, schlug Sella vor, einerseits die nicht zu Zwecken des öffentlichen Dienstes nötigen Staatsdomänen, anderseits die der Kirchenkasse überwiesenen Grundstücke zu veräussern. Die Kirchenkasse sollte dann gegen die dem Staate zu überantwortenden Güter 5prozentige Rente in Höhe des Einkommens aus diesen Gütern erhalten, während der Staat die Grundstücke selbst verkaufen könne. Hierbei handelt es sich also um eine, wenn auch verdeckte Anleihe: die Staatsschuld vergrösserte sich einfach um den Betrag der Rente, nur mit dem Unterschied, dass die Rententitel, die gegen die Güter hingegeben wurden, nicht auf den Markt kamen, sondern vor der Hand in der Kirchenkasse liegen blieben.

Zum Verständnis des Vorhergehenden ist nachzutragen, dass die im Jahre 1855 gebildete sardinische Kirchenkasse in den Jahren 1860 und 1861, in Folge von der provisorischen Regierung erlassener Dekrete, die Kirchengüter in Neapel, Umbrien und den Marken zu ihren sardinischen Beständen in gleicher Weise zugewiesen erhalten hatte. Zu dieser Zeit waren aber keineswegs alle

---

[1]) Auf diese Kategorie von Kirchengut wurde die Massregel zunächst und ebenso in den Jahren 1860—61 beschränkt.

Kirchengüter eingezogen, sondern nur solche, die im Eigentum gewisser geistlicher Korporationen (Klöster und einiger anderer Anstalten) gestanden hatten, mit ausdrücklicher Ausnahme derjenigen Korporationen, welche sich dem Unterricht, dem Predigen und der Krankenpflege widmeten.

Als Sella im Jahre 1862 seinen Antrag stellte, war der Staat also erst im Besitz dieses Teils der Kirchengüter, deren Wert man auf 26 Mill. Renten schätzte, wobei zu bemerken ist, dass die bezüglichen Schätzungszahlen stets sehr verschiedenartig ausfielen, was, wenn man die Güterlisten näher einsieht, sehr leicht erklärbar scheint. Es war überhaupt schwer, jene Güter zu versilbern und half man sich aus der Verlegenheit, indem man am 31. Okt. 1864 mit einer „Gesellschaft für den Verkauf der italienischen Domänen" einen Vertrag abschloss, wonach diese Gesellschaft den Verkauf der Güter gegen einen Vorschuss von 40 Mill. an die Staatskasse übernahm. Der Verkauf der Güter sollte mit dem 1. Januar 1865 beginnen und übernahm die Gesellschaft sämtliche mit demselben zusammenhängende Kosten, gegen Zusicherung von ¹/₈ von dem Betrage, der bei der Versteigerung der Güter deren Schätzungswert übersteigen würde.

Gleichzeitig hatte sich die Gesellschaft verpflichtet, im ganzen bis zu 150 Mill. L. vorzuschiessen, wofür sie Staatsobligationen im Nominalbetrage von 212,100,000 L., tilgbar in 15 Jahresquoten, erhielt. Diese Staatsobligationen (15 Stück à 14,140,000 L.) waren auf die Kirchengüter hypotheciert und war die Gesellschaft ermächtigt, auf Grund derselben ihrerseits 5 prozentige Partialobligationen auszugeben. Das war das Instrument, das die weiteren Unternehmungen sehr erleichtern sollte. Dieselben liessen nicht auf sich warten.

So schlug Sella bereits Ende 1865 vor und setzte seinen Vorschlag in einem Gesetz vom 7. Juli 1866 durch, dass alle noch bestehenden religiösen Korporationen und andern geistlichen Anstalten aufgehoben und ihre Güter abermals konvertiert werden sollten.

Nach jenem Gesetz erkennt der Staat fernerhin weder geistliche Orden noch Klöster an, alle Mönche und Nonnen werden einfache Staatsbürger, denen der Staat gegen das den Korporationen entzogene Eigentum eine lebenslängliche Pension von höchstens 600 Lire, zuzüglich einer lebenslänglichen Rente für die den Klöstern event. von einzelnen zugebrachte Mitgift (dote) auszahlt. Zwecks Zahlung der betreffenden Pensionen erhielt der mit der ganzen Abwickelung dieser Angelegenheit betraute Kultusfonds [1]) (fondo per il culto) für den Betrag der Revenuen der eingezogenen Güter — nach Abzug der Steuern, die die tote Hand von denselben zu zahlen hatte und von 5 Prozent für die Verwaltungsausgaben — 5 prozentige Staatsrente.

Mit den Zinsen jener Rente hatte der Kultusfonds ausser den Pensionen alle mit der Einziehung der Kirchengüter zusammenhängende Ausgaben zu bestreiten, namentlich auch die auf das Staatsbudget genommenen Kultusausgaben,

---

[1]) Alle mit der Konversion der Kirchengüter zusammenhängenden Abrechnungen wurden zunächst auf besondere Rechnung ausser Budget geführt. Die „Kirchenkasse" blieb mit der Einziehung der Güter betraut und kontrollierte deren Verkauf, während eine andere neue Behörde, der sog. „Kultusfonds", die Kultusausgaben zu effektuieren hatte (s. weiterhin darüber S. 158).

z. B. auch einen Zuschuss zu den Kirchenkosten an die Gemeinden, deren eigene
Einkünfte unter 800 Lire betragen, zu leisten.

Alle den aufgehobenen Korporationen gehörigen Besitztümer wurden
mit Ausnahme der für die Religionsübung nötigen Gebäude, Bilder, Statuen,
heiligen Gefässe etc., ebenso wie der für die Bezirke, Gemeinden und Schulen
nötigen Bauwerke und der Monumente, die einen Kunstwert hatten, zu verkäuf-
lichem Staatseigentum erklärt. Aus demselben wurden alle Bücher, Manuskripte
und Kunstgegenstände an Bibliotheken und Museen verteilt. Auf die nicht eingezogenen Güter wurde eine besondere Steuer gelegt.

„L'Appétit vient en mangeant,‘ sagt ein französisches Sprichwort — und
so kam es, dass, als neue Bedürfnisse sich fühlbar machten und die bisher eingezogenen Güter nicht so viel eintrugen als von ihnen erwartet worden war,
ein neues Gesetz erlassen wurde, welches nicht mehr wie das von 1866 und
wie die früheren von einer blossen soppressione degli ordini e delle corpo-
razioni religiose, sondern ganz radikal von der liquidazione dell' asse ecclesiastico sprach und am 15. August 1867 promulgiert wurde. Nunmehr sollte
alles Kirchengut jener Liquidation unterworfen werden, die darin bestehen
sollte, dass alle der toten Hand gehörenden Güter zunächst nach ihrem
Ertrage abzuschätzen wären, von welchen Erträgen ein Drittel als Steuer an
den Staat abgezogen und für die übrigen zwei Drittel eine Staatsrente zu
Gunsten der bisherigen Eigentümer auf die Güter eingetragen würde, während
die Güter selbst abermals in das Eigentum des Staats übergehen sollten. Der
Staat lud sich damit eine neue Schuld auf, wogegen er die Einkünfte aus den
früheren Kirchengütern erhielt und letztere zu Geld machen konnte.

Doch auch diese Massregel hatte nicht den schnellen Erfolg, den man
von ihr erwartet hatte.

Zum Lobe der Italiener muss man denselben nachsagen, dass sie nicht
radikal sind. In Frankreich hätte man die Sache wahrscheinlich kürzer ab-
gemacht: die Güter einfach eingezogen und höchstens Pensionen angeboten.
In Italien suchte man dagegen die ganze Angelegenheit, wenn irgend möglich,
in Frieden mit der Kirche zu regeln und hoffte, dass sie selbst die ganzen mit
der Liquidation der Güter zusammenhängenden Massnahmen in die Hand nehmen
würde. So verlangte man ursprünglich von der Kirche nur, dass sie sich verbindlich mache, an den Staat 600 Mill. Lire [1]) in halbjährlichen Raten von 50 Mill.
abzutragen, während sie sonst mit ihren Gütern sollte frei schalten können.

In Belgien hatte sich wirklich eine rechtgläubige Finanzgesellschaft gebildet, um die gewünschte Operation unter den Auspizien der Kirche auszuführen.
Die Offerte dieser Gesellschaft ebenso, wie die einer andern, wurde aber nicht
acceptiert, weil dieselbe nachträglich zu wenig vorteilhaft schien, und sah sich
der Staat genötigt, vorderhand wenigstens direkt zu handeln.

Die ganze Operation wurde nach folgenden, in möglichster Kürze angedeuteten Principien in Angriff genommen: Zunächst sei darauf aufmerksam
gemacht, dass die Parochialgüter vom Staat nicht für sich eingezogen, sondern
den Gemeinden zur Unterhaltung der zu ihnen gehörigen Kirchen überwiesen
wurden. Auf die andern Güter wurden 70 Prozent ihres Ertragwertes zu Gunsten

---

[1]) Ein Drittel des Wertes, auf den das Kircheneigentum geschätzt wurde.

der betreffenden früheren Eigentümer, mit Abzug von 30 Prozent für die Neben-
gefälle dieser Güter eingetragen. Für den Fall aber, dass durch jene Abzüge
das Einkommen des betreffenden Kirchenoberhauptes dieses oder jenes Sprengels,
also eines Bischofs, unter 6000 Lire betragen würde, sollte der Kultusfonds gehalten sein, dessen Einkommen bis zu jener Minimalgrenze zu vervollständigen.
Gleichzeitig wurden 30 Prozent der nach dem Gesetz von 1866 eingeschriebenen
Renten gelöscht, so dass die staatlicherseits an den Kultusfonds abzuführende
Summe sich bedeutend verminderte.

Dadurch erschien die Staatslast kleiner, wobei es sich allerdings, wie
wir noch sehen werden, nur um einen Schein handelt, und war somit keineswegs unmittelbar Hilfe geschaffen. So wurde der Finanzminister denn auch
ermächtigt, so viel 5prozentige Obligationen auf Grund der eingezogenen Güter
auszugeben, als nötig war, um der Staatskasse 400 Mill. Lire zu verschaffen.
Jene Obligationen waren aber nur tief unter Pari (zu 78 Prozent im Durchschnitt), zu placieren, sie sollten aber bei Präsentation seitens des Käufers eines
Gutes al pari an Zahlungsstatt angenommen und annulliert werden. Bei dem
Ankauf der Güter waren ein Zehntel in bar zu zahlen und der Rest in zehn
Jahresraten mit 6 Prozent Zinsen; wer gleich bar auszahlte, bekam 7 Prozent
Rabatt. Die oben genannten Obligationen sollten bis 1881 getilgt sein und
wurden thatsächlich nur von Personen gekauft, die auf eingezogenes Kirchengut
spekulierten, so dass von den im Nominalbetrag von 500 Mill. Lire kreierten
Obligationen 1867 nur 225 Mill. abgesetzt wurden[1]). Der Verkauf der Güter
selbst wickelte sich ebenfalls über Erwarten langsam ab. Dabei spielten religiöse Bedenken, da das moderne Italien opferwilligen religiösen Fanatismus
kaum mehr kennt, nur die geringste Rolle. Die zu überwindenden Schwierigkeiten waren mehr ökonomischer Natur: es handelt sich bei jenen Gütern
meist um kleine Parzellen. Das grosse Publikum war naturgemäss nicht geneigt, irgendwelchen Bruchteil einer Parzelle Weinberg beispielsweise, irgendwo
zu kaufen, in den Dörfern selbst aber, also in der nächsten Umgebung, waren
bei der Kapitalarmut des Landes Käufer ebenfalls kaum vorhanden.

Während sich also die Operation nur langsam abspielte, liess die durch
die Not der Finanzlage hervorgerufene Ungeduld oft vergessen, dass jeder Markt
und zumal der Immobilienmarkt immer nur eine sehr beschränkte Quantität
von Waren auf einmal absorbieren kann.

Uebrigens hatte die Regierung auch grosse Mühe gehabt, sämtliche nach
dem Gesetz einzuziehende Güter überhaupt aufzufinden: bis heute entdeckt dieselbe von Jahr zu Jahr neue, die bis dahin verborgen gehalten worden waren,
und manche Grundstücke dieser Kategorie, die die Kirche sich beeilte, vor der
Einziehung unter der Hand loszuschlagen, machten dem Angebot des Staates
Konkurrenz.

Was den augenblicklichen Wert und Bestand der Staatsgüter angeht,
so setzen sich dieselben zusammen: a. aus dem alten Staatseigentum, also den
Gütern, die der Staat schon vor dem Jahre 1866 besass, wobei zu unterscheiden
ist zwischen einerseits Staatseigentum, dessen der Staat zur Erfüllung seiner

---

[1]) Ebenso fanden, als man nach 1870 eine zweite Serie derartiger Obligationen von 333 Mill. Lire nominell ausgab, dieselben nur langsam Abnehmer.

alllgemeinen Zwecke bedarf, zu dem die Krongüter etc. hinzutreten, und anderseits den bewirtschafteten Domänen im engeren Sinne. Der Wert der beiden Domänenarten zusammen wird auf 857 Mill. Lire geschätzt. Darunter figurieren die in wirtschaftlichem Betriebe stehenden Domänen mit 139 Mill. Lire. Dieselben rühren meist von vor 1866 eingezogenen Kirchengütern her, und wie ein Teil derselben bereits in Lose geteilt ist, werden dieselben wahrscheinlich demnächst zum Verkauf gelangen. Von solchen Gütern sind im ganzen während der Jahre 1861 bis 1883 nach dem Annuario des Finanzministeriums von 1884 verkauft worden:

Vom Staat direkt (von 1861 an) . . . 12,790 Lose für 90,972,921 L.
Durch eine damit beauftragte Privat-
gesellschaft (von 1865 an) , ... 43,124 , . 239,868,053 ,
Zusammen 55,914 Lose für 330,840,974 L.

Hierunter sind 787 eingezogene Güter, die den Provinzen und Gemeinden unentgeltlich überlassen worden waren, nicht mitgerechnet.

Von dieser ersten Kategorie von Staatseigentum sind b. die nach 1866 infolge des oben angegebenen Gesetzes eingezogenen geistlichen Besitzungen zu unterscheiden; letztere werden von Gesetz und Verwaltung unter dem Namen Asse ecclesiastico [1]), Kirchengüter, zusammengefasst, und wird die Abrechnung über dieselben in besonderer Rechnung ausserhalb des Budgets geführt.

Nach dem offiziellen Annuario von 1884 war die Zahl der geistlichen Korporationen und Anstalten (enti morali ecclesiastici) und der Ertrag ihrer Liegenschaften (beni immobili) nach den am 1. Januar 1883 aufgestellten Berechnungen folgende:

	Zahl der Anstalten:	Betrag der Einkünfte:
Aufgehobene Korporationen und geistl. Orden, Gesetz von 1866	2,183	6.854,813
Nach dem Gesetz von 1867 aufgehobene Anstalten	36,930	8,954,658
Beibehaltene Anstalten, deren Güter konvertiert wurden, Gesetz von 1867	17,366	15,550,406
Zusammen	56,479	31,359,877

Wert dieser 3 Kategorien von Gütern 857,717,312 Lire.

Alle diese Güter wurden, nachdem 56,479 Besitzergreifungen stattgefunden hatten, in Lose eingeteilt, von denen Ende 1882 bereits 140,534 mit einer Gesamtoberfläche von 502,619 ha verkauft waren, so dass also jedes Los eine durchschnittliche Ausdehnung von 5 ha, 31 a, 91 qm hatte. Der Durchschnittspreis des Loses stellte sich auf netto 3350 Lire, derjenige pro Hektar auf netto 685 Lire. Die verkauften Güter waren zu 445,927,980 Lire taxiert gewesen, brachten bei der Versteigerung aber mit 570,600,473 Lire 124,673,000 L. mehr; doch blieben dem Staate von jenen 570 Mill. infolge der vorher besprochenen Abzüge nur rund 470 Mill.

---

[1]) Im sonstigen Italienischen ist das Wort „asse" im vorliegenden Sinne nicht gebräuchlich; Ferrari und Caccia führen dasselbe in ihrem grossen Dictionnaire überhaupt nicht an, wogegen Thomaseo sagt: Asse, per patrimonio è inelegante.

Bezüglich der Verkaufsresultate von 1883 liegen nur summarische Zahlen vor: es sollen aber weitere 3352 ha Güter für 6,818,182 Lire verkauft worden sein [1]), so dass also bis 1884 insgesamt 144,468 ha Güter zu 579,393,989 Lire verkauft worden wären.

Der Verkauf der eingezogenen oder konvertierten Güter läuft unabhängig neben der eigentlichen Liquidation einher. Dieselbe bestand, wie wir vorher anführten, in dem Abzug von 30 Prozent zu Gunsten des Staats und der Eintragung der übrigen 70 Prozent des Wertes (mit Abzügen) zu Gunsten der betreffenden Anstalten in ein Rentenbuch.

Ende des Jahres 1882 hatten schon (oder erst) 42,245 derartige Liquidationen stattgefunden, die sich folgendermassen verteilen:

Anstalten, welche beibehalten wurden:

Erzbistümer und Bistümer, (Güter derselben) 296
Geistliche Seminarien (" ") 318
Domkapitel (" ") 395
Kanonikate und Pfründen der Domkapitel (Güter derselben) 2,544
Kirchspielgüter-Verwaltungen (" ") 18,279
Summa 21,832

Aufgehobene Korporationen und Anstalten.

Religiöse Korporationen (Orden u. s. w.) 1,732
Collegialkirchen u. s. w. 1.464
Andere kirchliche Anstalten 17,217
Summa 20,413

Die Liquidation geht so langsam vor sich, weil der Behörde bei derselben seitens der Kirche überall Schwierigkeiten gemacht werden, ihr viele der Güter, wie wir schon sahen, unbekannt bleiben oder nur schwer erreichbar sind, und darum die notwendigen Feststellungen einerseits zeitraubend sind, anderseits nicht unbedeutende Kosten verursachen.

Der Reingewinn des Staates ist bei der ganzen Massnahme viel kleiner als man von vornherein anzunehmen geneigt ist: nach uns vorliegenden Berechnungen, deren Richtigkeit sich indessen in einzelnen Punkten anzweifeln lässt, hätte die Regierung aus der ganzen Kirchengüteroperation nicht mehr als 382 Mill. Lire Nettoeinnahmen gezogen.

4) Die Eisenbahnen. Die Geschichte der italienischen Eisenbahnen ist ungemein verwickelt; dieselbe mit einiger Ausführlichkeit darzustellen, bedürfte es einer grösseren Specialarbeit. Nacheinander und oft gleichzeitig nebeneinander herrschten die verschiedensten Systeme; schliesslich aber spielten günstige und ungünstige Umstände dem Staate fast alle Bahnen in die Hände. Selbst aber in der Periode, in welcher der Staat beinahe der Schwere seiner übrigen Finanzaufgaben erlag, hatte er immer noch Kraft genug gefunden, auch für

---

[1]) Cf. Seite 83 'der Einleitung des Annuario statistico für 1884. Das Annuario des Finanzministeriums für 1884 führt dagegen S. 63 als im Jahre 1883 verkauft nur 3302 ha zu 6,739,896 Lire auf, wobei 37 exproprierte und 13 aus der Hand verkaufte Grundstücke nicht mitgerechnet sind. In den verschiedenen italienischen Finanzrechnungen finden sich stets derartige Abweichungen, die zu erklären meist sehr schwer, oft unmöglich ist.

den Weiterbau des Eisenbahnnetzes grössere Mittel flüssig zu machen und gleichzeitig mancherlei Lasten, die mit dem Betrieb grosser, zunächst wenig rentabler
Linien verknüpft waren, zu tragen.

Als im Jahre 1884 der neueste, lange in Vorbereitung stehende Vertrag
abgeschlossen wurde, verteilte sich der Besitz des Eisenbahnnetzes also:

Bahnen in Staatsbesitz . . . . 6,097 km
Bahnen, deren Mitbesitzer der Staat war . . . . 418 „
Bahnen in Privatbesitz . . . . 3,152 „
                                   Summa 9,667 km

Nach dem Betriebe verteilen sich die Eisenbahnen folgendermassen:

Staatsbahnen in Staatsbetrieb . . . . 4,568 km
Staatsbahnen in Privatbetrieb . . . . 1,529 „
Privatbahnen in Staatsbetrieb . . . . 873 „
         „   in Privatbetrieb . . . . 2,697 „
                                   Summa 9,667 km
oder Staatsbetrieb . . . . 5,441 km
Privatbetrieb . . . . 4,226 „
                                   Summa 9,667 km

Gleichzeitig waren über 4000 km Staatsbahnen teils in Bau begriffen, teils
deren Bau beschlossen: eine Last, die auch nach der Besserung der Finanzlage
im Verein mit den sich fortwährend steigernden Aufwendungen für das Militärwesen, für das Land so drückend schien, dass der Staat sich entschloss, die
Durchführung der auf dem Gebiete des Eisenbahnwesens liegenden kostspieligen
Aufgabe von sich abzuwälzen, sich gleichzeitig bedeutende Summen ohne neue
eigentliche Anleihe verschaffend. Zu diesem Zweck teilte der Staat das italienische
Staatsbahnnetz in drei Netze und übergab deren Betrieb einer Mittelmeer-, einer
Adriatischen und einer Sizilianischen Eisenbahngesellschaft.

Die einzelnen Bedingungen, unter denen der Betrieb dieser Netze auf
60 Jahre bei einem gegenseitigen Kündigungsrecht nach Ablauf von je 20 Jahren
auf die Gesellschaften überging, können wir in ihrem Detail übergehen, und
haben wir nur hervorzuheben, dass die Bahnen als solche Staatseigentum bleiben,
während die Gesellschaften das vorhandene Betriebsmaterial für 265 Mill., auf
welche Summe der Wert desselben seitens des Staats geschätzt worden war, übernehmen. Gegen Auszahlung dieser 265 Mill. verpflichtete sich der Staat hinwiederum,
den Gesellschaften jährlich eine Entschädigungssumme von 15 Mill. Lire zu zahlen,
wodurch sich bei näherem Zusehen das ganze Geschäft abermals als eine verdeckte Anleihe darstellt. Ebenso ist es evident, dass jene 15 Mill. eine Staatsgarantie bedeuten, wogegen die Gesellschaften allerdings verpflichtet sind, dem
Staate jährliche Abgaben zu entrichten, und zwar erhält der Staat von den
Bruttoeinnahmen in der Höhe, wie sie zur Zeit des Vertragsabschlusses sich ergeben, von dem Tage der Uebergabe der Eisenbahnen an $27^{1}/_{2}$ Prozent, während die
Gesellschaften die restlichen $62^{1}/_{2}$ Prozent, gegenüber den von ihnen zu leistenden
Betriebsausgaben erhalten. Sobald die Einnahmen um 50 Mill. gestiegen sind,
fallen von den betreffenden Summen 16 Prozent einem zu bildenden Reservefonds,
56 Prozent den Gesellschaften und 28 Prozent dem Staate zu, während von allen
weiteren Einnahmeerhöhungen für die Reserven abermals 16 Prozent, für die Gesellschaften 50 Prozent, für den Staat 28 Prozent entfallen und 6 Prozent zur Her-

abminderung der Tarife verwandt werden. Bei den sizilianischen Eisenbahnen sind die dem Staate zufallenden Prozentsätze für denselben etwas weniger günstig.

Die Tarife werden durch Gesetz in ihrer Maximalhöhe bestimmt und kann dieselbe auch nur durch Gesetz verändert werden; die Gesellschaften dürfen jedoch die Tarife unter jener Maximalhöhe so niedrig wie sie wollen in Anwendung bringen, während die Regierung ihrerseits nur befugt ist, einmal vereinbarte Tarife herabzusetzen, wenn sie gleichzeitig die Verpflichtung übernimmt, die Gesellschaften für die dadurch etwa eintretende Einnahmeverminderung zu entschädigen.

Die Gesellschaften haben ferner die Verpflichtung übernommen, die noch zu bauenden 4400 km Sekundärbahnen betriebsfähig herzustellen, von deren Bruttoeinnahmen ebenfalls 10 Prozent einem Reservefonds und die übrigen 90 Prozent dem Staate überwiesen werden, während dieser den Gesellschaften 3000 Lire per Kilometer zahlt und ausserdem an dieselben 50 Prozent von den Bruttoeinnahmen der Kontinentalbahnen und 65 Prozent von denen der sizilianischen Bahnen wieder abführt. Sobald von den neu zu bauenden Sekundärbahnen Strecken von wenigstens 20 km, bei den Kontinentalbahnen wenigstens 15,000 Lire, bei den anderen Bahnen wenigstens 12,000 Lire rein eintragen, werden diese Strecken den Hauptbahnen zugerechnet, so dass dann auch für diese die ersterwähnten Bestimmungen Platz greifen. Endlich sind die Gesellschaften verpflichtet, die projektierten Bahnen nach von der Regierung aufgestellten Plänen auszubauen, doch sind ihnen die gemachten thatsächlichen Ausgaben nach Ablauf der Pachtzeit seitens der Staatskasse zurückzuzahlen.

IV. Budgets und Bilanzen.

Allgemeine Lage.

Bisher haben wir die Hilfsmittel, d. h. die Steuern und Finanzoperationen betrachtet, deren sich die italienische Regierung bediente, um das Gleichgewicht in ihrem Budget herzustellen. Nunmehr erübrigt eine ebenfalls kurze Besprechung der Ausgaben des italienischen Staats, doch müssen wir vor allem von dem Budget als solchem reden, in dem die Einnahmen und Ausgaben zu Ziffern gebracht sind.

Das italienische Budget hat verschiedene Eigenheiten, die es von denen anderer Länder Europas unterscheidet. So gibt es in Italien thatsächlich zwar auch ordentliche und ausserordentliche Budgets, doch erscheinen dieselben nicht so streng getrennt wie z. B. in Frankreich, da die italienischen Staatsmänner von vornherein an dem Princip festhielten, die ausserordentlichen Ausgabenbedürfnisse immer so gering wie möglich hervortreten zu lassen.

In den meisten Ländern werden als „ordentliche", d. h. regelmässig jährlich wiederkehrende Einnahmen die angesehen, welche von Steuern und Abgaben einerseits und aus den Revenüen des Staatsvermögens anderseits erfliessen; dagegen zumal die Resultate der Finanzoperationen (Anleihen und Ausgaben von Papiergeld) als ausserordentliche Einnahmen betrachtet werden. Thatsächlich trat dasselbe Verhältnis auch in Italien ein, doch bestand dort abermals die Tendenz, auch die in den einzelnen Finanzjahren notwendigen Finanzoperationen in ihren Resultaten ins ordentliche Budget zu buchen und nur unvorhergesehene Einnahmen und Ausgaben im „ausserordentlichen Budget" figurieren zu lassen.

Der Mechanismus oder das Schema, dessen man sich zu diesem Zweck bediente und ferner auch mit einigen Vereinfachungen bedienen wird (Gesetz vom 22. April 1869 und vom 8. Juli 1883) tritt hervor in der Einteilung des Budgets in vier Abteilungen:

1) **Effektive Einnahmen und Ausgaben.** Die sogenannten effektiven Einnahmen setzen sich zusammen aus den Erträgnissen der Domänen, der Steuern und sonstiger regelmässiger Beiträge zur Deckung der Staatsbedürfnisse. Diesen stehen die effektiven Ausgaben der Staatsverwaltung, auf deren Unterabteilungen noch zurückzukommen sein wird, gegenüber.

2) **Bewegung der Kapitalien.** In dieser Abteilung figurieren auf der Einnahmenseite die Resultate des Domänen- oder Kirchengüterverkaufs und die Eingänge aus abgeschlossenen Anleihen, auf der Ausgabenseite die Rückzahlungen und Amortisation der Schulden.

3) **Eisenbahnbauten.** Auf der Einnahmenseite dieser Abteilung stehen die Zahlungen, welche der Staat in Eisenbahnangelegenheiten zu erhalten hat, und ebenso die von dem Staat für den Bau der Eisenbahnen ausgegebenen Renten (für den Staat bilden die Renten allerdings eine Ausgabe, für die Eisenbahnkasse aber bildet deren Erlös eine Einnahme). Auf der Ausgabenseite stehen die Eisenbahnausgaben.

4) **Durchlaufende Posten.** Das sind solche Beträge, die zu gleicher Zeit und mit der gleichen Summe bei den Einnahmen und bei den Ausgaben figurieren. Der Staat besitzt z. B. ein Gut, von dem Steuern zu zahlen sind, so dass die betreffende Steuersumme auf einem Blatt als Ausgabe•zu buchen ist, während auf der andern Seite dieselbe Summe für den Staat eine Einnahme bildet. Es handelt sich also bei der Aufstellung dieser Kategorie nur um Rücksicht auf eine geregelte Buchhaltung.

Diesem System ist eine gewisse Undurchsichtigkeit vorzuwerfen, besonders da dasselbe noch durch andere gut gemeinte, vielleicht sogar wohlberechnete Maximen komplizierter wird. Der Finanzminister trägt seinen Budgetentwurf nämlich nicht einmal, sondern zweimal vor, denn es gibt ein provisorisches und ein definitives Budget. Das erstere gelangt etwa 8 Monate vor Beginn des Etatsjahres (seit Juli 1884 läuft das Etatsjahr vom 1. Juli) an die Kammer, die dasselbe bis zu dessen Beginn zu genehmigen hat, während das definitive Budget im zweiten oder dritten Monat des begonnenen Etatsjahres vorgelegt wird. In demselben werden die früheren Zahlen berichtigt und die Ansätze den Ergebnissen der neuesten Erfahrungen angepasst, und dieses Budget wird von den Kammern abermals mit oder ohne Amendements votiert. Diese zweite Vorlage des Budgets hat das Gute an sich, dass infolge derselben weniger Etatsüberschreitungen und weniger ausserordentliche Posten vorkommen, dagegen erschweren die beiden nebeneinander laufenden Budgets den klaren Einblick in die Finanzlage nicht unwesentlich, zumal da ausser dem provisorischen und definitiven Budget = Soll-Einnahmen und Soll-Ausgaben, noch provisorische und definitive Rechnungen = Ist-Einnahmen und -Ausgaben veröffentlicht werden.

Für die Zwecke unserer kurzen Betrachtung ist eine andere in Italien beliebte Zusammenstellung der Zahlen, wenn auch nicht von administrativ technischem, so doch von allgemeinem Interesse, nämlich die Einteilung der Ausgaben in: 1) Unangreifbare Ausgaben (Spese intangibili); 2) Civilverwaltungsausgaben; 3) Militärverwaltungsausgaben. Diese Einteilung bedarf keiner Erklärung, da die Nummer 1 die von keinem Votum der Kammern abhängig zu machenden Ausgaben für Schulden aller Art, dann für die Dotationen, die Civilliste u. s. w. umfasst, deren Begriff sich am besten mit dem entsprechenden französischen Ausdruck dépenses irréductibles (nicht elastische Ausgaben) deckt. Hier mag eine nach den Angaben des Annuario von 1884 (cf. S. 231 ff.) konstruierte, die nuova classificazione berücksichtigende Tabelle folgen. (Wir geben die Zahlen nach Millionen und Hunderttausenden.)

Jahre	Effektive Ausgaben (Abt. 1), ohne Kapitalien (Abt. 2) und durchlaufende Posten (Abt. 4)				Sämtliche Ausgaben, Kapitalien (Abt. 2) und durchlaufende Posten (Abt. 4) mitgerechnet			
	Unangreifbare Ausgaben	Civilverwaltung	Militärverwaltung	Zusammen	Unangreifbare Ausgaben	Civilverwaltung	Militärverwaltung	Zusammen
1861	—	—	—	—	200,8	336,0	275,3	812,1
1870	—	—	—	—	634,9	200,2	186,8	1021,9
1871	565,4	327,6	186,4	1079,4	691,5	396,3	189,9	1277,7
1872	573,1	428,1	191,2	1192,4	726,1	447,7	193,1	1366,9
1873	569,9	410,7	212,5	1193,1	739,9	428,9	215,8	1384,6
1874	572,2	402,6	214,5	1189,3	740,6	426,8	229,3	1396,7
1875	564,4	371,2	209,7	1145,3	784,4	405,4	225,5	1415,5
1876	632,9	347,0	215,8	1195,8	304,6	369,9	228,3	1398,8
1877	678,7	354,4	242,8	1276,0	856,3	365,6	252,0	1473,9
1878	616,9	322,3	251,6	1190,8	784,9	336,2	260,4	1445,1
						63,7a		
1879	608,0	322,3	245,2	1175,5	785,7	330,0	251,6	1408,8
		41,5b				41,5c		
1880	612,7	337,2	244,9	1194,8	751,6	344,9e	251,3	1381,6
		36 d				36,8		
1881	628,8	355,4	271,2	1255,6	773,9	360,1	277,6	1482,5
		70,9 f						
1882	692,3	427,0g	291,8	1371,1[1]	147,4	431,7	288,3	2374,2
		169,7g				169,7h		

a, b, c, d, e, f, g und h geben die Zahlen der Abteilung 3 „Eisenbahnen", für die wir keine besondere Spalte aufgeführt haben und die in der Gesamtsumme bereits enthalten sind; obgleich diese Zahlen gleichzeitig zumeist in die Abteilung der Bewegung der Kapitalien gehören, sind dieselben in der italienischen Druckschrift doch besonders ausgezogen.

Die Zunahme der „unangreifbaren Ausgaben" erklärt sich aus der Notwendigkeit, die gesamte italienische Verwaltung zu reorganisieren, was immer grosse Ausgaben veranlasst; hatte man dann kein Geld, so musste man borgen. Wie aber in der ersten Zeit der Staatskredit ein verhältnismässig geringer war,

---

[1]) Hier ist eine Anleihe von 720 Mill. mit inbegriffen, in welcher 650 Mill. Lire für die Aufhebung des Zwangskurses stecken.

bekam man für 100 Lire nomineller Schuld thatsächlich nur 70 Lire Geld; so wuchsen die Schulden ausserordentlich an und sie wiederum verschlingen grosse Summen für Zinsen und Amortisation.

Die Ausgaben der Civilverwaltung haben weniger schnell zugenommen als in manchen andern Ländern.

Die Ausgaben für die Militärverwaltung nahmen in der ersten Zeit sogar verhältnismässig langsam zu, während man allerdings in der neuesten Zeit das Versäumte thunlichst nachzuholen scheint.

Wenn wir nunmehr die einzelnen Ausgaben etwas näher ansehen wollen, so beginnen wir mit dem Finanzministerium. Dasselbe war im Jahre 1878 in zwei Ministerien geteilt worden: in ein Ministerium der Finanzen und eines des Schatzes. Diese Zweiteilung erwies sich aber als unpraktisch und so wurden die bezüglichen Verwaltungszweige wieder vereint, d. h. in die Hände eines Ministers gelegt, während die beiden Ministerien dem Namen nach fortexistieren. Im Vorübergehen sei bemerkt, dass während der Zweiteilung der Finanzminister nur der allgemeine Steuerempfänger war, wogegen der Schatzminister das Budget aufzustellen, die Schulden und die Staatsgüter zu verwalten, für die Buchhaltung zu sorgen hatte u. dgl. m. Damit gab es also einen Minister der Einnahmen und einen solchen der Ausgaben, was ebenso verkehrt war, wie wenn man bei einer Wage die beiden Schalen trennen wollte. Wie gesagt, wurde der Fehler auch bald eingesehen und thunlichst wieder gut gemacht. — Die direkt vom Finanzministerium effektuierten Ausgaben haben sich in den Jahren 1861—84 verdreifacht: 580 Mill. Zinsen sind jährlich zu zahlen, 68 Mill. an Pensionen und ferner die oben erwähnten Beiträge an die Eisenbahnen.

Das Ausgabenbudget der Justiz und des Kultus hat sich verhältnismässig wenig geändert; es blieb lange Jahre stabil auf 28 – 29 Mill. stehen und erhöhte sich erst im Jahre 1883 infolge der Justizreform auf 33 Mill. Für uns aber hat der dem Justizministerium angehängte Kultusfonds besonderes Interesse. Von diesem war bereits die Rede und müssen wir auch an dieser Stelle, eine eventuelle kurze Wiederholung nicht scheuend, das denselben Betreffende im Zusammenhang rekapitulieren.

Der „Kultusfonds" stammt aus dem Königreich Sardinien, woselbst ihm die Einkünfte der im Jahre 1855 eingezogenen Güter überwiesen worden waren. An Stelle jener Einkünfte selbst hatte bei einem eventuellen Verkauf der betreffenden Güter ein der Verkaufssumme entsprechender Betrag von Staatsrente zu treten und lag dem „Kultusfonds" ob, die versprochenen Entschädigungen und Pensionen gegen seine Einnahmen zur Auszahlung zu bringen. Als dann durch das Gesetz vom 7. Juli 1866 die Güter der Mönchsorden u. s. w. eingezogen worden waren, erhielt der Kultusfonds ebenfalls die Einkünfte aus denselben resp. eine entsprechende Summe an Renten, abzüglich 5 Prozent für Verwaltungskosten und dem Betrag der „Tote-Hand-Steuer", die auf den Gütern gelegen hatte, da die Güter als solche zu Staatsdomänen erklärt wurden. Gegenüber diesen Einnahmen wurden dem Kultusfonds folgende Lasten auferlegt: 1) Hatte er die auf den Gütern haftenden Schulden zu übernehmen, 2) die den Mitgliedern der aufgehobenen Korporationen versprochenen Pensionen auszuzahlen, 3) die dem Staate obliegenden Kultusausgaben zu tragen, 4) den Gemeinden, die unter 800 L. eigene Einnahmen haben, den zugesicherten Staatszuschuss zu überweisen und ausserdem 5) noch gewisse den Provinzen und den Gemeinden zur Last gelegte Kultusausgaben diesen zu vergüten.

Wie wir ebenfalls bereits sahen, blieb man bei dem Gesetz von 1866 nicht stehen und nahm infolge des Gesetzes von 1867 die Einziehung weiterer Kirchengüter vor. Auch die Einkünfte aus diesen Gütern wurden, soweit es sich um Immobilien handelt, dem Kultusfonds übertragen, während die beweglichen Güter einer besonderen Domänenkammer überwiesen wurden, die identisch ist mit der früheren Kirchenkasse. Gleichzeitig entzog der Staat aber dem Kultusfonds 30 Prozent seines Vermögens und bürdete ihm überdies noch verschiedene neue Lasten auf, so dass derselbe mit seinen Einnahmen schliesslich nicht mehr auskam. Die Staatskasse schoss sodann dem Kultusfonds die ihm fehlenden Summen zwar vor, belastete ihn aber für alle derartigen Vorschüsse und verlangte, als dieselben zu einer beträchtlichen Höhe angewachsen waren, Rückzahlung. Die Kultusfondsverwaltung konnte jenem Verlangen nur durch den Verkauf eines Teiles der in ihrem Besitz befindlichen Staatsrente nachkommen. In letzter Zeit hat sich die Lage gebessert und übersteigen die Einnahmen des Kultusfonds heute 29 Mill. Lire, während die Ausgaben unter 27 Mill. Lire bleiben.

Es bleibt nunmehr noch das Verhältnis des Kultusfonds zur Domänenkammer oder Kirchengüterverwaltung anzudeuten: die Kultusfondsverwaltung bestreitet, wie wir oben erwähnten, alle für Kultusangelegenheiten, Pensionen und Entschädigungen nötigen Summen, bezieht dagegen 12 Mill. an Staatsrente, mit denen sie dotiert ist, und die Einkünfte der Güter, die nicht oder vor der Hand nicht verkauft werden sollen, mit weiteren 12½ Mill., und ausserdem noch 3½ Mill. aus verschiedenen Quellen. Die Kirchengüterverwaltung dagegen beschäftigt sich nur mit dem Verkauf der zu Domänen erklärten Güter und auch, aber immer nur mit Rücksicht auf den Verkauf, mit deren Bewirtschaftung.

Die Ausgaben des Ministeriums des Aeussern können wir mit der Bemerkung übergehen, dass die Beziehungen des Landes zum Ausland mit dem Grösserwerden desselben gleichen Schritt gehalten haben. Wie weiter auch Italien der Versuchung nicht hat widerstehen können, Kolonien anzulegen, erklärt es sich, dass die Ausgaben des Ministeriums des Aeussern von 3 Mill. auf 7 Mill. gestiegen sind.

Die Ausgaben des Unterrichtsministeriums haben sich etwa verdoppelt und erreichen jetzt nahezu 31 Mill., eine für das junge und dabei relativ arme Land immerhin bedeutende Summe.

Während in anderen Ländern, z. B. vor allen Dingen in Frankreich, bei den relativ grösseren Ausgaben für den niederen Unterricht politische Rücksichten mitspielen: sowohl die Erinnerung an das alte Wort, dass der preussische Schulmeister die Schlacht von Sadowa gewonnen habe, als zumal der Versuch, die Schule der Kirche zu entfremden, — unterstützt der italienische Staat besonders den höheren und mittleren Unterricht, der in Frankreich verhältnismässig vernachlässigt wird, und überlässt umgekehrt den Volksunterricht in grösserem Masse der Fürsorge der Gemeinden. Gerade aber auf dem Gebiete des Elementarunterrichts wird mit der bisherigen Politik, die die Tendenz hatte, lieber Andere aufzumuntern, als den Staat selbst zu engagieren, zu brechen sein. Auf keinem Gebiet steht Italien weiter hinter anderen Kulturländern zurück und sind somit grössere bezügliche Anstrengungen in Zukunft erforderlich. Denn wenn sich auch die Zahl der Analphabeten in der Periode von 1871/81 um 8 Prozent ver-

ringert hat, so entbehrten 1881 doch noch, selbst nach Abzug der Kinder unter
6 Jahren, 61,94 Prozent der Bevölkerung jeder Schulbildung. Dass aber die
Verhältnisse auch in dieser Beziehung sich schon gegen früher gebessert haben,
beweist, dass unter den Altersklassen von 20—25 Jahren, also denen, die selbst
erst . in den fünf ersten Jahren des Königreichs geboren wurden, nur mehr
55,82 Prozent Analphabeten sind.

Im Jahre 1882 waren 195,782 Kinder in Kleinkinderbewahranstalten untergebracht, gegen 2,757,386 Schüler in Elementarschulen und 77,153 in mittleren
Schulen; 15,554 Studenten besuchten gleichzeitig die Universitäten und weitere
22,163 Schüler die Specialschulen.

Das Ministerium des Innern umfasst die eigentliche Verwaltung, die
Polizei, die Wohlthätigkeitsanstalten, die Gefängnisse, die Sanitätsanstalten. Bei
der Tendenz, die Verwaltungsaufgaben zu decentralisieren, d. h. teilweise auf
die Gemeinden und Provinzen zu übertragen, sind die bezüglichen Staatsausgaben verhältnismässig wenig angewachsen. So figurieren die Ausgaben des
Ministeriums im letzten Budget mit 60 Mill. gegen 59 Mill. im Jahre 1862,
während dieselben in der Zwischenzeit allerdings bis 76 Mill. angewachsen waren.

Das Ministerium der öffentlichen Arbeiten nimmt im Ausgabenbudget
einen grossen Platz ein; ihm sind die Strassen, die Kanäle, die Eisenbahnen und
überdies noch die Posten (Ausgaben über 29 Mill.) und Telegraphen (Ausgaben über
9 Mill.) unterstellt. Der Wirkungskreis dieses Ministeriums hat sich in den letzten
20 Jahren mehreremal verändert, so dass seine Ausgaben ohne ausführliche
Tabellen schwer darzustellen sind. Im Jahre 1865 hatte der Staat z. B. die bis
dahin dem Ministerium unterstellte piemontesische Eisenbahn verkauft, später
sind wiederum die Zinsgarantien für die Eisenbahnen, die bis dahin im Ausgabenbudget des Ministeriums der öffentlichen Arbeiten vorgesehen waren, an das
Finanzministerium übertragen worden u. s. w. Dann spielen vor allen Dingen die
„ausserordentlichen" Ausgaben bei diesem Ministerium eine grosse Rolle, so dass
sich von einem Jahr zum andern grosse Veränderungen zeigen.

Im Augenblick erreichen die Ausgaben des genannten Ministeriums die
Summe von 200 Mill. Lire, von denen 75 Mill. auf ordentliche Ausgaben entfallen.
Summen, die nicht zu hoch sind, wenn man berücksichtigt, dass ausser den
Ausgaben für Posten und Telegraphen auch die für die Landstrassen und Wege
in einer Gesamtlänge von 83,000 km, die Ausgaben für 9000 km schiffbarer
Kanäle und für viele Häfen inbegriffen sind, und ferner grosse Summen für
Meliorationszwecke verwandt werden u. s. w.

Das Ackerbau-, Industrie- und Handelsministerium nimmt das
Budget nur mässig in Anspruch. Dasselbe hat wenig direkte Verwaltungsthätig-
keit, da seine Hauptaufgabe im Studieren, Aufmuntern und Raterteilen besteht.
Als das Finanzministerium in zwei Teile zerlegt wurde, hob man, um die Zahl
der Ministerien als solche nicht zu vermehren, das Ackerbauministerium (1878)
ganz auf. Vielleicht glaubte man durch den zweiten Fehler den ersten neutra-
lisieren zu können, in der Praxis pflegt aber meistens der zweite Fehler den
ersten zu verdoppeln, und so musste das Ackerbauministerium schon im nächsten
Jahre wiederhergestellt werden.

Ein Teil der Meliorationen, z. B. die Bewaldung, untersteht diesem Ministerium, das ungefähr 10 Mill. jährlich in Anspruch nimmt.

Neben den Summen, die die Staatsschulden jährlich verschlingen, sind es
hauptsächlich die für die Landesverteidigung, die schwer auf jedem Budget, so
auch auf dem italienischen, lasten. Die Landesverteidigung ist gewöhnlich zwei
Ministerien, dem des K r i e g e s und dem der M a r i n e, unterstellt. Die Ausgaben für diese beiden Zweige sind aber in Italien, wie auch anderwärts, zum
Teil auch darum so bedeutend, weil vor allem die Ausgaben für das Kriegsmaterial regelmässig wiederkehren und alle Staaten sich in einer Art Wett-
rennen befinden, welcher von ihnen am schnellsten alle möglichen Erfindungen
innerhalb des Kriegswesens für sich nutzbar macht.

Bis jetzt hat Italien verhältnismässig wenig auf dem Altar des Militär-
ehrgeizes geopfert: das Land befand sich in der glücklichen Lage, bald an
Frankreich, bald an Preussen mächtige Alliierte zu finden, die bereit waren,
dasselbe aus schlimmen Situationen zu erretten, so dass vom finanziellen Standpunkt aus — und das ist der unserige — an den bisher von Italien gemachten
Kriegsausgaben wenig zu mäkeln ist.

Das Ausgabenbudget des Kriegsministeriums betrug im Jahr 1870 162 Mill.
und war niemals niedriger als im Jahr 1871 mit 161 Mill.[1]), von jener Zeit an stieg
dasselbe stetig und erreicht jetzt incl. der ausserordentlichen Ausgaben 250 Mill.

Vom M a r i n e m i n i s t e r i u m gilt dasselbe, was wir vom Kriegsministerium
sagten: sein Ausgabenbudget beträgt über 56 Mill., während ihm in früheren
Jahren 10—20 Mill. weniger genügten.

Wie wir gesehen haben, sind die Ausgaben der verschiedenen Zweige der
Staatsthätigkeit zwar fortgewachsen, aber nicht in zu schnellem Tempo, so dass
dieselben mit der Zunahme der Einnahmen gleichen Schritt hatten halten können,
ja sogar öfters Ueberschüsse vorkamen, auf die die Regierung stolz sein kann.
Wir haben darüber bereits einige Zahlen mitgeteilt und können uns also damit
begnügen, hier die Resultate der neueren Jahresrechnung aufzuführen.

		Sämtliche Einnahmen.	Sämtliche Ausgaben.	Differenz.
		Millionen Lire.		
	1873	1,294,9	1,377,3	— 82,4
	1874	1,293,7	1,329,1	— 35,4
	1875	1,413,1	1,391,8	+ 21,2
Bericht	1876	1,429,4	1,436,8	— 7,4
	1877	1,491,7	1,480,7	+ 11,0
der	1878	1,443,0	1,430,8	+ 12,2
	1879	1,470,3	1,428,4	+ 42,5
Ragioneria	1880	1,439,3	1,420.2	+ 19,1
	1881	1,518,5	1,467,6	+ 50,9
Generale.	1882	2,219,9	2,210,4	+ 9,9
	1883	1,563,2	1,563,3	— 0,1
	1884—85	1,562,9	1,555,6	+ 7,3

Im Jahre 1884 fallen für die zu vergleichenden Zahlen sechs Monate aus,
da von nun an das Finanzjahr mit dem 1. Juli beginnt.

Das ganze italienische S t a a t s budget als solches macht einen guten Ein-

---

[1]) Italien kam so zu sagen gratis zu seiner Hauptstadt. Auch der Krieg
von 1866, der Venedig eintrug, hatte nur 446 Mill. gekostet.

druck und ist verhältnismässig nicht gar zu schwer. Der einzelne Staatsbürger
hat jedoch ausser den Staats- auch Provinzial- und Gemeindeabgaben zu
tragen, und diese sind in Italien drückend genug. Wir sahen oben schon, dass
die Staatspolitik, auch um möglichst gute Staatsfinanzen zu erzielen, der Tendenz huldigte, viele Aufgaben und damit viele Ausgaben von sich auf die Provinzen und Gemeinden abzuwälzen. Gleichzeitig scheute man nicht davor zurück, zuweilen an den Einnahmen der Selbstverwaltungskörperschaften zu rütteln
und denselben bald die eine oder die andere Hilfsquelle einfach zu Gunsten der
Staatskasse ganz zu entziehen, oder durch andere zu ersetzen. So haben sich
für die Gemeindeausgaben bisher keine festen Regeln bilden können, solche sind
aber dringend nötig, da die Gemeindebehörden Italiens vielerorts im Ausgeben
und Schuldenmachen ziemlich leichtsinnig zu verfahren pflegen [1]).

Bei der Betrachtung der Steuern sahen wir bereits, dass die Gemeinden
berechtigt sind, auf die staatlichen Konsumsteuern gewisse Zuschlagcentimes
aufzuschlagen und deren Betrag für sich zu nehmen, wie auch gewisse Konsumartikel mit besonderen Steuern zu belegen. Ebenso können die direkten Steuern
seitens der Gemeinden mit Zuschlagcentimes belegt werden. Aber auch hier
sind wie bei den indirekten Steuern Maximalgrenzen festgesetzt, bald engere,
bald weitere, je nach den Umständen. Der Staat aber brauchte stets so viel für
sich, dass er die Konkurrenz der Selbstverwaltungskörperschaften bei der Besteuerung nur ungeduldig ertrug und die Provinzial- und Gemeindeeinnahmen
so niedrig wie möglich zu halten suchte. Wie er nun dabei zuweilen über das
gebührende Mass hinausging, so dass die Gemeinden einfach zahlungsunfähig
wurden, war er als Staat schliesslich doch genötigt, den Gemeinden mit seinen
Mitteln beizuspringen. — Die einzelnen, von dem augenblicklichen Bedürfnis ein-
gegebenen, oft geänderten, hierher gehörenden Verwaltungsbestimmungen zusammenzustellen, wäre, da solchen, wie gesagt, kein festes Princip zu Grunde
liegt, wenn überhaupt möglich, doch zwecklos. So ziehen wir vor, nach den
neuesten Bilanzi comunali per l'anno 1883 (Roma 1885) eine Tabelle der jetzigen
Gemeindeeinkünfte zu geben.

Einnahmen (in Millionen Lire).

I. Ordentliche Einnahmen.

	1883	1875
Aus Gemeindegütern	43,2	40,4
Verschiedene Einnahmen	7,8	6,5
Gemeindeaccise auf Konsumartikel	104,3	85,6
Andere Taxen und Steuern	48,3	35,4
Zuschläge (sovrimposta)	116,9	100,8
Zusammen	320,5	268,7

II. Ausserordentliche Einnahmen.

	1883	1875
a. Anleihen	50,1	38,1
Verkauf von Grundstücken	4,2	5,2
Einnahmen von ausserordentlichen Holzschlägen . .	4,0	5,0
Verschiedenes	7,1	10,6
Zusammen a.	65,4	58,9

---

[1]) Vgl. Finanzarchiv I, 244 ff.

	1883	1875
b. Subsidien oder Beiträge des Staats	8,0	3,7
desgl. der Provinz	2,8	2,0
Verschiedene ausserordentliche Einnahmen	15,7	21,6
Zusammen b.	26,5	27,3
Summa der Abteilungen a. und b.	91,9	86,2
Aktive Rückstände (Guthaben der Kassen)	17,9	18,7
Durchlaufende Posten und besondere Rechnungen . . .	98,0	83,4
Summa der Einnahmen	528,3	455,0

Trotz des oben den italienischen Gemeindebehörden gemachten Vorwurfs zeigen die vorstehenden Zahlen, dass im grossen und ganzen die Gemeindeeinnahmen nicht so schnell zugenommen haben wie anderswo. Aus einer Vergleichung aber der Jahre 1883 und 1875 in ihren einzelnen Posten erhellen die Schwankungen innerhalb des Systems.

Ausgaben (in Millionen Lire).

	1883	1875
Betriebsausgaben für das Gemeindevermögen und Ausgaben für Schulden	101,9	94,5
Gemeindeverwaltungsausgaben	41,6	40,6
Lokalpolizei und Hygiene	56,9	44,1
Oeffentliche Sicherheit und Justiz	9,2	7,9
Oeffentliche Arbeiten	99,7	81,9
Oeffentlicher Unterricht	54,9	38,5
Kultus	4,0	4,5
Wohlthätigkeit	20,0	17,2
Verschiedenes	42,1	42,5
Zusammen	430,3	371,7
Durchlaufende Posten und besondere Rechnungen . . .	98,0	82,9 [1]
Generalsumme	528,3	454,8

Die Provinzial-Einnahmen und -Ausgaben, die in den Etats sich das Gleichgewicht halten, übersteigen gegenwärtig in runder Summe 100 Mill. Lire gleich einer Zunahme seit 1875 (83,4 Mill.) von ca. 20 Prozent.

Die Einnahmen resultieren aus Zuschlägen zu den direkten Steuern, während die Ausgaben im grossen ganzen in ihrer Zweckbestimmung mit den entsprechenden Rubriken der Gemeindeausgaben zusammenfallen.

Um schliesslich die Staatsfinanzlage der allerneuesten Zeit zu charakterisieren, nehmen wir den Voranschlag für 1885/86 (1. Juli bis Ende Juni) zur Hand, das sind die Stati di previsone dell' entrata e della spesa, und geben einen Ueberblick über die dort vorgesehenen Einnahmen und Ausgaben. Dabei erreichen wir den doppelten Zweck: sowohl die einen wie die anderen in ihrem

---

[1] In dieser offiziellen Zusammenstellung figurieren die durchlaufenden Posten bei den Einnahmen mit einer anderen Summe wie bei den Ausgaben, was an und für sich unrichtig und nur aus einer Umrechnung der Zahlen nach anderen Systemen und nach anderen Klassifikationen, die unterdessen beliebt worden wären, zu erklären ist.

organischen Zusammenhang zu zeigen, als auch ein Gesamtbild von dem eigentümlichen Bau des italienischen Budgets vorzuführen. Es handelt sich hier
gleichsam um die Synthese alles dessen, was wir bisher analytisch vortrugen.

Voranschlag der Einnahmen (entrata).

I. Ordentliche Einnahmen 1885/86.

Erste Abteilung:[1])

Erträge der Staatsdomänen . . . . L. 22,880,468.64
    darunter von Domänen im engern Sinne 8 Mill., von
    der Eisenbahn Bologna-Ancona-Ravenna 3,557,758 L.,
    von den verpachteten Kirchengütern 6,270,000 L.
    u. s. w.

Direkte Steuern . . . . L. 393,344,330
    'nämlich: Grundsteuer . . . . . . L. 125,644,330
    Häusersteuer . . . . L. 65,700,000
    Steuern von Mobiliarvermögen (Richeza
    mobile) . . . . L. 202,000,000

Tasse
sugli
affari
    Einnahmen des Finanzministeriums . . . . . L. 165,300,000
      darunter Erbschaftssteuern 31 Mill., Tote-
      handsteuer 6,200,000, Einregistrierung
      55 Mill., Stempeltaxe 56,500,000, Zuschläge,
      Hypothekengebühren etc.
    Eisenbahnsteuern, Einnahmen des Ministeriums
      der öffentlichen Arbeiten . . . . . . L. 18,257,000
    Konsulatsgebühren, Einnahmen des Ministeriums
      des Aeussern . . . . L. 1,000,000

Konsumsteuern . . . . L. 534,209,245
    und zwar: Fabrikationssteuern . . . L. 21,260,000
    Zölle und Schiffahrtsgebühren . . . . L. 173,000,000
    Accise (dazio di consumo) . . . . . L. 80,349,245
    Tabak . . . . L. 175,100,000
    Salz . . . . L. 84,500,000
        Zusammen L. 534,209,245

Verschiedenes (hauptsächlich die Lotterie 72,500,000) . . L. 72,502,000
Erträge verschiedener Dienstzweige . . . . L. 128,251,395
    darunter: Post 41,700,000, Telegraphen 11,208,925, Staats-
    eisenbahnen 59,117,270, Gefängnisse 5,050,000 L. etc.

Rückzahlungen und Beiträge für öffentliche Ausgaben . . L. 29,760,560
Verschiedenes (z. B. Verkauf abgenutzter Gegenstände) . . L. 5,540,600

Vierte Abteilung[1]): Durchlaufende Posten:

Im ganzen . . . . L. 89,763,870.79
    darunter: der Staat an den Staat: Miete 11,591,457,
    Zinsen für die in der Depositenkasse hinterlegten
    Papiere etc.

---

[1]) cf. oben S. 156.

II. Ausserordentliche Einnahmen.

Erste Abteilung:
bestehend aus einer Menge kleiner Posten . . . . L. 10,160,834
Zweite Abteilung: Kapitalienbewegung.
Erlös aus verkauften Gütern . . . . L. 16,959,440
Eingezahlte Rückstände . . . . L. 1,165,687
Verkauf von Kirchengüterobligationen etc. . . . . . . L. 45,650,000
Dritte Abteilung: Eisenbahnbau.
Einzahlung der Beiträge der Gemeinden und Provinzen . L. 5,249,100
Ertrag der zum Zweck des Bahnbaues verkauften Renten . L. 61,500,000
Zurückzahlung vorgeschossener Eisenbahnbaufonds pro memoria.

Uebersichtliche Wiederholung der Einnahmen.
I. Ordentliche Einnahmen.

Erste Abteilung:
Einkünfte von Staatsgütern, Domänen . . . . . . L. 22,880,468.64
Steuern aller Art . . . . L. 1,184,612,575.—
Erträgnisse öffentlicher Dienstzweige (Gebühren u. s. w.) L. 128,251,395.—
Rückzahlungen und Beiträge . . . . L. 19,760,560.—
Verschiedene Einnahmen . . . . L. 5,540,600.—
Zusammen die erste Abteilung L. 1,361,045,598.64
Vierte Abteilung: Durchlaufende Posten . . . . . . L. 89,767,870.79
Summe I der ordentlichen Einnahmen L. 1,450,809,469.43

II. Ausserordentliche Einnahmen.

Erste Abteilung: Effektive Einnahmen . . . . L. 10,160,934.—
Zweite Abteilung: Kapitalienbewegung . . . . L. 63,775,127.—
Dritte Abteilung: Eisenbahnbau . . . . L. 66,749,100.—
Summe II der ausserordentlichen Einnahmen L. 140,685,161.—
Summe I und II zusammen Generalsumme . . . . L. 1,591,494,630.43
Generalsumme ohne die durchlaufenden Posten . . L. 1,501,730,759.64

Bei dieser Zusammenstellung wirkt die Einteilung des Budgets in die vorbesprochenen vier Abteilungen nicht mehr so störend und kann man sich innerhalb derselben verhältnismässig leicht zurechtfinden, vor allem auch die Posten der ordentlichen und ausserordentlichen Einnahmen in den einzelnen Abteilungen zusammenstellen.

Wir gehen nunmehr zu den Ausgaben über und geben die Gesamtzahlen (die ausserordentlichen und ordentlichen Ausgaben zusammen).

Gesamtausgaben (Spese):

	Wirkliche Ausgaben	Kapitalien- bewegung	Eisenbahn- bau	Durchlaufende Posten	Zusammen
Schatzministerium . .	627,808,598.38	31,191,541.62	—	78,790,124.92	737,790.264.92
Finanzministerium . .	175,962,987.09	—	—	1,454,164.26	177,417,151.35
Ministerium der Justiz und des Innern . .	33,759,985.24	—	—	136,377.18	33,896,362.42
— des Aeussern . . .	7,274,770.33	—	—	102,500	7,377,270.33
— d. öffentl. Unterrichts	32,605,628.47	—	—	970,844.45	33,576,373.02
	877,411,969.51	31,191,541.62	—	81,454,010.81	990,057,422.04

	Wirkliche Ausgaben	Kapitalien-bewegung	Eisenbahn-bau	Durchlaufende Posten	Zusammen
Uebertrag:	877,411,969.51	31,191,541.62	—	81,454,010.81	990,057,422.04
Ministerium des Innern	62,975,844.15	—	—	1,264,682	64,240,526.15
— der öffentl. Arbeiten	134,123,046.33	—	66,749,100	435,347.94	201,307,394.27
— des Krieges . . .	210,785,200	—	—	4,258,572.70	215,043,772.70
— der Marine	73,635,061.61	1,000,000	—	2,235,145.51	76,870,207.12
— des Ackerbaus, der Ind. u. des Handels	12,453,000.27	—	—	116,311.73	12,569,312
Summe . . .	1,401,384,121.87	32,191,541.62	66,749,100	89,763,870.79	1,590,088,634.28

Wenn wir nach den vorstehenden Zahlen, die alle den Urquellen entnommen sind, die durchschnittliche Steuerlast eines Italieners berechnen wollen, so haben wir zusammenzurechnen:

den Ertrag der Staatssteuern	1,184.6	Mill.
den Ertrag der Gebühren	128.2	„
die Kommunalsteuern, etwa	277.3	„
die Provinzialsteuern, etwa	80.0	„
zusammen	1,470.1	Mill.

was bei etwas über 28,700,000 Einwohnern 51,2 Lire pro Kopf ausmacht. Rechnet man die Gemeinde- und Provinzialsteuern nicht mit, so reduziert sich die Last auf 45,75 Lire [1]).

Seit einigen Jahren ist die Finanzlage Italiens eine voll befriedigende. Das Land hat sogar die einträgliche aber mit Recht unpopuläre Mahlsteuer aufheben können, ohne das Gleichgewicht innerhalb seines Budgets zu stören und wird man zweifellos in nächster Zeit mehr und mehr die Amortisation der konsolidierten Schulden ins Auge fassen. Vorderhand besteht hierzu allerdings nur erst die gute Absicht, da zunächst andere Finanzreformen zu versuchen sind, wenn deren Schwierigkeit auch keineswegs verkannt werden kann, denn — und das ist nur eine der wünschenswerten Reformen — solange eine Steuer von 13,20, ja sogar von 16 Prozent auf den Staatsrenten ruht, kann der Kurs derselben nicht genügend in die Höhe gehen, um eine Konversion zu ermöglichen: zuweilen sind aber Konversionen das allein anwendbare System der Schuldenlastverminderung.

Ein anderes und in jeder Hinsicht gutes Mittel, welches die Länder die drückende Bürde der Schuldenverzinsung leichter tragen hilft, ist in der Bereicherung des Landes durch Stärkung und Erhöhung seiner Erwerbsfähigkeit zu finden. Darauf aber hat die Regierung nur sekundären Einfluss, die Hauptsache liegt bei dem Volke selbst. Viele Zeichen sind aber gerade in Italien findbar, welche darauf schliessen lassen, dass das italienische Volk die richtigen Wege dazu erkannt hat und auf demselben voranzuschreiten in jeder Weise sich müht.

Die Verschmelzung des Landes zur Einheit war ein mächtiger Hebel für die Erhöhung der wirtschaftlichen Kräfte und wirkte für Italien ähnlich, wie früher das Verschmelzen der deutschen Partikularstaaten zum Zollverein. Die mächtigen Kräfte, die im Boden Italiens unter dem Druck der Misswirtschaft und der durch sie hervorgerufenen Apathie des Volkes jahrhundertelang müssig

---

[1]) Eine Detaillierung der Ausgaben des italienischen Staats im Vergleich mit denen anderer Staaten siehe im Finanzarchiv II, 847 ff.

geschlummert hatten, feiern heute ein Wiederauferstehungsfest, — aus Sümpfen, die sich über ehemals blühende Gärten gelagert haben, entquillt neues Leben, — der Gewerbfleiss regt sich allerorts mächtig und sucht das Land unabhängig zu machen von dem Import fremdländischer Industrie. Ein immer dichter werdendes Eisenbahnnetz erleichtert den Verkehr, die Bildung nimmt zu, mit der erstärkenden Kapitalkraft Hand in Hand geht ein erleichtertes Kreditwesen, — kurz, wo der Blick auch hinfällt, begegnet er zunehmendem Wohlbefinden.

Freilich, wo viel Licht, ist auch viel Schatten! Der gesunde Sinn aber des Volks, der sich gerade in den letzten 25 Jahren seiner Geschichte so oft bewährt hat, wird auch die Krankheiten am socialen Körper, die bei allen grossen Umwälzungen unvermeidlich sind, zu überwinden verstehen, und ist alle Hoffnung vorhanden, dass ebenso wie die politische Gesundung des Staats, so auch die ökonomische sich ohne zerstörende Explosionen wird vollziehen können.

———

Im Augenblick der Drucklegung vorstehender Skizze legte der Finanz-minister Magliani der italienischen Deputiertenkammer unter dem 24. Jan. 1886 ein Exposé über die Finanzlage vor, das dieselbe in glänzendstem Lichte erscheinen lässt.

Der Minister zeigt in jenem Exposé, dass die Istrechnung pro 1884/85 gegen den Voranschlag einen Ueberschuss von 37 Millionen erweise, so dass von der Flüssigmachung der von dem Parlament bewilligten ausserordentlichen Mittel (trotz 14 Millionen ausserordentliche Ausgaben im Gefolge der Cholera) hätte Abstand genommen werden können. Die schwebende Schuld habe gleichzeitig um 36 Millionen abgenommen und das Conto der Abteilung 2 des Budget (cf. S. 156) sich um 40 Millionen gebessert.

Das Budget von 1885/86 anlangend, will · der Minister 40 Millionen ausserordentliche Ausgaben aus den bereits votirten Mitteln decken.

In dem Voranschlag für 1886/87 seien die Einnahmen, bei einer Verminderung der bisherigen ordentlichen Ausgaben um 9 Millionen, um 46 Millionen höher anzusetzen, wogegen 12 Millionen neue ordentliche Ausgaben erscheinen würden, denen gegenüber von den ausserordentlichen Ausgaben 15 Millionen fortfielen. — (Dabei hat der Minister die mutmassliche Wirkung der jüngsten Steuerreform absichtlich nicht mit in Anrechnung gebracht, die voraussichtlich bis zu dem Rechnungsjahr 1888/89 eine graduelle Vermehrung der Einnahmen um 64 1/2 Millionen erzielen wird.

Neue Anleihen scheinen für die Zukunft ausgeschlossen, im Gegenteil werde der Minister neben der S. 147 oben bereits erwähnten Bankgesetzvorlage die Errichtung eines autonomen Instituts zur permanenten Amortisation der Staatsschulden beantragen.

Finanzgesetzgebung.

Das preuss. Kommunalsteuer-Notgesetz vom 27. Juli 1885

Von

L. Herrfurth,

Unterstaatssekretär im Ministerium des Innern.

Einleitung.

Die Entstehung und Bedeutung des Kommunalsteuer-Notgesetzes vom 27. Juli 1885.

Die Verhandlungen, welche in Preussen seit etwa 15 Jahren über eine anderweite Regelung des Gemeindeabgabenwesens, namentlich über die wichtigste und zugleich bestrittenste Frage auf diesem Gebiete, über die kommunale Einkommensbesteuerung des Fiskus, der juristischen Personen, der Aktiengesellschaften und sonstigen Erwerbsgesellschaften im Schosse der Staatsregierung und der Landesvertretung geschwebt haben, sind durch das Gesetz, betreffend Ergänzung und Abänderung einiger Bestimmungen über Erhebung der auf das Einkommen gelegten direkten Kommunalabgaben vom 27. Juli 1885 (Gesetzsammlung S. 327—332 Nr. 9089) zu einem allerdings nur provisorischen Abschluss gebracht worden. Dass dieses Gesetz zunächst nur ein Provisorium zu schaffen bestimmt ist, hat nicht nur in den Motiven desselben und in den legislativen Verhandlungen über dessen Erlass Ausdruck gefunden, sondern wird auch gewissermassen in solenner Form in dem Texte des Gesetzes selbst (im Absatz 2 des § 1) noch besonders hervorgehoben. Dieser provisorische Charakter des Gesetzes ist auch der Grund, weshalb dasselbe als das Kommunalsteuer-Notgesetz bezeichnet wird.

Wenn aber ein alter Spruch sagt, es sei nichts so definitiv, wie ein Provisorium, so wird sich derselbe voraussichtlich auch in diesem Falle bewahrheiten. Denn der Erlass eines umfassenden definitiven Gemeindeabgabengesetzes wird wegen der mit dieser Rechtsmaterie verbundenen inneren Schwierigkeiten, namentlich aber wegen des Zusammenhangs derselben mit der gesamten im Flusse befindlichen Reform des Staats- und Reichssteuerwesens, in absehbarer Zeit kaum erfolgen.

Die Entstehung dieses Kommunalsteuer-Notgesetzes vom 27. Juli 1885 ist eine sehr eigentümliche; dasselbe beruht nämlich nicht auf der unmittelbaren Initiative der Staatsregierung, sondern findet seinen Ursprung in einem aus der Mitte der Landesvertretung hervorgegangenen Antrage, welcher von den Abgeordneten Freiherrn v. Huene und Lieber mit der Unterstützung der Centrumsfraktion bei dem Beginn der III. Session der 15. Legislaturperiode (Drucksachen des Abgeordnetenhauses Nr. 13) eingebracht wurde. Allein diese Initiative des Abgeordnetenhauses ist nur eine scheinbare, — in That und Wahrheit lag hier nur eine Reaktivierung einer Regierungsvorlage vor, und etwas anderes war auch von dem Antragsteller ausgesprochenermassen nicht beabsichtigt; — sein Vorgehen ist wesentlich verschieden von der selbständigen Initiative, auf welcher das Gesetz, betreffend die Ueberweisung von Beträgen, welche aus landwirtschaftlichen Zöllen eingehen, an die Kommunalverbände vom 14. Mai 1885 (vgl. Finanzarchiv II, S. 1104 fg.) beruht, weshalb auch nur das letztere, dagegen nicht das Kommunalsteuer-Notgesetz als „lex Huene" bezeichnet zu werden pflegt.

Das Bedürfnis einer einheitlichen und gleichmässigen Regelung des Gemeindeabgabenwesens und die Beseitigung der auf diesem Gebiete hervorgetretenen Kontroversen ist in Preussen bereits seit einer Reihe von Jahren fühlbar gewesen und hat sich je länger je mehr als unabweisbar geltend gemacht. Schon in den Jahren 1871/74 wurden von einzelnen Abgeordneten (v. Eynern und Hagen) Gesetzentwürfe als Initiativanträge eingebracht, welche die Heranziehung der juristischen Personen und Erwerbsgesellschaften, sowie der Beamten zu den Gemeindeabgaben zu regeln und dadurch einige der grössten auf diesem Gebiete hervorgetretenen Uebelstände zu beseitigen bestimmt waren. Nachdem diesen Anträgen eine weitere Folge nicht gegeben worden war, wurde im Jahre 1875 bei Gelegenheit der Beratung der Provinzialordnung von der Landesvertretung an die Staatsregierung die feierliche Aufforderung gerichtet, dem Landtage einen Gesetzentwurf über die Kommunalbesteuerung vorzulegen. Die Staatsregierung hat sich dieser Aufforderung auch nicht entzogen und wenn dennoch volle zehn Jahre verflossen sind, bevor der Torso eines solchen Gesetzes in der Gesetzsammlung publiziert werden konnte, so hat dies, wenigstens teilweise, seinen Grund in dem Umstande, dass anfangs die Staatsregierung sich das Ziel weiter gesteckt hatte, als dies — wenigstens bei der jetzigen Lage der Gesetzgebung auf dem Gebiete des Steuerwesens im Staate und im Reiche — erreichbar erscheint. Während nämlich die Staatsregierung im Jahre 1872 die Absicht ausgesprochen hatte, zunächst in einem Spezialgesetze die Frage wegen der Kommunalbesteuerung der Forensen und juristischen Personen zum Austrage zu bringen, gelangte sie bei der infolge der Resolution von 1875 veranlassten erneuten Prüfung zu der Auffassung, dass es nicht geraten sei, diesen Punkt für sich allein herauszugreifen und es den Vorzug verdiene, denselben im Zusammenhange mit der Reform der gesamten Kommunalbesteuerung zu regeln. Demgemäss wurde zuerst in dem Jahre 1877 und demnächst in den beiden folgenden Jahren dem Hause der Abgeordneten umfassende Gesetzentwürfe über die Aufbringung der Gemeindeabgaben zum Zweck einheitlicher und gleichmässiger Regelung des gesamten Gemeindeabgabenwesens vorgelegt, welche — auf dem Zuschlagssystem beruhend — die Fragen der obligatorischen und fakultativen Belastung der einzelnen Staatssteuern mit Zuschlägen, die Einführung besonders direkter und indirekter Kommunal-, Real- und Personalabgaben, die Modalitäten der subjektiven und objektiven Steuerpflicht, namentlich auch der juristischen Personen, des Fiskus, der Erwerbsgesellschaften und Forensen, den Beginn und das Erlöschen dieser Steuerpflicht, das Einspruchsverfahren etc. zu lösen bestimmt waren. Diese Entwürfe fanden zwar im Abgeordnetenhause eine wohlwollende Aufnahme, sie gelangten jedoch in diesen drei Jahren niemals über das erste Stadium der Kommissionsberatung hinaus, eine definitive Beschlussnahme des Hauses der Abgeordneten über dieselben, bezw. über die Anträge der Kommission hat nicht stattgefunden, und das Herrenhaus hat mit denselben sich zu beschäftigen überhaupt keine Gelegenheit gehabt. Diese Gesetze und deren Motive, sowie die von dem Abgeordneten Dr. Meyer (Breslau) ausgearbeiteten ausführlichen Kommissionsberichte bieten ein sehr wertvolles Material zur Beurteilung der auf dem Gebiete des Gemeindeabgabenwesens massgebenden Fragen; dasselbe ist jedoch eben nur „schätzbares Material" geblieben. Denn noch während der Verhandlungen über die bezeichneten Gesetzentwürfe gelangte die Frage einer Reform der Staatssteuergesetzgebung in Fluss. Die Aufhebung der untersten Klassensteuerstufen, die Abänderung der bisherigen Skala, die Verschmelzung der Klassen- und klassifizierten Einkommensteuer zu einer einheitlichen Einkommensteuer, die Einführung einer Kapitalrentensteuer etc. wurden auf das offizielle Programm der Staatsregierung gesetzt und wenigstens zum Teil auch durchgeführt. Damit entfiel aber die Möglichkeit, gleichzeitig über ein an das Staatssteuersystem sich anschliessendes Kommunalabgabengesetz zu verhandeln, und die Frage einer durchgreifenden Regelung des gesamten Gemeindeabgabenwesens musste naturgemäss versumpfen. Anderseits machte sich — namentlich infolge der Verstaatlichung der Eisenbahnunternehmungen — das Bedürfnis einer Regelung der Frage der Kommunaleinkommensteuerpflicht des Fiskus, der juristischen Personen und Erwerbsgesellschaften, vorzugsweise im Interesse der Landgemeinden, denen — abgesehen von den beiden westlichen Provinzen — ein entsprechendes Besteuerungsrecht zur Zeit überhaupt nicht zusteht, immer dringender geltend.

Dies veranlasste im Jahre 1882 die Abgeordneten Stengel (für die östlichen Provinzen und die Provinz Schleswig-Holstein), Bork (für die Provinz Hessen-Nassau), und Grumbrecht (für die Provinz Hannover), diese Fragen teils in Form aphoristischer Notgesetzparagraphen, teils in Form einer Resolution von neuem in Anregung zu bringen und als sich die Vorlage eines solchen Gesetzentwurfs verzögerte, im Jahre 1883 hierüber eine Interpellation an die Staatsregierung zu richten. Die letztere erklärte sich unterm 13. Dezember 1883 bereit, „diejenigen Teile des Kommunalbesteuerungsgebiets, welche den Gegenstand der Interpellation bildeten, in ein besonderes transitorisches Notgesetz zu vereinigen und dies so rasch wie möglich dem Hause der Abgeordneten vorzulegen". Sie erfüllte dies Versprechen nach wenigen Wochen, indem sie unterm 18. Februar 1884 (Drucksachen des Abgeordnetenhauses, Session 1883/84) einen Gesetzentwurf vorlegte, welcher nicht nur in seiner Ueberschrift, sondern in allen wesentlichen Teilen des materiellen Inhalts mit dem jetzt publizierten Kommunalsteuer-Notgesetze vom 27. Juli 1885 identisch ist. — Es war jedoch dem Schifflein keineswegs bestimmt, ohne weitere Fährlichkeiten in den Hafen einzulaufen. Im Abgeordnetenhause wurde der Gesetzentwurf einer Kommission überwiesen, welche in 18 Sitzungen eine Reihe von Abänderungen und namentlich von Zusätzen von weittragender Bedeutung beschloss und das Plenum des Hauses, für dessen Verhandlungen wiederum mehr als ein Dutzend Abänderungsanträge gestellt wurden, beschäftigte sich in sieben Sitzungen mit diesem Gesetzentwurfe. Das Herrenhaus behandelte denselben jedoch dilatorisch; der

von der Kommission dieses Hauses in mündlicher Berichterstattung auf unveränderte Annahme des Gesetzentwurfs gestellte Antrag wurde weder angenommen
noch abgelehnt, sondern, namentlich auf Betreiben der Oberbürgermeister rhei-
nischer Städte, welche infolge der Vorschriften über die Verteilung des steuerpflichtigen Rein-Einkommens der Eisenbahnunternehmungen auf die steuerberechtigten Gemeinden eine Verkürzung der ihnen bisher aus diesen Quellen reichlich
zufliessenden Einnahmen befürchteten, durch Beschluss vom 17. Mai 1884 „zur
schriftlichen Berichterstattung an die Kommission zurückgewiesen", was, da die
Schliessung der Landtagssession für den folgenden Tag feststand, einem stillen
Begräbnis gleichkam.

In der folgenden Session nahm die Staatsregierung eine **abwartende
Stellung** ein; sie legte diesen Gesetzentwurf nicht selbst wieder vor, sondern
erklärte, mit „der Ausarbeitung eines umfassenden, auf veränderter Grundlage
aufzustellenden Gesetzentwurfs über die Aufbringung der Abgaben der Gemeinden
und weiteren Kommunalverbände beschäftigt zu sein, welchem durch die Bestimmungen des Kommunalsteuer-Notgesetzes in nicht unbedenklicher Weise
präjudiziert werden würde". Diese Sachlage veranlasste die Abgeordneten Freiherrn v. Huene und Lieber zu dem obenbezeichneten Initiativantrag, welcher
den Gesetzentwurf von 1884 wörtlich in der Fassung, in welcher er nach den
in der vorigen Session in dritter Beratung gefassten Beschlüssen des Abgeordnetenhauses dem Herrenhause vorgelegt worden war, reproduzierte. Mit grösster
Beschleunigung wurde dieser am 15. Januar 1885 eingebrachte Gesetzentwurf
ohne vorgängige Kommissionsberatung in allen drei Lesungen in den Sitzungen
vom 28. und 30. Januar 1885 vom Abgeordnetenhause angenommen, so dass
nunmehr das Schwergewicht der Beratung in das Herrenhaus verlegt wurde.
Die Staatsregierung verhielt sich keineswegs prinzipiell abwehrend, verlangte
jedoch die Beseitigung einer Reihe von Abänderungen und Zusätzen, mit welchen
der Gesetzentwurf in der Beratung des Abgeordnetenhauses vom Jahre 1884
beschwert worden war. Geleitet von dem Wunsche, das Gesetz, welches einem
dringenden Bedürfnisse Abhilfe zu schaffen bestimmt war, möglichst bald zum
Abschlusse zu bringen, wurde allen desfallsigen Anforderungen der Staatsregierung sowohl von der Kommission als vom Plenum des Herrenhauses — von
letzterem in den Sitzungen vom 27. und 28. Februar 1885 — entsprochen, und
demnächst auch der purifizierte Gesetzentwurf in der Sitzung des Abgeordnetenhauses vom 24. März 1885 unverändert angenommen. Die Allerhöchste Sanktion
desselben ist unterm 27. Juli 1885 erfolgt, und das Gesetz demnächst in Nr. 33
der Gesetzsammlung für die königlich preussischen Staaten auf Seite 327 ff.
publiziert worden.

Was die Bedeutung und den Wert dieses Kommunalsteuer-Notgesetzes und dessen praktische Tragweite anbelangt, so werden unten
bei den einzelnen Paragraphen die Abänderungen, welche durch dieselben in
dem bisherigen Rechtszustande herbeigeführt werden, speziell hervorgehoben
und gewürdigt werden. — Was dagegen die Bedeutung des Gesetzes im ganzen
anlangt, so macht sich dieselbe nach **zwei Richtungen** hin, nach der **finanziellen** und nach der **verwaltungsrechtlichen**, geltend.

Was zunächst die finanzielle Bedeutung des Kommunalsteuer-
Notgesetzes anlangt, so wird durch dasselbe den Gemeinden eine Reihe neuer
Steuerquellen eröffnet, deren Ertrag in den bezüglichen Verhandlungen — an-
scheinend viel zu niedrig — auf jährlich 2 Mill. M. angenommen worden ist.
Dieser Erfolg wird erreicht einesteils durch eine Ausdehnung der Zahl der
steuerberechtigten Gemeinden, andernteils durch eine Ausdehnung der
Zahl der steuerpflichtigen Erwerbsgesellschaften.

Der Vorteil einer Ausdehnung der Zahl der steuerberechtigten
Gemeinden kommt wesentlich den Landgemeinden zu gute; bisher waren
nur 4665 Landgemeinden (in der Provinz Westfalen und der Rheinprovinz) zur
Erhebung von Gemeindeeinkommensteuer von juristischen Personen, Aktiengesellschaften und Berggewerkschaften des neueren Rechts befugt, in Zukunft
erhalten 37,356 Landgemeinden diese Befugnis und zwar in erweitertem Umfange. Bei den Städten ist dagegen diese Steigerung (von 1238 auf 1282) viel
weniger erheblich, weil dieselben — mit Ausnahme der Städte im Regierungsbezirk Wiesbaden, und in gewisser Beschränkung in der Provinz Hannover —
diese Befugnis schon jetzt besitzen (s. unten zu § 1). Der Vorteil einer Ausdehnung der Zahl der steuerpflichtigen Erwerbsgesellschaften,
welche die Berggewerkschaften des älteren Rechts, die Kommanditgesellschaften
auf Aktien und diejenigen eingetragenen Genossenschaften, deren Geschäftsbetrieb über den Kreis ihrer Mitglieder hinausgeht, umfasst, kommt den einzelnen Landesteilen und in denselben den Stadt- und Landgemeinden in thesi
gleichmässig zu gute, wenngleich sich faktisch die Verhältnisse je nach dem
Umfange des Bergbau- und Gewerbebetriebs in den einzelnen Gemeinden verschieden gestalten werden. — Wie erheblich die einzelnen Gemeinden hieraus
zufliessenden Vorteile sein werden, möge das Beispiel der Stadt Berlin bekunden,
welche bei Erhebung eines Gemeindeeinkommensteuerzuschlags von 100 Prozent
der Staats-, Klassen- und klassifizierten Einkommensteuer allein von den dort-
selbst domizilierten sieben Kommanditgesellschaften auf Aktien eine Jahressteuer
von ca. 330,000 M. erhalten wird.

Diesen Mehreinnahmen der Gemeinden entsprechen in vollem Umfange die Mehrausgaben, welche infolge des Kommunalsteuer-Notgesetzes
einerseits dem Fiskus, namentlich der Staatseisenbahnverwaltung, anderseits den
Aktiengesellschaften, Kommanditgesellschaften auf Aktien, Berggewerkschaften
und eingetragenen Genossenschaften erwachsen werden. Diese Erwerbsgesellschaften werden hierdurch um so empfindlicher getroffen, als die berechtigte
Erwartung derselben, dass durch die Einführung eines Abzugsrechts der Aktionäre, Kommanditisten, Gewerken und Genossen die zweifellose Doppelbesteuerung, welche für dieselben durch die gleichzeitige Besteuerung der Aktiengesellschaften, Kommanditgesellschaften auf Aktien, Berggewerkschaften und eingetragenen Genossenschaften entstehen wird, Abhilfe finden werde, sich nicht
realisiert hat (s. unten Anhang).

In finanzieller Hinsicht ist ferner noch die Verschiebung hervorzuheben, welche infolge der Vorschriften in §§ 4—7 in der Verteilung der von
den Staats- und Privateisenbahnen, sowie von Fabriken und industriellen Etablissements zu zahlenden Kommunalabgaben auf die einzelnen steuerberechtigten
Gemeinden eintreten wird (s. unten § 7). Diese Verschiebung lässt sich kurz

dahin charakterisieren, dass bei der Verteilung der Reinerträge der Eisenbahn-, Fabrik- etc. Unternehmungen auf die steuerberechtigten Gemeinden, welche bisher nach dem Prinzipe der Leistungsfähigkeit (nämlich nach der Bruttoeinnahme) erfolgte, in Zukunft das Prinzip von Leistung und Gegenleistung (nämlich die Verteilung nach den Ausgaben an Gehältern und Löhnen) treten soll. Die praktische Tragweite dieser Aenderung lässt sich ungeachtet der vielfachen hierüber angestellten Berechnungen nicht mit Bestimmtheit übersehen; sie enthält ausgesprochenermassen einen „Sprung ins Dunkle", von dem nur vermutet wird, dass er zu einer Benachteiligung des Westens zu Gunsten des Ostens der Monarchie führen werde.

Der Wert und die Bedeutung des Kommunalsteuer-Notgesetzes liegt jedoch nicht nur auf finanziellem, sondern ebensosehr — vielleicht noch in höherem Grade — auf verwaltungsrechtlichem Gebiete. Durch dieses Gesetz ist einerseits eine Reihe der bestrittensten, zu zahllosen Kontroversen führenden Fragen des Gemeindeabgabenwesens in einer den Bedürfnissen der Gemeinden und der staatlichen Verwaltung entsprechenden Weise definitiv geregelt. Anderseits wird durch dieses Gesetz für das kommunale Besteuerungsrecht, welches jetzt vorzugsweise auf der Praxis der Verwaltungsbehörden und auf dem „Reskriptenrecht" beruht, eine feste Grundlage geschaffen, welche geeignet sein wird, die zahllosen Kommunalsteuerreklamationen und Rekurse wesentlich zu vermindern, namentlich wenn erst etwa sich vorfindende Lücken noch durch die Rechtsprechung des Oberverwaltungsgerichts ausgefüllt worden sein werden.

Man wird deshalb kaum fehlgreifen, wenn man sagt, dass, abgesehen von der allerdings nicht unzweifelhaften Bestimmung des § 7 über den Verteilungsmassstab der Reinerträge der über mehrere Gemeindebezirke sich erstreckenden Eisenbahn- und Fabrikunternehmungen, das Kommunalsteuer-Notgesetz zum grossen Teile das leistet, was von einem definitiven Kommunalsteuergesetz erwartet werden kann, und dass die Einwendungen, welche gegen die hierdurch getroffene Regelung mit Recht erhoben werden können, sich nicht auf dasjenige, was das Gesetz vom 27. Juli 1885 enthält, sondern auf das, was in demselben weggelassen worden ist, beziehen können.

Gesetz,
betreffend Ergänzung und Abänderung einiger Bestimmungen über Erhebung der auf das Einkommen gelegten direkten Kommunalabgaben vom 27. Juli 1885.

Wir Wilhelm, von Gottes Gnaden König von Preussen etc. verordnen für den Umfang der Monarchie, mit Ausschluss der Hohenzollernschen Lande, unter Zustimmung beider Häuser des Landtages, was folgt:

A. Gemeindebesteuerung des Einkommens der juristischen Personen etc. und Forensen.

§ 1.

Aktiengesellschaften, Kommanditgesellschaften auf Aktien, Berggewerkschaften, eingetragene Genossenschaften, deren Geschäftsbetrieb über den Kreis

---

Zur Ueberschrift und Einleitung. Das Gesetz vom 27. Juli 1885, welches, wie oben erwähnt, keine systematische Regelung des gesamten Gemeindeabgabenwesens, sondern nur eine mechanisch aneinander gereihte Anzahl von Einzelvorschriften enthält, umfasst vier Abschnitte: A. Gemeindebesteuerung der juristischen Personen etc. und Forensen (§§ 1—6), B. Vermeidung der Doppelbesteuerung (§§ 7—11), C. Steuerdomizil der Beamten (§ 12) und D. Allgemeine Bestimmungen (§§ 13—15).

Die Architektonik des Gesetzes baut sich in der Art auf, dass die Fragen: 1) welche juristischen Personen, Erwerbsgesellschaften und Forensen sind gemeindeeinkommensteuerpflichtig? in § 1, 2) wo ist die Gemeindeeinkommensteuerpflicht begründet? in § 2, 3) wie ist das gemeindeeinkommensteuerpflichtige Rein-Einkommen zu berechnen? und zwar: a. im allgemeinen? in § 3, b. im besondern: bei Privateisenbahnunternehmungen? in § 4, bei Staatseisenbahnen? in § 5, bei Staatsdomänen und Forsten? in § 6, 4) wie ist das steuerpflichtige Rein-Einkommen auf mehrere steuerberechtigte Gemeinden zu verteilen? in §§ 7 und 8, 5) wie ist eine Doppelbesteuerung zu vermeiden? und zwar a. bei Forensen? in § 9 und 10, b. bei Personen mit mehrfachem Domizil? in § 11 beantwortet und noch einige Bestimmungen über das domicilium necessarium der Beamten in § 12, über die Veranlagung zu den Kreis- und Provinzialabgaben in § 13, und über die Ein- und Ausführung des Gesetzes in §§ 14 und 15 beigefügt werden.

Zu § 1 Absatz 1. Nach den bis zum 1. April 1886 in Geltung stehenden Vorschriften, welche nicht in ein kodifiziertes Gesetz zusammengefasst sind, sondern in 20 verschiedenen Gemeindeverfassungsgesetzen zerstreut sich vorfinden, sind gemeindeeinkommensteuerpflichtig: 1) nur juristische Personen, denen in der Praxis der Verwaltungsbehörden — zum Teil im Widerspruch mit der Auffassung neuerer Rechtslehrer — auch Aktiengesellschaften und Berggewerkschaften des neuern Rechts zugerechnet wurden, und zwar 2) nur in den Landgemeinden der Provinzen Westfalen und Rheinland, und in den Stadtgemeinden der alten Provinzen, der Provinz Schleswig-Holstein und des Regierungsbezirks Kassel, ferner in der Stadt Frankfurt a. M. und teilweise — nämlich gewerbliche Gesellschaften mit juristischer Persönlichkeit — in der Provinz Hannover, und zwar 3) nur hinsichtlich ihres Einkommens aus stehendem Gewerbebetrieb, nicht auch hinsichtlich des Einkommens aus Kapitalvermögen.

Das Gesetz vom 27. Juli 1885 enthält eine erhebliche Erweiterung der Steuerpflicht zu 1 und 2, dagegen zu 3 nur eine Deklaration derselben. Zu 1) Ausser den juristischen Personen und Aktiengesellschaften werden ihrer Mitglieder hinausgeht, und juristische Personen, insbesondere auch Gemeinden und weitere Kommunalverbände, unterliegen in Gemeinden, in welchen sie Grundbesitz, gewerbliche Anlagen, Eisenbahnen oder Bergwerke haben, Pachtungen, stehende Gewerbe, Eisenbahnen oder Bergbau betreiben, hinsichtlich des ihnen aus diesen Quellen in der Gemeinde zufliessenden Einkommens den auf das Einkommen gelegten Gemeindeabgaben. Als Besitzer von Eisenbahnen gelten diejenigen Eisenbahnaktiengesellschaften nicht, die ihr Unternehmen dem Staate gegen eine unmittelbar an die Aktionäre zu zahlende Rente übertragen haben.

Bis zur anderweiten Regelung der Heranziehung des Staatsfiskus zu den auf das Einkommen gelegten Gemeindeabgaben in Verbindung mit der Ueber-

in § 1 alle Berggewerkschaften, auch die des älteren Rechts, alle Kommanditgesellschaften auf Aktien und diejenigen eingetragenen Genossenschaften, deren Geschäftsbetrieb über den Kreis ihrer Mitglieder hinausgeht, für gemeindeeinkommensteuerpflichtig erklärt. Aktiengesellschaften und Berggewerkschaften werden, ebenso wie in § 14 der Kreisordnung vom 13. Dezember 1872, neben den juristischen Personen ausdrücklich aufgeführt, ihnen daher, entsprechend der Auffassung neuerer Rechtslehrer, die Eigenschaft der letzteren abgesprochen. Zu 2) Der geographische Bezirk der Gemeindeeinkommensteuerpflicht der juristischen Personen und Erwerbsgesellschaften wird durch die Einleitung auf den ganzen Umfang der Monarchie mit alleiniger Ausnahme der Hohenzollernschen Lande ausgedehnt; jedoch tritt diese Steuerpflicht nicht ipso jure ein, sondern es bedarf zu deren Einführung eines Gemeindebeschlusses (s. § 15). Zu 3) Das Einkommen der juristischen Personen und Erwerbsgesellschaften aus Kapitalvermögen bleibt auch fernerhin steuerfrei, der § 1 deklariert lediglich den Begriff des Einkommens aus Grundbesitz und stehendem Gewerbebetriebe. Zu § 1 Absatz 2. Die vielfach bestrittene Frage, ob der Staatsfiskus, dessen Eigenschaft als juristische Person zweifellos ist, der jedoch als solcher bei der Gegenüberstellung der Staatseinnahmen und Staatsausgaben in ihrer Gesamtheit kein Rein-Einkommen, sondern nur ein grosses, durch Steuern und Anleihen zu deckendes Defizit hat, bezüglich seines Einkommens aus Grundbesitz und Gewerbebetrieb für gemeindeeinkommensteuerpflichtig zu erachten sei, ist in Absatz 2, in Uebereinstimmung mit der bisherigen Praxis, bejaht worden; jedoch, wie die Eingangsworte dieses Absatzes ergeben, nur provisorisch „bis zu einer anderweiten Regelung" und mit einer gegen den bisherigen Rechtszustand eintretenden Beschränkung, indem bezüglich des Einkommens aus Grundbesitz nur das Einkommen aus Domänen und Forsten für steuerpflichtig erklärt, dagegen das bisher besteuerte Einkommen aus den nicht zu den letzteren gehörigen einzelnen Grundstücken und Gebäuden freigelassen wird. Der Reichsfiskus findet in § 1 keine Erwähnung; die Staatsregierung und Landesvertretung sind davon ausgegangen, dass das Einkommen des Reichsfiskus nicht gemeindesteuerpflichtig gemacht werden könne, weil ohne Zustimmung des Reichs bezw. ohne reichsgesetzliche Ermächtigung die Landesgesetzgebung überhaupt nicht für befugt zu erachten ist, das Reich und das demselben aus irgend einer Quelle zufliessende Einkommen einer staatlichen oder kommunalen Besteuerung zu unterwerfen. Eine solche reichsgesetzliche Ermächtigung ist bezüglich der Kommunal-Realabgaben durch § 1 Absatz 2 des Reichsgesetzes über die Rechtsverhältnisse der zum dienstlichen Gebrauche einer Reichsverwaltung bestimmten Gegenstände vom 25. Mai 1873 (Reichsgesetzblatt S. 113) gegeben; dieselbe fehlt dagegen bezüglich der Kommunalpersonalabgaben. Dagegen ist die Reichsbank gemeindeein-

weisung von Grund- und Gebäudesteuer an die Kommunalverbände unterliegt
der Staatsfiskus diesen Abgaben bezüglich des Einkommens aus den von ihm
betriebenen Gewerbe-, Eisenbahn- und Bergbauunternehmungen, sowie aus den
Domänen und Forsten.

Der im Absatz 1 gedachten Abgabepflicht unterliegen auch physische
Personen, welche in Gemeinden, ohne daselbst einen Wohnsitz zu haben, oder
sich länger als drei Monate aufzuhalten, Grundbesitz, gewerbliche Anlagen,
Eisenbahnen oder Bergwerke haben, Pachtungen, stehende Gewerbe, Eisenbahnen
oder ausserhalb einer Gewerkschaft Bergbau betreiben (Forensen).

§ 2.

Ein die Abgabepflicht nach § 1 begründender Pacht-, Gewerbe- oder
Bergbaubetrieb ist nur in den Gemeinden anzunehmen, in welchen sich der Sitz,
eine Zweigniederlassung, eine Betriebs-, Werk- oder Verkaufsstätte oder eine
solche Agentur des Unternehmens befindet, welche ermächtigt ist, Rechtsgeschäfte
im Namen und für Rechnung des Inhabers beziehungsweise der Gesellschaft
selbständig abzuschliessen. Der Eisenbahnbetrieb unterliegt der Abgabepflicht
in den Gemeinden, in welchen sich der Sitz der Verwaltung (beziehungsweise
einer Staatsbahnverwaltungsbehörde), eine Station oder eine für sich bestehende
Betriebs- oder Werkstätte oder eine sonstige gewerbliche Anlage befindet.

---

kommensteuerpflichtig, weil dieselbe, obwohl unter der. Aufsicht und Verwaltung
des Reichs stehend, doch kein Reichsinstitut, sondern nach § 12 des Bankgesetzes vom 14. März 1875 (Reichsgesetzblatt S. 177) eine selbständige juristische
Person bildet, und schon wegen der Mitbeteiligung der Bankanteilseigner einer
Erwerbsgesellschaft gleichzustellen ist.

Zu § 1 Absatz 3. In der Gemeindeeinkommensteuerpflicht
der Forensen ist durch den Absatz 3 eine materielle Aenderung der bisherigen Vorschriften nicht eingetreten, dieselbe hat nur eine Deklaration in
gleicher Weise erfahren, wie im Absatz 1 die Gemeindeeinkommensteuerpflicht
der juristischen Personen, Aktiengesellschaften etc.

Zu § 2. Der § 2, welcher die Frage entscheidet, in welchen Gemeinden ein abgabenpflichtiger Pacht-, Gewerbe- oder Bergbaubetrieb vorzunehmen sei, enthält eine wesentliche Aenderung der zur
Zeit in Geltung stehenden Vorschriften nur im zweiten Satze des Absatzes 1
bezüglich der Eisenbahnunternehmungen. Die letzteren wurden bisher
nur in denjenigen Gemeinden für steuerpflichtig erachtet, in denen sich eine
Station oder eine für sich bestehende Betriebsstätte befindet. Der § 2
Absatz 1 legt dagegen auch denjenigen Gemeinden ein Besteuerungsrecht bei,
in denen sich der Sitz des Eisenbahnunternehmens, von welchem aus die
oberste Leitung desselben erfolgt, eine Werkstätte (z. B. ein Rangierbahnhof),
oder eine sonstige gewerbliche Anlage (z. B. ein von einer Eisenbahnunternehmung gebauter und betriebener Gasthof) befindet.

Bezüglich der Versicherungsgesellschaften galt bis zum Jahre 1873
der Grundsatz, dass dieselben nur in denjenigen Gemeinden steuerpflichtig seien,
in denen sie durch eigenen Comptoiren oder ausschliesslich in ihren Diensten
stehende nicht selbständige Gewerbsgehilfen Versicherungsgeschäfte abschliessen
lassen. Seit jener Zeit wurde jedoch eine Abgabepflicht der Versicherungsgesellschaften auch in denjenigen Gemeinden als vorhanden angenommen, in
welchen sie Agenten mit der Ermächtigung bestellt haben, für Rechnung und
im Namen der Gesellschaft Rechtsgeschäfte selbständig abzuschliessen. Dieser
letztern Praxis hat sich das Gesetz im § 2 angeschlossen.

Die zu dem abgabepflichtigen Betriebe gehörenden Grundstücke und Anlagen, welche in einer nach dem vorigen Absatze zur Erhebung einer Abgabe nicht berechtigten Gemeinde liegen, sind letzterer gegenüber bezüglich des aus ihnen fliessenden Einkommens einer Abgabepflicht nicht unterworfen.

Wird der Betrieb nicht auf Rechnung des Eigentümers der zum Betriebe gehörenden Grundstücke und Anlagen geführt, so unterliegt das Pacht- oder sonstige Einkommen des Eigentümers aus diesem Besitze der Abgabepflicht in denselben Gemeinden, in welchen das Einkommen aus dem Betriebe abgabepflichtig ist.

Jeder abgabepflichtige Grundstückskomplex des Staatsfiskus, sowie jede abgabepflichtige Unternehmung desselben gilt in Beziehung auf die Abgabepflicht als selbständige abgabepflichtige Person. Was als selbständige gewerbliche oder Bergbauunternehmung des Staatsfiskus zu betrachten ist, setzt die zuständige obere Verwaltungsbehörde fest.

§ 3.

Bei Ermittelung des jährlichen Reineinkommens ist, sofern sich nicht aus den §§ 4—6 ein anderes ergibt, nach den für die Einschätzung zur Staatseinkommensteuer geltenden Grundsätzen zu verfahren.

Zweifelhaft erscheint, was bei Bergbauunternehmungen als Betriebsstätte im Sinne des § 2 anzusehen sein wird, insbesondere ob die unterirdischen oder die oberirdischen Betriebsstätten für die kommunale Besteuerung massgebend sind, und welche Anlagen die Kriterien einer Betriebsstätte an sich tragen. Früher wurde, namentlich auf Grund der Erlasse des Ministeriums des Innern vom 15. August 1859 und 15. März 1861, das Einkommen aus Bergbaubetrieb als Einkommen aus Grundbesitz behandelt und im Zusammenhange hiermit die Lage der unterirdischen Betriebsstätten für die Besteuerung für massgebend erachtet. Später wurde diese Auffassung verlassen, der Bergbaubetrieb dem Gewerbebetrieb gleichgestellt und die Frage der Steuerberechtigung nach der Lage der oberirdischen Betriebsstätten geregelt. Neuerdings ist das Oberverwaltungsgericht, unter Bezugnahme auf die Vorschriften des Gesetzes vom 1. Mai 1851 (Gesetzsammlung S. 193) und der Ministerialinstruktion vom 3. Januar 1877 (Ministerialblatt der inneren Verwaltung S. 44), in den Endurteilen vom 27. April und 16. November 1885 (Preussisches Verwaltungsblatt, Jahrgang VII S. 83 u. 85), zu der ersteren Auffassung zurückgekehrt und hat demgemäss auch die Lage der unterirdischen Betriebsstätten für massgebend erachtet. Diese Auffassung ist schon nach der gegenwärtigen Lage der Gesetzgebung Bedenken zu erregen geeignet; nach Einführung des Gesetzes vom 27. Juli 1885 wird dieselbe nicht aufrecht erhalten werden können. Denn obwohl nach § 3 die in dem vorbezeichneten Gesetze vom 1. Mai 1851 und der Instruktion vom 3. Januar 1877 enthaltenen Grundsätze auch für die Gemeindebesteuerung gelten sollen, erscheint es mit Rücksicht auf die Fassung der §§ 1 und 2 doch kaum zweifelhaft, dass das Einkommen aus Bergbaubetrieb nach dem Gesetze vom 27. Juli 1885 als Einkommen aus Gewerbebetrieb behandelt werden muss. Jedenfalls ist durch die Verhandlungen über dasselbe jeder Zweifel darüber ausgeschlossen, dass man nur die oberirdischen, nicht aber die unterirdischen Betriebsstätten für die kommunale Besteuerung als massgebend hat erachten wollen. Betriebsstätten in diesem Sinne sind nicht nur Förderschächte und Stollen und Aufbereitungsanstalten, sondern auch Wasserhaltungsschächte, welche mit maschinellen Einrichtungen und Betrieben versehen sind (vgl. das angeführte Endurteil des Oberverwaltungsgerichts vom 27. April 1885), und ähnliche Anlagen.

Bezüglich des Reineinkommens aus Bergbauunternehmungen gilt dies mit der Massgabe, dass die der jährlichen Verringerung der Substanz entsprechenden Abschreibungen zu den Ausgaben gerechnet werden.

Insoweit eine Einschätzung zur Staatseinkommen- beziehungsweise Klassensteuer stattzufinden hat, ist das Ergebnis derselben für die Gemeindebesteuerung massgebend.

§ 4.

Als Reineinkommen der Privateisenbahnunternehmungen gilt der nach Vorschrift der Gesetze vom 30. Mai 1853 (Gesetzsamml. S. 449) und 16. März 1867 (Gesetzsamml. S. 465) behufs Erhebung der Eisenbahnabgabe für jede derselben ermittelte (bezw. zu ermittelnde) Ueberschuss abzüglich der Eisenbahnabgabe —

Zu § 3 Absatz 1 und 3. Die Bestimmungen des Absatzes 1 und 3 gingen in dem ursprünglichen Entwurfe von der Voraussetzung aus, dass nicht nur physische, sondern auch juristische Personen, Aktiengesellschaften und sonstige Erwerbsgesellschaften zu der Staatseinkommensteuer herangezogen werden würden. Diese Voraussetzung war bei der Einbringung des Gesetzentwurfs zutreffend, da damals auch ein auf Grund einer Allerhöchsten Ermächtigung vom 17. Dezember 1883 eingebrachter Gesetzentwurf, welcher eine hierauf abzielende Bestimmung enthielt, dem Abgeordnetenhause zur Beschlussfassung vorlag. Diese Voraussetzung war jedoch, da jener Gesetzentwurf nicht zum Abschluss gelangt ist, bei Erlass des Gesetzes vom 27. Juli 1885 weggefallen. Nichtsdestoweniger ist die Bestimmung in Absatz 1 und 3 nicht nur für physische, sondern auch für juristische Personen und Erwerbsgesellschaften von massgebender Bedeutung, da die für die Einschätzung zur Staatseinkommensteuer geltenden Grundsätze auf dieselben eine analoge Anwendung gestatten.

Eine in der ursprünglichen Regierungsvorlage vom Jahre 1884 zwischen Absatz 1 und 2 eingeschobene Bestimmung, welche den abgabepflichtigen Erwerbsgesellschaften eine Deklarationspflicht auferlegen wollte, ist von dem Abgeordnetenhause gestrichen worden.

Zu § 3 Absatz 2. Für die Berechnung des Reineinkommens aus Bergbauunternehmungen, hinsichtlich dessen Eigenschaft als Einkommen aus Grundbesitz oder aus Gewerbebetrieb auf die Erläuterung zu § 2 Bezug genommen wird, ist in § 3 Absatz 2 die besondere Bevorzugung neu eingeführt worden, dass für die Verringerung der Substanz „entsprechende" Abschreibungen in Abzug gebracht werden dürfen. Für diese Vorschrift, welche mit dem zur Zeit für die Staats- und Kommunalbesteuerung der Bergbauunternehmungen geltenden Bestimmungen im Widerspruch steht, sind Billigkeitsgründe massgebend gewesen, welche aus der den Bergbauunternehmungen durch das Gesetz vom 27. Juli 1885 erwachsenden erheblichen Mehrbelastung hergeleitet werden. Im übrigen erscheint diese Vorschrift irrationell und kaum ausführbar; irrationell, weil solche Abzüge bei dem einer viel stärkeren „Verringerung der Substanz" unterliegenden unfundierten Einkommen aus der Arbeitskraft der Arbeiter, Beamten etc. nicht gestattet werden; kaum ausführbar, weil sich der Umfang dieser Substanzverringerung auch nicht mit annähernder Sicherheit ermitteln lässt und man auf überschlägliche Schätzungen angewiesen ist, deren Zuverlässigkeit den erheblichsten Bedenken unterliegt.

Zu § 4. Die Vorschrift im § 4, welche allerdings den sehr wesentlichen Vorteil bietet, dass durch dieselbe die jetzt vielfach hervorgetretenen Kontroversen über die Höhe des steuerpflichtigen Einkommens der Privateisenbahnunternehmungen und über die Zulässigkeit von Abzügen definitiv beseitigt werden, enthält eine erhebliche Bevorzugung dieser Privateisenbahnen. — Im Gegensatz zu den für die letzteren bisher geltenden

mit der Massgabe, dass bei der Berechnung nach dem Gesetze vom 16. März 1867 die zur Verzinsung und planmässigen Tilgung der etwa gemachten Anleihen erforderlichen Beträge als Ausgabe mit in Anrechnung gebracht werden dürfen. Die sich danach ergebenden abgabepflichtigen Beträge sind von den Staats-aufsichtsbehörden alljährlich durch Resolut endgültig festzustellen und öffentlich bekannt zu machen.

§ 5.

Die gesamten Staats- und für Rechnung des Staats verwalteten Eisen-bahnen sind als e i n e abgabepflichtige Unternehmung anzusehen.

Als Reineinkommen gilt der rechnungsmässige Ueberschuss der Einnahmen über die Ausgaben mit der Massgabe, dass unter die Ausgaben eine $3\frac{1}{2}$ prozentige Verzinsung des Anlage- bezw. Erwerbskapitals nach der amtlichen Statistik der

---

und für alle anderen gewerblichen Unternehmungen auch ferner in Giltigkeit bleibenden Grundsätze sollen nämlich in Zukunft bei den Privateisenbahnunter-nehmungen, zu welchen im Sinne des § 4 auch die im Besitze eines ausländischen Staats befindlichen inländischen Bahnen gerechnet werden, d i e E i n l a g e n i n d e n R e s e r v e f o n d s und die zur Amortisation der Schulden ver-w e n d e t e n B e t r ä g e von den zur Besteuerung gelangenden Jahresgewinne mit in Abrechnung gebracht werden. Auch diese Vorschrift beruht lediglich auf Billigkeitsrücksichten und wurde mit den grossen Vorteilen motiviert, welche die Eisenbahnen den Gemeinden, in welchen sich der Sitz des Unternehmens oder eine Station befindet, erfahrungsmässig zuzuführen pflegen.

Bei den Privateisenbahnen erfolgt nach § 4 die Berechnung der Höhe des steuerpflichtigen Einkommens, abweichend von der Berechnung bei allen anderen gewerblichen Unternehmungen, nicht nach dem dreijährigen Durchschnitt, sondern nach dem Resultate des letzten Betriebsjahrs. Die Höhe dieses steuerpflichtigen Einkommens der Privateisenbahnen wird durch Resolut der Staatsaufsichtsbehörden, d. h. in erster Instanz der Eisenbahnkommissariate, auf etwaige Beschwerden in zweiter Instanz durch den Minister der öffentlichen Arbeiten, festgesetzt. Das Resultat wird im Reichs- und Staatsanzeiger bekannt gemacht, und ausserdem für die beteiligten Bezirke durch die betreffenden Re-gierungsamtsblätter zur öffentlichen Kenntnis gebracht.

Zu § 5 Absatz 1. Im Gegensatz zu der bisherigen Praxis, nach welcher j e d e r d e r V e r w a l t u n g e i n e r k ö n i g l i c h e n D i r e k t i o n u n t e r s t e l l t e E i s e n-b a h n k o m p l e x als eine selbständige Unternehmung des Fiskus angesehen wurde. soll in Zukunft — den thatsächlichen Verhältnissen entsprechend — das gesamte Staatseisenbahnnetz wirtschaftlich als ein e i n h e i t l i c h e s G a n z e be-handelt werden. Die innere Berechtigung lässt sich dieser Bestimmung nicht absprechen; auch erscheint dieselbe geeignet, die durch anderweite Abgrenzung der Direktionsbezirke entstehenden Schwankungen zu beseitigen. Dieselbe führt jedoch in Verbindung mit der Vorschrift in § 7 zu einer Verschiebung in der Besteuerung der Eisenbahnen, welche den ärmeren Landesteilen mit schlecht rentierenden Bahnen auf Kosten der durch grössere industrielle Entwicklung bevorzugten wohlhabenderen Landesteile zu gute kommen wird.

Zu § 5 Absatz 2. Zur Rechtfertigung des A b z u g s e i n e r $3\frac{1}{2}$ p r o-z e n t i g e n V e r z i n s u n g d e s A n l a g e- bezw. E r w e r b s k a p i t a l s bei der Feststellung des abgabepflichtigen Reineinkommens wird in der Begründung der Regierungsvorlage von 1884 folgendes geltend gemacht: „Bei Ermittelung des Ueberschusses der Einnahmen über die Ausgaben sollte das für die Staats-eisenbahnen aufgewandte Anlage- (bezw. Erwerbs-) Kapital nach den früheren Vorlagen mit einem den Durchschnittszins der produktiven Staatsanleihen ent-sprechenden Zinsertrage von $4\frac{1}{2}$ Prozent als Ausgabe in Rechnung gebracht

im Betriebe befindlichen Eisenbahnen zu übernehmen ist. Der sich danach ergebende abgabepflichtige Gesamtbetrag ist durch Resolut des Ressortministers
alljährlich endgiltig festzustellen und öffentlich bekannt zu machen.

§ 6.

Das Reineinkommen aus fiskalischen Domänen und Forsten ist für die
einzelnen Liegenschaften aus dem Grundsteuerreinertrage nach dem Verhältnis
zu berechnen, in welchem der in der betreffenden Provinz aus den Domänen-
und Forstgrundstücken erzielte etatsmässige Ueberschuss der Einnahmen über

---

werden. In der nunmehrigen Vorlage ist dagegen der abzuziehende Zins auf
3½ Prozent ermässigt worden. Diese Aenderung findet zum Teil ihre
Begründung in dem Umstande, dass auch der Durchschnittszins der Staatsschuld inzwischen eine Verminderung erfahren hat; des weiteren war dafür
die Absicht bestimmend, den Gesamtbetrag des bisher von den Gemeinden zu
den Gemeindesteuern herangezogenen Reineinkommens der Staatsbahnen nicht
nur nicht zu verringern, sondern vielmehr mit Rücksicht auf die Erweiterung
des Kreises der steuerberechtigten Gemeinden zu erhöhen. Eine Ermässigung
des abzugsfähigen Zinses auf 3 Prozent, welche bei Beratung des letzten
Gesetzentwurfs von der betreffenden Kommission des Abgeordnetenhauses vorgeschlagen worden war, erschien nach den Betriebsergebnissen der Staatsbahnen
weder erforderlich noch angängig."

Bei der Beratung im Herrenhause im Jahre 1885 wurde die Befürchtung
ausgesprochen, dass bei dem grossen Aufschwunge in der Anlage wenig rentabler Sekundärbahnen schliesslich für die Gemeinden ein Steuerobjekt nicht
mehr übrig bleiben werde; schliesslich wurde aber doch im Hinblick auf die
immer mehr steigenden Erträge der Staatseisenbahnverwaltung die bezügliche
Bestimmung vom Landtage angenommen.

Das Resolut wegen Feststellung der Höhe des steuerpflichtigen Einkommens, welchem wie bei den Privateisenbahnen nicht ein dreijähriger Durchschnitt, sondern das Resultat des letzten Betriebsjahres zu Grunde zu
legen ist, wird von dem Minister der öffentlichen Arbeiten erlassen und im
Reichs- und Staatsanzeiger, sowie in den Regierungsamtsblättern bekannt gemacht werden.

Zu § 6. Zur Erläuterung der Bestimmungen des § 6 ist, wie in der Begründung der Regierungsvorlage von 1884 bemerkt wird, darauf hinzuweisen,
„dass zwar für alle fiskalischen Liegenschaften, soweit dieselben unter einheit-
„licher Verwaltung stehen, der Reinertrag jedes dieser Voraussetzung ent-
„sprechenden Grundstückes ermittelt werden kann, dass aber, wenn man diesen
„der Veranlagung zu Grunde legen wollte, eine Berücksichtigung der darauf
„ruhenden Verpflichtungen und der Verwaltungskosten ausge-
„schlossen bleiben müsste, weil deren Verteilung auf die einzelnen Liegen-
„schaften nicht durchführbar sein würde. Dagegen lässt sich der Abzug dieser
„Lasten ermöglichen, wenn man zunächst den Gesamtbruttoertrag der fis-
„kalischen Liegenschaften für die einzelnen Provinzen feststellt, davon den
„Betrag der ersteren abzieht und den so ermittelten Gesamtreinertrag auf
„die abgabeberechtigten Gemeinden verteilt. Für diese Repartition wird aber
„ein anderer Massstab als die Grundsteuerreinerträge nicht wohl ge-
„funden werden."

Auf die Frage, was unter den auf den Domänen und Forsten ruhenden
Verbindlichkeiten zu verstehen sei, erklärte der Vertreter der Staatsregierung,
„dass dahin gehörten: 1) diejenigen 7,719,296 M., welche nach Abschnitt 3 des
Gesetzes vom 17. Januar 1820 für den Unterhalt der Königlichen Familie u. s. w.
bestimmt sind; 2) die Zinsen einer Anleihe von 1820 (cfr. Budget pro 1884/85)
= 3,334,527 M. und die betreffende Amortisationsquote; 3) werden die Erlöse

die Ausgaben unter Berücksichtigung der auf denselben ruhenden Verbindlichkeiten und Verwaltungskosten zum Grundsteuerreinertrage steht.

Das Verhältnis ist durch Resolut des Ressortministers alljährlich endgiltig festzustellen und öffentlich bekannt zu machen.

B. Vermeidung von Doppelbesteuerungen.

§ 7.

Die Verteilung des der Einkommensbesteuerung nach § 1 unterliegenden Einkommens aus dem Besitze oder Betriebe einer sich über mehrere Gemeinden erstreckenden Gewerbe-, Bergbau- oder Eisenbahnunternehmung erfolgt, insofern nicht zwischen den beteiligten Gemeinden und dem Abgabepflichtigen ein anderweiter Verteilungsmassstab vereinbart ist, in der Weise, dass:

    a. bei Versicherungs-, Bank- und Kreditgeschäften derjenigen Gemeinde, in welcher die Leitung des Gesamtbetriebes stattfindet, der zehnte

---

aus verkauften Domänen- und Forstgrundstücken den Einnahmen der Domänen- und Forstverwaltung nicht zugerechnet, da sie in die Hauptverwaltung der Staatsschulden abzuführen sind."

Das von dem Minister für Landwirtschaft, Domänen und Forsten zu erlassende Resolut wird in derselben Weise, wie das Resolut in § 5 bekannt gemacht.

Zur Einleitung des § 7. Abweichend von dem in der bisherigen Praxis der Verwaltungsbehörden streng beobachteten Grundsatze, dass jus publicum pactis privatorum mutari nequit, verweist der § 7 in seinem Eingange bezüglich des Massstabes der Verteilung des Reineinkommens aus einem über mehrere Gemeindebezirke sich erstreckenden Gewerbe-, Bergbau- oder Eisenbahnbetriebe auf die steuerberechtigten Gemeinden ausdrücklich auf eine zwischen den letzteren und den Abgabepflichtigen zu treffende Vereinbarung, so dass also die Vorschriften in § 7 zu a, b und c subsidiärer Natur sind, und nur dann und nur insoweit zur Anwendung kommen, als eine bezügliche Vereinbarung nicht vorliegt. Eine solche Vereinbarung ist jedoch stets eine freiwillige und beruht auf der freien Entschliessung der sämtlichen Beteiligten; ein Zwang zur Herbeiführung einer solchen Vereinbarung oder auch nur zur Einleitung von darauf abzielenden Verhandlungen kann weder gegen die abgabeberechtigten Gemeinden noch gegen den Abgabepflichtigen angewendet werden.

Diese Bestimmung wird jedoch — abgesehen von dem in Absatz 1 bezeichneten Falle einer über mehrere Gemeindebezirke sich erstreckenden Betriebsstätte oder Station — voraussichtlich praktisch kaum zur Anwendung gelangen, da es in allen anderen Fällen, wo das Gesetz dem Umfang der Steuerberechtigung bezw. Steuerverpflichtung zahlenmässig festgestellt hat, an jeder Veranlassung zu einer solchen Vereinbarung fehlt.

Zu § 7 zu a. Für die Kommunalbesteuerung der Versicherungsgesellschaften war schon jetzt eine der Vorschrift im § 7 zu a im wesentlichen, wenngleich nicht vollständig entsprechende Bestimmung massgebend. Der Cirkularerlass des Ministers des Innern vom 31. Januar 1879 (Ministerialblatt der inneren Verwaltung S. 52) bestimmt nämlich zu 3:

„Bei der Verteilung des steuerpflichtigen Einkommens auf die verschiedenen steuerberechtigten Gemeinden ist das Einkommen aus den Zinserträgen des Grundkapitals und Reservefonds nicht ausschliesslich der Gemeinde, in welcher sich der Sitz der Gesellschaft befindet, anzurechnen; vielmehr sind diese Erträge lediglich als ein Teil des Gesamteinkommens aus dem Gewerbebetriebe, für welchen die betreffenden Kapitalien, Gebäude etc. bestimmt sind, anzusehen.

Teil jenes Einkommens vorab überwiesen, dagegen der Ueberrest nach
Verhältnis der in den einzelnen Gemeinden erzielten Bruttoeinnahme
verteilt;

b. in den übrigen Fällen das Verhältnis der in den einzelnen Gemeinden
erwachsenen Ausgaben an Gehältern und Löhnen einschliesslich der

---

Von diesem Gesamtbetrage des Einkommens aus dem Gewerbebetriebe
sind vorab der Gemeinde, in welcher sich der Sitz der Gesellschaft befindet,
10 Prozent als Steuerobjekt zu überweisen. Von den übrigen 90 Prozent hat
jede Gemeinde, in welcher sich eine Zweigniederlassung oder eine zum selbständigen Abschluss von Rechtsgeschäften berechtigte Agentur befindet, diejenige Quote zu beanspruchen, welche dem Verhältnis der in dieser Zweigniederlassung oder Agentur erzielten Prämieneinnahme zur Gesamtprämien-
einnahme der Gesellschaft entspricht."

Der § 7 zu a weicht von dieser Bestimmung des Cirkularerlasses vom
31. Januar 1873 insofern ab, als der nach Abzug des Präcipualbetrags von
10 Prozent verbleibende Restbetrag von 90 Prozent in dem bezeichneten Cir-
kularerlasse „nach Verhältnis der erzielten Prämieneinnahme", in § 7
zu a dagegen „nach Verhältnis der Bruttoeinnahme" verteilt werden
soll. Hierdurch wird eine erhebliche Begünstigung der Sitzgemeinde
herbeigeführt, weil sich dieselbe bei der Verteilung die Zinsen des Anlage- und
Reservekapitals, die Erstattungen aus Rückversicherungen etc. als Bruttoeinnahmen
in Anrechnung bringen kann.

Ausserdem dehnt der § 7 zu a die bisher nur bei Versicherungsgesellschaften in Geltung stehende Berechtigung zur Erhebung der Steuer von einem
Präcipualbetrage von 10 Prozent der Bruttoeinnahmen auf alle Bank- und
Kreditgeschäfte aus. Diese Ausdehnung wird in den Motiven der Regierungsvorlage vom Jahre 1884 in folgender Weise begründet:

„Für Versicherungs-, Bank- und Kreditgeschäfte ist das Verhältnis der in jeder Gemeinde erzielten Bruttoeinnahme als massgebend erachtet worden, weil bei diesen Geschäften das Verhältnis der Bruttoeinnahme
durchschnittlich dem Verhältnisse der Reineinnahme zu entsprechen pflegt. Die
Festsetzung eines Präcipualbetrages für diese Gemeinden findet an sich seine
Rechtfertigung darin, dass gerade bei Versicherungs-, Bank- und Kreditgeschäften,
deren Gesamtleitung im Verhältnis zu der Thätigkeit auswärtiger Agenturen
und Filialen auf die Erzielung eines Reingewinnes von dem grössten Einflusse
zu sein pflegt, und die Höhe der bei den Agenturen und Filialen erzielten Bruttoeinnahmen in der Regel auch wenigstens teilweise als ein Erfolg der Centralverwaltung und Leitung des ganzen Unternehmens anzusehen ist."

Diese Vorschrift des § 7 zu a wird, da Versicherungs-, Bank- und
Kreditgeschäfte fast ausschliesslich nur in Städten und zwar vorzugsweise
in grösseren Städten ihren Sitz zu haben pflegen, bei der praktischen Anwendung zu einer Begünstigung der letzteren Veranlassung geben.

Zu § 7 zu b. Im Gegensatz zu der Anforderung in 7 zu a enthält die
Bestimmung im § 7 zu b eine gänzlich neue Vorschrift, welche voraussichtlich zu einer Benachteiligung der grösseren Städte und zu
einer Bevorzugung der Landgemeinden und kleineren Städte führen
wird, wenngleich sich zur Zeit der Umfang dieser Benachteiligung bezw. Bevorzugung nicht mit Bestimmtheit zahlenmässig feststellen lässt. Dass eine erhebliche Verschiebung der bisherigen Verhältnisse eintreten wird, ist namentlich
hinsichtlich der kommunalen Besteuerung der Eisenbahnen — zweifellos; zweifelhaft allerdings, in welchem Umfange, weshalb gerade diese Bestimmung, wie
in der Einleitung erwähnt worden, nicht mit Unrecht, als ein „Sprung ins
Dunkle" bezeichnet worden ist.

In den Motiven der Regierungsvorlage von 1884 wird die Bestimmung
in § 7 zu b in folgender Weise begründet:

Tantiemen des Verwaltungs- und Betriebspersonals zu Grunde gelegt wird. Bei Eisenbahnen kommen jedoch die Gehälter, Tantiemen und Löhne desjenigen Personals, welches in der allgemeinen Verwaltung beschäftigt ist, nur mit der Hälfte, des in der Werkstättenverwaltung und im Fahrdienst beschäftigten Personals nur mit zwei Dritteil ihrer Beträge zum Ansatz. Erstreckt sich eine Betriebsstätte, Station etc., innerhalb deren Ausgaben an Gehältern und Löhnen erwachsen, über den Bezirk mehrerer Gemeinden, so beschliessen über die Verteilung nach Lage der örtlichen Verhältnisse unter Berücksichtigung des Flächenverhältnisses und der den beteiligten Gemeinden durch das Vorhandensein der Betriebsstätte, Station u. s. w. erwachsenden Kommunallasten die Verwaltungsbeschlussbehörden, in den Provinzen Posen, Schleswig-Holstein, Hessen-Nassau, Westfalen und in der Rheinprovinz an Stelle des Kreisausschusses bezw. Bezirksausschusses bis zum Inkrafttreten des Gesetzes über die allgemeine Landesverwaltung vom 30. Juli 1883 (Gesetzsamml. S. 195) die Kommunalaufsichtsbehörden.

In den Fällen, in welchen die Stadt Berlin beteiligt ist, oder eine, bezw. mehrere, aber nicht alle Gemeinden dem Geltungsbereiche des

---

„Bei den sonstigen gewerblichen Unternehmungen und dem Bergbaubetriebe vermag die erzielte Bruttoeinnahme einen geeigneten Massstab nicht abzugeben, da dieselbe meistens nur an der Verkaufsstätte erzielt wird und in den Fabriketablissements, Hüttenwerken etc., wo die Produktion und Verarbeitung erfolgt, Einnahmen überhaupt nicht oder nur in geringem Betrage vorzukommen pflegen. Es ist hierbei zur Erwägung gekommen, ob es sich nicht empfehlen möchte, für diese Unternehmungen das Verhältnis der regelmässig erwachsenden Betriebsausgaben als Verteilungsmassstab festzusetzen. Dabei musste jedoch sofort die Frage aufgeworfen werden, ob auch die Kosten der Beschaffung von Roh- und Hilfsstoffen, ferner die Miete beziehungsweise der Mietswert der Gewerbsräume zu den regelmässigen Betriebskosten zu rechnen seien. Diese Frage würde nicht füglich bejaht werden können, da namentlich bei Fabriketablissements hierdurch oft die grössten Ungleichmässigkeiten in der Verteilung des Reinertrages auf die verschiedenen Fabrikationsstätten entstehen würden. Wird aber diese Frage verneint, werden die vorgezeichneten Kosten zu den eigentlichen Betriebsausgaben nicht mitgerechnet, so bleiben im wesentlichen nur die an die Angestellten und Arbeiter gezahlten Gehälter und Löhne einschliesslich der Tantiemen des Verwaltungs- und Betriebspersonals übrig. Dieser letztere Massstab hat aber auch deshalb als der zutreffendste anerkannt werden müssen, weil derselbe dem Verhältnisse am meisten entspricht, in welchem der betreffenden Gemeinde Ausgaben durch den Gewerbetrieb zu erwachsen pflegen.“

Aus dieser Begründung ergibt sich, dass mit voller Absicht an Stelle des bisher geltenden Grundsatzes der Besteuerung nach der Leistungsfähigkeit bei den im § 7 zu b bezeichneten gewerblichen, Eisenbahn- und Bergbauunternehmungen das Princip der Besteuerung nach Leistung und Gegenleistung gesetzt worden ist.

Nach der Regierungsvorlage von 1884 sollte der Grundsatz der Verteilung nach Gehältern und Löhnen auch ohne jede Beschränkung auf die kommunale Besteuerung der Eisenbahnunternehmungen Anwendung finden. — Die im zweiten Satze des § 7 zu b enthaltenen Modalitäten der Berechnung sind durch Beschlüsse der Kommission des Abgeordnetenhauses zu dem Zwecke beigefügt worden, die durch die Bestimmung des § 7 zu b eintretenden erheblichen Verschiebungen in dem bisherigen Teilnahmsverhältnisse der einzelnen

.   bezeichneten Gesetzes angehören, bestimmt der Minister des Innern
die Behörde, die zu beschliessen hat.

Gegen die Beschlüsse der vorbezeichneten Behörden steht den Beteiligten nach Massgabe der einschläglichen Gesetze die Beschwerde zu.

c. Bei den Staats- und für Rechnung des Staats verwalteten Eisenbahnen
soll vom 1. April 1886 ab auf fünf Jahre die Hälfte, und auf weitere

---

Gemeinden wenigstens einigermassen zu mildern. Die Anwendung der Bestimmung des § 7 zu b auf die Eisenbahnunternehmungen und die Abänderung
der bezüglich derselben bisher in Geltung stehenden Grundsätze wurde in der
Begründung der Regierungsvorlage vom Jahre 1884 in folgender Weise motiviert:

Der Massstab für Verteilung des abgabepflichtigen Reingewinns der Eisenbahnen wird nach seitheriger Praxis aus den Bruttoeinnahmen des inneren Verkehrs entnommen. Doch haben sich hierbei, namentlich mit Rücksicht auf den Transitverkehr, die Beteiligung der Uebergangs-
stationen etc. die erheblichsten Bedenken herausgestellt. Unter den sonst möglichen Berechnungsweisen möchte die in England bei Verteilung der Kirchspiel-
taxen bezw. der Kommunalarmensteuer stattfindende nach der Bruttoeinnahme
an Transportgebühr für die über die Strecke gegangenen Transporte nach Abzug
der Betriebskosten etc. vielleicht den annähernd richtigsten Massstab abgeben;
es scheint indess dessen Anwendung insbesondere mit Rücksicht auf die Verschiedenheit des Tarifsystems in Deutschland nicht thunlich. Es ist unter diesen
Umständen bei sorgfältiger Prüfung für zweckmässig erachtet worden, auch
bei den Eisenbahnen auf die verhältnismässig einfache Verteilung nach den
Bruttoausgaben an Gehältern und Löhnen zurückzugehen, zumal diese Verteilung
auch bei den Eisenbahnunternehmungen in der Regel dem Verhältnisse am
meisten entsprechen wird, in welchem die Beamten und Arbeiter der Eisenbahn
an den Gemeindeeinrichtungen teilnehmen.

Wenn die Anwendung dieses neuen Massstabes allerdings das bisherige
Teilnahmeverhältnis der einzelnen Gemeinden nicht unerheblich verschiebt, so
wird doch anzuerkennen sein, dass eben durch diese Verschiebung wesentlich
rationellere als die bisherigen Verhältnisse herbeigeführt werden.

Hierbei ist zu bemerken, dass hinsichtlich der Beamten einschliesslich des
Fahrpersonals das amtliche Domizil derselben, hinsichtlich der Arbeiter aber der
Ort ihrer Thätigkeit das massgebende Kriterium für die Anrechnung der Ge-
hälter und Löhne bildet und die Löhne der Arbeiter an der freien Strecke ausser
Ansatz bleiben müssen.

Der dritte Satz in Absatz 1 und Absatz 2 und 3 des § 7 zu b sind in
ihrer jetzigen Fassung durch Beschlüsse des Abgeordnetenhauses eingefügt und
enthalten keine Verbesserung, sondern eine Verschlechterung der Regierungsvorlage von 1884. Wenn letztere bei einer über mehrere Gemeinden sich erstreckenden Betriebsstätte, Station etc., das Teilnahmsverhältnis nach dem
Flächenraum bemessen wollte, welchen sie in jeder Gemeinde einnimmt,
so enthielt dieser Massstab, wenngleich derselbe allerdings ein mechanischer
war, doch ein exaktes Kriterium, was für jedes Steuergesetz das erste Erfordernis ist, während die von dem Abgeordnetenhause beigefügte Bestimmung
nach der Erklärung des Regierungsvertreters als eine „Bankrotterklärung
des Gesetzgebers" aufzufassen ist, und bei der praktischen Ausführung
voraussichtlich zu grossen Schwierigkeiten Veranlassung geben wird.

Zu § 7 zu c. Auch die Vorschrift des § 7 zu c entstammt nicht der
Regierungsvorlage, sondern dem Beschlusse des Abgeordnetenhauses. Die Absicht derselben ist in dem Berichte der Kommission (Drucksachen des Abgeordnetenhauses Session 1883/84 Nr. 221 S. 27) in folgender Weise näher
bezeichnet:

„Wenn die Kommission sich nicht hatte veranlasst finden können, mit
Rücksicht auf die zu erwartenden erheblichen Verschiebungen des Steuerobjektes

fünf Jahre ein Dritteil des gesamten nach § 5 abgabepflichtigen Reineinkommens dieser Bahnen denjenigen Gemeinden, welche vor dem
1. April 1880 abgabeberechtigt waren und dieses Recht thatsächlich
ausgeübt haben, zur Verteilung nach Verhältnis der im Durchschnitte
der dem 1. April 1880 vorangegangenen drei Steuerjahre zu den Gemeindeabgaben herangezogenen Reinerträge vorab überwiesen werden;
der Ueberrest wird nach den vorstehend unter b angegebenen Grundsätzen auf sämtliche nach diesem Gesetz §§ 1 und 2 berechtigte Gemeinden verteilt. — Nach Ablauf der bezeichneten zehn Jahre erfolgt
die Verteilung nach den Grundsätzen unter b bei allen abgabeberechtigten Gemeinden.

§ 8.

Die Ermittelung der in dem § 7 gedachten Ausgaben an Löhnen und
Gehältern bezw. der Bruttoeinnahmen der Versicherungs-, Bank- und Kreditgeschäfte erfolgt in dreijährigem Durchschnitt nach Einsicht eines den abgabeberechtigten Gemeinden von dem Unternehmer bezw. Gesellschaftsvorstande jährlich mitzuteilenden Verteilungsplans. Derselbe ist bezüglich der Staatseisenbahnen (§ 5) für jeden Direktionsbezirk besonders aufzustellen.

---

in vielen Gemeinden den vorgeschlagenen neuen Repartitionsmodus abzulehnen,
so konnte sie sich doch den bedenklichen Folgen nicht verschliessen, welche
diese Verschiebungen vielfach auf die Gemeindebudgets äussern müssten, wenn
sie plötzlich wirksam würden. Der vielfach hervortretende erhebliche Rückgang
in der Höhe des zu besteuernden Einkommens lässt genugsam darauf schliessen,
dass sich für viele Gemeinden recht empfindliche Mindereinnahmen ergeben
werden, deren Deckung anderweitig beschafft werden muss. Es musste darauf
Bedacht genommen werden, diese üblen Folgen wenigstens zu mildern, indem
man den neuen Massstab erst nach und nach zu voller Wirksamkeit gelangen
liess. Aus diesem Gesichtspunkt ist der sub c dem § 7 angefügte Passus hervorgegangen. Derselbe ist bestimmt, ein U e b e r g a n g s s t a d i u m derartig einzuführen, dass bei den Staatsbahnen drei Jahre lang die Hälfte und weitere
drei Jahre ein Drittel des gesamten Reineinkommens denjenigen Gemeinden,
welche vor dem 1. April 1880 abgabeberechtigt waren und dies Recht thatsächlich ausgeübt haben, zur Verteilung überwiesen wird, und zwar nach dem Durch-
schnittsreinertrage der dem 1. April 1880 vorhergehenden drei Steuerjahre. Der
dreijährige Durchschnittsreinertrag ist statt einer Verweisung auf § 10 des
Gesetzes vom 28. März 1882 beliebt worden, um das Uebergangsstadium auch
für die noch zu erwerbenden Staatsbahnen festzusetzen." Die D a u e r d i e s e s
U e b e r g a n g s s t a d i u m s, welche von der Kommission des Abgeordnetenhauses
auf 3 bezw. 6 Jahre vorgeschlagen worden war, ist demnächst durch Beschluss
des Plenums in der Sitzung vom 3. Mai 1884 (Stenographische Berichte S. 2286)
auf 5 bezw. 10 Jahre verlängert worden.

Zu § 8. Der nach § 8 aufzustellende V e r t e i l u n g s p l a n, welcher in
den Fällen des § 7 zu a die B r u t t o e i n n a h m e, in den Fällen des § 7 zu b
die A u s g a b e n a n G e h ä l t e r n u n d L ö h n e n, nicht aber auch das steuerpflichtige Reineinkommen und dessen Verteilung auf die steuerberechtigten Gemeinden enthalten muss, ist für die letzteren keineswegs bindend; dieselben
haben ihrerseits n a c h E i n s i c h t, nicht aber nach M a s s g a b e dieses Verteilungsplans die bezüglichen Beträge selbständig zu ermitteln und der Einschätzung des Abgabepflichtigen zu Grunde zu legen.
Der Schlusssatz des § 8 hat im Hinblick auf die Vorschrift im § 5 Absatz 1 keine materielle, sondern nur die f o r m e l l e B e d e u t u n g, dass nicht

§ 9.

Bei Einschätzung der nach § 1 Absatz 3 abgabepflichtigen Personen zur Einkommensbesteuerung in ihren Wohnsitzgemeinden ist unbeschadet der Bestimmungen des § 2 Absatz 2 und 3 derjenige Teil des Gesamteinkommens, welcher aus ausserhalb des Gemeindebezirks belegenem Grundeigentum oder ausserhalb des Gemeindebezirks stattfindendem Pacht-, Gewerbe-, Eisenbahn- bezw. Bergbaubetriebe fliesst, ausser Berechnung zu lassen.

Die Gemeinde, in welcher der Abgabepflichtige seinen Wohnsitz hat, ist jedoch, wenn das in ihr steuerpflichtige Einkommen weniger als ein Vierteil des Gesamteinkommens beträgt, berechtigt, durch Gemeindebeschluss ein volles Vier-

---

jede einzelne Gemeinde die Mitteilung des gesamten für den ganzen Staat aufzustellenden Verteilungsplans verlangen kann, sondern sich mit einem Auszug aus demselben für den betreffenden Direktionsbezirk begnügen muss.

Zu § 9 Absatz 1. Bisher war im Geltungsbereiche der Städteordnung für die östlichen Provinzen vom 30. Mai 1853 (Gesetzsammlung S. 261) und der Städte- und Landgemeindeordnung für die Provinz Westfalen vom 19. März 1856 (Gesetzsammlung S. 257 u. 265) das Forensaleinkommen in der Wohnsitz- bezw. Aufenthaltsgemeinde unbedingt steuerfrei, und zwar das Einkommen aus Grundbesitz auf Grund ausdrücklicher Gesetzesbestimmungen, das Einkommen aus Gewerbebetrieb durch die auf Ministerialerlassen beruhende Praxis der Verwaltungsbehörden. Im Gegensatz hierzu wird im Geltungsbereiche der Städte- und Landgemeindeordnung für die Rheinprovinz vom 15. Mai 1856 (Gesetzsammlung S. 406 u. 435), des Gemeindeverfassungsgesetzes für die Stadt Frankfurt a./M. vom 25. März 1867 (Gesetzsammlung S. 402) und der Städteordnung für die Provinz Schleswig-Holstein vom 14. April 1869 (Gesetzsammlung S. 589) das Einkommen aus auswärtigem Grundbesitz und Gewerbebetrieb in der Wohnsitz- bezw. Aufenthaltsgemeinde nur dann freigelassen, wenn dasselbe in der auswärtigen Gemeinde mit einer Kommunaleinkommensteuer belegt wird und zwar nur bis auf Höhe dieses Steuerbetrags.

Der § 9 Absatz 1 hat sich — in Uebereinstimmung mit der Vorschrift in § 16 der Kreisordnung vom 13. Dezember 1872 — mit Recht der ersteren Auffassung angeschlossen.

Zu § 9 Absatz 2. Diese Bestimmung ist bei Vorlegung des Gesetzentwurfs vom Jahre 1884 in folgender Weise motiviert worden:

„Das in § 9 Absatz 1 ausgesprochene Princip würde in seiner Konsequenz dahin führen können, dass ein Abgabepflichtiger, dessen steuerpflichtiges Einkommen ausschliesslich oder überwiegend aus auswärtigem Grundbesitze oder auswärtigem Gewerbebetriebe herrührt, in der Gemeinde, in welcher er seinen persönlichen Wohnsitz hat, gar nicht oder nur mit einem unerheblichen Betrage zu den Gemeindeabgaben herangezogen werden könnte, obwohl er daselbst an allen Vorteilen des Gemeindeverbandes gleich allen übrigen Gemeindemitgliedern teilnimmt. Um eine derartige unbillige Benachteiligung der Wohnsitzgemeinde zu vermeiden, ist zu Gunsten derselben eine Bestimmung aufgenommen worden, welche ihre Analogie in der Vorschrift des § 72 I. 2 Abs. 3 der Städteordnung für die Provinz Schleswig-Holstein findet. Die Wohnsitzgemeinde soll nämlich die Berechtigung erhalten, durch Gemeindebeschluss festzusetzen, dass in derselben in jedem Falle das Gesamteinkommen des Abgabepflichtigen bis zum vierten Teile zu den Gemeindeabgaben ausschliesslich herangezogen werden könne, so dass alsdann von den zur Besteuerung des Einkommens aus auswärtigem Grundeigentum und Gewerbebetriebe berechtigten übrigen Gemeinden nur 75 Prozent des Gesamteinkommens würden besteuert werden können."

teil des Gesamteinkommens unter entsprechender Verkürzung des der Forensal-
gemeinde zur Besteuerung zufallenden Einkommensteils für sich zur Besteuerung
in Anspruch zu nehmen. Hat der Abgabepflichtige einen mehrfachen Wohnsitz,
so ist diese Quote nach Massgabe des § 11 zu verteilen.

§ 10.

Die Ausführung des § 9 erfolgt in der Weise, dass das Gesamteinkommen
des Abgabepflichtigen zu der Gemeindeabgabe eingeschätzt und der so ermittelte Steuerbetrag dem Verhältnis des ausser Berechnung zu lassenden Einkommens zu dem Gesamteinkommen entsprechend herabgesetzt wird.

§ 11.

Personen, welche wegen eines mehrfachen Wohnsitzes oder eines den Zeitraum von drei Monaten übersteigenden Aufenthaltes in mehreren Gemeinden zu

---

Zu dem im § 9 Absatz 2 bezeichneten „Gemeindebeschlusse" ist ein
förmliches Gemeindestatut nicht erforderlich; es genügt der übereinstimmende Beschluss des Gemeindevorstandes und der Gemeindevertretung.

Zu § 10. Die Vorschrift des § 10, welche nicht in der Regierungsvorlage enthalten war, sondern einem Amendement der Abgeordneten Freiherr
von Huene und Freiherr von Zedlitz seine Entstehung verdankt, ist in hohem
Grade bedenklich. Dieselbe steht mit der bisherigen Verwaltungspraxis,
und mit den hinsichtlich der kommunalen Besteuerung des Diensteinkommens
der Beamten auch fernerhin in Gültigkeit bleibenden Bestimmungen in Widerspruch, erscheint auch an sich irrationell, nicht nur weil man zu Steuersätzen gelangt, welche von Skala und Tarif der Staatsklassen- und klassificierten
Einkommensteuer abweichen, sondern namentlich deshalb, weil die Forensal-
gemeinde nicht die in der Wohnsitzgemeinde in Abzug gebrachte Quote des
Steuerbetrags als Principalsteuer behufs Erhebung von Zuschlägen erhält, sondern
ihrerseits die abgesetzte Quote des Gesamteinkommens nach Massgabe der für
die Staatssteuereinschätzung geltenden Grundsätze selbständig zu veranlagen hat,
also für Teile desselben Einkommens verschiedene Veranlagungsgrundsätze zur
Anwendung gelangen, und weil dieselbe zu Resultaten führt, welche bald eine
ungerechtfertigte Begünstigung, bald eine ebenso ungerechtfertigte Benachteiligung der Abgabepflichtigen enthält (s. die Beispiele und Ausführungen in Herrfurth und Nöll, das Kommunalabgabengesetz vom 27. Juli 1885 Berlin 1885,
Carl Heymanns Verlag).

Zu § 11 Absatz 1. Bezüglich der im § 11 geregelten kommunalen
Einkommensbesteuerung von Personen mit mehrfachem Domizil
war anfangs in der Verwaltungspraxis der Grundsatz festgehalten worden, dass
diese Personen, insoweit nicht ihr Einkommen aus auswärtigem Grundbesitze
bezw. auswärts betriebenem Gewerbe herrührend auf Grund der Vorschriften
der bestehenden Gemeindeverfassungsgesetze in der Wohnsitzgemeinde freigelassen
werden müsse, in jeder der Wohnsitzgemeinden mit dem vollen Betrage herangezogen werden könnten und dass eine allerdings in der Billigkeit begründete
teilweise Freilassung von dem freien Willen der Gemeindebehörden abhängig
bliebe. — Hierdurch entsteht aber unzweifelhaft eine Doppelbesteuerung, und
es wurde deshalb später durch einen Erlass des Ministers des Innern die Anordnung getroffen, dass jede der verschiedenen Wohnsitzgemeinden nur einen
Teil des Gesamteinkommens besteuern dürfe und dass, sofern es für
eine Verteilung des letzteren auf die steuerberechtigten Gemeinden an anderen
Anhaltspunkten mangele, der Zeitraum des Aufenthalts des Censiten in
jeder dieser Gemeinden den geeignetsten Repartitionsmodus bilde. Nachdem

Einkommensteuern beizutragen verpflichtet sind, dürfen in jeder dieser Gemeinden nur von einem der Zahl derselben entsprechenden Bruchteil ihres Einkommens herangezogen werden, soweit dasselbe nicht aus Grundeigentum oder aus Pacht-, Gewerbe-, Eisenbahn- oder Bergwerksbetriebe fliesst. Doch werden diejenigen Wohnsitzgemeinden, in welchen der Abgabepflichtige bezw. seine Familie sich im Laufe des vorangegangenen Jahres überhaupt nicht oder kürzere Zeit als drei Monate aufgehalten haben, hierbei nicht mitgezählt.

---

diese Frage demnächst zur Entscheidung des Oberverwaltungsgerichts gelangt war, sprach letzteres in dem Erkenntnisse vom 23. Juni 1876 (Entscheidungen Bd. II. S. 184) aus, dass jeder Wohnsitzgemeinde das Recht zur Erhebung der vollen Gemeindeeinkommensteuer von ihren Mitgliedern zustehe, weil die gegenwärtige Gesetzgebung keine Bestimmung enthalte, welche eine derartige Doppelbesteuerung durch die Gemeinden ausschliesse.

Die in dieser Doppelbesteuerung desselben Einkommens liegende Unbilligkeit zu beseitigen, ist der § 11 bestimmt. Derselbe bringt den Grundsatz, welcher durch den § 16 der Kreisordnung vom 13. Dezember 1872 bezüglich der Kreisabgaben und durch § 2 des Bundesgesetzes wegen Beseitigung der Doppelbesteuerung vom 13. Mai 1870 (Bundesgesetzblatt S. 119) bezüglich der direkten Staatssteuern Ausdruck gefunden hat, nunmehr auch für die Gemeindeabgaben zur gesetzlichen Geltung, so dass das Gesamteinkommen eines Censiten mit mehrfachem Wohnsitz von den verschiedenen steuerberechtigten Gemeinden in Zukunft nur einmal besteuert werden kann und sich dieselben in das Steuerobjekt teilen müssen. Für die Verteilung des letzteren ist jedoch nunmehr ein anderer Massstab festgestellt worden. Gegen die Teilung nach Verhältnis der Zeitabschnitte, während derer die Censiten an den betreffenden Orten ihren gewöhnlichen Aufenthalt gehabt haben, ist nämlich mit Recht das Bedenken erhoben worden, dass bei häufigem Wechsel des Aufenthalts, bei Verschiedenheit des Wohnsitzes des Familienhauptes und der übrigen Familienmitglieder, bei zeitweisem Aufenthalt an einem dritten Orte etc. eine Berechnung nach Zeitabschnitten nicht wohl ausführbar wäre. Es ist deshalb im § 11 Absatz 1 eine Teilung zu gleichen Teilen zwischen den berechtigten Gemeinden im Interesse der Einfachheit und zur Beseitigung der bei allen anderen Berechnungsarten entstehenden grossen Schwierigkeiten gewählt worden.

Die Gleichstellung eines den Zeitraum von 3 Monaten übersteigenden Aufenthalts mit dem Wohnsitz bezüglich der Gemeindeabgabenpflicht beruht auf der Vorschrift in § 8 des Bundesgesetzes über die Freizügigkeit vom 1. November 1867 (Bundesgesetzblatt S. 55), welche lautet:

„Die Gemeinde ist nicht befugt, von neu Anziehenden wegen des Anzugs eine Abgabe zu erheben. Sie kann dieselben gleich den übrigen Gemeindeeinwohnern zu den Gemeindelasten heranziehen. Uebersteigt die Dauer des Aufenthalts nicht den Zeitraum von 3 Monaten, so sind die neu Anziehenden diesen Lasten nicht unterworfen."

Der in der Steuergesetzgebung festgehaltene Grundsatz, dass bezüglich der für die Steuerpflicht einer Familie entscheidenden Frage des Wohnsitzes oder Aufenthalts immer nur das Verhalten des Familienhauptes — nicht aber der Angehörigen desselben — massgebend erscheine, erleidet in § 11 aus Billigkeitsrücksichten eine Ausnahme. Denn falls sich zwar nicht der Abgabepflichtige selbst, wohl aber dessen Familie im Laufe des vorangegangenen Jahres drei Monate lang in einer Wohnsitzgemeinde aufgehalten hat, so ist das Teilnahmerecht der letzteren Gemeinde nicht erloschen.

Zur Begründung des Schlusssatzes in § 11 Absatz 1 wird in den Motiven des Gesetzentwurfs von 1884 folgendes angeführt:

„Zur Vermeidung allzu grosser Ungleichmässigkeiten und Unbilligkeiten, welche aus einer gleichheitlichen Teilung ohne jede Rücksicht auf die Dauer des Aufenthalts entstehen könnten, empfiehlt es sich . . ., diejenigen Gemeinden, in

Wenn jedoch in den Gemeinden, in welchen der Abgabepflichtige seinen Wohnsitz hat, oder in welchen der Abgabepflichtige bezw. seine Familie sich im Laufe des vorangegangenen Jahres länger als drei Monate aufgehalten haben, das in ihnen steuerpflichtige Einkommen weniger als ein Viertel des Gesamteinkommens beträgt, so findet die Vorschrift im § 9 entsprechende Anwendung.

C. Steuerdomizil der Beamten.

§ 12.

Das notwendige Domizil der Beamten findet bei der Kommunalbesteuerung keine Anwendung. Der Schlusssatz des § 8 des Gesetzes vom 11. Juli 1822 (Gesetzsamml. S. 184), sowie der auf diesen Schlusssatz bezügliche Teil der Aller-

---

denen der Abgabepflichtige bezw. seine Familie sich im Laufe des vergangenen Jahres überhaupt nicht, oder kürzere Zeit als zwei Monate aufgehalten hat, von der Teilnahme gänzlich auszuschliessen."

Zu § 11 Absatz 2. Der erst durch Beschluss des Herrenhauses vom 25. Februar 1885 (Stenographischer Bericht S. 2317/18) beigefügte Absatz 2 in § 11 sollte nach der Begründung des bezüglichen Antrags (Drucksachen Nr. 53) nur den Zweck haben, die in § 9 Absatz 2 für die Forensen gegebenen Vorschriften auch auf den in § 11 behandelten Fall der infolge mehrfachen Wohnsitzes in verschiedenen Gemeinden abgabepflichtigen Personen für anwendbar zu erklären. Der § 11 Absatz 2 hat jedoch noch eine andere, anscheinend von dem Antragsteller nicht gewollte und bei der Diskussion der betreffenden Amendements überhaupt nicht erwähnte Bedeutung insoweit, als er das Recht, ein volles Viertel des Gesamteinkommens durch Gemeindebeschluss für sich zur Besteuerung in Anspruch zu nehmen, nicht nur den Gemeinden, in welchen der Abgabepflichtige einen Wohnsitz hat, sondern auch den Gemeinden zuerkennt, in welchen der Abgabepflichtige nur einen den Zeitraum von 3 Monaten übersteigenden Aufenthalt genommen hat. Für die letzteren finden jedoch die Billigkeitsgründe, welche zur Beifügung des Zusatzes in § 9 Absatz 2 Veranlassung gegeben haben, keineswegs in gleichem Masse wie für die Wohnsitzgemeinden Anwendung, und wird ausserdem für die Anwendung der bezüglichen Bestimmung die Berechnung noch komplizierter, zumal die Höhe des Anteils, welcher von dem Gesamteinkommen jeder einzelnen steuerberechtigten Gemeinde zufällt, davon abhängig bleibt, ob dieselbe durch Gemeindebeschluss von der ihr durch § 11 Absatz 2 beigelegten Befugnis Gebrauch gemacht hat oder nicht.

Zu § 12. Bisher wurde auf Grund der im § 12 bezeichneten Gesetze ein Beamter, welcher nicht am Sitze der Behörde seinen Wohnsitz hat, von seinem etwaigen Privatvermögen an seinem faktischen Wohnorte, von seinem Diensteinkommen dagegen am Sitze der Behörden zu den Gemeindeabgaben herangezogen. Durch § 12 wird dieser Rechtszustand in der Weise abgeändert, dass sowohl für das Diensteinkommen als für das Einkommen aus Privatvermögen lediglich das faktische Domizil massgebend bleibt. Zur Begründung dieser Bestimmung wird in den Motiven des Gesetzentwurfs vom Jahre 1884 folgendes angeführt:

„Die Bestimmungen, nach welchen durch den Amtssitz der Beamten das Steuerdomizil derselben hinsichtlich ihres Diensteinkommens begründet wird, haben mehr und mehr zu einer unbilligen Benachteiligung der in der Nachbarschaft grösserer Städte gelegenen Ortschaften geführt, und ihre Ausführung ist wegen der Trennung des Diensteinkommens von dem Einkommen aus Privatvermögen und der verschiedenen Besteuerung dieser Bestandteile des Gesamteinkommens in verschiedenen Gemeinden vielfach mit Unzuträglichkeiten verbunden. Auch kommt in Betracht, dass nur das faktische, nicht aber das durch den Amtssitz begründete Beamtendomizil einen Unterstützungswohnsitz begründet.

höchsten Kabinettsordre vom 14. Mai 1832 (Gesetzsamml. S. 145) und der § 8 der
Verordnung vom 23. September 1867 (Gesetzsamml. S. 1648) treten ausser Kraft.

D. Allgemeine Bestimmungen.

§ 13.

Insoweit juristische Personen, Gesellschaften etc. zur Entrichtung der in
Kreisen bezw. Provinzen vom Einkommen erhobenen Abgaben verpflichtet sind,
oder physische Personen in verschiedenen Kreisen bezw. Provinzen solchen Abgaben unterliegen, kommen bei Veranlagung derselben die Grundsätze der §§ 2
bis 11 gleichmässig zur Anwendung.

§ 14.

Dieses Gesetz tritt mit dem 1. April 1886 in Kraft. Alle demselben entgegenstehenden Bestimmungen werden von diesem Zeitpunkte ab aufgehoben.

Insbesondere treten auch ausser Kraft die Bestimmungen in § 8 des Gesetzes vom 20. Dezember 1879 (Gesetzsamml. S. 635), in § 9 des Gesetzes vom

---

Der § 12 findet, obwohl derselbe im § 13 nicht mit aufgeführt ist, infolge
der dispositiven Fassung des ersten Satzes auch auf die Provinzial- und
Kreisbesteuerung der Beamten Anwendung.

Zu § 13. In der Begründung des Gesetzentwurfs von 1884 wird zu dem
§ 13 folgendes angeführt:

Die für Feststellung der Veranlagungsgrundsätze der §§ 2 bis 11 massgebend gewesenen Gründe erscheinen in gleicher Weise wie hinsichtlich der
Gemeinden auch hinsichtlich der Kreise und Provinzen, insoweit dieselben nach den bestehenden Gesetzen zur Besteuerung juristischer Personen etc.
und Forensen überhaupt berechtigt sind, zutreffend. Es ergibt sich daher als
billig und zweckmässig, die fraglichen Vorschriften zugleich auch für die betreffenden weiteren Kommunalverbände in Kraft treten zu lassen.
Da der § 13 nur die §§ 2—11, nicht aber auch den § 1 auf Kreis-
und Provinzialabgaben für anwendbar erklärt, so ist durch denselben eine
Ausdehnung der Verpflichtung zur Zahlung derartiger Abgaben auf Aktiengesellschaften, Kommanditgesellschaften auf Aktien, Berggewerkschaften und eingetragenen Genossenschaften nicht erfolgt. Nur insoweit dieselben schon jetzt Kreis- und Provinzialabgaben in Form von Einkommensteuern zu entrichten haben, finden hierauf die §§ 2—11 Anwendung.

Zu § 14 Absatz 1. Das Inkrafttreten des Gesetzes ist auf den 1. April 1886
aus dem Grunde festgesetzt worden, damit die durch dasselbe bedingte Neu-
anlegung des Gemeindeabgabenwesens mit dem Beginn des neuen Etatsjahres erfolgen kann.

Zu den aufgehobenen Bestimmungen gehört nicht das früher ausdrücklich zur Aufhebung bestimmte Regulativ über die Unterhaltung der
öffentlichen Wege in den Staatswaldungen in der Provinz Westfalen und in der Rheinprovinz vom 17. November 1841 (Gesetzsammlung S. 405), „weil durch dessen Aufhebung eine schwere Belastung der
armen Gebirgsgemeinden herbeigeführt werden würde."

Zu § 14 Absatz 2. Die in Absatz 2 aufgeführten 8 Gesetze betreffen
die Verstaatlichung von 26 Privateisenbahnen; — die allegierten
Paragraphen derselben, welche sich auf die Entrichtung von Provinzial-, Kreis-
und Gemeindeabgaben von diesen verstaatlichten Bahnen beziehen, sind nur aufgehoben, „soweit sie die Erhebung von Gemeindeabgaben betreffen." Sie bleiben also noch in Geltung, soweit sie sich auf die Erhebung
von Kreis- und Provinzialabgaben beziehen, jedoch nur mit der im § 13 hinsichtlich der Veranlagung angeordneten Massgabe.

14. Februar 1880 (Gesetzsamml. S. 20), in § 10 des Gesetzes vom 28. März 1882 (Gesetzsamml. S. 21), in § 9 des Gesetzes vom 13. Mai 1882 (Gesetzsamml. S. 269), in § 10 des Gesetzes vom 24. Januar 1884 (Gesetzsamml. S. 11), in § 10 des Gesetzes vom 17. Mai 1884 (Gesetzsamml. S. 129) und in § 10 der Gesetze vom 23. Februar 1885 (Gesetzsamml. S. 11 und 43), insoweit sie die Erhebung von Gemeindeabgaben betreffen.

§ 15.

Die Minister des Innern und der Finanzen sind mit der Ausführung dieses Gesetzes beauftragt.

Urkundlich unter Unserer Höchsteigenhändigen Unterschrift und beigedrucktem Königlichen Insiegel.

Gegeben Bad Gastein den 27. Juli 1885.

(L. S.)　　　　**Wilhelm.**

von Puttkammer. Maybach. Lucius. Friedberg. von Bötticher. von Gossler. von Scholz. Graf von Hatzfeldt. Bronsart von Schellendorf.

Schliesslich mögen noch zwei Ergänzungsparagraphen Erwähnung finden, welche auf den Antrag der Kommission des Abgeordnetenhauses in das Gesetz eingefügt worden waren und zu den eingehendsten Erörterungen Veranlassung gegeben haben, welche jedoch — und zwar der erstere (§ 7a) schon bei der dritten Beratung des Gesetzentwurfes im Abgeordnetenhause, der zweite (§ 9a) bei der Beratung des Herrenhauses im Jahre 1885 — wieder gestrichen worden sind. Dieselben verdienen diese Erwähnung hauptsächlich aus dem Grunde, weil die Vertreter der Staatsregierung erklärten, dem Grundgedanken dieser Zusatzparagraphen sympathisch gegenüber zu stehen und nur den Einwand erhoben, dass die Formulierung derselben unzureichend sei, und dass dieselben nicht in den Rahmen eines Notgesetzes passten. Der erste dieser Zusätze sollte lauten:

§ 7a.

Gemeinden, welchen nach § 2 ein Besteuerungsrecht nicht zusteht, können, wenn eine erhebliche Steigerung ihrer Gemeindeabgaben durch den in einer anderen Gemeinde stattfindenden Betrieb von Berg-, Hütten-, Salzwerken, Fabriken oder Eisenbahnen verursacht wird oder bereits verursacht ist, beanspruchen, dass ihnen ein angemessener Teil der in der letzteren Gemeinde erhobenen Steuer überwiesen werde.

Eine erhebliche Steigerung der Gemeindeabgaben ist jedenfalls anzunehmen, wenn infolge des in einer anderen Gemeinde stattfindenden Betriebes (Absatz 1) nachweislich eine Erhöhung um zehn Prozent nötig wird bezw. erfolgt ist.

Derjenigen Gemeinde, in welcher die Betriebe steuerpflichtig sind, muss mindestens die Hälfte des Steuerbetrages verbleiben.

Der Anspruch muss spätestens drei Monate vor Beginn des für die Betriebsgemeinde geltenden Steuerjahres bei dieser erhoben werden.

Falls eine Einigung unter den beteiligten Gemeinden nicht erfolgt, so ist über den erhobenen Anspruch im Verwaltungsbeschlussverfahren zu entscheiden.

In den Provinzen Posen, Schleswig-Holstein, Hannover, Hessen-Nassau, Westfalen und in der Rheinprovinz treten an die Stelle des Kreisausschusses und des Bezirksausschusses bis zum Inkrafttreten des Gesetzes über die allgemeine Landesverwaltung vom 30. Juli 1883 (Gesetzsamml. S. 195) die Kommunalaufsichtsbehörden.

In den Fällen, in welchen die Stadt Berlin beteiligt ist, oder eine bezw. mehrere, aber nicht alle Gemeinden dem Geltungsbereiche des bezeichneten Gesetzes angehören, bestimmt der Minister des Innern die Behörde, die zu beschliessen hat.

Es muss anerkannt werden, dass der diesem § 7a zu Grunde liegende Gedanke, dass an den steuerlichen Leistungen des Besitzers einer Fabrik, eines industriellen Etablissements, eines Bergwerks oder einer Eisenbahn nicht bloss die Gemeinden, in welchen der Betrieb stattfindet und das Einkommen erzielt wird, sondern auch diejenigen Gemeinden, denen erhebliche Ausgaben durch solche Betriebe erwachsen, beteiligt werden sollen, den Rücksichten der Billigkeit entspricht. Anderseits lässt sich nicht leugnen, dass dieser Gedanke mit der theoretischen Konstruktion einer Gemeindeeinkommensteuer nicht wohl vereinbar ist, sich in die Architektonik des Gesetzes nicht gut einfügen lässt, und bei der praktischen Ausführung zu den grössten Scwierigkeiten Veranlassung geben würde.

Diese Bedenken sind von so schwerwiegender Bedeutung, dass auch bei dem Erlass eines definitiven Kommunalsteuergesetzes eine gesetzgeberische Formulierung dieses Gedankens wohl kaum wird in Aussicht genommen werden können. Vielmehr dürfte den Bedürfnissen, welchen derselbe Abhilfe zu schaffen bestimmt war, auf dem Wege der Specialgesetzgebung, namentlich auf dem Gebiete der Wege- bezw. Schul- und Armengesetzgebung Rechnung zu tragen sein, wie dies zum Teil schon jetzt bezüglich der Unterhaltungslast der Gemeindewege oder Landstrassen für die Provinz Hannover durch das Gesetz vom 28. Juli 1877 (S. 18) und für den Regierungsbezirk Kassel durch § 7 des Gesetzes vom 16. März 1879 geschehen ist.

Der zweite Zusatzparagraph lautete:

§ 9a.

Diejenigen Personen, welche bei den in Gemässheit des § 1 Absatz 1 abgabepflichtigen Aktiengesellschaften, Kommanditgesellschaften auf Aktien, Berggewerkschaften, eingetragenen Genossenschaften und Konsumvereinen, als Aktionäre, Gewerken, Genossen oder Mitglieder beteiligt sind, können verlangen, dass ihr aus ihrer desfallsigen Beteiligung fliessendes Einkommen bei der Einschätzung zu den Gemeindeabgaben in ihrer Wohnsitzgemeinde ausser Berechnung gelassen wird.

Der Anspruch findet jedoch nur statt, wenn das Einkommen des nach § 1 Absatz 1 Abgabepflichtigen in der Sitzgemeinde überhaupt besteuert wird. Ist der Steuersatz in der letzteren niedriger, als in der Wohnsitzgemeinde, so wird das Einkommen aus der Beteiligung im Verhältnis des überschiessenden Teiles des in der Wohnsitzgemeinde erhobenen Steuersatzes in Berechnung gelassen.

Der Anspruch muss spätestens drei Monate vor Beginn des für die Wohnsitzgemeinde geltenden Steuerjahres erhoben werden.

Zur Begründung des Anspruchs wird erfordert, dass die betreffende Person mindestens während des ganzen vorangegangenen Jahres unausgesetzt Eigentümer oder Nutzniesser der Beteiligung war, wobei im Falle des Erwerbs durch Erbgang die Besitzzeit des Erblassers mit in Anrechnung zu bringen ist.

Der Absatz 2 des § findet hierbei mit der Massgabe Anwendung, dass dadurch das Besteuerungsrecht der Sitzgemeinde nicht beeinträchtigt wird.

Der in dieser Vorschrift zum Ausdruck gelangte Gedanke fand sich bereits in etwas modifizierter Fassung in den früheren Regierungsvorlagen vor, und wurde derselbe in der Begründung zu § 23 des Gesetzentwurfs von 1879 auf S. 109 in folgender Weise motiviert: Die Kommunalbesteuerung der Aktiengesellschaften sei nicht sowohl in ihrer Eigenschaft als juristische Personen, welche Eigenschaft ihnen nach Lage der jetzigen Gesetzgebung nicht zuerkannt werden könne, sondern hauptsächlich aus dem Grunde angeordnet worden, weil es meistenteils unmöglich sei, die ihrer Person nach vielfach unbekannten Aktionäre als Inhaber des Unternehmens zu veranlagen, und weil die Abstandnahme von jener Besteuerung häufig die gänzliche Steuerbefreiung des in dem Aktienunternehmen angelegten Kapitals zur Folge haben würde. Dasselbe gelte vielfach auch von den Kommanditgesellschaften auf Aktien und Berggewerkschaften. Anderseits lasse sich nicht verkennen, dass in dieser Besteuerung der Aktiengesellschaften, Kommanditgesellschaften auf Aktien, Berggewerkschaften und eingetragenen Genossenschaften, in Verbindung mit der in der Wohnsitzgemeinde der Aktionäre, Kommanditisten und Gewerken stattfindenden Besteuerung ihres vollen persönlichen Einkommens eine Doppelbesteuerung desselben Objektes enthalten sei. Zur Vermeidung der Doppelbesteuerung sei deshalb eine entsprechende Bestimmung erforderlich, und den Aktionären, Kommanditisten und Gewerken insoweit, als die ihnen zufliessende Dividende und Ausbeute bei der Veranlagung ihres Prinzipalsteuersatzes an Klassen- und klassifizierter Einkommensteuer mit in Rücksicht gezogen worden sei, ein Abzugsrecht in der Wohnsitzgemeinde mit der Massgabe eingeräumt worden, dass zu gunsten des letzteren die Vorschrift in § 9 Absatz 2 ebenfalls Anwendung finden solle. Diese Bestimmung, durch welche das Einkommen aus Dividenden und Ausbeuten bezüglich der Abzugsfähigkeit in der Wohnsitzgemeinde dem Einkommen aus auswärtigem Grundbesitze und auswärtigem Gewerbebetriebe gleichgestellt werde, müsse allerdings insofern eine Beschränkung erfahren, als die Abzugsfähigkeit nur in dem Falle zugestanden werden könne, wenn bei der Veranlagung des Abgabepflichtigen zur Staatsklassen- und klassifizierten Einkommensteuer dieses Einkommen mit in Rücksicht gezogen sei. Diese Beschränkung erscheine notwendig, um Kollusionen durch Vorweisung geliehener Aktien, durch fingirte Cessionen etc. zu vermeiden.

Während die königl. Staatsregierung in dem Entwurf vom Jahre 1884 eine entsprechende Bestimmung nicht mit aufgenommen hatte, nicht sowohl, weil sie principiell von einer andern Auffassung ausgegangen war, sondern aus dem Grunde, weil ein solches Abzugsrecht der Aktionäre etc. in dem gleichzeitig vorgelegten Gesetzentwurfe über die Abänderung der Vorschriften bezüglich der Staats-Einkommensteuer keine Aufnahme gefunden hatte, wurde bei den Berathungen im Jahre 1884 im Abgeordnetenhause eine derartige Bestimmung für unerlässlich erachtet und dem Gesetzentwurfe wieder eingefügt. Im Jahre 1885 ist jedoch in der Kommission des Herrenhauses einstimmig und durch Beschluss in der Plenarsitzung vom 25. Februar 1885 (Stenogr. Bericht S. 132—133) mit grosser Majorität die Streichung dieser Bestimmung aus grundsätzlichen Bedenken erfolgt, weil kein hinreichender Anlass vorliege, die Aktionäre etc. freizulassen und eine derartige Vorschrift keine Unbilligkeit gegen die letzteren, wohl aber eine grosse Schädigung der Gemeinden enthalte.

Seitens des Vertreters der Staatsregierung, welcher in den Sitzungen des Abgeordnetenhauses vom 5. Mai 1884 und vom 28. Januar 1885 ebenfalls die Streichung dieses Zusatzes befürwortete, ist dagegen ausgesprochen worden, dass die Staatsregierung dem in demselben zum Ausdruck gelangten Gedanken sympathisch gegenüberstehe und es für eine Forderung der Billigkeit erachte, eine Doppelbesteuerung in den Fällen zu vermeiden, wo eine solche durch die Besteuerung desselben gewerblichen Einkommens einerseits in der Hand der Aktiengesellschaft, Kommanditgesellschaft auf Aktien, Gewerkschaft und eingetragenen Genossenschaft, anderseits in der Hand der Aktionäre, Gewerken und Genossen herbeigeführt werde, dass jedoch gegen die Formulierung dieses Gedankens in der Fassung der Beschlüsse des Abgeordnetenhauses eine Reihe von Bedenken zu erheben sei, und dass jedenfalls dieser Gedanke in dem engen Rahmen eines Notgesetzes keine Aufnahme werde finden können. — Durch diese Erklärung ist für den Fall des Erlasses eines umfassenden Gemeindeabgabengesetzes die Wiederaufnahme einer entsprechenden Vorschrift in Aussicht gestellt worden.

Ausführungsverordnungen zum preuss. Kommunalsteuer-Notgesetz.

I.

Cirkularverfügung des Ministers des Innern und der Finanzen vom 19. Oktober 1885.

(Ministerialblatt der inneren Verwaltung S. 223.)

Berlin, den 19. Oktober 1885.

Indem wir darauf hinweisen, dass das Gesetz vom 27. Juli cr., betreffend die Ergänzung und Abänderung einiger Bestimmungen über Erhebung der auf das Einkommen gelegten direkten Kommunalabgaben (Gesetz-samml. S. 327),

nach § 14 mit dem 1. April 1886 in Kraft treten wird, machen wir zur Aus-führung desselben auf Grund des § 15 Euer Hochwohlgeboren auf folgende Punkte ergebenst aufmerksam.

I. Das Gesetz vom 27. Juli cr. enthält keineswegs eine vollständige und allgemeine Regelung des Gemeindeabgabenwesens, wie dieselbe in den früheren Gesetzentwürfen, namentlich in dem Gesetzentwurfe vom Jahre 1879 (Druck-sachen des Abgeordnetenhauses 13. Legislaturperiode I. Session 1879/80 Nr. 19) beabsichtigt war, sondern stellt sich nur als ein Notgesetz dar, welches die Auf-gabe hat, einzelne Punkte hinsichtlich der Erhebung direkter Kommunal-Ein-kommensteuern zu regeln. — Hieraus folgt zunächst, dass dieses Gesetz keines-wegs bestimmt ist, überhaupt an Stelle derjenigen Vorschriften der Gemeinde-verfassungsgesetze zu treten, welche die Aufbringung der Gemeindebedürfnisse betreffen, bezw. die Autonomie der Gemeinden auf diesem Gebiete regeln, son-dern dass dasselbe nur insoweit Anwendung findet, als auf Grund dieser Vor-schriften eine Erhebung von auf das Einkommen gelegten direkten Gemeinde-abgaben bereits stattfindet, oder in Zukunft eingeführt wird. Soweit die Be-streitung der Gemeindebedürfnisse durch anderweite Gemeindeabgaben, ins-besondere durch Zuschläge zur Staats-Grund-, Gebäude- und Gewerbesteuer, durch indirekte Gemeindesteuern, durch sonstige besondere Real- oder Personal-abgaben (Haus-, Miets-, Wohnungs-, Hunde-, Luxussteuern) stattfindet, kommt das Gesetz vom 27. Juli cr. überhaupt nicht zur Anwendung, und bleibt dieser Teil des Gemeindesteuerwesens von demselben gänzlich unberührt.

II. Dagegen gibt dieses Gesetz allen Gemeinden die Befugnis zur Er-hebung von Gemeinde-Einkommensteuern, und regelt diese Befugnis für alle Gemeinden, mögen sie ein derartiges Recht schon bisher besessen und ausgeübt haben oder nicht, in gleichmässiger Weise. — Hierbei wird davon auszugehen sein, dass auch die Erhebung von Zuschlägen zur Klassen- und klassifizierten Einkommensteuer sich als die Erhebung von auf das Einkommen gelegten Kom-munalabgaben charakterisiert, so dass diejenigen Bestimmungen des Gesetzes, welche — wie die Vorschriften zu B. und C. in betreff der Vermeidung der Doppelbesteuerung und des Steuerdomizils der Beamten — auf die Zuschläge zur Klassen- und klassifizierten Einkommensteuer anwendbar sind, auf dieselben ebenfalls zur Anwendung gebracht werden müssen. Ebenso werden diejenigen

Gemeinden, welche auf Grund von Regulativen schon jetzt Gemeinde-Einkommensteuern erheben, bei der ferneren Ausübung dieses Rechts an die Beschränkungen und Vorschriften dieses Gesetzes — namentlich auch des § 1 Absatz 2, §§ 2 ff. — gebunden sein.

III. Anderseits werden die Gemeinden, in welchen bisher nur Zuschläge zur Klassen- und klassifizierten Einkommensteuer erhoben worden sind, bezw. in welchen die Erhebung einer direkten Gemeinde-Einkommensteuer bisher überhaupt nicht stattgefunden hat, nunmehr nicht ohne weiteres die im § 1 erwähnten Erwerbsgesellschaften und juristischen Personen zur Gemeinde-Einkommensteuer veranlagen können, sondern es wird vorab eines Gemeindebeschlusses darüber bedürfen, dass in Zukunft neben den Zuschlägen zur Klassen- und Einkommensteuer eine Gemeinde-Einkommensteuer nach Massgabe des Gesetzes vom 27. Juli cr. erhoben werden solle. Ebensowenig werden die Gemeinden, welche bisher auf Grund von Gemeinde-Einkommensteuer-Regulativen die juristischen Personen und Aktiengesellschaften zu diesen Steuern herangezogen haben, in Zukunft ohne weiteres auch die Kommanditgesellschaften auf Aktien, Berggewerkschaften und eingetragenen Genossenschaften veranlagen dürfen, sondern es wird eines Gemeindebeschlusses darüber bedürfen, dass das Kommunal-Einkommensteuer-Regulativ nach Massgabe der Vorschriften des Gesetzes vom 27. Juli cr. zu ergänzen bezw. abzuändern sei. Denn der § 1 dieses Gesetzes enthält nur eine dem § 4 Abs. 3 bezw. § 53 II. der Städteordnung vom 30. Mai 1853 und den gleichlautenden Vorschriften der sonstigen Gemeindeverfassungsgesetze analoge Bestimmung und wird daher, soweit in demselben Befugnisse für die Gemeinden zur Erhebung von Gemeinde-Einkommensteuern enthalten sind, entsprechend den Vorschriften in der zur Ausführung des § 53 a. a. O. erlassenen Ministerialanweisung vom 17. Juli 1854, nicht ipso jure in Kraft treten, sondern es wird eines hierauf gerichteten Gemeindebeschlusses bedürfen. Soweit derartige Gemeindebeschlüsse nach Massgabe der bestehenden Gemeindeverfassungsgesetze der Genehmigung der Kommunalaufsichtsbehörden bedürfen, werden jedoch letztere die Genehmigung zu diesen Beschlüssen, sofern dieselben lediglich auf die Anwendbarkeit der Vorschriften des Gesetzes vom 27. Juli cr. abzielen, unbedingt zu erteilen haben. Dasselbe wird von der Genehmigung der im § 9 Absatz 2 erwähnten Gemeindebeschlüsse gelten, durch welche eine Gemeinde beschliesst, ein volles Viertel des Gesamteinkommens der in ihnen vorhandenen bezw. sich aufhaltenden Abgabepflichtigen für sich in Anspruch zu nehmen.

Gegenüber denjenigen Gemeinden jedoch, in denen auf Grund bestehender und in früherer Zeit regierungsseitig genehmigter Regulative eine von den Grundsätzen der Staatssteuer wesentlich abweichende Besteuerung des Einkommens stattfindet, oder anderweit bereits das Bedürfnis hervorgetreten ist, wesentliche Mängel des betreffenden Regulativs zu beseitigen, ist die Genehmigung der vorgedachten ergänzenden bezw. abändernden Beschlüsse nur mit dem entsprechenden Vorbehalt der alsbaldigen Einleitung der Revision des Regulativs zu erteilen.

IV. Im einzelnen machen wir noch auf folgende Punkte aufmerksam:

1) Nach § 2 Absatz 4 haben die zuständigen oberen Verwaltungsbehörden festzusetzen, was als selbständige gewerbliche oder Bergbauunternehmung des Staatsfiskus zu betrachten ist. Die bezüglichen Festsetzungen

werden von denselben durch die Regierungs-Amtsblätter bekannt gemacht werden.

2) Die Resolute, durch welche nach :

§ 4 die abgabepflichtigen Beträge des Reineinkommens der Privateisenbahnunternehmungen,

§ 5 der abgabepflichtige Gesamtertrag der Staats- und für Rechnung des Staats verwalteten Eisenbahnen,

§ 6 das Verhältnis des in den einzelnen Provinzen aus den Domänen- und Forstgrundstücken erzielten etatsmässigen Ueberschusses der Einnahmen über die Ausgaben zum Grundsteuerreinertrage,

festzustellen sind, werden durch den Reichs- und Staatsanzeiger öffentlich bekannt gemacht werden. Euer Hochwohlgeboren wollen gefälligst dafür Sorge tragen, dass die bezüglichen Resolute, insoweit dieselben auf den dortigen Bezirk Anwendung finden, demnächst auch durch die Regierungs-Amtsblätter zur öffentlichen Kenntnis gebracht werden.

3) Nach § 7 b haben für den Fall, dass sich eine Betriebsstätte, Station etc., innerhalb deren Ausgaben an Gehältern und Löhnen erwachsen, über den Bezirk mehrerer Gemeinden erstreckt, die Verwaltungsbeschlussbehörden über die Verteilung zu beschliessen. Wir machen darauf aufmerksam, dass diese Beschlussfassung, da die Bestimmungen des § 7 nur subsidiärer Natur sind und nur Anwendung finden, insofern nicht zwischen den beteiligten Gemeinden und dem Abgabepflichtigen ein anderweiter Verteilungsmassstab vereinbart ist, nicht von Amtswegen, sondern nur auf Antrag der Beteiligten bezw. eines derselben herbeizuführen ist.

Sofern in derartigen Fällen die Stadt Berlin beteiligt ist, hat der Herr Oberpräsident in Potsdam die Verteilung zu bewirken.

Sofern in einem solchen Falle eine oder mehrere, aber nicht alle Gemeinden dem Geltungsbereiche des Gesetzes über die allgemeine Landesverwaltung vom 30. Juli 1883 angehören, hat über die Verteilung diejenige Verwaltungsbeschluss- bezw. Kommunalaufsichtsbehörde zu beschliessen, in deren Bezirk nach Massgabe des Flächenverhältnisses der grössere Teil der Betriebsstätte, Station etc. gelegen ist.

V. Häufig wird von den Gemeinden das Bedürfnis empfunden werden, in Folge der durch das Gesetz vom 27. Juli cr. eintretenden vielfachen Abänderungen die bestehenden Gemeinde-Einkommensteuer-Regulative einer Umarbeitung zu unterziehen, bezw. da, wo solche Regulative nicht vorhanden sind, in einem solchen die massgebenden Bestimmungen in übersichtlicher Weise zusammenzufassen.

Es erscheint deshalb angezeigt, den durch Ministerialreskript vom 31. Mai 1864 (Ministerialblatt S. 140) mitgeteilten Entwurf eines Normalregulativs für Erhebung der Gemeinde-Einkommensteuer unter Berücksichtigung der durch die neuere Gesetzgebung eingetretenen Abänderungen durch ein entsprechend modifiziertes Normalregulativ zu ersetzen. Die Mitteilung eines entsprechenden anderweitigen Normalregulativs bleibt vorbehalten.

Euer Hochwohlgeboren wollen hiernach gefälligst das Weitere veranlassen und dafür Sorge tragen, dass die vorstehenden Bestimmungen zur Kenntnis der Gemeinde- bezw. Kommunalaufsichtsbehörden gebracht werden.

Der Minister des Innern.   Der Finanzminister.

von Puttkamer.   von Scholz.

II.
Cirkularverfügung der Minister des Innern und der Finanzen vom 5. November 1885.
(Ministerialblatt der inneren Verwaltung S. 225.)

Ew. etc. lassen wir im Anschlusse an unseren Erlass vom 19. v. M. $\dfrac{\text{M. d. I. I. B. 6143}}{\text{Fin.-M. II. 11,929}}$ anbei das Schema zu einem anderweiten Gemeinde-Einkommensteuer-Regulativ, dessen Fassung sich den Bestimmungen der Städteordnung für die östlichen Provinzen vom 30. Mai 1853 anschliesst, mit der Veranlassung (ergebenst) zugehen, (gefälligst) dasselbe in den Fällen, in welchen die Feststellung eines Regulativs dieser Art erforderlich wird, als Anhalt zu benutzen.

Soweit die von den Gemeindebehörden beschlossenen Gemeinde-Einkommensteuer-Regulative dem beiliegenden Schema entsprechen oder doch keine principiell erheblichen Abweichungen zeigen, erteilen wir generell zu denselben unsere Zustimmung und bedarf es einer speciellen Berichterstattung in diesen Fällen nicht. Soweit dagegen unter Abweichung von den Festsetzungen dieses Schemas direkte Gemeinde-Einkommensteuern neu eingeführt oder in ihren Grundsätzen verändert, insbesondere Progressivsteuern neu eingeführt werden sollen, ist in jedem einzelnen Falle unsere Zustimmung sofort nachzusuchen. Im übrigen bemerken wir zu den einzelnen Bestimmungen des Entwurfs Nachstehendes (ergebenst).

1) Es bedarf keiner Erörterung, dass ausserhalb des Geltungsbereichs der Städteordnung vom 30. Mai 1853 an Stelle der in diesem Schema angezogenen Gesetze erforderlichenfalls die entsprechenden anderweitigen gesetzlichen Bestimmungen in Bezug zu nehmen sind. Insbesondere werden an Stelle der Vorschriften der gedachten Städteordnung die bezüglichen Bestimmungen der sonstigen Gemeindeverfassungsgesetze, an Stelle der im § 2 Absatz 2 angezogenen Gesetze und Verordnungen in den neuen Provinzen die Verordnung vom 23. September 1867 (Gesetzsamml. S. 1648), und ausserhalb des Geltungsbereichs des Zuständigkeitsgesetzes vom 1. August 1883 an Stelle des Schlusssatzes im § 11 die bezüglichen Vorschriften des Gesetzes über die Verjährungsfristen bei öffentlichen Abgaben vom 18. Juni 1840 zu treten haben.

2) Beschliesst eine Gemeinde die Heranziehung derjenigen Personen zu ihrer Gemeinde-Einkommensteuer, deren jährliches Einkommen weniger als 420 M. beträgt, so empfiehlt sich behufs Vermeidung der Prägravation von Einkommen in unbedeutenden Beträgen — insbesondere auf Seiten der Forensen — als Absatz 2 des § 4 folgende Bestimmung einzufügen:

,Diejenigen Personen, deren jährliches Einkommen weniger als 420 M. beträgt und welche nicht im Wege der öffentlichen Armenpflege eine

fortlaufende Unterstützung erhalten, werden mit einem fingierten Steuersatze von ¹/₂ Prozent des ermittelten steuerpflichtigen Einkommens
bis zum Höchstbetrage von 1 M. 50 Pf. veranlagt."

3) Daraus, dass gemäss § 4 Absatz 1 die Veranlagung der Gemeinde-
Einkommensteuer unter Anwendung der Steuerstufen der Staats-Klassen- und
klassifizierten Einkommensteuer stattzufinden hat, ergibt sich von selbst, dass
hierfür die Veranlagungs- und die Steuersätze dieser Stufen für massgebend zu
erachten sind.

Die Vorschrift in § 3 Absatz 2 des durch diesseitigen Erlass vom 31. Mai
1884 dorthin mitgeteilten Normalregulativs A, gemäss welcher in Betreff derjenigen, welche beanspruchen können, dass gewisse Teile ihres Einkommens von
der Besteuerung · ausgenommen werden, nach den Vorschriften unter Nr. 12
und 13 und im letzten Absatz unter Nr. 14 der Instruktion vom 17. Juli 1854
(M.-Bl. S. 128) zu verfahren ist, hat in dem anliegenden Schema keine Aufnahme gefunden. In allen Fällen, in welchen eine Heranziehung zur Gemeinde-
Einkommensteuer mit dem vollen zur Staats-Klassen- oder klassifizierten Einkommensteuer herangezogenen Einkommen gemäss des Absatz 2 im § 4 dieses
Entwurfs nicht zulässig ist, hat daher eine Ermittelung des steuerpflichtigen
Einkommens nach Massgabe des Absatz 1 bezw. 3 des § 4 stattzufinden.

4) Nachdem gemäss Art. IV des Gesetzes vom 25. Mai 1873 in dem
grösseren Teile des Staatsgebietes die mehrmonatliche Hebung der direkten
Staatssteuern eingeführt ist, wird es sich aus überwiegenden Zweckmässigkeitsgründen empfehlen, für die Hebung der Gemeinde-Einkommensteuer — wenn
thunlich — dieselben Fristen vorzuschreiben, welche für diejenige der direkten
Staatssteuern gelten.

Hierauf beruht die Vorschrift im § 8 des anliegenden Entwurfs.

5) Die zur Zeit in Geltung befindlichen Gemeinde-Einkommensteuer-
Regulative enthalten nicht selten unzweckmässige oder geradezu vorschrifts-
widrige, bezw. mit dem Interesse der Staatssteuerverwaltung unvereinbare Bestimmungen.

Der gegenwärtige Anlass, diese Regulative zu beseitigen, wird daher um
so mehr zu benutzen sein, als die Aufstellung von Nachträgen zu denselben in
Ausführung des Gesetzes vom 27. Juli d. J. leicht geeignet sein würde, zu Un-
sicherheiten und Unklarheiten zu führen.

Dieser Erwägung entspricht die Vorschrift im § 13 des Entwurfs und ist
thunlichst darauf hinzuwirken, dass die bezeichneten Regulative baldmöglichst
ausser Kraft gesetzt werden.

6) In der Verfügung, durch welche das zum Zwecke der Genehmigung
eingereichte Gemeinde-Einkommensteuer-Regulativ mit der Genehmigung versehen zurückgegeben wird, ist die Widerruflichkeit der Genehmigung für den
Fall vorzubehalten, dass die Bestimmungen des Regulativs im ganzen oder im
einzelnen den gesetzlichen Bestimmungen zuwiderlaufen oder den Vorschriften
der allgemeinen Steuergesetze (§ 13 des Abgabengesetzes vom 30. Mai 1820)
hinderlich sind ¹).

---

¹) Die vorstehenden zu 1 und 2 bezeichneten Cirkularverfügungen der
Minister des Innern und der Finanzen vom 19. Oktober und 5. November 1885

Regulativ für die Gemeinde-Einkommensteuer in der Stadt N. N.

In Gemässheit des § 53 Nr. II der Städteordnung für die östlichen Provinzen vom 30. Mai 1853 und auf Grund des Beschlusses der Stadtverordneten vom . . . . wird hierdurch für den Gemeindebezirk N. N. nachstehendes Gemeinde-Einkommensteuer-Regulativ erlassen:

§ 1.

Vom . . . . ab sollen zur Gemeinde-Einkommensteuer herangezogen werden:

a. alle diejenigen, welche in dem Stadtbezirke nach den Bestimmungen der Gesetze ihren Wohnsitz haben (§ 3 Absatz 2 der Städteordnung vom 30. Mai 1853);

b. alle diejenigen, welche, auch ohne im Stadtbezirk zu wohnen, sich länger als drei Monate in demselben aufhalten (§ 8 des Freizügigkeitsgesetzes vom 1. November 1867);

c. Aktiengesellschaften, Kommanditgesellschaften auf Aktien, Berggewerkschaften, eingetragene Genossenschaften, deren Geschäftsbetrieb über den Kreis ihrer Mitglieder hinausgeht, und juristische Personen, insbesondere auch Gemeinden und weitere Kommunalverbände, welche in dem Stadtbezirke Grundbesitz, gewerbliche Anlagen, Eisenbahnen oder Bergwerke haben, Pachtungen, stehende Gewerbe, Eisenbahnen oder Bergbau betreiben, hinsichtlich des ihnen aus diesen Quellen zufliessenden Einkommens (§ 1 Absatz 1 des Gesetzes vom 27. Juli 1885);

d. der Staatsfiskus hinsichtlich des Einkommens aus den von ihm im Stadtbezirke betriebenen Gewerbe-, Eisenbahn- und Bergbau-Unternehmungen, sowie aus den im Stadtbezirke belegenen Domänen und Forsten (§ 1 Absatz 2 a. a. O.);

e. diejenigen physischen Personen, welche im Stadtbezirke, ohne daselbst zu wohnen, oder sich länger als drei Monate aufzuhalten, Grundbesitz, gewerbliche Anlagen, Eisenbahnen oder Bergwerke haben, Pachtungen, stehende Gewerbe, Eisenbahnen oder ausserhalb einer Gewerkschaft Bergbau betreiben (Forensen), hinsichtlich des ihnen aus diesen Quellen zufliessenden Einkommens (§ 1 Absatz 3 a. a. O.).

§ 2.

Von der Gemeinde-Einkommensteuer sind frei:

a. servisberechtigte Militärpersonen des aktiven Dienststandes mit Ausnahme der Militärärzte rücksichtlich ihres Einkommens aus einer Civilpraxis;

b. Geistliche, Kirchendiener und Elementarschullehrer insoweit, als dieses durch § 4 alinea 7 und 12 der Städteordnung vom 30. Mai 1853 angeordnet ist.

---

sind an die Regierungspräsidenten in den Provinzen Ost- und Westpreussen, Brandenburg, Pommern, Schlesien, Sachsen und Hannover, sowie in entsprechend gleichlautender Form an die Regierungen der übrigen Provinzen und bezüglich der Stadt Berlin an den Oberpräsidenten in Potsdam erlassen worden.

Wegen der Besteuerung des Diensteinkommens der Beamten und Pensionäre, sowie der Pensionen der Witwen und der Erziehungsgelder für Waisen ehemaliger Staatsdiener kommen die Vorschriften des Gesetzes vom 11. Juli 1822 (Gesetzsamml. S. 184), der Allerhöchsten Kabinettsordre vom 14. Mai 1832 (Gesetzsamml. S. 145) und der Deklaration vom 21. Januar 1829 (Gesetzsamml. S. 9), sowie die Vorschrift in § 12 des Gesetzes vom 27. Juli 1885 zur Anwendung.

§ 3.

Derjenige Teil des Gesamteinkommens der im § 1 a und b bezeichneten Abgabepflichtigen, welcher aus ausserhalb des Stadtbezirks belegenem Grundeigentum oder aus ausserhalb des Stadtbezirks stattfindendem Pacht-, Gewerbe-, Eisenbahn- bezw. Bergbaubetriebe fliesst, ist in Gemässheit des § 9 Absatz 1 und § 10 des Gesetzes vom 27. Juli 1885 von der Gemeinde-Einkommensteuer frei zu lassen, jedoch ist zu der letzteren nach § 9 Absatz 2 a. a. O. stets mindestens ein Viertel des Gesamt-Einkommens heranzuziehen.

§ 4.

Die Veranlagung der Gemeinde-Einkommensteuer geschieht unter Anwendung der für die Einschätzung zur Staats-Einkommensteuer geltenden Grundsätze und der für die Staats-Klassen- und klassifizierten Einkommensteuer festgesetzten Steuerstufen, einschliesslich der beiden untersten Stufen im Sinne des § 7 des Gesetzes vom $\frac{\text{1. Mai 1851}}{\text{25. Mai 1873}}$.

Die Veranlagungssätze für diejenigen Steuerpflichtigen, welche zur Staats-Klassen- und klassifizierten Einkommensteuer herangezogen und mit ihrem Einkommen vollständig zur Gemeinde-Einkommensteuer heranzuziehen sind, werden aus der Staatssteuerrolle unmittelbar übernommen.

Wegen Ermittelung des steuerpflichtigen Einkommens der Privat-Eisenbahnunternehmungen, der Staats- und für Rechnung des Staats verwalteten Eisenbahnen, der fiskalischen Domänen und Forsten bewendet es bei den Vorschriften in den §§ 4—6 des Gesetzes vom 27. Juli 1885.

Die nach vorstehenden Bestimmungen festgestellten Steuersätze haben die Bedeutung von Verhältniszahlen, welche bei Berechnung der wirklich zu entrichtenden Steuerbeträge nach Massgabe des in jedem Jahre aufzubringenden Steuerquantums zum Grunde zu legen sind. (Vgl. § 7.)

§ 5.

Zum Zwecke der Verteilung des der Gemeinde-Einkommensteuer unterliegenden Einkommens aus dem Besitze oder Betriebe einer sich über mehrere Gemeinden erstreckenden Gewerbe-, Bergbau- oder Eisenbahnunternehmung hat der Unternehmer bezw. Gesellschaftsvorstand binnen spätestens drei Monaten vor Beginn des Steuerjahres einen Verteilungsplan, welcher im dreijährigen Durchschnitt bei Versicherungs-, Bank- und Kreditgeschäften die erzielten Bruttoeinnahmen, in allen übrigen Fällen die erwachsenen Ausgaben an Gehältern und Löhnen nach Massgabe der §§ 7 und 8 des Gesetzes vom 27. Juli 1885 und deren Verteilung auf die abgabeberechtigten Gemeinden enthalten muss, dem Magistrat mitzuteilen. In den Fällen der §§ 4 und 5 des Gesetzes vom

27. Juli 1885 hat diese Mitteilung spätestens vier Wochen nach erfolgter Bekanntmachung der abgabepflichtigen Beträge bezw. des abgabepflichtigen Gesamtbetrags zu erfolgen.

§ 6.

Die Einschätzung geschieht durch eine von der Stadtverordneten-Versammlung eigens dazu gewählte Kommission von (acht) Mitgliedern. Dieselbe
besteht aus (vier) Mitgliedern der Stadtverordneten-Versammlung, wovon, soweit
dieses angänglich, (zwei) einkommensteuerpflichtig und (zwei) klassensteuerpflichtig und aus (vier) Mitgliedern der Bürgerschaft, wovon ebenfalls, soweit
dieses angänglich, (zwei) einkommensteuerpflichtig und (zwei) klassensteuerpflichtig
sein müssen. Bei der Einschätzung der in § 1 zu c bezeichneten Abgabepflichtigen hat dasjenige Mitglied, welches bei den Betriebsresultaten durch
Aktienbesitz oder in sonstiger Weise interessiert ist, sich der Abstimmung zu
enthalten.

Der Bürgermeister oder der von ihm delegierte Beigeordnete führt in
dieser Kommission den Vorsitz, ohne ein anderes Stimmrecht, als bei Stimmengleichheit, und werden demselben alle sonstigen amtlichen Nachrichten mitgeteilt, welche zur Aufklärung dienen können.

§ 7.

Die nach § 6 stattfindende Einschätzung bildet die Mutterrolle zur Gemeinde-Einkommensteuer, auf deren Grund, nachdem das Beitragsverhältnis zu
den Kommunalsteuern festgestellt ist, der Magistrat die Heberolle anfertigt,
während 14 Tagen zur Einsicht offenlegt und demnächst vollstreckbar erklärt.

Jedem Steuerpflichtigen wird ausserdem von dem Gemeindeempfänger
mindestens 14 Tage vor Ablauf der Beschwerdefrist (§ 9) ein Auszug aus der
Heberolle, welcher den ihm zugeteilten Steuersatz enthält, mitgeteilt.

§ 8.

Die Gemeinde-Einkommensteuer ist an die Gemeindekasse in denselben
Fristen zu zahlen, welche in der Gemeinde N. für die Hebung der direkten
Staatssteuern gelten.

§ 9.

Beschwerden und Einsprüche gegen die Veranlagung müssen binnen einer
Präklusivfrist von drei Monaten nach der im § 7 vorgeschriebenen Bekanntmachung der Heberolle oder bei Veranlagung im Laufe des Jahres binnen einer
gleichen Frist nach erfolgter Benachrichtigung des Steuerpflichtigen von dem
Steuerbetrage bei dem Magistrat angebracht werden. Nur, wenn nachgewiesen
werden kann, dass durch den Verlust einzelner Einnahmequellen das veranschlagte Gesamteinkommen eines Steuerpflichtigen um mehr als den vierten Teil
vermindert worden, darf eine verhältnismässige Ermässigung der veranlagten
Steuer zu jeder Zeit gefordert werden.

Erlischt ein steuerpflichtiges Einkommen durch den Tod seines Inhabers
oder in anderer Art gänzlich, so ist die ganze davon veranlagte Steuer in Abgang, im ersteren Falle aber sind die Erben, soweit es nach den gesetzlichen
Bestimmungen und den Vorparagraphen zulässig ist, in Zugang zu stellen.

§ 10.

Die Zahlung der veranlagten Steuer darf durch den Einspruch nicht aufgehalten werden, muss vielmehr, mit Vorbehalt der späteren Erstattung des
etwa zuviel Bezahlten, zu den bestimmten Terminen (§ 8) erfolgen.

§ 11.

Die Beschwerden und Einsprüche, welche bei dem Magistrat eingehen,
werden von dem letzteren in ein darüber zu führendes Register eingetragen,
welches nach Ablauf der dreimonatlichen Präklusivfrist geschlossen wird. Dieselben werden demnächst der gleich nach dem Ablauf dieser Frist zu versam-
melnden Einschätzungskommission (§ 4) zur Begutachtung vorgelegt. Der Magistrat beschliesst sodann auf Grund des Gutachtens der Einschätzungskommission.
Gegen diesen Beschluss findet die bei dem Bezirksausschusse binnen einer Präklusivfrist von zwei Wochen anzubringende Klage im Verwaltungsstreitverfahren
statt (§ 18 des Zuständigkeitsgesetzes vom 1. August 1883).

§ 12.

Auf Grund der über die Zu- und Abgänge zu führenden Notizen werden
von dem Magistrate im Anfange der Monate September und März die Zu- und
Abgangslisten angefertigt und der Gemeindekasse zur Erhebung der Zugänge
und zur Verrechnung der Ausfälle zugefertigt.

Ueber die Behandlung der die Gemeinde-Einkommensteuer betreffenden
Ab- und Zugänge und Reklamationen kommen — insofern gegenwärtiges Regulativ nicht ein anderes vorschreibt — die für die Staats-Klassen- und Einkommensteuer erlassenen Bestimmungen entsprechend zur Anwendung.

§ 13.

Vom . . . . ab (§ 1) tritt das von der Königlichen Regierung
zu . . . . am . . . . genehmigte Gemeinde-Einkommensteuer-Regulativ
für den Gemeindebezirk . . . . ausser Kraft.

Gesetz, betreffend die Bereinigung des Katasters, die Ausgleichung der Grundsteuer und die Fortführung des Katasters in Elsass-Lothringen.

Vom 31. März 1884.

Wir Wilhelm, von Gottes Gnaden Deutscher Kaiser, König von Preussen etc. verordnen im Namen des Reichs, für Elsass-Lothringen, nach erfolgter Zustimmung des Bundesrates und des Landesausschusses, was folgt:

I. Bereinigung des Katasters.

§ 1.

Das Kataster wird in seinen Angaben über die Besitzer, die Lage, die Grösse und die dauernde Benutzung (Kulturart) der einzelnen Liegenschaften (Grundstücke und Gebäude) für sämtliche Gemeinden des Landes der Bereinigung unterzogen.

Die Bereinigung des Katasters der einzelnen Gemarkungen erfolgt entweder durch einfache Berichtigung (Prüfung, Richtigstellung und Ergänzung) der vorhandenen Katasterurkunden, oder durch Erneuerung auf Grund einer vollständigen Stückvermessung.

Die Leitung und Ueberwachung der bezüglichen Arbeiten liegt einer zu diesem Zwecke einzusetzenden Katasterkommission ob.

§ 2.

Der Beginn der Katasterbereinigung wird für jede einzelne Gemarkung vorher öffentlich bekannt gemacht.

a. Berichtigung.

§ 3.

Die Berichtigung des Katasters vollzieht sich in der Weise, dass die Angaben desselben unter Zuziehung von feldkundigen Gemeindemitgliedern, als Auskunftspersonen, mit den thatsächlichen Verhältnissen verglichen und die vorhandenen Abweichungen festgestellt werden.

Privatkataster und andere geeignete Pläne, welche zur Verfügung stehen und sich als richtig erweisen oder sich ohne unverhältnismässige Weiterungen

berichtigen lassen, können mit ihren Angaben in das Kataster übernommen
werden.

§ 4.

Grundstücke, welche zur Zeit von der Grenze zweier Gemarkungen durch-
schnitten werden oder in eine andere Gemarkung einspringen oder vollständig
innerhalb einer andern Gemarkung liegen, können, sofern die beteiligten Grundbesitzer und Gemeinderäte zustimmen, gelegentlich der Katasterberichtigung
durch das Ministerium mit derjenigen Gemarkung vereinigt werden, zu der sie
ihrer natürlichen Lage nach gehören. Die Entscheidung des Ministeriums wird
öffentlich bekannt gemacht.

§ 5.

Die feldkundigen Auskunftspersonen (§ 3) werden in der erforderlichen
Anzahl vom Gemeinderat bestellt.

§ 6.

Die Eigentümer, Besitzer, Nutzniesser, Pächter und sonstigen Inhaber von
Liegenschaften sind berechtigt, den örtlichen Erhebungen beizuwohnen und ihre
Erklärungen abzugeben.

Die Inhaber der Liegenschaften sind verpflichtet, nach näherer Vorschrift
der Ausführungsbestimmungen

   1) innerhalb dreier Tage nach ergangener ortsüblicher Aufforderung die
      von ihnen benutzten Bodenparzellen einzeln zu bezeichnen,

   2) das Betreten ihrer Grundstücke, einschliesslich der Höfe und um-
      schlossenen oder zu Häusern gehörigen Gärten, sowie die Vornahme von
      Messungen auf denselben durch das mit Ausführung der Berichtigung
      betraute Personal zu gestatten und

   3) etwaigen Ladungen zum Erscheinen an Ort und Stelle und vor dem
      Bürgermeister persönlich oder durch ihre Vertreter Folge zu leisten
      und daselbst die erforderlichen thatsächlichen Aufschlüsse, soweit nötig
      unter Vorzeigung der in ihrem Besitz befindlichen Urkunden, zu er-
      teilen.

§ 7.

Sobald die Berichtigungsarbeit in einer Gemeinde beendet ist, werden
auf Grund der gewonnenen Ergebnisse die einzelnen Liegenschaften

   1) nach topographischer Ordnung in einem Flurbuch und einem Parzellen-
      register und

   2) nach Steuerpflichtigen geordnet in einer Mutterrolle neu zusammen-
      gestellt; es werden ferner

   3) der Gegenwart entsprechende Katasterpläne angefertigt.

Das Flurbuch und eine Ausfertigung der Mutterrolle sind für die Gemeinde, das Original der Mutterrolle und das Parzellenregister für die Steuerverwaltung bestimmt. Von den Katasterplänen erhält die Steuerverwaltung das
Original, die Gemeinde eine Kopie.

Soweit im einzelnen Falle die vorhandenen Mutterrollen und Katasterpläne nach dem Ermessen der Katasterkommission ergänzt werden können, ohne
an Deutlichkeit und Zuverlässigkeit zu verlieren, kann bis auf weiteres von
einer Erneuerung derselben abgesehen werden.

§ 8.

Die neu hergestellten Katasterpläne und das Original des Flurbuches werden auf dem Bürgermeisteramt der Gemeinde während eines Monates zur Einsichtnahme offengelegt. Ausserdem sind den Inhabern der Liegenschaften vor Beginn der Offenlegung Verzeichnisse der auf ihre Namen eingetragenen Grundstücke und Gebäude durch den Bürgermeister zur Anerkennung mitzuteilen.

Mit Ablauf der Offenlegungsfrist entsendet die Katasterkommission einen Sachverständigen in die Gemeinde zu dem Zwecke, um den Inhabern der Liegenschaften, sowie den Vertretern abwesender Grundbesitzer die erforderlichen Aufschlüsse und Erläuterungen über den Inhalt der Katasterurkunden mündlich zu erteilen.

Einwendungen gegen die Katasterurkunden können während des Monats der Offenlegung schriftlich bei dem Bürgermeister oder während der Anwesenheit des Sachverständigen bei diesem schriftlich oder mündlich vorgebracht werden. Sämtliche Einwendungen werden von dem Sachverständigen geprüft und der Katasterkommission vorgelegt, welche darüber, erforderlichen Falls nach nochmaliger örtlicher Untersuchung, entscheidet.

Soweit nötig, sind ausser den Reklamanten die Grenznachbarn und die sonst beteiligten Grundbesitzer durch Vermittelung des Bürgermeisters aufzufordern, der Prüfung der erhobenen Einwendungen persönlich oder durch ihre Bevollmächtigten beizuwohnen. Den Ausbleibenden fallen die Kosten des von ihnen verschuldeten wiederholten Verfahrens nach Festsetzung durch die Katasterkommission zur Last.

Soweit die Einwendungen als begründet erkannt werden, tritt Berichtigung der offengelegten Urkunden ein.

Gegen die Kostenfestsetzung sowie den abweisenden Bescheid der Katasterkommission kann binnen einer Ausschlussfrist von einem Monat vom Tage der Bekanntgabe ab Berufung beim Ministerium erhoben werden. Letzteres entscheidet endgültig.

Erweist sich die Berufung als unbegründet, so können die hierdurch erwachsenen Kosten ganz oder teilweise dem Berufenden in der Entscheidung zur Last gelegt werden.

Beginn und Schluss der Offenlegung, sowie die Tage, während welcher der Sachverständige zur Erteilung von Auskunft und zur Entgegennahme von Einwendungen in der Gemeinde anwesend ist, sind vorher öffentlich bekannt zu machen.

Die Besitz- und Eigentumsverhältnisse der Beteiligten werden durch die vorgenannten Entscheidungen nicht berührt.

§ 9.

Von den Kosten der Katasterberichtigung fallen den Gemeinden zur Last:
1) die Ersatzleistungen für entstandene Feldbeschädigungen,
2) die den Auskunftspersonen zu gewährenden Vergütungen und endlich
3) die baren Auslagen, welche der Verwaltung für Anfertigung der an das Gemeindearchiv abzugebenden Pläne, Flurbücher und Mutterrollen erwachsen.

Alle übrigen Kosten werden von der Landeskasse getragen.

Jeder Anspruch auf Ersatz für Feldbeschädigungen (1) oder auf Vergütung
für die Thätigkeit als Auskunftsperson (2) erlischt, wenn er nicht binnen einem
Monat nach erfolgter Schadenszufügung oder nach Beendigung der Thätigkeit
als Auskunftsperson bei dem Bürgermeister der Gemeinde angemeldet worden ist.
Kommt eine vom Gemeinderat genehmigte Einigung nicht zustande, so entscheidet
der Kreisdirektor nach Anhörung der Parteien und, soweit es sich um Feldbeschädigungen handelt, nach Einholung des Gutachtens eines Sachverständigen.
Die Entscheidung des Kreisdirektors ist endgültig.

Die baren Auslagen für Anfertigung der an das Gemeindearchiv abzugebenden Katasterurkunden (3) werden nach einem vom Ministerium festzusetzenden Durchschnittssatze berechnet und erhoben.

§ 10.

Auf Antrag des Gemeinderates wird mit der Katasterberichtigung eine
Festlegung der Gemarkungs- und Gewanngrenzen durch Vermarkung und Aufnahme derselben im Anschluss an die Landesvermessung verbunden.

Auf die Ermittelung und Vermarkung dieser Grenzen finden die Bestimmungen der §§ 14 und 15 gegenwärtigen Gesetzes Anwendung.

Die Kosten der Vermarkung fallen vorbehaltlich der besonderen Bestimmungen im Abs. 2 des § 15 der Gemeinde ganz, diejenigen der Aufnahme der
bezeichneten Grenzen zur Hälfte zur Last; die andere Hälfte trägt die Landeskasse.

§ 11.

Privatvermessungen, welche nach Erlass des Gesetzes vorgenommen werden,
dürfen für die Berichtigung oder Fortführung des Katasters nur dann Verwendung finden, wenn sie von vereideten Personen bewirkt werden, welche ihre Befähigung nachgewiesen und die Ermächtigung der zuständigen Behörde erlangt
haben. Die Messungen unterliegen der Ueberwachung und Prüfung durch die
Vermessungsbehörde; ihre Ergebnisse werden in gleicher Weise und unter denselben Bedingungen in das Kataster übernommen, wie dies bei Planaufnahmen
zum Zwecke der ordentlichen Fortführung berichtigter Kataster geschieht.

b. Stückvermessung.

§ 12.

Die Stückvermessung von Gemarkungen zum Zwecke der Katastererneue-
rung (§ 1) wird von Amtswegen veranlasst, wenn nach dem Ermessen der Katasterkommission die einfache Berichtigung nicht mit Nutzen durchführbar ist.

§ 13.

Die Stückvermessung von Gemarkungen erfolgt auch auf Antrag sowohl
des Gemeinderates als der beteiligten Grundbesitzer. Der Antrag ist spätestens
innerhalb drei Monaten nach der amtlichen Bekanntmachung über die Ausführung der Katasterberichtigung in der betreffenden Gemeinde (§ 2) bei der
Katasterkommission zu stellen.

Wenn die Mehrheit der in einer Gemarkung begüterten Grundbesitzer,
welche zugleich mindestens zwei Drittel der Fläche vertreten, auf die Stückvermessung dieser Gemarkung anträgt, so ist der Antrag für die übrigen beteiligten Grundbesitzer mitverpflichtend.

§ 14.

Bevor mit der Stückvermessung einer Gemarkung begonnen wird, ist die Gemarkungsgrenze durch einen von der Katasterkommission bestellten Sachverständigen unter Zuziehung des Bürgermeisters der Gemeinde und der Bürgermeister der betreffenden Nachbargemeinden an Ort und Stelle zu ermitteln. Streitigkeiten über die Gemarkungsgrenzen werden endgültig vom Ministerium entschieden.

Mit Genehmigung des Ministeriums können bei der vorerwähnten Ermittelung unerhebliche Verletzungen der Gemarkungsgrenze, namentlich zur Gewinnung fester natürlicher Grenzlinien, vorgenommen werden, sofern die beteiligten Grundbesitzer und die Gemeinderäte zustimmen.

Bezüglich der von der Grenze durchschnittenen, der in eine andere Gemarkung einspringenden und der von einer andern Gemarkung umschlossenen Grundstücke finden die Bestimmungen des § 4 gleichmässige Anwendung.

§ 15.

Vor Beginn des eigentlichen Vermessungsgeschäftes sind sämtliche Grenzen nach Anweisung der Katasterkommission, soweit erforderlich, mit Steinen oder anderen geeigneten Grenzmarken dauerhaft zu bezeichnen.

Die Verpflichtung zur Vermarkung der Gewanne und Gemarkungen liegt den betreffenden Gemeinden, diejenige zur Vermarkung der öffentlichen Wege sowie der sonstigen Verkehrsstrassen den Eigentümern derselben ob. Die Kosten der Vermarkung aller übrigen Grenzen fallen den Grundeigentümern zur Last. Erfolgt die Vermarkung unbestrittener Grenzen nicht innerhalb angemessener Frist, so ist dieselbe von Amtswegen zu bewirken.

Jeder Grundeigentümer muss die Grenzmarken ohne Entschädigung auf seinem Eigentum dulden.

§ 16.

Zur gütlichen Ausgleichung etwa bestehender Grenzstreitigkeiten sowie zur Klarstellung zweifelhafter Grenzen werden in jeder stückweise zu vermessenden Gemarkung durch den Gemeinderat ein Schiedsmann und ein Vertreter desselben bestellt. Im Falle des Bedürfnisses kann die Bestellung eines Schiedsmannes und eines Stellvertreters für bestimmt abgegrenzte Teile der Gemarkung oder auch die Bestellung mehrerer Schiedsmänner für eine Gemarkung oder bestimmt abgegrenzte Teile derselben erfolgen. Im übrigen wird die Ermittelung des Besitzstandes und der sonst in Frage kommenden örtlichen Verhältnisse in derselben Weise wie bei der einfachen Berichtigung (§ 3 Abs. 1) bewirkt.

§ 17.

Der Schiedsmann ist befugt, die Beteiligten vorzuladen. Wenn es ihm nicht gelingt, eine Einigung herbeizuführen, so bezeichnet er unter Berücksichtigung des Besitzstandes, der Angaben des bestehenden Katasters und etwaiger sonstiger Auskunftsmittel die Grenze, welche nach Vorschrift des § 15 zu vermarken und als vorläufige in das neue Kataster aufzunehmen ist.

§ 18.

Die Bestimmungen des § 6 finden bei der Stückvermessung einer Gemarkung mit der Massgabe Anwendung, dass die Eigentümer, Besitzer, Nutz-

niesser, Pächter und sonstigen Inhaber von Liegenschaften in gleicher Weise
verpflichtet sind, Ladungen zum Erscheinen vor dem Schiedsmann Folge zu
leisten und demselben die zur Sache verlangten thatsächlichen Aufschlüsse, auf
Erfordern unter Vorzeigung der in ihrem Besitz befindlichen Urkunden, zu
erteilen.

§ 19.

Auf Grund der Ergebnisse der Stückvermessung werden für die Gemeinde
und die Steuerverwaltung neue Katasterbücher aufgestellt und neue Katasterkarten, welche die Messzahlen enthalten, angefertigt (§ 7).

Die Offenlegung der neuen Katasterurkunden sowie die Prüfung und Erledigung der etwa erhobenen Einwendungen erfolgt nach Vorschrift des § 8.

§ 20.

Einwendungen gegen den Inhalt der Katasterurkunden können insbesondere
erhoben werden:

1) wegen Ansatzes von Liegenschaften auf unrichtige Namen,
2) wegen unrichtiger Angabe des Flächeninhaltes einer Liegenschaft,
3) wegen unrichtiger Angabe der dauernden Benutzung (Kulturart) einer
   Liegenschaft,
4) wegen der in den Katasterkarten unrichtig erfolgten Bezeichnung der
   Lage oder Grenzen einer Liegenschaft,
5) wegen Rechen- und Schreibfehler und sonstiger materieller Irrtümer.

§ 21.

Für die Stückvermessung einer Gemarkung hat die Gemeinde, neben
Uebernahme der Bezüge des Schiedsmannes und der im § 9 unter 1 und 2 genannten Ausgaben, an die Landeskasse zu vergüten:

1) bei Vermessungen von Amtswegen drei Zehntel,
2) bei Vermessungen auf Antrag fünf Zehntel
der auf Grund eines vom Ministerium festzusetzenden Gebührentarifes vor Beginn der Vermessung durch die Katasterkommission im Voranschlag festgestellten
Kosten.

Die Kosten der Vermarkung (§ 15) bleiben in beiden vorgenannten Fällen
demjenigen zur Last, der zur Vornahme der Vermarkung verpflichtet ist.

Hinsichtlich der Ersatzleistungen für Feldbeschädigungen der von den
Auskunftspersonen beanspruchten Vergütungen und der Bezüge des Schiedsmannes finden die Bestimmungen im dritten Absatz des § 9 Anwendung.

Die von der Gemeinde zu tragenden Kosten und Kostenanteile sind, soweit die Stückvermessung von Amtswegen erfolgt, aus der Landeskasse zinsfrei
vorzuschiessen und von den Gemeinden innerhalb der vom Ministerium festzusetzenden Frist, spätestens aber binnen zehn Jahren zu erstatten.

§ 22.

Mit Inkrafttreten dieses Gesetzes und bis zur erfolgten Durchführung der
Katasterbereinigung (§ 1) kann die Stückvermessung von Gemeindegemarkungen
nur durch die von der zuständigen Behörde beauftragten vereideten Sachverständigen und nach den Vorschriften der §§ 2 und 12 bis 21 bewirkt werden.

§ 23.

Nachdem die Katasterbereinigung für das Land vollendet ist, erfolgt die Stückvermessung einer Gemarkung nur auf Beschluss des Gemeinderates. Im Falle einer Meinungsverschiedenheit zwischen Bürgermeister und Gemeinderat wird der Beschluss erst nach seiner Genehmigung durch den Kreisdirektor vollstreckbar. Die Stückvermessung ist in Anwendung der vorstehenden §§ 2 und 14 bis 20 zur Durchführung zu bringen. Sie darf nur von vereideten Personen bewirkt werden, welche ihre Befähigung nachgewiesen und die Ermächtigung der zuständigen Behörde erlangt haben, und unterliegt der unmittelbaren Leitung und Ueberwachung sowie der Prüfung durch die zuständige Vermessungsbehörde. Letztere hat zugleich die vorstehend der Katasterkommission zugewiesenen Funktionen wahrzunehmen.

§ 24.

Die in einer auf Stückvermessung beruhenden Karte als unstreitig eingetragenen Grenzen haben für die Besitz- und Eigentumsverhältnisse der in den Katasterbüchern verzeichneten Inhaber der Liegenschaften dieselbe Bedeutung, als wenn sie von den Letzteren selbständig vereinbart und festgesetzt worden wären. Das Gleiche gilt von den in Gemässheit des § 17 als vorläufige eingetragenen Grenzen, sofern nicht innerhalb zweier Jahre nach Offenlegung der Karte der Vermessungsbehörde der Nachweis erbracht ist, dass die in den Katasterbüchern verzeichneten Inhaber über eine andere Grenze sich geeinigt oder den Rechtsweg beschritten haben.

Auf die im Abs. 1 bezeichnete Rechtsfolge ist in den den Beginn der Vermessungsarbeiten sowie die Offenlegung der Karte betreffenden Bekanntmachungen ausdrücklich hinzuweisen.

Durch Uebergriffe über die in der Karte verzeichneten Grenzen wird weder Besitz noch Ersitzung begründet.

Die Karten, welche auf einer seit dem 1. April 1879 bis zum Inkrafttreten dieses Gesetzes begonnenen oder durchgeführten Stückvermessung beruhen, sind nach Massgabe des § 8 offenzulegen und die darin verzeichneten Grenzen, soweit dieselben bestritten bleiben, als vorläufige (§ 17) erkennbar zu machen. Auf die in der Karte eingetragenen Grenzen finden die Vorschriften der vorstehenden Absätze 1 und 3 und auf die die Offenlegung der Karte betreffende Bekanntmachung die Vorschrift im Abs. 2 Anwendung.

II. Ausgleichung der Grundsteuer.

§ 25.

Im Anschluss an die Katasterbereinigung (Berichtigung oder Stückvermessung) findet unter Leitung der Katasterkommission eine allgemeine Revision und Ausgleichung der Grundsteuerreinerträge sowohl der Grundstücke als der Gebäude statt. Die Inhaber der Liegenschaften sind verpflichtet, die zu diesem Zwecke erforderlichen örtlichen Erhebungen zu gestatten.

§ 26.

Zu dem vorbezeichneten Zwecke wird die ganze Fläche des Landes nach der Gleichartigkeit der Bodenverhältnisse, der Erhebung über den Meeresspiegel, der Lage und Bewirtschaftungsweise der Feldgüter sowie der Bevölkerungs-

und Verkehrsverhältnisse in eine entsprechende Anzahl von Einschätzungs-
distrikten geteilt.

Diese Einteilung erfolgt durch die Kommission der Landesschätzer und
unterliegt der Genehmigung der Katasterkommission.

§ 27.

Die Kommission der Landesschätzer besteht aus elf Mitgliedern einschliesslich des Vorsitzenden. Sechs dieser Mitglieder werden durch den Landesausschuss gewählt, die übrigen Mitglieder, einschliesslich des Vorsitzenden, von
dem Ministerium bestellt.

In gleicher Weise ist für jedes Mitglied ein Ersatzmann zu bezeichnen.

Die Kommission kann sich aus den Ersatzmännern durch Kooption soweit
verstärken, dass, ausschliesslich des Vorsitzenden, auf jeden Einschätzungsdistrikt
ein Mitglied kómmt.

§ 28.

Die Kommission fasst ihre Beschlüsse nach Stimmenmehrheit. Sie ist
beschlussfähig, wenn mindestens zwei Drittel der Mitglieder anwesend sind.

Die Kommission ist berechtigt, zu ihren Arbeiten jederzeit Sachverständige
mit berathender Stimme zuzuziehen. Das Nähere über den Geschäftsgang der
Kommission und die Bezüge der Mitglieder derselben bestimmt das Ministerium.

§ 29.

Die Kommission der Landesschätzer hat nach Feststellung der Einschätzungsdistrikte (§ 26) in jedem derselben die erforderliche Zahl von Gemarkungen auszuwählen, welche thunlichst sämtliche Bodenarten des Distriktes
enthalten und zur Vornahme von Musterschätzungen geeignet sind.

§ 30.

In diesen Gemarkungen (Mustergemarkungen) hat die Kommission der
Landesschätzer zu ermitteln, in wie weit die nach dem Kataster bestehende Einteilung des Grund und Bodens in Kulturarten und Klassen und die Einreihung
der einzelnen Grundstücke in die Klassen dieser Kulturarten der Gegenwart
entspricht. In entsprechender Weise ist bezüglich der Gebäude zu verfahren.

Je nach dem Ergebnis dieser Ermittelungen hat die Kommission entweder
die erforderliche Ergänzung und Berichtigung vorzunehmen oder eine vollständig
neue Klassenbildung und Einreihung der einzelnen Grundstücke und Gebäude
in diese Klassen zu bewirken.

§ 31.

Ueber die Zahl der für die Gebäude sowie für jede Kulturart des nicht
überbauten Bodens höchstens zulässigen Klassen entscheidet die Katasterkommission.

Die Einteilung des nicht überbauten Bodens nach seiner dauernden Benutzung (Kulturart) kann nur erfolgen in: Ackerland, Gärten, Rebland, Wiesen.
Weiden, Holzungen, Wasserstücke, Oedland, Unland, Hofraithe.

§ 32.

Nach Feststellung der einzelnen Kulturarten und Klassen der Mustergemarkungen jedes Schätzungsdistriktes hat die Kommission der Landesschätzer

für jede Kulturart und Klasse des nicht überbauten Bodens den Reinertrag auf Grund der Marktpreise aus den Jahren 1874 bis einschliesslich 1885 unter Fortlassung des billigsten und teuersten Jahres durch Einzelberechnung zu bestimmen.

Der Reinertrag der einzelnen Klassen der Gebäude sowie derjenigen Gebäude, welche in eine Klasse nicht eingereiht werden konnten, ist nach dem mittleren jährlichen Mietswert derselben festzustellen und letzterer nach Massgabe der bestehenden gesetzlichen Bestimmungen soweit thunlich nach den durchschnittlichen Mietspreisen abzumessen, welche innerhalb der vorhergehenden fünf Jahre in der Gemeinde oder dem Schätzungsdistrikte bedungen worden sind.

§ 33.

Sobald die Mustereinschätzungen in sämtlichen Schätzungsdistrikten durchgeführt sind, hat die Kommission der Landesschätzer das Ergebnis derselben zusammenzustellen und einer Prüfung dahin zu unterziehen, ob die für die verschiedenen Schätzungsdistrikte ermittelten Reinerträge untereinander in richtigem Verhältnis stehen. Gegebenen Falles sind die erforderlichen Ausgleichungen vorzunehmen.

§ 34.

Die Ergebnisse der Mustereinschätzungen werden von der Katasterkommission geprüft und nach vorhergegangener öffentlicher Bekanntmachung während einer Ausschlussfrist von einem Monat auf dem Bürgermeisteramt der eingeschätzten Gemarkung zur Einsichtnahme offen gelegt. Die Reinertragssätze sowie die ihnen zu Grunde liegenden Produkten-, Arbeits-, Material- und Mietspreise werden ausserdem durch die amtlichen Blätter zur allgemeinen Kenntnis gebracht.

Einwendungen können während der vorbezeichneten Ausschlussfrist entweder der Katasterkommission eingesandt oder bei dem Bürgermeisteramt vorgebracht werden. Dieselben sind zulässig gegen

1) die Zahl und Abgrenzung der Klassen für die verschiedenen Kulturarten und Gebäude,
2) die Einreihung der einzelnen Grundstücke und Gebäude in die Kulturarten und Klassen,
3) die Festsetzung des Reinertrages für die einzelnen Kulturarten und Klassen und für die nicht in Klassen eingereihten Gebäude.

Einwendungen gegen die unter 1 und 2 bezeichneten Punkte können nur von den Eigentümern oder Nutzniessern der Liegenschaften erhoben werden. Einwendungen gegen die Reinertragsfestsetzung stehen dagegen jedem Grundbesitzer des Landes zu; sie müssen jedoch speciell begründet sein.

§ 35.

Die Entscheidung der Einwendungen erfolgt durch die Katasterkommission, welche geeigneten Falles eine Nachschätzung veranlasst.

Die Nachschätzung ist durch eine Kommission zu bewirken, welche aus einem Mitgliede der Katasterkommission als Vorsitzenden, zwei Landesschätzern und zwei Ersatzmännern besteht. Die Landesschätzer und Ersatzmänner werden von der Katasterkommission berufen.

Die Katasterkommission ist an das Ergebnis der Nachschätzung nur insoweit gebunden, als die notwendige Gleichmässigkeit der Einschätzung durch das ganze Land dies zulässt.

Gegen den abweisenden Bescheid der Katasterkommission ist, sofern derselbe von dem Ergebnis der Nachschätzung abweicht oder ohne Einleitung einer Nachschätzung erteilt wird, binnen einer Ausschlussfrist von zwei Wochen die Berufung an das Ministerium zulässig.

Das Ministerium endscheidet endgültig. Eine weitere Nachschätzung findet nicht statt.

§ 36.

Nachdem die Einwendungen gegen die Mustereinschätzungen erledigt sind, werden die Ergebnisse dieser Einschätzungen von der Katasterkommission endgültig festgestellt und die Reinertragssätze mit ihren Unterlagen veröffentlicht.

Die Mustereinschätzungen dienen für die Einschätzungen in den übrigen Gemarkungen des betreffenden Schätzungsdistriktes in der Weise als Muster und Anhalt, dass an der Hand der Musterschätzungen sogleich auf den Reinertrag der entsprechenden Kulturarten und Klassen geschlossen werden kann, wenn und soweit nicht ausnahmsweise eine vollständige Einzelberechnung durch besondere Umstände notwendig gemacht wird.

§ 37.

Die Einschätzung in den einzelnen Gemarkungen jedes Schätzungsdistriktes erfolgt durch Schätzungskommissionen. Jede Kommission besteht aus drei Mitgliedern, und zwar einem von dem Ministerium bestimmten Beamten als Vorsitzenden, einem Distriktsschätzer und einem Ortsschätzer. Bei der Einschätzung von Waldungen und Gebäuden kann die Schätzungskommission nach Bestimmung der Katasterkommission durch Zuziehung von Sachverständigen mit beratender Stimme verstärkt werden.

Die Katasterkommission bestimmt die Zahl der Schätzungskommissionen für die einzelnen Distrikte. Die Bezirkstage wählen für jeden Distrikt die erforderlichen Distriktsschätzer. Die Ortsschätzer werden von den Gemeinderäten gewählt. Für jedes Mitglied der Schätzungskommission wird in gleicher Weise ein Ersatzmann bestimmt. Sind die vom Bezirkstag gewählten Distriktsschätzer nicht in der Lage, ihre Funktionen auszuüben, so beruft die Katasterkommission die weiter erforderlichen Distriktsschätzer.

Die Schätzungskommission fasst ihre Beschlüsse nach Stimmenmehrheit. Im übrigen werden der Geschäftsgang und die Bezüge der Mitglieder vom Ministerium geregelt.

§ 38.

Den Vorsitzenden der Schätzungskommissionen und den Distriktsschätzern sowie deren Ersatzmännern ist Gelegenheit zu geben, den Musterabschätzungen in ihrem Distrikte (§ 30 und folgende) beizuwohnen. Dieselben haben hierbei beratende Stimme.

§ 39.

Die Schätzungskommission hat unter steter Rücksichtnahme auf die Mustergemarkung und unter Innehaltung der nach § 31 zulässigen Kulturarten und

Klassen für jede Gemarkung ihres Geschäftsbereiches die bestehende Klasseneinteilung und Klasseneinreihung der einzelnen Grundstücke und Gebäude nach
Massgabe des § 30 zu prüfen, zu ergänzen und nötigen Falles zu erneuern
sowie nach Massgabe des § 36 die Reinerträge für die einzelnen Kulturarten
und Klassen und für die nicht in Klassen eingereihten Gebäude zu ermitteln.

§ 40.

Die Thätigkeit der Schätzungskommissionen unterliegt der Aufsicht der
Kommission der Landesschätzer in der Weise, dass jeder Landesschätzer die
Einschätzung in dem ihm vom Vorsitzenden zugeteilten bestimmt abgegrenzten
Landesteile zu überwachen und an einzelnen Abschätzungsgeschäften mit be-
ratender Stimme teilzunehmen hat.

§ 41.

Die Schätzungsergebnisse werden von der Kommission der Landesschätzer
in Bezug auf ihre Gleichmässigkeit und Richtigkeit geprüft.

Die von ihr als erforderlich angeordneten Nachschätzungen sind unter
Leitung des jedesmal vom Vorsitzenden zu bestimmenden Landesschätzers durch
eine bei der ersten Schätzung nicht beteiligte Kommission vorzunehmen, deren
Vorsitzender und Distriktsschätzer von der Katasterkommission bestimmt, und
deren Ortsschätzer vom Gemeinderat neu gewählt wird.

§ 42.

Die Kommission der Landesschätzer ist befugt, die von den Distrikts-
schätzungskommissionen ermittelten Reinertragssätze zur Herstellung der erforderlichen Gleichmässigkeit zu erhöhen oder herabzusetzen. Die vorgenommene
Aenderung ist zu begründen; sie wird durch das Ergebnis einer Nachschätzung
nicht verhindert.

§ 43.

Das Ergebnis der Schätzungen wird von der Katasterkommission geprüft
und nach vorhergegangener öffentlicher Bekanntmachung während einer Ausschlussfrist von einem Monat auf dem Bürgermeisteramt der eingeschätzten Gemarkung zur Einsichtnahme offen gelegt.

Zu Einwendungen gegen die Einreihung der einzelnen Grundstücke und
Gebäude in die Kulturarten und Klassen sind die Eigentümer und Nutzniesser
befugt. Gegen die Zahl und Abgrenzung der Klassen (§ 34 Ziffer 1) kann nur
der Gemeinderat sowie der Grundbesitzer oder diejenige Gesamtheit von Grundbesitzern, welche mindestens die Hälfte der Fläche der bezüglichen Kulturart
oder die Hälfte der in Klassen eingereihten Gebäude besitzt, Einwendungen
erheben. Einwendungen gegen den für die einzelnen Kulturarten und Klassen
festgesetzten Reinertrag (§ 34 Ziffer 3) stehen endlich nur derjenigen Person
oder derjenigen Gesamtheit von Grundbesitzern zu, welche mindestens ein Drittel
der Gesamtfläche der bezüglichen Kulturart und Klasse oder ein Drittel der
Gebäude der betreffenden Klasse vertritt.

Gegen den Reinertrag der nicht in Klassen eingereihten Gebäude können
die Eigentümer und Nutzniesser Einwendung erheben.

Bezüglich der Anbringung und Begründung der Einwendungen greifen
die Bestimmungen des § 34 Platz.

§ 44.

Für die Entscheidung der Einwendungen findet § 35 mit der Massgabe Anwendung, dass überall da, wo die Kommission der Landesschätzer bereits eine Nachschätzung veranlasst hatte, eine weitere Nachschätzung nicht erfolgt.

Wird im anderen Falle eine Nachschätzung angeordnet, so ist dieselbe durch eine Kommission zu bewirken, welche in Anwendung des § 41 durch die Katasterkommission zu berufen ist.

§ 45.

Nach Beendigung der Einschätzungen und Erledigung der erhobenen Einwendungen wird die Grundsteuerreinertragssumme für die einzelnen Grundstücke und Gebäude, für die Gemeinden, die Bezirke und das Land berechnet.

Auf Grund dieser Reinertragsberechnung ist der aufzubringende Gesamtbetrag der Grundsteuer auf die Bezirke, die Gemeinden und die einzelnen Grundsteuerpflichtigen verhältnismässig zu verteilen.

§ 46.

Die Kosten der Grundsteuerausgleichung (§§ 25—45) werden mit Ausnahme der Ersatzleistungen für entstandene Feldbeschädigungen von der Landeskasse getragen. Die genannten Ersatzleistungen fallen den Gemeinden zur Last und sind nach den Bestimmungen in § 9 Absatz 3 zu behandeln.

§ 47.

An die nach Vollendung der Katasterbereinigung stattfindende Stückvermessung einer Gemarkung (§ 23) hat sich, soweit dies nach dem Ermessen der zuständigen Steuerbehörde notwendig erscheint, eine Neueinreihung der einzelnen Grundstücke in die nach dem Kataster vorhandenen Kulturarten und Klassen anzuschliessen. Die Einreihung erfolgt durch die Steuerverteiler der Gemeinde unter Leitung der zuständigen Steuerbehörde, welche darüber zu wachen hat, dass die Gleichmässigkeit der Einschätzung den Nachbargemeinden gegenüber nicht gefährdet wird.

Die Ergebnisse der Einreihung werden nach Massgabe der Bestimmungen des § 43 offengelegt. Die Entscheidung etwaiger Einwendungen steht der Steuerbehörde zu. Gegen den abweisenden Bescheid der Steuerbehörde ist binnen einer Ausschlussfrist von zwei Wochen die Berufung an das Ministerium zulässig. Letzteres entscheidet endgültig.

Nach Beendigung der Offenlegung und Erledigung der erhobenen Einwendungen wird der Grundsteuerreinertrag für die einzelnen Grundstücke neu berechnet und bei der in Gemässheit des § 45 vorzunehmenden Grundsteuerverteilung in Ansatz gebracht.

Den Steuerverteilern steht für die vorbezeichnete Einreihung der Grundstücke eine Vergütung nicht zu. Die im übrigen erwachsenden Kosten werden von der Steuerbehörde beziehungsweise gemäss § 9 letzter Absatz festgesetzt und von der Landeskasse und der Gemeinde je zur Hälfte getragen.

§ 48.

Wenn die nach § 47 zu bewirkende Neueinreihung der Grundstücke in die Kulturarten und Klassen des Katasters wegen eingetretener erheblicher

Aenderung in der Bodenbenutzung oder aus sonstigen besonderen Umständen unthunlich erscheint, so kann mit Genehmigung der zuständigen Steuerbehörde eine neue Klassenbildung und Reinertragsermittelung für den nicht überbauten Boden an deren Stelle treten.

Auf die bezüglichen Feststellungen und Ermittelungen finden die vorstehenden §§ 31, 37 letzter Absatz und 40—44 mit der Massgabe Anwendung, dass die der Kommission der Landesschätzer und der Katasterkommission zugewiesenen Funktionen auf die Steuerbehörde übergehen und dass die Schätzungskommission aus einem von der Steuerbehörde zu bestimmenden Beamten als Vorsitzenden und zwei vom Gemeinderat zu wählenden Mitgliedern besteht. Eines dieser Mitglieder darf in der Gemarkung weder wohnhaft noch begütert sein. Für den Vorsitzenden sowie für jedes Mitglied sind in gleicher Weise Ersatzmänner zu bestimmen.

Den Reinertragsermittelungen sind diejenigen Marktpreise aus den Jahren 1874 bis einschliesslich 1885, sowie diejenigen Produkten-, Arbeits- und Materialpreise zu Grunde zu legen, welche nach §§ 32, 36 bei der Einschätzung der Gemeinde oder des betreffenden Schätzungsdistriktes massgebend gewesen sind.

Bezüglich der Berechnung der Grundsteuerreinerträge, der anderweiten Verteilung der Grundsteuer sowie der Festsetzung und Uebernahme der entstehenden Kosten greifen die Bestimmungen des § 47 Platz.

III. Fortführung des Katasters.

§ 49.

Nachdem das Kataster für eine Gemeinde neu aufgestellt oder ergänzt worden ist (§§ 7 und 19), wird dasselbe im Wege der jährlichen Richtigstellung (Fortführung) bei der Gegenwart erhalten.

§ 50.

Zur Sicherung der jährlichen Richtigstellung des Katasters sind die Eigentümer, Besitzer, Nutzniesser, Pächter und sonstige Inhaber von Liegenschaften verpflichtet, den Ladungen zum Erscheinen vor den mit der Katasterfortführung betrauten Beamten auf dem Bürgermeisteramt Folge zu leisten und daselbst die zur Fortführung der Katasterbücher, Karten und Pläne erforderlichen thatsächlichen Aufschlüsse zu erteilen sowie die nötigen Urkunden, Messbriefe und Handrisse beizubringen, widrigenfalls die Herbeischaffung dieser Unterlagen auf Kosten der Säumigen bewirkt wird. Die beigebrachten Unterlagen werden, mit Ausnahme der Messbriefe und Handrisse, zurückgegeben.

§ 51.

In öffentlichen und Privaturkunden, welche die Uebertragung von Liegenschaften zu Eigentum oder Nutzniessung unter Lebenden oder die Teilung oder Verpfändung von Liegenschaften zum Gegenstand haben, sowie in Zwangsvollstreckungsbeschlüssen (§ 4 des Gesetzes vom 24. April 1880, Gesetzblatt Seite 93) soll die Bezeichnung der Grundstücke und Gebäude nur auf Grund eines Katasterauszuges und, soweit es sich um die Entstehung neuer Grenzlinien handelt, nur auf Grund eines Katasterauszuges und zugleich eines Messbriefes oder Handrisses nach näherer Vorschrift des § 52 erfolgen. Die Angaben des Katasters einschliesslich derjenigen über Grösse sowie die im Messbrief oder Handriss enthaltenen Angaben über Bezeichnung und Grösse der Teilstücke sind in der Urkunde vollständig zu wiederholen. Nach Durchführung der Grundsteuerausgleichung sind auch die Reinertragsangaben in die Urkunde aufzunehmen.

Der Katasterauszug ist im Falle privater Beurkundung bei Vorlegung der Urkunde oder der Ausfertigung zur Registrierung oder zur Eintragung in die Register des Hypothekenamts mit zu überreichen.

Soweit eine Beurkundung des Ueberganges von Liegenschaften zu Eigentum oder Nutzniessung nicht stattfindet, ist der Enregistrementseinnehmerei zugleich mit der Erklärung des Ueberganges ein Katasterauszug und unter der im Absatz 1 bezeichneten Voraussetzung ausserdem ein Messbrief oder Handriss vorzulegen. Die Katasterauszüge, Messbriefe und Handrisse werden zurückgegeben.

Wer zum Zwecke der Registrierung, der Eintragung in die Register des Hypothekenamtes oder zum Zwecke der Fortführung des Katasters eine im Sinne des Absatz 1 unvollständige Urkunde vorlegt oder die nach Absatz 2 und 3 des gegenwärtigen Paragraphen erforderliche Vorlegung eines Katasterauszuges, Messbriefes oder Handrisses unterlässt, ist auf Aufforderung der zuständigen Behörde verpflichtet, der letzteren nachträglich eine vollständige Urkunde oder den fehlenden Katasterauszug, Messbrief oder Handriss binnen angemessener Frist vorzulegen. Die zur Ergänzung beigebrachte Urkunde unterliegt der niedrigsten festen Registriergebühr.

§ 52.

Die Messbriefe und Handrisse dürfen nur von vereideten Personen, welche ihre Befähigung nachgewiesen und die Ermächtigung der zuständigen Behörde erlangt haben, in vorgeschriebener Form angefertigt werden. Sie unterliegen der Prüfung durch die Vermessungsbehörde.

Ein Messbrief ist dann anzufertigen, wenn es sich um die Entstehung von Grenzen in stückweise vermessenen Gemarkungen handelt. Der Anfertigung muss die Vermarkung der betreffenden Grenzen vorangehen. Der Messbrief hat die neuen Grenzen unter Angabe sämtlicher Messzahlen und unter Einzeichnung der neuen Grenzmarken zu enthalten.

Wenn Grenzen in solchen Gemarkungen, in denen die Katasterberichtigung durchgeführt worden ist, neu entstehen, so wird ein Handriss gefertigt. Derselbe bringt die Verteilung der katastermässigen Fläche und die Lage der neu entstandenen Grenzen insoweit zum Ausdruck, als es zur Fortführung der Katasterpläne erforderlich ist.

§ 53.

Die auf Grund eines Messbriefes in der Karte eingetragenen neuen Grenzen haben hinsichtlich der Besitz- und Eigentumsverhältnisse der in den Katasterbüchern verzeichneten Inhaber der Liegenschaften die im § 24 Absatz 1 vorgesehene Bedeutung, sofern nicht innerhalb zweier Jahre nach der Vermarkung der Grenzen der Nachweis erbracht ist, dass deren Inhaber über eine andere Grenze sich geeinigt oder den Rechtsweg beschritten haben.

Die Vorschrift des § 24 Absatz 3 findet auf die im Absatz 1 bezeichneten Grenzen Anwendung.

§ 54.

Zur Aufsicht über die Gemarkungs-, Gewann-, Wege- und Grundstücks-grenzen, zur Besorgung des Setzens der Grenzsteine und sonstigen Grenzmarken sowie zur Feststellung der Kulturveränderungen werden in jeder Gemeinde mindestens vier Feldgeschworene vom Gemeinderat aus den hierzu geeigneten Gemeindeangehörigen ohne Beschränkung der Amtsdauer gewählt, vom Kreis-direktor bestätigt und vom Amtsrichter auf ihre Dienstobliegenheiten eidlich verpflichtet. Ihre Amtsenthebung kann jederzeit aus Verwaltungsgründen durch den Kreisdirektor ausgesprochen werden.

Das Nähere über die Dienstverrichtungen und Gebühren der Feld-geschworenen wird durch eine besondere Anweisung geordnet.

§ 55.

Ausser den verpflichteten Feldgeschworenen ist Niemand befugt, Grenz-marken zu setzen, wieder aufzurichten, herauszunehmen oder in ihrer Lage zu verändern.

§ 56.

Alle in Gemässheit der vorstehenden Bestimmungen zum Zwecke der Be-reinigung und Fortführung des Katasters sowie der Grundsteuerausgleichung aufgenommenen Urkunden, Karten, Pläne und sonstigen Schriftstücke sind von Stempel und Registrierung befreit.

Ein Gleiches gilt von Katasterauszügen, Messbriefen und Handrissen, welche in den im § 51 bezeichneten Urkunden und Schriftstücken bezogen oder denselben beigefügt werden.

Die in Folge der Katasterbereinigung bewirkte Eintragung eines neuen Besitzers in das Kataster kann von der Enregistrementsverwaltung als Beweis-mittel für die Uebertragung der bezüglichen Liegenschaften nicht benutzt werden. Werden durch sonstige bei der Katasterbereinigung ermittelte Beweise Ueber-tragungen festgestellt, welche vor dem 1. Dezember 1883 bewirkt worden sind, so findet eine Nacherhebung von Gebühren und Strafen aus diesem Anlasse nicht statt.

IV. Strafbestimmungen.

§ 57.

Wer der ortsüblichen Aufforderung zur Bezeichnung der von ihm be-nutzten Grundstücke oder den in Gemässheit dieses Gesetzes an ihn ergangenen Ladungen schuldhafter Weise nicht oder nicht rechtzeitig Folge leistet, wird mit Geldstrafe bis zu fünfzehn Mark bestraft.

§ 58.

Ein öffentlicher Beamter, welcher bei Aufnahme einer der im § 51 Ab-satz 1 bezeichneten Urkunden es schuldhafter Weise unterlässt, die vollständige Bezeichnung der Grundstücke und Gebäude nach Massgabe dieser Vorschrift in die Urkunde aufzunehmen, verfällt für jede dieser Unterlassungen in eine im Disciplinarwege zu verhängende Ordnungsstrafe bis zu dreissig Mark.

Ist in den Fällen des § 51 Absatz 4 der ergangenen Aufforderung inner-

halb der bestimmten Frist nicht genügt worden, so wird der Verpflichtete für
jede Unterlassung mit Geldstrafe bis zu fünfzig Mark bestraft.

§ 59.

Wer unbefugt Grenzsteine oder andere Grenzmarken setzt, wieder auf-
richtet, herausnimmt, oder in ihrer Lage verändert, wird mit Geldstrafe bis zu
einhundertfünfzig Mark oder mit Haft bestraft, sofern nicht die Bestimmungen
der §§ 274, Nr. 2 und 370, Nr. 1 des Reichsstrafgesetzbuchs Platz greifen.

§ 60.

Die auf Grund dieses Gesetzes ausgesprochenen Geldstrafen fliessen in
die Gemeindekasse.

Die nach diesem Gesetze von Privatpersonen zu entrichtenden Kosten
beziehungsweise Kostenanteile werden in der für die Erhebung der direkten
Staatssteuern geltenden Weise beigetrieben.

V. Schlussbestimmungen.

§ 61.

Die Erteilung der Katasterauszüge erfolgt, nach näherer Vorschrift der
Ausführungsbestimmungen (§ 63), durch die Katasterbehörde und die Bürgermeister.

Zur Erteilung von Kopieen der Karten und Pläne sind lediglich die
Katasterbehörde und die von dem Ministerium bezeichneten vereideten Ver-
messungstechniker befugt.

Ein vom Ministerium festgesetzter Tarif regelt die Höhe der für die Erteilung der Katasterauszüge und der Kopieen der Karten und Pläne sowie für
die Anfertigung der Messbriefe und Handrisse zu zahlenden Gebühren. *

§ 62.

Der Zeitpunkt, von welchem ab die Bestimmungen in den §§ 49—55,
betreffend die Fortführung des Katasters für die einzelnen Gemeindebezirke,
Anwendung finden, wird durch das Ministerium bekannt gemacht.

§ 63.

Die Ausführungsbestimmungen zu dem Gesetz erlässt das Ministerium.

Urkundlich unter Unserer Höchsteigenhändigen Unterschrift und bei-
gefügtem Kaiserlichen Insiegel.

Gegeben Berlin, den 31. März 1884.

(L. S.)   **Wilhelm.**

Freiherr von Manteuffel.

Begründung[1]).

Einleitung.

Die allgemein anerkannte und deshalb hier nicht besonders nachzuweisende Mangelhaftigkeit des elsass-lothringischen Grundsteuerkatasters nimmt seit einer Reihe von Jahren die Aufmerksamkeit der Regierung wie des Landesausschusses, der Bezirkstage wie der Kreisvertretungen in gleich hohem Grade in Anspruch. Das dringende Bedürfnis, zweckmässige und dauernde Abhilfe in m ö g l i c h s t k u r z e r Zeit zu schaffen, hat es notwendig erscheinen lassen, umfassende Probearbeiten und Erhebungen darüber anzustellen, inwieweit die bestehenden Missstände unter ausgiebiger Benutzung des vorhandenen Katastermaterials beseitigt werden können.

Die diesbezüglichen Vorarbeiten haben zu dem erwünschten Ziele geführt. Gelegentlich der Beratung über den Landeshaushaltsetat für 1882/83 konnte dem Landesausschusse in einer Denkschrift, betreffend die Bereinigung des Grundsteuerkatasters (Landesausschussverhandlungen IX. Session Bd. II. S. 562 u. fgd.) bereits der Nachweis geführt werden, dass der grössere Teil der für die einzelnen Gemarkungen vorhandenen Katasterurkunden sich durch ein Berichtigungswerk insoweit wieder vollkommen nutzbar machen lasse, als es sich um Grösse, Lage und Benutzungsart der einzelnen Liegenschaften, sowie um die in Frage kommenden Besitzverhältnisse handelt; es konnten in allgemeinen Umrissen bereits die Wege angedeutet werden, auf denen hierbei vorzugehen, und wie das Gewonnene später bei der Gegenwart zu erhalten sei. Hinsichtlich einer anderweiten und gleichmässigen Verteilung der Grundsteuer mussten zwar weitere Probeermittelungen noch vorbehalten bleiben, immerhin war es aber möglich, die Vorlage eines die ganze Materie umfassenden Gesetzentwurfes in Aussicht zu stellen.

Der vorliegende in diesem Sinne ausgearbeitete Gesetzentwurf zerfällt dementsprechend in drei Hauptabschnitte: die eigentliche Katasterbereinigung, d. h. Herstellung eines der Gegenwart entsprechenden Register- und Kartenwerkes unter thunlichster Benutzung des vorhandenen Materials, die Grundsteuerausgleichung, und schliesslich die Fortführung und Erhaltung des Katasters.

I. Katasterbereinigung.

1) Durchführbarkeit und Notwendigkeit derselben.

Wie schon in der vorerwähnten Denkschrift über die Katasterbereinigung angedeutet und durch die weiteren bezüglichen Arbeiten des laufenden Jahres von neuem bestätigt worden ist, findet die Verwirrung in den Angaben des Katasters nur bei den ältesten bezüglichen Urkunden und auch bei diesen nur zu einem Teile ihre Begründung in der mangelhaften Anlage des Werkes; in der Hauptsache, und bei den Katastern aus der Zeit nach 1828 fast ausschliesslich ist sie aus der unvollständigen und unzweckmässigen Fortführung der Katastermutterrollen (matrices cadastrales) und der unterbliebenen Ergänzung von Karte und Flurbuch (état de section) zu erklären. Namentlich musste die Uebung, die Teilungen von Grundstücken nicht nur nicht in der Karte darzustellen, sondern die betreffenden Parzellenteile in der Mutterrolle sogar mit derselben Nummer fortzuführen, Anlass zu Verwirrungen bieten, die um so grösser wurden, je mehr die Teilparzellen wiederholten Teilungen unterworfen waren. Dazu kommt, dass man da, wo es sich um die Teilung mehrerer, nebeneinanderliegender Grundstücke handelte, den einzelnen Teilungsberechtigten auch dann

---

[1]) Vgl. ausserdem den Kommissionsbericht des Abgeordneten Grad über den Gesetzentwurf. Landesausschuss von Elsass-Lothringen, 11. Session, 25. Sitzung vom 10. März 1884, Anlage; der allgemeine Teil des erwähnten Kommissionsberichts findet sich auch abgedruckt in Hirth's Annalen 1885, S. 471 ff.

einen entsprechenden Anteil von jedem Grundstück der Masse zuzuschreiben
pflegte, wenn die Teilung auf dem Felde sich in ganz anderer Weise vollzog.
Ein Zurückgreifen von dem Felde auf die Bücher und umgekehrt war in derartigen Fällen ausgeschlossen, sobald die persönliche Erinnerung der Beteiligten
nicht mehr zu Gebote stand. Damit musste sich naturgemäss das Interesse der
Bevölkerung an der vollständigen Wahrung aller Aenderungen abschwächen.
Freiwillige Anmeldungen, die herbeizuführen durch die Bestimmung im Art. 36
Abs. 2 des Grundsteuergesetzes vom 3. Frimaire VII, dass jeder so lange besteuert
bleibt, bis der Eigentumsübergang im Kataster gewahrt ist, beabsichtigt wurde,
unterblieben allmählich nahezu ganz. Den Notaren wurde es mit der wachsenden Verwirrung unmöglich, in ihren Urkunden die katastermässige Bezeichnung
der in Betracht kommenden Grundstücke mit Sicherheit anzugeben; zahlreiche
Irrtümer, die hierbei unterliefen, gingen wieder in das Kataster über, da die
Fortführung des letzteren mehr und mehr auf die Mitteilungen der Enregistre-
ments-Einnehmer über die registrierten Teilungen, Eigentumsübertragungen u. s w.
angewiesen war. Tritt zu dem allen etwa noch eine in der Gemarkung vorgenommene Wegeverlegung mit der durch sie bedingten anderweiten Grund-
stücksgruppierung, so erscheint die Abweichung zwischen den Katasterurkunden
(Büchern und Karte) und dem Felde sowie zwischen der Mutterrolle und der
unverändert gebliebenen Karte so gross und so verworren, dass man leicht geneigt ist, eine vollständige Neuvermessung unter gänzlicher Verwerfung des
alten Katasters für unvermeidlich zu erachten. Thatsächlich ist die Lage indessen nicht so ungünstig. Erfahrungsmässig hat eine ganz erheblich grössere
Zahl von Grundstücken die ursprünglichen, bei der Katasteranlage vorhandenen
Grenzen bewahrt, als man nach Lage der Mutterrolle annehmen sollte. Wo die
ursprünglichen Grenzen nicht mehr bestehen, liegt die Veranlassung hierzu fast
regelmässig in der Zusammenlegung von Grundstücken oder in der Teilung von
solchen nach einem bestimmten Verhältnis. Da ferner die Flächenberechnungs-
hefte aus der Zeit der Katasteraufstellung zu Gebote stehen, da weiter eine
grosse Menge von Fortschreibungsfehlern, wie die Anlage zu der eingangs erwähnten Denkschrift ergibt, sich schon durch eine eingehende und prüfende
Vergleichung von Mutterrolle und Flurbuch auffinden und beseitigen lässt, so
hat es sich in der Praxis im allgemeinen als leicht durchführbar gezeigt, die
Uebereinstimmung zwischen Büchern und Karte einerseits und dem Felde anderseits wiederherzustellen. Erleichternd für die bezüglichen Feldarbeiten, denen
eine Abschrift des thunlichst auf die Gegenwart berichtigten Flurbuches und
die nötigenfalls vergrösserte Kopie der Gemarkungskarten und sonst verfügbaren
Pläne als Grundlage dienen, wirkt übrigens der Umstand, dass trotz der vorberegten unzweckmässigen Wahrungen der Teilungen den einzelnen Grundeigentümern doch im allgemeinen stets das richtige Mass an Fläche im Kataster zugeschrieben worden ist, so dass aus der Addition der nach der Fortschreibung
in Betracht kommenden Parzellenteile meist mit Sicherheit der Sollflächengehalt
neuer Besitzstücke zum Voraus ermittelt werden kann. Auch hat es sich im
Ganzen und selbst bei anscheinend sehr verworrenen Verhältnissen als möglich
erwiesen, durch einfache Längenmessung von festen Punkten aus die nötige
Orientierung über die bei Errichtung des Katasters bestandene Feldeinteilung
zu gewinnen.

Die bisher gesammelten Erfahrungen haben gezeigt, dass diese Art der
Katasterberichtigung sich nicht nur bei den neueren, sondern auch bei einem
grösseren Teile derjenigen Karten und Bücherwerke mit Nutzen durchführen
lässt, die aus den ersten Perioden der Katastrierung des Landes stammen. Nur
bei einer verhältnismässig kleinen Anzahl von Gemarkungen wird mit Rücksicht
auf den geringen Wert der Pläne einerseits und den grossen Umfang der
eingetretenen Grenzverschiebungen anderseits zweckmässig zu einer vollständigen
Neuvermessung geschritten werden müssen. Bestimmend ist in den bezüglichen
Fällen die Erwägung, dass die Ergänzung einer in der Anlage mangelhaften
Karte zwecklos erscheint, weil sich der Wert der Karte durch vereinzelte Nach-
tragungen nicht erhöhen lässt und dass ferner die nachträgliche Einmessung

von Flusskorrektionen, Eisenbahn- und Kanalanlagen, von Wegeverlegungen und dergl., sobald geeignete amtliche Pläne nicht zur Verfügung stehen und der Umfang der betreffenden Anlagen ein sehr erheblicher ist, unter Umständen nahezu die gleichen Kosten wie eine Neuvermessung der Gemarkung verursachen kann. Diese Fälle bilden indessen, wie erwähnt, die Ausnahme.

Uebrigens ist die in Vorschlag gebrachte Katasterbereinigung, d. h. die Wiederherstellung des Grundsteuerkatasters unter möglichst weitgehender Berichtigung des Vorhandenen und Beschränkung der Neuvermessungen auf das unbedingt notwendige Mass, keine neue Massregel. Schon andere Länder haben sich derselben mit Erfolg bedient. So lautet z. B. die Anweisung für das Verfahren bei Herstellung der Gemarkungskarten und Feststellung des Flächeninhaltes der Liegenschaften, welche in Preussen anlässlich der in den sechziger Jahren erfolgten Grundsteuerregulierung mit Zustimmung der Volksvertretung erlassen worden ist, im Eingang:

„Die Herstellung der Gemarkungskarten soll, soweit als irgend möglich, auf dem Wege der Kopierung bereits vorhandener Karten erfolgen. Neue Aufnahmen zu dem fraglichen Zwecke sind auf die dringendsten Fälle zu beschränken.

Bei der Kopierung bereits vorhandener Karten ist der Massstab der Originalkarte, soweit er sich für den vorliegenden Zweck überhaupt noch als brauchbar erweist, beizubehalten; andernfalls die Kopie in dem erforderlichen grösseren Massstabe zu entwerfen.

Die Kopieen der Karten sind durch Nachtragung der seit der Aufnahme der Originale in der Begrenzung der Kulturarten u. s. w. eingetretenen Veränderungen, überhaupt aber soweit zu vervollständigen, dass sie den in dieser Anweisung enthaltenen Vorschriften entsprechen."

Dass Katasterurkunden, welche auf Grund eines derartigen Berichtigungswerkes angefertigt worden sind, ausreichen, um eine sorgfältige Ermittelung des Reinertrages der einzelnen Grundstücke und im Nachgange dazu eine gleichmässige und gerechte Verteilung der aufzubringenden Grundsteuer vornehmen zu können, wird auch ohne besondere Beweisführung und ohne Hinweis auf den Vorgang in anderen Ländern anzuerkennen sein. Zweifel könnten jedoch darüber entstehen, ob die Genauigkeit des in Rede stehenden Katasters genüge, um die Liegenschaften im Verkehrsleben mit der nötigen Sicherheit zu bezeichnen und ob namentlich bei der etwaigen Einführung des Grundbuchsystems nicht, neben dem Verfahren zur Feststellung der Rechtsverhältnisse an den Grundstücken, noch wiederholte Katasteraufnahmen erforderlich sein werden. Derartige Bedenken erscheinen indessen unbegründet, weil die berichtigte Karte und die der Gegenwart entsprechenden neuen Bücher es stets ermöglichen, für jede in Natur gegebene Liegenschaft alsbald die katastermässige Bezeichnung und daran anschliessend die Grösse, Kulturart und den Reinertrag, sowie den steuerpflichtigen Inhaber des Grundstückes mit Sicherheit zu bestimmen, und umgekehrt die Liegenschaften eines Steuerpflichtigen ohne Schwierigkeit auf dem Felde zu ermitteln.

Dem entsprechend durfte, als die preussische Grundbuchordnung vom 5. Mai 1872 der Volksvertretung zur Beratung vorgelegt wurde, die Bestimmung im § 4 derselben:

„Die Grund- und Gebäudesteuerbücher, von welchen dem Grundbuchamte eine Abschrift mitgeteilt werden soll, dienen zur Ausmittelung der in die Grundbücher einzutragenden oder bereits eingetragenen Grundstücke, ihrer Lage und Grösse. Ihre Bezeichnung in den Steuerbüchern ist bei den Grundbüchern beizubehalten,"

ohne Widerspruch zu finden, mit den Worten motiviert werden:

„Zur näheren Feststellung der in das Grundbuch einzutragenden Grundstücke können jetzt und müssen daher auch die Grund- und Gebäudesteuerbücher als Basis genommen werden, um den Gegenstand, auf welchen sich ein Grundbuchsblatt bezieht, sowohl im Interesse der Erwerber als der Realberechtigten desselben möglichst genau zu bezeichnen."

Im gleichen Sinne wie die genannten Motive sprechen sich auch die einschlägigen Schriftsteller aus. Es ist in dieser Beziehung zu verweisen auf: Meibom, Deutsches Hypothekenrecht, Bd. VIII; Das preussische Hypothekenrecht von Dernburg und Hinrichs, S. 170—171, 183—185 und 202—203; Förster, Das preussische Grundbuchsrecht, S. 28—30; Werner, Die preussischen Grundbuchs- und Hypothekengesetze, S. XI, XII, XXVI.

Anderseits muss allerdings anerkannt werden, dass mit der eingangs ge- schilderten Katasterberichtigung eine Grenzfeststellung, wie sie bei einer auf allgemeiner Vermarkung beruhenden Neuvermessung erfolgt, nicht verbunden werden kann. Es ist dem gegenüber jedoch zu betonen, dass zahlreiche dahin gerichtete Probeermittelungen, ob und inwieweit eine Verschiebung der im Felde vorhandenen Grenzen gegen die Angaben der Katasterpläne eingetreten sei, so verhältnismässig seltene und geringfügige Abweichungen der jetzigen und frühe- ren Grenzlage haben erkennen lassen, dass in der freiwilligen Vermarkung der Eigentumsgrenzen ein ausgiebiges Mittel gegen Grenzverwischungen und Grenz- streite zu erblicken ist. Jedenfalls dürfte das öffentliche Interesse an der im Wege der Neuvermessung zu bewirkenden Festlegung aller Eigentumsgrenzen im Lande kein so erhebliches sein, um darüber die ganz wesentlichen Vorteile aus dem Auge zu verlieren, welche im übrigen von der Katasterbereinigung geboten werden. Diese Vorteile bestehen in der Ersparung von Zeit und Geld.

Die ziemlich umfangreichen Berichtigungsarbeiten des laufenden Jahres haben bestätigt, dass in dem Kostenvoranschlage über die Katasterbereinigung, welcher in der bezüglichen Denkschrift zum vorjährigen Etat gegeben worden ist, die Vordersätze richtig gegriffen worden sind. Demnach wird, wenn man die Neuvermessung von Gemarkungen, wie vorgeschlagen, auf das allerdringendste Mass, also auf etwa 3 Prozent alles Geländes beschränkt. die ganze Kataster- bereinigung mit nahezu 3 Mill. M., also mit etwa dem fünften Teile der- jenigen Kostenbetrage durchzuführen sein, den eine vollständige Neuvermessung des Landes erfordern würde. Will man die Neuvermessung über das angegebene Mass hinaus, jedoch immer im beschränkten Sinne ausdehnen, indem man die Grenze für die Berichtigungsfähigkeit der Kataster etwas enger, als in dem Voranschlage geschehen, zieht, so wird zwar eine Erhöhung der Gesamtkosten eintreten, trotzdem aber wird sich das Verhältnis derselben zu demjenigen einer vollständigen Neuvermessung des Landes nicht wesentlich verschieben.

Hinsichtlich der zur Ausführung erforderlichen Zeitdauer ist das Verhält- nis zwischen völliger Neuvermessung und Katasterbereinigung nahezu dasselbe wie rücksichtlich der Kosten, ohne dass dieses Verhältnis indessen ausschliess- lich nach dem Umfange der zur Verfügung stehenden Etatsmittel bemessen werden dürfte.

Während bei der Neuvermessung der Schwerpunkt fast ausschliesslich bei dem Techniker liegt, findet bei der Katasterberichtigung mehr eine Arbeits- teilung statt, indem der Feldarbeit des Technikers von andern Kräften durch die thunlichste Berichtigung und Abschrift der Flurbücher, sowie durch die Kopierung aller verfügbaren Pläne wesentlich vorgearbeitet wird. Eine Be- schleunigung der Katasterbereinigung würde sich daher in ihren Wirkungen mehr verteilen, eine Beschleunigung der Neuvermessung des Landes dagegen als notwendige Folge eine proportionelle Vermehrung des Technikerpersonals herbeiführen. Abgesehen nun davon, dass bei dem Mangel geeigneter Kräfte im Lande es erhebliche Schwierigkeiten bieten möchte, die nötige Zahl aus- wärtiger Feldmesser zu finden, welche mit dem erforderlichen Masse technischer Kenntnisse die Fähigkeit verbinden, sich genügend schnell mit den Eigentüm- lichkeiten des Landes und seiner Gesetzgebung vertraut zu machen, würde noch zu erwägen sein, dass es ausserordentlich erwünscht sein müsste, den Gang der Neuvermessung in der Weise zu regeln, dass der Hauptteil des Werkes von Personen ausgeführt werde, welche im Lande geboren sind und ihre technische Ausbildung in den ersten Stadien der Gesamtarbeitszeit zu empfangen hätten. — Eine Beschleunigung der Neuvermessung des Landes würde endlich auch des- halb geradezu unthunlich sein, weil es im allgemeinen Interesse nicht vermieden werden darf, mit der Neuvermessung einer Gemarkung die geeigneten landwirt- schaftlichen Verbesserungen, wie Berichtigung der Feldwegenetze, Grabenkor- rektionen und dergl. zu verbinden. Bei den verhältnismässig wenig zahlreichen

Gemarkungsvermessungen, welche anlässlich der Katasterbereinigung vorzunehmen und gleichzeitig mit den Berichtigungsarbeiten auszuführen sein würden, kann aus der vorgenannten Verbindung ein nennenswerter Zeitverlust nicht wohl entstehen, anders würde der Fall dagegen bei einer Neuvermessung des Landes gestaltet sein. Immerhin aber und selbst ganz abgesehen von dem Hereinziehen landwirtschaftlicher Verbesserungen würde für die vollständige Neuvermessung des Landes ein Zeitraum von 30 Jahren in Aussicht zu nehmen sein. Da nun eine wirklich gleichmässige Feststellung der Grundsteuerreinerträge, als Vorbedingung für die als notwendig und dringend erkannte Grundsteuerausgleichung, sich erfahrungsgemäss nur dann bewirken lässt, wenn sie mit einem Schlage für das ganze Land in Angriff genommen wird, so müsste im Falle allgemeiner Neuvermessung diese Ausgleichung um ein volles Menschenalter länger hinausgeschoben werden, als dies bei der Katasterbereinigung erforderlich sein würde. Dazu kommt, dass in der Zwischenzeit von dem Beginne der Neuvermessungsarbeiten bis zur Grundsteuerausgleichung noch neue Unbequemlichkeiten, bezw. neue bisher nicht berücksichtigte Kosten hinzutreten. Man würde nämlich vor der Frage stehen, ob man neben dem Vermessungswerke, welches nur die Grösse und Lage der Grundstücke sowie den Besitzstand enthalten würde und sorgfältig bei der Gegenwart erhalten werden müsste, noch zu Steuerzwecken die alten Katasterbücher mit den Grundsteuerreinerträgen beibehalten, oder ob man die neueren Vermessungswerke alsbald auch bezüglich der Grundsteuerreinerträge vervollständigen soll. Im ersteren Falle würde neben dem Neuvermessungswerke noch die Mutterrolle des alten Katasters mit ihren von ersterem abweichenden Angaben fortgeführt werden müssen. Es würde also doppelte Arbeit und damit doppelter Kostenaufwand entstehen; ausserdem hätte man mit Sicherheit zu erwarten, dass durch das Nebeneinanderbestehen verschiedener, in sich voneinander abweichender Katasterurkunden die schon herrschende Verwirrung eine geradezu unerträgliche Ausdehnung gewinnen würde.

Wollte man dagegen, um diese Uebelstände zu vermeiden, die Neuvermessungsurkunden alsbald auch bezüglich der Grundsteuerreinerträge vervollständigen, so erübrigte nur, entweder jede Gemarkung im Anschluss an die Neuvermessung neu einzuschätzen, oder den Reinertrag der einzelnen Grundstücke nach ihrem durch die Neuvermessung gefundenen Flächeninhalte unter Beibehaltung der alten Reinertragstarife umzurechnen. Im ersteren Falle würde man genötigt sein, die vorgenommene Einschätzung später zum Zwecke der allgemeinen Grundsteuerausgleichung zu wiederholen, man würde mithin die Kosten einer Schätzung ohne entsprechenden Nutzen aufzuwenden haben; im letzteren Falle handelt es sich um eine Massnahme, die bei der später zu berührenden Mangelhaftigkeit und Ungleichheit der bestehenden Reinertragstarife nur als ein Notbehelf betrachtet werden kann. Ein solcher Notbehelf erscheint nun auf die kurze Dauer der Katasterbereinigung bei der alsdann unmittelbar bevorstehenden Steuerausgleichung recht wohl zulässig; eine Anwendung desselben auf einen Zeitraum bis zu 30 Jahren, wie dies im Falle allgemeiner Neuvermessung zu geschehen hätte, müsste indessen zu begründeten Klagen führen.

Fasst man die vorstehenden Ausführungen zusammen, so wird man sich der Ueberzeugung nicht verschliessen können, dass

wenn die allseitig als notwendig erkannte Grundsteuerausgleichung nicht auf ein Menschenalter hinausgeschoben, vielleicht ganz in Frage gestellt werden soll,

wenn ferner bei der mit der Reichscivilgesetzgebung zu erwartenden Einführung des Grundbuchssystems man nicht genötigt sein will, besondere Arbeiten zur Ausmittelung der Grundbuchsobjekte vorzunehmen,

zunächst eine vollständige Neuvermessung aller Gemarkungen des Landes nicht in Aussicht zu nehmen, vielmehr die im Gesetzentwurfe vorgeschlagene Katasterbereinigung als das geeignete Mittel zur Befriedigung aller berechtigten Interessen zu erachten ist.

Die Entschliessung im obigen Sinne ist dabei, wie hier angedeutet werden mag, in keiner Weise präjudizierlich für die Zukunft, weil bei der Neuvermessung einer Gemarkung das berichtigte Grundsteuerkataster als eine wertvolle Vorarbeit mit Nutzen verwendet werden kann. Sollte daher nach Durchführung der Katasterbereinigung die Finanzlage des Landes es angezeigt erscheinen lassen, die allmähliche Vermessung aller Gemarkungen mit berichtigtem Kataster unter ganzer oder teilweiser Kostendeckung aus Landesmitteln in Angriff zu nehmen, so würde dennoch die Ausgabe für die vorangegangene Katasterbereinigung als eine mit vollem Nutzen aufgewendete zu erachten sein.

2) Bestimmungen für die Durchführung der Katasterbereinigung.

Um die Katasterbereinigung in geeigneter, zweckentsprechender Weise zur Ausführung zu bringen, war es geboten, sowohl bezüglich der die Regel bildenden Katasterberichtigung als auch bezüglich der mit der Bereinigung verbundenen Neuvermessungen von Gemarkungen eine Reihe von Bestimmungen vorzusehen. Es wird sich an dieser Stelle darum handeln, die vorgeschlagenen Bestimmungen im Anschluss an den Gang der Katasterbereinigung zu skizzieren und dabei die in Betracht kommenden wichtigeren Principienfragen zu erörtern.

a. Ausmittelung der Liegenschaften und Feststellung ihrer Inhaber.

Zu der, sowohl bei der Berichtigung des Katasters wie bei der Neuvermessung zunächst notwendigen Identifizierung der einzelnen Grundstücke und Feststellung ihrer Inhaber genügen die auf Grund der vorhandenen Katasterurkunden zu beschaffenden Unterlagen nicht. Es war deshalb geboten, den Gemeinden vorzuschreiben, dass sie den Techniker bei seinen Ermittelungen von feldkundigen Personen unterstützen lassen und den Eigentümern, Besitzern und sonstigen Inhabern von Liegenschaften die Verpflichtung aufzuerlegen, dass sie ihre Grundstücke rechtzeitig und erkennbar bezeichnen und die erforderliche Auskunft nötigenfalls unter Vorlage der in ihren Händen befindlichen Urkunden erteilen.

Die beregten Massnahmen haben sich bei den Probearbeiten als ausreichend, aber auch als nicht zu weit gehend erwiesen. Die Regelung durch Gesetz ist erforderlich, weil die Durchführung des Werkes nicht von dem guten Willen der Beteiligten abhängig gemacht werden kann.

b. Grenzfeststellung.

Bei der Neuvermessung von Gemeindegemarkungen bietet der Gang der Arbeiten die Möglichkeit, der genauen Bestimmung der Grundstücksgrenzen die volle Aufmerksamkeit zuzuwenden. Es kann nicht zweifelhaft sein, dass diese Möglichkeit entsprechend zu verwerten ist. Fraglich bleibt jedoch und wird deshalb hier zu erörtern sein:

α. welcher Behandlung die zweifelhaften und bestrittenen Grundstücksgrenzen zu unterziehen sind,

β. in welcher Ausdehnung die Vermarkung der Grenzen zu bewirken sein wird, und

γ. welche rechtliche Bedeutung man dieser Vermarkung bezw. der auf Grund derselben errichteten Karte beizulegen hat.

α. Zweifelhafte und bestrittene Grundstücksgrenzen.

Die Gesetzgebung der einzelnen Länder hat die Frage der zweifelhaften und bestrittenen Grundstücksgrenzen auf verschiedenen Wegen zu lösen versucht. Eigentümlicherweise finden sich die grössten Abweichungen in dieser Beziehung bei den unmittelbaren Nachbarn von Elsass-Lothringen, in Baden und in der Schweiz (Kanton Genf). Das badische Vermessungsgesetz vom 26. März 1852 bestimmt nämlich im Art. 2, dass Grundstücke, deren Grenzen bestritten werden, in Rücksicht auf das Vermessungsgeschäft als ein Ganzes zu behandeln, jedoch mit einer entsprechenden Anzahl von Plannummern zu versehen sind. Das Genfer Katastergesetz vom 1. Februar 1841 (Art. 12—17, 43 ff.) sieht dagegen die Mitwirkung von prud'hommes bei der Vermessung vor und überträgt diesen unter anderm die Aufgabe, bei Grenzstreitigkeiten die Parteien zum Vergleich zu bringen und, wenn ihnen dies nicht gelingt, die Grenze zu bestimmen, welche ausgepfählt und aufgemessen werden soll. In gleicher Weise hat der prud'homme bezüglich derjenigen Grenzen Bestimmung zu treffen, welche, ohne dass Streit vorliegt, auf ergangene Aufforderung nicht vermarkt werden. Die Grenzfeststellung des prud'homme kann von den beteiligten Grundbesitzern bis zur beendigten Offenlegung der Katasterkarten und Bücher jederzeit im Wege freiwilliger Vereinbarung geändert oder im Rechtsstreit angefochten werden. Ist weder das eine noch das andere geschehen, so wird mit Beendigung des Offenlegungsverfahrens die Grenzfeststellung für die Parteien verbindlich (Art. 46—49).

Bei Anwendung der badischen Vorschrift entsteht überall da, wo die Grenzen unsicher und bestritten sind, auch vom Feldmesser, welcher mit den örtlichen Verhältnissen nicht immer vertraut ist und den Grundeigentümern in der Regel vorerst fremd gegenübersteht, eine Einigung der Beteiligten nicht herbeigeführt werden kann, eine Lücke in der Karte. Die Ausfüllung der Lücke kann selbstverständlich erst geschehen, wenn eine nachträgliche Bestimmung der Grenze, sei es durch Vergleich oder durch beendeten Rechtsstreit, erfolgt ist. Die Kosten der nachträglichen Einmessung der Grenze, der Ergänzung der Karte u. s. w. müssen ebenso selbstverständlich den betreffenden Grundeigentümern, welche durch ihre Uneinigkeit die Nacharbeit verschuldet haben, zur Last gelegt werden.

Wenn man nun erwägt, dass Grenzstreitigkeiten, welche bei der Neuvermessung zu Tage treten, in den meisten Fällen nicht erst bei dieser Neuvermessung entstehen, sondern im latenten Zustande längst vorhanden waren, dass sich zumeist auch ein erträglicher modus vivendi zwischen den Beteiligten gebildet hat und letztere sich mit einer, dem Charakter des Landmannes gewissermassen eigentümlichen Beharrlichkeit häufig nur sträuben, diesen modus vivendi als verbindlichen Rechtszustand anzuerkennen; wenn man ferner berücksichtigt, dass nichts die Beteiligten hindert, den bestehenden modus vivendi auch in Zukunft stillschweigend zu dulden, zumal der Eintritt der Verjährung durch die Wahrung des Streites in der Karte ausgeschlossen erscheint, dass aber eine förmliche Anerkennung dieses Zustandes Weiterungen und Kosten verursacht, so wird man sich der Ueberzeugung nicht verschliessen können, dass auf eine baldige Beseitigung der Lücken in der Karte nicht gerechnet werden darf, vielmehr das dauernde Bestehen derselben zu befürchten ist. Dass aber eine derartige Karte nicht erstrebenswert sein kann und auch den Wünschen der Bevölkerung nicht entspricht, wird anzuerkennen sein.

Die Genfer Gesetzgebung schafft hiergegen Abhilfe. Der von der Regierung für jede Gemarkung bezw. einen Gemarkungsteil ernannte prud'homme (Art. 12), in dem nach der Absicht des Gesetzgebers ein unabhängiger, mit den örtlichen Verhältnissen wohl vertrauer und wegen allbekannter Rechtlichkeit und Unparteilichkeit in hervorragender Achtung stehender prud'homme zu erblicken ist, erscheint zunächst schon weit mehr geeignet, die gütliche Beilegung von Grenzstreitigkeiten herbeizuführen, als der im allgemeinen nach Gebühren bezahlte Feldmesser, welcher, ohne sich selbst zu schädigen, gar nicht in der Lage ist, einen grösseren Teil seiner Zeit derartigen Differenzen zu widmen. Kommt jedoch im einzelnen Falle ein Vergleich ausnahmsweise nicht zustande oder unterbleibt die Vermarkung unbestrittener Grenzen trotz Aufforderung, so trifft der prud'homme vorläufige Entscheidung, und diese Entscheidung bedarf nicht erst der förmlichen Anerkennung zu ihrer definitiven Gültigkeit; es genügt vielmehr, wenn binnen bestimmter Frist keine Anfechtung erfolgt, wenn der bestehende Zustand weiter geduldet wird. — Aus der bezüglichen Bestimmung leuchtet das nachahmenswerte Bestreben hervor, die vorhandenen Grenzstreitigkeiten gelegentlich der Katastrierung zu beseitigen, ohne zu Prozessen zu treiben und ohne das Selbstgefühl der Beteiligten zu verletzen. Für die volle Erreichung

der bezeichneten Absicht scheint indessen die Zeit zu kurz bemessen zu sein,
nach Ablauf derer die vorläufige Grenze den Charakter einer unbestrittenen
annimmt. Bis zur beendigten Offenlegung der Katasterdokumente werden Personen, die gelegentlich der Vermessung sich nicht einigen konnten, kaum dahin
gelangt sein, die Weiterduldung eines bestrittenen Zustandes bezw. den Ver-
gleichsabschluss dem gerichtlichen Austrage ihres Streites vorzuziehen; wohl
aber kann das Ziel erreicht werden, wenn nach beendeter Offenlegung noch eine
weitere mehrjährige Frist zur Verfügung steht. Die Bestellung des Schiedsmannes (prud'homme) erfolgt zweckmässig durch die berufene Vertretung der
Beteiligten, d. i. den betreffenden Gemeinderat. Es ist anzunehmen, dass der
so bestellte Schiedsmann seinen Obliegenheiten am leichtesten und mit dem
grössten Erfolg wird nachkommen können.

Unter Berücksichtigung dieser Modifikationen wird aber eine ähnliche
Einrichtung wie diejenige des prud'homme für die elsass-lothringischen Verhältnisse als durchaus empfehlenswert zu erachten sein und ist dieselbe demgemäss
im Gesetzentwurf vorgesehen worden.

β. Grenzvermarkung.

Was die bei der Neuvermessung zu verlangende Ausdehnung der Vermarkung betrifft, so wird in den letzten Jahrzehnten immer dringender und
allgemeiner die Forderung erhoben, dass die Bezeichnung mit festen Markzeichen
auf sämtliche Besitzstücksgrenzen auszudehnen sei. Es ist allerdings anzuerkennen, dass die sichere Wiederauffindung der einzelnen Grenzen auch ohne
diese weitgehende Vermarkung möglich ist, wenn eine gute Karte zur Verfügung steht und eine genügende Anzahl sonstiger fester Punkte auf dem Felde
vorhanden und in die Karte eingetragen ist. Das grossherzoglich hessische
Katastrierungsgesetz vom 13. April 1824 und ebenso das grossherzoglich badische
Vermessungsgesetz vom 26. März 1852 fordern dementsprechend nur die Ver-
steinung der Gemarkungs- und Flur- bezw. Gewanngrenzen. Anderseits muss
aber betont werden, dass bei allgemeiner Aussteinung die Vermessung genauer
als im anderen Falle durchgeführt werden kann, dass ferner eine Grenzwieder-
herstellung nach der Karte jedesmal erhebliche Kosten und Schwierigkeiten verursacht, sobald bei den bezüglichen Messungen von entfernt liegenden Punkten
auszugehen ist, dass endlich derartige Arbeiten erst dann veranlasst zu werden
pflegen, wenn infolge Mangels sichtbarer Grenzzeichen bereits Zwistigkeiten
unter den Nachbarn ausgebrochen sind, vielleicht der Rechtsweg beschritten
worden ist. Eine Reihe von Ländern dehnte deshalb schon ziemlich früh die
Verpflichtung zur Vermarkung auch auf die Grundstücksgrenzen aus; so das
grossherzoglich weimarische Gesetz über die Landesvermessung vom 5. März 1851,
das Gesetz vom 20. Januar 1853 betreffend die Vermessung des Fürstentums
Schwarzburg-Sondershausen. Das Genfer Gesetz vom 1. Februar 1841 trifft ebenfalls geeignete Massnahmen, um die Vermarkung sämtlicher Eigentumsgrenzen
zu sichern (Art. 30 des Gesetzes und Art. 50 u. ff. des Reglements vom 14. Oktober 1844). Am nachdrücklichsten aber spricht für den Nutzen der Bezeichnung aller Grenzen der Umstand, dass im Grossherzogtum Baden schon zwei
Jahre nach dem Inkrafttreten des vorerwähnten Vermessungsgesetzes vom 26. März
1852 ein besonderes Gesetz (vom 20. April 1854) über die Sicherung der Ge-
markungs-, Gewann- und Eigentumsgrenzen erlassen und in diesem die Aussteinung sämtlicher Eigentumsgrenzen insoweit vorgeschrieben worden ist, als
nicht die örtlichen Verhältnisse Ausnahmen bedingen. Auch in Preussen macht
man nach einem Reglement vom 25. Oktober 1881 die Vornahme von Neuvermessungen von einer ähnlich weit gehenden Grenzvermarkung abhängig. Da
es nun mit Rücksicht auf die erheblichen Kosten, welche die Neuvermessungen
im allgemeinen verursachen, als ein Gebot der Notwendigkeit zu erachten ist,
dass alle Vorteile, welche ein solches Werk für eine Gemarkung zu bieten vermag, nutzbar gemacht werden, so wird als Princip aufzustellen sein, dass vor
dem Beginn der Neuvermessung in einer Gemarkung die Vermarkung sämtlicher
Grenzen erfolgt.

7. Bedeutung der Vermarkung und der Karte.

Dass die auf ordnungsmässiger Neuvermessung beruhende Karte nach bewirkter technischer Revision und nach erfolgter Anerkennung seitens der beteiligten Grundbesitzer beweiskräftig ist und dass diese Beweiskraft sich auch auf die Lage der einzelnen Grenzen erstreckt, folgt aus dem Charakter der Karte als öffentliche Urkunde und der Fassung des § 383 der Civilprozessordnung von selbst und bedarf keiner besonderen Bestimmung. Fraglich kann es nur bleiben, ob es sich empfehle, nach Ablauf einer gewissen Frist die Erbringung des Gegenbeweises gegen die Karte auszuschliessen. Vorgänge für eine solche Massregel bieten das grossherzoglich hessische Gesetz vom 21. Februar 1852, welches im Art. 36 anordnet, dass die zu Grundbüchern gehörigen und auf legaler Parzellenvermessung beruhenden Karten nach Ablauf von 10 Jahren unbedingt und ausschliessend über Lage, Grösse und Begrenzung der einzelnen Grundstücke beweisen; ferner das königl. preussische Gesetz vom 27. Mai 1873 über das Grundbuchswesen im Bezirke des Appellationsgerichts Kassel. Letzteres verfügt im § 36 für das Gebiet des ehemaligen Kurfürstentums Hessen, dass die bis zum 1. Juli 1874 auf Grund der Anweisung vom 12. April 1833 festgestellten Flurkarten nach Ablauf von 2½ Jahren die ausschliessliche Unterlage für die Bestimmung der Grundstücksgrenzen bilden.

Eine Aufnahme derartiger Bestimmungen in die Gesetzgebung anderer benachbarter Länder hat, so viel bekannt, bisher nicht stattgefunden, und es lässt sich nicht in Abrede stellen, dass derselben sehr erhebliche Bedenken entgegenstehen, weil, wenn auch nicht die Wahrscheinlichkeit, so doch immerhin die Möglichkeit gegeben ist, dass ein bei der Vermessung und Kartierung unterlaufener Irrtum, trotz gewissenhafter und eingehender Prüfung, trotz langer Offenlegung und trotz bester Absicht unentdeckt bleibe. Die nach bestimmter Frist eintretende unbedingte Beweiskraft der Karte würde dann eventuell hindern, den Irrtum bei späterem Hervortreten zu beseitigen und könnte so Rechtsnachteile im Gefolge haben, welche die sonst von der unbedingten Beweiskraft gebotenen Vorteile überwiegen.

Es erscheint deshalb zweckmässig, der elsass-lothringischen Neuvermessungskarte eine weiter gehende Beweiskraft, als ihr von der Civilprozessordnung zugewiesen wird, nicht beizulegen.

Anders gestaltet sich die Frage, ob der bei der Neuvermessung zu bewirkenden Grenzvermarkung eine die Interessenten verpflichtende Wirkung zuzuerkennen sei. Wollte man nämlich zulassen, dass diejenigen Grenzen, über deren Richtigkeit die Beteiligten weder bei der Aussteinung und Aufmessung, noch bei der Offenlegung der Katasterurkunden einschliesslich Karte zweifelhaft waren, später als unrichtig angefochten und Anträge auf anderweite Abmarkung gestellt werden können, so würde der Nutzen nicht nur der Grenzvermarkung, sondern des ganzen Neuvermessungsgeschäftes überhaupt in hohem Grade in Frage gestellt werden. Es musste deshalb den in die Karte aufgenommenen unbestrittenen Grenzlinien dieselbe Bedeutung beigelegt werden, wie sie Eigentumsgrenzen zukommt, die auf Grund des Art. 646 des Code civil abgemarkt sind. Ein Bedenken gegen die Zulässigkeit dieser Massnahme kann nicht wohl bestehen, weil zwischen dem Setzen der Grenzmarken und der beendigten Offenlegung der Karte dem Grundeigentümer eine hinreichende Spanne Zeit zur wiederholten Prüfung verbleibt und diese Prüfung durch die Kenntnis des katastermässigen Inhaltes der einzelnen Liegenschaften, welche mit Beginn der Katasteroffenlegung zur Verfügung steht, ebenso wie durch die Auskunftserteilung seitens des gegen Schluss der Offenlegung anwesenden Technikers so wesentlich erleichtert wird, dass sie als ausreichend sicher zu erachten ist. Weshalb es sich empfiehlt, den vom Schiedsmann bezeichneten Grenzen nach Ablauf einer gewissen Frist dieselbe Bedeutung wie den freiwillig vermarkten beizumessen, ist bereits oben erörtert worden.

Im Interesse des Grundeigentums wird ferner für die sichere Erhaltung der vermarkten und in die Karte übernommenen Grenzen Fürsorge zu treffen sein. Ein geeignetes Mittel hierzu bietet die Bestimmung, dass die Lage der

Grenzen durch Ersitzung nicht verändert werden kann, weil diese Massnahme, ohne eine ausschliessende Beweiskraft der Karte zu bedingen, verhütet, dass der Wiederherstellung einer mit Sicherheit bestimmbaren, aber zeitweise verdunkelten Grenze unter Hinweis auf die vollendete Verjährung der Eigentumsklage entgegengetreten werde. — Ein derartiger Ausschluss der Verjährung ist übrigens in der neueren Gesetzgebung nichts Ungewöhnliches. Die Grundbuchsgesetzgebungen von Oesterreich, Königreich Sachsen und Mecklenburg (Stadtbücher) schliessen die Erwerbung von Grund und Boden durch Verjährung überhaupt aus. Das preussische Gesetz über den Eigentumserwerb an Liegenschaften vom 5. Mai 1872 und das Grossherzoglich hessische Gesetz vom 21. Februar 1852, den gleichen Gegenstand betreffend, bestimmen, dass gegen die in das Grundbuch eingetragenen Eigentümer ein Erwerb des Eigentums an Grundstücken durch Ersitzung nicht stattfindet. Auch der Code civil enthält in den Art. 2236 u. ff. ähnliche Bestimmungen über Gründe, welche die Verjährung ausschliessen.

c. Offenlegung der neu hergestellten Katasterurkunden.

Die neu hergestellten Katasterurkunden, über deren Einrichtung gelegentlich der Fortführungsbestimmungen einige Bemerkungen Platz finden werden, sind selbstverständlich, mag es sich um Katasterberichtigung oder um Neuvermessung handeln, vor der Ingebrauchnahme zur Kenntnis der Interessenten zu bringen; etwaige Einwendungen sind zu prüfen und zu erledigen. Das hierbei innezuhaltende Verfahren bedarf indessen der Erörterung. weil einerseits von demselben die Wirksamkeit der Veröffentlichung wesentlich bedingt wird, andererseits aber die neueren Katastergesetzgebungen in der Auffassung über den zweckmässigst zu beschreitenden Weg von einander abweichen, auch die Erfahrungen, welche bei Errichtung des bestehenden Katasters gewonnen worden sind, zu Wandlungen geführt haben. Es handelt sich dabei namentlich um die Frage, ob es zweckmässig ist, neben einer, etwa Monatsfrist umfassenden Offenlegung der Katasterurkunden auf dem Bürgermeisteramt der in Betracht kommenden Gemeinde und einer, in diese Frist fallenden kurzen Anwesenheit eines Technikers zur Auskunftserteilung, noch den einzelnen Grundbesitzern Verzeichnisse der ihnen zugeschriebenen Liegenschaften mit der Verpflichtung zu übersenden, auf dem Verzeichnisse ihre Zustimmung zu erklären oder ihre Einwendungen geltend zu machen und letzteres demnächst zurückzugeben, oder ob es sich mehr empfehle, von einer Behändigung der vorgenannten Verzeichnisse an die Grundbesitzer abzusehen.

Gegen das erstere, bis zum Jahre 1821 auch bei der Katastrierung von Frankreich innegehaltene Verfahren ist namentlich hervorzuheben, dass der Eigentümer, welcher auf dem übersandten Grundstücksverzeichnisse die richtige Parzellenzahl mit den entsprechenden Grössenangaben vorfindet, es erfahrungsmässig leicht unterlässt, auch auf dem Plane davon Ueberzeugung zu nehmen, ob ihm nicht durch Verwechslung gleich grosser Grundstücke eine falsche Parzelle zugeteilt sei. Es ist ferner einzuwenden, dass nicht jedem Eigentümer zugemutet werden könne, etwaigen Einwendungen schriftlich niederzulegen, und dass schliesslich auf vollzählige Rückgabe der Verzeichnisse nicht zu rechnen sei. Diese oder ähnliche Bedenken veranlassten die frühere Regierung, vom Jahre 1821 ab, die Veröffentlichung der Katasterurkunden in der Weise zu bewirken, dass sich ein Techniker zur bestimmten Zeit mit diesen Urkunden in die Gemeinde begab, um den Eigentümern bezw. ihren Vertretern den Inhalt derselben in geeigneter Weise mitzuteilen, ihnen namentlich an der Hand der Pläne die erforderliche und gewünschte Auskunft zu erteilen und schliesslich die zustimmenden Erklärungen bezw. Einwendungen entgegenzunehmen.

Die in die Augen springende Zweckmässigkeit dieser Massregel wurde indessen in der Praxis wesentlich dadurch eingeschränkt, dass man die Aufenthaltszeit des Geometers durchschnittlich zu einem Arbeitstag auf 400 Parzellen berechnete und so dem Genannten überliess, täglich mit 20 bis 30 Eigentümern alles Nötige durchzusprechen. Dass letzteres gründlich geschehen und die Erteilung der gewünschten Erläuterungen in ausgiebiger Weise erfolgen konnte, ist zu bezweifeln, weil den Interessenten der Inhalt der Katasterurkunden erst bei der Besprechung innerhalb knapp bemessener Frist zur Kenntnis kam.

Die Gesetzgebungen, welche ein dem vorgeschilderten ähnliches Verfahren übernommen haben, lassen deshalb der Auskunftserteilung im allgemeinen eine Offenlegung der Katasterurkunden vorausgehen, damit die Grundbesitzer in der Lage sind, sich vorher über den Inhalt der Pläne und Bücher gehörig zu orientieren. In ähnlicher Weise wird auch in Elsass-Lothringen vorzugehen sein, zumal diese Modifikation sich bei den bisherigen Probearbeiten bereits bewährt hat.

d. Notwendigkeit dauernder Bestimmungen für Neuvermessung.

Der vorentwickelten Reihe von Bestimmungen wird nicht lediglich für den vorübergehenden Zweck der Katasterbereinigung Wirksamkeit zu verleihen sein, weil einerseits zu erwarten steht, dass nach Durchführung des Bereinigungswerkes einzelne Gemeinden mit berichtigtem Kataster die Vornahme einer vollständigen Neuvermessung wünschen werden, sobald wegen beabsichtigter Feldverbesserungen oder aus anderen Ursachen hierzu Anlass geboten ist, anderseits aber die Anwendung der älteren für die erste Katastrierung des Landes erlassenen Vorschriften einen Rückschritt bedeuten würde. Die Lückenhaftigkeit und Mangelhaftigkeit dieser Bestimmungen erklärt sich zur Genüge daraus, dass Frankreich seiner Zeit zuerst mit einer allgemeinen Katastrierung vorgegangen ist und deshalb nicht in der Lage war, Erfahrungen anderer Länder zu verwerten. Selbstgesammelte Erfahrungen standen erst gegen Schluss des Werkes zur Verfügung. Wie tief die Verbesserungsbedürftigkeit erkannt worden ist, geht aus den in der Denkschrift zum vorjährigen Etat geschilderten Reformbestrebungen hervor, die bereits gegen Ende der dreissiger Jahre ihren Anfang genommen haben. Als man nämlich um diese Zeit mit der Katastrierung des Landes fertig geworden war, ergab sich die Notwendigkeit, in denjenigen Gemeinden von vorn zu beginnen, deren Kataster inzwischen gegen drei Jahrzehnte bezw. darüber alt geworden und durch unterbliebene Fortführung in vollständige Unordnung geraten waren. Um indessen durch die Beibehaltung der in Kraft befindlichen Gesetze und anderen Bestimmungen nicht zum Ausserachtlassen der eigenen Erfahrungen genötigt zu werden, wurde der Gesetzentwurf sur le renouvellement et la conservation du cadastre vom Jahre 1846 ausgearbeitet. Derselbe fand nicht die Zustimmung der Volksvertretung. Inzwischen nahm die Wiederholung der Katastrierung nach den alten Bestimmungen ihren Fortgang und hatte bereits einen erheblichen Umfang angenommen, als anlässlich einer Beschwerde die bezüglichen Arbeiten, soweit sie die Neueinschätzung betrafen, durch den Staatsratsbeschluss vom 15. Mai 1848 für unzulässig und das Princip des Gesetzes vom 15. September 1807 über die Unveränderlichkeit der Reinertragsfestsetzung verletzend erklärt wurden. Um wenigstens die begonnenen Arbeiten vollenden zu können, anderseits aber auch, um die Katastrierung weiterer Gemarkungen so lange thunlichst zu verhüten, bis das zu erwartende neue Katastergesetz ergehen würde, wurde zwischen Regierung und Volksvertretung der Art. 7 des Gesetzes vom 7. August 1850 vereinbart (vergl. Noizet, Du cadastre, S. 58 u. ff.). Leider hat das Gesetz seinen prohibitiven Charakter nur zu gut bewährt. Die Bedingung, dass das vorhandene Kataster mindestens 30 Jahre alt sein und der Generalrat der Erneuerung desselben zustimmen müsse, verhinderte häufig genug auch solche Gemeinden, welche diese Erneuerung als dringendes Bedürfnis empfanden und die Mittel für dieselbe bereit hatten, zu einem ordnungsmässigen Kataster zu gelangen. Die betreffenden Gemeinden liessen, um die geschilderten Schwierigkeiten zu umgehen, und da weiter die Regierung öfter die gewünschte Aufnahme des Feldes nach anderen Unterlagen als dem Besitzstande nicht zu unterstützen pflegte, endlich eine

Neueinschätzung auch wohl die Gefahr der Kontingentserhöhung nahe legte, ihren Bann neu vermessen, ohne eine Reinertrags-Ermittelung für die vermessenen Liegenschaften anzuschliessen. An einem derartigen Verfahren wurden nun zwar die Gemeinden durch kein Gesetz gehindert; das Vermessungswerk nahm aber auch keinen amtlichen Charakter an und so entstanden zahlreiche Privatkataster, die wegen der naheliegenden Verwechselungen zwischen dem amtlichen und dem nichtamtlichen Kataster mehr Verwirrung als Nutzen gebracht haben. Hierzu kommt der erschwerende Umstand, dass diese Vermessungen privaten Charakters keiner amtlichen Aufsicht und Prüfung unterstellt waren und deshalb von den Gemeinden, denen Organe zur Beurteilung der Tüchtigkeit eines Geometers nicht zur Verfügung standen, vielfach Personen übertragen worden sind, welche nach den Ergebnissen der jetzt vorgenommenen Revisionsmessungen ihrer Aufgabe nicht gewachsen waren und fehlerhafte Karten geliefert haben.

Um die Fortdauer bezw. die Wiederkehr derartiger Zustände zu verhüten, erscheint es geboten, zu bestimmen, dass künftig einerseits die Ergebnisse aller Neuvermessungen von Gemarkungen oder Liegenschaftskomplexen grundsätzlich Aufnahme in das amtliche Kataster finden, dass anderseits derartige Vermessungen aber auch ausnahmslos der Leitung und Ueberwachung der zuständigen Vermessungsbehörde unterliegen und nur von geprüften und vereideten Geometern vorgenommen werden dürfen.

Indem weiter die sich selbst begründende Anordnung getroffen worden ist, dass während der Dauer des Bereinigungswerkes Neuvermessungen von Gemeindegemarkungen nur durch die von der Landesregierung beauftragten Sachverständigen vorgenommen werden dürfen, und schliesslich in Anlehnung an das Gesetz vom 24. Juli 1867 über die Gemeinderäte ein Beschluss des Gemeinderats als ausreichend erachtet worden ist, um in Zukunft die Neuvermessung einer Gemarkung herbeizuführen, erscheinen der Art. 7 des Gesetzes vom 7. August 1850 und die übrigen gesetzlichen und reglementarischen Bestimmungen, welche zur Zeit über die Vermessung von Gemarkungen und Teilen derselben (Identifizierung der Grundstücke nach Lage, Begrenzung, Grösse und Ausmittelung ihrer Inhaber) bestehen, mit dem Inkrafttreten des Gesetzentwurfes als insoweit beseitigt, wie dieselben in den Entwurf Aufnahme nicht gefunden haben.

e. Regulierung von Gemarkungsgrenzen.

Der Gesetzentwurf behandelt endlich die Berichtigung der Gemarkungsgrenzen und die Schlichtung der bei Neuvermessungen etwa entstehenden Streitigkeiten über den Zug dieser Grenzen.

Der erstere Gegenstand bildet zwar kein unbedingtes Erfordernis der Katasterbereinigung, liegt aber im Bedürfnis, weil ausweislich der Katasterpläne die Grenzzüge einer Reihe von Gemeinden ausserordentlich ungünstig gestaltet sind, ohne dass hierfür ein innerer Zweckmässigkeitsgrund ersichtlich wäre, und weil ferner es an klaren Bestimmungen fehlt, in welcher Weise dem vorberegten Uebelstande abgeholfen werden kann. Die über die Erledigung von Grenzstreitigkeiten bestehenden Bestimmungen bedürfen endlich teils im allgemeinen, teils wenigstens für den vorliegenden Zweck gewisser Modifikationen.

Die näheren Ausführungen werden im speciellen Teil der Begründung zu geben sein.

II. Grundsteuerausgleichung.

1) Unveränderlichkeit der Reinertragssätze.

Die Notwendigkeit einer neuen Reinertragsschätzung als Basis für eine anderweite, gerechte Verteilung der Grundsteuer ist wesentlich aus zwei Gesichtspunkten betont worden. Einmal, weil bei dieser Einschätzung zur Zeit der Errichtung des bestehenden Katasters eine eigentliche Ausgleichung der Ergebnisse zwischen den verschiedenen Gemeinden nie stattgefunden hat, die Verteilung des Grundsteuerkontingents mithin von vornherein eine ungleichmässige, zu Beschwerden veranlassende war; zum anderen, weil im Laufe der Zeit die Ertragsfähigkeit der einzelnen Grundstücke durch anderweite Art der Benutzung, durch natürliche Einflüsse, durch Umgestaltung der Verkehrsverhältnisse und dergleichen zum Teil sehr erhebliche Aenderungen erfahren hat.

· Wenn nun auch bei einer, im Anschluss an die Katasterbereinigung vorzunehmenden Reinertragsermittelung eine Ausgleichung der Schätzungsergebnisse durch das ganze Land sehr wohl erzielt werden kann, so lässt sich doch nicht vermeiden, dass der zweite der vorgenannten Faktoren, der ändernde Einfluss der Zeit, nicht nach entsprechender Frist wieder eine gewisse Verschiebung herbeiführe. Es entsteht deshalb die Frage, ob eine einmalige, ausgleichende Einschätzung vorerst als genügend zu erachten oder ob nicht vielmehr das in den Gesetzen vom 15. September 1807 und vom 31. Juli 1821 ausgesprochene und bisher festgehaltene Princip der Unveränderlichkeit der Reinertragssätze aufzugeben und zu einer fortlaufenden Wahrung der Aenderungen in der Ertragsfähigkeit der Liegenschaften zu greifen sei.

Es liegt allerdings nahe, eine Forderung der Billigkeit darin zu finden, dass die Grundsteuer als Ertragsabgabe sich auch der Ertragsfähigkeit des Objektes fortdauernd anschliesse und einen im voraus bestimmten Teilbetrag des Durchschnittsertrages in Anspruch nehme. Man kann in dieser Beziehung darauf verweisen, dass die französische Etatsgesetzgebung in den ersten Jahren der Katastrierung fast regelmässig bestimmte, welcher Prozentsatz des Reinertrags von der Grundsteuer nicht überschritten werden dürfe und dass, als die Gesetze von 1807 und 1821 die Unveränderlichkeit der Grundsteuersummen ausgesprochen hatten, man sich nach verhältnismässig kurzer Frist genötigt sah, wenigstens für die Gebäude, von diesem Princip der Unveränderlichkeit abzuweichen und durch das Gesetz vom 17. August 1835 zu bestimmen, dass der Neubau, Wiederaufbau und Abbruch von Gebäuden eine jedesmalige Erhöhung oder Verminderung des Grundsteuerkontingents der Gemeinde herbeizuführen hätten. Hiergegen ist hervorzuheben, dass zunächst die genannte Festsetzung des höchstens in Anspruch zu nehmenden Reinertragsteiles nicht sowohl ein fortgesetztes Anschmiegen der Steuer an die Ertragsfähigkeit des Objektes bezwecken, als vielmehr ein Mittel bieten sollte, um die Grundsteuerverteilung, von deren Ungleichmässigkeit man allerorts überzeugt war, thunlichst auszugleichen. Die Bestimmung des Gesetzes vom Jahre 1835 bildet endlich bei näherer Betrachtung keineswegs eine Ausnahme von dem Princip der Gesetze von 1807 und 1821. Das Gesetz vom 31. Juli 1821 hatte verordnet, dass Liegenschaften, welche aus dem Staatsgut abgetrennt oder aus anderem Grunde steuerbar werden, das Grundsteuerkontingent entsprechend erhöhen und dass im umgekehrten Falle eine Verminderung dieses Kontingents eintrete. Da nun die vom überbauten Boden zu entrichtende Steuer sich in der Hauptsache nicht nach der Ertragsfähigkeit des Bodens, sondern nach dem Mietswerte des Aufbaues bemisst (Art. 83 ff. Ges. v. 3. Frimaire VII), thatsächlich also eine Gebäudesteuer ist, so war es nur konsequent, das im Jahre 1821 für den nicht überbauten Boden aufgestellte Princip der Kontingentsveränderung durch Zu- und Abgang an steuerbarer Materie auch auf die Häuser auszudehnen; denn thatsächlich involviert jeder Neu- bezw. Wiederaufbau oder Abbruch, sowie die Umwandlung eines landwirtschaftlichen Betriebsgebäudes in ein Wohnhaus oder dergleichen eine derartige Vermehrung oder Verminderung der steuerbaren Objekte. Eine Ertragssteigerung der Häuser durch zweckmässigere innere Einrichtung oder durch Verkehrsverhältnisse entzieht sich dem Nachgreifen der Steuer in gleicher Weise, wie die Umwandlung eines Ackers in Wiese oder Weinberg. Die Absicht einer fortlaufenden Berichtigung des steuerpflichtigen Reinertrages der Liegenschaften findet demnach in der bestehenden Grundsteuergesetzgebung keine Begründung. Aber auch aus andern Gründen erscheint dieselbe nicht empfehlenswert. Man würde sich nämlich bei einer konsequenten Durchführung dieses Principes nicht damit begnügen können, nur die in der

Art der Bodenbenutzung (Kulturart) auf die Dauer eintretenden Veränderungen alsbald zum Anlass einer Aenderung des Reinertrages zu nehmen, sondern es wäre, sollen nicht erhebliche Ungleichheiten und damit eine härtere Belastung des einen zu Gunsten des anderen entstehen, auch geboten, die durch das Aufhören nachteiliger oder das Entstehen günstiger Verhältnisse wachsende und aus der umgekehrten Ursache schwindende Ertragsfähigkeit der Steuerobjekte zu berücksichtigen, sobald es sich um dauernde Verhältnisse handelt. Es würde mithin jede Feldwegeregulierung, jede Güterzusammenlegung, jede Wässerungsanlage zur anderweiten Einschätzung der betreffenden Grundstücke, jede Verlegung von Garnisonen, von grösseren Behörden, die Errichtung öffentlicher Schulen und dergleichen zur anderweiten Einschätzung der Gebäude des Ortes nötigen. Die Anlage von Schiffahrtskanälen, Eisenbahnen, durchgehenden Strassenzügen würde endlich die jedesmalige Neuveranlagung aller derjenigen Gemarkungen bedingen, deren Verkehrs- und Absatzverhältnisse sich infolge der neuen Anlage heben, sowie derjenigen, denen mit der Erschliessung dieser Verbindungswege frühere Absatzquellen und Verkehrsströmungen in mehr oder minder erheblichem Masse entzogen werden. Wie schwierig es sein würde, in dieser Beziehung immer weit genug und nie zu weit zu gehen, liegt auf der Hand; Ungleichheiten würden sich trotz aller Vorsicht kaum im einzelnen vermeiden lassen. Abgesehen ferner davon, dass alle, deren Grundsteuer infolge eingetretener Verbesserungen alsbald erhöht werden sollte, Klage über die Steigerung führen und die zu Entlastenden sich umgekehrt wegen zu geringer Entbürdung beschweren würden, stünde auch zu befürchten, dass die fortgesetzte steuerliche Beunruhigung des Grundbesitzers, welche mit der geschilderten Massregel notwendig verbunden ist, einen ungünstigen Einfluss auf die rationelle Ausnutzung der Liegenschaftskapitalien üben. Wenigstens kann es nicht anregend wirken, wenn demjenigen, welcher sein Grundstück dauernd vernachlässigt oder sein Haus verfallen lässt, die Prämie der Steuerermässigung in Aussicht steht, und anderseits der thätige und umsichtige Eigentümer, welcher landwirtschaftliche Verbesserungen vornimmt oder sein Gebäude vorteilhafter einrichtet, alsbald eine entsprechende Steuererhöhung zu befürchten hat. Auch zeitweise Steuerbefreiungen, wie sie in den Gesetzen vom 3. Frimaire VII und 18 Juni 1859 für die Urbarmachung von Sümpfen, die Bewaldung öder Ländereien, die Anlage von Wein- und Maulbeerpflanzungen und dergleichen vorgesehen sind, vermögen hier nicht ausreichende Abhilfe zu schaffen, weil derartige Ausnahmevorschriften nur vereinzelte, bestimmt abgegrenzte Fälle zu treffen vermögen.

Es wird unter diesen Umständen angemessen sein, nach Durchführung der vorzunehmenden Reinertragsschätzung und erfolgter Ausgleichung der Grundsteuerkontingente an der Unveränderlichkeit der Reinertragssummen in dem bisherigen Umfange festzuhalten und es der Entwicklung der Verhältnisse zu überlassen, ob und inwieweit in kürzerer oder längerer Frist eine Erneuerung der Einschätzung als notwendig zu erachten ist. Im übrigen wird mit Rücksicht auf die in Aussicht genommene vollständige Fortführung des Katasters eine derartige Erneuerung keine höheren Kosten erfordern, als für die laufende Berichtigung der Reinertragssätze in Aussicht zu nehmen sein würden.

2) Gebäudesteuer.

Ausser der vorerörterten Frage wird ferner zu erwägen sein, ob es notwendig oder zweckmässig erscheine, anlässlich der beabsichtigten Einschätzungs- und Ausgleichungsarbeiten, die bestehenden gesetzlichen Vorschriften über die Bestimmung des steuerpflichtigen Reinertrages und die Veranlagung zur Grundsteuer einer Umgestaltung zu unterziehen. Namentlich könnte es zweifelhaft sein, ob der Reinertrag der Wohnhäuser, Fabriken, Manufakturen, Eisenhämmer, Mühlen und dergl. auch künftig lediglich nach dem Mietwert zu bemessen sei, wie dies die Art. 82 u. ff. des Gesetzes vom 3. Frimaire VII vorschreiben, oder ob es sich empfehle, nach dem Beispiele anderer Länder auf den Kaufwert oder Bauwert zurückzugreifen, weil es erfahrungsgemäss auf dem Lande und in den kleinen Städten für einzelne Arten der Gebäude an wirklich erzielten Mietspreisen und deshalb an einem sicheren Anhalt zur Bestimmung des Mietswertes fehlt. Es könnte ferner nahe liegen, die Grundsteuer für den überbauten Boden, welche, wie oben erwähnt, nicht eigentlich die Grundfläche, sondern den Aufbau trifft, als Häusersteuer aus der übrigen Grundsteuer auszusondern, da diese Steuer infolge der grösseren Wandelbarkeit ihres Objektes einen viel beweglicheren Charakter, als die eigentliche Grundsteuer hat. Auch hier bietet die neuere Gesetzgebung fast aller Nachbarländer bewährte Vorgänge.

Eine unbedingte Notwendigkeit zu einem derartigen Eingreifen in die bestehende Gesetzgebung kann indessen nicht anerkannt werden. Da, wo bedungene Mietspreise zur Bestimmung des Mietswertes von Gebäuden fehlen, wird sich der letztere aushilfsweise und mit genügender Sicherheit aus dem Bauwert der Gebäude, der durchschnittlichen Vezinsung von Baukapitalien, den Unterhaltungskosten und dergleichen berechnen lassen. Der Veränderlichkeit der Grundsteuer von Gebäuden kann dadurch Rechnung getragen werden, dass die steuerpflichtigen Gebäude in einer besonderen, für sich bestehenden Abteilung des Flurbuches Aufnahme finden. Ohne zwingenden Grund wird aber in eine Gesetzgebung, die während eines langen Zeitraumes mit dem Volksbewusstsein eng verwachsen ist, nicht einzugreifen sein.

3) Durchführung der Ausgleichung.

a. Verfahren bei der ersten Katastrierung des Landes.

Es erübrigt zu untersuchen, ob und inwieweit für die Durchführung der Reinertragsermittelungen und des Ausgleichungsgeschäftes auf frühere Bestimmungen und Einrichtungen zurückgegriffen werden kann.

Bei Errichtung des zur Zeit bestehenden Katasters hat sich die Grundsteuerveranlagung der Reihe nach in drei verschiedenen Formen vollzogen. In der Periode bis zum Jahre 1821 wurde die Schätzung durch Experte, welche der Präfekt auf Vorschlag des Steuerdirektors ernannte und deren in jedem Kanton mehrere, wenigstens aber zwei, unabhängig voneinander amtierten, vorgenommen. Der Experte hatte sowohl die Tarif- und Klassenbildung wie die Einreihung der einzelnen Grundstücke in die Klassen vorzunehmen. Er arbeitete unter der beratenden Assistenz des Steuercontroleurs, welcher über die zwischen ihm und dem Experten verbliebenen Meinungsverschiedenheiten Anschreibung führte. Die Ergebnisse der Schätzung wurden vom Controleur begutachtet, vom Inspektor und Steuerdirektor geprüft und seitens des letzteren mit gutachtlichem Bericht dem Präfekten eingereicht, welcher innerhalb zweier Wochen seine Entscheidung zu treffen hatte. Bestanden Bedenken gegen die Arbeit des Experten, die zu heben dieser sich weigerte, so war der Präfekt befugt, eine Gegenschätzung bezw. eine anderweite Einreihung der Grundstücke in die Tarifklassen herbeizuführen. Waren die Anstände beseitigt oder solche überhaupt nicht zu erheben gewesen, so erteilte der Präfekt dem Einschätzungswerk die vorläufige Bestätigung. Der Steuerdirektor hatte nunmehr die Reinertragssumme für die einzelnen Grundstücke nach Steuerpflichtigen getrennt aufzustellen und zur Offenlegung zu bringen. Jeder Steuerpflichtige erhielt eine Abschrift seines Contos behändigt. Zulässig waren nur Beschwerden der einzelnen Grundbesitzer gegen die Einreihung ihrer Liegenschaften in die Tarifklassen. Die Beschwerden wurden vom Controleur gesammelt und dem Experten überwiesen, welcher dieselben mit den Grundeigentümern durchzusprechen und und unter Zuziehung des Controleurs auf dem Felde zu prüfen hatte. Nachdem jeder Fall vom Experten untersucht und zur Entscheidung begutachtet worden war, reichte der Controleur dem Steuerdirektor ein über den Hergang geführtes und mit seiner speciellen Aeusserung zur Sache versehenes Protokoll ein. Der Steuerdirektor hatte das Protokoll dem Präfekten vorzulegen, welcher über alle

Einwendungen endgültig mit der Wirkung entschied, dass die festgestellte Klasseneinreihung der Grundstücke nur infolge einer Neukatastrierung Aenderungen erfahren konnte. Nachdem in dieser Weise die Einschätzung in sämtlichen Gemeinden eines Kantons zu Ende geführt war, trat, nach nochmaliger Anhörung sämtlicher Experten durch den Steuerdirektor, unter dem Vorsitze des Unterpräfekten eine Kommission zusammen, welche aus je einem Delegierten jeder Gemeinde bestand. An diesen Delegierten hatten diejenigen Grundbesitzer bezw. diejenige Gesamtheit von Grundbesitzern, welche die Liegenschaften einer Kulturart oder Klasse besassen und sich durch die Klassen- bezw. Tarifbildung beschwert fühlten, ihre Einwendungen zu richten. Die Kantonalversammlung, welche nicht länger als eine Woche tagen konnte, erhielt sämtliche Einschätzungsverhandlungen unterbreitet und war befugt, diejenigen Experten vorzuladen, deren Aeusserungen sie entgegennehmen wollte. Endlich fasste die Versammlung mit Stimmenmehrheit Beschluss, ob und welche Aenderungen an der Einschätzung vorzunehmen seien. Auf Grund dieses Votums, des Gutachtens des Unterpräfekten und Steuerdirektors sowie der Aeusserung des Präfekturrates stellte der Präfekt die Reinertragshauptsumme für jede Gemeinde des Kantons fest und verteilte die Summe der auf die Gemeinden entfallenden Grundsteuerkontingente nach Massgabe der Reinertragssummen (Gesetz vom 15. September 1807).

Das vorgeschilderte Verfahren wurde indessen bald verlassen. Nachdem Art. 38 des Gesetzes vom 15. Mai 1818 bestimmt hatte, dass die Verteilung der Grundsteuer auf die einzelnen Departements nach Massgabe der bis dahin durch die Katastrierung erzielten Resultate, den vorliegenden Pacht- und Kaufverträgen und den sonst zu beschaffenden Anhaltspunkten erfolgen solle, dehnte Art. 19 des Gesetzes vom 31. Juli 1821 die gleiche Vorschrift auf die Feststellung des Grundsteuerkontingents der Arrondissements und Gemeinden aus. Zur Ausführung erging eine Ordonnanz vom 3. Oktober 1821. Eine weitere Ordonnanz vom gleichen Tage bestimmte, offenbar mit Rücksicht auf den fernerhin nur lokalen Wert der Einschätzung, dass die Klassen- und Tarifbildung in Zukunft von dem, aus den Höchstbesteuerten ergänzten Gemeinderate bewirkt werde, und dass die Einreihung der einzelnen Grundstücke in die Klassen ortseingesessenen Grundeigentümern anzuvertrauen sei. Die Schätzer wurden von dem verstärkten Gemeinderat ernannt und bei ihren Arbeiten durch Steuerbeamte assistiert. Der verstärkte Gemeinderat sollte ausserdem befugt sein, die Schätzer auf Gemeindekosten durch einen vom Präfekten zu bestätigenden Experten unterstützen zu lassen. Nach dem zur Ausführung der Ordonnanz erlassenen Reglement vom 10. Oktober 1821 hatte der Steuerinspektor dem Gemeinderate bei der Tarif- und Klassenbildung mit seinem Rat und seinen Erfahrungen zur Seite zu stehen.

Indessen auch dieser Einschätzungsmodus entsprach nicht den gehegten Erwartungen. Bereits unter dem 23. April 1823 bestimmte eine Ordonnanz, dass auf Wunsch des Generalrates im ganzen Departement und auf Kosten des letzteren die Klasseneinreihung durch Experte vorgenommen werden könne. Die Experten sollten durch den Präfekten ernannt, und in ihrer Arbeit von den Schätzern (ortseingesessenen Grundeigentümern) und den Steuerbeamten assistiert werden. Fand die Verwendung der Experten nicht im ganzen Departement statt, so sollten ihre Bezüge der Gemeinde zur Last bleiben. Die ministeriellen Instruktionen vom 17. Februar 1824 und 25. Mai 1827, welche zur Ausführung der Ordonnanz ergingen, haben ferner in ihren Ausführungen eine erhebliche aktive Mitwirkung der Steuerinspektoren bei der Tarif- und Klassenbildung seitens des Gemeinderates zur Voraussetzung. Die Selbsteinschätzung der Gemeinden war formell zwar aufrecht erhalten, in der That aber beseitigt worden.

Aus den geschilderten Wandlungen des Einschätzungsverfahrens wird entnommen werden dürfen, dass:

1) eine gleichmässige Grundsteuerverteilung sich durch spätere Ausgleichung der in den einzelnen Gemeinden bis in alle Details durchgeführten und durch Offenlegung festgestellten Reinertragseinschätzungen nicht erreichen lässt, besonders wenn man diese Ausgleichung vom Gutachten der Interessenten abhängig machen will,

2) die Grundsteuerausgleichung nur durchführbar erscheint, wenn die bezüglichen Vorarbeiten thunlichst gleichzeitig für das ganze Land vorgenommen und in verhältnismässig kurzer Frist beendet werden können,

3) die Einschätzung auch dann, wenn von einer Ausgleichung auf dieser Basis abgesehen werden soll, den Gemeinden nicht selbständig überlassen werden kann, weil alsdann zu befürchten steht, dass die Schätzungen der verschiedenen Gemeinden untereinander so erhebliche Differenzen aufweisen, dass allmählich der Vermutung einer ungleichen Grundsteuerverteilung Raum gegeben werde.

Endlich dürfte das allerdings bis zu Ende beibehaltene Verhältnis der Verwaltung zu den einschätzenden Organen kein glückliches zu nennen sein, weil die Verwaltung mehr überwachte als unterstützte und sich in einem gewissen Gegensatze zu diesen Organen befand, der erst in der Instanz des Präfekten zu einem unvollkommenen Ausgleich gelangte.

b. Verfahren bei den neueren Grundsteuerregelungen.

Diejenigen Nachbarländer, welche in neuerer Zeit mit der Grundsteuerregelung vorgegangen sind, haben im allgemeinen nicht unterlassen, die Erfahrungen der französischen Katastrierung zu verwerten. Allgemein suchte man die Zeitdauer des Einschätzungswerkes möglichst abzukürzen, glich die Schätzungsergebnisse in ihren einzelnen Stadien zunächst für grössere Bezirke und endlich für das ganze Land aus und verwendete als ausführende Organe Kommissionen, welche, aus Grundeigentümern beziehungsweise Delegierten politischer Körperschaften und Verwaltungsorganen zusammengesetzt, geeignet erscheinen, Meinungsverschiedenheiten schon im Entstehen auszugleichen und in der oberen Instanz nicht nur begutachtend, sondern soweit nötig auch berichtigend einzugreifen. Es ist in dieser Beziehung auf die Vorgänge in Preussen, einzelnen mitteldeutschen Staaten, Württemberg, Baden und Oesterreich zu verweisen. In Elsass-Lothringen wird man sich diesem als bewährt zu erachtenden Verfahren unter entsprechender Berücksichtigung der in Betracht kommenden besonderen Verhältnisse des Landes zweckmässig anzuschliessen haben. In letzterer Hinsicht ist zunächst zu erwähnen, dass die Durchbildung des vorskizzierten Systems nicht überall nach derselben Richtung erfolgt ist. Man hat zwar überall den einzuschätzenden Grund und Boden nach Massgabe der Ertrags- und Absatzverhältnisse in Distrikte geteilt, welche bei annähernder innerer Gleichheit aller in Betracht kommenden Umstände eine möglichst grosse Fläche umfassen, hat auch im Bedürfnisfalle die Distrikte wieder zu entsprechend grösseren Bezirken vereinigt; im übrigen aber ist das Vorgehen verschieden gehalten worden, je nachdem eine vorhandene Klasseneinteilung des Bodens zu benutzen war oder eine solche nicht bestand, beziehungsweise die bestehende nicht verwertet werden konnte oder sollte. Im letzteren Falle teilte man innerhalb der Distrikte den Grund und Boden für jede Kulturart nach der sich abstufenden Ertragsfähigkeit in eine entsprechende Anzahl von Klassen (Klassenbildung) und bestimmte für jede Klasse durch Einzelberechnung und unter Berücksichtigung der lokalen Verhältnisse den mittleren Reinertrag (Tarifbildung). Klassen und Tarifbildung wurden sodann für die verschiedenen Distrikte beziehungsweise Bezirke untereinander verglichen und, soweit nicht nach gleichen Grundsätzen beziehungsweise in geeigneter Weise verfahren worden war, berichtigt. Das ganze Werk, welches selbstverständlich innerhalb bestimmter Grenzen für die verschiedenen Distrikte eine abweichende Klassenzahl und für gleichnamige Klassen derselben Kulturart abweichende Reinertragssätze aufweisen konnte, wurde demnächst für möglichst umfassende Landesteile thunlichst für das ganze Land der Läuterung durch Begutachtung beziehungsweise Beschwerdeführung der ferneren und näheren Interessenten unterworfen und endlich durch die berufenen Organe festgestellt. In die so vorgezeichneten Kulturarten und Klassen wurden schliesslich die einzelnen Grundstücke jedes Distriktes durch Specialkommissionen eingereiht. Die Ergebnisse der Einreihung wurden eventuell nach wiederholter Ausgleichung

offen gelegt und konnten von den betreffenden Grundbesitzern angefochten werden; gegen die Klassen- und Tarifbildung war eine Beschwerdeführung nicht
mehr zulässig.

Das Verfahren unter Berücksichtigung bestehender Bodeneinteilungen
lässt es rätlich erscheinen, von einer Tarif- und Klassenbildung, welche jedesmal
den ganzen Einschätzungsdistrikt gleichmässig verbindet, abzusehen, ermöglicht
eine Ausgleichung jedoch entweder dadurch, dass die Tarife für die einzelnen
Gemarkungen vor ihrer Anwendung in thunlichst weiter Ausdehnung untereinander in Einklang gesetzt werden, oder dadurch, dass für jeden Einschätzungsdistrikt eine geeignete Gemarkung, nötigenfalls eine beschränkte Zahl von Gemarkungen, als Repräsentantin der Boden- und Absatzverhältnisse des Distriktes
herausgegriffen und eingeschätzt wird. Die Einschätzung dieser sogenannten
Mustergemarkungen wird von denselben Organen für weite Kreise, thunlichst
für das ganze Land, gleichmässig durchgeführt, in ihren Ergebnissen durch vergleichende Gegenüberstellung, ein ausgedehntes Offenlegungsverfahren u. dergl.
geläutert und schliesslich als Type für die Prüfung der bestehenden Klasseneinteilung und die Tarifbildung in den einzelnen Gemarkungen benutzt. Diese
Ausgleichung durch Einschätzung von Mustergemeinden wird als sicherer und
leichter durchführbar zu erachten sein, als die Ausgleichung der für die einzelnen
Gemarkungen aufgestellten Tarife und deshalb vor letzterer den Vorzug verdienen.

c. Bestimmung des in Elsass-Lothringen inne zu haltenden Verfahrens.

Zur Entscheidung der Frage nun, in welcher Weise bei der Grundsteuerregulierung für Elsass-Lothringen am zweckmässigsten vorzugehen sein wird,
waren, wie bereits in der Denkschrift zum vorjährigen Etat angedeutet, umfassende Erhebungen darüber anzustellen, inwieweit auf die bestehende Einschätzung der Liegenschaften, namentlich bezüglich der Klassenbildung und der
Einreihung der einzelnen Grundstücke in die verschiedenen Klassen zurückgegriffen werden kann. Diese Ermittelungen sind in der Weise bewirkt worden,
dass in den drei politischen Bezirken eine Anzahl von Gemarkungen, die in
Rücksicht auf das Hervortreten der Bodenzersplitterung oder des Grossgrund-
besitzes, hinsichtlich ihrer natürlichen Lage, der Produktions- und Absatzverhältnisse, sowie endlich des Alters ihres Katasters möglichst grosse Abweichungen
aufweisen, ausgewählt und in ihnen mit einer probeweisen Einschätzung der
Liegenschaften vorgegangen wurde. Das Ergebnis dieser Arbeit hat zu der
Ueberzeugung geführt, dass:

1) die Klassenbildung bei Errichtung des Katasters im allgemeinen ziemlich gleichmässig erfolgt und, wenn auch die einfache Beibehaltung
   derselben mit Rücksicht auf die eingetretenen erheblichen Wandlungen
   und manche zu Tage geförderte Irrung ausgeschlossen erscheint, als
   Ausgangspunkt für die neue Reinertragsermittlung sehr wohl verwendbar ist,

2) die Einreihung der einzelnen Grundstücke in die Klassen der betreffenden Kulturarten mit ähnlicher Sorgfalt, wie die Klassenbildung bewirkt worden ist, und soweit eine Aenderung in der Kulturart und
   Bonität der Grundstücke bislang nicht eintrat, als Basis für die neuen
   Ermittelungen dienen kann,

3) die in den einzelnen Gemarkungen bestehenden Reinertragstarife dagegen nach verschiedenen Grundsätzen zum Teil auch in augenschein-
   lich summarischer Weise angefertigt und als Unterlage für eine ausgleichende Einschätzung, wenn nicht geradezu schädlich, so doch
   mindestens wertlos sind,

4) es sehr wohl möglich sein wird, zum Zwecke der Grundsteuerregulierung grössere Distrikte zu bilden, in denen der Reinertrag derselben
   Kulturarten und der einander entsprechenden Klassen des Bodens
   durchschnittlich derselbe ist, so dass im allgemeinen von einer beson-

deren auf Einzelberechnung beruhenden Tarifbildung für jede einzelne
Gemarkung abgesehen werden kann.

Mit Rücksicht auf diese Ergebnisse der Probearbeiten und die voraufge-
schickten Entwicklungen wird für die ausgleichende Reinertragsermittelung in
Elsass-Lothringen die Bildung grösserer Einschätzungsdistrikte und die Einschätzung von Mustergemarkungen in diesen Distrikten zu wählen sein. Die
Kosten für die Durchführung der gesamten Einschätzungsarbeiten mit allen dazu
gehörigen Berechnungen werden nach den bisher gewonnenen Erfahrungen den
Betrag von einer Million Mark voraussichtlich nicht erheblich übersteigen.

Die Ausgleichung der Grundsteuerkontingente wird sich nach Durchführung der Schätzung und nach Berechnung des Reinertrages für die einzelnen
Liegenschaften durch ein einfaches Rechenexempel vollziehen, da sich durch
Addition leicht die auf das ganze Land entfallende Reinertragssumme ermitteln
und aus dem Verhältnis dieser zu der Reinertragssumme der Bezirke, Kreise und
Gemeinden die Bildung der Kontingente bewirken lässt. Es wird keines besonderen Nachweises bedürfen, dass eine derartige Kontingentsfeststellung zu gleich-
mässigeren und genaueren Ergebnissen führen muss, als die auf Grund der Gesetze von 1818 und 1821 nach den Kauf- und Pachtpreisen sowie den sonst zu
Gebote stehenden Anhaltspunkten vollzogene; es wird genügen, darauf hinzuweisen, dass die bezügliche Feststellung erst nach Ueberwindung vieler Schwierigkeiten zur Durchführung gelangte, ohne zu einem alle Teile befriedigenden Ergebnis zu führen, dass vielmehr die Klagen über ungleiche Kontingentsverteilung
seit jener Zeit nie aufgehört haben und dass bei den Nachbarstaaten, welche die Erfahrungen der französischen Katastrierung, wie bekannt, ausgiebig verwerteten,
kein einziger eine derartige Kontingentsausgleichung zur Anwendung gebracht hat.

III. Fortführung des Grundsteuerkatasters.

Nachdem gelegentlich der Erörterung über die Notwendigkeit und Zweckmässigkeit der Katasterbereinigung dargethan worden ist, dass die hauptsächlichste, zum Teil die ausschliessliche Ursache der im Grundsteuerkataster herrschenden Verwirrung in der mangelhaften und unzweckmässigen Wahrung der
eingetretenen Aenderungen zu finden sei, wird es als ein Gebot der Notwendigkeit anerkannt werden müssen, dass der Wiederkehr derartiger Zustände durch
bessere Einrichtung der Katasterfortführung vorgebeugt werde.

Bei Prüfung der Massnahmen, welche zu treffen sein würden, um diese
Fortführung in möglichst einfache und doch sichernde Formen zu kleiden, ergibt sich zunächst, dass die Mutterrolle als derjenige Teil des Katasters, welcher
in der Hauptsache zur Gewinnung der Unterlagen für die Steuerverteilung dient,
den Gemeinden entbehrlich sein wird, sobald das fortgeführte Flurbuch für jedes
Grundstück den steuerpflichtigen Inhaber erkennen lässt und ein Namensverzeichnis zum Auffinden aller Grundstücke einer bestimmten Person
ermöglicht. Die Zusammenstellung der Reinerträge, welche der Veranlagung
des einzelnen Grundbesitzers als Basis dienen, hat für die Gemeinde eine sehr
untergeordnete Bedeutung. Umgekehrt hat die Steuerverwaltung, bei welcher
das Kataster nur als Instrument für die Verteilung und Einhebung
der Grundsteuer in Frage kommt, kein erhebliches Interesse daran, im Besitze
eines Flurbuches zu sein, da die etwa notwendige Identifizierung eines Grundstückes auf Grund eines der Mutterrolle beigefügten einfachen Parzellenregisters
und des Katasterplanes bewirkt werden kann. Die Uebereinstimmung zwischen
den an verschiedenen Orten befindlichen beiden Büchern kann, da die Fortschreibung auf Grund derselben Unterlagen zu erfolgen haben würde, in gleicher
Weise aufrecht erhalten werden, wie dies jetzt zwischen den beiden Mutterrollen
geschieht. Der Besitz eines bei der Gegenwart erhaltenen Katasterplanes ist
endlich sowohl für die Gemeinde wie für die Steuerverwaltung erforderlich, weil
beim Fehlen eines Planes sowie bei vorhandener Abweichung zwischen Feld und
Plan die Identifizierung der Grundstücke mit so wesentlichen Schwierigkeiten
verknüpft ist, dass Grundstücksverwechselungen, wenn auch am Anfang selten,

später, weil eine Verwechselung die andere erzeugt, doch häufiger vorkommen und das Kataster entwerten würden.

Unter Berücksichtigung des Vorgesagten würde mithin das Kataster für eine Gemarkung in Zukunft bestehen können aus dem Katasterplan und der Mutterrolle mit zugehörigem Parzellenregister in den Händen der Steuerbehörde, aus dem Flurbuch mit Namensverzeichnis und einer zweiten Planfertigung in den Händen der Gemeindeverwaltung. Zur Zeit sind vorhanden zwei Planfertigungen, zwei Flurbücher (états de section) und zwei Mutterrollen. Es werden sonach bei der Aufstellung der Kataster schon die Ausgaben für je eine Mutterrolle und ein Flurbuch gespart, da die neu hinzutretenden Namens- und Parzellenregister einen nennenswerten Aufwand nicht verursachen. Sodann liegt es auf der Hand, dass die Fortführung von einer Mutterrolle und einem Flurbuch im allgemeinen mit denselben Mitteln bewirkt werden kann, wie die Fortführung von zwei Mutterrollen. Ausserdem ist zu berücksichtigen, dass das Fortführungsgeschäft bisher unverhältnismässig zeitraubend war, teils wegen der unvermeidlichen, oft recht weitläufigen Erhebungen zur Feststellung der Objekte, teils deshalb, weil nach der bestehenden Einrichtung die Aufstellung von Einzelverzeichnissen über die zu wahrenden Aenderungen erfordert wird. Die Beseitigung dieser Missstände wird voraussichtlich genügende Zeit gewinnen lassen, um innerhalb derselben die Fortführung der Karte zu bewirken.

Es wird sich nun darum handeln, zu prüfen, welche Massnahmen, als zweckmässig zu erachten sind, um einerseits die richtige und rechtzeitige Fortführung der Katasterurkunden zu sichern und anderseits das fortgeführte Kataster dem Publikum thunlichst dienstbar zu machen.

In letzterer Beziehung erscheint es nötig, dafür zu sorgen, dass die Erlangung der katastermässigen Bezeichnung von Grundstücken mehr als bisher erleichtert und ein Irrtum bei Uebernahme dieser Bezeichnung in die notariellen oder unter Privatunterschrift errichteten Urkunden, sowie in die auf der Enregistrementseinnehmerei abzugebenden Erklärungen thunlichst verhütet werde. Beiden Erfordernissen lässt sich zweckmässig dadurch Rechnung tragen, dass die bisher vorzugsweise von den Steuerdirektionen bewirkte Erteilung von Katasterauszügen allgemein auf die Bürgermeister übertragen und die Beifügung dieser Auszüge zu den Urkunden beziehungsweise ihre Vorlage bei der Abgabe von Erklärungen vor dem Enregistrementseinnehmer angeordnet wird. Bedenken gegen die erweiterte Inanspruchnahme der Bürgermeister können übrigens nicht wohl bestehen, weil die erwachsende Arbeitslast nicht bedeutend sein wird, für den entstehenden Schreibaufwand Deckung in der Gebühr für den Auszug gegeben ist, und endlich die Ausmittelung der in Betracht kommenden Liegenschaft von dem im Besitz eines fortgeführten Planes und eines fortgeführten Flurbuches befindlichen Bürgermeister, der ausserdem im Zweifelsfall leicht die Interessenten beziehungsweise deren Vertreter zur Auskunftserteilung heranziehen kann, mit mindestens der gleichen, wenn nicht grösseren Sicherheit bewirkt werden wird, als dies auf den Steuerdirektionen geschehen kann. In der Beifügung der Katasterauszüge zur Urkunde beziehungsweise in der Vorlage derselben auf den Enregistrementseinnehmerei kann eine nennenswerte Belästigung des Publikums nicht erblickt werden, zumal der Gesetzentwurf diese Auszüge von der Stempel- und Registriergebühr befreit.

Sollen die Katasterauszüge aber, wie es das öffentliche Interesse gebietet, immer richtig und vollständig erteilt werden können, so wird der bisher innegehaltene Weg, in der Hauptsache die von den Enregistrementseinnehmern gefertigten Auszüge aus den registrierten Urkunden beziehungsweise Erklärungen als Unterlage für diese Fortführung zu nehmen, ferner nicht genügen, weil die rechtliche Gültigkeit der mündlich oder unter Privatunterschrift abgeschlossenen Verträge, sowie des Erbüberganges nicht von der Registrierung abhängt und deshalb erfahrungsgemäss zahlreiche derartige Rechtsvorgänge entweder gar nicht oder wenigstens verspätet zur Registrierung gelangen, weil ferner diejenigen Aenderungen in der Form der Liegenschaften, welche durch natürliche Einflüsse entstehen, sich der Kenntnis der Enregistrementseinnehmer ganz entziehen und ausserdem, wie bereits angedeutet, die Wahrung von Teilungen u. dergl. in den Katasterplänen nur auf Grund einer Darstellung der veränderten Oertlichkeit mit Sicherheit erfolgen kann.

Es erübrigte deshalb nur, den Interessenten selbst die Verpflichtung zur Anmeldung der in Betracht kommenden Vorgänge aufzuerlegen und bei Aenderungen in der Form der Grundstücke ausserdem die Beibringung eines Planes zu fordern. Damit indessen diese Planaufnahme, die immerhin mit einigen, wenn auch verhältnismässig unerheblichen Kosten für das Publikum verknüpft ist, vollen Nutzen schaffe, war es geboten, Anordnung zu treffen, dass derartige Pläne alsbald nach ihrer Fertigung der Vermessungsbehörde zur unentgeltlichen Prüfung vorgelegt, demnächst zum Ausgangspunkt bei der Verbriefung des Rechtsgeschäfts beziehungsweise bei Abgabe einer Erklärung auf der Enregistrementseinnehmerei genommen und erst dann zur Fortführung des Katasters überreicht werden. Durch diese Vorlage von Plänen und weil in Zukunft die Urkunden eine genaue Bezeichnung der Liegenschaften auf Grund des beigefügten Katasterauszuges enthalten; auch über die von dem Enregistrementseinnehmer abgegebenen Erklärungen der bei diesen Erklärungen benutzte Katasterauszug beigebracht werden kann, wird die Entgegennahme und Prüfung der Anmeldungen zur Fortführung des Katasters so wesentlich erleichtert, dass dies Geschäft und die Aufzeichnung derselben in ein festes Buch beziehungsweise die vorläufige Aufbewahrung der mitvorgelegten Pläne dem Bürgermeister ohne erhebliche Belästigung übertragen werden kann. Dem Publikum wird dadurch der Weg zu dem meist entfernt wohnenden Steuercontroleur erspart, der Bürgermeister ist anderseits imstande, jederzeit vollständige Katasterauszüge zu erteilen, und die Steuerverwaltung endlich kann die Fortführungsarbeit darauf beschränken, dass die Aufzeichnungen des Bürgermeisters beziehungsweise die beigebrachten Pläne einfach in die Katasterurkunden übertragen werden.

Die vorgeschilderten Massregeln allein erscheinen indessen zur Erhaltung der völligen Uebereinstimmung zwischen Feld und Kataster nicht ausreichend.

Wenn auch in jeder Gemeinde einzelne Persönlichkeiten vorhanden sein werden, welche man wegen ihrer genauen, allgemein anerkannten Feldkenntnis bei Meinungsverschiedenheiten über den Zug von Grenzen, über den richtigen Stand von Grenzsteinen u. dergl. zu Rat zu ziehen pflegt, so fehlt es im Lande doch an Organen, die, mit einer gewissen Autorität umkleidet, als Vertrauensmänner der Bevölkerung wie der Verwaltung darüber zu wachen haben, dass ungerechtfertigte Grenzverschiebungen thunlichst unterbleiben, die berechtigten Aenderungen in der Grenzlage aber auch im öffentlichen Interesse zur Wahrung kommen, Männer, ohne deren Zuziehung eine Grenzmarke weder gesetzt, verändert noch entfernt werden sollte, die, mit den Verhältnissen ihres Bannes gewissermassen verwachsen, dazu beitragen werden, Grenzstreitigkeiten im Entstehen zu schlichten und in den Gemeinden mit berichtigtem Kataster die so wichtige freiwillige Vermarkung anzuregen und zu fördern. Es fehlt endlich an geeigneten Persönlichkeiten, denen die Festatellung der Aenderungen in der dauernden Benutzung der Liegenschaften übertragen werden kann, da es zwar wesentlich ist, die katastermässige Bezeichnung der Liegenschaften durch nachrichtliche Wahrung der dauernden Kulturveränderungen in Uebereinstimmung mit der Gegenwart zu erhalten, bei der Dehnbarkeit des Begriffes einer dauernden Aenderung jedoch den Grundbesitzern eine bezügliche Anmeldepflicht nicht auferlegt werden kann.

In den nächsten Nachbarstaaten sind derartige Organe bereits vorhanden. Das Grossherzogtum Hessen besitzt dieselben in seinen Feldgeschworenen (eingeführt durch Gesetz vom 23. Oktober 1830), das Grossherzogtum Baden in den Steinsetzern (eingeführt durch Gesetz vom 20. April 1854), das Königreich Bayern endlich in den Feldgeschworenen (Gesetz vom 16. Mai 1868). Die bezügliche Einrichtung, welche sich in den gedachten Ländern bewährt hat, wird, da sie auch als den Verhältnissen von Elsass-Lothringen entsprechend zu erachten ist, in ihren Hauptzügen zu übernehmen sein.

Herzogl. Sachsen-Meiningen'sches Gesetz vom 25. Juni 1885, die Besteuerung des Gewerbebetriebs im Umherziehen betr.

Wir Georg, von Gottes Gnaden Herzog zu Sachsen-Meiningen etc. verordnen mit Zustimmung des Landtags, was folgt:

Artikel 1.

Wer ausserhalb des Gemeindebezirks seines Wohnorts oder der durch besondere Anordnung der höheren Verwaltungsbehörde dem Gemeindebezirke des Wohnorts gleichgestellten nächsten Umgebung desselben, ohne Begründung einer gewerblichen Niederlassung und ohne vorgängige Bestellung, in eigener Person

1) Waren feilbieten,
2) Warenbestellungen aufsuchen oder Waren bei anderen Personen als bei Kaufleuten, oder an anderen Orten, als in offenen Verkaufsstellen zum Wiederverkauf ankaufen,
3) gewerbliche Leistungen anbieten,
4) Musikaufführungen, Schaustellungen, theatralische Vorstellungen, oder sonstige Lustbarkeiten, ohne dass ein höheres Interesse der Kunst oder der Wissenschaft dabei obwaltet, darbieten will,

unterliegt der Steuer vom Gewerbebetrieb im Umherziehen.

In gleicher Weise unterliegt dieser Steuer für seine Person, wer für einen anderen ein Gewerbe im Umherziehen zu betreiben beabsichtigt.

Artikel 2.

Der Steuer vom Gewerbebetrieb im Umherziehen n i c h t unterworfen sind:

1) wer selbstgewonnene Erzeugnisse der Land- und Forstwirtschaft, des Garten- und Obstbaues, der Geflügel- und Bienenzucht, sowie der Jagd und Fischerei feilbietet,
2) wer ein stehendes Gewerbe betreibt und ausserhalb des Gemeindebezirks seiner gewerblichen Niederlassung persönlich oder durch in seinem Dienste stehende Reisende für die Zwecke seines Gewerbebetriebes
   a. Warenbestellungen sucht, wenn er, beziehungsweise sein Reisender, von den Waren, auf welche sie Bestellungen suchen, nur Proben oder Muster mit sich führen;
   b. Waren aufkauft, wenn er, beziehungsweise sein Reisender, die aufgekauften Waren nur behufs deren Beförderung nach dem Bestimmungsort mit sich führen;

3) diejenigen, welche ausschliesslich im Mess- oder Marktverkehr oder in öffentlichen, von den zuständigen Behörden genehmigten Ausstellungen die im Artikel 1 unter 1 und 2 bezeichneten Arten des Gewerbebetriebes ausüben;

4) wer bei öffentlichen Festen, Truppenzusammenziehungen oder anderen aussergewöhnlichen Gelegenheiten, mit Erlaubnis der Ortspolizeibehörde, die von derselben zu bestimmenden Waren feilbietet;

5) wer in der Umgegend seines Wohnortes bis zu 15 Kilometer Entfernung von demselben

a. selbstverfertigte Waren, welche zu den Gegenständen des Wochenmarktverkehrs gehören, feilbietet,

b. gewerbliche Leistungen, hinsichtlich deren dies Landesgebrauch ist, anbietet;

6) wer Verzehrungsgegenstände, die zu den Gegenständen des Wochenmarktverkehrs gehören, auch wenn dieselben nicht selbst gewonnen sind, im Umherziehen feilbietet.

Artikel 3.

In Betreff der Angehörigen ausserdeutscher Staaten, welche weder ihren Wohnsitz noch eine gewerbliche Niederlassung in einem deutschen Staate haben, treten, sofern nicht durch Verträge oder Vereinbarungen oder durch Anordnungen des Staatsministeriums, Abteilung der Finanzen, anderweite Festsetzungen getroffen sind, nachstehende besondere Bestimmungen ein:

1) Dieselben sind der Steuer vom Gewerbebetriebe im Umherziehen, vorbehaltlich der nachstehend unter Ziffer 3 und 4 festgesetzten Befreiungen, auch dann unterworfen, wenn sie selbstgewonnene Erzeugnisse der Land- und Forstwirtschaft, des Garten- und Obstbaues, der Geflügel- und Bienenzucht, der Jagd und des Fischfanges (Artikel 2 Ziffer 1), sowie Verzehrungsgegenstände, die zu den Gegenständen des Wochenmarktverkehres gehören (Artikel 2 Ziffer 6), ohne vorgängige Bestellung in eigener Person feilbieten wollen.

2) Die Bestimmungen des Artikels 2 Ziffer 2 finden auf dieselben und auf die in ihren Diensten stehenden Reisenden, welche für deren im Auslande betriebenes Geschäft Waren aufkaufen oder Warenbestellungen aufsuchen, keine Anwendung.

3) Aller Handel (Verkauf und Ankauf von Waren und Suchen von Warenbestellungen) der Ausländer auf Messen und Jahrmärkten bleibt von der Gewerbesteuer frei.

4) Desgleichen ist ihnen auf Wochenmärkten das Feilbieten von Verzehrungsgegenständen, welche zu den Gegenständen des Wochenmarktverkehres gehören, und der Warenankauf gewerbesteuerfrei gestattet.

Artikel 4.

Die Steuer für das Gewerbe im Umherziehen ist mindestens auf den Zeitraum von drei Monaten zu entrichten und beträgt monatlich:

1) bei dem Hausieren und sonstigen Feilbieten von Waren (Artikel 1 Ziffer 1) 1 bis 8 Mark, je nach der mehr oder weniger wertvollen

Beschaffenheit derselben und der aus den äusseren Merkmalen zu be-
urteilenden mutmasslichen Einträglichkeit des betreffenden Handels,

2) bei dem Ankaufe von Waren zum Wiederverkauf bei anderen Personen als Kaufleuten oder an anderen Orten als in offenen Verkaufsstellen, sowie bei dem Aufsuchen von Warenbestellungen (Artikel 1
Ziffer 2) unter gleicher Berücksichtigung der Einträglichkeit des Gewerbes 1 bis 6 Mark,

3) bei gewerblichen Leistungen (Artikel 1 Ziffer 3) 1 bis 6 Mark unter
gleicher Berücksichtigung,

4) bei den unter Ziffer 4 des Artikels 1 aufgeführten Leistungen mindestens 2 und höchstens 8 Mark für jede mitwirkende Person, ebenfalls unter Berücksichtigung der Einträglichkeit des Gewerbes.

Die Steuersätze unter 1 bis 4 können dann, wenn das Gewerbe in besonders grossem Umfange, mit Begleitern, mit Wagen und Geschirr, von grösseren Eigenlagern ab und so weiter betrieben wird, bis auf das Doppelte erhöht, für Gewerbe geringerer Art, sofern solche nicht in einem für dieselben
ungewöhnlichen Umfange betrieben werden, sowie auch für andere Gewerbe,
wenn sie in erheblich geringerem, als dem gewöhnlichen Umfange betrieben
werden, oder der Gewerbebetrieb durch besondere Umstände (körperliche Gebrechen, hohes Alter des Gewerbetreibenden und dergleichen mehr) beeinträchtigt wird, endlich für Musiker-, Schauspieler-, Kunstreiter- und ähnliche Gesellschaften, sofern solche aus mindestens 4 Personen bestehen, bis auf ein Viertel
des unteren Normalsatzes ermässigt werden.

Die Vorsteher der letztgenannten Gesellschaften haften für die von den
Mitgliedern derselben zu entrichtende Steuer; auch kann diese von den Vorstehern unmittelbar gefordert und erhoben werden.

Ein gleichzeitiger Betrieb der Gewerbe unter 1 und 2 unterliegt nur
einem Steuersatze.

Die Steuer umfasst den Zeitraum von dem Tage der Zahlung ab bis zu
und mit dem entsprechenden Tage des dritten Monats.

Es ist jedoch den Steuerpflichtigen nachgelassen, dieselbe auf einen längeren Zeitraum als drei Monate und zwar bis mit Ende des laufenden Kalenderjahres im Voraus zu entrichten.

Artikel 5.

Wer ausserhalb des Gemeindebezirks seines Wohnortes ohne Begründung
einer gewerblichen Niederlassung ein Warenlager von einer festen Verkaufsstätte
aus (sogenannte Wanderlager) feilbietet oder durch andere feilbieten lässt, hat
neben der im Artikel 4 festgesetzten Steuer für den Gewerbebetrieb im Umherziehen in jedem Orte, an welchem er das Geschäft betreibt oder durch Vermittlung eines einheimischen Verkäufers oder Auktionators betreiben lässt, und
für jedes einzelne Verkaufslokal je für eine Woche oder den Teil einer Woche eine
für die Gemeinde des Betriebsortes zu entrichtende Steuer von 30 Mark zu zahlen.

Die Steuer ist um die Hälfte zu erhöhen, wenn der Wanderlagerinhaber
gleichzeitig ausserhalb des Verkaufslokals das Hausiergewerbe betreibt oder mit
Gewerbsgehilfen betreiben lässt, oder sich mehr als e i n e s Gehilfen bei seinem
Wanderlagergeschäft bedient.

Die Woche wird vom Tage der Eröffnung des Betriebes bis zum Anfang des entsprechenden Tages der nächsten Kalenderwoche gerechnet.

Für das Veranstalten einer Auktion von Waren eines Wanderlagers wird die oben festgesetzte Steuer von 30 Mark für den Tag erhoben.

Die Steuer wird zur Staatskasse erhoben, welche dieselbe abzüglich vier Prozent Erhebungskosten an die zuständige Ortsbehörde abgewährt.

Artikel 6.

Der Inhaber eines Wanderlagers kann sich der Abgabe (Artikel 4 und 5) nicht dadurch entziehen, dass er diesen Gewerbebetrieb als stehenden anmeldet.

Auch die Verlegung des Wohnsitzes an den Ort der Feilbietung befreit den Inhaber des Wanderlagers von der Entrichtung der Abgabe nicht, dafern die obwaltenden Umstände die Annahme begründen, dass diese Verlegung des Wohnsitzes nur vorübergehend erfolgt ist. Erst wenn ausser Zweifel gesetzt ist, dass der Inhaber eine dauernde gewerbliche Niederlassung begründet hat, kommt diese Abgabe in Wegfall.

Artikel 7.

Der in Artikel 5 vorgeschriebenen Besteuerung, soweit dieselbe nicht schon durch Artikel 2 ausgeschlossen ist, ist ferner nicht unterworfen:

die Errichtung fester Verkaufsstellen für die Dauer der Kurzeit (Saison) im Badeort Liebenstein.

Artikel 8.

1) Wer eines der in dem Artikel 1 beziehungsweise 5 bezeichneten Geschäfte betreiben oder betreiben lassen will, hat dieses vor Beginn des Geschäftsbetriebes bei dem Landrat desjenigen Kreises, in welchem der Betrieb begonnen werden soll, anzumelden und die Feststellung der dafür zu entrichtenden Steuer zu beantragen, auch die Steuer sofort nach erfolgter Feststellung und jedenfalls vor Beginn des Gewerbes zu entrichten.

Ueberdauert der Betrieb eines der im Artikel 1 bezüglich 5 bezeichneten Geschäfte den Zeitraum, für welchen derselbe versteuert war, so ist dieser Betrieb aufs neue und zwar bei dem Landrate desjenigen Kreises, in welchem die Fortsetzung des Betriebes stattfinden soll, in gleicher Weise anzumelden und die Steuer neu festzustellen und zu entrichten.

2) Der Steuerpflichtige hat der Steuerbehörde über seine Person, die Art und den Gegenstand des Gewerbebetriebes, die Anzahl seiner Begleiter, Fuhrwerke und so weiter genaue Auskunft zu geben.

3) Die Gewerbesteuerquittung ist nur für die Person, die speciell aufgeführten Gehilfen oder Begleiter, für die Ware oder gewerblichen Leistungen und für die Zeit gültig, für welche sie ausgestellt ist.

4) Der Steuerpflichtige hat diese Quittung während der thatsächlichen Ausübung des Gewerbebetriebes stets bei sich zu führen und auf Verlangen der Beamten der Polizei oder der Steuerverwaltung vorzuzeigen; es ist nicht zulässig, die Steuerquittung an einen anderen zu überlassen.

5) Wird bescheinigt, dass eine Gewerbesteuerquittung verloren, vernichtet oder unbrauchbar geworden, so kann die Erteilung einer neuen Ausfertigung derselben gegen Erstattung der Auslagen verlangt werden.

Durch das Vorzeigen beglaubigter Abschriften kann den Vorschriften unter Ziffer 4 nicht genügt werden.

6) Will der Gewerbetreibende nach Vorauszahlung der Steuer
  a. ein anderes als das in der Steuerquittung bezeichnete Gewerbe im Umherziehen betreiben oder
  b. letzteres auf andere als die in dieser Quittung bezeichneten Gegenstände, Waren oder Leistungen ausdehnen, oder
  c. Gehilfen oder Fuhrwerke benutzen, ohne dass dies in der Steuerquittung vermerkt ist, oder in grösserer als die darin angegebenen Anzahl,

so ist er verpflichtet, hiervon bei dem Landrate des Kreises, in welchem diese Veränderung eintreten soll, Anzeige zu machen und, wo es geboten ist, Nachzahlung zu leisten.

Artikel 9.

Wegen Abstandnahme vom Beginn des Gewerbebetriebes, sowie wegen Einstellung, Unterbrechung oder Verminderung des Betriebes vor Ablauf des Zeitraumes, für welchen die Steuer (Artikel 4 und 5) entrichtet worden ist, findet eine Erstattung in der Regel nicht statt.

Ist jedoch wegen unvorhergesehener, von dem Willen des Inhabers der Steuerquittung unabhängigen Ereignisse der Beginn des Gewerbebetriebes unterblieben oder der Betrieb vor Ablauf der Hälfte des Zeitraumes, für welchen die Steuer entrichtet worden ist, eingestellt und die Steuerquittung zurückgegeben worden, so kann ersterenfalls die Steuer ganz, im letzteren Falle die nach Artikel 4 entrichtete Steuer zu einem verhältnismässigen Teil erstattet werden.

Artikel 10.

Die Steuer (Artikel 4 und bezüglich 5) wird von dem Landrate, bei welchem die Anmeldung (Artikel 8) zu erfolgen hat, festgesetzt. Auch hat derselbe im Zweifelsfalle, ob ein feilgebotenes Warenlager als Wanderlager anzusehen sei, hierüber in erster Instanz zu entscheiden.

Gegen diese Festsetzung beziehungsweise Entscheidung steht dem Steuerpflichtigen ein einmaliger Rekurs an das Staatsministerium, Abteilung der Finanzen, binnen einer ausschliesslichen Frist von einer Woche zu.

Die Einwendung des Rekurses hat keine aufschiebende Wirkung.

Artikel 11.

Das Staatsministerium, Abteilung der Finanzen, kann ausnahmsweise für gewisse Gewerbsarten oder in einzelnen Fällen den Gewerbebetrieb frei von der Steuer (Artikel 4 und bezüglich 5) gestatten und demgemäss die Herzoglichen Landräte zur Erteilung von Freischeinen ermächtigen, sowie auch Ermässigungen unter die gesetzlich geordneten Minimalsätze bewilligen.

Artikel 12.

Insoweit nach der Verfassung und den Gesetzen des Deutschen Reiches oder nach besonderen Verträgen und Vereinbarungen nichtmeiningensche Gewerbetreibende auf Befreiung von der Gewerbesteuer oder auf Ermässigung derselben für Ausübung des Gewerbebetriebes im Herzogtum Meiningen Anspruch haben, wird hieran durch dieses Gesetz nichts geändert.

Artikel 13.

Das Staatsministerium, Abteilung der Finanzen, ist ermächtigt, für die Angehörigen solcher Länder, in welchen die diesseitigen Staatsangehörigen minder günstig, als die eigenen Angehörigen behandelt und ausser Verhältnis zu den von den Angehörigen anderer Länder im Herzogtum Meiningen zu entrichtenden Steuern belastet werden, ebenso wie für diejenigen, welche für Rechnung der Angehörigen solcher Länder ein Gewerbe im Umherziehen im Herzogtum betreiben wollen, die im Artikel 4 beziehungsweise 5 festgesetzte Steuer bis auf das Achtfache zu erhöhen.

Artikel 14.

Die Unterlassung der Steuerentrichtung vor Beginn des Gewerbebetriebes wird mit dem vierfachen Betrage der zu zahlen gewesenen dreimonatlichen und beziehungsweise wöchentlichen oder täglichen Gewerbesteuer, mindestens aber mit 3 Mark, vorbehaltlich der Nachzahlung der hinterzogenen Steuer bestraft.

Artikel 15.

Die Unterlassung der nach Artikel 8 Ziffer 5 erforderlichen Anzeige, wenn solche eine Steuererhöhung zur Folge gehabt hätte, wird mit dem Vierfachen desjenigen Betrages bestraft, um welchen die entrichtete Steuer geringer ist, als die dem thatsächlich ausgeübten Gewerbebetriebe entsprechende Steuer, mindestens aber mit 3 Mark, vorbehaltlich der Nachzahlung der hinterzogenen Steuer.

Wird festgestellt, dass der thatsächlich ausgeübte Gewerbebetrieb bei rechtzeitiger Beobachtung der Vorschriften in Artikel 8 Ziffer 5 ohne Erhöhung des schon entrichteten Steuersatzes stattfinden durfte, so tritt eine Geldstrafe von 1 bis 30 Mark ein.

Artikel 16.

Ist die Steuer im Auftrage und für Rechnung einer anderen Person hinterzogen worden, so ist gegen den Auftraggeber auf die gleiche Strafe, wie gegen den Beauftragten zu erkennen und haften beide solidarisch für die Strafbeträge, die Kosten und die hinterzogene Steuer.

Artikel 17.

Für jede Zuwiderhandlung gegen die Vorschriften des Artikels 8 Ziffer 2 und 4 trifft den Inhaber einer Gewerbesteuerquittung eine Geldstrafe von 1 bis 30 Mark.

Artikel 18.

Die auf Grund dieses Gesetzes festzusetzenden Geldstrafen sind im Falle der Uneinbringlichkeit nach Massgabe der für Uebertretungen geltenden Bestimmungen des Strafgesetzbuches (§§ 28 und 29) von dem zur Untersuchung und Entscheidung zuständigen Gerichte in Haft umzuwandeln.

Artikel 19.

Die Untersuchung und Entscheidung in betreff der in den Artikeln 14 bis 17 bezeichneten strafbaren Handlungen steht dem Gerichte zu, wenn nicht der Beschuldigte die von dem Landrat (Artikel 8 und 10) vorläufig festzusetzende Geldstrafe nebst den durch das Verfahren gegen ihn entstandenen Kosten binnen einer ihm bekannt gemachten Frist freiwillig bezahlt.

Ingleichen findet das gerichtliche Verfahren statt, wenn der Landrat von der vorläufigen Festsetzung der Strafe Abstand zu nehmen erklärt oder der Beschuldigte darauf verzichtet.

Artikel 20.

Bei den gerichtlichen Entscheidungen ist hinsichtlich der Höhe der in den Artikeln 14 und 15 vorgeschriebenen Geldstrafen die von dem Landrat (Artikel 8 und 10) festzusetzende Steuer zu Grunde zu legen.

Ingleichen ist für die in Artikel 15 Absatz 2 bezeichnete Feststellung im gerichtlichen Verfahren die einzuholende Erklärung dieser Behörde massgebend.

Will der Beschuldigte bei dieser Festsetzung bezüglich Erklärung sich nicht beruhigen, so tritt die alsdann einzuholende Entscheidung des Staatsministeriums, Abteilung der Finanzen, ein.

Die Entscheidung wegen der vorenthaltenen Steuer verbleibt in allen Fällen dem Landrat und in letzter Instanz dem Herzoglichen Staatsministerium, Abteilung der Finanzen.

Artikel 21.

In den Fällen der Artikel 14 und 15 können die zum Gewerbebetriebe im Umherziehen mitgeführten Gegenstände, soweit es zur Sicherstellung der Steuer, Strafe und Kosten oder zum Beweise der strafbaren Handlung erforderlich ist, in Beschlag genommen werden.

Artikel 22.

Die Strafverfolgung wegen der Zuwiderhandlungen gegen dieses Gesetz und die etwa dazu erlassenen Ausführungsbestimmungen verjährt mit Ablauf von 4 Jahren vom 31. Dezember desjenigen Jahres ab gerechnet, in welchem die Zuwiderhandlung geschehen ist.

In Bezug auf die Verjährung der hinterzogenen Gewerbesteuer kommen die Vorschriften des Gesetzes vom 6. August 1847 über Verjährung öffentlicher Abgaben etc. in Anwendung.

Artikel 23.

Mit der Einführung des gegenwärtigen Gesetzes treten die Bestimmungen des Gesetzes vom 30. November 1878, die Heranziehung der Inhaber von sogenannten Wanderlagern etc. zur Einkommen- und Klassensteuer betreffend, ausser Kraft[1]).

---

[1]) Dieselben lauteten:
Art. 1. Personen, Vereine, Kommandit- und Aktien-Gesellschaften, welche ausser dem Marktverkehr an einem oder an mehreren Orten des Herzogtums ausserhalb ihres Wohnsitzes

Artikel 24.

Bei der Veranlagung zur Klassen- und Einkommensteuer wird von dem einzuschätzenden Einkommen der Betrag der Steuer für den Gewerbebetrieb im Umherziehen in Abzug gebracht.

Artikel 25.

Die zur Ausführung dieses Gesetzes erforderlichen Anordnungen und Instruktionen erlässt das Staatsministerium, Abteilung der Finanzen.

Artikel 26.

Die Bestimmungen dieses Gesetzes treten mit dem 1. Januar 1886 in Kraft.

Urkundlich unter Unserer Eigenhändigen Unterschrift und dem vorgedruckten Herzoglichen Siegel.

Liebenstein, den 25. Juni 1885.

(L. S.) **Georg.**

v. Giseke. F. v. Uttenhoven. Heim.

---

vorübergehend Verkaufslokale zum Absatz von Waren halten oder Warenversteigerungen entweder selbst oder durch andere vornehmen, haben für jeden Ort des Betriebs sowohl als für jedes einzelne Verkaufslokal auf die Dauer des Geschäftsbetriebs, mindestens aber für einen Monat Einkommen- oder Klassensteuer zu entrichten, welche nach den Bestimmungen der Klassen- und Einkommensteuergesetze vom 18. Juli 1867, 6. Januar 1869 und 27. November 1874 bezüglich ihrer Höhe festzustellen ist.

Von dem Betrage fliessen zwei Drittel zur Staatskasse und ein Drittel zur Gemeindekasse, in der Weise, dass die fällige Steuer zunächst in ihrem vollen Betrage zur Staatskasse erhoben wird, welche den auf den Betriebsort fallenden Anteil an die zuständige Ortsbehörde abzugewähren hat.

Art. 2. Wer eins der im Art. 1 bezeichneten Geschäfte an einem Orte, wo er sein Domizil nicht hat, betreiben oder betreiben lassen will, hat dieses spätestens mit dem Beginn dieses Geschäfts bei dem Landrat desjenigen Kreises, in welchem der zum Geschäftsbetrieb ausersehene Ort liegt, anzumelden und die Feststellung der dafür zu entrichtenden Steuer zu beantragen, auch die Steuer sofort nach erfolgter Feststellung und jedenfalls beim Beginn des Geschäfts zu entrichten.

Art. 3. Die Steuer wird von dem Landrat des betreffenden Kreises nach Massgabe des aus dem Geschäfte mutmasslich resultierenden Reingewinns in der Weise normiert, dass solche, auch wenn das Geschäft von geringerer Dauer ist, mindestens für einen ganzen Monat festgestellt wird.

Art. 4. Ueberdauert der Betrieb eines der im Artikel 1 bezeichneten Geschäfte den Zeitraum, für welchen derselbe angemeldet und versteuert war, so ist dieser Betrieb aufs neue anzumelden und die Steuer neu festzustellen und zu entrichten.

Diese Neuanmeldung hat, wenn sie nicht früher bewirkt wird, entweder am letzten Tage des versteuerten Geschäftsbetriebs oder spätestens am ersten Tage darauf zu erfolgen.

Art. 5. Gegen die Feststellung der Steuer steht dem Steuerpflichtigen das Rechtsmittel des Rekurses an das Herzogliche Staatsministerium, Abteilung der Finanzen, binnen einer ausschliesslichen Frist von 3 Tagen zu.

Bei der Entscheidung der Finanzabteilung des Herzoglichen Staatsministeriums behält es endgültig das Bewenden.

Die Einwendung des Rekurses hat keine aufschiebende Wirkung hinsichtlich der Steuerzahlung.

Art. 6. Wer eins der im Art. 1 erwähnten Gewerbe ausübt oder ausüben lässt, ohne den Bestimmungen im Art. 2 resp. 4 Genüge geleistet zu haben, verfällt in eine Strafe, welche dem 4fachen Betrage der nachzuzahlenden Steuer, um welche die Staatskasse

Motive.

Die Besteuerung des Gewerbebetriebes im Umherziehen hat im Herzogtum bisher nur im Rahmen der bestehenden Gesetzgebung über die Klassen- und Einkommensteuer stattgefunden, namentlich ist auch das auf die Besteuerung der Inhaber der sogenannten Wanderlager bezügliche Gesetz vom 30. November 1878 lediglich in diesen Rahmen eingefügt. Dagegen hat abweichend hiervon die Gesetzgebung der überwiegenden Mehrzahl der übrigen deutschen Staaten den Weg eingeschlagen, dass sie den Gewerbebetrieb im Umherziehen, zu welchem auch das Halten sogenannter Wanderlager gehört, einer Gewerbesteuer unterworfen und diese Besteuerung durch besondere Gesetze geregelt hat und zwar teils unter Anlehnung an die im Staatsgebiete bereits bestehende Gewerbesteuergesetzgebung, wie u. a. in Preussen, Bayern, Baden u. a., teils unter Einführung der Gewerbesteuer für den in Frage stehenden Gewerbebetrieb, wo das bestehende Steuersystem die Gewerbesteuer nicht umfasst, wie z. B. im Grossherzogtum Weimar durch das Gesetz vom 12. April 1877, im Herzogtum Altenburg durch das Gesetz vom 13. März 1878 und im Königreich Sachsen durch das Gesetz vom 1. Juli 1878.

Eine ganz gleichmässige Behandlung hat jedoch die Besteuerung des Gewerbebetriebs im Umherziehen auch in diesen besonderen dieselbe betreffenden Gesetzen nicht erfahren.

Insbesondere gilt dies von dem Wanderlagerbetriebe. Während nach dem Vorgang des preussischen Gesetzes vom 30. Juni 1876 in mehreren Staaten, wie in Sachsen, Weimar, Fürstentum Reuss j. L. die Steuer für denselben nach gleichen Grundsätzen wie für den übrigen Gewerbebetrieb im Umherziehen festgesetzt wurde, namentlich in Beträgen für ein ganzes Kalenderjahr, wird anderwärts diese Steuer für den Wanderlagerbetrieb je für eine Woche des Betriebes erhoben, wie in Koburg, Gotha, Darmstadt, Lübeck.

Eine weitere Entwicklung hat die Besteuerung des letzteren Betriebes durch das königlich preussische Gesetz vom 27. Februar 1880 insofern erfahren, als für denselben neben und unabhängig von der durch das Gesetz vom 30. Juni 1876 für den Gewerbebetrieb im Umherziehen eingeführten Jahressteuer noch eine für die Gemeinden beziehungsweise wöchentliche Steuer von resp. 50, 40 und 30 Mark, je nach der Zugehörigkeit der betreffenden Orte zu den Gewerbesteuerabteilungen festgesetzt wird, ferner durch das königlich sächsische Gesetz vom 23. März 1880, welches ebenfalls neben der durch das Gesetz vom 1. Juli 1878 für den Gewerbebetrieb im Umherziehen eingeführten Jahressteuer eine dieser gleichkommende, jedoch den Betrag von 60 Mark nicht übersteigende wöchentliche Steuer, welche gleichfalls für die Gemeinde des Betriebsortes zu erheben ist, festgesetzt.

Zu einer ähnlichen Ergänzung der Besteuerung des Gewerbebetriebes im Umherziehen gelangt man im Grossherzogtum Weimar dadurch, dass durch Ortsgesetze neben der Staatssteuer noch eine in wöchentlichen Beträgen zu entrichtende Gemeindegewerbesteuer für die Wanderlager eingeführt worden ist, wie z. B. in der Stadt Eisenach eine solche von 30 Mark wöchentlich.

---

verkürzt worden ist oder verkürzt werden sollte, gleichkommt, niemals aber weniger als 30 Mark betragen soll.

Diese Strafe geht auf die Erben über dergestalt, dass letztere die Strafe auch dann zu entrichten schuldig sind, wenn die Kontravention erst nach dem Ableben des Kontravenienten entdeckt wird.

Im übrigen finden rücksichtlich des Strafverfahrens die darauf bezüglichen Bestimmungen der Art. 22 und 31 des Gesetzes vom 18. Juli 1867 mit der Massgabe Anwendung, dass an Stelle des in Abs. 6 des Art. 22 erwähnten Vorsitzenden der Einschätzungskommission stets der Landrat tritt.

Art. 7. Dieses Gesetz tritt mit dem 1. Januar 1879 in Wirksamkeit, und es ist Unser Staatsministerium, Abteilung der Finanzen, mit dessen Ausführung beauftragt.

Bei aller Verschiedenheit der Gesetzgebungen der übrigen deutschen Staaten in Ansehung der vorliegenden Materie steht doch so viel unzweifelhaft fest, dass in denselben der Gewerbebetrieb im Umherziehen und namentlich das Halten von Wanderlagern ganz wesentlich höher zur Steuer herangezogen wird, als dies im Herzogtum Meiningen der Fall und auf Grund der hier bestehenden Gesetzgebung überhaupt ausführbar ist, zumal hier der Wanderlagerbetrieb auch der kommunalen Besteuerung nicht unterliegt, sofern derselbe nicht länger als drei Monate an einem und demselben Orte andauert, was bei der Natur desselben nur selten vorkommt.

Im Hinblick auf diese Verschiedenheit der Besteuerung kann die Befürchtung, dass das Hausier- und Wandergewerbe mehr als dies ausserdem der Fall sein würde, das Herzogtum aufsuchen und hierdurch dem stehenden Gewerbe eine besonders empfindliche Konkurrenz bereitet werde, keineswegs als eine ungerechtfertigte erachtet werden.

Das gegenwärtige Gesetz bezweckt daher, eine möglichste Uebereinstimmung der Besteuerung im Herzogtum mit derjenigen der übrigen deutschen Staaten herbeizuführen, wobei es als zweckmässig erschien, nach dem Vorgang der übrigen Staaten die Besteuerung des gesamten Gewerbebetriebes im Umherziehen, nicht bloss des Wanderlagerbetriebs, durch die Einführung einer Gewerbesteuer neu zu regeln.

Zu den einzelnen Artikeln des Gesetzes wird noch folgendes bemerkt:

Zu Art. 1. Die Definition des Gewerbebetriebs im Umherziehen entspricht derjenigen der Gewerbeordnung im § 55.

Zu Art. 2. Die Ausnahmen unter Ziffer 1, 4 und 5 entsprechen den Ausnahmebestimmungen unter Ziffer 1, 2 und 4 in § 59 des alleg. Gesetzes, jedoch mit der Einschränkung, dass das Feilbieten roher Erzeugnisse der Land- und Forstwirtschaft, des Garten- und Obstbaues, der Geflügel- und Bienenzucht, soweit dieselben nicht zugleich selbst gewonnen oder nach Ziffer 6 befreit sind, der Besteuerung unterworfen bleibt, da ein zwingender Grund, die Ausnahmebestimmung auch hierauf zu erstrecken, nicht erkannt werden kann. Die Ausnahme der Ziffer 2 entspricht der Bestimmung in § 44 des alleg. Reichsgesetzes und ist im wesentlichen schon in den Zollvereinsverträgen, vgl. Vertrag vom 8. Juli 1867 Art. 26, und Verfassung des Deutschen Reichs Art. 40 begründet, diejenige der Ziffer 3 endlich folgt aus § 68 der Gewerbeordnung.

Endlich erschien es nach dem Vorgang mehrerer anderer Gesetzgebungen angemessen, das Feilbieten im Umherziehen der unter Ziffer 6 bezeichneten Gegenstände, wohin z. B. Milch, Butter, Eier, Käse, Obst und dergl. zu zählen sind, auch wenn dieselben nicht selbst gewonnen sind, frei von der Gewerbesteuer zu lassen, da dieser Handel in der Regel wirkliche Bedürfnisse befriedigt, den Verkehr zwischen Stadt und Land nicht unzweckmässig vermittelt, eine höhere Belastung aber wohl nicht vertragen dürfte. Weitere Ausnahmen, deren Notwendigkeit und Umfang mit Sicherheit erst an der Hand der Erfahrungen, welche das gegenwärtige Gesetz bieten wird, erkannt werden kann, waren zur Zeit nicht aufzunehmen. Einem in dieser Richtung etwa hervortretenden dringenden Bedürfnisse kann auf Grund des Art. 11 des Gesetzes abgeholfen werden.

Zu Art. 4. Bei der Gestaltung und dem Umfange des Herzogtums erscheint es nicht angemessen, die Entrichtung der Steuer ohne Rücksicht auf die längere oder kürzere Dauer des Gewerbebetriebs auf ein ganzes Jahr gesetzlich zu fordern, anderseits muss der Zeitraum eines Monats als zu kurz bemessen erachtet werden; dagegen dürfte ein solcher von drei Monaten, wie ihn die altenburgische Gesetzgebung normirt hat, auch den hier bestehenden Verhältnissen entsprechen.

Zu Art. 5. Eine ähnliche Abstufung der Sätze findet sich in der Mehrzahl der bezüglichen Gesetze deutscher Staaten und beruht auf der Erfahrung, dass grössere Orte sich vorzugsweise zu einem einträglichen Betriebe der Wanderlager eignen.

Im übrigen wird zur Begründung auf die einleitenden Bemerkungen Bezug genommen.

Zu Art. 6. Diese Bestimmungen sind notwendig, um die ausserdem mögliche Umgehung der Besteuerung zu verhindern.

Kommt die Gewerbesteuer aus dem Grunde, weil der Gewerbebetrieb als stehender anerkannt werden muss, in Wegfall, so tritt selbstverständlich die Besteuerung nach den Gesetzen über die Klassen- und Einkommensteuer in Wirksamkeit.

Zu Art. 7. Durch die hier festgesetzte Ausnahme, welche in Ansehung der Besteuerung nach Art. 5 zu denjenigen des Art. 2 hinzutritt, soll den Bedürfnissen des Publikums, welches während der Kurzeit in dem Badeorte Liebenstein verkehrt, Rechnung getragen werden. Man glaubte diese Ausnahme ähnlich, wie es in dem Lübeckschen Gesetze vom 17. Dezember 1877 hinsichtlich des Badeortes Travemünde geschehen, auf Liebenstein beschränken zu dürfen, weil hauptsächlich nur hier von den in Frage kommenden Orten ein genügend entwickeltes stehendes Gewerbe, welches die während der Saison hervortretenden Bedürfnisse ausreichend befriedigen könnte, nicht vorhanden ist.

Zu Art. 8. Die Feststellung der Steuer für den Gewerbebetrieb im Umherziehen hat zweckmässig, wie auch schon seither durch den herzoglichen Landrat in erster Instanz zu erfolgen; es erscheint angemessen, diese Feststellung auch auf die Steuer des Art. 5 zu erstrecken, schon deshalb, weil hierdurch die Entscheidung darüber, ob im einzelnen Falle ein Wanderlagerbetrieb vorhanden sei, am besten einheitlich geregelt werden kann.

Die Festsetzung und Erhebung der Gewerbesteuer findet selbstverständlich nur für denjenigen Gewerbebetrieb im Umherziehen statt, welcher und soweit derselbe nach den Bestimmungen der Gewerbegesetzgebung überhaupt zulässig ist.

Zu Art. 11. Diese Bestimmung findet sich im wesentlichen übereinstimmend in den übrigen Gesetzgebungen und wird durch die oben zu Art. 2 angeführten Erwägungen gerechtfertigt.

Zu den Art. 14—22. Die Strafvorschriften entsprechen im wesentlichen den schon im Herzogtum bestehenden Bestimmungen über Hinterziehung der öffentlichen Abgaben, insbesondere der Klassen- und Einkommensteuer und bedürfen keiner näheren Begründung.

Zu Art. 23. Nach Einführung der Steuer des gegenwärtigen Gesetzes wird aus Rücksichten der Billigkeit davon abgesehen werden müssen, die dieser Steuer unterliegenden Gewerbetreibenden daneben noch zur Klassen- und Einkommensteuer in Ansehung des aus dem steuerpflichtigen Gewerbebetriebe im Umherziehen entspringenden Einkommens heranzuziehen.

Denn wenn auch eine solche Heranziehung mit dem Wesen der Gewerbesteuer an sich vereinbar sein würde, so kommt doch für das Herzogtum in Betracht, dass eine allgemeine Gewerbesteuer nicht besteht und dass mithin der Gewerbebetrieb im Umherziehen der einzige sein würde, welcher von beiden Steuerarten getroffen würde. Eine solche exceptionelle Mehrbelastung konnte nicht als der Billigkeit entsprechend erachtet werden.

Bremisches Gesetz, betreffend die Firmensteuer.

Vom 27. Mai 1884.

Der Senat verordnet im Einverständnis mit der Bürgerschaft:

§ 1.

Die in die Handelsregister des bremischen Staats eingetragenen Kaufleute, Handelsgesellschaften und Zweigniederlassungen auswärtiger Kaufleute und auswärtiger Handelsgesellschaften sind zur Entrichtung einer Firmensteuer verpflichtet.

Befreit von dieser Steuer sind diejenigen, welche in Verbindung mit einem Handwerksbetriebe gewerbsmässig Handelsgeschäfte betreiben, wenn anzunehmen ist, dass ihr jährlicher Umsatz in diesen Handelsgeschäften den Betrag von zehntausend Mark nicht übersteigt.

§ 2.

Der Ertrag der Firmensteuer soll mindestens sechshunderttausend Mark für das Jahr ergeben.

Zunächst im Jahre 1886, sodann von drei zu drei Jahren, wird durch Beschluss des Senats und der Bürgerschaft bestimmt, ob diese Ziffer für die folgenden drei Rechnungsjahre abgeändert werden soll.

§ 3.

Die Firmensteuer wird von den einzelnen Firmen, ohne Rücksicht auf die Zahl der Teilnehmer, erhoben.

§ 4.

Die steuerpflichtigen Firmen bilden fünf Abteilungen nach Massgabe des Umfanges der von ihnen betriebenen Geschäfte.

Diejenigen Firmen, deren Geschäftsbetrieb ein besonders umfangreicher ist, werden in die erste Abteilung und die übrigen Firmen, je nach dem grösseren oder geringeren Umfange ihrer Geschäfte, in absteigender Abstufung in die übrigen Abteilungen eingereiht.

§ 5.

Jede der fünf Abteilungen hat eine Steuersumme aufzubringen, welche gleich ist der Zahl ihrer Mitglieder multipliziert mit dem im § 6 für die betreffende Abteilung vorgeschriebenen mittleren Steuersatze.

Die Umlegung dieser Steuersumme auf die Mitglieder der Abteilung findet in der Weise statt, dass der Regel nach jedes Mitglied den mittleren Steuersatz seiner Abteilung zu entrichten verpflichtet ist. Dieser Steuersatz kann jedoch für solche Mitglieder, deren Geschäftsbetrieb den für die Abteilung anzunehmenden durchschnittlichen Umfang nicht erreicht, auf einen geringeren Betrag und äussersten Falls bis auf die Hälfte ermässigt werden. Der dadurch entstehende Ausfall muss durch höhere Besteuerung derjenigen Mitglieder derselben Abteilung beglichen werden, deren Geschäftsbetrieb den für die Abteilung anzunehmenden durchschnittlichen Umfang übersteigt. Jedoch soll der Höchstbetrag der Steuer in der ersten Abteilung die Summe von zehntausend Mark und in den übrigen Abteilungen die Hälfte des mittleren Steuersatzes der nächsten höheren Abteilung nicht erreichen.

§ 6.

Der mittlere Steuersatz beträgt

in der ersten Abteilung dreitausend Mark,
in der zweiten Abteilung tausend Mark,
in der dritten Abteilung dreihundert Mark,
in der vierten Abteilung hundert Mark,
in der fünften Abteilung zwanzig Mark.

Wenn bei diesen Steuersätzen ein Ertrag von sechshunderttausend Mark nicht erzielt werden kann, bleibt es vorbehalten, die Steuersätze durch Beschluss des Senats und der Bürgerschaft verhältnismässig zu erhöhen.

§ 7.

Die Einreihung der Firmen in die fünf Abteilungen geschieht jährlich vor Beginn des Rechnungsjahrs durch eine Einreihungskommission, welche aus drei Mitgliedern der Steuerdeputation und je zwei Vertrauensmännern der fünf Abteilungen (§ 9) besteht. Diese Kommission hat auch darüber zu entscheiden, welche Firmen nach § 1 Absatz 2 von der Steuer befreit sind.

Unter den drei Mitgliedern der Steuerdeputation muss eins dem Senate angehören. Dasselbe führt den Vorsitz.

Die Kommission entscheidet nach freiem Ermessen. Sie fasst ihre Beschlüsse nach Stimmenmehrheit der Anwesenden. Wenn trotz wiederholter Abstimmung Stimmenmehrheit nicht zu erlangen ist, gilt derjenige Antrag für angenommen, auf den die meisten Stimmen sich vereinigen. Ergibt sich trotz wiederholter Abstimmung Stimmengleichheit für zwei oder mehrere Anträge, so entscheidet der Vorsitzer.

§ 8.

Die Umlegung der Steuer geschieht jährlich vor Beginn des Rechnungsjahres innerhalb jeder Abteilung durch die Vertrauensmänner derselben (§ 9) unter dem Vorsitze eines dem Senate angehörenden Mitgliedes der Steuerdeputation.

Die Vertrauensmänner entscheiden nach freiem Ermessen. Sie fassen ihre Beschlüsse nach Stimmenmehrheit der Anwesenden. Der Vorsitzer nimmt an den Abstimmungen keinen Teil.

Wenn trotz wiederholter Abstimmung Stimmenmehrheit nicht zu erlangen ist, gilt derjenige Antrag für angenommen, auf welchen die meisten Stimmen sich vereinigen. Ergibt sich trotz wiederholter Abstimmung Stimmengleichheit für zwei oder mehrere Anträge, so entscheidet der Vorsitzer.

§ 9.

Jede der fünf Abteilungen wählt aus ihren Mitgliedern unter der Leitung eines Mitgliedes der Steuerdeputation Vertrauensmänner nach folgenden Bestimmungen:

a. Die erste und die zweite Abteilung wählen je neun, die übrigen Abteilungen je dreizehn Vertrauensmänner auf die Dauer von drei Jahren. Die Vertrauensmänner sind nach Ablauf der drei Jahre wieder wählbar.

b. Wählbar ist, wer die zum Eintritt in die Bürgerschaft erforderlichen Eigenschaften besitzt. Mitglieder der Steuerdeputation sind nicht wählbar. Mit dem Verluste einer zur Wählbarkeit erforderlichen Eigenschaft erlischt das Mandat.

c. Scheidet ein Vertrauensmann vor Ablauf der drei Jahre aus, so wird für den Rest der Zeit ein Nachfolger gewählt.

d. Die Wahl erfolgt vermittelst Stimmzettel. Jeder Firma wird zu dem Behufe ein Stimmzettel, welcher zugleich als Legitimation für den Wahlberechtigten dient, zugefertigt. Jeder Wähler kann auf seinen Stimmzettel so viel verschiedene Namen verzeichnen, als Vertrauensmänner von seiner Abteilung zu wählen sind.

e. Bei der Wahl entscheidet die relative Mehrheit und bei Gleichheit der Stimmen das Los.

f. Diejenigen beiden Vertrauensmänner einer jeden Abteilung, welche die meisten Stimmen erhalten haben, sind Mitglieder der Einreihungskommission. Scheidet einer derselben vor Ablauf der dreijährigen Frist aus, so tritt an seine Stelle derjenige, welcher nach ihm die meisten Stimmen erhalten hat.
Bei gleicher Stimmenzahl entscheidet das Los.

g. Vor dem Beginn der Wahl bezeichnet die Wahlversammlung eines oder einige Mitglieder, welche den Vorsitzer bei der Leitung des Wahlgeschäfts unterstützen und mit ihm das Wahlprotokoll unterzeichnen.

§ 10.

Wenn die Umlegung der Steuer innerhalb einer Abteilung auf dem im § 8 vorgeschriebenen Wege nicht den Bestimmungen des Gesetzes gemäss zu stande kommt, so wird dieselbe von einer Subdeputation der Steuerdeputation vorgenommen.

§ 11.

Firmen, welche erst nach Beendigung des jährlichen Einreiheverfahrens in das Handelsregister eingetragen worden sind, werden nachträglich eingereiht und zur Steuer eingeschätzt, ohne dass dadurch an der Berechnung der aufzubringenden Steuersumme für das betreffende Rechnungsjahr etwas geändert wird.

§ 12.

Die Einziehung der Firmensteuer liegt der Steuerbehörde ob.

Die Steuer wird in vierteljährlichen Raten erhoben. Jede einzelne Steuer-rate verfällt bei Beginn des Vierteljahrs und muss von dem Verpflichteten innerhalb der ersten zehn Tage des Vierteljahrs am Bureau der Steuerbehörde eingezahlt werden.

Die nachträglich eingereihten Firmen (§ 11) haben die erste Rate vor Ablauf des Vierteljahrs, in welchem die Eintragung in das Handelsregister stattgefunden hat, einzuzahlen.

Die Steuerbehörde hat jedem Verpflichteten den für das bevorstehende Rechnungsjahr oder in den Fällen des § 11 den für den Rest des Rechnungs-jahres zu zahlenden Steuerbetrag schriftlich anzuzeigen. Bei jedem Quartal-wechsel hat sie durch dreimalige Bekanntmachung in dem amtlichen Blatte an die Verpflichtung zur Einzahlung der Steuer zu erinnern.

§ 13.

Wer sich durch die Art der Einreihung oder durch die Umlegung der Steuer beschwert erachtet, kann binnen vierzehn Tagen nach Empfang der Anzeige der Steuerbehörde (§ 12, Absatz 4) bei der Steuerdeputation schriftlich reklamieren.

Ueber Reklamationen gegen die Art der Einreihung entscheidet die Steuerdeputation endgültig nach Vernehmung der Einreihungskommission.

Reklamationen gegen die Umlegung der Steuer werden zunächst den Vertrauensmännern der betreffenden Abteilung zur Erklärung vorgelegt. Er-achtet die Mehrheit der Vertrauensmänner die Reklamation für begründet, so wird derselben Folge gegeben. Im anderen Falle reichen die Vertrauensmänner, unter Angabe der für die Ablehnung geltend zu machenden Gründe, die Reklamation an die Steuerdeputation zurück, welche alsdann endgültig entscheidet.

In den Fällen des § 10 tritt an die Stelle der Vertrauensmänner die Subdeputation, deren Mitglieder bei der endgültigen Entscheidung der Steuer-deputation nicht mitstimmen.

Bis zur Erledigung der Reklamation hat der Reklamant die ihm auferlegte Steuer, soweit sie verfallen ist, vorbehältlich Zurückerstattung des zuviel be-zahlten Betrages, zu entrichten.

§ 14.

Die infolge von Reklamationen während des Rechnungsjahres der Staats-kasse erwachsenen Einnahmeausfälle werden von der Steuerdeputation fest-gestellt und für jede Abteilung berechnet. Der für jede Abteilung ermittelte Betrag wird der von ihr im nächsten Rechnungsjahre aufzubringenden Steuer-summe zugeschlagen.

§ 15.

Wenn die Steuer nicht binnen dreissig Tagen nach Ablauf der gesetz-lichen Zahlungsfrist entrichtet worden ist, wird sie von der Steuerbehörde mittels Zwangsvollstreckung im Verwaltungswege beigetrieben.

§ 16.

Uebergangsbestimmungen.

a. Die erstmalige Einreihung der Firmen in die fünf Abteilungen geschieht in nachstehender Weise.

Die in § 7 bezeichneten drei Mitglieder der Steuerdeputation nehmen die Einreihung vor

für die erste Abteilung in Verbindung mit sieben von der Handelskammer aus ihrer Mitte gewählten Sachverständigen,

für die zweite Abteilung in Verbindung mit den Vertrauensmännern der ersten Abteilung,

für die dritte Abteilung in Verbindung mit den Vertrauensmännern der zweiten Abteilung,

für die vierte Abteilung in Verbindung mit den Vertrauensmännern der dritten Abteilung,

für die fünfte Abteilung in Verbindung mit den Vertrauensmännern der vierten Abteilung, mit welchen letzteren sie auch zu entscheiden haben, welche Firmen nach § 1, Absatz 2 von den Steuern befreit sind.

Die drei Mitglieder der Steuerdeputation in Verbindung mit den betreffenden Sachverständigen, beziehungsweise Vertrauensmännern gelten als Einreihungskommission im Sinne der §§ 7 und 13, Absatz 2.

b. Der Zeitraum vom 1. Juli 1884 bis zum 31. März 1885 gilt als ein Rechnungsjahr im Sinne dieses Gesetzes. Jedoch finden die Vorschriften des § 2, Absatz 1 und des § 5 nur nach Verhältnis der Zeitdauer Anwendung.

c. Die Vertrauensmänner werden das erste Mal für die Zeit bis zum 31. März 1887 gewählt.

§ 17.

Die Verpflichtung zur Zahlung der Steuer tritt mit dem 1. Juli 1884 ein.

Beschlossen Bremen in der Versammlung des Senats am 23. und bekannt gemacht am 27. Mai 1884.

Bremisches Gesetz, betreffend die Aufhebung der Umsatzsteuer.

Vom 27. Mai 1884.

Der Senat verordnet im Einverständnis mit der Bürgerschaft:

§ 1.

Die Umsatzsteuer wird mit dem 1. Juli 1884 aufgehoben.

§ 2.

Auf Verkäufe, welche vor dem 1. Juli 1884 abgeschlossen sind, finden die bisherigen, die Umsatzsteuer betreffenden Gesetze Anwendung, auch wenn die Lieferung der Ware oder die Feststellung des Betrages der Gegenleistung erst nach diesem Zeitpunkte erfolgt.

Dasselbe gilt von denjenigen Veräusserungen, welche nach § 20 des Umsatzsteuergesetzes vom 18. Dezember 1871 den Verkäufen gleichgestellt sind.

Beschlossen Bremen in der Versammlung des Senats am 23. und bekannt gemacht am 27. Mai 1884.

—————

Bei dem grossen Interesse, das Steuern gleich der aufgehobenen beanspruchen, dürfte es sich rechtfertigen, wenn wir nachstehend den Text des Gesetzes betr. die Umsatzsteuer vom 18. Dezember 1871 mitteilen.

Nachdem eine Revision der die Einführung einer Umsatzsteuer betreffenden Verordnung vom 10. November 1862 und der eine authentische Interpretation des § 3 desselben Gesetzes betreffenden Verordnung vom 13. Juni 1864 stattgefunden hat, bringt der Senat das demzufolge verfassungsmässig beschlossene und mit dem 1. Januar 1872 in Kraft tretende

Gesetz, die Umsatzsteuer betreffend,

hiemit zur öffentlichen Kunde.

§ 1.

Einer Umsatzsteuer unterliegen alle Verkäufe beweglicher Gegenstände, Schiffe nicht ausgenommen. wenn e n t w e d e r

1) der Verkäufer ein Hiesiger ist,
o d e r
2) der Gegenstand des Verkaufs sich zur Zeit des Verkaufsabschlusses im bremischen Staatsgebiet befindet.

§ 2.

Als Hiesiger im Sinne dieses Gesetzes gilt jeder, der im bremischen Staatsgebiete wohnt, oder daselbst ein Geschäft betreibt.

§. 3.

Es macht keinen Unterschied, ob die Verkäufe, öffentlich, oder unter der Hand geschehen, und ob der Verkäufer für sich oder im Auftrage oder für Rechnung eines dritten handelt. — Als Verkäufer gilt jeder, den der Käufer wegen Erfüllung des Geschäfts in Anspruch nehmen kann.

§. 4.

Im Fall der Verkäufer ein Hiesiger ist, macht es keinen Unterschied, ob der Verkaufsgegenstand hier oder auswärts abgeliefert oder übertragen wird (vgl. jedoch §. 7 sub 4).

§. 5.

Alle Verkäufe, welche ganz oder teilweise für Rechnung oder im Auftrage Hiesiger von Fremden, sei es hier oder im Auslande, gemacht werden, unterliegen, sofern sie nicht schon nach §. 1 Ziffer 2 der Umsatzsteuer unterworfen sind, jedenfalls insoweit der Umsatzsteuer, als das Interesse der Hiesigen reicht, in gleicher Weise, als wenn die Hiesigen selbst die Verkäufer wären (vgl. jedoch §. 7 sub 4).

6.

Bei Kommissionsgeschäften ist, wenn der Kommissionär die im eigenen Namen für Rechnung eines Kommittenten gekaufte Ware an den Kommittenten überweist, die Umsatzsteuer zu bezahlen. Dagegen ist, wenn der Kommissionär, bevor er dem Kommittenten die Faktura übersandt hat oder die Gegenleistung des Kommittenten festgestellt ist, den Auftrag zum Weiterverkauf erhalten hat, und demgemäss der Weiterverkauf wirklich geschieht, die Umsatzsteuer nur für diesen Weiterverkauf, nicht aber für das zwischen dem Kommissionär und dem Kommittenten stattgehabte Geschäft zu entrichten.

§. 7.

Befreit von der Umsatzsteuer sind:

1) Verkäufe von Gegenständen, welche zur Zeit des Verkaufsabschlusses in der Zollvereinsniederlage sich befinden, wenn der Verkäufer kein Hiesiger ist.

2) Verkäufe, welche vor Ablieferung oder Absendung der Ware rückgängig werden, ohne dass dafür einer der Kontrahenten ein Aequivalent erhält, es bestehe in der Vergütung einer Differenz, einer Entschädigung, oder einer sonstigen Gegenleistung, sie mag Namen haben, welchen sie will.

3) Verkäufe von lebendem Vieh, gebrauchten Mobilien, sowie von Büchern und Landkarten, Wertpapieren, gemünztem oder unverarbeitetem Gold oder Silber, und von Gegenständen, für welche zur Zeit des Umsatzes die Konsumtionssteuer bereits bezahlt ist, oder welche mit dem Umsatz in den Bereich der Konsumtionssteuer eingehen. Bei im bremischen Staate verfertigten Handwerkserzeugnissen, Cigarren und neuen Schiffen ist der Verfertiger von der Steuer für den ersten Umsatz befreit, insofern der Gegenstand nicht von ihm nach auswärts verkauft wird.

4) Verkäufe bis einschliesslich 50 Thalern, wobei mehrere Verkäufe desselben Verkäufers an den nämlichen Käufer, die an einem Tage geschehen, als ein einziger Verkauf zu rechnen sind.

5) Verkäufe von seiten Hiesiger oder im Auftrage Hiesiger an Fremde, insofern

    a. der Gegenstand des Verkaufs weder in das bremische Staatsgebiet, noch auf die Weser unterhalb der Stadt Bremen oder nach einem der daselbst befindlichen Löschplätze gekommen ist oder kommt;

    b. der Gegenstand des Verkaufs zwar in das bremische Staatsgebiet oder auf die Weser unterhalb der Stadt Bremen, oder nach einem der daselbst befindlichen Löschplätze gekommen, aber ohne verkauft zu sein von da nach Plätzen ausserhalb des Unterwesergebiets wieder ausgeführt und dann auswärts verkauft wird.

§. 8.

Die Umsatzsteuer beträgt $\frac{1}{6}$ Prozent des Kaufpreises [1]).

---

[1]) Bis zum 1. Januar 1872 betrug die Steuer vom ersten Umsatz $\frac{5}{12}$ Prozent und nur von weiteren Verkäufen $\frac{1}{6}$ Prozent.

§ 9.

Die Entrichtung der Umsatzsteuer liegt dem Verkäufer ob. In dem Fall des § 5 hat der Hiesige, für dessen Rechnung, oder in dessen Auftrage ganz oder teilweise der Verkauf durch einen Fremden gemacht ist, die Steuer zu entrichten.

Bei Verkäufen, welche ein Fremder durch Vermittelung eines Hiesigen macht, hat der hiesige Vermittler unter eigener Verantwortlichkeit und Haftung für die Verpflichtungen des Verkäufers, für rechtzeitige und vollständige Entrichtung der Steuer Sorge zu tragen.

Bei Verkäufen, welche ein Fremder ohne Vermittelung eines Hiesigen macht, hat der hiesige Käufer die nämliche Verpflichtung unter gleicher Verantwortlichkeit und Haftung.

§ 10.

Die Entrichtung der Umsatzsteuer geschieht an den von dem Generalsteueramt dazu bestimmten Orten und Zeiten gegen Erteilung eines Stempels (vgl. jedoch § 13).

§ 11.

Ueber alle der Umsatzsteuer unterworfene Platzverkäufe ist innerhalb 8 Tagen, nachdem der Betrag der Gegenleistung festgestellt ist, eine schriftliche Verkaufsrechnung auszustellen und stempeln zu lassen. — Gleichzeitig hat der Pflichtige den zu versteuernden Verkauf nach einem von der Behörde zu entwerfenden Formular schriftlich und unter ausdrücklicher Berufung auf den von ihm dem Staate geleisteten Eid (§ 16) zu deklarieren.

§ 12.

Bei allen der Umsatzsteuer unterworfenen Verkäufen nach dem Auslande ist der Verkäufer verpflichtet, spätestens 8 Tage nach Absendung der Faktura, resp. des Verkaufsobjekts, den Betrag der Gegenleistung in gleicher Weise zu deklarieren und die Steuer zu entrichten. Geschieht die Feststellung der Gegenleistung ohne Faktura und ohne Absendung der Ware, so ist die Deklarierung und Entrichtung der Steuer in den nächsten 8 Tagen nach dieser Feststellung vorzunehmen.

§ 13.

Bei Platzverkäufen, wenn der Kaufpreis die Summe von 300 Thalern nicht übersteigt, können statt der Stempelung durch die Behörde und der damit verbundenen Deklaration Stempelmarken verwendet werden. In jeder einzelnen der aufgeklebten Marken müssen mindestens die Anfangsbuchstaben des Wohnortes und des Namens, bezw. der Firma desjenigen, der die Marke verwendet, und das Datum der Verwendung (in Ziffern) mittelst deutlicher Schriftzeichen (Buchstaben und Ziffern) ohne jede Rasur, Durchstreichung oder Ueberschrift niedergeschrieben sein.

Es ist jedoch auch zulässig, den Kassationsvermerk ganz oder einzelne Teile desselben (z. B. die Bezeichnung der Firma) durch schwarzen oder farbigen Stempelabdruck herzustellen. Stempelmarken, welche nicht in der vorgeschriebenen Weise verwendet worden sind, werden als nicht verwendet angesehen.

§ 14.

Der hiesige Käufer, welchem keine oder keine gehörig gestempelte Verkaufsrechnung von dem Verkäufer erteilt wird, hat eine solche zu verlangen und, falls diesem Verlangen nicht entsprochen wird, binnen acht Tagen dem Erhebungsbureau Anzeige davon zu machen.

§ 15.

Die Versäumung der in den §§ 11, 12, 14 vorgeschriebenen Fristen und die Unterlassung der im § 13 vorgeschriebenen Zeichnung bezw. Stempelung der Marke wird mit einer Ordnungsstrafe bis zu 10 Thalern geahndet.

§ 16.

Die Umsatzsteuer steht unter der Gewährschaft des Staatsbürgereides. — Bremische Staatsbürger sind daher, sobald ihnen die Entrichtung der Umsatzsteuer, oder doch die Sorge dafür (§ 9) obliegt, auf ihren Staatsbürgereid verpflichtet, die Steuer gewissenhaft zu entrichten und die erforderlichen Deklarationen der Wahrheit gemäss abzugeben. Andere Personen, mögen sie Hiesige oder Fremde sein, haben die nämlichen Verpflichtungen vorab durch eidlichen Revers zu übernehmen.

§ 17.

Der Behörde steht daneben die Befugnis zu, sobald es ihr zweifelhaft ist, ob dem Gesetze gemäss verfahren sei, die nach ihrem Ermessen erforderliche Auskunft von dem Steuerpflichtigen, bezw. von dem hiesigen Käufer zu verlangen, und dieselben durch Strafandrohungen zur Erteilung solcher Auskunft anzuhalten.

§ 18.

Der zur Entrichtung der Umsatzsteuer Verpflichtete, welcher die Steuer gar nicht oder zu einem geringeren als dem gesetzlich schuldigen Betrage entrichtet, wird je nach dem Grade der absichtlichen oder fahrlässigen Verschuldung und nach dem Betrage der Verkürzung mit einer Geldstrafe zum Belaufe des 5—25fachen Betrages der schuldigen Summe bestraft.

Der entzogene Betrag ist neben der Strafe zu entrichten.

Enthält die Verletzung dieser Verordnung zugleich den Thatbestand einer nach dem Strafgesetzbuch strafbaren Handlung, so unterliegt dieselbe zugleich den dafür im Strafgesetzbuch festgestellten Strafen.

§ 19.

In betreff der Uebertretungen dieses Gesetzes findet das Gesetz über das gerichtliche Verfahren in Steuerkontraventionssachen (Verordnung Nr. 45 vom 21./27. Dezember 1847) Anwendung.

§ 20.

Was in gegenwärtiger Verordnung von Verkäufen gesagt ist, gilt gleichmässig von jeder anderen Veräusserung beweglicher Gegenstände mittelst eines onerosen Geschäfts. In solchem Falle findet auf den Veräusserer Anwendung, was von dem Verkäufer gesagt ist, und auf den Erwerber, was von dem Käufer gesagt ist.

Jedoch fallen unter die Bestimmungen dieses Gesetzes nicht diejenigen Uebertragungen von Gegenständen, welche wegen des Ausscheidens eines Teilhabers aus einer Handelsgesellschaft, bezw. wegen des Eintritts eines Teilhabers in eine solche von dem Ausscheidenden an die die Firma fortführenden, bezw. von den Firmeninhabern an den Eintretenden erfolgen, und ferner Uebertragungen von Gegenständen von einem Geschäftsgenossen auf den andern auf Grund eines gemeinschaftlichen Geschäfts, welches von einem der Geschäftsgenossen auf seinen Namen abgeschlossen ist.

Beim Tausche ist die Steuer von dem Werte der sämtlichen gegeneinander ausgetauschten Gegenstände zu entrichten.

§ 21.

Die Bezahlung der Umsatzsteuer geschieht in vollwichtigem Golde, und zur Ausgleichung des Bruchteils der Goldmünze in bremischer Silbermünze. Bei Berechnung des Betrages der Steuer werden alle Bruchteile eines Groten für einen vollen Groten gerechnet.

§ 22.

Uebergangsbestimmung.

Bei Verkäufen, welche vor dem 1. Januar 1872 abgeschlossen sind, kommt das bisherige Gesetz in Anwendung, selbst wenn erst nach diesem Zeitpunkt die Lieferung der Ware erfolgt oder der Betrag der Gegenleistung festgestellt wird.

Beschlossen Bremen in der Versammlung des Senats vom 15. und publiziert am 18. Dezember 1871.

Zum Verständnis der vorstehenden bremischen Gesetze mögen folgende Bemerkungen dienen:

Wie leicht ersichtlich ist, hängen das Gesetz über die Firmensteuer und die Aufhebung der Umsatzsteuer zusammen und zwar derart, dass die erstere einen Ersatz für die letztere bilden soll. Die Umsatzsteuer war am 1. Januar 1863 an Stelle des 1824—62 bestandenen Ein- und Ausgangszolls getreten. In betreff ihrer Ergebnisse entnehmen wir dem trefflichen Jahrbuch für bremische Statistik Jahrg. 1882 S. 496 und 1884 S. 233 folgende Daten:

Jahr	Umsatz	Steuerertrag	Jahr	Umsatz	Steuerertrag
1863	250,709,234	657,449	1874	477,324,858	795,541
1864	265,151,503	716,910	1875	422,619,432	704,416
1865	277,312,049	744,554	1876	461,675,323	763,159
1866	278,274,667	763,814	1877	482,127,108	803,545
1867	347,086,961	941,995	1878	398,101,620	663,505
1868	385,689,267	1,012,504	1879	432,142,908	720,238
1869	401,201,768	1,049,080	1880	455,896,311	759,857
1870	322,846,842	848,071	1881	428,669,064	714,448
1871	444,493,832	1,213,571	1882	350,457,804	584,096
1872	473,188,566	788,647	1883	366,439,866	610,733
1873	507,680,756	846,051	1884	202,213,392	337,022

Schon bei der Einführung der Umsatzsteuer waren andere Steuerprojekte aufgetaucht, namentlich hatte man eine kaufmännische Einkommensteuer, eine Getränkesteuer und Flaggensteuer ins Auge gefasst, ohne dass diese durchzudringen vermochten. Die Umsatzsteuer wurde willig getragen, aber die Einnahme daraus war in den letzten Jahren schwächer geworden.

Es hing dies teils mit dem Sinken der Preise zusammen, wodurch die Umsatzwerte vermindert wurden, teils entwickelten sich Verkehrsformen, welche der Umsatzsteuer sich entzogen, teils wurde dieselbe beeinträchtigt durch das Reichsbörsensteuergesetz vom 1. Juli 1881, welches ein Konkurrieren der Landessteuer auf gleichem Felde verschloss. Mit dem Eintritt der Novelle vom 29. Mai 1885 wäre ihr vollends alle Bedeutung genommen worden, wenn sie bis dahin bestanden hätte. Besonders missliebig war die bremische Umsatzsteuer noch dadurch geworden, dass sie viele Klassen des Handelsstandes überhaupt nicht traf, wie die Fondsbranche, die Feuer-, Lebens- und Seeversicherungen, die Spediteure u. s. w., und dass namentlich der Auswärtige, der sich eines Bremer Agenten bediente, frei blieb, während der Bremer Verkäufer von jedem seiner Umsätze Steuer zu entrichten hatte. Man ventilierte deshalb längere Zeit die Frage, ob man nicht die Umsatzsteuer auf die Agenten, bezw. auf die in Bremen für fremde Rechnung stattfindenden Verkäufe ausdehnen solle, gab aber dies wieder auf, weil man es für unmöglich hielt, „einen einzelnen Stand mit einer Steuer zu belasten, die für ihn gleichbedeutend sei mit einer Einkommensteuer von 33 Prozent, selbst unter Umständen von 50 Prozent."

Die auf ein so kleines Territorium beschränkte Umsatzsteuer hatte auch in kommerzieller Hinsicht ihr Missliches. Die Konkurrenz im Grosshandel ist eine scharfe, Produzent und Konsument rücken sich immer näher, und die Umsatzsteuer diente keineswegs dazu, dem Bremer Handel seine Aufgabe zu erleichtern. Man wies mit Unrecht in den Berathungen auch darauf hin, dass Bremen im Termingeschäft zurückgeblieben und infolge dessen von andern Plätzen in vielen Branchen überholt worden sei. Daran trug nach Vieler Ansicht die Umsatzsteuer schuld, weil sie die Ware im Lieferungsgeschäft ungeheuer verteuere. Man führte als Kuriosum in dieser Hinsicht zwei Schlusszettel an; der eine war über 50 Kisten Schmalz, der andere über 50 Kisten Speck; der eine Schlusszettel hatte 103 übertragende Namensunterschriften, es waren also 17½ Prozent Umsatzsteuer davon bezahlt; auf dem andern standen 73 Unterschriften, es waren mithin 12½ Prozent Umsatzsteuer davon entrichtet. Manche hielten, selbst von solchen Fällen abgesehen, die Umsatzsteuer von ⅙ Prozent für zu hoch; was der Kaufmann, sagte man, in den sechziger Jahren mit einigen 100,000 Mark verdiente, dazu gebrauche er jetzt einen Umsatz von eben so vielen Millionen.

Das Projekt, die Umsatzsteuer durch eine kaufmännische Gewerbesteuer (Firmensteuer) zu ersetzen, ging von der Handelskammer aus. Dass das Ersatzmittel auch nichts weniger als vollkommen sei, verhehlte man sich auf keiner Seite. Die besondere Besteuerung einiger Stände ist immer misslich, sie führt dazu, dass ein Stand den andern einschlachtet. Das Gesetz ist etwas rauh gegriffen und erklärt sich, wie so manche andere hanseatische Steuereinricht...

wohl aus dem für Bremer Verhältnisse gerechtfertigten grösseren Vertrauen auf das Steuergewissen. Die Veranlagung geschieht nicht nach feststehenden Normen, sondern ist einfach einer Schätzungskommission überlassen. Allein man sagte, wenn auch die Firmensteuer ungünstig wirke, so könne sie dies doch nur in einzelnen Fällen thun, während die Umsatzsteuer allgemein nachteilig wirke. Die Hauptsache aber war, dass die neue Steuer eine andere Belastung herbeiführte; denn wenn auch das Gesetz den Ertrag der Firmensteuer auf mindestens 600,000 Mark fixierte, so blieb diese Summe doch nicht nur weit hinter der der früheren Accise, sondern mit Ausnahme zweier Jahre auch hinter der der Umsatzsteuer zurück. Auch werden eine Reihe Steuerträger beigezogen, die bisher von der Umsatzsteuer wenig oder nicht berührt waren. Von 2400 Firmen, die auf dem Firmenbureau eingetragen sind, zählen 107 zu dem Gewerbestand[1]), die für die eigenen Fabrikate, soferne sie nicht ins Ausland verkauft wurden, von der Umsatzsteuer befreit waren. Eine billige Berücksichtigung wurde den Handel treibenden Handwerksbetrieben übrigens auch im Firmensteuergesetz (§ 1, Abs. 2) zu teil. Aber auch unter den übrigen Firmen dürften die grossen Geschäfte jetzt besser wegkommen als ehedem. Es wurde bei den Verhandlungen erwähnt, dass Geschäftshäuser in Bremen über 20,000 Mark Umsatzsteuer bezahlten, während nach § 5 des neuen Gesetzes der Höchstbetrag 10,000 Mark nicht übersteigen soll; letztere Summe würde einem Umsatz von 6 Millionen entsprechen, bei den ersten Bremer Häusern wird er aber auf das 3—4fache geschätzt. Der Kampf gegen diese Begünstigung war vergeblich, ebenso gelang es nicht, den Gesamtertrag auf 800,000 oder 1,000,000 Mark zu fixieren. Das einzige, was in dieser Hinsicht erreicht wurde, war die dem § 2 beigefügte Bestimmung, dass die Ertragsziffer alle 3 Jahre abgeändert werden kann.

---

[1]) Nach dem deutschen Handelsgesetzbuche und dem bremischen Einführungsgesetze unterliegen Personen, deren Gewerbe in seinem Umfange innerhalb des gewöhnlichen Handwerksbetriebs bleibt, der Pflicht der Eintragung, wenn diese Personen erstens eine Handelsgesellschaft eingehen, zweitens einen Prokuristen bestellen, drittens sich der Berechtigung bedienen, einen Handelsbevollmächtigten auf dem Firmenbureau anzumelden.

Königl. sächsisches Gesetz,
die Befugnis zu Ausschliessung säumiger Abgabenpflichtiger von öffentlichen Vergnügungsorten betreffend.
Vom 21. April 1884.

Wir Albert, von Gottes Gnaden König von Sachsen etc. etc. verordnen mit Zustimmung Unserer getreuen Stände wie folgt:

§ 1. Durch örtliche Regulative können unter den nachfolgenden Beschränkungen Bestimmungen getroffen werden, auf Grund deren säumigen Abgabenpflichtigen der Besuch von Gastwirtschaften, Schank- und Tanzstätten verboten werden kann.

In Orten, an denen sich ein selbständiger Gutsbezirk befindet, ist zu Errichtung eines Regulatives dieser Art ein übereinstimmender Beschluss des Stadtrates, beziehentlich des Bürgermeisters oder Gemeindevorstandes und des Gutsvorstehers erforderlich. Bei Meinungsverschiedenheit zwischen dem Stadtrate, beziehentlich Bürgermeister oder Gemeindevorstand und dem Gutsvorsteher entscheidet die Aufsichtsbehörde.

Durch den übereinstimmenden Beschluss mehrerer Gemeinden und selbständiger Gutsbezirke können dieselben in vorliegender Beziehung zu einem Verbande vereinigt werden.

Regulative der vorliegenden Art bedürfen der Zustimmung der Gemeindevertretung und der Bestätigung durch die Aufsichtsbehörde.

Unter Aufsichtsbehörde ist in allen den Fällen, in welchen eine Stadt mit revidierter Städteordnung beteiligt ist, die vorgesetzte Kreishauptmannschaft zu verstehen.

§ 2. Bestimmungen der § 1 gedachten Art dürfen nur getroffen werden in Beziehung auf Rückstände an direkten Staatssteuern, an direkten Bezirks-, Gemeinde-, Kirchen-, Armen- und Schulabgaben, sowie an Schulgeld.

§ 3. Die Ausschliessung eines Abgabenpflichtigen von öffentlichen Vergnügungsorten ist nur dann zulässig, wenn

    a. der Abgabenrückstand im Wege der Zwangsvollstreckung in bewegliche körperliche Sachen nicht oder nicht vollständig erlangt worden ist, oder solche Umstände nachgewiesen sind, aus denen hervorgeht, dass diese Zwangsvollstreckung voraussichtlich erfolglos sein würde, und überdies

b. solche Thatsachen vorliegen, welche die Annahme rechtfertigen, dass der Abgabenrestant mit Absicht, oder durch ungerechtfertigte Enthaltung von lohnender Arbeit, oder durch unordentlichen Lebenswandel, oder durch unmässigen Genuss geistiger Getränke, oder durch unverhältnismässigen Aufwand oder durch Verschwendung seine Zahlungsunfähigkeit herbeigeführt hat.

§ 4. Zu dem an einen Abgabenrestanten zu erlassenden Verbote ist in Orten, an denen sich ein selbständiger Gutsbezirk befindet, dann, wenn das Verbot an einen Bewohner des Gutsbezirks oder mit Beziehung auf eine im letzteren gelegene Gastwirtschaft, Schank- oder Tanzstätte erlassen werden soll, ein übereinstimmender Beschluss des Stadtrates, beziehentlich Bürgermeisters oder Gemeindevorstandes und des Gutsvorstehers erforderlich. Bei Meinungsverschiedenheit unter denselben entscheidet die Aufsichtsbehörde.

In allen Fällen darf ein Verbot der vorliegenden Art nur mit Zustimmung der Gemeindevertretung erlassen werden.

§ 5. Ausnahmen von dem Verbote sind festzusetzen, wenn und insoweit der Abgabenrestant nachweist, oder sonst vorliegt, dass derselbe den Besuch von Gastwirtschaften und Schankstätten bei der Beschaffenheit seines Erwerbszweiges zu Versorgung mit Speise und Trank ohne Verlust an Zeit und Geld nicht entbehren kann.

§ 6. Ausgenommen von dem an einen Abgabenrestanten erlassenen Verbote des Besuches öffentlicher Vergnügungsorte sind diejenigen Fälle, in denen der letztere auf Anordnung einer Behörde, oder zur Teilnahme an einer Wahlversammlung, oder zu Abgabe von Stimmzetteln bei öffentlichen Wahlen oder zur Beteiligung an einer Versammlung stattfindet, welche auf Grund gesetzlicher Vorschrift oder einer anderen Norm des öffentlichen Rechts abzuhalten ist.

§ 7. Gast- und Schankwirten kann die Verpflichtung auferlegt werden, Abgabenrestanten, welche einem Verbote der § 4 gedachten Art unterstehen, von ihren Gastwirtschaften, Schank- und Tanzstätten wegzuweisen und, dafern dies erfolglos geblieben ist, polizeiliche Hilfe zu Durchführung des Verbotes anzurufen.

§ 8. Den Vorstehern von Korporationen, Vereinen und geschlossenen Gesellschaften kann aufgegeben werden, solche Mitglieder, welche einem Verbote der § 4 gedachten Art unterstehen, von denjenigen durch erstere benutzten Räumlichkeiten auszuschliessen, in denen Speisen und Getränke gegen Entgelt verabreicht, oder Tanzlustbarkeiten oder sonstige gesellige Vergnügungen abgehalten werden.

§ 9. Die Uebertretung eines Verbotes der § 4 gedachten Art kann mit Haft bis zu 14 Tagen, die Nichterfüllung der in § 7 und § 8 gedachten Verpflichtungen mit Geldstrafe bis zu 100 Mark beziehentlich 8 Tagen Haft bedroht werden.

Urkundlich etc.

Das russische Gesetz über die Abschaffung der Kopfsteuer und die Ablösung der Domänengrundpacht.

Von

Dr. J. v. Keussler.

Dieses am 28. Mai (9. Juni) 1885 vom Kaiser bestätigte Gesetz (Gesetz·samml. Stück 64, Nr. 551) lautet:

Der Reichsrat hat nach Prüfung der Vorlage des Finanzministers über die Abschaffung der Kopfsteuer und die Umwandlung der Domänengrundpacht in den vereinigten Departements für Staatsökonomie und Gesetze wie in seiner Plenarversammlung sein Gutachten wie folgt abgegeben:

1) Mit dem 1. (13.) Januar 1886 ist einzustellen die Erhebung der Kopfsteuer:

   a. von allen früher gutsherrlichen, den Apanagen- und den anderen Bauern, auf welche sich die Gesetze vom 19. Februar (3. März) 1861 und 26. Juni (8. Juli) 1863 beziehen;

   b. von den unter Spezialgesetzen stehenden Bauern der baltischen Provinzen mit Ausnahme der auf Domänenland ansässigen Bauern und

   c. von den kleinrussischen Kosaken und den anderen Ackerbauern, die unter speciellen, wie auch die unter den allgemeinen Steuersätzen stehen — mit Ausschluss der die Domänengrundpacht zahlenden Bauern. —

2) Mit dem 1. (13.) Januar 1887 ist die Kopfsteuer in betreff aller Zahlungspflichtigen im Reich, mit Ausnahme Sibiriens, abzuschaffen.

3) Gleichfalls mit dem 1. (13.) Januar 1887 hat — im Hinblick auf den zu diesem Termin stattfindenden Ablauf der Zeit, für welche die Höhe der Grundpacht der Domänenbauern (Allerhöchster Befehl vom 24. November [6. Dezember] 1866) festgesetzt ist — eine Umwandlung dieser Pacht in der Art, dass sie in der Zeit von 44 Jahren vollständig abgelöst ist, einzutreten.

4) Dem Finanzminister ist anheimzustellen, unverzüglich an die vorbereitenden Massnahmen und an die Ausarbeitung von Projekten heranzutreten:

   a. über die Umwandlung der Grundpacht der Domänenbauern derart, dass der Gesamtbetrag der Ablösungszahlungen, die die Pachtzahlung zu ersetzen haben, nicht mehr als 45 Prozent der Gesamtsumme der bestehenden Grundpacht übersteige, und dass die Vertheilung jener Zahlungen unter die Gemeinden möglichst dem Werte und dem Ertrage des ihnen zustehenden Landes entspreche;

   b. über die erforderlichen Aenderungen der Gesetzesbestimmungen, die das System der Revisionsseelen zur Grundlage haben, über die Regelung der Verantwortlichkeit in betreff der Entrichtung der direkten Staatssteuern und über das Passsystem.

Die Vorlagen über diese Gegenstände sind — nach Relation mit den betreffenden Ressorts — der höheren Prüfung in der gesetzlichen Ordnung so zeitig zu machen, dass sie mit dem 1. Januar 1887 in Kraft treten können.

Da Dr. G. v. Falck in seiner kritischen Besprechung des Werkes M. Alexeenkos: „Die russische Gesetzgebung über direkte Steuern" in dieser Zeitschrift (I. pag. 914 etc.) bereits einen Ueberblick über die Geschichte der russischen Kopfsteuer geboten hat, so beschränke ich mich auf eine Skizzierung der Geschichte der Abschaffung dieser Steuer. Und diese Geschichte ist sehr lehrreich — nicht allein in rein steuerpolitischer Beziehung, sondern auch in allgemein politischer. Gleich mit Inangriffnahme der Frage über die Aufhebung der Leibeigenschaft ward auch die Abschaffung der als veraltet anerkannten, mit der Leibeigenschaft und deren Entwickelung eng zusammenhängenden Kopfsteuer auf die Tagesordnung gesetzt. Die im Jahre 1859 „Allerhöchst niedergesetzte Kommission zur Durchsicht des Steuer- und Abgabensystems", die, beiläufig bemerkt, zu einer bleibenden Institution geworden ist — denn sie besteht noch jetzt — stellte im Jahre 1862 ihr Projekt über die Ersetzung der Kopfsteuer durch folgende neue Steuern vor: Allgemeine Grundsteuer, Steuer von den bäuerlichen Höfen, von den Gebäuden auf den gutsherrlichen Landgütern (mit Ausnahme des von der vorgenannten Steuer betroffenen Bauernlandes), von städtischen Liegenschaften und eine Steuer auf Kleingewerbe. Doch wurde dieses Projekt fallen gelassen; die Opposition der reichen Grundherren erwies sich als zu mächtig, sie wollten von keiner Besteuerung ihres Grundbesitzes wissen, trotzdem dass der gesamte, auf nichtbäuerlichen Grundbesitz entfallende Steuerbetrag sich nur auf 2½ Mill. Rubel belaufen hätte. Die Opposition aus diesem Lager ist der rote Faden, der sich durch all die folgenden Beratungen und Versuche zur Abschaffung der Kopfsteuer hindurchzieht. Es konnte keinem Zweifel unterliegen, dass die Beseitigung dieser nur auf den Bauern und den sogenannten „Kleinbürgern" ruhenden Steuer nicht anders als durch andere direkte Steuern erfolgen könne, an welchen die wohlhabenden und steuerfreien Klassen der Bevölkerung auch zu participieren hätten. Und so gestaltete sich der Kampf erst um die Erhaltung der Steuerprivilegien, dann um die Verhinderung einer Erhöhung der allgemeinen direkten Steuern zu einem Kampf um die Beibehaltung der Kopfsteuer. Auf der Arena der öffentlichen Behandlung traten die Gegner der Reform nicht auf oder nur ganz schüchtern, um dann von ganzen Fluten von Entgegnungen in der Presse überstürzt zu werden und — zu schweigen. Auch in den Protokollen und Beratungen dieser Fragen tritt jener principielle Standpunkt nur selten deutlich auf, und erst später, als die reaktionäre Strömung (seit der Mitte der sechziger Jahre, stetig steigend bis gegen Ende der siebziger Jahre) sich stärker fühlte. Dagegen wurde um so energischer in den massgebenden Kreisen gewirkt und zwar mit dem Erfolge, dass es mehr denn zweier Decennien bedurfte, um die Kopfsteuer zu beseitigen.

Nach einem vergeblichen Versuche des Finanzministers vom Jahre 1867, eine wenn auch nur geringe Verbesserung der Verteilung zu erzielen, arbeitete im Jahre 1869 die „besondere Kommission zur Reform der Kopfsteuer" (als Abteilung der obengenannten grossen Steuerkommission, wie sie genannt wird) einen Entwurf aus, der die Ersetzung dieser Steuer, wie die nach dem Kopf-

steuersystem erhobenen Reichslandesprästanden durch eine Hof- und eine Grund-
steuer allein vom Bauernland wünscht, d. h. sie beschränkt die Reform auf
eine gerechtere Vertheilung der Steuer innerhalb der bäuerlichen Bevölkerung.
Zur Charakterisierung des gegenüber dem Entwurf von 1862 reaktionären
Standpunktes der Kommission begnügen wir uns mit der Mitteilung der Thatsache, dass sie die 1862 in Vorschlag gebrachte Staatsgrundsteuer in erster
Linie aus dem Grunde verwarf, dass mit Einführung der Landschaftsverfassung
(Selbstverwaltung) die nicht bäuerlichen Grundbesitzer bereits von hohen Grundsteuern (exkl. kommunalen) betroffen werden, die zum Teil zur Deckung staatlicher Bedürfnisse (Unterhalt der Friedensgerichte etc., sogar Wegebauten wurden als solche angeführt!) verwandt wurden! Als ob die Bauern neben den
anderen nicht auch diese Lasten trügen! Dieser Entwurf gelangte an die Land-
schaftsinstitutionen zur Begutachtung und erlitt hier ein vollständiges, wohl-
verdientes Fiasko. Eine überwältigende Majorität der Landschaften verwarf ihn
als vollständig unzureichend und befürwortete andere, gerechtere Steuersysteme,
vornehmlich allgemeine Einkommensteuer, auch allgemeine Grundsteuer, nur
eine ganz verschwindend geringe Minorität sprach sich für den Entwurf aus,
aber nur bedingt, mit gewissen Aenderungen, und wenn keine andere, bessere
Verteilung der Steuer von der Staatsregierung beliebt würde; diese bedingte
Zustimmung kam einer Verurteilung der Vorlage gleich.

Man sollte meinen, dass diese Stellung der Landschaften, in denen die
steuerprivilegierten Gutsbesitzer das moralische und vielfach auch das nume-
rische Uebergewicht haben, dem Finanzminister die moralische Kraft verliehen hätte, seiner Steuerpolitik einen weiteren Gesichtspunkt zu verleihen und
mit weitergehenden Anträgen hervorzutreten. Jedoch mitnichten! Die freiwilligen Anträge der Landschaften wurden nicht allein nicht berücksichtigt,
sondern die ganze Frage der Steuerreform ad acta gelegt und selbst die in so
engen Grenzen entworfene Ausgleichung der Härten des bestehenden Steuersystems unterlassen. Der reiche Hofadel siegte über den, dem täglichen Leben
und seinen Bedürfnissen nahestehenden Provinzialadel. Die zunehmenden Staatsbedürfnisse verlangten neue Einnahmequellen, namentlich nach dem orientalischen
Kriege: die Steuerkommission arbeitete im Jahre 1878 den Entwurf zu einer
allgemeinen Klassensteuer aus; die Kopfsteuer sollte unberührt bleiben, das Einkommen aller Bevölkerungsklassen über 1000 Rubel der neuen Steuer unterworfen werden. Jener Opposition gelang es, auch diesen Entwurf zu beseitigen,
doch dieser Sieg war der letzte. Denn schon am 23. März 1879 erfolgte ein
kaiserlicher Ukas, der die Aufhebung der Kopfsteuer und die Ersetzung derselben durch andere, erst zu ermittelnde Steuern dekretierte. Jetzt handelte es
sich für jene Partei darum, die Ausführung des kaiserlichen Willens zu ver-
zögern. Die mit jener Aufgabe betraute Kommission setzte Subkommissionen
ein, die Entwürfe ausarbeiteten, welche dann von der Kommission verworfen
wurden, mit dem Auftrag, andere Entwürfe vorzulegen, die dann wieder verworfen wurden. Erst mit dem Jahre 1883 trat das erste Gesetz (vom 18. Mai
1882) in Kraft, das mit der Abschaffung der Kopfsteuer beginnt.

Bevor wir auf dieses und die beiden nachfolgenden Gesetze, mit denen
die Kopfsteuer schliesslich ganz beseitigt ist, eingehen, sei es mir gestattet, auf
die Steuergesetzgebung dieser Zeit, die direkt oder indirekt mit dem Kopfsteuer-

system zusammenhängt, einzugehen. Hier zeigt sich ein eigentümliches Schwanken, das in dem oben Gesagten seine Erklärung findet. Zwei Strömungen, die einander widersprechen, gehen nebeneinander: die einen Gesetze erhöhen die Kopfsteuer, die anderen Gesetze sind auf ihre allmähliche Abschaffung gerichtet. Während die Erkenntnis von der Ungerechtigkeit und Unzweckmässigkeit der Kopfsteuer schon so weit verbreitet war, dass bereits am Anfange des Jahrhunderts die Staatsregierung eine wesentliche Umgestaltung dieser Steuer plante, und in der langen Regierungszeit des Kaisers Nikolaus I. keine Erhöhung derselben (nur eine solche der Reichslandesprästanden) erfolgte, ward sie in neuerer Zeit dreimal erhöht: durch Gesetz vom 30. Dezember 1861 wird sie von 95 Kop. im europäischen Russland und 86 Kop. in Sibirien auf 1 Rubel resp. 90 Kop. vergrössert, welche Massnahme 1 Mill. Rubel der Staatskasse einbrachte. Durch Gesetz vom 25. Dezember 1862 ward eine „zeitweilige" Erhöhung der Kopfsteuer allein für das Jahr 1863 dekretiert und zwar im Betrage von 25 Kop., jedoch war dieser Betrag — was einen Fortschritt in der Veranlagung dieser Steuer bedeutet — nur ein durchschnittlicher: je nach der Lage der ökonomischen Bedingungen schwankte er zwischen 8 und 44 Kop. pro Revisionsseele. Dieser „zeitweilige" Zuschlag, der 6,1 Mill. Rubel einbrachte, ward auch in den folgenden Jahren erhoben und durch Gesetz vom 18. Juni 1867 zu einem bleibenden gemacht und gleichzeitig auf durchschnittlich 50 Kop. erhöht (nebst einigen Aenderungen), wodurch der Staatskasse jährlich 10,6 Mill. Rubel zuflossen. Der Gesamtbetrag der Kopfsteuer schwankte jetzt zwischen 1 Rubel 15 Kop. und 2 Rubel 61 Kop. Endlich erfuhren auch die „Reichslandesprästanden", die neben der Handels- und Gewerbesteuer pro Revisionsseele erhoben wurden, Erhöhungen, andererseits aber eine Ermässigung in betreff der bäuerlichen Bevölkerung, worauf wir sogleich zu sprechen kommen werden, und wurden durch Gesetz vom 10. Dezember 1874 zur Kopfsteuer (durch Addition) hinzugeschlagen, so dass seit 1875 nur eine Kopfsteuer statt der bisher üblichen zwei erhoben ward.

Es lag nun hierin nicht nur ein schwerwiegender innerer Widerspruch, dass die Staatsregierung in derselben Zeit, in der an der Abschaffung der als unzweckmässig und ungerecht erkannten Steuer gearbeitet und sehr weitschichtiges historisches und statistisches Material gesammelt und mit ausführlichen steuerpolitischen Abhandlungen versehen in zahlreichen dickbändigen Werken veröffentlicht ward, diese Steuer erheblich erhöhte, sondern auch ein weiteres Erschwernis ihrer endlichen Beseitigung, die selbstverständlich um so schwieriger sein musste, je grösser der durch andere Steuern zu ersetzende Betrag war.

Parallel dieser Strömung in der Steuergesetzgebung läuft, wie bereits bemerkt, die entgegengesetzte, die die Kopfsteuerlast ermässigte. Durch Gesetz vom 1. Januar 1863 ward — die einzige Frucht der ersten Vorlage der Steuerkommission vom Jahre 1862 — die Kopfsteuer (nicht aber die Reichslandesprästanden) der Kleinbürger abgeschafft und durch eine Steuer der städtischen Liegenschaften („Kronimmobiliensteuer" im hiesigen Deutsch genannt) ersetzt, die jährlich durch Gesetz in ihrem Gesamtbetrag zuerst auf 2 Mill. und pro Gouvernement normiert in den Gouvernements von der Gouvernementslandschaftsversammlung, bezw. durch die entsprechende Institution auf die einzelnen Städte repartiert wurde, welche ihrerseits den obliegenden Betrag von den der Besteuerung unterliegenden Liegenschaften erhoben. Die bäuerliche Bevölkerung erfuhr eine Erleichterung durch das Gesetz vom 1. Juni 1870, laut welchem von 1872 ab der vierte Teil der Reichslandesprästanden durch eine allgemeine Reichsgrundsteuer erhoben, der übrige Teil aber als Kopfsteuer belassen wurde. Jedoch nach dem Voranschlag des Budgets ergab sich eine erhebliche Vergrösserung der Gesamtsumme dieser Prästanden, so dass statt ¼ das Verhältnis von 4 : 7 festgesetzt ward; die Grundsteuer betrug 7,6 Mill. Rubel, nachdem alle Gouvernements dieser Steuer unterworfen waren. Endlich haben wir noch auf zwei Gesetze hinzuweisen, die, wenn auch nicht direkt mit der Kopfsteuer zu thun haben, doch mit ihr in der Wirkung zusammenhängen: die Ermässigung der Ablösungszahlungen für das in das Eigentum der Bauern resp. der bäuerlichen Gemeinden übergegangene Bauernland und die Beseitigung der Salzaccise. Bekanntlich wirft die Gemeinde, wo Gemeindebesitz herrscht, alle obliegenden Zahlungen zusammen und verteilt die Steuersumme je nach der Landquote der bäuerlichen Höfe. Es ist nun klar, dass die durch das Gesetz vom 28. Dezember 1881 dekretierte Ermässigung der in weiten Landstrichen überhohen Ablösungszahlungen in Wirklichkeit dieselbe Wirkung wie die der Kopfsteuer ausübte. Wenn auch nicht in vollem, so doch in hohem Masse wirkte diese Massregel in derselben Weise in den Gouvernements mit individuellem Grundbesitz, denn in den Gouvernements dieser Kategorie, auf welche jenes Gesetz auch Bezug hatte (die sogen. nord- und südwestlichen, sowie die kleinrussischen Gouvernements), ist die Zahl der „landlosen“ Bauern gering, so dass die weit überwiegende Mehrheit der Bauern — freilich je nach der Grösse des Grundbesitzes in verschiedenem Masse — jener Wohlthat teilhaftig wurde. Kurz sei bemerkt, dass der Gesamtbetrag dieser Ermässigung sich auf 12 Mill. Rubel jährlich beläuft, von welchen 2 Mill. aus den aufgelaufenen Ueberschüssen der Ablösungsoperation, 7 Mill. aus den freien Mitteln der sogen. „früheren Kreditinstitutionen“ und die noch fehlenden 3 Mill. Rubel aus der Staatskasse bestritten werden[1]. Die Abschaffung der Salzaccise, die in den letzten Jahren je 12 Mill. Rubel eintrug, und die Ermässigung des Zolls auf ausländisches Salz, wodurch diese Einnahme um 1 Mill. Rubel (1881: 2⅓ Mill. Rubel, 1880: 3⅓ Mill. Rubel) verringert ward (kaiserlicher Ukas vom 23. November 1880), wirkte gleichfalls wie die Ermässigung einer Kopfsteuer, zumal die Steuer auf Salz namentlich in Russland wegen des grossen Konsums in den niederen Bevölkerungsschichten (insbesondere gesalzene Fische während der langen und häufigen Fastenzeit, dann der geringe Wohlstand, der zu der einfachen Nahrung des billigsten Reizungsmittels bedarf) fast ausschliesslich von der bäuerlichen Bevölkerung getragen ward. Jedenfalls wäre — dieses sei zur Kritik der damaligen Finanzpolitik noch bemerkt — die Ermässigung der direkten Kopfsteuer um jeden Betrag der indirekten Kopfsteuer rationeller und dem Interesse der bäuerlichen Bevölkerung weit entsprechender als die Verbilligung des Salzes, die — beiläufig bemerkt — infolge gewisser ungeschickter Nebenbestimmungen

---

[1]) Näheres über den Charakter und die Höhe der Ablösungszahlungen siehe in meinem Werk: Zur Geschichte und Kritik des bäuerlichen Gemeindebesitzes in Russland, Teil II, Hälfte 1, S. 187—219, über das erwähnte Gesetz vgl. meinen Artikel: Die Ermässigung der Ablösungszahlungen und die Zwangsablösung des Bauernlandes, in der „Russischen Revue“, Bd. XX, S. 289—319.

des Gesetzes nicht sofort eintrat, welche Differenz den grossen Salzindustriellen zu gute kam. Der durch diesen Ukas hervorgerufene Ausfall im Budget ward durch einen Zuschlag zu den Zollabgaben im Betrage von 10 Prozent, durch die Verdoppelung der Gebühr für die Aufbewahrung der Importwaren in den Zolllagerhäusern und durch einen Zuschlag zu der Handels- und Gewerbesteuer gedeckt. Schliesslich sei noch registriert, dass der Zar im Gnadenmanifest, erlassen am Tage seiner Krönung (15. Mai 1883), sämtliche Kopfsteuerrückstände zum 1. Januar 1883 strich. Es ergab sich die bedeutende Summe von 28 Mill. Rubel. Ein beträchtlicher Teil dieser Summe war inexegibel; es hatten sich in weiten Landstrichen mit überhoher Belastung durch den Ertrag des Landes übersteigende Ablösungszahlungen, Kopfsteuer und die kommunalen Abgaben verarmte Gemeinden gebildet, in denen jeder weitere Versuch der Beitreibung von Rückständen wie durch Versteigerung von Vermögensobjekten den vollen Verfall der bäuerlichen Wirtschaft hervorgerufen hätte. Die Streichung dieses Teiles der Rückstände war also mehr ein formeller Akt, denn ein Verlust für den Fiskus. Anders stand es aber mit den in letzter Zeit entstandenen Rückständen, die die Bauern in Voraussicht auf die bei Krönungen üblichen Steuererlässe auflaufen liessen, auch wo sie die Mittel zur Erfüllung ihrer Steuerverpflichtungen besassen.

So war der Stand der Frage, als mit der Aufhebung der Kopfsteuer begonnen ward. Das erste der drei Gesetze (vom 18. Mai 1882) beseitigte nur einen ganz geringfügigen Teil der Kopfsteuer — 3,6 Mill. Rubel, und befreite von der Kopfsteuer die Kleinbürger, die von der eigentlichen Kopfsteuer schon 1863, wie oben bemerkt, eximiert waren, aber die Reichslandesprästanden, die seit 1874 unter der einen Bezeichnung der Kopfsteuer erhoben wurden, nach wie vor zu entrichten hatten, sodann die sogen. Hoferleute (frühere Leibeigene, die als persönliche Bedienstete auf den gutsherrlichen Höfen lebten und durch das Emancipationsgesetz die persönliche Freiheit erhielten), insofern sie nicht bei Gemeinden, sondern nur bei Wolosten (Amtsbezirke) angeschrieben, d. h. heimatsberechtigt waren, und endlich die Bauern, die bei der agrarischen Auseinandersetzung mit dem Gutsherrn den vierten Teil des gesetzlichen Maximums an Land frei von aller Ablösungszahlung empfingen gegen Verzicht auf das übrige ihnen gesetzlich zustehende Land. Das zweite, zur Zeit der Krönung veröffentlichte Gesetz vom 18. Mai 1883 war weit umfassender und beseitigte 15,7 Mill. Rubel: nach diesem Gesetz wurden vom 1. Januar des folgenden Jahres ab von der Kopfsteuer befreit: die landlosen Bauern, die bei der Gemeinde ohne Receptionsbeschluss (d. i. auf Anordnung der Staatsregierung) angeschrieben waren, und die ehemaligen Fabrikbauern (zur Zeit der Leibeigenschaft zu Fabriken gehörende Leibeigene); weiterhin wurde durch dieses Gesetz die Steuer auf die Hälfte des Betrages ermässigt für alle ehemaligen gutsherrlichen· Bauern in allen Gouvernements und Gebieten, sowie auch für die übrigen Kopfsteuerpflichtigen (Domänen-Apanagenbauern und von anderen Kategorien von Bauern) in den Gouvernements Szamara und Smolensk, und mit Ausschluss einiger Kreise in den Gouvernements Nowgorod, Pskow, Tschernigow, Kostroma und Perm; für alle übrigen Kopfsteuerzahler aber ward die Steuer um ein Zehntel herabgesetzt. Durch das letzte, an der Spitze dieser Besprechung in wörtlicher Uebersetzung wiedergegebene Gesetz wird die Kopfsteuer — mit Ausnahme Sibiriens — voll-

ständig beseitigt, und zwar mit dem 1. Januar 1886 in betreff aller Bauern
mit Ausnahme der Domänenbauern, die erst ein Jahr später, den 1. Januar 1887,
von dieser Steuer befreit werden.

Als mit der Abschaffung der Steuer begonnen ward, betrug sie 58,8 Mill.
Rubel. Von dieser Summe kamen in Fortfall durch das erste Gesetz 3,6 Mill.,
durch das zweite 15,7 Mill. und durch das dritte 18,8 Mill. Rubel, zusammen
38,1 Mill. Rubel, während auf den Domänenbauern der Betrag von 18,8 Mill. Rubel,
worauf wir weiter unten zu sprechen kommen werden, fast vollständig, wenn auch
in anderer Gestalt, verbleibt und die Bauern Sibiriens nach wie vor circa 12 Mill.
Rubel an Kopfsteuer aufzubringen haben. Zu jenem bedeutenden Ausfall an
den Staatseinnahmen zählen wir, da innerlich zusammengehörig, noch die oben
erwähnte Abschaffung der Kopfsteuer der Kleinbürger im Jahre 1863 (2 Mill. Rubel)
und eines Teiles der Reichslandesprästanden im Jahre 1872 (7,6 Mill. Rubel),
sowie den auf die Staatskasse entfallenden Teil der Ermässigung der Ablösungszahlungen (3 Mill. Rubel). Der Gesamtausfall in den Staatseinnahmen, wie sie
durch die Entlastung der niederen, fast ausschliesslich bäuerlichen Bevölkerung
hervorgerufen ward, beträgt demnach 50,7 Mill. Rubel, für welchen Ausfall hinreichende Deckung zu finden um so schwieriger war, als die rapid steigenden
Staatsbedürfnisse wachsende Ansprüche an die Steuerkraft des Volkes stellten.

Die Signatur der neueren russischen Finanz- und Steuerpolitik, hervorgerufen durch jene grosse Finanzmassregel, ist die Ausbildung eines Systems
direkter Ertragssteuern und der Verkehrssteuern: hierdurch ward, dem Princip der Gerechtigkeit auch in der Steuerpolitik Rechnung tragend, eine Abwälzung eines bedeutenden Teiles der Steuerlast der niederen, ärmeren Bevölkerungsklassen auf die wohlhabenderen, bisher gar nicht oder sehr wenig zu
direkten Staatssteuern herangezogenen Klassen erreicht. Im einzelnen stellt sich
diese grosse Finanzoperation wie folgt dar.

Die Befreiung der Kleinbürger von der Kopfsteuer im Jahre 1863 rief die
Besteuerung der städtischen Liegenschaften hervor (2 Mill. Rubel), ein Teil der
Reichslandesprästanden wird seit 1872 als allgemeine Grundsteuer erhoben: 7,6 Mill.
Rubel. Zur Ersetzung des Ausfalls von 3,6 Mill. Rubel Kopfsteuer und der zu
beschaffenden 3 Mill. Rubel zur Deckung der Ablösungszahlungen ward eine
Erbschafts- und Schenkungssteuer oder wie sie offiziell heisst „Steuer von unent-
geltlichem Uebergang von Vermögen", deren Ertrag auf 4 Mill. Rubel berechnet
ward, in Wirklichkeit aber 3,2—3,5 Mill. Rubel ist, eine Erhöhung und Reform
der Stempelsteuer (Mehrertrag ca. 1 Mill. Rubel), Erhöhung der Kibitkensteuer,
d. i. Zeltsteuer der Nomadenvölker (0,36 Mill. Rubel), und Reform der Tabakaccise
beschlossen. Die 15,7 Mill. Rubel, die infolge des Gesetzes vom 18. Mai 1883 zu
beschaffen waren, wurden gedeckt durch die Erhöhung der Grundsteuer um
4 Mill. Rubel, der Steuer auf städtische Liegenschaften[1]) um 1,9 Mill. Rubel,
durch eine Reform der Eintragungsgebühr (Gesetz vom 11. Mai 1883), die im
ersten Jahre 4 Mill. Rubel eintrug, durch die Erhöhung der Patentabgaben der

---

[1]) Beiläufig sei bemerkt, dass in der Zeit zwischen der Einführung und
der Erhöhung der Steuer auf städtische Liegenschaften die Umwandlung der
in natura abgeleisteten Militärquartierlast in Geldzahlung erfolgte, der Gesamtbetrag an Steuer auf städtische Liegenschaften beläuft sich jetzt auf 6,02 Mill. Rubel.

Branntweinbrennereien und der Getränkeverkaufslokale (Gesetz vom 12. April 1883, Mehrertrag 2 ¹/₂ Mill. Rubel), durch Einführung einer besonderen Jahrmarktssteuer (Gesetz vom 26. April 1883, Ertrag 0,8 Mill. Rubel, war aber auf 1,2 Mill. Rubel veranschlagt). Endlich findet eine wenn auch nicht volle Deckung des durch das vorliegende Gesetz bedingten Ausfalles von 18,8 Mill. Rubel statt durch die Prozent- und Repartitionssteuer von Handel und Gewerbe — 4,2 Mill. Rubel (s. meine Er- örterung dieses Gesetzes in Bd. II, Heft I, S. 228 etc. dieser Zeitschrift), sowie durch die Kapitalrentensteuer (Gesetz vom 20. Mai 1885), deren Ertrag auf 9,5 Mill. Rubel geschätzt ist. Der fehlende Rest wie auch der aus der Finanzoperation des Jahres 1883 sich ergebende im Gesamtbetrage von etwa 7 Mill. Rubel wird durch Erhöhung der Zölle beschafft, insbesondere auf Thee, Heringe, Wein Seide etc. sowie durch die Erhöhung der Branntweinaccise.

Die Beseitigung der Kopfsteuer verlangt einige Aenderungen im Ver- waltungsrecht. Diese Steuer ward unter der solidarischen Haft der Gemeinden für ihre vollständige und rechtzeitige Entrichtung erhoben. Freilich ist diese Haft kein Produkt der Kopfsteuer, denn sie bestand seit alters: zur Erleichterung für die Steuerbeamten des Zars wie auch andererseits, um die Gemeinden vor Bedrückung (Mehrforderung) seitens dieser zu schützen, überliess die Regierung im alten Russland die Beitreibung der auf die Gemeindegenossen entfallenden Steuern und Leistungen (die alte Grundsteuer, Naturallieferungen und Arbeits- leistungen aller Art) der Gemeinde, die für die Erfüllung dieser Verpflichtungen verantwortlich war. Die Ausbildung eines Systems der solidarischen Haft der Gemeinde wurde aber erst durch die Kopfsteuer, die an die Stelle der alten Grundsteuer trat, hervorgerufen. Die bei der Revision (Zählung der Bevölkerung) ermittelte Zahl der Revisionsseelen männlichen Geschlechts blieb die Basis der Besteuerung bis zur nächsten Revision. Der der Gemeinde obliegende Steuer- betrag blieb also derselbe (abgesehen von einer eventuell eintretenden Erhöhung der Kopfsteuer), wie viele „Revisionsseelen" auch inzwischen d. h. bis zur nächsten Revision gestorben und Personen männlichen Geschlechts nachgeboren sein mochten. Sodann waren nur die erwachsenen und im arbeitsfähigen Alter stehenden Personen steuerpflichtig. Der Verwaltungsapparat der Regierung reichte bei weitem nicht so weit, alles dieses fortlaufend zu kontrollieren und den Steuerbetrag des einzelnen jährlich festzustellen. Weit einfacher war es, der Ge- meinde den nach der Zahl der Revisionsseelen berechneten Steuerbetrag aufzu- geben und ihr die Repartition auf die zahlungsfähigen (also mit Ausschluss der Kinder, Greise, Verarmten etc.) Gemeindeglieder und die Beitreibung der Steuer- beträge zu überlassen. Es sei auch bemerkt, dass die Verteilung der Kopfsteuer im Landstrich, wo der Gemeindebesitz herrscht, einen anderen Charakter, und zwar einen grundsteuerartigen, trug: hier summierte die Gemeinde alle ob- liegenden Zahlungen, welcher Art diese auch sein mochten, zu einer Gesamt- summe, die die Steuerlast des Gemeindelandes repräsentiert; der einzelne bäuer- liche Hof (Familie) hat den Steuerbetrag zu entrichten, der der Grösse des ihm bei der Verteilung des Landes zufallenden Landanteils entspricht. Immerhin lässt sich nicht, wie es irrtümlicherweise vielfach geschieht, behaupten, dass diese Verteilungsart die Kopfsteuer in eine Grundsteuer umgewandelt habe. Nur in den Gemeinden, wo die obliegenden Zahlungen niedriger oder gleich hoch wie der Ertragswert des Landes waren, traf jene Umwandlung in Wirklichkeit zu; in dem ausgedehnten Landstrich aber, wo die Zahlungen (wie die Ermässigung der Ablösungszahlungen und der Kopfsteuer) mehr oder weniger den Ertragswert des Landes überragten, fiel ein grösserer oder geringerer Teil der Zahlungen doch schliesslich auf die Personen, die ihn durch Nebenerwerb (Hausindustrie, Wandergewerbe etc.) deckten.

Die staatliche Steuerbehörde hat es somit nicht mit den einzelnen Steuerpflichtigen zu thun, sondern nur mit der Gemeinde: diese haftet für das rechtzeitige und vollständige Einfliessen der Steuern und ihr stehen dabei die weitgehendsten Exekutivmittel (bis zur Wegnahme der Landstelle) gesetzlich zu Gebote. Kommt die Gemeinde ihren Verpflichtungen nicht nach, dann greift die staatliche Polizei mit Exekutivmitteln ein: ihr gilt die Gemeinde, nicht der einzelne Rückständige als zahlungspflichtig und sie nimmt und stellt zum öffentlichen Ausbot, was sie von Vermögensobjekten findet (mit gewissen, im Gesetz vorgesehenen, in praxi aber nicht eingehaltenen Ausnahmen: das zur Wirtschaft unbedingt Erforderliche darf nach dem Gesetz nicht entzogen werden). In letzter Zeit (insbesondere durch das am 17. November 1869 bestätigte Reichsratsgutachten) sind einige Erleichterungen eingetreten und die solidarische Haft in betreff gewisser Gemeinden (mit weniger als 40 Revisionsseelen, sodann für Gemeinden mit rein individuellem Grundbesitz in den Gouvernements, die unter dem Emancipationsgesetz vom 19. Februar 1861 stehen) abgeschafft.

Mit der Beseitigung der Kopfsteuer ist nun die vornehmste Veranlassung zur Beibehaltung der solidarischen Haft der Gemeinde weggefallen, für die Grundsteuer soll der Grundbesitz haften. Zur Zeit ist man mit dieser Frage beschäftigt, wobei sich zwei Richtungen bemerkbar machen: die eine wünscht die volle Beseitigung der Haft der Gemeinde, während die andere für die Gemeinden mit Gemeindebesitz gewisse Rechte, resp. Pflichten, wie sie sich aus der Natur dieser Grundbesitzordnung ergeben, beibehalten wissen wollen.

Eine Konsequenz der solidarischen Haft der Gemeinde ist der Passzwang. Das Verweigern des Passes ist das Zwangsmittel, das der Gemeinde in betreff der ausserhalb des Gemeindebezirks sich aufhaltenden Gemeindeglieder zu Gebote steht, um sie zur Zahlung der Steuern mit Erfolg anzuhalten. Auch an der Beseitigung dieses Zwanges wird zur Zeit gearbeitet. Vom steuerpolitischen Standpunkt stehen ihr keine Schwierigkeiten entgegen, so dass nur sicherheitspolizeiliche Rücksichten in Betracht kommen.

Das uns beschäftigende Gesetz enthält ausser der Abschaffung der Kopfsteuer noch eine zweite bedeutungsvolle Massnahme, die den Abschluss einer epochemachenden Gesetzgebung bildet: die Ablösung des in bäuerlich-rechtlichem Besitz befindlichen Domänenlandes. Das Gesetz vom 26. November 1866 hatte diesen Bauern die freie Selbstverwaltung, analog der den gutsherrlichen Bauern durch das Emancipationsgesetz vom 19. Februar 1861 verliehenen gewährleistet, das erbliche Besitzrecht vom genutzten Lande geregelt, die Pachtsätze auf 20 Jahre unveränderlich normiert und ihnen die Ablösung des Landes durch Kapitalteilzahlungen gestattet. Von diesem letzteren Recht ist nur ganz ausnahmsweise Gebrauch gemacht worden, während die Ablösung des früher gutsherrlichen Bauernlandes in grossem Massstabe fortschritt. Nachdem nun gar durch das Gesetz vom 28. Dezember 1881 die Zwangsablösung dieses Bauernlandes dekretiert ward und dasselbe mit dem 1. Januar 1883 vollständig, wenn

auch noch mit Ablösungszahlungen belastet, in das Eigentum der Bauern übergegangen ist, trat der Widerspruch in der Rechtslage der beiden Gruppen der
bäuerlichen Bevölkerung (die Apanagebauern befinden sich auch im Stadium der
Ablösung, haben also das Eigentumsrecht bereits erworben) grell hervor. Um
ihn zu beseitigen und die Rechtslage aller Gruppen der Bauern in Betreff des
besessenen Landes gleichzustellen, bestimmt das neue Gesetz die Ablösung des
gesamten Domänenbauerlandes. Da mit dem November des laufenden Jahres die
zwanzigjährige Geltung der bestehenden Pachtsätze abläuft, so hat die Staatsregierung das Recht, die Pachtsätze zu erhöhen. Eine Erhöhung der Pachtsätze
ist auch materiell berechtigt, da die bestehenden Pachtsätze im allgemeinen sehr
niedrig normiert waren, dazu kommt die seit jener Zeit erfolgte bedeutende
Wertsteigerung des Grund und Bodens. Zur Ermittelung des Werts des Landes
soll keine neue Schätzung des Landes vorgenommen werden. Als Massstab zur
Bestimmung der neuen Zahlungssätze mit Einschluss der Amortisationsquote soll
die Ablösungszahlung der umwohnenden früher gutsherrlichen und Apanagebauern dienen, jedoch sollen sie nicht 45 Prozent der bisherigen Pachtsätze übersteigen. Nach vorläufigen summarischen Berechnungen ergibt es sich, dass nach
jenem Massstab der Erhöhung der Zahlungen nicht die ganze auf den Domänenbauern noch ruhende Kopfsteuersumme (18,8 Mill. Rubel) dem Grundbesitz zu-
gewälzt werden kann, sondern für etwa 2 Mill. andere Deckung zu suchen
sein wird. Ich werde nicht verfehlen, nach dem Zustandekommen des Gesetzes
auf diese grosse Finanzoperation näher einzugehen.

Die russische Kapitalrentensteuer.

Von

Dr. J. v. Keussler.

Das vom Kaiser am 20. Mai (1. Juni) 1885 bestätigte Gesetz (Gesetzsamml. Stück 55, Nr. 456) lautet:

Der Reichsrat hat nach Prüfung der Vorlage des Finanzministers über die Besteuerung der Einnahmen aus Geldkapitalien, in der vereinigten Session der Departements für Staatsökonomie, Gesetze und Civil- und geistliche Angelegenheiten, sowie in einer Plenarversammlung sein Gutachten wie folgt abgegeben:

I. Die Gesetzesvorlage über die Besteuerung der Einnahmen aus Geldkapitalien ist der Bestätigung Sr. Maj. des Kaisers zu unterbreiten.

II. Nach erfolgter Allerhöchster Bestätigung ist das genannte Gesetz mit dem 1. (13.) Juli 1885 in Kraft zu setzen, und zwar derart, dass die Steuer sich nicht auf die vor diesem Zeitpunkt fälligen Koupons erstrecke, ebensowenig auf die Zinsen der auf laufende Rechnung oder andersartig Kreditinstituten zugeführten Einlagen, soweit die Zinsen den Deponenten für die Zeit bis zum 1. (13.) Juli 1885 zukommen.

III. Bei vorläufiger Befreiung der Einnahmen aus Eisenbahnaktien und aus den Pfandbriefen der Centralbodenkreditbank ist es dem Finanzminister anheimzustellen, Vorlagen über die Art der Besteuerung dieser Einnahmen zur Prüfung beim Reichsrat einzubringen.

IV. Es ist dem Finanzminister anheimzustellen, wenn er es für nötig erachtet, auszuarbeiten und in gesetzlicher Ordnung einzubringen:
    a. einen Entwurf von Regeln über die einzuführende Ordnung der Entgegennahme von Einlagen seitens der Banquiers, sowie auch über die Heranziehung der Einnahmen aus diesen Einlagen zu der Rentensteuer,
    b. Anträge zu dieser Besteuerung der Einnahmen aus Kapitalien, die unter Verpfändung von Immobilien ausgeliehen sind.

V. Dem Minister und den Direktoren der Ressorts, unter deren Verwaltung Kapitalien sich befinden, die specielle Bestimmungen haben, sowie auch zur Befriedigung der Bedürfnisse gelehrter, Lehr- und Wohlthätigkeitsanstalten, auch kirchlichen Anstalten und dem geistlichen Ressort dienen, ist anheimzustellen, Anträge über das Mass der aus der Reichsrentei zu entrichtenden laufenden Beträge zur Entschädigung der betreffenden Ressorts für das Entfallen der Summen, die sie durch die Besteuerung der Einnahmen aus Geldkapitalien verlieren und die zur Deckung der aus diesen Mitteln zu bestreitenden Ausgaben notwendig sind, einzubringen.

Das „Gesetz über die Besteuerung der Einnahmen aus Geldkapitalien" lautet:

1) Die Kapitalrentensteuer im Betrage von 5 Prozent wird erhoben:
    a. von Einnahmen aus zinstragenden Papieren: Staats-, Kommunalwertpapieren und aus solchen privater Institute aller Art, sowie

b. von Einnahmen, die aus Einlagen auf laufende Rechnung und aus
anderen zinsgewährenden Einlagen fliessen, welche in Staats-, Kom-
munal- und Aktienbanken und in gegenseitigen Kreditgenossenschaften deponiert sind.

2) Von der Besteuerung sind befreit:
a. die Zinsen der Wertpapiere, die nach den Emissionsbedingungen
von Steuerzahlung befreit und im beigefügten Verzeichnis aufgezählt sind,
b. die Zinsen der in der Reichsbank befindlichen, von der früheren
Kommerzbank übernommenen Einlagen, wie auch die Zinsen der
Einlagen in Sparkassen, Spar- und Darlehensgenossenschaften und
in ländlichen Gemeindebanken,
c. die Einnahmen aus Aktien und Anteilscheinen der Industrie- und
Handelsgenossenschaften, die der besonderen Besteuerung unterliegen
(das am 15. (27.) Januar Allerhöchst bestätigte Reichsratgutachten).

3) Die Erhebung der Rentensteuer von Staatspapieren erfolgt entweder
durch Einbehaltung des Steuerbetrages bei Zahlung der Zinsen und der
Prämiengewinnste, oder durch die entsprechende Abrechnung bei Empfang von Koupons bei Zahlungen an den Fiskus.

4) Die Rentensteuer von Wertpapieren, die von kommunalen oder privaten Instituten emittiert sind, wird von dem vollen Betrage der periodischen Zinszahlungen für die in Cirkulation befindlichen Papiere
erhoben und von den betreffenden Instituten im Laufe eines Monats
nach dem Fälligkeitstermin für die Zinsenzahlung in der Rentei eingezahlt; von den betreffenden Instituten aber wird der dem Fiskus
gezahlte Steuerbetrag bei Auszahlung der Zinsen einbehalten.

5) Die Rentensteuer von Einlagen auf laufende Rechnung und anderen
verzinslichen Einlagen, die in Kreditanstalten deponiert sind, wird von
diesen entweder im Laufe eines Monats nach Abschluss der periodischen Abrechnungen in Betreff der Einlagen oder auf Grundlage
einer Notiz über den erfolgten Abzug von den Prozenten, die den
Deponenten ausgezahlt oder ihren Einlagen zu gute geschrieben werden,
bezahlt; die betreffenden Anstalten aber behalten von den Deponenten
die entrichtete Steuer ein.

6) Im Falle eines Zweifels in Betreff der Richtigkeit der Berechnung der
Steuer nach Artikel 4—5 kann der Finanzminister einen Bevollmächtigten designieren zur Prüfung der Berechnung — gemeinsam mit Vertretern der Kommunalverwaltung oder mit Gliedern der Verwaltung
des privaten Instituts. Wenn zwischen diesen und den Organen des
Finanzministeriums eine Meinungsverschiedenheit entsteht, so wird die
Steuer in dem vom Finanzministerium ermittelten Betrage erhoben
mit Vorbehalt des Rechts der interessierten Partei, in dreimonatlicher
Frist Beschwerde in Betreff der Ermittelung der Steuer in der festgesetzten Ordnung zu erheben; wird die Beschwerde für gerechtfertigt
anerkannt, so erfolgt die Rückzahlung des zu viel erhobenen Steuerbetrages.

7) Die nicht rechtzeitig entrichtete Steuer (Artikel 4—5) wird mit einer
Strafe von 1 Prozent monatlich von der ganzen nicht entrichteten Summe
beigetrieben, wobei ein nicht voller Monat für einen vollen gerechnet
wird. Für Verhehlung oder zu geringe Angabe der Einnahme, die
der Besteuerung unterliegt, wird der dreifache Betrag der nicht bezahlten Steuer erhoben.

8) Dem Finanzminister wird anheimgegeben, im Einvernehmen mit dem
Reichscontroleur festzusetzen ein Formular für die Berechnung der
Einnahmen, die der Besteuerung nach den Regeln dieses Gesetzes unterliegen, wie auch die Art der Entgegennahme der Beträge, der Rechnungsführung und Rechenschaftsablegung in Betreff dieser Steuer.

Das im Artikel 2 erwähnte Verzeichnis der von der Rentensteuer befreiten Wertpapiere ist folgendes:

I. Staatswertpapiere.

   A. Staatsschulden, abgeschlossen in Metallvaluta:

      a. Auswärtige terminierte Schulden: erste Holländische Anleihe, Englisch-Holländische Anleihe vom Jahre 1864 und 1866; auswärtige 5prozentige Anleihe vom Jahre 1877; erste und zweite 4¹/₂prozentige Anleihe.

      b. Auswärtige unterminierte Schulden: zweite, sechste und siebente 5prozentige Anleihe, die 3prozentige Anleihe.

      c. Innere unterminierte Schulden: 6prozentige Goldrente.

      d. Zahlungen, die von den resp. Eisenbahngesellschaften wieder zu erstatten sind: sieben Emissionen konsolidierter Obligationen russischer Eisenbahnen; zwei Emissionen von Obligationen der Nikolaibahn (Petersburg-Moskau).

      e. Obligationen von Eisenbahnen, die in das Eigentum des Staates übergegangen sind: Obligationen der Tambow-Ssaratower und des Charkow-Krementschuger Teiles der Charkow-Nikolajewer Eisenbahn.

   B. Schulden, abgeschlossen in Kreditrubeln:

      a. Auswärtige terminierte Schulden: vierte und fünfte 4prozentige Anleihe.

      b. Auswärtige unterminierte Schulden: erste, zweite, fünfte und sechste 5prozentige Anleihe.

      c. Innere terminierte Schulden: die 6prozentigen „gewöhnlichen", die 6prozentigen unantastbaren, die 4prozentige immerwährende Rente, die 5prozentigen ewigen Einlagen.

II. Von der Staatsregierung garantierte Eisenbahnobligationen:

   A. Obligationen in Metallvaluta: die der Grossen russischen Eisenbahngesellschaft I., II. und III. Emission, der Eisenbahn Orel-Witebsk, Moskau-Brest, Moskau-Räsan, Kursk-Kiew, Schuja-Iwanowo, Räsan-Koslow, Räshek-Morschansk, Kursk-Charkow-Asow I. und II. Emission, Koslow-Woronesch-Rostow, Warschau-Terespol, Moskau-Jaroslaw, Orel-Gräsi I. und II. Emission, Transkaukasische I und II. Emission, Mitausche, Donez, Iwangorod-Dombrowo und Wladikawkassche.

   B. Obligationen in Kreditrubelvaluta: die der Rübinsk-Bologojer Eisenbahn III. Emission.

In der grossen Steuerreform, die die Beseitigung der Kopfsteuer verlangte, schwankte unsere Finanzpolitik — bis vor zwei Jahren — zwischen dem System einer allgemeinen Einkommensteuer, für welche bereits mehrere Entwürfe ausgearbeitet waren, und dem Ertragsteuersystem, bis endlich das letztere System zum Siege gelangte. Dasselbe finden wir verwirklicht in der Einführung und insbesondere in der Erhöhung der Grundsteuer (ländliche Liegenschaften) und der Besteuerung auf städtische Liegenschaften, in der mehrfachen Erhöhung und steuertechnischen Ausbildung der Handels- und Gewerbesteuer, die in der Einführung der „ergänzenden" Prozent- resp. Repartitionssteuer (Jahrg. II dieser Zeitschrift S. 228 ff.) einen gewissen Abschluss fand durch stärkere Heranziehung der gewinnbringenden Unternehmungen, und endlich in der uns hier beschäftigenden Kapitalrentensteuer.

Die Opposition gegen diese Steuer war eine sehr starke und geschäftige, sie fand Widerhall in den Berliner Börsenblättern, deren missfällige Aeusserungen

ein weiteres Material zum Kampf gegen diese Steuer bildete, so dass es bis
zum letzten Augenblick zweifelhaft blieb, ob der Entwurf Gesetzeskraft erhalten
würde. Die gegen diese Steuer ins Feld geführten Gründe sind dieselben, die
anderweitig gegen sie vorgebracht werden — mit Ausnahme der der Doppelbesteuerung, dem wir in Staaten mit allgemeiner Einkommensteuer begegnen.
Mit besonderer Energie ward das Moment der Rechtsverletzung hervorgekehrt, die
in der durch die Rentensteuer entstehenden Verringerung der bei Kontrahierung
der Staatsschulden versprochenen Zinsen liege. Als praktische Folge dieser
„Rechtsverletzung" ward eine Erschütterung des Staatskredits, ein starkes Her-
untergehen des Kurses der Staatspapiere mindestens um den kapitalisierten Betrag der Steuer etc. vorausgesagt. In den betreffenden Entgegnungen, auch von
berufener Seite, ward nur auf das entsprechende Vorgehen in anderen Staaten
(Oesterreich, Italien, preussischer Entwurf) hingewiesen, nicht aber die Rechts-
frage klargelegt, es ward nicht dargelegt, wie die Zinsenzahlung und die Besteuerung der Koupons auf zwei ganz verschiedenen Rechtstiteln beruht: die
erstere, die Zinsenzahlung, ist eine privatrechtliche Verpflichtung des Staates,
die er vertragsmässig im Kontrahieren der Anleihe übernommen hat, die Besteuerung der Zinsen fliesst aus dem öffentlichen Recht, dem Steuerrecht des
Staates. Dieses öffentliche Recht findet keine Beschränkung durch jene privatrechtliche Verpflichtung mit Ausnahme des einen Falles, wenn der Staat beim
Abschluss der Anleihe ausdrücklich, also als Vertragsbedingung, die Steuerfreiheit für alle Zukunft verspricht. Ein Teil der russischen Staatsschulden ist
unter dieser Bedingung kontrahiert, und dieser Teil ist auch von der Rentensteuer befreit. Es liesse sich in casu noch anführen, dass die ausdrückliche
Gewährung der Steuerfreiheit in dem einen Staatsanleihen und das Unterlassen
der Aufnahme dieser Vertragsbedingung in dem anderen doch einen Sinn haben
muss und nur den haben kann, dass eine Garantie der Steuerfreiheit nur dem
Anleihen erster Art gewährt ist, in Betreff der anderen aber der Staat sich volle
Freiheit in der Besteuerung wahrt. Es sei noch — im Hinblick auf die vielfach vertretene entgegengesetzte Anschauung — bemerkt, dass jene garantierte
Steuerfreiheit nur für eine direkte Zinsenbesteuerung Geltung haben kann, nicht
aber bei einer allgemeinen Einkommensteuer, bei welcher das Gesamteinkommen,
gleichviel aus welchen Erträgen es fliesst, der Besteuerung unterliegt.

Was den Rückgang des Kurses der russischen Staatspapiere als naturgemässe Folge der neuen Steuer anbetrifft, so erhielten die Prophezeiungen der
Gegner dieser Steuer sofort Recht, aber nur scheinbar. Als der Entwurf zur
gesetzgeberischen Beratung gelangte, fiel während dieser Beratungen und weiter
hinaus der Kurswert unserer Papiere in hohem Masse. Dass aber die Steuer
nicht der ausschlaggebende Faktor, wenn sie auch mitgewirkt hat, gewesen ist,
sondern vielmehr die zu jener Zeit akut gewordene afghanische Frage, die das
Ausbrechen eines unabsehbaren Krieges nicht unwahrscheinlich machte, und das
mit ihr zusammenhängende Manöver Englands, russische Staatspapiere in grösster
Masse auf den Markt zu bringen, um den in Asien rivalisierenden Staat wenigstens
finanziell zu schädigen, ihm den Abschluss von Kriegsanleihen zu erschweren etc.,
dass — sagen wir — dieser Faktor, nicht aber die in Aussicht stehende Steuer
der ausschlaggebende Faktor war, ergibt sich aus dem Umstande, dass sofort
nach Beilegung jener Frage und der Beruhigung Englands der Kurswert der

russischen Papiere nicht allein sofort die frühere Höhe wieder.erreichte, sondern
bis heute eine steigende Tendenz zeigt, denn er steht jetzt 8 und bei einigen
noch mehr Prozente höher als zu Beginn des vorigen Jahres, wo von jener
Steuer noch keine Rede war. Findet nun auch diese Kurssteigerung unserer
Wertpapiere ihre Erklärung in der Krisis des wirtschaftlichen Lebens, im Stocken
von Handel und Gewerbe (in der schlechten Ernte bei niedrigen Getreide-
preisen etc.), was zur Folge hat, dass das keine Verwendung findende Kapital
in zinstragenden Papieren deponiert wird, so lehrt uns doch diese Erscheinung,
dass die Steuer, ungeachtet der unstreitig in ihr liegenden Tendenz des Nieder-
drückens des Kurswertes der Papiere wegen Verringerung des effektiven Zins-
genusses in Wirklichkeit keinen nachweisbaren Einfluss in dieser Beziehung
geübt hat. Desgleichen hat der Kurs des russischen Kreditrubels — mit Ausschluss der Zeit der afghanischen Frage — keine erhebliche Veränderung erfahren und der geringe Rückgang gegen den Beginn des vorigen Jahres erklärt
sich vollständig aus der jetzigen unsicheren politischen und der prekären wirtschaftlichen Lage.

Gehen wir nun auf das Gesetz selbst ein. Wie der Leser aus dem oben
mitgeteilten Inhalt derselben ersehen hat, ist es nur ein erster, schüchterner Versuch der Einführung einer Leihzinssteuer. Nicht aus inneren steuerpolitischen
Gründen, sondern aus Rücksichten der steuertechnischen Schwierigkeiten der
Steuererhebung hat man sich vorerst auf die Besteuerung öffentlicher Wertpapiere, wenn mir dieser Ausdruck gestattet ist, beschränkt, d. h. solcher Rentenbezüge, die von Instituten stammen, die öffentliche Buchführung und somit
einen öffentlichen Charakter haben: also Staatspapiere, Schuldverschreibungen
von Kommunen und Erwerbsgesellschaften aller Art, Einlagen in Banken und
gegenseitigen Kreditgesellschaften. Ausgeschlossen sind von der Besteuerung
die Aktien und Anteilscheine der Industrie- und Handelsgesellschaften, da sie
bereits der ergänzenden Prozentsteuer unterliegen, auch von den Eisenbahnaktien, obgleich sie von dieser Steuer nicht betroffen werden, wird die Rentensteuer wie auch von den Pfandbriefen der Centralbodenkreditbank fürs erste
nicht erhoben, für die Zukunft aber geplant. Steuerfrei bleiben die Staatspapiere,
denen in den Emissionsbedingungen solches zugesprochen ist, sodann eine besondere Kategorie aus alter Zeit stammender Einlagen (praktisch unbedeutend)
und endlich die Einlagen der Sparkassen, Spar- und Darlehengenossenschaften
und der ländlichen Gemeindebanken. Die Steuerbefreiung dieser letzten Kategorie
von Einlagen erfolgte in der Erwägung, dass der Sparsinn in den niederen
Volksklassen ohnehin gering ist, diese Steuer ihn schwächen würde; zur Förderung
des Sparens werden also diese Einlagen der kleinen Leute nicht von der Rentensteuer betroffen. Wir täuschen uns wohl nicht mit der Annahme, dass diese
Ausnahme bald beseitigt werden wird. Ueber den Rahmen einer Rentensteuer
hinausgehend ist die Besteuerung der Prämiengewinnste der beiden Prämienanleihen.

Es unterliegen also der Rentensteuer — mit den soeben angeführten Ausnahmen — die Zinsen, die sich bequem an der Quelle des Ertrages beim Schuldner
selbst besteuern lassen, dem dann das Recht, den Gläubigern bei der Zinszahlung
den Steuerabzug zu machen, gewährt wird: die Erhebung der Steuer bei Staatspapieren erfolgt.durch den entsprechenden 5prozentigen Abzug bei den Zahlungen

der Zinsen, und diese Pflicht ist den betreffenden Instituten aufgetragen. Erhebungskosten kommen also bei dieser Steuer gar nicht in Betracht. Weiterhin ist es eine Erleichterung in der Steuererhebung, dass keinerlei Ausnahmen vorkommen: das geringste Zinseinkommen, wie auch das grösste (so auch das des kaiserlichen Privatvermögens) unterliegt der Steuer. Wenn auch nicht formaliter, so geniessen doch die Kapitalien, die spezielle, öffentliche Bestimmungen haben, sowie auch die gelehrten, Lehr- und Wohlthätigkeitsanstalten und dem Kirchenwesen dienen, Steuerfreiheit, indem ihnen die Steuer zurückerstattet werden soll, jedoch die Fassung dieses Artikels V ist eine solche, dass wohl nicht überall eine volle Rückvergütung eintreten wird.

Bereits im Gesetz ist die Absicht der weiteren Ausdehnung dieser Steuer auf andere Zinsbezüge ausgesprochen: hypothekarische Schuldverschreibungen und die Einlagen bei Privatbanquiers sollen auch in die Steuer einbezogen werden. Hier beginnen die Schwierigkeiten der Erhebung; bei der ersteren Gruppe tritt in Russland der auch hier sich fühlbar machende Mangel eines Hypothekar- und Grundbuchwesens, das in den baltischen Provinzen seit alters her besteht, auf. Auch andere Erweiterungen des Steuerumfanges stehen zu erwarten. Um das System der Ertragsteuer zum Abschluss zu bringen, wäre noch eine Lohn- und Besoldungssteuer erforderlich. In den früheren Entwürfen zur Klassensteuer und allgemeinen Einkommensteuer sollte auch dieses Einkommen zur Besteuerung herangezogen werden. Nachdem aber die Steuerreformfrage zu Gunsten der Ertragsteuern entschieden war, ist die Besteuerung des Ertrages aus rein persönlichem Erwerb aus Arbeit ausser acht gelassen. Die Gerechtigkeit verlangt die Einbeziehung auch dieser Erträge. Und es mag diese Frage schneller als erwartet wird, auf die Tagesordnung gebracht werden: nicht um die Gerechtigkeit und Gleichmässigkeit in der Besteuerung so schnell als möglich durchzuführen, sondern aus Not. Die Abschaffung der Kopfsteuer hat in hohem Masse unser Budget erschüttert, die Stockung im wirtschaftlichen Leben wird in so manchen Budgetposten Ausfälle entstehen lassen, so dass auch abgesehen von den steigenden Staatsbedürfnissen das Finanzministerium sich nach neuen Einnahmequellen wird umsehen müssen.

Was den Ertrag der 5prozentigen Kapitalrentensteuer anbetrifft, so ist folgende Berechnung aufgestellt: An Einnahme ist zu erwarten:

aus den Staatswertpapieren . . . . 5,598,000 Rubel
aus den Pfandbriefen und Obligationen der Hypotheken-
    kreditgesellschaften . . . . 3,054,600 „
von den Obligationen der Eisenbahngesellschaften . . 199,500 „
von den zinstragenden Einlagen in den Kreditinstituten 1,629,500 „
                                 10,481,660 Rubel.

Zu diesen ca. 10½ Mill. Rubel sind noch zu rechnen: die Steuererträge von den Einnahmen aus den Anleihen, welche von Kommunen abgeschlossen sind, sowie auch aus den Obligationen, welche industrielle Unternehmungen ausgegeben haben. Dagegen kommen in Abzug die oben erwähnten Rückvergütungen an gelehrte, Lehr- und Wohlthätigkeitsanstalten, Kirchen etc. Im Budgetvoranschlag ist der Ertrag dieser Steuer mit 9½ Mill. Rubel notiert.

Zum Schluss eine Zusammenstellung der Einnahmen aus den Ertragsteuern pro 1886:

Grundsteuer . . . .   11,64 Mill. Rubel
Steuer auf städtische Liegenschaften   6,02   ,   ,
Handels- und Gewerbesteuer . . . .   20,87[1]) ,   ,
Ergänzende Prozent- und Repartitionssteuer .   4,22   ,   ,
Kapitalrentensteuer   9,5   ,   ,
                                                52,25 Mill. Rubel.

Vergegenwärtigen wir uns den Sinn dieser Ziffern, so werden wir zu dem Schluss verleitet anzunehmen, dass entweder Russland ein sehr entwickelter Handels- und Industriestaat ist, wo der Ackerbau ganz zurücktritt oder, da dieses nicht der Fall, die Ertragsteuern sehr ungleichmässig bemessen sind. Auch diese letztere Annahme ist nicht ganz berechtigt. Belastet auch der Staat für seine Bedürfnisse den Immobilienbesitz im Verhältnis zu den anderen Erträgen nur wenig, so ist es doch vornehmlich dieser, der die sehr hoch gehenden Kommunalsteuern (städtische, ländliche Gemeinde- und landschaftliche) zum grössten Teil zu tragen hat, so dass diese beiden staatlichen Steuern (Grundsteuer und Steuer auf städtische Liegenschaften) nur als geringe Zuschläge zu den Kommunalsteuern erscheinen. Es ist hier nicht der Ort, auf diese Frage näher einzugehen.

---

[1]) In dieser Summe sind nicht die Patentabgaben von Branntweinbrennereien und Getränkeverkaufslokalen eingerechnet.

Die neuesten drei niederländischen Steuergesetze.

Eingeleitet von

Dr. R. van der Borght.

In der jüngsten Session 1885/86 der niederländischen Generalstaaten sind drei Steuervorlagen angenommen worden, deren Inhalt dem deutschen Leser von Interesse sein wird und die deshalb hier mitgeteilt werden sollen.

I.

Die erste betrifft die Branntweinaccise. Das Gesetz vom 20. Juli 1884 erhöhte die Branntweinaccise von 57 fl. pro Hektoliter zu 50 Prozent auf 60 fl., und zwar bis zum 1. Januar 1886. Das Ministerium hatte dauernde Einführung dieses höheren Satzes beantragt. Die zweite Kammer war aber der Meinung, dass eine derartige Erhöhung der Branntweinsteuer nicht wünschenswert sei, wenn nicht die Wohlhabenderen auch auf andere Weise zu den stärkeren Bedürfnissen der Staatskasse beitrügen, und beschloss deshalb, einstweilen den Satz von 60 fl. nur bis zum 1. Januar 1886 einzuführen.

Man kann die Gründe dieses Vorgehens wohl hauptsächlich darin suchen, dass die Kammer fürchtete, durch die dauernde Erhöhung der Branntweinaccise könne die äusserst notwendige Revision des niederländischen Steuersystems auf längere Zeit vertagt werden.

Unter dem 10. September 1885 legte nun die Regierung einen Gesetzentwurf vor, dessen einziger Artikel lautete: „In Art. 2 des Gesetzes vom 20. Juli 1884 (Staatsblatt Nr. 148) wird anstatt „1886" gelesen „1887'. Begründet wurde dieser Entwurf damit, dass der Branntwein auf die Dauer leicht mit einer Accise von 60 fl. getroffen werden kann, weil dieser Artikel vor allen anderen in Betracht kommt, wo es gilt, „die Staatsmittel ohne Nachteil für die allgemeine Wohlfahrt zu verstärken"; mit Rücksicht auf den erwähnten vorherigen Beschluss der Kammer wurde indes nur eine weitere Verlängerung der Geltung des höheren Steuersatzes auf ein Jahr, nicht eine dauernde Einführung desselben beantragt.

Der Entwurf wurde unverändert angenommen und am 31. Dezember 1885 (Staatsblatt Nr. 262) als Gesetz publiziert.

II.

Die zweite Vorlage bezieht sich auf die Erbschaftssteuer, soweit diese den Uebergang von Effekten betrifft.

Das Gesetz vom 13. Mai 1859 setzte an Stelle der vorher üblichen Erhöhung der Erbschaftssteuer um 50 Prozent für die in dem Nachlasse vorhandenen ausländischen Effekten eine Uebergangssteuer auf alle Effekten im Betrage von 1 Prozent, unter Freilassung der Vererbung in direkter Linie und zwischen Ehegenossen, welche Kinder hinterlassen, und mit der Beschränkung, dass die Uebergangssteuer nicht den Rein-Saldo der Nachlassenschaft überschreiten soll. Die Freilassung der Vererbung in direkter Linie und zwischen Eheleuten. welche Kinder hinterlassen, wurde 1878 abgeschafft und durch eine Steuer von ¼ Prozent ersetzt.

Im Sommer 1885 beantragte die Regierung eine Erweiterung und Erhöhung dieser Steuer. Die Kammer lehnte am 18. Juni 1885 den Antrag ab, vornehmlich wegen der Steuererhöhung bei Vererbungen in direkter Linie und zwischen Eheleuten, welche Nachkommen hinterlassen. Die Regierung brachte schon am 10. Juli 1885 den in dem beanstandeten Punkte verbesserten, im übrigen aber unveränderten Entwurf von neuem ein wegen der „dringenden Bedürfnisse der Staatskasse". Die Steuer betrug bisher einschliesslich der Zuschlagsprozente für die direkte Linie 34½ Cents pro 100 fl.; der Entwurf wollte unter „Abschaffung der Prozente" und zur Vereinfachung statt dessen setzen 34 Cents pro 100 fl. Für die Vererbungen in der Seitenlinie sollte die Steuer von 1 auf 2 Prozent erhöht werden. Auch sollte die Steuer auf die „zinsbringenden Schuldforderungen" erstreckt werden. Der Ertrag der hiermit beantragten Steuer wurde von der Regierung folgendermassen berechnet:

Direkte Linie 0,34 Prozent . . . . . . fl.   337,000.
Seitenlinie 2 Prozent . . . . , 1,008,000.

Zusammen fl. 1,345.000.

Der vorherige durchschnittliche Ertrag wurde auf 678,000 fl. angegeben, sodass ein Mehrertrag von 667,000 fl. angenommen wurde.

Die Kammer nahm den Entwurf mit der Aenderung an, dass an der Steuer für die Vererbung in direkter Linie und zwischen Eheleuten mit Kindern nichts geändert und die Erhebung von Zuschlagsprozenten nicht beseitigt wurde. Im übrigen lautet das Gesetz vom 31. Dezember 1885 (Staatsblatt Nr. 263) ebenso wie der Regierungs-Entwurf. Der Text ist folgender:

Art. 1. „Nr. 1 des letzten Absatzes von Art. 1 des Gesetzes vom 13. Mai 1859 (Staatsblatt Nr. 36) lautet wie folgt:

  1) von den durch den Tod eines Staatsbürgers als Eigentum geerbten oder erhaltenen Effekten und rentengebenden Schuldforderungen.

Unter Effekten versteht das Gesetz alle Anteile an in- und ausländischen Geldanleihen und Renten, an Gesellschaften oder Unternehmungen, deren Kapital durch Anteile dargestellt wird, Interimscheine, die sogenannten Gründeraktien. Restantscheine, Genussaktien (actions de jouissance) u. dergl., die nach Ablösung der ursprünglichen Anteile den Inhabern verbleiben oder ausgeteilt werden, und im allgemeinen alle Papiere, die, gleichviel unter welcher Benennung, unter die öffentlichen Fonds gerechnet werden können."

Art. 2. „Dem Art. 10, Nr. 1 des genannten Gesetzes wird ein dritter Absatz nachfolgenden Inhalts angefügt:

Die der Uebergangssteuer unterworfenen Effekten und Schuldforderungen müssen spezifiziert angegeben werden.“

Art. 3—5 enthalten nur redaktionelle Aenderungen:

Art. 6. „In Art. 42 des genannten Gesetzes nach der durch Art. 8 des Gesetzes vom 9. Juni 1878 (Staatsblatt Nr. 95) bestimmten Fassung wird statt 1 Prozent gelesen 2 Prozent.“

Art. 7. „Dem Art. 57 des genannten Gesetzes nach der durch Art. 11 des Gesetzes vom 9. Juni 1878 bestimmten Fassung wird angehängt:

2) Die Einlagen in Sparbanken bis zum Betrage von fl. 800.“ [1])

Art. 8. „Dies Gesetz tritt mit dem Tage der Veröffentlichung in Kraft.

Auf Nachlassenschaften, die vor diesem Zeitpunkt anheimgefallen sind, finden die früheren Gesetzesbestimmungen Anwendung.“

III.

Das dritte neue Gesetz endlich erhöht und erweitert die Stempelsteuer auf Effekten.

Das Gesetz vom 3. Oktober 1843 unterwarf alle Akten und Schriftstücke, die als Beweisdokumente dienen können, sowie verschiedene andere Papiere („stukken“) einer teils fixen, teils proportionalen Stempelsteuer. Zu den anderen „stukken“ gehörten z. B. auch Tages- und periodische Zeitschriften, welche indes 1869 freigelassen wurden. Abgesehen von einigen unbedeutenden Aenderungen im Jahre 1856 und 1874 wurde 1882 am 11. Juli ein Gesetz erlassen, welches den doppelten Zweck hatte, einmal der Staatskasse ein Aequivalent für die Minder-einnahmen aus der an demselben Tage geänderten Registersteuer zu bieten und zweitens die Stempelsteuer für Handelspapiere weniger drückend zu machen. Beide Ziele suchte das Gesetz durch die Ermässigung einiger Steuersätze zu erreichen, und zwar in der gewiss richtigen Erwägung, dass auf der einen Seite die Last durch Ermässigung der Steuersätze verringert, andererseits durch die-selbe Ermässigung der Anreiz zu Steuerhinterziehungen vermindert und dadurch die Einnahme vermehrt werden würde.

Es wurde also die Quittungssteuer auf ein Drittel ihres früheren Betrages, d. h. auf 5 Cents ermässigt; die Zuschlagsprozente zu dieser Steuer wurden ab-geschafft. Quittungen über Beträge von weniger als 10 fl. blieben frei. Die Steuer sollte fortan vor der Unterzeichnung der Quittung entrichtet werden und den Schuldner treffen.

Ferner wurde die proportionale Steuer auf ausländische Handelspapiere sowie auf alle „kurzen“ Papiere (d. h. auf Sicht, oder 3 Tage nach Sicht, oder 8 Tage nach der Ausstellung zahlbare Papiere) in eine fixe Steuer von 5 Cents verwandelt.

Die Stempelsteuer auf inländische Handelspapiere wurde durch die Auf-hebung der Zuschlagsprozente und durch eine rationellere Art der Berechnung

---

[1]) Scl. sind frei.

ermässigt. Alle sonstigen, in dem Gesetz selbst nicht geregelten Siegel- (Stempel-)
Steuern wurden um 50 Prozent erhöht.

Im Sommer 1884 brachte die Regierung einen Gesetzentwurf auf Erhöhung und Ausbreitung der Effektenstempelsteuer ein, welcher von der zweiten
Kammer angenommen, von der ersten dagegen wegen mehrfacher Undeutlich-
keiten des Textes abgelehnt wurde. Am 12. September 1885 wurde der Entwurf
von neuem in verbesserter Redaktion den Generalstaaten vorgelegt und wurde
diesmal bis auf einige redaktionelle Aenderungen in beiden Kammern angenommen.

Am 31. Dezember 1885 (Staatsblatt Nr. 264) wurde nunmehr der Entwurf
als Gesetz publiziert mit folgendem Wortlaut:

Art. 1. „Die Bestimmungen Nr. 3 und 5 des Art. 21 des Gesetzes vom
30. Oktober 1843 (Staatsblatt Nr. 47), wie sie nach den Aenderungen durch die
Gesetze vom 24. Dezember 1856 (Staatsblatt Nr. 130) und vom 7. Juli 1867
(Staatsblatt Nr. 85) lauten, sowie die Bestimmungen von Nr. 3 des Art. 32 des
genannten Gesetzes vom 3. Oktober 1843 werden eingezogen."

Art. 2. „Dem Art. 21 des Gesetzes vom 3. Oktober 1843 wird an Stelle
der eingezogenen Nr. 3 folgendes zugefügt:

    3) Die Staatsschuld-Certifikate, durch Verwaltungscomptoirs ausgegeben,
    und alle anderen Anteile an inländischen, sowie alle Anteile an aus-
    ländischen Geldanleihen und Renten; alle Anteile an Gesellschaften
    oder Unternehmungen, deren Kapital durch Anteile dargestellt wird;
    die Interimsscheine und im allgemeinen alle Papiere, welche, gleich-
    viel unter welcher Benennung, unter die Effekten oder öffentlichen
    Fonds gerechnet werden können, sind (vorbehaltlich der Freilassung
    unter Art. 27, litt. A, Nr. 33) einer Stempelsteuer von 5 Cents pro 50 fl.
    unterworfen [1]).

Derselben Steuer unterliegen die Anteile, Beweisstücke und Papiere, die
bei Einwechselung oder Einziehung von anderen oder bei Erneuerung oder
Veränderung der Schuld oder bei anderen Gelegenheiten hier zu Lande ausgegeben oder in Umlauf gebracht werden, mögen nun die ursprünglichen
Papiere vor oder nach der Einführung dieses Gesetzes aufgemacht oder ausgegeben sein.

Die Steuer wird berechnet nach dem in dem Papier ausgedrückten Kapital
und zwar nach runden Summen von 50 fl. bis zum Betrage von 250 fl., nach
runden Summen von 250 fl. bis zum Betrage von 5000 fl. und bei Beträgen von
über 5000 fl. nach runden Summen von 500 fl.

Wenn kein Kapital ausgedrückt ist, wird das 20fache der versprochenen
jährlichen Rente als solches angesehen.

Ist das Kapital oder die Rente nur in fremder Münze ausgedrückt, dann
wird diese in niederländische Münze umgerechnet, nach dem Massstab, der zur
Berechnung des nominalen Wertes der Effekten bei dem Verhandeln auf der
Börse zu Amsterdam angenommen wird.

Bei den sogenannten Gründer-Aktien, Restantscheinen, Genuss-Aktien
u. dergl., die nach Ablösung der ursprünglichen Anteile dem Inhaber verbleiben
oder ausgeteilt werden, ist die Stempelsteuer nach der Oberfläche des Papiers
zahlbar.

Die in dieser Nummer genannten Effekten müssen, wenn sie ausserhalb
des Landes oder in den überseeischen Besitzungen des Staates aufgemacht sind,
mit dem Stempel versehen werden, ehe sie innerhalb des Staates ausgegeben,

---

[1]) = 1 pro Mille.

in Umlauf gebracht, übertragen, verpfändet oder beliehen, abgelöst oder konvertiert werden.

Im Falle einer Konversion können jedoch die alten Papiere ungestempelt bleiben, wenn die neuen, die an ihrer Stelle ausgegeben werden, mit dem gehörigen Stempel versehen sind.

Die Stempelsteuer, die für gehörig gestempelte Interimsscheine auf die in dieser Nummer genannten Anteile gezahlt ist, wird zurückgegeben oder verrechnet, sofern die Interimsscheine genügend durch den Staatsbeamten unbrauchbar gemacht und durch gehörig gestempelte Anteile ersetzt sind.

Wertpapiere, die nicht von der Stempelsteuer befreit sind, sind nicht lieferbar, es sei denn, dass sie gehörig gestempelt sind.

Die Direktion des Staatsschuldbuches wird keine Staatsschuld-Certifikate visieren, welche nicht mit dem gehörigen Stempel versehen sind.

Eine Strafe im 100fachen Betrage der nicht bezahlten Steuer, mindestens jedoch von 100 fl. für jedes Papier ist zu zahlen durch jeden, der Papiere, die nicht nach der Vorschrift dieser Nummer gehörig gestempelt sind, innerhalb des Staates ausgegeben, in Umlauf gebracht, übertragen, verpfändet oder beliehen, abgelöst oder in nicht gehörig gestempelte Papiere konvertiert hat.

Wer nicht gehörig gestempelte Papiere in Empfang nimmt, ist bei Strafe einer gleichen Geldbusse verpflichtet, die Papiere unter Angabe des Namens und Wohnorts des Ablieferers an den Staatsbeamten binnen 8 Tagen nach Empfang stempeln zu lassen, und ist befugt, das dafür Bezahlte von dem Ablieferer zurückzufordern.

Jede Uebereinkunft, welche die Nichterfüllung dieser Verpflichtung oder die Verkürzung dieser Befugnis zum Ziel hat, ist nichtig.

Diejenigen, welche Papiere der in dieser Nummer genannten Art auf eigenen Namen oder für ihre Brotherren („meesters") zu übertragen, zu verpfänden oder zu beleihen, oder zur Ablösung anzubieten haben, sind bei Strafe der erwähnten Geldbusse verpflichtet, die nicht gehörig gestempelten Papiere vor der Lieferung, vor dem Abschluss des Pfand- oder Leihkontraktes oder vor dem Angebot zur Ablösung stempeln zu lassen, und sind befugt, das dafür Bezahlte ihren Auftraggebern oder Brotherren in Anrechnung zu bringen.

Alle Mitglieder einer offenen Handelsgesellschaft („vennootschap onder firma") sind persönlich verantwortlich für die Steuern und die Strafen, welche auf Grund dieses Artikels durch die Firma zu tragen sind."

Art. 3. „Art. 36 des Gesetzes vom 3. Oktober 1843 lautet wie folgt: Der Beweis durch Zeugen ist zugelassen hinsichtlich aller Uebertretungen der Art. 6 und 21, Nr. 3.

Art. 4. „Von den Steuern und Strafen, wie sie in der durch dieses Gesetz festgestellten Nr. 3 des Art. 21 des Gesetzes vom 3. Oktober 1843 genannt sind, werden keine Zuschläge (Prozente, „opcenten") erhoben."

Art. 5. „Nicht stempelpflichtig gemäss diesem Gesetz sind:

1) die Effekten, die vor dem Inkrafttreten dieses Gesetzes innerhalb des Landes aufgemacht sind;

2) die Effekten, die ausserhalb des Staates oder in den überseeischen Besitzungen des Staates aufgemacht und hier zu Lande bereits mit Stempel versehen sind.

Binnen 6 Monaten nach dem Inkrafttreten dieses Gesetzes können die unter Nr. 1 genannten Effekten, wenn sie nicht mit einem gehörigen Stempel gemäss dem zur Zeit ihrer Aufmachung geltenden Gesetz versehen sind, ohne Strafe gestempelt werden gegen Erlegung der Steuer, wie sie nach dem Gesetz zu zahlen ist.

Die durch Verwaltungscomptoirs vor der Einführung des Gesetzes vom 3. Oktober 1843 ausgegebenen Staatsschuldcertifikate, welche ungestempelt sind, gelten als von der Stempelsteuer befreit."

Art. 6. „Jeder kann die Papiere, welche in der durch dies Gesetz festgestellten Nr. 3 des Art. 21 des Gesetzes vom 30. Oktober 1843 genannt sind,
sofern sie ausserhalb des Landes oder in den überseeischen Besitzungen des
Staates vor dem Inkrafttreten dieses Gesetzes aufgemacht und nicht bereits gemäss früheren Gesetzen gestempelt sind, stempeln lassen gegen Erlegung von
¹/₄ des bestimmten Steuersatzes, wenn sie dazu binnen 6 Monaten, und von ¹/₂
des bestimmten Steuersatzes, wenn sie dazu später, aber doch binnen 9 Monaten
nach dem Inkrafttreten dieses Gesetzes angeboten sind.

Die Art und Weise, wie die Erlegung der Stempelsteuer auf die in diesem
Artikel und in Absatz 2 des vorigen Artikels genannten Papiere erkenntlich
gemacht werden soll, wird durch den König festgesetzt.“

Art. 7. „Dieses Gesetz tritt an dem durch den König näher zu bestimmenden Termin in Kraft.“

Die neueren griechischen Gesetze, betreffend die Staatsmonopole auf Petroleum, Zündhölzchen, Spielkarten und Cigarettenpapier [1]).

I.

Gesetz, betreffend die Monopolisierung der Einfuhr und des Verkaufes von Petroleum.

Art. 1. Das Recht der Einfuhr und des Verkaufes des Petroleums innerhalb der ganzen Monarchie besitzt ausschliesslich der Staat.

Art. 2. Der Finanzminister wird ermächtigt, entweder im Licitations- oder Submissionswege den Bedarf an Petroleum bis zu einem Quantum von 12,000,000 Oka jährlich zu beschaffen. Auch der im Lande vorhandene Bestand und das auf Grund früherer Bestellungen schon gelieferte Quantum werden von der Finanzverwaltung übernommen.

Art. 3. Der Preis des vom Staate verkauften Petroleums wird durch königl. Dekret festgesetzt. Dieser Preis soll nicht höher sein als derjenige, welcher in dem Lande, wo das Petroleum beschafft wurde, gezahlt worden ist, selbstverständlich mit dem Zuschlag der Ausgaben für Herrichtung und Transport, sowie für Entrichtung der nach Annahme dieses Gesetzes festgesetzten Steuern und anderen Abgaben und ausserdem für die auf die obige Summe für Verlust und sonstige Spesen gerechneten 10 Prozent. Der obige Preis wird durch den Rechnungshof berechnet und festgesetzt.

Art. 4. Innerhalb eines Monats nach Inkrafttreten dieses Gesetzes sind diejenigen, welche mehr als 10 Oka Petroleum in ihrem Besitz haben, verpflichtet, dasselbe dem competenten Finanzinspektor, resp. der Steuerbehörde auszufolgen. Sie erhalten dafür den entsprechenden Preis, welcher durch die kompetente Verwaltungsbehörde, den Finanzbeamten und den Friedensrichter der Provinzialhauptstadt im Verhältnis zu dem Nettogewicht und der Qualität des Petroleums festgesetzt werden soll. Wer sich jedoch weigert, das in seinem

---

[1]) Laut königl. Verordnung vom 15. (27.) Januar 1885 wurde der 1. (13.) Februar 1885 als der Tag bestimmt, an welchem die Gesetze, betreffend die Einführung von Staatsmonopolen auf Petroleum, Zündhölzchen und Spielkarten in Kraft zu treten hatten.

Besitz befindliche Petroleum unter den vorstehenden Bedingungen zu übergeben, kann dasselbe während des festgesetzten Zeitraumes unter der Kontrolle der kompetenten Steuerbehörde und nach den Bestimmungen der Zollgesetze exportieren. Vom Tage der Publikation dieses Gesetzes an hat der Staat das Recht, die Lager, in welchen das durch den Handel beschaffte Petroleum aufbewahrt wird, zu untersuchen.

Art. 5. Vom Tage des Inkrafttretens dieses Gesetzes an ist jede Einfuhr und jeder Verkauf von Petroleum in Griechenland verboten, sobald dasselbe auf andere als die in diesem Gesetze vorgesehene Weise beschafft wurde.

Art. 6. Diejenigen, welche den Bestimmungen des vorhergehenden Artikels zuwiderhandeln, verfallen einer Strafe von 100 bis 1000 Drachmen; das Petroleum mit Behältern wird konfisziert und im Interesse des Staates verkauft. Die gleiche Strafe trifft auch Schiffskapitäne oder diejenigen, welche die Einfuhr bewirken. Die nach Massgabe dieser Bestimmung eingehenden Strafgelder werden zu gleichen Teilen zwischen dem Staate und dem Angeber verteilt, gleichviel ob letzterer Privatmann, Beamter oder Diener des Staates ist.

Art. 7. Auf diejenigen, welche dieses Gesetz übertreten, finden, ausser den im vorhergehenden Artikel aufgeführten Strafen, noch die Bestimmungen des Artikels 1 des Gesetzes vom 13. Juni 1877 Anwendung; die nach diesem Artikel dem Zolldirektor eingeräumten Rechte werden dem kompetenten Finanzinspektor übertragen.

Art. 8. Diejenigen, welche die durch königl. Dekret bestimmten Siegel oder sonstige Unterscheidungszeichen des vom Staate verkauften Petroleums fälschen oder nachahmen, werden mit Gefängnis von 8 Tagen bis zu 2 Jahren als Thäter, diejenigen aber, welche wissentlich Petroleum mit nachgeahmten Zeichen verkaufen, nur als Mitschuldige bestraft.

Art. 9. Durch königl. Dekret wird der Tag, an welchem dieses Gesetz in Kraft tritt, bestimmt. Ebenso sollen für die Behandlung und den Verkauf des Petroleums, sowie für die dadurch entstehenden Kosten, welche jedoch 5 Prozent des Wertes nicht überschreiten dürfen, für die Herrichtung des Petroleums und endlich für alles, was sich auf die Ausführung dieses Gesetzes bezieht, die erforderlichen Anordnungen getroffen werden.

II.

Gesetz, betreffend die Monopolisierung der Einfuhr, der Herstellung und des Verkaufes von Zündhölzchen [1]).

Art. 1. Das Recht der Herstellung, der Einfuhr und des Verkaufes der Zündhölzchen jeder Art innerhalb der gesamten Monarchie hat ausschliesslich der Staat.

---

[1]) Vgl. unten die Wiederaufhebung des Gesetzes.

Art. 2. Behufs Ausübung dieses Rechts wird der Finanzminister er·mächtigt, Fabriken einzurichten oder im Licitations-, resp. Submissionswege die Herstellung von Zündhölzchen durch einheimische Fabriken zu bewirken. Auch soll es der Finanzverwaltung gestattet sein, die Beschaffung aller in Griechenland gebrauchten Zündhölzchen oder eines Teiles derselben aus dem Auslande zu besorgen.

Art. 3. Innerhalb 10 Tagen nach Publikation dieses Gesetzes durch den Staatsanzeiger müssen diejenigen, welche in Griechenland Zündhölzchenfabriken besitzen, wenn sie mit dem Staate in betreff der Herstellung der Zündhölzchen nach Massgabe des Artikels 2 kein Uebereinkommen getroffen haben, dem kompetenten Finanzinspektor die Maschinen und alles dazu gehörige Material übergeben. Der Wert dieser Gegenstände wird nach den Bestimmungen des Artikels 3 des Gesetzes vom 20. November 1878 erstattet. Die gedachten Gegen·stände können aber auch unter der Kontrolle der kompetenten Zollbehörde und nach den Vorschriften der Zollgesetze in das Ausland verkauft werden.

Art. 4. Der Preis der vom Staate verkauften Zündhölzchen wird durch königl. Dekret festgesetzt und soll keinesfalls mehr als 10 Lerta für 100 aus Holz, und höchstens 30 Lerta für solche aus Wachs, Papier und sonstigem Material verfertigten Zündhölzchen betragen. Der Preis der Luxuszündhölzchen wird durch königl. Dekret, aber höchstens bis zum dreifachen Werte der obigen Beträge, festgesetzt.

Art. 5. Vom Inkrafttreten dieses Gesetzes an wird die Herstellung, die Einfuhr, der Kauf- und Verkauf von anderen als den vom Staate beschafften Zündhölzchen verboten, ebenso ist der Besitz, die Herstellung und die Einfuhr von Maschinen oder Material, welches zur Herstellung von Zündhölzchen dient, nicht gestattet.

Art. 6. Diejenigen, welche Zündhölzchen zum Verkauf in ihrem Besitz haben, sind innerhalb 8 Tagen nach dem Inkrafttreten dieses Gesetzes ver·pflichtet, dieselben dem kompetenten Finanzinspektor oder der Steuerbehörde zu übergeben. Der Wert dieser Zündhölzchen soll ihnen nach Bestimmung des Finanzinspektors und des Friedensrichters ersetzt werden.

Art. 7. Diejenigen, welche die durch königl. Dekret festgesetzten Monopol·zeichen der vom Staate verkauften Zündhölzchen fälschen oder nachahmen, werden mit Gefängnis von 8 Tagen bis zu 1 Jahr als Thäter, diejenigen aber, welche wissentlich Zündhölzchen mit nachgemachten Monopolszeichen verkaufen, nur als Mitschuldige bestraft.

Art. 8. Diejenigen, welche die Vorschriften der Artikel 5 und 6 über·treten, werden mit einer Geldbusse von 100 bis 1000 Drachmen und mit Kon·fiskation der inhibierten Gegenstände bestraft. Diese Strafe verhängt der Finanzinspektor. Gegen die Entscheidung desselben ist jedoch innerhalb 10 Tagen eine Berufung bei dem nach Artikel 7 des Gesetzes vom 22. Juni 1882 kon·stituierten Rate gestattet, dessen Entscheidung endgiltig ist.

Art. 9. Die vorstehenden Strafgelder werden zu gleichen Teilen zwischen dem Staate und dem Angeber verteilt, gleichviel ob letzterer Privatmann, Beamter oder Diener des Staates ist.

Art. 10. Auf diejenigen, welche die Artikel 5 und 6 dieses Gesetzes übertreten, sollen ausser den in Artikel 8 aufgeführten Strafen auch noch die Bestimmungen des Artikels 1 des Gesetzes vom 13. Juni 1877 angewendet werden; die nach diesem Artikel dem Zolldirektor eingeräumten Rechte werden dem kompetenten Finanzinspektor übertragen.

Art. 11. Durch königl. Dekret soll der Tag, an welchem dieses Gesetz in Kraft tritt, festgesetzt werden. Ebenso werden hinsichtlich alles dessen, was auf die Errichtung von Staatswerkstätten und die Thätigkeit in denselben Bezug hat, hinsichtlich der Bedingungen der in Artikel 2 vorgesehenen Abkommen und der zur Ausführung derselben notwendigen Kredite, hinsichtlich der Fabrikation, der Behandlung und des Detailverkaufes der Zündhölzchen, wie der damit im Zusammenhang stehenden Kosten, welche jedoch 10 Prozent des Wertes nicht überschreiten dürfen, und endlich hinsichtlich alles dessen, was sich auf die Ausführung dieses Gesetzes bezieht, die erforderlichen Anordnungen getroffen werden.

III.

Gesetz, betreffend die Monopolisierung der Herstellung, der Einfuhr und des Verkaufes von Spielkarten.

Art. 1. Das Recht, Spielkarten herzustellen, einzuführen und zu verkaufen, steht innerhalb der ganzen Monarchie ausschliesslich dem Staate zu.

Art. 2. Der Finanzminister wird ermächtigt, Fabriken einzurichten oder im Licitations- resp. Submissionswege die Herstellung der Spielkarten durch einheimische Fabriken bewirken zu lassen. Auch soll eventuell die Beschaffung aller oder eines Teiles der in Griechenland zur Verwendung gelangenden Spielkarten aus dem Auslande dem Finanzministerium freistehen.

Art. 3. Das Papier, auf welchem die vom Staate verkauften Karten gedruckt werden, enthält ein Wasserzeichen. Die Bilder werden durch besonderen Druck hergestellt. Beides soll durch königl. Dekret geregelt werden.

Art. 4. Innerhalb 10 Tagen nach Publikation dieses Gesetzes durch den Staatsanzeiger müssen diejenigen, welche in Griechenland Spielkartenfabriken besitzen, dem kompetenten Finanzinspektor die Maschinen, das Papier, die Druckpressen und alles dazu gehörige Material übergeben, vorausgesetzt, dass sie nicht mit dem Staate in betreff der Kartenherstellung nach Massgabe des Artikels 2 ein Uebereinkommen getroffen haben. Nach Massgabe des Artikels 3 des Gesetzes vom 20. November 1878 wird der Wert dieser Gegenstände erstattet, welche aber auch unter der Kontrolle der zuständigen Zollbehörde und nach den Vorschriften der Zollgesetze in das Ausland verkauft werden können.

Art. 5. Der Preis der vom Staate verkauften Spielkarten wird durch königl. Dekret festgesetzt; derselbe soll für das Paket der gewöhnlichen Karten nicht höher als bis zu 2 Drachmen bemessen sein und für das Paket der besseren Karten nicht mehr wie den dreifachen Preis der vorerwähnten Karten betragen.

Art. 6. Sobald das gegenwärtige Gesetz in Kraft tritt, ist der Besitz, die Fabrikation, die Einfuhr und der Verkauf aller anderen als der vom Staate ausgegebenen Spielkarten ebenso verboten, wie der Besitz, die Fabrikation, die Einfuhr und der Gebrauch aller Maschinen, welche zur Fabrikation von Spiel-karten dienen.

Art. 7. Diejenigen, welche die durch königl. Dekret festgesetzten Mono-polzeichen, Pressen und das für die vom Staate verkauften Karten bestimmte Papier fälschen oder nachahmen, sollen als Thäter mit Gefängnis von 8 Tagen bis zu 1 Jahre, diejenigen aber, welche wissentlich Spielkarten mit nachgeahmten Monopolszeichen verkaufen, nur als Mitschuldige bestraft werden.

Art. 8. Die Nichtbeachtung der im Artikel 6 enthaltenen Vorschriften wird mit einer Geldstrafe von 100 bis 1000 Drachmen und mit Konfiskation der inhibierten Gegenstände geahndet. Beide Strafen werden durch den kompetenten Finanzinspektor verhängt, gegen dessen Entscheidung innerhalb 10 Tagen eine Berufung bei dem nach Artikel 7 des Gesetzes vom 22. Juni 1882 konstituierten Rate gestattet ist. Die von letzterem getroffene Entscheidung ist endgiltig.

Art. 9. Die auf Grund der vorstehenden Bestimmungen eingezogenen Strafgelder werden zu gleichen Teilen zwischen dem Staate und dem Angeber verteilt, gleichviel ob letzterer Privatmann, Beamter oder Diener des Staates ist.

Art. 10. Auf diejenigen, welche den Artikel 6 dieses Gesetzes übertreten, finden, ausser den in Artikel 8 aufgeführten Strafen, auch noch die Bestim-mungen des Artikel 1 des Gesetzes vom 13. Juni 1877 Anwendung. Die nach diesem Artikel dem Zolldirektor eingeräumten Rechte gehen auf den Finanz-inspektor über.

Art. 11. Alle Bestimmungen, welche sich auf die Besteuerung von Spiel-karten beziehen, werden aufgehoben.

Art. 12. Durch königl. Dekret wird der Tag, an welchem das gegen-wärtige Gesetz in Kraft tritt, festgesetzt werden. In gleicher Weise sollen auch für die Errichtung von Staatsfabriken und ihre Thätigkeit, für die Bedingungen der in Artikel 2 vorgesehenen Abkommen nebst den dadurch notwendig wer-denden Krediten für die Fabrikation, die Behandlung und den Verkauf von Spielkarten einschliesslich der hierdurch entstehenden Kosten, welche jedoch 5 Prozent des Wertes nicht übersteigen dürfen, und endlich alles, was sich auf die Ausführung dieses Gesetzes bezieht, die erforderlichen Vorschriften er-lassen werden.

Durchführungsbestimmungen.

In Bezug auf das Petroleummonopol:

Art. 1. Das eingeführte Petroleum wird in Blechbüchsen verkauft mit dem Rauminhalte von 11½ Oka Reingewicht.

Art. 2. Die Büchsen zeigen den Hermeskopf, die Aufschrift „Petroleum des griechischen Monopols" und die Jahreszahl der Erzeugung. Der Auslaufstöpsel ist mit einer Spange bedeckt, welche, an beiden Enden festgesiegelt, die Nummer des betreffenden Einführungsgesetzes zeigt. Je zwei solcher Büchsen sind in einer Kiste verpackt.

Art. 3. Als Niederlagen bestehen: a. Centraldepôts zur Lagerung des importierten Petroleums, und zwar in Korfu, Patrass, Sira, Piräus und Volo; b. Verschleissniederlagen in jedem Hauptorte der politischen Bezirke.

Art. 4. Die Verwaltung der Centralen wird an Staatspensionisten, welche im Range eines Ministerialsekretärs I. Klasse mindestens zwei Jahre gedient haben, oder an eigens hiezu ernannte Beamte übertragen; die Verwaltung der Verschleissniederlagen wird einem Privatunternehmen mittelst Vertrag auf höchstens fünf Jahre überlassen.

Art. 5. Die Funktionäre der Centralen werden vom Staate besoldet, welcher auch die ganzen Regieanlagen der Centralen bestreitet; die Verschleissanlagen sind sämtlich von der Unternehmung zu tragen.

Art. 6. Erstere Funktionäre haben den Diensteid abzulegen und Kaution zu leisten. Die Unternehmung hat eine Sicherstellung von 300,000 Frs. zu leisten.

Art. 7. Die Unternehmung erhält für das aus den Depôts empfangene Petroleum Begleitscheine zum Bestimmungsorte des Oeles. Die Centraldepôts dürfen das Petroleum nur innerhalb des vom Finanzministerium jeweilig angewiesenen Quantums ausfolgen; sobald vier Fünftel des Aversums ausgeliefert sind, muss die Unternehmung ihre Kaution entsprechend ergänzen.

Art. 8 enthält Vorschriften betreffs Konstatierung allfälliger Abweichungen des in den Centralen lagernden Oeles.

Art. 9. Der Verschleiss findet in Mengen von mindestens einer Büchse zum festgesetzten Preise statt; dieser Preis darf nie mehr betragen als der Marktpreis des Oeles am Erzeugungsplatze mit Zuschlag der Transportemballage und Lokalspesen und von 10 Prozent für Verlust, wie dies jeweilig gremialiter festgesetzt wird.

Art. 10. Wiederverkäufer dürfen von ihren Vorräten nach Erschöpfung einer Büchse stets nur eine andere öffnen.

Art. 11. Die Unternehmung muss an jedem Verschleissorte für einen Monat Vorrat besitzen; an Orten, welche bis höchstens 12 Kilometer von der Centrale entfernt sind, genügt ein Vorrat für fünf Tage.

Art. 12 bis 15 enthalten Bestimmungen der Kontrolle zur Sicherung der Finanzinteressen.

Art. 16.. Die Unternehmung erhält für jede Geldabfuhr die vertrags-mässig stipulierte Provision.

Art. 17. Bei Ablauf der Unternehmungsperiode übernimmt der Staat auf seine Kosten sämtliche Vorräte der Unternehmung.

Art. 18 bis 25 enthalten die bezüglichen Buchführungs- und Straf-bestimmungen.

Das Spielkartenmonopol wird von den voraus bezeichneten Cen-tralen, von derselben Unternehmung und nach denselben Bestimmungen wie das Petroleummonopol verwaltet und ausgeführt.

Die Spiele sind mit Schleifen geschlossen und entsprechend markiert und ihre Verschleisspreise vom Staate festgesetzt.

Auch das Zündhölzchenmonopol wird durch dieselben Centralen, durch dieselbe Unternehmung und nach gleichen Bestimmungen wie die beiden andern Monopole verwaltet und ausgeführt.

Für die Verschleisspreise der verschiedenen Gattungen von Zündhölzchen ist ein eigener Tarif festgestellt.

Nach einer Mitteilung des Deutschen Handelsarchivs 1884, II, S. 842, wurde die auf etwa ½ Mill. Frs. veranschlagte Gesamtlieferung der monopolisierten Zündhölzer einer deutschen Fabrik übertragen. Die Lieferung sollte gewöhnliche Schwefelhölzer, Sicherheitshölzer, sog. Schwedische, sowie imprägnierte Sicherheitshölzer umfassen, während die sog. Luxusstreich-hölzer — Wachsstreichhölzer und Salonstreichhölzer — deren jährlicher Konsum etwa 30,000 Frs. ausmacht, von einer Fabrik in Venedig zu beziehen waren.

Inzwischen ist aber die Wiederaufhebung des Zündhölzchenmonopols ins Auge gefasst worden; das darauf bezügliche Gesetz vom 23. Juli (4. August) lautet:

IV.
Gesetz vom 23. Juli (4. August) 1885, betreffend die Aufhebung des Monopols auf Zündhölzchen.

Art. 1. Die Regierung wird ermächtigt, das Gesetz vom 27. März (8. April) 1884 über das ausschliessliche Recht der Erzeugung, der Einfuhr und des Ver-kaufes von Zündhölzchen durch königliches Dekret aufzuheben, und zwar nach Ablauf der Zeit, welche in den Verträgen zwischen den Lieferanten in Augsburg und Venedig, sowie mit der Regiegesellschaft einerseits und der Regierung ander-seits stipuliert war, oder auch vor Ablauf dieser Zeit, wenn es der Regierung gelingt, durch ein specielles Abkommen die mit den Lieferanten und Unter-nehmern geschlossenen Verträge zu lösen.

Art. 2. Innerhalb 15 Tagen nach Erlass des königlichen Dekretes über die Aufhebung des im vorstehenden Artikel erwähnten Gesetzes können diejenigen, welche aus dem Monopol herrührende Zündhölzchen besitzen, sowie auch die mit der Administration und dem Verkauf betrauten Unternehmer dieselben bei den Finanzinspektoren oder den Zollbehörden abliefern, wo ihnen der Wert derselben vergütet werden wird.

Art. 3. Die Art und Weise der Verfügung über die in den Staatsmagazinen befindlichen Zündhölzchen, Maschinen und Materialien, sowie alle anderen auf die Ausführung des gegenwärtigen Gesetzes bezüglichen Bestimmungen werden durch königliches Dekret normiert werden.

Fast gleichzeitig wurde durch Gesetz vom 22. Juli (3. August) 1885 auch das Monopol auf Cigarettenpapier aufgehoben. Das bezügliche Gesetz lautet:

V.
Gesetz vom 22. Juli (3. August) 1885, betreffend die Aufhebung des Monopols auf Cigarettenpapier.

Art. 1. Die Regierung wird ermächtigt, das Gesetz vom 29. April (11. Mai) 1883 über Einführung des Monopols auf Cigarettenpapier durch königl. Verordnung aufzuheben und das aus dem Ausland eingeführte Cigarettenpapier mit einem Eingangszoll von 10 Drachmen per Oka (1 Oka = 1285 Gramm) für Cigarettenpapier in Cahiers und von 6 Drachmen per Oka für Cigarettenpapier in Bögen (778,21 resp. 466,92 Drachmen per Quintal) zu belegen.

Art. 2. Das in den Staatsmagazinen befindliche Cigarettenpapier in Cahiers oder Bögen wird vom Finanzministerium entweder im ganzen oder partienweise zum Verkaufe gebracht und der Erlös dafür der Staatscassa zugeführt werden. Wenn jedoch der Verkauf desselben nur mit Verlust für das Aerar bewerkstelligt werden könnte, bleibt das Gesetz vom 29. April (11. Mai) 1883 so lange in Wirksamkeit, bis der in den Magazinen vorhandene Vorrat vollständig erschöpft ist.

Finanzrechtsprechung[1]).

Entscheidungen des Reichsgerichts in Finanzfragen.

Bearbeitet

von

Wilhelm Burkhard,

Regierungs- und Fiskalrat in Würzburg.

I.

Doppelbesteuerung.

1.

Reichsgesetz über Beseitigung der Doppelbesteuerung vom 13. Mai 1870 § 3.

III. Strafsenat. Urteil vom 26. Februar 1883, R. Nr. 3084/82.

Zwischen der Person des Rechtssubjektes der Aktiengesellschaft und der Einzelaktionäre und zwischen dem Vermögen beider besteht keine Identität. Die Aktiengesellschaft ist als solche ein selbständiges von den Personen der Einzelaktionäre verschiedenes Rechtssubjekt und das Vermögen der erstern nach Art. 213 des H.G.B. rechtlich und thatsächlich ein von dem Vermögen der Einzelnen verschiedenes. Dem Einzelaktionär steht weder Miteigentum noch ein sonstiges unmittelbares Recht an dem Vermögen der Aktiengesellschaft zu und derselbe erlangt auf Grund seiner Beteiligung bei der Gesellschaft allein weder die Kaufmannsqualität, noch ist es er, welcher das den Gegenstand des Aktienunternehmens bildende Gewerbe treibt. Der § 1 des Gesetzes vom 13. Mai 1870 statuiert das Princip, dass ein Deutscher zu den direkten Staatssteuern nur in demjenigen Bundesstaat herangezogen werden darf, in welchem er seinen Wohnsitz hat. In § 3 ist die Ausnahme zugelassen, dass der Grundbesitz und der Betrieb eines Gewerbes sowie das aus demselben herrührende Einkommen nur in demjenigen Bundesstaat zu besteuern ist, in welchem der Grundbesitz liegt und das Gewerbe

---

¹) Um einer bisher nicht berücksichtigten wichtigen Seite des Finanzwesens gerecht zu werden und zugleich einem oft geäusserten Wunsch der Finanzpraktiker nachzukommen, ist diese neue Abteilung in das Finanzarchiv eingefügt worden. Selbstverständlich kann nur die deutsche Rechtsprechung ins Auge gefasst werden. Zunächst folgt eine Zusammenstellung der sämtlichen bis heute in Fragen des Finanzrechtes und der Finanzverwaltung erlassenen und veröffentlichten Entscheidungen des Reichsgerichts in Form kurzer Auszüge aus den wichtigsten Sätzen der Urteilsbegründung. Die neuen Entscheidungen werden immer in ähnlicher Weise nach der Publikation gebracht werden. In weiterer Linie sollen soweit möglich auch die wichtigeren Entscheidungen der obersten Gerichts- und Verwaltungsrechtsstellen in den Einzelstaaten Beachtung finden. Um rascheste Orientierung zu ermöglichen, wird jedem Jahrgang ein gesondertes fortlaufendes Register über die ganze Materie beigefügt werden.   D. H.

betrieben wird. Das Gesetz hat hierbei alle Modalitäten einer direkten Besteuerung im Auge. Immer ist dabei, wie aus der Tendenz des Gesetzes, aus
dessen Motiven zu § 3 und den Reichstagsverhandlungen, endlich aus der Natur
des § 3 als einer strikt zu interpretierenden Ausnahmebestimmung unzweifelhaft
erhellt, das Einkommen aus den bezeichneten beiden Quellen nur in seiner Beziehung zu der Person des Grundbesitzers und des Gewerbetreibenden und daher
nur dasjenige Einkommen gemeint, welches der Grundbesitzer und Gewerbetreibende aus seinem Grundbesitze und seinem Gewerbebetriebe bezieht. Diese
Ausnahme trifft daher nicht zu auf Dividenden der Aktionäre, welche für ihre
Person als die das Gewerbe der Aktiengesellschaft Betreibenden nicht zu gelten
haben und deren Dividendenbezug deshalb auch nicht der direkten Besteuerung des
Landes des Gewerbebetriebes, sondern dem Princip des § 1 a. a. O. entsprechend
ihres Wohnortes unterliegt. Das Besteuerungsrecht des Domizilstaates des Aktionärs hinsichtlich der Dividenden an Aktien eines Aktienunternehmens, welches
in einem andern deutschen Bundesstaate als dem Wohnortsstaate des Aktionärs
betrieben wird, schliesst daher das Reichsgesetz vom 13. Mai 1870 nicht aus.
Sammlung Bd. VIII S. 132.[1])

2.
Gesetz vom 13. Mai 1870 § 3, Reichsgewerbeordnung vom 21. Juni 1869
§ 14. 42. 55.

I. Strafsenat. Urteil vom 18. Dezember 1884, R. Nr. 2869/81.

Der § 3 des Reichsgesetzes vom 13. Mai 1870 sagt nicht, dass das Gewerbe nur in demjenigen Bundesstaat betrieben werde, in welchem die Gewerbeniederlassung sich befindet oder der Gewerbetreibende seinen Wohnsitz hat; auch
nicht, dass im Falle das Gewerbe hier versteuert worden sei, es in jedem andern
Bundesstaate steuerfrei betrieben werden dürfe. Vielmehr kann dieser Paragraph
nur dahin verstanden werden, dass derjenige Bundesstaat zur Veranlagung der
Grund- und Gewerbesteuer, sowie zur Besteuerung des aus diesen Quellen herrührenden Einkommens nicht berechtigt sei, in welcher der Grundbesitz nicht
liegt und das Gewerbe nicht betrieben wird. Dass bereits zur Zeit der Entstehung des Gesetzes überall in Deutschland der einzelne Bundesstaat nur den
in seinem Gebiete gelegenen Grundbesitz und das innerhalb seines Gebietes betriebene Gewerbe besteuert hatte, wird in den Motiven anerkannt, und sie wollen
in dieser Richtung nur die Möglichkeit einer Abänderung des schon geltenden
Grundsatzes beseitigen. Anders aber verhält es sich mit dem aus diesen Quellen
fliessenden Einkommen, welches nach der Gesetzgebung der meisten Bundesstaaten, sowohl in demjenigen Bundesstaat, in welchem sich dieselben befanden,
als auch in demjenigen Bundesstaat der Besteuerung unterlag, welcher das Einkommen des Grundbesitzers und des Gewerbebetreibenden im ganzen besteuerte,
wenn sich die Quellen auch nicht in demselben befanden. Und gerade darin
besteht die Neuerung des Gesetzes, dass fernerhin nur dem ersteren dieser Bundesstaaten die Besteuerung des fraglichen Einkommens zustehen soll. Dass das
Gesetz, im Falle sich ein Gewerbetreibender in mehreren Bundesstaaten Quellen
des Einkommens aus seinem Gewerbe eröffnet habe, auch die Besteuerung des
in dem andern Bundesstaat erzielten Einkommens demjenigen Bundesstaat überwiesen habe, in welchem sich die Gewerbeniederlassung oder der Wohnort des
Gewerbetreibenden befindet, ist nicht ausgesprochen worden, und noch weniger
kann aus seiner Tendenz, die mehrfache Besteuerung des nämlichen Objektes
auszuschliessen, entnommen werden, dass dem ersteren dieser Bundesstaaten nicht
einmal die Erhebung der Gewerbesteuer für den innerhalb seines Gebietes ausgeübten gewinnbringenden Gewerbebetrieb gestattet sein soll. Denn abgesehen
davon, dass die Motive selbst anerkennen, dass die Beseitigung der Doppelsteuer

---

[1]) Ohne nähere Bezeichnung ist die Sammlung der Entscheidungen für
Strafsachen gemeint.

durch das Gesetz nicht in vollem Umfange, sondern nur nach Möglichkeit bewerkstelligt werden könne, handelt überhaupt der § 3 des Gesetzes nicht von der Besteuerung des Gewerbes, sondern von der Besteuerung des Betriebes des Gewerbes. Ein in mehreren Bundesstaaten stattfindender und zur Besteuerung in einem jeden dieser Bundesstaaten herangezogener Gewerbebetrieb aber ist nicht Gegenstand einer doppelten Besteuerung, weil derselbe schon vor Erlass des Gesetzes von dem einzelnen Bundesstaat gerade nur soweit besteuert wurde, als er sich auf seinem Gebiete bewegte und auch ferner nicht über seine Grenze hinaus besteuert werden darf.

Dass die Besteuerung eines in mehreren Bundesstaaten betriebenen Gewerbes — gleichgültig ob für dasselbe eine besondere Niederlassung besteht oder nicht — durch einen jeden dieser Bundesstaaten von § 3 des Gesetzes nicht ausgeschlossen ist, ist auch bei den Verhandlungen im Reichstage hervorgetreten, und es ergibt sich kein Anhaltspunkt, wodurch seine Auslegung als unrichtig nachgewiesen würde. Nun würde es ja kaum als im Geiste der Reichsverfassung gelegen anzunehmen sein, wenn der Angehörige eines Bundesstaates, der in einem angrenzenden Bundesstaat einmal eine geringfügige Gewerbehandlung ausübt, daselbst sofort mit Gewerbesteuer belegt werden soll. Aber derartige Missstände können nur durch entsprechende Vereinbarungen unter den Bundesstaaten beseitigt werden, wie ja auch vielfach solche zu diesem Zwecke getroffen sind. Das Reich selbst aber konnte sich bei der Vielgestaltigkeit der deutschen Gewerbeverhältnisse zum Erlasse einer Bestimmung, dass das einmal in einem Bundesstaate besteuerte Gewerbe in jedem andern Bundesstaate steuerfrei betrieben werde, nicht berufen fühlen, wenn es sich nicht zugleich mit der Herstellung einer Einheit innerhalb dieser Gesetzgebung befassen wollte.

Sammlung Bd. XI S. 309.

3.

Reichsgesetz vom 13. Mai 1870. Hamburgisches Einkommensteuergesetz vom 7. März 1881. Schweizerisches Bundesrecht.

I. Civilsenat. Urteil vom 11. Februar 1885, R. Nr. 421/81.

Das Reichsgesetz vom 13. Mai 1870 richtet sich gegen diejenige Doppelbesteuerung, welche dadurch entsteht, dass dieselbe Person wegen desselben Objektes für dieselbe Zeit von einem Staate des Reiches mit direkten Staatssteuern belegt wird. Sonst wäre die Freizügigkeit beeinträchtigt. Es wollte eine Kollision der Steuergewalt verschiedener Staaten zum Nachteile des Steuerpflichtigen verhindert werden (Verh. d. Nordd. Bundesst. von 1867 Bd. I S. 565; 1869 Bd. II S. 831). Bei Aktiengesellschaften steht die Besteuerung dem Staate zu, in welchem die Aktiengesellschaft ihr Gewerbe betreibt; die Besteuerung der Aktionäre wegen des Einkommens aus dem Aktienbesitze dem Staate, in welchem sie wohnen, während von ihnen Gewerbesteuer wegen des Gewerbebetriebes der Aktiengesellschaft nicht erhoben werden kann. Der § 3 des Reichsgesetzes ist auf die Besteuerung des Aktionärs wegen des Einkommens, das er aus dem Aktienbesitze bezieht, nicht anzuwenden, denn diese Bestimmung trifft nur die Besteuerung des Grundbesitzes wegen des Einkommens aus seinem Grundbesitze, den Gewerbetreibenden wegen des Einkommens aus seinem Gewerbe. Letzterer braucht nicht bloss durch persönliche Thätigkeit an dem Gewerbebetrieb beteiligt zu sein. Es ist jedes Einkommen des Unternehmers, Inhabers, Geschäftsherrn des Gewerbebetriebes verstanden, ob er das Gewerbe persönlich betreibt oder betreiben lässt, mit eigenen oder fremden Mitteln. Als Inhaber ist derjenige anzusehen, der nach aussen hin als solcher auftritt, auf dessen Namen das Gewerbe betrieben wird. Bei Aktiengesellschaften tritt aber nicht der einzelne Aktionär mit dem Einkommen aus dem Aktienbesitze, sondern die Aktiengesellschaft als solche als Inhaber auf. Sie handelt unter ihrer Firma (Art. 18 des H.G.B.), und hat daher Kaufmannseigenschaft und staatliche Erlaubnis (Erk. des preuss. Oberverwaltungsgerichtshofs vom 16. Sept. 1882, Entsch. Bd. IX, S. 286; des bayr. Verwaltungsgerichtshofes vom 25. Januar 1881, Landmann, Gewerbeordnung S. 44.)

Bei dem Reedereigewerbe ist die Nationalität der einer Aktiengesellschaft gehörigen Schiffe von der Staatsangehörigkeit der Aktionäre unabhängig; ebenso erscheint die Aktiengesellschaft selbst immer als das steuerpflichtige Subjekt. Das Einkommen der Aktionäre aus dem Aktienbesitze ist kein Einkommen aus „seinem" Gewerbebetriebe.

Wenn nach der Landesgesetzgebung die Aktiengesellschaft selbst und daneben auch die Aktionäre aus dem Einkommen aus den Aktien besteuert werden, so hat hieran das Reichsgesetz vom 13. Mai 1870 nichts geändert; es kann Doppelbesteuerung vorliegen, obwohl zu beachten ist, dass die Aktiengesellschaft und der Aktionär verschiedene Personen darstellen. Allein diese Doppelbesteuerung wäre nicht aufgehoben, da das Reichsgesetz nur die Ausübung der Steuergewalt mehrerer Staaten des Reiches bezüglich desselben Steuerobjektes hindern wollte. Die Steuerhoheit der einzelnen Staaten ist ebenso unbeschränkt wie bisher (s. auch das Erk. des R.G. vom 26. Februar 1883 oben I. 1. S. 1. 2).

Auch das Bundesgericht der Schweiz hat es abgelehnt, den bundesrechtlichen Grundsatz der Unzulässigkeit der interkantonalen Doppelbesteuerung für den Fall einer gleichzeitigen Besteuerung der Aktiengesellschaft und der Aktionäre anzuordnen, solange ein Verbot dieser Besteuerung durch ein Bundesgesetz nicht ergangen ist.

Sammlung f. Civ. Bd. XIII S. 149.

II.
Urkundenstempel.
a. Strafrechtliche Entscheidungen.
1.

Gesetz vom 8. Juni 1871 betr. Inhaberpapiere mit Prämien, § 6, St.G.B. § 49.

II. Senat. Urteil vom 27. April 1883, R. Nr. 707/83.

Nach § 6 des Gesetzes vom 8. Juni 1871 in Verbindung mit § 2 ist klar, dass nur der Ankauf von Prämienobligationen, welche in § 2 bezeichnet sind, verboten ist, wenn derselbe an der Börse oder einem andern zum Verkehr mit Wertpapieren bestimmten Versammlungsorte erfolgt, da diese Papiere von den genannten Arten überhaupt nicht zum Gegenstande des Geschäfts gemacht werden dürfen. Das blosse Kaufen eines derartigen Papieres ist nicht „Weiterbegeben" im Sinne des § 6 a. a. O. Verboten ist an der Börse jedes Geschäft mit solchen Papieren, im Privatverkehr nur das Weiterbegeben, d. h. Uebertragung des Eigentums an einen dritten. Eine Teilnahme des zweiten Käufers eines Prämienloses liegt im Sinne des § 47—49 des St.G.B. nicht vor, sondern nur eine sogenannte notwendige Teilnahme, d. h. ein Fall, in welchem das Delikt begriffsmässig die Mitwirkung einer zweiten Person voraussetzt; die Handlung dieser zweiten Person ist aber im Gesetze mangels einer besonderen Bestimmung straflos gelassen.

Sammlung Bd. VIII S. 294.

2.
Gesetz vom 1. Juli 1881 § 1. 2. 3.
J. Senat. Urteil vom 12. Februar 1883, R. Nr. 3089/82.

Die §§ 1—3 des Gesetzes vom 1. Juli 1881 setzen den Bestand urkundlicher Wertpapiere voraus, welche zum Zwecke der Erledigung der Stempelpflicht der Steuerbehörde vorgelegt werden sollen; jedoch brauchen die Rechtsverhältnisse nicht urkundlich fixiert zu werden, damit der Steuerpflicht Genüge geleistet werden kann. Die Existenz urkundlicher Wertpapiere ist die natürliche Voraussetzung für den Handelsverkehr mit Aktien, Aktienanteilsscheinen und Interimsscheinen, welche nach der Tendenz des Gesetzes vorzugsweise mit der Stempel-

abgabe belastet werden sollen. Die in der Konstituierungsurkunde der Aktiengesellschaft niedergelegte Bescheinigung, dass 10 Prozent auf die gezeichneten
Aktien eingezahlt worden sind, erscheint weder als beurkundete Aktienberechti-
gung noch als Aktienanteilsschein oder Interimsschein.

Sammlung Bd. VIII S. 34.

3.

§ 6 des Gesetzes, Abschnitt II, und Abschnitt II des Tarifes (Schlussnoten).

III. Senat. Urteil vom 2. Mai 1883, R. Nr. 734/83.

Das Gesetz vom 1. Juli 1881 will die im Handelsverkehr umlaufenden
beweglichen Werte zur Besteuerung heranziehen. Während in Abschnitt I und III
des Gesetzes und Tarifes es sich um Urkunden handelt, welche Träger eines
solchen Vermögenswertes sind, wollen der Abschnitt II des Gesetzes und Abschnitt II
Nr. 4a und b des Tarifes im weitesten Umfange das mobile Kapital treffen; die
Besteuerung ist nur an die in Nr. 2a und b des Tarifes bezeichnete urkundliche
Form geknüpft, in der die Geschäftsabschlüsse in die äussere Erscheinung treten.
Unter den „sonstigen Schriftstücken" ist jedes Schriftstück verstanden, welches von
irgend einem Makler, Unterhändler, Kommissionär, Vermittler über den Abschluss
eines in Tarifnummer 4a bezeichneten Geschäftes ausgestellt wird und nach
irgend einer Richtung hin von Beweiserheblichkeit ist. Der zweiten Unterschrift,
wie sie nach Art. 73 des Handelsgesetzbuches erforderlich ist, bedarf es zur
Stempelpflicht nicht. Das Schriftstück braucht nicht schlechthin dem Gegenkon-
trahenten gegenüber beweisdienlich zu sein, sondern es genügt, wenn durch die den
Abschluss des Geschäftes betreffende Urkunde der Beweis dieses Abschlusses
auch nur im Verhältnisse zwischen Unterhändler und Auftraggeber geliefert
wird. Die blosse einen Geschäftsabschluss einleitende und verläufige Anfragen
oder einseitige Offerte enthaltende Korrespondenz gehört überhaupt nicht unter
das Gesetz; die Befreiung von Nr. 3 des Tarifes betrifft nur solche Schriftstücke, welche an sich zu den in Nr. 4a stempelpflichtigen Urkunden gehören.
Zweck der Befreiung nach Nr. 3 des Tarifes ist nach den Motiven (Drucksachen
des Reichstages 1881 Nr. 59 S. 32) Befreiung der eigentlichen Handelskorrespondenz.
Soll durch einen zwischen zwei Personen gewechselten Brief eines der Geschäfte
von Nr. 4a erst abgeschlossen werden, so tritt Befreiung ein.

Bei einer Unterschrift durch eine Firma haftet der Firmeninhaber. Nach
§ 6 und 8 des Gesetzes gilt als Aussteller nicht bloss derjenige, welcher physisch
den Akt der Unterzeichnung vorgenommen hat. Aussteller ist derjenige, auf
dessen Namen die Unterzeichnung hinweist und durch dessen Zeichnung das
Schriftstück Beweiskraft hat. Ob er die Unterschrift selbst bewirkt oder durch
einen andern in seinem Auftrag herstellen lässt, ist gleichgültig. Jeder Firmeninhaber hat die Verpflichtung, dafür zu sorgen, dass stempelpflichtige Schriftstücke unter der Firma ausgestellt und hinausgegeben werden, der bezeichneten Verpflichtung genügen. Die Nichterfüllung dieser Verpflichtung stellt
das Gesetz ohne Erfordernis eines individuellen Verschuldens, sei es strafbarer
Vorsatz oder schuldhafte Fahrlässigkeit, unter Strafe. Von der civilrechtlichen
Verhaftung der Firmeninhaber abgesehen sind die Personen dieser Firmeninhaber,
nicht das fingierte Rechtssubjekt der Firma, vom Gesetze mit Strafe bedroht.

Sammlung Bd. VIII S. 326.

4.

Gesetz vom 1. Juli 1881 § 12. 13. 16; St.G.B. § 286.

III. Senat. Urteil vom 9. Juni 1884, R. Nr. 1145/84.

Es steht ausser Zweifel, dass in § 12 und 13 des Gesetzes vom 1. Juli
1881 die Verpflichtung zur Entrichtung der Stempelabgabe für alle Lotterien

und Ausspielungen festgesetzt ist, welche im Bundesgebiet veranstaltet werden,
ohne dass unterschieden ist, ob obrigkeitliche Erlaubnis eingeholt ist oder nicht.
Nach dem Zwecke des Gesetzes vom 1. Juli 1881 als eines Finanzgesetzes konnte
es nicht dessen Absicht sein, Bestimmungen zu treffen, durch welche die auf
nationalökonomischen und polizeilichen Rücksichten basierte Strafvorschrift des
§ 286 St.G.B. berührt wäre. Das Reat des § 286 schliesst die Konkurrenz des
Reates nach § 12. 13. 16 des Steuergesetzes nicht aus. Wer, ohne obrigkeitliche Erlaubnis eingeholt zu haben, eine öffentliche Lotterie oder Ausspielung
veranstaltet, verfällt der Strafe aus § 286 des St.G.B., wer der Verpflichtung der
Stempelabgabe zuwider vor Entrichtung der Abgabe mit dem Losabsatze beginnt, hat Bestrafung nach § 16 des Gesetzes zu gewärtigen. Beides konkur-
rierend, denn sonst wären die Ausspielungen und Lotterien, zu denen Erlaubnis
nicht eingeholt ist, mit einer Prämie ausgestattet gegenüber denjenigen, bei
welchen nur die Vorschriften des Steuergesetzes verletzt sind. In den Motiven
zu § 12 des Stempelabgabegesetzes tritt die Anschauung zu Tage, dass die Besteuerung ganz unabhängig von der Frage des Erfordernisses der obrigkeitlichen
Erlaubnis geregelt werden wollte. Daraus, dass die Strafe bei geringfügigen
Ausspielungen als unverhältnismässig hart sich darstellen kann, darf nicht eine
Befreiung hergeleitet werden.

Sammlung Bd. XI S. 9.

5.

Tarif Nr. 4b.

IV. Senat. Urteil vom 14. Oktober 1884, R. Nr. 2259/82.

Unter Anschaffungsgeschäft ist jedes auf Erwerb von Eigentum gegen
Entgelt gerichtetes Rechtsgeschäft zu verstehen. Unter „sonstigen Anschaffungs-
geschäften" ist jedenfalls die freiwillige Annahme einer Sache an Zahlungsstatt
zu rechnen. Die Tilgung der Schuld wird nicht durch Leistung des Geschuldeten,
sondern durch Schliessung eines neuen Vertrages bewirkt, nach welchem der
Gläubiger Vermögensstücke des Schuldners, z. B. Wechsel, zum Eigentume erwirbt und gegen die dadurch entstehende Schuld seine alte Forderung abrechnet.
Wenn ein Wechsel lediglich zum Interesse mit dem Auftrage der Einziehung
übersendet wird, liegt kein Anschaffungsgeschäft vor.

Sammlung Bd. XI S. 146.

6.

§ 3 des Gesetzes.

I. Senat. Urteil vom 20. Oktober 1884, R. Nr. 1803/84.

Die in § 3 des Gesetzes vom 1. Juli 1881 statuierte Stempelabgabe wurde
nicht an den Besitz der Wertpapiere, sondern an die Vornahme bestimmter, den
Verkehr mit diesen Papieren vermittelnder Rechtsgeschäfte geknüpft (Motive zum
Gesetzentwurf S. 20 und 21). Ein mit einem Wertpapier gemachtes Geschäft
unter Lebenden liegt nur vor, wenn das Rechtsgeschäft auf einen andern irgend
ein Recht an dem Wertpapier oder auf dasselbe, sei es auch nur Zurückbehal-
tungsrecht, übertragen wird. Es sind nur solche Rechtsgeschäfte der Abgabe
unterworfen, welche eine Verfügung über das Papier selbst enthalten. Eine
blosse Hingabe von Effekten zur Verwahrung oder Zurücknahme derselben bewirkt z. B. noch keine Stempelpflicht. Es unterliegen also nicht alle Rechtsgeschäfte, welche sich auf die im Tarife angeführten Wertpapiere beziehen, der
Stempelabgabe, sondern nur solche Geschäfte, welche in ähnlicher Weise wie
Veräusserung oder Verpfändung wirken. Zu diesen Geschäften gehört aber die
zu einer Veräusserung ermächtigende Vollmacht nicht.

Sammlung Bd. XI S. 171.

7.

Tarif II Nr. 4a; H.G.B. § 376.

II. Senat. Urteil vom 2. Januar 1885, R. Nr. 2858/84.

Der § 376 des Handelsgesetzbuches erklärt den Kommittenten befugt, aber nicht verpflichtet, bei Nichtangabe einer dritten Person den Kommissionär als Verkäufer und Käufer in Anspruch zu nehmen. Die Rechtsfolge tritt nur ein infolge einer Erklärung des Kommissionärs, dass er den ihm freistehenden Eintritt als Selbstkontrahent wähle. Solange diese Erklärung nicht vorliegt, kann der Kommittent den Kommissionär als Mandatar ansehen und von ihm Zahlung der in dem Abschlusse erzielten Preise abzüglich der Provision und Unkosten fordern (Entsch. des R.O.H.G. Bd. III S. 189, 334; Bd. V S. 279; Bd. XI S. 15; Bd. XII S. 263; Bd. XIV S. 388; Bd. XIX S. 360; Entsch. des R.G. in Civilsachen Bd. I S. 289, Bd. IV S. 95, Bd. VI S. 46). Daraus folgt, dass ein Brief, welcher die zwischen dem Kommittenten und dem Kommissionär über eine Kommission zum Verkaufe von Börsenpapier gewechselten Telegramme zusammenfasst, nicht unter Tarif II Nr. 4a fällt.

Sammlung Bd. XI S. 339.

8.

Gesetz vom 8. Juli 1881 § 3. 23, Tarif I, 2a.

III. Senat. Urteil vom 22. Januar 1885, R. Nr. 3149/84.

Der in dem Tarif enthaltene Begriff der Bestimmung eines Wertpapiers ist aus Art. 271 des H.G.B. herübergenommen. Demnach können andere als die Inhaber- und Ordrepapiere unter den für den Handelsverkehr bestimmten Papieren nicht verstanden werden und es sind die ein bestimmtes, von etwa vorgängiger Gegenleistung nicht abhängiges Summenversprechen enthaltenden, die auf jeden Inhaber lautenden Schuldverschreibungen, die au porteur ausgestellten Kreditpapiere, ihrer Natur nach zu den Handelspapieren zu rechnen. Es geht aus der Entstehungsgeschichte des Gesetzes und den Beratungen der Kommission hervor, dass mit den, den Staatspapieren gleichgestellten und für den Handelsverkehr bestimmten Wertpapieren die auf Inhaber lautenden Kreditpapiere haben betroffen werden wollen. Das eigentliche Inhaberpapier dient am meisten dem Handelsverkehr, da es vermöge der Verknüpfung der Forderung mit dem Besitze des Papiers als der Träger der Obligation und selbständiger Vermögenswert erscheint und wegen der erleichterten Uebertragbarkeit, Realisierbarkeit, Vindikabilität und Amortisierbarkeit für das Verkehrsleben besondere Bedeutung gewinnt. Ob ein Papier dem gesetzlich geordneten Urkundenstempel unterliegt, kann nur der urkundlich ausgeprägte Inhalt desselben entscheiden. Der ehemalige, auf die Inhaberpapiere beschränkte Regierungsentwurf wurde durch die Kommission auf alle inländischen, für den Handelsverkehr bestimmten Renten- und Schuldverschreibungen erweitert. Hiernach sind alle au porteur ausgestellten Schuldverschreibungen steuerpflichtig.

Bei einer Aktiengesellschaft haften alle Direktorialmitglieder für die Steuer, denn die Mitglieder des Vorstandes erscheinen nicht als Beamte, sondern als Organe der Gesellschaft, und alle Direktorialmitglieder, nicht bloss die auf den Papieren unterschriebenen, haften für die Stempelabgabe; denn allen lag die Pflicht ob, dafür zu sorgen, dass die Papiere nicht ohne Erfüllung der Steuerpflicht ausgegeben werden, während für die Frage der Verantwortlichkeit auf die innere Geschäftsverteilung und die physischen Personen, welche einzeln oder zusammen die Geschäfte, Unterzeichnung und Aushändigung der Papiere zu besorgen haben, nichts ankommen kann.

Der Irrtum, auf Grund dessen die Gesellschaft Wertpapiere nicht für stempelpflichtig gehalten hat, ist nicht Irrtum über Thatsachen, sondern ein nach allgemeinen Grundsätzen zur Ausschliessung des dolus nicht geeigneter Irrtum über das Strafgesetz; allein das Fehlen der Hinterziehungsabsicht schliesst

nach dem Gesetze die Defraudationsstrafe schlechthin aus und stellt nur die
Verwirkung der Ordnungsstrafe fest.

Sammlung Bd. XI S. 426.

9.
Tarif II, 4a; Befreiung Nr. 3 zu Tarif II, 4a.

Vereinigte Strafsenate. Urteil vom 31. Juni 1885, R. Nr. 1516/84.

Vorerst ist der oben unter Nr. 3 (Sammlung 8 S. 326) aufgestellte Satz
bestätigt, dass als Aussteller eines Schriftstückes im Sinne des Stempelgesetzes
nicht die physische Person, welche unterschreibt, sondern diejenige zu bestrafen
sei, welche ein Schriftstück als seine Willenserklärung enthaltend, entweder selbst
anfertigt oder auf seinen Namen anfertigen lässt. Der oder die Inhaber einer
Firma sind verpflichtet, für Entrichtung der Stempelabgabe zu sorgen. Das
subjektive Verschulden kommt nur bei der Entscheidung zwischen ordentlicher
(Defraudations-)Strafe und Ordnungsstrafe in Betracht.

Die Frage, ob der Prokurist, der das Schriftstück unterzeichnet und unversteuert aus den Händen begeben hat, haftbar sei, ist unerörtert geblieben, dabei
aber ausgesprochen, dass ein Regressanspruch gegen den Prokuristen wegen
Pflichtverletzung sich nach den civilrechtlichen Bestimmungen bemisst, also für
die strafrechtliche Verantwortlichkeit ohne Belang bleibt.

Durch Tarif II Nr. 2a ist nach den Motiven jede Beurkundung des Abschlusses oder Prolongation eines der dort bezeichneten Geschäfte in einer schriftlichen Form ohne Einschränkung getroffen (Verhandlungen des Reichstages,
vierte Legislaturperiode, vierte Session 1881, Bd. III S. 342; Bd. IV S. 888). Ob
ein Geschäft schon durch Telegramme zustande gekommen und durch die nachfolgenden Briefe nur bestätigt worden oder ob sie erst durch die Börse zum
Abschlusse gelangt sind, ist gleichgültig.

Was aber die Befreiung Nr. 3 zu Tarif II, 4 betrifft, so ist nach dem
Gesetze und den Motiven sowie den Reichstagsverhandlungen nicht aufgeklärt,
was unter „eigentlicher Handelskorrespondenz" zu verstehen sei.

Sammlung Bd. XII S. 22.

10.
Tarif II 4b; Bundesratsbeschluss als verbindende Norm.

III. Senat. Urteil vom 16. Februar 1885, R. Nr. 90/85.

Die Tarifposition II 4b unterwirft der Steuerpflicht nicht schlechthin alle
im kaufmännischen Verkehr im Inlande ausgestellten Rechnungen, Noten, Ge-
schäftsbücherauszüge und sonstigen Berechnungen bestehender und ausgeglichener
Guthaben und Verpflichtungen, sondern nur die Rechnungen etc., welche über
Guthaben und Verpflichtungen aus bestimmt bezeichneten Geschäften, nämlich
aus abgeschlossenen oder prolongierten Kauf- oder anderweitigen Anschaffungs-
oder Sicherungsgeschäften über Wechsel und die sonstigen in Nr. 4b gedachten
Wertpapiere ausgestellt sind. Das reine Depositum, die Uebergabe zur Aufbewahrung, wie das reine Inkassomandat, gehört zu diesem Anschaffungsgeschäft
zweifellos nicht. Anders wenn ein sogenanntes irreguläres Depositum oder
Mandat vorliegt, bei welchen Coupons als Gattungssachen in Betracht kommen,
das Eigentum auf den Depositar übergeht und von dem letzteren die Verpflichtung zur Erstattung oder Gutschrift des tantundem übernommen wird (sogenannte
Anschaffung in laufender Rechnung). Ob die Coupons bereits im Besitze des
Mandatars waren oder erst übersendet wurden, ob Specialmandat oder allgemeiner Auftrag vorlag, ob der Mandatar identisch mit der Einlieferungsstelle war
oder die Coupons erst bei einer dritten Stelle präsentiert werden mussten, hat
für die rechtliche Natur des Geschäftes keinen Belang. Die Bundesratsbeschlüsse
vom 5. Juli 1882 hinsichtlich der Auslegung und Anwendung des Reichsstempel-
abgabegesetzes haben keine authentische, für den Richter bindende Kraft, wie so-

wohl aus der Begründung des Antrages des Reichskanzlers (Verhandlungen des Bundesrates, Jahrg. 1882, Drucks. Bd. II Nr. 68) als aus § 21 des Reichsstempelgesetzes und Art. 7 Nr. 3 der Reichsverfassung hervorgeht und auch von Laband, Staatsrecht Bd. I S. 255 ff. anerkannt ist. Uebrigens ist auch in diesen Bundesratsbeschlüssen und der Aeusserung des preussischen Finanzministers zu entnehmen, dass die Annahme von Wechseln oder Coupons zur Gutschrift nur dann ein Anschaffungsgeschäft darstellt, wenn nicht aus den Schriftstücken im einzelnen Falle unzweideutig hervorgeht, dass ein anderes Geschäft, insbesondere ein blosses Mandat oder dergl. vorliegt. Gewöhnlich stellt sich allerdings die Gutschrift der Wechsel etc. als eine datio in solutum, als ein Anschaffungsgeschäft im Sinne des Art. 271 des H.G.B. dar, allein das charakteristische Merkmal ist immer die Uebertragung des Eigentums gegen Entgelt, nicht das blosse Inkassomandat.

Sammlung Bd. XII S. 40.

11.

Befreiungsbestimmung Nr. 3 zu Tarif II Nr. 4.

S. oben Nr. 5.

IV. Senat. Urteil vom 17. April 1885, R. Nr. 534/85.

In Nr. 3 der Befreiungsbestimmung zu Tarif Nr. 4 ist die Unterscheidung zwischen den beiden Arten an Schriftstücken, wie sie in Tarif II Nr. 4a und b gemacht ist, nicht gemacht. Es kommt bei dieser Befreiung also lediglich darauf an, ob ein Brief über eines der in Tarifnumer 4a aufgeführten Geschäft vorliegt. Ist dies der Fall, so tritt Stempelfreiheit ein, mag der Brief sich als Schlussnote über Geschäfte im Sinne der Nr. 4a oder Rechnung über ein Geschäft im Sinne 4b charakterisieren (s. auch Entsch. der R.G. in Civilsachen, Bd. XI S. 65).

Sammlung Bd. XII S. 135.

12.

Gesetz vom 1. Juli 1881 § 6. 8. 23, Tarif II, 4a und b.

I. Senat. Urteil vom 5. März 1885, R. Nr. 2503/84.

Es ist nicht zu bezweifeln, dass ein Anschaffungsgeschäft über Wechsel oder ein sonstiges unter Tarif II 4b fallendes Geschäft auch in einer einem andern Vertrage insbesondere Warenlieferungsvertrage beigefügten Vereinbarung gefunden werden kann, wenn diese Vereinbarung als selbständiges, neben dem Warenlieferungsvertrage abgeschlossenes, wenn auch mit ihm zusammenhängendes Anschaffungsgeschäft über Wechsel zu betrachten ist. Der Umstand, dass dieses Anschaffungsgeschäft den Zweck hat, die Bezahlung des Kaufpreises für die Waren durch die festgesetzte Hingabe bezw. Annahme von Wechseln zu regeln, steht jener Unterstellung nicht im Wege (s. oben Nr. 5). Allein in einer, dem Warenlieferungsvertrage beigefügten, ganz allgemeinen, alternativen Bestimmung, dass die Zahlung sowohl bar als auch in Wechseln erfolgen könne, kann weder ein Kauf noch Anschaffungs- noch Lieferungsgeschäft über Wechsel gefunden werden.

Sammlung Bd. XII S. 281.

13.

Gesetz vom 1. Juli 1881 § 6, Tarif II 4a u. Anmerkung 2.

II. Senat. Urteil vom 19. Juni 1885, R. Nr. 1271/85.

Schlussnoten, durch welche der Abschluss eines direkten Reportgeschäftes beurkundet wird, unterliegen der doppelten Besteuerung. Ein Reportgeschäft ist in seinem Erfolge ein Prolongationsgeschäft, um die unternommene Spekulation in der Schwebe zu halten. Der Spekulant nimmt die Hilfe einer dritten Person (Reporteur) in Anspruch, verkauft dieser die abzunehmenden Papiere zum derzeitigen Tageskurse unter Uebernahme der Kursdifferenz und kauft gleichzeitig

von ihr dieselben Papiere und Stücke zu demselben Preise mit einem Aufschlag
(Report) zu einem weiteren Termin zurück, oder umgekehrt nach Abzug einer
bestimmten Summe (Deport). Report und Deport sind also der Vorteil, welcher
dem die Hilfe leistenden Dritten gewährt wird, welcher entweder die Papiere
erwirbt (hereinnimmt) oder hergibt (hereingibt). Reportgeschäfte können auch
mit denjenigen abgeschlossen werden, von welchen der Spekulant die Effekten
gegen Zahlung eines bestimmten Preises abzunehmen hat — direkte Reportgeschäfte — (Erk. des Reichsoberlandesgerichts vom 28. April 1873 in Goldschmidt's Zeitschrift, Bd. XVI S. 248). In der Schlussnote über solche Geschäfte
sind rechtlich mehrere Geschäfte enthalten. Dass die Verabredungen in ihrer
Gesamtheit das Ergebnis eines Willensentschlusses sind, ist nicht entscheidend.
Denn diese Geschäfte stehen gewöhnlich in dem inneren Zusammenhange, dass
ein Geschäft nur mit Rücksicht auf das andere geschlossen wird. Dies wird aber
fast immer in den in Anmerkung 2 zu II 4a des Tarifes vorgesehenen Fällen
zutreffen, wenn mehrere Geschäfte in demselben Schriftstück beurkundet werden.
Dadurch wird den einzelnen Geschäften die rechtliche Selbständigkeit nicht entzogen; für jedes Geschäft existiert ein besonderes Vertragsrecht, welches auf
besondere Pflichten begründet ist. Der Tarif II 4a unterscheidet zwischen bedingten und unbedingten Geschäften nicht. Dass mehrere Geschäfte nur in der
Gesamtheit gewollt sind, jedes also nur gelten soll, wenn auch das andere
realisiert wird, jedes also in dem Sinne durch das andere bedingt ist, ändert
nichts an der Annahme, dass mehrere Geschäfte in demselben Schriftstücke beurkundet sind. Die Voraussetzungen der Anmerkung 2 zum Tarife trifft in der
Regel bei den beiden Rechtsgeschäften zu, welche einem Reportgeschäfte zu
Grunde liegen. Bei jedem dieser Geschäfte liegen die essentiellen Bestandteile
des Kaufvertrages vor. Ob Zeitgeschäfte wirklich vorliegen, ist Thatfrage. Ein
solches ist gegeben, wenn die Lieferung der erkauften Effekten nicht sofort oder
bei Abschluss des Vertrages, sondern erst in einer bestimmten Zeit erfolgen soll.
Sind die Effekten zum Liquidationskurs verkauft resp. gekauft, so ist festzustellen, wann der Liquidationskurs bei der letzten Börse bestimmt wird.
                          Sammlung ·Bd. XII S. 284.

b. Civilrechtliche·Entscheidungen.

1.

Gesetz vom 1. Juli 1881, Befreiungsbestimmung 3 zu Tarif II 4; Gerichts-
verfassungsgesetz § 70.

I. Senat. Urteil vom 2. Februar 1884, R. Nr. 482/83.

        Nach einer eingehenden Schilderung der geschichtlichen Entwicklung der
geltenden Bestimmungen und herrschenden allgemeinen Auffassung über die
Kompetenzverhältnisse zwischen den Gerichten und Verwaltungsstellen in Streit-
fragen über Steuern und öffentliche Abgaben (Stempel, Zölle) kommt das
Reichsgericht zu dem Schlusse, dass ·ein Rechtsstreit zwischen dem Abgabe-
pflichtigen, dessen Vermögen verletzt ist durch ungerechtfertigte Erhebung eines
Reichsstempelabgabenbetrages, als Kläger gegen das Deutsche Reich oder den
Mitgliedstaat, durch dessen zur Abgabenerhebung zuständige Behörden jener
Abgabenbetrag erhoben war, als beklagte Vermögenssubjekte, auf Zahlung der
dem zu Unrecht erhobenen Betrage gleichen Summe reichsgesetzlich von der
Verfolgung durch die Gerichte nicht ausgeschlossen ist (s. auch Urteil vom 1. Juli
1881, Sammlung in Civilsachen V S. 341).
        Ein solcher Ausschluss müsste in dem Steuer- oder Abgabengesetz aus-
drücklich ausgesprochen sein, denn in der Regel ist der Rechtsweg, d. h. Verfolgung an den für bürgerliche Rechtsstreitigkeiten zuständigen Gerichten, auch
bezüglich der aus einem Verhältnisse des öffentlichen Rechtes hergeleiteten Ansprüche, dem Wesen nach gegeben, weil sich der Anspruch auf einen rechts-
widrigen Eingriff in die individuelle Rechtssphäre des Klägers seitens der

beklagten Staatsbehörden gründet. Als Beklagter bei dem Urkundenstempel erscheint richtig der Landesfiskus (wie bei den Zöllen und der Tabaksteuer). Die einzelnen deutschen Bundesstaaten erheben die Reichsstempelabgaben durch ihre Landesbehörden und Beamten als solche. Der Bundesstaat wird Eigentümer der erhobenen Reichsstempelbeträge, wenn auch eine Abrechnung mit dem Reiche zu folgen hat und der einzelne Bundesstaat im Verhältnis zu den andern Bundesstaaten und in Abrechnung mit dem Reiche steht. Der Art. 70 des G.V.G. in Verbindung mit § 509 der C.P.O. versteht unter „öffentlichen Abgaben" solche Abgaben, welche der betreffende Bundesstaat durch seine Behörden in seinem Namen erhebt, mögen diese Abgaben durch Landesgesetze eingeführt oder Reichsabgaben sein, welche auf Grund der Normen des Reichs-, Staats- und Finanzrechtes erhoben werden und bezüglich deren der nach den massgebenden Normen von den ordentlichen Gerichten verfolgbare Anspruch gegen den Landesfiskus zu richten ist. Der Reichsfiskus ist nur dann der richtige Beklagte, wenn die Reichsabgabe durch eine Reichsbehörde selbst auf unmittelbare Rechnung des Reiches erhoben wird.

Ueber die Anwendbarkeit der Befreiungsbestimmung 3 zu Tarif II 4 des Stempelgesetzes vom 1. Juli 1881 kommt das Reichsgericht auf Grund eingehender Untersuchung der Entwicklungsgeschichte des Gesetzes und Gerichtspraxis in Anwendung der bisherigen Normen zu dem Schlusse, dass sich der Gesetzessinn nach dem Gesetzeswort und System in Bezug auf Briefe dahin feststellt: Ein auf Entfernungen von mindestens 15 km beförderter Brief ist in der unter Tarif II 4c und b verordneten Verstempelung frei, wenn es ein Brief über die in Tarif II 4a bezeichneten Geschäfte ist, obwohl er an sich seinem brieflichen Inhalte nach zu den in Tarif II 4a und b als regelmässig stempelpflichtig gekennzeichneten Schriftstücken gehören würde. Diese Befreiung erstreckt sich aber nicht auf die Beilagen oder Anhänge eines solchen Briefes; vielmehr sind solche Beilagen, auch wenn sich darunter mehrere gleiche Exemplare, Abschriften oder Auszüge befinden, zu verstempeln, wenn sie die Kriterien der nach Tarif II 4a oder b bezeichneten Schriftstücke an sich tragen. Auf die Absicht des Schreibers, eine Beweisurkunde zu schaffen oder nicht, überhaupt auf das Geeignetsein eines Briefes zum Beweise von Rechten und Rechtsverhältnissen kommt es bei der Frage, ob die Befreiungsbestimmungen in Nr. 3 Anwendung finden oder nicht, absolut nicht an. (Damit sind die Rechtsanschauungen in den Urteilen der Strafsenate vom 2. Mai 1883 R. 734 (Sammlung Bd. VIII S. 326) und vom 17. Dezember 1883 R. 2577 modifiziert.)

Sammlung f. Civ. Bd. XI S. 65—91.

2.

Reichsgesetz vom 1. Juli 1881 § 13 u. folgde.; G.V.G. § 12, 13, 70; § 4, 5 des E.G. zur C.P.O.; Reichsverfassung Art. 336.

IV. Senat. Urteil vom 9. April 1884, R. Nr. 433/83.]

Weder in den Reichsgesetzen noch in den preussischen Gesetzen sind ausdrückliche Bestimmungen über die Zulässigkeit des Rechtsweges für Ansprüche auf Befreiung an Reichsabgaben und Steuern im allgemeinen und an Reichsstempelabgaben im besonderen gegeben (s. seit 1. Oktober 1885 den § 22a der Gesetze vom 1. Juli 1881 und 29. Mai 1885). Die oben citierten Bestimmungen lassen ersehen, dass die Reichsstempelabgaben in den einzelnen Bundesstaaten ohne Rücksicht auf ihre Verwendung zu Reichszwecken lediglich den Landesbehörden mit den bisherigen Befugnissen in betreff der Landesabgaben unterstellt und der letzteren auch hinsichtlich Vollstreckung und Zulässigkeit des Rechtsweges gleichgeachtet sein sollen. Es haben also auch die Partikularrechte zur Anwendung zu kommen.

Sammlung f. Civ. Bd. XI S. 91.

3.

Gesetz vom 1. Juli 1881 § 27.

IV. Senat. Urteil vom 9. April 1884, R. Nr. 438/83.

Wenn der Reichsfiskus beklagt ist, so sind die Landessteuerbehörden zur Vertretung desselben nicht befugt, da diese nur den Landesfiskus zu vertreten haben. Eine Legitimation der Landessteuerbehörden für den Reichsfiskus kann aus § 27 des Gesetzes vom 1. Juli 1881 nicht gefolgert werden.

Sammlung f. Civ. Bd. XI S. 93.

4.

Gesetz vom 1. Juli 1881 § 13 u. folgde., Tarif II 4.

III. Senat. Urteil vom 20. Mai 1884, R. Nr. 99/84.

Die Erhebung und Verwaltung der Reichsstempelabgaben ist wie diejenige der Zölle und Verbrauchssteuern jedem Bundesstaate innerhalb seines Gebietes überlassen. Die betreffenden Behörden stehen nicht in unmittelbarer Beziehung zum Reiche, sondern fungieren als Landesbehörden. Der Anspruch auf Rückzahlung einer wirklich zu Unrecht geforderten Stempelabgabe ist daher gegen den Landesfiskus zu erheben und die Entscheidung über Zulässigkeit des Rechtsweges hängt von dem Rechte des betreffenden Bundesstaates ab. Nach preussischem Rechte erscheint der Stempel nach Tarif 4a auch wegen einseitigen Schriftstückes, als Vertragsstempel im Sinne des § 11 des Gesetzes vom 24. Mai 1861 über Erweiterung des Rechtsweges (Entsch. des preuss. Obertribunals Bd. XXXIII S. 112; Entsch. des R.G. in Civils. Bd. VIII S. 255) und es ist nach eben diesem Gesetze der Rechtsweg zulässig.

Sammlung f. Civ. Bd. XI S. 96.

5.

Gesetz vom 1. Juli 1881; Tarif Nr. 4, Lit. a.

I. Civilsenat. Urteil vom 29. April 1885, R. I, Nr. 51/85.

Briefe, welche den bereits erfolgten Abschluss und die im Tarife Nr. 4 Lit. a des Gesetzes bezeichneten Geschäfte bestätigen, sind nicht zu den Briefen über die unter a bezeichneten Geschäfte im Sinne der Bestimmungen über Befreiung zu rechnen. Die Bestimmungen über die Befreiungen wollten die dem Handelsstande wohlwollende Absicht verwirklichen, aber nicht weiter ausdehnen, als der Gesetzgeber bestimmt ausgesprochen hat. Die Befreiungen in Nr. 4 II des Tarifes hatten einen andern Zweck als die Anmeldungen. Sie wollten das Mittel bezeichnen, mit welchem in der Neuzeit erfahrungsgemäss unter einander entfernt wohnender Personen die Mitteilung oder Erklärungen über Geschäfte erfolgt und bei demjenigen Mittel, welches auch in geringer Entfernung öfter gebraucht wird (Brief), die Befreiung an eine verhältnismässig grössere Entfernung der Beförderung knüpfen.

Sammlung f. Civ. Bd. XIII S. 161.

III.

Spielkartenstempel.

1.

Gesetz vom 3. Juli 1878 § 12 u. preuss. Gesetz vom 23. Dezember 1867.

I. Strafsenat. Urteil vom 1. Dezember 1879, R. Nr. 622/79.

Die Ansicht des Gesetzes geht nicht dahin, dass der Beginn der Strafbarkeit notwendig mit dem Beginne des Gewahrsams der Spielkarten in einem

Momente zusammenfällt. Es verpflichtet dasselbe vielmehr denjenigen, welcher ungestempelte Spielkarten in Gewahrsam bekommt, zunächst dazu, dieselben abstempel nz ulassen, und es kann die Strafbarkeit so lange nicht beginnen, als die Unmöglichkeit, die Abstempelung zu erwirken, vorlag.

Sammlung Bd. I S. 22.

2.
Gesetz vom 3. Juli 1878 § 10.
I. Strafsenat. Urteil vom 4. November 1880, R. Nr. 2730/80.

Unter die Bestimmung des § 10 des Gesetzes vom 3. Juli 1878 (wissent-licher Gewahrsam ungestempelter Spielkarten) kann derjenige nicht fallen, welcher die ungestempelten Karten keineswegs dem Gesetze zuwider in seinem Gewahr-sam halten will, welcher im Gegenteil den Gewahrsam nur in der auch sofort, sobald dies möglich ist, durch Anzeige bei einem Steuerbeamten seines Wohn-ortes zu bethätigenden Absicht ergriffen hat, den Vorschriften des Gesetzes zu entsprechen, die Karten, weil sie ungestempelt waren, der Behörde zur Ver-fügung zu stellen. Auch dem Umstande, dass der Angeklagte nicht unmittel-bar dem Steueramte, sondern einem Grenzaufseher in der berechtigten Erwar-tung, dass dieser jener Behörde sofort Meldung erstatten werde, die Anzeige gemacht hat, kann eine Bedeutung nicht beigemessen werden, wie auch der Umstand, dass jener Grenzaufseher unterlassen hat, dem Steueramte sofort Meldung zu erstatten, ohne Einfluss ist.

Sammlung Bd. III S. 21.

3.
Gesetz vom 3. Juli 1878 § 10.
Urteil vom 29. Dezember 1880 (Auerbach S. 435).

Wahrsagekarten fallen an sich nicht unter den Spielkartenstempel, wenn sie nicht mit Kartenzeichen versehen sind, welche sie zu einem gewöhnlichen Kartenspiele machen, weil in letzterem Falle nach dem Gesetze nicht das wirk-liche Spielen, sondern schon die Möglichkeit, die Karten zum Spielen zu gebrauchen, unter Strafe stellt.

4.
Gesetz vom 3. Juli 1878 § 10.
I. Strafsenat. Urteil vom 28. Februar 1881.

Es kann der Ansicht, dass der § 10 Abs. 2 des Gesetzes vom 3. Juli 1878 lediglich die Thatsache des Erwerbens ungestempelter Spielkarten voraussetze, ohne dass es auf die Absicht gröberen oder geringeren Verschuldens ankomme, nicht beigetreten werden.

5.
Gesetz vom 3. Juli 1878.
I. Strafsenat. Urteil vom 28. Februar 1881. R. Nr. 255/81.

Aus dem § 10 l. a, wonach derjenige, welcher der Vorschrift des Gesetzes zuwider Karten, welche mit dem erforderlichen Stempel nicht versehen sind, feil-hält, veräussert, erwirbt, damit spielt oder solche wissentlich in Gewahrsam hat, in Strafe verfällt, kann nicht gefolgert werden, dass hinsichtlich der zuerst ge-nannten Fälle im Gegensatz zum wissentlichen Gewahrsam die Frage der sub-jektiven Verschuldung überhaupt bedeutungslos sei; weil das Wort wissentlich nur mit dem Gewahrsam in Verbindung gebracht ist, muss angenommen werden, dass die übrigen Fälle auch strafbar seien, wenn dem Thäter Fahrlässigkeit zur Last fällt, während für den Fall des blossen Gewahrsams das Bewusstsein von jenem Thatumstand verlangt ist.

Sammlung Bd. IV S. 11.

6.
§ 14.

III. Senat. Urteil vom 25. September 1884, R. Nr. 1717/84.

Der § 14 des Gesetzes vom 3. Juli 1878 bezieht sich nur auf Versendung von ungestempelten Spielkarten in das Ausland, d. h. ausserhalb der Zollgrenze. Die Entstehungsgeschichte des Gesetzes vom 3. Juli 1878, dessen hauptsächlichste Bestimmungen dem preussischen Gesetze vom 23. Dezember 1867 entnommen sind (vgl. Motive, Drucksachen des Reichstages vom Jahre 1878, Bd. I, Nr. 7, S. 12), sowie des letztbezeichneten Gesetzes selbst (Stenogr. Berichte über die Verhandlungen des preuss. Abgeordnetenhauses 1867/68, Anlagen Nr. 12, 60, 88, Bd. II, S. 18, 159, 228 und die Verhandlungen selbst, Bd. I, S. 481), endlich die Praxis des preussischen Obertribunals (Oppenhoff, Rechtsprechung Bd. XII, S. 660) lassen erkennen, dass der § 14 nur die Versendung ungestempelter Spielkarten als strafbar erklärt, welche gegen die Vorschriften des Regulativs ohne Mitwirkung der Steuerbehörde erfolgt. Versendungen ungestempelter Karten innerhalb des Bundesgebietes ist aber überhaupt unstatthaft; eine Ausnahme findet nach § 6 Abs. 2 nur statt, wenn dieselbe zum Zwecke der Aufnahme in die auf Grund des § 26 Nr. 3 des Gesetzes bewilligten Ausfuhrlager geschieht. Nur für die Versendung nach dem Auslande schreibt § 7 des Regulativs die Mitwirkung der Steuerbehörde vor, unter deren Aufsicht die Karten zu packen und für deren Versand weitere zollamtliche Behandlung vorgeschrieben ist. Bei einem Zuwiderhandeln gegen das in § 6 Abs. 2 des Regulativs ausgesprochene Verbot der Versendung nach Orten des Bundesgebietes ist durch die allgemeinen Strafbestimmungen insbesondere in §§ 10, 12 und 16 des Gesetzes vom 3. Juli 1878 gesorgt.

Sammlung Bd. XI S. 98.

7.

Gesetz vom 3. Juli 1878 § 10, 11, 12; Regulativ vom 6. Juli 1878 § 5, 7, 8.

III. Senat. Urteil vom 15. Januar 1885, R. Nr. 3084/84.]

Das Vorhandensein einer für die Thatsache der Steuerhinterziehung kausalen Fahrlässigkeit genügt zur Strafbarkeit des Veräussernden (s. Urt. vom 3. Juli 1878 oben Nr. 3). Diese Fahrlässigkeit ist aber nicht immer vorhanden, wenn vom Fabrikanten ungestempelte Karten auf einen Tisch mit gestempelten gelegt, mit denen vermischt und so versendet werden. Denn das zeitweilige „Hinlegen" kann bei der Fabrikation oft gar nicht vermieden werden. Das Gesetz und Regulativ (§§ 5, 7, 8) konstatiert die Verpflichtung des Fabrikanten, dafür Sorge zu tragen, dass nicht nur während der definitiven Aufbewahrung, sondern schon vorher und bis dahin, wo die ungestempelten Karten zur Aufnahme in das Verschlusslager oder zur Verstempelung oder zur Ausfuhr kommen, die ungestempelten von den gestempelten streng gesondert gehalten und eine Vermischung vermieden werde. Demungeachtet kann ein gemeinsames Lagern der Karten zu den verschiedenen geschäftlichen Manipulationen unvermeidlich sein. Es sind daher thatsächlich der Zweck und die Umstände dieses Lagerns, ferner festzustellen, ob Angeklagter von dem Hinlegen Kenntnis gehabt habe, und sich der Möglichkeit, dass es in einer die Vermischung gestempelter und ungestempelter Karten herbeiführenden Weise geschehen könne, bei pflichtmässiger Sorgfalt habe bewusst sein müssen, gleichwohl aber unterlassen habe, Vorkehrungen zur Verhütung der Vermischung zu treffen. Die Fassung der §§ 10, 11 des Gesetzes gibt unzweifelhaft an die Hand, dass der Nachweis offen gelassen ist, der Beschuldigte habe die Steuer nicht hinterziehen können oder wollen, mit der Wirkung, dass dann nicht die Hinterziehungs-, sondern nur eine Ordnungsstrafe eintritt, im zweiten Satze des § 11 nur für den im ersten Satze bezeichneten Fall, nicht jedoch auch für die in § 10 Abs. 2 gedachten Fälle hat nachgelassen werden wollen. Aus § 17 in Verbindung mit §§ 10 und 11 des Gesetzes folgt, dass auch den mit Spielkarten Handel treibenden Personen jener Nachweis mit der bezeichneten Wirkung keinesfalls im weiteren Umfange, als denjenigen Personen, welche diesen Handel nicht treiben, und daher nur für den Fall einer gegen § 11 Abs. 1 begangenen Zuwiderhandlung zu statten kommen kann. Billigkeitsgründe, welche für Verallgemeinerung der Zulassung des Entlastungsbeweises sprechen. sollen, kommen gegenüber dem klaren Wortlaut des Gesetzes nicht in Betracht.

Sammlung Bd. XII S. 402.

IV.

Wechselstempelsteuer.

1.

Wechselstempelsteuergesetz vom 10. Juni 1869 § 15.

Urteil vom 26. November 1879 (Sammlg. d. Entsch. d. R.G. für Industrie, Handel und Gewerbe von Auerbach S. 434).

Wenn eine Wechselstempelmarke durch Zufall vor Hingabe des Wechsels an den Zahlenden sich abgelöst hat, so genügt zur Freisprechung nicht bloss die Feststellung, dass der Stempel beigefügt war und in vorschriftsmässiger Form behandelt wurde, sondern es muss auch festgestellt werden, dass dies zur rechten Zeit geschehen ist.

2.

Gesetz vom 10. Juni 1869 § 21.

II. Strafsenat. Urteil vom 7. Mai 1880, R. Nr. 455/80.

Jeder durch einen Notar oder Gerichtsbeamten aufgenommene und innerhalb der Grenzen der Zuständigkeit und der ihnen vom Gesetze ausdrücklich eingeräumten Befugnisse beurkundete Protest ist eine öffentliche Urkunde. Dies gilt nicht bloss von der nach Art. 88 der deutschen Wechselordnung in den Protest aufzunehmenden wörtlichen Abschrift des Wechsels, sondern nach § 21 Abs. 2 des Gesetzes vom 10. Juni 1869 auch von demjenigen, was in dem Protest über die geschehene Verwendung der Stempelmarken gesagt ist. Die Notare sind, wie in der Bekanntmachung des Reichskanzlers vom 23. Juni 1871 sub II (jetzt vom 11. Juli 1873) hervorgehoben ist, gesetzlich dazu bestellt, die Art und Weise, in welcher auf den Wechseln der Stempelpflicht genügt ist, zu beurkunden und deshalb muss auch in dieser Beziehung dem Wechselprotest die Bedeutung einer öffentlichen Urkunde beigelegt werden. Die gleiche Glaubwürdigkeit müssen nach Art. 90 der deutschen Wechselordnung auch die Protestregister haben, denn diese haben die Bedeutung, einesteils im Falle des Verlustes eine Wiederherstellung der Protesturkunde zu ermöglichen, andernteils dem an der Existenz des Protestes Interessierten den Nachweis über den Inhalt desselben zu verschaffen. Das Protestregister hat sonach öffentlichen Glauben, und die Eintragungen, welche unter Verantwortlichkeit des Notars und kraft seines Amtes geschehen, sind als öffentliche Urkunden anzusehen.

Sammlung Bd. I S. 426.

3.

Gesetz vom 10. Juni 1869 § 6, 7, 11, 13, 14, 15.

III. Strafsenat. Urteil vom 20. November 1882, R. Nr. 2703/82.

Die Thatsache, dass jemand einen von ihm zum Accept versandten und mit dem Accept zurückerhaltenen inländischen Wechsel mit seinem Indossament versehen hat, ohne dass die Verpflichtung zur Entrichtung der Stempelabgabe erfüllt war, beweist, dass alle gesetzlichen Merkmale strafbarer Wechselsteuerhinterziehung im Sinne der §§ 7, 11, 14 und 15 des Gesetzes vom 10. Juni 1869 enthalten sind. Die Nichterfüllung der Verpflichtung zur Entrichtung der Stempelabgabe ist schlechthin unter Strafe gestellt, ohne in subjektiver Beziehung deren Vorsatz oder eine schuldhafte Fahrlässigkeit zu erfordern. Ob der einzelne mit der Absicht der Steuerhinterziehung oder mit dem Bewusstsein der Rechtswidrigkeit seines Verhaltens oder ob er in schuldhafter Fahrlässigkeit gehandelt hat, ist rechtlich bedeutungslos. Jedermann, der die Form der Selbstbesteuerung wählt, ist bei Strafe der Hinterziehung verpflichtet, sich genau über seine formellen und materiellen Obliegenheiten zu unterrichten. Die Berücksichtigung der Unkenntnis ist schlechthin ausgeschlossen und es ist gleichgültig, ob diese Unkenntnis auf verschuldetem oder unverschuldetem Irrtume beruht. Es ist sonach auch ungerechtfertigt, dass der Glaube des Angeklagten, er habe seiner Steuerpflicht genügt, die Strafbarkeit ausschliesse. Er ist also z. B. auch strafbar, wenn er statt der Wechselsteuerstempelmarke eine andere, beispielsweise die im Jahre 1881 eingeführte Reichsstempelmarke, anwendet.

Sammlung Bd. VII S. 240.

4.

Gesetz vom 10. Juni 1869 § 1, 5, 6, 15.

I. Strafsenat. Urteil vom 5. Januar 1884, R. Nr. 2711/83.

Entscheidend für die strafrechtliche Verantwortlichkeit nach dem Gesetze vom 10. Juni 1869 ist objektiv, ob ein Wechselgeschäft zustande gekommen ist (Motive zu § 1 des Entwurfes, Stenogr. Bericht über die Verhandlungen des Reichstages des Norddeutschen Bundes von 1869, Bd. III S. 512); ob daher ein Wechsel vorliegt und eine Thätigkeit eines Wechselinteressenten eingetreten ist, welche geeignet ist, den Wechsel geschäftsmässig zu machen oder in irgend einer Weise zu realisieren, ist gleichgültig. Das trifft zu, wenn Wechselblanketts unterschrieben und mit der Ermächtigung übergeben wurden, diese Blanketts auszufüllen und in Umlauf zu setzen. Dem ersten Unterzeichner des Blanketts liegt ob, dafür zu sorgen, dass der Pflicht zur Entrichtung der Stempelabgabe in der vorgeschriebenen Form genügt werde. Er ist davon auch durch den Umstand nicht befreit, dass die Accepte der Bezogenen und das Giro unbefugterweise und ohne seine Mitwirkung oder Zustimmung von einem Dritten gefertigt wurde. Weder Annahmeerklärung noch Giro bilden ein wesentliches Erfordernis eines Wechsels, berühren deshalb die Verpflichtung zur Entrichtung der Wechselstempelabgabe nicht.

Sammlung Bd. X S. 27.

5.

Gesetz vom 10. Juli 1869 § 1.

II. Strafsenat. Urteil vom 30. September 1884, R. Nr. 1778/84.

Nach der ganzen Entstehungsgeschichte des Gesetzes, sowie nach den Vorgängen der massgebend gewesenen preussischen Gesetzgebung (preussisches Stempelgesetz vom 7. März 1822, Kabinetsordre vom 3. Januar 1830, Gesetz vom 26. Mai 1852, Verordnung vom 4. Juli 1867), nach der preussischen Rechtsprechung (Oppenhoff, Rechtsprechung Bd. III, S. 75, Bd. X S. 640), nach dem sächsischen Gesetze vom 11. Mai 1868 und nach den aus dem Gesetze selbst erkennbaren wirtschaftlichen Zielen sind sowohl gezogene als trockene (eigene) im Auslande ausgestellte und im Auslande zahlbare Wechsel, auch wenn sie im Inlande in Umlauf gelangen (transitierende), von der Wechselstempelsteuer frei. Gezogene und eigene Wechsel sind in der Bezeichnung gleichgestellt. Die Unklarheit im Wortlaut des Gesetzes (§ 1, Abs. 1 und Abs. 2, Nr. 1) ist durch die Entstehungsgeschichte (Entwurf, Drucksachen des Reichstags 1869 Nr. 154, Stenogr. Bericht 1869, Bd. II, S. 859, 862; Drucksachen Nr. 230 zu § 1; Stenogr. Bericht S. 1191 und 1194) des Gesetzes erklärt, doch wollte das Interesse eines durch die Besteuerung bedrohten Verkehrs mit transitierenden Wechseln, welche gegen die Besteuerung besonders sensibel seien, wahrgenommen und sonach sowohl die gezogenen als trockenen Wechsel, welche im Ausland ausgestellt und im Ausland zahlbar sind, von jeder Besteuerung befreit werden.

Sammlung Bd. XI S. 109.

6.

Gesetz vom 10. Juni 1869 § 4, 5, 6, 11, 15.

I. Strafsenat. Urteil vom 16. April 1885, R. Nr. 745/85.

Als Inhaber des Wechsels im Sinne des Wechselstempelsteuergesetzes erscheint nicht jede Person, welche den Wechsel im Besitze hat, sondern nur derjenige, der nach § 5 des Gesetzes als Teilnehmer an dem Umlaufe eines Wechsels anzusehen ist. Der Umstand, dass jemand einen Wechsel für eigene oder fremde Rechnung zur Zahlung präsentiert oder mangels Zahlung Protest erheben lässt, kann nach § 5 a. a. O. allerdings genügen, um diese Person als Teilnehmer am Umlaufe des Wechsels erscheinen zu lassen; allein dies ist nur dann der Fall, wenn diese Person, obgleich für fremde Rechnung, doch im eigenen Namen auftritt, bezw. die in § 5 vorgesehenen Handlungen vornimmt. Derjenige, der lediglich im Auftrage und namens eines Dritten einen Wechsel für diesen verkauft, ist nicht als Teilnehmer am Umlaufe des Wechsels anzusehen. Was von der Veräusserung gilt, muss auch bezüglich der anderen in § 5 des Gesetzes aufgezählten Handlungen, insbesondere von der Präsentation zur Zahlung und der Auflage zur Protesterhebung, gelten. Der Rechtsanwalt, welcher mit der Einklagung der Wechselforderung beauftragt ist und in seiner Eigenschaft als Bevollmächtigter den Wechsel zur Zahlung vorlegen oder mangels derselben Protest erheben lässt, ist nicht als Teilnehmer am Umlaufe des Wechsels oder als Inhaber desselben im Sinne der §§ 6 und 11 des Gesetzes vom 10. Juni 1869 anzusehen. Vielmehr kommt ihm diese Eigenschaft nur dann zu, wenn er in eigenem Namen eine der in § 5 vorgesehenen Handlungen vornimmt, insbesondere wenn er nicht durch einfache Vollmacht, sondern durch ein Inkassoindossament in den Besitz des Wechsels gelangt ist und in seiner Eigenschaft als Indossatar den Wechsel zur Zahlung vorlegt. Wenn sich der Rechtsanwalt den Wechsel girieren lässt, tritt er in die Reihe der Personen, welche an dem Umlaufe desselben teilnehmen, nicht aber, wenn er sich darauf beschränkt, namens seines Auftraggebers die demselben zustehenden Befugnisse auszuüben[1]). Wenn jemand lediglich als Vertreter des Konkursverwalters und namens desselben Auftrag zur Präsentation des Wechsels und zur Protesterhebung gegeben hat, ist er nicht als Inhaber und selbständiger Extrahent des Wechsels zu betrachten und die Anwendung der in Frage stehenden Strafbestimmungen nicht gerechtfertigt.

Sammlung Bd. XII S. 145.

---

[1]) Vgl. hierzu Urteil des Oberapell.Ger. zu Jena vom 27. Septbr. 1871, des bayer. Kassationshofes vom 14. August 1871 und des preuss. Obertribunals vom 25. Juni 1874 in Stengleins Zeitschr. Bd. I S. 177, Bd. IV S. 87, 88.

V.
Zölle.
a. Entscheidungen der Strafsenate.
1.
Vereinszollgesetz vom 1. Juli 1869 § 134 u. 135.

I. Strafsenat. Urteil vom 12. April 1880, R. Nr. 826/80.

Einer Konterbande macht sich schuldig, wer unternimmt, Gegenstände, deren Ein-, Aus- oder Durchfuhr verboten ist, ein- oder durchzuführen. Wenn die Einfuhrerlaubnis arglistig und durch falsche Vorspiegelungen erwirkt wurde, wird der Begriff des § 134 des Vereinszollgesetzes noch nicht gegeben, denn es besteht nach diesem Gesetz kein Unterschied zwischen demjenigen, welcher berechtigt und demjenigen, welcher nicht berechtigt zur Einfuhr ist, sondern das Gesetz unterwirft nur denjenigen dem Begriffe der Konterbande, wer Gegenstände, deren Einfuhr verboten ist, dem Verbote zuwider einzuführen unternimmt. Das Gesetz verhängt auch in § 139 keine Strafe, sondern nur Zurückschaffung der Gegenstände, wenn verbotene Gegenstände angezeigt oder zur Revision gestellt werden.

Sammlung Bd. I S. 354.

2.
§ 134, 146.

I. Strafsenat. Urteil vom 23. September 1880, R. Nr. 2014/80.

Es liegt in der Natur der Sache, dass die verbotwidrige Einführung von Gegenständen aus dem Auslande (Konterbande nach § 134 des Vereinszollgesetzes), insbesondere der Transport von Vieh über die Zollgrenze, sich aus einer Reihe von Massnahmen und Ausführungsakten zusammensetzt, die in der Gesamtheit sich als Unternehmen einer Einführung darstellen, und auch, wenn sie auch in dem Akte der Grenzüberschreitung kulminieren, doch dergestalt in innerer Zusammengehörigkeit bestehen, dass jede dem einen Schritte über die Grenze vorausgehende Handlung als vorbereitende oder Versuchshandlung, jede ihm nachfolgende Thätigkeit als Begünstigung der vollendeten Straftat zu gelten hätte. Der Thatbestand der Konterbande kann auch bei solchen Personen angenommen werden, welche bei der unmittelbaren „Herüberschaffung" über die Grenze nicht mitgewirkt, sondern nur Auftrag gegeben, angeordnet, oder durch andere betreiben und ausführen haben lassen.

Sammlung Bd. II S. 260.

3.

I. Strafsenat. Urteil vom 21. Oktober 1880, R. Nr. 2625/80.

Die Geldbusse nach § 125 des Vereinszollgesetzes ist nur dann verwirkt, wenn bei Gegenständen, deren Einfuhr e r l a u b t ist, die Einfuhr unter Hinterziehung der Eingangsabgaben unternommen wird. Der Thatbestand der Konterbande durch Verfehlung gegen die zur Abwehr der Rinderpest erlassenen Vorschriften schliesst also begrifflich die Annahme des hiermit zusammentreffenden Thatbestandes gleichzeitiger Zolldefraudation aus.

Sammlung Bd. II S. 370.

4.

Urteil vom 6. November 1880 (Sammlg. der Entsch. d. R.G. für Industrie, Handel und Gewerbe v. Auerbach, S. 231).

Eine Zolldefraudation ist erst als vollbracht anzusehen, wenn die Defraudation begangen ist, nachdem die Verpflichtung zur Zahlung des Zolles eingetreten ist, demnach die zollpflichtige Ware die Grenze passiert hat, da der Eingangszoll nur zu zahlen ist, wenn die Ware eingeht und die Strafe in dem Vierfachen des Eingangszolles besteht. Wenngleich ein Kaufmann ausgeht, zollpflichtige Waren ohne Bezahlung des Zolles über die Grenze in den Zollverein zu bringen, so ist doch das Unternehmen erst vollendet, wenn er sie thatsächlich einführt.

5.

§ 135, 146, 149.

I. Strafsenat. Urteil vom 26. September 1881, R. Nr. 1803/81.

Die durch St.G.B. § 257 als selbständige Strafe bedrohte Begünstigung ist nur insoweit strafbar, als der Angeklagte nach Begehung eines Verbrechens oder Vergehens dem Thäter oder Teilnehmer in deren Interesse wissentlich Beistand leistet. Nach dem Zollgesetze vom 1. Juli 1869 § 149 sind in betreff der Bestrafung der Miturheber, Gehilfen und Begünstiger einer Defraudation, soweit nicht die Bestimmungen der §§ 146 und 147 Anwendung finden, die allgemeinen Vorschriften der Landesstrafgesetze, jetzt des Strafgesetzbuchs massgebend.

St.G.B. § 257 verlangt, dass der Beistand wissentlich geleistet sei. Wissentlich leistet jemand nach Begehung eines Verbrechens oder Vergehens Beistand, wenn er die von dem Thäter oder Teilnehmer begangene Strafhandlung kennt. Es erscheint daher dieses Bewusstsein als wesentliche subjektive Voraussetzung, so dass ein Mangel dieser Kenntnis nach §§ 257 und 59 des St.G.B. die Strafbarkeit einer objektiv in die Erscheinung tretenden Beistandsleistung ausschliesst. Jedes Bewusstsein (der dolus) ist so zu verstehen, dass auf der einen Seite die Kenntnis von der strafbaren Handlung nicht ausreicht, anderseits keineswegs Wissenschaft von der speciellen konkreten Gestaltung des Verbrechens bzw. Vergehens im Einzelfalle notwendig ist. Der Begriff des wissentlich Beistandleistens erfordert allerdings, dass der Angeklagte diejenigen Merkmale kannte, worin das Gesetz die Verbrechen oder Vergehen ausgeprägt findet. Eine Zolldefraudation ist nicht an sich schon ein Vergehen; es entscheidet die Höhe des im Einzelfall zu entrichtenden Zolles über den Charakter einer Defraudation.
Sammlung Bd. V S. 23.

6.

§ 136 Ziff. 5 d u. 137.

1. Strafsenat. Urteil vom 24. Oktober 1881, R. Nr. 1983/81.

Das Strafgesetz, zumal ein positives Steuergesetz, ist strikte zu interpretieren, daher darf bei der Interpretation des Gesetzes das Gewicht nicht auf untergeordnete Worte gelegt werden, um aus der Premierung einer bedeutungslosen Wortsetzung dem Gesetze einen gezwungenen Sinn beizulegen. Es erscheint an sich schon bedenklich, die Strafbarkeit einer Handlung von einer besonderen Art der Entdeckung abhängig zu machen. Der Ausdruck „betroffen worden" ist durch die Absicht, unter Ziff. 5 die beim Transport vorkommenden Handlungen zusammenzufassen, herbeigeführt. Aus diesen Worten lässt sich nicht folgern, dass das Fehlen des Zollausweises während des Transportes konstatiert sein müsse. Die Bestimmung ist aus § 6 des früheren Gesetzes des Zollvereins wegen Bestrafung der Zollvergehen herübergenommen, dort war ebenso wenig eine beschränkte wörtliche Auslegung der Art der Entdeckung möglich. (Auch in anderen Urteilen vom 14. November 1881 Rep. Nr. 2671/81 und 31. Mai 1881 Rep. Nr. 1106/81 hat sich das R.G. für dieselbe Auslegung ausgesprochen.)
Sammlung Bd. V S. 72.

7.
§ 154 u. 155.

I. Strafsenat. Urteil vom 9. Februar 1882, R. Nr. 156/82.

Die Frage, dass ausser dem nicht vorliegenden Falle des § 154 des Vereinszollgesetzes die Verpflichtung zur Erlangung des Wertes an Stelle der nicht vollziehbaren Konfiskation nur dem Eigentümer auferlegt werden könne, d. h. ob § 155 die §§ 134 und 135 dahin ergänze, dass der Defraudant die Konfiskation der Gegenstände, gleichviel ob er Eigentümer ist oder nicht, im Falle der Nichtvollziehbarkeit der Wertentrichtung erwirkt oder ob § 154 die §§ 134 und 135, sowie 155 dahin interpretieren, dass die angedrohte Konfiskation und ihr Surrogat selbstverständlich den Eigentümer (welchen §§ 134 und 135 als den Hauptfall im Auge hat), diesen aber jederzeit, auch wenn ein anderer Defraudant teilnimmt, und nur dann nicht trifft, wenn dieser ohne Wissen und Wollen die Defraudation verübt und dann statt der Konfiskation den Wert des Gegenstandes zu erlegen hat, ist dahin zu beantworten, dass die Specialvorschrift des § 154 dem Nichteigentümer eine Nebenstrafe nur da androht, wo nur der Eigentümer weder principiell noch subsidiär noch überhaupt noch mit dem Gegenstande strafrechtlich verhaftet ist. Der Wertersatz ist nicht in zwei Fällen, Unbeteiligtsein des Eigentümers und Unvollziehbarkeit der Konfiskation, dem Defraudanten als solchem auferlegt, sondern die Konfiskation und eventuell der Wertersatz trifft stets den Eigentümer, sei es, dass er oder ein anderer oder beide als Defraudanten zu strafen sind, an Stelle derselben der Wertersatz den Nichteigentümer nur, wenn der Eigentümer nicht strafbar ist oder die Verfolgung unterbleibt. (Vgl. Urt. des II. Strafs, v. 23. Juni 1880 Rep. Nr. 78/79 und des Oberappell.Ger. in Dresden v. 16. Aug. 1875 [sächs. Gerichtszeitg. Bd. XX S. 187]).
Sammlung Bd. V S. 387.

8.
Gesetz vom 1. Juli 1869 § 124, 136, 137, 162.

III. Strafsenat. Urteil vom 22. April 1882, R. Nr. 782/82.

Der Thatbestand des § 136 Nr. 7 des Vereinszollgesetzes wird nicht in dem Beziehen zollpflichtiger Gegenstände ohne Ausweis über Verzollung oder zollfreie Abstammung, sondern in der Thatsache des sich Nichtausweisens gefunden. Diese Bestimmung enthält nicht eine Beweisregel der gesetzlichen Präsumtion für die Annahme der Hinterziehung, sondern den selbständigen Thatbestand einer Zolldefraudation besonderer Art. Nur der im Abs. 2 l. c. vorgesehene Gegenbeweis ist offen gelassen. Daraus folgt, dass, wenn der Mangel oder die unterlassene Beibringung des Ausweises den Reat des überwiegend formalen Zollvergehens darstellt, es unstatthaft ist, die Frage der einmaligen oder mehrmaligen Begehung nicht von der einmal oder mehrmals festgestellten Unfähigkeit des Ausweises, sondern von dem trennbaren Teile der bezogenen oder gefundenen Gegenstände abhängig zu machen. Für das zollfiskalische oder zollstrafrechtliche Interesse fehlt es an jedem Interesse überhaupt zu solch künstlichen Unterscheidungen, welche lediglich für die Umwandlung der Geldstrafe in Freiheitsstrafe Bedeutung haben könnten. Dass die mehrfache Begehung der Zolldefraude hier von der in der Willkür der Zollbeamten stehenden Häufigkeit der Revisionen abhängt, trifft überall zu, wo die Strafbarkeit einer Handlung nur im Wege besonderer Nachforschung von zuständiger Seite festgestellt werden kann.
Sammlung Bd. VI S. 191.

9.
§ 140, 141, 142, 146, 149, 162.

III. Strafsenat. Urteil vom 7. Oktober 1882, R. Nr. 2469/82.

Die gesetzliche Vermutung einer komplottmässigen Ausübung der Zolldefraude tritt ein, wenn die vom § 146 Abs. 2 des Z.V.G. erforderte äussere

Zusammengehörigkeit thatsächlich festgestellt ist. Daraus folgt, dass jeder Mitthäter solidarisch die Verantwortlichkeit für die gesamten defraudierten Gegenstände zu tragen hat. Nach Massgabe der für die Mitthäterschaft geltenden
Grundsätze (§ 47 des St.G.B. und § 149 des Z.V.G.) musste daher auch der
tarifmässige Betrag des Zolles der gesamten Partie der zollpflichtigen Ware für
die Berechnung der jeden treffenden Geldstrafe zu Grunde gelegt werden.

Für die Bestrafung wegen Rückfalles setzen die Worte in § 141 des V.Z.G.
voraus einen ersten Rückfall im gesetzlichen Sinne oder eine Verurteilung in
Gemässheit des § 140 und dass der Abs. 3 in § 142 mit den Worten „des zuletzt begangenen früheren Vergehens" nicht lediglich die absolut letzte Verurteilung, sondern überhaupt den zwischen einer und der darauffolgenden Verurteilung jedesmal in Mitte liegenden Zeitraum im Auge hat. Es weicht hier
das Z.V.G. von den Rechtsnormen des St.G.B. (§ 245 und 264) ab und steht
auf dem Standpunkte des vormaligen preuss. Strafgesetzbuches vom 14. April
1851 (§ 60). Die Rechtsprechung des preuss. Obertribunals erklärte den Grundsatz des § 60 des preuss. St.G.B. als den allgemein gültigen, auch für die neben
dem St.G.B. geltenden Specialstrafgesetze, insbesondere das Zollstrafgesetz (Cirkularverfügung des preuss. Gen.-Direktors v. 7. Oktober 1853) und auf dieser
Grundlage entstand der § 140—142 des Z.V.G. (Verh. des deutsch. Zollparlaments 1869, S. 197, 198 und Aktenstücke Nr. 4 S. 19 u. 20.) Nach dieser Auslegung müssen also auch bezüglich der früheren Verurteilung die Voraussetzungen
des ersten Rückfalles vorgelegen haben.

Sammlung Bd. VII S. 138.

10.

§ 3, 5, 42, 135.

III. Strafsenat. Urteil vom 7. Dezember 1882, R. Nr. 2721/82.

Die Staatsanwaltschaft ist berechtigt, durch einen Antrag auf Entscheidung des Reichsgerichts die Zuständigkeit gemäss § 136 letzter Absatz des Z.V.G.
für die Verhandlung und Entscheidung über das Rechtsmittel der Revision gegen
Urteile der Strafkammern in der Berufungsinstanz wegen Abgaben und Gefällen, welche zwar auf Grund von Landesgesetzen erhoben werden, aber in die
Reichskasse fliessen, auch dann zu begründen, wenn weder die Staatsanwaltschaft selbst Revision eingelegt hat, noch die Revision gegen die Staatsanwaltschaft gerichtet ist; denn die §§ 441, 465, 467 der St.P.O. und § 136 des Z.V.G.
unterscheiden nicht weiter, in welcher Eigenschaft und Stellung die Staatsanwaltschaft zu fraglichem Antrage legitimiert sei. Nach § 135 des V.Z.G. sind nur
Hinterziehungen derjenigen Ein- und Ausgangsabgaben strafbar, welche in § 3,
5 a. a. O. bezeichnet sind, nicht aber die innerhalb des zollvereinsländischen
Verkehrs nicht auf Grund des Zolltarifs, sondern von Staatsverträgen bestehenden
sog. Uebergangsabgaben. Hierfür kommen die auf den älteren Zollvereinsverträgen beruhenden landesgesetzlichen Bestimmungen (vgl. Denkschrift, den Entwurf eines Vereinszollgesetzes, Sammlung der Drucksachen des deutschen Zollparlaments 1869 Nr. 4 Pkt. 75 Abs. 4 S. 82) in Betracht. Für den Thatbestand
einer Defraudation kommt nur die objektive Richtigkeit oder Unrichtigkeit der
Deklaration, nicht aber ein Irrtum des Deklaranten bezüglich der Bezeichnung
der Waren oder vom amtlichen Warenverzeichnis abweichende handelsübliche
Warenbenennung in Berücksichtigung.

Unbekanntschaft mit den Zollgesetzen und den Zollordnungen sollte nach
keiner Richtung hin eine Schutzeinrede sein und die selbst in gutem Glauben
bewirkten objektiven Unrichtigkeiten der Deklaration fordern nur innerhalb der
Rückfallsstrafen eine gewisse Anerkennung als milderer Defraudationsformen.
(§ 8, 28 des Zollstrafgesetzes v. 1. Mai 1838.)

Sammlung Bd. VII S. 326.

11.

§ 136 Ziff. 7, 137, 143.

III. Senat. Urteil vom 29. Januar 1883, R. Nr. 3229/82.

Nach der ganzen Entstehungsgeschichte des Zollvereinsgesetzes kann der rechtliche Zusammenhang zwischen § 136 Nr. 1 a. c. d., 137 u. 143 nur dadurch hergestellt werden, dass man annimmt, es sich genüge objektiv unrichtige Deklaration zum Thatbestand der von Spediteuren, Frachtführern u. s. w., im Auftrag dritter handelnder Gewerbetreibender begangenen Defraude und gehöre die wissentliche Unrichtigkeit nicht zum Anschuldigungsbeweis; der Gegenbeweis fehlender Defraudationsabsicht sei vom Angeschuldigten zu führen und befreie von der Defraudationsstrafe; könne er diesen Gegenbeweis nicht führen, so könne er in Gemässheit des § 143 a. a. O. sich auf den durch Vorlegung seiner Korrespondenzen, Frachtbriefe etc. zu führenden leichten Nachweis beschränken, dass er deklariert habe, wie ihm aufgetragen; dadurch werde er von der Rückfallsstrafe liberiert. Die Zollbehörde ist unbehindert, die Richtigkeit der Deklarationen durch Revisionen zu kontrollieren und diejenigen zu ermittelnden Personen, welche zu unrichtiger Deklaration veranlasst haben, als Thäter oder auf Grund des § 149 als Anstifter, Teilnehmer, Gehilfen der Defraude zur vollen Verantwortlichkeit zu ziehen.

Sammlung Bd. VIII S. 22.

12.

§ 124, 136.

III. Strafsenat. Urteil vom 15. Februar 1883, R. Nr. 3259/82.

Unter dem Ausdruck „zollfreie Abstammung" ist nur der Nachweis verlangt, dass die Verzollung von unmittelbar aus dem Auslande bezogener Waren erfolgt sei und ist gleichbedeutend mit dem Nachweise des Empfangs aus dem Inlande. Wenn auch das Reichsgericht schon wiederholt erkannt hat, dass die bloss äusserere und formelle Beobachtung der vom § 124 vorgesehenen Kontrollvorschriften bezüglich der Buchführung etc. noch keinen Ausweis im Sinne des § 136 Ziff. 7 darstellt, die letztere vielmehr, den Buchungen entsprechend, auch die materielle Wahrheit darthun muss, so erscheint es doch unstatthaft, auch für die Richtung des zu erbringenden Ausweises die ausdrückliche Bezugnahme auf § 124 unberücksichtigt zu lassen. Nicht in Frage steht, ob ein Gewerbetreibender nicht anderweitig als Miturheber, Anstifter, Gehilfe, Begünstiger von Zolldefraudation verantwortlich zu machen sei.

Sammlung Bd. VIII S. 58.

13.

§ 154 des Vereinszollgesetzes; § 3 des Reichsgesetzes vom 17. Juli 1881, betr. die Bestrafung von Zuwiderhandlungen gegen die österreichisch-ungarischen Zollgesetze (Zollkartell mit Oesterreich-Ungarn vom 13. Mai 1881 § 13).

III. Strafsenat. Urteil vom 5. Mai 1883, R. Nr. 790/83.

Sowohl gegen den Thäter als den Gehilfen bei einer Zolldefraude muss gemäss § 3 des Gesetzes vom 17. Juli 1881, verbunden mit § 49 des St.G.B., dann § 154 des Z.V.G. vom 1. Juli 1869, sowie § 13 des Zollkartells mit Oesterreich-Ungarn und § 394 der St.P.O. die Einziehung der defraudierten Ware, welche bei dem Angeklagten beschlagnahmt ist, ausgesprochen werden, ohne Rücksicht, in welchem Verhältnisse der wegen der Defraudation zur Strafe Verurteilte zur defraudierten Sache steht.

Sammlung Bd. VIII S. 280.

14.

§ 111, 113, 118, 146, 149 des Vereinszollgesetzes.

III. Strafsenat. Urteil vom 2. Juli 1883, R. Nr. 1571/83.

Es kommt nur auf die konkret objektive Zollpflichtigkeit der Ware an, und diese Zollpflichtigkeit war gegeben, sobald nicht vor der Einführung über die Zollgrenze der Erlass des Eingangszolls (§ 111, 137, 136 des Gesetzes) bewirkt worden war. Die nachträgliche Bestreitung der Defraudationsabsicht oder Defraudationsmöglichkeit ist ohne Belang. Der erschwerende Umstand und die erhöhte Strafe des bandemässigen Schmuggels beruht wesentlich darauf, dass das örtlich und zeitlich verbundene Auftreten einer Mehrzahl bewusst zusammenwirkender Genossen die Bekämpfung des Schmuggels erschwert, Konflikte verschärft und die Gefährlichkeit des verbrecherischen Treibens erhöht. Vorausgegangene Verabredung ist bedeutungslos. Der § 146 des V.Z.G. will also nur diejenigen als Teilnehmer bandemässig betriebenen Schmuggels bestrafen, welche bei dem Unternehmen selbst, beim Akt der Einschwärzung als Mitthäter oder thätiger Gehilfen persönlich mitgewirkt haben. Doch bleiben § 48 u. f. des St.G.B. neben der qualificierten Defraude noch immer anwendbar.

Sammlung Bd. IX S. 42.

15.

§ 119, 125, 135, 136, 137, 138, 149, 152.

I. Senat. Urteil vom 9. Juli 1883, R. Nr. 1151/83.

Der § 138 in Verbindung mit § 119, 125, 135 und 136 ist dahin zu verstehen, dass der betreffende Handlungtreibende im Binnenlande, welcher die vorgeschriebene Buchführung über die unmittelbar aus dem Auslande bezogene zollpflichtige Ware unterlassen hat, solange als Defraudant gilt, bis die desfallsige Vermutung durch das irgendwie gewonnene Ergebnis der Untersuchung beseitigt werde. Die Defraudation entfällt, wenn die Vermutung einer verübten Defraude sich widerlegt. Hat ein anderer das Delikt begangen, so würden gegen den betreffenden Handlungtreibenden nur die Bestimmungen über Teilnahme und Begünstigung (§ 149 des V.Z.G.) Anwendung leiden. Der Thatbestand des Deliktes ist nicht schon durch die von dem Angeklagten unterlassene Einsicht etc. einer Nachweisung der Verzollung erfüllt. Die Verpflichtung stellt sich lediglich als Voraussetzung für eine gehörige Buchführung dar. Der Mangel einer solchen Buchführung aber ist nach § 138 des V.Z.G. das die Vermutung der Defraude begründende Element. Ist die Vermutung widerlegt, so kann sie wirksam nicht wieder rückwärts durch Hervorheben und Abtrennung eines einzelnen Unterlassungsaktes hergestellt werden, der aber nur einen Bestandteil der — unterbliebenen — Buchführung bildet und sie nicht wie in § 136 Ziff. 7 als strafrechtlich selbständige Thatsache das Dasein der Defraude begründet.

Sammlung Bd. IX S. 54.

16.

§ 125 Ziff. 2.

I. Senat. Urteil vom 26. November 1883, R. Nr. 2384/83.

Die Bestimmung des § 125 Ziff. 2 in Verbindung mit Ziff. 1 und XV des Gesetzes zeigt, dass unter den Worten „unmittelbar aus dem Auslande beziehen" der nämliche Akt des Beziehens der Ware unmittelbar aus dem Auslande, so dass also die Ware zur Zeit ihres Bezuges sich noch räumlich im Auslande befunden haben müsse, verstanden wird; nicht aber wenn Waren ausländischen Ursprunges oder solche, die einem Ausländer gehören, im Inlande lagern oder aus dem Inlande bezogen werden.

Sammlung Bd. IX S. 218.

17.

§ 139.

I. Senat. Urteil vom 27. März 1884, R. Nr. 417/84.

Die Bestimmung des § 129 des V.Z.G. scheidet der Natur der Sache nach in einem Falle aus, wo der Angeklagte nicht allein die Konterbande beabsichtigt hat, sondern sein durch Missbrauch des fremden Erlaubnisscheines gefördertes Unternehmen alle Thatbestandsmerkmale einer wirklich vollendeten, vollbrachten Konterbande nach § 134 l. c. in sich enthält.

Sammlung Bd. X S. 219.

18.

§ 135, 136 Ziff. 5 d, 137, 139.

III. Senat. Urteil vom 5. Mai 1884, R. Nr. 970/81.

Es entspricht der konstanten Rechtsprechung des Reichsgerichts, dass der in § 136 Ziff. 5 d bezeichnete Thatbestand der Defraudation begrifflich nur die Thatsache des Transportes zollpflichtiger Gegenstände im Grenzbezirke ohne Zollausweis, nicht aber notwendig voraussetzt, dass der Angeschuldigte während des Transportes im Grenzbezirke betroffen wurde. Die Annahme einer Realkonkurrenz der Thäterschaft bezw. Teilnahme aus § 135 des V.Z.G. und selbständiger Thäterschaft aus § 136 l. c. an demselben zollpflichtigen Gegenstande erscheint rechtlich unstatthaft. Die Vorschriften des § 136 beruhen auf der gesetzlichen Vermuthung, hinter dem hier formalen Thatbestand verberge sich das Unternehmen gemeiner Zolldefraudation, dass also die Fälle des § 136 begrifflich nur Fälle des in § 135 generell definierten Unternehmens der Zolldefraudation darstellen sollen (s. oben 11). Das Unternehmen nach § 135 setzt sich aus einer Reihe von Einzelhandlungen zusammen, von welchen jede für sich betrachtet schon genügen kann, eine Defraudation herzustellen; trotzdem kann nicht davon die Rede sein, diese Einzelhandlungen als verschiedene real konkurrierende Reate aus § 74 des R.St.G.B. zu ahnden. Niemand kann bei demselben Reate einmal als Thäter, dann als Gehilfe beteiligt sein, vielmehr muss auch hier der Rechtssatz in Kraft treten, dass, wenn die Mitschuld an einem Delikte in verschiedenen leichten und schwereren Formen in Frage steht, die schwerste Form allein in Betracht kommt; der Thatumstand, dass jemand bei der Einschwärzung über die Zolllinie als Gehilfe thätig gewesen, kann schlechterdings nicht den Nachweis ersetzen, dass er nicht als Thäter eine Defraude begehen habe können oder wollen. Die Beihilfehandlungen haben rechtlich aufzugehen in dem Begriffe der Hinterziehung des Eingangszolles.

Sammlung Bd. X S. 406.

19.

§ 119, 120, 135, 136 Nr. 5 d, 137.

III. Senat. Urteil vom 27. Mai 1884, R. Nr. 1168/84.

Unter „Gütertransport mit den Posten" sind nur solche Güter zu verstehen, welche von der Postanstalt thatsächlich zur Beförderung übernommen werden und sich als Gegenstände des Posttransportes in dem Gewahrsam der Postanstalt befinden. Unter dem Ausdruck „Sendung von Haus zu Haus" (§ 120) will das Gesetz den gewöhnlichen bürgerlichen Verkehr innerhalb der Strassen und Häuser einer Stadt, Dorfschaft oder geschlossenen Ortschaft zwischen den Bewohnern derselben und der Transportkontrolle eximieren. Postanstalten sind sowenig wie Bahnhöfe „Häuser" in diesem Sinne; was diesen Anstalten übergeben wird, wandert über den Bereich der Ortschaft hinaus, denn der Aufgebende beabsichtigt und bezweckt die sofortige Weiterbeförderung mit der Post oder Bahn. (In demselben Sinne hat das Urteil des preussischen Obertribunals vom 15. April 1864, Oppenhoff, Rechtsprechung Bd. IV S. 465 sich ausgesprochen.)

Sammlung Bd. X S. 411.

§ 135, 154, 155.

IV. Senat. Urteil vom 17. Juni 1884, R. Nr. 1072/84
(s. auch oben Ziff. 7).

Nach § 135 bildet die Konfiskation einen Teil der den Defraudanten treffenden Strafe und hat auf das Rechtsverhältnis, in dem der Defraudant zur Ware steht, keinen Einfluss. Hiermit steht § 154 des Gesetzes in vollem Einklang, denn die durch die Konfiskation herbeigeführte Rechtsveränderung äussert ihre Wirkung stets gegen den Eigentümer, ohne Rücksicht auf dessen unmittelbare oder mittelbare Beteiligung an der Defraudationshandlung. Hiervon gibt es nur eine Ausnahme, wenn der Transportführer, Frachtmann oder Schiffer ohne Teilnahme und Mitwissen des Eigentümers oder des in dessen Namen handelnden Befrachters eine Konterbande verübt.

Was von der Konfiskation gilt, gilt auch von der bei nicht vollziehbarer Konfiskation zu erkennenden Verpflichtung zum Wertersatze, welche ebenso immer gegen diejenigen Personen festzusetzen ist, welche die Konfiskation „verwirkt" haben. Auch hier bedarf es der Ermittlung des Eigentümers für den Strafrichter nicht.

Sammlung Bd. X S. 440.

21.
§ 158..

I. Senat. Urteil vom 22. Dezember 1884, R. Nr. 2934/84.

Wenn die Zolldefraudation mit anderen strafbaren Handlungen ideal oder real konkurriert (§ 23 des St.G.B.), ist es auf die durch das Zolldelikt verwirkte Geldstrafe ohne Einfluss, ob neben dieser noch eine weitere Strafe auszusprechen sei. Die als Strafe der Konterbande nach § 134 des V.Z.G. auszusprechende Konfiskation ist stets zu verhängen und nur die ausserdem noch verwirkte Geldbusse hat ausser Anwendung zu bleiben, sofern die neben der Konfiskation zu bestrafende Handlung der Konterbande mit einer in besonderem Gesetze bedrohten höheren Strafe zu belegen ist (vgl. Urteil des bayer. obersten Gerichtshofes vom 9. Mai 1868; Sammlung der Erkenntn. des Kassationshofes Bd. II S. 220; Erkenntnis des preuss. Obertribunals vom 17. Juni 1873; Oppenhoff Bd. XIV S. 65). Das Vereinszollgesetz ist vermöge des strafrechtlichen Charakters der Erläuterung durch Landesgesetze entrückt und darf nicht aus Landesgesetzen seine Auslegung finden.

Sammlung Bd. XI S. 330.

22.

Vereinszollgesetz § 135; Zolltarif vom 15. Juli 1879 Nr. 20.

II. Senat. Urteil vom 16. Januar 1885, R. Nr. 3130/84.

Nach Art. 26 des Zolltarifs vom Jahr 1879 ist Oel, amtlich denaturiert, frei. Hieraus ergibt sich als Regel die Zollpflichtigkeit des Baumöles; ausnahmsweise ist Zollfreiheit gewährt bei amtlicher Denaturierung. Vorausgesetzt wird also zur Zollfreiheit 1) Denaturierung, d. h. Unbrauchbarmachung zum Genusse für Menschen (vgl. Nr. 7 § 7 der preuss. V.O. betr. die Erhebung von Salz vom 9. August 1867) und zwar in der Weise, dass eine Ausscheidung der diese Unbrauchbarmachung herbeiführenden Stoffe nicht oder nur unter Anwendung von unverhältnismässigen, d. h. den Zollbetrag unbedingt übersteigenden Kosten möglich ist; 2) Vornahme dieses Aktes seitens oder unter Kontrolle der zuständigen Beamten. Die Denaturierung muss also auf die in der Anmerkung des amtlichen Warenverzeichnisses vorgesehene Art erfolgt sein. Die in § 136 des Z.V.G. geschehene Aufzählung der Art der Defraudation erschöpft keineswegs den Thatbestand der Zolldefrauden; denn es ist nicht ausgesprochen, dass nicht noch andere Fälle sich als Zolldefraudationen charakterisieren können. Setzt man den Fall, die Angeklagten hätten vorsätzlich die Steuerbeamten durch Darreichung eines nicht geeigneten Denaturierungsmittels in den Irrtum versetzt, eine wirkliche Denaturierung im gesetzlichen Sinne vorzunehmen und so bewogen, nicht denaturierte Ware zollfrei zu lassen, so würde doch eine Zolldefraudation nach § 136 des Gesetzes vorliegen.

Das Zollgesetz macht nur für die Bemessung der Strafe (§§ 141, 148), nicht aber für den Thatbestand der Defraude (von dem Ausnahmsfall in § 92 in Verbindung mit § 136 Nr. 2 abgesehen) einen Unterschied nach der Richtung hin, ob die Defraude nur mittels Täuschung des Steuerbeamten möglich war, oder ob die Täuschung von dem Beamten hätte leicht vermieden werden können. Der Dolus der Zollhinterziehung ist vorhanden, sobald der Thäter das Bewusstsein hat, dass seine Handlung dem Fiskus einen tarifmässigen Zoll entziehe. Ob der Thäter bei der Erhebung des Zolles interessiert ist oder nicht, kommt nicht in Betracht. Gleichgültig ist auch, ob die Angeklagten sich als Endziel ihrer Thätigkeit die Verwertung des Baumöles gesetzt haben oder nicht; es entscheidet nur die amtliche Denaturierung über die Frage der Zollpflichtigkeit. Da die Strafe der Defraude in dem vierfachen vorenthaltenen Werte besteht (§ 135), so kann das Unternehmen nicht früher als begangen betrachtet werden, als nachdem der Fall eingetreten ist, dass die Abgabe schuldig geworden ist, d. h. mit dem Eintritt in das Zollgebiet. Der bedingte Zollanspruch steht unter dem Strafschutze des § 135 a. a. O. und das Vorhaben, mittelst Täuschung des Beamten den Zollanspruch illusorisch zu machen, wenn auch die Täuschung nicht gelang, ist als Defraudation strafbar, sofern nur der Entschluss durch Handlungen bethätigt worden ist.

Sammlung Bd. XI S. 366.

23.

Vereinszollgesetz vom 1. Juli 1868 § 12, 18; St.P.O. § 260, 2.

III. Senat. Urteil vom 28. Januar 1885, R. Nr. 3236/84.

Das gesamte Strafverfahren wird von dem Grundsatze beherrscht, dass der Strafrichter, welcher über die Strafbarkeit einer Handlung entscheiden soll, alle Voraussetzungen, die für die Beantwortung der Schuldfrage, wie für die Festsetzung der Strafe massgebend sind, selbständig erörtern und aus seiner freien, aus dem Inbegriffe der Verhandlung zu schöpfenden Ueberzeugung feststellen hat (§ 260 der St.P.O.). Dies gilt auch von denjenigen Voraussetzungen, welche einem anderen als dem eigentlich strafrechtlichen Rechtsgebiete angehören und so namentlich von Fragen des öffentlichen Rechts. Eine Ausnahme von diesem Grundsatze könnte nur auf positiv gesetzlicher Grundlage geschaffen werden. An einer solchen fehlt es aber für die Frage der Subsumtion eines bestimmten Warenartikels unter die entsprechende Position des Zolltarifs. Der § 261 der St.P.O. ist eine Konsequenz des vorbezeichneten allgemeinen Grundsatzes in Bezug auf bürgerliche Rechtsverhältnisse, von welchen die Entscheidung über eine Strafhandlung abhängt (vgl. Motive zu § 221 des Entwurfs der St.P.O. S. 147 u. f., Hahn, Materialien Bd. III S. 201).

In § 12 und 18 des V.Z.G. ist keine Beziehung auf ein etwaiges, wegen Zollhinterziehung anhängiges Strafverfahren enthalten, es sind nur Vorschriften für Zahlung des Zolles und das eigentliche Zollerhebungsverfahren gegeben, woraus aber keine präjudizielle Kraft der Verwaltungsentscheidung für den Strafrichter abzuleiten ist. Dies geht aus der Entstehungsgeschichte des Gesetzes und Praxis des vormaligen preussischen Obertribunals (Entscheidg. vom 22. Nov. 1855 und 18. Okt. 1860 in Goldammers Archiv Bd. IV S. 233, Bd. IX S. 64) unzweifelhaft hervor. Dass die Entscheidung eines Straffalles durch eine Vorfrage bedingt ist, deren Beurteilung besondere, ausser der berufsmässigen Kenntnis des Strafrichters liegende Sachkunde erfordert, hindert nicht, da dieser Sachverständige zuziehen und die gutachtliche Aeusserung der Verwaltungsstelle,

in deren Geschäftskreis die Frage einschlägt, einholen kann, wodurch die Grundlagen der gerichtlichen Entscheidung hergestellt werden.

Sammlung Bd. XII S. 1.

24.

V.Z.G. § 41, 44, 151; Begleitscheinregulativ vom 23. Dezember 1869 § 31.

II. Senat. Urteil vom 17. Februar 1885, R. Nr. 276/85.

Nach § 41, 44, 151 und 154 des V.Z.G. vom 1. Juli 1869 und des durch
Cirkularreskript des k. preuss. Finanzministers vom 23. Dezember 1869 (Centralblatt für Abgabenverwaltung 1870 S. 21) den Behörden mitgeteilten Begleit-
scheinregulativs vom 23. Dezember 1869 hat der letzte Warenführer die Ware
unverändert dem Ort der Bestimmung zuzuführen und dem Orte, an welchem
Schlussabfolgung zu erwirken ist, unter Vorlegung des Begleitscheins zu gestellen
und bis dahin den amtlichen Verschluss unverletzt zu erhalten. Den Warenführer
kann eine Ordnungsstrafe treffen, auch wenn er die Verletzung weder vorsätzlich noch aus Fahrlässigkeit verursacht hat. Für die Frage, wer als letzter
Warenführer anzusehen ist, kann nur der Zeitpunkt der Schlussabfertigung und,
falls vorher die Verletzung des zollamtlichen Verschlusses entdeckt wird, der
Zeitpunkt der Entdeckung massgebend sein. Im Eisenbahnverkehr hat die
Funktion eines Warenführers, wer namens der Eisenbahnverwaltung den Gegenstand des Transportes in seinem Gewahrsam hat. Diese Frage ist nach den
bezüglichen Regulativen zu beantworten.

Sammlung Bd. XII S. 11.

25.

§ 146.

IV. Senat. Urteil vom 13. März 1885, R. Nr. 399/85.

Das Reichsgericht hat schon wiederholt entschieden (s. oben Nr. 6), dass
der Ausdruck „Betroffen worden ohne Zollausweis" nicht mehr bedeutet, als
wenn die Gegenstände sich ohne Zollausweis befinden oder wenn ein Zollausweis
nicht vorhanden ist. Ebenso hat das Reichsgericht bereits ausgeführt (s. oben
Nr. 14), dass die jetzige Fassung des Gesetzes (§ 146 V.Z.G.) nur gewählt wurde,
um den Beweis, dass das thatsächliche Zusammentreffen ein zufälliges gewesen,
offen zu lassen, so dass auch jetzt noch eine Rechtsvermutung für den banden-
mässigen Schmuggel besteht, gegen den Gegenbeweis zugelassen ist. Die Defraudation braucht nicht während der Verübung entdeckt und die äusserlich
nach Ort und Zeit zusammenwirkenden Defraudanten auf frischer That betreten
sein, sondern es müssen nur drei oder mehrere Personen zusammen in Ausübung eines Vergehens zeitlich und räumlich zusammengetroffen sein, so wird
ihre Verbindung vermutet, wenn nicht der Gegenbeweis gelingt, dass das Zu-
sammenbetroffenwerden nicht als ein gewolltes, sondern nur zufälliges sich darstellt.

Sammlung Bd. XII S. 106.

26.

Z.V.G. § 135, 136 Nr. 1 c, 137, 152, 153; St.P.O. § 459, 460, 462; E.G. z.
St.P.O. § 6.

IV. Senat. Urteil vom 22. Mai 1885, R. Nr. 1072/85.

Die §§ 28—60 des preussischen Gesetzes vom 23. Januar 1838 über Untersuchung und Bestrafung von Zollvergehen enthalten keine materielle, sondern
prozessrechtliche Bestimmungen, welche Vorschriften, da sie nicht das Verfahren
im Verwaltungswege, sondern das Verfahren vor den Gerichten betreffen (vgl.
Entsch. des R.G. Sammlung Bd. VIII S. 226) und weil die St.P.O. nicht darauf
verwiesen hat, ausser Kraft gesetzt sind (§ 6 des E.G. z. St.P.O.). Dass nach

den Bestimmungen der St.P.O. die aus § 153 des Z.V.G. subsidiarisch in Anspruch genommene Eisenbahnverwaltung in ihren Verteidigungsbefugnissen durch das Verhalten des Angeschuldigten nicht beschränkt, insbesondere auch befugt ist, zur Abwendung der Feststellung ihrer subsidiarischen Haftverbindlichkeit die Nichtschuld ihres Angestellten oder Bevollmächtigten nachzuweisen, erscheint unbedenklich (Entsch. des R.G. in Sammlung Bd. VIII S. 362). Wenn der primär Haftbare auf gerichtliche Entscheidung nicht angetragen hat, erwächst gegen ihn die Rechtskraft der Entscheidung der Verwaltungsstelle. Wenn aber der subsidiarisch Verpflichtete gerichtliche Entscheidung provoziert, so wird das Gericht mit der Prüfung der ganzen Sache befasst. Es hat selbständig zu prüfen, ob und in welchem Umfange eine Verletzung der Zollgesetze vorliegt. Findet das Gericht, dass der Hauptbeteiligte nicht mit der von der Verwaltungsbehörde festgesetzten Strafe, sondern mit einer geringern Busse zu belegen war, so war die subsidiarische Haftbarkeit nicht gänzlich zu verneinen, sondern einzuschränken. Einer derartigen Einschränkung steht nicht im Wege, dass der Strafbefehl gegen den Hauptbeteiligten eine Defraudation festsetzt, das Gericht aber nur eine Ordnungsstrafe als erwirkt ansieht.

Sammlung Bd. XII S. 212.

27.

§ 136 Nr. 1 a.

II. Senat. Urteil vom 5. Juni 1885, R. Nr. 1219/85.

Die Bestimmungen in § 136 Nr. 1 a u. c müssen nicht bloss auf selbständige Gewerbetreibende, sondern auch auf Prokuristen und Disponenten Anwendung finden, welche in Vertretung des gewerbetreibenden Prinzipals unrichtige Deklarationen abgaben. Dasselbe muss auch von Gewerbegehilfen gelten, welche im Gewerbe des Prinzipales Funktionen ausüben, die sich als Betrieb des speziellen Gewerbes darstellen und daher Sachkenntnis, Erfahrung und Kenntnis der zollgesetzlichen Vorschriften voraussetzen lassen.

Sammlung Bd. XII S. 241.

VI.

Zollvereinsvertrag.

1.

Gesetz vom 8. Juli 1867 Art. 5. II. § 2 Abs. 2 a; k. sächs. Verordnung vom 27. Dezember 1841 § 3 Abs. 1, die Uebergangsabgaben betreffend.

I. Senat. Urteil vom 2. März 1882, R. Nr. 317/82.

Wenn Branntwein zu anderen Fabrikaten verwendet ist, ist thatsächlich festzustellen, ob der Zusatz von Branntwein zu anderer Flüssigkeit nach der hierdurch ermittelten Beschaffenheit noch als Branntwein im Sinne des Gesetzes in Betracht gezogen werden kann. Weder der Art. 5 Ziff. II § 2 Abs. 2 a noch der Zollvereinsvertrag vom 8. Juli 1867, noch das Schlussprotokoll zu diesem Vertrage, noch § 2 des Gesetzes des nordd. Bundes, die Besteuerung des Branntweins betreffend, geben Normen über den Gehalt an Alkohol, bis zu welchem noch Branntwein zu besteuern ist. Es ist dies daher Thatfrage, ob von Liqueuren und anderen ähnlichen alkoholartigen Getränken im Sinne der Steuergesetzgebung noch gesprochen werden kann.

Sammlung Bd. VI S. 104.

2.

Urteil vom 7. Dezember 1882, R. Nr. 2721/82
(siehe unter Vereinszollgesetz Nr. 10).

b. Entscheidungen der Civilsenate.

1.

Zollvereinsvertrag vom 8. Juli 1867 Art. 10, 13, 16, 18; Vereinszollgesetz vom 1. Juli 1869 § 9, 12, 13, 15; preuss. Verordnung vom 26. Dezember 1808 wegen verbesserter Einrichtung der Provinzial- und Finanzbehörden; preuss. Gesetz vom 24. Mai 1861 § 9, Erweiterung des Rechtsweges; Gesetz vom 30. Mai 1879, Aenderungen des Zolltarifes.

III. Senat. Urteil vom 1. Juli 1881, R. Nr. 488/81.

Durch § 12 des V.Z.G. vom 1. Juli 1869 ist der Rechtsweg keineswegs ausgeschlossen. Dieser § 12 weist die unrichtige Subsumtion einer zu verzollenden Ware unter eine bestimmte Warenbezeichnung in dem amtlichen Verzeichnisse und die entsprechende Tarifnummer an die Verwaltungsbehörde, schliesst aber den Rechtsweg über die Frage, ob ein Zoll gesetzlich oder zur Ungebühr erhoben ist, nicht aus. Für den Rechtsweg gelten die im Reich und in den Einzelstaaten geltenden Bestimmungen, je nachdem der Ersatz gegen einen Einzelstaat bezw. dessen Zollbehörden oder gegen das Reich bezw. ein Reichszollamt geht. Betrifft die Klage eine Rechts- und Gesetzmässigkeit einer Verfügung der Organe des Deutschen Reichs, so kommen die reichsgesetzlichen, andernfalls die landesgesetzlichen Vorschriften in Betracht. Sind in den Reichsgesetzen besondere Vorschriften über Zulässigkeit des Rechtsweges nicht getroffen, so entscheiden diejenigen Normen, welche nach allgemeinen staatsrechtlichen Grundsätzen über Abgrenzung der Gebiete der Justiz und der Verwaltung und über die Frage, ob es sich um einen gerichtlich verfolgbaren Anspruch oder um eine Verwaltungsmassregel handelt. Diese Normen sind auch von den Gerichten der einzelnen Bundesstaaten, welche zur Entscheidung berufen sind, anzuwenden. Nach dem Zollvereinsvertrage vom 1. Juli 1869 und der deutschen Reichsverfassung (Art. 4, 33, 35, 36, 38, 39, 40, 70) ist jeder Bundesstaat zur Erhebung und Verwaltung der Zölle berechtigt, nicht als Organ des Deutschen Reiches, sondern kraft des ihm von der Verfassung beigelegten Rechtes. Die Erhebung der Zölle geschieht nicht mehr auf Grund vertragsweise übereinstimmender Landesgesetze, sondern auf Grund der Reichsgesetze, nicht mehr für Rechnung des einzelnen Staates, sondern des Reiches, allein dem Reiche steht nur eine beaufsichtigende Gewalt zu, dem Reiche gegenüber ist der einzelne Bundesstaat Schuldner bezüglich der von ihm erhobenen Zölle, der Bundesratsausschuss stellt den von der Kasse jedes Bundesstaats der Reichskasse schuldigen Betrag fest; dem einzelnen zur Erlegung des Zolles Verpflichteten gegenüber ist der Bundesstaat der zur Zollerhebung Berechtigte. Die Verfügungen der Bundesstaaten gehen von ihnen als Behörden des betreffenden Bundesstaates (nicht von Reichswegen) aus, Ansprüche wegen angeblicher Ungesetzlichkeit dieser Verfügungen auf Erstattung der mit Unrecht erhobenen Zollbeträge sind nicht gegen den Reichsfiskus, sondern den betreffenden Landesfiskus zu richten. Anders bei Zöllen, welche von einem kaiserlichen Hauptzollamte, z. B. in Bremen erhoben werden. Ein derartiges Zollamt erscheint als eine Behörde des Reiches, es ist ein Reichszollamt; es erhebt die Zölle namens und für Rechnung des Reiches, sie fliessen direkt in die Reichskasse. Auf sie haben die landesgesetzlichen Verfügungen eines Einzelstaates keine Anwendung. Dem steht auch nicht entgegen, dass das Reichszollamt mit einem Beamten eines einzelnen Bundesstaates besetzt ist.

Sammlung Bd. V S. 34.

2.

Zollvereinsvertrag vom 8. Juli 1867 § 21; Uebereinkunft der Zollvereinsstaaten wegen Erfindungspatente vom 21. Dezember 1842.

III. Senat. Urteil vom 25. April 1882, R. Nr. 492/81.

Die Bezugnahme auf den Staatsvertrag vom Jahre 1842 in § 8 des Zollvereinsvertrags von 1868, Art. 21 des Zollvereinsvertrags von 1867, Art. 37 der nordd. Bundesverfassung und Art. 40 der Reichsverfassung genügt als Ersatz der ordnungsgemässen Verkündung der Uebereinkunft der Zollvereinsstaaten vom 21. September 1842.

Sammlung Bd. VII S. 52.

3.

Vereinszollgesetz vom 1. Juli 1869 § 14, 108, 166; preuss. Zollgesetz vom 23. Januar 1838 § 2, 16.

II. Senat. Urteil vom 16. November 1880, R. II Nr. 148/80.

Wenn das Vereinszollgesetz vom Jahre 1869 § 14, 108 und das preuss. Zollgesetz vom Jahre 1838 § 16 dem Fiskus ein Retentions- und Pfandrecht an den zollpflichtigen Gegenständen verleiht, so berühren diese Bestimmungen das weit umfassendere und in der Wirkung verschiedene gemeinrechtliche Privileg des Fiskus für Steuern und öffentliche Abgaben nicht, wie denn überhaupt durch § 166 des ersten Gesetzes, übereinstimmend mit § 2 des letzteren, nur die entgegenstehenden Bestimmungen aufgehoben sind.

Sammlung Bd. III S. 340.

––––––––––

VII.
Kosten des Verfahrens.
1.
St.P.O. § 498 Abs. 2.

I. Senat. Urteil vom 2. Februar 1880, R. Nr. 172/80.

Die Verurteilung mehrerer Angeklagter in die Kosten kann nun auch ohne besondere Ausführungen dahin verstanden werden, dass alle Kosten und Auslagen die Mitangeklagten als Gesamtschuldner zu tragen haben.

Sammlung Bd. I S. 93.

2.
V.Z.G. vom 1. Juli 1869 § 153; St.P.O. §. 497; Gerichtskostengesetz § 6.

III. Senat. Urteil vom 24. März 1880, R. Nr. 533/80.

Wenn Ehemann, Ehefrau und Sohn als Mitthäter für eine gemeinschaftlich ausgeführte Zolldefraudation zu bestrafen sind, haftet der Ehemann rücksichtlich der von Ehegattin und Kindern verwirkten Geldstrafen, Zollgefällen und Kosten nicht aus § 153 des V.Z.G. Dieser Paragraph hat nicht die Defraude, sondern nur Handels-, Gewerbs- und andere an sich erlaubte Verrichtungen im Auge. Wenn dabei eine Ehefrau oder Kind eine Defraudation begeht, so haftet der Auftraggeber des an sich erlaubten Geschäfts subsidär für die Strafe der verübten Zollübertretung. Das Prozessgericht ist nicht befugt, bei Verurteilung der Angeklagten in die Kosten bestimmte Auslagen und Kosten von der Verurteilung auszunehmen und der Staatskasse zu überbürden. Diese Befugnis besteht nur bezüglich der Gebühren nach § 6 des Gerichtskostengesetzes.

Sammlung Bd. I S. 334.

3.
Str.P.O. § 498.

II. Senat. Urteil vom 8. Februar 1881, R. Nr. 36/81.

Das Gesetz unterscheidet nicht, ob die Kosten der Untersuchung durch Beweismittel entstanden sind, welche der Angeklagte oder die Staatsanwaltschaft vorgeschlagen hat, ebensowenig, ob die vorgeführten Zeugen, deren Kosten in Frage kommen, Belastungs- oder Entlastungszeugen waren. Ueber alle diese Kosten ist gemeinschaftlich zu erkennen.

Samlung Bd. III S. 343.

4.

St.P.O. §§ 5, 374, 496, 503.

I. Senat. Urteil vom 27. April 1882, R. Nr. 838/82.

In Strafsachen ist Revision auch lediglich wegen der Kostenverurteilung zulässig. Der § 5 und 502 der St.P.O. ist auch für den Nebenkläger dem zur Strafe verurteilten Angeklagten gegenüber anzuwenden und sind sonach diesem auch die Kosten zu überbürden, welche dadurch entstanden sind, dass ein Verletzter ursprünglich als Privatkläger aufgetreten ist, später aber von der Staatsanwaltschaft die Verfolgung übernommen wurde.

Sammlung Bd. VI S. 237.

5.

St.P.O. §. 499.

I. Senat. Urteil vom 29. Juni 1882, R. Nr. 1449/82.

Das Gericht hat nach seinem Ermessen zu entscheiden, ob Verteidigungskosten dort, wo die Wahl eines Verteidigers in das Ermessen des Angeklagten gestellt ist, zu den „notwendigen" Kosten im Sinne des § 140 der St.P.O. zu rechnen seien. Dabei kommt es hauptsächlich darauf an, ob der Angeklagte nach Lage der Sache genötigt war, sich einen Verteidiger zu nehmen, ohne dass ihm zugemutet werden kann, ohne jede Thätigkeit seinerseits für Beschaffung von Entlastungsmomenten und Führung des Verteidigungsbeweises es darauf ankommen zu lassen, dass er ausser Verfolgung gesetzt werde.

Sammlung Bd. VI S. 429.

6.

St.P.O. § 511; Z.V.G. § 123.

I. Senat. Urteil vom 2. November 1882, R. Nr. 2097/82.

Die auf Grund des § 501 der St.P.O. erfolgte Verurteilung des Anzeigenden in die Kosten in einem Strafurteil ist mit der Revision nicht anfechtbar; dieses Urteil ist hinsichtlich des Kostenpunktes ganz selbständig, nur äusserlich mit dem Strafurteil verbunden und gemäss § 123 Nr. 5 des Gerichtsverfassungsgesetzes nur mit einer Beschwerde zum Oberlandesgericht anfechtbar.

Sammlung Bd. VII S. 232.

7.

St.P.O. § 338, 346, 502.

I. Senat. Urteil vom 4. Januar 1883, R. Nr. 2822/82.

Dem Antragsteller, welchem in einem Urteil auf Einstellung des Verfahrens gemäss § 502 der St.Pr.O. die Kosten zur Last gelegt sind, steht — entgegen der Bestimmung in § 501 bezüglich des frivolen Anzeigers — das Rechtsmittel der Revision zu. Diese Revision zu Gunsten des Antragstellers steht auch dem Staatsanwalt zu, welcher zwar kein Privatinteresse zu vertreten hat, aber als Wächter des Gesetzes im Strafprozess, ebenso wie im Civilprozess (§§ 589, 604, 619 C.P.O., § 92 St.P.O.) eine Mitwirkung auch zu Gunsten des Beschuldigten zu bethätigen hat. Der § 502 hält an dem Princip fest, dass die Kostenlast Folge des Verschuldens ist und jede Zurücknahme des Antrages eine

Verschuldung bezüglich der durch die Antragstellung veranlassten Kosten feststellt; aber nur der Kosten, welche bis zur Zurücknahme veranlasst wurden.
Sammlung Bd. VII S. 409.

8.

St.P.O. §§ 499, 496, 146.

III. Senat. Urteil vom 7. Januar 1884, R. Nr. 2974/83.

Der Gerichtshof kann in einem freisprechenden Urteil sofort die von dem
Staat zurückzuersetzenden notwendigen Auslagen des Beschuldigten von den
demselben zur Last fallenden Kosten ausscheiden, da Abs. 1 u. 2 des § 499 im
Zusammenhalte mit §§ 496 und 140 der St.P.O. die Begrenzung der Erstattungs-
pflicht des Staates feststellt. Die Kosten für mehrere Verteidiger durch mehrere
Angeklagte sind als notwendige Auslagen zulässig.
Sammlung Bd. X S. 33.

9.

St.P.O. §§ 437, 503.

II. Senat. Urteil vom 26. Februar 1884, R. Nr. 332/84.

Zu den Kosten des Verfahrens gehören in Privatklagesachen die dem
Privatkläger erwachsenen notwendigen Kosten und Auslagen. Hierüber braucht
der Richter keine besondere Entscheidung auszusprechen, wenn er nicht teilweise Kosten ausnehmen will (s. oben Nr. 1 u. 4).
Sammlung Bd. X S. 114.

10.

St.P.O. §§ 65, 346, 394, 502.

I. Senat. Urteil vom 20. März 1884, R. Nr. 467/84.

Für die in Gütergemeinschaft mit dem Ehemann lebende Ehefrau ist
ersterer berechtigt — sogar gegen den Willen der Frau — Strafanträge zu
stellen und zurückzunehmen, ebenso umgekehrt. Es können deshalb auch jedem
Antragsteller, wenn der Antrag zurückgenommen wurde, die Kosten des durch
seinen Antrag bedingten und veranlassten Verfahrens überbürdet werden; dies
zu thun, ist in das Ermessen des Richters gestellt.
Sammlung Bd. X S. 210.

11.

St.P.O. § 483, 493.

IV. Civilsenat. Urteil vom 29. Januar 1855, R. IV Nr. 319/84.

Wenn ein Gefangener über seine Strafzeit hinaus in einer von dem
Gefängnisse getrennten Krankenanstalt auf Kosten des Justizfiskus verpflegt
wurde, so haftet nicht der Vollstreckungsrichter, sondern die Verwaltung der
Strafanstalt für die Kosten.
Zur Strafvollstreckung im Sinne des § 483 der St.P.O. gehören, soweit
Freiheitsstrafen in Betracht kommen, nur diejenigen Massregeln, durch welche die
Ueberlieferung des Verurteilten an die Strafanstalt bewirkt wird, und der Erlass
der die Vollstreckung in den Grenzen des Urteils anordnenden Anweisung an
die Verwaltung der Strafanstalt. Alles weitere ist regelmässig Sache der letzteren
Verwaltung. (Hahn, Materialien der St.P.O. S. 1131.) Der Vollstreckungs-
richter hat nur zu prüfen, dass dem massgebenden Urteile genügt werde. Eine
Aufsicht über die Gefängnisbeamten hat nicht der Vollstreckungsrichter,

dern der I. Staatsanwalt. Für rechtzeitige Entlassung aus der in einem Krankenhause fortgesetzten Strafhaft hat die Gefängnisverwaltung zu sorgen; einer Entlassung seitens des Strafvollstreckungsrichters bedarf es nicht.

Sammlung f. Civ. Bd. XIII S. 221.

VIII.
Gerichtskosten; Gebühren.
1.
Gerichtskostengesetz vom 18. Juni 1878 §§ 1, 75.
IV. Strafsenat. Urteil vom 15. Mai 1885, R. Nr. 812/85.

Es ist nicht richtig, dass nach dem Gerichtskostengesetz immer derjenige die Kosten zu tragen hat, um dessen Interesse ohne Erfolg oder mit Misserfolg gestritten worden ist, denn es kann auch das kriminell-polizeiliche Interesse des Staates konkurrieren und z. B. die Einziehung von Schriftwerken im Strafwege verfügt werden. Der § 75 des G.K.G. setzt nur die Höhe der Gebühren fest, bestimmt aber nicht, wann und gegen wen die Gebühr zur Anwendung kommen soll. In den Motiven zum Entwurfe des G.K.G. § 67 (Nr. 26 der Drucksachen d. Str.T. 1878 S. 94) ist ausdrücklich anerkannt, dass für dieses Verfahren der Regel nach in Ermangelung eines Kostenpflichtigen eine Gebühr nicht zum Ansatz kommen soll.

Sammlung Bd. XII S. 198.

2.
§§ 1, 4, 6, 16, 59 l. c.
I. Civilsenat. Urteil vom 22. Mai 1880, R. I Nr. 13/80.

Anträge auf ·Werts- und Kostenfestsetzung in dem Verfahren von Amtswegen nach Art. 26 u. 27 des H.G.B. finden in Preussen, falls Beschwerde oder weitere Beschwerde erhoben ist, durch Beschluss des Civilsenats des preussischen Kammergerichts definitive Erledigung. Das Reichsgericht ist hier nicht zuständig.

Sammlung für Civ. Bd. II S. 225.

3.
§ 6 l. c.
III. Civilsenat. Urteil vom 8. Oktober 1880, R. III Nr. 613/80.

Wenn die Rückverweisung der Sache nur durch deren unrichtige Behandlung in der Berufungsinstanz ohne Schuld der Beteiligten veranlasst ist, so rechtfertigt sich die Niederschlagung der durch die Revision entstandenen Gerichtsgebühren.

Sammlung für Civ. Bd. II S. 408.

4.
§§ 19, 27 l. c.
III. Civilsenat. Urteil vom 8. März 1881, R. III Nr. 680/81.

Nach einer eingehenden Erörterung über die Zulässigkeit von Beschwerden und weitern Beschwerden an das Oberlandesgericht und Reichsgericht bei einem Falle, in dem es sich um Kostenfestsetzung von Anwaltsgebühren handelt, ist entschieden, dass über die Kosten des Beschwerdeverfahrens, von dem in erster Instanz abgesehen, da diese von dem in der Hauptsache unterliegenden Teil allein getragen werden müssen, wie in einem gesonderten Rechtsstreit zu erkennen ist, in dem, wenn jede Partei teils obsiegt, teils unterliegt, die Kosten verhältnismässig zu teilen sind.

Sammlung für Civ. Bd. IV S. 365.

5.

§ 11 des G.R.G.; § 11 der Gebührenordnung für Rechtsanwälte.

I. Civilsenat. Urteil vom 5. Juli 1881, R. 1 Nr. 23/81.

Nicht das Interesse des Antragstellers, sondern der mit demselben keineswegs immer identische Streitgegenstandswert bildet die Streitgegenstandssumme und dieser Wert bestimmt sich bei Ansprüchen aus gegenseitigen Verträgen nach der geforderten Leistung ohne Abzug für aufzuwendende Gegenleistung. wie diese nach früherem gemeinen Prozessrecht bei Berechnung der Appellationssumme angenommen wurde (Wetzell, Civilprozess. 3. Aufl. § 52).

Sammlung für Civ. Bd. V S. 409.

6.

§ 10 l. c.; § 82 der Gebührenordnung für Rechtsanwälte.

I. Civilsenat. Urteil vom 8. Oktober 1881, R. 1 Nr. 311/81.

Ein angemessener Kostenvorschuss kann nicht dahin ausgedehnt werden, dass ein Teil verbunden sei, den andern zum Zwecke einer ganz ersichtlich unzulässigen Rechtsverfolgung mit Kostenvorschuss zu versehen.

Sammlung für Civ. Bd. V S. 417.

7.

§§ 18, 29, 47, 79, 80; Gesetz vom 29. Juni 1882, Abänderung einiger Bestimmungen des G.K.G., Art. 2.

III. Civilsenat. Urteil vom 17. Februar 1882, R. III Nr. 13/82.

Der Beweisbeschluss gehört zu den in § 18, 22, 49 des G.K.G. aufgeführten gebührenpflichtigen Verfügungen des Gerichts, während die Gebührenfreiheit der Beweisaufnahme aus dem dem Gesetz zu Grunde liegenden Princip folgt, dass nur für gewisse Hauptverhandlungen und Entscheidungen, welche den erhobenen Anspruch selbst unmittelbar oder in dem zu führenden Beweise mittelbar betreffen, Bauschsätze zu erheben sind. Die Ladung der Zeugen stellt sich als eine Ausführung des Beweisbeschlusses dar; deshalb sind Schreibgebühren zu erheben, sofern deren Erhebung nicht nach § 80 auszuschliessen ist.

Sammlung für Civ. Bd. VI S. 355.

8.

§§ 84, 86, 89, 90 l. c.

I. Civilsenat. Urteil vom 11. März 1882, R. I Nr. 3/82.

Ein Urteil, in dem Kostenkompensation verfügt ist, ohne aufzustellen, wer die Gerichtskosten zu zahlen hat, ist nicht unvollständig. Es liegen danach jeder der beiden Parteien die Gerichtskosten zur Hälfte zur Last. Dies entspricht auch dem in Deutschland schon früher bestandenen Rechtszustande.

Sammlung für Civ. Bd. VI S. 399.

9.

§§ 4, 16, 84 l. c.

I. Civilsenat. Urteil vom 17. April 1882, R. I Nr. 16/82.

In den Fällen des § 4 u. 16 des G.K.G. findet die Bestimmung des § 531 Abs. 2 der C.P.O. Anwendung, wonach eine weitere Beschwerde unzulässig ist,

wenn die angegriffene Entscheidung des Beschwerdegerichts einen neuen selbst-
ständigen Beschwerdegrund nicht enthält. Dieser Satz darf nicht deshalb umgestossen werden, weil etwa aus angeblichem öffentlichem Interesse eine gleich-
förmige Entscheidung des Reichsgerichts über Gerichtskosten- und Auslagesätze
wünschenswert ist, denn das Gericht darf nicht aus legislativ berechtigten
Gründen Unterscheidungen in klare Gesetzesvorschrift bringen.

Sammlung für Civ. Bd. VI S. 410.

10.
§§ 86, 87, 93, 94 des G.K.G.

III. Civilsenat. Urteil vom 13. Februar und 2. Mai 1882, R. III Nr. 11/82.

Das Princip des G.K.G. über Kostenvorschuss und Kostenzahlung ist in
den Bestimmungen über das Armenrecht durchbrochen. Nach letzterem kann
zwar der Kläger, der vermögend ist, einen Kostenvorschuss nicht zurückverlangen,
wenn der Beklagte zum Armenrecht zugelassen ist, allein eine weitere Beitreibung
solcher Kosten, von deren Berichtigung die arme Partei einstweilen befreit ist,
findet nach bewilligtem Armenrechte nicht gegen die Kläger statt, bis der Process rechtskräftig zu dessen Nachteil entschieden ist. Ist der Kläger zum Armenrecht zugelassen, so tritt eine nachträgliche Berechnung und Erhebung der
Kosten vom Beklagten erst ein, wenn der Process rechtskräftig zum Nachteil
des Beklagten entschieden oder ohne Urteil über die Kosten beendet wird.

Wird die vermögliche Partei Berufungs- oder Revisionskläger, so geniesst
sie die Kostenbefreiung nicht, da der Gegner der armen Partei die Vergünstigung in §§ 107 und 111 der C.P.O. nur zum Zwecke der Verteidigung gegen
die Angriffe der armen Partei gewährt.

Sammlung für Civ. Bd. VI S. 418.

11.
§§ 79, 80, 97 l. c.

III. Civilsenat. Urteil vom 16. Mai 1882, R. III Nr. 50/82.

Der Gerichtsschreiber hat den der Armenpartei bestellten Offizialanwälten
auf deren Verlangen in der Regel kostenfreie Abschriften oder Auszüge aller
zur Rechtsverfolgung erforderlichen, bei den Gerichtsakten befindlichen Schriftstücke zu fertigen.

Müssen sich die Anwälte nach Lage der Sache selbst unter Beistand
eines Schreibgehilfen Auszüge fertigen, so erlangen sie dadurch Anspruch auf
Ersatz der aufgewendeten notwendigen Schreibgebühren gegen die Staatskasse.

Sammlung f. Civ. Bd. VII S. 341.

12.
§ 12 l. c.

III. Civilsenat. Urteil vom 5. Mai 1882, R. III Nr. 45/82.

Wenn in verbindlicher Form der Klageanspruch in der Hauptsache zurückgenommen und auf die Prozesskosten beschränkt wurde, so bilden diese von
dieser Zeit an den Streitgegenstand. Eine rückwirkende Kraft auf frühere Ansätze hat jene Erklärung selbstverständlich nicht.

Sammlung für Civ. Bd. VII S. 357.

13.
§§ 11, 84.

Vereinigte Civilsenate. Urteil vom 29. September 1882, R. IV Nr. 262/84.

Aus zahlreichen Bestimmungen der C.P.O. in § 11 des G.K.G. ergibt
sich, dass dieselben sämtliche durch Kläger und Widerkläger geltend gemachten

Ansprüche als einen einzigen Rechtsstreit ausmachend behandelt, solange das
Gericht nicht angeordnet hat, dass die mehreren erhobenen Ansprüche in getrennten Prozessen verhandelt werden sollen.

Sammlung für Civ. Bd. VII S. 387.

14.

§ 26 l. c.

I. Civilsenat. Urteil vom 1. November 1882, R. I Nr. 31/82.

Wenn im Falle des § 820 der C.P.O. das Amtsgericht, in dessen Bezirk
ein Streitgegenstand sich befindet, eine einstweilige Verfügung erlassen hat und
demnächst das in derselben Gesetzesstelle vorgesehene Verfahren in der Hauptsache stattfindet, so hat § 26 Nr. 9 des G.K.G. Anwendung zu finden, denn
dieses Verfahren hat im Sinne des Gesetzes eine wesentliche Affinität mit dem
Verfahren der §§ 804 u. 805 der C.P.O. Die Anwälte haben daher auch nur
⁵/₁₀ der Gebühren (§§ 13—24 der Gebührenordnung der Rechtsanwälte) anzusetzen.

Sammlung für Civ. Bd. VIII S. 339.

15.

§ 18 l. c.

I. Civilsenat. Urteil vom 27. Juni 1883, R. I Nr. 342/82.

Wenn auch unter Verhandlung im Sinne der P.O. nicht nur Verhandlungen der Partei mit dem Gericht, sondern der Parteien untereinander vor dem
Gericht zu verstehen ist, so unterscheidet doch die P.O. selbst und das G.K.G.
in kontradiktorische und nichtkontradiktorische Verhandlungen, daher auch einseitige Erklärungen der Parteien wirksam.

Sammlung für Civ. Bd. VIII S. 382.

16.

§§ 26, 35 l. c.

IV. Civilsenat. Urteil vom 19. Februar 1883, R. IV Nr. 22/83.

Die §§ 26 Nr. 9 und 35 Nr. 4 des G.K.G. betreffen nur das Verfahren
betreffs Anwendung des Armenrechtes und des darauf folgenden prozessualen
Verfahrens, nicht aber die in einer andern Richtung beim Vollstreckungsgericht
oder Gerichtsvollzieher stattfindende Thätigkeit.

Sammlung für Civ. Bd. VIII S. 402.

17.

§§ 30, 31 l. c.

IV. Civilsenat. Urteil vom 23. November 1882, R. IV Nr. 99/82.

Unter Instanz wird die Gesamtheit der Prozesshandlungen verstanden,
welche vor dem Gericht einer bestimmten Ordnung (Gericht I. Instanz, Berufungs-
und Revisionsgericht) stattfinden, um den diesem Gerichte unterbreiteten Streit-
stoff zu erledigen; dieser umfasst also sowohl Hauptsache als die prozesshindernde
Einrede. In den höheren Instanzen hört die Instanz auf, wenn die Entscheidung
über die dem Richter zugeführte Einrede, Berufung, Revision erledigt ist.
Kommt die Sache in einer andern Frage nochmals an die höhere Instanz, so
beginnt eine neue Instanz (s. Motive zum G.K.G. S. 45, 46, 56). Die Rechtsanwalts-
gebührenordnung schliesst sich überall dem G.K.G. an.

Sammlung für Civ. Bd. VIII S. 438.

18.

§§ 2, 4, 79 l. c.; preuss. Ausführungsgesetz zum G.K.G. vom 10. März 1879 § 4; preuss. Gesetz vom 9. Mai 1854 Art. 21; Verordnung des Justizministers vom 1. Dezember 1880.

IV. Civilsenat. Urteil vom 16. April 1883, R. IV. Nr. 42/83.

Das Gerichtskostengesetz betrifft nur die Gebühren und Auslagen, nicht aber die Stempel von Urkunden, von denen im Verfahren Gebrauch gemacht wird. Diese unterliegen den Stempeln, denen sie sonst auch unterworfen sind, und § 79 des G.K.G. nimmt sogar diese Stempel von den baren Auslagen aus. Doch sind sie nach Art. 21 des preuss. Gesetzes vom 9. Mai 1854 als Gerichtsgebühren zu liquidieren, ohne dass die Natur der Stempel verändert würde. Dies erhellt daraus, dass die Stempel von Prozessvollmachten ebenso wie jene von Käuferzeugnissen, Inventarien, Testamenten etc. als Gerichtsgebühren zu liquidieren sind. Die Ueberweisung an die Gerichte ist nur eine zweckmässige Uebertragung eines Teils der Stempelverwaltung an die Gerichte. Der Beschwerdeweg bei Stempelstreitigkeiten regelt sich sonach in Preussen: Landgericht, Oberlandesgericht. Justizminister, also in letzter Instanz nicht das Reichsgericht.

Sammlung für Civ. Bd. IX S. 258.

19.

§ 21, 89, 83 l. c.

I. Civilsenat. Urteil vom 7. Juni 1882, R. I Nr. 260/82.

Die Bestimmung in § 20 Abs. 1 des G.K.G. bezieht sich nur auf nicht vermögensrechtliche Ansprüche, bei denen die Revision einer Beschränkung der Summe überhaupt nicht unterliegt. Die Streitgegenstandssumme festzustellen, liegt im Ermessen des Richters, doch muss der Revisionskläger glaubhaft machen, dass die Revisionssumme gegeben ist.

Sammlung für Civ. Bd. X S. 322.

20.

§§ 18—28 l. c.

II. Civilsenat. Urteil vom 2. Juni 1883, R. II Nr. 98/82.

Die Gebühr für Nebeninterventionen muss immer zur Erhebung gelangen, mag über die Zulässigkeit der Nebenintervention in Verbindung mit der Hauptsache oder getrennt von derselben entschieden werden. Dies geht aus § 27 Nr. 1 des G.K.G. hervor. Wenn die volle Gebühr (§ 28) und die Gebühr des § 26 in einem Antrag zusammentreffen, kommt allerdings die erstere allein zur Erhebung; bei § 27 (Nebenintervention) ist die Absorption nicht erwähnt.

Sammlung für Civ. Bd. X S. 329.

21.

§§ 12, 4, 16 l. c.

II. Civilsenat. Urteil vom 19. Oktober 1883, R. II Nr. 112/83.

Die gegen den in § 16 des G.K.G. bezeichneten Beschluss erhobene Beschwerde muss in dem Falle des § 12 von einem Anwalt unterzeichnet sein, was in ähnlichen Fällen der §§ 4 Abs. 3, 16 Abs. 2 l. c. nicht notwendig ist.

Sammlung für Civ. Bd. X S. 374.

22.

§§ 18, 19 l. c.

V. Civilsenat. Urteil vom 17. Oktober 1883, R. V. 202/83.

Zu einer mündlichen Verhandlung (kontradiktorische Verhandlung) gehört, was die Parteien in thatsächlicher und rechtlicher Beziehung über das Streitverhältnis zur Erreichung des Zweckes vor dem Richter vortragen. Es ist Thatfrage, ob in dem blossen Verlesen der Anträge ein Verhandeln zur Sache liegt, wie nach Art. 342, 343 des Code procédure civile angenommen ist. Weder das Gerichtskostengesetz noch die Civilprozessordnung hat diese Frage gelöst; diese ist von dem Richter zu ermessen.

Sammlung für Civ. Bd. X S. 391.

23.

§§ 4, 6, 8, 18, 28, 49 l. c.

I. Civilsenat. Urteil vom 19. December 1883, R. I Nr. 324/83.

Wenn eine Sache wiederholt zur höhern Instanz kommt, so bildet diese Instanz nicht eine Instanz mit dem frühern Verfahren im Sinne des § 28 des G.K.G., da das neue Verfahren einen ganz neuen Inhalt hat. Ist auch das neue Verfahren durch irrige Behandlung der Gerichte notwendig geworden, so ist doch dieser Gesichtspunkt irrelevant für die Bestimmung des Begriffs Instanz im Sinne des Gerichtskostengesetzes, es kann damit nur Veranlassung für den Richter sein, durch sein Ermessen einen Teil der Gebühren nach der ihm in § 6 gegebenen Befugnis niederzuschlagen. Ist dies nicht geschehen, so sind die Gerichtskosten anzusetzen.

Sammlung Bd. X S. 426.

24.

§ 24 Abs. 2 l. c.

II. Civilsenat. Urteil vom 7. März 1884, R. II Nr. 19/82.

Wenn in einem bedingten Urteil ein Eid auferlegt, derselbe geleistet und dann die Klage zurückgenommen wurde, so ist neben der Verhandlungs- und Beweisgebühr noch eine Entscheidungsgebühr zu erheben. Der § 24 Abs. 2 des G.K.G. bestimmt nämlich, dass im Falle der nachträglichen Erledigung des bedingten Urteils in derselben Instanz der Gebührenansatz nach Massgabe der Vorschriften des Abs. 1 berichtigt, d. h. es soll neben der Entscheidungsgebühr noch eine Beweisgebühr berechnet werden. Unter einer Erledigung des Urteils ist nur eine solche nach Massgabe des § 427 Abs. 2 der C.P.O. verstanden; ist diese Erledigung nicht möglich, so ist dann hier wegen Zurücknahme der Klage das Urteil nicht als Beweisanordnung, sondern als Entscheidung zu behandeln und neben der früher für die Beweisanordnung angesetzten Gebühr noch eine Entscheidungsgebühr zu erheben.

Sammlung für Civ. Bd. XI S. 382.

25.

§§ 45, 80a l. c.

I. Hilfssenat. Urteil vom 23. Mai 1883, R. I Nr. 32/83.

Bei einer nach Massgabe des § 12 der Gebührenordnung für Rechtsanwälte von dem Rechtsanwalt erhobenen, erfolgreichen Beschwerde sind nach §§ 45 Abs. 1 und 80a des G.K.G. keine Gebühren zu erheben, da die Parteien hier nicht als Gegner erscheinen.

Sammlung für Civ. Bd. XII S. 362.

26.

Gebührenordnung für Rechtsanwälte. § 78.

II. Civilsenat. Urteil vom 9. Januar 1885, R. II Nr. 97/84.

Nicht alle Auslagen eines Rechtsanwaltes müssen von der unterliegenden Partei getragen werden, nur die notwendigen. Die Beiziehung eines Rechtsanwaltes zu auswärtigen Zeugenterminen kann notwendig erscheinen.

Sammlung f. Civ. Bd. XIII S. 312.

27.

Gebührenordnung für Rechtsanwälte, § 20, 22, 23. 29, 30. Gerichtskostengesetz § 35 und § 820 der C.P.O.

III. Civilsenat. Urteil vom 28. Januar 1885, R. III Nr. 7/85.

Es kommt bei einem Verfahren auf Antrag einer einstweiligen Verfügung vor allem darauf an, ob das Verfahren mit dem über die Hauptsache verbunden oder getrennt war. Im ersten Fall gehört es zur Instanz und dürfen besondere Gebühren nicht berechnet werden; im zweiten Falle kommen Gebühren in Ansatz. Die Höhe richtet sich darnach, ob das Provisorium durch Endurteil oder durch Beschluss erledigt ist. Beim Endurteil hat § 20, beim Beschluss § 23 der G.O. Platz. Die Verfügung des Amtsgerichts auf Grund des § 820 der C.P.O. ist immer ein Beschluss. Die Kompetenz hört auf, sobald die Sache zum Landgericht gebracht ist, welches durch Endurteil über das Provisorium entscheidet. Hat ein Landgericht die Gebühren nach § 22 der G.O. festgesetzt, das Oberlandesgericht seine Entscheidung auf § 30 Nr. 1 der G.O. gestützt, so findet gemäss § 531 Abs. 2 weitere Beschwerde zum Reichsgericht statt.

Die Kosten für das Verfahren zur Sicherung des Beweises können nur in dem Hauptverfahren oder auf Grund besonderer Klage geltend gemacht werden. Wenn mit einem Provisionalverfahren das Verfahren zur Sicherung des Beweises verbunden wird, so ist das Provisionalverfahren (einstweilige Verfügung) die Hauptsache und für das Verfahren zur Sicherung des Beweises keine eigene Prozess- und Verhandlungsgebühr zu beanspruchen. Für die Beweisgebühr kommt nicht § 22, sondern § 23 Nr. 1 der G.O. bezw. § 35 Nr. 4 jetzt 3 des G.K.G. zur Anwendung.

Sammlung f. Civ. Bd. XIII S. 320]

28.

C.P.O. § 94.

V. Civilsenat. Urteil vom 31. Januar 1885, R. V Nr. 219/84.

Gegen ein Erkenntnis, durch welches der Einspruch gegen ein Versäumnisurteil zurückgewiesen ist, ist Berufung zulässig, auch wenn es sich nach inzwischen rechtskräftig entschiedener Hauptsache nur noch um den Kostenpunkt handelt. Das Urteil der vereinigten Civilsenate vom 5. Oktober 1883 (Entsch. Bd. X S. 309) hat auf Urteile auf Einspruch gegen ein Versäumnisurteil keine Anwendung, da beim Einspruch die erneuerte Verhandlung und Entscheidung demselben Gericht übertragen ist, welches das Versäumnisurteil erlassen hat.

Sammlung f. Civ. Bd. XIII S. 327.

29.

§ 4 und 508 der C.P.O.

I. Civilsenat. Urteil vom 7. Mai 1884, R. I Nr. 108/84.

Die Bestimmung in § 4 der C.P.O. ist strikte zu interpretieren und lässt keine ausdehnende Auslegung zu. Sie umfasst nicht alle Nebenansprüche und ist nicht ganz exemplifikatorisch zu nehmen, sondern auf die dort bezeichneten Gattungen von Ansprüchen zu beschränken. Futterkosten für ein Pferd sind selbständige Ansprüche, welche bei Brechung des Wortes des Beschwerdegegenstandes in Ansatz gebracht werden dürfen.

Sammlung f. Civ. Bd. XIII S. 396.

30.

Reichsgesetz vom 10. Juli 1879 über Konsulargerichtsbarkeit § 18.

I. Civilsenat. Urteil vom 26. Januar 1885, R. I Nr. 440/84.

In Konsularsachen ist die Einlegung der Berufung nicht von der Berufungssumme abhängig (Reichstagsverhandlungen 1879 Bd. IV Anl. Nr. 70 S. 582).

Sammlung f. Civ. Bd. XIII S. 409.

31.

§ 96, 87 der C.P.O. Gebührenordnung für Rechtsanwälte, § 51.

I. Civilsenat. Urteil vom 8. Juni 1885, R. I Nr. 31/85.

Ein Nebenintervenient, welcher sich eines eigenen, also andern Rechtsanwaltes bedient, als die Hauptpartei, kann unbedingt Ersatz dieser Kosten von der verurteilten Gegenpartei verlangen, ohne die Notwendigkeit der Vertretung darzulegen, denn das Gesetz legt ihm das Recht zu, zur Wahrnehmung seines eigenen rechtlichen Interesses der Hauptpartei zu deren Unterstützung beizutreten.
Sammlung f. Civ. Bd. XIII S. 433.

32.

§ 84 des G.K.G.

I. Civilsenat. Urteil vom 1. April 1885, R. I Nr. 17/85.

Wenn die Abnahme eines dem Beklagten zugeschobenen Eides, auf dessen Leistung durch bedingtes Urteil erkannt worden war, vom Kläger verlangt wird, erscheint auch er als Antragsteller im Sinne des § 84 des G.K.G. Es hat zwar die Abnahme eines Eides, auch wenn auf dieselbe bedingtes Endurteil erkannt wurde, die Eigenschaft einer Beweisaufnahme, dagegen hat das Prozessgericht die Eidesabnahme nicht von Amtswegen zu bewirken, daher der Kläger, wenn er Abnahme des Eides verlangt, als Antragsteller erscheint.
Sammlung f. Civ. Bd. XIII S. 426.

IX.

Gebührenordnung für Zeugen und Sachverständige
vom 30. Juni 1878 § 19.

1.

Reichsgerichtskostengesetz § 4.

II. Senat. Urteil vom 16. Januar 1883, R. Nr. 51/83.

Eine Entscheidung und Festsetzung der Gebühren von Zeugen und Sachverständigen ist in § 19 Abs. 3 der G.O. nur nach Massgabe der §§ 346—352 der St.P.O. durch Beschwerde anfechtbar. Diese Einschränkung des Beschwerderechts in Abs. 3 umfasst auch den Fall des Berichtigungsverfahrens (Abs. 2). Ist sohin in dem letzteren Verfahren eine Entscheidung ergangen, so kann diese ebenfalls nur unter den Beschränkungen in Abs. 3 angefochten werden.
Sammlung Bd. VII S. 420.

2.

III. Civilsenat. Urteil vom 10. Juni 1884, R. III Nr. 65/82.

Der Sachverständige darf nur dann als öffentlicher Beamter liquidieren, wenn er, gleich den Zeugen, mit den in Frage stehenden Verhältnissen amtlich befasst ist, das geforderte Guthaben mithin als eine ihm als Beamten obliegende Leistung erscheint.
Sammlung für Civ. Bd. XI S. 436.

· X.
Gebühren der Gerichtsvollzieher.

1.

St.G.B. § 348; C.P.O. §§ 380, 383, 682, 683; G.V.G. § 155; preuss. Gerichts-
vollzieherordnung vom 14. Juli 1879 § 41; Geschäftsanweisung für Gerichtsvollzieher vom 24. Juli 1879 §§ 58, 64, 74, 108; Anweisung betr. Behandlung der
bei den Justizbehörden entstehenden Einnahmen und Ausgaben
vom 30. August 1879 § 18.

II. Senat. Urteil vom 14. Juli 1881, R. II Nr. 1173/81.

Nach § 14 der preuss. Anweisung vom 30. August 1879 soll der Gerichtsvollzieher die tarifmässigen Gebühren und Auslagen in der Beitreibungsliste
vermerken und nach Erledigung des Auftrages dem Gerichtsschreiber mit den
Quittungen und Protokollen übergeben. Diese Einträge haben, wie das allgemeine Dienstregister, lediglich die Bestimmung einer geschäftlichen Kontrolle,
nicht aber die Vollstreckungshandlungen zu beurkunden. Es sind nicht öffentliche
Bücher und Register im Sinne des § 348 des St.G.B. und die Erstattung wissentlich falscher Anzeigen über fruchtlose Zwangsvollstreckung und der entsprechenden Eintragung in die Listen keine Handlung, welche dem § 348 unterfällt;
ebensowenig indizieren sie den Thatbestand einer andern in den Strafgesetzen
vorgesehenen von Amtswegen verfolgbaren Handlung.

Sammlung Bd. IV S. 285.

2.

Dieselben Gesetze wie sub 1; dann noch preuss. Geschäftsanweisung für die
Rechnungsrevisoren vom 30. Oktober 1879 § 8.

II. Senat. Urteil vom 25. November 1882, R. Nr. 2568/82.

Die Rechtsgrundsätze des Urteils vom 14. Juli 1881 werden dahin modifiziert, dass das allgemeine Dienstregister des Gerichtsvollziehers allerdings ein
öffentliches Buch oder Register im Sinne des § 348 Abs. 1 des St.G.B. nicht ist,
dass aber die Vermerke über Ort und Zeit der Erledigung eines Auftrages, über
Erstattung von Gebühren und Auslagen, eines Kostenvorschusses geeignet seien,
die betreffende Thatsache selbst oder die Anerkennung derselben gegen den
Gerichtsvollzieher zu beweisen. Diese Eintragungen haben einen urkundlichen
Charakter, welchen der Auftraggeber, abgesehen von der Bestimmung in § 136
Abs. 2 der Geschäftsanweisung, für sich zum Beweise anrufen kann. Das mit
dem Identifizierungsvermerke des Amtsrichters versehene allgemeine Dienstregister ist jedenfalls eine Urkunde dann, wenn dasselbe Eintragungen beweis-
erhebliches Inhaltes aufweist. In diesem Fall ist auch § 348 des St.G.B. auf
den Gerichtsvollzieher anwendbar.

Sammlung Bd. VII S. 254.

3.

§§ 19 u. 20 der Gebührenordnung für Gerichtsvollzieher.

IV. Civilsenat. Urteil vom 17. November 1843, R. Nr. 378/83.

Der Gerichtsvollzieher hat die öffentlich-rechtliche Staatsbeamteneigen-
schaft, wenn auch die C.P.O. die Thätigkeit bei jeder seiner Zwangsvollstreckungen von dem Auftrage der Partei abhängig macht und derselben die
rechtliche Wirkung für den Auftraggeber beilegt. Das sind Konsequenzen des
Parteibetriebes, heben aber die Eigenschaft und Stellung des Gerichtsvollziehers als Staatsbeamten nicht auf.

[Sammlung für Civ. Bd. X S. 235

XI.
Gebührenerhebung.
1.

Ungesetzliche Erhebung von Gebühren und Abgaben. St.G.B. §§ 352, 353.

II. Senat. Urteil vom 3/7. Dezember 1880, R. Nr. 2825/80.

Unter Gebühren im Sinne der §§ 352 u. 353 des St.G.B. versteht das Gesetz nach der ganzen historischen Entwicklung alle Prästationen, welche in irgend einer Beziehung einen publizistischen Charakter tragen, sei es, dass sie nach ihrer Entstehung öffentlich-rechtlicher Natur sind, sei es, dass, wenn das Rechtsverhältnis, worauf der Anspruch der Kasse beruht, auch auf freier Vereinigung zwischen Schuldner und Gläubiger zurückzuführen sein mag, doch die Höhe der Leistung nach publizistischen Grundsätzen sich bemisst, d. h. durch Gesetz oder Verwaltungsvorschrift in festgesetzten Tarifen regulirt ist. Hierunter fallen auch die Prozessgebühren.

Sammlung Bd. III S. 87.

2.

Ideale Konkurrenz zwischen Betrug und rechtswidriger Gebührenerhebung. St.G.B. §§ 73, 263, 352.

I. Senat. Urteil vom 28. April 1881. R. Nr. 859/81.

Eine ideale Konkurrenz zwischen rechtswidriger Gebührenerhebung und einem Betrug, sofern jemand seine amtlichen Pflichten verschweigt, ist rechtlich wohl möglich, denn der § 352 des St.G.B. trifft keine besondere Art des Betruges und hat auch keine betrügerische Absicht zur Voraussetzung, während der § 263 a. a. O. eine selbständige Unterdrückung wahrer Thatsachen, also Betrug erfordert und ideal mit dem Vergehen im Amte konkurrieren kann, auch ganz andere Straffolgen nach sich zieht.

Sammlung Bd. IV S. 228.

XII.
Kompetenz der Verwaltungsstellen in Zollfragen.

St.P.O. §§ 425, 437, 465, 467, 213, 260, 459; Sachsen-Meininger Zollstrafgesetz vom 1. Mai 1838; Uebergangsabgabengesetz vom 1. Dezember 1841.

III. Senat. Urteil vom 9. November 1882, R. Nr. 2292/82.

Die Kundgabe des Termins der Hauptverhandlung an die Steuerbehörde durch die Staatsanwaltschaft ist als Ladung des Nebenklägers zu erachten. Das gerichtliche Strafverfahren bei Zuwiderhandlungen gegen die Vorschriften über Erhebung öffentlicher Abgaben und Gefälle (§ 459 der St.P.O.) unterliegt bezüglich der Urteilsfindung den allgemeinen gesetzlichen Vorschriften im § 260 u. folgd. der St.P.O., d. h. der Strafrichter urteilt nach seiner freien, aus dem Inbegriffe der Verhandlungen geschöpften Ueberzeugung. Es kann dahingestellt bleiben, ob, wenn es sich um Fragen handelt, welcher Zollbetrag von einer gewissen in quali et quanto bestimmten Species tarifmässig zu entrichten, hiefür die Entscheidung der Verwaltungsbehörde auch für den Strafrichter auch bei Normierung der nach den Gefällen zu berechnenden Strafe massgebend zu sein hat; dagegen fällt die Bemessung der Frage, welche wie geartete Sache qualitativ und quantitativ der konkrete Gegenstand der Zollhinterziehung ist, wie jede andere Thatfrage dem Strafrichter zu. In technischen Fragen wird die Ansicht der Zollbehörde für die Beweiswürdigung massgebend sein, doch hat sie prozessualisch dieselbe Autorität, wie das Gutachten amtlicher Sachverständiger.

Sammlung Bd. VII S. 220.

XIII.
Steuerhinterziehung in Konkurrenz mit allgemeinen Strafdelikten.

St.G.B. § 263; preuss. Verordnung vom 20. September 1867 über die Polizei-verwaltung in den neuen Landesteilen; Gemeindeverfassungsgesetz für Frankfurt a/M. vom 25. März 1867 § 2.

I. Senat. Urteil vom 28. Oktober 1881, R. Nr. 2030/80.

Von alters her sind nicht allein in der Theorie wie in der Praxis der deutschen Gerichte, sondern auch kraft positiver Sanktion der Landes- und Reichsgesetzgebung gewisse Hinterziehungen öffentlicher Abgaben, namentlich Zölle und Steuern, dem allgemeinen Begriff des Betruges aus Gründen, die teils in der Natur der sog. Defraudationen als Unterlassungsdelikte, teils in finanziellen Bedürfnissen und Interessen der Staats- und Gemeindebehörden, teils im Rechtsbewusstsein des Volkes liegen, entzogen und einem eigenen Delikt mit speciellem selbständigem Thatbestande besonderen strafrechtlichen Normen unterstellt worden (E.G. zum St.G.B. § 2. zur St.P.O §§ 6 u. 459 u. folg.). Es haben deshalb auf solche Uebertretungen die landesgesetzlichen und lokalen Polizeiverordnungen als Anordnungen über Steuern und öffentliche Abgaben, nicht aber die Bestimmungen des St.G.B. über Betrug und sonstige allgemeine Delikte Anwendung zu finden.

Sammlung Bd. II S. 405.

XIV.
Stempelpapier.

Fälschung von Stempelpapier und Stempelmarken. St.G.B. §§ 275—276.

II. Senat. Urteil vom 20. Juni 1882, R. Nr. 1263/82.

Die Strafbestimmungen über Fälschung von Stempelpapier beziehen sich gleichmässig auf die Fälschung von ausländischem wie inländischem Stempelpapier. Die entgegengesetzte Auslegung in verschiedenen wissenschaftlichen Abhandlungen haben nach dem Wortlaut des Gesetzes und dem Gerichtsgebrauche der preussischen Gerichte und der bisherigen gleichlautenden Bestimmung in § 253 des preuss. St.G.B. keine Berechtigung. Die wissentliche Veräusserung falscher Stempelmarken fällt unter den Begriff des Gebrauches nach § 275 des St.G.B. Wenn jemand falsche Stempelmarken anfertigt, braucht er, um unter § 375 des St.G.B. zu fallen, nicht die Absicht zu haben, dieselben selbst als echte zu verwenden. Es bedarf dazu nur des dolus des Anfertigers, dass die falschen Marken überhaupt als echte verwendet werden.

Sammlung Bd. VI S. 387.

XV.
Steuererhebung.

St.G.B. §§ 246, 350, 359; preuss. Gesetz vom 26. Juli 1880 über Organisation der Landesverwaltung; Gesetz vom 26. Juli 1876, Zuständigkeit der Verwaltungsbehörden betr.

II. Senat. Urteil vom 16. Mai 1882, R. Nr. 815/82.

Wenn ein königl. Förster in einem fiskalischen Gutsbezirke im Auftrage der vorgesetzten Regierung die Geschäfte eines Steuererhebers besorgt hat, ohne dass er in der von den Verwaltungsgesetzen vorgeschriebenen Weise dazu aufgestellt und bestätigt wurde, so ist er für die Steuererhebung kein Beamter im Sinne des § 350 des St.G.B., da ihm als Förster nur für die Obliegenheiten des Försters, nicht aber des Steuereinziehers die amtliche Eigenschaft verliehen ist und die Steuern ihm auch nicht als Förster bezahlt wurden. Der gesetzlich befugte Steuereinzieher kann sein Amt nicht formlos übertragen.

Sammlung Bd. VI S. 307.

XVI.

Preussisches Stempelgesetz vom 7. März 1822 § 12.

a. Entscheidungen der Strafsenate.

1.

II. Senat. Urteil vom 20. Januar 1880, R. Nr. 440/79.

Verwendungspflichtig ist derjenige, welcher allein für die unrichtige Verwendung des Stempels ebenso wie für die völlige Nichtverwendung gesetzlich aufzukommen hat und verantwortlich bleibt, auch wenn er sich zur Erfüllung der Verpflichtung einer Mittelsperson bedient. Da zur Stempelkontravention nicht Vorsätzlichkeit des Handelns erforderlich ist, so wird der Stempelpflichtige nicht durch Fahrlässigkeit befreit, welche darin besteht, dass er die quantitative Bemessung einer andern Person, Behörde oder Beamten überträgt. Es bleibt die Pflicht bestehen, welche bezweckt, sich über die Richtigkeit der von der Behörde oder auf deren Rat von ihm selbst getroffenen Stempelberechnung Gewissheit zu verschaffen.

Sammlung Bd. 1 S. 157.

2.

II. Senat. Urteil vom 20. April 1880, R. Nr. 842/80.

Der Begriff „Inventar" ist nach § 104 des A.L.R. I 2 zu bemessen und begreift ein Verzeichnis aller zu einem Inbegriff gehörigen Stücke, worunter nach § 23 wieder mehrere Sachen verstanden sind, die mit einem gemeinschaftlichen Namen bezeichnet zu werden pflegen. Die Stipulation des „Wiederkaufes" in einem Vertrage ist nicht die auflösende Bedingung des Kaufvertrages, sondern ein Nebenvertrag, welcher trotz seines äusseren accessorischen Charakters ein ausserhalb der aus dem Kaufe selbst sich ergebenden Rechte und Verbindlichkeiten liegendes Rechtsverhältnis neu begründet, daher einen von dem Kaufe verschiedenen Gegenstand hat und selbständig zu bewerten ist, weil der Stempel zu jedem Gegenstand und zu jedem Geschäft, das in einem Vertrage abgeschlossen ist, gesondert berechnet werden muss.

Sammlung Bd. 1 S. 419.

3.

Preuss. K.O. vom 19. Juni 1834; K.O. vom 24. November 1835.

II. Senat. Urteil vom 11. Juni 1880, R. Nr. 951/80.

Nach den Kabinettsordres vom 19. Juni 1834 und 24. November 1835, welche Nr. 1 des Stempelgesetzes vom 7. März 1822 abgeändert haben, sind sowohl Verträge als Punktationen dem Vertragsstempel unterworfen, wenn sie bei Gericht oder Notariat errichtet oder eingereicht wurden. Der Notar, der es unterlassen, die Einziehung des Stempels für eine ihm von den Parteien mit dem Antrage auf notarielle Vollziehung überreichte Punktation zu bewirken, unterliegt der Stempelstrafe. Eine Kabinettsordre, welche vor dem Gesetze vom 3. April 1846 erlassen ist, hat Gültigkeit, wenn sie nur amtlich publiziert wenn auch nicht im Gesetzesblatt bekannt gemacht ist.

Sammlung Bd. II S. 102.

4.

Gesetz vom 7. März 1822 §§ 12, 21, 22.

I. Senat. Urteil vom 30. November 1882, R. Nr. 2664/82.

Mit der Vollendung der Vertragsurkunde beginnt die Frist für Verwendung des Urkundenstempels. Fehlt die Unterschrift eines Kontrahenten, so liegt auch keine Vertragsurkunde vor, also ist auch kein Stempel verwirkt. Eine nur scheinbare Unterschrift, welche von einem Dritten herrührt, ersetzt nicht die wirkliche Unterschrift, da der Stempel nicht für die leere Form eines Vertrages, sondern für einen wirklichen Vertrag in schriftlicher Form angeordnet ist. Ganz unabhängig davon steht die Frage, ob dieser wirkliche Vertrag anfechtbar ist oder nicht; ferner ob ein Anspruch auf Erfüllung eines nicht perfekt gewordenen Vertrages besteht oder nicht.

Sammlung Bd. VII S. 343.

5.

Gesetz vom 7. März 1822 §§ 4, 5, 21, 22; K.O. vom 14. April 1832 und 19. Juni 1834: Gesetz, betr. Erweiterung des Rechtsweges vom 24. Mai 1861 §§ 11, 14; St.P.O. § 261; E.G. zur St.P.O. § 6.

III. Senat. Urteil vom 24. April 1883, R. Nr. 611/83.

Der § 14 des preuss. Gesetzes vom 24. Mai 1861, wonach in dem gerichtlichen Strafverfahren wegen Defraudation des Wertstempels oder eines nicht nach dem Betrage des Gegenstandes zu bemessenden Vertragsstempels der Strafrichter verpflichtet ist, bei dem Bestreiten der Verbindlichkeit das Erkenntnis auszusetzen und zur Beschreitung des Rechtsweges eine Frist zu bestimmen, ist durch § 261 der St.P.O. und § 6 des E.G. aufgehoben. Nach diesen Bestimmungen entscheidet, wenn die Strafbarkeit einer Handlung von der Beurteilung eines bürgerlichen Rechtsverhältnisses abhängt, das Strafgericht auch über dieses; das Gericht hat aber die Befugnis, die Untersuchung auszusetzen und einem Beteiligten eine Frist zur Stellung der Civilklage zu bestimmen. Der § 14 des gedachten Gesetzes ist in § 6 des E.G. zur St.P.O. nicht aufrecht erhalten.

Zur Frage der Stempelpflichtigkeit eines Vertrages gehört aber gar nicht die Prüfung der Rechtswirksamkeit derselben. Die Stempelabgabe ist, vom Erbschaftsstempel abgesehen, eine Urkundensteuer. Ist eine Urkunde formell gültig, so entscheidet allein der Inhalt darüber, ob und in welchem Betrage die Abgabe zu entrichten ist. Ausserhalb der Urkunde liegende, aus derselben nicht ersichtliche Umstände kommen demnächst bei Beurteilung der Stempelpflichtigkeit nicht in Betracht. Die Stempelpflichtigkeit eines zwischen vertragsfähigen Personen schriftlich errichteten, von den Kontrahenten unterschriebenen Vertrages ist zwar dadurch bedingt, dass derselbe in formeller und materieller Beziehung perfekt geworden ist, also die Klage auf Erfüllung zulässt. Ob dies der Fall ist, ist lediglich nach dem erkennbaren Inhalt des Vertrages zu beurteilen. Dass die Klage sich begründet erweist oder der Vertrag zur Ausführung gelangt ist, wird für die Stempelpflichtigkeit der Urkunde nicht erfordert (vgl. die damit übereinstimmenden Entscheidungen des preuss. Obertribunals Bd. XXXVI S. 441, Bd. LIII S. 287). Wenn ein Vertrag, dessen Inhalt trotz der Vernichtung der Urkunde durch andere Beweismittel festgestellt ist, alle Erfordernisse eines zwischen den Kontrahenten verabredeten Kaufgeschäftes enthält, ist er abgabepflichtig, auch wenn ihm im Wege der Einrede aller Erfolg entzogen werden kann. Dem Vertrage stehen gleich blosse Punktationen, welche wie Verträge zu besteuern sind (K.O. vom 19. Juni 1834).

Sammlung Bd. VIII S. 225.

6.

Gesetz vom 7. März 1822 §§ 4, 5 u. folg. 12; Tarifnummer 1.

II. Senat. Urteil vom 19. Februar 1884, R. Nr. 233/84.

Das Vergehen der Stempelkontravention setzt, auch soweit nicht Irrtum über das Strafgesetz in Betracht tritt, weder dolus noch Fahrlässigkeit voraus, es wird begangen durch Nichterfüllung der gesetzlichen Pflicht, und nur eine faktische Unmöglichkeit, diese Pflicht zu erfüllen, beseitigt die strafrechtliche Verantwortlichkeit. Wenn der Preis für die Ueberlassung von Mobilien und andern Leistungen in einem schriftlichen Vertrage nur in ungeteilter Summe ausgedrückt ist und der Wert der andern Leistungen von den Beteiligten weder angegeben wird, noch sonst eruiert ist, so kann der Richter nach §§ 136 und 160 der St.P.O. den von dem ganzen Betrage des Preises berechneten Mobilien-Kaufstempel als umgangen annehmen und den Bestimmungen der Strafe zu Grunde legen. Der Richter ist nicht genötigt, zu Gunsten des Angeklagten einen Schluss zu ziehen, sondern kann frei ermessen.

Sammlung Bd. X S. 110.

7.

Gesetz vom 7. März 1822 § 22; K.O. vom 24. Februar 1830, 19. Juni 1834, 28. Oktober 1836; V.O. für Hannover etc. und für Schleswig-Holstein vom 19. Juli 1867, die Stempelsteuer betr.

I. Senat. Urteil vom 18. Februar 1884, R. Nr. 148/84.

Nach dem Gesetze wird nur ein bei dem Inhalte der Urkunde Beteiligter, auch der neben dem Beurkundenden, dem eigentlichen Kontravenienten, erscheinende, für die Verstempelung der Urkunde, weil er auf dieselbe Ansprüche gründet, verantwortlich gemacht. Die äussere Thatsache allein, dass jemand eine Urkunde ohne innere Beziehung zu derselben überreicht, als Mandatar, Bote oder Kustos in Händen hat, ist nach Sinn und Absicht des Gesetzes nicht hinreichend, um ihm die Stempelpflicht zu überbürden. Dieser Grundsatz findet sich in früheren und späteren Vorschriften. Wenn eine Verordnung nicht weiter publiziert ist, also dahingestellt sein mag, ob sie die Bedeutung einer authentischen Interpretation des Gesetzes hat, so kann doch ihr Inhalt seit dem Erlasse für die Administrativbehörden massgebend gewesen sein und auch in gerichtlichen Urteilen Bestätigung erfahren haben. Im Urteil über die Stempelpflicht eines Inhabers einer Urkunde muss also festgestellt werden, zu welchem Zwecke er die Urkunde in Händen gehabt hat, da blosse Detention nicht haftbar macht. Ist er aber auch haftbar, so verfällt er nicht selbständig in gleiche Strafe wie der eigentliche Kontravenient, sondern es kann nur die Verfolgung der von dem eigentlichen Kontravenienten verwirkten Stempelstrafe gegen den Inhaber oder Vorzeiger der Urkunde geschehen und dieser kann seinen Regress an dem eigentlichen Kontravenienten nehmen. Wird der Inhaber nicht verfolgt oder die Klage richtet sich gegen den eigentlichen Kontravenienten und es wird derselbe verurteilt, so kann eine Verurteilung des Inhabers neben jener nicht statthaben.

Sammlung Bd. X S. 141.

8.

Gesetz vom 7. März 1822 §§ 4, 5, 21, 22 und Tarif; K.O. vom 19. Juni 1834.

III. Senat. Urteil vom 10. März 1884, R. Nr. 132/84.

Für die Beurteilung der Stempelpflichtigkeit einer Urkunde ist der Inhalt derselben massgebend. Sie ist bedingt durch das urkundliche Vorliegen eines zum rechtswirksamen Abschlusse gelangten, zweiseitigen, für beide Teile Rechte und Verbindlichkeiten begründenden Vertrages. Ergibt sich aus der Urkunde — wie bei Kaufverträgen zwischen Eheleuten nach § 198 Teil II 1 des Pr. L.R.

— dass zur Gültigkeit gerichtliche Vollziehung notwendig ist, welche aber nicht vorliegt, so ist zwar keine absolute Nichtigkeit gegeben, allein solange das Geschäft in dem sog. Stadium des negotium claudicum sich befindet, liegt ein wirksamer Vertrag nicht vor, entfällt also die Stempelpflicht. Dasselbe ist der Fall, wenn aus dem Vertrage nur der eine Teil Klage auf Erfüllung stellen kann, oder wenn es zur Rechtswirksamkeit noch des Hinzutrittes besonderer, ausserhalb der getroffenen Vereinbarung und der Urkunde liegender Thatsachen bedarf, damit das Geschäft zur vollen, für beide Teile die aus der Natur der Verträge sich ergebenden Rechte und Verbindlichkeiten begründenden Perfektion gelange (Förster, preuss. Pr.R. §§ 26, 75; Dernburg, preuss. Pr.R. § 45; Oppenhof, Rechtsprechung, Bd. VII S. 365).

Sammlung Bd. X S. 254.

b. Entscheidungen der Civilsenate.

9.

Gesetz vom 7. März 1822 Satz 1.

Vereinigte Civilsenate. Urteil vom 8. Juli 1880, R. II 61/39.

(In derselben Sitzung wurden 13 ziemlich gleichgelagerte Fälle entschieden.)

Die einzelnen Positionen im Tarife zum Stempelgesetze vom 7. März 1822 führen die Geschäfte, von deren Beurkundung der Stempel erhoben werden soll, nur mit den civilrechtlichen Benennungen auf; es unterliegt deshalb keinem Zweifel, dass auch nur nach den Grundsätzen des Civilrechts zu beurteilen ist, ob in jedem Falle die Merkmale eines solchen Geschäftes vorliegen; wenn also auch für verschiedene Geschäfte der Stempel für jedes Geschäft besonders zu berechnen ist, so darf doch der Begriff des Geschäftes nicht in einem von dessen civilrechtlicher Bedeutung verschiedenen Sinne aufgefasst werden. Es ist von der Rechtsprechung anerkannt, dass für den Stempel nur das jeweils beurkundete Geschäft, nicht aber die mit dessen Abschluss beabsichtigte oder eingetretene vermögensrechtliche Veränderung zu berücksichtigen ist, also die unmittelbar oder mittelbar bewirkte Vermögensänderung oder Uebertragung nur dann und soweit mit Stempel zu belegen ist, als der Tarif eine solche für das beurkundete Geschäft vorschreibt. Demnach ist, wenn bei Eintragung einer Aktiengesellschaft ein Aktionär eine auf das Grundkapital anzurechnende Einlage macht, welche nicht in barem Geld besteht, die gemäss Art. 209b des H.G.B. in dem Gesellschaftsvertrage enthaltene Festsetzung des Wertes der Einlage als ein vom Gesellschaftsvertrage verschiedenes Geschäft nicht anzusehen. Es handelt sich hier nur um Abreden, welche in ihrer Gesamtheit den individuellen Gesellschaftsvertrag ausmachen, also die gesonderte Bewertung einen Bestandteil des einheitlichen Gesellschaftsvertrags erst loslösen müsste.

Sammlung f. Civ. Bd. II S. 203.

10.

IV. Senat. Urteil vom 24. Juni 1880, R. IV Nr. 505/80.

Wenn nach dem Civilrechte verschiedene Mobilien Substanz-(Pertinenz-) Teile des Immobiliars sind, so ist der Immobiliarstempel an dem Werte des gesamten Vertragsgegenstandes (Immobilien und Pertinenzen) zu berechnen. (Ebenso geurteilt in einem Erkenntnis des Obertribunals vom 12. Mai 1873.)

Sammlung f. Civ. Bd. II S. 251.

11.

K.O. vom 30. April 1847.

IV. Civilsenat. Urteil vom 25. Oktober 1880, R. IV Nr. 520/80.

Nach dem gewöhnlichen Sprachgebrauche muss unter einem im kaufmännischen Verkehr abgeschlossenen Kauf- und Lieferungsgeschäft die von einem

Kaufmann vorgenommene Veräusserung der nach seinem Geschäft zur Veräusserung bestimmten Waren verstanden werden.

Dass nun eine Veräusserung, welche eine Weiterveräusserung seitens des Erwerbers bezweckt, unter den Begriff des Kauf- und Lieferungsvertrages im Sinne der K.O. vom 30. April 1847 falle, dafür fehlt jeder Anhalt.

Sammlung f. Civ. Bd. III S. 217.

12.

Gesetz vom 7. März 1822; V.O. vom 19. Juli 1867.

III. Civilsenat. Urteil vom 22. Februar 1881, R. III Nr. 341/80.

In den einzelnen Positionen des Stempeltarifs werden die Geschäfte mit ihren civilrechtlichen Benennungen aufgeführt. Ob die Voraussetzungen und Merkmale eines Geschäfts vorliegen, muss nach den Grundsätzen des Civilrechts beurteilt werden, und zwar desjenigen Civilrechtes, welches in dem Gebiet, für welches das betreffende Gesetz erlassen ist, gilt, da angenommen werden muss, dass die im Gesetze vorkommenden civilrechtlichen Bezeichnungen in Uebereinstimmung mit denjenigen Grundsätzen gemacht seien, welche im Geltungsbereich des Gesetzes überhaupt bestehen. Eine stempelpflichtige Urkunde über einen zweiseitigen Vertrag ist erst dann gegeben, wenn sie von beiden Kontrahenten unterschrieben ist, und es entscheidet das Stempelgesetz, welches an dem Orte, wo die letzte Unterschrift erfolgt, also die Urkunde zur Existenz gelangt, gilt. Dabei ist die civilrechtliche Eigenschaft des beurkundeten Geschäftes festzustellen, wobei die Rechte massgebend sind, in deren Gebiet die geschaffenen Rechtsverhältnisse der Kontrahenten ihren Sitz haben. Die Behauptung, die Bestimmung des örtlichen Rechts der Obligation könne, insoweit die Besteuerungsfrage unmittelbar oder mittelbar abhängig sei, niemals dem Vertragswillen anheimgestellt bleiben, denn dies sei gegen den Satz: jus publicum pactis privatorum mutari nequit, ist unrichtig. Entscheidend ist das Recht des Ortes, in welchem das Geschäft seinen Sitz hat, und zwar nach den allgemeinen Rechtsgrundsätzen, welche über die räumlichen Grenzen der Gesetze entscheiden. Wenn es sich, wie im konkreten Falle, um Lieferung fertiger Schienen aus dem dem Kläger gehörigen Material, nicht um Verarbeitung des der Eisenbahndirektion gehörigen Stoffes handelt, so ist dies nach den Grundsätzen des gemeinen Rechts (l. 2 § 1 Dig. loc. 19, 2; l. 20, l. 65 Dig. de contr. emt. 18, 2) nicht ein aus Kauf und Miete gemischtes Geschäft, sondern ein einheitlicher Kauf, zu dem der Stempel nach der Position „Kaufverträge" zu verwenden ist.

Sammlung f. Civ. Bd. IV S. 242.

13.

IV. Civilsenat. Urteil vom 27. Mai 1881, R. IV Nr. 62/81.

Es unterliegt keinem Zweifel, dass, wenn Interimsscheine in Aktien umgewandelt werden, der Stempel für Aktien nur einmal in Ansatz gebracht werden darf, dass also, wenn bereits zu den Interimsscheinen Stempel verwendet wurden, der Betrag von dem zu den Aktien zu verwendenden Stempel in Abzug zu bringen ist. Wird ein Aktienkapital reduziert, so findet ebenfalls ein Austausch von Interimsscheinen gegen Aktien statt, die Aktien, wenn auch reduziert, repräsentieren materiell dieselbe Obligation, wie die zuerst ausgegebenen Interimsscheine. Es darf auch hier der nach der Reduktion zu den Aktien verwendete Stempel von dem Stempel zu den Interimsscheinen abgerechnet werden.

Sammlung für Civ. Bd. V S. 191.

14.

Gesetz vom 24. Mai 1861, Erweiterung des Rechtsweges betr.; Stempelsteuergesetz vom 7. März 1822.

IV. Civilsenat. Urteil vom 11. Januar 1883, R. IV Nr. 476/82.

Die Cession ist, wenn man darunter die von dem Cedenten erklärte, von dem Cessionar angenommene Abtretung einer Forderung versteht, als ein Vertrag anzusehen, welche Vertragsnatur dadurch nicht ausgeschlossen wird, dass sich die Cession als Erfüllung eines Vertrages darstellt. Sie ist die gegenseitig erklärte Einwilligung mehrerer Personen in die Begründung, Veränderung, Aufhebung eines Rechtsverhältnisses wie die Tradition einer körperlichen Sache. Der Cessionsstempel hat daher die Natur eines Vertragsstempels. Auch wenn eine einseitige Cessionserklärung ohne Annahme der Cession durch den Cessionar beurkundet wird, liegt ein Vertragsstempel vor, und ist in beiden Fällen der Rechtsweg über die lFrage, ob der Stempel mit Recht oder Unrecht gefordert wurde, offen gelassen' (Entsch. d. Obertribunals Bd. LXXXIII S. 108).

Sammlung für Civ. Bd. VIII S. 255.

15.
Gesetz vom 7. März 1822.
IV. Civilsenat. Urteil vom 15. Januar 1883, R. IV 484/82.

Eine Schuldverschreibung im Sinne des Tarifes zum Stempelgesetze vom 7. März 1872 ist nur gegeben, wenn in der betreffenden Urkunde das Anerkenntnis und die Uebernahme der Verpflichtung zur Entrichtung der in einer Geldsumme bestehenden Schuld zum Ausdruck gelangt ist. Es genügt nicht die Anerkennung und Uebernahme einer Art von Schuldverbindlichkeit, sondern die Anerkennung muss sich auf die Schuld selbst beziehen, welche in der Pflicht zur Zahlung einer bestimmten Geldsumme besteht, also die Urkunde darf nicht bloss Beweismittel, sondern muss Schulurkunde sein.

Sammlung f. Civ. Bd. VIII S. 258.

16.
Vollmachtstempel § 118 der C.P.O.; § 2 des G.K.G.; § 4 des preuss. Ausf.-G. zum G.K.G. vom 10. März 1879; Art. 21 des preuss. Gesetzes vom 9. Mai 1854, Verfügung des Justizministers vom 1. Dezember 1880.
IV. Civilsenat. Urteil vom 16. April 1883, R. IV 42/83.

Die Vollmachtstempel sind keine Gerichtskosten, es finden auf sie in bei einem Landgericht anhängigen Prozesse weder die Bestimmungen der Civilprozessordnung, noch des Gerichtskostengesetzes, sondern lediglich die Bestimmungen der §§ 4—8 des Ausführungsgesetzes zum Gerichtskostengesetz Anwendung; demnach entscheiden über die Vollmachtstempel in I. Instanz das Landgericht, in II. das Oberlandesgericht und in letzter der Justizminister, nicht aber das Reichsgericht.

Sammlung für Civ. Bd. IX S. 256.

17.
Gesetz vom 7. März 1822 § 12.
III. Civilsenat. Urteil vom 15. Februar 1884, R. III Nr. 252/84.

Das Stempelsteuer-Hoheitsrecht erstreckt sich nur auf das eigene Gebiet jedes Staates, und Regel ist, dass ausländische Verhandlungen nicht einem preussischen Stempel unterliegen. Ausnahmen müssen gesetzlich statuiert sein. Der § 12 des Stempelgesetzes vom 7. März 1822 enthält allerdings eine als civilgesetzliche Bestimmung geltende Ausnahme für ausländische Schuldverschreibungen, ist aber als Ausnahmsbestimmung strenge zu interpretieren und daher erforderlich, dass der Gegenstand, über welchen Inländer im Auslande Verhandlung gepflogen haben, im Inlande befindlich ist. Unter dem „Gegenstand" ist nicht das beurkundete Rechtsgeschäft und dessen Inhalt, sondern der Gegenstand gemeint, auf den sich Rechtsgeschäft und Inhalt beziehen. Für Schuldverschreibungen besteht dieser Gegenstand in den darin verschriebenen Geldsummen, nicht in dem aus der Urkunde abgeleiteten Forderungsrecht. Der Ort der Erfüllung kann auch im Auslande sein.

Sammlung f. Civ. Bd. XI S. 254.

18.

Gesetz vom 7. März 1822; Schuldverschreibungen.

IV. Civilsenat. Urteil vom 6. Oktober 1884, R. IV Nr. 137/84.

Wenn durch die unter der Urkunde befindliche, vom Schuldner unterzeichnete Erklärung ein schriftliches Beweismittel geschaffen wird nicht bloss
für die Thatsache der Annahme des Empfangsscheines durch den Schuldner,
sondern zugleich für die Thatsache des Empfangs des Darlehens, so liegt stempelpflichtige Schuldverschreibung vor, da mit dem Beweise der Annahme des
Scheins der letzte Beweis unmittelbar durch das Gesetz gegeben ist. Die
Schaffung des durch die Unterschrift des Schuldners hergestellten schriftlichen
Beweismittels für den Empfang des Darlehens ist Ausstellung einer Schuldverschreibung selbst.

Sammlung f. Civ. Bd. XII S. 256.

19.

Gesetz vom 7. März 1822; Cession, Kaufvertrag.

IV. Civilsenat. Urteil vom 16. Oktober 1884, R. IV Nr. 148/84.

Die bei einem Gutstausche gegen Vergütung erfolgte Abtretung des dem
Gutseigentümer zustehenden Anteils an dem Reserve- und Amortisationsfonds
eines Kreditvereins sind an sich Forderungsrechte, und die Uebertragung von
Rechten, auch von dinglichen Rechten, ist in der Regel kein Kauf, erfordert
daher nicht den Kauf-, namentlich nicht den Immobilien-Kaufstempel. Eine
Ausnahme bilden nur die im Gesetz speciell genannten Grundgerechtigkeiten,
welche, wenn sie auch selbständige Existenz haben, der Eintragung auf ein besonderes Grundbuchblatt fähig sind. Pertinenzen eines Grundstückes sind eine
an sich der besonderen, selbständigen Existenz fähige Sache (§ 42 des A.L.R.
I 2), und allein ihre natürliche Beschaffenheit, nicht ihre wirtschaftliche Bestimmung und rechtliche Bedeutung sind entscheidend rücksichtlich der Stempelpflichtigkeit der urkundlich darüber abgeschlossenen Rechtsgeschäfte. Der § 5
u. folg. des Stempelgesetzes ist stets von den preussischen Stempelbehörden und
Gerichten so ausgelegt worden, dass er auch Fälle betrifft, wo ein Grundstück
mit seinem Zubehör, Inventar, verkauft wurde, und dass bei der stempelpflichtigen Behandlung eine Trennung des Grundstückes von den Pertinenzstücken einzutreten habe, sofern für die Pertinenzstücke ein besonderer Wert angegeben
ist. Die urkundliche Uebertragung einer Rechtes an Grundstückpertinenz hat
noch nicht die Folge, dass es als ein einheitliches Rechtsgeschäft mit der Guts-
übertragung angesehen werden muss, sondern diese Uebertragung ist vom Tausch-
geschäft als Cessionsgeschäft zu sondern.

Sammlung f. Civ. Bd. XII S. 265.

20.

IV. Civilsenat. Urteil vom 8. Mai 1885, R. IV Nr. 20/85.

Nach § 5 des Stempelsteuergesetzes von 1822 ist nicht der Wert der
Immobilien, sondern der Kaufpreis die Summe, wonach sich der Stempel richtet.
Wenn bei dem Verkauf einer Apotheke eine Summe als Konzessionsvaluta (Ver-
zicht auf die Konzession) bestimmt wurde, so ist diese Summe nicht mit dem
Immobilienstempel zu belegen.

Sammlung f. Civ. Bd. XIII S. 265.

XVII.
Salzabgabe.

1.

Reichsgesetz vom 13. Oktober 1867 § 20 Ziff. 2.

IV. Senat. Urteil vom 3. Februar 1885, R. Nr. 3190/82.

Hat jemand in der Saline unzerkleinerte Pfannensteine als Viehlecksteine erhalten und zerkleinert und zur Bereitung des sog. Blutessens verwendet, so ist er straffällig, auch wenn er die fragliche Verwendung des Pfannensteins nicht verboten gehalten und sich nicht bewusst gewesen ist, dadurch eine Salzabgabehinterziehung zu bewirken, denn das ist höchstens Rechtsunkenntnis und Irrtum über den Inhalt eines Strafgesetzes, der nicht entschuldigt.

Sammlung Bd. XII S. 103.

2.

Bayerisches Gesetz vom 16. November 1867 über Erhebung einer Abgabe von Salz; Bayerisches Ausführungsgesetz vom 18. August 1879 zur St.P.O. Art. 16, 18; St.G.B. § 28; V.Z.G. vom 1. Juli 1869 § 162.

I. Strafsenat. Urteil vom 9. Oktober 1884, R. Nr. 2123/84.

Es ist richtig, dass der Art. 16 und 18 des Ausführungsgesetzes zur St.P.O. und § 18 des StG.B. im Zusammenhalt mit § 162 des Z.V.G. und § 16 des Gesetzes vom 16. November 1867 über Erhebung von Salzabgaben lediglich die Verwandlung von Geldstrafen, nicht auch eine solche von Wertersatzbeträgen für zu konfiszierender Gegenstände kennen. Die nach § 16 des Salzsteuergesetzes auszusprechende Geldsumme hat aber den Charakter einer Geldstrafe. Sowohl nach § 26 — wenn das Quantum der defraudirten Gegenstände ermittelt ist — als auch § 16, der als Ergänzung zu § 11 erschien, wenn der Betrag der veruntreuten Abgabe für die hienach zu bemessende Geldstrafe nicht ziffermässig berechnet werden kann, ist eine gesamte, ungeteilte, für sich und unabhängig nach richterlichem Ermessen zu bestimmende Summe als Strafe zu erkennen, welche sich nicht aus Strafe und Konfiskationswert zusammensetzt. Es ist deshalb auch die Umwandlung von Geld in Freiheitsstrafe nicht besonders vorgeschrieben, sondern nur in § 491 der St.P.O. als Regel vorausgesetzt.

Sammlung Bd. XI S. 139.

XVIII.
Tabaksteuer.

1.

Gesetz vom 26. Mai 1868 § 3. 12.

Urteil vom 22. September 1880 (Auerbach Sammlung S. 427).

Das Tabaksteuergesetz erfordert wie bei andern Zuwiderhandlungen auf dem Gebiete der Steuer- und Zollgesetzgebung nur, dass das Handeln des Thäters Ergebnis der freien Willensäusserung ist; Absicht und Zweck der Handlung, Rechtsbewusstsein kommen nicht in Frage. Es ist also auch jede fahrlässige Uebertretung strafbar. Eine Bezugnahme auf § 12 des Gesetzes vom 28. Mai 1868 und § 136 des V.Z.G. vom 1. Juli 1869 ist unstatthaft; es ist nicht wissentlich falsche Deklaration erforderlich.

2.

Gesetz vom 16. Juli 1879 § 27; Nahrungsmittelgesetz vom 16. Mai 1879 § 10.

III. Senat. Urteil vom 4. Juni 1883 R. Nr. 1287/81.

Die Frage der Anwendbarkeit des Nahrungsmittelgesetzes vom 14. Mai 1879 und zugleich des Steuergesetzes ist ganz auseinander zu halten, denn es kann eine Verordnung von Surrogaten unter das Steuergesetz nicht, aber unter die Fälschung im Sinne des Gesetzes vom 11. Mai 1879 fallen und umgekehrt. Der Zusatz eines Bestandteils eines Naturprodukts zu einem Fabrikate aus letzterem ist nur dann nie eine Fälschung im Sinne des Nahrungsmittelgesetzes, wenn alle Bestandteile des Naturprodukts gleichwertig sind; eine Fälschung ist aber vorhanden, wenn dadurch eine Verschlechterung der Qualität der Nahrungsmittel herbeigeführt wird. Wird unter dem Namen und Bezeichnung, welche dem Begriff entsprechen, ein Produkt hergestellt, verkauft und feilgeboten, welchen Bestandteile entzogen oder zugesetzt wurden, wodurch die Qualität erheblich verschlechtert wird, so ist objektiv der Thatbestand der Fälschung im Sinne des Gesetzes vom 14. Mai 1879 gegeben. Subjektiv gehört dazu nach § 20 a. a. O. noch der Zweck der Täuschung und das wissentliche Verschweigen des objektiven Falschseins. Wenn zu einem Tabak holzige, Nikotin nicht enthaltende Teile der Tabakspflanze verwendet'worden, so ist § 27 des Tabaksteuergesetzes vom 16. Juli 1879 allerdings gegeben, während zur Fälschung nach § 10 des Gesetzes vom 14. Mai 1879 noch das Bewusstsein der Fälschung erforderlich ist.

Sammlung Bd. IV S. 311.

3.

Gesetz vom 16. Juli 1879 § 22, 33. Bekanntmachung des Bundesrates vom 25. März 1880.

III. Senat. Urteil vom 30. Oktober 1884 R. Nr. 2469/84.

Die Genehmigung zur Tabak-Nachernte muss von der zuständigen Steuerbehörde erholt werden; eine formlose Erlaubnis eines willkürlich ausgesuchten Steuerbediensteten genügt nicht. Unter Nachernte ist nicht jede unterbrochene und später fortgesetzte Haupternte zu verstehen; das Gesetz will zu der verbotenen Nachernte nur jenen Nachwuchs rechnen, welcher sich nach der Abblattung an den Bruchstellen des abgeblatteten Stengels als Ersatz der abgebrochenen Blätter entwickelt; das sind die sogenannten Geizblätter. Indem das Gesetz zu dem Worte „Nachernte" in Parenthese hinzufügt „das sog. Geizenziehen" ohne ein „dergleichen" oder sonstigen Zusatz, hat es den Begriff Nachernte positiv auf das Geizenziehen beschränkt.

Sammlung Bd. XII S. 202.

4.

Gesetz § 32 und Bundesratsbeschluss vom 25. März 1880.

IV. Senat. Urteil vom 12. Dezember 1884, R. Nr. 2844/84.

Ueber die Form der Anmeldung nach § 32 des Gesetzes vom 16. Juli 1879 enthält das Gesetz keine Bestimmung. Es können mehrere Tabakspflanzer die Anmeldung auch gleichzeitig machen. Hierbei sind die gesetzlichen Vorschriften zu beobachten. Ob auch die Nichtbeachtung aller einzelnen Ausführungsvorschriften des Bundesrates eine Defraudation involviert, muss verneint werden. Soweit durch diese Vorschriften die gesetzliche Verpflichtung des Pflanzers erweitert, also etwa die Kollektivanmeldung für unstatthaft erklärt wird oder für die Anmeldung neben der Angabe der Lage und Grösse des Grundstückes noch der Aufbewahrungsort des Tabaks gefordert wird, kann eine Nichtbefolgung dieser Vorschriften zwar Ordnungsstrafe (§ 40 des Gesetzes), nicht aber Defraudationsstrafe (§ 32 l. c.) nach sich ziehen. Denn das Gesetz darf nicht nach den Ausführungsbestimmungen, sondern nur aus sich selbst heraus ausgelegt werden.

Sammlung Bd. XII S. 288.

XIX.
Zuckersteuer.
Gesetz vom 26. Juni 1869 § 4.
III. Senat. Urteil vom 30. April 1881, R. Nr. 931/81.

Nach dem ausgesprochenen Willen des Gesetzes ist sowohl die wissentliche als fahrlässige, also jede objektiv unrichtige Deklaration zu ahnden; aber die erstere mit der Defraudations-, die letztere mit der Ordnungsstrafe. Der Unterschied zwischen wissentlicher und unwissentlicher falscher Deklaration ist nur so lange gleichgültig, als nicht durch Gegenbeweis die Vermutung wissentlich unwahrer Deklaration entkräftigt ist. Ist die irrige Angabe in gutem Glauben erfolgt, so fällt sie nur in Ordnungsstrafe.

Sammlung Bd. IV S. 169.

XX.
Reichs-Brausteuergesetz vom 31. Mai 1872.

1.
I. Strafsenat. Urteil vom 27. Oktober 1879, R. Nr. 163/79.

Zur Defraudation der Brausteuer nach § 27 gehört, dass der in § 1 bezeichnete Stoff zum Brauen verwendet wurde. Nach § 29 wird es der Defraudation gleich geachtet, wenn Braumalzschrot nach erfolgter Anmeldung von Einmaischungen in grösserer Menge vorgefunden wurde. Das Befinden in der Braustätte muss in die Zeit von der Anmeldung bis zur Einmaischung, bezw. während der Einmaischung fallen. Würden vorhanden gewesene, aber nicht vorgefundene Quantitäten bei späteren Einmaischungen mit ferneren nicht angemeldeten Quantitäten wirklich verwendet sein, so würde nur eine Defraudation nach § 27, nicht aber mehrere Defraudationen nach § 29 zur Ahndung kommen können.

Sammlung Bd. I S. 7.

2.
Gesetz vom 31. Mai 1872 § 4, 27, 29, 35.
Vereinigte Strafsenate. Urteile vom 4. April 1881, R. Nr. 3261.

Es ist richtig, dass solche Straftaten, welche im Strafgesetzbuche unter Strafe gestellt sind, dennoch nicht der da bestimmten Strafe unterliegen, wenn für sie eine anderweitige Strafe in einem Specialgesetz vorgesehen ist, welchem das Strafgesetzbuch die Ordnung einer einzelnen Materie überlassen hat. Allein keines der Steuergesetze der Reichsgesetzgebung, und so auch das Brausteuergesetz nicht, weder in § 4, noch § 35, enthält eine Bestimmung, welche dahin verstanden werden könnte, dass auf Steuerverkürzung hinzielende Handlungen mit Ordnungsstrafen zu belegen seien und überall, wo auch derartige betrügerische Handlungen von der Specialgesetzgebung mit umfasst werden, sind sie im untrennbaren Gegensatze zu den Ordnungsstrafen als Defraudationen unter eine mit der Grösse der Beschädigung wachsende Defraudationsstrafe gestellt. Wo letzteres, wie hier, nicht geschehen, fehlt es an einer Regelung der Motive im Specialgesetze und daraus ergibt sich die Folge, dass das allgemeine Strafgesetz in seiner Wirksamkeit ungeschmälert ist. Dass der des Vorteils der Fixation sich erfreuende Brauer durch eine auf Hinterziehung gerichtete betrügliche Handlung sich der schweren Strafe des Betruges gegenüber den als Defraudanten zu strafenden nicht fixierten Brauern aussetzt, kann nicht als im Widerspruche mit den Grundsätzen der Steuergesetzgebung gelten, weil die Möglichkeit des Eintrittes dieser Folge in dem freiwilligen Eintritt in das Vertragsverhältnis begründet ist und er sich des Missbrauches des besonderen Vertrauens schuldig macht.

Sammlung Bd. IV S. 50.

3.

Ausführungsbestimmungen des Bundesrats zu diesem Gesetze vom 18. November 1872, Nr. 13, Abs. 6.

II. Senat. Urteil vom 16. Januar 1880, R. Nr. 361/79.

Das Wort „unmittelbar“ in den Ausführungsbestimmungen des Bundesrates vom 18. November 1872 zum Brausteuergesetz vom 31. Mai 1872 ist nicht nach dem Wortlaute zu nehmen, sondern hat den Sinn des täglichen Lebens, dass darunter die Beziehung des unvermittelten, raschen Aufeinanderfolgens zweier Ereignisse oder Handlungen gefunden werden soll. Diese Beziehung ist relativ und kann nach Lage der Sache einen ganz verschiedenen Zeitraum umfassen.

Sammlung Bd. I S. 72.

4.

Gesetz vom 31. Mai 1872 § 4, 27, 29, 35.

III. Senat. Urteil vom 29. Oktober 1883, R. Nr. 1163/83.

Nach einer wiederholten Bestätigung des oben (Nr. 2) angezogenen Urteils vom 4. April 1881 in den Rechtsausführungen ist ausgesprochen, dass die Steuerbehörde nur befugt ist, sich dort allen Rechtsmitteln im Strafverfahren anzuschliessen, wo es sich um ein Steuerdelikt, nicht aber dort, wo es sich um eine Strafthat überhaupt handelt. Es gibt keine Anschliessungsbefugnis und Berechtigung der Steuerbehörden, wo das administrative Strafverfahren grundsätzlich ausgeschlossen ist, was bei dem Brausteuergesetz bezüglich aller unter das allgemeine Strafgesetz fallenden Delikte zutrifft, mögen dieselben eventuell auch als Verletzungen der in den Vorschriften über Erhebung öffentlicher Steuern und Gefälle begründeten Rechte sich darstellen.

Sammlung Bd. IX S. 236.

5.

Gesetz vom 31. Mai 1872 § 1, 13, 14, 18, 27, 31. Ausführungsbestimmungen des Bundesrates vom 18. November 1872; Cirkularverfügung des preussischen Finanzministers vom 28. November 1872.

II. Senat. Urteil vom 11. März 1884, R. Nr. 463/84.

Das Gesetz bezweckt eine Besteuerung der sog. Malzsurrogate, worunter solche Ersatzmittel für Malz verstanden werden, aus welchen dieselben Zucker- und Alkoholstoffe entwickelt werden können, wie aus dem Getreidemalz. Kommen in der Brauerei Zuckerstoffe zur Verwendung, so macht das Gesetz die Besteuerung von dem Zeitpunkte dieser Verwendung in der Brauerei abhängig. Auf den Zeitpunkt des gewerblichen Betriebs, in welchem die Verwendung geschieht, ist für die Steuerpflicht kein Gewicht gelegt, namentlich auch hinsichtlich des Zeitpunktes des Zusetzens von Zuckerstoffen unterschieden und auch die Zusetzung von solchen Stoffen zu fertigen Bieren als ein steuerpflichtiges Verwenden beurteilt. Es steht in keiner Beziehung zum Gärungsprozesse. Was unter Bier und Bierbereitung im Sinne des Gesetzes ausgesprochen wurde, hat der Richter selbst zu prüfen und ist nicht von dem technischen Gutachten abhängig. Diese Anschauungen ergeben sich sowohl aus dem Gesetze, als den Ausführungsbestimmungen des Bundesrates und der erläuternden Cirkularverfügung des preussischen Finanzministers.

Sammlung Bd. X S. 167.

6.

Gesetz vom 31. Mai 1872 § 1, 27, 33, 34, 35.

IV. Senat. Urteil vom 16. Dezember 1884, R. Nr. 2948/84.

Wie schon in dem vorigen Urteile ausgesprochen ist, ist zur Entscheidung über die Frage, was unter Bier und Bierbereitung zu verstehen sei, das Gutschten der technischen Sachverständigen nicht von entscheidender Bedeutung. Der Richter hat selbst festzustellen, was das Gesetz will. Aus diesem ergibt sich unzweifelhaft, dass alle sowohl bis jetzt bekannten als künftighin bekannt werdenden Malzsurrogate. der Steuer unterworfen werden wollten. Als Voraussetzung ist im § 1 des Gesetzes aufgestellt, dass der betreffende Stoff zu „Bier" verwendet wird. Zu „Bier" gehört auch das sog. Schwach-Nachbier oder Kofent, das auf kaltem Wege oder mittelst Selbstgärung in den Brauereianlagen nach Ablassen der Bierwürze hergestellte Getränk, das nicht bloss zum Haustrunk dient und das oft mit erneutem Zusatz von steuerpflichtigem Braustoff gewonnen wird.

Sammlung Bd. XI. S. 382.

XXL
Malzaufschlag in Bayern.

1.
Gesetz vom 16. Mai 1868 Art. 7.
Reichsgesetz vom 14. Mai 1879, betr. den Verkehr mit Nahrungsmitteln, § 20.

I. Senat. Urteil vom 18. Dezember 1882, R. Nr. 2647/82.

Wenn in einem Lande unter Bier gesetzlich und herkömmlich nur ein aus Gerstenmalz und Hopfen gebrautes Getränke verstanden wird, so erscheint jedes Produkt, welches aus andern Substanzen besteht, als nachgemacht und wenn ihnen fremde Stoffe zugesetzt sind, als verfälscht. Nach der Entwicklung der bayerischen Landesgesetzgebung von der V.O. vom Jahre 1516 bis heute ist nicht zu bezweifeln, dass dieselbe von jeher jede Benützung von Surrogaten bei dem nur aus Hopfen und Malz zu brauenden Bier nicht nur aus fiskalischen, sondern auch aus wirtschaftlichen und gewerbspolizeilichen Gründen absolut ausgeschlossen wissen wollte. Diese Anschauung, durch die Gesetzgebung in drei Jahrhunderten sanktioniert, hat einen allgemeinen Rechtszustand geschaffen, dessen Bestand den Konsumierenden wie den beteiligten gewerblichen Kreisen bekannt sein muss. Derselbe ist zudem konstant vom bayerischen obersten Gerichtshofe festgehalten worden.

Wenn aber durch die Landesgesetzgebung jeder Zusatz zu dem aus Hopfen und Malz herzustellenden Getränke als Fälschung bezeichnet ist, so ist die Anwendbarkeit des § 10 Ziffer 1 des Nahrungsmittelgesetzes ebenfalls unzweifelhaft; denn wie schon wiederholt vom Reichsgerichte anerkannt ist, liegt Fälschung des Nahrungsmittels nicht nur dann vor, wenn eine Verschlechterung der echten Waren durch Entnahme oder Zusatz von Stoffen bewirkt wird, sondern auch dann, wenn eine scheinbare Verbesserung einer minder guten Ware durch Anwendung künstlicher Mittel herbeigeführt wird. Als solches erscheint insbesondere sog. Biercouleur oder pulverisiertes Süssholz.

Sammlung Bd. VII S. 314.

2.
Bayerisches Gesetz vom 16. Mai 1868 Art. 7; Nahrungsmittelgesetz § 10.

I. Senat. Urteil vom 5. Juli 1883, R. Nr. 1224/83.

Wiederholt ist anerkannt, dass jeder Zusatz zu Hopfen und Malz als Surrogate für die Bierbereitung in Bayern verboten ist. Diese Zusätze können aber auch Stoffe sein, welche auf die Substanz des Biers keinen Einfluss üben, welche mit den zur Bereitung des Bieres verwendeten Stoffen überhaupt keine Verbindung eingehen, sich mit denselben nicht amalgamieren, und welche daher mit Rücksicht auf ihre rein mechanische Wirkung lediglich als technische Hilfsmittel der Produktion, nicht aber als positive Zusätze betrachtet werden. Eine solche Benutzung mechanischer Mittel kann nicht als „Verwendung fremder Stoffe" angesehen werden. Dahin gehört die sog. Klärung eines durch Hefe getrübten Biers mit Hausenblase. Ist aber keine Verletzung des bayerischen Malzaufschlaggesetzes gegeben, so liegt auch keine Verletzung des Nahrungsmittelgesetzes vor, zumal schon bei Beratung des Gesetzes im Reichstage (Protokolle d. d. Reichstages 1879 S. 798, 802) ausdrücklich hervorgehoben wurde, dass eine Klärung des Bieres als solche nicht unter die Strafbestimmung des § 10 fallen könne.

Sammlung Bd. VIII S. 434.

3.

Gesetz vom 16. Mai 1868 Art. 7; R.G. vom 12. Mai 1879 § 10.

I. Senat.   Urteil vom 31. März 1884, R. Nr. 296/84.

Das bayerische Malzaufschlagsgesetz (Art. 7) will die Behandlung von Braun- und von Weissbier ganz gleichmässig stellen. Wenn Methoden von Weissbiererzeugung existieren, welche dessen vollständige Herstellung ohne Benutzung fremder Stoffe ermöglichen, so hat der Gesetzgeber diese und nur diese im Auge gehabt. Bereitet ist das Bier erst, wenn es zum Genusse fertig gestellt wird. Jede stoffliche Beimischung, durch welche dem Bier vor dessen Genusse durch den Konsumenten eine andere als die gesetzliche Beschaffenheit verliehen wird, fällt unter Art. 7 des Malzaufschlagsgesetzes; wenn jetzt die Grenze zwischen braunem und weissem Bier schon schwankend ist, so wird die Gesetzgebung dafür Sorge tragen müssen, dass, wenn die Kunst der Biererzeugung noch weitere Fortschritte macht, zur Sicherung des Gefälles hinsichtlich der Malzfabrikation Bestimmungen getroffen werden. Insoweit es sich um Verletzung des Nahrungsmittelgesetzes handelt, wird die Uebung der Bierbereitung auch für das Bewusstsein der Rechtswidrigkeit etc. hinsichtlich des Zweckes der Täuschung im Handel und Verkehr in Betracht zu kommen haben.

Sammlung Bd. X S. 266.

4.

Bayerisches Gesetz vom 16. Mai 1868/18. August 1879; R.G.B. § 73, 74.

I. Senat.   Urteil vom 19. Mai 1884, R. Nr. 1204/84.

Das bayerische Malzaufschlagsgesetz scheidet bei Uebertretungen des Malzaufschlagsgesetzes unter sich die Fälle der idealen und realen Konkurrenz aus, indem es bei idealer Konkurrenz die schwerste Strafe ausgesprochen, bei realer Konkurrenz die Strafen aber nebeneinander verhängt wissen will. Bei Konkurrenz von Uebertretungen des Malzaufschlagsgesetzes mit andern Gesetzesverletzungen ist ebenfalls dieser Unterschied aufrecht erhalten und es enthalten die auf das Zusammentreffen strafbarer Handlungen bezüglichen Vorschriften keine Abweichung von den Bestimmungen des St G.B. für das Deutsche Reich, was — abgesehen von der Frage der Zulässigkeit gegenüber dem Reichsrechte — nach den Intentionen der sämtlichen gesetzgebenden Faktoren in Bayern nachgewiesen werden kann. Nur bei realer Konkurrenz ordnet der Abs. 4 des Art. 63 des Gesetzes vom 16. Mai 1868/18. August 1879 Kumulierung von Strafen an; bei idealer Konkurrenz sind die Bestimmungen der §§ 73 und 74 des St G.B. massgebend. Eine Lücke im Gesetze besteht nicht, denn zu allem Ueberflusse hat das Einführungsgesetz vom 26. Dezember 1871 (Art. 4) diese Anschauung sanktioniert, dass bei Schweigen des Specialgesetzes über die Fälle der idealen Konkurrenz mit Verletzungen anderer Gesetze der § 73 des St.G.B. Anwendung zu finden hat.

Samlung Bd. X S. 392.

5.

Bayerisches Gesetz vom 16. Mai 1868 Art. 7, 21; Nahrungsmittelgesetz § 10.

I. Senat. Urteil vom 15. Dezember 1884, R. Nr. 2938/84.

Vorerst ist die Rechtsanschauung der früheren Urteile vom 18. Dezember 1882, 5. Juli 1883, 31. März 1884 wiederholt bestätigt, wonach jeder Zusatz zu Hopfen und Malz zur Bereitung des bayerischen Biers unter Art. 7 des Gesetzes vom 16. Mai 1868 fällt. Sodann ist ausgeführt, dass auch ein ungehöriger und sogar gesetzlich verbotener Zusatz nicht unter allen Umständen als Verfälschung im Sinne des Nahrungsmittelgesetzes anzusehen und deshalb nicht notwendig jede Uebertretung des Malzaufschlagsgesetzes auch eine solche des Nahrungsmittelgesetzes involviere. Das Malzaufschlagsgesetz hat, um jede Gefährdung des Malzaufschlages zu verhüten, mit Rücksicht auf die Schwierigkeit der Kontrolle und des Nachweises von Menge und Beschaffenheit fremder Stoffe im Bier jeden Zusatz von Stoffen irgend welcher Art verboten — das Nahrungsmittelgesetz verlangt aber einen Einfluss auf die Ware, entweder Verschlechterung oder scheinbare Verbesserung durch Anwendung künstlicher Mittel.

Sammlung Bd. XI S. 294.

6.

Gesetz vom 16. Mai 1868/23. August 1879 über den Malzaufschlag Art. 7, 71, 52, 82; Gesetz über den Verkehr mit Nahrungsmitteln vom 12. Mai 1879 §. 10.

I. Senat. Urteil vom 15. Dezember 1884, R. Nr. 2911/84.

Um das für die bayerische Staatsverwaltung hochwichtige Malzaufschlagsgefälle möglichst zu sichern, hielt der Gesetzgeber für angemessen, nicht nur die Verkürzung des Gefälles durch Verwendung von Stoffen, welche das Malz ersetzen und deshalb die Verwendung eines geringen Malzquantums ermöglichen, in einzelnen Fällen zu bestrafen, sondern auch jede Gefährdung des Gefälles nach Möglichkeit zu verhüten und mit Rücksicht auf die Thätigkeit der Kontrolle und des Nachweises der Beschaffenheit fremder Stoffe ausser Hopfen, Malz und Wasser, die Beimengung von Stoffen irgend welcher Art, sei es als Ersatz oder auch als Zusatz von Malz zu verbieten. Es waren Gründe gewerbspolizeilicher und wirtschaftlicher Natur, die, wie das Reichsgericht schon wiederholt dargethan hat, die bayerische Landesgesetzgebung veranlasst hat, zur Aufrechterhaltung des Wertes des bayerischen Bieres den Standpunkt einzunehmen, dass nur ein ausschliesslich aus Hopfen und Malz gebrautes Getränke als reines Bier zu betrachten ist und jeder nicht aus diesen Substanzen bestehende Zusatz als ein unerlaubter anzusehen und zu verbieten sei. Die Absicht, das Malzaufschlagsgefäll zu hinterziehen oder zu gefährden, ist nur bei Anstiftern und Gehilfen, nicht aber auch beim Thäter Erfordernis der Strafbarkeit. Der Betriebsberechtigte ist für jede Fahrlässigkeit in seinem Geschäfte verantwortlich. Ein Vergehen gegen das Nahrungsmittelgesetz liegt auch vor, wenn nur unschädliche Stoffe verwendet wurden. Doch involviert eine Zuwiderhandlung gegen das bayerische Malzaufschlagsgesetz nicht von selbst eine Verletzung des Nahrungsmittelgesetzes, sondern es müssen die Thatbestandmerkmale des letzteren Vergehens, insbesondere die Fälschung und deren Vornahme zum Zwecke der Täuschung selbständig nachgewiesen werden.

Die Landesgesetzgebung ist nur insofern entscheidend, als dieselbe feststellt, was unter Bier zu verstehen, was als echtes und normales Produkt anzusehen ist. Ist die Herstellung eines Kunstproduktes an bestimmte oder herkömmliche Regeln geknüpft, so kann nur dasjenige Produkt als normales angesehen werden, welches diesen Regeln entspricht und es steht insofern den Naturprodukten gleich, als jede Alterierung des natürlichen Zustandes und andere als die vorgeschriebene stoffliche Zusammensetzung alsdann als anormal erscheint. In Uebereinstimmung mit zahlreichen früheren Entscheidungen des Reichsgerichts steht fest, dass als Fälschung im Sinne des Nahrungsmittelgesetzes jede Veränderung an der Sache, bezw. an dieser stofflichen Zusammensetzung zu betrachten ist, durch welche dieselbe einen ihrem Wesen nicht entsprechenden Schein erhält, sei es, dass sie mittelst Entnehmens oder Zusatzes von Stoffen verschlechtert, sei es, dass sie mit dem Scheine einer besseren als der wirklichen Beschaffenheit versehen wird. Der Thatbestand der Fälschung ist auch dann gegeben, wenn das Produkt in seiner natürlichen oder zulässigen Zusammensetzung minder gut und dem Geschmacke des Publikums entsprechend war, als es dies infolge der Zusätze später zu sein schien. Diese Verfälschung ist auch — wie das Reichsgericht im Urteile vom 2. Nov. 1882 (Sammlung Bd. VII S. 337) schon ausgesprochen hat — bei Aenderung der Fabrikation und Zusetzung neuer Stoffe immer dann anzunehmen, wenn sie geeignet ist, bei den Abnehmern die irrige Meinung zu erregen, als ob die wahrgenommene Verbesserung der Ware in Aussehen, Geschmack etc. ihre Ursache in der Verwendung von solchen Stoffen habe, die im Verkehr bereits bekannt und als wesentliche Bestandteile geschätzt sind, während solche Stoffe nicht oder nicht so reichlich verwendet sind, als es infolge von Beimischung anderer Stoffe den Anschein hat. Diese Grundsätze haben in Bayern um so mehr Anwendung, als dort nach Gesetz und Herkommen Hopfen und Malz als die allein zulässigen Bestandteile des Biers zu gelten haben. Ein weiterer Dolus, als der Zweck, den Handel und Verkehr zu täuschen, ist nicht notwendig. Der Hinweis auf andere Länder, in denen vielleicht die Bierfabrikation sich anders ausgebildet hat, ist ausgeschlossen, da die strengeren Gebote in Bayern den sämtlichen Brauern bekannt sein müssen.

Sammlung Bd. XII S. 94—101.

<hr />

XXII.
Branntweinsteuer.

1.

Reichsgesetz vom 8. Juli 1868, die subsidiarische Haftung der Brennereiunternehmer § 1; preuss. Gesetz vom 8. Februar 1819, Besteuerung des inländischen Branntweins § 61; Kabinettsorder vom 10. Januar 1824, Erhebung der Maischbottichsteuer Nr. 5; preuss. Gesetz vom 21. September 1860, Abänderung des § 83 der Steuerordnung vom 8. Febr. 1819 und Deklaration vom 6. Okt. 1821.

II. Senat. Urteil vom 5. März 1880, R. Nr. 526/79.

Wenn der Brennereiverwalter die Absicht hat, eine Steuerverkürzung herbeizuführen und wenn diese Steuerverkürzung eingetreten ist, er sich aber zu diesem Zwecke dritter Personen bedient, welche undeklarierte Einmaischungen vornehmen, so ist der Brennereiverwalter als Thäter wegen Steuerdefraudation zu bestrafen; für die Hilfspersonen kommt nur die rechtswidrige Handlung ohne den auf Verkürzung der Steuer gerichteten Dolus in Betracht. Ersterer ist nach den allgemeinen Grundsätzen des Strafrechtes für dasjenige verantwortlich, was er seiner Absicht gemäss entweder selbst oder durch andere vollführt. Die Konventionalstrafe wird nur einmal verhängt, wenn mehrere oder wiederholte Kontraventionen und gleichzeitige Entdeckung vorliegt.

Sammlung Bd. I S. 250.

2.

Reichsgesetz vom 8. Juli 1868; preuss. Gesetz vom 8. Februar 1819; Kabinettsorder vom 10. Januar 1824; preuss. Gesetz vom 21. September 1860.

II. Senat. Urteil vom 28. Mai 1880, R. Nr. 767/80.

Nach den Grundsätzen der Steuerordnung vom 8. Februar 1819 ist der Brennereibesitzer in erster Linie für die bei dem Betriebe der Brennerei begangenen Defraudationen und Kontraventionen verantwortlich und bezüglich der im § 83 genannten Personen, wenn deren Thäterschaft festgestellt ist, besteht eine subsidiäre Haftbarkeit; weder die Kabinettsorder vom 10. Januar 1824 und das preuss. Gesetz vom 21. September 1860, noch das Reichsgesetz vom 8. Juli 1868 hat in der hier in Betracht kommenden Richtung das geändert, dass die primäre Haftbarkeit des Brennereibesitzers nur wegfalle, wenn der Thäter ermittelt sei. Auch die langjährige Praxis des obersten Gerichtshofes in Preussen (Oppenhoff, Rechtsprechung Bd. VI S. 144, Bd. VII S. 106, 676, Bd. IX S. 354, Bd. XIII S. 322, Bd. XV S. 346, Bd. XVII S. 195, Bd. XX S. 349) hat diese Bestimmung dahin aufgefasst, dass derjenige, welcher die Brennerei betreibt, für alle in derselben vorgekommenen steuerpflichtigen Gewerbehandlungen die Verantwortlichkeit trägt, und wenn der eigentliche Thäter oder wie es in § 83 heisst, der eigentliche Verbrecher auch von der Strafe nicht frei wird, die alleinige Verantwortlichkeit des Brennereibesitzers dann fortbesteht, wenn der eigentliche Thäter nicht ermittelt wird.

Sammlung Bd. II S. 70.

3.

Reichsgesetz vom 8. Juli 1868 § 1, 3.

III. Senat. Urteil vom 6. November 1880, R. Nr. 1278/80.

Aus der rechtsgeschichtlichen Entwicklung des Bundesgesetzes vom 8. Juli 1868 ist dargethan, dass der Staat für die wegen Verletzung der Steuergesetze gegen den Gewerbegehilfen erkannten Geldstrafen aus dem Vermögen des Gewerbeunternehmers Sicherheit finden soll. Dabei ist Absicht des Gesetzes, dass der Geschäftsherr von der Haftverbindlichkeit nicht durch den Umstand befreit sei, dass er sich an dem Steuervergehen selbst als Mitthäter, Anstifter oder sonstwie beteiligt habe, und dass auch gegen ihn wegen vorsätzlicher Beteiligung besondere Geldstrafe erkannt ist. Seine Defraudationsstrafe und die Haftung für die Strafe des Gewerbegehilfen gehen nebeneinander her. Beschränkt ist die Subsidiarhaft nur durch den Nachweis, dass der Geschäftsherr bei Auswahl und Anstellung des Gehilfen oder bei der Beaufsichtigung fahrlässig gewesen sei. Dieser Grundsatz hat auch in verschiedenen anderen Strafgesetzen Eingang gefunden. Die durch einen Strafbescheid der Steuerbehörde erfolgte rechtskräftige Verurteilung eines Geschäftsherrn wegen Anstiftung des Gehilfen zur Steuerdefraudation hindert die selbständige Entscheidung des Gerichtes darüber, inwieweit dieser Geschäftsherr subsidiär für die Geldstrafe des Gehilfen zu haften hat, nicht.

Sammlung Bd. III S. 105.

4.

Reichsgesetz vom 8. Juli 1868 § 1; § 69 St.G.B.

Urteil vom 25. Mai 1882, R. Nr. 1010/82.

Das Gesetz verlangt von dem Brennereibesitzer die Sorgfalt eines ordentlichen Geschäftsmannes bei der Auswahl und Beaufsichtigung seiner Gewerbegehilfen. Der Mangel dieser Sorgfalt wird als Fahrlässigkeit bezeichnet und es wird für den Fall, dass die erkannten Geldstrafen von dem eigentlich Schuldigen nicht beigetrieben werden können, die Haftverbindlichkeit des Gewerbetreibenden lediglich von dem Nachweise dieser Fahrlässigkeit abhängig gemacht. Der Begriff der Fahrlässigkeit in allgemein strafrechtlichem Sinne kommt dabei nicht in Betracht, ebensowenig der Nachweis eines ursächlichen Zusammenhanges zwischen der Handlungsweise des Gehilfen und der dem Gewerbetreibenden zur Last fallenden Fahrlässigkeit. Es ist also zur Feststellung des Thatbestandes des Reates nach dem Gesetze vom 8. Juli 1868 der Beweis nicht nötig, dass der Gewerbetreibende die Verübung bestimmter Zuwiderhandlungen von Gewerbegehilfen durch seine Fahrlässigkeit ermöglicht habe. Die Verjährung der Strafbarkeit des Gewerbetreibenden beginnt selbständig zu

laufen und wird nicht dadurch unterbrochen, dass der eigentlich Schuldige
innerhalb der Verjährungsfrist verfolgt ist oder dass die Verwirklichung der
Haftverbindlichkeit von der Uneinziehbarkeit der Geldstrafe abhängig gemacht
ist, denn die Frage der Hauptverbindlichkeit und Beitreibbarkeit der Geldstrafe
ist keine präjudizielle Vorfrage im Sinne des § 69 des St.G.B., sondern kommt
erst in Betracht, wenn nach richterlicher Feststellung der subsidiären Haftverbindlichkeit der für die Staatskasse begründete Rechtsanspruch realisiert
werden soll.

Sammlung Bd. VI S. 382.

5.

Reichsgesetz vom 8. Juli 1868 § 1, die subsidiarische Haftbarkeit der Brennereiunternehmer; St.P.O. § 376, 397; St.G.B. § 66, 67, 68.

[III. Senat. Urteil vom 7. Juni 1883, R. Nr. 1078/83.

Wenn auch der Hauptbeschuldigte ein gegen ihn gerichtetes Urteil hat
rechtskräftig werden lassen, kann doch der nach dem Gesetze subsidiarisch
Verpflichtete selbständig noch Revisionsgründe, die dem Hauptbeschuldigten
und seinen Personen zur Verfügung gestanden wären, z. B. Verjährung, geltend
machen. Die Wirkung davon kann sogar Aufhebung des rechtskräftigen Ur-
teiles gegen den Hauptbeschuldigten sein. Wenn auch gegen die Hauptthäter
Untersuchung eingeleitet ist, verjähren doch die Zuwiderhandlungen des Gehilfen und dessen subsidiär verantwortlichen Dienstherrn, wenn die Vorunter-
suchung, wenn auch wegen der identischen Steuerhinterziehung, doch nicht auf
den Gehilfen und dessen Dienstherrn selbst ausgedehnt war.

Sammlung Bd. VIII S. 362.

6.

Gesetz vom 8. Juli 1868 § 2; preuss. Gesetz vom 18. Juni 1840,
Verjährung öffentlicher Abgaben.

IV. Civilsenat. Urteil vom 30. Juni 1884, R. IV Nr. 88/84.

Der § 7 des Verjährungsgesetzes kann nach der ganzen Entwicklungsgeschichte der Verjährungsgesetzgebung in Preussen hinsichtlich der Steuern
und Zölle bei der Kontravention nach dem Branntweinsteuergesetze vom 8. Juli
1868 über subsidiarische Haftung der Brennereiunternehmers schon deshalb nicht
Platz greifen, weil diese Bestimmung von der Voraussetzung ausgeht, dass die
vorschriftsmässige Anmeldung zur Besteuerung seitens des Steuerpflichtigen erfolgt und nur durch die Schuld des Steuerbeamten die Erhebung der Steuer
ganz oder zum Teil unterblieben ist. Bei der Kontravention nach dem Gesetze
vom 8. Juli 1868 ist die Steuerbehörde gar nicht in der Lage, sofort, d. h. im
Zeitpunkte der verübten Kontravention, die Steuern zu berechnen und zu erheben, hat also keine Unterlassung verschuldet. Es findet also nicht § 7, sondern § 10 des Gesetzes vom 18. Juni 1840 bezw. § 7 des E.G. zum St.G.B. Anwendung.

Sammlung f. Civ. Bd. XI S. 331.

7.

Preuss. Kabinettsorder betreffend die Erhebung der Maischbottichsteuer vom
10. Januar 1824 Ziff. 5; Steuerordnung vom 8. Februar 1819 §§ 60, 61. 64.

[III. Senat. Urteil vom 12. Januar 1881, R. Nr. 2527/80.

Der Art. 5 des § 11 des Regulativs vom 10. Januar 1824 setzt zum Thatbestand der Defraudation die Absicht der Verkürzung der Steuer voraus. Ohne
dieselbe ist nur Kontravention gegeben. Aus der Stellung eines Brennerei-
bediensteten allein ist die Strafbarkeit wegen Defraudation ohne Feststellung

der dolosen Absicht nicht zu folgern. Ein nur zufälliges Eindringen von Maische in nicht deklarierten Bottich kann nicht den Thatbestand einer Maischsteuerkontravention bilden, da die Willensbestimmung des Thäters mangelt. Die Ausschöpfung von Maische aus einem deklarierten Gefässe in ein anderes deklariertes Gefäss kann nach Umständen den Thatbestand einer Maischkontravention bilden, da jede die Berechnung der Maischsteuer nach den Gesetzen alterierende Handlung verboten ist. Die Konfiskation der gebrauchten Gefässe muss bei einer Steuerkontravention im Urteil immer ausgesprochen werden, auch wenn sich später dem Vollzuge der Konfiskation Hindernisse in den Weg stellen. Die Verpflichtung zur Entrichtung der Steuer selbst darf aber im Strafurteil nicht ausgesprochen werden, da die Zahlung der Steuer nicht Gegenstand der strafrichterlichen Untersuchung sein kann, soweit dies nicht im Gesetze ausdrücklich angeordnet ist.

Sammlung Bd. III S. 288.

8.

V.O. vom 8. Februar 1819 § 161; V.O. vom 10. Januar 1824 Nr. 5; preuss. Gesetz vom 21. September 1860 (§ 2) wegen Abänderung des § 83; St.P.O. § 266, 377.

II. Senat. Urteil vom 11. März 1881, R. Nr. 334/81.

Zum Thatbestand der Maischsteuerdefraudation gehört unbedingt die Feststellung des massgebenden Rauminhaltes der zur Einmaischung oder Gärung der Maische benutzten Gefässe. Bei einem fortgesetzten Steuervergehen ist das höchste Mass der für den Unvermögensfall an die Stelle zu setzenden Freiheitsstrafe, bei mehreren durch selbständige Handlungen begangenen Defraudationen aber die Haft oder Gefängnisstrafe für jede Geldstrafe auszusprechen. Ueber Nachzahlung der Steuer hat nicht der Richter, sondern die Steuerbehörde zu entscheiden. Die an der Konventionsstrafe Beteiligten haben die Strafe zu gleichen Teilen, wenn auch unter solidarischer Haftung, zu tragen; deshalb ist die für den Unvermögensfall an die Stelle zu setzende Freiheitsstrafe nach dem einen jeden auferlegten Teile und nicht nach dem Gesamtbetrage der Konventionsstrafe zu bemessen. Hat der Richter schon mit Rücksicht auf die Defraudationsgeldstrafe die höchstzulässige Freiheitsstrafe ausgesprochen, so darf im Falle der Unvermögenheit zur Zahlung der Kontraventionsstrafe nicht noch eine besondere Freiheitsstrafe ausgesprochen werden.

Sammlung Bd. III S. 430.

9.

Preuss. Gesetz vom 8. Februar 1819 wegen Besteuerung des inländischen Branntweines § 61; Kabinettsorder vom 10. Januar 1824 Nr. 5; Kabinettsorder vom 16. Juni 1838; preuss. Gesetz vom 19. April 1854, „Berichtigung des Maischsteuersatzes betr."; V.O. vom 1. Juni 1854; St.G.B. § 29, 48, 74, 78.

III. Senat. Urteil vom 9. Juli 1881, Rr. 1415/81.

Die Feststellung einer Ueberschöpfung der Maische, verbunden mit der Absicht der Verkürzung der Maischsteuer genügt zum Thatbestand der Maischsteuerdefraudation. Wird gegen einen Anstifter später das Verfahren eröffnet, so genügt die Bezugnahme auf das Urteil gegen den Thäter selbst nicht, sondern es ist der Thatbestand des angestifteten Vergehen neben dem Thatbestand der Begriffsmerkmale der Anstiftung selbständig festzustellen. Zu dieser Feststellung gehört insbesondere der Dolus des Anstifters auf Steuerverkürzung, da sonst nur Kontravention (Ordnungsstrafe) vorliegt. Bei der Defraudation berechnet sich die Steuer und Strafe nach dem Rauminhalte der zur Maischfertigung benutzten Bottiche. Bei Feststellung der der Geldstrafe zu substituierenden Freiheitsstrafe ist nicht von dem Gesamtbetrage der verwirkten Geldstrafe auszugehen, sondern es ist die Umwandlung unter Zugrundlegung der einzelnen Geldstrafen zu bewirken; von einer Gesamtstrafe könnte nur bei dem Zusammentreffen mehrerer principaliter verwirkten Freiheitsstrafen die Rede sein.

Sammlung Bd. IV S. 368.

10.

Steuerordnung vom 8. Februar 1819 § 66; Kabinettsorder vom 10. Juni 1824 Nr. 5; § 78 des St.G.B. und 477 der St.P.O.

II. Senat. Urteil vom 27. Januar 1882, R. Nr. 3348/81.

Zum Zwecke der Festellung der für Geldstrafen zu substituierenden Freiheitsstrafen ist nicht von dem Gesamtbetrage der verwirkten Geldstrafen, sondern von den einzelnen Geldstrafen auszugehen. Für letztere ist § 28, für die an Stelle der mehreren Freiheitsstrafen § 78 des St.G.B. massgebend. Im Falle der Verurteilung ist immer Konfiskation der zur Defraudation gebrauchten Gefässe auszusprechen, ohne Unterschied, ob dieselben dem Bestraften gehören oder nicht. Dies Urteil wirkt allerdings nur dem Angeklagten, nicht aber dem dritten Eigentümer der Gefässe gegenüber, in dessen Händen etwa die Gefässe sich befinden.

Sammlung Bd. V S. 372.

11.

Preuss. Kabinettsorder vom 10. Januar 1824 Nr. 5; St.G.B. § 84.

II. Senat. Urteil vom 17. April 1883, R. Nr. 644/83.

Weder das E.G. zum preuss. Strafgesetze vom 14. April 1851, noch das Strafgesetz des Norddeutschen Bundes noch für das Deutsche Reich kennt die Unkenntnis des Strafgesetzes als Strafausschliessungsgrund. Es ist auch das Bewusstsein des Verbotenseins und der Rechtswidrigkeit im allgemeinen nicht Voraussetzung der Strafbarkeit. Jede Uebertretung der K.O. vom 10. Januar 1824 ist an und für sich strafbar. Eine dolose Fahrlässigkeit wird für die Maischsteuerkontravention vom Gesetze nicht gefordert. Weder nach allgemeinen Grundsätzen des Strafrechtes, noch nach den speciellen Bestimmungen des einschlägigen Strafgesetzes ist das Bewusstsein, dass die Handlung die Steuerkontrolle alteriere oder durch ein Steuergesetz verboten sei, zum Thatbestand der Kontravention bedingt, daher jede Ueberführung einer Maische in einen unkontrollierten Maischbottich auch ohne Absicht der Steuerhinterziehung strafbar.

Sammlung Bd. VIII S. 182.

XXIII.
Lizenzsteuer in Elsass-Lothringen.
Els.-Lothr. Gesetz vom 5. Mai 1880 § 7.

I. Senat. Urteil vom 6. November 1884, R. Nr. 2493/84.

Der Kleinverkauf der im § 1 des Gesetzes vom 5. Mai 1880 bezeichneten Getränke ist nur gegen vorherige Entrichtung der Lizenzsteuer gestattet. Die mit Strafe bedrohte Handlung ist aber nicht die Hinterziehung der jeweiligen Steuer, sondern der Betrieb des Kleinhandels ohne vorgängige Entrichtung der Steuer. Es ist also der Betrieb des Kleinverkaufs selbst immer nur eine strafbare Handlung, gleichviel ob die Entdeckung und Verfolgung sofort nach dem ersten Vierteljahre des Betriebes (§ 7 des Gesetzes) oder erst später stattfindet. Es ist nicht die jedesmalige Hinterziehung der vierteljährig zu entrichtenden Steuer mit besonderer Strafe bedroht, die sich so oft wiederholt, als eine neue Gebühr fällig wird, sondern es wird die Höhe der Strafe nach dem Gesamtbetrage der Steuer bemessen, welche während des Betriebes des Kleinverkaufes zu entrichten gewesen wäre. Die Strafe soll, nach den Verhandlungen bei Beratung des Gesetzes, in einem gewissen Verhältnisse zu den hinterzogenen Gebühren — bis zu 2000 M. — stehen. Es ist also das bezügliche Reat bald als Uebertretung, bald als Vergehen zu betrachten, was bei Steuerhinterziehungen nicht selten der Fall ist.

Sammlung Bd. XI S. 214.

XXIV.
Viehseuchen
(soweit die Entscheidungen Finanzfragen berühren).

1.

Preuss. Gesetz vom 25. Juni 1875 § 74; § 74, 328 des St.G.B.

II. Senat. Urteil vom 21. Oktober 1879, R. Nr. 29/79.

Der § 328 des St.G.B. setzt wissentliche Verletzung der von der zuständigen Behörde angeordneten Schutzmassregeln voraus. Es handelt sich dabei nicht um eine irrige Auslegung des Strafgesetzes, auf die sich der Angeklagte nie berufen kann, sondern um einen thatsächlichen Irrtum, der darin bestehen muss, dass er nicht gewusst hat, durch seine Handlungen gegen eine polizeiliche Anordnung zu verstossen. Unter zuständiger Behörde, von der die Schutzmassregeln ausgehen müssen, sind nach der ganzen Entstehungsgeschichte des Gesetzes nicht bloss die oberen Landespolizeibehörden, Regierungen, sondern auch die Ortspolizeibehörden zu verstehen. Wo der § 328 des St.G.B. keine Anwendung finden kann, aber doch strafbare Handlung vorliegt, soll der § 74 des Gesetzes vom 25. Juni 1875 eingreifen, wenn eine wissentliche Verletzung nicht festgestellt werden kann.

Sammlung Bd. I S. 1.

2.

Gesetz vom 21. Mai 1878 § 1, 2, Zuwiderhandlungen gegen die zur Abwehr der Rinderpest erlassenen Vieheinfuhrverbote; Vereinszollgesetz vom 1. Juli 1869 § 134, 135. Reichsgesetz vom 7. April 1869.

I. Senat. Urteil vom 21. Oktober 1880, R. Nr. 2652/80.

In dem auf Grund des Gesetzes vom 7. April 1869 erlassenen Verbot liegt selbstverständlich zugleich das Verbot, gegen Entrichtung des sonst tarifmässigen Zolles die Viehstücke einzuführen. Doch kann derjenige, welcher unter der Herrschaft des Vieheinfuhrverbotes Viehstücke einführt, nicht mit der im § 135 des V.Z.G. festgesetzten vierfachen Strafe der vorenthaltenen Abgabe belegt werden, da dies erlaubte Einfuhr voraussetzt. Der also vorhandene Thatbestand der Konterbande durch Verfehlung gegen § 1 und 2 des Gesetzes vom 21. Mai 1878 schliesst sohin die Annahme des hiermit zusammentreffenden Thatbestandes gleichzeitiger Zolldefraudation aus.

Sammlung Bd. II S. 370.

3.

Gesetz vom 21. Mai 1878 § 2.

I. Senat. Urteil vom 10. Februar 1881, R. Nr. 211/81.

Wenn jemand ein einem andern erteiltes ortspolizeiliches Zeugnis deshalb benützte, um die Taxen der amtlichen Verfügung zu sparen, so handelte er in Zuwiderhandlung gegen die Vollzugsvorschriften (z. B. kgl. bayer. Ministerialentschliessung vom 28. Juli 1879) auch gegen § 2 des Gesetzes vom 21. Mai 1878, da er gegen die in jener Massregel liegende Beschränkung der Vieheinfuhr eine Zuwiderhandlung in der Absicht begangen hat, sich einen Vermögens-

vorteil zu verschaffen. Als ein Vermögensvorteil im Sinne des Gesetzes ist aber
jede günstige Gestaltung der Vermögenslage (s. auch Entsch. des R.G. i. Str.
Bd. II S. 352) anzusehen.

Sammlung Bd. III S. 379.

4.

Gesetz vom 23. Juni 1880, Abwehr und Unterdrückung der Viehseuchen;
§ 328 des St.G.B.

I. Senat.   Urteil vom 13. April 1882, R. Nr. 776/82.

Die wissentliche Verletzung der Absperrungs- oder Aufsichtsmassregeln
oder Einfuhrverbote ist in § 328 des St.G.B. mit Strafe bedroht. Die späteren
Gesetze treten nur subsidiär ein. Aus den Motiven zur Strafbestimmung des
Gesetzes vom 23. Juni 1880, sowie der Beratung des Gesetzes ergibt sich, dass
die unzweifelhafte Absicht war, die neuen Vorschriften nur neben dem § 318
des St.G.B. und insbesondere nur dann zur Anwendung zu bringen, wenn die
Voraussetzungen dieses Gesetzes nicht vollständig gegeben sind. Die Schwierigkeit des Nachweises der subjektiven Momente hat zur Folge, dass die Strafvorschrift (§ 328) nur selten zur Anwendung kommen wird.

Sammlung Bd. VI S. 159.

5.

Reichsgesetz vom 7. April 1869 § 1; Instruktion vom 9. Juni 1873.

IV. Senat.   Urteil vom 10. Februar 1885, R. Nr. 73/85.

Nach § 2 des Gesetzes vom 7. April 1869 ist die Landesregierung zu
allen gegen die Rinderpest zu treffenden Massregeln befugt (vgl. Entsch. des
R.G. in Strafs. Bd. I S. 1, Bd. II S. 152); die Instruktion vom 9. Juni 1873.
welche durch kaiserlichen Erlass von demselben Tage genehmigt ist, hat vollständige Rechtsgültigkeit; der § 2 des Gesetzes vom 7. April 1869 bedeutet
nicht eine Einschränkung der in § 1 zugelassenen Massregeln und Ausschliessung der darin nicht bezeichneten, sondern bezeichnet diejenigen Massregeln.
welche im Interesse des Gesetzes die Verwaltungsbehörden jedenfalls zu treffen
haben, zu welchen sie jedenfalls verpflichtet und ermächtigt sind, ohne andere
Massregeln auszuschliessen. Zu den Vorschriften, auf welche § 7 des Gesetzes
die Einzelstaaten verweist, gehört auch § 1 des Gesetzes.

Sammlung Bd. XII S. 38.

6.

Gesetz vom 23. Juni 1880; § 328 St.G.B.

IV. Senat.   Urteil vom 30. Januar 1885, R. Nr. 3263/84.

Nach den Gesetzen über Abwehr und Unterdrückung von Viehseuchen
ist unter der zuständigen Behörde, welche nach den betreffenden Landesgesetzen
zur Anordnung von Schutzmassregeln gegen Viehseuchen befugt ist, nach dem
preuss.-Ausf.-Gesetze vom 12. März 1881 auch die Polizeiverwaltung, Ortspolizei-
verwaltung, zu verstehen.

Sammlung Bd. XII S. 19.

7.

Gesetz vom 23. Juni 1880; § 328 St.G.B.

II. Senat.   Urteil vom 17. Februar 1885, R. Nr. 193/85.

Die Anordnungen der zuständigen Behörde zur Abwehr der Viehseuchen
müssen von der Behörde selbst, dem Amtsvorsteher, ausgehen; eine Uebertragbarkeit der Befugnis auf den beamteten Tierarzt hat nicht statt, da kein öffentlicher Beamter berechtigt ist, die ihm obliegenden Geschäfte eigenmächtig an

einen andern an seiner Statt aufzutragen; die von den nicht legitimierten Personen vorgenommenen Handlungen entbehren den Charakter der amtlichen Handlung. Sammlung Bd. XII S. 70.

8.

Reichsgesetz vom 7. April 1869 § 3; Gesetz vom 23. Juni 1880 § 26.

I. Hilfssenat. Urteil vom 19. September 1882, R. IVa Nr. 528/81.

Aus den Motiven geht hervor, dass, wenn in der raschen Tötung des von der Seuche ergriffenen Viehstandes und in der Vernichtung giftfangender Dinge das sicherste Mittel zur Tilgung liege, das unerlässliche Komplement die allgemeine Vorschrift ist, dass Entschädigung geleistet werden muss. Abgesehen davon, dass in der Tötung eines gesunden Viehstückes und in der Vernichtung von Futtervorräten eine Enteignung im öffentlichen Interesse liegt, welcher auch eine Entschädigung gegenüberstehen muss, so ist auch die Sicherheit das einzige Mittel, sich der Mitwirkung der Bevölkerung zu versichern. Es muss deshalb angenommen werden, dass die Gesetzgeber beabsichtigten, der administrativen Befugnis, gesunde und kranke Tiere, vollwertige und möglicherweise im Wert herabgesunkene Stoffe als Krankheitsleiter zu vernichten, als Korrektiv aus Rechts- und politischen Erwägungen ein weitgehendes Entschädigungsrecht gegenüberzustellen. Es ist deshalb für alle Eigentumseingriffe, soweit nicht, wie in § 4 des Gesetzes vom 7. April 1869, Ausnahme gemacht oder wegen Verschuldens des Eigentümers zu machen ist, Ersatz zu leisten. Wenn der Viehbesitzer, welcher durch schuldhafte Unterlassung der Anzeige den Entschädigungsanspruch für demnächst zu tötendes Vieh verloren hat, aber dasselbe vorher selbst schlachtet und nun Ersatz haben will, so ist dem durch die Einrede der Arglist zu begegnen. Die Höhe der Entschädigung richtet sich nur nach dem gemeinen Wert des vernichteten Teils des Tieres ohne Rücksicht auf die Infektion, d. h. unter Beseitigung des bei der Praxis schwer festzuhaltenden Unterschiedes, ob das getötete Viehstück schon erkrankt war oder nicht. Sammlung f. Civ. Bd. VII S. 114.

9.

Reichsgesetz vom 23. Juni 1880. Preuss. Ausführungsgesetz vom 12. März 1882 § 24.

IV. Civilsenat. Urteil vom 15. Mai 1885, R. IV Nr. 34/85.

Nach § 24 des Ausführungsgesetzes vom 12. März 1881 ist im Zusammenhalte mit den früher bestandenen gesetzlichen Bestimmungen in der Regel unter Unternehmer eines Vieh- und Pferdemarktes diejenige Kommune zu verstehen, in deren Bezirk die Märkte abgehalten werden, wenn er nicht im einzelnen Fall die Veranstaltung des Marktes unter Umständen vollzieht, dass andere Individuen als Unternehmer hervortreten. Im konkreten Falle erhebt die Kommune sogar Stättegeld bezw. Marktstandsgeld, sie hat daher auch die Kosten für Beaufsichtigung durch die beamteten Thierärzte zu tragen. Unerheblich ist dabei die der staatshoheitlichen Aufsicht entspringende Kompetenz der Verwaltungsbehörde, Zeit, Zahl, Dauer der Märkte zu bestimmen. Sammlung f. Civ. Bd. XIII S. 268.

XXV.
Münzgesetz.

1.

Reichsgesetz vom 9. Juli 1873.

II. Civilsenat. Urteil vom 12. Dezember 1879, R. II Nr. 123/79.

Wenn ein Ausländer in Deutschland in Silberwährung (südd. Währung) Zahlung zu leisten vor Einführung der Reichsgoldwährung versprochen hat, so hat der Art. 14 des Münzgesetzes Anwendung zu finden. Hiermit befindet sich das Reichsgericht in Uebereinstimmung mit den Urteilen des Reichsoberhandelsgerichtes (Entsch. Bd. XXIII S. 205, Bd. XXV S. 41, Bd. XXIV S. 188).

Sammlung f. Civ. Bd. I S. 23.

2.

Dieselbe Anschauung bestätigt ein Urteil des II. Civilsenats vom 20. Februar 1880, R. II Nr. 203.

Sammlung f. Civ. Bd. I S. 61.

3.

Bestätigt durch Urteil des I. Senats vom 29. Januar 1881, R. I Nr. 301/80.

Sammlung f. Civ. Bd. V S. 261.

4.

Gleichfalls bestätigt in einem Erkenntnis des I. Senats vom 1. März 1882, R. I Nr. 676/80.

In diesem Erkenntnisse, in welchem die Verurteilung der österreichischen Emittenten zur Zahlung in Gold entsprechend den Umrechnungsnormen des deutschen Münzgesetzes vom 9. Juli 1873 für gerechtfertigt erachtet wurde, ist eine ausführliche Erörterung über das massgebende Erfüllungsortsrecht nach den Grundsätzen des deutschen, internationalen und römischen Privatrechtes gegeben. Danach steht das inländische Erfüllungsortsrecht auf den Ausländer für die Ausführung der Erfüllung und ihren Ort jedenfalls dann fest, wenn der Erfüllungsort gerade mit Rücksicht auf die an demselben herrschenden Verhältnisse und speciell um dem Gläubiger einen ökonomischen Wert von einer bestimmten Geltung an diesem Orte zu gewähren, zur Wahl gestellt ist. Es handelt sich lediglich um eine Beeinflussung des Verpflichtungsumfanges, die lediglich auf der Veränderung des Geldwesens des Erfüllungsortes beruht. Auch wenn die Obligation nicht in jeder Beziehung dem Erfüllungsortsrechte unterworfen ist, so ist doch die Anwendung in Bezug auf die Erfüllungsart nicht dadurch ausgeschlossen, dass von derselben der Verpflichtungsumfang berührt wird.

Sammlung f. Civ. Bd. VI S. 125.

5.

Münzgesetz vom 9. Juli 1873; österreichisches Einkommenssteuergesetz vom 31. Dezember 1812 und 29. Oktober 1849; Besteuerung der Zinsen von Staats- und öffentlichen Fondsobligationen vom 28. April 1859; Umwandlung der verschiedenen Schuldtitel der allgem. Staatsschuld vom 26. Juni 1868; Finanzgesetze vom 19. Dezember 1862 und 26. Juni 1868.

I. Civilsenat. Urteil vom 4. Oktober 1882, R. I Nr. 335/82.

Das österreichische Einkommenssteuerpatent vom 29. Oktober 1849 beschränkt seinen Wirkungskreis dahin, dass als Steuerobjekt lediglich die Bewohner der österreichischen Kronländer erachtet werden. Daher sind die ausserhalb Oesterreichs wohnhaften Eigentümer eines in einem österreichischen Gewerbsunternehmen verwendeten Schuldkapitals dem österreichischen Staate nicht steuerpflichtig. Ob die im Auslande wohnenden Kapitalgläubiger das im § 23 des Patents gestattete Abzugsrecht bei der Wahl, Zinsschulden in Deutschland zu zahlen, geltend machen können, wird nicht nach den Bestimmungen über die Grenzen der Steuerfreiheit des österreichischen Staates, sondern nach den Grundsätzen des internationalen Privatrechtes zu beurteilen sein. Diese Grundsätze führen zu einer Verneinung der Wirksamkeit jenes Abzugsrechtes bei Geltendmachung des Rechtes auf Zahlung ausser Oesterreich. Die Festsetzung auswärtiger Zahlungsorte bedeutet nicht bloss die Gewährung sog. Zahl- und Erhebungsstellen, sondern es sollte die Schuldverschreibungen für fremde Währungsgebiete den Vorzügen einheimischer teilhaftig machen und insbesondere die Bewirkung der Zahlung als nach Befugnis des Gläubigers denselben Einschränkungen und Hinderungen entzogen kennzeichnen, welche der österreichische Staat im Domizile des Schuldners auflegen wollte. Blosse, den fiskalischen, wirtschaftlichen und Opportunitätsrücksichten des Heimatsstaates entstammende Massregeln können nie über die Machtsphäre dieses Staates hinaus wirken.

Sammlung f. Civ. Bd. IX S. 4.

XXVI.
Bankgesetz.
1.
Reichsgesetz vom 14. März 1875 § 1 Abs. 2.

II. Civilsenat. Urteil vom 26. Oktober 1880, R. II Nr. 227/80.

Der Ausdruck „Reichsbeamte im Sinne dieses Gesetzes" in § 1 Abs. 2 des oben citierten Gesetzes ist immer nur auf dasjenige Gesetz selbst beschränkt, für welches diese Bestimmung gegeben ist. Die Bankbeamten sind sonach mittelbare Reichsbeamte.

Sammlung f. Civ. Bd. II S. 106.

2.
Gesetz vom 14. März 1875 § 13 Nr. 7.

I. Civilsenat. Urteil vom 30. Januar 1884, R. I Nr. 462/83.

Das Guthaben bei der Bank auf Giroconto hat die Natur eines Depositums, dem auch nicht entgegensteht, dass das Giroconto von dem Depositenconto unterschieden ist.

Sammlung f. Civ. Bd. XII S. 89.

XXVII.
Zinscoupons als Papier nicht Geld.
I. Civilsenat. Urteil vom 29. Januar 1882, R. I Nr. 301/80.

Nach der preussischen Gesetzgebung, insbesondere Art. 17 der V.O. vom 17. Januar 1820, wonach für Zinsen der Staatsschuldverschreibungen die vierjährige Verjährungsfrist entsprechend der späteren Einführung dieser Frist für alle Zinsrückstände, § 13 der V.O. vom 16. Juni 1819, K.O. vom 18. September 1822, nach welcher die Zinscoupons von Staatsschuldverschreibungen nicht amortisiert, sondern bei Glaubhaftmachung des Verlustes nach Befinden der Behörde durch neue ergänzt werden, und K.O. vom 13. Mai 1824, wonach drei Monate nach Bekanntmachung der geschehenen Austauschung die Kapitalien der ausgelosten Schuldverschreibungen mit den bis dahin laufenden Zinsen in Empfang zu nehmen sind, die unabgehobenen Kapitalbeträge aber nicht weiter verzinst werden, erscheinen die Zinscoupons lediglich als Papiere über Zinsberechtigung (nicht Geld).

Sammlung f. Civ. Bd. V S. 260.

XXVIII.
Talons keine Obligation.
Preuss. Gesetz vom 18. März 1869, betr. Ausgabe von Talons zu den preussischen Staatsschuldverschreibungen.

I. Civilsenat. Urteil vom 12. Februar 1881, R. I Nr. 321/79.

Nach dem preuss. Gesetze vom 18. März 1869 erfolgt die Ausgabe neuer Zinsbogen an die Inhaber der Talons, im Widerspruchsfalle aber an den Inhaber der Schuldverschreibung. Der Talon, obwohl er auf den Inhaber lautet, ist, von der Hauptschuld abgelöst, ein Legitimationspapier, dessen Bedeutung auf der vorläufigen Annahme beruht, dass der Inhaber auch Inhaber der Schuldverschreibung selbst sei, der Talon ist aber doch nur Pertinenz der Hauptobligation, also kein selbständiger Vermögens- und Tauschwert. Man kann deshalb auch ein Pfandrecht auf den Talon nicht erwerben.

Sammlung f. Civ. Bd. III S. 154.

XXIX.

Rentenbanken.

Preuss. Gesetz vom 2. März 1850 § 18.

II. Hilfssenat. Urteil vom 5. Januar 1882, R. Va Nr. 270/82.

Die Dinglichkeit einer Amortisationsrente ist von deren Eintragung in das Hypothekenbuch nicht abhängig. Denn das Rentenbankgesetz hat, ohne hinsichtlich der in Amortisationsrenten umgewandelten Reallasten, je nachdem sie auf privatrechtlichen Titeln beruhen oder in die Kategorie der öffentlichen, gemeinen Lasten gehören, oder je nachdem sie eingetragen sind oder nicht, zu unterscheiden, den an die Rentenbank abgetretenen Renten dasselbe Vorzugsrecht gewährt, welches den Staatssteuern beiliegt. Hieran hat auch die neue Grundbuchgesetzgebung vom Jahre 1872 nichts geändert.

Sammlung f. Civ. Bd. VI S. 292.

XXX.

Grundsteuer.

1.

Preuss. Finanzedikt vom 27. Oktober 1810; Grundsteuergesetz vom 21. Mai 1861 § 2; A.L.R. I. 4 § 65.

II. Civilsenat. Urteil vom 20. September 1880, R. Va Nr. 390/79.

Der Ausdruck „Grundsteuer" hat nach § 1 des Gesetzes vom 24. Mai 1861 zwei verschiedene Bedeutungen, indem er in engerem Sinne nur die Landsteuer, in weiterem Sinne die Steuern von Grundeigentum überhaupt bezeichnet, von welchen Land- und Gebäudesteuer nur besondere Arten bilden. Das Urteil gibt nun eine geschichtliche Entwicklung der Grundsteuer und fährt fort: Wenn das allgemeine Gesetz, betreffend die anderweitige Regelung der Grundsteuer vom 21. Mai 1861 im Gegensatz zur Gebäudesteuer die Landsteuer (Steuer von Liegenschaften) gegenwärtig als eigentliche Grundsteuer bezeichnet, so legt es diesem Ausdrucke eine neue, engere Bedeutung neben der bisherigen allgemeinen Bedeutung bei. Von dem Jahre 1861 an musste also unter Grundsteuer sowohl die Land- als Gebäudesteuer verstanden werden.

Sammlung f. Civ. Bd. III S. 226.

2.

Preuss. Gesetz vom 26. Juni 1875, betr. Berichtigung des Grundsteuerkatasters.

III. Civilsenat. Urteil vom 14. Dezember 1883, R. III Nr. 274/83.

Der im Grundbuche eingetragene Eigentümer eines Grundstückes, welches zu einer Gemarkung gehört, die sich im Auseinandersetzungsverfahren befindet, kann nach Ausführung des festgestellten Auseinandersetzungsplanes, aber vor Berichtigung des Grundbuches eine Hypothek an den im Grundbuche eingetragenen Grundstücken bestellen, denn das Gesetz vom 26. Juni 1875 hat den Zweck, die Verkehrshemmnisse, welche die Separationen infolge faktischer Verhältnisse herbeiführten, thunlichst zu beseitigen und die Befugnis des Eigentümers zur Disposition über die Abfindungspläne zu erweitern.

Hätte obige Beschränkung ausgesprochen werden wollen, so müsste angeordnet sein, dass im Grundbuche erkennbar gemacht sein müsste, dass das Grundstück in einem Teilungs- oder Auseinandersetzungsverfahren befangen sei.

Sammlung f. Civ. Bd. XI S. 252.

XXXI.

Gebäudesteuer.

1.

Preuss. Gesetz vom 22. Mai 1852; Ergänzung des Einf.-Ges. zum St.G.B. Art. V; Preuss. Gesetz vom 18. Juni 1840; Verjährungsfristen bei öffentlichen Abgaben betreffend; preussisches Gebäudesteuergesetz vom 21. Mai 1861 § 17; St.P.O. § 449, 462, 457.

I. Senat. Urteil vom 4. Juni 1883, R. Nr. 872/83.

Die Kriterien des Deliktes der Unterlassung einer vorgeschriebenen Anzeige zur Häusersteuer sind nach dem unzweideutigen Wortlaute des Gesetzes, welche das Erfordernis eines dolus oder der culpa nicht entfernt andeutet, rein objektiv fixiert. Das Gesetz wollte dem Zwecke gemäss von den regelmässig bei eigentlich kriminellen Handlungen (zum Teil auch bei andern Steuervergehen) als Voraussetzung der Strafbarkeit geltenden Schuldformen des dolus und der culpa absehen. Unkenntnis des Gesetzes entschuldigt nicht. Nichtanzeige ohne Steuerhinterziehung wird nur mit geringen Geldstrafen geahndet. Bezüglich der Verjährung fragt es sich darum, wann die Handlung als begangen gilt. Das Entscheidende ist, ob die vollendete That ein abgeschlossenes Delikt bildet oder ob das durch die betreffende That verübte Delikt, wenn auch vollendet, doch noch als das nämliche Delikt sich fortsetzt oder als Kollektivbegriff eine Wiederholung der That in sich fasst.

Es kann zweifelhaft bleiben, ob die betreffende That als Omissiv- oder Kommissivdelikt aufzufassen ist. Es ist sogar bei Omissivdelikten das Regelmässige, dass das rechtliche Interesse, welchem die gebotene Handlung dienen soll, nicht ein momentanes, vorübergehendes, sondern ein fortdauerndes ist. Im konkreten Falle ist nicht mit der Nichtanmeldung die mit dem Duplieren der Steuer bedrohte That — also nicht Ordnungsdelikt — begangen, sondern es muss noch die Steuerhinterziehung dazu kommen. Nun ist zwar die Anmeldung ohne jede Zeitgrenze, also fortdauernde Gesetzesübertretung, Dauerdelikt, nicht an die Verjährungszeit vom Beginne der Anmeldefrist an geknüpft, dagegen ist die Steuerzahlung an das bestimmte Kalender-(Etats-)jahr gebunden; mit jedem neuen Jahr, in welchem die Jahressteuer nicht entrichtet wird, vollzieht sich ein neues Steuervergehen: die Nichtzahlung der Steuer während einer Reihe von Jahren ist nicht eine einheitliche Steuervorenthaltung, denn die Strafbarkeit wächst mit der Zahl der Jahressteuern, sondern sie wiederholt sich und hat ihre Voraussetzung in der fortdauernd unterlassenen Anmeldung. Da die Vergehen und Uebertretungen nach dem Gesetze vom 22. Mai 1852 und 18. Juni 1840, an denen das Einf.-Gesetz zum St.G.B. (§ 7) nichts geändert hat, in 5 Jahren verjähren, und nachdem das Gebäudesteuergesetz hierin nichts geändert hat, nachdem ferner die Grösse der Strafe sich nach der Höhe der Steuer richtet, fallen nur jene hinterzogenen Steuerbeträge unter Strafe, welche noch in die fünfjährige Verjährungszeit fallen. Damit stimmt auch die frühere preussische Rechtsprechung überein. Uebrigens gehört zu dem Delikte wegen Nichtanmeldung die thatsächliche Vorenthaltung der Steuer und die Höhe der zu erkennenden Masse der schuldigen Gebäudesteuer wird durch das Mass der schuldigen Gebäudesteuer bedingt. Hierüber erkennen die Gerichte selbständig, ohne an die vorgängige administrative Strafbekanntmachung gebunden zu sein. Es reicht dazu nicht einmal die Hinweisung auf den administrativen Strafbescheid aus, sofern dieser der hinreichenden thatsächlichen Motivierung in irgend einer Richtung entbehrt. Die Gerichte haben das Ergebnis der eigenen Verhandlung zu würdigen und festzustellen (§ 17 Abs. 4 des preuss. Gebäudesteuergesetzes, § 457 u. 462 der St.P.O., § 379 des Entwurfs der St.P.O. und Motive dazu; Hahn, Materialien S. 425; Sammlung der Entsch. Bd. VII S. 220).

Sammlung Bd. VIII S. 390.

2.

Bayerisches Haussteuergesetz vom 15. August 1878/19. Mai 1881 § 14; St.G.B. § 67; bayer. Ausf.-Ges. vom 18. August 1879 Art. 5.

I. Senat. Urteil vom 4. Juni 1883, R. Nr. 838/83.

Das Reichsgericht hat schon wiederholt als gemeinsamen Standpunkt der die Entrichtung der öffentlichen Abgaben regelnden Gesetze bezeichnet, dass die Strafbarkeit der Abgabenhinterziehung weder strafbaren Vorsatz, noch schuldhafte Fahrlässigkeit erfordern, vielmehr schon durch Nichtbeachtung der gesetzlichen Verpflichtung begründet ist.

Das Verschweigen des Mietertrages stellt sich nach den landesgesetzlichen Bestimmungen als eine Uebertretung dar. Soweit die vollzogene unrichtige Fassion den Mietertrag zugibt, verletzt sie die Steuerpflicht nicht; dieselbe beginnt also dort, wo der wahre Wert den angegebenen Betrag übersteigt. Solange dieses Verschweigen dauert, verharrt der Fassionspflichtige dem Gesetzesgebote gegenüber in strafbarer Unthätigkeit. Für dieses Verschweigen begründet die Einleitung des Erhebungsverfahrens keinen Einfluss, weil durch dieses nur der fatierte Betrag betroffen wird. Die Verjährungsfrist läuft also von dem Momente an, als das Verschweigen beendet ist, bis zur ersten wegen des begangenen Verschweigens gegen den Angeklagten gerichteten Handlung des Gerichtes. Dass der Angeklagte zwischen dem Beginne und der Beendigung des Mietertrag-Verschweigens das betreffende Haus verkauft hat, ist ohne Einfluss, da das Schweigen wegen des früheren Mietertrages auch nach der Veräusserung fortgedauert hat und die verlorene Eigenschaft als Hauseigentümer keine Voraussetzung für die Fortdauer der Anzeigepflicht bezüglich des früheren Mietertrages bildet.

Sammlung Bd. VIII S. 414.

3.

Bayerisches Haussteuergesetz vom 15. August 1878/19. Mai 1881 §§ 11, 12, 14—17
Vollzugsbekanntmachung vom 4. April 1882.

I. Senat. Urteil vom 1. Dezember 1883, R. Nr. 2177/83.

Wiederholt ist unter Hinweisung auf die früheren reichsgerichtlichen Urteile ausgesprochen, dass auch das bezügliche Gesetz den den meisten Gesetzen über öffentliche Abgaben gemeinsamen Standpunkt einnimmt, dass die Strafbarkeit der Steuerhinterziehung weder ein strafbarer Vorsatz, noch schuldhafte Fahrlässigkeit, noch das Bewusstsein der Rechtswidrigkeit erfordert, sondern durch Nichtbeachtung der gesetzlichen Vorschriften begründet ist.

Die Fassionspflicht des Hauseigentümers beschränkt sich auf den benützten oder vorübergehend nicht vermieteten Gebäudeteil, umfasst aber nicht alle unvermieteten Räume, insbesondere nicht die dauernd unvermieteten Räume, bezüglich deren nach § 15 des Gesetzes vom 15. August 1878/19. Mai 1881 eine Fassionspflicht nicht besteht. Dies ist auch von dem durch § 40 des Gesetzes mit dem Vollzuge beauftragten Finanzministerium in den Vollzugsvorschriften vom 1. April 1882 anerkannt. Besteht aber bezüglich dieser Gebäude keine Fassionspflicht, so besteht überhaupt keine gesetzliche Pflicht zur Angabe der dauernd unvermieteten Gebäude und Räume. Die bezügliche Vorschrift in den Vollzugsbestimmungen kann nur als reglementäre, die Erleichterung der Einschätzung durch die Taxatoren bezweckende erachtet werden, welche von der

Strafandrohung des Gesetzes nicht betroffen wird. Diese Grundsätze betreffen auch jene Objekte, welche unter § 17 des Gesetzes fallen, bezüglich welchen es ebenfalls darauf ankommt, ob sie dauernd oder vorübergehend leer stehen. Sammlung Bd. IX S. 255.

XXXII.
Preussische Klassensteuer.

Einführungsgesetz vom 1. Mai 1851 §§ 26, 33; Ergänzungsgesetz vom 25. Mai 1873 Art. 1 § 14 c.

I. Senat. Urteil vom 17. April 1802, R. Nr. 240/82.

Strafrechtlich besteht das Wesentliche der gesetzlichen Bestimmung über die eidliche Versicherung des Einkommens darin, dass die Reklamationskommission befugt ist, eine dem Zweck entsprechende eidesstattliche Versicherung zu fordern, und der Reklamant eventuell verpflichtet, dieselbe wahrheitsgetreu abzugeben. (Stenogr. Bericht der Verhandlung der preussischen zweiten Kammer 1850/51 Anlage S. 61.) Wenn auch die Reklamationskommission die vorgeschriebene Form ihrer mitzuteilenden Entscheidung durch Unterlassung der wörtlichen Inhaltsbezeichnung der zu erstattenden Erklärung des Reklamanten an Eidesstatt in einem einzelnen Falle ausser acht lässt, so gelten doch hierauf die Bestimmungen über falsche Versicherung an Eidesstatt, d. h. einer vor der kompetenten Behörde abgegebenen öffentlichen Glauben verdienenden Bekräftigung (Meineid). Sammlung Bd. VI S. 196.

XXXIII.
Württembergische Kapitalsteuer.

Gesetz vom 19. September 1852, die Steuer von Kapital-, Renten-, Dienst- und Berufseinkommen.

I. Senat. Urteil vom 13. Dezember 1883, R. Nr. 1466/83.

Wenn jemand in Verbindung mit andern Geschäfte macht, dabei aber Forderungen ausschliesslich auf seinen Namen erwirbt und den Zinsengenuss ausübt, hat er das in dem Geschätzten stehende Kapitaleinkommen ganz zu fatieren, insolange als nicht eine Abtrennung und Teilung der Forderungen vollständig erfolgt ist, da sich die den sogenannten Teilhabern gegenüber bestehenden Verbindlichkeiten als Schulden darstellen, welche von dem steuerbaren Betrag nach Art. 5 des Gesetzes vom 19. September 1852 nicht abgezogen werden dürfen. Sammlung Bd. X S. 196.

XXXIV.
Badische Kapitalrentensteuer.

Gesetz vom 29. Juni 1874; Erwerbsteuer vom 25. August 1876; Gesetz vom 26. Mai 1866 über die neue Katasterierung der Gebäude.

I. Senat. Urteil vom 20. April 1885, R. Nr. 1874/85.

Eine anlässlich der Verpachtung einer Liegenschaft dem verpachtenden Liegenschaftseigentümer zugesagte Vergütung für eine von diesem übernommene

Verpflichtung fällt nicht unter die Häusersteuer, bezw. Grundsteuer, weil diese Steuer nur den Ertrag aus der Liegenschaft als solcher trifft. Für eine Vergütung neben dem unmittelbaren Ertrag aus der Liegenschaft für die Beschränkung der persönlichen Handlungsfreiheit ist die Kapitalrentensteuer zu bezahlen. Die Verpflichtung zur Häusersteuer schliesst die weitere Steuerpflichtigkeit zur Erwerbssteuer oder Kapitalrentensteuer bezüglich einer selbständigen gewerblichen Unternehmung oder Rentenbesitzes nicht aus. Die obige Vergütung stellt sich als das Entgelt für eine persönliche Verpflichtung dar, welche nun auch auf eine bestimmte Anzahl von Jahren als rentenartiger Betrag sich charakterisiert.

Ein im Besitze eines Banquiers befindliches, seinem Bankbetrieb dienendes Wertpapier kann auch durch zeitweilige Hingabe in den Gewahrsam eines andern noch immer die Eigenschaft als ein für den Geschäftsbetrieb dienendes Wertobjekt (Erwerbsteuer) behalten; dagegen gewinnen Wertpapiere, welche von einem Fabrikanten erworben wurden, um in ihnen in dauernder Weise sein Vermögen nutzbringend anzulegen, den Charakter von Betriebskapitalien und verlieren also den Charakter von Kapitalien, deren Renten der Kapitalsteuer unterliegen, nicht dadurch, dass sie mittelst Hingabe in den Gewahrsam eines anderen zur Sicherheit das Mittel bilden, dadurch Geldbeträge zu erlangen, die ihrerseits für den Geschäftsbetrieb des Fabrikanten dienen sollen. Die Wertpapiere werden damit nicht dem Geschäftsbetrieb gewidmet.

Sammlung Bd. 12 S. 277.

XXXV.
Gewerbesteuer.
1.

Preussisches Gewerbesteuergesetz vom 30. Mai 1820 § 9. Preussisches Gesetz über Abänderung dieses Gesetzes vom 19. Juli 1861 § 16.

I. Senat. Urteil vom 12. Juni 1880, R. Nr. 732/79.

Aus den Motiven zu § 13 des Entwurfes des Gesetzes vom 19. Juli 1861 betreffend Abänderungen des Gewerbesteuergesetzes vom 30. Mai 1820 geht unzweifelhaft hervor, dass das Vermieten von Zimmern nur dann unter das Gewerbesteuergesetz falle, wenn es sich um einen eigentlichen Gewerbebetrieb in grösserem Umfange handelt, indem das Vermieten möblierter Zimmer nicht zur Gewinnung des Lebensunterhaltes, sondern zu dem Zwecke, um die Mittel zur Deckung eines Teiles der Wohnungsmiete zu erhalten, von der Gewerbesteuer freigelassen werden will.

Sammlung Bd. I. S. 141.

2.

Preussisches Gewerbesteuergesetz vom 30. Mai 1820 § 10, 19, 39; R.-Gewerbeordnung vom 21. Juni 1869 § 33, 145, 147; Preussisches Gesetz vom 22. Mai 1852; Ergänzungen zum E.G. zum Str.G.B. Art. V.

II. Senat. Urteil vom 23. Juni 1882, R. Nr. 1369/82.

Wenn auch gemäs § 147 der Gewerbordnung bei einmal vorliegender ideeller Konkurrenz zweier Vergehen als Uebertretung der Gewerbepolizeiordnung und des Steuergesetzes in einer Handlung eine Trennung und separate Verfolgung ausgeschlossen ist, so hat doch schon die preussische Gerichtspraxis in dem Urteile der vereinigten Abteilungen des Senats des preussischen Obertribunals für Strafsachen vom 11. Juni 1877 (Entsch. Bd. 80 S. 413) den Grundsatz angenommen, dass die Strafverfolgung wegen einer Zuwiderhandlung gegen die Steuergesetze — welche in 5 Jahren verjährt — nicht ausgeschlossen sei, wenn das in der Handlung zugleich enthaltene Gewerbepolizeivergehen verjährt

ist — was in drei Monaten geschieht. Die Zuwiderhandlung gegen die Steuergesetze bildet nicht bloss einen Strafzumessungsgrund, sondern es ist die Existenz
einer an sich, neben den Gewerbepolizeivergehen strafbaren Zuwiderhandlung gegen
die Steuergesetze nicht zu bezweifeln. Andernfalls wären bei der Kürze der Verjährungsfrist bei Gewerbepolizeikontraventionen zahlreiche Fälle der Verfolgung
begangener Steuervergehen zum Nachteile des fiskalischen Interesses ausgeschlossen
und ein Thäter, der in doppelter Beziehung gegen Gesetze verstossen hat, wäre
besser daran, als wenn er lediglich ein Steuervergehen begangen hätte.

Sammlung Bd. VI S. 371.

3.

Gesetz vom 30. Mai 1820 § 19, 20, 39, 40; Preuss. Gesetz über die Bestimmung des Gewerbebetriebs im Umherziehen vom 3. Juli 1876 §§ 17, 18;
Gewerbeordnung vom 21. Juni 1869 § 147.

IV. Senat. Urteil vom 6. Juni 1884, R. Nr. 1249/84.

Im Falle der Konkurrenz eines Gewerbepolizeivergehens aus § 147 der G.O.
darf die für das Gewerbepolizeivergehen festzustellende Strafe nicht unter der
mit einem Gewerbesteuervergehen in Gemässheit des § 147 Abs. 2 d. G.O. für
die Gewerbesteuervergehen allein verwirkten Strafe bemessen werden (Oppenhof, Rechtsprechung des Obertribunals Bd. XIII S. 304, Bd. XVII S. 847, Entsch.
des Reichsgerichts in Strafsachen Bd. VI S. 374).

Die Vorschrift des § 17 des Gesetzes vom 3. Juli 1876 richtet sich lediglich gegen die Unterlassung der Anzeige von dem Umfange des steuerpflichtigen
Gewerbes. Mit dem Beginne des Gewerbebetriebs ist das Steuervergehen kon-
summiert, und eine dem doppelten Betrage der Jahressteuer gleichkommende
Steuerstrafe verwirkt. Tritt die Verfolgung des Steuervergehens erst ein, nachdem der Gewerbebetrieb bereits mehrere Jahre hindurch stattgefunden hat, so
wird diese auf den Betrag der nachträglich zu erlegenden Steuer, nicht aber
auf die Höhe der Strafe Einfluss üben, da letztere niemals den doppelten Betrag
der Jahressteuer übersteigen darf. Dieser Grundsatz steht auch in Uebereinst-
stimmung mit der Rechtsprechung des preussischen Obertribunals im Urteil vom
4. Januar 1855 (I. M. Bl. S. 96).

Sammlung Bd. X S. 417.

4.

Gewerbeordnung vom 21. Juni 1869 § 7 Nr. 6; Preussisches Gewerbesteueredikt
vom 2. November 1840.

I. Civilsenat. Urteil vom 18. Januar 1882, R. I. 645/81.

In § 23 ff. der G.O. vom 21. Juni 1869 sind alle Abgaben, welche für
den Betrieb eines Gewerbes entrichtet werden, für aufgehoben erklärt. Es muss
nun zwischen der Befugnis zum Betrieb eines Gewerbes und der Verpflichtung
zur Entrichtung der Abgabe eine Wechselbeziehung stattfinden. Dabei ist es
gleichgültig, in welcher Weise die Befugnis zum Gewerbebetriebe gegen Entrichtung der Abgabe eingeräumt und ob nur hiefür Abgabe zu entrichten
oder zugleich gewerbliche Einrichtungen, Sachen oder Berechtigungen überlassen
sind, so dass die Abgabe teils hiefür, theils für die Gestattung des Gewerbebetriebs entrichtet wird. Desgleichen ob die Abgabe die Natur einer Erlaubnis
hat oder eine Gerechtsame begründen soll und in letztem Falle, ob eine schon
bestehende übertragen oder eine neue begründet werden soll. In all diesen
Fällen fällt die Abgabe weg. Aus dem durchgebildeten Princip der Gewerbefreiheit geht nach der Geschichte des Gesetzes hervor, dass abgesehen von den
staatlichen und kommunalen Gewerbesteuern keine andere Abgabe für das Gewerbe bestehen bleiben sollte. Dies entspricht auch der bisherigen Gerichtspraxis
(Entsch. des Obertribunals Bd. XIV S. 131, Bd. XXVIII S. 433, Bd. IX S. 377).

Sammlung f. Civ. Bd. VI S. 90.

XXXVI.
Oesterreichische Erwerbs- und Einkommensteuer.

Patent vom 31. Dezember 1812 die Erwerbssteuer; Sportel vom 29. Oktober 1849 die Einkommensteuer; V.O. vom 28. April 1859 Besteuerung der Zinse von Staatsobligationen; Finanzgesetz vom 19. Dezember 1862 und 26. Juni 1868; Gesetz vom 20. Juni 1868 Umwandlung der Staatsschuld.

I. Civilsenat. Urteil vom 4. Oktober 1882 R. I. 335/82.

Siehe oben unter Münzgesetz (XXV Ziff. 5).

XXXVII.
Preussisches Erbschaftsteuergesetz vom 30. Mai 1873 § 5, 28, 38.

1.
St.G.B. § 156.

I. Senat. Urteil vom 13. November 1879, R. Nr. 184/79.

Das nach dem Erbschaftssteuergesetz vorgelegte Inventar muss vollständig und richtig sein, und zugleich die erforderlichen Wertangaben, sohin auch die Angabe der Wertlosigkeit, enthalten. Die Steuerbehörde braucht sich bei der Wertangabe nicht zu beruhigen, sondern kann den Wert oder Unwert einer Verlassenschaftsforderung selbst würdigen oder zum Austrag bringen lassen. Halten die Erben eine Erbschaftsforderung für unrealisierbar und wertlos, so müssen sie doch diese Forderung in das Inventar einsetzen. Fehlt sie und haben sie die Vollständigkeit und Richtigkeit des Inventars an Eidesstatt versichert, so machen sie sich einer fahrlässigen Abgabe einer Versicherung an Eidesstatt nach § 156 des St.G.B. schuldig.

Sammlung Bd. I S. 99.

2.
Gesetz vom 30. Mai 1873 § 1, 5.

III. Civilsenat. Urteil vom 17. März 1881, R. III, Nr. 680/80.

Nach § 1 und 5 des Erbschaftssteuergesetzes unterliegen der Erbschaftssteuer nur solche Anfälle, welche den Erben unmittelbar durch den Erblasser auf Grund eines erbrechtlichen und letztwilligen Titels zu teil werden und ihnen eine Bereicherung gewähren. Stand jemand schon kraft des Gesetzes (ehelichen Güterrechts) Anspruch auf den Niessbrauch auf Grund des Testaments angefallenen Vermögens zu, so wurde er dadurch nicht bereichert, wenn der Testator ihm das ihm zustehende Recht im Testament zuwandte. Selbst wenn er das Testament anerkannte und somit formell auf Grund des Testamentes in den Genuss des Vermögens trat, so ist eine Bereicherung nicht eingetreten, daher eine Erbschaftssteuer nicht zu entrichten.

Sammlung f. Civ. V S. 212.

3.
Gesetz vom 30. Mai 1873 § 10.

III. Civilsenat. Urteil vom 10. November 1882. R. III, Nr. 285/82.

Das Gesetz unterscheidet in § 9 und 10 zwischen Versteuerung des Immobiliarvermögens und des Mobiliarvermögens. Der Immobiliennachlass unterliegt immer der Steuerhoheit des Staates, in dem er gelegen ist. Der Mobiliarnachlass unterliegt der Steuer, wenn er der Nachlass eines preussischen Erblassers ist. Bezüglich der Ausländer gilt als Regel, dass der in Preussen gelegene Nachlass eines Ausländers steuerfrei bleibt. Nur von andern Staaten, die den in ihrem Gebiet befindlichen Nachlass eines Preussen mit Erbschaftssteuer belegen, soll auch das in Preussen befindliche Mobilienvermögen der Steuer unterworfen sein. Die Ausnahmebestimmung in § 10 Abs. 2 des Gesetzes vom 30. Mai 1873 trifft auch für den Fall zu, wenn der im Inlande befindliche Nachlass eines Ausländers in das Ausland geht und stellt für diesen Fall das Retorsionsprincip fest; wenn aber der Nachlass im Inland bleibt, ist der Fall durch das Gesetz gar nicht geregelt und nicht bestimmt ausgesprochen, „dass in einem solchen Falle die Erbschaftssteuer zu erheben sei".

Sammlung f. Civ. Bd. VIII S. 232.

4.

Gesetz vom 30. Mai 1873 § 25, 13 ff.

IV. Civilsenat. Urteil vom 12. Juli 1883, R. IV, Nr. 203/83.

Der erste Absatz des § 25 des Gesetzes vom 30. Mai 1873 betrifft lediglich den Fall, wo der Erbe oder Legatar der Substanz, des Niessbrauchs dritter Personen ungeachtet, beim Anfalle der Substanz die Versteuerung bewirkt; es soll dann das betreffende Vermögen um den Wert der Nutzungen geringer angeschlagen werden. Es findet sich aber keine Andeutung darüber, dass die Nutzungsberechtigten, der eben erwähnten Kürzung ungeachtet, von der Versteuerung des ihnen von dem Erblasser zugewendeten Niessbrauchsrechte befreit sein sollen. Für den Fall, wo der Erwerber der Substanz die Aussetzung der Versteuerung der Substanz beantragt, bestimmen der zweite und dritte Satz des § 25, dass der Abzug des Wertes der Nutzungen nicht stattfinde. Diese Bestimmung regelt nun die Verpflichtungen der Substanzerben bezw. Substanzerwerbes und lässt sich daraus, dass eine Versteuerungspflicht des Niessbrauches nicht ausdrücklich gedacht wird, kein Schluss auf dessen Befreiung herleiten. Für diesen gelten die allgemeinen Bestimmungen in §§ 13 u. ff. des Gesetzes. Der Niessbrauchsberechtigte ist auch in dem Falle des § 25 dieser Versteuerung unterworfen, gleichviel ob der Substanzerbe den Substanzstempel sofort unter Abzug des Nutzungswertes oder erst nach Ablauf der Niessbrauchszeit in unverkürztem Betrage entrichtet.

Sammlung f. Civ. Bd. IX S. 300.

5.

Preuss. Gesetz vom 30. Mai 1873 § 27; Code civil 1003, 610, 612.

II. Civilsenat. Urteil vom 8. Juni 1884 R. IV Nr. 330/82.

Eine letztwillige Zuwendung, welche den Niessbrauch vom Nachlasse des Verstorbenen zum Gegenstande hat, ist weder als ein Universalvermächtnis noch als Vermächtnis unter Universaltitel aufzufassen. Der Niessbrauch erwirbt kein Eigentum, sondern nur ein Genussrecht, und ist nach § 27 des Gesetzes vom 30. Mai 1873 nicht steuerpflichtig, denn die Worte des Entwurfs „Inhaber" einer Erbschaft, wurden von der Gesetzgebungskommission des Abgeordnetenhauses gestrichen, da sie niemals Haftpflicht enthalten würden. Auch als Nachlassverwalter, welche Bezeichnung in ihrer technisch-juristischen Bedeutung aufzufassen ist, kann der Legatar nicht betrachtet werden.

Sammlung f. Civ. Bd. XI S. 305.

6.

Gesetz vom 30. Mai 1873, § 1, 9, 10.

IV. Civilsenat. Urteil vom 16. April 1885, R. IV Nr. 421/84.

Nach § 1 und 5 des Gesetzes vom 30. Mai 1873 wird die Erbschaftssteuer von dem Betrage entrichtet, um welchen derjenige, dem der Anfall zukommt, reicher wird, wozu auch die Forderungen gehören. Forderungen gehören zu dem beweglichen Vermögen des Erblassers, auch wenn hiefür ein ausländisches Grundstück verpfändet ist. Da aber ausländisches bewegliches Vermögen eines Inländers von der Erbschaftssteuer frei ist, sofern davon eine ausländische Erbschaftssteuer entrichtet wird, so sind auch diese Forderungen frei, denn nach dem allgemeinen Sprachgebrauch ist unter ausländischem Vermögen eines Inländers auch dasjenige, dessen Verabfolgung ins Inland verlangt werden kann, verstanden.

Sammlung f. Civ. Bd. XIII S. 278.

XXXVIII.
Hessische Kollateralsteuer.

Hessen-Darmstädtisches Finanzgesetz vom 8. Juni 1821 § 21.

III. Civilsenat. Urteil vom 5. Juli 1881, R. III Nr. 407/81.

Nach obigem Gesetze unterliegen alle Erbschaften, Schenkungen von Todeswegen und Vermächtnisse an Seitenverwandte oder Freunde, welche den Betrag von 100 fl. übersteigen, der sog. Kollateralsteuer (5%) zur Staatskasse. Schenkungen unter Lebenden sind von der Entrichtung der Steuer befreit. Ist aber eine Schenkung wegen mangelnder Insinuation nichtig, was nach dem gem. Rechte bei Schenkungen über 100 fl. bezw. 500 Solidi der Fall ist, so wirkt diese Nichtigkeit zu Gunsten jedes dabei interessierten Dritten, auch des Fiskus als Steuerberechtigten. Die Schenkung steht sodann nur bis zu dem gültigen Betrage von 100 fl. der Kollateralsteuer entgegen.

Sammlung f. Civ. Bd. V S. 131.

XXXIX.
Preussische Lotterie.
1.

Verordnung vom 5. Juli 1847, das Spielen in auswärtigen Lotterien.
St.G.B. § 8 u. 286.

II. Senat. Urteil vom 24. Februar 1880. R. Nr. 856/79·

Die V.O. vom 5. Juli 1847 über das Spielen in auswärtigen Lotterien behandelt eine Materie, hinsichtlich welcher das Strafgesetzbuch nichts bestimmt und hat deshalb neben dem Strafgesetzbuch Kraft behalten. Dies gilt sowohl vom preussischen als dem Reichsstrafgesetz. Die Bestimmung des § 8 des R.St.G., wonach Ausland im Sinne dieses St.G.B. jedes nicht zum Deutschen Reich gehörige Gebiet ist, hat da, wo es sich um Ausübung des früheren Landesstrafrechtes handelt, keine Bedeutung. Im Sinne des preussischen Landesstrafrechtes sind alle deutschen Bundesstaaten „Ausland".

Sammlung Bd. I S. 219.

2.

St.G.B. § 286; preuss. Erlass vom 12. November 1868.

II. Senat. Urteil vom 17. Dezember 1880. R. Nr. 2924/80.

Wenn die zuständige Behörde (in Preussen die Ortspolizeibehörde) die Genehmigung zur Veranstaltung einer Ausspielung geringfügiger Gegenstände erteilt hat, dem Spiele jedoch eine derartige Einrichtung gegeben wird, welche demselben den Charakter einer Ausspielung benimmt und solche als ein Gemisch von Ausspielung und Lotterie verleiht, wenn z. B. der Spieler dem Gewinner das Recht verleiht, nach seiner Wahl, einen der geringfügigen Gegenstände, worauf die Bewilligung lautet, oder eine bestimmte Geldsumme zu verlangen,

welche dem Werte des Gegenstandes entspricht oder nicht, so liegt eine Ueberschreitung der Genehmigung vor, welche dem Mangel derselben gleichsteht.
Sammlung Bd. III S. 123.

3.

Preuss. V.O. vom 25. Juni 1867 (Art. IV) das Strafrecht und Strafverfahren in den neuen Gebietsteilen.

III. Senat. Urteil vom 29. September 1884, R. N. 1915/84.

Der Thatbestand des in der V.O. vom 25. Juni 1867 (Art. IV Nr. 1) bezeichneten Vergehens ist nicht dahin normiert, dass strafbar sei, wenn man in einer auswärtigen (nicht preussischen), in Preussen verbotenen Lotterie spielt, sondern es ist, entsprechend der Natur eines auf polizeilichen und finanziellen Rücksichten beruhenden Gesetzes, das Spielen in nicht preussischen Lotterien allein schon mit Strafe bedroht. Eine Ausnahme ist nur für diejenigen Lotterien gemacht, welche durch einen besonderen Akt der Staatsgewalt ausdrücklich zugelassen sind. Die Strafbarkeit schliesst also nur einen thatsächlichen Irrtum aus, welcher darin bestehen muss, dass im positiven Glauben angenommen werden kann, dass durch einen besonderen Akt der betreffenden Lotterie die staatliche Zulassung erteilt sei.
Sammlung Bd. XI S. 108.

4.

Verordnung vom 25. Juni 1867 Art. IV Nr. 1; St.P.O. § 263.

III. Senat. Urteil vom 12. März 1885, R. Nr. 383/85.

Der in einem Urteil des R.G. vom 13. April 1883 R. Nr. 559 (Entsch. Bd. 8 S. 292) ausgesprochene Grundsatz, dass derjenige, welcher wegen Ausgabe von sog. Anteilscheinen zu einer staatlichen Klassenlotterie auf Grund des St.G.B. § 286 bestraft ist, nicht auch wegen des an seiner Verurteilung bewirkten Verkaufes von Anteilscheinen von Losen derselben Staatslotterie noch strafrechtlich verfolgt werden darf, dass also nach der Natur des Vergehens die Strafklage für den Thatbestand der unerlaubten Veranstaltung einer Lotterie aufgebraucht ist, darf nicht auf den hierin ganz verschiedenen Thatbestand des Art. IV Ziff. 1 der V.O. vom 25. Juni 1867 angewendet werden. Das Vergehen dieser Bestimmung ist vollendet durch einmaliges Spielen, einmaligen Verkauf oder einmalige Verkaufsvermittelung auch nur eines Loses einer in Preussen nicht zugelassenen auswärtigen Lotterie. Allerdings folgt daraus noch nicht die Notwendigkeit, stets, sobald das Spielen oder der Vertrieb einer Mehrheit von Losen derselben oder verschiedener Lotterien in Frage kommt, bezüglich jeden Loses eine selbständige Handlung und sonach bezüglich aller grundsätzlich stets reale Konkurrenz mehrfacher gleichgearteter Delikte zu unterstellen. Es kann eine Delikteinheit stattfinden (vgl. Urt. des R.G. vom 11. Juli 1882 R. Nr. 1566), allein es bleibt Thatfrage, ob die Grundsätze des fortgesetzten Vergehens für die Anwendbarkeit des Rechtssatzes „ne bis in idem" Anwendung zu finden haben. Entscheidend ist, ob bei beiden Handlungen eine objektiv und subjektiv einheitlich zusammenhängende Thätigkeit (Entsch. des St.G. Bd. IX S. 344) vorliegt. Die Einrede des non bis in idem oder die Behauptung des fortgesetzten Einheitsdeliktes muss von dem Angeklagten ausdrücklich vorgeschützt werden. Die blosse Aburteilung wegen Vertriebes unerlaubter Lose schliesst eine nochmalige Aburteilung wegen eines vor der ersten Verurteilung geschehenen Vertriebes gleichartiger Lose nicht aus.
Sammlung Bd. XII S. 115.

XL.
Hamburgische Konsumtlons-Accise.

Verordnung vom 20. Dezember 1861 § 84; Gesetz vom 20. Dezember 1870, Abänderung Hamburgischer Gesetze Abs. 2; Gesetz vom 20. Dezember 1872, Verjährung der Strafverfolgung in Hamburgischen Steuersachen.

III. Senat. Urteil vom 1. Mai 1880, R. Nr. 994/80.

Nach § 2 des E.G. zum St.G.B. bleiben die Vorschriften des Landesstrafrechts, namentlich über strafbare Verletzung von Steuergesetzen, neben
dem Strafgesetzbuche in Kraft. Diese Disposition erstreckt sich nicht bloss auf
die fortdauernde Gültigkeit der Landesgesetze, welche zurzeit der Publikation
des St.G.B. gelten, sondern es steht das St G.B. auch dem weiteren Erlass
solcher Vorschriften nicht entgegen, und dies gilt nicht nur von eigentlichen
Strafvorschriften, sondern auch bezüglich derjenigen strafrechtlichen Grundsätze,
welche im allgemeinen Teil des St.G.B. getroffen sind. Die Landesgesetzgebung
ist befugt, in denjenigen Materien, welche durch das St.G.B. nicht berührt sind,
Bestimmungen zu treffen, welche von jenen allgemeinen Bestimmungen abweichen. Dies gilt namentlich von der Verjährung der Strafverfolgung und
von der Strafumwandlung, in letzter Beziehung innerhalb der in § 3 des E.G.
zum St.G.B. gezogenen Grenze. Nach den Hamburger Gesetzen kommt § 78
des St.G.B. nicht zur Anwendung, da dort bei Umwandlung der Geldstrafe auf
Haftstrafe, Gefängniss zu erkennen ist; ferner verjähren alle Strafverfolgungen
und Zuwiderhandlungen gegen die Hamburgischen Gesetze und Verordnungen
über direkte und indirekte Steuern und Abgaben in fünf Jahren, also kommen
auch §§ 66 und 67 des St.G.B. nicht zur Anwendung.

Sammlung Bd. II S. 33.

XLI.
Handels- und Schiffahrtsvertrag mit Spanien
vom 30. März 1868 Art. 6, 17 und Zusatzakten vom 21. Juni 1868 und
16. Juli 1868.

II. Senat. Urteil vom 17. Dezember 1880, R. Nr. 2800/80.

Das Deutsche Reich enthält nicht eine Aufhebung, sondern eine räum-
liche und politische Erweiterung und Fortsetzung des Norddeutschen Bundes
auf der Verfassungsgrundlage desselben, hat also die bereits geschlossenen internationalen Beziehungen mit andern Staaten nicht aufgelöst, sondern auf das
Deutsche Reich übertragen, sowie denn auch die dem Zoll- und Handelsverein
angehörigen, in dem Norddeutschen Bund nicht einbegriffenen Staaten rücksichtlich ihrer vertragsmässigen Beziehungen nach aussen in der Reichsgewalt
ihre Vertretung finden.

Sammlung Bd. III S. 127.

XLII.
Hafengelder.
Art. 54 der Reichsverfassung.

V. Civilsenat. Urteil vom 16. Dezember 1882, R. V Nr. 572/82.

Dadurch, dass jemand eine öffentliche Anstalt, hier einen Hafen, benützt
und dafür Gebühren bezahlt, entsteht keine privatrechtliche Verpflichtung des
Hafenbesitzers, des Staats, die Anstalt zu unterhalten, denn diese Verpflichtung
ist eine rein öffentlich-rechtliche, deren Erfüllung von einer Privatperson nicht
verlangt werden kann. Wenn auch nach Art. 54 der Reichsverfassung die dafür
erhobenen Abgaben für Unterhaltung und Herstellung der Schiffahrtsanstalten

bestimmt sind, so lässt sich doch nicht folgern, dass der Staat eine vertrags-
mässige Verpflichtung in betreff der Beschaffenheit der im Hafen befindlichen
Anstalten hat übernehmen wollen. Das Hafengeld wird, wie andere Abgaben,
auf Grund gesetzlicher Anordnung erhoben und verpflichtet zu keiner vertragsmässigen Gegenleistung.

Sammlung f. Civ. Bd. IX S. 243.

XLIII.
Privileg des Fiskus für Steuern und öffentliche Abgaben.
1.
II. Civilsenat. Urteil vom 16. November 1880, R. II Nr. 148/80.

Nach gemeinem Rechte steht unbestritten dem Fiskus für alle Steuern
und Abgaben ein absolutes Privilegium im Konkurse des Schuldners zu. Diese
Bestimmung gilt sowohl unter der Herrschaft der französischen Gesetzgebung
(code civil), als den Gesetzen des ehemaligen Grossherzogtums Berg und hat
auch durch die preussische und deutsche Zollgesetzgebung keine Aenderung erfahren, da die §§ 14 und 108 des V.Z.G. vom 1. Juli 1869 und das preuss. Zollgesetz vom 23. Januar 1838 § 16 dem Fiskus zwar ein Retentions- und Pfandrecht an den zollpflichtigen Gegenständen verleihen, das umfassende Privileg
aber nicht berühren.

Sammlung f. Civ. Bd. III S. 340.

2.
Preuss. Gesetz vom 29. Mai 1873, das Grundbuchwesen im Bezirke des Appell.-
Ger. zu Kassel; Feststellung öffentlicher Lasten im Verwaltungswege.

III. Civilsenat. Urteil vom 28. Januar 1881, R. Nr. III Nr. 332/85.

Wenn öffentliche Lasten von den Verwaltungsbehörden festzustellen sind,
den Rückständen aus den letzten beiden Jahren aber besondere Vorzugsrechte
eingeräumt sind, so sind darunter die Rückstände aus den gesetzlich bestimmten
Zeiträumen verstanden, deren Beginn mit dem Moment des Rückstandes, nicht
erst der Feststellung durch die Verwaltungsbehörden läuft. Die frühere Bestimmung in Hessen, wonach das Verzugsrecht vor der Specialhypothek gewährt
wird, wenn es der Gläubiger an gehörigem Fleisse, die Rückstände beizutreiben,
nicht habe fehlen lassen, ist nicht mehr in Kraft.

Sammlung f. Civ. Bd. III S. 297.

XLIV.
Kassendefekte.
1.
Preuss. V.O. vom 24. Juni 1844.
IV. Civilsenat. Urteil vom 31. Mai 1880, R. IV Nr. 501/80.

Die V.O. vom Jahre 1844 spricht überall nur von Massregeln gegen die
Beamten, die Beschlagnahme gegen dritte Personen ist daher unzulässig. Dies
hat das Kassenhaftpflichterkenntnis vom 20. Oktober 1855 hinsichtlich des Bürgen
und Besitzers eines zur Kaution bestellten Grundstückes ausdrücklich ausgesprochen. Allein wie bei Lebzeiten das Vermögen des Beamten für den
Defekt haftet und der provisorischen Massregel der V.O. unterworfen ist, so
erwirbt auch der Erbe dieses Vermögen nur in demselben Rechte und mit derselben Beschränkung als Erbschaft (A.L.R. I, §§ 34, 35, I, 9 § 350). Aus den
Materialien der V.O. geht hervor, dass nach Ansicht des Gesetzgebers der Nach-

lass des schuldigen Beamten der nach der V.O. zulässigen Beschlagnahme in derselben Weise unterliegen soll, wie das Vermögen des lebenden Beamten, da meistens die Schuld, der Defekt, erst mit dem Tode des Beamten ans Tageslicht kommt. Den Erben steht Anfechtung des Defektenbeschlusses mit der in § 16 der V.O. gegebenen Klage zu.

Sammlung f. Civ. Bd. II S. 188.

2.

IV. Civilsenat. Urteil vom 3. Juli 1882, R. IV Nr. 298/82.

Die Verpflichtung der Beamten zur Haftung für den Defekt entspringt aus dem Beamtenverhältnis, aber sie ist nicht die Erfüllung einer Amtspflicht. Der Fiskus oder die durch den Defekt beschädigte Person macht keinen Anspruch auf eine Amtshandlung, sondern einen vermögensrechtlichen, aus der Amtsführung entsprungenen Anspruch. Die Beamteneigenschaft tritt in den Hintergrund, deshalb ist auch das durch die V.O. v. J. 1844 geregelte Verfahren nicht nur gegen die Person des Beamten, sondern auch gegen dessen Erben zulässig, allerdings gegen diese nur, soweit sie als Erben haften. Es kann daher das Defekterkenntnis selbst — nicht bloss die Vorsichts- und Exekutivmassregeln — gegen die Erben ebenso erlassen werden, wie die Beschlagnahme der Erbschaft wegen des Defektanspruches zulässig ist. Ist die Erbseigenschaft der als Erben in Anspruch genommenen Personen bestritten, so ist darüber im ordentlichen Rechtswege zu verfahren; das Defekterkenntnis kann dann nicht vor der richterlichen Festsetzung der Erbseigenschaft vollstreckt werden.

Sammlung f. Civ. Bd. VII S. 336.

XLV.

Umzugskosten.

Preuss. V.O. vom 23. Mai 1878 betr. die Umzugskosten der Personen des Soldatenstandes.

IV. Civilsenat. Urteil vom 22. Februar 1883, R. IV Nr. 546/82.

Aus den preuss. Vorschriften über Umzugskosten geht hervor, dass ein Offizier durch ein Kommando bis zu sechs Monaten nicht versetzt wird, und dass die Zugehörigkeit zur bisherigen Garnison und zum Garnisonort nicht aufhört, dass endlich ein Offizier nicht mehreren Garnisonen zugleich angehören kann.

Sammlung f. Civ. Bd. VIII S. 77.

XLVI.

Pensionen von Militärpersonen.

Reichsgesetz vom 27. Juni 1871 § 19a: sächs. Gesetz vom 17. Dezember 1837.
V.O. vom 14. Februar 1868.

II. Civilsenat. Urteil vom 31. Januar 1882, R. II Nr. 449/81.

Das Reichsgesetz vom 27. Juni 1871 hat den ausgesprochenen Zweck, die Pensionsansprüche für das gesamte deutsche Heer nach gleichmässigen Grundsätzen zu regeln. Die zur Zeit der Erlassung des Gesetzes erworbenen Rechte werden auch in dem Reichsbeamtengesetz vom 31. März 1873 insoweit geschützt, als die nach dem Reichsgesetze zu gewährende Pension nicht unter dem Betrage zurückbleiben darf, welche der Offizier erworben hätte, wenn er vor Erlassung des Reichsgesetzes pensioniert worden wäre. Ein Einfluss auf Berechnung der Dienstzeit kann dem partikulären Recht nicht mehr eingeräumt werden. Der Unterschied mit den Reichs-Civilbeamten ist der, dass die Offiziere alle gemäss Art. 6 der Reichsverfassung Offiziere des Reichsheeres geworden sind, während die Civilbeamten der Bundesstaaten erst durch den Eintritt in den Reichsdienst und mit kaiserlicher Ernennung Reichsbeamte werden.

Sammlung f. Civ. Bd. VI S. 41.

XLVII.
Pensionsverlust von Civilstaatsdienern.

Reichsstrafrecht und partikulare Pensionsbestimmungen.

St.G.B. § 33 und § 2, 5, 6 des E.G.; sachsen-meiningisches Pensionsgesetz vom 12. Mai 1859.

III. Civilsenat. Urteil vom 28. Mai 1880, R. III Nr. 606.

Durch das Reichsstrafgesetz sind alle Bestimmungen des Landesstrafrechts, welche die Pensionsentziehung als Strafe androhen oder als strafrechtliche Folge anwenden, ausser Kraft getreten. Ungerechtfertigt ist es aber, den reichsgesetzlichen Bestimmungen eine über das Strafrecht hinausgehende Bedeutung beizulegen und zu folgern, dass kein Staatsdienergesetz mehr die Begehung eines Verbrechens oder die strafrichterliche Verurteilung als Erlöschungsgrund für den Pensionsanspruch aufstellen dürfe. Die gesetzliche Feststellung für Anspruch und Verlust von Pensionen gehört unzweifelhaft zu den Angelegenheiten, welche verfassungsmässig der Gesetzgebung der Einzelstaaten zusteht. Dass der Pensionsanspruch mit einem staatsrechtlichen Verhältnisse in engem Zusammenhang steht, ändert die Natur des Civilrechtsanspruches nicht; es sind daher die bezüglichen Pensionsvorschriften rein civilrechtlichen Charakters.

Sammlung f. Civ. Bd. II S. 66.

XLVIII.
Kompetenz der Verwaltungsbehörden in Steuerfragen.

Preuss. Städteordnung vom 30. Mai 1853 § 4 Abs. 7; Gesetz vom 24. Februar 1850 § 2; K.O. vom 11. Juli 1822; K.O. vom 8. Juni 1834; A.L.R. II, 14 § 78 u. 79.

IV. Civilsenat. Urteil vom 21. Februar 1881, R. IV Nr. 564/50.

Die allgemeine Tendenz in der Gesetzgebung der preuss. Monarchie ist dem Rechtswege für Streitigkeiten in Steuersachen ungünstig gewesen. Bis zur Emanation des preuss. Berichts war der Rechtsweg gänzlich verschlossen; er wurde nur als Ausnahme in engbegrenzten Fällen und in viel geringerem Umfange als bei andern Gegenständen des öffentlichen Rechtes zugelassen. Die Erörterung in § 9 und 10 des Gesetzes vom 24. Mai 1861 beschränkt sich auf die Behauptung eines privatrechtlichen Fundaments der Abgabe oder privatrechtlichen Tilgungsart, schliesst den Rechtsweg aus betreffs Anwendung der Gesetze, welche allgemeine Anordnungen für die Ausübung und Verwaltung des Besteuerungsrechtes enthalten. Es muss also die Auslegung des § 78 und 79 des A.L.R. II. 14 zu Gunsten des § 78 ausfallen und der einzelne Fall dem in möglichster Ausdehnung erhaltenen Gebiete dieser Regel unterstellt werden.

Die Frage der Befreiung der ertragsunfähigen und zum öffentlichen Dienste oder Gebrauche bestimmten Grundstücke des Staats und der Verbände von Kommunallasten ist ebenso zu entscheiden wie die Frage, ob durch die K.O. vom 11. Juli 1882 den Beamten ein Privilegium bewilligt wurde, über welches nach § 79 des A.L.R. (II, 14) der Rechtsweg zulässig ist. Die bisherige Praxis des obersten Gerichts und Verwaltungsgerichts geht davon aus, dass im A.L.R. II unter ausdrücklichen Privilegien leges speciales für einzelne Personen oder Sachen nicht gesetzliche Sonderrechte gemeint seien. Die Rechte müssen sich ex speciali fundamento stützen, um zum rechtlichen Gehör zugelassen zu werden. In dem Stempelgesetze vom 7. März 1822 ist zwar aus-

gedehnt der Rechtsweg zulässig erklärt worden, allein deshalb, weil die Stempelsteuer in ihrer Natur wesentliche, einflussreiche Unterschiede gegenüber andern
allgemeinen Abgaben zeigt. Auch die Analogie mit dem Gesetze vom 11. Mai
1822 passt nicht, da die polizeiliche Verfügung und der Rechtsweg schon immer
in ausgedehntem Masse zugelassen war und dem Wesen der Polizeiverfügungen
entspricht, aber nicht auf das Steuerwesen übertragbar ist. Zur Entscheidung
der Frage der Befreiung des Staates als Grundbesitzers von den Kommunalsteuern, wie die Frage über Befreiung der Beamten von solchen sind also ebenso,
als wenn es sich um Staatsabgaben handelte, die Verwaltungsbehörden zuständig.
Sammlung f. Civ. Bd. IV S. 213.

XLIX.
Zwangsvollstreckung in Verwaltungs- und Steuersachen gegen in andern Bundesstaaten domizilierende Personen.

I. Hilfssenat. Urteil vom 23. September 1881, R. IV Nr. 853/81.

In Preussen hat das Steueramt in seiner Kompetenz nach § 31. 35 und 2
der V.O. vom 30. Juli 1835 durch einen Exekutor oder einen Beamten, deren
sich die Steuerämter als Exekutoren zu bedienen haben, zustellen zu lassen.
Diese Zustellungen sind aber ausserhalb Preussens durch die Vermittlung der
Steuerbehörden des betreffenden Bundesstaates zu erwirken, denn die Steuerbehörden der deutschen Bundesstaaten verfahren bei Einziehung der Steuern
kraft der ihnen von dem Staate, welcher sie bestellt hat, verliehenen Vollzugs-
gewalt, selbst wenn es sich um Reichssteuern handelt. Dies ist in den Aus-
führungsgesetzen der deutschen Staaten zu der C.P.O. speciell in Preussen
in § 17 der V.O. vom 7. September 1870 betr. das Verwaltungszwangsverfahren
auf Grund des § 14 des preuss. Ausführungsgesetzes zur C.P.O. ausgesprochen.
Sammlung f. Civ. Bd. VI S. 232.

L.
Haftung eines Beamten aus Amtshandlungen.

Gem. Recht und preuss. Landrecht.
Preuss. Verf.-Urkunde Art. 44, 99, 100 u. 104. V.O. vom 23. September 1867,
28. April 1870, V.O. vom 20. September 1867, Gesetz vom 27. März 1872 über
die Oberrechnungskammer.

IV. Civilsenat. Urteil vom 9. April 1885, R. IV Nr. 415/84.

Eine Dienstinstruktion hat nicht die Erfordernisse eines Gesetzes (Wille
der gesetzgebenden Gewalt, Ausspruch einer Rechtsregel, Verkündung), auch nicht
die Qualität einer mit Gesetzeskraft versehenen Verordnung.

Die Genehmigung einer Kammer zu Etatsüberschreitungen hat nur gesetzliche Wirkung und Bedeutung für die Krone und die Landesvertretung
gegenüber den verantwortlichen Ministern. Ein Einfluss auf die Verwaltung
steht ihr nicht zu, schliesst also ausser der Indemnität der Minister weder die
Anerkennung noch Versagung vermögensrechtlicher Ansprüche dritter Personen
in sich. Auch die Revision der Oberrechnungskammer hat nur die Verantwortlichkeit der Minister als Endziel im Auge, wobei Anspruch dritter und Regress-
verbindlichkeiten einzelner Beamten nicht in Frage kommen und in keiner
Richtung Erledigung finden.

Wenn ein Baubeamter über den Etatsanschlag ein Dienstgebäude her-
stellt, auch Mehrausgaben an Lieferanten bezahlt hat, so steht allerdings der
Beamte bezüglich seiner Regresspflicht unter dem Schutze des § 91 der A.L.R.
II, 10, d. h. er haftet nur, insofern den nachteiligen Folgen seines Versehens

nicht durch andere gesetzliche Mittel abgeholfen werden kann. Allein dem Staate steht gegen die Lieferanten nach dem geltenden gemeinen Recht keine Kondiktion zu. Dagegen steht dem Staate eine Klage auf Ersatz des Schadens und der Vermögensverschlimmerung zu, welche in der Differenz zwischen den anschlagsgemäss zu verwendenden und auftragswidrig verwendeten und bezahlten Materialien besteht. Darüber hat das richterliche freie Ermessen zu entscheiden, wobei entstehender Schaden und Vorteil (damnum deducto lucro) kompensiert werden kann. Der Wert eines Gebäudes kann allerdings durch einen das Mass des gewöhnlichen übersteigenden Luxus erhöht werden, doch kann auch dieser Luxus, selbst erhöhter Annehmlichkeit, bei der Bestimmung des Gebäudes als Dienstgebäude, nicht besonders als erkennbarer Vorteil in Betracht kommen. Es ist hauptsächlich der Wert für den Staat als Auftraggeber in Betracht zu ziehen. Sammlung f. Civ. Bd. XIII S. 258.

Systematisches Register.

Finanzlitteratur.

Hertzka, Th. Dr. Das Personenporto. Ein Vorschlag zur Durchführung eines billigen Einheitstarifs im Personenverkehr der Eisenbahnen, und die Diskussion darüber im Klub österreichischer
Eisenbahnbeamten. Wien 1885. Spielhagen & Schurich.

Es liegt ein kleines Büchlein von 170 Seiten vor mir mit dem Titel:
Die Anwendung des Penny-Portosystems auf den Eisenbahntarif und das Paket-
porto (Rostock 1872). Der Verfasser dieses Büchleins, F. Perrot, sagt in der
Vorrede, dass er bereits drei Jahre vorher, im Jahre 1869, eine Broschüre ver-
öffentlicht habe, in welcher er den Vorschlag machte, die Entfernung beim
Personentarif ebenso, wie beim Briefporto, gänzlich auser Acht zu lassen und
den Preis jeden Billets in III. Klasse zu 5 Sgr., in II. Klasse zu 10 Sgr., in
I. Klasse zu 2 Thlr. ein für allemal festzustellen. Dieser Vorschlag, zu dessen
Begründung natürlich der Nachweis versucht und nach Meinung des Verfassers
auch geliefert wurde, dass bei einer solchen Festsetzung der Personentarife die
Eisenbahnen nicht nur keine Einnahmen einbüssen, sondern sogar vortreffliche
Geschäfte machen würden, erregte seiner Zeit einiges Aufsehen; er fand Freunde
und Gegner, und Perrot selbst hat in dem vorgedachten Büchlein eine Anzahl
zustimmender und gegnerischer Artikel zusammengestellt, und letztere zum Teil
mit nicht gerade liebenswürdigen Randbemerkungen begleitet.

Dieser Gedanke, welcher seitdem zwar nicht ganz vergessen ist, aber bei
einer ernsten Erörterung der Eisenbahntariffrage unter sachverständigen Leuten
doch eben nur noch als eine Sonderbarkeit belächelt wurde, ist nun von Dr. Hertzka,
einem der Redakteure der Wiener Allgemeinen zeitung, in diesem Blatte in etwas
veränderter Gestalt neu aufgelegt. Auch Dr. Hertzka schlägt eine grundstürzende
Aenderung der Personentarife vor; er will gleichzeitig alle Klassenverschieden-
heiten beseitigen, und einen Unterschied zwischen den Tarifen für den Lokal-
verkehr (auf Entfernungen bis zu 30 km) und den Fernverkehr (alle übrigen Entfernungen) machen. Für ersteren Verkehr soll jedes Billet 10 Kreuzer, für letzteren
25 Kreuzer kosten (Hertzka hat zwar nur die österreichisch-ungarische Monarchie
im Auge; man thut ihm aber wohl kein Unrecht mit der Annahme, dass er
seinen Vorschlag mit den dem Mass- und Münzsystem entsprechenden Aenderungen auch in anderen Ländern für durchführbar hält). Der Reformator hat über
diesen Gegenstand später eine Anzahl von Vorträgen in dem Klub österreichischer
Eisenbahnbeamten in Wien gehalten, nach welchen er von mehreren Eisenbahn-
fachmännern — dem Centralinspektor Schreiber, dem Oberinspektor v. Scala,
dem Regierungsrat Dr. Libarzik, dem Hofrat v. Schreiner, dem Regierungsrat
Morawitz und dem früheren Generaldirektor der österreichischen Eisenbahnen
v. Nördling — angegriffen ist und dann seinen Gegnern wiederum geantwortet

hat. Nunmehr sind — ähnlich wie von Perrot — seine und die gegnerischen Ausführungen in dem in der Ueberschrift genannten Büchlein von 176 Seiten zusammengedruckt. Hertzka bekennt sich nicht als Besiegten. Er meint, die Streitfrage sei durch die Erörterung dahin zugespitzt, ob die Selbstkosten der Eisenbahnen im Personenverkehr wesentlich höher seien, als im Güterverkehr. Sei dies nicht der Fall, so sei sein Vorschlag durchführbar, „denn," so sagt Hertzka, „die sonstigen Einwendungen gegen die Möglichkeit, Nützlichkeit und gegen den Erfolg einer derartigen Tarifrevolution sind eben nicht ernst zu nehmen."

Die Erörterungen über die Frage, auf wie hoch sich die Selbstkosten des Eisenbahntransports belaufen, haben sich seitdem in der österreichischen Fachpresse, zum Teil im Anschluss an die Herzka'schen Vorschläge, weiter gesponnen und sind heute noch nicht zu einem Abschluss gekommen, werden auch — wie ich unmassgeblich vermuten möchte — in dieser allgemeinen Behandlung schwerlich jemals zu einem Abschluss gelangen. Die Hertzka'schen Vorschläge aber haben nebenbei auch in der Tagespresse viel Staub aufgewirbelt und ein in meinen Augen ungerechtfertigtes Aufsehen erregt. Neulich ging mir z. B. die Programmnummer „einer Pionier-Korrespondenz für Leitartikel und Feuilletons" zu, in welcher sich sogar ein „Agitations-Institut Pionier, Abteilung für Herabsetzung des Eisenbahn-Personengeldes" ankündigte, welches in der Richtung der Hertzka'schen Vorschläge durch die Presse zu wirken gesonnen ist und die Geschäftsleute zum Beitritt mittelst Zahlung eines Jahresbeitrags von 12 Mark auffordert. Vorsitzender dieses Agitationsinstituts ist der Reichstagsabgeordnete Graf Hompesch, Vizepräsident der praktische Arzt und Fabrikant Dr. Oidtmann, Generalsekretär Dr. v. Eye. — Man sieht,, ein grosser Apparat. Ich bezweifle, dass sich viele Mitglieder dieses Agitationsinstituts finden werden und ganz sicherlich wird der Hertzka'sche Vorschlag trotz der gegenteiligen zuversichtlichen Annahme seines Urhebers in nicht langer Frist ein ebenso harmloses Dasein weiter führen, wie der seines Vorgängers Perrot.

Dem Vorschlage ist durch die eingehende Erörterung, welche ihr sachverständige Männer gewidmet haben, eigentlich eine unverdiente Ehre erwiesen. Schon ein unbefangener, ruhig denkender Leser des Buches muss zu dem Ergebnis gelangen, dass solche Reformen nicht nur den völligen finanziellen Ruin der Eisenbahnen herbeiführen, sondern wirtschaftlich geradezu verderblich wirken würden. Wenn, was Hertzka annimmt, um die finanziellen Bedenken gegen seine Vorschläge zu widerlegen, die Menschheit in Zukunft zu einem Nomadenleben zurückkehren würde, welches sich von dem unserer Ahnen nur dadurch unterschiede, dass wir den grössten Teil unseres Daseins in Eisenbahnwagen zubrächten, während jene die Länder zu Fuss durchwanderten, wäre das in der That ein wirtschaftlicher Fortschritt? Ist unser Zeitalter mit seinem Drängen und Jagen, seinem Treiben und Hasten nicht gerade unruhig genug, und sollte es nicht viel eher erstrebenswert sein, etwas mehr Behagen und Besonnenheit, eine etwas grössere Beschaulichkeit und Bedächtigkeit in unser Leben zurückzuführen, als die Menschheit, wie dies Hertzka möchte, dazu zu verleiten, nun auch noch ihr Haus, ihren festen Wohnsitz aufzugeben, und von Woche zu Woche, ja von Tag zu Tag sich einen anderen Schauplatz für ihre Thätigkeit zu suchen?

Ich halte ein solches Ziel für nichts weniger als erstrebenswert, also schon aus diesem Grunde den ganzen Vorschlag eines Personenportos für einen verfehlten. Ich möchte aber noch auf einige andere Bedenken gegen denselben hinweisen, welche von den Gegnern Hertzka's überhaupt nicht oder doch nur flüchtig berührt sind. Dass der Vergleich mit dem Postporto — für Briefe und Pakete — hinkt, wird zwar in den Diskussionen wiederholt bemerkt; ein Brief und ein Paket sind eben andere Dinge als eine Person, und doch hat auch die Rowland Hill'sche Postreform dem Staate zunächst bedeutende Summen gekostet, die erst sehr allmählich wieder eingebracht sind. Der Hauptgrund aber, aus welchem ein Brief, und bei uns in Deutschland ein Paket, soweit dasselbe ein gewisses Gewicht nicht überschreitet, ohne Rücksicht auf die Entfernung zu einem Einheitssatze befördert werden kann, liegt darin, dass die Post diese

Beförderung überhaupt nicht bezahlt, die Ausgaben für die Brief- und Paketbeförderung — um genau zu sein, die Beförderung für alle Briefe und für 90—95 Prozent aller Pakete — in dem Postetat überhaupt nicht zur Erscheinung kommen. Nach dem deutschen Eisenbahnpostgesetze vom 20. Dezember 1875 sind die Eisenbahnen verpflichtet, mit jedem Personenzuge einen Postwagen und in demselben alle Briefe und alle Pakete bis zu einem Gewichte von 10 kg umsonst zu fahren. Dieser eine Postwagen reicht in der grossen Mehrzahl der Fälle aus, um alle Postsachen fortzuschaffen. Die Post hat also in der That die Briefe und Pakete nur bis zum Bahnhof der Versandstation und vom Bahnhof der Ankunftsstation in die Behausung des Adressaten zu befördern, und nur diese Leistungen verursachen ihr Kosten, welche — beiläufig — bei den Paketen durch das an verschiedenen Orten und nach den verschiedenen Gewichten wechselnde Bestellgeld wenigstens teilweise wieder gedeckt werden. Ganz gleichgültig ist es vom finanziellen Standpunkte für die Post, ob der Brief von der Versandstation bis zur Ankunftsstation 10 oder 1000 km zurückzulegen hat, diese Beförderung übernehmen die Eisenbahnen umsonst, und wie sich deren Ausgaben für die Brief- und Paketbeförderung seit Einführung des Einheitsportos vermehrt haben, das ist meines Wissens von niemand bisher berechnet. In den Ländern, in welchen die Eisenbahnen diese Last für die Post nicht auf ihr Konto nehmen, erhalten sie vielfach von dem Staate aus allgemeinen Fonds für ihre Leistungen zu Gunsten der Post besondere Unterstützungen, welche wiederum den Postetat nicht belasten. Wer die Beförderung nicht bezahlt, der kann bei Bemessung seines Preises ohne alle Schwierigkeiten von den Beförderungskosten absehen.

Ein weiterer Punkt ist die Verwechslung des grossen Fernverkehrs mit dem Naheverkehr, dem Stadt- und Vorortsverkehr grosser Wohnplätze. Dr. Hertzka zieht, um die Steigerungsfähigkeit des österreichischen Personenverkehrs zu beweisen, mehrfach die englischen, ja insbesondere die Personenverkehrsverhältnisse Londons heran. Nun gebe ich Hertzka — auf die Gefahr hin, dass er auch mich zu seinen Anhängern zählt — ohne weiteres zu, dass sich für den Verkehr innerhalb und in einem gewissen Umkreise grosser Städte die Feststellung eines Einheitspreises für die Personenbeförderung rechtfertigen lässt. Solche Einheitspreise hat man auch bereits beispielsweise in den Vereinigten Staaten von Amerika bei den Pferdebahnen, den Omnibus, den Kabelbahnen und in Newyork auch bei den nur dem Personenverkehr dienenden Hochbahnen.[1] Ihre Gesamtlänge beträgt 52 km. Für jede Fahrt auf beliebigen Strecken hat man während 6 Stunden des Tages 5 Cents, während der übrigen Zeit 10 Cents zu bezahlen, einen Betrag, der die von Hertzka vorgeschlagenen Einheitssätze, auch wenn man die Verschiedenartigkeit des Geldwertes in Oesterreich und den Vereinigten Staaten berücksichtigt, allerdings nicht unwesentlich übersteigt. Die durchschnittliche Einnahme von jedem Reisenden beträgt ungefähr 7 Cents d. h. etwa 15 Kreuzer. Die bedeutendste Entfernung aber, welche man vernünftigerweise auf der längsten Strecke dieser in vier Linien von Süden nach Norden laufenden Bahnen zurücklegen kann, beträgt 16,15 km. — Da, soviel mir bekannt, von Anfang an der gleiche Personentarif auf den Hochbahnen gegolten hat, so lässt sich nicht beurteilen, welchen Einfluss eine Aenderung des Tarifsystems auf die Frequenz und die Einnahmen der Bahnen gehabt haben würde. Die Frequenz ist zur Zeit eine sehr bedeutende — im letzten Jahre (1884/85) 103 Mill. Personen —, die Einnahmen also glänzend. Aber diese Frequenz hat sich ganz allmählich entwickelt. 1878/79 fuhren auf den Hochbahnen rund 46 Mill., in den beiden folgenden Jahren je 15 Mill. Personen mehr, und seitdem steigt der Verkehr alljährlich um 6—7 Mill. Reisende. Von einem so grossartigen, plötzlichen und unaufhaltsamen Verkehrsaufschwung, wie ihn Hertzka von dem Personenporto erwartet, ist also bei ihnen keine Rede. Zudem macht es sich schon in den letzten Jahren auf den Hochbahnen recht

---

[1] Vgl. v. d. Leyen. Die nordamerikanischen Eisenbahnen (Leipzig, Veit & Co. 1885) S. 201 ff.

unangenehm fühlbar, dass der Verkehr ein sehr ungleichmässiger ist. In den Morgenstunden, in welchen die Bevölkerung von Norden nach Süden fährt, und in den Abendstunden, in welchen die Reise in umgekehrter Richtung zurückgelegt wird, sind die in diesen Richtungen fahrenden Züge überfüllt, die Bahnen ziemlich auf der Höhe ihrer Leistungsfähigkeit angelangt. In den übrigen Stunden sind die Wagen nur schwach besetzt. Da sich diese Erscheinungen täglich wiederholen, so können die Hochbahnen durch Einrichtung ihres Betriebes denselben einigermassen Rechnung tragen, indem sie in den Morgen- und Abendstunden mehr und längere Züge fahren, als in den übrigen Tagesstunden. Natürlich wäre es für die Bahnen erheblich bequemer und vorteilhafter, wenn sich der Verkehr über den ganzen Tag gleichmässig verteilen wollte. Davon ist aber selbst in diesem Stadtverkehr keine Rede. Das Publikum benutzt die Eisenbahnen zu der Zeit, zu welcher es sie braucht, es fährt nicht zum Vergnügen spazieren, und die Eisenbahnen müssen ihren Betrieb den geschäftlichen Gewohnheiten anpassen, obgleich ihnen das viel Geld kostet. Wenn sie dessenungeachtet viel verdienen, so hat das auch hier seine besonderen Gründe; einmal sind die Fahrpreise recht hohe, sodann sind die Bahnen sehr billig gebaut, weil sie für Grund und Boden in einer Stadt wie Newyork keinen Pfennig Entschädigung zu leisten brauchten, und es überdies bisher vortrefflich verstanden haben, die Zahlung jeglicher Staats- oder Gemeindeabgaben zu vermeiden; ausserdem ermöglicht die Einheit des Fahrpreises einen sehr billigen Betrieb, insbesondere grosse Sparsamkeit in dem Betriebspersonal.

In London und in Berlin hat man auf den Stadtbahnen keinen einheitlichen Fahrpreis; ob die Einführung eines solchen möglich sei, soll hier nicht untersucht werden, jedenfalls würde sie erheblich schwieriger sein, als in Newyork, da man in England und Deutschland an das Wagenklassensystem, zur die Einstellung besonderer Wagen für Nichtraucher, für Frauen u. dgl. gewöhnt ist, und, wenigstens in Deutschland, das Publikum nicht die Selbständigkeit und Selbstzucht hat, wie in Amerika; also beispielsweise ein gewisser Schutz der Frauen und Nichtraucher gegen das Rauchen durch das Eisenbahnaufsichtspersonal nicht entbehrt werden kann. Will man bei uns mit einheitlichen Fahrpreisen Versuche machen, so müsste man meiner Auffassung nach bei den Pferdebahnen, den Omnibus anfangen; die Gesellschaften, welche diese Verkehrsmittel betreiben, sträuben sich aber einstweilen aus finanziellen Gründen gegen eine solche Neuerung.

Ganz anders liegt die Sache bei dem Verkehr auf weite Entfernungen. In grossen Städten und ihrer Umgebung würde stets ein starker Verkehr herrschen, welcher räumlich und zeitlich seine bestimmten Grenzen hat. Ein Arbeiter, welcher länger als eine Stunde von seiner Wohnung zu seiner Arbeitsstätte zu fahren hat, wird sich aber schon eine andere Arbeitsstätte oder eine andere Wohnung suchen, weil ihm, selbst wenn er umsonst führe, die Verwendung zweier Stunden täglich auf Hin- und Rückfahrt zu teuer sein würde. Auch im übrigen werden diese städtischen Verkehrsmittel teils der Bequemlichkeit, teils der Zeitersparnis wegen benutzt. Eine Eisenbahnfahrt von einigen Stunden ist aber weder eine Zeitersparnis, noch ein besonderes Vergnügen; sie wird schon heutzutage von solchen Personen, welche vermöge ihres Berufes genötigt sind, viel auf den Schienen zu fahren, als ein notwendiges Uebel betrachtet. Selbst der Vergnügungsreisende benutzt vielfach die Nacht, weil ihm eine Tagesfahrt langweilig und lästig wird. Dies würde sich schwerlich ändern wäre der Tarif auch noch so billig! Es würde ein völlig zweckloses Opfer, ein ganz und gar überflüssiger Verzicht auf einen nicht unwesentlichen Teil ihrer Einnahmen sein, wenn die Eisenbahnen für den Fernverkehr solche Einheitssätze erheben wollten, wie sie Hertzka vorschlägt.

Seine Selbstkostenberechnungen sind von seinen Gegnern mit Erfolg glänzend widerlegt. Uebrigens aber hat er, soviel ich dem entnommen habe, zu den Selbstkosten überall nicht die zur Verzinsung des Anlagekapitals erforderlichen Beträge hinzugerechnet, sondern sich auf Ermittelung der Betriebsausgaben beschränkt.

Die ganz abenteuerlichen Vorschläge, mit welchen er (S. 8, 11—13) seine
Vorschläge zuerst schmackhaft zu machen suchte — es sollte ein Fahrplan
überhaupt nicht mehr nötig sein, der Reisende jederzeit, wie heute eine Droschke,
so einen zum Abgang bereiten Zug auf dem Bahnhofe finden, es sollten neben
den gewöhnlichen von der Eisenbahn gestellten Wagen auch besondere Unternehmer zu lächerlich billigen Preisen glänzende Luxuswagen stellen u. dgl. —
diese Vorschläge hat der Verfasser, wie es scheint (vgl. S. 91), selbst fallen
lassen. Ich will daher ein weiteres Wort darüber nicht verlieren.

Nur in einem Punkte will ich schliesslich Dr. Herzka Recht geben. Eine
Aenderung und zwar eine Vereinfachung unserer Personentarife halte auch ich
für nicht nur möglich, sondern mit der Zeit für unumgänglich notwendig. Mit
welchen Schwierigkeiten eine solche verknüpft, von welcher finanziellen Tragweite sie sein würde, das ist neuerdings für die preussischen Staatsbahnen in
einem vortrefflichen Aufsatze von einem praktischen höheren Eisenbahnbeamten,
Reg.-Rath Todt in Köln,[1]) überzeugend nachgewiesen. Die Berechnung der
Kosten der von Todt vorgeschlagenen Reform beruht auf gesunden Grundlagen,
und er kommt denn auch, obgleich sich seine Vorschläge in sehr massvollen
Grenzen halten, zu ganz erheblichen Ausfällen. Ich kann dem zweiten Erfinder
des Personenportos nur dringend das Studium dieses Aufsatzes empfehlen:
wenngleich ich nach den Erfahrungen, welche bei Erörterung dieser Frage im
österreichischen Eisenbahnklub gemacht sind, nicht glaube, dass Dr. Hertzka
noch unbefangen genug ist, um selbst durch diese Darlegungen sich bekehren
zu lassen.　　　　　　　　　　　　　　　　　　　　　　　　　　v. d. Leyen.

Dr. Gustav Seidler, Privatdocent der Wiener Universität. Budget
und Budgetrecht im Staatshaushalte der konstitutionellen Monarchie mit besonderer Rücksichtnahme auf das österreichische
und deutsche Verfassungsrecht. Wien 1885. Alfred Hölder.
VI und 244 S.　8°.

Die Schrift wird durch eine Einleitung eröffnet, welche die politische Bedeutung des Budgets unter Bezugnahme auf die geschichtliche Entwickelung
vom mittelalterlichen bis zum modernen Staate in Kürze vorführt.

Das erste Kapitel (Begriff und Zweck des Budgets) beschäftigt sich zunächst mit der Ordnung des Staatshaushaltes und erörtert folgendes. Der
oberste, indessen nur ein formaler Grundsatz bei Ordnung jedes Haushaltes ist,
dass Erwerb und Aufwand miteinander im Einklange stehen müssen. Diesem
Satze ist genügt, sowohl wenn die Ausgaben nach den Einnahmen, als wenn
die Einnahmen nach den Ausgaben sich richten. Das Erstere ist, wenn man
vom Existenzminimum absieht, bei der Privatwirtschaft der Fall, und die ältere
Lehre bis auf Sonnenfels hat diese privatwirtschaftliche Auffassung auf die
Ordnung des Staatshaushaltes (landesfürstlichen Haushaltes) einfach übertragen.
Erst Sonnenfels hat die noch heute herrschende Lehre begründet, dass im
Staatshaushalte die Einnahmen sich nach den Ausgaben, unter Berücksichtigung
der wirtschaftlichen Leistungsfähigkeit des Landes, zu richten haben. Der Verfasser verfolgt die weitere Entwicklung der Litteratur, um schliesslich eine
Uebereinstimmung darüber festzustellen, „dass im Staatshaushalte die Ausgaben unter gleichmässiger Berücksichtigung des Wertes und der Kosten der
durch dieselben ermöglichten staatlichen Leistungen festzustellen seien, und dass
die Einnahmen sich nach den einmal so festgestellten Ausgaben richten müssen."

---

[1]) Der Personenverkehr auf den preussischen Staatsbahnen. Archiv für
Eisenbahnwesen 1886. S. 12—44.

Der Verfasser versucht sodann seinerseits eine „principielle Begründung des Verhältnisses zwischen Ausgaben und Einnahmen im Staatshaushalte" (S. 20 ff.).

Jede Gemeinwirtschaft, so erörtert er, muss berechtigt sein, wo die Erfüllung der Gemeinzwecke Kosten erheischt, die Genossen zu deren Deckung heranzuziehen. In der Bereitwilligkeit der Einzelnen zur Beitragsleistung liegt der Beweis, dass sie die Zwecke des Gemeinwesens als ihre Zwecke anerkennen, dass ihnen die Erreichung dieser Zwecke die Kosten wert ist. Empfinden sie dagegen die Kosten als drückend, so ist dies der Ausdruck des Missverhältnisses zwischen Wert und Kosten der Gemeinzwecke. Es gibt also, unbeschadet der absoluten Nützlichkeit der Gemeinzwecke, eine Grenze, „bei welcher vom Standpunkte der Genossen Wert und Kosten der Gemeinzwecke sich nicht mehr das Gleichgewicht halten". Kein Gemeinwesen kann diese Grenze dauernd überschreiten, ohne die wirtschaftlichen Kräfte seiner Glieder und damit sich selbst zu schädigen. All dies gilt auch von Staaten, was dann des Näheren dargelegt wird.

Es reiht sich hieran die Betrachtung des Unterschiedes zwischen Finanzplan und Budget, welch ersterer die dauernden Grundlagen des Gleichgewichtes im Staatshaushalte zu sichern hat, während letzteres für einen kurzen Zeitabschnitt, die Finanzperiode, bemessen ist. Das Budget ist einerseits Norm für die Verwaltung, andererseits Grundlage für die Kontrolle der Verwaltung und in formaler Beziehung Grundlage für die Gliederung und Einteilung der Staatsrechnung.

S. 40—48 wird ein „dogmengeschichtlicher Anhang" hinzugegeben.

Das zweite Kapitel behandelt die „historisch früheste Anwendung des Etatwesens in Frankreich, Deutschland und Oesterreich und die Entwickelung der französischen Budgetwirtschaft seit 1815". Von Interesse ist hauptsächlich die eingehendere Schilderung der letzteren (S. 67—89), welche Schilderung übrigens nur bis zum Sturze des zweiten Kaiserreichs fortgeführt ist.

Mit dem dritten Kapitel, „die finanztechnische Seite des Budgets", kehrt der Verfasser wieder zur dogmatischen Darstellung zurück. Es wird hier vom ordentlichen und ausserordentlichen Etat (Budget), von der Vollständigkeit des Budgets (Brutto-, Nettobudget), von der Spezialisierung und Centralisierung der Fonds im Budget, von Dauer und Beginn der Budgetperiode „gehandelt. Bemerkenswerte neue Aufstellungen des Verfassers sind hier nicht zu verzeichnen.

Das vierte Kapitel beschäftigt sich mit der „administrativen Vorbereitung und parlamentarischen Behandlung des Budgets". Der Verfasser gibt auch hier im wesentlichen eine Uebersicht dessen, was Gesetzgebung und Litteratur bieten. Eine eingehendere kritische Behandlung erfährt die Frage der „Spezialisierung der Voten". Der Verfasser meint hier u. a.: „Die Frage nach der Spezialisierung der Voten bedeutet juristisch nichts anderes, als die Frage nach der Grenze zwischen der Gesetzgebungs- und der Verordnungsgewalt in dem besonderen Falle der Festsetzung des Budgets." Insoweit die Normierung der Staatszwecke und der hierzu nötigen Einrichtungen nach positivem Staatsrecht der Gesetzgebung zukömmt, wird auch die Feststellung der Ausgaben hierfür der Gesetzgebung überlassen bleiben müssen. Insoweit aber die Normierung der Staatszwecke rechtlich der Verordnungsgewalt zusteht, darf das Parlament letztere nicht verkümmern, indem es die Ausgabenfestsetzung zur Erweiterung seiner Kompetenz benützt. Das wird durch folgendes Beispiel erläutert. In Oesterreich steht die Errichtung von Universitäten „in der Kompetenz der Gesetzgebung", daher ist es korrekt, dass der Kredit für jede Universität Gegenstand eines Spezialvotums ist. Die Errichtung von Gymnasien steht im Ermessen der Verwaltung. Eine Spezialisierung der Voten für die einzelnen Gymnasien würde also einen Eingriff in die Rechte der Verwaltung bedeuten.

Ich habe diese Ausführungen, welche teilweise an Gneist erinnern, eingehender wiedergegeben, weil sie meines Erachtens zeigen, wie bedenklich die zu Grunde liegende formelle Auffassung der „Gesetzgebungs-" und der „Verordnungsgewalt" irre führen muss. Sie gibt in der That keinen leitenden Gedanken an die Hand. Oder soll es wirklich einen sachlichen Unterschied bedeuten, wenn es in Oesterreich zur Errichtung einer Universität eines formellen Gesetzes

bedarf, zur Errichtung eines Gymnasiums nicht? Ist es deswegen ein Akt von
verschiedener rechtlicher Natur, wenn eine Universität und wenn ein Gymnasium
errichtet wird? Doch wohl kaum. Dass die Staatsregierung einseitig Universitäten weder gründen noch auflösen kann, ist kein Satz des Budgetrechts, sondern
des Verwaltungsrechtes, aus welchem sich erhebliche Folgen für das Budgetrecht
ergeben, Einschränkungen sowohl für die Regierung wie für das Parlament.
Und ebenso wurzelt das Recht der Regierung, Gymnasien zu organisieren, im
Verwaltungsrecht. Dieses Organisationsrecht aber wird durch das Budgetrecht
in der Weise beschränkt, dass nur organisiert werden kann, soweit Mittel bereit
stehen. Ein Verbot der Spezialisierung der Voten lässt sich aus dem Organisationsrechte nicht ableiten, sondern es wird allemal eine Frage der Zweckmässigkeit sein, wie weit die Spezialisierung zu gehen hat. Die Bedeutung der
Spezialisierung aber ist stets nur eine finanzrechtliche, keine verwaltungsrecht-
liche; sie bewirkt eine Gebundenheit der Mittel, nicht der Organisation. Nach
der Theorie des Verfassers würde die Spezialisierung eines Votums für ein bestimmtes Gymnasium genau dieselbe Wirkung haben, wie der verwaltungsrecht-
liche Satz, dass Universitäten nur unter Uebereinstimmung von Regierung und
Volksvertretung gegründet und aufgehoben werden können. Das Spezialvotum
der Mittel für ein Gymnasium enthält nicht „die rechtliche Bestimmung, dass
die bisherige Kompetenzgrenze hinsichtlich des betreffenden Staatszweckes verschoben werde, und gleichzeitig die Votierung des Kredits in Gemässheit der
neuen Regelung der Kompetenz". Das Spezialvotum enthält nur die Votierung
des Kredits und lässt das Organisationsrecht im übrigen unberührt. Das Spezialvotum sagt nicht: die Regierung muss ein Gymnasium in X errichten, sondern
nur: der Regierung werden die Mittel zur Verfügung gestellt, damit sie kraft
ihres Organisationsrechts ein Gymnasium in X errichten kann.

Im fünften Kapitel gibt der Verfasser eine Darstellung der Entwickelung
des Budgetrechts in England, Frankreich, Deutschland und Oesterreich, die in
manchen Beziehungen nicht ohne Verdienst ist. Meines Erachtens hat jedoch
der Verfasser nicht wohl daran gethan, der geschichtlichen Entwickelung des
Budgetrechtes in jenen deutschen Staaten, welche den Schwerpunkt des parlamentarischen Zustimmungsrechtes in die Steuerbewilligung legen, geringere Aufmerksamkeit zu schenken. Es ist wohl richtig, dass diese Staaten ein verhältnismässig kleines Rechtsgebiet repräsentieren. Aber der dogmatische Wert der
Untersuchung jener Rechtszustände wäre von dem Verfasser zweifellos als ein
sehr hoher befunden worden. Das sechste Kapitel, welches die dogmatische
Darstellung des Budgetrechtes enthält, würde vielleicht alsdann, nicht zum
Schaden des Budgets, eine andere Gestalt erhalten haben. Für die Würdigung
der Frage, in welchem Sinne man von einer Gesetzesnatur des Budgets reden
kann und welche Wirkungen diese Gesetzesnatur hat, würde die Vergleichung
eines Rechtszustandes von grossem Belange gewesen sein, nach welchem das
Budget auch formell kein Gesetz ist (vgl. übrigens die Bemerkungen S. 236
der Schrift). Der Eingang der bayerischen Finanzgesetze z. B. lautet: „Wir
haben ... nach Vernehmung Unseres Staatsrates mit dem Beirate und, soviel
die Erhebung der direkten und die Veränderung der indirekten Steuern ...
anlangt, mit der Zustimmung der Kammer der Reichsräte und der Kammer
der Abgeordneten über die Staatseinnahmen und Ausgaben für die xte Finanzperiode, nämlich für die zwei Jahre 18.. und 18.., beschlossen und verordnen, wie folgt". Insbesondere möchten wir den Verfasser auf die Geschichte des bayerischen Verfassungsverständnisses von 1843, die S. 176 nur
in wenigen Zeilen erwähnt ist, aufmerksam machen. Ich darf mich hinsichtlich dieses Gegenstandes wohl auf meinen Aufsatz: „Das Budgetrecht des
bayerischen Landtages" im Hauptblatt der Allgemeinen Zeitung vom 11. und
12. Januar 1882 beziehen.

Mit dem sechsten Kapitel geht der Verfasser zu seiner Hauptaufgabe, der
dogmatischen Darstellung des Budgetrechtes, über. Leider muss ich bekennen,
dass meines Erachtens der Verfasser, dessen gewissenhaftes Streben volle Anerkennung verdient, an dieser Aufgabe gescheitert ist.

Es wird zunächst der Begriff des konstitutionellen Gesetzes untersucht. Nachdem der Verfasser die Labandsche Unterscheidung von formellem und materiellem Gesetze und Martitz' Verwerfung dieses Unterschiedes vorgeführt hat, erklärt er es für das richtigste Verfahren, „von dem einheitlichen Begriffe des Gesetzes, wie ihn die Praxis des konstitutionellen Staatslebens herausgebildet hat, auszugehen, diesen Begriff in seine Merkmale aufzulösen und zu untersuchen, ob innerhalb des einheitlichen Gesetzesbegriffes diejenigen juristisch relevanten Verschiedenheiten bestehen, welche die Aufstellung der Labandschen Kategorien von formellen und materiellen Gesetzen rechtfertigen oder nicht.‘

Zu diesem Ende wird folgendes dargelegt.

„Jedes konstitutionelle Gesetz erscheint als eine vom Monarchen unter Zustimmung der Volksvertretung erlassene, in den Formen Rechtens kundgemachte Verordnung‘, d. h. eine „Anordnung‘ oder „Willensentschliessung, welche ein hierzu berechtigter Uebergeordneter den Untergeordneten zur Darnachrichtung bekannt gibt.‘

Wir wollen das, was der Verfasser über den Unterschied des „konstitutionellen‘ und des „absoluten‘ Gesetzes, d. h. des Gesetzes in der konstitutionellen und in der absoluten Monarchie einschaltet, beiseite lassen. Die bezüglichen Ausführungen des Verfassers sind nicht ganz klar.

Die Summe seiner Untersuchungen über den Gesetzesbegriff ist in Kürze, wie schon obige Begriffsbestimmung zeigt, die: Das Gesetz muss eine Anordnung enthalten, es muss vom Monarchen erlassen werden, es bedarf einer bestimmten Form des Entstehens und der Verkündigung. Aber noch etwas anderes kömmt hinzu. Eine Besonderheit des Gesetzes gegenüber den anderen Emanationen des Staatswillens, insbesondere gegenüber den Verordnungen liegt in der höheren Intensität des Wollens und dem entsprechend in der höheren Autorität seiner Geltung.

Sehen wir uns diese Sätze näher an. Seidler verlangt vom Gesetze, dass es eine Anordnung enthalte, er fordert also einen bestimmten Inhalt des Gesetzes, demnach etwas Materielles. Aber nach der „Praxis des konstitutionellen Staatslebens‘ werden Anordnungen in Hülle und Fülle auch in anderer Weise als durch Gesetz erlassen. Ob es z. B. der König durch Gesetz oder der Bürgermeister durch Polizeivorschrift verbietet, Feldtauben zur Saat- und Erntezeit ausfliegen zu lassen, macht doch wohl in der materiellen Wirkung des Verbotes keinen Unterschied. Nach der nämlichen Praxis des konstitutionellen Staatsrechtes werden ferner auch Sätze in Gesetzesform verkündet, die keine Anordnungen sind. In einem und demselben Gesetze kann stehen, dass für eine Finanzperiode vom Zentner Malz so und so viel Mark Steuer zu zahlen ist und dass der Ertrag dieser Steuer für ein Jahr auf so und so viel Millionen veranschlagt wird. Das erstere ist eine Anordnung, das zweite nicht.

Aus dem Gesagten erhellt, dass es Akte der Staatsgewalt und der ihr untergeordneten öffentlichen Gewalten gibt, die bei Verschiedenheit der Form Gleichartigkeit des Inhaltes aufweisen, demnach sich inhaltlich unter einen Begriff stellen lassen; ferner, dass es Akte der Staatsgewalt verschiedenen Inhaltes gibt, welche wegen Gleichheit der Form ihres Entstehens Gesetze genannt werden.

Die Schlussfolgerung liegt auf der Hand. Man kann, wenn man den Gesetzesbegriff gestalten will, nur entweder ausschliesslich materielle oder ausschliesslich formelle Merkmale zu Grunde legen, niemals aber beide zugleich. Damit rechtfertigt sich die Labandsche Unterscheidung und erweist sich der Gesetzesbegriff Seidlers als völlig unhaltbar.

Seidler hat, vielleicht unwillkürlich fühlend, dass seine Begriffsbestimmung noch weiterer Stütze bedarf, dem Gesetze eine „höhere Intensität des Wollens‘ und damit „höhere Autorität seiner Geltung‘ vindiziert. Ich wüsste nicht, wieso der im Gesetze ausgesprochene Herrscherwille intensiver sein solle, als der in einer Verordnung ausgesprochene. Wenn der König in einer Verordnung sagt, dass Lastfuhrwerke auf Kunststrassen nicht mehr als ein bestimmtes Ladungsgewicht haben dürfen bei Meidung von so und so viel Mark Strafe, so

will er das ebenso intensiv, als wenn er es in einem Gesetze sagt, und diese
Willensintensität wird sich dem Zuwiderhandelnden in beiden Fällen gleichmässig fühlbar machen. Die Autorität des Verbotes ist hier wie dort dieselbe.
Seidler hat eben ein rein formelles Moment für ein materielles angesehen, ein
formelles Moment, das überdies dem Gesetze nicht ausschliesslich eigen ist, wie
z. B. Art. 10 des bayerischen Polizeistrafgesetzbuchs beweist: „Keine Verordnung
darf mit Gesetzen, keine orts-, distrikts- oder oberpolizeiliche Vorschrift mit den
über denselben Gegenstand zulässigen Verordnungen oder mit kompetenzmässigen
Vorschriften einer höheren Behörde im Widerspruch stehen."

Nach Ermittelung des im bisherigen beleuchteten „einheitlichen Gesetzesbegriffes des praktischen Staatslebens" geht der Verfasser dazu über, zu untersuchen, „inwiefern der Scheidung von formellen und materiellen Gesetzen juristische
Relevanz zukomme."

Es sei, so sagt der Verfasser, bei jener Begriffsbestimmung des Gesetzes
vom Gesetzesinhalt gänzlich [1] (?) abstrahiert worden. Was immer der Staat gesetzlich anbefiehlt, und nur das, erhält die Kraft des Gesetzes. Ist das wesentliche Merkmal des Gesetzes seine Kraft, so kann ein begrifflicher Unterschied
zwischen Gesetzen nur aus der Verschiedenheit der Kraft, nicht aus der Verschiedenheit des Inhaltes gemacht werden. Wenn dennoch eine Unterscheidung
nach dem Inhalte des Gesetzes gemacht wird, so muss die juristische Bedeutung
derselben in anderer Richtung gesucht werden, für die Gesetzeskraft ist die
juristische Relevanz von vornherein ausgeschlossen.

Wir fürchten sehr, dass den Verfasser seine Theorie von der Gesetzeskraft
— es ist dies wohl die Intensität, von der wir vorhin gehört haben — vom Wege
der richtigen Erkenntnis abgelenkt und auf einen Irrweg geführt hat.

Nach einigen Erörterungen über die Labandsche Unterscheidung des
materiellen und formellen Gesetzes gelangt Seidler seinerseits zu folgender Aufstellung: „Materielle Gesetze produzieren nur Rechtssätze, sie bilden und entwickeln die Rechtsordnung fort; formelle Gesetze hingegen bringen die geltenden
Rechtssätze zur Anwendung." Es besteht nämlich „bei gewissen Rechtssätzen
die rechtliche Besonderheit, dass ihre Verwirklichung vermittelt werden muss
durch Gesetze, welche die Verwirklichung derselben anordnen" und diese letzteren
sind „die bloss formellen Gesetze". Der Verfasser, der obendrein erklärt, dass
die ganze Unterscheidung für das Wesen des Gesetzes irrelevant und ausserdem
praktisch ohne Belang sei, lässt uns leider ohne nähere Erläuterung vor den
Rätseln stehen, die er uns in diesen Sätzen zu lösen aufgibt. Ja, er leitet uns
noch tiefer in die Dunkelheit, wenn er den Ausspruch thut: „Materielle Gesetze
müssen, formelle können im Wege der Gesetzgebung angeordnet werden."
Ich muss bekennen, dass ich das nicht verstehe.

Nach einer ziemlich summarischen Uebersicht über „die zur Zeit herrschenden Theorien des Budgetrechtes" geht der Verfasser „zur principiellen Erörterung des Gegenstandes" über. Er frägt zunächst nach der „juristischen
Bedeutung der verfassungsmässigen Vorschrift, das Budget periodisch im Wege
der Gesetzgebung festzustellen." Und dabei tritt es denn zu Tage, wie Seidler
auf seine eben erwähnte Unterscheidung von materiellen und formellen Gesetzen
gekommen ist. Sie ist, so steht zu vermuten, aus seiner Budgettheorie entstanden, kaum umgekehrt diese aus jener.

Das Etatsgesetz ist die „rechtliche Voraussetzung", die „Bedingung", „unter
welcher die Regierung in der einzelnen Finanzperiode zur Verwaltung der
Einnahmen und Ausgaben befugt sein soll. Die Regierung leitet ihre Ermächtigung zur Verwaltung her von der Ernennung durch den Monarchen, sie
darf von dieser Ermächtigung nur dann Gebrauch machen, wenn die hierzu uner-

---

[1] Vgl. S. 207: „Wir können also den Begriff des formellen Gesetzes
überhaupt nur in dem Umfange anerkennen, als darunter eine in Form eines
Gesetzes erlassene Anordnung verstanden wird. Verwaltungsakte, welche die
Zustimmung der Kammern erhalten, sind überhaupt keine Gesetze und daher
auch keine formellen Gesetze."

lässliche Voraussetzung des Etatsgesetzes eingetreten ist." Durch die Verwaltung ohne Etatsgesetz verletzt die Regierung die Verfassung. „Der Etat ist, insoweit er ausschliesslich die rechtlich normierten Verwendungszwecke in sich schliesst, formelles Gesetz, d. h. er vermittelt die Verwirklichung bestehender Rechtssätze, indem er seinen Gesetzesbefehl auf die Verwirklichung dieser Rechtssätze richtet."

Mit andern Worten, das gesamte Recht des Staates, insoweit seine Verwirklichung in Beziehung zum Staatsbudget steht, ist an sich ein totes Recht, aller „Gesetzeskraft" der einzelnen Gesetze unerachtet, und dieses Recht muss erst von Finanzperiode zu Finanzperiode durch das Etatsgesetz lebendig gemacht werden. Zu der Gesetzeskraft, welche die vorhandenen Gesetze bereits besitzen, muss immer wieder der Gesetzesbefehl hinzukommen, der „auf die Verwirklichung dieser Rechtssätze sich richtet", es müssen mithin zwei Gesetzeskräfte vorgespannt werden, um sie in Bewegung zu setzen. Also, wenn das deutsche Reichsgerichtsverfassungsgesetz dem Richter ein unentziehbares Recht auf seinen Gehalt gibt, soll dann die Verwirklichung dieses Rechtsatzes für den preussischen Richter abhängig sein von dem dazu tretenden Gesetzesbefehl des preussischen Finanzgesetzes? Oder, wenn dies mit Art. 2 der Reichsverfassung sich nicht verträgt, wie steht es dann mit jener ganzen Budgettheorie?

Indessen, der Verfasser hat es sich nicht verhehlt, dass seine Theorie auch eine „Kehrseite" hat. Die eine Seite, die wir kennen gelernt haben, ist die, dass die Regierung ohne Etatsgesetz die Einnahmen und Ausgaben nicht verwalten darf, die „Kehrseite" ist „die absolute Pflicht der gesetzgebenden Organe", ein Etatsgesetz zu schaffen. Sehr schön. Aber wie verhält sich's mit der Erfüllung dieser absoluten Pflicht, wenn die „gesetzgebenden Organe" sich über das Etatsgesetz nicht einigen? Denn von einer absoluten Pflicht irgend eines Faktors, nachzugeben, wenn er mit dem andern oder den andern sich nicht verständigen kann, steht nirgends etwas geschrieben. Wie soll es vollends die Regierung anfangen, wenn in einem Staate, wo die Verfassung für diesen Fall keine Vorsehung trifft, die beiden Kammern über den Etat nicht handelseinig werden? Der Verfasser schweigt darüber. Er begnügt sich, es als unstatthaft zu erklären, dass ein gesetzgebendes Organ „seine Mitwirkung zur Feststellung des Etats versagt". Als ob dies der einzige Fall wäre, in welchem ein Etatsgesetz nicht zustande kommen kann; er ist nicht der einzige, er ist vielmehr der allerunwahrscheinlichste Fall. Und hiervon abgesehen, so ist der praktische Unterschied unter Umständen nicht gross, ob ein Parlament gegenüber dem Entwurfe eines Etatsgesetzes einfach strikt oder es ihn so umgestaltet, dass die Regierung ihn nicht wiedererkennt. Denn es ist kein allgemein brauchbares Rezept, wenn der Verfasser meint: „Hält aber auch nur eines der gesetzgebenden Organe eine Ausgabe für nicht notwendig, so soll dieselbe mit Recht unterbleiben, denn darin liegt dem Hauptgrund der gesetzlichen Feststellung der Ausgaben, dass nur solche Lasten der Staatsbürger zugelassen werden, welche von beiden Organen der Gesetzgebung für notwendig gehalten werden."

Meines Erachtens ist es evident, dass die Theorie des Verfassers vor eine klaffende Lücke führt, die er mit dem ihm zu Gebote stehenden konstruktiven Material nicht auszufüllen vermag. Und so greift er denn zu einem übrigens unzulänglichen Auskunftsmittel de lege ferenda, indem er verlangt, dass nach englischem Vorbilde die notwendigen und auch in ihrer Höhe gesetzlich feststehenden Ausgaben vom periodischen Etatsgesetze ausgenommen und die Deckungsmittel hierfür dauernd festgestellt werden sollen.

Wir wollen diese Besprechung hier abschliessen. Nachdem wir die Budgettheorie des Verfassers in ihrer Grundlage verworfen, erscheint eine Polemik in den Einzelheiten nicht als Bedürfnis.

Ich bedauere es um so lebhafter, dass ich mich mit den wissenschaftlichen Ergebnissen des Verfassers nicht habe einverstanden erklären können, als ich dem ernstlichen Bemühen des Verfassers, die schwierige Aufgabe, die er sich gestellt hat, zu bewältigen, gerne auch den Lohn des Erfolges gegönnt hätte.

Seydel.

M. W. F. Treub. Ontwikkeling en verband van de Rijks-, Provinciale- en Gemeentebelastingen in Nederland. 8°. XIII und 563 S. Leiden, S. C. van Doesburgh 1885.

Sicher ist es ein Beweis von der Stärke des Bewusstseins, dass eine Reform der Staats- und Gemeindesteuern in den Niederlanden unabweisbar ist, wenn in wenigen Jahren zwei hervorragende wissenschaftliche Werke über die Entwickelung des niederländischen Steuerwesens zur Ausgabe gelangen. Das eine dieser Werke ist das von F. N. Sickenga „Geschichte der niederländischen Steuern seit 1810" [1]), das zweite ist das in der Ueberschrift genannte von Treub „Entwickelung und Zusammenhang der Staats-, Provinzial- und Gemeindesteuern in den Niederlanden." Diese mit ausserordentlichem Fleisse, mit Benutzung aller einschlägigen Litteratur und vollkommener Beherrschung des Stoffes gearbeitete Schrift ist veranlasst durch die von der Utrechter Universität gestellte Preisaufgabe einer „historisch-kritischen Untersuchung über den Zusammenhang zwischen Staats-, Provinzial- und Gemeindesteuern in den Niederlanden seit 1795" und wurde von der juristischen Fakultät zu Utrecht mit dem Preise gekrönt. Der Verfasser, Privatdocent in Amsterdam, hat vor der Drucklegung noch Gelegenheit genommen, das Werk unter Berücksichtigung der Kritik der Utrechter Fakultät einer teilweisen Umarbeitung zu unterziehen, die sich hauptsächlich auf die äussere Behandlung des Stoffes bezieht.

Die Schrift verfolgt — entsprechend der gestellten Preisaufgabe — im wesentlichen die Entwickelung der Steuergesetzgebung; die statistische Seite wird nur in untergeordnetem Masse und nur nebenher herangezogen. Der Verfasser geht aus von der Utrechter Union (1579) und teilt das grosse Gebiet, das er behandelt, in zwei Abschnitte, deren Grenze durch die Befreiung der Niederlande von der französischen Herrschaft gebildet wird.

Die durch die Utrechter Union zu einer Republik vereinigten Provinzen waren nicht geneigt, von ihrer Selbständigkeit und ihren Souveränitätsrechten irgend etwas fahren zu lassen, auch nicht in finanzieller Hinsicht, so dass der Boden für gemeinsame, über das ganze Reich hin gleichmässig geregelte Staatssteuern nicht vorhanden war. Nur die „Abgaben zur See", die „Convoi- und Licenzgelder" scheinen bereits 1577 gemeinsame Steuern gewesen zu sein. Die ersteren bezogen sich auf den Schutz der Schiffe und Güter der Kaufleute zur See gegen die Freibeuter, die letzteren gaben das Recht, Güter und Waren nach des Feindes Land zu fahren. Beide waren also ursprünglich Vergütungen für erwiesene Dienste, bezw. für verliehene Begünstigungen, verloren aber allmählich diesen Charakter und stellen sich seit 1648 als Steuern auf den ausländischen Handel dar. 1652 wurde ausserdem als allgemeine Steuer eingeführt das „Lastgeld" (nach der Grösse der Schiffe bei der Ankunft und Abfahrt erhoben) und das „Veilgeld", eine Steuer auf alle Güter ohne Unterschied im Betrage von 2 Prozent des Wertes bei der Einfuhr und 1 Prozent des Wertes bei der Ausfuhr.

Daneben gab es noch besondere Steuern auf verschiedene Handels- und Schiffahrtszweige. Die verschiedenen nebeneinander bestehenden Steuern verursachten im Laufe der Zeit infolge mehrfacher Erhöhungen eine erhebliche Hemmung des Handels und der Schiffahrt. 1725 wurden diese Abgaben vermindert und einer Revision unterzogen, und die bezüglichen Bestimmungen bildeten bis 1795 die Grundlage für die Erhebung der Ein- und Ausfuhrsteuern. Der Ertrag derselben blieb während der Republik für die „Seeangelegenheiten" bestimmt. Zur Deckung der Kosten der Verteidigung zu Lande wurden besondere Kontributionen erhoben, die durch quotenweise, zu vielen Ungerechtigkeiten führende Verteilung über die einzelnen Provinzen aufgebracht wurden. Die Quoten wurden mehrmals revidiert, ohne dass die grossen Ungerechtigkeiten

---

[1]) Im 1. Hefte des I. Bandes dieser Zeitschrift hat Referent ausführlicher darüber berichtet.

beseitigt werden konnten. Dieses Quotensystem wurde in Gelderland auch auf die drei „Quartiere" dieser Provinz, die in finanzieller Hinsicht als drei besondere Provinzen galten, ausgedehnt; in dem Quotensystem war die grosse Verschiedenheit der Steuerlast in den einzelnen Distrikten begründet.

Die Provinzen ihrerseits deckten die von ihnen aufzubringenden Quoten sowie die Kosten des Provinzialhaushaltes durch specielle direkte und indirekte Provinzialsteuern. Die indirekten, deren Höhe in den einzelnen Provinzen sehr verschieden war, ruhten im allgemeinen überall auf den gleichen Steuerobjekten; hierher gehörten Accisen auf Wein, Branntwein, Bier, Mehl, Schlachtfleisch, Salz, Seife, Obst, Kerzen, Brennholz, Kohlen etc. etc., das „Wiegegeld", die Steuer auf das „runde Mass", Provinzial-Einfuhrzölle für Wolle, Tuch, Tapeten, Decken und fertige Kleider, das „kleine Siegel", der „vierzigste Pfennig" von dem Kaufpreis von Schiffen und unbeweglichen Gütern und Hypothekenakten etc., die Steuer von der Erbschaft von Seitenverwandten, Trauungs- und Begräbnisgelder u. s. f. Die meisten dieser Steuern ruhten auf notwendigen Lebensbedürfnissen, drückten den Handwerker schwer, hemmten den Gewerbefleiss und erschwerten den Verkehr zwischen den einzelnen Provinzen. Die Erhebung der Steuern wurde meist auf dem Wege der Verpachtung bewirkt; daneben gab es noch einige andere ziemlich rohe Erhebungsformen, die hier übergangen werden können.

Die direkten Steuern, die in den einzelnen Provinzen sehr verschieden waren, hier alle aufzuzählen, würde zu weit führen. Es genüge, zu bemerken, dass dieselben im allgemeinen sehr schwer auf der Landwirtschaft und Viehzucht lasteten und nach der Bestimmung ihrer Erträge in sog. „Konsense" (für die Staatsbedürfnisse) und in „Hauslasten" (zur Deckung des Bedarfs des Provinzialhaushalts) zerfielen.

Die Gemeindesteuern bestanden in den Städten zunächst in Accisen auf verschiedene Lebensmittel; dieselben waren früher der Genehmigung des Landesherrn, später der des Staatsrates unterworfen, wovon sich jedoch die Städte allmählich frei machten. Die Erhebungsform der städtischen Accisen war die der Verpachtung bis zur Mitte des 18. Jahrhunderts. In späterer Zeit schaffte man durch Aenderungen in der Form der Erhebung, teilweise auch durch Abschaffung der städtischen Accisen (Utrecht 1749) dem vorher sehr behinderten Verkehr einige Erleichterungen. Ausser den Accisen erhoben die Städte noch hohe Gebühren in Form von Thor-, Markt-, Hafengeldern u. ähnl., durch welche teilweise auch das platte Land stark in Mitleidenschaft gezogen wurde. Verwandt mit den Accisen und Gebühren ist der „achtzigste Pfennig" beim Verkauf von Immobilien, der in einigen Städten der Provinz Holland erhoben wurde, ferner das Bürgergeld, das Einzugs- und Abzugsgeld. Für die Erhebung des letzteren war ebenso wie bei den städtischen Accisen ein Patent der (Provinzial-) Staaten erforderlich. Dagegen bedurfte es eines solchen bei den „direkten" städtischen Steuern nicht; zu letzteren wurden gerechnet Strassengelder (nach der Strassenbreite der Häuser erhoben), Laternen-, Pumpengelder etc. Auch der Ertrag der städtischen Steuern hatte meist eine ganz specielle, vielfach schon durch den Namen angedeutete Bestimmung.

Einige Städte besassen kraft ihrer Hoheitsrechte über das umliegende platte Land auch ausserhalb der Stadt Zölle, Wegesteuern u. dergl. m.

Zur Deckung ihrer eigenen Ausgaben erhoben die Landgemeinden besondere Umlagen, teils personale nach dem geschätzten Vermögen der Steuerpflichtigen, teils über die Erbgüter und Bauernhöfe nach den Angaben der Landessteuerrollen verteilt. Ausserdem hatten auch die Landgemeinden Accisen auf mehr oder weniger notwendige Bedarfsartikel, sowie Gebühren verschiedener Art. Wie überall hatten auch diese Steuern der ländlichen Gemeinden je ihre besondere Bestimmung.

Dass bei dieser seltsamen Verquickung der Staats-, Provinzial- und Gemeindesteuern und bei der vorwiegenden Bedeutung der Accisen auf notwendige Lebensmittel eine gerechte Verteilung der Steuerlast nicht erreicht wurde, dass dadurch Handel und Industrie ausserordentlich gehemmt waren, leuchtet von selbst ein. (Kap. 1 des ersten Teils.)

Diesen Zustand fand die Staatsumwälzung von 1795 vor, welche das Ziel hatte, die provinziale Souveränität und die städtische Autonomie durch eine alles umfassende Staatsautorität zu verdrängen, ein Ziel, welches indes nur unvollkommen erreicht wurde. Eine der ersten Folgen der Revolution war die Ersetzung der früheren fünf Admiralitäts-Kollegien durch das Komitee für Marine-Angelegenheiten; in den bisherigen „Abgaben zur See" jedoch wurde hierbei nichts geändert, da die Generalstaaten am 26. Juni 1795 die Weiter-erhebung derselben, und zwar provisorisch nach den alten Sätzen anordneten. Auch die bisherigen Provinzialsteuern blieben einstweilen bestehen, nur wurden die früheren Steuerprivilegien in einigen Provinzen, sowie die Grafschaftszölle in der Provinz Holland abgeschafft.

Die durch die Zeitverhältnisse hervorgerufene dringende Finanznot indes liess diese Reformbestrebungen vorderhand nicht weitere Ausdehnung gewinnen. Man musste vielmehr alte Steuern erhöhen, neue einführen und ausserordentliche provinziale Erhebungen ausschreiben. Namentlich letzteres Mittel wurde häufig angewandt. Durch solche Erhebungen (meist in einem bestimmten Prozentsatz von dem Besitz und Einkommen bestehend) wurde 1795—1798 fast der gesamte, sehr gesteigerte Staatsbedarf aufgebracht.

Inzwischen war am 30. Dezember 1795 ein Reglement für die Berufung einer Nationalversammlung (an Stelle der Generalstaaten) zustande ge-kommen, welches als vorläufige Verfassung auch einige Bestimmungen hinsicht-lich der Finanzen traf. So sollten die Ein- und Ausfuhrzölle bis zur näheren Regelung auf dem alten Fuss bleiben; ferner sollte jede Provinz in den „Kriegs-zustand" veranlagt werden nach Massgabe der bestehenden Quoten. Wenn eine Provinz (bezw. im Gelderland ein Quartier) im Rückstande blieb, so konnte mit Zwangsmassregeln (aussergewöhnliche Erhebungen u. dergl.) gegen sie vorge-gangen werden. Die Provinzen sollten sich nicht mehr in die Angelegenheiten der allgemeinen Staatsverwaltung mengen; die Nationalversammlung ihrerseits sollte sich aber auch nicht mit der Verwaltung der Provinzialangelegenheiten befassen, insbesondere sollten die Provinzen in finanzieller Hinsicht selbständig sein. Nur sollten sie vom 1. September 1796 an keine neuen Erschwerungen der Ein- und Ausfuhr zwischen den einzelnen Provinzen anordnen.

Dessenungeachtet wurde, unter Beiseitesetzung der provinzialen Souveräni-tät, durch die Nationalversammlung am 2. Dezember 1797 zur Herstellung der am 11. Oktober 1797 vernichteten Flotte eine ausserordentliche Erhebung von 8 Prozent von jedem Einwohner der Republik mit mehr als 300 fl. Durchschnittseinkommen beschlossen; der etwaige hierbei sich ergebende Ueber-schuss sollte im Jahre 1798 zur Deckung des Marinebedarfs dienen, eine Mass-regel, die thatsächlich eine allgemeine direkte Staatssteuer bedeutete.

Auch die städtischen Steuern blieben vorläufig in der alten Weise noch bestehen. Nur wurde infolge des Beschlusses der Nationalversammlung vom 27. Februar 1797 das Abzugsgeld in Holland und Utrecht (in Holland freilich nur mit gewissen Einschränkungen) abgeschafft und in Holland die Doppelzah-lung des Wiegegeldes für die kleinen Städte und die Landgemeinden beseitigt.

Die grosse Finanznot veranlasste im übrigen auch die Städte zu ausser-ordentlichen Erhebungen.

Im Januar 1798 bewirkten die Unitaristen eine Umwälzung, indem sie am 22. Januar die Nationalversammlung von ihren Gegnern säuberten Die übrig bleibenden Mitglieder erklärten sich für die gesetzliche konstituierende. das batavische Volk repräsentierende Versammlung und vernichteten sofort das obenerwähnte Reglement für die Nationalversammlung. Eine Exekutivbehörde aus fünf Personen sollte erwählt werden; die Provinzial- und Gemeindeverwal-tungen sollten vorläufig als blosse administrative, der konstituierenden Ver-sammlung unterworfene Körperschaften bestehen. Dadurch verloren die Pro-vinzen sofort ihre bisherige Macht; nur die Sorge für die laufenden Einnahmen und Ausgaben der Provinzialverwaltung blieb ihnen, während die Verfügung über die provinzialen Kassen der konstituierenden Versammlung anheimfiel. Am 25. Januar 1798 wurden weiter die provinzialen Steuern vollständig in

Staatssteuern umgewandelt; die Kosten der Provinzen sollten fortan aus Staatsmitteln bestritten werden.

Am 17. März 1798 nahm dann die konstituierende Versammlung einen neuen Verfassungsentwurf an, der am 23. April durch Volksabstimmung sanktioniert wurde. Art. 210 desselben enthielt die Grundlagen für das in Bälde einzuführende neue Steuersystem. Alle Steuern und jede einzelne Steuer sollten darnach sich so viel als möglich dem jeweiligen Vermögen der Einwohner anschliessen, welches durch Vergleichung der Besitzungen, Einkünfte und des bekannten Konsums ermittelt wurde. Im speciellen sollten die Steuern auf Immobilien in der ganzen Republik auf gleiche Weise nach dem Werte erhoben werden; es sollte weiter keine Kopfsteuer (hoofdgeld) anders als im Verhältnis zu dem Vermögen erhoben werden und jede diesen Anforderungen nicht entsprechende derartige Steuer sollte ein Jahr nach Annahme der Verfassung abgeschafft werden; so bald als möglich sollte für die ganze Republik eine Steuer auf die Erbschaften der Seitenverwandten und eine Stempelsteuer („klein zegel") eingeführt werden. Bei allen Verbrauchssteuern sollten notwendige Bedürfnisse frei bleiben. Hiervon ausgehend beschloss die Volksvertretung am 25. März 1801 ein neues Steuersystem, welches folgende Steuern umfasste:

1) Eine Grundsteuer von allen unbeweglichen Gütern nach dem Mietswerte, wobei Fabrik- und ähnliche Anlagen ein Drittel niedriger veranlagt wurden.

2) Eine Land- und Haussteuer im Betrage von 7 Prozent des rohen Mietswertes zu Lasten des Mieters.

3) Eine progressive Dienstbotensteuer.

4) Eine progressive Luxussteuer auf Pferde (exkl. Arbeitspferde).

5) Ein „Lastgeld" von Fahrzeugen, abgestuft nach der Grösse und Fahrt und verschieden für die einzelnen Kategorien der Fahrzeuge.

6) Verschiedene indirekte Steuern, wozu Ein- und Ausfuhrzölle, Accisen auf „nicht notwendige" Lebensbedürfnisse (trotzdem aber auch auf Salz, Seife, Weizen und Fleisch gelegt), Wiege- und Runde-Mass-Steuer, Stempel- und Erbschaftssteuer (für Seitenverwandte) und endlich ein „Kollektivstempel" auf die Steuerquittungen gehörten, der hauptsächlich zur Kontrolle über die übrigen indirekten Steuern diente. Durch diese indirekten Steuern sollten ca. 25, durch die direkten ca. 21 Mill. fl. aufgebracht werden.

Nach Art. 208 der neuen Verfassung von 1798 sollte die Volksvertretung nach Einführung des neuen Systems jährlich über etwaige Abänderungen desselben beschliessen. Jedes Gesetz, durch welches eine neue Steuer eingeführt wurde, sollte nur ein Jahr in Kraft bleiben, wenn es nicht ausdrücklich erneuert wurde. Die besondere Verwaltung der „Abgaben zur See" sollte mit Einführung des neuen Systems aufhören.

Art. 200 befestigte die Verwandlung der Provinzialsteuern in Staatssteuern auch für die Zukunft. Die Departementsverwaltungen hatten (Art. 179) nur ihre Mitwirkung bei der Erhebung der Staatssteuern zu leihen.

Im weiteren Verfolg dieser Steuerreform und der Neueinteilung des Landes in acht Departements (17. November 1798) wurden am 1. Januar 1799 die Durchfuhrzölle durch die alten Provinzen abgeschafft, während die Ein- und Ausfuhrzölle, sowie die zum Unterhalt von Brücken, Wegen etc. erhobenen Zölle und Steuern unverändert blieben.

Die Verwaltungskosten der Departements wurden durch die Volksvertretung jährlich bestimmt und zu ihrer Deckung den Departements bestimmte Summen aus der Staatskasse überwiesen. Alle eigentlichen Departementssteuern waren somit aufgehoben. Dagegen blieben die Gemeindesteuern im allgemeinen unangetastet; nur wurde das in Holland und Utrecht schon abgeschaffte Abzugsgeld generell beseitigt. Das Recht der Gemeinden zum Ausschreiben neuer Steuern wurde durch die Notwendigkeit, ein Einverständnis mit den Bevollmächtigten der stimmberechtigten Bürgerschaft zu erzielen, und durch die Bedingung nachträglicher Genehmigung der Volksvertretung eingeengt. Die Bestimmung des Reglements vom 6. Februar 1801 für die Gemeindeverwaltung.

dass die Departementsverwaltungen untersuchen mussten, ob die Gemeinden bei ihren Steuerentwürfen auch die „Begütertheit" als Grundlage der Verteilung angenommen haben, tritt noch ergänzend zu dem vorhergenannten hinzu.

Das System der aussergewöhnlichen Erhebungen stand auch in dieser Periode zum Schaden des Landes in Flor. Ein rationelles Steuersystem war nicht zustande gekommen.

Die übertriebene Centralisation der Verfassung von 1798 rief eine Reaktion hervor, die in der am 16. Oktober 1801 proklamierten geänderten Verfassung namentlich auf finanziellem Gebiete zu Tage trat. Art. 57 liess die gegenwärtigen Steuern auf dem alten Fuss, wie sie in jeder der ehemaligen Provinzen bestanden, nahm eine Revision der betreffenden Gesetze und Verordnungen in Aussicht und bestimmte, dass bei Einführung entsprechender allgemeiner Staatssteuern die Provinzialsteuern abgeschafft oder verändert werden können.

Die Staatsregierung konnte ausserdem neue allgemeine Steuern bei der Volksvertretung beantragen, welche auf allen Staatsbürgern gleichmässig. nach Massgabe ihres Einkommens ruhen sollten. Die Regierung hatte zwar jährlich die Einwilligung der gesetzgebenden Körperschaft zu den verlangten Geldmitteln einzuholen; doch sollten — anders als vorher — nur aussergewöhnliche Lasten nicht länger als für ein Jahr beantragt werden. Aussergewöhnliche Ausgaben sollten durch aussergewöhnliche Steuern gedeckt werden, doch brauchten die letzteren sich nicht an das Besitztum oder Einkommen der Einwohner anzuschliessen. Das Mittel dieser aussergewöhnlichen Erhebungen wurde nach wie vor in ausgedehntem Masse angewandt.

Die Verwaltungen der Departements, deren Grenzen ganz mit denen der früheren Provinzen übereinkamen, hatten nur die Aufsicht über die Einforderung der Staatssteuern, wobei sich bald Missbräuche einschlichen. Die Kosten des eigenen Haushaltes konnten jedoch die Departements selbst regeln und aus Anleihen, aus dem Ertrage ihres Privatbesitzes und aus Departementssteuern decken. Die Departements reichten zu dem Zwecke der Staatsregierung Voranschläge ein und konnten, falls die bestehenden Einnahmequellen ungenügend waren, neue Departementssteuern beantragen, welche die Ein-, Aus- und Durchfuhr zwischen den einzelnen Departements jedoch nicht erschweren durften (Art. 66) und je nach Bedarf erhöht oder ermässigt werden konnten. Zur Einführung neuer Departementssteuern war die Genehmigung der gesetzgebenden Körperschaft nötig; diese Genehmigung konnte nur dann versagt werden, wenn die beantragte Steuer oder die Art ihrer Erhebung für die Staatssteuern schädlich sein oder in Widerspruch mit Art. 66 stehen würde. 1802 wurde dem noch hinzugefügt, dass die Genehmigung der Abgeordneten der Einwohnerschaft bei Einführung neuer Departementssteuern nötig war.

Alle diese Bestimmungen wurden jedoch erst am 17. Dezember 1803 verwirklicht.

Im Widerspruch damit, dass den Departements durch die Verfassung von 1801 besondere Departementssteuern zugestanden waren, wurde den Departements ein bestimmter Anteil an allen innerhalb des Departements erhobenen Staatssteuern zugewiesen, der von 5 Prozent in Holland bis zu 30 Prozent im Quartier Veluwe variierte und manche Ungerechtigkeiten in sich schloss. Wurde eine Steuer durch eine neue ersetzt, so erhielt das Departement von dieser einen entsprechenden Anteil.

Was die Gemeindesteuern anlangt, so hatte jede Gemeinde freie Verfügung über ihre Finanzen, konnte aber neue Steuern nur in Beratung mit den Abgeordneten der Einwohner und nur unter Genehmigung der Departementsverwaltung auflegen. Die Genehmigung der letzteren war nicht an die vorher erwähnte, bei der Genehmigung von Departementssteuern durch die gesetzgebende Körperschaft vorgeschriebene Bedingung gebunden. Die Ein-, Aus- und Durchfuhr durfte auch durch Gemeindesteuern nicht behindert werden.

Im übrigen blieben die Gemeindesteuern während der ganzen Uebergangsperiode von 1795—1805 im allgemeinen unverändert, während Staats- und Provinzialsteuern, wie erwähnt, mannigfachem Wechsel unterworfen waren. (Kap. II des ersten Teils.)

Im Jahre 1805 übertrug Napoleon I. die Würde eines Staatsrates (raad-pensionaris), der die bisherige Regierung ersetzte, an Rutger Jan Schimmel-penninck, nachdem er am 26. April 1805 eine neue Verfassung durch-gesetzt hatte. Schon im folgenden Jahre trat an Schimmelpennincks Stelle der Prinz Ludwig, der den Niederlanden als König aufgedrungen wurde. Infolgedessen wurde am 7. August 1806 eine neue „Konstitution" für das Königreich Holland erlassen, die im allgemeinen dem französischen Princip der Centralisation hul-digte, aber in Bezug auf die Finanzen in die Fussstapfen Schimmelpennincks trat, da der „grösste holländische Finanzmann" Isaac Jan Alexander Gogel sowohl unter Schimmelpenninck als auch unter König Ludwig die Finanzen Hollands leitete. Das Gogelsche Finanzsystem, welches mit dem Jahre 1806 grösstenteils in Kraft trat und von wesentlich richtigeren Principien aus-ging, als die früheren Systeme, umfasste folgende direkte Steuern:

1) Grundsteuer nach dem Wert aller unbeweglichen Güter. Als Wert wurde das 16$^1/_2$fache des jährlichen Mietpreises nach Abzug von Deich- und ähnlichen Lasten (bei Gebäuden nach Abzug eines Drittels vom Mietpreise für Reparaturkosten) gerechnet. Die Steuer betrug 1$^1/_2$ Prozent des Wertes (bei gewerblichen und industriellen Anlagen nur $^3/_4$ Prozent). Kirchen und öffent-liche Gebäude waren frei.

Die Schwierigkeiten der Neukatastrierung bewirkten jedoch, dass diese Grundsteuer an Stelle der früheren nur bei den Gebäuden vom Jahre 1809 an nach den neuermittelten Sätzen erhoben werden konnte, während die Grund-steuer im übrigen im Königreich Holland auf dem alten Fuss blieb.

Dass das an sich richtige Princip, die Grundsteuer nach dem reinen Mietswerte zu berechnen, in der Praxis nur mangelhaft durchgeführt wurde, versteht sich bei den Schwierigkeiten einer allen Wertverschiebungen nach-gehenden Taxation von selbst.

2) Personalsteuer im Betrage von 10 fl. für je 100 fl. der rohen Miete (bezw. Pacht), durch den jeweiligen Nutzniesser der Gebäude, Ländereien etc. zu entrichten. Wohnhäuser mit weniger als 30 fl. Mietsertrag waren frei.

Diese Steuer war einerseits eine Belastung des Einkommens, das nach dem Mietswerte der Wohnung aufgemacht wurde, anderseits eine Besteuerung des landwirtschaftlichen Betriebes und vereinigte somit zwei ganz heterogene Dinge. In Bezug auf den ersteren Punkt ist der zu Grunde gelegte Massstab (den der Verfasser bei Ländereien nicht für unzweckmässig hält) anerkannter-massen völlig ungenügend. Die Besteuerung nach der Hausmiete ist „als Ge-meindesteuer durchaus zweckmässig, als Staatssteuer ist sie ein Unding."

3) Mobiliarsteuer im Betrage von

1 Prozent des Wertes bei allem Hausgerät im Werte von 500—4000 fl.
1$^1/_4$ „   „   „   „   „   „   „   „   „ 4000—8000 „
1$^1/_2$ „   „   „   „   „   „   „   „   „ über 8000 „

Juwelen, sowie Gold- und Silbersachen wurden mit dem halben Wert in Rück-sicht gezogen. Bibliotheken, Bildergalerien, Instrumente, Gerätschaften etc., sowie Hausgerät unter 500 fl. waren frei.

Der Verfasser bezeichnet diese Steuer als ein notwendiges Korrektiv der Mietssteuer.

4) Herdstättensteuer, erhoben von jeder Familie, welche mehr als zwei Herdstätten in Gebrauch hat, im Betrage von 2 fl. von jeder Herdstätte; die Steuer war nach dem Verfasser nur eine unverhältnismässige und event. für die Volksgesundheit schädliche Erhöhung der Mietssteuer.

5) Dienstbotensteuer im Betrage von 5 fl. für einen, bis zu 250 fl. für zehn Dienstboten; für jeden weiteren Dienstboten waren 50 fl. zu zahlen. Für jeden männlichen Dienstboten waren 30 fl. mehr aufzubringen. Für im Hause wohnendes gewerbliches Gesinde mussten 3 fl. gezahlt werden, wenn dasselbe keine, und 8 fl., wenn es bisweilen persönliche Dienste zu verrichten hatte.

6) Pferde-, Luxus- und Landpassagesteuer, erhoben für alle Luxus- und Arbeitspferde, mögen dieselben in Eigentum oder in Miete gehalten werden. Die Steuer betrug bei Luxuspferden 25 fl. bis 310 fl. bei 1—6 Pferden und 50 fl. für jedes weitere Pferd; für Arbeitspferde von Fabriken etc. 6 fl. pro Stück, für Ackerpferde 1—10 fl. pro Stück. Wurden die beiden letzteren Arten auch zu Luxuszwecken gebraucht, so erhöhte sich die Steuer um 5 fl. pro Stück.

Vermieter von Luxuspferden zahlten für jedes Pferd 6 fl., als „Gewerbtreibende" noch 25 fl. Landpassagegeld.

Bei dieser Steuer herrscht, ebenso wie bei der vorhergenannten, eine grosse Verwirrung zwischen der Belastung des Verbrauchs und derjenigen der industriellen oder landwirtschaftlichen Thätigkeit; die Progression beruht bei beiden auf richtigen Grundgedanken.

Die geringfügigen Aenderungen des Gesetzes vom 22. April 1809 an der Pferdesteuer können übergangen werden.

7) Landpassagesteuer von fremden Fuhrleuten und Reisenden = 3 fl. für jedes Pferd, womit die ausländische Passagiere befördernden Fuhrleute ihre Frachten weiter als in die erste Stadt oder Ortschaft innerhalb der Landesgrenze bringen wollten. Die Steuer hatte den (freilich thatsächlich nicht erreichten) Zweck, die inländischen Fuhrleute gegen ausländische Konkurrenz zu schützen.

8) Rindersteuer = 15 Stüber[1]) jährlich für jedes Rind von zwei Jahren und darüber, 10 Stüber für jedes Rind unter zwei Jahren. Diese Steuer war ausserordentlich drückend und ihre Last wurde durch die behufs Bekämpfung der Rinderpest erhobenen Abgaben noch erhöht.

An „indirekten" Steuern wies das Gogelsche System folgende auf:

1) Patentsteuer auf Handels- und Gewerbebetriebe und einige „andere" Objekte des Wohlstandes und Luxus, zerfallend in fünf Abteilungen, deren erste und zweite die Steuer auf „Berufe und Betriebe" umfasste, während die dritte die Steuer von öffentlichen Lustbarkeiten, die vierte die Steuer auf das Tragen von gepudertem Haar und die fünfte die Jagdsteuer enthielt. Bei Gewerben, deren Gewinn unabhängig ist von dem Domizil, wurde die Steuer nach dem Absatz berechnet, wobei der Handel mit Kaffee, Thee, Schokolade und Tabak etwas höher besteuert wurde.

Bei Gewerben, deren Gewinn von den Verhältnissen ihres Domizils beeinflusst wurde, wurden acht Klassen nach Massgabe der Einwohnerzahlen der Domizilorte gebildet.

Ausreichende Kriterien der Beurteilung der Rentabilität, sowie regelmässige Revisionen der Klasseneinteilung waren nicht vorgesehen. Freigelassen sollten von dieser eigentlichen Gewerbesteuer alle diejenigen bleiben, die schon sonst ausreichend besteuert waren.

Die Steuer auf öffentliche Lustbarkeiten betraf alle Theater etc., in denen durch „lebende" Personen Aufführungen gemacht wurde.

Die Pudersteuer betrug 5 fl. pro Jahr für alle männlichen und weiblichen Personen, welche gepudertes Haar tragen wollten.

Die Jagdsteuer betrug gleichfalls 5 fl. und zwar für alle Berufsjäger und Jagdliebhaber.

2) Steuer „des kleinen Siegels auf einige Gegenstände des Handels und Luxus". Diese Steuer bestand darin, dass den ihr unterworfenen Waren vor dem Verkauf ein Siegel im Betrage der jeweiligen Steuer angeheftet wurde. Dieselbe wurde bei ihrer Einführung (1805) auf Hüte, Handschuhe, Strümpfe, Beinkleider, Taschenuhren, Pendulen, Parfümerien, Kupferstiche, Spielkarten, Almanache, Zeitungen etc. etc. gelegt und 1807 noch auf verschiedene andere Gegenstände ausgedehnt. Die Kontrolle war bei ihr sehr schwer, der Ertrag wegen des Wechsels der Mode sehr schwankend; dadurch, dass sie nicht nur auf Luxusgegenständen lastete, wirkte sie auch in mehrfacher Richtung nachteilig.

3) Binnenländische Last-, „Wasser-Pläsier-" und Passagesteuer, zu zahlen für alle binnenländischen Schiffe jeder Art, Natur und Bestimmung. Lastfahr-

---

[1]) 20 Stüber = 1 Florin.

zeuge zahlten je nach der Tragfähigkeit, der Reise, den befahrenen Gewässern eine Abgabe von 1 fl. bis 3 fl. pro Last. Bei Passagierschiffen wurde die Steuer nach den verdienten Frachten, bei allen anderen (Vergnügungs-) Fahrzeugen nach deren Qualität erhoben. 1809 wurden Fahrzeuge, die ausschliesslich zum Uebersetzen von Passagieren dienen, von dem Lastgelde ausgenommen.

4) Accisen.

a. Salzsteuer für Salz, das innerhalb der Republik raffiniert bezw. produziert wird, 5 fl. pro Sack und Salzbrühe („pekel") 6 fl. pro Oxhoft von 6 Ankern.

b. Steuer auf Seife, innerhalb des Königreiches produziert, 5 fl. für je 100 Pfund harte und 12 fl. für jede Tonne (240 Pfund wiegend) weiche Seife.

c. Mahlsteuer = 108 fl. pro Last Weizen oder Spelt oder Mengkorn (Weizen mit Roggen oder anderen Körnerfrüchten vermischt): 45 fl. pro Last Roggen oder Roggen mit anderem Getreide, ausser Weizen, vermischt (letzterer Satz wurde 1807 auf 21,12 fl. ermässigt).

d. Schlachtsteuer = 3 Stüber von jedem Gulden des geschätzten Wertes aller im Inlande geschlachteten Rinder, Kälber, Ferkel, Spanferkel, Schafe und Lämmer.

e. Torfsteuer = 4 Stüber pro Tonne losen („sponturf") und festen, gepressten Torfes („baggerturf"). 2 Stüber pro Tonne schwarzen Torfes, der aus den hohen Veenen oder aus anderen Torfgründen lediglich ab- und ausgestochen und nicht zu „Baggertorf" gemacht wird: 1 Stüber pro Tonne sog. „Sandklumpen" oder „Sandtorf".

f. Steuer auf inländischen Kornbranntwein, Genever (30 fl. pro Oxhoft), inländischen Branntwein aus Wein, destillierte Wasser und feine Liqueure (40 fl. pro Oxhoft). Der erstere Satz wurde 1806 auf 42, der letztere auf 48 fl. erhöht.

g. Weinsteuer = 24 fl. (seit 1806 30 fl.) pro Oxhoft im Inlande konsumierten Weines.

Die sub a—e genannten Steuern ruhen auf notwendigen Bedarfsartikeln, während die früheren Accisen auf Tabak und Bier abgeschafft waren, und wirken progressiv in umgekehrter Richtung. Die Branntwein- und Weinsteuer dagegen schliessen sich der Leistungsfähigkeit an und die erstere hat auch nach dem Verfasser grosse Bedeutung für die Bekämpfung der Trunksucht.

5) Wiegesteuer, ein Wiegegeld von allen Waren und Kaufmannsgegenständen, die in Mengen von über 20 Pfund nach dem Gewicht verkauft oder auf der Wage gewogen werden.

6) Steuer auf das „runde Mass", von allen Waren und Kaufmannsgegenständen, die mit Hohlmassen gemessen bezw. verkauft werden.

7) Steuer auf verschiedene ausländische Produkte bei der Einführung. wobei eine gewisse schutzzollpolitische Richtung im Interesse der Industrie zu Tage trat. Die Convoi- und Licenzsteuern blieben dessenungeachtet unverändert. Ein grosser, mit diesen Staats-Einfuhrzöllen verbundener Vorteil war die Aufhebung der Provinzial-Einfuhrsteuern.

8) Erbschaftssteuer = 10 Prozent von dem Reinbetrage jeder Erbschaft im Inlande. Erbschaften unter 300 fl., ferner die in direkter absteigender Linie. sowie zwischen Eltern und Kindern und Eheleuten waren frei. Grosseltern, Brüder und Schwestern zahlten von ihrem Anteil 5 Prozent, Blutsverwandte in der Seitenlinie dritten Grades 7½ Prozent.

Die vollständige Freilassung der direkten absteigenden Linie tadelt der Verfasser als eine „principlose Tradition".

9) Das „kleine Siegel" von allen Akten, Instrumenten etc. etc., sowie von deren Kopien = 3 Prozent des Wertes beim Uebergang von Immobilien, 5 Prozent des Gehaltes bei Anstellungskontrakten. 1806 wurde die Steuer auch auf alle innerhalb der Landesgrenzen stattfindenden Rentenzahlungen von Anleihen fremder Staaten, Gesellschaften und Privaten, sowie auf alle ausländischen Effekten, die sich in dem Nachlass eines Staatsbürgers vorfanden, ausgedehnt;

für letztere betrug die Uebergangssteuer ebensoviel wie die Erbschaftssteuer. Die Erweiterungen des Jahres 1806 hatten den vom Verfasser nicht gebilligten Zweck, einen Druck auf die Anlage der Kapitalien in inländischen Papieren auszuüben.

10) Das „Kollektivsiegel" oder „Billetgeld", eine im Interesse der Kontrolle eingeführte Steuer auf Quittungen über bezahlte Steuern, abgestuft nach der Höhe der Bezahlung; in Wirklichkeit diente diese Steuer nur zur Erhöhung der übrigen Staatssteuern.

Endlich ist als Ergänzung noch die durch Gesetz vom 11. März 1807 eingeführte Steuer auf die Verarbeitung, die Einfuhr und den Verkauf von Gold- und Silberwaren (4,15 fl. pro Unze Gold, 6 Stüber pro Unze Silber) zu erwähnen.

Mit der Einführung dieses Systems wurde die Verpachtung etc. der Steuererhebung abgeschafft. Nur der Staat hatte die Steuern zu erheben. Die Verwaltung der „Steuern zu Lande" wurde den Departementsbehörden ganz entzogen, die besondere Verwaltung der Ein- und Ausfuhrsteuern wurde abgeschafft, kurz, der ganze Mechanismus wurde durch Gogel ausserordentlich vereinfacht. Doch wurde dies Princip bald wieder durchlöchert, da 1807 die Uebersicht über die „Steuern zu Lande", sowie deren Verwaltung wieder den Departementsbehörden (allerdings unter Verschiebung der Departementsgrenzen) übertragen und 1809 eine besondere Direktion der Ein- und Ausfuhrsteuern eingeführt wurde.

König Ludwig machte auch den Versuch einer allgemeinen Einkommensteuer. Durch das Dekret vom 30. März 1808 (betr. Ausschreibung einer Anleihe von 30 Mill. fl.) wurde bestimmt, dass zur Deckung der Rente und Ablösung jährlich 3 Mill. fl. erhoben werden sollten. Für 1808 sollte diese Summe durch Anteile aller Staatsbürger nach Massgabe ihres Standes, Konsums und anderer bekannter Umstände unter Berücksichtigung grosser Kinderzahl etc. aufgebracht werden. Die Erhebung sollte auf dem Wege der Repartition vor sich gehen. Der Anwendung dieses Quotensystems, bei welchem eine dreimalige Verteilung der Steuer (über die Provinzen, die Gemeinden und die Gemeindebürger) nötig war, bei welchem also die Ungerechtigkeiten in der ersten Verteilung durch die nachfolgenden nicht ausgeglichen, sondern vermehrt wurden, ist das vollständige Misslingen des Versuchs vornehmlich zuzuschreiben. 1809 wurde denn auch die betr. Summe durch Zuschläge zu den verschiedenen Steuern aufgebracht.

Aussergewöhnliche Umlagen kamen in dieser Zeit nicht mehr vor; statt dessen waren Anticipationen auf die Erhebung verschiedener direkter Steuern vorgeschrieben.

Ueber die finanziellen Befugnisse der Departements und Gemeinden im speciellen in der in Rede stehenden Periode ist folgendes zu erwähnen.

Der Art. 64 der Verfassung von 1805 erklärte die Departements nicht für befugt zur Erhebung besonderer Departementssteuern, wenn ihnen nicht auf Antrag des Staatsrates diese Befugnis durch Parlamentsbeschluss zugestanden ist. Im Gegensatz hierzu bestimmte Art. 40 des Reglements für die Departementsverwaltung vom 9. Juli 1805, dass die Staatsregierung jeder Departementsverwaltung bestimmte Summen aus der Staatskasse zur Deckung ihrer Ausgaben überweist und dass nur bei aussergewöhnlichen Vorkommnissen die gesetzgebende Körperschaft den Departements die Befugnis zur Erhebung eigener Steuern einräumen konnte. Die Verfassung des Königreichs Holland, welche die Departementsverwaltungen nur als die zur Ausführung der Befehle der Regierung bestimmten Administrativkollegien ansah, gestattete den Departements die Erhebung besonderer Steuern nur auf Grund eines Gesetzes und der Autorisation des Königs. Das Dekret vom 29. April 1807 schrieb in Abweichung hiervon vor, dass die Landdrosten jährlich an die Ministerien des Innern, der Justiz und Politik, sowie der Finanzen eine Aufstellung der Departementskosten einreichen sollten, damit die genannten Ministerien hierauf bei der Feststellung des Voranschlages für das nächste Jahr Rücksicht nehmen könnten.

Auch die Selbständigkeit der Gemeinden in finanzieller Hinsicht wurde durch die Verfassung von 1805 beschränkt. Nur auf Grund noch zu erlassender

Gesetzesvorschriften und nur mit Genehmigung der Departements durften die Gemeinden eigene Steuern erheben. Die Feststellung solcher Steuern musste im Einverständnis mit den Gemeindedeputierten erfolgen, deren Wahlen nur auf Grund einer Ermächtigung der Departementsverwaltung ausgeschrieben werden durften, so dass die Departementsverwaltung sogar die Beratschlagung über eigene Gemeindesteuern durch Versagung der Genehmigung zur Ausschreibung der Deputiertenwahlen verhindern konnte. Ueber das Rekursrecht der Gemeinden in diesem Falle sagt die Verfassung nichts. Der Verfasser nimmt an, dass in derartigen Fällen die Entscheidung beim Staatsrat ruhte.

Das Reglement für die Gemeindeverwaltung vom 20. Dezember 1805 brachte die in der Verfassung in Aussicht gestellten Bestimmungen über die Einführung von Gemeindesteuern. Darnach bedurften die betr. Entwürfe der Gemeinden der Genehmigung der Departementsverwaltung, bei deren Versagung ein neuer Entwurf gemacht werden musste. Gab die Departementsverwaltung ihre Genehmigung, so musste vor deren Anzeige die Angelegenheit dem Staatsrat unterbreitet werden, welcher die Genehmigung der Departementsverwaltung vernichten konnte, wenn die betr. Steuer die Aus-, Ein- oder Durchfuhr zu behindern geeignet war, die ausserhalb der Gemeinde erzeugten Produkte höher belastete oder den Staatsfinanzen hinderlich war. Die Art der Gemeindesteuern wurde durch das in Rede stehende Reglement derart bestimmt, dass Gemeinden mit weniger als 2000 Einwohnern oder mit geringen Ausgaben ihre Mittel durch jährliche personale, dem Vermögen der Einwohner entsprechende Umlagen aufzubringen hatten. Den Gemeinden, deren Ausgaben zu gross waren, als dass sie durch solche Umlagen gedeckt werden konnten, stand die Erhebung von Zuschlägen auf die Grund-, Personal-, Dienstboten-, Pferde-, Rinder-, Mobiliar-, Wein-, Schlacht-, Mehl-, Wiegesteuer, sowie auf das „kleine Siegel" bei Gewerbepatenten und Veräusserungen und öffentlichem Verkauf beweglicher Güter zu. Hierbei war zunächst auf die genannten Steuern nacheinander in der vorstehenden Reihenfolge ein Stüber zu erheben; genügte dies nicht, so wurde ein zweiter Stüber auf die einzelnen Steuern in derselben Reihenfolge gelegt u. s. w.

Ausserdem wurde den Gemeinden die Erhebung einer mässigen Steuer auf öffentliche Schaustellungen bei Trauungen und Begräbnissen, sowie verschiedener, die Selbstkosten nicht übersteigender Gebühren (für Laternen, Feuerspritzen, Nachtwächter, Wege, Brücken etc. etc.) gestattet.

Alle mit dem neuen Staatssteuersystem in Widerspruch stehenden Gemeindesteuern sollten — selbstverständlich unter Gewährung einer Uebergangsperiode — sobald als möglich abgeschafft werden.

Die Einführung des Königtums brachte in dieses System mehrfache Abänderungen. Zunächst wurde der Modus der Genehmigung der Gemeindesteuerentwürfe dahin geändert, dass die Gemeindeverwaltungen ihre Entwürfe dem Landdrost einzusenden hatten: dieser übermittelte die Entwürfe mit seinem Gutachten dem Ministerium, welches die Angelegenheit dem König zur Genehmigung vorlegte.

Ferner schaltete das Gesetz vom 30. November 1807 in die Reihe der Steuern, auf welche die Gemeinden Zuschläge erheben durften, die Runde-Mass-Steuer (hinter Wiegesteuer) und die Herdstättensteuer (hinter Mobiliarsteuer) ein. Das Gesetz vom 17. April 1807 gestand weiter den Gemeinden das Recht auf Erhebung einer Steuer bei der Einfuhr von Brod, Mehl, Fleisch und Wein zu, welche in der Höhe der den Gemeinden bewilligten Zuschläge zu den betr. Staatssteuern zu zahlen war. Mit Recht nennt der Verfasser diese Wiedereinführung der Gemeindezollschranken einen grossen Rückschritt. Das Gesetz vom 30. November 1807 verpflichtete die Gemeinden, als Beitrag zu den Kosten der Steuererhebung 4 Prozent des Ertrages der Zuschlagsprozente und Einfuhrsteuern an den Staat abzugeben.

Im ganzen bedeutet das Gogelsche System einen Fortschritt gegen früher, wenngleich das Ideal, Besteuerung nach der Leistungsfähigkeit, nicht erreicht wurde und ihm auch noch manche andere Mängel (wie z. B. Steuerfreiheit des „Kapitals im Portefeuille" u. s. w.) anhafteten. (Kap. III des ersten Teils.)

Das Gogelsche System herrschte jedoch nur wenige Jahre. Am 9. Juli 1810 wurden die Niederlande für einen Teil des französischen Kaiserreichs erklärt; die Folge war, dass auch das französische Steuersystem nach einigen Vorbereitungen durch das Dekret vom 21. Oktober 1811 eingeführt wurde und vom 1. Januar 1812 an in Geltung war. Dieses französische, für die Entwickelung des niederländischen Steuerwesens äusserst wichtige Finanzsystem umfasste folgende direkte Steuern:

1) Grundsteuer (beruhend auf dem Gesetz vom 3. Frimaire VII = 23. November 1798) auf alle unbeweglichen Güter im Verhältnis zu ihrem reinen steuerbaren Ertrag (= Rohertrag vermindert um die Produktions- und Unterhaltungskosten). Der Betrag der auf dem Wege des Quotensystems erhobenen Steuer wurde alljährlich festgestellt.

In den holländischen Departements wurden in Ermangelung eines neuen Katasters die bestehenden katastralen Register als Grundlage genommen, nach Abzug eines Fünftels von dem Anschlage für 1811. Der Anteil der Niederlande an der Grundsteuer betrug für 1812 15,4 Mill. Frcs.

2) Personal- und Mobiliarsteuer (Gesetz vom 3. Nivôse VII = 23. Dezember 1798). Die Personalsteuer war eine Art Kopfsteuer im Betrage des durchschnittlichen, für jeden Kanton von der Departementsverwaltung festgestellten Lohnes von drei Arbeitstagen (mindestens 50 Cts. und höchstens 1,50 Frcs.), erhoben von allen im vollen Genuss der bürgerlichen Rechte befindlichen (männlichen und weiblichen) Staatsbürgern, ebenfalls nach dem Quotensystem. Der Anteil der Gemeinde bezw. des Kantons an der Personalsteuer ergab sich durch Multiplikation des Tagelohnes mit einem Sechstel der Bevölkerungsziffer. Die Differenz zwischen dem so sich ergebenden Betrage und dem für das Departement festgesetzten Gesamtanteil an Personal- und Mobiliarsteuer wurde unter der Bezeichnung „Mobiliarsteuer" repartiert und zwar für ein Drittel im Verhältnis zur Bevölkerungszahl und für zwei Drittel im Verhältnis zu dem Ertrag der Patentsteuer in dem betr. Kanton. Die Umlage innerhalb der Gemeinde erfolgte nach Massgabe des Mietswertes der Wohnung auf die bereits zur Personalsteuer veranlagten Personen. Oeffentliche Beamte mussten 5 Prozent, Offiziere 2 Prozent ihrer Besoldung als Beitrag zur Mobiliarsteuer abgeben.

3) Thür- und Fenstersteuer (Gesetze vom 24. November 1798 und 3. Mai 1802), abgestuft nach der Zahl der Aussenthüren und Aussenfenster und der Bevölkerungsziffer der Gemeinde. Diese gleichfalls nach dem Repartitionssystem erhobene Steuer, die zu einer Erhöhung der Steuer nach dem Mietwerte beiträgt und auch in sanitärer Hinsicht schädlich wirken kann, sollte zusammen mit der Personal- und Mobiliarsteuer 1812 3,4 Mill. Frcs. aufbringen.

4) Patentsteuer (Gesetz vom 1. Brum. VII = 22. Oktober 1798), teilweise abhängig von der Bevölkerungszahl des Domizilortes; diese Steuer zerfiel in eine fixe und eine variable. Die letztere betrug ein Zehntel des Mietspreises der Wohnungen, Werkstätten, Fabriken, Magazine und Läden nach der Art des Handels bezw. des Betriebes.

Die Patentsteuer war die einzige, die nach festen Tarifen und nicht auf dem Wege der Repartition erhoben wurde.

Der Vollständigkeit halber sei noch erwähnt, dass nach dem Gesetz vom 16. April 1803 die Pächter von Gemeindegütern alle darauf ruhenden Lasten tragen mussten; bei einem, allen Einwohnern zu gute kommenden Gemeindeeigentum wurden die Lasten durch Zuschlag zur Grund- und Mobiliarsteuer auf alle Einwohner umgelegt; hatten nur einige Anspruch auf den Gebrauch des Gemeindeeigentums, so wurden die Lasten auf die Berechtigten pro rata des Anteils umgelegt. Endlich ist zu bemerken, dass nach dem Gesetz vom 10. März 1801 die Staatswaldungen von den Gemeinde- und Staatssteuern befreit waren.

An indirekten Staatssteuern wies das französische System folgende auf:

1) Register-, Stempel- und Hypothekensteuern u. ähnl. Die Registersteuer zerfiel in eine fixe, auf der Urkunde als solcher ruhende Abgabe mit Gebührencharakter und eine variable, auf den durch die betr. Urkunden konstatierten

Handlungen ruhende Abgabe mit Steuercharakter, beide nach gewissen Klassen-abstufungen erhoben; sie blieb, namentlich in ihrer variablen Form, meist auf dem wirtschaftlich schwächeren hängen und traf Handlungen, die keinen Wohl-stand, sondern gerade eine bedrängte Lage beurkunden etc.

Für die Stempelsteuer sind die Urkunden, welche bestimmte Rechtshand-lungen konstatieren, das Objekt der Steuer. Dieselbe wurde als „Siegel nach der Oberfläche des Papiers" und als variabler Stempel auf die als Handels-papiere dienenden Obligationen, Effekten, Wechsel etc. erhoben.

Die Hypothekensteuer trug mehr Gebührencharakter. Sie wurde bei der Eintragung von Hypothekenakten und der Ueberschreibung der Akten über Eigentumsübergang von Immobilien in die Register der Hypothekenbewahrer erhoben, und zwar verschieden nach dem Betrag der eingeschriebenen Hypo-theken bezw. nach dem Werte des überschriebenen Gutes.

Die Gerichtsschreiberei- bezw. Kanzlei-Abgaben trugen teils den Charakter einer Belohnung für die betr. Beamten, teils reinen Gebührencharakter.

2) „Les droits réunis", umfassend Steuern auf Getränke, Spielkarten, öffentliche Fahrzeuge, Tabak, Salz und eine Schiffahrtssteuer; sie waren im all-gemeinen hoch und vermehrten nicht zum mindesten den Hass gegen die fran-zösische Fremdherrschaft.

Die Tabaksteuer bestand bekanntlich seit 1810 in Frankreich in der Form des Monopols, welches nunmehr auch in den Niederlanden unvermittelt und ohne Uebergangsperiode eingeführt wurde.

3) Douanesteuern.

Die bisherigen Zölle auf Staatswege und Gewässer wurden durch das Dekret vom 21. Oktober 1811 abgeschafft und teils durch Zuschläge auf direkte Steuern, teils durch die Schiffahrtssteuer ersetzt.

Endlich ist noch das durch Gesetz vom 9. November 1797 eingeführte Prüfungsgeld für Gold- und Silberwaren zu erwähnen.

Was die Finanzen der bei der Einverleibung in Frankreich gebildeten neun Departements anlangt, so galten auch für diese seit 1812 die Grund-sätze des französischen Systems. Die Einkünfte der Departemente bestanden nach dem Gesetze vom 1. Dezember 1798 (11. Frim. VII) aus so viel Zuschlagspro-zenten zur Grund- und Personalsteuer, als zur Deckung der Ausgaben nötig waren. Das Maximum dieser Prozente wurde zugleich mit der Anweisung über die durch diese Steuern zu deckenden Ausgaben jährlich durch Dekret der Centralbehörde festgestellt. Für die darüber hinausgehenden Ausgaben wurden noch zwei „aussergewöhnliche" Prozente zugestanden, nämlich

1) eine jährlich festzustellende Anzahl von Prozenten auf die Grund- und Personalsteuer behufs Bildung eines zur Deckung etwaiger Deficits des Departe-ments bestimmten Reservefonds („fond de supplément");

2) eine jährlich festzustellende Anzahl Prozente, deren Ertrag unter dem Namen „fonds commun des départements" zur Hilfeleistung an finanziell be-drängte Departemente bestimmt war.

Im Widerspruch hiermit wurde jedoch für die Deckung der Deficits ver-schiedener Departements pro 1812 nicht die Erhebung von Prozenten für den „fonds commun", sondern eine Vorerhebung von 5 Cts. auf den Ertrag der Octrois und anderen Revenuen aller Kommunen des Kaiserreichs angeordnet, wodurch eine grenzenlose Verwirrung zwischen den Departements- und Gemeindefinanzen ent-stand, so dass der Staatsrat bald die Beseitigung dieser Massregel beantragte.

Auch die Gemeindesteuern wurden durch das Dekret vom 21. Oktober 1811 dem französischen System entsprechend abgeändert. Nach diesem Dekret konnten die Gemeinden 5 Prozent Zuschlag zur Grund- und Personalsteuer er-heben; mit dem 1. Januar 1812 konnten die Gemeinden, die mit ihren gewöhnlichen Einkünften (Erträge des Gemeindebesitzes und die innerhalb der jährlich durch kaiserliches Dekret festzusetzenden Maximalgrenze sich bewegenden Zuschläge zur Grund- und Personalsteuer) nicht reichten, besondere Octrois („octrois muni-cipaux et de bienfaisance") erheben.

Auf Grund des Beschlusses vom 2. September 1800 stand ferner den Gemeinden ein Anteil von 8 Prozent an dem Reinertrage der in ihrem Gebiet erhobenen Patentsteuer zu. Ausserdem konnten die Gemeinden, die mit den genannten Mitteln nicht reichten, noch „indirekte und lokale Taxen" einführen.

Die Octrois waren nach dem Reglement vom 17. Mai 1809 vom Gemeinderat (event. auf Veranlassung des Präfekten) zu beraten und von dem Präfekten mit dessen Gutachten dem Kaiser zur Genehmigung zu unterbreiten.

Die Octrois durften nur auf Getränken und Flüssigkeiten, Esswaren, Brennmaterialien und Fourage ruhen, die Belastung von Getreide, Früchten, Butter, Milch, Gemüse etc. war verboten.

Die Erhebung der Octrois geschah durch die Beamten der „droits réunis", wofür die Gemeinden natürlich gewisse Gegenleistungen zu machen und einen Teil ihrer Einkünfte aus den Octrois der Verwaltung der „droits réunis" abzugeben hatten.

Den Gemeinden von weniger als 2000 Einwohnern wurde durch Dekrete vom 14. Juli 1812 und 15. Mai 1813 die vorläufige Forterhebung von Personalumlagen bewilligt.

Gewöhnliche Ausgaben durch aussergewöhnliche Steuern zu decken, war den Gemeinden verboten; auch bestand die Bestimmung, dass die Gemeindeeinkünfte ausschliesslich zur Bestreitung der Gemeindebedürfnisse dienen sollten, womit es jedoch nicht zu vereinbaren war, dass, wie erwähnt, die Gemeinden sowohl den Departements als auch der Verwaltung der „droits réunis" einen Teil ihrer Einkünfte zu geben hatten und auch sonst noch Leistungen für Armee- und Invaliden-Unterhaltungszwecke, sowie für die Verifikation der Masse und Gewichte auf sich nehmen mussten.

Dem Verfasser erscheint das eben geschilderte französische System gegen das Gogelsche als ein Rückschritt. Zwar lastete das französische System weniger schwer, aber es war eine grosse Einseitigkeit, sowohl die Grund- als auch die Personal-, Patent-, Thür- und Fenstersteuer in mehr oder weniger engen Zusammenhang mit dem Mietswert zu bringen. Ein noch grösserer Fehler war die Zerstörung des Gleichgewichtes zwischen direkten und indirekten Steuern zu Gunsten der letzteren, wodurch Handel und Industrie behindert und die weniger begüterten Staatsbürger schwerer belastet wurden. Nicht minder verkehrt war die erwähnte Verwirrung zwischen Staats- und Gemeindefinanzen. (Kap. IV des ersten Teils.)

Nachdem es Holland 1813 gelungen, sich von Frankreich loszureissen, liess man einstweilen in Anbetracht der grossen finanziellen Anforderungen jener Zeit das französische System fortbestehen und nahm nur an den dem Volke besonders verhassten „droits réunis" einige Aenderungen vor und schaffte das Tabakmonopol und das Douanesystem ab.

Die Verfassungen vom 29. März 1814 und vom 24. August 1815 enthielten mehrfache, für die finanzielle Entwickelung wichtige Bestimmungen. Die Oberverwaltung der Finanzen stand nach beiden Verfassungen dem der Generalstaaten hierfür verantwortlichen König zu; auch die Verfassung von 1848 hielt diesen Standpunkt fest. Dagegen war nach allen diesen Verfassungen zur Erhebung von Steuern die Mitwirkung der Generalstaaten erforderlich. Die Beurteilung des Staatsvoranschlags war nach den genannten drei Konstitutionen ein Recht der Generalstaaten.

Im einzelnen gingen dieselben jedoch auseinander. Die Verfassung von 1814 teilte den Staatsvoranschlag in 1) sichere und bestimmte und 2) in aussergewöhnliche und unbestimmte Ausgaben, von denen die letzteren jährlich durch die Generalstaaten, die ersteren dauernd geregelt werden sollten, verlangte indessen für beide Arten gleichmässig die Einwilligung der Generalstaaten zu dem jährlichen Voranschlag bezw. die jährliche Annahme des Etatsgesetzes („middelenwet").

Die Verfassung von 1815 bestimmte dagegen, dass von 1820 an der Voranschlag für die „sicheren und bestimmten" Ausgaben ein zehnjähriger, für die „unsicheren" ein einjähriger sein und dass die bewilligten Mittel nur so lange unverändert gelten sollten, als der Voranschlag, dem sie angehören, falls nicht auf Antrag des Königs innerhalb dieser Zeit eine Aenderung oder Abschaffung beschlossen war. Dieser Modus führte zu grossen Umständlichkeiten, namentlich nach der Lostrennung Belgiens, so dass 1840 bestimmt wurde, sowohl die Einnahmen als auch die Ausgaben sollten auf je zwei Jahre festgestellt werden und die betr. Mittel — falls nicht vorher durch neue Gesetze modifiziert — ebenfalls zwei Jahre in Geltung bleiben.

1848 endlich wurde die Dauer der Steuergesetze unabhängig gemacht von der Dauer der jährlich zu genehmigenden Etatsgesetze; die ersteren sollten so lange in Kraft bleiben, bis sie durch besondere Gesetze abgeschafft werden; die Erhebung von Zuschlagsprozenten für die Staatskasse dagegen konnte, sofern sie lediglich auf dem Etatsgesetze beruhte, nur für ein Jahr festgestellt werden.

Bezüglich des Inhaltes der Steuergesetze brachten die Verfassungen von 1814 und 1815 wenig Aenderungen. Erwähnenswert ist die durch die Verfassung von 1815 bewirkte Aufhebung der Steuerprivilegien; indes blieben der König sowie die Prinzen und Prinzessinnen des königlichen Hauses von allen Personal- und direkten Steuern (ausser der Grundsteuer) frei; die für ihre Wohnung bezw. ihren Gebrauch bestimmten Häuser waren auch von der Grundsteuer befreit. 1848 wurden diese Befreiungen auf den König und den Thronfolger beschränkt. Die nun folgende Zeit bis zum Beginn des Jahres 1821 charakterisiert sich vollständig als Uebergangszeit. Die Steuergesetze folgten sich ziemlich schnell; man machte immer neue Proben, ohne den Erfolg der vorhergehenden abzuwarten. Durch alle diese Gesetze ging der eine Gedanke, die Spuren der französischen Herrschaft auszulöschen und zu den Prinzipien des Gogelschen Systems zurückzukehren. Dessenungeachtet blieben die Grund-, die Personal- und Mobiliar-, die Thür- und Fenster-, die Register-, Stempel-, Hypotheken- und Gerichtssteuern nach den Vorschriften des französischen Systems fast unverändert bestehen.

Auf dem Gebiete der direkten Steuern wurde die Pferde-, Luxus- und Passagesteuer, im allgemeinen entsprechend dem Gesetz vom 22. April 1809, wieder eingeführt und durch das Gesetz vom 10. Februar 1815 genauer geregelt. Dasselbe Gesetz ordnete auch die Dienstbotensteuer, ebenfalls entsprechend den vor der Einführung des französischen Systems herrschenden Grundprinzipien. Beide Steuern wurden als zu drückend am 11. Februar 1816 abgeschafft und als Ersatz die Zuschlagsprozente zur Personal- und Mobiliar-, sowie zur Thür- und Fenstersteuer erhöht. Die holländische Patentsteuer wurde mit einigen Abweichungen (insbesondere Fortlassung der Pudersteuer) nach den Gogelschen Prinzipien erneuert und nach mehrfachen Ansätzen durch das Gesetz vom 11. Februar 1816 neu geregelt. Nach diesem Gesetz unterlagen der Patentsteuer alle Personen, die einen „Beruf, Gewerbe oder Betrieb" ausübten, der nicht ausdrücklich freigestellt war. Die Patente zerfielen in drei Arten:

1) solche, welche den Betrieb selbst betreffen,
2) solche, welche die Personen, die den Betrieb ausüben, betreffen, klassifiziert nach der Rentabilität des Berufs und nach der Bevölkerungsziffer des Domizils,
3) Patente auf öffentliche Vergnügungen.

Das Gesetz vom 21. Mai 1819 brachte eine Neuregelung, die im wesentlichen noch gilt.

Von den indirekten Steuern wurde zunächst die Erbschaftssteuer nach den Gogelschen Prinzipien wieder eingerichtet und durch das Gesetz vom 27. Dezember 1817 einer neuen, in der Hauptsache noch jetzt gültigen Regelung unterzogen.

An Stelle der droits réunis wurden die holländischen Accisen auf Salz, Seife, Torf, Mehl, Genever, ausländischen Branntwein, Rum, Arak, Liqueure und Wein, die Wiege- und Runde-Mass-Steuer, das binnenländische Last-, Wasser-, Pläsier- und Passagegeld und das „Kollektivsiegel" wieder eingeführt und bereits 1816 einer Neuregelung unterzogen. Nach dem Gesetz vom 15. September 1816 wurden nämlich alle in den nördlichen und südlichen Provinzen erhobenen indirekten Steuern (Accisen) durch Steuern auf Salz, Seife, Wein, in- und ausländischen Branntwein, Bier, Essig, Torf, Steinkohlen, ferner durch das binnenländische Lastgeld, die Wiege- und Runde-Mass-Steuer ersetzt, also durch

Steuern auf mehr oder weniger notwendige Lebensmittel. Die Mahl- und Schlachtsteuer indes war abgeschafft. Die Gesetze vom 12. März 1818 und vom 12. Mai
1819 änderten die Regeln für die Erhebung der Accisen, aber nicht die denselben unterworfenen Gegenstände. Am 21. Mai 1819 wurden auch Kaffee und
Zucker den Accisen unterworfen. Das Lastgeld wurde am 12. Mai 1819 in ein
„Last- oder Tonnengeld" nach dem Tonnengehalt der Schiffe verwandelt. Die
Wiege- und Runde-Mass-Steuer wurden als besondere Steuern 1819 abgeschafft
und in die Ein-, Aus- und Durchfuhrsteuern eingereiht.

     Auch die „Convoi- und Licenzgelder" und verschiedene Steuern auf aus-
ländische Artikel wurden nach dem Vorbild von 1805 wieder eingeführt, jedoch
mit verminderten Steuersätzen.

     Im übrigen blieben einstweilen die Ein-, Aus- und Durchfuhrsteuern auf
dem alten Fuss.   1816 wurde für dieselben ein neuer Tarif eingeführt, der die
Mitte zwischen den niedrigen Steuern des handeltreibenden Holland und den
Schutzzöllen des industriellen Belgien hielt.   Ausserdem führte das Gesetz von
1816 (3. Oktober) auch ein „ausländisches Lastgeld" ein, das beim Ein- und
Ausgang von Seeschiffen zu entrichten und für ausländische Schiffe erheblich
höher war als für inländische. Das Gesetz vom 12. Mai 1819 stellte die Schiffe
der Staaten, in denen holländische Schiffe gleich den einheimischen behandelt
wurden, den holländischen Schiffen bezüglich des Lastgeldes gleich.

     Die französische Schiffahrtsteuer wurde nach der Lostrennung von Frank-
reich wieder durch die vor der Einverleibung erhobenen domanialen, provinzialen
und anderen Wasserzölle ersetzt.   Die Abgaben für Verbürgung des Wert-
gehaltes der Gold- und Silberwaren blieben einstweilen unverändert.   Für
aussergewöhnliche Ausgaben fanden Anticipationen auf die Steuern statt, reichten
jedoch bei den grossen Anforderungen des Kriegsjahres 1815 nicht hin.   Deshalb wurde eine ausserordentliche Steuer auf alle Staatsbürger in der Höhe
des von jedem pro 1815 gezahlten Gesamtbetrages an direkten Staatssteuern
ausgeschrieben.

     Von einem eigentlichen Steuersystem kann in der Uebergangszeit keine
Rede sein, ebensowenig von einer wirklichen Berücksichtigung der Leistungsfähigkeit; vielmehr wirkte die Gesamtheit der Steuern stark progressiv in umgekehrter Richtung.

     Mit dem Gesetz vom 12. Juli 1821 wurde nun die Grundlage zu dem
jetzigen Staatssteuersystem, sofern von einem solchen überhaupt die Rede
sein kann, gelegt.   Da es zu weit führen würde, den speziellen Entwicklungsgang
jeder einzelnen Steuer genau zu verfolgen und da überdies der gegenwärtige
Zustand schon bei der Besprechung des eingangs erwähnten Werkes von Sickenga
im ersten Heft des ersten Jahrgangs dieser Zeitschrift ausführlicher geschildert
ist, so mag es an dieser Stelle genügen, zu erwähnen, dass das jetzige Staatssteuersystem der Niederlande an direkten Steuern die Grund- und Gebäude-, die
Patent- (Gewerbe-) und die Personalsteuer, an indirekten[1]) die Register-, Stempel-,
Gerichts- und Hypothekensteuern, die Erbschaftssteuer, die Accisen, die Ein-,
Aus- und Durchfuhrsteuern, Zölle auf Staatswege und Gewässer und eine Abgabe auf Gold- und Silberwaren umfasst (Kap. 1 des zweiten Teiles).

     Was die Provinzialsteuern anlangt, so hatten die Provinzialstaaten
nach der Verfassung von 1814 die Reglements für ihre Verwaltung zu entwerfen,
deren Bestätigung dem Fürsten zustand.   Eigene Steuern hatten indes die Provinzen nicht.   Die Verfassung von 1815 gab den Provinzen das Recht, beim
Könige die Unterhaltung und Anlage der im Interesse der Provinz nützlichen
Werke und zugleich die zur Deckung der Kosten nötigen Mittel zu beantragen.
Die gewöhnlichen Geldmittel mussten den Provinzen bei dem Staatsvoranschlag,
also durch Gesetz zugestanden werden, dagegen mussten die für das Provinzial-
wasserwesen nötigen Mittel durch Zusammenwirken des Königs mit den Provinzialstaaten festgestellt werden.   Die Provinzialsteuern blieben in Kraft, bis

---

     [1]) Wir folgen in dieser ganzen Besprechung dem Sprachgebrauch des
Verfassers.

sie durch die dazu befugte Verwaltung abgeschafft wurden. Zur Bestreitung der Kosten des Wasserwesens wurden 1819 den Provinzen die Erträgnisse der betreffenden Anlagen überwiesen; falls diese nicht reichten, mussten die Provinzen andere Mittel beim Könige beantragen.

Das Gesetz vom 12. Juli 1821 überwies den Provinzen zur Deckung ihrer Verwaltungs- etc. Kosten 6 Prozent Zuschlag zur Hauptsumme der Grund- und Gebäude- sowie der Personalsteuer, welche Zuschläge thatsächlich zu Provinzialsteuern wurden.

Durch Königlichen Beschluss vom 22. Februar 1823 wurde bestimmt, dass die in einigen Provinzen erhobenen aussergewöhnlichen Zuschlagsprozente eventuell auch im Bedürfnisfalle die sechs durch das Gesetz vom 12. Juli 1821 bestimmten Prozente überschreiten durften. Später wurden noch weitere aussergewöhnliche Prozente für die Provinzen und auch einige Provinzialaccisen eingeführt.

Die Verfassung von 1848 bestimmte, dass die Provinzialsteuern durch die Staaten beim König zu beantragen waren und gesetzlicher Bekräftigung bedurften. Im Anschluss hieran schrieb das Provinzialgesetz vor, dass in den Gesetzen, welche eine derartige Bekräftigung aussprechen, zugleich die durch die Steuer zu deckenden Bedürfnisse bezeichnet sein mussten und zwar desshalb, weil die Verfassung die Provinzialausgaben in solche, welche die Staatsverwaltung betreffen und in dem Staatsvoranschlag figurieren, und solche, welche den Provinzialhaushalt angehen und durch Provinzialeinkünfte zu decken sind, geteilt hatte. Nach Art. 117 des Provinzialgesetzes von 1850 dürfen weiter Accisen nicht als Provinzialsteuern beantragt werden; unter dies Verbot fielen auch die provinzialen Zuschläge zu Staatsaccisen. Die bestehenden Provinzialaccisen mussten bis 1856 abgeschafft sein. Seit 1856 erheben mithin die Provinzen keine Accisen mehr, sondern nur Zuschlagsprozente zur Grund- und Personalsteuer, welche 1883 zwischen 42 Prozent in Groningen und 6 Prozent in Utrecht variierten. Für Friesland wurde ausserdem von 1849—1854 noch eine besondere Rindviehsteuer und für Nordbrabant seit 1872 noch eine besondere Steuer auf Pferde und andere Zugtiere erhoben, die beide mehr Gebührencharakter tragen. Für die sonstigen von den Provinzen zu erhebenden Gebühren, welche nur die Selbstkosten decken sollten, galt ebenso wie für die Provinzialsteuern das Erfordernis gesetzlicher Bekräftigung (Kap. II des zweiten Teils).

Die Gemeindesteuern wurden nach der Befreiung von der französischen Herrschaft zunächst dahin geregelt, dass einstweilen die städtischen Octrois und die 5 Prozent Zuschlag zur Personal- und Mobiliar- sowie zur Grundsteuer unverändert blieben, dagegen die 8 Prozent Zuschlag zur Patentsteuer abgeschafft wurden. Die Entwürfe zu neuen Gemeindesteuern mussten dem Generalkommissar des Departements eingesandt werden, dessen Genehmigung bei Personalumlagen und Gebühren genügte, während im übrigen die Genehmigung des Generalkommissars für innere Angelegenheiten erforderlich war. Für die Steuerentwürfe der Departements-Hauptstädte sowie für Gemeinden mit mehr als 10 000 Einwohnern war weiter die Genehmigung des Fürsten erforderlich. Gemeinden mit weniger als 2000 Einwohnern oder geringen Ausgaben mussten durch Personalumlagen ihre Bedürfnisse decken; andere Gemeinden hatten ihre Ausgaben zu decken durch eine Schlachtsteuer, durch eine Steuer auf in der Gemeinde verbrauchten Genever, Branntwein, Bier, Kohlen, Torf (wobei ein bestimmtes Verhältnis zu den entsprechenden Staatssteuern vorgeschrieben war), durch eine Steuer auf den Mietswert fester Unterpfänder und, wenn das alles nicht genügte, durch Zuschläge zu den Staatssteuern auf Wein, Mehl, sowie zur Wiege- und Runde-Mass-Steuer, zur Thür- und Fenster-, Dienstboten- und Pferdesteuer. Ausserdem durften die Gemeinden noch verschiedene Gebühren erheben. Im allgemeinen verdient die Regelung von 1813 trotz der starken Heranziehung notwendiger Lebensbedürfnisse den Vorzug vor dem französischen System.

Die Verfassung von 1814 gewährleistete den Gemeinden die freie Selbstverwaltung: die von derselben aufgestellten Steuerentwürfe, welche selbstverständlich den bestehenden Gesetzen Rechnung tragen mussten, bedurften der Genehmigung der Provinzialstaaten. Die Gründe, aus denen diese Genehmigung versagt werden konnte, waren nicht präzisiert. Die Freiheit der Ein- und Durchfuhr durften die Gemeindesteuern nicht hindern.

Die Verfassung von 1815 enthielt die gleichen Bestimmungen und fügte nur noch das Erfordernis der Genehmigung des Königs hinzu, ohne die Notwendigkeit der Genehmigung der Provinzialstaaten zu beseitigen, so dass nunmehr eine doppelte Genehmigung nötig war. Am 4. Oktober 1816 ward vom König ein neues Gemeindesteuerreglement festgestellt, worin, entsprechend der obengenannten Bestimmung der Verfassung von 1815, die königliche Genehmigung für alle neuen Gemeindesteuern ausdrücklich als notwendig bezeichnet wurde; dagegen wurde in dem Reglement bei Gebühren und dergl. die Genehmigung durch die Provinzialstaaten für genügend erachtet. Auch sollten die Provinzialstaaten ein vom König zu genehmigendes Provinzialreglement für die Entwürfe und die Feststellung der Gemeindesteuern erlassen, woran sich die Gemeinden zu halten hatten. Die 5 Prozent Zuschlag zur Grund- und Personalsteuer für die Gemeindekasse wurde durch das Reglement bestätigt. Das Gesetz vom 12. Juli 1821 gestattete ausser diesen 5 Prozent den Gemeinden noch 2 fakultative Prozente auf dieselben Steuern; 1834 wurden die fakultativen 2 Prozent auf die Grundsteuer für die Staatskasse beansprucht, so dass fortan fast alle Gemeinden 5 Prozent Zuschlag zur Grundsteuer und 7 Prozent Zuschlag zur Personalsteuer erhoben.

Ausser den oben erwähnten Mitteln gestattete das Reglement von 1816 den Gemeinden auch die Erhebung von Gebühren, welche die Selbstkosten nicht überschreiten durften. Das Reglement von 1819, welches in einer, vom Verfasser mit Recht bekrittelten Weise den Unterschied zwischen Steuern und Gebühren formulierte, verlangte für die Einführung neuer Gebührentarife die Genehmigung des Königs, im Widerspruch mit der Verfassung. Die Reglements von 1824 und 1825 gingen hierin noch weiter: Die Gemeindeverwaltungen sollten für die Einführung neuer und für die Beibehaltung, Veränderung etc. bestehender Steuern königlicher Genehmigung bedürfen; der König hatte vorher das Gutachten der Provinzialstaaten zu hören.

Das Gesetz vom 12. Juli 1821 hatte schon vorher auch die Initiative der Gemeinden selbst beschränkt durch die Vorschrift, dass 5 Prozent Zuschlag zur Grund- und Personalsteuer so lange erhoben werden sollten, bis der König andere Bestimmungen genehmigte.

Das Gesetz vom 24. Dezember 1829 dagegen, das eigentlich die Abschaffung oder Verminderung der städtischen Zuschläge zu den erhöhten Accisen auf ausländischen Wein und Branntwein zur Konsequenz hätte haben müssen, überliess die Initiative hierzu ganz den Gemeinden, welche natürlich zumeist die Zuschläge unverändert liessen. Der königliche Beschluss vom 15. Dez. 1831 führte endlich eine ziemlich willkürliche Teilung der Befugnisse der Krone und der Provinzialstaaten bezüglich der Gemeindesteuern ein.

Das Reglement von 1816 gestattete ferner den Gemeinden von weniger als 2000 Einwohnern, falls die Zuschläge zur Grund- und Personalsteuer und die Gebühren nicht genügten, die Erhebung von Personalumlagen, welche 1818 als Steuern bezeichnet und somit der königlichen Genehmigung unterworfen wurden.

Das Reglement von 1816 erlaubte weiter den Landgemeinden die Forterhebung ihrer Accisen und gestattete auch anderen Städten, deren Ausgaben es erforderten, die Erhebung städtischer Steuern auf Getränke, Esswaren, Brennstoffe, Fourage und Baumaterialien, also gerade auf notwendige Lebensbedürfnisse. Die besonderen Gesichtspunkte, die für die Einführung von Gemeindesteuern in Betracht kommen sollten, mögen hier übergangen werden.

Das Reglement von 1816 kehrte nach dem Vorstehenden im Grunde wieder zu dem französischen Octroisystem zurück und breitete dasselbe sogar noch weiter aus, als unter der französischen Herrschaft der Fall war. Zuschlagsprozente zu Staatssteuern kannte das Reglement ausser denen zur Grund- und Personalsteuer nicht. Das Gesetz vom 12. Juli 1821 wies dagegen schon auf die Möglichkeit hin, städtische Zuschläge zu den Staatssteuern zu erheben. Der

Königliche Beschluss vom 10. November 1826 ersetzte sodann die Gemeindesteuern auf Bier und Essig durch Zuschlagsprozente zu den betreffenden Staatsaccisen, ein Fall, der nicht allein stand. 1834 wurde diese Umwandlung in Zuschläge auch für die Mahlsteuer geboten und im Laufe der Zeit machten die meisten Gemeindeaccisen dieselbe Entwicklung thatsächlich durch. Mangels entsprechender Bestimmungen hielt man sich hierbei meist an notwendige Lebensbedürfnisse.

Was die Erhebung der Gemeindesteuern anlangt, so wurden die Zuschläge zu Staatssteuern von Staatsbeamten gegen eine Vergütung von 3 Prozent des Ertrages an den Staat eingezogen. Ihre eigenen Steuern erhoben die Gemeinden meist durch Kollekte; seit 1817 war ihnen auch das Verpachtungssystem gestattet. Gemeindesteuern, die in allen Gemeinden einer Provinz erhoben werden sollten, konnten nach dem Reglement von 1816 als Provinzialsteuern eingeführt werden im Interesse der Bequemlichkeit und Billigkeit der Erhebung; von dieser Bestimmung wurde auch mehrfach Gebrauch gemacht. Die Folge der geschilderten Bestimmungen war eine grosse Verwirrung: Staatssteuern wurden thatsächlich zu Gemeindesteuern, Gemeindesteuern zu Provinzialsteuern.

Die Verfassung von 1848 und das darauf beruhende Gesetz über die Gemeindeverwaltung vom 29. Juni 1851 brachte hierin eine Wandlung. Nach den Bestimmungen dieser Gesetze durften die Gemeindesteuern die binnenländische Ein-, Aus- und Durchfuhr nicht hindern; die Beschlüsse der Gemeindeverwaltung betreffend die Einführung, Aenderung oder Abschaffung einer Gemeindesteuer mussten den Provinzialstaaten vorgelegt werden; die Provinzialstaaten hatten dem König hierüber Bericht zu erstatten. Ohne Genehmigung des Königs durfte dem Antrage keine Folge gegeben werden. Die mit dem Gesetz oder dem allgemeinen Interesse in Widerspruch stehenden Bestimmungen über Gemeindesteuern mussten unverweilt eingezogen werden.

Die Arten der Gemeindesteuern waren nach dem Gemeindegesetz von 1851 folgende:

1) Zuschlagsprozente:
    a) auf die Grund- und Gebäudesteuer (Maximum 15 Prozent bei Gebäuden, im übrigen 10 Prozent),
    b) auf die Personalsteuer (Maximum 25 Prozent),
    c) auf sonstige geeignete, direkt nach dem Vermögen oder Einkommen erhobene Staatssteuern (excl. Patentsteuer).

2) Personalumlagen oder andere direkte Gemeindesteuern, die erst dann eintreten sollten, wenn die Zuschläge zur Grundsteuer 5 bezw. bei Gebäuden 10 Prozent und zur Personalsteuer 15 Prozent erreicht hatten. Die Umlagen sollten nach dem Gesetz einen brauchbaren Massstab für das Einkommen der Steuerpflichtigen als Grundlage haben, wichen aber in der Praxis durch die Anlehnung an die Grundlagen der Personalsteuer sehr davon ab.

3) Accisen auf Verbrauchsgegenstände, jedoch erst, nachdem die Zuschläge zu Staatssteuern eine bestimmte Höhe erreicht hatten und eine direkte Gemeindesteuer erhoben wurde, deren Ertrag mindestens mit dem der Zuschläge gleichsteht. Diese Erschwerung der Einführung von Gemeindeaccisen erklärt sich daraus, dass das eigentliche Ziel des Gemeindegesetzes die Verminderung und womöglich Abschaffung der Gemeindeaccisen war.

Die Gemeindeaccisen sollten nur den Konsum innerhalb der Gemeinde treffen und durften die Produkte anderer Gemeinden nicht ungünstiger stellen als die eigenen. Salz, Seife, Kartoffeln, Ferkel- und Schaffleisch durften von Gemeindeaccisen nicht betroffen werden. Die Gemeindeaccisen durften im allgemeinen den Prinzipalbetrag der entsprechenden Staatsaccise nicht überschreiten. Der produktive Verbrauch von industriellen Unternehmungen sollte so wenig als möglich, der Verbrauch an Baumaterial für Staats- oder Provinzialbauwerke gar nicht besteuert werden. Endlich sollten die Gemeindeaccisen möglichst in der Form von Zuschlägen zu Staatsaccisen erhoben werden, um den Verkehr möglichst wenig zu hindern und die Kosten der Erhebung zu verringern.

Nach einigen unbedeutenden Aenderungen schaffte das Gesetz vom 7. Juli 1865 die Gemeindeaccisen ganz ab und überwies als Ersatz den Gemeinden

⁴/₅ des Ertrags der in ihrem Distrikt erhobenen Personalsteuer. Ausserdem
durften fortan die Zuschläge der Gemeinden zur Gebäudesteuer — die 21¹/₂ Prozent Staatszuschläge hierzu wurden abgeschafft — von 15 bis auf 40 Prozent
erhöht werden. Auch eine Erhöhung der Gemeindezuschläge zur Personalsteuer
wurde unter gewissen Einschränkungen ermöglicht.

4) Hundesteuer, wobei Arbeits- und Kettenhunde geringer belastet wurden.
5) Steuer auf Schaustellungen und öffentliche Lustbarkeiten.
6) Gebühren.

Gewisse Ausnahmen von den Vorschriften des Gemeindegesetzes über
Accisen und Gebühren wurden gestattet, doch hat sich die Zahl dieser Ausnahmen mehr und mehr verringert.

Endlich wurde durch das Gesetz vom 28. Juni 1881 eine Licenzsteuer
für den Kleinhandel mit geistigen Getränken eingeführt, die sich nach dem
Mietswert der Verkaufslokalitäten, dem Umfang des Debits und dem Umstande,
ob vom Samstagabend bis Montagmorgen verkauft wird oder nicht, reguliert.
(Kap. III des zweiten Teiles.)

Das Gesamturteil des Verfassers über das in vorstehendem skizzierte
jetzige Steuersystem läuft darauf hinaus, dass die niederländischen Steuern, trotz
der seit 1821 und vor allem seit 1848 gemachten Fortschritte, „durcheinander
genommen zu sehr progressiv in umgekehrter Richtung" wirken. Diesem
Uebelstande muss durch Abschaffung der noch bestehenden Steuern auf notwendige Lebensbedürfnisse und vor allem durch eine Reform der direkten
Steuern entgegengewirkt werden. Die Steuerlast muss sich anschliessen an
die Leistungsfähigkeit (draagkracht), das Existenzminimum freilassen und progressiv fortschreiten unter Berücksichtigung der Kinderzahl und unter Abzug
der Schuldzinsen. Der Verfasser will dies Ziel nicht durch eine allgemeine Einkommensteuer, sondern durch gesonderte Belastung der einzelnen Einkommensarten, wie sie sich nach den Quellen des Einkommens unterscheiden lassen,
erreichen.

Die Ermittlung des Einkommens hat nach äusserlichen Kennzeichen unter
Benutzung von Selbstangaben bei Einkommen aus Kapitalbesitz und aus Arbeit
zu geschehen. Da das fundierte Einkommen eine grössere Leistungsfähigkeit
besitzt, so müssen die Steuern auf die einzelnen Einkommensarten noch durch
eine Steuer auf den Vermögensbesitz ergänzt werden, welcher sich eine Steuer
auf die Vermögensvergrösserung (durch Verkauf oder Uebergang von Gütern,
Erbschaft etc.) anschliessen muss.

Die Ungleichheiten, die sich bei diesem ersten Teil des Steuersystems nicht
vermeiden lassen, sind zu berichtigen, soweit möglich, durch die Verzehrungssteuern, die den zweiten Teil des Systems bilden müssen. Die Verzehrungssteuern
müssen auf allgemeine, jedoch nicht notwendige Verbrauchsgegenstände beschränkt werden. Das bestehende, in vielen Punkten reformbedürftige System
der indirekten Steuern muss ergänzt werden durch eine Billetsteuer bei dem
Personenverkehr auf Dampfbooten und Eisenbahnen, und durch eine Tabaksteuer.

Ferner erscheint dem Verfasser eine Dienstbotensteuer und eine Pferdesteuer (im Anschluss an die thatsächlichen jeweiligen Verhältnisse) erforderlich,
und zwar zunächst für den Staat, obwohl beide auch für Gemeindesteuern geeignet sind. Endlich ist eine progressive Miets- und Mobiliarsteuer, jedoch nur
zu Gemeindezwecken¹), erforderlich.

Die Provinzen hätten Zuschläge zur Personaleinkommensteuer und zur
Grundsteuer, ferner zur Pferde- und Dienstbotensteuer zu erheben. Den Ge-
meinden wären ausser der sehr wichtigen Miets- und Mobiliarsteuer bezw. in
Landgemeinden den eigenen Gemeindesteuern auf Einkommen aus Landbau und
Viehzucht gleichfalls Zuschläge zur Pferde- und Dienstbotensteuer bezw. zur
Staatseinkommensteuer und in letzter Linie personale Umlagen zu bewilligen.
Nebenher hätten als Gemeindesteuern eine Steuer auf Luxushunde, auf öffent-

¹) Nur für Stadtgemeinden. Die Landgemeinden sollen eine besondere
Steuer auf Einkommen aus Landbau und Viehzucht erhalten.

liche Lustbarkeiten, auf Gasverbrauch (ausser in Läden und Werkstätten) und auf den Personenverkehr in Strassenbahnen zu gehen.

Das Gesetz muss die Regeln für die Provinzial- und Gemeindesteuern enthalten; die Ausführung aber muss den Provinzen und Gemeinden selbst überlassen sein.

Dies ist in kurzen Zügen der Inhalt des sehr ausführlichen Werkes und der Reformplan des Verfassers; dass im einzelnen sowohl an dem Reformplan wie auch bei der Behandlung der einzelnen Systeme sich über manchen Punkt sehr wohl diskutieren liesse, ist selbstverständlich. Im grossen und ganzen aber ist an der gründlichen und gut durchgearbeiteten Schrift nichts zu rügen, so dass dieselbe durchaus empfohlen zu werden verdient.

Aachen.   Dr. R. van der Borght.

Isidore Sachs, L'Italie, ses Finances et son développement économique depuis l'unification du Royaume. Paris, Guillaume. 1885. XVI und 1131 S. 8.

Das vorliegende Werk ist ein grosser Band, in welchem viele die Staats- und Volkswirtschaft des neuen Italiens betreffende Angaben mit Fleiss gesammelt sind. Der Verfasser zeigt auch eine besondere und umfassende Kenntnis der Thatsachen, die dem Eifer gleicht, womit er die verschiedenen Gegenstände behandelt hat.

Eine schätzbare Einleitung dient allgemeinen Bemerkungen; einige Zahlen illustrieren den natürlichen finanziellen und ökonomischen Fortschritt, der sich in den letzten Jahren in Italien entwickelt hat. Der Verfasser unternimmt dann eine besondere Geschichte des italienischen Finanzwesens und erörtert die verschiedenen Zustände und Umgestaltungen, die vielen Bestrebungen, feste Grundlagen und das Gleichgewicht zu erreichen, die nach und nach von unseren Staatsmännern verfolgten Pläne, die entworfenen und approbierten Gesetze, die eingeführten Verwaltungssysteme und die daraus besonders in den letzten Jahren entsprungenen Ergebnisse: mit einem Wort, er sammelte die dokumentierten Annalen unseres Finanzwesens in ihren wichtigsten Zügen. Sodann geht er auf das Budget ein, sowohl im ganzen als in seinen einzelnen Bestandteilen, Veränderungen und hauptsächlichen Ergebnissen, indem er dessen beständigen Zuwachs und sein schliessliches Gleichgewicht schildert. Ferner stellt er eine besondere und wertvolle Prüfung der verschiedenen Ausgabsposten und der vielfältigen Quellen des Staatseinkommens an, wobei er viele statistische Zahlen über alle Verwaltungszweige liefert. Besonders berücksichtigt er die Ergebnisse jener Finanzverwaltungszweige, die, wie Domanium, Gebühren und Steuern jeder Art, dem Fiskus einen Ertrag geben. Es ist eine kurze Geschichte der eingeführten Reformen, der geltenden Gesetze und erreichten Zwecke. Zugleich beschäftigt er sich mit der Staatsschuld in ihren verschiedenen Gestaltungen, mit dem Finanzwesen der Gemeinden, besonders einiger grossen Städte, mit den Verkehrsmitteln, als Geld und Banknoten, und endlich mit vielen anderen Gegenständen der Nationalökonomie, als Aktiengesellschaften, Handelsverträge, Eisenbahnen u. s. w. So bietet er uns eine eingehende lebhafte Erzählung der Thatsachen, die unsere Staats- und Volkswirtschaft betreffen.

Wenn gleich die Sammlung der erwähnten Angaben und Nachrichten reich und genau erscheint, weil sie aus offiziellen Urkunden geschöpft wurde, so muss uns die Bearbeitung der Materialien doch als mangelhaft erscheinen, insofern als das Sachssche Werk nicht mit jenen wissenschaftlichen Grundsätzen übereinstimmt, die das heutige Finanzwesen beherrschen; es ist ungleichförmig, ohne feste bestimmte Grenzen und theoretische Ziele. Es muss eher als ein reiches, schätzbares Repertorium von Angaben angesehen werden, welches überhaupt den praktischen Finanzmännern nützlich ist, denn als eine wahre und strenge wissenschaftliche Behandlung jener Fragen, die die italienische Staatswirtschaft betreffen. Immerhin müssen wir dem Verfasser für den Fleiss und Eifer, womit er alle diese wichtige Materialien gesammelt hat, dankbar sein.

G. Ricca-Salerno.

Ed. James, Public Economy of Pennsylvania. (The Wharton School Annals of Political Science. Nr. 1. March 1885.) Philadelphia. 133 S.

Die Wharton School ist eine Art Fachschule für Nationalökonomie und politische Wissenschaften, mit einem vierjährigen Kursus an der Universität in Philadelphia [1]).

Sie kann als eine singuläre interessante Erscheinung betrachtet werden. Ihre Annalen sollen in losen Heften erscheinen und Arbeiten der an der Anstalt wirkenden Lehrer und ihrer Schüler bringen. Sie sind eine Nachahmung in kleinerem Stil von den Johns Hopkins University Studies in historical and political Science in Baltimore, welche so reich an trefflichen und eigenartigen Untersuchungen sind. Das erste Heft der Wharton School Annals enthält fünf Aufsätze: The development of the house by E. Thompson, Professor of social science. On the origin and causes of prices by Albert S. Bolles, Professor of Mercantile Law and Practice. Early American land tenures by Edw. P. Cheyney, Graduate of Wharton School. Public Economy of Pennsylvania by Edm. J. James, Professor of finance and administration. Taxation in Japan by Shiro Shiba, Graduate of Wharton School.

Wir gehen hier nur auf die Abhandlung des Professors James ein, thun dies aber um so lieber, als sie eine wesentliche Ergänzung zu dem Aufsatz von K. Röser (Finanzarchiv II, S. 179) bildet.

James geht von dem richtigen Satz aus, dass man, um eine klare Idee von der Organisation des Finanzsystems irgend einer Nation zu erhalten, mit der Verteilung der öffentlichen Funktionen vollständig bekannt sein muss. Ohne Rücksicht darauf, wie sich die Ausgaben auf die verschiedenen öffentlichen Wirtschaften verteilen, werden die Vergleiche in ihrem Werte sehr beeinträchtigt. Man darf z. B. die Ausgaben der Vereinigten Staaten (7 Doll. pro Kopf) nicht denen Frankreichs (16 Doll. pro Kopf) gegenüberstellen, da die Aufgaben der amerikanischen Bundesregierung viel beschränkter sind als die des französischen Staates.

In den Vereinigten Staaten kommen die Bundesverwaltung, der Staat und die Lokalverwaltungen in Betracht. Die Gewalten und Kompetenzen der Bundesregierung und Lokalverwaltungen sind genau durch die Konstitution und Charters fixiert, wogegen dem Staat alle Rechte bleiben, welche ihm nicht ausdrücklich entzogen sind. Die Gliederung der öffentlichen Wirtschaften ist bereits früher mitgeteilt worden (Finanzarchiv II, S. 179).

Die Ortschaft (township) wählt die Steuerbeamten, Aufsichtsbeamte über Strassen und Brücken, Armenaufseher, Schuldirektoren, den Schatzmeister des Ortsvermögens, den Ortschreiber, die Rechnungssteller, Konstabler und Friedensrichter. Von diesen sind die beiden ersten und letzten thatsächlich Grafschaftsbeamte, und soweit als sie Bezahlung für ihre Dienste erhalten, werden sie durch Sporteln oder von der Grafschaft bezahlt. Die Städte dürfen mehr Beamte haben und Schul-, Armen-, Polizei-, Feuer-, Wasser-, Gas-, Markt-, Gesundheits- und Chaussee-Aemter unterhalten.

Die Grafschaften haben die nämlichen allgemeinen Korporationsrechte als die Ortschaften. Sie sind verantwortlich für die Unterhaltung der Gerichtshöfe, soweit als der Staat nicht für dieselben sorgt, d. h. sie zahlen alle Gerichtsausgaben, ausgenommen die Besoldungen der rechtskundigen Richter, welche vom Staat bezahlt werden. Gefängnisse und Arbeitshäuser für Sträflinge,

---

[1]) Vgl. hierüber auch James, Outline of a proposed school of political and social science 1885.

welche zu weniger als ein Jahr Gefängnis verurteilt sind, müssen von den Grafschaften unterhalten werden. Die Auslagen zur Unterhaltung derjenigen Sträflinge in den Staatsgefängnissen, welche zu schwerer Arbeit auf ein Jahr oder mehr verurteilt sind, müssen von denjenigen Grafschaften unterhalten werden, in welchen sie ihre Delikte begingen. Die Armenausgaben sind in einigen Grafschaften gleichfalls Grafschaftslast. Die Vorbereitung der Grafschafts- und Ortssteuerrollen, sowie die Erhebung der Grafschafts- und Staatssteuern ist Grafschaftssache. Die Auslagen und Ueberwachung der General- und Lokalwahlen fallen ebenfalls in die Sphäre der Grafschaftsthätigkeit. Die Gerichtshöfe können die Grafschaften verpflichten, gewisse Brücken zu erbauen und zu unterhalten, und sie müssen die Kosten tragen für Anlegung öffentlicher Strassen in solchen Fällen. Weiter sind Grafschaftslast die Kosten für Leichenschau und die mit ihnen verbundenen post-mortem examinations. Die Grafschaftsbeamten sind: Sheriffs, coroners, prothonotaries, registers of wills, recorders of deeds, commissioners, treasurers, surveyors, auditors, clerks of the court and district attorneys. Sie sind beinahe alle zugleich Beamte der Staatsregierung in dem Sinn, dass sie gewisse Funktionen für den Staat erfüllen.

Die Bundesregierung ist zwar auch nur delegiert, aber es ist nicht so leicht ihre Kompetenz zu definieren. Die Bundeskonstitution gibt derselben Vollmacht, „to provide for the common defence and general welfare of the United States". Unter dieser Klausel hat sie verschiedene Funktionen übernommen. Die Hauptgewalten, die in der Konstitution ausdrücklich erwähnt sind, bestehen darin, Krieg zu erklären und zu führen, Münzen zu prägen, Poststellen zu errichten und den Handel mit andern Staaten zu regulieren. Ebenso liegt der Bundesregierung ob, die Nation an fremden Höfen vertreten zu lassen, sie macht die Gesetze für die Verwaltung des Bundesterritoriums u. s. w. Die einzelnen Ausgaben siehe im Finanzarchiv II, S. 188.

Die Bundesregierung hat grosse Landschenkungen von über 150 Millionen Acker an die Einzelstaaten für Erziehungszwecke gemacht, ferner bedeutende Aufwendungen für die Verbesserung der Flüsse und Häfen im Betrag von über 100 Mill. Doll. 1837 verteilte sie nahezu 30 Mill. Doll. unter die Staaten in Form eines Darlehens à fonds perdu. Die Eisenbahnen wurden in grossartiger Weise unterstützt, Ackerbau und Erziehung durch die Errichtung spezieller Aemter am Regierungssitz gefördert. Ein nationales Gesundheitsamt mit einer ausgedehnten Thätigkeitssphäre wurde geschaffen. Die Hauptausgabe fällt auf die Schuldzinsen und Schuldentilgung. Für Verteidigungszwecke wurden von 1791—1880 nahezu 18 ½ Milliarden Dollars verausgabt.

Alle noch nicht erwähnten Ausgaben sind Staatssache. Eine Vorstellung derselben kann das Budget des Staates Pennsylvanien gewähren. Für das mit dem 30. Januar 1882 abgelaufene Finanzjahr ergeben sich folgende Hauptposten:

Ausgaben für die Staatsregierung	1,269,600 Doll.
Erziehung	1,086,550 „
Wohlthätigkeit	1,107,063 „
Straf- und Besserungsanstalten	280,178 „
Andere öffentliche Zwecke	125,000 „
Oeffentliche Schuld	1,560,000 „

Betrachtet man die Ausgaben der verschiedenen öffentlichen Wirtschaften als ein Ganzes und nimmt man an, dass die Bundesausgaben auf die einzelnen Staaten sich wie deren Kopfzahl verhalten, so würden in Pennsylvanien die Bundesregierung ungefähr ⁷/₁₃, der Staat ¹/₁₃ und die Lokalverwaltung ⁵/₁₃ bestreiten. Vergl. übrigens Finanzarchiv II, S. 190.

Es fragt sich, wie die Mittel für diese Ausgaben aufgebracht werden. Die Bundesregierung hat der Konstitution zufolge das Recht, „to lay and collect taxes, duties, imposts and excises." Ihre meisten Einnahmen hat sie von den Zöllen und den indirekten Steuern (⅞). Die Zölle sind der Bundesregierung vorbehalten, die Einzelstaaten dürfen Accisen erheben, dies Privileg ist aber von keinem Wert, da kein Staat Accisen erheben darf, wenn nicht alle anderen

Staaten gleiche Quoten zu erheben sich entschliessen. Die direkten Steuern des
Bundes bestehen in Land- und Kopfsteuern. Siehe Finanzarchiv II, S. 188.

Die Bundesregierung erhebt ihre Steuern durch eigene Beamte, ausgenommen die direkten Steuern, bei denen der Staat immer die Erhebung vornimmt und seinen Teil in die Bundeskasse einzahlt.

Die Einnahmen der S t a a t e n resultieren aus dem Verkauf öffentlichen
Gutes, aus Gebühren und Steuern. Die Gruppierung der Einnahmen wechselt
mit jedem neuen Schatzbeamten.

Als ein Beispiel für die staatlichen Einnahmen mag wieder Pennsylvanien
gelten. Die Einnahmen betrugen vom 1. Dezember 1881 bis 1. Dezember 1882:

1) Lands	5,605,47	Doll.
2) Tax on corporation stock and limited partnership	1,675,388,80	„
3) Tax on gross receipts	658,670,91	„
4) Tax on coal companies	90,703,86	„
5) Tax on bank stock	350,171,59	„
6) Tax on net earnings or income	74,265,15	„
7) Tax on gross premiums	32,057,86	„
8) Tax on loans	686,790,38	„
9) Tax on personal property	437,776,61	„
10) Tax on writs, wills, deeds etc.	109,104,28	„
11) Tax on collateral inheritances	476,852,02	„
12) Tax on sale of fertilizers	3,780,00	„
13) Foreign insurance companies	234,939,10	„
14) Tavern licenses	493,862,32	„
15) Retailers' licenses	305,934,92	„
16) Eating house licenses	79,632,26	„
17) Brewers' licenses	9,188,42	„
18) Billiard licenses	16,534,60	„
19) Brokers' licenses	9,886,34	„
20) Auctioneers' licenses	6,538,04	„
21) Liquor licenses	36,076,50	„
22) Pedlers' licenses	1,766,10	„
23) Patent medicine licenses	4,503,20	„
24) Theatre, circus etc. licenses	6,040,80	„
25) Bonus on charters	130,991,91	„
26) Office license fees	10,480,99	„
27) Accrued interest	50,336,39	„
28) Penalties	578,17	„
29) Pamphlet laws	275,41	„
30) Notary public commissions	10,275,00	„
31) Allegheny Valley Railroad Company	439,069,41	„
32) United States Government	94,561,15	„
33) Commutation of tonnage tax	460,000,00	„
34) Annuity for right of way	10,000,00	„
35) Escheats	3,073,87	„
36) Fees of public officers	50,472,99	„
37) Refunded cash	697,57	„
38) Dividends on stock owned by the Commonwealth .	80,00	
39) Conscience money	16,00	.
40) New loan	9,360,120,45	„
41) Miscellaneous	1,551,17	„
	16,428,650,11	Doll.

Zur Erläuterung dieser Einnahmen sei folgendes erwähnt:

1) Diese Rubrik umfasst die Revenuen aus dem Verkauf von Ländereien
und Gebühren für Landverleihungen.

2) Das Kapitalvermögen aller Korporationen und der Gesellschaften mit
beschränkter Haftung (ausgenommen jene, welche für merkantile und industrielle

Zwecke gebildet sind) müssen, falls sie eine Dividende von 6 Prozent oder mehr haben, $\frac{1}{2}$ pro Mille vom Kapitalstock für jedes deklarierte Dividendenprozent entrichten. Wird keine Dividende oder weniger als 6 Prozent bezahlt, so wird der Kapitalstock geschätzt und mit 3 pro Mille besteuert. Fremde Korporationen, Banken und Sparkassen werden anders behandelt. (S. unten.)

3) Die Steuern auf Bruttoeinnahmen umfassen eine Steuer von $^8/_{10}$ Prozent von den Bruttoerträgen aller Transportkompanien, 5 Prozent von denen aller öffentlichen Notare in der Grafschaft Pennsylvanien und 50 Prozent von denen aller übrigen öffentlichen Notare bei Summen von über 1500 Doll.

4) Die Steuer der Kohlengesellschaften ist neuerdings abgeschafft worden. Sie war eine Steuer für die Privilegien der Gesellschaften, welche das Recht besassen, zu graben oder Kohlen zu kaufen, veranlagt nach dem Satz von 3 Prozent anf jede Tonne Kohle.

5) Inkorporierte Banken, Sparkassen u. s. w. haben das Recht, ihren Kapitalstock feststellen zu lassen und $^4/_{10}$ Prozent zu entrichten oder statt dessen $^6/_{10}$ Prozent vom Totalbetrag des autorisierten Kapitals zu entrichten und dadurch aller weiteren Besteuerung zu entgehen.

6) Diese Steuer vom Reinertrag (3 Prozent) wird erhoben von allen nicht sonst besteuerten Gesellschaften und von jeder nicht inkorporierten oder Privatbank, incl. Makler.

7) Die Steuer von den Bruttoprämien der vom Staat inkorporierten Versicherungsgesellschaften beträgt $^8/_{10}$ Prozent aller Prämien von Geschäften, die im Staat geschlossen werden. Gegenseitigkeitsgesellschaften sind frei.

8) Alle öffentlichen und privaten Korporationen müssen $^4/_{10}$ Prozent von ihren Schulden bezahlen.

9) Die Steuer vom beweglichen Eigentum umfasst a) eine Steuer von $^4/_{10}$ Prozent vom Wert aller Hypotheken und sonstigem Geldkapital; b) $^3/_{10}$ Prozent vom Wert aller Personenfuhrwerkzeuge und aller Annuitäten von über 200 Doll., ausgenommen der Staats- und Bundesannuitäten, sowie alles sonstigen beweglichen Vermögens von über 300 Doll. Wert; c) 1 Prozent vom Wert aller Luxuswägen; d) goldene Uhren werden mit 1 Doll. besteuert, silberne mit 75 Cents, die übrigen auf mehr als 20 Doll. bewerteten mit 50 Cents.

10) Darunter ist begriffen: a) eine Steuer von allen writs of error or appeal or of certiorari or habeas corpus etc. 50 Cents bis 3,50 Doll. b) Steuer von allen Testamenten und Vollmachten, wenn sie registriert werden, 50 Cents für jedes Stück und 10 Doll. für jede Kommission.

11) Die Steuer von den Seitenverwandten beträgt 5 Prozent vom Vermögen, das im Betrag von über 250 Doll. an diese übergeht.

12) „Manufacturers or importers of commercial fertilizers" werden mit 10 Doll. für Verkäufe im Betrage von 100 Tonnen oder weniger, mit 20 Doll. bei solchen von 100—500, mit 30 Doll. bei solchen von über 500 Tonnen besteuert.

13) Fremde Versicherungsgesellschaften werden mit 3 Prozent von allen Prämien besteuert, welche sie im Staat Pennsylvanien erhalten.

14) Alle Hotels und Wirtschaften bezahlen eine Licenzabgabe von 50 bis 700 Doll. nach Massgabe des geschätzten Verkaufs von Spirituosen. Es sind 5 Klassen gemacht.

15) Die Kleinhändler sind in 20 Klassen geteilt; diejenigen, deren Gesamtverkäufe mehr als 1000 Doll. und weniger als 5000 Doll. betragen, zahlen jährlich 7 Doll. (1. Klasse); diejenigen, welche Verkäufe machen im Betrage von 5 Mill. Doll. und mehr, bilden die 20. Klasse und zahlen 1000 Doll. Die Steuer bewegt sich also zwischen $^7/_{10}$—$^1/_{50}$ Prozent. Verkäufer ausländischer Waren in der Originalverpackung oder von Produkten eigener Herstellung brauchen keine Licenzen zu nehmen. Eine „femme-sole", deren Verkäufe weniger als 2500 Doll. jährlich betragen, ist ebenfalls steuerfrei.

16) Die Inhaber von Speisehäusern und Restaurants müssen Licenzen nehmen von 20—200 Doll.; je nachdem ihre Verkäufe weniger als 3000 Doll. oder mehr als 20,000 betragen; in einer inkorporierten Stadt ist das Minimum 50 Doll. Sie dürfen einheimische Weine und Spirituosen aus Malz verkaufen.

17) Alle Brauer und Destillateure sind in 10 Klassen geteilt und zahlen 15 Doll. bei einem Verkaufswert von 1000 Doll. und 200 Doll. bei einem solchen von 100,000 Doll. oder mehr.

18) Inhaber von Billardzimmern und Kegelbahnen zahlen 30 Doll. für das erste Zimmer oder die erste Bahn und 10 Doll. für jede folgende Nummer. In Pittsburg und Philadelphia sind die Zahlen 100 und 10.

19) Alle Makler zahlen 3 Prozent vom Betrag ihres jährlichen Geschäftes.

20) Auktionatoren zahlen 3 Prozent vom Betrag ihrer jährlichen Verkäufe, in Philadelphia ist aber der Mindestbetrag 500 Doll.

21) Licenzen für den Verkauf von Spirituosen werden in der nämlichen Weise besteuert wie unter Nr. 15, nur dass die Steuerbeträge doppelt so hoch sind und die niedrigste Licenz 50 Doll. beträgt. Diejenigen, welche nicht in geringeren Quantitäten als eine Quart verkaufen, zahlen ^{4}/$_5$ und als Minimum 50 Doll.

22) Alle Hausierer zahlen für das Bereich einer Grafschaft 8 Doll. jährlich, wenn sie zu Fuss, 16 Doll., wenn sie mit einem Pferd und einem Wagen, und 25 Doll., wenn sie mit zwei Pferden und Wagen reisen; die beiden letzten Sätze betragen 40 Doll. und 50 Doll. bei Licenzen für den ganzen Staat.

23) Die Verkäufer von Medikamenten zahlen wie Nr. 15.

24) Theater und ähnliche Schaustellungen zahlen 500 Doll. in der Stadt und Grafschaft Philadelphia, 200 Doll. in der Grafschaft Allegheny und 50 Doll. in anderen Grafschaften. Für Menagerien sind die Sätze 200 Doll., 100 Doll. und 30 Doll. Eine Licenz für den ganzen Staat beträgt 1000 Doll.

25) Das Einkommen vom „Bonus on charters" resultiert aus einer Steuer von ¼ Prozent vom Kapitalstock jeder neuen inkorporierten Gesellschaft; ausgenommen hiervon sind Schlagbaum-, Brücken-, Kirchhof-, Bau- und Anleihegesellschaften.

26) Die Office license fees sind eine Steuer von allen fremden Kompanien (ausgenommen fremde Versicherungsgesellschaften), welche Geschäfte in dem Gemeinwesen machen und Bureaus innerhalb seiner Grenzen haben. Die Steuer beträgt ¼ pro Mille.

27) Von nichtbezahlten Steuern müssen nach einer gewissen Zeit 6 Prozent Zinsen bezahlt werden.

28) Diese Strafen sind zu entrichten von Personen oder Korporationen, welche „provisions of acts of the Assembly" verletzt haben.

29) Es ist dies der Erlös vom Verkauf staatlicher Gesetzesblätter und Berichte.

30) Oeffentliche Notare zahlen für ihre Anstellung 25 Doll.

31) Die Alleghany Valley Eisenbahnkompanie zahlt für Staatskanäle, die ihr verkauft wurden, jährlich 5 Prozent und 100,000 Doll. an Kapital.

32) Die Unionsregierung zahlt an den Staat eine Summe für Ausrüstung von Truppen im letzten Bürgerkrieg.

33) Die Entschädigung für Tonnengeld beträgt 460,000 Doll., welche die Pennsylvania-Eisenbahn jährlich in die Staatskasse zahlt für Abschaffung der Steuer, welche früher von allen in Harrisburg, Pittsburg und zwischenliegenden Punkten verladen und weiter als 20 Meilen transportiert wurden, welche Abgabe die Staatsbahn von Philadelphia nach Kolumbia schadlos halten sollte für den Verlust, den sie durch Erbauung der Pennsylvania-Bahn erleiden könnte.

34) Die jährliche Zahlung für das Wegerecht erfolgt durch die New York und Lake-Eriebahn, welche einen Teil der Grafschaft Pike durchschneidet.

35) Alles bewegliche und unbewegliche Vermögen der ohne Testament und ohne Erben sterbenden Personen verfällt dem Staat. Ebenso verfällt alles Land, welches Korporationen ohne Licenz kaufen und Eigentum, welches in die tote Hand über gewisse Grenzen hinaus übergeht.

36) Die Gebühren gewisser öffentlicher Beamten bilden einen nicht unbeträchtlichen Teil der Einnahmen. Die meisten kommen von Harrisburg.

37) Die refundierten Summen umfassen die nicht ausgegebenen Budgetbeträge.

38) Der Staat besitzt Vermögen in verschiedenen Korporationen im Betrag von 500,000 Doll. Das meiste trägt nichts, anderes kann schwer weggegeben werden.

39) Gewissensgeld wird eingesandt ohne Namen.

40) „Neue Anleihen" beziehen sich auf eine Refundierung der Staatsschuld zu einem niedrigen Zinsfuss.

Dieses Finanzsystem ist merkwürdig, insofern die Grundsteuer unter den Einnahmen fehlt und die Korporationen stark besteuert sind. Bis zum Jahr 1874 war der Staat finanziell sehr wenig beengt. Er durfte sich an allen industriellen Unternehmungen mit beteiligen, und es gab eine Zeit, in der die Haupteinnahmen aus Bankdividenden flossen. Auch konnte der Staat beliebig viel Schulden kontrahieren, und er kontrahierte auch thatsächlich 40 Mill. Doll. für öffentliche Aufwendungen, Strassen, Brücken, Kanäle u. s. w. Nach der neuen Konstitution von 1874 darf der Staat kein Teilhaber einer Gesellschaft oder Korporation mehr sein und seinen Kredit denselben nicht verpfänden. Der Staat darf Schulden nur machen im Fall eines Deficits, und zwar für diesen Fall nur 1 Mill. Doll., einer Unterdrückung einer Insurrektion oder Invasion, im Krieg, zur Bezahlung bestehender Schulden.

Die Grafschaftsfinanzen sind einfacher als die Staatsfinanzen. In die Steuerrollen werden aufgenommen:

1) alle Häuser, Ländereien, Manufakturen, sowie alles übrige unbewegliche Vermögen, wie Hochöfen, Gärtnereien u. s. w.;

2) alle Pferde, Maultiere, Wallachen, das Rindvieh über 4 Jahre alt; alle Geldkapitalien; Haushaltungsgegenstände im Wert von mehr als 300 Doll.; Equipagen, Gold- und Silberuhren im Wert von mehr als 20 Doll.; alle Lohnkutschen, Omnibusse und dgl.; alle Annuitäten im Wert von mehr als 200 Doll., ausgenommen die Pennsylvaniens oder der Union, alle Stiftungen, ausgenommen die für religiöse Zwecke;

3) alle Erwerbstellen und einzelne Männer im Alter von mehr als 21 Jahren ohne Beruf.

Der Verkaufswert der beiden ersten Gruppen wird festgestellt, von der dritten das Einkommen. Der Prozentsatz, der vom Vermögen erhoben wird, schwankt mit dem Bedarf. Die meisten Objekte in Gruppe 2 sind auch der Staatssteuer und Ortssteuer unterworfen, während 1 und 3 nur der Grafschaft und den Ortschaften vorbehalten sind.

Das unbewegliche Vermögen dürfte auf ²/₃ seines wahren Wertes geschätzt sein und vom beweglichen Vermögen entgeht ein grosser Teil ganz und gar der Besteuerung. 1880 z. B. betrug die Schätzung des Vermögens in Gruppe 2 weniger als 112 Mill. Doll. für den ganzen Staat, während der veranlagte Wert des Grundvermögens in der Grafschaft Pennsylvanien allein mehr als viermal so viel ausmachte.

Die Einkommensteuer der 3. Gruppe wird äusserst nachlässig behandelt, so dass sie wenig einträgt; in manchen Grafschaften wird sie gar nicht erhoben, in anderen ist sie eine Klassensteuer, Arbeiter werden veranlagt mit 100 bis 150 Doll., Handwerker mit 100—200 Doll., Professoren mit 300—800 Doll. u. s. w. Die übrigen Einnahmequellen, welche der Grafschaft offen stehen, sind unbedeutend (Einnahmen aus Gefängnissen, Arbeitshäusern, Strafen und dgl.). Auch die Grafschaften dürfen sich nicht mit Kapital an Gesellschaften beteiligen und Schulden überhaupt nur bis zu 7 Prozent des Vermögenswerts kontrahieren; die Steuern müssen ausreichen, um die Schulden in 30 Jahren zurückzuzahlen.

Die Ortschaften sind auf die Besteuerung der drei oben erwähnten Vermögenskategorien beschränkt. Die Unmässigkeitsstrafen fallen in die Kasse des betreffenden Schuldistrikts. Innerhalb der Ortschaft sind oft drei verschiedene Körperschaften, welche Steuern erheben dürfen: der Board of Supervisors, Board of Directors, Board of Overseers of the Poor.

Das Gesetz unterscheidet zwischen boroughs, towns und cities, erstere können eine inkorporierte city werden, sobald sie 10,000 Einwohner zählen. Die

boroughs haben im wesentlichen die nämlichen Einkünfte wie eine township.
Sie dürfen Steuern erheben bis zu 5 pro Mille des für die Grafschaft veranlagten
Vermögens. Sie dürfen Gebühren und Gas- und Wassergelder erheben, die Grund-
eigentümer zu den Strassenausgaben heranziehen, Marktgebühren feststellen und
Hundesteuern verlangen. Die inkorporierten cities dürfen ausserdem eine Kopf-
steuer von jedem Mann von 21—50 Jahren, Licenzabgaben von verschiedenen
Berufen und Gesellschaften erheben.

Die Grafschaften dürfen bis zu 1 Prozent des veranlagten Werts, die
townships 1 Prozent und für laufende Schulausgaben 1,3 Prozent, für Erbauung
neuer Schulen weitere 1,3 Prozent. cities dürfen 1 Prozent, für Anleihen und
Anlagen ein weiteres Prozent erheben.   G. Schanz.

Wohltmann. Die Grundsteuer und das Programm der direkten Besteuerung. Leipzig. Verlag von Hugo Voigt. 1885. 50 S.

Der Verfasser ist Gegner des Ertragsteuersystems; auch die Verwendung
desselben zur höheren Belastung des fundierten Einkommens (Kombination einer
allgemeinen Einkommensteuer mit den Ertragsteuern) wird von ihm verworfen.
Sein Ideal ist vielmehr eine allgemeine Einkommensbesteuerung mit höherer
Besteuerung des Einkommens aus produktivem Eigentum.

Das Hauptrüstzeug für die Verwerfung des Ertragsteuersystems holt Wohltmann aus den Ueberwälzungserscheinungen. Es will uns aber bedünken, als ob er
hierbei zu wenig den von ihm selbst aufgestellten Satz berücksichtigt hätte,
worin er sagt: „Die Lehre von der Steuerüberwälzung ist ein Pendant zu der
Lehre von dem Preise und gehört mit zu den unaufgeklärtesten und schwie-
rigsten Gebieten in der Volkswirtschaft, weil in ihr die wirtschaftlichen, in-
tellektuellen und ethischen Eigentümlichkeiten des einzelnen Individuums volle
Berücksichtigung verlangen und sich nicht generalisieren lassen." Im Gegensatz hierzu generalisiert der Verfasser sehr viel und oft sehr kühn. Bei Steuern
z. B., welche auf Ertragsquellen lasten, die sich auf Befriedigung kultureller,
also mehr oder minder entbehrlicher Bedürfnisse beziehen, nimmt er regelmässige
Ueberwälzung an, bei Steuern von Ertragsquellen, welche auf Befriedigung von
Existenzbedürfnissen Bezug haben, nicht. Der Verfasser bleibt sich übrigens
in seinen Anschauungen über die Ueberwälzung nicht ganz gleich. Vgl. z. B
1. und 5. Artikel des Aufsatzes.

Aber ganz abgesehen von einzelnen recht bestreitbaren Behauptungen,
die Wohltmann hier aufstellt, können wir nicht zugeben, wenn er von der Einkommensteuer im Gegensatz zu der Ertragsteuer behauptet, erstere könne weder
rück- noch fortgewälzt werden. Der Abwälzungsprozess wird namentlich beim
Nichtauseinanderhalten der Einkommensquellen etwas schwieriger, aber möglich
ist er auch. Man sieht nicht ein, warum der Grundbesitzer, Gewerbtreibende,
Kapitalist u. s. w. seine Steuer weniger berücksichtigen soll, weil sie Einkommensteuer heisst und in der Grösse etwas verschieden ist. Auch lässt sich kaum
ein strikter Beweis erbringen, dass die stärkere Belastung des fundierten Besitzes
in Form der Einkommen- oder reinen Vermögensteuer nicht auch die vom Verfasser geschilderten Abwälzungsverhältnisse nach sich ziehe. Nicht auf die Form,
sondern auf die Gleichmässigkeit kommt es an. Expropriationen von Grund
und Boden infolge von Steuern treten z. B. nur ein, wenn und insoweit mobiles
Kapital gegenüber dem Grund und Boden effektiv differentiell getroffen wird.
Bei effektiv gleicher Besteuerung kann keine Wertsänderung der fixen Kapitalien
sich zeigen, bezw. wenn sie eintritt, ist sie die Folge von Vorgängen, die nicht
in der Steuer ihren Grund haben.

Je gleichmässiger die einzelnen Einkommen und Erträge getroffen werden,
um so gleicher wird der Druck, um so weniger kommt die Ueberwälzung in
Betracht. Dass man — allerdings unter Nichtberücksichtigung einmaliger Störungen — auch beim Ertragsteuersystem diesem Ziele nachstreben kann, hat

z. B. neuerdings Württemberg gezeigt, das zugleich eine ziemlich konsequente Berücksichtigung des fundierten und unfundierten Einkommens innerhalb des Ertragsteuersystems durchgeführt hat. (Finanzarchiv I, 389 ff.)

Richtig bleibt, dass die Gleichmässigkeit beim Ertragsteuersystem schwer lange aufrecht zu erhalten ist; allein auch bei der Einkommensteuer ist sie nicht strikte zu erreichen.

Wir können deshalb die Kombination einer allgemeinen Einkommensteuer mit Ertragsteuern nicht mit dem Verfasser für ganz verfehlt betrachten. Man kann in der That, wenn auch nicht in ganz vollkommener Weise — Vollkommenes im Steuerwesen giebt es überhaupt nicht — durch die Ertragsteuern das fundierte Einkommen vorweg belasten. Für die schwierige Durchführung der Allgemeinheit der Besteuerung hat die Kombination bekanntlich manche Vorteile, ebenso ist in dieser Hinsicht, namentlich insoweit es sich um kommunale Zuschläge handelt, die Nichtberücksichtigung der Schulden bei den Ertragsteuern nicht zu verwerfen. (Vgl. z. B. Nasse in den Schriften des Vereins für Socialpolitik XII, die Kommunalsteuerfrage S. 285 ff.)

Der langsamen historischen Fortbildung der direkten Steuern entspricht die Kombination in vielen Fällen entschieden mehr als der Vorschlag des Verfassers. Die Zeit wird dann von selbst den Schwerpunkt in die allgemeine Einkommensteuer verlegen.

Wir haben uns in diesem Sinne bereits ausgesprochen anlässlich der hessischen neuesten Steuerreform, die Herrn Wohltmann unbekannt ist; auch die badische steht auf diesem Boden, und es ist einer der vielen Irrtümer, die in der Schrift unterlaufen, wenn der Verfasser behauptet, die badische allgemeine Einkommensteuer sei abgelehnt worden. (Vergl. Gesetz vom 20. Juni 1884.)

G. Schanz.

O. Warschauer. Die Zahlenlotterie in Preussen. Mit Benutzung amtlicher Quellen dargestellt. Leipzig. Verlag von G. Fock. 1885. 124 S.

Eine vollständige Geschichte der preussischen Staatslotterien auf Grund umfassender Quellenstudien besitzen wir noch nicht. Der Leipziger Privatdocent Dr. Warschauer hat deshalb dieses Gebiet in Angriff genommen. Den Anfang hat er mit der Geschichte des preussischen Lottos gemacht. Zwar ist die Klassenlotterie in Preussen die ältere Form der Lotterie, aber erst im Jahre 1767 wurde sie für den Staat monopolisiert, während die Zahlenlotterie durch das Patent vom 8. Februar 1763 ins Leben gerufen und sofort nach ihrer Entstehung für Rechnung des Staates verwaltet worden ist. Sie ist also als die erste Staatslotterie zu betrachten. Die Geschichte derselben spielt sich ab in der Zeit von 1763 bis 1810. Ihre Entstehung verdankt sie dem Streben Friedrichs des Grossen, am Ende des siebenjährigen Krieges durch alle möglichen Mittel die Einnahmen zu mehren. Friedrich der Grosse liess aus London den aus Livorno stammenden Italiener Johann Calzabigi kommen, der Mitte des vorigen Jahrhunderts in den einzelnen europäischen Staaten gewissermassen als Organisator und Reformator des genuesischen Lottos galt. Er legte dem König den Plan zu einer Lotterie nahe und richtete sie ein. Weder die Administration der Zahlenlotterie für königliche Rechnung unter Leitung Calzabigis, noch die Verpachtung an Calzabigi bewährte sich; letzterer erwies sich aus verschiedenen Gründen als ungeeignet. Dagegen entwickelte sich die Zahlenlotterie rasch, als man sie 1764 an Grafen Reuss und Kons. verpachtete. Bei jeder Pachterneuerung gelang es, einen grösseren Ertrag für den Staat zu erzielen. Das System der Verpachtungen wurde 1794 verlassen, um dem Staat die volle Einnahme aus der nun nach allen Seiten hin gefestigten Institution zuzuführen. Man hatte sich nicht getäuscht. In der Periode von 1794—1806 waren die Einnahmen geradezu glänzende. Unter französischer Herrschaft wurde durch eine verständnislose und berechtigte Interessen vernachlässigende Verwaltung der Kredit der Lotterie rasch untergraben; nach Retablierung der Staatsverwaltung in der Zeit von 1808/10 drang die Anschauung durch, der schon Friedrich Wilhelm II. gehuldigt hatte, dass die Zahlenlotterie den geläuterten ethischen Begriffen nicht entspreche und kein würdiges Objekt der Steuerpolitik eines Staates bilde. Man hob dieselbe auf. In manchen Orten hatte die Spielwut so alles Mass überstiegen, dass man behördlicherseits einschreiten musste. So entsandte der König einen Spezialkommissarius nach Luckenwalde, der energische Massregeln treffen sollte, um das Spiel soviel wie möglich und hauptsächlich nur auf die besitzenden Klassen zu beschränken. Demgemäss sollte Bürgern, welche Bauhilfsgelder von der Stadt leihweise verlangten, dieselben versagt werden, sobald es erwiesen war, dass sie am Zahlenlotteriespiel sich über ihre Kräfte beteiligt hatten; ferner sollten diejenigen, welche in Konkurs geraten waren und über ihre Verhältnisse in der Lotterie gespielt hatten, wegen böswilliger Defraudation bestraft werden. Alle diese Massregeln fruchteten wenig, und nicht mit Unrecht sang man am Ende des vorigen Jahrhunderts in den Strassen Berlins: Die Pest gab die Natur dem Oriente, unbillig ist sie nie, dafür gab sie dem Occidente die Zahlenlotterie. An dem ungünstigen Urteil ändert auch nur wenig die Art der Verwendung der Ueberschüsse, über die Warschauer eingehende Mitteilungen macht. Bis 1794 dienten die Pachtgelder zur Errichtung neuer Regimenter, Verpflegung des Heeres etc. Von 1794—1806 wurden die Lotterieeinkünfte zum Besten der Invaliden-, Witwen-, Versorgungs-, Schul- und Armenanstalten bestimmt; unter anderem musste auch — behufs Mehrung der Bevölkerung — bei jeder Ziehung der Zahlenlotterie fünf armen, im Lande geborenen Mädchen zum Zweck ihrer Verheiratung eine bare Aussteuer von 50 Thaler ausgezahlt werden. Es wurden auf diese Weise jährlich 80—85 arme Mädchen ausgestattet; auch der Porzellanmanufaktur wurde durch die Lotterie Unterstützung zu teil.

Für weitere Details der geschichtlichen Entwicklung, der inneren Verwaltung, des Lotteriegerichts, der Zahlenlotteriegesetzgebung, der technischen Organisation des Zahlenlotteriegeschäfts verweisen wir auf die Schrift selbst. Wir begnügen uns, aus derselben noch das Zahlenmaterial über die Erträgnisse mitzuteilen:

Die jährliche Durchschnittseinnahme betrug

bei der Berliner Lotterie: bei der Zahlenlotterie zu Langenfuhr:

1) Administration.

1763—1764	18,969 Thlr.	

2) Verpachtung.

1764—1766	41,667 Thlr.			
1767—1770	30,000 „			
1770—1776	40,000 „	1773—1776	1,333$\frac{1}{3}$ Thlr.	
1776—1785	55,592 „	1776—1785	3,611	„
1785—1794	60,622 „	1785—1794	12,500	„

3) Administration.

	Berlin	Danzig	Warschau	Ansbach	Gesamtüberschuss sämtl. Lotterien
1794/95	134,381	52,856	—	—	187,237
1795/96	139,354	80,059	—	—	219,413
1796/97	377,050	68,236	21,754	—	467,040
1797/98	350,415	31,331	23,400	18,018	423,164
1798/99	318,197	102,216	16,530	48,544	485,487
1799/1800	268,663	56,427	41,805	51,338	418,233
1800/01	244,389	70,517	32,588	91,403	438,897
1801/02	270,203	85,163	32,931	7,618	395,915
1802/03	113,852	85,538	44,348	8,750	252,488
1803/04	320,152	65,158	49,228	—	434,538

	Berlin	Danzig	Warschau	Ansbach	Gesamtüber-schuss sämtl. Lotterien
1804/05	336,768	118,080	43,312	—	498,160
1805/06	208,079	65,650	—	—	273,729
1806/07	—	51,212	—	—	⎰ 138,207
1806 bis 17./10. 1806	86,995	—	—	—	⎱
24./12. 1806 bis 16./12. 1807	[31,588]	—	—	—	[31,588]
16./12. 1807 bis 1./2. 1809	[63,044]	—	—	—	[63,044]
1./2. 1809 bis 23./5. 1810	143,123	—	—	—	143,123

G. Schanz.

Das bedrängte Wien. Eine politisch-finanzielle Studie. 2. Aufl.
Wien 1885. Verlag von Karl Konegen.

Das Schriftchen hat vorwiegend lokales Interesse, doch ist es auch in
weiteren Kreisen nicht unbeachtet geblieben. Handelt es sich doch um eine
Weltstadt, deren Budget das vieler kleinen Staaten weit überragt, um das Centrum einer grossen Monarchie, in dem alle Adern des Reichs zusammenfliessen
und selbst wieder dort Stärkung suchen, um den Hort deutschen Wesens in dem
vielsprachigen Völkergemisch. In kurzen Zügen führt der Verfasser all die
finanziellen Thatsachen vor, welche seit 1848 die Entwickelung Wiens beglei-
teten. Einst und Jetzt treten in greller Beleuchtung gegenüber. Bleiben wir
nur bei den letzten 20 Jahren. Seit 1861 hat Wien nicht weniger als 95 Mill. fl.
ausserordentlichen Kostenaufwand, darunter 2,931,476 fl. für Leistungen zur
Stadterweiterung; 5,829,229 fl. zur Donauregulierung; 10,617,096 fl. für das neue
Rathaus; 3,593,489 fl. für neue Amtshäuser; 1,565,600 fl. für Kirchen- und Pfarr-
hofbauten; 8,216,163 fl. zum Ankauf von Grundflächen zur Verbreiterung der
Strassen; 7,447,971 fl. für Strassenbauten und Pflasterungen; 4,736,245 fl. für
Kanalbauten; 2,385,957 fl. für Brückenbauten; 24,778,167 fl. für Wasserversor-
gung (Kaiserbrunnen); 8,786,281 fl. für Schulbauten; 5,212,291 fl. für Marktein-
richtungen; 1,706,875 fl. für Centralfriedhof u. s. w.

Dem Wachsen der Bevölkerungszahl um 200,000 Seelen und der Geschäfts-
vermehrung (1861 betrug die Zahl der Agenden des Gemeinderats und des Magistrats 149,000, 1883 407,000) entsprechen auch die ordentlichen Auslagen in
den wichtigsten Zweigen:

	1861	1883
Gehalte und Pensionen in der Centralverwaltung .	611,134 fl.	1,326,153 fl.
Kosten der Amtslokalitäten und Amtserfordernisse .	87,134 „	313,330 „
Verwaltung der Staats-, Landes- und Gemeindesteuern .	63,749 „	181,518 „
Verwaltung des unbeweglichen Gemeindevermögens (Staatssteuern, Erhaltung der Realitäten) . .	125,360 „	272,292 „
Verzinsung und Tilgung der Gemeindeschuld . .	1,055,006 „	4,431,960 „
Beitrag für die vom Staate verwaltete Sicherheits- polizei	252,000 „	597,666 „
Kosten der Feuerlöschanstalten	39,298 „	215,521 „
Erhaltung der Strassen	107,054 „	543,917 „
Säuberung „ „	233,544 „	798,506 „
Bespritzung „	65,855 „	193,075 „
Verwaltung der Gartenanlagen	12,069 „	110,704 „
Verwaltung der öffentlichen Beleuchtung	295,565 „	356,111 „
Verwaltung der Wasserleitungen	76,676 „	187,842 „
Kosten der Erhaltung und Räumung der öffentlichen Kanäle	88,715 „	197,901 „
Verwaltung der Märkte, der Marktaufsicht, der Schlachthäuser und des Lagerhauses . . .	115,276 „	298,392 „

Kosten des Sanitätsdienstes im allgemeinen, Verwaltung der Leichenbestattung, der Bäder, der der Rettungsanstalten, der Anstandsorte, Wasenmeistereien	1861	1883
	13,324 fl.	333,226 fl.
Zuschüsse der Gemeinde zu den Armenfonds, Verzehrungssteuerzuschläge	398,461 „	543,418 „
Dotation aus den eigenen Geldern	—	543,230 „
Auslagen fur Kultuszwecke	17,018 „	14,382 „
Erhaltungskosten der städtischen Mittelschulen . .	50,009 „	377,900 „
Erhaltungskosten der städtischen Volksschulen . .	251,604 „	2,488,448 „
Erhaltungskosten des Pädagogiums, der Gewerbschulen u. s. w.	—	63,860 „
Konskriptions- und Militärangelegenheiten	173,195 „	197,869 „
Verschiedene ständige Auslagen	6,347 „	34,658 „

Im ganzen war das Erfordernis des städtischen Haushaltes:

	1861	1883
bei den ordentlichen Ausgaben . .	4,371,170 fl.	15,209,525 fl.
bei den ausserordentlichen Ausgaben	2,190,928 „	2,575,436 „
	6,562,098 fl.	17,784,921 fl.

Es war keine leichte Aufgabe, diesem bedeutenden Mehrerfordernis auch in der Einnahme nachzukommen. Es würde zu weit führen, hier ins Detail einzugehen. Die Steuern sind gestiegen, aber auch der Schuldenstand erheblich vermehrt worden; neue Einnahmsquellen, namentlich aus den gemeindlichen Anstalten, sind zugewachsen, aber sehr beträchtliche auch in Wegfall gekommen. Der Gemeindehaushalt ist so gespannt, dass man vor der Inangriffnahme weiterer gemeinnütziger Unternehmungen zurückscheut. Staatlicherseits hat man die Bestrebungen der Metropole wenig gefördert, man hat ihr nur Opfer zugemutet und Einnahmen abgebröckelt. Der Verfasser weist nicht mit Unrecht auf das ganz andere Verhalten des ungarischen Staats gegenüber Budapest hin. Unter dem Nationalitätenstreit hat Wien naturgemäss auch zu leiden. Die stolze Kaiserstadt sieht sich so in der That von allen Seiten bedrängt.

G. S c h a n z.

Kirsch. Die Zoll- und Reichssteuerverwaltung im Grossherzogtum Baden. Karlsruhe. Druck und Verlag der G. Braunschen Hofbuchhandlung. 1885. 327 S.

Aehnlich wie im Vorjahre die königl. sächsische Zoll- und Steuerdirektion aus Anlass ihres fünfzigjährigen Bestehens dem indirekten Abgabenwesen im Königreich Sachsen einen Rückblick gewidmet hat (s. Finanzarchiv I, S. 931), hielt auch der grossh. Geh. Finanzrat Kirsch aus Anlass des fünfzigjährigen Bestehens der grossh. badischen Zolldirektion es für passend, die seitherige Entwickelung der Zoll- und Reichssteuerverhältnisse zu überblicken und sich zu vergegenwärtigen, auf welche Gebiete die Thätigkeit der Zoll- und Reichssteuerverwaltung sich derzeit erstreckt und welche Behörden und Beamten in Baden zur Besorgung der bezüglichen Geschäfte berufen sind. Hirsch war umsomehr dazu berufen, als er über 18 Jahre der Zolldirektion angehört. Als Aufgabe hatte er sich gestellt, ein Werk zusammenzustellen, welches den in das Zollwesen bereits Eingeweihten ein handliches Nachschlagebuch sein und den Anfängern im Zollwesen als Leitfaden dienen sollte, der das Verständnis der mannigfaltigen und eigenartigen Verhältnisse zu erleichtern geeignet ist. Zugleich soll mit demselben den Justiz- und Verwaltungbeamten, den Abgeordneten, den Industriellen, dem Handelsstand, kurz jedermann, welcher an dem wirtschaftlichen Leben des deutschen Volkes ein Interesse hat, ein Buch in die Hand gegeben werden, mit Hilfe dessen sich jeder über die Entwickelung und den dermaligen Stand der Zoll- und Reichssteuergesetzgebung rasch und sicher orientieren kann. Die

Anlage des Buchs entspricht der eines Repertoriums und gleicht in mancher Hinsicht den bekannten Darstellungen von Aufsess über den gleichen Gegenstand in Hirths Annalen, von denen eben gleichfalls eine dritte Bearbeitung erschienen ist. Bei den rasch auf einander gefolgten Aenderungen im Zoll- und Reichssteuerwesen sind solche zusammenfassende Bücher ein Bedürfnis. Der erste Teil des Werkes gibt eine geschichtliche Entwickelung des Zollwesens; darin sind manche weniger bekannte badische Verhältnisse und Daten vorgeführt namentlich auch aus der Zeit vor Gründung des Zollvereins. Von Interesse sind die Erträgnisse, welche Baden damals aus den Zöllen zog.

	Eingangszölle.	Ausgangszölle.	Durchgangszölle.	Summa.
1820	249,928 fl. 17 kr.	164,948 fl. 07 kr.	100,219 fl. 04 kr.	515,095 fl. 28 kr.
1821	261,546 „ 30 „	173,219 „ 39 ½ „	109,305 „ 43 „	544,071 „ 52 ½ „
1822	346,845 „ 16 „	169,802 „ 06 „	112,632 „ 01 „	629,279 „ 23 „
1823	335,674 „ 43 „	175,310 „ 28 „	108,743 „ 25 „	619,728 „ 36 „
1824	357,563 „ 22 „	181,628 „ 08 „	123,401 „ 08 „	662,592 „ 38 „
1825	410,052 „ 41 „	155,393 „ 23 „	104,034 „ 11 „	689,480 „ 15 „
1826	476,824 „ 49 „	134,995 „ 30 „	107,438 „ 02 „	719,258 „ 21 „
1827	593,920 „ 28 „	129,861 „ 17 „	119,841 „ 07 „	843,622 „ 52 „
1828	603,000 „ 33 „	129,529 „ 08 „	112,729 „ 12 „	845,258 „ 53 „
1829	678,138 „ 59 „	122,326 „ 59 „	118,605 „ 33 „	919,075 „ 31 „
1830	695,586 „ 21 „	139,530 „ 31 „	128,784 „ — „	963,900 „ 52 „
1831	700,478 „ 48 „	127,269 „ 29 „	136,459 „ 34 „	964,207 „ 51 „
1832	617,268 „ 12 „	139,852 „ 53 „	140,772 „ 27 „	907,893 „ 32 „ „
1833	1,097,594 „ 58 „	79,970 „ 18 „	139,874 „ 39 „	1,317,439 „ 55 „
1834	1,128,753 „ 22 „	98,989 „ 47 „	138,276 „ 53 „	1,366,420 „ 02 „

Erwünscht wäre auch eine Angabe über die Anteile Badens an den Zöllen nach Gründung des Zollvereins gewesen. Im übrigen ist dieser Abschnitt streng chronologisch gehalten. Die Vorgänge in jeder Generalkonferenz und jeder Session sind jedesmal dargestellt. Ein zweiter Abschnitt hat einen systematischen Charakter; er orientiert meist unter Verweisung auf die Mitteilungen im 1. Abschnitt über den damaligen Stand der Zoll- und Reichssteuerverhältnisse; es finden sich hier Angaben über Grösse und Einwohnerzahl des deutschen Zollgebiets, eine Gruppierung der noch giltigen Zoll- und Handelsverträge, eine Uebersicht über die Gesetze und Regulative die Erhebung und Verwaltung der Zölle und Reichssteuern betreffend, dermalige Einfuhrverbote bezw. -Beschränkungen. Ein dritter Abschnitt behandelt andere mit der badischen Zollverwaltung in Verbindung stehende Verwaltungszweige, wie die früher bestandenen Wasserzölle, die Brücken-, Niederlage- und Hafenverwaltung. Ein letzter Abschnitt endlich gibt detaillierte Angaben über die Behördenorganisation, Beamte der Zollverwaltung und deren Dienstverhältnisse. Besondere Beachtung verdienen hier die Zusammenstellungen über die Gehaltsbewegung seit 1835—1883.

G. Schanz.

Bollettino di legislazione e statistica doganale e commerciale. Ministero delle finanze. Direzione generale delle gabelle. Roma. gr. 8. Relazione sull' amministrazione delle gabelle per l'anno 1883. Roma. 4. 1884. 393 S.

Das Bollettino di legislazione etc. erscheint seit Januar 1884 und zwar in der Regel alle Monat ein Heft. Der erste Band umfasst 995 Seiten. Das Organ ist eines der vielen Mittel, welche der jugendliche Staat neuerdings unternommen hat, um sich eine entsprechende Stellung im Weltverkehr zu sichern. In dem Mass, als ein Staat in seinen wirtschaftlichen Beziehungen in das reichverschlungene Gebiet der Weltwirtschaft verflochten wird, muss er immer mehr sein Augenmerk auf die fortwährenden Aenderungen der kommerziellen Verhältnisse lenken und seinen Angehörigen die bezüglichen Daten zu vermitteln suchen.

Die vielen Handelsverträge sowie die fortwährenden Tarifänderungen des eigenen und der fremden Staaten müssen wegen der Wirkungen auf den auswärtigen Verkehr genau verfolgt und mitgeteilt werden. Naturgemäss schliessen sich daran statistische und andere Notizen über den Welthandelsverkehr zur Orientierung der einheimischen an. Die einzelnen Hefte des Bollettino zerfallen deshalb immer in zwei Teile, von denen der erste das Gesetzgebungsmaterial, der zweite die Notizen enthält.

Zur Herstellung der Publikation ist ein eigenes ufficio di legislazione e di statistica delle dogane bei der Generaldirektion der Zölle begründet worden (Dekret vom 28. Juli 1883), bestehend aus dem Generaldirektor der Zölle, als Präsidenten, dem Generaldirektor der Statistik, dem Generalinspektor der Finanzen, einem Beamten des Ministeriums der öffentlichen Arbeiten, dem Vorstand der Handelsabteilung im Ministerium für Agrikultur, Industrie und Handel. Diese Kommission versammelt sich mindestens alle Monate einmal. In dem Archiv der Behörde müssen alle Gesetzesmaterialien, die auf das Zollwesen Bezug haben, gesammelt werden. Die vorliegenden Hefte berechtigen zu der Annahme, dass die Aufgabe, die man sich gestellt, in vollem Masse erfüllt wird. In Bezug auf Zolltarife ist wohl absolute Vollständigkeit vorhanden. Das Bollettino entspricht dem deutschen Handelsarchiv, der Austria und teilweise auch dem französischen Bulletin de statistique et législation comparée.

Die jährlich erscheinende Relazione sull' amministrazione delle gabelle enthält eine genaue detaillierte Statistik über die Zölle, Verbrauchsabgaben. Fabrikationssteuern (Branntwein, Zucker, Säuerlinge, Cichorie, Feuerwerkspulver, Baumöl), Tabak-, Salz- und Lottoeinkünfte. Eine gute Einleitung von dem Generaldirektor V. Ellena bespricht in eingehender Weise diese Einnahmearten. Vergleiche mit früheren Jahren und mit dem Auslande ziehend. Auch verbreitet sie sich über die Civil- und Straffälle, an welchen die Verwaltung beteiligt war, die Finanzwache u. s. w. Jeder Teil bietet viel des Interessanten, und wer die Verwaltung der einzelnen Zweige der indirekten Steuern Italiens genau kennen lernen will, wird diese fortlaufende Quelle mit Nutzen zu Rate ziehen.

G. Schanz.

Bollettino ufficiale della Ragioneria Generale, della Direzione Generale del Tesoro et della Direzione Generale del Debito Pubblico. Ministero del Tesoro. Vol. I (1883); Vol. II (1884). 1505 u. 980 S.

Dieses offizielle Werk bringt sämtliche gesetzlichen Bestimmungen, ministerielle Verordnungen und gerichtlichen Entscheidungen, welche über Angelegenheiten der Generalbuchhalterei, der Generaldirektion des Schatzes und der öffentlichen Schuld Italiens ergehen. Es bildet das amtliche Organ für die Beamten des genannten Ressorts. Für nichtitalienische Finanzpraktiker und Finanztheoretiker sind von Wert namentlich die in der Inhaltsübersicht „affari generali" überschriebenen Partien; darin finden sich die organisatorischen Gesetze und Dekrete, auch die jeweiligen Finanzgesetze; wir machen auf das Vol. II besonders aufmerksam, weil es alle wichtigen Gesetze und Dekrete, die über den Rechnungshof seit 1862 erlassen wurden, enthält. Für diejenigen, welche die eigenartige doppelte Buchhaltung interessiert, dürften auch manche der von Fall zu Fall gegebenen Normen über zweifelhafte Buchungen im speciellen Teil in Betracht kommen.

G. Schanz.

A. Seisser. Die Gesetze über die direkten Steuern im Königreich Bayern, mit Einleitung, Anmerkungen, Vollzugsvorschriften und Sachregister herausgegeben. II. Band, enthaltend das Gewerbesteuergesetz. Zweite neu bearbeitete Auflage. Nördlingen. Verlag der C. H. Beck'schen Buchhandlung. 1885. XVII und 384 S.

Die Steuerkommentare des k. Ministerialrats im bayerischen Finanzministerium A. Seisser sind unstreitig die besten Berater in allen Fragen, welche die direkten Steuern Bayerns betreffen. Bei einem so schwierigen, eigentümlich aufgebauten und selbstverständlich zu mancherlei Zweifeln Anlass gebenden Gesetz, wie es das bayerische Gewerbegesetz ist, tritt das Bedürfnis nach einer Hilfe besonders hervor, wie denn auch das rasche Vergriffensein der ersten Auflage obiger Schrift beweist. Steuerpflichtige, Steuerbeamte und diejenigen, welche aus theoretischen Gründen mit dem bayerischen Gewerbesteuergesetz sich bekannt machen wollen, werden mit Vortheil das Buch benutzen. Eine kurze Einleitung orientiert über die Entstehungsgeschichte des Gesetzes, ohne die dasselbe allerdings nicht richtig zu verstehen und zu interpretieren ist. Die Bemerkungen zu den einzelnen Gesetzesparagraphen sind bestimmt und verwerten alles aus der Praxis bislang hervorgegangene Material.

G. Schanz.

Eugen Kühnemann. Die Stempel- und Erbschaftssteuer in Preussen mit besonderer Berücksichtigung der Provinz Hannover. Zweite umgearbeitete Auflage. Hannover. Verlag von Carl Meyer. 1885.

Ein Buch von 394 Seiten über das Stempelwesen eines Einzelstaates, das nur Gesetze, Verordnungen, gerichtliche und finanzbehördliche Entscheidungen enthält, ist ein deutlicher Beweis, mit welchen casuistischen Schwierigkeiten das Stempelwesen zu kämpfen hat. Sie sind freilich gerade in Preussen besonders gross, weil man eine dreifache Gesetzgebung, die in neu erworbenen Landesteilen der preussischen Monarchie, die der altländischen Provinzen und die für den Umfang der Monarchie zu berücksichtigen hat. Das Streben, das Gesamtgebiet der Monarchie in stempelsteuerlicher Rücksicht gleichzustellen, ist immer vorhanden gewesen, aber noch keineswegs erreicht. Bei der sehr verwickelten und öfter, erst neuerdings wieder geänderten Gesetzgebung (s. Finanzarchiv I, S. 821 fg.) ist die Praxis ganz ausser Stand, ohne einen solchen Führer auszukommen. Auch nur ein täglich mit der Materie beschäftigter Mann, wie der Verfasser in seiner Stellung als Provinzial-Stempelfiskal es ist, kann das Material bewältigen. Die Anlage des Buchs ist eine zweckmässige; es enthält auch eine dankenswerte Zusammenstellung der sämtlichen Stempeltarife in der preussischen Monarchie in alphabetischer Ordnung, ein Zeit- und Sachregister und bietet dem Praktiker alle Handhaben, die er nötig hat. G. Schanz.

v. Arnstedt, königl. Landrat. Handbuch für Verwaltungsbeamte in den Kreisordnungsprovinzen. Unter Berücksichtigung der die Reform der Verwaltung abschliessenden Gesetze vom 30. Juli und 1. August 1883. I. Theil II. Abt. Das Militärwesen und die Staatssteuern. Halle a. S. Verlag von Eugen Strien. 1884. 260 S.

Der grössere Teil des Buchs (S. 100 bis 260) ist der Steuermaterie gewidmet; es enthält eine knappe Zusammenfassung der gesetzlichen Bestimmungen und Verordnungen des preussischen Steuerwesens nach dem neuesten Bestand, soweit namentlich der Verwaltungsbeamte Kenntnis davon haben muss. Es sind sowohl die direkten als indirekten (Reichs-)Steuern berücksichtigt. Die Behandlungsweise ist registrierend und referierend und gleicht der von Hock in seinem freilich umfassender angelegten Handbuch der gesamten Finanzverwaltung Bayerns. Ein gutes Register erleichtert die Benützung. G. Schanz.

C. Zander (Kreiskassen-Rendant). Die Verwaltung der Staatsschulden
im Königreich Preussen. Eine Zusammenstellung der bezüglichen Gesetze nebst den Motiven und Ausführungsbestimmungen,
mit Erläuterungen versehen. Hannover. Verlag von Carl Meyer.
1885. 48 S.

Das kleine Schriftchen ist hauptsächlich für den praktischen Gebrauch
geeignet. Der Schwerpunkt liegt in dem neuen Gesetz vom 20. Juli 1883, betreffend das Staatsschuldbuch, dessen Text unter Einschaltung der Motive, sowie
der Vollzugsbestimmungen vom 22. Juni 1884 und der Bekanntmachung vom
8. Juli 1884 abgedruckt ist. Eine das Gesetz zugleich kritisch beleuchtende
Betrachtung, wie sie im Finanzarchiv I, S. 265 fg. von dem Ausschussreferenten
Francke über das Gesetz vorgenommen wurde, ist vom verfasser nicht beabsichtigt gewesen. Weiter sind wiedergegeben und mit einigen Noten versehen
das Gesetz vom 19. Dezember 1869, betreffend die Konsolidation preussischer
Staatsanleihen, das Gesetz vom 24. Februar 1850, betreffend die Verwaltung des
Staatsschuldenwesens und Bildung einer Staatsschuldenkommission, das Gesetz
vom 29. Februar 1868, betreffend die künftige Behandlung der auf mehreren
der neuerworbenen Landestheile lastenden Staatsschulden und die Ausgabe von
Kassenanweisungen zum Betrage von 7.222,959 Mark, das Gesetz vom 11. Februar
1869, betreffend Abänderungen und Ergänzungen dieses Gesetzes, endlich das
Gesetz vom 23. März 1868, betreffend die Uebernahme und die Verwaltung der
nach den Art. VIII und IX des Wiener Friedensvertrages vom 30. Oktober 1864
von den Elbherzogtümern an das Königreich Dänemark zu entrichtenden Schuld.

G. Schanz.

A. Werner, Darstellung des im rechtsrheinischen Bayern in Bezug
auf örtliche Verbrauchssteuern derzeit geltenden Rechtes. Augsburg 1885. Verlag der Math. Riegerschen Buchhandlung (Ad.
Himmer). 35 S.

Ueber die in Bayern vorkommenden örtlichen Verbrauchssteuern besteht
in weiteren Kreisen, besonders ausserhalb Bayerns nur geringe Kenntnis. Der
verstorbene Bürgermeister Dr. Zürn in Würzburg hat zuerst in den Schriften
des Vereins für Socialpolitik XII (1877) einige Mitteilungen gemacht. Das vorliegende Schriftchen dürfte noch besser zur Orientierung dienen. Der erste Abschnitt behandelt die allgemeinen Bestimmungen über die Zulässigkeit gemeindlicher Aufschläge; der zweite Abschnitt betrifft die Einführung und Erhöhung
der Aufschläge, der dritte die Rückvergütung bezahlter Aufschläge, der vierte
die Kontrolvorschriften und Strafbestimmungen. In einem Anhang sind sämtliche in Augsburg zur Kontrolle und Sicherung der örtlichen Gefälle erlassenen
ortspolizeilichen Vorschriften enthalten, die in den letzten Jahren neu revidiert
wurden und als ein Typus gelten können. Eine Einleitung gibt eine kurze Geschichte des Aufschlagwesens in Augsburg, welche für die ältere Zeit als eine
Geschichte des „Ungelts" sich darstellt. Sehr wünschenswert wäre, wenn wir
im Anschluss an die rechtlichen Bestimmungen der gemeindlichen Verbrauchssteuern nun auch eine genaue Darstellung von dem thatsächlichen Vorkommen
derselben und ihrem Ertrag erhielten. Natürlich kann das aber nicht Sache
eines Privatmannes sein, sondern ist Aufgabe des bayerischen statistischen Bureaus,
das auch schon lange diesen Gegenstand ins Auge gefasst hat.

G. Schanz.

Statistisches Jahrbuch für das Deutsche Reich. Herausgegeben vom kaiserlichen statistischen Amt. 6. Jahrg. 1885. Verlag von Puttkammer und Mühlbrecht. 213 S.

Schon lange hat man beobachtet, dass die voluminösen Pnblikationen der verschiedenen statistischen Bureaus nur wenig benützt werden. Es ist eine Minderzahl, welche sie zu Rate zieht. Um nun das reichhaltige Material, das in diesen Werken niedergelegt ist, leichter nutzbar und zugänglich zu machen, hat man versucht, die wichtigsten Daten, die auf das betreffende Gemeinwesen Bezug haben, zusammenzustellen, übersichtlich zu ordnen und dadurch flüssig zu machen. Alle derartige Publikationen, wie das Jahrbuch für bremische Statistik, das statistische Jahrbuch der Stadt Berlin, das Jahrbuch für die amtliche Statistik des preussischen Staates, für das Grossherzogtum Baden, die Württembergischen Jahrbücher u. a., haben grossen Anklang gefunden und sehr dazu beitragen, die statistischen Resultate in weiteren Kreisen zu verbreiten.

Gleiche, ja man darf sagen, noch weit grössere Billigung wurde laut, als das kaiserliche statistische Amt vor 6 Jahren — sein Beispiel wurde inzwischen in Oesterreich und von dem l'Institut de Statistique in den Niederlanden nachgeahmt — mit der Publikation des statistischen Jahrbuchs für das deutsche Reich begann. Die zahlreichen Veröffentlichungen des statischen Amtes sind geradezu erst auf diese Weise Gemeingut des deutschen Volkes geworden. Alles, was die Reichsstatistik bis zum Erscheinen verarbeitet hat, ist hier in kurzer, höchst übersichtlicher und doch für die meisten Fälle ausreichender Weise zusammengestellt [1]).

Reicht das Gegebene nicht aus, so macht die Quellenangabe leicht das Zurückgreifen auf die grundlegende Verarbeitung möglich. So vergeht kaum ein Tag, wo man das Buch nicht zu Rate zieht. Die Leser des Finanzarchivs machen wir besonders aufmerksam auf das reiche wohlgruppierte Zahlenmaterial über das Finanzwesen des Reichs; der Reichshaushalt ist nach allen Seiten hin übersichtlich dargestellt, die Ausgaben und Einnahmen sind geschieden nach Kapiteln jeweils für die letzten 10 Jahre vorgeführt; über die Zölle und indirekten Steuern, die Reichsstempelabgaben, Reichsschulden, Geldwesen sind noch speziellere Uebersichten vorhanden; auch hier erstrecken sich die Daten immer auf eine Reihe von Jahren zurück.   G. Schanz.

Statistisches Handbuch für Elsass-Lothringen. Herausgegeben vom statistischen Bureau des kaiserl. Ministeriums für Elsass-Lothringen. I. Jahrg. Strassburg 1885. Druck und Verlag von G. Fischbach. 280 S.

Es ist dies der jüngste Versuch, welcher der in der vorigen Besprechung erwähnten Tendenz entspricht. Derselbe kommt um so willkommener, als zahlreiche Kreise für die Zustände in den Reichslanden sich interessieren. Der Inhalt ist ungemein reichhaltig. Die 21 Abteilungen umfassen: Allgemeine Landesbeschreibung, Bevölkerung, Bevölkerungsbewegung, Landwirtschaft, Gewerbe und Industrie, Verkehr, Geld- und Kreditwesen, die öffentliche Armen- und Krankenpflege, Medizinalwesen, Kultus, Unterricht, Rechtspflege, Gefängniswesen sowie Straf- und Besserungsanstalten, Brandschäden und Feuerwehren, Militärwesen, Wahlen, Prüfungsergebnisse, Arbeitspreise, Statistik der Presse, Finanzwesen, Forstwesen. Es würde uns zu weit führen, wollten wir hier des vielen

---

[1]) Manches liesse sich noch berücksichtigen, so die Patent-, Muster- und Markenschutzstatistik.

Interessanten erwähnen, das in den Tabellen enthalten ist. Die im vorigen
Jahrgang des Finanzarchivs S. 868 auf Grund dieser Publikation mitgeteilte
Probe mag hinreichen.   G. Schanz.

Dr. F. C. Huber. Das Submissionswesen. Tübingen 1885. Verlag der H. Lauppschen Buchhandlung. XXIV S. und 475 S.

Die öffentliche Wirtschaft ist so eng mit dem Submissionswesen verknüpft,
dass eine einigermassen befriedigende Lösung für sie von höchster Bedeutung
ist. Es sind riesige Summen, welche von ihnen im Wege der Submission dem
Verkehr zugeführt werden. Im preussischen Staatshaushaltsetat waren pro 1880/81
für sächliche Bau- und Unterhaltungskosten (ausschliesslich Gehälter) 68,6 Mill.
Mark ausgeworfen, die Reichshauptstadt verwendet auf Strassen- und Brücken-
bau alljährlich 4—5 Mill. Mark. Die Eisenbahnen verbrauchten 1880 in Preussen
31½ Prozent des daselbst erzeugten schmiedbaren Eisens und 80 Prozent des
Flusseisens. Die Militärverwaltungen begeben kolossale Summen im Submissionswege für Fortifikationsbauten, Nahrung, Kleidung und Bewaffnung; der Leinen-
industrie allein werden 6 Mill. Mark p. a. so zugeführt. Es ist, wie man sieht,
ein eminent finanzielles Interesse, welches dabei eine Rolle spielt. Der öffentliche Haushalt will und soll gute Arbeit und Ware erhalten und im Interesse
seiner Steuerzahler billig bedient werden. Die finanzielle Seite ist aber nicht
die einzige, welche in Betracht kommt. Die Frage ist zugleich eine hoch ge-
werbepolitische und allgemein wirtschaftliche, und gerade auf diesem Gebiete
liegen die zahllosen Klagen und Forderungen, welche den Gegenstand zu einem
so komplizierten gemacht haben.

Es ist ungemein schwer, in diesem Labyrinth Berechtigtes und Unberechtigtes zu scheiden. Eine sachliche Untersuchung, welche das gesamte zerstreute
Material sammelte und sichtete und auf Grund desselben ein Urteil ermöglichte,
fehlte bisher Eine von Dr. Freudenstein verfasste umfangreiche Arbeit über
die Reform des Submissionswesens, die im vorigen Jahre erschien, entspricht
ebensowenig wie die Masse kleinerer Schriften diesem Wunsche. Erheblich
besser ist ein neuester Versuch gelungen, der von dem Stuttgarter Handels-
kammersekretär Dr. Huber ausgegangen ist. Die weitere Litteratur wird an
dieses Werk anknüpfen müssen und die Praxis wird demselben viele gute
Winke verdanken. Eine relativ befriedigende Lösung ist, wie uns scheint, dadurch erheblich näher gebracht. Namentlich hat der Verfasser verstanden,
Mass zu halten; er rennt sich nicht fest, immer sucht er den Kern und das
Brauchbare herauszuschälen und zu verwerten, immer ist er bestrebt, nicht eine,
sondern die verschiedenen Seiten und Standpunkte zu beachten. Solch vorsich-
tiges Abwägen scheint uns in dieser praktisch-politischen Frage absolut angezeigt; auch stimmen wir vollständig mit dem Verfasser überein, dass es bei der
Submissionsreform, wie überhaupt bei den meisten Reformen, nicht mit einer
einfachen, gleichsam mechanischen Auswechslung eines abstrakten Princips durch
ein anderes gethan ist; nur schrittweise, durch unverdrossene Mosaikarbeit gelingt es, eingeschlichene Missstände zu beseitigen. Auch ist es ein Irrtum, wenn
man alles von der Gesetzgebung bezw. der Verwaltungsverfügung erwartet.
Eben deshalb ist es nicht eine oder die andere vereinzelte Massregel, sondern
ein ganzes System von solchen, welche der Verfasser für notwendig hält, um
die Mängel zu beseitigen. Wir teilen im Anschluss an des Verfassers Einleitung
eine Skizze dieses Systems mit.

Vor allem ist die allgemeine öffentliche Submissionskonkurrenz principiell
festzuhalten. Um aber der in dem Princip der Mindestforderung liegenden
systematischen Provokation von Preisunterbietungen und Unreellitäten vorzubeugen, hat man einerseits Mittel in der jeweiligen Ersetzung der Preiskonkur-
renz im Wege der verschiedenen Kombinationen des Submissionssystems, als:
die engere Submission, das neuere Qualitätskonkurrenzverfahren (nach Probe),
die vorherige Festsetzung eines geheimzuhaltenden Minimalpreises; anderseits

bilden weitere Ersatzmittel der Konkurrenz die abwechselnde bezw. kombinierte Anwendung der allgemeinen öffentlichen Ausbietung, der Beschränkung beim Zuschlag und im Ausbietungsverfahren, der freihändigen Uebertragung, eigentlichen Qualitätskonkurrenz nach Probe, der Eigenregie, régie interessée, régie par économie, ausnahmsweise auch der Auslosung oder Bevorzugung des Durchschnittsangebotes, der uneingeschränkten Auswahl unter den Submittenten etc.; ferner die Vorausbestimmung der für die alternierende Vergebungsweise geeignsten Fälle, Vorausbestimmung der Bewerber (Personalturnus) und Erleichterung der Preiskalkulation (Preistabellen und Submissionsstatistiken), endlich die Korrektion der Bewerbungsunfähigkeit, des Fähigkeitsattestes, der Bietungskaution.

Der Verfasser erörtert ausführlich, in welchen Grenzen und unter welchen Voraussetzungen diese Mittel angewendet werden können. Behufs Durchführung, und damit diese Reformen die gleichen Vorzüge, insbesondere die gleiche Kontrolle und Sparsamkeit, wie das Submissionswesen sichern, werden folgende Vorarbeiten, die zugleich die konkrete Zuschlagsentscheidung erleichtern würden, notwendig: Niedersetzung ständiger Expertisen und Schiedsgerichte, sowie gemischter Beschaffungs- und Uebernahmekommissionen, ferner die Organisierung und Koncentration des Informierungswesens über Leistungsfähigkeit und Vertrauenswürdigkeit der Submittenten, Einrichtung von Materialprüfungsanstalten, die Aufstellung von Preistabellen, welche gemeinsam für jedes Jahr zu vereinbaren wären, um den Submittenten die Berechnung zu erleichtern, sowie den unsoliden Unterbietungen, sowie dem stetigen Herunterschrauben der Voranschläge auf Grund der vorangegangenen Submissionsofferte entgegenzuarbeiten; endlich eine Submissions- und Baustatistik.

Daneben besteht eine weitere Kategorie von Reformpunkten, welche an sich nicht mit dem Submissionssystem, sondern mit dem Akkordverfahren überhaupt zusammenhängt. Dieselbe bezieht sich auf Missstände, welche sich allmählich in die Ausführung der Submission, in das Verfahren, in den amtlichen Verkehr mit den Gewerbtreibenden und in die Submissionsschemate eingeschlichen haben und dem Beschaffungswesen rein äusserlich anhaften; es sind im allgemeinen chikanöse oder schleppende Verfahren, engherzige, technisch bedenkliche Verklausulierungen, welche unter Nichtbeachtung des Princips der Gleichberechtigung sich zu Ungunsten des Unternehmens allmählich in den allgemeinen, mehr die Finanzverwaltung berührenden Submissionsschematen festgesetzt haben. Die einzelnen Desiderien betreffen die technischen Garantien und speciellen Ausführungsvorschriften, Kautionen, Konventionalstrafen, Mehr- und Minderleistungen, Vorbehalt von Schiedsgerichten; vorzugsweise Berücksichtigung des direkten Verkehrs mit den Gewerbetreibenden gegenüber dem Zwischenhändler oder Generalentrepreneur, ferner unter Voraussetzung sonst gleicher Bedingungen, principielle Bevorzugung des ortsangesessenen Bewerbers, sowie deutscher Arbeit und Rohstoffe gegenüber der ausländischen Konkurrenz, Einschränkung der Generalentreprise und des Prozentualverfahrens, rechtzeitige Hinausgabe, Vollständigkeit und Uebersichtlichkeit der Submissionsausschreiben und Zeichnungen, Kostenvoranschläge und Bedingungen, Ausschluss jeden Nachgebots, planmässige und offizielle Veröffentlichung der Offerte und des Zuschlags, bezw. geeignetenfalls principieller Ausschluss der Publikation, rasche Zuschlagsentscheidung, prompte Abrechnung etc. Auch diese Desiderien sind sorgfältig im einzelnen gewürdigt. Weiter hätte die Reform der Aufgabe gerecht zu werden, auch im Einzelfall die rationellen Grundsätze zur Anwendung zu bringen und die Gewinn- und Verlustchancen zu beschränken. Dazu würde dienen Bindung der vergebenden Behörde durch allgemeine Anhaltspunkte und Normen, wodurch der Submittent ein Beschwerderecht erhält, und es wäre diese Dienstverpflichtung vermittelst stehender Kontraktformulare oder Schemate, von denen nur ausnahmsweise abgewichen werden dürfte, in die Form privatrechtlicher Vertragsverbindlichkeiten umzugiessen oder umzuwandeln.

Die Einleitung und Durchführung dieser komplizierten Reformarbeit ist zunächst Aufgabe des Gewerbestandes, namentlich der Associationen (Beschaffungskonsortien, Syndikate, Gewerbegenossenschaften) und Koalitionen

(Fabrikantenkartelle), ferner der Centralverbände (Revision rigoroser Bedingungen),
der Innungen und Gewerbevereine (Anregung gewerblicher Vereinigungen). Die
Selbsthilfe wirkt aber auf zu kurze Dauer und erweist sich auch gegenüber der
staatlichen und kommunalen Organisation zu schwach. Anderseits erweist sich
auch das einseitige Vorgehen des Staats mit Reglements als ungenügend. Es
empfiehlt sich deshalb für das Reich, Regierungen und Gemeindeverwaltungen
die Berufung von gemischten Fachkommissionen, bestehend aus Mitgliedern
sämtlicher Departements bezw. Kommunalämtern und aus Industriellen. Die
nächstliegende Aufgabe solcher etwa dem Eisenbahnbeirat analogen Enquête-
kommissionen läge in der Materialbeischaffung, ferner in der kontradiktorischen
Durchberatung der einzelnen Bedingungen, der Revision der Submissionsschemate.
in der Erledigung der Beschwerden über chikanöses Verfahren, endlich in der
Herübernahme der schon in manchen Departements anerkannten rationellen
Grundsätze, sowie deren Verallgemeinerung für sämtliche Departements und in
deren sanktionierenden Zusammenfassung. Diese periodisch zu berufenden Kommissionen wären die natürliche Unterlage für eine ständige und organisch in
die Beamtenhierarchie einzufügenden Institution eines Sachverständigenkollegiums.
Dasselbe hätte die Weiterbildung der einschlägigen Instruktion, die fortlaufende
Ermittlung über die praktische Handhabung der Reformpunkte und die ständige
Unterstützung der vergebenden Beamten durch Beiordnung von Fachkommissionen bei den Ausschreiben, bei der Zuschlagsentscheidung und bei der Uebernahme, ferner die statistischen Hilfsarbeiten, die periodischen Revisionsschemate,
das Informationswesen, die Prüfung der zur Vorlage kommenden Submissions-
verträge und die Ausscheidung jeweiliger Unklarheiten etc. zu übernehmen.
     Die Auffassung einheitlicher, für sämtliche Verwaltungszweige gleich-
mässig bindender und schliesslich im ganzen deutschen Reiche giltiger Normen
entspricht nicht bloss einem vorhandenen Bedürfnis, sondern ist auch eine Konsequenz aus der notwendigen Unifizierung, Kodifizierung und Koncentration des
Submissionswesens.
     Indem alle diese Punkte einer eingehenden Erörterung unterworfen werden,
tritt eine Klärung in der verworrenen Materie ein; nicht alles, was der Verfasser
vorschlägt, wird die Kritik bestehen; aber er hat die Sache vorwärts gebracht.
Zahlreiche Beilagen, namentlich von verschiedenen Submissionsordnungen, darunter
auch der neuesten preussischen vom 17. Juli 1885. auf die auch im Text vielfach
eingegangen wird, erhöhen die Brauchbarkeit des Buchs. Störend ist die wenig ge-
lungene Disposition der Darstellung, die deshalb sehr reich an Wiederholungen ist.
                                                              G. Schanz.

J. Neumann und E. Freystedt. Jahrbuch der Berliner Börse 1885.
Ein Nachschlagebuch für Banquiers und Kapitalisten. Berlin 1885.
Ernst Siegfried Mittler & Sohn.   478 S.

     Das Jahrbuch erscheint hier in seiner siebenten Ausgabe. Es gibt die zur
Beurteilung der zahlreichen an der Berliner Börse gehandelten Papiere nötigen
Zahlen. Die Zuverlässigkeit der Angaben dürfte kaum etwas zu wünschen übrig
lassen. Den Kapitalisten ist nur zu empfehlen, vor Ankauf von Papieren das
Buch zu Rate zu ziehen. Bei einiger Urteilsfähigkeit werden die nüchternen,
ohne subjektiven Bemerkungen vorgeführten Zahlen über Einzahlungen, Reserven,
Schuldenverhältnisse, Produktion, Bilanz und Dividenden der letzten Jahre, die
Auszüge aus den Statuten u. s. w. vor manchen Enttäuschungen bewahren.
Von allgemeinem Interesse ist die vergleichende Zusammenstellung der Durch-
schnittspreise von Kohlen, Eisen und Arbeitslöhnen für die letzten zwölf Jahre
in Westfalen; auch ist dem Abschnitt über die Versicherungsgesellschaften eine
kurze Erörterung über die Frage der Dividendenfestsetzung in Prozenten der Einzahlung oder im Gesamtbetrag pro Stück beigegeben. — Zu wünschen wäre
ein Druck in grösseren Lettern. Die angewandten sind geradezu augenschädlich.
                                                              G. Schanz.

Bibliographie der finanzwissenschaftlichen Litteratur für das Jahr 1885.

Von

Karl Krämer.

Abkürzungen. Archiv für Eisenbahnwesen = A. f. E. — Bulletin de Statistique et de Législation comparée = B. d. St. et d. L. c. — Jahrbücher für Nationalökonomie und Statistik. N. F. = J. f. N. u. St. — Journal des Économistes = J. d. É. — Vierteljahrsschrift für Volkswirtschaft, Politik und Kulturgeschichte = V. f. V., P. u. K. — Zeitschrift für die gesamten Staatswissenschaften = Z. f. d. g. St. — D. G. Z. = Deutsche Gemeinde-Zeitung.

I. Allgemeine Werke. Finanzgeschichte.

Bischof, Alois, Katechismus der Finanzwissenschaft. 4. verb. Aufl. 8. Leipzig, Weber.

Boccardo, G., I principii della scienza e dell' arte delle finanze: prefazione al. vol. X della Biblioteca dell' Economista (trattati di Leroy Beaulieu et di Wagner). Torino, Unione tipogr.-editrice. 8.

Büchler, staathuishoudkunde als wetenschap. Zwolle. Tjeenk Willink.

Cunningham, politics and economics: an essay on the nature of the principles of political economy, together with a survey of recent legislation. London, Paul.

Paslawsky, Geo. Pet. v., Handbuch für den finanziellen Verwaltungsdienst in den im Reichsrate vertretenen Königreichen und Ländern. 9.—14. Lfg., gr. 8. Czernowitz 1884, Pardini in Comm.

Pierson, N. G., Leerboek der staathuishoudkunde, I⁰ deel. Haarleem, erven F. Bohn. Roy 8.

Handbuch der politischen Oekonomie von Schoenberg. Tübingen, Laupp. 2. umgearb. vermehrte Aufl. III. Band: Finanzwissenschaft und Verwaltungslehre.

v. Stein, Lorenz, Lehrbuch der Finanzwissenschaft, II. Teil: Die Finanzverwaltung Europas. Mit specieller Vergleichung Englands, Frankreichs, Deutschlands, Oesterreichs, Italiens, Russlands und anderer Länder. I. Abteilg.: Der Staatshaushalt, die Staatsausgaben, die wirtschaftlichen Staatseinnahmen und der allgemeine Teil der Steuerlehre. 5. Aufl. Leipzig, F. A. Brockhaus. Gr. 8.

Zorli, A., Sistemi finanziarii. Bologna, Zanichelli, 1884. 16.

Revue de jurisprudence fiscale; Questions fiscales. Revue des Sociétés, Novembre.

Meyer, Georg, Lehrbuch des deutschen Staatsrechtes. 2. Aufl., gr. 8. Leipzig, Duncker und Humblot.

Meyer, Georg, Lehrbuch des deutschen Verwaltungsrechts, Teil II: Auswärtige Verwaltung, Militärverwaltung, Finanzverwaltung. Leipzig.

Walcker, Carl, Richard Cobdens volkswirtschaftliche und politische Ansichten. Hamburg, F. H. Nestler und Melle's Verlag.

Mayer-Ebstein, Étude pratique sur le relèvement social des classes laborieuses au point de vue économique, industriel, agricole, commercial et financier. Paris, Guillaumin & Cie., 8.

Mayer-Ebstein, Étude sur la question sociale au point de vue économique, industriel, commercial et financier. Châlons-sur-Saône, impr. Morceau, 8.

Bayerns Gesetze und Gesetzbücher privatrechtlichen, strafrechtlichen und finanziellen Inhalts. 21. Bd., 1—6. Lfg., 8. Bamberg, Buchner.

Grotefond, G. A., das gesamte preussisch-deutsche Gesetzgebungs-Material. Die Gesetze und Verordnungen, nebst den Erlassen, Reskripten, Anweisungen und Instruktionen der preussischen und deutschen Centralbehörden. Aus den Gesetzsammlungen für das Kgr. Preussen und das Deutsche Reich, dem Reichs-Centralblatt, dem Armee-Verordnungsblatt und dem Centralblatt für die gesamte Unterrichtsverwaltung, dem Centralblatt für Abgabenwesen, dem kirchl. Gesetz- und Verordnungsblatt, dem Justiz-Ministerialblatt, dem Ministerialblatt für die innere Verwaltung chronologisch zusammengestellt. Jahrg. 1885, 1. u. 2. Heft. gr. 8. Düsseldorf, Schwann.

————

Gothaischer genealogischer Hofkalender nebst diplomatisch-statistischem Jahrbuch. 1885. Gotha, Perthes. 12.

Jahrbuch, statistisches, für das Grossherzogtum Baden. XV. Jahrg., 1882, Abteilg. 3—4. Karlsruhe 1884. gr. Lex. 8.

Monatshefte zur Statistik des Deutschen Reichs. Herausg. vom kaiserl. statistischen Amt. Jahrg. 1885., 12 Hefte., Imp. 4. Berlin, Puttkammer & Mühlbrecht.

Statistik des Deutschen Reichs. Hrsg. vom kaiserl. statistischen Amt. Neue Folge, 10. Bd., 11. Bd., 2. Abteilg. und 12. Bd. Imp. 4. Berlin 1884, Puttkammer und Mühlbrecht.

Oekonomist, der deutsche. Wochenschrift für finanzielle und volkswirtschaftliche Angelegenheiten und Versicherungs-Specialorgan für Realkredit- und Hypothekenbankwesen. Herausgeber und Redakteur W. Christians, Berlin.

Annuaire statistique de la France. VIIIème année. 1885. Paris, impr. nationale. Imp. in 8.

Annuaire de l'économie politique et de la statistique pour 1885, par Maur. Block et T. Loua, J. de Boisjoslin, P. Boiteau, A. Courtois, J. Lefort, Vessélovsky, Renaudin. Année XLII. Paris. 12.

Adams, H. C., Financial standing of states. Journal of social science, containing the transactions of the American Association. December 1884.

Brewer, Emma, London. Facts and figures. Collected and arranged by London, King & Son. (Containing: Area, Population, Streets, Houses, Markets, Trade, Finance, Pauperism, Railways etc.)

Eason's Almanac for Ireland for 1885 XIIth year. Dublin. W. H. Smith & Son. 8. Contains for 1885 the following news articles: Tables to illustrate the Redistribution Bill. — Notes on the reform of the gold coinage and conversion of the national debt. — A paper on American railways.

Statistics of the Colony of New-Zealand for the year 1883; with abstracts from the Agricultural Statistics of 1884 and Industrial statistics from the Census of 1881. Compiled from official returns in the Registrar-Generals office. Wellington, G. Didsbury printed 1884, folio.

Statistiek van het Koningrijk der Nederlanden. Opgaven betreffende de verdeeling van het grondbezit. 2e deel. Uitgegeven door het Departement van financien 's Gravenhage, M. Nijhoff. 4.

Danmarks Statistik. Sammendrag of statistike Oplysninger angaaende Kongeriget Danmark. No. 9. Kjobenhavn, Gyldendal. Roy. in 8.

Statistisk årsbok för Finland utgifven af Statistiska Centralbyran. Helsingfors. 8.

American Almanac and Treasury of facts, statistical, financial and political for the year 1885. Compiled from official sources, edited by A. R. Spofford. New-York, the American News Company. 8.

Appletons Annual Cyclopaedia and register of important events of the year 1884. New series vol. IX. New-York, D. Appleton & Cie. Roy. in 8.

Annuaire statistique de la province de Buénos-Ayres, publié sous la direction du directeur du Bureau de statistique générale. E. R. Coni. IIIe année, 1883. Edition en français. Buénos-Ayres, Imp. in 8.

————

Humbert, les finances et la comptabilite publique de l'empire romain, mars-avril. Séances et travaux de l'Académie des sciences morales et politiques.

Hoffmann, ökonomische Geschichte Bayerns unter Montgelas. 1. Teil, Einleitung. Erlangen. Deichert.

Bornhak, Conr., Geschichte des preussischen Verwaltungsrechts (in 3 Bdn.). 2. Band bis zum Frieden von Tilsit. gr. 8. Berlin, Springer.

Marchet, G., Studien über die Entwickelung der Verwaltungslehre in Deutschland von der 2. Hälfte des 17. bis zum Ende des 18. Jahrh. gr. München, Oldenbourg.

Richter, Otto, Verfassungs- und Verwaltungsgeschichte der Stadt Dresden. Hrsg. im Auftrage des Rates zu Dresden. 1. Bd.: Verfassungsgeschichte. gr. 8. Dresden, Baensch.

Ritter, Moritz, zur Geschichte deutscher Finanzverwaltung im XVI. Jahrhundert. Programm der Universität Bonn.

Wagner, F., finanzielle Ratschläge aus der Zeit Albrecht Achill's. Forschungen zur deutschen Geschichte, hrsg. von der historischen Kommission bei der kgl. bayer. Akademie der Wissenschaften. 25. Bd., 2. Heft.

Warschauer, Dr. Otto, Geschichte der preussischen Staatslotterien. Ein Beitrag zur Finanzgeschichte Preussens, I. A. u. d. T. Die Zahlenlotterie in Preussen. Mit Benutzung amtlicher Quellen dargestellt. gr. 8. Leipzig, Fock.

Warschauer, Dr. Otto, die Quinen- und Güterlotterie in Preussen. Finanzarchiv 1885, Bd. 2.

Bruder, A., Studien über die Finanzpolitik Herzog Rudolfs IV. von Oesterreich (1358—1365). Innsbruck, Wagner. 1886.

Baudrillart, H., Les finances de l'ancien régime et de la révolution. J. d. E. Septembre 1885.

Jadart, H., Statistique de l'élection de Rethel en 1636. Relevé de la population, de l'agriculture et des impôts d'une notable partie du département des Ardennes au commencement du XVII siècle, document inédit des archives de Reims etc. Reims, Michaud. 8.

Izarn, E., le compte des recettes et dépenses du roi de Navarre en France et en Normandie de 1367 à 1370. Paris, A. Picard. gr. in 8.

Neymarck, A., Turgot et ses doctrines. 2. vol., in 8. chez Guillaumin & Cie.

Puynode, G. du, la crise financière de 1830. J. d. E., novembre 1885.

Reynaud, L., l'année financière (3e année). Histoire des événements financiers de 1884. Paris, Chevalier-Marescq. 8.

Say, L., Un épisode de notre histoire financière. Le vol du trésor en 1832 et l'intervention des Ministres des finances dans les affaires de bourse. J. d. E, décembre.

Stourm, René, Les finances de l'ancien régime et de la révolution. Origines du système financier actuel. Paris, Guillaumin & Cie. 8.

Vuitry, A., Le désordre des finances et les excès de la spéculation à la fin du règne de Louis XIV. et au commencement du règne de Louis XV. Paris, C. Lévy. 12.

Richald, L., Histoire des finances publiques de la Belgique depuis 1830. Bruxelles, impr. Hayez. 4. 772 p. (Mémoires couronnés et mémoires des savants étrangers publiés par l'Académie royale des sciences, des lettres et des beaux-arts de Belgique, tome 46.)

Bourne, E. G., The history of the surplus revenue of 1837: being an account of its origin, its distribution among the states, and the uses to which it was applied. New-York, G. P. Putnam's Sons. 12.

Financial and commercial history of 1884. Journal of the Statistical Society, march 1885.

Taussig, F. W., The history of the present tariff, 1860—1883. New-York, G. P. Putnam's Sons.

Sachs, Isidore, L'Italie, ses finances et son développement économique depuis l'unification du royaume 1859—1884 d'après des documents officiels. Berlin, Walther & Apolant.

II. Budget- und Staatsrechnungswesen.

Haushalt, der, der sieben europäischen Grossstaaten im Jahre 1882. Finanzarchiv 1885, Bd. 2.

Kaufmann, R. v., die Finanzlage der europäischen Grossmächte. Deutsche Rundschau 1885, Heft 1—6.

Laband, Zur Lehre vom Budgetrecht. Archiv für öffentliches Recht I, 1.

Militärbudgets, die, der europäischen Grossmächte. Allgem. Militärzeitung, 60. Jahrg., No. 88 bis 90.

Seidler, Dr. C., Budget und Budgetrecht im Staatshaushalte der konstitutionellen Monarchie mit besonderer Rücksichtnahme auf das österreichische und deutsche Verfassungsrecht. gr. 8. Wien, Hölder.

Fraktionen, die, und die Finanzen. Preussische Jahrbücher, März.

Instruktion für die Rechnungsrevisoren, nebst 1. allgemeine Verfügung vom 20. Juni 1885, betr. die Dienst- und Geschäftsverhältnisse der Rechnungsrevisoren; 2. allgemeine Verfügung vom 21. Juni 1885, betr. die ausserordentlichen Revisionen der Kassen der Justizbehörden; 3. allgemeine Verfügung vom 22. Juni 1885, betr. die Prüfung der Auslagebelige. Amtliche Ausgabe. 4. Berlin, v. Decker.

Kleinschmidt, A., Uebersicht über die Geschäftsthätigkeit des preussischen Hauses der Abgeordneten in der III. Session der XV. Legislaturperiode vom 15. Januar bis zum 9. Mai 1885. Berlin, Moesers Hofbuchdruckerei. 4. Nebst den Beilagen: 1. Uebersicht über die Verhandlungen des Hauses der Abgeordneten in Bezug auf den Staatshaushaltetat für 1. April 1885/86. Ebenda.

Löbe, die oberste Finanzkontrole des Königreichs Sachsen in ihrer organischen Entwickelung von den ältesten Zeiten bis auf die Gegenwart. Finanzarchiv 1885. Bd. 2. Heft 2.

Uebersicht von den Staats-Einnahmen und Ausgaben mit dem Nachweise von den Etatsüberschreitungen und den der nachträglichen Genehmigung bedürfenden ausseretatsmässigen Ausgaben für das Jahr vom 1. April 1883/84. Berlin, gedruckt in der Reichsdruckerei, 1884. Folio. Nicht im Handel.

Widenmeyer, Adolf, Das Etat- und Kassenwesen des Königreichs Württemberg, mit besonderer Berücksichtigung der Verkehrsanstalten und mit Bezugnahme auf die Einrichtungen anderer deutscher Staaten dargestellt. gr. 8. Stuttgart, Kohlhammer.

Budget, le, impérial pour 1886/87. B. d. St. et d. L. c., XVIII, p. 724.

Budgets, les, d'État. B. d. St. et d. L. c., XVII, p. 334.

Discours, le, royal et le projet de budget prussien pour 1885,86. B. d. St. et d. L. c., XVII, p. 227.

Instruktion für die Verwaltung der Etatsfonds bei den Justizbehörden. 8. Berlin, Nauck & Cie.

Aus der Budgetdebatte des österreichischen Reichsrates. Deutsche Wochenschrift, 3. Jahrgang, No. 10.

Budget, le, commun pour 1886. B. d. St. et d. L. c., XVIII, p. 730.

Budget, le, hongrois pour 1886. B. d. St. et d. L. c., XVIII, p. 731.

Message, le, impérial et le projet de budget autrichien pour 1886. B. d. St. et d. L. c., XVIII, p. 504.

Notizenblatt für den Dienstbereich des k. k. Finanzministeriums für die im Reichsrate vertretenen Königreiche und Länder. Redigiert im k. k. Finanzministerium. Jahrgang 1885. gr. 4. (No. 1, ½ B.) Wien, Hof- und Staatsdruckerei.

Projet, le, de budget commun pour 1886. B. d. St. et d. L. c., XVIII, p. 504.

Projet, le, de budget hongrois pour 1886. B. d. St. et d. L. c., XVIII, p. 509.

Schwicker, J. H., Das ungarische Pensionsgesetz für Staatsbeamte vom 13. Mai 1885, eingeleitet und mitgeteilt. Finanzarchiv 1885, Bd. 2.

Unterricht über die formelle Geschäftsbehandlung und die Verrechnung der unmittelbaren Gebühren für die hierzu bestellten Behörden und Aemter. Hoch 4. Wien, Hof- u. Staatsdruckerei.

Wrbacky, Jos., Leitfaden für den k. k. österreich. Staats-Rechnungs- und Kontrols-Dienst, systematisch dargestellt auf Grund der kaiserlichen Verordnung vom 21. November 1866. (R.-G.-Bl. LVII, Stück No. 110, S. 293) und mit Berücksichtigung der seither erflossenen Vorschriften. Mit vielen Formularien und Tabellen. Brünn, Irrgang.

Germain, H., Discours parlementaires sur les finances. 2 vols. Tome I (1870—75), 361 p.; tome II (1882—85), 480 p. Paris.

Léon de Swarte, Essai sur l'histoire de la comptabilité publique en France. Journal de la Société de statistique de Paris. 1885, No. 7 et 8.

Législation fiscale. Revue des Sociétés, août.

Bailleux de Marisy, Mœurs financières de la France. Les contrats d'assurances. Revue des deux mondes, Mai.

Filippini, A. M., Traité pratique de budget départemental. Paris, Berger-Levrault & Cie. 8.

Ramus, Un dernier mot sur le budget de 1885. La nouvelle Revue, 15 mars.

Roche, J., La vérité sur les finances de la république. Extrait du rapport présenté au nom de la commission de budget et du discours de M. Jules Roche (séance de la Chambre des députés du 18 novembre 1884). Paris, Mathivet. 8.

Budget, le, de 1885. Par G. du Puynode. Journal des Économistes, mars 1885.

Budget, le, des dépenses de 1885. Dépenses ordinaires. Dépenses sur ressources extraordinaires. B. d. St. et d. L. c., XVII, p. 269.

Loi portant fixation du budget des dépenses et des recettes de l'exercice 1886. B. d. St. et d. L. c., XVIII, p. 126.

Recettes, les, budgétaires. B. d. St. et d. L. c., XVII, p. 560.

Présentation et vote des budgets en France depuis 1879. B. d. St. et d. L. c., XVII, p. 403.

Projet de budget pour l'exercice 1886. B. d. St. et d. L. c., XVIII, p. 9.

Say, Le budget devant les chambres françaises. Revue des deux mondes, janvier 1885.

Répartition du fonds de subvention affecté aux dépenses du budget ordinaire des départements. B. d. St. et d. L. c., XVIII, p. 162.

Loi portant règlement définitif du budget de l'exercice 1871, 1872, 1873, 1874. B. d. St. et d. L. c., XVIII, p. 245, 252, 258, 268.

Décret relatif aux pensions civiles et militaires de la marine et des colonies. B. d. St. et d. L. c., XVIII, p. 653.

Évaluations mensuelles des produits de l'exercice 1885. B. d. St. et d. L. c., XVII, p. 16.

Budget, le, tunisien. B. d. St. et d. L. c., XVIII, p. 470 et 578.

Résultats, les, de l'exercice 1883,84 en Tunisie. B. d. St. et d. L. c., XVIII, p. 200.

Pelletan, C., Rapport au nom de la commission chargée d'examiner le projet de loi et pour l'ouverture des crédits pour le service du Tonkin. Paris, Challamel aîné. 4.

Sentupéry, L.. Lettre au père Jean-Claude sur le Tonkin, l'agriculture et les finances. Paris, aux bureaux du Père Gerard. 32.

Budget, le, de l'exercice 1885,86. B. d. St. et d. L. c., XVII, p. 561; XVIII, p. 488. (Angleterre.)

Contrôle, le, financier. B. d. St. et d. L. c., XVII, p. 571.

Budget, le, de la marine anglaise pour 1885,86. Revue maritime et coloniale. Août, septembre.

Fontaneau, Le budget de la marine anglaise (1885,86), traduit de l'anglais. Revue maritime et coloniale 1885, juillet et août.

L'exposé budgétaire du Chancelier de l'Échiquier. B. d. St. et d. L. c., XVII, p. 561; XVIII, p. 76.

Le 28e rapport des commissaires du revenu intérieur. B. d. St. et d. L. c., XVIII. p. 224.

Revenu, le, intérieur. B. d. St. et d. L. c., XVIII, p. 362, 490, 586, 713.

Recettes, les, budgétaires de l'exercice 1884,85. B. d. St. et d. L. c., XVII, p. 474.

Raffalovich, A., Die Finanzen Irlands. J. f. N. u. St. N. F., Bd. XI, Heft 5.

Lethbridge R., Is an Imperial fiscal policy possible? The National Review, March 1885.

Home and foreign affairs: 1. Politics, 2. Finance. The fortnightly Review, edited by Escott. June 1885.

Finance and revenue accounts of the Government of India for the year 1883,84. Calcutta, printed by the Superintendent of Government printing, India-Folio.

East-India, Financial Statement for 1885,86. (India Office, April 1885.) London, printed by Hansard & Son. Folio. 80 pp. (Parliam. paper. Index: Accounts for 1883,84, Revised Estimates 1884,85, Budgets Estimates 1885,86. — Sea-borne Trade-Financial results to Revenues from guaranteed Railway Companies. — Capital Expenditure on State Railways. — Capital Expenditure on Irrigation Works. — Receipts and expenses of Railways and of Irrigation Works.

Budget, le, de l'Inde pour 1885,86. B. d. St. et d. L. c., XVII, p. 504.

Budgets, les, de l'Inde. B. d. St. et d. L. c., XVII, p. 611.

Statistics of the colony of New-Zealand for the year 1884. Wellington, G. Didsbury print. Fol. 340 S.

Statistics of the colony of Tasmania for 1884. Tasmania, Th. Strutt, government printer. Fol. 360 S.

Réforme, la, de la comptabilité publique. B. d. St. et d. L. c., XVII, p. 357. (Italie.)

Crise, la, et les projets de réforme. B. d. St. et d. L. c., XVII, p. 495.

DeCambray-Digny, La esposizione finanziaria al Parlamento italiano. Nuova Antologia, fasc. II.

Finances, les, italiennes. Revue des deux mondes, 61.

Finali, La finanza italiana. Nuova Antologia, fasc. XXII.

L'exposé de la situation financière. B. d. St. et d. L. c., XVII, p. 246.

Fouriel, La situation financière de l'Italie. Revue internationale V. 3; VIII, 3.

Allgemeines Reichsbudget der Einnahmen und Ausgaben für das Jahr 1885. Jahrg. XIV. Heft 1. Russische Revue.

Budget, le, de l'Empire pour 1885. B. d. St. et d. L. c., XVII, p. 118.

Marine russe. État de sa marine etc. Revue maritime et coloniale, décembre.

Recettes, les, et les dépenses de l'empire en 1883. B. d. St. et d. L. c., XVII, p. 105.

Règlement définitif du budget de l'Empire pour l'exercice 1883. Rapport présenté au conseil de l'Empire par le Controleur de l'Empire. St. Pétersbourg, 1884. Gr. in 8.

Schawrow, finanzwissenschaftliche Studien. 1. Ueber die Aufbesserung der gegenwärtigen finanziellen Lage Russlands. 2. Weshalb fiel, fällt und wird fallen, aber auch weshalb steigt der Kurs unseres Kreditrubels? St. Petersburg. 8.

Inspecteurs, les, fiscaux. B. d. St. et d. L. c., XVIII, p. 510.

Niederländische Staatseinkünfte 1884, verglichen mit denen von 1883. De Economist Januari en Februari 1885.

Recettes, les, de l'État en 1884. (Pays-Bas.) B. d. St. et d. L. c., XVII, p. 226.

Das niederländische Reichsbudget. Uebersicht über den Eingang der Staatseinnahmen im ersten Semester 1885, zusammengestellt mit der der Jahre 1880 bis 1884. Economist de, Tijdschrift voor staathuishoudkunde onder redactie van J. L. de Bruyn Kops. Jeargang 1885.

Ueber Verstärkung des westindischen Budgets, von A. Prays van der Hoeven. Economist de, Tijdschrift voor staathuishoudkunde onder redactie van J. L. de Bruyn Kops. Jeargang 1885.

Droits, les, de navigation et la situation budgétaire. (Belgique.) B. d. St. et d. L. c., XVII, p. 581.

Budget, le, de l'exercice 1885/86. B. d. St. et d. L. c., XVIII, p. 115. (Espagne.)

Projet, le, de budget pour 1885/86 et la situation financière. B. d. St. et d. L. c., XVII, p. 500. (Espagne.)

Budget, le, portugais pour l'exercice 1884/85. B. d. St. et d. L. c., XVII, p. 379.

Projet, le, de budget pour 1886/87. B. d. St. et d. L. c., XVIII, p. 509. (Danemark.)

Budgets, les, de 1884/85 et 1883/84. B. d. St. et d. L. c., XVIII, p. 732. (Serbie.)

Budget, le, norvégien pour 1885/86. B. d. St. et d. L. c., XVIII, p. 629.

Caillard, V., The truth about Turkish Finance. Fortnightly Review, the, edited by Escott. September 1885.

Poponot, F., L'Égypte, son avenir agricole et financier; notes et documents sur la richesse et la fécondité du sol, suivis d'une nouvelle étude sur les irrigations, avec description des travaux à faire et indication des moyens d'y parvenir, complétée par l'exposé du projet de canal d'Ismaïlia à Port Saïd le Tewfickich. Paris, Baudry. 8.

Röser, K., Das Finanzwesen in den Vereinigten Staaten Nordamerikas. Finanzarchiv 1885, Heft 1.

Jahresbericht des Finanzministers der Vereinigten Staaten über das Fiscaljahr 1883/84. J. f. N. u. St. N. F., Bd. X, 5.

Message, le, présidentiel. B. d. St. et d. L. c., XVIII, p. 716. (États-Unis.)

III. Steuern.

Berghoff-Ising, Franz, Das staatliche Erbrecht und die Erbschaftssteuer. gr. 8. Leipzig, C. F. Winter.

Koenig, G., Die Meldangabe bei der Veranlagung der persönlichen Steuern. Finanzarchiv, 1885, Heft 1.

Memminger, A., Wer soll bluten? Einige Vorschläge zu einer Reform der Volkswirtschaft. Würzburg, Selbstverlag. 8.

Stöpel, F., Sociale Reform. Heft VIII. Theorie und Praxis der Besteuerung. Leipzig, O. Wigand. 8.

Staatssteuern, deren durchgreifende Reform. D. G. Z., S. 289.

Vermögenssteuern, die, neben den Ertragssteuern. Bayerische Handelszeitung, S. 24.

Distinction, la, à faire entre l'impôt réel et l'impôt personnel a-t-elle un intérêt scientifique? J. d. E., décembre.

Impôt sur le revenu (des sociétés). Revue des Sociétés, août, septembre, octobre.

Wehrsteuer, die. Allgemeine Militärzeitung. 60. Jahrg., No. 14 und 15.

Pfannstiel, S. A., Geschichte und Statistik der Grundsteuerverfassungen. Schivelbein, F. Waldow. 4.

Pitsch, O., Bemerkungen über den Charakter der Grundsteuer. Journal für Landwirtschaft, hrsg. von W. Henneberg und G. Drechsler. 1885, Heft 2.

Wohltmann, J., Die Reformbestrebungen bezüglich der Grundsteuer und direkten Besteuerung. Frühlings landwirtschaftliche Zeitung, 34. Jahrg., 3., 5., 6. Heft.

Wohltmann, Die Grundsteuer und das Programm der direkten Besteuerung. Leipzig, J. Voigt,

Etwas über den Kataster in Deutschland und Holland. Economist, de, Tijdschrift voor staathuishoudkunde onder redactie van J. L. de Bruyn Kops. Jeargang 1885.

Meisel, Die deutschen Erbschafts- und Schenkungssteuern. Grenzboten 14.

Meyer, R., Zur Geschichte der Hausiersteuern im Deutschen Reiche. Finanzarchiv 1885, Heft 1.

Schanz, G., Erbschaftssteuern in Deutschland und einigen anderen Staaten. Finanzarchiv 1885, Bd. 2.

Aemter-Verzeichnis für die Verwaltung der Zölle, Reichssteuern und Uebergangsabgaben. 2. Teil. Fol. Berlin, v. Decker.

Troje, Anleitung zum Studium der Zoll- und Steuergesetze und der auf diese gegründeten Verwaltungsvorschriften. Ein Hülfsbuch für jüngere und ältere Beamte, insonderheit zum Zweck der Repetition und Prüfung. 2. Teil: Sämtliche die indirekten Steuern betreffenden Gesetze. (Trojes Bibliothek, Bd. VIII a.) gr. 8. Harburg, Elkan.

Röhr, W., Strafgesetzbuch und Strafverfahren in Bezug auf die Zuwiderhandlungen gegen die Zoll-, Steuer- und Kommunikationsabgabengesetze, und die Prozessbuchführung bei den Hauptzoll- und Hauptsteuerämtern. 2. Aufl. Breslau, Kern. 8.

Produktion und Besteuerung des inländischen Rübenzuckers, sowie Einfuhr und Ausfuhr von Zucker im deutschen Zollgebiet für das Campagnejahr 1884,85. Monatshefte zur Statistik des Deutschen Reichs, Oktober.

Versteuerte Rübenmengen im deutschen Zollgebiet, sowie Ein- und Ausfuhr von Zucker. Monatshefte zur Statistik des Deutschen Reichs, 1885. 12 Hefte.

Ertrag der Tabakgefälle in einigen wichtigeren Staaten. Finanzarchiv 1885, Bd. 2.

Ewald, Carl, Tabaksteuer oder Monopol? Unpolitischer Beitrag zum Verständnis der Monopolfrage. gr. 8. Berlin, Puttkammer & Mühlbrecht.

Jacobi, W., Tabaksteuer oder Monopol? Offener Brief an Herrn Carl Ewald. 8. Mannheim, Dr. H. Haas'sche Buchdr.

Besteuerung des Tabaks, Ein- und Ausfuhr von Tabak und Tabakfabrikaten, sowie Ertrag der Tabakabgaben im deutschen Zollgebiet während des Erntejahrs 1883,84. Monatshefte zur Statistik des Deutschen Reichs, hrsg. vom kais. statist. Amt. 1885 Februarheft.

Tabakbau, der, und die Ergebnisse der Tabakernte im deutschen Zollgebiete für das Erntejahr 1884,85. Monatshefte zur Statistik des Deutschen Reichs. 1885, Juliheft.

Vorläufige Nachweisung des Flächeninhalts der mit Tabak bepflanzten Grundstücke, sowie der Zahl der Tabakpflanzer und der Tabakpflanzungen im deutschen Zollgebiet für das Erntejahr 1885/86. Monatshefte zur Statistik des Deutschen Reichs, September.

Salz, das, im deutschen Zollgebiet im Etatsjahr 1884/85. Monatshefte zur Statistik des Deutschen Reiches, September, Oktober.

Appelt, Die Braustener-Reichsgesetzgebung. Das Reichsgesetz vom 31. Mai 1872 wegen Erhebung der Braustener, nebst den zur Ergänzung und Erläuterung desselben ergangenen Vorschriften des Bundesrats und der obersten Landes-Finanzbehörden. Unter Benutzung amtlicher Quellen hrsg. 2. Aufl., durchgesehen und bis zur neuesten Zeit ergänzt von Hoppe. gr. 8. Halle, Knapp,

Bertho, E., Das deutsche Reichsgesetz wegen Erhebung der Braustener vom 31. Mai 1872 mit den Ausführungsvorschriften und späteren Beschlüssen des Bundesrats, Ministerial-Verfügungen und den Entscheidungen der höchsten Gerichte. Textausg. mit Anmerkungen und Registern. 16. Berlin, Guttentag.

Die Branntweinbrennerei und die Branntweinbesteuerung im deutschen Zollgebiet während des Etatsjahres 1884/85. — Bierbrauerei und Bierbesteuerung ebenda, 1884/85. Monatshefte zur Statistik des Deutschen Reiches.

Stämmler, Gesetz, betr. die Besteuerung des Branntweins, vom 8. Juli 1868 unter Berücksichtigung ... der Entscheidungen des Reichsgerichts etc. erläutert. 3. Aufl. Berlin, Springer. 8.

Lentze, Tabellen für die Erhebung der Branntweinsteuer vom Maischraum und zwar: A. Nach dem Satze von 30 Pf. für 22,9 Liter bis 381,674,3 Liter; B. nach dem Satze von 25 Pf. für 22,9 Liter bis 32,953,1 Liter. Mit Genehmigung des kgl. preuss. Finanzministeriums aufgestellt. gr. 4. Rügenwalde (Minden, Schneider).

Branntweinsteuer, die, in verschiedenen Ländern. De Economist, Tijdschrift voor Staathuishoudkunde, Maart 1885.

———

Arendt, Dr. Otto, Börsensteuer und Börsen-Organisation. Vortrag, gehalten im Verein für deutsche Volkswirtschaft. gr. 8. Berlin, Walther & Apolant.

Börsensteuergesetz. Der Börsensteuerantrag von Wedell-Malchow, Bayerische Handelszeitung, S. 2. — Instruktion für die gleichmässige Handhabung des Börsensteuergesetzes, S. 505. — Vorschläge zur Ausführung des ..., S. 349. — Das Börsensteuergesetz und seine Anwendung in der Praxis, S. 593. — Zum Börsensteuergesetz, S. 449, 565. — Ausführungsvorschriften zu dem Gesetz, S. 495, 509. — Zum Reichsstempelabgabengesetz, S. 361. — Reichsstempelsteuer, S. 6.

Cohn, Gustav, Ein Wort zur Börsensteuer. J. f. N. u. St., Bd. X, 1.

Cohnstädt, L., Die neue Geschäfts- und Börsensteuer in der Praxis. Erläuterungen. Separatabdruck aus der Frankfurter Zeitung, vervollständigt und teilweise umgearbeitet unter Benützung der inzwischen durch den Bundesrat erlassenen Instruktionen etc. nebst dem Wortlaut des ganzen Gesetzes, der Ausführungsvorschrift und den Instruktionen des Bundesrates. 8. Frankfurt a. M., Rommel.

Eras, Die Börse und die Börsensteuer. Unsere Zeit. 8. Heft.

Friedberg, Dr. R., Das Reichsbörsensteuergesetz. J. f. N. u. St. U. N. F., XI, 1.

Geschäftssteuer, die. Bayerische Handelszeitung, S. 201.

Geschäftssteuerentwürfe in der Kommission des Reichstages. (Verein zur Wahrung der wirtschaftlichen Interessen von Handel und Gewerbe, No. 7.) Berlin, gr. 8.

Geschäftssteuerentwurf, der, des Herrn von Wedell-Malchow II, die Kontrol- und Strafbestimmungen. Hrsg. vom Verein zur Wahrung wirtschaftlicher Interessen von Handel und Gewerbe. Berlin, gr. 8.

Grimm, Das Börsensteuergesetz. Finanzarchiv 1885, Bd. 2.

Hecht, Fel., Die Geschäftssteuer auf Grundlage der Schlussnotenzwangs-Kritik und positive Vorschläge. 5. Aufl. gr. 8. Stuttgart, Cotta.

Heckscher, M., Die Börsensteuer. Eine gemeinfassliche Darstellung. Minden i. W., Bruns. 8. (Sociale Zeitfragen, Heft 9.)

Koch, R., Zur Besteuerung der Lombardgeschäfte. Finanzarchiv 1885, Heft 1.

Labus, Leo, Die im Handels- und Börsenverkehr zu beobachtenden Vorschriften der preussischen und der Reichsstempelgesetzgebung. 2. Aufl. 12. Breslau, Kerns Verlag.

Neumann, H., das Börsensteuergesetz (Tarifnummer 4 des Reichsstempelgesetzes) für die praktische Anwendung dargestellt. 3. unveränderte Aufl. gr. 8. Berlin, Siemenroth.

Pfaff, H., Die Börsensteuer. Gesetz betr. die Erhebung von Reichsstempelabgaben in der Fassung des Gesetzes vom 29. Mai 1885. Mit Einleitung, Erläuterungen und Sachregister. 16. Nördlingen, Beck.
— dasselbe. Anhang enthaltend die Ausführungsvorschriften und Instruktionen des Bundesrats zu dem Gesetze betr. die Erhebung von Reichsstempelabgaben, nebst Sachregister, ferner die bayerischen und württembergischen Vollzugsbestimmungen. 16. Ebenda.
Puls, O., Die Börsensteuer. Gesetz betr. die Erhebung der Reichsstempelabgaben in der Fassung des Gesetzes vom 29. Mai 1885. Mit den Ausführungs-Instruktionen des Bundesrats, amtl. Entscheidungen, Kommissions- und Reichstagsverhandlungen, Beschlüssen der Handelskammern etc. 1. u. 2. verb. u. verm. Aufl. 8. Frankfurt a. M., Neumann in Comm.
— Systematische Darstellung des Börsensteuergesetzes vom 29. Mai 1885 in seinen wesentlichen die Effektenbörse betr. Bestimmungen, unter Mitwirkung von Sachverständigen der Börse hrsg. 8. Ebenda.
Rottmann, A. E., Neues Börsensteuergesetz. Gesetz betr. die Erhebung von Reichsstempelabgaben vom 1. Juli 1881 und 29. Mai 1885. Textausgabe nach der Bekanntmachung des Reichskanzlers vom 3. Juni 1885 mit Tabellen nach den durch die Beschlüsse des Bundesrats festgestellten Mittelwerten berechnet. 8. Bremen, Rühle & Schlenker.
Stein, v. L., Zur Börsensteuerfrage. Allgem. Zeitung, Beilage No. 143—148.
Trempenau, W., Die neuen Börsensteuer- und Wechselstempelgesetze und Tarife des deutschen Reiches. 8. Leipzig, G. Weigel.
Bericht der Reichstagskommission über den Gesetzentwurf betr. Abänderung des Gesetzes über die Erhebung von Reichsstempelabgaben vom 1. Juli 1881. Hoch 4. Berlin. C. Heymanns Verlag.
Gesetz betr. die Erhebung von Reichsstempelabgaben. J. f. N. u. St. N. F. XI, 1.
Gesetz betr. die Erhebung von Reichsstempelabgaben. Gesetz vom 1. Juli 1881, vervollständigt in Gemässheit der im Gesetz vom 29. Mai 1885 [Bekanntmachung vom 3. Juni 1885, Reichsgesetzblatt No. 21 pro 1885, S. 171] enthaltenen Abänderungen. Berlin, v. Decker.
— Dasselbe, nebst Ausführungsvorschriften und Bestimmungen über die Erhebung und Berechnung der zu entrichtenden Reichsstempelabgaben, sowie den dazu gehörigen Mustern. 8. Ebenda.
— Dasselbe. Mit den vom Bundesrat erlassenen Ausführungsbestimmungen. 4. Berlin, C. Heymanns Verlag.
Hölnghaus, R., Deutsches Reichsstempelabgabengesetz in der Fassung des Gesetzes von 1885, nebst Tarif. Erläutert durch die amtlichen Materialien der Gesetzgebung. Nebst den Ausführungsvorschriften des Bundesrats vom 15. Sept. 1885 und sämtlichen Anmeldeformularen. 9. Aufl. 8. Berlin, Hempel.
Kraemer, W., Gesetz betr. die Erhebung von Reichsstempelabgaben, nebst den Ausführungsvorschriften und Erhebungsbestimmungen. Mit vielen Anmerkungen, Erläuterungen, Marginalinhalt und einem ausführlichen, alphabetisch geordneten Sachregister, sowie vielen Tabellen etc. hrsg. gr. 8. Breslau, Woywod.
Reichsstempelabgabengesetz vom 3. Juni 1885 nebst Tarif. Annalen des Deutschen Reichs f. G., V. u. St., No. 11/12.
Stempelsteuergesetze, die, für das Deutsche Reich. Gesetz betr. die Erhebung von Reichsstempelabgaben, nach der Bekanntmachung vom 3. Juni 1885 und das Gesetz betr. die Wechselstempelsteuer; nebst den ergänzenden Bestimmungen. Mit ausführlichen Sachregistern. 3. Aufl. 8. Leipzig, 1886, Rossberg.
L'impôt du timbre impérial (Allemagne). B. d. St. et d. L. c. XVII p. 590, XVIII, 81.

Mitteilungen aus der Verwaltung der direkten Steuern im preussischen Staate. Nr. 17, 18. (Nicht im Buchhandel.)
Arnstedt, v., Handbuch f. Verwaltungsbeamte in den Kreisordnungsprovinzen. Unter Berücksichtigung der die Reform der Verwaltung abschliessenden Gesetze vom 30. Juli und 1. Aug. 1883 zusammengestellt. 1. Teil 2. Abt. Das Militärwesen und die Staatssteuern. gr. 8. Halle, Strien.
Anweisung vom 31. März 1877 für das Verfahren bei der Fortschreibung der Grundsteuerbücher und Karten in den Provinzen Ostpreussen, Westpreussen, Brandenburg, Pommern, Posen, Schlesien, Sachsen, Schleswig-Holstein, Hannover und Hessen-Nassau. 2. Ausgabe.

Vervollständigt durch die nachträglich ergangenen abänd. u. ergänzenden Bestimmungen. gr. 8. Berlin, v. Decker.

Generaltabelle zur Repartition der Grundsteuerkapitalien, zur Berechnung der sämtlichen Steuerumlagen, insbesondere der Gemeinde-, Kreis-, Distrikts- und aller sonstigen Umlagen im Deutschen Reiche, zur Berechnung der Güterpreise und aller übrigen Geldwerte nach dem metrischen Flächenmasse und in Reichswährung von 1 Quadratmeter bis 5000 Hektar und in Beträgen von 1 Pfennig bis 3000 Mark zum Gebrauche für Steuer-, Gemeinde- und Baubeamte, Landwirte, Gütertaxatoren und insbesondere für alle Forstbeamte und Gewerbetreibende. Schmal. Folio, 493 S. Sigmaringen, Liehner.

Hagedorn, E., Kreissekr., Die klassifizierte Einkommensteuer in Preussen. Eine Anleitung zur Beurteilung, ob die Veranlagung den Vermögens- und Einkommensverhältnissen entsprechend erfolgt ist, was zu geschehen hat, wenn dies nicht zutrifft und wie die Steuer-Erhebung stattfindet. Zusammengestellt unter Berücksichtigung der neuesten gesetzlichen Vorschriften. 8. Düsseldorf, Schwann.

Klassen- und Einkommensteuern, Resultate der Veranlagung zu denselben in Preussen D. G. Z. S. 54.

Staats- u. Gemeindesteuern, die preussischen direkten. Ein Hilfs- und Nachschlagebuch für alle Gewerbe- und Handeltreibenden, Haus- u. Grundbesitzer u. s. w. Mit einer Reihe von Formularen zu den verschiedensten Steuerreklamationen. Herausg. von einem Verwaltungsbeamten. 4. verbesserte und mit vielen Formularen vermehrte Auflage. 8. Mülheim, Bagel.

Schütze, O., Der preussische Steuerbeamte in Bezug auf seine Dienst- u. Rechtsverhältnisse. Ein Handbuch f. d. Behörden und Beamten der Verwaltung der indirekten Steuern, früher bearb. v. Rumpf. 7. verm. u. verb. Aufl. Lex. 8. Leipzig, Bredow.

Steuerreklamat, der kundige. Eine Anleitung f. alle Stände zur vorschriftsmässigen und Erfolg versprechenden Abfassung von Reklamationen gegen die Klassen-, klassifizierte Einkommen-, Gewerbe-, Grund-, Gebäude- u. Kommunalsteuer mit 50 Reklamationsformularen und den neuesten Gesetzesbestimmungen vom 1. April 1883. 7. verm. Auflage. 8. Leipzig, G. Weigel.

Lotteriefrage, die, im preussischen Abgeordnetenhause. Grenzboten 16.

Schanz, G., Der Lotterieetat in der preuss. Kammer 1885. Finanzarchiv 1885. Bd. 2.

Besteuerung des Gewerbebetriebs im Umherziehen. Bayer. Handelszeitung S. 121.

Seisser, A., Die Gesetze über die direkten Steuern im Königreich Bayern, mit Einleitung, Anmerkungen, Vollzugsvorschriften und Sachregister herausg. 2. Bd. enthält das Gewerbsteuergesetz. 2. neubearb. Aufl. 8. Nördlingen, Beck.

Gesetzentwurf betr. den Malzaufschlag. Bayer. Handelszeitung S. 535.

Volk, Jos., Das Strafverfahren in Zoll-, Aufschlags- und anderen Steuersachen. Auf Grund der für das Königreich Bayern geltenden Vorschriften für den praktischen Gebrauch bearb. und erläutert. gr. 8. Nördlingen, Beck.

Einkommensteuergesetz, das badische, vom 20. Juni 1884, nebst Vollzugsverordnung v. 17. Febr. 1885. gr. 8. Karlsruhe, Braun.

Held, Emil, das badische Einkommensteuergesetz und Gewerbsteuergesetz, nebst Vollzugsverordnungen. Mit Einleitung, Anmerkungen und Anhang, einschlägige Gesetze u. Verordnungen enth. gr. 8. Mannheim, Bensheimers Verlag.

Gewerbesteuergesetz, das badische, vom 25. Aug. 1876 bezw. 20. Juni 1884, nebst der Vollzugsverordnung vom 9. März 1885 und der Verordnung vom 29. Dez. 1883. gr. 8. Karlsruhe, Braun.

Reuss, K., Die Branntweinsteuer in Württemberg. Annalen des D. Reichs f. Gesetzgebung V. u. St. von Hirth u. Seydel. 1885. Nr. 8/9 u. 10.

Riecke, K. V., Das württembergische Branntweinsteuergesetz vom 18. Mai 1885, eingeleitet u. mitgeteilt. Finanzarchiv 1885. Bd. 2.

Die Resultate der sächsischen Einkommensteuer von 1875/1884, von V. Böhmert. Statistische Uebersichten über die Ergebnisse der im Jahre 1884 im Königreich Sachsen ausgeführten Einschätzungen zur Einkommensteuer. Zeitschrift des k. sächs. stat. Bureaus, red. von V. Böhmert. Jahrg. 1885. Heft 1 u. 2.

Schanz, G., Die direkten Steuern Hessens und deren neueste Reform. Finanzarchiv 1885. Heft 1.

Hessische Einkommensteuergesetze vom 21. Juni 1869 und 8. Juli 1884. Finanzarchiv 1885. Heft 1.

Hessische Gewerbesteuergesetze vom 4. Dez. 1860 und 8. Juli 1884. Finanzarchiv 1885. Heft 1.

Hessisches Kapitalrentensteuergesetz vom 8. Juli 1884. Finanzarchiv 1885. Heft 1.

Fuld, Die Erbschafts- u. Schenkungssteuer im Grossherzogtum Hessen. J. f. N. u. St N. F. XI, 3.

Krug, G., Gesetz über die Erbschafts- und Schenkungssteuer im Grossherzogtum Hessen v. 30. Aug. 1884, sowie Ausführungsverordnung v. 27. März 1885 und Instruktion v. 28. März 1885, nebst Erläuterungen, Motiven, Uebersichtstabellen und Formularien. Darmstadt, Jonghaus. 8.

Gensel, Die sächsische Einkommensteuer in ihrer praktischen Anwendung. J. f. N. u. St. N. F. X, 6.

Schanz, G., Die Reform der Einkommensteuer in Sachsen-Weimar. Finanzarchiv 1885. Bd. 2.

Grad, Ch., Die Grundsteuerausgleichung u. das Katasterwesen in Elsass-Lothringen. Annalen des D. Reichs f. Gesetzgebung, Verw. u. Statistik. Herausgegeben von Hirth und Seydel. 1885. Nr. 7.

Taschenbuch f. d. k. k. österreichischen Finanz- und Steuerbeamten. 1885. 5. Jahrg. 16. Wien, Perles.

Myrbach, F. H., Freih. v., Die Besteuerung der Gebäude und Wohnungen in Oesterreich u. deren Reform (Fortsetzung). Zeitschrift f. d. gesamte Staatswissenschaft, herausgegeben von Fricker, Schäffle u. Wagner. 1885. Heft 2, 3, 4.

Besteuerung, die, der Assekuranzagenten in Oesterreich. Rundschau der Versicherungen, herausg. von H. Oesterley. Januarheft.

Bilinski, L. v., Die Reform der Gebührengesetzgebung in Oesterreich. Finanzarchiv 1885. Bd. 2.

Bratassević, Statistik des österreich. Tabakmonopols während der Jahre 1875/1883. Statist. Monatsschrift, herausg. v. d. k. k. statist. Centralkommission. Aprilheft 1885.

Caspaar, Moriz, Die Landessteuer auf den Verbrauch von Bier und gebrannten geistigen Flüssigkeiten im Kronlande Steiermark. Oesterreich. Zeitschrift f. Verwaltung. 18. Jahrgang. Nr. 9—16.

Jeglerek, Joh., Handbuch, enthaltend die Gesetze und Normalerlässe, dann die Entscheidungen d. k. k. Ministeriums des Innern und die Erkenntnisse des k. k. Verwaltungsgerichtshofes betr. das Propinationsrecht, den Ausschank, Verschleiss und Handel mit propinations- und nichtpropinationspflichtigen geistigen Getränken, dann die Uebertretungen der diesbezügl. Propinations- u. Gewerbevorschriften, ferner die Abgaben und Gemeindenmlagen (Auflagen, Zuschläge) von geistigen Getränken im Königr. Galizien und Grossherzogtum Krakau, dann im Herzogtum Bukowina. 8. Wien, Perles.

Impôts, les, de consommation en 1884. B. d. St. et d. L. c. XVIII, 507.

Pizzala, Der Konsum u. seine Besteuerung in Budapest in den Jahren 1860/83. Statistische Monatsschrift, herausg. v. d. k. k. statist. Centralkommission. Jahrg. XI. Nr. 8, 9. 10.

Zehntsteuer, die, in Bosnien. Oesterreichische Monatsschrift für christliche Socialreform. Gesellschaftswn. etc. Heft 5/6.

Création d'un impôt sur les revenus des capitaux en Russie. J. d. E. Juillet 1885.

Projet d'impôt sur les revenus des valeurs mobilières. B. d. St. et d. L. c. XVII, 493.

L'impôt sur les revenus de capitaux. B. d. St. et d. L. c. XVIII, 107.

Keussler, J. v., Die neuesten russischen Gesetze über die Grundsteuer, Handels- u. Gewerbesteuer. Finanzarchiv 1885. Heft 1.

Surtaxes, les, proportionnelles des entreprises commerciales et industrielles. B. d. St. et d. L. c. XVII 264.

Erträge, die, aus den Erbschaftssteuern in Russland im Jahre 1884. Russische Revue. Jahrgang XIV. Heft 4.

Mitteilungen der kais. livländischen gemeinnützigen u. ökonomischen Societät Nr. 11. gr. 4.
   Dorpat 1884. Berlin, Puttkammer & Mühlbrecht in Komm. Inhalt: Das Brennereigewerbe
   unter den gegenwärtigen Steuerbestimmungen und die für die Zukunft projektierten Ab-
   änderungen derselben in Russland. Von J. Kestner (77 u. Beilagen 33 S.).
Wolf, J., Die indirekten Steuern in Russland. Finanzarchiv 1885. Heft 1.
Régime, le, de la bière. B. d. St. et d. L. c. XVII, 389.
Strassburger, A., Kurzer Entwurf d. Grundregeln der am 1. Juli 1884 in d. Gouvernements
   des Königr. Polen in Kraft getretenen Stempelsteuer. Warschau 1881. 8.

Fournier de Flaix, E., La réforme de l'impôt en France. Tome I: Les théories fiscales et
   les impôts en France et en Europe aux XVIIe et XVIIIe siècles. Paris chez Guillaumin
   & Co. 8. (Table des matières: Livre I. Des systèmes d'impôt avant 1789, chapitre 1: Des
   systèmes en France avant 1789. La terreur fiscale. La gabelle. Adam Smith et l'ancien
   régime. Rabelais et l'ancien régime. Chapitre 2-4: Des systèmes d'impôt d'Angleterre,
   d'Italie, de l'Espagne, de Portugal, des états germaniques et secondaires avant 1789. Chapitre 5; Des systèmes d'impôt en Hollande avant 1789. Livre II. Des théories sur l'impôt
   au XVIIIe siècle. Livre III. De l'influence des théories fiscales sur le système d'impôt de
   la France au XVIIIe siècle.)
Mouvement, le, des impôts. B. d. St. et d. L. c. XVII p. 19, 164, 307, 405, 515, 629.
   XVIII pp. 37, 189, 273, 458, 321, 674.
L'impôt de 3%/0 et les impôts et les revenus indirects. (Exercice 1884.) B. d. St. et d. L. c.
   XVII p. 147.
Bases des contributions directes et taxes assimilées. B. d. St. et d. L. c. XVII p. 529.
Contributions, les, directes et taxes assimilées. (Exercice 1884.) B. d. St. et d. L. c.
   p. 146 XVII.
Loi relative aux contributions directes et aux taxes y assimilées de l'exercice 1886. B. d. St.
   et d. L. c. XVIII p. 117.
Lemercier de Jauvelle, R., Repertoire général des contributions directes, contenant le
   texte des lois en vigueur, le résumé de la jurisprudence etc. 4e édition, Rennes, impr.
   Oberthur. gr. in 8 à 2 col.
De la péréquation de l'impôt foncier. J. d. E. novembre 1885.
Puynode, G. du, La péréquation de l'impôt. J. d. E. décembre.
Évaluations mensuelles des produits et revenus indirects de 1886 B. d. St. et d. L. c.
   p. 534. XVIII.
Produit des contributions indirectes pendant les années 1884 et 1883. B. d. St. et d. L. c.
   XVII p. 419.
Produits des contributions indirectes perçus et constatés pendant le premier semestre des
   années 1884 et 1885. B. d. St. et d. L. c. XVIII p. 290.
Le monopole des tabacs depuis 1850. B. d. St. et d. L. c. XVII p. 626.
Mémorial des manufactures de l'État-Tabacs. Livraison 1. Paris, Berger-Levrault. 8. Sur
   la protection des tabacs contre le vent par Maulbon. Le monopole des tabacs en Tunisie
   au 1er janvier 1883 par Caron.
Caron, Le monopole des tabacs en Tunisie au 1er janvier 1883. Nancy, impr. Berger-Levrault
   & Co. 8.
Fournier de Flaix, E., L'impôt sur le pain et la réaction protectionniste. Paris, Guil-
   laumin & Co. 8.
Les droits sur les boissons. B. d. St. et d. L. c. XVII p. 533.

Produit, le, des impôts en 1884. B. d. St. et d. L. c. XVII, p. 220. (Belgique.)
Elewyck, Van, L'impôt sur le pain. Revue de Belgique, mars.
Réforme, la, de l'impôt sur la bière. B. d. St. et d. L. c. XVIII, 94.
— —, la, de l'impôt sur la bière et de l'impôt sur le tabac indigène. B. d. St. et d. L. c.
   XVIII, 371.

Ricca-Salerno, Die neue Regelung der Grundsteuer u. die Steuerreform in Italien. Finanzarchiv 1885. Bd. 2.

Bertagnolli, Il riordinamento dell' imposta fondiaria (Italia) Nuova antologia fasc. XVII.
Charges, les, de la propriété foncière. B. d. St. et d. L. c. XVIII 737.
Relazione della Direzione generale delle imposte dirette del Castato et del Macinato per l'anno 1885. Roma tip. eredi Botta 1884. 4. Pubblicazione del Ministero delle finanze.
Quarta, O e P. Clementini, Legge sull' imposta di richezza mobile (24 agosto 1877) annotata. Volume I. Torino, Unione tipogr editrice 1884. Roy. in 8.
Legge per l'imposta sui redditi chi ricchezza mobile; testo unico, con regolamento. Milano, Sonzogno tip. edit. 16.
Bertagnolli, I dazi sui cereali. Nuova Antologia fasc. XXI.

Taxes, les, successorales. B. d. St. et d. L. c. XVII p. 608. (Italie.)
Réformes, les, fiscales. — Douanes. — Sel. — Tabacs, impôt foncier. B. d. St. et d. L. c. XVIII 733. (Italie.)
Poncini, G,. Lotto e lotterie: conferenza. Parma, Battei edit. 16.

Origines, les, de l'income tax et de la landtax. B. d. St. et d. L. c. XVIII, 501. (Angleterre.)
Report, the XXVIIIth. of the commissioners of H. M. Inland Revenue. Journal of the statistical Society. September 1885.
Impôts, les, de consommation et les impôts sur la propriété. B. d. St. et d. L. c. XVIII, 78.
Inland duties and taxation. Macmillan's Magazine Nr. 311. September 1885.
Produit, le, des impôts. B. d. St. et d. L. c. XVII p. 99.
Radical programme, the, VII. Taxation and finance. Fortnightly Review, the, for july 1885.
Taxes and taxation. Quarterly Review, the Nr. 322. Oct. 1885.
Field and George, Land and taxation: a conversation. North American Review. July.
Walpole, F. G. The wine duties. Fortnightly Review the, for July 1885.

Branntweinsteuer, die. Schweiz. Zeitschr. für Gemeinnützigkeit. 24. Jahrg. 1. Heft.
Reding-Biberegg, Ueber die Frage der Kultussteuern und Vorschläge für ein diesbezüg-liches Bundesgesetz, gestützt auf Art. 49 al. 6 d. schweiz. Bundesverfassung. Vom schweiz. Juristenverein gekrönte Preisschr. gr. 8. Basel, Datloff.

Bidray till Finlands officiela statistik. Helsingfors. 4. Statistik der Einkommensteuer-erhebungen in Finnland, deren Verteilung auf die einzelnen Bevölkerungsklassen, auf die städtische und ländliche Bevölkerung, auf die einzelnen Gemeinden und Gouvernements.

Statistick van het Koningrijk der Nederlanden. Bescheiden betreffende de geldmiddeln. X stuk 1884: Mededeeling van de opbrengst der belastingen etc. (Steuererhebungen.) s'Gravenhage, Nijhoff. 4. Publikation des niederländischen Finanzministeriums.
Tabaksteuer, die. de Economist, Tijdschrift voor Staatshuishoudkunde 1885. April.

Prix, le, de la terre et l'impôt. B. d. St. et d. L. c. XVIII 632. (États-Unis.)

IV. Post und Telegraphen.

Congrès, le, postal de Lisbonne. Bibliothèque universelle. Juin.
Entwicklung, die, des Einheitstarifs für Pakete und Wertsendungen. Archiv f. Post u. Telegraphie, Dezember.
L'Union postale. Journal publié par le bureau international de l'union postale univer-selle. Année 1885. 12 nrs. gr. 4. Bern (Huber & Co.).
Finanzielles Ergebnis der Post in den Ländern der Postunion 1883. Finanzarchiv 1885 Bd. 2.
Résultats, les, du service postal dans les pays de l'Union en 1885. B. d. St. et d. L. c. XVII p. 218.

Postverein, ein, für Centraleuropa. Grenzboten 20.

Ludewig, Die Regalität der Telegraphie im allgemeinen und in Deutschland insbesondere I—V. Zeitschrift f. d. gesamte Handelsrecht XXXI.

Veredarius, Das Buch von der Weltpost. Entwicklung u. Wirken der Post u. Telegraphie im Weltverkehr. 2.—4. Heft. gr. 4. Berlin, Meidinger.

Kallina, Leop., Posttarife. Allgemeine Postbestimmungen und Leitfaden zur schnellen Taxierung der Brief- u. Fahrpostsendungen nach dem In- u. Auslande, nebst allgemeinen Telegraphenbestimmungen etc. Jahrgang 1885, 4 Hefte. hoch 4. Wien, v. Waldheim.

Schiffspostsparkassen. Nordwest. 8. Jahrg. Nr. 33.

Jansen, A., Das europäische Postsparkassenwesen 1882 und 1883. Economist de, Tijdschrift voor staathuishoudkunde onder redactie von J. L. de Bruyn Kops. Jaargang 1885.

———

Carl, H., Kaiserliche Postkreditbanken. Ein volkswirtschaftlicher Organisationsvorschlag, in gedrängter Kürze bearbeitet und allen warmen Verehrern des deutschen Einigungswerkes gewidmet. gr. 8. Meiningen, Keyssner.

Dullo, Weg mit den Postsparkassen. 1. u. 2. Aufl. gr. 8. Brandenburg, Lunitz.

Elster, L., Der Entwurf eines Postsparkassengesetzes vor dem Reichstage. J. f. N. u. St. Bd. X. 5.

Entwurf eines Postsparkassengesetzes, nebst Begründung. Dem deutschen Reichstage vorgelegt in der ersten Session der sechsten Legislaturperiode. Fol. Berlin, C. Heymanns Verlag.

Gesetzentwurf, betreffend die Einrichtung von Reichspostsparkassen. Archiv f. Post u. Telegraphie 1885 Nr. 2—4.

Postsparkassen, deutsche, Gesetzentwurf darüber im Reichstag. D. G. Z. S. 18, 43, 74.

Postsparkassen, die, Entwurf eines Postsparkassengesetzes nebst Begründung; Uebersicht über die Grundzüge der Postsparkasseneinrichtungen in England, Belgien, Italien, Niederlanden, Frankreich, Oesterreich, Schweden, staatsrechtliche Bemerkungen zu dem Entwurfe. Annalen des Deutschen Reichs für Gesetzgebung, Verwaltung und Statistik. Herausgegeben von Hirth u. Seydel. 1885. Nr. 1—3.

— —, die, im Reichstag. Grenzboten Nr. 10.

Roscher, Carl, Postsparkassen und Lokalsparkassen in Deutschland. gr. 8. Dresden, v. Zahn & Jaensch.

Schoenborn, Th., Das deutsche Lokalsparkassenwesen in der Volks- und Staatswirtschaft. V. f. V. P. u. K. Jahrg. XXII, 4, Bd. 1. Hälfte.

Statistik der deutschen Reichspost- und Telegraphenverwaltung für das Jahr 1884. Berlin, Reichsdruckerei. Folio.

Anzeiger, allgemeiner, für den Gesamttelegraphenverkehr im Deutschen Reiche mit allen Ländern. Nach amtlichen Quellen herausgegeben von H. Preis. Handausgabe Jahrg. 1885. 12 Nrn. Würzburg, Stahel.

Aktenstücke. Die Beratungen im Reichstage über den Etat der Reichs-, Post- und Telegraphenverwaltung für das Jahr 1885/86. Archiv f. Post und Telegraphie, März 1885.

———

Post, die, Fachorgan für das österreichisch-ungarische Post- und Telegraphenwesen und dessen Beziehungen zu Kommunikationen und Eisenbahnen, Handel, Industrie, Finanz- und Volkswirtschaft. Herausg. Joh. Kiebeck. Red. Frz. de Linz. 22. Jahrg. 1885, 52 Nrn. Folio. Wien.

Oesterreichische Post- und Telegraphenwesen, das, im Jahre 1883. Archiv f. Post und Telegraphie, 1885. Nr. 11—13.

Caisse, la, d'épargne postale en Autriche. B. d. St. et d. L. c. XVII p. 607.

Postsparkassen, die, in Oesterreich. Nordwest. 8. Jahrg. Nr. 12.

———

Entwicklung, die, des französischen Post- und Telegraphenwesens in den Jahren 1878 bis 1883. Abteilung I, II. III. Archiv f. Post und Telegr. 1885. Nr. 11—13.

Caisse, la, d'épargne postale en 1883. B. d. St. et d. L. c. XVII p. 33.

Caisses d'épargne, postales, les, en France. L'Union postale, janvier 1885. Bern.

Postsparkasse, die französische, im zweiten Geschäftsjahre 1883. Archiv f. Post und Telegraphie 1885. Nr. 2—4.

Résultats, les, provisoires des caisses d'épargne en 1882 et 1883. J. d. E. avril 1885.

Postsparkassen, die, in Italien im Jahre 1883. Archiv f. Post u. Telegr. März 1885.

Relazione intorno al servizio delle casse postali di risparmio durante l'anno 1883. Anno VIII. Roma stamperia reale 1884. 4.

Trente rapports de gestion du Postmaster General britannique, sur l'administration des postes de Grande-Bretagne. L'Union postale Vol. X.

Résultats du service postal dans la Grande-Bretagne pendant l'exercice 1884. L'Union postale 1885, juillet-septembre.

Post- und Telegraphenverwaltung, die, von Niederländisch-Indien im Jahre 1883. Archiv für Post u. Telegraphie 1885. Nr. 9 u. 10. Mai.

Service, le, des postes dans l'Inde néederlandaise pendant l'année 1883, l'Union postale 1885. Juillet-Septembre.

Indian Telegraph Service, the. The Electrician Nr. ??.

Banque, la, royale d'épargne postale des Pays-Bas. L'union postale, février.

Caisse, la, d'épargne postale. B. d. St. et d. L. c. XVII p. 475.

Postwesen, das, in Niederland während des Jahres 1883. Archiv f. Post u. Telegraphie. September u. Oktober 1885.

Postverwaltung, die, der Vereinigten Staaten von Amerika im Rechnungsjahr 1882/83. Archiv f. Post u. Telegraphie 1885. No. 1.

Service des postes, le, aux États-Unis d'Amérique. L'Union postale, Vol. X. Nr. 10—11.

Telegraph Tariff, the new. The Electrician Nr. 21.

Schwedische Postverwaltung, die, im Jahre 1883. Archiv f. Post u. Telegraphie 1885. Nr. 11—13.

Service postal Suédois en 1883. L'Union postale Berne, Volume X Nr. 5 et 6.

Verslag aan den Koning betreffende den dienst der Rijks-postspaarbank, 1884. s'Gravenhage, Gebr. van Cleef. 4. 78 pp. en 10 bijlagen: graphische voorstellingen.

Postsparkassen und Lokalsparkassen. Nationalokonomisk Tidsskrift 1885. 2 del hefte. (Dänemark.)

Postsparkassen in Niederland und Belgien. Nordwest. 8. Jahrg. Nr. 14.

Post- und Telegraphenwesen, das belgische, im Jahre 1883. Archiv f. Post u. Telegraphie 1885. Nr. 2—4.

Posttaxwesen, das schweizerische. Archiv f. Post u. Telegraphie. April 1885.

Schweizerische Telegraphenwesen, das, im Jahre 1884. Archiv f. Post u. Telegraphie. August, September u. Oktober.

Betriebsergebnisse, die, der Post- und Telegraphenverwaltung der Argentinischen Republik für 1883. Archiv f. Post u. Telegraphie. Dezember.

Service des postes, le, de la république argentine en 1883. L'Union postale. Vol. X, 10—11.

Ergebnisse, die, des Postwesens von Hawaï in den Jahren 1882/83. Archiv f. Post und Telegraphie. März 1885.

Post- und Telegraphenwesen, das, der Kolonie Neu-Seeland im Jahre 1883. Archiv f. Post u. Telegraphie. Oktober u. November.

Post- und Telegraphenverwaltung, die, in Queensland im Jahre 1883. Archiv f. Post und Telegraphie 1885. Aprilheft.

Telegraphenwesen, das, Siams im Rechnungsjahr 1883/84. Archiv f. Post u. Telegraphie 1885. Nr. 11—13.

V. Eisenbahnwesen.

Anhaltspunkte für die Wertschätzung des zu Eisenbahnbauten abzutretenden Bodens und der mit solcher Abtretung verbundenen Nachteile. 3. Auflage, vermehrt durch einen Nachtrag über die Entschädigungen bei Chausseebauten und beim Bau schiffbarer Kanäle. Lingen, R. v. Acken. 8.

Audinot, Alfonso, le convenzione ferroviarie.

Chemins de fer, les, en Europe en 1884. J. d. E. novembre 1885.

Eisenbahnen der Erde, die. A. f. E. 1885. Heft 1.

Hertzka, Th., Das Personenporto. Ein Vorschlag zur Durchführung eines billigen Einheitstarifs im Personenverkehr der Eisenbahnen und die Diskussion darüber im Klub österreichischer Eisenbahnbeamten. Wien, Spielhagen & Schurich. gr. 8.

Nördling, W. v., Die Selbstkosten des Eisenbahntransportes und die Wasserstrassenfrage in Frankreich, Preussen und Oesterreich. Mit 2 Holzschnitten und 11 Karten und Tafeln in Schwarz- und Farbendruck. Wien, Alfred Hölder.

Internationale Eisenbahnkonferenz in Bern. Wochenblatt f. Baukunde. Nr. 70—73.

Statistisches von den Eisenbahnen. A. f. E. 1885. Heft 5.

Statistik der europäischen Eisenbahnen für das Jahr 1882, nebst den Hauptergebnissen im Jahre 1883. Herausgegeben von der fachmänn. Kommission für die internationale Eisenbahnstatistik (deutsch u. französ.). Lex. 8. Wien, Hölder.

Staatswissenschaftliches Studium im Hinblick auf die Staatseisenbahnverwaltung. Wochenblatt für Baukunde. Nr. 66, 67

Zur Sparsamkeit der Eisenbahnverwaltungen. Annalen f. Gewerbe und Bauwesen 1885. September.

Ulrich, Zur Geschichte des deutschen Eisenbahntarifwesens. A. f. E. 1885. Heft 2.

Nachrichten, statistische, von d. Eisenbahnen d. Vereins deutscher Eisenbahnverwaltungen f. d. Etatsjahr 1883. Herausgegeben von der geschäftsführenden Direktion des Vereins. XXXIV. Jahrg. Fol. Berlin, Nauck & Co.

Statistik der Güterbewegung auf deutschen Eisenbahnen, nach Verkehrsbezirken geordnet. Herausgegeben im kgl. preuss. Ministerium d. öffentl. Arbeiten. 2. Jahrg. 3. u. 4. Quartal 1884. Fol. Berlin, C. Heymanns Verlag.

Statistisches von den deutschen Eisenbahnen. A. f. E. 1885. Heft 1.

Statistik der im Betriebe befindlichen Eisenbahnen Deutschlands, nach den Angaben der Eisenbahnverwaltungen bearbeitet im Reichseisenbahnamt. 4. Bd. Betriebsj. 18-381. Fol. Berlin, Mittler & Sohn in Kommission.

Zusammenstellung, übersichtliche, der wichtigsten Angaben der deutschen Eisenbahnstatistik, nebst erläuternden Bemerkungen und graphischen Darstellungen, bearbeitet im Reichseisenbahnamt. 3. Bd. Betriebsjahre 1882/83 und 1883/84. Fol. Berlin, Mittler & Sohn in Kommission.

Eisenbahnen, die, Deutschlands und Englands in den Jahren 1881, 1882 u. 1883. A. f. E. 1885. Heft 5.

Thamer, C., Deutschlands Getreideernte in 1883 und die Eisenbahnen. A. f. E. 1885. Heft 2.

Bericht über die Ergebnisse des Betriebes der für Rechnung des preussischen Staates verwalteten Eisenbahnen im Betriebsjahr 1883/84. Berlin, W. Mösers Hofbuchdruckerei. Fol. Nicht im Handel.

Betriebsergebnisse der preussischen Staatseisenbahnen. D. G. Z. 8. 19.

Dückers, Die finanziellen Ergebnisse der Staatseisenbahnverwaltung in Preussen. Finanzarchiv 1885. Heft 1.

Etat, der, der Eisenbahnverwaltung für das Jahr vom 1. April 1885.86. Annalen für Gewerbe und Bauwesen von F. C. Glaser. Bd. XVI. Heft 2-4.

Referat über die von der kgl. Eisenbahndirektion Hannover veranstalteten Konferenzen von Sachverständigen, betr. die Ermässigung des Tarifs für Stückgüter. (Sitzung des Ausschusses vom 4. Aug. 1885.) Nebst Eingabe an den Reichskanzler, betr. die Ermässigung des Stückguttarifes. Mitteilungen des Vereins zur Wahrung der gemeinsamen wirtschaftlichen Interessen in Rheinland und Westfalen. Red. v. H. A. Bueck. 1885. Nr. 1-7.

Sekundärbahngesetzentwurf, der neueste preussische. A. f. E. 1885. Heft 2.
Normalschienenprofil der preussischen Staatsbahnen. Deutsche Bauzeitung Nr. 80, 81.
Eisenbahnen, preussische, Streitfragen über deren Gemeindebesteuerung. D. G. Z. S. 37,
93, 102, 107.
Statistischer Bericht über den Betrieb der kgl. bayerischen Verkehrsanstalten im
Verwaltungsjahre 1883 nebst Nachrichten über den Eisenbahnneubau. München, Hofbuch-
druckerei von E. Mühlthaler. Roy. 8. Nicht im Handel.
Verkehrsanstalten, die bayerischen, im Betriebsjahr 1883. Bayerische Handelszeitung
S. 130.
Bayerischen Staatsbahnen, die, im Jahre 1883. A. f. E. 1885. Heft 5.
Betriebsergebnisse der bayerischen Lokalbahnen 1883 u. 1884. Bayerische Handels-
zeitung S. 338.
Arlbergbahn, die, und die bayerischen Bahnen. Bayerische Handelszeitung S. 5, 17.
Sekundärbahnen in Bayern. Bayerische Handelszeitung S. 573.
Württembergischen Eisenbahnen, die, im Rechnungsjahr 1883/84. A. f. E. 1885.
Heft 5.
Zusatzbestimmungen zum Betriebsreglement f. d. Eisenbahnen Deutschlands u. Tarife
für die Beförderung von Leichen, Fahrzeugen und lebenden Tieren auf den kgl. württem-
bergischen Staatseisenbahnen. Giltig vom 1. Okt. 1882 ab, unter Aufhebung der Spezial-
bestimmungen und Tarife für Beförderung der Leichen, Fahrzeuge und lebenden Tiere
v. 1. Juli 1875. Mit 1. u. 2. Nachtrag. Lex. 8. Stuttgart 1882/85. Metzlers Sort.
Bericht, statistischer, über den Betrieb der unter kgl. sächsischer Staatsverwaltung stehenden Staats- und Privateisenbahnen, mit Nachrichten über Eisenbahnneubau im Jahre 1883.
(Hierzu eine Uebersichtskarte vom Bahnnetz u. 2 graph. Darstellungen.) Herausgegeben
vom kgl. sächs. Finanzministerium. gr. 4. Dresden 1884.
— —, statistischer, über den Betrieb der unter kgl. sächsischer Staatsverwaltung stehenden
Staats- und Privateisenbahnen mit Nachrichten über Eisenbahnneubau im Jahre 1884.
Herausgegeben vom kgl. sächs. Finanzministerium. Dresden. Druck von Heinrich. 1885.
4. 360 S. Nebst Uebersichtskarte vom Bahnnetz und 6 graphischen Darstellungen. — Als
Beilage hierzu: Nachweisung der am Schluss des Jahres 1884 bei den unter kgl. sächs.
Staatsverwaltung stehenden Eisenbahnen vorhandenen Transportmittel. 4. 73 S.
Eisenbahnen, die, im Grossherzogtum Baden im Jahre 1883. A. f. E. 1885. Heft 4.
— — und Dampfschiffahrt im Grossherzogtum Baden. Jahresbericht für das Jahr 1883. XLIII.
Nachweisung über den Betrieb der grossh. badischen Staatseisenbahnen und der unter
Staatsverwaltung stehenden badischen Privateisenbahnen. Karlsruhe, Ch. F. Müller. 1884. 4.
— —, die, in Elsass-Lothringen u. d. Wilhelm-Luxemburgbahn in den Rechnungsjahren 1882/83
und 1883/84. A. f. E. 1885. Heft 2.

Statistische Nachrichten über die Eisenbahnen der österr.-ungarischen Monarchie
f. d. Betriebsjahr 1883. Bearb. u. herausg. vom statist. Departement im k. k. Handelsministerium in Wien u. v. kgl. ungar. statist. Landesbureau in Budapest. Wien, k. k. Hof-
und Staatsdruckerei. Roy.-Folio. Ungarisch u. deutsch.
Eröffnete Eisenbahnstrecken in Deutschland und Oesterreich-Ungarn in den Jahren
1883 u. 1884. Deutsche Bauzeitung Nr. 38, 39.
Kaizl, Jos., Die Verstaatlichung der Eisenbahnen in Oesterreich. Leipzig, Duncker und
Humblot.
Randa, Zur Nordbahnfrage. Zeitschrift für das Privat- und öffentliche Recht der Gegen-
wart XII, 4.
Südbahngesellschaft, k. k. priv., XXXV. Generalversammlung, abgehalten in Wien
am 16. Mai 1885. Geschäftsbericht und Beschlüsse. Wien, Selbstverlag der Gesellsch. 4.
Hoenig, Max, Vorschlag einer Reform der Klassifikationssysteme f. den Frachtgüterverkehr
auf den österr. Eisenbahnen. Referat an die IX. Gruppe der Eisenbahntarifenquête. gr. 8.
Czernowitz 1885. Pardini.
Gebührentarif, abgekürzter, f. d. österr. Staatseisenbahn- und Telegraphenanstalten, im
Auftrage d. k. k. Handelsministeriums zusammengestellt u. herausg. von L. J. Wolschitz.
Giltig vom 1. März 1885 an. Wien, Hof- u. Staatsdruckerei.
— —, abgekürzter, f. d. österr. Staatseisenbahn- und Privattelegraphenanstalten. Giltig vom
1. Dez. 1884 an. 8. Wien 1884. Hof- u. Staatsdruckerei.

Staatseisenbahnen, die, in Russland. A. f. E. 1885. Heft 3.

Betriebsresultate, die, der russischen Eisenbahnen im Jahre 1884. Russische Revue. Vierteljahrsschrift f. d. Kunde Russlands. Herausg. von R. Hammerschmidt. Jahrg. XIV. Heft 3.

Entwicklung, die, des Eisenbahnwesens in Russland. Archiv f. Post und Telegraphie 1885. Nr. 1.

Waren- und Personenverkehr, der, auf den russischen Eisenbahnen und Wasserwegen in den Jahren 1880 und 1881. A. f. E. 1885. Heft 2.

Beitrag zur Geschichte der russischen Eisenbahnen, ein. A. f. E. 1885. Heft 1.

Hoch, Fr., Erster Versuch einer Lösung der Eisenbahntariffrage in Russland, nach den Verhandlungen und Beschlüssen der unter dem Vorsitz d. Staatssekr. v. Hübbenet am 3. Juni 1883 Allerhöchst eingesetzten Tarifkommission, mit Ergänzungen u. Erläuterungen. gr. 8. St. Petersburg, Ricker.

Renseignements sur les chemins de fer de l'État en Finlande pour les années 1876-82. 4. Helsingfors, J. C. Frenckell & fils. 1884.

Jernvägstyrelsens ie Finland. Berättselse för ar 1883. Helsingfors, J. C. Frenckell & Sohn. 1884/85. Finnländische Eisenbahnstatistik für 1883 incl. Güterverkehrsstatistik auf den finnländischen Bahnen in den Jahren 1877/83. — Bihang till Jernvägstyrelsens i Finland etc. Helsingfors, 1885, 4. 1 Karte und 2 geogr. Darstellungen. Anhang zur 1883er finnländischen Eisenbahnstatistik, enthaltend die detaillierte Güterverkehrsstatistik f. das Jahr 1883.

Betriebseinnahmen der französischen Hauptbahnen in dem 1. Halbjahr 1884 und 1885. A. f. E. Heft 6 u. 1.

De la vente à crédit des valeurs à lots. Le revenu minimum garanti des actions de chemins de fer français. Revue des Sociétés. Nr. 6.

Neymarck, A., Ce que coûtent les chemins de fer de l'État. Journal des Économistes, février.

Les profits procurés à l'État par les chemins de fer. B. d. St. et d. L. c. XVII p. 457.

Duverger, De la réforme de l'administration des chemins de fer de l'État. J. d. E. août 1885.

Ulrich, Ueber französisches Eisenbahntarifwesen. A. f. E. 1885. Heft 5.

Muller, P., Les tarifs de chemins de fer. J. d. E. août 1885.

Lamé Fleury, E, Un deuxième pas dans la voie d'une révision des tarifs de chemins de fer. J. d. E. octobre 1885.

Beuf, les voies de communication, en droit romain; les chemins de fer d'intérêt local, en droit français. Paris, Larose et Forcel.

Eisenbahnen, die, in den Niederlanden in den Jahren 1882 und 1883. A. f. E. 1885. Heft 1.

Die holländische Staatseisenbahngesellschaft im Jahr 1884 von J. J. van Kerkwijk. — Die holländischen Staatseisenbahnen und ihr Ueberschuss von H. van der Gas. Economist de, Tijdschrift voor staatshuishoudkunde onder redactie van J. L. de Bruyn Kops. Jaargang 1885.

Nicolai, E., Les chemins de fer de l'état en Belgique 1834-1884. Étude historique, économique et statistique. Bruxelles, impr. F. Callewaert père. gr. in 8.

Eisenbahnen, die italienischen, im Jahre 1883. A. f. E. 1885. Heft 2.

— —, die italienischen, 1883. Bayer. Handelszeitung S. 313.

Régime des chemins de fer italiens. Revue général d'administration, Mai 1885.

Ueber englisches Eisenbahnwesen. Deutsche Bauzeitung Nr. 52, 53, 54.

Eisenbahnen, die, Britisch-Indiens u. Bodenerzeugnisse von P. F. Kupka. A. f. E. 1885. Heft 5.

— — in Britisch-Ostindien 1883/84. A f. E. 1885. Heft 4.

— —, die, in Skandinavien. A. f. E. Heft 6.

Danmarks Statistik. Sammendrag af statistiske Oplsninger angaaende Kongeriget Danmark. No. 9. Udg. of det stat. Bureau. Kjobenhavn. Tabelle XLVII—LVII. Die Erträge der dänischen Post- und Telegraphenverwaltung. Die Erträge der Eisenbahnen.

Norges officielle Statistik. Ny Raekke udgiven i Aaret 1884. C. Nr. 8. De offentlige Jernbaner (Norweg. Eisenbahnstatistik für die Zeit vom 1. Juli 1883 bis 30. Juni 1884).

Schweizerische Eisenbahnstatistik f. d. J. 1883. Bd. XI. Herausg. v. schweizerischen Post- und Eisenbahndepartement. Bern, H. Körber. Folio.

Geschäftsbericht (XIII.) der Direktion und des Verwaltungsrates der Gotthardbahn, umfassend das Jahr 1884. Luzern, Meyer'sche Buchdruckerei. 4. Nebst Anlagen: Statistische Tabellen, Rechnungen und Bilanzen.

Gotthardbahn, die. (Besprechung des XII. Verwaltungsberichts für 1883.) A. f. E. 1885. Heft 2.

Serbischen Eisenbahnen, die. Archiv f. Post u. Telegraphie 1885. Nr. 11—13.

Kanitz, F, Die serbischen Bahnen. Oesterreichische Monatsschrift 11. Jahrg. Nr. 4.

Eisenbahnen, die, in Spanien. A. f. E. 1885. Heft 3.

Königl. Gesellschaft, die, der portugiesischen Eisenbahnen. A. f. E. 1885. Heft 4.

v. d. Leyen, Alf., Die nordamerikanischen Eisenbahnen in ihren wirtschaftlichen und politischen Beziehungen. Gesammelte Aufsätze. Leipzig, Veit & Co.

v. d. Leyen, Nordamerikanische Eisenbahnverhältnisse: Güterbeförderung und Tarife der Eisenbahnen der Vereinigten Staaten. A. f. E. 1885. Heft 1.

Eisenbahnfrachttarife, die, in Amerika. Bayer. Handelszeitung S. 169, 187.

Poor, H. V., Manual of the railroads of the United States for 1885; containing detailed statements of the operations and conditions of every Railway Company in the country. 18th year. New York, Poor. 8.

Eisenbahnen, die, in Canada. A. f. E. 1885. Heft 5.

— —, die, in Centralamerika. A. f. E. 1885. Heft 3.

— — in Brasilien. A. f. E. 1885. Heft 3.

Eisenbahnen, die, Japans. Deutsche Rundschau f. Geographie u. Statistik. VII, 9.

— —, die Japans. Archiv f. Post u. Telegraphie. Oktober u. November.

— — in Japan, A. f. E. 1885. Heft 4.

Eisenbahnen, die, in Australien. A. f. E. 1885. Heft 2.

Boulger, D. Ch., Railways in Asiatic Turkey. National Review, the January 1885.

Transkaptische Eisenbahn, die. A. f. E. 1885. Heft 4.

VI. Bergbau, Forstwirtschaft und sonstige staatliche Betriebe.

Thomereau, A., L'assurance par l'état et la finance nouvelle. Moniteur des assurances. 15 Septembre 1885.

— —, A., L'assurance par l'état et les économistes français contemporains. Le Moniteur des assurances Nos 205, 206.

Zur Frage der Verstaatlichung des Versicherungswesens. gr. 8. Wien, Sallmayer in Komm.

Verstaatlichung, die, des Grundkredits. Ideen zu einem nationalen Verwaltungsrecht des Grundbesitzes. Von H. F. Jena, Fischer. gr. 8.

Gesetzgebung, Bergpolizeivorschriften etc. Zeitschr. für Bergrecht. Herausg. von H. Brassert. 26. Jahrg. 3. Heft.

Produktion, die, der Bergwerke, Salinen und Hütten im Deutschen Reich u. in Luxemburg f. d. J. 1884. Monatshefte z. Statistik des Deutschen Reichs. Oktober.

Bergwerksindustrie, die, und Bergverwaltung Preussens im Jahre 1884. Zeitschrift für das Berg-, Hütten- u. Salinenwesen im preuss. Staate. 1885. Heft 4.

Lange, Fr. R., Das Grubenhaushalts-, Kassen- und Rechnungswesen der kgl. preussischen
    Bergbehörden, sowie die Organisation u. d. Geschäftsgang d. kgl. Oberrechnungskammer.
    gr. 8. Freiberg, Craz & Gerlach.
Steinkohlenbergbau, der, des preussischen Staates in der Umgegend von Saarbrücken.
    Im Auftrage d. Hrn. Ministers der öffentl. Arbeiten dargestellt v. d. Bergräten A. Hass-
    lacher, B. Jordan u. R. Nasse. gr. 4. Berlin, Ernst & Korn.
Braun, Zur Forstorganisationsfrage in Preussen. Forstliche Blätter 4.
Zur Forstorganisationsfrage in Preussen. Forstliche Blätter 1—4.
Jahrbuch der preussischen Forst- und Jagdgesetzgebung und Verwaltung. Herausgegeben
    v. B. Danckelmann, redig. von O. Mundt. Bd. XVII in 4 Heften. Berlin, J. Springer. 8.
Resultate der Forstverwaltung im Reg.-Bez. Wiesbaden. Jahrg. 1883. Herausg. von der
    kgl. Regierung zu Wiesbaden. gr. 4. Wiesbaden 1884. Bechtold & Co.
Riemann, Einige urkundliche Nachrichten über die früheren bergrechtlichen Verhältnisse in
    der Standesherrschaft Solms-Braunfels. Zeitschrift f. Bergrecht. Heft 4. 1885.
Rudnick, Zur Lehre vom Reinertragswaldbau. Jahrb. d. schles. Forstvereins f. 1884.
Preussens landwirtschaftl. Verwaltung in den Jahren 1881, 1882, 1883. Bericht d. Ministers
    für Landwirtschaft, Domänen und Forsten an Se. Majestät den Kaiser u. König. Lex. 8.
    Berlin, Parey.
Erträgnisse, die, aus den bayer. Staatswaldungen. Bayer. Handelszeitung S. 577.
Forst, Das Forstgesetz für das Königr. Bayern. Forstwissenschaftl. Centralblatt 7. Heft.
Forstwesen, das, in Bayern. 4. Lfg. 8. Würzburg, Stahel. Die Organisation der Staats-
    forstverwaltung. Kgl. Allerh. Verordnung vom 19. Febr. 1885.
Forststatistische Mitteilungen aus Württemberg. Herausg. v. d. kgl. Forstdirektion.
    Stuttgart, W. Kohlhammer.
Jahrbuch für das Berg- u. Hüttenwesen im Königreich Sachsen auf das Jahr 1885. Auf An-
    ordnung des kgl. Finanzministeriums herausg. von C. G. Gottschalk. Freiberg, Craz &
    Gerlach. Imp. 8.
Beiträge zur Forststatistik v. Elsass-Lothringen. Heft 2. Strassburg, R. Schultz & Co. gr. 8.
Schindler, Carl, Die Forste der in Verwaltung des k. k. Ackerbauministeriums stehenden
    Staats- und Fondsgüter. Im Auftrage Sr. Exc. des Hrn. k. k. Ackerbauministers, Julius
    Grafen von Falkenhayn, dargestellt. Herausg. vom k. k. Ackerbauministerium. 1. Teil.
    Mit einem Atlas enth. 41 Karten (Folio in Mappe). Lex. 8. Wien, Hof- u. Staatsdruckerei.
Jahresbericht über die Leistungen und Fortschritte in der Forstwirtschaft. Zusammen-
    gestellt für ausübende Forstmänner und Privatwaldbesitzer unter Mitwirkung von Fach-
    genossen und herausg. von Saalborn. 6. Jahrg. 1884. gr. 8. Frankfurt a. M., Sauerländer.
Gesetze betr. das Forstwesen u. d. Forstschutz etc. f. Oesterreich. Wien, Manz.
Le monopole des poudres (1864/1883). B. d. St. et d. L. c. XVII p. 548. (Frankreich.)
Produits, les, de l'enregistrement, des domaines et du timbre constatés pendant l'année 1884.
    B. d. St. et d. L. c. XVIII 420.
Domaine, le, du département de la Seine. B. d. St. et d. L. c. XVII p. 463.
Chailley, J., Les administrations des forêts. d. J. E. juin 1885.
Maigne, P., Les mines de France et de ses colonies. Coulommiers impr. Brodard & Gallois. 32.
Mining and Minerals Statistics of the United Kingdom of Great Britain and Ireland, for the
    year 1884. Prepared by H. May.'s Inspectors of mines. London, printed by Eyre & Spottis-
    woode. Folio.
Annual report, XVth. of the Deputy Master of the Mint 1884. London printed by Eyre &
    Spottiswoode. 8. (Parliamentary paper by command.)
Bidrag till Sveriges officiela statistik. Q. Skogsväsendel (Schwedische Forststatistik für das
    Jahr 1883. XV. Bericht.) Stockholm, Boktrykeriet Norstedt & Söner. 1884. Roy. in 4.
Aus dem Rechenschaftsbericht des Forstdepartements. Russische Revue. Jahr-
    gang XIV. Heft 4. (Russland.)
Brown, J. C., Forests and Forestry in Poland, Lithuania, the Ukraine, and the Baltic Pro-
    vinces of Russia, with notices of the Export of Timber from Memel, Danzig and Riga.
    Edinburgh, Oliver & Boyd. 8.
Berggesetz für die mexikanische Republik vom 22. Nov. 1884. Uebersetzt u. bearbeitet mit
    erläuternden Bemerkungen von E. Eisenmann. Zeitschrift f. Bergrecht. Heft 4. 1885.

VII. Zölle.

Eggers, Aug., Der Schutzzoll vom Standpunkte des Nationalvermögens. gr. 8. Bremen, Roussel.

Resultate, die, der allgemeinen Schutzpolitik. Bayer. Handelszeitung S. 397, 425.

Rückblicke auf die Schutzzollbewegung des Jahres 1885. Bayer. Handelszeitung S. 299.

Schutzzölle und Minimallöhne. Deutsche Gemeindezeitung S. 41.

Conrad, Dr. H., Die Erhöhung der Getreidezölle im Deutschen Reiche im Jahre 1885. J. f. N. u. St. Bd. X. Heft 3.

Dael v. Köth-Wanscheid über Getreidezölle zum Schutz der deutschen Landwirtschaft. gr. 8. Augsburg, Litterar. Institut von Dr. M. Huttler.

Ehlers, Otto, Gegen Getreidezölle, auch vom Standpunkt d. Prov. Posen. gr. 8. Posen, Türk.

Getreidezölle, die, politische Korrespondenz v. Delbrück. Preuss. Jahrbücher. Februarheft.

— —, die. Neue Zeit. Stuttgart. Jahrg. III. Heft 1—5.

v. Helldorff-Baumersrode, C., Verstaatlichung des Grund und Bodens oder Schutzzölle für die Landwirtschaft? Ein offener Brief an einen Landwirt. Berlin, E. Staude. 8.

Johannssen, Petersen, Die landwirtschaftlichen Zölle als Mittel zur Hebung der Landwirtschaft. 2 Vorträge, geh. in der Hauptversammlung des Schleswig-Holst. Landw. Generalvereins zu Rendsburg am 19. Dez. 1884. Herausg. v. der Direktion des Landw. Generalvereins. 8. Kiel, Biernatzki.

Kühn, J., Die Getreidezölle in ihrer Bedeutung für den kleinen und mittleren Grundbesitz. Ein Beitrag zur Verständigung. 2. verm. Aufl. 4. Halle. Buchh. d. Waisenhauses.

Löll, L., Der Getreideschutzzoll, eine Notwendigkeit für Deutschland. Würzburg. A. Stuber. gr. 8. Mit 2 Tabellen Durchschnittspreisen, sowie Ein- u Ausfuhr enthaltend.

Martini, Benno, Die Kornzölle und die deutsche Landwirtschaft. Frühlings landwirtschaftl. Zeitung. 34. Jahrg. 3. Heft.

Meyer, Moritz, Die Getreidezölle. Die Gegenwart, 27. Bd. Nr. 10.

Pröll, Karl, Ein Wort über die Getreidezölle. Deutsche Wochenschrift. 3. Jahrg. Nr. 7.

Schmoller, G., Analekten und Randglossen zur Debatte über Erhöhung der Getreidezölle. J. f. G. V. u. V. im D. R. IX. Jahrg. Heft 2.

Socialpolitische Bedeutung, die, der Getreidezölle und die Einführung von Brottaxen. D. G. Z. S. 129.

Stommel, Dr. Kuno, Die Getreidezölle. Reformvorschläge f. d. prakt. Staats- u. Landwirt. gr. 8. Düsseldorf. F. Bagel.

Walcker, Dr. Karl, Gegen Kornzölle. gr. 8. Leipzig, Rossberg.

Witt, N. M., Die ländlichen Arbeiter und die Kornzölle. V. f. V. P. K. Jahrg. XXII. Bd. 2. 1. Hälfte.

Zur Geschichte der Getreidezölle. Bayer. Handelszeitung S. 125.

Deutsches Handelsarchiv. Zeitschrift für Handel und Gewerbe. Herausg. im Reichsamt des Innern. Jahrg. 1885. Berlin, Mittler & Sohn.

Abänderungen, die, des Zolltarifgesetzes vom 15. Juli 1879. Annalen des deutschen Reichs f. Gesetzgebung, Verw. u. St. Von Hirth u. Seydel. 1885. Nr. 8/9 u. 10.

Aenderung, vorläufige, des amtl. Warenverzeichnisses zum Zolltarife f. d. Zeit vom 1. Juli 1885 ab. gr. 8. Berlin, v. Decker in Komm.

— —, vorläufige, des statistischen Warenverzeichnisses, sowie des Verzeichnisses der Massengüter, auf welche die Bestimmung in § 11 Abs. 2 Ziff. 3 des Gesetzes vom 20. Juli 1879, betr. die Statistik des Warenverkehrs, Anwendung findet. Für die Zeit vom 1. Juli 1885 ab. gr. 8. Ebenda.

Auszug aus dem stenographischen Bericht der Reichstagsverhandlungen über die Zollveränderungen für Chemikalien. Die chemische Industrie Nr. 8, 9.

Bayerdoerffer, A., Bemerkungen zur Zolltarifnovelle. 1885. J. f. N. u. St. N. F. XL 2.

Entwurf eines Gesetzes betr. die Abänderung des Zolltarifgesetzes vom 15. Juli 1879, nebst Begründung. Vorgelegt d. deutschen Reichstage in der 1. Session der 6. Legislaturperiode. Folio. Berlin, C. Heymanns Verlag.

Franke, H., Die deutschen Zoll- und Steuerstellen. Alphabetisches Verzeichnis sämtl. Zoll
und Steuerstellen des deutschen Zollgebiets (einschliessl. Luxemburgs) mit Angabe der
denselben hinsichtlich der Zölle, Reichssteuern und Uebergangsabgaben beigelegten Ab-
fertigungsbefugnisse, soweit letztere nicht lediglich für den betreffenden Hauptamtsbezirk
von Bedeutung sind. Auf Grund amtlichen Materials herausg. gr. 4. Berlin, Selbstverlag
W. Wilhelmsplatz 1.

Gesetz betr. den Zolltarif des deutschen Zollgebiets und den Ertrag der Zölle und der
Tabaksteuer vom 15. Juli 1879, nebst Aenderungen bis zum 22. Mai 1885. 4. Strassburg.
Schultz & Co. Verl.

Hildebrandt, Karl, Warenverzeichnis vom 1. Januar 1885 zum Gesetz betr. die Statistik
des Warenverkehrs des deutschen Zollgebiets mit dem Auslande. Unter Angabe der lauf.
statist. Nummern. In alphab. Ordnung nach Massgabe des amtl. Warenverzeichnisses zum
Zolltarif des deutschen Zollgebiets. 8. 2. unveränd. Aufl. Berlin, Funcke & Naeter.

Revision, la, du tarif douanier. B. d. St. et d. L. c. XVII pp. 233, 667.

Steinitz, Heinr., Der deutsche Zolltarif in der Gestaltung nach dem Reichsgesetze vom
22. Mai 1885. Erläutert durch das amtl. Material der Gesetzgebung und unter Beifügung
sämtlicher noch giltiger gesetzl. Bestimmungen herausg. gr. 8. Berlin, Hempel.

Tarifverträge, die, des Deutschen Reiches mit dem Auslande im Auszug, nebst einer
Einleitung und einer Zusammenstellung der durch diese Tarifverträge bewirkten Abänd-
rungen der Zollsätze der allgemeinen deutschen Zolltarifs vom 22. Mai 1885. Ein Suppl.
zum allgemeinen deutschen Zolltarif vom 22. Mai 1885. 16. Nördlingen, Beck.

Trempenau, Der Zolltarif des Deutschen Reiches in seiner jetzigen und früheren Gestalt,
nebst den betr. Zollgesetzen. Nachschlageb. in Zollangelegenh. Berlin, S. Mode's Verlag.

Troje, Zolltarif und Warenverzeichnis zu demselben, verbunden mit dem statist. Warenverzeichnis; nebst dem Gesetz, betr. die Statistik des Warenverkehrs und Ausführungsbestimmungen zum Zolltarifgesetz. gr. 8. Harburg, Elkan.

Behrend, C., Warenverzeichnis zum Zolltarif des deutschen Zollgebiets nebst Instruktions-
punkten, Zolltarifgesetz und Zolltarif unter Berücksichtigung der Tarasätze. Nach Massgabe d. amtlichen Warenverzeichnisses, dem zum Zolltarif v. 15. Juli 1879 ergangenen Ab-
änderungsgesetze, der Handelsverträge mit der Schweiz, Italien, Spanien u. Griechenland,
sowie der vom Bundesrate beschlossenen Abänderungen des amtl. Warenverzeichnisses
aufgestellt und herausg. gr. 8. Berlin 1884. Drewitz.

Wechsung, der deutsche Zolltarif vom 15. Juli 1879, nebst d. vom Bundesrat festgestellten
Tarasätzen (aus Cl. Merck's Warenlexikon). Auf Grund amtl. Quellen mit Erläuterungen
versehen. 4. Ausg. (Stand v. 1. Juli 1885.) gr. 8. Leipzig, Glöckner.

Zolltarifgesetz vom 15. Juli 1879 [nach der Redaktion vom 24. Mai 1885] nebst den vom
Bundesrat festgestellten Tarasätzen. gr. 8. Berlin, v. Decker.

Zolltarif, der, für das Deutsche Reich nach den Gesetzen vom 15. Juli 1879, 6. Juni 1880,
19. Juni 1881, 21. Juni 1881, 23. Juni 1882 u. 22. Mai 1885, nebst den einschläg. Gesetzen.
Mit alphab. Sachregister. 16. Nördlingen, Beck.

— —, der neue, f. d. Deutsche Reich, nebst dem Zolltarifgesetz vom Mai 1885. Zur vergleich.
Uebersicht sind: 1) die früheren Zollsätze vom 15. Juli 1879 in besonderer Rubrik; 2) ein
alphabetisch geordnetes Verzeichnis aller Gegenstände, welche in den Tarifnummern nur
summarisch aufgeführt sind. 8. Düsseldorf, F. Bagel.

— —, deutscher. gr. 4. Berlin, Mittler & Sohn.

Arndt, Ad., Das administrative Strafverfahren bei Zuwiderhandlungen gegen die Reichs-,
Zoll- u. Steuergesetze. Zeitschr. f. d. gesamte Strafrechtswissenschaft V, 3.

Diensthandbuch f. d. bayer. Zoll- u. Steuerpersonal f. d. Jahr 1885. 2. Jahrg. Bearb.
von einem höher. bayer. Zollbeamten. gr. 16. Ansbach, Brügel & Sohn. geb.

Kalender für Zoll- und Steuerbeamte des deutschen Zollvereins auf d. J. 1885. 12. Jahrg.
Herausg. von Karl Ulrich Treu. gr. 16. Rostock, Stiller in Komm.

Kirsch, L., Die Zoll- und Reichssteuerverwaltung im Grossherzogtum Baden. Aus Anlass
des fünfzigjährigen Bestehens der grossherzoglich badischen Zolldirektion. Karlsruhe, C.
Braun. Roy. 8. Mit 3 chromolithogr. Steintafeln.

Kreuzer, E., Handbuch über d. Zollabfertigungswesen f. Eisenbahnbeamte, Spediteure u. Kaufleute. Enth. 1) Verhaltungsmassregeln f. d. zollamtl. Behandl. ausl. Waren, nebst den bezw.
gesetzl. Bestimmungen. 2) Das Zolltarifgesetz sowie den auf Grund der Zolltarifnovelle v.
22. Mai 1885 ber. Zolltarif f. d. Deutsche Reich. 8. verb. Aufl. 8. Barmen. Elberfeld, Bädeker.

Loi concernant l'affectation des recettes douanières en Prusse. B. d. St. et d. L. c. XVII p. 678.

Materne, A, Die Kassen-, Buch- u. Registerführung der preuss. Hauptzoll- u. Hauptsteuer-ämter, sowie der denselben unterstellten Hebestellen. Zum prakt. Gebrauch für Kassen-revisoren, Hauptamtsrendanten, Hauptamtskontrolleure, -Assistenten, Steuer- und Zoll-einnehmer, verbunden m. e. Anleitung z. leichteren Erlernung d. gedachten Buchführungen f. Steuersupernumerare und Anwärter. 2. Aufl., nach Massgabe der neuen amtlichen An-weisungen vollständig umgearb. v. Alb. Schneider. gr. 8. Breslau, Korn.

— —, A., Anleitung zur leichteren Erlernung d. Kassen-, Buch- u. Registerführung d. preuss. Hauptzoll- u. Hauptsteuerämter, sowie der denselben untergeordneten Hebestellen. Ein Repertorium in Frage und Antwort. Für Steuersupernumerare und Anwärter. In 2. Aufl. bearb. v. Alb. Schneider. gr. 8. Breslau, Korn.

Reichstarifamt, ein, für Zollwesen. Bayer. Handelszeitung S. 679.

Straffälle, die, in Bezug auf die Zölle und Steuern des Deutschen Reichs, bezw. Zoll-gebiets im Etatsjahre 1884/85. Monatshefte zur Statistik d. D. R. 1885. Augustheft.

Tarifverträge und Meistbegünstigungsverträge des Deutschen Reichs. Bayer. Handels-zeitung S. 468.

Zollbegünstigungen, die, den Weinhändlern im deutschen Zollgebiet für das Etatsjahr 1884/85 gewährten. Monatshefte zur Statistik d. D. Reichs. Juli 1885.

Zollunionen. Bayer. Handelszeitung S. 13.

Zur Frage der Uebergangsabgaben im Zollverein. Petition deutscher Handels-kammern an den Bundesrat. Annalen d. Deutschen Reichs, herausg. von Hirth u. Seydel. Jahrg. 1885. Nr. 5.6.

Ein- und Ausfuhr der wichtigeren Warenartikel im deutschen Zollgebiet f. 1884. Monats-hefte zur Statistik des Deutschen Reichs, herausg. vom kais. statist. Amt. 1885. In den einzelnen Monatsheften.

— — der wichtigeren Warenartikel im deutschen Zollgebiete. Eingang in den freien Verkehr des Zollgebiets und Ausgang aus demselben (mit Ausschluss des Veredlungsverkehrs, der mittelbaren Durchfuhr unter Zollkontrolle und der unmittelbaren Durchfuhr) nach den Ländern d. Herkunft bezw. Bestimmung d. Waren, auf Grund d. Verkehrsnachweisungen der Zollstellen zusammengestellt. (Aus: „Monatshefte zur Statistik d. Deutschen Reichs.") Jahrg. 1885. 12 Hefte. Berlin, Puttkammer & Mühlbrecht.

Gesetz, betr. die Statistik des Warenverkehrs des deutschen Zollgebiets mit dem Auslande, nebst Ausführungsbestimmungen. Herausg. im Reichsamt des Innern. 2. Aufl. Nebst: Statistisches Warenverzeichnis vom 1. Jan. 1885, sowie Verzeichnis der Massengüter, auf welche die Bestimmung im § 11 Abs. 2 Ziff. 3 des G. vom 20. Juli 1879, betr. die Statistik des Warenverkehrs, Anwendung findet, nach dem Stande vom 1. Jan. 1885. gr. 8. Berlin, v. Decker in Komm.

Uebersicht über die Produktion von Stärkezucker im deutschen Zollgebiet für das Cam-pagnejahr 1884/85.

Uebersichten über die unmittelbare Durchfuhr fremder Waren durch das deutsche Zoll-gebiet, sowie über die unmittelbare Durchfuhr durch angrenzende Staaten von Waren, welche in das deutsche Zollgebiet ein- bezw. ausgeführt sind für das Jahr 1884. Monats-hefte zur Statistik des Deutschen Reichs. 1885. Aprilheft.

Warenverkehr des deutschen Zollgebiets mit dem Auslande im Jahre 1884 nach dem Werte. Definitive Hauptergebnisse. Monatshefte z. Statistik d. Deutschen Reichs. Mai- u. Juniheft.

Warenverzeichnis, statistisches, vom 1. Jan. 1885, sowie Verzeichnis der Massengüter, auf welche die Bestimmung in § 11 Abs. 2 Z. 3 d. Ges. v. 20. Juli 1879, betr. die Statistik des Warenverkehrs, Anwendung findet, nach dem Stande am 1. Jan. 1885. (Aus: Central-blatt f. d. Deutsche Reich.) gr. 4. Berlin 1884. C. Heymanns Verlag.

Siewert, Fischzölle. Grenzboten Nr. 19.

———

Begutachtung, die, des neuen Zolltarifs durch d. Handelskammern in Oesterreich-Ungarn. Bayer. Handelszeitung S. 571, 585.

Berg, G. Freih. v., Die Zollnovelle vom März 1885 und ihre Bedeutung für d. Landwirtschaft Ungarns. Bericht an den Oldenburger landwirtsch. Verein. gr. 8. Wien, Frick.

Beurle, Karl, Die Zolleinigung zwischen Oesterreich und Deutschland. Oeffentlicher Vortrag. geh. in der Zollversammlung des deutschnationalen Vereins in Wien am 6. Mai 1885. [Aus „Unverfälschte Deutsche Worte".] 8. Wien, Kubasta & Voigt.

Fischel, Alfred, Ein Verein f. d. Zollunion Oesterreichs u. Deutschlands. Deutsche Wochenschrift. 3. Jahrg. Nr. 21.

Friedjung, Heinr., Die österreichisch-deutsche Zollunion.

Oesterreichisch-deutsche Zolleinigung. Deutsche Wochenschr. Wien. 3. Jahrgang Nr. 5.

Oesterreichisch-deutsche Zollpolitik. Deutsche Wochenschr. 3. Jahrg. Nr. 27, 31.

Peez, A., Zollbund mit dem Deutschen Reiche. Deutsche Wochenschr. 3. Jahrg. Nr. 31.

Revision, la, du tarif douanier. B. d. St. et d. L. c. XVII, p. 313.

Zollerhöhungen, die deutschen, u. Oesterreich-Ungarn. Bayer. Handelszeitung S. 37, 94.

Zolltarifgesetz u. Zolltarif des Deutschen Reichs. (Kundgemacht mit Bekanntmachung d. Reichskanzlers vom 21. Mai 1885 auf Grund d. § 5 d. Ges. v. 22. Mai 1885, Reg.-Blatt Nr. 15.) Mit den infolge der Zollverträge Deutschlands m. Spanien v. 12. Juli 1883 (gültig bis 30. Juni 1887), mit Italien vom 4. Mai 1883 (gültig bis 1. Febr. 1892), mit Griechenland vom 9. Juni 1884 (gültig bis 2. Febr. 1895) und mit der Schweiz vom 23. Mai 1881 (gültig bis 30. Juni 1886) f. die Einfuhr aus Konventionalstaaten (worunter Oesterreich-Ungarn) gelt. Zollermässigungen. gr. 8. Wien, Hof- u. Staatsdruckerei.

Zollunion zwischen Deutschland und Oesterreich-Ungarn. Deutsche Wochenschr. 3. Jahrgang Nr. 23.

Oesterreichische Statistik, herausg. von d. k. k. statistischen Centralkommission. Bd. X Heft 4: Warendurchfuhr durch das allg. österreichisch-ungar. Zollgebiet im J. 1884. Wien, k. k. Hof- u. Staatsdruckerei.

Uebersicht der Warenein- und Ausfuhr d. österreichisch-ungar. Zollgebiets im J. 1883. Zusammengestellt vom Rechnungsdepartement des k. k. Finanzministeriums (Abteilung für die indirekten Abgaben). Herausg. vom statist. Departement im k. k. Handelsministerium. Lex. 8. Wien 1884. Hof- u. Staatsdruckerei.

Warendurchfuhr durch das allgemeine österr.-ungar. Zollgebiet im J. 1884. Oesterreich. Statistik. Herausg. von der k. k. statistischen Centralkommission. Wien, Hof- u. Staatsdruckerei Folio.

Popelka, Frz., Die Mautbefreiung. Ein systematisches Handbuch, enth. sämtliche die Befreiung von den Mautgebühren betr. Bestimmungen u. Vorschriften. Mit Erläuterungen aus der Rechtsprechung. 8. Prag, Mercy.

Schaffer, Frz. Jos., Die Weg-, Brücken- und Fährtenmautvorschriften mit Einschluss der Bestimmungen über die Einrichtung des Fuhrwerkes, die Verpachtungen, Behandlung der Kautionen, Einhebung der Mautgebühren in Aerarialregie und in Sequestration. 3. verm. u. verb. Aufl. 8. Wien, Manz.

Zoll- u. Staatsmonopol-Ordnung v. J. 1835. Wien, Hof- u. Staatsdruckerei.

Clercq, P. H. de, Verteidigte Zölle in Russland. (Ueber Schutzzölle, Ein- u. Ausfuhrtarife etc.) de Economist. Januari en februari 1885.

Ueber die Einnahme von den Einfuhrzöllen im Jahre 1883. Russische Revue Jahrg. XIV. Heft 1.

Revision, la, du tarif douanier. B. d. St. et d. L. c. XVIII 110.

Bayerdörffer, A., Der Zolltarif Russlands. J. f. N. u. St. X, 4, 5, 6.

Tarif douanier, le. B. d. St. et d. L. c. XVII, 1616.

Zolltarif, allgemeiner, des russischen Kaiserreichs mit allen bis 1. Juli 1885 in Kraft getretenen Veränderungen, nebst Tabelle für die Taraberechnung, alphabet. Verzeichnis des Tarifs etc. Herausg. von M. Miklaschewsky. St. Petersburg. 12.

Baudouin, L'octroi de mer aux colonies. Revue maritime et coloniale. Livraison 284, Mai 1885.

Décret concernant les droits de douane à la Martinique. B. d. St. et d. L. c. XVII, p. 512.

Französische Gesetz, das, betr. die Abänderung des allgemeinen Zolltarifs. J. f. N. u. St. N. F. XI, 2.

L'octroi de mer en Algérie. B. d. St. et d. L. c. tome XVII, p. 11.

Loi portant modification du tarif général des douanes. (Bétail.) B. d. St. et d. L. c. XVII, p. 399.

— — portant modification du tarif général des douanes. (Céréales.) B. d. St. et d. L. c. XVII, p. 397.

Molinari, G. de, Les guerres de tarifs. J. f. E. juillet 1885.

Viguier, Sur l'organisation des douanes au Tonkin. Revue de l'Extrême-Orient III, 2.

Zolltarif der französischen Republik für die Einfuhr aus Vertragsstaaten (gültig f. d. Einfuhr aus Oesterreich-Ungarn zufolge Handelskonvention v. 18. Febr. 1884). 2. Aufl. gr. 8. Wien, Hof- u. Staatsdruckerei.

Valeurs, les, de douanes en 1884. B. d. St. et d. L. c. XVIII, p. 686.

Millot, A., Dictionnaire des tarifs des douanes françaises. Bâle, H. Georg. 8. (Genaue und detaillierte alphabet. Zusammenstellung der französischen Eingangszölle.)

Broch, O., La crise agricole en Europe. Nancy, impr. Berger-Levrault & Co. 8.

Grandeau, Louis, La production agricole en France, son Présent et son Avenir, augmenté de Données statistiques sur la question du blé par E. Cheysson, et d'une Étude géologique sur les terres à blé en France et en Angleterre par A. Ronna. 1. Bd. in 8⁰. Paris et Nancy, Berger-Levrault & Co.

Quivogne, F., Protection et libre-échange, à propos des surtaxes à établir, à nos frontières, sur les blés et les animaux de boucherie. Lyon, impr. Schneider frères. 8.

de Broglie, Duc, Le libre échange et l'impôt. Études d'économie politique, publiées par son fils. Nouvelle édition. Paris, C. Lévy. gr. in 8.

Chailley, J., Une nouvelle forme du protectionnisme aux Etats-Unis. J. d. E. Sept. 1885.

Molinari, G. de, Défaite des protectionnistes en Belgique. J. d. E. août 1885.

Bunning, T. Wood, An account of the duties on coal, and the London coal and wine duties 3rd edition, London. King & Son. 8.

Customs-Gazette Nr. LXIII—LXIV: July—September and October—Dec. 1884. Published by order of the Inspector General of Customs. Shanghai 1884/85. 4.

Mees, H. N., Etwas über Eingangsabgaben in England. Economist de, Tijdschrift voor staats-huishoudkunde, onder redactie van J. L. de Bruyn Kops. Jahrgang 1885.

Lampertico, F., Atti de la Commissione d'inchiesta per la revisione della tariffa doganale. I. Parte agraria fascicolo 1. Roma, tipogr. eredi Botta. 4.

Movimento della navigazione nei porti del Regno nell' anno 1884. Roma, tipogr. eredi Botta. folio. (Pubblicazione del Ministero delle finanze, Direzione generale delle gabelle.)

— — commerciale del Regno d'Italia nell' anno 1884. Roma, tipogr. eredi Botta. folio. (Pubblicazione del Ministero delle finanze, direzione generale delle gabelle.)

Relazione sull' amministrazione delle Gabelle per l'anno 1883. Roma, tipogr. eredi Botta. 1884. 4.

Danmarks Statistik. Sammendrag uf statistike Oplsninger angaaende Kongeriget Danmark Nr. 9. Udg. of det stat. Bureau. Kjobenhavn. 4. Tabelle XXXIII—XLVI: Roherträge der Einfuhrzölle 1878/1882.

Dänemarks wirtschaftliche Lage. Vortrag in der Sitzung der Volkswirtsch. Gesellschaft zu Kopenhagen vom 24. Jan. von Tietgen als Ergänzung der Rede des Levy über Dänemarks Zolleinkünfte und wirtschaftliche Situation. Nationalökonomisk Tidsskrift 1885. 1ste Hefte.

Zollreformen und industrielle Interessen (Dänemark). Schutzzöllnerische Vorschläge von J. Schovelin. Nationalökonomisk Tidskrift. Redakter A. Petersen Studnitz. 1885. 1ste Hefte.

Zolltarif, schweizerischer, vom 26. Juni 1884, gültig vom 1. Jan. 1885 an, alphab. geordnet. gr. 8. Zürich, Schmidt.

Schweizerische Ein-, Aus- u. Durchfuhr im Jahre 1884. Uebersichtstabelle mit Angabe der Grenzstrecken, über welche dieser Verkehr stattgefunden hat. Herausgegeben v. schweiz. Zolldepartement o. O. Roy. fol. Nicht im Handel.

Statistiek van het Koningrijk der Nederlanden. Nieuwe serie. Staten van de in-uiten doorgevoerde voornaamste handelsartikelen gedurende de maand januari-juli 1885. Uitgeven door het Departement van financiën. 7 deelen. s'Gravenhage. Folio.

Le nouveau tarif douanier. B. d. St. et d. L. c. XVII, p. 505. (Républ. Argentine.)

Molinari, G. de, Union douanière anglo-hollando-belge. Lettres adressées au Times. Journal des Économistes, février.

Tarif général des droits de douane de Roumanie établi par la loi du 16/28 mars 1876 et modifié conformément à la loi du 22 mars / 3 avril 1885, en vigueur à partir du 1/13 juillet 1885. Traduction du texte officiel en langue romaine. Bucarest, Göbl fils, pet. in 4.

VIII. Staatsschulden, fundierte und unfundierte.

Reichsgesetzgebung, die, über Münz- und Bankwesen, Papiergeld, Prämienpapiere und Reichsanleihen. Textausgabe mit Anm. und Sachregister von R. Koch. Berlin. Guttentag 12.

Loi autorisant le remboursement ou la conversion en rentes 4% des rentes prussiennes 4½%. B. d. St. et d. L. c. XVII, p. 543.

Conversion, la, de la dette des chemins de fer exploités par l'État en Prusse et la dette publique prussienne. B. d. St. et de L. c. XVII, 586.

— —, zur, des preussischen Konsols. Bayer. Handelszeitung S. 167, 185.

Schanz, G., Die Konvertierung preussischer Staatsschulden. Finanzarchiv 1885 Bd. 2.

Riecke, K. V., Die württemb. Staatsschuld. Eine Budgetstudie. Finanzarchiv 1885, Bd. 2.

Löbe, Das Staatsschuldbuch des Königreichs Sachsen. Finanzarchiv 1885, Bd. 1.

Relazione del direttore generale alla Commissione di vigilanza per l'anno 1883. Roma tipogr. Botta 1884. 4. (Pubblicazione del Ministero del tesoro, Direzione generale del debito pubblico.)

Les découverts du Trésor au 1er Janvier 1885. B. d. St. et d. L. c. XVII p. 514 (Angleterre).

Staatsschuldentilgungsverwaltung, die, in England. Bayerische Handelsztg. S. 559.

Suspension, la, de l'amortissement. B. d. St. et d. L. c. XVII p. 653. (Angl.)

Staatsschulden, die, Russlands. Histor.-statistische Untersuchungen. St. Petersburg 1884.

Manzavino, La dette publique du royaume de Grèce. Revue du monde latin V 1, VI 2.

Dette fédérale, la. B. d. St. et d. L. c. XVII p. 672. (Vereinigte Staaten von Amerika.)

IX. Kommunalfinanzen.

Müller, Paul, Les finances des communes en Allemagne. J. d. E. octobre 1885.

Belastung, die finanzielle, der oldenburgischen Gemeinden und Vergleich mit anderen deutschen Staaten. J. f. G. V. u. V. i. D. R. IX. Jahrg. Heft 1.

Tzschoppe, W. v., Beiträge zur Statistik der Kommunalabgaben in Deutschland. J. f. N. u. St. N. F. Bd. X, 6.

Herrfurth und Nöll. Kommunalabgabengesetz. Das Gesetz, betr. Ergänzg. und Abänderg. einiger Bestimmungn. über Erhebg. der auf das Einkommen gelegten direkten Kommunalabgaben v. 27. Juli 1885, nebst dem Gesetze, betr. Ueberweisg. v. Beträgen, welche aus landwirtschaftlichen Zöllen eingehen, an die Kommunalverbände, vom 14. Mai 1885, erläutert. gr. 8. Berlin 1886. C. Heymanns Verlag.

Gesetz, betr. Ergänzung und Abänderung einiger Bestimmungen über Erhebung der auf das Einkommen gelegten direkten Kommunalabgaben. Vom 27. Juli 1885. 8. Berlin. v. Decker.

Gemeindesteuernotgesetz, preussisches, Dringlichkeit und Petition betr. desselben. D. G. Z. S. 20, 25. Beratungen darüber S. 49, 54, 71, 227.

Preussisches Gemeindesteuernotgesetz. Deutsche Gemeindezeitung S. 21.

Verteilung, die, bestimmter Staatseinnahmen an die preuss. Gemeinden. D. G. Z. S. 105.

Zölle, landwirtsch., deren Ueberweisung an die preussischen Gemeindeverbände. D. G. Z. S. 132, 264, 288.

Getreidezölle, gemeindlicher Widerspruch gegen deren Erhöhung S. 32 D. G. Z.; das Für und Wider betreffs ihrer Erhöhung S. 38; Petition des Münchener Magistrats betr. derselben S. 39; Genehmigung ihrer Erhöhung durch d. Reichstag S. 43; deren Ueberweisung an die Kommunalverbände S. 36, 43; Resolution der Stadtverordneten zu Berlin gegen dieselben S. 44. Petition gegen deren Erhöhung in Frankfurt a M.

Impôts, les, communaux en Prusse. B. d. St. et d. L. c. XVIII, p. 598.

Kleinigkeiten zur Entlastung der Gemeinden. D. G. Z. S. 137.

Vorschlag, der neueste, zur Entlastung der preuss. Gemeinden. D. G. Z. S. 53.

Lotteriekollekten, die, als eine Finanzquelle der Gemeinden. Deutsche Gemeindezeitung S. 17.

Gemeindebesteuerung der Eisenbahnen in Preussen. Deutsche Gemeindezeitung S. 29, 33, 293.

Peters, H. L., Handbuch für das nassauische Gemeindewesen nach den jetzt bestehenden Bestimmungen. Nach amtl. Quellen zusammengestellt. 8. Wiesbaden 1882. Bechtold & Co.

Gemeindeeinkommensteuer, deren neue Regelung in Schweidnitz. D. G. Z. S. 123.

Einkommensteuern, deren Stand in Berlin. D. G. Z. S. 217.

Loening, Edgar, Die Verwaltung der Stadt Berlin. Preuss. Jahrbücher, Mai 1885.

Mietssteuer, städtische, deren Stand in Berlin. D. G. Z. S. 217.

Bericht über die Gemeindeverwaltung der Stadt Berlin in den Jahren 1877/1881. Berlin, J. Sittenfeld. Imp. 8.

Stadthaushalt für Breslau für d. Jahr vom 1. April 1885 bis 31. März 1886. Breslau, Druck von Grass, Barth & Co. 4. Nicht im Handel.

Breslauer Statistik. Im Auftrage des Magistrats d. k. Haupt- u. Residenzstadt Breslau, Herausg. vom statist. Amt der Stadt Breslau. IX. u. X. Serie. Breslau, E. Morgenstern, gr. 8.

Finanzwesen, das, der Landgemeinden des Kreises Holzminden in den Jahren 1876/1880. Beiträge zur Statistik des Herzogtums Braunschweig. Herausg. vom statist. Bureau des herzogl. Staatsministeriums. Heft. Braunschweig. Nicht im Handel.

Osius, Rud., Die kommunalständische Landeskreditkasse zu Kassel, ihre Geschichte und Organisation. (Aus Schmollers Jahrb. f. Gesetzgbg.) gr. 8. Leipzig, Duncker & Humblot.

Verwaltungsbericht des Rates der k. Haupt- u. Residenzstadt Dresden für das Jahr 1884. Dresden, Lehmannsche Buchdruckerei. 4. 287 S. Mit einer graphischen Darstellung in Querfolio: Betriebsresultate des Dresdener Wasserwerks im 10. Betriebsjahr.

Werner, A., Darstellung d. im rechtsrheinischen Bayern in Bezug auf örtliche Verbrauchs-steuern derzeit geltenden Rechts. Mit Beiträgen zur Geschichte des Aufschlagswesens in Augsburg, nebst einem Anhang, welcher die in dieser Stadt zur Kontrolle und Sicherung der örtl. Gefälle erlassenen ortspolizeil. Vorschriften enthält. gr. 8. Augsburg, Rieger.

Mitteilungen des statistischen Bureaus der Stadt München. Bd. VIII Heft 1. München, Lindauer. 4. Enth. u. a. die Steuern u. Gemeindeumlagen im Jahre 1884.

Statistisches Handbuch für den Hamburger Staat. Herausg. von dem statist. Bureau der Steuerdeputation. III. Ausgabe für 1885. Hamburg, O. Meissner. 8.

Gemeindefinanzen, die, in Elsass-Lothringen. Finanzarchiv 1885 Bd 2.

Reichlin, Freih. v., Die Gemeindegesetzgebung in Elsass-Lothringen. Zusammenstellung der betr. Gesetze, Verordnungen, Ministerialverfügungen etc., übers. u. erläutert. 2. verm. umg. Aufl. 8. Strassburg, Trübner.

Jahrbuch, statistisches, der Stadt Wien f. d. J. 1883. Unter der Leitung des Magistrats-sekretärs Mor. Preyer bearb. von St. Sedlaczek u. W. Löwy. Wien, Verlag des Wiener Magistrats. Imp. in 8.

Statistisches Jahrbuch der Stadt Wien für das Jahr 1884. Jahrg. II. Unter der Leitung d. Magistratssekretärs M. Preyer bearb. v. Dr. St. Sedlaczek u. W. Löwy. Wien, Verlag des Magistrats. 8. 372 S.

Verwaltungsbericht der Reichshaupt- u. Residenzstadt Wien f. d. Jahr 1883. Vorgelegt vom Bürgerm. Ed. Uhl. Mit 3 Plänen. Lex. 8. Wien 1884. Manz.

Wien, das bedrängte. Eine politisch-finanzielle Studie. 2. Aufl. Wien, K. Konegen. 8.

— —, das bedrängte. Deutsche Gemeindezeitung S. 22.

Wiener Kommunalkalender und städtisches Jahrbuch 1885. XXIII. Jahrg. Wien, C. Gerolds Sohn. 8.

Zimmermann, Franz, Die Nachbarschaften in Hermannstadt. Ein Beitrag zur Geschichte der deutschen Stadtverfassung und -Verwaltung in Siebenbürgen. Archiv des Vereins für siebenbürgische Landeskunde. N. F. 20. Bd. 1. Heft.

Situation financière des communes de France et d'Algérie précédée d'un tableau indiquant la situation financière des départements (année 1885) présentée par Bihond, conseiller d'état à M. le ministre de l'intérieur. 8me Publication annuelle. Paris et Nancy, Berger-Levrault & Co. 4. 700 p.

— — financière, la, des communes et des départements en 1885. B. d. St. et d. L. c. XVIII, p. 540.

Budget, le, de la ville de Paris pour l'exercice 1885. B. d. St. et d. L. c. XVII. p. 212.

Cottin, P., François Miron et l'administration municipale de Paris sous Henri IV de 1601 à 1606. Revue générale d'administration. Septembre et octobre 1885.

Dislère, P., Les impôts dans la métropole et dans les colonies. Revue maritime et coloniale. Livraison 284, Mai 1885.

Domaine, le, de la ville de Paris. B. d. St. et d. L. c. XVII p. 466.

Hubbard, G. A., Les finances de Babylone, examen rapide de la situation financière léguée par l'opportunisme. Paris, Bloch. 12.

Les droits d'entrée et d'octroi à Paris depuis le XIIe siècle. B. d. St. et d. L. c. XVII pp. 42, 193, 323, 519, 641. XVIII 211, 315, 477, 563, 705.

Produits de l'octroi de Paris en 1884. B. d. St. et d. L. c. XVII p. 183.

Rives, étude sur les attributions financières des états provinciaux et en particulier des états de Languedoc au XVIIIe siècle. Paris, Thorin.

Rapport fait au Conseil communal de la ville de Bruxelles en séance du 5 octobre 1885, par le collège des bourgmestres et échevins etc. Bruxelles. 8.

Budget, le, de la ville de Tunis. B. d. St. et d. L. c. XVII p. 123.

Budgets, les, municipaux (1884/85). B. d. St. et d. L. c. XVII, p. 217.

L'organisation municipale. B. d. St. et d. L. c. XVII p. 468.

Bilanci provinciali di previsione. Anno 1882. Napoli tipogr. Fr. Giannini & figli. 1884. Imp. Lex. in 8. (Pubblicazione del Ministero d'agricoltura, industria e commercio.)

Situation financière des communes en 1882. Revue générale d'administration 1885, août. (Italie.)

Bilanci communali per l'anno 1882. (Pubblicazione del Ministero di agricoltura, industria e commercio, Direzione generale della statistica.) Roma, Stabilimento tipogr. dell' Opinione 1884. 4 min.

— — communali per l'anno 1883. Roma. 4.

Drago, svolgimento storico della amministrazione communale di Genova. Genova tip. del regio istituto Sordomuti.

Nobili-Vitelleschi, Dell' amministrazione municipale di Roma, Nuova Antologia Fasc. IX.

Mitteilungen, statistische, betr. den Kanton Zürich; Heft 3: Uebersicht des Bestandes der öffentlichen Gemeindegüter auf den 31. Dez. 1884, der Gemeindeausgaben im Jahre 1884 u. der für dieses Jahr erhobenen Steuern. Verteilung der Staatsbeiträge an die Armenausgaben der Gemeinden vom Jahre 1884. Bearbeitet im statist. Bureau der Direktion des Innern. Winterthur, Buchdr. Bleuler-Hausheer. 8.

Statistische Mitteilungen betr. den Kanton Zürich. Beilage zum Rechenschaftsbericht des Regierungsrates für d. Jahr 1883. Winterthur, Buchdr. Bleuler-Hausheer & Co. 1884. 8. Verteilung der Staatsbeiträge an die Armenausgaben d. Gemeinden v. J. 1883.

Danmarks Statistik. Sammendrag af statistiske Oplsninger angaaende Kongeriget Danmark. Nr. 9. Udg. of det stat. Bureau Kjobenhavn. Tabelle LXIX—LXXIV: die finanzielle Lage der Stadt Kopenhagen, der Provinzialstädte und der Landgemeinden. Der Etat des dänischen Staates während der Rechnungsjahre 1879/80—1882/83.

Ein neuer Gemeindeabgabenvorschlag. De Economist, Tijdschrift voor Staatshuishoudkunde. Jahrg. 1885 April.

Rathbone, W., Pell, A and F. C. Montague, Local government and taxation. London, Sonnenschein. 8.

Taxes, les, locales en 1882/83. B. d. St. et d. L. c. XVII p. 354. (Angl.)

Lamas, P. S., La politique financière de la république Argentine. J. d. E. juin 1885.

Bamberger, Ludwig, Die Arbeiterfrage unter dem Gesichtspunkte des Vereinsrechtes. 1873. VI und 359 S. 8°. M. 4. 50 Pf.

Bluntschli, Dr. J. C., Lehre vom modernen Stat. 3 Bände. gr. 8°.
    I. Allgemeine Statslehre. 5. umgearbeitete Auflage. 1875. XII u. 636 S. Erscheint in 6. Auflage, von Prof. E. Loening herausgegeben. M. 9. —
    II. Allgemeines Statsrecht. 6. Auflage. Durchgesehen von E. Loening. 1885. VIII u. 690 S. M. 10. —
    III. Politik als Wissenschaft. 1876. X u. 664 S. M. 10. —

Bojanowski, V. von, Unternehmer und Arbeiter nach englischem Recht. 1877. VIII u. 128 S. gr. 8°. M. 4. —

Cohn, Gust., Volkswirtschaftliche Aufsätze. 1882. 8°. VIII u. 731 Seiten. M. 15. —
    Inhalt: Parlamentar. Untersuchungen in England. — Der Staat und die Eisenbahnen. — Die Einkommensteuer im Kanton Zürich. — Die Wehrsteuer. — Ehre und Last in der Volkswirtschaft. — Arbeit und Armut. — Internat. Fabrikgesetzgebung. — Die Fremdenindustrie in der Schweiz. — Ueber Differenzgeschäfte. — Ueber Handelsakademien.

Hecht, Dr. Felix, Die Mündel- und Stiftungsgelder in den deutschen Staaten. 1875. VIII u. 292 S. 8°. M. 5. 50 Pf.

Ratzenhofer, Gustav, k. k. Hauptmann im Generalstabe, Die Staatswehr. Wissenschaftliche Untersuchung der öffentlichen Wehrangelegenheiten. 1881. XVI u. 322 S. gr. 8°. M. 7. —

Roscher, Dr. W., Ueber Kornhandel und Teuerungspolitik. 3., stark vermehrte und verbesserte Ausgabe. 1852. V u. 164 S. gr. 8°. M. 2. 10 Pf.

Schwicker, Prof. J. H., Statistik des Königreiches Ungarn. Nach den neuesten Quellen bearbeitet. 1877. XVIII u. 855 S. gr. 8°. M. 16. —

Stein, Dr. Lorenz von, Die Lehre vom Heerwesen. Als Teil der Staatswissenschaft. 1872. VI u. 274 S. gr. 8°. M. 6. —
— System der Staatswissenschaft. Erster Band. System der Statistik, der Populationistik und der Volkswirtschaftslehre. gr. 8°. M. 9. —
— — Zweiter Band. Die Gesellschaftslehre. Erste Abteilung. Der Begriff der Gesellschaft und die Lehre von den Gesellschaftsklassen. gr. 8°. M. 7. 20 Pf.
— — Handbuch der Verwaltungslehre und des Verwaltungsrechts. Zweite vielvermehrte Auflage. 2 Bände. gr. 8°. M. 18. —
— — Die Verwaltungslehre. 8 Bände in 10 Teilen. gr. 8°.
    Erster Teil, erste Abteilung. Die vollziehende Gewalt. Allgemeiner Teil. Das verfassungsmäßige Verwaltungsrecht. — Besonderer Teil. Erstes Gebiet. Die Regierung und das verfassungsmäßige Regierungsrecht. Zweite Auflage. M. 9. —
    Zweite Abteilung. Die vollziehende Gewalt. Zweiter Teil. Die Selbstverwaltung und ihr Rechtssystem. Mit Vergleichung der Rechtszustände, der Gesetzgebung und Litteratur in England, Frankreich und Deutschland. Zweite durchaus umgearbeitete Auflage. M. 7. —
    Dritte Abteilung. Die vollziehende Gewalt. Dritter Teil. Das System des Vereinswesens und des Vereinsrechts. Zweite durchaus umgearbeitete Auflage. M. 6. —
    Zweiter Teil. Die Lehre von der inneren Verwaltung. Einleitung. Die Lehre vom Begriff, Inhalt, System und Recht der Verwaltung. — Die wirkliche innere Verwaltung und das Verwaltungsrecht. Erster Teil. Das Bevölkerungswesen und sein Verwaltungsrecht. Fehlt und erscheint neu.
    Dritter Teil. Die innere Verwaltung. Erstes Hauptgebiet. Zweiter Teil. Das öffentliche Gesundheitswesen. Zweite gänzlich umgearbeitete und vermehrte Auflage. M. 8. —
    Vierter Teil. Innere Verwaltungslehre. Erstes Hauptgebiet. Dritter Teil. Das Polizeirecht. Das allgemeine Polizeirecht und die Sicherheitspolizei. Anhang (vierter Teil). Das Pflegschaftswesen und sein Recht. (Fehlt und erscheint neu.)
    Fünfter Teil. Die innere Verwaltung. Zweites Hauptgebiet. Das Bildungswesen. Erster Teil. Das Bildungswesen der alten Welt. Zweite gänzlich umgearbeitete Auflage. M. 8. —
    Sechster Teil. Die innere Verwaltung. Zweites Hauptgebiet. Das Bildungswesen. Zweiter Teil. Das Bildungswesen des Mittelalters — Scholastik, Universitäten, Humanismus. Zweite Auflage. M. 10. —
    Siebenter Teil. Innere Verwaltungslehre. Drittes Hauptgebiet. Die wirtschaftliche Verwaltung. (Volkswirtschaftspflege.) Erster Teil. Die Entwährung — Grundentlastung, Ablösung, Gemeinheitsteilung, Enteignung und Staatsnotrecht. M. 6. —
    Achter Teil. Zweites Hauptgebiet. Das Bildungswesen. Dritter Teil. Erstes Heft. Die Zeit bis zum neunzehnten Jahrhundert.
— — Gegenwart und Zukunft der Rechts- und Staatswissenschaft Deutschlands. 1876. X u. 339 S. gr. 8°. M. 6. 50 Pf.
— — Die Frau auf dem Gebiete der National-Oekonomie. Vierte Auflage. 1876. VIII u. 110 S. Min.-Ausg. M. 1. 20 Pf. — Eleg. geb. M. 2. —
— — Die Frau auf dem sozialen Gebiete. 1880. 142 S. Min.-Ausg. M. 1. 50 Pf. Eleg. geb. M. 2. 50 Pf.

von
Dr. C. Freiherrn von Hock.
1867. XIV u. 812 S. gr. 8°. M. 12. —

Die Finanzverwaltung Frankreichs.

Von
Dr. C. Freiherrn von Hock.
1857. XII u. 699 S. 8°. M. 10. 50.

Geschichte des Zinsfußes in Deutschland seit 1815
und die Ursachen seiner Veränderung.

Von der staatswirtschaftlichen Fakultät der Universität München gekrönte Preisschrift
von
Dr. Julius Kahn.
1884. VIII u. 247 S. 8°. M. 6. —

Das nationale System der politischen Oekonomie
von
Friedrich List.
Siebente Auflage
mit einer historischen und kritischen Einleitung von
Prof. Dr. A. Th. Eheberg.
1883. 8°. (XXXVIII und) 249 und 352 S. M. 10. —

Schon längst hat sich das Bedürfnis geltend gemacht, die Schriften Friedrich List's, besonders aber das nationale System der politischen Oekonomie in neuer Ausgabe dem Publikum vorzuführen. Ist doch seit Häusser's Biographie keine zusammenfassende und eingehende Würdigung dieses berühmten Mannes und seiner Bestrebungen versucht worden; und Häusser handelt eigentlich nur von List als Menschen und seinen Lebensschicksalen und läßt die Bedeutung List's für die Geschichte der Politik und der Nationalökonomie allzusehr außer Auge. In der vorliegenden 7. Auflage, die den ursprünglichen Text möglichst rein wiedergibt, hat es der Herausgeber, Prof. Dr. Eheberg in Erlangen, unternommen, in einer eigenen umfangreichen Einleitung die Bedeutung List's auf dem Gebiete der Nationalökonomie zu würdigen. Die Einleitung geht über das Maß der gewöhnlichen Vorworte und Einleitungen weit hinaus, indem sie den Gegenstand möglichst zu vertiefen und List im Zusammenhang mit seiner Zeit zu beurteilen sucht. Demnach behandelt die Einleitung im 1. Kapitel Deutschlands Gewerbe und Handel in den ersten Dezennien dieses Jahrhunderts, im 2. die wissenschaftliche Nationalökonomie und die Staatspraxis bis auf List, besonders in ihrer Stellung zu Fragen der Handelspolitik, zeigt im 3. Kapitel den Zusammenhang der List'schen Lehren mit seinen Lebensschicksalen, schildert im 4. die Entstehung des nationalen Systems und seinen Inhalt und gibt im 5. eine Kritik der Grundlehren List's, vor allem seiner Schutzzolltheorie. Der Herausgeber verhehlt zwar seine Sympathie für die Lehren dieses hochherzigen Patrioten nicht, versucht aber vor allem eine objektive, dem heutigen Stande der Wissenschaft angemessene Würdigung derselben. Und so mag diese neue Ausgabe gerade in unserer Zeit, in der die bekannten Streitfragen der Handelspolitik ruhiger besprochen werden als noch vor einigen Jahren und doch noch ein allgemeines Interesse beanspruchen, allseitige Beachtung verdienen.

System der Volkswirtschaft.
Ein Hand- und Lesebuch
für Geschäftsmänner und Studierende
von
Wilhelm Roscher.
Drei Bände.

Erster Band: Grundlagen der Nationalökonomie. 16. Auflage. M. 11. —
Zweiter Band: Nationalökonomik des Ackerbaues und der verwandten Urproduktionen. 11. Auflage.
M. 10. —
Dritter Band: Nationalökonomik des Handels und Gewerbefleißes. 4. Auflage. M. 12. —

Nachdem alle drei Bände dieses großen, durch zahlreiche Auflagen in Deutschland und Uebersetzungen im Auslande hinlänglich bekannten Werkes in letzter Zeit und zum Teil eben jetzt neu erschienen sind, der erste Band als 16., der zweite als 11., der dritte, der zuerst im Sommer 1881 herauskam, als 4. Auflage: machen wir darauf aufmerksam, daß nunmehr nicht bloß die Grundlehren der gesamten Nationalökonomik für Produktion, Umlauf, Verteilung, Konsumtion, Bevölkerung (Band I), sondern auch alle produktiven Hauptzweige der Volkswirtschaft im einzelnen hier zusammengefaßt werden: Jagd, Fischerei, Viehzucht, Ackerbau, Forstwirtschaft (Band II), wie Handel, Gewerbefleiß und Bergbau (Band III).

Druck von Gebrüder Kröner in Stuttgart.

FINANZ-ARCHIV.

ZEITSCHRIFT

FÜR DAS

ESAMTE FINANZWESEN.

HERAUSGEGEBEN

VON

DR. GEORG SCHANZ,

HOFRAT UND O. Ö. PROFESSOR DER NATIONALÖKONOMIE, STATISTIK UND FINANZWISSENSCHAFT
AN DER UNIVERSITÄT WÜRZBURG.

DRITTER JAHRGANG.

ZWEITER BAND.

Lehrbuch
der
Pandekten
von
L. Arndts R. von Arnesberg.
Dreizehnte durchgesehene und vermehrte Auflage.
Nach des Verfassers Tode besorgt von
Dr. J. Pfaff und Dr. F. Hofmann,
Professoren der Rechte in Wien.
1886. XXIV u. 1141 S. M. 15. —

Gesammelte civilistische Schriften.
Von
J. Arndts R. von Arnesberg.
3 Bände.
Erster Band: **Zum Pandektenrecht.** Mit Bezug auf des
Verfassers Lehrbuch der Pandekten.
1873. X u. 497 S. M. 9. —

Zweiter Band: **Erbrecht.**
1873. 676 S. M. 12. —

Dritter Band: **Zur römischen Rechtsgeschichte.**
1874. VI u. 578 S. M. 12. —

Juristische Encyklopädie und Methodologie.
Von
L. Arndts R. von Arnesberg.
Siebente Auflage.
Nach des Verfassers Tode besorgt von Dr. jur. **Erwin Grueber.**
1880. 83 S. gr. 8°. M. 1. 50.

Das Recht
auf den
Vollen Arbeitsertrag
in
geschichtlicher Darstellung
von
Dr. Anton Menger,
ord. Professor der Rechte an der Wiener Universität.
1886. IV u. 166 S. 8°. M. 3. —

FINANZ-ARCHIV.

ZEITSCHRIFT

FÜR DAS

GESAMTE FINANZWESEN.

HERAUSGEGEBEN

VON

DR. GEORG SCHANZ,

K. B. HOFRAT UND O. Ö. PROFESSOR DER NATIONALÖKONOMIE, STATISTIK UND FINANZWISSENSCHAFT
AN DER UNIVERSITÄT WÜRZBURG.

DRITTER JAHRGANG.

ZWEITER BAND.

STUTTGART.

VERLAG DER J. G. COTTA'SCHEN BUCHHANDLUNG.

1886.

Druck von Gebrüder Kröner in Stuttgart.

Inhaltsverzeichnis.

Abhandlungen.

Finanzstatistik.

Finanzgesetzgebung.

Finanzrechtsprechung.

Finanzlitteratur.

Abhandlungen.

Die doppelte Buchführung (Logismographie) in der italienischen Staatsbuchhaltung.

Von

Dr. Vocke,
Geheimer Oberrrechnungsrat in Potsdam.

I.
Die italienische Staatsrechnung.

Wenn man die Staatsrechnungen, Staatshaushaltsrechnungen, Rechenschaftsberichte, Rechnungsnachweisungen, oder wie die sonstigen verschiedenen Bezeichnungen der nämlichen Sache sonst heissen, der verschiedenen Staaten auch nur flüchtig vergleicht, so versteht man vollständig die Schmerzen der Statistiker, welche sich gar manchmal vergeblich abmühen müssen, die verschiedenen Ziffern behufs einer fruchtbringenden Vergleichung auf gleichartige Grössen zu bringen. Den Nettobudgets in Sachsen, Württemberg u. a. stehen die Bruttobudgets der grossen und grösseren Staaten gegenüber und erschweren den Ueberblick über die Gesamtbeträge der Belastung und des Aufwandes; da findet sich in Sachsen infolge der Einteilung in Etats der Ueberschüsse und der Zuschüsse anstatt der Einnahmen und Ausgaben eine bunte Reihe von positiven und negativen Grössen (Ausgaben unter den Einnahmen und Einnahmen unter den Ausgaben); da wird in der Reichshaushaltsrechnung die Klarheit der Bruttoausgabe durch Einnahmekürzungen an der Ausgabe zerstört; da verschwinden die uneinbringlichen und nachgelassenen Einnahmen fast in allen Rechnungen vollständig, während sie z. B. in Bayern neben den Rückständen nachgewiesen werden; kurz, das Sprichwort: „Viel Köpfe, viel Sinne" bewährt sich hier aufs vollständigste.

Die Vertreter der internationalen Finanzstatistik bemühen sich mit Recht, diese Vielköpfigkeit wenigstens einigermassen, wenn auch nicht unter einen Hut zu bringen, doch einzuschränken und die Möglichkeit einer annähernd befriedigenden Vergleichbarkeit herbeizuführen. Aber man darf sich nicht verhehlen, dass die Befriedigung auch sehr bescheidener Wünsche noch in weiter Ferne liegt.

Wären die Staatsrechnungen nur dazu bestimmt, der vergleichenden Statistik einen wohl verarbeiteten Stoff zu liefern, so wäre die Sache viel einfacher; die Anforderungen der Wissenschaft könnten ohne weitere Rücksichtnahme energisch gestellt, und die Praxis könnte ihnen ohne ausserordentliche Mühe wenigstens in absehbarer Zeit gerecht werden. Aber dieser Zweck der Staatsrechnungen ist eben nur ein untergeordneter und nebensächlicher; ihre Hauptabsicht ist und muss vielmehr sein, für diejenigen verständlich und durchschaubar zu sein, welche berufen sind, zu prüfen, ob die Staatsmittel in der Grösse und Weise aufgebracht und verwendet sind, wie es das Gesetz vorschreibt. Das sind aber die Träger der gesetzgebenden Gewalt, unter welchen die Volksvertretungen eine der Regierung ebenbürtige Stelle einnehmen. Und für diese kommt alles darauf an, die Rechnung in der Form vorgelegt zu erhalten, welche ihnen durch langes Gewöhnen und Einleben fassbar und mundgerecht ist. Eine plötzliche Veränderung, auch wenn die neue Rechnung in der idealsten Vollkommenheit hergestellt wäre, würde ihnen nur ein Buch mit sieben Siegeln bringen, welche sich ihnen nur sehr allmählich in einer Reihe von Jahren lösen könnten, denn ein so grosses, vielgliederiges Rechnungswesen, wie jede Staatsrechnung ist, erfordert immer ein mühsames Studium, um klar durchschaut zu werden, selbst für den fremden Fachmann, geschweige für denjenigen, der das nicht ist.

Einer nach dieser Seite hin verhältnismässig glücklichen Lage erfreuen sich neugebildete Staaten, in welchen der Volksvertretung unter allen Umständen ein neues, ihr noch fremdes Rechnungswesen vorgelegt werden muss, wobei es Recht und Pflicht der Regierung ist, dasselbe in einer Weise aufzustellen, welche den gesteigertsten Anforderungen entspricht.

In dieser Lage war und ist das junge Königreich Italien, und es ist bekannt, dass die italienische Verwaltung es sich mit ebensoviel Intelligenz als Thatkraft angelegen sein lässt, die äusserst schwierigen Verhältnisse zu überwinden, welche dieses neue Staatswesen vorgefunden hat, und diese Eigenschaften spiegeln sich auch im Staatsrechnungswesen ab.

Die grosse Staatsrechnung — Rendiconto generale — (für uns hier zunächst der Jahrgang 1883) umfasst einschlüssig der vom Rechnungshof — Corte dei conti — aufgestellten Nachweisungen, Uebersichten und Vergleichungen mit CCLXIV Seiten im ganzen 1109 Seiten grossen Quartformats; ein stattlicher Band mit dem Ergebnis einer riesigen rechnerischen Arbeit, wobei gegenüber dem dazu erforderlichen Aufwand nur die weitgehende Sparsamkeit in Verwendung eines schlechten Papiers zu bedauern ist, welches die Klarheit und Leserlichkeit des oft sehr kleinen Zahlendrucks beeinträchtigt.

Die Rechnung entsteht aus den monatlichen Abrechnungen der einnehmenden und ausgebenden Beamten, welche von diesen an die Mittelbehörden eingesendet werden. Letztere prüfen jene, stellen sie zusammen und übergeben ihre monatlichen Rechnungen den betreffenden Ministerien, welche mit Rechnungsbureaus ausgestattet sind — Ragionerie —, und von hier gelangen die weiter zusammengestellten Ergebnisse derselben an die Staatsbuchhaltung und Rechnungskammer — Ragioneria generale —, welche einerseits dieselben zur grossen Staatsrechnung im Wege der Buchführung zusammen- und am Schlusse des Jahres jene selbst aus den von den einzelnen Ministerien aufgestellten Spezialrechnungen der verschiedenen Verwaltungszweige herstellt, anderseits sie im Wege einer eigenen Art von doppelter Buchführung in besonderer Weise verarbeitet. Von der Rechnungskammer gelangt die Staatsrechnung mit allen Spezialrechnungen und den zu diesen gehörigen und sonst erforderlichen Nachweisungen an den Rechnungshof, welcher dieselbe auf Grund der ihm zu Gebote stehenden Behelfe prüft, anerkennt, die Ergebnisse zu Nachweisungen nach den verschiedensten Seiten verarbeitet und das gesamte Werk schliesslich durch das Schatzministerium (Ministero del tesoro) dem Parlament vorlegt.

Die erwähnten Behelfe scheinen lediglich in den Spezialrechnungen der Ministerien und in deren Anweisungsverfügungen zu bestehen, welche in Ansehung der Ausgaben sämtlich vom Rechnungshof als zulässig und gesetzlich anerkannt und registriert werden müssen.

Eine ins einzelne gehende Revision oder auch nur eine Superrevision, wie sie bei den deutschen Rechnungshöfen und Oberrechnungskammern besteht, findet seitens des italienischen Rechnungs-

hofs nicht statt. Dass eine solche nicht stattfinden kann, geht schon
aus der Besetzung dieser Behörde [1]) hervor mit einem Präsidenten,
zwei Abteilungspräsidenten (presidenti di sezione) — Direktoren würde
man sie in Deutschland nennen —, zwölf Räten, einem Generalanwalt
(procuratore generale) — Justiziar, Fiskal —, einem Generalsekretär
und nur zwanzig Rechnungsbeamten (ragioneri).

Der Geschäftskreis des Rechnungshofs erstreckt sich, abgesehen
von seiner Thätigkeit bei der Staatsrechnung, auf:

1) Die Kontrolle der Staatsausgaben. Zu diesem Zwecke müssen
   ihm unbedingt alle königlichen Erlasse zur Registrierung und
   Bestätigung (visto) vorgelegt werden; ferner müssen ihm zu
   gleichem Zwecke und vorgängiger Prüfung der Gesetze und
   Etatsmässigkeit alle Ausgabenanweisungen und Beamten-
   ernennungen u. dgl. vorgelegt werden mit alleiniger Ausnahme der Entschädigungen und Belohnungen (indennità
   o retribuzioni) von 2000 Lire oder weniger.
2) Die Ueberwachung der Erhebung der Staatseinnahmen auf
   Grund der von den Ministern ihm zu machenden Anzeigen.
3) Die Ueberwachung, Eintragung und Klarhaltung des Amts-
   bürgschaftswesens der Kassenbeamten und Materialverwalter.
4) Die Feststellung der Ministerialrechnungen.
5) Die rechnerische Gerichtsbarkeit über alle Beamte, welche
   Geld oder Materialien verwalten, wenn es sich um deren
   Enthebung, um Defekte oder um Verzögerung oder Unterlassung der Rechnungsstellung handelt.

Der Rechnungshof ist also eine oberste Etats-Kontrolbehörde,
Staatsrechnungsbehörde und ein Rechnungsgerichtshof, die Revision der
Rechnungen aber erfolgt in erster Instanz bei den Provinzialbehörden,
in zweiter bei den Rechnungsbureaus der Ministerien.

Der grosse Rechenschaftsbericht, welchen der Rechnungshof
dem Parlament erstattet, enthält zunächst das motivierte Rechnungs-
anerkenntnis. Darauf folgen in zwei Teilen die erläuternden Erörterungen über die Finanzgebarung im allgemeinen.

Der erste Teil behandelt die budgetmässige Einnahme-
und Ausgabeverwaltung in drei Kapiteln:

1) den Dienst des laufenden Jahrs mit den etatsmässigen
   Sätzen des Budgets und den durch andere Gesetze daran ein-

---

[1]) Gesetz vom 14. August 1862, Art. 2.

getretenen Aenderungen gegenüber den wirklich zur Anweisung gelangten Summen bei den Einnahmen und Ausgaben;

2) in gleicher Weise den Dienst der Vorjahre nach den von
den Vorjahren übergegangenen Rückständen an Einnahmen
und Ausgaben mit den hieran eingetretenen Veränderungen;

3) die Hauptgebarung der Kassen in Ansehung der gesetzlich
vorgesehenen, der angewiesenen, der erhobenen, der an den
Schatz gelieferten und der verwendeten Summen, wobei das
etwaige Defizit festgestellt wird.

Der zweite Teil behandelt in sehr ausführlicher Weise auf
140 Seiten den Stand und die Gestaltung des Staatsvermögens
im abgelaufenen Jahre (hier 1883). Er beginnt

1) mit der Hauptübersicht des aktiven und passiven Staatsvermögens. Darauf folgt

2) der Nachweis des Standes und der Veränderungen im aktiven Vermögen ausgeschieden nach verfügbaren und nicht
verfügbaren Vermögensteilen;

3) der Nachweis des Standes und der Veränderungen an den
Staatsschulden;

4) die Zusammenfassung der vorhergehenden Nachweise und
die Darstellung der daraus folgenden Ergebnisse nach verschiedenen Seiten, insbesondere auch einerseits nach den
Arten des Vermögens, anderseits nach den Verwaltungszweigen.

Demnächst folgt die eigentliche Staatsrechnung, welche in grossen
Zahlen die Gesamtausgaben der einzelnen Ministerien nach ordentlichen und ausserordentlichen ausgeschieden zusammenfasst und der
summarischen Gesamteinnahme gegenüberstellt. Diese Rechung zerfällt in fünf Abschnitte, von welchen die ersten drei die wirklichen
Einnahmen und Ausgaben (Entrate e spese reali) nämlich die eigentlichen Einnahmen und Staatsausgaben (Entrate e spese effettive),
die Vermögensbewegung (Movimento di capitali) und die Eisenbahn-
baukosten (Costruzione di strade ferrate), enthalten, die vierte die
durchlaufenden Posten (Partite di giro), die fünfte aber die Hauptübersicht (Insieme) darstellt. Als Ergänzungsteile sind diesem Hauptabschluss vierzehn Uebersichten — prospetti — beigefügt, welche die
Bewilligungen, Anweisungen, Erhebungen und Verwendungen des
laufenden Dienstes sowie des Dienstes der Vorjahre nach verschiedenen
Seiten zergliedern und erläutern .

Schon die Hauptrechnung scheidet in gesonderten Spalten genau aus: den Dienst des laufenden Jahrs, den der Vorjahre, die Kassengebarung und den am Jahresschluss verbleibenden Gesamtaktiv- oder Passivrest. Die ersten beiden Hauptspalten wiederum theilen sich in die Etatssätze bezw. übergegangenen Reste, die wirklichen Erhebungen und Zahlungen, die verbleibenden Rückstände, und die Abgleichungen gegen den Etat bezw. gegen die übergegangenen Reste. Die Kassenspalte zeigt, was gesetzlich für das laufende Jahr vorgesehen, was davon geliefert oder verwendet worden ist und was also auf das nächste Jahr an Geld übergeht.

Neben der Ausscheidung des ordentlichen Dienstes mit den fortdauernden Ausgaben und Einnahmen von dem ausserordentlichen mit den einmaligen Ausgaben und den besonders dafür bestimmten Einnahmen, verdient hierbei besonders die strenge Trennung des Dienstes der Vorjahre vom laufenden die vollste Anerkennung. In einzelnen deutschen Staatsrechnungen ist die letztere Trennung allerdings ebenfalls mehr oder weniger durchgeführt, in anderen aber und namentlich in den preussischen nicht. Das Fehlen dieser Trennung ist aber eine ganz entschiedene Unvollkommenheit, welche eine strenge Etatseinhaltung und Kontrolle unmöglich und einer zur Willkür neigenden Verwaltung [1]) Verschleppungen und Verdunkelungen möglich macht.

Der Jahresetat bewilligt die Mittel, welche zur Bestreitung der Bedürfnisse dieses einen Jahrs bestimmt sind und nicht für Ausgaben, die für Bedürfnisse eines früheren oder späteren Jahres gemacht werden, deren Verrechnung und vielleicht auch Bestreitung entweder aus irgend einem Grunde unterlassen wurde, vielleicht auch nicht stattfinden konnte, oder welche im voraus gemacht werden, weil man gerade Mittel dazu hat, welche vom laufenden Dienst nicht in Anspruch genommen werden. Jedesmal liegt in solchen nachträglichen Ausgaben, wenn sie nicht rechnungsmässig klargelegt und aus den von früheren Jahren her verfügbaren Mitteln geleistet werden, eine verdeckte Abweichung vom Etat, wie umgekehrt jeder Vorgriff, d. h. jede Ausgabe für Bedürfnisse eines späteren Jahrs, eine ausseretatsmässige Ausgabe, also ebenfalls etatswidrig ist.

Ebenso verhält es sich mit den Einnahmen, welche der Jahres-

---

[1]) Ich verwahre mich aber ausdrücklich gegen die mögliche Unterstellung, als ob ich die preussische Verwaltung für eine solche hielte.

etat nur für die Ausgaben des laufenden Jahres bestimmt, und welche,
. soweit sie von diesen nicht in Anspruch genommen werden, als Ersparnisse dem Staat d. h. den gesetzgebenden Faktoren zur Verfügung stehen müssen, während Einnahmen aus Rückständen früherer
Jahre der Verwaltung nicht zur Vermehrung der für das laufende
Jahr bewilligten Mittel zu Gebote stehen dürfen.

Solche Unregelmässigkeiten können unter Umständen von ganz
erheblichem Belang sein, denn namentlich die Einnahmenrückstände
eines grossen Staats pflegen von sehr erheblicher Bedeutung zu sein
und sich keineswegs von Jahr zu Jahr auszugleichen, sondern sind
oft beträchtlichen Schwankungen unterworfen, so dass die Verwaltung
entweder beim glatten Eingang starker Rückstände Mittel für Ausgaben enthält, welche vielleicht nicht bewilligt worden wären, oder
im entgegengesetzten Falle in Verlegenheit kommen wird.

Wenn dagegen die Einnahme- und Ausgaberückstände der
Vorjahre in der Rechnung ausgeschieden, und erstere nur zur Bestreitung noch nicht gedeckter Bedürfnisse früherer Jahre dürfen
verwendet werden, so fallen jene Uebelstände weg, und die Finanzverwaltung muss als besser geregelt anerkannt werden. Der Versuch, mittels falscher Buchungen, Einnahmereste zu laufenden Ausgaben zu verwenden, oder ältere Bedürfnisse aus laufenden Einnahmen
zu bestreiten, ist zwar auch hier immer noch möglich, aber nicht
anders, wie jede andere Etatswidrigkeit, daher bei keiner auch nur
einigermassen anständigen Verwaltung vorauszusetzen, denn solche
Regelwidrigkeiten würden nur im bösen Glauben begangen werden
und bei einer nur einigermassen wirksamen Kontrolle nicht unentdeckt bleiben können.

Wie die meisten anderen Staatsrechnungen, so lässt dagegen
auch die italienische einen Nachweis darüber vermissen, welche
Beträge an der Einnahme uneinbringlich geblieben sind. Sie lässt ersehen, welche Summen veranschlagt, welche angewiesen, welche erhoben und welche im Rückstand verblieben sind, aber was uneinbringlich war oder nachgelassen werden musste, das ist nicht zu
ersehen. Uneinbringliche Ausstände als Einnahmereste fortzuschleppen
wäre aber nicht nur zwecklos, sondern auch störend, denn sie würden
als künftig verfügbare Mittel erscheinen, was sie doch nicht sind.
Vermutlich sind dieselben schon bei den festgestellten und zur Erhebung angewiesenen Beträgen — Somme accertate — berücksichtigt.
Aber für eine sorgfältige Verwaltung ist es doch von grossem Wert,

diese Beträge klarzustellen, denn sie gestatten einen sehr wünschenswerten Einblick einerseits in die Thätigkeit der Verwaltung, anderseits in die Wirkung des Abgaben- und Steuerdrucks, sowie in die Leistungsfähigkeit der Nation und ihrer verschiedenen Klassen.

Neben den beiden Hauptspalten für den Dienst des laufenden Jahrs und der Vorjahre — Conto della competenza 1883 und Conto dei residui 1882 e retro — enthält die Staatsrechnung, wie schon erwähnt, eine Uebersicht der Gesamtkassengebarung (Conto di cassa — Incassi e pagamenti). Hier sind die Ergebnisse der beiden anderen Hauptspalten zusammengefasst und dargestellt:

1) die budgetmässig bewilligte Einnahme und Ausgabe des laufenden Jahrs nebst den Einnahme- und Ausgaberesten am Schlusse des Vorjahrs;
2) die Summe der Zahlungen und Ablieferungen;
3) die Differenz beider,

und zwar wieder ausgeschieden für das laufende Jahr und die folgenden Jahre, wozu eine vierte Hauptspalte (Residui) den Kassenbestand und die Einnahme- und Ausgabereste darstellt, so dass ersichtlich wird, wie sich das etatsmässige Vermögen an Geld und Guthaben zu den Zahlungsrückständen am Schlusse des Jahrs verhält. Der Zweck dieser beiden letzten Hauptspalten ist also die Klarstellung der Gesamtgebarung des Jahrs und der an Geld und Ausständen zur Verfügung für die Zukunft stehenden Mittel nebst den ihnen gegenüberstehenden Zahlungsrückständen.

Diese vier Hauptspalten ziehen sich denn auch nicht bloss durch die summarische erwähnte Rechnungshauptübersicht, sondern auch durch die an letztere nunmehr sich anreihende ins einzelne gehende eigentliche Staatsrechnung (Conto consuntivo dell' entrata und die Conti consuntivi della spesa dei diversi Ministeri).

Die Hauptabteilung dieser Rechnung beruht also auch hier nach der Natur der Sache auf der Unterscheidung der Einnahmen und Ausgaben, und von der Anwendung der sogenannten doppelten Buchführung auf das Staatsrechnungswesen ist der Form nach in Italien ebensowenig eine Rede, als anderswo.

Innerhalb dieser Hauptabteilung ist zunächst die Einnahmerechnung unterabgeteilt in zwei Titel, welche die ordentliche und ausserordentliche Einnahme (Entrata ordinaria und straordinaria) in sich fassen. Der erste enthält die gewöhnlichen Einnahmen des laufenden Dienstes, die Erträgnisse des Staatsvermögens, die Steuern und Auflagen, die Erträgnisse der Staatsanstalten (Post, Eisenbahnen u. s. w.) einschlüssig der im Bereich einzelner Ministerien vorkommenden besonderen Einnahmen und verschiedenes Sonstiges.

Bemerkenswert ist aber, dass in einer besonderen Abteilung am Schlusse dieses Titels eine grosse Summe, 109,4 Millionen Lire an durchlaufenden Posten (Partite di giro) in Rechnung erscheint. Dieser Betrag besteht in den veranschlagten Mietszinsen derjenigen Besitzungen des Staats, also wohl an Grundstücken und Gebäuden, welche sich in Benützung der Staatsverwaltung befinden, in den Zinsen der im Staatsbesitz befindlichen Staatspapiere, in Depositen [1]), Vorschüssen u. a. und kommt also weiterhin bei den Ausgaben der einzelnen Ministerien wieder zur Verausgabung.

Diese Durchführung der Mietzinse ist eine Einrichtung, welche sich in keinem anderen Staatsrechnungswesen, wenigstens der grossen und grösseren Staaten wiederfindet, welche aber höchst beachtenswert ist, weil dadurch ein Aufwand zur Erscheinung kommt und zum Bewusstsein gebracht wird, welcher sonst unbekannt zu sein pflegt, aber doch zu wissen wünschenswert ist, wofür v. Hermann die Bezeichnung des „verdeckten Staatsaufwands" eingeführt hat.

Es ist zwar unzweifelhaft richtig, dass durchlaufende Posten das rechnerische Bild stören, welches die wirklichen Einnahmen und Ausgaben gewähren sollen, und dass jene daher aus den Einnahme- und Ausgaberechnungen ferne bleiben müssen; aber das trifft nur insoferne zu, als die eigentlichen Rechnungs- und die durchlaufenden Posten vermengt werden. Wo aber die letzteren klar ausgeschieden und, wie in der italienischen Staatsrechnung geschieht, sogar beim Abschluss in besonderer Weise berücksichtigt werden, da kann von einer Störung der rechnerischen Klarheit keine Sprache sein; diese kann vielmehr durch die grössere Vollständigkeit des Rechnungswesens nur gewinnen.

Der Titel II (ausserordentliche Einnahme) enthält: Im ersten Abschnitt (categoria) die wirklichen Einnahmen, von welchen insbesondere die Ersatzleistungen und Zuschüsse von Gemeinden und anderen juristischen Personen für Staatsleistungen an Hafen- und Strassenbauten zu erwähnen sind. — Der zweite Abschnitt dieses

---

[1]) Darunter 63 Millionen Pensionen, welche hier in Einnahme und beim Ministerium des Schatzes in Ausgabe gestellt werden. Woher aber diese Einnahme der Depositenkasse kommt, bezw. wo dieselbe weiter in Ausgabe erscheint, habe ich nicht ermitteln können.

Titels enthält die Einnahmen aus der Bewegung des Staatsvermögens (Movimento di capitali) und zwar in erster Reihe die Erlöse aus dem Verkauf von Staatsgütern (darunter für 1883 gegen 17 Millionen für verkaufte sequestrierte Güter der Kirche) und für Ablösung von Grundlasten, sodann die Ergebnisse der Staatsanlehen.

Der dritte Abschnitt der ausserordentlichen Einnahmen enthält die Ersatzleistungen und Zuschüsse von Gemeinden und Provinzen und das Ergebnis der Anlehen ' für Eisenbahnbauten. Der vierte Abschnitt wäre für die durchlaufenden Posten bestimmt; solche kommen aber bei dem ausserordentlichen Budget nicht vor. Dagegen findet sich hier ein Anhang (Capitali aggiunti) für Rückstände aus den Vorjahren, welche unter keines der Kapitel des laufenden Budget passen würden. Die Zahl der Einnahmekapitel betrug 101 für das Jahr 1883.

An diesem ausserordentlichen Budget ist einerseits anzuerkennen, dass die Einnahmen an Erlösen für Staatsgüter und Ablösungsschillingen nicht ohne weiteres unter den laufenden Staatseinnahmen für die gewöhnlichen Bedürfnisse verrechnet werden, wie in Preussen bedauerlicherweise der Fall ist, sondern als ausserordentliche Einnahmen behandelt werden. Auf der anderen Seite kann es aber nicht gelobt werden, dass alle Einnahmen — und weiterhin auch die Ausgaben — welche nicht dem gewöhnlichen laufenden Dienst angehören, zusammengeworfen sind. In dieser Hinsicht erscheint das preussische Verfahren empfehlenswerter, bei welchem dem Budget des ordentlichen fortlaufenden Dienstes zwei Budgets der einmaligen ordentlichen und der einmaligen ausserordentlichen — zwar nicht Einnahmen aber doch — Ausgaben beigefügt werden. Unter ersteren versteht man diejenigen einmaligen Ausgaben, welche zwar nicht im einzelnen aber doch der Art nach immer wiederkommen, also insbesondere für Bauten, und welche daher aus den laufenden Einnahmen bestritten werden sollen, unter letzteren die Ausgaben, welche nur zeitweise vorkommen und deshalb aus Anleihemitteln zu bestreiten sind.

Für das italienische Rechnungswesen gerade möchte aber diese Ausscheidung der ordentlichen einmaligen Ausgaben von den ausserordentlichen um so mehr angezeigt erscheinen, als der einmalige Aufwand in Wirklichkeit zu einem sehr bedeutenden Teil aus den regelmässigen laufenden Einnahmen bestritten wird. Freilich mag es bei diesem noch mit dem Werden kämpfenden Staatswesen schwierig, ja fast unmöglich sein, bei diesen sogenannten einmaligen Ausgaben ohne Willkür auszuscheiden, was als ordentliche Ausgabe aus den laufenden Einnahmen und was als ausserordentliche aus Anleihemitteln bestritten werden soll. Bei dem streng geregelten Gang eines alten Staatswesens ist das viel leichter.

Das italienische Budget ist im allgemeinen ein sogenanntes Bruttobudget, d. h. es enthält die Einnahmen nach ihrem vollen, rohen Betrag, wobei die Ausgaben auf die Verwaltung und Erhebung derselben ebenfalls im Voranschlag und in der Rechnung erscheinen. Eine Ausnahme besteht seltsamerweise in Ansehung des Ertrags der Staatseisenbahnen, welcher mit dem Nettobetrag in der Einnahmerechnung vorkommt, während die rohe Einnahme und die Betriebsausgabe in einer der 24 Anlagen (Allegati) zur Einnahmerechnung, welche dazu bestimmt sind, verschiedene summarische Vorträge derselben zu erläutern und zu zergliedern, in einer auch hier nur sehr summarischen Weise vermerkt sind.

Aber auch die übrigen Ausgaben der Domänen- und sonstigen Finanz-, der Post-, der Telegraphenverwaltung sind nur unvollständig von den Ausgaben für die eigentlichen Staatszwecke ausgeschieden, vielmehr grösstenteils in der Ausgaberechnung des Finanzministeriums, teils auch in jener des Ministeriums des Schatzes und der öffentlichen Arbeiten enthalten. Eine Gegenüberstellung der Einnahmen und der darauf haftenden Ausgaben fehlt daher in der Rechnung vollständig, und sie aus derselben mit voller Sicherheit herzustellen, hat mindestens seine Schwierigkeiten. Es ist um so mehr zu verwundern, dass sich das italienische Rechnungswesen in dieser Hinsicht von dem verschiedener anderer Staaten, namentlich Preussens, Bayerns u. a. verdunkeln lässt, als man sich dort nach verschiedenen anderen Seiten einer ausserordentlichen Ausführlichkeit und Klarheit befleissigt, wie schon aus dem bisher mitgeteilten hervorgeht, und als bei einer parlamentarischen Regierung, als welche sich die italienische gibt, anzunehmen sein sollte, dass das Parlament klar zu sehen wünscht, in welchem Verhältnis die Verwaltungsausgabe zur Einnahme steht, und ob der Betrieb der ersteren nicht zu kostspielig ist.

Aber es mag damit in Italien wohl ebenso gehen, wie anderwärts, dass die Führer der Parteien es angenehmer finden, über politische Fragen Reden zu halten, als sich in das Verständnis eines grossen, nichts weniger als einfachen Rechnungswesens durch mühsames, keineswegs anmutendes Studium einzuarbeiten.

Wie schon angedeutet, ist die Ausgaberechnung nach den
Ministerien, zehn an der Zahl, abgeteilt, deren jedes seine eigene Rechnung stellt. Zusammengestellt sind dieselben in der oben schon
erwähnten Hauptstaatsrechnung.

Die bei dieser Rechnung schon beobachtete Ausscheidung des
laufenden Jahrs, der Vorjahre, der Gesamtkassengebarung und der
Reste in besonderen Spalten des Formulars, sowie anderseits des
ordentlichen und ausserordentlichen Aufwands zieht sich selbstverständlich auch durch die besonderen Einnahme- und Ausgaberechnungen, nur dass in der dritten Hauptspalte der erstern nur Einzahlungen
(Incassi), in jener der letzteren nur Auszahlungen (Pagamenti), in der
vierten aber dort nur Einnahmereste (Residui attivi), hier nur Zah-
lungsrückstände (Residui passivi) erscheinen.

Voran steht hier sowohl der Reihe nach als hinsichtlich der Grösse
des Aufwands das Ministerium des Schatzes (Ministero del tesoro).
Die Hauptausgabe besteht in der Verzinsung der Staatsschuld (bei-
läufig 570 Millionen des Jahrs) und der Schuldentilgung (46 Millionen).
Hieran reihen sich: die Dotation des Königs, der Aufwand für die
Kammern, für das Ministerium selbst, den Rechnungshof, ein Teil der
Domänenverwaltung, die Münze, das Kirchenvermögen, die Pensionen
(63 Millionen) und verschiedene andere Verwaltungszweige.

Beim Finanzministerium kommen — abgesehen von den
schon erwähnten Ausnahmen — die sämtlichen Ausgaben für die
Einnahmeverwaltung ausgeschieden nach den verschiedenen Einnahme-
gattungen zur Verrechnung.

An dieses reiht sich das Ministerium der Justiz und des
Kultus (Ministero di grazia e giustizia e dei culti). Die Rechnung
für die in diesem Ministerium enthaltenen beiden Geschäftszweige
ist aber vollständig ausgeschieden. Ueber die Justizausgaberechnung
ist nichts besonderes zu sagen. Die Kultusrechnung aber steht ganz
selbständig ausserhalb des Staatsrechnungswesens mit ihren eigenen
Einnahmen, welche grösstenteils aus Staatsschulden, sonstigen Kapitalien, Grundzinsen u. dgl. fliessen, ihren Ausgaben und ihrem
Vermögensausweis. Sie ist nur äusserlich in das Staatsrechnungswesen eingeschaltet, ihre Einnahme ist wesentlich nur durchlaufende
Post, welche bei der Verzinsung der Staatsschuld mit verausgabt ist.
und ihre Ausgabe ist in der allgemeinen Staatsrechnung nicht berücksichtigt. Dieses ungewöhnliche Verhältnis, welches durch die besondere Stellung des italienischen Staats zur Kirche bedingt sein und

auf der Einziehung der Kirchengüter beruhen mag, würde bei einer Vergleichung des italienischen Budgets und Rechnungswesens mit dem anderer Staaten besondere Berücksichtigung erfordern und dieselbe erschweren.

Hier ganz besonders, aber auch an verschiedenen anderen Stellen ist ersichtlich, dass auch am italienischen Rechnungswesen manches anders sein müsste, wenn es die für die Zwecke der internationalen Finanzstatistik erforderliche Klarheit haben soll, und dass wie anderwärts so auch hier noch viel zu thun ist, um die gewünschte und wünschenswerte Gleichförmigkeit und Einheitlichkeit der Budgets auch nur in genügend befriedigendem Masse herbeizuführen.

In ähnlicher Weise werden auch die übrigen Ministerien behandelt; jedes nach seiner Art.

Das bisher geschilderte Rechnungswesen erfüllt im allgemeinen die Aufgabe, welche jedem Staatsrechnungswesen gestellt ist, nämlich den Nachweis, dass die ordentlichen und ausserordentlichen Einnahmen nach Art und Grösse so erhoben wurden, wie sie das Budget bewilligt hatte, und dass bezw. in welchem Masse sie für die Zwecke verwendet worden sind, für welche sie bewilligt worden waren, wie viel von den ersteren nicht erhoben und nicht verwendet werden konnte, und was daher an Einnahme- und Ausgaberückständen sowie an barem Gelde auf das nächste Jahr übergeht.

Hiermit begnügte sich aber die italienische Verwaltung nicht, sondern sie liefert auch, wie schon angedeutet, in dem Bericht des Rechnungshofs für die Kammern einen genauen Nachweis über den Stand und die Bewegung des Staatsvermögens. Diesem Nachweis sind 140 Seiten des Berichts in acht Kapiteln mit zahlreichen Abschnitten, Uebersichten und Tabellen gewidmet.

Ueber das ganze unbewegliche und bewegliche Vermögen des Staats werden nicht nur genaue Inventare geführt, wie wohl überall, sondern diese enthalten auch die Beschaffungskosten oder veranschlagten Werte, die hieran durch Neubeschaffung, Verbesserung oder in anderer Weise sich ergebenden Erhöhungen, sowie die durch Abgang, Abnützung oder sonst entstehenden Verminderungen des Werts. Und diese Inventarien werden mit den Rechnungen eingesendet, festgesetzt und nach ihren Ergebnissen zusammengestellt.

Bei diesen Zusammenstellungen werden aber nicht bloss die unbeweglichen und beweglichen Sachen ausgeschieden, sondern auch deren Arten — bis herunter zu den Schreibmaterialien — und deren

Benützungsweise, deren Verfügbarkeit oder Nichtverfügbarkeit, ihre Nutzbringlichkeit oder das Gegenteil unterschieden und für die einzelnen Verwaltungszweige nachgewiesen. Staatsrenten aller Art werden nach ihrem kapitalisierten Wert angeschlagen, alle Vorräte aller Magazine, die wissenschaftlichen und Kunstsammlungen, alle Materialen aller Art, auch die in Benützung befindliche Bekleidung der Armee, der Pferdebestand, die Telegraphenleitungen sind berücksichtigt. Auch die Einnahmerückstände und sonstigen Forderungen des Staats, das bare Geld mit seiner Gesamtbewegung durch die Kassen des Staats kommen in Betracht, kurz alles, was nur als Vermögen des Staats betrachtet werden kann.

Mit derselben Gründlichkeit werden auch die Schulden des Staats und seine Verbindlichkeiten aller Art zusammengestellt und nach allen möglichen Seiten beleuchtet. Zu diesem Zweck werden nicht nur die verschiedenen Arten des negativen Vermögens ausführlich dargestellt, sondern auch in eingehendster Weise dem positiven gegenübergestellt und schliesslich auch der Zusammenhang der Vermögensänderungen überhaupt mit der budgetmässigen Verwaltung nachgewiesen.

Die Frage, ob der italienische Rechnungshof mit dieser Ausführlichkeit nicht zu weit geht, ob der Aufwand an Arbeit dem wirklich in dieser Hinsicht bestehenden staatswirtschaftlichen Bedürfnisse entspricht, und ob nicht für ein nur statistisches Interesse zu viel aufgewendet wird, mag unerörtert bleiben. Die Vergleichung des aktiven und passiven Gesamtvermögens ist für den Staat wohl nicht von so grossem Wert, wie für eine Privatwirtschaft, und es macht zwar einen gewissermassen beruhigenden Eindruck, wenn man sieht, dass dem Gesamtpassivum von 12 977 Millionen ein Vermögen von 6084 Millionen gegenübersteht, so dass ersteres sich dadurch auf 6892 Millionen reduziert. Die Last der Verbindlichkeit bleibt aber doch die volle, denn der Staat kann nicht liquidieren, und wenn er es thäte, was für einen Preis würde sein Aktivvermögen finden?

Auf der anderen Seite ist aber gewiss, dass im allgemeinen von seiten der übrigen Staaten in dieser Richtung zu wenig geschieht. Das Vermögen des Staats ist, wenn es über das unbedingte Bedürfnis hinausgeht, ein totes und der Aufwand dafür ist unberechtigter Luxus. Es wäre z. B. — was freilich aus den italienischen Nachweisungen auch nicht zu ersehen ist — ganz gut, ersehen zu können, welches Vermögen in Dienstwohnungen der Beamten der verschiedenen Verwaltungszweige angelegt ist, wobei dann allerdings aus den Rechnungen zu ersehen sein müsste, was deren Erhaltung alljährlich kostet. Es wäre insbesondere in Ansehung der Staatsbetriebe — Post, Eisenbahnen, Telegraphen, Berg- und Hüttenwerke u. a. — eigentlich notwendig, zu wissen, welcher Vermögenswert in denselben angelegt ist, um die Angemessenheit ihres Ertrags und der Wirtschaftlichkeit der Verwaltung darnach beurteilen zu können.

Von anderen Staaten scheint nur Sachsen einen Teil des Staatsvermögens in seinem Rechnungswesen zu berücksichtigen, insoferne bei Staatsgewerben — insbesondere den Berg- und Hüttenwerken — die Vorräte an Naturalien, Materialien und Fabrikaten Erwähnung finden, weil aus den Ergebnissen der Geldrechnung allein deren Leistungsfähigkeit nicht vollständig beurteilt werden kann.

Es ist selbstverständlich, dass das ganze Rechnungswesen sich auf eine Buchführung gründet, welche durchaus die gleiche Form und Beschaffenheit hat, wie jenes selbst. Die Buchführung des Jahrs ist und muss sein: die allmählich entstehende Rechnung, und diese der Auszug und Abschluss jener. So ist es in allen Staaten, auch in Italien, und kann nicht anders sein.

In der Regel begnügt man sich hiermit, denn das Rechnungswesen ist der Zweck und das Ziel der Buchführung; alles, was durch letztere klargestellt werden soll, muss aus dem ersteren zu ersehen sein, und wenn es das leistet, so hat auch die Buchführung ihre Schuldigkeit gethan. Entspricht das Rechnungswesen dieser Anforderung nicht oder nicht genügend, so ist allerdings auch die Buchführung unvollkommen, aber sie trägt nicht die Schuld davon, sondern das Rechnungswesen muss vervollständigt, verbessert, mehr gegliedert, übersichtlicher und durchsichtiger gemacht werden, und die Buchführung wird und muss dann diesen Aenderungen von selbst folgen.

In Italien geht man aber noch weiter. Durch das Gesetz über das Staatsrechnungswesen ist angeordnet, dass die Staatsbuchhaltung (Ragioneria generale) die Ergebnisse der Feststellung, Erhebung und Ablieferung der Einnahmen, sowie der Bestimmung, Anweisung und Auszahlung der Ausgaben nach den Regeln der doppelten Buchführung zusammenfassen und klarstellen soll, und zwar nicht nur nach den Kapiteln des Budget, sondern auch nach den verschiedenen

Diensteszweigen und nach der Verantwortlichkeit jedes Verwaltungs-
gebiets. Auch soll sie die Veränderungen vom Stande des beweglichen und unbeweglichen Staatsvermögens zusammenstellen und in
Uebersicht erhalten.

Neben der für die Rechnungsstellung unentbehrlichen rechnerischen Buchführung besteht also noch eine zweite Buchführung
nach den Regeln der doppelten Methode, und auch deren Hauptergebnisse werden kurz zusammengefasst am Schlusse des Staatsrechnungswesens als Anhang (Appendice) desselben dem Parlamente
vorgelegt.

Den Anstoss hierfür gab der von dem ständigen Finanzausschuss
des Senats im Jahre 1881 geäusserte Wunsch, es möge künftig
durch das Staatsrechnungswesen auch volle Klarheit über die Beziehungen zwischen der Budgetrechnung, der Vermögensrechnung
und den Spezialrechnungen hergestellt werden, um die einen durch
die anderen kontrollieren zu können.

Die Anregung ging ohne Zweifel aus von Herrn Cerboni, dem
verdienstvollen Direktor der Staatsbuchhaltung, und es kann daher
keinen besseren Weg geben, um die Absichten kennen zu lernen,
welche durch diese Einrichtung erreicht werden sollen, als seine
eigenen Begründungen, wie er sie in einer Denkschrift niedergelegt
hat, welche er dem internationalen litterarischen Kongress im Jahre
1882 in Rom überreicht hat.

Der nächste Zweck dieser Denkschrift war zwar die Förderung
einer Gleichförmigkeit des Rechnungswesens aller Staaten im Interesse
der vergleichenden Finanzstatistik, und ihr Titel ist daher: „Ueber
die Wichtigkeit einer einheitlichen Rechnungswissenschaft" (Sur l'im-
portance d'unifier les études de la comptabilité). Aber da er in
seiner Buchführung und der Wiedergabe ihrer Ergebnisse ein Mittel
erblickt, diese Einheitlichkeit und Gleichförmigkeit herbeizuführen
— vermutlich, weil dabei ohne Uniformierung aller Budgets doch
die Ergebnisse der Rechnungen nach gleichartigen Gesichtspunkten
verarbeitet und in besonderer Weise übersichtlich zusammengestellt
würden —, verbreitet er sich eingehend über dieselbe. Die von ihm
eingeführte Buchführung erachtet er für den bezeichneten Zweck als
besonders geeignet, weil sie einen universalen Charakter habe, vermöge dessen sie für jede Art und Form einer Wirtschaft und Verwaltung des Staats, der Körperschaften wie der Privaten passe, indem
sie ihrem Gedanken nach über der Zufälligkeit der einzelnen Er-

scheinungsformen stehe, und deren wirtschaftliche Ergebnisse nach allgemeinen, gemeinsamen Gesichtspunkten ordne. Das gemeinübliche Rechnungswesen, sagt er, gebe genügenden Aufschluss über die einzelnen Teile der Verwaltung, aber es gewähre keinen Einblick in die Lage und den Zustand des Ganzen. Sobald die Notwendigkeit herantrete, sich der gesamten Finanzlage klar bewusst zu werden, besonders also in kritischen Augenblicken, müsse bei der alten Methode ein vollständiger Rechnungsabschluss her- und mühsam zusammengestellt werden, während bei seiner Buchführung jederzeit das Gesamtergebnis des Ganzen klarliege; sie diene als ein sicheres wirtschaftliches Barometer, und gewähre durch die sich gegenseitig kompensierenden Eintragungen, durch die gleichwertigen Gegenüberstellungen der Buchführung, die Gewährleistung der vollsten Richtigkeit.

Cerboni verlangt, einfach, praktisch und recht konkret ausgedrückt, von dem Abschluss des Rechnungswesens, dass er nicht nur zeige, wie sich die wirklichen Einnahmen und Ausgaben zu den Budgetanschlägen und wie sich beide unter sich verhalten, mit welchem Ueberschuss der Einnahme oder Ausgabe also die Rechnung abschliesst, sondern dass er auch erkennen lasse, ob die Einnahme nicht durch Verminderung des Vermögens erhöht ist, und ob umgekehrt durch die Ausgaben nicht eine Vermehrung desselben eingetreten ist. Es ist, kurz gesagt, der Einfluss der Staatswirtschaft, wie sie in der Staatsrechnung dargestellt ist, auf den Stand und die Entwickelung des Staatsvermögens und das ganze Verhältnis beider, was er durch seine Buchführung veranschaulichen will.

In vollständig formulirter Weise werden schliesslich die Mittel, durch welche dies erreicht werden soll, also die Anforderungen, welche Cerboni an seine Buchführung stellt, und die Erwartungen, die er von ihr hegt, in folgenden Sätzen nach prinzipiellen Gesichtspunkten zusammengefasst:

I. a. Vergleichungsfähiges Nebeneinander der beiden grossen Staatswirtschaftsrechnungen, nämlich

 1) der Vermögensrechnung, welche alle wirtschaftlichen Ergebnisse der ganzen Gebarung in sich aufnimmt;

 2) der gesetzmässigen Budgetrechnung, deren höchster Zweck ist, zu zeigen, wie die vom Parlament bewilligten Einnahmen eingegangen, und wie und in welchem Masse die von diesem den anweisenden Behörden eröffneten Kredite benützt worden sind;

b. die Verbindung der zwischen diesen beiden grossen
Rechnungen bestehenden Beziehungen mittels gleichzeitiger vergleichender Eintragungen.

II. a. Scheidung· der Vermögensrechnung in zwei Rechnungswesen, nämlich:

    1) Rechnungswesen über den Inhalt des positiven und
negativen Vermögens im einzelnen,

    2) Rechnungswesen über die Verbindlichkeiten und An-
sprüche der Beamten und dritten Personen (agenti e
correspondenti); ·.

b. Verbindung dieses doppelten Rechnungswesens mittels
Gegenüberstellung der Rechnungen.

III. a. Scheidung der Budgetrechnung über die Bewilligung

    1) für die Einnahmen in

        α. das budgetmässige Rechnungswesen nach den Ab-
teilungen und Kapiteln der Parlamentsbewilligung,

        β. das Rechnungswesen der anweisenden Behörden
nach den Verwaltungszweigen und den für diese
bestehenden Einteilungen;

    2) für die Ausgaben nach der gleichen Auscheidung wie
bei den Einnahmen;

b. die Verbindung der beiderlei Rechnungswesen durch
Gegenüberstellung.

IV. a. Unterscheidung der Verwaltungsvorgänge in zwei Arten,
nämlich

    1) verändernde Vorgänge, welche den Wert des Ver-
mögens vermehren oder vermindern,

    2) vertauschende Vorgänge, welche den Gegenstand des
Vermögens umwandeln, ohne seinen Geldwert zu ändern;

b. Eintragung dieser Vorgänge nach dem doppelten System
der Gegenüberstellung und Ausgleichung.

V. Vergleichungsfähiges Nebeneinander in den Zergliederungen
(den detaillierenden Nachweisungen) nach den Zwecken,
welchen sie dienen sollen.

Cerboni erkennt übrigens an, dass es nicht möglich sei, diesen
Anforderungen auf einmal gerecht zu werden, sondern dass es sich
um ein Werk handle, welches zu seiner Entwickelung Zeit brauche.

II.
Die gewöhnliche doppelte Buchführung.

Die Frage ist nun, auf welche Weise die hier gestellten Aufgaben im Wege der doppelten Buchführung gelöst werden sollen.

. Die doppelte Buchführung beruht zunächst auf einer Anzahl von Büchern, deren jedes in erster Reihe bestimmt ist, eine gewisse Art von Geschäftsvorgängen nach der Zeitfolge aufzunehmen, den in denselben enthaltenen Geldbetrag oder Geldwert darzustellen, um so in jedem Augenblicke abgeschlossen werden zu können, und durch deren Zusammenstellung auszuweisen, um welchen Gesamtbetrag sich seit dem letztvorhergehenden Abschlusse das Vermögen an Geld und Geldeswert verändert hat.

Unter diesen Büchern kommt als erstes in Betracht das Kassabuch. Das Nächstliegende für jede geordnete Wirtschaft ist ja die Aufschreibung der Geldeinnahmen und Ausgaben nach der einfachen Zeitfolge, wobei vermerkt wird, wofür die einen eingekommen und die anderen geleistet worden sind. Hieran reihen sich als notwendige Folge weitere Aufschreibungen über das, was der Wirtschafter schuldig geworden ist, und über das, was er zu fordern hat. Hierauf beruht die Führung des Buches über Schulden und Guthaben, das sich, weil der Wirtschafter hier als Person anderen Personen gegenübersteht, zum Kreditoren- und Debitorenbuch gestaltet. Dieses kann nun aus eben diesem Grunde und weil es dazu bestimmt ist, den Stand des Vermögens an Guthaben und Schulden darzustellen und durch seinen Abschluss auf einen Blick ersichtlich zu machen, nicht die gewöhnlichen Haushaltskategorien der Einnahme und Ausgabe aufzeigen, sondern muss sich an die Begriffe des Guthabens und der Schuld anschliessen und demgemäss die ihm angehörenden Beträge als „Kredit und Debet," oder „Haben und Soll" ersichtlich machen. Dieses Buch enthält also die Personifikation der Gläubigerschaft und der Schuldnerschaft des Wirtschafters, und seinen Zweck erreicht es in seiner Führung dadurch, dass die Schulden des Wirtschafters als „Kredit" oder „Haben", die Guthaben als „Debet" oder „Soll" eingetragen werden, die Tilgungen aber notwendigerweise in entgegengesetzter Richtung, also die des Wirtschafters als „Debet" oder „Soll" der Gläubiger, die der Schuldner als deren „Kredit" oder „Haben".

Hier liegt nun der Punkt, aus welchem sich die ganze Buchführung zur doppelten ausgestaltet, nämlich zu einer Buchführung

des Wirtschafters für sich und für diejenigen anderen Personen, mit
welchen er im Verkehre steht, soweit diese mit ihm selbst in Beziehung stehen, und zwar zunächst in summarischer Weise, also für
seine Gläubigerschaft und Schuldnerschaft, wobei aber selbstverständlich jede einzelne Eintragung die Person und die Veranlassung jeder
Schuld, Forderung und Tilgung ersichtlich macht.

Da nun der letzte Zweck der ganzen Buchführung darin bestehen muss, den Stand des ganzen Vermögens durch den Abschluss
ersichtlich zu machen, so breitet sich dieser Grundgedanke des De-
bitoren- und Kreditorenbuchs über die ganze Buchführung aus und
wirkt, um die notwendige Einheit und mit ihr die Möglichkeit eines
Gesamtabschlusses aller Bücher herbeizuführen, auch auf das Kassabuch zurück, welches an sich nur der natürlichen Einteilung in Einnahme und Ausgabe zu folgen braucht, bei deren Festhaltung aber
mit dem Kreditoren- und Debitorenbuch nicht gleichartig sein würde.
Die Kasse erfährt also die nämliche Personifikation, wie die Gläubigerschaft und Schuldnerschaft, und wird als selbständige Person behandelt und dem Wirtschafter gegenübergestellt. Ihre Einnahmen
werden zum „Debet" oder „Soll", ihre Ausgaben zu Gutmachungen,
zum „Kredit" oder „Haben".

Wenn nun bei einer grösseren Zahl von Gläubigern und Schuldnern für jeden derselben zur Erzielung der Uebersicht und Klarheit
noch besondere Aufschreibungen für die einzelnen Personen geführt
werden, welche den Inhalt des Kreditoren- und Debitorenbuches
weiter zergliedern, so ist zunächst der Zweck der Buchführung erreicht, insoweit die reine eigentliche Geldwirtschaft deren Ziel ist.

Mit diesem „insoweit" ist aber schon ausgesprochen, dass die
Buchführung hierbei nicht stehen bleiben kann, denn das Geld ist
bei weitem nicht das ganze Vermögen, und die Darstellung der Geld-
gebarung noch lange nicht die Darstellung des ganzen Wirtschafts-
ganges und Vermögensstandes. Das Bedürfnis zwingt also zur Berücksichtigung auch der übrigen Vermögensteile.

Zunächst müssen also die Gegenstände, die Güter in Betracht
kommen, welche in der Wirtschaft ein- und ausgegangen sind, und müssen
eine gleichartige Behandlung erfahren, wie das Geld. Insoferne nun
Sachen gegen Barzahlung verkauft und erkauft worden sind, besteht
eine Einzelaufzeichnung derselben schon im Kassabuch, welche ersehen
lässt, wofür Geld eingenommen und ausgegeben worden ist. Was aber
auf Kredit bezogen oder abgegeben worden ist, darüber ist nun eine

weitere Buchführung nötig, welche durch zwei Bücher erreicht wird, deren eines ersehen lässt, welcher Wert an Sachen auf Kredit bezogen, und welcher auf Kredit verkauft worden ist. Da die hierbei entstehenden Guthaben und Schulden nebst den Tilgungen ihre Berücksichtigung schon im Kreditoren- und Debitorenbuch finden, so handelt es sich jetzt nicht mehr um diese, sondern nur um die Sachen, und die hier in Frage kommenden beiden Bücher repräsentieren also den Gang der Wirtschaft und den Stand des Vermögens, soweit nach der einen oder nach der anderen Seite kreditierte Sachen in Betracht kommen. Im gewerblichen Leben heissen diese beiden Bücher: Fakturenbuch und Kladde. Ein Soll und Haben für jedes derselben ist bei ihrem Zweck nicht nötig, denn sie stehen sich selbst wie diese beiden Begriffe gegenüber, indem das Fakturenbuch nur „Soll" des personifizierten Sachvermögens an bezogenen Gegenständen, die Kladde nur „Haben" desselben an abgegebenen (wie im Kassabuch beim Gelde) darstellt.

Bis hierher sind die verschiedenen Bücher aber übersichtslos und müssen daher durch weitere Buchführung erst zur Einheit gebracht werden. Der Weg zu diesem Ziele führt durch das Hauptbuch, in welchem die eigentliche Buchführung beruht, und für welches die übrigen, vorher genannten Bücher nur das Material liefern. Dieses enthält so viele Abteilungen als man Geschäftszweige hat und Gesichtspunkte aufstellt, nach welchen man Klarheit über den jeweiligen Stand der einzelnen Zweige und Seiten der Wirtschaft gewinnen will. Solche Abteilungen (Konti) sind insbesondere:

Der Kassenkonto, welcher seinen Inhalt aus dem Kassenbuch schöpft, der Kreditoren- und Debitorenkonto, welcher den Inhalt des entsprechenden Buches wiedergibt, der Warenkonto, welcher den Erwerbspreis der Waren aus dem Fakturen- und aus dem Kassabuch, sowie den Verkaufspreis aus dem letzteren und aus der Kladde — ersteren als Soll, letzteren als Haben — zusammenfasst, der Gewinn- und Verlustkonto, welcher das Ergebnis der übrigen Konti aufnimmt, der Vermögenskonto, welcher das Resultat des letzteren an den vorhergehenden Vermögensstand anreiht. Zur Klarstellung einzelner Geschäftszweige und Verhältnisse werden nach Bedürfnis Unterkonti angelegt, welche den Inhalt der Hauptkonti nach den erforderlichen Beziehungen zergliedern.

Die Einträge in die ersten drei Konti und deren Unterkonti erfolgen periodisch fortlaufend, jene in die letzten beiden aber erst zum Zwecke des Abschlusses, welcher seinen Gipfelpunkt in dem Bilanzkonto findet, indem dieses anschliessend an den vorhergehenden Vermögensstand die Hauptergebnisse der übrigen Konti als deren Gläubiger im Haben und als Schuldner des Wirtschafters im Soll aufnimmt. Der Abschluss der übrigen Konti erfolgt in völliger Ausgleichung von Soll und Haben, indem die Differenzen als Saldi übertragen und den Minderbeträgen zugesetzt werden.

Neben dem Hauptbuch steht' das Journal, welches ebenso wie jenes periodisch fortlaufend geführt wird, indem die Einträge der zuerst genannten Bücher nach den Konten des Hauptbuchs jedesmal vorbereitend zusammengestellt (Journalauszug) und nach den einzelnen Summen in das Journal übertragen werden. Durch dieses Nebeneinander von Journal und Hauptbuch wird die Buchführung auch äusserlich eine doppelte. Der Abschluss muss auch hier das nämliche Hauptergebnis liefern, wie beim Hauptbuch, und insoferne beide Bücher auf dem Grund der gleichen Unterlagen von verschiedenen Händen geführt werden, liegt in der Uebereinstimmung ihrer Abschlüsse die Gewähr für die Richtigkeit' beider.

Diese kurze Darstellung der doppelten Buchführung kann und soll keinen Anspruch darauf machen, dieselbe zum völligen Verständnis zu bringen. Es handelt sich hier nur darum, sie nach ihren Grundzügen zu schildern, da sie nur den Ausgangspunkt für die in der italienischen Staatsbuchhaltung eingeführte Buchführung bildet. Hierfür dürfte das Gesagte genügen, wobei aber nicht unbemerkt bleiben darf, dass bei der im Gewerbebetrieb üblichen Buchführung das Ganze nicht in Geld und Forderungen bestehende, das sächliche Vermögen nicht fortlaufend aufgezeichnet wird, dass eine Buchführung darüber nicht stattfindet, sondern dass dessen Stand beim Abschluss immer erst durch die Inventur ermittelt werden muss. Der Abschluss gestaltet sich daher immer zu einer Arbeit von grossem Umfang.

Ausserdem gewährt die doppelte Buchführung und ihr Abschluss zwar ein getreues Bild des wirklich vorhandenen Vermögens in Geld und Geldeswert im ganzen, keineswegs aber davon, wieviel vom letzteren vorhanden ist — das muss durch die Inventur festgestellt werden —, und auch nicht davon, wieviel von dem einen oder von dem anderen vorhanden sein soll. Wenn also der Abschluss ein unbefriedigender ist und ein unberechtigter Abgang wahrnehmbar wird, so lässt sich nicht ermitteln, ob derselbe am Geld oder an den Sachen stattgefunden hat.

Diese Mängel sind aber im Handel und im Gewerbe wenig störend, weil derjenige, welcher die Bücher führt oder führen lässt, der Eigentümer selbst ist, unter dessen Augen und nach dessen Anordnungen alle Vorgänge stattfinden, und welcher niemanden verantwortlich ist. Für ein Staatsrechnungswesen aber machen diese Umstände die doppelte Buchführung in der gewöhnlich üblichen Form unbrauchbar, denn im Staat ist der Rechnungssteller und Geschäftsführer nicht selbst Eigentümer, sondern nur Verwalter und ist verantwortlich.

Die doppelte Buchführung wurde daher auch in Italien nicht an die Stelle der budgetmässigen Rechnung und Buchführung gesetzt, sondern neben diese, und wurde von dem schon mehr erwähnten Direktor der Staatsbuchhaltung Cerboni in einer ingeniösen Weise der Form nach so umgestaltet, dass sie einer gewissen Verbindung mit dem eigentlichen Rechnungswesen fähig, und dass sie imstande ist, mit demselben in kontrollierende Vergleichung gebracht zu werden und den eben mitgeteilten Anforderungen in wenigstens genügender Weise zu entsprechen.

III.
Die Logismographie.

Diese verbesserte Art der doppelten Buchführung, welche von ihrem Erfinder den Namen „Logismographie" erhalten hat, findet ihren Eingang auch in die Kontors der Privatgeschäfte, welchen sie den sehr erheblichen Vorteil gewährt, in jedem Augenblicke aus dem Journale allein, ohne weiteren Bücherabschluss den Stand des Reinvermögens und den reinen Forderungs- oder Schuldenstand ersehen zu lassen.

Zu diesem Zwecke hat das Journal eine sehr erhebliche Erweiterung und Vervollständigung erfahren [1]), indem dasselbe in zwei Hauptspalten die beiden Haupt- oder Grundkonti der ganzen Buchführung aufnimmt, welche sofort den ganzen Charakter der Doppelmethode darstellen. Der erste Grundkonto ist der Eigentümerkonto, welcher das Reinvermögen und die darin vorkommenden

---

[1]) Die Darstellung der Logismographie folgt hier der kurzen und klaren Schilderung des k. k. Professors Dr. J. Schrott in dessen kleiner Schrift: „Die Logismographie, eine neue doppelte Buchführungsmethode." Wien, Selbstverlag.

Aenderungen darstellt und so der gewöhnlichen, alten Doppelbuch-
führung wesentlich fremd ist, da diese sich durchaus dem Eigentümer
objektiv gegenüberstellt; der zweite dagegen repräsentiert den Grundgedanken derselben, die Vermögensteile und Wirtschaftszweige zu
personifizieren, indem er sich dem ersten gegenüber- und das Brutto-
vermögen mit seinen Veränderungen darstellt, und zwar ausgeschieden
einerseits nach dem Sachvermögen an Geld und Gütern, anderseits
nach den Forderungen und Schulden. Diese beiden Abteilungen
finden ihre Personifikation in ersterer Hinsicht in den zur Wirtschaft
gehörigen, in letzterer Hinsicht in den mit derselben durch Verbindlichkeiten (Forderungen und Schulden) in Beziehung stehenden Personen. Der zweite Grundkonto als Wirtschaftskonto teilt sich
also sofort mittels zweier Spalten in den Agentenkonto und
Korrespondentenkonto. Jeder dieser zwei bezw. drei Konti
nimmt anschliessend an den aus dem letzten Abschluss sich ergebenden Stand alle wirklichen Veränderungen in der Substanz
des Vermögens nach den beiden Kategorien von Soll und Haben auf
wie in der gewöhnlichen doppelten Buchführung, aber mit dem
Unterschiede, dass im Wirtschaftskonto die Schulden mit den Einnahmen und die Guthaben mit den Ausgaben nicht zusammengeworfen, sondern geschieden gebucht werden.

Da aber in jeder Wirtschaft ausser den das Vermögen ver-
ändernden auch solche Vorgänge häufig vorkommen, welche zwar
die Gegenstände und Bestandteile des Vermögens, nicht aber dieses
selbst verändern, wie z. B. bei jedem Kauf und Verkauf, bei jeder
Schuldentilgung und Cession u. s. w. zunächst nur ein Vertauschen
einzelner Vermögensteile mit anderen gleichwertigen stattfindet, und
da solche Vertauschungen ohne direkten Einfluss auf den Stand des
Vermögens im ganzen sind, also nur die für wirksame Veränderungen
bestimmten Konti und Spalten unnötig belasten würden, so ist hierfür,
insoferne gleichartige Grössen in Betracht kommen, also die Vertauschung zwischen dem Soll und Haben des nämlichen Wirtschaftskonto stattfindet, eine besondere Permutationsspalte dem Formular
des Journals angefügt, welche diese Vertauschungen aufnimmt, soweit sie sich der Grösse nach decken. Wenn also Waren gegen
Barzahlung verkauft oder gekauft werden, so gibt dies keine Eintragung in den Agentenkonto, sondern nur in die Permutationsspalte,
und zwar kann dies im einfachen oder im doppelten Betrage geschehen. Letzteres ist vielleicht richtiger, weil auch der Vorgang

ein zweiseitiger, doppelter war. Wenn aber Waren auf Kredit gekauft oder verkauft werden, so ist dies keine Permutation, weil hier
die beiden Wirtschaftskonti in Betracht kommen, wobei der gleiche
Betrag dem einen zu Soll dem andern zu Haben gestellt wird. Wenn
ferner beim Uebertrag des Vermögensstandes Guthaben und Schulden
in Betracht kommen, so nimmt der Korrespondentenkonto nur die
Differenz beider auf (also überschiessende Guthaben als Soll und umgekehrt), während der Betrag, in welchem sie sich ausgleichen, der
Permutationsspalte angehört.

Endlich besteht, der Reihenfolge nach als die erste, eine „Be-
tragspalte", in welcher die zu einem Vorgang gehörigen Beträge der
übrigen Spalten bezw. Konti summiert werden.

Um aber den Inhalt dieser Konti zu erläutern, die Ergebnisse
der einzelnen Zweige und Seiten der Wirtschaft klarzustellen, und
namentlich auch, um für den Abschluss des Journals die Gewinn-
und Verlustbeträge zu ermitteln, müssen zu den Grund- und Haupt-
konten die nötigen Unterkonti eröffnet und geführt werden. Dies
sind die Zergliederungen (Svolgimenti), welche den Inhalt der
Hauptkonti in seine Bestandteile auflösen, und welche zunächst als
Zergliederungen ersten Grades denselben nach seinen Hauptarten
zerlegen, und dann als Zergliederungen zweiten, dritten Grades u. s. f.
wieder den Inhalt des ersten Grades, des zweiten Grades u. s. f.
spezialisieren, soweit dies irgend für erforderlich erachtet werden
mag. So wird z. B. die Zergliederung ersten Grades für den Agentenkonto in besonderen Spalten Unterkonti für Geld, Waren, Immobilien,
Mobilien u. s. f. enthalten, der Warenkonto aber wieder eine Zergliederung zweiten Grades für die verschiedenen Arten von Waren
nötig machen; der Korrespondentenkonto wird sich nach den verschiedenen Gläubigern und Schuldnern zergliedern u. s. f. Soweit
innerhalb des zergliederten Konto oder Geschäftszweiges Permutationen
vorkommen können, müssen die Zergliederungen auch eine Spalte
für diese erhalten.

Bei diesen Zergliederungen wird in der ersten Spalte der Inhalt des betreffenden Journalkonto oder bei den Zergliederungen
höheren Grades der des weiter zu erläuternden vorhergehenden Grades
vorangestellt und nach seinen einzelnen Posten in den weiteren
Spalten oder Konten spezialisiert.

Besondere Erwähnung verdient noch die Zergliederung des
Eigentümerkonto. Dieselbe gibt in der ersten Spalte den Inhalt des

ersten Grundkonto des Journals wieder, welcher dann in zwei weiteren Hauptspalten: „Konto des Reinvermögens" und „Verlust- und
Gewinnkonto", in seine Bestandteile aufgelöst wird. Der erstere enthält lediglich das Reinvermögen des vorhergehenden Abschlusses im
„Haben" als Ausgangspunkt und den Gesamtreingewinn (im Haben)
oder den Gesamtverlust (im Soll) als Schlusseintrag. Der letztere
(Verlust- und Gewinnkonto) zerlegt in besonderen Spalten des „Soll"
die eigentlichen Verluste, die Betriebsausgaben (Gehalte, Löhne, Mietzinse, Steuern u. s. w.) und den Lebensbedarf sowie den Reingewinn,
im „Haben" die verschiedenen Arten von Gewinn und den Reinverlust. Diese Buchung von Reingewinn und Reinverlust ist notwendig, weil dieselben im Reinvermögenkonto in entgegengesetzter
Richtung vorkommen, so dass sich die entgegengesetzten Buchungen
aufheben und zur Permutation werden, während im Eigentümerkonto
selbst der Reingewinn oder Verlust nicht besonders vorgetragen
wird, weil er in den Einzelgewinnsten und Verlusten schon enthalten
ist. Der Reingewinn oder Verlust bildet sich aus der Differenz zwischen
den Zugängen (Haben) und Abgängen oder vermögenmindernden Ausgaben (Soll) an dem ursprünglichen Reinvermögen; die Einzelgewinnste
und Verluste ergeben sich aus den verschiedenen Konten sowie aus
dem Journal selbst bezw. in Ansehung des Ergebnisses von Ge-
schäftszweigen aus der Differenz zwischen dem Saldo des betreffenden
Konto und dem Resultat der Inventur. Bemerkenswert ist am Eigentümerkonto und an dessen Zergliederung, dass dieselben als Personifikation des Eigentümers subjektiver Natur sind, also das Vermögen,
die Einnahmen und Guthaben als „Haben", die Schulden und Ausgaben aber als „Soll" enthalten, während alle übrigen Konti und
Zergliederungen jenen objektiv gegenüberstehen, wobei Vermögen,
Einnahme und Guthaben des Eigentümers als deren „Soll", dessen
Schulden und Ausgaben aber als deren „Haben" behandelt werden
müssen.

Die Gesamtheit der Zergliederungen der verschiedenen Grade
bildet das Hauptbuch der Logismographie, mit welchem das Journal
dadurch in übersichtlicher Verbindung steht, dass bei jedem Vortrag
des letzteren in einer besonderen Spalte die Nummer oder der Buch-
stabe vermerkt wird, mit welcher oder welchem die betreffende Zergliederung im Hauptbuche bezeichnet ist, während jede Zergliederung
in einer, der ersten Spalte noch vorangehenden Kolonne bei jeder
Post die betreffende Nummer des Journals anführt.

Es wäre freilich wünschenswert, die Darstellung des logismographischen Verfahrens ausführlicher und eingehender zu behandeln, um das Verständnis desselben zu erleichtern und dem Leser zur vollen Klarheit zu bringen. Allein dies würde unabweisbar dazu führen, den ganzen Inhalt der oben angezogenen Schrott'schen Schrift entweder abzuschreiben, oder mit „etwas anderen Worten" wieder zugeben, was doch wohl zu weit gehen würde. Wer sich also darüber näher zu unterrichten wünscht, möge sich in dieser kleinen Schrift die weitere Belehrung suchen. Ihre Darstellung ist so knapp als klar, so dass sie einen ins einzelne gehenden Auszug nicht gestattet und dabei doch ein erschöpfendes Verständnis gewährt.

IV.
Die Logismographie der italienischen Staatsbuchhaltung.

Es kann wohl kein Zweifel bestehen, dass die logismographische Buchführung grosse Vorzüge vor der alten doppelten besitzt. Das Journal wird durch dieselbe erst das, was sein Name bezeichnet, ein Tagebuch über sämtliche wirtschaftliche Vorgänge, die vorbereitenden Bücher: Fakturenbuch und Kladde werden kaum mehr nötig sein, die Anlage, Führung und der Abschluss des Hauptbuches werden beträchtlich vereinfacht und erleichtert und das Journal erfüllt durch die Aufnahme der beiden Grundkonti die ihm vom Erfinder gestellte Aufgabe, durch seinen Abschluss allein die vollständige Uebersicht über den Stand des Vermögens nach seinen Hauptbestandteilen zu gewähren, soferne es möglich ist, alle Aenderungen einzeln zu buchen. — Dabei ist also bei kleineren und kleinen Geschäften, beim Detailverkehr für den Abschluss die Inventur immer noch vorausgesetzt und unvermeidlich, denn in der Privatwirtschaft dieser gewerblichen und kaufmännischen Geschäfte ist es nicht möglich, alle Veränderungen des Vermögens im Waren- und Materialienbestande mit ihren Wertgrössen fortwährend buchmässig darzustellen. Es würde das einen ganz unverhältnismässigen Aufwand an Zeit und Arbeit erfordern, und es ist regelmässigerweise auch nicht nötig, weil ja vorausgesetzt ist, dass der Geschäftsherr selbst es ist, welcher sich selbst in der Buchführung Rechenschaft gibt, und unter dessen Augen und auf dessen Anordnungen alle Verwendungen, Veräusserungen und Erwerbungen vor sich gehen. Hat er aber einen Vertreter, weil er selbst diese Geschäftsleitung nicht übernehmen will

oder kann, so tritt dieser eben ganz an seine Stelle, er ist Vertrauensmann, von welchem nichts anderes verlangt wird, als was der
Geschäftsherr von sich selbst fordern müsste.

Bei der Staatsverwaltung trifft dies aber nicht zu. Der Staat
und seine Personifikation, der Souverän, kann die Geschäfte nicht
ebenso leiten, wie der Geschäftsherr, die Verwaltung ist dazu viel
zu gross und zu verzweigt. Die Leitung muss daher in die Hände
von Beamten gelegt werden, welche zwar auch in gewissem Masse
eine Vertrauensstellung haben, aber nur in beschränkter Weise, denn
ihre Zahl ist viel zu gross, als dass es möglich wäre, jedem das
unbedingte Vertrauen zu schenken, welches dem Vertreter des Geschäftsherrn eingeräumt werden muss. Die Beamten sind also nur
Verwalter, nicht vollständige Vertreter des Staats, und müssen sich
die genaueste Kontrolle gefallen lassen. Dazu gehört nun, dass sie
sich darüber auszuweisen haben, wie sie das Vermögen, das ihnen
anvertraut ist, nicht bloss im grossen und ganzen, nach seinem Gesamtwerte erhalten, verwaltet und verwendet haben, sondern auch,
wie dies im einzelnen und einzelsten geschehen ist; sie müssen nicht
bloss über den Gesamtwert der Materialien, überhaupt aller Vermögensteile Buch führen und Rechnung legen, sondern auch über
diese selbst. Dies geschieht durch die Inventarien und Materialrechnungen, und wenn die einen wie die anderen ausser den Sachen
auch deren Werte enthalten, so ist es möglich, den rechnerischen
Nachweis über die Gebarung und den Stand des Vermögens mit der
Rechnung über die eigentlichen Einnahmen und Ausgaben des Staats
in Verbindung zu setzen.

Zum Vermögen gehören aber in negativer Weise auch die
Schulden und Lasten des Staats, und auch diese müssen daher bei
einer vollständigen Vermögensrechnung Berücksichtigung finden.

In allen Staaten wird nun zwar über die Schulden und über
das Sachvermögen des Staats Rechnung gelegt, aber die Vermögens-
inventarien und Materialrechnungen enthalten teilweise keine Werts-
angaben, und — meines Wissens — nirgend, ausser in Italien werden
sie zu Staatsrechnungen zusammengestellt, sondern dienen lediglich
als Verwaltungsnachweise für die verwaltenden Dienststellen und
höchstens für die einzelnen Verwaltungszweige, während über die
Schulden, deren Bewegung und Stand selbstverständlich allenthalben
genaueste Rechnung gelegt wird. Ebensowenig, als ein centralisiertes
Material- und Inventarienrechnungswesen pflegt irgend ein rechnerischer

Nachweis über das Vermögen an Rechten einerseits und Lasten anderseits geführt zu werden. Die Staaten begnügen sich allgemein mit dem Nachweis über die eigentlichen Einnahmen und deren Verwendung sowie über die Schulden.

.   Es ist jedoch nicht in Abrede zu stellen, dass ein Rechnungswesen über das Sachvermögen, die Rechte und Lasten des Staats möglich, dass also ein rechnerischer Nachweis über alle Teile des Staatsvermögens ausführbar ist, dass also der Staat die Voraussetzung erfüllen kann, welche in der Privatwirtschaft nicht gegeben zu sein pflegt, nämlich durch seine Buchführung ein fortlaufendes Bild des gesamten Vermögensstandes und seiner Bewegung zu geben. In der Staatsverwaltung ist es daher auch möglich, durch den Abschluss der Bücher ohne Inventur in jedem Augenblick den jeweiligen Vermögensstand nachzuweisen, wenn die ganze Staatsbuchführung fortlaufend in einem einzigen grossen Buche durch regelmässig zu erstattende Rechnungsauszüge und Bestandsanzeigen zusammenläuft. Und dieses grosse Buch, und mit ihm diese Möglichkeit hat in der That Cerboni in seinem Journal der Staatsbuchhaltung geschaffen, nachdem der italienische Staat das Inventarien- und Materialien- nebst dem übrigen Vermögens-, Schulden- und Lastenrechnungswesen dahin vervollständigt und entwickelt hat, wie dies sonst wohl nirgends der Fall ist, dass jene Rechnungsauszüge und Anzeigen auf das Vermögen und dessen Bestandteile ausgedehnt und für die Staatsbuchhaltung benützbar gemacht werden.

Es darf jedoch hier schon nicht unerwähnt bleiben, dass dieses entwickelte Schulden-, Inventarien- und Materialienrechnungswesen keineswegs aus der doppelten Buchführung, sie heisse Logismographie oder nicht, hervorgegangen und keineswegs ihr eigentümlich ist, sondern dass dasselbe ebenso wie ein Vermögensbestandsausweis gerade dem Verwaltungsrechnungswesen angehört und durch dieses bedingt ist, während in der doppelten Buchführung Vermögen und Schulden mit den Einnahmen und Ausgaben in Soll und Haben summarisch zusammenfliessen und nach ihren Bestandteilen nicht, sondern nur als vertretbare Sachen nach ihrem Gesamtwerte und Ergebnis in Betracht kommen.

Die doppelte Buchführung kann also dieses Rechnungswesen nicht schaffen, aber sie kann es benützen und damit ihren eigenen Wert und ihre eigene Brauchbarkeit ungemein erhöhen. Wie dies geschieht, und mit welchem Ergebnisse, das ist nun an dem Journalabschlusse und dessen Ergänzungsteilen zu zeigen, welcher dem italienischen Staatsrechnungswerke beigefügt ist.

Vor allem ist nun einleuchtend, dass die Logismographie, sowie sie für die Privatwirtschaft bestimmt und oben dargestellt worden ist, nicht ohne weiteres für die Staatswirtschaft benützbar ist, denn erstere bedarf behufs des Abschlusses der Inventur, letztere hat ihre Inventarien- und Materialienrechnungen und kann und muss daher den Vermögensstand nicht nur, sondern auch die Vermögensbewegung als wesentliches Glied in seine Buchführung einfügen. Ferner ist das Staatsbudget ein Moment im Staatsrechnungswesen, welches der Wirtschaft des selbst-geschäftleitenden Eigentümers gänzlich fremd ist. Durch die Gegenüberstellung des Voranschlags mit der Soll- und wirklichen Einnahme und Ausgabe entsteht also eine weitere Ausdehnung der doppelten Buchführung und eine Erweiterung ihrer Aufgabe. Soferne sich noch weitere Abweichungen und Besonderheiten finden, werden diese bei der weiteren Darstellung im einzelnen ihre Berücksichtigung finden.

Die Anordnung des Journals — der folgenden Mitteilung ist der Jahrgang 1883 zu Grunde gelegt — gewährt hier einen ganz anderen Anblick, als bei der Privatlogismographie, indem es neben den ersten Spalten der laufenden Nummern, des Vortrags der Vorgänge und des Gesamtbetrags, sowie der letzten Spalte für die Permutationen zwar auch zwei grosse Konti in zwei Hauptspalten durchführt, diese aber nicht als Eigentümer- und Wirtschaftsrechnungen, sondern als Vermögens- und Budgetrechnungen bezeichnet. (Esercizio patrimoniale und Esercizio del bilancio.) Die erste Hauptspalte enthält in zwei Unterabteilungen je in Soll und Haben das Verhältnis einerseits des Staats, anderseits seiner Beamten und dritten Personen (Agenti und Corrispondenti). Die zweite Hauptspalte teilt sich wieder einerseits nach dem Verhältnis zwischen dem Staate und den anweisenden Behörden für die Einnahme, anderseits zwischen dem Staate und den anweisenden Behörden für die Ausgabe ebenfalls je nach Soll und Haben (Dare—Avere). Die beiden Grundkonti treten hier also in die zweite Reihe, wobei im Wirtschaftskonto die agenti e corrispondenti zusammengeworfen sind.

Unter 28 Nummern werden nun fortlaufend die Abschlüsse ebenso vieler Wirtschafts-Seiten und -Zweige vorgetragen und zuletzt im Hauptabschlusse zusammengefasst.

Die erste Nummer enthält den Anschluss an das Ergebnis des

Vorjahrs in der Darstellung des Gesamtvermögens- und Schulden-
standes am Anfange des laufenden Jahrs, wobei der Betrag, in
welchem sich Vermögen und Schulden ausgleichen, in doppelter
Höhe nur als Permutation angesetzt und der überfliessende Schuld-
betrag als Soll des Staats und als Haben der Gläubiger (Corrispondenti) eingetragen ist. Eine Erläuterung im Vortrage besagt, dass das
Vermögen 6,084,473,602.05 L., die Schuldenmasse 12,977,092,732.53 L.
beträgt, dass also 6,892,619,130.48 L. in Soll und Haben (Staat
und Gläubiger) der ersten Hauptspalte und 12,168,947,204.10 L.
(6,084,473,602.05 L. Vermögen und Schulden sich kompensierend)
in Permutation gestellt werden.

Die Nummern 2 bis 5 enthalten die Budgetsätze der Gesamteinnahmen und Ausgaben und die Aenderungen beider durch besondere Gesetze. Die Ansätze hierfür bewegen sich in den entsprechenden Abteilungen der zweiten Hauptspalte. Hier ist die
Einnahme als Haben des Staats und als Soll der Behörden (Ordi-
natori dell' Entrata), die Ausgabe dagegen umgekehrt (hier Ordi-
natori della Spesa) behandelt. Permutationen gibt es hier nicht.

Die Nummern 6 bis 13 zeigen die Summen, welche an Einnahmen und Ausgaben, und zwar eigentliche (Entrate und Spese
effettive), solche aus der Kapitalbewegung — Schuldentilgung
und Eingehung (Movimento dei Capitali) —, solche für den Eisenbahnbau (Costruzione di strade ferrate) und durchlaufende Posten
(Partite di giro), wirklich festgestellt und angewiesen worden sind.
Diese Beträge gehören den beiden Hauptspalten an, insoferne sie
überhaupt für den Dienst angewiesen sind (zweite Hauptspalte) und
insoferne sie thatsächliche Vermögensänderungen enthalten (erste
Hauptspalte); insoferne sie aber keine Vermögensänderung repräsentieren (Schuldentilgung, Einnahme und Ausgabe für Eisenbahnbau
und durchlaufende Posten), gehören sie der zweiten Hauptspalte und
den Permutationen an. Die eigentliche Einnahme steht also mit der
vollen Summe der angewiesenen Beträge als Soll des Staats und als
Haben der anweisenden Behörden in der ersten Abteilung der zweiten
Hauptspalte, ebenso die ganze angewiesene Ausgabe in der zweiten
Abteilung als Haben des Staats und Soll der anweisenden Behörden
mit 1,334,897,982.97 L. und 1,333,948,209.96 L. Hiervon treffen auf
Erlöse für veräussertes Staatseigentum und eingezogene Staatsguthaben
10,594,680.41 L. bei der Einnahme und auf den Aufwand für erworbene
Materialien und andere Sachen und Rechte 111,075,546.01 L. bei der

Ausgabe, so dass diese beiden Summen (im doppelten Betrag) als Permutationen vermerkt und die Restbeträge in der ersten Hauptspalte mit 1,324,303,302.56 L. als vermögensmehrende Einnahme beim Haben des Staats und beim Soll der Behörden, und mit 1,222,872,663.95 L. als vermögensmindernde Ausgaben beim Soll des Staats und Haben der Behörden vorgetragen werden. Die übrigen Einnahme- und Ausgabegattungen (Kapitalbewegung, Eisenbahnbau und durchlaufende Posten) enthalten keine Vermögensänderungen, da den Geldeinnahmen und Ausgaben gleichwertige Veränderungen und Erwerbungen gegenüberstehen, sie kommen also nur in der zweiten Hauptspalte, wie die eigentlichen Einnahmen und Ausgaben, und als Permutationen in Betracht. Die durchlaufenden Posten bestehen in dem Mietwert der von den Staatsverwaltungen aller Art benützten Staatsgebäude und Grundstücke, den Zinsen der im Staatsbesitz befindlichen Staatspapiere, Depositen, Vorschüsse u. a.

Die Nummern 14 und 15 enthalten die angewiesenen Beträge, um welche sich infolge nachträglicher Gesetze die budgetmässigen Einnahmen und Ausgaben vermehrt haben.

Die nun folgenden Konti Nr. 16 bis 22 enthalten die wirklich erhobene Einnahme des laufenden Jahrs, die aus den Rückständen der Vorjahre, die hieran von den Einnahmen abgelieferten Summen, die wirklich geleistete Ausgabe des laufenden Jahrs, die bestrittenen Zahlungsreste der Vorjahre, die Einnahmen und Auszahlungen des Schatzamts an Staatsguthaben und Staatsschulden. Hier handelt es sich also durchaus nur um die Kassengebarung, und sämtliche Posten werden also nur als Permutationen behandelt und erscheinen in keiner der beiden Hauptspalten.

Nr. 23 enthält eine Summe von 678,319.35 L. in der ersten Hauptspalte als Soll des Staats und Haben der Behörde „zur Entlastung von schuldenden Rechnern" infolge von Ministerialverfügungen, also Niederschlagungen und vielleicht Nachlässe.

Bei Nr. 24 bis 27 werden die Vermehrungen und Verminderungen des Vermögens und der Schulden ausgewiesen, welche lediglich der ersten Hauptspalte angehören, und

Nr. 28 enthält lediglich eine Permutation infolge des Uebergangs von Staatsvermögen von einem Verwaltungszweig auf den andern, wie solche aus Veranlassung von Verwaltungsmassregeln und namentlich von grösseren Aenderungen in der Behördenorganisation wohl vorkommen (Trasporto di partite).

Nr. 29 endlich ist der Hauptabschluss. Hier werden im Vortrag die Differenzen berechnet und in der zweiten bezw. ersten Hauptspalte in Soll und Haben durchgeführt:

1) für die budgetmässige Gebarung (Esercizio del bilancio);

a. zwischen der Gesamteinnahme, — ordentliche und ausserordentliche, von allen vier Gattungen (eigentliche, Kapitalbewegung, Eisenbahnbau und durchlaufende Posten) aber ohne Rücksicht auf die Restverwaltung — einerseits nach dem Voranschlag, anderseits nach dem festgestellten und angewiesenen *Soll* (accertamento). Die Differenz ist ein Mehr des letzteren und ist daher zu Haben des Staats und zu Soll der Behörden gestellt in der ersten Abteilung der zweiten Hauptspalte;

b. zwischen der Gesamtausgabe aller vier Gattungen ebenso wie bei der Einnahme nach dem Voranschlag und nach der Anweisung. Die Differenz ist hier ebenfalls ein Mehr der letzteren, welches folgerichtig in der zweiten Abteilung der zweiten Hauptspalte dem Staate zu Soll und den Behörden zu Haben gestellt ist;

c. zwischen der Einnahme und Ausgabe des Voranschlags. Der budgetmässige Einnahmeüberschuss bildet ein Soll des Staats und ein Haben der Behörden in der zweiten Abteilung (Ausgaben) der zweiten Hauptspalte;

d. zwischen dem festgestellten Einnahme-Sollbetrag und der festgestellten Ausgabe. Auch hier ist ein Mehr der Einnahme, welche wie zu c, aber als Haben des Staats und als Soll der Behörden gebucht ist;

e. zwischen dem Einnahmeüberschuss nach dem Voranschlag und jenem nach der Feststellung und Anweisung. Diese Differenz ist sowohl in der ersten als in der zweiten Abteilung (Einnahme und Ausgabe) der zweiten Hauptspalte, also zweimal als Haben des Staats und als Soll der Behörden durchgeführt;

f. zwischen dem Mehr der festgestellten Einnahme gegen den Voranschlag und dem Mehr der festgestellten Ausgabe gegen den Voranschlag, also zwischen den Differenzen von a. und b. Hier zeigt sich ein Minderbetrag des Mehr bei der Einnahme gegen das Mehr bei der Ausgabe, welcher in der ersten Abteilung der zweiten Hauptspalte im Soll des Staats und im Haben der Behörden vorgetragen ist.

2) Für die Vermögensgebarung (Exercizio patrimoniale), welche
also der ersten Hauptspalte angehört.

Hier wird zunächst das Gesamt-Soll des Staats und das Gesamt-Haben der Behörden und Dritten im Vortrage nachgewiesen
als die Summe des Ueberschusses an Schulden und anderen Verbindlichkeiten des Staats über dessen Vermögen aller Art, am Schlusse
des Vorjahrs sowie der gesamten Ausgaben, Niederschlagungen und
sonstigen Vermögensminderungen des laufenden Jahres.

Zum Abzuge an dieser Summe wird der Gesamtbetrag der Ausgaben und überhaupt Vermögensminderungen gegenüber den Gesamteinnahmen und Vermögensmehrungen abgeglichen und der Mehrbetrag der letzteren an dem aus dem Vorjahr übergegangenen
Passivreste als Vermögensmehrung abgezogen, worauf die Differenz
als reiner (Passiv-) Vermögensstand am Schlusse des laufenden Jahrs
dem Gesamt-Haben des Staats und Gesamt-Soll der Beamten und Dritten
als Saldo zugesetzt wird, worauf sich alle Konti der ersten Hauptspalte in Soll und Haben und unter sich ausgleichen.

Diese sämtlichen Differenzen zu 1. und 2. sind aber keine wirtschaftlichen, sondern nur Abschlussbuchungen, die Saldovorträge
zum Zweck der Bilanzierung zwischen Soll und Haben in den sechs
Abteilungen der zwei Hauptspalten oder Kontis. Dass diese Saldi
identisch sind mit den Summen der Differenzen, deren Bezeichnung
sie tragen, ist die Probe auf die rechnerische Richtigkeit der
ganzen Bachführung und auf die formelle Richtigkeit ihrer ganzen
Anlage.

. An diesen Journalsauszug reihen sich nach den sechs Abteilungen
der beiden Hauptspalten sieben Zergliederungen ersten Grads, indem
der ersten dieser Abteilungen zwei solche Zergliederungen beigegeben
sind, zu welchen noch weitere Zergliederungen zweiten und zu diesen
auch dritten Grades gehören.

Es würde zu weit führen, auch deren Inhalt in auch nur einigermassen eingehender und anschaulicher Weise zu behandeln. Aber die
Sache wenigstens an einem Beispiel zu erläutern, ist doch unvermeidlich, um zu einem Schlussurteil über die ganze Buchführung
und ihr Ergebnis zu gelangen. Es ist dabei ziemlich gleich, welcher
der Konti des Journals zu diesem Zweck gewählt wird. Die Nummern 2, 6 und 16 mit 17, betreffend die Einnahme nach dem Budget.
nach dem *Soll* (Anweisung) und nach der Erhebung — letztere ausgeschieden nach dem Dienst des laufenden Jahrs und der Vorjahre

— mögen jedoch, als zu den wichtigsten gehörend, besonders geeignet sein.

Voraus bemerkt sei, dass — wie schon aus den getrennten Nummern erhellt — eine Gegenüberstellung und Abgleichung zwischen den drei verschiedenen Erscheinungsformen der Einnahme (vorgesehene, angewiesene und erhobene Einnahme) im Journal ebensowenig gegeben ist, als zwischen der Einnahme und Ausgabe, dass also die für die Schlusssaldierung benützten Grössen auf selbständigen, ausserhalb des Journals liegenden Berechnungen beruhen. Teilweise findet sich diese Abgleichung in einer weiter beigefügten Uebersicht (Specchio) der Hauptpunkte der Ausgleichung und Uebereinstimmung zwischen der doppelten Buchführung der Rechnungslegung, deren weiterhin noch Erwähnung geschehen wird.

Die budgetmässig bewilligte Einnahme ist mit der Summe von 1,544,381,603.55 L. als Haben des Staats und als Soll der anweisenden Behörden durchgeführt. In der Zergliederung ersten Grades C. (Conti legislativi) ist diese Summe nachgewiesen als Haben des Staats mit 1,300,373,650.13 L. ordentliche und 7,650,256.48 L. ausserordentliche eigentliche Einnahme, 52,429,899.09 L. Kapitalbewegung, 89,233,807.00 L. für den Eisenbahnbau und 94,693,990.85 L. durchlaufende Posten.

In der Zergliederung D. (Conti amministrativi) ist dieselbe Summe dargestellt als Soll der anweisenden Behörden mit 238,786,373.09 L. Einnahme des Schatzes, 437,629,245.00 L. Zölle, Auflagen u. dgl. (Gabelle), 72,500,000.00 L. Lotto, 209,759,360.23 L. Domänen, 23,100,000.00 L. Kirchenvermögen, 438,123,200.23 L. Steuern, dann folgen die Einnahmen verschiedener Verwaltungszweige nach Ministerien, endlich Post und Telegraphie. Die Anordnung und Vertheilung ist hier eine andere als in der Staatsrechnung, und die hier vorgetragenen Summen sind in dieser nicht ohne weiteres zu finden, da sie nach anderen Gesichtspunkten zusammengestellt sind, aber die Hauptsumme ist hier wieder die gleiche.

Dem soeben bezeichneten Betrage der Bewilligung an eigentlichen Einnahmen steht unter Nr. 6 des Journals das festgestellte *Soll* [1]) dieser Kategorie mit 1,334,897,982.79 L, gegenüber, welche

---

[1]) Es wird dem Leser nicht entgehen, dass unter Einnahme-*Soll* die für die wirkliche Erhebung festgestellte Summe zu verstehen ist, während mit Soll und Haben die bekannten Kategorien der doppelten Buchführung bezeichnet werden.

hier in umgekehrter Richtung ein Soll des Staats und ein Haben
der Behörden bilden, und in zwei Teile mit 1,324,303,302.38 L. das
Vermögen vermehrende und mit 10,594,680.41 L. dasselbe nicht
vermehrende Einnahmen zerfallen. Zunächst sei hier nebenbei bemerkt, dass in dieser entgegengesetzten Buchung des etatsmässigen
und des angewiesenen Betrags die Begründung für den Saldovortrag
der Differenz beim Abschlusse liegt, wovon kürzlich schon die Rede
war. Um das Soll und Haben im Abschlusse zu bilanzieren, musste
die budgetmässige Einnahme um deren Minderbetrag als Saldo im
Haben und Soll erhöht werden.

Dieses Einnahme-Soll erscheint nun zunächst in der Zergliederung ersten Grades A. (Conti specifici) in voller Summe als Haben
des Staats in Ansehung der Vermögensgebarung (wie im Journal
selbst deren vermögensmehrender Teil, während der andere Teil als
Soll bei dem Aktiv- und Passivstande vermerkt ist).

Dieser letztere Betrag von 10,594,680.41 L. wird nun in der
zu A. gehörigen Zergliederung zweiten Grades A. 1. (Geld, Guthaben
und Schulden) wieder in zwei Teile aufgelöst, nämlich 2,659,396.40 L.
verfügbare Aktiva (Einnahmereste) und 7,935,284.01 L. nicht verfügbare Aktiva (veräusserte bewegliche Sachen). Beides wie bei A.
als Soll.

Die Zergliederung dritten Grades A. 1. a. (Verfügbare Aktiva)
gibt den ersteren dieser beiden Beträge nur einfach wieder unter
dem Rubrum „Verschiedenes" (Crediti e titoli diversi). Die Zergliederung dritten Grades A. 1. b. (Nach Bestimmung nicht verfügbare Güter) löst dagegen den zweiten Betrag wieder in zwei Teile
auf, nämlich 6,133,163.86 L. Einnahme aus beweglichen Sachen zur
Ausstattung der Verwaltung und 1,802,120.15 L. aus dienstlichen
Materialien.

Die weitere Zergliederung ersten Grades A bis. (Conti statistici)
fasst den Gesichtspunkt der Vermehrungen und Verminderungen des
Vermögens ins Auge und enthält wieder lediglich die bereinigte vermögensmehrende Soll-Einnahme des Journals als Haben des Staats
an budgetmässigen Einkünften.

Während die Zergliederungen A. die Gesamtvermögensgebarung
und darunter das Einnahme-Soll vom Standpunkt des Staats aus
behandelten, thut dies die Zergliederung B. vom Standpunkte der
Behörden und dritten Personen aus (Conti giuridici). Die nämlichen
Grössen wie zuvor erscheinen daher hier in entgegengesetzter Weise.

nämlich das Gesamt-*Soll* als Soll der Budgetschuldner (Behörden), die 7,925,284.01 L. als Haben der Verwalter beweglichen Vermögens und die 2,659,396.40 L. als Haben der Restschuldner des Staats.

Die Zergliederung zweiten Grads hiezu B. 1 (Consegnatari di beni mobili) weist nach, mit welchem Betrage jedes Ministerium an der Summe von 7,935,284.01 L. beteiligt ist (Conti giuridici).

Die Zergliederung ersten Grades C. (Der Staat in Ansehung des Einnahmebudgets und *Soll*) zerlegt das Gesamt-Soll wieder nach dem ordentlichen und ausserordentlichen Budget in 1,325,449,328.79 L. und 9,448,654.00 L. als Soll des Staats (Conti legislativi) und

die Zergliederung D. (Conti amministrativi) entgegengesetzt als Haben der verschiedenen Verwaltungszweige und Ministerien in den Beträgen, mit welchen jede und jedes derselben an der Einnahme beteiligt ist.

Neben dem budgetmässigen Anschlag und der behördlichen Feststellung der Einnahme kommt noch deren **Erhebung** (Riscossione) in Betracht, welche im Journal zwei Konti in Anspruch nimmt, nämlich jene für das *Soll* des laufenden Jahrs und jene für die Rückstände aus den Vorjahren. Beide erscheinen, wie schon bemerkt, im Journal lediglich als Permutationsposten und kommen daher beim Abschlusse mit keiner Saldodifferenz in Betracht.

Zunächst die Einnahme des lauf. Dienstes mit 1,408,264,775.11 L. wird in der Zergliederung ersten Grades A. nach den vier Einnahmekategorien: Eigentliche Einnahmen (1,276,870,968.50 L.), Kapitalbewegung (23,421,827.09 L.), Eisenbahnbau (28,536,366.54 L.) und durchlaufende Posten (79,435,612.98 L.) zergliedert als Soll an Guthaben (Crediti) und wiederum in ganzer Summe in der Spalte: Geld, als Haben durchgeführt.

Die letztgenannte Buchung findet in der Zergliederung zweiten Grades A. 1. ihre Wiederholung und nähere Bestimmung als Haben an Geld bei den Erhebungsbehörden.

In der Zergliederung ersten Grades vom Gesichtspunkt der Behörden und dritten Personen B. (Conti giuridici) erscheint wieder die ganze Summe, und zwar als Soll der erhebenden Behörden und als Haben der Zahlungspflichtigen, womit die vorhergehenden Durchführungen als Permutation ihre Begründung finden.

Die Resteinnahme der Vorjahre mit 152,496,388.94 L. ist in der Zergliederung ersten Grades A. als Soll an verborgten Ausständen (Crediti per resti attivi) und als Haben an Geld durchgeführt, und in der Zergliederung zweiten Grades (Geld, Guthaben und Schulden) A. 1. ebenso wie die laufende Einnahme als Haben der Erhebungsbehörden an Geld aufgeführt.

Auch in der Zergliederung B. ist lediglich die ganze Summe als Soll der Erhebungsbehörden und als Haben der Zahlungspflichtigen aus den Vorjahren behandelt.

Für diejenigen, welche sich die Sache anschaulich zu machen wünschen, ist am Schlusse ein Auszug aus dem Giornale beigefügt, welcher sich der Kürze wegen auf die Einnahmen und auf den ersten Hauptkonto (Spalte 4 bis 7) und auf die erste Abteilung des zweiten Hauptkonto (Spalten 8 bis 11) beschränkt. Die beigegebenen beiden Zergliederungen gehören zu eben diesen Konten.

V.
Die Beurteilung.

Legt man nun den Massstab, welchen der Schöpfer dieser Buchführung für dieselbe aufstellt, und welcher oben genau wiedergegeben ist[1]), an dieselbe an, so ist anzuerkennen, dass sie jenem entspricht.

Zu 1. Sie enthält das Nebeneinander der Vermögensrechnung und der Budgetrechnung, indem sie in den beiden Hauptspalten des Journals die Bewegung des Vermögens und die budgetmässige Gebarung nach den oben bezeichneten 28 bezw. 29 Gesichtspunkten nebeneinander stellt und durch letztere in Verbindung bringt, indem auf gleicher Linie die in die beiden Hauptkonti fallenden Summen in der Art vorgetragen werden, dass der dem ersten Konto mitangehörige Teil des zweiten auch in jenem ersichtlich gemacht wird. Dabei wird auch der weitere Zweck erreicht, erkennen zu lassen, ob und in wie weit die Einnahme durch Verminderung des Vermögens erhöht oder die Ausgabe durch eine Vermehrung desselben bedingt und ausgeglichen ist, indem nach beiden Seiten die der Vermögensminderung entsprechende Einnahme sowie die der Vermögensrechnung entsprechende Ausgabe an der Gesamteinnahme gekürzt und nur die vermögensändernde Einnahme und Ausgabe bei der Vermögensrechnung (erste Hauptspalte) berücksichtigt, die Differenz aber als Permutation nur vermerkt und durch besondere Berechnung

---

[1]) Vgl. S. 17.

in der Vortragsspalte erläutert wird. Die budgetmässigen Anschläge kommen daher beim Vermögen gar nicht, die festgestellten wirklichen Einnahmen als Haben und die Ausgaben als Soll des Staats nur in den, wie soeben gezeigt, bereinigten Beträgen in Betracht, weil erst die festgesetzten Summen das wirkliche Guthaben (Vermögen) und die wirkliche Verbindlichkeit (Schuld oder Vermögensnegation) darstellen, die wirklich eingehobenen Einnahmen und wirklich geleisteten Ausgaben werden aber weder beim Vermögen noch bei der budgetmässigen Gebarung vorgetragen, weil sie zusammen mit den Einnahmerückständen und Ausgaberesten, welche daher ebenso behandelt werden müssen, identisch mit den festgestellten Einnahmen und Ausgaben sind, und deshalb nicht noch einmal vorgetragen werden können. Diese werden daher, die einen wie die anderen ebenfalls nur als Permutationen vermerkt, wozu sie sich auch insoferne eignen, als sie sich beim Staatsvermögen in dem Konto der Zahler und Empfänger (Corrispondenti) wie der einnehmenden und ausgebenden Beamten (Agenti) in Soll und Haben ausgleichen müssten.

Auch die im Journal erläuterungsweise vermerkten Bereinigungsposten werden in den Zergliederungen weiter nachgewiesen, aber man könnte doch einen rechnerischen Mangel darin finden, dass die Gesamtsumme der festgestellten Einnahmen im Journal durch die beiden Bestandteile in rechnungsmässig klarer Weise nicht ausgewiesen und zusammen- oder gegenübergestellt sind, indem das Journal die Kürzungsbeträge als Permutationen nur in der Verdoppelung enthält, so dass die Darstellung der vermögensmehrenden Einnahmen und vermögensmindernden Ausgaben erst durch eine Zwischenberechnung mittelst der Hälfte des Permutationsbetrags, welche sich allerdings aus den Zergliederungen ergibt, in der Vortragsspalte bemerkungsweise erfolgen muss. Das, worauf es programmgemäss ankommt, nämlich ersichtlich zu machen, inwiefern das Vermögen sich durch die Einnahmen und Ausgaben vermehrt und vermindert bezw. nicht vermehrt und nicht vermindert, wird also bei den einzelnen Nummern oder Konten durch die eigentlichen Buchungen des Journals doch nicht ersichtlich, sondern erst durch die Zergliederungen mit Hilfe einer im Journal bloss vermerksweise eingeschalteten Zwischenberechnung. Das ist aber nicht rechnerisch, denn ein Rechnungswesen soll die Grössen, auf die es ankommt, klar und für sich kenntlich als Hauptprodukte hinstellen.

Abgesehen von dieser etwas unvollkommenen Verbindung der
beiden grossen Konti des Journals, welche sich auf nur zwei Posten
unter den 28 Nummern desselben, nämlich auf die Gesamtsumme
der Einnahme und der Ausgabe nach der Feststellung, erstreckt,
besteht in der That auch keine weitere Beziehung zwischen denselben, und sie bilden im übrigen nur ein formales Nebeneinander.
Es kann dies auch nicht anders sein, denn das Vermögen berührt
sich mit den Einnahmen und Ausgaben eben nur da, wo die letzteren das erstere vermehren oder vermindern, alle sonstigen Veränderungen in der Grösse des Vermögens durch Wertsänderungen,
Verluste, Niederschlagungen, einseitige Erwerbungen berühren, wenn
man nicht Fiktionen zu Hilfe nehmen will, die Einnahmen und Ausgaben nicht, und ebenso haben Einnahmen, welchen bestimmte
gleichgrosse Ausgaben gegenüberstehen, sowie die Tilgungen und
Eingehungen von Schulden und die blossen Durchführungen nicht
wirklicher Einnahmen und Ausgaben u. dgl. keinen Einfluss auf das
Vermögen und werden daher auch nur als Einnahmen gebucht und
als Permutationen bloss vermerkt.

Der Schwerpunkt der doppelten Buchführung überhaupt, also
auch der Logismographie liegt im Abschluss und die Hauptergebnisse
sind in den hier auftretenden Differenzen im Saldo zu suchen.
Allein für eine Vergleichung oder für irgend einen anderen Zweck
bietet hier das Nebeneinander von Vermögens- und Budgetrechnung
gar keinen Anhalt, indem die Summen und Saldi für jeden der
beiden Hauptkonti ganz gesondert und ohne Rücksicht auf den anderen gezogen und berechnet werden.

So gewährt also das Journal in seinen Einzelvorträgen allerdings einen summarischen Ueberblick, inwieferne die Einnahmen
und Ausgaben Einfluss auf das Vermögen gehabt haben, aber dass
hierin eine Besonderheit der Logismographie zu finden wäre, dass
dieses Ziel nicht auch auf dem Wege der Einnahme- und Ausgaberechnung und auf deren Grund mittels einer ganz einfachen Nachweisung oder innerhalb einer besonderen Vermögensnachweisung,
wie sie jeder Budgetrechnung beigegeben werden kann und wohl
sollte, erreicht zu werden vermöchte, wird niemand behaupten
wollen.

An einer solchen eingehenden und übersichtlichen Vermögensnachweisung pflegt es zwar den Staatsrechnungen zu fehlen, aber
die italienische Staatsrechnung enthält dieselbe in ihren Ergänzungs-

teilen, inbesondere in dem Berichte des Rechnungshofs im zweiten Teile und als Ergänzung der Staatsrechnung unter dem Rubrum „Stato patrimoniale" in der ausführlichsten, in das Einzelnste gehenden Weise durch besondere Ergänzungsnachweise (Documenti a corredo nebst Beilagen). Es lässt sich also nicht behaupten, dass in dieser Hinsicht eine Notwendigkeit für eine neben der Staatsrechnung hergehende besondere Buchführung nach der Weise der Logismographie besteht, und dass diese leistet, was jene nicht vermag.

Zu 2. Die Vermögensrechnung (Esercizio patrimoniale) ist in . die beiden Konti und Spalten einerseits des Staats, anderseits der Subjekte, mit welchen er zu thun hat, abgeteilt. Die Beamten erscheinen hiebei nicht als Organe des Staats, sondern als Gläubiger oder Schuldner desselben, wie alle anderen dritten Personen. Die Verbindung beider Konti besteht darin, dass genau der nämliche Betrag, welcher in dem einen als Soll oder Haben erscheint, in dem anderen umgekehrt als Haben oder Soll vorkommen muss.

Für den Einblick in die Bewegung des Staatsvermögens hat diese Teilung offenbar gar keine Bedeutung; das Nebeneinander und die bezeichnete Verbindung sind in Ansehung der einzelnen Posten lediglich formal und durch die Form der doppelten Buchführung bedingt. Es versteht sich ja ganz von selbst, dass alles was das Vermögen des Staats vermehrt oder vermindert, entweder von einer anderen Person gegeben bezw. genommen, oder aber aus einem im Staate oder im Vermögen oder in äusseren Umständen liegenden Grunde zugewachsen bezw. fortgefallen sein muss. Die erste Alternative tritt bei den Einnahmen und Ausgaben ein, und in dieser Hinsicht ist die Scheidung zwischen Staat und anderen Subjekten so selbstverständlich, dass es nicht nötig ist sie auszudrücken, für die zweite Alternative aber gibt es keine solche Scheidung und die doppelte Buchführung muss sie daher, um ihr Prinzip zu retten, fingieren.

Die Bedeutung der Gegenüberstellung liegt eben auch hier wie überall im Abschluss, indem die Differenz zwischen Soll und Haben in beiden Konten gleich gross, aber in entgegengesetzter Richtung, den Saldo, den Bestand des reinen Vermögens bezw. den Ueberschuss der Schulden über das Vermögen, ausweist, und das Hauptergebnis der Buchführung liegt in der Vergleichung zwischen dem Stande des gegenwärtigen Vermögens und jenem des vorhergehenden Abschlusses.

Beide Ergebnisse sind höchst schätzenswert und notwendig, aber ebenfalls der doppelten Buchführung nicht eigentümlich, sondern durch den einfachsten Vermögensnachweis auf Grund des vorhergehenden Abschlusses und der Staatsrechnung mit gleicher Sicherheit und auf viel kürzerem Wege zu erreichen, wie denn die italienische Staatsrechnung und der Bericht des Rechnungshofs auch in dieser Hinsicht nichts zu wünschen übrig lässt.

Dessenungeachtet muss hier ein Punkt berührt werden, an welchem die italienische Staatsrechnung zu Bedenken Veranlassung gibt. Das ist die Behandlung der Vermögensänderungen in der Staatsrechnung, oder genauer: die Vereinigung der Vermögensrechnung mit der Budgetrechnung.

Ein ordnungsliebender Privatmann, welcher nicht nach der Schablone der doppelten Buchführung seine Haushaltsrechnung führt, wird als Einnahme nur das betrachten und behandeln, was zur Bestreitung seiner laufenden Bedürfnisse fortlaufend zu seiner Verfügung steht, und dem gegenüber als Ausgabe, was er davon für diesen Zweck verwendet. Thut er das nicht, so fehlt ihm der Ueberblick über den Stand seiner Wirtschaft, und er weiss nicht, ob er erspart, oder ob er Vermögen verzehrt. Daneben wird er auch über sein Vermögen Rechnung führen, indem er alle Veränderungen desselben aufzeichnet, und hier auch ersichtlich werden lässt, ob und um welche Beträge er sein Vermögen durch einen Ueberschuss der laufenden Einnahmen vermehrt, oder durch einen solchen der laufenden Ausgaben vermindert hat.

Dieselbe Klarheit sollte auch in den Staatsrechnungen herrschen. Was von Staatsgut aller Art in irgend einer Weise erworben und veräussert oder verloren wird, sollte von der Rechnung über die laufenden Einnahmen und Ausgaben strenge gesondert gehalten werden. Was insbesondere die Eingehung und Tilgung von Schulden betrifft, so müssen diese dem Vermögen gegenüber, aber in genauem Zusammenhang mit demselben, ihre gesonderte Behandlung erfahren, um beim Abschluss den reinen Vermögensstand schnell, sicher und übersichtlich ermitteln zu können.

Die Vermögensrechnung muss zwar mit der Rechnung über die laufenden Einnahmen und Ausgaben in Verbindung stehen, aber ohne dass sie sich verschmelzen, indem insbesondere Vermögensmehrungen, welche plangemäss aus den laufenden Einnahmen bestritten werden, wie Grundstückserwerbungen, Errichtung von Gebäuden, Ankäufe von beweglichen Sachen für Staatszwecke, Schulden-tilgungen im budgetmässigen Betrage, welche, wenn sie auch im Einzelfalle vorübergehender Natur sind, der Gattung nach doch immer wiederkehren, in der laufenden Rechnung in Ausgabe, in der Vermögensrechnung aber als Mehrungen behandelt werden. Umge-kehrt sollten Vermögensminderungen durch Veräusserungen von Staatsgütern, Ablösung von Grund- u. a. Renten, Anlehen in erster Reihe nur in der Vermögens- bezw. Schuldenrechnung erscheinen, und je nach ihrer Bestimmung sollten die Erlöse und Ablösungs-schillinge entweder zur ausserordentlichen Schuldentilgung oder zu eigentlicher Vermögensmehrung durch anderweite Erwerbungen, die Anlehen aber zur Deckung eines durch den Abschluss der laufenden Rechnung klargestellten Defizits, oder zu ertragsfähigen Erwerbungen (Eisenbahnen, Telegraphenanlagen u. dgl.), oder aber zu anderen wirklich ausserordentlichen Ausgaben, wie sie namentlich beim Mi-litär, der Marine nur zu häufig sind, und bei organisatorischen grossen Massregeln auch in anderen Verwaltungszweigen vorkommen, ver-wendet und hienach rechnungsmässig behandelt werden.

Eine so vollständige und klare Ausscheidung findet sich freilich in den allermeisten Staatsrechnungen nicht, und wohl in keiner voll-ständig. Vielmehr werden die Einnahmen aus Verkaufserlösen, Ab-lösungen u. dgl. meist unter die laufenden Einnahmen eingereiht, mit den Erlösen aus dem Verkauf unbrauchbarer Mobilien und Ma-terialien, welche als immerfort wiederkehrend ebenso wie die An-schaffungen unbedenklich dem laufenden Dienst angehören, vermengt, und verschwinden so. Auch der Vermögensstand pflegt nicht er-mittelt und klar gehalten zu werden. Nur der Schuldenstand er-freut sich der unentbehrlichen Berücksichtigung.

Von dem in dieser Hinsicht meist sehr primitiven Zustande unterscheidet sich allerdings das italienische Staatsrechnungswesen vorteilhaft, insofern als nicht nur die Schulden, sondern auch das Vermögen völlig klar gehalten und in besonderen Nachweisungen in weit gehender Ausführlicket dargestellt werden. In der Rech-nung selbst sind aber Einkommen und Vermögen, Aufwand und Schulden zusammengefasst. Erkennbar sind zwar die verschiedenen Bestandteile in den verschiedenen Abteilungen, aber der Bau des riesigen Rechnungswesens ist ein so zusammengesetzter, vielgliede-riger, dass nur der Fachmann sich darin zurecht findet, und wie sich der laufende Dienst und die Vermögensänderungen verhalten, kann

nur der Kundige herausfinden. Ueberschuss oder Defizit, Vermögensmehrung oder Minderung, Schuldenabtragung oder Zuwachs ist aus
der Rechnung selbst nicht so leicht zu ersehen.

Es ist eben zu viel vereinigt, was seiner Natur nach verschieden ist, nämlich Verwaltung und Statistik. Die laufende Rechnung soll den Nachweis für die erstere führen, wie sie die aus der
eigenen Leistungsfähigkeit des Volks bewilligten Mittel aufgebracht
und verwendet hat, die Vermögensrechnung soll vorzugsweise der
letzteren dienen. Aus der Verschlingung beider Momente entsteht
eine grosse, verwickelte Vielgliedrigkeit des Rechnungswesens, welche
trotz aller Folgerichtigkeit in der Anordnung und aller Sauberkeit
in der Durchführung doch wenig übersichtlich ist, und für die grosse
Mehrzahl derjenigen, welche über die Anerkennung der Rechnung ab-
stimmen müssen, diese zu einem Buch mit sieben Siegeln machen muss.

Wie gesagt ist zwar die Uebersichtlichkeit durch besondere
Nachweisungen ergänzt, und im Journal der Staatsbuchhaltung ist
sie in summarischer Weise geliefert, aber jene Nachweisungen verlieren sich in den mehr als tausend Seiten des Rechnungswerks und
das Journal ist auch nicht für jedermann verständlich.

Eine gewisse Bewandertheit in Rechnungssachen wird zwar für
die Beurteilung und das Verständnis jeder Rechnung erfordert, aber
die Grade sind sehr verschieden, je nachdem das Rechnungswesen
klar oder verwickelt ist, und da eine Staatsrechnung deshalb veröffentlicht wird, um möglichst allgemein zugänglich gemacht und
von möglichst vielen verstanden zu werden, ist die verständlichste
Form für dieselbe die beste.

Zu 3. Die Scheidung der Budgetrechnung nach Einnahme
und Ausgabe, wie sie in dem zweiten Hauptkonto des Journals
durchgeführt ist, scheint ein notgedrungenes Zugeständnis der doppelten Buchführung an die natürliche Einteilung der wirtschaftlichen
Vorgänge in Einnahmen und Ausgaben zu sein. Sie steht in keinem
Zusammenhang mit der Abteilung des zweiten Hauptkonto im Journal
der Privatlogismographie nach Agenten und Geschäftsfreunden, sondern ist notwendig gemacht durch die Unterscheidung von Ver-
mögens- und Budgetgebarung, indem der Einfluss der letzteren auf
die erstere ohne die Unterscheidung von Einnahme und Ausgabe
nicht darstellbar ist.

Ein weiteres Zugeständnis an die übliche Form der Staatsrechnung ist die Berücksichtigung der Einnahme- und Ausgabe-

bewilligungen im Journal, denn das sind keine wirtschaftlichen, sondern gesetzgeberische Vorgänge, welche für sich gar keinen Einfluss auf das Vermögen haben. Die wesentliche Aufgabe der doppelten Buchführung ist aber lediglich der Nachweis über den wirklichen Stand des Vermögens. Im Staatsrechnungswesen wird aber auch der Nachweis darüber verlangt, in welchem Masse die bewilligten Einnahmen realisiert, und in welcher Grösse die für die Ausgabe bewilligten Mittel verwendet worden sind. Diesem Nachweis darf sich also auch die doppelte Staatsbuchführung nicht entziehen, da sie die kalkulatorische Richtigkeit der Rechnung kontrollieren soll, sie muss sich also auch auf die Bewilligungen erstrecken.

Strenge genommen müssten eigentlich nur die wirklichen Einnahmen und Ausgaben Gegenstand dieser Buchführung sein, aber die Grössen, in welchen dieselben festgestellt und zur Einhebung und Auszahlung angewiesen sind, haben doch ebenfalls ihre volle Berechtigung, weil die Differenzen zwischen der Feststellung und der Leistung von Einfluss auf das Vermögen sind, indem die festgestellten aber nicht erhobenen Einnahmen (die Einnahmerückstände) ein Vermögen, dagegen die festgestellten aber nicht geleisteten Ausgaben eine Schuld des Staates bilden.

So stehen also die beiden Abteilungen des zweiten Hauptkonto ohne Berührungspunkte nebeneinander und von einem Einfluss der einen auf die andere, oder von einer Verbindung derselben kann im einzelnen keine Sprache sein. Erst beim Abschluss begegnen sie sich und zwar gewissermassen feindlich in gegenseitiger Negation, indem die Differenzen berechnet und als Saldi zur Ausgleichung zwischen Soll und Haben benützt werden, d. h. indem ermittelt wird, wie sich die bewilligten Summen zu den festgestellten verhalten, wie sich insbesondere die bewilligte zur festgestellten Einnahme und Ausgabe verhält, wie sich der budgetmässige Einnahmeüberschuss (unter Umständen auch Ausgabeüberschuss oder Defizit) zu dem festgestellten, und wie sich die gegenüber der Bewilligung festgestellte Mehreinnahme zu der gegen den Budgetsatz festgestellten Mehrausgabe verhält.

Es erscheint auf den ersten Blick auffallend, dass von der realisierten wirklichen Einnahme und Ausgabe in dieser Zusammenfassung der Ergebnisse keine Rede ist. Allein es kann das nicht anders sein, denn die doppelte Buchführung hat nur das Vermögen, und die Staatslogismographie dazu den Einfluss der Einnahmen und

Ausgaben auf dasselbe zum Ziele. Einen solchen Einfluss hat aber
die wirkliche Einnahme und Ausgabe nicht, nachdem sie nebst den
Rückständen und Resten bereits in der Feststellung enthalten ist.
Sie wird daher auch, wie oben bereits erwähnt, in Soll und Haben
nicht, sondern nur als Permutation durchgeführt.

Dass dieses Ergebnis des zweiten Hauptkonto des Journals nur
auf dem Wege der doppelten Buchführung zu erzielen sei, wird ebenfalls niemand behaupten, es wird vielmehr nicht nur das nämliche
von allen Staatsrechnungen, auch von der italienischen, geleistet,
sondern sogar in weit einfacherer Weise, mit grösserer Klarheit und
überdies Vollständigkeit, weil sie die wirklichen Einnahmen und
Ausgaben und deren Verhältnis unter sich, zur Feststellung und zum
Budget ebenfalls berücksichtigen können und dies auch thun.

Zu 4. Die Unterscheidung der wirtschaftlichen Vorgänge in
vermögensändernde und vertauschende vollzieht sich in der Trennung
des Inhalts der Permutationsspalte von dem der beiden Hauptkonti,
wobei, wie in dem bisher Mitgeteilten schon wiederholt gezeigt
wurde, jeder Vorgang, wenn er eine Vermehrung oder Verminderung des Vermögens bedingt, in einem der beiden Hauptkonti oder
in beiden, wenn er aber nur eine Vertauschung gleichwertiger Vermögensteile oder Arten innerhalb eines Unterkonto enthält, nur in
der Permutationsspalte gebucht wird. Wenn also bei einer Gattung
von Vorgängen teils ändernde teils vertauschende vorkommen, so
erscheint deren Gesamtsumme schliesslich teils in den Hauptspalten
teils in der Permutationsspalte des Journals, wie dies oben bei den
Einnahmen und Ausgaben beobachtet worden ist.

Dass mit dieser Ausscheidung etwas Besonderes für die Kenntnis
der wirtschaftlichen Gebarung oder des Vermögensstandes gewonnen
wäre, ist nicht wohl abzusehen. Schon die Arten der vertauschen
Vorgänge sind zu verschieden, als dass mit deren Zusammenstellt
etwas gewonnen wäre. Die Verkäufe von Staatseigentum, die Erwerbungen von solchem, die Schuldentilgung und die Anlehensa-
nahme, die durchlaufenden Posten, die Einnahmeerhebung, die Kasse
gutmachungen, überhaupt die Kassenbewegungen sind Dinge so
ungleicher Art, dass ihre Zusammenstellung keine Bedeutung für
sich haben kann, sie haben nur formell und negativ das gemeinsam,
dass sie eben das Vermögen nicht ändern.

Ihre „Eintragung nach dem doppelten System der Gegenüberstellung und Ausgleichung" hat daher wohl keine andere Bedeutung

als einer Entlastung der beiden Hauptkonti von einer Menge von Zahlen, welche sich in Soll und Haben gegenseitig aufheben, also ohne Einfluss auf den Stand des Vermögens sind, dessen Darstellung ja das Ziel aller doppelten Buchführung ist, und somit eine Erleichterung der Uebersicht.

Diese Unterscheidung und ihre Durchführung enthält demnach eine scharfsinnig gedachte und sinnreich ausgeführte Verbesserung der doppelten Buchführung, welche in deren Grundgedanken begründet ist, aber sie ist doch nur durchaus formaler Natur. Im ganzen ist damit nichts gewonnen, als dass man schliesslich ersieht, wie die das Vermögen nicht ändernde Vermögens- und Kassenbewegung im Jahre 1883 die Summe von 35,962,709,695.48 Lire betragen hat, und im einzelnen ist es bei der Mehrzahl der betreffenden Arten von Wirtschaftsbewegungen selbstverständlich, dass sie keinen Einfluss auf die Grösse des Vermögens haben können; nur in Ansehung der Einnahmen und Ausgaben enthält die Ausscheidung einen Aufschluss, welcher auf staatswirtschaftliches Interesse Anspruch machen kann.

Aber auch dieser Aufschluss ist der Logismographie nicht eigentümlich, sondern er ist auf dem Wege der einfachen rechnerischen Darstellung ebenfalls erreichbar, und in dem Bericht des Rechnungshofs mit den in demselben enthaltenen Uebersichten auf das vollständigste und ausführlichste ebenfalls gegeben. Die übrigen Permutationen sind gleichfalls in der Staatsrechnung selbst und in deren Ergänzungsteilen in einer Deutlichkeit enthalten, welche nichts zu wünschen übrig lässt.

Zu 5. Was endlich die Zergliederungen betrifft, so mag es genügen, darauf hinzuweisen, dass auch sie in ihrer Anlage und Ausführung ihrem Zwecke vollständig entsprechen, dass aber auch sie nichts enthalten, was nicht in der Darlegung des Rechnungshofs nicht zu finden wäre.

Es ist also nach diesem allen nicht in Abrede zu stellen, dass die Logismographie den Anforderungen entspricht, welche ihr Erfinder an sie stellt, und dass sie das Ziel erreicht, welches er ihr vorgesteckt hat. Aber es ist ebensowenig in Abrede zu stellen, dass dieses Ziel durch die Staatsrechnung nicht nur ebenso gut, sondern mit noch grösserer Vollständigkeit und in noch mehr gemeinfasslicher Weise erreicht wird.

Die Frage, ob es sich empfehle, die Logismographie für die

Staatsbuchhaltung neben der rechnungsmässigen Buchführung nach
dem Vorgange Italiens einzuführen, wäre hienach ohne weiteres zu
verneinen, wenn dieselbe nicht noch zwei sehr wichtige Zwecke im
Auge hätte, nämlich:

1) die Möglichkeit, in jedem Augenblicke den Stand des Gesamtvermögens durch den Abschluss des Journals allein, also auf
viel kürzerem Wege als durch den Abschluss der sehr umfassenden
rechnerischen Staatsbuchführung zu ermitteln;

2) die Kontrole der ziffermässigen Richtigkeit der letzteren
durch die nebenhergehende doppelte Buchführung und durch die
Uebereinstimmung der Ergebnisse beider.

Für eine Privatwirtschaft ist es allerdings von grosser Bedeutung, in jedem Augenblick auf möglichst kurzem Wege seine
Vermögensbilanz ziehen zu können. Ein Unternehmer, Kaufmann
oder Fabrikant, kann leicht in die Lage kommen, rasch darüber
klar zu sehen, ob ihm seine Verhältnisse gestatten, eine sich bietende
Gelegenheit zu einem nicht ganz sicheren Geschäft zu benützen,
welches vielleicht hohen Gewinn verspricht, oder in kritischen Zeiten
und Lagen zu beurteilen, ob er Massregeln zur Sicherung oder gar
Rettung ergreifen müsse, oder was sonst für Möglichkeiten eintreten
können.

Bei einem Geschäft, welches im kleinen verkauft, wird zwar
einen so raschen Abschluss auch die Logismographie nicht ermöglichen, denn hier geht es nicht an, alle Geschäftsvorgänge buchmässig zu behandeln, sondern mit dem Abschlusse muss immer eine
Inventur Hand in Hand gehen, welche denselben verzögert und umständlich macht. Aber bei einem Geschäft, welches nur im grossen
verkauft, lassen sich alle massgebenden Geschäftsvorgänge im Journal
behandeln und es ist daher schon hier möglich, durch den Abschluss
allein dieses Buches den reinen Vermögensstand mit genügender
Sicherheit und Genauigkeit festzustellen.

In noch höherem Grade besteht diese Möglichkeit bei einer
öffentlichen und namentlich bei der Staatsverwaltung, wo alle wirtschaftlichen Vorgänge auf das genaueste fortlaufend gebucht, und
alle einzelnen Veränderungen am Stande des beweglichen wie des
unbeweglichen Vermögens, der Einnahmerückstände und Ausgabereste, der Guthaben und Schulden des Staats auf das pünktlichste
verzeichnet werden, und wo die Staatsbuchhaltung durch regelmässig
erstattete Anzeigen und Rechnungsauszüge fortwährend in der Lage

ist, alle diese Veränderungen und deren Ergebnisse in ihrem Journal zusammenzufassen.

Es ist also kein Zweifel, dass das unter 1. oben bezeichnete Ziel von der Staatsbuchführung erreicht werden kann und in Italien bei der dort bestehenden Organisation des Rechnungswesens durch die Logismographie wirklich erreicht wird.

Aber hat denn dieses Ziel für die Staatsverwaltung auch eine solche Bedeutung, wie für ein Privatunternehmen, bei welchem der Geschäftsherr jeden Augenblick unvermutet in die Lage kommen kann, seine ganze wirtschaftliche Lage und Kraft genau übersehen zu müssen? Und wenn diese Möglichkeit auch wirklich bestehen sollte, ist sie eine genügend nahe liegende, hat sie hinlänglich viel Wahrscheinlichkeit, um die Mühe und Kosten der Einrichtung und Führung einer so riesigen Buchführung, wie die Staatslogismographie sein muss, zu rechtfertigen und zu lohnen?

Es wird kaum möglich sein, diese Fragen zu bejahen. Es ist nicht denkbar, dass für den Staat eine solche Lage eintreten kann, denn er ist nicht eine wirtschaftliche grosse Unternehmung, und in kritischen wirtschaftlichen Lagen ist es nicht sein Vermögen, womit er sich helfen kann. Dieses ist zum grössten Teil für die Verwaltung unentbehrlich und darum unveräusserlich, und wenn er den etwa verfügbaren Teil veräussern wollte, so würde er es mit Erfolg nicht können, weil die Masse des Angebots zu gross sein müsste, als dass sie einer hinreichenden Nachfrage begegnen könnte, er würde sein Vermögen zu Schleuderpreisen hingeben müssen, und einen höchst ungenügenden Erfolg von einer solchen Massregel haben, während der Privatmann doch immer einen dem Werte wenigstens annähernden Preis erwarten darf. Der Staat kann sein Vermögen nicht liquidieren, wie der Privatmann, er kann und darf seine Wirtschaft nicht einstellen und doch noch leben; mit seiner Wirtschaft hört er selbst auf.

In schwierigen politischen Lagen, welche für den Staat allein in Betracht kommen können, kommt auf das Vermögen überhaupt gar nichts mehr an. Hier ist es die Leistungsfähigkeit der Unterthanen, welche mit Gut und Blut in Anspruch genommen werden muss, und diese werden das einsetzen, wenn ihnen der Staat das ist, was er sein soll, ohne Rücksicht darauf, ob er Vermögen hat oder nicht.

Handelt es sich um den Staatskredit, welcher durch eine genaue, wahrheitsgetreue Darlegung des Vermögensstandes begründet

werden soll, so ist eine solche zwar immer notwendig, aber dazu
genügt die regelmässige alljährliche Rechnungslegung, und zwar
nicht insoferne sie zeigt, wie es um das Vermögen des Staats steht,
sondern insoferne sie beweist, dass die Verwaltung eine gewissen-
hafte und streng geordnete ist. Hierauf und auf der Leistungsfähigkeit des Volkes beruht der Staatskredit, nicht auf dem Vermögen des Staats. Das beweist Italien selbst, welches bei einem
Ueberschuss der Schulden über den ganzen Wert des — noch dazu
grösstenteils unveräusserlichen, weil unentbehrlichen Vermögens von
nahe 7000 Millionen Lire doch einen ganz guten Kredit geniesst,
während mancher andere Staat mit grossem Vermögen auch nicht
mehr Kredit hat.

Die Möglichkeit, den reinen Vermögensstand rasch zu ermitteln,
wird also dem Staate kaum je etwas kelfen können, und der logismographische Apparat wird daher von dieser Seite wohl nicht zu
begründen sein.

Nicht ganz ebenso verhält es sich mit dem zweiten der oben
vorgeführten Gründe, nämlich mit der Notwendigkeit einer parallel
der Staatsrechnung gehenden zweiten Buchführung zur Kontrolle der
Richtigkeit der ersteren.

Vor allem ist es unzweifelhaft, dass die Logismographie diesen
Dienst in der vollkommensten Weise verrichtet. Die doppelte Buchführung hat schon die Gewähr ihrer Richtigkeit in sich, insoferne
die verschiedenen Bücher auf dem Grunde gleicher Behelfe von verschiedenen Personen geführt· werden. Es kann ja keine bessere
Probe auf die Richtigkeit einer Rechnung geben, als wenn zwei
Rechner auf verschiedenem Wege das gleiche Resultat finden. Wenn
dann diese in sich selbst den Beweis ihrer Richtigkeit tragende
Buchführung mit den Ergebnissen der Staatsrechnung übereinstimmt, so muss die Richtigkeit beider als unumstösslich festgestellt
gelten.

Wenn gleichwohl anderwärts und insbesondere in Deutschland
von diesem Mittel, die ziffermässige Richtigkeit der Staatsrechnung
zu gewährleisten, kein Gebrauch gemacht wird, so rührt dies nicht
davon her, dass man hier das Bedürfnis, die Ueberzeugung von
dieser Richtigkeit objektiv zu gewähren und letztere zu sichern,
nicht fühlt und nicht befriedigt, sondern man thut dies ebenfalls,
nur in anderer Form. Man rechnet nämlich das grosse Exempel
der Staatsrechnung nicht in anderer Weise ganz neu, sondern man

rechnet es nur nach, d. h. man revidiert die Rechnung auch in kalkulatorischer Hinsicht.

Wäre nun diese Kalkulatur ein besonderes Geschäft und würde man etwa gar eine besondere Behörde dazu brauchen, so wäre der Aufwand an Mühe und Kosten vielleicht nicht geringer, als jener für eine zweite Buchführung, und es würde sich fragen, ob diese nicht eine noch grössere Sicherheit und festere, objektive Gewähr für die Richtigkeit durch den Nachweis der Uebereinstimmung böte und deshalb vorzuziehen wäre.

Allein diese Voraussetzung trifft nicht zu, sondern man verbindet die ziffermässige Revision mit der administrativen und verfassungsmässigen, so dass der Aufwand dafür auf das möglichst geringe Mass beschränkt wird.

Dass die deutsche Revision auch in kalkulatorischer Hinsicht ihre Schuldigkeit thut und ihr Ziel erreicht, darüber sind bis jetzt wohl Zweifel noch nicht erhoben worden. Sie genügt vollständig und um so besser je strenger sie ist, und das ist auch dadurch verbürgt, dass sie eine doppelte ist, nämlich einmal seitens der die Rechnungen· abnehmenden Behörden (die Rechnungen werden von den Kassen gestellt), und dann von der obersten Revisionsbehörde. Es zeigt sich hiebei, wie bei allen Kontroleinrichtungen, dass ihre Hauptwirksamkeit in dem moralischen Druck besteht, welchen sie auf das Bewusstsein der Ueberwachten ausüben, dass also ihr Haupterfolg dadurch erzielt wird, dass sie überhaupt bestehen, und dass ihr mittelbarer Erfolg einer richtigen Rechnungsstellung um so grösser, dagegen der unmittelbare, das Auffinden von Fehlern aller Art, um so kleiner ist, je gewissenhafter revidiert wird.

Das Rechnungswesen und mit ihm die Revision ist aber in Italien anders organisiert als in Deutschland.

Die grosse Staatsrechnung bildet sich nämlich dort nicht aus den Jahresrechnungen der Unter-, Mittel- und Oberbehörden, welche in Deutschland wirkliche Glieder des Gesamtrechnungswerkes sind, und sowohl die in der Centralrechnung erscheinenden grossen Summen im einzelnen und kleinsten nachweisen und nach allen Seiten rechtfertigen, als auch dazu bestimmt sind, die Rechner und Kassiere zu entlasten und die Richtigkeit ihrer Gebarung zu beweisen.

Die italienische Staatsrechnung bildet sich vielmehr aus den monatlichen Rechnungen der einnehmenden und auszahlenden Beamten und der Kassiere der Mittel- und Oberbehörden. Diese

Monatsrechnungen verbinden den Zweck der Kassenanzeigen, durch
welche die Mittel- und Centralbehörden über den jeweiligen Stand
der Einnahmen und Ausgaben an sich und gegenüber dem Budget
in Kenntnis erhalten werden, mit dem der Rechnungen, indem sie
mit allen erforderlichen Begründungen und Belegen versehen sein
müssen.

Aus den Ergebnissen dieser Monatsanzeigen, welche von den
Mittelbehörden zusammengefasst werden, bildet sich die Buchführung
der Centralbehörden, welche hienach ihre Centralrechnungen am
Jahresschlusse stellen. Die Monatsanzeigen selbst werden von den
Mittelbehörden und von den Centralbehörden geprüft und gehen auch
mit den Zusammenstellungen der letzteren dem Rechnungshofe zu.
Aber eine eigentliche Revision scheint dieser nicht vorzunehmen.
Es ist nicht wohl möglich, aus den Gesetzen und aus der Dienst-
anweisung über das gesamte Staatsrechnungswesen mit Genauigkeit
zu ersehen, worauf sich die revisorische Thätigkeit des Rechnungshofs erstreckt; es würde zu dieser Kenntnis die eingehendere Beobachtung des wirklichen Verfahrens erforderlich sein. Aber aus
den gesetzlichen und verordnungsmässigen Bestimmungen ist nicht
zu entnehmen, dass derselbe in Ansehung der Ergebnisse der Monatsrechnungen etwas wesentlich anderes zu thun hat, als deren
Vergleichung mit seinen Kontrolbuchungen über die seitens der
Centralbehörden ergangenen Feststellungen und Anweisungen. Eine
verfassungsmässige Revision dürfte schon dadurch ausgeschlossen sein,
dass alle Anweisungen der Centralbehörden — und alle Ausgaben
müssen von diesen teils einzeln, teils summarisch angewiesen werden —
der Kontrole des Rechnungshofs auf ihre Budgetmässigkeit unterliegen. Die administrative Revision besorgen die Mittel- und Centralbehörden, und eine kalkulatorische Revision wird bei diesem Verfahren nur stückweise möglich sein.

Ausser diesen Monatsrechnungen müssen die Einnehmer,
Zahlungsbeamten und Kassiere allerdings auch Jahres-, oder wenn
ihre Verwaltung kein ganzes Jahr gedauert hat, Stückrechnungen
legen, und diese werden sämtlich dem Rechnungshof unterbreitet.
Aber sie haben mit der Staatsrechnung nichts zu thun, sondern verfolgen nur den Zweck, die Entlastung der Rechner, und zwar nur
als Kassenverwalter und Rechner im eigentlichen, engeren Sinne,
zu begründen. Hier findet also nur eine rechnerische, aber durchaus
nur stückweise Revision und Vergleichung mit den Ergebnissen der

Monatsanzeigen statt, und die Stellung des Rechnungshofs diesen Jahresrechnungen gegenüber ist eine durchaus richterliche, nach welcher er lediglich über die Haftungsfrage aus der Kassen- und Rechnungsführung entscheidet. Diese Rechnungen heissen daher auch „rechtsförmliche" (conti giudiziari).

Bei dieser Vielgliedrigkeit, in welcher sich das Staatsrechnungswesen aus den Monatsrechnungen zusammensetzt, mag es nicht wohl möglich sein, in ihm selbst eine Garantie für seine rechnerische Richtigkeit zu schaffen. Wenn auch jedem Teil seine Stelle auf das beste angewiesen und sein Weg zum Sammelpunkte auf das genaueste vorgezeichnet ist, mögen in einem so vielverschlungenen System doch leicht Irrungen und Abweichungen vorkommen, oder wenigstens für möglich erkannt werden, welche im Wege des einfachen Nachsuchens äusserst schwierig aufzufinden und zu beseitigen wären.

Im Zusammenhalt mit der Organisation des Rechnungs- und Revisionswesens mag daher für Italien die Logismographie eine Notwendigkeit sein. Jedenfalls verdient die Art und Weise, wie sie ausgedacht und ins Werk gesetzt ist, die vollste Anerkennung, denn sie ist mit grossem Scharfsinn angelegt und mit grossem praktischen Geschick durchgeführt. Sie ist ohne Frage ein grosses rechnerisches Meisterstück.

Zur Nachahmung in anderen Staaten, welche ein einfacheres Rechnungswesen und dabei eine wirkliche, vollständig durchgreifende Rechnungsrevision haben, empfiehlt sie sich jedoch nicht, also insbesondere nicht für Deutschland. Sie müsste mit einer anderen Nachahmung Hand in Hand gehen, nämlich mit der Umwandlung des ganzen Rechnungswesens und der Stellung der Revisionsbehörden nach italienischem Muster.

Für eine Beurteilung der Organisation und Stellung des italienischen Rechnungshofs ist hier nicht der Ort, aber es ist nicht anzunehmen, dass man in Deutschland geneigt sein wird, jenes zu thun, denn einerseits würde jene Einrichtung vermutlich weit kostspieliger sein als die unserige. Schon der italienische Rechnungshof kostet 1,424,920 Mark, die preussische Oberrechnungskammer nur 678,832 Mark, wozu indessen noch ein nicht leicht zu ermittelnder Teil von den Kosten des Rechnungshofs des Deutschen Reichs zu rechnen wäre, während für Italien die Kosten der Staatsbuchhaltung hinzukommen, welche in der Rechnung von 1883 nicht besonders zu ermitteln, sondern vermutlich unter dem Aufwand für das Schatzministerium enthalten sind.   Anderseits dürfte Deutschland auch sonst keine Ursache haben, Italien um seinen Rechnungshof zu beneiden und bei seinen obersten Revisionsbehörden das italienische Muster zu kopieren.

Nummer der Rechnungsposten.

Vortrag der Verwaltungsvorgänge.

»

1.

&.

1. | Vermögens- und Schuldenstand aus dem Vorjahre . . . .
Vermögen . . . . 6,084,473,602.05 L.
Schulden . . . . 12,977,092,732.53 L.
Schuldenüberschuss . . . . 6,892,619,130.48 L.

2. | Einnahme nach dem Budget . . . .
Durch Gesetz vom etc. wurde eine Einnahme für 1883
vorgesehen von . . . . 1,544,381,603.55 L.

6. | Festgesetzte Einnahme. (I. Eigentliche Einnahme) . . . .
Als eigentliche Einnahmen, ordentliche und ausser-
ordentliche, wurden festgestellt . . . . 1,334,897,982.79 L.
Wegen Verkaufs von Gütern und Einhebung vom Gut-
haben, wodurch sich das Vermögen nicht ändert,
gehen ab . . . . 10,594,680.41 L.
Verbleiben wirkliche Einkünfte . . . . 1,324,303,302.38 L.

16. | Erhobene Einnahmen für 1883 . . . .
An den festgestellten Einnahmen aller vier Gattungen
(I. Eigentliche, II. Kapitalbewegung, III. Eisenbahn-
bau, IV. Durchlaufende Posten) wurden eingehoben 1,408,264,775.11 L.

29. | Rechnungsschluss und allgemeines Ergebnis.
§ 1. Budgetmässige Gebarung.
a. Einnahme { Bewilligte Einnahme . . . . 1,547,036,648.83 L.
{ Festgestellte Einnahme . . . . . . 1,503,355,269.27 L.
Mehr der Feststellung . . . .
e. Mehr des veranschlagten gegen den wirklichen Einnahmeüberschuss . . . . .
f. Mehr der Differenz zwischen der veranschlagten und wirklichen Ausgabe gegen
die Differenz zwischen der veranschlagten und wirklichen Einnahme . . . .
§ 2. Vermögensgebarung.
Mehrbetrag der Schulden gegen das Vermögen zu Ende 1883 . . . .

Abgleichung . . . .

---

* Diese Beträge, welche im Journal selbst unter den beigesetzten Nummern in formge
bei der Einnahme in Betracht kommen.

Einnahmen.

	Gattung III. Elsenbahnbau.		Gattung IV. Durchlaufende Posten.	
	Dare.	Avere.	Dare.	
	11.	12.	13.	
	—	89,233,807.00	—	94,693,990,
		38,002.00		40,552.
		—		
	—		—	
	86,936,113.87		—	
	—		91,298,530.22	
	89,271,809.00	89,271,809.00	91,734,543.35	94,734,543.

tivi.)

sterien

	des Innern.		der öffentlichen Arbeiten.		der Posten.			
	Dare.	Avere.	Dare.	Avere.	Dare.	Avere.		
	6,302,600.00	—	71,111,900.00	—	34,415,000.00	—	10,993,925.00	
	—	—	—	—	—	—	—	
	—	6,764,573.70	—	66,513,491.78	—	35,461,733.25	—	10,87:
	—	—	—	—	—	—	—	
	—	—	—	—	—	—	—	
	—	—	—	—	—	—	—	
	6,302,600.00	6,764,573.70	71,111,900.00	66,513,491.78	34,415,000.00	35,161,733.25	10,99	
	461,973.70	—	—	4,598,408.22	1,046,733.25	—		
	6,764,573.70	6,764,573.70	71,111,900.00	71,111,900.00	35,461,733.25	35,461,733.25	10,993,925.00	10,993

	Vermögensgebarung.				
	Abrechnung zwischen dem Staat und seinen Beamten und Dritten.				
	Der Staat in Ansehung der allgemeinen Wirtschaftsführung. (Besondere und statistische Rechnungen.) A. A bis		Die Beamten und Dritten (Rechts-Rechnungen.) B.		
'raŋf	Dare. 4.	Avere. 5.	Dare. 6.	Avere. 7.	
M,334.58	6,892,619,130.48	—	—	6,892,619,130.48	
81,603.55	·	—	—	—	
90,645.99	—	1,324,303,302.38	1,324,303,302.38 (Nr. 7, 8, 9, Kateg. II, III und IV)	—	1,334 (47 (86 (94
79,550.22	—	—	—	—	
	(57,064,308.17) * (8,273,971.10)		(57,064,308.17) (8,273,971.10)	Nr. 24 und 27. (Vermöger	
			—	—	
			—	—	
			6,848,015,268.60	—	

Nummer des Journals.	Vortrag.	Spalte 10 und 11 des Journals.		
		Dare.	Avere.	
2.	Bewilligung der Einnahmen	1,544,381,603.55	—	
4.	Nachtragsbewilligung . .	2,655,045.28	—	
6.	Feststellung Gattung I. .	—	1,334,897,942.79	
7.	„ „ II. .	—	47,222,642.39	
8.	„ „ III. .	—	86,936,113.67	
9.	„ „ IV. .	—	94,298,530.22	
		1,547,036,648.83	1,563,355,269.27	
29.	Rechnungsschluss	16,318,620.44	—	1
		1,563,355,269.27	1,563,355,269.27	1

Zwei steuertheoretische Fragen.

Von

Dr. Jur. Friedrich Kleinwächter,

Reg.-Rat und Prof. der Staatswissenschaften an der Universität Czernowitz.

I.

Einleitung.

Die vorliegende Untersuchung soll sich mit zwei Fragen der
Steuertheorie beschäftigen, die scheinbar ganz heterogener Natur sind,
die aber meines Erachtens dennoch an der Wurzel zusammenhängen,
ich meine die Lehre von der Abwälzung der Steuern und das Verhältnis der einzelnen Steuern zu einander, speziell das der Real- zu
den Personalsteuern, oder die Frage des Steuersystems. Die gangbare Lehre stellt sich nämlich, wie die ältere Nationalökonomie überhaupt auf den Boden der Privatwirtschaft und fasst demgemäss —
wenn man so sagen darf — die Besteuerung als eine persönliche
Angelegenheit auf, d. h. sie lehrt, dass jeder Bürger in der Steuer
einen Teil seines Einkommens dem Staate darbringt. Und diese
Auffassung führt im weiteren Verfolge notwendigerweise zu Unzu-
kömmlichkeiten und Inkonsequenzen, die speziell in der Frage der
Steuerüberwälzung und in der des Steuersystems an den Tag treten.
Die teilweise Berechtigung dieser Auffassung soll nicht geleugnet
werden, indes glaube ich, dass man mit ebenso viel oder mit noch
mehr Recht die Besteuerung vom volkswirtschaftlichen Standpunkte
betrachten und dieselbe weniger als eine persönliche Angelegenheit
der Steuerzahler, sondern vielmehr als einen sachlichen Vorgang ansehen darf. Eine naheliegende Analogie wird den wesentlichen Unterschied zwischen diesen beiden Auffassungen sofort klar hervortreten
lassen.

Die verschiedenen Lehrbücher der Nationalökonomie lehren bekanntlich ganz richtig, dass man bei der statistischen Ermittelung des Nationaleinkommens eines bestimmten Volkes auf zweifache Weise vorgehen kann. Man kann entweder von den Personen ausgehen und das Volkseinkommen ermitteln, indem man das jährliche Einkommen aller einzelnen Angehörigen dieses Volkes addiert, oder man kann von den Gütern ausgehen und das Nationaleinkommen berechnen, indem man die von dem betreffenden Volke im Laufe eines Jahres erzeugten Produkte, beziehentlich deren Wert summiert. Die gleiche Auffassung scheint mir auf die Steuern anwendbar. Man kann die Steuern als eine persönliche Angelegenheit der Steuerträger betrachten und von der Anschauung ausgehen, dass jeder Bürger nach Massgabe seiner Leistungsfähigkeit gehalten ist, einen Teil seines Einkommens dem Staate zu überlassen. Man kann aber auch die Besteuerung als einen sachlichen Vorgang ansehen und annehmen, dass der Staat in der Steuer einen aliquoten Teil der produzierten Güter (beziehentlich deren Wertäquivalent) einfach wegnimmt oder konfisziert.

Jede dieser beiden Auffassungen ist bis zu einem gewissen Grade berechtigt, die gangbare Steuertheorie scheint mir jedoch zu irren, wenn sie die Steuer in allen Fällen als eine persönliche Angelegenheit oder als Einkommensbesteuerung ansieht und sich den Vorgang immer so denkt, dass der einzelne Bürger in der Steuer einen Teil seines Einkommens dem Staate darbringt. Diese Darstellung steht nämlich mit den Thatsachen im Widerspruche.

Zunächst liegt es im Wesen der Personalsteuer, dass sie nur das sogenannte „freie" Einkommen, d. i. dasjenige Einkommen treffen kann, welches das Existenzminimum übersteigt, oder mit anderen Worten: welches nach Abzug des notwendigen Lebensunterhaltes des Steuerträgers und seiner Familie übrig bleibt. Stellt man sich nämlich den in der Besteuerung liegenden Vorgang so vor, wie die herrschende Theorie lehrt, dass der einzelne Staatsbürger zuerst irgend ein Einkommen von so und so viel Gulden oder Thalern jährlich bezieht und dass er dann gehalten ist irgend einen Prozentsatz dieses seines Einkommens zu den Staatslasten beizusteuern, so ist es evident, dass der Bürger nur dann auf die Dauer imstande ist Steuern zu zahlen, wenn er in der Zwischenzeit nicht verhungert. Der Fiskus muss also — will er anders die Henne nicht schlachten, welche die goldenen Eier legt — bei der Personalsteuer dem Steuerträger den

absolut unentbehrlichen Lebensunterhalt frei lassen und kann erst
dasjenige Einkommen des Bürgers der Steuer unterwerfen, welches
jenes Existenzminimum übersteigt. Dieser aus dem Wesen der Personalsteuer mit eiserner Notwendigkeit sich ergebende Grundsatz wird
jedoch von der herrschenden Steuergesetzgebung, speziell von den
sogenannten Ertragssteuern unberücksichtigt gelassen. Die Grundsteuergesetzgebung beispielsweise frägt nicht darnach, ob der Mann
von dem Ertrage seines Grundstückes auch leben kann, und fordert
bekanntlich von demjenigen, der eine einzige Quadratklafter Landes
sein eigen nennt, denselben Prozentsatz an Steuer wie von dem
grössten Latifundienbesitzer.

Zum Zweiten gibt es eine ganze Reihe von Fällen, in denen
die Steuer — und zwar auch wieder die Ertragssteuer — überhaupt
nicht einer Person, sondern irgend einer bestimmten Vermögensmasse
vorgeschrieben wird. Ein im Prozesse befangenes Haus oder Landgut, dessen Eigentümer heute noch absolut unbekannt ist, weil seine
Person erst durch den Ausspruch des Richters festgestellt werden wird,
das Vermögen eines Verschollenen, die hereditas jacens, das Stiftungs-
und Korporationsvermögen etc. etc. muss ebensogut Steuern zahlen,
wie wenn es einem bestimmten Individuum gehören würde. Wäre
die Steuer wirklich in allen Fällen — wie die herrschende Theorie
lehrt — eine persönliche Angelegenheit, d. h. würde die Steuer thatsächlich immer nur aus dem Einkommen der einzelnen Bürger gezahlt, so dürften all die gedachten Vermögenskomplexe nicht der
Besteuerung unterworfen werden. Der Fiskus müsste vielmehr abwarten bis die fragliche Vermögensmasse oder ihr Ertrag in das
Eigentum irgend einer Einzelperson übergegangen ist, und dürfte
dann erst das auf diese Weise gesteigerte Einkommen der letzteren
der Steuer unterwerfen.

Thatsächlich ist die geltende Steuergesetzgebung nicht konsequent. Manche Steuern, wie die sogenannten Personalsteuern sind
wirklich Steuern vom Einkommen, wie die herrschende Lehre sie
schildert, d. h. der Fiskus sucht das (persönliche) Einkommen der
betreffenden Bürger zu ermitteln und schreibt ihnen nach Massgabe
ihrer Leistungsfähigkeit die Steuer vor. Andere Steuern dagegen,
wie beispielsweise die Ertragssteuern, lassen sich in der angegebenen
Weise absolut nicht erklären, sondern sind nur verständlich, wenn
man sie als Vermögenskonfiskation auffasst, d. h. wenn man von der
Anschauung ausgeht, dass der Fiskus einen aliquoten Teil der Güter

etwa dort, wo sie produziert werden, einfach wegnimmt. Nur auf diese Weise wird es erklärlich, dass der Staat von der kleinsten Parzelle ebenso wie vom grössten Latifundienbesitz den gleichen Prozentsatz an Grundsteuer fordert, wird es erklärlich, dass das im Prozesse befangene Haus oder Landgut, dass die hereditas jacens, das Vermögen eines Verschollenen, das Stiftungs- und Korporations-vermögen, kurz dass die tote Vermögensmasse ebenso gut steuern muss, wie wenn sie sich im Besitze irgend eines lebenden Menschen befinden würde.

Die herrschende Steuertheorie ignoriert diesen zwiespältigen Charakter der Steuerpraxis. Sie will uns glauben machen, dass alle Steuern „Einkommen"-Steuern in dem oben dargelegten Sinne sind, und verwickelt sich dadurch in unlösbare Widersprüche, die — wie im Eingange berührt wurde — insbesondere bei der Frage des Steuer-systems und bei der Frage der Steuerabwälzung zu Tage treten. Was zunächst das Steuersystem anbelangt, so wurde eben dargethan, dass die Ertragsteuern absolut nicht unter die von der gangbaren Lehre gegebene Erklärung und Auffassung der Steuern subsumiert werden können. Trotzdem aber lässt die herrschende Theorie die Ertragsteuern gelten und räumt ihnen einen Platz in ihrem Steuer-systeme ein. Indes ist diese Inkonsequenz nicht die einzige. Lässt man schon die Gruppe der Ertragsteuern gelten, so muss man wenigstens an den für diese Gruppe von Steuern aufgestellten charakteristischen Merkmalen festhalten, allein auch dies thut die gangbare Steuerlehre nicht. Das charakteristische Moment der Ertragsteuern kann doch nur darin gefunden werden, dass der Staat die Produktion der Güter, d. h. dass er die Unternehmungen be-steuert, in welchen Güter produziert werden. Von diesem Standpunkte ist die Grundsteuer, ist die Gewerbesteuer gerechtfertigt, dann ist aber für eine besondere Zinsrentensteuer in der Gruppe der Ertrag-steuern kein Platz, denn die verzinsliche Geldforderung ist keine selbständige Güterquelle. Der Zinsgläubiger bezieht vielmehr nur ein abgeleitetes Einkommen, welches aus dem Ertrage derjenigen Unternehmung fliesst, der er sein Geld geliehen hat. Und hat der Staat den Ertrag des Landgutes oder der Fabrik schon das eine Mal mit der Grund-, beziehentlich Gewerbesteuer getroffen, so ist nicht abzusehen wie er das Einkommen des Zinsgläubigers zum zweiten-male mit einer „Ertrag"-Steuer, nämlich mit der Zinsrentensteuer belegen will.

Aehnliches gilt für die Frage der Steuerabwälzung, mit der sich die gangbare Lehre bekanntlich sehr eingehend befasst. Sind die bestehenden Steuern wirklich das, was die herrschende Steuertheorie behauptet, nämlich persönliche Einkommensteuern, und werden dieselben in vernünftiger Weise umgelegt, d. h. beschränkt sich der Fiskus die Bürger nur nach Massgabe ihres sogenannten „freien" Einkommens (ihrer „Leistungsfähigkeit", denn wer nicht mehr als das Existenzminimum hat, ist eben nicht „leistungsfähig") zur Steuerleistung heranzuziehen, so ist eine Abwälzung der Steuer a priori ausgeschlossen. Die Frage nach der Abwälzung der Steuern hat nur dann einen Sinn und eine Berechtigung, wenn man von der Anschauung ausgeht, dass der Staat in der Steuer einen Teil der vorhandenen Güter konfisziert, weil hier thatsächlich sofort die Frage auftaucht, ob diese Konfiskation irgendwelche Personen trifft und wie sich der dadurch hervorgerufene Schaden auf die verschiedenen Individuen etwa verteilt.

Zum guten Teile sind die in Rede stehenden Irrtümer der gangbaren Steuertheorie allerdings auf das Dazwischentreten des Geldes zurückzuführen. Besässen wir kein Geld, so müsste der Fiskus die Güter, die er für seine Zwecke braucht, einfach in natura nehmen und dann wäre es freilich ganz unzweifelhaft, dass die Besteuerung ein sachlicher Vorgang ist und in der Mehrzahl von Fällen nur in einem Nehmen von Gütern seitens des Staates besteht. So aber tritt das Geld dazwischen, der Einzelne bezieht seine Einnahmen in Geld und zahlt seine Steuern in Geld, da lag denn die Täuschung nahe, dass der Einzelne nach Massgabe seines „Einkommens" steuern solle, oder dass die Steuern eine „persönliche" Angelegenheit der Staatsbürger seien, und man liess sich um so lieber täuschen, als es ja dem Prinzip der Gerechtigkeit zu entsprechen schien, wenn jeder Bürger nach seiner Leistungsfähigkeit zur Tragung der Staatslasten herangezogen wird. Andererseits hätte wohl die Thatsache, dass das Merkantilsystem in so folgenschwere Irrtümer verfiel, weil es sich durch das Dazwischentreten des Geldes täuschen liess, zur Warnung dienen und als Aufforderung gelten sollen, auch in der Lehre von den Steuern vom Gelde abzusehen und den wirklichen Vorgang, der sich in der Besteuerung abspielt, ins Auge zu fassen.

Im Nachstehenden nun soll bei der Untersuchung der verschiedenen Steuern konsequent vom Gelde abgesehen und speziell bei den Realsteuern der Gesichtspunkt konsequent festgehalten werden, dass

der Staat in denselben die Güter, die er braucht, dort nimmt, wo
sich eine günstige Gelegenheit zum Nehmen findet, d. i. entweder
bei der Produktion der Güter (Ertragsteuern) oder bei gewissen Ver-
kehrsakten (Zölle und Verkehrsteuern). Ob eine derartige Darstellung
geeignet ist das Wesen und die Bedeutung der Steuern in einem
neuen Lichte erscheinen zu lassen, kann allerdings erst der Verlauf
der gegenwärtigen Untersuchung lehren, nur einem etwaigen Einwande soll schon an dieser Stelle entgegengetreten werden.

Die gegenwärtige Strömung in der Nationalökonomie ist bekanntlich theoretischen Erörterungen nicht hold, und es wird vielleicht den vorliegenden Zeilen entgegengehalten werden, dass es für
die Praxis sehr gleichgiltig sei, ob man in der Steuer ein Geben
seitens der Bürger oder ein Nehmen seitens des Staates erblickt, ob
man die einzelnen Steuern in dieses oder jenes System eingliedert
u. dgl. m. Thatsächlich scheint mir die herrschende Abneigung
gegen theoretische Untersuchungen in unserer Wissenschaft bis zu
einem gewissen Grade nicht unberechtigt, nur glaube ich, dass dieselbe vielleicht etwas zu weit geht. Die ältere, sogenannte „klas-
sische" Nationalökonomie der Smith, Ricardo, Say, und wie sie alle
heissen, stand fast ausschliesslich auf dem Boden der Privatwirtschaft,
d. h. sie fasste immer nur die verschiedenen Privatwirtschaften ins
Auge. Sie legte sich die Frage vor, wie die Einzelnen — als Durch-
schnittsmenschen gedacht — im wirtschaftlichen Leben handeln, und
glaubte das Wesen der Volkswirtschaft ergründet zu haben, wenn
es ihr gelang, aus dem Wettbewerb der verschiedenen Einzelwirtschaften die Entstehung und die Höhe des Preises, der Grundrente,
des Kapitalzinses, des Arbeitslohnes, des Unternehmungsgewinnes u. s. f.
zu erklären. Alle diese Untersuchungen hatten ihre Berechtigung,
allein sie repräsentieren denn doch nur den Anfang des volkswirtschaftlichen Denkens und sind nicht geeignet das eigentliche Wesen
der wirtschaftlichen Vorgänge aufzuhellen. Alle diese Untersuchungen
bleiben nämlich im Banne der privatwirtschaftlichen Auffassung stehen,
sie betrachten immer nur die Privatwirtschaften, das wirtschaftliche
Gebahren des X. und des Y., vermögen es aber nicht sich zu einem
höheren Gesichtspunkte emporzuschwingen, um gewissermassen aus
der Vogelperspektive die gesamte Volkswirtschaft zu überblicken
und ihren einheitlichen Organismus zu erkennen. Ich möchte dieses
Beginnen dem eines Anatomen oder Physiologen vergleichen, der
die einzelnen Organe des animalischen Organismus getrennt betrachtet,

der etwa zu dem Resultate gelangt, dass das Herz wie eine Druck-
pumpe, oder dass das Auge wie eine Camera obscura funktioniert,
der aber keine Ahnung davon hat, dass und wie diese verschiedenen
Organe gegenseitig aufeinander einwirken und dass sie in ihrer Ge-
samtthätigkeit erst das Leben des ganzen einheitlichen Organismus ermöglichen. Derartige privatwirtschaftlich-theoretische Untersuchungen,
die nur am Detail haften und den einheitlichen Charakter der gesamten Volkswirtschaft ignorieren, sind thatsächlich wenig geeignet,
die Wissenschaft von der Volkswirtschaft in nennenswertem Grade
zu fördern. Ueberdies repräsentieren gerade diese Partien der Nationalökonomie ein ziemlich durchgegrabenes und durchgewaschenes Feld,
in dem nur sehr wenige Goldkörnchen noch zu finden sind.

. Trotzdem aber möchte ich doch nicht alle theoretischen Untersuchungen auf dem Gebiete der Nationalökonomie als unfruchtbar
verwerfen, und möchte ich in dieser Beziehung speziell auf die Arbeiten von Rodbertus hinweisen, die — ungeachtet sie auch nur
theoretische Untersuchungen waren — doch ein wesentlich neues
Licht auf die Entstehung und Bedeutung der „Rente", auf den Arbeitslohn u. dgl. geworfen haben. Die hervorragende wissenschaftliche
Bedeutung dieser Untersuchungen scheint mir darin zu liegen, dass
Rodbertus — wie wenige vor ihm — es verstanden hat seinen Blick
jedesmal zuerst auf den einheitlichen Organismus der gesamten Volkswirtschaft zu richten um dann erst aus demselben die einzelnen
(privat-)wirtschaftlichen Vorgänge zu erklären. Die Wissenschaft
hat ja — wie ich an anderem Orte („Die Nationalökonomie als
Wissenschaft und ihre Stellung zu den übrigen Disziplinen", Berlin
1883) nachgewiesen zu haben glaube — die Aufgabe dasjenige herauszuheben, was den verschiedenen Erscheinungen oder Dingen gemeinsam ist. Man mag jedes beliebige Wissensgebiet ins Auge fassen,
die Zoologie, die Botanik, die Physik, die Chemie, die Philologie,
die Geschichtswissenschaft etc. etc., jedesmal wird man finden, dass
der wissenschaftliche Forscher bestrebt ist, die Einheit in der Vielheit, oder die Gesetze, welche die Vielheit der Erscheinungen beherrschen, oder die leitenden Ideen, welche in den Thatsachen zu
Tage treten, zu ergründen, bestehe diese „Einheit" in der einheitlichen Struktur der verschiedenen tierischen oder pflanzlichen Orga-
nismen, oder in physikalischen und chemischen Gesetzen, oder in den
Regeln, welche den Bau und die Wortbildung einer Sprache oder
mehrerer verwandten Sprachen beherrschen, oder in den leitenden

Ideen, welche in der Geschichte eines Volkes oder der gesamten
Menschheit zur Erscheinung gelangen u. dgl. m. Ist dies, richtig,
dann hat auch die Wissenschaft der Nationalökonomie zunächst die
Aufgabe, die Einheit in der Vielheit der wirtschaftlichen Erscheinungen nachzuweisen, d. h. zu zeigen, wie all die unzähligen Einzelwirtschaften, die scheinbar ganz unabhängig von einander vorgehen
und nur ihre privativen Interessen verfolgen, dennoch alle Glieder
eines einheitlichen Organismus sind und alle auf das eine Ziel hin-
arbeiten, die Gesamtheit des Volkes mit den zum Leben erforderlichen
Gütern zu versorgen. Eine derartige Untersuchung ist allerdings nur
eine theoretische Erörterung, allein sie versucht es auf wirtschaftlichem Gebiete eine ähnliche Aufgabe zu lösen, wie sie auf natur-
wissenschaftlichem Gebiete etwa der Anatomie und der Physiologie
zufällt, die bekanntlich nachweisen soll, wie die verschiedenen Organe,
etwa Gehirn, Herz, Magen, Leber etc. etc. in einander greifen, was
jedes derselben für den animalischen Organismus leistet, wie jedes
derselben von dem Gesamtorganismus ernährt wird u. dgl. m.

Will man jedoch das Wesen der wirtschaftlichen Erscheinungen
richtig verstehen und würdigen, so muss man in den meisten Fällen
von dem Gelde absehen, durch dessen Dazwischentreten die einzelnen
wirtschaftlichen Vorgänge verschleiert und verdunkelt werden. Dies
mag sonderbar klingen, wenn von den Steuern die Rede ist, ist aber
darum nicht minder richtig. Scheinbar allerdings fordert der Staat
in den Steuern von seinen Bürgern nur Geld und nichts als Geld,
effektiv aber fordert er dasjenige, was er für dieses Geld kauft, d. i.
Güter und Leistungen. Der Staat braucht einerseits Leistungen,
d. h. er braucht Beamte und Soldaten, welche die von ihm geforderten
Arbeiten verrichten. Er benötigt ferner gewisse Güter, und zwar
benötigt er gewisse Güter, deren er für seine Zwecke unmittelbar
bedarf, wie Pferde, Waffen, Munition, Uniformen etc. für seine Armee,
Amtsgebäude, Möbel, Bücher, Schreibrequisiten etc. für seine Be-
amten; ferner braucht er andere Güter, wie Lebensmittel, Kleider,
Wohnungen etc. etc., mit welchen er die Dienstleistungen seiner An-
gestellten erkauft. Die Bediensteten des Staates erhalten heute ihren
Sold allerdings in Geld, allein da sie dieses Geld doch wieder zur
Bestreitung ihres Lebensunterhaltes, d. i. zur Anschaffung all der
Dinge verausgaben, die man im Leben braucht, so kann man die
Sache so betrachten, als ob beispielsweise die Gage eines höheren
staatlichen Funktionärs oder der Zinsenbezug eines grösseren Staats-

gläubigers sich zusammensetzen würde aus einer mit allem erdenklichen Komfort ausgestatteten Gratiswohnung in der Stadt, aus einer nicht minder elegant eingerichteten Sommerwohnung auf dem Lande, aus exquisiten Lebensmitteln, guten Cigarren, eleganten Kleidern, aus einer Gratis-Equipage, einer Gratis-Loge in den verschiedenen Theatern und Konzertsälen, freier Fahrt auf allen Eisenbahnen und Dampfschiffen, unentgeltlicher Verpflegung auf allen Reisen etc. etc. Behält man diese Thatsache fest im Auge und sieht man konsequent vom Gelde ab, so beantwortet sich — wie im nachstehenden gezeigt werden soll — die Frage von selbst, was die einzelnen Steuern sind und wie sie auf die gesamte Volkswirtschaft sowie auf die einzelnen Bürger zurückwirken.

II.
Das Wesen der einzelnen Steuern.
1) Die Grundsteuer.

In der Grundsteuer nimmt der Staat dem Grundbesitzer einen Teil der gewonnenen Bodenprodukte und verwendet dieselben zur Ernährung seiner Beamten, Soldaten und Gläubiger. Und da die Bodenprodukte dem Boden entspriessen und zur Erzielung einer bestimmten Menge von Bodenprodukten (d. h. zur Erzielung der durch die Steuer konfiszierten Bodenprodukte) eine gewisse Grundfläche unbedingt notwendig ist, so besteht die nächste Wirkung der Grundsteuer — wie seiner Zeit schon J. B. Say gelehrt hat — darin, dass dem Grundbesitzer gewissermassen ein Teil seiner Grundstücke vom Staate konfisziert und ihm die Verpflichtung auferlegt wird, diese konfiszierten Grundstücke für den Staat zu bestellen und, was auf denselben geerntet wird, dem Steuereinnehmer abzuliefern.

Eine weitere Wirkung der Grundsteuer ergibt sich aus folgender Betrachtung. Nimmt man an, dass bisher keine Grundsteuer existierte und dass etwa der gesamte Grundbesitz des Landes aus lauter kleinen Bauerngütern besteht, die knapp den Lebensunterhalt der Bauernfamilie decken, die also das absolute Existenzminimum repräsentieren, so wird die Wirkung der neu eingeführten Grundsteuer darin bestehen, dass die Bauern, denen ein Teil der ihnen absolut unentbehrlichen Grundstücke konfisziert wurde, nicht mehr von dem Ertrage ihrer Gütchen leben können. Infolgedessen werden diejenigen Grundbesitzer, welche keine sonstigen Hilfsmittel besitzen, zu Grunde

gehen, ihre Grundstücke werden unter den Hammer kommen und
von anderen Bauern aufgekauft werden, die von früher her irgend
ein Barvermögen haben. Es wird also infolge der neu eingeführten
Grundsteuer eine Verminderung der Zahl und eine Vergrösserung der
Area der einzelnen Bauerngüter eintreten, und zwar können wir uns
die Sache so denken, dass dieser Prozess nicht weiter geht als es
unbedingt notwendig ist, und dass jedes der aufrecht gebliebenen
Bauerngüter einen gleich grossen Zuwachs an Parzellen erfahren hat.
Es wird also jetzt eine kleinere Zahl von Grundbesitzern geben, deren
jeder ein etwas grösseres Gut als früher besitzt, und jeder derselben
wird den Ertrag seiner alten Grundstücke (die — wie wir angenommen
haben — das absolute Existenzminimum repräsentieren) für sich behalten und zu seiner und seiner Familie Ernährung verwenden, während er die neu erworbenen Grundstücke zwar auch bestellen, aber
was er dort erntet, an den Staat als Grundsteuer abführen wird.

Eine Verminderung der Bevölkerung wird dadurch nicht notwendig herbeigeführt, denn der Staat, der — wie wir annehmen
wollen — bisher weder Soldaten noch Beamte hatte, wird die Bodenprodukte, die er nunmehr unter dem Titel der Grundsteuer erhält,
zur Ernährung seiner neu angeworbenen Armee und seiner neu
engagierten Beamten verwenden, und die ehemaligen Landwirte, die
infolge der neu eingeführten Grundsteuer nicht imstande waren sich
im Besitze ihrer Güter zu erhalten, werden nun als Bedienstete des
Staates eine neue Existenz finden. Der Staat hat gewissermassen
einen Teil der bisherigen Grundbesitzer ausgehoben und zu Soldaten
und Beamten gemacht, er hat die Landgüter derselben zerteilt und
(zu gleichen Teilen) zu den übrig gebliebenen Bauerngütern hinzugeschlagen und hat den Besitzern dieser letzteren die Verpflichtung
auferlegt, die Ernte von den neu erworbenen Grundstücken zur Ernährung des Heeres und der Beamten herzugeben. Auf diese Weise
hat somit die Grundsteuer in zweiter Reihe die Tendenz auf eine
gewisse Vergrösserung der Landgüter, auf eine gewisse Latifundien-
bildung hinzuwirken. Für die Landwirte hat dies die Bedeutung,
dass sie nun mehr arbeiten müssen als bisher. Sie müssen neben
ihren bisherigen Grundstücken (deren Ertrag ihnen nach wie vor verbleibt) auch noch die neu hinzugekommenen Parzellen bestellen,
haben aber keinen (unmittelbaren) Vorteil von dieser Mehrarbeit,
weil sie die Ernte von den neuen Parzellen nicht für sich behalten
dürfen, sondern als Grundsteuer dem Staate abliefern müssen.

Damit ist auch gleichzeitig die Frage beantwortet, wie hoch im äussersten Falle die Grundsteuer geschraubt werden kann, und zwar wird dies ganz klar, wenn man sich das Verhältnis des mittelalterlichen Grundherrn zu seinen Leibeigenen oder Hörigen vergegenwärtigt. Der leibeigene Bauer hatte die Aufgabe die Grundstücke seines Herrn zu bestellen, der Herr musste ihm jedoch als Lohn in jener geldlosen Zeit gewisse Grundstücke zur Nutzniessung überlassen, deren Ertrag den Lebensunterhalt der bäuerlichen Familie knapp deckte, und ebenso musste der Grundherr seinem Leibeigenen oder Hörigen diejenige Zeit freilassen, die er zur Bestellung dieser ihm zur Nutzniessung zngewiesenen Grundstücke unumgänglich brauchte, d. h. mit anderen Worten: der einzelne Landwirt, oder richtiger die einzelne Bauernfamilie kann bei Anspannung aller ihrer Kräfte eine gewisse Area bestellen und auf derselben mehr ernten als zu ihrem nackten Lebensunterhalte erforderlich ist, und diese Differenz zwischen der so erzielten Ernte und dem notwendigen Lebensunterhalte der Landarbeiter bildet die Obergrenze, über welche hinaus die Grundsteuer unter keinen Umständen gesteigert werden kann. Es ist selbstverständlich, dass diese äusserste Obergrenze der Grundsteuer keine ziffermässig bestimmte ist. Werden arbeitsparende Maschinen angewendet, welche es ermöglichen mit der gleichen Anzahl von Personen, also mit demselben Arbeitsaufwande eine grössere Area zu bestellen und demgemäss eine grössere Ernte zu erzielen, so kann eventuell die Grundsteuer eine weitere Erhöhung erfahren. Aehnliches gilt von der Bodenfruchtbarkeit nnd dem Klima. Der Landwirt kann mit der gleichen Anstrengung umsomehr Bodenprodukte erzielen, je fruchtbarer der Boden und je günstiger das Klima ist. Es kann also in einem fruchtbaren Lande und unter einem milden Himmel die Grundsteuer eventuell höher sein als in einer unfruchtbaren und unwirtlichen Gegend.

Würde die Grundsteuer thatsächlich bis an jene Obergrenze hinaufgeschraubt, d. h. bliebe den eigentlichen Bodenbestellern, den Landarbeitern nur der nackte Lebensunterhalt und müsste der ganze Ueberschuss des Bodenertrags (die ganze „Rente" im Rodbertusschen Sinne) dem Staate unter dem Titel der Grundsteuer ausgefolgt werden, so· wäre der Effekt der Grundsteuer, dass der Staat nunmehr der einzige Grundbesitzer im ganzen Lande wäre, der den gesamten Grund und Boden durch seine Lohnarbeiter (denen er lediglich das Existenzminimum belässt) bestellen lässt. Gibt es nämlich nicht-selbstthätige

grössere Grundbesitzer im Lande, also Gutsbesitzer, die ihre Güter
durch bezahlte Leute (Direktoren, Verwalter, eigentliche Arbeiter
u. dgl.) bewirtschaften lassen, deren Einkommen also in der Differenz
zwischen der Ernte und demjenigen Betrage an Bodenprodukten besteht, den sie ihren Arbeitern als Lohn zahlen, so besteht die Wirkung der Steuer für sie darin, dass ihr Einkommen (die „Rente" im
Rodbertusschen Sinne) durch die Steuer geschmälert wird. Je höher
also die Grundsteuer steigt, um so grösser muss das Grossgut werden,
wenn der „Gutsherr" das nämliche Einkommen beziehen soll wie
früher. Und würde schliesslich die Grundsteuer bis an jene äusserste
Obergrenze gesteigert, so wäre für die sogenannten „Gutsherren"
kein Platz mehr im Lande, weil die gesamte „Rente" der Landgüter
(der gesamte Ueberschuss der Ernte über den notwendigen Lebensunterhalt der Landarbeiter) vom Staate konfisziert wäre. Die Gutsherren wären somit materiell depossediert und im besten Falle zu
blossen Gutsverwaltern (landwirtschaftlichen Beamten) herabgedrückt.
Aehnliches gilt von den Bauern, die ihre Felder selbst bestellen. Sie
blieben zwar nominell die Eigentümer ihrer Güter, effektiv aber wären
sie blosse Lohnarbeiter, weil ihnen von dem ganzen Ertrag ihrer Wirtschaften nicht mehr bleiben würde als der nackte Lebensunterhalt.

Fasst man den einzelnen Grundbesitzer ins Auge und fragt man
sich, wie er sich der neuen Steuer gegenüber verhalten wird, so steht
zunächst fest, dass sein Einkommen durch die Steuer geschmälert
wird, und diese Thatsache wird ohne Zweifel bei einer Reihe von
Grundbesitzern den Wunsch hervorrufen, ihr Einkommen auf irgend
eine Weise auf das frühere Niveau zu heben. Herrscht Verkehrs-
wirtschaft, d. h. pflegen die Landwirte ihre überschüssigen Produkte
zu verkaufen, so ist es naheliegend, dass sie auf den Gedanken verfallen werden, ihr Getreide nunmehr zu höheren Preisen zu verkaufen,
um auf diese Weise den Ausfall an ihren Einnahmen wenigstens teilweise wieder hereinzubringen. Die Möglichkeit, dass ihnen dies
gelingt, ist unter gewissen Voraussetzungen theoretisch denkbar.
Bestehen nämlich in dem gedachten Lande Einfuhrzölle auf Getreide,
welche die Zufuhr des billigeren fremden Getreides verhindern, und
würden die inländischen Getreideproduzenten ein Kartell schliessen
und sich verabreden, den Verkaufspreis des Getreides um den Betrag
der Steuer zu steigern, so müssten die Konsumenten, weil sie das
Getreide nicht entbehren können und kein auswärtiges billigeres Getreide kaufen könnten, wohl den höheren Getreidepreis bewilligen

und die Grundsteuer auf diese Weise auf sich nehmen. Aber wohl-
gemerkt: nur unter der Voraussetzung, dass die sämtlichen Getreideproduzenten im Lande kartellieren und dass sie hinterher auch ihr
Wort halten und thatsächlich ihr Getreide zu billigeren Preisen nicht
verkaufen. In der Praxis — wenigstens soweit die bisherigen Erfahrungen reichen — ist an das Zustandekommen und den erfolgreichen Bestand eines derartigen Kartells, dessen Teilnehmer nach
Hunderttausenden zählen würden, nicht leicht zu denken.

Liegt keine auf die Steigerung der Preise hinzielende Verabredung vor, d. h. herrscht Konkurrenz unter den Käufern, so ist —
und zwar selbst in einem Lande, in welchem jede Zufuhr fremder
Bodenprodukte, sei es durch Zölle oder sonst, unmöglich gemacht
ist — eine Preissteigerung nur dann denkbar, wenn eine Steigerung
der Nachfrage oder eine Verminderung des Angebotes eintritt. Auf
welche Weise die Nachfrage nach Getreide durch die Einführung
(oder Erhöhung) der Grundsteuer gesteigert werden soll, ist selbstverständlich nicht abzusehen. Es könnte somit eine Erhöhung des
Getreidepreises nur durch eine Verminderung des Angebotes erzwungen
werden, indes ist auch hier nicht abzusehen, wie eine Verminderung
des Getreideangebotes durch eine rationell umgelegte Grundsteuer
herbeigeführt werden soll. Eine irrationell umgelegte Grundsteuer
könnte allerdings diese Wirkung leicht hervorrufen, und zwar speziell
dann, wenn sie den gesamten Reinertrag gewisser Grundstücke verschlingt. Denn in einem solchen Falle wird sich der Eigentümer
der betreffenden Grundstücke sagen, dass ihm die Bestellung dieser
Parzellen keinen Vorteil bringt und demgemäss wird er dieselben
einfach brach liegen lassen. Kommt dies in grösserem Umfange vor,
so erleidet allerdings die Bodenproduktion einen Ausfall und die
weitere Folge hievon wird (bei gleichbleibender Nachfrage) notwendig
eine Steigerung der Getreidepreise sein. Wird dagegen die Grundsteuer rationell umgelegt, d. h. nimmt sie auf die Art der Boden-
bewirtschaftung (Garten, Feld, Wiese, Weide, Wald etc.) Rücksicht
und begnügt sie sich mit einem Bruchteile des reinen Bodenertrages,
so dass dem Landwirte nach Abzug der Bestellungskosten und der
Steuer noch immer etwas für seine Person übrig bleibt, so ist nicht
abzusehen, wie der Grundbesitzer, der nun ein Zehntel, oder ein Fünftel,
oder die Hälfte des Reinertrages an den Staat abführen muss, zu
dem Entschlusse gebracht werden soll, seine Felder gar nicht mehr
zu bestellen und sie unbenutzt und brach liegen zu lassen. Im Gegen-

teile, speziell der Bauer, der nur von dem Ertrage seiner Grundstücke
lebt und seine Ernte zum grösseren Teile selbst verzehrt, wird sich
aller Wahrscheinlichkeit nach sagen, dass schlimmsten Falles auch
die halbe Ernte noch immer besser ist als gar keine Ernte, und wird
demgemäss seine Felder nach wie vor ruhig weiter bestellen. Und
weil auf diese Weise die Menge des Getreides, die produziert und
zu Marke gebracht wird, sich nicht vermindert, wird auch der Getreidepreis nicht gesteigert werden können.

Man wende nicht ein — wie dies wiederholt behauptet wurde —
dass die Grundsteuer einen Teil der Produktionskosten bildet und
demgemäss im Preise der landwirtschaftlichen Erzeugnisse vergütet,
d. i. auf den Konsumenten abgewälzt werden müsse. Dies wäre nur
dann zntreffend, wenn die Grundsteuer die conditio sine qua non
des Betriebes der Landwirtschaft wäre, wenn die Grundsteuer gewissermassen als Taxe für die staatliche Erlaubnis, die Grundstücke bestellen und bewirtschaften zu dürfen, bezahlt werden müsste. Die
Ursache, warum die Produktionskosten im Preise des fertigen Artikels
vom Käufer (in der Regel) ersetzt werden müssen, liegt doch nur
darin, dass sie die unvermeidliche Voraussetzung der Produktion
bilden und dass demgemäss der Produzent sich weigert den Artikel
herzustellen, wenn ihm die Produktionskosten nicht vergütet werden,
oder mit anderen Worten: die Abwälzung der Produktionskosten auf
den Käufer wird durch eine entsprechende Verringerung des Angebotes erzwungen. Dies ist jedoch — wie schon erwähnt — bei
einer rationell umgelegten Grundsteuer nicht der Fall. Die Grundsteuer wird eben nicht als Lizenzgebühr für die Erlaubnis, die Felder
bestellen zu dürfen, gezahlt, sondern sie begnügt sich, einen Bruchteil des reinen Ertrages (der Ernte) für den Staat zu beanspruchen,
wie dies bei der ältesten Form der Grundsteuer, dem Zehnten, am
deutlichsten hervortritt. Der Staat fordert heute in der Grundsteuer
allerdings nicht mehr einen aliquoten Teil der Ernte in natura, sondern einen von Jahr zu Jahr gleichbleibenden Geldbetrag, allein
dieser von Jahr zu Jahr gleichbleibende Geldbetrag ist seinem Wesen
nach doch nichts anderes als ein aliquoter Teil der Ernte, des Reinertrages, nur mit dem einzigen Unterschiede, dass er nicht je nach
dem Ausfalle der wirklichen Jahresernte in einem von Jahr zu
Jahr wechselnden Betrage, sondern nach dem Durchschnitte der Ernte
(im Laufe der Jahre) in einem fixen Betrage bemessen und gefordert
wird. Und dass dem thatsächlich so sei, beweist die Art der Rein-

ertragsermittelung der Grundstücke, bei welcher auf die übliche Fruchtfolge, auf gesegnete und auf Missjahre u. dgl. m. Rücksicht genommen
wird. Die Grundsteuer ist eben, wie gesagt, keine conditio sine qua
non des landwirtschaftlichen Betriebes, sie wird nicht, wie etwa die
Eintrittsgebühr im Theater, als Lizenz, für die Bewilligung die Felder
bestellen zu dürfen, bezahlt, sondern sie kommt später, nach der
Ernte und fordert nur einen Teil der letzteren für den Staat, und
fällt ganz fort, wenn der Landwirt infolge äusserer Ereignisse (Miss-
wachs, Krieg u. dgl.) gar nichts geerntet hat, und infolgedessen kann
sie auch — wie im Vorstehenden dargethan wurde — auf die Konsumenten im Preise nicht abgewälzt werden, denn sie bewirkt (immer
vorausgesetzt, dass sie rationell umgelegt ist) keine Verminderung
des Getreideangebotes.

Es ist sehr wohl möglich, dass die Grundbesitzer, welche durch
die Steuer gezwungen werden, alljährlich dem Staate einen Teil
ihrer Bodenerzeugnisse unentgeltlich zu überlassen, bestrebt sein
werden, ihren Boden intensiver zu bewirtschaften, d. h. demselben
einen höheren Ertrag abzuringen, um auf diese Weise den durch
die Steuer verursachten Ausfall nach Thunlichkeit wieder hereinzubringen. Glich die Auflegung der Steuer einer teilweisen Konfiskation der Grundstücke, so ist die intensivere Bewirtschaftung und
die dadurch erzielte Steigerung des Bodenertrages so aufzufassen,
als wäre es den Grundbesitzern gelungen, einen Teil der konfiszierten
Area wieder zurückzuerobern, weil bei der intensiveren Kultur eine
kleinere Fläche genügt, um die vom Staate geforderten Bodenprodukte
zu erzielen. Die Grundsteuer hat somit drittens — wie übrigens die
Erfahrung lehrt — die Tendenz, auf eine intensivere Bewirtschaftung
des Bodens hinzuwirken.

Endlich muss die Grundsteuer notwendig den Wert der Ländereien entsprechend drücken. Jedes Landgut zerfällt von nun an
gewissermassen in zwei Teile. Der eine Teil der Grundstücke hat
die Bestimmung, diejenigen Bodenprodukte hervorzubringen, welche
der Staat unter dem Titel der Grundsteuer fordert. Nominell gehören zwar auch diese Grundstücke dem Gutseigentümer, effektiv
aber sind sie so anzusehen, als ob sie dem Staate gehören würden,
weil ihr Ertrag dem Steuer-Einnehmer abgeliefert werden muss.
Erst der übrig bleibende Teil der Grundstücke steht im unbeschränkten Eigentum des Grundbesitzers, denn nur dasjenige, was auf diesen
Parzellen gedeiht, darf der Gutseigentümer für sich behalten. Dem-

gemäss stellt sich auch der Preis der Ländereien. Kein Mensch wird
unter normalen Verhältnissen Grundstücke kaufen und bezahlen, die er
zwar bestellen muss, deren Ertrag aber nicht ihm, sondern einem Dritten,
d. i. dem Staate, gehört, denn der Besitz solcher Grundstücke repräsentiert nicht nur keinen Vorteil, sondern umgekehrt eine Last. Wer
also ein der Grundsteuer unterworfenes Landgut kauft, kauft und bezahlt
streng genommen nur diejenigen Grundstücke, deren Ertrag in seine
Tasche fliesst, während er diejenigen Parzellen, deren Ertrag die
Grundsteuer decken soll, als eine lästige Zugabe unentgeltlich mit in
den Kauf nehmen muss. Es ist dies die sogenannte Amortisation
der Grundsteuer, die sich bekanntlich in der Weise vollzieht, dass
man im praktischen Leben die Grundsteuer nach dem landesüblichen
Zinsfusse kapitalisiert und dass man diesen kapitalisierten Betrag der
Steuer von dem Werte des Landgutes in Abzug bringt.

Ebenso ungezwungen beantwortet sich von dem hier festgehaltenen Gesichtspunkte aus die Frage, welche Wirkungen die Ermässigung oder Aufhebung der Grundsteuer nach sich zieht. Zunächst
ist es selbstverständlich, dass ein Billigerwerden der Bodenprodukte
nicht zu erwarten ist. Wurde durch die Einführung oder Erhöhung
einer rationell umgelegten Grundsteuer die Getreideproduktion nicht
vermindert, so ist es selbstverständlich, dass die Ermässigung oder
gänzliche Aufhebung der Grundsteuer — wenn die letztere rationell
umgelegt war — keine Vergrösserung des Angebotes von Bodenprodukten und damit auch keinen Rückgang der Getreidepreise herbeizuführen vermag. Die Aufhebung einer unzweckmässig umgelegten
Grundsteuer könnte allerdings eine derartige Wirkung nach sich
ziehen. War nämlich die Grundsteuer unrichtig aufgeteilt, so dass
sie den Reinertrag (die Ernte) gewisser Grundstücke gänzlich ver-
schlang und dass infolgedessen die Grundbesitzer — um der Steuer
zu entgehen — es vorzogen, die fraglichen Parzellen unbenutzt liegen
zu lassen oder gar zu derelinquieren, so würde die Aufhebung der
Steuer allerdings die Wirkung haben, dass diese Grundstücke nun
wieder in Kultur genommen würden und dass durch das auf diese
Weise vergrösserte Angebot von Bodenprodukten die Getreidepreise
zum Weichen gebracht würden. War hingegen die Grundsteuer
derart bemessen, dass ihretwegen keine einzige Parzelle im ganzen
Lande unbestellt blieb, so ist nicht abzusehen, wie durch die Aufhebung oder Ermässigung der Steuer das Getreideangebot vergrössert
und der Getreidepreis gedrückt werden soll.

Dagegen wäre selbstverständlich die Aufhebung oder Ermässigung der Grundsteuer für die Grundbesitzer ein mehr oder weniger wesentlicher Gewinn. Die Grundbesitzer, die bisher einen gewissen Teil ihrer Bodenprodukte dem Staate als Grundsteuer abliefern mussten, dürfen nunmehr ihre ganze Ernte (oder doch einen grösseren Teil derselben als bisher) für sich behalten. Und involvierte die Neueinführung oder Erhöhung der Grundsteuer gewissermassen eine teilweise Konfiskation des Grundbesitzes, so ist die Aufhebung oder Ermässigung der Grundsteuer so aufzufassen, als würden den Grundbesitzern jene konfiszierten Parzellen, die sie bisher für den Staat bestellen mussten, ganz oder teilweise ins unbeschränkte Eigentum zurückgeschenkt. Dass damit gleichzeitig der Wert der Landgüter entsprechend emporschnellt, ist selbstverständlich. Pflegen die Landwirte ihre Ernte teilweise zu verkaufen, so steigt begeiflicherweise infolge der Aufhebung oder Ermässigung der Grundsteuer der Geldertrag der Landgüter, und verteilt man den so gewonnenen Mehrertrag auf die einzelnen Scheffel Getreide, so besteht die Wirkung der Aufhebung, beziehentlich Ermässigung der Grundsteuer darin, dass die Grundbesitzer an jedem Scheffel Getreide um so und so viel Kreuzer oder Pfennige mehr profitieren als bisher. Würde gleichzeitig infolge irgendwelcher äusserer Umstände der Getreidepreis sinken, so wäre die Wirkung hievon für den einzelnen Grundbesitzer die, dass der Verlust aus dem gesunkenen Getreidepreise und der Gewinn aus der Ermässigung oder Aufhebung der Grundsteuer sich ganz oder teilweise kompensieren würde, d. h. also, dass der einzelne Grundbesitzer durch den Rückgang der Getreidepreise nicht oder doch nicht so empfindlich getroffen würde.

Die vorliegende Frage hat eine gewisse praktische Bedeutung und zwar speciell im gegenwärtigen Augenblick, in welchem über die Notlage der Landwirtschaft infolge der überseeischen Konkurrenz so lebhaft Klage geführt wird. Der Rückgang des Getreidepreises infolge der Zufuhr des billigeren überseeischen Getreides ist selbstverständlich für den central-europäischen Landwirt eine schwere Kalamität, weil er dadurch einen empfindlichen Ausfall an seinen Einnahmen erleidet und demgemäss seine Steuern und die Zinsen seiner Passivkapitalien nicht mehr so leicht bezahlen kann wie früher. Darüber, ob dem Landwirte von Staats wegen geholfen werden soll, herrscht bekanntlich Meinungsverschiedenheit. Auf die letztere kann hier nicht näher eingegangen werden, nur folgende Bemerkung sei

gestattet. Soll der Staat helfend eingreifen, so muss er trachten,
dem Landwirte denjenigen Gewinn zu sichern, den derselbe bisher
aus seinem Gewerbe bezog, und dies ist namentlich auf zweifache
Weise möglich. Entweder dadurch, dass der Getreidepreis durch
entsprechende Einfuhrzölle auf das billigere ausländische Getreide auf seiner bisherigen Höhe festgehalten wird, oder aber durch
eine entsprechende Ermässigung der Grundsteuer, durch welche der
Preisrückgang des Getreides für den einzelnen Landwirt unfühlbar
gemacht wird. Der erstere Modus ist in der letzteren Zeit bekanntlich von einer Reihe von europäischen Staaten versucht worden; der
zweite Ausweg wurde speciell von den Führern der deutsch-liberalen
Bauernbewegung in Böhmen vorgeschlagen und verlangt. Ob dieses
Verlangen praktisch durchführbar ist, d. h. ob der betreffende Staat in
der Lage ist, auf die Einnahmen aus der Grundsteuer ganz oder teilweise
zu verzichten, ist freilich eine andere Frage, und der österreichische
Finanzminister wenigstens dürfte momentan kaum geneigt sein, sie
zu bejahen, allein an sich und ganz besonders vom Standpunkte der
Betreffenden lässt sich gegen jenes Verlangen nicht viel einwenden.

2) Die Haussteuer und die Wohnungssteuer.

Die Wirkungen der Haussteuer sind bis zu einem gewissen
Grade denen der Grundsteuer analog. Zunächst besteht der Effekt
der Gebäudesteuer für den Hausbesitzer darin, dass der Staat dem
letzteren gewissermassen einige Zimmer seines Hauses konfisziert und
dass er in dieselben etwa einen Beamten oder ein paar Soldaten
gratis einlogiert, oder dass er in diese Lokalitäten einige Kanzleien
verlegt. Ein wesentlicher Unterschied der Wirkungen beider Steuern
ergiebt sich aber aus dem Umstande, dass die Menge der Grundstücke
(im Grossen und Ganzen) weder vermehrt noch vermindert werden
kann, weil der Grund und Boden von der Natur gegeben ist, während
die Gebäude von Menschenhand errichtet werden und demgemäss
vermehrt oder vermindert werden können, beziehentlich dass die Zahl
der Häuser sich von selbst vermindert, weil dieselben mit der Zeit
alt und baufällig werden.

Die Folge dieser Unmöglichkeit, die Menge der Grundstücke zu
vermehren oder zu vermindern, ist — wie wir sahen —, dass die
Grundsteuer nicht im Getreidepreise auf die Konsumenten abgewälzt
werden kann. Die (rationell umgelegte) Grundsteuer vermag weder
das Angebot von Bodenprodukten, noch die Nachfrage nach den-

selben zu verändern, sie kann daher auch keine Steigerung der Getreidepreise herbeiführen und bleibt einfach auf den Grundstücken, die sie entsprechend entwertet, wie eine Reallast liegen. Anders dagegen die Gebäudesteuer. Der Staat hätte eigentlich die Aufgabe, für seine Soldaten, für seine Beamten, für seine Gläubiger Häuser zu errichten und in Stand zu erhalten. Diese Sorge überwälzt er jedoch gewissermassen in der Haussteuer auf seine Bürger, indem er in jedem Gebäude ein paar Wohnräume für seine Zwecke in Anspruch nimmt. Nehmen wir der Einfachheit wegen an, dass Mietwohnungen nicht existieren und dass jede Familie ihr eigenes Haus bewohnt, so äussert sich die Wirkung einer 20prozentigen Haussteuer darin, dass jeder Hausbesitzer jedes fünfte Zimmer seines Hauses dem Staate gratis zur Benutzung überlassen muss, oder beziehentlich, dass derjenige, der für seine Bedürfnisse vier oder acht Wohnräume braucht und demgemäss ein Haus für sich bauen will, statt dessen ein grösseres Haus mit fünf oder zehn Wohnräumen errichten muss, von denen er einen oder zwei dem Staate unentgeltlich zur Disposition zu stellen gezwungen ist. Dadurch wird selbstverständlich das Wohnen verteuert. Der Einzelne kann nicht mehr für sich allein, sondern er muss auch gleichzeitig für die Zwecke des Staates bauen, und muss nicht nur seine eigenen, sondern überdies auch die vom Staate (in seinem Hause) benutzten Wohnräume instand erhalten.

Verteuert die Haussteuer das „Wohnen", so ist damit allerdings implicite schon gesagt, dass sie schliesslich auf den Mietsmann fallen muss, indes ist dies doch nicht so ohne weiteres der Fall. Die Abwälzung einer Steuer auf den Konsumenten, in der Form, dass die Steuer zum Preise des fraglichen Artikels hinzugeschlagen, also der Preis erhöht wird, ist — wie bereits früher erwähnt wurde — selbstverständlich nur dann möglich, wenn das Verhältnis der beiden preisbildenden Faktoren, Angebot und Nachfrage, durch die Steuer geändert wird. Da nun absolut nicht abzusehen ist, auf welche Weise eine neue Steuer imstande sein soll, die Nachfrage nach dem betreffenden Artikel zu steigern, so kann die Abwälzung nur gelingen, wenn die Steuer eine Verminderung des Angebotes notwendig nach sich zieht. Nehmen wir also an, dass in einer Stadt mit gleichbleibender Nachfrage nach Mietwohnungen, d. i. in einer Stadt mit stationärer Bevölkerung, die Haussteuer neu eingeführt (oder die bestehende erhöht) wird, so wird eine sofortige Abwälzung der Steuer auf die Mieter durch Erhöhung der Wohnungsmieten nicht so leicht

durchführbar sein, weil nicht anzunehmen ist, dass die Hausbesitzer,
um der Steuer zu entgehen, sich entschliessen werden, ihre Häuser
leer stehen zu lassen oder gar zu demolieren. Die Hauseigentümer
werden vielmehr — wenn beispielsweise die Haussteuer 20 Prozent
von dem Mietertrage der Häuser beträgt — aller Wahrscheinlichkeit
nach zu dem Resultate gelangen, dass vier Fünftel von dem Ertrage
des Hauses immer noch besser sind als gar kein Ertrag und werden
demgemäss, wenn auch widerwillig, die Steuer auf sich nehmen.
Schliesslich aber, und zwar in dem Masse, als die Häuser alt und
reparaturbedürftig oder gar baufällig werden, wird die Abwälzung
der Steuer auf die Mieter denn doch notwendig eintreten müssen.

Das Vermieten der Wohnungen beruht ja doch nur darauf, dass
der eine für den anderen eine Wohnung baut und dass dieser zweite
dem ersten in der Miete den betreffenden Aufwand vergütet. Besteht eine Haussteuer, welche — wie wir angenommen haben —
beispielsweise 20 Prozent beträgt, welche also gewissermassen in
jedem Hause jedes fünfte Zimmer für den Staat in Anspruch nimmt,
so muss derjenige, der für seine Bedürfnisse eine Wohnung von vier
Zimmern braucht, sich ein Haus mit fünf Zimmern bauen. Und
will oder kann er nicht selbst bauen, so wird er sich an einen
zweiten wenden und diesen ersuchen müssen, dass er für ihn baue.
Und da dieser zweite, wenn er vier Zimmer vermieten will, wegen
der Steuer auch wieder fünf Zimmer erbauen muss, so wird er dies
unter normalen Umständen nur dann thun, wenn die Miete für vier
Zimmer so hoch ist, dass ihm in derselben auch der Aufwand für
die Erbauung und Erhaltung des fünften Zimmers in einer Weise
vergütet wird, welche zur Zeit in dem fraglichen Orte als eine angemessene gilt. Im entgegengesetzten Falle wird er den Bau des
Miethauses einfach unterlassen. Selbst also, wenn die Bevölkerung
der betreffenden Stadt nicht zunimmt, sondern stationär bleibt, werden
die Mieter in dem Masse, als die Häuser reparaturbedürftig werden,
die Haussteuer allgemach in der gesteigerten Wohnungsmiete auf
sich nehmen müssen, weil die Hausbesitzer, wenn sie nach den örtlichen und zeitlichen Verhältnissen die Erhaltung ihrer Häuser nicht
mehr lohnend finden, dieselben nicht mehr instand erhalten und
auf diese Weise die Mieter nötigen werden, sich eigene Wohnhäuser
zu erbauen, in welchem Falle diese eo ipso gezwungen sein werden,
die Haussteuer selbst zu tragen. In einer Stadt, in welcher die Bevölkerung im Zunehmen begriffen ist, in welcher also die Nachfrage

nach Mietwohnungen gegenüber dem Angebote verhältnismässig gross ist, werden allerdings die Mieter eventuell die neu eingeführte Haussteuer oder jede (empfindlichere) Erhöhung derselben momentan auf sich nehmen müssen, weil sie — wegen des verhältnismässig geringen Angebotes von Wohnungen — den schwächeren Teil im Preiskampfe repräsentieren.

Selbstverständlich ist das Gesagte nur so aufzufassen, wie etwa die abstrakten physikalischen Gesetze, deren Wirksamkeit sehr häufig durch irgendwelche dazwischentretende Umstände teilweise eingeschränkt wird. Die abstrakte Physik lehrt beispielsweise allerdings, dass jeder Körper, der losgelassen wird, in senkrechter Richtung zu Boden fällt, weil er von der Erde angezogen wird, und doch kann jeder, der bei bewegter Luft etwa eine Flaumfeder zum Fenster hinauswirft, sich davon überzeugen, dass das Federchen, wenn der Wind es erfasst, hoch hinauf in die Luft getrieben wird. Ebenso auch hier. Es werden vielleicht Dezennien vergehen, ehe es in einer Stadt mit stationärer Bevölkerung den Hauseigentümern gelingt, die Haussteuer· in der Form einer gesteigerten Miete den Mietern zuzuschieben. Es ist ferner sehr wohl denkbar, dass auch in einer Stadt mit gleichbleibender oder gar sinkender Bevölkerung der einzelne Hausbesitzer durch eine Verkettung von Umständen seinen Mietsleuten gegenüber den stärkeren Teil repräsentiert und dass es ihm daher gelingt, die Haussteuer auf seine Mieter abzuwälzen, ja vielleicht die Miete noch über diesen Betrag hinaus zu steigern. Es ist umgekehrt ebenso wohl denkbar, dass in einer aufblühenden Stadt mit zunehmender Bevölkerung der einzelne Hausbesitzer, sei es aus Gutmütigkeit oder Indolenz, sei es aus anderen singulären Gründen, die Haussteuer seinen Mietern nicht zuschiebt oder nicht zuschieben kann, dieselbe somit aus Eigenem trägt.

Würde umgekehrt die Haussteuer, die bereits seit Jahren bestand, plötzlich aufgehoben oder namhaft ermässigt, so würden dadurch die Mieten nicht augenblicklich zum Weichen gebracht, weil es selbstverständlich nicht möglich ist, mit einem Schlage neue Häuser hervorzuzaubern und so das Angebot von Wohnungen zu vergrössern. Es würden also, ungeachtet des Steuernachlasses, die Mieten anfänglich auf ihrer bisherigen Höhe bleiben und die Hausbesitzer würden — weil sie nunmehr denjenigen Betrag für sich behalten dürften, den sie bisher alljährlich an den Steuereinnehmer abführen mussten — auf diese Weise aus ihren Häusern eine Rente beziehen, welche

unter den gegebenen zeitlichen und örtlichen Verhältnissen als ein
überdurchschnittlicher Gewinn anzusehen wäre. Dadurch würde begreiflicherweise die Bauspekulation angeregt und müssten in dem
Masse als neue Häuser gebaut werden und das Wohnungsangebot
sich vergrössert, die Mieten succesiv um den Betrag der aufgehobenen
oder ermässigten Steuer sinken. Während also die Aufhebung oder
Ermässigung der Grundsteuer ein Geschenk an die Grundbesitzer
repräsentiert und den Getreidekonsumenten keinen Vorteil bringt, würde
die Aufhebung oder Ermässigung der Haussteuer, weil die Häuser
von Menschenhand geschaffen sind und demgemäss vermehrt werden
können, in letzter Reihe den Mietern zu gute kommen.

Es ist begreiflich, dass auch diese Argumentation nur be-
dingungsweise, d. h. nur in abstracto richtig und nicht für jeden
Einzelfall zutreffend ist. Es ist nämlich sehr leicht möglich, dass
gewisse Hauseigentümer wegen der besonders günstigen Lage ihrer
Häuser in der inneren Stadt sich eines gewissen natürlichen Monopols
erfreuen, welches ihnen gestattet, die Mieten ebenso hoch zu halten
wie früher, auch wenn seither die Haussteuer wesentlich ermässigt
oder sogar gänzlich aufgehoben wurde.

In ähnlicher Weise wie die Grundsteuer führt auch die Haussteuer zu einer intensiveren Ausnutzung des Bodens (des Baugrundes).
Wer bauen will, wird — wie wir gesehen haben — durch die Haussteuer gezwungen, ein grösseres Gebäude zu errichten, als er für
seine persönlichen Zwecke braucht, weil er von vornherein berücksichtigen muss, dass der Staat jedes dritte, vierte oder fünfte Zimmer etc.
in dem neuen Hause für sich in Anspruch nehmen wird. Der Bauführer
wird infolgedessen berechnen, wie er den Bau am billigsten bewerkstelligen kann, und wird — wenigstens in der Stadt — wohl in den
meisten Fällen zu dem Resultate gelangen, dass es billiger ist, ein
Haus mit mehreren Etagen zu bauen, als ebenso viele ebenerdige
Häuschen mit gleich viel Wohnräumen, oder dass er billiger fährt,
wenn er den Hofraum des künftigen Hauses kleiner gestaltet und
statt dessen ein oder mehrere Hintergebäude errichet. Auf diese
Weise also begünstigt die Haussteuer in unerfreulicher Weise das
Verbauen der Hofräume und die Stockwerkstürmung, d. h. sie benimmt den Wohnungen Luft und Licht.

Nicht so leicht dagegen lässt sich die Frage beantworten, wie
hoch eventuell die Haussteuer steigen kann. Bei der Grundsteuer
war — wie wir gesehen haben — diese Frage einfach zu beant-

worten. Eine bestimmte Anzahl von Personen kann je nach Massgabe der Kulturart, des Klimas, der Bodenbeschaffenheit und Fruchtbarkeit, sowie der landwirtschaftlichen Technik (Anwendung landwirtschaftlicher Maschinen statt der bisherigen Werkzeuge und Geräte) etc. bei Anspannung aller ihrer Kräfte eine gewisse Bodenfläche bestellen und auf derselben mehr Früchte erzielen, als zur Ernährung eben dieser Personen erforderlich ist. Diesen ganzen Ueberschuss kann der Staat im äussersten Falle unter dem Titel der Grundsteuer für sich in Anspruch nehmen, aber nicht mehr, weil sonst die Arbeiter verhungern und der Boden unbestellt bleibt und nichts trägt. Anders dagegen beim Hause, das nicht „bearbeitet" wird und auch keine „Früchte" trägt. Ist das Wohnhaus einmal da, dann kann es eben nur bewohnt werden. Im extremsten Falle kann also der Staat das fertiggestellte Haus gänzlich konfiszieren und den Eigentümer oder Erbauer einfach davonjagen. Freilich wird dann der Staat die Sorge für die Erhaltung des Hauses auf sich nehmen müssen und überdies wird, wenn ein derartiger Vorgang zur Regel erhoben würde, den Bürgern die Lust benommen werden, Häuser überhaupt noch zu bauen.

Will daher der Staat die Henne nicht schlachten, welche die goldenen Eier legt, so wird er selbstverständlich nicht so weit gehen dürfen. Wie weit aber der Staat in der Konfiskation von Wohnräumen in den Häusern seiner Bürger gehen darf, lässt sich allgemeingiltig nicht beantworten. In Oesterreich beispielsweise beträgt die staatliche Hauszinssteuer samt den Provinzial- und Kommunalzuschlägen im Durchschnitt ungefähr 33 Prozent, in einzelnen Provinzen und Städten sogar weit mehr, d. h. in Oesterreich vereinigen sich Staat, Provinz und Gemeinde und nehmen in jedem Hause jeden dritten Wohnraum für ihre Zwecke in Anspruch, oder mit anderen Worten: Wer in einer österreichischen Stadt lebt und zwei Zimmer braucht, muss drei Zimmer bauen oder mieten und das dritte dem Staate, der Provinz und der Gemeinde unentgeltlich überlassen, und trotzdem werden Häuser gebaut und gemietet. Daraus darf man aber selbstverständlich nicht den Schluss ziehen, dass die Steigerung der Haussteuer beliebig weit gehen könne und dass man etwa von demjenigen, der für seine Person ein Zimmer braucht, verlangen könne, er möge gleich ein Haus mit hundert Zimmern bauen oder mieten und neunundneunzig der letzteren dem Staate unentgeltlich zur Benutzung überlassen.

Was den Einfluss der Steuer· auf den Wert der Häuser anbelangt, so ist es naheliegend anzunehmen, dass der letztere durch die
Gebäudesteuer in der nämlichen Weise beeinflusst wird, wie der
Wert der Landgüter durch die Grundsteuer, d. h. dass die Steuer
nach dem landesüblichen Zinsfusse kapitalisiert und der so berechnete
Betrag von dem Werte des Hauses in Abzug gebracht wird. Thatsächlich wird in der Praxis der Kaufpreis von Miethäusern sehr
häufig in dieser Weise berechnet und formell nicht mit Unrecht.
Nimmt nämlich — wie wir wiederholt angenommen haben — die
Steuer 20 Prozent oder den fünften Teil des Mietertrages der Häuser
hinweg, so darf der Besitzer eines vierstöckigen Hauses (rund gerechnet) nur das Mieterträgnis des Erdgeschosses, der ersten, der
zweiten und der dritten Etage für sich behalten, während er in der
vierten Etage den Mietzins zwar einheben, aber an den Steuereinnehmer abführen muss. Der Käufer eines derartigen Hauses kauft
daher scheinbar nur die unteren vier Geschosse, während er das
fünfte (die vierte Etage), dessen Mieterträgnis dem Staate gehört,
als unangenehme Gratiszugabe mit in den Kauf nehmen muss.

Eine derartige Berechnung des Häuserwertes ist indes, wie
gesagt, nur formell richtig, und zwar auch wieder aus dem Grunde,
weil die Häuser nicht von der Natur fertig geliefert werden, sondern
gebaut werden müssen, wenn man sie haben will. Und wer ein
Haus bauen will, der muss selbstverständlich zunächst den Baugrund
und die Baumaterialien kaufen und sodann die Arbeiter bezahlen,
die das Haus aufführen. Es ist evident, dass diese Herstellungskosten durch die Steuer direkt oder an sich nicht beeinflusst werden,
denn der Umstand, dass der Staat etwa das Erträgnis des fünften
Geschosses in jedem Hause konfisziert, wird selbstverständlich weder
die Produzenten der Baumaterialien, noch die Bauarbeiter veranlassen,
dem Bauherrn die Errichtung der vierten Etage seines Neubaues gratis
zu besorgen. Die einzig richtige Ermittelung des Wertes eines
Hauses kann nur in der Weise erfolgen, wie sie von den Sachverständigen im Baufache bei gerichtlichen Schätzungen thatsächlich
geübt wird, dass nämlich zuerst der Wert der Baustelle nach Massgabe ihrer Lage und Grösse erhoben und sodann berechnet wird,
was die Erbauung eines Hauses von dieser bestimmten Grösse, Form,
Struktur etc. (mit Rücksicht auf die bisherige Abnützung des bereits
bestehenden Hauses im Laufe der Zeit) kostet.

Indirekt werden freilich auch die Herstellungskosten eines

Hauses· durch die Steuer teilweise beeinflusst, d. h. der Wert der Baustelle wird durch die Steuer etwas gedrückt. Eine hohe Haussteuer zwingt nämlich einmal, weil sie die Mieten schliesslich verteuern muss, die Mieter ihr Wohnungsbedürfnis thunlichst einzuschränken, und zwingt sodann, wie oben dargethan wurde, die Hauseigentümer zur Stockwerkstürmung und zum Verbauen der Hofräume. Dadurch wird selbstverständlich die Nachfrage nach Baugründen einigermassen verringert und wird sich der Preis derselben etwas niedriger stellen. Die Preise der Baumaterialien und die Löhne der Bauarbeiter können durch eine Aenderung der Haussteuer, welche die Baulust erregt oder hemmt, wohl vorübergehend alteriert, aber auf die Dauer selbst durch eine hohe Gebäudesteuer nicht unter ihr sog. „natürliches" Niveau hinuntergedrückt werden. Demgemäss kann denn der verhältnismässig geringe Druck, den die Haussteuer auf den Wert der Wohngebäude ausübt, hier füglich ausser Anschlag bleiben.

Wenn nun ungeachtet dieser Thatsache, dass die Bau- oder Herstellungskosten der Häuser durch die Steuer nicht (direkt) beeinflusst werden, der Wert der Häuser in der Praxis so häufig in der Weise ermittelt wird, dass man den kapitalisierten Betrag der Steuer von dem kapitalisierten Mietertrage des Hauses in Abzug bringt, so beruht dieser Vorgang auf einer Täuschung, oder richtiger gesagt darauf, dass man auf diese Weise eine Täuschung korrigiert. Die Steuer verteuert nämlich schliesslich notwendig die Miete, sie lässt somit die Miete (um den Betrag der Steuer) höher erscheinen als sie thatsächlich ist. Kapitalisiert man also diesen Mietertrag eines Hauses, um den Wert des letzteren zu berechnen, so begeht man einen Fehler, weil der Wert des Hauses um den Betrag der kapitalisierten Steuer zu hoch angesetzt wird. Will man daher den wirklichen sog. Kapitalswert des Hauses (nach seinem wirklichen Mieterträgnisse) eruieren, so muss man eben jenen kapitalisierten Betrag der Steuer, der früher fälschlich zum Werte des Hauses hinzugerechnet wurde, nachträglich wieder in Abzug bringen.

v. Myrbach („Die Besteuerung der Gebäude und Wohnungen in Oesterreich und deren Reform" in der Tübinger „Zeitschrift für die gesamte Staatswissenschaft" 41. Jahrg. pag. 409) scheint anzunehmen, dass auch bei der Haussteuer, ebenso wie bei der Grundsteuer, regelmässig eine eigentliche Steueramortisation eintritt. Dass dies der Fall sein könne, möchte ich nicht in Abrede stellen, und zwar wird meines Erachtens diese Steueramortisation jedesmal dann

eintreten, wenn der Hausbesitzer sein Haus verkaufen muss, noch
ehe ihm die Abwälzung der Steuer auf seine Mietsleute gelungen ist.
Nach den obigen Auseinandersetzungen wird sich dieser Fall in
grösserem Umfange ergeben, wenn in einer Stadt mit stationärer
oder gar rückschreitender Bevölkerung die Haussteuer neu eingeführt
oder namhaft erhöht wurde, oder wenn in einer Periode übergrosser
Bauspekulation das Angebot von Mietwohnungen der Nachfrage nach
denselben wesentlich vorausgeeilt ist. Als Regel kann jedoch die
Steueramortisation bei Häusern nicht angenommen werden, und zwar
einmal aus dem Grunde, weil die Haussteuer — wie wir gesehen
haben — schliesslich doch auf die Mieter abgewälzt werden muss,
und zweitens, weil die Steueramortisation bei Häusern, wenn sie die
Regel bilden würde, die Baulust gänzlich unterdrücken müsste. Es
wurde bereits oben erwähnt, dass die Hauszinssteuer (samt den Pro-
vinzial- und Kommunalzuschlägen) in Oesterreich durchschnittlich den
dritten Teil des Mieterträgnisses der Häuser verschlingt. Die Amortisierung dieser Steuer involviert also eine Verminderung des Wertes
eines jeden Hauses um ein ganzes Dritteil. Einen Vermögensverlust
von solcher Grösse erduldet man selbstverständlich, wenn man sich
demselben nicht entziehen kann, man nimmt ihn aber nicht wissentlich und freiwillig auf sich, wenn dies nicht notwendig ist. Dies
wäre jedoch bei allen Leuten der Fall, die in Oesterreich Häuser
bauen, wenn die Annahme v. Myrbachs richtig wäre.

Nach dem Gesagten ist es wohl ziemlich zweifellos, dass eine
besondere Wohnungssteuer sich von der Haussteuer eigentlich
gar nicht unterscheidet. Das Wesen der Wohnungssteuer besteht,
wie das der Haussteuer, darin, dass der Staat (oder eventuell die
Gemeinde) einen gewissen Prozentsatz der Wohnräume für seine
Zwecke in Anspruch nimmt. Der Unterschied soll nur darin liegen.
dass der Gesetzgeber mit der eigentlichen Haussteuer den Hauseigentümer, dagegen mit der Wohnungssteuer den Mieter treffen will.
Damit begibt sich aber der Gesetzgeber auf ein Gebiet, welches seiner
Machtsphäre entrückt ist, denn die Abwälzung der Steuer lässt sich
dort, wo der Verkehr ein freier ist, gesetzlich weder befehlen noch
verbieten. Ist die Wohnungssteuer ihrem Wesen nach mit der Haussteuer identisch — und dass dem so ist, wird niemand leugnen, weil
beide Steuern in einer teilweisen Konfiskation von Wohnräumen bestehen — so muss die Wohnungssteuer ebenso wie die Haussteuer
im Laufe der Zeit notwendig auf den Mieter fallen, so dass dieser

letztere schliesslich beide Steuern tragen wird. Dies hindert jedoch nicht, dass unter Umständen, d. i. namentlich dann, wenn dem Hauseigentümer die Abwälzung der Haussteuer auf den Mieter nicht gelingt, ausnahmsweise und vorübergehend beide Steuern auf den Hauseigentümer fallen.

Damit soll jedoch nicht der seiner Zeit so beliebte und billige Vorwurf ausgesprochen werden, dass hier eine „verwerfliche Doppelbesteuerung" vorliege. Eine Doppelbesteuerung im eigentlichen Sinne des Wortes liegt nur dann vor, wenn der nämliche Ertrag, der sich zwischen zwei Personen A und B (etwa Schuldner und Gläubiger, oder Geschenkgeber und Geschenknehmer) verteilt, das erste Mal gänzlich bei A und das zweite Mal (gänzlich oder teilweise) bei B von der Steuer getroffen wird. Wenn jedoch dieselbe Person für das nämliche Einkommen zwei verschiedene Steuern zu entrichten hat, deren jede beispielsweise mit fünf Prozent festgesetzt ist, so ist dies nicht als Doppelbesteuerung, sondern so aufzufassen, wie wenn nur eine einzige, jedoch mit zehn Prozent festgesetzte Steuer gefordert würde. Noch weniger kann von einer Doppelbesteuerung die Rede sein, wenn — wie beispielsweise in Oesterreich — die Haussteuer vom Staate, dagegen die Wohnungssteuer (der sog. „Zinskreuzer") von der Gemeinde erhoben wird.

3) Die Gewerbesteuer und die indirekt erhobenen Aufwandsteuern.

Was zunächst die Gewerbesteuer anbelangt, so wird es behufs der richtigen Beurteilung ihrer Wirkungen zweckmässig sein, zwischen den sog. Gewerben der persönlichen Dienstleistungen und denjenigen Gewerben zu unterscheiden, welche Sachgüter (materielle Güter) erzeugen.

Liegt ein Gewerbe vor, welches Sachgüter produziert, so besteht die nächste Wirkung der Gewerbesteuer darin, dass der Staat einen aliquoten Teil der gewerblichen Produkte dieser Unternehmung konfisziert, um damit seine Bediensteten, sowie seine Gläubiger zu beteilen. Die Steuer wird zwar je nach der Grösse (d. i. je nach der wahrscheinlichen Rentabilität) der einzelnen Unternehmungen abgestuft, sie wird jedoch als Ertragsteuer von jeder, und zwar auch von der kleinsten gewerblichen Unternehmung gefordert, und kann daher bis zu einem gewissen Grade als Zahlung für die staatliche Bewilligung des gewerblichen Betriebes („droit de patente") angesehen werden.

Die Rückwirkung der Gewerbesteuer auf die einzelnen gewerblichen Unternehmungen, und zwar jedesmal der nämlichen Kategorie,
kann eventuell durch die nachstehende Figur dargestellt werden.

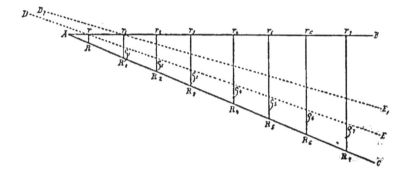

Stellt die Linie *A B* den Marktpreis irgend eines Industrieerzeugnisses,
etwa der Schuhe vor, so repräsentieren — weil selbstverständlich die
einzelnen Unternehmungen unter sehr verschiedenen Rentabilitäts-
bedingungen (welche etwa durch die Linie *A C* dargestellt werden)
betrieben werden — die Linien $r R$, $r_1 R_1$, $r_2 R_2$, $r_3 R_3$ u. s. f. die
verschiedene Rentabilität der einzelnen Gewerbeunternehmungen derselben Kategorie, in unserem Falle also der einzelnen Schuhmachergewerbe. Es wird beispielsweise Schuhwarenfabriken geben, welche
einen sehr bedeutenden Reinertrag (etwa $r_7 R_7$ oder $r_6 R_6$ abwerfen,
es wird anderseits ganz kleine Schuhmachergewerbe (etwa $r R$) geben,
welche ihren Mann knapp ernähren, ohne dass ihm ein sog. „freies"
Einkommen übrig bliebe. Wird nun eine Gewerbesteuer (Linie *D E*)
eingeführt, welche von jedem, auch dem kleinsten Schuhmachergewerbe einen aliquoten Teil der produzierten Schuhe ($p_1 R_1$, $p_2 R_2$,
$p_3 R_3$ u. s. f.) für den Staat konfisziert, so werden jene allerkleinsten
gewerblichen Unternehmungen ($r R$), die eben nur den allernotwen-
digsten Lebensunterhalt des Unternehmers knapp deckten und absolut
keinen Ueberschuss über das Existenzminimum ergaben, zu Grunde
gehen und wird der Reingewinn der übrigen Unternehmungen ($r_1 p_1$,
$r_2 p_2$, $r_3 p_3$ u. s. f.) verhältnismässig geschmälert. Je höher die Steuer
steigt (etwa die Linie $D_1 E_1$), um so mehr der kleinen Unternehmungen (in unserem Falle $r R$ und $r_1 R_1$) werden zu Grunde gerichtet, und um so geringer wird der Reinertrag der übrig bleibenden
Gewerbebetriebe.

Nehmen wir der Einfachheit wegen an — was in der Wirklichkeit wenigstens bei der eigentlichen Gewerbesteuer (im Gegensatze zur sog. Unternehmungssteuer) bekanntlich nicht der Fall ist — dass die Gewerbesteuer genau prozentuell sei und dass sie etwa genau zehn Prozent von den gewerblichen Erzeugnissen einer jeden Gewerbeunternehmung fordere, so besteht der Effekt derselben für die Gewerbetreibenden darin, dass die Produktivität der einzelnen gewerblichen Unternehmungen um zehn Prozent reduziert wird. Der Schuhmacher — um bei dem gewählten Beispiele zu bleiben — kann binnen einer bestimmten Zeit zehn Paar Schuhe anfertigen und durfte vor der Einführung der Steuer diese zehn Paar Schuhe für sich behalten und verkaufen. Jetzt, nach der Einführung der Steuer, wird er zwar binnen des nämlichen Zeitraumes nach wie vor zehn Paar Schuhe herstellen, allein da er hiervon das eine Paar dem Staate unentgeltlich überlassen muss, darf er nur mehr neun Paare für sich behalten und verkaufen. Es ist somit, wie wenn seine und seiner Werkzeuge Leistungsfähigkeit durch die Steuer um ein Zehntel verringert worden wäre.

Die weitere Folge dieser Thatsache wird aller Wahrscheinlichkeit nach eine doppelte sein. Unser Mann wird einerseits bestrebt sein, seine und seiner Werkzeuge Leistungsfähigkeit zu steigern. Er wird vielleicht etwas länger oder rascher arbeiten, er wird ferner seine Werkzeuge vervollkommnen, um auf diese Weise den Ausfall an seiner Produktion ganz oder doch teilweise wieder hereinzubringen. Der Gewerbsmann wird zweitens — und zwar namentlich dann, wenn es ihm nicht gelingt, seine Produktion wieder auf die frühere Höhe zu heben — bemüht sein, wenigstens den Ausfall an seinen (Geld-) Einnahmen wieder wett zu machen und die Preise seines Artikels zu steigern, d. h. also die Steuer auf die Konsumenten zu überwälzen. Ob ihm dies gelingen wird, hängt freilich von den Umständen, d. h. davon ab, ob das Angebot an den fraglichen Gewerbeerzeugnissen durch die Steuer vermindert wird oder nicht. Auf den ersten Blick wäre man geneigt dies anzunehmen, aber unbedingt notwendig ist dies nicht. Richtig ist es wohl, dass durch die Einführung (oder Erhöhung) der Gewerbesteuer eine Anzahl der mindest rentablen Gewerbeunternehmungen der betreffenden Kategorie, also etwa der kleinen Schuhmachergewerbe zu Grunde gerichtet wird, allein der Ruin von so und so viel Unternehmungen bedeutet darum noch nicht notwendig eine Verminderung des Angebotes der fraglichen Industrieprodukte, weil es sehr wohl möglich ist, dass die günstiger situierten Unternehmungen, in unserem Falle also die grossen Schuhwarenfabriken, die durch die Steuer nicht zu Grunde gerichtet wurden, ihren Geschäftsbetrieb ausdehnen und um so viel mehr produzieren als dort der Ausfall beträgt. Je höher dagegen die Steuer steigt, um so mehr (der kleinen) Gewerbeunternehmungen werden zu Grunde gerichtet, um so weniger derselben bleiben aufrecht, und je mehr dies der Fall ist, um so mehr erlangen die wenigen übriggebliebenen Unternehmungen eine monopolisierte Stellung, welche sie in den Stand setzt, die Preise ihrer Artikel zu erhöhen, d. h. die Steuer im Preise auf die Konsumenten abzuwälzen.

Die Gewerbesteuer hat also einmal die Tendenz, die Gewerbetreibenden zu einem intensiveren Betriebe, zu grösserem Fleisse, erhöhter Geschicklichkeit, zur vollkommenen Ausnutzung der Roh- und Hilfsstoffe, Anwendung vollkommenerer Werkzeuge etc.) anzuspornen. Sie hat ferner die Tendenz, den Betrieb der ungünstigst situierten, d. i. der mindest rentablen Unternehmungen unmöglich zu machen und die Gewerbetreibenden zur Aufsuchung der günstigeren Produktionsbedingungen hinzudrängen, oder (was so ziemlich das Nämliche ist) sie hat die Tendenz, den Kleinbetrieb zu erschweren und den grösseren Betrieb zu begünstigen. Je niedriger ferner die Gewerbesteuer, um so eher kann sie von dem Gewerbetreibenden selbst getragen, d. i. aus dem Ertrage seines Unternehmens bestritten werden; je höher dagegen die Gewerbesteuer bemessen wird, um so mehr verringert sie das Angebot des fraglichen Gewerbeartikels, um so mehr muss sie vom Produzenten auf den Konsumenten abgewälzt werden, um so mehr nimmt sie den Charakter einer indirekt erhobenen Aufwandsteuer an.

Wie hoch die Gewerbesteuer im äussersten Falle steigen kann, lässt sich ziffermässig nicht bestimmen. Sicher ist nur so viel, dass der Gewerbsmann leben muss, wenn er in der Lage sein soll, sein Gewerbe zu betreiben; die Gewerbesteuer wird daher dem Gewerbetreibenden keinesfalls seine sämtlichen Erzeugnisse konfiszieren dürfen. Dagegen ist es theoretisch sehr wohl denkbar, dass durch eine excessiv hohe Gewerbesteuer sämtliche Gewerbeunternehmungen der betreffenden Kategorie im Staate mit einer einzigen Ausnahme zu Grunde gerichtet werden, so also, dass diese einzige übrigbleibende Unternehmung ein Monopol im strengsten Sinne des Wortes erlangt und geniesst. Ist dem so, so kann der Mann selbstverständlich Monopolspreise fordern und dann ist es denkbar, dass der Staat in der Steuer diesem Monopolisten eventuell die sämtlichen Stücke, die er im Laufe eines Monates oder Jahres etc. anfertigt, bis auf ein einziges konfisziert, so dass der Betreffende monatlich oder jährlich nur ein einziges Stück seiner Erzeugnisse zum Verkaufe bringt, dass er aber demungeachtet existieren kann, weil der Erlös dieses einzigen Stückes gross genug ist, den Mann einen Monat oder ein Jahr hindurch zu ernähren. Ob dies in der Praxis vorkommen wird und ob der Staat bei einer so exorbitant hohen Steuer gut fährt, ist für den vorliegenden Zweck gleichgültig, weil es sich hier lediglich darum handelt, die theoretisch mögliche Obergrenze der Gewerbesteuer festzustellen.

Aus dem Gesagten ergibt sich, dass zwischen der Gewerbesteuer und einer **indirekt erhobenen Aufwandsteuer** kein wesentlicher Unterschied besteht. Die Gewerbesteuer konfisziert, sagen wir dem Bierbrauer, jährlich ein paar Hektoliter Bier, und ein Gleiches, nur in höherem Masse, thut die Biersteuer. Ein übrigens nur unbedeutender Unterschied formeller Natur liegt in der Bemessung und Vorschreibung beider Arten von Steuern. Die eigentliche Gewerbesteuer kämpft — wie sattsam bekannt — mit der ungeheuren Schwierigkeit, den Reinertrag der einzelnen Gewerbeunternehmungen zu ermitteln. Infolgedessen muss sich die Gesetzgebung begnügen, die Steuer nach gewissen äusseren Merkmalen umzulegen, die annähernd einen Schluss auf die Rentabilität der einzelnen Gewerbeunternehmung gestatten, für deren unbedingtes Zutreffen aber Niemand einstehen kann. Die Steuer wird also nach gewissen mehr oder weniger groben Abstufungen erhoben und es kann nicht ausbleiben, dass die verschiedenen Unternehmungen, die unter denselben Steuersatz fallen, einen mehr oder weniger ungleichen Reinertrag abwerfen. Dem entgegen wird die indirekt erhobene Aufwandsteuer in einem bestimmten Prozentsatze der erzeugten Menge des steuerpflichtigen Artikels erhoben. Auf die Bierbrauereien angewendet, bedeutet dies also, dass die sämtlichen Brauereien, die nach jenen äusseren, vom Gesetze aufgestellten Merkmalen (Grösse, Zahl der beschäftigten Hilfsarbeiter u. dgl. m.) unter denselben Satz der Gewerbesteuer fallen, ungeachtet ihres (bis zu einem gewissen Grade) ungleichen Reinertrages, jährlich an den Staat die gleiche und fixe Anzahl von Hektolitern Bier unter dem Titel der Gewerbesteuer abzuliefern haben, und dass der Staat überdies unter dem Titel der Biersteuer von jeder dieser Brauereien einen genau normierten ali-

quoten Teil des wirklich erzeugten Bieres (also etwa jeden zwan-
zigsten, zehnten, fünften etc. Hektoliter) fordert.

Der Gesetzgeber hat allerdings die Absicht, mit der Gewerbesteuer den Gewerbetreibenden, mit der indirekt erhobenen Aufwandsteuer dagegen den Konsumenten zu treffen, allein kein Mensch kann
unter den normalen Verhältnissen, d. h. dort, wo der Verkehr ein
freier ist, verbürgen, dass dieses Ziel auch jedesmal genau in der
vom Gesetzgeber gewollten Weise erreicht wird. Feststehend sind
nur drei Thatsachen. Einmal, dass eine dem Gewerbetreibenden auferlegte Steuer von diesem um so leichter aus Eigenem getragen
und um so weniger abgewälzt werden kann, je niedriger sie ist, und
dass umgekehrt die Steuer um so mehr abgewälzt werden muss, je
höher sie ist. Je niedriger nämlich die Steuer, desto weniger Unternehmungen der betreffenden Branche werden zur Einstellung ihres
Betriebes gezwungen, um so weniger wird die Konkurrenz unter
denselben beeinträchtigt; je höher dagegen die Steuer, um so mehr
der ungünstig situierten Unternehmungen gehen zu Grunde, um so
geringer die Zahl der übrig bleibenden Unternehmungen, die eine
um so mehr monopolisierte Stellung erlangen, je geringer ihre Zahl
ist, und dadurch in den Stand gesetzt werden, die Preise ihrer Artikel
zu erhöhen. Zum zweiten steht fest, was Kaizl in seiner Schrift:
„Die Lehre von der Ueberwälzung der Steuern" (Leipzig 1882)
wiederholt hervorhebt, dass die indirekt erhobene Aufwandsteuer in
einem genau bestimmten Prozentualverhältnis zur Menge der erzeugten Produkte festgesetzt ist, dass sie daher sozusagen direkt zur
Ueberwälzung auffordert, während das Verhältnis der Gewerbesteuer
zur Produktenmenge kein so durchsichtiges ist. Endlich ist die indirekt erhobene Aufwandsteuer in der Regel (wenigstens gegenüber
der Gewerbesteuer) verhältnismässig „hoch" bemessen, so dass man
die Ueberwälzung derselben als höchst wahrscheinlich annehmen darf.

Das ist aber auch so ziemlich alles, was die Theorie mit einiger
Bestimmtheit angeben kann, sie kann weder behaupten, dass die
Gewerbesteuer nie, noch dass die indirekt erhobene Aufwandsteuer
jedesmal abgewälzt wird. Im Gegenteile verhalten sich beide Arten
von Steuern in dieser Richtung vollständig gleich, oder mit anderen
Worten: es ist unmöglich, die Grenze zu bestimmen, wo die Gewerbesteuer aufhört und die indirekt erhobene Aufwandsteuer beginnt. Eine hoch bemessene Gewerbesteuer muss schliesslich aus
den erwähnten Gründen eine Preissteigerung der fraglichen Gewerbe-

erzeugnisse nach sich ziehen und ganz oder teilweise auf die Konsumenten übergewälzt werden. Umgekehrt ist es aber auch sehr leicht möglich, dass die Abwälzung der indirekt erhobenen Aufwandsteuer — was übrigens von der neuesten finanzwissenschaftlichen Litteratur zugegeben wird — auf die Konsumenten nicht jedesmal und nicht gänzlich gelingen muss, und dass in vielen Fällen, sei es vorübergehend, sei es dauernd, ein grösserer oder geringerer Teil der indirekt erhobenen Aufwandsteuer auf dem Produzenten des steuerpflichtigen Artikels liegen bleibt. Unter solchen Umständen ist es wohl keine ganz ungerechtfertigte Behauptung, wenn man sagt, dass die Gesetzgebung ein ziemlich illusorisches Ziel verfolgt, wenn sie von dem Produzenten eines verzehrungssteuerpflichtigen Artikels zwei besondere Steuern, die Gewerbesteuer, die den Produzenten treffen soll, und die Verzehrungssteuer, mit der der Konsument belastet werden soll, fordert. All die Mühe des Gesetzgebers wie der Steuerbeamten, die darauf abzielt, den Ertrag des fraglichen Gewerbebetriebes, d. i. die Leistungsfähigkeit des betreffenden Gewerbsmannes zu ermitteln, ist eigentlich eine verschwendete, weil (im freien Verkehr) kein Mensch dafür einstehen kann, dass der Mann seine Gewerbesteuer wirklich selbst tragen, dagegen die Verzehrungssteuer auch thatsächlich bei Heller und Pfennig auf die Konsumenten abwälzen wird. Kann aber der Gesetzgeber nicht dafür einstehen, dass er sein Ziel auch wirklich erreicht, dann wäre es wohl einfacher, wenn er sich darauf beschränken würde, von den verzehrungssteuerpflichtigen Gewerben eine einzige, nämlich die Verzehrungssteuer (eventuell in einem etwas höheren Ausmasse) zu fordern und es dem sog. „freien Verkehr" zu überlassen, wie viel von dieser Steuer auf den Produzenten, wie viel auf den Konsumenten fallen wird.

Ebenso wie bei denjenigen Gewerben, welche Sachgüter erzeugen, liegen die Dinge bei den Gewerben der persönlichen Dienstleistungen. Auch hier ist die Sache so aufzufassen, als ob die Regierung den betreffenden Gewerbetreibenden verhalten würde, seine Dienste teilweise dem Staate unentgeltlich zur Disposition zu stellen. Der Effekt der Steuer besteht also darin, dass z. B. der Arzt gewissermassen gezwungen wird, ein paar Staatsbeamte oder Soldaten gratis zu behandeln, dass dem Advokaten die Pflicht auferlegt wird, ein paar Prozesse für den Fiskus unentgeltlich zu führen, dass der Theaterdirektor gehalten ist, jährlich so und so viele Gratisvorstellungen für die Staatsbediensteten und Staatsgläubiger zu ver-

anstalten, dass der Schornsteinfeger ein paar Schornsteine in den
Kasernen und Amtsgebäuden unentgeltlich zu reinigen hat, dass die
Privateisenbahngesellschaft die Bediensteten und Gläubiger des Staates
sowie die staatlichen Sendungen gratis befördern muss etc.

Ein Unterschied in der Besteuerung der Gewerbe der persönlichen Dienstleistungen gegenüber denjenigen Gewerben, welche Sachgüter erzeugen, liegt in dem — übrigens nur äusserlichen und
zufälligen — Umstande, dass die den Gewerben der persönlichen
Dienstleistungen auferlegte Steuer in sehr vielen Fällen verhältnismässig unbedeutend ist. Eine ganze Reihe derjenigen Personen,
welche sich den sog. „freien Berufen" widmen, wie beispielsweise
die nur etwas hervorragenderen Aerzte, Advokaten, Notare, Künstler,
Schriftsteller, Privatlehrer (Musik-, Sprachlehrer) etc., ist materiell
nicht nur gut, sondern vielfach geradezu glänzend situiert, so dass
die Steuer gegenüber den Einnahmen dieser Personen fast gar nicht
in die Wagschale fällt. Infolgedessen ist in allen diesen Fällen an
eine Abwälzung der Steuer nicht wohl zu denken.

Anders hingegen bei den eigentlichen Handwerksbetrieben wie
etwa der Friseure, Kaminfeger u. dgl., deren materielle Stellung eine
kleinbürgerliche ist. Hier kann die Steuer gegenüber den Einnahmen
dieser Personen leicht eine solche Höhe erreichen, dass eine Abwälzung derselben notwendig eintreten muss. Wäre beispielsweise
— um einen konkreten Fall zu wählen — die Steuer so niedrig bemessen, dass jeder Friseur der Stadt an einem einzigen Tage des
Jahres zur Dienstleistung in der Kaserne einberufen würde, um dort
den Soldaten unentgeltlich das Haar zu schneiden, oder mit anderen
Worten: wäre der einzelne Friseur gehalten, in jeder Woche etwa
nur einen einzigen Kopf unentgeltlich in seine Behandlung zu nehmen,
so würde dies höchst wahrscheinlich eine so geringe Mehrbelastung
seiner Arbeitskraft repräsentieren, dass er hierdurch zu keinem Preis-
aufschlage gezwungen würde. Würde jedoch der Mann in jeder
Woche an zwei oder drei Tagen zur unentgeltlichen Dienstleistung
in der Kaserne einberufen, so würden ihm nur vier oder gar nur
drei dienstfreie Tage in der Woche übrig bleiben, an welchen er
seine Dienstleistungen dem Publikum zur Disposition stellen könnte.
Er müsste also an diesen vier oder drei Tagen so viel verdienen,
als er wöchentlich zum Leben braucht und dann müsste er höchst
wahrscheinlich den Preis seiner Leistungen für die privaten Kunden
entsprechend erhöhen.

Wir sind im vorstehenden, wo von der Gewerbesteuer die Rede war, von der Voraussetzung ausgegangen, dass der Verkehr ein „freier" ist. Anders hingegen gestaltet sich die Frage der Abwälzung der Steuer bei den mehr oder weniger „regulierten" Unternehmungen, d. i. bei allen denjenigen Betrieben, die der Staat nur in beschränkter Zahl konzessioniert, denen er aber hierfür andererseits Preissatzungen oder Taxen vorschreibt. Bei der Festsetzung dieser Taxen tritt allerdings die Rücksicht auf das öffentliche Wohl zunächst in den Vordergrund, d. h. die Regierung schreibt gewisse Preise vor, welche der Unternehmer einhalten muss oder wenigstens nicht überschreiten darf, damit das Publikum nicht ausgebeutet werde. Indem die Regierung aber dies thut, muss sie gleichzeitig und mit nicht geringerer Sorgfalt darauf bedacht sein, dass der Unternehmer mit seiner Unternehmung auch bestehen kann, d. h. die Regierung wird die Taxen so festsetzen müssen, dass der Mann einen angemessenen Gewinn erziele. Und um denselben der Notwendigkeit zu entheben, unter die Taxe herunterzugehen, wird von der Regierung mit Rücksicht auf den Gesamtbedarf nur eine bestimmte beschränkte Anzahl von Unternehmungen dieser Art konzessioniert. Hier hat es die Regierung, weil sie ein mehr oder weniger weitgehendes Monopol schafft und den Preis festsetzt, thatsächlich in der Hand, den Gewinn zu bestimmen, den der Mann machen soll, und demgemäss kann sie auch ausnahmsweise bestimmen, auf wen die Steuer fallen soll. D. h. die Regierung ist in einem derartigen Falle ausnahmsweise in der Lage zu verhindern, dass die Steuer von dem Produzenten auf die Konsumenten abgewälzt werde, sie kann aber auch umgekehrt, wenn sie die Preise etwas höher festsetzt, verfügen, dass die Steuer gänzlich oder teilweise den Konsumenten zugeschoben werde.

Bei derartigen Unternehmungen kommt es bekanntlich auch zuweilen vor, dass neben der eigentlichen Gewerbesteuer, die den Produzenten trifft, noch eine besondere Aufwandsteuer vom Konsumenten gefordert wird. Neben der Gewerbesteuer des Theaterunternehmers wird etwa überdies ein besonderer sog. Eintrittskarten-„Stempel", neben der Gewerbesteuer, die die Eisenbahnunternehmung zu zahlen hat, wird ein besonderer Fahrkarten- oder auch ein besonderer Frachtbrief-„Stempel" u. dgl. erhoben. Nach der Intention des Gesetzes ist dies der nämliche Vorgang, wie wenn neben der Haussteuer eine besondere Wohnungssteuer oder neben der Gewerbe-

steuer etwa des Bierbrauers, des Branntweinbrenners, des Zuckerfabrikanten etc. eine besondere Bier-, Branntwein-, Zuckersteuer etc.
erhoben wird. Während jedoch die Regierung bei allen Unternehmungen, die der freien Konkurrenz unterliegen, auf die Preisbildung und demgemäss auf Ueberwälzung oder Nichtüberwälzung
der Steuern keinen Einfluss hat, ist der Gesetzgeber bei den sog.
regulierten Unternehmungen ausnahmsweise in der Lage, eine besondere Gewerbesteuer vom Unternehmer·zu fordern, die thatsächlich
nur diesen (beziehentlich die Unternehmung) trifft, und gleichzeitig
eine zweite Steuer einzuheben, die als eigentliche Aufwandsteuer
wirklich dem Konsumenten zur Last fällt.

4) Die Gehalt- und Lohnsteuer.

Behufs der richtigen Würdigung dieser Steuer muss man unterscheiden, aus welcher Quelle die zu besteuernden Gehalte oder Löhne
fliessen. Die Gagen der öffentlichen Funktionäre, d. i. der Bediensteten des Staates, der Provinz, des Kreises, des Bezirkes, der Gemeinde u. dgl., werden aus den Steuern der Bürger gezahlt. Wenn
daher der Staat seinen eigenen Bediensteten nach Massgabe ihrer
Bezüge eine Steuer vorschreibt, so nimmt er mit der einen Hand
einen Teil dessen, was er mit der anderen Hand gegeben hat, oder
mit anderen Worten: die Gehaltsteuer ist streng genommen nichts
anderes als eine Gehaltsreduktion. Ob der Staat einem Angestellten
ein nominelles Gehalt von 4000 Mark anweist und bei der Auszahlung etwa 200 Mark unter dem Titel der Steuer in Abzug bringt
und zurückbehält, oder ob der Staat gleich von vornherein die Gage
des Betreffenden nur mit 3800 Mark festsetzt, ist selbstverständlich
für beide Teile, für den Staat wie für den Beamten·im wesentlichen
gleichgültig. Und wenn heute in der Regel der ersterwähnte Modus
gewählt wird, so geschieht dies lediglich aus äusseren Gründen, einmal mit Rücksicht auf die staatliche Buchführung, welche einerseits
den Gagenetat und andererseits das Erträgnis der verschiedenen
Steuern klar zum Ausdruck bringen soll, und zum zweiten, weil
man den Anschein vermeiden will, als ob die Bediensteten des Staates
sich des Privilegiums der Steuerfreiheit erfreuen würden.

Die Gagen und Löhne der Privatbediensteten hingegen fliessen
aus dem Erträgnisse derjenigen Unternehmungen, in welchen die
betreffenden Personen angestellt sind. Aus diesem Grunde ist es
denn auch für den Staat vollständig gleichgültig, ob er dem Unter-

nehmer eine besondere (etwas niedriger gegriffene) Gewerbesteuer
und jedem Fabrikbeamten und -Arbeiter eine eigentliche Gehalt-
beziehentlich Lohnsteuer vorschreibt, oder ob er den gesamten Steuerbetrag in Bausch und Bogen von der Unternehmung fordert und es
dieser überlässt, die Gagen und Löhne ihrer Bediensteten entsprechend
niedriger zu bemessen. In beiden Fällen ist der Betrag (d. i. der
aliquote Teil der in der fraglichen Unternehmung produzierten Güter),
der an den Staat unter dem Titel der Steuer abgeliefert werden muss,
der gleiche.

Stellt man sich auf den Standpunkt, den die gangbare Steuerlehre und teilweise auch die Praxis einnimmt, dass nämlich das
Steuerzahlen eine persönliche Angelegenheit ist und dass jeder Bürger
nach Massgabe seines „Einkommens" zu den öffentlichen Lasten beitragen soll, so ist es allerdings eine Konsequenz dieser Auffassung,
wenn die Staatsgewalt bestrebt ist zu ermitteln, wie gross das reine
Einkommen einerseits des Unternehmers und andererseits das eines
jeden seiner Hülfsarbeiter ist, und wenn sie hier nach jeder dieser
Personen die Steuer besonders vorschreibt. Andererseits muss man
aber zugeben, dass die Regierung, die auf diese Weise vorgeht, sich
eine Aufgabe setzt, für deren Lösung sie nicht einstehen kann, weil
sie — wie bereits wiederholt hervorgehoben wurde — im sog. freien
Verkehr auf die Preisbildung keinen Einfluss nehmen und daher auch
nicht verhindern kann, dass die Lohn- oder Gehaltsteuer von den
betreffenden Personen im Wege einer erzwungenen Lohn- oder
Gehaltserhöhung dem Unternehmer zugeschoben werde. Was will
beispielsweise die Staatsgewalt thun, wenn etwa ein geschickter
Fabriksbeamter seinem Chef erklärt, er wolle sich die Schmälerung
seiner Bezüge durch die Steuer nicht gefallen lassen, und wenn der
Fabrikant, um diese ausgezeichnete Arbeitskraft nicht zu verlieren,
dem Manne die Gage um den Betrag der Steuer erhöht, die letztere
somit auf sich nimmt? Und ebensowenig kann die Regierung es
verhindern, dass etwa die gesamte dem Unternehmen aufgebürdete
Steuerlast, d. i. die Gewerbesteuer, die Gehalt- und Lohnsteuer, samt
einer etwaigen Konsumtionssteuer im Wege einer Preissteigerung der
betreffenden Fabrikate auf die Konsumenten übergewälzt werde.

Unter solchen Umständen ist es wohl folgerichtiger, wenn die
Regierung ihre Ohnmacht offen eingesteht und wenn sie dasjenige,
was sie nicht erzwingen kann, auch nicht anordnet, d. h. wenn sie
sich begnügt, die gesamte Steuer in Bausch und Bogen von der

Unternehmung zu fordern, ohne weiter auf die Frage einzugehen, wie die Steuerlast auf die einzelnen in dem Unternehmen beschäftigten Personen aufgeteilt werden soll. Teilweise findet sich dieser Gedanke dort verwirklicht, wo — wie beispielsweise in bestimmten Fällen in Oesterreich — die Gehalt- und Lohnsteuer in indirekter Form erhoben wird, d. h. wo seitens des Steueramtes zwar für jeden Privatbediensteten die Steuer besonders bemessen und vorgeschrieben, wo aber dieselbe nicht von diesem, sondern von seinem Arbeitgeber gefordert wird, und es den beiden Teilen überlassen bleibt, die Steuerlast untereinander beliebig zu verteilen. Ein derartiger Vorgang entspricht dem Wesen der Real- oder Objektbesteuerung, die als Ertragssteuer dort, wo Güter produziert werden, einen bestimmten aliquoten Teil derselben für den Staat vorweg nimmt. Acceptiert man einmal diesen Gedanken voll und unbedingt, so liegt es eben in der Natur der Dinge, dass der Fiskus nicht weiter in die Details einzudringen braucht und nicht eine Frage zu lösen unternehmen soll, die er doch nicht lösen kann. Denn der Versuch, jedem einzelnen der Werksbediensteten eine besondere Gehalt- oder Lohnsteuer vorzuschreiben, ist eigentlich nichts anderes als der Versuch zu bestimmen, wie viel jeder derselben zum Gelingen des Werkes beigetragen hat, oder wie viel Stück von den fertigen Produkten dem A, dem B, dem C etc. zuzuschreiben sind. Das aber ist ein Rechenexempel, das überhaupt nicht gelöst werden kann, weil unter der Herrschaft der Arbeitsteilung keiner der Mitwirkenden das ganze Stück selbst herstellt, sondern alle wie die verschiedenen Teile des Organismus zusammenwirken. Wenn etwa ein Mensch gehen soll, so müssen selbstverständlich alle seine Organe und zwar das Gehirn, die Lunge, das Herz etc. ebenso gut wie seine Beine dazu beitragen, damit er die Schritte mache; es wäre jedoch lächerlich, behaupten zu wollen, dass von 1000 Schritten, die jemand zurückgelegt hat, etwa so und so viele auf Rechnung des Gehirns, so und so viel Schritte auf Rechnung der Lunge, des Herzens etc. etc. zu setzen seien. Ganz dasselbe gilt von einer Fabrik, in welcher die betreffenden Personen unter dem System der Arbeitsteilung zusammenwirken und mit vereinten Kräften die Produkte herstellen, ohne dass man ziffermässig nachweisen kann, wie viel Stück der A, der B, der C etc. angefertigt hat. Kann man dies aber nicht und besteht die Gewerbesteuer darin, dass jede Gewerbeunternehmung einen aliquoten Teil ihrer Produkte dem Staate abliefern muss, so ist es ein müssiges

Beginnen, wenn der Fiskus etwa bei einer Stecknadelfabrik berechnen will, wie viel Stück Nadeln der Fabrikbesitzer und jeder seiner Angestellten unter dem Titel der Gewerbe-, der Gehalt- und der Lohnsteuer zu entrichten hat.

5) Die Zinsrentensteuer.

Von ihr gilt mutatis mutandis dasselbe, was im vorstehenden von der Gehalt- und Lohnsteuer gesagt wurde. Zunächst muss man auch bei der Zinsrentensteuer zwischen den Zinsen, die vom Staate (der Provinz, der Gemeinde etc.) gezahlt werden und denjenigen Zinsen unterscheiden, für welche Privatpersonen aufzukommen haben.

Die Zinsen der sog. „unproduktiven" öffentlichen Anleihen werden aus den Steuern gezahlt und demgemäss ist jede auf den Coupon der Staatsobligationen gelegte Steuer nichts anderes als eine erzwungene Zinsenreduktion, oder — wenn man den Ausdruck gebrauchen will — ein partieller Staatsbankrott. Sind die betreffenden Papiere auf seiten des Gläubigers unkündbar, so kann sich der Besitzer eines derartigen Papieres, der von der neu eingeführten Couponsteuer (oder von einer Erhöhung derselben) zuerst getroffen wird, der Steuer selbstverständlich ebensowenig entziehen wie etwa der Grundbesitzer, dem eine Grundsteuer vorgeschrieben wird. Thatsächlich wirkt auch die Couponsteuer, weil sie in der nämlichen Weise, wie die Grundsteuer den Bodenertrag schmälert, den Ertrag des Papieres reduziert, genau so wie die Grundsteuer, d. h. sie drückt — · wie ein Blick in das Kursblatt etwa der Wiener Börse lehrt — im ihren kapitalisierten Betrag den Kurs des fraglichen Papieres. Uebrigens ist es selbstverständlich, dass ein (steuerpflichtiges) Papier, welches jährlich etwa nur vier Gulden oder Mark Rente trägt, weniger wert ist als ein anderes gleich sicheres (steuerfreies) Papier, welches jährlich fünf Gulden oder Mark abwirft. Ob aber eine uneigentliche Abwälzung später nicht trotzdem eintritt, ist allerdings eine andere Frage. So viel wenigstens ist richtig, dass ein Staat, der eine Couponsteuer auf seine Obligationen legt, damit (in der Regel — ausnahmsweise kommt auch das Entgegengesetzte vor) seinen Kredit schädigt, und dies kann leicht zur Folge haben, dass er seine nächste Anleihe unter um so ungünstigeren Bedingungen kontrahieren muss. In derselben Weise kann selbstverständlich eine hochgegriffene Gehaltsteuer auf den Staat als Arbeitgeber abgewälzt werden, dann nämlich, wenn sie den Andrang der jungen Kräfte zum Staatsdienste so verringert, dass dem Staate schliesslich kein anderer Ausweg übrig bleibt als die Gagen seiner Bediensteten entsprechend aufzubessern.

Die Zinsen jedoch, welche von Privatpersonen und zwar von Einzelpersonen ebensowohl wie von Gesellschaften gezahlt werden, fliessen aus den Unternehmungen, welche diesen Personen gehören. Demgemäss ist es — wie bei der Gehalt- und Lohnsteuer — für den Staat gleichgültig, ob er dem Gläubiger eine besondere Zinsrentensteuer und dem verschuldeten Unternehmer eine geringere Gewerbesteuer vorschreibt, oder ob er (nach dem Vorgange der österreichischen Gesetzgebung) den ganzen Steuerbetrag von dem Unternehmer fordert und diesem eventuell das Recht einräumt, den entfallenden Teilbetrag der Steuer von den zu zahlenden Zinsen in Abzug zu bringen. Freilich ist dem Schuldner mit dieser gesetzlich zugestandenen Befugnis wenig gedient, denn will sich der Gläubiger den Steuerabzug nicht gefallen lassen, droht er dem Schuldner mit der Kündigung des Darlehens und kann dieser letztere nicht zahlen, so wird er sich wohl oder übel entschliessen müssen, die Steuer auf sich zu nehmen und dem Gläubiger die Zinsen ohne Abzug zu entrichten. Und wenn umgekehrt das Gesetz dem Schuldner jenes Recht des Steuerabzuges nicht zugesteht, wenn aber der Zinsfuss im Sinken begriffen ist und der Schuldner dem Gläubiger eine Herabsetzung der Zinsen bei sonstiger Rückzahlung des Darlehens ankündigt und dieser keine Gelegenheit findet, sein Geld zu höheren Zinsen zu placieren, so wird umgekehrt dem Gläubiger kein anderer Ausweg übrig bleiben als — wenn auch widerstrebend — einzuwilligen.

Die Zinsrentensteuer, gerade so wie die Gehalt- und Lohnsteuer, lässt sich eben in ein System der Ertragsteuern (der Objektbesteuerung) absolut nicht einfügen. Der Staat kann in der Ertragsteuer einen Teil der in dem fraglichen Unternehmen produzierten Güter für sich in Anspruch nehmen, aber jeder Versuch der Regierung, diese Konfiskation auf die an dem Unternehmen — sei es als Arbeitgeber und Arbeitnehmer, sei es als Gläubiger und Schuldner — beteiligten Personen nach bestimmten Beträgen zu verteilen, muss notwendig scheitern, und zwar volkswirtschaftlich gesprochen: weil es absolut unmöglich ist zu ermitteln, welcher Teil von den Produkten dem einen oder dem anderen zuzuschreiben ist; privatwirtschaftlich gesprochen: weil dort, wo der Verkehr ein freier ist, die

Staatsgewalt auf die Gestaltung des Verhältnisses von Angebot und Nachfrage, d. i. auf die Preisbildung keinen Einfluss nehmen kann.

6) Die direkt erhobenen Aufwandsteuern.

Werden die Aufwandsteuern in direkter Form, d. i. bei demjenigen erhoben, der den steuerpflichtigen Aufwand macht, so sind sie so aufzufassen, als ob der Betreffende gehalten wäre, den steuerpflichtigen Artikel dem Staate teilweise zur Disposition zu stellen. Beispielsweise wird also durch die Equipagensteuer dem Equipagenbesitzer gewissermassen die Verpflichtung auferlegt, seinen Kutscher samt Wagen und Pferden jährlich ein paar Tage hindurch dem Staate, beziehentlich irgend einem hohen staatlichen Funktionär oder einem grossen Staatsgläubiger zur Benutzung zu überlassen. Dass der Steuerpflichtige, solange er eben den steuerpflichtigen Aufwand macht, sich der Steuer nicht entzieht, d. h. die Steuer auf keinen Zweiten abwälzen kann, ist selbstverständlich. Allerdings ist es leicht denkbar, dass beispielsweise durch die Neueinführung (oder wesentliche Erhöhung) der Equipagensteuer den bisherigen Equipagenbesitzern die Lust benommen wird, Wagen und Pferde zu halten und dann werden vielleicht Wagen und Pferde vorübergehend im Preise sinken, allein an eine dauernde sog. „Rückwälzung" dieser Steuer auf die Wagenfabrikanten und Pferdezüchter ist nicht zu denken, weil die betreffenden Produzenten aufhören würden, ihre Artikel zum Markte zu bringen, wenn ihnen die Produktionskosten nicht voll im Preise vergütet werden.

7) Die Verkehrsteuern

sind einfach als teilweise Vermögenskonfiskationen anzusehen. Der Staat fordert einen aliquoten Teil der durch Verkehrsakte — sei es unter Lebenden, sei es von Todes wegen — übertragenen Vermögensmassen. Die Frage nach der Abwälzung dieser Steuern beantwortet sich leicht. Bei der Erbschafts-, der Schenkungs- und der Lotteriesteuer ist die Abwälzung der Steuer — wenigstens unter normalen Verhältnissen — geradezu ausgeschlossen. Wer die Erbschaft, die Schenkung oder den Lotteriegewinn annimmt, muss selbstverständlich auch die Steuer bezahlen und tragen und kann dies um so leichter thun, als alle drei Rechtsgeschäfte einen unentgeltlichen Vermögenszuwachs repräsentieren. Bei den sonstigen Rechtsgeschäften unter Lebenden (Kauf, Miete, Pacht, Arbeitsvertrag etc.) muss die Steuer

unter normalen Verhältnissen in der Regel auf denjenigen Teil fallen,
der die schwächere Position im Kampfe einnimmt, und dies ist derjenige, der das grössere Interesse an dem Zustandekommen des
Rechtsgeschäftes hat. Stehen sich beide Teile gleich stark gegenüber, d. h. haben sie beide ein gleich lebhaftes oder gleich geringes
Interesse an dem Abschlusse des Geschäftes, so werden sie eventuell
— wie dies im wirklichen Leben oft genug (ob maskiert oder offen
ausgesprochen, ist gleichgültig) geschieht — die Steuer zu gleichen
Teilen (oder sonst) unter sich verteilen.

8) Die Personalsteuern

und zwar gleichgültig, ob sie in der Form der Kopfsteuer, oder in
der der (älteren preussischen) Klassensteuer oder als eigentliche persönliche Einkommensteuer erhoben werden, entsprechen thatsächlich
der Definition der Steuern, die die gangbare Lehre aufstellt. Während
in der Objektbesteuerung die Finanzverwaltung die Güter dort wegnimmt, wo sich eine günstige Gelegenheit zum Nehmen findet, d. i.
(bei den Ertrag- und den indirekt erhobenen Aufwandsteuern) dort,
wo die Güter produziert werden, oder (wie bei den Zöllen und der
Thoraccise) wenn die fraglichen Güter die Grenze (sei es des Landes,
sei es der Stadt) passieren, oder endlich (wie bei den Verkehrsteuern)
wenn die betreffenden Güter zum Gegenstande eines Rechtsgeschäftes
werden — während also in der Objektbesteuerung der Fiskus einen
Teil der vorhandenen Güter konfisziert, trifft bei den Personalsteuern
thatsächlich dasjenige zu, was die gangbare Steuertheorie lehrt,
d. h. der einzelne Bürger hat ein gewisses Einkommen von so und
so viel Gulden oder Mark und ist gehalten, einen bestimmten Teil
dieses seines Einkommens an den Steuereinnehmer abzuführen.

Beschränkt sich die Staatsverwaltung — wie es ja im Wesen der
in Rede stehenden Steuern gelegen ist — darauf, in der Personalsteuer
nur einen Bruchteil des sog. „freien" Einkommens der einzelnen
Bürger zu fordern, so ist eine Abwälzung dieser Steuer in der Regel
nicht wohl möglich, weil die Steuer zu keiner Verminderung des
Angebotes führt, denn niemand wird unter normalen Verhältnissen
auf sein Einkommen gänzlich oder teilweise verzichten, weil er ein
paar Prozent hievon an den Staat als Steuer abzuführen hat. Im
Gegenteile, namentlich wenn das steuerpflichtige Einkommen des
Betreffenden aus seiner persönlichen Thätigkeit fliesst, wird derselbe
eher bestrebt sein, seine Einnahme durch gesteigerte Thätigkeit, d. i.

durch ein vermehrtes Angebot seiner Arbeitsleistungen zu steigern.
Nur wenn der Betreffende irgend ein Monopol besitzt, wenn er (als
hervorragender Advokat, Arzt, Künstler etc.) in der Lage ist, besonders qualifizierte Leistungen anbieten zu können, wäre er imstande, im Hinblick auf die Steuer einen höheren Preis für dieselben
zu fordern. Ob dies der Fall sein wird, ist selbstverständlich
quaestio facti.

　　Wird jedoch die Personalsteuer — wie dies bei der Kopfsteuer
leicht der Fall sein kann — in rücksichtsloser Weise erhoben, d. h.
fordert der Staat von dem einzelnen Bürger die Steuer, ohne danach
zu fragen, ob der Mann von dem Reste seines Einkommens auch
leben kann, so wird die Abwälzung der Steuer, die Erhöhung des
(Arbeits-) Einkommens auf dem Wege des Hungertodes von so und
so viel Hunderten oder Tausenden von Menschen (Arbeitern) sich
notwendig vollziehen müssen.

III.
Die Frage der Abwälzung.

　　Ueberblickt man das im vorstehenden Gesagte, so ergeben sich
die allgemeinen Grundsätze für die Steuerabwälzung von selbst. Die
Steuer trifft die Bürger wie eine teilweise Vermögenskonfiskation,
sie wird somit als eine unangenehme Last empfunden, die in dem
Betreffenden begreiflicherweise das Bestreben hervorruft, die ihm
aufgebürdete Last anderen Personen zuzuschieben, d. i. eben die
Steuer abzuwälzen. Diese Abwälzung gestaltet sich jedoch verschieden je nach der Art und Weise, wie die Steuer auf die fragliche Vermögensmasse gelegt wird.

　　Es gibt nämlich, wie wir gesehen haben, Steuern, und zwar
sind dies die Verkehrsteuern, welche derart veranlagt werden, dass
sie einen gewissen aliquoten Teil (einen bestimmten Prozentsatz) der
betreffenden Vermögensmasse einfach für den Staat konfiszieren.
Insofern diese Steuern Verkehrsakte unter Lebenden treffen (bei der
Erbschaftssteuer ist selbstverständlich von einer eigentlichen Abwälzung keine Rede), werden sie gleichzeitig auf die Schultern zweier
Personen, der beiden vertragschliessenden Teile gelegt und bleibt es
den beiden Kontrahenten überlassen, wie sie diese Last untereinander
verteilen wollen. Sieht man hier von den aus uneigennützigen Mo-

tiven geschlossenen Verträgen (offenen Schenkungen oder maskierten Schenkungen, bei denen die letztere etwa in die Form eines Kauf- mietvertrages o. dgl. mit unverhältnismässig hoher oder niedriger Zahlung gekleidet wird) ab, bei welchen es häufig geschieht, dass der Geschenkgeber, um dem anderen Teile möglichst ausgiebig unter die Arme zu greifen, auch noch die Verkehrsteuer (die sog. „Rechts- gebühr") aus eigenem trägt — sieht man, wie gesagt, von diesen aus uneigennützigen Motiven geschlossenen Verträgen ab und fasst man nur die sog. „normalen" Verhältnisse, d. i. den Abschluss der- jenigen Rechtsgeschäfte ins Auge, bei denen jeder der beiden Kon- trahenten möglichst viel gewinnen will, so wird jeder der beiden Teile bestrebt sein, die ihm unangenehme Steuerlast dem anderen zuzuschieben. In diesem „Kampfe um die Steuer" (richtiger gesagt: in diesem „Kampfe um die Steuerfreiheit") wird selbstverständlich, wie in jedem Kampfe der schwächere Teil unterliegen und die Steuer auf sich nehmen müssen, während der obsiegende stärkere Teil steuerfrei ausgehen wird, und als schwächerer Teil ist, wie bereits oben erwähnt wurde, derjenige anzusehen, der das lebhaftere Interesse an dem Zustandekommen des Vertrages hat. Sind beide Teile gleich stark, so wird das Hinüberschieben der Last keinem gelingen und werden dieselben daher die Steuer zu gleichen Teilen übernehmen müssen. Hier also, bei den Steuern auf Verkehrsakte unter Leben- den, wird die Last gleich von vornherein gleichzeitig auf die Schultern zweier Personen gelegt und nun beginnt der Kampf, d. i. der Ver- such, die Last hinüber und herüber zu schieben, der solange währt, bis die beiden ihre Kräfte gemessen haben und sich einigen, in irgend einer Weise die Steuer zu übernehmen.

Es gibt jedoch andererseits auch Fälle, und hierher gehören die Ertragsteuern, die indirekt erhobenen Aufwandsteuern (die man beide unter dem gemeinsamen Namen der Produktionssteuern zu- sammenfassen kann), sowie die Zölle, bei welchen die Steuer nicht gleichzeitig zwei Personen, sondern nur einer einzigen auferlegt wird. Demgemäss nimmt denn auch jener „Kampf um die Steuer" hier eine teilweise andere Gestalt an; an die Stelle des offenen beider- seitigen Bemühens, die Steuerlast hinüber und herüber zu schieben, tritt das Bestreben der von der Steuer getroffenen Person, die Last gewissermassen heimlich auf die Schultern einer zweiten Person hinüber zu schmuggeln. Dieses Hinüberschmuggeln der Steuer ist jedoch selbstverständlich nur dann möglich, wenn die fragliche P d. inschaft wenigstens nach der betreffenden Richtung hin mitten im Verkehrsleben steht und mit anderen Personen oder Wirtschaften in Berührung kommt. Wenn wir annehmen, dass eine Grundbesitzerfamilie eine vollkommen isolierte Wirtschaft führt, d. h. dass diese Leute die gewonnenen Bodenprodukte selbst verzehren oder zum eigenen Gebrauche verarbeiten und nichts davon in den Verkehr bringen, so werden diese Personen vom Staate ohne weiteres zur Steuer und zwar zur Ertragsteuer (Grund- und beziehentlich Gewerbesteuer) sowie zu einer etwaigen Aufwandsteuer (Bier-, Branntwein-, Weinsteuer o. dgl.) herangezogen werden können, aber eine etwaige Abwälzung dieser Steuer ist selbstverständlich von vornherein ausgeschlossen. Aus demselben Grunde kann auch der Hausbesitzer, der sein Haus selbst und allein bewohnt, die Haussteuer, kann der Equipagenbesitzer die Equipagensteuer, oder allgemein gesprochen, kann man die direkt erhobene Aufwandsteuer keinem zweiten zuschieben und aufbürden.

Die Abwälzung derjenigen Steuern, welche anfänglich nur einer Person oder Wirtschaft aufgebürdet werden, setzt also voraus, dass die fragliche Person oder Wirtschaft mit anderen Personen oder Wirtschaften im Verkehr steht. Die Abwälzung selbst kann sich auf zweifache Weise vollziehen. Das eine Mal bekanntlich in der Form, dass der Steuerzahler den Preis der Nutzungen oder der Früchte des betreffenden Vermögensobjektes oder seiner Arbeitsleistungen entsprechend erhöht. Eine Preissteigerung ist aber selbstverständlich nur möglich, wenn eine Aenderung im Verhältnisse von Angebot und Nachfrage eintritt, und da nicht abzusehen ist, wie durch die Steuer eine Steigerung der Nachfrage nach dem betreffenden Artikel herbeigeführt werden soll, so kann die Preiserhöhung nur eintreten, wenn durch die Steuer das Angebot entsprechend verringert wird. Eine Preissteigerung infolge der Steuer ist somit nur möglich, wenn durch die letztere ein grösserer Teil der Produzenten (weil bei den bisherigen Preisen der Betrieb des Geschäftes nicht mehr lohnend erscheint) veranlasst wird, den fraglichen Geschäftsbetrieb einzustellen, so dass die Uebrigbleibenden dadurch eine gewisse monopolistische Stellung erlangen, und wenn sodann diese letzteren ihr (partielles) Monopol auch ausnutzen und die Preise ihres Artikels auch thatsächlich erhöhen. Vorausgesetzt selbstverständlich, dass der Verkehr ein freier ist, denn bei regulierten Unternehmungen, die die Staatsgewalt nur in beschränkter Anzahl kon-

zessioniert und denen sie andererseits Preissatzungen vorschreibt, hat
die Regierung — wie bereits an früherer Stelle dargethan wurde —
ausnahmsweise die Macht, die Steuerüberwälzung zu erzwingen oder
zu verhindern.

Aus diesem Grunde muss schliesslich im Laufe der Zeit eine
höher gegriffene Haussteuer auf die Mieter, muss eine höher bemessene Gewerbesteuer sowie eine indirekt erhobene Aufwandsteuer
auf die Konsumenten abgewälzt werden, nur darf man nicht annehmen, dass die Ueberwälzung sofort eintritt und dass sie jedesmal
bei Heller und Pfennig gelingt, weil die Theorie nicht zu bestimmen
vermag, ob und inwiefern durch die Steuer eine Verringerung des
Angebotes auch thatsächlich stattgefunden hat.

Ist dagegen eine Verminderung des Angebotes infolge der
Steuer aus irgend einem Grunde nicht möglich, so kann auch eine
Abwälzung der Steuer in der Form einer Preissteigerung der fraglichen Produkte, Nutzungen oder Leistungen nicht eintreten. Dagegen vollzieht sich in einem solchen Falle, wenn die Steuer auf
ein rentetragendes Vermögen gelegt wird, dessen Erträgnis durch
die Steuer geschmälert wird, die Abwälzung in der Form einer teilweisen Entwertung dieses Vermögens, d. i. in der Form der sog.
Steueramortisation. Diese letztere tritt bekanntlich ein bei den
Grundstücken infolge der Grundsteuer, bei unkündbaren Wertpapieren
infolge der Couponsteuer, bei Häusern, solange die Ueberwälzung
der Steuer auf die Mietsleute nicht gelungen ist, infolge der Haussteuer.

Mit der Frage der Abwälzung ist jedoch die Frage nach den
Wirkungen der Steuern im allgemeinen nicht erschöpft, denn das
Streben jedes einzelnen Bürgers, die ihm aufgebürdete Last einem
zweiten in irgend einer Weise zuzuschieben, ist eben nur eine und
zwar sekundäre Folge der Besteuerung. Im allgemeinen besteht —
wie wir gesehen haben — der Effekt speziell der Objektbesteuerung
(die den weitaus grössten und wichtigsten Teil der Steuern ausmacht)
darin, dass ein Teil der vorhandenen Güter vom Staate konfisziert
wird. Namentlich die Ertragsteuern und die indirekt erhobenen
Aufwandsteuern konfiszieren einen Teil der gewonnenen Produkte
und demgemäss besteht der Effekt derselben darin, dass sie die Produktion oder die Produktivität der Arbeit verringern. Der Landwirt
bestellt nach wie vor seine Felder, der Gewerbsmann arbeitet nach
wie vor in seiner Werkstätte oder in der Fabrik, aber das Resultat

seiner Arbeit ist ein kleineres, weil der Fiskus in der Grundsteuer, beziehentlich in der Gewerbesteuer und in der indirekt erhobenen Aufwandsteuer ihm jedesmal einen Teil der Früchte seiner Arbeit wegnimmt. Stellen wir uns vor, dass die vom Staate in der Steuer konfiszierten Güter wie in einer Art Höllenrachen oder wie in einem bodenlosen Abgrund auf Nimmerwiedersehen verschwinden, so besteht die allgemeine Wirkung der Steuern darin, dass bei gleichbleibender Arbeit weniger Produkte zur Befriedigung der Bedürfnisse der gesamten Bevölkerung vorhanden sind. Es ist somit, wie wenn etwa das ganze Volk durch einen Zauberschlag in ein unwirtlicheres und weniger fruchtbares Land versetzt worden wäre. Der Produzent (der Landwirt und der Gewerbetreibende) muss ebensoviel arbeiten wie früher, erzielt aber weniger Früchte, oder er muss umgekehrt mehr arbeiten als bisher, wenn er das nämliche Quantum von Früchten erzielen will. Und gelingt dem Gewerbsmanne die Abwälzung der Gewerbe- oder der indirekt erhobenen Aufwandsteuer auf den Käufer, so muss dieser für das nämliche Warenquantum mehr bezahlen als früher, d. h. der Käufer muss entweder sich in der gewohnten Befriedigung seiner Bedürfnisse etwas mehr einschränken als bisher oder er muss mehr arbeiten, um das gleiche Quantum an Waren kaufen zu können wie früher. Mit einem Worte: jeder einzelne Staatsbürger, der seine Bedürfnisse in der gewohnten Weise befriedigen will, muss mehr arbeiten als bisher, weil der unersättliche Moloch, „Staat", ihn auf Schritt und Tritt wie ein unsichtbarer Vampyr begleitet und ihm von jedem Löffel Suppe oder von jedem Bissen Brot, den er essen will, einen aliquoten Teil vor dem Munde wegeskamotiert oder weil er ihm jedesmal einen Teil der Früchte seiner Arbeit sozusagen unter den Händen wegstiehlt. Will man in dieser formalistisch-einseitigen und abstrakten Betrachtung der Steuern noch weiter gehen, so kann man mit formeller Berechtigung auch noch behaupten, dass die Steuern die Bevölkerungsziffer niedrig halten, denn je grösser der Teil des Nationalproduktes ist, den der unersättliche Rachen des Staates verschlingt, um so weniger bleibt für die armen Staatsbürger übrig, und je weniger Mittagsportionen übrig bleiben, um so weniger Menschen können in dem unglücklichen Lande leben.

Dies ist das Resultat, zu dem man mit logischer Notwendigkeit gelangt, wenn man die Steuern in einseitig formalistischer und abstrakter Weise betrachtet und die herrschende Theorie kann von

dem Vorwurfe nicht ganz freigesprochen werden, dass sie zum Teile
die Steuern in der hier dargelegten Weise ins Auge gefasst hat.
Eine derartige einseitige und abstrakte Betrachtung wirtschaftlicher
Vorgänge hat eine gewisse Berechtigung, weil sie sozusagen die
Wirkungen der einen wirkenden Kraft (unter den mehreren Kräften,
die jedesmal zusammenwirken) klar hervortreten lässt. Allein man
darf eben nicht vergessen, dass man auf diese Weise zu einem einseitigen und schiefen Bilde gelangt, weil in der Wirklichkeit in der
Regel mehrere Kräfte zusammenwirken oder — was dasselbe ist —
weil Widerstände vorhanden sind, welche die Wirkung dieser einen
Kraft mehr oder wesentlich modifizieren. Speziell im vorliegenden
Falle erzeugt die abstrakte Betrachtung der Steuern leicht die irrige
Vorstellung, dass jede Steuer, die abgewälzt werden kann, auch
wirklich abgewälzt werden müsse, und so gelangt man schliesslich
zu der Anschauung, die bekanntlich auch ihre Vertreter gefunden
hat, dass die Steuer jedesmal von demjenigen, der sie zahlt, irgend
einem zweiten zugeschoben werde, ähnlich wie der Ball beim Ball-
spiel kontinuierlich von dem einen Spieler einem zweiten zugeschleudert
wird. Dass die Vorstellung einer derartigen in der Luft herum-
fliegenden Gesamtsteuerlast von mehreren hundert Millionen Gulden
oder Thalern geradezu eine Monstrosität ist, bedarf keines weiteren
Beweises; sie wäre jedoch nie möglich gewesen, wenn die Theorie
weniger einseitig vorgegangen wäre, wenn sie auch die übrigen der
zusammenwirkenden Kräfte ins Auge gefasst hätte.

In abstracto ist es allerdings vollkommen richtig, dass das
sog. Nationalprodukt des betreffenden Volkes durch die Steuerlast
geschmälert wird oder dass die Steuer die Produktivität der Arbeit
in dem fraglichen Lande verringert. Allein die formelle Richtigkeit dieses Satzes wird nach zwei Richtungen hin in der Praxis
wesentlich eingeschränkt.

Zunächst ruft jene Schmälerung der Produktivität der Arbeit
durch die Steuer auf Seite der Steuerträger notwendig eine Reaktion,
nämlich das Bestreben hervor, die Produktivität der Arbeit auf
andere Weise — durch gesteigerte Geschicklichkeit, erhöhten Fleiss,
rationellere Ausnutzung der Arbeitsstoffe, Anwendung arbeitsparender
Werkzeuge und Maschinen etc. — zu erhöhen, um so den durch
die Steuer verursachten Ausfall wieder hereinzubringen. Es ist dies
bekanntlich jene Erscheinung, die man als die erziehende Wirkung
der Steuern zu bezeichnen pflegt. In dem Masse aber, als es der

Bevölkerung gelingt, auf diese Weise jenen durch die Steuer verursachten Ausfall wieder wett zu machen, wird selbstverständlich
die Tendenz zur Abwälzung der Steuern abgeschwächt, weil sich
damit die Gesellschaft, beziehentlich jeder einzelne Produzent dem
status quo ante immer mehr und mehr nähert.

Sodann ist es nicht richtig, dass die von der Steuer konfiszierten Güter in dem Rachen des Staates wie in einem bodenlosen
Abgrunde auf Nimmerwiedersehen verschwinden. Die herrschende
Lehre gab sich zum guten Teile der Täuschung hin, als sei der in
der Besteuerung liegende Vorgang an seinem Ende angelangt, wenn
die Steuern dem Steuereinnehmer eingehändigt wurden, und das ist
eben, wie gesagt, nicht richtig. Der Staat ist nicht — wie speziell
die Freihandelsschule anzunehmen liebte — ein Vampyr, der seinen
Bürgern das Blut aussaugt, sondern erstattet denselben wieder zurück,
was er ihnen unter dem Titel der Steuer abnahm. Die Güter, welche
der Staat unter dem Titel der Steuer an sich zog, werden entweder
— wie beispielsweise die öffentlichen Gebäude, Museen, Bibliotheken,
Strassen, das Kriegsmaterial u. dgl. — unmittelbar der Gesellschaft
wieder zur Disposition gestellt oder in irgend einer Weise zum
Nutzen der Gesamtheit verwendet, oder aber sie dienen zur Ernährung gewisser Personen, d. i. der Beamten und Soldaten, die im
Interesse und zum Nutzen der Bürger thätig sind. Und hierin scheint
mir die Lösung des Stein'schen Rätsels der sog. „Steuerproduktion"
zu liegen — freilich in einem teilweise anderen Sinne als Stein sich
dieselbe gedacht zu haben scheint.

Stein hat seine Idee von der sog. „Produktion der Steuer" in
den verschiedenen Auflagen seines „Lehrbuches der Finanzwissenschaft" zu wiederholten Malen erörtert. In der fünften Auflage
dieses „Lehrbuches" (II. Teil, 1. Abteilung, Leipzig 1885, S. 556
und 557) formuliert er dieselbe wie folgt:

> „Alle Lehre von der Produktion der Steuern geht davon aus, dass die
> Steuer die Leistungen der Verwaltung für die Produktion des Steuerobjektes
> zahlt; sie ist daher nichts anderes als ein Teil der Gestehungskosten des letz-
> teren, wie Zins und Arbeitslohn. Nun ist es die Aufgabe der Produktion, ein
> Produkt zu liefern, dessen Wert mindestens gleich ist dem der Kosten der Pro-
> duktion, also gleich dem Wert und Preis des Stoffes, der Zinsen, des Arbeits-
> lohnes und der Steuern, welche auf das Objekt fallen; oder der Produzent muss
> in dem Werte seines Erzeugnisses den Wert der auf demselben lastenden Steuer
> produzieren, wie den Betrag von Zins und Arbeitslohn, um bei dem Verkaufe
> des Produktes einen Erwerb zu machen . . . . Damit tritt an die Stelle
> 557

der unklaren Ueberwälzung der Steuern der klare Begriff der Produktion derselben. Ein jeder muss in seinen Erzeugnissen, mögen sie Namen haben welchen
sie wollen, aus dem Stoffe durch seine Arbeit einen Mehrwert produzieren, der
gleich ist dem Zins, dem Lohne und der Steuer, die er selbst zahlt. Daraus
nun folgt der Satz, der den Anfangs- und Schlusspunkt der Steuerpolitik überhaupt bildet. Die Gesamtsumme aller Steuern muss alljährlich als Mehrwert
der Produktion von dem Volke wirklich produziert werden, oder, der Wert aller
Produktion der Volkswirtschaft muss jährlich ausser seinen sonstigen Gestehungs-
kosten um so viel grösser sein, als die Steuer beträgt, während der Wert der
Verwendung der Steuer — der Verwaltung — wieder gleich sein muss dem Betrage, den der einzelne als Steuer für die Leistungen dieser Verwaltung gezahlt
haben. Das ist der an sich einfache Begriff der Steuerproduktion, ohne den
das Steuerwesen wirtschaftlich unerklärlich bliebe, wenn man sich die Frage
beantworten wollte, woher denn jährlich die Tausende von Millionen zuletzt
kommen sollen, welche die Völker als Steuern zahlen. Die praktische Ausführung dieses Gedankens aber besteht darin, dass jeder Käufer den Preis zahlt,
in welchem die Steuer des Verkäufers enthalten ist, weil ihm das Produkt für
seine eigene Produktion so viel wert ist; wäre es das nicht, er würde es ja
nicht kaufen; kauft er es aber, so hat der Verkäufer seine Steuer zurück-
bekommen, und die sog. Ueberwälzung ist dann nichts anderes als die Rückzahlung dieses produzierten Steuerwertes des Objektes durch den, für den dasselbe diesen Wert hat."

Stein geht im Vorstehenden von einem ganz richtigen Gedanken
aus. Es lässt sich nämlich nicht leugnen, dass die Beantwortung,
welche die Frage der Steuerabwälzung in der Theorie gefunden hat,
mitunter lebhaft an den bekannten tiefsinnigen Ausspruch des Land-
grafen in der Tannhäuser-Parodie erinnert: „Und ist es nicht der
Tannhäuser, so ist es wohl ein anderer." Die Theorie hat immer
nur den Steuerzahler, d. i. denjenigen ins Auge gefasst, dem der
Steuerbogen eingehändigt wird und der die Steuer bezahlen muss,
und hat sich sodann die Frage vorgelegt, ob dieser Mann imstande
sein werde, die Steuer aus eigenem zu tragen. Gelangte man zu
einem negativen Resultate und glaubte man diese Frage verneinen
zu sollen, so beruhigte man sich bei dem Gedanken, dass der Steuerzahler seine Steuer ganz oder teilweise „einem anderen" zuschieben
werde. Dieser „andere", der Konsument, war speziell für die ältere
Theorie das „Mädchen für alles" oder der Universal-Sündenbock,
dem alle Steuern zugeschoben wurden und der alle tragen musste.
An die weitere Frage, ob und warum denn dieser „andere" imstande
sein solle, die Steuer auf sich zu nehmen, die der erste nicht zu
tragen vermochte, dachte man in der Regel nicht, und wenn sie
wirklich hier oder da einmal gelegentlich gestreift wurde, so wurde

sie in der nämlichen Weise beantwortet, man nahm einfach an, dass dann dieser „andere" die. ihm zugewälzte Steuer seinerseits wieder auf „einen anderen" überwälzen werde. Dass damit die Frage nicht beantwortet, sondern nur weiter hinausgeschoben war, bedarf keines weiteren Beweises.

Diese Frage nun, wer denn in letzter Reihe als der eigentliche Steuerträger anzusehen sei, wenn der erste, der Steuerzahler, die Steuer nicht zu tragen vermochte, hat sich Stein vorgelegt. Aber dass ihm die Lösung derselben besonders gelungen wäre oder dass seine angebliche „Steuerproduktion" — wie er uns versichert — „klar" oder doch klarer sei als der bisherige Begriff der Steuerabwälzung, dürfte schwer zu behaupten sein. Unbedingt richtig ist der Gedanke Steins, dass die staatliche Verwaltung irgend einen Wert habe und dass sie das Aequivalent für die den Staatsbürgern abgeforderten Steuern bilden solle, aber er hat diesen Gedanken weder zu Ende gedacht, noch klar ausgestaltet.

Zunächst ist bei Stein wie bei allen seinen Vorgängern die Frage falsch formuliert. Stein sagt, „dass es ohne Steuerproduktion unerklärlich bliebe, woher denn die Tausende von Millionen zuletzt kommen sollen, welche die Völker als Steuern zahlen." Schon durch diese Fragestellung dokumentiert Stein, dass er — ungeachtet seiner wiederholten Versicherung des Gegenteiles — wie alle seine Vorgänger die Besteuerung durch die privatwirtschaftliche Brille betrachtet, denn die Frage, „woher denn die Steuern kommen" oder „wie sie aufgebracht werden", hat nur dann einen Sinn, wenn man bei der Steuer an die „Geld"-Zahlung denkt, und wenn man in dem Steuerzahler nur einen Menschen sieht, der die zur Bezahlung der Steuer erforderliche „Geld"-Summe vorschiesst und der sich dann darnach umsieht, wie und von welchen Personen er diesen Vorschuss wieder hereinbekommen kann. Ich verwahre mich ausdrücklich gegen die Zumutung, als wollte ich mit den nachstehenden Worten etwa den Staat herabsetzen oder die Besteuerung als einen verächtlichen oder gar verwerflichen Vorgang bezeichnen, aber für denjenigen, der nüchtern und konkret zu denken gewohnt ist, oder der die Steuern vom „volks"-wirtschaftlichen Gesichtspunkte betrachtet, hat die Frage, „woher denn die Steuern zuletzt kommen", genau denselben Sinn und dieselbe Berechtigung, wie wenn jemand etwa fragen wollte, „woher denn der Heuschreckenfrass oder die sonstigen Elementarschäden kommen."

Die Frage, woher denn die Steuern zuletzt kommen, beantwortet sich sehr einfach: die Güter sind eben da, weil sie von den
Angehörigen des betreffenden Volkes regelmässig produziert werden,
und ebenso wie alljährlich gewisse Elementarereignisse kommen
(mögen diese nun Schwärme von Heuschrecken oder anderen schäd-
lichen Tieren sein, oder Ueberschwemmungen, Feuersbrünste, Erd-
beben, Wolkenbrüche, Hagelschläge etc.), welche regelmässig einen
Teil des Nationalproduktes zerstören, ebenso kommt alljährlich der
Fiskus und fordert oder konfisziert regelmässig einen bestimmten
aliquoten Teil des Nationalproduktes für seine Zwecke. Die Steuern,
ebenso wie die Elementarschäden erzeugen somit ein gewisses Defizit am Nationalprodukt und die einzige Frage, die hier auftauchen
kann, ist nicht: „woher kommen die Steuern?" oder: „woher
kommen die Elementarschäden?" sondern: „wie verteilt sich jenes
durch die Steuern oder durch die Elementarschäden verursachte
Defizit auf die einzelnen Bürger?" Ganz richtig ist allerdings auch
diese Frage nicht stilisiert, denn zwischen den Elementarschäden
und den Steuern besteht ein gewaltiger Unterschied; die Elementarschäden erzeugen nämlich ein wirkliches Defizit am Nationalprodukt,
weil sie die Güter, die sie treffen, gänzlich zerstören, während der
(gut administrierte) Staat zwar einerseits durch die Steuern einen
Teil des Nationalproduktes den Bürgern entzieht, aber andererseits
diesen Schaden wieder wett macht, weil er seinen Bürgern in der
geregelten staatlichen Verwaltung sehr wertvolle Leistungen und sehr
bedeutende Vorteile bietet. Richtig formuliert lautet also jene Frage:
„wie verteilt sich das durch die Steuer verursachte Defizit auf die
einzelnen Bürger und wie wird dasselbe durch die Leistungen der
staatlichen Verwaltung kompensiert?" Stein scheint eine dunkle
Ahnung von der Existenz dieser Frage gehabt zu haben, aber zum
klaren Bewusstsein ist sie ihm nicht gekommen, sonst hätte er den
geradezu unglücklichen Gedanken von einer angeblichen „Produktion
der Steuer" gar nie aussprechen können.

Zum zweiten ist der Versuch, die letzte Quelle der Steuern
durch die angebliche und sogenannte „Steuerproduktion" zu erklären,
nichts anderes als der bekannte Versuch Münchhausens, sich selbst
am eigenen Zopfe aus dem Sumpfe hinauszuziehen. Bisher, d. h.
so lange der Staat noch keine Steuern forderte — das ist der Kern
des Steinschen Gedankens — hatten die Güter einen bestimmten
Tauschwert und der Verkehr vollzog sich auf Grundlage dieses Wertes.

Nun kommt plötzlich der Staat und fordert Steuern, diese aber können die Bürger nicht bezahlen, weil eben bisher keine Steuern gezahlt wurden und demgemäss der Wert der Güter (die Produktionskosten) nur enthielt „den Wert und Preis des Stoffes, der Zinsen und des Arbeitslohnes," nicht aber auch den der (bisher unbekannten) Steuer. Es muss daher der Wert der Güter um den auf sie fallenden Betrag der Steuer erhöht werden, und dann erst wird es den Bürgern möglich, die Steuer zu tragen. Gibt man sich die Mühe, über diesen vermeintlichen „Gedanken" ein wenig nachzudenken, so bedeutet dies mit anderen Worten: „Die Steuer beträgt einen aliquoten Teil, sagen wir beispielsweise zehn Prozent des Nationalproduktes, und soll sie getragen werden, so muss der „Tauschwert" des Nationalproduktes um zehn Prozent erhöht werden." Betrachtet man schon die Steuer als ein Nationalunglück, etwa als eine Art Elementarschaden, der jährlich beispielsweise zehn Prozent vom Nationalprodukt vernichtet, so wäre die einzig richtige Antwort die: „Nun gut, wenn der Fiskus alljährlich zehn Prozent des Nationalproduktes verschlingt, so kann das Volk nur dann existieren und die Steuern tragen, wenn das Nationalprodukt um zehn Prozent vergrössert wird, d. h. wenn die Bürger dieses betreffenden Volkes jährlich um ein Zehntel mehr Güter produzieren als bisher." Das wäre, wie gesagt, die einzig richtige und natürliche Antwort auf die Frage „woher denn die Steuern kommen". Nach Stein dagegen brauchen die Bürger nicht mehr zu produzieren als früher, sondern genügt es den „Tauschwert" des ganzen Nationalproduktes, d. i. aller einzelnen Güter um zehn Prozent zu erhöhen. Dass der Tauschwert der Güter lediglich ein Verhältnis der Güter zu einander bedeutet und dass dieses Verhältnis durch die gleichmässige Erhöhung oder Verringerung der Tauschwerte nicht beeinflusst werden kann, wird hierbei ganz übersehen — oder ist etwa das Verhältnis von 110 : 220 ein anderes als das von 100 : 200 oder das von 1 : 2?

Drittens übersieht Stein, wenn er sagt: „Ein jeder muss in seinen Erzeugnissen, mögen sie Namen haben welchen sie wollen, aus dem Stoffe durch seine Arbeit einen Mehrwert produzieren, der gleich ist dem Zins, dem Lohne und der Steuer, die er selbst zahlt" — übersieht Stein, dass man nicht auf Kommando beliebige Tauschwerte erzeugen kann. Wäre dem so, dann wäre ja alle sogenannte praktische oder angewandte Nationalökonomie überflüssig, dann mögen doch die Menschen — arbeiten kann jeder, wenn er nur will —, die

sich in bedrängter Lage befinden, recht hohe Tauschwerte produzieren, und sofort wird alles Elend verschwunden sein. Der Raum
gestattet mir hier nicht, auf das Wesen des Wertes, und zwar des
Gebrauchs-, wie des Tauschwertes näher einzugehen und verweise ich
diesfalls auf meine Schrift: „Die Grundlagen und Ziele des sog.
wissenschaftlichen Sozialismus" (Innsbruck, 1885, pag. 32 ff.), in
welcher ich den Begriff des Wertes eingehend erörtert habe. Für
den vorliegenden Zweck genügt folgende Erwägung. Der Gebrauchswert ist die erkannte Tauglichkeit eines Gegenstandes, einem menschlichen Zwecke oder Bedürfnisse dienen zu können. Demgemäss kann
man nicht einmal behaupten, dass es in der Macht des Menschen
stehe einen beliebig hohen Gebrauchswert zu erzeugen. Das einzige,
was der Mensch thun kann, ist: dem betreffenden Stoffe eine möglichst hohe Diensttauglichkeit zu verleihen, also beispielsweise ein
Tuch von eminenter Dauerhaftigkeit, Schönheit etc. herzustellen,
einen Rock anzufertigen, der ausgezeichnet sitzt u. dgl. m. Gegenstände von eminenter Diensttauglichkeit kann, wie gesagt, jeder anfertigen, denn das steht in seinem Belieben, aber damit ist noch
immer keine Garantie gegeben, dass der Betreffende auch wirklich
Gebrauchswerte hergestellt habe, weil es sich noch immer fragt, ob
auch Menschen da sind, welche just das betreffende Bedürfnis empfinden. Der Erzeuger chirurgischer Apparate kann, wenn er will,
die technisch vollendetsten künstlichen Arme und Beine anfertigen,
wenn keine Menschen da sind, denen Arme oder Beine fehlen, hat
der Mann zwar „im Prinzip" oder „an sich" sehr schöne Dinge hergestellt, aber keine „Gebrauchswerte", weil kein Bedürfnis nach seinen
Erzeugnissen vorliegt.

Noch viel weniger liegt es im Belieben oder in der Macht eines
Menschen, Tauschwerte von bestimmter Höhe herzustellen, denn zur
Entstehung des Tauschwertes gehören mindestens Zwei, und zwar
Einer, der den betreffenden Preis fordert (was bekanntlich nicht
schwer ist) und ein Zweiter, der den geforderten Preis auch bewilligt und zahlt. Es ist daher ein sehr billiger Rat, den Stein erteilt, wenn er sagt: „Ein jeder muss ... durch seine Arbeit einen
Mehrwert produzieren", der auch die Steuer involviert — wenn Stein
nur auch so gütig gewesen wäre, das Rezept mitzuteilen, nach
welchem man beliebige „Mehrwerte" erzeugen kann. Stein gibt sich,
wie so viele andere der Täuschung hin, dass der Tauschwert eine
Eigenschaft ist, die dem Gegenstande anklebt oder die sozusagen

in ihm steckt, wie etwa das Gewicht oder die Härte u. dgl. Das Gewicht eines Körpers ist allerdings eine derartige dem Gegenstande anklebende Eigenschaft, denn das Gewicht ist der Druck, den der Körper auf seine Unterlage ausübt und diesen Druck haben die Körper ausgeübt, noch lange bevor die Menschen existierten und Wagen erfunden hatten, um dieses Gewicht zu messen. Der Wert ist aber keine derartige dem Gegenstande „an sich" anklebende Eigenschaft, sondern lediglich eine Bedeutung, welche die Menschen dem Gegenstande beilegen. Es steht daher in meiner Macht, einen Gegenstand von grösserem oder geringerem, kurz von einem bestimmten Gewichte oder von bestimmter Härte, Elastizität, Undurchdringlichkeit etc. anzufertigen, ich kann aber nie dafür bürgen, dass es mir gelingen wird, einen Gegenstand von bestimmtem Tausch- (oder Gebrauchs-)Werte herzustellen, weil ich die Menschen nicht zwingen kann, meinem Erzeugnisse diese bestimmte Bedeutung beizulegen.

Zum vierten hat Stein mit seiner sogenannten und angeblichen „Steuerproduktion" eigentlich gar nichts erklärt, sondern lediglich dem uralten und längst bekannten Kinde einen neuen Namen gegeben. Er sagt ja selbst: „Die praktische Ausführung dieses Gedankens (i. e. der sog. „Steuerproduktion") „aber besteht darin, dass jeder Käufer den Preis zahlt, in welchem die Steuer des Verkäufers enthalten ist ..." Das heisst denn doch mit anderen Worten nur so viel: „In der Praxis gestaltet sich die Steuerproduktion in der Weise, dass der Produzent, der die Steuer zahlen muss, sie pro rata auf den Preis seines Artikels aufschlägt und dieselbe in dieser Form dem Konsumenten zuschiebt." Bisher nannte man einen derartigen Vorgang bekanntlich „Steuerüberwälzung", sagt man jedoch statt dessen „Steuerproduktion", so ist es mit einemmale klar geworden „woher denn die Steuern zuletzt kommen."

Endlich fünftens gelangt man auf dem Wege der Steinschen „Steuerproduktion" zu einem geradezu verblüffenden Resultate. A kann die ihm vorgeschriebene Steuer nicht tragen, er schlägt sie also zum Preise seiner Artikel und überwälzt sie auf diese Weise auf den B, der den Artikel kauft und demgemäss die Steuer trägt. B ist jedoch selbstverständlich auch Staatsbürger, dem irgend eine Steuer vorgeschrieben wird; nach Stein kann er jedoch seine Steuer auch wieder nicht tragen und schickt diese dem C zu. C trägt die Steuer des B., überwälzt aber seine eigene Steuer dem D u. s. f. bis Z endlich zwar die Steuer des Y trägt, aber seine eigene Steuer dem

A zuschiebt. Nach dieser Auffassung zahlt also keiner seine eigene
Steuer, wohl aber zahlt jeder die Steuer seines Vormannes. Da muss
man doch wohl zugeben, dass Heine speziell über diese Frage viel
klarer und ungezwungener gedacht hat; seine beiden, „edlen Polen"
befanden sich bekanntlich in der ganz gleichen Situation, dass jeder
für den anderen zahlen sollte, allein, „weil keiner wollte leiden, dass
der andere für ihn zahle, zahlte keiner von den beiden."

Die vorstehende Polemik galt weit weniger der Person des hoch-
verehrten Altmeisters unserer Wissenschaft, als vielmehr der un-
glückseligen deutschen Philosophie, die sehr wenig Gutes gebracht,
dafür aber umsomehr Unheil in den verschiedenen Gebieten menschlichen Wissens angerichtet hat. Philosophieren heisst, „deduktiv
denken", d. h. aus den Prinzipien und Gesetzen, die man auf dem
Wege induktiver Forschung gefunden hat, weitere Schlussfolgerungen
ziehen und dasjenige ableiten, was man zur Zeit mit den Sinnen
noch nicht wahrgenommen hat, oder überhaupt nicht wahrnehmen
kann. Die Herren Fachphilosophen haben jedoch die induktive
Forschung zum guten Teile für überflüssigen Zeitverlust gehalten
und einfach beiseite geschoben, und haben lustig darauf los dedu-
ziert, ohne darnach zu fragen, ob die wenigen Prämissen — wie
„Gleichheit", „Freiheit", „bedingtes Wesen", „unbedingtes Wesen" etc.
— von denen sie ausgingen, auch richtig sind, und haben auf diese
Weise einmal dazu beigetragen die Köpfe zu verwirren. Die Fachphilosophie, und zwar speziell die deutsche, hat aber überdies zum
zweitenmale dadurch eine noch grössere Verwirrung hervorgerufen,
dass sie für ihre Zwecke sich einen eigenen Jargon geschaffen und
ihre Anhänger gewöhnt hat, mit den verschrobensten Ausdrücken,
mit abstrakten Begriffen, mit gelehrt klingenden und hohlen Tiraden
herumzuwerfen, die umsomehr imponierten, je weniger man sie ver-
stand oder überhaupt verstehen kann. Die deutsche Fachphilosophie,
und zwar speziell die Hegelsche wurde dadurch zum guten Teile
zu einer Art von Taschenspielerei mit Worten und nur ihr allein
haben wir's zu danken, wenn derartige Worte, wie etwa die in Rede
stehende „Steuerproduktion", bei denen man beim besten Willen
an gar nichts denken kann, in die verschiedenen Wissenschaften
hineingeworfen wurden.

Glücklicherweise gelangt man mit etwas weniger derartiger
„Philosophie" auf dem Wege des ganz „gemeinen" Denkens viel
rascher und sicherer zum Ziele. Der Staat ist — wie wir gesehen

haben — kein Heuschreckenschwarm oder sonstiges „Elementarereignis", er verschlingt nicht die Güter, die er unter dem Titel der Steuer an sich zieht, sondern verwendet sie zur Besoldung oder Ernährung seiner Bediensteten, und diese letzteren sind ihrerseits im Interesse der Bürger thätig, d. h. sie verrichten gewisse Arbeiten, welche die Bürger sonst selbst verrichten müssten, und indem sie dies thun, entlasten sie die Bürger, die sich nunmehr ungestört ihrer Berufsthätigkeit hingeben können. Besässen wir keine Staatsgewalt, so müsste der Bauer mit dem geladenen Gewehr auf der Schulter hinter dem Pfluge einhergehen und seine Arbeit alle Augenblicke unterbrechen, um sich gegen feindliche Ueberfälle zu verteidigen, oder würde seine Ernte (die Erfahrungen des Mittelalters lehren uns dies) alle Augenblicke durch kleinere oder grössere Fehden anderer vernichtet; besässen wir keinen Staat, so müssten die Bürger ihre Arbeiten oft und lang unterbrechen um Strassen zu bauen oder zeitraubende Botengänge zu besorgen; besässen wir keinen Staat, so müsste jeder Familienvater einen sehr bedeutenden Teil seiner Arbeitsprodukte hergeben, um damit die Lehrer seiner Kinder zu bezahlen etc. Mit einem Wort: der Staat, der Steuern fordert, konfisziert jedem Bürger einen Teil seiner Arbeitsprodukte und schmälert damit die Produktivität seiner Arbeit. Allein indem er durch seine Bediensteten Arbeiten verrichten lässt, die der einzelne Bürger sonst selbst verrichten müsste, schafft er dem Bürger freie Zeit, setzt ihn also in den Stand mehr Güter zu produzieren als bisher und steigert auf diese Weise wieder die Produktivität der Arbeit, so dass jenes Minus durch dieses Plus in den meisten Fällen wohl mehr als aufgewogen wird.

Dadurch ist selbstverständlich die theoretische Möglichkeit der Steuerabwälzung zum zweitenmale, und zwar auf ein wesentlich verengtes Gebiet eingedämmt. Die gangbare Lehre, die fast nie daran dachte, dass die Steuern den Bürgern in der staatlichen Verwaltung zurückerstattet werden, musste selbstverständlich verhältnismässig bald zu der Annahme gedrängt werden, dass der Steuerzahler, der durch die Steuer einen Vermögensverlust erleidet, wenigstens einen Teil dieses Verlustes auf andere Schultern hinüberwälzen müsse. Hält man sich jedoch gegenwärtig, dass der Verlust, den der einzelne Bürger durch die Steuer erleidet, zum guten Teile nur ein scheinbarer ist, weil der Staat in der geregelten Verwaltung dem Steuerzahler mit der linken Hand wieder zurückerstattet, was er ihm vorher mit der rechten Hand in der Steuer genommen hat, so entfällt selbstverständlich für den Steuerzahler die wirtschaftliche Nötigung jede Steuer sofort überwälzen zu müssen.

Es ist jedoch im einzelnen Falle sehr wohl möglich, dass der betreffende Bürger durch die von ihm geforderte Steuer schwerer belastet wird, als die Entlastung ist, die er durch die Leistungen der staatlichen Verwaltung erfährt. Erst in einem solchen Falle und nur bezüglich dieser Unterbilanz kann die Steuerüberwälzung eintreten, und die letztere gelangt dann dort zur Ruhe, wo der Konsument durch die staatlichen Einrichtungen mehr entlastet wird als seine Belastung durch die von ihm geforderte Steuer beträgt. Ein konkretes Beispiel soll diesen Gedanken anschaulich machen, selbstverständlich erhebt dasselbe keinen Anspruch darauf, „ziffermässig" als richtig zu gelten. Man vergegenwärtige sich ein Land wie etwa Kalifornien in der ersten Zeit nach der Entdeckung der dortigen Goldfelder oder irgend einen beliebigen Teil der Vereinigten Staaten von Nordamerika zur Zeit seiner ersten Besiedelung, also noch ehe dasselbe als „Staat" oder als sog. „Territorium" sich konstituiert hatte, d. h. man vergegenwärtige sich ein jungfräuliches bisher unbewohntes Land, in welches die Einwanderer als ein unorganisierter Haufe von Individuen eingedrungen sind, ein Land, in welchem von staatlichen Einrichtungen noch gar keine Rede ist und in welchem demgemäss auch noch keine Steuern erhoben werden. In irgend einem Dörfchen oder Städtchen dieses Landes hat sich, wie wir annehmen wollen, ein Gewerbetreibender, etwa ein Schuhmacher niedergelassen und nun vergegenwärtige man sich die Bedingungen, unter welchen dieser Mann sein Gewerbe betreibt. Es ist begreiflich, dass unser Schuhmacher nur relativ wenige Schuhe wird anfertigen können, denn er muss manche Nacht opfern, um sein Haus zu bewachen oder gar zu verteidigen; er wird manchen vergeblichen Gang machen müssen, um in dem justizlosen Lande die bei seinen säumigen Kunden ausstehenden Gelder einzutreiben; er wird manchen Tag opfern müssen, um in Gemeinschaft mit den Ortsbürgern etwa einen Dieb zu verfolgen oder zu lynchen etc. Mit der Zeit wird dieses Land den Vereinigten Staaten eingegliedert, welche — wie wir ferner annehmen wollen — sofort eine stramme und geregelte Verwaltung einführen und alles Erdenkliche für die Hebung des Landes thun, dafür aber auch von den dortigen Ansiedlern Steuern fordern. Aller Wahrscheinlichkeit nach wird sich die Lage unseres Schuhmachers infolge dieses Ereignisses nach zwei Richtungen hier günstiger gestalten. Zunächst wird der Mann durch die staatliche Verwaltung wesentlich entlastet, er hat's nun nicht mehr nötig den Polizeimann zu spielen und sein Haus selbst zu überwachen oder Pferdediebe zu verfolgen und zu lynchen, er braucht nicht mehr zahllose vergebliche Gänge zu seinen säumigen Kunden zu machen, weil die Regierung ihm diese Leistungen und Sorgen abgenommen hat etc. Mit einem Worte: der Mann wird durch die geregelte Staatsverwaltung wesentlich entlastet, er gewinnt freie Zeit und wird dadurch in die Lage versetzt, physisch oder effektiv mehr Schuhe zu produzieren als früher. Er wird aber ferner in die Lage versetzt, auch wirtschaftlich mehr produzieren zu können als bisher. Bisher war nämlich in jener Gegend von einem lebhafteren Verkehr gar keine Rede, der Ort, in welchem unser Schuhmacher lebt, war klein. Der Mann war also auf die wenigen Kunden des Städtchens oder der allernächsten Umgebung beschränkt und musste vielleicht auch gegen seine Neigung manchen Tag feiern, weil er keinen Absatz für seine Ware hatte. Die neue Regierung sorgt jedoch für die Herstellung geregelter Verhältnisse, für die Herstellung von Strassen etc. und infolgedessen wächst das Städtchen und hebt sich der Verkehr, so dass neue Absatzorte erschlossen werden und unser Schuhmacher nunmehr sein Geschäft etwa im doppelten Umfange betreiben kann. Unter solchen Umständen wird ihn eine mässige Gewerbesteuer wohl sehr wenig genieren, ja der Mann wird wahrscheinlich ungeachtet der Steuer mehr verdienen als früher, und wird demgemäss auch an die Abwälzung seiner Steuer auf die Konsumenten gar nicht zu denken brauchen.

Es wäre jedoch möglich, dass die Vorteile, die unser Schuhmacher aus der neuen Ordnung der Dinge zieht, nicht so bedeutend sind als die Belastung ist, die er durch die Steuer erfährt. In diesem Falle wird er allerdings gezwungen sein, diesen Ausfall (d. i. einen Teil der Steuer) auf die Käufer seiner Ware abzuwälzen und den Preis der Schuhe etwa um $\frac{1}{2}$ Dollar, sagen wir also von 4 auf $4\frac{1}{2}$ Dollars zu erhöhen, wenn es ihm überhaupt möglich sein soll, sein Gewerbe weiter zu betreiben. Es entsteht somit die Frage, ob nun die Kunden imstande sein werden, die ihnen zugewälzte Steuer zu übernehmen und zu tragen, und dies wird dann der Fall sein, wenn die Kunden ihrerseits durch die staatlichen Einrichtungen entlastet wurden. Diese Voraussetzung trifft in unserem Beispiele thatsächlich zu. Bisher existierten, wie wir angenommen haben, in dem

gedachten Lande keine Strassen und auf den ungebahnten Wegen
wurde das Schuhwerk sehr rasch abgenutzt, so dass jeder, sagen wir
3 Paar Schuhe à 4 Dollars jährlich verbrauchte und demgemäss
einen Jahrestribut von 12 Dollars an den Schuhmacher zu entrichten
hatte. Seitdem jedoch die neue Regierung gute Strassen und Wege
herstellen liess, halten die Schuhe länger vor, so dass der einzelne
jetzt vielleicht nur mehr zwei Paare' à 4 1/2 Dollars jährlich verbraucht. Er erspart infolgedessen jährlich ein paar Schuhe, d. i.
zum früheren Preise gerechnet 4 Dollars, und kann demgemäss die
ihm vom Schuhmacher zugewälzte Steuer im Betrage von 1 Dollar
leicht übernehmen, denn trotzdem ist sein Jahrestribut an den Schuhmacher von 12 auf 9 Dollars gesunken.

Es ist selbstverständlich, dass die Steuerüberwälzung nicht
jedesmal — wie in dem hier gewählten Beispiele — schon bei dem
ersten Nachmanne des Steuerzahlers zur Ruhe gelangen muss. Es
ist möglich, dass der Produzent A seine Steuer ganz oder teilweise
dem B zuschiebt, dass B die ihm auf diese Weise zugeschobene
Steuerlast scheinbar übernimmt, sie aber seinerseits wieder auf den
C überwälzt, und dass dieser Vorgang sich ein paarmal wiederholt
bis etwa die Steuer des A dem N zugeschoben wurde, der sie schliesslich aus eigenem trägt, weil er erst derjenige ist, der durch die
staatlichen Institutionen so weit entlastet wurde (oder weil er überhaupt ein so grosses Einkommen hat), dass er jene Steuerüberwälzung
auf sich nehmen kann.

Resümieren wir, so beantwortet sich die Frage nach der Steuerüberwälzung, d. i. die Frage, von wem die Steuern zuletzt getragen
werden, in folgender Weise: Zunächst kann ein Teil der Steuer von
dem Steuerzahler eventuell selbst übernommen werden; der Mann
schränkt sich vielleicht ein wenig ein, oder die Steuer ist gegenüber
seinem Einkommen so unbedeutend, dass er sie nicht fühlt. Ein
zweiter Teil der Steuer, und zwar derjenige, der durch die oben erwähnte sog. „erziehende Wirkung der Steuern" kompensiert wird,
braucht gleichfalls nicht abgewälzt zu werden. Der Steuerzahler hat
gelernt, sein Gewerbe intensiver zu betreiben, er produziert oder
verdient mehr als früher und kann demgemäss mehr tragen. Ein
dritter Teil der Steuer, und zwar derjenige, der dem Steuerzahler
direkt und mittelbar durch die Vorteile der staatlichen Einrichtungen
zurückerstattet wird, braucht abermals nicht abgewälzt zu werden,
denn er repräsentiert überhaupt keine (effektive) Belastung. Und

erst derjenige Teil der Steuer, der nach Abzug der gedachten Posten gewissermassen als unbedeckter Rest übrig bleibt, kann eventuell zur Abwälzung gelangen, und zwar wird derselbe so lange weiter gewälzt, bis er auf jemanden stösst, der durch die staatlichen Einrichtungen so weit entlastet wurde, dass er den ihm zugeschobenen Steuerbruchteil auf sich nehmen kann.

Dies ist im allgemeinen der Vorgang bei der Ueberwälzung der Steuern. Die „Ueberwälzung" repräsentiert jedoch nur die eine, und zwar die privatwirtschaftliche Seite des Prozesses. Betrachtet man hingegen das Volk als ein Ganzes, d. h. betrachtet man den in Rede stehenden Prozess vom Gesichtspunkte der „Volks"-Wirtschaft, so gestaltet sich die Frage teilweise anders. Man darf dann nicht mehr fragen: „Welche Individuen und wie werden dieselben von der Steuer getroffen?" — sondern: „Auf welche Weise werden die Steuern von dem ganzen Volke aufgebracht?" Und diese Frage ist auf folgende Weise zu beantworten:

Ein Teil der Steuern — und zwar wohl der weitaus grösste Teil derselben — repräsentiert gar keine Belastung oder gar kein Opfer der Bevölkerung, weil er überhaupt nur eine scheinbare Last ist. Es ist dies derjenige Teil der Steuern, der durch die Thätigkeit der Staatsbediensteten, bezw. durch die Vorteile, welche die staatlichen Anstalten bieten, kompensiert wird. (Im vorstehenden Absatze wurde derselbe unter 3 und 4 erwähnt.) Wir haben eben gesehen, dass im staatlosen Zustande, richtiger gesagt: in einem lose gefügten Gemeinwesen die einzelnen Bürger eine ganze Reihe von Arbeiten selbst besorgen müssen, die in einem gut administrierten Staate von den Staatsdienern verrichtet werden. Im ersten Falle ist jeder einzelne Bürger abwechselnd teils für sich, teils im Interesse der Gesamtheit thätig, im zweiten Falle teilen sich die Bürger in die Arbeit; der eine Teil derselben übernimmt die „Regierungsgeschäfte", der andere die eigentliche Güterproduktion. Und weil dieser letztere Teil der Bürger durch die Thätigkeit der Staatsdiener entlastet wird und infolgedessen mehr Sachgüter hervorbringen kann, übernimmt er die Verpflichtung, diesen Ueberschuss seiner Arbeitsprodukte zur Ernährung der Staatsdiener herzugeben. Die eigentlichen Güterproduzenten waren früher, sagen wir den einen halben Tag für sich, den anderen halben Tag im Dienste der Gesamtheit thätig und arbeiten jetzt wieder am Vormittage für sich, am Nachmittage für den Staat. Ob sie am Nachmittage etwa Wachdienste verrichten, oder ob sie in ihrer Werkstätte arbeiten, ist gleichgültig; eine grössere Arbeitslast erwächst ihm hieraus nicht.

Ein zweiter Teil der Steuern kann durch eine Einschränkung der Bürger in ihren Genüssen aufgebracht werden, er repräsentiert wohl ein Opfer, aber keine vermehrte Arbeitslast der Bevölkerung. Es ist dies jener Teil der Steuern (im Vorstehenden unter 1 erwähnt), den der Steuerträger nicht abzuwälzen braucht, weil er eine unfühlbare Belastung des Individuums repräsentiert, die durch einen ebensowenig empfindlichen Verzicht auf irgend eine Ausgabe kompensiert wird. Aller Wahrscheinlichkeit wird dieser Teil der Steuer für das Individuum relativ nicht „hoch" sein, absolut kann jedoch der Gesamtbetrag der „Ersparnis" eines grossen Volkes immerhin bedeutend sein.

Ein dritter Teil der Steuern kann durch eine intensivere Güterproduktion des Volkes aufgebracht werden, also diejenige Mehrproduktion, die auf Rechnung der öfter gedachten sog. „erziehenden Wirkung der Steuern" zu setzen kommt. Er repräsentiert nicht notwendig eine effektiv vergrösserte Arbeitslast der Bevölkerung, weil diese Mehrproduktion zum Teile wenigstens auf eine rationellere Ausnutzung der Stoffe, durch Anwendung arbeitsparender Werkzeuge und Maschinen, Verwendung der Naturkräfte im Dienste der Menschheit u. dergl. m. zurückzuführen ist.

Erst wenn diese drei „Fonde" (falls der Ausdruck angewendet werden darf) erschöpft wären und noch immer zur Deckung der Steuern nicht hinreichen würden, kann man von einem absoluten oder fühlbaren „Steuerdruck" sprechen, weil erst in diesem Falle die Steuerlast merklich grösser ist als die Vorteile, die den Bürgern aus der geregelten staatlichen Verwaltung erwachsen. Die „Deckung" dieses Restes der Gesamtsteuerlast kann auf zweifache Weise erfolgen und zwar zunächst durch eine (mehr oder weniger empfindliche) Mehrarbeit des ganzen Volkes, und — wenn auch diese nicht genügen würde, um die Ansprüche des Fiskus zu befriedigen — durch den Hungertod von so und so vielen Staatsangehörigen. Je grösser nämlich der Teil des Nationalproduktes ist, den der Staat in der Steuer an sich zieht (ohne dass gleichzeitig auf der anderen Seite eine Rückerstattung an die Bürger in der Form der staatlichen Leistungen stattfindet), um so kleiner wird der Teil des Nationalproduktes, der für die Bürger übrig bleibt, und je kleiner die Zahl der Mittagsportionen ist, die für die Bürger übrig bleiben, um so geringer wird die Zahl der Menschen, die davon leben können.

Ein derartiger „absoluter" Steuerdruck tritt ein, wenn durch eine übertrieben luxuriöse Hofhaltung Güter (oder — was dasselbe ist — die Arbeitskräfte des Volkes) in einer absolut überflüssigen und ganz ungerechtfertigten Weise geradezu verschwendet werden. In einem solchen Falle wird ein Teil des Nationalproduktes, der zur Ernährung von so und so vielen Menschen dienen könnte, in zweckloser und überflüssiger Weise vernichtet, oder mit anderen Worten: wird ein Teil der nationalen Arbeitskraft verschwendet, denn es wird eine bestimmte Zahl von Menschen — die etwa Lebensmittel oder irgend welche wünschenswerten Industrieartikel produzieren könnten — einer nützlicheren Beschäftigung entzogen und veranlasst, entweder ganz überflüssige Luxusartikel herzustellen oder ebenso überflüssige Lakaiendienste zu verrichten. Ein derartig „absoluter" Steuerdruck tritt ferner ein, wenn der Staat namhafte Zinsenzahlungen ans Ausland zu leisten hat, denn in einem solchen Falle muss eben ein namhafter Teil des Nationalproduktes zur Bezahlung der ausländischen Gläubiger ausser Landes gehen, und je weniger davon im Lande zurückbleibt, um so geringer ist die Zahl von Menschen, die von dem Reste leben können. Freilich steht möglicherweise diesem Nachteile die Thatsache gegenüber, dass die seiner Zeit im Auslande kontrahierten Anleihen dem Volke grosse Vorteile brachten, dass sie ihm vielleicht ermöglichten, einen Krieg zu führen und seine nationale und politische Unabhängigkeit zu bewahren oder dergleichen. Ein derartig „absoluter" Steuerdruck kann endlich auch eintreten, wenn ein namhafter Teil der Steuern zur Zahlung der Zinsen an inländische Grossgläubiger des Staates verwendet wird. In diesem Falle wandert ein grosser Teil des Nationalproduktes in die Taschen einiger weniger Reicher und je mehr diese erhalten, um so weniger bleibt für die anderen übrig. (Freilich kann auch hier die Möglichkeit vorliegen, dass die fraglichen Anleihen — wie im vorhergehenden Falle — dem Volke seiner Zeit zum Nutzen gereichten.)

Aus dieser Thatsache, dass der Staat die Steuern nicht auf Nimmerwiedersehen verschlingt, sondern dass er in seiner Administration und seinen sonstigen Einrichtungen den Bürgern wieder zurückerstattet, was er ihnen unter dem Titel der Abgaben entzogen hat, erklärt sich in ungezwungener Weise die Thatsache, dass in allen Kulturstaaten die Steuerlast kontinuierlich wächst. Anfänglich kümmert sich der Staat um die wenigsten Dinge und sind die herrschenden Personen oder Klassen froh, wenn es ihnen gelingt, die

Ordnung notdürftig aufrecht zu erhalten. Wir können dies am mittelalterlichen Staate beobachten, der sich auf die notdürftigste Fürsorge
für die Heeresverwaltung und die Justizpflege beschränkte, wir sehen
dies in denjenigen Staatsgebilden, die heute auf irgend einem
jungfräulichen Boden, etwa in Amerika u. dergl. entstehen. Wollen
die Bürger eines derartigen locker gefügten Gemeinwesens ein
mehreres, wollen sie z. B. Wege und Strassen, wollen sie ihre
Kinder unterrichtet sehen, wollen sie, dass irgend etwas für die
Gesundheitspflege geschieht oder dergl., so müssen sie dies selbst
thun, oder sie müssen nach dem Grundsatze: „Leistung für Gegenleistung" andere Leute bezahlen, die ihnen die gewünschten Leistungen
verrichten. Wird das Begehren nach den fraglichen Leistungen oder
Gütern oder Anstalten allgemeiner und hat sich das betreffende Gemeinwesen (Staat oder Gemeinde) in der Zwischenzeit konsolidiert
und gekräftigt, so nimmt dieses die Angelegenheit in die Hand.
Der Staat (eventuell die Gemeinde) baut Strassen, errichtet Schulen,
bestellt Aerzte etc. und lässt sich seine Leistungen (oder die Benutzung seiner Anstalten) von denjenigen Personen bezahlen, die davon
Gebrauch machen. Und weil der staatliche Kontrolleapparat etwas
schwerfälliger ist und ihm komplizierte Verrechnungen begreiflicherweise unbequem sind, so lässt die Staatsgewalt an die Stelle der
„Leistung für Gegenleistung" (richtiger gesagt: an die Stelle der
Bezahlung nach Massgabe des Verhältnisses von Angebot und Nachfrage), d. i. an die Stelle des „privatwirtschaftlichen Prinzips" das
sog. „Gebührenprinzip" treten. Die staatliche Verwaltung lässt sich
der Einfachheit und Bequemlichkeit wegen ihre Leistungen nach bestimmten, allgemein festgesetzten und rund abgestuften Sätzen bezahlen, weil sie von der richtigen Voraussetzung ausgeht, dass die
in der gleichen Bezahlung ungleicher Leistungen liegenden Ungenauigkeiten sich in dem häufigen Verkehr (sowohl für die Staatsverwaltung
als für den einzelnen Bürger) kompensieren (Strassenmaut, Briefporto, Schulgeld, Gebühr für die Zuleitung des Wassers ins Haus etc.).
Wird endlich die Benutzung der fraglichen Anstalt oder Institution
so allgemein, dass nahezu jeder von derselben in annähernd gleichem
Masse Gebrauch macht, und dass auch das „Gebührenprinzip" sich
als ein zu umständlicher und schwerfälliger Modus erweist, so wird
dieses durch das sog. „Prinzip der reinen Staatsausgabe" ersetzt,
d. h. der Staat erlässt die Gebühr, indem er die betreffende Leistung
oder Anstalt jedem „gratis" zur Disposition stellt, erhöht aber dafür

andererseits die Steuern in entsprechendem Masse. (Man denke an die Pflasterung, Reinigung, Besprenzung, Beleuchtung der städtischen Strassen, für deren Benutzung keine besondere Maut erhoben wird, an den unentgeltlichen Volksschulunterricht, an das ehemalige „Geleitgeld" der reisenden Kaufleute u. dergl. m.)

Je mehr Leistungen der Staat in dieser Weise auf sich nimmt, um so mehr wächst selbstverständlich die Steuerlast, allein jeder Unbefangene wird zugeben müssen, dass dieses Anwachsen des Steuerdruckes nur ein scheinbares ist, weil die neue Steuer (bezw. die Steuererhöhung) für den einzelnen Bürger keine Mehrbelastung repräsentiert und durch den Wegfall einer anderen Ausgabe kompensiert wird. Was man früher beispielsweise als „Honorar" dem Lehrer zahlte, der die Kinder im Lesen und Schreiben unterrichtete, zahlt man jetzt unter dem Titel der Steuer an den Staat (eventuell die Gemeinde), der dafür die Kinder in der Volksschule in den Anfangsgründen des Wissens unentgeltlich unterrichten lässt. Und würde der Staat gar — wie der „ganze" oder „volle" Kommunismus dies verlangt — die Sorge für den Mittagstisch, für die Wohnung und Bekleidung, kurz für die gesamte Verpflegung seiner Bürger übernehmen, so würde die Steuerlast mathematisch ausgedrückt $= \infty$, d. h. die Bürger müssten ihr gesamtes Einkommen bis auf den letzten Pfennig an den Staat herauskehren, allein ungeachtet dieses denkbar höchsten „Steuerdruckes" wird gerade eine derartige Wirtschafts- und Gesellschaftsordnung von ihren Anhängern als die idealste und beglückendste hingestellt.

Mit der Frage der Abwälzung steht die Frage der Abänderung der Steuern im Zusammenhange, jene Frage, die bekanntlich wiederholt durch den alten Satz, dass jede alte Steuer gut und jede neue Steuer schlecht sei, beantwortet wurde. Demgemäss sollte streng genommen diese Frage an dieser Stelle erörtert werden, indes dürfte dieselbe aus Zweckmässigkeitsgründen besser im nachfolgenden Abschnitte ihren Platz finden.

IV.
Die Frage des Steuersystems.

Wir haben im vorstehenden gesehen, dass die Staatsgewalt bei der Besteuerung auf zweifache Weise vorgehen, oder dass man sich wenigstens den Vorgang der Besteuerung auf zweifache Weise

vorstellen kann. Die Staatsgewalt kann — und dies lehrt bekanntlich die herrschende Theorie — bei der Steuer sich an die Bürger,
an die Menschen wenden und fordern, dass jeder Staatsbürger einen
Teil seines Reineinkommens dem Fiskus überlasse. Die Staatsgewalt
kann aber ebenso gut — und diese Anschauung wurde auf den vorhergehenden Seiten konsequent festgehalten — bei der Besteuerung
von den Menschen absehen und lediglich die Güter ins Auge fassen
und einen Teil derselben für die staatlichen Zwecke in Anspruch
nehmen. Letzteres kann, wie wir gesehen haben, auf dreifache Weise
erfolgen. Der Fiskus kann einmal die Güterproduktion besteuern
und überall, wo Güter produziert werden, einen aliquoten Teil der
neu gewonnenen Produkte vorweg nehmen; dies geschieht in der
Grundsteuer, in der Gewerbesteuer und in den Konsumtionssteuern
(den indirekt erhobenen Aufwandsteuern). Der Staat kann zum
zweiten einen aliquoten Teil der Nutzungen gewisser Gebrauchsgüter beanspruchen, wie dies bei der Haussteuer und bei den direkt
erhobenen Aufwandsteuern (Equipagen-, Mobiliensteuern u. dergl.)
der Fall ist. Die Regierung kann endlich drittens bei gewissen Ver-
kehrsakten einen Teil der in den Verkehr gebrachten Güter konfiszieren, und dies geschieht bei den Verkehrsteuern und bei den Zöllen [1].

    Jede dieser beiden Auffassungen ist formell voll berechtigt,

---

[1] Betrachtet man, wie dies hier geschehen, die Steuern „sachlich" und
geht man ganz streng zu Werke, so muss man die Zölle, wiewohl dieselben
indirekt erhobene Aufwandsteuern sind, zu den Verkehrsteuern rechnen, denn
bei den indirekt erhobenen Aufwandsteuern wird die Produktion besteuert und
ein Teil der Produkte vom Staate konfisziert, während bei den Zöllen von
einer Produktion selbstverständlich keine Rede ist. Der Staat benutzt einfach
eine „geographische" Bewegung der Ware — d. i. den Umstand, dass sie die
Reichsgrenze passiert — um einen Teil der fraglichen Güter vorweg zu nehmen,
gerade so, wie er bei der Verkehrsteuer eine „juristische" Bewegung der betreffenden Vermögensobjekte (den Uebergang derselben aus der Verfügungs-
gewalt einer Person in die einer zweiten) zum Anlasse nimmt, um gleichfalls
einen aliquoten Teil dieser Güter zu konfiszieren. Indes liegt begreiflicherweise an einer derart subtilen Unterscheidung sehr wenig. Will man die Zölle
nach wie vor zu den indirekt erhobenen Aufwandsteuern rechnen und mit diesen
letzteren unter die höhere Rubrik der „Produktionsbesteuerung" subsumieren,
so kann man sein nationalökonomisches Gewissen mit einer kleinen Fiktion beschwichtigen, indem man annimmt, dass der Import von Waren als eine Art
„Produktion" zu betrachten sei, weil ja die importierten Waren bisher im Inlande noch nicht existierten, somit gewissermassen für das Inland neu geschaffen
wurden.

allein ebenso richtig ist es andererseits, dass streng genommen jede
derselben die andere ausschliesst. In dem einen Falle legt der Staat
die Steuer auf das „Nationalprodukt", im anderen auf das „Volkseinkommen", thut er aber das eine, so ist damit das andere ausgeschlossen,
denn „Nationalprodukt" und „Volkseinkommen" sind weiter nichts
· als zwei verschiedene Bezeichnungen für eine und dieselbe Sache,
je nachdem man dieselbe von dieser oder jener Seite betrachtet.
Unter „Nationalprodukt" versteht man die von der Gesamtheit des
Volkes produzierten Güter, und zwar noch ehe dieselben zur Verteilung an die einzelnen Bürger gelangt sind, und unter „Volkseinkommen" dieselben von der Gesamtheit des Volkes produzierten
Güter, nur mit dem Unterschiede, dass sie bereits in den Besitz der
einzelnen Bürger übergegangen sind. Besteuert also der Staat das
Nationalprodukt, d. h. schickt er gewissermassen den Steuereinnehmer
nach dem Schnitt hinaus aufs Feld, wo die Garben aufgestellt sind,
damit er dort nehme, was der Staat braucht, so ist nicht abzusehen,
wozu der Steuereinnehmer etwa vierzehn Tage später, wenn das Getreide bereits eingeheimst wurde, abermals kommen soll, um nun
aus der Scheune zum zweitenmale — und zwar diesmal unter dem
Titel der „Einkommensbesteuerung" — Getreide für den Staat einzufordern. Umgekehrt gilt selbstverständlich das nämliche.

Die herrschende Theorie nun lehrt, dass alle Steuer Einkommensbesteuerung sei, und man wird nicht fehlgreifen, wenn man annimmt,
dass sie durch die Rücksicht auf die Gerechtigkeit zu dieser Auffassung verleitet wurde. Wir verlangen heute nach unserer herrschenden Rechtsanschauung in erster Reihe eine „gerechte." Verteilung der Steuerlast, d. h. wir wollen, dass alle Staatsbürger nach
einem allgemein bestimmten und gleichen Massstabe zur Tragung
der Staatslasten herangezogen werden, mag nun dieser „gleiche Massstab" in der Festsetzung eines gleichen Prozentsatzes oder in der
Besteuerung nach der „Leistungsfähigkeit" oder dergl. bestehen.
Der Theorie lag somit sehr viel daran nachzuweisen, dass diese
Forderung der „gerechten Verteilung der Steuerlast" in der Praxis so
viel als möglich verwirklicht sei, und dieser Nachweis konnte am
leichtesten erbracht werden, wenn man zeigte, dass jeder Bürger
nach Massgabe seines Einkommens zur Tragung der Staatslasten mit
herangezogen wird. Ausserdem betrachteten die ersten Vertreter
unserer Wissenschaft alle „volks"-wirtschaftlichen Vorgänge ausschliesslich vom Standpunkte der Privatwirtschaft und werden über-

dies heute bekanntlich alle Steuern in Geld gezahlt. Man sah, wie
der einzelne Staatsbürger bei der Steuerzahlung in die Tasche greift
und dem Steuereinnehmer die Geldstücke oder -Scheine zuzählt, und
gewöhnte sich so, in der Steuerentrichtung nichts anderes zu erblicken als eine privatwirtschaftliche Angelegenheit des betreffenden
Individuums. Hatte man sich aber einmal an diese Auffassung gewöhnt, dann erschien es ganz selbstverständlich, wenn die Theorie
lehrte, dass der Staat — um eine „gerechte Verteilung" der Steuerlast zu bewerkstelligen — in seiner ganzen Steuergesetzgebung nur
das eine Ziel verfolge, das Einkommen der einzelnen Bürger zu ermitteln, um ihnen hiernach die Steuer vorzuschreiben. Leider entsprach und entspricht diese Darstellung den thatsächlichen Verhältnissen nur sehr wenig.

Zunächst stimmt die gangbare Lehre mit der Entwickelungs-
geschichte des Steuerwesens gar nicht überein, und zwar gilt dies
einmal bezüglich der Behauptung der „gerechten" Verteilung der
Steuerlast. Es soll nicht entfernt in Abrede gestellt oder auch nur
bezweifelt werden, dass die heutigen Regierungen alles aufbieten,
was in ihrer Macht steht, um die Steuern so gleichmässig aufzuteilen,
als dies Menschen eben möglich ist, allein hieraus den Schluss ziehen
zu wollen, dass dem zu allen Zeiten so gewesen, wäre denn doch
etwas übereilt. Wir wissen vielmehr, dass die Menschen nur sehr
allmählich sich aus tierischer Roheit zu gesitteten Zuständen emporgearbeitet haben, und dass zu allen Zeiten und allerorts die Sieger
bestrebt waren, den Besiegten den weitaus grössten Teil aller Lasten
aufzubürden. Es hat bekanntlich sehr, sehr lange Zeit gedauert, ehe
es den Staaten gelang, die beiden „oberen" Stände, den Klerus und
den Adel der Besteuerung zu unterwerfen und auf diese Weise eine
nur etwas gerechtere Verteilung der Steuerlast, die bis dahin fast
ausschliesslich auf den Schultern der Bürger und Bauern lag, herbeizuführen. Es ist also nicht richtig, dass das Prinzip der Gerechtigkeit in der Besteuerung zu allen Zeiten das leitende gewesen ist;
indes ist dies für den vorliegenden Zweck von geringerer Bedeutung.

Es ist jedoch ebensowenig richtig, dass die Besteuerung zu
allen Zeiten eine Einkommensbesteuerung war, wie dies die herrschende Lehre wenigstens bezüglich der heutigen Steuern versichert.
Im Gegenteile sind gerade die ältesten Steuern geradezu handgreif-
liche Objektsteuern, und ist es absolut unmöglich, sie unter die Einkommensteuern zu subsumieren. Dies gilt namentlich vom Zehnent.

der bekanntlich schon in der Bibel, und zwar im Alten Testament erwähnt wird und ebenso im Mittelalter wieder vorkommt. Der Zehent, namentlich dann, wenn der Zehentberechtigte mit seinem Wagen und seinen Leuten auf das zehentpflichtige Feld hinausfuhr, um dort jede zehnte Garbe aufzuladen und nach Hause zu führen, kann unter gar keinen Umständen als „Einkommens"-Besteuerung aufgefasst werden, weil das Getreide auf dem Felde von dem Grundeigentümer sozusagen noch gar nicht einmal in Besitz genommen wurde. Der Zehent, speziell in dieser Form, ist eine reine Objektsteuer, eine Konfiskation, weil der Zehentherr die ihm gebührenden Güter an Ort und Stelle, wo sie produziert wurden — um modern zu sprechen, wäre man geneigt zu sagen: in dem Moment, in dem sie die Maschine, aus der sie hervorgehen, verlassen — gewissermassen noch ehe der Produzent (der Eigentümer der Maschine) sie auch nur mit der Hand berühren konnte, in Empfang nimmt und fortträgt. Und noch viel weniger fallen die mittelalterlichen Mauten und Zölle oder gar ihre Vorläufer unter den Begriff einer „Einkommens"-Besteuerung. Der mittelalterliche Raubritter kümmerte sich keinen Deut um das „Einkommen" oder gar die „Leistungsfähigkeit" des reisenden Kaufmanns, sondern überfiel ihn einfach und raubte ihm seine Waren. Und als später etwas geordnetere Verhältnisse eingetreten waren und der ehemalige Raubritter sich zum kleinen (schon etwas zivilisierteren) „Territorialherrn" emporgearbeitet hatte, der nicht mehr nach Räuberart im Busch versteckt den Reisenden auflauerte, sondern regelrechte Zölle oder Mauten forderte, da frug auch dieser wieder sehr wenig nach den Vermögens- oder Einkommensverhältnissen des fahrenden Kaufmanns, sondern hielt die kleine Karawane bei seinem Schlagbaume auf und nahm ihr einen Teil der mitgeführten Waren einfach ab.

Es ist zum zweiten nicht richtig, dass die heutigen Steuern „Einkommens"-Steuern in dem Sinne seien als es uns die herrschende Lehre glauben machen möchte. Wäre die heutige Besteuerung eine Einkommensbesteuerung im Sinne der gangbaren Theorie, so müsste die Staatsgewalt — wie bereits oben in der „Einleitung" angedeutet wurde — jedesmal abwarten bis die betreffenden Güter in das Eigentum gewisser Personen gelangt, also ein wirkliches „Einkommen" geworden sind, und dann erst dürfte der Fiskus hervor- und an die betreffenden Personen, d. i. an die Menschen herantreten und von diesen die Entrichtung der Steuer fordern. Dies ist aber bekanntlich

durchaus nicht immer der Fall. In unzähligen Fällen wartet der
Fiskus nicht ab, bis die fraglichen Güter in das Eigentum eines Individuums getreten sind, sondern nimmt oder konfisziert die Produkte
am Produktionsorte, an der betreffenden „Güterquelle“, ohne auch
nur entfernt danach zu fragen, wem die letztere gehört oder gehören wird, oder wer zur Inempfangnahme jener Produkte berechtigt
ist. Ein Miethaus, ein Landgut, eine Fabrik, ein Betrag an Wertpapieren ist im Prozess befangen, oder gehört zu einer haereditas
jacens, oder gehört einem Verschollenen, niemand kennt den Eigentümer und kein Mensch ist berechtigt das Erträgnis in Empfang zu
nehmen, allein der Fiskus kommt und nimmt einen Teil dieses vorläufig herrenlosen Erträgnisses hinweg. In der nämlichen Weise
steht die Besteuerung der Aktienunternehmung oder des Korporations-
und Stiftungsvermögens mit dem Prinzip der Einkommensbesteuerung
im Widerspruche und müsste der Staat — wenn wirklich eine Einkommensbesteuerung vorläge — erst abwarten bis das Erträgnis
einer derartigen Vermögensmasse in den Besitz der bezugsberechtigten
physischen Personen übergegangen ist, um von diesen sodann die
Steuer nach Massgabe ihres Einkommens zu fordern. Ueberhaupt
ist es unmöglich die sämtlichen Ertragsteuern als Einkommensteuern
aufzufassen, weil sie ihrer Natur nach auf etwaige Schulden sowie
auf das Existenzminimum, d. i. auf das wirkliche „Einkommen“ der
betreffenden Eigentümer keine Rücksicht nehmen können. Die Ertragsteuern sind nur verständlich, wenn man sie als „Objektsteuern‘
auffasst, d. h. wenn man von der Anschauung ausgeht, dass der
Staat in ihnen einen Teil der Produkte, sei es der Landwirtschaft,
sei es der gewerblichen Unternehmungen einfach konfisziert.

Ein Gleiches gilt von den Verkehrssteuern, die ihrerseits unmöglich als Steuern vom „Einkommen“ erklärt werden können. Die
Erbschaft, der Lotteriegewinn, die Schenkung sind bekanntlich kein
„Einkommen“, weil sie nicht regelmässig wiederkehren, sondern
eine einmalige ausserordentliche „Einnahme“ sind. Wäre es daher
richtig, was die landläufige Theorie lehrt, dass der Staat seine Bürger
nach Massgabe ihres Einkommens besteuert, so dürfte der Staat
weder die Erbschaft, noch den Lotteriegewinn, noch die Schenkung
besteuern, sondern er müsste auch wieder abwarten bis der Betreffende aus dem ihm zugefallenen Vermögen ein Einkommen bezieht und dürfte dann erst dieses letztere besteuern. Noch viel
weniger lassen sich die sonstigen Verkehrsteuern, die Steuern von

Kauf-, Miet-, Pacht-, Darlehens-, Arbeitsverträgen etc. als „Einkommen"-Steuern auffassen, weil sich der Einfluss des betreffenden Geschäftes auf das Einkommen der beiden vertragschliessenden Teile nicht nachweisen lässt. Ja in einer sehr grossen Zahl, vielleicht in der Mehrzahl von Fällen wird die Verkehrsteuer zum geraden Widerspiel einer „Einkommens"-Besteuerung, weil — wie wir gesehen haben — der stärkere Teil, d. i. also derjenige, der das „gute" Geschäft macht und den Profit davonträgt, die Steuer dem schwächeren Teile in der Regel zuschiebt, so dass dieser letztere nicht nur benachteiligt aus dem Geschäfte hervorgeht, sondern überdies noch die Steuer tragen muss. Mit einem Worte: auch die Verkehrsteuern sind nur zu verstehen, wenn man sie als teilweise Vermögenskonfiskationen betrachtet.

Endlich drittens bietet die Einkommensbesteuerung gar keine Garantie für die Deckung des Staatsbedarfes, und hieraus erklärt sich die Abneigung der Praxis gegen die „einzige Einkommensteuer", die von mehreren Seiten, namentlich auch von einem Teile der Sozialdemokratie als die gerechteste und idealste Steuer vorgeschlagen wird. Logische Konsequenz kann man diesen Verteidigern der Einkommensteuer als einziger Steuer nicht absprechen, denn theoretisch ist die Einkommensbesteuerung ebenso berechtigt als die Objektsbesteuerung, und acceptiert man einmal das Prinzip der Einkommensbesteuerung, dann ist die Forderung der reinen Einkommensteuer als der einzigen Steuer nur die logische Konsequenz dieses Prinzips. Leider bietet nur die Einkommensbesteuerung — wie eben gesagt — keine Garantie für die Deckung des Staatsbedarfes. Seitens der Praxis als auch der Theorie wird wohl auf die Undurchführbarkeit der einzigen Einkommensteuer hingewiesen und als Grund hierfür geltend gemacht, dass das „Einkommen" der einzelnen Bürger eine schwer zu fassende Grösse ist, dass der Steuerbehörde jeder Anhaltspunkt für die Ermittelung dieses Einkommens fehlt, dass die Staatsgewalt hierbei ausschliesslich auf das Einbekenntnis der einzelnen Steuerträger selbst angewiesen und dass dieses ein absolut unzuverlässlicher Massstab für die Steuerbemessung sei. Die Richtigkeit dieser Argumentation soll nicht in Abrede gestellt werden, allein der eigentliche und letzte Grund für die Unzulänglichkeit der Einkommensbesteuerung ist damit nicht blossgelegt, dieser liegt tiefer.

Es wurde bereits oben angedeutet, dass die Einkommensteuer ihrer Natur nach das Existenzminimum freilassen muss, denn diese

Steuer ist thatsächlich eine persönliche Angelegenheit des betreffenden Individuums, des Menschen. Unter solchen Umständen ist aber die erste und notwendigste Voraussetzung der Steuerzahlung, dass der Steuerzahler lebt und leben kann. Muss aber die Einkommensbesteuerung das Existenzminimum freilassen, dann ist der Fall sehr wohl denkbar, dass das ganze Volk nicht einen einzigen Pfennig steuern kann, und zwar dann, wenn in der gesamten Bevölkerung nicht ein einziger Mensch vorhanden ist, der mehr als das Existenzminimum hätte. Dem entgegen hat die Objektbesteuerung — und das hat die Steuerpraxis stets ganz richtig herausgefühlt, wenn auch nicht deutlich ausgesprochen — eine ganz andere elementare Gewalt. Der Staat wartet nicht und kann auch nicht darauf warten, bis die einzelnen Bürger kommen und die Steuer zahlen, und ebensowenig kann der Staat, will er nicht zu Grunde gehen, viel danach fragen, ob der Bürger X oder Y auch ein genügend grosses Einkommen hat. sondern er nimmt einfach — und hier darf man schon in gewissem Sinne sagen: wie ein Heuschreckenschwarm oder wie ein sonstiges Elementarereignis — die Güter, die er braucht, dort wo er sie findet. Die Bürger mögen dann sehen, wie sie ihrerseits mit dem, was der Staat übrig gelassen, ihr Auskommen finden.

Eine derartige realistische Auffassung der Steuern entsprach allerdings sehr wenig dem Geschmack der sentimental-süsslich angelegten ersten Hälfte unseres Jahrhundertes. Im „Rechtsstaat", in dem die absolute „Gerechtigkeit" herrschen sollte, musste selbstverständlich alles der Idee der Gerechtigkeit untergeordnet werden, und da die Gerechtigkeit in der Besteuerung auf den ersten Blick am einfachsten verwirklicht erschien, wenn man jeden einzelnen Bürger nach Massgabe seines Einkommens zur Tragung der Staatslasten heranzieht, so mussten der herrschenden Theorie zuliebe alle bestehenden Steuern — mochte dies auch der Wahrheit geradezu ins Gesicht schlagen — um jeden Preis als Steuern vom Einkommen gedeutet werden. Sieht man näher zu, so zeigt sich's einmal, dass man die grosse Mehrzahl der bestehenden Steuern nur dann richtig verstehen und würdigen kann, wenn man sie als dasjenige auffasst, was sie wirklich sind, nämlich teilweise Konfiskationen, und zweitens dass eine derartige Auffassung durchaus keine haarsträubende ist, weil sie sich mit der Forderung der Gerechtigkeit in der Besteuerung ebensowohl oder ebensowenig in Einklang bringen lässt als die Besteuerung nach dem Einkommen.

Das Einkommen der einzelnen Bürger kommt ja doch nur aus dem Nationalprodukt, das durch die organisch gegliederte (geteilte und vereinigte) Gesamtarbeit des Volkes hergestellt wurde; ob daher der Staat von jedem einzelnen Bürger etwa 10 Prozent seines privaten „Einkommens" als Steuer fordert, oder ob er diese 10 Prozent vom Nationalprodukt (gewissermassen ehe dieses letztere sich unter die einzelnen Bürger verteilt) nimmt, ist selbstverständlich ganz gleichgültig. Man wende nicht ein, dass zwischen diesen beiden Vorgängen ein wesentlicher Unterschied bestehe und dass speziell eine teilweise Konfiskation des Nationalproduktes eine Schmälerung der kleinsten Anteile am Nationalprodukte zur Folge habe, die — wenn sie auch eine prozentuelle Schmälerung ist — notwendig den Hungertod einer Anzahl von Menschen aus den untersten Klassen zur Folge haben müsse, während die „Einkommens"-Besteuerung nicht in so barbarisch-grausamer Weise vorgehe und das Existenzminimum freilasse; denn dies ist einfach nicht wahr.

Zunächst haben wir oben gesehen, dass der Staat die Güter, die er unter dem Titel der Steuer an sich zieht, nicht verschlingt, sondern dass er in seinen Anstalten und Leistungen den Bürgern dasjenige wieder zurückerstattet, was er ihnen in der Steuer genommen hat. (Bekanntlich „ernährt" übrigens auch der Staat die nicht geringe Zahl seiner Bediensteten.) Sodann wäre jener Einwand wohl richtig, wenn die bestehenden Steuern — vorausgesetzt, dass die wirkliche Einkommensteuer imstande wäre den Staatsbedarf unter allen Umständen zu decken — eben wirkliche „Einkommen"-steuern wären. Unsere sämtlichen Ertrag-, Aufwand- und Verkehr-Steuern sind aber — mag auch die herrschende Lehre zehnmal das Gegenteil versichern — leider keine wirklichen „Einkommensteuern", weil sie auf das „Einkommen" des einzelnen Bürgers, auf seine Schulden oder auf das Existenzminimum keine Rücksicht nehmen und keine Rücksicht nehmen können. Mit einem Worte: die gegebenen Steuern, die Grund-, Gebäude-, Gewerbe-, Bier-, Branntweinsteuer und wie sie alle heissen, sind einmal da und üben einen gewissen Druck auf die Bevölkerung aus, und dieser Druck wird weder verstärkt noch vermindert, wenn man diese Steuern als Einkommensteuern oder wenn man sie als Objektsteuern (Konfiskationen) auffasst. Ein Unterschied besteht nur insofern, als die landläufige Theorie in ihrem Bestreben, die bestehenden Steuern für Steuern vom Einkommen auszugeben, auf Schritt und Tritt mit der Wirklichkeit in Widerspruch geriet, während man alle diese Steuern sofort versteht und richtig würdigt, wenn man sie als Konfiskationen auffasst.

Die Forderung einer gerechten Verteilung der Steuerlast muss von dem hier gewonnenen Standpunkte aus allerdings ein klein wenig anders formuliert werden. Die herrschende Theorie, welche die Steuern nach dem privatwirtschaftlichen Begriffe des „Einkommens" der einzelnen Bürger aufteilen wollte, musste selbstverständlich das grösste Gewicht auf die richtige Ermittelung eben dieses Einkommens legen, sie musste aber immer und immer wieder zugeben, dass es absolut unmöglich ist, das wirkliche Einkommen jedes einzelnen Staatsbürgers zu erforschen. Betrachtet man dagegen die Steuern als partielle Konfiskationen, so gestaltet sich die Forderung der gerechten Besteuerung wesentlich einfacher; dann hat der Staat eben die Aufgabe, einen gewissen Prozentsatz des Nationalproduktes zu nehmen. Wäre es möglich, das ganze Nationalprodukt eines bestimmten Volkes an einem bestimmten Orte aufzustapeln, so wäre die Aufgabe allerdings sehr leicht zu lösen, dann könnten sich die Steuerbeamten darauf beschränken, einfach hinzugehen und etwa jeden zehnten Zentner Weizen, Korn, Hafer, jeden zehnten Ballen Tuch, jedes zehnte Ries Papier etc. (selbstverständlich unter Berücksichtigung der Qualität) in Empfang zu nehmen. Da aber die sämtlichen Arbeitsprodukte eines Volkes nicht in der angedeuteten Weise zusammengebracht und in Reih und Glied aufgestellt werden können, so geht die Aufgabe der Steuerbeamten dahin, die verschiedenen Güter dort aufzusuchen, wo sie produziert (bezw. in den Verkehr gebracht) werden, und darauf zu achten, dass allerorts der bestimmte Prozentsatz dem Staate eingehändigt werde. Allerdings werden heute die Steuern nicht mehr in natura, sondern in Geld erhoben, allein dass das Bestreben der Steuerverwaltung (wenigstens im Prinzip) thatsächlich darauf gerichtet ist, das Quantum der produzierten Güter (und deren Geldwert) zu ermitteln, geht aus der Veranlagung der Grundsteuer und der der indirekt erhobenen Aufwandsteuern hervor. Bei den letzteren haben bekanntlich die kontrollierenden Organe geradezu die Aufgabe darüber zu wachen, dass thatsächlich nur die angemeldete Quantität Bier, Branntwein, Tabak etc. erzeugt werde.

Selbstverständlich ist es — weil wir alle eben nur sterbliche Menschen sind — nicht möglich, jeden einzelnen Produzenten zu kontrollieren und überall genau etwa den zehnten Teil der erzeugten Produkte für den Staat einzufordern, allein jeder wird wohl zugeben, dass diese Aufgabe viel leichter zu lösen ist als die Ermittelung des Einkommens oder gar der Leistungsfähigkeit jedes einzelnen Bürgers, weil die Produkte, wenigstens die materiellen, sichtbar sind und mit den Händen gegriffen werden können, während das „persönliche Einkommen" sich der Wahrnehmung jedes Aussenstehenden gänzlich entzieht. Und ebenso wird wohl jeder zugeben, dass eine Objektsteuer, welche jedem Produzenten (beziehentlich an jeder Güterquelle) etwa den zehnten Teil seiner Produkte konfisziert, um kein Atom ungerechter oder drückender ist als eine angebliche Steuer vom Einkommen in der Höhe von zehn Prozent, die, (wie unsere heutigen Steuern) weder das Existenzminimum freilässt, noch auf etwaige Schulden Rücksicht nimmt.

Wäre jeder Bürger auch Produzent, beziehungsweise durch seine persönliche Arbeitsleistung an irgend einer Produktion von Gütern persönlich beteiligt, und wäre gleichzeitig jeder nur auf das Erträgnis seiner Arbeit angewiesen, so wäre eine Steuer, die allerorts den gleichen Prozentsatz der neu hergestellten Güter konfisziert, eine in ziemlich hohem Grade gerechte Steuer. Es würde jeder Bürger gezwungen etwa den zehnten Teil seiner Arbeitsleistung dem Staate darzubringen, und jeder würde proportional seinem Einkommen steuern; derjenige, dessen Arbeitsleistung minderwertig ist, würde weniger, derjenige, dessen Arbeitsleistungen höher geschätzt und bezahlt werden, würde mehr dem Staate geben. Bekanntlich ist dem aber nicht so, es gibt eine Masse von Menschen, die als Grundbesitzer oder als sog. Kapitalisten entweder ausschliesslich oder doch neben ihrem Arbeitseinkommen ein mehr oder weniger grosses „arbeitsloses", d. h. ein aus der Arbeit anderer Personen fliessendes Einkommen beziehen.

Diese Thatsache soll weder beklagt noch bekämpft werden und Rodbertus hat sicher das Richtige getroffen, wenn er am Schlusse seiner Schrift: „Zur Beleuchtung der sozialen Frage" (Berlin, 1875), S. 222 sagt: „Ich glaube also, um mich kurz auszudrücken, nicht, dass die Gesellschaft ihren Weg durch die Wüste schon beendigt hat, dass ihre sittliche Kraft schon gross genug ist, um das gelobte Land der Erlösung vom Grund- und Kapitaleigentum durch freie Arbeit erwerben und behaupten zu können." Die Institution des Privateigentums an den Produktionsmitteln involviert nämlich einen Zwang zur Arbeit, der heute wenigstens absolut nicht entbehrt werden kann, und auch in der Zukunft — Rodbertus hegt allerdings die

entgegengesetzte Hoffnung — kaum je wird entbehrt werden können.
So unentbehrlich aber das private Grund- und Kapitaleigentum auch
ist, so kann doch andererseits nicht geleugnet werden, dass demselben
gewisse Schattenseiten ankleben, dass es missbraucht werden kann
und dass speziell der Besitzer eines werbenden Vermögens andere
minderbemittelte oder ganz unbemittelte Personen ausbeuten, d. h.
dass er sich einen Teil ihrer Arbeitsprodukte in unbilliger Weise
aneignen kann.   Die Gesetzgebung mag noch so sehr bestrebt sein,
derartige Auswüchse der Institution des Privateigentumes zu be-
schneiden und zu unterdrücken, sie wird es doch nie verhüten können,
dass nicht die ganze Klasse der Besitzenden sich auf Kosten, sei es
der jedesmal Minderbesitzenden, sei es der Nichtbesitzenden bereichert.   Es kann diese Bereicherung oder Ausbeutung (im grossen
und ganzen) vielleicht eine geringe oder wenig drückende sein, aber
immerhin bleibt sie eine „Ausbeutung", eine ungerechtfertigte Bereicherung auf Kosten anderer.   Dem einzelnen „Exploiteur" soll
damit gar kein Vorwurf gemacht werden, denn er handelt in gutem
Glauben, er fordert für sein Darlehen nur den landesüblichen Zins,
er verpachtet seine Grundstücke oder vermietet sein Haus nur zu
den ortsüblichen Preisen, aber immerhin steckt in seiner Rente ein
„arbeitsloses", d. h. ein aus der Arbeit anderer Personen fliessendes
Einkommen.
     Ist dem aber so, dann erscheint eine Steuer, welche allerorts
den gleichen Prozentsatz der neu hergestellten Güter konfisziert,
nicht mehr als eine gleichmässige Belastung der Staatsbürger, weil
die einen, die nur Arbeitseinkommen beziehen, voll von der Steuer
getroffen werden, während die anderen, die neben ihrem Arbeitseinkommen auch eine arbeitslose Rente haben, nur mit dem ersteren
steuern, dagegen bezüglich der letzteren steuerfrei ausgehen.   Eine
derartige Ungleichheit der Belastung der einzelnen Bürger kann dadurch ausgeglichen werden, dass gewisse Artikel, namentlich solche,
welche vorwiegend von den bemittelteren Klassen gekauft werden,
mit einer höheren Steuer belegt werden.   Eine Steuer, die allerorts
den gleichen Prozentsatz der neu hergestellten Güter für den Staat
fordert, wird nämlich — vorausgesetzt dass sie mässig ist — kaum
leicht auf die Konsumenten abgewälzt werden können.   Wird dagegen ein Artikel oder werden nur einige derselben empfindlich höher
besteuert als die grosse Masse der gewerblichen Erzeugnisse, so wird
allerdings eine Preissteigerung eintreten müssen, die dann — wenn

eben nur Luxusartikel besteuert werden — auf die Konsumenten,
d. i. auf diejenigen Personen fällt, welche eben über jenes „höhere“
Einkommen verfügen. Es braucht wohl nicht besonders hervorgehoben zu werden, dass damit die indirekt erhobenen Aufwandsteuern in erster Reihe gemeint sind. Selbstverständlich fällt den
direkt erhobenen Aufwandsteuern dieselbe Aufgabe zu, nur mit dem
Unterschiede, dass bei diesen jener Umweg über den Produzenten
fortfällt. (Damit soll jedoch — wie bereits an früherer Stelle bemerkt wurde — nicht gesagt sein, dass eine besondere „Konsumsteuer“ neben die allgemeine „Gewerbesteuer“ treten müsse. Es
würde genügen, wenn das Gesetz beispielsweise verfügen wollte, dass
die gewerblichen Unternehmungen im allgemeinen etwa zehn Prozent
ihrer Erzeugnisse dem Staate abzuliefern haben, dass jedoch, sagen wir,
die Tabakfabriken, die Branntweinbrennereien, die Bierbrauereien etc.
einen höheren Satz steuern müssen.)

Es wäre jedoch möglich, dass die bestehenden Objektsteuern
als ungenügend befunden werden, um irgend einen projektierten neuen
Staatsaufwand .zu decken. In einem derartigen Falle wird an die
Finanzverwaltung die Frage herantreten, ob die bestehenden Objektsteuern erhöht oder ob etwa neben dieselben neue „Personal“-, also
irgend welche „Einkommen“-Steuern gesetzt werden sollen, und da
ist doch wohl zu unterscheiden.

Im Prinzip oder theoretisch und „an sich“ betrachtet, schliessen
allerdings Objekt- und Einkommensteuern einander gegenseitig aus,
denn — wie bereits oben bemerkt wurde — sind „Nationalprodukt“
und „Volkseinkommen“ identische Begriffe und fordert der Staat
seine Steuern in genügendem Ausmasse in der einen Form, so ist
nicht abzusehen, wozu er dann noch überdies Steuern in der zweiten
Form fordern soll. Aus diesem Grunde haben in einem System von
Objektsteuern Personalsteuern, wie etwa die Zinsrentensteuer, die
Gehaltsteuer, die eigentliche Einkommensteuer oder eventuell eine
Klassensteuer u. dergl. formell keinen Platz. Trotzdem können derartige Personalsteuern unter Umständen gerechtfertigt sein. Es
wurde im vorhergehenden Abschnitte darauf hingewiesen, dass die
Lasten, welche den Bürgern in den Steuern auferlegt werden, durch
die Leistungen der staatlichen Verwaltung, sowie durch die staatlichen Anstalten kompensiert werden sollen, und man kann wohl
annehmen, dass dies in jedem gut administrierten Staate auch
thatsächlich der Fall ist. Allein wenn dem auch im grossen und

ganzen so ist, so ist damit noch nicht gesagt, dass auch jede Klasse
der Bevölkerung aus allen staatlichen Anstalten den gleichen Nutzen
zieht. Es gibt gewisse Zweige der staatlichen Verwaltung oder gewisse staatliche Anstalten, wie beispielsweise die Volksschulen, welche
vorwiegend den unbemittelten Klassen zum Vorteile gereichen, während
andere wieder in erster Reihe den Interessen der Besitzenden dienen.
Und tritt dieser letztere Fall ein, so wird es nur der Forderung der
Billigkeit entsprechen, wenn die Staatsverwaltung die Kosten dieser
Anstalten wenigstens zum grösseren Teile den besitzenden Klassen
aufbürdet und sie mittels bestimmter Personalsteuern zur Tragung
der fraglichen Lasten heranzieht.

Aus dem Gesagten ergibt sich leicht die Beantwortung der
Frage wie sich's mit der Abänderung bereits bestehender Steuern
verhält. Bekanntlich wurde seiner Zeit die Behauptung aufgestellt,
dass jede alte Steuer gut, jede neue Steuer schlecht sei, d. h. mit
anderen Worten, dass ein einmal bestehendes Steuersystem, welches
sich seit Jahren oder Jahrzehnten eingelebt hat, nicht geändert
werden soll. Diese Forderung geht jedenfalls zu weit. Richtig ist
wohl, dass die Bevölkerung sich im Laufe der Jahre an den Druck
der Steuern gewöhnt und sie daher weniger empfindet, in analoger
Weise wie etwa der Soldat sich daran gewöhnt den Tornister, den
Mantel, das Gewehr, das Bajonett, kurz all die Gegenstände zu tragen,
die zu seiner feldmässigen Ausrüstung gehören und trotzdem sich
unter dieser Last frei und leicht bewegt. Die Steuern verschmelzen
in der That allgemach so sehr mit dem wirtschaftlichen Leben, dass
man sich in vielen Fällen derselben gar nicht mehr recht bewusst
wird, sie verschmelzen teils durch Amortisation (bei der Grundsteuer,
der Couponsteuer und teilweise mitunter bei der Haussteuer), teils
durch Ueberwälzung derart mit den Preisen der betreffenden Güter,
dass sie oft gar nicht mehr empfunden werden.

Es wäre jedoch gefehlt, wenn man hieraus den Schluss ziehen
wollte, dass bestehende Steuern darum nicht ermässigt werden sollen.
Eine zu hoch gegriffene Grundsteuer depossediert allgemach — wie
oben dargethan wurde — einerseits den Grossgrundbesitzer, während
sie andererseits den kleinen Grundbesitzer, den Bauer zum blossen
staatlichen Lohnarbeiter herunterdrückt. Eine Gewerbesteuer oder
eine Aufwandsteuer, welche einzelne Produktionszweige zu schwer
belastet, kann dieselben zum grossen Schaden der betreffenden Volkswirtschaft zu Grunde richten oder wenigstens am Aufblühen hindern.

Eine zu hohe Haussteuer zwingt die Mieter, einen verhältnismässig grossen Teil ihres Einkommens für ihr Wohnungsbedürfnis zu verausgaben und sich demgemäss nach anderen Richtungen hin über Gebühr einzuschränken. Eine zu hohe Verkehrsteuer kann den Verkehr lähmen etc. Kurz es kann sehr leicht der Fall eintreten, dass einzelne Gebiete der Volkswirtschaft durch diese oder jene Steuer zum Schaden der Gesamtheit wesentlich beeinträchtigt werden, und wenn dem thatsächlich so ist, so wäre es überaus gefehlt, die Abänderung, bezw. Ermässigung dieser Steuer etwa mit dem Hinweise darauf, dass sie schon alt ist und dass die Bevölkerung sich an dieselbe gewöhnt hat, von der Hand weisen zu wollen.

Die Erleichterung einer Steuerlast wird selbstverständlich von der Bevölkerung jedesmal gern und dankbar angenommen werden. Misslich dagegen ist die Einführung einer neuen oder die Erhöhung einer bestehenden Steuer, weil dadurch immer eine unangenehm empfundene Störung des bisherigen Gleichgewichtes herbeigeführt wird und es jedesmal einige Zeit währt, ehe die Bevölkerung sich an den neuen Druck oder an die neue Verteilung desselben gewöhnt. Indes verhalten sich in dieser Beziehung die verschiedenen Steuern verschieden. Verhältnismässig am wenigsten Störung verursacht die Einführung oder Erhöhung einer persönlichen Einkommensteuer, weil eine solche nicht abgewälzt werden kann und überdies vornehmlich die wohlhabenderen Klassen trifft. Selbstverständlich sind hierher auch die direkt erhobenen Aufwandsteuern zu rechnen. Diesen zunächst stehen die Verkehrsteuern. Eine Erhöhung derselben wird aus dem Grunde leichter hingenommen, weil dieselben in der Regel die Bürger nicht dauernd belasten, sondern nur gelegentlich — bei Abschluss des betreffenden Geschäftes — treffen. Schwerer schon wird eine Erhöhung der Gewerbesteuern oder der indirekt erhobenen Aufwandsteuern getragen, weil dieselbe leicht den Ruin von so und so vielen der getroffenen Unternehmungen nach sich zieht. Am drückendsten endlich wirkt eine Erhöhung derjenigen Steuern, welche „amortisiert" werden wie die Grundsteuer, die Couponsteuer und teilweise die Haussteuer (wenigstens in der ersten Zeit nach ihrer Erhöhung, ehe die Abwälzung gelungen ist), weil sie mit ihrem ganzen kapitalisierten Betrage auf das fragliche Objekt fallen und dasselbe entsprechend entwerten, oder mit anderen Worten, weil sie eine ziemlich weitgehende Vermögenskonfiskation involvieren.

Von dem in den vorliegenden Blättern festgehaltenen Gesichts-

punkte aus lässt sich eine Frage leicht beantworten, welche mehrfach und speziell auch in Oesterreich in den betreffenden Kreisen
die Gemüter erhitzt hat, ich meine die Besteuerung der Erwerbs-
und Wirtschaftsgenossenschaften. Die letzteren wurden mehrfach
der Gewerbesteuer (in Oesterreich der sog. Erwerbsteuer und der
Einkommensteuer) unterworfen und diese Massregel der Steuerbehörden hat in den Kreisen der Interessenten teilweise eine lebhafte Opposition hervorgerufen. Es wurde insbesondere hervorgehoben, dass Genossenschaften, welche lediglich den Interessen
ihrer Mitglieder dienen und mit dem Publikum in keinen Verkehr
treten, also beispielsweise Konsumvereine, die ihre Waren lediglich
an ihre Mitglieder, nicht aber an aussenstehende Personen verkaufen,
nicht als Unternehmungen aufgefasst werden können, die auf „Erwerb" ausgehen, dass daher eine Besteuerung solcher Unternehmungen
eine Ungerechtigkeit sei u. dergl. m. Diese Argumentation hat viel
Anklang gefunden; meines Erachtens mit Unrecht. Richtig ist hierbei
nur, dass man derartigen Erwerbs- und Wirtschaftsgenossenschaften
mit der „Einkommens"-Besteuerung sozusagen nicht an den Leib
rücken kann, weil hier ein „Einkommen" nicht vorliegt. Die Theorie
der Einkommensbesteuerung setzt — wie wir gesehen haben —
allerorts Menschen, Individuen voraus, an die sich der Steuerfiskus
wendet und von denen er die Steuer fordert und ein Verein, eine
juristische Person ist kein Mensch. Allein dieser Standpunkt ist
eben, wie oben nachgewiesen wurde, nicht der richtige. Die bestehenden Steuern sind (abgesehen von den eigentlichen Personalsteuern) keine Steuern vom Einkommen, sondern Objektsteuern oder
Konfiskationen von Gütern. Und wenn der Staat überhaupt die
Güter dort nimmt, wo sich just eine günstige Gelegenheit zum Nehmen
findet, d. i. dort wo die Güter produziert oder in den Verkehr gebracht werden — wenn also der Staat jedem Produzenten oder
jedem Händler einen Teil seiner Produkte oder Waren konfisziert,
so ist absolut nicht abzusehen, warum er vor einer Vereinigung von
Personen, die in derselben Weise Güter produziert oder verkauft wie
ein einzelner Geschäftsmann, Halt machen soll. Nicht die Person,
sondern die „Unternehmung" oder „das Geschäft" wird ja von der
Objektsteuer getroffen und „Geschäft" bleibt „Geschäft", mag es von
einem Geschäftsmanne betrieben werden, der dabei „verdienen" will,
oder von einer Vereinigung von Personen, die lediglich für die
Deckung ihres Privatbedarfes sorgen wollen.

Schliesslich noch eine Bemerkung. Hält man daran fest, dass der Staat in den Steuern nicht so sehr Geld, als vielmehr die Güter fordert, die er teils unmittelbar für seine Zwecke, teils mittelbar, d. i. zur Ernährung seiner Bediensteten braucht, so wird man wohl zugeben müssen, dass Freiherr von Vogelsang nicht ganz im Unrecht ist, wenn er in diversen seiner Schriften (vgl. beispielsweise seinen Aufsatz: „Die Konsolidierung des Bodenwertes" in der „Oesterr. Monatschrift für christliche Sozialreform", 7. Bd., Wien 1885, S. 621 ff.) über die Thatsache klagt, dass heute alle Klassen der Produzenten und speziell die Landwirte schwer unter dem sog. „Absolutismus des Geldes", d. h. unter der Thatsache leiden, dass heute — um mit Marx zu sprechen — alle Produkte „durch die Geldform hindurchgehen" müssen. Der Grundbesitzer beispielsweise hat seine Steuer zu entrichten und der Staat andererseits braucht Getreide, Hafer, Heu und Stroh für seine Truppen. Anstatt aber diese Bodenprodukte, die er unmittelbar verwenden kann, von dem Landwirte in natura zu fordern, fordert der Staat die Steuer in Geld und muss der Grundbesitzer seine Produkte an den Händler für Geld verkaufen und letzteres an den Staat abführen, damit dieser eventuell mit denselben Geldstücken von demselben Händler die nämlichen Bodenprodukte kaufe, die eben jener Grundbesitzer auf seinen Feldern geerntet. Der Händler profitiert auf diese Weise zweimal, der Staat und der Grundbesitzer aber müssen die Zeche bezahlen und werden dem Händler tributpflichtig. Ein Gleiches gilt selbstverständlich für eine ganze Reihe von Gewerbetreibenden.

Man wird einwenden, dass eine Entrichtung der Steuern in natura ein Anachronismus und unausführbar sei, weil der Staat unmöglich sich mit der Prüfung der Qualität der eingelieferten Güter, mit der Magazinierung und Verrechnung derselben etc. befassen könne. Diese Einwendungen sind bis zu einem gewissen Grade richtig, beweisen aber in ihrer Allgemeinheit gar nichts, denn derselbe Staat, der da eventuell versichert, dass er alle diese Dinge nicht prästieren könne, kauft bekanntlich Getreide, Hafer, Heu, Stroh, Uniformen, Schuhe, Waffen, Sattelzeug etc. für militärische oder sonstige Zwecke und prüft die Qualität dieser Dinge sehr genau beim Einkauf, er verwahrt sie sodann in seinen Magazinen und führt sehr detaillierte und präzise Rechnungen und Verzeichnisse darüber. Wenn daher der Staat gelegentlich der Anschaffung es sehr wohl versteht mit Naturalvorräten zu wirtschaften, so ist nicht abzusehen, warum er dasselbe Kunststück gelegentlich der Steuereinhebung nicht zuwege bringen sollte. Damit soll nicht gesagt sein, dass der Staat alle seine Steuern in natura einfordern oder dass er überhaupt vollständig zur Naturalwirtschaft zurückkehren solle, aber dass eine gewisse Emanzipation vom Gelde und damit von den **Geldmächten** dem Staate wie den Bürgern zum Vorteile gereichen würde, wird kein Einsichtiger leugnen können. — Die Nationalökonomie ist anfänglich fast ausschliesslich eine Nationalökonomie des Comptoirs oder der Börse gewesen, die Menschen sind aber, Gott sei dank, noch nicht durchgehends Kaufleute oder gar Börsianer, eine gewisse Berücksichtigung der Bedürfnisse und Verhältnisse des „Volkes" wird daher der „Volks"-Wirtschaft nicht zum Nachteile gereichen.

———

Eine kommunale Finanzreform in Nordamerika.

Von

F. Frhr. von Reitzenstein,

Bezirkspräsidenten z. D.

Je verschiedener die Einrichtungen, auf denen das kommunale
Finanzwesen Nordamerikas ruht[1]), von denjenigen sind, welche den
innerhalb des bezüglichen Gebiets bei uns hervorgetretenen Bildungen
zur Basis dienen, um so mehr verdient es Beachtung, wenn in der
Beurteilung und Weiterentwickelung jener Institutionen Ideen, welche
den bei uns herrschenden verwandt sind, sich Bahn brechen. Indem
sie von dem zunehmenden Einfluss derartiger Ideen Zeugnis ablegen,
haben die Verhandlungen, welche neuerdings in der Stadt Baltimore
über eine Reform der kommunalen Besteuerung dieses grossen städtischen Gemeinwesens geführt worden sind[2]), ein über das örtliche
Geltungsgebiet der bezüglichen Einrichtungen hinausgehende Bedeutung: sie werden auch in weiteren Kreisen um so mehr auf
einiges Interesse zählen dürfen, als sie teils in der Heranziehung
des geschichtlichen Materials weiter als bei ähnlichen Anlässen meist
gebräuchlich ausholen, teils in der Aufstellung der Zielpunkte für die
fernere Entwickelung über die Grenzen des zeitigen Reformprojekts
hinausgehen und eine Erweiterung jener Grenzen ins Auge fassen.
Diese Grenzen waren durch die zeitige Lage der Gesetzgebung einerseits des Bundes, andererseits des Staates Maryland gegeben.

---

[1]) Vgl. Finanzarchiv II, S. 179 und III, S. 408.

[2]) Report of the tax commission of Baltimore appointed under Ordinance
Nr. 61 of May 9, 1885, Baltimore, printed by King brothers, 1886. Dass eines
der Mitglieder der Kommission, der Professor der Nationalökonomie an der
John Hopkins Universität zu Baltimore, Herr T. Ely, dem Verfasser obigen
Artikels jene Verhandlungen zuzusenden die Freundlichkeit hatte, wurde der
Anlass dieses Aufsatzes.

Der Gesetzgebung des Bundes gehört die Vorschrift an, dass
alle Arten sowohl von Bundeseigentum wie von Bundesschuldtiteln
einer Besteuerung weder seitens der einzelnen Staaten, noch seitens
der Gemeinde unterliegen: das in Bundesobligationen angelegte Vermögen ist daher von allen Gemeindesteuern frei. Der Verfassung
des Staates Maryland ist die auch in den Gesetzgebungen anderer
Staaten Nordamerikas wiederkehrende Bestimmung eigen, dass jede
im Staat wohnende oder Vermögen besitzende Person ihren Anteil an
den öffentlichen Abgaben nach Verhältnis des Wertes ihres Besitzes
an unbeweglichem oder beweglichem Vermögen zu tragen habe; es
werden hierdurch andere Formen der direkten Besteuerung als die
einer Besteuerung nach dem Vermögenswert vom Steuerwesen des
Staates wie der kommunalen Korporationen ausgeschlossen. Es bildet
diese Vorschrift gewissermassen das Ueberbleibsel eines Stadiums,
in welches die Entwickelung in der zweiten Hälfte des vorigen Jahrhunderts eintrat: als während des Unabhängigkeitskrieges der Finanz-
bedarf der nordamerikanischen Staaten plötzlich beträchtlich empor-
schnellte, wurden in der Mehrzahl derselben die Kopfsteuern, welche
bis dahin die einzige gebräuchliche Form der direkten Besteuerung
gebildet hatten, durch Vermögenssteuern ersetzt. Dementsprechend
bildete seit jener Zeit auch im Staate Maryland die Vermögenssteuer
die einzige Form der direkten Besteuerung: durch dieselbe wird auch
gegenwärtig ein beträchtlicher Teil des Staatsbedarfs aufgebracht.
Eine Ausnahme bildete die Zeit von 1812 bis 1841, in welcher der
Staat direkte Steuern überhaupt nicht erhob und sich auf Licenzsteuern und andere Einnahmequellen beschränkte.

Diese Phasen in der Gestaltung des Staatssteuerwesens konnten
für die Entwickelung des Steuerwesens der Stadt Baltimore nicht
ohne Einfluss bleiben. Wohl nur wenige europäische Städte zeigen,
was das Wachstum ihrer Einwohnerzahl und wirtschaftlichen Entwickelung anlangt, eine so rapide Progression, wie sie den meisten
amerikanischen Grossstädten eigen ist; auch die Stadt Baltimore gehörte zu diesen durch rasches Anwachsen sich charakterisierenden
Gemeinwesen. Dies Anwachsen drückt vor allem sich auch in der
Steigerung des Finanzbedarfs aus: während derselbe 1745 sich nur
auf drei Pfund — den Betrag der Ausgabe für das Gehalt des Stadt-
sekretärs — belaufen hatte, erreicht das städtische Ausgabebudget
heute einen Betrag von ungefähr 9 Millionen Dollars.

Erst im Jahr 1796 wurde Baltimore zur Stadt erhoben, womit

für den Mayor und Stadtrat die Ermächtigung, Steuern zu erheben und einzusammeln verbunden war; diese Steuererhebungsbefugnis schloss jedoch keineswegs das Recht selbständiger Einschätzung und Veranlagung ein, vielmehr hatte der Regel nach die vom Staat behufs der von ihm erhobenen Steuer bewirkte Veranlagung auch für die Repartition der städtischen Steuer als Grundlage zu dienen. Die Missstände, welche aus dieser engen Begrenzung der der Stadt eingeräumten Befugnis hervorgingen, mussten in besonderem Masse während des neunundzwanzigjährigen Zeitraums — 1812 bis 1841 — sich fühlbar machen, während dessen die Erhebung einer direkten Steuer seitens des Staates Maryland überhaupt nicht stattfand. Man versuchte, die vorhandene Lücke durch Spezialgesetze auszufüllen; bei dem ebenfalls nur engbemessenen Umfang der Ermächtigungen, welche diese Gesetze den Organen der Gemeinde übertrugen — jene Ermächtigungen bezogen sich anfangs nur auf die Einschätzung solchen Eigentums, welches in die frühere Steuerrolle des Staats keine Aufnahme gefunden hatte —, blieb indessen die gewährte Hilfe lange Zeit eine unzureichende; wie wenig das Ergebnis ein der Wirklichkeit entsprechendes war, geht daraus hervor, dass im Jahre 1832 der gesamte veranlagte Vermögenswert nur erst 3,564,904 Dollars betrug, wovon die Steuer nach einem Satze von etwas über fünf Prozent erhoben wurde; dass dieser Satz nicht drückend erschien, beweist am besten, wie weit die Einschätzung hinter dem wirklichen Werte zurückblieb. Erst ein Gesetz vom Jahre 1831 brachte umfassendere Vollmachten, auf Grund deren im Jahre 1835 eine Reorganisation des städtischen Steuerwesens vorgenommen werden konnte; die demnächst bewirkte Einschätzung erhöhte den Gesamtschätzungswert des steuerbaren Vermögens sogleich von (1835) 3,787,762 auf (1836) 42,931,960 Dollars; in den Jahren 1841 und 1846 erfolgten weitere Einschätzungen mit ähnlich günstigem Erfolge; im Laufe der Zeit sind die Einschätzungsperioden wieder längere — acht- bis zehnjährige — geworden; die letzte allgemeine Einschätzung hat im Jahre 1876 stattgefunden; der auf Grund derselben berechnete Vermögenswert hat für das Jahr 1884 249,651,699 Dollars betragen, von welchem Betrage die städtische Steuer mit 1,60 vom Hundert erhoben wurde. — Ein fernerer Mangel in der Bemessung der Vollmachten der Stadtverwaltung beruhte darin, dass dieselbe keine allgemeine Befugnis besass, einmal veranlagte Steuern in Abgang zu stellen oder zu ermässigen; nur für den Fall der

Zahlungsunfähigkeit bezw. des Besitzwechsels war sie ermächtigt, Niederschlagungen bezw. Uebertragungen auf den neuen Erwerber auszusprechen. Die Einforderung der Steuer war an keine Frist gebunden; es war gebräuchlich, die rückständigen Steuern dem Steuererheber gegen ein Entgelt zu verkaufen, das teils bar zu entrichten, teils in Schuldscheinen ohne Sicherstellung zu hinterlegen war. Die Nachteile, welche dies System für den Eingang der Steuern hatte, waren evidente; kaum etwas mehr als die Hälfte der Steuern kam innerhalb des Fälligkeitsjahres zur Erhebung; um eine pünktlichere Entrichtung sicher zu stellen, griff man im Jahre 1835 zu dem Mittel der Bewilligung eines Diskonts an diejenigen, welche ihrer Verpflichtung rechtzeitig nachkamen, eine Einrichtung, die sich bis auf die Gegenwart behauptet hat, ohne genügende Resultate zu liefern: der Betrag der rückständigen Steuern blieb immer ein erheblicher. Das Jahr 1841 brachte eine Erweiterung der Befugnisse der Stadtverwaltung insofern, als dieselbe ermächtigt wurde, eine Kommission — appeal-tax-court — zur Entscheidung der Steuerreklamationen einzusetzen; gleichzeitig wurde die Stadtverwaltung mit der jährlichen Erhebung der Staatssteuer und der Anstellung eines Staatssteuererhebers beauftragt. Eine eigentliche Einschätzungsbefugnis stand dem appeal-tax-court ursprünglich nicht zu; seine Vollmachten beschränkten nach jenem Gesetz von 1841 sich darauf, in Fällen des Besitzwechsels Uebertragungen und in Fällen des Verlustes, der Zerstörung oder Wertverminderung Niederschlagungen bezw. Ermässigungen zu beschliessen; eine Erhöhung der Veranlagung durfte nur in Ansehung derjenigen Personen, welche eine Ermässigung in Anspruch nahmen, soweit sie erweislich neues Eigentum erworben hatten, ausgesprochen werden. Ausnahmsweise wurde dem Court die Befugnis zur Einschätzung einzelner besonderer Kategorien von Vermögensobjekten übertragen. Mit der Zeit erweiterte sich jedoch diese Ermächtigung zu einer allgemeinen, das Recht der Neueinschätzung und Veranlagung alles in der Stadt befindlichen Eigentums im gegebenen Falle einschliessenden Revisionsbefugnis. Aber die ihm zu Gebote stehenden Mittel waren für die Erfüllung dieser Aufgabe nicht ausreichend; Klagen über ungenügende Leistungen des Steuerwesens blieben häufige; vor allem waren es vier Punkte, um welche diese Klagen sich drehten; es wird gerügt, dass die Veranlagung eine ungleiche sei, dass ein grosser Teil des beweglichen Vermögens sich der Besteuerung entziehe, dass die zwangsweise Herbeiführung der Zahlung erhebliche Schwierigkeiten finde und dass ' eine grosse Zahl von Personen dadurch, dass sie einen Teil des Jahres auf dem Lande wohnen, der Besteuerung durch die Stadt zu entgehen wisse. Die Ausdehnung, welche der letztgedachte Uebelstand erlangt hatte, führte im Jahre 1862 zum Erlass eines Gesetzes, das die Stadt zur Besteuerung alles innerhalb derselben befindlichen Eigentums, gleichgültig, ob dasselbe in oder ausserhalb der Stadt Wohnenden gehöre, ermächtigt. Aber dies Gesetz wurde im Jahre 1865 wieder aufgehoben und erhielt der Gegenstand demnächst durch die erwähnte Verfassung des Staates Maryland vom Jahre 1867 in dem Sinne seine Erledigung, dass bewegliches, den im Staate wohnhaften Personen gehöriges Vermögen in der Gemeinde steuerpflichtig sei, in der der Eigentümer in redlicher Absicht den grösseren Teil des Jahres seine Wohnung habe, ausgenommen allein dauernd vermietete Gegenstände, welche da, wo sie vermietet wären, auch zur Steuer heranzuziehen seien.

Vorschläge wegen Verbesserung dieser Uebelstände zu machen, war die Aufgabe, welche einer vom Mayor und Stadtrat von Baltimore mittels Ordonnanz vom 9. Mai 1885 eingeschätzten Kommission gestellt war: sie bestand aus drei Mitgliedern, unter denen sich Mr. J. Ely, Professor der Nationalökonomie an der John Hopkins Universität in Baltimore, befand; es bedurfte einer erheblichen Anzahl von Sitzungen, ehe sie sich über die in Antrag zu bringenden Abänderungen des bestehenden Systems schlüssig machte; das Ergebnis ihrer Verhandlungen hat sie schliesslich in einem am 9. Januar d. J. dem Mayor und Stadtrat erstatteten Berichte niedergelegt; demselben sind Entwürfe der bei der legislativen Versammlung vom Staate Maryland zu beantragenden Gesetze sowie der vom Mayor und Stadtrat zu erlassenden Verordnungen und endlich der den Einschätzungen zu Grunde zu legenden Formulare beigefügt. Einleitend bemerkt die Kommission, dass diese Vorschläge noch immer weit davon entfernt seien, in ihrer Gesamtheit ein vollständiges oder vollkommenes System darzustellen: das Aeusserste, was habe erreicht werden können, bestehe darin, dass die dringendsten Uebelstände Beseitigung erführen und der Grundsatz der Verfassung, welcher jedem einen angemessenen und gerechten Anteil an den öffentlichen Lasten aufzuerlegen suche, ein grösseres Mass von Durchführung erhalte.

Ihrem Objekte nach lassen sich die Vorschläge der Kommission wesentlich in dreierlei scheiden: in solche, welche sich auf die

Abgrenzung der Besteuerungsbefugnis der Stadt, welche sich
auf die Organisation und Ausführung der Einschätzung und
Veranlagung und welche sich auf die Regelung der Erhebung
der Steuer beziehen.

In ersterer Hinsicht war es vor allem erforderlich, den Umfang des Besteuerungsrechts der Stadt gegenüber dem des Staats
näher zu bestimmen: zu diesem Behuf ist ein Gesetzentwurf vorgelegt, welcher die Befugnis zur Regelung der Einschätzung alles
in der Stadt befindlichen steuerbaren Vermögens mit einziger Ausnahme derjenigen Objekte, welche der ausschliesslichen Einschätzung
der Staatsorgane vorbehalten sind, der Stadtverwaltung, d. h. dem
Mayor in Gemeinschaft mit dem Stadtrat überträgt. Der Einschätzung
durch den Staat vorbehalten sind vor allem die Geschäftsanteile und
Aktien der in Maryland inkorporierten Erwerbsgesellschaften mit Ausnahme der Eisenbahngesellschaften; die Aktien der letzteren werden
der Einschätzung durch die städtische Verwaltung für unterliegend
erachtet: für die Veranlagung der Geschäftsanteile jener anderen
Erwerbsgesellschaften zur städtischen Steuer ist daher das Ergebnis
der vom Staat vorgenommenen Einschätzung massgebend. Dagegen
soll in Bezug auf alle der Einschätzung durch die Organe des Staats
nicht vorbehaltenen Objekte die von der Stadtverwaltung vorgenommene
Einschätzung auch für die Veranlagung der Staatssteuer massgebend
sein. Die Regulativgewalt der Stadtorgane wird sogar bis zu der
Befugnis ausgedehnt, gewisse Bestimmungen der Staatsgesetze im
Wege der über die Einschätzung und Veranlagung der städtischen
Steuer zu erlassenden Verordnungen ausser Kraft zu setzen. Einer
ferneren näheren Umgrenzung bedurfte dann das Besteuerungsrecht
der Stadt Baltimore gegenüber dem der anderen Gemeinden; der
Heranziehung zur Steuer der Stadt Baltimore soll unterliegen einmal
alles in der Stadt belegene, sei es im unmittelbaren Besitz des
Eigentümers, sei es im Pachtbesitz, befindliche unbewegliche Vermögen und sodann alle daselbst befindliche bewegliche Habe, soweit
sie dauernd in Pacht gegeben ist, gleichgültig, ob die betreffenden
Sachgüter einem in der Stadt oder einem ausserhalb derselben Wohnenden gehören; sodann alles bewegliche Vermögen, welches einem
in der Stadt für irgend einen Teil des Jahres wohnenden Steuerpflichtigen gehört, ausgenommen ausserhalb befindliche und dort
dauernd verpachtete Gegenstände; erst nach Ablauf des Jahres kann
eine entsprechende Ermässigung von denen in Anspruch genommen

werden, welche den Nachweis führen, dass sie mehr als die Hälfte des Jahres hindurch an einem anderen Orte in redlicher Absicht ihren Wohnsitz gehabt haben. Die Kommission hofft, durch diese Bestimmung dem Uebelstande zuvorzukommen, dass Steuerpflichtige, indem sie entweder für einen Teil des Jahres ihren Aufenthalt an einem anderweitigen Orte nehmen oder ohne in ein dauerndes Miets- verhältnis einzutreten unter dem Vorwande, in der Stadt nicht wohn- haft zu sein, sich der Besteuerung entziehen. Was zweitens die Regelung der Einschätzung und Ver- anlagung anlangt, so soll dies Geschäft einer aus 16 Mitgliedern bestehenden Behörde übertragen werden: sämtliche Mitglieder sind besoldet; jedes Jahr unterliegt ein Viertel der Mitglieder der Er- neuerung; ein ebenfalls besoldeter Sekretär ist ihnen beigegeben; die Mitglieder vereinigen sich mindestens einmal wöchentlich zu einer Sitzung und regeln ihren Geschäftsbetrieb durch in der Sitzung ge- fasste Beschlüsse: das unbewegliche Eigentum — real estate — wird einschliesslich der am Orte befindlichen, dauernd verpachteten beweglichen Güter, welche nach Vorstehendem jenem gleichgestellt sind, alle drei Jahre, das bewegliche Vermögen — personalty — jährlich neu eingeschätzt; behufs Einschätzung der der erstgedachten Kategorie angehörigen Vermögensobjekte wird die Stadt in Bezirke — wards — geteilt, von denen in jedem Jahr ein Drittel zur Ein- schätzung gezogen wird: um dieselbe zu erleichtern, wird beantragt, dass durch Staatsgesetz die Führung eines Registers, in das alle Besitzveränderungen einzutragen seien und das als Kontrolle diene, vorgeschrieben werde. Die Einschätzung des beweglichen Vermögens erfolgt auf Grund von Deklarationen der Steuerpflichtigen, deren Richtigkeit diese eidlich zu versichern haben; Formulare zu solchen Deklarationen hat die Kommission entworfen; die Gruppierung der Objekte erinnert an diejenige, welche in den Policen unserer Mobiliar- Feuerversicherungsgesellschaften üblich ist: besondere Formulare be- treffen die Deklaration von Aktien und Geschäftsanteilen, soweit es nicht sich um die nach Obigem der Einschätzung durch den Staat vorbehaltenen Aktien etc. der inkorporierten Gesellschaften Mary- lands handelt, Bonds, Schuldtiteln der Staaten, Privatobligationen und Effekten aller Art. Vom Schätzungswerte der Aktiva wird der der Passiva in Abzug gebracht. Wer seine Deklaration nicht recht- zeitig einreicht, verfällt einer Strafe von fünf bis zu fünfzig Dollars und, sofern er von der Kommission nicht als entschuldigt angenommen

wird, ausserdem einer Erhöhung seiner Einschätzung um zwei bis
zwanzig Prozent; hat auch eine weitere Aufforderung keinen Erfolg,
so wird die Einschätzung um weitere fünfzig Prozent erhöht. Eine
Reklamation gegen die von den einzelnen Schätzern getroffenen Entscheidungen findet an das Kollegium derselben statt; gegen die Beschlussfassung des letzteren ist sodann weiterer Rekurs an den appeal-
tax-court zulässig; die Einlegung des letzteren Rechtsmittels befreit
jedoch nicht von der vorläufigen Entrichtung der Steuern.

Was drittens die Erhebung der Steuer anlangt, so wollen
vor allem die Entwürfe den Organen der städtischen Verwaltung
ein geordnetes Exekutionsrecht beilegen; zugleich beseitigen sie die
Bewilligung eines Diskontos an die die Steuer rechtzeitig entrichtenden
Pflichtigen; statt dessen wird die Entrichtung der Steuer, welche
früher mittels einmaliger Zahlung stattzufinden pflegte, auf vier
jährliche Zahlungstermine verteilt: diejenigen, welche diese Termine
nicht einhalten, haben mit der Steuer zugleich Verzugszinsen von
1 Prozent für jeden Monat des Zeitraums, mit welchem sie sich
im Rückstande befinden, zu entrichten.

Der Inhalt dieser Vorschläge bekundet einen Zustand, der im
Vergleich zu dem in der Mehrzahl der europäischen Staaten vorhandenen als ein primitiver bezeichnet werden muss; fast überall
handelt es sich um Fragen, die bei uns in der Politik und in der
administrativen Technik des Steuerwesens längst ihre Lösung gefunden
haben; vor allem die Vorschrift der Verfassung von Maryland, welche
direkte Steuern lediglich in der Form einer Steuer nach dem Werte
des unbeweglichen und beweglichen Vermögens zu erheben gestattet,
erscheint als eine hinter der allgemeinen wirtschaftlichen Entwickelung weit zurückgebliebene. Mit Recht hat daher Professor Ely
den Vorschlägen der Kommission ein persönliches Sentiment beigefügt, mittelst dessen er sich gegen die Annahme verwahrt, als ob
er die Vorschläge für eine abschliessende und dem gegenwärtigen
Stadium entsprechende Lösung der Probleme erachte; von einer
solchen könne seiner Ansicht nach, so lange jene Vorschrift der
Verfassung aufrecht erhalten bleibe, nicht die Rede sein. Als die
Staaten Nordamerikas, wie vorerwähnt, durch die seit dem Ausbruch
des Unabhängigkeitskrieges eingetretene rasche Steigerung des Finanzbedarfs genötigt wurden, die rohe Form der Kopfsteuer durch einen
finanziell ergiebigeren Besteuerungsmodus zu ersetzen, griffen sie als
nach dem Nächstliegenden zur Besteuerung nach dem Vermögens-

wert; es entsprach dies völlig der damaligen Einfachheit der wirtschaftlichen Verhältnisse; unter den Vermögenswerten waren Grundeigentum und das zugehörige lebende und tote Inventar weit
überwiegend, wogegen der Besitz von Effekten und Schuldtiteln nur
einen geringen Umfang hatte; einer Verheimlichung der Steuerobjekte war nur wenig Spielraum geöffnet: im allgemeinen konnte
die hauptsächlich nach dem Werte des unbeweglichen Vermögens
und seiner Zubehör sich bemessende Verteilung der Steuer als eine
der Abstufung der Leistungsfähigkeit einigermassen folgende gelten.
Mit dem enormen Wachstum des beweglichen Vermögens und der
Vervielfältigung der meist über das Gebiet der einzelnen Gemeinde bezw.
des einzelnen Staats hinausreichenden Kreditverhältnisse hat sich dies
völlig geändert; nicht bloss die in Maryland, sondern auch die in
anderen Staaten der Union gemachten Erfahrungen — für das Steuerwesen der grossen Mehrzahl derselben ist wie bemerkt dasselbe
Prinzip massgebend — haben gezeigt, in wie schroffem Widerspruch
mit den Erfordernissen einer rationellen Steuerverteilung sich die in
der Praxis jener Besteuerungsform erzielten Ergebnisse befinden.

In erster Linie tritt in diesen Ergebnissen eine im allgemeinen
gänzlich unzureichende, dabei jedoch in sich durchaus ungleichmässige Heranziehung des beweglichen Vermögens zu Tage.
In Baltimore hatte die appeal-tax-commission auf eine Anfrage
der Veranlagungskommission erwidert, dass die Versuche, die
in Privatschuldtiteln bestehenden Werte zur Besteuerung heranzuziehen, gänzlich erfolglos geblieben seien; auch hatte der Steuererheber der Stadt eine entsprechende Veranlagung des beweglichen
Vermögens als mit unübersteiglichen Schwierigkeiten verbunden bezeichnet und sich für ausser stande erklärt, in Bezug auf die Sicherstellung einer erfolgreichen Veranlagung desselben Vorschläge zu
machen. Dem entsprechend hat sich auch in dem Zeitraum von
1877 bis 1884 der Veranlagungswert des beweglichen Vermögens
in Baltimore, während der des unbeweglichen von 178,572,032 auf
191,516,113 gestiegen ist, nicht nur nicht vermehrt, sondern er ist
sogar um 77,531,309 auf 50,135,186 Dollars herabgegangen; ebenso
hatte in New York, während noch im Jahre 1869 das unbewegliche
Vermögen 78, das bewegliche 22 Prozent der Steuer getragen hatte,
das Wertverhältnis im Jahre 1879 sich dergestalt geändert, dass das
unbewegliche Vermögen $87\,8/\mathrm{10}$, das bewegliche $12\,2/\mathrm{10}$ Prozent bei-
steuerte; seitdem ist der Veranlagungswert des beweglichen Ver-

mögens noch weiter herabgegangen. Gleichwohl wird angenommen,
dass in den reichen östlichen und mittleren Staaten der Wert des
beweglichen den des unbeweglichen Vermögens erreiche, so dass die
so erhebliche Differenz, um welche der zeitige Anteil des beweglichen Vermögens an der Steuerlast gegen dies Verhältnis zurückbleibt, nur auf Rechnung teils der zu niedrigen Einschätzung des
beweglichen Vermögens, teils der zahlreichen Hinterziehungen gesetzt werden kann. Ein Beispiel der letzteren enthält folgender
Fall: der Steuerbetrag, zu welchem in Philadelphia die Besitzer der
Uhren herangezogen werden, ist für eine goldene Uhr auf 1, für
eine silberne auf 0,75, für jede andere auf 0,50 Dollars jährlich
normiert: die Zahl der in den Jahren 1883 bis 1885 wirklich veranlagten Uhren ergibt sich nun aus folgender Tabelle:

	1883	1884	1885
Goldene Uhren . .	14,515	18,509	18,390
Silberne Uhren . .	375	675	545
Andere Uhren . .	19	74	55

Unzählige ähnliche Fälle liessen, wird behauptet, sich anführen.
Während so die Veranlagung des beweglichen Vermögens eine
grossenteils illusorische ist, fehlt es doch nicht an Beispielen dafür,
dass einzelne Arten gedachten Vermögens in einem Masse herangezogen werden, welches gerade vermöge der künstlichen Nieder-
haltung des Veranlagungswerts im allgemeinen die Belastung ex-
ceptionell zu einer exorbitanten steigert. Es ist dies namentlich in
Anbetracht desjenigen beweglichen Vermögens der Fall, das, weil
es einer vormundschaftlichen Verwaltung unterstellt ist oder vermittelst anderer Vorgänge seinem Wertbetrage nach zur Kenntnis
der Behörden kommt: so geschieht es häufig, dass gewerbliche
Etablissements oder sonstige Immobilien durch die den minorennen
oder geisteskranken Besitzern bestellten Vormünder veräussert und
in Effekten, bei Sparkassen u. s. w. belegt werden müssen:
hier wird nicht selten die Veranlagung auf den ganzen Betrag des
Vermögens ausgedehnt. Ein Beispiel ungewöhnlicher Härte bietet
u. a. der nachstehende, in einer der nördlichen Grafschaften von
New York vorgekommene Fall: Ein Landwirt und seine Gattin
verkauften, als sie wegen zunehmenden Alters ihr Besitztum nicht
mehr bearbeiten konnten, dasselbe für 5000 Dollars und liessen den
Kaufschilling gegen Hypothek auf dem Grundstücke in der Absicht

stehen, aus den Zinsen ihre Existenz zu bestreiten; da die betreffende Stadt indessen eine kleinere war, kamen die Bedingungen des Kaufkontrakts zur Kenntnisnahme der Einschätzungskommission, welche sich hierdurch veranlasst sah, abweichend von ihrer sonstigen Praxis den ganzen Betrag des Kaufschillings zur Steuer zu veranlagen; gerade in dem betreffenden Jahre aber hatte die Stadt, um eine ihr drohende Aushebung abzuwenden, behufs Deckung des hierdurch erwachsenden Mehrbedarfs den Steuersatz auf einen den üblichen Zinsfuss übersteigenden Betrag erhöht, so dass die beiden alten Leute, um den die Zinsen übersteigenden Mehrbetrag der Steuer aufzubringen und ihre Existenz zu bestreiten, gegen Tagelohn zu arbeiten sich genötigt sahen, während das von ihnen verkaufte Grundstück nur zu einem Fünftel seines Werts veranlagt wurde und das in Kapitalien bestehende Vermögen anderer Bürger zu einem grossen Teil jeder Besteuerung entging. Noch mehr potenziert sich diese Ungleichmässigkeit durch die vorerwähnte Vorschrift der Bundesgesetzgebung, welche Eigentum und Schuldtitel der Union zur Besteuerung heranzuziehen verbietet: übersteigen die Schulden des Steuerpflichtigen den nach Aussonderung des Besitzes an Bundesobligationen verbleibenden Vermögensbetrag, so ist jede Veranlagung zur Steuer ausgeschlossen; es ist ein üblicher Kunstgriff, zu dem für die Steuereinschätzung massgebenden Zeitpunkte gegen Hinterlegung von Schuldtiteln des Bundes vorübergehende Verbindlichkeiten zu kontrahieren, welche, wenn sie dem Betrage der ausser jenen Bundesobligationen vorhandenen Aktien gleichkommen, dem Besitzer eine thatsächliche Befreiung von der Steuer sichern. Der Reklamationshof (appeal-tax-court) von Baltimore veranschlagte den in Schuldtiteln des Bundes angelegten Betrag auf 50 Millionen Dollars, wobei die im Bankverkehr befindlichen Beträge nicht gerechnet waren.

Einen weiteren Nachteil des bestehenden Systems findet Ely in der künstlichen Verschiebung der Aufenthalts- und Erwerbsverhältnisse, welche dasselbe zur Folge hat: die Besteuerung des beweglichen Vermögens begründet eine Erhöhung der Produktionskosten für die innerhalb der Gemeinde wohnhaften Gewerbetreibenden und führt daher zu einer Privilegierung derjenigen, welche ihren Wohnsitz ausserhalb haben und infolgedessen in Ansehung eines grossen Teils ihres Betriebskapitals von der Steuer nicht getroffen werden können. Während es daher in einer Anzahl von Fällen das Bestreben befördert, sich durch Begründung eines Wohnsitzes ausser-

halb der Gemeinde der Besteuerung zu entziehen, wirkt es in anderen
dazu mit, dass ganze Erwerbszweige sich Orten zuwenden, in denen
die Steuerverhältnisse für dieselben günstigere sind. Eine Auswanderung der Industriezweige nach anderen Gegenden aus ähnlichen Ursachen steht in der Geschichte der neueren wirtschaftlichen Entwickelung Amerikas keineswegs vereinzelt da: so siedelte die
Zuckerraffinerie, die früher in Baltimore blühte, grossenteils nach
New York und Philadelphia über; die Erhöhung der Gebühren für
öffentliche Verkäufe in Philadelphia vertrieb einen erheblichen Teil
des Warenhandels von dort nach New York.

Die Nachteile endlich, welche der öffentlichen Moralität
aus einem solchen Zustande erwachsen, bedürfen keines Beweises:
ein je weiterer Spielraum der Möglichkeit eingeräumt ist, sich durch
unrichtige Angaben der Besteuerung zu entziehen, um so grösser
wird die Versuchung zu unredlichen Deklarationen und zur Täuschung
der Organe der öffentlichen Verwaltung.

Die Meinung des Professor Ely ist es hiernach, dass bei der
Kompliziertheit der heutigen Verhältnisse es stets unmöglich bleiben
müsse, die Steuerkraft in genügender und gleichmässiger Weise aus-
zunützen, so lange der Gedanke einer einheitlichen direkten Steuer
festgehalten werde. Die Vielgestaltigkeit der heutigen wirtschaftlichen Entwickelung erfordere eine Mehrheit von unter sich in
Wechselbeziehung stehenden und in ihrer Gesamtheit ein System
bildenden Steuern und anderen gemeinwirtschaftlichen und privatwirtschaftlichen Einnahmen. Als die wichtigsten Elemente eines
solchen Systems bezeichnet er Steuern vom Grund und Boden, vom
beweglichen Vermögen, vom Einkommen, von der Wohnungsmiete,
vom Gewerbebetriebe und von den öffentlichen Fuhrwerken; denselben
habe eine zweckmässige Ausnutzung der natürlichen Monopole, insbesondere des Gasmonopols sich anzuschliessen.

Was die Grundsteuer anlangt, so ist er der Ansicht, dass
die Unentbehrlichkeit mit kaum irgend einer Ausnahme von allen
bedeutenden Rechtslehrern und Volkswirten anerkannt werde; offenbar
ist der innerhalb der agrarischen Richtung bei uns in so intensiver
Weise sich geltend machende Zug auf Beschränkung dieser Belastung
den amerikanischen Verhältnissen fremd geblieben. Er empfiehlt eine
einheitliche und in ihrem Betrage sich möglichst gleich bleibende
Grundsteuer, da eine solche die Natur einer Reallast anzunehmen
pflege und gewissermassen den der Gesamtheit vorbehaltenen Anteil

am Privateigentum repräsentiere. Vom beweglichen Vermögen
will er direkt nur einzelne genau abzugrenzende Kategorien, wie die
Geschäftsanteile der Banken heranziehen: alles übrige persönliche
Eigentum will er indirekt, hauptsächlich nach einer allgemeinen
Schätzung des Lebensaufwandes treffen. — Zur Ergänzung beider
Steuern dient zunächst die Einkommensteuer, welcher nach Elys
Ansicht jedes den Betrag von jährlich 600 Dollars übersteigende
Einkommen unterworfen sein soll: sodann eine Steuer vom Miets-
werte der Wohnungen, dessen nach den Mietsverträgen bezw.
bei den durch die Eigentümer unmittelbar benützten Wohnungen durch
Abschätzung ermittelter Jahresbetrag verdreifacht dem entsprechenden
Befund der Steuer von den Liegenschaften, vom beweglichen Ver-
mögen und vom Einkommen hinzutreten soll: vom Gesamtbetrage
dieser Basen soll alsdann die Steuer nach einem einheitlichen Satze
erhoben werden. Ely ist der Meinung, dass alsdann der Satz von
eins vom Hundert nicht werde überschritten zu werden brauchen.
Der Gewerbebetrieb innerhalb der Stadt soll mit zehn Prozent
des Mietswertes der für denselben benützten Lokale als Läden,
Viehställe, Fabrikräume herangezogen werden; ausserdem schlägt
Ely eine jährliche Licenzsteuer von 500 Dollars vom Detailhandel,
von 1000 Dollars vom Grosshandel mit alkoholischen Getränken vor.
Die zur Zeit der Privatkonkurrenz überlassene Versorgung der
Stadt mit Gas will er zu einem Monopol der Stadtverwaltung machen;
er regt sodann die Frage an, ob nicht an die Stelle der konkurrierenden Thätigkeit der Gesellschaften für die Strassenbahnen,
von denen zur Zeit eine Steuer in Höhe von neun Prozent des Brutto-
ertrages erhoben wird, die obrigkeitliche Regelung der Betriebs-
verhältnisse und Lastenhefte zu treten habe, obwohl er Zweifel darüber
hegt, ob im gegenwärtigen Zeitpunkte eine solche Reform noch möglich sei. Er will ferner die Marktstandsgelder und die Hafengebühren
der Schiffe oder doch wenigstens die erstere Art der Hebungen
erheblich stärker ausnützen. Er wirft endlich die Frage auf, ob
es sich nicht empfehle, dass nach dem Beispiele von Pennsylvanien
der Staat die Grundsteuer den Gemeinden überlasse und sich auf
verschiedene indirekte Steuern, wie auf Erbschaftssteuern, auf Licenzsteuern u. s. w. beschränke.

Die erste Vorbedingung einer weiter greifenden Reform ist
hiernach auch nach Elys Ansicht die Aufhebung jener Vorschrift der
Verfassung des Staats Maryland, welche diesen bezw. die Ge-

meinden desselben auf die Erhebung von Vermögenssteuern beschränkt.

Die Vorschläge des Professor Ely treffen in einem Teil ihrer Hauptpunkte mit denen zusammen, welche vom Verfasser dieses Aufsatzes wiederholt gemacht worden sind [1]); auch ich habe die Ansicht zu begründen versucht, dass das Ziel einer rationellen Ausnutzung der Steuerkraft unter gleichzeitiger gerechter Verteilung der Last im Wege einer einheitlichen Steuer nicht zu erreichen sei, dass es hierzu vielmehr eines direkte wie geeigneten Falles auch indirekte Steuern in sich begreifenden und durch zweckmässig geregelte Gebühren und privatwirtschaftliche Hebungen ergänzten Systems von Einnahmequellen bedürfe. Als die wichtigsten Glieder eines solchen Systems erscheinen zumal die, wo die Regelung des kommunalen Steuerwesens einen Gegenstand der Selbstbestimmung der Gemeinden bildet, erstens die Besteuerung der Liegenschaften und zweitens die Besteuerung des Einkommens: in jener kommt das Prinzip der Besteuerung nach dem Interesse, in dieser das der Verteilung nach der Leistungsfähigkeit vorzugsweise zum Ausdruck. Die Besteuerung des Ertrags der Liegenschaften muss eine um so grössere Ausdehnung erhalten, bei einem je grösseren Teile der von der Gemeinde gemachten Aufwendungen das Interesse der Grundbesitzer beteiligt ist und je weniger ausreichend sich dies Interesse im Wege der in erster Linie diesem Zwecke dienenden Erhebung von Gebühren und Beiträgen treffen lässt; auch enthält die genügende Ausdehnung des Gebiets dieser Steuern das einzige Mittel, um dem Steuerwesen der Gemeinde eine reale, von dem Wechsel der Steuerpflichtigen und ihrer persönlichen Verhältnisse unabhängige Grundlage zu geben. Die Steuer vom Einkommen wird dagegen der Idee einer Besteuerung nach der Leistungsfähigkeit erst dann genügend entsprechen, wenn die Regelung derselben dem Erfordernis einerseits der Gradation, andererseits der Scheidung zwischen fundiertem und unfundiertem Einkommen in geeignetem Masse Rechnung trägt; ersterer Gesichtspunkt ist in den Vorschlägen des Professors Ely lediglich durch die Normierung eines für alle Steuerpflichtigen freibleibenden Existenzminimums von 600 Dollars berücksichtigt: die deutschen Städte haben an Stelle dieser Befreiung eines bestimmten Betrages in der Regel eine

---

[1]) Siehe aus neuester Zeit vorzugsweise desselben Artikel: Das kommunale Finanzwesen in Schönbergs Handbuch der politischen Oekonomie, Bd. III, S. 638 ff., 679 ff.

Degression der Sätze für die geringeren Stufen und nur für Einkommen von ganz geringfügigem Betrage die völlige Befreiung eintreten lassen: immerhin beruht es auf einer richtigen Auffassung, wenn in Elys Vorschlägen jener Befreiung der Charakter einer bis zu dem erwähnten Einkommensbetrage allen Steuerpflichtigen eingeräumten Begünstigung gegeben ist, dergestalt, dass lediglich der Mehrbetrag des Einkommens der Besteuerung nach dem generell vorgeschriebenen Satze unterliegt; in dem Fehlen einer auch bezüglich der höheren Einkommensbeträge wenigstens in weit abgemessenen Stufen sich fortsetzenden Progression stimmen die Vorschläge Elys mit der Praxis unserer grösseren kommunalen Gemeinwesen überein. Die von Ely durch die von ihm in vageren Umrissen angedeutete Steuer vom beweglichen Vermögen erstrebte stärkere Heranziehung des fundierten Einkommens würde sich leichter dadurch zur Ausführung bringen lassen, dass die höhere Belastung des aus Grundstücken, ständigen Gewerbebetrieben und Kapitalien fliessenden Einkommens innerhalb der Veranlagung der Einkommensteuer selbst stattfinde: soweit es sich hierbei um die stärkere Heranziehung des aus Grundstücken herrührenden Einkommens handelte, würde dieselbe allerdings nur insoweit eintreten dürfen, als nicht dem Gedanken jener höheren Belastung bereits bei Besteuerung der Liegenschaften Geltung gegeben worden wäre. Auch darin, dass eine Ergänzung der Einkommensteuer durch eine Besteuerung des Mietswerts der Wohnungen und durch eine nach anderen Grundsätzen sich regelnde Steuer vom Mietswert der dem Gewerbebetriebe dienenden Lokale erwünscht sei, stimme ich mit Elys Vorschlägen überein; jene erstere Steuer bietet die Möglichkeit, nicht nur in zahlreichen, durch die Einkommensteuer nicht hinlänglich getroffenen Fällen eine ausgleichende Heranziehung eintreten zu lassen, sondern namentlich auch die Steuerkraft der Forensen und derjenigen, welche lediglich durch den Besitz einer Mietswohnung der Gemeinde angehören, zur Beteiligung an den Ausgaben der Gemeinde, an deren Vorteilen sie oft in erheblichem Masse participieren, entsprechend heranzuziehen. Immerhin würde, um die Steuer an der Wohnungsmiete zu einem die Einkommensteuer zweckmässig ergänzenden Elemente zu gestalten, auch hier dem Erfordernis der Befreiung eines dem notdürftigen Wohnungsaufwande der ärmeren Klassen entsprechenden Betrages bezw. der progressiven Normierung der Sätze für den überschiessenden Teil des Mietsbetrages Rechnung

getragen werden müssen: die Anwendung eines einheitlichen Prozentsatzes, wie sie Ely vorschlägt, scheint hier wie bei der Einkommensteuer dem Prinzip der Steuer zu widersprechen. Die Abgrenzung
der Gebiete der dem Staat und andererseits der der Gemeinde zur Verfügung stehenden Steuerquellen gegen einander wird in Amerika bei
der so ganz abweichenden Lage der dortigen Verhältnisse vielfach
anders als bei uns zu regeln sein. Das Bestreben, den Bedarf des Staats
vorwiegend aus indirekten bezw. Konsumtionsabgaben zu decken und
die direkteren Realsteuern den Gemeinden zur Verfügung zu erhalten, entspricht den Tendenzen, die auch bei uns in weiten Kreisen
Geltung gewonnen haben. In ihrer Hauptrichtung werden hiernach
die Bestrebungen, welche in den Verhandlungen der Baltimorer
Kommission und den Ausführungen des Professor Ely hervorgetreten
sind, bei uns auf eine sympathische Würdigung zu rechnen haben.
Es wäre zu wünschen, dass die Anregung, die sie der auf diesem
Gebiet so dringend notwendigen Reformthätigkeit geben . können,
eine nachhaltige bliebe.

Finanzstatistik.

Die Finanzverhältnisse Dänemarks.

Von

Dr. William Scharling,

Professor der Staatswissenschaften zu Kopenhagen.

Der Ausländer, der die finanziellen Verhältnisse Dänemarks nach den jährlich veröffentlichten Staatsrechnungen beurteilen wollte, würde sich gewiss, obgleich dieselben sehr zuverlässig und in allen Beziehungen genau und korrekt abgefasst sind, demungeachtet über die wahren Verhältnisse in verschiedenen Richtungen unrichtige Vorstellungen machen. Wenn ein solcher z. B. untersuchen wollte, in welchem Verhältnisse die Ausgaben für Kirche und Schule zu den übrigen Staatsausgaben stehen, und besonders wie weit dies Verhältnis von dem in anderen benachbarten Staaten geltenden abweichend ist, würde er gewiss über die verhältnismässig geringen Ausgaben Dänemarks für diese Angelegenheiten erstaunen, und wenn er sie z. B. mit denselben Staatsausgaben in dem nahe verwandten Norwegen vergleichen würde, müsste er glauben, dass diese wichtigen Angelegenheiten in Dänemark ziemlich vernachlässigt sind. Während nämlich in Norwegen, dessen Einwohnerzahl ungefähr dieselbe wie die Dänemarks ist (Dänemark hatte am 1. Febr. 1880 ca. 1,969,000 Einwohner, Norwegen am 31. Dez. 1880 ca. 1,913,000), im Finanzjahre 1882/83 die gesamten Staatsausgaben ca. 43 1/4 Mill. Kronen [1]) waren, wovon ca. 3,55 Mill. oder ca. 8 Prozent für wissenschaftliche und künstlerische Zwecke, für Schule und Kirche verausgabt wurden, belief sich die im selben Finanzjahre in Dänemark in der Staatsrechnung als Ausgabe unter dem Ministerium für Kirchen- und Unterrichtswesen aufgeführte Summe auf nur 1,31 Mill. Kronen, also bei einer Gesamtausgabe von 50 3/4 Mill. Kronen auf 2,6 Prozent. Durchsucht man aber die Rechenschaftsbeilagen, dann findet man unter „Ausserordentliche Ausgaben" eine vom genannten Ministerium für dieselben Zwecke verausgabte Summe von 388,000 Kronen, die ursprünglich wirklich als extraordinäre Ausgabe betrachtet werden

---

[1]) 1 Krone à 100 Öre = 112,5 Pf. (8 Kr. = 9 Mark.)

musste, jetzt aber eben so regelmässig ein Konto geworden ist wie die anderen
„ordinären Ausgaben“. Diese Summe ist indessen in der Gesamtsumme von
50¾ Mill. Kronen enthalten; aber ganz ausser dieser Totalsumme liegt eine
Gesamtausgabe von nicht weniger als ca. 1¾ Mill. Kronen, die für die hier
genannten Zwecke von besondern, unter Kontrolle des Kultusministers stehenden
Instituten mit eigenem Vermögen entrichtet werden (darunter die Universität
Kopenhagen). Im ganzen wurden somit in 1882/83 nicht 1.31, sondern 3.5 Mill.
Kronen — also ganz dasselbe wie in Norwegen — für die hier besprochenen
Zwecke verausgabt. Man würde sich doch täuschen, wenn man glaubte, dies
sei alles, was in Dänemark und Norwegen von der Gesamtheit für Schule und
Kirche, Kunst und Wissenschaft ausgegeben wird. Der eigentliche Schulunter-
richt gehört nämlich bei uns, wie auch, soweit mir bekannt, in Deutschland,
unter die Angelegenheiten der Kommunen, und zwar ist der Unterricht in den
Gemeindeschulen unentgeltlich; im Jahre 1882 betrugen somit die Ausgaben der
Kommunen für den öffentlichen Schulunterricht nicht weniger als 5,68 Mill. Kronen.
Demnächst haben die Kirchen ihre Zehnten, von deren Betrag die Kirchen-
gebäude erhalten und, wenn nötig, erweitert werden sollen; der jährliche Betrag dieser Zehnten ist ungefähr 2¼ Mill. Kronen; ferner werden gleicherweise
die Prediger mit Zehnten in einem jährlichen Betrage von ungefähr 2½ Mill.
Kronen gelohnt. Es wird also im ganzen nicht eine Summe von 1,31, sondern
von 13—14 Mill. Kronen aufgebracht, die in Dänemark von der Gesamtheit
jährlich für die hier besprochenen Zwecke verwendet wird.

   Bevor wir daher zu einer Betrachtung der finanziellen Verhältnisse
Dänemarks schreiten, wird es nötig sein, zu untersuchen, welche Aufgaben
dem Staatshaushalte und welche den Kommunen vorbehalten sind, und dabei noch zu erörtern, welche staatliche Aufgaben durch Institutionen mit
eigenem Vermögen gelöst werden. Hierzu ist um so mehr Veranlassung, als
eben das Verhältnis, in welchem der Staat diese Aufgaben zwischen sich
und den Kommunen verteilt hat, in der letzten Zeit die Frage dringend gemacht hat, ob nicht der Staat wieder einige der kommunalen Angelegenheiten
übernehmen müsse, eine Veränderung, zu welcher der erste Schritt eben in
den zwei letzten Jahren gethan wurde, indem der Staat im Jahre 1884 selbst
die Vorsorge für Geisteskranke, welche vorher eine kommunale Angelegenheit war, übernommen hat. Es ist nicht mit Unrecht gesagt worden, dass
der Staat in der Weise die öffentlichen Angelegenheiten mit den Kommunen
geteilt hat, dass er sich die Einnahmen, welche allmählig von selbst wachsen,
vorbehalten, dagegen den Kommunen die Ausgaben, welche allmählig wachsen,
überlassen hat. Dadurch hat sich der Status der Kommunen nach und
nach so verschlechtert, dass die Kommunalabgaben jezt ziemlich drückend
sind. In zwanzig Jahren ist nämlich die durchschnittliche Steuerabgabe per Einwohner in den Landkommunen für die Spezialausgaben dieser Kommunen von
4 Kronen 65 Öre (im Jahre 1859/61) auf 7 Kronen (im Jahre 1879/81) also um
50 Prozent gestiegen. Man fragt sich deshalb jetzt, ob nicht einige von den
Aufgaben, deren Lösung schon lange den Kommunen obliegt, deren Natur
aber nicht streng kommunal ist, mit mehr Recht dem Staate übertragen werden
können.

   Viele Aufgaben sind wohl nur deshalb den Kommunen überlassen worden, weil der Staat früher zu arm war, um die nötigen Mittel zu diesen Ausgaben auftreiben zu können. Dasselbe kann auch in anderen Ländern der Fall sein; weil aber die Teilung keine prinzipielle ist, sind die Linien, wonach sie stattgefunden hat, nicht überall dieselben und können sich von Zeit zu Zeit auch in demselben Lande verändern, so wie es schon zum Teil bei uns geschehen ist und vermutlich in der nächsten Zukunft noch mehr geschehen wird. Es ist daher notwendig, der Darstellung der finanziellen Verhältnisse des dänischen Staates einige Bemerkungen über die Ausdehnung der staatlichen Wirksamkeit auf diesen gemischten Gebieten vorauszuschicken.

Die Gebiete, um die es sich hier handelt, sind besonders folgende: die Rechtspflege, der Schulunterricht, die Krankenpflege und die Armenpflege.

Die Rechtspflege ist im grossen und ganzen als Staatssache anerkannt. Indessen waren es bis 1861 nur die oberen kollegialen Gerichte, deren Ausgaben der Staatskasse oblagen, indem die Richter der ersten Instanz (Einzelrichter) durch Sporteln gelohnt wurden. Durch ein Gesetz von 1861 ist dies verändert; die Sporteln gehen jetzt in die Staatskasse, die nun auch die Gehalte dieser Richter bezahlt; doch ist diese Reform noch nicht ganz durchgeführt, indem die Veränderung bei jedem Amt erst mit eintretender Vakanz stattfindet. Seit 1861 sind daher die Ausgaben des Staates für Justizwesen von ca. 450,000 Kronen auf ca. 1,530,000 Kronen (im Jahre 1884/85)[1]) gestiegen. Indessen sind die finanziellen Wirkungen für den Staat sehr günstig gewesen; denn trotz verschiedener Ermässigungen der Sporteln übersteigen die der Staatskasse infolge dieser Verordnung zufliessenden Einnahmen die dadurch verursachten Ausgaben mit ca. 300,000 Kronen.

Während das eigentliche Justizwesen — darunter die Strafanstalten — Staatssache ist, ist die Polizei den Kommunen überwiesen und damit auch die lokalen Gefängnisse, nicht nur insoweit es Polizeivergehen angeht, sondern auch insoweit sie zur kriminellen Untersuchungshaft benutzt werden. Nur in Kopenhagen wird wegen der Verbindung der Polizei mit dem allgemeinen Kriminalwesen der Kommune ein fester Zuschuss (76,000 Kronen) von der Staatskasse bewilligt. Da indessen in späterer Zeit die Polizei sowohl in als ausser der Hauptstadt mehr und mehr in Anspruch genommen wurde, und da besonders in Kopenhagen die Ausgaben für Polizei, sowie die Anzahl der Polizeidiener seit der Normierung jenes Zuschusses aufs Doppelte und Dreifache gewachsen sind, hat der Justizminister durch ein vorläufiges Gesetz vom Oktober 1885 Vollmacht erhalten, einerseits die Polizeimannschaft Kopenhagens mit 100 Mann auf Kosten des Staats zu vermehren, anderseits auch in den Provinzstädten die Zahl der Polizeidiener auf Kosten des Staats zu vergrössern. Die Ausgaben für diese Zwecke werden im kommenden Finanzjahre (1886/87) ca. 150,000 Kronen betragen. Hierdurch ist die Grenze zwischen Staats- und Kommunalangelegenheit auf diesem Gebiete ganz schwebend gemacht und vielleicht der erste Schritt zur Ueberführung des ganzen Polizeiwesens von den

---

[1]) Im folgenden beziehen sich alle Zahlen auf das Finanzjahr 1. April 1884 bis 31. März 1885, wenn nicht anders angegeben ist.

Kommunen an den Staat gethan, und weitere Schritte in dieser Richtung sind um so mehr zu erwarten, als einerseits die Kommunen sich schon seit langer Zeit über diese Last beschweren und das ganze Kriminalwesen als sie nicht angehend betrachten, andererseits der Staat nicht überall die nötige Stütze für seine Kriminaluntersuchungen findet, weil viele Kommunen nur zu geneigt sind, auf diesem Gebiete die Ausgaben ungebührlich zu beschränken.

Der öffentliche Schulunterricht — neben welchem eine grosse Anzahl Privatschulen aller Art bestehen — ist prinzipiell zwischen dem Staate und den Kommunen so geteilt, dass die Elementarschulen kommunale sind, während der höhere Unterricht, insoweit er nicht von Privatschulen besorgt wird, Staatsache ist. Dessenungeachtet sind die Ausgaben der Staatskasse für den Elementarunterricht weit grösser als ihre Ausgaben zum höheren Unterrichtswesen. Denn sowohl die Universität (in Kopenhagen) als die öffentlichen gelehrten Schulen haben ihr eigenes Vermögen, dessen Zinsen doch in den späteren Jahren nicht imstande sind, die Ausgaben ganz zu decken. Die Universität, im Jahre 1479 gegründet, erhielt zu Zeiten der Reformation bedeutende Zehnten und Güter, die bisher der hohen Geistlichkeit und den Klöstern gehört hatten; die letzteren sind seit 1852 alle verkauft, doch in der Weise, dass feste Abgaben von den Besitzern entrichtet werden, deren Gesamtbelauf sich indessen, sowie auch die Einnahmen von Zehnten, nach den Kornpreisen richten; in runder Zahl betragen diese Einnahmen zusammen ungefähr $1/4$ Mill. Kronen jährlich. Neben diesen Einnahmen besitzt die Universität noch ein in früheren Zeiten allmählig aufgespartes Kapitalvermögen, das im Jahre 1856 seinen Höhepunkt mit ca. 2,1 Mill. Kronen erreichte und sich auf diesem Höhepunkte bis 1873 erhielt; seit diesem Jahre sind indessen die Ausgaben stark gestiegen, besonders infolge der Anlage eines neuen, ziemlich kostbaren botanischen Gartens, so dass der Staat seit der Zeit einen jährlichen Zuschuss von 50,000 Kronen hat zahlen müssen, der indessen unzulänglich war, weshalb es nötig gewesen ist, allmählig das Kapitalvermögen zu verzehren. Es ist jetzt (1885) auf 1,66 Mill. Kronen[1] gesunken, und wenn es nicht den seit längerer Zeit fortgesetzten Bestrebungen der Regierung gelingt, den Reichstag dazu zu bewegen, einen grösseren Staatszuschuss zu geben, wird das ganze Kapitalvermögen im nächsten Jahrzehnte verzehrt sein; wenn dies geschehen ist, wird der Staat genötigt sein, einen um so viel grösseren Zuschuss zu geben — wenigstens das Dreifache von dem jetzigen. Vorläufig bleibt indes die ganze Ausgabe der Staatskasse für die Universität nur 50,000 Kronen jährlich. Dagegen ist der Zeitpunkt schon gekommen, wo das Kapitalvermögen der mit der Universität nahe verbundenen „Polytechnischen Lehranstalt" (gegründet 1829) ganz verzehrt worden ist; die Hauptsumme ihrer Ausgaben muss daher jetzt — auch im Belaufe von ca. 50,000 Kronen — vom Staate gedeckt werden.

---

[1] Ausser ein von Verschiedenen der Universität legiertes Kapital von 2.85 Mill. Kronen, dessen Zinsen zu Stipendien und Unterstützungen für Studierende verwendet werden. Nebenbei besteht die sog. „Kommunität", freie Wohnung für 100 Studierende und ein Kapitalvermögen von 4,8 Mill. Kronen, dessen Zinsen ebenfalls grösstenteils (1884/85 im Belaufe von ca. 165,000 Kronen) zu Unterstützungen für Studierende dienen.

Die öffentlichen gelehrten Schulen — in einer Anzahl von 12 [1]) — haben gleichfalls ihr eigenes Vermögen; die Einnahmen davon (ca. 400,000 Kronen jährlich) sind in Verbindung mit den Schulgeldern der Schüler gewöhnlich hinlänglich, um die ordinären Ausgaben (ca. 570,000 Kronen) zu decken; wenn aber die Ausgaben steigen oder die Kornpreise sinken, sowie auch, wenn neue Gebäude aufgeführt werden müssen, reichen die Einnahmen nicht zu, und die Ausgaben müssen dann entweder vom Staate oder vom Kapitalvermögen der Schulen (1885: 2,3 Mill. Kronen) gedeckt werden.

Da die jährlichen Einnahmen der Sorö-Akademie (vgl. unten [1]) ihre Ausgaben bedeutend übersteigen, wird ein Betrag von ca. 90,000 Kronen, der jährlich in dem Budget des Staates zur Unterstützung für Gelehrte und Künstler aufgeführt wird, aus diesen Einnahmen gedeckt. Während sich sämtliche Ausgaben für Universität und das ganze höhere Unterrichtswesen im Finanzjahre 1884/85 auf ca. 1,550,000 Kronen beliefen, waren die Ausgaben der Staatskasse für diese Zwecke nur ca. 240,000 Kronen. Wie schon bemerkt, ist aber vorauszusehen, dass der Anteil der Staatskasse an diesen Ausgaben in naher Zukunft bedeutend steigen wird. Dies wird umsomehr der Fall werden, als ein bedeutender Zuschuss (im Jahr 1884/85 ca. 220,000 Kronen) zu den privaten Mittelschulen (Realschulen in den Städten, „Volkshochschulen" auf dem Lande) bisher aus den Einnahmen der Sorö-Akademie entrichtet worden ist, aber nicht in der Länge der Akademie zur Last fallen darf. Schon ist es vorgeschlagen, einen Teil dieser Ausgaben, im Belaufe von 145,000 Kronen, für das nächste Finanzjahr zum Budget der Staatskasse überzuführen.

Auf der andern Seite ist der Zuschuss, den die Staatskasse jetzt dem prinzipiell den Kommunen überwiesenen Elementarunterricht leistet, allmählig recht bedeutend geworden. Vor 1856 gab der Staat keinen solchen Zuschuss; durch ein Gesetz von 1856, das die kommunalen Schulverhältnisse in verschiedenen Richtungen verbesserte, wurde der Staatskasse ein fester Beitrag von 100,000 Kronen zu Pensionen für Schullehrer und Schullehrerwitwen auferlegt und ferner bestimmt, dass der Staat, wenn die Leistungen der Kommunen für das Schulwesen eine gewisse Grenze überschritten, diesen Betrag mit den Kommunen teilen sollte. Dieser letzte Beitrag ist jetzt (1885) auf 212,000 Kronen gewachsen. Und endlich hat der Staat seit 1878 einen jährlichen Beitrag von 300,000 Kronen zu einer höchst nötigen Gehaltsverbesserung der Schullehrer gegeben. Im ganzen hat also die Staatskasse im Jahre 1884/85 einen Zuschuss von 612,000 Kronen zum (kommunalen) Elementarunterricht gegeben, während

---

[1]) Neben diesen bestehen noch zwei gelehrte Schulen, mit Erziehungsanstalten verbunden, in Herlufsholm und Sorö. Die erste, 1565 von Admiral Herluf Trolle gegründet und mit bedeutendem Vermögen (jährliche Einnahmen ca. 150,000 Kronen) ausgestattet, ist ganz privat; die letztere, ursprünglich von König Friedrich II. 1586 gegründet, später vom bekannten Dichter Ludwig Holberg († 1754), der durch seine Wirksamkeit als Schriftsteller ein bedeutendes Vermögen erworben hatte, reich dotiert, wird vom Staate administriert und ist ein sehr reiches Institut: neben einer jährlichen Einnahme von beinahe 300,000 Kronen (nach den Kornpreisen wechselnd) aus Wäldern und früheren — jetzt verkauften — Landgütern, besitzt es ein Kapitalvermögen von ca. 9 Mill. Kronen. — Neben diesen zwei bestehen mehrere gelehrte Schulen als ganz private Institute.

ihr Beitrag zum höheren Unterrichtswesen nur 240,000 Kronen war. Und zu
jener Summe muss noch hinzugefügt werden, was der Staat für die Ausbildung der
kommunalen Schullehrer bezahlt. Diese Ausbildung kostete früher der Staatskasse nichts, denn die Seminarien hatten ihr eigenes Vermögen; dies wurde
jedoch nach und nach verzehrt, und jetzt muss der Staat die Unterbilanz, die
jährlich etwa 100,000 Kronen beträgt, decken. Ferner wurde in längerer Zeit
vom Ueberschusse der Sorö-Akademie jährlich ein Beitrag zu weiterer Ausbildung
der Schullehrer durch Ferienkurse, sowie zur Ausbildung von Lehrerinnen gegeben, der jetzt zur Staatskasse übergeführt ist und 1885 69,000 Kronen betrug.
Wenn man also die verschiedenen Posten, die sich direkt oder indirekt auf den
Elementarunterricht beziehen, zusammenrechnet, sind es alles in allem (1884/85)
nahezu 800,000 Kronen, während es noch vor 10 Jahren nur ca. 200,000 Kronen
waren und vor 30 Jahren gar nichts beigeschossen wurde. Und es ist vorauszusehen, dass wenn es einmal gelingt, die höchst nötige Reform der Volksschule,
die schon seit Jahren auf der Tagesordnung steht, durchzuführen, die Ansprüche
auf die Staatskasse noch weiter gehen werden.

Nach dem hier Entwickelten wird es klar sein, dass eine ganz unrichtige
Vorstellung von der Stellung des Staates dem Schulwesen gegenüber gegeben wird,
wenn man sich auf die im allgemeinen richtige Mitteilung beschränkt, dass das
höhere Schulwesen Staatssache, die Volksschule dagegen kommunal ist.

Noch müssen ein paar Worte von den Abnormschulen gesagt werden.
Auch auf diesem Gebiete wird der Beistand des Staates immer mehr angerufen.
Schon seit langer Zeit besteht in Kopenhagen ein Institut für Taubstumme und
ein anderes für Blinde; beide hatten ein eigenes Vermögen, das doch nach und
nach mehr unzulänglich wurde, so dass der Staat einen Zuschuss geben musste,
jetzt sind die Ausgaben der Staatskasse für den Unterricht der Taubstummen
und der Blinden, wozu seit einigen Jahren noch die Erziehung der geistesschwachen Kinder kommt, auf mehr als $^1/_4$ Mill. Kronen gestiegen.

Denselben Uebergang von Kommunalaufgabe zur Staatsangelegenheit kann
man auf einem anderen Gebiete, dem der Krankenpflege, wahrnehmen.
Diese ist prinzipiell Sache der Kommunen, die ihre Hospitäler und Krankenhäuser selbst erbauen und erhalten müssen. Doch bestand seit vorigem Jahrhundert in Kopenhagen ein von König Friedrich V. gegründetes Hospital
(„Frederiks-Hospital") und eine 1785 gestiftete Pflegeanstalt für Gebärende, beide
reich dotiert mit eigenem Vermögen, welchen der Staat schon lange einen
jährlichen Zuschuss gegeben hat, der jedoch in späterer Zeit successive vergrössert wurde und jetzt zusammen über 100,000 Kronen beträgt. Ferner ist
die Besoldung der Physici und Distriktsärzte, denen die Vorsorge der unbemittelten Kranken obliegt, sowie das Quarantänewesen und die Oberadmini-
stration des Medizinalwesens (dem Justizministerium unterstellt) Staatssache und
erfordert zusammen ca. 160,000 Kronen. Im letzten Jahrzehnt haben sich indessen auch auf diesem Gebiete die Dinge etwas verändert, indem die Hospitäler
für Geisteskranke durch ein Gesetz vom Mai 1884 vom Staate übernommen
wurden und ihm damit nicht nur eine jährliche Ausgabe von über $^1/_2$ Mill. Kronen,
sondern auch die Pflicht erwachsen ist, die jetzt bestehenden Hospitäler zu erhalten und, wenn nötig, zu erweitern, sowie sogleich ein neues Hospital zu
$1^3/_4$ Mill. Kronen auszuführen.

Auf den hier besprochenen, prinzipiell den Kommunen zugeteilten Gebieten der Polizei, des Elementarunterrichts und der Krankenpflege ist also im letzten Jahrzehnt — abgesehen von extraordinären Ausgaben für neue Gebäude u. dgl., sowie auch von den zur Verbesserung des Schulunterrichts indirekt gehörenden Ausgaben für Ausbildung der Lehrer — eine regelmässige jährliche Ausgabe von ca. 1¼ Mill. Kronen der Staatskasse erwachsen und damit die Grenze zwischen Staatsaufgaben und Kommunalaufgaben so schwebend gemacht, dass es dem Staate schwierig sein wird, sich gegen weitergehende Anforderungen zu wehren. Es schien uns daher nötig, bevor wir zu einer Darstellung der finanziellen Zustände Dänemarks schreiten, diese Verhältnisse den Lesern klar zu machen, einerseits weil die Zahlen, die die Staatsausgaben angeben, nur dann Bedeutung haben, wenn man' weiss, welche Aufgaben dem Staate gestellt sind und durch diese Ausgaben gelöst werden sollen, anderseits weil diese stetige Ueberführung verschiedener Ausgaben von den Kommunen zur Staatskasse den finanziellen Entwicklungsgang des letzten Jahrzehntes besonders charakterisiert. Während die politischen Streitigkeiten in diesem Jahrzehnt jede eigentliche finanzielle Reform, und besonders eine doch dringend notwendige Reform des geltenden, vor der Auflösung der früheren dänischen Monarchie emanierten Zollgesetzes von 1863 verhindert haben, ist es nie mit Schwierigkeiten verbunden gewesen, solche Vorschläge durchzuführen, die eine Entlastung der Kommunen zum Ziel gehabt haben. Nur auf einem Gebiete, dem der Armenpflege, ist bis jetzt ein bestimmter Widerstand von seiten der Regierung und des Landthings festgehalten worden gegen die wiederholt vom Volksthinge gemachten Versuche, direkte Staatsunterstützung für Arme und Arbeitslose in strengen Wintern auszuwirken. Von konservativer Seite hat man immer darauf gehalten, dass der Staat in solchen Fällen nur Hilfe leisten solle, teils durch Förderung solcher öffentlichen Arbeiten, die doch früher oder später ausgeführt werden, deren Ausführung also nur antizipiert wird, teils dadurch, dass er die nötigen Mittel als Vorschuss zur Disposition der Kommunen stellt; denn nur die Kommunen sind imstande, die wirkliche Not, sowie das Bedürfnis der Einzelnen, zu kennen und zu beurteilen. Und wenn man sich die Interessen und den Zustand der Staatskasse vor Augen stellt, kann man nicht umhin zu sehen, dass ein Aufgeben dieses Standpunktes für jene Interessen sehr bedrohlich sein würde. Denn die Erfahrung zeigt nur zu sehr, dass die Mehrheit der Reichstagsmitglieder sehr geneigt ist, kommunale Lasten auf den Staat zu werfen, weil man den Druck der kommunalen Abgaben als direkte Steuern weit mehr fühlt, als den Druck der indirekten Abgaben, die in späterer Zeit der Staatskasse so reichliche Mittel geboten haben, dass man die direkten Staatssteuern nicht nur hat unverändert lassen können, sondern sogar einen recht bedeutenden jährlichen Ueberschuss gehabt hat. In dieser Beziehung bildet das letzte Jahrzehnt einen schlagenden Gegensatz zu früheren Zeiten, wo die Staatskasse nur mit Mühe die nötigen Ausgaben prästieren konnte. Der jetzige Wohlstand ist aber nur scheinbar, er ist eine Folge des über ein Jahrzehnt dauernden parlamentarischen Streites, der die Durchführung nicht nur aller Reformen, sondern auch mehrerer höchst dringender öffentlichen Bauten u. dgl. verhindert hat. Wenn die politischen Verhältnisse wieder mehr normal werden, werden sowohl diese als jene bedeutende Summen und sehr vergrösserte jährliche Ausgaben fordern. Es ist daher von Wichtigkeit, dass nicht in der Zwischenzeit die hierzu nötigen Mittel für andere Zwecke verwendet werden, die man in früheren, mehr dürftigen Zeiten der Vorsorge der Kommunen hat überlassen müssen. Denn bis ungefähr 1870 hat die dänische Staatskasse mit grossen Schwierigkeiten kämpfen müssen, die von der überaus schlechten Finanzverwaltung im Anfange des Jahrhunderts herrührten, einer Finanzverwaltung, die mit absolutem Staatsbankerott im Jahre 1813 endigte.

Die dänische Finanzstatistik datiert erst vom Jahre 1841, seit welchem Jahre ein regelmässiges Staatsbudget mit nachfolgendem Rechenschaftsberichte veröffentlicht wurde, welches im Jahre 1850 von jährlichen Finanzgesetzen abgelöst wurde. Vor 1841 hatte man daher nur einzelne zerstreute Daten, die zwar eine Vorstellung, aber kein genaues Bild der finanziellen Verhältnisse geben können. Für die gesamte dänische Monarchie (die Königreiche Dänemark und Norwegen und die Herzogtümer Schleswig, Holstein und Lauenburg) betrugen die Staatseinnahmen am Ende des vorigen Jahrhunderts ca. 9,6 Mill. Rthlr. Courant (à 3,20 Kronen) oder rund 30 Mill. Kronen, waren aber im Jahre 1806 auf ca. 13 Mill. Rthlr. C. (ca. 42 Mill. Kronen) gestiegen. Trotz dieser Vergrösserung der Einnahmen waren sie dennoch nicht hinlänglich, um die durch die Kriegsverhältnisse in den Jahren 1800/1806 („die bewaffnete Neutralität", der Seekampf mit England 1801 und die Aufstellung dänischer Truppen in Holstein in den Jahren 1803/1806) verursachten extraordinären Ausgaben zu decken; die konsolidierte Staatsschuld stieg in diesen Jahren von ca. 29 auf 42 Mill. Rthlr. C., also um ungefähr 42 Mill. Kronen. Weit verhängnisvoller war es jedoch, dass der Staat, der im Jahr 1773 die im Jahre 1737 gestiftete, bis dahin private Bank zu Kopenhagen (die einzige Bank der ganzen Monarchie) übernommen hatte, von ihr in schwierigen Zeiten sich Vorschüsse geben liess, die durch Vermehrung der Zettelmenge, deren Einlösbarkeit schon seit 1757 suspendiert war, zustande kamen. In dieser Weise waren die Schulden des Staates der Bank gegenüber schon im ersten Jahrzehnt (bis 1783) von 6 bis auf 10 Mill. Rthlr. C. gestiegen, und die Zettelzirkulation von 6½ bis auf 15½ Mill. Rthlr., eine Zirkulation, die nur in sehr belebten Spekulationszeiten den Ansprüchen der Warenumsätze entsprach, so dass die Zettel, als der Friedensschluss in Versailles 1783 den bisherigen bedeutenden Frachthandel Dänemarks sehr beschränkte, 10—15 Prozent unter Pari sanken. Dies veranlasste die Errichtung einer Bank in Altona 1788, die die Herzogtümer von den schlechten Courantmünzen und deprezierten Courantzettel befreite und dieselben durch „Speciesmünzen" und einlösliche Specieszettel ersetzte. Ein Versuch, auch die übrige Monarchie in gleicher Weise durch Errichtung einer „Speziesbank" in Kopenhagen von den deprezierten Courantzetteln zu befreien, misslang aber ganz und die schwierigen Zeiten im Anfange des Jahrhunderts verleiteten die Regierung noch zu einer Vergrösserung der Zettelcirkulation, die im Jahr 1807 ca. 27 Mill. Rthlr. C. (ca. 86 Mill. Kronen) betrug, wobei die Münzen fast ganz aus der Cirkulation verschwanden. Da die gesamte Bevölkerung der beiden Königreiche Dänemark und Norwegen damals nur ca. 1,8 Mill. Einwohner betrug (also ungefähr soviel wie die Bevölkerung Dänemarks im Jahre 1870, wo die Zettel-

menge nur ungefähr 50 Mill. Kronen bei einer Münzzirkulation von ungefähr
25 Mill. Kronen betrug), während der Wohlstand nur gering und die Handels-
umsätze sehr beschränkt waren, und der Wert des Geldes überhaupt weit grösser
als jetzt war, muss man sich wundern, dass die Zettel doch nur ca. 14 Prozent
im Werte gesunken waren.

Da kam im September 1807 der Ueberfall Kopenhagens durch England, das
Bombardement der Stadt und der Raub der Flotte, und damit der mehr als
sechsjährige Krieg mit England und zum Teil Schweden. Trotz Erhöhung der
Steuern sah die Regierung sich genötigt, eine Reihe von Anleihen abzuschliessen
und abermals ihre Zuflucht zur Zettelpresse zu nehmen; sie vermehrte in fünf
Jahren die Zettelmenge um 115 Mill. Rthlr. C., so dass die Zettelschuld der Bank
im Jahr 1812 die enorme Summe von ca. 142 Mill. Rthlr. C. (ca. 4 5 4 M i l l.
K r o n e n) betrug, wozu noch eine konsolidierte Staatsschuld von ca. 120 Mill.
Rthlr. C. (ca. 3 8 4 M i l l. K r o n e n) kam. Dass der Wert der Zettel bei dieser
kolossalen Emission immer mehr sank, ist selbstverständlich, sowie dass dieses
stete Sinken des Wertes eine immer grössere Emission notwendig machte. Schon
1809 war der Wert nicht mehr als 40 Prozent des nominellen Wertes, 1810 nur
ungefähr 30 Prozent und 1811 nur ca. 16 Prozent, d. h. während 5 Rthlr. C.
gleich 4 Speciesthaler Silber sein sollten, musste man im Jahr 1811 8 Rthlr. C. in
Zettel für jeden Speciesthaler bezahlen. Aber vom September 1812 fiel der Kurs
der Zettel von Woche zu Woche um 100 Prozent, Pari-Kurs war 125 Prozent
(d. h. 125 Rthlr.·C. = 100 Speciesthaler), aber im Dezember 1812 war die Kurs-
notierung 1760, d. h. man musste 17 bis 18 Rthlr. C. für einen Speciesthaler
bezahlen; der Wert der Zettel war also auf ca. 8 Prozent des nominellen Wertes
gesunken. Da wurde am 5. Januar 1813 der Staatsbankerott erklärt, indem
die Zettel um ungefähr 10 Prozent ihres nominellen Wertes reduziert wurden.
Die alte „Courantbank" wurde nämlich aufgehoben, und an ihre Stelle trat eine
neue „Reichsbank", deren Aufgabe es vor allem sein sollte, die Courantzettel
einzulösen. Dies geschah aber in der Weise, dass 1 Reichsbankthalerzettel für
6 von jenen gegeben wurde, und zur selben Zeit wurde der Münzfuss verändert,
man ging vom Reichsthaler C., von denen 1 = ⁴/₅ Speciesthaler war, zum Reichsbankthaler (Rbthlr.) über, wovon 1 = ¹/₂ Speciesthaler (2 Kronen) war. Der Wert
des Courantzettel wurde also auf ⁵/₄₁ seines früheren Wertes herabgesetzt.

Diese Reduktion war indessen eigentlich nur die Konstatierung einer
Thatsache; der Wert des Zettels war in der That schon im voraus auf dieses
Niveau herabgesunken. Ja, es zeigte sich nachher, dass die legale Reduktion
die faktische kaum erreichte, denn es vergingen 25 Jahre, bevor die n e u e n
Zettel Pari erreichten[1]). Insoweit es also die Zettel betrifft, bestand der

---

[1]) Die neue Zettelzirkulation wurde nämlich weit grösser, als beabsichtigt
war. Zur Einlösung der zirkulierenden 142 Mill. Rthlr. C. und einiger anderer
Kreditpapiere, die eingelöst werden sollten, genügten 27 Mill. Rbthlr. Die neue
Bank brauchte aber ein Kapital, um Bankgeschäfte treiben zu können, und
hierzu wurden ihr 4 Mill. Rbthlr. überlassen. Und da die Regierung feierlich
versprochen hatte, dass die Reichsbank ganz unabhängig von ihr sein sollte —
zu welchem Zwecke sie im Jahr 1818 unter dem Namen „N a t i o n a l b a n k" eine
private Aktienbank wurde — und dass die Regierung nie mehr Vorschüsse verlangen würde — was auch streng gehalten wurde —, meinte sie, da sie unter den
gegebenen Verhältnissen neue Steuern nicht ausschreiben konnte, dass es ihr

Bankerott nur darin, dass die sehr ferne Möglichkeit vernichtet wurde, dass der Wert der Zettel sich später wieder zum vollen Werte heben könne. Weit schlimmer und weit tiefer eingreifend war die Veränderung des Münzfusses, in soweit es die öffentlichen und privaten Schulden u. dgl. anbelangt. Die Staatsschulden nämlich, die in Courant kontrahiert waren, wurden zum gleichen Belaufe in Reichsbankthaler umgeschrieben, wobei jedoch bemerkt werden muss, dass mehr als ³/₄ der Staatsschuld in depreciirten Zetteln kontrahiert war, und dass von der älteren Schuld ein Teil in Species kontrahiert war, welcher Teil nicht umgeschrieben wurde. In Bezug auf private Schuldverhältnisse wurde eine Skala nach der Zeit der Eingehung aufgestellt, so dass nur die vor dem 11. September 1807 eingegangenen Verbindlichkeiten in Reichsbankgeld, Thaler für Thaler umgeschrieben wurden, während alle jüngeren Privatobligationen mit einer geringeren Summe, bis zu 20 Rbthlr. für 100 Rthlr. C., umgeschrieben wurden. Wiewohl diese Bestimmungen mit vieler Sorgfalt und genauer Berücksichtigung der Kursverhältnisse der späteren Jahre ausgearbeitet waren, und im ganzen nur die schon angegangene Veränderung aller Geldwerte entschleiert wurde, war diese ganze Umwälzung für manche, die ein imaginäres Vermögen fast ganz verschwinden sahen, ein schwerer Schlag.

Für die Finanzen war indessen der Bankerott auch nicht so gewinnbringend, wie man im ersten Augenblicke denken mag. Die künftige Verzinsung der reduzierten Staatsschuld war realiter fast eine ebenso schwere Last wie vorher, und die Veränderung des Münzfusses reduzierte auch die Steuern von Reichsthaler C. zu = Reichsbankthaler, also auf mehr als ein Drittel. Und obgleich die succesive Einlösung der Zettel und die Reduktion der Zettelmenge von 38 bis auf ca. 16 Mill. Rbthlr. von der neuen Bank bewerkstelligt wurde, war es in der That zum grössten Teil die Staatskasse, die die Mittel hierzu leisten musste.

Die Nationalbank wurde nämlich in der sinnreichen Weise gegründet,

---

notwendig sei, einen „Reservefond" von 15 Mill. Rbthlr. zur Disposition zu behalten. Die ganze Zirkulation betrug also nach Ausgabe dieser 15 Millionen 46 Mill. Rbthlr., eine Summe, die für die ganze Monarchie wohl nicht so sehr übermässig war. Das Gebiet dieser Zettelzirkulation wurde indessen weit mehr beschränkt. Die Herzogtümer, die bisher von dem depreciirten Zettelwesen ganz verschont gewesen, weigerten sich, die neuen Zettel als Zirkulationsmittel zu empfangen, und die Regierung gab deren Weigerung nach. Und durch den Frieden zu Kiel im Januar 1814 wurde Norwegen von Dänemark getrennt, nachdem nur ca. 8 Millionen der neuen Reichsbankthalerzettel dahin den Weg gefunden hatten. Auf das Königreich Dänemark mit nur 1 Mill. Einwohnern fiel daher eine Zirkulation von ca. 38 Mill. Rbthlr. (76 Mill. Kronen). In der letzten Hälfte von 1813, als die Abtretung Norwegens schon erwartet wurde, verschlechterten sich die Kurse daher so, dass man 23 Rbthlr. in Zettel (140 Rthlr. C.) für einen Speciesthaler gab. Doch besserten sie sich bald wieder, standen aber doch noch im Jahr 1816 auf 700 (pari 200). Erst nachdem die Reichsbank durch energisches Wirken in den Jahren 1813/1818 über 7 Mill. Rbthlr. getilgt hatte und nur noch eine Zettelmenge von ca. 31 Mill. Rbthlr. ihrer Nachfolgerin, der am 1. August 1818 in Kraft tretenden Nationalbank, hinterliess, hob sich der Wert der Zettel auf ³/₄ des nominellen Wertes (Kurs ca. 270). Von nun an trat eine stete, aber sehr langsame Besserung des Kurses ein, bis endlich der Parikurs im Jahr 1835 erreicht wurde und die Zettel im Jahre 1845 einlöslich erklärt wurden. Seitdem hat Dänemark eine sehr solide und fest fundierte Geldzirkulation gehabt.

dass alle Grundbesitzer gezwungene Aktionäre der Bank wurden, ohne jedoch Kapital einzuzahlen genötigt zu sein. Allen Besitzungen wurde eine Prioritätsobligation, allen anderen Prioritäten vorangehend, im Belaufe von 6 Prozent des Wertes der Besitzung auferlegt, die mit 6½ Prozent jährlich verzinst werden sollte, wodurch die Bank die Mittel zur Tilgung der Bankzettel bekam; für den Betrag der Obligation wurde der Besitzer Aktionär[1]), indes stand ihm frei die Obligation einzulösen, wann er wollte. Da aber die folgenden Jahre für die Landbesitzer überaus schwere waren, und es manchem kaum möglich war, die alte Steuer zu entrichten, geschweige denn die Zinsen dieser neuen Obligation, sah der Staat sich genötigt, allen Landbesitzern einen Abschlag in den Steuern zu geben, der ⅚ jener Zinsen äquivalierte. Es war somit der Staat, der diese Summe (ca. 820,000 Rbthlr. = 1,64 Mill. Kronen jährlich) bezahlen musste (weshalb die Landbesitzer auch nur für das eine Sechstel Aktionäre wurden), und dies dauerte bis 1838; durch einen Vergleich mit der Bank wurden die jährlichen Beiträge des Staats in diesem Jahre auf 328,000 Rbthlr. (656,000 Kronen) jährlich herabgesetzt für die folgenden 38 Jahre, und erst im Jahre 1876 wurde der Staat von dieser Last gänzlich befreit, nachdem er ca. 55 Mill. Kronen der Bank bezahlt hatte, welcher Betrag ziemlich genau den der Bank auferlegten Verpflichtungen (nicht nur die Zettelschuld, sondern auch eine Obligationsschuld zur Tilgung anderer Verbindlichkeiten der älteren Bank war vorhanden) gleichkam.

Es war somit nur nominell, dass der Staat sich im Jahre 1813 durch Errichtung der Reichsbank (später Nationalbank) von der Last der Zettelschuld befreite. Realiter blieb es eine Staatsschuld in Annuitäten, die ungefähr 60 Jahre lang auf den Finanzen lastete. Und selbst nach Umschreibung der konsolidierten Staatsschuld und verschiedenen Abschlagszahlungen betrug diese Schuld im Jahre 1816 noch 116½ Mill. Rbthlr. (233 Mill. Kronen, in welchem Münzfusse wir den Belauf der Staatsschuld in der folgenden Zeit angeben). Alles in allem war es also eine Schuldlast von über 300 Mill. Reichsmark (im Werte gleich wenigstens 400 Mill. Reichsmark heutzutage), die nach der Trennung von Norwegen von einer Bevölkerung von ungefähr 1⅔ Mill. Menschen getragen werden sollte, einer Bevölkerung, die durch einen mehr als sechsjährigen, verheerenden Krieg verarmt war und deren Haupterwerb, der Ackerbau, in der nächsten Zukunft durch überaus schlechte Preise der wichtigsten Produkte sehr gedrückt wurde. Und für die Staatskasse war diese gewaltige Last um so drückender, als die Trennung von Norwegen die Staatseinnahmen weit mehr als die Staatsausgaben vermindert und jene so heruntergebracht hatten, dass die Gesamteinnahmen der dänischen Monarchie im Jahre 1817 kaum auf 15 Mill. Rbthlr. (= 30 Mill. Kronen) veranschlagt werden konnten.

Und nach 25 Jahren standen die Finanzen (1841) auf eben demselben Punkte: eine konsolidierte Staatsschuld von 233 Mill. Kronen und eine jährliche

---

[1]) In den ersten 20 Jahren war dies Aktienrecht nicht eben viel wert, da keine Dividende bezahlt werden musste, bevor die Zettel wieder einlösbar gemacht waren, was erst im Jahre 1845 geschah. Indessen war der Parikurs der Aktien doch schon nach dem Vergleiche mit der Regierung im Jahre 1838 auf 80 Prozent gestiegen, 1841 waren sie pari und 1846 wurden sie zu 170 Prozent notiert.

Einnahme von ca. 16 Mill. Rbthlr. (32 Mill. Kronen). Und doch wurden in diesen 25 Jahren die Bemühungen, um die Staatsschuld successive zu tilgen, stets fortgesetzt, und die Zahl der Bevölkerung war um 28 Prozent (von 1,66 auf 2,13 Mill. Einwohner) gestiegen. So unglücklich waren aber die Verhältnisse nach dem Staatbankerott, so zerrüttet der Zustand sowohl der Finanzen als des Privatvermögens, dass die recht bedeutende ökonomische Entwickelung der letzten 15 Jahre nur hinreichen konnte, den Kalamitäten der ersten 10 Jahre abzuhelfen und den finanziellen Zustand von 1816 nicht zu verschlechtern. Und in zwei Beziehungen war dieser wirklich schon im Jahre 1841 wesentlich verbessert. Die jährlichen Leistungen des Staates zur Nationalbank waren, wie gesagt, im Jahre 1838 mit ca. ½ Mill. Rbthlr. (984,000 Kronen) vermindert worden, und die Zinsen der nominell unveränderten konsolidierten Schuld waren bedeutend geringer als im Jahre 1816, indem die älteren Anleihen zu 5 und 6 Prozent mit Anleihen zu 3 und 4 Prozent umgetauscht worden waren. Es waren eben diese Konvertierungen, die den nominellen Betrag der Staatsschuld trotz der steten Abschlagszahlungen auf demselben Punkte erhielten, zu Zeiten sogar vermehrten. Im Jahre 1819 war die konsolidierte Schuld auf 216 Mill. Kronen heruntergebracht, und im Jahre 1830 war sie, zum Teil zwar wegen der Notwendigkeit, neue und sehr teuere Anleihen aufzunehmen, um den in den Jahren 1820/25 sehr bedrückten Landwirten zu Hilfe zu kommen, zum Teil aber wegen der Konvertierungen, auf 260 Mill. Kronen gestiegen. Der Staat war nämlich mit diesen Konvertierungsversuchen wenig glücklich gewesen. Da der Kredit des Staates nach dem Bankerott selbstverständlich sehr gering war, musste er für ein in Hamburg 1819 aufgenommenes Anlehen von 12 Mill. Mark Banco 5 und 6 Prozent Zinsen bezahlen und erhielt demungeachtet nur 71 Prozent des nominellen Kapitals, und 1821 machte man in England eine Anleihe von 1½ Mill. Pf. Sterl. zu 5 Prozent, das nur 66 Prozent des nominellen Kapitals einbrachte. Drei Jahre später standen die Obligationen dieses Anlehens über Pari, und die Regierung wollte nun die günstige Gelegenheit des niedrigen Zinsfusses im Jahre 1824, der so viele Schuldkonvertierungen veranlasste, benützen und zur Ablösung jener teueren Anleihen ein grosses, billiges Anlehen in England aufnehmen. Ein solches wurde auch im Belaufe von 5½ Mill. Pf. Sterl. (gegen 100 Mill. Kronen) zu 3 Prozent abgeschlossen, und zwar zu einem Kurse von 75 Prozent. Und dieser Kurs wurde noch schlechter, da die Regierung, bessere Konjunkturen erwartend, nur die Hälfte des Anlehens zu 75 Prozent empfing und sich die Realisation der anderen Hälfte zu einem günstigeren Zeitpunkt vorbehielt. Da kam die grosse Handelskrisis von 1825 — und die Regierung sah sich jetzt genötigt, die letzte Hälfte zu einem Kurse von kaum 60 Prozent zu realisieren. Der ganze Ertrag dieser Anleihe war somit nur 66 Mill. Kronen, die zur Einlösung älterer Anleihen benutzt wurden, während der nominelle Wert der Anleihe fast 100 Mill. Kronen war, und die Gesamtschuld also um ca. 33 Mill. Kronen vermehrt wurde. Mehr als 50 Jahre drückte dieses Anlehen die dänischen Finanzen, indem es mit einem festen Betrag von 3½ Mill. Kronen jährlich verzinst und amortisiert wurde. Erst 1877 wurde die letzte Rate bezahlt.

Die 30 Jahre 1841/70 werden in finanzieller Beziehung durch einen beständigen Kampf charakterisiert, dessen Ziel die successive Tilgung der Staatsschuld war, der aber wiederholt von finanziellen Kalamitäten unterbrochen wurde

und die Arbeit von vorn anfangen liess. In den ruhigen Jahren der Regierungszeit Christian VIII. (1840/47) wurde die Staatsschuld regelmässig amortisiert und
betrug im Jahre 1848 kaum 210 Mill. Kronen; die jährlichen Zinsen, die im
Jahre 1835 auf ca. 9,5 Mill. Kronen sich beliefen, waren dann auf 7,7 Mill. Kronen
heruntergebracht. Da kam der dreijährige Krieg (1848/50), der der dänischen
Staatskasse ca. 85 Mill. Kronen kostete. Ein Teil dieser Summe wurde durch
neue Steuern gedeckt, ein anderer Teil durch Realisation der Staatsaktiva;
aber mehr als 40 Mill. Kronen mussten durch neue Anleihen zuwege gebracht
werden, zum grössten Teile durch zwei englische Anleihen zu 5 Prozent, jede
im Belaufe von 800,000 Pf. Sterl., die ziemlich teuer waren, indem der Ertrag
kaum 90 Prozent des nominellen Betrages war. Nach dem Schluss des Krieges
war somit die dänische Staatsschuld wieder auf 250 Mill. Kronen gestiegen,
wozu noch im Jahre 1854 weiter über 10 Mill. Kronen kamen, teils durch die
Sklavenemanzipation auf den westindischen Inseln, teils durch Uebernahme der
Augustenburgischen Güter, so dass man trotz energischer Anstrengungen, um
die Schuld wieder zu tilgen, erst im Jahre 1857 wieder auf den Standpunkt
vom Jahre 1816 (233 Mill. Kronen) gelangt war. In den nächsten sechs Jahren
wurde aber nicht nur die regelmässige Amortisierung fortgesetzt, sondern die
Kapitalisierung des im Jahre 1857 abgelösten „Öresund-Zolls" gab die Mittel zu
extraordinären Abschlagszahlungen, so dass die Staatsschuld im Jahre 1863 auf
ca. 192 Mill. Kronen heruntergebracht war, neben welcher Schuld das Königreich
noch seine eigene, in den Jahren 1852/63 für Sonderzwecke, besonders Eisenbahnbauten, aufgenommene Schuld im Belaufe von über 16 Mill. Kronen hatte. Wird
dies mitgerechnet, so stand die dänische Staatsschuld am Ende der Regierung
Friedrichs VII. nach einer successiven Kapitalauszahlung von nicht weniger als
68 Mill. Kronen in Bezug auf Abschlagszahlungen ganz an demselben Punkte
als am Anfange seiner Regierung. Doch hatte man zur selben Zeit für 14 Mill.
Kronen (in Obligationen) Staatseisenbahnen gebaut.

Da kam der Krieg von 1864, und von der dadurch veranlassten Gesamtausgabe von ca. 60 Mill. Kronen wurden 55 Mill. durch neue Anleihen gedeckt, besonders 2 englische Anleihen zu 5 Prozent zum nominellen Belaufe von
1,928 Mill. Pf. Sterl. mit einem Ertrage von 31,4 Mill. Kronen (ungefähr 89 Prozent). Die Auflösung der Monarchie bewirkte auf der anderen Seite, dass ein
verhältnismässiger Teil (jedoch nur ca. 30 Prozent, während die Herzogtümer
²/₃ der Monarchie ausmachten) der Staatsschuld von 1863 von den Herzogtümern
übernommen wurde, was jedoch in der Weise geschah, dass Dänemark die
ganze Schuld der Monarchie behielt und als Ersatz für den Anteil der Herzogtümer 58 Mill. Kronen in preussischen Staatsobligationen erhielt. Die Schuldlast, die das Königreich Dänemark zu tragen hatte, als nach der politischen Reorganisation der dänische Reichstag — der in den Jahren 1855/66
nur die besonderen Angelegenheiten des Königreiches behandelt hatte, während
die Gesamtangelegenheiten der Monarchie von dem Reichsrate geleitet wurden —
am 1. April 1867 als einzige parlamentarische Versammlung die Kontrolle
mit der gesamten Finanzverwaltung wieder übernahm, betrug nicht weniger als
261 Mill. Kronen —, also mehr als die Staatsschuld der gesamten
Monarchie seit dem Staatsbankerotte im Jahre 1813 je betragen
hatte. Um aber den finanziellen Status richtig zu beurteilen, muss man nicht

nur die Passiva, sondern auch die Aktiva betrachten, und in dieser Beziehung zeigte sich der Status weit günstiger als früher.

Dass der dänische Staat im Laufe von nur 12 Jahren (1851/63) mehr als 60 Mill. Kronen oder ¼ der ganzen Staatsschuld hat abbezahlen können, verdankt er neben einem sparsamen Haushalt, der regelmässige Amortisierung erlaubt hat, zugleich dem Umstande, dass derselbe aus früheren Zeiten teils Domänengüter, teils andere Aktiva besass, die in dieser Periode bedeutend im Werte stiegen und somit im grossen Umfange realisiert werden konnten, ohne dadurch die jährlichen Einnahmen wesentlich zu verringern. Die gesamten Domänengüter wurden im Jahre 1850 zu einem Werte von 24 Mill. Kronen veranschlagt, welche Summe sie ungefähr mit 4 Prozent verzinsten (Nettoeinnahme 1850/51: 937,000 Kronen). Nach Einführung der freien Verfassung vom Jahre 1849 war man eifrig bestrebt, die Pachtbauern, deren Zahl ziemlich gross war (von den ca. 70,000 Bauernhöfen des Königreichs Dänemark waren im Jahre 1850 mehr als 20,000 mit ca. 28 Prozent der zum Ackerbau verwendeten Erde von den Besitzern auf Lebenszeit gepachtet), zu Freibauern zu machen, und der Staat stand an der Spitze und verkaufte seinen Pächtern die von ihnen gepachteten Bauernhöfe zu überaus billigen Preisen und zwar, um ihnen den Kauf zu erleichtern, in der Weise, dass sie gar keine Auszahlung zu machen brauchten, sondern nur für die Kaufsumme (die zu 4 Prozent kapitalisierten bisherigen Pachtabgaben) eine Obligation auszustellen hatten. Nach und nach aber wurden diese Obligationen abgetragen, und fast die ganze Kaufsumme von ca. 7 Mill. Kronen wurde allmählich in den Jahren 1850/72 in die Staatskasse einbezahlt. Demnächst (in den Jahren 1850/70) wurden die meisten grossen, freien Domänengüter im Belaufe von ca. 8¾ Mill. Kronen verkauft, wovon ca. 2½ Mill. contant bezahlt, das Uebrige als Prioritätsobligationen zur Aktivmasse übergeführt wurde. So bedeutend stieg aber in dieser Periode der Wert der zum Teil in Korn stipulierten Abgaben von den in früheren Zeiten verkauften Domänengütern, sowie der Wert des jährlichen Ertrages von den Staatswäldern, dass die Nettoeinnahmen des Domänenwesens in den Jahren 1870/75 bedeutend grösser waren als im Jahre 1850/51, trotzdem man von den in diesem Jahre zu einem Werte von 24 Mill. Kronen taxierten Güter für ca. 16 Mill. Kronen verkauft hatte.

In gleicher Weise ging es mit den sog. „Staatsaktiva", d. h. Grundstücken, die nicht Landgüter oder Wälder waren, sowie Prioritätsobligationen von verkauften Gütern und Vorschüssen für Kommunen u. a. Der Wert dieser „Aktivmasse" war im Jahre 1850 zu ca. 20 Mill. Kronen veranschlagt, und nachdem in den Jahren 1850/67 für ca. 4 Mill. Kronen davon verkauft war, wurde die Aktivmasse noch zu demselben Werte (ca. 20 Mill. Kronen) veranschlagt.

Zu den ca. 20 Mill. Kronen, die in dieser Weise für die Staatskasse gewonnen waren, ohne dass die jährlichen Einnahmen dadurch vermindert wurden, kam noch im Jahre 1857, wie schon gesagt, die Ablösung des „Öresund-Zolls" durch eine Kapitalausbezahlung von seiten der verschiedenen Länder, deren Schiffe bisher diesen Zoll entrichtet hatten. Diese Kapitaleinnahme für die Staatskasse, die ihr Mittel zur Verminderung der Staatsschuld bot, war indessen von einer wesentlichen Verminderung der Einnahmen begleitet; denn die Einnahmen durch den Zoll beliefen sich auf nahezu 4 Mill. Kronen jährlich, und die Ersatzsumme, die Dänemark erhielt, war nur 65,6 Mill. Kronen. Von dieser Summe wurden in den Jahren 1857/67 ca. 43 Mill. Kronen der dänischen Staatskasse bezahlt (das Uebrige, das nach und nach in den folgenden 10 Jahren bezahlt wurde, war am 1. April 1867 als Guthaben dem „Reservefond" zugeführt), und davon wurden gegen 14 Mill. Kronen zur Amortisation der Staatsschulden verwendet.

Ein anderes Kapital, dessen Empfang nur Ersatz für eine längere Zeit dauernde jährliche Ausgabe war, erhielt das Königreich Dänemark nach der Auflösung der Monarchie, indem die Pensionen der früher in den Herzogtümern angestellten Beamten der dänischen Staatskasse zur Last fielen und von den Herzogtümern daher ein für allemal eine Summe von ca. 6 Mill. Kronen, ebenso wie eine Summe von 58 Mill. Kronen in Obligationen (mit Zinsen bis zur Zeit der Auszahlung im Belaufe von ca. 4½ Mill. Kronen), wie schon berührt, der dänischen Staatskasse als Ersatz für den auf die Herzogtümer fallenden Teil der Staatsschuld übergeben wurde. Da die Staatsschuld der Monarchie beim Ausbruch des Krieges ca. 190 Mill. Kronen betrug, und die Herzogtümer ungefähr ²/₅ der Monarchie ausmachten, der auf sie fallende Teil der Staatsschuld also ca. 76 Mill. Kronen betrug, so gab diese Ordnung nicht vollen Ersatz für die von der dänischen Staatskasse übernommene Schuldlast.

Will man daher wissen, wie weit und in welchem Umfange der Status der Staatskasse sich in dieser Periode verbessert oder verschlechtert hat, muss man untersuchen, mit welchem Betrage die Passiva den Betrag der Aktiva bezw. in den Jahren 1850 und 1867 überstiegen, und zugleich mit welchem Betrage die durch jene veranlassten jährlichen Ausgaben die von diesen kommenden Einnahmen überstiegen. Hierbei muss noch daran erinnert werden, dass die für den Bau der Staatseisenbahnen ausgegebenen Summen zum Teil durch Stiftung von Staatsschulden zuwege gebracht waren, und diese müssen daher mit in Betracht gezogen werden.

Die verschiedenen Aktiva und ihr Belauf (zum Teil angeschlagener Wert), sowie die daraus fliessenden Einnahmen einerseits und die gesamte Staatsschuld und die jährliche Verzinsung derselben anderseits waren dann:

1847:

Aktiva:		Wert in Mill. Kronen	Einnahmen und Ausgaben
Domänengüter (angeschl. W.)	des Königreichs	24	ca. 3,462,000 Kronen
	der Herzogtümer	60	
Reservefonds		13	„ 1,330,000 „
Uebrige Staatsaktiva		25,75	
Kassenbestand		14,90	„ 150,000 „
Öresund-Zoll (kapitalisiert zu 4 Prozent) . . .		111,57	„ 4,463,000 „
		249,22	9,405,000 Kronen
Passiva:			
Staatsschuld		209,73	„ 7,660,000 „
Aktiva — Passiva:		+ 39,49	+ 1,745,000 Kronen

Dass die Einnahmen der Aktiva die Verzinsung der Staatsschuld mit ca. 1¾ Mill. Kronen überstiegen, trotzdem der Wert der Aktiva den Betrag der Staatsschuld um kaum 40 Mill. Kronen überstieg, erklärt sich daraus, dass ein sehr grosser Teil (40 Prozent) der Staatsschuld eine 3prozentige Schuld war.

1851:

Aktiva:		Wert in Mill. Kronen	Einnahmen und Ausgaben
Domänengüter (angeschl. W.) { des Königr.	ca.	24	} ca. 3,600,000 Kronen
{ der Herzogt.	„	60	
Reservefonds	„	4,80	} „ 980,000 „
Uebrige Staatsaktiva	„	19,00	
Kassenbestand	„	7,14	?
Öresund-Zoll (kapitalisiert zu 4 Prozent) . .	„	112,25	„ 4,490,000 „
	ca.	227,19	ca. 9,070,000 Kronen

Passiva:

Staatsschuld am 31. März 1851	ca.	250,56	10,446,000 Kronen
Aktiva — Passiva: —		23,37	— 1,376,000 Kronen

Der Status war also von 1847/51 um ungefähr 63 Mill. Kronen verringert worden und die jährlichen Einnahmen um ca. 3 Mill. Kronen, und dennoch hatten die Einwohner des Königreichs in den drei Jahren 1848/50 ca. 14 Mill. Kronen an extraordinären Kriegssteuern bezahlt.

1863:

Aktiva:		Wert in Mill. Kronen	Einnahmen und Ausgaben
Domänengüter (kapitalisierter W.) { des Königr.		23,18	} ca. 3,200,000 Kronen
{ der Herzogt.		57,00	
Reservefonds.		10,29	}
Uebrige Staatsaktiva		8,46	} „ 2,730,000 „
Kassenbestand		17,85	}
Öresund-Fonds		62,39	}
		179,17	ca. 5,930,000 Kronen
Anlagekosten der Staatseisenbahnen . . .		10,40	„ 50,000 „
		189,57	ca. 5,980,000 Kronen

Passiva:

Staatsschuld.		191,47	„ 7,270,000 „
Aktiva — Passiva: —		1,90	— 1,290,000 Kronen

Trotzdem dass die Verwandlung des Öresund-Zolls in einen Öresund-Fonds einen Abgang des Kapitalwertes von 50 Mill. Kronen repräsentiert, ist dennoch in diesen 12 Jahren der Kapitalstatus um mehr als 21 Mill. Kronen verbessert; die wirkliche Besserung würde also, wenn der Zoll unverändert geblieben, über 70 Mill. Kronen betragen haben. Dass die Ablösung auch das Verhältnis der Einnahmen zu den Ausgaben weit ungünstiger gestellt hat, wird leicht in die Augen fallen.

1867:

Aktiva:		Wert		Einnahmen und Ausgaben
Domänengüter (kapitalisierter W.) ca.	30	Mill. Kronen	ca.	1,200,000 Kronen
Reservefond (incl. Öresund-Fonds)	„ 116,24	„	„	4,246,000 „
Uebrige Staatsaktiva	„ 21,68	„	„	980,000 „
Anlagekosten d. Staatseisenbahnen	„ 26,30	„	„	150,000 „
Kassenbestand	„ 9,92	„	„	180,000 „
	ca. 204,14	Mill. Kronen	ca.	6,756,000 Kronen
Passiva:				
Staatsschuld	„ 260,21	„	„	10,560,000 „
Aktiva — Passiva: —	57,07			— 3,804,000 Kronen

Ungeachtet des von den Herzogtümern als Ersatz für ihren Teil der Staatsschuld empfangenen Kapitals war also der Kapitalstatus des Königreichs im Jahre 1867 ca. 54 Mill. Kronen geringer als der der Monarchie im Jahre 1863 gewesen war, und während die Verzinsung der Staatsschuld im Jahre 1863 nach Abzug der Einnahmen von den Aktiven nur eine jährliche Last von ca. 1,3 Mill. Kronen auf die ganze Monarchie legte, lag im Jahre 1867 in gleicher Weise auf dem Königreich allein eine jährliche Last von 3,8 Mill. Kronen.

Die hier gegebene Darstellung der Begebenheiten vorauszuschicken ist uns nötig erschienen, um das rechte Verständnis der jetzigen finanziellen Verhältnisse Dänemarks zu ermöglichen. Wir werden jetzt diese näher betrachten, so wie sie sich gestaltet haben, nachdem sämtliche finanzielle Angelegenheiten wieder der Kontrolle des Reichstags unterstellt worden sind, d. h. seit dem 1. April 1867. Zu diesem Zwecke werden wir besonders die ordinären Einnahmen und später die ordinären Ausgaben näher betrachten, um nachzuweisen, welche Mittel dem Staate zu Gebote stehen und welche Aufgaben damit gelöst werden sollen.

Die ordinären Einnahmen des Staates, d. h. alle Einnahmen, die nicht einen Verbrauch von Vermögen irgend einer Art oder Einziehung von Schulden repräsentieren, können in zwei Hauptgruppen gebracht werden: die Steuern — und Einnahmen, die unabhängig von der Besteuerung sind. Indem wir bei dieser Klassifizierung der Einnahmen die in dänischen Staatsrechnungen gebrauchte Einteilung vor Augen haben, muss sogleich bemerkt werden, dass diese die Gebühren zu den Steuern hinzurechnen.

A. Die wichtigsten Einnahmequellen ausser den Steuern sind: 1) die Einnahmen aus den Domänengütern und 2) die Zinsen der Staatsaktiva.

1) Die Domänengüter sind jetzt — mit Ausnahme der Staatsforsten — fast alle veräussert, indem nur zwei kleine Güter, deren Pachtsumme jährlich 40—50,000 Kronen beträgt, dem Staate noch gehören. Die meisten Güter sind aber in der Weise veräussert worden, dass feste Abgaben in Geld oder Korn stets entrichtet werden sollen, und der Gesamtertrag dieser Abgaben

ist ein — nach den Kornpreisen etwas wechselnder — Betrag von rund 600,000
bis 750,000 Kronen. Besonders in den letzten Jahren ist dieser Betrag etwas
geringer als in früherer Zeit; den unten verzeichneten Rückgang von 1867/72
auf 1877/82 ist aber im wesentlichen die Folge von Veräusserungen, deren
Erlös unter den „Staatsaktiva" aufgeführt worden ist. Zur selben Zeit sind
indessen auch die Ausgaben (s. unten) verringert worden. Auf demselben
Konto werden noch ein paar kleinere Summen (Pachtsummen von Seen u. dergl)
aufgeführt, und der ganze Ertrag der „eigentlichen Domäneneinnahmen" ist
demnach gewesen:

> 1867/72 durchschnittlich ca. 828,000 Kronen
> 1872/77   „   „ 743,000   „
> 1877/82   „   „ 652,000   „
> 1882/85   „   „ 623,000   „

Als „andere Domäneneinnahmen" werden neben verschiedenen kleinen
Summen besonders zwei Einnahmequellen, die eigentlich Regalien sind, aufgeführt, nämlich die aus dem Strandrechte des Staates fliessenden Einnahmen —
eine variierende Summe von rund 30,000 Kronen — und die Pachtsumme für
die Austernfischereien, die dem Staate gehören. Bis 1872 waren diese Fischereien ohne finanzielle Bedeutung (kaum 3000 Kronen jährlich), dann stieg aber
die Pachtsumme plötzlich auf 80,000 Kronen und im Jahre 1875 sogar auf
240,000 Kronen. Aber nach Verlauf einiger Jahre wurde der Austernbestand
sehr verringert, nach der Behauptung einiger infolge Naturbegebenheiten, während andere behaupten, dass die Pächter die Erneuerung der Austernbanken durch
Auslegung von jungen Austern vernachlässigt haben. Jedenfalls musste die Regierung schon 1879 die Hälfte der Pachtsumme nachlassen und im Jahre 1880 einen
neuen Kontrakt abschliessen, durch welchen die Pachtsumme bedeutend herabgesetzt wurde und in den letzten Jahren nur ca. 90,000 Kronen betragen hat.
Der Ertrag des ganzen Postens ist demnach in der ganzen Periode sehr wechselnd
gewesen und hat von 70,000 bis auf 412,000 Kronen variiert; 1882 85 ist der
Ertrag durchschnittlich ca. 175,000 Kronen gewesen. Es verlautet aber, dass
die Regierung jetzt die Austernbanken während fünf Jahre will ruhen lassen; in
dieser Zeit wird dann diese Einnahme wegfallen.

Die mit den Domänen verbundenen Ausgaben werden im Voraus von den
Einnahmen abgezogen. Sie sind indessen mit der stetigen Veräusserung bedeutend verringert worden; im Anfange dieses Zeitraums waren sie ungefähr
¼ Mill. Kronen, jetzt sind sie auf ungefähr 100,000 Kronen jährlich gesunken.

Während der Staat in den letzten 40 Jahren seine Domänengüter zu veräussern gestrebt hat, hat er dagegen seine Forsten zu erweitern gesucht, am
meisten jedoch durch Pflanzungen, besonders auf den Heiden Jütlands, welche
vorläufig mehr Ausgaben als Einnahmen geben. Der Staat besitzt jetzt ungefähr ¼ des ganzen dänischen Waldareals, nämlich von ca. 37 geogr. □M.
9,5 geogr. □M. (ca. 52,000 Ha). Der Ertrag, von welchem die mit den Wäldern
verbundenen Ausgaben im voraus gedeckt werden, schwankt mit den Holzpreisen,
während die Kultivierung der neu gepflanzten Areale im Steigen begriffen ist.
Im Durchschnitt ist der Gesamtertrag der Domänen, nach Abzug der Ausgaben,
jährlich gewesen:

	Ueberschuss der Domänengüter	Ueberschuss der Waldungen	Zusammen
1867/72:	704,000 Kronen	531,000 Kronen	1,235,000 Kronen
1872/77:	877,000 „	923,000 „	1,800,000 „
1877/82:	783,000 „	485,000 „	1,268,000 „
1882/85:	679,000 „	368,000 „	1,047,000 „

Da sowohl die Korn- als die Holzpreise seitdem fortwährend gesunken sind, darf man in der nächsten Zeit kaum auf mehr als rund 1 Mill. Kronen als Ueberschuss der Domänen und Waldungen rechnen. Den Gesamtwert dieses Besitzes kann man somit auf rund 25 Mill. Kronen veranschlagen.

2) Der Bestand der sog. „Staatsaktiva" hat sich im Laufe des hier besprochenen Zeitraumes sehr geändert, besonders die zwei Hauptteile derselben, der Reservefonds und die Staatseisenbahnen.

a. Der Reservefonds betrug am 1. April 1867 nicht weniger als 116 Mill. Kronen; davon waren indessen mehr als 22 Mill. die restierenden Forderungen auf Ersatz für den aufgehobenen Öresund-Zoll, die von Jahr zu Jahr mit bestimmten Summen eingezahlt und dann teils zur Tilgung der Staatsschuld, teils zum Bau von Eisenbahnen verwendet wurden; mehr als 24 Mill. Kronen waren dänische Staatsobligationen, die von Zeit zu Zeit gekauft und dann gegen Abschreibung von der Staatsschuld getilgt wurden. Im ganzen wurde der Reservefonds von 1867/72 mit nahezu 50 Mill. Kronen vermindert und betrug am 1. April 1872 nur ca. 67 Mill. Kronen. In den nächsten 5 Jahren gingen in gleicher Weise teils durch Tilgung der Staatsschuld, teils durch Realisierung der dem Fonds angehörigen Effekten für verschiedene Zwecke weitere 29 Mill. Kronen aus dem Reservefonds, der demnach am 1. April 1877 nur 38 Mill. Kronen betrug. Davon waren indessen ca. 10 Mill. Kronen dänische Staatsobligationen und ca. 9 Mill. Kronen seeländische Eisenbahnaktien; die letzteren wurden durch den Ankauf dieser Bahnen im Jahre 1880, die ersteren bei derselben Gelegenheit gegen Abschreibung getilgt, und der Bestand des Reservefonds ist somit seit 1880 auf ca. 19 Mill. Kronen gesunken.

Es ist selbstverständlich, dass die von dieser Quelle herrührenden Einnahmen gleicherweise in diesem Zeitraume stark gesunken sind. Während sie im Jahre 1867/68 ca. 4,24 Mill. Kronen betrugen, waren sie im Jahre 1884/85 auf 850,000 Kronen gesunken.

b. Fast in gleichem Masse wie der Effektenbestand des Reservefonds abgenommen hat, ist der Nominalwert der vom Staate gebauten Eisenbahnen gestiegen. Am 1. April 1867 war das zu diesen Anlagen ausgegebene Kapital auf 13,15 Mill. Kronen, und am 31. März 1885 auf ca. 92,17 Mill. Kronen gestiegen. Indessen sind die Einnahmen dieser Staatsbahnen nicht derart gestiegen, dass sie Ersatz für den Rückgang im Ertrage des Reservefonds bilden. Zwar ist der Ueberschuss dieser Eisenbahnen bedeutend gestiegen, wie folgende Zahlen ausweisen:

1867/72 durchschnittlich	438,000 Kronen
1872/77 „	1,305,000 „
1877/82 „	1,177,000 „
1882/85 „	1,513,000 „

Aber der Ueberschuss der letzten Jahre repräsentiert doch nicht einmal 2 Prozent des Anlagekapitals.

Besser ist zwar die Verzinsung des Kapitals, das zum Ankaufe der früher einer Privatgesellschaft gehörigen, seeländischen Eisenbahnen verwendet ist. Diese Bahnen (51 Meilen), die in den 10 Jahren 1870/79 den Aktionären eine Dividende von 6 Prozent jährlich gegeben hatten (neben der Verzinsung eines Prioritätskapitals von 13 Mill. Kronen mit 4 Prozent), wurden am 1. Januar 1880 vom Staate gekauft, indem die Aktien (zusammen ca. 30,9 Mill. Kronen) mit 125 Prozent bezahlt wurden. Während also das Anlagekapital dieser Bahnen 43,9 Mill. Kronen war, kosteten sie dem Staate 51,6 Mill. Kronen; diese Summe ist seitdem durch neue Anlagen etc. auf 59,51 Mill. Kronen gestiegen. Dieser letzte Aufwand hat jedoch nicht nur gar keine Zinsen gegeben, sondern der Nettoüberschuss ist sogar im Jahre 1884/85 geringer als im Jahre 1880/81 gewesen. Während der Nettoüberschuss der Bahnen in den fünf letzten Jahren der Aktiengesellschaft im jährlichen Durchschnitt 2,468,000 Kronen betrug, ist der Ueberschuss der drei letzten Jahre durchschnittlich nur 1,945,000 Kronen gewesen, also nur ca. 3¼ Prozent des vom Staate auf diese Bahnen verwendeten Kapitals. Es muss jedoch hierbei bemerkt werden, dass es eben der Zweck der Uebernahme dieser Bahnen gewesen ist, den Ansprüchen des Publikums mehr entgegen zu kommen, und dass daher die Taxen im Jahre 1882 etwas herabgesetzt worden sind, sowie auch die neuen Anlagen hauptsächlich Verbesserungen — sowie Dampffähren über Store-Belt — beabsichtigten, die die Einnahmen kaum vermehren können. In der nächsten Zukunft wird man den gesamten Ueberschuss der Staatsbahnen kaum auf mehr als ca. 3½ Mill. Kronen veranschlagen können.

c. Als dritter Teil der Staatsaktiva sind eine kommerzielle und zwei industrielle Unternehmungen aufgeführt, die von alters her vom Staate betrieben werden, nämlich: das grönländische Handelsmonopol und zwei Militäretablissements, eine Tuchfabrik (für die Bekleidung des Heeres) und eine Pulvermühle. Der Kapitalwert dieser drei Unternehmungen ist auf 1 Mill. Kronen veranschlagt, aber der nach dem jährlichen Ueberschuss berechnete Wert ist weit grösser. Das Handelsmonopol — der einzige Gewinn, den das Königreich von seinen Nebenländern und Kolonien hat — gibt eine sehr wechselnde Einnahme: einzelne Jahre hat der Ueberschuss 300,000 Kronen überstiegen, in anderen Jahren — z. B. in den drei Jahren 1880/83 — ist gar kein Gewinn vorhanden. In den zehn Jahren 1867/77 ist somit der jährliche Ueberschuss ca. ¼ Mill. Kronen gewesen, in den acht Jahren 1877/85 nur ungefähr 100,000 Kronen. Der Ueberschuss der zwei Militäretablissements ist zum Teil nur nominell, indem der grösste Teil der Einnahmen von den Einkäufen des Militäretats herrührt; doch wird auch etwas an Private verkauft. Der jährliche Ueberschuss von beiden ist ungefähr 50 bis 60,000 Kronen.

d. Die sog. „anderen Staatsaktiva" entstammen zum grössten Teile dem Verkaufe der Domänengüter, indem die nicht bezahlten Kaufsummen als Hypotheken auf den betreffenden Gütern lasten; dazu kommen verschiedene Guthaben, die von Vorschüssen und Anleihen an Kommunen und Private herrühren u. a. m. Der Bestand dieser Staatsaktiva ist immer wechselnd; jedes Jahr werden recht bedeutende Summen dieser verschiedenen Guthaben in die

Staatskasse einbezahlt, und schwinden somit aus dem Bestand der Aktiva, während neue Aktiva durch Vorschüsse und Anleihen, sowie durch Verkauf verschiedener Staatsgüter hinzukommen. Deshalb konnte auch, trotzdem seit 1867 jährlich ungefähr 1 Mill. Kronen aus den Aktiva in den Kassenbestand übergegangen ist, der Bestand dieser Staatsaktiva ungefähr unverändert bleiben: am 1. August 1867 20,63 Mill. Kronen, am 31. März 1885 22,15 Mill. Kronen. Die jährliche Verzinsung dieser Staatsaktiva ist daher auch in diesem ganzen Zeitraume ungefähr dieselbe geblieben, rund 840,000 Kronen.

Der Gesamtbetrag sämtlicher vier Klassen Staatsaktiva ist in diesem Zeitraume stets in Abnahme gewesen, hat sich aber durch den Ankauf der seeländischen Eisenbahnen seit 1880 wieder gehoben; dieses Steigen wird aber durch ein entsprechendes Steigen der Zinsen der Staatsschuld kompensiert. Im jährlichen Durchschnitt war der Betrag

	exclus. seeländ. Eisenbahnen	inclus. seeländ. Eisenbahnen
1867/72	5,597,000 Kronen	—
1872/77	4,816,000 „	—
1877/82	3,733,000 „	4,723,000 Kronen
1882·85	3,772,000 „	5,295,000 „

e. Den Staatsaktiva nahe verwandt ist der Kassenbestand, der eigentlich Reservefonds in erster Linie ist. Statt nämlich den jährlichen Ueberschuss der Einnahmen über die Ausgaben zu dem Reservefonds zu überführen, hat man ihn seit 1867 zum „Kassenbestand" — zwar in der Gestalt von ausländischen Staatsobligationen und anderen Effekten — gemacht. Der Kassenbestand, sowie die jährliche Verzinsung desselben, ist demnach seit 1867 in folgender Weise angeschwollen:

	Kassenbestand		Verzinsung	
¹/₄ 1867	9,92 Mill. Kronen	1867/68 ca.	180,000 Kronen	
„ 1872	16,74 „ „	˙1872/73 „	503,000 „	
„ 1877	22,73 „ „	1877/78 „	645,000 „	
„ 1882	40,72 „ „	1882/83 „	1,274,000 „	
„ 1885	58,86 „ „	1884/85 „	1,678,000 „	

Im ganzen betrugen die Einnahmen von Domänen, Staatsaktiva und Kassenbeständen zusammen im jährlichen Durchschnitt, womit wir sogleich die Verzinsung der Staatsschuld zusammenstellen

		in Prozent d. ordinären Staatseinnahmen	Verzinsung der Staatsschuld
1867/72	7,094,000 Kronen	ca. 19 Prozent	10,774,000 Kronen
1872/77	7,232,000 „	„ 16,5 „	8,654,000 „
1877/82	6,895,000 „	„ 14,6 „	7,849,000 „
1882/85	8,236,000 „	„ 15,3 „	8,275,009 „

Es erhellt hieraus, dass eine wesentliche Besserung des finanziellen Status in diesem Zeitraume eingetreten ist; denn 1867/72 liessen die hier besprochenen Einnahmen einen Ueberschuss der Schuldzinsen von 3,680,000 Kronen übrig, der von den anderen Einnahmen gedeckt werden musste, in den Jahren 1882/85 sind diese Einnahmen fast hinlänglich, um die Verzinsung der Staatsschuld zu decken. Und dennoch machen diese Einnahmen im letztgenannten Zeit-raume einen kleineren Teil der gesamten Staatseinnahmen aus als im ersten, woraus erhellt, dass die [anderen Staatseinnahmen, besonders die Steuern, in stärkerem Verhältnis gewachsen sind.

3) Ausser den hier besprochenen Einnahmen gibt es noch einige, die von der Besteuerung unabhängig sind.

Hierher gehören die Einnahmen des Post- und Telegraphenregals, wobei gleich bemerkt werden muss, dass das Telegraphenwesen stets eine Unter-bilanz von rund 50—100,000 Kronen aufweist, und dass dasselbe in einzelnen Jahren der Fall auch mit dem Postregal gewesen ist, während dies doch in der Regel einen recht beträchtlichen Ueberschuss bietet.

Ferner das Lotterieregal, das einen etwas wechselnden Ueberschuss gibt, aber eine verhältnismässig nicht unbedeutende Einnahmequelle ist. Und endlich verschiedene kleinere Abgaben (besonders die von den Branntweinver-käufern entrichteten Abgaben) und mehr oder weniger zufällige Einnahmen (Einnahmen aus dem Münzregal, aus Realisationen in dem Militäretat u. dgl.).

Wenn in diesem Zeitraume auch die Nebenländer und Kolonien als Einnahmequellen aufgeführt sind, ist dies eigentlich illusorisch. Denn die durch sie verursachten Ausgaben übersteigen weit die Einnahmen, sind aber auf der anderen Seite des Budgets aufgeführt. Besonders in späteren Jahren sind diese Einnahmen noch verringert worden; denn nach der neuen Verfassung Islands gibt dieses Land (seit 1871) keinen Zuschuss zu den Finanzen des König-reichs, sondern erhält von diesem einen solchen im Betrag von 100,000 Kronen; und der jährliche Zuschuss Westindiens, der im Jahr 1874 auf 25,000 Kronen normiert wurde, musste wegen Unvermögenheit der Kolonien erst auf das Halbe (1879/81), später auf gar nichts reduziert werden. Seit 1881 ist also diese (nominelle) Einnahmequelle auf den Zuschuss der Färöer beschränkt worden, der die Ausgaben des Königreichs für diese Insel nicht decken kann.

Der Ertrag der hier besprochenen Einnahmequellen war im jährlichen Durchschnitt:

	Post und Telegraph	Lotterie	Verschiedene Einnahmen	Nebenländer und Kolonien	Zusammen
1867/72	256,000 Kron.	398,000 Kron.	793,000 Kron.	182,000 Kron.	1,629,000 Kron.
1872/77	382,000 „	787,000 „	209,000 „	55,000 „	1,433,000 .
1877/82	79,000 „	830,000 „	651,000 „	63,000 „	1,623,000 .
1882/85	298,000 „	804,000 „	290,000 „	63,000 „	1,455,000 .

Der Gesamtbetrag aller hier genannten Einnahmen ist in den drei letzten Finanzjahren jährlich ca. 9²/₃ Mill. Kronen (10,9 Mill. Reichsmark) gewesen.

In dieser Verbindung muss noch daran erinnert werden, dass eine Reihe von sog. „Separat-Fonds", deren Gesamtvermögen zu rund 35 Mill. Kronen veran-schlagt werden kann, die hieraus fliessenden Einnahmen — ca. 1,6 Mill. Kronen — dem Staate zur Disposition für Unterrichtszwecke stellen.

B. Die Steuern werden in Dänemark, wie überall, in direkte und in-direkte Steuern geteilt; ob die im Budget gebrauchte Einteilung wissenschaftlich korrekt ist, mag dahingestellt sein; jedenfalls wird es gewiss das Richtigste sein, ihr hier zu folgen.

1) Die direkten Steuern beruhen im wesentlichen auf der im Anfange des Jahrhunderts getroffenen Ordnung, deren Absicht es war, ein ganzes System von Steuern zu etablieren, so dass die einzelnen Steuern einander supplieren und alle Einnahmen in gleichem Verhältnis besteuert werden sollten. Diese Ordnung war, als sie getroffen wurde, im ganzen und grossen gut und zweckmässig, obgleich sie auch schon damals selbstverständlich nicht ohne Mängel war. Es kann aber nicht anders sein, als dass eine für die damaligen mehr einfachen Verhältnisse passende Ordnung mit der successiven Entfaltung eines reicheren und mannigfachen ökonomischen Lebens etwas veraltet und weniger passend werden musste, und dass jene Mängel sich jetzt umsomehr merken lassen, als das System selbst nicht ganz unverändert geblieben ist, die stattgefundenen Veränderungen aber praktischen Rücksichten oder einer augenblicklichen Notwendigkeit mehr als einem Drange nach Systematik entsprungen sind.

Es war die Absicht des im Anfange des Jahrhunderts geplanten Steuersystems, eine soweit als möglich gleichmässige Besteuerung der im Grundbesitz investierten Kapitalien einzuführen. Das bewegliche Kapital spielte damals keine grosse Rolle und man vermisste zum Teil die Mittel, es zu erfassen; indessen versuchte man auch eine Einkommenssteuer als Supplement einzuführen, musste aber nach Verlauf einiger Jahre den Versuch wieder aufgeben. Die eigentlichen bleibenden direkten Steuern waren demnach teils eine Landsteuer, teils eine Haus- oder Gebäudesteuer.

Schon seit 1664 bestand ein Kataster (Matrikul), im Jahre 1688 bedeutend verbessert, wonach jedes zum Ackerbau bestimmte Grundeigentum, sowie die Wälder nach dem wahrscheinlichen Ertrag taxiert waren; die Steuereinheit war die sogen. „Tonne Hartkorn" (hartes Korn, Roggen und Gerste, worin die Steuern ursprünglich erlegt werden sollten), die nach der Beschaffenheit der Erde eine kleinere oder grössere Anzahl von Tonnen Land (1 Tonne Land gleich 0,55 Hektare) umfasste. Da der Kataster von 1688 im Jahre 1815, als die neue Landsteuer auferlegt wurde, selbstverständlich veraltet und nicht mehr passend war, wurde zu gleicher Zeit bestimmt, dass ein neuer Kataster („Die neue Matrikul") ausgearbeitet werden sollte. Diese Arbeit wurde 1840 beendigt, und von 1844 an trat die neue Matrikul in Kraft, aber nur ein Teil der Landsteuer wurde nach dieser verteilt, für den grösseren Teil blieb „die alte Matrikul" der Massstab. Spätere Steuern auf das „Hartkorn" sowie Kommunalabgaben wurden nach der neuen Matrikul verteilt. Nach dieser ist, wie gesagt, die „Tonne Hartkorn" eine wechselnde Grösse; von Aeckern und Wiesen bester Art umfasst eine Tonne Hartkorn ca. 6 Tonnen Land (ca. 3½ Hektare) und die Anzahl steigt in selbem Verhältnis, wie die Erde schlechter und mehr unfruchtbar ist. Während daher auf den Inseln eine Tonne Hartkorn im Durchschnitt 8—11 Tonnen Land (ca. 4½—6 Hektare) umfasst, kommen in Jütland als ein Ganzes genommen ca. 26 Tonnen Land (über 14 Hektare) auf eine Tonne Hartkorn, in der westlichen Hälfte sogar 30—40 Tonnen Land (15—20 Hektare) und darüber. Im ganzen gibt es ca. 379,000 Tonnen Hartkorn „Acker und Wiese" und ca. 6,800 Tonnen Hartkorn Wälder, die in der Besteuerung nur gleich dem halben Betrage gerechnet werden; als Gegenstand der Besteuerung gibt es also rund 382,000 Tonnen Hartkorn. Auch die Zehnten sind matrikuliert und besteuert.

Im Jahr 1844, als die neue Matrikul ins Leben trat, wurde die bisherige Landsteuer in der Art geteilt, dass der grössere Teil, nach der alten Matrikul verteilt, den Namen „Altsteuer" erhielt, während der nach der neuen Matrikul verteilte Belauf „Landsteuer" genannt wurde. Die „Altsteuer" wurde zu 6 Rthlr. 80 Schill. (gleich 13 Kronen 67 Öre) per Tonne Hartkorn Acker und Wiese angesetzt, beträgt also im ganzen (da die Insel Bornholm mit ca. 6000 Tonnen Hartkorn seit alters her diese Steuer nicht bezahlt) rund 5 Mill. Kronen. Von diesem Betrage wurde aber, wie früher berührt, nach 1818 ein Teil der National-bank überwiesen; in den Jahren 1867/76 erhielt der Staat daher nur ca. 4,35 Mill. Kronen als seinen Teil.

Die Landsteuer betrug ursprünglich 3 Kronen per Tonne Hartkorn; als aber die Zeiten in den 20er und 30er Jahren für die Ackerbauer sehr schlecht waren, musste der Staat ihnen Jahr für Jahr eine Steuerermässigung zugestehen, die zuletzt permanent wurde. Im Jahre 1884 wurde daher diese Steuer nur zu 92 Öre per Tonne Hartkorn angesetzt, seit 1868 auf 123 Öre erhöht; auf dem „Waldhartkorn" ruht sie aber mit 7 Kronen 30 Ören per Tonne Hartkorn. Im Jahre 1850 wurden indessen mehrere ältere Steuern, die unter verschiedenen Namen auf dem Hartkorn ruhten, zu einer neuen Steuer von 2 Kronen 50 Öre per Tonne Hartkorn vereinigt, die wieder unter dem Namen „Ligningsskat" (Ausgleichs-Steuer) mit der Landsteuer verbunden wurde; der Gesamtertrag der „Land- und Ligningssteuer" ist demnach

```
für Aecker und Wiesen ca.  1,408,000  Kronen
  „   Wälder          „        60,000    „
  „   Zehnten         „       250,000    „
                           ─────────────────
                           1,718,000  Kronen
```

Da die Durchschnittsgrösse eines Bauernhofes ca. 4 Tonnen Hartkorn ist, sind die direkten Staatssteuern eines solchen Hofes ca. 70 Kronen jährlich. Die letztgenannte Steuer, die „Ligningssteuer", wurde auch den Städten statt mehrerer alten Steuern auferlegt und wird von diesen mit einem Gesamtbelauf von 215,000 Kronen entrichtet. Jede Stadt für sich bezahlt die Steuer in die Staatskasse.

Die Staatssteuern auf das „Hartkorn" sind jetzt als ein Fixum zu be-trachten; sie werden nicht mehr vergrössert, und besonders die „Altsteuer" hat daher nach und nach den Charakter einer Reallast angenommen: bei Kauf und Verkauf wird der Betrag der Steuer in Abrechnung gebracht, und wird somit eigentlich nicht mehr von denen entrichtet, die in späterer Zeit Landgüter gekauft haben. Auch die Land- und Ausgleichssteuer wird schwerlich ver-grössert werden, weil es notorisch ist, dass die Verhältnisse sich seit der Aus-arbeitung des neuen Katasters so sehr verändert haben, dass eine neue Steuer, die nach diesem auf die einzelnen Güter verteilt werden sollte, sehr ungerecht werden würde. Da aber die Ausarbeitung eines neuen Katasters eine ziemlich kostspielige Operation ist und lange Zeit brauchen wird, ist man nicht geneigt, eine solche vorzunehmen, und dem Staat ist somit im Grunde vorläufig die Möglichkeit abgeschnitten, neue Steuern auf den Grundbesitz zu legen.

Als Supplement zu den „Hartkornsteuern", wodurch der Landbau als solcher besteuert wurde, ward zur selben Zeit eine „Gebäude- oder ...

steuer" ausgeschrieben, teils für die Städte, teils für alle solche Gebäude auf dem Lande, die nicht das notwendige Appendix zu einer Landwirtschaft oder Wohnung für Landarbeiter sind: Fabriken, Gasthäuser, Mühlen, Landhäuser u. dgl. Man ging von der Voraussetzung aus, dass die Steuer nur vom Besitzer würde entrichtet werden, wenn er selbst sein Haus allein bewohnte, dass aber sonst der Mieter die Steuer bezahlen müsste — eine Voraussetzung, die zwar nicht überall, aber doch im ganzen und grossen jedenfalls damals stichhaltig war. Der Plan des Steuersystems war also dieser: alle, die Landwirtschaft treiben oder als Arbeiter dabei behilflich sind, werden von den Hartkornsteuern betroffen; alle anderen werden entweder als Bewohner ihrer eigenen Häuser oder als Mieter in gleichem Verhältnisse besteuert werden. Der Hauptmangel dieses Planes: dass die beweglichen Kapitalien nicht dadurch betroffen werden, war zu einer Zeit, da die bürgerlichen Gewerbe als solche Gewerbesteuern zahlen mussten und Aktien, Kreditobligationen u. dgl. kaum existierten, nicht sehr merkbar; nach und nach ist aber dieser Mangel mehr fühlbar geworden. Besonders ist es von Bedeutung, dass die Hypothekkapitalien ganz unberücksichtigt bleiben und dass demnach zwei Besitzer gleichgrosser Bauernhöfe, von denen der eine nur wirklicher Besitzer des vierten Teils des betreffenden Kapitals ist, indem die drei Viertel des Wertes verschuldet sind, während der andere Hof ganz unverschuldet ist, dennoch gleichgrosse Steuern entrichten.

Als ein anderer Mangel des Systems wird oft hervorgehoben, dass der Gesamtertrag der Landgüter unverändert ist, während der Ertrag der Haussteuer immer im Wachsen und jetzt ungefähr viermal so gross ist als im Jahre 1820, während die "Hartkornsteuern" heute nur denselben Ertrag als damals geben. Dieser Einwendung kann man zwar entgegnen, dass auch der Ertrag des einzelnen Gebäudes unverändert bleibt, solange das Gebäude selbst unverändert ist, und dass der Gesamtbetrag nur deshalb steigt, weil immer mehr Gebäude hinzukommen und die älteren vergrössert werden. Wenn man aber die hier besprochenen Steuern als Besteuerung der im Grundbesitze investierten Kapitalien betrachtet, ist diese Einwendung nicht stichhaltig; denn der Wert des einzelnen Landgutes ist schon durch Kapitalanwendung stark gewachsen, wie auch die Zahl der Landgüter durch Teilung derselben gestiegen ist, während doch der Wert der einzelnen Teile jetzt grösser ist, als früher der Wert des gesamten Besitzes. Es ist daher auch bisweilen vorgeschlagen worden, man solle die Haussteuer in gleicher Weise wie die Hartkornsteuer fixieren, indem man z. B. den jetzigen Betrag für jede Stadt festsetzt. Bis jetzt ist jedoch von seiten der Regierung ein solcher Vorschlag nicht gemacht worden, und er würde gewiss auch schwerlich vom Reichstage genehmigt werden, da die Repräsentanten der Landdistrikte hier übermächtig sind.

Eher dürfte ein Vorschlag zur Veränderung der Haussteuer aus dem Grunde zum Vorschein kommen, dass die Berechnung der Steuer ziemlich kompliziert und nicht ganz zeitgemäss ist. Es wird hier genügen, zu bemerken, dass die Steuer eine Arealsteuer ist, d. h. sie wird mit einem bestimmten Belaufe per Quadratelle jedes Stockwerks berechnet. Der Betrag ist etwas verschieden in Kopenhagen und in den andern Städten; in Kopenhagen ist er auch verschieden nach der Lage und zum Teil der Art des Gebäudes (ob das Gebäude an der Strasse liegt oder gegen den Hof wendet), in den Provinzstädten nach dem Assekuranzwert des betreffenden Hauses. Sonst kommt der verschiedene Wert, den die Lage im Zentrum oder in den Vorstädten u. dgl. den Häusern gibt, nicht in Betracht. Um aber nicht die unbemittelten Mieter durch die Steuer, die als Regel die Mietssumme um ihren ganzen Betrag erhöht, zu hart zu treffen, war es ursprünglich bestimmt, dass in Kopenhagen keine Arealsteuer von Wohnungen entrichtet werden solle, die weniger als 64 Quadratellen (ca. 25 Quadratmeter) Bodenfläche hatten; als man aber fand, dass diese Dispensation zu einer nicht glücklichen Begrenzung der Wohnungen der Arbeiter führte, wurde diese Bestimmung im Jahr 1857 aufgehoben. Es zeigte sich nun, dass die Zahl der kleinen Wohnungen abnahm, und die Dispensation wurde deshalb noch im Jahr 1866 eingeführt, 1873 auch auf die Wohnungen mit nicht über 80 Quadratellen (ca. 31,5 Quadratmeter) ausgedehnt.

Der Gesamtertrag der Haussteuer ist, wie gesagt, immer wachsend, er war

	1867/68	1877/78	1884/85
in Kopenhagen	ca. 600,000 Kron.	ca. 800,000 Kron.	ca. 985,000 Kron.
in den Provinzstädten „	605,000 „	„ 723,000 „	„ 822,000 „
in den Landbezirken „	320,000 „	„ 503,000 „	„ 610,000 „
	1,525,000 Kron.	2,026,000 Kron.	2,417,000 Kron.

Von den hier besprochenen direkten Staatsteuern trugen somit

		1867/68		1877/78		1884/85	
		Kron.	Proz.	Kron.	Proz.	Kron.	Proz.
die Landbezirke	Hartkornst.	ca. 6,540,000	79	6,718,000	75	6,720,000	71,9
	Gebäudest. „	320,000	4	503,000	5.6	610,000	6.5
Kopenhagen	Gebäude- u. Ligningsst. „	705,000	8,5	906,000	10,1	1,090,000	11,6
die Provinzstädte	dto. dto. „	716,000	8,5	833,000	9,3	932,000	10
		8,281,000	100	8,960,000	100	9,352,000	100

Unter den direkten Steuern wird endlich die Rangsteuer aufgeführt, die aber jetzt nur wenig Bedeutung hat. Seit 1870 sind nämlich einerseits die Beamten nicht mehr pflichtig, Steuer von dem mit ihrem Amte verbundenen Range zu bezahlen und können anderseits keinen höheren Rang als den Amtsrang bekommen. Die Rangsteuer wird somit nur von solchen Beamten entrichtet, die vor 1870 höheren Rang bekommen haben, und sonst von Rangpersonen, die nicht Beamte sind. Während der Ertrag der Rangsteuer im Jahr 1867/68 ca. 92,000 Kronen war, ist er im Jahr 1884/85 bis auf 60,000 Kronen herabgesunken.

Einkommensteuern sind in Dänemark unter besonderen schwierigen Verhältnissen als Staatssteuer benutzt worden, existieren aber permanent nur als Kommunalsteuer. Besonders unter Kriegsverhältnissen oder in der nächsten Zeit nach einem Kriege hat der Staat seine Zuflucht zur Einkommensteuer genommen; so schon in den Jahren 1676 und 1710/14 während der Kriege mit Schweden, 1743 und 1757 um Kriegsrüstungen vorzubereiten, 1810 und in den folgenden Jahren während des damaligen Kriegs mit England. Auch 1848 und 1864 nahm die Kriegssteuer zum Teil die Form einer Einkommensteuer an. In den hier besonders besprochenen Zeiträumen (1867/85) ist die Einkommensteuer zweimal ausgeschrieben worden; 1867 sollte eine Summe von 4 Mill. Kronen im Laufe von zwei Finanzjahren in dieser Weise zuwege kommen, welche von 216,000 steuerpflichtigen Personen entrichtet wurde, deren Einkommen auf 282 Mill. Kronen geschätzt war, wovon jedoch ca. 62 Mill. Kronen steuerfrei waren; das durchschnittliche Steuerprozent war somit 1,92 Prozent, variirte aber in den einzelnen Kommunen zwischen 1½ und 2 Prozent, indem ein bestimmtes Kontingent für jede Kommune von der Regierung nach näher bestimmten Regeln festgesetzt wurde. 1870 wurde wieder eine Einkommensteuer für zwei Finanzjahre 1870/72 ausgeschrieben, aber diesmal in der Weise, dass ein fester Prozentsatz von 2¼ Prozent allen steuerpflichtigen Personen auferlegt wurde; hierdurch hoffte man dieselbe Summe von 4 Mill. Kronen zu erhalten, obgleich die Zahl der Steuerpflichtigen weit geringer war, indem die Grenze der steuerfreien Einnahmen etwas höher angesetzt war (800 Kronen in Kopenhagen, 700 Kronen in den Provinzstädten, 600 Kronen in den Landdistrikten). Nur 140,000 Personen waren demnach steuerpflichtig, deren Einnahmen zu 241 Mill. Kronen geschätzt wurden; davon waren aus verschiedenen Gründen 82 Mill. Kronen steuerfrei, so dass ca. 160 Mill. Kronen mit 2¼ Prozent besteuert wurden. Seitdem ist die Steuer als Staatssteuer nicht benutzt worden.

Als indirekte Steuern werden in der dänischen Staatsrechnung verzeichnet: 1) Stempelsteuer, 2) Erbschaftssteuer, 3) Abgaben von verkauftem Grundbesitze, 4) Sportelabgaben, 5) Zoll, Abgaben von Schiffen, Branntweinsteuer u. s. w.

1) Objekte der Stempelsteuer (durch ein Gesetz vom Jahre 1861 geordnet) sind Familienurkunden und Vermächtnisse, Kauf-, Pacht- und Mietsurkunden, Schenkungen, Schuldverschreibungen, Bürgschaftskontrakte, Aktien, Lose, Bittschriften an die Obrigkeit, Bewilligungen, Gewerbescheine, gerichtliche Urkunden u. dgl. Für gewisse Urkunden sind bestimmte Taxen festgesetzt, sonst richtet sich die Abgabe nach dem Werte des betreffenden Kontrakts oder der Forderung. Es gibt nach der verschiedenen Art der Urkunden zwei Taxen: für die erste Klasse ist die Steuer ⅖ Prozent, für die zweite Klasse ⅙ Prozent des Wertes.

Der Ertrag dieser Steuer, die durch ein Gesetz vom Jahre 1872 auf ausländische Obligationen, die im Königreiche eingeführt werden, ausgedehnt wurde, war durchschnittlich

1867/72	1,486,000	Kronen
1872/77	2,395,000	„
1877/82	2,400,000	„
1882/85	2,873,000	„

Der Ertrag war also in den letzten drei Jahren beinahe doppelt so gross als im Anfange dieses Zeitraums.

2) Die Erbschaftssteuer beträgt nach einem Gesetz von 1861 für Erbschaften, die an Gatten, Kinder oder Eltern fallen, 1 Prozent, für solche, die an Geschwister oder deren Kinder kommen, 4 Prozent, für alle übrigen 7 Prozent. Der Ertrag war im jährlichen Durchschnitt:

1867/72	621,000	Kronen
1872/77	823,000	„
1877/82	1,036,000	„
1882/85	1,255,000	„

In den letzten drei Jahren verteilte sich der Ertrag durchschnittlich

à 1 Prozent 471,600 Kronen
à 4   ,,   388,600   ,,
à 7   ,,   362,000   ,,

Anfälle aus der Zeit vor 1861   33,000   ,,

3) Die Abgabe bei Uebertragung eines Grundbesitzes auf einen neuen Besitzer durch Kauf oder Schenkung wurde unter den Kriegsverhältnissen im Anfange des Jahrhunderts durch ein Gesetz vom Jahre 1810 auferlegt und ist seitdem mit dem damaligen Steuerfuss — ¹/₂ Prozent des betreffenden Grundbesitzes — beibehalten worden. Der Ertrag war durchschnittlich

1867/72   386,000 Kronen
1872/77   650,000   ,,
1877/82   620,000   ,,
1882/85   811,000   ,,

Das bedeutende Steigen des Ertrages der drei hier genannten Steuern ist ein Zeugnis der grossen Fortschritte, die der Wohlstand der Bevölkerung seit 1867 gemacht hat, hängt aber auch zum Teil mit dem niederen Wert des Geldes im Anfange der 70er Jahre zusammen, was sich besonders im Steigen des Ertrages sowohl der Stempelsteuer als der Uebertragungsabgabe von 1867 bis 72 und 1872/77 kennzeichnet; denn einerseits stieg der Wert des Grundbesitzes bedeutend, anderseits veranlasste dieses Steigen, dass solche Besitzungen in grösserem Umfange Gegenstand des Umsatzes werden.

4) Die Sportelabgaben teilen sich in gerichtliche Gebühren und „Departementssporteln" (administrative Gebühren). Die ersteren, die im Jahr 1814 näher normiert wurden, und für die meisten gerichtlichen Handlungen, besonders aber für Protokollierung von Hypotheken und anderen Urkunden, Erbteilungen und Konkursverfahren samt Auktionen bezalt werden, waren früher zwischen dem Staat und dem Gerichtsbeamten geteilt. Nachdem aber durch ein Gesetz von 1861 die Gerichtsbeamten, deren Löhnung früher in diesen Sporteln bestand, nach und nach — bei eintreffender Vakanz — eine feste, von der Staatskasse ausbezahlte Besoldung erhalten haben, sind die früher zu ihrer Löhnung bestimmten Sporteln in die Staatskasse geflossen, die damit ein sehr gutes Geschäft gemacht hat. Obgleich nämlich in Folge einer neuen Ordnung des Konkursverfahrens die Sporteln für Erbteilung und Konkursverwaltung seit 1874 bedeutend erniedrigt sind, war der Ertrag dieser Sporteln doch, wie nachstehende Zahlen zeigen werden, immer steigend, und zwar, wie schon oben bemerkt, weit mehr als die Ausgaben der Staatskasse zur Besoldung der früher mit Sporteln gelohnten Gerichtsbeamten.

Die „Departementssporteln" sind zum grössten Teil Bewilligungsgebühren. Auch diese sind stets gestiegen, bis sie im Jahr 1878 einen bedeutenden Abbruch erlitten, weil die immer häufiger vorkommenden Bewilligungen, die den Hypothekengläubigern mehr als 4 Prozent Zinsen zu nehmen erlauben, seit diesem Jahre gratis ausgestellt werden. Der Ertrag war im jährlichen Durchschnitt. sowie der Ertrag sämtlicher unter 1—4 besprochenen Steuern

	von Gerichtssporteln	v. Departementssporteln	indir. Steuern 1—4
1867/72	1,191,000 Kronen	147,000 Kronen	3,828,000 Kronen
1872/77	1,683,000 ,,	156,000 ,,	5,708,000 ,,

	von Gerichtssporteln	von Departementssporteln	indir. Steuern 1—4
1877/82	1,789,000 Kronen	115,000 Kronen	5,962,000 Kronen
1882/85	1,942,000 „	99,000 „	6,981,000 „

5) Die unbedingt wichtigste Einnahmequelle des Staates ist d e r Z o l l und die damit in Verbindung stehenden, von den Zollbehörden erhobenen Abgaben; a) Abgabe von Schiffen, b) Branntweinsteuer, c) Rübenzuckersteuer nebst einigen kleineren Abgaben.

Die Zollabgaben sind durch ein Gesetz vom Jahre 1863 geordnet, und das in diesem Gesetze durchgeführte Prinzip ist eine ziemlich moderne Form von Schutzzoll und eine Fortsetzung des schon im Jahr 1797 eingeschlagenen Weges: den Schutz nach und nach zu moderieren. Er wurde daher in verschiedenen Richtungen nicht unbedeutend vermindert, indem man die industriellen Interessen etwas mehr in den Hintergrund, die finanziellen Interessen dagegen etwas mehr in den Vordergrund treten liess. Der Ausfuhrzoll wurde ganz aufgehoben, zwei Jahre später auch der Transitzoll, und alle Erzeugungen des Landbaues — mit der einzigen Ausnahme: Käse — vom Zoll ganz befreit, während man Ersatz in einer höheren Besteuerung von Kolonialwaren, Tabak, Wein und Spirituosen suchte. Der Schutz, der der Industrie des Königreichs gewährt wurde, ward aber trotz der Herabsetzungen für diese recht befriedigend, als der Krieg der folgenden Jahre zur Auflösung der Monarchie führte und damit die für die dänischen Industriellen gefährlichen Konkurrenten ausserhalb des Zollgebietes stellte. Auf der anderen Seite führte dies auch zu grösseren Zolleinnahmen für die Staatskasse, da die Fabriken der Herzogtümer jetzt Zoll an die dänische Staatskasse entrichten mussten. Dazu kommt, dass der Krieg es notwendig machte, einige der Zollabgaben durch ein Gesetz vom Jahre 1864 zu erhöhen, nämlich die Zölle von Wein und Spiritus (mit 50 Prozent), Kaffee, Thee, Zucker und Tabak, wobei auch die inländische Branntweinsteuer mit 50 Prozent erhöht wurde. Dadurch geschah es, dass die Zolleinnahmen des Königreichs, trotz der Abschaffung des Ausfuhr- und Transitzolls und der verschiedenen Herabsetzungen, schon im Jahre 1867/68 ebenso gross waren, wie die Einnahmen der gesamten Monarchie im Jahre 1861/62.

Obgleich das Zollgesetz vom Jahre 1863 schon von dem Augenblick, als es in Kraft trat (1. April 1864), insoweit antiquiert war, als es für ganz andere Verhältnisse ausgearbeitet war, und obgleich der Kriegssteuerzuschlag durch die besonderen Kriegsverhältnisse hervorgerufen war, ist es bis jetzt nicht möglich gewesen, diese Gesetze durch ein mehr zeitgemässes Gesetz abzulösen. Mehrere Versuche sowohl von seiten der Regierung als von seiten des Reichstages sind gemacht worden, aber alle sind gescheitert.

Das Prinzip des Gesetzes ist: Zollpflicht für alle Waren, die nicht ausdrücklich frei erklärt sind. Es gibt demnach 271 Positionen, von denen 42 zollfrei. Indessen haben nur ca. 20 Artikel (ca. 100 Positionen) wirkliche finanzielle Bedeutung. Folgende Waren gaben die grössten Einnahmen (durchschnittlich für die fünf Jahre 1880/84):

	Mill. Kronen	Proz. d. Zoll-einnahmen
Manufaktur- (d. h. wollene, baumwollene und seidene) Waren (24 Posit.)	5,071	22,7 %
Zucker, Melasse und Sirup (5 Posit.)	5,048	22,6 ,
Kaffee (2 Posit.)	1,320	5,9 ,
Metalle (besonders Eisen und Eisenwaren) (17 Posit.) .	1,309	5,8 ,
Oel (darunter Petroleum) (2 Posit.)	1,209	5,4 „
Holz (9 Posit.) . . . . - . . .	1,135	5,0 ,
Getränke (Bier, Wein und Spiritus) (8 Posit.)	1,062	4,8 ,
Tabak (3 Posit.)	1,024	4,6 ,
Steinkohlen	0,853	3,8 „
Reis (2 Posit.)	0,486	2,2 ,
Salz (3 Posit.)	0,365	1,6 ,
Glaswaren (5 Posit.)	0,324	1,4 ,
Thee.	0,224	1,0 ,
13 Warengruppen (82 Posit.)	19,430	86,8 %

Die übrigen 62 Warengruppen (147 Posit.) haben zusammen nur ca. 2,938 Mill. Kronen eingebracht.

In naher Verbindung mit der Zollerhebung stehen eine Stempelabgabe, die den inländischen Spielkarten auferlegt ist, und seit 1873 die Rübenzuckersteuer, deren Ertrag mit den Zolleinnahmen zusammen angegeben wird. Die letztgenannte Steuer ist in den späteren Jahren, nach Erbauung mehrerer Fabriken (bis 1882 bestanden nur 2, im Jahre 1884 5 Fabriken), stark gestiegen — von 340,000 Kronen im Jahre 1880 auf 1,16 Mill. Kronen im Jahre 1884; in den fünf Jahren 1880/84 war der durchschnittliche Ertrag 594,000 Kronen. — Besonders specifiziert werden Packhausmiete, die gewöhnlich 60—80,000 Kronen einbringt, Gebühren der Handelsreisenden rund 120,000 Kronen und „verschiedene Einnahmen", ca. 15,000 Kronen jährlich. Alle diese Einnahmen sind unten unter der Bezeichnung „Zollabgaben" zusammengefasst; von diesen ist in verschiedenen Jahren wieder ein Abzug geschehen, indem die für Materialien zu Eisenbahnbauten und Betriebsmateriale erlegten Zölle gern wieder vergütet werden. Früher wurden auch sämtliche Kosten der Zollverwaltung im voraus abgezogen, jetzt werden sie aber unter den allgemeinen Staatsausgaben (als Ausgaben des Finanzministeriums) verzeichnet; sie sind daher hier für den ganzen Zeitraum ausser Betracht gelassen.

Allen Schiffen ist im dänischen Hafen von alters her eine Abgabe zur Staatskasse, zunächst als Ersatz für die Ausgaben zur Beleuchtung der Fahrwasser, auferlegt. Durch das Zollgesetz vom Jahre 1863 wurde diese Abgabe für alle Schiffe, dänische wie ausländische, die vom Auslande kommen oder dahin gehen, zu ¹/₂ Krone per Registertonne festgesetzt, für Fahrten in den dänischen Fahrwassern dagegen zu 8 Öre per Tonne. Die letzte Abgabe ist im Jahre 1879 aufgehoben worden. Der Ertrag der Schiffsabgaben, der vom Jahre 1867/78 von ca. 575,000 bis auf 800,000 Kronen gestiegen war, erlitt dadurch eine Verminderung von ca. 70,000 Kronen jährlich; doch wurde der Verlust in den folgenden Jahren bald eingeholt, wie die untenstehenden Zahlen zeigen werden.

Die Branntweinsteuer ist seit 1851 so geordnet, dass die Abgabe auf den Maischbottich gelegt ist, ursprünglish 64 Schilling per Tonne, im Jahre 1864 mit 50 Prozent auf 2 Kronen erhöht. Man ging im Jahre 1851 von der Voraussetzung aus, dass man aus jeder Tonne Maischraum nur 16 „Potten" (ca. 16 l) Branntwein in einer Stärke von 8° gewinnen könne, und die Steuer war somit darauf berechnet, der Staatskasse eine Einnahme von 4 Schilling (8 Öre) per Liter zu geben. Es waren aber schon im Jahre 1864 solche Fortschritte gemacht, dass man aus einer Tonne Maischraum ca. 20 l gewann, und die Erhöhung mit 50 Prozent war daher in der That nur eine Erhöhung um 25 Prozent, indem die Abgabe per Liter Branntwein nur auf ca. 10 Öre sich stellte. Seitdem sind weitere Fortschritte in der Produktion gemacht, so dass die Abgabe nur ca. 8 Öre per Liter ist — also ungefähr wie im Jahre 1851. In Folge dieser Entwickelung ist der Ertrag der Branntweinsteuer seit 1867 nicht nur nicht gestiegen, sondern seit 1875 sogar stets heruntergegangen, um so mehr, als auch der Ertrag der Produktion in den späteren Jahren etwas kleiner veranschlagt wird als vor dem Jahre 1880.

Die hier genannten Steuern haben seit 1867 folgenden durchschnittlichen Ertrag gegeben:

	Die Zölle (incl. Packhausmiete etc.)	Die Abgaben der Schiffe	Die Branntweinsteuer	Gesamtertrag mit Abzug von Vergütungen
1867/72	13,941,000 Kronen	582,000 Kronen	3,325,000 Kronen	17,848,000 Kronen
1872/77	18,261,000 „	737,000 „	3,576,000 „	22,387,000 „
1877/82	19,882,000 „	806,000 „	3,155,000 „	23,778,000 „
1882/85	24,105,000 „	972,000 „	2,924,000 „	27,938,000 „

Betrachtet man das erste und das letzte Jahr dieses Zeitraums besonders für sich, dann sind die Zölle beinahe bis auf das Doppelte (von 13,24 Mill. Kronen im Jahre 1867/68 bis 25,15 Mill. Kronen im Jahre 1884/85) gestiegen, und wenn man die Schiffsabgaben für Fahrten in dänischen Fahrwassern, die seit 1879 weggefallen sind, auch für die früheren Jahre ausser Betracht lässt, haben die Schiffsabgaben sich auch verdoppelt. Dagegen hat der Ertrag der Branntweinsteuer mit mehr als einer halben Million (von 3,30 bis 2,74 Mill. Kronen) abgenommen.

Um das Steigen der Steuern recht beurteilen zu können, muss man indessen auch die Zunahme der Bevölkerung in Betracht ziehen. Wir werden daher den Gesamtertrag der hier besprochenen sowohl als den der früher besprochenen vier anderen indirekten Steuern (Stempel-, Erbschafts-, Uebertragungssteuer und Sporteln) mit dem Gesamtertrag der direkten Steuern zusammenstellen und die Grösse aller drei per Individuum zu diesen vier Perioden ausrechnen:

	Direkte Steuern		Stempel-, Erbschafts- u. a. Steuern		Die Zölle etc.		Zusammen	
	per Indiv.		per Indiv.		per Indiv.		per Indiv.	
	Kronen	Öre	Kronen	Öre	Kronen	Öre	Kronen	Öre
1867/72	8,699,000	487	3,828,000	214	17,848,000	1000	30,475,000	1701
1872/77	8,840,000	471	5,708,000	304	22,387,000	1193	36,935,000	1968
1877/82	9,081,000	461	5,962,000	303	23,778,000	1207	38,821,000	1971
1882/85	9,328,000	457	6,981,000	342	27,938,000	1369	44,247,000	2168

Der Gesamtertrag ist also per Individuum im Jahre 1882/85 ca. 27 Prozent
grösser gewesen als im Jahre 1867/72, während die direkten Steuern ca. 6 Prozent
leichter geworden sind. Stempel-, Erbschafts-, Uebertragungssteuer und Sporteln
sind sogar mit nahezu 60 Prozent gestiegen, die Zölle doch nur mit ca. 37 Prozent.
Dieses Steigen mag zum Teil — d. h. in den Jahren 1872/77 — von dem sinkenden
Werte des Geldes herrühren, und das gilt besonders von den erstgenannten
Steuern. Aber zum grössten Teil ist das Steigen — besonders nach dem Jahre
1877 — einem grösseren Wohlstande der Bevölkerung zuzuschreiben. Zum Teil
mag doch auch das Steigen von einer etwas geänderten Lebensart herrühren,
dass z. B. Kaffee und Thee bei einigen Volksklassen mehr Eingang gefunden
und das selbstgebraute Bier etwas verdrängt hat etc. Abgesehen von den letzten
paar Jahren, wo der ökonomische Zustand hier wie überall ziemlich gedrückt
gewesen ist, darf man jedenfalls sagen, dass die grössere Steuerlast im ganzen
nicht viel gefühlt worden ist, so wie sie ja auch, was namentlich die Zölle anbelangt, in einem erweiterten Verbrauche ihre eigentliche Ursache hat.

Weit mehr drückend ist das Steigen der Kommunalsteuern geworden (vgl.
S. 154), weil diese zum grössten Teil direkte Steuern sind. Will man daher die
ganze Steuerlast der Bevölkerung sowie das Verhältnis zwischen direkter und indirekter Steuer beurteilen, so muss man die Kommunalsteuern mit hinzunehmen. Da
die Berichte von den letzten Jahren noch nicht vorliegen, nehmen wir den Durchschnitt der fünf Jahre 1878/82 und stellen das Ergebnis mit dem der Staatssteuern
für dieselben Finanzjahre zusammen. Das Resultat wird dann folgendes: die ganze
Steuerlast der Bevölkerung war in den Jahren 1877/82 im jährlichen Durchschnitt:

Staatssteuer	38,821,000 Kr.	per Indiv. 19 Kr. 72 Öre	(22 Rmk. 18 Pf.)
Kommunalsteuer	22,553,000 „	„ „ 11 „ 44 „	(12 „ 87 „)
Zusammen	61,374,000 Kr.	per Indiv. 31 Kr. 16 Öre	(35 Rmk. 05 Pf.)

Davon waren:

Direkte Steuern	31,634,000 Kr.	per Indiv. 16 Kr. 06 Öre	(18 Rmk. 07 Pf.)
Indirekte Steuern	29,740,000 „	„ „ 15 „ 10 „	(16 „ 98 „)

Neben den bis jetzt besprochenen ordinären Einnahmen hat die dänische
Staatskasse in diesem Zeitraum auch recht bedeutende ausserordentliche
Einnahmen verschiedener Art gehabt.

Erstens wurde in den Jahren 1867/72 zur Deckung der damaligen Unterbilanz eine Einkommensteuer als ausserordentliche Steuer auferlegt, jedesmal in der Absicht, 4 Mill. Kronen aufzubringen. Im ganzen war der Ertrag
dieser Steuer 7,86 Mill. Kronen.

Demnächst gingen, wie auch schon berührt, in den 10 Jahren 1867/77
bedeutende Summen aus dem Reservefonds in die Staatskasse, wesentlich zur
Tilgung der Staatsschuld, nämlich ca. 56,85 Mill. Kronen, wobei ferner von der
Aktivmasse im selben Zeitraum 13,85 Mill. Kronen realisiert wurden. Zusammen war also die Einnahme durch Verbrauch der Aktiva in diesen
zehn Jahren nicht weniger als 70,7 Mill. Kronen oder im jährlichen Durchschnitt
über 7 Mill. Kronen. Nach dem Jahre 1877 ist diese Einnahmequelle sparsamer
benutzt worden; der Reservefonds ist ganz unverändert geblieben, und der jährliche Zuschuss von den Aktiva ist nur 1—2 Mill. Kronen, im ganzen für die
Jahre 1877/85 kaum 14 Mill. Kronen, gewesen.

Endlich ist die Aufnahme von Schulden eine Einnahmequelle gewesen; aber abgesehen von 4 Mill. Kronen in zinstragenden Schatzanweisungen, die beim Ausbruche des deutsch-französischen Krieges als Vorsichtsmassregel emittiert und wieder im Jahre 1872 contant eingelöst wurden, wurde eine neue Schuld nur in den Jahren 1867/69, ausschliesslich zum Bau von Eisenbahnen, kontrahiert. Sonst ist in diesem Zeitraume keine Schuld aufgenommen worden, um Einnahmen zu bekommen; der Staat ist aber durch ein Gesetz verpflichtet worden, zur Altersversorgung solcher Staatsfunktionäre, die nicht eigentliche, vom Könige ernannte Beamte sind, einen gewissen Teil ihrer Besoldung zurückzubehalten und mit 5 Prozent zu verzinsen. Die in dieser Weise entstandene schwebende Schuld hat in den Jahren 1877/85 in allem ca. 1,7 Mill. Kronen betragen.

Sammeln wir jetzt zum Schluss die Resultate der vorstehenden Untersuchungen, um einen besseren Ueberblick darüber zu geben:

Sämtliche Staatseinnahmen im jährlichen Durchschnitt.

	Ordinäre Einnahmen	Ausserordentliche Einnahmen	Zusammen	
	Kronen	Kronen	Kronen	Proz.
1867/72	39,106,000 = 76,8 Proz.	11,786,000 = 23,2 Proz.	50,892,000	= 100
1872/77	45,602,000 = 86,2 „	7,290,000 = 13,8 „	52,892,000	= 100
1877/82	47,119,000 = 95,98 „	1,977,000 = 4,02 „	49,096,000	= 100
1882/85	53,726,000 = 96,6 „	1,935,000 = 3,4 „	55,661,000	= 100

Obgleich also die ausserordentlichen Einnahmen von der ersten bis letzten Periode von 11,7 bis auf 1,9 Mill. Kronen herabgesunken sind, waren doch die Gesamteinnahmen in der letzten Periode gegen 5 Mill. Kronen grösser als in der ersten, indem die ordinären Einnahmen mit nicht weniger als 14,6 Mill. Kronen gestiegen sind. Es muss indessen hierbei daran erinnert werden, dass seit 1880 gegen 2 Mill. Kronen (1882/85: 1,94 Mill. Kronen) durch den Ankauf der seeländischen Eisenbahnen hinzugekommen sind, welcher Ankauf die Verzinsung der Staatsschuld um ungefähr denselben Betrag vergrössert hat. Das wirkliche Steigen der ordinären Einnahmen war daher nur 12,7 Mill. Kronen oder ca. 32,4 Prozent.

Das Ergebnis der verschiedenen Einnahmequellen war in den Jahren 1882/85 durchschnittlich:

Indirekte Steuern	34,919,000 Kronen	= 65,0 Proz.	
Direkte Steuern	9,328,000 „	= 17,3 „	
Zinsen der Staatsaktiva (incl. Eisenbahnen) .	5,296,000 „	= 9,9 „	
Ueberschuss der Domänen	1,047,000 „	= 1,9 „	
Die Staatslotterie	804,000 „	= 1,5 „	
Ueberschuss von Post und Telegraph . . .	299,000 „	= 0,6 „	
Die Färöerinsel (Bruttoeinnahme)	63,000 „	= 0,1 „	
Zinsen des Kassenbestandes und verschiedene Einnahmen	1,970,000 „	= 3,7 „	
	53,726,000 Kronen	= 100 „	

Die Steuern machen also mehr als 82 Prozent, die Zinsen des gesamten Staatsvermögens ca. 15 Prozent der Einnahmen.

Es muss noch erwähnt werden, dass der Staat ausserdem über eine jährliche Einnahme (der separaten Fonds) von ca. 1³/₄ Mill. Kronen für verschiedene
Unterrichtszwecke disponiert.

————

Wenden wir uns jetzt zu der Betrachtung der ordinären Staatsausgaben.
Diese (d. h. alle Ausgaben, die nicht eine Verbesserung des Vermögensstatus
beabsichtigen durch Tilgung von Staatsschuld oder durch Anlagen von wirtschaftlicher Bedeutung, wie Eisenbahnen, Telegraphen, Häfen etc.) zerfallen natürlich in 4 Hauptgruppen: 1) die Verzinsung der Staatsschuld, sowie die jährliche
Ausbezahlung von Annuitäten: Pensionen für verabschiedete Beamte und Witwen
von Beamten, sowie Apanagen für Mitglieder des königlichen Hauses; 2) Ausgaben für die ausübenden und legislativen Staatsmächte: die Civilliste des Königs,
die Ausgaben des Reichstags und die Besoldungen der Regierungsmitglieder;
3) Ausgaben für Verteidigung des Landes: Heer und Flotte, und 4) Ausgaben
für die zivile Administration und zur Lösung der dieser gestellten Aufgaben.
    1) Die erste Gruppe von Ausgaben ist in dem hier behandelten Zeit-
raume stets vermindert worden — nominell doch nur bis 1880. Bis dahin wurde
die Staatsschuld jährlich recht bedeutend vermindert, indem zu den regelmässigen, stipulierten Amortisationen extraordinäre Abzahlungen kamen, während eine neue Schuld seit 1870 nicht geschaffen wurde (vgl. S. 185). Es wurden
in den Jahren 1867/80 resp. neue Schulden eingegangen und zur Abtragung
von Schulden ausbezahlt:

	Neue Schuld	Abzahlung
1867/72	16,66 Mill. Kronen	32,52 Mill. Kronen
1872/77	0,14 „ „	51,47 „ „
1877/50	0,68 „ „	2,11 „ „
1867/80	17,48 Mill. Kronen	86,10 Mill. Kronen

Die Staatsschuld betrug demnach:

	Inländ. Schuld	Ausländ. Schuld	Zusammen
am 1. April 1867:	172,38 Mill. Kronen	88,83 Mill. Kronen	261,21 Mill. Kronen
„ „ „ 1880:	159,42 „ „	13,90 „ „	173,32 „ „
Verminderung	12,96 Mill. Kronen	74,93 Mill. Kronen	87,89 Mill. Kronen

    Durch den Ankauf der seeländischen Eisenbahnen (Kaufsumme 38,62 Mill.
Kronen in Staatsobligationen, wovon indessen 10,57 Mill. Kronen dem Staate selbst
gehörten, + 13 Mill. Kronen in Prioritätsobligationen) wurde die Staatsschuld
mit ca. 41 Mill. Kronen vermehrt, während der Staat zur selben Zeit 10 Mill.
Kronen in Obligationen, die der Staatskasse selbst gehörten, annullierte. Die
Staatsschuld stieg demnach am 1. April 1881 wieder auf 202,9 Mill. Kronen.
Von der neuen Schuld sollten die 28 Mill. Kronen in 20 Jahren durch eine
jährliche Amortisation von 1,4 Mill. Kronen getilgt werden; dies ist regelmässig
geschehen und die Staatsschuld betrug demnach am 31. März 1885 197,19 Mill.
Kronen. Seitdem sind die 13 Mill. Kronen in Eisenbahnprioritäten zur Einlösung
gekündigt worden.
    Der Betrag der Pensionen stieg nach 1864 sehr bedeutend, indem nicht
nur ein grosser Teil der früher in den Herzogtümern angestellten Beamten von

dem dänischen Staate pensioniert werden sollte (vergl. S. 167), sondern auch die Abtretung der Herzogtümer auf vielen Seiten eine Beschränkung der Zahl der Beamten notwendig machte, und dabei noch die Unterstützung der Kriegsinvaliden bedeutende Summen erforderte. Die jährliche Last der Pensionen war somit im Jahre 1867/68 auf 4,16 Mill. Kronen gestiegen, nahm aber dann wieder ab, bis sie im Jahre 1880/81 auf 3,35 Mill. Kronen heruntergegangen war. Dann veranlasste eine Erhöhung der den Invaliden zugestandenen Unterstützung wieder eine kleine Steigerung.

Auch der Betrag der Apanagen des königlichen Hauses hat durch das Absterben mehrerer Personen abgenommen; von 345,000 Kronen im Jahre 1867/68 stieg er bis auf 442,000 Kronen im Jahre 1875/76, ist aber jetzt wieder auf 225,000 Kronen herabgegangen.

Im jährlichen Durchschnitt wurden für die hier genannten Zwecke ausgegeben:

	Verzinsung der Staatsschuld	Pensionen	Apanagen	Zusammen
1867/72	10,774,000 Kronen	3,922,000 Kronen	408,000 Kronen	15,104,000 Kronen
1872/77	8,654,000 „	3,494,000 „	430,000 „	12,578,000 „
1877/82	7,849,000 „	3,373,000 „	388,000 „	11,610,000 „
1882/85	8,275,000 „	3,533,000 „	225,000 „	12,033,000 „

Diese Gruppe von Ausgaben hat sich also um mehr als 3 Mill. Kronen von der ersten Periode bis zur letzten gemindert.

2) Die zweite Gruppe der Ausgaben ist ziemlich stationär gewesen: Die Zivilliste des Königs ist im ganzen Zeitraum unverändert 1 Mill. Kronen jährlich gewesen, die Ausgaben für das Kabinett haben zwischen 113,000 Kr. in den Jahren 1867/72 und 96,000 Kronen in den Jahren 1882/85 nach der Zahl der Minister variiert, und die Ausgaben des Reichstags nach der Dauer der Session zwischen 218,000 und 705,000 Kronen. Im ganzen waren die Ausgaben für diese drei Zwecke jährlich:

1867/72	1,455,000 Kronen
1872/77	1,419,000 „
1877/82	1,517,000 „
1882/85	1,536,000 „

Indem die zwei hier besprochenen Gruppen von Ausgaben von 16,5 bis auf 13,5 Mill. Kronen herabgegangen sind, haben sie von den ordinären Einnahmen für die verschiedenen Zwecke der militären und zivilen Administration übrig gelassen — in den Jahren 1867/72: 23,6 und in den Jahren 1882/85 40,2 Mill. Kronen. Die Ausgaben 'für diese Zwecke sind indessen bei weitem nicht in diesem Umfange gestiegen — und dies hat in Verbindung mit den ausserordentlichen Einnahmen von zusammen ca. 23 Mill. Kronen die Abtragung der Staatsschuld mit ca. 90 Mill. Kronen möglich gemacht.

3) Die unter das „Kriegsministerium" und das „Marineministerium" gehörenden Ausgaben, welche die Verteidigung des Landes zum Zweck haben (es gehören auch unter das Marineministerium Ausgaben zum Besten für die Seefahrt im allgemeinen, Beleuchtung der Fahrwasser, Lotsen, meteorologisches Institut u. s. w., die hier ausgesondert sind), sind in diesem Zeitraume allmählich gestiegen, doch nicht bedeutend. Der politische

Streit zwischen Regierung und Volksthing hat indessen ein weiteres Steigen verhindert, indem in den letzten Jahren immer recht bedeutende Summen, die von der Regierung verlangt waren, nicht bewilligt worden sind. Besonders sind die oft wiederholten Vorschläge zur Befestigung der Hauptstadt, während sie Zustimmung im Landsthing gefunden haben, von dem Volksthing stets verworfen worden. Die Ausgaben waren im jährlichen Durchschnitt für

	Armee		Flotte		Zusammen		
							per Indiv.
1867/72	9,877,000 Kronen	3,480,000 Kronen		13,357,000 Kronen	7 Kr. 48 Öre
1872/77	9,902,000	„	4,129,000	„	14,031,000	„	7 „ 47 „
1877/82	10,348,000	„	5,275,000	„	15,623,000	„	7 „ 90 „
1882/85	10,752,000	„	5,929,000	„	16,681,000	„	8 „ 17 „

Es ist vorauszusehen, dass diese Ausgaben in der nächsten Zukunft bedeutend steigen werden. In den unter Zustimmung des Landthings für das Finanzjahr 1886/87 veröffentlichten Budgets sind die hier besprochenen Ausgaben mit folgenden Summen (die jedoch wohl in der Rechnung etwas kleiner erscheinen werden) aufgeführt:

	Ordentliche Ausgaben	Ausserordentliche Ausgaben	Zusammen
Kriegsministerium	9,973,000 Kronen	4,113,000 Kronen	14,086,000 Kronen
Marineministerium	5,196,000 „	3,055,000 „	8,251,000 „

Die für die Befestigung Kopenhagens erforderlichen Summen sind: zur Vervollständigung und Verstärkung der Seebefestigung ca. 14,2 Mill. Kronen, zur Befestigung der Stadt gegen die Landseite 24,8 Mill. Kronen, zusammen 39 Mill. Kronen, wobei noch 8,8 Mill. Kronen extraordinär zur Vergrösserung der Flotte verlangt werden. Von den erstgenannten Summen sind 3,28 Mill. Kronen unter den ausserordentlichen Ausgaben für 1886/87 aufgeführt.

4) Die übrigen Staatsangelegenheiten sind zwischen fünf zivilen Ministerien verteilt. Die auswärtigen Angelegenheiten und die Gesandtschaften gehören unter das Ministerium des Aeusseren, dessen Ausgaben in dem ganzen Zeitraume fast konstant gewesen sind (ca. 365,000 Kronen). Unter das Finanzministerium gehören die Centralverwaltung der Finanzen (ca. 335,000 Kronen) und der Steuern (ca. 55,000 Kronen), die Revision und Decision für sämtliche Ministerien (ca. 240,000 Kronen), die Verwaltung der Kolonien (ca. 20,000 Kronen), das Münzwesen (ca. 25,000 Kronen) und die Erhebung der direkten Steuern (ca. 240,000 Kronen) und der Zölle und Stempelsteuern (ca. 2 Mill. Kronen).

Unter das Ministerium des Innern gehören die Ziviladministration des Landes (ca. 500,000 Kronen, wobei bemerkt werden muss, dass die unteren administrativen Behörden zugleich Unterrichter sind und dass ihre Besoldung daher unter das Justitzministerium gehört), die Aufsicht über die öffentlichen Arbeiten (Wege, Eisenbahnen, Häfen — zusammen ca. 55,000 Kronen), die Erhaltung der königlichen Schlösser und Gärten (ordinär ca. 400,000 Kronen; nach dem Brande des Christiansburger Schlosses sind bedeutende Summen in den letzten zwei Jahren hinzugekommen, teils zur Errichtung anderer Gebäulichkeiten an Stelle der abgebrannten, teils zur Sicherung der übrigen Schlösser gegen Brandgefahr).

Unterstützungen zur Förderung des Landbaues (darunter die Staatsschule für Landbau und Tierarzneikunde mit einer Ausgabe von ca. 180,000 Kronen) und zur Bepflanzung der Heiden und Sanddünen (zusammen ca. 300—500,000 Kronen), zur Unterstützung der Fischereien (ca. 35,000 Kronen), zur Förderung der Industrie (meist zu technischen Schulen — ca. 50—100,000 Kronen); sämtliche hier genannten Ausgaben sind allmählich recht bedeutend gestiegen; hierzu kommen noch einige Ausgaben für mehr spezielle Zwecke: Kontrolle über die Sparkassen, Registrierung der Warenmarken u. s. w. Ferner gehören unter dieses Ministerium die Vergütung der Einquartierung der Soldaten (ca. 300,000 Kronen) und die Rettungsanstalten auf den dänischen Küsten (gegen 100,000 Kronen); auch diese Ausgaben waren früher weniger bedeutend, sind aber in den späteren Jahren stark gestiegen.

Neben diesen ordinären Ausgaben des Ministeriums werden indessen in einer besonderen Beilage verschiedene „ausserordentliche Ausgaben" aufgeführt, von welchen indessen mehrere an und für sich insoweit ziemlich konstant sind, als sie sich von Jahr zu Jahr wiederholen, deren Belauf aber mehr unregelmässig ist. Als solche Ausgaben können für den hier besprochenen Zeitraum genannt werden: Ausgaben zur Sicherung der Westküste Jütlands, für welchen Zweck in den Jahren 1874/85 mehr als 2½ Mill. Kronen ausgegeben wurden, Unterstützungen für die Schützenvereine (ca. 30,000 Kronen), Vergütungen früherer, jetzt aufgehobener, Portofreiheit (ca. 40,000 Kronen), Teuerungserhöhung der Löhnungen der unter dieses Ministerium gehörenden Beamten (1875/79 ca. 100,000 Kronen jährlich, seit 1879 nur ca. 40,000 Kronen) u. s. w. Als wirklich extraordinäre Ausgaben können genannt werden: Ausbesserung der Deichdämme der Inseln Laaland und Falster nach der Sturmflut im Jahre 1872 (ca. 700,000 Kronen), ausserordentliche Ausgaben für Montierung der königlichen Schlösser in verschiedenen Jahren, Beiträge zur Repräsentation Dänemarks auf mehreren ausländischen Ausstellungen, bei verschiedenen Kongressen u. m. dergl. Sämtliche sog. „ausserordentlichen Ausgaben" dieses Ministeriums betrugen im jährlichen Durchschnitt: 1867/72 ca. 152,000 Kronen, 1872/77 ca. 408,000 Kronen, 1877/82 ca. 512,000 Kronen, 1882/85 ca. 481,000 Kronen.

Unter das Justizministerium — dessen Ausgaben für Besoldung des Personals des Ministeriums, sowie Kontorausgaben ca. 70,000 Kronen betragen, während persönliche Unterstützungen ca. 20,000 Kronen beanspruchen und die Herausgabe des offiziellen Gesetzblattes ca. 17,000 Kronen kostet — gehören erstens die Ausgaben für Justizwesen und Polizei (wobei jedoch daran erinnert werden muss, dass die Polizei eine kommunale Angelegenheit und die Staatsausgabe für Polizeidienst nur ein Zuschuss zum kommunalen Haushalt der Hauptstadt ist — ca. 80,000 Kronen), welche für die kollegialen Obergerichte im ganzen Zeitraume ziemlich konstant gegen ½ Mill. Kronen ausgemacht haben, während die Besoldungen und Kontorausgaben der Unterinstanz, wie schon berührt, allmählich stark gewachsen sind durch den successiven Uebergang von Sportellöhnung zur festen Staatslöhnung, bis sie beinahe 1 Mill. Kronen erreicht haben. Dazu kommen noch die Strafanstalten (ca. 330,000 Kronen). Dann gehören unter dieses Ministerium die Aushebung von Rekruten und Matrosen — darunter Reisegeld für die konskribierte Mannschaft — (in allem ca. 180,000 Kronen), ferner das Medizinal- und Quarantänewesen (ca. 160,000 Kronen, wovon ca. 125,000 Kronen

zur Besoldung der Physici- und Distriktsärzte). Seit 1885 kommen hierzu noch
die Ausgaben für die Hospitäler für Geisteskranke, welche bis dahin kommunale
Angelegenheit waren. Endlich gehören die Färöerinseln unter dieses Ministerium,
sind aber hier vorläufig ausser Betracht gelassen. Die neben den genannten
ordinären Ausgaben als „ausserordentliche“ aufgeführten sind ohne grössere Bedeutung und betragen zusammen jährlich kaum 60,000 Kronen.

Unter dem Ministerium für Kirche und Unterricht (Kultusministerium) wird, wie schon mehrmals berührt, nur ein Teil der Ausgaben
für diese Zwecke vorgetragen. Die hier aufgeführten Hauptposten sind: Besoldungen und Kontorausgaben des Ministeriums (ca. 100,000 Kronen), Gehalte
der Bischöfe (ca. 55,000 Kronen) und Zuschüsse zur Besoldung einiger kirchlichen
Beamten (ca. 45,000 Kronen), sowie zur Aufführung neuer Kirchen (variierend);
die grosse königliche Bibliothek (ca. 53,000 Kronen) und das Geheimarchiv (ca.
15,000 Kronen); Zuschüsse zu den kommunalen Elementarschulen (allmählich
von 200,000 bis über 300,000 Kronen gestiegen) und — seit 1878 — zur Besoldung der Lehrer dieser Schulen (ca. 300,000 Kronen), zu den Seminaren (ca.
108,000 Kronen), zu den Taubstummeninstituten (ca. 100,000 Kronen), zu dem
Blindeninstitut und Blindenunterricht (ca. 90,000 Kronen), für die geistesschwachen
Kinder (ca. 60,000 Kronen) u. m. dergl.; alle diese Ausgaben sind allmählich gewachsen. Ferner die Kunstakademie (ca. 77,000 Kronen) und die Kunstsammlungen (ca. 100,000 Kronen), das königliche Theater (variierend); Zuschüsse zu
dem sog. „Friedrichs-Hospital“ in Kopenhagen (ca. 40,000 Kronen) und zum Ge-
bärhaus daselbst (ca. 48,000 Kronen), zur Universität (ca. 50,000 Kronen) und
zur polytechnischen Lehranstalt (ca. 50,000 Kronen). Die als „ausserordentliche“
bezeichneten Ausgaben dieses Ministeriums waren bis 1880 ohne grössere Bedeutung (kaum 20,000 Kronen jährlich), sind aber seitdem bedeutend (bis auf
100,000 Kronen) gestiegen; die einzelnen Summen sind jedoch im ganzen nur klein.

Sämtliche hier besprochenen Ausgaben der zivilen Ministerien — „ordi-
näre“ und „ausserordentliche“ zusammengenommen —, sowie die unter das
Marineministerium gehörigen Ausgaben für die Seefahrt haben in den Jahren
1867/85 im jährlichen Durchschnitt ausgemacht:

	1867/72	1872/77	1877/82	1882/85
Ministerium d. Aeussern	345,000 Kr.	367,000 Kr.	366,000 Kr.	369,000 Kr.
Finanzministerium:				
1) Zoll- und Stempel-				
erhebung	1,654,000 „	1,957,000 „	2,006,000 „	2,126,000 „
2) Uebrige Ausgaben	932,000 „	986,000 „	1,109,000 „	978,000 „
Ministerium des Innern	1,592,000 „	1,720,000 „	2,069,000 „	2,565,000 „
Justizministerium . .	1,883,000 „	2,077,000 „	2,321,000 „	2,602,000 „
Kultusministerium . .	804,000 „	830,000 „	1,371,000 „	1,815,000 „
Ausgaben f. d. Seefahrt	361,000 „	486,000 „	948,000 „	937,000 „
Zusammen . . .	7,571,000 Kr.	8,423,000 Kr.	10,190,000 Kr.	11,392,000 Kr.

Die hier besprochenen Ausgaben sind aber in ihrer Gesamtheit stark gestiegen; doch muss beachtet werden, dass von den ca. 720,000 Kronen, womit
die Ausgaben des Justizministeriums gestiegen sind, herrühren ca. 450,000 Kronen
von der Besoldungsreform, welche zur selben Zeit die Einnahmen der Staatskasse

um ca. 700,000 Kronen gesteigert hat. In gleicher Weise ist das Steigen der mit Erhebung der Zölle verbundenen Ausgaben von einer weit grösseren Vermehrung der Einnahmen begleitet gewesen, und zum Teil dadurch verursacht. Auch das Steigen der Ausgaben des Ministeriums des Innern und besonders des Kultusministeriums ist insoweit nicht reell, als mehrere Summen früher von den separaten Fonds gedeckt wurden, jetzt aber zur Staatskasse übergeführt worden sind. Das reelle Steigen kann somit nur rund von 7½ bis auf 10 Mill. Kronen angeschlagen werden — also mit ca. 33 Prozent.

Zur richtigen Beurteilung dieser Ausgaben ist also ins Auge zu fassen, dass

1) die Ausgaben des Kultusministeriums mit den Ausgaben der Institute mit separaten Fonds kombiniert werden müssen. Diese Institute und ihre Ausgaben vom Jahre 1884/85 waren — nach Abzug des Zuschusses der Staatskasse

	Ausgaben — Zuschuss der Staatskasse		Davon gedeckt durch Bezahlung der Beteiligten	
1) die Universität	458,600 Kr.[1]	—	3,400 Kr. =	455,200 Kr.
2) die Kommunität[2]	211,000 „	—	=	211,000 „
3) die polytechn. Hochschule	16,500 „	— 11,300 „	=	5,200 „
4) Sorö-Akademie	555,800 „	— 35,000 „	—	520,800 „
5) die gelehrten Schulen	587,900 „	— 167,700 „	=	420,200 „
6) das Taubstummeninstitut	41,700 „	— 36,000 „	=	5,700 „
7) die Seminare	19,200 „	— 13,200 „	=	6,000 „
8) die Kunstakademie	10,600 „	— 5,700 „	=	4,900 „
				1,629,000 Kr.

Nicht verbrauchte Einnahmen der Kommunität . . . . 181,600 „

1,810,600 Kr.

M. a. W.: Die Ausgaben des Kultusministeriums haben im Jahre 1884/85 in allem ca. 3,738,000 Kronen ausgemacht, wovon jedoch nur 1,909,000 Kronen der Staatskasse zur Last gefallen sind.

2) Die Besoldung der zahlreichsten Klasse von Beamten, der Stadt- und Landprediger, wird nicht von der Staatskasse als Ausgabe aufgeführt, indem sie teils direkt durch Zehnten, teils durch Wohnung, womit in den Landdistrikten auch Landbau — ungefähr wie der eines guten Bauernhofes — verbunden ist. Die Gesamteinnahme der Prediger wurde im Durchschnitt für die Jahre 1864/68 zu 6 Mill. Kronen angeschlagen, wovon jedoch ca. 300,000 Kronen zur Verzinsung und Amortisation von Anleihen und anderen „Expensen", und andere 300,000 Kronen für Pensionierung verabschiedeter Prediger und deren Witwen verwendet werden.

3) Die Kommunen tragen einen bedeutenden Teil der Ausgaben für Rechtspflege und Polizei, Medizinalwesen und Schulunterricht. Der kommunale Teil dieser Ausgaben betrug im Jahre 1882:

---

[1]) Hierin sind nicht enthalten Unterstützungen für die Studierenden aus Zinsen der mit der Universität verbundenen Legate; dieses Legatkapital beträgt 2,854,000 Kronen, die jährlichen Unterstützungen ca. 110,000 Kronen.
[2]) Zur Unterstützung armer Studierender von den Königen Friedrich II. und Christian IV. gestiftet; neben den Geldunterstützungen haben 100 Studierende freie Wohnung.

Rechtspflege und Polizei . . . . . .   1,339,000 Kronen
Medizinalwesen und Irrenanstalten . .   972,000   „
Schulunterricht   4,909,000   „
                                     —————————————
                                     7,220,000 Kronen

Auch den Lehrern auf dem Lande ist freie Wohnung und ein kleiner Acker
zugeteilt.

Eine Betrachtung der Verhältnisse, wie die verschiedenen Arten von
Ausgaben der Staatskasse zueinander stehen, ist demnach wohl geeignet, unrichtige Vorstellungen zu geben. Wir teilen daher eine solche Uebersicht mit
allem Vorbehalte mit, meinen aber, dass jedenfalls die Ausgaben der unter das
Kultusministerium gehörenden „separaten Fonds" mitgerechnet werden müssen.

Zuvor müssen jedoch noch die Ausgaben der Staatskasse für die Nebenländer und Kolonien erwähnt werden. Eigentlich sollten die westindischen
Kolonien einen jährlichen „Beitrag zu den allgemeinen Staatsbedürfnissen"
leisten, welcher im Jahre 1863 auf 105,000 Kronen normiert wurde. Schon im Jahre
1868/69 musste dieser Beitrag nachgelassen werden, und wieder für die Finanzjahre 1871/75; dann wurde er für 1875/79 auf 25,000 Kronen herabgesetzt.
welche Summe ungefähr die Ausgaben der Staatskasse für die Zentralverwaltung
der Kolonien decken konnte, ist aber wieder für 1879/81 auf 12,500 Kronen
herabgesetzt, und seit 1881 ist nichts bezahlt worden. Dagegen hat die Staatskasse in den späteren Jahren den westindischen Kolonialkassen bedeutende Vorschüsse leisten müssen; am Ende des Finanzjahres 1884/85 waren diese bis auf
2,020,000 Kronen gestiegen.

Auch Island gegenüber ist die dänische Staatskasse die leistende. Seit
1871 ist diesem Lande ausser Deckung der Ausgaben für die Zentralverwaltung
(ca. 8000 Kronen) ein bleibender Zuschuss von 60,000 Kronen jährlich zugesagt,
und dazu noch für 10 Jahre 40,000 Kronen jährlich, die in den folgenden
20 Jahren um 2000 Kronen jährlich herabgesetzt werden sollen. Von seiten Islands
wird gar nichts in die Staatskasse bezahlt.

Nur die Färöer Inseln geben jährlich der dänischen Staatskasse Einnahmen, die die Ausgaben dieser für die Inseln etwas übersteigen; da indessen
das dänische Postwesen die recht bedeutende Unterbilanz der Dampfschiffver-
bindung mit den Färöern und Island übernommen hat, ist auch hier kein Vorteil für die Staatskasse.

Die unter den Staatsausgaben aufgeführten Ausgaben für die Kolonien
und Nebenländer betragen im jährlichen Durchschnitt für die westindischen
Kolonien (in dem Budget des Finanzministeriums) ca. 20,000 Kronen; für Island
und die Färöer waren sie

	Island		Färöer		Zusammen	
1867/72	154,500	Kronen	37,700	Kronen	192,200	Kronen
1872/77	104,300	„	37,000	„	141,300	„
1877/82	108,800	„	59,700	„	168,500	„
1882/85	102,400	„	81,400	„	183,800	„

Betrachten wir jetzt zum Schlusse das Verhältnis zwischen den verschiedenen
Klassen von Ausgaben; der jährliche Durchschnitt der fünf Jahre 1877/82 dürfte

das meist typische Bild geben. Wir ziehen dabei die Ausgaben der Institute mit separaten Fonds mit in die Rechnung:

	Ordin. Staatsausgaben 1877/82 im jährl. Durchschnitt		Prozent
Kriegsministerium	10,348,000	Kronen	25,4
Verzinsung der Staatsschuld	7,849,000	„	19,3
Marineministerium I[1]) . . .	5,275,000	„	13,0
Pensionen	3,373,000	„	8,3
Justizministerium	2,321,000	„	5,7
Ministerium des Innern . .	2,069,000	„	5,1
Zoll- und Stempelerhebung .	2,006,000	„	5,0
Zivilliste und Apanagen . .	1,388,000	„	3,4
Kultusministerium	1,371,000	„ }	7,3
„ sep. Fonds	1,629,000	„ }	
Finanzministerium[2]) . . .	1,089,000	„	2,7
Marineministerium II[3]) . . .	948,000	„	2,3
Ministerium des Aeussern . .	366,000	„	0,9
Der Reichstag	417,000	„	1,0
Das Kabinett	100,000	„	0,2
Kolonien und Nebenländer .	189,000	„	0,4
	40,738,000	Kronen	100,0

Sammelt man diese Ausgaben in den oben angegebenen Hauptgruppen, so verteilen sie sich in folgender Weise:

Armee und Flotte	38,4	Prozent.
Staatsschuld, Pensionen und Apanagen	28,5	„
Zivilliste, Reichstag und Kabinett . .	3,7	„
Zoll- und Stempelerhebung	5,0	„
Zivile Administration	24,0	„
Kolonien und Nebenländer	0,4	„

Trotz des stetigen Steigens der ordinären Staatsausgaben haben doch die ordinären Einnahmen einen immer grösseren Ueberschuss ergeben; zu den **ausserordentlichen Staatsausgaben**, d. h. Tilgung der Staatsschuld, Bebau von Eisenbahnen, Häfen, Telegraphen u. dgl. und Ankauf von festem Eigentum (meistens zu Pflanzungen), hat man somit zur Verfügung gehabt in jeder der erstgenannten Perioden in allem (abgesehen von dem Ankauf der seeländischen Eisenbahnen und der dabei übernommenen Schuld):

---

[1]) D. h. Ausgaben zur Verteidigung des Landes.
[2]) Exclus. Ausgaben für die Centralverwaltung der Kolonien.
[3]) D. h. Ausgaben im Interesse der allgemeinen Seefahrt.

	Ueberschuss der ordin. Einnahmen	Ausserordentliche Einnahmen	Zusammen
1867/72	7,130,000 Kronen	58,930,000 Kronen	66,060,000 Kronen
1872/77	45,029,000 „	36,451,000 „	81,480,000 „
1877/82	40,035,000 „	9,885,000 „	49,920.000 „
1882/85	35,663,000 „	5,805,000 „	41,468,000 „
	127,857,000 Kronen	111,071,000 Kronen	238,928,000 Kronen

Es muss doch hierbei in Betracht gezogen werden, dass der Ueberschuss der ordinären Einnahmen nur deswegen so gross geworden ist, weil die politischen Verhältnisse mehrere wichtige Reformen verhindert haben, die bedeutend grössere Ausgaben veranlassen würden. Es wäre unter diesen Umständen unrichtig gewesen, wenn man über die ganze Summe, die zur Verfügung stand, disponiert hätte, und ein bedeutender Teil derselben ist daher dem Kassenbestande überwiesen worden.

Zur Tilgung der Staatsschuld sind (vgl. oben) ca. 94,750,000 Kronen verwendet worden, zum Bebau von Eisenbahnen 77,172,000 Kronen, zu Telegraphen 2,530,000 Kronen, zu Hafenbauten, Dampfschiffen u. a. 5,583,000 Kronen und zum Ankauf von festem Eigentum ca. 661,000 Kronen — zusammen 85,946,000 Kronen, von der Restsumme, 58,232,000 Kronen, sind 9,290,000 Kronen als Vorschüsse an die Kommunen, die westindischen Kolonien u. a. ausgeliehen worden, während der Kassenbestand mit nicht weniger als 48,942,000 Kronen vergrössert worden ist — eine Summe, die die mit der Durchführung einer Befestigung von Kopenhagen verbundenen Kosten übersteigt.

Der Status der dänischen Staatskasse ist demnach seit 1867 wesentlich verbessert, wie es aus folgender Zusammenstellung erhellen wird; es betrugen die

Aktiva:	am 31. März 1867	am 31. März 1885
des Reservefonds	116,24 Mill. Kronen	19,28 Mill. Kronen
sich. Staatsaktiva	21,68 „ „	23,15 „ „
Kassenbestand	9,92 „ „	58,86 „ „
	147,84 Mill. Kronen	101,29 Mill. Kronen
Anlagekosten der Eisenbahnen	26,30 „ „	144,19 „ „
	174,14 Mill. Kronen	245,48 Mill. Kronen
Passiva:		
Staatsschuld	— 261,21 „ „	197,19 „ „
Ueberschuss	— 87,07 Mill. Kronen	+ 48,29 Mill. Kronen

Der Status ist hienach in diesen 18 Jahren um ca. 135 Mill. Kronen verbessert worden, und dass diese Verbesserung nicht nominell ist, geht daraus hervor, dass die Zinsen der hier genannten Aktiva einerseits und der Staatsschuld anderseits betrugen:

	1867/68	1884/85
Zinsen der Staatsschuld	11,095 Mill. Kronen	8,222 Mill. Kronen
„ der Aktiven (incl. Eisenbahnen)	5,603 „ „	7,032 „ „
Ueberschuss der Schuld-Zinsen . .	5,492 Mill. Kronen	1,190 Mill. Kronen

Die Verzinsung der Staatsschuld erfordert somit von den anderen Staatseinnahmen jetzt ca. 4,3 Mill. Kronen weniger als im Jahre 1867/68.

und absolut genommen nicht mehr, als der jährliche Ueberschuss der Domänengüter decken kann. Und der Zeitpunkt scheint nicht fern zu sein, da die Zinsen
der eigentlichen oben genannten Staatsaktiva den Zinsen der Staatsschuld
ganz entsprechen; denn die Tilgung dieser wird stets fortgesetzt und könnte
jeden Augenblick in recht bedeutendem Umfange durch Realisierung der weniger
einbringenden Effekten des Kassenbestandes noch schneller vor sich gehen. Und
wenn man die durch den Ankauf der seeländischen Eisenbahnen entstandene
Schuld, die durch das Einbringen der Aktien gedeckt ist, ausser acht lässt, ist
die Staatsschuld von 1867 um mehr als 115 Mill. Kronen vermindert worden.
Es gibt gewiss nicht viele Staaten, die in den letzten 18 Jahren imstande gewesen sind, ihre Staatsschuld um 44 Prozent herunterzubringen.

Emissionszeit.	Benennung.		Wäh-rung.	Ursprüng-licher Betrag in Tausend.	Emissions-kurs in %.	Zinsfuss unter Berücksicht. des eingezahlten Kapitals.	Betrag am 1. Januar 1884 in Tausend.	Amortisiert 1884. in Tausend.
1798	1. holländische Anleihe	5 %ₒ	Gulden	50,600	100,00	5,00	17,600	500
1815								
1817	Anleihe	6 „	Pap.-R.	94,640	83 à 85	7,14	40,102	800
1820	1. „	5 „	„	40,000	68,39	7,31	16,181	600
1822	2. „	5 „	Met.-R.	43,000	72,61	6,33	31,894	250
1831	3. „	5 „	Pap. R.	20,000	79,32	6,30	17	—
1832	4. „	5 „	„	20,000	87,09	5,74	1	—
1840	1. „	4 „	„	25,000	86,45	4,62	625	625
1842	2. „	4 „	„	8,000	90,41	4,42	50	50
1843	3. „	4 „	„	8,000	91,57	4,36	125	125
1844	4. „	4 „	„	12,000	92,25	4,33	775	300
1847	5. „	4 „	„	14,000	90,37	4,42	1,950	350
1849	1. „	4½ „	Pf. St.	5,550	90,50	4,97	1,870	110
1851	5. „	5 „	Pap.-R.	50,000	89,76	5,57	25,728	1000
1855	6. „	5 „	Met.-R.	50,000	91,36	5,17	41,817	200
1859	Ewige Rente	4 „	Pap.-R.	154,139	100,00	4,00	153,858	
1859	Anleihe	3 „	Pf. St.	7,000	64,94	4,61	3,127	230
1860	2. Anleihe	4½ „	„	6,500	89,22	5,04	4,360	95
1860	Ewige Rente	4 „	Pap.-R.	288	100,00	5,00	288	—
1860	Metallbillets	4 „	Met.-R.	60,000	100,00	4,00	40,000	1,400
1862	7. Anleihe	5 „	Pf. St.	15,000	91,25	5,48	15,000	—
1863	Bankbillets	5 „	Pap.-R.	10,000	versch.	verschieden	8,405	130
1864	1. englisch-holländische Anleihe	5 „	Gulden / Pf. St	47,933 / 1,938	83,43	5,99	34,449 / 1,393	1,155 / 47
1864	1. Prämienanleihe	5 „	Pap.-R.	100,000	38,60	5,07	90,150	750
1866	2. „	5 „	„	100,000	107,65	4,64	90,860	730
1866	2. englisch-holländische Anleihe	5 „	Gulden / Pf. St.	31,357 / 3,343	85,00	6,02	23,940 / 2,552	582 / 72
1869	3. Bankbillets	5 „	Pap.-R.	15,000	83,00	6,02	12,076	294
1876	4. „	5 „	„	100,000	92,00	5,43	91,909	1,265
1877	1. Orient-Anleihe	5 „	„	200,000	90,00	5,55	193,198	1,340
1878	2. „	5 „	„	300,000	93,00	5,37	291,712	1,714
1877	Auswärtige Anleihe	5 „	Pf. St.	15,000	71,00	6,76	13,980	301
1879	3. Orient-Anleihe	5 „	Pap.-R.	300,000	92,50	5,40	298,535	1,822
1881	5. Bankbillets	5 „	„	100,000	92,25	5,42	97,950	1,188
1883	Goldrenten	6 „	Met.-R.	50,000	98,00	6,12	50,000	—
div.	Schatzscheine mit langer Verfallzeit	4,32 „	Pap. R.	240,000	100,00	4,32	240,000	
	Verschiedene Schulden		„	2,695	—	—	2,032	
	Eisenbahn-Obligationen.							
1881	Tamboff-Saratoff-Obligationen	4 %ₒ	Met.-R.	7,495			7,478	17
1881	Kharkoff-Krementschoug-Obligationen	5 „	„	10,535			10,513	21
1870	1. Emission	5 „	Pf. St.	12,000	76,00	6,53	11,792	22
1871	2. „	5 „	„	12,000	79,00	6,33	11,813	21
1872	3. „	5 „	„	15,000	87,00	5,75	14,791	25
1873	Cons. Obligationen 4. „	5 „	„	15,000	92,00	5,43	14,855	25
1875	5. „	4½ „	„	15,000	91,00	4,95	14,816	26
1880	6. „	4 „	Met.-R.	150,000	75,00	5,33	149,185	294
1884	7. „	5 „	Pf. St.	15,000	86,87	5,75	15	15
1867	Nikol.-Bahn-Obligat. 1. Emission	4 „	Frank.	300,000	61,00	6,56	289,314	806
1869	2. „	4 „	„	277,750	63,25	6,32	269,257	804

¹) Entnommen dem Werk P. H. de Clercqs, Les finances de l'empire de Russe 1884;
²) A bedeutet: im Ausland, J im Inland aufgenommene, T bis zu bestimmtem Termine
³) S bedeutet, dass die Coupons steuerpflichtig, E, dass sie von der Couponsteuer

den.

Betrag am 1. Januar 1883. in Tausend.		Ende der Amortisation.	Bedarf für die Anleihen 1883.			Amortisationsquote in %.	Art der Amortisation.	
			Interessen in Tausend.	Amortisierung in Tausend.	Annuität in Tausend.			
17,100	A. T.[2]	1919	fl. 855	500	1,355	1,00	Verlosung.	E.[3]
39,302	J. P.	—	P.-R. 2.358	800	3,158	—	Kauf.	E.
15,581	A. P.	—	P.-R. 779	600	1,379	—	"	E.
31,644	A. P.	—	P.-R. 1,582	250	1,832	—	Kauf od. Verlosung.	E.
17	A. P.	—	—	—	—	—	" "	—
1	A. P.	—	—	—	—	—	" "	—
—	A. T.	Amort.	—	—	—	2,50	Verlosung. "	—
—	A. T.	Amort.	—	—	—	2,50	"	—
—	A. T.	Amort.	—	—	—	2,50	"	—
475	A. T.	1886	P.-R. 19	300	319	2,50	"	E.
1,600	A. T.	1889	P.-R. 61	350	411	2,50	"	E.
1,760	A. T.	1900	£ 79	110	189	2,00	"	E.
24,728	A. P.	—	P.-R. 1,236	1,000	2,236	—	Kauf unter Pari.	E.
41,617	A. P.	—	M.-R. 2,081	200	2,281	—	" " "	E.
153,858	J. P.	—	P.-R. 6,154	—	6,154	—	"	E.
2,897	A. P.	—	£ 145	230	375	—	Kauf.	E.
4,262	A. T.	1928	£ 192	97	289	1,50	Verlosung .	E.
288	J. P.	—	P.-R. 11	—	14	—	—	E.
38,600	J. T.	1901	M.-R. 1,511	1,456	3,000	1,00 nebst Zinsen.	Verlosung.	S.
15,000	A. P.	—	£ 750	—	750	—		E.
8,275	J. T.	1912	P.-R. 413	137	550	0,50 " "	Verlosung.	S.
33,294	A. T.	1903	fl. 1,665	1,211	2,876	—		
1,346	A. T.	1903	£ 67	49	116	1,00 " "		S.
89,380	J. T.	1925	P.-R. 4,459	790	(4,249 / 1,399 Präm.	—	Verlosung mit Rückzahlung unter Pari.	S.
90,130	J. T.	1926	P.-R. 4,497	750	5,217 / 1,387 Präm.	—		E.
23,255	A. T.	1906	fl. 1,163	717	1,880	1,00 nebst Zinsen.	Verlosung.	S.
2,479	A. T.	1906	£ 121	76	200			S.
11,776	J. T.	1906	P.-R. 590	310	900	1,00 " "	"	S.
90,535	J. T.	1913	P.-R. 4,527	1,473	6,000	1,00 " "		S.
191,858	J. T.	1926	P.-R. 9,593	1,407	11,000	0,50 " "	Verlosung od. Kauf.	E.
289,796	J. T.	1927	P.-B. 14,490	2,010	16,500	0,50 " "	" " "	S.
13,779	A. T.	1911	£ 689	211	900	1,00 " "	Verlosung.	S.
291,712	J. T.	1928	P.-R. 11,585	1,915	16,500	0,50 " "	Kauf od. Verlosung.	E.
96,848	J. T.	1918	P.-R. 4,812	1,158	6,000	1,00 " "	Verlosung.	S.
50,000	J. P.	—	M.-R. 3,000	—	3,000	—		
240,000	J. T.	Verschied.	P.-R. 10,368	—	10,368	—	Rückzahl. in Serien.	
2,032	J. T.	Verschied.	P.-R. 80	—	80	—		
7,461		1956	M.-R. 298	18	316	0,223 nebst Zinsen.	Verlosung.	E.
10,494		1950	M.-R. 524	22	546	0,10 " "	"	E.
11,770		1951	£ 588	24	612	0,10 " "	"	E.
11,792		1952	£ 590	22	612	0,10 " "	"	E.
11,765		1953	£ 738	27	765	0,10 "	"	E.
14,815		1954	£ 744	21	765	0,10 " "	"	E.
14,788		1956	£ 685	30	695	0,131 " "	"	E.
148,891		1961	M.-R. 5,956	305	6,261	0,174 " "	"	E.
14,985		1965	£ 719	16	765	0,10 " "	"	E.
289,048		1951	Fr. 11,562	900	12,462	0,154 " "	"	K.
268,453		1951	Fr. 10,738	836	11,574	0,167 " "	"	E.

vgl. hierüber unten die Finanzlitteratur.
zu tilgende, P perpetuierliche Anleihen.
eximiert sind.

Emissions-zeit	Benennung.	Wäh-rung.	Ursprüng-licher Betrag in Tausend.	Emissions-kurs in %.	Zinsfuss unter Berücksicht. des eingezahlten Kapitals	Betrag am 1. Januar 1884 in Tausend.	Amortisiert 1884 Tausend.
	Polnische Schuld.						
1844	Konvertiertes Anlehen . . . . 4 %	Met. R.	28,637	—	—	17,813	552
1864	Liquid.-Obligationen . . . . 4 „	Pap.-R.	64,014	—	—	44,981	1388
	Verschiedene Schulden		2,388	—	—	374	
	An die Staatsbank cedierte Renten.						
1884	5% Papierrente	Pap.-R.	25,000	—	—	—	—
1884	5% Metallrente	Met.-R.	20,000	—	—	—	—
	Specialanlehen behufs Ablösung der Bauern.						
div.	II Bankbillets und Ablösungscertifikate .	Pap.-R.					
	5½% Rente	„					
	Schuld an alte Kreditanstalten	„					
	Summe der Metallrubel-Anlehen . . .		—			348,762	
	„ „ £-Anlehen		—			110,332	
	„ „ Franken-Anlehen		—			559,171	
	„ „ Gulden-Anlehen					75,989	
	Auf Papierrubel reduziert: £ 1 = 6,40 M.-R. / Fr. 1 = 0,25 „ / fl. 1 = 0,519 „ / M.-R. 1 = 1,50 P.-R.					1,851,085	
	Summe der emittierten Anlehen in P.-R.		7,065,164			1,696,850	
	Summe der verzinslichen Schuld . . .	Pap.-R.				3,547,935	
	Unverzinsliche Schuld						
	Deckung für Kreditbillets { Perm. Emission 716,515 / Met.-Wechsel- Fonds 171,472		545,643			545,643	
	Bankschuld { Saldo der temp. Emission der Kreditnoten		400,000			250,000	50,000
	Gesamtschuld					4,342,978	

2) Ordentliche

	1874.	1875.	1876.	1877.
	Rubel.	Rubel.	Rubel.	Rubel.
Oeffentliche Schuld	100,195,475	196,882,914	108,745,069	115,756,320
Die grossen Staatsämter	2,084,710	2,329,026	2,178,682	2,104,190
Die hl. Synode und Kultus	9,645,062	9,663,489	9,318,932	10,108,551
Ministerium des kaiserl. Hauses . . .	11,993,175	11,472,952	11,628,993	
„ „ Auswärtigen . . .	2,675,531	2,810,789	3,258,364	3,878,544
„ „ Kriegs	172,309,803	175,266,441	190,134,119	189,885,733
„ der Marine	26,226,866	25,851,739	27,100,000	28,103,136
„ „ Finanzen	99,059,787	87,496,477	94,823,181	101,743,396
„ „ Domänen . . .	20,755,219	21,346,077	20,431,560	20,300,554
„ des Innern	52,470,869	52,755,115	53,975,650	34,531,787
„ „ öffentl. Unterrichts . . .	13,441,319	14,550,704	15,419,980	15,594,773
„ der Kommunikationswege . .	9,722,127	9,782,053	10,235,487	9,972,363
„ „ Justiz	13,436,443	13,541,694	15,635,361	15,542,365
Rechnungshof	2,188,955	2,228,347	2,297,408	2,316,081
Gestütsverwaltung	708,635	744,889	833,818	768,845
Civilverwaltung von Transkaukasien . . .	6,401,058	6,466,995	6,183,375	6,680,479
Total	543,318,034	543,221,521	573,107,058	586,043,811
Ueberschuss der Einnahmen über die Ausgaben in abgerundeter Summe . . .	+ 14,416,000	+ 33,272,000	− 13,845,000	− 56,215,000

Betrag am 1. Januar 1885 in Tausend.	Ende der Amorti- sation.	Bedarf für die Anleihen 1885			Amortisations- quote in %.	Art der Amortisation.	
		Interessen in Tausend.	Amor- tisie- rung in Tausend.	Annuität. in Tausend.			
17,261 J.-T.	1905	M.-R. 690	570	1,260	0,40 nebst Zinsen.	Verlosung.	S.
43,586 J.-T.	1906	P.-R. 1,744	1,456	3,200	1,00 " "	"	S.
571 J. P.	—	P.-R. 21	—	21	—	—	S.
							S.
25,000 J. P.	—	P.-R. 625	—	625	—	—	S.
20,000 J. P.	—	M.-R. 500	—	500			S.
		22,149⎫			1,00 " "	Verlosung.	S.
458,829		4,619⎬	11,227	53,702	—		S.
73,082		16,307⎭			—		
365,986		11,593	2,571	17,164			
124,138		6,117	916	7,033			
557,501		22,300	1,736	24,036			
73,652		3,683	2,428	6,111			
2,009,956		91,845	13,190	107,030			
2,239,065		125,510	25,934	151,234			
4,249,021		217,355	41,124	261,264			
515,043							
200,000			50,000	50,000			
4,994,064		217,355	91,124	311,264			

Ausgaben.

1878. Rubel.	1879. Rubel.	1880. Rubel.	1881. Rubel.	1882. Rubel.	1883. Rubel.	Prozent der Ausgabe 1883.	Stei- gerung gegen 1874.
139,738,326	171,283,214	172,973,550	194,581,103	199,870,056	200,701,658	27,88 %	100,31 %
2,216,300	2,106,575	2,225,455	2,170,864	2,211,032	2,015,056	0,27	3,50
10,094,382	10,145,321	10,231,009	10,225,672	10,349,264	10,490,033	1,46	8,76
10,479,730	11,849,278	11,106,830	10,342,350	11,461,752	12,071,882	1,66	0,65
3,907,390	4,167,170	4,803,844	4,220,023	4,202,044	4,272,616	0,55	59,69
186,242,960	187,240,754	208,349,995	225,285,724	200,746,988	200,124,868	27,74	1,22
26,086,036	27,328,032	29,353,684	30,466,055	30,998,065	30,963,278	4,30	33,23
92,632,485	95,313,612	113,013,187	109,373,689	102,024,032	100,596,359	13,94	38,07
18,937,066	18,721,998	20,325,611	20,190,159	20,001,043	21,009,205	2,91	112,24
55,931,872	60,292,355	63,374,186	67,523,177	68,071,769	69,909,268	9,71	33,89
16,307,461	16,644,612	17,094,114	17,634,388	18,175,029	18,644,038	2,56	16,14
12,114,582	11,749,984	12,972,710	12,147,463	10,940,247	20,634,582	2,84	18,34
15,940,865	16,410,436	16,860,208	16,888,065	17,335,153	17,991,059	2,50	1,60
2,255,792	2,287,386	2,396,629	2,316,971	2,473,976	2,774,394	0,42	26,66
809,383	847,803	905,769	904,439	912,438	909,700	0,14	28,50
6,815,982	7,503,698	8,513,535	8,142,808	7,878,368	8,229,848	1,12	28,55
600,510,612	643,892,258	694,505,313	732,413,150	707,661,256	721,337,844	100	
+ 25,463,000	+ 18,062,000	− 43,488,000	− 80,659,000	− 3,950,000	− 22,357,000		

3) Ordentliche

	1874. Rubel.	1875. Rubel.	1876. Rubel.	1877. Rubel.
a. Steuern und Abgaben.				
Personal- und Grundsteuern	119,576,749	120,112,451	118,332,569	116,998,579
Handels- und Gewerbesteuer	14,227,259	14,819,179	14,817,169	14,444,645
Getränkesteuern	201,059,219	197,630,777	191,367,964	189,676,513
Salzsteuer	9,792,463	9,755,862	10,138,342	9,115,244
Tabaksteuer	10,736,958	10,617,020	10,517,591	12,017,932
Zuckersteuer	3,859,607	3,180,598	4,992,997	6,775,520
Zölle	57,692,825	63,506,470	72,528,565	52,572,432
Stempel	8,882,231	9,777,188	10,063,665	9,365,965
Gerichts- und Kanzleiabgaben	7,192,902	7,643,219	6,983,847	6,709,125
Erbschafts- und Schenkungssteuer . .	—	—	—	—
Passgebühren	2,558,429	2,640,459	2,532,441	2,629,052
Loskaufgelder	1,627,738	—	—	—
Steuer von Eisenbahnpassagieren und Eilgütern	—	—	—	—
Brandversicherungsabgaben	103,753	123,253	119,480	148,754
Steuern von Gehaltserhöhungen bei Staatsbeamten	748,018	828,122	878,779	891,142
Verschiedene Abgaben	2,432,182	2,425,093	2,371,461	2,381,250
b. Regalien.				
Bergwerkssteuer	2,586,943	2,409,144	2,714,506	2,390,138
Münze	2,154,900	3,575,575	3,603,463	1,920,364
Post	10,449,144	10,726,883	10,898,853	12,364,195
Telegraphen	4,842,624	4,956,076	5,354,897	6,738,655
c. Domänen.				
Grundzinsen aus den balt. Provinzen .	646,400	682,635	709,648	696,821
Aus Pachtangen	6,457,577	6,197,216	6,563,160	6,473,890
Verkauf von Staatsgrundeigentum . .	3,991,484	4,147,942	4,268,840	4,491,347
Aus Forsten	9,711,246	10,269,502	9,960,142	10,042,226
Berg- und Hüttenwerke	4,041,534	3,870,015	3,020,649	3,213,585
Eisenbahnen	2,590,245	2,939,833	1,668,077	1,415,578
d. Verschiedene Einnahmen.				
Aus Gewerbe- und Staatspublikationen .	1,177,387	1,133,730	1,088,303	1,130,438
Verkauf von Material und verschiedenen Produkten	4,220,793	7,868,261	2,571,901	2,734,159
Einnahmen für die Eisenbahnobligationen	10,041,738	17,069,210	12,098,053	16,200,410
Zinsen, Einnahmen von der polnischen Bank	2,807,832	2,849,077	2,782,700	3,099,198
Schulgelder	480,898	554,493	611,812	632,029
Rückzahlungen von Darlehen	27,602,714	19,762,254	20,296,968	20,946,365
Strafen etc.	1,553,050	1,350,747	1,269,366	1,113,172
Beiträge von Städten etc.	4,834,760	5,901,118	5,406,646	7,905,416
Einnahmen zur Ausgleichung von Militärausgaben	100,015	197,351	—	143,362
Verschiedene Einnahmen	7,406,543	19,740,379	7,182,348	7,399,491
e. Einnahmen Transkaukasiens .	5,159,710	5,271,503	6,021,720	6,601,714
f. Durchlaufende Einnahmen . .	3,385,721	5,870,513	5,525,770	7,422,140
Total	557,733,591	576,493,152	559,262,692	548,830,831

Einnahmen.

1878. Rubel.	1879. Rubel.	1880. Rubel.	1881. Rubel.	1882. Rubel.	1883. Rubel.	
120,066,101	117,467,458	110,597,339	115,570,489	113,727,218	108,674,027	= 15,60 %
14,466,112	15,840,812	14,734,167	22,465,722	19,704,054	20,142,864	= 2,86 %
213,000,954	228,260,002	222,358,734	224,368,974	251,887,498	252,702,820	
9,087,701	12,447,117	12,254,029	—	—		
11,925,813	12,961,842	13,035,004	12,255,992	14,310,524	18,850,357	= 40,06 %
5,094,819	4,634,476	4,257,301	3,694,543	8,055,047	8,878,223	
80,620,708	93,248,607	96,396,041	85,858,180	94,705,850	96,924,331	= 13,87 %
10,162,080	14,231,200	14,595,674	14,969,248	15,512,557	15,748,306	
7,735,399	8,971,524	9,736,381	9,710,404	9,376,646	8,503,936	
—	—	—	—	—	1,337,154	
2,777,658	3,341,921	3,310,845	3,237,236	3,260,618	3,266,517	
—	—	—	—	—	—	= 6,15 %
—	7,074,743	8,089,154	7,787,997	8,347,253	7,986,163	
135,450	2,143,591	2,605,268	2,889,657	3,183,712	3,082,574	
878,219	880,292	927,305	909,121	877,630	761,987	
2,458,222	2,590,392	2,623,027	2,497,650	2,776,796	2,680,364	
525,322	463,905	354,282	476,089	719,285	2,574,711	
4,873,690	4,831,276	4,717,195	2,636,654	953,580	1,331,160	= 4,00 %
13,394,140	13,096,868	13,496,800	14,134,205	14,551,215	14,843,811	
6,974,299	7,381,490	7,736,392	8,339,023	8,547,001	8,852,860	
682,465	671,881	683,763	660,611	669,193	732,094	
6,744,071	6,374,962	6,852,510	7,025,422	7,419,940	7,246,974	
4,675,278	5,384,480	5,418,458	5,046,815	5,118,281	4,819,703	= 5,72 %
11,617,674	13,529,668	14,666,892	14,491,929	14,573,489	13,027,536	
3,608,339	214,886	4,093,647	4,050,116	4,905,541	4,425,711	
5,896,079	2,029,463	2,294,693	3,795,721	4,171,374	10,077,773	
1,331,106	1,299,498	1,342,336	1,593,262	1,253,347	1,296,799	
6,079,515	3,886,879	3,328,779	3,164,760	2,629,921	2,149,346	
17,824,187	17,182,629	10,871,657	15,622,326	16,843,970	16,324,174	
7,712,626	6,295,427	5,773,622	4,303,711	4,191,811	3,969,820	
774,346	854,362	862,079	867,760	805,806	670,847	
22,193,287	18,087,689	20,278,060	21,370,190	26,993,112	16,468,395	= 11,74 %
1,426,947	1,674,510	1,461,370	· 2,112,782	1,626,535	1,141,426	
8,953,112	9,395,976	9,596,664	10,508,724	12,543,026	12,899,214	
147,816	175,000	175,000	2,341,956	6,758,275	5,395,196	
7,153,788	9,196,990	9,403,625	8,671,187	9,861,380	10,175,131	
7,374,797	7,333,103	6,787,993	7,370,319	7,238,674	6,472,862	
7,529,015	4,499,373	5,493,592	7,135,265	5,611,347	4,545,214	
625,972,735	661,954,192	651,016,683	651,754,010	703,711,508	638,980,983	

Daten aus der Einkommensteuerstatistik einiger deutschen Staaten.

1) Preussen.[1])

Veranlagung für das Jahr vom 1. April 1885/86.

Seelenzahl nach den Klassensteuerrollen 27,464,783
Befreit von der Klassensteuer sind
wegen Jahreseinkommens unter 420 Mark (§ 5 a d. Ges.) 7,296,965
unter 16 Jahre alte Personen, soweit sie zur 1. Stufe
gehören (§ 5 b d. Ges.) 2,993
Militärpersonen (§ 5 c), Inhaber des eis. Kreuzes (§ 5 g),
Veteranen etc. (§ 5 h) 305,805
wegen beeinträchtigter Leistungsfähigkeit bei einem Jahreseinkommen von 420 bis 660 Mark (§ 7) 709,753

zusammen	8,315,516 = 30,28 %
Zu den Klassensteuerstufen 1 und 2 gehörige Personen	13,131,985 = 47,81 %
Befreit im ganzen	21,447,501 = 78,09 %
davon unterliegen der klassifizierten Einkommensteuer .	716,752 = 2,61 %
der Klassensteuer	5,300,530 = 19,30 %

Klassensteuer-stufen.	Ein-kommen.	Steuersatz. Mark.	Zahl der Personen.	Betrag der Steuer.
3	900—1,050	9	369,973	3,329,757
4	1,050—1,200	12	280,338	3,364,056
5	1,200—1,350	18	170,873	3,075,714
6	1,350—1,500	24	139,496	3,347,904
7	1,500—1,650	30	82,580	2,477,400
8	1,650—1,800	36	81,788	2,944,368
9	1,800—2,100	42	73,474	3,085,908
10	2,100—2,400	48	68,741	3,299,568
11	2,400—2,700	60	41,428	2,485,680
12	2,700—3,000	72	43,346	3,120,912
Summe	1,352,037			30,531,267 = 25,51 %

Zu den Klassensteuerstufen sind veranlagt mit dem jährlichen Steuersatze
von 3 Mark 2,782,522, mit dem Steuersatz von 6 Mark 1,103,955 Personen; die
veranlagte Klassensteuer der Stufen 1 und 2 beträgt 14,971,299.

---

[1]) Haus der Abgeordneten, 16. Legislaturperiode, 1. Session 1886, Nr. 11.

Klassifizierte Einkommensteuer.

Zur 12. Stufe d. Klassensteuer veranlagt auf Grund des § 20 Al. 2 des Gesetzes vom 25. Mai 1873			Zahl der Personen. 3,237	Steuerbetrag. 233,064
Stufe.	Einkommen.	Steuersatz Mark.		
1	3,000— 3,600	90	56,283	5,065,470
2	3,600— 4,200	108	33,342	3,600,936
3	4,200— 4,800	126	22,549	2,841,174
4	4,800— 5,400	144	16,658	2,398,752
5	5,400— 6,000	162	12,697	2,056,914
6	6,000— 7,200	180	14,677	2,641,860
7	7,200— 8,400	216	8,884	1,918,944
8	8,400— 9,600	252	6,932	1,746,864
9	9,600— 10,800	288	4,821	1,388,448
10	10,800— 12,000	324	4,370	1,415,880
11	12,000— 14,400	360	3,766	1,355,760
12	14,400— 16,800	432	3,200	1,382,400
13	16,800— 19,200	504	1,921	968,184
14	19,200— 21,600	576	1,618	931,968
15	21,600— 25,200	648	1,469	951,912
16	25,200— 28,800	756	1,052	795,312
17	28,800— 32,400	864	882	762,048
18	32,400— 36,000	972	713	693,036
19	36,000— 42,000	1,080	604	652,320
20	42,000— 48,000	1,260	480	604,800
21	48,000— 54,000	1,440	336	483,840
22	54,000— 60,000	1,620	298	482,760
23	60,000— 72,000	1,800	290	522,000
24	72,000— 84,000	2,160	268	578,800
25	84,000— 96,000	2,520	170	428,400
26	96,000—108,000	2,880	125	360,000
27	108,000—120,000	3,240	79	255,960
28	120,000—144,000	3,600	92	331,200
29	144,000—168,000	4,320	59	254,880
30	168,000—204,000	5,040	67	337,680
31	204,000—240,000	6,120	33	201,960
32	240,000—300,000	7,200	22	158,400
33	300,000—360,000	9,000	32	288,000
34	360,000—420,000	10,800	19	205,200
35	420,000—480,000	12,600	4	50,400
36	480,000—540,000	14,400	5	72,000
37	540,000—600,000	16,200	9	145,800
38	600,000—660,000	18,000	3	54,000
40	720,000—780,000	21,600	3	64,800
42	840,000—900,000	25,200	2	50,400

Stufe.	Einkommen.	Steuersatz Mark.	Zahl der Personen.	Steuer- betrag.
43	900,000— 960,000	27,000	2	54,000
44	960,000—1,020,000	28,800	1	28,800
45	1,020,000—1,080,000	30,600	1	30,600
46	1,080,000—1,140,000	32,400	2	64,800
47	1,140,000—1,200,000	34,200	1	34,200
63	2,100,000—2,160,000	63,000	1	63,000
70	2,520,000—2,580,000	75,600	1	75,600
72	2,640,000—2,700,000	79,200	1	79,200
80	3,120,000—3,180,000	93,600	1	93,600
		Summe	202,082	40,256,406

1) Von der Veranlagungssumme von . . . . 40,256,406 Mark
geht ab der Betrag des Erlasses von drei Monatsraten bei
denjenigen Censiten, welche nach § 20 des Gesetzes vom
25. Mai 1873 auf den Satz der zwölften Stufe der Klassensteuer ermässigt sind, von zwei Monatsraten der ersten
Einkommensteuerstufe und von einer Monatsrate der
zweiten Einkommensteuerstufe mit . . . . 1,202,589 „

               Solleinnahme 39,053,817 Mark

    Der durch die Ermässigungen infolge der Remon-
strationen und Reklamationen entstehende Ausfall ist,
wie bisher, mit 2 Prozent der Solleinnahme angenommen zu 781,076 „

               Bleiben 38,272,741 Mark

2) Von denjenigen Personen, welche für das Etatsjahr 1884/85 zur Klassensteuer veranlagt gewesen und für das Etatsjahr 1885/86 zur klassifizierten
Einkommensteuer veranlagt worden, sind eingeschätzt:
    a) zur 12. Stufe der Klassensteuer   331 Personen
    b) zur 1. Stufe der klassifizierten
       Einkommensteuer . . . . 10,193 „
    c) zur 2.—28. Stufe der klassi-
       fizierten Einkommensteuer . 4,488 „

          Zusammen 15,012 Personen mit 1,550,658 M. Steuer.

3) Zur 41. Stufe und zu höheren Stufen der klassifizierten Einkommensteuer
sind 13 Personen mit einem Steuersoll von überhaupt 574,200 Mark eingeschätzt. Bei einem Steuersatze von 21,600 Mark (7,200 Thaler) hätten
dieselben Personen 13 $\times$ 21,600 Mark = 280,800 Mark zu entrichten gehabt.

tz . . . .

inkommensklassen.	Beitragspflichtige jurist. Personen.		physische Personen.	Beitragspflichtiges Einkommen der juristischen Personen.		der physischen Personen.	
	1882.	1884.				1882. Mark.	1884. Mark.
nbemittelte Klassen:							
300 bis 500 Mark	510				016	203,826,610	207,568,004
500 „ 800 „	377				825	192,817,622	207,057,058
. Mittlere Klassen:							
800 bis 1,600 Mark	513				755	196,472,631	217,331,015
1,600 „ 3,300 „	392				170	149,219,835	156,726,090
Wohlhabende Klassen:							
3,300 bis 4,800 Mark	150		15,227	607,696	521	57,319,612	60,215,117
4,800 „ 9,600 „	206		12,757	1,402,938	1,598,280	76,942,613	82,740,039
V. Reiche Klassen:							
9,600 bis 26,000 Mark	221		5,480	3,580,528	3,784,824	71,015,691	79,873,809
26,000 „ 100,000 „	137		1,237	6,941,392	7,315,360	43,360,525	54,043,298
100,000 „ 500,000 „	50		110	10,477,969	12,086,045	15,177,729	18,359,797
500,000 „ 1,000,000 „	2		1	1,101,748	2,279,232	1,437,265	804,360
1,000,000 „	5		—	8,209,253	9,086,123	—	
Summe	2,563		1,132,747	34,260,017	38,834,151	1,007,590,133	1,084,718,587

Durchschn

der Bewohner [2]

	1880. Mark.	1882. Mark.	1884. Mark.
Städten Einw. . .			
25,000 Einw. .	1,464.49	1,503.66	1,566.21
0,000 Einw. .	954.74	984.73	998.32
)00 Einw. . .	848.73	873.39	904.65
	729.93	744.20	765.88
dten überhaupt platten Lande .			

en Königreich . | 321.16 | 327.41 | 330.48 | 345.53 | 361.57 | 917.42 · 881.81 | 877.54 | 910.63 | 940.48

) Zeitschr. d. K. sächs. stat. Bureaus, 31. Jahrg., 1885, S. 35—67.
) Für die Jahre 1878, 1879, 1882 und 1884 ist die Bewohnerzahl auf Grund der ählungen von 1875 und 1880 berechnet worden.

Hauptsteuerklassen.		1880.		1882.		1884.	
		Zahl.	Proz.	Zahl.	Proz.	Zahl.	Proz.
I. Hauptklasse (unbemittelte Klasse).	bis 500 Mark, Klasse 0, 1 und 2	579,111	51,73	580,904	49,96	585,6??	??
	3. Klasse über 500— 600 Mark	138,238	12,35	142,747	12,2?	146,877	12,?
	4. „ „ 600— 700 „	78,763	7,04	89,528	7,70	94,1??	7,?
	5. „ „ 700— 800 „	62,510	5,58	70,645	6,06	82,5??	?,?
		279,511	24,97	302,923	26,06	322,9??	?,?
II. Hauptklasse (mittlere Klasse).	6. Klasse über 800— 950 Mark . . .	57,055	5,09	61,065	5,2?	64,???	?,?
	7. „ „ 950—1,100 „ . . .	40,162	3,59	42,986	3,70	44,6??	?,?
	8. „ „ 1,100—1,250 „ . . .	28,932	2,58	30,698	2,64	33,5??	?,?
	9. „ „ 1,250—1,400 „ . . .	18,166	1,62	19,781	1,70	21,1??	1,?
	10. „ „ 1,400—1,600 „ . . .	22,862	2,04	24,073	2,07	25,5??	?,?
		167,177	14,92	178,545	15,36	186,11?	?,?
	11. Klasse über 1,600—1,900 Mark . . .	20,507	1,83	21,781	1,87	23,1??	1,?
	12. „ „ 1,900—2,200 „ . . .	14,759	1,32	15,603	1,34	16,5??	1,?
	13. „ „ 2,200—2,500 „ . . .	10,878	0,97	11,849	1,02	12,5??	1,?
	14. „ „ 2,500—2,800 „ . . .	7,429	0,66	7,832	0,67	8,2??	0,?
	15. „ „ 2,800—3,300 „ . . .	9,795	0,87	10,182	0,88	10,5??	0,?
		63,368	5,65	67,217	5,78	70,??	1,?
III. Hauptklasse (wohlhabende Klasse).	16. Klasse über 3,300—3,800 Mark	6,140	0,55	6,408	0,55	6,7??	0,?
	17. „ „ 3,800—4,300 „	4,333	0,39	4,608	0,4?	4,8??	0,?
	18. „ „ 4,300—4,800 „	3,322	0,29	3,614	0,31	3,7??	0,?
		13,795	1,23	14,630	1,26	15,3?	1,?
	19. Klasse über 4,800—5,400 Mark	2,951	0,26	3,260	0,2?	3,3??	0,?
	20. „ „ 5,400—6,300 „	3,162	0,28	3,335	0,2?	3,3??	0,?
	21. „ „ 6,300—7,200 „	1,883	0,17	2,102	0,18	2,3??	0,?
	22. „ „ 7,200—8,400 „	1,811	0,17	2,002	0,17	2,1??	0,?
	23. „ „ 8,400—9,600 „	1,274	0,12	1,368	0,12	1,6??	0,?
		11,081	1,00	12,067	1,04	12,9??	1,?
IV. Hauptklasse (reiche Klasse).	a) 24.— 32. Kl. über 9,600— 26,000 M.	4,453	0,40	5,083	0,43	5,7??	0,?
	b) 33.— 42. „ „ 26,000— 54,000 „	706	0,07	874	0,08	1,0??	?,?
	c) 43.— 52. „ „ 54,000— 100,000 „	225	0,02	268	0,0?	2??	0,?
	d) 53.— 72. „ „ 100,000— 200,000 „	77		105		12?	
	e) 73.— 92. „ „ 200,000— 300,000 „	25		27		3?	
	f) 93.—132. „ „ 300,000— 500,000 „	8	0,01	12	0,01	1?	0,?
	g) 133.—232. „ „ 500,000—1,000,000 „	6		4		?	
	h) 233. Kl. und darüber über 1,000,000 „	3		5		?	
		5,503	0,50	6,373	0,5?	7,??	0,?
Zusammen		1,119,546	100,00	1,163,634	100,00	1,1?3,1?8	??

				Normal-Steuersoll.								
				1880.			1882.			1884.		
Mark	Proz.	Mark	Proz.	Mark	Pf.	Proz.	Mark	Pf.	Proz.	Mark	Pf.	Proz.
	20,87	225,201,784							2,83	388,714	50	2,63
80,133,284	7,57	82,224,369	7,21	275,794	—	2,28	284,563	—	2,12	291,119	—	1,97
59,271,029	5,60	62,226,288	5,45	235,920	—	1,95	267,982	—	1,99	281,728	—	1,90
53,660,812	5,07	62,858,226	5,51	249,769	—	2,06	282,180	—	2,10	330,536	—	2,23
193,065,125	18,24	207,310,883	18,17	761,483	—	6,29	834,725	—	6,21	903,383	—	6,10
53,962,486	5,10	60,894,482	5,34	341,850	—	2,82	365,554	—	2,72	411,958	—	2,78
44,127,359	4,17	49,925,551	4,37	320,918	—	2,65	343,278	—	2,55	388,472	—	2,62
36,393,444	3,44	39,758,880	3,48	317,934	—	2,62	337,093	—	2,51	367,852	—	2,48
26,278,095	2,48	28,251,925	2,48	254,138	—	2,09	275,713	—	2,05	296,242	—	2,00
36,282,461	3,43	39,130,952	3,43	388,456	—	3,21	408,896	—	3,04	440,687	—	2,98
197,043,845	18,62	217,961,770	19,10	1,623,296	—	13,39	1,730,534	—	12,87	1,905,211	—	12,86
38,240,705	3,61	40,730,830	3,57	450,814	—	3,72	478,467	—	3,56	509,334	—	3,44
31,978,071	3,02	33,962,106	2,98	442,418	—	3,65	467,402	—	3,48	496,672	—	3,35
28,060,072	2,65	29,287,711	2,57	413,156	—	3,41	449,782	—	3,34	469,206	—	3,17
20,842,313	1,97	22,065,552	1,93	356,412	—	2,94	375,496	—	2,79	397,798	—	2,69
31,007,881	2,93	31,638,062	2,77	577,685	—	4,77	600,276	—	4,46	612,905	—	4,14
150,129,042	14,18	157,684,260	13,82	2,240,485	—	18,49	2,371,423	—	17,63	2,485,915	—	16,79
22,776,161	2,15	23,938,077	2,10	466,640	—	3,85	487,008	—	3,62	512,316	—	3,46
18,667,135	1,76	19,808,500	1,73	407,302	—	3,36	433,152	—	3,22	460,036	—	3,11
16,484,012	1,56	17,101,061	1,50	378,708	—	3,13	411,996	—	3,06	427,614	—	2,89
57,927,308	5,47	60,847,638	5,33	1,252,650	—	10,34	1,332,156	—	9,90	1,399,966	—	9,46
16,657,338	1,57	17,933,537	1,57	401,336	—	3,31	443,360	—	3,30	478,448	—	3,23
19,561,067	1,85	20,720,543	1,82	512,244	—	4,23	540,270	—	4,02	572,508	—	3,87
14,236,298	1,34	15,592,560	1,37	355,887	—	2,94	397,278	—	2,95	436,212	—	2,95
15,588,186	1,47	16,870,076	1,47	391,176	—	3,23	432,432	—	3,22	467,856	—	3,16
12,302,662	1,16	13,221,603	1,16	321,048	—	2,65	344,736	—	2,56	370,440	—	2,50
78,345,551	7,39	84,338,319	7,39	1,981,691	—	16,36	2,158,076	—	16,05	2,325,464	—	15,71
74,596,219	7,05	83,658,633	7,33	1,823,856	—	15,06	2,106,564	—	15,67	2,358,948	—	15,93
31,209,128	2,95	37,351,590	3,28	733,380	—	6,05	899,640	—	6,69	1,075,860	—	7,27
19,092,789	1,80	24,007,068	2,10	472,110	—	3,89	553,650	—	4,12	696,810	—	4,71
14,509,698	1,37	17,266,526	1,51	302,250	—	2,52	426,450	—	3,17	507,600	—	3,43
6,678,226	0,63	7,753,250	0,68	171,150	—	1,41	197,850	—	1,47	230,400	—	1,56
4,467,774	0,42	5,426,066	0,48	96,750	—	0,78	133,050	—	0,99	161,700	—	1,09
2,542,013	0,24	3,083,592	0,27	131,700	—	1,09	76,050	—	0,57	91,950	—	0,62
8,209,253	0,77	9,086,123	0,80	152,100	—	1,25	245,850	—	1,83	272,250	—	1,84
161,305,100	15,23	187,632,848	16,45	3,883,296	—	32,05	4,639,104	—	34,51	5,395,518	—	36,45
,058,778,851	100,00	1,140,977,502	100,00	12,116,044	—	100,00	13,446,335	75	100,00	14,804,171	50	100,00

8) Grossherzogtum Hessen.[1]

Verteilung der Einkommensteuerpflichtigen II. Abteilung pro 1885/86.

Einkommen.	Steuer-kapital.	Summe der Pflichtigen.	Summe des Steuerkapitals.	Prozentanteil der Pflichtigen.	Prozentanteil des Steuerkapitals.
500—600	30	'58,577	1,757,310	30,943	7,619
600—750	45	38,903	1,750,635	20,551	7,590
750—900	60	26,426	1,585,560	13,960	6,875
900—1100	80	16,407	1,312,560	8,667	5,691
1100—1300	100	10,542	1,054,200	5,569	4,571
1300—1500	125	6988	873,500	3,691	3,787
1500—1700	150	5546	831,900	2,929	3,607
1700—2000	175	4850	848,750	2,562	3,680
2000—2300	210	3780	793,800	1,997	3,442
2300—2600	245	2663	652,435	1,407	2,829
		174,682	11,460,650	92,276	49,691

Verteilung der Einkommensteuerpflichtigen I. Abteilung pro 1885/86.

Einkommen.	Steuer-kapital.	Summe der Pflichtigen.	Summe des Steuer-kapitals.	Prozent-anteil der Pflichtigen.	Frozent-anteil des Steuer-kapitals.
2,600— 2,900	280	2,820	789,600	1,490	3,423
2,900— 3,200	315	1,612	507,780	0,858	2,201
3,200— 3,600	360	1,567	564,120	0,828	2,446
3,600— 4,000	410	1,367	560,470	0,722	2,430
4,000— 4,500	465	1,356	630,540	0,716	2,734
4,500— 5,000	530	942	399,260	0,498	2,165
5,000— 5,500	595	910	541,450	0,481	2,343
5,500— 6,000	665	466	309,890	0,241	1,344
6,000— 6,500	735	578	424,830	0,305	1,842
6,500— 7,000	805	343	276,115	0,181	1,197
7,000— 7,500	875	378	330,750	0,200	1,434
7,500— 8,000	945	268	253,260	0,142	1,098
8,000— 8,500	1,020	204	208,080	0,108	0,902
8,500— 9,000	1,090	191	208,190	0,101	0,903
9,000— 9,500	1,165	152	177,080	0,080	0,768
9,500—10,000	1,245	106	131,976	0,056	0,572
10,000—11,000	1,330	239	317,870	0,126	1,378
11,000—12,000	1,485	141	209,385	0,074	0,908
12,000—13,000	1,650	150	247,500	0,079	1,074
13,000—14,000	1,815	84	152,460	0,044	0,661
14,000—15,000	1,985	71	140,935	0,038	0,611

[1] Die Mitteilung der autographierten Zusammenstellung verdanke ich der Güte des Geh. Obersteuerrats Baur.

Einkommen.	Steuer-kapital	Summe der Pflichtigen.	Summe des Steuer-kapitals.	Prozent-anteil der Pflichtigen.	Prozent-anteil des Steuer-kapitals.
15,000—16,000	2,160	107	231,120	0,057	1,002
16,000—17,000	2,340	37	86,580	0,020	0,375
17,000—18,000	2,520	61	153,720	0,032	0,666
18,000—19,000	2,710	37	100,270	0,020	0,435
19,000—20,000	2,900	28	81,200	0,015	0,352
20,000—21,000	3,200	41	131,200	0,022	0,569
21,000—22,000	3,360	29	97,440	0,016	0,422
22,000—23,000	3,520	21	73,920	0,011	0,321
23,000—24,000	3,680	18	66,240	0,010	0,287
24,000—25,000	3,840	18	69,120	0,010	0,300
25,000—26,000	4,000	14	56,000	0,007	0,243
26,000—27,000	4,160	15	62,400	0,008	0,271
27,000—28,000	4,320	18	77,760	0,010	0,337
28,000—29,000	4,480	7	31,360	0,004	0,136
29,000—30,000	4,640	9	41,760	0,005	0,131
30,000—31,000	4,800	22	10,566	0,012	0,458
31,000—32,000	4,960	7	34,720	0,004	0,150
32,000—33,000	5,120	12	61,440	0,006	0,266
33,000—34,000	5,280	6	31,680	0,003	0,137
34,000—35,000	5,440	10	54,400	0,005	0,236
35,000—36,000	5,600	7	39,200	0,004	0,170
36,000—37,000	5,760	9	51,840	0,005	0,225
37,000—38,000	5.920	7	41,440	0,004	0,180
38,000—39,000	6,080	6	30,480	0,003	0,155
39,000—40,000	6,140	1	6,240	0,0005	0,027
40,000—41,000	6,300	11	70,400	0,006	0,305
42,000—43,000	6,620	3	20,160	0,0015	0,087
43,000—44,000	6,780	2	13,760	0,001	0,060
45,000—46,000	7,100	9	64,800	0,005	0,281
46,000—2,658,000		104	2,129,440	0,055	9,233
		14,621	11,603,225	7,724	50,309

4) Grossherzogtum Baden.

Vergleiche unten die in der Arbeit des Herrn Ministerialrats Lewald mitgeteilte Tabelle, die sich stützt auf die „Ergebnisse der im Jahre 1885 vollzogenen erstmaligen Veranlagung der Einkommensteuer". Karlsruhe. Buchdruckerei von J. J. Reiff. 1885. 110 Seiten.

5) Grossherzogtum Welmar.

Siehe die Ergebnisse pro 1884 im Finanzarchiv II, S. 921 ff.

6) Hamburg.

Klassen der Einkommen.	1883					
	Steuerzahler		Versteuertes Einkommen		Steuerertrag	
	Anzahl	Proz.	Mark.	Proz.	Mark.	Proz.
A. Ohne Aktien-Gesellschaften.						
Von 600— 800 M.	40,674	40,38	28,471,800	10,54	198,235.75	3,24
Ueber 800— 1,000 „	15,662	15,55	14,095,800	5,22	91,337.10	1,50
„ 1,000— 2,000 „	24,263	24,09	35,518,600	13,15	249,669.00	4,09
„ 2,000— 3,500 „	8,645	8,58	23,439,000	8,68	253,282.60	4,14
„ 3,500— 5,000 „	4,013	3,98	17,085,600	6,32	266,655.65	4,36
„ 5,000— 10,000 „	3,958	3,93	28,432,900	10,52	746,983.40	12,22
„ 10,000— 25,000 „	2,231	2,22	35,163,000	13,01	1,228,703.00	20,10
„ 25,000— 50,000 „	766	0,76	26,853,900	9,94	939,582.00	15,37
„ 50,000—100,000 „	349	0,35	24,168,500	8,95	845,001.50	13,83
Ueber 100,000 „	164	0,16	36,923,600	13,67	1,292,326.00	21,15
	100,725	100,00	270,152,700	100,00	6,111,776.00	100,00
Einkommen unbestimmbar [1]	7,015	—	—	—	183,280.09	—
Ueberhaupt . .	107,740	—	—	—	6,295,056.09	—
B. Aktien-Gesellschaften.						
Von 600— 800 M.	6	3,41	4,200	0,02	29.00	0,01
Ueber 800— 1,000 „	7	3,98	6,300	0,03	40.80	
„ 1,000— 2,000 „	20	11,37	33,100	0,17	251.00	0,04
„ 2,000— 3,500 „	23	13,07	63,000	0,32	702.00	0,10
„ 3,500— 5,000 „	15	8,52	65,200	0,34	1,071.00	0,16
„ 5,000— 10,000 „	23	13,07	175,100	0,90	4,938.80	0,73
„ 10,000— 25,000 „	31	17,61	523,700	2,68	18,329.50	2,70
„ 25,000— 50,000 „	12	6,82	468,900	2,40	16, 11.50	2,42
„ 50,000—100,000 „	8	4,54	600,900	3,08	21,031.93	3,10
Ueber 100,000 „	31	17,61	17,586,200	90,06	615,517.00	90,74
	176	100,00	19,526,600	100,00	678,322.10	100,00
Einkommen unbestimmbar [1]	5	—	—	—	5.716.50	—
Ueberhaupt . .	181	—	—	—	684,038.60	

[1] Unter der Bezeichnung „Einkommen unbestimmbar" sind diejenigen Steuerzahler (nebst Steuerertrag) noch besonders ersichtlich gemacht worden, von denen die Steuer nur für einen Teil des Jahres oder für mehrere Jahre entrichtet worden ist. — Es gehören hierzu diejenigen Steuerzahler, bei welchen Nachversteuerungen stattfanden, sowie diejenigen, welche im Laufe des Jahres zu- oder weggezogen sind, ferner diejenigen, denen die Steuer wegen verminderten Einkommens für die zweite Hälfte des Jahres erlassen worden ist, und endlich diejenigen, die nach dem Verbrauche versteuert haben. Da für vorgenannte Steuerzahler das Jahreseinkommen sonach unbestimmbar blieb, so hat dasselbe auch in der Spalte „Versteuertes Einkommen" nicht berücksichtigt werden können.

Klassen der Einkommen.	1883					
	Steuerzahler		Versteuertes Einkommen		Steuerertrag	
	Anzahl	Proz.	Mark.	Proz.	Mark.	Proz.
	C. Ueberhaupt.					
Von　600 –　800 M.	40,680	40,32	28,476,000	9,83	198,264.75	2,92
Ueber 800– 1,000 „	15,669	15,53	14,102,100	4,87	91,877.90	1,35
„　1,000– 2,000 „	24,283	24,07	35,551,700	12,27	249,920.00	3,68
„　2,000– 3,500 „	8,668	8,59	23,502,000	8,11	253,984.60	3,74
„　3,500– 5,000 „	4,028	3,99	17,150,800	5,92	267,726.65	3,94
„　5,000– 10,000 „	3,981	3,94	28,608,000	9,88	751,922.20	11,07
„ 10,000– 25,000 „	2,262	2,24	35,686,700	12,32	1,247,032.50	18,37
„ 25,000– 50,000 „	778	0,77	27,322,800	9,43	955,993.50	14,08
„ 50,000–100,000 „	357	0,35	24,769,400	8,55	866,033.00	12,75
Ueber 100,000　„	195	0,20	54,509,800	18,82	1,907,843.00	28,10
	100,901	100,00	289,679,300	100,00	6,790,098.10	100,00
Einkommen unbestimmbar [1]	7,020	—	—	—	188,996.59	—
Ueberhaupt . .	107,921	—	—	—	6,979,094.69	—
Stadt und Vorstadt .	69,505	64,51	147,433,300	54,57	3,133,600.09	49,78
Vororte	29,577	27,45	108,453,200	40,15	2,936,339.05	46,64

7) Lübeck [2].

Es wurden 1884 im ganzen zur Steuer veranlagt 23,918 Personen und zwar:

	in der Stadt.	in den Vorstädten.	in den Landbezirken.	in Travemünde.	Zusammen.
a) der Selbstschätzung entsprechend . . .	7,065	3,086	1,060	286	11,497
b) höher als die Selbstschätzung	2,516	1,504	1,325	176	5,521
c) in Ermangelung der Selbstschätzung .	982	372	382	60	1,796
d) Personen, deren Einkommen M. 600 —. beträgt und ohne Selbstschätzung durch die Kommission unmittelbar angenommen ist	2,817	1,018	1,164	105	5,104
	13,380	5,980	3,931	627	23,918

Im Laufe des Jahres gingen 429 Reklamationen ein, 144 mehr als im Vorjahre.

[1] Siehe die Anmerkung auf S. 208.
[2] Jahresbericht der Steuerbehörde der freien und Hansestadt Lübeck für das Jahr 1884.

Hiervon wurden 3 vor der Entscheidung zurückgezogen, 94 als unbegründet zurückgewiesen, während 332 ganz oder teilweise Berücksichtigung fanden.

Zur Pfändung standen im ganzen . . 264 Forderungen gegen 223 im Jahre 1883; hiervon wurden beim Antritt der

Pfändung bezahlt . . . . . . 132 „ „ 122 „ „ „

fruchtlos erwies sich die Pfändung bei 96 „ „ 84 „ „ „

vollzogen wurde die Pfändung bei 18 „ „ 17 „ „ „

zur Versteigerung gelangten die gepfändeten Gegenstände in . . . 2 Fällen „ 5 „ „ „

Behufs nachträglicher Steuereinziehung von nach anderen Bundesstaaten verzogenen Personen wurden 118 Requisitionen an die betreffenden Ortsbehörden gerichtet; von diesen hatten 70 Erfolg, während 48 unerledigt zurückkamen, da die Schuldner nicht zu ermitteln waren.

Von auswärtigen Behörden gingen 179 Requisitionen ein. Hiervon wurden 87 durch Uebersendung der beigetriebenen Beträge erledigt, 92 mussten wegen Nichtermittelung der Schuldner als unerledigt zurückgesandt werden.

Von 398 Personen wurde eine Ordnungsstrafe wegen Versäumung der Ausfüllung bezw. Rücklieferung der ihnen zugestellten Umfragezettel erhoben.

Die Einnahme an Einkommensteuer betrug:

	in der Stadt.	in den Vorstädten.	in den Landbezirken.	in Travemünde.	Zusammen.
	Mark.	Mark.	Mark.	Mark.	Mark.
1874	342,211.58	58,717.20	40,179.52	6,613.80	447,722.10
1875	372,299.88	70,765.21	44,139.07	7,126.89	494,331.05
1876 . . . . . :	387,700.99	80,681.05	45,369.21	6,801.23	520,552.48
1877	396,415.71	88,652.49	44,661.22	7,090.76	536,820.18
1878	396,098.65	94,019.71	42,984.14	7,271.89	540,374.39
1879	392,281.45	93,516.28	40,006.81	6,852.27	532,656.81
1880	387,379.88	101,481.54	39,455.16	6,486.98	534,803.56
1881	386,919.09	110,028.73	40,305.49	6,652.78	543,906.09
1882	408,367.83	120,153.49	38,934.77	6,702.61	574,158.70
1883	404,065.52	130,379.47	38,232.00	6,724.22	579,401.21
	3,873,740.58	948,395.17	414,267.39	68,323.43	5,304,726.57
durchschnittl. pr. Jahr	387,374.06	94,839.52	41,426.74	6,832.34	530,472.66
Einnahme pr. 1884 betrug	402,556.46	139,849.23	37,496.71	6,447.71[1]	586,350.11
mithin pr. 1884 {mehr {weniger	15,182.40 —	45,009.71 —	— 3,930.03	— 384.63	55,877.45 —

Verglichen mit der Durchschnittseinnahme der vorangegangenen 10 Jahre ergibt sich für das Jahr 1884

---

[1] Abgesehen von einer Steuernachzahlung von 1000 Mark seitens eines Steuerpflichtigen.

eine Zunahme in der Stadt . . . . . . um 3,90 Prozent
„ „ „ den Vorstädten . . . . „ 47,41 „
„ Abnahme in den Landbezirken . . . „ 10,48 „
„ „ „ Travemünde . . . . . „ 5,97 Prozent [1]).

Das Verhältnis der Bevölkerungsziffer zur Zahl der Steuerpflichtigen und zum Ertrage der Steuern wird durch nachstehende Tabelle veranschaulicht:

Steuerjahr.	Einwohner.	Steuerzahler.	Einwohner, unter welchen ein Steuerzahler ist.	Versteuertes Einkommen.	Steuererträge.	Durchschnittssteuer eines Steuerzahlers.	Durchschnittseinkommen eines Steuerzahlers.
				Mark.	Mark.		
1870	51,414	15,924	3,22	19,074,240	367,798.13	23,10	1197,83
1871	52,158	14,761	3,53	18,869,880	369,594.23	25,04	1278,35
1872	52,749	15,553	3,39	19,505,640	378,947.32	24,36	1254,15
1873	53,907	16,053	3,36	20,744,280	403,634.92	25,14	1292,23
1874	55,116	16,909	3,26	22,923,960	447,722.10	26,48	1355,73
1875	56,912	16,921	3,36	24,806,100	494,331.05	29,21	1466,00
1876	57,558	17,635	3,26	25,951,800	520,552.48	29,52	1471,60
1877	58,942	17,789	3,31	26,731,700	539,891.83	30,35	1502,71
1878	60,850	17,706	3,41	26,714,100	544,364.40	30,74	1508,76
1879	61,701	18,219	3,39	26,549,500	536,838.52	29,47	1457,24
1880	63,571	18,592	3,42	26,567,800	539,392.28	29,01	1432,66
1881	64,266	18,916	3,40	26,928,500	543,906.09	28,75	1423,58
1882	65,291	19,150	3,41	27,870,900	574,158.70	29,98	1455,39
1883	66,750	19,923	3,35	28,792,100	579,464.31	29,09	1445,17
1884	67,809	20,861	3,25	29,450,450	587,350.11	28,16	1411,75
Veränderung von 1870 zu 1884 von 100 auf . . .	132	131	101	161	159	122	118

[1]) Siehe die Anmerkung auf S. 210.

Stufe bezw. Gruppe.	Einkommen.	Steuerpflichtige.		Versteuertes Einkommen.		Durchschnittssteueransatz. Mark.	Ertrag der Steuern.	
		1884.	1883.	1884.	1883.		1884.	1883.
1.	401— 600	8,991	8,443	4,195,500	4,221,500	3,60	32,367,30	30,394,80
2.	601— 700	2,867	2,747	2,006,900	1,922,900	7,20	20,642,40	19,778,40
3.	701— 800	1,952		1,561,600		9,00	17,568,00	
4.	801— 900	712	} 3,333	640,800	} 2,999,700	10,50	7,476,00	} 34,996,50
5.	901— 1,000	876		876,000		12,00	10,512,00	
6.	1,001— 1,100	273		300,300		13,50	3,685,50	
7.	1,101— 1,200	711		853,200		15,00	10,665,00	
8.	1,201— 1,300	182	} 1,950	236,600	} 2,535,000	16,50	3,003,00	} 32,175,80
9.	1,301— 1,400	232		324,800		18,00	4,176,00	
10.	1,401— 1,500	559		838,500		20,40	11,403,60	
11.	1,501— 1,600	201		321,600		22,80	4,582,80	
12.	1,601— 1,700	106		180,200		25,20	2,671,20	
13.	1,701— 1,800	296	} 1,005	532,800	} 1,809,000	28,20	8,347,20	} 28,341,00
14.	1,801— 1,900	62		117,800		31,20	1,934,40	
15.	1,901— 2,000	400		800,000		34,20	13,680,00	
16.	2,001— 2,100	88		184,800		37,80	3,326,40	
17.	2,101— 2,200	83		182,600		41,40	3,436,20	
18.	2,201— 2,300	57	} 534	131,100	} 1,228,200	45,00	2,565,00	} 24,030,60
19.	2,301— 2,400	114		273,600		49,20	5,608,80	
20.	2,401— 2,500	196		415,000		53,40	10,466,40	
21.	2,501— 3,000	424	450	1,187,200	1,260,000	66	27,984	29,700
22.	3,001— 4,000	452	466	1,582,000	1,631,000	96	43,392	44,736
23.	4,001— 5,000	265	258	1,192,500	1,161,000	135	35,775	34,830
24.	5,001— 6,000	176	159	968,000	874,500	165	29,040	26,235
25.	6,001— 7,000	109	109	708,500	708,500	195	21,255	21,255
26.	7,001— 8,000	93	82	697,500	615,000	225	20,925	18,450
27.	8,001— 9,000	45	64	382,500	544,000	255	11,475	16,320
28.	9,001— 10,000	57	46	541,500	437,000	285	16,245	13,110
29.	10,001— 15,000	115	121	1,495,000	1,573,000	390	44,850	47,190
30.	15,001— 20,000	68	62	1,224,000	1,116,000	510	36,720	33,480
31.	20,001— 25,000	36	34	828,000	782,000	600	24,840	23,460
32.	25,001— 30,000	14	15	392,000	420,000	840	11,760	12,600
33.	30,001— 40,000	18	12	639,000	426,000	1065	19,170	12,780
34.	40,001— 50,000	10	11	455,000	500,500	1365	13,650	15,015
35.	50,001— 60,000	3	6	166,500	333,000	1665	4,995	9,990
36.	60,001— 80,000	13	9	916,500	631,500	2115	27,495	19,035
37.	80,001—100,000	—	1	—	90,500	2715	—	2,715
38.	100,001—120,000	2	1	221,000	110,500	3315	6,630	3,315
39.	über 120,000	3	5	580,050	858,800	5800	17,400	25,765
	Summa . .	20,861	19,923	29,450,450	28,792,100		591,718,50	579,696,70

8) Bremen[1].

Veranlagung pro 1882.

Steuerklassen.	Steuerzahler.		Versteuertes Einkommen.		Steuerertrag.	
600— 800	13,019	43,27 %	8,747,958	10,58 %	119,688	4,60
	26[2]		*7,446*		*1,412*	
800— 1,000	4,438	14,75	4,246,068	5,13	30,781	1,18
	8		*7,100*		*57*	
1,000— 1,200	2,244	7,46	2,591,433	3,14	25,212	0,97
	9		*9,910*		*98*	
1,200— 1,500	2,135	7,09	3,037,757	3,67	35,802	1,38
	15		*19,669*		*538*	
1,500— 1,800	1,286	4,27	2,185,971	2,65	28,832	1,11
	7		*12,020*		*192*	
1,800— 2,100	1,072	3,56	2,128,070	2,57	32,091	1,23
	8		*15,566*		*281*	
2,100— 2,400	721	2,40	1,654,743	2,00	28,913	1,11
	11		*24,250*		*645*	
2,400— 3,000	1,245	4,14	3,505,573	4,24	69,736	2,68
	16		*42,128*		*927*	
3,000— 3,600	646	2,15	2,164,381	2,62	49,164	1,89
	11		*37,900*		*2,096*	
3,600— 4,200	512	1,70	2,019,113	2,44	48,111	1,85
	9		*34,785*		*783*	
4,200— 4,800	347	1,15	1,551,279	1,88	39,029	1,50
	6		*27,165*		*802*	
4,800— 5,400	315	1,05	1,595,245	1,93	42,547	1,63
	5		*24,715*		*728*	
5,400— 6,000	285	0,95	1,647,529	1,99	49,892	1,92
	3		*17,730*		*416*	
6,000— 7,200	312	1,04	2,055,678	2,49	67,178	2,58
	12		*76,125*		*2,273*	
7,200— 8,400	204	0,68	1,588,574	1,92	56,254	2,16
	9		*69,624*		*1,763*	
8,400— 9,600	171	0,57	1,538,071	1,86	58,591	2,25
	2		*17,430*		*678*	
9,600—10,800	152	0,50	1,546,647	1,87	65,672	2,53
	2		*20,044*		*401*	
10,800—12,000	110	0,36	1,230,390	1,49	46,025	1,77
	3		*34,386*		*598*	
12,000—15,000	171	0,57	2,313,211	2,80	92,632	3,56
	3		*40,069*		*815*	
15,000—18,000	149	0,50	2,407,976	2,91	93,707	3,60
	3		*48,493*		*1,206*	
18,000—24,000	157	0,52	3,283,383	3,97	131,135	5,04
	3		*56,716*		*2,213*	
24,000—30,000	88	0,29	2,377,668	2,87	101,557	3,90
	1		*29,888*		*2,160*	
30,000—36,000	60	0,20	1,970,273	2,38	86,562	3,33
36,000—42,000	44	0,15	1,702,525	2,06	76,315	2,93
	5		*196,357*		*10,751*	
42,000—48,000	31	0,10	1,392,955	1,68	58,867	2,26
48,000—54,000	28	0,09	1,420,036	1,72	55,205	2,12
54,000—60,000	20	0,07	1,133,141	1,37	44,493	1,71

[1] Jahrbuch für bremische Statistik Jahrgang 1884. II. Heft. 1885.
[2] Die klein gedruckten Ziffern deuten die juristischen Personen an, welche unter den Gesamtzahlen inbegriffen sind.

Steuerklassen.	Steuerzähler.		Versteuertes Einkommen,		Steuerertrag.	
60,000— 72,000	22	0,07	1,643,340	1,99	69,566	2,68
	4		263,603		10,210	
72,000— 84,000	19	0,06	1,453,811	1,76	62,278	2,40
84,000— 96,000	21	0,07	1,906,793	2,31	76,514	2,94
96,000—108,000	10	0,03	1,024,576	1,24	41,261	1,59
108,000—120,000	5	0,02	567,038	0,69	22,649	0,87
120,000—150,000	18	0,06	2,419,918	2,93	95,677	3,68
	1		130,250		5,210	
150,000—180,000	13	0,04	2,116,659	2,56	88,171	3,39
	4		536,229		24,842	
180,000—240,000	7	0,03	1,493,922	1,81	50,301	1,93
240,000—300,000	7	0,02	1,870,644	2,26	66,194	2,55
über 300,000	6	0,02	5,146,431	6,22	394,937	15,18
	5		3,751,431		342,137	

Steuerklassen.	Jahr.	Steuerzahler, die jurist. Personen eingerechnet.	Auf 1000 Einwohner kommen Steuerzahler, die jur. Pers. ungerechnet.	Versteuertes Einkommen.		Steuerertrag.	
600— 1,000	1878	53,99 %	94,11	10,785,300	15,54%	93,852	4,91
	1879	54,09	92,72	10,794,500	11,82	93,695	3,35
	1880	56,27	99,29	11,679,355	12,45	72,808	2,57
	1881	57,49	105,10	12,335,704	13,29	98,055	3,52
	1882	58,02	109,29	12,994,026	15,71	150,469	5,78
1,000— 1,500	1878	15,79	27,46	5,257,730	7,58	64,691	3,38
	1879	15,43	26,36	5,162,670	5,66	63,417	2,27
	1880	14,46	25,40	5,130,100	5,47	55,800	1,97
	1881	14,16	25,80	5,249,980	5,66	56,974	2,03
	1882	14,55	27,30	5,629,190	6,81	61,014	2,35
1,500— 3,000	1878	15,88	27,40	8,970,000	12,94	151,324	7,91
	1879	15,41	26,16	8,737,510	9,57	147,041	5,26
	1880	15,15	26,53	9,149,410	9,75	151,109	5,34
	1881	14,56	26,38	9,127,190	9,84	153,043	5,50
	1882	14,37	26,86	9,474,357	11,46	159,572	6,13
3,000— 6,000	1878	7,71	13,20	8,438,760	12,16	198,848	10,40
	1879	7,09	12,99	8,575,900	9,28	200,955	7,18
	1880	7,55	13,13	8,893,570	9,48	215,392	7,60
	1881	7,28	13,07	8,920,310	9,61	222,429	7,99
	1882	7,00	12,09	8,977,547	10,86	228,743	8,79

	Jahr.						
6,000—12,000	1878	3,59	6,18	7,857,745	11,32	283,044	14,80
	1879	3,47	5,84	7,519,565	8,24	270,300	9,66
	1880	3,32	5,52	7,831,010	8,34	292,817	10,34
	1881	3,23	5,80	7,819,497	8,43	290,729	10,44
	1882	3,15	5,78	7,959,360	9,63	293,720	11,29

Steuerklassen.	Jahr.	Steuerzahler, die jurist. Personen eingerechnet.	Auf 1000 Einwohner kommen Steuerzahler, die jur. Pers. ungerechnet.	Versteuertes Einkommen.		Steuerertrag.	
über 12,000	1878	3,04	5,10	28,073,040	40,46	1,120,606	58,60
	1879	3,91	6,56	50,592,955	55,43	2,022,052	72,28
	1880	3.25	5,60	51,142,779	54,51	2,044,334	72,18
	1881	3,28	5,86	49,345,372	53,17	1,964,002	70,52
	1882	2,91	5,31	37,644,300	45,53	1,708,021	65,66

Jahr.	Steuerzahler auf 1000 Einw.	Einkommen auf 1 Steuerzahler.	Unbesteuerte.	Unversteuertes Einkommen.	Einkommen der Bevölkerung.	Pro Kopf der Bevölkerung.	Steuerertrag pro Steuerzahler.
1878	173,45	2,699	39,669	14,124,740	82,704,114	561,75	74,40
1879	170,63	3,529	40,362	14,361,060	104,800,159	695,42	108,16
1880	175,77	3,408	40,244	14,344,840	104,834,787	672,75	102,88
1881	182,01	3,230	39,546	14,086,720	104,016,326	662,74	96,94
1882	187,55	2,748	38,671	13,770,040	95,061,063	596,30	86,46

Statistische Notizen aus den bayrischen Budgets[1].

Vergleichung der erheblichsten Bruttoeinnahmen des bayer. Staats
nach den Budgetziffern für die Jahre 1868, 1876 und 1886.

	1868.	1876.	1886.	
Aus Grundsteuern . . .	11,462,228 M.	11,438,323 M.	11,508,000 M.	mehr gegen 1868 45,772 M.
„ Haussteuern	1,784,685 „	2,457,050 „	4,407,500 „	„ „ „ . 2,672,615 „
„ Gewerbesteuern . .	2,734,285 „	3,371,110 „	5,515,300 „	„ „ „ . 2,781,815 „
„ Kapitalrentensteuern	1,187,656 „	1,823,480 „	3,583,000 „	„ „ „ . 2,346,344 „
„ Einkommensteuern .	589,714 „	1,206,490 „	1,739,500 „	„ „ „ . 1,149,786 „

mehr gegen 1868 in Summa 8,994,731 M.

	1868.	1876.	1886.	
„ Erbschaftssteuer, Gebühren, Stempeln und Strafen . .	13,517,122 M.	16,085,270 M.	20,055,000 M.	
„ Malzaufschlag . . .	16,030,542 „	20,774,000 „	32,279,500 „	
„ Zöllen a. ältere Einnahmen .	18,333,254 „	—	—	fliessen in die Reichskasse.
b. neuen . .			14,337,000 „	
„ Branntweinsteuern .			2,350,000 „	
„ Hundehaltungsabgaben		600,000 „	1,010,000 „	
„ Bergwerks-, Hütten- u. Salinengefällen	3,671,641 „	8,679,750 „	6,486,549 „	
„ Staatseisenbahnen .	37,466,604 „	84,145,724 „	86,295,183 „	
„ Post u. Telegraphen	6,540,000 „	9,982,695 „	14,316,190 „	
„ Forst-, Jagd- u. Triftgefällen	21,093,547 „	30,236,100 „	23,475,243 „	
„ Oekonomien und Gewerben	1,103,622 „	1,626,943 „	2,000,414 „	
„ Grundgefällen . . .	8,278,371 „	7,783,600 „	7,378,326 „	
„ Aerarialrenten von der k. Bank in Nürnberg		350,000 „	400,000 „	

Die Ausgaben auf die Erhebung, Verwaltung und den Betrieb sind für das Jahr 1886 angenommen, bei den direkten Steuern mit 849,840 M. ca. 3½ Proz. der Einnahmen, bei den Erbschaftssteuern, Gebühren u. s. w. mit 701,443 M. nahezu 3½ Prozent, bei den sämtlichen Zöllen und indirekten Steuern mit 9,146,920 M. (nach Abzug der Vergütung aus der Reichskasse zu 2,094,360 M. 7,052,560 M.) nahezu 14 Proz., bei den Bergwerks-, Hütten- und Salinengefällen mit 5,610,611 M. ca. 86 Prozent, bei den Staatseisenbahnen mit 50,802,383 M. über 58 Prozent,

---

[1] Vorstehende Zusammenstellung verdanken wir dem Bürgermeister von Schweinfurt, Herrn Dr. v. Schultes. Eine vollständige Uebersicht über die Entwicklung des bayrischen Haushalts auf Grund der Staatsrechnungen werden wir in einem spätern Band bringen.

bei der Post und den Telegraphen mit 12,545,667 M. oder 87 Prozent, bei den Forst- und Triftgefällen mit 12,556,795 M. oder 53 Prozent, bei den Oekonomien und Gewerben mit 1,409,054 M. oder 70 Prozent.

Die Staatsausgaben in Bayern auf Erziehung und Bildung waren budget-mässig bestimmt in den Jahren:

1819	mit	1824	mit	jährlich	1,186,280	Mark
1825	„	1830	„	„	1,294,284	„
1831	„	1836	„	„	1,758,200	„
1837	„	1842	„	„	1,818,397	„
1843	„	1848	„	„	1,894,428	„
1849	„	1854	„	„	1,855,302	„
1855	„	1860	„	„	2,377,195	„
1861	„	1867	„	„	2,840,524	„
1868	„	1871	„	„	3,722,162	„
1872	„	1873	„	„	7,542,501	„
1874	„	1875	„	„	11,308,545	„
1876	„	1877	„	„	13,350,397	„
1878	„	1879	„	„	13,060,706	„
1880	„	1881	„	„	13,002,950	„
1882	„	1883	„	„	12,758,917	„
1884	„	1885	„	„	13,250,337	„

Es sind dieselben daher in 66 Jahren gestiegen im Verhältnis von 1:11.

Der Militäretat im Jahre

1819	war	bestimmt	mit	14,139,786	Mark
1825	„	„	„	12,497,142	„
1831	„	„	„	10,724,530	„
1837	„	„	„	11,725,300	„
1843	„	„	„	12,548,243	„
1849	„	„	„	14,643,128	„
1855	„	„	„	15,558,685	„
1861	„	„	„	19,568,569	„
1868	„	„	„	25,852,223	„
1870	„	„	„	25,852,223	„
1872	„	„	„	32,702,934	„
1874	„	„	„	34,580,764	„
1876	„	„	„	41,446,222	„
1878	„	„	„	42,158,603	„
1880	„	„	„	42,690,027	„
1882	„	„	„	43,715,803	„
1884	„	„	„	43,490,595	„

Zwischen dem niedrigsten Militäretat 1831/36 und dem höchsten 1882/83 ist das Verhältnis von 1:4.

Finanzgesetzgebung.

Die Besteuerung der Genossenschaften in den deutschen Staaten und in Oesterreich.

Von

Georg Schanz.

Die Besteuerung der Genossenschaften gehört zu der grossen Zahl von Aufgaben, welche das moderne Verkehrsleben gezeitigt hat. Die frühere Zeit kannte die Genossenschaften nicht, die Steuerpolitik war deshalb nicht veranlasst, sich mit ihnen zu beschäftigen. Erst die drei letzten Decennien haben die Umwälzung hervorgebracht. Das Genossenschaftswesen hat sich mächtig entwickelt, es nimmt eine wichtige Stelle im Organismus der Volkswirtschaft ein. Es bestehen im Deutschen Reich gegen 3900 nach Schulze-Delitzschschem System arbeitende Genossenschaften mit 1,500,000 Mitgliedern, einem Geschäftsumsatz von 3 Milliarden Mark, einem Betriebskapital von 800 Millionen, wovon auf das eigene Kapital (Geschäftsanteile und Reserven) 300 Millionen treffen. Die Hauptmasse bilden die Kreditgenossenschaften; 1884 waren an solchen dem Anwalt der Schulze-Delitzschen Genossenschaften 1965 bekannt geworden; dazu kommen noch etwa 800 ländliche Darlehenskassen nach dem System Raiffeisen; die Zahl der Rohstoff-, Werk-, Magazins- und Produktivgenossenschaften beträgt 1146, die der Konsumvereine 678, der Baugenossenschaften 33. Der Reingewinn von 879 Vorschussvereinen betrug 8,198,864 M., der von 163 Konsumvereinen 2,846,538 M.[1] Gegenüber diesem quantitativen Hervortreten der Genossenschaften ist es dringend wünschenswert, die Frage ihrer Besteuerung einer Lösung entgegenzuführen und den Kampf, den Steuerpraxis und Steuergesetzgebung mit den Genossenschaften seit ihrem Entstehen führen, und der neuerdings wieder eine verschärfte Gestalt angenommen hat, endlich zum Stillstand zu bringen. Vielleicht tragen die folgenden Zeilen dazu bei, die beiden beteiligten Parteien über die Streitpunkte etwas aufzuhellen und das Berechtigte und Unberechtigte erkennen zu lassen.

Zunächst teilen wir mit, wie in Wirklichkeit die steuerliche Behandlung der Genossenschaften in den verschiedenen Staaten gehandhabt wird. Durch diese Darstellung wird sich von selbst ergeben, welches die einzelnen Stand-

---

[1] S c h e n c k, Jahresbericht für 1884 über die auf Selbsthilfe gegründeten deutschen Erwerbs- und Wirtschaftsgenossenschaften 1885.

punkte sind, wie man dieselben beurteilt, und wie man sich mit ihnen abgefunden hat. Im Anschluss an dieses thatsächliche Material werden wir dann versuchen, unsere Auffassung der Besteuerungsfrage kurz darzulegen und zu prüfen, inwieweit die Steuergesetzgebung und Praxis damit übereinstimmen. In den beiden Teilen der Abhandlung schien es uns rätlich, von den in Deutschland bestehenden Steuersystemen auszugehen, da nur auf diese Weise Gleichartiges vereinigt und ein brauchbarer Massstab gewonnen wird. Auch mussten wir von den Gebühren und Verkehrssteuern durchweg absehen und uns ausschliesslich auf die direkten Steuern beschränken.

I. Staaten mit Ertragssteuersystem.

1) Württemberg.

Wir beginnen mit Württemberg, weil daselbst die Steuerpflicht der Genossenschaften sehr eingehend erörtert worden ist. Indem wir die wichtigeren ohnehin wenig zugänglichen Entscheidungen in extenso mitteilen, führen wir die Leser am einfachsten in medias res.

Das württembergische Ertragssteuersystem besteht aus Grund-, Gebäude-, Gewerbe-, Kapitalrenten-, Dienst- und Berufseinkommensteuer. Ueber seine allmähliche Ausbildung und neueste Reform wurde im Finanzarchiv I. S. 389 fg. das Wesentliche mitgeteilt. Für die Genossenschaften kommt in Betracht die Gewerbe- und Kapitalrentensteuer. Ueber die Gewerbesteuerpflicht der Genossenschaften spec. der Konsumvereine haben bereits 1864 Erörterungen stattgefunden. Der Stuttgarter Konsumverein wurde anfänglich von der hiefür zunächst zuständigen Gemeindebehörde gar nicht der Steuer unterworfen, weil man seinen Geschäftsbetrieb nicht als einen Gewerbebetrieb betrachtete. Als der Verein aber seinen Verkauf auch auf Nichtmitglieder ausdehnte, wurde dieser Teil des Betriebes zur Steuer gezogen, indem man nach langen Erörterungen davon ausging, dass der Absatz an Nichtmitglieder den in Bargeld eingegangenen Ertrag — den sogenannten Silberumsatz — bilde, der Absatz gegen Konsummarken dagegen — der sogenannte Blechumsatz — den von den Mitgliedern kommenden Ertrag, welcher steuerfrei blieb. Der damalige Vorstand des Konsumvereins war aber hiermit nicht zufrieden und wollte auch den Verkehr mit Nichtmitgliedern befreit wissen, weil obige Ausscheidung nicht richtig und der Umsatz bei Nichtmitgliedern mehr nur Nebensache sei, auch für solche keine besonderen Vorräte und Einrichtungen bestünden. Die Beschwerde desselben wurde aber durch alle Instanzen, schliesslich durch Geheimrats-Erkenntnis vom 25. Januar 1868 abgewiesen, wobei namentlich geltend gemacht wurde: da der Konsumverein nach eigener Ausführung grundsätzlich die Waren an Mitglieder nicht zum Ankaufspreis, sondern zum Marktpreis abgebe, um einen Ueberschuss zu erzielen und den gleichen Grundsatz auch bei Verkäufen an Nichtmitglieder festhalte, so seien in dem Ueberschuss über die Ankaufspreise nicht bloss die von Mitgliedern, sondern auch die von Nichtmitgliedern erhobenen Preiszuschläge inbegriffen, der Verein erziele somit beim Verkauf an Nichtmitglieder einen Handelsgewinn, welcher der Natur der Sache nach teils aus dem Betriebskapital, teils aus der Arbeit des Handelspersonals entspringe. [1] Obwohl so die Frage der Besteuerung der Genossenschaften angeregt war, und obgleich von seiten der Wanderversammlung der württembergischen Gewerbevereine von Hall 1869 ausdrücklich die gesetzliche Regelung gewünscht wurde, erwähnte das Gesetz vom

---

[1] Kübel u. Sarwey, Württemb. Archiv für Recht und Rechtsverwaltung 14. Bd. S. 287 u. 23 Bd. 1882 S. 264.

28. April 1873 betreffend die Grund-, Gebäude-, und Gewerbesteuer die Genossenschaften doch nicht; es begnügte sich dasselbe mit dem allgemeinen Grundsatz:

„Der Gewerbesteuer unterliegen die im Lande betriebenen Gewerbe jeder Art." (Art. 1.)

Nur der Versicherungsgesellschaften, welche nicht auf Gegenseitigkeit
gegründet, sondern auf Gewinn berechnet sind, ist besonders gedacht. (Art. 92.)
Durch Verfügung der k. Katasterkommission vom 13. März 1875 betreffend die
Gewerbesteuereinschätzung ist die bestehende Lücke ausgefüllt worden. Diese
Verfügung lautet:

„Gegenseitigkeitsgesellschaften, wie Handwerkerbanken etc., sind gewerbesteuerfrei.
Wenn und insoweit sich aber ihr Geschäftsbetrieb auf andere als Vereinsmitglieder erstreckt, unterliegt dieser Betrieb der Gewerbesteuer. Das gleiche gilt auch von Konsumvereinen, welche Waren an Nichtmitglieder verkaufen oder Läden halten, in welchen auch
Nichtmitglieder zugelassen sind." [1]

Gegen die Konsumvereine machte sich Ende der 70er Jahre eine lebhafte Bewegung geltend. Im Jahre 1879 verlangte die Wanderversammlung
der württembergischen Gewerbevereine die allgemeine Heranziehung der Konsumvereine zur Gewerbesteuer; die bürgerlichen Kollegien in Esslingen schlossen
sich diesem Votum an und richteten an den Stuttgarter Gemeinderat die Bitte,
auch seinerseits bei dem k. Finanzministerium im Sinne einer Ausdehnung der
Gewerbesteuer auf den ganzen Umsatz der Konsumvereine vorstellig zu werden.
In Stuttgart wurde die Frage viel ventiliert. Ein Gutachten, das Dr. Miller,
damals Sekretär des Stadtschultheissenamts, jetzt Oberamtmann in Tettnang,
verfasste, erregte grosse Aufmerksamkeit [2]. Miller vertrat mit grosser Energie den
Gedanken, dass die Genossenschaften selbst dann, wenn sie auf ihre Mitglieder
den Geschäftsverkehr beschränken, Gewerbe betreiben. Der Stuttgarter Gemeinderat schloss sich mit allen gegen 2 Stimmen dem Esslinger Antrage an [3].

Diese Bewegung blieb nicht ohne Folge. Durch Erlass des k. Finanz-
ministeriums vom 12. November 1880 bezw. der Katasterkommission in dessen
Auftrag vom 17. Dezember 1881 an die Steuerbehörden wurde bezüglich der
Konsumvereine eine Einschränkung vorgenommen.

„Diejenigen Konsumvereine, welche in offenen Läden oder mit offenem Angebot sach
an andere Personen, als Vereinsmitglieder Waren verkaufen, sind mit ihrem gesamten Rein-
verdienst aus ihrem Warenverkauf zur Gewerbesteuer beizuziehen ohne Rücksicht darauf, ob
dieser Verdienst durch Verkauf an Mitglieder oder an Nichtmitglieder erzielt wird. Diejenigen
Konsumvereine dagegen, welche ihre Thätigkeit nur auf den Kreis ihrer Mitglieder beschränken
und dabei nicht auf die Erzielung eines Gewinns, z. B. zur Verteilung von Dividenden, Dotierung des Reservefonds, Erwerbung von Gebäuden u. dgl. ausgehen), sind auch fernerhin von der Gewerbesteuer freizulassen. Gewerbesteuerfrei bleiben ferner die Einnahmen, welche
ein Konsumverein aus anderen Quellen als dem Warenverkauf bezieht, wie Kapitalzinse, Mietzinse aus Liegenschaften, ebenso der Rabatt aus dem Markenverkehr mit Privatgeschäften, die
sog. Lieferantengeschäfte etc. [5]

---

[1]) Sammlung der württ. Staatssteuergesetze, sowie die wichtigeren hiezu
ergangenen Vollzugsvorschriften 1883 S. 129.

[2]) Dr. Millers Freundschaft verdanke ich es, dass mir das Gutachten, das
nicht gedruckt wurde, zur Einsicht zur Verfügung stand. In vielen Punkten
berühren sich unsere unabhängig von einander gewonnenen Ansichten.

[3]) Bl. f. G. 1880 Jahrg. 27 S. 252.

[4]) Analog bestimmte gleichzeitig ein Erlass der Katasterkommission v.
18. Dez. 1880 Nr. 2766, dass auch die Metzgergenossenschaften, deren Zweck
der gemeinschaftliche Betrieb von Schlachthäusern und die Anschaffung und
Unterhaltung der damit zusammenhängenden Einrichtungen und Inventarstücke
ist, in der Regel als gewerbesteuerpflichtig erscheinen, wobei die zu Schulden-
tilgungen verwendeten Einnahmen an Gebühren zu dem steuerpflichtigen Ge-
werbeertrag gehören, wogegen der Zins aus dem der Gebäudesteuer unterliegenden Gebäudenkapital von der Gewerbesteuer frei zu lassen ist.

[5]) Kübel u. Sarwey, Württemb. Archiv 23 Bd. 1882 S. 266, Sammlung
d. württ. Staatssteuergesetze S. 129 Note 2.

Diesem Erlass des Finanzministeriums wurde von seiten des Stuttgarter Spar- und Konsumvereins Widerstand entgegengesetzt, indem er an den Verwaltungsgerichtshof wegen seiner Beiziehung zur Staatsgewerbesteuer für seinen ganzen Warenumsatz an Mitglieder und Nichtmitglieder Beschwerde anmeldete. Dieselbe wurde verworfen. Die Berufung auf eine Entscheidung des k. Geheimen Rats vom 28. Januar 1868, wonach bei dem damaligen Konsumverein in Stuttgart auf dessen Beschwerde nur die Steuerpflicht des Verkehrs mit Nichtmitgliedern ausgesprochen worden sei, wurde als nicht mehr relevant erklärt, angeblich weil der 1868 bestandene Konsumverein mit dem jetzigen erst durch Vertrag vom 6/11. Mai 1871 nach Massgabe des Reichsgesetzes gegründeten Verein nicht als derselbe zu betrachten sei [1]. „Der jetzige Konsumverein,“ wurde weiter ausgeführt, „lässt unbestritten seine Waren in sämtlichen Verkaufsstellen an jedermann abgeben und bestehen keinerlei besondere Lagerräume oder Lokalitäten für die Bedürfnisse der Vereinsmitglieder. Der hiernach vorhandene einheitliche Geschäfts-Komplex muss nun wie jeder sonstige derartige Gewerbsbetrieb um so mehr in seinem vollen Umfang zur Besteuerung gezogen werden, als das vorhandene vereinigte Betriebskapital und die verwendeten Arbeitskräfte in ihrer Gesamtheit auch die Grundlage jenes einheitlichen Gewerbsbetriebs bilden. Eine nur teilweise Besteuerung des Betriebs könnte nur dann stattfinden, wenn das Staatssteuergesetz eine solche Ausnahme zuliesse und über die Festsetzung derselben nähere Bestimmung gäbe, was nicht der Fall ist. Abgesehen hiervon ist aber auch eine richtige Ausscheidung des an Mitglieder und Nichtmitglieder stattfindenden Umsatzes, welche der Beschwerdeführer beansprucht, denn von den vorliegenden Verhältnissen, wie der Vorstand des früheren Konsumvereins in seiner Beschwerdeschrift vom 7. November 1867 ebenfalls anerkannte, gar nicht möglich. Die früher zugelassene Annahme, dass die in den Verkaufslokalen gegen bares Geld abgegebenen Waren (der sog. Silberumsatz) die an Nichtmitglieder abgegebenen Waren begreifen sollen, wogegen die gegen Konsummarken — die vom Verein ausgegebenen Wertzeichen — verkauften Waren als Bezüge der Mitglieder betrachtet und nicht für die Besteuerung angerechnet wurden, ist nunmehr mit Grund als eine ungerechtfertigte Massregel abgestellt worden. Zunächst beruhte jene Ausscheidung in ihren Beträgen nur auf den einseitigen somit nicht beweiskräftigen Angaben der Lagerhalter und sonstigen Vertreter des Vereins. Sodann ist jene Annahme auch deshalb nicht berechtigt, weil nach mehrfachen, durch die Akten bestätigten Zeugnissen die in bedeutenden Beträgen zirkulierenden Konsummarken nicht bloss für die Warenbezüge der Mitglieder dienen, sondern auch von anderen Personen vielfach verwendet werden. Ferner ist bei einem so zahlreichen Verein wie der in Stuttgart von über 3000 Mitgliedern in Ermangelung genügender Kontrolmassregeln die Möglichkeit vorhanden, dass einzelne auch Warenanschaffungen für Nichtmitglieder machen, wodurch ihr eigener Markenbezug erhöht wird, dessen Grösse nach § 10, Abs. 3 des Vereinsstatuts für den Betrag der vierteljährig zur Verteilung kommenden Dividenden massgebend ist“ [2].

Bald darauf wurde ein stärkerer Angriff gegen die Konsumvereine versucht. Durch Verfügung der k. Katasterkommission vom 5. Mai 1883 wurde der Ulmer Konsumverein zur Gewerbesteuer beigezogen, obwohl derselbe seine Geschäftsthätigkeit nicht über den Kreis seiner Mitglieder ausdehnte. Man stützte sich auf den Erlass vom Jahre 1880, wonach ein Konsumverein auch dann schon steuerpflichtig werde, wenn er auf die Erzielung eines Gewinns zur Verteilung von Dividenden und Dotierung eines Reservefonds ausgehe. Eine Beschwerde an die k. Finanzministerium war vergeblich. Der Konsumverein berief sich auf die oben erwähnte Geheimrats-Entscheidung von 1868 und die Verfügung der Katasterkommission vom 13. März 1875, bemerkend, es könne auch rechtlich nicht behauptet werden, dass ein Konsumverein, der nur an seine

---

[1] Für eine Aenderung der Steuerpflicht konnte die Eintragung gewiss nicht von Belang sein.
[2] Bl. f. G. 1881 Jahrg. 28 S. 254.

Mitglieder Waren abgebe, ein Gewerbe treibe, da eine Person oder eine Vereinigung mehrerer Personen — wie es der Ulmer Konsumverein sei — zu einem und demselben Zweck doch mit sich selbst kein Gewerbe treiben oder von sich Gewinn nehmen könne. Nur um die durch das Halten eines Ladens und einer Person, welche die Waren verabfolge, über die Ankaufskosten der letzteren entstehenden weiteren Kosten, Mankos etc. zu decken, sei die Einrichtung getroffen worden, nicht bloss die Selbstkostenpreise, sondern die billigsten Tagespreise von den Mitgliedern zu erheben. Ergebe nun der vierteljährige Abschluss einen Ueberschuss, so komme dieser den Mitgliedern wieder zu gut, und zwar nicht nach Verhältnis ihrer Einlagen, sondern nach dem der entnommenen Waren. Dieser Ueberschuss oder die sog. Dividende fliesse jedem einzelnen wieder zu und nur für ein Bruchteil werde für unvorhergesehene Fälle zurückbehalten — sogenannter Reservefonds — dieses besonders mit Rücksicht auf die Bestimmungen des Genossenschaftsgesetzes vom 4. Juli 1868.

Das Finanzministerium verwarf die erhobene Beschwerde am 17. Oktober 1883. „Es sind, führte es aus, vor allem die hierher gehörigen Bestimmungen des Steuergesetzes vom 28. April 1873 (Rgbl. S. 127) ins Auge zu fassen. Nach Art. 1, Z. 3 dieses Gesetzes unterliegen der Gewerbesteuer die im Lande betriebenen Gewerbe jeder Art; ausgenommen hiervon sind nach Art. 2 nur die von dem Staate selbst betriebenen Gewerbe, der Handel mit Produkten von eigenen oder gepachteten Grundstücken etc. und bezw. die Privateisenbahnen. Ebenso bezeichnet das Gesetz in Art. 3 jeden für gewerbesteuerpflichtig, der im Lande ein Gewerbe betreibt, und spricht zur Bestärkung dessen noch besonders aus, dass die Steuerpflicht eine allgemeine sei, und dass keine nicht im Gesetz begründete Befreiung von derselben bewilligt werden dürfe. Es sind hienach sachlich und persönlich, abgesehen von jenen Ausnahmen alle Gewerbe und alle Gewerbetreibenden zur Gewerbesteuer beizuziehen. Nach der Seite der persönlichen Steuerpflichtigkeit hin ist durch Art. 86 näher bestimmt, dass nicht nur etwa physische Personen, sondern auch Personen-Gemeinschaften, Rechtspersonen u. s. w. mit den von ihnen betriebenen Gewerben der Gewerbesteuer unterliegen. Dagegen hat das Gesetz, wie die Reichsgewerbeordnung selbst, davon abgesehen, begrifflich festzusetzen, was als Steuerobjekt, als Gewerbe zu betrachten sei. Die Entscheidung über diese Frage ist im einzelnen Falle aus den gegebenen thatsächlichen Verhältnissen und nach den von dem Gesetz gebotenen Merkmalen für die Anlegung dieser Steuer zu schöpfen. In dieser Beziehung bezeichnet das Gesetz als Gegenstand der Gewerbebesteuerung den aus persönlichem Arbeitsverdienst und der Verwendung eines Betriebskapitals sich ergebenden Ertrag an Vermögen (Art. 87, 89). Ein Arbeitsverdienst und ein Kapitalsertrag ist aber da und auch nur da vorhanden, wo ein dritter für die aufgewendete Arbeit und für die Ueberlassung der mit Kapitalaufwand hergestellten oder beschafften Waren, Einrichtungen etc. Vergütung und Bezahlung leisten soll. Endlich setzt das Gesetz voraus, dass der für dritte gemachte Arbeits- und Kapitalaufwand ein wiederkehrender, fortdauernder sein müsse, um als steuerpflichtiges Gewerbe zu erscheinen: es ist dies in den Art. 88, 93, 98 ausgedrückt, wo von dem Anfang eines Geschäfts, einem Jahresertrage, Betriebsjahre etc. die Rede ist. An der Hand der angeführten, rechtlichen und äusseren thatsächlichen Umstände hat nach dem Gesetze die Steuerbehörde zu entscheiden, ob im einzelnen Falle ein steuerpflichtiger Gewerbebetrieb vorliege oder nicht, wobei hervorzuheben ist, dass das Gesetz keine Bestimmungen, welche den Grund und die Ursache eines auf Arbeits- und Kapitalertrag gerichteten Betriebes, sowie die Zweckbestimmung und Verwendung des zu erzielenden Ertrages (Gewinnes) berühren, enthält, und somit diese innern Verhältnisse bei der Frage von dessen Heranziehung zur Besteuerung als unmassgeblich betrachtet. Werden unter Festhaltung der vorangeführten gesetzlichen Voraussetzungen und Merkmale für das Vorhandensein eines steuerpflichtigen Gewerbes die rechtlichen, persönlichen und geschäftlichen Verhältnisse des Ulmer Konsumvereins einer näheren Prüfung unterzogen, so ergibt sich zunächst, dass derselbe nach seinen Statuten als eingetragene Genossenschaft im Sinne des Reichsgesetzes vom 4. Juli 1868 konstituiert ist. Die nach diesem Gesetze errichteten Konsumvereine § 1, Z. 4 sind Rechtspersonen mit eigener Handlungsfähigkeit, die sich durch ihre Vorstände äussert, und mit eigenem Vermögen, indem sie unter ihrer Firma Rechte erwerben, Verbindlichkeiten eingehen, Eigentum erwerben, vor Gericht klagen und verklagt werden können (§ 11). Und diese Rechtspersönlichkeit tritt nicht nur im Verhältnisse zu dritten, sondern auch im Verhältnisse zu den eigenen Mitgliedern des Vereins hervor. Was dieser erwirbt und besitzt und durch die geschäftliche Thätigkeit mit seinen eigenen Mitgliedern gewinnt, ist rechtlich sein Eigentum und nicht Eigentum des einzelnen Mitgliedes nach Verhältnis seiner Beteiligung bei dem Vereine. Diese rechtlichen Folgen gelten auch für den Konsumverein in Ulm, was in den Statuten desselben (insbes. § 2, 7, 10, 14) Ausdruck gefunden hat. Es erscheint hienach dieser Verein als eine steuerpflichtige Person im Sinne des Art. 3 und 86 des Steuergesetzes vom 28. April 1873. Was sodann die geschäftlichen und persönlichen Verhältnisse des Vereins betrifft, so besitzt derselbe nach den Statuten (§ 5) ein durch die Einlagen der Mitglieder gebildetes B e t r i e b s k a p i t a l, bestehend in Geschäfts-Einrichtungen, Warenvorräten, Geldvorräten u. s. w., und ebenso verwendet er Hilfspersonen, welche die Geschäfte des Vereins vermitteln. Ferner erzielt er aus der Thätigkeit seiner Hilfspersonen und aus den Geschäften, welche er mit den einzelnen Mitgliedern macht, einen Gewinn (Statuten § 2, 5, 8, 11), welcher nichts anderes, denn als persönlicher Arbeitsverdienst und als der aus dem Umsatze des Betriebskapitals sich ergebende Ertrag angesehen werden kann. Es treffen sonach bei demselben die weiteren Voraussetzungen für das Vorhandensein eines steuerpflichtigen Gewerbebetriebes (Art. 87, 91 des Steuerges. v. 28. April 1873) zu. Endlich ist der von dem Verein als solchem für die einzelnen Mitglieder gemachte Arbeits- und Kapitalaufwand ein wiederkehrender, fortdauernder (Statuten § 2, 8, 28), so dass bei dem Vereine auch dieses Erfordernis für den Begriff eines Gewerbebetriebes (Art. 88, 93, 98 des erwähnten Steuergesetzes) vorliegt. Wenn in den eben erörterten rechtlichen und thatsächlichen Verhältnissen des Konsumvereins sich alle wesentlichen Voraussetzungen und Merkmale zusammenfinden, welche das Gesetz für den Begriff eines steuerpflichtigen G e w e r b e s erfordert, und wenn in dem Gesetze vergeblich Bestimmungen gesucht werden, welche demungeachtet eine Befreiung des Konsumvereins von der Gewerbesteuer zu rechtfertigen vermöchten, so bedarf dem gegenüber nur noch die Frage einer weiteren Würdigung, ob und inwieweit die Ausführungen in der Beschwerdeschrift des Konsumvereins vom 11. Juli 1883 geeignet sind, den aus jenen gesetzlichen Bestimmungen und thatsächlichen Umständen zu ziehenden Schluss, dass der Konsumverein in Ulm auch in dem auf die Vereinsmitglieder beschränkten Geschäftsbetriebe ein steuerpflichtiges G e w e r b e ausübe, als einen unzutreffenden erscheinen zu lassen. In erster Linie wird in dieser Beziehung in der Beschwerdeschrift geltend gemacht, dass eine Person oder eine Vereinigung von Personen zu demselben Zwecke mit sich selbst kein Gewerbe treiben oder von sich Gewinn nehmen könne. Bei diesem Einwande wird aber ganz übersehen, dass der Konsumverein als solcher und die einzelnen Mitglieder desselben als solche rechtlich und äusserlich ganz verschiedene Persönlichkeiten sind, wie schon oben dargelegt wurde, und dass die Geschäfte, welche der Verein als Rechtsperson mit seinen Mitgliedern macht, rechtlich unter keinen andern Gesichtspunkt fallen, als die Geschäfte, welche der Verein mit dritten macht. Die einzelnen Warenabnahmen eines Mitgliedes von dem Verein gegen Bezahlung, geschehe diese durch Marken oder bar Geld, ist ein K a u f s g e s c h ä f t, es kann nur nach den hierüber geltenden Grundsätzen beurteilt und rechtlich verfolgt werden. Es ist demgemäss auch rechtlich und thatsächlich nicht richtig, wenn die Beschwerdeschrift des weiteren ausführt, dass der Ulmer Konsumverein nichts anderes sei, als eine Vereinigung mehrerer Personen zum g e m e i n s c h a f t l i c h e n Wareneinkauf und um solche nach den Bedürfnisse der einzelnen zu v e r t e i l e n. Es gibt Konsumvereine, welche als reine Verzehrungsgemeinschaften konstituiert sind, bei welchen nach dem

jeweiligen Bedürfnisse der einzelnen Mitglieder Verzehrungs- etc. Gegenstände
gemeinschaftlich angeschafft, als gemeinschaftliches ungeteiltes Eigentum verwaltet und nach gewissen Anteilsverhältnissen verteilt und bezahlt werden.
Aber der Ulmer Konsumverein und alle auf Grund des Reichsgesetzes vom
4. Juli 1868 errichteten Konsumvereine sind keine Verbindungen zur blossen
Rechtsgemeinschaft in Bezug auf die zu beschaffenden Verzehrungs- etc. Gegenstände, sondern sie sind nach § 11 dieses Gesetzes Rechtspersonen, welche das
Steuergesetz, das auf den Grund und die Zweckbestimmung eines Geschäftsbetriebes Rücksicht nicht nehmen kann, in gleicher Weise als Steuersubjekt
ansehen und behandeln muss, wie dies bei anderen mit eigener Rechtspersönlichkeit ausgestatteten Handels- etc. Gesellschaften der Fall ist. Aus der Natur
des Konsumvereins als einer Rechtsperson folgt denn auch, dass er an seine
Mitglieder die Waren zum Tagespreise abgibt (Stat. § 2), dass er hiedurch
einen Nutzen und Geschäftsgewinn erzielt (Stat. § 5, 8, 11), womit den Mitgliedern zunächst ihre Einlagen und Guthaben mit 4% verzinst werden (§ 5)
und wodurch ein Reservefonds angesammelt wird, bezw. werden kann, welcher
nicht den einzelnen Mitgliedern gehört oder für sie verwendet wird (§ 14),
sondern dessen Ansammlung vorgesehen ist und dessen Verwendung für gemeinnützige Zwecke oder für Erwerbung von Immobilien (§ 10 u. 28) vorbehalten
bleibt. Es ist also bei diesem Konsumvereine und dessen Geschäften mit den
einzelnen Mitgliedern auf einen wenn auch mässigen Reingewinn abgesehen,
der sich von dem Geschäftsertrage anderer gewerblicher Unternehmungen, von
der Zweckbestimmung abgesehen, in nichts unterscheidet. Wenn sonach ein
Konsumverein, um seine Zwecke, wie die Beschwerdeschrift darthut, einfacher,
sicherer und billiger zu erreichen, für gut findet, sich in der Form einer eingetragenen Genossenschaft mit eigener Rechtspersönlichkeit zu konstituieren,
so kann er sich auch den Folgen nicht entziehen, welche sich hieraus für ihn
aus seinem Geschäftsbetriebe nach den mehrerwähnten Bestimmungen des Gesetzes vom 28. April 1873 in steuerlicher Beziehung unabweislich ergeben. Es kann hiebei ganz davon abgesehen werden, dass bei dem Konsumvereine, wenn er statutenmässig auch nur an seine Mitglieder Waren abgeben
will, es an jeder genügenden Kontrolle darüber mangelt, dass nicht Marken von
Mitgliedern an Nichtmitglieder abgegeben (verkauft) und von diesen zu Warenanschaffungen bei dem Vereine benützt werden, oder dass Mitglieder vom
Vereine Waren beziehen und solche an Nichtmitglieder abgeben, wozu ein besonderer Anreiz darin liegen könnte, dass nach § 11 der Statuten die Verteilung
des Reingewinns nach Massgabe des Markenbezugs erfolgt. Wird sich schliesslich in der Beschwerdeschrift darauf berufen, dass die angefochtene Verfügung
der Katasterkommission mit verschiedenen in früheren Jahren ergangenen diesbezüglichen Entscheidungen im Widerspruche stehe und dass in auswärtigen
Staaten die vorliegende Frage zu Gunsten der Konsumvereine entschieden worden
sei, so ist dem entgegenzuhalten, dass die früheren Entscheidungen vor dem
Inkrafttreten des Reichsgesetzes vom 4. Juli 1868 in Württemberg (1871) und
vor dem Beginn der Steuereinschätzung und Erhebung nach Massgabe des
Gesetzes vom 28. April 1873 ergangen sind, dass das Finanzministerium erst
neuerdings zu einer eingehenderen Prüfung und zu einer Entscheidung der
obwaltenden Frage veranlasst wurde, sowie dass diese Frage nicht überhaupt
und in dem gegenwärtigen Falle nicht nach volkswirtschaftlichen und gesetzgeberischen Rücksichten, sondern lediglich nach den bestehenden Bestimmungen
des Steuergesetzes vom 28. April 1873 zur Entscheidung zu bringen war« [1].
    Die von den Vertretern des Konsumvereins hienach erhobene Rechts-
beschwerde berief sich zunächst hinsichtlich der Behauptung des Ministeriums,
dass eingetragene Genossenschaften juristische Personen seien, auf eine Rechtsbeschwerde in der Umgeldsfrage, wo der Ulmer Konsumverein geltend gemacht

---

[1] Boscher, Zeitschrift für die freiwillige Gerichtsbarkeit u. die Gemeindeverwaltung, 27. Jahrg., 1885, S. 150. Kübel u. Sarwey, Württ. Archiv für
Recht und Rechtsverwaltung 23 Bd. 1882 S. 270.

hatte, dass solche Genossenschaften nur im Verkehr mit dritten juristische Personen seien, nicht aber im internen Verkehr mit den Mitgliedern, wo, nur die Grundsätze der gewöhnlichen Societät massgebend seien. Weiter führte die Rechtsbeschwerde aus, dass selbst, wenn die Ansicht des Ministeriums über die Rechtspersönlichkeit des Vereins richtig wäre, die Entscheidung, dass er ein Gewerbe betreibe, um nichts weniger unrichtig sei, denn das Ministerium nehme als wesentlich bei dem Gewerbe an, dass ein dritter für die aufgewendete Arbeit und die Ueberlassung der mit Kapitalaufwand hergestellten oder beschafften Einrichtungen u. s. w. Vergütung und Bezahlung leiste, m. a. W., dass der Gewerbetreibende von einem dritten einen Erwerb, einen Gewinn zu machen suche. Da es bei dem Ulmer Konsumverein an diesem Merkmal fehle, so betreibe derselbe kein Gewerbe. Eben deshalb erscheine auch der von dem Ministerium aufgestellte Satz, dass die Zweckbestimmung des zu erzielenden Gewinns für die Besteuerung unmassgeblich sei, als falsch und nur mit der Beschränkung richtig, dass, wenn das Vorhandensein eines Gewerbebetriebs feststehe, die Zweckbestimmung des durch das Gewerbe zu erzielenden Gewinns für die Besteuerung nicht in Betracht komme. [1]

Der Verwaltungsgerichtshof setzte durch Erkenntnis vom 9. Februar 1884 die Verfügung des Finanzministeriums vom 17. Oktober 1883 ausser Wirkung. Derselbe machte geltend: „Nach dem § 11 des Reichsgesetzes vom 4. Juli 1868 haben die bei dem Handelsgericht eingetragenen Genossenschaften für ihren innern und äussern Verkehr allerdings eine gewisse selbständige Rechts- und Geschäftsfähigkeit erlangt, es sollte damit aber nur ihr privatrechtliches Verhältnis geregelt und diese Genossenschaften den im Handelsgesetzbuch erwähnten kommerziellen Gesellschaften angereiht werden. Diese Gesetzesbestimmung kann jedoch für die nach öffentlichem Recht zu würdigende Frage der Steuerpflicht der Konsumvereine allein nicht massgebend sein, vielmehr muss dabei auch noch § 9 des Reichsgesetzes das durch den Gesellschaftsvertrag und somit im jetzigen Fall durch das Statut vom 22. Mai 1872 bestimmte innere Rechtsverhältnis der Genossenschafter berücksichtigt werden. Nach diesem können nur die Mitglieder, welche mit ihren Geschäftsanteilen und mit ihrer solidarischen Haftpflicht die Grundlage des Vereins bilden, nicht als diesem gegenüberstehende dritte Personen wie ein Nichtmitglied werden. Der zwischen dem Verein und seinen Mitgliedern stattfindende Geschäftsverkehr ist vielmehr auch in steuerlicher Hinsicht von andrer Beschaffenheit, als der Verkehr des Vereins mit Nichtmitgliedern. Nach dem § 2 des Statuts des Ulmer Konsumvereins ist der Zweck dieser Genossenschaft, ihren Mitgliedern unverfälschte und gute Ware für ihren persönlichen und Haushaltungsbedarf zum Tagespreis zu verschaffen und ihnen hiebei Gelegenheit zu geben, Ersparnisse zu erzielen. Da nun der Anschaffungspreis der Waren nach der Natur der Sache in der Regel unter dem Tagespreise wird, so ist hienach von vornherein beabsichtigt, dass derjenige nur vorläufig entrichtete Betrag, welcher sich für die von den einzelnen Mitgliedern bezogenen Waren bei dem Quartalabschluss auch nach Bestreitung der Verwaltungskosten als eine Zuvielzahlung herausstellt, jenen wieder vergütet werde. Es geschieht dies auch, um eine richtige Verteilung zu bewirken, nach § 11 des Statuts dadurch, dass der erzielte Ueberschuss an die Mitglieder nach Massgabe ihres Markenbezugs während der betreffenden Rechnungsperiode verteilt wird. Dieser in der Form der Dividende erteilte Ueberschuss ist hienach in der Wirklichkeit nichts anderes, als ein nachträglich für die Waren bewilligter Rabatt, dessen Höhe erst bei dem Quartalsabschluss festgestellt werden konnte. Als ein wirklicher Gewinn kann er um so weniger betrachtet werden, da die Mitglieder nur das zurückerhalten, was sie im Tagespreis zuviel bezahlt haben und sie in der Dividende keine Vermögensbestandteile empfangen, in deren Besitz sie zuvor nicht gewesen sind. Können hienach die Dividenden der Mitglieder nicht als ein zur Besteuerung sich eignender effektiver Geschäftsgewinn betrachtet werden, so ist dies ebensowenig bei dem Reservefonds der Fall. Auch dieser bildet sich nur aus

---

[1] Kübel u. Sarwey, Württb. Archiv 23. Bd. 1882 S. 270 f.

den Einzahlungen der Mitglieder und ist nur ein für ausserordentliche Fälle
angesammelter Betrag, dessen jederzeitige Verwendung den Mitgliedern durch
die Generalversammlung zusteht. Abgesehen von obigem ist auch sonst nicht
anzunehmen, dass das Staatssteuergesetz vom 25. April 1873 derartige nur auf
einen innern Geschäftsbetrieb sich beschränkende Genossenschaften und Vereine
mit der Gewerbesteuer belegen wollte. In der besonderen Bestimmung des
Art. 92 jenes Gesetzes über die Einschätzung der Versicherungsgesellschaften
ist in Abs. 1 bemerkt, dass bei der Besteuerung nur diejenigen Unternehmungen
in Frage kommen, welche nicht auf Gegenseitigkeit gegründet, sondern auf
Gewinn berechnet sind, worunter ebenfalls nur ein Gewinn von dritten, also
nicht von Gesellschaftsmitgliedern gemeint sein kann. Es ist hieraus zu folgern,
dass eine gleiche Behandlung auch andern Gegenseitigkeitsgesellschaften und
den auf dem Prinzip der Selbsthilfe beruhenden Konsumvereinen, welche nur einen
Geschäftsbetrieb mit ihren Mitgliedern bezwecken, zu teil werden solle, wie
dies auch die mit höherer Genehmigung erlassene Vollziehungsverfügung der
k. Katasterkommission vom 13. März 1875 ausdrücklich anerkannte. Die Freilassung solcher Vereine war aber auch schon vorher in Geltung und hätte deshalb durch das Staatssteuergesetz ausdrücklich beseitigt werden müssen. Auch
bestand sie noch in anderer Hinsicht, bei der Kapitalsteuer, indem schon nach
Art. 3 A. k. des Einkommenssteuergesetzes vom 19. September 1852 unter
gewissen Voraussetzungen diejenigen Kreditvereine für befreit von der Steuer
erklärt wurden, welche bloss den Zweck haben, Kapitalschulden der Gesellschaftsmitglieder gemeinschaftlich aufzunehmen und nicht auf Gewinn dritter berechnet
sind. Hieraus hat die spätere Unterstellung jener Vereine — der Handwerkerbanken, Gewerbebanken — unter das Genossenschaftsgesetz nichts geändert.
Anlässlich der Beschwerde einer Gewerbebank wegen ihrer Beiziehung zur Kapitalsteuer, wobei auch die Gewerbesteuer berührt wurde, hat der k. Geh.Rat
in einer Entscheidung vom 29. November 1869 unter anderem bemerkt, dass
„die Gewerbebank, welche ihre Geldgeschäfte nur auf ihre Mitglieder beschränke,
darum nicht ein steuerpflichtiges Gewerbe betreibe. (Württ. Archiv von Kübel
und Sarwey Bd. 14 S. 291.) Analog verfährt man in andern Staaten. Endlich
hat auch das Reichsgericht anlässlich der Frage, ob Konsumvereine einer
Konzession zum Betrieb eines Kleinhandels mit Branntwein bedürfen, wenn die
letzteren nur an Mitglieder verkaufen, entschieden, dass Konsumvereine, die ihre
Thätigkeit auf ihre Mitglieder beschränken, kein Handelsgewerbe betreiben,
welche stets auf einen Erwerb gerichtet sein müsse, die bei jenen Vereinen nicht
stattfinde [1]. Aus § 11 des Genossenschaftsgesetzes, der nur die privatrechtlichen
Beziehungen der Genossenschaft ordne, folge nicht, dass der Verkauf der Waren
von seiten eines Konsumvereins an seine Mitglieder als ein Kleinhandelsbetrieb
im Sinne des § 33 der Reichsgewerbeordnung aufzufassen sei [2].

Die letztere Frage wurde in Württemberg noch weiter Gegenstand eingehender Erörterung, als der Stuttgarter Konsumverein wegen Abgabe von Wein
an seine Mitglieder zu den Wirtschaftsabgaben und Sporteln seit 1882 beigezogen wurde. Wir geben nachstehend ein in dieser Frage erstattetes Gutachten
der Tübinger Juristenfakultät vom 3./12. April 1883 und das Urteil des Verwaltungsgerichtshofs ebenfalls im Wortlaut wieder, weil dieselben mit vorstehenden
Erörterungen enge zusammenhängen und für die herrschende prinzipielle Auffassung des Genossenschaftswesens, speziell der Konsumvereine in steuerlicher
Hinsicht von grosser Wichtigkeit sind.

Der Klarheit willen unterscheidet die Fakultät die zwei Fälle, nämlich
ob ein als eingetragene Genossenschaft gestalteter Konsumverein Waren im
grossen einkauft und an seine Mitglieder zum Selbstkostenpreis abgibt, ohne
einen Preiszuschlag, oder ob ein Preiszuschlag stattfindet behufs Verteilung

---

[1] Urteil vom 24. Oktober 1881. Entsch. in Strafs. Bd. V. S. 112; auch
Bl. f. G. 1881 Jahrg. 28 S. 255.
[2] Kübel u. Sarwey, Württb. Archiv für Recht und Rechtsverwaltung
23. Bd. 1882 S. 273. Bl. f. G. 1884 Jahrg. 31 S. 278.

einer Dividende, Dotierung eines Reservefonds etc. „Nach dem Reichsgesetz vom 4. Juli 1868 § 11 f. und § 39 ist ausser Zweifel, dass die eingetragene Genossenschaft eigenes Vermögen und eigene Verbindlichkeiten haben kann, welche wenigstens zunächst nicht pro rata solche der Mitglieder sind, und dass sie durch ihren Vorstand, sowie durch sonstige vom Vorstand beauftragte Geschäftsführer berechtigt und verpflichtet wird (vgl. § 17 f. und § 30). Wenn der Vorstand oder ein Beauftragter den Wein im grossen anschafft und ihn in den Besitz der Genossenschaft bringt, so wird dieser Wein Eigentum der Genossenschaft, nicht Miteigentum (condominium pro indiviso) der einzelnen Genossenschafter, und die Abgabe von Wein an die Mitglieder gegen Zahlung des Preises enthält mithin nicht eine Teilung, eine reelle Zuscheidung des schon ideell vorhanden gewesenen Eigentums einer Quote, sondern vielmehr die Neubegründung eines vorher gar nicht existierenden Eigentums in den Händen des Empfängers. Das Rechtsgeschäft, welches der Verein mit einem Mitglied eingeht, wenn er demselben Wein zum Selbstkostenpreis abgibt, kann wohl in den wesentlichen privatrechtlichen Beziehungen nicht anders als ein Kaufgeschäft angesehen werden. Es hängt vom freien Willen jedes Mitgliedes ab, wieviel Wein es von dem Vereine beziehen will, zu welcher Zeit, ja ob es überhaupt solchen nehmen will. Aber in nicht wenigen Richtungen walten doch andere wirtschaftliche Verhältnisse ob als beim gewöhnlichen Kauf; denn erstens darf der Verein nur an Vereinsmitglieder verkaufen, nicht an dritte, und es hat jedes Mitglied ein statutenmässiges Recht auf Ueberlassung von Wein, soweit der Vorrat reicht, gegen Uebergabe der vorher bezahlten Marken; der Verein muss den Wein für die Mitglieder bereithalten, kauft ihn folglich auch zu Gunsten der Mitglieder ein. Zweitens ergeben sich aus dem Geschäft für den Verein Verluste, sei es infolge von casus oder fehlerhafter Geschäftsführung, oder aus Klagen der Mitglieder wegen fehlerhafter Beschaffenheit des Weins u. s. w., so zeigt sich, wie anders die Mitglieder dem Verein gegenüberstehen als ein sonstiger Käufer seinem Verkäufer; denn nicht bloss haftet jedes Mitglied dann mit seiner Einlage für den Schaden, sondern es haftet ausserdem nach Erschöpfung aller Einlagen mit seinem ganzen Privatvermögen für die ganze Schuld des Vereins. Das Geschäft geht juristisch im Grund auf Rechnung aller Mitglieder, also der Käufer selbst. Im grossen und ganzen, wenn man von unerheblichen Ungleichheiten des Bezugs absieht, erscheint der Ablass des Weins an die Mitglieder als eine Verteilung an die Mitglieder, welche aus Gründen der Bequemlichkeit für die Mitglieder und aus Gründen der leichtern und sichern Geschäftsführung in den Formen des Kaufs vorgenommen wird. Eine solche Art des Verkaufs hat unserer Meinung nach der Gesetzgeber bei dem Artikel 16 des Gesetzes vom 9. Juli 1827 nicht zu treffen beabsichtigt. Diese Umstände dürften auch wohl Ursache sein, warum das Reichsgesetz vom 4. Juli 1868 in § 1 die Konsumvereine definiert als Verein zum gemeinschaftlichen Einkauf von Lebensbedürfnissen im grossen und Ablass in kleinen Partien an ihre Mitglieder, hier also doch den gewiss naheliegenden Ausdruck „Verkauf" geflissentlich vermeidet. Auch die k. Finanzbehörden trugen diesem Unterschiede, der zwischen einem Verkauf des Konsumvereins an seine Mitglieder, wie er ohne Gewinn für den Verein erfolgt, und einem gewöhnlichen Verkauf besteht, vollkommen Rechnung, indem sie die Bestimmung des Gesetzes vom 9. Juli 1827 Artikel 16 als auf ersteren nicht anwendbar erklärten. Es ist nunmehr zur Prüfung der Frage überzugehen, ob sich die Natur des eben geschilderten Verkaufs- oder Verteilungsgeschäfts ändert, wenn der Verein einen Zuschlag zum Selbstkostenpreis erhebt. Dass dies wie bei andern Waren auch beim Wein geschehen, ist hiebei als zugestandene Thatsache zu betrachten. Nach den Vereinsstatuten vom 24. November 1880 werden die Einnahmen des Vereins, abgesehen von Erfüllung von Verbindlichkeiten gegenüber dritten, verwendet 1) zur Verzinsung der eingezahlten vollen Einlagen (Geschäftsanteile) von 30 Mark, nach Massgabe des von der Generalversammlung festgesetzten Zinsfusses; 2) zur Verzinsung der Spareinlagen der Mitglieder; 3) zur Abschreibung von $1/2$ Prozent pro Quartal am Wert der Immobilien und von $2^1/2$ Prozent am Wert der Mobilien; 4) zur Erhaltung des

Reservefonds und zur Erhöhung desselben bis zum Betrag von ¹/₃ der statutenmässigen Geschäftsanteile. Soweit sich nach Deckung dieser Bedürfnisse noch
ein Ueberschuss der Aktiva über die Passiva, ein Reingewinn ergibt, hat die
Generalversammlung zu beschliessen, welcher Betrag davon unter die Mitglieder
verteilt oder zur weiteren Erhöhung des Reservefonds oder der Abschreibungen
von Immobilien verwendet werden soll. Die Statuten bezeichnen diesen Reinertrag als „Gewinn", als „Nutzen", und das k. Steuerkollegium erblickt hierin
ein Anerkenntnis, dass der Konsumverein die Erzielung eines Gewinns an den
Abnehmer bezwecke, also Kaufgeschäfte im gewöhnlichen Sinne mache. In
dieser Hinsicht ist nun zunächst im Auge zu behalten, dass unzweifelhaft der
Verein insoferne Kaufgeschäfte treibt, als er zugestandenermassen einerlei
Waren auch an dritte verkauft, in der Absicht Gewinn zu machen, dass also
die in den Statuten enthaltenen Ausdrücke vollkommen am Platze sind. Die
Frage, um die es sich allein handelt, ist aber die, ob der Verein beim Absatz
von Waren an seine Mitglieder, insbesondere beim Absatz von Wein an
dieselben im eigentlichen Sinn einen „Gewinn" machen will und macht. In
dieser Hinsicht mag im allgemeinen sofort zugegeben werden, dass sich der
von der Genossenschaft beim Verschleiss an die Mitglieder erhobene Zuschlag
zum Selbstkostenpreis des Vereins rechnungs- und bilanzmässig als ein Gewinn der Genossenschaft als Gesamtheit darstellt. Ob aber wirtschaftlich von einem solchen geredet werden dürfe, lässt sich nur dann beurteilen,
wenn man die rechtliche und ökonomische Natur der Dividenden, der Abschreibungen und des Reservefonds, in welchem der von der Genossenschaft gemachte
Gewinn schliesslich wieder aufgeht, einer genaueren Prüfung unterwirft.
1) Entscheidend für die Beurteilung der möglicherweise vierteljährlich zur Verteilung kommenden Dividende ist die Vorschrift des § 10 der Statuten, dass
jeder nicht zu Abschreibungen oder zu Erhöhungen des Reservefonds verwendete
Gewinn als Dividende an die Mitglieder zur Verteilung kommt und zwar nach
Verhältnis der Markensumme, welches jedes Mitglied in diesem Vierteljahr
vom Verein gegen Geld eingetauscht hat. Die Grösse der Dividende richtet sich
also genau nach dem Verhältnis, in welchem jedes Mitglied selbst zur Erzielung
des Gewinns beigetragen hat; jedes Mitglied erhält in der Dividende einen Teil
dessen zurück, was er selbst über den Kostenpreis an den Verein gezahlt hat.
Der beim Geschäft erzielte und für den Verein gebuchte Gewinn ist insoweit
— wenn er nicht zu öffentlichen oder wohlthätigen Zwecken verwendet wird — in Wirklichkeit zu Gunsten der Konsumenten erworben und zu ihren Gunsten von vornherein beabsichtigt. Wirtschaftlich liegt
die Sache ebenso, wie wenn die Mitglieder die Waren in eigenem Namen erworben und dann unter sich mit einem Preiszuschlag verteilt hätten; auch in
solchem Falle kann man sprechen und spricht man regelmässig von einer „Veräusserung mit Nutzen", während doch an einen Gewinn für einen von den Konsumenten verschiedenen Veräusserer nicht zu denken ist (vgl. Goldschmidt,
Handelsrecht 2. Aufl. 1, 505). Von einem solchen Verhältnisse unterscheiden
sich die hier in Rede stehenden Geschäfte des Konsumvereins nur äusserlich infolge der notwendigen Organisation des Geschäftsgebarens, genauer gesprochen
handelt es sich gleichfalls nur um eine „Teilung", zwar nicht „gemeinschaftlich"
aber für die „Gemeinschaft" aufgekaufter Waren, für welche das vom k. Finanzministerium hinsichtlich der Steuerfreiheit aufgestellte Prinzip gleichmässig zur
Anwendung zu bringen ist. Der Grund, warum der Verein einen Zuschlag von
den Mitgliedern erhebt, ist offenbar in folgendem zu suchen: Einmal verschafft
sich der Verein durch den Zuschlag ein grösseres Betriebskapital und die Möglichkeit, Verluste zu decken, ohne den Reservefonds oder die Einlagen anzugreifen, indem im Fall von Verlusten einfach die Dividendenzahlung unterbleibt.
Aus ähnlichen Beweggründen erheben auch Versicherungsbanken auf Gegenseitigkeit, wie z. B. die Gothaer Bank sehr viel höhere Prämien als voraussichtlich notwendig sind und verteilen das am Schluss des Geschäftsjahrs als entbehrlich Vorhandene unter dem Namen Dividende an die Mitglieder nach Verhältnis der Höhe ihrer Prämie. Zweitens hat diese Berechnungsart den wohl-

thätigen Zweck, den Aermeren die Teilnahme am Verein zu ermöglichen, indem der Verein für sie die Mühe in die Hand nimmt, Ersparnisse anzusammeln und damit ihre Einlage auf 30 M. zu bringen, wozu es sonst vielen an geeignetem Entschluss und der nötigen Beharrlichkeit fehlen würde. Diesen Ausführungen könnte nun entgegengehalten werden, sie träfen nur zu, wenn der Konsumverein lediglich Wein anschaffe und an seine Mitglieder ablasse, oder wenn er wenigstens seine Weingeschäfte völlig von seinen übrigen Geschäften trenne, besondere Weinmarken ausgebe. Da nun aber alle Geschäfte vermischt würden, so nähmen an dem vom Wein gemachten Zuschlag auch diejenigen teil, welche gar keinen Wein bezogen und an dem Weinzuschlag nichts beigetragen haben. Bei genauerer Betrachtung dürfte diesem Einwande indessen kein Gewicht beizumessen sein. Vollkommen richtig ist ja, dass an dem Gewinne, der am Wein gemacht wird, auch solche Mitglieder teilnehmen, welche wenig oder gar keinen Wein vom Verein bezogen haben; aber dafür nehmen auch diejenigen, welche nur Wein und keine anderen Waren bezogen, an dem Gewinn teil, der an den Waren gemacht wird! Es gleicht sich also, da jedes Mitglied nur nach Verhältnis seiner Einkäufe beim Verein oder der bezogenen Marken am Gewinn teilnimmt, die Rechnung vollkommen aus. Schmälern die einen den Bezug des vollen Gewinns am Wein, so erhalten die anderen dies im Gewinn an den Waren ersetzt. Damit dieser Ersatz ein vollständiger sei, ist allerdings nötig, dass der Aufschlag auf den Wein nicht ein unverhältnismässig höherer sei als bei den übrigen Waren, wenn man die Beschaffenheit der Waren, die Schnelligkeit und Grösse des Umsatzes und alle sonstigen kaufmännisch in Betracht kommenden Verhältnisse mit in Rücksicht nimmt. Ein solches Missverhältnis ist indessen auch in Wirklichkeit nicht anzunehmen. zumal da nach dem bei den Akten befindlichen Exemplar eines Dienstvertrags § 15 alle Waren ausser Wein auch an dritte verkauft werden können, wozu der Verein vernünftigerweise nur dann Veranlassung hat, wenn er beim Verkauf einen entsprechenden Gewinn erzielt. Sollten sich auch in einem Quartal vielleicht einmal Verschiedenheiten im Geschäftserfolge herausstellen, so werden diese Unterschiede höchst wahrscheinlich durch die Ergebnisse der folgenden Quartale ausgeglichen und bei einem Durchschnitt mehrerer Jahre verschwinden. Bliebe noch eine kleine Differenz, so liesse sich diese sehr wohl als Prämie für den wichtigen Vorteil auffassen, dass sich durch die Vergrösserung der Zahl der Vereinsmitglieder nur solche, die keinen oder wenig Wein kaufen, die Gefahr des Verlustes der Einlage und die Gefahr der solidarischen Haftbarkeit wesentlich mindert. In eine Rechnung nach Pfennigen sich hierbei zu verlieren, dürfte hierbei ohnehin kaum angebracht sein. 2) Von der Bildung eines Reservefonds lässt sich wiederum nicht sagen, dass sich darin die Absicht der Genossenschaft einen Gewinn zu machen, dokumentiere. Sie erfolgt zum Zwecke der Erzielung grösserer Gleichmässigkeit und Sicherheit der Geschäfte der Genossenschaft, welche viele Mitglieder zählt, welche schon durch kleine Unregelmässigkeiten in Verlegenheit kommen können; sie soll aber namentlich die Gefahr mindern, welche die solidarische Haftbarkeit der Mitglieder in sich schliesst. Wie gross diese Gefahr ist, haben die Erfahrungen des letzten Jahrzehnts mehr als genügend dargethan und zahlreiche Vorschläge auf Abänderung des Gesetzes hervorgerufen, teils dahin gehend, die solidarische Haftbarkeit der einzelnen Mitglieder einzuschränken, teils dahin, den Reservefonds obligatorisch zu machen, welcher letzterer Vorschlag die Bildung eines Reservefonds als im innern Wesen der Genossenschaft begründet ansieht und mit vollem Recht. Eine Genossenschaft, welche nur aus wohlhabenden Mitgliedern bestände, könnte von der Bildung eines Reservefonds absehen, da unvorhergesehene Verluste leicht und bereitwillig von den Mitgliedern gedeckt werden; ein Konsumverein aber, welcher aus zahlreichen und dabei grösstenteils unbemittelten Genossenschaftern zusammengesetzt ist, würde ohne Bildung eines Reservefonds ein so grosses Risiko für die besitzenden Mitglieder erzeugen, dass sich Besitzende nur schwer zur Teilnahme entschliessen möchten, denn die solidarische Haftbarkeit der mittellosen Mitglieder ist praktisch bedeutungslos; in Wirklichkeit sind den Klagen der Genossenschaftsgläubiger

wegen eines Ausfalls im Konkurs der Genossenschaft allein die Besitzenden
ausgesetzt, und von diesen jeder einzelne für voll, so dass er leicht wieder zu
schwierigen Prozessangriffen gegen andere mitverhaftete Genossenschafter seine
Zuflucht nehmen muss, um einen Teil des von ihm Gezahlten zurückzuerhalten.
Ein solches Risiko zu übernehmen bei Unternehmungen, welche gar nicht auf
Gewinn abzielen, kann einem klugen Mann eigentlich gar nicht einfallen, und
es würden also, wenn Reservefonds nicht stattfänden, gerade diejenigen Mitglieder,
welche der Genossenschaft ihren Kredit verschaffen und welche durch ihre
geschäftlichen Kenntnisse und ihr nahes durch die Haftbarkeit erzeugtes Interesse
hauptsächlich auf eine zweckmässige und vertrauenswürdige Geschäftsführung
hinwirken können und hinzuwirken veranlasst sind, sich ferne halten. Die Natur
des Reservefonds ergibt sich auch ganz klar, wenn man das definitive Schicksal
desselben näher prüft, im Falle ihn die Verluste der Genossenschaft nicht verschlungen haben. Er wird nämlich bei Auflösung der Genossenschaft unter die
Genossenschafter verteilt, im Zweifel nach Verhältnis ihrer Geschäftsanteile
(Reichsgesetz vom 4. Juli 1868 § 9), was in den Statuten unserer Genossenschaft
nicht anders geregelt worden ist. Alle diejenigen, welche zur Bildung des Reservefonds beigetragen haben, sofern sie noch Mitglieder des Vereins sind, noch
„Geschäftsanteile" besitzen, nehmen also eine Quote des Reservefonds in Empfang. Allerdings gehen diejenigen leer aus, welche schon vor der Auflösung
der Genossenschaft ausgetreten waren (Statuten § 13); aber dafür werden auch
alle diejenigen, welche neu eingetreten sind, mag dies auch erst in den letzten
Wochen vor dem Auflösungsbeschluss geschehen sein, am Reservefonds mitbe-
rechtigt. Beide Grundsätze stehen in engem Zusammenhang. Den neu Eintretenden kann nicht wohl ein Anspruch auf den Reservefonds vorenthalten
werden, weil sie vom Tage ihres Eintritts an für alle bereits vor dem Eintritt entstandenen Verbindlichkeiten der Genossenschaft subsidiär solidarisch
haften (Reichsgesetz vom 4. Juli 1868 § 12); den Austretenden kann er der Anspruch nicht bleiben, weil sie nach ihrem Austritt für Verbindlichkeiten der
Genossenschaft nicht mehr einstehen, soweit das Vermögen derselben zur
Deckung hinreicht. (Reichsgesetz vom 4. Juli 1868 § 12). Gerade wegen der
eben besprochenen Rechtsgrundsätze haben die jeweiligen Mitglieder einer
Genossenschaft gar kein Interesse, einen grösseren Reservefonds aufzuspeichern,
als die Vorkehrung gegen Unfälle rätlich erscheinen lässt, weil sie durch Auf-
speicherung von Ueberflüssigem nur später Eintretenden ein Geschenk machen
würden. In unserem Fall übrigens kann nicht ohne Grund geltend gemacht werden,
dass die Beträge, welche der Konsumverein zur Erhaltung des bereits bisher
gültig gesammelten Reservefonds und zur etwaigen Erhöhung desselben vorläufig beiseite legt, gar nicht notwendig dem am Wein gemachten Gewinn
entnommen sind. Der Verein lässt viele andere Waren an die Mitglieder ab
und verkauft sie mit Gewinn an dritte, erzielt also hievon so viel und sicherlich weit mehr als für den Reservefonds erforderlich ist. Nichts hindert ihn zu
sagen oder wenn nötig, auch in den Statuten auszusprechen, dass von dem auf
den Wein gemachten Preiszuschlag nichts in den Reservefonds kommen solle.
3) Die Abschreibungen am Wert der Immobilien und Mobilien gar erschienen
in der Hauptsache nur als Sicherung für die Ziehung richtiger Bilanzen. Immobilien verursachen bekanntermassen nicht bloss Unterhaltungskosten, sondern
vermindern sich im Wert mit den Jahren; sie unterliegen ausserdem Preisver-
änderungen durch allgemeine Wertschwankungen oder Veränderung in den
lokalen Verhältnissen. Ebenso bedeutend, ja noch fühlbarer können die Wert-
einbussen sein, welche sich an leicht verderblichen Viktualien ereignen. Bei
diesen Abschreibungen liegt also nicht die Absicht, einen „Gewinn" zu machen
vor, sondern vielmehr die, Irrtümer zu verhüten und Enttäuschungen zuvorzukommen. Aus dem Gesagten dürfte sich zur Genüge ergeben, dass die Berechnung von Dividenden die Bildung eines Reservefonds und das Abschreibever-
fahren in keiner Weise die Geschäfte des Konsumvereins Stuttgart in einem
anderen Lichte erscheinen lassen als in dem unter 1. betrachteten Falle, und
kein Grund sind, das „Ablassen" von Wein an die Mitglieder zu einem auf

„Gewinn" berechneten Handelskauf zu stempeln, dass sie vielmehr nur zweckmässige und dem Wesen der Genossenschaft wesentlich angemessene Vorsichtsmassregeln ausmachen.

Der Verwaltungsgerichtshof vertrat durch Urteil vom 10. November 1883 die Steuerpflichtigkeit. „Nach Art. 16 des Wirtschaftsabgabegesetzes vom 29. Juli 1827, bezw. nach Art. 2 des Gesetzes vom 12. Dezember 1871 haben „Weinhändler und Private", welche Wein in geringeren Quantitäten als 20 l verkaufen, die Wirtschaftsabgaben, desgleichen die nach dem Sportelgesetz vom 24. März 1881 Tarif Nr. 90 Ziff. II, 2 für solche Verkäufe bestimmten Sporteln zu entrichten, wenn sich durch den nach § 33 der Reichsgewerbeordnung eingetretenen Wegfall der früher zugleich nötig gewesenen Wirtschaftskonzession nichts geändert hat (vgl. Verf. d. k. Minist. d. Inn. v. 4. Oktober 1879 § 8 Regbl. S. 421). Jene Gesetzesbestimmung ist nach den ständischen Verhandlungen über dieselbe nur deshalb getroffen worden, dass hierdurch den mit Getränkeabgaben belasteten berechtigten Wirtschaftsgewerben der nötige Schutz gegen die Konkurrenz anderer den Weinverkauf ebenfalls im kleinen, aber nur über die Strasse betreibender Personen gewährt und die überhaupt für diesen Weinverschleiss bestehende Konsumsteuer in ihrem vollen Umfang zum Einzug gebracht werde. In welchem Umfang dieser Weinverschleiss im einzelnen Fall stattfindet, ist nach dem Wortlaut und der Absicht des Gesetzes für die Abgabepflicht an sich nicht erheblich. Auch ein einmaliger Verkauf von Wein im kleinen unterliegt der Abgabe und ist es keineswegs nötig, dass ein gewerbsmässiger Verkauf stattgefunden habe, worauf auch der Umstand hinweist, dass im Gesetz neben den Weinhändlern die Privaten besonders hervorgehoben sind. Ebenso unerheblich ist, ob der Weinverkauf beliebigen oder nur an einzelne auserwählte Personen erfolgt, also, wie im gegenwärtigen Fall behauptet wird, nur an Mitglieder der Genossenschaft; desgleichen welche sonstigen Beziehungen zwischen dem Weinkäufer und seinem Verkäufer bestehen. Auch der Preis, in welchem der Wein im kleinen verkauft wird, ob dies nach dem Selbstkostenpreis oder mit Gewinn stattfindet, kann für die Abgabepflicht im allgemeinen nicht in Betracht kommen, indem sich die Höhe des Umgeldes in Prozenten einfach nach dem Preis richtet, in welchem der Wein ausgeschenkt oder im kleinen verkauft wird. Der bei dem Spar- und Konsumverein in Stuttgart stattfindende Weinverschleiss in Mengen unter 20 l musste nun bei den vorliegenden Verhältnissen ebenfalls als ein abgabepflichtiger Kleinverkauf erklärt werden. Der Verein ist, wie man auch im übrigen die rechtliche Eigenschaft der Genossenschaften auffassen will, immerhin nach § 11 des Reichsgesetzes vom 4. Juli 1868 und seiner im Statut vom 1. Januar 1881 bestimmten Organisation insoweit als ein selbständiges Rechtssubjekt zu betrachten, dass er für die Zwecke der Genossenschaft durch die den Verein allein vertretenden statutenmässigen Organe sowohl mit seinen Mitgliedern als mit andern unter seiner Firma Rechtsgeschäfte eingehen kann. Auch stehen die vorhandenen Waren- und Weinvorräte, wie überhaupt das Vermögen nicht nach bestimmten Quoten im Eigentum der einzelnen Genossenschafter, sondern nur der Genossenschaft als solcher in ihrer die gegenwärtigen und künftigen Mitglieder umfassenden Gesamtheit. Wie daher der einzelne Genossenschafter nicht Miteigentümer jener Warenvorräte ist, so ist er auch nicht berechtigt, eine entsprechende reale Verteilung der letzteren zu verlangen, wie dies sonst einem Miteigentümer zustehen würde. Es folgt dies namentlich auch aus § 39 Absatz 2 des Reichsgesetzes von 1868, wonach, wenn nicht im Gesellschaftsvertrag etwas anderes bestimmt, was im Statut des Stuttgarter Vereins nicht enthalten ist, austretende Genossenschafter und Erben verstorbener Genossenschafter keinerlei Anspruch an die Reservefonds und das vorhandene Vermögen erheben können, sondern nur den Geschäftsanteil des laufenden Jahres nach dem Bücherabschluss beziehen. Hiernach können einzelne Genossenschafter die Erwerbung von Waren der Genossenschaft nur mittelst eines rechtsförmlich mit den Organen der Genossenschaft abgeschlossenen Kaufgeschäfts bewirken. Nichts anderes bestimmt auch der § 2 des Stuttgarter Vereinsstatuts, wenn er als Zweck der Genossenschaft bezeichnet: „Den Mitgliedern gute und unverfälschte Waren zum Tages-

preise gegen sofortige bare Bezahlung zu verschaffen.« Das Bestehen eines beabsichtigten Kaufgeschäfts wird sodann auch noch durch die Bestimmungen in
den §§ 16 und 23 des Statuts bestätigt, wonach die Festsetzung der Zahl der
Verkaufslokale und der Verkaufspreise zur Befugnis der Generalversammlung, bezw. des Vorstandes gehört. Desgleichen sprechen die in der Beschwerdeschrift geltend gemachten Urteile des früheren preussischen Obertribunals vom
16. Mai 1876 und des Strafsenats des Reichsgerichts vom 24. Oktober 1881,
wonach der Brennmaterialabsatz eines Konsumvereins an seine Mitglieder nicht
als ein der Konzession bedürfender Gewerbebetrieb im Sinn der Reichsgewerbeordnung erklärt wurde, stets nur von einem Ankauf und „Weiterverkauf‘
der Konsumtibilien an die Mitglieder und erklären nirgends diesen Umsatz als
eine blosse Verteilung der ersteren, welche in Wirklichkeit auch gar nicht
vorliegt« [1].

An diese Entscheidung im Zusammenhalt mit der vom 9. Februar 1884
knüpfte sich in Württemberg noch eine interessante juristische Diskussion.[2]
Man behauptet, der k. Verwaltungsgerichtshof habe sich in beiden Entscheidungen
in einen ganz bedenklichen Widerspruch verwickelt. In dem Erkenntnis vom
10. November 1883 erklärt derselbe die Konsumvereine insoweit für selbständige
Rechtssubjekte, dass sie unter ihrer Firma für die Zwecke der Genossenschaft
durch ihre Vertreter mit Mitgliedern und andern Personen Rechtsgeschäfte eingehen können; in dem Urteil vom 9. Februar 1884 spricht er dagegen aus,
dass die Mitglieder des Vereins nicht als diesem gegenüberstehende dritte Personen wie ein Nichtmitglied betrachtet werden können. Im ersten Fall haben
wir Kauf und Verkauf, weil sich zwei Rechtssubjekte gegenüberstehen und das
Eigentum von dem einen auf den andern übergeht, im andern Fall wird das
geleugnet. Der Boden für die Besteuerung wird verschoben, während beide
Steuern, die Umgeldabgabe und die Gewerbesteuer, an ein gemeinsames prinzipielles Merkmal anknüpfen. Die Umgeldabgabe setzt einen Verkauf von
Wein und Obstmost voraus, die Gewerbesteuer setzt ebenfalls den Verkauf
von Waren voraus, der Unterschied ist nur, dass in letzterem Fall der Verkauf
stets ein gewerbsmässiger, auf Gewinn berechneter sein muss, während in ersterem
schon ein einmaliger gewinnloser Verkauf genügt. Entweder ist Steuerfreiheit bei dem Umgeld und bei der Gewerbesteuer geboten, oder, wie es das
Ministerium konsequent für richtig hielt, Steuerpflicht in beiden Fällen.

Neben der Gewerbesteuer kommt noch die Kapitalrentensteuer in Betracht.
Das kann in verschiedener Weise der Fall sein. Wenn ein Konsumverein oder
eine andere Genossenschaft ihren Reservefonds verzinslich angelegt hat, so fallen
diese Erträgnisse unter die Kapitalrentensteuer. Die Dividenden der einzelnen
Genossenschafter sind — eine Ausnahme besteht bezüglich der Kreditgenossenschaften und bei den Aktiengesellschaften — nicht kapitalrentensteuerpflichtig.
Das württembergische Gesetz spricht vom Ertrag aus „verzinslichen Kapitalien“,
und nach Entscheidung des k. Geheimrats vom 23/25. Oktober 1858 werden
unter verzinslichen Kapitalien solche verstanden, bei welchen die Verzinslichkeit
auf ausdrücklicher vertragsmässiger Anbedingung beruht.[3] Die Dividenden der
Genossenschafter werden erst kapitalrentensteuerpflichtig, wenn sie als zinstragende
Darlehen dem Verein überlassen werden. Verwickelter gestaltet sich das Verhältnis bei den Kreditvereinen, da bei ihnen das Kapital eine eigentümliche
Doppelstellung einnimmt. Die württembergische Gesetzgebung und Praxis schlägt,
um dieser Schwierigkeit zu entgehen, bei Bankgeschäften den Weg ein, dass
der Zinsenertrag aus den gesamten Fonds an verzinslichen Kapitalien etc. der

---

[1] Kübel u. Sarwey, Württemb. Archiv f. Recht u. Rechtsverwaltung
mit Einschluss der Administrativ-Justiz 23. Bd, 1882, S. 228. Bl. f. G. 1884.
Jahrg. 31, S. 10, 17 f.
[2] Boscher, Zeitschrift für die freiwillige Gerichtsbarkeit und Gemeindeverwaltung, 26. Jahrg., 1884, S. 217, 346; 27. Jahrg., 1885, S. 147.
[3] Sammlung der Württemb. Staatssteuergesetze S. 159, 213.

Kapital- und Renteneinkommensteuer, der durch bankmässige Geschäfte erzielte Ertrag dagegen der Gewerbesteuer unterliegt.[1]) Die Gewerbesteuer in diesem Sinn gilt nun auch für die Vorschussvereine, wenn und insoweit sie mit Nichtmitgliedern Geschäfte machen. Hiebei wird schon das Anleihen von Kapital von Nichtmitgliedern als Merkmal eines Gewerbebetriebes angesehen, ebenso die Verwendung zeitweise überschüssiger Baarmittel zum Ankauf von Wechseln aus der Hand von Nichtmitgliedern. Von den Vereinen wird das als unberechtigt erklärt, wahrscheinlich wird der k. Verwaltungsgerichtshof demnächst auch hierüber eine Entscheidung zu treffen haben.[2])

In betreff der Kapitalrentensteuer ist weiter von wesentlicher Bedeutung, dass das württembergische Steuergesetz den Abzug der Passivzinsen nicht zulässt. Bankanstalten, die mit fremdem Kapital arbeiten, unterliegen deshalb für ihre ausgeliehenen Kapitalien der vollen Kapitalrentensteuer. Das gleiche müsste nun auch bei den Kreditgenossenschaften und Kreditvereinen eintreten. Bezüglich letzterer liess aber das Kapitalsteuergesetz vom 19. September 1852 — Vorschussvereine nach Schulze-Delitzschem System gab es damals noch nicht im Lande — bereits eine Milderung eintreten.

„Kreditvereine, welche unter Kontrolle der Staatsbehörden stehen und bloss den Zweck haben, Kapitalschulden der Gesellschaftsmitglieder gemeinschaftlich aufzunehmen und nicht auf den Gewinn dritter berechnet sind, können, sofern sie dieser Bestimmung treu bleiben, nach dem Ermessen der Centralsteuerbehörde, mit der bei den Gesellschaftsmitgliedern (den Zinsen- oder Rentenschuldnern) stehenden Kapitalien frei von der Steuer behandelt werden, wogegen sie mit den Zinsen aus ihren ausnahmsweise etwa anderweitig angelegten Kapitalien oder erworbenen verzinslichen Forderungen, sowie ihre Gläubiger mit den dem Kreditvereine geliehenen Kapitalien der Besteuerung unterliegen"[3]).

Diese Bestimmung war auch für die Genossenschaften verwertbar, durch Erlass des Steuerkollegiums vom 17. Oktober 1879 wurden die Details näher geregelt[4]):

1) Die Voraussetzungen der erwähnten Gesetzesbestimmung treffen in der Regel zu bei den gewerblichen Vorschuss- und Kreditvereinen (z. B. Handwerkerbanken, Gewerbebanken).

2) Vereine, welche die in dem allegierten Art. 3 A k vorgesehene steuerliche Behandlung in Anspruch nehmen wollen, haben sich der Kontrolle der Staatsbehörden zu unterwerfen, auch ist die Zulassung dieser Behandlungsweise von der Genehmigung des k. Steuerkollegiums (dem Ermessen der Centralsteuerbehörde) abhängig.

Solange diesen Erfordernissen nicht genügt wird, ist ein Kreditverein verpflichtet, seine sämtlichen Kapitalien, also auch die bei seinen Mitgliedern stehenden, zu versteuern.

3) Sollte es zur Kenntnis der Aemter kommen, dass ein Kreditverein, ohne den unter Punkt 2 bezeichneten Erfordernissen zu genügen, stillschweigend von der im Gesetz vorgesehenen Begünstigung Gebrauch macht, mithin die bei den Gesellschaftsmitgliedern stehenden Kapitalien (die den Mitgliedern gewährten Vorschüsse) nicht fatiert, so wäre der Verein zur Aeusserung zu veranlassen und in der Sache an das k. Steuerkollegium Bericht zu erstatten.

4) Wird einem Kreditverein die steuerliche Behandlung nach Art. 3 A k des Gesetzes zugestanden, so bleibt derselbe mit den anderswo als bei Gesellschaftsmitgliedern stehenden Kapitalien oder erworben verzinslichen Forderungen auch fernerhin steuerpflichtig; bezüglich dieser Steuerpflicht wird noch folgendes erläuternd bemerkt: a. Auch der Reservefonds ist nur insoweit zu versteuern, als derselbe bei Nichtmitgliedern (z. B. in Wertpapieren) angelegt ist. Derselbe wird demnach, soweit er steuerbar ist, dadurch von selbst zur Steuer gezogen, dass der Kreditverein seine sämtlichen bei Nichtmitgliedern stehenden Kapitalien und Forderungen versteuert. b. Zu den ver-

[1]) Verfügung der Katasterkommission v. 7. Okt. 1874 § 1 Z. 4 und § 12 b. Sammlung S. 115, 119.
[2]) Bl. f. G. 1880 Jahrg. 27 S. 26 1885 Jahrg. 32 S. 313.
[3]) Gesetz v. 19. Sept. 1852 betr. die Steuer von Kapital-, Renten-, Dienst- und Berufseinkommen, Art. 3 Ak. Sammlung S. 162.
[4]) Sammlung S. 209. Bl. f. G. 1880 Jahrg. 27 S. 26. 1885 Jahrg. 32. S. 302.

zinslichen Forderungen gehören vorübergehende verzinsliche Geldanlagen des Vereins bei Banken, sofern diese Anlagen über den Normaltag, 1. April, ausstehen. c. Die bei Nichtmitgliedern stehenden Kapitalien und Forderungen sind nach dem Stand am Normaltag, 1. April, zu fatieren.

5) Die Steuerfreiheit erstreckt sich nicht auf die Gläubiger der Kreditvereine. Als Gläubiger eines Kreditvereins unterliegen der Steuer in erster Linie diejenigen Mitglieder und Nichtmitglieder, bei welchen der Verein gewöhnliche Darlehen aufgenommen hat, und es dürfen Mitglieder an dem ihnen aus solchen Darlehen erwachsenden Ertrag keinerlei Abzug für Zinsen und Provisionen machen, welche sie etwa ihrerseits aus Vorschüssen an den Verein zu entrichten haben sollten.

Die Vereinsmitglieder sind aber insbesondere auch mit den Dividenden aus ihren statutenmässigen Einlagen (Stammanteilen, Guthaben) steuerpflichtig. In letzterer Beziehung ist nachstehendes zu bemerken: a. Das k. Steuerkollegium pflegt mit der in Art. 3 A k vorgesehenen steuerlichen Behandlung die Anordnung zu verbinden, dass der Kreditverein die Dividenden der Mitglieder namens der letzteren aus einer Hand zu fatieren habe, — zur Vermeidung von Weiterungen und zum Schutze der Mitglieder gegen missliebige Folgen einer etwaigen Unterlassung der Fassion, welche bei diesen Bezügen leicht vorkommen könnte, zumal da die Dividenden vielfach nicht ausbezahlt, sondern nur ausgeschrieben werden. Es wird jedoch im Hinblick auf einige Auffassungen, welche selten hervorgetreten sind, hier besonders darauf aufmerksam gemacht, dass ein Kreditverein, indem er namens seiner Mitglieder die Dividenden fatiert, nicht seine eigene Steuerpflicht (vgl. oben 4), sondern diejenige seiner Mitglieder hinsichtlich ihrer Dividendenbezüge erfüllt. b. Die Anordnung zu a. verlangt von den Kreditvereinen die Fassion der Dividenden nicht in grösserem Umfange, als sie in der Hand des einzelnen Mitglieds steuerpflichtig sind. Insbesondere bleiben nach einer vorliegenden Entscheidung des k. Geheimerats die Dividenden aus denjenigen Einlagen von der Steuer frei, welche mittelst Entnahme von Vorschüssen thatsächlich zurückgezogen werden und nicht aufgehört haben, einen Teil der schon mit Gewerbesteuer belegten Betriebskapitale zu bilden; es soll daher die Kapitaleinkommensteuer auf solche Dividenden beschränkt sein, welche bei den einzelnen Mitgliedern die von ihm als Entlehner von dem Verein diesem bezahlten Zinsen und Provisionen übersteigen.

Hiernach dürfen die Kreditvereine, wenn sie die Dividenden ihrer Mitglieder fatieren, die entsprechenden Abzüge machen. Mit Rücksicht darauf sodann, dass eine Berechnung der Guthaben der einzelnen Mitglieder auf den Fassionstermin, 1. April, nicht stattfindet und auch bei der grossen Zahl und der verhältnismässigen Geringfügigkeit der einzelnen Posten nicht wohl verlangt werden kann, findet das k. Steuerkollegium nichts dagegen zu erinnern, wenn bei der Fassion der Dividende in der Weise verfahren wird, dass sowohl die Dividenden als die Zinsen und Provisionen der einzelnen Mitglieder nach dem Ergebnisse des dem Fassionstermin vorausgehenden Rechnungsabschlusses in Rechnung genommen werden und zwar in den Beträgen, wie sie bei dem einzelnen Mitglied gebucht sind.

Dagegen darf nicht einfach an der Summe der Dividenden die Summe der in dem betreffenden Verwaltungsjahr gebuchten Zinsen und Provisionen abgezogen werden, wodurch der bei einem Mitgliede sich ergebende Mehrbetrag von Zins und Provisionen über die Dividende an den Dividenden anderer Mitglieder in Abzug komme; es ist vielmehr, wie die Fassion namens der einzelnen Mitglieder geschieht, so auch für jedes einzelne Mitglied der zu versteuernde Dividendenbetrag besonders zu berechnen; die spezifizierte Berechnung ist der Fassion des Kreditvereins anzuschliessen und doch der Steuerbehörde zur Einsicht zu stellen, damit dieselbe zu beurteilen vermag, ob dabei richtig verfahren worden ist. Hervorgehoben wird noch, dass Abzüge für Zinsen und Provisionen nur an den Dividenden gewerbetreibender Mitglieder vorkommen dürfen.

Aus dem Vorstehenden ist zu entnehmen, dass in Württemberg eine zweifache Kapitalrentensteuerpflicht besteht, die eine auf die Vorschussvereine, die andere auf ihre Mitglieder sich beziehend. Von der eigenen Steuerpflicht können die Vereine sich befreien, insoweit sie die Kapitalien bloss an die Mitglieder ausleihen und zugleich der Kontrolle der Staatsbehörde sich unterstellen. Bei den so der Kontrolle unterstellten Vorschussvereinen ergibt sich ein weiteres Benefizium dadurch, dass auch von den Dividenden der Mitglieder die von letzteren zur Kasse zu zahlenden Passivzinsen in Abzug kommen dürfen, was sonst im württembergischen

Kapitaleinkommensteuergesetz nicht zugelassen wird. Die Kontrolle der Staatsbehörde erstreckt sich darauf, feststellen zu können, dass die Vereine über diese Kapitalanlagen auch immer die richtigen Angaben machen. Es wird die Mitgliederliste mit den Namen der Vorschussnehmer und Kontokorrentinhaber und der Rechenschaftsbericht mit den todten Kontis des Hauptbuchs verglichen [1]).

Die staatliche Steuerordnung ist auch massgebend für die Gemeindesteuern; denn die Gemeinden sind berechtigt, soweit deren Bedürfnisse aus dem Ertrag des Gemeindevermögens, aus der Bürger- und Wohnsteuer und aus den örtlichen Verbrauchsabgaben nicht gedeckt werden können, das Defizit oder den sogen. Gemeindeschaden auf die steuerpflichtigen Grundstücke und Gefälle, die Gebäude und die Gewerbe innerhalb des Gemeindebezirks umzulegen nach den für die Staatssteuer bestehenden Katastern. Auch darf die Gemeinde das Kapital-, Renten-, Dienst- und Berufseinkommen und die Apanagen in der Beschränkung des auf 1% der Staatsbesteuerung ermittelten Jahresertrags zur Deckung ihres Defizits beiziehen. Die Bedürfnisse der Amtskörperschaft werden aus den von den Gemeinden zu leistenden Beiträgen bestritten [2]).

2) Mecklenburg.

In Mecklenburg bestand vor dem Jahr 1870 ein sehr verwickeltes Steuersystem. Wir können auf dessen nähere Darlegung verzichten [3]). Für die Genossenschaften hatten zwei Steuern Bedeutung: die Handelsklassensteuer und die ausserordentliche Kontribution. Letztere geht in ihrem Ursprung bis 1809 zurück und diente zur Deckung solcher Staatsbedürfnisse, welche durch die zwischen Fürst und Ständen bestehenden Verträge über die Aufbringung des ordentlichen Staatsbedarfs und über die dazu zu leistenden städtischen Steuerhilfen nicht vorgesehen waren. Auf dem Land bestand sie aus einer Hufen- und Personalsteuer, die städtische Kontribution dagegen zerfiel in eine Grundsteuer von Häusern und Ländereien, eine Personalsteuer, eine Handelssteuer, eine Gewerbe- und Viehsteuer. In allen Landesteilen endlich wurde obendrein eine Einkommen- und Zinssteuer erhoben [4]). In Bezug auf letztere bestimmte das Edikt vom 18. Februar 1854, dass alle Personen beiderlei Geschlechts, welche sich ein Jahr oder länger im Lande aufgehalten haben, von ihrer etwaigen Einnahme aus Zinsen, Renten, Bodmereiverhältnissen und Aktien eine Steuer zu zahlen haben. Die Steuerpflicht beginnt bei einer Zinseinnahme von 10 Thlrn; Zinsen unter 10 Thlr. sind steuerfrei. Der niedrigste Satz der Abgabe ist 14 Schilling pro 100 Thlr. Einnahme und steigert sich bis zu $1^{1}/_{4}$% von 2500 Thlrn. Zinsen und darüber. Alle dieser Steuer unterliegenden Einnahmen sind vom Empfänger zusammenzurechnen und nach der Gesamtsumme mit dem zutreffenden Ansatze zu versteuern. Bei Berechnung solcher Einnahmen darf jeder die auf etwaige Passivkapitalien zu zahlenden Zinsen in Abzug bringen und hat er nur von dem wirklich verbliebenen Ueberschuss zu steuern. Der Steuer unterliegen auch die städtischen und andere Kommunen, Kirchen und Stiftungen. Frei waren: Armen-, Witwen-Anstalten und die landesherrlich bestätigten Ersparnis-Anstalten, sowie auf die Zeit ihrer Konzessionsdauer die Rostocker Bank und die Lebensversicherungs- und Sparbank zu Schwerin. Auf Grund dieser gesetzlichen Bestimmungen erachtete im Juli 1866 die Landes-Rezeptur-Direktion die Vorschussvereine für pflichtig zur Erlegung der Zinsensteuer und zwar derart, dass von der Bruttozinseinnahme die an die Gläubiger der Vereine zu zahlenden Darlehens- und Spareinlagenzinsen und die bar ausgezahlte Dividende in Abzug zu bringen, der ganze Rest, bestehend aus

---

[1]) Bl. f. G. 1880 Jahrg. 27 S. 47.
[2]) Sammlung der württemb. Staatssteuergesetze S. 41, 215.
[3]) Vergl. Balck, Finanzverhältnisse in Mecklenburg-Schwerin II. Band 1878 S. 1 f.
[4]) Balck a. a. O. II. S. 40.

der zugeschriebenen Dividende, dem Zuschuss zum Reservefonds und den gesamten Geschäftsunkosten mit Einschluss der Bruttogehalte zu besteuern war. Von seiten der Genossenschaften wurde dieser Steuermodus bekämpft, und auf Anregung des Verbandstages zu Weimar brachte man die Frage zur Diskussion auf dem Landtag. Infolge des Hinweises, dass Spaarkassen und Banken von aller Steuer frei seien, liess sich (31. Januar 1868) die Regierung bestimmen, jenen Vorschussvereinen, welche sich landesherrlich bestätigen liessen, die gleiche Vergünstigung zu gewähren — also ein Vorgang, analog dem in Württemberg. Die landesherrliche Bestätigung hatte zur Voraussetzung, dass Abänderungen der Statuten nur mit Genehmigung des Ministeriums geschehen könnten, dass dieses die Statuten jederzeit dem sich ergebenden Bedürfnisse abändern und auch ganz aufheben durfte [1].

Die zweite obengenannte Steuer, die Handelsklassensteuer, trat gelegentlich der Einführung des mecklenburgischen Grenzzollsystems 1863 ins Leben. Derselben waren unterworfen a. jedes Gross- oder Kleinhandelsgeschäft, Kommissions-, Speditions-, Wechsel-, Fabrik- und Leihgeschäft, Buchhändler und Apotheker; b. Makler- und Handelsagenten; c. alle, welche ein Gewerbe daraus machen, neue oder alte Sachen, Waren und Erzeugnisse jeder Art zum Wiederverkauf anzukaufen oder zum Verkauf in Auftrag zu nehmen; d. Handwerker und sonstige Gewerbsleute, welche ausser ihrem eigentlichen Betriebe fremde, zum Wiederverkauf angekaufte Fabrikate oder Erzeugnisse auf Lager oder im offenen Laden feil halten.

Im Jahre 1869 sollte der Rostocker Konsumverein auf Grund dieser Steuer 30 Thlr. kontribuieren, doch wurde er auf die übliche Begründung hin, es liege kein Kleinhandelsgeschäft, kein Gewinn etc. vor, verschont [2].

Im Jahre 1870 wurde in Mecklenburg an die Stelle des verwickelten alten ein einfacheres neues Steuersystem gesetzt [3]. Freilich die völlige Verschmelzung aller erbvergleichmässigen, dem Landesherrn gebührenden Steuern und der ausserordentlichen Kontribution in eine einzige Landessteuer gelang nicht, die ritterschaftliche und domaniale Hufen- sowie die landstädtische Steuer von Häusern und Ländereien wurde beibehalten, für den Rest aber ein einheitliches Kontributionsedikt erlassen. Dasselbe stellt ein System von Ertragssteuern dar — Faktorensystem, wie die Mecklenburger sagen. Die einzelnen Bestandtheile sind: 1) eine landwirtschaftliche Steuer, Besitzer und Pächter treffend; 2) eine Mietssteuer von vermieteten Wohnhäusern; 3) eine Gewerbesteuer; 4) eine Besoldungssteuer von Gehalten, Pensionen, Pfründen; 5) eine Erwerbsteuer von dem Erwerbe aus der Ausübung einer Kunst oder Wissenschaft, sowie aus höheren Privatdienstverhältnissen; 6) eine Lohnsteuer von dem Verdienste aus geringerer Lohnarbeit; 7) eine Zinsensteuer von der Einnahme aus Zinsen, Renten, Dividenden und Apanagen; dazu kommt 8) eine Hundesteuer. Durch dieses in beiden Grossherzogtümern im wesentlichen gleichlautende Edikt wurde die Besteuerung der Genossenschaften definitiv geregelt. In Bezug auf die Gewerbesteuer sind folgende Paragraphen massgebend:

§ 13. Gewerbesteuerpflichtig nach dieser Verordnung sind Inländer und Ausländer, sowohl einzelne als Körperschaften und Gesellschaften, welche in Mecklenburg-Schwerin ein Gewerbe und zwar insbesondere 1) Handel, 2) Fabrikbetrieb. — 4) Handwerksbetrieb, — 11) Bank- und bankähnliche Institute — oder eine sonstige zu dem Gewerbe zu rechnende Beschäftigung selbständig treiben. — Nicht gewerbesteuerpflichtig sind — diejenigen, welche nur für ihren eigenen Verbrauch arbeiten oder dafür auf ihren gewerblichen Anlagen arbeiten lassen, bezw. insoweit solches für ihren eigenen Verbrauch geschieht [4].

---

[1] Bl. f. G. 1868 S. 33. Die Polemik a. a. O. ist zum Teil ganz irrig, da, was klar ersichtlich ist, eine Doppelbesteuerung gar nicht intendiert war.

[2] Bl. f. G. 1869 S. 111.

[3] Näheres siehe bei Balck II. S. 45 f.

[4] 1874 wurde noch die Bestimmung beigefügt: „Auch wer für andere, oder irgend welche Entschädigung zu empfangen, arbeitet oder auf seinen gewerblichen Anlagen arbeiten lässt, unterliegt dieser Steuer nicht.

§ 14. Als Handel im Sinne dieses Gesetzes gilt auch der Betrieb von Bankiers und Geldwechslern, von Maklern, Speditions- und Kommissionsgeschäften, von Versicherungsgeschäften, sofern sie nicht auf reiner Gegenseitigkeit beruhen, von Konsumvereinen und Rohstoffankaufsvereinen, insoweit sie über den Kreis ihrer Vereinsmitglieder hinaus Warenabsatz treiben, von Agenturen jeder Art, von Lotteriekollekturen, von Apotheken.

§ 20. Soweit nicht nachstehend in den §§ 30 f. für die Banken und Vorschussvereine besondere Vorschriften erteilt sind, wird die Gewerbesteuer nach Massgabe des dem Steuerpflichtigen aus dem Gewerbebetrieb zufliessenden Gesamteinkommens zu den im § 29 enthaltenen Steuersätzen auf Grund seiner Einschätzung veranlagt.

§ 30. Banken und bankähnliche Institute, Vorschussvereine zahlen nach dem Abschlusse für das letzte vor dem 1. Julius beendete Rechnungsjahr 2 Prozent von ihrem Geschäftseinkommen, welches sich darstellt aus den gezahlten Zinsen für die Stammaktien, der Superdividende und dem Absatz zum Reservefonds.

Die Anwendung dieser gesetzlichen Bestimmungen führte zu Meinungsverschiedenheiten bei dem am 4. November 1868 gegründeten Schweriner Konsumverein. Derselbe verkaufte anfangs statutenmässig nur an Mitglieder, später im Interesse eines schnelleren Umsatzes auch an Nichtmitglieder, der Verein wurde darauf zunächst zum geringsten Steuersatz angehalten.[1] Der Verkehr mit Nichtmitgliedern hob sich aber rasch. Er betrug vom 4. Juli 1870 bis 1. Januar 1871 46%, vom 2. Januar bis 2. Juli 1871 36% des ganzen Warenumsatzes. Der Konsumverein war der Meinung, dass man, wenn vom Gesamteinkommen diese Prozentsätze genommen würden, den steuerpflichtigen Betrag erhielte. Der Magistrat dagegen legte für den Steuersatz den gesamten Warenumsatz zu Grunde und berechnete das Steuerkapital in der Art, dass er, wie es bei Besteuerung von Materialhandlungen üblich, 10% Reingewinn annahm. Die städtische Obersteuerbehörde, die allgemeine Landesrezepturdirektion teilte keine der beiden Auffassungen. Sie war zwar mit dem Konsumvereine darin einverstanden, dass nur von dem Umsatz mit Nichtmitgliedern auszugehen sei, aber nicht mit seiner Feststellung des Reingewinns; sie verlangte vielmehr die für Kaufleute übliche Festsetzung, d. h. 10% vom Umsatz.[2] Aber auch das schien ihr noch nicht ausreichend, weil die Dividendenmarken kein genügendes Kontrollmittel seien, vielmehr die Annahme berechtigt erscheine, dass der Absatz an Nichtmitglieder noch grösser sei, als der Dividendenmarken entspreche. Sie nahm mit Rücksicht darauf eine etwas höhere Klasse an. Der Konsumverein bestritt nicht nur die Gleichstellung des Geschäftsbetriebs mit einem Kaufmann, sondern suchte auch das Argument bezüglich der Dividendenmarken zu entkräften, indem er darauf hinwies, dass Anfangs 1871 von 233 Mitgliedern nur 191 und zu Johannis 1871 von 289 Mitgliedern nur 226 überall Dividendenmarken ablieferten. Die aus Unachtsamkeit oder Versäumnis unterlassene Ablieferung gleiche das etwa unberechtigte Plus der Dividendenmarken mehr als aus. Die letzte Instanz, das Finanzministerium, trat sowohl in Bezug auf diesen Punkt als in Bezug auf die Gewinnberechnung der Ansicht des Konsumvereins bei.[3]

Dieser günstigen Behandlung erfreuten sich die Genossenschaften übrigens nicht lange. Bei der 1874 erfolgten Revision des Kontributionsedikts wurde die beschränkte Steuerpflicht aufgehoben, indem der Art. 14 nunmehr folgendermassen lautet:

§ 14. Als Handel im Sinne dieses Gesetzes gilt auch der Betrieb von Bankiers und Geldwechslern, von Makler-, Speditions- und Kommissionsgeschäften, von Versicherungsgeschäften, sofern sie nicht auf reiner Gegenseitigkeit beruhen, von

---

[1] Bl. f. G. 1871 Jahrg. 18 S. 44.
[2] Der Rostocker Konsumverein arbeitete ähnlich wie der Görlitzer nicht auf Dividende. Vergl. Bl. f. G. 1872 Jahrg. 19 S. 195 u. 1871 Jahrg. 18 S. 43.
[3] Bl. f. G. 1872 Jahrg. 19 S. 71.

Konsumvereinen und Rohstoffankaufsvereinen, von Lotteriekollekturen, von
Apotheken.

An Klarheit lässt die neue mecklenburgische Gesetzgebung nichts zu
wünschen übrig; die Vorschuss-, Konsum-, Rohstoffankaufsvereine werden schlechtweg der Gewerbesteuer unterworfen, gleichgültig, ob der Geschäftskreis auf die
Mitglieder sich beschränkt oder nicht. Das gleiche gilt wohl von den Maga-
zinsvereinen; bei den Produktivgenossenschaften ist ein Zweifel ohnehin nicht
möglich.

Neben dieser Gewerbesteuer kommt noch die Zinsensteuer in Betracht.
Die zur Verteilung oder zur Gutschrift gelangenden Zinsen und Dividenden
der Genossenschaften werden von den Bezugsberechtigten versteuert (§ 45, 47).
Ein Theil des Ertrags ist sonach doppelt besteuert, einmal bei der Genossenschaft, einmal bei den Genossenschaftern.

In einer Reihe von Städten ist die eben dargestellte Steuerordnung auch
für die Kommunalsteuer wichtig, insofern sie Zuschläge erheben, in andern wird
nach besonderen Statuten verfahren, welche auf Herkommen basieren. Eine
Schilderung dieser ausserordentlich verschiedenen Verhältnisse ist nicht möglich.
Nur so viel ist sicher, dass kommunalerseits manche Versuche gemacht wurden,
die Steuerpflicht der Genossenschaften auszudehnen, wie durch Heranziehung
zur Schulsteuer, Armensteuer; doch konnte das Ministerium in mehreren Fällen
dieser Art auf Grund der Gesetzgebung den Charakter der persönlichen
Kommunalabgabe festhalten [1]).

3) Bayern.

Das bayrische Ertragssteuersystem ist aus folgenden Elementen zusammengesetzt: Grund-, Haus-, Gewerbe-, Kapitalrenten- und Einkommensteuer (Gesetze
vom 15. August 1828, 31. Mai 1856, 1. Juli 1856, 19. Mai 1881). Die Einkommensteuer ist nicht eine allgemeine Einkommensteuer, sondern hat nur die Aufgabe,
Einkommen, das nicht bereits mit Grund-, Haus-, Gewerbe- und Kapitalrentensteuer angelegt ist, zu treffen. Solche Einkommenszweige sind Einkommen aus
Lohnarbeit, wissenschaftlicher oder künstlerischer Beschäftigung, Besoldungen und
Pensionen, Wittume, Präbenden, Austräge, Leibrenten, Einkommen aus Bergbau und Pachtbetrieb. Die bayrische Einkommensteuer ist das abschliessende
Glied des Ertragssteuersystems.

Zur Zeit als die Grundlagen dieser Steuergesetze geschaffen wurden, konnte
eine spezielle Berücksichtigung der Genossenschaften nicht in Frage stehen.
Es musste zunächst die Praxis mit den neuen Erscheinungen nach Massgabe
der alten Gesetze sich abzufinden suchen. Keine Schwierigkeiten bot die Anwendung des Kapitalrentensteuer-Gesetzes vom 31. Mai 1856: besonders gab der
Art. 4 Z. 5 eine Direktive, indem daselbst ausgesprochen war, dass Anstalten
oder Gesellschaften, welche fremdes Kapital in Erwerbsgeschäften verwalten,
kapitalrentensteuerfrei sind, insoweit die hieraus fliessende Rente an die Teilnehmer
verabfolgt und daher von diesen versteuert wird. Die Besteuerung der Dividende
von den Genossenschaftsanteilen war also sichergestellt. Eine dringende Veranlassung, die Genossenschafter noch einmal voll zu besteuern, war nicht gegeben, hatte auch zur Voraussetzung, dass man dieselben als selbständige
Rechts- und Steuersubjekte betrachtete. Immerhin die Frage, ob dieselben zur
Gewerbesteuer heranzuziehen seien, konnte auftauchen und tauchte auch auf.
Der Wortlaut des Gesetzes vom 1. Juli 1856 schien der Besteuerung nicht ungünstig. Der Art. 1 erklärte:

Zur Entrichtung der Gewerbesteuer ist jedermann verpflichtet, der ein Gewerbe treibt.
Die Frage, ob eine der freien Betriebsamkeit vorbehaltene Erwerbsart gewerbsmässig ausgeübt
wird, ist nach den Verhältnissen des einzelnen Falles zu entscheiden, jedenfalls wird die ge-

---

[1]) Bl. f. G. 1878 Jahrg. 25 S. 117; 1883 Jahrg. 30 S. 1.

werbsmässige Ausübung dann angenommen, wenn die Beschäftigung mit Gehilfen oder in einem offenen Laden oder mit öffentlicher Ankündigung betrieben wird.

Die höheren Finanzbehörden liessen gleichwohl diese äusserlichen Merkmale nicht schlechtweg entscheiden. Wenn sie — was aber zuweilen unterblieb — im Rekursweg angerufen wurden, so entschieden sie bei den Konsumvereinen regelmässig dahin, dass nur der Geschäftsumsatz mit Nichtmitgliedern steuerpflichtig sei [1]. Auf eine Petition des Vereins zur Wahrung geschäftlicher Interessen in München, welche von Gegnern der Konsumvereine ausging, liess der Finanzminister im Petitionsausschuss der Abgeordnetenkammer 1879 erklären, dass in Zukunft die Vereine, welche nur an ihre Mitglieder Waren abgeben, nach wie vor von jeder Gewerbesteuer frei bleiben, die übrigen aber nach ihrem vollen Umsatz besteuert werden, weil sie mit den übrigen Kaufleuten in Konkurrenz träten und der Umsatz an Mitglieder und Nichtmitglieder sich nicht mit Sicherheit unterscheiden lasse [2]. Was die Kreditvereine anlangt, so wurden mehrfache Versuche gemacht, dieselben zur Gewerbesteuer heranzuziehen, so in Mittelfranken, ziemlich allgemein seit 1873 in der Pfalz [3]. Von entscheidendem Einfluss war eine Entschliessung des bayrischen Finanzministeriums vom 25. Februar 1873, welche nicht mehr in der Beschränkung auf Mitglieder das allein entscheidende Moment erblickte, sondern die Besteuerung zugleich von dem Betrieb einzelner Geschäftsformen abhängig machte. Die Vereine sollten nur dann für steuerfrei erklärt werden, wenn sich dieselben ausschliesslich mit dem Vorschussgeschäfte für ihre Mitglieder abgeben. Im übrigen wurde die grosse soziale Bedeutung der Vorschussvereine anerkannt und als Vergünstigung gewährt, dass sie meist nur mit der Normalanlage (Nr. 337), nicht auch mit dem Klassensatz belegt werden sollten. Diese Entschliessung und die daran anknüpfende sehr ungleichmässig verfahrende Praxis wurde bekämpft, namentlich durch den Direktor des pfälzischen Verbands Dr. Knecht. Derselbe machte geltend, dass, wenn auch das Gesetz formell nur „eine gewerbsmässige Ausübung" zu seiner Anwendung voraussetze, doch hierbei zu supponieren sei, dass die gewerbsmässige Ausübung in der Absicht stattfinde, um von Fremden bei diesem Geschäftsbetrieb Gewinn zu ziehen. Das bayrische Gewerbesteuergesetz setze wie die aller andern Staaten den animus lucrandi voraus. Solange und soweit der Verein nur mit seinen Mitgliedern Geschäfte mache, auch wenn er ausser dem Gewähren von Vorschüssen noch weitere Zweige des Bankgeschäfts betreibe, sei er nicht steuerpflichtig, vorausgesetzt, dass die Buchführung eine klare Scheidung möglich mache [4]. Es scheint nicht, als ob diese Vorstellung Erfolg hatte. Die Entschliessung der Regierung von Mittelfranken vom 15. August 1878 steht in ihrer Begründung noch ganz auf dem Boden der ministeriellen Vorschrift, wenn sie eine Befreiung ausspricht, weil eine gewerbsmässige Gewährung von Kreditaushilfe an Nichtmitglieder — von ganz vereinzelten Fällen in früherer Zeit abgesehen — nicht stattgefunden habe und ein förmlicher Betrieb von Bank-, Kommissions-

[1] Bericht über den 11. Verbandstag der südd. Konsumvereine vom 2. und 3. Juni 1877 in München S. 36, 46.
[2] Gedruckter Bericht über den 13. Verbandstag der südd. Konsumvereine vom 13. u. 14. Juli 1879 in Freiburg S. 23.
[3] Bericht über den 7. Verbandstag der pfälz. Genossenschaften, abgehalten am 26. u. 27. Juli 1873 zu Ludwigshafen a. Rh., S. 26 f. Darin als Anhang ein Gutachten von Anwalt David in Frankenthal, ob Volksbanken zur Gewerbesteuer herangezogen werden können. Bericht über die Verhandlungen des 8. Verbandstags der pfälz. Genossenschaften zu Landau vom 10. u. 11 Juli 1874 S. 24 f.
[4] Gedruckte Denkschrift der pfälz. Kreditvereine betreffend die Heranziehung derselben zur Gewerbesteuer 1877. Bl. f. G. 1878 Jahrg. 25. S. 130. Ferner Gutachten des Anwalts gegen Heranziehung des landw. Kreditvereins für Mittelfranken. Bl. f. G. 1877 Nr. 45.

und Wechselgeschäften zum Zweck des Erwerbs nicht nachgewiesen sei[1]). Es
wird auch behauptet, dass unter dem Einfluss dieser Praxis manche Vereine
ihre geschäftliche Thätigkeit erst recht auf Nichtmitglieder ausdehnten, um in
der Ausdehnung des Geschäfts den Ersatz für aufgelegte Steuer zu finden —
eine Entwicklung, die in genossenschaftlichen Kreisen selbst als ungünstig bezeichnet wird[2]). Die im Jahr 1879 in Fluss gekommene Steuerreform brachte
auch eine Regelung der Frage, wie die Genossenschaften zu besteuern seien.
Das Gewerbesteuergesetz vom 19. Mai 1881, auf dessen Vorgeschichte hier nicht
näher einzugeben ist[3]), traf die nötigen Bestimmungen[4]). Der Art. 1 zeigt
gegenüber dem früheren ein nur wenig verändertes Gesicht.

„Der Gewerbesteuer unterliegen die im Lande betriebenen Gewerbe und gewerbsmässig
ausgeübten Erwerbsarten. Die gewerbsmässige Ausübung einer Erwerbsart wird angenommen,
wenn die Beschäftigung mit Gehilfen, mit gewerblichen Vor- und Einrichtungen oder sonstigem
Betriebskapital, in einem offenen Laden oder mit offenem Angebote betrieben wird.“

Da nach der Absicht des Gesetzgebers jedes einzelne der angegebenen
Merkmale die Annahme der gewerbsmässigen Ausübung begründet, jedoch unter
der Voraussetzung, dass eine auf Erwerb oder Gewinn gerichtete Thätigkeit
vorliege[5]), so war wohl im Prinzip die Frage auch für die Genossenschaften
entschieden, unbestimmt blieben aber doch die näheren Voraussetzungen, die
Grenze, bis zu welcher die Steuerfreiheit zu reichen habe. Diese genauere Fixierung
wurde in Art. 18 versucht.

Der Gewerbesteuer sind nicht zu unterziehen die wechselseitigen Versicherungsanstalten,
dann jene Erwerbs- und Wirtschaftsgenossenschaften, welche auf dem Grundsatze der Selbsthilfe beruhen, die ihrem Zwecke entsprechende Thätigkeit nur auf den Kreis ihrer Mitglieder
beschränken und nicht die Erzielung eines gewerblichen Gewinnes anstreben.

Bei Beurteilung der Voraussetzungen dieser Steuerbefreiung ist der thatsächliche Betrieb
des Unternehmens massgebend.

Die für das Unternehmen eingetragene Firma oder der Inhalt der Statuten dienen zum
Anhaltspunkt der Beurteilung.

Um die Tragweite dieser Bestimmungen zu erfassen, sind unter Hinweis
auf die Verhandlungen einige Bemerkungen notwendig. Das Benefizium beschränkt
sich vor allem auf die eingetragenen Genossenschaften, die auf Grund des Reichsgesetzes vom 4. Juli 1868 und des bis 1873 in Bayern gültigen bayrischen Gesetzes vom 29. April 1869 sich gebildet haben. Dieselben beruhen auf dem
Grundsatze der Selbsthilfe, indem die Einzelnen sich vereinigen, um durch
gemeinschaftliche Thätigkeit den Mitgliedern innerhalb der Grenzen der genossenschaftlich organisierten gegenseitigen Hilfe in ihrem Erwerbe oder Haushalte Erleichterungen bezw. Ersparungen zu verschaffen. Die Thätigkeit der
Genossenschaft muss nun auch thatsächlich eine ihrem Zweck d. h. dem Zwecke
der einschlägigen Genossenschaftsgattung entsprechende sein; werden Erwerbs-
zwecke verfolgt, welche über den Grundsatz der Selbsthilfe oder wechselseitigen
Hilfe hinausgeben, so tritt, auch wenn diese Erweiterung in den Statuten enthalten ist, Steuerpflicht ein. Dagegen soll der Grundsatz der Selbsthilfe und
des Zweckes der Kreditgenossenschaft überschritten sein, wenn z. B. die Genossenschaften weit mehr fremde Gelder ansammeln, als das Kreditbedürfnis der
Mitglieder erheischt, und dadurch verleitet werden, förmliche Bankgeschäfte zu
machen, mit Effekten zu spekulieren und alle jene Bedürfnisse der Mitglieder
in den Bereich ihrer Thätigkeit zu ziehen, welche sonst nur bei Bankiers befriedigt werden können. Das Gesetz verlangt als weitere Voraussetzung für

---

[1]) Bl. f. G. 1878 Jahrg. 25 S. 196.
[2]) Bl. f. G. 1882 Jahrg. 29 S. 8.
[3]) Eine kurze Zusammenstellung siehe bei Seisser, Die Gesetze über die
direkten Steuern im Kgr. Bayern II. Bd. 2. Aufl. 1885.
[4]) Vergl. hierzu auch Bl. f. G. 1880 Jahrg. 27 S. 230; 1881 Jahrg. 28 S. 139.
[5]) Seisser a. a. O. S. 3.

die Steuerbefreiung die Beschränkung der Thätigkeit auf den Kreis der Genossenschaftsmitglieder; es ist dies eigentlich eine Konsequenz der beiden vorangegangenen Momente, die Basis der Selbsthilfe wird verlassen, wenn eine Genossenschaft für Nichtmitglieder thätig ist, und ebenso kann „die ihrem Zweck entsprechende Thätigkeit" einer Genossenschaft nicht darin gesucht werden, dass sie den Bedürfnissen der Nichtmitglieder dient. Da es aber an sich möglich ist und thatsächlich auch vorkommt, dass eine Genossenschaft über ihren eigentlichen Rahmen hinausgreift, so musste diese Beschränkung noch hinzukommen, wollte man nicht eine andere Fassung wählen, wie etwa „welche und insoweit sie auf dem Grundsatz der Selbsthilfe beruhen etc." Wieder aufs engste mit den bisherigen Momenten hängt die letzte Beschränkung zusammen, wonach auch noch verlangt wird, dass nicht die Erzielung eines gewerblichen Gewinns angestrebt wird. Nach Auffassung des Gesetzgebers — siehe Landtagsverhandlungen — sollte der Gewinn ein gewerblicher sein, wenn er bei einer auf dem Grundsatze der gegenseitigen Hilfe beruhenden Genossenschaft durch Geschäfte erzielt wird, die über diesen Zweck hinausgreifen oder durch Geschäfte, welche mit Nichtangehörigen der Genossenschaft abgeschlossen werden. Insoweit diese letzte Beschränkung eine Konsequenz der früheren ist, war sie gar nicht geboten; notwendig war sie aber mit Rücksicht auf jene Genossenschaften, in deren Zweck es liegt, ein Gewerbe zu treiben (Produktivgenossenschaften).

Diese beschränkenden Voraussetzungen wurden nun aber in einer Beziehung gemildert und durchbrochen. Die für Erreichung des Genossenschaftszwecks erforderlichen Verwaltungsgeschäfte, die Vorbereitungs- und Vermittelungshandlungen sollen im Bereich jener Thätigkeit liegen, welche die Steuerfreiheit begründet, und diese zwar auch dann, wenn diese Geschäfte einen Verkehr mit Nichtangehörigen bedingen. Nur wenn Geschäfte, die zu dem Endzwecke des genossenschaftlichen Unternehmens gehören, mit Nichtmitgliedern gemacht werden, entfällt die Steuerfreiheit. Also die Aufnahme von Geld bei Nichtmitgliedern durch Vorschussvereine, der Kauf von Rohstoffen bei Nichtmitgliedern durch die Rohstoffgenossenschaften begründet keine Steuerpflicht, wohl aber z. B. der Kauf von Milch bei Nichtmitgliedern durch eine Milchgenossenschaft [1]. Ebenso soll eine Kreditgenossenschaft noch nicht über den gesteckten Zweck hinausgreifen, wenn sie sich augenblicklich im Besitze disponibler Mittel befindet und behufs deren Unterbringung Effekten- und Diskontokäufe, also vorübergehende bankmässige Geschäfte mit Fremden vornimmt. Ob eine Steuerpflicht entsteht, wenn auch ohne diese Voraussetzung für Mitglieder durch eine Genossenschaft regelmässige Bankgeschäfte, aber ohne Entgelt, besorgt werden (z. B. Einlösung von Koupons), ist zweifelhaft, wird aber von kompetenten Kommentatoren (Seisser S. 45) verneint. Endlich wäre noch zu erwähnen, dass, wenn die von dem Gesetz zugelassene Grenze überschritten wird, die Steuerpflicht nicht bloss für einen Teil, sondern für das gesamte Betriebsergebnis eintritt (Schutz der Gewerbetreibenden).

Die Bemühungen, die es sich der Gesetzgeber hat kosten lassen, um eine gerechte und den Anforderungen der Billigkeit genügende Besteuerung durchzuführen, verdienen gewiss alle Beachtung [2]. Als ganz geglückt wird man sie, auch wenn man sich auf den Standpunkt des Gesetzgebers stellt, nicht betrachten können. Die wenig feste Grenze, wo die Steuerpflicht beginnt, namentlich bei den Vorschussvereinen, ist misslich. Bei einem Vereine, der seinen Mitgliedern stets das nötige Geld liefern will, wird es immer vorkommen, dass er vorüber-

---

[1] Analog möchte auch ein Magazinverein zu beurteilen sein, der so organisiert ist, dass die gemeinsame Lagerhaltung von den Genossenschaftern kauft und für eigene Rechnung verkauft, den Gewinn pro rata der Einkaufssumme verteilt. Anders Seisser S. 46.

[2] In betreff der Praxis vergl. Bl. f. G. 1885 Jahrg. 32 S. 203. Die Polemik gegen dieselbe a. a. O. beruht auf missverständlicher Auffassung des Gesetzes.

gehend Anlagen anderwärts hat, es wird im konkreten Fall oft recht schwer
sein, über den noch berechtigten Betrag ins reine zu kommen. Noch mehr, der
eigentliche bankmässige Geschäftsbetrieb soll zur Gewerbesteuer führen[1]). Nehmen
wir den Fall, die Gewerbe- und Handeltreibenden einer grösseren Stadt bilden
eine Volksbank, um sich die benötige Kreditaushilfe rasch und billig zu verschaffen; sie wollen sich aber dabei der Formen bedienen, wie sie das moderne
Geschäft verlangt; sie benutzen nicht nur Wechsel, sondern sie wollen die Ge-
nossenschaftsbank zu ihrem Kassierer machen, sie unterhalten also einen De-
positen- oder Kontokorrentverkehr. Soll das dem Genossenschaftszweck widersprechen, weil die moderne Form gewählt ist?[2]) Ferner sind in dem Gesetz-
paragraphen nicht doch wesentliche Momente übersehen? Ist neben der feinen
Kasuistik über die Frage, ob und wann ein gewerblicher Gewinn vorliege, es
so ganz gleichgültig, wie der Gewinn innerhalb der Genossenschaft sich verteilt? Wenn ein Kreditverein den erzielten Gewinn nach Massgabe der Geschäftsanteile verteilt und nicht nach Massgabe der Kreditbeanspruchung, so
verdienen die einen Genossenschafter an den andern und zwar durch die
gewerbliche Unternehmung. Soll das irrelevant sein?

Die Anwendung der Kapitalrentensteuer hat auch zu Anstössen geführt.
Was die Dividenden aus den Geschäftsanteilen betrifft, so sind sie wie früher
kapitalrentensteuerpflichtig in der Hand des Beziehenden. Darüber sind Zweifel
nicht möglich. Dagegen ist die Frage, ob Genossenschaften auch als solche
kapitalrentensteuerpflichtig werden können? Das ist zu bejahen, wofern die
Genossenschaft ein eigenes, Rente tragendes Kapitalvermögen hat. Zumeist
wird dies der Fall sein in allen jenen Genossenschaften, welche ihren Reservefonds nicht im Geschäftsbetriebe verwenden, sondern abgesondert von demselben
verwalten, bei Banken, Sparkassen u. dgl. verzinslich angelegt haben, oder
auch wenn sie denselben im eigenen Geschäftsbetriebe verwenden, jedoch auf
Grund statuten- oder geschäftsordnungmässiger Bestimmung besonderen
Zins dafür berechnen. Wie der Zinsanfall aus dem Reservefonds verwendet
wird, ob zur Mehrung des Reservefonds oder Geschäftsertrags, ist irrelevant.
Wird der Reservefonds im Geschäftsbetrieb selbst verwendet, so kann er nicht
kapitalrentensteuerpflichtig werden, da „der Rentenertrag aus den in Gewerben
angelegten Betriebskapitalien oder zum Zwecke des gewerbsmässigen Umsatzes
erworbenen umlaufenden Papieren oder Wechseln“ (Art. 4 Z. 7) frei ist.
Wenn neuerdings in der Praxis versucht wurde, auf Grund des Art. 4 Z. 6 eine
weitere Kapitalrentensteuerpflicht zu konstruieren, so beruht das auf einem groben
Missverständnis des Gesetzes. Die Bestimmung lautet:

> „Frei sind Anstalten, Gesellschaften oder Genossenschaften, welche fremdes Kapital in
> Erwerbsgeschäften (das Gesetz sagt wohl irrtümlich „Erwerbsgesellschaften“) verwalten, insoweit
> die hieraus fliessende Rente an die Teilnehmer verabfolgt und daher von diesen versteuert wird.“

Auf Grund dieser Bestimmung erklärte eine Berufskommission, der Unterschied der Aktivzinsen, welche ein Verein vereinnahmt, gegen die Passivzinsen,
welche er verausgabt, und die Dividenden, welche er an seine Mitglieder hinaus-
zahlt, bilde diejenige Kapitalrente, aus welcher die Kapitalrentensteuer entrichtet
werden müsse. Es ist dies ganz unrichtig, da das Geschäftserträgnis nicht

---

[1]) Riedel: Manche Vereine seien in die Lage gekommen, die ihnen zur
Verfügung gestellten überschüssigen Mittel durch Betreibung jener Geschäftszweige nutzbar zu machen, welche als die gesetzlichen Kriterien des Handels
mit Geld, umlaufenden Papieren und Wechseln in Betracht zu kommen hätte.
Es sei daher Sache der Steuerausschüsse, im einzelnen Falle zu prüfen, ob ein
Unternehmen lediglich auf Kreditgewährung oder auf Erzielung eines Gewinns
durch Geldaufschlag gerichtet sei.

[2]) Vergl. hierüber auch Bericht über den 14. Verbandstag der pfälz.
Genossenschaften, abgehalten am 11. u. 12. Juli 1880 zu Neustadt a. H.
S. 32 ff.

K a p i t a l r e n t e zu sein braucht und von demselben noch die Verwaltungskosten und Abschreibungen abgehen [1]).

Was die direkten Kommunalsteuern betrifft, so erscheinen dieselben als Zuschläge zu den Staatssteuern, das System der letzteren ist also auch für erstere massgebend.

4) Elsass-Lothringen.

In Elsass-Lothringen wurde das französische Steuersystem, bestehend aus Grund-, Personalmobiliar-, Thür-, Fenster- und Patentsteuer, übernommen und beibehalten [2]). Für die Genossenschaften (société à capital variable) kann nur die Patentsteuer in Frage kommen; dieselbe hat „ein Handelsgeschäft, eine Industrie oder ein Gewerbe" zur Voraussetzung. Die Praxis wird so gehandhabt, dass Genossenschaften, die nur mit ihren Mitgliedern arbeiten, von jedweder Steuer befreit sind; dies trifft für alle Genossenschaften des Landes zu.

II. Staaten mit einem aus Ertrags- und Einkommensteuer zusammengesetzten Steuersystem.

1) Preussen.

Das preussische Steuersystem besteht aus einer allgemeinen Klassen- und Einkommensteuer, einer Grund-, Häuser und Gewerbesteuer.

In Betracht kommen die Gewerbesteuer, die Klassen- und Einkommensteuer.

Die Gewerbesteuer datiert vom 30. Mai 1820. Die wesentlichen für uns relevanten Bestimmungen in ihrer jetzt geltenden Gestalt lauten [3]):

§ 1. Die Gewerbesteuer soll im ganzen Staate gleichförmig nach dem Inhalt des gegenwärtigen Gesetzes erhoben werden.

§ 2. Gewerbesteuerpflichtig sind fortan nur der Handel, die Gastwirtschaft, das Verfertigen von Waren auf den Kauf, der Betrieb von Handwerken mit mehreren Gehilfen, das Gewerbe der Schiffer, der Fracht- und Lohnfuhrleute, der Pferdeverleiher und diejenigen Gewerbe, die von umherziehenden Personen betrieben werden.

§ 3. Die Gewerbesteuerpflichtigkeit vom Handel trifft
   a. jedes Gross- oder Einzelhandels-, Kommissions-, Speditions-, Wechselbank-, Leih-, Assekuranz-, Fabrik- und Reedereigeschäft, das unter einer bekannt gemachten Form betrieben wird. Auch die bei der Kaufmannschaft angestellten Makler und Handelsagenten sind der Steuer unterworfen. Ferner auch die Mühlenwerke und die Gewerbe der Bäcker, Fleischer und Brauer.

§ 4. Die Steuer wird von jeder einzelnen Firma, von jedem einzelnen Comptoir, von jedem einzelnen Laden, ohne Rücksicht auf die Zahl der Teilnehmer erhoben.

§ 5 b. Der Steuer vom Handel sind ferner unterworfen, die ein Gewerbe daraus machen, neue oder alte Sachen, Waren und Erzeugnisse jeder Art zum Wiederverkauf anzukaufen oder zum Verkauf in Auftrag zu übernehmen als Lieferanten, Vieh- und Pferdehändler, Aufkäufer, Krämer, Trödler, Böker und Viktualienhändler u. s. w.

Die unmittelbare Anwendung dieser Bestimmungen auf die Genossenschaften musste zu Schwierigkeiten führen, da im konkreten Falle immer die Frage entstand, ob ein Handel etc. im Sinn des Gesetzes vorliege. Die Beant-

---

[1]) Bl. f. G. 1881 Jahrg. 28 S. 159; 1885 Jahrg. 32 S. 185 u. 213.
[2]) Vergl. Perroux-Joppen, die französischen direkten Steuern. Strassburg 1874.
[3]) M. v. Oesfeld, Die Gewerbesteuerverfassung des preuss. Staates in ihrer neuesten Gestaltung 1877.

wortung hing aber wieder davon ab, was das Gewerbesteuergesetz als entschei-
dendes Merkmal für den Gewerbebetrieb betrachte. Da das Gesetz eine Bestimmung des Gewerbebegriffs vermeidet, so ist aus demselben eine Lösung nicht
zu entnehmen. Man musste also dem Gesetzgeber eine Auffassung supponieren,
und das geschah schon durch das Reskript des Generalsteuerdirektors vom
16. August 1827, der das unterscheidende Merkmal eines Gewerbebetriebs, einer
gewerbsmässigen Hantierung darin fand, „dass dieselbe in der Absicht, davon
einen Erwerb, den ganzen oder teilweisen Unterhalt zu beziehen, vorgenommen wird".

Als Anfangs der 60er Jahre die ersten Versuche zur Besteuerung der
Genossenschaften, speziell der Vorschussvereine gemacht wurden, wurde von
seiten letzterer der gewerbliche Charakter der auf ihren Mitgliederkreis sich
beschränkenden Genossenschaften geleugnet. Die oberste Steuerbehörde — zum
Teil in Gemeinschaft mit den Gerichten [1] — trat dieser Auffassung in der
Hauptsache bei, wie aus den beiden folgenden Reskripten hervorgeht.

Reskript vom 26. August 1861. Die anliegend der k. Regierung zugehende,
wieder einzureichende Beschwerde der Kreditgesellschaft zu Landsberg a. W. vom 6. August
d. J. wegen beabsichtigter Heranziehung der gedachten Gesellschaft zur Gewerbesteuer hat die
k. Regierung einer näheren Erörterung zu unterwerfen und sich demnächst über dieselbe
zu äussern.

Zuvörderst ist nicht ersichtlich, weshalb die k. Regierung die in Rede stehende Gesellschaft zur Besteuerung der Klasse A. heranziehen zu müssen glaubt, da das Grundkapital
der Gesellschaft in den Anteilen der einzelnen Mitglieder besteht, welche unverkennbar den
Aktien der Aktiengesellschaften ähnlich sind. Es würde deshalb das bis Ende 1861 noch gültige
Gesetz vom 18. November 1857 betr. die Gewerbesteuer von Aktien- und ähnlichen Gesellschaften
zur Anwendung zu bringen und die Besteuerung, wenn sie überhaupt einzutreten hat, in Klasse A. G.,
nicht aber in Klasse A. zu veranlassen sein. Indessen handelt es sich vor allem um die Frage, ob
der gedachte Verein überhaupt gewerbesteuerpflichtig, ob derselbe als ganz oder teilweise auf
einen Handels- oder Gewerbebetrieb irgend welcher Art gerichtet anzusehen sei,
eine Frage, zu deren definitiver Entscheidung bei Erlass der das formelle Verfahren betreffenden
Verfügung vom 6. Juli d. J. — III. 15,126 — noch keine Veranlassung vorlag. Wenn der Verein
in Uebereinstimmung mit demjenigen, was das vorgelegte Statut über seinen Zweck und seine
Thätigkeit enthält, nur seinen Mitgliedern die zu dem Gewerbebetrieb erforderlichen Geldmittel
beschafft und statutgemäss alle Nichtmitglieder von der Kreditgewährung ausschliesst, auch
sonstige Bank- oder Leihgeschäfte nicht treibt, vielmehr nur als Empfänger einzelner verzinslicher oder unverzinslicher Darlehen zu Nichtmitgliedern, welche an der Dividende nicht teilnehmen dürfen, in Beziehung tritt, wird von der Besteuerung abzustehen sein, indem alsdann
die Vereinsthätigkeit nur den eigenen Bedarf der Mitglieder zu beschaffen bestrebt ist. Eine
nur auf die Deckung des eigenen Bedarfs beschränkte Produktion kann aber nicht wohl als ein
Gewerbe und eine zu solchem Zwecke gebildete Gesellschaft nicht wohl als zu einem gewerblichen Zwecke gebildet (§ 3 des Ges. v. 18. Nov. 1857) betrachtet werden.

Die k. Regierung wird demnach zur näheren Erörterung veranlasst, welche Art von
Geschäften die in Rede stehende Gesellschaft bisher wirklich gemacht hat und ob etwa thatsächliche Umstände vorliegen, welche dafür sprechen, dass die Landsberger Kreditgesellschaft
den nach Statut abgegrenzten Geschäftskreis überschritten habe. Das Ergebnis der Erörterung ist in dem zu erstattenden Berichte mit anzuzeigen.

In betreff des zweiten nach dem Berichte vom 15. Juni d. J. in Landsberg vorhandenen
Kreditvereins, dessen Statuten nicht vorliegen, bleibt der k. Regierung die anderweite Erwägung
und eventuelle Berichterstattung nach den vorstehend angedeuteten Gesichtspunkten überlassen [2].

_____

[1] Vergl. Erkenntnis des Appellhofs zu Köln v. 19. Novbr. 1863 in Gold-
schmidt, Zeitschrift für das gesamte Handelsrecht Bd. 8 S. 613; Erkenntnis des
Berliner Obertribunals vom 1. März 1872 in Oppenhof, Rechtsprechung Bd. 13
S. 188; Erkenntnis des Berliner Obertribunals vom 16. Mai 1876 mitgeteilt in
Hartmanns Zeitschrift für Gesetzgebung und Praxis auf dem Gebiete des
öffentlichen deutschen Rechts Jahrg. III. S. 56. Siehe auch Entscheidungen des
Reichsoberhandelsgerichts Bd. V S. 210.

[2] Winiker, Die gesetzlichen Vorschriften über die Entrichtung der Steuer
vom stehenden Gewerbe 1876 Nr. 451 S. 78.

Reskript vom 17. September 1864. Auf den Bericht vom 1. Juli d. J. wird der k. Regierung bei Rückgabe der Anlagen eröffnet, dass der Vorschussverein zu Paderborn nach den vorgelegten Schriftstücken nicht als eine auf einen „Gewerbezweck" gerichtete Privatgesellschaft anzusehen und daher von der Heranziehung desselben resp. seiner Agenten zur Gewerbesteuer Abstand zu nehmen ist.

Der Paderborner Vorschussverein beschafft statutenmässig nur seinen Mitgliedern die zu dem Gewerbebetrieb erforderlichen Geldmittel und schliesst alle Nichtmitglieder von der Kreditgewährung aus. Eine solche Vereinsthätigkeit, die nur den eigenen Bedarf der Mitglieder zu beschaffen bestrebt ist, kann aber nicht als ein „Gewerbe" und eine zu solchem Zweck gebildete Gesellschaft nicht wohl als zu einem „gewerblichen Zweck" gebildet betrachtet werden.

Der Umstand, dass nach den §§ 6, 8 und 9 der Statuten vom 3. Januar 1860 und dem Geschäftsbericht vom 9. März pp. von den Prozenten, welche die Vorschussempfänger von den entnommenen Summen der Kasse entrichten müssen, nach Berichtigung der Zinsen und Verwaltungskosten Dividenden an die Mitglieder gewährt werden, ändert hierin nichts, da die Vereinsmitglieder selbst die Darlehensempfänger und zugleich die Aktionäre sind.

Auch durch die Annahme von Spareinlagen von Nichtmitgliedern und deren Verzinsung stellt sich der Verein noch nicht als ein solcher dar, der einen gewerblichen Zweck verfolgt, indem er durch diese Thätigkeit lediglich von Nichtmitgliedern, die keinen Anteil an der Dividende haben, verzinsliche Darlehen aufnimmt.

Die Vergleichung mit der Immobilien-Versicherungs-Gesellschaft erscheint nicht zutreffend, da diese eine öffentliche und privilegierte Anstalt ist, die lediglich „gemeinnützige Zwecke" verfolgt[1]).

Infolge dieser Stellungnahme des Ministeriums blieben die Vereine auch mit kurzer Unterbrechung — im Jahre 1866 — unbehelligt[2]).

Erneute Versuche tauchten auf, als das Genossenschaftsgesetz vom 27. März 1867 bezw. 4. Juli 1868 erschien. Es lag dies nahe, weil das Genossenschaftsgesetz die G. für Kaufleute erklärt. Das konnte aber nur von Bedeutung sein für die privatrechtliche Stellung.

Ein Reskript des Finanzministers an die Bezirksregierungen vom 28. Juli 1868 stellt sich auch auf diesen Standpunkt.

„Die Erwerbs- und Wirtschaftsgenossenschaften, deren privatrechtliche Stellung die Gesetze vom 27. März v. J. (Gesetzsamml. f. 1867, S. 501) und 4. Juli d. J. (Bundesgesetzbl. f. 1868, S. 415) regeln, haben in neuerer Zeit in mehreren Teilen des Staates eine erhebliche Ausdehnung genommen. So erfreulich diese Wahrnehmung ist, so lässt sich doch nicht verkennen, dass diese Unternehmungen anderer Gewerbetreibenden, welche ihrerseits von ihrem Gewerbe die bestehenden Steuern entrichten, in vielen Fällen Konkurrenz machen, und es sich daher als eine Forderung der Gerechtigkeit herausstellt, darüber zu befinden, ob diese Genossenschaften nicht den Gewerbetreibenden in Bezug auf die Entrichtung der Steuer gleichzustellen sind. Bei der grossen Verschiedenheit der Statuten derartiger Vereine lässt sich eine allgemeine Regel für die Besteuerung oder Befreiung derselben nicht angeben. Der Umstand, dass die Genossenschaften in das Handelsregister eingetragen werden müssen, ist für die Besteuerung nicht massgebend. Es kommt vielmehr in jedem einzelnen Fall darauf an, festzustellen, ob der Verein als solcher auf die Verfolgung gewerblicher Zwecke und Erzielung eines Gewinnes gerichtet ist. Eine Vereinsthätigkeit, die nur bezweckt, den eigenen Bedarf der Mitglieder an Geld, Lebensmitteln u. s. w. leicht und billig zu beschaffen, wird im allgemeinen der Besteuerung nicht zu unterwerfen sein. Vereine dagegen, welche sich nicht auf die Beschaffung des Bedarfs für ihre Mitglieder beschränken, sondern mit dem Publikum Geschäfte machen, ihren Verkehr auf Nichtmitglieder ausdehnen, und diesen für die Hergabe der Kapitalien in der Form der Zinsen und Dividenden[3]) einen Gewinn zuzuwenden streben, sind in der Regel als Handelsunternehmungen anzusehen und in einer der Handelsklassen zu besteuern[4])."

---

[1]) Winiker, Die gesetzlichen Vorschriften über die Entrichtung der Steuer vom stehenden Gewerbe und vom Gewerbebetrieb im Umherziehen im preussischen Staate 1876 Nr. 452 S. 79.

[2]) Bl. f. G. 1861 S. 17; 1865 S. 38; 1866 S. 21, 25, 35; 1868 S. 153.

[3]) Die Gewährung von Dividenden an Nichtmitglieder dürfte nur vorkommen bei Konsumvereinen und bei Produktivgenossenschaften, welche stille Gesellschafter haben. Beide zahlen dann aber an sich schon Gewerbesteuer.

[4]) Winiker, Die gesetzlichen Vorschriften 1876 Nr. 453 S. 80.

An dieser Auffassung hielten die oberen Steuerbehörden in der Folgezeit auch fest [1]). Versuche, die Steuerpflicht aus der Aufnahme von Darlehen bei Nichtmitgliedern abzuleiten oder den Lagerhalter nach § 5 pflichtig zu machen, weil er Waren „zum Verkauf in Auftrag übernehme", und ähnliche Kunststücke wurden zurückgewiesen.

Selbst die Anweisung vom 20. Mai 1876 zur Veranlagung der Steuer vom stehenden Gewerbebetriebe bewegt sich noch vollständig auf dieser Linie; der § 8 derselben lautet:

§ 8. Der Gewerbesteuer sind nicht unterworfen Vereine, welche nur den eigenen Bedarf der Mitglieder an Geld, Lebensmitteln und anderen Waren leicht und billig zu beschaffen bezwecken und ihren Verkehr auf Nichtmitglieder ausdehnen, indem sie weder mit dem Publikum Geschäfte machen, noch Nichtmitgliedern in der Form von Zinsen und Dividenden einen Gewinn zuzuwenden streben [2]).

Damit ist aber auch bereits der Wendepunkt erreicht. Infolge der immer heftiger werdenden Klagen der Gewerbetreibenden, noch mehr infolge des sich erweiternden und über den eigentlichen Genossenschaftszweck hinausgreifenden Geschäftskreises musste die Behandlungsweise sich verschärfen. Sowohl bei den Kreditgenossenschaften als bei den Konsumvereinen ist diese Tendenz zu verfolgen.

Was die ersteren betrifft, so war schon in dem Reskript vom Jahre 1861 der Keim zu einer strengeren Beurteilung gelegen, indem dort neben dem Verkehr mit Nichtmitgliedern auch das Betreiben sonstiger Bank- und Leihgeschäfte als ausschlaggebend für die Steuerpflicht angegeben wurde. Diese Bestimmung war lange Zeit latent geblieben, wurde aber akut, als der im Oktober 1876 ins Leben getretene Kreditverein für Fehmarn mit den Steuerbehörden in Kollision geriet. Gegenstand des Unternehmens war „der Betrieb eines Bankgeschäfts" behufs gegenseitiger Beschaffung der in Gewerbe und Wirtschaft nötigen Geldmittel auf gemeinschaftlichen Kredit. Nach § 68 der Statuten sollte nur an Mitglieder Kredit gewährt werden. Dieser Verein wurde gleichwohl pro 1877/78 zur Gewerbesteuer herangezogen; die ministerielle Verfügung vom 4. Januar 1877 lautet [3]):

„Der Verein hat zwar nach § 1 seiner Statuten den Zweck gegenseitiger Beschaffung der in Gewerbe und Wirtschaft nötigen Geldmittel auf gemeinschaftlichen Kredit verfolgt, um diesen Zweck zu erreichen aber ausdrücklich „zum Betriebe eines Bankgeschäfts" sich gebildet. Die Befreiung des Vereins von der Gewerbesteuer würde deshalb nur dann in Frage kommen können, wenn derselbe den Nachweis führte, dass er trotzdem zu Nichtmitgliedern nur als Empfänger einzelner Darlehen in Beziehung trete und dass durch anderweit bindende Festsetzungen der Betrieb sonstiger Bankgeschäfte bei ihm ausgeschlossen sei, dass also z. B. das Diskontieren und Einkassieren anderer als der von Mitgliedern statutgemäss auszustellenden Wechsel oder Anweisungen, der An- und Verkauf von Wertpapieren und die Vermittlung desselben, der Kontokorrentverkehr u. s. w. bei seinem Geschäftsbetrieb ausfalle" [4]).

Man sieht, es ist ganz dasselbe Moment, das schon im Jahre 1861 auftaucht, verwertet. Nur tritt dasselbe noch etwas unbestimmt und dunkel auf, man konnte sich etwa noch der Meinung hingehen, es handle sich bloss um eine Grenzlinie für den steuerfreien und steuerpflichtigen Verkehr mit Nichtmitgliedern [5]), allein drei spätere ministerielle Erlasse vom Jahre 1880 beseitigten in dieser Hinsicht alle Zweifel [6]).

[1]) Bl. f. G. 1869 S. 13, 105, 189.
[2]) Winiker a. a. O. S. 72.
[3]) Mitteilungen aus der Verwaltung der direkten Steuern im preussischen Staate Nr. 5 S. 43.
[4]) Vergl. einen weiteren Fall in den Bl. f. G. 1878 Jahrg. 25 S. 254; 1879 Jahrg. 26 S. 127, 242.
[5]) Das war auch die erste Auffassung der Anwaltschaft der Genossenschaften, weshalb sie sich um eine schärfere Fassung des Musterstatuts bemühten. Bl. f. G. 1878 Jahrg. 25 S. 89, 101; 1879 Jahrg. 26 S. 39.
[6]) Mitteilungen aus der Verwaltung der direkten Steuern im preussischen Staate Nr. 14 S. 29 f.

Der Wichtigkeit wegen werden dieselben nachstehend mitgeteilt.

Verfügung vnm 14. Juni:

Die in steuerlicher Hinsicht anzuwendenden Grundsätze sind in den, dem Zirkularreskripte vom 28. Juli 1868 abschriftlich beigefügten, Erlassen vom 26. August 1861 und 17. September 1864 näher entwickelt und haben auch im § 8 der Anweisung vom 20. Mai 1876 einen, natürlich nur kurz zusammengedrängten, aber sachlich übereinstimmenden Ausdruck gefunden.

Es kommt hiernach hauptsächlich darauf an, ob der Verein

1) nur seinen Mitgliedern die zu deren Gewerbebetriebe erforderlichen Geldmittel beschafft und alle Nichtmitglieder von der Kreditgewährung ausschliesst. — Nicht wenige Vereine haben, obgleich ihre Statuten dieser Anforderung entsprechend lauten, dennoch diese Schranke schon insofern überschritten, als sie anderen Vereinen und Geldinstituten Vorschüsse und Darlehne gegen Entgelt gemacht haben, um ihre angesammelten Kapitalien- und Geldvorräte besser zu nutzen. Insoweit dies geschieht, ist der darleihende Verein für gewerbesteuerpflichtig zu erachten.

Es kommt ferner darauf an, ob

2) der Verein keine sonstigen Bank- oder Leihgeschäfte treibt, und

3) zu Nichtmitgliedern ausschliesslich als Empfänger einzelner Darlehne in Beziehung tritt.

In letzterer Beziehung ist in dem Erlasse vom 17. September 1864 bemerkt, dass durch die Annahme von Spareinlagen von Nichtmitgliedern der Verein sich noch nicht als ein solcher darstelle, der einen gewerblichen Zweck verfolge, indem er durch diese Thätigkeit lediglich von Nichtmitgliedern verzinsliche Darlehne aufnehme. Diese, bei den damals in Frage stehenden Spareinlagen, wobei es sich nur um die Annahme kleiner, allmählich wachsender Einlagen wenig bemittelter Leute handelte, berechtigte Auffassung hat bei manchen Vereinen, wie in Rekursfällen wahrgenommen ist, den unbegründeten Anspruch auf Befreiung eines durchaus bankmässig entwickelten Depositenverkehrs von der Gewerbesteuer hervorgerufen.

Wenn beispielsweise der Vorschussverein in B. nach seiner Bilanz für Ende 1878 allein 1,373,159 Mark an Anlehen von Privaten auf kürzere als 3monatliche Kündigung verschuldete und nach seiner eigenen Angabe sich hierunter 719,895 Mark Depositen zu 1- bis 3tägiger Kündigung befanden, und wenn überdies vorauszusetzen ist, dass dieser Depositenverkehr sich auch auf Nichtmitglieder erstreckt, so kann es keinem Bedenken unterliegen, dass hierin die Verfolgung gewerblicher Zwecke sich darstellt, welche die Gewerbesteuerpflichtigkeit zur Folge hat, gleichviel ob der Depositenverkehr unter der offenen Bezeichnung als solcher oder unter der Benennung „Spareinlagen" betrieben wird.

In noch höherem Grade gilt dies von denjenigen Vereinen, welche ihren Depositengläubigern sogar eine laufende Rechnung — Kontokorrent ohne Kredit -- eröffnen, die Anweisungen (Checks) auf das Guthaben derselben honorieren und somit die Funktionen des Bankiers derselben übernehmen.

Ein derartiger mehr oder weniger ausgedehnter Depositenverkehr unterscheidet sich wesentlich von der in den obengedachten Verfügungen erwähnten Annahme einzelner Darlehne von Nichtmitgliedern zu Beschaffung der Geldmittel, welche die Vereinsmitglieder als Vorschüsse für ihren Gewerbebetrieb nötig haben. Die sofort oder nach kurzer Kündigung abhebbaren Depositen sind zur Ausleihung an die Vereinsmitglieder der Natur der Sache nach nicht geeignet, sondern werden bankmässig angelegt, um jederzeit realisierbar zu sein und für den Verein den Vorteil zu erzielen, der aus der Differenz des von ihm bezogenen gegen den dem Depositengläubiger gewährten Zinse sich ergibt. Einzelne Vereine erheben daneben noch ausserdem Provisionen von den Depositengläubigern in gewissen Fällen.

Bei Beurteilung der fraglichen Verhältnisse ist zu beachten, dass der Wortlaut der Statuten etc. überall nur als Anhalt dienen, entscheidend aber nur die thatsächliche Gestaltung des Verkehrs sein kann, sofern beispielsweise Kündigungsfristen öfters nur nominelle Bedeutung haben, während jede Anweisung auf das Konto des Depositengläubigers thatsächlich, soweit irgend möglich, unverzüglich realisiert wird.

Wenn ferner beispielsweise der Vorschussverein in B. in der Bilanz für 1878 einen Geschäftsaussenstand von 12,845 Mark und eine Schuld von 48,372 Mark bei Banken und anderen Vereinen nachweist, so lässt auch dies darauf schliessen, dass derselbe Bankgeschäfte mit Nichtmitgliedern („mit dem Publikum" im Sinne des § 6 der Anweisung vom 20. Mai 1876) macht und keineswegs nur als Empfänger einzelner Darlehne zu den anderen Vereinen in Beziehung getreten ist.

- Die vorstehenden, durchaus nicht erschöpfenden Andeutungen bei den anzustellenden Erörterungen zu berücksichtigen, bleibt der k. Regierung überlassen.

Bescheid vom 28. Juli 1880:

Die stattgehabten Ermittelungen haben ergeben, dass der Vorschussverein sich nicht auf die Annahme einzelner Darlehne von Nichtmitgliedern beschränkt, sondern von diesen ganz allgemein nicht allein sogenannte Spareinlagen von geringerem Betrage, sondern auch grössere Kapitalien gegen Schuldschein (Depositenschein) annimmt. An solchen Deposit hat der Vorschussverein im Jahre 1878 137,915 Mark von 118 Nichtmitgliedern angenommen, welche den verschiedensten Berufsklassen angehören.

Schon in diesem entwickelten Depositenverkehr mit Nichtmitgliedern muss nach den bestehenden Vorschriften ein der Gewerbesteuer unterliegender bankmässiger Gewerbebetrieb gefunden werden. Ausserdem sind zwar die vom Vorschussverein aufgekauften bezw. diskontierten Wechsel nur von Mitgliedern verkauft worden, die Aussteller und Bezogenen sind jedoch meist dem Verein nicht angehörige Personen, und da viele Mitglieder, welche Wechsel an den Verein verkaufen, keine Handelsgeschäfte betreiben, so unterliegt es keinem Zweifel, dass die verkauften Wechsel nicht eigene Geschäftswechsel der Verkäufer, sondern dass die gedachten Mitglieder nur die Vermittler von Geschäften zwischen dem Verein und Nichtmitgliedern sind.

So hat z. B. der Bureauvorsteher eines Rechtsanwalts im gedachten Jahre Wechsel im Betrage von mehr als 20,000 Mark an den Verein verkauft.

Hiernach kann es keinem begründeten Zweifel unterliegen, dass der Vorschussverein ein Bankgeschäft betreibt, welches nach § 3 des Gewerbesteuergesetzes vom 30. Mai 1820 und § 2 des Gesetzes vom 19. Juli 1861 der Steuer vom Handel unterliegt. Es fehlt daher an jedem gesetzlichen Grunde für den Anspruch auf Befreiung von der Gewerbesteuer.

Verfügung vom 31. Dezember 1880:

Hinsichtlich des Kreditvereins zu St. haben zwar die in dem Berichte vom 30. September d. J. erwähnten Statuten und Rechnungsabschlüsse nicht beigelegen, der Inhalt des Jahresberichts des Genossenschaftsanwalts Dr. Schulze-Delitzsch über die Geschäftsergebnisse des Jahres 1879 gibt indes einen genügenden Anhalt für die Annahme, dass auch dieser Verein Bankgeschäfte betreibt. Abgesehen davon, dass der sehr bedeutende Kontokorrentverkehr ein Kontokorrent ohne Kredit umfasst, dessen Umsatz sich im Jahre 1879 auf nahezu 3 Millionen Mark beziffert, besteht auch ein sehr umfangreicher Geschäftsverkehr mit Banken und Vereinen, aus welchem dem Vereine am Schlusse des bezeichneten Geschäftsjahres Aktiva im Betrage von 158,421 M. zustanden. Endlich lässt auch der ausgedehnte Diskontoverkehr — der Umsatz beziffert sich auf 1,361,307 M. — als wahrscheinlich erscheinen, dass der Verein sich in dieser Form des Geschäftsbetriebes nicht auf die Annahme von Geschäftswechseln seiner Mitglieder beschränkt hat. Die k. Regierung wolle daher mit der Besteuerung dieses Vereins in gleicher Weise vorgehen, wie dies bezüglich des Vorschussvereins zu D. angeordnet ist.

Bezüglich der Vorschussvereine zu G., St. und T. sind die thatsächlichen Verhältnisse nicht genügend erörtert, um Entscheidung über die Steuerpflichtigkeit dieser Vereine treffen zu können. Auch lassen die in dem Berichte etc. gemachten Ausführungen erkennen, dass die k. Regierung die in dem Erlass vom 16. Juni d. J. — II. 8153 — enthaltenen Gesichtspunkte bezüglich der Voraussetzungen der Gewerbesteuerpflicht der Vorschussvereine etc. nicht überall richtig aufgefasst hat. Bei der Beurteilung der in Rede stehenden Frage ist stets davon auszugehen, dass den auf dem Grundsatze der Selbsthilfe beruhenden Vereinen der fraglichen Art die Steuerfreiheit nur dann zugestanden werden kann, wenn sie ihre geschäftliche Thätigkeit nicht auf Nichtmitglieder ausdehnen, mit alleiniger Ausnahme der Darlehen der Nichtmitglieder, welche seitens der Vereine, um den Kreditbedarf der Vereinsmitglieder zu decken, angenommen werden.

Erfolgt dagegen die Aufnahme fremder Gelder in einem Umfange, welcher das Kreditbedürfnis der Mitglieder übersteigt und daher eine anderweite Verwertung des Ueberschusses bedingt, so ist ausser Zweifel ein ausserhalb der eigentlichen Zwecke des Vereins liegender, auf die Erzielung eines Gewinns gerichteter Gewerbebetrieb vorhanden.

Die Steuerpflicht tritt ferner ein, wenn ein Verein nach Art der Bankiergeschäfte Handel mit Wertpapieren treibt oder aus der Plazierung fremder Gelder ein gewinnbringendes Geschäft macht.

Charakteristische Merkmale eines solchen bankmässigen Geschäftsbetriebes sind:

1) Ein entwickelter Depositenverkehr. Ein solcher liegt vor, wenn nicht nur für Spareinlagen zu geringen Beträgen, sondern überhaupt und ohne Rücksicht auf den Betrag kurze Kündigungsfristen zugelassen oder thatsächlich die Rücknahme selbst ohne Kündigungsfrist gestattet wird; desgleichen wenn den Depositalgläubigern ein Kontokorrent (ohne Kredit) eröffnet ist oder selbst Anweisungen auf das Guthaben derselben (Checks) auf Sicht honoriert werden. Ein derartiger Geschäftsbetrieb bedingt verzinsliche Anlage der Bestände in einer Weise, dass dieselben sich schnell und leicht realisieren lassen, und führt daher in der Regel

2) zu bankmässiger Nutzung der disponiblen Gelder durch Ausleihung an andere Vereine, bei denen sich Gelegenheit zu ihrer Plazierung darbietet, durch Anlage in leicht diskontierbaren Wechseln oder Wertpapieren, und zu Geschäften mit anderen Vereinen und Geldinstituten, für welche der Verein keinen Anspruch auf exzeptionelle Steuerbefreiung machen kann.

3) Einwechseln von Geldsorten, sowie Besorgung sonstiger Geldgeschäfte ohne Unterschied, ob im einzelnen Falle die Berechnung von Provision stattfindet oder nicht, insbesondere des An- und Verkaufes von Effekten für Mitglieder oder Nichtmitglieder.

Was namentlich

4) den Wechselverkehr anlangt, so ist ein bankmässiger Gewerbebetrieb dann zu präsumieren,

a. wenn Wechsel für Rechnung dritter einkassiert werden;

b. wenn Wechsel diskontiert werden, bezüglich deren Vereinsmitglieder weder als Aussteller, noch Bezogene, noch als Giranten fungieren. Wenn letzteres aber auch der Fall ist, so hat sich doch in verschiedenen vorgekommenen Fällen gezeigt, dass die betreffenden Mitglieder nur vorgeschoben waren, um als Giranten etc. Geschäfte des Vereins mit Nichtmitgliedern bezw. das Diskontieren von Wechseln, welche mit dem Kreditbedürfnisse und Geschäftsbetriebe von Vereinsmitgliedern in gar keiner Beziehung standen, zu verdecken, weshalb eine sorgfältigere Beachtung dieses Punktes namentlich in Reklamationsfällen zu empfehlen ist[1].

Das Operationsfeld für diejenigen Genossenschaften, welche steuerfrei bleiben wollten, war durch diese Direktiven sehr eingeengt. Es gehörten zu diesen Genossenschaften diejenigen, welche 1) jede Kreditgewährung an Nichtmitglieder, auch eine solche, welche mit keinem Gewinn verbunden ist, ausschlossen und die Kreditgewährung an Mitglieder auf die selbst ein Gewerbe betreibenden Mitglieder beschränkten; 2) Darlehen in grösseren Posten auf kurze Kündigungsfristen weder von Mitgliedern noch von Nichtmitgliedern annahmen und die für die fremden Gelder ausbedungenen längeren Kündigungsfristen stets einhielten; sowie 3) kein Effektenkommissionsgeschäft mit Mitgliedern noch mit Nichtmitgliedern betrieben; 4) keine Gelder in Wertpapieren anlegten und 5) das Inkasso von Wechseln, Einwechseln von Geldsorten und andere Geldgeschäfte auch ohne Entgelt von ihrem Geschäftsbereich ausschlossen[2].

Von den Genossenschaften wurde diese Einengung lebhaft bekämpft und der Kampf durch alle Instanzen bis zum Abgeordnetenhaus fortgesetzt.[3] Es wurde für verwerflich erachtet, dass man in der Kreditgewährung an Nichtmit-

---

[1] Entsprechend lautete deshalb ein Ministerialbescheid an den Vorschussverein zu Oppeln vom 28. Juli 1880: „Da viele Mitglieder, welche Wechsel an den Verein verkaufen, keine Handelsgeschäfte betreiben, so unterliegt es keinem Zweifel, dass die verkauften Wechsel nicht eigene Geschäftswechsel der Verkäufer, sondern dass die gedachten Mitglieder nur die Vermittler von Geschäften zwischen dem Verein und Nichtmitgliedern sind." Bl. f. G. 1881, Jahrg. 28 S. 54.

[2] Bl. f. G. 1889 Jahrg. 27 S. 149; 1881 Jahrg. 28 S. 54.

[3] Bl. f. G. 1880 Jahrg. 27 S. 129—32, 134, 135, 256; 1881 Jahrg. 28 S. 55, 138, 235; 1882 Jahrg. 29 S. 8; 1885 Jahrg. 32 S, 59, 192.

glieder gar keine Ausnahme zuliess. Wenn, sagte man, die Kreditgewährung
an Nichtmitglieder nur vereinzelt vorkommt oder nur gegen einen Zins, der
die Zinsen, welche der Verein seinen Gläubigern zu zahlen hat, nicht erreicht,
so kann darin noch nicht das Merkmal eines Gewerbebetriebs gefunden werden.
Wird doch niemand schon als Bankier besteuert, der im Laufe des Jahres vielleicht ein- oder zweimal Wechsel gekauft hat, um mässige Kassenbestände nicht
völlig nutzlos liegen zu lassen; denn ein Gewerbebetrieb setzt die öftere, planmässige Wiederholung einer auf einen Gewinn gerichteten Thätigkeit voraus.
Von einer solchen Thätigkeit kann aber nicht die Rede sein, wenn sich die Kreditgewährung an ein Nichtmitglied nur als eine seltene Ausnahme darstellt oder
wenn sie, wie dies bei vorübergehenden Geldanlagen bei Grossbanken die Regel
sein wird, nur den Zweck hat, den Verlust, welcher aus der Ansammlung übermässiger Kassenbestände entstehen würde, etwas zu verringern. Geld, welches
die Vereine nachweisbar mit $3^1/2$—4 Prozent verzinsen müssen, zu einem geringen
Teil mit 2—$2^1/3$ Prozent ausserhalb der Mitgliedschaft auszuleihen, kann nicht
als eine gewinnbringende Thätigkeit gelten. Ebenso für bedenklich wird es
gehalten, stets zu prüfen, ob die Vorschussnehmer nicht vorgeschobene Personen
seien. Der Gebrauch, welchen die Mitglieder von empfangenen Vorschüssen
machen, sei für die Steuerpflicht irrelevant; es komme auch vor, dass selbst
ein Mitglied die zeitige Kreditbedürftigkeit die Vereinsverwaltung nicht wissen
lassen wolle, und schliesslich könne man mit diesem Verdachtsmoment die
Steuerfreiheit einfach aufheben. Eine Begünstigung der Vorschiebung von Mitgliedern, um Geschäfte mit Nichtmitgliedern zu machen, liege übrigens auch
nicht im Interesse der Genossenschaften, weil sie wünschen müssten, dass diejenigen, die ihre Kasse in Anspruch nähmen, auch das Risiko der Mitgliedschaft
trügen. Die Betonung des Depositenverkehrs als eines ausschlaggebenden Moments wurde gleichfalls verurteilt; hiermit werde zwar nicht das Schuldenmachen
im allgemeinen, aber doch in gewissen Formen für einen Gewerbebetrieb erklärt, und dies sogar dann, wenn die fraglichen Summen von Mitgliedern berge-
liehen seien. Der Depositenverkehr diene dazu, den Mitgliedern die Mittel zum
Betrieb ihres Gewerbes möglichst billig zu beschaffen; wenn man sie dafür aber
in ihrer Gesamtheit nochmals als Gewerbetreibende besteuere, so würden sie
abweichend von anderen ausserhalb der Vereine stehenden Gewerbetreibenden,
welche sich die Mittel zu ihrem Geschäft auch zum Teil auf Kredit gegen
Wechsel oder durch andere bankmässige Operationen beschäfen, ohne dafür
einer besonderen Steuer zu unterliegen, von ihrem Gewerbe doppelt besteuert.
Nicht in der Form des Anleihens, sondern erst im Ausleihen liege der entscheidende Punkt. Wenn der An- und Verkauf von Wertpapieren für Rechnung
von Nichtmitgliedern gegen Provision, sobald er nicht nur in seltenen Aus-
nahmefällen, sondern öfter vorkomme, für ein Merkmal eines Gewerbebetriebs
angesehen werde, so müsse man das für berechtigt erklären, da die gezahlten
Provisionen ein dem Verein vom Publikum zufliessender Gewinn seien. Wenn
dagegen auch das Effektenkommissionsgeschäft mit Mitgliedern einen Gewerbebetrieb involvieren solle, obgleich doch hier ebenso wie bezüglich der Zinsen
für die den Mitgliedern gewährten Kredite die Provisionen derselben Gesamtheit
zu gut kämen, aus deren Mitte sie in die Kasse geflossen seien, so könne auch
hier nur wieder der Grund der Steuerpflicht in der Form dieser Geschäfte
liegen. Deshalb weil das Effektenkommissionsgeschäft in der Regel von Bankiers
betrieben werde, welche als solche Gewerbesteuer zahlen, sollen nun alle,
welche sich mit dem An- und Verkauf von Effekten befassen, auch als Bankiers
Gewerbesteuer zahlen. Gegen eine solche oberflächliche Auffassung des Gewerbebetriebs, die sich ja auch sofort auf die Diskontogeschäfte der Vereine
mit ihren Mitgliedern ausdehnen liesse, müssten sich letztere entschieden ver-
wahren. Nicht weil sie für andere den An- und Verkauf von Effekten besorgen,
sondern weil sie für diese Besorgungen Gebühren (Provisionen) erheben, die zu
ihrem Unterhalt dienen, werden die Bankiers besteuert. Analog verhält es sich
mit dem Wechsel-Inkasso, dem Einwechseln von Geldsorten u. s. w. Werden
diese Geschäfte für Nichtmitglieder gegen Provision betrieben, so liegt ein Ge-

werbebetrieb vor, ausserdem aber nicht. Man lässt also auch hier nur die Geschäftsform entscheidend sein. Die Anlage von Geldern in Wertpapieren allgemein als Merkmal eines Gewerbebetriebes darstellen, heisst die Vorschussvereine mit einem anderen Masse messen als den einzelnen Staatsbürger. Wenn der einzelne Staatsbürger sein Vermögen in Staatspapieren und anderen Effekten anlegen kann, ohne darum zur Gewerbesteuer herangezogen zu werden, so dürfen die Vorschussvereine die gleiche Rücksicht für sich in Anspruch nehmen. Erst wenn die Anlage von Wertpapieren zu dem Zwecke erfolgte, an den Zinsen derselben einen Gewinn zu erzielen, wenn also nicht nur mehr als das eigene Kapital des Vereins an Geschäftsanteilen und Reserven so verwendet wird, sondern wenn ausserdem auch die Verzinsung der Wertpapiere erheblich höher ist als der Zins, welchen der Verein durchschnittlich für das fremde Geld zu entrichten hat, wird man den Zinsüberschuss als einen gewerblichen Gewinn bezeichnen und einen Gewerbebetrieb als vorhanden annehmen können, vorausgesetzt, dass es sich nicht nur um eine schnell vorübergehende Anlage dieser Art handelt; denn in diesem Fall dürfte der Zinsüberschuss durch die An- und Verkaufsprovisionen und Kourtagen bald wieder aufgezehrt sein. Schliesslich hob man auch hervor, dass die immer straffere Heranziehung der Genossenschaften letztere nur verleite, allgemein eine Erweiterung des Geschäftskreises auf Nichtmitglieder ins Auge zu fassen. Das ändere den genossenschaftlichen Charakter, mache die Solidarhaft im Mass dieser Ausdehnung gefährlicher und dränge die wohlhabendsten Mitglieder zum Austritt, da sie auch ohne den Verein Kredit erhielten.

Wie bei den Vorschussvereinen, so wurde auch gegenüber den Konsumvereinen die steuerliche Praxis allmählich strenger. Mehr und mehr neigte man zu der Ansicht, dass die Beschränkung auf den Mitgliederkreis bei den Konsumvereinen thatsächlich unmöglich sei. In Görlitz war der Lagerhalter streng angewiesen, nur an Vereinsmitglieder zu verkaufen; als es aber den Gegnern des Vereins im Jahre 1869 gelang, doch durch ihre Dienstboten aus verschiedenen Verkaufslagern des Vereins mehrere Male Waren zu beziehen, wurden die Lagerhalter von der Regierung bestraft und die Gewerbesteuer eingefordert. Auch das Kreisgericht zu Görlitz nahm gegen die bisherige Gerichtspraxis [1]) an, dass schon ein einmaliger Verkauf an ein Nichtmitglied ein unbefugter Handelsbetrieb sei. Der Verein wurde für denjenigen Betrag, der von Nichtmitgliedern gegen den Willen des Vereins aus den Verkaufslagern entnommen wurde, mit 288 Mark, kurz darauf sogar mit 540 Mark Gewerbesteuer und 184.50 Mark Bankablösung veranlagt, ebenso und aus ähnlichem Grund wurde die im Jahre 1871 errichtete Bäckerei selbständig zur Gewerbesteuer beigezogen. In beiden Fällen diente der Gesamtumsatz als Massstab der Steuerhöhe [2]). Ein ähnlicher Vorgang spielte sich bezüglich des Breslauer Konsumvereins Ende der 70er Jahre ab. In den 24 gesonderten Verkaufsstätten wurde auch statutenwidrig und gegen die den Lagerhaltern erteilte Instruktion an Nichtmitglieder in mehreren Fällen verkauft. Die angeklagten Direktionsmitglieder wurden zwar von der Anklage der Gewerbesteuerdefraudation freigesprochen, da dieselben keine Kenntnis von dem Verfahren der Lagerhalter gehabt hatten; das Finanzministerium hielt aber trotzdem an der Besteuerung nach Massgabe des ganzen Umsatzes fest, infolgedessen der Verein 1728 Mark, später 2472 Mark Steuer zu zahlen hatte [3]).

Eine Scheidung derart, dass nur der Verkehr mit Nichtmitgliedern der Besteuerung unterliege, wurde auch in anderen Fällen abgelehnt. Als der Konsumverein zu Schreiberhau erklärte, dass er, da nur Mitglieder nach Höhe ihrer Einkäufe an der Dividende teilhätten und daher auch nur Dividendenmarken empfingen, den von Nichtmitgliedern erzielten steuerpflichtigen Verkaufserlös für jede Rechnungsperiode genau feststellen könne und durch seine Geschäfts-

---

[1]) Bl. f. G. 1869 S. 189.
[2]) Näheres Bl. f. G. 1878 Jahrg. 25 S. 47, 49.
[3]) Bl. f. G. 1879 Jahrg. 26. S. 90, 95, 126.

berichte jederman klar lege, wurde dies vom Ministerium nicht für ausreichend gehalten, „da die behauptete Sonderung des Geschäftsbetriebs mit Nichtmitgliedern von dem Geschäftsverkehr mit den Mitgliedern sich auf die Buchung beschränkt" [1]).

Die Besteuerungsgrundsätze in betreff der Vorschuss- und Konsumvereine erfuhren vor einem Jahr in dem Reskript des preussischen Finanzministers an die k. Regierungen vom 5. August 1885 eine abermalige Revision. Zum Teil wurde darin das bisherige Verfahren noch schärfer präzisiert, zum Teil wurden aber ganz neue Gesichtspunkte mit herangezogen. Der Wortlaut dieses Reskripts ist folgender:

Die hinsichtlich der Heranziehung der Konsumvereine und Kreditgenossenschaften (Volksbanken, Vorschussvereine u. s. w.) zur Gewerbesteuer getroffenen Bestimmungen haben sich nach den bisherigen Erfahrungen nicht als ausreichend erwiesen, um eine gleichmässige Praxis in der Steuerverwaltung herbeizuführen[2]), und haben zu begründeten Beschwerden über Bevorzugung der bezeichneten Vereine hinsichtlich der Gewerbesteuer Veranlassung gegeben. Ich habe deshalb eine anderweite Prüfung der in betreff dieses Gegenstandes bisher beobachteten Grundsätze eintreten lassen und eröffne der k. Regierung nach vorgängigem Einvernehmen mit dem Herrn Minister für Handel und Gewerbe und mit dem Herrn Minister des Innern hierüber folgendes zur eigenen Nachachtung und entsprechenden Anweisung der ihr unterstellten Gewerbesteuerveranlagungsbehörden.

1) Diejenigen Konsumvereine, welche ein, wenn auch angeblich nur für die Mitglieder o f f e n e s Vereinslokal (Laden, Comptoir, Magazin, Lager u. s. w.) unterhalten, sind fortan regelmässig zur Gewerbesteuer in der dem Geschäftsumfange entsprechenden Handelssteuerklasse heranzuziehen.

Werden mehrere dergleichen Lokale von einem Vereine unterhalten, so erfolgt nach den allgemeinen Vorschriften die Besteuerung jedes einzelnen Ladens, Comptoirs u. s. w. nach Massgabe des Umfangs des in demselben ausgeübten Betriebes (Anweisung vom 20. Mai 1876. erste Abteilung § 17).

Der bisher erforderten vorgängigen Beweisführung, dass in dem betreffenden Lokale auch an Nichtmitglieder Waren verkauft worden sind, bedarf es nicht. Nach vielfachen Erfahrungen sind diejenigen Vereine, welche ein offenes Verkaufslokal unterhalten, nicht in der Lage, den Warenbezug der Nichtmitglieder (direkt oder indirekt durch Vermittelung von Mitgliedern des Vereins) auszuschliessen und trifft bei Vereinen dieser Art regelmässig auch die Voraussetzung dieser Steuerpflichtigkeit zu, dass ihr Geschäftsbetrieb zugleich darauf gerichtet ist, mindestens in der Form von Reservefonds und dergleichen Vereinsvermögen zu erwerben.

Um jedoch solche Vereine, welche in der That ausschliesslich die Erzielung von Ersparnissen der Mitglieder durch billigeren Einkauf der Bedürfnisse bezwecken, nicht mit Steuern zu belasten, deren Aufbringung ihnen irgend schwer fallen könnte, sind die Veranlagungsbehörden noch besonders darauf aufmerksam zu machen, dass diejenigen Konsumvereine, welche nach ihren Verhältnissen nur den niedrigsten Steuersatz der Klasse B aufzubringen vermögen, auf Grund des § 2 des Gesetzes vom 5. Juni 1874 (Ges. S. S. 219) wie andere in dieser Klasse besteuerten Gewerbebetriebe freigestellt werden können.

2) Desgleichen sind die Vorschuss-Kreditvereine, Volksbanken und sonstigen K r e d i t g e n o s s e n s c h a f t e n fortan r e g e l m ä s s i g als gewerbesteuerpflichtig anzusehen, ohne dass es den Veranlagungsbehörden obläge, zuvor den Nachweis zu führen, dass die besonderen in den diesseitigen Erlassen vom 14. Juni, 28. Juli und 31. Dezember 1880 (Mitteilungen aus der Verwaltung der direkten Steuern, H. 14, S. 29 ff.) hervorgehobenen Merkmale bei jeder einzelnen der in Rede stehenden Kreditgenossenschaften thatsächlich zutreffen.

Die Befreiung von der Gewerbesteuerpflicht ist vielmehr fortan nur solchen Kreditgenossenschaften zuzubilligen, welche i h r e r s e i t s den Nachweis führen, dass der Zweck des Erwerbs bei ihrem Geschäftsbetriebe u n b e d i n g t a u s g e s c h l o s s e n bleibt. Dieses wird insbesondere dann anzunehmen sein, wenn der Verein sich darauf beschränkt, seinen Mitgliedern

---

[1]) Bl. f. G. 1880 Jahrg. 27 S. 41.
[2]) Vergl. hierüber aber auch Bl. f. G. 1886 Jahrg. 33 S. 55.

die ihrem Kreditbedürfnisse entsprechenden Mittel zuzuführen, und den erzielten G e s c h ä f t s - ü b e r s c h u s s a u s s c h l i e s s l i c h denjenigen, welche die Kreditgewährung in An- spruch genommen haben, nach Massgabe d i e s e r I n a n s p r u c h n a h m e w i e d e r z u w e n d e t. Kreditgenossenschaften, welche ihre Geschäftsüberschüsse zur Verteilung von Zinsen und Divi- denden an die Inhaber von Geschäftsanteilen oder zur Ansammlung von Fonds für den Verein selbst verwenden, sind als solche anzusehen, deren Thätigkeit regelmässig zugleich auf einen Erwerb gerichtet ist und die deshalb keinen Anspruch auf Steuerbefreiung machen können.

Selbstverständlich kann auch für Vereine etc. dieser Art, wenn sie nur den niedrigsten Steuersatz der Klasse B aufzubringen vermögen, unter denselben Voraussetzungen, wie unter Nr. 1 vorstehend bemerkt, die Freistellung von der Gewerbesteuer auf Grund des § 2 des Ge- setzes vom 5. Juni 1874 und der dazu ergangenen Ausführungsbestimmungen gewährt werden.

Hiernach wolle die k. Regierung die Verwaltungsbehörden mit den erforderlichen Wei- sungen versehen und für deren gleichmässige Ausführung Sorge tragen.

Von der nachträglichen Heranziehung der nach vorstehenden Bestimmungen steuer- pflichtigen, aber nicht veranlagten Vereine etc. für das laufende Jahr wird abgesehen.

Bei der Veranlagung der Gewerbesteuer für 1886,87 sind jedoch allgemein die obigen Bestimmungen zur Anwendung zu bringen.

Es sind zwei Prinzipien, die in diesem Reskript hervorgehoben zu werden verdienen. Das eine ist die ausgedehnte Präsumtion für Steuerpflicht: bei den Konsumvereinen im Fall des offenen Vereinslokales, bei den Kreditgenossen- schaften schlechtweg — ein doch nicht ganz bedenkenloser Vorgang[1]); das andere ist die Berücksichtigung der Art der Gewinnverteilung innerhalb des Vereins; es wird als Voraussetzung der Steuerbefreiung nicht bloss der Nach- weis der Beschränkung auf die Mitglieder gefordert, sondern auch verlangt, dass die Erübrigung genau nach Massgabe der Inanspruchnahme des Vereins ver- teilt werde, nicht die einen von den a n d e r e n Mitgliedern verdienen. Durch diese Bedingung ist, kann man sagen, die Steuerpflicht eine allgemeine geworden, namentlich weil sie auch auf den Reservefonds und das sonstige Vereinsvermögen sich bezieht; denn wenn auch ein Konsumverein durch die Markeneinrichtung den grösseren Teil des Gewinns den Käufern nach der Grösse der Einkäufe zumisst[2]), so ist dies doch in Anbetracht des Wechsels der Mit- glieder thatsächlich unausführbar bei dem Reservefonds; bei den Kreditgenossen- schaften ist aber selbst die gewöhnliche Gewinnverteilung nach Massgabe der Inanspruchnahme absolut nicht üblich und, will man den Kern der Genossen- schaft, die etwas wohlhabenderen Mitglieder, nicht verlieren, auch nicht möglich[3]).

---

[1]) Nach dem preuss. Gewerbesteuergesetz kann zur Gewerbesteuer nur veranlagt werden, wer nach dem Gesetze ausdrücklich für gewerbesteuerpflichtig erklärt ist; es liegt deshalb wohl der Steuerveranlagungsbehörde ob, den Nach- weis der Steuerpflichtigkeit zu führen.

[2]) Die Rückvergütung ist selbst da keine ganz genaue. Es werden stellenweise für den Bedarf vermögender Mitglieder bestimmte Artikel mit g r ö s s e r e r Avance in den Kreis der geführten Waren aufgenommen, an welchem grösseren Ueberschuss dann auch andere partizipieren, welche Waren mit ge- ringerer Avance kaufen. Die richtige Rückgewähr wird auch gestört durch den Handel mit Dividendenmarken; vergl. die interessante Mitteilung Schneiders über den Dividendenmarkenunfug. Bl. f. G. 1884 Jahrg. 31 S. 129.

[3]) Von seiten der Genossenschaften wurde gegen die Verfügung als eine Gesetzesverletzung Protest erlassen. Bl. f. G. 1885 Jahrg. 32 S. 251; 1886 Jahrg. 33 S. 54. Der Haupteinwand ist der gewöhnliche. Hierbei wurde auch ein Urteil des Oberverwaltungsgerichts vom 24. Juni 1882 (Entscheidungen des O. V. G. von J e b e n s und von M e y e r e n Bd. IX S. 281 ff.) angezogen, worin es heisst: „Die Thätigkeit von Vereinen, welche auf gemeinschaftliche Rech- nung der Mitglieder Lebensbedürfnisse einkaufen und an ihre Mitglieder ab- lassen, um den letzteren die Bedürfnisse gut und billig zu beschaffen und so deren Ausgaben zu vermindern, ist nicht auf Erwerb gerichtet; diese Vereine treiben keinen Handel.“

Ist man bei den Vorschuss- und Konsumvereinen allmählich dazu gelangt, den gewerblichen Charakter zu konstruieren, so hat man bei gewissen Genossenschaften von vornherein eine andere Auffassung gar nicht zugelassen. So bei Winzervereinen und Molkereigenossenschaften. In Bezug auf erstere wurde am 3. Juli 1876 eine ministerielle Entscheidung getroffen; in derselben heisst es unter anderem:

„Wenn, wie nach dem Berichte oder nach § 69 des Statuts anzunehmen, der Verein den Wein oder die Trauben von den Mitgliedern ankauft und demnächst für Rechnung des Vereins Wein verkauft, so betreibt der Verein einen der Gewerbesteuer unterliegenden Handel in ähnlicher Weise, wie ein Verein von besteuerten Handwerkern, welche ihre Fabrikate genossenschaftlich für Rechnung der Genossenschaft verkaufen, indem der Verein ein von den einzelnen Mitgliedern verschiedenes Rechtssubjekt ist (vgl. § 12 der Anw. vom 20. Mai 1876)[1].

In Bezug auf die Molkereigenossenschaften kam die Sache zum Austrag anlässlich der Hodderuper Genossenschaftsmeierei[2]). Sowohl das Kammergericht zu Berlin (Erkenntnis vom 6. Oktober 1884) als das Finanzministerium (Verfügung vom 9. Februar 1884) hielten die Gewerbesteuer für geboten. Ein Verkehr mit Nichtmitgliedern liegt natürlich hier ebenso vor, als bei einer gewerblichen Produktivgenossenschaft. Allein es greift hier eine Anweisung des Finanzministeriums zur Veranlagung der Steuer vom stehenden Gewerbebetriebe vom 20. Mai 1876 § 4 Abs. 2. ein, des Inhalts:

Der Gewerbesteuer sind nicht unterworfen: 2) Die Forst- und Landwirtschaft, einschliesslich der Viehzucht, des Garten- und Weinbaues und des Verkaufes der selbstgewonnenen Erzeugnisse.

Die Handelssteuer ist zu entrichten, wenn der Verkauf ausser den Märkten aus einem besonders dazu bestimmten offenen Verkaufslokal ausserhalb der Produktionsstätte erfolgt.

Die Begründung der Steuerpflicht war eine unglückliche. Das Ministerium stützte sich auf den eben citierten 2. Absatz; der Verkauf der Produkte der Genossenschaft erfolge nicht vor der Produktionsstätte, sondern von einer besondern Verkaufsstelle aus, indem als Produktionsstätte im Sinne der gedachten Bestimmung die einzelnen Besitzungen der Mitglieder anzusehen seien. Eine gezwungenere Auffassung als diese lässt sich kaum denken; bei einem einzelnen Grundbesitzer ist allerdings die Produktionsstätte die Besitzung des Betreffenden, bei einer Genossenschaftsmeierei aber doch sicher die Stätte, wo die Milch verarbeitet wird.

Das Kammergericht stellte sich auf einen anderen Standpunkt. Die Meierei sieht es als Societät an. Jeder von den 12 beteiligten Grundbesitzern erhält den aus der von ihm gewonnenen und gelieferten Milch erzielten Erlös ausbezahlt und zwar nach Abzug der für den Betrieb selbst entstehenden und auf seinen Teil entfallenden Kosten. Die Societät besitzt eine korporative Organisation in ihrem Vorstande, betreibt ein besonderes Gewerbe und hat dazu eine eigene Betriebsstätte. Nach den Grundsätzen der Societät wird das, was jeder Socius in die Gesellschaft inferiert, Miteigentum der Genossen (Art. 157, 191 Handelsgesetzbuch). Die von den Einzelnen in die Meierei gelieferte Milch bleibt nach der Ablieferung nicht mehr das ausschliessliche Eigentum des Liefernden, und der Einzelne verkauft bei der festgestellten Verwertung durch gemeinschaftlichen Betrieb nicht mehr das Produkt der von ihm gelieferten Milch, vielmehr erscheint die Gesamtheit als Käuferin der gemeinschaftlichen Produkte. Der Einzelne vertreibt nicht mehr wie vor der Konstituierung der Genossenschaft die aus der Milch seiner Kühe gewonnenen Produkte, erhält auch nicht die aus der gelieferten Milch, resp. dem Quantum der gelieferten Milch entsprechend gewonnenen Produkte zum eigenen Vertrieb, vielmehr erfolgt der Vertrieb der aus dem Gesamtquantum der gelieferten Milch gewonnenen Produkte — Butter

---

[1]) Mitteilung aus der Verw. der direkten Steuern im preuss. Staate Nr. 5 S. 32.
[2]) Bl. f. G. 1884 Jahrg. 31 S. 134; 1885 Jahrg. 32 S. 128, 137.

und Käse — von der Produktionsstätte, d. h. von der Meierei aus, sie besorgt den Vertrieb, sie also treibt Handel, und nur seinen Anteil an dem Erlöse erhält nach Abzug der auf ihn fallenden Kosten der Einzelne ausgezahlt. Es liegt also kein Grund vor, die nur ausnahmsweise für den einzelnen mit seinen Produkten handelnden Landmann bestehende Steuerfreiheit auf den Gewerbebetrieb der Meierei auszudehnen.

Es scheint, dass die preussische Regierung einer anderen Auffassung Raum geben will; denn auf die zahlreichen Petitionen, welche infolge des Hodderuper Falls an die Kammer der Abgeordneten gingen und welche von der Petitionskommission unterstützt wurden, äusserte der Regierungskommissär sich entgegenkommend [1]).

Endlich beschäftigten auch die gewerblichen Produktivgenossenschaften die Steuerbehörden. Ueber ihren gewerblichen Charakter ist zwar kein Zweifel, wohl aber über ihre Steuerpflicht mit Rücksicht auf § 12 des Gewerbesteuergesetzes, der lautet:

Gewerbesteuerfrei sind

a. Handwerker, die in der Regel nur um Lohn oder nur auf Bestellung arbeiten, ohne auch ausser den Jahrmärkten ein offenes Lager von fertigen Waren zu halten, solange sie das Gewerbe nur für ihre Person oder mit einem erwachsenen Gehilfen und mit einem Lehrling betreiben; die Hilfe weiblicher Hausgenossen und eigener Kinder unter 15 Jahren bleibt unberücksichtigt.

Trotz dieser Bestimmung wurde im Jahre 1873 eine kleine aus 4 Mitgliedern bestehende Tischlerproduktivgenossenschaft in Berlin zur Gewerbesteuer herangezogen. Auf eine Vorstellung, dass die Genossenschaft nur auf Bestellung Tischlerarbeiten fertige, also ein offenes Lager fertiger Waren nicht halte, und dass die 4 Arbeiter in der Werkstatt weder „Gehilfen" noch „Lehrlinge" im Sinne des Gesetzes seien, sondern als „Unternehmer" oder „Geschäftsinhaber" betrachtet werden müssten, wurde die Streichung aus der Gewerbesteuerrolle vorgenommen. (Entschliessung der k. Direktion für die Verwaltung der direkten Steuern in Berlin vom 9. Dezember 1873) [2]). Den Produktivgenossenschaften, die mit so vielen Schwierigkeiten zu kämpfen haben, ist dadurch gerade für die schwerste Zeit des Anfangs eine wohl zu gönnende Erleichterung gewährt. Misslich aber ist, dass auch eine grosse Produktivgenossenschaft, die etwa aus 20 Mitgliedern besteht, gewerbesteuerfrei bleibt, wogegen eine kleine mit 3 oder 4 Mitgliedern, die aber noch 2 Gehilfen beschäftigt, steuerpflichtig wäre. Ist auch wohl anzunehmen, dass eine grosse Genossenschaft in Zeiten grossen Geschäftsandrangs meist genötigt sein wird, vorübergehend einmal Gehilfen anzunehmen, wie sie auch offenes Lager nötig haben wird, immerhin liegt die Möglichkeit einer vom Gesetzgeber sicher nicht beabsichtigten Ungerechtigkeit vor. Es wäre nicht unbillig, wenn man das Gesetz dahin abänderte, dass gewerbliche Produktivgenossenschaften mit mehr als 3, — will man ihnen eine besondere Vergünstigung zu teil werden lassen, mit mehr als 5 — Mitgliedern steuerpflichtig sein sollten.

Klassen- und Einkommensteuer.

Bei dieser Steuer liegt die Sache in Bezug auf die Genossenschaften einfach. Das Klassen- und Einkommensteuergesetz vom 1/25. Mai 1851/73 kennt als Steuerpflichtige nur „Einwohner", d. h. physische Personen; die Anwendung des Gesetzes auf Genossenschaften als solche ist also unbedingt ausgeschlossen [3]). An diesem Stand der Sache gedachte auch der Entwurf eines Gesetzes, betr. die Einkommensteuer vom 17. Dezember 1883, nichts zu ändern. Zwar sollte über den Kreis der physischen Personen hinausgegangen werden, aber diese Ab-

---

[1]) Preuss. Abg.-H. III. Session der 15. Legislaturperiode (1885) Nr. 243 der Drucksachen.

[2]) Bl. f. G. 1873 Jahrg. 20 S. 27.

[3]) Vergl. auch Bl. f. G. 1868 S. 157; 1869 S. 32.

weichung sollte nur die Aktiengesellschaften betreffen [1]). Die Dividende in der Hand des Einzelnen, die zur Zeit der Einkommensteuer unterliegt, wäre nach dem Entwurf auch zur Kapitalrentensteuer herangezogen worden.

Gemeinde-, Kreis- und Provinzialabgaben.

Die Gemeinden, mehr unter dem Einfluss der Gewerbe- und Handelstreibenden stehend als die staatlichen Organe, waren sehr eifrig in der Heranziehung der Genossenschaften zur Steuer. Allein der Boden war für sie äusserst ungünstig. Es kamen in Betracht die Städte- und Landgemeindeordnungen. In der Städteordnung für die 6 alten östlichen Provinzen vom 30. Mai 1853, der für Westfalen vom 19. März 1856, der für die Rheinprovinz vom 15. Mai 1856 waren bisher hinsichtlich der Kommunalsteuern folgende Grundsätze massgebend gewesen: 1) Alle „Einwohner" des Stadtbezirks sind zur Teilnahme an den städtischen Gemeindelasten verpflichtet; 2) wer ohne im Stadtbezirk zu wohnen, daselbst Grundbesitz hat oder ein stehendes Gewerbe betreibt, ist verpflichtet, an den Lasten teil zu nehmen, welche auf den Grundbesitz oder das Gewerbe oder das aus jenen Quellen fliessende Einkommen gelegt sind; 3) dieselbe Verpflichtung haben juristische Personen, welche in dem Stadtbezirk Grundbesitz haben oder ein stehendes Gewerbe betreiben. Es konnte sich danach nur darum handeln, ob die Genossenschaften Juristische Personen waren. Das Ministerium des Innern [2]) und ebenso das Oberverwaltungsgericht [3]) haben dies verneint. Wohl hat das Reichsgenossenschaftsgesetz vom 4. Juli 1868 den eingetragenen Genossenschaften eine Reihe wesentlicher Rechte juristischer Persönlichkeit erteilt, so dass sie nach aussen hin unter organisierter Vertretung ein selbständiges Rechtssubjekt gegenüber den einzelnen Genossenschaftern bildeten; es ist dies aus Zweckmässigkeitsgründen geschehen, damit die Genossenschaften auf eigenen Namen erwerben, als Gesamtheit klagen und verklagt werden können. Daneben fehlen aber den Genossenschaften mannigfache rechtliche Kriterien der Korporationen im engeren Sinn. Nach den Vorschriften des allg. Landrechts Teil II. Tit. 6 § 25 kommen die Rechte der Korporationen nur solchen vom Staate genehmigten Gesellschaften zu, die sich zu einem gemeinnützigen fortdauernden Zwecke verbinden (§ 25); ihre Ausübung ist mannigfachen Beschränkungen unterworfen (§ 83 ff.), und die Auflösung der Korporationen ist ebenso von der Genehmigung des Staates abhängig wie deren Entstehung (§ 180). Bei den Genossenschaften handelt es sich aber um vorübergehende private Bestrebungen der Beteiligten; die Personifikation der Gesamtheit der Genossenschaft ist eine begrenzte; die individuellen Rechte der Gesellschafter an dem Gemeinvermögen bilden immer den materiellen Schwerpunkt des Verhältnisses. Die Genossenschaften unterscheiden sich von der Korporation im engeren Sinn auch dadurch, dass erstere sich durch Beschluss auflösen können und dass im Falle der Auflösung das Vermögen nach gewissen gesetzlichen Vorschriften unter die Genossenschafter verteilt wird. Nach § 12 des Gesetzes vom 4. Juli 1868 ist angeordnet, dass die Genossenschafter persönlich mit ihrem gesamten Vermögen für die Gesellschaftsschulden haften — eine Eigenschaft, die allein hinreichen würde, die Genossenschaften von den Korporationen zu unterscheiden.

---

[1]) 15. Legislaturperiode 2. Session 1883/84 Nr. 42 der Drucksachen.
[2]) Reskript. v. 16. Okt. 1870 (Ministerialbl. für die allg. Verwaltung S. 301); Bl. f. G. 1872 S. 219.
[3]) Erkenntnis v. 13. Sept. 1880 Bl. f. G. 1881 S. 6. Vergl. in dieser Streitfrage auch Entscheidungen des Reichsoberhandelsgerichts Bd. 22 S. 239. Förster, Theorie und Praxis Bd. 4 S. 383; Stobbe, Handbuch des deutschen Privatrechts Bd. I. S. 406; Wächter, Pandekten I, S. 244; Windscheid § 60 Note 2; Mandry, Zivilrechtlicher Inhalt S. 124; Sicherer, die Genossenschaftsgesetzgebung in Deutschland S. 104 f; Parisius, Genossenschaftsgesetze 1876 S. 130; Entsch. des württemb. Oberlandesgerichts in Sarwey und Kübel, Württemb. Archiv 1882 S. 188.

Wurde der Charakter einer juristischen Person den Genossenschaften abgesprochen, so entfiel jede Möglichkeit der Kommunalabgabe, sei es, dass es sich um einen Zuschlag zur Staatssteuer oder um gesonderte Kommunalsteuern handelte; für die Kommunalabgabe kam deshalb auch nicht in Betracht, ob die Genossenschaft auf ihre Mitglieder sich beschränkt oder nicht; auch in letzterem Fall musste sie steuerfrei bleiben.

In Bezug auf diesen Punkt hatten analoge Vorschriften das Städtegesetz für Schleswig-Holstein vom 14. April 1869, die Ortsstatuten der Städte von Neuvorpommern und Rügen, für welche im allgemeinen das Gesetz vom 31. Mai 1853 Platz greift, das Frankfurter Gemeindeverfassungsgesetz vom 25. März 1867, das Ortsstatut im Regierungsbezirk Kassel. Im Regierungsbezirk Wiesbaden scheint auch Steuerfreiheit bestanden zu haben. Die hannöversche Städteordnung liess den Städten in der Ordnung ihres Steuerwesens grosse Freiheit; es entschied also das Steuerregulativ oder Ortsstatut jeder Stadt [1]). Bei der klaren Sachlage war auch die Praxis der oberen Behörden eine konsequente. Konstant scheiterten die Versuche der Gemeinden [2]).

Was die Landgemeinden betrifft, so kommen Genossenschaften dort seltener vor. In den östlichen Provinzen stand übrigens bisher das Recht zur Besteuerung den Landgemeinden gleichfalls nicht zu, da nach der Landgemeindeordnung vom 14. April 1856 nur physische Personen besteuerbar sind. [3])

Im Gebiete der Kreisordnung vom 13. Dezember 1872 ist — da der Charakter der juristischen Person bei den Genossenschaften nicht gegeben ist — auch Kreis- und Provinzialsteuer für die Genossenschaften unzulässig [4]). War die Gesetzgebung über Gemeinde-, Kreis- und Provinzialabgaben für die Genossenschaften ausserordentlich vorteilhaft, so trat für sie hinsichtlich der Gemeindebesteuerung durch das sog. Kommunalsteuer-Notgesetz vom 27. Juli 1885 eine ungünstige Wendung ein [5]). Nach diesem Gesetz unterliegen eingetragene Genossenschaften, deren Geschäftsbetrieb über den Kreis ihrer Mitglieder hinausgeht, in Gemeinden, in welchen sie Grundbesitz, gewerbliche Anlagen haben, stehende Gewerbe betreiben, den auf das Einkommen gelegten Gemeindeabgaben [6]. Alle Gemeinden sind befugt, durch Gemeindebeschluss solche Gemeindeeinkommensteuern einzuführen.

Man begreift, dass aus Anlass dieser Aenderung eine gewisse Aufregung eintrat, bei den Freunden der Genossenschaften sich kundgebend in Abwehr oder Klarstellung, bei den Gegnern im Streben nach möglichster Ausdehnung und Verschärfung. Die Genossenschaften — ihrer Tendenz entsprach der Antrag Parisius und Dr. Langerhans auf Streichung — hielten die kommunale Besteuerung für ungerecht und irrationell. Vor allem wies man auf die Doppelbesteuerung hin, die sich ergebe, indem der Genossenschafter für seine Dividende und dann nochmals in der Genossenschaft als solcher besteuert würde; dieselbe sei effektiv gegeben, insofern der Genossenschafter nicht so leicht wie der einzelne Aktionär durchschlüpfe, da die Mitglieder der Genossenschaften zum allergrössten

---

[1]) Bl. f. G. 1881 Jahrg. 28 S. 77.
[2]) Bl. f. G. 1868 S. 157; 1869 S. 88, 173; 1878 Jahrg. 25 S. 47, 49; 1882 Jahrg. 29 S. 112, 113; 1883 Jahrg. 30 S. 76; 1885 Jahrg. 32 S. 73.
[3]) Bl. f. G. 1878 Jahrg. 25 S. 237; 1882 Jahrg. 29 S. 221.
[4]) Erkenntnis des Oberverwaltungsgerichts in Berlin v. 13. Sept. 1880. Bl. f. G. 1881 Jahrg. 28 S. 5. Vergl. auch 1879 Jahrg. 26 S. 245 und Herrfurth, die Kommunalabgabepflicht der Aktiengesellschaften etc. 1886 S. 125.
[5]) Siehe Finanzarchiv III, S. 168 ff. Ausser den Landtagsverhandlungen 1883/84 u. 1885 vergl. auch Bl. f. G. 1884 Jahrg. 31 S. 61, 65, 110, 129; 1885 Jahrg. 32 S. 33, 41, 82.
[6]) Das Gesetz bezieht sich nur auf die eingetragenen Genossenschaften; es wird die bei manchen Genossenschaften, z. B. der Rohstoffgenossenschaft, wegen der straffen Formen der Geschäftshandhabung ohnehin vorhandene Abneigung gegen Eintragung verstärken.

Teil am Sitz der Genossenschaften ihren Wohnsitz hätten, und durch die gesetzlich vorgeschriebene Veröffentlichung der Jahresbilanz der dem Genossenschafter
aus der gemeinsamen Verwaltung zugefallene Gewinn genau ersichtlich sei.
Bei der Aktiengesellschaft hafteten nicht die Personen, sondern das losgelöste
Kapital, wogegen die Genossenschaften nicht ein solches Vorrecht hätten. Es
widerspreche auch die Besteuerung dem Grundsatze, dass – während bei der Verteilung der Staatssteuern auf die Einzelnen die Steuerkraft massgebend sein
solle – für die Kommunalsteuern neben diesem Massstabe auch noch derjenige
von Leistung und Gegenleistung heranzuziehen sei, weil die kommunalen Leistungen
vorzugsweise in der Herstellung und Unterhaltung von Einrichtungen bestehen,
welche der Verbesserung der wirtschaftlichen Lage der Einzelnen und des gesamten Kommunalverbandes dienen. Diese Einrichtungen — Wege- und Brücken-
bau, Schulen, Armenanstalten, Krankenhäuser, Pflasterung, Beleuchtung — biete
den einzelnen Mitgliedern der Genossenschaften Vorteile, nicht aber der Genossenschaft als solcher [1]).

Man möchte glauben, dass die doppelte Einkommensteuer etwas Abnormes
ist; allein die Genossenschaft hat es in der Hand, sich zu befreien, teils dadurch,
dass sie so gut wie keine Dividende mehr verteilt — möglich, wenn auch nicht
gerade wünschenswert, bei Konsumvereinen, indem sie nicht zu laufenden, sondern
zu Selbstkostenpreisen verkaufen —, teils dadurch dass sie auf ihren eigentlichen
Zweck sich beschränkt. Geht sie darüber — unter Festhaltung einer loyalen Interpretation — hinaus, so sollte sie Gewerbesteuer zahlen, was bei Kommunen, wie
wir gesehen, formell unzulässig ist. Es vertritt also der Besteuerung der Genossenschaft als solcher mit der Einkommensteuer gewissermassen die materiell
angezeigte Gewerbesteuer; die „gewerbetreibende" Genossenschaft wird doppelt
besteuert wie jeder andere Gewerbetreibende, nur in anderer Form und mit
etwas anderem Mass. Eine Unbilligkeit kann darin nicht erblickt werden.
Sind es wirklich ganz kleine Leute, die in der Genossenschaft vereinigt sind,
so tritt eine Doppelbesteuerung ohnehin nicht ein.

Ein Antrag verlangte zwar nicht gänzliche Freilassung der Genossenschaften, aber doch die der Produktivgenossenschaften, welche ihr Geschäft nur
durch Mitglieder betreiben. Es wurde dafür geltend gemacht, dass die eingetragenen Produktivgenossenschaften sich von den anderen Arten Genossenschaften
dadurch unterscheiden, dass in ihnen der Teilnehmer seinen ganzen Lebensunterhalt hat, die persönliche Bedeutung des Einzelnen schärfer hervortritt und
meistens kleine hart um ihre Existenz kämpfende Arbeiter trifft; man könne
eine solche Genossenschaft steuerlich nicht mit einer Aktiengesellschaft gleichstellen.

Die Versuche, die Besteuerung von den Genossenschaften in der einen
oder anderen Form abzuwenden, waren vergeblich. Um so mehr Interesse beanspruchte die Frage, wie man die Steuerpflicht klar stellen könne. Das Gesetz
gibt als bestimmtes Characteristicum: Ausdehnung des Geschäftsbetriebs über
den Kreis der Mitglieder. Konstruktionen, wie sie das Finanzministerium neuerdings unternommen hat, sind deshalb hier nicht möglich; aber die ganze
Schwierigkeit, wo eigentlich die Grenzlinie bei obigem Merkmal liege, tritt doch
auch hier wieder auf. Es wurden deshalb bei den Beratungen viele Bedenken
laut. Wie, wenn der Konsumverein, Rohstoffverein von Nichtmitgliedern kauft,
der Kreditverein von Nichtmitgliedern borgt? wenn er seine Gelder, damit sie
nicht müssig bleiben, in staatlichen Papieren anlegt und damit dem Staat
Kredit gibt, wenn er aus gleichem Grund Wechsel kauft und dadurch dem
Acceptanten und dem Aussteller des Wechsels Kredit gewährt? Ist dem blossen
Wortlaut nach dies etwas anderes als ein Hinausgehen des Geschäftsbetriebes
über den Kreis der Mitglieder hinaus? Ein Antrag (Dr. Binder und Genossen)
ging deshalb neben der Beseitigung der Produktivgenossenschaft aus dem Gesetz
auch dahin, zu sagen: „Genossenschaften, welche Kredite an Nichtmitglieder
gewähren oder gemeinsam beschaffte Lebens- und Gewerbsbedürfnisse an Nicht-

---

[1]) Bl. f. G. 1884 Jahrg. 31 S. 61.

mitglieder überlassen." Den gröbsten Missverständnissen wäre dadurch allerdings vorgebeugt worden, die feineren strittigen Fragen wären aber damit auch nicht gelöst worden. Die Regierung äusserte sich dahin, dass die Worte nicht im engsten Sinn auszulegen seien, und nach dem Kommentar Herrfurths muss man annehmen, dass im Ministerium des Innern folgende Gesichtspunkte als Richtschnur gelten sollen[1]): Ein Hinausgehen des Geschäftsbetriebes über den Kreis der Mitglieder findet nicht schon dann statt, wenn die Genossenschaft mit Nichtmitgliedern überhaupt in Geschäftsverkehr tritt, sondern erst dann, wenn die Genossenschaft Nichtmitglieder an denjenigen Zwecken teilnehmen lässt, zu deren Erreichung die Genossenschaft gebildet worden ist. Beispielsweise bei Konsumvereinen nicht schon dann, wenn der gemeinschaftliche Einkauf von Lebensbedürfnissen im grossen bei Nichtmitgliedern erfolgt, wohl aber dann, wenn der Ablass in kleineren Partien auch an Nichtmitglieder geschieht: bei Rohstoffvereinen nicht schon dann, wenn der Einkauf des Rohstoffs bei Nichtmitgliedern erfolgt, wohl aber dann, wenn der Rohstoff auch für Nichtmitglieder eingekauft wird[2]); bei Magazinvereinen nicht schon dann, wenn im Magazine die Waren an Nichtmitglieder verkauft werden, wohl aber dann, wenn dort Waren auch von Nichtmitgliedern zur Aufstellung und zum Verkaufe gelangen; bei Vorschuss- und Kreditvereinen nicht schon dann, wenn die zur Gewährung von Vorschüssen etc. erforderlichen Kapitalien von Nichtmitgliedern aufgenommen werden, auch nicht schon dann, wenn disponible Mittel, um nicht müssig in der Kasse zu liegen, vorübergehend angelegt werden, wohl aber dann, wenn Vorschüsse oder Kredit an Nichtmitglieder gewährt, wenn Effekten-, Kommissions- und Inkassogeschäfte für Nichtmitglieder gegen Provision, wenn die Aufbewahrung von Wertpapieren von Nichtmitgliedern gegen Gebühren besorgt, wenn Beträge von Nichtmitgliedern in einem Umfange aufgenommen werden, welcher keinen Zweifel darüber lässt, dass dieselben nicht nur zur Gewährung von Vorschüssen und Kredit an Mitglieder dienen sollen. Schliesslich wird das Hinausgehen des Geschäftsbetriebs über den Kreis der Mitglieder auch dann angenommen, wenn es mittelbar d. h. durch Vermittelung der Vereinsmitglieder geschieht.

Sieht man von der letzten Präsumtion ab, so entspricht die Auffassung etwa der, welche in Bayern besteht. Jedenfalls muss es aber als eine höchst missliche Sache angesehen werden, wenn in einem und demselben Staate bezüglich der Steuerpflicht einer und derselben Institution heterogene Merkmale

---

[1]) **Herrfurth** und **Nöll**, Kommentar zum Kommunalabgabengesetz S. 38; **Herrfurth**, die Kommunalabgabepflicht der Aktiengesellschaften etc. S. 22. Vergl. auch Bl. f. G. 1886 Jahrg. 33 S. 29, 37.

[2]) Es gibt aber Fälle, wo auch die strikte Festhaltung dieses Grundsatzes zu Härten führt. Es kommen z. B. bei Schuhmachergenossenschaften Verkäufe an Nichtmitglieder vor, welche einen eigentümlichen Charakter haben. Bei dem Ausschneiden der Felle für den Bedarf der Mitglieder bleiben Reste übrig, welche weder diese noch sonst ein Schuhmacher in seinem Handwerk verwerten kann, welche aber wegen ihrer anderweitigen Verwendung finden und welche fortzuwerfen daher eine unverantwortliche Verschwendung wäre. Diese Reste verkaufen die Genossenschaften vielfach an Nichtmitglieder zum bestmöglichen Preise. Es liegt auf der Hand, dass bei diesen Geschäften ein Gewinn für die Genossenschaft weder beabsichtigt noch thatsächlich gemacht wird, sondern dass es für dieselben vorteilhafter sein würde, die Felle so zertheilt an die Mitglieder abzugeben, dass keine Reste blieben und den Preis im Einzelverkauf einfach nach Massgabe der Grösse des verkauften Stücks unter Hinzurechnung des zur Deckung der Verwaltungskosten u. s. w. notwendigen Preisaufschlags zu berechnen. Aehnlich liegt die Sache oft bei anderen Rohstoffgenossenschaften. Bl. f. G. 1884 Jahrg. 31 S. 118. Man wird die Steuerfreiheit in diesem Fall annehmen müssen, da hier nicht der **Endzweck**, zu dessen Erreichung die Genossenschaft gebildet ist, auf Nichtmitglieder ausgedehnt wird. Aber die Grenze wird hier ebenso flüssig wie bei den Kreditvereinen!

aufgestellt werden, je nachdem es sich um Staatssteuer oder Gemeindesteuer
handelt. Das muss einen sehr verwirrenden Eindruck machen, es widerspricht
dies nicht nur der Tendenz der grundlegenden Gesetzgebung von 1820 [1]), sondern
der des neuen Kommunalabgabengesetzes vom 27. Juli 1885 selbst; denn wenn
in dem § 13 des genannten Gesetzes Vorsorge getroffen ist, dass für die Kreis-
und Provinzialabgaben die Grundsätze des neuen Gesetzes ebenfalls Platz greifen
sollen, so ist damit zugegeben, dass die Abweichung in Bezug auf gewisse Steuer-
grundsätze unthunlich wäre; was aber für Gemeinde, Kreis und Provinz in
ihrem Verhältnis zu einander gilt, muss auch für ihr Verhältnis zum Staat
gelten. Es ist damit nicht eine völlige Schablonisierung gemeint, aber die
Gemeinde darf nicht z. B. sagen, ich fasse das Einkommen anders auf wie der
Staat, rechne die und die Posten nicht darunter, finde die Grenze der Steuerpflicht der Genossenschaft anderswo als der Staat, u. dgl.

Schliesslich sei noch der eingehenden Erörterungen über die K o n s u m -
v e r e i n e gedacht. Ihnen galt besonders die Gegnerschaft. Es wurde darauf
hingewiesen, dass in letzter Zeit die Konsumvereine eine so grosse Ausdehnung
gewonnen hätten, dass sie alle Gewerbe und den kleinen Handel schädigten;
sie seien vielfach ausgeartet und industrielle Unternehmen geworden und brächten
einen grossen Reingewinn, z. B. der Breslauer netto 533,000 Mark jährlich, es
sei ein wahrer Notstand. Es machten diese Klagen so Eindruck, dass das Abgeordnetenhaus beschloss, auch „Konsumvereine jeder Art, insofern dieselben
Gewinne verrechnen" zur Steuer beizuziehen. Es sollte hier also von 2 Re-
quisiten abgesehen werden: sie brauchten weder eingetragene Genossenschaften
zu sein, noch über den Kreis ihrer Mitglieder sich auszudehnen.

Der Antrag entsprach wohl der vorhandenen Animosität, war im übrigen
aber wenig empfohlen. Nichteingetragene Genossenschaften besitzen keine vermögensrechtliche Stellung, sind nur Societäten zu einem besonderen
wirtschaftlichen Zweck. Will man jede Gesellschaft oder Vereinigung von
physischen Personen zu gewissen wirtschaftlichen Zwecken abgabepflichtig machen,
so ist eine Grenze nicht abzusehen. Auch müsste eine derartige Bestimmung
die Wirkung haben, dass die Konsumvereine sich bestreben werden, der Steuer
sich zu entziehen dadurch, dass sie Gewinne für ihre Mitglieder nicht verrechnen. Während jetzt die deutschen Konsumvereine fast ausschliesslich die
Waren an ihre Mitglieder zu Tagespreisen abgeben und die dadurch erzielten
Ueberschüsse am Ende des Jahres an ihre Mitglieder nach Verhältnis der Waren-
entnahme als Ersparnisse verteilen, würden die Vereine durch diese Bestimmung
genötigt werden, den richtigen Weg zu verlassen, von einer Gewinnberechnung
für die Mitglieder abzusehen und die durch den Einkauf im grossen billiger
bezogenen Waren an die Mitglieder unter den Tagespreisen so billig als möglich abzugeben. Die Konsumvereine, welche die Kaufleute bekämpfen, würden
diesen erst recht verhängnisvoll werden, gleichzeitig aber eine günstige Wirkung der Konsumvereine, die Förderung des Sparsinns und der Kapitalbildung
lahm gelegt. Die kleinen einzelnen Preisnachlässe gehen verloren, während
summiert bei einem jährlichen Warenverbrauch von 400—600 Mark sie auf 20
bis 60 Mark sich stellen. Man wies auch darauf hin, dass in gewisser Richtung
die Konsumvereine den Kaufleuten genützt hätten, insofern erstere unweigerlich
auf Barzahlung bestünden und dadurch der Borgsucht auch in anderen Kreisen
entgegengewirkt hätten. Nicht in den Konsumvereinen, sondern in der Unzahl
von Detailgeschäften ohne genügende pekuniäre Mittel und Geschäftserfahrung
liegt der Grund des geringen Prosperierens.

Herrenhaus und Regierung bekämpften die wenig zu der Struktur des
Gesetzes passende Bestimmung. Das Abgeordnetenhaus beruhigte sich dabei,
wogegen gleichzeitig ein Antrag (Metzner) [2]) auf Abänderung des preussischen

---

[1]) Vergl. die Ausführung des Urteils des Oberverwaltungsgerichts v.
2. Dez. 1876. Bl. f. G. 1882 Jahrg. 29 S. 221.
[2]) III. Session der 15. Legislaturperiode Nr. 164 der Drucksachen.

Gewerbesteuergesetzes vom 30. Mai 1820 auftauchte, wonach der § 3 dieses Gesetzes, der die kaufmännischen Geschäfte bezeichnet, durch die Worte „desgleichen Konsumvereine, auch wenn deren Geschäftsbetrieb nur den Bedarf der Mitglieder an Lebensmitteln und anderen Waren zu beschaffen bezweckt" ergänzt werden sollte, welcher Antrag jedoch wieder zurückgezogen wurde.

2) Waldeck-Pyrmont.

Steuersystem: Grundsteuer (Ges. v. 14. Juni 1850, 24. Januar 1851), Klassensteuer (Ges. v. 22. Dezember 1825, v. 27. u. 30. Juni 1862, v. 7. Januar 1865, v. 15. Februar 1864, v. 25. Februar 1881), Gewerbesteuer (Ges. v. 26. u. 28. Juni 1867, 9. März 1866, 26. Mai 1866, 12. Juni 1872, Ges. v. 1. März 1881, betr. die Besteuerung des Wanderlagerbetriebs, mit Anweisung v. 10. März 1881).

Die Gewerbe- und Klassensteuer schliessen einander aus; wer mit Gewerbesteuer belegt ist, wird für das gewerbliche Einkommen nicht von der Klassensteuer betroffen. Die Klassensteuer ist für Genossenschaften nicht anwendbar; die Gewerbesteuer, eine Nachbildung der preussischen, lässt die Steuerpflicht unklar.

§ 3. Die Umlage der Steuer geschieht nach folgenden Gewerbeklassen: 1) Kaufleute und Fabrikanten; 2) Händler; — 8) — andere Gewerbetreibende.

§ 25. Die von Kaufleuten, d. h. von denjenigen Personen, welche mit kaufmännischer Buchführung gewerbemässig Handelsgeschäfte treiben, zu zahlende Gewerbesteuer beträgt für jede Firma, jeden Laden —.

§ 26. Zu den Kaufleuten und Fabrikanten werden bezüglich der Besteuerung auch gerechnet: Leih- und Wechselgeschäfte, Aktien- und ähnliche Gesellschaften, die auf einen Handels- oder Gewerbebetrieb gerichtet sind.

8) Lippe-Detmold.

Grundsteuer (Ges. u. Anweisung v. 12. Sept. 1877, Ges. u. Verordn. v. 9. Nov. 1882, Verordn. v. 28. Dez. 1882, v. 21. Juni 1883). Gebäudesteuer (Ges. v. 28. Febr. 1878, Verordnung v. 13. Juli 1883), Gewerbesteuer (Ges. v. 19. Febr. 1878, v. 23. Juli 1885), Ges., betr. die Besteuerung des Wanderlagerbetriebs, v. 8. April 1882. Klassen- und klassifizierte Einkommensteuer (Ges. v. 6. Juni 1868 mit Instruktion v. 16. Juni 1868, Ges. v. 12. Sept. 1877, 6. April 1882, 25. Juli 1885, Instruktion dazu vom 18. Aug. 1885).

Gewerbesteuergesetz:

§ 2. Gewerbesteuerpflichtig sind nur folgende Gewerbe, sie mögen von Einzelnen oder von Gesellschaften oder Vereinen betrieben werden: der Handel, das Verfertigen von Waren auf den Kauf, — der Betrieb von Handwerken.

§ 3. Der Gewerbesteuerpflichtigkeit vom Handel unterliegen alle Handels- und Fabrikunternehmungen mit Einschluss der Kommissions-, Speditions-, Agentur-, Bank-, Geld-, Wechsel-, Versicherungsgeschäfte, der auf Vermittelung von Handels-, Geld- und anderen Geschäften, dieselben mögen kaufmännischer oder nicht kaufmännischer Art sein, gerichteten Gewerbe (Makler, Kommissionäre —).

§ 7. Die Steuer wird von jeder einzelnen Firma, jedem einzelnen Comptoir, von jedem einzelnen Laden, ohne Rücksicht auf die Zahl der Teilnehmer erhoben.

Die etwas dunkle Fassung des Gesetzes wird durch die Instruktion vom 1. April 1878 etwas näher erläutert:

§ 8. Vereine, welche nur den eigenen Bedarf der Mitglieder an Geld, Lebensmitteln und anderen Waren leicht und billig zu beschaffen bezwecken und ihren Verkehr nicht auf Nichtmitglieder ausdehnen, indem sie weder mit dem Publikum Geschäfte machen noch Nichtmitgliedern in der Form von Zinsen und Dividenden einen Gewinn zuzuwenden streben, sind der Gewerbesteuer nicht unterworfen.

§ 12. Der Gewerbebetrieb juristischer Personen (Anstalten, Gemeinden u. s. w.) ist wie jeder gleichartige Gewerbebetrieb zu behandeln, desgleichen derjenige von auf einen Gewerbezweck gerichteten Vereinen, ohne Rücksicht darauf, ob die einzelnen Mitglieder für ihr Gewerbe Steuer zu entrichten haben oder nicht (z. B. Tischler und Möbelmagazine der vereinigten Tischler).

Das Gesetz über die klassifizierte Einkommensteuer vom Jahr 1868 kennt wie das preussische nur die Besteuerung physischer Personen, es unterliegen also demselben nur die Dividenden beziehenden Genossenschafter. Durch das neueste Gesetz vom 25. Juli 1885 ist die Einkommensteuerpflicht auch auf Aktiengesellschaften und Kommanditgesellschaften auf Aktien hinsichtlich des Reingewinns ausgedehnt, welchen sie zur Verteilung bringen oder für Reserve- oder Erneuerungsfonds oder zur Abtragung von Schulden verwenden, wogegen die Dividende beim Einzelnen ausser Ansatz bleibt. Hierbei ist aber der Genossenschaften nicht gedacht, so dass für diese die frühere Ordnung fortbesteht.

4) Schaumburg-Lippe.

Klassifizierte Einkommensteuer (Ges. v. 3. Febr. 1871, 20. Januar 1885), Grund-, Gebäude-, Gewerbesteuer (Ges. v. 20. Januar 1885).

Das Gewerbesteuergesetz ist im Wesentlichen ein Abdruck des Lippe-Detmoldschen Gesetzes, es greifen deshalb hinsichtlich der Genossenschaften die gleichen Bestimmungen ein. Auch die Vollzugsverordnung vom 6. Februar 1885 stimmt in dieser Hinsicht mit der Schaumburg-Lippeschen überein. Das Gesetz über die klassifizierte Einkommensteuer kennt nur die Besteuerung physischer Personen.

5) Braunschweig.

Grundsteuer (Ges. v. 24. Aug. 1849 mit Nachträgen v. 23. März 1854, 20. April 1855, 4. Aug. 1858, 31. März 1861, 11. Mai 1870, 20. März 1873, 3. Febr. 1880, 12. Dez. 1882), Gewerbesteuer (Ges. v. 3. Aug. 1864, neue Redaktion v. 16. Nov. 1870), Personalsteuer (Ges. v. 29. Juni 1864, Novelle v. 11. April 1870).

Die Gewerbesteuer bestimmt:

§ 1. Der Gewerbesteuer sind Inländer und Ausländer sowohl Einzelne als Körperschaften und Gesellschaften, welche eine nicht von der Gewerbesteuerpflicht ausgenommene (§ 2) gewerbsmässige Beschäftigung im Herzogtume betreiben und nicht durch dieses Gesetz befreit sind (§ 3), unterworfen.

§ 2, Z. 8. Der Gewerbesteuer unterliegt nicht der Geschäftsbetrieb der lediglich auf Gegenseitigkeit beruhenden Versicherungsanstalten.

Die Steuerpflicht der Genossenschaften hängt also davon ab, ob gewerbsmässige Beschäftigung vorliegt. Eine solche steht ausser Frage bei den Produktivgenossenschaften, sie wird aber nach Analogie von § 2 Z. 8 in Braunschweig nicht angenommen, wenn die Genossenschaften nur mit ihren Mitgliedern arbeiten. Liegt Verkehr mit Nichtmitgliedern vor, so wird die Steuer bemessen nach dem Umfang des Geschäfts mit Nichtmitgliedern, bezw. dem Verdienste, welcher aus dem Verkehr mit Nichtmitgliedern erzielt wird [1]).

Die Personalsteuer, eine eigentümliche Klassensteuer, trifft die Genossenschaften nicht, dagegen findet die Dividende im Einkommen der Mitglieder entsprechende Berücksichtigung.

6) Schwarzburg-Rudolstadt.

Grund- und Gebäudesteuer (Ges. v. 13. Aug. 1868), Gewerbesteuer (Ges. v. 15. Febr. 1868), Einkommensteuer (Ges. u. Verordnung v. 25. Juli 1876).

Auch diese Gesetze sind im wesentlichen den preussischen entlehnt.

Der § 2 des Gewerbesteuergesetzes lautet:

Gewerbesteuerpflichtig sind: 1) der Handel, 2) das Handwerk, 3) alle übrigen gewerbsmässig betriebenen Beschäftigungen.

---

[1]) Nach gütiger Mitteilung des Herrn Finanzdirektors Kybitz.

Das Einkommensteuergesetz:

§ 2. Der Besteuerung nach dem gegenwärtigen Gesetze sind unterworfen: —

Z. 3) Kommandit- und Aktiengesellschaften und gewerbliche Genossenschaften wegen ihres Einkommens aus Kapitalvermögen, aus dem Betrieb gewinnbringender Geschäfte und aus inländischem Grundbesitze.

§ 9 Z. 3. Bei Kommandit- und Aktiengesellschaften und bei gewerblichen Genossenschaften wird diejenige Summe, welche im Vorjahre an die Vereins- und Gesellschaftsmitglieder als Zins und Dividende zur Verteilung gelangte, bezüglich der zum Vereinsvermögen geschlagene Gewinn des Vorjahres, als Reingewinn angesehen, und letzterer, wenn die Gesellschaft ihren Sitz im Fürstentume hat, in einem Betrage, bei welchem die Besteuerung der im Auslande liegenden Kommanditen berücksichtigt werden muss, wenn sie aber im Fürstentume nur Zweigniederlassungen oder Agenturen unterhält, zu einem entsprechenden Anteile bei Feststellung der Einkommensteuer in Rechnung gezogen.

Aus diesen Bestimmungen folgt, dass nicht alle Genossenschaften als solche gewerbe- und einkommensteuerpflichtig sind, sondern nur die „gewerblichen"; unbestimmt bleibt aber, wie das Gesetz diese gewerblichen Genossenschaften begrenzt wissen will, und wann es den Betrieb „gewinnbringender" Geschäfte annimmt.

7) Hessen.

Das hessische Steuersystem und seine allmähliche Ausbildung ist in dieser Zeitschrift ausführlich dargestellt (Jahrg. II. S. 235 f.). Wir können darauf verweisen und erwähnen an dieser Stelle nur, dass neben einer allgemeinen Einkommensteuer in Hessen eine Grund-, inkl. Haus- und Gewerbesteuer und seit 8. Juli 1884 auch eine Kapitalrentensteuer besteht.

Das ältere Gewerbesteuergesetz vom 4. Dezember 1860 gedachte der Genossenschaften nicht besonders. Es hing die Entscheidung deshalb auch hier davon ab, wie man den Begriff Gewerbe aufstellte. Man folgte dem Beispiel anderer Staaten; es wurden Vorschussvereine nur dann besteuert, wenn sie an Nichtmitglieder ausliehen. Vereinzelt blieb auch hier Steuerfreiheit, es geschah aber nur in Fällen, in denen die Steuerbehörde durch Zufall keine Kenntnis von der Wirksamkeit der betreffenden Vereine hatte [1]).

Gegen Ende der 70er Jahre wurde aber von dem Ministerium die Steuerpflicht erheblich ausgedehnt, ja, was freilich auf einer missverständlichen Auslegung des ministeriellen Bescheids beruhte, sogar dann angenommen, wenn der Verein von Nichtmitgliedern Gelder annahm [2]).

Als sich die Vorschussvereine an die Stände wandten, präzisierte die Regierung ihre Auffassung auf Verlangen des Ausschusses näher [3]), und es ist deutlich zu ersehen, dass die Erlasse der preussischen Regierung als Muster gedient haben.

„Die Steuerpflicht, führte das Ministerium in seiner Antwort vom 10. Januar 1880 aus, ist zu verneinen, so lange der betreffende Verein sich darauf beschränkt, aus im eigenen Kreise gesammelten oder ausserhalb dieses Kreises aufgenommenen Kapitalien lediglich an seine Mitglieder zu wirtschaftlichen und Erwerbszwecken Vorschüsse zu geben. Eine andere Beurteilung hat Platz zu greifen, wenn der Betrieb sich zu einem förmlichen Bankiersgeschäft oder Leihgeschäft auf Pfänder entwickelt hat, wenn mit Hilfe von eigenen und fremden Mitteln Wechsel diskontiert, Lombard- und Kontokorrentgeschäfte gemacht, Kaufschillinge, Staatspapiere erworben werden, bezw. deren Erwerbung vermittelt wird und daraus Resultate erzielt werden, welche die Verteilung mitunter hoher Dividenden und Bildung bedeutender Reservefonds ermöglichen und zur Folge haben. Bei solcher Geschäftsentwickelung ist die Beteiligung von Nichtmitgliedern nach den

---

[1]) Bl. f. G. 1882 Jahrg. 29 S. 87.

[2]) Bl. f. G. 1878 Jahrg. 25 S. 148; 1879 Jahrg. 26 S. 38; 1881 Jahrgang 28 S. 12.

[3]) Beil. Nr. 307 zum 50. Protokoll 1880. Bl. f. G. 1880 Jahrg. 27. S. 46.
Finanzarchiv II S. 438 Note.

gemachten Wahrnehmungen nicht fern zu halten, abgesehen von der meist bestehenden Leichtigkeit, Mitglied der Genossenschaft zu werden oder bei einem
oder dem anderen Geschäft ein Mitglied vorzuschieben. Der Betrieb überschreitet
alsdann die Grenzen, innerhalb welcher die Steuerfreiheit in Anspruch genommen
werden kann, er dient nicht unmittelbar und ausschliesslich der Förderung der im
Vereinsstatut vorgezeichneten Interessen, und es hat, auch wenn die Beschränkung
auf den Kreis der Vereinsmitglieder behauptet wird, die Herbeiziehung zur Gewerbesteuer schon mit Rücksicht auf andere der Besteuerung unterliegende Bank-
und Darlehensgeschäfte, welchen Konkurrenz bereitet wird, zu erfolgen."

Der Ausschuss teilte die Anschauung der Regierung nicht. Er war vor
allem der Ansicht, „dass die Entgegennahme von Einlagen von Nicht mitgliedern überhaupt nicht als ein zur Besteuerung führendes Moment angesehen
werden kann, da die Tendenz aller solcher Vereine naturgemäss und beinahe
vorzugsweise dahin gehen muss, auf Grund des durch die Solidarhaft erhöhten
Kredits sich auch ausserhalb der Vereinsgenossen die für ihre Interessen nötigen
Geldmittel zu beschaffen. Andererseits geht der Ausschuss davon aus, dass
wenn die Vereinsgenossen im übrigen ihre Geschäftsthätigkeit auf sich selbst
beschränken als insbesondere die regelmässig hier in Betracht kommenden Geschäftszweige: Gewährung von Kredit gegen Wechsel oder Schuldscheine oder
in laufender Rechnung, die Diskontierung von Wechseln, die Besorgung von
Inkasso und kommissionsweiser An- und Verkauf von Wertpapieren, thatsächlich
nur mit den Genossen betreiben, im Gewerbebetrieb nicht anzunehmen sei, da
es an dem charakteristischen Merkmale eines solchen — der Tendenz durch
Geschäfte mit dritten Personen einen Erwerb zu erzielen — fehlt. Hiergegen
kann auch nicht die Leichtigkeit, Mitglied eines solchen Vereins zu werden,
oder die Thatsache, dass auch bei einem im obigen Sinn eingegrenzten Betrieb
oft hohe Dividenden und Reservefonds erzielt werden, oder endlich die Möglichkeit der Ueberschreitung jener Grenze angeführt werden. Dass die Leichtigkeit
der Erlangung der Mitgliedschaft, für sich allein betrachtet, nicht ausschlaggebend sein könne. bedarf keines näheren Nachweises, und ebenso gewiss ist es,
dass wenn hohe Dividenden und Reservefonds bei jener Art des Betriebs erzielt
werden, die sich nur als ein Resultat der finanziellen Leistungen der Vereinsgenossen darstellen, den Genossen das, was sie geleistet haben, nur in anderer
Gestalt wieder zufliesst. Die leichte Möglichkeit einer Ueberschreitung der
obigen Grenze anlangend, so betrachtet es der Ausschuss für selbstverständlich, dass, wenn eine Genossenschaft die Steuerfreiheit für sich in Anspruch
nehmen will, die Ausschliesslichkeit ihrer Tendenz in den Statuten in völlig un-
zweideutiger Weise zum Ausdruck bringen muss, indem sonst anzunehmen ist,
dass sich der Verein die volle Freiheit des Geschäftsbetriebs auch mit Nichtmitgliedern vorbehalte. Geschieht jenes aber, so liegt nicht bloss die moralische
Verpflichtung des Vorstandes und der Vereinsgenossen vor, die gesetzte Grenze
nicht zu überschreiten, sondern es ist diese Grenze auch so bestimmt, dass
etwaige Kontravention leicht geahndet und auf Grund solcher die Heranziehung
zur Gewerbesteuer ausgesprochen werden kann. Die Thätigkeit der fraglichen
Vereine vollzieht sich ohnehin so sehr vor der Oeffentlichkeit und ist durch die
Buchführung so leicht zu kontrollieren, dass ein Missbrauch nur schwer dem
Auge der Steuerbehörde entgehen kann. Ohnehin kann die Furcht vor Missbrauch allein keine Ursache sein, ein sonst begründetes Recht zu verkümmern.
Wollte man die konkrete Besteuerungsfrage nicht nach obigen festen Grundsätzen, sondern im Sinne der Regierung einfach nach dem Umfang und den
Resultaten des Geschäftsbetriebs regeln, so scheinen dem Ausschuss Ungleichheiten
in der Ausführung je nach den bei den einzelnen Steuerbehörden thätigen Personen gar nicht zu vermeiden. Die Grenze, bei welcher die Besteuerung beginnen soll, ist objektiv zu wenig bestimmt, um nicht grosse Verschiedenheiten
bei deren subjektiver Anwendung zu ermöglichen. Endlich erachtete es der
Ausschuss auch wirtschaftlich für in hohem Grade wünschenswert, wenn durch
die Befolgung obiger Besteuerungsprinzipien die Genossenschaften eine indirekte
Aufforderung erhalten, ihren Geschäftsbetrieb auf die Mitglieder zu beschränken,

da eine Ueberschreitung jener Grenze die grosse Gefahr in sich birgt, dass die Genossenschaften der ursprünglichen Bestimmung zuwider in eigentliche in jeder Hinsicht unbeschränkte Bankgeschäfte ausarten. Die Heranziehung zur Steuer ohne Berücksichtigung jener Grenze würde eine Veranlassung für die Vereine werden können, durch grössere Ausdehnung des Geschäftsbetriebs den durch die Besteuerung eintretenden Ausfall um so gewisser zu decken." Der Ausschuss beantragte, diejenigen Erwerbs- und Wirtschaftsgenossenschaften, welche — unbeschadet der Freiheit, auch von Nichtmitgliedern Einlagen entgegenzunehmen — ihre Geschäftsthätigkeit statutenmässig auf die Vereinsgenossen beschränken, zur Gewerbesteuer nicht zuzuziehen und überhaupt die vorliegende Besteuerungsfrage sobald als thunlich gesetzlich zu regeln [1]).

Der Landtag nahm trotz des Widerspruchs der Regierung mit geringer Modifikation — der Zwischensatz wurde umgestaltet: „unbeschadet der Freiheit, auch von Nichtmitgliedern Kapitalien oder Spareinlagen gegen Zinsenbezug entgegenzunehmen" — den Antrag an [2]).

Bei der im Jahre 1884 zustande gekommenen Steuerreform wurde diesem Verlangen Rechnung getragen und im Finanzarchiv II. S. 437 bereits darüber berichtet [3]).

Hinsichtlich der Gewerbesteuer enthält Art. 2 die entscheidenden Bestimmungen, die hier nochmals vorgeführt werden mögen:

Befreit sind:

10) Diejenigen Erwerbs- und Wirtschaftsgenossenschaften, welche, unbeschadet der Freiheit auch von Nichtmitgliedern Kapitalien oder Spareinlagen entgegen zu nehmen, um Wirtschaftsbedürfnisse anzukaufen und Wirtschaftserzeugnisse ihrer Mitglieder an Dritte abzusetzen, die ihrem Zweck entsprechende Thätigkeit statutenmässig und thatsächlich auf den Kreis ihrer Vereinsgenossen beschränken.

Dazu ist auch Z. 2 ergänzend hinzunehmen, wonach frei sind

„Die Grundeigentümer und Pächter landwirtschaftlicher Grundstücke, insofern sie einzeln oder gemeinschaftlich keinen anderen Handel als den mit Erzeugnissen ihrer eigenen Landwirtschaft betreiben."

Wie schon die Motive angeben, hat ausser den oben bereits erwähnten Beschlüssen der Kammern auch das bayerische Gesetz bei der Redaktion Berücksichtigung gefunden. Das hessische Gesetz unterscheidet sich aber doch in einigen Punkten. Das hessische Gesetz nimmt gleich selbst einige zulässige Ausnahmen von der Beschränkung auf den Kreis der Vereinsgenossen in sich auf, es erlaubt die Annahme von Kapitalien auch von Nichtmitgliedern und zwar in jeder Form, ebenso den Ankauf von Wirtschaftsbedürfnissen von Dritten und den Absatz der eigenen Wirtschaftserzeugnisse an Dritte. Letzteres ist besonders zu beachten; es ist damit die Steuerfreiheit nicht nur der Magazinsgenossenschaften, sondern auch der Produktivgenossenschaften, der landwirtschaftlichen und gewerblichen ausgesprochen. Es geht darin das hessische Gesetz weiter als das bayerische, das wohl nur gewisse landwirtschaftliche Produktivgenossenschaften, z. B. Molkereigenossenschaften frei zu lassen vermag (Art. 2 des bayerischen Gewerbesteuergesetzes). Das hessische Gesetz sieht deshalb auch mit Recht davon ab, die Erzielung des gewerblichen Gewinns noch als wesentliches Moment mit aufzunehmen, denn wie oben schon ausgeführt [4]), ist dessen besondere Hervorhebung nur notwendig in Bezug auf die Produktivgenossenschaften. Uebrigens dachte man sich in Hessen etwas ganz anderes unter dem gewerblichen Gewinn wie in Bayern, nämlich die Zinsen, Dividenden,

---

[1]) Bl. f. G. 1880 Jahrg. 27 S. 46.
[2]) Bl. f. G. 1881 Jahrg. 28 S. 11. Die Regierung hob hierbei noch hervor, der An- und Verkauf von Wertpapieren habe mit dem ursprünglichen Zweck der Genossenschaften, der Unterstützung kreditbedürftiger Vereinsgenossen absolut nichts zu thun. Auch werde die Dividende nicht nach dem Massstab verteilt, wie die Mitglieder ihre Kredite verzinst haben.
[3]) Vgl. auch Bl. f. G. 1884 Jahrg. 31 S. 131.
[4]) S. 241.

Abführungen zum Reservefonds u. dgl. schlechtweg, [1]) und die Aufnahme dieses Moments wurde gescheut, weil sie in dieser Auffassung allerdings allgemein zur Besteuerung der Genossenschaften geführt hätte.

Die hessische Kapitalrentensteuer erfasst die zur Verteilung gelangenden Dividenden aus den Geschäftsanteilen (Art. 2), [2]) die hessische allgemeine Einkommensteuer lässt die Genossenschaften als solche frei (Art. 1 u. 4), [3]) besteuert aber ebenfalls die Dividende im Einkommen des Einzelnen. Mehrfache Versuche, auch die Genossenschaften als solche zur Einkommensteuer beizuziehen, wurden von den Steuerbehörden gemacht, ein solches Verfahren aber ausdrücklich in letzter Instanz von der Landeskommission für unzulässig erklärt [4]).

8) Baden.

Das Steuersystem Badens vor 1884 bestand aus Grund-, Gebäude-, Berg-, Beförsterungs-, Kapitalrenten- und Erwerbsteuer; letztere traf den Ertrag der gewerblichen Unternehmungen, sowie den Ertrag der Arbeit, Dienstleistungen, Pensionen.

In den 60er Jahren trat in Baden die Frage der Besteuerung der Genossenschaften in den Vordergrund und zwar anlässlich der Vorschussvereine. Bei den grossen Meinungsverschiedenheiten der Behörden sah sich das Ministerium veranlasst, durch Erlass vom 14. Mai 1869 die Sache allgemein zu regeln.

Was die Frage der Gewerbesteuer betrifft, so kann, insofern dergleichen auf solidarischer Haftbarkeit der Mitglieder beruhende Vorschussvereine lediglich den Zweck verfolgen, den einzelnen Mitgliedern die zum Betrieb ihrer Geschäfte erforderlichen Vorschüsse, wozu die Mittel durch regelmässige Beiträge und Aufnahme von Anlehen beigebracht werden, zu verschaffen, und diese Vorschüsse in bestimmten Fristen wieder rückzuerheben, die hierauf gerichtete Thätigkeit nicht als ein zum Zweck der Erzielung eines persönlichen Verdienstes oder Gewerbegewinns betriebenes, im Sinne des Gewerbesteuergesetzes steuerpflichtiges Unternehmen betrachtet werden.

Die Frage der Kapitalsteuer anlangend, so sind die Vorschussvereine mit den im Art. 12 des Kapitalsteuergesetzes genannten auf Gemeinschaftlichkeit des Ertrages, der Verluste und Verwaltungskosten gegründeten Spar- und Leihkassen zu vergleichen, von denen das Gesetz bestimmt, dass nicht die Anstalt im ganzen, sondern jeder Teilnehmer vom dem Kapitalwert seiner Zinsen- und Rentenbezüge aus der Anstalt die Kapitalsteuer zu entrichten habe, die Verpflichtung dazu jedoch erst eintrete, wenn die Teilnehmer die bare Zahlung der Zinsen und Renten verlangen können. Hiernach sind also nicht die Vorschussvereine als solche, sondern die Mitglieder mit ihren Guthaben an den Verein als kapitalsteuerpflichtig zu betrachten.

Erhalten jedoch die Mitglieder eines solchen Vereins statutengemäss ihre Guthaben (Beiträge und Zinsen hieraus) in der Regel erst beim Ausscheiden aus dem Verein ausgefolgt, also zu einer Zeit, wo sie aufhören, Teilnehmer der Anstalt zu sein, so können dieselben, so lange sie Teilnehmer sind, bezüglich der gutgeschriebenen Zinsen etc. nicht kapitalsteuerpflichtig sein. Wo dagegen die jährliche Ausfolgung des Zinses bezw. der Dividende der Guthaben als Regel bestimmt ist, sind die Bezieher nach den gesetzlichen Bestimmungen damit der Kapitalsteuer unterworfen [5]).

In den 70er Jahren wurde die Gesetzgebung über die direkten Steuern modifiziert; gleichwohl hat die Erwerbsteuergesetz vom 25. August 1876 nicht der Genossenschaften besonders gedacht [6]). Dagegen wurde durch Vollzugsverordnung vom 20. Februar 1877 in § 9 als Grundsatz aufgestellt:

„Auf Gegenseitigkeit beruhende Assekuranz- und andere gewerbliche Unternehmungen (z. B. Vorschussvereine, Konsumvereine) sind nicht erwerbsteuerpflichtig. Dagegen unterliegen

---

[1]) Vgl. Finanzarchiv II, S. 438, 439.
[2]) Finanzarchiv II, S. 499.
[3]) Finanzarchiv II, S. 386, 387.
[4]) Bl. f. G. 1885 Jahrg. 32 S. 305.
[5]) Bl. f. G. 1869 S. 124.
[6]) Im Art. 8 sind nur die Assekuranzunternehmungen erwähnt.

dieselben der Erwerbsteuer mit dem nicht auf Gegenseitigkeit beruhenden Teil ihrer Geschäftsthätigkeit" —

Also eine Kopie der ein Jahr vorher in Württemberg getroffenen Verfügung.
Das Kapitalrentensteuergesetz vom 29. Juni 1874 berührt die Genossenschaften im Art. 10:

„Bei — Vorschussvereinen und anderen Erwerbs- und Wirtschaftsgenossenschaften —
hat nicht die Anstalt oder Vermögensverwaltung vom Ganzen, sondern jeder Teilnehmer von
seinen Zinsen- und Rentenbezügen aus der Anstalt oder Vermögensverwaltung die Kapitalrentensteuer zu entrichten. Diese Verbindlichkeit der Teilnehmer tritt erst ein, wenn sie die
bare Zahlung der Zinsen und Renten verlangen können."

Für das Erträgnis der zur einstigen Verteilung angesammelten Kapitalien
(z. B. Reservefonds) ist die Genossenschaft kapitalrentensteuerpflichtig. Der
Art. 11 sagt:

„Bei auf Gegenseitigkeit gegründeten Lebensversicherungs- und sonstigen Anstalten,
welche nicht eine jährliche Zins- oder Rentenausteilung, sondern die Ansammlung und einstige
Verteilung von Kapitalien zum Zwecke haben, ferner bei auf Gemeinschaftlichkeit beruhenden
Vermögensverwaltungen zu gleichem Zwecke, hat die Anstalt oder Vermögensverwaltung die
Kapitalrentensteuer vom ganzen Ertrage sämtlicher von ihr für den betreffenden Zweck an-
gelegten Kapitalien zu entrichten."

Durch die 1884 vorgenommene Aenderung des Steuersystems wurde die
steuerliche Behandlung der Genossenschaften sehr verändert. Der Plan der
Steuerreform und seine Durchführung ist im vorliegenden Bande des Finanzarchivs
ausführlich dargelegt. Die Erwerbsteuer wurde zu einer Gewerbsteuer umgestaltet,
und zu der Gesamtmasse der Ertragsteuern die allgemeine Einkommensteuer ge-
fügt. Die fundierten Ertragsquellen sind zweimal besteuert. Infolgedessen wurden
auch die Genossenschaften mehrfach beigezogen, zugleich aber die Merkmale
der Steuerpflicht erheblich ausgedehnt. Der Art. 1 der Gewerbsteuergesetzes-
novelle vom 20. Juni 1884 lautet:

Der Gewerbsteuer unterliegt der Ertrag der im Grossherzogtum betriebenen Unternehmungen, Konsumvereine mit offenem Laden, sowie eingetragene Genossenschaften mit bankähnlichem Betrieb und auf Gegenseitigkeit gegründete, unter Verwendung von Agenten betriebene Versicherungsgesellschaften gelten bezüglich ihres g e s a m t e n Geschäftsbetriebs als
gewerbliche Unternehmungen.

Die neuere strengere Auffassung ist, wie man sieht, auch in Baden zur
Geltung gekommen. Die Präsumtion, dass unter gewissen Voraussetzungen Verkehr mit Nichtmitgliedern gegeben sei, wird einfach zur Thatsache gemacht.
Wenn der Konsumverein offenen Laden, wenn die eingetragene Kreditgenossenschaft, — denn nur diese kann gemeint sein — bankähnlichen Betrieb hat, so
tritt die Gewerbsteuerpflicht ein und zwar für den ganzen Geschäftsbetrieb.
Bei andern Genossenschaften ist die Frage statthaft, ob überhaupt ein Geschäftsbetrieb vorliege, auch ist da wie früher die Scheidung der Geschäftsthätigkeit
in Bezug auf Mitglieder und Nichtmitglieder zulässig. Eine eingetragene Kreditgenossenschaft, welche nach alter einfacher Weise operiert, also keinen bankähnlichen Betrieb hat, kann ganz frei werden oder, wenn sie auch an Nichtmitglieder Geld leiht, mit einem Teil herangezogen werden.

Hinsichtlich des Kapitalrentensteuergesetzes ist gleichfalls eine Aenderung
eingetreten, indem der oben erwähnte Art. 11 einen Zusatz erhielt:

„Von dieser Steuerpflicht sind diejenigen Anstalten entbunden, welche gemäss Art. 1,
Abs. 2 des Gewerbsteuergesetzes zu den gewerblichen Unternehmungen zählen."

Die Kapitalrentensteuerpflicht fällt also schlechthin weg bei Konsumvereinen mit offenem Laden und eingetragenen Kreditgenossenschaft mit bankähnlichem Betrieb. Die Kapitalrentensteuerpflicht der Dividendenbezieher bleibt
natürlich wie früher bestehen. Zu den beiden Ertragsteuern kommt nun noch
die allgemeine Einkommensteuer. Das badische Einkommensteuergesetz vom
20. Juni 1884 ist auch in der Ausdehnung auf nichtphysische Personen sehr
weitgreifend. Es kommt in Betracht der Art. 5, B.

„Steuerpflichtig sind Aktiengesellschaften und Kommanditgesellschaften mit demjenigen Teil ihres steuerbaren Einkommens, welcher dem Umfange ihres Geschäftsbetriebs innerhalb des Grossherzogtums entspricht. Als steuerbares Einkommen gelten die Einnahmeüberschüsse, welche als Aktienzinsen und Dividenden unter die Mitglieder verteilt oder denselben gutgeschrieben werden, unter Hinzurechnung der zur Bildung von Reserve- und Erneuerungsfonds, zur Amortisation der Schulden und des Grundkapitals oder zur Verbesserung und Geschäftserweiterung verausgabten Beträge. An dem hiernach sich berechnenden steuerbaren Einkommen können jedoch 3 Prozent aus dem Aktienkapital in Abzug gebracht werden."

Konsumvereine mit offenem Laden, sowie eingetragene Genossenschaften mit bankähnlichem Betrieb und auf Gegenseitigkeit gegründete, unter Verwendung von Agenten betriebene, Versicherungsgesellschaften sind in derselben Weise wie die Aktiengesellschaften zur Einkommensteuer heranzuziehen, mit der Massgabe jedoch, dass bei letztgenannten Gesellschaften [1]) als steuerbares Einkommen 5 Prozent des gewerblichen Betriebskapitals der Gesellschaft nebst den ihr etwa aus Grundbesitz (einschliesslich von Gebäuden) zufliessenden Erträgnissen gelten.

Die Merkmale für die Steuerpflicht sind, wie man sieht, die nämlichen, wie bei der Gewerbesteuer. Da die von den Genossenschaften verteilten Dividenden beim Einzelnen auch noch der Einkommensteuer unterliegen, so ruhen auf dem Ertrag der beiden mehrfach genannten Genossenschaftsarten vier Steuern [2]) — ohne Rücksicht auf weitere Zuschläge. Von der badischen Regierung war eine derartige scharfe Heranziehung keineswegs beabsichtigt; der Entwurf vom 8. Dezember 1883 kannte eine Einkommensbesteuerung nichtphysischer Personen nicht, ebenso nicht die Ausdehnung der Gewerbesteuer [3]). Erst die Kammer der Abgeordneten fügte die bezüglichen Bestimmungen ein. In betreff der Aktiengesellschaften nahm man das sächsische Einkommensgesetz vom 2. Juli 1878 und die preussischen Entwürfe vom 17. Dezember 1883 zum Muster. In betreff der Genossenschaften sagt der Ausschussbericht der 2. Kammer folgendes [4]):

„Die bestehende Steuergesetzgebung bestimmt, dass auf Gegenseitigkeit beruhende Assekuranz- und andere gewerbliche Unternehmungen nicht erwerbsteuerpflichtig sind, wenn sie nur mit ihren Mitgliedern Geschäfte machen, sie sind auch nicht kapitalrentensteuerpflichtig, wenn sie ihre Erträgnisse verteilen oder die Versicherung gegen Feuer-, Hagel- und ähnliche Unglücksfälle bezwecken. Sie werden erwerbsteuerpflichtig für den nicht auf Gegenseitigkeit beruhenden Teil ihrer Geschäftstätigkeit und kapitalrentensteuerpflichtig für das Erträgnis der zur einstigen Verteilung angesammelten Kapitalien. Diese Vereine bilden lediglich eine Vereinigung, um ihre wirtschaftlichen Verhältnisse innerhalb des Bedürfniskreises ihrer Mitglieder zu fördern, sie betreiben das Geschäft nicht kaufmännisch, nicht mit offenem Laden, auch nicht zum Zweck der Erzielung eines Gewinnes zur Verteilung von Dividenden. Die meisten ländlichen Konsumvereine und Darlehenskassen, die Versicherungskassen gegen Hagelschaden etc., deren Entstehen und Verbreitung für die ländliche Bevölkerung von grösster Bedeutung ist und der Unterstützung bedarf, alle die Kassen sollen deshalb, so lange sie sich darauf beschränken, nur mit ihren Mitgliedern Geschäfte zu machen, steuerfrei sein. Eine Reihe dieser Vereine hat jedoch seinen Geschäftsumfang über die angewiesenen und ursprünglich selbst gesteckten Grenzen ausgedehnt, indem sie auch mit Nichtmitgliedern geschäftlich verkehren. Der Charakter einer wirtschaftlichen Vereinigung zur Förderung der eigenen wirtschaftlichen Verhältnisse ist in den Hintergrund getreten. An dessen Stelle ist ein kaufmännisch eingerichteter Betrieb getreten, mit der Absicht, möglichst hohe Dividende zu erzielen oder wie bei den Assekuranzgesellschaften, durch möglichst niedrige Prämiensätze mit Hilfe von Agenten den Geschäftskreis zu

---

[1]) Nämlich Versicherungsgesellschaften.
[2]) Eventuell auch bloss drei, nämlich dann, wenn das Einkommen der Genossenschaft 3 Prozent der Geschäftsanteile nicht erreicht, indem 3 Prozent, ähnlich wie bei Aktiengesellschaften, abgezogen werden dürfen.
[3]) Finanzarchiv I, S. 309, 329.
[4]) Beilage zum Protokoll der 62. Sitzung vom 22. April 1884.

erweitern. Unter dergestalt veränderten Verhältnissen erscheint die Ausnahmsstellung hinsichtlich der Steueranlage dieser Vereine, gegenüber den Gewerbetreibenden oder den Aktiengesellschaften, als nicht ferner verträglich mit dem Prinzip der Steuergesetzgehung. Am meisten weichen von den ursprünglich gestellten Aufgaben die Konsumvereine in den grössern Städten ab, sie betreiben ihr Geschäft in offenem Laden und verkaufen die bezogenen Waren über den Mitgliederkreis hinaus. Eine Kontrolle, dass dieses nicht geschieht, kann nicht geschaffen werden, so wenig wie verhindert werden kann, dass Vereinsmitglieder Waren aus den Vorräten der Genossenschaft entnehmen, um solche an Nichtmitglieder zu überlassen, zugleich auch in der Erwartung, dass durch den grössern Konsum auch dem einzelnen Genossenschafter Vorteil zufalle. Es kann deshalb das Verlangen der durch diese Konkurrenz betroffenen Gewerbetreibenden nur als voll berechtigt bezeichnet werden, dass diese Vereine, welche bisher Steuerfreiheit geniessen und von der Gewerbefreiheit vollen Gebrauch machen, den übrigen Gewerbsgenossen in der Steuerveranlagung gleich behandelt werden. Aehnliches gilt auch von den Vorschussvereinen, auch sie entspringen einem Bedürfnis unseres socialen Lebens, sie haben aber auch zum Teil die gesteckte Grenze überschritten, ihr Geschäftsbetrieb lässt sich schwer von dem der Bankinstitute unterscheiden, ihr Geschäftsgewinn, den sie ihren Mitgliedern zuweisen, sei es als Dividenden, Gutschrift oder in der Anlage als Reservefonds, übersteigt nicht selten die Höhe des laufenden Zinsfusses. Als selbstverständlich nimmt die Kommission an, dass als „offener Laden" jeder Raum angesehen wird, in welchem Waren zum Verkauf angeboten werden, ohne Rücksicht darauf, ob derselbe von der Strasse aus zugänglich ist oder nicht." Der Ausschussbericht der 1. Kammer trat dem von der 2. Kammer in betreff der Konsumvereine eingenommenen Standpunkt bei. „Die überwiegende Mehrzahl derselben beschränke sich keineswegs auf das Geschäft mit ihren Mitgliedern; infolge der Markenverkäufe hätten sie dies auch gar nicht in ihrer Hand, weshalb auch kein Grund bestehe, zwischen Vereinen, die nur mit ihren Mitgliedern und solchen, die über den Kreis derselben hinaus Geschäfte machten, einen Unterschied zu machen. Die Konsumvereine seien Erwerbsgesellschaften, die an ihre Mitglieder Dividenden verteilten, deren Streben also, wenn auch nicht ausschliesslich, auf Erzielung von Gewinn, gerichtet sei. Es bestehe kein Grund, den Konsumvereinen entgegen zu treten oder ihre Entwicklung zu hemmen; aber ebensowenig sei ein Anlass gegeben, sie vor andern Handelsgesellschaften durch Gewährung der Steuerfreiheit zu begünstigen. Es sei doch kaum billig, dass man den Kaufmann zuerst hohe Umlagen zahlen lasse und ihm dann eine Konkurrenz entgegen stelle, gegen die er infolge der Steuerfreiheit, die jene geniesse, nicht aufkommen könne. Endlich müsse aber auch das Interesse der Staatskasse in Betracht gezogen werden. Indem die Konsumvereine unter dem Schutze des Staates einen grossen Verkehr an sich zogen, wurde eine mehr oder minder erhebliche Zahl von steuerzahlenden Gewerbetreibenden gezwungen, ihr Geschäft entweder einzuschränken oder aufzugeben. Es sei also gewiss nicht unbillig, dass die Konsumvereine für den Steuerausfall wenigstens teilweise selbst eintreten, der durch ihre an sich ja ganz legitime Wirksamkeit veranlasst werde, da andernfalls die Vorteile, welche sie ihren Mitgliedern gewähren, teilweise auf Kosten des Staats erkauft würden. Abweichend von dieser Auffassung erklärte sich die Minorität der Kommission mit der Besteuerung der Konsumvereine nur insoweit einverstanden, als dieselben Geschäfte mit Nichtmitgliedern machten. Sie ist der Ansicht, dass ein unterschiedsloses Heranziehen aller Konsumvereine zur Steuer als eine die fernere Entwickelung derselben schädigende Massregel betrachtet werden müsse." [1]
Die Handhabung der neuen Gesetze hat bereits Konflikte herbeigeführt. Weder Gesetz noch Vollzugsinstruktion haben eine Andeutung gemacht, was unter „offenem Laden" oder „bankähnlichem Betrieb" zu verstehen ist. Von seiten der Genossenschaften wird als „offener Laden" nur derjenige ange-

---

[1] Beilage Nr. 359 zum Protokoll der 26. Sitzung im Juni 1884.

sehen, welcher seine Waren unbeschränkt an jeden verkauft, und unter „bankähnlichem Betriebe" derjenige, welcher auf gewerblichen Gewinn gerichtet ist
und allgemein und ohne Begrenzung auf die Mitglieder eines einzelnen Vereins
den Bedürfnissen des Geldverkehrs dient.[1] Dementsprechend machten mehrere
Kreditgenossenschaften, als sie von dem Schätzungsrat zur Abgabe einer Ein-
kommen- und Gewerbesteuererklärung aufgefordert wurden, Opposition. Die
grossherzogliche Steuerdirektion gab aber in zwei Entscheidungen vom 27. Oktober und 13. November 1885 einer andern Auffassung Raum. Die Gewerbebank in Zell a. H. führt ihre Geschäfte in sehr einfachen Formen, das Haupt-
geschäft besteht darin, den Mitgliedern das zu ihrem Gewerbe und Handel
benötigte Kapital zu verschaffen; ausserdem löst sie unentgeltlich noch für
Mitglieder Coupons ein und besorgt den An- und Verkauf von Staatspapieren,
wobei sie einen Gewinn von höchstens 200 Mark jährlich erzielt. Gleichwohl hielt
die Steuerdirektion diesen und einen ähnlichen Verein (Engen) für steuerpflichtig.

„Die Entscheidung der im vorliegenden Fall allein massgebenden Frage, ob bei einer
eingetragenen Genossenschaft der Thatbestand des bankähnlichen Geschäftsbetriebes als vorhanden anzusehen ist oder nicht, hängt nun nicht von dem Umfang des Betriebes bezw. davon
ab, ob die Vereine nur mit Mitgliedern oder auch mit Nichtmitgliedern Geschäfte machen;
wenn sie Geschäfte machen, wie sie Banken zu machen pflegen, muss ein bankähnlicher Betrieb angenommen werden, und es kommt damit nicht auf die für die einzelnen Geschäfte berechneten Gewinne, die bei denselben eingehaltenen speziellen Uebungen und ebensowenig auf
das Mass der zum Abschluss gelangenden Geschäfte an. Lässt nun aber schon der Titel des
fraglichen Vereins: „Gewerbebank", sowie § 1 Abs. 1 der Statuten desselben, des Inhalts: „Die
Mitglieder bilden unter der Firma Gewerbebank einen Verein zum Betriebe eines ‚Geldgeschäfts'
behufs gegenseitiger Beschaffung der im Gewerbe und Wirtschaft nötigen Geldmittel auf gemeinschaftlichen Kredit" mit Sicherheit darauf schliessen, dass der Verein sich zur Aufgabe gemacht hat, neben der Bewilligung von Krediten an die Mitglieder auch mit anderweitigen
Geldgeschäften sich zu befassen, und ist dies auch in der Beschwerdeschrift und der beim
Schatzungsrat eingereichten Erklärung mehr oder weniger zugegeben, so geht insbesondere
aus dem der Beschwerdeschrift angeschlossen gewesenen bezüglichen Rechenschaftsbericht
hervor, dass sich die Geschäfte der Gewerbebank Zell a. H. u. a. auf die Bewilligung von Vorschüssen auf laufende Rechnung, auf Diskontieren von Wechseln, An- und Verkauf von Wertpapieren und Wechseln u. dergl. mehr beziehen, Geschäfte, welche eben von Banken gemacht
zu werden pflegen. Schliesslich ist noch zum Ueberfluss erwähnt, dass sich die Thätigkeit
der fraglichen Genossenschaft nicht bloss auf Geschäfte mit Mitgliedern wird beschränken
können, da ein Teil jener Thätigkeit (z. B. An- und Verkauf von Wertpapieren) nicht immer
ohne Mitwirkung von Dritten, d. h. von Nichtmitgliedern, durchführbar sein wird"[2].

Es dürfte sehr schwer werden, mit dem Kriterium „bankähnlicher Betrieb"
durchzukommen; denn streng genommen ist das wesentlichste Bankgeschäft
das Leihen von Geld, um es wieder zu verleihen; jeder, auch der einfachste
Kreditverein, hat in dieser Beziehung „bankähnlichen Betrieb"; es kann aber
das nicht die Intention des Gesetzgebers gewesen sein, er hätte sonst wohl einfach „Vorschussvereine" statt „Genossenschaften mit bankähnlichem Betrieb"
gesagt. Er konnte unter bankähnlichem Betrieb daher entweder nur gewisse
Geschäftsformen oder einen Verkehr mit Nichtmitgliedern verstehen. Das erstere
erscheint nur misslich, da naturgemäss ein Kreditverein für Gewerbe- und Han-
deltreibende die modernen Geschäftsformen wählen muss, wenn er existenzfähig
sein soll, es also auch bezweifelt werden könnte, ob der Gesetzgeber das verkennen konnte. Die andere Eventualität scheint in der That den Ausführungen
des Kommissionsberichts zu entsprechen, auf den hier um so mehr zurückgegriffen werden muss, als die fragliche Bestimmung erst von der Kommission
eingesetzt wurde. Ein strikter Beweis ist zwar aus dem Bericht nicht zu entnehmen, doch spricht er hauptsächlich von einem in neuerer Zeit immer mehr
üblichen Hinausgreifen über den Mitgliederkreis. Die letzte Instanz, der grossherzogliche Verwaltungsgerichtshof hat sich in der Sache noch nicht geäussert.

---

[1] Bl. f. G. 1886 Jahrg. 33 S. 5.
[2] Bl. f. G. 1886 Jahrg. 33 S. 6.

9) Oesterreich.

Vielleicht in keinem Lande hat die Besteuerung der Genossenschaften zu so ausgedehnten Diskussionen geführt wie in Oesterreich.

Das österreichische direkte Steuersystem besteht aus einer Grund- und Gebäudesteuer, Erwerb- und Einkommensteuer. [1] Die Erwerbsteuer sollte, wie die einleitenden Worte des Patents vom 31. Dezember 1812 hervorheben, den Kreis der noch nicht besteuerten Ertragsquellen schliessen, sie will den Erwerb aus dem Gewerbe, Handel und der Personalbeschäftigung treffen. Zu diesen Steuern kam im Jahre 1849 (29. Oktober) noch eine Einkommensteuer, welche teils eine Lücke ausfüllte, indem sie eine Reihe von Erwerbsarten, die von der Erwerbsteuer ausgenommen waren oder nicht selbständig getroffen wurden, besteuerte (z. B. Beamtengehalte, Pensionen, Pächter-, ganz besonders Zinserträgnisse), teils aber die bisherigen Steuererträge nochmals mit der Einkommensteuer traf. Für den Grund- und Hausbesitz geschah die Einkommensbesteuerung durch Zuschlag zur Grund- und Gebäudesteuer, und das Einkommensprinzip wurde nur insofern gewahrt, als dem Besitzer gestattet ist, für die auf dem Besitztum haftenden Schulden oder anderen Lasten 5 Prozent den zum Zinsbezug Berechtigten als Zahlung in Anrechnung zu bringen, also gewissermassen hinsichtlich der Steuerpflicht die Schuldzinsen von seinem Einkommen abzuziehen.

Die von den Erwerbsteuerpflichtigen entrichtete Erwerbsteuer wird in die Einkommensteuer eingerechnet und die letztere nur mit demjenigen Betrage, um den sie höher ist, als die bisher vorgeschriebene Erwerbsteuer abgesondert vorgeschrieben und eingehoben, aber die Einkommensteuer darf nie mit einem niedereren Betrage bemessen werden, als mit einem Drittelzuschlag der Erwerbsteuer. (§ 20) Es hat die Aufstellung dieser Minimalgrenze dahin geführt, dass die Einkommensteuer aus Erwerb überhaupt zu einem Zuschlag zur Erwerbsteuer ausgeartet ist.

Anfänglich neigte man der Ansicht zu, dass die Genossenschaften steuerfrei seien. So erklärte ein Erlass des Finanzministeriums vom Jahre 1865, dass die Konsumvereine, welche nur an ihre Mitglieder verkaufen, den Handels- und Gewerbetreibenden nicht zugerechnet werden können und daher zur Stempelung ihrer Geschäftsbücher nicht verpflichtet sind; die Verfügungen der Landesbehörden nahmen einen analogen Standpunkt ein und schützten meist Konsum- und Vorschussvereine gegen Besteuerungsgelüste der unteren Organe. Das währte aber nicht lange. Man versuchte sehr bald die Steuerpflicht der Genossenschaften zu konstruieren. Man stützte sich dabei auf die einleitenden Worte des Erwerbsteuerpatents vom 31. Dezember 1812, worin es heisst, dass ein Teil der öffentlichen Abgaben auf jene Staatsbürger gelegt werden soll, „welche sich den Gewerben, Fabriken und Handelsunternehmungen oder andern gewinnbringenden Geschäften dieser Art widmen.[2] War die Erwerbsteuerpflicht entschieden, so war damit auch die Einkommensteuerpflicht gegeben, und es lässt sich nicht leugnen, dass die Genossenschaften damit in eine schwierige Position gerieten.

Die Einkommensteuer traf die Genossenschaft als solche — die einzelnen Gesellschafter sind nicht verpflichtet, die Dividende besonders zu fatieren — und erreichte infolge der öffentlichen Rechnungslegung eine Genauigkeit, wie sie bei Privaten nicht entfernt üblich war, wogegen die Erwerbsteuer grosse Willkürlichkeit zuliess. Das Erwerbsteuerpatent unterscheidet vier Hauptbeschäftigungsabteilungen; innerhalb dieser setzt es je nach der Grösse der Bevölkerung gewisse Ortskategorien fest und stuft wieder innerhalb der letzteren die Steuersätze nach dem Umfange des Gewerbebetriebes ab, welcher nach gewissen will-

---

[1] Oesterr. Steuergesetze herausg. v. Röll Wien 1884.

[2] Die Genossenschaften leugneten, dass die gewinnbringenden Beschäftigungen, welche lediglich eine Ersparnis bezwecken, zugleich Erwerb seien und deshalb unter das Erwerbsteuerpatent fielen. Ziller, die Besteuerung der Erwerbs- und Wirtschaftsgenossenschaften, Wien 1876 S. 6.

kürlichen und unzuverlässigen Merkmalen geschätzt wird. Innerhalb der Ortskategorien kann dem Steuerpflichtigen jeder Steuersatz bis zum Maximum vorgeschrieben werden; er kann ferner aus einer niedriger besteuerten Hauptbe-
schäftigungsabteilung in eine höher besteuerte versetzt werden, wie z. B. die
Vorschussvereine, welche anfangs meist unter die Geschäftsvermittlungen eingereiht waren, später unter die Handelsunternehmungen versetzt wurden. Allein
auch das für die Ortskategorie festgesetzte Maximum gibt keinen Schutz, da
sofort nach Erlassung des Erwerbsteuerpatents durch Hofkanzleidekret die Steuerbemessungsbehörden von der Einhaltung der Maximalsätze innerhalb der Ortskategorien entbunden und angewiesen wurden, über dieselben hinauszugehen,
sobald ihnen dies nach dem Umfang der betreffenden Unternehmung zulässig
erscheint. An der Erhöhung der Erwerbsteuer wurde auch ununterbrochen gearbeitet; zwar scheint dies nutzlos, weil ja doch die Erwerbsteuer von der Einkommensteuer abgezogen wird; allein es scheint nur so, denn nach Abzug der
Erwerbsteuer wird für die Einkommensteuer mindestens der dritte Teil zu Grunde
gelegt. Je grösser nun die Erwerbsteuer wird, desto grösser wird auch der
dritte Teil derselben, desto kleiner zugleich der Unterschied zwischen der Ein-
kommen- und Erwerbsteuer und desto näher kommt man dem Zustande, in
welchem die Notwendigkeit, das Drittel der Erwerbsteuer als Einkommensteuer
zahlen zu müssen, eintritt. [1])

War die fiskalische Tendenz an sich namentlich seit 1873 scharf ausgeprägt, so kann es nicht wunder nehmen, dass dieselbe auch in den üblichen ka-
suistischen Fragen hervortrat. Die Steuerpflicht der Genossenschaften wurde in
weitem Sinn aufgefasst. Ein Beleg hierfür ist der Erlass des Finanzministeriums vom 28. Mai 1875, Z. 22,360, der die Besteuerung der Vorschussvereine
näher zu präzisieren sucht. [2]) Derselbe lautet:

Zur Beantwortung der gestellten Anfrage über die Steuerbehandlung der Vorschusskassen muss in Betracht gezogen werden, dass die Vorschusskassen, als welche zunächst die
im § 1 des Gesetzes vom 9. April 1873 Nr. 70 R.G.B. vorgesehenen Vorschuss- und Kreditvereine ins Auge gefasst werden, nach ihren Statuten auf die Erzielung eines Gebarungs-
überschusses eingerichtet sind und einen solchen auch gemeiniglich abwerfen, dass nach §§ 2
und 3 des Einkommensteuerpatentes jedes reine Einkommen, welches die Bewohner der unter
diesem Gesetze begriffenen Länder von ihrem persönlichen Erwerbe oder ihrem in diesen Ländern verwendeten Vermögen beziehen, und dass das Gesetz keine Ausnahme bewilligt, der Einkommensteuer unterworfen ist, dass endlich im Gesetz eine Ausnahme zu Gunsten der Vorschusskassen nicht vorkommt, insbesondere der Umstand, dass die Vorschusskassen vorzugsweise
humane Zwecke verfolgen und die Gebarungsüberschüsse zum Teil oder auch mitunter ganz
gemeinnützigen Institutionen zuwenden, einen Steuerbefreiungsgrund nicht bildet.

Hiernach erscheint die Steuerpflicht der Vorschusskassen, bezw. ihres Reinerträgnisses
im Prinzipe entschieden; die Bestimmung der Art der Steuerbehandlung hängt jedoch davon
ab, ob die getroffene Vorschusskasse ihren Geschäftsverkehr auf ihre Mitglieder, worunter die
nach § 2 des bezogenen Gesetzes für die Verbindlichkeiten der Vorschusskasse haftenden Genossenschafter, nicht aber anderweitige Geschäftsteilnehmer, z. B. die Eigentümer der Spareinlagen zu verstehen sind, beschränkt, indem sie nur die im Hinblick auf § 14 des letzterwähnten
Gesetzes nachweisbaren Geschäftsanteile der Genossenschafter zur Verwaltung übernimmt,
oder ob die Vorschusskasse den Geschäftsbetrieb über diesen Rahmen hinaus ausdehnt, indem
sie ausser diesen Geschäftsanteilen auch Darlehen oder Spareinlagen entgegennimmt, oder indem
sie die Geldeingänge, soweit letztere zu Vorschüssen an Genossenschafter nicht benötigt werden,
durch Vornahme förmlicher Handelsgeschäfte, wie sie die Art. 271 und 272 des Handelsgesetzbuches vom 17. Dezember 1862 definieren, z. B. Ein- und Verkauf von Staatspapieren, Wechsel-
eskomptierung, Effektenbelehnung etc. oder auch nur durch einfache Darlehen an Nichtmitglieder
fruchtbringend zu machen sucht.

Im ersteren Falle ist die Vorschusskasse gleich einer Rentenanstalt nach den für die
III. Einkommenklasse gültigen Normen zu behandeln, im andern Falle trägt sie den Charakter

---

[1]) Vgl. Genossenschaft 1883 S. 237.
[2]) Vgl. hierzu die Kritik durch den Genossenschaftsanwalt H. Ziller, die
Besteuerung der Erwerbs- und Wirtschaftsgenossenschaften, Wien 1876.

einer Erwerbsunternehmung und unterliegt als solche der Erwerbsteuer, bezw. der Einkommensteuer nach der I. Klasse.

Wenn über die Frage, ob der Geschäftsbetrieb auf die Genossenschafter beschränkt oder auf Nichtgenossenschafter ausgedehnt werde, in den Statuten eine Bestimmung nicht enthalten, insbesondere, wenn durch dieselben der Geschäftsverkehr mit Nichtgenossenschaftern nicht direkt untersagt ist, wird, falls von der betroffenen Vorschusskasse nicht das Gegenteil zweifellos nachgewiesen wird, die Zulässigkeit eines solchen Verkehrs stets anzunehmen und hiernach die Steuerbehandlung einzurichten sein, weil diese Annahme einerseits ihre gesetzliche Berechtigung hat, indem der § 13 des bezogenen Gesetzes die Möglichkeit des Betriebs von Handelsgeschäften voraussetzt, anderseits in dem Organismus der Vorschusskassen selbst begründet erscheint, indem die jedem Genossenschafter, also auch den Funktionären des Verwaltungsausschusses statutenmässig auferlegte Verpflichtung der möglichsten Förderung des Vereinswohles es mit sich bringt, dass im Bedarfsfalle bei Unzulänglichkeit der eigenen Geldmittel ein etwa zu billigen Bedingungen erlangbares Darlehen bei Nichtgenossenschaftern aufgenommen und die nicht plazierbaren Beträge unter der Voraussetzung vollkommener Sicherheit in der oben angedeuteten Weise ausserhalb des Vereines verwendet werden.

Damit bei der Bemessung der Einkommensteuer ein einheitlicher Vorgang eingehalten werde, findet man für nötig, folgende Andeutungen zu geben.

Wie schon erwähnt, unterliegen jene Vorschusskassen, welche ihrer Einrichtung nach und der oben gegebenen Cynosur gemäss als erwerbsteuerpflichtig erkannt worden sind, im Hinblicke auf § 4 des Einkommensteuerpatentes der Einkommensteuer in der I. Klasse. Die Besteuerungsgrundlage bildet im Sinne des § 10 des Einkommensteuerpatentes für das erste Geschäftsjahr und, wenn die Vorschusskasse nicht zu Beginn, sondern im Laufe eines Jahres in Thätigkeit getreten ist, für die Geschäftsperiode dieses Jahres, sowie für das nächstfolgende Geschäftsjahr ein Wahrscheinlichkeitseinkommen, als welches in den meisten Fällen das im § 20 des Einkommensteuerpatentes vorgezeichnete Einkommenminimum genügen dürfte, für jedes nachfolgende Geschäftsjahr das für ein Jahr entfallende Durchschnittsergebnis der vorausgegangenen Geschäftsperiode, bezw. wenn letztere 3 Jahre überschreitet, der vorausgegangenen letzten 3 Geschäftsjahre.

Bei der Ermittlung des steuerbaren Ergebnisses der einzelnen Geschäftsbilanzperioden sind nicht in Betracht zu ziehen die durch die Fluktuation des Vermögens bedingten Empfänge und Ausgaben, namentlich von den Empfängen: Der anfängliche Kassenstand, die Einlagen der Mitglieder und Nichtmitglieder und zwar sowohl in der Vorschusskasse, als auch in den Reservefonds (Eintritts- oder Einschreibegebühren), die zurückgezahlten Vorschüsse und die aufgenommenen Darlehen; von den Ausgaben: die erteilten Vorschüsse, die zurückgezahlten Einlagen und die fruchtbringend angelegten disponibeln Gelder.

Hiernach verbleiben bei der gewöhnlichen Einrichtung der Vorschusskassen nachstehende Empfänge zur Berücksichtigung bei der Einkommensermittlung, nämlich:

1) Die Zinsen von den an die Genossenschaften erteilten Vorschüssen.

2) Die von den Genossenschaftern für die Gewährung der Vorschüsse gezahlte Provision.

3) Das Erträgnis des Wechseleskomptes und überhaupt der zur Fruktifizierung der disponibeln Gelder unternommenen Geschäfte.

4) Verschiedene Einnahmen, unter welche insbesondere die Rückersätze an Gerichtskosten, der Erlös für Drucksachen etc. gehören.

Von diesen Empfängen müssen jedoch von der Besteuerung ausgeschieden werden:

a. die Zinsen von Vorschüssen oder Darlehen, welche auf, der Grund- oder Gebäudesteuer ganz oder zum Teile unterliegenden Realitäten verbucht worden sind, weil diese Zinsen zufolge § 2 des Einkommensteuerpatentes durch die dem Besitzer der Realität in § 6 des kais. Pat. vom 10. Okt. 1849 erteilte Berechtigung des Steuerabzugs der Besteuerung zu unterziehen sind;

b. die Zinsen von Vorschüssen, welche an Handel- oder Gewerbetreibende dargeliehen worden sind, weil dem Schuldner zufolge § 23 des Einkommensteuerpatentes das Steuerabzugsrecht zusteht;

c. auf Grund der kais. Verordnung vom 28. April 1859 Nr. 67 R.G.B. die Zinsen von Staats- und öffentlichen Fondsobligationen, dann die Zinsen aus allen Staats-, Landes-, Bezirks- und Gemeindeanlehen, bei deren Aufnahme die Steuerbefreiung zugesichert wurde;

d. die Interessen von einer in eine Sparkasse gemachten Einlage, weil diesen nach § 7 des Einkommensteuerpatentes die Steuerfreiheit zu statten kommt, endlich

e. das Erträgnis der der Grund- oder der Gebäudesteuer unterliegenden oder, soweit es Gebäude betrifft, nur aus dem Titel der Bauführung zeitlich befreiten Objekte, sowie das Erträgnis der Aktien und Obligationen von Erwerbsunternehmungen, Eisenbahnen, Banken, Fabriken etc.

Dagegen gehören die Provisionen, sowie das Erträgnis des Wechseleskomptes unter allen Umständen in das mittels der Bemessung zu besteuernde Einkommen. Da die Provisionen mitunter ohne besondere Hervorhebung kumuliert mit den Zinsen verrechnet werden, so ist in jenen Fällen, in welchen der Rechnungsschluss eine Einnahmspost-Provision nicht enthält, sich zu vergewissern, ob die Vorschusskasse nach den Statuten zur Erhebung von Provisionen berechtigt ist; im bejahenden Falle müsste die abgesonderte Nachweisung derselben behufs ihrer Besteuerung verlangt werden, damit nicht etwa die, wie oben gezeigt, gewissen Kategorien von Zinsen im Hinblicke auf das Steuerabzugsrecht des Schuldners zustehende Freilassung von der Steuer ungebührlicherweise auch den entsprechenden Provisionstangenten zu gute kommen.

Ueberhaupt sind die zur Beurteilung des Umstandes, ob eine oder die andere Einnahmspost auszuscheiden kommt, erforderlichen Daten, insoweit sie nicht schon in dem Rechnungsabschlusse enthalten sind, von der Vorschusskasse zu liefern; namentlich müssen über die unter a. und b. erwähnten Kategorien von Zinsen individuelle Ausweise beigebracht werden, welche die Bemessungsbehörde mit Zuhandnahme der Steuerkataster zu prüfen und eventuell richtig zu stellen hat. Von der Beibringung dieser individuellen Ausweise könnte rücksichtlich der Zinsen von auf steuerpflichtigen Realitäten sichergestellten Darlehen der geringeren Ausdehnung des Hypothekardarlehensgeschäfts wegen überhaupt nicht, rücksichtlich der Zinsen von Darlehen an Handels- oder Gewerbetreibende aber nur in dem Falle Umgang genommen werden, wenn die Vorschusskasse glaubhaft darstellt, dass wegen bedeutenden Umfanges dieses Geschäftszweiges die Verfassung des fraglichen Ausweises mit einem unverhältnismässigen Aufwande an Zeit und Mühe verbunden wäre, und wenn noch erforderlichenfalles bei Vorhandensein der gesetzlichen Bedingungen und vorgenommener Einsicht in die Geschäftsbücher gegen die Richtigkeit des von der Vorschusskasse vorgebrachten Summenansatzes kein Bedenken obwaltet.

Von den auf diese Weise adjustierten Einnahmen kommen die Regieauslagen abzuziehen, zu welchen die Besoldungen und die statuten- oder vertragsmässig bedungenen Remunerationen der Bediensteten, die Kanzleierfordernisse, die Kosten für die Reparatur schadhafter und für die Anschaffung der an Stelle unbrauchbar gewordener tretenden Einrichtungsstücke, die Mietzinse, Druckkosten-, Gerichts- oder Vertretungskostenbeiträge gehören, und zu welchen auch die durch Uneinbringlichkeit von Forderungen herbeigeführten Kapitalverluste zu rechnen sind, insofern die Uneinbringlichkeit glaubwürdig nachgewiesen wird.

Dagegen dürfen im Sinne des § 11 des Einkommensteuerpatentes und § 8 der Vollzugsvorschrift zu demselben als Betriebsauslagen nicht behandelt werden: die Passivzinsen der Vorschusskasse, d. i. die an die Genossenschafter und an die Gläubiger entrichteten Zinsen, weil bezüglich derselben der Vorschusskasse das Steuerabzugsrecht zusteht; die an die Verwaltungsorgane gezahlten Remunerationen, weil diese Organe, welche nach dem II. Abschnitte des Gesetzes vom 9. April 1873 aus der Mitte der Genossenschafter gewählt werden, dem Geschäftsunternehmer, bezw. Steuerpflichtigen gleich zu achten sind; die von der Vorschusskasse gezahlte Erwerb- und Einkommensteuer, erste Anschaffungen von Inventargegenständen, z. B. Kassen, weil dieselben eine Kapitalanlage bilden; endlich die aus dem Reingewinne zu zahlenden Dividenden, Beiträge zum Reservefonds und Geschenke überhaupt.

Wird der Barbestand des Reservefonds nicht durch Verwendung zu den Geschäften der Vorschusskasse, sondern ausserhalb derselben fruchtbringend angelegt, so ist das Erträgnis dieser Fruktifizierung, insofern dasselbe nicht in dem ausgewiesenen Gebarungsresultate der Vorschusskasse bereits begriffen ist und insofern demselben einer der obenerwähnten Gründe der Freilassung von der Steuer nicht zu statten kommt, in das steuerbare Einkommen der Vorschusskasse einzubeziehen.

Bei jenen Vorschusskassen, welche im Hinblicke auf die Beschränkung ihres Geschäftsbetriebes auf die Mitglieder im engern Sinne (Genossenschafter) als nicht erwerbsteuerpflichtig anerkannt worden und somit nach den Normen für die III. Einkommenklasse zu behandeln sind, bildet nach § 13 des Einkommensteuerpatentes und § 12 der Vollzugsvorschrift zu demselben die Besteuerungsgrundlage die Summe der einjährigen Zinsen der von der Vorschusskasse gegebenen Vorschüsse und sonstigen fruchtbringend angelegten Kapitalien nach dem Stande und Zinsfusse vom 31. Dezember des dem Steuerjahre vorhergehenden Jahres.

Auch von diesen Zinsen sind jedoch behufs der Steuerbemessung die Zinsen von Staats- und öffentlichen Fondsobligationen, von Effekten der Erwerbsunternehmungen, von Einlagen in die Sparkasse, endlich von jenen Darlehen auszuscheiden, welche auf einer der Grund- oder Gebäudesteuer ganz oder zum Teile unterliegenden Realität bücherlich sichergestellt oder an Handels- oder Gewerbetreibende vorgeliehen worden sind.

Zugleich wird gestattet, auch bei dieser Kategorie von Vorschusskassen die nach den vorstehenden Grundsätzen ermittelten Verwaltungsauslagen in Abzug zu bringen.

Was die Form der Fatierung betrifft, so besteht kein Grund, von den durch die Vollzugsvorschriften zum Einkommensteuerpatente vorgezeichneten Fassionsformulare abzugehen; nur wird darauf zu bestehen sein, dass der Fassion der Erwerbsunternehmungen der Generalversammlung der Genossenschafter vorgelegte Gebarungsausweis beigeschlossen und dass, soweit es zur Beurteilung der Steuerpflicht von Einnahmeposten und Abzugsfähigkeit von Ausgabeposten notwendig erscheint, die entsprechende Aufklärung, bezw. zergliederte Nachweisung geliefert werde.

Die vorstehenden Andeutungen, welche allerdings zunächst die nach dem Gesetz vom 9. April 1873 eingerichteten Vorschusskassen vor Augen haben, finden auch auf die vor Beginn der Wirksamkeit dieses Gesetzes errichteten Vorschusskassen, wenn letztere nicht ohnehin dem § 91 dieses Gesetzes gemäss unter dessen Bestimmungen fallen, sinngemässe Anwendung, und wird nur bemerkt, dass behufs Erörterung des Umstandes, ob der Geschäftsbetrieb auf die Mitglieder beschränkt sei, auch bei diesen Vorschusskassen als Mitglieder nur die für die Verbindlichkeiten des Vereins haftenden Vereinsangehörigen zu betrachten sind.

In der Praxis wurden diese Vorschriften, namentlich die bezüglich der Verwendung fremden Kapitals wenig beachtet, und zwar trug daran der Erlass selbst die Schuld; denn indem er den Behörden einschärfte, sich nicht bloss auf die Durchsicht der Rechnungsabschlüsse zu beschränken, sondern auch die Statuten genau in der Richtung zu prüfen, ob dieselben den Vereinen die Aufnahme fremder Gelder gestatten, ja schliesslich als letzten Anhaltspunkt auf § 12 des Genossenschaftsgesetzes hinwies, vermöge dessen jede registrierte Genossenschaft unter ihrer Firma Rechte erwerben und Verbindlichkeiten eingehen, d. h. fremde Kapitalien aufnehmen und Schulden machen kann, machte er die Beurteilung nicht mehr vom thatsächlichen Betriebe abhängig. Damit war die subtile Unterscheidung zwischen Vorschussvereinen mit fremdem Kapital und ohne solches so gut wie umgestossen, und der Willkür der Behörden alles anheimgegeben.

Eine Quelle grosser Ungleichheit war noch speziell gegeben in Folge des in der Praxis allerdings fast nie ausgeübten Steuerabzugsrechts des Schuldners.

Während die grosse Mehrzahl derjenigen Vorschusskassen, welche ihre Vorschüsse überwiegend auf Hypotheken oder an Handels- und Gewerbetreibende gaben, der Einkommensteuer fast gänzlich entgingen und im Fall etwa die Erwerbsteuer verhältnissmässig gering angesetzt war — es kamen Fälle vor, dass Vorschussvereine mit einem Aktivstand von mehr als 120,000 fl. mit einer Erwerbsteuer von nicht mehr als 5 fl. 25 kr. belegt waren — ganz ausser allem Verhältnis zu ihrem thatsächlichen Reineinkommen besteuert blieben, mussten andere Vorschusskassen, deren Einnahmszinsen einem theoretischen Steuerabzugsrechte des Schuldners nicht unterlagen, ihre Einnahmen voll zur Besteuerung bringen, was bei dem gesetzlichen Verbote, die Passivzinsen in Abzug zu bringen, in einzelnen Fällen auf eine Steuerüberbürdung hinauslief. In dieser Richtung waren namentlich jene landwirtschaftlichen Vorschusskassen, welche ihre Vorschüsse den Landwirten ohne Hypothecierung auf blossen Personalkredit gaben, in ungünstiger Lage.

Das teilweise zulässige Abzugsrecht machte aber auch eine Sonderung der Schuldner nach Kategorien notwendig und bedang ein sehr lästiges Eindringen der Steuerbehörden. Es kam darüber zu ernsten Auseinandersetzungen; die Genossenschaften behaupteten, die Bestimmungen des Erlasses vom 28. Mai 1875 stünden in dieser Hinsicht mit dem Gesetz in Widerspruch und der Verwaltungsgerichtshof erkannte dies in zwei Erkenntnissen vom 7. Oktober 1878

Z. 1264 und 19. Januar 1880 Nr. 2511 an [1]) indem es für unzulässig erklärt
wurde, über die gesetzlich steuerfreien Zinsen, die von Darlehen an Handel-
und Gewerbetreibende herrühren, gleich individuelle Nachweise oder Einsicht
der Bücher zu verlangen; es schreibt vielmehr der § 25 des Einkommensteuerpatents vor, dass unter Beiziehung zweier unbefangener wohlunterrichteter Vertrauensmänner eine Prüfung der Einkommensteuerbekenntnisse zu erfolgen habe,
ob der einbekannte Betrag den bestehenden Verhältnissen angemessen zu betrachten sei und dass im Falle, als Bedenken sich gegen die Richtigkeit
des angegebenen Betrags ergeben, die erforderlichen Erhebungen zu pflegen
sind und der Steuerpflichtige wegen Erteilung der erforderlichen Aufklärung
zu vernehmen ist.

Das Bild, welches die faktische Besteuerung der Vorschussvereine darbot,
war, wie man nach Vorstehendem leicht begreift, ein sehr unbefriedigendes,
die Ungleichheit enorm. Der Durchschnittsatz der Steuer in den einzelnen
Ländern variierte nach den Angaben der Regierung zwischen 0,7—173,4 Prozent
des Nettogewinns, der des ganzen Reiches durfte ohne Zuschlag zu 19—29½
Prozent angenommen werden [2]); viele Kreditvereine wurden von der Steuer geradezu erdrückt.

Was die Konsumvereine anlangt, so bestimmte analog wie bei den
Kreditgenossenschaften, ein Ministerialerlass vom 29. November 1876, dass diejenigen Konsumvereine, welche die aus dem Vereinsvermögen angekauften Waren
nur an die Mitglieder verkaufen, in die Erwerbsteuer nicht einbezogen und
demgemäss auch der Einkommensteuer nicht unterworfen werden können. Der
Versuch, auf Grund dieser Bestimmung die Befreiung der Vereine zu erwirken,
scheiterte, indem der Verwaltungsgerichtshof unter Befürwortung der Finanzverwaltung selbst (!) den Erlass für ungesetzlich erklärte und durch Erkenntnis
vom 21. Dezember 1878 Z. 2042 entschied, dass Konsumvereine, welche den
Zweck haben, die für den Hausbedarf ihrer Mitglieder erforderlichen Gegenstände im Regiewege oder durch Lieferungsverträge herbeizuschaffen, die sich
also mit dem Einkaufe dieser Gegenstände und mit dem Absatze derselben
gegen festgesetzte Verkaufspreise an die Vereinsmitglieder befassen, erwerbsteuerpflichtig seien, da nach dem allgemeinen, im Erwerbsteuerpatente vom
22. Januar 1824 aufgestellten Grundsatze mit der Erwerbsteuer Gewerbe, Fabriken
und Handelsunternehmungen, oder andere gewinnbringende Beschäftigungen
dieser Art zu belegen seien, im vorliegenden Falle das Unternehmen als Han-
delsunternehmung nach § 1 dieses Patents der Erwerbsteuer unterliege, und in
Absicht auf die Erwerbsteuerpflicht es keinen Unterschied mache, ob das Unternehmen sich auf eine gewisse Kategorie von Kunden beschränke und sonach
der Verein Geschäfte nur mit seinen Mitgliedern eingehe, da eine Identifizierung
des Vereins als juristische Person mit den einzelnen Mitgliedern desselben unzulässig sei; ebenso habe für die Steuerpflicht keine Bedeutung, ob das Unternehmen mit eigenem oder fremdem Gelde betrieben werde [3]).

Der Fiskalismus gegenüber den Konsumvereinen machte sich ähnlich wie
bei den Kreditgenossenschaften geltend; es kam vor, dass ein Konsumverein
nicht weniger Steuern zahlte, als der Fabrikbesitzer, aus dessen Arbeitern der
Konsumverein bestand; [4]) der Rückgang derselben um mehr als die Hälfte wurde
diesem Moment zugeschrieben.

Die Genossenschaften machten grosse Anstrengungen, um eine günstigere
Behandlung zu erlangen; das Jahr 1880 brachte ihnen in der That eine erhebliche Erleichterung [5]). Die Regierung legte einen bezüglichen Gesetzentwurf

[1]) Vergl. Genossenschaft 1878 S. 168; 1880 S. 42.
[2]) Genossenschaft 1880 S. 26.
[3]) Röll, Oesterr. Steuergesetze 1883 I. S. 404.
[4]) Ziller, Die Bedeutung der Erwerbs- und Wirtschaftsgenossenschaften.
Wien 1876 S. 11.
[5]) In betreff der bereits im Jahre 1869 geplanten Regelung durch ein
neues Erwerbsteuergesetz vergl. die Erwerbs- und Wirtschaftsgenossenschaften

vor. Der Entwurf trennte endlich — wie man immer gewünscht hatte — die Genossenschaften von den Aktiengesellschaften und andern zur öffentlichen Rechnungslegung verpflichteten Erwerbsunternehmungen, auch wurde vom Finanzministerium prinzipiell anerkannt, dass ein Unterschied sei zwischen Vereinen, welche bloss mit Mitgliedern und solchen, die auch mit Nichtmitgliedern Geschäfte machen; im übrigen war der Entwurf aber beschränkter Art; er umfasste nicht sämtliche Genossenschaften, sondern nur die Vorschussvereine, und auch für diese wurde die Steuerfrage nur geregelt, insoweit dieselben bei Gewährung von Kredit sich statutenmässig auf die eigenen Mitglieder beschränkten; dabei blieb nach wie vor die Frage offen, ob die fruchtbringende Anlage müssiger Kassenbestände auch bereits Kreditgewährung an Fremde ist, wie es das Finanzministerium bisher angenommen hatte. Das Bild der Besteuerung nach dem Entwurf war folgendes:

I. Vorschussvereine, welche Nichtmitgliedern Kredit gewähren, zahlen Erwerb- und Einkommensteuer nach den bisherigen Bemessungsmodalitäten;

II. Vorschussvereine, welche bloss Mitgliedern Kredit gewähren, fallen unter das neue Gesetz, und zwar

a) Vereine, welche nur mit eigenem Kapitale arbeiten, sind frei von der Erwerbsteuer, und

1. bei einem Aktivenstand der Bilanz bis zu 5000 fl. auch frei von der Einkommensteuer

2. bei einem Aktivenstand über 5000 fl. zahlen sie Einkommensteuer nach dem neuen Gesetz;

b) Vereine, welche fremdes Kapital verwenden, zahlen Erwerb- und Einkommensteuer nach dem neuen Gesetze und zwar

1. bei einem Aktivenstand bis zu 5000 fl. die halbe Erwerbsteuer;

2. bei einem Aktivenstand über 5000 fl. die volle Erwerbsteuer.

Von genossenschaftlicher Seite bemängelte man vor allem, dass man nicht diejenigen Genossenschaften, welche bloss Mitgliedern Kredit gewähren, ganz erwerbsteuerfrei liess, ferner dass man es als ein für die Steuerpflicht belangreiches Moment erklärte, wenn fremdes Kapital zur Verwendung komme, was ja in der That ein recht unglücklich gewähltes Moment ist. Die Grenze für eine verschiedene Behandlung bei 5000 fl. Aktiven wurde getadelt, teils weil das Unterscheidungsmerkmal zu flüssig ist und durch die Vereine leicht eine Verrückung vorgenommen werden kann, indem sie z. B. in einzelnen Fällen nur die Saldi in die Bilanz einstellen, teils weil die Erhöhung oder Erniedrigung des Aktivenstandes gar keinen bestimmten Massstab für die Besserung oder Verschlechterung der Geschäftslage abgibt, indem z. B. die rückständigen Zinsen im Aktivum erscheinen, ebenso Realitäten, welche zur Deckung einer bedrohten Forderung übernommen werden müssen, wie nicht minder die bereits erlittenen Verluste. Auch wies man nach, dass bei dieser Grenze von den 1109 Vorschussvereinen nur 10·3 oder 9 Prozent von der Einkommensteuer befreit geblieben wären, ganz steuerfrei wegen gleichzeitiger Verwendung des eigenen Kapitals kaum 1 Prozent. Auch in betreff der Bemessung der Einkommensteuer auf Grund der bilanzmässigen Ueberschüsse wurden viele einzelne Punkte für verbesserungsfähig erachtet. Sehr wichtig für die Wirkung des Gesetzentwurfs war nach dieser Seite, dass die Passivzinsen mit den Wertabschreibungen und Emolumenten der Funktionäre der Gesellschaften, was bisher nicht der Fall war, eine Abzugspost bildeten, wogegen die bisherige Steuerfreiheit der Aktivzinsen von Darlehen an Handel- und Gewerbetreibende, sowie von Hypothekendarlehen wegfiel. Infolgedessen hatten die Vorschussvereine, welche vorzugsweise an

und deren Besteuerung 1870 I, II; ferner H. W., Ueber Besteuerung der Erwerbs- und Wirtschaftsgenossenschaften mit Rücksicht auf bestehende Gesetzgebungen in der Zeitschrift für die ges. Staatsw. 1873 S. 71 ff.

Landwirte Kredit und zwar Personalkredit gewährten, eine Erleichterung zu
erwarten; in denjenigen Vereinen, in welchen Landwirte und Gewerbetreibende
gleichmässig vertreten waren, konnten die Verhältnisse so ziemlich dieselben
bleiben, dagegen war anzunehmen, dass Vereine, welche ausschliesslich oder
zum grössten Teil aus Gewerbetreibenden bestanden oder welche Hypotheken-
kredit gewährten, meistenteils eine Erhöhung der Steuer erfahren würden, und
diese fürchtete man auch für die übrigen, insofern die Willkür und der grosse
Spielraum bei der Bemessung der Erwerbsteuer bestehen blieb[1]).

Der Ausschuss des Abgeordnetenhauses beschloss mit starker Majorität
die Ausdehnung des Gesetzes auf alle Erwerbs- und Wirtschaftsgenossenschaften,
welche ihren Geschäftsbetrieb statutengemäss auf ihre eigenen Mitglieder beschränken, und Befreiung derselben von der Erwerbsteuer. Das Abgeordnetenhaus lehnte aber die Anträge des Ausschusses ab und erhob den Entwurf im wesentlichen nach der Regierungsvorlage zum Beschluss[2]). Der genossenschaftliche
Klub richtete nun eine Petition an das Herrenhaus[3]), die nicht erfolglos blieb[4]).
Die Finanzkommission des Herrenhauses und dieses selbst schloss sich in der
Hauptsache den Anschauungen der Minorität des Abgeordnetenhauses an. Die
Beschränkung des Gesetzes auf die Vorschussvereine wurde für unzweckmässig
erachtet, da doch auch die anderen Vereine auf den Prinzipien des Sparens und
der Selbsthilfe beruhen, Industrie, Gewerbe und Landwirtschaft fördern, wenn
auch nicht direkt durch Kreditgewährung, doch in anderer gleich wohlthätiger
Weise, und in die Sphäre ihrer Wirksamkeit auch andere der Unterstützung
sehr bedürftige Kreise als: den kleinen Rentner, den unbemittelten Mittelstand,
namentlich aber den Arbeiterstand aufnehmen, denen sie billige Werkzeuge,
Wohnung, Nahrungsmittel u. dgl. beschaffen. Man glaubte diesen Kreisen die
Unterstützung um so eher gönnen zu dürfen, als der finanzielle Ausfall gering
war; während die Vorschussvereine bisher 356 000 fl. entrichteten, zahlten die
übrigen zu befreienden wenig zahlreichen Genossenschaften jährlich 38,000 fl.

Das Abgeordnetenhaus acceptierte die Beschlüsse des Herrenhauses[5]).
Das so zustande gekommene Gesetz vom 27. Dezember 1880 betr. Abänderungen
der Erwerbs- und Einkommensteuergesetze und Vorschriften in ihrer Anwendung
auf Erwerbs- und Wirtschaftsgenossenschaften und Vorschusskassen hatte folgenden Wortlaut[6]):

§ 1. Die Bestimmungen dieses Gesetzes haben Anwendung zu finden:

1) Auf die dem Gesetze vom 9. April 1873 (R.G.Bl. Nr. 70) gemäss registrierten und die
sonstigen auf dem Prinzipe der Selbsthilfe beruhenden, nicht registrierten, selbständigen Er-
werbs- und Wirtschaftsgenossenschaften (Vorschuss- und Kreditvereine, Konsum-, Rohstoff- und
Magazinsvereine, Bau-, Wohnungs- und Werksgenossenschaften u. dgl.), welche ihren Geschäftsbetrieb statutenmässig auf die eigenen Mitglieder beschränken, auch wenn sie von Nichtmitgliedern Darlehen aufnehmen, oder Waren kaufen, [oder ihre Kassenbestände bei zur öffentlichen Rechnungslegung verpflichteten Unternehmungen und Anstalten anlegen][7]),

2) auf die im Grunde besonderer Landesgesetze aus den Kontributions- und den Steuer-
geldfonden entstandenen Vorschusskassen,

3) auf die Gemeindevorschusskassen.

§ 2. I. Die ziffermässige Grundlage zur Bemessung der Einkommensteuer bildet der in
dem, dem Steuerjahre vorangegangenen Geschäftsjahre erzielte, nach den Bestimmungen dieses
Gesetzes zu berechnende Reinertrag der betriebenen Unternehmung.

---

[1]) Genossenschaft 1880 S. 21.
[2]) Genossenschaft 1880 S. 33, 49, 53, 61, 69, 73.
[3]) Genossenschaft 1880 S. 65.
[4]) Genossenschaft 1880 S. 97, 101.
[5]) Genossenschaft 1880 S. 227.
[6]) Die Instruktion hierzu vom 30. Dezember 1880 ist abgedruckt in der
Genossenschaft 1881 S. 57. Vergl. auch S. 61.
[7]) Das in Klammern Befindliche wurde durch Novelle vom 14. April 1885
zugefügt.

Das Reinerträgnis bilden die bilanzmässigen Ueberschüsse, welche als Zinsen, Dividenden, Tantièmen oder unter welchen Namen immer zur Verteilung gelangen, in Reservefonde hinterlegt oder auf künftige Rechnung vorgetragen werden.

Ueberdies sind in die Besteuerungsgrundlage jene Beträge einzubeziehen, welche, ohne in den bilanzmässig ausgewiesenen Ueberschüssen inbegriffen zu sein, aus den Erträgnissen des Geschäftsjahres zu einem der im vorigen Absatze ausdrücklich benannten oder der im folgenden weiter namhaft gemachten Zwecke verwendet werden:

a. zur Vergrösserung des in der Unternehmung angelegten Kapitals;

b. zur Rückzahlung von Kapitaleinlagen, von hypothezierten und anderen Kapitalien aus den bilanzmässig nicht ausgewiesenen Erträgnissen;

c. zur Verzinsung der auf dem Realbesitze der Unternehmung hypothezierten Kapitalien;

d. zu Spenden, Geschenken und anderweitigen Widmungen, welche weder durch den Geschäftsbetrieb verursacht sind, noch auch bestehenden Wohlthätigkeitsanstalten zugewendet werden;

e. zur Zahlung der auf Grund dieses Gesetzes zu entrichtenden Einkommensteuer.

Der in einem Jahre entstandene und auf das nächstfolgende Jahr vorgetragene Verlust darf in diesem Jahre, aber nicht in den späteren Jahren vom Erträgnisse in Abschlag gebracht werden.

II. In die Besteuerungsgrundlage sind insbesondere nicht einzubeziehen, bezw. von den bilanzmässigen Ueberschüssen in Abzug zu bringen:

a. die bilanzmässigen Gewinnvorträge aus den Vorjahren;

b. die Erträge aus Grund- und Gebäudesteuerobjekten in dem nach Abschlag der für dieselben bestrittenen Auslagen verbleibenden Betrage;

c. die festen Gehalte, sowie Remunerationen, welche einzelne Vereinsvorstands- und Aufsichtsratsmitglieder für ihre dem Vereine geleisteten Dienste erhalten;

d. die Zinsen der in der Unternehmung verwendeten fremden Kapitalien (mit Ausnahme der in alinea 3 c angeführten), [welche der Genossenschaft von Mitgliedern oder Nichtmitgliedern dargeliehen worden sind][1];

e. jene Teile des Erträgnisses, welche wegen Abnützung des Inventars oder Betriebsmaterials, oder wegen der beim Geschäftsbetriebe eingetretenen Substanz- oder anderen Verluste zur Abschreibung gelangen, oder zur Bildung eigener Fonde (Abschreibungs-, Amortisations-, Verlust- Reservekonti und dergl.) verwendet werden.

Eine Besteuerung dieser Fonde hat erst dann einzutreten, wenn und insoweit dieselben einer der im alinea 2 und 3 benannten Verwendungsarten zugeführt werden, worunter jedoch die Verteilung des Anlagekapitals bei Auflösung des Vereines niemals zu begreifen ist.

Die aus diesen Fonden bestrittenen Kosten dürfen in die allgemeine Betriebsrechnung nicht eingestellt werden.

Im Falle einer besonderen verzinslichen Anlage dieser Fonde sind die erzielten Zinsen, soweit dieselben nicht zur Bestreitung der diesen Fonden nach ihrer speziellen Widmung zur Last fallenden Auslagen in Anspruch genommen werden, im Jahreserträgnisse zu verrechnen;

f. bei den im § 1, alinea 2, genannten Vorschusskassen die Zinsen von Hypothekar-Aktivkapitalien.

Sind keine bilanzmässigen Ueberschüsse vorhanden, so sind nur die im alinea 3 erwähnten Beträge, unter Gegenrechnung der aus den Einnahmen auszuscheidenden Beträge und des Verlustsaldo, zu berücksichtigen.

§ 3. Die im § 1 bezeichneten Erwerbs- und Wirtschaftsgenossenschaften und Vorschusskassen unterliegen der Einkommensteuer insolange nicht, als der nach den Bestimmungen des § 2 erzielte Reinertrag derselben 300 Gulden nicht übersteigt.

Jene, deren Reinertrag 300 Gulden übersteigt, sind für das erste Tausend mit drei Zehntel, für das zweite Tausend mit fünf Zehntel und erst für die weiteren Beträge voll der Besteuerung zu unterziehen.

§ 4. Diejenigen Erwerbs- und Wirtschaftsgenossenschaften und Vorschusskassen, auf welche § 1 dieses Gesetzes Anwendung zu finden hat, sind von der Erwerbsteuer befreit.

---

[1] Das in Klammern befindliche wurde durch die Novelle vom 14. April 1885 zugefügt.

§ 5. Die im § 1 bezeichneten Genossenschaften und Vorschusskassen haben jährlich, längstens 14 Tage nach abgehaltener Generalversammlung, jedoch jedenfalls bis 30. Juni jedes Jahres, das Bekenntnis über das erzielte Reinerträgnis des Vorjahres bei der Steuerbehörde I. Instanz einzubringen.

Dem Bekenntnisse sind die vollständige Bilanz, sowie die statutenmässig von der Generalversammlung oder den hiezu berufenen Organen genehmigten Rechnungsabschlüsse und die Geschäftsberichte anzuschliessen.

Neu errichtete Genossenschaften oder Vorschusskassen haben den Steuerbehörden ihre Statuten in Vorlage zu bringen. Bei denselben findet eine provisorische Bemessung der Einkommensteuer nicht statt, und ist die Steuervorschreibung auf Grund des Bekenntnisses nach alinea 1 vorzunehmen.

§ 6. Die sonstigen, gegenwärtig bestehenden gesetzlichen Bestimmungen über die Einkommensteuer bleiben in unveränderter Geltung.

§ 7. Dieses Gesetz tritt mit dem Tage seiner Kundmachung in Wirksamkeit und hat schon auf die Steuervorschreibung für das Jahr 1880, jedoch nicht auf jene der Vorjahre, Anwendung zu finden.

§ 8. Der Finanzminister ist mit dem Vollzuge dieses Gesetzes beauftragt.

Befriedigte das Gesetz auch nicht alle Wünsche der Genossenschaften, so anerkannten diese doch gerne, dass ihre Lage damit erheblich verbessert worden war. Besonders hoch schätzten sie die Beseitigung der Erwerbsteuer, teils weil man daraus die Hoffnung schöpfte, mit Aussicht auf Erfolg auch die Heranziehung zur Einkommensteuer bekämpfen zu können, teils weil dadurch den Steuerbehörden das Mittel entzogen wurde, die Steuerbelastung der Genossenschaften in unbegrenzter Weise zu erhöhen und jede Ermässigung der Einkommensteuer wirkungslos zu machen[1]. Das neue Gesetz brachte gegenüber dem Einkommensteuerpatente vom 29. Oktober 1849 im allgemeinen eine Verminderung der Steuer auf ein Drittel oder Viertel; dies gilt namentlich von den Vorschussvereinen, während bei den Konsumvereinen die Entlastung eine geringere ist. Eine gute Wirkung des Gesetzes ist auch, dass es die Genossenschaften dahin drängt, den reinen genossenschaftlichen Charakter zu bewahren[2]. Bei der Ausführung des Gesetzes fehlte es zwar nicht an den Versuchen, dasselbe durch eigentümliche Interpretationen zum Verkümmern zu bringen, aber es gelang doch auch da, meist Abhilfe zu schaffen[3]. So bildeten namentlich die verzinslichen Einlagen (Spareinlagen) einen Gegenstand der Kontroverse. Schon bei der Beratung des Gesetzes wurde damit gedroht, dass, wenn die Genossenschaften von der Erwerbsteuer befreit würden, man von den Vorschussvereinen Auskunft darüber verlangen werde, wer derartige Zinsen bezöge. Es wurden wirklich Namensverzeichnisse der Spareinleger verlangt, ja sogar in Aussicht gestellt, dass die Vorschussvereine angehalten würden, die Steuern von den Zinsen in Abzug zu bringen und an die Steuerämter abzuführen. Es war ein solches Vorgehen gesetzlich nicht begründet, auch würde man die Einleger dadurch von den Vorschussvereinen vertrieben haben, bezw. es wäre den letzteren kaum etwas anderes übrig geblieben sein, als die Last selbst zu tragen[4]. In manchen Fällen rieten die Steuerinspektoren, den Verkehr auf Nichtmitglieder auszudehnen, dadurch die Besteuerung nach altem Modus und dem Wegfall der individuellen Ausweise der Spareinlagen sich zu sichern[5]. Auf eine hierüber erfolgte Interpellation erklärte in der Sitzung vom 28. April 1881 der Finanzminister, die Steuerbemessungsbehörden anweisen zu wollen, dass sie von der Abverlangung der allgemeinen Individualnachweisungen über die bei den Vorschusskassen mit Schluss

---

[1]) Vergl. Genossenschaft 1880 S. 217.
[2]) Genossenschaft 1881 S. 10.
[3]) Vergl. auch Genossenschaft 1881 S. 173; 1882 S. 5, 65, 237; 1883 S. 77, 193; 1884 S. 41, 193; 1885 S. 85, 133.
[4]) Genossenschaft 1881 S. 21, 45.
[5]) Genossenschaft 1881 S. 53.

des Jahres in Verwendung befindlichen Spareinlagen und Darlehen zum Zweck der Besteuerung der Zinsenbezugsberechtigten Umgang nehmen[1]).

Kaum war dieser Angriff beseitigt, als neue ähnlicher Art hinzukamen. Es tauchte die Frage auf, ob die Zinsen von Wertpapieren, welche auf Grund spezieller Gesetze steuerfrei oder bereits anderweitig besteuert sind, auch in die Besteuerungsgrundlage einbezogen werden dürfen. Die Genossenschaften waren der Meinung, dass diese Zinsen nicht in den steuerpflichtigen Reinertrag eingerechnet werden sollten, da sonst eine Doppelbesteuerung sich ergebe und zwar bloss den Genossenschaften gegenüber, d. h. weil die bezüglichen Papiere in den Händen derselben sind. Der Verwaltungsgerichtshof wies durch Erkenntnis vom 12. Juni 1882 Nr. 1218 diese Auffassung zurück, indem er geltend machte, dass für die Reinertragsberechnung lediglich das Gesetz vom 27. Dezember 1880 massgebend sei[2]).

Auch die Zinsen von den Spareinlagen wurden wieder aufgegriffen; die Steuerbehörden machten geltend, dass nur die Spareinlagen von Nichtmitgliedern fremdes Kapital bildeten, dass dagegen die Spareinlagen von Mitgliedern zu diesem nicht gehörten und deshalb die Zinsen hievon zu dem steuerpflichtigen Reinertrag gehörten[3]). Diese Auffassung ist eine irrige. Es bedurfte einer Novelle, um den Genossenschaften Schutz nach dieser Seite zu gewähren (siehe oben das Gesetz)[4]). Gleichzeitig suchte man auch eine andere Streitfrage zu erledigen, nämlich die, ob die vorübergehende Anlegung mässiger Geldbestände bei Nichtmitgliedern die Anwendung des Gesetzes vom 27. Dezember 1880 ausschliesse. Man entschied, dass dies nicht der Fall sein solle, so lange die Anlegung der Kassenbestände bei zur öffentlichen Rechnungslegung verpflichteten Unternehmungen und Anstalten geschehe. Besonders glücklich kann diese Lösung nicht genannt werden; denn zu Unternehmungen und Anstalten, welche zu öffentlicher Rechnungslegung verpflichtet sind, gehören nicht bloss Geldinstitute, wie Aktienbanken, Sparkassen, Vorschussvereine etc., sondern alle Aktiengesellschaften, also auch solche für Zuckerfabriken, Berg- und Hüttenwerke u. dgl. Diese Handels- und Industrieunternehmungen zahlen höhere Zinsen, als die Geldinstitute, es ist daher möglich, dass sich unter dem Schutze dieser Bestimmung eine regelrechte Kreditgewährung an derartige Unternehmungen, ohne dass sie der Genossenschaft als Mitglieder angehören, entwickelt, ja dass die Vorschussvereine diesen Verkehr mit Vorliebe pflegen oder gar sich direkt bei derartigen Unternehmungen beteiligen. Auch ist misslich, dass unbestimmt bleibt, ob jede andere vorübergehende Anlage mässiger Kassenbestände, z. B. in Wertpapieren, die Besteuerung nach dem Gesetze vom 27. Dezember 1880 aufheben soll[5]).

Sehr schlimm sind die Genossenschaften daran, welche nicht unter das Gesetz von 1880 fallen, dazu gehören, wie ein Erkenntnis des Verwaltungsgerichtshofs vom 11. März 1884 entschied, allgemein die Molkereigenossenschaften, auch wenn sie nur Milch ihrer Mitglieder verarbeiten[6]), insbesondere aber auch die Produktivgenossenschaften. Diese zahlen in Folge der öffentlichen Rechnungslegung 3—6mal soviel als eine Einzelunternehmung von dem-

---

[1]) Genossenschaft 1881 S. 73. Man hielt aber auf Grund des § 27 des Einkommensteuerpatents daran fest, dass, soweit es sich um die Angaben von Thatsachen zur Richtigstellung des Bekenntnisses eines Steuerpflichtigen handelt, die Genossenschaften sich nach denjenigen Bestimmungen zu richten haben, welche für die Erteilung der Zeugenschaft in öffentlichen Angelegenheiten vorgeschrieben sind, also verpflichtet sind, den Betrag der Spareinlage vom 31. Dezember, den Zinsfuss und die entfallenden Zinsen einer bestimmt bezeichneten Person der Steuerbemessungsbehörde bekannt zu geben. Genossenschaft 1885 S. 13, 33.

[2]) Genossenschaft 1881 S. 137.

[3]) Genossenschaft 1884 S. 57, 89, 97, 113, 137, 153, 185, 199, 237; 1885 S. 9.

[4]) Genossenschaft 1885 S. 13, 17, 29, 33, 37, 58, 77.

[5]) Genossenschaft 1885 S. 29.

[6]) Genossenschaft 1884 S. 49.

selben Umfange, sie werden nahezu vernichtet. Die Genossenschaftsbuchdruckerei in Wien z. B. erzielte in den Jahren 1870/71 einen Reinertrag von 13,984 fl. 85 Kr.; darauf traf ein Verlust von 10,044 fl. 92 Kr., so dass ein wirklicher Reingewinn von 3,939 fl. 89 Kr. sich ergab; der gezahlte Steuerbetrag belief sich aber auf 3,856 fl. 94 Kr. Bei manchen Produktivgenossenschaften müssen Jahre lang die Steuern aus dem Vermögen der Genossenschaften und selbst den Geschäftsanteilen der Mitglieder gezahlt werden. Die Produktivgenossenschaften widerstehen der Auflösung, weil die Mitglieder selbst mit Vermögensverlusten bestrebt sind, ihren Arbeitsplatz zu retten; trotzdem sind sehr viele eingegangen.

Die Produktivgenossenschaften legten bei Gelegenheit der Beratung des neuen Gesetzes dem Abgeordnetenhaus in einer Petition ihre Verhältnisse dar [1]. Sie verlangten, da ihr gewerblicher Charakter ausser Zweifel steht, keineswegs Befreiung von der Erwerb- und Einkommensteuer, aber sie verlangten faktische Gleichstellung mit den Einzelunternehmungen. Vor dem Gesetz besteht zwar kein Unterschied, aber die rechtliche Gleichstellung führt zur faktischen Ungleichheit in Folge der öffentlichen Rechnungslegung; die Einzelunternehmungen sind nicht dem inquisitorischen Verfahren ausgesetzt, welches die Steuerbehörden den Genossenschaften gegenüber einhalten, trotzdem die Vorstände der letzteren in den Paragraphen 87 und 89 des Genossenschaftsgesetzes für den Fall unrichtiger und wissentlich falscher Angaben mit hohen Strafen bedroht sind. Ferner sind die Einzelunternehmungen den lästigen Bemessungsmodalitäten nicht unterworfen; bei ihnen entfallen die zahlreichen Rekurse und Beschwerden, welche behufs Richtigstellung der Steuerverschreibung eingebracht werden müssen; sie sind endlich nicht fort und fort bedroht, für längst verflossene Jahre unter dem Titel der Reassumierung nachträgliche Steuererhöhungen zu erfahren [2]. Die Einzelunternehmungen vermögen deshalb in ihrer Rechnung Ordnung zu halten, während die Produktivgenossenschaften infolge der jahrelang ausstehenden Erledigung der Rekurse und noch drohenden Reassumierung oft Jahre lang nicht wissen, wie ihre Vermögenslage beschaffen ist. Dieser Zustand hat aber auch für die einzelnen Mitglieder deshalb oft sehr empfindliche Nachteile im Gefolge, indem bei nachträglichen Vorschreibungen die der Genossenschaft noch angehörigen Mitglieder für die bereits ausgeschiedenen die Steuern entrichten müssen. Endlich werden teils infolge der gesetzlichen Bestimmungen, teils infolge der nachträglich aufgestellten Auslegungen sehr viele Ausgaben aus den Geschäftskosten ausgeschieden; dahin gehören nicht nur die Zinsen für die im Geschäft verwendeten fremden Gelder, was gesetzlich begründet ist, sondern auch die Gehalte der Vorstandsmitglieder, welche nach der Einkommensteuer zweiter Klasse einschliesslich des ausserordentlichen Zuschlags 2, höchstens 4 Prozent an Steuer zu entrichten hätten, aber mit 10 Prozent belegt werden, trotzdem kein Zweifel besteht, dass die Bestimmung in § 11 Nr. 3 des Einkommensteuer-

---

[1] Genossenschaft 1880 S. 29.
[2] Die Reassumierungen spielen sich in folgender Weise ab. Die Steuerbehörde schreibt die Steuer vor; der Steuerpflichtige erkennt diese Vorschreibung entweder als richtig an, oder er bestreitet dieselbe und bringt dagegen einen Rekurs ein. Die Finanzlandesbehörde entscheidet darüber und hält entweder die Vorschreibung aufrecht oder ordnet auf Grund der von ihr als richtig erklärten Daten eine neuerliche Vorschreibung an. Gibt sich der Steuerpflichtige ohne weitern Rekurs damit zufrieden, so sollte man meinen, die Sache sei abgethan; denn es wird ja der Betrag entrichtet, welchen die massgebenden Behörden festgestellt haben. Allein dem ist nicht so. Nicht selten gelangt nach Monaten, selbst nach Jahren an die Genossenschaft ein neuerlicher Zahlungsauftrag, in welchem die Steuerbemessungsbehörde im Auftrage der Finanzlandesbehörde die frühere Berechnung, welche von den beiden Behörden für richtig erklärt und selbst gegen den Widerspruch der Genossenschaft als unanfechtbar aufrecht erhalten wurde, für unrichtig erklärt, das steuerpflichtige Einkommen neuerdings berechnet und die Einkommensteuer neu vorgeschrieben wird. Genossenschaft 1881 S. 49, 101, 117, 1884 S. 1.

patentes, mit welcher ihre Einbeziehung begründet wird, nur für Einzelunternehmer getroffen worden ist und sinngemäss nur auf solche Gesellschaften angewendet werden kann, deren Teilnehmer gesetzlich zur unentgeltlichen Teilnahme an der Geschäftsführung verpflichtet sind, was bekanntlich bei den Genossenschaften nicht der Fall ist; ferner gehören hierher die Steuern und Gebühren, deren Nichtabziehbarkeit in keinem Gesetz ausgesprochen ist; ferner die Abnutzung des Inventars und die Wertverminderung, welche das Warenlager bei längerem Liegen erleidet, trotzdem aus § 7 der Vollzugsvorschrift zum Einkommensteuerpatent das Recht der Abziehbarkeit hervorgeht; endlich wird hie und da selbst der Abzug von Verlusten, welche an Buch- und Wechselforderungen erlitten worden sind, verweigert. Diese Bestimmungen gelten allerdings mehr oder weniger auch für die Einzelunternehmungen, allein diese bekennen zugestandenermassen ihr Einkommen nicht danach ein, und ihnen gegenüber fehlt es an Mitteln, die Anordnungen durchzuführen. Nur die Aktiengesellschaften, die gleichfalls zu öffentlicher Rechnungslegung verpflichtet sind, werden ähnlich behandelt, mit diesen finanziell kräftigeren und leistungsfähigeren dürfen aber die Produktivgenossenschaften, die mühsam nach Existenz ringen, nicht auf eine Stufe gestellt werden. Die Produktivgenossenschaften waren der Meinung, dass sie mit den Einzelunternehmungen ungefähr gleichgestellt würden, wenn man ihren Reinertrag nach kaufmännischen Grundsätzen ermittle und denselben mit der Hälfte des bisherigen Steuersatzes, also einschliesslich des ausserordentlichen Zuschlags mit 5 Prozent belege. — Die Petition war erfolglos.

Das österreichische direkte Steuersystem bedarf längst einer Reform, und man ist auch seit mehreren Jahren einer solchen näher getreten. Es gingen am 15. Januar 1883 dem Abgeordnetenhause vier Gesetzentwürfe zu, welche bestimmt waren, die Erwerbsteuer, die Personaleinkommensteuer, die Besteuerung der zur öffentlichen Rechnungslegung verpflichteten Erwerbsunternehmungen und die Rentensteuer zu regeln; der die Reform beherrschende Gedanke ist, durch Kombination von Ertragssteuern mit einer allgemeinen Einkommensteuer fundiertes und unfundiertes Einkommen entsprechend zu treffen.

Der Entwurf über die Besteuerung der zur öffentlichen Rechnungslegung verpflichteten „Erwerbsunternehmungen" will im allgemeinen die Bestimmungen des Gesetzes vom 27. Dezember 1880 über die Bildung der Besteuerungsgrundlage auf alle Genossenschaften ausdehnen, so dass also auch den Genossenschaften, welche mit Nichtmitgliedern verkehren, ebenso wie den Sparkassen, Aktiengesellschaften etc. in Zukunft gestattet werden soll, die Zinsen für die in den Unternehmungen angelegten Passivkapitalien, sowie die Abschreibungen für die Abnutzung des Inventars etc. in die Ausgaben zu stellen.

Von der Erwerbsteuer sollen alle zur öffentlichen Rechnungslegung verpflichteten Unternehmungen, also auch alle Genossenschaften befreit bleiben; ein Unterschied zwischen solchen, die nur mit ihren Mitgliedern verkehren und die es nicht thun, wurde nicht gemacht. Die Genossenschaften waren mit dieser allgemeinen Charakterisierung durchaus nicht einverstanden und sie fürchteten darin Uebergriffe der Gewerbebehörden (Anmeldung des Gewerbes, Entrichtung einer Gewerbetaxe etc.), wie vor dem Gesetze vom 27. Dezember 1880.

Von grosser finanzieller Tragweite für die Genossenschaften war der Rentensteuerentwurf; derselbe belastete die Zinsen für Geschäftsanteile und die Dividenden mit 10 Prozent, ebenso die Zinsen von dem im Unternehmen verwendeten Kapital, und zwar sollten die Genossenschaften die Rentensteuer in Abzug bringen. Damit gingen die nur mit Mitgliedern verkehrenden Genossenschaften des durch Gesetz vom 27. Dezember 1880 erlangten Vorteils wieder verlustig. Man begreift, dass die Genossenschaften den Entwürfen keine Sympathie entgegenbrachten; ihr Losungswort war und ist gänzliche Steuerfreiheit für die ausschliesslich mit Mitgliedern verkehrenden Genossenschaften [1]).

[1]) Vergl. Genossenschaft 1883 S. 9, 13, 49.

III. Staaten mit Einkommensteuersystem.

1) Grossherzogtum Oldenburg.

1) Herzogtum Oldenburg.

Steuersystem: Grundsteuer (Ges. v. 18. .Mai 1855, Katasterges. v. 20. Juni 1859, v. 1. April 1879), Einkommensteuer (Ges. v. 6. April 1864).

Das letztgenannte Gesetz besteuert ausser physischen Personen die auswärtigen juristischen Personen, Korporationen, Stiftungen und Gesellschaften, welche aus dem Herzogtum Einkommen beziehen. Eine Besteuerung der Genossenschaften als solcher ist also in Oldenburg nicht gegeben, die Dividende des Genossenschafters unterliegt der Einkommensteuer.

2) Fürstentum Birkenfeld.

Steuersystem: Grundsteuer (Ges. v. 12. Nov. 1845, Katasterges. v. 30. Januar 1885), Gebäudesteuer (Ges. v. 7. Januar 1873), Einkommensteuer (Ges. v. 1. Mai 1865, Nachtrag v. 13. August 1870, 23. Dezember 1881).

Bezüglich der Genossenschaften liegt die Sache analog wie im Herzogtum Oldenburg. Das gleiche dürfte bezüglich des Fürstentums Lübeck der Fall sein.

2) Herzogtum Gotha.

Steuersystem: Grundsteuer (sehr alte Veranlagung), Einkommen- und Klassensteuer (Ges. v. 10. Januar 1854, v. 15. Juli 1858, Ausführungsverordnung v. 3. Aug. 1858, Ges. v. 24. Juni 1859, v. 4. Dez. 1870, 3. Aug. 1871, 10. Dez. 1877).

Die gothaische Einkommen- und Klassensteuer kennt nur eine Besteuerung der physischen Personen.

3) Sachsen-Weimar.

Ueber die direkten Steuern des Grossherzogtums Sachsen-Weimar hat das Finanzarchiv II, 924 ff. ausführlich berichtet.

Nach dem Gesetz vom 18. März 1869 über die Steuerverfassung unterliegen alle Staatsangehörige, seien es physische oder juristische Personen, der allgemeinen Einkommensteuer. Dass man im Grossherzogtum die Genossenschaften zu den juristischen Personen gerechnet hätte, ist nicht ersichtlich, aber auch nicht wahrscheinlich. Es kommt deshalb nur der Dividendenbezug der Mitglieder in Betracht;[1] hinsichtlich desselben haben denn auch die Ausführungsvorschriften vom 19. November 1869 zu dem Gesetz über die allgemeine Einkommensteuer vom 19. März 1869 nähere Bestimmungen getroffen.

§ 14. Den inländischen Sparkassen sind in das Genossenschaftsregister eingetragene (Bundesgesetz vom 4. Juli 1868) Spar- und Vorschussvereine des Inlandes insoweit gleich zu achten, dass die Zinsen von den bei letzteren gemachten Spareinlagen steuerfrei sind, wenn der Betrag dieser Einlagen die Summe von 100 Thalern nicht erreicht (§ 15 Z. 6 des Ges. v. 18. März 1869)[2].

Dagegen ist der Dividendenabwurf der bei einem Vorschuss- oder Konsumvereine oder einer ähnlichen Genossenschaft des Inlandes oder Auslandes angelegten Geschäftsanteile zu fatieren, ohne Rücksicht darauf, ob diese Anteile die Summe von 100 Thalern erreichen oder nicht (§ 28 u. 33 des Ges.).

---

[1] Vergl. 28, 33 des Einkommensteuergesetzes vom 19. März 1869 Finanzarchiv II, S. 950, 954.
[2] Finanzarchiv II, S. 930.

Es bleibt jedoch nachgelassen, dass der Verein (die Genossenschaft) diese Anmeldung und die daraus folgende Versteuerung für sämtliche Beteiligte im ganzen bewirkt, in welchem Falle in der betreffenden Fassion bezüglich auf derselben hierüber das Erforderliche ausdrücklich zu bemerken ist.

§ 15. Den im § 33 des Gesetzes genannten Instituten, welche denjenigen Teil des Reinertrags — mit Einschluss der Zinsen ihres etwaigen Reservefonds —, der nicht an Teilnehmer verteilt wird, sondern entweder dem Reservefonds zufliesst oder über den von der Anstalt in anderer Weise frei verfügt wird, zu fatieren haben, sind auch Spar- und Vorschussvereine und andere dergleichen Genossenschaften beizuzählen.

Aus diesen Bestimmungen erhellt, dass das ganze Einkommen der Genossenschaften, gleichgültig ob sie ihren Geschäftskreis auf ihre Mitglieder ausdehnten oder nicht, zur Einkommensteuer herangezogen wurde, es blieb jedoch der Genossenschaft überlassen, ob sie die an die Mitglieder hinausgezahlten Dividenden gleich selbst mitversteuern oder den einzelnen Mitgliedern die Steuerentrichtung überlassen wollte. Von letzterer Möglichkeit machten Vorschussvereine auch Gebrauch, namentlich so lange, als die Geschäftsanteile nicht vollgezahlt waren und die Dividende gut geschrieben wurde, weil in diesem Fall einzelne Mitglieder zu leicht infolge Vergesslichkeit oder Unkenntnis in Strafe kommen konnten [1].

Die Steuerreform vom Jahre 1883 berührte auch den Steuermodus der Genossenschaften. Das Gesetz vom 10. September 1883 gedenkt derselben in §§ 4 und 48.

§ 4. Ausgenommen (von der Anmeldung) sind diejenigen Zinsen und Gewinnanteile, welche von inländischen Aktiengesellschaften, Kommanditgesellschaften auf Aktien, eingetragenen Erwerbs- und Wirtschaftsgenossenschaften unter die Mitglieder verteilt werden und daher nach § 18 dieses Gesetzes als Teil des Reingewinns bei der Einschätzung dieser Gesellschaften und Genossenschaften zu berechnen sind.

§ 48. Bei der Einschätzung des Einkommens aus Handel und selbständigem Gewerbebetriebe der Aktiengesellschaften, Kommanditgesellschaften auf Aktien, Erwerbs- und Wirtschaftsgenossenschaften sind auch die Ueberschüsse als steuerpflichtiges Einkommen zu rechnen, welche als Zinsen oder Gewinnanteile, gleichviel unter welcher Benennung, unter die Mitglieder verteilt, oder zur Bildung von Reservefonds, zur Erweiterung der Anlagen oder zur Schuldentilgung verwendet werden.

Der früher fakultativ zugelassene Modus ist zum gesetzlichen gemacht; das Einkommen wird nur bei der Genossenschaft erfasst. Zu diesen gesetzlichen Bestimmungen haben aber auch die Vollzugschriften vom 13. Oktober 1883 sich noch näher geäussert. § 66 derselben lautet:

Das steuerpflichtige Einkommen der im § 47 des Gesetzes genannten Gesellschaften, Genossenschaften, Anstalten und Personenvereine ist in Gemässheit des § 47 Abs. 3 des Gesetzes einzuschätzen [2]. Aktiengesellschaft, Kommanditgesellschaften auf Aktien und eingetragene Erwerbs- und Wirtschaftsgenossenschaften haben alljährlich ihre Geschäftsberichte, Bilanzen oder Abschlüsse alsbald nach deren Fertigstellung dem Gemeindevorstande zuzusenden.

Aus diesen Geschäftsberichten sind, wenn nötig, nach vorheriger weiterer Befragung der Vorstände dieser Gesellschaften u. s. w., die Gesamtbeträge festzustellen, welche als Zinsen oder Gewinnanteile unter die Mitglieder verteilt, zur Bildung von Reservefonds, zur Erweiterung der Geschäftsanlagen, zur Schuldentilgung, zur Zahlung persönlicher Steuern und Abgaben und zu Gemeindeumlagen verwendet worden sind, und ist dieser Gesamtbetrag nach Kürzung des etwa darunter begriffenen zur zweiten Abteilung einzuschätzenden Grundeinkommens (§ 62 Abs. 2) bei der Einschätzung des betreffenden Geschäftseinkommens zu Grunde zu legen.

Behufs Feststellung des Geschäftseinkommens steuerpflichtiger juristischer Personen und Gesellschaften, welche ihren Sitz ausserhalb des Grossherzogtums haben, sind die erforderlichen Auskünfte von den im Grossherzogtum bestellten Vertretern (§ 6 Z. 3 des Ges.) einzuholen und die notwendigen Schätzungsunterlagen erforderlichenfalls durch Zuziehung von Sachverständigen (§ 36 Abs. 1 des Ges.) zu beschaffen.

---

[1] Bl. f. G. 1869 S. 58.
[2] Finanzarchiv II, 979.

Versicherungs- und sonstige Gesellschaften, ingleichen Genossenschaften, welche auf Gegenseitigkeit beruhen und ihren Geschäftsbetrieb lediglich und ausschliesslich auf ihre Mitglieder beschränken, sind hinsichtlich ihres Geschäftseinkommens überhaupt nicht und nur hinsichtlich ihres etwaigen Grundeinkommens zur zweiten Abteilung der Steuerrolle einzuschätzen.

4) Sachsen-Altenburg.

Steuersystem: Grundsteuer (Ges. v. 21. Februar 1855). Daneben bestand eine Gewerbe- und Personalsteuer (Ges. v. 2. April 1850, 17. Juli 1851). Diese wurde durch eine Klassen- und klassifizierte Einkommensteuer (Ges. v. 17. März 1868, v. 20. Juni 1872) ersetzt. Dazu ist 13. März 1878 ein Gesetz betreffend die Besteuerung des Gewerbebetriebs im Umherziehen insbesondere der Wanderlager gekommen.

Das Gesetz vom 17. März 1868 gedenkt der Genossenschaften nicht, wohl aber der juristischen Personen, Aktiengesellschaften und Versicherungsgesellschaften auf Gegenseitigkeit. So wird in § 4 bestimmt, dass juristische Personen und Aktiengesellschaften als Einzelsteuernde zu klassifizieren seien. § 5 lautet:

Bei juristischen Personen und Aktiengesellschaften ist der Reingewinn, welcher bei dem der ersten Veranlagung oder jährlichen Steuerrevision vorangegangenen letztmaligen Jahresabschlusse ermittelt worden ist, mit Einschluss etwaiger in Reservefonds u. s. w. gewiesenen Rücklagen (cf. § 5d) als steuerpflichtiges Einkommen zu Grunde zu legen.

Auch Versicherungsgesellschaften, welche auf Gegenseitigkeit beruhen, sind in Rücksicht derartiger Rücklagen als beitragspflichtig zu behandeln.

Wenn man die Versicherungsgesellschaften auf Gegenseitigkeit bezüglich ihrer Rücklagen beizog, dann musste die Nichterwähnung der Genossenschaften als eine Lücke angesehen werden. Dieselbe wurde auch bald beseitigt durch die Novelle vom 24. Juni 1872. Daselbst heisst es:

§ 1. Den juristischen Personen und Aktiengesellschaften werden in Ansehung der Steuerpflicht die eingetragenen Erwerbs- und Wirtschaftsgenossenschaften (cf. B.G. v. 4. Juli 1868) gleichgestellt.

§ 5. Genossenschaften, welche als Konsumvereine etc. bloss mit ihren Mitgliedern Geschäfte machen und den hierdurch erzielten Gewinn lediglich den letzteren zu teil werden lassen, sind nicht als steuerpflichtig anzusehen.

5) Schwarzburg-Sondershausen.

Steuersystem: Grundsteuer (Ges. v. 8. Juli 1868), Gebäudesteuer (Ges. v. 8. Juli 1868), Klassensteuer (Ges. v. 2. Januar 1853, v. 22. Dezember 1871).

Die Klassensteuer traf früher nur physische Personen, also Genossenschafter für ihren Dividendenbezug. Durch Nachtragsgesetz vom 22. Dezember 1871 wurden aber folgende Zusätze beigefügt:

„Als besondere steuerpflichtige Subjekte sind zu betrachten: eingetragene Genossenschaften, welche ihren Geschäftsbetrieb statutgemäss auf Nichtmitglieder ausdehnen und im Fürstentum ihren Sitz haben, ferner Kommandit- und Aktiengesellschaften, die ihren Sitz im Fürstentum haben.

Als steuerpflichtiges Einkommen der Genossenschaften, Kommandit- und Aktiengesellschaften ist diejenige Summe, welche im Vorjahre an die Genossenschafts- oder Gesellschaftsmitglieder als Zins und Dividende zur Verteilung gelangte, sowie der zum Vereinsvermögen geschlagene Zinsgewinn des Vorjahres anzusehen. Es erfolgt also beispielsweise die Besteuerung für das Jahr 1872 nach den Geschäftsresultaten des Jahres 1871.

Hat eine solche Genossenschaft oder Gesellschaft eine im Fürstentume ihren Sitz habende eingetragene Zweigniederlassung, so erfolgt die Einschätzung der Genossenschaft oder Gesellschaft zwar an dem Orte des Sitzes derselben; die Verteilung des von der Genossenschaft oder Gesellschaft zu entrichtenden Steuerjahresbetrages in die Klassensteuerrollen dieses Orts und des Ortes des Sitzes der Zweigniederlassung geschieht aber durch das Fürstl. Ministerium, Finanzabteilung, nach entsprechenden Verhältnissen."

Novelle zur Städte- und Landgemeindeordnung vom 23. Dezember 1871:

Klassensteuerpflichtige Genossenschaften, Kommandit- und Aktiengesellschaften, sowie eingetragene und Zweigniederlassungen sind zur Tragung der in Geldbeträgen bestehenden Gemeindelasten nach Verhältnis der von ihnen in der Gemeinde, in welcher sie ihren Sitz haben, zu entrichtenden Klassensteuer mit verpflichtet.

6) Königreich Sachsen.

Im Königreich Sachsen bestand ehedem das Steuersystem aus einer Grund-, Gewerbe- und Personalsteuer [1]).

Die Kreditgenossenschaften wurden, auch wenn sie ihr Geschäft auf Mitglieder beschränkten, zur Gewerbe- und Personalsteuer mit dem ganzen Geschäftsumsatz beigezogen (Gesetz vom 9. Dezember 1858 § 1 und 11. März 1868 § 6,2) [2]). Die Konsumvereine wurden milder behandelt. Voraussetzung für die Besteuerung war, dass dieselben eigene Lager hielten. Dehnten sie ihren Verkehr auf Nichtmitglieder aus, so wurden sie nach Massgabe des Umfangs dieses Verkehrs zur Gewerbesteuer beigezogen; machten sie aber nur mit ihren eigenen Mitgliedern Geschäfte, so wurde in der Regel auf Grund der Annahme, dass namentlich bei grösseren Vereinen Käufe von Nichtmitgliedern doch nicht ganz abzuhalten seien, ein Verhältnis festgesetzt, in welchem solche unberechtigte Käufe etwa stattfanden, und nach diesem die Steuer auferlegt. Dieses Verhältnis wurde z. B. beim Konsumverein in Meissen zu $^1/_3$ angenommen, weil häufig Mitglieder für Nichtmitglieder, z. B. Arbeitgeber für ihre Arbeiter, Botenfrauen für Leute auf dem Land Waren bezogen [3]),

Mit dem Erlass des sächsischen Einkommensteuergesetzes vom 2. Juli 1878, welches die Gewerbe- und Personalsteuer absorbierte, wurden sowohl die eingetragenen Kreditgenossenschaften als eingetragenen Konsumvereine, falls letztere eigene Lager hielten und sich nicht etwa auf das Lieferantengeschäft beschränkten oder die Waren ohne Lagerung gleich an die Mitglieder naturaliter verteilten, mit ihrem ganzen Gewinn zur Einkommensteuer beigezogen. Dabei machte es keinen Unterschied, ob der Geschäftsverkehr auf die Mitglieder beschränkt blieb oder nicht. Doch scheint man in der Praxis von dieser Regel vielfach abgewichen zu sein und sehr verschieden verfahren zu haben. Es wird berichtet, dass man in manchen Steuerbezirken die Konsumvereine ganz freiliess, in anderen nur für denjenigen Reingewinn, der aus dem Geschäftsverkehr mit Nichtmitgliedern entstand, zur Steuer heranzog, in wieder anderen in letzterem Fall den Gesamtreingewinn besteuerte [4]).

Das Gesetz selbst geht auf eine Spezialisierung nicht ein; in der allgemeinen Form, in der es uns entgegentritt, ist die als Regel oben aufgestellte Auffassung zu präsumieren. Im § 4 Absatz 2 heisst es:

Beitragspflichtig sind Aktiengesellschaften, Kommanditgesellschaften auf Aktien, Berggewerkschaften und Erwerbs- und Wirtschaftsgenossenschaften hinsichtlich der Ueberschüsse, welche als Aktienzinsen oder Dividenden, gleichviel unter welcher Benennung, unter die Mitglieder verteilt oder zur Bildung von Reservefonds oder zur Schuldentilgung verwendet werden.

---

[1]) Vergl. Hildebrands Jahrbücher Jahrg. 1871 Bd. 16, Jahrg. 1873 Bd. 21.

[2]) Bl. f. G. 1861 S. 17; 1871 S. 158; 1878 Jahrg. 25 S. 89. Rechenschaftsbericht des Kreditvereins zu Meissen über das 10. Verwaltungsjahr mit einem Vorwort über das Rechtsverhältnis sächsischer Kredit- und Vorschussvereine vom Finanzprokurator Hellbauer in Meissen. Erkenntnis des Oberappellationsgerichts zu Dresden vom 16. Juni 1863 in Busch, Archiv für Theorie und Praxis des Handelsrechts Bd. III. S. 388.

[3]) Spezialverordnung des k. sächsischen Ministeriums des Innern vom 27. Juli 1869.

[4]) Bl. f. G. 1881 Jahrg. 28 S. 148.

Mancherlei Beschwerden führten zu einer Spezialerläuterung (10. Jan. 1881).

a. Erwerbs- und Wirtschaftsgenossenschaften im Sinne von § 4 Punkt 2 des Gesetzes kennzeichnen sich äusserlich durch ihre Eintragung im Genossenschaftsregister und durch den ihrer Firma gegebenen Zusatz „eingetragene Genossenschaft". Sie sind juristische Personen und als solche ganz verschieden von den in § 31 Punkt 3 des Gesetzes genannten „Erwerbsgesellschaften".

b. Konsumvereine, die nur an Mitglieder verkaufen und Versicherungsgesellschaften auf Gegenseitigkeit sind nur wegen derjenigen unter die Mitglieder verteilten oder zur Bildung von Reservefonds oder zur Schuldentilgung verwendeten Ueberschüsse einkommensteuerpflichtig, welche aus dem in Grundbesitz oder sonst werbend angelegten Vermögen, nicht aber aus dem Gewerbebetrieb herrühren, da das Ergebnis des letzteren niemals als Gewinn im eigentlichen Sinn sich darstellt.

Es muss die Spezialerläuterung etwas wunderlich erscheinen, zuerst legt man strikte den eingetragenen Genossenschaften den Charakter der juristischen Personen bei, dann leugnet man, dass der als juristische Persönlichkeit auftretende, auf Mitglieder seinen Geschäftskreis beschränkende Konsumverein ein Einkommen habe, indem man ein Moment hereinbringt, das für den Einkommensbegriff unseres Erachtens unwesentlich ist.

Das Beneficium, das die Konsumvereine, nicht aber auch andere Genossenschaften, wie Kreditgenossenschaften erhalten, befriedigte übrigens nicht ganz; von seiten einzelner Konsumvereine wollte man Steuerfreiheit auch für den Fall des Verkehrs mit Nichtmitgliedern und zwar, indem man geltend machte, es erwachse aus dem Verkauf an Nichtmitglieder gar kein Gewinn, da auch Nichtmitglieder bei jedem Ankauf Marken erhielten. Das Finanzministerium liess jedoch diesen Einwand nicht gelten, teils weil der aus der gesamten Geschäftsführung des Vereins (also auch mit Nichtmitgliedern) sich ergebende Geschäftsgewinn zum Teil auch den Geschäftsanteilen der Mitglieder zugeschrieben wird, teils weil auch der durch den Verkauf an Nichtmitglieder bewirkten Umsatzerhöhung eine den relativen Gewinn der Mitglieder steigernde Bedeutung insofern beizumessen sei, als durch eine Erhöhung des Umsatzes erfahrungsgemäss das Verhältnis des aus der Differenz zwischen Einkaufs- und Verkaufspreis sich ergebenden Bruttogewinns zu den Verwaltungsunkosten ein günstiges werde [1].

Die Dividende in der Hand des einzelnen wird gleichfalls durch die Einkommensteuer getroffen.

Die Gemeindesteuern richten sich nach den Staatssteuern; doch pflegen Aktiengesellschaften, Genossenschaften als solche nicht zu den Abgaben der Kirchen- und Schulgemeinden zugezogen zu werden.

7) Herzogtum Koburg.

Steuersystem: Grundsteuer (Ges. v. 25. Mai 1860, 19. Januar 1867, 7. April 1868, 4. Juli 1879) und Einkommen- und Klassensteuer (Ges. v. 16. Juni 1874).

Das letztgenannte Gesetz bestimmt:

Art. 2. Ferner unterliegen der Einkommensteuer diejenigen Vereine, Kommandite- und Aktiengesellschaften, welche ihren Sitz im Herzogtum haben oder eine Zweigniederlassung in demselben unterhalten.

Art. 4. Vereine, deren Mitglieder mit ihrem ganzen Vermögen für die Vereinsverbindlichkeiten haften, können auf Ansuchen durch das Staatsministerium von der Einkommensteuer befreit werden.

Art. 9. Als steuerpflichtiges Einkommen der Vereine, Kommandite- und Aktiengesellschaften ist diejenige Summe anzusehen, welche im Vorjahre als Zins und Dividende zur Verteilung gebracht worden ist.

---

[1] Entscheidung vom 25. September 1882, Mitteilungen aus der Verwaltung der direkten Steuern im Königreich Sachsen I, 60.

Bei Berechnung der Einkommensteuer auswärtiger Gesellschaften, welche eine Zweigniederlassung im Herzogtum unterhalten, ist nur der dem Geschäftsbetriebe der letzteren entsprechende Anteil ihres Einkommens in Berücksichtigung zu ziehen.

8) Bremen.

Steuersystem: Grundsteuer (Ges. v. 11. Oktober 1878), Einkommensteuer (Ges. v. 17. Dezember 1874, 13. April 1880, 16. Nov. 1880, 17. Febr. 1884), Firmensteuer (Ges. v. 27. Mai 1884), Vermögenssteuer (Ges. v. 13. Juni 1874).

§ 2 der Einkommensteuer: derselben sind unterworfen:

a. diejenigen, welche im bremischen Staate wohnen oder ihren dienstlichen Wohnsitz haben; diese Bestimmung erstreckt sich auf hiesige Stiftungen, juristische Personen, Gesellschaften (einschliesslich Erwerbsgesellschaften) und liegende Erbschaften;

c. diejenigen, welche, ohne hier zu wohnen, hier Grundbesitz haben oder hier ein Gewerbe betreiben, jedoch nur hinsichtlich des aus diesen Quellen herrührenden Einkommens; diese Bestimmung erstreckt sich auch auf auswärtige Stiftungen, juristische Personen und Gesellschaften (einschliesslich Erwerbsgesellschaften), welche hier Grundbesitz haben oder hier durch eine Zweigniederlassung ein Gewerbe betreiben.

§ 5. Das steuerpflichtige Einkommen besteht aus der Gesamtsumme aller Einnahmen des Steuerpflichtigen, welche in Geld bestehen oder Geldeswert haben, einschliesslich des Mietswertes der eigenen Wohnung und etwaiger Nutzungen, Naturallieferungen u. s. w. nach Abzug — derjenigen Einnahmen, für welche ein dritter die Einkommensteuer hier zu entrichten hat, also namentlich der Einnahme von Dividenden hier steuerpflichtiger Erwerbsgesellschaften.

§ 7. Zur Angabe des Einkommens und zur Ablieferung der Steuer sind verpflichtet: — c. für Stiftungen, juristische Personen und Gesellschaften, die Vorsteher, Verwalter oder geschäftsführenden Bevollmächtigten. Jedoch sollen die hiesigen Teilhaber (offenen oder stillen Gesellschafter und Kommanditisten) einer offenen oder stillen Handelsgesellschaft oder einer Kommanditgesellschaft ein jeder für sich ihren Anteil an dem Gesellschaftseinkommen und ihr sonstiges besonderes Einkommen als Gesamtsumme versteuern; — e. für auswärtige Teilhaber (offene oder stille Gesellschafter und Kommanditisten) eines hier betriebenen Gewerbes der hiesige offene Gesellschafter, in dessen Ermangelung der hiesige Geschäftsführer und für auswärtige Mitglieder einer hiesigen Reederei der Korrespondentreeder.

Die Genossenschaften gehören zu den im § 2 genannten Gesellschaften [1]). Nach obigem Wortlaut sollte man meinen, die Genossenschaften unterliegen als solche schlechtweg der Steuer; wie mir aber Herr Steuerdirektor Dierking mitteilt, gilt dies nur von den Genossenschaften, welche ihre Betriebsthätigkeit nicht auf den Kreis ihrer Mitglieder beschränken. Die grösseren Genossenschaften dieser Art haben sich jedoch fast alle in Aktiengesellschaften verwandelt.

Analog ist die Vermögenssteuer geregelt. Dieselbe wird jedoch nur beim Auftreten ungewöhnlicher Bedürfnisse erhoben. Vergl. Jahrbuch für bremische Statistik, Jahrg. 1882, II, S. 487 ff.

Bezüglich der Firmensteuer vergl. Finanzarchiv III, S. 251.

9) Hamburg.

Steuersystem: Grundsteuer (Ges. v. 4. Juli 1881, v. 3. November 1884), Einkommensteuer (Ges. v. 7. März 1881).

Der § 1 des Einkommensteuergesetzes enthält folgende Bestimmung:

Die Einkommensteuer für das gesamte hamburgische Staatsgebiet ist zu entrichten:

10) von hiesigen Aktiengesellschaften, Kommanditgesellschaften auf Aktien und eingetragenen Genossenschaften;

11) von auswärtigen (nicht hamburgischen) Aktiengesellschaften, Kommanditgesellschaften auf Aktien und eingetragenen Genossenschaften, welche hierselbst Grundbesitz haben oder hierselbst durch eine Zweigniederlassung oder Bevollmächtigte Geschäfte betreiben (§ 28 des Einführungsges. zum allg. d. Handelsgesetzbuch) für das aus dem hiesigen Grundbesitz oder Gewerbebetrieb herrührende Einkommen.

---

[1]) Vergl. § 1 des Genossenschaftsgesetzes vom 4. Juli 1868 und Sicherer, Kommentar S. 139.

Dazu verfügt der Anhang:

Für die im § 1 unter 10 (u. 11) bezeichneten Erwerbsgesellschaften gilt als steuerpflichtiges Reineinkommen der nach den vorstehenden speziellen Bestimmungen zu berechnende Ueberschuss der Einnahmen über die Ausgaben. Zu den letzteren dürfen nicht gerechnet werden die an Aktionäre und Anteilseigner, wie auch unter der Bezeichnung von Zinsen geleisteten Zahlungen, die Einlagen in den Kapitalreservefonds und die zur Amortisation der Schulden oder des Grundkapitals, sowie die zu Verbesserungen und Geschäftserweiterungen verwendeten Beträge.

Auf eine Anfrage, wie diese Bestimmungen in der Praxis gehandhabt und ob sie namentlich auch auf diejenigen Genossenschaften angewendet werden, welche ihre Geschäftsthätigkeit auf den Kreis ihrer Mitglieder beschränken, wurde mitgeteilt, „dass, dem Wortlaut des hamburgischen Gesetzes nach, der Besteuerung dieser Genossenschaften wohl nichts entgegenstehen dürfte. Es geschieht aber dennoch nicht, und kann nicht geschehen, weil dieselben, ebenso wie die Versicherungsgesellschaften auf Gegenseitigkeit ein Einkommen nicht erzielen und hierselbst gesetzlich weder juristische noch physische Personen zur Steuer herangezogen werden dürfen, die nicht mindestens 600 Mark jährlich erwerben. Sobald aber die gedachten Gesellschaften eine Dividende verteilen, so wird diese, oder wenn sie einen Reservefonds bilden, der Zuwachs desselben zur Steuer herangezogen."

10) Lübeck.

Steuersystem: Einkommensteuer (Ges. v. 18. Oktober 1869, v. 27. Mai 1872, v. 23. September 1874), Eisenbahnsteuer (Ges. v. 4. November 1885).

Das Gesetz betr. die Einkommensteuer vom 31. Mai 1872 beschränkt sich zwar nicht auf die physischen Personen, aber es zieht ausser diesen nur die Privatwohlthätigkeitsanstalten, milden Stiftungen und Testamente, sowie ungeteilte Erbschaftsmassen zur Steuer heran.

In der neuerlich angeregten Revision fügt der Kommissionsentwurf vom 5. Juli 1885 noch hinzu:

§ 1, Z. 11: „alle hiesigen Aktiengesellschaften, Kommanditgesellschaften auf Aktien und eingetragene Genossenschaften."

Weiter ist bestimmt:

Für die im § 1 unter 11 bezeichneten Erwerbsgesellschaften gilt als steuerpflichtiges Reineinkommen der nach den vorstehenden speziellen Bestimmungen zu berechnende Ueberschuss der Einnahmen über die Ausgaben. Derselbe ist nachzuweisen durch Einreichung der den Generalversammlungen vorzulegenden Abrechnungen und Bilanzen. Zu den Ausgaben dürfen nicht gerechnet werden die an Aktionäre und Anteilseigner, wenn auch unter der Bezeichnung von Zinsen geleisteten Zahlungen, die Einlagen in den Kapitalreservefonds und die zur Amortisation der Schulden oder des Grundkapitals, sowie die zu Besserungen und Geschäftserweiterungen verwendeten Beträge.

Man hat, wie hervorgehoben wird, das hamburgische Gesetz zum Muster genommen.

Die Begründung ist äusserst dürftig und berührt die Genossenschaften gar nicht, nur die Besteuerung der Aktiengesellschaften wird besonders motiviert mit dem Hinweis, dass diese eigene Rechtssubjekte seien. Die frühere Besteuerung sei unterlassen worden, weil damals der Staat an der grössten, nunmehr in Privateigentum übergegangenen Lübecker Aktiengesellschaft (Lübeck-Büchener Eisenbahngesellschaft) sehr stark beteiligt gewesen sei, während jetzt die Besteuerung der Aktiengesellschaften die ganze vorgeschlagene Steuerermässigung mit 33,000 Mark decke.

11) Reuss j. L.

Das Steuersystem des Fürstentums wurde nach 1848 einer gründlichen Reform unterzogen. Die Beseitigung der Grundsteuerfreiheiten und Ungleichheiten erfolgte durch das Grundsteuergesetz vom 20. März 1850; das Gesetz, die Gewerbe- und Personalsteuer betr. vom 1. Juli 1852 suchte „alle vorhandenen Steuerkräfte zu verhältnismässiger Mitleidenheit" heranzuziehen. Verschiedene Erwerbsklassen wie Landwirte und Gewerbetreibende wurden sowohl mit der Gewerbe- als Personalsteuer belegt. Dieses Gesetz wurde durch Gesetz vom 22. Juni 1868 die Einführung einer Klassen- und klassifizierten Einkommensteuer betr. aufgehoben.

In dem neuen Gesetz waren im § 4, Z. 4 als steuerpflichtig auch erklärt:

„solche Vereine, welche irgend ein Einkommen aus Kapitalvermögen oder Grundbesitz haben oder sonst ein gewinnbringendes Geschäft betreiben, Kommandit- und Aktiengesellschaften, Eisenbahnen",

und über die Art ihrer Besteuerung im § 14 folgendes verfügt:

„Bei Vereinen, Kommandit- und Aktiengesellschaften wird diejenige Summe, welche im Vorjahre an die Vereins- und Gesellschaftsmitglieder als Zins und Dividende zur Verteilung gelangte, bezüglich der zum Vereinsvermögen geschlagene Zinsgewinn des Vorjahrs als Reinertrag angesehen und letzterer, wenn die Gesellschaft ihren Sitz im Fürstentume hat, in einem Betrage, bei welchem die Besteuerung der im Auslande liegenden Kommanditen berücksichtigt werden muss, wenn sie aber im Fürstentume nur Zweigniederlassungen oder Agenturen unterhält, in einem entsprechenden Anteile bei Feststellung der Einkommensteuer in Berücksichtigung gezogen."

Danach unterlag allgemein der Zins aus dem nicht im Geschäft verwendeten Reservefonds der Besteuerung, die Genossenschaft als solche im übrigen nur, insoweit es sich um den Betrieb gewinnbringender Geschäfte handelt.

Das neue Gesetz vom 13. April 1874 der Erhebung der Klassen- und klassifizierten Einkommensteuer betr. schliesst sich an das von 1868 an.

In § 2 heisst es:

„Der Besteuerung nach dem gegenwärtigen Gesetze sind unterworfen: 3) juristische Personen, Vereine und Genossenschaften wegen ihres Einkommens aus Kapitalvermögen, aus dem Betriebe gewinnbringender Geschäfte und aus hierländischem Grundbesitze";

Der § 13 ist mit dem frühern § 14 identisch, nur dass statt „Reinertrag" „Reingewinn" gesetzt ist.

Aus einer Entschliessung des fürstlichen Ministeriums in betreff der Beschwerde des Geraer Konsumvereins gegen die Heranziehung zur Landes- und Kommunalsteuer geht hervor, dass die neuere Praxis das Gesetz so auslegt [1], dass alle Genossenschaften der Steuer unterliegen, also gewinnbringende Geschäfte auch bei denjenigen vorliegen, die ihre Thätigkeit nicht über den Kreis ihrer Mitglieder ausdehnen. Die Begründung lautet:

„Die in der Eingabe hervorgehobenen Momente sind nicht dazu angethan, eine Ausnahme von den hierlandsgeltenden Gesetzen, dass Vereine und Genossenschaften ebenso wie die physischen Personen der allgemeinen Steuerpflicht unterliegen, als gerechtfertigt erscheinen zu lassen; denn wenn auch die geschäftliche Thätigkeit des Konsumvereins lediglich auf den Verkehr mit seinen Mitgliedern sich beschränken sollte, so muss doch hinsichtlich der Steuerpflichtigkeit der Gesamtgewinn, welchen der Verein als solcher erzielt, von den in das Vermögen der einzelnen Mitglieder übergehenden Gewinnanteilen unterschieden werden. Der zur Verteilung gelangende Gesamtbetrag des Reingewinnes oder Ueberschusses und der davon abhängige Prozentsatz der Dividende oder Rückvergütung wird durch die Höhe des gesamten Umsatzes bedingt, während es dabei gleichgültig ist, in welchem Umfange das einzelne Vereinsmitglied an diesem Umsatze sich beteiligt hat; daher kann es vorkommen, dass ein Mitglied in zwei verschiedenen Jahren die nämlichen Warenquantitäten zu gleichen Preisen von dem

---

[1] Für die frühere Zeit ist es zweifelhaft, insofern eine ministerielle Entscheidung vom 10. Oktober 1869 auf die Frage, ob Konsumvereine zum Branntweinverkauf an ihre Mitglieder der Konzession bedürfen, dies verneinte, weil „der Begriff von Handel und Gewerbe bei Beschränkung des Verkehrs auf statutarisch bestimmte Personen ausgeschlossen sei".

Vereine entnimmt, bei Verteilung des Reingewinns aber für jedes der beiden Jahre einen wesentlich verschiedenen Betrag empfängt."

Die Deduktion des Ministeriums ist nur richtig unter der Voraussetzung, dass ein Mitglied Waren mit geringem Preisaufschlag bezieht und an dem gesteigerten Absatz der Waren mit höherem Aufschlag an anderen Mitgliedern profitiert.

Die Dividende des einzelnen Genossenschafters ist einkommensteuerpflichtig nach § 12 und § 13, Abs. 1.

12) Reuss ä. L.

Analog wie in Reuss j. L. wurde auch im Fürstentum Reuss ä. L. in den 50er Jahren das Steuerwesen geordnet. An Stelle des höchst ungleichen und vor länger als zwei Jahrhunderten eingerichteten Steuerfusses trat das Grundsteuergesetz vom 9. Mai 1857, nachdem schon vorher durch Gesetz vom 17. Dezember 1855 eine Gewerbe- und Einkommensteuer eingeführt worden war. An Stelle der letzteren trat durch Gesetz vom 8. August 1870 die Einkommensteuer.

Die Besteuerung der Genossenschaften ist ähnlich wie die im Fürstentum Reuss j. L.

§ 2, Z. 5. Der Einkommensteuer unterliegen auch 5) juristische Personen, ingleichen alle Vereine, Kommandit- und Aktiengesellschaften, welche ihren Sitz im Fürstentume haben oder eine Zweigniederlassung in demselben unterhalten.

§ 6. Bei Vereinen, Kommandit- und Aktiengesellschaften wird die Summe, welche nach den Rechnungsabschlüssen des Vorjahrs als Reinertrag sich ergeben hat, für den Steueransatz zu Grunde gelegt.

13) Sachsen-Meiningen.

Steuersystem: Grundsteuer (Ges. v. 13. Februar 1869, v. 29. Februar 1872), Gebäudesteuer (Ges. v. 17. Juli 1867, v. 21. November 1874), Eisenbahnabgabe (Ges. v. 30. April 1873), Bergwerksabgabe (Ges. v. 18. April 1868), Steuer vom Gewerbebetrieb im Umherziehen (Ges. v. 25. Juni 1885) [1]). Die Klassen- und Einkommensteuer (Ges. v. 18. Juli 1867) trat an die Stelle der durch Gesetz vom 27. Dezember 1847 geregelten Gewerbe- und Einkommensteuer.

Von dem Gesetz vom 18. Juli 1867 kommen in Betracht:

Art. 3. Der Einkommensteuer unterliegen auch diejenigen Vereine, Kommandit- und Aktiengesellschaften, welche ihren Sitz im Herzogtum haben oder eine Zweigniederlassung in demselben unterhalten.

Art. 10. Bei Vereinen, Kommandit- und Aktiengesellschaften wird diejenige Summe, welche im Vorjahre an die Vereins- oder Gesellschaftsmitglieder als Zins und Dividende zur Verteilung gelangte, bezüglich der zum Vereinsvermögen geschlagene Zinsgewinn des Vorjahrs als Reinertrag angesehen und letzterer, wenn die Gesellschaft ihren Sitz im Herzogtum hat, in einem Betrag, bei welchem die Besteuerung der im Ausland liegenden Kommanditen berücksichtigt werden muss, wenn sie aber nur eine Zweigniederlassung im Herzogtum unterhält, in einem entsprechenden Anteile bei Feststellung der Einkommensteuer in Berücksichtigung gezogen.

Eine instruktionelle Bestimmung, dass gewisse Arten der Erwerbs- und Wirtschaftsgenossenschaften auszunehmen seien, besteht im Herzogtum nicht. Es werden auch thatsächlich alle Konsum- und Vorschussvereine zur Steuer beigezogen; die Mehrzahl der letzteren, sowie alle Konsumvereine bis auf einen machen mit Nichtmitgliedern Geschäfte. Dieser eine Konsumverein erhob im vorigen Jahr gegen seine Veranlagung Rekurs, wurde aber von der Rekurskommission insbesondere auch aus dem Grunde zurückgewiesen, weil eine Garantie

---

[1]) Finanzarchiv III, S. 240 ff.

dafür, dass der Verkauf der Waren lediglich an Mitglieder und nur im Umfang derselben stattfinde, nicht als vorhanden angenommen werden könne [1]).

14) Herzogtum Anhalt.

Das anhaltische Steuersystem wurde durch das Gesetz, die Einführung einer neuen Ergänzungssteuer betreffend vom 24. April 1866 mit Nachträgen vom 1. März 1868, 15. Juli 1871, 28. Oktober 1874, 9. April 1878 begründet. Die Grund- und Gewerbesteuer, die Mahl- und Schlachtsteuer, die Kriegssteuer wurden aufgehoben und durch die Ergänzungssteuer ersetzt. Letztere stellte ein System von Ertragssteuern dar.

Nach dem § 7 Abs. 1 dieses Ergänzungsgesetzes unterlag der Betrieb eines Gewerbes sowohl der physischen als der juristischen Personen der Gewerbesteuer. Es ist uns nicht bekannt, ob man den Genossenschaften den Charakter einer juristischen Person beilegte und dieselben infolge dessen zur Gewerbesteuer zog.

Das anhaltische Steuersystem erfuhr ganz neuerdings (1886) eine Reform, auf die wir bei anderer Gelegenheit ausführlicher zurückkommen werden. Durch dieselbe wurde eine fixierte Grundsteuer und eine allgemeine Einkommensteuer geschaffen.

In § 4, Z. 2 der letzteren heisst es:

Steuerpflichtig sind — 2) Aktiengesellschaften, Kommanditgesellschaften auf Aktien, Gewerkschaften, eingetragene Genossenschaften, welche in Anhalt ihren Sitz haben, hinsichtlich der Ueberschüsse, welche als Aktienzinsen oder Dividenden — gleichviel unter welcher Benennung — unter die Mitglieder verteilt oder zur Bildung oder Verstärkung von Reservefonds, zur Schuldentilgung oder zu einer Kapitalanlage behufs Erweiterung des Geschäfts verwendet werden.

§ 21, Z. 5. Das Einkommen der in § 4, Punkt 2, bezeichneten Steuerpflichtigen ist in seinem Gesamtbetrage zu dem Einkommen aus Handel und Gewerbe zu rechnen.

Z. 1. Bei dem Handels- und Gewerbebetriebe ist der Reingewinn nach den Grundsätzen zu berechnen, welche für die Inventur und Bilanz durch das Handelsgesetzbuch, beziehentlich durch das Reichsgesetz v. 18. Juli 1884, Nr. 1559, vorgeschrieben sind und dem Gebrauche eines ordentlichen Kaufmanns entsprechen, insbesondere gilt dies von dem Zuwachs und der Abnützung des Anlagekapitals, sowie von Forderungen, Schulden und deren Zinsen; im übrigen kommen die in § 16 aufgestellten allgemeinen Grundsätze auch hier in Anwendung.

Z. 3. Der von einer Erwerbsgesellschaft erzielte Reingewinn ist den einzelnen Teilhabern nach Massgabe ihres Anteils anzurechnen.

Die Steuerpflicht wird auch auf jene Genossenschaften ausgedehnt, deren Geschäftsbetrieb nicht über den Kreis ihrer Gesellschaften hinausgeht, „weil, wie die Motive sagen, auch das Einkommen des gedachten beschränkten Geschäftsbetriebes immerhin als Gewerbeverdienst aufgefasst werden muss, während die Anteile der Genossenschafter diesen Charakter nicht haben".

Dieser Ausdehnung der Steuerpflicht entspricht eine Erleichterung, welche der § 6 Z. 5 enthält.

Befreit von der Einkommensteuer sind alle natürlichen und juristischen Personen, deren — sonst steuerpflichtiges — Jahreseinkommen den Betrag von 600 Mark nicht übersteigt.

Die eingetragenen Genossenschaften nehmen an dieser Vergünstigung teil, indem nach den Motiven der Begriff der juristischen Person nicht in dem strengen, juristisch-technischen Sinn aufgefasst wird, sondern alle Fälle umfasst, in denen das Subjekt einer anerkannten Vermögensfähigkeit, gleichviel ob diese Anerkennung auf einem Rechtssatze, einem Gesetze oder auf besonderer Verleihung beruht, nicht eine natürliche Person ist.

---

[1]) Briefliche Mitteilungen Seiner Exzellenz des Herrn Staatsministers Freih. v. Giseke.

Das Bild, das die Praxis hinsichtlich der Besteuerung der Genossenschaft
darbietet, ist, wie aus vorstehendem zu entnehmen, wenig erfreulich. Es ist
uns allenthalben ein grosses Schwanken, eine grosse Unsicherheit und eine
wenig wünschenswerte Mannigfaltigkeit entgegen getreten. Es fehlen feste und
klare Principien. Wir wollen versuchen, zu solchen zu gelangen. Wir legen dabei
immer nur den Fall zu Grunde, dass die Genossenschaft ihren Verkehr auf ihre
Mitglieder beschränkt, da dieser die eigentlichen Schwierigkeiten erzeugt.

1) Einkommensteuersystem.

Bekanntlich charakterisiert sich dieses System dadurch, dass man für
jeden Steuerpflichtigen das Einkommen in einer Grösse festzustellen sucht und
nach Massgabe derselben die Leistungsfähigkeit, bezw. Steuerpflicht feststellt.
Was man sich aber unter Einkommen zu denken hat, darüber ist in der
Wissenschaft kein Zweifel mehr. Allgemein wird es als die Summe der Güter
bezeichnet, welche in regelmässiger Wiederkehr einem Haushalt verfügbar wird.
Die Steuergesetze haben sich dieser Auffassung auch angeschlossen, nur dass
sie für ihre praktischen Zwecke etwas mehr specialisieren oder die aus dem
Einkommensbegriff sich ergebenden Folgerungen im Detail ziehen. So heisst
es z. B. im sächsischen Gesetz zom 2. Juli 1878: „Als Einkommen gilt die
Summe aller in Geld oder Geldwert bestehenden Einnahmen der einzelnen
Beitragspflichtigen mit Einschluss des Mietwerts der Wohnung im eigenen
Hause oder sonstiger freier Wohnung, sowie des Wertes der zum Haushalte
verbrauchten Erzeugnisse der eigenen Wirtschaft und des eigenen Gewerbebetriebs abzüglich der auf Erlangung, Sicherung und Erhaltung dieser Einnahmen
verwandten Ausgaben, sowie etwaiger Schuldzinsen, auch sofern diese nicht zu
den so bezeichneten Ausgaben gehören." Wie leicht ersichtlich, werden alle
Ausgaben ausgeschieden, die wieder Einnahmen oder Einkommen eines andern
sind, der dann seinerseits dafür zur Steuer beigezogen wird. Es wird das Nationalprodukt auf die bei der Produktion des Einkommens Beteiligten verteilt.

Die Frage ist nun, ob bei der Genossenschaft ein Einkommen vorliegt,
den Mitgliedern derselben ein solches zufliesst. Wir glauben die Frage bejahen und damit auch die Steuerpflicht als ausser Zweifel stehend annehmen
zu müssen. Eine kurze Analyse der wichtigeren Genossenschaftsarten wird dies
darthun. Am einfachsten und auch unbestrittensten liegt die Sache bei den
Produktivgenossenschaften. Es ist ein regelrechtes verkehrsmässiges Unternehmen gegeben, das seine von den Genossenschaftern hergestellten Produkte
an Nichtgenossenschafter verkauft und dabei einen Gewinn, ein Einkommen
erzielt. Ob die Produktivgenossenschaft landwirtschaftlicher oder gewerblicher
Art ist, macht für die Einkommensteuer keinen Unterschied. Es wird dies
Moment nur von Bedeutung beim Ertragssteuersystem, wo unter Umständen die
Verarbeitung landwirtschaftlicher Produkte nicht besonders erfasst, sondern
als in dem der Grundsteuer unterliegenden Ertrag inbegriffen gedacht wird.

Nicht minder sicher als bei den Produktivgenossenschaften ist die Entscheidung bei den Kreditgenossenschaften. Bekanntlich ist für den Einkommensbegriff der Abzug der Schuldzinsen wesentlich. Dieselben sind vom Gläubiger,
der sie bezieht, zu versteuern. Infolgedessen ist jedes Kreditgeschäft von
direktem Einfluss auf das Einkommen. Wenn jemand eine besonders günstige

Kreditgelegenheit findet, so wird sein für die Besteuerung in Betracht zu ziehendes Einkommen um so grösser, je billiger er das Kapital bekommt. Nicht anders, wenn mehrere in Form der Genossenschaft sich Kredit verschaffen. Der Kreditverein kauft Kapitalien, um sie wieder zu verkehrsmässigen Preisen an seine Mitglieder zu verkaufen. Der hierbei entstehende Ueberschuss, das beim Verleihen zu viel Erhobene, fliesst den Genossenschaftern als Dividende oder durch das Medium des Reservefonds später einmal wieder zu. Es ist gerade so, als wenn die Mitglieder um den Betrag des Gewinns die geliehenen Kapitalien billiger erhalten hätten[1]. In eben dem Mass erhöht sich aber selbstverständlich der zu versteuernde Einkommensbezug. Es wird der Gewinn, den der Bankier und der Privatverleiher ohne die Genossenschaft erzielen würde, in die eigene Tasche geleitet. An dem Auftreten des Einkommens ist also nicht zu zweifeln. Dabei sehen wir von der indirekten Förderung und Einkommenssteigerung, die durch die vorher versagte billige Kreditmöglichkeit entsteht, ganz ab.

Weniger einfach liegt die Sache bei den Konsumvereinen. Ihre Einrichtung ist folgende: Die Mitglieder des Vereins schaffen auf gemeinsames Risiko Waren an, um sie an Mitglieder wieder zu verkaufen; der Verkauf erfolgt in der Regel gegen Barzahlung mit einem Aufschlag auf den Einkaufspreis, wie ihn die Verkaufspreise der konkurrierenden Kaufleute gestatten; der nach Deckung der Unkosten und Zinsen für das fremde Kapital verbleibende Reingewinn wird teils an die Mitglieder als Dividende verteilt bezw. behufs Bildung von Geschäftsanteilen gutgeschrieben. Die Dividendenverteilung geschieht meist nach Massgabe des Werts, den die Käufe des einzelnen repräsentieren, was durch Marken kontrolliert wird. Statt dieses Verfahrens ist auch ein anderes möglich, dass man nämlich den Aufschlag auf den Einkaufspreis nur so hoch stellt, dass die Kosten gedeckt werden. Auch diese Ersparnis, die im einen, wie im andern Falle resultiert, ist nach unserer Auffassung Einkommen. Doch wie! Wo in aller Welt nennt ein Konsument das, was er bei einem Einkauf abhandelt oder erspart, Einkommen? Es kaufte bisher jemand seine Cigarren stückweise vom Detailhändler, nun aber bezieht er sie tausendweise viel billiger direkt von der Fabrik; ist dieser Gewinn etwa Einkommen? Gewiss nicht. Der Betreffende hat von dem vorhandenen Einkommen nur weniger ausgegeben. Oder zehn Hausfrauen verbinden sich und kaufen eine grosse Partie Kaffee in Hamburg und verteilen sie unter sich in der vorher bestimmten Weise; man nennt oft schon solche lose Organisationen Konsumvereine; besonders häufig sind sie in Bezug auf Holz und Kohlen. Man wird sich scheuen, in diesem Fall den Gewinn oder die Ersparnis Einkommen zu nennen. Und gleichwohl soll ein eigentlicher Konsumverein, der das im Preiszuschlag zuviel Erhobene wieder in Form der Dividende zurückgibt oder im Reservefonds ansammelt oder gleich die Waren zum Kostenpreis verkauft, ein Einkommen erzielen? Ist gegenüber den vorher erwähnten Fällen ein wirklicher Unterschied gegeben?

Allerdings. In den zuerst angeführten Beispielen handelt es sich lediglich um Verausgabung des Einkommens; es wird nur gekauft, aber nicht wieder verkauft, es wird eventuell nur verteilt nach bereits vor dem Kauf feststehendem

---

[1] Das modifiziert sich etwas durch die Art der Gewinnverteilung: siehe unten S. 299.

Verhältnis; es liegt mehr ein Gelegenheitsakt, denn eine dauernde Einrichtung
vor. Bei dem eigentlichen Konsumvereine haben wir dagegen eine förmliche
dauernde Beteiligung am Handelsprozess; die Geschäftsform ist eine zweiseitige,
zu dem Kauf tritt der Verkauf, der, wenn er auch auf die Mitglieder sich
beschränkt, doch nicht mit einer vorher feststehenden Verteilung gleichgestellt
werden kann; dem einzelnen Mitglied bleibt es überlassen, ob und wie viel es
beim Konsumverein kaufen will. Das Entscheidende ist, dass die Ausgabeakte
selbst zu einem Gegenstand produktiver, dauernder mit Risiko verknüpfter
Unternehmung gemacht werden. Der kommerzielle Gewinn des Detaillisten
wird durch eine eigene geschäftliche, meistens noch mit rechtlicher Selbständigkeit ausgerüstete Organisation in die Taschen der Genossenschafter geleitet.
Die Erübrigung, die erzielt wird, ist zwar ebenso wie in den oben angegebenen
Fällen Ausgabeersparnis, die an sich kein neues Einkommen darstellen würde,
aber sie ist noch etwas mehr, sie hat einen Doppelcharakter, sie ist zugleich
gewerbsähnlicher Gewinn. Um die Ersparnis zu erzielen, machen die Genossenschaften einen Aufwand, sie halten ein Lager, haben Lagerhalter, sie nehmen
Kapitalien auf, ja sie setzen, indem sie sich solidarisch verbinden, ihr ganzes
Vermögen aufs Spiel. Es wird also die Ersparnis geradezu erarbeitet, verdient, ihr regelmässiges Fliessen sicher gestellt und damit das Einkommen
gestärkt und erhöht. Es entspricht sicherlich nicht der Natur der Dinge, wenn
man immer nur die eine Seite sieht, die andere aber nicht sehen will. Die
Grenze, wo die Ausgabeersparnis in das Einkommensgebiet übertritt, ist zwar
schmal, aber sie ist vorhanden und deutlich ersichtlich. Sobald ein Konsumverein kauft und wieder verkauft, ist die Unternehmung gegeben, welche den
Mitgliedern eine regelmässige Einnahme zu sichern bestimmt ist. Gleichgültig
ist es, ob diese Einnahme die Form der Dividende oder des Preisabschlags
annimmt[1]). Ebenso kann nicht von Belang sein, dass der Verkehr auf die
Mitglieder sich beschränkt; es entscheidet dieses Moment ebenso wenig für den
Einkommensbegriff, als das Erscheinen des Einkommens in Natural- oder Geldform. Der Bauer, der mit seinen Kindern sein Feld bestellt und nichts an Fremde
verkauft, sondern bloss von seinen Früchten lebt, hat doch auch Einkommen.

Was schliesslich die Rohstoff-, Werk-, Magazin- und Baugenossenschaften
betrifft, so kann auch bei diesen das Auftreten von Einkommen kaum bezweifelt
werden. Die Rohstoffgenossenschaften sind Konsumvereine, beschränkt auf gewisse
Rohstoffe, es findet deshalb auf sie all das eben über die Konsumvereine Gesagte
Anwendung. Es tritt hier nur noch hinzu, dass es sich zugleich um Ersparnis an
den Produktionskosten handelt, was — Gleichbleiben der Produktpreise vorausgesetzt — Einkommen ist. Die Werkgenossenschaft berührt sich mit der Rohstoffgenossenschaft in der Verfolgung des Zweckes, durch die Vereinigung günstigere
Produktionsbedingungen zu schaffen. Sie ermöglicht die Benützung von Maschinen,
von Zuchtstieren u. dgl., die sie kauft und an die Genossenschaftsmitglieder
verleiht. Der Gewinn, der hier stets als Dividende und Rücklage auftritt, ist,
vorausgesetzt, dass die Preise für die Benutzung verkehrsmässige sind, immer

---

[1]) Nur für den hypothetischen Fall, dass der ganze Detailhandel von den
Konsumvereinen absorbiert wäre, würde von diesem Einkommen abgesehen
werden müssen, weil es dann an jedem Mass für dasselbe fehlen würde.

Einkommen, er hat den Charakter der Produktionskostenersparnis. Die Magazinsgenossenschaften ermöglichen durch die Herstellung eines gemeinschaftlichen Verkaufsladens, in welchem jedes Mitglied berechtigt, bezw. verpflichtet ist, die in seinem Privatgeschäft gefertigten Waren für seine eigene Rechnung zum Verkauf auszustellen, einen bessern Verkauf. Dass der Mehrerlös Einkommen ist, bedarf keiner Auseinandersetzung. Die Baugenossenschaften nehmen eine eigenartige Zwischenstellung ein. Vorherrschend sind in Deutschland jene Vereine, die wie das Münchener Arbeiterheim grössere Häuser mit mehreren Wohnungen zum Vermieten an die Mitglieder bauen [1]). Ergiebt sich für die Genossenschafter nach Abzug der Kosten ein Gewinn, so ist es gerade so, als ob sie billiger wohnten oder einen Teil des Mietgeldes produzierten. Ist das Mietgeld niedriger als das im Verkehr übliche gegriffen, so würde auch dieser Teil noch zuzurechnen sein. Durch die Vermietung nähern sich die Baugenossenschaften den Werkgenossenschaften, durch die Ersparnis bei Verausgabung des Einkommens den Konsumvereinen. Anders sind jene Baugenossenschaften zu beurteilen, welche jedem Mitglied durch einen Vorschuss gegen Annuitätenzahlung den Erwerb eines Hauses ermöglichen wollen. Man kann sie als eine Art Hypothekenbank ansehen und hinsichtlich ihrer Steuerpflicht gleich den Kreditgenossenschaften beurteilen.

Die Genossenschaften produzieren also alle für ihre Mitglieder ein Einkommen. Es ist dies auch so einleuchtend, dass selbst S c h u l z e - D e l i t z s c h , dem eine ungerechtfertigte Belastung der Genossenschaften gewiss ganz ferne lag, den Einkommenscharakter zugab. In den Blättern für Genossenschaftswesen [2]) sagt er einmal: „Der Begriff des Einkommens und der Einkommensteuer setzt ein Rechtssubjekt voraus, physische oder juristische Persönlichkeit, welche den nicht eingetragenen Genossenschaften offenbar fehlt; diese können nur ihren Mitgliedern als Einzelnen eine Revenue gewähren, welche dann bei der Veranlagung der Steuer natürlich zu berücksichtigen sein wird, sie können aber als Gesamtheit selbst kein Einkommen haben. — Anders verhält es sich allerdings mit den eingetragenen Genossenschaften, welche durch die Eintragung Rechtssubjekt geworden sind und nun auch Einkommen haben können." Wir lassen das formale Moment, das hier beigezogen wird, ganz ausser acht, es genügt uns zu konstatieren, dass auch Schulze-Delitzsch zugiebt, die durch die Genossenschaft erzielte Ersparnis sei Einkommen, entweder bei dem Einzelnen oder bei der Genossenschaft auftretend.

Sollte jemand durch die vorstehende Deduktion noch nicht vollständig überzeugt sein, so dürfte sein letzter Zweifel verschwinden, wenn er die Art der Gewinnverteilung bei den Genossenschaften ins Auge fasst. Es ist dies ein Moment, das die Praxis mit Recht geltend macht. Es wird der Doppelcharakter, den die Erübrigung in vielen Fällen hat, mehr und mehr aufgehoben, für dieselbe immer stärker das G e w i n n m o m e n t entscheidend.

Bei den Vorschussvereinen geschieht die Verteilung der Dividenden nach Massgabe der Geschäftsanteile. Wir sind weit entfernt, dies zu tadeln, im Gegenteil es ist dieser Verteilungsmodus in der Natur der Sache wohl

---

[1]) S c h n e i d e r , Mitteilungen über deutsche Baugenossenschaften 1875.
[2]) Jahrg. 1868 S. 157.

begründet [1]). Aber es muss doch zugegeben werden, dass bei diesem Verteilungs-modus die Dividende aufhört, eine blosse Rückzahlung erhaltener Zinsen und Provisionen ist. Die Einlagen und Kreditbeanspruchungen der einzelnen Mit-glieder stehen nicht in proportionalem Verhältnis. Die einen gewähren vor-zugsweise Einlagen, nehmen nur selten Kredit, wollen eine hohe Rente, die andern dagegen sind beinahe immer im Vorschuss, zahlen den zu verteilenden Gewinn und bringen nur langsam ihre Geschäftsanteile auf die normale Höhe [2]). Dürfen einzelne Mitglieder — was freilich auch von Schulze-Delitzsch gemiss-billigt wird — mehrere oder höhere Geschäftsanteile haben, so wird das Miss-verhältnis noch grösser [3]). Immer wird der Effekt sein, dass die einen an den andern verdienen, dass nicht diejenigen, welche den Gewinn gebildet und auf-gebracht haben, ihn in seiner vollen Grösse zurück erhalten. Das Gleiche gilt auch bezüglich des Reservefonds. Seine Bildung erfolgt durch Zuteilung eines bestimmten Prozentsatzes des Gewinnes, zu dem die einen mehr, die andern weniger beigetragen haben; und wenn er schliesslich bei der Auflösung der Genossenschaften pro Kopf verteilt wird, so sind diejenigen, die ihn erhalten, nicht auch diejenigen, die ihn gebildet. Durch das Einkaufsgeld mag die Un-gleichheit zwar verringert, aber sie kann damit nicht ganz beseitigt werden; sonst dürften die Gelüste auf denselben kaum, wie oft beobachtet wird, zur Liquidation führen. Ein grosser Teil der Erübrigung des Kreditvereins hat sonach auch, abgesehen von unserer früheren Auseinandersetzung, den Charakter des Gewinns [4]). Wenn die Genossenschaften entgegnen, die Vorschussvereine strebten nicht eine möglichst hohe Dividende an, nicht in erster Linie den Vorteil der Mitglieder, welche Darlehen geben, sondern den der Darlehen nehmenden Mitglieder, von Zeit zu Zeit bedürften alle Mitglieder Geld, wenn nicht in der einen Periode, so doch in einer andern, wodurch eine teilweise Ausgleichung eintrete, so kann darin eine Abschwächung, aber keineswegs eine volle Entkräftung erkannt werden. Auch der Einwand, dass die Verteilung des Ueberschusses nach Höhe der Stammanteile den kleinen Mann rascher ein Kapital ansammeln lasse, also ein wohlwollendes Prinzip darstelle, kann zunächst für die Frage der Steuerpflicht nicht ausschlaggebend sein.

Bei den Konsumvereinen liegt das Verhältnis ganz analog. Auch hier kann keine Rede davon sein, dass der Gewinn genau denen zufliesst, welche ihn gebildet haben. Selbst da, wo die Verteilung nach Massgabe des Kaufs geschieht, trifft dies nicht zu, da der Aufschlag für die einzelnen Waren ein ausserordentlich verschiedener ist und die Mitglieder sich keineswegs gleich-mässig am Kauf aller Waren beteiligen [5]). Eben deshalb kann die Höhe des Umsatzes sehr einflussreich werden. Es kann vorkommen, dass ein Mitglied in zwei verschiedenen Jahren die nämlichen Warenquantitäten zu gleichen Preisen von dem Verein entnimmt, bei Verteilung des Reingewinns aber, obwohl der Verein in beiden Jahren gleich günstig oder ungünstig einkauft, einen wesent-

---

[1]) Vergl. Schulze-Delitzsch, Vorschuss- und Kreditvereine 5. Aufl. 1876 S. 257 f.
[2]) Schulze-Delitzsch a. a. O. S. 99.
[3]) Schulze-Delitzsch a. a. O. S. 103.
[4]) Vergl. auch Zeitschr. für ges. Staatsw. Jahrg. 1873 S. 95, 100.
[5]) Vergl. oben S. 255 Note 2; ferner Bl. f. G. 1886 Jahrg. 33. S. 1.

lich verschiedenen Betrag empfängt. Es wird nun aber in genossenschaftlichen Kreisen — und mit Recht — die ausschliessliche Verteilung nach Massgabe des Kaufs für unrichtig gehalten, es wird auch eine Beteiligung der Geschäftsanteile am Gewinne befürwortet, es soll den Geschäftsanteilen ein landesüblicher oder in Anbetracht der Haftung, die auf ihnen ruht, ein etwas höherer als landesüblicher Zins gewährt und nur der Rest nach dem Umsatz unter die Mitglieder verteilt werden [1]). Damit wird der Gewinncharakter verschärft; das eine Mitglied vervollständigt rasch den Geschäftsanteil, kauft dagegen wenig ein, während bei einem andern Mitglied das Gegenteil stattfindet; der Zins oder richtiger die Kapitaldividende wird nicht auch ausschliesslich von denen geschaffen, welche sie beziehen, sie ist zu einem Teil Gewinn im wahrsten Sinn des Wortes; dass dem Gewinn ein Risiko, eine Leistung gegenübersteht, hebt den Erwerbscharakter so wenig auf, wie bei der Aktiendividende oder dem gewöhnlichen Kapitalzins. Wenn es nun weiter Konsumvereine gibt, welche die Erübrigung nur nach Geschäftsanteilen oder nur nach Köpfen oder nach Geschäftsanteilen und Köpfen verteilen, so sind dies Fälle, die lediglich eine Potenzierung des Gewinnmoments bedeuten.

Was die übrigen Genossenschaftsarten betrifft, so können wir uns kurz fassen. Die Baugenossenschaften in ihrer herrschenden Form verteilen den Gewinn nach Verhältnis der Geschäftsanteile. Die Rohstoffgenossenschaften pflegen den Hauptteil der Dividende unter die Mitglieder nach Verhältnis der von jedem während der betreffenden Rechnungsperiode gemachten Einkäufe, den andern Teil nach Massgabe der Geschäftsanteile zu verteilen, die Magazinsgenossenschaften legen die Höhe der von jedem Mitgliede im Lauf des Jahres gezahlten Lagergelder und Verkaufsprozente zu Grunde, wogegen sie gleichfalls den Geschäftsanteilen vorweg einen mässigen Zins gewähren [2]). Beide Fälle decken sich mit dem bei den Konsumvereinen erörterten. Bei den Werkgenossenschaften geschieht die Verteilung lediglich nach Geschäftsanteilen, es geschieht dies, weil hier die Amortisation des Kapitals schwer ins Gewicht fällt, indem die Maschinen Schaden nehmen, die Zuchtstiere sterben können etc. Wer mehr riskiert, muss auch mehr am Gewinn beteiligt werden. Die Folge aber ist, dass der Träger des Risikos und der Gewinnbeziehende sich quantitativ nicht mit dem deckt, der am meisten zur Abnutzung, aber auch zugleich zum Gewinn beiträgt. Es erscheint daher wohl empfohlen, das Kapital nicht gleichmässig nach Köpfen, sondern im Verhältnis zur Zahl der Muttertiere, für welche das Zuchttier benutzt werden soll, oder im Verhältnis zum Flächeninhalt des Bodens, für welchen die Maschine angeschafft werden soll, aufbringen lässt [3]). Der Gewinn würde sich dann ungefähr nach Massgabe der Geschäftsanteile bilden.

Sieht man von dem letzten speziellen Fall bei den Werkgenossenschaften ab, so haben wir ganz allgemein die Erscheinung, dass wenigstens ein Teil des verteilten Ueberschusses nicht einfacher Rückersatz des vorher Gezahlten und

---

[1]) Genossenschaft 1880 S. 165. Schneider, Taschenbuch für Konsumvereine 1883 S. 222 f.

[2]) Schulze-Delitzsch, die Genossenschaften in einzelnen Gewerbszweigen 1873 S. 56, 168.

[3]) Schulze-Delitzsch a. a. O. S. 244 f.

Geleisteten, sondern ein von anderen gemachter Gewinn ist[1]). Eine Scheidung dieser Quote wäre an sich bei detailliertester Buchführung zwar möglich[2]), die Genossenschaften werden aber in der Regel aus leicht begreiflichen Gründen dazu nicht geneigt sein. Es muss also auch von dieser Seite angesehen, die ganze Er-übrigung als Einkommen in Rechnung gezogen werden. Es entfällt damit auch die Notwendigkeit, den Verkehr mit Mitgliedern und Nichtmitgliedern auseinander-zuhalten, was rechnerisch und thatsächlich ohnehin nie vollständig gelingt. Dass damit für die Genossenschaften ein Anreiz vorliege, über ihre engeren Grenzen hinauszugehen, kann nicht zugegeben werden; ihre Steuer wächst nur in dem Mass, als sie ihren Geschäftskreis ausdehnt, gleichgültig, ob Mitglieder oder Nichtmitglieder den Zuwachs bilden.

Ist unsere Auffassung wohl begründet, so soll doch eine Schwierigkeit nicht geleugnet werden. Eine Genossenschaft, die ihren Verkehr auf ihre Mit-glieder beschränkt, hat es in der Hand, die Höhe des äusserlich erfassbaren Einkommens zu beeinflussen. Sie kann die Preise für die Waren und zu nutzenden Objekte so niedrig stellen, dass das Einkommen sehr klein wird, ja es scheint, als ob es an jedem normierenden Mass für die Preise, von denen die Einkommensgrösse abhängt, fehle. Allein es scheint nur so. Es ist zwar zuzugeben, dass an sich bei den Genossenschaften die Preisfestsetzung willkür-licher gehandhabt werden könnte, da dies durch die Dividende wieder korrigiert würde, allein thatsächlich zeigt doch die Erfahrung, dass man sich überwiegend gleich den sonstigen Privatunternehmern an die verkehrsmässigen Preise hält. Bei dem teilweisen Interessengegensatz unter den Genossenschaftsmitgliedern ist dies auch geboten. Die Genossenschaft würde sich ihre eigenen Mitglieder entfremden, wenn sie über die verkehrsmässigen Sätze hinausginge, wie sie andererseits nicht erheblich unter die verkehrsmässigen Sätze gehen darf, ohne den Widerspruch der an der Dividende Interessierten hervorzurufen.[3]) Doch ist das Interesse der kaufenden und benützenden Mitglieder in den meisten Fällen wohl wirksamer als das der Dividenden beziehenden, so dass die Steuer-grundlage nach dieser Seite hin sicher keine überlastende wird[4]).

---

[1]) Die Steuerpflicht für diese Quote bei den Einzelnen wird auch zuge-geben, z. B. bei H. Ziller, die Besteuerung der Erwerbs- und Wirtschafts-genossenschaften 1876 S. 11.

[2]) Bei Kreditgenossenschaften ist sie am leichtesten und wird auch that-sächlich ausgeführt; vergl. z. B. in Bezug auf Württemberg oben S. 256.

[3]) Selbst die „nicht auf Dividende arbeitenden" Genossenschaften müssen den Preiszuschlag so gestalten, dass dies Interesse nicht verletzt wird. So gibt der Görlitzer Wareneinkaufsverein, der zu diesen gehört, auf die Geschäftsanteile 6 Prozent und verteilt noch ausserdem einen Gewinn nach Köpfen.

[4]) Damit stimmt überein, was Schulze-Delitzsch über die niedrigen Preise bei den Rohstoffgenossenschaften sagt. A. a. O. S. 68. Am wenigsten befriedigt hinsichtlich der richtigen Erfassung des Einkommens die Magazins-genossenschaft. Das Einkommen, das sie durch den besseren Verkauf der Pro-dukte schafft, tritt nicht gesondert auf. Das, was als bilanzmässiger Gewinn derselben erscheint, ist nichts weiter als der Ueberschuss der gezahlten Lager-gelder und Verkaufsprozente über die Geschäftskosten. Dürfte man die beiden ersten als den verkehrsmässigen Aufwand für die Magazinierung ansehen, so würde der Gewinn anzeigen, um wie viel billiger die Magazinsgenossenschaft arbeitet. Der bessere Verkauf würde dann auf die indirekte Förderung kommen, wie solche auch bei den Kreditgenossenschaften vorliegt.

Die Durchführung der Besteuerung kann nach dem eben Erörterten keine erhebliche Schwierigkeiten bereiten. Es bieten sich zwei Möglichkeiten. Entweder besteuert man die Rücklagen, Verwendungen zu Schuldentilgung, Geschäftserweiterungen bei der Genossenschaft und die Dividenden bei den Mitgliedern, oder man besteuert das ganze Einkommen bei der Genossenschaft, lässt dann aber die Dividenden mit Ausnahme der von auswärtigen Genossenschaften herrührenden frei.

Der letztere Weg ist der mehr empfohlene, er gewährt eine sicherere Einnahme, da die öffentliche Rechnungslegung Steuerhinterziehung so gut wie nicht kennt. Die Erfassung der Dividende bei den Mitgliedern führt zu leicht zu einer Verflüchtigung, die auch selbst dann nicht ganz hintangehalten werden kann, wenn man die Genossenschaft zwingen wollte, für die Genossenschafter die Dividende zu fatieren. Der von uns befürwortete Modus führt auch allein zum Ziel bei Genossenschaften, speziell Konsumvereinen, die „nicht auf Dividende arbeiten", oder richtiger ausgedrückt nicht die verkehrsmässigen Preise festhalten, also nur ganz geringen Aufschlag haben. Um bei diesen nicht die zu niedrige Dividende zu Grunde legen und eine ungerechtfertigte Steuerbegünstigung eintreten lassen zu müssen, empfiehlt sich Einschätzung ihres Einkommens nach Massgabe des Umsatzes, wozu man den Schlüssel aus dem Vergleich mit andern auf Dividende arbeitenden Vereinen gewinnt.

Die Besteuerung des Einkommens bei der Genossenschaft selbst entspricht auch den Interessen der Einzelstaaten und Gemeinden[1]); für die Dividende auswärts Wohnender kann dann freilich eine Doppelbesteuerung sich ergeben — sie ist getroffen bei der Genossenschaft und nochmals in der Gemeinde oder dem Staat des sie Beziehenden — allein diesem Moment ist, abgesehen von anderem — wenig Gewicht beizulegen, da das örtliche Auseinanderfallen des Genossenschaftssitzes und des Domizils der Genossenschafter nicht gerade häufig ist, wenigstens nicht entfernt die Bedeutung hat, wie bei Aktiengesellschaften. Als ein störendes Moment könnte man es ansehen, dass die Progression, die in der Regel bei der Einkommensteuer vorhanden ist, nicht richtig benützt wird, indem der auf die Einkommensgrösse der Genossenschaft angewendete Steuersatz sich nicht mit dem für die Dividendenbezieher in Betracht kommenden deckt. Diesem Einwand kann leicht durch Anwendung eigener Prozentsätze abgeholfen werden, die sich auch mit Rücksicht auf das gemeinnützige Wirken der Genossenschaften und ihre Benachteiligung infolge der öffentlichen Rechnungslegung empfehlen dürften[2]).

Vergleichen wir die Praxis, so finden wir wenige Staaten, deren Gesetzgebung mit unseren Ausführungen übereinstimmt. Reuss j. L., Reuss ä. L., Sachsen-Meiningen, Anhalt, in der Hauptsache Hamburg, in Zukunft wahrscheinlich Lübeck, besteuern die Genossenschaften als solche, daneben aber auch nochmals die an das einzelne Mitglied verabfolgte Dividende. Man nimmt dabei als Aus-

---

[1]) Durch das Reichsgesetz über die Doppelbesteuerung ist die Neigung, den Begriff der juristischen Personen und selbständigen Rechtssubjekte möglichst weit zu fassen und dadurch die Anwendung der Gewerbe- und Einkommensteuer auf sie möglich zu machen, bekanntlich sehr gewachsen.

[2]) Auch die Freilassung der kleinsten Genossenschaften nach österreichischem Vorgang ist nur zu billigen.

gangspunkt die juristische Konstruktion einer eigenen Rechtspersönlichkeit. Wo
ein Rechtssubjekt, ist auch eine Steuerpflicht. Allein mit einer derartigen formalen Konstruktion kann man doch unmöglich die wahren Wirkungen der
Steuer verhüllen, kann man sich unmöglich über die inneren Vorgänge bei dieser
Rechtspersönlichkeit hinwegtäuschen. Für die Steuerpolitiker und Gesetzgeber
müssen diese entscheiden. Zumeist finden sich die Genossenschaften neben den
Aktiengesellschaften erwähnt. Es hat nun noch einen Schein von Berechtigung,
die Aktiengesellschaft von den Aktionären in steuerlicher Hinsicht zu trennen
und zu sagen, der Aktionär stehe zur Aktiengesellschaft im Quasiverhältnis
eines Gläubigers, er stehe ihr fremd gegenüber, es seien faktisch zwei selbständige Persönlichkeiten [1]), aber es ist doch nur ein Schein, der um so mehr
verblasst, je schärfer das Aktienrecht wird, je mehr es den Aktionär an das
Unternehmen kettet. Bei der Genossenschaft vollends ist eine solche Vorstellung
nicht berechtigt, der Genossenschafter ist mit seinem ganzen Vermögen verhaftet, er nimmt direkten und unmittelbaren Anteil an der genossenschaftlichen
Thätigkeit, er ist meist beruflich und lokal mit der Genossenschaft aufs engste
verwachsen. Da erscheint es doch als eine arge Uebertreibung, wenn man die
formale Trennung, die in rechtlicher Hinsicht ja notwendig ist, bis in das Steuer-
gebiet rücksichtslos und ungeschwächt fortsetzt und diejenigen, die als Unternehmer das Einkommen produzieren und zugleich beziehen, zweimal mit der
Steuer trifft. Es entspricht dies weder den Grundsätzen der Gerechtigkeit, noch
denen der Billigkeit.

Eine andere Gruppe von Staaten hat auch Doppelbesteuerung, aber nicht
schlechtweg, sondern mit Ausnahmen. In Bremen sind infolge der Praxis jene
Genossenschaften frei, die ihren Geschäftskreis auf die Mitglieder beschränken,
in Schwarzburg-Sondershausen jene, die statutgemäss dies thun, in Sachsen-
Altenburg jene, die nur mit ihren Mitgliedern Geschäfte machen, aber auch den
hierdurch erzielten Gewinn lediglich den letzteren zu teil werden lassen, im Königreich Sachsen sind die Konsumvereine für den gewerblichen Ueberschuss frei, wenn
sie nur an Mitglieder verkaufen, in Sachsen-Koburg endlich können die Genossenschaften auf Ansuchen befreit werden. Es muss als eine wenig glückliche
Bestimmung angesehen werden, dass das Belieben der Regierung entscheiden
soll, aber auch das Verfahren der vier anderen Staaten möchte nicht zu billigen
sein. Es ist bald mehr bald minder der Gedanke verwirklicht, dass die Genossenschaft eine selbständige Persönlichkeit mit eigenem Einkommen wird, sobald sie an Fremden verdient, dass durch diesen Verkehr das Einkommen erst
recht die Eigenschaft des gewerblichen Gewinns erhält. Es ist zuzugeben, dass
wenn auch nicht juristisch, so doch wirtschaftlich der selbständige Charakter
der Genossenschaft durch den Verkehr mit Fremden verstärkt, und dieselbe der
Aktiengesellschaft etwas genähert wird, aber ein Bedürfnis zu einer Doppelbesteuerung können wir daraus ebensowenig ableiten, als beim Gewerbetreibenden,
der für Fremde arbeitet, oder beim Bauer, der seine Produkte verkauft. Wenn
die Genossenschaft über den Kreis der Genossen hinausgeht und infolgedessen
ein höheres Einkommen erzielt, so kommt das in der Steuer genau zum Ausdruck. Es soll ja den Genossenschaften nichts geschenkt werden.

---

[1]) Vergl. Finanzarchiv II, 317 f.

Näher kommen unsere Anschauungen Oldenburg, Gotha und Sachsen-Weimar. Die beiden ersten halten sich lediglich an die physischen Personen, besteuern die Dividenden bei den sie Beziehenden. Es bleibt jedoch eine Lücke, indem das zu Rücklagen bei der Genossenschaft verwendete Einkommen nicht beigezogen ist, auch verlieren sich, wie schon oben hervorgehoben, die Einkommenspartikel bei den Einzelnen für die Besteuerung sehr leicht. Sachsen-Weimar besteuert, ganz wie wir vorschlagen, die Genossenschaften und lässt die Dividenden frei; durch die Instruktion werden aber diejenigen Genossenschaften, welche mit Mitgliedern Geschäfte machen, befreit. Da die Dividende nicht anmeldepflichtig ist, so tritt volle Steuerfreiheit ein. Es wird hier die Ansicht vertreten, dass die durch die Genossenschaft mit ihren Mitgliedern erzielte Erübrigung nur Ersparnis, aber kein Einkommen sei — eine Ansicht, die wir nicht teilen. Immerhin ist es ein konsequentes Verfahren, jedenfalls konsequenter, als das der obengenannten Staaten, die in solchem Fall die Genossenschaft freilassen, der Dividende des Einzelnen dann aber doch den Ersparnischarakter absprechen.

2) Ertragssteuersystem.

Bei der Mehrzahl älterer Ertragssteuern hat man nur wenig Rücksicht auf die Ansprüche der Gerechtigkeit und Verhältnismässigkeit genommen. Sie waren unvollständig und unter sich sehr ungleichmässig. Mit der fortschreitenden wirtschaftlichen Entwicklung hat man sich bemüht, die Lücken auszufüllen und die einzelnen Ertragssteuern untereinander auszugleichen. Es sind so die Ertragssteuersysteme entstanden, die, wenn auch in etwas verschiedener Weise, ein gleiches Ziel verfolgen, wie die allgemeine Einkommensteuer. In ihrer Gesamtheit wollen die Ertragssteuern eben auch allen Ertrag zur Steuer beiziehen, und zwar zugeschieden und verteilt auf die bezugsberechtigten Personen. Sie unterscheiden sich hauptsächlich nur darin, dass man bei ihnen nicht von den Personen ausgeht und das diesen zufliessende Einkommen als eine einheitliche Grösse festzustellen sucht, sondern der Ertragsquelle folgt und dann die dazu gehörigen Personen sucht; ferner darin, dass zur Eruierung des Ertrags mehr äussere Merkmale verwendet werden, und die Zuscheidung für den einzelnen weniger genau sich gestaltet. So gibt es Grundsteuern, die vom Bruttoertrag ausgehen, deshalb nicht die an Fremde gezahlten Löhne aussondern; die an den Gläubiger fliessenden Schuldzinsen werden ebenfalls nicht ausgeschieden, da die mangelnde Zusammenfassung der Ertragsquellen zu e i n e r Grösse den Abzug der Schuldzinsen erschwert. Da, wo dieses vorkommt, wie zuweilen bei der Kapitalrentensteuer, wird deshalb auch der Abzug aller Schuldzinsen gestattet.

Die Leistungsfähigkeit der einzelnen Steuerpflichtigen wird also nicht genügend berücksichtigt, man besteuert bei einzelnen auch das, was lediglich bei anderen zu besteuern wäre. Doch es ist hier nicht der Ort, diese Unvollkommenheit weiter zu verfolgen. Wesentlich für uns ist, dass das ausgebildete Ertragssteuersystem genau so wie das Einkommensteuersystem keine Einkommens-, keine Ertragspartikel auslässt, ja manche sogar zweimal erfasst, der Kreis der Ertrags-

---

¹) Wie ersichtlich, folgen wir in der Auffassung der Ertragssteuern nicht den obigen Deduktionen Kleinwächters.

quellen wird vollständig geschlossen. Beispiele für die Durchführung eines solchen
geschlossenen Steuersystems bieten Württemberg, Bayern und Mecklenburg.

Es fragt sich nun, wie in einem solchen System die Besteuerung der Genossenschaften zu handhaben ist. Als feststehend betrachten wir das Vorhandensein des Ertrags; es ist ein Einkommen, ein selbständiger Ertrag bei der
Genossenschaft gegeben, wie wir oben ausgeführt haben, und dieser Ertrag darf
der Besteuerung nicht entschlüpfen, er muss einer der Ertragssteuern unterworfen
werden. Von sekundärer Bedeutung ist die Frage, w e l c h e Ertragssteuer man
in Anwendung bringt, wofern nur die Ertragssteuern unter sich in ein Verhältnis gebracht sind. Nach den einzelnen Ertragssteuersystemen ist das Gebiet der
einzelnen Steuer bald enger, bald weiter gefasst. Die Bergwerke z. B. sind
zuweilen der Grundsteuer, anderswo der Gewerbe- und wieder anderswo, wie
in Bayern, der speziellen Einkommensteuer unterworfen. Die Pachtbetriebe finden
sich bald in den Gewerbesteuern, bald in speziellen Einkommensteuern, bald
sind sie mit der Grundsteuer zu einer landwirtschaftlichen Steuer zusammengefasst. Leibrenten sind bald unter die Kapitalrentensteuer, bald unter die
spezielle Einkommensteuer eingereiht. Also die Unterbringung der einzelnen
Ertragsquellen unter einzelne Typen ist etwas durchaus Wechselndes und keineswegs etwas Wesentliches. Man wird dabei natürlich das Streben haben, Gleichartiges zusammenzufassen, aber eine strikte absolute Regel hierfür gibt es nicht.

Die nächstliegende Steuer, an die man zu denken hat, ist unstreitig die
Gewerbesteuer. Es entpricht das zumeist den Vorgängen, wie sie sich bei der
genossenschaftlichen Thätigkeit abspielen. Es liegt die äussere gewerbliche
Veranstaltung vor, wir haben Firma, Lager, Läden, Kundschaft, gewerbsmässigen
Umsatz, kaufmännische und bankmässige Geschäftsformen, Gehilfen, wir haben
gewerbsähnlichen durch Verwendung von Kapital und Arbeit erzielten Gewinn.
Es ist leicht, die für das Mass der Besteuerung üblichen Merkmale zu finden
und anzuwenden, es erfordern die Ablieferungen an den Reservefonds etc. keine
gesonderte Behandlung, es ist gleichgültig, ob die Genossenschaften auf Dividende arbeiten oder nicht. Es kommt auch in Betracht, dass jene Genossenschaften, die mit Nichtmitgliedern arbeiten, ohnehin schon jetzt der Gewerbesteuer unterliegen. Der ganze äussere, formale, einen Ertrag mehr supponierende
als wirklich genau eruierende Aufbau der Gewerbesteuer lässt ihre Anwendung
leicht bewerkstelligen. Wenn aber die Gewerbesteuer eintritt, so sollte dann
die Dividende der Genossenschaftsmitglieder frei bleiben mit Ausnahme der Dividenden, die von auswärtigen Genossenschaften bezogen werden. Für diesen
Ausnahmsfall kann die Kapitalrenten- oder spezielle Einkommensteuer eintreten.
Als Hauptform der Besteuerung eignen sich beide weniger. Die Kapitalrentensteuer reicht nicht aus, es würde ein Teil des Ertrags, die Rücklagen, unberücksichtigt bleiben, auch Genossenschaften, die mit Preisabschlag arbeiten, leicht
zu gut wegkommen. Insbesondere gibt sie auch einer schiefen Vorstellung
Vorschub, nämlich dass die Dividende wie ein Zins für den Geschäftsanteil anzusehen sei, nicht als ein Gewerbsertrag, wie er durch Verwendung von Kapital
und Arbeit sich ergibt. Die spezielle Einkommensteuer wäre an sich wohl ver-
werthar, im Ertragssteuersystem ist es ja ihre Aufgabe alle jene Ertragsquellen
aufzunehmen, welche nicht bereits durch eine Ertragssteuer getroffen sind. Gleichwohl halten wir ihre Anwendung nicht für ratsam, hauptsächlich mit Rücksicht

auf das kombinierte System, dem die Staaten mit Ertragsteuersystem in Zukunft sich einmal anschliessen dürften.

Muss also nach allem die Gewerbesteuer als die geeignetste Steuerform für die Genossenschaften im Ertragssteuersystem gelten, so hat man ihr doch den Vorwurf gemacht, dass gerade sie zu einer Doppelbesteuerung führe. Der Vorteil, den das einzelne Genossenschaftsmitglied vom Konsumvereine, von der Kredit-, Rohstoff-, Magazins-, Werkgenossenschaft habe, werde schon bei seiner Steuer berücksichtigt, der Gewerbsmann werde in·eine höhere Klasse versetzt, der Landwirt mit höherer Grundsteuer belegt. In dieser Allgemeinheit trifft die Behauptung sicher nicht zu. Die Grundsteuer pflegt sehr stabil zu sein und durchaus nicht dem wachsenden Reinertrag zu folgen; ebenso bleibt der Gewinn, den ein Mitglied aus einer Kredit- oder Werkgenossenschaft oder gar aus einem Konsumverein zieht, in seiner Steuer unberücksichtigt. Für die Mitglieder eines Konsumvereins darf das durchweg angenommen werden; der Taglöhner, der Beamte, der Handwerker zahlen nicht mehr Steuer, weil sie Mitglieder eines Konsumvereins sind. Bei gewerbetreibenden Mitgliedern von Kredit-, Rohstoff- und Magazinsgenossenschaften ist es eher denkbar, dass eine individuelle Steuersteigerung eintritt. Diese braucht aber noch keineswegs eine wirkliche Doppelbesteuerung zu sein. Wenn ein Schreiner dadurch, dass er Mitglied einer Kredit-, oder Rohstoff- oder Magazinsgenossenschaft ist, sein Geschäft erheblich ausdehnt, so wird er höher besteuert, obwohl er schon in der Kreditgenossenschaft etc. besteuert ist; allein es ist doch wohl anzunehmen, dass der gewerbliche Gewinn des Schreiners den aus der Genossenschaft ihm direkt zufliessenden Geldbetrag erheblich übersteigt. Für dieses Plus ist eine Steuererhöhung gerechtfertigt. Immerhin muss eine verständige Rücksichtnahme obwalten, um das Rechte zu treffen und zu vermeiden, dass die von uns theoretisch geforderte einfache Besteuerung nicht zu einer mehrfachen Belastung werde.

Die Steuergesetzgebung befindet sich aber auch mit dieser unserer theoretischen Forderung nicht in voller Uebereinstimmung. Mecklenburg hat schlankweg Doppelbesteuerung, die Genossenschaften unterliegen der Gewerbesteuer, die Dividenden der Kapitalrentensteuer; Württemberg — wenigstens teilweise; vergl. oben S. 234 ff. — und Bayern verfahren ähnlich, jedoch mit der Beschränkung, dass die Gewerbesteuer wegfällt, wenn die Genossenschaft ihre Thätigkeit nicht über den Kreis ihrer Mitglieder — von den einzelnen Modifikationen sehen wir ab — ausdehnt. Wir lassen es uns gerne gefallen, wenn man so wenigstens für einen Teil der Genossenschaften eine einfache, (leider aber nicht vollständige) Besteuerung herbeiführt, aber in der Begründung und dem ganzen Verfahren liegt eine gewisse Unklarheit und Inkonsequenz. Auf der einen Seite sagt man, eine Genossenschaft, die nur mit ihren Mitgliedern Geschäfte macht, erzielt gar keinen Erwerb, keinen Gewinn, die Dividende ist nur Rückersatz des zu viel Gezahlten, nur Ausgabeersparnis — also keine Gewerbesteuer; im nächsten Atemzug ist die Dividende wieder keine Ausgabeersparnis, sondern Kapitalgewinn analog dem, der durch Ausleihung an Fremde erzielt wird! Man sieht, mit der beliebten Kasuistik ist eine klare konsequente Behandlung nicht möglich [1]).

---

[1]) Dies zeigt sich auch noch in anderer Weise. Gesetzt den Fall, zwei gleich umfangreiche Konsumvereine beschränken sich in ihrer Thätigkeit auf

3. Kombination von Ertrag- und Einkommensteuersystem.

Die Basis dieses Systems ist bekanntlich die verschiedene Leistungsfähigkeit des fundierten und unfundierten Einkommens. Die fundierten Ertragsquellen werden deshalb sowohl von einer Ertrags- als von der Einkommensteuer, die unfundierten dagegen nur von letzterer getroffen. Baden und Hessen haben neuerdings diese Kombination bewusst und voll verwirklicht, wogegen in Preussen, Schwarzburg-Rudolstadt, Lippe-Detmold, Schaumburg-Lippe, Braunschweig ein wesentliches Glied, die Kapitalrentensteuer, fehlt. Bei Oesterreich und Waldeck-Pyrmont greifen manche Besonderheiten Platz.

Die Anwendung dieses kombinierten Systems auf die Genossenschaften kann nach dem bisher Erörterten nicht schwierig sein; es werden die Gewerbesteuer und die allgemeine Einkommensteuer gleichzeitig einzutreten haben. Wir haben eine Doppelbesteuerung, wie sie eben bei diesem System für jeden Grundbesitzer, Gewerbetreibenden und Kapitalisten gegeben ist.

In allen zu dieser Gruppe gehörigen Staaten zeigt sich nun das Bestreben, die Gewerbesteuer nur dann eintreten zu lassen, wenn die Genossenschaft über ihren eigentlichen Rahmen hinausgeht; die Auffassung darüber ist eine wechselnde und verschiedene, wir müssen hierfür auf das obige Detail verweisen. Ebenso haben wir in allen — ausgenommen Oesterreich, wo die Genossenschaft als solche von der Einkommensteuer getroffen wird — die Einkommensbesteuerung für die Dividende des einzelnen Mitglieds. Weder die Gewerbe- noch die Einkommensbesteuerung ist sonach eine vollständige; nach unserer Darlegung hätten bei diesem System beide voll und allgemein einzutreten. Ueber diesen Rahmen wird aber hinausgegriffen, wenn neben der Gewerbesteuer Schwarzburg-Rudolstadt nicht nur die Dividende der Mitglieder, sondern auch noch einmal die gewerbliche Genossenschaft als solche mit der Einkommensteuer belastet, oder Hessen die Dividende der Einkommen- und Kapitalrentensteuer unterwirft, oder Baden in gewissen Fällen das Verfahren der beiden genannten Staaten kombiniert und dadurch, alle Möglichkeiten erschöpfend, glücklich zu einer vierfachen Besteuerung gelangt. Bei dem kombinierten System wird das Schiefe und Haltlose der bisherigen Praxis erst voll ersichtlich. Die Auswüchse und Irrtümer des einzelnen Systems steigern sich hier zu wahren Ungeheuerlichkeiten.

Wir haben hinsichtlich der Steuerpflicht nichts mehr beizufügen. Unsere Vorschläge gehen von einer objektiven Betrachtung der genossenschaftlichen Erscheinungen aus und führen — wir hoffen es — zu einer gerechten, klaren und technisch durchführbaren Besteuerung. Die Genossenschaften wie der Fiskus könnten sich damit befreunden; erstere, weil sie nicht überlastet werden, letzterer, weil er nicht zu befürchten hat, durch die genossenschaftlichen Vereinigungen bisherige Steuersubjekte immer mehr schwinden zu sehen.

---

ihre Mitglieder, der eine verkauft billig und verteilt keine Dividende, der andere verkauft zu verkehrsmässigen Preisen und verteilt eine hohe Dividende; der eine würde in den Dividenden seiner Mitglieder besteuert, der andere nicht.

Nachtrag. Auf S. 304 ist, wie leicht aus S. 291 ersichtlich, Bremen irrtümlich zu den Ländern mit Doppelbesteuerung gerechnet. Eine solche kann sich nur für den Ausnahmefall ergeben, dass die Dividende von einer nicht bremischen auswärts besteuerten Genossenschaft nach Bremen bezogen wird.

Die direkten Steuern im Grossherzogtum Baden.

Von

F. Lewald,
Ministerialrat in Karlsruhe.

Am 1. Januar dieses Jahres ist in Baden das Einkommensteuergesetz vom
20. Juni 1884 in Wirksamkeit getreten, dessen Entwurf seiner Zeit in diesen
Blättern [1]) mitgeteilt worden ist. Mit diesem Gesetze ist ein in früheren wiederholten Anläufen vergeblich erstrebtes Ziel endlich erreicht worden. Die direkte
Besteuerung beruhte in Baden bisher auf einem Systeme von 4 Ertragsteuern,
der Grund- und Häuser-, Kapitalrenten- und Erwerbsteuer; unter teilweiser
Umgestaltung dieser beiden letzteren ist nun die allgemeine Einkommensteuer
hinzugefügt worden. Baden ist hiermit zu dem gemischten Systeme übergegangen, welches durch Kombination der Ertrags- und Einkommensbesteuerung
den Zwecken einer rationellen und gerechten Steuerpolitik zu genügen sucht.
Bei dem allgemeinen Interesse, welches dem Problem der Einkommensteuer
entgegengebracht wird, verdient wohl diese neueste badische Steuerreform in
ihrem Zusammenhang mit der vorhergegangenen geschichtlichen Entwicklung des
badischen direkten Steuerwesens hier eingehender besprochen zu werden.

I. Begründung des badischen Steuersystems [2]). Grund-, Häuser- und Gewerbsteuerordnung.

Alsbald nachdem in dem ersten Jahrzehnt unseres Jahrhunderts das Grossherzogtum Baden aus zahlreichen grösseren und kleineren Gebieten gebildet
worden war, richtete die Regierung Karl Friedrichs ihr Bestreben darauf, durch
den organischen Ausbau des neuen Staates und durch reformierende und schöpfe-
rische Thätigkeit auf allen Gebieten des öffentlichen Lebens die innere Verschmelzung der neu gewonnenen mit den alten Territorien herbeizuführen.

Als eine der dringlichsten Aufgaben bot sich der Grossh. Regierung eine
durchgreifende Steuerreform dar. Fast jedes der erwähnten Territorien, aus
denen das Grossherzogtum entstanden war, besass seine eigene Steuerverfassung, es bestand daher ein buntes Gewirre der verschiedenartigsten direkten

---

[1]) Vgl. Finanzarchiv I S. 308 ff.
[2]) Vgl. hierüber auch Regenauer, Der Staatshaushalt des Grossherzogtums Baden. Karlsruhe 1863, § 255 ff.

und indirekten Abgaben — ein Zustand, welcher mit einer geordneten Führung des Staatshaushaltes um so weniger verträglich war, als an die Finanzkraft des neuen Staates infolge der ausserordentlichen Kriegsereignisse jener Zeit gesteigerte Ansprüche gestellt wurden. Die Grossh. Regierung schritt daher zu einer umfassenden Neuregelung der gesamten direkten und indirekten Besteuerung, welche die Grundlage der ferneren Entwicklung der badischen Steuergesetzgebung bildet und in ihren Hauptbestandteilen, wenn auch vielfach den Bedürfnissen und Anschauungen der Neuzeit entsprechend modifiziert und ergänzt, noch heute zu Recht besteht. Auf dem Gebiete der direkten Besteuerung waren es die Grundsteuerordnung vom 20. Juli 1810, die Häusersteuerordnung vom 18. September 1810 und die Gewerbsteuerordnung vom 6. April 1815, durch welche unter Aufhebung der früheren sog. „Schatzungen" aller Art ein einheitliches System der Abgabenerhebung geschaffen wurde. Die Grundsteuerordnung bestimmte im wesentlichen folgendes: Der Grundsteuer unterliegt alles landwirtschaftliche Gelände und die Grundgefällberechtigungen, ferner die Waldungen und Waldlastenberechtigungen. Zum landwirtschaftlichen Gelände werden auch gerechnet unüberbaute Haus-, Arbeits- und Niederlageplätze, Brüche und Gruben, Fischweiher und Teiche; befreit sind ertragsunfähige Grundstücke (Felsen, Sümpfe), öffentliche Gewässer, Strassen, Plätze, überbaute (und darum der Häusersteuer unterworfene) Hausplätze nebst den zugehörigen Hofraithen. Den Steueranschlag jedes einzelnen Grundstücks bildet als Regel das Kapital des Reinertrags, wie sich dasselbe in dem mittleren Kaufwert des Grundstücks zu erkennen gibt. Behufs Feststellung der Steueranschläge werden für die Grundstücke jeder einzelnen Kulturart einer Gemarkung eine Anzahl von Klassen (höchstens 6) gebildet und die einzelnen Grundstücke (in der Regel gewannenweise) nach ihrer mehr oder minder günstigen Lage und Bodenbeschaffenheit in diese Klassen eingereiht. Sodann ist für die Güter jeder Kulturart und Klasse der Steueranschlag vom Morgen in der Weise zu bilden, dass aus dem Durchschnitt der in den Jahren 1780 bis mit 1789 und 1800 bis mit 1809 bei den betreffenden Gütern vorgekommenen Kaufpreise der mittlere Kaufwert des Morgens gesucht und diesem der Steueranschlag gleichgesetzt wird. Hieraus wird endlich der Steueranschlag für jedes einzelne, zu der betreffenden Kulturart und Klasse gehörige Grundstück nach dessen Flächengrösse berechnet. Wo es bei einzelnen Klassen oder Kulturarten an der zur Gewinnung eines Durchschnittskaufwertes erforderlichen Anzahl zuverlässiger Preise in den Normalperioden fehlt, hat Schätzung nach dem Steueranschlag einer andern Klasse derselben oder auch einer anderen Kulturart in der Gemarkung, wenn nötig nach den Steueranschlägen einer Nachbargemarkung, äussersten Falls Schätzung des mittleren Reinertrags, dessen Fünfundzwanzigfaches alsdann den Steueranschlag bildet, einzutreten. Unüberbaute Haus-, Arbeits- und Niederlageplätze, sowie Hausgärten sind wie das wertvollste, Fischweiher, Brüche und Gruben wie das geringste Gelände der Gemarkung zu veranschlagen [1]). Ein abweichendes Verfahren greift bei der Steuerveranlagung

---

[1]) Die Behandlung der Grundgefälle (Zinsen, Gülten, Zehnten, Lehengefälle etc.), welche in der Folge grösstenteils abgelöst worden sind, kann hier übergangen werden.

der Waldungen Platz: der Steueranschlag besteht hier im fünfzehnfachen Betrag des nach den Preisen von 1807, 1808 und 1809 bemessenen Wertes des nachhaltigen jährlichen Holzertrags auf dem Stamme. — Das nach diesen Grundsätzen aufgestellte Grundsteuerkataster soll ein stabiles sein, d. h. die ermittelten Steueranschläge bleiben so lange in Kraft, bis durch ein künftiges Gesetz eine allgemeine Steuereinschätzung des landwirtschaftlichen Geländes angeordnet wird. Kulturveränderungen werden im allgemeinen ebensowenig berücksichtigt, als die vom Besitzer herbeigeführte Melioration oder Deteriorierung der Grundstücke. Wohl aber hat das gänzliche Aufhören der Ertragsfähigkeit, wie umgekehrt die Beurbarung bisher ertragloser Flächen, ferner die (ohne Zuthun der Besitzer eingetretene) bleibende Steigerung oder Minderung der natürlichen Fruchtbarkeit eines grösseren Felddistrikts eine entsprechende Aenderung der Steueranlage zur Folge. Der Vollzug dieser sowie der an den Wechsel der Eigentumsverhältnisse sich knüpfenden Berichtigungen des Katasters ist der Zweck des jährlich in jeder Gemeinde des Landes stattfindenden Ab- und Zuschreibens.

Auf den gleichen Principien wie die Grundsteuerordnung beruhte die Häusersteuerordnung vom 18. September 1810. Der Häusersteuer wurden unterworfen alle bewohnbaren Häuser samt Nebengebäuden, ferner alle der Landwirtschaft und dem Gewerbebetrieb jeder Art dienenden Baulichkeiten; befreit blieben die landesherrlichen Schlösser, Kirchen, dem Unterricht oder der Wohlthätigkeit gewidmeten Gebäude öffentlicher Anstalten, sonstige, öffentlichen Zwecken dienende und keinen Ertrag abwerfende Gebäude (wie Amts-, Rat-, Wachthäuser etc.), endlich die dem Bergbau dienenden Betriebsgebäude und Vorratshäuser. Steuerobjekt ist der Platz mit den darauf befindlichen Haupt- und Nebengebäuden und zugehörigem Hofraum; gewerbliche Einrichtungen werden zur Baulichkeit gerechnet, wenn sie ihrer Natur nach unbeweglich, d. h. mit dem Gebäude in fester körperlicher Verbindung und daher Bestandteile desselben sind. Als Steuerkapital der Gebäude wird wie bei den Grundstücken der mittlere Kaufwert als der Ausdruck des kapitalisierten Reinertrags angenommen; der mittlere Kaufwert bemisst sich nach den von 1800 bis mit 1809 erzielten Preisen, eventuell durch vergleichende Schätzung nach den Preisen eines benachbarten Steuerdistrikts. Spätere Neubauten sind nach Verhältnis der bereits katastrierten Häuser einzuschätzen. Reparaturen begründen keine Erhöhung, Vernachlässigung oder Aelterwerden der Gebäude keine Minderung des Steueranschlags. Im übrigen gelten in betreff der Geltungsdauer der Häusersteueranschläge und der jährlichen Richtigstellung des Katasters analoge Grundsätze wie bei der Grundsteuer.

Die Gewerbsteuerordnung vom 6. April 1815 (in einigen Punkten abgeändert und ergänzt durch Gesetz vom 25. April 1816)[1] regelte die Besteuerung des gewerblichen Reinertrags in folgender Weise:

Der Begriff des steuerpflichtigen Gewerbes umfasst die Handarbeit, das Klein- und Grossgewerbe (Handwerk und Fabrikation), den Handel und den Betrieb der Landwirtschaft, nicht aber die sog. liberalen Berufsarten (der Beamten, Schriftsteller, Lehrer, Künstler, Aerzte, Anwälte, Notare etc.); befreit

---

[1] Reg.-Bl. v. 1815 Nr. V S. 25 und von 1816 Nr. XVII S. 69.

sind die in die Klasse des Brotgesindes gehörigen (bei anderen gegen Kost, Lohn und Wohnung ständig arbeitenden) Personen, ferner Witwen und ledige Frauenspersonen mit einem die unterste Klasse nicht übersteigenden Personalverdienst. Der gewerbliche Reinertrag wird in seinen beiden Bestandteilen — der Rente vom Betriebskapital und dem persönlichen Verdienst — getrennt erfasst. Für die Besteuerung des (Unternehmergewinn und Arbeitslohn in sich schliessenden) persönlichen Verdienstes sind 10 Klassen, die erste mit einem Verdienstanschlag von 500 fl., die zehnte mit einem solchen von 6000 fl. festgesetzt. Jedem Gewerbe ist durch einen dem Gesetz beigegebenen Tarif die Klasse angewiesen, in der es in Anlage kommt. Bei einer Reihe von Gewerben ist die Tarifierung von dem Orte, wo sie betrieben werden, unabhängig; andere Gewerbe werden einer niedrigeren oder höheren Klasse zugeteilt, je nachdem sie in Dörfern, in Städten bis zu 3000, 6000 oder mehr Seelen betrieben werden; beim Handel und bei der Fabrikation richtet sich die Klasse des persönlichen Verdienstes nach der Grösse des Betriebskapitals, beim Handel mit offenem Laden unter gleichzeitiger Rücksichtnahme auf die Bevölkerungszahl des Betriebsortes. Bei Gewerben, die mit Gehilfen betrieben werden, erhält das Steuerkapital des persönlichen Verdienstes einen nach der Zahl der Gehilfen bemessenen Zuschlag, und zwar beträgt letzterer für Gehilfen 1. Klasse, d. h. männliche Gehilfen, die im ganzen gleiche Geschäfte wie der Gewerbsherrn selbst verrichten, bis zur Zahl von fünf je ein Fünftel jenes Steuerkapitals, für männliche Gehilfen 2. Klasse (die nur untergeordnete Dienste leisten), sowie für Gehilfen 1. Klasse über fünf je 100 fl., endlich für jede weibliche Hilfsperson 50 fl. Landwirte werden stets zur 1. Klasse des persönlichen Verdienstes und ohne Gehilfenzuschlag, also stets mit 500 fl. veranlagt. Personalsteuerfrei sind Leute über 65 Jahre, Invaliden, öffentlich unterstützte Personen; anhaltende Kränklichkeit und Arbeitsmangel können durch Ermässigung des geordneten Steuerkapitals oder durch Zurücksetzung in die nächste niedrigere Klasse billige Berücksichtigung finden, wie eine solche Ermässigung (bis auf ³/₄) auch bei alleinstehenden Frauenspersonen, die in eine höhere als die 1. Verdienstklasse gehören, einzutreten hat.

Das steuerbare Betriebskapital umfasst den Wert aller ständig dem Geschäftsbetrieb gewidmeten Einrichtungen an Maschinen, Gerätschaften und Werkzeugen (mit Ausschluss der als unbeweglich der Häusersteuer unterworfenen), ferner den Wert der in den inländischen Magazinen, Speichern etc. sich vorfindenden Natur- und Kunstprodukte, also die Vorräte an fertigen Waren, Roh-Hilfsstoffen jeder Art, den Wert der besonderen Gewerbeberechtigungen, endlich bei Bankier- und ähnlichen Geschäften den Betrag der Fonds, mit welchen sie arbeiten. Betriebskapitalien, die nicht über 400 fl. betragen, sind frei, ferner allgemein diejenigen der Landwirtschaft. Das Betriebskapital über 400 fl. wird je nach seiner Grösse in 15 Klassen besteuert; der Steuerpflichtige hat dasselbe nach dem Stand zur Zeit der Aufnahme und, falls dieser vorübergehender Verhältnisse halber ein aussergewöhnlicher ist, zugleich nach dem gewöhnlichen mittleren Stand — vorbehaltlich der Nachprüfung und Richtigstellung seiner Angaben durch die Veranlagungsbehörde — zu fatieren. Der Steueranschlag des persönlichen Verdienstes und jener des Betriebskapitals zusammen bilden das Gewerbsteuerkapital.

Die Gewerbsteuerordnung von 1815 hat hiernach davon abgesehen, den gewerblichen Reinertrag unmittelbar durch Schätzung feststellen zu lassen, da eine gleichmässige Besteuerung auf diesem Wege nicht erwartet werden durfte. Sie hat vielmehr gewisse äussere Merkmale aufgestellt, nach welchen der Ertrag bemessen werden soll, und hierbei vor allem auf die grössere oder geringere Einträglichkeit eines jeden Gewerbes an sich Rücksicht genommen; das im Gewerbe angelegte Betriebskapital wird unmittelbar beigezogen, wobei auch die Schätzung zur Mitwirkung berufen ist; endlich wird auch den persönlichen, die Erwerbsthätigkeit beeinflussenden Verhältnissen, wenn auch nur in bescheidenem Umfang, Rechnung getragen.

Die neuen Steuergesetze traten, nachdem die Katastrierung der Grundstücke und Gebäude inzwischen zustande gebracht worden war, gleichzeitig am 1. Mai 1815 in Vollzug. Es lag indessen in der Natur der Dinge, dass das neue Katasterwerk, welches in Zeiten schwerer Kriege und finanzieller Bedrängnisse, ohne Vorarbeiten und ohne genügend vorgebildete Hilfsarbeiter in kurzer Frist geschaffen worden war, viele und erhebliche Mängel aufwies. Namentlich war es die fehlerhafte Klassifikation und Taxation der Güter in zahlreichen Gemarkungen, welche lebhafte Beschwerden und Klagen hervorrief.

Die Regierung suchte abzuhelfen, indem sie zweimal — durch landesherrliche Verordnung vom 11. Juli 1817 und dann durch Gesetz vom 14. Mai 1828 [1]) — zur Anbringung der nach den Vorschriften der Grund- und Häusersteuerordnung versäumten Beschwerden gegen die Steuereinschätzung neue Fristen eröffnete, und zwar dergestalt, dass nicht bloss Einzelbeschwerden, sondern unter gewissen Voraussetzungen auch Anträge auf Revision des Einschätzungswerks ganzer Gemarkungen oder Gemarkungsteile zugelassen wurden. Infolgedessen erhielten von den 2217 Steuerdistrikten des ganzen Landes 730 Steuerdistrikte neue Taxationen. Durfte man biernach die Beschwerden wegen zu hoher Einschätzung in der Hauptsache als erledigt betrachten, so hatten doch immerhin jene Massregeln für die zu niedrigen Einschätzungen keine Korrektur geschaffen.

II. Weiterentwicklung. Klassen- und Kapitalsteuergesetz. Organisation der Schatzungsbehörden.

Den bisher besprochenen Ertragsteuern wurde durch Gesetz vom 31. Oktober 1820 [2]) die sog. Klassensteuer hinzugefügt, d. h. eine Steuer vom Einkommen aus Staats- und anderem öffentlichen Dienste und aus sonstiger, der Gewerbsteuer nicht unterworfener Berufsthätigkeit, sowie von den Wittumsgehalten und Apanagen der Mitglieder der Grossherzoglichen Familie. Die gesamten, in Geld, Nutzungen oder Naturalien bestehenden, festen oder zufälligen (wandelbaren) Bezüge der nach diesem Gesetz steuerpflichtigen Personen wurden nach einem steigenden Tarif in 10 Klassen zur Besteuerung gezogen, derart, dass vom Einkommen bis 1000 fl. 1 Kreuzer, von 1001 bis 2000 fl. 2 Kreuzer u. s. w., schliesslich vom Einkommen über 80,000 fl. 10 Kreuzer vom Gulden zu ent-

---

[1]) Reg.-Bl. von 1817 Nr. XXV S. 97 und von 1828 Nr. XVI S. 73.
[2]) Reg.-Bl. Nr. XVII S. 127.

richten waren. Das Gesetz vom 31. Oktober 1820, ursprünglich als ein Not-
oder Ausnahmegesetz betrachtet und zur vorübergehenden Erleichterung der
übrigen Bevölkerungsklassen bestimmt, hatte eine unverhältnismässig hohe Belastung der Klassensteuerpflichtigen zur Folge; es harmonierte auch insofern
nicht mit den anderen Steuergesetzen, als es nicht eine für alle Einkommensbeträge gleiche Quote vorschrieb. Sobald es daher die Rücksicht auf die übrigen
Steuerpflichtigen, die „Altsteuerbaren" gestattete, hielt es die Regierung für
geboten, „auch den Neusteuerbaren eine gerechte und billige Erleichterung zu
gewähren", und legte zu diesem Zweck dem Landtag von 1837 einen Gesetzentwurf vor, wonach das klassensteuerpflichtige Einkommen — mit Ausnahme
der auch fernerhin nach dem Gesetz vom 31. Oktober 1820 zu behandelnden
Wittume und Apanagen der Angehörigen des Grossherzoglichen Hauses — durch
Vervielfachung mit 3 und nach Abzug von 300 fl. zum Steuerkapital erhoben
und die Klassensteuer mit dem (dem Gewerbsteuerfuss entsprechenden) Satze
von 23 kr. von 100 fl. Steuerkapital entrichtet werden sollte. Die Begründung
des Gesetzentwurfs führte aus, wenn einerseits jegliches Steuerprivilegium der
Staatsdiener wie der sonstigen einen freien Beruf ausübenden Unterthanen zu
verwerfen sei, so erfordere es andererseits doch die Gerechtigkeit, dass deren
Berufseinkommen nicht höher belastet werde, als der persönliche Verdienst der
Gewerbsteuerpflichtigen; dieser Effekt werde, wie des näheren dargelegt wurde,
durch die Bestimmungen des Entwurfs erreicht werden. Die 2. Kammer billigte
zwar den Vorschlag, den Klassensteuerfuss dem Gewerbsteuerfuss gleichzusetzen,
beschloss jedoch in Abänderung der Regierungsvorlage, das Klassensteuerkapital
nach einem steigenden Tarif, nämlich in der Weise zu bilden, dass das Einkommen

bis 2000 fl. . . . . . mit 3
von 2001 fl. bis 3000 fl. „ 6
„ 3001 fl. „ 4000 fl. „ 7
„ 4001 fl. „ 5000 fl. „ 8
„ 5001 fl. „ 6000 fl. „ 9
„ 6001 fl. „ 7000 fl. „ 10
„ 7001 fl. „ 8000 fl. „ 11
„ 8001 fl. und darüber „ 12

vervielfacht werden sollte. Die hieraus sich ergebende stärkere Belastung der
Klassensteuerpflichtigen hielt man im Hinblick auf die Vorzüge, welche die
Beamtenstellung in Bezug auf Sicherheit des Einkommens, Einfluss und äusseres
Ansehen gegenüber dem Stande der Gewerbtreibenden biete, für wohl gerechtfertigt; man erklärte sich ferner mit Entschiedenheit für das Princip der progressiven Besteuerung, welches allein den Anforderungen der Gerechtigkeit entspreche; wenn solches im übrigen dem badischen Steuersystem bis jetzt fremd
geblieben sei, so möge darin ein Grund gefunden werden, letzteres umzugestalten, nicht aber, den als richtig erkannten Grundsatz bei der Besoldungssteuer
aufzugeben. Die Regierung hatte diese Ausführungen lebhaft bekämpft, indem
sie sich principiell gegen die Progression in der Besteuerung und insbesondere
gegen deren Anwendung bei einer partiellen Steuer aussprach, auch darauf
hinwies, dass die Staatsdiener ja nur einen kleinen Teil aller Klassensteuerpflichtigen ausmachten; sie genehmigte jedoch schliesslich die von den Kammern

beschlossene, das Gesetz vom 31. Oktober 1820 immerhin verbessernde Fassung, in welcher sodann das Gesetz am 10. Juli 1837 erlassen wurde[1]).

Die direkte Besteuerung erstreckte sich nunmehr auf das Einkommen aus Grund- und Häuserbesitz, aus Gewerbebetrieb und sonstiger Arbeit und Berufsthätigkeit; als die naturgemässe Fortentwicklung und Ergänzung des Steuersystems musste sich die bis jetzt noch fehlende Besteuerung der Kapitalrente darstellen. Seit Anfang der vierziger Jahre begann die öffentliche Meinung, mit steigender Lebhaftigkeit sich mit dieser Frage zu beschäftigen; zahlreiche Petitionen gelangten an die Landstände, in welchen unter Hinweisung auf die augenscheinliche Unbilligkeit des gegenwärtigen Zustandes und unter Berufung auf § 8 der Verfassungsurkunde, welcher alle Badener unterschiedslos zu den öffentlichen Lasten beizutragen verpflichtet, um Einführung einer Kapitalsteuer gebeten wurde; auf den Landtagen von 1844 und 1846 richtete die 2. Kammer im gleichen Sinne Adressen an die Grossh. Regierung, indem sie eine Kapitalsteuer als gerecht, ausführbar und zeitgemäss anerkannte, mit deren Einführung zugleich jedoch eine Ermässigung oder Aufhebung anderer lästiger Steuern (wobei namentlich an gewisse indirekte Abgaben, die Fleisch-, Liegenschaftsaccise etc. gedacht wurde) erwartete. Die 1. Kammer war jenen Adressen nicht beigetreten, teils weil man hier eine Radikalreform des Steuersystems — durch Einführung einer allgemeinen Vermögens- und Einkommensteuer — für wünschenswert hielt, teils weil man die Ueberwälzung der Kapitalsteuer auf den Schuldner durch Erhöhung des Zinsfusses, Auswandern des Kapitals und infolgedessen nachteilige Rückwirkungen auf Landwirtschaft, Industrie und Handel besorgte und endlich auch die Durchführbarkeit dieser Steuer bei der leichten Möglichkeit, Kapitalien zu verheimlichen, bezweifelte — Bedenken, welche regelmässig gegen die Besteuerung der Kapitalrente aufzutreten pflegen, welche übrigens in den Verhandlungen der 2. Kammer sich gründlich erörtert und widerlegt finden. Angesichts der erwähnten Beschlüsse der 2. Kammer fand sich die Regierung, welche sich bisher gleichfalls ablehnend verhalten hatte, bewogen, dem Landtag von 1848 einen Gesetzentwurf, „die Besteuerung des bisher unmittelbar nicht besteuerten Einkommens betreffend", vorzulegen, welcher indessen kurz darauf zurückgezogen und durch einen Gesetzentwurf, die Einführung einer Kapitalsteuer betreffend, ersetzt wurde. Während der zurückgezogene Entwurf die Kapitalsteuer durchaus als partielle Einkommensteuer behandelt, insbesondere auch den unbeschränkten Schuldzinsenabzug zugelassen hatte, suchte der 2. Entwurf dieselbe mehr als Ertragsteuer zu gestalten. Der letztere Entwurf erhielt mit geringen Abänderungen die Zustimmung beider Kammern und wurde als Gesetz vom 4. Juli 1848[2]) publiziert. Zu besteuern war hiernach der Kapitalwert der Zinsen- und Rentenbezüge, sowohl der auf einer Kapitalforderung beruhenden als der ohne solche zustehenden oder mit allmählicher Aufzehrung der Kapitalforderung verknüpften, soweit diese Bezüge nicht schon der Grund-, Häuser-, Gewerb- oder Klassensteuer unterliegen. Ausser Lands wohnende Landesangehörige sollten mit den nicht aus dem Grossherzogtum stammenden Bezügen, im Lande wohnende Angehörige anderer deutschen Bundesstaaten mit den Be-

---

[1]) Reg.-Bl. Nr. XXI S. 139.
[2]) Reg.-Bl. Nr. XLV S. 223.

zügen aus ihrem Heimatlande, Ausländer (Nicht-Deutsche) mit den aus dem Auslande fliessenden Bezügen steuerfrei sein. Befreit waren ferner — ausser dem Staate selbst — öffentliche Wohlthätigkeitsanstalten und Personen, welche nur Kapitalien unter 500 fl. als einziges rentierendes Vermögen besassen. Das Steuerkapital bildete — ohne Rücksicht auf die Höhe des Zinsfusses — die dem Bezug zu Grunde liegende Kapitalsumme, bei Staatspapieren und Lotterieanlehenslosen der Nennwert, bei unverzinslichen Kapitalforderungen, sowie bei Zeitrenten der durch Abrechnung 4prozentiger Zwischenzinsen ermittelte wahre Wert, bei Leibrenten und allen sonstigen mit dem Tode des Empfängers erlöschenden Bezügen der mit 8, bei ewigen Renten der mit 25 vervielfachte Betrag des Bezuges. Zum Abzug waren nur die durch faustpfändliche Hinterlegung von Wertpapieren versicherten Schulden zugelassen. Die steuerpflichtigen Kapitalwerte sollten jährlich nach dem Stand vom 1. Juli (teils summarisch, teils mit genauer Specifizierung) auf Ehre und Gewissen fatiert, das Kataster der Kapitalsteuer nach seiner Vollendung jeweils während 14 Tagen zu jedermanns Einsicht öffentlich aufgelegt und die Steuer mit 6 Kreuzer von 100 fl. Steuerkapital erhoben werden, die Wirksamkeit des Gesetzes jedoch durch die Aufhebung anderer Abgaben in gleichem Betrage bedingt sein. — Die Einleitung des Vollzugs dieses Gesetzes verzögerte sich durch den Ausbruch des badischen Aufstandes und begann erst, nachdem Ende Juni 1849 die gesetzmässige Regierung wiederhergestellt war. Die Mängel des Gesetzes traten hierbei sofort in so empfindlicher Weise zu Tag, dass schon im folgenden Jahre zu dessen Umarbeitung geschritten werden musste. Es handelte sich hierbei im wesentlichen darum, durch Beschränkung des Beizugs der Nicht-Badener dem durch die politischen Unruhen aus dem Lande verscheuchten fremden Kapital die Rückkehr zu erleichtern, durch Erweiterung der Steuerbefreiungen offenbare Härten zu beseitigen und die Ansammlung kleiner Kapitalien bei den Geringbemittelten zu begünstigen, endlich den subjektiven Charakter dieser Steuer dadurch mehr zur Geltung zu bringen, dass die Höhe des Zinsfusses, d. h. das wirkliche Renteneinkommen berücksichtigt und der — principiell als gerechtfertigt anerkannte — Schuldenabzug nur so weit, als es zur Verhütung von Missbräuchen erforderlich schien, beschränkt wurde. Das neue Gesetz über die Kapitalsteuer vom 30. März 1850 [1]) unterwarf demgemäss der Besteuerung rücksichtlich ihrer inländischen (aus dem Grossherzogtum stammenden) Bezüge nur diejenigen Ausländer, welche des Erwerbes wegen im Lande wohnten, erklärte weiter die Bürgernutzungen und die Kapitalvermögen von nicht über 500 fl. schlechtweg, die Kapitalien der Witwen, Waisen und sonst erwerbsunfähiger Personen, wenn sie mit ihrem etwaigen anderen rentierenden Vermögen nicht über 2000 fl. betrugen, für steuerfrei, liess ausser den faustpfändlich auch die durch Unterpfand versicherten Schulden und den Kapitalwert der auf den Rentenbezügen haftenden, auf Privatrechtstitel beruhenden Lasten, sowie die notwendigen Kosten der Erhebung zum Abzug zu und setzte das Steuerkapital nur bei mindestens 4prozentiger Verzinsung dem Nennwert der Kapitalforderung, sonst dem Fünfundzwanzigfachen des Jahreszinses gleich. Einen auf die Aufhebung anderer Abgaben bezüglichen Vorbehalt enthielt das Gesetz nicht mehr,

---

[1]) Reg.-Bl. Nr. XVII S. 115.

die Kapitalsteuer war somit als ordentliche Steuer definitiv dem Steuersystem eingefügt.

Auf dem Landtag von 1848 war auch ein Gesetz über „die Einführung einer wachsenden Einkommensteuer" mit den Ständen vereinbart worden. Dieses Gesetz (vom 28. Juli 1848)[1] ist zwar nie in Wirksamkeit getreten, beansprucht jedoch als Vorläufer des jetzt geltenden badischen Einkommensteuergesetzes ein gewisses Interesse. Von hervorragenden Vertretern der finanzwissenschaftlichen Litteratur jener Tage befürwortet, war die allgemeine progressive Einkommensteuer als wichtigstes Postulat in das steuerpolitische Programm der freisinnigen Parteien aufgenommen und die öffentliche Meinung, die sich in zahlreichen, an die Kammern gerichteten Petitionen kundgab, mehr und mehr hierfür gewonnen worden. Die Regierung entsprach diesem Verlangen durch Vorlage eines Gesetzentwurfs, wonach die wachsende Einkommensteuer als Zusatzsteuer den übrigen direkten Steuern hinzugefügt werden sollte. Den provisorischen Charakter der Vorlage, durch welche die Regierung lediglich gegenüber dem allgemeinen Drängen nach einer gerechteren Verteilung der Steuerlasten ihr Entgegenkommen bethätigen wollte, hoben die Motive ausdrücklich hervor, indem sie die Ueberzeugung der Regierung aussprachen, dass „die richtige und den Zweck möglichst vollständig erreichende Durchführung des Princips einer wachsenden Einkommensteuer mit Zeitaufwand verknüpfte Vorbereitungen von grösserem Umfang erheische", dass aber die Notwendigkeit vorliege, ungeachtet des Mangels genügender Vorarbeiten eine solche Steuer zum Ersatz verschiedener indirekter Steuern, deren Aufhebung oder Minderung gefordert sei, jetzt schon einzuführen. Auf die Unvollkommenheiten des Entwurfs wurde auch von der ersten Kammer nachdrücklich hingewiesen; mit dessen allgemeiner Tendenz zwar einverstanden, glaubte sie doch, dass das angestrebte Ziel, das reine Einkommen zum Massstab der Steuerverteilung zu machen, auf dem vorgeschlagenen direkten und kurzen Wege nicht zu erreichen, ein vollständiges und zuverlässiges Einkommensteuerkataster nicht zu gewinnen sein werde; Verbesserung des bestehenden Steuersystems im einzelnen thue not, nicht Schaffung ganz neuer Grundlagen. Dessenungeachtet erteilte auch die erste Kammer mit Rücksicht auf die dringlichen Wünsche des Landes, auf die Annahme des Entwurfs in der zweiten Kammer, welcher in·Steuersachen verfassungsgemäss eine vorzugsweise Stimme gebühre, sowie endlich in Anbetracht des nur transitorischen Charakters der Vorlage derselben ihre Zustimmung. Das Gesetz unterwarf der Besteuerung das reine Gesamteinkommen (gleichviel aus welchen Quellen fliessend) im wesentlichen nur der physischen Personen; befreit war das Einkommen bis zu 300 fl. bei Personen mit Familie, bis zu 200 fl. bei Einzelstehenden; die Steuer sollte nach Prozentsätzen des in 10 Klassen eingeteilten steuerbaren Jahreseinkommens berechnet werden und zwar vom Einkommen bis einschliesslich 500 fl. ½ Prozent, vom Einkommen bis 1000 fl. ¾ Prozent und so weiter ansteigend mit je 500 fl. Einkommen und ¼ Prozent Steuer, so dass die Progression mit 3 Prozent vom Einkommen der 11. Klasse (über 5000 fl.) abschloss; das Einkommen sollte jährlich nach dem Stand zur Zeit der Abgabe der Erklärung und zwar nach seinen einzelnen Arten getrennt

---

[1] Reg.-Bl. Nr. LII S. 279.

fatiert werden, Erhöhung oder Minderung derselben nach erfolgter Fassion für das betreffende Steuerjahr ohne Einfluss sein, die Veranlagung am Wohnsitz des Steuerpflichtigen erfolgen. Auf die Hauptgrundzüge sich beschränkend, überliess das Gesetz alles weitere den Vollzugsvorschriften; solche sind jedoch, wie bereits bemerkt, nie erlassen worden. Wie im Kapitalsteuergesetz von 1848 war auch hier die Einführung der neuen Steuer von der gleichzeitigen Abschaffung anderer Abgaben im gleichen Betrage abhängig gemacht. Diese Vorbedingung blieb unerfüllt, weil angesichts der infolge der Ereignisse von 1848 und 1849 erheblich gesteigerten Staatsbedürfnisse auf sichere Einnahmen, um ein ungewisses Aequivalent dafür einzutauschen, nicht verzichtet werden konnte. Auch die organisatorischen Einrichtungen des direkten Steuerwesens haben die Gesetzgebung von 1848 beschäftigt. Bis dahin war die Festsetzung der Schuldigkeit jedes Staatsangehörigen an direkter Steuer nach Massgabe der betreffenden Steuergesetze ausschliesslich oder fast ausschliesslich Sache der Staatssteuerbehörden und über Beschwerden gegen irrige Ansätze hatten nur sie zu entscheiden. Für je einen grösseren oder kleineren Bezirk waren eigene Bedienstete, Steuerperäquatoren[1]), aufgestellt, welche gemeinschaftlich mit den Ortsvorständen die Steueranschläge der Pflichtigen bei dem jährlichen Ab- und Zuschreiben nach dem neuesten Stande festzustellen und hiernach deren Steuerbetreffnisse zu berechnen hatten. Lediglich zur Ermittlung thatsächlicher Verhältnisse wurden Urkundspersonen und Sachverständige ausserhalb des Beamtenkreises beigezogen, welchen nur bei Bemessung der Gewerbsteuer eine etwas eingreifendere Mitwirkung zugestanden war. Das Gesetz vom 8. Juli 1848, die Aufstellung der Steuerkataster und die Errichtung von Steuerschwurgerichten betreffend[2]), beabsichtigte, dieses Verfahren wesentlich zu ändern. In einer Zeit, in welcher jede amtliche Autorität tief erschüttert war, glaubte man für die Steuerverteilung eine das Vertrauen des Volkes in ihre Gerechtigkeit und Unparteilichkeit verbürgende Grundlage nur dadurch gewinnen zu können, dass die Steuerpflichtigen selbst zur Mitwirkung bei Aufstellung der Kataster und zur ausschliesslichen Entscheidung über streitige Steuerverbindlichkeiten berufen wurden. Demgemäss sollte ein von der Gemeindevertretung (Gemeinderat und Bürgerausschuss) gewählter Schatzungsrat von 5—11 Mitgliedern an jedem Orte das Betreffnis der einzelnen Steuerpflichtigen an Gewerb-, Kapital-, Klassen- und an anderen, damals noch geplanten direkten Steuern festsetzen, während es bezüglich der Grund- und Häusersteuer vorläufig noch bei der hergebrachten Einrichtung verblieb. Beschwerden des Steuerpflichtigen oder der Steuerbehörde gegen die Erkenntnisse des Schatzungsrats sollten von einem Steuerschwurgericht, welches für je einen Bezirk von 30,000—60,000 Seelen aus 11 durch unmittelbare Wahl aller volljährigen Staatsbürger bestimmten Geschworenen und 5 Ersatzmännern zu bilden war und jährlich einmal unter dem Vorsitz des (nicht stimmberechtigten) Oberamtsvorstandes in Wirksamkeit zu treten hatte, endgültig entschieden werden. Steuerdirektion und Finanzministerium sollten also fortan mit solchen Reklamationen nicht mehr befasst werden. — In diesem Gesetze erblickte man den Anfang einer wahrhaft volks-

---

[1]) Diese Beamten führen seit 1876 den Titel „Steuerkommissäre".
[2]) Reg.-Bl. Nr. XLV S. 229.

tümlichen und den Grundsätzen der Gerechtigkeit zugleich entsprechenden
Besteurung. „Bewährt sich dasselbe," so schrieb der Berichterstatter der zweiten
Kammer, „so ist die Bahn für eine gerechte Besteuerung aller Staatsbürger
gebrochen und damit den Beschwerden der Aermeren gegen die Reicheren abgeholfen, zugleich aber auch die sicherste Bürgschaft für den Fortschritt und
die Erhaltung der Staatsordnung gegeben."

Die Schatzungsräte wurden sofort auch gebildet und in Thätigkeit gesetzt, die Steuerschwurgerichte aber nicht ins Leben gerufen. Ein Gesetz vom
12. Februar 1849 [1]) brachte die Einrichtung der Steuerschwurgerichte der Vereinfachung des Wahlgeschäfts halber mit dem Vollzug einer damals geplanten
neuen Verwaltungsorganisation in Verbindung, welch letztere jedoch nicht ins
Leben trat.

Einer ruhigen und unbefangenen Prüfung konnten auch die gegen das
Institut der Steuerschwurgerichte in der beschriebenen Gestalt obwaltenden
schweren Bedenken nicht verborgen bleiben. Wäre einerseits die Erledigung
der Steuerreklamationen durch die Steuerschwurgerichte eine sehr kostspielige
und schleppende gewesen, so boten dieselben andererseits auch gar keine Gewähr
richtiger und sachgemässer Entscheidungen, da bei den aus einem grösseren
Bezirke zusammengetretenen Geschworenen weder das zur Entscheidung wichtiger
Steuerfragen erforderliche, eindringendere Studium der Steuergesetzgebung, noch
auch eine nähere Kenntnis der Erwerbs-, Vermögens- und sonstigen Verhältnisse
der Reklamanten erwartet werden konnte. An Stelle der erwähnten Gesetze
von 1848 und 1849 erging daher das Gesetz vom 17. März 1854, die Aufstellung
der Kataster der direkten Steuern betreffend [2]), welches nur den Schatzungsrat
beibehielt. Derselbe besteht aus dem Bürgermeister als Vorsitzenden und je
nach der Seelenzahl der Gemeinde aus 3 bis 14 Mitgliedern [3]), welche aus der
Zahl der zu den direkten Steuern veranlagten Ortseinwohner in der Art zu
entnehmen sind, dass die verschiedenen Klassen der Steuerpflichtigen thunlichst
entsprechende Vertretung finden. Die Ernennung geschieht, da die Schatzungsräte keineswegs nur im örtlichen Interesse, sondern vor allem für die Staats-
gesamtheit thätig sind, nach Vernehmung des Gemeinderats und des Steuerkommissärs durch die staatliche Bezirksverwaltungsbehörde jeweils auf die Dauer
von 6 Jahren. Der Steuerkommissär hat Sitz und — was ihm das Gesetz
von 1848 vorenthalten hatte — als das der Steuergesetze kundigste Mitglied
auch Stimme im Schatzungsrat. Dem Schatzungsrat ist gemeinsam mit dem
Steuerkommissär die Sorge für möglichst vollständige und genaue Aufstellung
der Kataster übertragen; er hat beim jährlichen Ab- und Zuschreiben die vom
Steuerkommissär gesammelten Materialien, insbesondere die Erklärungen, Anträge
und Gesuche der Pflichtigen in betreff ihrer steuerlichen Verhältnisse zu würdigen,
nach Bedürfnis nähere Aufschlüsse von den Pflichtigen zu verlangen oder sonstige
Erhebungen zu machen und hiernach über die Steueranlagen zu beschliessen.
Gegen die Entscheidungen des Schatzungsrats steht sowohl den Pflichtigen als

---

[1]) Reg.-Bl. Nr. VI S. 71.
[2]) Reg.-Bl. Nr. XI S. 19.
[3]) Die Zahl der Schatzungsratsmitglieder, ursprünglich auf 7 beschränkt,
wurde durch Gesetz vom 16. März 1880 vermehrt.

dem Steuerkommissär das Recht der Beschwerde an die Steuerdirektion und
das Finanzministerium zu; ersteren ist seit dem Gesetze vom 5. Oktober 1863
über die Organisation der inneren Verwaltung[1]) gegen die Entscheidungen der
Steuerdirektion zugleich das Recht der Klage bei dem Verwaltungsgerichtshof
gegeben. Die Arbeiten der Schatzungsräte unterliegen ausserdem der regelmässigen Prüfung durch die Steuerrevisionen, welche übrigens, zuletzt 3 an
der Zahl, neuestens im Interesse einer gleichmässigen und einheitlichen Behandlung des Prüfungsgeschäfts aufgehoben und durch eine der Steuerdirektion
beigegebene Katasterkontrolle ersetzt worden sind.

III. Revision der Gewerbsteuerordnung. Neukatastrierung des landwirtschaftlichen Geländes und der Gebäude.

Mit der Einführung der Kapitalsteuer hatte das Ertragsteuersystem seinen
äusseren Abschluss gefunden, der jedoch keineswegs einen Stillstand der gesetzgeberischen Thätigkeit auf diesem Gebiete bezeichnete. Seit dem Inslebentreten
der älteren Ertragsteuern waren nahezu 4 Jahrzehnte verflossen, und in diesem
Zeitraum hatten sich so mannigfache und tiefeingreifende Aenderungen des
wirtschaftlichen Lebens vollzogen, dass eine Reform jener alten Steuern als ein
unabweisbares Bedürfnis erschien. Diesem Bedürfnis suchte die Gesetzgebung
der beiden folgenden Jahrzehnte zu genügen, indem sie die bestehenden Einrichtungen unter Festhaltung der als bewährt erscheinenden Grundlagen zeitgemäss verbesserte.

Die Revision der Gewerbsteuerordnung war von der Regierung schon im
Jahre 1847 in Angriff genommen worden, gelangte jedoch erst im Jahre 1854
zum Vollzug. Die Principien, auf welchen die Gewerbsteuerordnung von 1815
beruhte, wurden auch jetzt noch für richtig, die Gewerbsteuereinrichtungen für
einfach, leicht verständlich und nicht belästigend erachtet. Dagegen war das
Gewerbewesen selbst während einer langjährigen und gesegneten Friedensepoche
infolge der grossen Fortschritte der Technik, der wachsenden Ansammlung des
Kapitals und dessen zunehmender Mitwirkung bei der Produktion, dank endlich
der Erleichterung und Entwicklung des Verkehrs ein anderes geworden. Gewerbe, die einst in schwunghaftem Betriebe gewesen, hatten abgenommen, andere,
die sich früher auf einer unteren Stufe befunden hatten, waren emporgekommen,
neue Gewerbzweige waren erstanden, die Grossindustrie hatte ihren mächtigen
Wettbewerb mit dem Kleingewerbe begonnen. Vor allem galt es daher, den
veralteten Tarif umzuarbeiten und den neuen gewerblichen Zuständen anzupassen;
nebstdem aber waren noch verschiedene andere Gebrechen und Lücken der alten
Gewerbsteuerordnung zu beseitigen. Die Zahl der Klassen des persönlichen
Verdienstes genügte nicht mehr, da der höchste Steueranschlag des persönlichen
Verdienstes mit 6000 fl. beim Grosshändler und Grossindustriellen offenbar zu

---

[1]) Reg.-Bl. Nr. XLIV S. 399. Die einschlägigen Bestimmungen dieses
Gesetzes sind jetzt ersetzt durch das Gesetz vom 14. Juni 1884, die Verwaltungsrechtspflege betreffend (Ges. u. V.-Bl. Nr. XXI S. 197).

niedrig war und auch zu den Klassensteuerkapitalien in keinem billigen Verhältnis stand; die Skala wurde deshalb um 2 weitere Klassen (mit den Steuerkapitalien von 7000 und 8000 fl.) vermehrt. Die grössere oder geringere Ausdehnung des Betriebs wurde durch Erhöhung der Gehilfenzuschläge ausgiebiger berücksichtigt. Ferner wurde auch die Möglichkeit gewährt, den mannigfachen Umständen, welche — abgesehen von Betriebskapital und Gehilfenzahl — den Fortgang eines Geschäfts zu einem vergleichsweise mehr oder weniger günstigen gestalten, durch Einreihung in eine von mehreren im Tarif zugelassenen Klassen oder in die der tarifmässig bestimmten Klasse vorhergehende oder folgende Klasse Rechnung zu tragen. Die bisher durchweg mit 500 fl. Verdienstkapital besteuerten Landwirte endlich wurden in der 1., 3. und 5. Klasse, d. h. mit 500, 875 und 1750 fl. Verdienstkapital herangezogen, je nachdem das Grundsteuerkapital des von ihnen bewirtschafteten Areals unter 10,000, 10,000 bis 20,000 oder über 20,000 fl. betrug. Dies sind die wichtigeren Aenderungen, welche das mit dem Steuerjahr 1855 in Wirksamkeit getretene Gewerbsteuergesetz vom 23. März 1854[1]) gebracht hat.

Vom gleichen Tage datierte das Gesetz über die neue Katastrierung der Waldungen und Waldlasten[2]), mit welchem die Revision des Grundsteuerkatasters eingeleitet wurde. Die Preis- und Absatzverhältnisse des Holzes hatten sich seit der 1. Grundsteuereinschätzung infolge der Erbauung neuer Strassen und Holzabfuhrwege, der Zunahme der Bevölkerung und der Gewerbe derart verändert, dass zwischen Steueranschlag und Reinertrag der Waldungen ein offenbares Missverständnis bestand und die Erneuerung des Waldsteuerkatasters zunächst und dringend als nötig erschien. Die Vermessung der Waldungen war bereits durch das Forstgesetz vom 15. November 1833 angeordnet und grösstenteils vollzogen worden. Bei der durch das Gesetz vom 23. März 1854 befohlenen Neueinschätzung bildet nun das Fünfzehnfache des Wertes, welchen der bei den gegebenen Holzarten und der bestimmten oder üblichen Betriebsweise und Umtriebszeit im Durchschnitte jährlich auf den Morgen kommende Haubarkeitsertrag auf dem Stocke hat, für den Morgen Wald den Steueranschlag; wo — wie bei Hack- und Kopfholzwaldungen — neben dem Holze gleichzeitig noch ein anderes, zur Hauptnutzung gehöriges Erzeugnis erzielt wird, ist noch der 25fache Betrag des jährlichen Reinertrags dieses Erzeugnisses beigeschlagen. Nebennutzungen bleiben ausser Betracht; bei Festsetzung des normalen Haubarkeitsertrags wird aber angenommen, dass dergleichen Nebennutzungen nicht gewonnen werden. Durch forstkundige Schätzer ist der normale Haubarkeitsertrag im ganzen und, was hiervon nach der üblichen Weise der Aufbereitung auf die verschiedenen Sortimente entfällt, zu bemessen, der Preis jeder Holzart und jedes Sortiments je für sämtliche Waldungen eines Bezirks mit beiläufig gleichen Holzabsatzverhältnissen festzustellen und hieraus der Wert des Haubarkeitsertrags zu berechnen. Hierbei hat der Durchschnitt zuverlässiger Preise, welche für die betreffenden Holzarten und Sortimente in den Jahren 1845, 46 und 47, 1850, 51 und 52 aus dem im Haubarkeitsalter geschlagenen Erwachse von Waldungen des Bezirks erzielt wurden, als Grundlage zu dienen. Bei neuen

---

[1]) Reg.-Bl. Nr. XIV S. 99.
[2]) Reg.-Bl. Nr. XII S. 87.

Waldanlagen ist für die Dauer der ersten 20 Jahre nach der Aufforstung eine Ermässigung des Waldsteuerkapitals zugestanden [1]). Waldlasten, insbesondere Holzabgaben, die kraft einer Dienstbarkeit auf dem Walde haften, kommen, soweit sie nicht durch Gegenleistungen des Berechtigten an den belasteten Waldeigentümer ausgeglichen sind, im 25fachen ihres Jahresbetrags am Waldsteuerkapital in Abzug und für den Bezugsberechtigten in Steueranlage. Nach diesen Grundsätzen wurde die Neueinschätzung der Waldungen alsbald vorgenommen und mit dem 1. Januar 1856 in Kraft gesetzt. Das Steuerkapital der Waldungen hob sich infolgedessen von 29½ auf etwa 93½ Millionen Gulden (159½ Millionen Mark).

Zur Gewinnung einer festen Grundlage für die Totalerneuerung des Grundsteuerkatasters, d. h. für die Neueinschätzung des landwirtschaftlichen Geländes (nebstdem auch im rechtspolizeilichen Interesse und zur Förderung der Landeskultur) war bereits durch Gesetz vom 26. März 1852 [2]) die stückweise Vermessung sämtlicher Liegenschaften des Grossherzogtums angeordnet worden. Die Vermessungsarbeiten schritten langsamer vorwärts, als man ursprünglich vorausgesehen hatte, indem namentlich die Feststellung der Gemarkungs-, Gewann- und Eigentumsgrenzen deren Fortgang verzögerte; die Beendigung des Vermessungswerks liess sich demnach erst nach Jahrzehnten erwarten, wie dasselbe denn auch thatsächlich heute erst etwa ⅔ aller Gemarkungen des Landes umfasst. Unter diesen Umständen glaubte die Regierung, nachdem mit der Neukatastrierung der Waldungen der Anfang gemacht und auch ein neues Gewerbsteuerkataster hergestellt worden war, auch mit der Revision des Grundsteuerkatasters, wenn dasselbe nicht nach und nach völlig unbrauchbar werden sollte, nicht länger zuwarten zu sollen. Und zwar sollte nach ihrer Ansicht die Neueinschätzung des landwirtschaftlichen Geländes im wesentlichen nach dem Systeme der Grundsteuerordnung vom 20. Juli 1810, d. h. unter Zugrundelegung der mittleren Kaufwerte vollzogen werden, da dieses Verfahren zuverlässiger und zugleich einfacher und minder kostspielig erschien, als die dem Irrtum und der Willkür weiten Spielraum lassende und schwierige Reinertragsschätzung. In letzterer Hinsicht wurde namentlich auf die Verschiedenheit der über die Abschätzung des Reinertrags in anderen Staaten bestehenden Vorschriften hingewiesen. Als Normalperiode für Ermittlung der Durchschnittskaufpreise wurden die beiden Decennien 1836/45 und 1846/55 vorgeschlagen; hinter das Jahr 1836 sollte nicht zurückgegangen werden, weil der mit Beginn dieses Jahres erfolgte Anschluss Badens an den Zollverein mit Eröffnung eines grossen freien Binnenmarktes auf Ab- und Zufuhr der landwirtschaftlichen Erzeugnisse und somit auch auf den Preis der Ländereien eingewirkt haben musste; an Stelle der Güterpreise aus dem 2. Jahrzehnt (1846/55) sollten indessen, wo massenhafte Auswanderungen oder Zwangsvollstreckungen die Preise gedrückt hatten, die Preise einer gleichen Zahl der auf 1855 folgenden Jahre beigezogen werden. Der in diesem Sinne ausgearbeitete und dem Landtag von 1857/58 vorgelegte Gesetzentwurf begegnete in beiden Kammern lebhaftem Widerspruch. Die Revisionsbedürftigkeit des

---

[1]) Nach Gesetz vom 25. März 1886 bleiben künftig neue Waldanlagen 20 Jahre lang von der Grundsteuer ganz befreit.
[2]) Reg.-Bl. Nr. XV S. 106.

veralteten, schon von Anfang an mangelhaft gewesenen Katasterwerks wurde
zwar allseitig anerkannt, jedoch hielten die Gegner der Vorlage den Zeitpunkt
der Revision noch nicht für gekommen und die von der Regierung vorgeschlagenen
Grundsätze der Einschätzung nicht für die richtigen. Für Verschiebung der
Neueinschätzung wurde geltend gemacht: Ohne vorgängige Vermessung werde,
wie die Regierung selbst bei Vorlage des Gesetzentwurfs über die Katastervermessung anerkannt habe, die Revision Stückwerk bleiben und ihrem Zwecke
nur mangelhaft entsprechen; wenn in den Steuerdistrikten, wo die Vermessung
vollendet sei, die Steueranlage nach dem Vermessungsergebnis, im übrigen aber
nach dem geschätzten Flächenmass erfolge, so werde damit eine neue Ungleichheit eingeführt; die im Entwurf vorgesehene spätere Umrechnung der
Steuerkapitalien in den letzteren Steuerdistrikten nach den Vermessungsergeb-
nissen verursache doppelte Arbeit und Kosten; auch die noch im Gang befindliche
Ablösung zahlreicher Grundlasten (Zehnten, Lehengefälle etc.) spreche für den
Aufschub, durch welchen die Einschätzung der mittlerweise abgelösten Berechtigungen erspart würde. Im Betrieb der Landwirtschaft vollziehe sich zur
Zeit ein beträchtlicher Umschwung, indem in einzelnen Landesteilen der Ertrag
durch fleissige Bearbeitung und Düngung, zweckmässigen Fruchtwechsel, Handels-
gewächsbau namhaft gesteigert, in anderen Gegenden aber man in dieser Hinsicht
noch zurückgeblieben sei; auch der Ausbau des Eisenbahn- und Strassennetzes,
welches ja eine bedeutende Steigerung der Güterpreise in den dem Verkehr neu
erschlossenen Gegenden zur Folge habe, sei noch nicht vollendet; den empfind-
lichsten Mängeln des alten Katasters endlich könne durch eine partielle Revision
abgeholfen werden. Mit guten Gründen wurde sodann bestritten, dass die
Bildung der Steueranschläge nach den mittleren Kaufwerten bessere und zuver-
lässigere Resultate verspreche, als die Reinertragsschätzung. Der Kaufpreis der
Grundstücke richte sich im allgemeinen keineswegs bloss nach deren Ertragsfähigkeit, sondern sei noch von zahlreichen sonstigen, auf das Verhältnis zwischen
Angebot und Nachfrage einwirkenden Umständen abhängig. So sei für die
Preisbildung von wesentlichem Einfluss, ob die Bevölkerungszahl einer Gemeinde
im Vergleich zum Gemarkungsumfang gross oder klein sei, ob die Güter sich
zum grösseren Teile in fester Hand — in staatlichem, standes- oder grund-
herrlichem, Stiftungsbesitz etc. — befinden oder nicht, ob die Güter zerstückelt
seien oder vorzugsweise grössere und geschlossene Hofgüter vorkommen, ob die
Bewohner einer Gemeinde wohlhabend, sparsam und auf Vermehrung ihres
Grundbesitzes bedacht oder ob sie weniger bemittelt und schlechte Haushälter
seien, welche weder Kraft noch Lust zum Kaufen haben und darum den Preis
nicht steigern u. s. f. Vielfach rechne auch der Landwirt beim Ankauf eines
Grundstücks gar nicht danach, welche Rente es ihm trage; bedürfe er desselben
zur Arrondierung seines Besitztums oder zur Ausführung einer Kulturanlage
oder zur Gewinnung eines Weges, so biete er ebensoviel, als seine Mittel oder
sein Kredit ihm erlauben. Um sodann den mittleren Kaufwert per Morgen aus
den Güterpreisen einer bestimmten Zeitperiode zu bilden, sei doch vor allem
nötig, dass der wahre Flächengehalt der verkauften Güter feststehe; dies sei
aber bei allen noch nicht vermessenen Grundstücken nicht der Fall, da die
Massangaben in den Grund- und Lagerbüchern notorisch unzuverlässig seien.
Wenn ferner, wie der Entwurf vorsehe, abnorme Kaufpreise, d. h. solche, welche

unter dem Einfluss besonderer Bedingungen und Umstände zustande gekommen sind, zunächst zu berichtigen seien, so werde eben hierdurch gleichfalls dem willkürlichen Ermessen ein weiter Spielraum eröffnet — denn wer wollte z. B. entscheiden, welchen Einfluss die mehr oder weniger lästigen Kaufbedingungen auf den Kaufpreis geäussert haben — und müsse die Konstatierung der mittleren Kaufwerte sich zu einer höchst schwierigen Arbeit gestalten, welche zu einem richtigen Ergebnis nicht hinleiten könne. Ueberall anderwärts, insbesondere auch in den Nachbarstaaten beruhe die Besteuerung des Grund und Bodens auf der Grundlage der Reinertragsschätzung; das gleiche Verfahren müsse, wie dort, so auch bei uns ausführbar sein und habe ja auch bei den Waldungen bereits Anwendung gefunden. Dass aber die Besteuerung der Güter sich auf deren wirkliche Ertragsfähigkeit gründe, sei von der höchsten Bedeutung, da die Grundsteuer den grössten Beitrag zur Bestreitung des Staats- und Gemeindeaufwands zu liefern habe. — Diesen Ausführungen wurde andererseits entgegengehalten: Die Hauptgebrechen des dermaligen Grundsteuerkatasters seien im wesentlichen darin zu finden, dass bei der Klassifikation und Taxation vielfach die Güter unter sich wie zu den Nachbargemeinden nicht ins richtige Verhältnis gesetzt, dass das Gelände der Hochebenen und Gebirgsgegenden im Vergleich zu den fruchtbareren Feldern der Niederungen und ebenso im allgemeinen die Weinberge zu hoch eingeschätzt, dass die vielen seit der 1. Einschätzung vollzogenen Kulturveränderungen teils gar nicht, teils nur unvollkommen berücksichtigt, endlich dass bei der ursprünglichen Aufnahme des Flächengehalts, namentlich wo sie auf blosser Schätzung beruhe, viele und gröbliche Fehler begangen worden seien. Diesen Mängeln könne schon vor Vollendung der Landesvermessung abgeholfen werden, und dass es baldigst geschehe, sei ein Gebot der Gerechtigkeit. Man sei nicht Herr der Zukunft, wisse nicht, welche neue Hindernisse im Lauf der nächsten 20 Jahre sich dem Reformwerk entgegenstellen könnten; die Vertagung des Gesetzentwurfs würde somit eine Verewigung des Unrechts bedeuten. Uebrigens behalte ja auch der Entwurf den Besitzern noch nicht vermessener Grundstücke, welche sich durch die Flächenabschätzung für beschwert erachten, vor, ihre Grundstücke vermessen zu lassen. Die Reinertragsschätzung erscheine zwar als der naturgemässeste und einfachste Weg, den Reinertrag zu finden, sei jedoch bei der praktischen Durchführung mit den grössten Schwierigkeiten verbunden; seien solche schon bei der Schätzung des Rohertrags vorhanden — da es sich z. B. nicht darum handle, den Ertrag eines mit Winterfrucht bestellten Ackers in dem gegebenen Jahre, sondern den mittleren Ertrag einer Reihe von Jahren zu finden — so erweise sich die Bemessung des Kulturaufwands noch weit schwieriger, und so habe es sich denn bei den Reinertragsschätzungen, wo solche nach der Grundsteuerordnung als letztes Auskunftsmittel stattgefunden hätten, häufig ergeben, dass der ermittelte Aufwand höher als der Rohertrag des Gutes gewesen, also ein negativer Ertrag herausgekommen sei. Auch die Erfahrungen anderer Länder stünden hiermit im Einklang, indem man z. B. in Frankreich trotz musterhafter Verordnungen und Instruktionen und ebenso auch in Württemberg mit den Ergebnissen der Reinertragsschätzung keineswegs zufrieden sei. Das Beispiel der Waldeinschätzung sei unzutreffend, da man bei den Waldungen gar keine Kaufpreise gehabt habe und der nachhaltige Rohertrag an Holz weit einfacher und leichter

zu schätzen sei, als die bunte Verschiedenheit des landwirtschaftlichen Gelände-
ertrags. Die Annahme, dass der Durchschnittskaufpreis sich gleich stelle mit
dem kapitalisierten Reinertrag, sei im allgemeinen jedenfalls richtig; wer ein
Kapital in Grund und Boden anlege, wolle ein Einkommen daraus ziehen, das
dem Zins des Kapitals bei anderweiter Anlage beiläufig entspreche; nach diesem
Grundsatz verfahre auch die Mehrzahl unserer Landwirte bei Gütererwerbungen,
wenn auch vereinzelt da und dort noch andere Momente bestimmend sein
möchten. Abnormitäten der Kaufpreise würden sich, soweit sie sich der Berichtigung entziehen, in einer 20jährigen Periode gegenseitig ausgleichen. —
Nach eingehender Verhandlung all dieser Gründe für und wider erhielt schliesslich der Entwurf, für welchen die Regierung mit Nachdruck eingetreten war,
mit unwesentlichen Abänderungen die Zustimmung der Mehrheit beider Kammern
und wurde als Gesetz vom 7. Mai 1858, die neue Katastrierung alles landwirtschaftlichen Geländes im Grossherzogtum betreffend, verkündet [1]). Als Normalperiode waren statt der im Regierungsentwurf vorgeschlagenen 2 Jahrzehnte
1836/45 und 1846/55 die Jahre 1828 bis mit 1847 angenommen worden, da man
einerseits die Kaufpreise von 1848/49 wegen der in diesen Jahren vorgefallenen
ausserordentlichen Ereignisse für fraglichen Zweck nicht für brauchbar hielt,
andererseits aber kein Bedenken trug, hinter den Zollvereinsanschluss zurückzugehen, indem in den rückwärts liegenden Jahren die Güterpreise nach den
gemachten Erhebungen in gutem mittleren Werte gestanden hatten. Im übrigen
weicht das Gesetz von den Prinzipien der Grundsteuerordnung von 1810 nur
wenig ab. Während letztere in Ermangelung eines allgemeinen Landesmasses
(welches erst nachher eingeführt wurde) überall das „jeden Orts herkömmliche
Flächenmass" zu Grunde gelegt wissen wollte, schrieb das neue Gesetz vor, dass
der Bildung des Steuerkapitals jedes einzelnen Grundstücks die Bestimmung
seines Flächeninhalts im allgemeinen Landesmasse voranzugehen habe; übrigens
waren schon seit 1. Juli 1829 alle Flächenbestimmungen nur in letzterem erfolgt.
Der Flächengehalt war nach dem Ergebnis der Katastervermessung, wo solche
noch nicht vorgenommen war, nach dem Ergebnis einer etwa vorhandenen
anderweiten glaubwürdigen Vermessung (unter Verwandlung der hier verzeichneten Massangaben in das Landesmass), eventuell endlich durch Schätzung zu
bestimmen, wobei, wie bereits bemerkt, dem Grundeigentümer, der sich durch
die Schätzung für beschwert erachtete, unbenommen blieb, seine Grundstücke
vermessen und das Massergebnis an die Stellen der abgeschätzten Flächengrösse
treten zu lassen. — Das Kataster sollte sich insofern etwas beweglicher gestalten,
als alle bleibenden Kulturveränderungen künftig zu berücksichtigen waren; die
durch eine Beurbarung oder Kulturveränderung bedingte Neubildung oder Erhöhung eines Steuerkapitals soll jedoch, wenn hiemit ein mehr als gewöhnlicher
Kulturaufwand verbunden war, erst nach Ablauf von 5 Jahren wirksam werden.
Die Einschätzung war unter Leitung einer der Oberaufsicht des Finanzministeriums
unterstellten Ministerialkommission durch die Steuerkommissäre und die ihnen
für jeden Steuerdistrikt beigegebenen vier beeidigten Schätzer (2 in der Gemeinde
wohnende und 2 auswärtige Landwirte) vorzunehmen; dem Zwecke, eine mög-

---

[1]) Reg.-Bl. Nr. XXI S. 127.

liebst gleichmässige und gerechte Sachbehandlung, nicht nur innerhalb der einzelnen Gemarkung, sondern von Gemarkung zu Gemarkung, von Bezirk zu Bezirk und überhaupt im ganzen Lande herbeizuführen, diente ein umständlich geregeltes Verfahren, insbesondere auch die Prüfung der Einschätzungoperate je für eine grössere Anzahl von Steuerdistrikten durch von höheren Verwaltungsbeamten geleitete Revisionsversammlungen. Die Kosten der Einschätzung (welche nach der Grundsteuerordnung teilweise den Gemeinden und sonstigen Gemarkungsinhabern zur Last geblieben waren) hatte — mit Ausnahme der durch unbegründete Beschwerden veranlassten — die Staatskasse zu tragen, die Steuererhebung auf Grund des neuen Katasters in allen Steuerdistrikten gleichzeitig zu beginnen.

Mit dem Vollzug des Gesetzes vom 7. Mai 1858 wurde erst im Jahre 1861 begonnen; die Vorbereitungsarbeiten, von welchen insbesondere die Sammlung, Prüfung und Berichtigung der Güterkaufpreise aus der Normalperiode sich als sehr zeitraubend erwies, dehnten sich jedoch in die Länge, erlitten auch eine Unterbrechung im Jahre 1866, so dass das eigentliche Einschätzungswerk erst im Jahre 1867 — also beiläufig 40 Jahre nach Beginn der Normalperiode! — in Angriff genommen werden konnte.

An die Revision des Grundsteuerkatasters musste sich eine solche des Häusersteuerkatasters notwendigerweise anschliessen, da es nicht angeben konnte, die Steuer von Grundstücken nach Anschlägen aus der neueren Zeit, jene von Gebäuden nach Anschlägen, die vor einem halben Jahrhundert gebildet worden waren, zu erheben. Die Regierung hatte zwar die Neueinschätzung der Gebäude für minder dringlich und deren Verschiebung wegen der mit dem Ausbau des Eisenbahn- und Strassennetzes verbundenen fortwährenden Aenderungen der Gebäudewerte für ratsam erachtet. Nachdem jedoch im Jahre 1862 die 2. Kammer den Wunsch zu Protokoll erklärt hatte, „es wolle ein Gesetzentwurf über Einschätzung der Gebäude derart vorbereitet werden, dass der Beizug der ermittelten Grund- und Häusersteuerkapitalien gleichzeitig stattfinde," wurde auf dem Landtag von 1865/66 das Gesetz vom 26. Mai 1866 über die neue Katastrierung der Gebäude im Grossherzogtum[1]) vereinbart, welches von der alten Häusersteuerordnung samt Nachträgen enthält, was noch brauchbar erschien, im übrigen in Anordnung und Fassung sich möglichst dem Grundsteuergesetz von 1858 anschliesst. An dem mittleren Kaufwert als Basis der Besteuerung wurde auch hier festgehalten; gegen die Einschätzung nach mittleren M i e t - oder N u t z u n g s - werten sprach nach Inhalt der Motive schon der Umstand, dass die Mietzinse nicht vollständig reiner Ertrag sind, sondern zugleich eine Vergütung für Unterhaltung und Abnützung der Gebäude und für andere, vom Mieter nicht zu tragende Lasten enthalten, dass ferner auf dem Lande Vermietungen überhaupt nur selten stattfinden und selbst in den Städten die Ermittelung der Mietzinse beim Mangel glaubwürdiger Nachweisungen eine unsichere ist. — Für die Feststellung der mittleren Kaufwerte sollten die Kaufpreise von 1853 bis mit 1862 massgebend sein. Die Massstäbe für die Einschätzung derselben Preisperiode zu entnehmen, wie bei den Grundstücken, hielt man nicht für geboten, weil

---

[1]) Reg.-Bl. Nr. XXX S. 147.

die Höhe der Grund- und Häuserrente von ganz verschiedenen Verhältnissen abhänge und deshalb schon zur selben Zeit die Güterpreise hoch, die Häuserpreise niedrig gewesen seien; andrerseits empfahl es sich durchaus, eine der Einschätzung möglichst naheliegende Periode zu wählen, da die auf die Gebäudekaufpreise einwirkenden Verhältnisse nur, wenn die Käufe in nicht zu entfernter Vergangenheit stattgefunden hatten, gehörig ermittelt und gewürdigt werden konnten. Das Gesetz bestimmt des weiteren: Für jedes Gebäude, welches in der Normalperiode veräussert worden ist, gilt der damals erzielte Kaufpreis — bei mehrfacher Veräusserung der Durchschnitt der Preise — vorbehaltlich etwaiger Berichtigung als dessen mittlerer Kaufwert. Berichtigung hat einzutreten bei abnormen (d. h. durch besondere Verhältnisse oder Vertragsbedingungen unverkennbar beeinflussten) Preisen, ferner wenn seit der Veräusserung bauliche Veränderungen vorgenommen oder sonstige, den Wert erheblich beeinflussende äussere Umstände eingetreten, endlich wenn Gebäude mit sonstigem Gelände oder mit Mobilien in einer Bauschsumme veräussert worden sind. Auch wenn die Häuserkaufpreise eines Ortes innerhalb der Normalperiode infolge allgemeiner Verhältnisse bedeutend gestiegen oder gesunken sind, hat eine entsprechende Ausgleichung einzutreten. Ergibt sich, dass die aus der Periode von 1853/62 erhobenen mittleren Kaufwerte eines Steuerdistrikts um mindestens 5 Prozent höher sind, als jene der Periode von 1838/47, so sollen — (um die grundsätzlich gleichstarke Belastung des Reinertrags aus Grundstücken und aus Gebäuden zu erreichen) — erstere in entsprechendem Verhältnis, jedoch höchstens um 25 Prozent ermässigt werden. Die während der Normalperiode veräusserten Gebäude bilden mit ihren hiernach gefundenen Kaufwerten die Muster für die Einschätzung der übrigen Gebäude des Steuerdistrikts; fehlt es an einer hinreichenden Anzahl solcher Musterkaufwerte, so sind die Preise eines hinsichtlich der Häuserpreise ähnliche Verhältnisse aufweisenden Nachbarortes zu Hilfe zu nehmen und, wenn auch dies nicht thunlich, die Kaufwerte vermittelst Schätzung des Gebrauchwerts der Gebäude — (während im letzteren Falle die Häusersteuerordnung von 1810 die Taxation des Bauwertes verlangt hatte) — festzustellen. Jedes Gebäude erhält mit der zugehörigen Hofraithe nebst dabeiliegenden Plätzen und Gartenanlagen von nicht über 10 Quadratruthen (= 90 Quadratmeter) Flächengrösse, sowie mit den sonstigen Zugehörden (Nebengebäuden) zusammen ein Steuerkapital, weil die Kaufpreise, auf welche der Steueranschlag sich gründet, regelmässig für das Hauptgebäude samt Zugehörden gelten; wenn also Nebengebäude vom Hauptgebäude getrennt werden, so hat eine neue Abschätzung stattzufinden. Ebenso bei allen den Wert der Gebäude beeinflussenden Veränderungen ihres Zweckes oder Bestandes. Eine Richtigstellung der Häusersteueranschläge hat — abgesehen von sonstigen Fehlerverbesserungen — ferner zu erfolgen, wenn äussere Verhältnisse, welche nach der Neueinschätzung eingetreten sind (wie z. B. Eisenbahn- und Strassenanlagen, Errichtung oder Entfernung öffentlicher Anstalten, Garnisonen etc.), den Wert der Gebäude in einer Gemeinde durchweg oder teilweise um wenigstens 20 Prozent bleibend erhöht oder vermindert haben.

Die Leitung der Neueinschätzung wurde gleichfalls der für den Vollzug der Grundsteuereinschätzung gebildeten Ministerialkommission übertragen. — Der Vollzug des Gesetzes nahm, da das verwendbare Personal zunächst noch

vollauf durch die neue Katastrierung des landwirtschaftlichen Geländes in Anspruch genommen war, erst im Jahre 1872 seinen Anfang. Das schwierige und
mühevolle Werk dieser doppelten Neueinschätzung wurde bis Ende 1875 vollendet;
das Gesamtergebnis war folgendes:

Zur Grundsteuer waren — einschliesslich der bereits nach dem Gesetz
vom 23. März 1854 neueingeschätzten Waldungen — katastriert 4,862,768 Grundstücke, enthalten in 493,104 Grundsteuerzetteln (d. h. Verzeichnissen der je
einem Besitzer in einer Gemarkung gehörigen Güter), mit einem Gesamt-
grundsteuerkapital von 1,461,352,337 Mark gegenüber einem Gesamtgrundsteuer-
kapital des alten (1875er) Katasters von 987,382,550 Mark. Die Zunahme des
Grundsteuerkapitals betrug somit im gesamten 48 Prozent, — bei Ausscheidung
des Waldsteuerkapitals im Betrag von 159$\frac{1}{2}$ Millionen Mark von den Gesamt-
summen der Grundsteuerkapitalien 57,2 Prozent.

Das neue Gebäudesteuerkapital umfasste 217,292 Gebäude bezw. Gebäude-
komplexe (einschliesslich von 6492 ganz und 2885 teilweise steuerfreien) und
betrug 697,940,000 Mark gegenüber 403,508,530 Mark des alten Katasters. Es
ergab sich somit eine Zunahme des Häusersteuerkapitals von nahezu 73 Prozent.
Hinter den Gebäudeversicherungsanschlägen (welche den Wert des Bauplatzes
und der Hofraithe, sowie der durch Feuer nicht zerstörbaren Gebäudeteile nicht
enthalten) blieb dasselbe gleichwohl noch um nahezu 60 Prozent zurück. Beinahe ein Drittel des ganzen neuen Gebäudesteuerkapitals entfiel auf die 13 Städte
des Landes mit über 6000 Einwohnern, in welchen sich durchschnittlich eine
Zunahme von 115 Prozent ergab. Die Gesamtkosten des Einschätzungswerks
beliefen sich von 1862 bis Ende 1875 auf rund 1$\frac{1}{2}$ Mill. Gulden. Die Steuererhebung nach den neuen Katastern begann mit dem Jahre 1877. Und zwar
wurde der Steuerfuss für die Grund- und Häusersteuerkapitalien samt den
Waldkapitalien von 26 kr. für 100 fl. (oder 44 Pf. von 100 M.) auf den gleichen
Satz von 28 Pf. für 100 M. Steuerkapital ermässigt. Der Steuerertrag erhöhte sich hierbei (infolge der Aufrundung des Steuersatzes) um etwas über
100,000 Mark.

IV. Reformen der 70er Jahre. Einkommensteuerprojekt von 1878. Kapitalrenten- und Erwerbsteuer.

Noch ehe die Neukatastrierung des landwirtschaftlichen Geländes und
der Gebäude zum Abschluss gekommen war, ergab sich die Notwendigkeit,
anderweitige Reformen auf dem Gebiete der direkten Besteuerung anzubahnen.
In weiten Kreisen der Grundbesitzer hatte der Fortgang der Geländeeinschätzung
die lebhafte Besorgnis hervorgerufen, dass die hiermit verbundene Erhöhung
der Grundsteuerkapitalien trotz der gegenteiligen Zusagen der Regierung eine
Mehrbelastung des Grundbesitzes zur Folge haben werde; ja, es fehlte nicht an
einer von einflussreichen Persönlichkeiten geleiteten Agitation, welche darauf
abzielte, das ganze schwierige und kostspielige Werk überhaupt in Frage zu
stellen. Im allgemeinen erreichten zwar die auf der Basis der Durchschnittskaufpreise von 1828/49 gewonnenen Steueranschläge die Kaufpreise der Gegenwart nicht; um so lauter liessen sich aber die Klagen da vernehmen, wo das

umgekehrte Verhältnis stattfand, weil entweder die Bewegung der Güterpreise eine rückläufige gewesen, oder vielleicht fehlerhaft eingeschätzt worden war. Ferner kam in Betracht, dass mit der steigenden Tendenz der Güterpreise die Rentabilität des landwirtschaftlichen Betriebes keineswegs gleichen Schritt gehalten hatte. Infolge der mehr und mehr bedrohlichen Auslandskonkurrenz waren trotz des fortwährend sinkenden Geldwerts die Getreidepreise in den letzten Jahrzehnten ziemlich stabil geblieben, während andererseits die Erzeugungskosten durchweg, insbesondere auch die Löhne der landwirtschaftlichen Hilfsarbeiter namhaft gestiegen waren; die Grundrente war, wenn nicht zurückgegangen, doch keinesfalls in irgend bemerkbarer Weise fortgeschritten. Man behauptete daher nicht nur, dass die neue Einschätzung in ihren Ergebnissen ungleichmässig und, weil auf veralteter Basis beruhend, vielfach unzutreffend, sondern auch, dass überhaupt der Reinertrag der Grundstücke durch die Grundsteuer im Uebermass belastet sei.

Die mit der gedrückten Lage der Landwirtschaft Hand in Hand gehende, zunehmende Verschuldung des ländlichen Grundbesitzes musste notwendigerweise dazu beitragen, die Härten des bestehenden Ertragsteuersystems empfindlich zu steigern. Mochte auch in unwiderleglicher Weise dargethan werden, dass der Schuldenabzug bei den Ertragsteuern sich aus theoretischen und praktischen Gründen verbiete, dass derselbe die Verflüchtigung eines grossen Teils aller Steuerkapitalien zur Folge haben werde; war es auch richtig, dass dem bei der Kapitalsteuer ausnahmsweise stattfindenden Schuldenabzug, da der Kapitalist höchstens in vorübergehender Weise mit Schulden belastet zu sein pflegt, eine irgend erhebliche finanzielle Bedeutung nicht beigemessen werden konnte: zu leugnen war doch nicht, dass die Nichtberücksichtigung der Schulden den Grundsatz der Besteuerung nach der wirtschaftlichen Leistungsfähigkeit in flagranter Weise verletzte, und das Gefühl der Steuerüberbürdung blieb darum den verschuldeten Grundbesitzern und zwar in den Städten nicht minder wie auf dem Lande.

Zur Verschärfung dieses Missbehagens trug auch der damalige Zustand der Gemeindesteuergesetzgebung und die Finanzlage der grösseren Stadtgemeinden wesentlich bei. Das Gemeindesteuerwesen steht im Grossherzogtum Baden hergebrachtermassen in engster Verbindung mit der staatlichen Besteuerung, indem das Staatssteuerkataster eines jeden Ortes auch für die Umlegung des durch direkte Abgaben zu deckenden Gemeindeaufwands als Grundlage dient. In das Gemeindebesteuerungssystem waren jedoch nach der damaligen Gemeindeordnung nur die Grund-, Häuser- und Gewerbsteuerkapitalien, die ursprünglich alleinigen Objekte der staatlichen Besteuerung, aufgenommen, nur zur Bestreitung des Armeeaufwandes waren durch das Gesetz vom 5. Mai 1870 über die öffentliche Armeepflege auch die Klassen- und Kapitalsteuerkapitalien herangezogen worden. In den Verhältnissen der grösseren Städte des Landes hatte sich nun aber, begünstigt von der wirtschaftlichen Gesetzgebung der Neuzeit, bereits jene Umwandlung vollzogen, welche von der alten geschlossenen Bürgergemeinde zur Einwohnergemeinde hinüberleitete. Gewerbe- und Verehelichungsfreiheit, Freizügigkeit hatten in den städtischen Gemeinwesen ein rasches Anwachsen der Bevölkerung und damit eine entsprechende Steigerung der Gemeindebedürfnisse zur Folge gehabt. Aber auch die übrigen Gemeinden

hatten auf den mannigfachen Gebieten der Gemeindethätigkeit erhöhten Anforderungen zu genügen. So ergab sich denn in den Jahren 1860/71 eine
Steigerung des Gesammtbetrags der Gemeindeumlagen um 81 Prozent und von
1871/73 abermals eine Zunahme um 20 Prozent. Dass Grund- und Hausbesitz
und Gewerbebetrieb den so gesteigerten Gemeindebedarf in der Hauptsache
allein aufzubringen hatten, wurde — namentlich in den Städten angesichts der
hier in bedeutendem Masse stattfindenden Ansammlung beweglichen Kapitalvermögens — als eine offenbare Unbilligkeit empfunden, und jedenfalls war
dieser Umstand geeignet, die den gedachten Ertragsteuern anhaftenden Mängel
doppelt fühlbar zu machen.

Aus dieser Sachlage erklärt es sich, dass von der grössten Gemeinde des
Landes der erste Impuls zu weiteren Steuerreformen gegeben wurde. Die Stadt
Mannheim richtete während des Landtags von 1871/72 an die Zweite Kammer,
wie auch an das Staatsministerium eine Petition, in welcher auf die soeben
berührten Missstände hingewiesen, zugleich auch die Beseitigung der indirekten
Steuern im Interesse der Entlastung der Mindervermöglichen als erstrebenswert
bezeichnet und schliesslich das Begehren gestellt wurde: „es wolle die Einführung einer allgemeinen Einkommensteuer an Stelle der bestehenden in Erwägung gezogen, — mindestens aber dem kommenden Landtage ein Gesetzentwurf vorgelegt werden, wornach es den Gemeinden bezw. den grösseren
Städten gestattet wird, nach Massgabe besonderer gesetzlichen Feststellungen
ihre Bedürfnisse mittelst einer von sämtlichen Einwohnern zu erhebenden, nach
Klassen eingeteilten, mässig progressiven Einkommensteuer an Stelle der bisherigen Besteuerungsart aufzubringen." Der von der Petitionskommission der
Zweiten Kammer hierüber erstattete Bericht fand in Uebereinstimmung mit der
Petentin, dass das Staatssteuerwesen bedeutende Mängel aufweise. Unsere
direkten Steuern stehen, so wurde ausgeführt, im allgemeinen in keinem richtigen
Verhältnisse zu einander, und dieses Missverhältniss tritt sowohl in den Steuerkapitalien, als in dem für jede Steuergattung festgesetzten Steuerfusse hervor.
Während die Steuerkapitalien für Grundstücke und Gebäude nach Durchschnitts-
kaufpreisen normiert sind, wird das bewegliche Kapital, das der Gewerb- und
Kapitalsteuer unterliegt, in der Regel nach den Angaben der Pflichtigen und
nur höchst selten durch Schätzung des Schatzungsrats festgestellt, welch letztere
überdies nach der Natur des Steuerobjekts keinen Anspruch auf Genauigkeit
erheben kann. Es kann deshalb bestimmt angenommen werden, dass bei der
Gewerb- und Kapitalsteuer grosse Summen sich der Besteuerung entziehen.
Dieses Missverhältnis wird dadurch noch vergrössert, dass die auf dem Grundbesitz lastenden Passivkapitalien, welche an dem Steuerobjekt nicht in Abzug
gebracht werden dürfen, unverhältnismässig grösser sind, als die auf dem beweglichen Vermögen, insbesondere auf dem gewerblichen Betriebskapital ruhenden Schulden. Letzteres kann zudem, was beim Immobiliarvermögen nicht zutrifft, im Jahre oft mehrmals umgesetzt werden. Noch gröbere Ungleichheiten
zeigen sich in der Behandlung des persönlichen Verdienstes oder Arbeitseinkommens; trotz des für Gewerb- und Klassensteuer geltenden gleichen Steuerfusses
(26 kr. von 100 fl. Steuerkapital) ist das klassensteuerpflichtige Einkommen ungleich höher belastet, als der persönliche Verdienst der Gewerbtreibenden. Der
bestsituierte Kaufmann oder Fabrikant hat höchstens ein persönliches Verdienst-

kapital von 8000 fl. zu versteuern, während das Klassensteuerkapital einer
Beamtenbesoldung von 2400 fl. schon 8400 fl., einer solchen von 4000 fl. 19,000 fl.
beträgt. Der Direktor, Kassier, Buchhalter eines grösseren gewerblichen Etablissements, welcher einen jährlichen Gehalt von 3000 fl. bezieht, hat nach dem Tarif
des Gewerbsteuergesetzes als Gewerbsgehilfe 1. Klasse ein persönliches Verdienstkapital von höchstens 3000 fl., ein Staatsbediensteter mit dem gleichen Einkommen ein Klassensteuerkapital von 12,000 fl., also das Vierfache zu versteuern. Das Gewerbsteuergesetz, welches jedes Gewerbe in die Klasse eines
engen Tarifs eingezwängt und das Grossgewerbe dem Kleingewerbe gegenüber
begünstigt, kann überhaupt nicht mehr als zeitgemäss angesehen werden. —
Was die Kapitalsteuer betrifft, so hat sich die einstige Besorgnis, die Steuer
werde vom Kapitalisten auf den Schuldner überwälzt werden, seit dem 23jährigen
Bestehen der Steuer nicht verwirklicht, es bliebe daher zu erwägen, ob nicht
der dermalige Kapitalsteuerfuss (9 kr. von 100 fl. Steuerkapital) mit dem der
übrigen Steuern in bessere Uebereinstimmung zu bringen und etwas höher zu
stellen wäre. — Aus all den angeführten Mängeln folgerte jedoch der Bericht,
indem er im übrigen sich auch für Beibehaltung der indirekten Steuern aussprach, die Notwendigkeit nicht der Abschaffung, sondern nur einer Reform der
bestehenden Steuern und gelangte zu dem Antrag auf Ueberweisung der Petition
an die Regierung mit der Bitte, „es wolle dem dringenden Bedürfnisse einer
Reform in der Staats- und Gemeindesteuergesetzgebung Rechnung getragen und
dem nächsten Landtage die hierauf bezüglichen Gesetzentwürfe vorgelegt
werden." Dieser Antrag wurde, nachdem auch die Regierung eine sorgfältige
Prüfung der Steuerreformfrage zugesagt hatte, von der Zweiten Kammer mit
grosser Mehrheit zum Beschluss erhoben, und auch die Erste Kammer gab gelegentlich der Budgetberatung wenigstens im allgemeinen ihr Einverständnis
mit jenem Beschlusse des andern Hauses zu erkennen.

Als Ergebnis der zugesicherten Prüfung legte hierauf die Regierung dem
Landtage von 1873/74 zwei Gesetzentwürfe: über die Einführung einer allgemeinen Einkommensteuer und über die Umwandlung der Kapitalsteuer in eine
Kapitalrentensteuer vor; eine weitere Vorlage, die Revision der Gewerb- und
Klassensteuer betreffend, welche umfängliche Vorarbeiten erforderte und deshalb
noch nicht hatte zum Abschluss gebracht werden können, wurde zugleich für
den nächsten Landtag in Aussicht gestellt. Die Begründung zu dem ersterwähnten Entwurf legte zunächst dar, welche Schwierigkeiten sich der praktischen Durchführung der Einkommensteuer als e i n z i g e r Steuer entgegenstellen
und eine deshalb in allen etwas grösseren Staatswesen die Aufbringung des
Staatsbedarfs auf ein geordnetes S y s t e m direkter und indirekter Steuern gegründet sei; müsse daher die Idee der a u s s c h l i e s s l i c h e n Einkommensbesteuerung unbedingt zurückgewiesen werden, so sei dagegen in der Einführung der Einkommensteuer als m ä s s i g e r Z u s a t z s t e u e r eine zweckmässige
Vervollständigung und Verbesserung des bestehenden Steuersystems zu erblicken.
Eine solche Einkommensteuer werde ohne allzu grosse Schwierigkeiten durchführbar und geeignet sein, die Härten und Mängel der Ertragsteuern auszugleichen, sie werde ferner die Aufhebung oder Herabsetzung einzelner, besonders
lästiger indirekten Abgaben ermöglichen, bei etwaigem künftigen, durch Steuererhöhung zu deckenden Mehrbedarf vermöge ihrer grösseren Beweglichkeit die

Mittel liefern, endlich auch für die Reform des Gemeindesteuerwesens eine geeignete Grundlage schaffen. Dieser zusätzlichen Steuer sollte nun nach dem Entwurf alles reine Einkommen im Jahresbetrag von mindestens 1500 Mark und zwar in der Weise unterworfen werden, dass die Steuerpflichtigen nach der Höhe ihres Einkommens in Klassen einzureihen waren und in der 1. bis mit 5. Klasse (Einkommen von 1500 bis weniger als 3000 Mark) nur die Hälfte, in der 6. bis mit 8. Klasse (Einkommen von 3000 bis weniger als 4800 Mark) nur Dreiviertel des (durch das jeweilige Finanzgesetz zu bestimmenden) Normalsatzes entrichten sollten. Es wurde also ein von einem gewissen mässigen Einkommen an gleichbleibender, nach unten hin abnehmender Steuersatz vorgeschlagen; was die Untergrenze der Steuerpflicht betrifft, so glaubte der Entwurf, solche, da es sich um eine Zusatzsteuer handle, nicht erst bei dem ganz geringen Einkommen, welches hierzulande etwa als das absolute Existenzminimum zu bezeichnen wäre, sondern erheblich höher ziehen zu sollen. Die Feststellung des steuerpflichtigen Einkommens sollte — entsprechend dem auch bei den andern direkten Steuern angewendeten Verfahren — auf Grund obligatorischer Deklaration mit nachfolgender Kontrolle geschehen; indessen sollte, um die neue Steuer in möglichst wenig belästigender Weise einzuführen, nur die Gesamtsumme des steuerbaren Einkommens oder auch nur die Klasse, in welche es fällt, mit Bezeichnung der Quellen, aus denen das Einkommen fliesst, fatiert werden. Pflichtige, welche ausserhalb ihres Wohnortes Grund-, Häuser- oder Gewerbsteuerkapitalien versteuern, sollten mit der Einkommenserklärung auch hierüber summarische Angaben machen, welche Vorschrift bezweckte, die Benützung der Ertragsteuerkataster zur Kontrollierung der Einkommenserklärungen zu erleichtern. Den Ortsschatzungsräten war von dem Entwurf nur eine vorbereitende Thätigkeit zugedacht, da die Regierung es nicht für angemessen hielt, dieselben — zumal in den zahlreichen Orten, in welchen sich nur ganz wenige Einkommensteuerpflichtige befänden, mit der Feststellung der Einkommensteuer zu betrauen. Die Aufgabe des Schatzungsrats sollte sich also auf Entgegennahme und vorläufige Prüfung der Erklärungen, Belehrung der Pflichtigen und Verzeichnung der nach seiner Ansicht steuerpflichtigen Personen, welche eine Erklärung nicht abgegeben haben, beschränken, das Einschätzungsgeschäft selbst aber auf Grund des von den Schatzungsräten mit Begutachtung vorgelegten Materials durch besondere Einkommensteuerkommissionen vorgenommen werden, deren je eine in der Regel für jeden Amtsbezirk bestehen sollte. Die Ernennung des Vorsitzenden und des Protokollführers dieser Kommissionen war dem Finanzministerium vorbehalten, die übrigen Mitglieder sollten — abgesehen von dem Steuerkommissär des Bezirks — von dem Bezirksrat zu ⅓ aus den Vorsitzenden der Ortsschatzungsräte, zu ⅔ aus den einkommensteuerpflichtigen Einwohnern des Bezirks gewählt werden. Gegen die Entscheidungen der Kommissionen gewährte der Entwurf die gewöhnlichen Rechtsmittel, welchen sonst die Beschlüsse der Schatzungsräte unterliegen; den Rekursinstanzen (Steuerdirektion, Verwaltungsgerichtshof) gab derselbe die Befugnis, nicht nur von Pachtkontrakten, Schuldverschreibungen, Handelsbüchern und sonstigen über das Einkommen des Rekurrenten Aufschluss gehenden Urkunden Einsicht zu nehmen, sondern auch in Ermangelung anderer Mittel zur Erforschung der Wahrheit den Beschwerdeführer zur eidlichen Bestätigung seiner Angaben aufzufordern. Das Gesetz sollte unter gleichzeitiger formeller Aufhebung des nie zum Vollzug gelangten Einkommensteuergesetzes vom 28. Juli 1848 mit dem Steuerjahr 1875 in Kraft treten.

Die Zweite Kammer nahm den Gesetzentwurf mit einigen Ergänzungen und Verbesserungen an — u. a. wurde auch die Degression des Steuersatzes wirksamer gestaltet —, fügte jedoch dem Schlussartikel einen Zusatz bei, welcher die praktische Wirksamkeit des Gesetzes zunächst auf die Herstellung eines K a t a s t e r s der Einkommensteuer beschränkte: die Anordnung der erstmaligen E r h e b u n g der Einkommensteuer sollte einem besonderen Einführungsgesetze vorbehalten bleiben und erst nach Beendigung der Steuereinschätzung des landwirtschaftlichen Geländes und der Gebäude und nach erfolgter Revision des Klassen- und Gewerbsteuergesetzes eintreten können; jenes Einführungsgesetz sollte auch darüber Bestimmung treffen, „inwieweit die Einkommensteuer andere direkte Steuern zu ersetzen hat, sowie etwaige auf Grund der Ergebnisse der Einkommenseinschätzung notwendig fallende Abänderungen des gegenwärtigen Gesetzes vornehmen."

War es in der Zweiten Kammer gelungen, vermittelst dieser Zusatzbestimmung die hinsichtlich der Opportunität der Gesetzesvorlage laut gewordenen Bedenken zu beschwichtigen, so war das gleiche in der Ersten Kammer nicht der Fall. Die mit der Berichterstattung beauftragte Kommission der Ersten Kammer trug zwar in ihrer Majorität auf Genehmigung des Gesetzentwurfs in der von dem anderen Hause beschlossenen Fassung an, im Plenum wurde die Vorlage jedoch von der Mehrzahl der Redner aufs entschiedenste bekämpft. Die mannigfachsten Gründe wurden hierbei ins Feld geführt: bei der günstigen Finanzlage des Staates sei für die Einführung einer neuen Steuer keinerlei Bedürfnis vorhanden, die Reform der bestehenden Steuern, nicht die Hinzufügung neuer Lasten sei nach den früheren Zusagen der Regierung vom Lande erwartet worden; solle die neue Steuer eine mässige bleiben, so verlohne es sich nicht, einen umständlichen und kostspieligen Apparat der Einschätzung, wie im Entwurf vorgesehen, in Bewegung zu setzen und die Pflichtigen durch ein inquisitorisches Eindringen in die intimsten Familien- und Vermögensverhältnisse zu belästigen; durch die Freilassung der Einkommen unter 1500 Mark werde ein künstliches Proletariat geschaffen, das Gefühl der Zusammengehörigkeit und das gemeinsame Interesse der Staatsbürger an den Finanzen des Staates geschädigt werden. Seltsam war es, wenn einzelne Gegner der Vorlage sich zugleich in Klagen über die Mängel des Ertragsteuersystems und über die Fehler der neuen Grundsteuereinschätzung ergingen — welche Mängel auszugleichen die Einkommensteuer doch gerade bestimmt war — und wenn bestritten wurde, dass mit Einführung dieser letzteren den Interessen der landwirtschaftlichen Bevölkerung gedient sei. Mit mehr Recht konnte von anderer Seite geltend gemacht werden, dass es sich doch füglich empfehle, zunächst die Reform der Ertragsteuern zum Abschluss zu bringen, um dann an der Hand der neuen Kataster ermessen zu können, ob man einer Einkommensteuer überhaupt noch bedürfe. Nach den Beschlüssen der Zweiten Kammer soll die volle Wirksamkeit des Gesetzes durch ein anderes, später zu erlassendes Gesetz bedingt sein, man habe es also mit einem Gesetze zu thun, das gleichsam „auf Lager" gearbeitet werden solle. Eine gesunde Gesetzgebungspolitik aber verlange, das Gesetz,

welches das Prinzip einer neuen Besteuerung aufstelle, aufzuschieben, bis die Zeit
gekommen sei, die neue Steuer überhaupt ins Leben treten zu lassen; man laufe
sonst Gefahr, abermals ein totgeborenes Kind, wie es das Gesetz von 1848
gewesen, zur Welt zu bringen. Der Vorbehalt etwaiger Abänderungen durch
ein späteres Gesetz sei nicht nur, weil selbstverständlich, überflüssig, sondern
auch geeignet, von vorneherein den Kredit des Gesetzes zu schädigen und das
Volk mit Misstrauen gegen dasselbe zu erfüllen. Nach seiner gehässigsten
Seite — insofern die Einkommensabschätzungen alsbald stattzufinden hätten —
würde das Gesetz sofort nach seiner Publikation ins Leben treten und doch
habe man gar keine Garantie, dass die der Bevölkerung hiedurch auferlegte
schwere Belästigung jemals irgend welchen praktischen Nutzen bringen werde.
— Nach diesem Verlauf der Diskussion konnte das Schicksal der Gesetzesvorlage
nicht mehr zweifelhaft sein; dieselbe wurde mit 9 gegen 7 Stimmen abgelehnt
und hierauf von der Regierung zurückgezogen. Somit war auch dieser Versuch,
die Einkommensbesteuerung in das badische Steuersystem einzufügen, vorläufig
— denn die spätere Wiedereinbringung einer hierauf abzielenden Gesetzesvorlage
war vom Regierungstische aus bestimmt angekündigt worden — gescheitert.

Der oben erwähnte weitere Gesetzentwurf über die Kapitalrentensteuer
wurde von dem Landtag verabschiedet und als Gesetz vom 29. Juni 1874[1])
publiziert. Das Kapitalsteuergesetz vom 30. März 1850 war bereits nach 10jähriger
Anwendung umgearbeitet und durch ein Gesetz vom 7. April 1860[2]), welches
jedoch die Grundlagen des ersteren beibehielt und nur in den Details änderte
und ergänzte, ersetzt worden. Der Hauptmangel dieser Gesetzgebung bestand
nun darin, dass dieselbe immer noch mehr den Kapitalwert des Zinsen- und
Rentenbezugs, als letzteren selbst zum Gegenstand der Besteuerung machte.
Der wirkliche Ertrag des Kapitalvermögens kam nicht genügend zur Berücksichtigung; ein Kapital, welches zu 4 Prozent rentierte, wurde ganz in demselben
Masse beigezogen, wie ein Kapital, welches eine Rente von 10, 15 oder mehr
Prozent abwarf; indem ferner das bisherige Gesetz schlechthin den Nennwert
der zu 4 Prozent oder höher rentierenden Forderungen, der Aktien, Staatspapiere etc. für massgebend erklärte, musste es bei niedrigerem Kurswert solcher
Kapitalien vielfach zu unrichtigen Deklarationen Anlass geben. Zweck des
neuen Gesetzes war hienach, die Kapitalsteuer in eine Rentensteuer umzuwandeln und so zu einer partiellen — übrigens auch neben einer allgemeinen
Einkommensteuer beizubehaltenden — Einkommensteuer zu gestalten. Es ergab
sich zugleich hieraus für die Pflichtigen wie für die Steuerverwaltung im Vollzug des Gesetzes eine wesentliche Vereinfachung. Gegenstand der Besteuerung
(und somit auch der Fassion) ist nun das Zinsen- und Renteneinkommen, wie
es thatsächlich bezogen, bezw. — bei Lotterieanlehenslosen, unverzinslichen
Zielern und ähnlichen Werten — vom Gesetz angenommen wird; dieses Einkommen wird mit zwanzig, bei Leibrenten und anderen Bezügen auf Lebensdauer
mit 8, bei Waisenbenefizien mit 4 vervielfacht und so zum Steuerkapital erhoben.
Im übrigen sind die Vorschriften des Gesetzes von 1860 mit den aus dem
Reichsgesetz vom 13. Mai 1870 über Beseitigung der Doppelbesteuerung fliessenden

---

[1]) Ges.- u. Verord.-Bl. Nr. XXIX S. 361.
[2]) Reg.-Bl. Nr. XIX S. 107.

Konsequenzen und sonstigen Verbesserungen im einzelnen beibehalten. Im Unterschied von den anderen direkten Steuern ist die Kapitalrentensteuer eine J a h r e s - s t e u e r , welche nach den jeweils am gesetzlichen Normaltag (1. Mai, jetzt 1. April) bestehenden Verhältnissen angelegt wird und im übrigen von den im Lauf des Jahres stattfindenden Schwankungen in der Höhe des Renteneinkommens unabhängig ist; sie wird auch nicht erst für das folgende, sondern für das laufende Jahr konstatiert und nicht in den sonst üblichen 6 Monatsraten, sondern im Oktober und November je hälftig erhoben.

Dem nächstfolgenden Landtag blieb es vorbehalten, die allseits als dringlich anerkannte Reform der Klassen- und Gewerbsteuer zustandezubringen. Dies geschah durch das E r w e r b s t e u e r g e s e t z vom 25. August 1876[1]), welches sowohl wegen seiner finanziellen Tragweite als wegen der Neuheit seiner Prinzipien in der Entwickelung des badischen Steuerwesens eine bedeutsame Stelle einnimmt und der späteren Einführung der Einkommensbesteuerung recht eigentlich den Boden bereitet hat. Das Gesetz beruht auf dem Grundgedanken der Verschmelzung der beiden erwähnten Steuern zu e i n e r Steuer, der Vereinigung der Klassen- und Gewerbsteuerpflichtigen unter e i n Gesetz. Hiedurch sollte vor allem die g l e i c h m ä s s i g e Besteuerung des persönlichen Verdienstes aus Gewerbebetrieb und sonstiger Thätigkeit erreicht werden; zugleich ergab sich aus jener Vereinigung eine Vereinfachung des Steuersystems und wurden die mit der gegenseitigen Abgrenzung des Wirkungsbereichs beider Steuergesetze verbundenen Zweifel und Schwierigkeiten beseitigt. Sodann aber handelte es sich darum, die Besteuerung der Gewerbtreibenden in ihrem Verhältnis unter sich gerechter zu gestalten, insbesondere das bisher unverhältnismässig niedrig besteuerte Grossgewerbe in einem seiner Leistungsfähigkeit entsprechenden Masse heranzuziehen. Das Gesetz nahm, um dieses Ziel zu erreichen, den v o r a u s - s i c h t l i c h e n m i t t l e r e n J a h r e s e r t r a g zum Ausgangspunkte der Besteuerung, d. h. denjenigen Ertrag, welcher von einer gegebenen Unternehmung oder Thätigkeit unter normalen Verhältnissen mutmasslich zu erwarten war.

Auf einen b i n d e n d e n T a r i f , wie ihn das Gesetz von 1854 noch aufgestellt hatte und wornach für alle Gewerbe der Steueranschlag vom persönlichen Verdienst nach gewissen äusseren Merkmalen festbestimmt und für Berücksichtigung sonstiger, die Rentabilität einer Unternehmung bedingenden Momente nur ein äusserst mässiger Spielraum gelassen war, wurde verzichtet. Für jeden einzelnen Betrieb sollte nach dessen konkreten, thatsächlichen Bedingungen und Verhältnissen der mutmassliche Ertrag ermittelt werden, wobei übrigens ein den Schatzungsorganen an die Hand gegebener Tarif als A n h a l t s p u n k t für die Bemessung des persönlichen Verdienstes benützt werden konnte. Der Charakter der E r t r a g s t e u e r kam hierbei immerhin noch insofern zur Geltung, als nur die m i t t l e r e n , d. h. unter normalen Verhältnissen zu erhoffenden Erträgnisse der einzelnen Erwerbsquellen ins Auge gefasst wurden. Dass hiemit sowohl den Pflichtigen als der Steuerverwaltung eine ungleich schwierigere Aufgabe gestellt wurde, als nach der bisherigen Gesetzgebung, konnte keinem Zweifel unterliegen; statt mechanischer Tarifierung hatte künftig individuelle Würdigung der Rentabilitätsverhältnisse jedes einzelnen Betriebes einzutreten;

---

[1]) Ges.- u. Verord.-Bl. Nr. XXXVII S. 271.

indessen durfte die Rücksicht auf die zu überwältigenden Schwierigkeiten nicht davon abhalten, eine anerkannt mangelhafte Art der Steuerveranlagung durch ein auf rationeller Basis beruhendes Verfahren zu ersetzen.

Nach dem Gesagten gliedert sich der Kreis der erwerbsteuerpflichtigen Personen in 2 Gruppen: die Gewerbsunternehmer und die bisher klassensteuerpflichtigen Personen nebst den Gewerbsgehilfen und Taglöhnern (Erwerbsteuergesetz Art. 1A. und B.). Gewerbsunternehmer ist nur, wer. s e l b s t ä n d i g — in der Regel mit Betriebskapital — eine gewerbliche Thätigkeit ausübt; die 2. Gruppe umfasst daher ausser den Angehörigen der liberalen Berufsklassen auch alle im Lohn oder Dienst der Gewerbsunternehmer stehenden Personen. Die Steuerpflicht ist nach Massgabe der Bestimmungen des Reichsgesetzes vom 13. Mai 1870 über Beseitigung der Doppelbesteuerung bei der Gruppe A. durch den Betrieb der Unternehmung, bei der Gruppe B. durch den Wohnsitz des Pflichtigen im Grossherzogtum bedingt. Als Ertrag einer steuerpflichtigen Unternehmung oder Thätigkeit gilt der Rohertrag nach Abzug des zur Erzielung desselben erforderlichen Aufwands; zum letzteren rechnet das Gesetz ausdrücklich die Assekuranzkosten und Abschreibungen für die Abnützung von Bestandteilen des stehenden Betriebskapitals; n i c h t abzugsfähig ist der Aufwand für Verzinsung des Betriebskapitals, für sonstige Schuldzinsen, für Vermögensverbesserung oder Vermehrung, etwaiger Verlust am Vermögensstamm, sowie endlich der gesamte Aufwand für den Lebensunterhalt des Pflichtigen und seiner Familie. Dass g e l i e h e n e Betriebskapitalien ebenso wie die eigenen, d. h. ohne Abzug der Pacht-, Miet- oder Leihzinsen zu versteuern sind, liegt im Wesen einer Ertragsteuer begründet; für den Gebrauchswert bezw. die Verzinsung der dem Gewerbebetrieb gewidmeten, eigenen und gemieteten Immobilien ist ein entsprechender Abzug zugelassen, da letztere schon von anderen Ertragsteuern (der Grund- und Häusersteuer) getroffen sind.

Der Besteuerung wird der voraussichtliche Jahresertrag zu Grunde gelegt, weil die Erwerbsteuer, wie die übrigen direkten Steuern mit Ausnahme der Kapitalrentensteuer, jeweils für das n ä c h s t f o l g e n d e Jahr konstatiert wird und daher die Bemessung des steuerbaren Ertrags lediglich nach den thatsächlichen Ergebnissen einer abgelaufenen Zeitperiode zu erheblichen Abweichungen des besteuerten von dem wirklichen Ertrag des betreffenden Steuerjahres führen müsste. Die Ermittelung des voraussichtlichen Jahresertrags soll indessen — unter Berücksichtigung der inzwischen eingetretenen Aenderungen — die thatsächlichen Ergebnisse der 3 letzten Kalenderjahre zur Grundlage nehmen.

Im weiteren ist nun zwischen der Gruppe der Gewerbsunternehmer und den übrigen Erwerbsteuerpflichtigen zu unterscheiden. Den Geschäftsgewinn der ersteren zerlegt das Gesetz, hierin der bisherigen Gesetzgebung folgend, in seine beiden Bestandteile, die Betriebskapitalrente und den persönlichen Arbeitsverdienst; für jeden dieser beiden Faktoren wird ein besonderer Steueranschlag gebildet, welche zusammen den Erwerbsteueranschlag einer Gewerbsunternehmung darstellen.

In betreff der Betriebskapitalien geht das Gesetz von der Annahme aus, dass deren Rente stets dem landesüblichen Zinsfuss von 5 Prozent entspreche. Der Reingewinn der einzelnen gewerblichen Unternehmungen ist zwar, verglichen mit dem in letzteren angelegten Kapital, ein ausserordentlich verschiedener; allein diese Verschiedenheit entspringt nach der Unterstellung des Gesetzes nicht der grösseren oder geringeren Rentabilität des Betriebskapitals, sondern ist durch die verschiedene Beschaffenheit und Intensität der persönlichen Leistungen des Unternehmers und durch Grad und Umfang des von ihm übernommenen Risikos bedingt, kurz nicht die Betriebskapitalrente, sondern der persönliche Arbeitsverdienst und Unternehmergewinn ist das vorzugsweise wechselnden Einflüssen unterworfene Element des gewerblichen Reinertrags. Würden die in einem bestimmten Geschäftszweig angelegten Kapitalien dauernd über oder unter dem landesüblichen Zinsfuss rentieren, so würde das Zu- oder Abströmen des Kapitals die Zahl derartiger Unternehmungen so lange vermehren oder vermindern, bis der Zinsfuss der Betriebskapitalrente wieder auf dem gewöhnlichen Niveau angekommen ist. Hienach soll der Steueranschlag des Betriebskapitals in dessen vollem mittleren Werte bestehen und nach dem mittleren Jahresstande der Betriebskapitalien bemessen werden. In betreff der Bestandteile des Betriebskapitals und der Befreiungen sind die Vorschriften des Gewerbsteuergesetzes im wesentlichen beibehalten, dagegen ist die Bildung von Betriebskapitalklassen, weil zu einer nicht gerechtfertigten Freilassung beträchtlicher Teile des Betriebskapitals führend, nicht mehr aufgenommen und nur die Abrundung auf durch 100 teilbare Summen vorgeschrieben worden.

Der persönliche Verdienst des Gewerbtreibenden muss nach dem bisherigen in dem steuerbaren Gesamtertrag der Unternehmung nach Abzug von 5 Prozent des Betriebskapitals gefunden werden. Der persönliche Verdienst stellt kein mit der Betriebskapitalsrente gleichwertiges Einkommen dar, er ist unfundiertes, letztere fundiertes Einkommen, der Steueranschlag vom persönlichen Verdienst musste deshalb wesentlich niedriger gehalten werden, als derjenige für die Betriebskapitalrente. Bestand letzterer bei der Annahme 5prozentiger Verzinsung im Zwanzigfachen der Rente, so erschien es angemessen, als Steueranschlag für den persönlichen Verdienst höchstens das Achtfache seines Jahresbetrags zu bestimmen. Es konnte hiebei auf die Analogie des Kapitalrentensteuergesetzes verwiesen werden, welches gleichfalls die ewige oder fundierte Rente im 20fachen, die Leibrente dagegen — und als eine solche lässt sich ja auch die Arbeitsrente betrachten — nur im achtfachen Betrag der Besteuerung unterwirft. Indessen erforderte es die Schonung des kleinen Verdienstes, den achtfachen Betrag nur als die Maximalgrenze des Steueranschlags vom persönlichen Verdienst zu behandeln und sich dieser Maximalgrenze nur in einer allmählich aufsteigenden Skala zu nähern. Auf diesen Erwägungen beruht die in Art. 9 des Erwerbsteuergesetzes festgesetzte Klassentafel, wornach der persönliche Jahresverdienst von 500 bis einschliesslich 700 Mark einen Steueranschlag von 1000 Mark, also höchstens im zweifachen Betrag des Jahresertrags, erhält und die Anschläge der folgenden Klassen allmählich anwachsen, so dass z. B. der Anschlag der 10. Klasse (Jahresverdienst 3500—4000 Mark) in 14,000 Mark, also beiläufig dem vierfachen, der Anschlag für 12,000—12,500 Mark beiläufig im siebenfachen besteht, der ganze Betrag des achtfachen jedoch nie vollständig erreicht wird. Der persönliche Verdienst unter dem Gesamtjahresbetrag von 500 Mark bleibt steuerfrei.

In gleicher Weise war auch der Steueranschlag vom gesamten Verdienst

der nach Art. 1 B. des Gesetzes steuerpflichtigen Personen zu bilden, welcher
sich ebenfalls vollständig oder doch ganz überwiegend als unfundiertes Einkommen darstellt. Die Gleichstellung der ehemals Gewerb- und Klassensteuerpflichtigen in betreff der Behandlung ihres Arbeitsverdienstes war somit vollkommen erreicht.

Die Landwirte erfuhren in Anbetracht ihrer grossen Zahl und der Schwierigkeit der Ermittelung des landwirtschaftlichen Reinertrags eine Ausnahmebehand-
lung, indem der Steueranschlag ihres persönlichen Verdienstes im Anschluss an
das bisherige Verfahren in Abstufungen nach Massgabe des Grundsteuerkapitals
der bewirtschafteten Grundstücke fest bestimmt wurde; von der Betriebskapital-
steuer blieben sie nach wie vor befreit.

Wandergewerbtreibende sind, wenn sie einen Wohnsitz oder eine Niederlassung im Lande haben, nach den allgemeinen Regeln zu behandeln, andernfalls aber statt der Erwerbsteuer mit einer nach der Dauer des Betriebs sich
bemessenden Taxe (Erwerbsteuertaxe), die im Verordnungsweg festgesetzt wird,
zu belegen. Wanderlagerbesitzer, d. h. Personen, welche ausserhalb ihres Wohnsitzes ohne Begründung einer gewerblichen Niederlassung von einer festen Verkaufsstelle aus Waren feilbieten oder versteigern, haben an jedem Betriebsorte
für höchstens 7 Tage die halbe, für einen länger dauernden Betrieb die volle,
nach den allgemeinen Vorschriften berechnete Jahressteuer zu entrichten. —
Das Verfahren bei der Steuerveranlagung ist für die beiden Hauptgruppen der
Erwerbsteuerpflichtigen ein verschiedenes. Die Gewerbsunternehmer sind da,
wo die Unternehmung betrieben wird, beim Besitz mehrerer örtlich getrennter
Unternehmungen also mehrfach, — die nach Art. 1 B. Pflichtigen an ihrem
Wohnsitz zu veranlagen. Erstere haben jeweils bei dem auf die Eröffnung oder
Erweiterung des Geschäftsbetriebs nächstfolgenden Ab- und Zuschreiben ihre
Steuererklärungen einzureichen. Diese Erklärungen haben ausser den Angaben
über Firma und Gegenstand der Unternehmung und über den Zeitpunkt des
Geschäftsbeginns den mittleren Wert des Betriebskapitals und den voraussicht-
lichen mittleren Jahresertrag zu bezeichnen. Die Gewerbsunternehmer sind
nebstdem zur jährlichen Anmeldung ihrer Hilfspersonen, sowie der Lohn- und
Gehaltsbezüge derselben verbunden; finden auch Zuschläge für die Gehilfen
wie ehedem nicht mehr statt, so ist doch die Kenntnis der Gehilfenzahl ein
unentbehrliches Hilfsmittel für die Beurteilung des Geschäftsbetriebs und der
in demselben vor sich gehenden Veränderungen; die Anmeldung der Lohn- und
Gehaltsbezüge der Gehilfen charakterisiert sich als „Meldeangabe", insofern sie
die Kontrolierung der Steuerveranlagung der Gehilfen selbst bezweckt. — Die
nach Art. 1 B. des Gesetzes Erwerbsteuerpflichtigen haben sich beim erstmaligen
Beginn einer steuerpflichtigen Thätigkeit oder im Fall des Wohnsitzwechsels
binnen 14 Tagen unter Angabe ihrer Bezüge anzumelden, da der Aufschub der
Anmeldung bis zum nächsten ordentlichen Ab- und Zuschreiben bei dieser Klasse
von Pflichtigen, zu welchen die fluktuierende Masse der Fabrikarbeiter und
Handwerksgesellen gehört, mit Unzuträglichkeiten und Verlusten für die Steuer-
kasse verbunden wäre; der Steuerkommissär bewirkt hierauf alsbald die provisorische Steuerveranlagung dieser Personen, welche der späteren Nachprüfung
durch den Schatzungsrat unterliegt, und veranlasst den Steuereinzug. In betreff
der Abänderungen einer bereits erfolgten Steueranlage (wegen Einkommens-

erhöhungen oder Minderungen) gelten auch für diese Kategorie der Pflichtigen die allgemeinen Verfahrensvorschriften. Ausgenommen sind jedoch von der erwähnten Anmeldepflicht diejenigen Personen, deren Einkommen aus einer Staats- oder anderen öffentlichen Kasse fliesst, im wesentlichen also die Staats- und Reichsbeamten, deren Erwerbsteuer wie ehedem die Klassensteuer von den die Besoldungs-, Gehalts- oder Pensionsbezüge auszahlenden Kassen zu konstatieren und durch Abzug zu erheben ist.

Dies der wesentliche Inhalt des Erwerbsteuergesetzes.

Die erstmalige, im Jahr 1877 vollzogene Veranlagung zur Erwerbsteuer hatte folgendes Ergebnis:

Die Gesamtzahl der Pflichtigen betrug 285,944; hievon entfielen auf die nach Art. 1 A. des Gesetzes Pflichtigen 183,638 (darunter 92,348 Landwirte), auf die nach Art. 1 B. Pflichtigen 102,306, und zwar umfasste die letztere Kategorie 79,404 in gewerblichem und landwirtschaftlichem Betrieb beschäftigte und 22,902 seither klassensteuerpflichtige Personen.

Das gesamte Erwerbsteuerkapital betrug 1,060,550,200 Mark, das Gewerb- und Klassensteuerkapital nach dem letzten (1877er) Kataster zusammen 633,671,041 Mark, somit ergab sich eine Zunahme von 67,4 Prozent. Das erwerbsteuer- pflichtige Betriebskapital belief sich auf 323,116,900 Mark, hatte also gegen- über dem seither veranlagten Betriebskapital von 154,016,620 Mark um rund 110 Prozent zugenommen. Dagegen überstieg das Steuerkapital vom persön- lichen Verdienst mit 737,689,300 Mark die bisherigen Personalsteuerkapitalien mit 479,654,421 Mark nur um rund 54 Prozent, was der Ungunst der Zeit und den infolgedessen verminderten Geschäftserträgnissen zugeschrieben wurde.

Der steuerbare Ertrag belief sich im ganzen auf 282,868,400 Mark und setzte sich zusammen aus

dem Ertrag des Betriebskapitals zu . . . . . 15,987,379 Mark
und dem Ertrag des persönlichen Verdienstes zu 266,881,021 Mark.

Die Erwerbsteuer sollte, wie die Regierung schon bei der Beratung des neuen Gesetzes erklärt hatte, zunächst keinen höheren Steuerertrag liefern, als bisher Gewerb- und Klassensteuer (bei einem Steuerfuss von 44 Pfennig auf 100 Mark) zusammengenommen. Von diesem Gesichtspunkte aus wurde der Erwerbsteuer- fuss — erstmals für die Budgetperiode 1878/79 — auf 26 Pfennig von 100 Mark Steuerkapital festgesetzt, während von den neuen Grund- und Häusersteuer- kapitalien 28 Pfennig auf 100 Mark erhoben wurden. Die seit längerer Zeit festgehaltene Gleichstellung der Grund-, Häuser- und Gewerbsteuer in Bezug auf den Steuersatz wurde hiemit aufgegeben.

V. Das Einkommensteuergesetz vom 20. Juni 1884.

Die Verhandlungen über das Einkommensteuerprojekt von 1873 waren insofern nicht fruchtlos gewesen, als letzteres seitdem nicht aufhörte, das öffent- liche Interesse lebhaft zu beschäftigen. Zunächst war es die Unzufriedenheit der nach wie vor über ungerechte Besteuerung klagenden Grund- und Hausbesitzer, welche diesem Interesse Nahrung gab. Zu diesen Unzufriedenen gesellte sich seit Einführung des Erwerbsteuergesetzes ein guter Teil der Gewerbtreibenden. War doch in einer von der Handelskammer und dem Stadtrat in Mannheim gegen den Gesetzentwurf über die Erwerbsteuer eingereichten Petition ausgesprochen worden, dass ein Gesetz, welches sich ausser stand erkläre, zwischen eigenem und erborgtem Betriebskapital zu unterscheiden, dem Industrie- und Handelsstande geradezu den Krieg erkläre! In der That war, wenn auch zahlreiche gegen das Erwerbsteuergesetz gerichtete Beschwerden sich als grundlos darstellten, doch só viel richtig, dass die durch dieses Gesetz herbeigeführte Verschiebung der Steuerlast nach der Seite des mittleren und Grossgewerbes hin in einer Zeit allgemein gedrückter Geschäftslage, welche zugleich zur Durchführung der sozialpolitischen Reform an die Industrie gesteigerte Ansprüche erhob, sich vielfach sehr empfindlich fühlbar machte. Auch die von der Regierung im Jahre 1883 veranstaltete Enquete über die Lage der Landwirtschaft lenkte die öffentliche Aufmerksamkeit in einem der Einkommensteuer günstigen Sinne auf die Frage der Steuerreform. Von hervorragenden Theoretikern wurde neuerdings einer Kombination der Einkommensteuer mit den Ertragsteuern das Wort geredet. All diese Momente mochten dazu beigetragen haben, dass die Einführung einer allgemeinen Einkommensteuer schliesslich von allen politischen Parteien des Landes ins Programm aufgenommen wurde.

Unter diesen Umständen hielt die Regierung die Zeit für gekommen, das Reformprojekt von 1873 wieder aufzunehmen und legte im Dezember 1883 den Landständen neuerdings einen Gesetzentwurf über Einführung einer allgemeinen Einkommensteuer vor, welcher indessen von dem früheren Entwurf in mehreren wesentlichen Beziehungen abwich. Hatte der letztere beabsichtigt, die Einkommensteuer als blosse Zusatzsteuer den vorhandenen Ertragsteuern anzureihen, so bezweckte die neue Vorlage, die Einkommensteuer organisch, d. h. als notwendigen Bestandteil in das Steuersystem einzufügen und die Ertragsteuern dementsprechend umzugestalten. Alles fundierte Einkommen sollte nämlich auch fernerhin neben der Einkommensteuer von den betreffenden Ertragsteuern, das unfundierte aber ausschliesslich noch von der Einkommensteuer getroffen werden, so dass nicht sowohl die letztere, als vielmehr umgekehrt die Ertragsteuern den Charakter von Zusatzsteuern annahmen. Die dermalige, im Erwerbsteuergesetz vorgesehene Besteuerung des Arbeitseinkommens konnte neben der allgemeinen Einkommensteuer nicht aufrecht erhalten werden, da dieselbe schon jetzt fast vollständig den Charakter einer Einkommensteuer trug und die zweifache Besteuerung dieses Einkommens nach sehr ähnlichen und doch wieder notwendigerweise verschiedenen gesetzlichen Bestimmungen zu offenbaren Unzuträglichkeiten geführt hätte. Dem unfundierten Einkommen wurde zugleich auf diese Weise die ihm gebührende schonende Behandlung zu teil, während im übrigen bei der Einkommensteuer selbst zwischen fundierten und unfundierten Bezügen nicht unterschieden, d. h. beiderlei Einkommen gleichmässig herangezogen werden sollte. Der Regierungsentwurf zog indessen nur bei dem in Art. 1 B. des Erwerbsteuergesetzes bezeichneten Einkommen voll und ganz die Konsequenz dieser Anschauung, beabsichtigte dagegen, den persönlichen Verdienst der Gewerbsunternehmer (Art. 1 A. des Erwerbsteuergesetzes) auch fernerhin in der Erwerbsteuer zu belassen. Dies geschah aus Rücksicht auf die Gemeindebesteuerung; ob und inwieweit letztere die Einkommensteuer

verwerten werde, war vorerst noch ungewiss und — nach der Meinung des
Ministeriums des Innern — erst, wenn die Einkommensteuerkataster vorlagen,
zu entscheiden; um daher die Beibehaltung der bisherigen Grundlagen der
Gemeindebesteuerung für alle Fälle zu ermöglichen, sollte der Gesamtertrag
der gewerblichen Unternehmungen auch künftig zur Erwerbsteuer veranlagt
werden. Principiell glaubte die Regierung dies insofern einigermassen rechtfertigen zu können, als der persönliche Verdienst des Gewerbsunternehmers,
weil durch das im Betriebskapital nicht veranschlagte Geschäftsrenommée, die
Kundschaft etc. mitbedingt, sich bis zu einem gewissen Grade als fundiertes
Einkommen betrachten lasse. Immerhin wurde eine beträchtliche Ermässigung
der Steueranschläge vom persönlichen Verdienst der Gerwerbsunternehmer vorgeschlagen. — Eine notwendige Folge der bisher besprochenen Abweichung des
neuen von dem früheren Entwurf war die Herabsetzung der Untergrenze der
Besteuerung. Der Entwurf von 1873 wollte letztere erst bei einem Einkommen
von 1500 Mark beginnen lassen, da nebstdem die Klassensteuer mit einem steuerfreien Minimum von 30 fl. und die Gewerbsteuer mit einem solchen von 250 fl.
Jahreseinkommen fortbestehen sollte. Die Beibehaltung der Freigrenze von
1500 Mark würde jetzt, wo das reine Arbeitseinkommen nur noch im Wege
der Einkommensbesteuerung beigezogen werden sollte, zu einem namhaften
Steuerausfall und zur gänzlichen Freilassung grosser Klassen bisher steuerpflichtiger Personen von den direkten Steuern geführt haben. Der Entwurf
schlug deshalb vor, die Freigrenze bis auf den Betrag, mit welchem bisher nach
Art. 9 des Erwerbsteuergesetzes der Beizug des persönlichen Verdienstes zur
Erwerbsteuer begann, d. h. auf 500 Mark herabzusetzen. Bei dieser bedeutenden
Erweiterung des Kreises der Steuerpflichtigen erschien es auch nicht mehr geraten, die Einschätzung besonderen, lediglich für die Einkommensteuer gebildeten Organen — Bezirkssteuerkommissionen — wie im Entwurf von 1873 geschehen, zu übertragen. Die hierzu erforderliche Befähigung glaubte man den
Ortsschatzungsräten nach der Vorschule, welche sie in Handhabung des Erwerbsteuergesetzes durchgemacht, füglich zutrauen zu können; die genauere Kenntnis
der lokalen und personellen Verhältnisse hatten sie jedenfalls vor solchen Bezirkssteuerkommissionen voraus; die Gleichmässigkeit der Sachbehandlung konnte
wenigstens innerhalb der einzelnen Amtsbezirke durch den Steuerkommissär des
Bezirks genügend gewahrt werden. — Dass die neue Steuer zunächst keine
Vermehrung der Staatseinnahmen bringen, sondern nur dem Zwecke ausglei-
chender Gerechtigkeit bei Verteilung der Steuerlast dienen solle, war in der
Regierungsbegründung ausführlich dargelegt. Die Erträgnisse der Einkommensteuer hatten zunächst den Ausfall zu decken, der sich aus der teilweisen Aufhebung des Erwerbsteuergesetzes ergeben würde; der Ueberschuss sollte zur
Ermässigung des Steuerfusses der übrigen direkten Steuern verwendet werden.
Im Jahre 1873 hatte man vorzugsweise die Abschaffung der Liegenschaftsaccise
(Abgabe vom Umsatz in Liegenschaften) im Auge gehabt; die Anschauungen
hatten sich jedoch in dieser Hinsicht geändert, insbesondere wurde diese Abgabe
in landwirtschaftlichen Kreisen nicht mehr in dem Masse wie früher als be-
schwerend und nachteilig angesehen. Ueber die Festsetzung des Einkommen-
steuerfusses und über das Mass, in welchem jede einzelne der anderen direkten
Steuern zu mindern wäre, Bestimmung zu treffen, blieb den jeweiligen Finanz-

gesetzen — erstmals dem für die Budgetperiode 1886/87 — vorbehalten. Uebrigens fügten die Motive bei, dass die Einkommensteuer vermöge des ihr eigenen Vorzugs grösserer Beweglichkeit ganz besonders auch geeignet sein werde, zur Deckung eines etwa künftighin durch Steuererhöhung aufzubringenden Mehrbedarfs die Mittel zu liefern.

Die Aufnahme, welche die Vorlage bei der Zweiten Kammer fand, entsprach wenigstens anfangs den Erwartungen der Regierung nicht, und der Verlauf der allgemeinen Diskussion liess fast besorgen, dass auch dieser Entwurf das Schicksal seines Vorgängers von 1873 teilen werde. Das Prinzip der Einkommensbesteuerung wurde zwar von keiner Seite angegriffen, wohl aber gegen die Modalitäten, unter welchen die Regierung dieselbe einzuführen gedachte, mancherlei Bedenken erhoben. Man vermisste Vorschläge wegen gleichzeitiger Neuordnung des Gemeindesteuerwesens, man besorgte eine unverhältnismässige Belastung des Gewerbestandes und der Kapitalrente — welche Besorgnis auch in Petitionen verschiedener Stadtbehörden, Handelskammern und Gewerbevereine zum Ausdruck kam —, man wünschte, dass zunächst die Resultate der kürzlich beschlossenen Enquete über die Lage des Kleingewerbes abgewartet und die „Interessentenkreise" über den Gesetzentwurf gehört würden; die in den Motiven gegebene Versicherung, dass es der Regierung nicht um Eröffnung einer neuen Einnahmequelle, d. h. um Vermehrung des Steuertrags zu thun sei, wurde nicht für genügend befunden, um in dieser Hinsicht volle Beruhigung zu gewähren, ja, der Vorwurf der „Plusmacherei" blieb der Regierung nicht erspart. Was nun den Einwand wegen Ueberbürdung des Gewerbestandes betrifft, so war demselben durch die bereits von der Kommission mit Zustimmung der Regierung vorgenommene Aenderung, wornach auch der persönliche Verdienst der Gewerbsunternehmer, wie alles sonstige Arbeitseinkommen nur noch der Einkommensteuer unterliegen, die Gewerbsteuer also schlechthin nur noch vom gewerblichen Betriebskapital erhoben werden sollte, die Spitze abgebrochen. Die Neuordnung des Gemeindesteuerwesens anlangend, wies die Regierung darauf hin, dass es unthunlich sei, das Einkommensteuergesetz und ein neues Gemeindesteuergesetz gleichzeitig zustandezubringen, dass jedoch voraussichtlich den Ständen nach Aufstellung der neuen Kataster auch eine die Aenderung der Gemeindebesteuerung bezweckende Vorlage zugehen werde; die Enqueteergebnisse abzuwarten oder Interessenten zu hören, zu welchen ja alle Steuerpflichstigen zählten, sei zwecklos und bedeute eine Verschiebung der Reform ad calendas graecas. In betreff der Verwendung des ErtrÄgnisses vereinbarte man die Aufnahme einer Bestimmung in das Gesetz, wornach dasselbe, soweit verfügbar, zunächst und jedenfalls für die 1. Budgetperiode, in welcher die Einkommensteuer zur Erhebung gelangt, zur Ermässigung der übrigen direkten Steuern dienen soll (Art. 31). Lebhafte Diskussionen knüpften sich ferner noch an die Frage wegen Behandlung der Aktiengesellschaften und der Bildung der Steueranschläge, doch erreichte man auch hinsichtlich dieser Punkte, von welchen nachher noch zu sprechen sein wird, eine Verständigung. Ein schliesslicher Antrag, den Eintritt der Wirksamkeit des Gesetzes — von der Aufstellung des Katasters abgesehen — von der Beschlussfassung des nächsten Landtags abhängig zu machen (ähnlich, wie dies beim 1873er Entwurf geschehen war), blieb, nachdem die Regierung energisch widersprochen und die Annahme dieses

Antrags als mit der Ablehnung des ganzen Gesetzes gleichbedeutend erklärt hatte, in der Minderheit. Das Gesetz wurde hierauf mit 43 gegen 13 Stimmen angenommen. In der Ersten Kammer wurde die Vorlage allerseits als auf guten und gesunden Prinzipien beruhend anerkannt; auf Abänderungsvorschläge wurde deshalb, um das Zustandekommen des Gesetzes nicht zu gefährden, ungeachtet mancher Ausstellungen im einzelnen, die man zu machen fand, verzichtet und das Gesetz in der von der Zweiten Kammer beschlossenen Fassung einstimmig genehmigt.

Das aus diesen Verhandlungen hervorgegangene Gesetz vom 20. Juni 1884 bedarf nun in einigen Hauptpunkten noch einer näheren Besprechung.

1) Begriff des steuerbaren Einkommens.

Das Gesetz beschränkt sich darauf, die Quellen, aus welchen das steuerbare Einkommen fliesst, nach 4 Hauptkategorien und die zum Abzug am Roheinkommen geeigneten Aufwendungen und Ausgaben im allgemeinen zu bezeichnen (Art. 2 u. 3), alle weiteren Detailvorschriften der Vollzugsverordnung überlassend. Das Einkommen gliedert sich hiernach in solches

1) aus Grundstücken, Gebäuden, Grundrechten und Grundgefällen, sowie aus dem Betrieb der Land- und Forstwirtschaft;

2) aus dem Betrieb eines Gewerbes, einschliesslich des Handels und Bergbaues;

3) aus einem öffentlichen oder privaten Dienstverhältnis, wissenschaftlichen oder künstlerischen Beruf oder aus einer sonstigen, nicht schon unter Ziff. 1 und 2 begriffenen, gewinnbringenden Beschäftigung;

4) aus Kapitalvermögen, Renten und anderen derartigen Bezügen.

Die unter 1, 2 und 4 bezeichneten Einkommensquellen decken sich im allgemeinen mit den ausserdem noch der Ertragsbesteuerung unterliegenden Steuerobjekten, wogegen Ziff. 3 das reine, nur noch einkommensteuerpflichtige Arbeitseinkommen darstellt. Uebrigens zählt zu dem Einkommen der ersten Kategorie auch der Ertrag der p a c h t w e i s e betriebenen Landwirtschaft, während andererseits der Nutzen, welchen die einem Gewerbebetrieb oder einer sonstigen gewinnbringenden Unternehmung des Eigentümers gewidmeten Grundstücke und Gebäude gewähren, nicht für sich als liegenschaftliches Einkommen, sondern als unausgeschiedener Bestandteil des gewerblichen oder Arbeitseinkommens zu behandeln ist (Art. 17 Abs. 3). Das Einkommen Ziff. 2 ferner umfasst selbstverständlich den g a n z e n Reinertrag gewerblicher Unternehmungen, also die Betriebskapitalrente samt persönlichem Verdienst. In betreff des landwirtschaftlichen und gewerblichen Reinertrags lässt nun das Gesetz, insofern es das gesamte „in Geld, Geldeswert oder in Selbstbenützung bestehende Einkommen" für steuerbar erlärt, eine zweifache Behandlungsweise zu: als Einkommen kann entweder der nach Abzug der Herstellungskosten verbleibende Wert der jährlichen Produktion schlechthin oder auch nur insoweit betrachtet werden, als die Produkte durch eigene Konsumtion oder durch Verkauf ihrer Bestimmung zugeführt worden sind; ersterenfalls zählen auch die zum Verkauf bestimmten, jedoch unverkauft gebliebenen Erzeugnisse eines jeden Jahres zum Einkommen, die letztere Betrachtungsweise fasst neben der eigenen Konsumtion nur die in

jeder Wirtschaftsperiode erzielten Erlöse ins Auge, ohne sich im übrigen
darum zu kümmern, ob die verkauften Produkte in der gleichen oder in einer
früheren Wirtschaftsperiode hervorgebracht worden sind. Die Vollzugsverordnung vom 17. Februar 1885 hat sich die letztere, den Anschauungen des geschäftlichen Lebens jedenfalls mehr entsprechende und der bisherigen Praxis
bei der Erwerbsteuer sich anschliessende Auffassung angeeignet. Beim landwirtschaftlichen Betrieb gilt demnach als Roheinkommen:

> der Erlös aus den im Laufe eines Jahres veräusserten Haupt- und Neben-
> erzeugnissen der Landwirtschaft und Viehzucht und
> der Geldwert der von dem Landwirt im gleichen Jahre für seine und
> seiner Familie Bedürfnisse (und für die Zwecke eines etwa von ihm be-
> triebenen Gewerbes) verwendeten eigenen Erzeugnisse.

Konsequent kann auch bei Waldungen nicht etwa der jährliche Holz-
zuwachs, um welchen das Waldkapital sich vermehrt, sondern nur der Wert
der vom Waldeigentümer wirklich gezogenen Haupt- und Nebennutzungen als
Einkommen gelten; nicht der nach den Grundsätzen einer rationellen Bewirtschaftung schlagbare, sondern der thatsächliche genutzte Ertrag kommt
in Rechnung, wobei allerdings die Gefahr nicht ausgeschlossen ist, dass dergleichen Erträgnisse, z. B. bei längerem Aufschub der Nutzungen und dann folgendem
Eigentumswechsel, sich der Besteuerung teilweise entziehen. — Gehen land- und
forstwirtschaftliche Erzeugnisse zur weiteren Verarbeitung in einen Gewerbebetrieb des Produzenten über, so werden dieselben einerseits beim land- und
forstwirtschaftlichen Einkommen in Einnahme, andererseits beim gewerblichen
Einkommen als Betriebsaufwand in Ausgabe gestellt. — Von „Selbstbenützung"
spricht das Gesetz, wenn Grundstücke oder Gebäude vom Eigentümer (oder
Nutzniesser) nicht zu Zwecken irgendwelcher wirtschaftlicher Produktion, sondern
unmittelbar zur eigenen Bedürfnisbefriedigung verwendet werden (Hauptfall:
das Wohnen im eigenen Hause); dass der Genusswert des beweglichen Vermögens, z. B. des Hausrats, zum Einkommen nicht zu rechnen sei, wurde bei
den Verhandlungen über den 1873er Entwurf ausdrücklich festgestellt. Einer
einstigen Vermögenssteuer, deren Einführung an Stelle der jetzigen Ertragsteuern
damals wie auch bei den Verhandlungen von 1884 als Ziel der ferneren Entwickelung bezeichnet wurde, sollte es vorbehalten bleiben, auch den Mobiliarbesitz
zu treffen.

Zu dem nach Art. 3 abzugsfähigen Aufwand gehören auch die auf den
einzelnen Einkommensteilen oder Einkommensquellen ruhenden „öffentlich rechtlichen Lasten", d. h. die Staats- und Gemeindesteuern mit Ausnahme der Einkommensteuer selbst. Für diese der Theorie entnommene Bestimmung spricht
allerdings die Erwägung, dass der Staat diejenigen Einkommensteile, welche er
im Wege der Besteuerung den Einzelwirtschaften entzieht, nicht nochmals besteuern soll. Der Abzug der direkten Steuern ist jedoch praktisch keineswegs
empfehlenswert, da er von geringem Effekt ist und die Aufstellung der Fassionen
und deren Kontrolle unnötigerweise erschwert (so z. B. namentlich dann, wenn
die betreffenden Steuersätze im entscheidenden Momente noch nicht feststehen
und auf die Durchschnittssätze der letzten 3 Jahre gegriffen werden muss);
auch theoretisch erscheint ein solcher Abzug nicht geboten, sofern nur bei
Bemessung der Freigrenze und der Steueranschläge dem kleinen Einkommen

die nötige Schonung zuteil geworden ist. Die direkten Abgaben an Staat und. Gemeinde könnten füglich dem Aufwand für den Lebensunterhalt im weiteren Sinne (Art. 3 letzter Absatz) zugerechnet werden.

Die Schuldzinsen sind uneingeschränkt, d. h. ohne Rücksicht auf den Ursprung oder Zweck der Schuld oder auf die Existenz faust- oder unterpfändlicher Versicherung zum Abzug zugelassen. Auch bei solchen Personen, welche nur mit einem Teile ihres Gesamteinkommens in Baden steuerpflichtig sind (wie z. B. ausser Lands Wohnende mit badischem Grundbesitz), kommt nichts darauf an, ob und inwieweit deren Schulden mit den badischen Einkommensquellen in irgendwelchem Zusammenhang stehen: vielmehr können diese Personen gleichfalls ihre sämtlichen Schuldzinsen in Abzug bringen, jedoch nur in dem Verhältnis, in welchem der der badischen Besteuerung unterworfene Teil ihres Gesamteinkommens zu diesem letzteren steht.

2) Steueranschlag.

Der Entwurf von 1873 war von der Anschauung ausgegangen, dass nicht die proportionale, sondern nur die mit dem Wachstum der Leistungsfähigkeit Schritt haltende, progressive Einkommensteuer dem Grundsatz der Verteilung der Steuerlast nach der Leistungsfähigkeit gerecht werde und einerseits zur nötigen Schonung der kleineren, andererseits zu einer angemessenen Besteuerung der grösseren Einkommen und zu einem befriedigenden Gesamtertrag der Steuer gelangen lasse, dass indessen die Progression, um das höhere Einkommen gegen übermässige Belastung zu schützen, eine begrenzte sein, d. h. bei einer gewissen Höhe des Einkommens zum Stillstand kommen müsse.

Der Entwurf von 1884 hielt an dieser Anschauung fest, brachte jedoch einen von dem früher beabsichtigten mehrfach abweichenden Steuermodus in Vorschlag. Zunächst wurde von einer Einreihung der Einkommen in Klassen abgesehen. Hinsichtlich der Klasseneinteilung hatte man beim Vollzug des Erwerbsteuergesetzes, welches ebenfalls in Art. 9 die Einreihung des persönlichen Verdienstes in Klassen vorschrieb, keine günstigen Erfahrungen gemacht, indem durch die bei der Klasseneinteilung unvermeidlichen Sprünge in der Steueranlage die minder gewissenhaften Pflichtigen vielfach zu unrichtigen oder doch zu oberflächlichen und ungenauen Fassionen veranlasst wurden. Sodann empfahl es sich, statt, wie im Entwurf von 1873, den Steuerfuss für die unteren Einkommen abzuschwächen, die Degression sofort bei Bildung der Steueranschläge vorzunehmen, so dass der Steuerfuss für alle Steueranschläge ein gleichmässiger blieb. Dieses Verfahren gewährte insbesondere auch die Möglichkeit, die Einkommensteueranschläge ohne Schwierigkeiten auch für die Gemeindebesteuerung nutzbar zu machen. Man gelangte hiernach (bei Abrundung des steuerbaren Einkommens auf die nächstniedrige, durch 100 teilbare Zahl) zu folgender Skala der Steueranschläge: das niederste steuerbare Einkommen von 500 Mark wird nur zu einem Fünftel — mit 100 Mark —, das Einkommen von 1000 Mark zu einem Viertel — mit 250 Mark — angeschlagen, der Anschlag für die zwischen 500 und 1000 Mark liegenden Einkommen dementsprechend in mässig ansteigender Weise abgestuft; bei den Einkommen über 1000 Mark besteht sodann der Anschlag für die ersten 1000 Mark in einem Viertel, für die zweiten

1000 Mark in der Hälfte, für die weiteren 1000 Mark in drei Vierteilen, für die höheren Teilbeträge im vollen Betrag des Einkommens. Der Anschlag des Einkommens von 10,000 Mark, welcher sich hiernach auf 8500 Mark berechnen würde, wird auf 9000 Mark erhöht, da von nun an bis zum Einkommen von 30,000 Mark die Steueranschläge mit Abstufungen von 500 Mark gebildet werden. Für die Einkommen von 30,000 Mark und mehr bildet der volle Betrag des (nach unten auf 1000 Mark abgerundeten) Einkommens den Steueranschlag. Zur Veranschaulichung möge folgende Zusammenstellung dienen:

Einkommen.	Steueranschlag.		
500 Mark	100 Mark oder	1/5	des Einkommens
1,000 "	250 " "	1/4 "	"
1,500 "	500 " "	1/3 "	"
3,000	1,500 " "	1/2 "	"
4,500	3,000 " "	2/3 "	"
5,000	3,500 " "	70% "	"
7,500	6,000 " "	80% "	"
10,000	9,000 " "	90% "	"
20,000 "	19,000 " "	95% "	"
30,000 "	30,000 " "	100% "	"

Bei dieser Skala sind Sprünge fast durchweg vermieden, indem der Steueranschlag in den untersten Stufen von 25 zu 25, später von 50 zu 50, sodann von 75 zu 75 und von 100 zu 100 und erst bei den Einkommen von 10,000 bis 30,000 Mark mit Abstufungen von 500 zu 500 Mark, endlich bei den Einkommen von 30,000 Mark und mehr mit Abstufungen von 1000 zu 1000 Mark anwächst. Wenn die Grenze der Degression erst beim Einkommen von 30,000 Mark gezogen wurde, so beruhte dies auf der Erwägung, dass bei Belegung schon der mittleren Einkommen mit dem vollen Steuersatz dieser letztere nur ein mässiger sein könne und auf diese Weise die berechtigte kräftigere Besteuerung der höheren Einkommen vereitelt werde.

Ueber die Bildung der Steueranschläge wurde in der Zweiten Kammer eingehende Beratung gepflogen, welche auch mehrere Abänderungsanträge zutage förderte. Der eine dieser Anträge ging dahin, das unfundierte Einkommen von 5000 Mark und darüber zur Besteuerung zu ziehen, weil derselbe gegenüber dem fundierten Einkommen ohnehin durch Befreiung von der Ertragsbesteuerung privilegiert sei und in der angegebenen Höhe keiner Schonung mehr bedürfe; der 2. Antrag wollte einerseits die Skala für die Einkommen bis zu 3000 Mark günstiger gestalten, andererseits schon bei 20,000 Mark den Steueranschlag dem vollen Betrag des Einkommens gleichstellen. Beide Anträge wurden — der erstere weil dem Grundgedanken des Gesetzes zuwiderlaufend, welches alles Einkommen ohne Rücksicht auf seine Quelle gleichmässig treffen will, — von der Regierung bekämpft und blieben in der Minderheit. In der Ersten Kammer wurden in Bezug auf die Freilassung der Einkommen unter 500 Mark Bedenken geäussert, insofern ein jeder, der sich im Vollbesitz der politischen Rechte befinde, durch Entrichtung einer, wenn auch minimalen, direkten Steuer sich seiner Pflichten gegen den Staat bewusst bleiben solle; zudem sei auch auf die neben der Grösse des Einkommens die Leistungsfähigkeit bedingenden individuellen Verhältnisse, wie insbesondere die Zahl der auf ein gewisses Einkommen angewiesenen Familienglieder, im Entwurf keinerlei Rücksicht genommen. Abänderungsanträge wurden indessen hier, wie schon bemerkt, nicht gestellt, und so gelangte der Regierungsanschlag unverändert zur Annahme.

3) Fassion.

Das Prinzip der obligatorischen Selbsteinschätzung mit nachfolgender Kontrolle, welches bereits seit Jahrzehnten bei der Klassen-, Gewerbe-, Erwerbund Kapitalrentensteuer in Anwendung gewesen war, ist auch vom Einkommensteuergesetz festgehalten worden. Man verhehlte sich hierbei freilich nicht, dass die Ausdehnung des Deklarationszwangs unterschiedslos auf alle Pflichtigen mit nicht geringen Schwierigkeiten verknüpft sein werde. Wenn auch dem Gewerbsmann, dem Kapitalisten, der bisher seinen steuerlichen Verpflichtungen genügt hatte, die Berechnung und Fassion seines jährlichen Einkommens eine geläufige Sache war, so wurde hiermit doch den Landwirten, deren persönlicher Verdienst seither nach festen gesetzlichen Anschlägen bemessen worden war, eine ganz neue Aufgabe gestellt. Von einem grossen Teile der Landwirte konnte beim Mangel jeglicher geordneten Buchführung und bei den besonderen Schwierigkeiten, welche gerade die Berechnung des landwirtschaftlichen Einkommens bietet, die Aufstellung korrekter Fassionen nicht erwartet werden. Gleichwohl konnten diese Erwägungen nicht dazu führen, das bewährte Prinzip der obligatorischen Deklaration aufzuheben oder einzuschränken. Man glaubte annehmen zu dürfen, dass im persönlichen Verkehr der Pflichtigen mit den Ortsschatzungsräten die erwähnten Schwierigkeiten sich würden überwinden lassen; die Vollzugsverordnung hat auch den Steuerkommissären und Schatzungsratsvorsitzenden ausdrücklich zur Pflicht gemacht, solchen Personen, welche ihre Steuererklärung selbst aufzustellen ausser stande sind, solche aufzustellen oder zu vervollständigen, wobei letztere nur die erforderlichen thatsächlichen Angaben zu machen haben; schliesslich darf man auch hoffen, dass bei längerer Eingewöhnung des Gesetzes und, wenn eine einfache Buchführung mehr und mehr Gepflogenheit in den ländlichen Haushaltungen geworden ist, die Berechnung seines Jahreseinkommens auch dem Landwirt nicht mehr als eine unlösbare Aufgabe erscheinen wird. Hatte der frühere Entwurf nur die Angabe der Gesamtsumme des reinen Einkommens nebst Bezeichnung der Quellen, aus welchen es fliesst, vom Pflichtigen verlangt, so schreibt jetzt Art. 17 des Gesetzes vor, dass das Einkommen getrennt nach den oben bezeichneten 4 Kategorien der Einkommensquellen und sodann der Jahresbetrag der zum Abzug geeigneten Schuldzinsen anzugeben sei. Da der Pflichtige, um zur Gesamtsumme zu gelangen, ohnehin seine Einkünfte aus den 4 Haupteinnahmequellen ermitteln und zusammenrechnen muss, wird ihm diese Detaillierung nicht schwer fallen, während letztere die Prüfung der Fassionen auf ihre Richtigkeit wesentlich erleichtert. Diese Prüfung ist immerhin insofern noch schwierig, als die Fassion nur das Reineinkommen einer jeden Kategorie enthält, also das Robeinkommen und die berechneten Abzüge nicht ersehen lässt. Gerade aber die Abzüge sind es, welche häufig von den Pflichtigen etwas zu ausgiebig bemessen werden und darum besonders der Nachprüfung bedürfen. Man hat sich jedoch mit dem vorerwähnten Inhalt der Fassion zunächst begnügt, weil die bloss

summarische Angabe der, die verschiedenartigsten Posten umfassenden Abzüge
bei jeder Einkommenskategorie für die Kontrolle doch noch keinen erheblichen
Nutzen geboten hätte und das Verlangen einer weiteren Detaillierung — zumal
beim ersten Inslebenstreten des Gesetzes — sich nicht zu empfehlen schien.
Indessen kann selbstverständlich der Schatzungsrat vermöge des ihm zustehenden
Prüfungsrechtes (Art. 20) von dem einzelnen Pflichtigen eine genaue Entzifferung
der einzelnen Einnahme- und Abzugsposten verlangen.

Eigentümlich ist die Bestimmung, dass die Fassion nach dem Stand der
Einkommensverhältnisse und Schulden am 1. April eines jeden Jahres zu bemessen sei. Schlechthin massgebend ist dieser Normaltag für die festen
Bezüge (wie Besoldungen, Gehalte, feste Kapitalzinsen etc.); bei den wandelbaren Bezügen (zu welchen insbesondere die Einkünfte aus landwirtschaftlichem
und gewerblichem Betrieb, Honorare, Dividenden etc. gehören) kommt das Durchschnittsergebnis der letzten 3 Kalender- oder Geschäftsjahre in Rechnung (Art. 12
Abs. 2) und es kann folglich bei Bezügen der letzteren Art der Normaltag nur
hinsichtlich des Umfangs und der objektiven Beschaffenheit der dem Pflichtigen
zur Verfügung stehenden Einkommensquellen von Bedeutung sein; m. a. W.:
bei wandelbaren Bezügen soll das thatsächliche Ergebnis der letzten 3 Jahre,
jedoch unter Berücksichtigung der inzwischen und spätestens am 1. April eingetretenen Veränderungen der Fassion zu Grunde gelegt werden. Ob mit der
Aufstellung dieses Normaltags, welcher sich wohl in keinem anderen Einkommensteuergesetze findet, das Gesetz eine glückliche Bestimmung getroffen hat, ist
zu bezweifeln. Man glaubte, der Schwankungen halber, welchen das Einkommen
im Laufe eines Jahres unterworfen sein kann, namentlich für das Strafverfahren
eines bestimmten Tages, der für die Bemessung des Jahreseinkommens die Norm
gibt, nicht entbehren zu können und verwies hierbei auf das Rentensteuergesetz.
Allein die Veranlagung der Rentensteuer, welche nur eine Art des Einkommens
trifft und — anders als die Einkommensteuer — im Jahre der Konstatierung
auch erhoben wird, kann hier nicht als Vorbild dienen. Für das Strafverfahren
könnten doch höchstens nur diejenigen Einkommensveränderungen, die im Laufe
der — vom Pflichtigen versäumten — Frist zur Abgabe der Fassion eingetreten
sind, von Belang sein und wäre eben dann — in dubio pro reo — das geringere
Einkommen der Straf- und Nachtragsberechnung zu Grunde zu legen. Es wäre
deshalb wohl ganz unbedenklich und jedenfalls gemeinverständlicher und einfacher, die Pflichtigen das Einkommen fatieren zu lassen, wie sie es dermalen
d. h. bei Abgabe der Steuererklärung beziehen. Diese Regel gilt jetzt schon für
einen Teil der Pflichtigen, nämlich die in Art. 15 bezeichneten (vorzugsweise der
arbeitenden Klasse angehörigen) Personen, welche ausserhalb des ordentlichen
Ab- und Zuschreibens zu fatieren haben. Die Ausdehnung dieser Regel auf alle
Pflichtige würden aber weiter den erheblichen Uebelstand beseitigen, dass Einkommensveränderungen, welche in der Zeit zwischen dem 1. April und der —
möglicherweise erst Ende September erfolgenden — Abgabe der Fassion eingetreten sind, nicht berücksichtigt werden dürfen. Es ist dies um so misslicher,
als die gleichzeitig mit den Einkommensteuerfassionen einzureichenden Gewerb-
steuerfassionen, wenigstens soweit es sich um Eröffnung neuer, nicht um Aenderung bereits bestehender Unternehmungen handelt, lediglich den neuesten
Stand zu berücksichtigen haben.

Wohnsitzveränderungen und solche Erhöhungen oder Minderungen des Einkommens, welche auf den Steueranschlag von Einfluss sind, bedingen jeweils eine neue Fassion (Art. 8, 9, 14); dagegen ist mit dem blossen Wechsel der Art des Einkommens, welcher dessen Höhe unverändert lässt (z. B. wenn der Pflichtige durch Verkauf seines Grundbesitzes sein liegenschaftliches Einkommen in ein gleiches Renteneinkommen umwandelt), die Verpflichtung zur Abgabe einer neuen Fassion nicht verbunden. Ob nicht doch auch in Fällen der letzteren Art im Interesse einer richtigen Katasterführung die Fassion zu verlangen sei, muss die Erfahrung lehren. In betreff des Veranlagungsverfahrens und der Rechtsmittel schliesst sich das Gesetz an die bestehenden, früher besprochenen Einrichtungen an (Art. 20 und 21); die Erklärung des Pflichtigen „an Eidesstatt" ist mit den übrigen Besonderheiten des Entwurfs von 1873 fallen gelassen.

4) Behandlung der Aktiengesellschaften und Genossenschaften.

Der Entwurf von 1873 hatte, von der Besteuerung der juristischen Personen im allgemeinen absehend, neben den physischen Personen nur die Aktiengesellschaften und Aktienkommanditgesellschaften „aus finanziellen Gründen und mit Rücksicht auf deren wirtschaftliche Bedeutung" und zwar unbeschadet der Besteuerung der einzelnen Mitglieder heranziehen wollen. Es kam hierbei wesentlich mit in Betracht, dass die grösseren Gewerbsunternehmungen durch die damalige Gewerbsteuer in ganz ungenügender Weise getroffen wurden. Die Zweite Kammer schwächte jedoch diese Bestimmung dadurch bedeutend ab, dass sie als steuerbares Einkommen der gedachten Gesellschaften nur deren Reinertrag nach Abzug von 5 Prozent des Aktienkapitals gelten liess. In dieser abgeschwächten Form erschien die Besteuerung der Aktiengesellschaften der Regierung, als sie sich neuerdings mit der Frage beschäftigte, von zu geringem finanziellen Belang; für deren Freilassung sprach ferner die Erwägung, dass bereits das Erwerbsteuergesetz den meisten Aktienunternehmungen eine ganz bedeutende Steuererhöhung gebracht hatte und dass die Gesellschaften dieser Art in den meisten andern deutschen Staaten nur in sehr mässiger Weise zu den direkten Steuern herangezogen sind. Der neue Entwurf verzichtete deshalb darauf, die Aktiengesellschaften in den Kreis der Einkommensteuerpflichtigen, welcher somit nur die physischen Personen umfasste, einzubeziehen. Die Kommission der Zweiten Kammer kam jedoch unter Hinweisung auf das sächsische Gesetz vom 2. Juli 1878, auf die damals noch in Beratung begriffene Novelle zum hessen-darmstädtischen Einkommensteuergesetz und den preuss. Gesetzentwurf vom 17. Dezember 1883 auf die Besteuerung der Aktiengesellschaften zurück, und zwar entschied sie sich für deren uneingeschränkten Beizug neben dem der Aktionäre, welchem Beschluss zu widersprechen die Regierung keinen Anlass hatte, nachdem der Beizug des persönlichen Verdienstes der Gewerbsunternehmer zur Gewerbsteuer von der Kommission beseitigt worden war. Denn angesichts dieser letzteren Aenderung konnte auf den Beizug der Aktiengesellschaften zur Einkommensteuer nicht mehr wohl verzichtet werden, da dieselben sonst nicht nur an der durch die Einführung der Einkommensteuer ermöglichten Herabsetzung des Gewerbsteuerfusses participiert haben würden, sondern auch mit ihrem persönlichen Verdienst jeglicher Besteuerung entgangen, soweit in einem nicht gerechtfertigten Masse entlastet worden wären. Bei der Plenarberatung traten die über diese Frage bestehenden gegensätzlichen Ansichten einander scharf gegenüber. Während auf der einen Seite mit einer gewissen Animosität gegen die Aktiengesellschaften deren kräftige Heranziehung verlangt wurde, wies man von anderer Seite auf die volkswirtschaftliche Bedeutung und Unentbehrlichkeit dieser Gesellschaften und auf die Unbilligkeit des Kommissionsvorschlags, welcher zu einer vierfachen Besteuerung der Aktienerträgnisse führe, hin und zeigte sich geneigt, den Regierungsentwurf wiederherzustellen. Zwei Vermittlungsanträge wurden gestellt: der erste wollte die Zinsen und Dividenden aus Aktien der der badischen Einkommensteuer unterliegenden Unternehmungen befreien, der zweite eventuelle Antrag schlug vor, nach dem Vorgang von 1874 am steuerbaren Einkommen der Aktiengesellschaften 5 Prozent des Aktienkapitals als Schuldzinsen in Abzug bringen zu lassen. Den 1. Antrag bezeichnete die Regierung als unannehmbar, weil Aktiengesellschaften, deren Geschäftsbetrieb über das Grossherzogtum Baden hinausreiche, nur mit dem, dem badischen Geschäft entsprechenden Teile ihres Einkommens beigezogen würden und es sich deshalb durchaus nicht rechtfertige, die Aktionäre mit ihrem ganzen Aktienbesitz von solchen Unternehmungen frei zu lassen und weil ferner eine derartige Befreiung der Defraude Thür und Thor öffnen würde. Dieser Antrag wurde hierauf abgelehnt und der Eventualantrag mit Ermässigung des Abzugs von 5 auf 3 Prozent des Aktienkapitals angenommen. Die Kompromissnatur dieser Bestimmung ist unverkennbar, denn, wenn man das Aktienkapital als Schuld der Gesellschaft an die Aktionäre betrachten wollte, so ergab sich hieraus die natürliche Konsequenz, den Abzug nach dem landläufigen Zinsfuss, d. h. zu 5 oder doch zu 4 Prozent zu berechnen, die Zahl 3 hatte an sich etwas durchaus Willkürliches. In einer andern Hinsicht aber geht jene Bestimmung, wie von dem Kommissionsbericht der Ersten Kammer mit Recht hervorgehoben wurde, in ihren Wirkungen über den beabsichtigten Zweck hinaus. Die Gestattung des 3prozentigen Abzugs soll für die doppelte Besteuerung des Gewinns der Aktienunternehmungen einen gewissen Ersatz oder Ausgleich bieten. Eine solche Doppelbesteuerung liegt aber überhaupt nur insoweit vor, als jener Gewinn in Form von Zinsen oder Dividenden den Aktionären zufliesst und in der Hand dieser letzteren abermals von der Besteuerung erfasst wird, nicht auch bei demjenigen Teile des Gewinnes, welcher den Reserve-, Erneuerungs-, Amortisationsfonds überwiesen oder zu Meliorationen verwendet wird. Strenggenommen hätte also der 3prozentige Abzug nur bei dem Teil des Gewinns, welcher als Dividende verteilt wird, zugelassen werden dürfen, so dass bei Gesellschaften, welche keine Dividende oder eine solche von weniger als 3 Prozent zahlen, der Abzug ganz oder teilweise unterblieben wäre. Indessen war die Kommission der Ersten Kammer der Ansicht, dass einer Abänderung in dem letzterwähnten Sinne eine erhebliche finanzielle Tragweite nicht zukomme und sah daher von einem dahingehenden Antrag ab.

Die Besteuerung des Gewinns der Aktienunternehmungen hat sich hiernach folgendermassen gestaltet:

Die Gesellschaft hat Gewerb- und Einkommensteuer zu entrichten, Gewerbsteuer nach den allgemeinen Regeln, Einkommenster aus dem zur Verteilung an die Aktionäre, zur Bildung von Reservefonds, Amortisation etc. bestimmten Geschäftsgewinn nach Abzug von 3 Prozent des Aktienkapitals.

Die Aktionäre bezahlen aus ihren Dividenden und Aktienzinsen Rentensteuer und Einkommensteuer.

Bedenkt man nun, dass Gesellschaft und Aktionäre mit Gewerb- und Rentensteuerkapitalien, sowie mit ihren Einkommensteueranschlägen auch zur Gemeindebesteuerung herangezogen werden, so wird man einräumen müssen, dass auch für den Freund einer energischen Besteuerung des Aktiengewinnes die badische Gesetzgebung nichts zu wünschen übrig lässt. Die Zweite Kammer hat aber noch weiter gewisse, auf dem Genossenschafts- und Gegenseitigkeitsprinzip beruhende Vereinigungen in den Wirkungsbereich des Gesetzes einbezogen. Der Stand der bisherigen Gesetzgebung war folgender: auf Gegenseitigkeit beruhende Assekuranz- und andere Unternehmungen (z. B. Vorschussvereine, Konsumvereine) waren nicht erwerbsteuerpflichtig, unterlagen jedoch der Erwerbsteuer „mit dem nicht auf Gegenseitigkeit beruhenden Teil ihrer Geschäftsthätigkeit", d. h. insoweit sie mit Nicht-Mitgliedern Geschäfte machten (Art. 8 letzter Absatz des Erwerbsteuergesetzes, § 9 der Vollzugsverordnung hierzu vom 20. Febr. 1877). Rentensteuerpflichtig waren auf Gegenseitigkeit gegründete Lebensversicherungs- und ähnliche Anstalten nach Art. 11 des Kapitalrentensteuergesetzes nur dann, wenn sie nicht eine jährliche Zins- oder Rentenausteilung, sondern die Ansammlung und einstige Verteilung von Kapitalien zum Zwecke hatten. Die prinzipielle Richtigkeit dieser Bestimmungen wird nicht bestritten werden können. Was insbesondere die Befreiung der Genossenschaften von der Erwerbsteuer betrifft, so beruhte dieselbe auf der — auch mehrfach durch reichsgerichtliche Entscheidungen bestätigten — Anschauung, dass Genossenschaften, deren Geschäftsverkehr sich auf den Kreis ihrer Mitglieder beschränkt, welche also rein auf dem Prinzip der Selbsthilfe beruhen, nicht als gewerbliche Unternehmungen zu betrachten sind und dass somit bei ihnen von einem gewerblichen Ertrag oder Reingewinn, der zu besteuern wäre, keine Rede sein kann.

Vom praktischen Standpunkte aus boten jedoch jene Normen durchaus keine glückliche Lösung der Frage, wie die Besteuerung der Genossenschaften, um einerseits ihrer juristischen und wirtschaftlichen Natur, andererseits den berechtigten Interessen des Gewerbestandes gerecht zu werden, einzurichten sei. Vor allem entzieht es sich häufig der zuverlässigen Feststellung, ob und inwieweit ein Konsum- oder Vorschussverein Geschäfte (d. h. solche Geschäfte, die den eigentlichen Zweck des Vereins bilden) mit Nichtmitgliedern macht oder nicht. Die Einrichtungen des Vereins können derart getroffen sein, dass sein Geschäftverkehr sich scheinbar auf die Mitglieder beschränkt, in Wirklichkeit aber sich von einem gewerblichen nicht unterscheidet. Lebhafte Klagen der Gewerb- und Handeltreibenden über ungerechtfertigte steuerliche Begünstigung der Genossenschaften konnten darum nicht ausbleiben. Sodann aber war es eine kaum lösbare Aufgabe, bei den Genossenschaften gemischten Charakters denjenigen Teil ihres Geschäftsgewinns, welcher auf ihren Verkehr mit Nichtmitgliedern entfiel, auszuscheiden. Die Kammer erachtete es hiernach, ohne die hohe volkswirtschaftliche Bedeutung dieser Vereinigungen zu verkennen und deren Entwickelung hemmen zu wollen, für geboten, deren Besteuerung in anderer Weise zu ordnen.

Ausser der billigen Rücksicht auf die andern Handelsgesellschaften und Einzelgewerbetreibenden, welche mit schweren Abgaben belastet seien und durch steuerliche Privilegierung der Genossenschaften im Konkurrenzkampfe nicht benachteiligt werden dürften, wurde noch weiter die Erwägung geltend gemacht, dass die Ausbreitung der genossenschaftlichen Unternehmungen eine mehr oder minder grosse Zahl steuerzahlender Gewerbetreibender zur Einschränkung oder gänzlichen Einstellung ihres Geschäftsbetriebs nötige, die Eröffnung mancher neuen Geschäfte verhindere und dass deshalb auch für den hiedurch entstehenden Steuerausfall die Genossenschaften selbst wenigstens teilweise einzutreten hätten, da andernfalls die Vorteile, welche sie ihren Mitgliedern gewähren, auf Kosten des Staates gesteigert würden. Diejenigen Vereine also, deren Geschäftsgebarung über den ursprünglich genossenschaftlichen Zweck der gemeinsamen Befriedigung gewisser Wirtschaftsbedürfnisse ihrer Mitglieder hinausgeht, sollten künftig für den vollen Umfang ihres Geschäftsbetriebs zur Besteuerung herangezogen werden. Für die Entscheidung der Frage aber, ob jene Voraussetzung zutreffe, sollten gewisse äussere, objektive Merkmale als Kriterien dienen, d. h. an das Vorhandensein dieser Merkmale sich als praesumtio juris et de jure die Annahme knüpfen, dass die Thätigkeit des Vereins sich nicht mehr innerhalb der Grenzen rein genossenschaftlicher Wirksamkeit bewege. So gelangte man zu der Formulierung des 2. Absatzes vom Art. 5 B. des Einkommensteuergesetzes und zu einem entsprechenden Zusatze in Art. 1 des Gewerbsteuergesetzes, wornach die Konsumvereine mit offenem Laden, eingetragene Genossenschaften mit **bankähnlichem Betrieb** und auf Gegenseitigkeit gegründete, **unter Verwendung von Agenten betriebene** Versicherungsgesellschaften für einkommen- und gewerbsteuerpflichtig erklärt sind. Ein „bankähnlicher Betrieb" ist anzunehmen, wenn die den Bankiers eigentümlichen Geschäfte gemacht werden, wie Wechseldiskontierung, Kommissions-, Lombard-, Depositengeschäft etc. und zwar gleichviel ob mit Mitgliedern oder Nichtmitgliedern; dieses Kriterium leidet indessen an einer gewissen Unbestimmtheit und wird die Beurteilung der Steuerpflicht bei manchen Vorschussvereinen, Darlehenskassen etc. recht zweifelhaft lassen. — Die Konsumvereine mit offenem Laden und die bankähnlichen Genossenschaften wurden, was die Bemessung ihres steuerbaren Einkommens betrifft, einfach der für die Aktiengesellschaften gegebenen Regel unterstellt; ihr Einkommen besteht also in den Einnahmeüberschüssen, die (in bar oder durch Gutschrift) an die Mitglieder verteilt und die den Reservefonds etc. zugewiesen werden, nach Abzug von 3 Prozent aus der (hier das Aktienkapital vertretenden) Summe der von den Mitgliedern eingezahlten Geschäftsanteile; dieser Abzug rechtfertigt sich auch hier insofern, als die Vereinsmitglieder ihrerseits von den Zinsen und Dividenden aus ihren Geschäftsanteilen Einkommen- und Rentensteuer zu entrichten haben.

Schwieriger war es, das steuerbare Einkommen der Versicherungsgesellschaften auf Gegenseitigkeit zu definieren, wie denn überhaupt gegen die Einbeziehung auch dieser Gesellschaften sich gewichtige Bedenken erheben lassen. Die Besteuerung der beiden anderen Kategorien von Genossenschaften geht doch von dem Gedanken aus, dass letztere durch Ausdehnung ihres Geschäftsverkehrs auf Nichtmitglieder sich auf den Boden gewerblicher Thätigkeit begeben haben — eine Annahme, welche bei den Versicherungsgesellschaften auf Gegenseitigkeit

als solchen von vorneherein ausgeschlossen ist. Denn das Bestreben, mit Hilfe
von Agenten neue Mitglieder zu gewinnen und so den Geschäftskreis zu erweitern, kann selbstverständlich nicht als Aequivalent des Geschäftsabschlusses
mit Nichtmitgliedern gelten; die Versicherung auf Gegenseitigkeit an und für
sich aber ist schlechterdings nicht als gewerbliche Thätigkeit zu betrachten,
wie sich auch die Dividende, mit welcher der Versicherte einen Teil der von
ihm vorschüsslich eingezahlten Prämie zurückerhält, keineswegs als Gewinn
charakterisiert. Der Gedanke, welcher den badischen Gesetzgeber bei Ausdehnung der Steuerpflicht auf diese Gesellschaften geleitet hat, mag jedoch
folgender gewesen sein: Eine auf Gegenseitigkeit gegründete Versicherungs-
gesellschaft von grösserem Umfang kann sich, wenn sie nicht geradezu zweck-
widrig verfahren will, einer gleichzeitigen erwerbenden Thätigkeit kaum ent-
schlagen, da sie darauf bedacht sein muss, die bedeutenden als Versicherungs-
prämien der Mitglieder in ihrer Hand zusammenfliessenden Kapitalien, soweit
solche nicht zur Anlegung eines Reservefonds und zu Auszahlung fälliger Versicherungen zu verwenden sind, fruchtbringend anzulegen. Um diesem Zweck
zu genügen, pflegen solche Gesellschaften regelmässig zugleich die Geschäfte
einer Darlehensbank zu betreiben; dem Bankfond fliessen die gesamten aus dem
Versicherungsgeschäft sich ergebenden Einnahmeüberschüsse zur zinstragenden
Ausleihung zu, und letztere zu vermitteln, Darlehensgesuche seitens des Publikums entgegenzunehmen und zu prüfen etc., ist namentlich auch die Aufgabe
der von der Gesellschaft aufgestellten Agenturen. Nach dieser Seite hin fällt
die Thätigkeit der gedachten Gesellschaften ohne Zweifel unter den Gesichtspunkt des gewöhnlichen Gewerbebetriebs, und zwar handelt es sich hier um
Gewerbsunternehmungen von grossartigem Umfang, da die Bankfonds der hervorragenderen deutschen Institute dieser Art sich nach Millionen beziffern. Von
dieser Auffassung aus hätte man nun allerdings konsequenterweise dahin
gelangen müssen, den Reinertrag des Bankbetriebs der Gegenseitigkeitsgesellschaften für steuerbar zu erklären. Bei den Schwierigkeiten jedoch, welche
eine solche Reinertragsermittelung wegen des innigen Zusammenhanges des Bankbetriebs mit dem Versicherungsbetrieb geboten hätte, zog es das Gesetz vor,
ein gewisses präsumtives Einkommen dieser Anstalten der Besteuerung zu Grund
zu legen. Dieses Einkommen besteht in 5 Prozent des gewerblichen Betriebskapitals der Gesellschaft — als solches wird die aus dem Lande jährlich
fliessende mittlere Bruttoeinnahme an Prämien angesehen (Art. 8 letzter Absatz
des neuen Gewerbsteuergesetzes) — sowie in den Erträgnissen aus inländischem
Liegenschaftsbesitz.

5) Aenderung des Kapitalrenten- und Erwerbsteuergesetzes.

Die Einführung der Einkommensteuer legte die Erwägung nahe, ob nicht
eine gleichzeitige Rückbildung der Kapitalrentensteuer zur reinen Ertragsteuer,
d. h. in der Richtung einzutreten habe, dass wieder die Kapitalwerte selbst,
nicht deren wechselnde Erträgnisse die steuerliche Grundlage zu bilden hätten.
Man hat jedoch hievon abgesehen, weil es für die Pflichtigen offenbar leichter
und bequemer ist, ihr Renteneinkommen nach thunlichst gleichen Grundsätzen
zur Rentensteuer wie zur Einkommensteuer zu fatieren und weil es sich empfiehlt,

dass das Einkommensteuerkataster sich möglichst enge an die Kataster der
Ertragsteuern anschliesse.

Auch der der Rentensteuer eigentümliche Charakter einer Jahressteuer
und deren Einhebung im Jahre der Konstatierung wurde beibehalten, während
Ansatz und Erhebung der Einkommensteuer übereinstimmend mit den für
die übrigen direkten Steuern geltenden Normen geregelt ist. Der wohlbegründete
Vorschlag der Regierung, den in Art. 8 des Rentensteuergesetzes vorgesehenen
Abzug der Schuldzinsen, da solche uneingeschränkt am steuerbaren Gesamteinkommen in Abzug gebracht werden, nunmehr fallen zu lassen und die Rentensteuer in dieser Hinsicht den übrigen Ertragsteuern gleichzustellen, wurde von
der Zweiten Kammer abgelehnt. Die durch Art. 30 Ziff. II des Einkommensteuergesetzes festgestellten Abänderungen des Kapitalrentensteuergesetzes sind hiernach
von keiner grossen Tragweite und bezwecken nur, die Veranlagung der steuerpflichtigen Bezüge zur Rentensteuer und zur Einkommensteuer, soweit thunlich,
in Einklang zu bringen. Bei diesem Anlass wurde zugleich eine empfindlich
fühlbar gewordene Lücke des Gesetzes ausgefüllt. Ueber die Behandlung von
Zeitrenten, Annuitäten und anderen ähnlichen Bezügen, bei welchen neben
einem Zinsgenuss auch eine allmähliche Kapitalaufzehrung stattfindet, hatte das
Gesetz keine Bestimmung getroffen, man hatte daher bisher solche Bezüge nach
der allgemeinen Regel mit dem vollen Jahresbetrag, d. h. mit einem Steuerkapital
gleich dem 20fachen dieses vollen Jahresbetrags beigezogen — eine Behandlungsweise, welche zwar den Wortlaut des Gesetzes für sich hatte, mit dessen Tendenz,
die R e n t e und nur diese zu besteuern, aber entschieden in Widerspruch stand.
Das Einkommensteuergesetz löste nun diese Frage in Anlehnung an die für
unverzinsliche Kaufschillingszieler und ähnliche Kapitalforderungen im bisherigen
Art. 16 Abs. 3 des Rentensteuergesetzes gegebene Vorschrift dahin, dass Zeitrenten, Annuitäten etc. ohne Rücksicht auf die Verfalltermine (d. h. ohne
Diskontierung) mit 4 Prozent des Nennwertes der noch ausstehenden Forderungen,
höchstens jedoch mit deren durchschnittlichem Jahresbetrag für die Renten-
wie für die Einkommensteuer veranschlagt werden sollen (Art. 16 Abs. 3 neue
Fassung des Rentensteuergesetzes, Art. 12 vorletzter Absatz des Einkommensteuergesetzes). —

Weit eingreifender war die Umgestaltung, welche das E r w e r b s t e u e r -
g e s e t z erfuhr. Die wichtigsten der unter Art. 30 Ziff. III des Einkommensteuer-
gesetzes zusammengefassten Aenderungen jenes Gesetzes sind bereits berührt worden.
Die ganze Gruppe der nach Art. 1 B. des Erwerbsteuergesetzes steuerpflichtigen
Personen schied aus dessen Wirkungsbereich aus, indem deren Berufs- und
Arbeitseinkommen nur noch der Einkommensteuer unterliegt. Die durch das
Erwerbsteuergesetz herbeigeführte Vereinigung der vormaligen Gewerb- und
Klassensteuer zu e i n e r Steuer wurde somit wieder aufgegeben und man kehrte
zu einer G e w e r b s t e u e r zurück, welche sich jedoch hinsichtlich des steuer-
pflichtigen Personenkreises von der früheren, auf dem Gesetz von 1854 beruhenden
Gewerbsteuer insofern unterscheidet, als der ersteren nur die Gewerbsunternehmer,
nicht auch die unselbständigen Gewerbetreibenden (Gewerbsgehilfen und Taglöhner) unterliegen.

Den Gewerbsunternehmungen wurden die in Art. 5 B. des Einkommensteuergesetzes genannten Vereine, Genossenschaften und Versicherungsgesell-

schaften und zwar hinsichtlich ihres gesamten Geschäftsbetriebs zugezählt, dagegen die Landwirte, welche bisher nur hinsichtlich des Betriebskapitals Steuerfreiheit genossen hatten, von der Gewerbsteuer nunmehr gänzlich befreit. Gegenstand der Gewerbsteuer ist nur noch das gewerbliche Betriebskapital, während der persönliche Verdienst der Gewerbsunternehmer wie der sonstige Arbeitsverdienst ausschliesslich zur Einkommensteuer herangezogen wird. Dessenungeachtet wurden alle diejenigen Bestimmungen des Erwerbsteuergesetzes, welche sich auf den steuerbaren Ertrag und auf den Steueranschlag vom persönlichen Verdienst der Gewerbsunternehmer beziehen, mit Rücksicht auf die Bedürfnisse der Gemeindebesteuerung zunächst noch beibehalten, und hat demgemäss auch im Jahre 1885 noch die Katastrierung dieser Steueranschläge lediglich zum Zweck ihrer eventuellen Benützung für die Gemeinden stattgefunden. Als man nun aber nach Aufstellung des Einkommensteuerkatasters im Spätjahr 1885 an die Neuregelung des Gemeindesteuerwesens herantrat, zeigte sich — was übrigens, zumal bei Ausscheiden der Landwirte aus der Gewerbsteuer, unschwer vorherzusehen war — dass eine Freiheit der Wahl, ob die Gemeindebesteuerung an die staatliche Einkommensteuergesetzgebung anzuschliessen sei oder nicht, in Wirklichkeit doch kaum bestand. Die seitherigen Grundlagen des Gemeindesteuerwesens waren durch die Umgestaltung der Staatssteuergesetzgebung so schwer alteriert, dass — wenn anders an dem Grundsatz des engsten Anschlusses jenes an diese festgehalten werden sollte — die Aufnahme der Einkommensteuer in das Gemeindesteuersystem als unabweisbare Notwendigkeit erscheinen musste. Dieser letztere Weg wurde denn auch eingeschlagen; die auf dem Landtag von 1885/86 vereinbarten Novellen zur Städte- und Gemeindeordnung vom 1. und 2. Mai 1886[1] bestimmen, dass beim Ausschlag des im Wege der direkten Besteuerung aufzubringenden Gemeindeaufwands (von einigen Besonderheiten abgesehen) lediglich die für die staatliche Besteuerung in der Gemeinde veranlagten Grund-, Häuser-, Gewerb- und Kapitalrentensteuerkapitalien und Einkommensteueranschläge als Grundlage zu dienen haben. Hiermit war auch für die Gemeinden auf die Benützung der Gewerbsteueranschläge vom persönlichen Verdienst definitiv verzichtet, deren fernere Katastrierung also völlig zwecklos geworden. Aus dem Gewerbsteuergesetz waren deshalb die fürsorglich noch beibehaltenen Bestimmungen in Bezug auf Ertrag und persönlichen Verdienst nunmehr zu entfernen. Dies geschah durch Gesetz vom 26. April 1886 und die im Anschluss hieran publizierte Neuredaktion des Gewerbsteuergesetzes vom gleichen Datum.

6) Ergebnisse der erstmaligen Katastrierung der Einkommensteuer.

Das Einkommensteuergesetz hatte als Termin seines Inkrafttretens den 1. Januar 1886 bestimmt; alle auf die Aufstellung des Katasters bezüglichen Vorschriften waren jedoch schon im Jahre 1885 zum Vollzug zu bringen. Demgemäss wurde, nachdem inzwischen die erforderlichen Vollzugsanordnungen ergangen waren, vom 1. April 1885 an mit der Veranlagung zur Einkommen-

---

[1] Ges.- u. Verordn.-Bl. Nr. XXII S. 193 u. Nr. XXIII S. 199.

steuer begonnen und solche bis Ende September im ganzen Lande durchgeführt. In dem gleichen Zeitraum war auch — neben den gewöhnlichen Geschäften des Ab- und Zuschreibens — die Veranlagung der Gewerbsunternehmer nach Massgabe des neuen Gewerbsteuergesetzes zu bewirken. Nur bei aussergewöhnlicher Kraftanstrengung des Katasterpersonals war es möglich gewesen, in der angegebenen Zeit diese gewaltige Aufgabe zu bemeistern, und die Denkschrift über die Einschätzungsergebnisse, welche das Finanzministerium in der Folge den Landständen übergab, zollte deshalb auch dem Eifer und der Pflichttreue dieser Beamten die gebührende Anerkennung. In der gleichen Denkschrift konnte ferner darauf hingewiesen werden, dass auch die Pflichtigen dem neuen Steuergesetze gegenüber fast ausnahmlos eine entgegenkommende Haltung an den Tag gelegt und dadurch dessen Vollzug wesentlich erleichtert hatten. Auf nachhaltigen Widerstand stiessen die Schatzungsbehörden nur bei den zur Einkommen- und Gewerbsteuer heranzuziehenden Genossenschaften und bei den auswärts domizilierten, in Baden durch Agenturen vertretenen Gegenseitigkeitsgesellschaften, welch letztere unter Berufung auf das Reichsgesetz über Beseitigung der Doppelbesteuerung ihre Steuerpflicht in Baden bestritten, da die Versicherung auf Gegenseitigkeit kein Gewerbebetrieb im Sinne jenes Reichsgesetzes und die badische Gesetzgebung, wenn sie gleichwohl auswärtige Versicherungsgesellschaften dieser Art besteuern wolle, mit dem Reichsrecht in Widerspruch getreten sei. In mehrfachen Entscheidungen hat indessen der Verwaltungsgerichtshof diesen Einwand zurückgewiesen; eine Beschwerde, welche hierauf von einer grösseren Anzahl solcher Gesellschaften unter Führung der Lebensversicherungsbank für Deutschland in Gotha beim Bundesrat eingereicht wurde, harrt noch ihrer Erledigung. Die Veranlagung der Landwirte wurde ohne allzugrosse Schwierigkeiten zustande gebracht. Nach der den Steuerkommissären erteilten Instruktion wurden, da die Aufstellung einer detaillierten Einkommensberechnung für jeden einzelnen Landwirt weder nötig noch auch ausführbar gewesen wäre, gewöhnlich in jeder Gemeinde einige genaue Mustereinschätzungen vorgenommen und hiernach die übrigen Pflichtigen mehr summarisch eingeschätzt. Auch war zugelassen, dass landwirtschaftliche Einkommen in der Weise zu ermitteln, dass der Pacht- und Mietwert der eigenen Grundstücke, Wohn- und Wirtschaftsgebäude nach den gängigen Pacht- und Mietpreisen, ferner die Rente aus dem landwirtschaftlichen Betriebskapital nach landesüblichem Zinsfuss veranschlagt und der Summe dieser Anschläge der dem Besitzer für seine Mitarbeit im Betrieb und für die Geschäftsleitung zukommende, gleichfalls zu schätzender Verdienst hinzugerechnet wurde. So gelangte man im grossen und ganzen auch wohl zu einer richtigen Veranlagung der Landwirte, wenn auch gewiss gerade hier die anfängliche Unsicherheit der Schatzungsorgane zu mannigfachen Fehlern und Ungleichheiten geführt hat; jedenfalls hat sich die in städtischen Kreisen vielfach gehegte Besorgnis, es werde nicht gelingen, das landwirtschaftliche Einkommen auch nur annähernd richtig zu erfassen, als ungegründet erwiesen.

In der Begründung zum Entwurf des Einkommensteuergesetzes hatte die Regierung den mutmasslichen Gesamtbetrag des Einkommens aller Steuerpflichtigen ohne Abzug von Schuldzinsen auf 423¹/₂ Millionen, die Summe der Schuldzinsen auf beiläufig 30 Millionen und den Gesamtbetrag des steuerbaren

Jahreseinkommens demgemäss auf rund 394 Millionen Mark veranschlagt. Man war hierbei von den Ertragsteuerkapitalien des 1882er Katasters ausgegangen und hatte die Rente vom Gebäudesteuerkapital der grösseren Städte, vom Rentensteuer- und gewerblichen Betriebskapital zu 5, jene vom Grundsteuerkapital zu 4, die Rente vom Steuerkapital sonstiger Gebäude zu 3 Prozent und nebstdem den wirklichen Jahresertrag des persönlichen Verdienstes in Berechnung gebracht. Man hatte ferner angenommen, dass die Summe der Steueranschläge ungefähr in 40 Prozent des Gesamteinkommens bestehen werde.

Das Ergebnis der Einschätzung hat diese Erwartungen in befriedigender Weise noch übertroffen.

Das veranlagte Gesamteinkommen beträgt 448,114,827 Mark und verteilt sich auf die in Art. 2 des Gesetzes aufgeführten Einkommensquellen wie folgt:

1. Einkommen aus Grundstücken, Gebäuden, Grundrechten und Grundgefällen, sowie aus dem Betrieb der Land- und Forstwirtschaft . . . . 165,483,491 M.

2. Einkommen aus dem Betrieb eines Gewerbes einschliesslich des Handels und Bergbaues . . . . 116,356,269 M.

3. Einkommen aus öffentlichem oder privatem Dienstverhältnis, wissenschaftlichem oder künstlerischem Beruf oder aus irgend einer anderen, nicht schon unter Ziff. 1 und 2 begriffenen Art gewinnbringender Beschäftigung . . . . 121,549,515 M.

4. Einkommen aus Kapitalvermögen, Renten und derartigen Bezügen . . . . 44,725,552 M.

Am Gesamteinkommen von . . . . 448,114,827 M.
wurden Schuldzinsen im Betrage von . . . . 33,672,710 M.

in Abzug gebracht, so dass noch . . . . 414,442,117 M.
als steuerbares Gesamteinkommen verbleiben.

Bei einer Gesamtzahl von 317,196 Einkommensteuerpflichtigen entfällt somit durchschnittlich auf jeden Pflichtigen ein Einkommen von 1306 1/2 Mark. Der Mehrbetrag von rund 20 1/2 Millionen Mark, welchen die Veranlagung des steuerbaren Einkommens gegenüber der in der Regierungsvorlage enthaltenen Schätzung ergab, ist teils darauf zurückzuführen, dass seit dem Jahre 1882 das Einkommen bei den einzelnen Gruppen der Steuerpflichtigen gewachsen ist — bei den Rentensteuerkapitalien ergab sich allein im Jahre 1885 gegenüber dem Stand von 1884 eine ohne Zweifel durch den Vollzug des Einkommensteuergesetzes mitveranlasste Zunahme von 52,059,480 Mark —, zum Teil erklärt sich jene Differenz aber auch aus der von den Kammern beschlossenen Ausdehnung der Steuerpflicht auf nichtphysische Personen (Aktiengesellschaften etc.). Solche wurden 237 an der Zahl mit einem steuerbaren Gesamteinkommen von 5,701,650 Mark katastriert.

Die Summe der nach Art. 13 des Gesetzes gebildeten Steueranschläge beträgt 180,206,200 Mark oder 44,7 Prozent des oben angegebenen steuerbaren Gesamteinkommens.

Von der Verteilung des ermittelten Gesamteinkommens auf die Pflichtigen, sowie von der Wirkung der Depression gibt anliegende Uebersicht ein unge-

fähres Bild. Hiernach bleibt das Einkommen von rund 64 Prozent aller Pflichtigen
unter 1000 Mark und wird nur mit einem Anschlag von 20—22 Prozent des
Einkommens herangezogen; 24 Prozent der Pflichtigen haben ein steuerbares
Einkommen von 1000 bis ausschliesslich 2000 Mark und werden mit einem
Anschlag von 25—37 Prozent des Einkommens erfasst; 6 Prozent der Pflichtigen
beziehen ein Einkommen von 2000 bis ausschliesslich 3000 Mark und sind mit
$37^1/_2$—49 Prozent des Einkommens veranlagt und nur weitere 6 Prozent aller
Pflichtigen besitzen ein steuerbares Einkommen von 3000 Mark und darüber
mit einem Steueranschlag von 50 und mehr Prozent ihres Einkommens. Ein
Einkommen von 10,000 Mark und mehr mit einem Steueranschlag von 90 bis
100 Prozent des Einkommens haben nur 2212 von im ganzen 317,196 Pflichtigen
oder 0,7 Prozent der Gesamtzahl; der Steueranschlag des Einkommens dieser
2212 Pflichtigen beträgt jedoch im ganzen 49,539,000 Mark oder 27,6 Prozent
des Gesamtsteueranschlags aller Pflichtigen und es werden diese 2212 Personen
zusammen erheblich mehr an Steuer zu entrichten haben, als die 255,737 Pflichtigen
mit Einkommen von 500 bis ausschliesslich 1500 Mark.

Auf Grund dieser Ergebnisse der Katastrierung unterbreitete die Regierung
den Landständen alsbald nach deren Zusammentritt im November 1885 ihre
Vorschläge wegen Festsetzung der Steuersätze. Bei Bemessung des Steuerfusses
für die Einkommensteuer war einerseits im Auge zu behalten, dass die Reform
überhaupt den gehegten Erwartungen nur dann entsprechen konnte, wenn durch
die Erträgnisse der Einkommensteuer eine fühlbare Ermässigung der übrigen
direkten Abgaben ermöglicht wurde. Andererseits war darauf Bedacht zu
nehmen, dass das unfundierte Einkommen wenigstens in den unteren Stufen
nicht höher als seither belastet wurde und dass auch für die späterhin etwa
wünschenswerte Erhöhung des Abgabesatzes ein gewisser Spielraum übrig blieb.
Von diesen Gesichtspunkten aus glaubte die Regierung mit dem Abgabesatz
von $2^1/_2$ Prozent das Richtige zu treffen; bei einem geringeren Satze hätte die
Erleichterung in der Ertragsbesteuerung nicht in dem gewünschten Masse gewährt
werden können; auch wäre alsdann in den unteren Klassen des unfundierten
Einkommens ohne genügenden Grund eine — für die Pflichtigen wenig fühlbare,
bei deren grosser Zahl aber finanziell nicht unbedeutende — Steuerermässigung
eingetreten, wie eine solche auch noch der Abgabesatz von $2^1/_2$ Prozent in beschränktem Umfang — nämlich für das unfundierte Einkommen von 500—599 Mark,
welches bisher 2 Mark 60 Pfennig Erwerbsteuer zahlte — mit sich brachte.
Höher zu greifen, verbot die Rücksicht auf Schonung des unfundierten Einkommens, welchem in den höheren Klassen schon der Satz von $2^1/_2$ Prozent
eine teilweise recht fühlbare Mehrbelastung brachte; 3 Prozent betrachtete man
auch wenigstens für die nächste Zeit als die Obergrenze, bis zu welcher, um
die Beweglichkeit der Steuer nicht zu beeinträchtigen, ohne Not nicht gegangen
werden sollte.

Bei einem Steuerfuss von $2^1/_2$ Prozent berechnete sich das Erträgnis der
Einkommensteuer aus der Gesamtsumme der Steueranschläge von 180,216,200 Mark
auf 4,505,155 Mark. Budgetmässig blieben durch die übrigen direkten Steuern
hiernach noch 5,985,000 Mark zu decken, während diese Steuern bei Anwendung
der seitherigen (nicht ermässigten) Abgabesätze ein Erträgnis von zusammen
8,409,559 Mark geliefert haben würden. Der Vorschlag der Regierung ging nun

dahin, den Steuerfuss sämtlicher Ertragsteuern dementsprechend gleichmässig, nämlich im Verhältnis von 100 zu 71,17 zu vermindern. Schon in der Begründung zum Entwurf des Einkommensteuergesetzes war die Absicht kundgegeben, die verfügbaren Erträgnisse der neuen Steuer nicht ausschliesslich zur Herabsetzung der einen oder andern Steuergattung zu verwenden, sondern solche sämtlichen Ertragsteuern proportional zu gute kommen zu lassen. Grund- und Häusersteuerkapitalien waren schon seit Jahrzehnten gleichheitlich besteuert und wurden im allgemeinen als gleichwertig betrachtet.

Der Grund- und Häusersteuerfuss war im Jahre 1883 von 28 auf 26 Pfennig von 100 Mark Steuerkapital ermässigt worden, stand somit seitdem dem Gewerbsteuerfuss wieder gleich; es erschien deshalb geboten, die Gewerbsteuer zum mindesten in gleicher Weise zu entlasten, wie die beiden ersterwähnten Steuergattungen. Der Rentensteuerfuss war stets erheblich niedriger gehalten worden, als die Abgabesätze der anderen direkten Steuern; er hatte bis 1868 6 kr. von 100 fl. Steuerkapital (bei 5prozentiger Verzinsung 2 Prozent der Rente), seitdem 8 kr. von 100 fl. bezw. 15 Pfennig von 100 Mark Steuerkapital (= 3 Prozent der Rente) betragen. Es fragte sich daher, ob nicht etwa die Rentensteuer von der Ermässigung auszunehmen und so eine annähernde Ausgleichung zwischen den verschiedenen Abgabesätzen herbeizuführen sei. Allein man hielt es doch für angezeigt, der Kapitalrente, da sie sich leichter als die anderen Steuerobjekte der Kontrolle zu entziehen vermag und da bei allzu scharfer Besteuerung derselben das Hervortreten einer nachteiligen Ueberwälzungstendenz zu besorgen ist, nach wie vor eine schonende Behandlung angedeihen zu lassen. Ohnehin musste ja die Einkommensteuer, indem sie die Kapitalrente gleichmässig wie die Erträgnisse der anderen Steuerquellen traf, schon an und für sich eine Verschiebung der Steuerlast im Sinne einer etwas stärkeren Heranziehung der Rentensteuerpflichtigen zur Folge haben und insofern eine ausgleichende Wirkung üben. Eine Verschärfung dieser Wirkung durch einseitige Ermässigung der übrigen Steuern hätte ohne Zweifel auch einen höchst unerwünschten Interessenkampf hervorgerufen. Die Regierung beschloss hiernach, die Erleichterung, welche den übrigen Kategorien der Steuerpflichtigen zugedacht war, auch auf die Rentensteuerpflichtigen auszudehnen. Nach der oben erwähnten, verhältnismässigen Reduktion berechnete sich (mit angemessener Auf- und Abrundung) der künftige Steuerfuss für Grund-, Häuser- und Gewerbsteuer auf 18$\frac{1}{2}$, für die Rentensteuer auf 11 Pfennig von je 100 Mark Steuerkapital. Es ergab sich hierbei nach den von der Regierung angestellten Berechnungen, dass die mehrseitig befürchtete Verschiebung der Steuerlast nach den Städten allerdings bis zu einem gewissen Grade eintreten würde; die zu erwartende Gesamtmehrbelastung der 20 grösseren Städte des Landes betrug 627,395 Mark. Indessen war dies nur eine natürliche und gerechte Folge der Thatsache, dass sich in diesen Städten die grössere Steuerkraft konzentriert.

Die Anträge der Regierung wurden von beiden Kammern als der Sachlage und der Billigkeit entsprechend anerkannt. Ein Vorschlag, den Einkommensteuerfuss auf 2 Mark 10 Pfennig festzusetzen, mit Ermässigung der Grund-, Häuser- und Gewerbsteuer auf 20, der Rentensteuer auf 12 Pfennig, wurde in der 2. Kammer aus der Mitte des Hauses zur Erörterung gestellt, fand aber keine Unterstützung. Umgekehrt wurden in der 1. Kammer von einigen Rednern die Geneigtheit, einen Abgabesatz von 3, je von 5 Prozent für die Einkommensteuer zu bewilligen, bekundet, auch gegen die Ermässigung der Rentensteuer polemisiert, ohne dass jedoch Anträge in dieser Richtung gestellt wurden.

Den Leistungen der Steuerverwaltung bei Aufstellung des Katasters wurde in beiden Häusern Lob und Anerkennung zu teil, und ein Tadel hinsichtlich des gesamten Gesetzesvollzugs nur insofern geäussert, als man über starke Ungleichheiten bei Behandlung der Landwirte Klage führte. Die Regierung sicherte in dieser Hinsicht thunlichste Abhilfe zu. Mit der landständischen Genehmigung der vorgeschlagenen Abgabesätze, welche zunächst provisorisch zum Zweck der einstweiligen Forterhebung der Steuern und dann definitiv im Finanzgesetz für die Budgetperiode 1886/87 erfolgte, war das Reformwerk zum Abschluss gebracht.

———

Man darf wohl annehmen, dass mit der nunmehrigen Ordnung des direkten Steuerwesens die Gesetzgebung an einem gewissen Ruhepunkte angelangt ist. Unzweifelhaft ist durch die Reform von 1884 das badische Steuersystem wesentlich verbessert worden. Die Härten der Ertragsbesteuerung werden durch Schuldzinsenabzug und Depression bei der Einkommensteuer ausgeglichen, während die geringere Steuerfähigkeit des unfundierten Einkommens durch dessen Befreiung von der Ertragsbesteuerung gebührend berücksichtigt ist. Dass die Besteuerung im ganzen eine gerechtere geworden ist, lässt sich nicht bestreiten. Der Beweglichkeit, welche der Einkommensteuer nachgerühmt wird, sind freilich bei dem Umstande, dass sie die einzige direkte Steuer ist, welche das unfundierte Einkommen zu entrichten hat, ziemlich enge Schranken gezogen, Als eine Unvollkommenheit des neuen Gesetzes mag ferner anerkannt werden, dass es die individuellen Verhältnisse, welche neben der Grösse des Einkommens die Leistungsfähigkeit des Pflichtigen bedingen, gänzlich unbeachtet lässt. Auch von sonstigen Mängeln, auf welche zum Teil in dieser Arbeit hingewiesen wurde, ist dasselbe nicht frei, und ebenso wäre es Täuschung, zu erwarten, dass die Klagen über die Fehler der Grundsteuereinschätzung infolge der Herabsetzung des Grundsteuerfusses verstummen werden.

Indessen sind die erwähnten Mängel doch nur von verhältnismässig untergeordneter Bedeutung, und was die Grundsteuereinschätzung betrifft, so wird an deren Revision jedenfalls nicht vor Beendigung der Katastervermessung herangetreten werden. Vielleicht ist dann auch der Gedanke einer Verschmelzung der Ertragsteuern zu einer Vermögensteuer zur Verwirklichung herangereift. Vorerst wird nun die neue Gesetzgebung ihre „ehrliche Probe" zu bestehen haben; einer späteren Zeit mag es vorbehalten bleiben, das bis jetzt Erreichte auf Grund der inzwischen gesammelten Erfahrungen weiter zu vervollkommnen.

———

Gesetz vom 20. Juni 1884,
die Einführung einer allgemeinen Einkommensteuer betreffend.

Friedrich, von Gottes Gnaden Grossherzog von Baden,
Herzog von Zähringen.

Mit Zustimmung Unserer getreuen Stände haben Wir unter Aufhebung des Gesetzes vom 28. Juli 1848 (Regierungsblatt 1848, Nr. LII, S. 279) beschlossen und verordnen, wie folgt:

Abschnitt I.
Allgemeine Bestimmungen.
Artikel 1.
Einführung einer allgemeinen Einkommensteuer.

Im Grossherzogtum Baden wird eine allgemeine Einkommensteuer erhoben.

Artikel 2.
Gegenstand der Besteuerung.

Der Einkommensteuer unterliegt — vorbehaltlich der durch die folgenden Artikel bestimmten Ausnahmen und Beschränkungen — das gesamte in Geld, Geldeswert oder in Selbstbenützung bestehende Einkommen jedes Steuerpflichtigen, welches demselben

---

Verordnung vom 17. Februar 1885,
den Vollzug des Einkommensteuergesetzes vom 20. Juni 1884 betreffend.

Zu Art. 1. § 1. Der Einkommensteuer unterliegt, abgesehen von den im Gesetze bezeichneten Ausnahmen und Beschränkungen, alles Einkommen eines Steuerpflichtigen, welches demselben aus einer der im Art. 2 des Gesetzes bezeichneten Einkommensquellen zufliesst, ohne Rücksicht darauf, ob es von anderen Steuern bereits getroffen wird oder nicht.

Der Ertrag aus Vermögensbesitz unterliegt neben der Einkommensteuer auch den bestehenden Ertragssteuern und zwar der Ertrag aus Grundstücken (landwirtschaftlichem Gelände und Waldungen) der Grundsteuer, der Ertrag aus Gebäuden der Häusersteuer, der Ertrag aus im Gewerbebetrieb angelegtem Betriebskapital der Gewerbsteuer und der Ertrag aus sonstigem Kapitalvermögen der Kapitalrentensteuer.

Zu Art. 2. § 2. Steuerbar ist nicht nur das in barem Gelde, sondern auch das in Geldeswert, z. B. in Bezügen an Getreide, Holz, Wein etc,. in freier Kost, Kleidung, Wohnung, Nutzung von Grundstücken etc., Arbeits- und sonstiger Dienstleistung, sowie das in Selbstbenützung von Grundstücken und Gebäuden, z. B. in Wohnung im eigenen Hause, bestehende Einkommen.

Das Einkommen aus Grundstücken und Gebäuden, welche vom Eigentümer zum Betrieb der Land- und Forstwirtschaft, zur Erzielung von Erträgnissen, welche der Substanz des Bodens entnommen werden, zum Betrieb eines Gewerbes, des Handels oder Bergbaues oder einer sonstigen gewinnbringenden Beschäftigung verwendet werden, ist in dem Einkommen aus diesen Unternehmungen inbegriffen und gelangt mit dem letzteren unausgeschieden zur Versteuerung. Zum land- oder forstwirtschaftlichen Betrieb wird jede Art der Benützung gerechnet, deren Zweck ausschliesslich oder vorzugsweise auf die Gewinnung land- oder forstwirtschaftlicher Erzeugnisse gerichtet ist.

1) aus Grundstücken, Gebäuden, Grundrechten und Gefällen, sowie aus
dem Betrieb der Land- und Forstwirtschaft,
2) aus dem Betrieb eines Gewerbes, einschliesslich des Handels und des
Bergbaues,
3) aus einem öffentlichen oder privaten Dienstverhältnis, aus einem wissenschaftlichen oder künstlerischen Beruf oder irgend einer anderen
nicht schon unter Ziff. 1 und 2 begriffenen Art gewinnbringender
Beschäftigung,
4) aus Kapitalvermögen, Renten und anderen derartigen Bezügen,
im Laufe eines Jahres zufliesst und zwar ohne Rücksicht darauf, ob es von
anderen Steuern bereits getroffen wird oder nicht.

Zu dem unter Ziff. 3 erwähnten Einkommen sind auch Pensionen, Witwen-
und Waisengehalte, sowie alle anderen ähnlichen, aus einem öffentlichen oder
Privatdienstverhältnis herrührenden Bezüge zu zählen, welche als Entgelt für
frühere Arbeit, Dienstleistung oder Berufsthätigkeit verwilligt worden sind und
auf gesetzlicher Grundlage oder klagbarem Rechtstitel beruhen.

Unter den in Art. 2 Ziff. 1 bezeichneten Grundrechten und Grundgefällen sind nur solche
Berechtigungen zu verstehen, welche der Grund- und Häusergefällsteuer unterliegen; der Ertrag sonstiger dinglicher Rechte — von der Nutzniessung abgesehen — zählt zu dem unter
Ziff. 4 dieses Artikels bezeichneten Einkommen. Der Nutzniesser gilt in Bezug auf die Einkommensteuerpflicht dem Eigentümer gleich.

Erzeugnisse der Land- und Forstwirtschaft, welche für Zwecke des gleichen Betriebs,
z. B. zur Verköstigung der Hilfsarbeiter, zur Fütterung, Streu oder Wiederansaat verwendet
werden, bleiben bei Berechnung sowohl des rohen Einkommens als der zur Erzielung desselben
aufgewendeten Kosten (Art. 3 Ziff. 1 des Gesetzes) ausser Betracht. Das Gleiche gilt, wenn
gewerbliche Erzeugnisse in demselben oder einem andern gewerblichen Betriebe desselben Unternehmers zur weiteren Verarbeitung oder Verwendung gelangen. Wenn jedoch land- oder forstwirtschaftliche Erzeugnisse in einen gewerblichen Betrieb des Produzenten übergehen oder
umgekehrt, so ist der Wert dieser Erzeugnisse als Bestandteil einerseits des Einkommens,
andererseits des Betriebsaufwandes in Anrechnung zu bringen.

Zu dem unter Ziff. 3 des Art. 2 erwähnten Einkommen gehören auch die regelmässig
wiederkehrenden Remunerationen der Beamten und Angestellten für ihre eigentlichen Dienstleistungen oder Nebengeschäfte, dagegen nicht Diäten und andere ähnliche Bezüge', welche
lediglich einen Ersatz für Reisekosten und auswärtige Zehrung oder sonstige Dienstlasten darstellen. Zu dem nach Ziff. 3 des Art. 2 steuerbaren Einkommen sind ferner zu rechnen die
Pensionen und Beihilfen, welche auf Grund des Staatsdieneredikates vom 30. Januar 1819 und
des Reichsgesetzes vom 27. Juni 1871 (Reichsgesetzblatt S. 284) an Hinterbliebene von Staatsdienern und Offizieren ausbezahlt werden, die Witwen- und Waisengelder und Benefizien,
welche den Hinterbliebenen der Reichsbeamten, der badischen Staatsdiener und Angestellten,
der Offiziere und oberen Militärbeamten, der evangelischen Kirchendiener und der Schullehrer
aus der Reichskasse, aus den badischen Witwenkassen für Staatsdiener und Angestellte, aus
der badischen Militärwitwenkasse, aus der Pfarrwitwenkasse und aus dem Schullehrer-Witwen-
und Waisenfond zufliessen, endlich die ständigen, wenngleich widerruflichen Sustentationen,
welche auf Grund gesetzlicher Bestimmung bewilligt sind.

Das nach Art. 2 Ziff. 4 steuerbare Einkommen umfasst die nach Art. 1 und 2 des Kapitalrentensteuergesetzes der Rentensteuer unterliegenden Zinsen und Renten, einschliesslich der
nach Art. 5 Ziff. 5—7 jenes Gesetzes von der Rentensteuer befreiten Bezüge.

Als steuerbares Einkommen sind n i c h t zu betrachten die Bezüge der Hinterbliebenen
von Unteroffizieren, Soldaten und gleichgestellten Militärbeamten aus der badischen Militärwitwenkasse, sowie die solchen Hinterbliebenen auf Grund des Reichsgesetzes vom 27. Juni 1871
(Reichsgesetzblatt S. 284) gewährten Bewilligungen, ferner Gnadenpensionen, Almosen, Unterstützungen, endlich auch der Lebensunterhalt, welcher auf Grund gesetzlicher Ernährungspflicht
in Natur oder in Geld verabreicht wird.

Steuerpflichtig ist — vorbehaltlich der Bestimmungen in Art. 4 des Gesetzes und in
§ 11 dieser Verordnung — derjenige, welchem der Bezug des steuerbaren Einkommens rechtlich
zusteht, wenn jedoch über die Berechtigung Streit oder sonst Ungewissheit besteht, derjenige,
welcher sich thatsächlich im Genuss des Einkommens befindet.

Artikel 3.
Steuerbares Einkommen.

Als steuerbares Einkommen gilt das Einkommen nach Abzug
1) der zum Erwerb und zur Erhaltung desselben zu bestreitenden Auslagen,

---

Zu Art. 2 Ziff. 1 u. Art. 3. § 3. 1) Das steuerbare Einkommen aus Grundstücken besteht,
  a. wenn dieselben verpachtet oder in Teilbau gegeben sind:
      in den in Geld oder Geldeswert bedungenen Pachtzinsen der Grundstücke und
      der etwa mitverpachteten beweglichen Gegenstände, bezw. in dem Wert der dem
      Eigentümer nach dem Teilbauvertrag zukommenden Erzeugnisse, nach Abzug
      der dem Verpächter (Eigentümer) verbleibenden Lasten, wozu in der Regel die
      Grundsteuer und die daran sich anschliessende Gemeindeumlage gehören wird;
  b. wenn verpachtete Grundstücke in Afterpacht gegeben sind:
      (neben dem nach lit. a. für den Eigentümer sich ergebenden Einkommen) für
      den Afterpächter in dem Pachtzins, welchen derselbe bezieht, nach Abzug des
      Pachtzinses, welchen er seinerseits zu entrichten hat, und des sonstigen, in-
      folge des Pacht- oder Afterpachtvertrages von ihm etwa zu bestreitenden Auf-
      wandes;
  c. wenn die Grundstücke nicht einem land- oder forstwirtschaftlichen, Gruben- oder
      ähnlichen Betriebe, einem Gewerbe oder einer sonstigen gewinnbringenden Be-
      schäftigung gewidmet sind, sondern vom Eigentümer zu sonstigen Zwecken be-
      nützt werden; z. B. Ziergärten, Spielplätze:
      in dem Pachtwert der Grundstücke nach Abzug der Grundsteuer und der sich
      daran anschliessenden Gemeindeumlage.
2) Das steuerbare Einkommen aus Gebäuden besteht,
  a. wenn dieselben ganz oder teilweise vermietet sind:
      in den in Geld oder Geldeswert bedungenen Mietzinsen der Gebäude oder Ge-
      bäudeteile und der etwa mitvermieteten beweglichen Gegenstände nach Abzug
      des zu Lasten des Vermieters verbleibenden Aufwands für laufende Reparaturen
      und sonstige Unterhaltung — nicht aber des Aufwands für Vergrösserung oder
      Erweiterung, Verschönerung oder bessere und bequemere Einrichtung der Gebäude
      oder sonstige Erhöhung ihrer Ertragsfähigkeit —, ferner nach Abzug der Brand-
      versicherungskosten, der Häusersteuer und der daran sich knüpfenden Gemeinde-
      umlage, sowie endlich des Wertes der jährlichen Abnützung der Mietobjekte;
  b. wenn vermietete Gebäude oder Gebäudeteile in Aftermiete gegeben sind:
      (neben dem nach lit. a. für den Eigentümer sich ergebenden Einkommen) für
      den Aftervermieter in dem Mietzins, welchen derselbe bezieht, nach Abzug des
      Mietzinses, welchen er seinerseits zu entrichten hat, und des sonstigen infolge
      des Miet- oder Aftermietvertrages von ihm etwa zu bestreitenden Aufwandes;
  c. wenn die Gebäude ganz oder teilweise vom Eigentümer selbst bewohnt oder sonst —
      ohne einem land- und fortwirtschaftlichen oder gewerblichen Betriebe oder einer
      anderweiten gewinnbringenden Beschäftigung gewidmet zu sein — benützt werden:
      in dem Mietwert der Gebäude oder Gebäudeteile nach Abzug des unter a. be-
      zeichneten Aufwandes.
3) Das steuerbare Einkommen aus Grundrechten und Grundgefällen (Lehengefällen,
Weide- und Holzberechtigungen, Gülten, Grund- und Bodenzinsen und dergl.) besteht:
in dem Geldwert des jährlichen Bezugs nach Abzug etwaiger auf demselben ruhenden
Bezugskosten und privatrechtlichen Lasten, sowie nach Abzug der Grund- bezw. Häusergefällsteuer und der daran sich knüpfenden Gemeindeumlage.
4) Das steuerbare Einkommen aus dem Betriebe der Land- und Forstwirtschaft besteht:
in dem Erlös aus den im Laufe des Jahres veräusserten, auf eigenen, nutzniesslichen,
gepachteten oder Almendgrundstücken und unter Benützung eigener oder gemieteter Wirtschaftsgebäude und Wirtschaftsgeräte erzielten Haupt- und Nebenerzeugnissen der Land- und Forstwirtschaft einschliesslich der Viehzucht, sowie in dem Geldwert der in gleicher Weise gewonnenen,
von dem Steuerpflichtigen im Laufe des Jahres für seine und seiner Familie Bedürfnisse oder
für Zwecke eines von ihm betriebenen Gewerbes verwendeten Erzeugnisse dieser Art nach Ab-

2) der auf den einzelnen Einkommensteilen oder Einkommensquellen ruhenden privatrechtlichen und öffentlich rechtlichen Lasten (mit Aus-

---

zug des Betriebsaufwandes, soweit dieser auf die verkauften und selbstverbrauchten Erzeugnisse entfällt. Zum Betriebsaufwand gehören:

    a. die in Geld oder Geldeswert bedingenen Pacht- und Mietzinse gepachteter oder gemieteter Grundstücke, Wirtschaftsgebäude und Wirtschaftsgeräte;

    b. der Wert der jährlichen Abnützung der eigenen Wirtschaftsgebäude und sonstigen Wirtschaftseinrichtungen von längerer Dauer;

    c. die Zinsen von Lehengütern, sowie die sonstigen auf diesen oder anderen Gütern haftenden Grund- und anderen privatrechtlichen Lasten;

    d. die Auslagen für in Geld und Naturalien bestehende Löhne der Hilfsarbeiter, sowie der Wert des Unterhalts der in der Land- oder Forstwirtschaft mitarbeitenden Familienangehörigen, soweit solcher nach Art. 3 des Gesetzes und § 10 dieser Verordnung abzugsfähig ist;

    e. die sonstigen Auslagen des laufenden Geschäftsbetriebs, insbesondere für den Zukauf von Vieh, Stroh, Heu, Dünger und anderen zur Führung der Wirtschaft nötigen Gegenständen, für Reparaturen an den Wirtschaftsgebäuden oder sonstigen wirtschaftlichen Anlagen, für Unterhaltung von Wegen, Brücken etc., für Hut und Verwaltung — nicht aber die Ausgaben für Vergrösserung, Erweiterung oder Verbesserung oder für sonstige Erhöhung der Ertragsfähigkeit der Wirtschaftsgebäude, Grundstücke und sonstigen wirtschaftlichen Anlagen —;

    f. die Grund- und Häusersteuer und daran sich knüpfende Gemeindeumlage, sowie die sonstigen Gemeindeabgaben, welche sich (wie z. B. Allmendgenussauflagen, mit dem land- und forstwirtschaftlichen Betrieb zusammenhängende Genossenschaftsumlagen, Gebühren und Beiträge für Benutzung von Gemeindeeinrichtungen und Anlagen) als Einkommensbelastung darstellen;

    g. die indirekten Steuern und städtischen Verbrauchsabgaben, soweit dieselben einen Bestandteil der geschäftlichen Unkosten bilden;

    h. die Prämien für Versicherung der Wirtschaftsgebäude, der Wirtschaftserzeugnisse und des wirtschaftlichen Inventars gegen Feuer-, Hagel- und anderen Schaden.

Für Pachtzinse, privatrechtliche Lasten und Naturallöhne der Hilfsarbeiter (lit. a., c. u. d.), welche in Erzeugnissen der eigenen Landwirtschaft geleistet werden und somit das Roheinkommen vermindern, desgleichen für persönliche oder Grunddienstbarkeiten, welche auf den bewirtschafteten Grundstücken haften, findet ein Abzug nicht statt.

5) Auf die Berechnung des steuerbaren Einkommens aus Grundstücken, deren Erträgnisse, wie beim Betrieb von Brüchen, Gruben, der Substanz des Bodens entnommen werden, finden, soweit der Betrieb sich nicht als eine gewerbliche Unternehmung darstellt und demgemäss nach § 4 Ziff. 4 zu behandeln ist, die vorstehend unter Ziff. 4 gegebenen Bestimmungen entsprechende Anwendung.

    Zu Art. 2 Ziff. 2 u. Art. 3. § 4. 1) Das steuerbare Einkommen aus Gewerbsunternehmungen, welche die fabriks- oder handwerksmässige Herstellung von Gegenständen auf Bestellung oder zum Verkauf bezwecken, sowie aus Handelsunternehmungen, welche sich mit dem Ankauf und Wiederverkauf von Waren befassen, besteht:

    in dem Erlös (Verkaufspreis) für die im Laufe des Jahres verkauften oder an den Besteller abgelieferten Waren und Erzeugnisse, sowie in dem Geldwert der etwa vom Steuerpflichtigen für den eigenen Bedarf verwendeten Waren und Erzeugnisse nach Abzug des Selbstkostenpreises derselben. Als Selbstkostenpreis gelten — soweit auf die verkauften, bezw. abgelieferten und selbstverbrauchten Waren und Erzeugnisse entfallend — nachstehende Auslagen:

    a. Kosten des laufenden Betriebes, so namentlich die Anschaffungskosten (Ankaufspreis nebst Bezugskosten) der Roh- und Hilfsstoffe und der angekauften Waren; der Aufwand für Arbeitslöhne, Gehalte und freie Verköstigung der Gehilfen und Angestellten, für den Unterhalt der im Geschäftsbetrieb mitarbeitenden Familienangehörigen, soweit solcher nach Art. 3 des Gesetzes und § 10 dieser Verordnung abzugsfähig ist, für den Absatz, für Reisende, für Inserate, für Pacht- und Mietzinse der zum Gewerbe benützten g e p a c h t e t e n und g e m i e t e t e n Grundstücke, Gebäude, Betriebseinrichtungen und Gerätschaften; der Aufwand für den Unterhalt der im Geschäft verwendeten Tiere;

nahme der Einkommensteuer selbst und der sich daran knüpfenden Gemeindesteuern),

b. die notwendigen Unterhaltungskosten des stehenden Betriebskapitals, so namentlich der zum Gewerbebetrieb benützten Gebäude, der Maschinen, Gerätschaften und sonstigen Geschäftseinrichtungen;

c. der durchschnittliche mittlere Aufwand für solche Neuanschaffungen von Geschäftseinrichtungen und Gerätschaften von kürzerer Dauer, welche lediglich zur Wiederergänzung der durch den Betrieb abgängig gewordenen Gegenstände dienen; bei Betriebseinrichtungen von längerer Dauer ˉaber, wie z. B. bei Gebäuden und Maschinen — sofern dieselben nicht gemietet sind — der Wert der jährlichen Abnützung;

d. die unter normalen Verhältnissen unvermeidlichen Abgänge an den Warenvorräten, Roh- und Hilfsstoffen durch Zehrung, Schwand u. s. w., auch der mittlere durchschnittliche Betrag der unter normalen Verhältnissen als unbeibringlich zur Abschreibung kommenden Aktivausstände;

e. Brandversicherungs- und andere Assekuranzkosten für die dem Geschäftsbetrieb dienenden Gebäude, Einrichtungen und Vorräte;

f. die auf den zum Gewerbebetrieb verwendeten Grundstücken, Gebäuden und Betriebskapitalien ruhende Grund-, Häuser- und Gewerbsteuer und die sich daran knüpfenden und sonstigen, mit dem Gewerbebetrieb in Zusammenhang stehenden Gemeindeabgaben, welche sich als Einkommensbelastung darstellen;

g. die infolge des Gewerbebetriebs, bezw. für zu demselben erforderliche Gegenstände zu entrichtenden indirekten Steuern und städtischen Verbrauchsabgaben (so z. B. die Biersteuer und die Branntweinsteuer, welche der Bierbrauer und der Branntweinbrenner zu entrichten hat, Reichsstempelabgaben).

2) Das steuerbare Einkommen aus Bankgeschäften und andern ähnlichen Unternehmungen umfasst:

die Jahreseinnahme aus dem Verkauf, der Einlösung oder Einkassierung von Geldsorten, Gold und Silber in Barren, Banknoten, Koupons, Wechseln und Wertpapieren nach Abzug der bezüglichen Ankaufskosten; die Jahreseinnahme an Zinsen von den im Geschäftsbetrieb befindlichen Wertpapieren und den vom Geschäftsbetrieb herrührenden Aktivausständen, einschliesslich der im Kontokorrent laufenden Guthaben, soweit die Summe dieser Zinsbezüge die Summe der aus dem laufenden Geschäftsbetrieb herrührenden Schuldzinsen, so insbesondere der Kontokorrentpassivzinsen und der Zinsen für Hinterlegungen etc. übersteigt (so bei Hypothekenbanken insbesondere die Jahreseinnahme an Zinsen aus den auf Hypothek ausgeliehenen Forderungen, insoweit die Summe dieser Zinsen den Jahresbetrag der Zinsen für die ausgegebenen Pfandbriefe übertrifft); die Jahreseinnahme an Provisionen für Geschäftsbesorgungen aller Art, sowie die sonstigen Einnahmen aus dem Geschäftsbetrieb. An der Summe der Einnahmen sind die denselben entsprechenden Auslagen der unter Ziff. 1 a. bis mit g. bezeichneten Art in Abzug zu bringen.

3) Das steuerbare Einkommen aus Speditions-, Kommissions- und ähnlichen Geschäften besteht in der rohen Jahreseinnahme aus dem Geschäftsbetrieb nach Abzug des dieser Jahreseinnahme entsprechenden unter Ziff. 1 a. bis mit g. bezeichneten Aufwandes.

4. Bei sonstigen gewerblichen, sowie auch bei Bergwerksunternehmungen ist das steuerbare Einkommen unter entsprechender Anwendung der vorstehenden Bestimmungen zu berechnen.

Zu Art. 2 Ziff. 3 u. Art. 3. § 5. Das steuerbare Einkommen aus einem öffentlichen oder privaten Dienstverhältnis, aus einem wissenschaftlichen oder künstlerischen Beruf oder irgend einer andern nicht dem land- oder forstwirtschaftlichen oder gewerblichen Betrieb angehörigen gewinnbringenden Beschäftigung besteht in der rohen Jahreseinnahme an Geld, Naturalien und Nutzungen (von Dienstwohnungen, Dienstgärten etc.), welche durch die steuerpflichtige Thätigkeit erzielt wird, nach Abzug des zur Erzielung dieser Einnahme erforderlichen Aufwandes.

Zu diesem Aufwande ist insbesondere zu rechnen:

der Jahresbetrag der Kosten für Heizung und Beleuchtung der erforderlichen Dienst- und Geschäftsräume, sowie, wenn dieselben gemietet sind, der Mietzinse für dieselben, wenn sich aber diese Räume in eigenen Gebäuden befinden, der Wert ihrer jährlichen Abnützung, ferner der Jahresbetrag der Belohnung der Geschäftsgehilfen, des im Geschäft, Dienst oder

3) etwaiger von dem Steuerpflichtigen nachgewiesenermassen zu entrichtenden Schuldzinsen. In den Fällen des Art. 5, A. 2 und 3 und
Art. 6, Ziff. 1 des Gesetzes dürfen Schuldzinsen nur in dem Verhältnis
in Abzug gebracht werden, in welchem nachweislich das Gesamteinkommen des Steuerpflichtigen der badischen Einkommensteuer
unterliegt.

Für Verluste am Vermögensstamme, für Verzinsung des in einer Unter-

---

Beruf erwachsenden Schreibaufwandes, sowie der Auslagen für Porto, Ankündigungen etc.;
der Jahresaufwand für Haltung oder Miete eines zur Ausübung der Berufsthätigkeit benötigten
Gefährtes oder Pferdes und für die zu gleichem Zweck erforderlichen Reisen; die notwendigen
jährlichen Unterhaltungskosten der zum Geschäft, Dienst oder Beruf benötigten Gerätschaften,
Instrumente etc.; der durchschnittliche jährliche Aufwand für die Wiederergänzung abgängig
gewordener Gegenstände dieser Art, statt dessen eine der jährlichen Abnützung entsprechende Abschreibung am Werte; der Jahresbetrag der Assekuranzkosten für solche
Gegenstände.

Zu Art. 3 Ziff. 4 u. Art. 8. § 6. Das steuerbare Einkommen aus Kapitalvermögen,
Renten und andern derartigen Bezügen besteht:

in der Jahreseinnahme an Zinsen, Renten, Naturalien und Nutzungen nach Abzug des
Jahresbetrags der mit ihrem Bezug verknüpften notwendigen Kosten (Porto, Betreibungskosten etc.) und privatrechtlichen Lasten, sowie der von den Zinsen etc. zu entrichtenden
Kapitalrentensteuer, der daran sich knüpfenden Gemeindeumlagen und etwaiger ausländischen Steuern.

Leibrenten, Leibgedinge und andere unter die Ausnahmebestimmung des Art. 25 des
Kapitalrentensteuergesetzes fallende Rentenbezüge sind hierbei mit ihrem vollen Jahresbetrage
in Berechnung zu ziehen.

Zu Art. 3 Abs. 1 Ziff. 1 u. 2. § 7. Unter den in §§ 3—6 genannten Einnahmen und
Ausgaben sind jeweils die vollen Einnahmen und Ausgaben (Soll-Einnahmen und Soll-Ausgaben)
verstanden ohne Rücksicht darauf, ob dieselben bar oder durch Abrechnung, Wettschlagung etc.
eingegangen, bezw. geleistet worden oder etwa im Ausstand verblieben sind.

Auslagen und Lasten, welche mit Einkommen verschiedener Art verknüpft sind, sind
bei den verschiedenen Einkommensteilen je mit einem angemessenen Teilbetrag in Abzug
zu bringen.

Zu Art. 3 Abs. 1 Ziff. 3. § 8. Von der Summe des nach den §§ 3—6 berechneten
Einkommens darf jeder Steuerpflichtige gemäss Art. 3 Abs. 1 Ziff. 3 des Gesetzes den Jahresbetrag der von ihm nachgewiesenermassen zu entrichtenden Schuldzinsen, soweit dies nach
§ 4 Ziff. 2 dieser Verordnung nicht bereits geschehen ist, in Abzug bringen.

Zu diesen Schuldzinsen sind nicht nur die nach Art. 8 des Kapitalrentensteuergesetzes
abziehbaren Zinsen aus faust- und unterpfändlich versicherten Kapitalschulden, sondern auch
die vom Pflichtigen zu entrichtenden Zinsen aus allen sonstigen Schulden zu rechnen.

Zum Nachweis der Verpflichtung zur Zahlung von Schuldzinsen hat der Steuerpflichtige
auf Verlangen der Steuerveranlagungsbehörden diesen den Betrag der einzelnen Schulden und
die Gläubiger, sowie die Verträge oder sonstigen Rechtstitel, auf welchen die Schulden beruhen, zu bezeichnen, auch die in seinem Besitz befindlichen Urkunden und Schriftstücke,
welche über die Schuldverhältnisse Aufschluss geben können, insbesondere Quittungen über
geleistete Schuldzinszahlungen zur Einsicht vorzuweisen.

Steuerpflichtige, welche gemäss Art. 5 A. 2 u. 3 und Art. 6 Ziff. 1 des Gesetzes nur
einen Teil ihres Einkommens im Grossherzogtum zu versteuern haben, dürfen Schuldzinsen
hiervon nur in dem Verhältnis in Abzug bringen, in welchem nachweislich ihr Gesamteinkommen
der badischen Einkommensteuer unterliegt. Diese Steuerpflichtigen haben daher zur Begründung
ihres Schuldzinsenabzugs auch den Jahresbetrag ihres im Grossherzogtum n i c h t steuerbaren
Einkommens und ihrer s ä m t l i c h e n Schuldzinsen anzugeben und auf Verlangen der Steuerveranlagungsbehörden die Richtigkeit auch dieser Angaben nachzuweisen.

Werden die zur Begründung des Schuldzinsenabzugs verlangten Angaben und Nachweise nicht oder nicht in genügender Weise geliefert, so bleiben die betreffenden Schuldzinsen
bei der Steuerveranlagung ausser Betracht.

Wie Schuldzinsen sind am Gesamteinkommen in Abzug zu bringen Auslagen, welche
mit dem Bezug des Gesamteinkommens zusammenhängen, wie z. B. die Kosten einer Ver-

nehmung angelegten eigenen Kapitals sowie für den Pacht- oder Mietwert der zu einer solchen verwendeten eigenen Grundstücke und Gebäude, für Verwendungen zur Verbesserung und Vermehrung des Vermögens, für den gesamten Unterhalt (Wohnung, Kleidung, Verpflegung, Bedienung etc.) des Steuerpflichtigen darf irgend ein Abzug nicht und für den Unterhalt seiner Familie nur insoweit stattfinden, als es sich um Familienangehörige handelt, welche im Geschäftsbetrieb des Pflichtigen derart mitarbeiten, dass sie eine Hilfsperson ersetzen.

Artikel 4.
Einkommen der Familienglieder.

Dem eigenen Einkommen eines Steuerpflichtigen wird das etwaige besondere Einkommen der zu seinem Haushalte gehörigen Familienglieder hinzugerechnet, sofern und soweit ihm der Genuss dieses Einkommens zusteht. Die Familienglieder sind für ihre Person für dieses Einkommen nicht steuerpflichtig.

mögensverwaltung, ferner privatrechtliche Lasten, welche nicht einem der in den §§ 3—6 dieser Verordnung bezeichneten Einkommensteile besonders auferlegt und daher bei diesem abziehbar sind, sondern auf dem Gesamteinkommen des Steuerpflichtigen ruhen.

Zu Art. 3 u. Art. 5 B. § 9. Auf die Berechnung des steuerbaren Einkommens der im Art. 5 B. des Gesetzes bezeichneten Gesellschaften, Vereine und Genossenschaften finden die Vorschriften der §§ 3—8 — vorbehaltlich der Bestimmung in § 15 Ziff. 1 Schlusssatz dieser Verordnung — keine Anwendung.

Zu Art. 3 Abs. 2. § 10. Ein Abzug für den Unterhalt eines Familienangehörigen ist nur dann zulässig, wenn durch dessen Thätigkeit im Geschäftsbetrieb des Pflichtigen eine **ständige** Hilfsperson ersetzt wird. Es ist demnach erforderlich, dass die Mitarbeit des Familienangehörigen sich auf das ganze Jahr oder doch auf die ganze Dauer des Geschäftsbetriebs erstrecke; vereinzelte oder vorübergehende Arbeitsleistungen desselben genügen, um einen solchen Abzug zu rechtfertigen, nicht. Der Abzug darf den ortsüblichen bezw. durch Art. 12 Abs. 3 des Gesetzes bestimmten Anschlag des Natural- und Geldlohnes der durch die Thätigkeit des Familienangehörigen ersetzten Hilfsperson nicht übersteigen.

Familienangehörige, deren Unterhalt am steuerbaren Einkommen des Familienhauptes (Haushaltungsvorstandes) in Abzug gebracht wird, haben den Anschlag dieses Unterhaltes, wenn solcher mit ihrem etwaigen sonstigen Einkommen den Betrag von 500 Mark erreicht, ihrerseits zu versteuern.

Für den Unterhalt der Ehefrau, welcher nie als Entgelt für deren Arbeitsleistungen betrachtet werden kann, sondern von dem Ehemann vermöge der ihm obliegenden gesetzlichen Ernährungspflicht gewährt wird, findet ein Abzug nicht statt (vgl. § 2 vorletzter Absatz dieser Verordnung).

Zu Art. 4. § 11. Dem eigenen Einkommen eines Steuerpflichtigen ist nach Vorschrift des Art. 4 des Gesetzes hinzuzurechnen das Einkommen aus dem Vermögen und der Erwerbsthätigkeit der zu seinem Haushalte gehörigen Familienglieder, soweit ihm der Bezug dieses Einkommens thatsächlich überlassen ist.

Als zu seinem Haushalte gehörig gelten nur diejenigen Familienangehörigen des Steuerpflichtigen, welche Wohnung und Unterhalt von ihm empfangen.

Die Hinzurechnung des aus der **Erwerbsthätigkeit** eines Familienangehörigen fliessenden Einkommens setzt voraus, dass dieses Einkommen wenigstens 500 Mark jährlich beträgt; auch kommt hierbei nur die Thätigkeit des Familienangehörigen **ausserhalb** des Geschäftsbetriebes des Haushaltungsvorstandes in Betracht.

Die Hinzurechnung ist ferner, wenn das Einkommen eines Familienangehörigen nur teilweise dem Haushaltungsvorstande überlassen ist, auf den diesem letzteren zukommenden Anteil beschränkt. Der dem Familienangehörigen verbleibende Teil seines Einkommens ist, wenn solcher weniger als 500 Mark jährlich beträgt, steuerfrei, andernfalls von ihm selbst zu versteuern.

Die Erträgnisse, welche einem Steuerpflichtigen aus der kraft ehelichen oder elterlichen Rechtes ihm zustehenden Nutzniessung am Vermögen seiner Ehefrau und minderjährigen Kinder, sowie im Falle der Gütergemeinschaft aus der Erwerbsthätigkeit der Ehefrau zufliessen, gehören zu seinem **eigenen** Einkommen.

Die Hinzurechnung des aus eigener Erwerbsthätigkeit eines Familiengliedes fliessenden Einkommens ist übrigens auf den Fall beschränkt, dass dieses besondere Einkommen den Betrag von 500 Mark jährlich erreicht.

Artikel 5.
Bezeichnung der Steuerpflichtigen.
Steuerpflichtig sind:

A. Physische Personen und zwar
1) Landes- und sonstige Reichsangehörige, welche im Sinne des Reichsgesetzes vom 13. Mai 1870, die Beseitigung der Doppelbesteuerung betreffend, ihren Wohnsitz (Aufenthalt) im Grossherzogtum haben, desgleichen Reichsausländer, welche des Erwerbs wegen im Grossherzogtum ihren Wohnsitz haben: mit ihrem gesamten steuerbaren Einkommen;
2) Reichsausländer, welche nicht des Erwerbs wegen ihren Wohnsitz im Grossherzogtum haben: mit ihrem aus reichsinländischen Bezugsquellen fliessenden steuerbaren Einkommen;
3) Landes- und sonstige Reichsangehörige, welche im Sinne des Reichsgesetzes vom 13. Mai 1870, die Beseitigung der Doppelbesteuerung betreffend, ihren Wohnsitz (Aufenthalt) nicht im Grossherzogtum haben, sowie Reichsausländer, welche ihren Wohnsitz nicht im Grossherzogtum haben: nur mit ihrem Einkommen aus im Grossherzogtum gelegenem Grundbesitz (einschliesslich von Gebäuden) und den daselbst betriebenen Gewerben, sowie mit ihren Gehalts-, Pensions- und Wartegeldbezügen aus einer badischen Staatskasse.

B. Aktiengesellschaften und Kommanditgesellschaften auf Aktien: mit demjenigen Teil ihres steuerbaren Einkommens, welcher dem Umfang ihres Geschäftsbetriebs innerhalb des Grossherzogtums entspricht. — Als steuerbares Einkommen gelten die Einnahmeüberschüsse, welche als Aktienzinse und Dividenden unter die Mitglieder verteilt oder denselben gutgeschrieben werden,

---

Zu Art. 5A. § 12. Einen Wohnsitz im Sinne des Reichsgesetzes vom 13. Mai 1870, die Beseitigung der Doppelbesteuerung betreffend, hat jemand an dem Orte, an welchem er eine Wohnung unter Umständen inne hat, welche auf die Absicht der dauernden Beibehaltung einer solchen schliessen lassen. Sind die Voraussetzungen für den Besitz eines Wohnsitzes in keinem Bundesstaate vorhanden, so genügt bei Landes- und sonstigen Reichsangehörigen der blosse dauernde Aufenthalt im Grossherzogtum zur Begründung der Einkommensteuerpflicht.

Angehörige anderer Bundesstaaten, welche im Grossherzogtum und ausserdem in ihrem Heimatstaate einen Wohnsitz haben, sind nur in dem gleichen Umfang, wie die nicht im Grossherzogtum wohnenden Personen (Art. 5A. 3 des Gesetzes) steuerpflichtig.

Landes- und sonstige Reichsangehörige, welche im Staats- oder Reichsdienste stehen, sind steuerpflichtig, wenn sie ihren dienstlichen Wohnsitz (d. h. den Ort, wo ihr Amt auszuüben ist) im Grossherzogtum haben.

Reichsausländer sind nur steuerpflichtig, wenn sie einen Wohnsitz im obigen Sinne im Grossherzogtum haben, in diesem Falle aber auch dann, wenn sie ausserdem noch in einem andern Bundesstaate oder in ihrem Heimatstaate einen Wohnsitz haben.

Die Absicht des Erwerbes wird bei denjenigen im Grossherzogtum wohnenden Reichsausländern angenommen, welche daselbst die Land- oder Forstwirtschaft als Nahrungszweig, ein Gewerbe, eine Berufsthätigkeit oder sonstige gewinnbringende Beschäftigung ausüben oder betreiben.

Zu Art. 5B. § 13. 1) Der Berechnung des steuerbaren Einkommens der Aktiengesellschaften und Kommanditgesellschaften auf Aktien sind die jährlichen Bilanzen zu Grunde zu legen.

Gesellschaften, welche auch ausserhalb des Grossherzogtums ihr Geschäft betreiben, d. h. neben ihrer geschäftlichen Niederlassung (Hauptniederlassung, Filiale oder Agentur) im Grossherzogtum auch auswärts solche Niederlassungen besitzen, unterliegen der Einkommensteuer nur mit dem, auf den Geschäftsbetrieb im Lande entfallenden Teil ihres Gesamteinkommens. Dieser Einkommensteil bemisst sich bei Versicherungsgesellschaften nach dem Verhältnis der

unter Hinzurechnung der zur Bildung von Reserve- oder Erneuerungsfonds, zur Amortisation der Schulden und des Grundkapitals oder zur Verbesserung und Geschäftserweiterung verausgabten Beträge. An dem hiernach sich berechnenden steuerbaren Einkommen können jedoch 3 Prozent aus dem Aktienkapital in Abzug gebracht werden.

Konsumvereine mit offenem Laden, sowie eingetragene Genossenschaften mit bankähnlichem Betrieb und auf Gegenseitigkeit gegründete, unter Verwendung von Agenten betriebene, Versicherungsgesellschaften sind in derselben Weise, wie die Aktiengesellschaften zur Einkommensteuer heranzuziehen mit der Maßgabe jedoch, dass bei letztgenannten Gesellschaften als steuerbares Einkommen 5 Prozent des gewerblichen Betriebskapitals der Gesellschaft nebst den ihr etwa aus Grundbesitz (einschliesslich von Gebäuden) zufliessenden Erträgnissen gelten.

---

aus dem Grossherzogtum fliessenden Bruttoeinnahmen an Prämien zu der Gesamtbruttoeinnahme, bei sonstigen Gesellschaften nach dem Verhältnis des im Grossherzogtum angelegten Betriebskapitals zum Gesamtbetriebskapital.

Unbeschadet der selbständigen Steuerpflicht der Aktiengesellschaften und Kommanditgesellschaften auf Aktien haben die Aktionäre ihre Bezüge an Aktienzinsen und Dividenden auch ihrerseits zu versteuern.

Konsumvereine mit offenem Laden und eingetragene Genossenschaften mit bankähnlichem Betrieb sind in gleicher Weise wie die Aktiengesellschaften zu besteuern. Dabei vertritt die Summe der eingezahlten Geschäftsanteile der Vereinsmitglieder bezw. Genossenschafter das Aktienkapital. Nebstdem haben die Vereinsmitglieder und Genossenschafter, wie überhaupt die Mitglieder aller eingetragenen Genossenschaften und der übrigen in Art. 10 des Kapitalrentensteuergesetzes genannten Anstalten, von den Zinsen und Dividenden aus ihren Geschäftsanteilen, deren bare Bezahlung aus der Genossenschafts- oder Anstaltskasse sie verlangen können, die Einkommensteuer zu entrichten.

Das gewerbliche Betriebskapital der auf Gegenseitigkeit gegründeten, unter Verwendung von Agenten betriebenen Versicherungsgesellschaften ist nach Massgabe ihrer Veranlagung zur Gewerbsteuer, deren Einkommen aus Grundbesitz nach Vorschrift des § 3 dieser Verordnung zu bemessen, wobei hinsichtlich der dem Geschäftsbetrieb gewidmeten Grundstücke und Gebäude die Pacht- beziehungsweise Mietwerte in Berechnung zu ziehen sind.

2) Andere als die in Art. 5b des Gesetzes bezeichneten juristischen Personen — (wie der Staat, die Gemeinden und sonstige Körperschaften, Stiftungen, Anstalten), — Genossenschaften und Gesellschaften, ferner auch die in Art. 15 des Kapitalrentensteuergesetzes erwähnten Erbschaftsmassen, unterliegen einer selbständigen Einkommensteuerpflicht nicht.

Das Einkommen offener Handelsgesellschaften und einfacher Kommanditgesellschaften (Handelsgesetzbuch Art. 85—149, 150—172) ist von den einzelnen Gesellschaftern nach Verhältnis ihrer Gesellschaftsanteile als Bestandteil ihres eigenen Einkommens gemäss Art. 2 Ziff. 2 des Gesetzes zu versteuern, gleichviel ob dasselbe verteilt, gutgeschrieben oder zur Bildung von Reservefonds oder zur Schuldentilgung verwendet wird. Ebenso sind auch, wenn eine nicht nach Handelsrecht zu beurteilende Gewerbsunternehmung, Berufsthätigkeit oder gewinnbringende Beschäftigung von mehreren Personen in Gesellschaft betrieben wird, die einzelnen Gesellschafter nach Art. 2 Ziff. 2 bezw. 3 steuerpflichtig.

Die Erträgnisse, welche einem stillen Gesellschafter (Handelsgesetzbuch Art. 250—265) aus seinen Vermögenseinlagen zufliessen, zählen zu seinem nach Art. 2 Ziff. 4 des Gesetzes steuerbaren Einkommen, auf Seite des Geschäftsinhabers (Komplementars) dagegen zu den Schuldzinsen.

Die Erträgnisse einer ruhenden oder ungeteilten Erbschaftsmasse gelten als Einkommen der Rechtsnachfolger — eines Jeden, soweit er am Bezug dieser Erträgnisse teilnimmt — und sind demgemäss von den Rechtsnachfolgern, sobald der Stand der Verlassenschaftsverhandlungen es ermöglicht, zur Versteuerung zu bringen.

Zu Art. 3 u. 2. Vergl. auch oben § 9 der Vollzugsverordnung.

Zu Art. 5, 6 u. 25. § 14. Unter dem Ausdrucke „Gehalt" im Sinne des Gesetzes und dieser Verordnung ist auch Besoldung, sowie in Geschäftsgebühren, Zählgeldern, ständigen Tagesgebühren bestehendes Einkommen und unter dem Ausdrucke „Pension" auch Ruhegehalt und ständige Sustentation (§ 2 Abs. 5 dieser Verordnung) verstanden.

Artikel 6.

Steuerbefreiungen.

Vom Beizug zur Einkommensteuer sind befreit:

1) das Einkommen aus ausserhalb des Grossherzogtums gelegenem Grundbesitz (einschliesslich von Gebäuden) und den ausserhalb des Grossherzogtums betriebenen Gewerben, sowie Gehalte, Pensionen und Wartegelder, welche aus einer nichtbadischen Staatskasse bezogen werden;
2) die Zivilliste des Grossherzogs, sowie die Bezüge, welche den Mitgliedern des Grossherzoglichen Hauses in Gemässheit des Apanagegesetzes vom 21. Juli 1839 zufliessen;
3) das Militäreinkommen der Angehörigen des aktiven Heeres und zwar bei Unteroffizieren und Gemeinen unbeschränkt, bei anderen Personen nur für den Fall einer Mobilmachung;
4) die Militärpensionen der Militärpersonen aus der Klasse der Unteroffiziere und Gemeinen;
5) die Dienstbezüge der aktiven Gensdarmen vom Oberwachtmeister abwärts;
6) Sterbquartalbezüge;
7) alle Personen, deren nach den Bestimmungen des Gesetzes an und für sich steuerbares Einkommen im ganzen den Betrag von 500 Mark jährlich nicht erreicht.

Artikel 7.

Besondere Behandlung des Einkommens aus einem der Gewerbsteuertaxe unterliegenden Gewerbsbetrieb.

Das Einkommen aus einem Gewerbe, welches nach Art. 5 A. 3 pflichtige Personen im Grossherzogtum betreiben, ohne daselbst eine gewerbliche Niederlassung, einen Geschäftssitz oder einen ansässigen Geschäftsführer zu haben, unterliegt der Einkommensteuer nur in der Weise, dass künftighin der Betrag der gemäss Art. 17, Abs. 3 und 4 des Gesetzes vom 25. August 1876 (Gesetzes- und Verordnungsblatt Nr. XXXVII, S. 278) zu erhebenden Taxe so bemessen wird, dass dieselbe ausser der Gewerbsteuer auch die Einkommensteuer für den betreffenden Gewerbsbetrieb ersetzt.

Auf dieses Einkommen finden die sonstigen Bestimmungen gegenwärtigen Gesetzes keine Anwendung.

Abschnitt II.

Beginn und Erlöschen der Steuerpflicht, Erhöhung und Minderung der Besteuerung.

Artikel 8.

Beginn und Erlöschen der Steuerpflicht.

Die Steuerpflicht in einem Steuerdistrikt (Gemarkung) beginnt mit dem ersten Tag nach Ablauf des Kalendermonats, in welchem ein gemäss Art. 10 in dem betreffenden Distrikt zu Veranlagender erstmals oder erstmals wieder in den Genuss eines steuerbaren Einkommens gelangt oder eine derartige Aenderung der massgebenden Verhältnisse eintritt, dass ein seither in einem

---

Zu Art. 6. § 15. Zu den in Art. 6 Ziff. 1 des Gesetzes genannten Staatskassen sind die Kassen des Deutschen Reichs nicht zu rechnen; auf Gehalte, Pensionen und Wartegelder, welche aus einer Kasse des Deutschen Reichs fliessen, finden daher die durch diesen Artikel gewährte Befreiung keine Anwendung.

Die Gehalte und Pensionen der deutschen Offiziere und Militärbeamten mit Ausnahme der bayerischen sind als aus der Reichskasse geleistet anzusehen.

Zu Art. 8 u. 9. Vergl. Art. 11.

anderen Steuerdistrikt Pflichtiger nunmehr gemäss Art. 10 in dem betreffenden Steuerdistrikt zu veranlagen ist.

Die Steuerpflicht in einem Steuerdistrikt endigt mit dem letzten Tag desjenigen Kalendermonats, in welchem oder mit dessen Schluss eine derartige Aenderung der massgebenden Verhältnisse eintritt, dass nach Art. 10 die Veranlagung des Pflichtigen in einem anderen Steuerdistrikt stattzufinden hat oder dass die Voraussetzungen für seine Steuerpflicht im Grossherzogtum überhaupt in Wegfall kommen.

Artikel 9.
Erhöhung oder Minderung der Besteuerung.

Eine Erhöhung oder Verminderung der Besteuerung eines bereits zur Einkommensteuer Veranlagten, welcher in demselben Steuerdistrikt steuerpflichtig bleibt, tritt ein, wenn sich, nach dem Stande seiner Einkommensverhältnisse am 1. April eines Jahres, sein steuerbares Einkommen gegenüber dem veranlagten Einkommen derart erhöht oder gemindert hat, dass sich für sein Gesamteinkommen gemäss Art. 13 ein höherer oder niedrigerer Steueranschlag ergibt.

Die Erhöhung oder Verminderung der Besteuerung beginnt mit dem Anfang des auf den bezüglichen 1. April nächstfolgenden Kalenderjahres, sofern jedoch der Steueranschlag sich um mehr als 25 Prozent erhöht oder mindert, vom Anfang des Monats an, seit welchem, nach dem Stand der Einkommensverhältnisse am 1. des Monats bemessen, die Erhöhung oder Minderung des Einkommens im vollen Umfange und in nachhaltiger Weise andauert.

Abschnitt III.
Steuerveranlagung.
Artikel 10.
Ort der Steueranlage.

Steuerpflichtige, welche im Grossherzogtum ihren Wohnsitz haben (Art. 5, A. 1 und 2), sind mit ihrem gesamten steuerbaren Einkommen in demjenigen Steuerdistrikt (derjenigen Gemarkung) zur Einkommensteuer zu veranlagen, in welchem sich ihre Hauptniederlassung ohne Rücksicht auf die Landrechtsätze 102a und 107a befindet.

Steuerpflichtige, welche nicht im Grossherzogtum wohnen (Art. 5, A. 3), sind mit ihrem gesamten steuerbaren Einkommen in demjenigen Steuerdistrikt (Gemarkung) des Grossherzogtums anzulegen, aus welchem der grössere Teil ihres inländischen Einkommens fliesst.

Aktiengesellschaften und Kommanditgesellschaften auf Aktien werden, wenn sie ihren Sitz im Grossherzogtum haben, am Sitze der Gesellschaft, andernfalls am Orte ihrer gewerblichen Niederlassung im Grossherzogtum, eventuell am Wohnsitze des inländischen Geschäftsführers beigezogen.

Zu Art. 8, 9. Vergl. § 18 der Vollzugsverordnung.

Zu Art. 10. § 16. Die Veranlagung zur Einkommensteuer erfolgt in der Regel an dem Orte, wo der Steuerpflichtige seinen Wohnsitz im Sinne des Reichsgesetzes vom 13. Mai 1870 oder in Ermangelung eines solchen seinen Aufenthalt hat, im Falle eines mehrfachen Wohnsitzes aber an dem Orte der Hauptniederlassung (Landrechtsatz 102).

Ehefrauen mit selbständigem Einkommen sind am Wohnsitz des Ehemannes,

nicht gewaltsentlassene Minderjährige am Wohnsitz der Eltern oder des Vormundes,

Entmündigte und Mundtote des 2. Grades am Wohnsitz des Vormundes,

Vermisste an dem Orte, wo sie zuletzt ihren Wohnsitz hatten,

im Staats- oder Reichsdienste stehende Landes- oder sonstige Reichsangehörige an ihrem dienstlichen Wohnsitz zur Einkommensteuer zu veranlagen. Wenn jedoch der Ehemann, massgebende Elternteil oder Vormund keinen Wohnsitz im Grossherzogtum hat, so ist der eigene Wohnsitz oder Aufenthalt der steuerpflichtigen Ehefrau, des Minderjährigen oder Entmündigten nach der im Abs. 1 aufgestellten Regel entscheidend.

Artikel 11.
Verfahren bei der Steuerveranlagung.

Die Veranlagung zur Einkommensteuer hat, soweit nicht im gegenwärtigen Gesetze ausdrücklich ein anderes Verfahren vorgesehen ist, auf Grund der von den Pflichtigen ahzugebenden Steuererklärungen (Art. 14) und der sonstigen Erhebungen beim jährlichen Steuer-Ab- und Zuschreiben durch den Schatzungsrat nach den Bestimmungen des Gesetzes vom 17. März 1854, die Aufstellung der Kataster der direkten Steuern betreffend (Regierungsblatt Nr. XI, S. 79). modifiziert durch Gesetz vom 16. März 1880 (Gesetzes- und Verordnungsblatt Nr. XII, S. 83) stattzufinden.

Artikel 12.
Für die Steueranlage massgebendes Jahreseinkommen.

Die Grundlage für die Veranlagung zur Einkommensteuer bildet das steuerbare Jahreseinkommen des Pflichtigen nach dem Stande seiner Einkommenverhältnisse am 1. April des Jahres, in welchem er zur Abgabe einer Steuererklärung verpflichtet ist.

Bei Bemessung des Einkommens nach dem Stande der Einkommenverhältnisse an einem bestimmten Tage sind feststehende Bezüge nach ihrem dem Stande am massgebenden Tage entsprechenden Jahresbetrag, wandelbare

---

Personen endlich, deren Steuerpflicht nur durch im Grossherzogtum befindlichen Grundbesitz, Gewerbebetrieb oder durch Bezug von Gehalt, Pension oder Wartegeld aus einer badischen Staatskasse begründet wird (Art. 5 A, 3 des Gesetzes), sind an dem Orte zu veranlagen, wo der Grundbesitz bezw. die gewerbliche oder Handelsanlage liegt, oder wo sich der Sitz der die fraglichen Bezüge verrechnenden Kasse befindet. Sofern hiernach eine Person in mehreren Orten steuerpflichtig wäre, geschieht die Veranlagung an demjenigen Orte, aus welchem der grössere Teil ihres inländischen Einkommens fliesst.

In Zweifelsfällen bestimmt die Steuerdirektion den Ort der Steuerveranlagung.

Zu Art. 11. § 17. Der Steuerkommissär hat nach Art. 11 des Gesetzes alljährlich in der Zeit vom 1. April bis letzten September in jeder Gemeinde seines Dienstbezirks zum Zweck der Festellung der Veränderungen, welche sich bezüglich der steuerpflichtigen Personen und des steuerbaren Einkommens derselben ergeben haben, ein Ab- und Zuschreiben der Einkommensteuer, womöglich gleichzeitig mit dem Ab- und Zuschreiben der Grund-, Häuser-, Gewerb- und Kapitalrentensteuer vorzunehmen.

Zu Art. 8, 9 u. 11. § 18. Zur Einkommensteuer sind hierbei — unbeschadet der Bestimmungen in Art. 15 des Gesetzes — auf Grund der von den Pflichtigen abzugebenden Steuererklärungen zu veranlagen:

1) Die Steuerpflichtigen, welche am 1. April des betreffenden Jahres ihren Wohnsitz — in den Fällen des Art. 10 Abs. 2 u. 3 des Gesetzes die den Wohnsitz vertretende Vermögensanlage, Einkommensquelle oder Niederlassung — im Steuerdistrikt (in der Gemarkung) gehabt und ein steuerbares Einkommen bezogen haben, sofern dieselben nicht bereits in diesem Steuerdistrikt zur Einkommensteuer veranlagt sind.

Die Veranlagung geschieht mit Wirksamkeit von dem Tage an, mit welchem gemäss Art. 8 Abs. 1 des Gesetzes die Steuerpflicht in dem Steuerdistrikt begonnen hat.

2) Die im Steuerdistrikt bereits veranlagten Pflichtigen, deren nach dem Stande vom 1. April bemessenes Einkommen sich gegenüber dem veranlagten Einkommen derart erhöht oder gemindert hat, dass sich für ihr Gesamteinkommen gemäss Art. 13 des Gesetzes ein höherer oder niedrigerer Steueranschlag ergibt.

Die Erhöhung oder Verminderung der Steueranlage wird erst mit dem Anfang des nächstfolgenden Kalenderjahres wirksam, wenn sie jedoch mehr als 25 Prozent beträgt, bereits vom Anfang des Monats an, seit dessen erstem Tage die Erhöhung oder Minderung des Einkommens in vollem Umfange und in nachhaltiger Weise andauert (Art. 9 des Gesetzes).

Zu Art. 12. § 19. Bei Beurteilung des „Standes der Einkommensverhältnisse" an dem für die Veranlagung massgebenden Tage kommen die Einkünfte aus allen Einkommensquellen in Betracht, welche an diesem Tage dem Pflichtigen zur Verfügung stehen und der

Bezüge nach dem durchschnittlichen Ergebnis der letzten drei Kalender- bezw. Geschäftsjahre, sofern sie aber nicht so lange fliessen, nach dem Durchschnitt des bezüglichen kürzeren Zeitraums, eventuell nach dem voraussichtlichen Erträgnis des laufenden Jahres anzunehmen.

In Naturalien oder Nutzungen bestehende Einkommensteile sind nach mittleren Ortspreisen zu Geld anzuschlagen. Der nicht in Geld bestehende Lohn der Dienstboten darf übrigens nicht höher als zu 200 Mark jährlich angenommen werden.

Für die Berechnung des Zinserträgnisses aus Lotterieanlehenslosen, unverzinslichen Kaufschillingszielern, diskontierten Wechseln und anderen unverzinslichen Kapitalforderungen, in welchen Zinsen mitbegriffen sind, sowie aus Zeitrenten, Annuitäten und anderen Forderungen, bei welchen mit den Zinsen auch Kapitalteile bezogen werden, ist nach den Vorschriften des Art. 16 des Kapitalrentensteuergesetzes zu verfahren.

Bei Veranschlagung der Schuldzinsen und Lasten kommen die Bestimmungen dieses Artikels gleichfalls zur Anwendung.

Artikel 13.

Steueranschlag.

Der Steueranschlag für das steuerbare Einkommen wird wie folgt gebildet:

Der Jahresbetrag des gesamten steuerbaren Einkommens wird, sofern er nicht bereits auf eine durch 100 teilbare Zahl lautet, auf die nächstniedrige, in dieser Weise teilbare Zahl abgerundet und besteht sodann der Steueranschlag

---

Erzielung von Einkommen gewidmet sind; der Umstand, dass der Bezug solcher Einkünfte am 1. April vorübergehend unterbrochen gewesen oder ausgefallen ist, rechtfertigt es nicht, dieselben bei Berechnung des Einkommens unberücksichtigt zu lassen.

Zu den feststehenden Bezügen im Sinne des Art. 12 des Gesetzes sind insbesondere zu rechnen: Pacht- und Mietzinse, Besoldungen, Gehalte, Wohnungsgeldzuschüsse, Pensionen, Sustentationen — soweit solche steuerbar sind —, Wartegelder, ständige Tagesgebühren, ständige Tag- und andere Löhne, Kapitalzinsen und Renten.

Zu den wandelbaren Bezügen gehören alle in ihrem Jahresbetrag unbestimmten oder schwankenden Einkünfte, wie insbesondere die Einkünfte aus land- und forstwirtschaftlichem oder gewerblichem Betrieb, Geschäftsgebühren, Zählgelder, Remunerationen, die Einnahmen aus wissenschaftlicher, litterarischer oder künstlerischer Thätigkeit, soweit sie nicht zu den oben bezeichneten festen Bezügen gehören, Honorare, Deserviten, unständige Tagsgebühren, unständige Taglöhne, Stückgebühren, Stücklöhne und andere derartige Bezüge, sowie Dividenden aus Aktien oder Kuxen und andere wandelbare Zinsen und Renten aus Kapitalanlagen.

Als wandelbare Bezüge sind auch die in Naturalien, Nutzungen oder Selbstbenützung bestehenden Einkommenstheile zu behandeln, da deren steuerbarer Geldwert Schwankungen unterworfen ist, ferner solche steuerbare Einkünfte, deren Bezug an dem für die Veranlagung massgebenden Tage vorübergehend unterbrochen gewesen oder ausgefallen ist.

Der Jahresbetrag der feststehenden Bezüge wird nach deren Bestand an dem für die Veranlagung massgebenden Tage bestimmt.

Der Jahresbetrag wandelbarer Bezüge aus den am gedachten Tage vorhandenen Einkommensquellen wird nach dem Durchschnitt derjenigen Bezüge bemessen, welche dem Pflichtigen während der letzten drei Kalender- bezw. Geschäftsjahre aus eben diesen Einkommensquellen zugeflossen sind. Hierbei sind jedoch die in der Beschaffenheit und Grösse dieser Einkommensquellen inzwischen etwa eingetretenen Veränderungen zu berücksichtigen. Reicht die Dauer der fraglichen Bezüge nicht auf die letzten drei Kalender- bezw. Geschäftsjahre zurück, so ist das durchschnittliche Ergebnis des bezüglichen kürzeren Zeitraums und, sofern dieses eine genügende Grundlage für die Veranlagung nicht bietet, das voraussichtliche Erträgnis des vom Beginn der Bezüge an laufenden Jahres zu Grunde zu legen.

Dabei werden Naturalien, Nutzungen und Selbstbenützung für jedes in die Berechnung fallende Jahr nach den mittleren Ortspreisen dieses Jahres in Geld angeschlagen.

für Einkommen von 500 Mark in . . 100 Mark,
„ „ „ 600 „ „ . . 125 „
„ „ „ 700 „ „ . . 150 „
„ „ „ 800 „ „ . . 175 „
„ „ „ 900 „ „ . . 200 „
„ „ „ 1,000 „ „ . . 250 „

für höhere Einkommen aber und zwar:

a. bei Einkommen bis zu 10,000 Mark:

für die ersten 1,000 Mark des Einkommens in 250 Mark,
„ „ nächsten 1,000 „ „ „ „ 50 „ für je 100 Mark,
„ „ weiteren 1,000 „ „ „ „ 75 „ „ „ 100 „
„ alle höheren Teilbeträge „ „ „ 100 „ „ „ 100 „

b. bei Einkommen von 10,000 bis 30,000 Mark:

für die ersten 10,000 Mark in . . . . 9,000 Mark,
„ je weitere volle 500 Mark in weiteren 500 „

c. bei Einkommen von 30,000 Mark und mehr:

für die ersten 30,000 Mark in . . . . . 30,000 Mark,
„ je weitere volle 1,000 Mark in weiteren 1,000 „

Artikel 14.

Abgabe der Steuererklärungen beim Steuer-Ab- und Zuschreiben.

Wer nach dem Stande seiner Einkommensverhältnisse auf 1. April eines Jahres ein steuerbares Einkommen bezieht, hat vor dem Schatzungsrat oder dem Steuerkommissär desjenigen Steuerdistrikts, in welchem er nach dem

---

Der in Naturalien und Nutzungen — Verköstigung, Kleidung, Wohnung — bestehende Lohn der Dienstboten — d. i. aller derjenigen Personen, deren Dienstverhältnisse sich nach dem Gesetz vom 3. Februar 1868 (Regierungsblatt Nr. VII, S. 47), die Rechtsverhältnisse der Dienstboten betreffend, richten — darf nicht höher als zu 200 Mark jährlich angenommen werden. Dienstwohnungen von Beamten und Angestellten des Reichs oder des badischen Staates sind mindestens mit dem Betrage in Anschlag zu bringen, welcher dem gesetzlichen Wohnungsgeldzuschusse der betreffenden Beamten und Angestellten entspricht.

Bei Lotterieanlehenslosen wird als steuerbares Zinserträgnis ohne Rücksicht darauf, ob vor der Prämienzahlung ein jährlicher Zins entrichtet wird oder nicht, 5 Prozent des Nennwerts der Lose angenommen.

Bei unverzinslichen Kaufschillingszielern, diskontierten Wechseln und anderen unverzinslichen Kapitalforderungen, in welchen Zinsen mit inbegriffen sind, sowie bei Zeitrenten, Annuitäten und anderen Forderungen, bei welchen mit den Zinsen auch Kapitalteile bezogen werden, sind, ohne Rücksicht auf die Verfalltermine, 4 Prozent des Nennwerts der ausstehenden Forderungen als steuerbares Zinserträgnis anzunehmen, insoweit dieser Betrag den durchschnittlich auf ein Jahr entfallenden Bezug nicht übersteigt.

Vorstehende Bestimmungen kommen bei der Berechnung sowohl des rohen Einkommens als der Schuldzinsen und Lasten (§§ 3—8 gegenwärtiger Verordnung) zur Anwendung.

Einkommensteile, welche nach Art. 16 vorletzter Absatz des Kapitalrentensteuergesetzes von der Rentensteuer befreit sind, dürfen auch bei der Veranlagung zur Einkommensteuer unberücksichtigt bleiben.

Zu Art. 14 Abs. 1. § 20. Zur Abgabe von Einkommensteuererklärungen nach Massgabe des Art. 14 sind, vorbehaltlich der Bestimmungen in Art. 15 des Gesetzes alle Einkommensteuerpflichtigen verbunden. Es haben daher auch alle steuerpflichtigen Staats- und Reichsbediensteten, einschliesslich der Offiziere und Militärbeamten, sowie alle anderen Personen, welche bisher nach Art. 29 des Erwerbsteuergesetzes von der Abgabe der Steuererklärung befreit waren, Einkommensteuererklärungen einzureichen.

Zu den Steuererklärungen nach Art. 14 des Gesetzes ist das unter Beilage 1 beigefügte Formular 1. zu verwenden.

Stande der massgebenden Verhältnisse am 1. April gemäss Art. 10 zu veranlagen ist, in der Zeit vom 1. April bis zum Ablauf der vom Schatzungsrat festgesetzten Frist entweder schriftlich oder mündlich nach bestimmtem Formular eine Steuererklärung abzugeben.

Die hiernach gefertigten Impressen zu Steuererklärungen sind samt einer von Grossherzoglicher Steuerdirektion zu erlassenden Anleitung zur Aufstellung derselben bei dem Schatzungsrate, bezw. Bürgermeister und dem Steuerkommissär unentgeltlich zu erhalten.

§ 21. Wer nach Vorschrift des Art. 14 des Gesetzes in der Zeit vom 1. April bis zum Beginn des jährlichen Ab- und Zuschreibens der Einkommensteuer eine Steuererklärung einreichen will, hat dieselbe entweder beim Steuerkommissär des Bezirks oder beim Schatzungsratsvorsitzenden, d. i. Bürgermeister, abzugeben.

§ 22. Ist ein Steuerpflichtiger nicht imstande, seine Erklärung überhaupt oder bezüglich einzelner Teile selbst aufzustellen, so wird sie ihm der Steuerkommissär oder der Bürgermeister auf Ersuchen aufstellen, bezw. vervollständigen.

Der zur Abgabe der Erklärung Verpflichtete bleibt jedoch für die Richtigkeit seiner Angaben, die er unterschriftlich zu bestätigen hat, verantwortlich.

§ 23. Steuerpflichtige, welche nach dem 1. April eines Jahres, jedoch vor Ablauf der zur Abgabe der Steuererklärungen an ihrem bisherigen Wohnorte anberaumten Frist ihren Wohnsitz verändern und zur Abgabe einer Steuererklärung nach Art. 14 des Gesetzes veranlasst sind, haben solche gleichwohl noch an ihrem bisherigen Wohnorte innerhalb der erwähnten Frist abzugeben.

Zu Art. 14 Abs. 2. § 24. Steuerpflichtigen, welche im Laufe eines Jahres ihren Wohnsitz im Lande verändern, steht es frei, die alsbaldige Uebertragung ihrer Steueranlage in das Kataster des neuen Wohnortes bei dem Steuerkommissär des Wegzugsortes zu beantragen.

Diese Uebertragung ersetzt die Steuerveranlagung am neuen Wohnorte, und es hat daher der Steuerpflichtige in diesem Falle eine Steuererklärung beim Ab- und Zuschreiben am neuen Wohnorte nur dann abzugeben, wenn sich nach dem Stande seiner Einkommensverhältnisse an dem auf den Wohnsitzwechsel nächstfolgenden 1. April sein steuerbares Einkommen gegenüber dem veranlagten Einkommen in dem in Art. 9 des Gesetzes bezeichneten Masse erhöht hat.

Die allenfallsige Verpflichtung, noch am bisherigen Wohnorte eine Steuererklärung abzugeben (§ 23), wird durch die Bestimmungen des gegenwärtigen Paragraphen nicht berührt.

Der Einzug der Steuer am neuen Wohnorte erfolgt für das laufende Jahr in im voraus zu entrichtenden Kalenderquartalsraten.

Wegen der Einstellung der Steuererhebung am Wegzugsorte siehe § 34 letzten Absatz.

§ 25. Aktive Beamte, Angestellte und Diener des Staats und der Staatsanstalten, des Hofs, des Reichs und der Militärverwaltung, ferner diejenigen Geistlichen und Kirchendiener, deren Einkommen aus einer kirchlichen Zentralkasse fliesst, werden, wenn sie zur Einkommensteuer bereits veranlagt sind und, ohne gleichzeitig zur Zuruhesetzung oder Entlassung aus dem öffentlichen Dienste auszuscheiden, ihren Wohnsitz verändern, auf die desfalls nach § 27 dieser Verordnung zu erstattenden Anzeigen von Amts wegen in das Kataster des neuen Wohnortes übertragen.

Im übrigen finden die Bestimmungen der §§ 23 und 24 auch auf diese Personen Anwendung.

Zu Art. 14. § 26. Wenn ein Steuerpflichtiger in einem Steuerdistrikt wegen Wegzugs vor dem 1. April nicht mehr zu veranlagen ist, so hat der Schatzungsrat des neuen Wohnortes nach dem Stand der Einkommensverhältnisse am 1. April des Jahres, in welchem dort die Veranlagung erfolgt, auch die Steuer für diejenigen Monate zu konstatieren, in welchen am früheren Wohnorte nach Art. 8 des Gesetzes eine Steuerpflicht begründet war.

Dieses Verfahren tritt insbesondere auch dann ein, wenn eine zur Einkommensteuer bereits veranlagte Person in der Zeit zwischen dem 1. April des einen und des nächstfolgenden Jahres ihren Wohnsitz im Lande mehrfach gewechselt und hierbei eine jeweilige Uebertragung der Steueranlage nach Massgabe der §§ 24 und 25 nicht stattgefunden hat.

§ 27. Die Grossherzoglichen Staatskassen, einschliesslich der Kassen der Grossherzoglichen Staatsanstalten, so insbesondere der Universitäten, der polytechnischen Schule, der Kunstschule, der Gymnasien, Progymnasien, Seminarien, Präparandenschulen, der Turnlehrerbildungsanstalt, des Zivildienerwitwenfiskus, der Militärwitwenkasse, der Gebäudeversicherungsanstalt, der

Von dieser Verpflichtung sind jedoch — sofern nicht das Finanzministerium für ein bestimmtes Jahr deren allgemeine Erfüllung ausdrücklich anordnet — jene Steuerpflichtigen entbunden, welche für das Jahr, in welchem das Steuer-Ab- und Zuschreiben stattfindet, in dem betreffenden Steuerdistrikt bereits zur Einkommensteuer veranlagt sind und nebstdem keine solche Einkommensaufbesserung erlangt haben, dass nach Art. 9 eine erhöhte Besteuerung einzutreten hat.

Artikel 15.
Abgabe der Steuererklärung ausserhalb des Ab- und Zuschreibens.

Wer in einem Steuerdistrikt erstmals oder, nachdem seine Steuerpflicht geruht hat, erstmals wieder ein steuerpflichtiges Einkommen aus Arbeit oder

---

Blinden- und Taubstummeninstitute, der Straf-, Heil-, Pflege- und Badeanstalten haben jährlich nach dem Stand vom 1. April, nach den Wohnorten der Bezugsberechtigten (Steuerdistrikten) getrennt, gesonderte Verzeichnisse derjenigen Personen, an welche sie Gehalt, Pension, Wartegeld oder sonstige ständige Bezüge als Entgelt für Arbeit oder Dienstleistung auszahlen, und der jährlichen Bezüge dieser Personen aufzustellen. Wandelbare Bezüge sind hierbei als solche zu bezeichnen und nach dem Ergebnis des letzten Kalenderjahres, bezw. wenn sie noch nicht so lange fliessen, nach dem Ergebnis des betreffenden kürzeren Zeitraums unter Beifügung dieses letzteren anzugeben; Bezüge, welche nach Art. 6 Ziff. 3—6 des Gesetzes und nach § 2 dieser Verordnung der Einkommensteuer nicht unterliegen, bleiben ausser Betracht. Die Verzeichnisse sind den Steuerkommissären, zu deren Bezirk die betreffenden Steuerdistrikte gehören, jeweils längstens bis zum 15. April zu übersenden; bei denjenigen Personen, welche nicht im Grossherzogtum wohnen, aber steuerpflichtige Bezüge aus einer badischen Staatskasse empfangen (Art. 5 A. 3 des Gesetzes), geschieht die Mitteilung an den Steuerkommissär, in dessen Bezirk die Kasse ihren Sitz hat.

In gleicher Weise werden auch die kirchlichen Zentralkassen, die Grossherzogliche Hofkasse, sowie die Kassen für die Hofhaltung eines Mitgliedes der Grossherzoglichen Familie, die Reichspostkassen, die Kassen der Königlichen Korpszahlungsstelle, die Kassenkommissionen der im Grossherzogtum garnisonierenden Truppenteile und die mit selbständiger Rechnungslegung betrauten Militärstellen im Grossherzogtum, sowie endlich die Kassen der der Städteordnung unterstehenden Stadtgemeinden und ihrer Anstalten verfahren.

Es haben ferner alle diejenigen Kassen, welche an die in § 25 bezeichneten aktiven Beamten, Angestellten und Diener des Staats und der Staatsanstalten, der Kirchen, des Hofs, des Reichs und der Militärverwaltung ihr Berufseinkommen auszahlen, zum Zweck der dort vorgesehenen Uebertragung der Steueranlagen von Kataster zu Kataster von den Wohnsitzveränderungen solcher Personen alsbald dem Steuerkommissär des Bezirks, in welchem der Wegzugsort liegt, schriftlich Anzeige zu erstatten.

Diese Obliegenheiten der Kassen können übrigens von deren Aufsichtsbehörden auf andere Dienststellen der betreffenden Verwaltungszweige übertragen werden.

Die Verpflichtung der im Bezug von Gehalt, Pension, Wartegeld u. s. w. stehenden Personen zur Abgabe von Steuererklärungen wird durch die Bestimmungen des gegenwärtigen Paragraphen nicht berührt.

Zu Art. 14. Vergl. auch § 32 der Vollzugsverordnung.

Zu Art. 15. § 28. Der Art. 15 des Gesetzes findet keine Anwendung:

1) auf Personen, welche in dem Steuerdistrikt, wo die steuerpflichtige Thätigkeit begonnen wird, mit Einkommen der in Art. 2 Ziff. 1, 2 oder 4 des Gesetzes bezeichneten Art bereits veranlagt sind,

2) auf Personen, welche Gehalt, Pension oder Wartegeld oder ein sonstiges ständiges Einkommen als Entgelt für Arbeit oder Dienstleistung aus einer der in § 27 genannten öffentlichen Kassen beziehen, sofern diese Bezüge den Hauptbestandteil ihres Arbeits- oder Berufseinkommens ausmachen.

Zur Abgabe von Steuererklärungen nach Art. 15 des Gesetzes sind demnach nur solche Personen verpflichtet, welche, ohne dass die eine oder andere der vorbezeichneten Voraussetzungen zutrifft, ein Berufs- oder Arbeitseinkommen (Art. 2 Ziff. 3 des Gesetzes) beziehen,

Dienstleistung bezieht, ist — sofern das Einkommen nicht aus einer öffentlichen Kasse fliesst, verpflichtet, innerhalb 14 Tagen vom Beginn der fraglichen Thätigkeit dem Steuerkommissär des Bezirks oder dem Ortssteuereinnehmer schriftlich oder mündlich, letzterenfalls zu Protokoll, alle für die Feststellung seines Einkommens nötigen Angaben, und zwar sofern eine Veranlagung im Laufe des Jahres noch nicht stattgefunden hat, nach dem Stande seiner Einkommensverhältnisse am Tage der Abgabe der Erklärung zu machen.

Der Steuerkommissär setzt auf Grund dieser bei ihm gemachten bezw. ihm vorgelegten Erklärungen die Steuer für das betreffende, oder, wenn das Ab- und Zuschreiben vorüber ist, auch für das kommende Jahr fest, eröffnet dem Pflichtigen den Steueransatz und veranlasst, wenn nicht binnen 8 Tagen eine Einsprache erhoben wird, den Einzug der Steuer.

---

sofern sie die steuerpflichtige Thätigkeit überhaupt erstmals oder erstmals wieder begonnen oder ihren Wohnsitz innerhalb des Landes gewechselt haben.

Die Steuererklärung hat sich auch auf das dem Pflichtigen neben seinem Berufs- oder Arbeitseinkommen aus anderen Quellen zufliessende Einkommen zu erstrecken, gleichviel ob er mit letzterem oder in einem anderen Steuerdistrikt veranlagt war oder nicht.

Das Einkommen ist hierbei nach dem Stande der Einkommensverhältnisse am Tage der Abgabe der Steuererklärung zu bemessen; die Veranlagung geschieht im Uebrigen nach der in Art. 13 des Gesetzes und in § 19 dieser Verordnung gegebenen Vorschriften.

Wenn jedoch der Pflichtige nachweist, dass er im Laufe des Jahres bereits einem anderen Steuerdistrikt nach Art. 15 des Gesetzes veranlagt worden ist, so bleibt diese frühere Veranlagung zunächst und insolange massgebend, als nicht gemäss Art. 9 und 14 des Gesetzes deren Erhöhung herbeizuführen ist. In diesem Falle ist das steuerbare Einkommen in dem Betrag anzugeben, in welchem dasselbe jener früheren Steueranlage zu Grunde gelegt worden ist.

Bei Festsetzung der Steueranlagen nach Art. 15 des Gesetzes stehen dem Steuerkommissär die in Art. 20 Ziff. 1—3 des Gesetzes bezeichneten Befugnisse des Schatzungsrats zu, mit der Massgabe jedoch, dass dem Steuerpflichtigen das Recht, die Entscheidung des Schatzungsrates beim nächsten Ab- und Zuschreiben zu verlangen, stets gewahrt bleibt.

§. 29. Die Angaben, welche die Steuerpflichtigen nach Art. 15 des Gesetzes zur Feststellung ihres Einkommens beim Steuerkommissär des Bezirks oder beim Ortssteuererheber zu machen haben, sind, wenn sie schriftlich erfolgen, auf dem unter Beilage 2 beigefügten Formular II., von welchem die Steuerkommissäre und Ortssteuererheber die nötigen Exemplare auf Verlangen stets unentgeltlich verabfolgen, zu erstatten, wenn sie aber mündlich erfolgen, vom Steuerkommissär bezw. Ortssteuererheber in der durch Grossherzogliche Steuerdirektion vorzuschreibenden Form aufzunehmen und vom Pflichtigen unterschriftlich zu bestätigen.

§. 30. Zur Erleichterung der Veranlagung der Steuerpflichtigen nach Art. 15 des Gesetzes hat der Steuerkommissär in den grösseren Orten seines Bezirks, sowie in den Orten mit zahlreicher Arbeiterbevölkerung von Zeit zu Zeit eine besondere Tagfahrt anzuberaumen und die Pflichtigen durch öffentliche Bekanntmachung zur Abgabe ihrer Steuererklärungen in dieser Tagfahrt aufzufordern, auch diejenigen derselben, welche auf die Bekanntmachung hin sich nicht angemeldet haben, unter Zuhilfenahme der polizeilichen Anmeldelisten zu ermitteln und einzeln vorzuladen.

Derartige Tagfahrten sind auch überall da abzuhalten, wo zeitweise, wie bei Eisenbahn- und Strassenbauten und ähnlichen Unternehmungen, Arbeiter in grösserer Anzahl beschäftigt sind.

Dabei kann dann auch die Einkommen-, sowie auch die Gewerbsteuer der Unternehmer, wenn sie eine — auch nur vorübergehende — gewerbliche Niederlassung im Lande haben, ausnahmsweise ausserhalb des Ab- und Zuschreibens, jedoch unter Zuzug des Schatzungsrats, gleichzeitig in Ansatz gebracht werden.

§. 31. Wenn ein nach Art. 15 des Gesetzes Veranlagter eine Einkommensvermehrung im Sinne des Art. 9 des Gesetzes erlangt, so hat derselbe eine Steuererklärung nach Massgabe des Art. 14 des Gesetzes und der §§ 20—23 dieser Verordnung abzugeben.

Zu Art. 14 u. 15. §. 32. Der Artikel 15 des Gesetzes findet auch Anwendung auf die Ortsgeistlichen und Schullehrer, soweit solche nicht zu den in § 25, bezw. § 28 Ziff. 2 dieser Verordnung bezeichneten Personen gehören.

Der letztere erfolgt für das laufende Jahr in im voraus zu entrichenden, Kalenderquartalsraten.

Ueber unberücksichtigte Einsprachen hat der Pflichtige das Recht, die Entscheidung des Schatzungsrates beim nächsten Ab- und Zuschreiben zu verlangen. Der vorläufige Einzug der Steuer wird jedoch hierdurch nicht unterbrochen.

Artikel 16.

Bezeichnung der zur Abgabe der Steuererklärung Verpflichteten.

Die Steuererklärung hat abzugeben:
1) für nicht gewaltentlassene Minderjährige, soweit der Genuss des aus ihrem Vermögen und ihrer Erwerbsthätigkeit fliessenden Einkommens nicht einem Dritten zusteht (Art. 4), ferner für Entmündigte oder Mundtote zweiten Grades: der gesetzliche oder der elterlich oder obrigkeitlich bestellte Vertreter;
2) für Vermisste: der von ihnen zurückgelassene bevollmächtigte Geschäftsführer und in Ermangelung eines solchen der obrigkeitlich bestellte Pfleger;
3) für Aktiengesellschaften und Kommanditgesellschaften auf Aktien: der statutengemäss bestellte Vorstand bezw. der inländische Geschäftsführer;
4) in allen anderen Fällen der Steuerpflichtige selbst und zwar bezüglich des aus eigener und fremder Erwerbsthätigkeit, sowie aus eigenem und fremdem Vermögen (der Ehefrau, Kinder etc.) ihm zufliessenden Einkommens ungetrennt in einer Steuererklärung.

Befindet sich der zur Abgabe der Erklärung Verpflichtete zur Zeit, in welcher dieselbe abgegeben werden muss, ausserhalb Landes oder ist er physisch

---

Die seitherige ausnahmsweise Besteuerung der Ortsgeistlichen und Schullehrer und der Inhaber besonders dotierter Messner-, Glöckner- und Organistendienste nach Massgabe des Art. 13 des Erwerbsteuergesetzes kommt mit dem Inkrafttreten des Einkommensteuergesetzes in Wegfall.

Die genannten Steuerpflichtigen unterliegen deshalb von diesem Zeitpunkte an mit ihrem gesamten Einkommen, mag dasselbe in der Nutzung von ihrem Dienste zum ständigen Genuss gewidmeten Grundstücken, Gebäuden, Gefällen oder Kapitalien in sonstigen dienstlichen oder etwaigen weiteren nicht vom Dienst herrührenden Einkünften bestehen, der Einkommensteuer. Und zwar ist das Berufseinkommen dieser Personen, auch soweit es in der Nutzung des dem Pfarr- oder Schuldienst gehörigen Vermögens besteht, zu dem nach Art. 2 Ziff. 3 des Gesetzes steuerbaren Einkommen zu rechnen.

Daneben sind die dem Dienst gewidmeten Grundstücke, Gebäude, Gefälle und Kapitalien, bezw. die Erträgnisse der letzteren zu der geordneten Grund-, Häuser-, Gefäll- und Kapitalrentensteuer beizuziehen. Die letzteren Steuern hat jeweils der zur Zeit der Fälligkeit als Dienstinhaber angestellte Geistliche oder Lehrer und bei Erledigung des Dienstes der Dienstverweser, wenn er das ganze Einkommen bezieht, anderenfalls aber oder in Ermangelung eines Dienstverwesers jener zu entrichten, welcher mit dem jeweiligen Bezug des Diensteinkommens beauftragt ist.

Die evangelischen Ortsgeistlichen haben, soweit sie nach Massgabe des kirchlichen Gesetzes über die Verwaltung des evangelischen Pfründvermögens vom 21. Dezember 1881 an Stelle der Erträgnisse ihrer Pfründe eine feste Besoldung aus der Zentralsparkasse beziehen, neben ihrem sonstigen dienstlichen und ausserdienstlichen Einkommen diese Besoldung zu versteuern und nebstdem die Grund-, Häuser-, Gefäll- und Kapitalrentensteuer vom Pfründvermögen zu entrichten, sofern nicht die Zahlung dieser letzteren Steuern von der Zentralpfarrkasse übernommen wird.

In gleicher Weise sind auch die Inhaber sonstiger Pfründen zu behandeln, für welche eine besondere Verwaltung bestellt ist.

Zu Art. 15. Vergl. auch § 57 der Vollzugsverordnung.

verhindert, dieselben abzugeben, oder besorgt er die Verwaltung seines Vermögens bezw. Einkommens nicht selbst, sondern durch eine eigens aufgestellte Person oder Verwaltung, so ist die Abgabe der Steuererklärung durch einen erwählten Vertreter zulässig.

Artikel 17.
Inhalt der Steuererklärungen.

In den Steuererklärungen ist, nach dem Stande der Einkommensverhältnisse und Schulden am 1. April des Jahres, der Jahresbetrag der Einkommensbezüge getrennt nach den im Art. 2 aufgeführten vier Kategorien von Einnahmequellen und ohne Abzug von Schuldzinsen (Art. 3, Ziff. 3), sodann in einer Summe der Jahresbetrag der zum Abzug geeigneten Schuldzinsen anzugeben.

Auch ist bei erstmaliger Abgabe einer Erklärung in einem Steuerdistrikt der Monat zu bezeichnen, mit welchem gemäss Art. 8 die Steuerpflicht in dem Distrikt begonnen hat, und falls wegen einer Einkommensvermehrung, welche eine Erhöhung des Steueranschlags um mehr als 25 Prozent nach sich zieht, eine neue Erklärung einzureichen ist, der Monat anzugeben, seit welchem die Einkommenserhöhung in vollem Umfange und in nachhaltiger Weise andauert (Art. 9 letzter Absatz).

Soweit Grundstücke und Gebäude zur Erzielung eines Einkommens der unter Ziff. 2 und 3 des Art. 2 bezeichneten Art verwendet werden, ist der Ertrag derselben mit diesen Einkommensbezügen, unausgeschieden, anzugeben.

Zu Art. 17. § 23. In der Einkommensteuererklärung (Formular I. und II.) ist anzugeben:

a. die Gemarkung, in welcher die Steuerpflicht begründet ist, der Steuerdistrikt;

b. Name, Stand und Wohnort des Pflichtigen;

c. unter Ordnungszahl 1—4 jeweils in einer Summe in Mark der Jahresbetrag des unter der betreffenden Ordnungszahl bezeichneten steuerbaren Einkommens, wie sich derselbe nach den §§ 3—7 und 19, bezw. nach § 13 gegenwärtiger Verordnung berechnet, also der Jahresbetrag des rohen Einkommens nach Abzug der zum Erwerb und zur Erhaltung desselben zu bestreitenden Auslagen und der auf demselben ruhenden Lasten, jedoch — abgesehen von dem Falle des § 4 Ziff. 2 dieser Verordnung — ohne Abzug von Schuldzinsen;

d. unter Ordnungszahl 5 die Summe der Ordnungszahl 1—4 aufgeführten Beträge;

e. unter Ordnungszahl 6 in einer Summe in Mark der Jahresbetrag der nach den §§ 8 und 19 dieser Verordnung zum Abzug geeigneten Schuldzinsen (soweit solche nicht schon nach § 4 Ziff. 2 dieser Verordnung unter Ordnungszahl 2 in Abzug gebracht sind) einschliesslich des Jahresbetrages der nach dem Schlusssatze des § 8 den Schuldzinsen gleich zu behandelnden Kosten und Lasten;

f. unter Ordnungszahl 7 der Restbetrag, welcher sich durch Abzug der Schuldzinsen Ordnungszahl 6 von der Summe Ordnungszahl 5 ergibt;

g. bei erstmaliger Abgabe einer Erklärung im Steuerdistrikt — unter Ordnungszahl 8 der Monat, mit dessen erstem Tag die Steuerpflicht in dem Steuerdistrikt begonnen hat; zu bezeichnen ist hier der nächstfolgende nach demjenigen Kalendermonat, in welchem der Pflichtige überhaupt erstmals oder erstmals wieder zum Genuss eines steuerbaren Einkommens gelangt ist oder aber ein bereits im Genuss eines steuerbaren Einkommens Befindlicher seinen Wohnsitz in den Steuerdistrikt verlegt hat oder sonst daselbst steuerpflichtig geworden ist;

h. wenn die Erklärung wegen einer Einkommensvermehrung oder -Minderung, welche eine Erhöhung oder Minderung des Steueranschlags um mehr als 25 Prozent nach sich zieht, abgegeben wird — im Formular I. unter Ordnungszahl 9 der Monat, seit dessen erstem Tag die Erhöhung oder Minderung des steuerbaren Einkommens auf den unter Ordnungszahl 7 angegebenen Betrag im vollen Umfange und in nachhaltiger Weise andauert. Kann dieser Monat nicht festgestellt werden, so ist der April des laufenden Jahres als der massgebende Monat zu bezeichnen.

Ferner haben (auf der Rückseite des Formulars) anzugeben

Steuerpflichtige, welche nach Art. 5 A. 2 und 3 und Art. 6 Ziff. 1 des Gesetzes ihr Einkommen nur zum Teil im Grossherzogtum zu versteuern haben, sofern unter Ordnungs-

Steuerpflichtige, welche ausserhalb des nach Art. 10 für die Steuerveranlagung massgebenden Steuerdistrikts zur Grundsteuer, Häusersteuer oder
Gewerbesteuer veranlagt sind, haben dies in der Steuererklärung, unter Angabe
der betreffenden Orte, zu bemerken.

Artikel 18.

Gesuche um Steuerminderung und um Entfernung aus dem Kataster.

Steuerpflichtige, welche zur Abgabe einer neuen Steuererklärung keine
Verpflichtung haben, sind gleichwohl befugt, eine solche in der Zeit vom
1. April eines Jahres bis zum Ablauf der zur Einreichung der Steuererklärungen
festgesetzten Frist abzugeben, wenn sie eine Steuerminderung ansprechen zu
können glauben oder aus irgend einem sonstigen Grunde eine Berichtigung
ihrer Steueranlagen bewirken wollen.

Ebenso sind die Gesuche um gänzliche Entfernung aus dem Kataster,
desgleichen um Berechnung von Steuerabgängen und Steuerrückvergütungen
innerhalb des obenbezeichneten Zeitraums vor dem Steuerkommissär oder dem
Schatzungsrat unter entsprechender Begründung vorzubringen.

---

zahl 6 Schuldzinsen in Abzug gebracht sind: den Jahresbetrag ihres im Grossherzogtum nicht
steuerbaren Einkommens und ihrer sämtlichen Schuldzinsen,

Steuerpflichtige, welche gemäss Art. 4 des Gesetzes und § 11 dieser Verordnung das
Einkommen von Familienangehörigen ganz oder teilweise dem eigenen Einkommen hinzugerechnet haben: den Namen dieser Familienangehörigen und die hinzugerechneten Beträge,

Steuerpflichtige, welche ausserhalb des Steuerdistrikts im Grossherzogtum Grundstücke,
Gebäude oder Gewerbe zu versteuern haben: die betreffenden Gemarkungen.

Endlich ist die Erklärung mit Datum zu versehen und — geeigneten Falls mit Angabe
des bestehenden Vertretungsverhältnisses (Art. 16 des Gesetzes) — zu unterzeichnen, auch, wo
nötig, die Wohnung des Steuerpflichtigen oder seines Vertreters beizufügen.

Zu Art. 18. § 34. Zu den Steuererklärungen, welche nach Art. 18 Abs. 1 des Gesetzes zum Zweck einer Steuerminderung oder sonstigen Berichtigung der Steueranlage eingereicht werden, ist ebenfalls das durch § 20 dieser Verordnung vorgeschriebene Formular L
zu verwenden. Gesuche um gänzliche Entfernung aus dem Kataster, sowie um Berechnung
von Steuerabgängen und Steuerrückvergütungen können schriftlich oder mündlich vorgebracht
werden. In dem letzteren Falle sind sie vom Steuerkommissär oder Bürgermeister zu Protokoll
zu nehmen und vom Pflichtigen unterschriftlich zu bestätigen.

Auch diese Steuererklärungen und Gesuche sind in der Zeit vom 1. April bis zum
Schluss des für das Ab- und Zuschreiben bestimmten Termins beim Steuerkommissär, Bürgermeister oder Schatzungsrat einzureichen. Hierbei findet im Fall einer Wohnsitzveränderung
die Bestimmung des § 23 entsprechende Anwendung.

Steuerpflichtige übrigens, welche innerhalb des Grossherzogtums ihren Wohnsitz
wechseln, haben hiervon, wenn sie die sofortige Einstellung der Steuererhebung am Wegzug-
orte herbeiführen wollen, dem Steuererheber dieses Orts oder dem Steuerkommissär des Bezirks rechtzeitig Anzeige zu erstatten.

Der Steuereinzug wird alsdann von dem Zeitpunkte an, mit welchem die Steuerpflicht
am Wegzugsorte nach Art. 8 Abs. 2 des Gesetzes endigt, eingestellt. Letzteres hat stets auch
dann zu geschehen, wenn Steuerpflichtige nach Massgabe der §§ 24 und 25 in das Kataster eines
anderen Steuerdistrikts übertragen werden.

Zu Art. 19. § 35. 1) Ist die Aufnahme einer Verlassenschaft gegen Ende des sechsten
Monats vom Todestage des Erblassers an noch nicht so weit vorgeschritten, um beurteilen zu
können, ob der Verstorbene seiner Steuerpflicht vollständig genügt hat, so wird den Personen,
welche nach Art. 19 des Gesetzes zur Anmeldung der etwa zur Ungebühr frei gebliebenen Beträge und zur Steuernachtragszahlung verpflichtet sind, auf Ansuchen die Frist zur Abgabe
der Anmeldung und zur Steuernachtragszahlung von der Bezirkssteuerbehörde den Umständen
entsprechend verlängert werden.

Artikel 19.
Anmelde- und Steuerpflicht der Erben.

Nach dem Tode eines Pflichtigen, welcher infolge unterbliebener oder unrichtiger Steuererklärung zu wenig an Einkommensteuer entrichtet hat, sind die Erben und für den Fall der Teilnahme an der Gütergemeinschaft auch die Witwe des Erblassers oder die Vertreter dieser Personen (Art. 16, Ziff. 1 und 2) schuldig, innerhalb 6 Monaten, vom Todestage des Erblassers an gerechnet, bei der Bezirkssteuerbehörde die zu wenig entrichteten Steuerbeträge, soweit solche nicht am Todestage des Erblassers verjährt sind, anzumelden und das Doppelte derselben zu erlegen. Erben und Witwen sind für die Bezahlung dieses Steuernachtrags nach Verhältnis ihres Erbanteils verpflichtet, haften jedoch für die Beibringlichkeit des ganzen Steuernachtrags bis zum Betrag ihres Erbanteils bezw. Gemeinschaftsanteils samtverbindlich. Derselbe verjährt in fünf Jahren vom Todestag des Erblassers an. *4 Act. v/ 1894 (Art. 1, 2)*

2) Die Anmeldungen können schriftlich oder mündlich erfolgen. In dem lezteren Fall sind sie von der Bezirkssteuerbehörde zu Protokoll zu nehmen.

3) Die Anmeldung soll enthalten:

    a. Name, Stand und Wohnort des Erblassers und den Todestag desselben;

    b. Name, Stand und Wohnort, wo nötig, auch Wohnung des anmeldenden Erben, zutreffenden Falls der anmeldenden Witwe des Erblassers;

    c. den Betrag der ganzen Verlassenschaft und das dem Anmeldenden zugefallenen Erb- bezw. Gemeinschaftsanteils;

    d. die Jahresbeträge des Einkommens, von welchem der Erblasser in den letzten 5 Jahren die schuldige Einkommensteuer nicht entrichtet hat, mit Angabe der betreffenden Jahre; die letzten 5 Jahre werden hierbei von dem Todestage des Erblassers zurückgerechnet;

    e. Datum und Unterschrift des Anmeldenden.

Die Anmeldung kann auch von sämtlichen Erben und der Witwe gemeinschaftlich oder von einer dieser Personen namens aller Beteiligten eingereicht werden und hat in diesen Fällen den Erbanteil eines jeden derselben zu bezeichnen.

Eine Angabe über die Grösse und Verteilung des Erbvermögens ist übrigens dann entbehrlich, wenn der schuldige Steuernachtrag sogleich bei der Anmeldung im Ganzen bezahlt oder sichergestellt wird.

Wenn die Anmeldung von einem Erben nur für seine Person und seinen Anteil abgegeben wird, so bleiben die übrigen Erben, bezw. die Witwe zur Einreichung von Erklärungen auch ihrerseits verpflichtet.

4) Die Bezirkssteuerstelle übergibt die Anmeldung, wenn solche nach Form und Inhalt zu einer Beanstandung keinen Anlass bietet, sofort dem Steuerkommissär zum Ansatz des Steuernachtrags.

Unvollständige oder sonst mangelhafte Anmeldungen sind zunächst durch die Beteiligten vervollständigen oder verbessern zu lassen. Liegt jedoch Grund zum Verdacht vor, dass die Anmeldung wahrheitswidrige Angaben enthält, so hat die Bezirkssteuerstelle Näheres zu erheben, insbesondere von den Verlassenschaftsakten, wo solche vorhanden sind, Einsicht zu nehmen, geeigneten Falls hiernach das Strafverfahren einzuleiten und den Steuernachtrag im Strafwege festzusetzen.

5) Können die Mängel einer Anmeldung nicht im Verkehr mit den Beteiligten beseitigt werden oder erklären sich dieselben ausser stande, eine richtige Anmeldung aufzustellen, so hat auf Veranlassung der Bezirkssteuerstelle der Steuerkommissär das steuernachtragspflichtige Einkommen zu ermitteln.

Er hat zu diesem Zweck überall da, wo Verlassenschaftsakten vorhanden sind, von diesen Gebrauch zu machen, nötigenfalls auch den Schatzungsrat oder Sachverständige zu hören oder sonst geeignete Erhebungen anzustellen, sodann das Ergebnis seiner Ermittelungen den Steuernachtragspflichtigen zu eröffnen und denselben zu etwaigen Einwendungen eine angemessene Frist zu gewähren, endlich nach Prüfung und geeigneter Berücksichtigung der hierauf etwa vorgebrachten Einwendungen den Steueransatz zu vollziehen.

Artikel 20.
Befugnisse des Schatzungsrats.

Der Schatzungsrat ist befugt,

1) Personen, welche eine Steuererklärung nicht abgegeben haben, jedoch nach Annahme des Schatzungsrats zur Abgabe einer solchen verpflichtet gewesen wären, aufzufordern, binnen einer vom Schatzungsrat anzuberaumenden angemessenen Frist entweder eine Steuererklärung oder aber die Versicherung abzugeben, dass sie nach bestem Wissen und Gewissen zur Abgabe einer Steuererklärung (bezw. einer neuen Steuererklärung) nach den Bestimmungen dieses Gesetzes nicht verpflichtet seien;

2) über die in den Steuererklärungen enthaltenen Angaben, namentlich auch über die in den Erklärungen als Schuldzinsen aufgeführten Beträge, von dem Anmeldepflichtigen nähere Aufschlüsse zu verlangen, gutfindenden Falls auch ihn, zum Zwecke der Auskunftserteilung in Person oder durch einen Bevollmächtigten vorzuladen;

3) Sachverständige über den Inhalt der Steuererklärungen und die weiteren Angaben der Pflichtigen einzuvernehmen und sonstige zur Feststellung der Thatsachen geeignete Erhebungen zu machen.

Gegen die Festsetzung des Steuerkommissärs steht den Beteiligten das Recht der Beschwerde und Klage nach Massgabe des Art. 21 Abs. 2 und 3 des Gesetzes zu.

Zu Art. 19. Vergl. auch § 37 der Vollzugsverordnung.

Zu Art. 20. § 36. Dem Schatzungsrat liegt die Verpflichtung ob, die Angaben der Pflichtigen auf ihre Richtigkeit zu prüfen. Geben ihm dieselben keinen Anlass zur Beanstandung, so hat er die Steueranlage, bezw. Entfernung aus dem Kataster und Berechnung von Nachtrag und Abgang jeweils lediglich nach diesen Angaben zu bewirken. Andernfalls wird der Schatzungsrat, soweit nötig, nach Hörung des Pflichtigen über die beanstandeten Punkte, nach Einvernahme von Sachverständigen oder Vornahme sonstiger geeigneter Erhebungen seine Entscheidung geben.

Die nach Art. 20 Ziff. 1 und 2 des Gesetzes an die Pflichtigen ergehenden Aufforderungen und Vorladungen haben unter Gewährung einer angemessenen Frist und unter ausdrücklicher Androhung des in Art. 21 Abs. 1 des Gesetzes vorgesehenen Rechtsnachteils zu geschehen.

Wenn eine solche Aufforderung oder Vorladung wegen länger andauernder Ortsabwesenheit des Pflichtigen und mangels eines zu seiner Vertretung berufenen Dritten nicht erfolgen kann, so ist der Schatzungsrat befugt, die Steueranlage nach seinem Ermessen zu vollziehen; jedoch bleiben in diesem Falle dem Pflichtigen die in Art. 21 des Gesetzes bezeichneten Rechtsmittel gewahrt.

Zu Art. 15, 19 u. 20. § 37. Die in § 36 erwähnten Aufforderungen und Vorladungen, sowie alle Beschlüsse der Schatzungsräte und Steuerkommissäre, welche über die Steuerpflicht nicht lediglich nach den Angaben der Pflichtigen entscheiden, sind den Beteiligten entweder mündlich zu Protokoll oder schriftlich durch Zustellung gegen Bescheinigung zu eröffnen.

§ 38. Die Zustellungen (§ 37) werden durch den Orts- oder Schatzungsratsdiener besorgt.

Derselbe hat das Schriftstück demjenigen, welchem zugestellt werden soll, in Person zu übergeben.

Wird dieser in seiner Wohnung nicht angetroffen, so kann die Zustellung in der Wohnung an einen zur Familie gehörigen erwachsenen Hausgenossen oder an eine in der Familie dienende erwachsene Person erfolgen.

Wird eine solche Person nicht angetroffen, so kann die Zustellung an den in demselben Hause wohnenden Hauswirt oder Vermieter geschehen, wenn diese zur Annahme des Schriftstückes bereit sind.

Der Orts- oder Schatzungsratsdiener hat über die Zustellung eine Urkunde aufzunehmen und dem Schatzungsratsvorsitzenden oder Steuerkommissär zu übergeben.

Zustellungen ausserhalb der Gemeinde, zu welcher der Steuerdistrikt gehört, im Grossherzogtum sind durch Ersuchen des betreffenden Bürgermeisteramts — Zustellungen ausserhalb des Landes in gleicher Weise oder aber durch die Post gegen Postzustellungsurkunde

Die Beschlussfassungen des Schatzungsrats erstrecken sich sowohl auf die Steueranlage der neu zur Anmeldung kommenden Pflichtigen, als auf die etwa begründeten Erhöhungen oder Minderungen der bereits vollzogenen Steueranlagen und die gänzliche Entfernung solcher aus dem Kataster. Auch beschliesst der Schatzungsrat in Fällen, in welchen der Ansatz von Steuernachtrag oder Steuerabgang stattzufinden hat, über den Zeitraum und den Steueranschlag, für welchen Nachtrag oder Abgang zu berechnen ist.

Artikel 21.
Einschätzung durch den Schatzungsrat. Rechtsmittel gegen die Entscheidungen des Schatzungsrats und der Steuerdirektion.

Leistet der Pflichtige den nach Art. 20 Abs. 1 Ziff. 1 und 2 an ihn ergehenden Aufforderungen in der bestimmten Frist keine Folge, so wird die Steueranlage durch den Schatzungsrat nach Massgabe des Gesetzes vom 17. März 1854 (Regierungsblatt Nr. XI, S. 79), modifiziert durch Gesetz vom 16. März 1880 (Gesetzes- und Verordnungsblatt Nr. XII, S. 83), vollzogen, und es steht alsdann dem Pflichtigen gegen die betreffende Beschlussfassung des Schatzungsrates weder eine Einsprache noch ein Einspruch auf Steuerrückersatz zu.

Gegen die sonstigen Entscheidungen des Schatzungsrats steht dagegen dem Pflichtigen, wie dem Vertreter des steuerlichen Interesses (dem Steuerkommissär), nach Massgabe der Bestimmungen des obenerwähnten Gesetzes das Recht der Beschwerde an die Grossh. Steuerdirektion, und gegen die Entscheidung der letzteren dem Pflichtigen nach Massgabe der gesetzlichen Bestimmungen über die Verwaltungsrechtspflege die Klage bei dem Grossh. Verwaltungsgerichtshofe zu.

Bei Beschwerden und Klagen des Pflichtigen liegt diesem ob, den Nachweis zu erbringen, dass er durch die bewirkte Steueranlage beschwert ist.

Artikel 22.
Ueberwachung der Anmeldung des Einkommens.

Den Schatzungsräten, Steuerkommissären, Bezirkssteuerstellen, Steuererhebungs- und Aufsichtsbeamten ist zur Pflicht gemacht, die richtige Anmeldung des steuerbaren Einkommens auch ihrerseits genau zu überwachen.

---

nach Massgabe der §§ 22 und 35 der Postordnung (Gesetzes- und Verordnungsblatt von 1879 Nr. XL, Seite 611) — zu bewirken.

Zu Art. 21. § 39. Bei Berechnung einer Frist, welche nach Tagen bestimmt ist, wird der Tag nicht mitgerechnet, auf welchen der Zeitpunkt oder das Ereignis fällt, nach welchem der Anfang der Frist sich richten soll.

Eine Frist, welche nach Wochen oder Monaten bestimmt ist, endigt mit Ablauf desjenigen Tages der letzten Woche oder des letzten Monats, welcher durch seine Benennung oder Zahl dem Tage entspricht, an welchem die Frist begonnen hat; fehlt dieser Tag in dem letzten Monat, so endigt die Frist mit Ablauf des letzten Tages dieses Monats. Fällt das Ende einer Frist auf einen Sonntag oder allgemeinen Feiertag, so endigt die Frist mit Ablauf des nächstfolgenden Werktages.

Diese Regeln gelten für die im Gesetz selbst, wie für die auf Grund desselben bestimmten Fristen.

Zu Art. 21 Abs. 2. § 40. Die in Art. 21 Abs. 2 des Gesetzes bezeichneten Rechtsmittel sind gemäss Art. 17 Abs. 1 des Gesetzes vom 17. März 1854, die Aufstellung der Kataster der direkten Steuer betreffend (Regierungsblatt Nr. XI Seite 79), nur dann zulässig, wenn die Summe, um welche die Steuerschuld des betreffenden Steuerpflichtigen im Wege der Beschwerde gemindert bezw. erhöht werden soll, mindestens 5 Prozent des nach dem Ausspruche des Schatzungsrats festgesetzten Steuerbetrags und nicht unter einem Gulden (1 M. 71 Pf.) für das Jahr ausmacht.

Den Schatzungsräten, Steuerkommissären und Oberbeamten der Bezirkssteuerstellen ist zu dem Ende gestattet, von den Verlassenschaftsaufnahmen
Einsicht zu nehmen und es sind ihnen auf Verlangen die betreffenden Akten
von den Teilungsbehörden mitzuteilen. Mutmassliche Gesetzesübertretungen
sind von den Steuerkommissären, Steuererhebungs- und Aufsichtsbeamten behufs
weiterer Verfolgung zur Kenntnis der Bezirkssteuerbehörde zu bringen.

Artikel 23.
Geheimhaltung der Einkommensverhältnisse.

Die Schatzungsräte und alle bei der Festatellung, Erhebung und Ueberwachung der Einkommensteuer mitwirkenden Beamten sind verpflichtet, die
hierbei zu ihrer Kenntnis gelangenden Vermögens- und Einkommensverhältnisse
der Pflichtigen geheim zu halten. Die gleiche Verpflichtung haben auch die
Gemeindebeamten, insofern sie anlässlich der Festatellung, Erhebung und Ueberwachung der Gemeindesteuern von den Vermögens- und Einkommensverhältnissen
der Steuerpflichtigen Kenntnis erhalten.
Von den Steuerregistern und Steuerforderungszetteln darf unberufenen
Dritten keine und, was die Steuerregister betrifft, den Steuerpflichtigen selbst
nur so weit Einsicht gestattet werden, als es sich um deren eigenes Steuerbetreffnis handelt.

Abschnitt IV.
Steuerfuss und Steuereinzug.
Artikel 24.
Steuerfuss.

Der von je 100 Mark des Steueranschlags (Art. 13) zu erhebende Steuerbetrag (der Steuerfuss) wird jeweils durch das Finanzgesetz bestimmt.

Act H1894(Art.1,3.)

Artikel 25.
Steuereinzug.

Die für ein Jahr schuldige Einkommensteuer ist zu einem Sechsteil auf
1. Dezember des unmittelbar vorhergehenden Jahres, 1. Januar, 1. Februar,
1. Juli, 1. August und 1. September des laufenden Jahres fällig und längstens
bis zum 14. des betreffenden Monats zu entrichten.

Zu Art. 23. § 41. Die den Schatzungsräten, den Steuer- und Gemeindebeamten durch
Art. 23 des Gesetzes zur Pflicht gemachte Geheimhaltung der zu ihrer Kenntnis gelangenden
Vermögens- und Einkommensverhältnisse der Pflichtigen hat die Grossherzogliche Steuerdirektion strenge zu überwachen und Verletzungen dieser Pflicht seitens der Schatzungsräte und
Steuerbeamten selbst zu ahnden, etwaige Zuwiderhandlungen von Gemeindebeamten aber dem
ihnen vorgesetzten Bezirksamte zur Anzeige zu bringen.
Zu Art. 25. § 42. Wenn eine Person, welche ihr Berufseinkommen (Gehalt, Pension
oder Wartegeld oder sonstige ständige Bezüge) aus einer badischen Staatskasse bezieht, mit
der Zahlung einer fälligen Einkommensteuerschuldigkeit trotz erfolgter Mahnung im Rückstande bleibt, so hat auf Grund von Art. 25 Abs. 3 des Gesetzes die Kasse, welche das Berufseinkommen des Schuldners auszahlt, den rückständigen Steuerbetrag auf Ansuchen des
Steuererhebers oder der Bezirkssteuerstelle bei der nächsten Einkommensauszahlung in Abzug
zu bringen und an den Steuererheber abzuliefern.
Auch bei Schuldnern, welche aus einer andern der in § 27 genannten öffentlichen Kassen
Gehalt etc. beziehen, kann unter der bezeichneten Voraussetzung die Kasse angegangen werden,
die rückständige Einkommensteuer durch Gehaltsabzug insoweit zu erheben, als die fraglichen
Bezüge nach § 749 der Zivilprozessordnung der Pfändung unterliegen oder der Schuldner gegen
den Abzug keinen Widerspruch erhebt.
Zu Art. 23. Vergl. auch oben § 11 der Vollzugsverordnung.

Steuernachträge sind in ihrem vollen Betrag alsbald zu bezahlen. Zu den Steuernachträgen zählt auch die Steuer für das laufende Jahr, insoweit solche erst im Laufe des Jahres angesetzt wird.

Die Einkommensteuerschuldigkeiten von Personen, welche Gehalt, Pension oder Wartegeld aus einer badischen Staatskasse oder einer andern öffentlichen, im Verordnungsweg zu bezeichnenden Kasse beziehen, können in angemessenen, im gleichen Weg zu bestimmenden Terminen durch Abzug an den Gehalts- etc. Bezügen erhoben werden.

Im übrigen gelten hinsichtlich der Beitreibung der Einkommensteuer die gleichen Vorschriften, wie für die sonstigen direkten Steuern.

Abschnitt V.

Strafbestimmungen.

Artikel 26.

Voraussetzungen der Strafbarkeit. Betrag der Strafe. Steuernachtrag. Arbiträre Strafe.

Wer gesetzlich zur Einreichung einer Steuererklärung oder zur Abgabe der in Art. 19 vorgesehenen Anmeldung verpflichtet ist, dieser Verpflichtung aber nicht oder nicht längstens innerhalb vier Wochen nach Ablauf der vom Schatzungsrate zur Abgabe der Steuererklärungen anberaumten Frist (Art. 14, Abs. 1) bezw. nicht innerhalb der im Art. 19 bestimmten Frist nachkommt, ferner wer in der Steuererklärung oder bei der fraglichen Anmeldung oder bei den im Art. 18, Abs. 2 bezeichneten Gesuchen wahrheitswidrige Angaben macht, verfällt, wenn infolge davon keine Steuer oder zu wenig Steuer in Ansatz gebracht oder ein Steuerabgang oder Rückersatz zur Ungebühr festgestellt wurde, in eine dem achtfachen Betrag der nicht der zu wenig angesetzten Steuer *✓ bezw. des zur Ungebühr festgestellten Steuerabgangs oder Rückersatzes gleichkommende Strafe. Neben der verwirkten Strafe ist die nicht oder zu wenig entrichtete bezw. zur Ungebühr in Abgang genommene noch nicht verjährte Steuer nachzuzahlen und die zur Ungebühr empfangene Steuerrückvergütung, soweit eine Verjährung der Rückforderung noch nicht eingetreten, zurückzuerstatten. Die Festsetzung dieser Beträge erfolgt durch die Bezirkssteuerstelle, welche dabei an die Stelle des Schatzungsrats tritt.

Ist der Betrag der vorenthaltenen bezw. der zur Ungebühr in Abgang genommenen oder rückersetzten Steuer nicht festzustellen, so kann eine Strafe bis zu 3000 Mark ausgesprochen werden. *✓ A*

Artikel 27.

Ordnungsstrafen. Straflosigkeit.

Wird dargethan, dass eine der im vorhergehenden Artikel mit Strafe bedrohten Verfehlungen nur auf einem Versehen beruht, so tritt neben Nachzahlung der nicht oder zu wenig entrichteten oder zur Ungebühr in Abgang genommenen Steuer bezw. neben Rückerstattung der zur Ungebühr empfangenen

---

Zu Art. 26, 27 u. 29, § 43. 1) Steuerpflichtige, welche nach Ablauf der vom Schatzungsrate zur Abgabe der Steuererklärungen anberaumten Frist gemäss Art. 26 Abs. 1 und Art. 27 Abs. 3 des Gesetzes eine Steuererklärung abgeben wollen, haben dieselbe beim Steuerkommissär einzureichen.

2) Wenn wegen Nichtabgabe einer Steuererklärung gemäss Art. 14 Abs. 1 des Gesetzes oder wegen wahrheitswidriger Angaben in einer Steuererklärung oder in einem nach Art. 18 Abs. 2 des Gesetzes eingerichteten Gesuche im Strafwege gemäss Art. 26 und 27 des Gesetzes Steuernachtrag anzusetzen ist, so hat sich dieser Ansatz auf die Steuer zu beschränken, welche für die letzten 5 Kalenderjahre, das Jahr der Erlassung des Erkenntnisses mit inbegriffen, zu wenig in Ansatz gebracht oder in diesen ·5 Jahren zur Ungebühr rückersetzt worden ist.

Steuerrückvergütung an Stelle der daselbst angedrohten Strafe nur eine Ordnungsstrafe bis zu 300 Mark, welche jedoch den Betrag der ersteren Strafe nicht
übersteigen darf.

Die gleiche Ordnungsstrafe ist verwirkt, wenn ein Steuerpflichtiger
(ausgenommen die Fälle des Art. 21, Abs. 1) den ihm durch dieses Gesetz
auferlegten sonstigen Verbindlichkeiten zuwiderhandelt oder ihre Erfüllung
verweigert oder dabei wahrheitswidrige Angaben macht.

Wird die unterlassene Steuererklärung, Anmeldung, Anzeige oder Angabe
zwar nach Ablauf der gesetzlichen Frist, jedoch noch bevor das Vergehen bei
der Bezirkssteuerbehörde angezeigt worden ist, nachgeholt oder die wahrheitswidrige Angabe innerhalb der gleichen Zeit berichtigt, so tritt gänzliche Straflosigkeit ein.

Artikel 28.
Verjährung der Strafverfolgung.

Die Verfolgung der im Art. 26 mit Strafe bedrohten Steuervergehen
verjährt in 3 Jahren vom Ablauf der in Betracht kommenden gesetzlichen
Fristen bezw. vom Tag der Abgabe der wahrheitswidrigen Angaben an.

Ordnungsvergehen (Art. 27, Abs. 1 und 2) verjähren in einem Jahre.

Abschnitt VI.
Vollzugs-Bestimmungen.
Artikel 29.
Eintritt der Wirksamkeit des Gesetzes.

Gegenwärtiges Gesetz tritt mit dem 1. Januar 1886 in Wirksamkeit.

Behufs Aufstellung des Einkommensteuerkatasters für 1886 treten aber
sämtliche Bestimmungen des Gesetzes, welche sich auf die Aufstellung des
Katasters (die Steuerveranlagung) beziehen, insbesondere die Vorschriften des
Art. 14, schon vom 1. Januar 1885 an in Geltung.

Hierzu tritt, sofern bei Erlassung des Erkenntnisses das Steuer-Ab- und Zuschreiben
für das nächstfolgende Jahr bereits beendigt ist, noch der vormerkliche Ansatz der für dieses
weitere Jahr zu wenig angesetzten Steuer.

Bei Festsetzung der Strafe kommen dagegen nur diejenigen Verfehlungen in Betracht,
welche der Steuerpflichtige durch Unterlassung der Abgabe einer Steuererklärung oder Anmeldung oder durch wahrheitswidrige Angaben in einer solchen oder in einem nach Art. 18
Abs. 2 des Gesetzes eingereichten Gesuche in den letzten 3 Jahren begangen hat. Die letzten
3 Jahre sind vom Tag der Erlassung des Strafbescheids oder, von der ersten richterlichen
Untersuchungshandlung an, wenn eine solche der Erlassung des Strafbescheids vorhergegangen
oder ein Strafbescheid nicht erlassen worden ist (§ 68 des Strafgesetzbuches, § 459 Ab. 2
der Strafprozessordnung), zurückzurechnen. Eine Bestrafung wegen Nichtabgabe einer Steuererklärung nach Art. 14 Abs. 1 des Gesetzes kann hiernach nicht mehr eintreten, wenn seit
dem Ablauf der in Art. 26 Abs. 1 des Gesetzes gewährten zusätzlichen Frist von 4 Wochen
3 Jahre verstrichen sind.

Bei Verfehlungen, welche sich als Ordnungsvergehen (Art. 27 Abs. 1 und 2 des Gesetzes) darstellen, wird die Bestrafung durch den Ablauf eines, in gleicher Weise zu berechnenden Jahres ausgeschlossen.

3) Der Steuernachtrag, welchen Erben und Witwen nach Art. 19 des Gesetzes zu
zahlen haben, berechnet sich stets und somit auch in den Straffällen der Art. 26 un 27 des
Gesetzes auf den doppelten Betrag der Steuer, welche von dem Erblasser in den seiner Todestage unmittelbar vorausgegangenen 5 Jahren zu entrichten gewesen wäre.

Dieser ganze Steuernachtrag ist stets auch bei der Strafausmessung als der hinterzogene
Steuerbetrag zu behandeln.

4) Die in Art. 26 Abs. 2 des Gesetzes angedrohte Strafe, sowie die Ordnungsstrafe des
Art. 27 ist im Hinblick auf § 1 Abs. 2 und § 27 des Strafgesetzbuchs jeweils mindestens im

Ebenso finden die im Art. 30 unter Ziff. III. vorgesehenen Abänderungen des Erwerbsteuergesetzes schon vom 1. Januar 1885 an insoferne Anwendung, als es sich um die Aufstellung der Gewerbsteuerkataster für 1886 handelt.

Auch greifen für das Jahr 1885 bereits die Strafbestimmungen gegenwärtigen Gesetzes, soweit solche nach Vorstehendem anwendbar sind, Platz. Bis zur erstmaligen Festsetzung des Steuerfusses tritt, wenn die vorgeschriebenen Steuererklärungen und Angaben nicht oder nicht rechtzeitig oder in wahrheitswidriger Weise erstattet werden, eine Geldstrafe ein, welche bis zu 1000 Mark ansteigen kann.

Artikel 30.

Ausser Kraft tretende oder eine Abänderung erleidende Gesetzesbestimmungen.

I. Mit Wirkung vom 1. Januar 1886 an treten nebst den zum Vollzug der betreffenden Gesetzesbestimmungen erlassenen Verordnungen ausser Kraft:

1) die Art. 2, 3 und 4 des Gesetzes vom 14. Mai 1828, die Aufhebung des Bergzehnten und der übrigen Hoheitsabgaben vom Bergbau und die Erhebung einer Bergsteuer betreffend (Regierungsblatt Nr. VII, S. 63),

2) Art. 3 Ziff. 5 des Gesetzes vom 26. Mai 1866, die neue Katastrierung der Gebäude im Grossherzogtum betreffend (Regierungsblatt Nr. XXX, S. 147).

(Ziff. II. und III. enthalten die Aenderungen des Kapitalrenten- und Erwerbsteuergesetzes.)

Artikel 31.

Verwendung des Erträgnisses der Einkommensteuer.

Das Erträgnis der Einkommensteuer wird nach Deckung des durch das gegenwärtige Gesetz bedingten Ausfalls an direkten Steuern zunächst und jedenfalls für die erste Budgetperiode, in welcher die Einkommensteuer zur Erhebung gelangt, zur Ermässigung der übrigen direkten Steuern verwendet.

Betrag von 3 Mark auszusprechen, sofern nicht in den Fällen des Art. 27 Abs. 1 die Defraudationsstrafe weniger betragen würde.

Die Ordnungsstrafe des Art. 27 Abs. 2 des Gesetzes ist auch gegen diejenigen Steuerpflichtigen zu erkennen, welche die ihnen nach Art. 15 Abs. 1 des Gesetzes obliegenden Angaben nicht in der dort bestimmten Frist oder in wahrheitswidriger Weise erstatten.

Gleichzeitig ist denselben die nicht oder zu wenig entrichtete Steuer nach den oben unter Ziff. 2 gegebenen Vorschriften in Ansatz zu bringen.

Uebergangsbestimmungen.

§ 44. Mit Ausnahme der in § 25 bezeichneten Personen sind Steuerpflichtige, welche in der Zeit zwischen dem 1. April 1885 und dem Ende der zur Abgabe der Steuererklärungen in diesem Jahre bestimmten, gemäss Art. 26 des Gesetzes verlängerten Frist ihren Wohnsitz verändern, von der Abgabe einer Steuererklärung nach Art. 14 des Gesetzes am bisherigen Wohnorte entbunden und haben eine solche erst an ihrem neuen Wohnorte beim Ab- und Zuschreiben im Jahre 1886 abzugeben.

Für die in § 25 bezeichneten Personen hat, sofern solche nicht etwa innerhalb der im Eingang des Abs. 1 bezeichneten Frist ihren Wohnsitz ausserhalb des Grossherzogtums verlegen, die Vorschrift des § 23 schon im laufenden Jahre Geltung.

§ 45. Die Bestimmungen in § 27 über die Obliegenheiten der öffentlichen Kassen treten mit dem 1. April 1885 in Kraft.

Die dort erwähnten Verzeichnisse sind daher erstmals auf 15. April 1885 den Steuerkommissären mitzuteilen.

§ 46. Die Anmeldungen nach Art. 15 des Gesetzes haben gleichfalls vom 1. April 1885 an zu erfolgen und sind mit den nach Art. 26 des Erwerbsteuergesetzes noch für 1885 zu erstattenden Erwerbsteueranmeldungen zu verbinden.

§ 47. Die Grossherzogliche Steuerdirektion ist mit dem weiteren Vollzug beauftragt.

Artikel 32.
Vollzug des Gesetzes.

Für den Vollzug gegenwärtigen Gesetzes sorgt das Finanzministerium und erteilt zu dem Ende die nötigen Vollzugsvorschriften.

Gegeben zu Schloss Mainau, den 20. Juni 1884.

Friedrich.

Ellstätter.

Auf Seiner Königlichen Hoheit Höchsten Befehl:

Gantz.

Beilage 1 der Vollzugsverordnung.

Formular I.

Gemarkung, in welcher die Steuerpflicht begründet ist (Steuerdistrikt): Karlsruhe.

Einkommensteuer-Erklärung.

Name, Stand und Wohnort des Pflichtigen: Steingutfabrikant Johann Maier dahier bezieht in Geld, Geldeswert und Selbstbenützung nach dem gegenwärtigen Stande seiner Einkommensverhältnisse am 1. April des Jahres folgendes Einkommen:

		Jahres-betrag.
1.	Aus im Grossherzogtum — in- oder ausserhalb des Steuerdistrikts — gelegenen Grundstücken und Gebäuden, aus auf solchen Liegenschaften ruhenden Grundrechten und Grundgefällen, sowie aus im Grossherzogtum betriebener Land- und Forstwirtschaft	Mark 1,820
2.	Aus im Grossherzogtum betriebenen Gewerben, einschliesslich von Handel und Bergbau	40,500
3.	Aus öffentlichem oder privatem Dienstverhältnis, aus wissenschaftlichem oder künstlerischem Beruf oder irgend anderer nicht schon unter Ziffer 1 und 2 begriffenen Art gewinnbringender Beschäftigung	800
4.	Aus Kapitalvermögen, Renten und anderen derartigen Bezügen	15,830
5.	Summe von Ziffer 1—4	58,950
6.	Hiervon gehen ab für Schuldzinsen	1,740
7.	Steuerbares Einkommen	57,210
8.	Monat, mit dessen erstem Tag die Steuerpflicht in dem Steuerdistrikt begonnen hat[1]: . . . . 18 . .	
9.	Monat, seit dessen erstem Tag die Erhöhung oder Minderung des steuerbaren Jahreseinkommens auf den unter Ziffer 7 angegebenen Betrag in vollem Umfang andauert[2]): März 1886.	

Der Unterzeichnete versichert hiermit nach bestem Wissen und Gewissen, dass vorstehende Steuererklärung einschliesslich der Angaben auf der Rückseite nach den Bestimmungen des Einkommensteuergesetzes vom 20. Juni 1884 getreu und vollständig aufgestellt ist.

Karlsruhe, den 24. Juli 1886.

Unterschrift: Johann Maier.

Wohnung: Kronenstrasse 12.

---

[1]) Anmerkung zu Ziffer 8. Eine Angabe haben hier nur diejenigen Steuerpflichtigen zu machen, welche in dem Steuerdistrikt noch nicht zur Einkommensteuer veranlagt sind. Anzugeben ist der Monat, welcher auf denjenigen Kalendermonat folgt, in welchem der Pflichtige überhaupt erstmals wieder zum Genuss eines steuerbaren Einkommens gelangt ist, oder aber ein bereits im Genuss eines steuerbaren Einkommens Befindlicher seinen Wohnsitz in den Steuerdistrikt verlegt hat oder sonst daselbst steuerpflichtig geworden ist.

[2]) Anmerkung zu Ziffer 9. Eine Angabe ist hier nur zu machen, wenn der Steueranschlag für das unter Ziffer 7 angegebene steuerbare Einkommen sich gegenüber dem Steueranschlag des vom Pflichtigen im Steuerdistrikt seither versteuerten Einkommens um mehr als 25 Prozent erhöht oder vermindert; kann nicht festgestellt werden, von welchem früheren Monat an die Einkommens-Erhöhung oder -Minderung in vollem Umfang andauert, so ist der April laufenden Jahres als der massgebende Monat zu bezeichnen.

Erläuternde Angaben.

1. [1]) Der vorseits genannte Steuerpflichtige bezieht ausser seinem im Grossherzogtum steuerbaren Einkommen, wie solches unter Ziff. 7 der Steuererklärung angegeben ist, sonstiges Einkommen im Jahresbetrag von . . . . 3700 Mark und hat Schuldzinsen zu entrichten im jährlichen Gesamtbetrag von . . . 1851 .

2. Der Steuerpflichtige hat seinem eigenen Einkommen gemäss Art. 4 des Gesetzes zugerechnet und unter Ziff. 7 der Steuererklärung mitangegeben das ihm überlassene Einkommen der nachgenannten, zu seinem Haushalte gehörigen Familienmitglieder mit folgenden Beträgen:

    von seinem Sohn Karl Maier . . . . 600 Mark

    . . . . "

    . . . . "

    . . . . " .

3. Der Steuerpflichtige versteuert ausserhalb des Steuerdistrikts im Grossherzogtum: Grundstücke, Gebäude in den Gemarkungen Bulach und Durlach. Gewerbe   "   "   "   Bulach.

---

[1]) **Anmerkung zu Ziffer 1.** Hier sind Angaben nur von solchen Steuerpflichtigen zu machen, welche nach Art. 5 A. 2 und 3 und Art. 6 Ziff. 1 des Gesetzes ihr Einkommen nur zum Teil im Grossherzogtum zu versteuern haben und deshalb ihre Schuldzinsen nur in dem entsprechenden Verhältnis in Abzug bringen dürfen. Sind unter Ziff. 6 der Steuererklärung Schuldzinsen nicht in Abzug gebracht, so fallen die Angaben hier weg.

Anlage.

Tabelle
zur Berechnung der Einkommensteueranschläge.

Die Einkommensbeträge sind so nach unten abzurunden, dass ohne Rest teilbar sind:
Beträge von   500 bis 10,000 M. durch 100.
„   „   10,000 „ 30,000   „   „   500.
„   „   30,000 und mehr „   „   1000.

Ein-kommen.	Steuer-anschlag.	Ein-kommen.	Steuer-anschlag.	Ein-kommen.	Steuer-anschlag.	Ein-kommen.	Steuer-anschlag.	Ein-kommen.	Steuer-anschlag.
M.	M.	M.	M.	M.	M.	M.	M.	M.	M.
500	100	3100	1600	6100	4600	9100	7600	20,500	19,500
600	125	3200	1700	6200	4700	9200	7700	21,000	20,000
700	150	3300	1800	6300	4800	9300	7800	21,500	20,500
800	175	3400	1900	6400	4900	9400	7900	22,000	21,000
900	200	3500	2000	6500	5000	9500	8000	22,500	21,500
		3600	2100	6600	5100	9600	8100	23,000	22,000
1000	250	3700	2200	6700	5200	9700	8200	23,500	22,500
1100	300	3800	2300	6800	5300	9800	8300	24,000	23,000
1200	350	3900	2400	6900	5400	9900	8400	24,500	23,500
1300	400	4000	2500	7000	5500			25,000	24,000
1400	450	4100	2600	7100	5600	10,000	9000	25,500	24,500
1500	500	4200	2700	7200	5700	10,500	9500	26,000	25,000
1600	550	4300	2800	7300	5800	11,000	10,000	26,500	25,500
1700	600	4400	2900	7400	5900	11,500	10,500	27,000	26,000
1800	650	4500	3000	7500	6000	12,000	11,000	27,500	26,500
1900	700	4600	3100	7600	6100	12,500	11,500	28,000	27,000
2000	750	4700	3200	7700	6200	13,000	12,000	28,500	27,500
		4800	3300	7800	6300	13,500	12,500	29,000	28,000
2100	825	4900	3400	7900	6400	14,000	13,000	29,500	28,500
2200	900	5000	3500	8000	6500	14,500	13,500		
2300	975	5100	3600	8100	6600	15,000	14,000	30,000	30,000
2400	1050	5200	3700	8200	6700	15,500	14,500		
2500	1125	5300	3800	8300	6800	16,000	15,000		
2600	1200	5400	3900	8400	6900	16,500	15,500		
2700	1275	5500	4000	8500	7000	17,000	16,000		
2800	1350	5600	4100	8600	7100	17,500	16,500		
2900	1425	5700	4200	8700	7200	18,000	17,000		
3000	1500	5800	4300	8800	7300	18,500	17,500		
		5900	4400	8900	7400	19,000	18,000		
		6000	4500	9000	7500	19,500	18,500		
						20,000	19,000		

Bei Einkommen von über 30,000 M. bildet der nach unten auf volle Tausend abgerundete Betrag des Einkommens den Steueranschlag.

Ergebnisse
der Einkommensteuerveranlagungen für 1886,
zusammengestellt nach der Höhe des steuerbaren Einkommens der Pflichtigen.

1.	2.	3.	4.	5.	6.	7.
					Es beträgt:	
Steuerbares Einkommen des einzelnen Pflichtigen	Anzahl der Pflichtigen mit dem in Spalte 1 bezeichneten Einkommen	Summe des steuerbaren Einkommens der in Spalte 2 aufgeführten Pflichtigen	Summe der Steueranschläge	die in Spalte 2 aufgeführte Anzahl in Prozenten der Gesamtzahl aller Pflichtigen	die Summe der Spalte 3 in Prozenten der Gesamtsumme des steuerbaren Einkommens aller Pflichtigen	die Summe in Spalte 4 in Prozenten der Gesamtsumme der Steueranschläge aller Pflichtigen
Mark		Mark	Mark			
500	81,737	40,868,500	8,173,700	25,8	10,1	4,5
600— 900	120,297	86,493,600	18,615,975	37,9	21,5	10,4
1,000— 1,400	55,703	62,289,900	17,719,200	16,9	15,4	9,8
1,500— 1,900	23,284	38,711,500	13,534,750	7,3	9,6	7,5
2,000— 2,900	18,860	44,237,300	19,032,975	6,0	11,0	10,5
3,000— 4,900	11,635	43,125,900	25,673,400	3,7	10,7	14,3
5,000— 8,900	5,050	32,121,500	24,546,500	1,6	8,0	13,6
9,000— 9,900	418	3,945,700	3,316,700	0,1	0,9	1,8
10,000— 14,500	1,154	13,536,500	12,382,500	0,4	3,4	6,9
15,000— 19,500	428	7,183,000	6,755,000	0,1	1,7	3,8
20,000— 29,500	328	7,810,500	7,482,500	0,1	2,0	4,1
30,000— 49,000	164	6,084,000	6,086,000	0,05	1,5	3,4
50,000— 96,000	87	5,589,000	5,589,000	3,03	1,4	3,1
101,000—186,000	33	4,434,000	4,434,000	0,01	1,1	2,5
200,000 und mehr	18	6,864,000	6,861,000	0,01	1,7	3,8
Summe:	317,196	403,294,900	180,206,200	100	100	100

Bemerkung: Die Angaben in Spalte 3 stellen das nach Art. 13 des Gesetzes auf
die nächstniedrige durch 100 bezw. (bei den höheren Einkommen)
durch 500 und 1000 teilbare Zahl abgerundete Einkommen dar;
ohne Berücksichtigung dieser Abrundung beträgt das steuerbare Gesamteinkommen, wie im Text angegeben, 414,442,117 Mark.

Gesetz,
die Gewerbsteuer betreffend.

(In der durch die Bekanntmachung des Finanzministeriums vom 26. April 1886
festgestellten Fassung.)

Artikel 1.
Gegenstand der Besteuerung.

Der Gewerbsteuer unterliegt das Betriebskapital der im Grossherzogtum
betriebenen gewerblichen Unternehmungen.

Konsumvereine mit offenem Laden, sowie eingetragene Genossenschaften
mit bankähnlichem Betrieb und auf Gegenseitigkeit gegründete, unter Verwendung von Agenten betriebene Versicherungsgesellschaften gelten bezüglich
ihres gesamten Geschäftsbetriebs als gewerbliche Unternehmungen.

Artikel 2.
Steuerbefreiungen.

Vom Beizug zur Gewerbsteuer bleiben frei:

1) die vom Staate im öffentlichen Interesse und für öffentliche Zwecke
   betriebenen gewerblichen Unternehmungen;
2) die Reichsbank und ihre Zweiganstalten;
3) der Betrieb der 'Land- und Forstwirtschaft einschliesslich des Handels
   mit Produkten von eigenen und gepachteten Grundstücken, sowie mit

---

Verordnung vom 26. April 1886, den Vollzug des Gewerbsteuergesetzes betr.

Zu Art. 1. § 1. Gewerbliche Unternehmungen unterliegen nach Art. 1 des Gesetzes
der Gewerbsteuer nur dann und nur insoweit, als solche innerhalb des Grossherzogtums betrieben werden. Ausserhalb des Grossherzogtums betriebene Gewerbsunternehmungen sind
daher, auch wenn der Unternehmer seinen Wohnsitz im Grossherzogtum hat, der Gewerbsteuer nicht unterworfen. Im Grossherzogtum betriebene Gewerbsunternehmungen dagegen
sind auch dann steuerpflichtig, wenn der Unternehmer seinen Wohnsitz ausserhalb Badens hat.

Als gewerbliche Unternehmung gilt jede selbständig d. i. auf eigene Rechnung
betriebene gewerbliche Thätigkeit.

Konsumvereine mit offenem Laden, sowie eingetragene Genossenschaften mit bankähnlichem Betrieb und auf Gegenseitigkeit gegründete, unter Verwendung von Agenten betriebene Versicherungsgesellschaften gelten nicht allein bezüglich der Geschäfte, welche sie
mit Nichtmitgliedern machen, sondern auch bezüglich der Geschäfte mit Mitgliedern, somit
bezüglich ihres gesamten Geschäftsbetriebs als gewerbliche Unternehmungen.

Dagegen sind die unter das Gesetz vom 9. April 1880 (Gesetzes- und Verordnungsblatt
Seite 109—114) fallenden, unter Bürgschaft einer oder mehrerer Gemeinden errichteten Sparkassen als gewerbliche Unternehmungen nicht anzusehen.

Zu Art. 2. § 2. 1) Zu den nach Art. 2 Ziff. 1 des Gesetzes vom Beizug zur Gewerbsteuer befreiten vom Staat im öffentlichen Interesse und für öffentliche Zwecke betriebenen
gewerblichen Unternehmungen gehören die vom grossherzoglichen Domänenfiskus betriebenen
Gewerbsunternehmungen nicht.

Dagegen ist zu denselben zu rechnen der Bau und Betrieb von Eisenbahnen seitens
des Staats, der Gewerbebetrieb in den Straf-, Heil- und Pflegeanstalten des Staats, der Betrieb
der Staatssalinen.

den davon ernährten Tieren und deren Erzeugnissen, sei es, dass das
Produkt roh oder in einem anderen Zustande verkauft wird, der in
dem Kreise des land- und forstwirtschaftlichen Betriebs liegt.
(Art. 3 und 4 des Erwerbsteuergesetzes vom 25. August 1876 sind weggefallen).

Artikel 5.
Ermittelung und Festsetzung des steuerbaren
Betriebskapitals.

Die Ermittelung und Festsetzung des steuerbaren Betriebskapitals erfolgt,
soweit nicht in gegenwärtigem Gesetz ausdrücklich ein anderes Verfahren vorgeschrieben ist, auf Grund der von den Pflichtigen zu machenden Angaben,
sowie sonstiger Erhebungen beim jährlichen Steuer-Ab- und Zuschreiben durch
den Schatzungsrat nach den Bestimmungen des Gesetzes vom 17. März 1854,
die Aufstellung der Kataster der direkten Steuern betreffend (Regierungsblatt
Nr. XI, S. 79).
(Art. 6 des Erwerbsteuergesetzes vom 25. August 1876 ist weggefallen.)

Artikel 7.
Bestandteile des Betriebskapitals.

Das Betriebskapital umfasst die sämtlichen dem betreffenden Gewerbsbetrieb gewidmeten Gegenstände mit Ausnahme jener, welche der Grund- und
Häusersteuer unterliegen oder ausserhalb des Landes sich befinden und daselbst
besteuert sind.

---

2) Der mit Weinlagerpatent betriebene Weinhandel ist nach Art. 26 Abs. 2 des
Weinsteuergesetzes vom 19. Mai 1882 (Gesetzes- und Verordnungsblatt Seite 137) vom Bezug
zur Gewerbsteuer befreit. Jedoch ist dem gewerbsteuerpflichtigen Betriebskapitale eines Wirtes,
Weinkleinverkäufers, Weinhandlungskellerbesitzers der mittlere Wert der alljährlich durchschnittlich aus seinen Weinlagerkellern in seine Wirtschafts- oder Weinhandlungskeller übergehenden Weinmengen in der in § 33 der Vollzugsverordnung zum Weinsteuergesetz (Gesetzes-
und Verordnungsblatt 1882 Seite 321) näher bezeichneten Weise zuzuschlagen.

Zu Art. 7. § 3. 1) Die in Art. 7 Ziff. 2 des Gesetzes bezeichneten, in Gebäuden
befindlichen Einrichtungen sind als ihrer Natur nach unbeweglich zu betrachten, insoweit
sie nicht bloss eine Zubehörde, sondern einen Bestandteil des Gebäudes bilden.

Letzteres ist der Fall, wenn sie mit dem Gebäude in einer körperlichen Verbindung
stehen, welche nicht ohne erhebliche Beschädigung ihrer selbst oder des Gebäudes gelöst
werden kann.

Maschinen, Geräte und Werkzeuge, welche überhaupt noch, wenn auch (wie z. B.
Reservemaschinen) nur in seltenen Fällen benutzt werden, sind zu den dem Gewerbebetrieb
gewidmeten Gegenständen zu rechnen und demgemäss als Bestandteile des Betriebskapitals
zu behandeln; dagegen bleiben Maschinen, Gerätschaften und Werkzeuge, welche dauernd
nicht mehr benutzt werden, ausser Betracht.

2) Zu den Vorräten an fertigen Waren, Roh- und Hilfsstoffen, barem Gelde etc.
(Art. 7 Ziff. 3, 4 und 5) gehören auch diejenigen dem Geschäft gewidmeten Vorräte, welche
ausserhalb des Steuerdistrikts gelagert oder auf dem Transport begriffen sind, es sei denn,
dass diese Vorräte nach Lage der Verhältnisse als Betriebskapital einer anderen Unternehmung
oder Zweigniederlassung des Pflichtigen zu betrachten oder ausserhalb Landes befindlich und
daselbst nachgewiesenermassen besteuert sind. Auch die in öffentlichen Niederlagen befindlichen Vorräte eines Gewerbesteuerpflichtigen bilden Bestandteile seines Betriebskapitals.

3) Als Betriebskapital der gewerblichen Unternehmungen — mit Ausnahme der Versicherungsgesellschaften, für welche die besondere Bestimmung des Art. 8 letzter Absatz
Platz greift — gelten auch die dem Gewerbebetrieb gewidmeten Reserve- etc. Fonds.

Zu den in Art. 7 Ziff. 5 erwähnten Aktivausständen einschliesslich der Kontokorrentguthaben sind nicht bloss die unverzinslichen, sondern auch die verzinslichen Ausstände, sofern
sie vom Geschäftsbetrieb herrühren, zu rechnen.

Insbesondere sind hierher zu rechnen:
1) die Wasserkräfte, welche für ein Gewerbe benutzt werden;
2) die ständigen, zur Führung eines Geschäftes an Maschinen, Gerätschaften und Werkzeugen vorhandenen Einrichtungen, jene jedoch ausgeschlossen, welche sich in Gebäuden befinden und als ihrer Natur nach unbeweglich nach Art. 5 Abs. 3 des Gesetzes vom 26. Mai 1866 (Regierungsblatt Nr. XXX, S. 147), die neue Katastrierung der Gebäude im Grossherzogtum betreffend, beim Steueranschlag der Gebäude zu berücksichtigen sind;
3) die Vorräte zum Verkauf bestimmter Waren, sowie zum Gewerbsbetrieb dienender Roh- und Hilfsstoffe aller Art, einschliesslich der in Bearbeitung begriffenen Stoffe;
4) die zum Gewerbebetrieb verwendeten Tiere und Futtervorräte für dieselben;
5) die zum Geschäftsbetrieb dienenden Vorräte an barem Geld, Gold und Silber in Barren, Papiergeld, Banknoten, Wechseln, verzinslichen und unverzinslichen Wertpapieren, ferner die vom Geschäftsbetrieb herrührenden Aktivausstände einschliesslich der im Kontokorrent laufenden Guthaben; soweit die Summe aller dieser Werte die Summe der aus dem laufenden Geschäftsbetrieb herrührenden Schulden übersteigt;
6) die einzelnen Gewerbtreibenden zustehenden besonderen Gewerbsberechtigungen.

Artikel 8.
Steueranschlag des Betriebskapitals.

Der Steueranschlag des Betriebskapitals besteht im mittleren Werte der nach mittlerem Jahresstande angenommenen Betriebskapitalien.

Dabei kommen Betriebskapitalien unter 700 Mark nicht in Betracht und höhere Betriebskapitalien werden, sofern sie nicht bereits auf eine durch 100 teilbare Summe lauten, stets auf die nächst niedere in dieser Weise teilbare Zahl abgerundet.

Bei Assekuranzunternehmungen wird das Betriebskapital der Bruttoeinnahme an Prämien gleichgestellt, welche für Versicherungen im Lande nach mittlerem Stande jährlich bezogen wird.

(Art. 9 bis 13 des Erwerbsteuergesetzes vom 25. August 1876 sind weggefallen.)

Unter den Schulden des laufenden Geschäftsbetriebs sind nur die auf dem regelmässigen Geschäftskredit des Gewerbsunternehmens beruhenden, nicht aber die persönlichen Schulden oder die Schulden zu verstehen, welche zur Gründung oder dauernden Vergrösserung der Unternehmung gemacht werden.

4) Als Gewerbsberechtigungen, welche gemäss Art. 7 Ziff. 6 zu den Bestandteilen des Betriebskapitals gehören, sind zur Zeit nur die Realprivilegien der Apotheker und Ueberfahrtsrechte in Betracht zu ziehen.

Zu Art. 8. § 4. 1) Unter dem mittleren Werte der Betriebskapitalien (Art. 8 Abs. 1 des Gesetzes) ist der mittlere Kaufwert, d. h. der Anschlag zu verstehen, welchen die in Frage kommenden Bestandteile des Betriebskapitals erhalten würden, wenn sie zu der für die Einschätzung massgebenden Zeit mit der gesamten Gewerbsunternehmung zum Zwecke des Fortbetriebs der letzteren und unter normalen Verhältnissen zum Verkauf gebracht würden.

2) Als massgebender mittlerer Jahresstand des Betriebskapitals (Art. 8 Abs. 1 des Gesetzes) ist der mittlere Stand desjenigen Kalender- bezw. Geschäftsjahres anzusehen, in welchem die Steueranlage erfolgt. Wenn ein Geschäft während des Jahres der Steuerveranlagung neu eröffnet, vergrössert oder verkleinert wurde, so ist der mittlere Stand des vom Beginn der Unternehmung bezw. der Vergrösserung oder Verkleinerung an laufenden Jahres massgebend. Handelt es sich aber um die Steuerveranlagung für verflossene Jahre, so ist der mittlere Stand eines jeden Jahres, für welches die Steuer anzusetzen ist, massgebend.

3) Bei Feststellung der im Abs. 2 des Art. 8 erwähnten untersten Grenze für die Steuerpflichtigkeit der Betriebskapitalien (700 Mark) sind dieselben gleichfalls mit ihrem

Artikel 14.
Besteuerung der Wanderlagerbesitzer.

Personen, welche ausser dem Mess- und Marktverkehr (d. i. ausser der Mess- und Marktzeit) ausserhalb ihres Wohnsitzes Verkaufslokale zum Absatz von Waren halten oder Warenversteigerungen entweder selbst oder durch Dritte vornehmen, haben an jedem Orte, an welchem sie solche Lokale halten oder Versteigerungen vornehmen, für einen nicht über sieben Tage dauernden Geschäftsbetrieb die Hälfte, für einen Geschäftsbetrieb von mehr als sieben Tagen, aber nicht über ein Jahr, den vollen Betrag der nach den Bestimmungen des Gesetzes berechneten Jahressteuer zu entrichten.

Hierzu tritt bei Personen, welche im Grossherzogtum eine gewerbliche Niederlassung, einen Geschäftssitz, einen Wohnsitz oder einen ansässigen Geschäftsführer nicht haben, statt der Einkommensteuer ein Zuschlag, dessen Betrag im Verordnungswege festgesetzt wird. Dieser Zuschlag wird auch dann erhoben, wenn das Betriebskapital weniger als 700 Mark beträgt.

Artikel 15.
Beginn und Erlöschen der Steuerpflicht.

Die Steuerpflicht eines Gewerbsteuerpflichtigen beginnt, abgesehen von den zur Entrichtung der im Art. 17 vorgesehenen Taxe Verpflichteten und den im Art. 14 bezeichneten Personen, in jedem Steuerdistrikt (Gemarkung) stets mit dem ersten Tag des auf den Anfang eines in dem betreffenden Distrikt steuerbaren Geschäftsbetriebs folgenden Kalendermonats und endigt mit dem letzten Tage desjenigen Kalendermonats, in welchem der steuerbare Gewerbsbetrieb aufhört.

---

mittleren Wert und nach mittlerem Jahresstand in Anschlag zu bringen. Es sind hierbei und ebenso behufs der Abrundung der Betriebskapitalanschläge auf die nächst niedrige durch 100 teilbare Zahl stets alle Betriebskapitalien bezw. Betriebskapitalsbestandteile zusammenzurechnen, welche ein und derselbe Pflichtige gemäss Art. 17 des Gesetzes in einem und demselben Steuerdistrikt zu versteuern hat.

Zu Art. 14. § 5. 1) Der Besteuerung nach Art. 14 des Gesetzes unterliegt, wer ausserhalb des Gemeindebezirks seines Wohnortes ohne Begründung einer gewerblichen Niederlassung und ausser dem Mess- und Marktverkehr

a. von einer festen Verkaufsstelle aus (Laden, Magazin, Zimmer, Schiff, hierzu eingerichteter Wagen, verschliessbare Bude u. dergl.) nur vorübergehend Waren feilbietet,

b. Warenversteigerungen selbst oder durch Dritte vornimmt, gleichviel ob dies auf offener Strasse oder von einer festen Verkaufsstelle aus geschieht.

Zu diesem Gewerbebetrieb ist ein Wandergewerbeschein, zur Vornahme von Warenversteigerungen ausserdem noch besondere polizeiliche Erlaubnis erforderlich. (§ 55 ff. der Deutschen Gewerbeordnung in der Fassung des Reichsgesetzes vom 1. Juli 1883, Reichsgesetzblatt S. 177, §§ 86 und 87 der badischen Vollzugsverordnung hierzu vom 23. Dezember 1883, Gesetzes- und Verordnungsblatt Seite 357.)

2) Der Geschäftsbetrieb ist in diesen Fällen jeweils als beendigt anzusehen, sobald von der betreffenden Person in dem bezüglichen Ort ein zum Warenverkauf dienendes Lokal nicht mehr gehalten wird oder die Warenversteigerung ihr Ende erreicht hat. Die Wiedereröffnung eines Verkaufslokals oder die Vornahme einer neuen Versteigerung ist, wenn dieselbe sich nicht als Fortsetzung eines bereits besteuerten Wanderlagers oder einer schon versteuerten Warenversteigerung darstellt, als Beginn eines neuen Geschäftsbetriebs anzusehen und demgemäss neuerdings nach Massgabe der Bestimmungen der Art. 14 und 23 des Gesetzes zur Versteuerung zu ziehen.

3) Der im Abs. 2 des Art. 14 vorgesehene Steuerzuschlag beträgt bis auf weiteres an jedem Orte des Geschäftsbetriebs

Artikel 16.
Erhöhung und Verminderung der Besteuerung.

Eine Erhöhung oder Verminderung der Besteuerung eines bereits zur Gewerbsteuer Veranlagten tritt ein, wenn sich nach dem Stande der massgebenden Verhältnisse am 1. April eines Jahres das steuerbare Betriebskapital der in einem und demselben Steuerdistrikt zu veranlagenden Gewerbsunternehmungen des Pflichtigen gegenüber dem veranlagten Betriebskapital derart erhöht oder vermindert hat, dass sich gemäss Art. 8 ein höherer oder niedrigerer Steueranschlag ergibt, vorausgesetzt, dass die Erhöhung des Steueranschlags nicht unter 5 Prozent des seitherigen Betriebskapitalanschlags und auch nicht unter 700 Mark beträgt.

Die Erhöhung oder Minderung der Besteuerung beginnt mit dem Anfang des auf den bezüglichen 1. April nächstfolgenden Kalenderjahres, sofern jedoch das Steuerkapital sich um mehr als 25 Prozent erhöht oder mindert, vom Anfang des Monats an, seit welchem, nach dem Stand der Verhältnisse am ersten des Monats berechnet, die Erhöhung oder Minderung des steuerbaren Betriebskapitals im vollen Umfang und in nachhaltiger Weise andauert.

---

a. wenn letzterer nicht länger als 7 Tage dauert:
beim Mangel eines steuerbaren Betriebskapitals . . . . 2 M. 50 Pf.
bei einem steuerbaren Betriebskapital von 700 bis einschl. 1000 M. . 5 „ — „
„ „ „ „ „ 1000 „ „ 2000 „ . 7 „ 50 „
„ „ „ „ „ 2000 . . . . 10 „ — „
und für je volle weitere 1000 M. Betriebskapital je weitere . . . . 2 „ 50 „
b. bei einem über 7 Tage (aber nicht über ein Jahr) dauernden Geschäftsbetrieb:
das Doppelte des unter a. angeführten Betrags.

Zu Art. 15 und 16. § 6. 1) Art. 15 des Gesetzes handelt von dem Fall, in welchem jemand in einem Steuerdistrikt (Gemarkung) erstmals, bezw. erstmals wieder gewerbsteuerpflichtig wird, oder aber die Steuerpflicht einer Person in einem Steuerdistrikt vollständig erlischt. In diesem Fall soll die Steuerpflicht mit dem ersten des auf den Anfang der gewerbsteuerpflichtigen Thätigkeit folgenden Monats beginnen und mit dem letzten des Monats, in welchem die fragliche Thätigkeit aufhört, erlöschen.

Bei der erstmaligen Veranlagung wirkt die Steueranlage im vollen Umfang bis zum Tag des Beginns der Steuerpflicht zurück. Wenn jedoch in der Zeit zwischen Beginn der Steuerpflicht und Veranlagung eine erheblichere Erweiterung des Gewerbebetriebs stattgefunden hat, so ist die Steuerdirektion ermächtigt, auf Ansuchen eine entsprechende Ermässigung des zu berechnenden Steuernachtrags eintreten zu lassen.

2) Art. 16 dagegen behandelt den Fall der Erhöhung oder Verminderung der Besteuerung eines bereits zur Gewerbsteuer Veranlagten infolge der Erhöhung oder Minderung des Betriebskapitals (ohne gänzliches Erlöschen der Steuerpflicht). Hiernach findet eine Erhöhung oder Verminderung der Besteuerung nur dann statt, wenn die dieselbe bedingenden Verhältnisse bereits am 1. April des Jahres, in welchem das Ab- und Zuschreiben vorgenommen wird, eingetreten waren. Haben auf diesen Zeitpunkt oder schon auf den 1. April eines der vorhergegangenen Jahre die Verhältnisse der Gewerbsunternehmung sich derart geändert, dass der Steueranschlag für das Betriebskapital zu erhöhen oder zu vermindern ist, so beginnt die Erhöhung oder Verminderung der Besteuerung, sofern das Steuerkapital nicht um mehr als 25 Prozent zu- oder abnimmt, mit dem Anfang des auf den bezüglichen 1. April nächstfolgenden Kalenderjahres. Nimmt aber das Steuerkapital um mehr als 25 Prozent zu oder ab, so wird die neue Steueranlage mit dem Anfang desjenigen Monats wirksam, seit dessen erstem Tage die eine Aenderung der Steueranlage bedingenden Verhältnisse im vollen Umfang andauern.

Erhöhungen des Steueranschlags des Betriebskapitals, welche nicht wenigstens 5 Prozent des seitherigen Anschlags und zugleich wenigstens 700 Mark betragen, bleiben ausser Betracht; dagegen sind Verminderungen des Betriebskapitals schon zu berücksichtigen, wenn sich der Steueranschlag um wenigstens 100 Mark ermässigt.

Artikel 17.

Ort der Steueranlage.

Jede gewerbliche Unternehmung hat in demjenigen Steuerdistrikt (Gemarkung) in Steueranlage zu kommen, in welchem dieselbe betrieben wird.

Wer eine und dieselbe gewerbliche Unternehmung in mehreren Steuerdistrikten (Gemarkungen) betreibt, ist — sofern in den einzelnen Gemarkungen eine besondere (wenn gleich der gemeinsamen Oberleitung untergeordnete) Geschäftsleitung besteht — in jeder Gemarkung, in welcher dies der Fall ist, nach dem Umfang des dort betriebenen Teils der Unternehmung zu veranlagen. Ausserhalb der Gemarkung der Hauptniederlassung befindliche Zweigniederlassungen oder Filialen sind hiernach für sich zu katastrieren. Andernfalls, d. h. bei einheitlicher Geschäftsleitung geschieht die Veranlagung:

    a. wenn eine auf eine Gemarkung beschränkte Anlage für den Betrieb der Unternehmung vorhanden ist, in der Gemarkung, auf welcher sich diese Anlage befindet;

    b. wenn die Gewerbsanlage sich auf mehrere Gemarkungen erstreckt oder auf mehreren Gemarkungen getrennte Gewerbsanlagen vorhanden sind: in derjenigen Gemarkung, in welcher sich der dem Werte nach grössere Teil der Gewerbsanlage, bezw. Anlagen befindet;

    c. wenn das Unternehmen ohne gewerbliche Anlage betrieben wird: am Geschäftssitz, in Ermangelung eines solchen am Wohnsitz des Unternehmers, bezw. (in zweiter Reihe) des Geschäftsführers.

Personen, welche im Grossherzogtum ein Gewerbsunternehmen betreiben, ohne daselbst eine gewerbliche Niederlassung, einen Geschäftssitz, einen Wohnsitz oder einen ansässigen Geschäftsführer zu haben, werden (abgesehen von dem Falle des Art. 14) an Stelle der Gewerbsteuer mit einer unabhängig von dem Orte des Geschäftsbetriebs lediglich nach der Dauer des letzteren sich bemessenden Taxe belegt.

Die Festsetzung des Betrags dieser Taxe, sowie der Vorschriften über den Ansatz und die Erhebung derselben erfolgt im Verordnungswege.

Artikel 18.

Person des Steuerpflichtigen.

Das Steuerkapital ist dem Unternehmer in Ansatz zu bringen.

Es haftet jedoch der bestellte Geschäftsführer, Faktor, Verwalter oder sonstige Geschäftsvertreter als Selbstschuldner für die dem Unternehmer angesetzte Steuer und für die etwaigen auf Grund gegenwärtigen Gesetzes gegen denselben erkannten Geldstrafen.

Zu Art. 17 Abs. 3 und 4. § 7. Hinsichtlich des Ansatzes und der Erhebung der in Art. 17 Abs. 3 und 4 des Gesetzes erwähnten Taxe, welche nach Art. 7 des Einkommensteuergesetzes ausser der Gewerbsteuer auch die Einkommensteuer für den betreffenden Gewerbebetrieb ersetzt, bleibt die diesseitige Verordnung vom 29. Dezember 1883 (Gesetzes- und Verordnungsblatt S. 463) mit den nach § 11 der Verordnung vom 9. März 1885 eingetretenen Aenderungen auch fernerhin massgebend.

Zu Art. 17. § 8. Wer, ohne unter die Bestimmungen des Art. 14 des Gesetzes zu fallen oder der Gewerbsteuertaxe (§ 7 dieser Verordnung) zu unterliegen, ein steuerpflichtiges Gewerbe im Umherziehen für eigene Rechnung betreibt, so insbesondere wer sich mit dem hausirweisen Absatz von Waren befasst oder gewerbliche Leistungen oder Aufführungen, Schaustellungen oder sonstige Lustbarkeiten, bei welchen ein höheres wissenschaftliches oder Kunstinteresse nicht obwaltet, darbietet, ist nach den Bestimmungen des Art. 17 Abs. 2 des Gesetzes zur Besteuerung zu ziehen und, da bei solchen Gewerbsunternehmungen weder eine Gewerbsanlage noch ein Geschäftssitz vorhanden, an seinem Wohnsitz bezw. (in zweiter Reihe) am Wohnsitz seines Geschäftsführers zu veranlagen.

Bei ausländischen Versicherungsgesellschaften, welche, ohne einen Haupt-
agenten im Lande zu besitzen, daselbst Geschäfte treiben, ist die Steuerverwaltung
berechtigt, einen ansässigen Unteragenten als Vertreter der Gesellschaft für
deren gesamte Thätigkeit im Inlande zu behandeln.

Artikel 19.
Fortsetzung.

Treiben mehrere Personen ein Gewerbe in Gesellschaft, so ist das Steuerkapital hierfür und zwar auf den Namen (die Firma) der Gesellschaft gerade
so anzusetzen, wie wenn das Geschäft nur von einer Person geführt würde.
Es haften aber sämtliche im Geschäft mitarbeitenden Teilhaber und bezw. die
Geschäftsführer als Selbstschuldner für die der Gesellschaft angesetzte Steuer,
sowie für die etwaigen auf Grund gegenwärtigen Gesetzes gegen dieselbe erkannten Geldstrafen.

Artikel 20.
Erstmalige Anmeldung einer Gewerbsunternehmung.

Gewerbsunternehmer, welche in einem Steuerdistrikt erstmals, bezw. erstmals
wieder gewerbsteuerpflichtig geworden sind, haben bei dem auf den Beginn ihrer
Steuerpflicht in dem betreffenden Steuerdistrikte nächstfolgenden Steuer-Ab- und
Zuschreiben vor dem Steuerkommissär oder dem Schatzungsrate entweder schriftlich nach bestimmtem Formulare oder mündlich anzugeben:
1) Name, Firma, Wohnung;
2) welche Gewerbsunternehmungen sie betreiben oder, falls der Gewerbsbetrieb inzwischen bereits wieder aufgegeben sein sollte, betrieben
   haben;
3) den Zeitpunkt des Beginnes der fraglichen Geschäfte, bezw. des Auf-
   zugs an dem betreffenden Ort;
4) den mittleren Wert des in den einzelnen Gewerbsunternehmungen
   angelegten Betriebskapitals und zwar sowohl nach dem thatsächlichen
   wie nach dem mittleren Jahresstande.

Artikel 21.
Alljährliche Anmeldung der Hilfspersonen.

Ferner haben alle Gewerbsunternehmer alljährlich beim Ab- und Zuschreiben auf einem ihnen vom Schatzungsrate zugehenden Formulare sämtliche
von ihnen zur Zeit der Ausfüllung des Formulars in jeder der von ihnen be-

---

Zu Art. 20 Ziff. 4. § 9. Die Vorschrift unter Ziff. 4 des Art. 20 des Gesetzes ist
dahin zu verstehen, dass das Betriebskapital sowohl nach seinem thatsächlichen Stand
zur Zeit der Abgabe der Erklärungen als nach seinem mittleren Jahresstand (§ 4 Ziff. 2 dieser
Verordnung) anzugeben ist.

Uebrigens kann die Angabe des thatsächlichen Standes unterbleiben, sofern nicht der
Schatzungsrat oder der Steuerkommissär dieselbe ausdrücklich verlangt.

Die im Art. 14 des Gesetzes bezeichneten Personen haben an Stelle des mittleren
Jahresstandes den mittleren Stand während der angemeldeten Dauer des Geschäftsbetriebs anzugeben.

Zu Art. 20. Vergl. auch unten § 11 der Vollzugsverordnung.

Zu Art. 21. § 10. Die im Art. 21 vorgeschriebene Anzahl der Hilfspersonen und
ihrer Lohn- und Gehaltsbezüge hat nach einem von der Steuerdirektion zu bestimmenden
Formular, welches den Gewerbsunternehmern vom Schatzungsrate zugestellt wird, innerhalb
der vom Schatzungsrate bestimmten Frist zu erfolgen.

triebenen gewerblichen Unternehmungen beschäftigten Hilfspersonen mit Angabe
ihrer Lohn- bezw. Gehaltbezüge zu bezeichnen.

Artikel 22.
Anmeldung der Betriebskapitalvermehrungen.

Ausserdem haben diejenigen Gewerbsunternehmer, deren steuerbares Betriebskapital den ihrer Steueranlage zu Grunde gelegten Betriebskapitalsanschlag
derart übersteigt, dass gemäss Art. 16 eine erhöhte Besteuerung einzutreten
hat, beim nächstfolgenden Ab- und Zuschreiben vor dem Steuerkommissär oder
dem Schatzungsrate entweder schriftlich nach bestimmtem Formular oder mündlich die in Art. 20 Ziff. 1, 2 und 4 bezeichneten Angaben zu machen.

Artikel 23.
Anmeldung und Versteuerung der Wanderlager.

Die im Art. 14 bezeichneten Personen haben für jeden Ort, in welchem
sie Verkaufslokale halten oder Warenversteigerungen vornehmen, ihren Geschäftsbetrieb vor Beginn desselben, bezw. wenn derselbe über die angemeldete Dauer
fortgesetzt wird, vor Beginn des neuen Zeitabschnitts bei der einschlägigen
Bezirkssteuerstelle oder bei dem Steuerkommissär des Bezirkes in der im Art. 20
vorgeschriebenen Weise unter Beifügung der beabsichtigten Dauer des Geschäftsbetriebs anzumelden und, nachdem das steuerbare Betriebskapital durch die
Bezirkssteuerstelle, bezw. den Steuerkommissär festgestellt ist, den hiernach sich
berechnenden Steuerbetrag für die ganze angemeldete Betriebsdauer sofort in
einer Summe zu erlegen.

Gegen die in dieser Weise vollzogene Steueranlage stehen dem Pflichtigen die nach Art. 32 gegen Entscheidungen des Schatzungsrats zulässigen
Rechtsmittel, jedoch ohne aufschiebende Wirkung hinsichtlich der Steuerentrichtung, zu.

Artikel 24.
Veranlagung grösserer Fabrikanlagen.

Zur Erzielung einer gleichmässigen Veranlagung grösserer Fabrikanlagen
wird die Steuerverwaltung entweder für das ganze Land oder für einzelne
Landesteile besondere Sachkundige bestimmen, deren Gutachten von dem Schatzungsrate, sofern er nicht wesentliche Bedenken findet, bei Bemessung der Steueranlage der betreffenden Unternehmungen zu beachten ist.

Die Zustellung geschieht mittelst einer Liste, in welcher der Gewerbsunternehmer den
Empfang des Formulars zu bescheinigen oder aber, falls er keine Hilfspersonen beschäftigt,
dies zu bestätigen hat.

Zu den in Betracht kommenden Hilfspersonen gehören auch die Geschäftsführer etc.
eines Unternehmers, sowie (mit Ausnahme der Ehefrauen) die Familienangehörigen, welche eine
ständige Hilfsperson ersetzen.

Zu Art. 20, 22 und 23. § 11. Zu den in den Art. 20, 22 und 23 des Gesetzes
vorgeschriebenen Anmeldungen sind, wenn solche schriftlich erfolgen, die unter Beilage 1
und 2 beigefügten Formulare unter Beachtung der auf denselben vorgedruckten Bemerkungen
zu verwenden und zwar zu den Anmeldungen nach Art. 20 und 22 — Beilage 1, und zu
den Anmeldungen nach Art. 23 — Beilage 2. Formular Beilage 1 ist auch dann zu benutzen, wenn gemäss Art. 30 des Gesetzes um eine Minderung der Steueranlage nachgesucht wird.

Wenn die Erklärungen mündlich erfolgen, so sind dieselben in der durch die Steuerdirektion vorzuschreibenden Form aufzunehmen und vom Pflichtigen unterschriftlich zu bestätigen.

Zu Art. 24. § 12. Die Ernennung der im Art. 24 des Gesetzes erwähnten Sachkundigen erfolgt durch die Steuerdirektion.

Artikel 30.
Gesuche um Steuerminderung und Entfernung aus dem Kataster.

Gesuche um Minderung der Steueranlage, sowie um gänzliche Entfernung aus dem Kataster, desgleichen um Berechnung von Steuerabgängen und Steuer-rückvergütungen (Art. 15 und 16) sind jeweils beim Ab- und Zuschreiben vor dem Steuerkommissär oder Schatzungsrate vorzubringen.

Artikel 31.
Obliegenheiten des Schatzungsrats.

Der Schatzungsrat hat bei dem alljährlichen Steuer-Ab- und Zuschreiben zunächst über die Steueranlage der neu zur Anmeldung kommenden Personen zu beschliessen.

Ferner liegt ihm ob, auch die früheren Steueranlagen unter Beachtung der in den Art. 21 und 22 vorgeschriebenen Anzeigen und der im Art. 30 bemerkten Gesuche der Pflichtigen durchzuprüfen und geeignetenfalls eine Erhöhung oder Minderung der Steueranlage, ebenfalls unter Umständen unter gleichzeitiger Berechnung von Steuernachtrag oder Steuerabgang, zu beschliessen.

In allen diesen Fällen hat der Schatzungsrat den mittleren Wert der steuerpflichtigen Betriebskapitalien zu bestimmen und haben ihm dabei die Angaben der Pflichtigen, soweit er dieselben für richtig erkennt, als Grundlage zu dienen.

Artikel 32.
Rechtsmittel gegen die Entscheidungen des Schatzungsrats.

Gegen die Entscheidungen des Schatzungsrats steht dem Pflichtigen wie dem Vertreter des steuerlichen Interesses (dem Steuerkommissär) nach Massgabe der Bestimmungen des Gesetzes vom 17. März 1854 (Regierungsblatt Nr. XI, S. 79) das Recht der Beschwerde an die grossherzogliche Steuerdirektion und gegen die Entscheidung der letzteren dem Pflichtigen nach Massgabe des Gesetzes vom 14. Juni 1884, die Verwaltungsrechtspflege betreffend (Gesetzes- und Verordnungsblatt Nr. XXI, S. 197), die Klage bei dem grossherzoglichen Verwaltungsgerichtshof zu.

Dabei liegt dem Pflichtigen ob, den Nachweis zu erbringen, dass er durch die bewirkte Steueranlage beschwert ist.

Artikel 33.
Befugnisse des Schatzungsrats.

Der Schatzungsrat ist befugt, abgesehen von den bereits vorgeschriebenen Anzeigen und Anmeldungen, noch weitere sachdienliche Aufschlüsse zu verlangen.

Zu Art. 31, 32 und 33. § 13. Nach Art. 31 Abs. 3 des Gesetzes haben dem Schatzungsrat bei der Bestimmung der steuerbaren Betriebskapitalien die Angaben der Pflichtigen, soweit er dieselben für richtig erkennt, als Grundlage zu dienen. Dem Schatzungsrat liegt hiernach die Verpflichtung ob, die Angaben der Pflichtigen auf ihre Richtigkeit zu prüfen. Geben ihm dieselben keinen Anlass zur Beanstandung, so hat er die Steueranlage bezw. Entfernung aus dem Kataster und Berechnung von Abgang und Nachtrag jeweils lediglich nach diesen Angaben zu bewirken. Andernfalls wird der Schatzungsrat, soweit nötig, nach Hörung des Pflichtigen über die beanstandeten Punkte nach Einvernahme von Sachverständigen oder Vornahme sonstiger geeigneter Erhebungen seine Entscheidung geben.

Die desfalls nach Art. 33 Abs. 1 des Gesetzes an die Pflichtigen ergehenden Aufforderungen und Vorladungen haben unter Gewährung einer angemessenen Frist und unter ausdrücklicher Androhung des in Abs. 2 dieses Artikels vorgesehenen Rechtsnachteils zu geschehen.

Leistet der Steuerpflichtige binnen einer vom Schatzungsrate zu setzenden angemessenen Frist der Aufforderung zur weiteren Aufklärung keine Folge, so wird die Steueranlage durch den Schatzungsrat nach Massgabe des Gesetzes vom 17. März 1854 (Regierungsblatt Nr. XI, S. 79) vollzogen, und es steht alsdann dem Pflichtigen gegen die betreffende Beschlussfassung des Schatzungsrats weder eine Einsprache noch ein Anspruch auf Steuerrückersatz zu.

Der Schatzungsrat ist ferner berechtigt, durch seine Mitglieder oder durch urkundlich Beauftragte von den gewerblichen Lokalitäten und Einrichtungen Einsicht zu nehmen, auch Abschätzungen durch Sachverständige vornehmen zu lassen, im Falle derselbe auf keine andere Weise zu einer richtigen Steuerveranlagung gelangen kann.

Die gleiche Befugnis steht auch der Bezirkssteuerstelle zu.

Den vom Schatzungsrate beschlossenen Einsichtsnahmen und Abschätzungen hat jeweils der Steuerkommissär anzuwohnen.

Dabei ist zu beachten, dass zur Einsichtsnahme keine Personen zugezogen werden, deren Einblick in die gewerblichen Lokalitäten und Einrichtungen dem Geschäftsinteresse des Gewerbunternehmers nachteilig erscheinen könnte.

Ueberall darf überhaupt in die Gewerbs- und sonstigen Verhältnisse der Steuerpflichtigen nicht weiter eingedrungen werden, als es der Zweck der Herbeiführung einer dem Gesetze entsprechenden Steuerveranlagung erfordert.

Sämtlichen bei der Abschätzung beteiligten Personen ist die in Art. 21 des Gesetzes vom 17. März 1854 vorgeschriebene Geheimhaltung geboten.

Artikel 34.
Voraussetzungen der Strafbarkeit. Betrag der Strafe. Steuernachtrag.

Wer die in Art. 20 Ziff. 1—4, Art. 22 und 23 vorgeschriebenen Anmeldungen, Anzeigen und Angaben nicht oder nicht längstens innerhalb vier Wochen nach Ablauf der vom Schatzungsrate zur Abgabe der Anmeldungen in den Fällen der Art. 20 und 22 anberaumten Frist, bezw. nicht innerhalb der im Art. 23 bestimmten Frist, oder die in Art. 20, 22 und 23 bezeichneten Angaben in wahrheitswidriger Weise erstattet, verfällt, wenn infolge davon keine Steuer oder zu wenig an Steuer in Ansatz gebracht wurde, neben Nachzahlung der nicht oder zu wenig angesetzten noch nicht verjährten Steuer in eine dem vierfachen Betrage der in den letzten drei Jahren nicht oder zu wenig ange-

---

In gleicher Weise kann der Schatzungsrat Personen, welche eine Steuererklärung nicht abgegeben haben, hierzu jedoch nach Annahme des Schatzungsrats wegen Beginns oder Erweiterung gewerblicher Unternehmungen verpflichtet gewesen wären, auffordern, entweder eine Steuererklärung abzugeben oder aber die Versicherung abzugeben, dass sie nach bestem Wissen und Gewissen zur Abgabe einer Steuererklärung nach den Bestimmungen des Gesetzes nicht verpflichtet seien, und sodann, wenn dieser Aufforderung keine Folge geleistet wird, die Steueranlage nach seinem Ermessen zu vollziehen.

Letzteres kann auch dann geschehen, wenn die im Abs. 2 und 3 erwähnten Aufforderungen und Vorladungen wegen länger andauernder Ortsabwesenheit des Pflichtigen und mangels eines zu seiner Vertretung berufenen Dritten nicht erfolgen können; jedoch bleiben in diesem Falle dem Pflichtigen die in Art. 32 des Gesetzes bezeichneten Rechtsmittel gewahrt.

Zu Art. 31, 32 und 33. § 14. Hinsichtlich der Eröffnung der in § 13 erwähnten Aufforderungen und Vorladungen, sowie der Entscheidungen der Schatzungsräte, ferner hinsichtlich der Fristenberechnung und der Zulässigkeit der in Art. 32 des Gesetzes bezeichneten Rechtsmittel, endlich in Bezug auf Verletzungen der Geheimhaltungspflicht finden die §§ 37 bis 41 der diesseitigen Verordnung vom 17. Februar 1885, den Vollzug des Einkommensteuergesetzes betreffend (Gesetzes- und Verordnungsblatt Seite 41), entsprechende Anwendung.

Zu Art. 34, 35 und 36. § 15. 1) Steuerpflichtige, welche nach Ablauf der vom Schatzungsrate zur Abgabe der Steuererklärungen anberaumten Frist gemäss Art. 34 Abs. 1 und Art. 35 Abs. 3 des Gesetzes eine Steuererklärung abgeben wollen, haben dieselbe beim Steuerkommissär einzureichen.

setzten Steuer gleichkommende Strafe oder, wenn dieser Steuerbetrag nicht ermittelt werden kann, in eine Strafe bis zu 3000 Mark. Ebenso verfällt derjenige, welcher einen zur Entrichtung der in Art. 17 vorgesehenen Taxe verpflichtenden Gewerbsbetrieb vor Entrichtung dieser Taxe beginnt oder fortsetzt, neben Nachzahlung der noch nicht verjährten Taxbeträge in eine Strafe im vierfachen Betrag der in den letzten drei Jahren unbezahlt gebliebenen gesetzlichen Taxbeträge.

Die Festsetzung der in den vorstehenden Fällen sich ergebenden Steuer- und Taxnachträge erfolgt durch die Bezirkssteuerstelle, welche dabei (soweit es sich um Steuernachträge handelt) an die Stelle des Schatzungsrats tritt.

Artikel 35.
Ordnungsstrafen und Straflosigkeit.

Wird dargethan, dass die Unterlassung, bezw. nicht rechtzeitige Erstattung der vorgeschriebenen Anmeldungen, Anzeigen und Angaben oder die nicht rechtzeitige Entrichtung der im Art. 17 bemerkten Taxe oder die Unrichtigkeit der bezüglichen Angaben nur auf einem Versehen beruht, so tritt neben Nachzahlung der nicht oder zu wenig angesetzten Steuer an Stelle der im vorstehenden Artikel angedrohten Strafe nur eine Ordnungsstrafe bis zu 300 Mark.

Die gleiche Ordnungsstrafe ist verwirkt, wenn ein Gewerbsteuerpflichtiger den ihm durch dieses Gesetz auferlegten sonstigen Verbindlichkeiten zuwiderhandelt oder ihre Erfüllung verweigert oder dabei wahrheitswidrige Angaben macht, ausgenommen die Fälle des Art. 33 Abs. 2, welche nur den dort angedrohten Rechtsnachteilen unterworfen sind.

Wird die unterlassene Anmeldung, Anzeige oder Angabe oder die Entrichtung der Taxe zwar nach Ablauf der gesetzlichen Frist, jedoch noch bevor das Vergehen bei der Bezirkssteuerbehörde angezeigt worden ist, nachgeholt oder die wahrheitswidrige Angabe innerhalb der gleichen Zeit berichtigt, so tritt gänzliche Straflosigkeit ein.

Artikel 36.
Verjährung der Strafverfolgung.

Die Verfolgung der in Art. 34 mit Strafe bedrohten Steuervergehen verjährt in drei Jahren vom Ablauf der in Betracht kommenden gesetzlichen Fristen, bezw. vom Tage der Abgabe der wahrheitswidrigen Angaben an.

Ordnungsvergehen (Art. 35, Abs. 1 und 2) verjähren in einem Jahre.

2) Die im Art. 34 erwähnten „letzten 3 Jahre" sind vom Tag der Erlassung des Strafbescheids oder von der ersten richterlichen Untersuchungshandlung an, wenn eine solche der Erlassung des Strafbescheids vorhergegangen oder ein Strafbescheid nicht erlassen worden ist (§ 68 des Strafgesetzbuches, § 459 Abs. 3 der Strafprozessordnung), zurückzurechnen.

3) In denjenigen Fällen, in welchen gemäss Art. 34 Abs. 1 eine Strafe bis zu 3000 Mark oder gemäss Art. 35 Abs. 1 und 2 eine solche bis zu 300 Mark zu erkennen ist, muss im Hinblick auf die Bestimmungen des § 1 Abs. 2 und § 27 des Reichsstrafgesetzbuches jeweils mindestens eine Strafe im Betrag von drei Mark ausgesprochen werden.

4) Die Berechnung von Steuer- und Taxnachträgen im Strafverfahren (Art. 34 Abs. 2 des Gesetzes) hat sich auf diejenigen Beträge zu beschränken, welche für die letzten fünf Kalenderjahre, das Jahr, in welchem das Erkenntnis gegeben wird, mit inbegriffen, zu wenig in Ansatz gekommen sind.

Hierzu tritt bei Steuernachträgen, sofern bei Erlassung des Erkenntnisses das Steuer-Ab- und Zuschreiben für das nächstfolgende Jahr bereits beendigt ist, noch der vormerkliche Ansatz der für das weitere Jahr zu wenig angesetzten Steuer.

§ 16. Das alljährliche Ab- und Zuschreiben der Gewerbsteuer hat, sofern nicht ausdrücklich für ein bestimmtes Jahr seitens des Finanzministeriums ein anderer Termin festgesetzt wird, jeweils vom 1. April ab zu beginnen.

§ 17. Die grossherzogliche Steuerdirektion ist mit dem weiteren Vollzug beauftragt.

Artikel 37.

Steuerfuss.

Der auf die nach gegenwärtigem Gesetz gebildeten Steuerkapitalien umzulegende Steuerfuss wird jeweils durch das Finanzgesetz bestimmt.

Artikel 38.

Steuereinzug.

Die für ein Steuerjahr schuldige Gewerbsteuer ist, sofern nicht in gegenwärtigem Gesetz ausdrücklich ein anderes Verfahren vorgesehen ist, je zu einem Sechsteil auf 1. Dezember des unmittelbar vorhergehenden Jahres, 1. Januar, 1. Februar, 1. Juli, 1. August und 1. September des laufenden Jahres fällig und längstens bis zum 14. des betreffenden Monats zu entrichten.

Steuerrückstände und Steuernachträge sind in ihrem vollen Betrag alsbald zu berichtigen.

Im übrigen gelten rücksichtlich der Betreibung der Gewerbsteuer die gleichen Vorschriften wie für die sonstigen direkten Steuern.

Gemarkung, in welcher die Steuerpflicht
begründet ist (Steuerdistrikt): Freiburg.

Gewerbsteuer-Erklärung.

Name: Karl Schmitt.
Firma: J. G. Schmitt.
Wohnort: Freiburg.

1.	2.	3.
Bezeichnung der einzelnen Gewerbsunternehmungen.	Mittlerer Wert des Betriebskapitals jeder einzelnen Unternehmung laut Entzifferung auf der Rückseite[1].	Monat, mit dessen erstem Tag a. die Steuerpflicht beginnt oder b. die Erhöhung oder Minderung der Besteuerung einzutreten hat[2].
	Mark.	
Gastwirtschaft	9500	
Weinhandlung	2400	a. Januar 1886.
Metzgerei	1900	
. . . .	. . . .	b. . . . . 18 . .
. . . .	. . . .	

Der Unterzeichnete versichert hiermit nach bestem Wissen und Gewissen, dass vorstehende Steuererklärung einschliesslich der Angaben auf der Rückseite nach den Bestimmungen des Gewerbsteuergesetzes getreu und vollständig aufgestellt ist.

Freiburg, den 7. Juli 1886.
   Unterschrift: Karl Schmitt.
   Wohnung: Kaiserstrasse 74.

---

[1] Der mittlere Wert des Betriebskapitals ist nach dem mittleren Jahresstande anzugeben. Hierbei ist massgebend
   bei Steuerpflichtigen, welche im Steuerdistrikt noch nicht zur Gewerbsteuer veranlagt sind:
      der Stand der Unternehmungen zur Zeit der Steuerveranlagung;
   bei bereits zur Gewerbsteuer Veranlagten:
      der Stand der Unternehmungen am 1. April des laufenden Jahres.

[2] In Spalte 3 haben anzugeben:
   zu a. Steuerpflichtige, welche im Steuerdistrikt noch nicht zur Gewerbsteuer veranlagt sind;
      den auf den Beginn eines steuerbaren Geschäftsbetriebs nächstfolgenden Monat;
   zu b. zur Gewerbsteuer bereits Veranlagte, deren Steuerkapital nach den Angaben in Spalte 2 sich gegenüber dem bisher von ihnen versteuerten Steuerkapital um mehr als 25 Prozent erhöht oder mindert:
      den Monat, seit dessen erstem Tag die eine Aenderung der Steueranlage bedingenden Verhältnisse in vollem Umfange andauern. Kann nicht festgestellt werden, von welchem früheren Monat an die Erhöhung oder Minderung in vollem Umfange andauert, so ist der April laufenden Jahres als der massgebende Monat zu bezeichnen.

Angabe der einzelnen Betriebskapitalbestandteile.

	1.	2.	3.	4.	5.	6.
	Bestandteile der Betriebskapitalien.	Mittlerer Wert der Betriebskapitalbestandteile jeder einzelnen Unternehmung. (Bezeichnung der einzelnen Unternehmungen:)				
		Gastwirtschaft.	Wehnhandlung.	Metzgerei.		
		Mark.	Mark.	Mark.	Mark.	Mark.
1.	Wasserkräfte	—	—	—	—	—
2.	Maschinen, Gerätschaften, Werkzeuge und sonstige ständige, zum Gewerbebetrieb dienende Einrichtungen, jene ausgenommen, welche als ihrer Natur nach unbeweglich mit den Gebäuden, in welchen sie sich befinden, zur Häusersteuer veranlagt sind	6700	200	300	—	—
3.	Die Vorräte an Waren, Fabrikaten, Halbfabrikaten, Roh- und Hilfsstoffen . . .	2000	2000	900 300	—	—
4.	Die zum Gewerbebetrieb verwendeten Tiere und die Futtervorräte für dieselben . .	—	—	—	—	—
5.	Die zum Geschäftsbetrieb dienenden Vorräte an barem Geld, Gold und Silber in Barren, Papiergeld, Banknoten, Wechseln, verzinslichen und unverzinslichen Wertpapieren, ferner die von dem Geschäftsbetrieb herrührenden verzinslichen und unverzinslichen Aktivausstände einschließlich der im Kontokorrent laufenden Guthaben; soweit die Summe aller dieser Werte die Summe der aus dem laufenden Geschäftsbetriebe herrührenden Schulden übersteigt	800	200	500	—	—
6.	Gewerbeberechtigungen (Realprivilegien der Apotheker, Ueberfahrtsrechte)	—	—	—	—	—
	Zusammen . .	9600	2400	1900	—	—

Beilage 3 der Vollzugsverordnung.

Obereinnehmerei: } Mannheim, ...
Hauptsteueramt: {

Gemarkung (Steuerdistrikt):
Weinheim.

Gewerbsteuer-Erklärung.

für Wanderlager oder Warenversteigerungen.

(Artikel 14 und 23 des Gewerbsteuergesetzes.)

Vorbemerkungen.

1. Das Betriebskapital umfasst den mittleren Wert der zum Verkauf in dem betreffenden Steuerdistrikt (Gemarkung) bestimmten Warenvorräte und der Geschäftseinrichtung, sowie den zum Geschäftsbetrieb erforderlichen baren Kassenvorrat und ist sowohl nach dem Stand beim Beginn des Verkaufs, als auch nach dem mittleren Stand während der Dauer des Verkaufs anzugeben.

2. Die Steuer ist vor Eröffnung des Verkaufs an die Obereinnehmerei (Hauptsteueramt), wenn diese Stelle die Feststellung der Steuer bewirkte, andernfalls an die Steuereinnehmerei des Ortes, wo der Gewerbebetrieb stattfinden soll, zu entrichten.

1. Vor- und Familienname des Steuerpflichtigen: Josef Horn.
2. Wohnort und Heimatsland desselben: Mainz, Grossherzogtum Hessen.
3. Art des Gewerbes: Handel mit Ellenwaren.
4. Steuerbares Betriebskapital { a. zur Zeit des Beginns des Verkaufs . . 4000 M.
b. nach dem mittleren Stand während der Dauer des Verkaufs . . . . 3000 M.
5. Ort und Zeitdauer des Verkaufs: In Weinheim vom 5. bis einschliesslich 10. d. M.

Die Richtigkeit obiger Angaben bestätigt:

Weinheim, den 3. November 1886.

Unterschrift: Josef Horn.

Infolge vorzeitiger Steuererklärung wird nach vollzogener Prüfung derselben und unter Berücksichtigung der in Betracht kommenden Verhältnisse das steuerbare Betriebskapital auf 3000 M. festgesetzt.

Hieraus beträgt:

die Jahressteuer zu 18,5 Pfennig von 100 M. Steuerkapital 5 M. 55 Pf.

Zu erheben ist: die halbe Jahressteuer mit . . . . 2 M. 78 Pf.

Hierzu tritt gemäss Artikel 14 Absatz 2 des Gewerbsteuergesetzes und § 5 Ziffer 3 der Vollzugsverordnung vom 26. April 1886 ein Steuerzuschlag von 12 . 50 .

Im Ganzen sind somit zu erheben . . . . 15 M. 28 Pf.

Mannheim, den 3. November 1886.

Grossh. Obereinnehmerei (Hauptsteueramt).   Steuerkommissär.
                    T.   T.

Bescheinigung.

Der obige Betrag mit . . . . 15 M. 28 Pf.

sage: — •: Fünfzehn Mark 28 Pfennig :• —

wurde heute anher bezahlt.

Mannheim, den 3. November 1886.

Grossh. Obereinnehmerei.
                    T.

oder:

Weinheim, den 4. November 1886.

Steuereinnehmerei.
                    T.

Gesetz,
die Kapitalrentensteuer betreffend.

(In der durch Bekanntmachung des Finanzministeriums vom 6. März 1886 festgesetzten Fassung.)

Artikel 1.

Der Ertrag aus Kapitalvermögen, sowie Renten und sonstige derartige Bezüge, soweit diese Erträgnisse nicht unmittelbar aus Grundbesitz (einschliesslich von Gebäuden) oder aus dem Betrieb einer gewerblichen Unternehmung herrühren oder ein Entgelt für (jetzige oder frühere) Arbeit, Dienstleistung und Berufsthätigkeit bilden, unterliegt nach Massgabe der folgenden Bestimmungen der Kapitalrentensteuer.

Artikel 2.

Diese Steuer ist demnach im allgemeinen zu entrichten von:

1) den Zinsen aus Anleben des Deutschen Reiches, aus Schuldbriefen deutscher und nicht deutscher Staaten, Gemeinden und anderer öffentlicher Verbände, ferner

den Zinsen sonstiger verzinslichen Kapitalforderungen aus Darlehen, Kaufschillingen, Ablösungsbeträgen, Abrechnungs- und Kontokorrentguthaben, Sparkasseguthaben, Dienst- und anderen Kautionen, Hinterlegungsgeldern, Gleichstellungsgeldern und Vorschüssen, sowie von den Zinsen aus verzinslich gewordenen Zins- und anderen Ausständen;

2) den Zinsen, Renten und Dividenden aus Aktien von Eisenbahn-, Bank-, Bergwerks- und anderen industriellen oder Handelsunternehmungen auf Aktien, ohne Rücksicht darauf, ob das betreffende Unternehmen im Grossherzogtum oder anderswo der Gewerbsteuer unterliegt;

3) den Zinsen, welche durch Lotterieanlehenslose, verzinsliche wie unverzinsliche, bezogen werden und welche in unverzinslichen Kaufschillingszielern, diskontierten Wechseln, Schatzscheinen und in anderen unverzinslichen Kapitalforderungen mitbegriffen sind;

Verordnung v. 6. März 1886, den Vollzug des Kapitalrentensteuergesetzes betr.

Zu Art. 2. § 1. 1) Die Zinsen aus dem vom Geschäftsbetrieb herrührenden und daher nach Art. 7 Ziff. 5 des Gewerbsteuergesetzes zum gewerbsteuerpflichtigen Betriebskapital gehörigen Aktivausständen und Kontokorrentguthaben der Gewerbsunternehmer sind von der Kapitalrentensteuer frei.

2) Der Kapitalrentensteuer unterliegen ferner nicht die Zinsen und Gewinnanteile, welche offene Handelsgesellschafter, die persönlich haftenden Mitglieder der Kommanditgesellschaften und die Kommanditisten einfacher Kommanditgesellschaften (Handelsgesetzbuch Art. 85—149, 150—172) als solche beziehen. Dagegen gehören zu den nach Art. 2 Ziff. 1 bezw. Ziff. 2 des Gesetzes steuerbaren Bezügen die Erträgnisse, welche den stillen Gesellschaftern (Handelsgesetzbuch Art. 250—265) und den Kommanditisten der Kommanditgesellschaften auf Aktien (Handelsgesetzbuch Art. 173—206a in der Fassung des Reichsgesetzes vom 18. Juli 1884) aus ihren Vermögenseinlagen bezw. Aktien zufliessen.

3) Wie Aktien von Bergwerksunternehmungen sind auch Kuxen oder Kuxscheine zu behandeln, soweit dieselben nicht als Immobilien gelten.

4) Zu den nach Art. 2 Ziff. 4 des Gesetzes rentensteuerpflichtigen Bezügen zählen nicht die Witwen- und Waisengelder und Benefizien, welche auf einem öffentlichen oder

4) Erbrenten, Zeitrenten, Leibgedingen und sonstigen Rentengenüssen in Geld, Naturalien und Nutzungen (in Wohnung, Grundstücken u. s. w.), welche aus Versorgungs-, Witwen-, Pensions- und anderen Kassen oder Anstalten ähnlicher Art gegen bestimmte Einlagen verabreicht werden, oder auf Stammgutsrechten, Nutzungsrechten und Dienstbarkeiten, belasteten oder unbelasteten Verträgen und letzten Willensverordnungen beruhen.

Artikel 3.

Landes- und sonstige Reichsangehörige — Körperschaften, Stiftungen, Anstalten und Gesellschaften einbegriffen — sind, wenn sie im Sinne des Reichsgesetzes vom 13. Mai 1870, die Beseitigung der Doppelbesteuerung betreffend (Beilage Nr. 22 zu dem Gesetzes- und Verordnungsblatt von 1870 Nr. LXXI.), ihren Wohnsitz (Aufenthalt) im Grossherzogtum haben, mit dem ganzen Betrag ihres nach Art. 2 steuerbaren Zinsen- und Rentenbezuges der Kapitalrentensteuer unterworfen, ohne Rücksicht darauf, ob das gedachte Einkommen von im Inlande, im übrigen Reichsgebiete oder im Auslande angelegten Kapitalien oder von inländischen oder von fremden Bezugsorten herstammt.

Artikel 4.

Reichsausländer, welche des Erwerbs wegen im Grossherzogtum ihren Wohnsitz haben, unterliegen der Kapitalrentensteuer in demselben Umfange, wie die im Art. 3 genannten Pflichtigen.

---

privaten Dienstverhältnis beruhen und daher als Entgelt für frühere Arbeit, Dienstleistung oder Berufsthätigkeit zu betrachten sind (vergl. Art. 2 letzter Absatz des Einkommensteuergesetzes vom 20. Juni 1884).

Insbesondere gilt dies von den Bezügen, welche den Hinterbliebenen der Reichsbeamten, der badischen Staatsdiener und Angestellten, der Offiziere, Unteroffiziere, Soldaten und Militärbeamten, der evangelischen Kirchendiener und der Schullehrer aus der Reichskasse, aus den badischen Witwenkassen für Staatsdiener und Angestellte, aus der badischen Militärwitwenkasse, aus der Pfarrwitwenkasse und aus dem Schullehrerwitwen- und Waisenfonds zufliessen. Diese Bezüge unterliegen, soweit sie nicht gänzlich steuerfrei sind, nur der Einkommensteuer (vergl. § 2 Abs. 5 u. 7 der diesseitigen Verordnung vom 17. Februar 1885, den Vollzug des Einkommensteuergesetzes betreffend, Gesetzes- und Verordnungsblatt S. 41).

Es sind daher nur solche Renten aus Versorgungs-, Witwen-, Pensions- und ähnlichen Kassen, welche lediglich gegen bestimmte Einlagen der Empfänger bezogen werden, nach Art. 2 Ziff. 4 des Gesetzes rentensteuerpflichtig.

Zu Art. 3 u. 4. § 2. Einen Wohnsitz im Sinne des Reichsgesetzes vom 13. Mai 1870, die Beseitigung der Doppelbesteuerung betreffend, hat jemand an dem Orte, an welchem er eine Wohnung unter Umständen inne hat, welche auf die Absicht der dauernden Beibehaltung einer solchen schliessen lassen. Sind die Voraussetzungen für den Besitz eines Wohnsitzes in keinem Bundesstaate vorhanden, so genügt bei Landes- und sonstigen Reichsangehörigen der blosse dauernde Aufenthalt im Grossherzogtum zur Begründung der Kapitalrentensteuerpflicht.

Angehörige anderer Bundesstaaten, welche im Grossherzogtum und ausserdem in ihrem Heimatstaate einen Wohnsitz haben, werden zur badischen Kapitalrentensteuer nicht herangezogen.

Landesangehörige, welche zugleich in einem anderen Bundesstaate das Staatsbürgerrecht und in diesem Staate wie auch im Grossherzogtum einen Wohnsitz haben, unterliegen — vorbehaltlich der auf ihr Ansuchen eintretenden besonderen Steuerpflicht — mit ihrem gesamten Zinsen- und Rentenbezug der badischen Kapitalrentensteuer.

Landes- und sonstige Reichsangehörige, welche im Staats- oder Reichsdienste stehen, sind rentensteuerpflichtig, wenn sie ihren dienstlichen Wohnsitz (d. h. den Ort, wo ihr Amt auszuüben ist) im Grossherzogtum haben.

Reichsausländer sind nur rentensteuerpflichtig, wenn sie einen Wohnsitz im obigen Sinne im Grossherzogtum haben, in diesem Falle aber auch dann, wenn sie ausserdem noch in einem anderen Bundesstaate oder in ihrem Heimatstaat einen Wohnsitz haben.

Reichslausländer dagegen, welche nicht des Erwerbs wegen im Grossherzogtum ihren Wohnsitz haben, sind mit ihrem Zinsen- und Rentenbezug nur insoweit steuerpflichtig, als die Kapitalien im Reichsgebiet angelegt sind, oder die Bezüge aus letzterem herkommen.

Artikel 5.

Von der Kapitalrentensteuer sind befreit:
1) Der Staat;
2) Anstalten, welche vom Staate durch jährliche, nicht aus privatrechtlicbem Titel zu leistende Zuschüsse unterstützt werden;
3) Anstalten, welche für Krankenverpflegung und Armenunterstützung, sowie öffentliche Anstalten, welche für den Unterricht bestimmt sind;
4) auf Gegenseitigkeit gegründete Anstalten zur Versicherung gegen Feuer-, Wasser-, Hagel- oder Viehschaden, oder gegen Schaden aus anderen Unglücksfällen; ferner auf Gegenseitigkeit gegründete Sterbekassen; endlich auf Gegenseitigkeit gegründete Sustentations- und Krankenkassen von Arbeitern;
5) die Gemeindebürger und Witwen bezüglich ihrer Bürgernutzungen;
6) Baupflichtige bezüglich der Erträgnisse aus Ablösungskapitalien für Zehntbaulasten;
7) alle, deren steuerbare Zinsen und Renten nach Abzug etwaiger Schuldzinsen und Lasten (Art. 8) die Summe von 60 Mark (35 fl.) jährlich nicht übersteigen;
8) Witwen, elternlose Minderjährige und erwerbsunfähige Personen, sofern die Genannten nach Art. 6 Ziff. 7 des Einkommensteuergesetzes vom Beizug zur Einkommensteuer befreit sind.

Artikel 6.

Sind die unter Ziffer 3 und 4 des Art. 5 genannten Anstalten mit anderen Anstalten verbunden, welche eine Steuerbefreiung nicht zu geniessen haben, so bleiben die Zinsen und Rentenbezüge nur so weit frei, als dieselben zu den gefreiten Zwecken dienen.

Hat jemand, der auf die Steuerbefreiung unter Ziff. 7 des Art. 5 Anspruch macht, steuerbare Zinsen und Renten vom Vermögen seiner Ehefrau oder Kinder mitzugeniessen, so kommen bei Bemessung seines Einkommens an steuerbaren Zinsen und Renten auch die der Ehefrau und Kinder mit in Betracht.

Artikel 7.

Wer bereits zur Kapitalrentensteuer beigezogen ist, hat — falls der Jahresbetrag seiner steuerbaren Zinsen und Renten nach Abzug der hierzu geeig-

---

Die Absicht des Erwerbes wird bei denjenigen im Grossherzogtum wohnenden Reichsausländern angenommen, welche daselbst die Land- oder Forstwirtschaft als Nahrungszweig, ein Gewerbe, eine Berufsthätigkeit oder sonstige gewinnbringende Beschäftigung ausüben oder betreiben.

Zu Art. 5 Ziff. 3. § 3. Unter Anstalten, welche für Krankenverpflegung und Armenunterstützung bestimmt sind, sind auch die Stiftungen und Kassen zur Verpflegung und Unterstützung von Kranken und Armen zu verstehen.

Als öffentliche für den Unterricht bestimmte Anstalten sind alle vom Staate anerkannten inländischen Anstalten, Stiftungen und Fonds anzusehen, welche die Bestimmung haben, den Unterricht im ganzen Lande oder in einem Teile oder Orte desselben oder auch nur einer Klasse der Einwohner oder eines Religionsteils eines Ortes zu befördern, sei es durch Verbreitung gemeiner Schul- und Gewerbekenntnisse oder höherer Bildung in Wissenschaft, Kunst und Gewerbe, jedoch mit Ausschluss aller auf Rechnung von Privatpersonen bestehenden Anstalten.

Zu Art. 5 Ziff. 7 u. Art. 7. § 4. Bei Bemessung des Jahresbetrags der steuerbaren Zinsen und Renten gemäss Art. 5 Ziff. 7 und Art. 7 sind im Hinblick auf die Be-

neten Schuldzinsen und Lasten (Art. 8) sich erhöht — aus dem hiernach sich
ergebenden Zuwachs erst dann Steuer zu entrichten, wenn dieser Zuwachs den
Betrag von 60 Mark (35 fl.) überschreitet.

Artikel 8.

Ist ein Steuerpflichtiger mit faust- oder unterpfändlich versicherten Kapitalschulden, oder ist er mit Ablösungskapitalien von Zehnten, Zinsen und Gülten
belastet, oder sind seinem steuerbaren Zinsen- und Rentenbezuge privatrechtliche
Lasten, welche nicht schon kraft Gesetzes damit verbunden sein würden, durch
besonderen Titel auferlegt (wozu aber bei Stiftungen die etwa vom Stifter vorgeschriebenen Ausgaben für den eigenen Stiftungszweck nicht gehören), so kann
er verlangen, dass der Geldbetrag an Schuldzinsen und Lasten von seinem Einkommen an Zinsen und Renten abgezogen und nur der alsdann noch übrige
Rest des letzteren der Kapitalrentensteuer unterworfen wird.

Als unterpfändlich versicherte Schulden werden nur solche berücksichtigt,
für welche ein Eintrag im Grund- oder Pfandbuche besteht.

Artikel 9.

Steuerpflichtig ist der, welchem der Zinsen- und Rentenbezug zusteht.

Artikel 10.

Bei auf Gegenseitigkeit gegründeten Versorgungs-, Witwen- und Waisen-
anstalten, ferner bei auf Gemeinschaftlichkeit des Erträgnisses, der Verluste und
Verwaltungskosten gegründeten Spar- und Leihkassen, Vorschussvereinen und
anderen Erwerbs- und Wirtschaftsgenossenschaften, endlich bei auf solcher Gemeinschaftlichkeit beruhenden Vermögensverwaltungen mehrerer, zu diesem
Zwecke vereinigter Personen — bei letzteren Verwaltungen, wenn sie den Ertrag
des in gemeinschaftlicher Verwaltung befindlichen Vermögens von Zeit zu Zeit
unter ihre Mitglieder verteilen — hat nicht die Anstalt oder Vermögensverwaltung vom Ganzen, sondern jeder Teilnehmer von seinen Zinsen- und Rentenbezügen aus der Anstalt oder Vermögensverwaltung die Kapitalrentensteuer zu
entrichten.

Diese Verbindlichkeit der Teilnehmer tritt erst ein, wenn sie die bare
Zahlung der Zinsen und Renten verlangen können.

Artikel 11.

Bei auf Gegenseitigkeit gegründeten Lebensversicherungs- und sonstigen
Anstalten, welche nicht eine jährliche Zins- oder Rentenausteilung, sondern die
Ansammlung und einstige Verteilung von Kapitalien zum Zwecke haben, ferner
bei auf Gemeinschaftlichkeit beruhenden Vermögensverwaltungen zu gleichem
Zwecke hat die Anstalt oder Vermögensverwaltung die Kapitalrentensteuer vom

---

stimmungen des Art. 25 des Gesetzes Leibrenten, Leibgedinge, Witwenbenefizien
— letztere soweit sie überhaupt rentensteuerpflichtig sind, siehe § 1 dieser Verordnung — und
andere bis zum Tode [des Beziehers oder eines Dritten fortdauernde Rentenbezüge stets nur mit zwei Fünftel, rentensteuerpflichtige Waisenbenefizien nur mit
einem Fünftel ihres Jahresbetrags in Rechnung zu ziehen.

Zu Art. 8. § 5. Eine abzugsfähige privatrechtliche Last ist nur dann vorhanden, wenn mit dem Erwerb eines bestimmten Zinsen- und Rentenbezugs die Uebernahme
gewisser Leistungen vermöge besonderen privaten Rechtstitels verknüpft ist.

Auf allgemeinen gesetzlichen Bestimmungen beruhende Lasten, wie z. B. die auf
'er Nutzniessung des Vermögens Minderjähriger haftende Pflicht zur Bestreitung ihres Lebens-
sind r[...]es, sind hierzu nicht zu rechnen.
zu übe[...]Zu Art. 10. § 6. Wie die auf Gemeinschaftlichkeit des Erträgnisses, der Verluste
[...]waltungskosten gegründeten Spar- und Leihkassen sind auch die unter das Gesetz
Sinne [...]pril 1880 (Gesetzes- und Verordnungsblatt S. 109) fallenden, unter Bürgschaft einer
einem [...]rerer Gemeinden errichteten Sparkassen zu behandeln.

ganzen Ertrage sämtlicher von ihr für den betreffenden Zweck angelegten Kapitalien zu entrichten.

Von dieser Steuerpflicht sind diejenigen Anstalten entbunden, welche gemäss Art. 1 Abs. 2 des Gewerbsteuergesetzes zu den gewerblichen Unternehmungen zählen.

Artikel 12.

Die Kapitalrentensteuer ist — den Fall des gänzlichen Verlustes eines Zinsen- und Rentenbezuges oder des Aufhörens der Voraussetzungen der Art. 3 und 4 ausgenommen — stets für das volle mit dem Kalenderjahr übereinstimmende Steuerjahr, und zwar nach dem Jahresbetrag der steuerbaren Zinsen und Renten, wie sich solcher nach dem Stande des hierher gehörigen Vermögens auf den 1. April des betreffenden Jahres stellt, zu entrichten.

Artikel 13.

Die Steuerpflicht beginnt, wo jemand erstmals zu einem steuerbaren Zinsen- oder Rentengenuss oder zu einem nach Art. 7 eine neue Steuerpflicht begründenden Zuwachs an steuerbarem Einkommen gelangt, oder wo der Grund einer nach Massgabe dieses Gesetzes gewährten Steuerbefreiung hinweggefallen ist, dann, wenn die entscheidende Thatsache vor dem 1. April eines Jahres oder auf diesen Tag eingetreten ist, mit dem betreffenden Jahre, sonst aber mit dem nächstfolgenden Jahre.

Wer durch Niederlassung im Grossherzogtum steuerpflichtig wird (Art. 3 und 4), soll in allen Fällen erst vom nächsten Jahre an zur Kapitalrentensteuer beigezogen werden.

Artikel 14.

Die Steuerpflicht erlischt da, wo ein Zinsen- und Rentenbezug eines Steuerpflichtigen gänzlich aufgehört hat, oder beim Wegfall der Voraussetzungen der Art. 3 und 4 mit dem 1. des Monats, in welchem diese Veränderungen eingetreten sind, in allen anderen Fällen rücksichtlich des ab- oder übergegangenen oder zu befreienden Betrags dann, wenn die bezügliche Aenderung vor dem 1. April eines Jahres oder auf letzteren Tag eingetreten ist, mit Beginn dieses, sonst aber erst mit jenem des nächstfolgenden Jahres.

Artikel 15.

Ungeteilte Erbschaftsmassen unterliegen, sofern nicht schon die Steuerpflicht des Erblassers für das laufende Jahr feststeht, und auch ein Rechtsnachfolger in den Bezug des Nachlasses noch nicht eingetreten ist, selbständig der Kapitalrentensteuer.

Zu Art. 12 u. 14. § 7. Wenn nach dem 1. April eines Jahres nicht das gesamte steuerbare Renteneinkommen, sondern nur ein einzelner Zinsen- und Rentenbezug eines Steuerpflichtigen gänzlich in Verlust gefallen ist oder aufgehört hat (Art. 12 u. 11 des Gesetzes), so hat dies eine entsprechende Minderung seiner Steuerpflicht vom 1. des Monats an, in welchem diese Aenderung eingetreten ist, zur Folge.

Ein „gänzlicher Verlust" oder ein „gänzliches Aufhören" mit der in Art. 14 des Gesetzes bezeichneten Folge wird übrigens dann nicht angenommen, wenn Kapitalvermögen in einem Gewerbebetrieb oder in liegenschaftlichem Besitz angelegt wird, oder wenn ein Zinsen- und Rentenbezug vom Steuerpflichtigen auf einen anderen übergeht.

Wenn der gänzliche Verlust eines Zinsen- oder Rentenbezugs oder die Verlegung des Wohnsitzes aus dem Inland vor dem 1. April oder auf diesen Tag erfolgt ist, so ist der verlorene Bezug, bezw. das Renteneinkommen des Weggezogenen für das ganze Jahr, in welchem die Aenderung stattgefunden hat, steuerfrei zu belassen.

Zu Art. 15. § 8. Eine selbständige Steuerpflicht der Erbmasse tritt nach Art. 15 in Verbindung mit Art. 12 des Gesetzes nur dann ein, wenn an dem auf den Tod des Erblassers folgenden ersten April die Erbschaft noch von keinem der Erben ausdrücklich oder stillschweigend angetreten ist, auch die Witwe des Erblassers sich der Gütergemeinschaft noch nicht teilhaftig gemacht hat.

Artikel 16.

Die Grundlage der Kapitalrentensteuer bildet der ganze Jahresbetrag der Zinsen oder Renten aus den im Art. 2 bezeichneten Einkommensquellen nach Abzug des Jahresbetrags der im Art. 8 angeführten Schuldzinsen und Lasten.

Bei Lotterieanlehenslosen werden als steuerbares Zinserträgnis ohne Rücksicht darauf, ob vor der Prämienzahlung ein jährlicher Zins entrichtet wird oder nicht, 5 Prozent des Nennwerts der Lose angenommen.

Bei unverzinslichen Zielern und anderen unverzinslichen Kapitalforderungen, in welchen Zinsen mit inbegriffen sind, sowie bei Zeitrenten, Annuitäten und anderen Forderungen, bei welchen mit den Zinsen auch Kapitalteile bezogen werden, sind, ohne Rücksicht auf die Verfalltermine, 4 Prozent des Nennwerts der ausstehenden Forderungen als steuerbares Zinserträgnis anzunehmen, insoweit dieser Betrag den durchschnittlich auf ein Jahr entfallenden Bezug nicht übersteigt.

Soweit Schuldzinsen und Lasten nach Art. 8 an dem steuerbaren Zinsen- und Renteneinkommen in Abzug gebracht werden dürfen, kommen wegen Bemessung des Anschlags derselben in den dazu geeigneten Fällen die vorstehenden Bestimmungen ebenfalls zur Anwendung.

Ist der Jahresbetrag der Zins- und Renteneinnahmen und bezw. der Schuldzinsen und Lasten seiner Grösse nach wandelbar, so ist der Durchschnitt der drei letzten Jahre, in dessen Ermangelung aber der Durchschnitt der zwei letzten Jahre und nur, falls auch dieser unbekannt wäre, der Ertrag des letzten Jahres oder, wenn ein Jahresertrag noch nicht erzielt oder wenigstens nicht bekannt wäre, die mutmassliche Grösse eines mittleren Jahresertrags zu Grunde zu legen.

Besteht ein Rentengenuss ganz oder teilweise aus Naturalien oder Nutzungen, so wird der Geldwert der Nutzungen durch Schätzung, der Geldwert der Naturalien nach mittleren Ortspreisen bestimmt.

Kein an sich steuerbarer Zinsen- oder Rentenbezug darf unberücksichtigt bleiben, es sei denn, dass er auf 1. April bereits seit mehr als zwei Jahren offenkundig oder erweislich und, was die bei Privatpersonen ausstehenden Bezüge unter Ziff. 1 und die Bezüge unter Ziff. 4 des Art. 2 anbelangt, sorgfältiger Betreibung ungeachtet nicht hat bezogen werden können, auch im Laufe des Jahres voraussichtlich nicht flüssig werden wird.

Auch die nach Ziff. 3 des Art. 2 steuerbaren, in unverzinslichen Kapitalforderungen inbegriffenen Zinsgenüsse dürfen nicht ausser Berechnung bleiben, so lange die entsprechenden Kapitalwerte nicht in Verlust geraten sind.

Artikel 17.

Der Beizug zur Kapitalrentensteuer erfolgt auf Grund einer Erklärung, welche jeder Steuerpflichtige über den Jahresbetrag seiner steuerbaren Zinsen

---

Zu Art. 16. § 9. 1) Hinsichtlich der Behandlung der wandelbaren Zinsen- und Renteneinnahmen, Schuldzinsen und Lasten (Art. 16 Abs. 5 u. 6 des Gesetzes) finden die Bestimmungen in § 19 Abs. 6 u. 7 der diesseitigen Verordnung vom 17. Februar 1885, den Vollzug des Einkommensteuergesetzes betreffend, entsprechende Anwendung.

2) Ein auf den 1. April unbeibringlicher Zinsen- und Rentenbezug, von welchem nach Lage der Verhältnisse mit Bestimmtheit anzunehmen ist, dass er überhaupt nie mehr flüssig werden wird, ist als ein solcher Bezug zu behandeln, welcher gänzlich in Verlust gefallen ist oder aufgehört hat (Art. 14 des Gesetzes und § 7 dieser Verordnung).

In diesem Falle findet die Vorschrift in Art. 16 vorletzter Absatz des Gesetzes, wonach unbeibringliche Zinsen und Renten erst nach zweijähriger Dauer der Unterbrechung des Bezugs unversteuert bleiben dürfen, keine Anwendung.

Im übrigen ist dem Erfordernis „sorgfältiger Betreibung" genügt, wenn der Steuerpflichtige nachweislich zur Beibringung der ausstehenden Bezüge das den Umständen nach Geeignete und Erforderliche gethan hat. Dass die Betreibung eine gerichtliche gewesen sei, ist demnach nicht unter allen Umständen geboten.

und Renten, sowie der etwa zum Abzuge geeigneten Schuldzinsen und Lasten bei dem hierzu berufenen Schatzungsrate (Art. 21) nach bestem Wissen und Gewissen schriftlich oder mündlich abzugeben hat.

Diese Steuererklärungen haben in der durch die Vollzugsverordnung vorzuschreibenden Form zu geschehen und zwar — was die in Art. 2 Ziff. 1 und 2 erwähnten Bezüge anbelangt, summarisch, was dagegen die im Art. 2 Ziff. 3 und 4 aufgeführten Genüsse, sowie die Schuldzinsen und Lasten betrifft, rücksichtlich welcher der Abzug an steuerbarem Einkommen nach Art. 8 in Anspruch genommen werden will — unter genauer Bezeichnung der einzelnen Forderungs- bezw. Schuld- und Lastenbeträge, der Schuldner, bezw. Gläubiger, der Verfalltermine und Bezugsorte.

Falls es der Schatzungsrat ausdrücklich verlangt, ist ein spezielles Verzeichnis der in Art. 2 unter Ziff. 1 und 2 aufgeführten Kapitalforderungen und der daraus fliessenden Zinsen- und Renteneinnahmen, die bei Privatpersonen ausstehenden Forderungen jedoch ohne Angabe der Namen der Schuldner, nachzutragen.

Die Abgabe dieser Steuererklärungen hat in der Frist zu geschehen, welche der Schatzungsrat zu dem Ende alljährlich anberaumen wird (Art. 22 Ziff. 1).

Rentenbezüge, welche als unbeibringlich nicht zu versteuern waren, später aber flüssig werden, unterliegen der Besteuerung nur für die Folgezeit.

Zu Art. 17. § 10. Die Erklärungen, auf Grund deren nach Art. 17 des Gesetzes der Beizug zur Kapitalrentensteuer zu erfolgen hat, sind nach dem aus der Beilage gegenwärtiger Verordnung ersichtlichen Muster unter Beachtung der im nachfolgenden Paragraphen gegebenen Vorschriften zu verfassen, mit Ort und Datum zu versehen und von demjenigen, welcher nach Art. 20 des Gesetzes zur Abgabe der Erklärung verpflichtet, bezw. (Art. 20 Ziff. 5 Abs. 2) berechtigt ist, zu unterzeichnen.

Die Druckformulare zu Steuererklärungen sind samt einer von grossherzoglicher Steuerdirektion zu erlassenden Anleitung zur Aufstellung derselben bei dem Schatzungsrat, bezw. Bürgermeister und bei dem Steuerkommissär unentgeltlich zu erhalten.

§ 11. In der Rentensteuererklärung sind nach den in dem Formular vorgedruckten Unterscheidungen auf der ersten Seite bei jeder Ordnungszahl die Jahresbeträge aller unter die betreffende Ordnungszahl fallenden Einkommensteile bezw. Schuldzinsen und Lasten nach dem Stand auf 1. April des betreffenden Jahres in einer Summe in Mark, unter Weglassung etwaiger Pfennigbeträge, anzugeben und auf der Rückseite die Einzelangaben vorzutragen, welche der Art. 17 Abs. 2 des Gesetzes vorschreibt.

Dabei ist Folgendes zu beachten:

A. Auf der ersten Seite sind:

1) unter Ordnungszahl I die im Art. 2 des Gesetzes unter Ziff. 1 u. 2 aufgeführten Bezüge anzugeben;

2) unter Ordnungszahl II die in Ziff. 3 des Art. 2 des Gesetzes erwähnten Bezüge aufzuführen. Die letzteren bestehen:

    a. in den Zinsen, welche durch Lotterieanlehenslose, verzinsliche wie unverzinsliche, bezogen werden; an solchen sind, ohne Rücksicht auf das thatsächliche Zinsertragnis der Lose, gemäss Art. 16 Abs. 2 des Gesetzes, stets fünf Prozent des Nennwerts der Lose zu berechnen;

    b. in den Zinsen, welche in unverzinslichen Kaufschillingszielern, diskontierten Wechseln, Schatzscheinen ohne laufenden Zinsertrag und in anderen unverzinslichen Kapitalforderungen mitbegriffen sind. Diese Zinsen sind gemäss Art. 16 Abs. 3 des Gesetzes ohne Rücksicht auf die Verfalltermine der Forderung stets mit vier Prozent des Nennwerts der betreffenden Forderungen in Rechnung zu ziehen.

    Zinsen der fraglichen Art sind jedoch nur dann zu fatieren, wenn in den betreffenden unverzinslichen Zielern und Forderungen in der That Zinsen mitbegriffen sind, d. h. wenn der Kapitalbetrag wegen des Entfalls der Zinsen ein höherer ist, als er sein würde, wenn eine Verzinsung derselben bedungen wäre. Es ist dies stets der Fall bei diskontierten Wechseln, den

Artikel 18.

Zur Abgabe seiner Steuererklärung in dieser Frist ist jeder verpflichtet, welcher nach dem Stande seines Vermögens vom 1. April des Jahres steuerbare Zinsen und Renten zu beziehen und eine Befreiung von der Kapitalrentensteuer nicht anzusprechen hat.

Von dieser Verpflichtung sind jedoch — wofern nicht das Finanzministerium für ein Steuerjahr deren allgemeine Erfüllung ausdrücklich anordnet — alle jene Steuerpflichtigen entbunden, welche

1) im unmittelbar vorangegangenen Steuerjahr bereits Rentensteuer entrichtet, auch
2) inzwischen ihren Wohnsitz nicht gewechselt und nebstdem
3) keine solche Einkommensverbesserung erlangt haben, welche nach Art. 7 eine Steuererhöhung zur Folge hatte.

Schatzscheinen ohne laufenden Zinsertrag und dergleichen Wertpapieren, und wird auch bei unverzinslichen Kaufschillingen, Güterzielern und dergleichen insolange vorausgesetzt, als nicht das Gegenteil erwiesen ist. Für Darlehen dagegen, für welche weder die Zahlung von Zinsen, noch die Heimzahlung der Darlehenssumme in erhöhtem Betrag bedungen wurde, für unverzinsliche Handels- und Geschäftsausstände, unverzinsliche Gefäll- und Zinsrückstände und ähnliche Ausstände sind keine Zinsen anzumelden.

3) Unter Ordnungszahl III sind nach Abzug der auf diesen Bezügen etwa haftenden privatrechtlichen Lasten aufzunehmen:

    a. Zeitrenten, Annuitäten und andere derartige Forderungen, bei welchen mit den Zinsen auch Kapitalteile bezogen werden. Die in diesen Bezügen erhaltenen Zinsen sind gemäss Art. 16 Abs. 3 des Gesetzes ohne Rücksicht auf die Verfalltermine mit vier Prozent des (durch den etwaigen Lastenabzug geminderten) Nennwerts der Forderungen zu berechnen, insoweit dieser Betrag den durchschnittlich auf ein Jahr entfallenden (reinen) Bezug nicht übersteigt;

    b. die sonstigen, unter Ziff. 4 des Art. 2 des Gesetzes bezeichneten Bezüge.

    Dabei sind Leibrenten, Leibgedinge und die sonstigen in § 4 dieser Verordnung genannten Bezüge nur mit dem dort angegebenen Teile ihres (durch den etwaigen Lastenabzug geminderten) Jahresbetrags in Berechnung zu ziehen.

4) Unter Ordnungszahl IV endlich ist die Gesamtsumme der Schuldzinsen und Lasten aufzuführen, welche sich nach Art. 8 des Gesetzes zum Abzug eignen und nicht schon unter Ordnungszahl III in Abzug gebracht worden sind.

5) Die mit dem Bezug der Zinsen und Renten verknüpften notwendigen Kosten (z. B. Porto, Betreibungskosten, Steuern an andere Staaten, nicht aber die auf den Bezügen etwa lastenden inländischen Kreis- und Gemeindeumlagen und inländischen Staatssteuern) dürfen von dem Zinsen- und Rentenerträgnis gleichfalls in Abzug gebracht werden und zwar in der Weise, dass die Zinsen- und Rentenbezüge nach Abzug dieser Kosten angegeben werden.

    Ein solcher Abzug für Bezugskosten darf aber an den unter Ordnungszahl II der Erklärung anzugebenden Bezügen nicht stattfinden, da diese stets mit fünf, bezw. vier Prozent des Nennwerts der bezüglichen Forderung zu berechnen sind.

B. Die Einzelangaben auf der Rückseite der Steuererklärung haben sich auf sämtliche unter Ordnungszahl II, III und IV der ersten Seite vorgetragenen Bezüge, bezw. Schuldzinsen und Lasten zu erstrecken und sind für jede dieser Ordnungszahlen gesondert zu fertigen. Sollte der Raum auf der Rückseite der Erklärung hierzu nicht ausreichen, so ist letzterer eine besondere Beilage anzufügen.

Was die Einzelangaben zu Ordnungszahl II der Steuererklärung betrifft, so fällt bei den Zinsen aus Lotterieanlehenslosen, diskontierten Wechseln und Schatzscheinen die Bezeichnung der einzelnen Anlehenslose, Wechsel und Schatzscheine nur dann nötig, wenn dies der Schatzungsrat ausdrücklich verlangt. Ist dies nicht der Fall, so genügt die Angabe der Gesamtsumme des Nennwerts der Lose, bezw. der Wechsel und Schatzscheine.

Zu Art. 17. Vergl. auch § 21 der Vollzugsverordnung.

Artikel 19.

Steuerpflichtige, welche nach Art. 18 zur Abgabe einer neuen Steuererklärung keine Verpflichtung haben, sind gleichwohl befugt, eine solche abzugeben, wenn sie fortan eine Steuerminderung ansprechen zu können glauben oder aus irgend sonstigem Grund eine Berichtigung ihrer Steuerschuld erwirken wollen.

Gleichzeitig ist, wo wegen eines im Vorjahr eingetretenen gänzlichen Verlustes eines steuerbaren Zinsen- und Rentenbezugs oder wegen irriger Berechnung der Steuer hieraus eine Steuerrückvergütung in Anspruch genommen oder der Strich im Steuerregister wegen eingetretener Steuerbefreiung, wegen Wegzugs oder wegen inzwischen erfolgten Todes eines Steuerpflichtigen veranlasst werden will, dem Schatzungsrat eine das Sachverhältnis begründende Anzeige einzureichen.

Artikel 20.

Die Rentensteuererklärung hat abzugeben:

1) für nicht gewaltentlassene Minderjährige, soweit sie für ihre Person steuerpflichtig sind (Art. 9), für Entmündigte oder Mundtote zweiten Grads der gesetzliche oder der elterlich oder obrigkeitlich bestellte Vertreter;

2) für Vermisste der von ihnen zurückgelassene bevollmächtigte Geschäftsführer und in Ermangelung eines solchen der obrigkeitlich bestellte Pfleger;

3) für alle moralischen Personen (Gemeinden, Körperschaften, Stiftungen, Anstalten), sodann für Gesellschaften, Genossenschaften, Gantmassen etc. der Verwalter des steuerpflichtigen Vermögens, oder, wo dieses Vermögen unter mehreren Verwaltern steht, derjenige Verwalter oder Vorstand derjenigen Stelle, welcher die obere Leitung im Inlande übertragen ist;

4) für Erbmassen im Falle des Art. 15 der aufgestellte Verwalter und in Ermangelung eines solchen der einstweilige Besitzer derselben, sonst diejenigen Personen, welchen nach Art. 31 die Pflicht zur nachträglichen Anmeldung obliegt;

Zu Art. 18. § 12. Zur Abgabe von Rentensteuererklärungen sind verpflichtet:

1) diejenigen Personen, welche sich nach dem Stande ihrer Vermögensverhältnisse vom 1. April des Jahres im Bezug eines zur Rentensteuer noch nicht veranlagten, steuerbaren Zinsen- und Renteneinkommens noch nicht befunden haben;

2) Steuerpflichtige, welche zur Rentensteuer bereits veranlagt sind und nach dem Stande ihrer Vermögensverhältnisse vom 1. April des Jahres gegenüber der Veranlagung eine Erhöhung ihres steuerbaren Zinsen- und Renteneinkommens im Betrag von über 60 Mark erlangt haben (Art. 7 des Gesetzes);

3) Steuerpflichtige, welche ihren Wohnsitz gewechselt haben.

Das Finanzministerium kann anordnen, dass ausnahmsweise in einem Jahre alle Steuerpflichtigen Rentensteuererklärungen abzugeben haben.

Zu Art. 18—21. § 13. Die Rentensteuererklärungen sind innerhalb der nach Art. 22 des Gesetzes dazu anberaumten Frist bei dem Schatzungsrat desjenigen Ortes (Steuerdistriktes) einzureichen, in welchem der Steuerpflichtige — in den Fällen des Art. 20 Ziff. 1—4 des Gesetzes der zur Abgabe der Erklärung Verpflichtete — am 1. April des betreffenden Jahres seinen Wohnsitz im Sinne des Reichsgesetzes vom 13. Mai 1870 oder in Ermangelung eines solchen seinen Aufenthalt, beim Vorhandensein eines mehrfachen Wohnsitzes aber seine Hauptniederlassung (Landrechtsatz 102) gehabt hat.

Ehefrauen mit selbständigem Renteneinkommen haben am Wohnsitz des Ehemannes, im Staats- oder Reichsdienste stehende Landes- oder sonstige Reichsangehörige an ihrem dienstlichen Wohnsitz die Rentensteuererklärung abzugeben. Wenn jedoch im vorgedachten Falle der Ehemann oder sonst derjenige, von welchem für den Steuerpflichtigen die Erklärung abzugeben ist, keinen Wohnsitz im Grossherzogtum hat, so ist der eigene Wohnsitz oder Aufenthalt des Steuerpflichtigen, bezw. bei Vermissten — deren letzter Wohnsitz entscheidend.

5) in allen anderen Fällen der Steuerpflichtige selbst (Art. 9) und zwar bezüglich des gesamten aus eigenem wie fremdem Vermögen (Vermögen der Ehefrau, minderjähriger Kinder etc.) ihm zustehenden Zinsen- und Rentenbezugs in einer Summe.

Befindet er sich zur Zeit, in welcher die Erklärung abgegeben werden muss, ausserhalb Landes, oder ist er zwar im Lande anwesend, aber physisch verhindert, die Erklärung abzugeben, oder besorgt er die Verwaltung seines Kapitalvermögens nicht selbst, sondern durch eine eigens aufgestellte Person oder Verwaltung, so ist die Abgabe der Steuererklärung durch einen erwählten Stellvertreter zulässig.

Artikel 21.

Die Rentensteuererklärungen sind, wenn das Finanzministerium nicht eine Ausnahme gestattet, bei dem Schatzungsrat am Wohnsitze des zur Steuererklärung Verpflichteten, das ist am Orte seiner Hauptniederlassung ohne Rücksicht auf die Landrechtsätze 102 a. und 107 a. einzureichen.

Artikel 22.

Dem Schatzungsrat einer jeden Gemeinde des Landes liegt es nach Anleitung des Gesetzes vom 17. März 1854 über Aufstellung der Kataster der direkten Steuern (Regierungsblatt 1854 Seite 79 ff.) und nach den folgenden Bestimmungen ob:

1) einverständlich mit dem Steuerkommissär alljährlich in einem der Monate April, Mai, Juni, Juli oder August eine Frist zur Abgabe der Rentensteuererklärungen anzuberaumen und unter Bezugnahme auf die Art. 18 und 19 dieses Gesetzes in ortsüblicher Weise zur öffentlichen Kenntnis zu bringen;

Sofern die Rentensteuererklärung an einem anderen Orte, als an dem der Veranlagung zur Einkommensteuer abzugeben wäre, ist gestattet, solche gleichfalls am letzteren Orte einzureichen.

In Zweifelsfällen bestimmt die Steuerdirektion den Ort der Abgabe der Steuererklärung. Da, wo hiernach die Erklärung abgegeben wird, erfolgt auch die Veranlagung zur Rentensteuer.

Zu Art. 19. § 11. Die in Art. 19 Abs. 2 des Gesetzes erwähnten, das Sachverhältnis des Abgangs begründenden Anzeigen sind innerhalb der nach Art. 22 Ziff. 1 des Gesetzes anberaumten Frist beim Schatzungsrat des Ortes der bisherigen Steuerveranlagung oder nach Ablauf jener Frist beim Steuerkommissär einzureichen.

Diese Anzeigen haben in der Regel schriftlich zu geschehen. Erfolgen sie mündlich, so ist von dem Schatzungsrat oder Steuerkommissär ein Protokoll über denselben aufzunehmen und solches von dem die Anzeige Erstattenden unterschriftlich zu bestätigen.

Zu Art. 18—21. § 15. Ist ein Steuerpflichtiger nicht imstande, seine Erklärung überhaupt oder bezüglich einzelner Teile selbst aufzustellen, so wird sie ihm der Steuerkommissär oder der Bürgermeister auf Ersuchen aufstellen, bezw. vervollständigen.

Der zur Abgabe der Erklärung Verpflichtete bleibt jedoch für die Richtigkeit seiner Angaben, die er unterschriftlich zu bestätigen hat, verantwortlich.

Ebenso verbleibt auch, wenn die Steuererklärung nach Art. 20 Ziff. 5 Abs. 2 des Gesetzes durch einen erwählten Stellvertreter abgegeben wird, dem Steuerpflichtigen selbst die Verantwortung für deren Richtigkeit.

Zu Art. 18—21. § 16. Steuerpflichtige, welche nach dem 1. April eines Jahres, jedoch vor Ablauf der zur Abgabe der Steuererklärungen an ihrem bisherigen Wohnorte anberaumten Frist ihren Wohnsitz verändern und zur Abgabe einer Steuererklärung nach § 12 Ziff. 1 oder 2 dieser Verordnung veranlasst sind, haben solche gleichwohl noch an ihrem bisherigen Wohnorte innerhalb der erwähnten Frist einzureichen.

Nebstdem sind dieselben nach § 12 Ziff. 3 und § 13 Abs. 1 dieser Verordnung bei dem auf den nächsten 1. April folgenden Ab- und Zuschreiben an ihrem neuen Wohnorte zur Abgabe einer Steuererklärung verpflichtet.

2) über Aufstellung der Steuererklärungen den hierzu Verpflichteten auf Verlangen mündliche Belehrung zu geben und die Steuererklärungen entgegenzunehmen;

3) die einzelnen Steuererklärungen einer genauen Prüfung zu unterziehen, die in Nutzungen bestehenden Genüsse (Art. 2 Ziff. 4 und Art. 16 Abs. 6) zu schätzen und wo sich kein Anstand zeigt, das steuerbare Zins- und Renteneinkommen nach den Angaben des zur Steuererklärung Verpflichteten festzusetzen;

4) wo sich bezüglich einer Steuererklärung ein Anstand zeigt, den zur Steuererklärung Verpflichteten binnen einer angemessenen Frist zur Aufklärung und nach Befund zur Berichtigung oder Ergänzung seiner Erklärung aufzufordern, gutfindenden Falls ihn oder seinen Bevollmächtigten persönlich zu hören, auch, wenn nötig, ein spezielles Verzeichnis der im Art. 2 Ziff. 1 und 2 bezeichneten Kapitalforderungen zu verlangen (Art. 17); mit dieser Aufforderung an den Steuerpflichtigen ist die Eröffnung zu verbinden, dass nach fruchtlosem Ablauf der bewilligten Frist oder im Falle des Nichterscheinens auf ergangene Vorladung der Betrag der steuerbaren Zinsen und Renten ohne weitere Mitwirkung der Beteiligten werde von Amts wegen festgesetzt werden, und dass ihm für das betreffende Jahr eine Einsprache dagegen nicht zustehe;

5) da, wo der Steuerpflichtige der an ihn ergangenen Aufforderung des Schatzungsrats rechtzeitig Folge gegeben hat, über die noch beanstandeten Punkte, nötigenfalls nach Einvernahme von Sachkundigen, Entscheidung zu geben und im Falle eines Rekurses hiergegen an die betreffende Behörde Vorlage zu machen, nachdem das etwa abgegebene spezielle Verzeichnis der Kapitalforderungen (Ziff. 4) nach davon genommener Einsicht verschlossen der Steuererklärung beigefügt worden ist; da aber, wo der Steuerpflichtige der betreffenden Auflage des Schatzungsrats nicht nachgekommen ist, ebenfalls, wo nötig, nach Einvernahme von Sachkundigen den Steuerpflichtigen von Amts wegen zur Kapitalrentensteuer einzuschätzen;

6) nach Ablauf der nach Ziff. 2 bestimmten allgemeinen Einreichungsfrist zu prüfen, ob auch alle Personen, welche der Schatzungsrat für rentensteuerpflichtig hält, oder bei welchen er ein höheres Zinsen- und Renteneinkommen, als bereits zur Steuer beigezogen wird, voraussetzt, eine desfallsige Erklärung abgegeben haben, und diejenigen, bei welchen dieses nicht der Fall ist, binnen einer auf mindestens 10 Tage anzuberaumenden Frist unter gleichzeitiger Eröffnung des unter Ziff. 4 erwähnten Rechtsnachteils aufzufordern, entweder eine Erklärung über den Betrag ihrer steuerbaren Zinsen und Renten oder aber die Versicherung abzugeben, dass sie nach bestem Wissen und Gewissen ein nach diesem Gesetze zu versteuerndes oder ein höheres Einkommen, als bereits zur Steuer beigezogen ist, nicht besitzen, sodann nach Umlauf der bewilligten Frist gegen die Beteiligten gemäss der Bestimmungen unter Ziff. 5 zu verfahren;

7) nachdem dergestalt sämtliches rentensteuerpflichtiges Einkommen fürs laufende Jahr zur Aufnahme in das Steuerregister festgestellt ist, auch bezüglich etwaiger Rentensteuerrückvergütungen und Nachträge (Art. 24) Prüfung eintreten zu lassen und Entscheidung zu geben.

Artikel 23.

Gegen die Entscheidungen des Schatzungsrats über Feststellung der Rentensteuer, der Rentensteuerrückvergütungen und Nachträge ist ein Rekurs an die Steuerdirektion, soweit solcher nicht nach Art. 22 ausgeschlossen ist, unter den Bedingungen und Vorschriften zulässig, welche die Art. 17, 18 und 20

Zu Art. 22 u. 23. Vergl. § 22 der Vollzugsverordnung.

des Gesetzes vom 17. März 1854 über Aufstellung der Kataster der direkten Steuern enthalten.

Gegen die Entscheidung der Steuerdirektion steht dem Steuerpflichtigen nach Massgabe des Gesetzes vom 14. Juni 1884, die Verwaltungsrechtspflege betreffend (Gesetzes- und Verordnungsblatt Nr. XXI Seite 197), die Klage bei dem grossherzoglichen Verwaltungsgerichtshof zu.

Artikel 24.

Eine Rentensteuerrückvergütung findet in den in Art. 14 bezeichneten Fällen des Erlöschens der Steuerpflicht, ferner auch dann statt, wenn infolge irgend eines Irrtums in Berechnung des steuerbaren Zinsen- und Renteneinkommens oder der Steuer hieraus die Steuerschuld eines Steuerpflichtigen zu hoch bemessen war, für die Zeit, für welche hiernach zu viel an Steuer angesetzt wurde.

Ein Anspruch auf Rückersatz zu viel entrichteter Steuer steht indessen denjenigen nicht zu, welche nach den Art. 22 und 23 von dem Recht der Berufung ausgeschlossen waren und zwar für das Jahr, bezw. für die Jahre, für welche sie lediglich von Amts wegen eingeschätzt werden mussten.

Ein Rentensteuernachtrag findet statt, wenn einem Steuerpflichtigen infolge unterbliebener oder unrichtiger Steuererklärung, oder infolge irgend eines Irrtums in Berechnung des steuerbaren Einkommens oder der Steuer hieraus die schuldige Steuer gar nicht oder nur teilweise angesetzt worden ist, für das Steuerjahr oder die Steuerjahre, für welche hiernach zu wenig an Steuer angesetzt wurde.

Steuerrückvergütungen auf Ansuchen der Beteiligten sollen jedoch nur zugelassen werden, wenn sie einzeln mindestens 50 Pf. (17½ kr.), solche ohne Ansuchen der Beteiligten, ferner Steuernachträge nur, wenn sie einzeln mindestens 2 M. (1 fl. 10 kr.) betragen.

Artikel 25.

Jedes Zins- und Renteneinkommen (Art. 2) wird durch Vervielfachung mit Zwanzig zum Steuerkapital erhoben. Ausnahmsweise bildet bei Leibrenten, Leibgedingen, Witwenbenefizien und anderen bis zum Tode des Beziehers oder eines Dritten fortdauernden Rentenbezüge das Achtfache und bei Waisenbenefizien das Vierfache ihres Jahresbetrags das Steuerkapital.

Der auf letzteres umzulegende Steuerfuss wird jeweils durch das Finanzgesetz bestimmt.

Zu Art. 24. § 17. Die Rückvergütung zur Ungebühr entrichteter und der nachträgliche Ansatz zu wenig erhobener Rentensteuer erstreckt sich auf diejenigen Beträge, welche in den letzten fünf Jahren bezahlt, bezw. fällig geworden sind.

Die letzten fünf Jahre werden vom Tage der angebrachten Rückforderung, bei Rückvergütungen ohne Ansuchen der Beteiligten vom Tage der Konstatierung, bei Nachträgen aber von dem Tage an zurückgerechnet, an welchem die Steuernachtragsschuld vom Pflichtigen ausdrücklich oder stillschweigend anerkannt oder ihm durch Eröffnung des Steuernachtrags oder durch Zustellung des Strafbescheids angefordert worden ist (vergl. das Gesetz vom 21. Juli 1839, die Verjährung der öffentlichen Abgaben betreffend).

Zu Art. 25. § 18. Nach erfolgter Prüfung und eventueller Berichtigung der Steuererklärung durch den Schatzungsrat wird das Steuerkapital in der Weise gebildet, dass die Gesamtsumme der in der Erklärung unter Ordnungszahl I, II und III angegebenen Posten nach Abzug des unter Ordnungszahl IV aufgeführten Betrags mit zwanzig vervielfacht wird.

Dabei wird die in Art. 25 des Gesetzes bestimmte ausnahmsweise Behandlung der Leibrenten, Leibgedinge etc. durch das in § 4 und § 11 A. Ziff. 3 b. gegenwärtiger Verordnung vorgeschriebene Verfahren erreicht, wonach diese Bezüge nur mit zwei Fünftel bezw. mit einem Fünftel ihres Jahresbetrags in die Steuererklärung aufzunehmen sind.

Die Zinsen, welche der Nutzniesser eines Kapitals aus diesem bezieht, sind in ihrem vollen Betrage zu versteuern.

Artikel 26.

Die Kapitalrentensteuer jedes Steuerjahres ist in zwei gleichen Zielern — je in der ersten Hälfte der Monate Oktober und November dieses Jahres — an den betreffenden Ortssteuererheber zu entrichten. Dem Steuerpflichtigen ist unbenommen, mit der ersten Hälfte auch die zweite ganz oder teilweise zu berichtigen.

Jedem Steuerpflichtigen soll mindestens acht Tage vor Anfang des Steuereinzugs ein Steuerforderungszettel, welcher den zu versteuernden Rentenbetrag, das Steuerkapital, die ganze Steuerschuld und den auf jedes Ziel fallenden Betrag angibt, durch den Steuererheber persönlich zugestellt oder verschlossen zugesendet werden.

Die Steuernachträge sind, wenn sie zugleich mit der laufenden Steuer festgestellt worden sind, in gleichen Zielern, wie die letztern, dann aber, wenn sie später festgestellt worden sind, sofort nach erfolgter Feststellung, in jedem Falle nach vorgängiger Einhändigung eines Steuerforderungszettels zu erheben.

Die Steuerrückvergütungen sind der Regel nach im Monate Oktober zu leisten.

Artikel 27.

Wer der Rentensteuer unterworfene Zinsen- und Rentenbezüge binnen der vom Schatzungsrate anberaumten Frist (Art. 22 Ziff. 1) oder doch längstens innerhalb vier Wochen nach Ablauf dieser Frist nicht oder in zu geringem Masse anmeldet, ferner wer wahrheitswidrig die Versicherung abgibt, dass er ein der Rentensteuer unterworfenes Einkommen nicht besitze (Art. 22 Ziff. 6), oder wer rücksichtlich der nach Art. 8 abzuziehenden Schuldzinsen und Lasten unrichtige Angaben macht, desgleichen derjenige, welcher nach Art. 22 Ziff. 5 und 6 von dem Schatzungsrate nachweisbar zu nieder eingeschätzt worden ist und eine Berichtigung seines rentensteuerpflichtigen Einkommens nicht veranlasst hat, macht sich der Hinterziehung der Rentensteuer schuldig und verfällt in die Strafe des achtfachen Betrags der in den letzten drei Jahren gar nicht oder zu wenig angesetzten Steuer.

Ist dieser letztere Steuerbetrag nicht zu ermitteln, so kann auf eine Strafe bis zu 1000 M. erkannt werden.

Neben der Strafe ist die gar nicht oder zu wenig angesetzte Steuer nachzuzahlen, soweit sie noch nicht verjährt ist.

Artikel 28.

Von dieser Strafe (Art. 27) werden auch die zur Steuererklärung nach Art. 20 Ziff. 1—4 verpflichteten Vertreter von Steuerpflichtigen betroffen, wenn sie entweder gar keine oder eine unrichtige Steuererklärung abgegeben haben.

Artikel 29.

Wird dargethan, dass die unterbliebene oder zu niedere Steuererklärung auf einem Versehen beruhe, so tritt neben der Nachzahlung der nicht angesetzten Steuer statt der Strafe des Art. 27 eine Ordnungsstrafe von höchstens dem einfachen Betrage der in den letzten drei Jahren gar nicht oder zu wenig angesetzten Steuer ein.

Ist letzterer Steuerbetrag nicht zu ermitteln, so kann auf eine Ordnungsstrafe bis zu 100 M. erkannt werden.

Dies gilt namentlich auch von den Zinserträgnissen, welche Ortsgeistliche und Schullehrer und die Inhaber besonders dotierter Mesner-, Glöckner- und Organistendienste vom Kapitalvermögen ihres Dienstes empfangen (vergl. § 32 der Vollzugsverordnung zum Einkommensteuergesetz).

Dagegen sind Rentenbezüge, welche aus Anlass des Eheabschlusses den Ehegatten von ihren Eltern oder Schwiegereltern ausgeworfen werden, im Zweifel als nur bis zum Tode der Schenkgeber bewilligt zu betrachten und demgemäss nur mit zwei Fünftel ihres Jahresbetrags in Berechnung zu ziehen.

Zu Art. 27—32. Vergl. § 20 der Vollzugsverordnung.

Artikel 30.

Wird die unterbliebene oder zu nieder abgegebene Erklärung späterhin nachgetragen oder berichtigt, bevor das Vergehen bei der Bezirkssteuerbehörde (d. i. der Obereinnehmerei oder dem Hauptsteueramt) angezeigt worden ist, so fällt jede Strafe weg.

Artikel 31.

Nach dem Tode des Rentensteuerpflichtigen haftet die infolge unrichtiger oder unterbliebener Steuererklärung zu wenig angesetzte Steuer, soweit solche nicht verjährt ist, auf dessen Nachlass und soferne der Erblasser ein in Gütergemeinschaft lebender Ehemann war, zugleich auf dem Gemeinschaftsvermögen.

Zu Art. 31. § 19. 1) Wenn innerhalb dreier Monate von dem Todestag des Erblassers die Erbschaft noch von keinem der Erben angetreten worden ist, auch die Witwe des Erblassers sich der Gütergemeinschaft noch nicht teilhaftig gemacht hat, so ist der für die Erbmasse aufgestellte Verwalter und in Ermangelung eines solchen der einstweilige Besitzer derselben zur Anmeldung der vom Erblasser nicht versteuerten Zinsen- und Rentenbeträge verpflichtet.

Anderenfalls liegt diese Verpflichtung denjenigen Erben, welche innerhalb der bezeichneten Frist die Erbschaft angetreten haben, und im Fall der Teilnahme an der Gütergemeinschaft zugleich der Witwe des Erblassers ob.

2) Ist die Aufnahme einer Verlassenschaft gegen Ende des dritten Monats vom Todestage des Erblassers an noch nicht so weit vorgeschritten, um beurteilen zu können, ob der Verstorbene seiner Steuerpflicht vollständig genügt hat, so wird den Personen, welche nach Ziff. 1 zur Anmeldung der etwa zur Ungebühr frei gebliebenen Beträge verpflichtet sind, auf Ansuchen die Frist zur Abgabe der Anmeldung von der Bezirkssteuerbehörde den Umständen entsprechend verlängert werden.

3) Die Anmeldungen können schriftlich oder mündlich erfolgen. In dem letzteren Fall sind sie von der Bezirkssteuerbehörde zu Protokoll zu nehmen.

4) Die Anmeldung soll enthalten:

    a. Name, Stand und Wohnort des Erblassers und den Todestag desselben;

    b. Name, Stand und Wohnort, wo nötig auch Wohnung des Anmeldenden;

    c. die Bezeichnung des dem Anmeldenden zugefallenen Erb- bezw. Gemeinschaftsanteils;

    d. die Jahresbeträge der Zinsen und Renten, von welchen der Erblasser in den letzten 5 Jahren die schuldige Rentensteuer nicht entrichtet hat, mit Angabe der betreffenden Jahre; die letzten 5 Jahre werden hierbei von dem Tage der ersten Erklärung der Erben, bezw. von dem Tage des ersten Fristgesuches derselben zurückgerechnet;

    e. Datum und Unterschrift des Anmeldenden.

Die Anmeldung kann auch von sämtlichen Erben und der Witwe gemeinschaftlich oder von e i n e r dieser Personen Namens aller Beteiligten eingereicht werden und hat in diesen Fällen, sofern nicht der schuldige Steuernachtrag sogleich bei der Anmeldung im Ganzen bezahlt oder sichergestellt wird, den Erbanteil eines jeden derselben zu bezeichnen.

Wenn die Anmeldung von einem Erben nur für s e i n e Person und s e i n e n Anteil abgegeben wird, so bleiben die übrigen Erben, bezw. die Witwe zur Einreichung von Erklärungen auch ihrerseits verpflichtet.

5) Das weitere Verfahren richtet sich nach den Bestimmungen in § 35 Ziff. 4 und 5 Abs. 1 und 2 der diesseitigen Verordnung vom 17. Februar 1885, den Vollzug des Einkommensteuergesetzes betreffend, welche hier entsprechende Anwendung finden.

Bei Prüfung der Anmeldungen, sowie bei Ermittelung der steuerbaren Beträge ist in der Regel der bei der Verlassenschaftsaufnahme vorhandene Stand der Renten auch für den ganzen rückliegenden Zeitraum der Verjährungsfrist als steuerbar festzuhalten, es sei denn, dass die Zu- oder Abnahme der Renten während jenes Zeitraums durch die Erben glaubhaft gemacht wird oder sich aus bekannten Thatsachen ergibt.

Gegen die hiernach vom Steuerkommissär bewirkte Festsetzung des Steuernachtrags steht den Beteiligten das Recht der Beschwerde und Klage nach Massgabe des Art. 23 des Gesetzes zu.

Die Erben und für den Fall der Teilnahme an der Gütergemeinschaft zugleich die Witwe des Erblassers oder die Vertreter dieser Personen (Art. 20 Ziff. 1—4) sind schuldig, die zur Ungebühr von der Steuer frei gebliebenen Beträge an Zinsen und Renteneinkommen des Erblassers innerhalb drei Monaten vom Erbanfall an gerechnet bei der Bezirkssteuerbehörde anzumelden.

Unterbleibt diese Anmeldung oder wird sie unrichtig abgegeben, so kommen gegen jeden, dem hiernach eine Verpflichtung zur Anmeldung oblag, ohne Rücksicht auf die Grösse seines Erbteils, bezüglich der ganzen von dem Erblasser vorenthaltenen Steuerschuldigkeit die in dem Art. 27 und 29 des Gesetzes enthaltenen Bestimmungen zur Anwendung.

Artikel 32.

Die Verfolgung der Defraudationen in Bezug auf die Kapitalrentensteuer verjährt in drei Jahren vom Ablauf der Frist an, welche zur Abgabe der Steuererklärungen nach Art. 27 zugestanden ist.

Ordnungsvergehen verjähren in einem Jahre.

---

6) Für die Bezahlung des Steuernachtrags haften Erben und Witwe nur nach Verhältnis ihres Erbanteils.

In gleicher Weise sind dieselben, wenn der Erblasser nach dem 1. April gestorben ist, für das Jahr seines Todes die Steuer nachzuzahlen verbunden.

Zu Art. 27—32. § 20. 1) Steuerpflichtige, welche nach Ablauf der vom Schatzungsrate zur Abgabe der Steuererklärungen anberaumten Frist gemäss Art. 27 Abs. 1 und Art. 30 des Gesetzes eine Steuererklärung abgeben wollen, haben dieselbe beim Steuerkommissär einzureichen.

2) Wer auf die nach Art. 22 Ziff. 4 u. 6 des Gesetzes an ihn ergehende besondere Aufforderung des Schatzungsrats innerhalb der hierdurch gesetzten Frist eine Erklärung nicht abgibt, unterliegt keiner Strafe, sondern nur dem in Art. 22 Ziff. 4, 5 u. 6 vorgesehenen Rechtsnachteil.

Straffällig ist dagegen gemäss Art. 27, wer auf eine solche Aufforderung hin eine wahrheitswidrige Erklärung abgibt, oder, nachdem er gemäss Art. 22 Ziff. 5 u. 6 von dem Schatzungsrate von Amts wegen, jedoch zu nieder eingeschätzt worden ist, die Berichtigung seiner Steueranlage herbeizuführen unterlässt.

3) Die in Art. 27 u. 29 erwähnten „letzten 3 Jahre" sind vom Tag der Erlassung des Strafbescheids oder von der ersten richterlichen Untersuchungshandlung an, wenn eine solche der Erlassung des Strafbescheids vorhergegangen oder ein Strafbescheid nicht erlassen worden ist (§ 68 des Strafgesetzbuches, § 459 Abs. 3 der Strafprozessordnung), zurückzurechnen.

Nur diejenigen Verfehlungen, welche der Steuerpflichtige innerhalb dieses Zeitraums begangen hat, kommen bei Festsetzung der Strafe in Betracht. Eine Bestrafung wegen Nichtabgabe einer Steuererklärung nach Art. 27 kann hiernach nicht mehr eintreten, wenn seit dem Ablauf der daselbst gewährten zusätzlichen Frist von 4 Wochen 3 Jahre verstrichen sind.

Bei Verfehlungen, welche sich als Ordnungsvergehen (Art. 29) darstellen, wird die Bestrafung durch den Ablauf eines, in gleicher Weise zu berechnenden Jahres seit dem letzten Vergehen ausgeschlossen.

Auch in den Fällen des Art. 31 beginnt die Verjährung der Strafverfolgung mit Ablauf — nicht der den Erben etc. eingeräumten dreimonatlichen — sondern derjenigen Frist, welche dem Erblasser zur Abgabe der Steuererklärung nach Art. 27 zugestanden war.

4) Die Berechnung des Steuernachtrags im Strafverfahren (Art. 27—29, 31 des Gesetzes) richtet sich nach den Bestimmungen in § 17 dieser Verordnung.

Zu Art. 17 u. 33. § 21. Von der dem Schatzungsrate in Art. 17 eingeräumten Befugnis, ein spezielles Verzeichnis der in Art. 2 des Gesetzes unter Ziff. 1 u. 2 aufgeführten Kapitalforderungen und der daraus fliessenden Bezüge zu verlangen, und von dem den Schatzungsräten, den Steuerkommissären und den Oberbeamten der Bezirkssteuerbehörden in Art. 33 des Gesetzes zugestandenen Rechte der Einsicht der Verlassenschaftsaufnahmen darf nur in dem Falle eines gegründeten Verdachts der Nichtversteuerung rentensteuerpflichtiger Bezüge Gebrauch gemacht werden.

Zu Art. 22, 23 u. 34. § 22. Hinsichtlich der in Art. 22 Ziff. 4 u. 6 des Gesetzes erwähnten Aufforderungen und Vorladungen, sowie der Entscheidungen der Schatzungsräte,

Artikel 33.

Den Schatzungsräten, den Steuerkommissären, den Steuererhebungs- und Steueraufsichtsbeamten ist zur Pflicht gemacht, die richtige Anmeldung des steuerbaren Zinsen- und Renteneinkommens auch ihrerseits genau zu überwachen.

Mutmassliche Gesetzesübertretungen sind von den Steuerkommissären, Steuererhebungs- und Steueraufsichtsbeamten behufs weiterer Verfolgung zur Kenntnis der Bezirkssteuerbehörde zu bringen.

Den Schatzungsräten, den Steuerkommissären und den Oberbeamten der Bezirkssteuerbehörden ist zu dem Ende gestattet, von den Verlassenschaftsaufnahmen bis zum Verjährungstermin der Steuer Einsicht zu nehmen, weshalb ihnen auf Verlangen die betreffenden Akten von den Teilungsbehörden mitzuteilen sind.

Artikel 34.

Die Schatzungsräte und die bei Feststellung, Erhebung und Ueberwachung der Kapitalrentensteuer mitwirkenden Steuerbeamten sind verpflichtet, alles, was ihnen aus den Steuererklärungen und deren Prüfung, sowie durch Einsicht der Verlassenschaftsakten über die Vermögensverhältnisse der Steuerpflichtigen zur Kenntnis kommt, geheim zu halten, sowie auch bezüglich der Steuerregister und Steuerforderungszettel unberufenen Dritten keine und, was die Steuerregister insbesondere anbelangt, den Steuerpflichtigen selbst nur so weit Einsicht zu gestatten, als es sich um ihr eigenes Steuerbetreffnis handelt.

Die gleiche Verpflichtung haben auch die Gemeindebeamten und die Vertreter der Kreise, insofern sie durch den Vollzug der §§. 31 und 32 des Gesetzes vom 5. Mai 1870, die öffentliche Armenpflege betreffend, über die Vermögensverhältnisse der Steuerpflichtigen Kenntnis erhalten.

Uebertretungen sind im Disziplinarwege durch die vorgesetzten Behörden mit Ordnungsstrafen bis zum Betrage von 60 M. zu ahnden.

(Artikel 35, Vollzugsbestimmungen enthaltend, bleibt hier weg.)

---

ferner hinsichtlich der Fristenberechnung und der Zulässigkeit der in Art. 23 des Gesetzes bezeichneten Rechtsmittel, endlich in Bezug auf Verletzungen der Geheimhaltungspflicht finden die §§ 37—41 der diesseitigen Verordnung vom 17. Februar 1885, den Vollzug des Einkommensteuergesetzes betreffend, entsprechende Anwendung.

§ 23. Das alljährliche Ab- und Zuschreiben der Kapitalrentensteuer hat, sofern nicht ausdrücklich für ein bestimmtes Jahr seitens des Finanzministeriums ein anderer Termin festgesetzt wird, jeweils vom 1. April ab zu beginnen.

§ 24. Die grossherzogliche Steuerdirektion ist mit dem weiteren Vollzug beauftragt.

Gemarkung, in welcher die Steuerpflicht begründet ist

(Steuerdistrikt): Karlsruhe.

Anmeldungsverzeichnis
O.-Z. . . . .

Name, Stand und
Wohnort des Steuer-
pflichtigen:

Rentensteuererklärung

für

Karoline Müller, geh. Hofrats-Witwe dahier.

Ordnungs- zahl.	Art der rentensteuerpflichtigen Bezüge.	Jahresbetrag nach dem Stand auf 1. April d. J.
		M.
I	Zinsen aus Staats- etc. Papieren, aus sonstigen verzinslichen Kapitalforderungen aller Art, sowie Zinsen, Renten und Dividenden aus Aktien von Eisenbahn-, Bank-, Bergwerks- und anderen industriellen Handelsunternehmungen	1157
II	Erträgnis verzinslicher wie unverzinslicher Lotterieanlehensolose, sowie Zinsen, welche in unverzinslichen Kaufschillingszielern, diskontierten Wechseln, Schatzscheinen und in anderen unverzinslichen Kapitalforderungen mitbegriffen sind, laut umstehender Nachweisung . . .	450
III	Zeitrenten, Annuitäten und andere derartige Forderungen, bei welchen mit den Zinsen auch Kapitalteile bezogen werden, Erbrenten, Leibrenten, Leibgedinge und sonstige, nicht bereits unter Ziffer I und II begriffene Rentengenüsse in Geld, Naturalien und Nutzungen, nach Abzug der auf diesen Bezügen haftenden privatrechtlichen Lasten, laut umstehender Nachweisung	938
	Zusammen . .	2545
IV	Hiervon ab für Zinsen von faust- oder unterpfändlich versicherten Kapitalschulden und von Ablösungskapitalien und für auf dem Zinsen- und Rentenbezug haftende privatrechtliche Lasten, soweit solche nicht schon unter O.-Z. III in Abzug gebracht wurden, laut umstehender Nachweisung	805
	bleibt steuerpflichtiger Restbetrag . .	1740

Die Unterzeichnete versichert hiermit nach bestem Wissen und
Gewissen, dass vorstehende Steuererklärung einschliesslich der Angaben auf der Rückseite nach den Bestimmungen des Kapitalrentensteuergesetzes getreu und vollständig aufgestellt ist.

Karlsruhe, den 24. Juli 1886.

Unterschrift: Karoline Müller.

Wohnung: Kaiserstrasse Nr. 14.

Nähere Angaben zu den Ordnungszahlen II, III und IV der vorseitigen Erklärung.	Jahresbetrag nach dem Stand auf 1. April d. J.	
	M.	Pf.
Zu O.-Z. II. 1) Verschiedene Lotterieanlehenslose im Nennwert von zusammen 3200 M., hiervon 5 Prozent	160	—
2) Diskontierte Wechsel im Nennwert von zusammen 6000 M., hiervon 4 Prozent	240	—
3) Unverzinslicher Güterkaufschillingsrest bei Georg Lang in Schiltach, auf Martini 1886 fällig, im Betrage von 1255 M., hiervon 4 Prozent	50	20
Summe Ordnungszahl II . .	450	20
oder rund . .	450	—
Zu O.-Z. III. 1) Annuitäten im Betrage von je 400 M. für 6 Jahre, zusammen 2400 M., hiervon 4 Prozent	96	—
2) Aus drei Rentenscheinen der Allgemeinen Versorgungsanstalt der durchschnittliche Betrag der letzten drei Jahre 103 M. 20 Pf., hier zu zwei Fünftel	41	28
3) Leibrente nach Testament meines Oheims Karl Müller, zu beziehen bei G. Bauer dahier, mit jährlichen 592 M. 50 Pf., worauf jedoch die Last der Unterhaltung eines Grabes ruht im jährlichen Anschlag von . . 15 „ — „ bleiben . . 577 M. 50 Pf., wovon hier zwei Fünftel mit	231	—
4) Laut Kaufvertrag vom 1. Juli 1885 in dem an R. Schuhmann verkauften Hause, Kaiserstrasse 14 dahier, unentgeltliche Wohnung im unteren Stock auf drei Jahre 1885/87, im jährlichen Anschlag zu	570	—
Summe Ordnungszahl III . .	938	28
oder rund . .	938	—
Zu O.-Z. IV. 1) Gegen faustpfändliche Hinterlegung von unter O.-Z. I enthaltenen Staatspapieren wurde laut Vertrag vom 8. Juli v. J. bei der Allgemeinen bad. Versorgungsanstalt ein Anlehen von 8000 M. aufgenommen, zu 5 Prozent verzinslich . . .	150	—
2) Hypothekarische Schuld mit dreimonatlicher Kündigung auf dem Hause Bahnhofstrasse Nr. 2 dahier, im Betrage von 12,000 M., laut Schuldurkunde vom 1. Januar 1871, zu 4½ Prozent verzinslich, Gläubiger G. Schmitt dahier, Jahreszins	540	—
3) Laut letztwilliger Verfügung meines verstorbenen Ehemannes, welcher mir die Nutzniessung seines Kapitalvermögens vermacht hat, habe ich daraus an Fräulein Moser hier eine lebenslängliche Rente auszubezahlen mit jährlichen	115	40
Summe Ordnungszahl IV . .	805	40
oder rund . .	805	—

Gesetz, die Besteuerung des Zuckers betreffend, vom 1. Juni 1886.[1])

Eingeleitet von

Dr. Julius Wolf,
Privatdocent in Zürich.

Nachdem der unterm 15. Juni 1884 dem Reichstag vorgelegte Gesetzentwurf zur definitiven Regelung der Zuckersteuer auf das Andrängen der
durch die Krise betroffenen Zuckerfabrikanten zurückgezogen und aus gleichem
Grunde für das folgende Jahr die Einbringung eines Reformentwurfs unterblieben
war, wurde endlich, da die Erscheinungen der Krise sich allmählich abgeschwächt
hatten, mit Ende 1885 die Reform wieder in Angriff genommen. Am
21. Dezember 1885 gelangte an den Reichstag ein neuer Gesetzentwurf.
In einigen Punkten unterschied sich derselbe von seinem Vorgänger aus 1884.
Der Vorschlag einer Erhöhung der Rübensteuer von 1 M. 60 Pf. auf 1 M. 80 Pf.
für den Metercentner war beiden Entwürfen gemeinsam, nur dass der neuere
ein Uebergangsjahr 1886/87 einfügte, in welchem die Erhöhung sich auf 1 M.
70 Pf. beschränken sollte. Die Ausfuhrvergütung bemass der neuere Entwurf
für Rohzucker von nicht unter 90 Prozent Polarisation bei 1 M. 80 Pf. Steuer
mit 18 M. 20 Pf. (bei 1 M. 70 Pf. Steuer in 1886/87 mit 18 M.), während der
frühere Entwurf 18 M. 60 Pf. in Aussicht genommen hatte. Die Vergütungs-
sätze für Kandis, Brote u. s. w. waren mit 22 M. 80 Pf. im ersten Jahre, 22 M.
40 Pf. später, jene für harte Zucker von mindestens 98 Prozent mit bezw. 20 M.
80 Pf. und 21 M. angesetzt. Die von den Fabrikanten dringend gewünschte
Berechtigung, in öffentlichen Niederlagen gegen Inanspruchnahme der Ausfuhrvergütung niedergelegten Zucker gegen Ersatz der Steuervergütung wieder in
den freien Verkehr des Inlands bringen zu dürfen, wurde nicht gewährt; dagegen sollte die Kreditfrist für die Rübensteuer bis zu 12 Monate verlängert
werden können. Eine geringfügige Abweichung gegen die in Geltung stehende
Gesetzgebung (letztes Gesetz vom 7. Juli 1883) wies der neue Entwurf, übrigens
übereinstimmend mit jenem von 1884, noch darin auf, dass er die Untergrenze
der Rohzuckerpolarisation, bei welcher Ausfuhrvergütung noch geleistet werden
sollte, von 88 auf 90 Prozent erhöhte.

Der durch die Reform anzustrebende Steuerertrag wurde mit 60½ Mill. M.
angegeben, während die frühere Gesetzesvorlage nur einen solchen von
53½ Mill. M. in Aussicht genommen hatte. Zu jener Forderung von 60½ Mill. M.

---

[1]) Vergl. auch Finanzarchiv III, 9 ff.

gelangte man, indem man den Steuerertrag der seit Erlass des Gesetzes von 1869 verflossenen 16 Campagnen, nach drei, bezw. vier Perioden geteilt, mit folgenden Ziffern berechnete:

	Brutto-Aufkunft der Zucker-steuer	Davon ab			Netto-Ertrag der Zuckersteuer
		Ausfuhr-ver-gütung	Ver-waltungs-kosten	Zu-sam-men	
	Millionen Mark				pro Kopf Mark
5 Jahre 1. Sept. 1869/70 bis 1873/74	46,7	4,6	1,9	6,5	40,2 1,00
5 „ 1. „ 1874/75 „ 1878/79	61,4	13,6	2,5	16,1	45,3 1,05
6 „ 1. „ 1879/80 „ 1884/85	121,2	77,5	4,8	82,3	38,9 0,86
5 „ 1. Aug. 1880/81 „ 1884/85	130,1	87,6	5,2	92,8	37,3 0,82

Nach dem Durchschnittsmass des Reinertrags der Periode 1874/79 sollte nun bei einem angenommenen Jahreskonsum von 7,63 kg Rohzucker pro Kopf der Bevölkerung die Jahresaufkunft 1,32 Mk. vom Kopf oder insgesamt (Bevölkerung 45,843,000) 60,512,760 M. betragen.

Die Begründung des Entwurfs wies des näheren nach, dass bei einer Ausbeute von 10,5 : 1 (10,5 Mctr. Rüben erforderlich für 1 Mctr. Rohzucker) der Nettoertrag der Steuer 63,220,000 M. (90 Mill. Mctr. Rübenverarbeitung) bis 63,167,000 M. (100 Mill. Mctr. Rübenverarbeitung), bei einer Ausbeute von 10,25 : 1 der Nettoertrag 59,415,000—58,939,000 M. und bei einer Ausbeute von 10 : 1 55,420,000—54,500,000 M. sein würde. Die Rechnung auf Grund der letztgenannten Ausbeute, welche der thatsächlich im Durchschnitt der Fabriken erreichten Ausbeute noch am nächsten stand, weisen wir hiermit des näheren nach:

Metercentner Zucker von 93,75 Polarisation

	bei 90 Mill. Mctr. Rüben	bei 100 Mill. Mctr. Rüben
	bei einer Ausbeute von 10 : 1	
Steuer à M. 1,80 =	M. 162,000,000	M. 100,000,000
Ausbeute	9,000,000	10,000,000
Inlandskonsum	3,500,000	3,500,000
Ausfuhr	5,500,000	6,500,000
Bonifikation à M. 18,20 =	M. 100,000,000	M. 118,300,000
Ertrag	M. 61,900,000	M. 61,700,000
ab 4 Proz. Verwaltungskosten	„ 6,480,000	„ 7,200,000
fliessen zur Reichskasse	M. 55,420,000	M. 54,500,000

Die Regierung nahm als aktuelle Ausbeute aber eine solche von 10,50 : 1 an und erreichte nach ihrem Anschlag daher durch die Reform die verlangte Summe von 60½ Mill. M. und noch mehr.

Sofort nach dem Erscheinen der Vorlage wurden Stimmen laut, welche die bezüglichen Annahmen der Regierung als unzutreffend bezeichneten. Und mit Recht!

	Es waren zur Herstellung eines Mctr. Zucker erforderlich Mctr. Rüben	Man hatte gewonnen Zucker aus Rüben Prozente
1883/84	9,28	10,77
1884/85	9,07	11,02

Hierbei sind die aus Melasse in Fabriken ohne Rübenverarbeitung gewonnenen Zuckermengen im Jahr 1883/84 mit 205,000, und im Jahr 1884/85 mit 237,000 Mctr. berechnet. Zur Zeit der Vorlage des Entwurfs war überdies bekannt, dass das Jahr 1885/86 ein noch günstigeres Ausbeuteverhältnis als im Jahr 1884/85 ergeben würde. Die Annahme, dass 10,5 Mctr. Rüben zur Darstellung eines Metercentners Zucker erforderlich seien, entsprach also ganz und gar nicht den gegebenen Verhältnissen. Bei einer Ausbeute aber von 9,25 : 1 oder einer solchen von 9 : 1 berechnete sich der Ertrag der Steuer folgendermassen:

Metercentner Zucker von 93,75 Polarisation

	bei 90 Mill. Mctr. Rüben	bei 100 Mill. Mctr. Rüben
	bei einer Ausbeute von 9,25 : 1	
Steuer à M. 1,80	M. 162,000,000	M. 180,000,000
Ausbeute	9,730,000	10,810,000
Inlandskonsum	3,500,000	3,500,000
Ausfuhr	6,230,000	7,310,000
Bonifikation à M. 18,20	M. 113,386,000	M. 133,042,000
Ertrag	M. 48,614,000	M. 46,958,000
ab 4 Proz. Verwaltungskosten	. 1,944,000	. 1,878,000
fliessen zur Reichskasse	M. 46,670,000	M. 45,080,000
	bei einer Ausbeute von 9 : 1	
Steuer à M. 1,80	M. 162,000,000	M. 180,000,000
Ausbeute	10,000,000	11,111,000
Inlandskonsum	3,500,000	3,500,000
Ausfuhr	6,500,000	7,611,000
Bonifikation à M. 18,20	M. 118,300,000	M. 138,520,000
Ertrag	M. 43,700,000	M. 41,480,000
ab 4 Proz. Verwaltungskosten	. 1,748,000	. 1,659,000
fliessen zur Reichskasse	M. 41,952,000	M. 39,821,000

Es resultieren also Beträge, die hinter der Forderung von 60½ Mill. M. sehr erheblich zurückbleiben und die selbst nicht viel höher sind als die Einnahme von 1880/82, die den ersten Anstoss zur Reform gab.

Am 12. und 13. Januar 1886 erfolgte die erste Lesung des Entwurfs, und er wurde an eine Kommission überwiesen. Nach eingehenden Beratungen erklärte sich dieselbe gegen die Regierungsvorlage. Die Anträge der Kommission bezeichneten jede Erhöhung der Rübensteuer als unzulässig und schlugen also Beibehaltung des bestehenden Satzes von 1 M. 60 Pf. pro Metercentner vor. Als Ausfuhrvergütung wurden für Rohzucker 16 M. 80 Pf., für Kandis, Brote u. s. w. 20 M. 60 Pf. und für alle übrigen harten Zucker von mindestens 98 Perzent 19 M. 30 Pf. für den Metercentner, also gleichfalls niedrigere Sätze als die des Regierungsentwurfes beantragt. Ein weiterer Vorschlag, durch den die Kommission sich von der Regierungsvorlage entfernte, betraf die Einführung einer Melassesteuer. Von den Fabriken, welche selbstgewonnene Melasse entzuckern, sollte ein Steuerzuschlag von 10 Pf. pro 100 kg. Rüben erhoben werden. Fabriken, welche ausschliesslich oder zum Teile nicht selbstgewonnene Melasse zur Verarbeitung bringen, sollten für 100 kg. eingeführter Melasse 3 M. 30 Pf. Steuer entrichten. Des ferneren setzte sich der Kommissionsvorschlag dadurch in Widerspruch mit dem Regierungsentwurf, dass er die Niederlegung inländischer Zucker in bestimmten Niederlagen gegen Steuervergütung mit der Massgabe gestatten wollte, dass der Zucker gegen Erstattung des Vergütungsbetrages wieder in den freien Verkehr gebracht werden dürfe. Endlich ist noch zu erwähnen, dass der Kommissionsentwurf einen Paragraphen aufnahm, nach welchem der Bundesrat sollte gestatten können, dass für vergütungsfähigen inländischen Zucker, welcher zur Viehfütterung oder zur Herstellung von anderen Fabrikaten als Verzehrungsgegenständen verwendet wird, die Steuer vergütet werde.

Neue Gesichtspunkte von Wert waren nur in der Sache der Melassebesteuerung gegeben worden; der Befürwortung der Ermässigung statt einer geringen Erhöhung der Rübensteuer dienten dagegen lediglich die alten Argumente.

Dem Einwand, dass es schwierig sei festzustellen, was man als Melasse betrachten solle und was nicht, setzte schon in der ersten Lesung des Regierungsentwurfes der Graf von Hacke zwei Begriffsbestimmungen entgegen, von denen die eine besagte, Melasse sei „das Residuum aus der Zuckerfabrikation, in dessen Trockensubstanz die Menge des Nichtzuckers grösser ist als die Menge des Zuckers, während die andere als Melasse dasjenige Residuum ansprach, „aus welchem Zuckerkrystalle von selbst sich nicht mehr abzuscheiden vermögen, von 42 Prozent Beaumé und mindestens 48 Teilen Zucker in 100 Teilen". Die Enquetekommission von 1883 hatte als Melasse bezeichnet „den bei der Krystallisation von Zucker verbleibenden Sirup, welcher auch nach nochmaligem Verkochen bei längerer Ruhe keinen in Krystallform sich abscheidenden Zucker mehr gibt". Als in der Reichstagskommission dieser Punkt aber wieder verhandelt wurde, erklärte der anwesende Staatssekretär des Reichsschatzamtes, von Burchard, eine befriedigende Definition dessen, was man als Melasse zu betrachten habe, gebe es nicht. Gleichzeitig machte Herr von Burchard geltend, die Kontrolle, welche aus Anlass der Melassebesteuerung gegen Rohzuckerfabriken, Melasse-Entzuckerungsanstalten und Raffinerien zu üben wäre, böte zu viel Schwierigkeiten. Auf diesen Einwand kam Graf von Hacke bei der zweiten Lesung der Vorlage am 19. März 1886 zurück, und sprach ihm sein Gewicht ab. Die Melassefabrikanten aber hatten sich selbstverständlich auf die Seite des Staatssekretärs geschlagen. In einer Versammlung vom 3. März sprachen sie unter anderem von neuem die „Unmöglichkeit einer exakten Definition für Melasse" aus. Die Fassung des Kommissionsentwurfes führe dahin, „im allgemeinen jede doppelte Reinigung der Rübensäfte zum Zwecke möglichster Ausbringung des in der Rübe enthaltenen Zuckers, also jeden Fortschritt in der Industrie zu hintertreiben". Von einer anderen Seite, Herrn Dr. Bodenbender, einem speziellen Kenner des Fachs, wurde noch darauf hingewiesen, dass auch die in der Kommissionsvorlage gemachte Unterscheidung zwischen Melasse entzuckernden und nicht entzuckernden Fabriken die allergrössten Bedenken hervorrufen müsse. — Eine Meinungsdifferenz bestand endlich bezüglich des von einer Melassesteuer zu erwartenden Ertrags. Während das Kommissionsmitglied von Wedell-Malchow die zu erwartende Einnahme mit 7,450,000 M. berechnete, wurde regierungsseitig ein Ertrag von über 5 Mill. M. als nicht wahrscheinlich bezeichnet.

Man dachte von mehreren Seiten in der Voraussetzung, dass die Melassesteuer nicht zur Annahme gelange, auch daran, die ungleiche Behandlung.

welche in der an Melassezucker gewährten Steuerfreiheit gegenüber der Steuerpflichtigkeit alles übrigen Zuckers liege, durch eine Erhöhung des Melassepreises
abzuschwächen, welche durch die Gewährung einer Ausfuhrvergütung für
Melasse zu bewerkstelligen sei. Das Kommissionsmitglied Herr Nobbe
brachte zur ersten Lesung des Entwurfes in der Kommission einen dahin zie-
lenden Antrag ein, zog ihn aber zurück, weil die Regierung ihn für absolut
unannehmbar erklärte und er auch in der Kommisson keinen Anklang fand.

Als der Reichstag am 18. März die zweite Lesung des Entwurfs begann,
lag ihm neben den Anträgen der Kommissionsmajorität noch eine Anzahl spezieller Vota vor, von denen wir hier aber nur den Antrag Rohland erwähnen.
Derselbe brachte eine Herabsetzung der Rübensteuer um je 20 Pf. pro Metercentner für die Campagnen 1887/88 und 1888/89 in Vorschlag, so dass die Steuer
vom 1. August 1886 an 1 Mk. 20 Pf. wäre. Die Rückvergütung sollte vom
1. Oktober 1886 bis zum 31. Juli 1887 8 M. 20 Pf., vom 1. August 1887 bis
31. Juli 1888 7 M. und vom 1. August 1889 ab 6 M. betragen. Dieser Antrag
nahm im wesentlichen das seit Jahren durch Herrn Herbertz verfochtene
Programm auf, zu einer Regulierung der Steuererträge auf dem Wege einer
Steuerermässigung und der sich daran knüpfenden Konsumerhöhung zu gelangen.
So lebhaft die Unterstützung war, die dieser Antrag aus den Kreisen der Beteiligten erfuhr, so konnte er an massgebender Stelle doch nicht die Ueberzeugung von der Zutreffendheit der ihm zu Grunde liegenden Berechnungen er-
wecken. Er stützte sich auf die in anderen Ländern, England, Frankreich,
Nordamerika mit Ermässigung der Steuer gemachten Erfahrungen. Die insbesondere für die ersten zwei Länder angeführten Ziffern der Konsumsteigerung
als einer Folgeerscheinung der Steuerermässigung können nicht bestritten werden,
obwohl die Konsumsteigerung in Frankreich mit Bezug auf Beständigkeit den
gehegten Erwartungen nicht ganz entsprochen hat. Trotzdem scheint die
gegenwärtige Krisenperiode nicht dazu angethan, jeder Verbilligung eine Konsumsteigerung in dem betreffenden Produkte folgen zu lassen. Der Zuckerpreis hat seit zwei Jahren eine Ermässigung wie nie zuvor erfahren, von einem
Umfang, der die von Herbertz und Rohland vorgeschlagene Steuerermässigung übertrifft; die vorliegenden Nachweisungen machen es aber wahrscheinlich,
dass ihm eine Konsumerhöhung nicht gefolgt ist. Es lässt dies Schlüsse mit
Bezug auf Antrag Rohland zu.

Die zweite Lesung des Entwurfs im Reichstage führte zu keinem
positiven Ergebnis. Sowohl die Vorschläge der Regierung, wie die der Kommission, wie endlich alle sonstigen Anträge wurden abgelehnt. Am 3. April
trat der Reichstag in die dritte Lesung ein. Er genehmigte einen Antrag
der Abgeordneten Graf zu Stolberg und Staudy mit einigen Abänderungen.

Es wäre danach bei der Steuer von 1 M. 60 Pf. pro 100 kg Rüben nach
wie vor geblieben. Die Ausfuhrvergütung hätte betragen

für Rohzucker in   1886/87   17 M. 40 Pf. pro Mctr.,
„   „   von   1887/78 an   16 „   40 „   „   „
„ Kandis, Brote in   1886/87   21 „   45 „   „   „
„   „   „ von 1887/88 an 20 „   20 „   „   „
für alle übrigen harten Zucker von mindest. 98 Pzt. in   1886/87   20 M. 10 Pf.
„   „   „   „   „   „   „   98 „ von 1887/88 an 19 „ — „

Der Bundesrat versagte dem Beschluss des Reichstags die Genehmigung und brachte eine neue Vorlage in Antrag. Die hier vorgeschlagenen Sätze der Steuer und der Ausfuhrvergütung waren gegen jene der zwei früheren Vorlagen, des Kommissions- und des Reichstagsbeschlusses:

	Rübensteuer pro Mctr.	Ausfuhrvergütung pro Mctr. Rohzucker
Entwurf 1884	1 M. 80 Pf.	18 M. 60 Pf.
„ 1885	1 „ 80 „	18 „ 20 „
Kommissionsbeschluss zu Entw. 1885 .	1 „ 60 „	16 „ 80 „
Reichstagsbeschluss	1 „ 60 „	16 „ 40 „
Entwurf 1886	1 „ 70 „	17 „ 25 „

Der neue Gesetzentwurf sah also im Vergleich zu den früheren Regierungsvorlagen im Sinne des Kommissions- und Reichstagsbeschlusses einen niedrigeren Steuersatz vor, kam dann jenen Beschlüssen auch in der Bemessung der Ausfuhrvergütung entgegen und eignete sich überhaupt die sämtlichen vom Reichstag zur Erleichterung und Begünstigung der Zuckerindustrie beschlossenen Bestimmungen an, „ungeachtet der gegen einige derselben auch jetzt noch bestehenden, nicht unerheblichen Bedenken."

Abgeordneter Nobbe stellte zur näheren Kennzeichnung der neuen Vorlage folgende vergleichende Tableaux auf:

Grundlagen der Berechnung.

90 Mill. Mctr. Rübenverarbeitung
9,500,000 Mctr. Zuckergewinn (ca. 9½ Mctr. Rüben = 1 Mctr. Zucker).
Davon Verbrauch 3,750,000 Mctr.
„ Ausfuhr 5,750,000 „

	Gegebener Zustand, Gesetz von 1883.	Reichstags-beschluss.	Regierungs-vorlage 1885.	Regierungs-vorlage 1886.
	Tausende Mark Ergebnis für die Reichskasse.			
Brutto-Steuer	144,000	144,000	162,000	153,000
4 Pzt. Erhebungskosten	5,760	5,760	6,480	6,120
Bleiben	138,240	138,240	155,520	146,880
Ab Steuervergütung .	103,500	94,300	104,650	99,187
Ertrag f. d. Reich . .	34,740	43,940	50,870	67,693
Gegen d. jetz. Ertrag .	0	+ 9,200	+ 16,130	+ 12,953

Finanzielles Ergebnis für eine Normalfabrik.

Verarbeitung 250,000 Mctr.
Zuckergewinn (9,5 Mctr. Rüben = 1 Mctr. Zucker) 26,300 Mctr.

Erlegte Steuer . . M.	400,000	400,000	450,000	425,000
Steuerersatz . . . „	473,400	431,320	478,660	453,675
Reingewinn . . . M.	73,400	31,320	28,660	28,675

Steuergewinn der besonderen Melasse-Entzuckerungsanstalten.

150,000 Mctr. Melasseverarbeitung.

Ausbeute (40 Pzt.) 60,000 Mctr. Rohzucker.

Steuergewinn . . M.	1,080,000	984,000	1,092,000	1,035,000
d. i. pro Mctr. Melasse „	7,20	6,56	7,28	6,90

Am 18. Mai kam die neue Vorlage zur ersten, am 20. Mai zur zweiten, am 21. Mai zur dritten Lesung und wurde unverändert angenommen.

Das nun vorliegende Gesetz beschränkt die Prämie auf einen niedrigeren als ihren bisherigen Betrag. Sie berechnet sich nach dem Rendement vom Jahre 1884/85, welches 9,07 Mctr. Rüben zur Darstellung von 1 Mctr. Rohzucker bedurfte, folgendermassen:

9,07 Mctr. Rübe $\times$ 1 M. 70 Pf. Steuer = 15 M. 42 Pf.

Steuerrestitution . . . . $\underline{17 \text{ „ } 25 \text{ „}}$

$\overline{1 \text{ M. } 83 \text{ Pf.}}$

Bei Annahme einer nunmehrigen Durchschnittsprämie von 1³/₄ Mark bis 2 Mark pro Mctr. Rohzucker wird man nicht fehl gehen.

Relativ höher ist die Prämie, die an raffinierten Zucker gewährt wird. Das Mehr der Prämie für raffinierten gegen Rohzucker beträgt bei einem Aufwand von 115 kg Rohzucker für die Erzeugung von 100 kg Raffinade, wie es der ungefähre Durchschnitt sein dürfte, 1 M. 66 Pf. Es entsprechen nämlich 115 kg Rohzucker, zu 17 M. 25 Pf. versteuert, einer Steuerzahlung von 19 M. 84 Pf., was gegen eine Restitution von . . . . 21 „ 50 „ eine Spezialprämie von . . . . 1 M. 66 Pf. ergibt. — Die gesamte bei Ausfuhr von 100 kg Raffinade gewährte Prämie beträgt darnach 3 M. 50 Pf. pro Mctr. (bei Annahme einer Ausbeute aus der Rübe wie im Jahre 1884/85).

Erste sichtbare Wirkung des Gesetzes dürfte die Erweiterung der Melasseentzuckerung sein. Bisher wurde ungefähr die Hälfte der in den Zuckerfabriken gewonnenen Melasse entzuckert und je ein Viertel ausgeführt und in der Brennerei verwendet. Für das Jahr 1884/85 liegen folgende Ziffern vor:

Ungefähr 3 Pzt. Melasse von 104,026,883 Mctr. Rüben- verarbeitung	3,120,806 Mctr.
Raffineriemelasse ca.	250,000 „
Zusammen	3,370,806 Mctr.
Von der Brennerei wurden verarbeitet 731,267 Mctr. ausgeführt 650,618 „	1,381,885 „
Bleiben zur Entzuckerung	1,988,921 Mctr.
Daraus ca. 35 Pzt. Zucker	696,122 „

Würde alle vorhandene Melasse bereits im Jahre 1884/85 entzuckert worden sein, so hätte dies den Bedarf zur Erzeugung von 1 Mctr. Rohzucker auf rund 8¹/₂ Mctr. Rübe herabgesetzt und die Rohzuckerprämie unter dem Gesetze auf 2 M. 80 Pf. berechnen lassen.

Nun ist wohl auch für die Zukunft kaum die Entzuckerung aller Melasse zu erwarten. Dafür dass aber in einiger Zeit mindestens drei Viertel statt wie bisher die Hälfte der gewonnenen Melasse werden entzuckert werden, spricht vieles. Während der letzten Jahre ist eine Stockung in der Installation von rationelleren Melasse-Entzuckerungsverfahren in Zuckerfabriken eingetreten und an die Errichtung besonderer Melasse-Entzuckerungsanstalten hat man sich bei der Unsicherheit der kommenden Gesetzgebung nicht gewagt. Die von hier drohende Gefahr ist nun behoben und ein erheblicher Fortschritt in der Einrichtung von Entzuckerungsverfahren vorauszusehen. Ueberdies wird die Brennerei in geringerem Grade abnahmsfähig für Melasse: erstens infolge der niedrigen Kartoffel- und Maispreise, welche die Verwendung dieser Materialien vorteilhafter als die Melasseverarbeitung machen, zweitens infolge Einschränkung des Brennereibetriebs. Nehmen wir aber an, es würde ein Viertel der in der Zuckerfabrikation gewonnenen Melasse in Brennerei und Ausfuhr noch immer in Anspruch genommen werden und nur die übrigen drei Viertel würden der Entzuckerung unterworfen, so würde dies bei einer Qualität der Rübe wie im Jahre 1884/85 ein Erfordernis von rund 8½ Mctr. Rohzucker (11,55 Pzt. Zucker aus der Rübe) bedeuten. Unserer Anschauung nach kann man von einem solchen Ausbeutesatz für den Durchschnitt der zunächst folgenden Jahre ausgehen. Er führt bei Zugrundlegung von 90 Mill. Mctr. Rübenverarbeitung und 3,750,000 Mctr. Verbrauch zu folgenden Resultaten:

Steuer abzüglich Erhebungskosten . . .	146,880,000 M.
Steuervergütung f. 6,645,000 Mctr. Zucker	114,626,000 .
Nettoertrag der Steuer	32,254,000 M.

Will daran festgehalten werden, dass die Ausfuhr von 5,750,000 Mctr. nicht überschritten werden soll, so muss die Rübenverarbeitung auf 82,270,000 Mctr. ermässigt werden, und es ergeben sich sodann folgende Zahlen:

Steuer abzügl. Erhebungskosten	134,265,000 M.
Steuervergütung für 5,750,000 Mctr. . .	99,187,000 .
Nettoertrag der Steuer	35,078,000 M.

Es sind dies Einnahmen, noch etwas niedriger als die niedrigste bisher erreichte. Das gegenwärtige Gesetz kann darnach wieder nur als Provisorium betrachtet werden.

Gesetz,
die Besteuerung des Zuckers betreffend, vom 1. Juni 1886.

(Reichsgesetzblatt 1886, Nr. 16, S. 181.)

Wir Wilhelm, von Gottes Gnaden Deutscher Kaiser, König von Preussen etc. verordnen im Namen des Reichs, nach erfolgter Zustimmung des Bundesrats und des Reichstags, was folgt:

Artikel I.

Die §§ 1 und 3 des Gesetzes vom 26. Juni 1869, die Besteuerung des Zuckers betreffend (Bundes-Gesetzbl. S. 282), treten mit dem 1. August 1886 ausser Kraft und werden durch folgende Bestimmungen ersetzt:

§ 1.

Die Rübenzuckersteuer wird von 100 kg der zur Zuckerbereitung bestimmten rohen Rüben mit 1,70 Mark erhoben.

§ 2.

Für den über die Zollgrenze ausgeführten oder in öffentliche Niederlagen oder Privattransitlager unter amtlichem Mitverschluss aufgenommenen Zucker wird, wenn die Menge wenigstens 500 kg beträgt, eine Steuervergütung nach folgenden Sätzen für 100 kg gewährt:

    a. für Rohzucker von mindestens 90 Prozent Polarisation und für raffinierten Zucker von unter 98, aber mindestens 90 Prozent Polarisation:

        1) für die Zeit vom 1. August 1886 bis zum 30. September 1887 . . . . 18,00 Mark,

        2) vom 1. Oktober 1887 ab . . . . 17,25 „

    b. für Kandis und für Zucker in weissen, vollen, harten Broten, Blöcken, Platten, Würfeln oder Stangen, oder in Gegenwart der Steuerbehörde zerkleinert, ferner für andere vom Bundesrat zu bezeichnende Zucker von mindestens 99½ Prozent Polarisation:

        1) für die Zeit vom 1. August 1886 bis 31. Oktober 1887 22,20 Mark,

        2) für die Zeit vom 1. November 1887 ab . . . . . 21,50 „

    c. für allen übrigen harten weissen trockenen (nicht über 1 Prozent Wasser enthaltenden) Zucker in Krystall-, Krümel- und Mehlform von mindestens 98 Prozent Polarisation, soweit auf denselben nicht der Vergütungssatz unter b. Anwendung findet:

        1) für die Zeit vom 1. August 1886 bis 31. Oktober 1887 20,80 Mark,

        2) für die Zeit vom 1. November 1887 ab . . . . 20,15 „

Der Bundesrat hat die Zollämter zu bestimmen, über welche die Ausfuhr der unter a. und c. fallenden Zucker bewirkt werden kann. Derselbe ist auch befugt, zu bestimmen, dass die bei der Ausfuhr von Zucker gegen Steuervergütung abzugebende Deklaration auf den Zuckergehalt nach dem Grade der Polarisation gerichtet werde.

§ 3.

Den Inhabern von Rübenzuckerfabriken wird zur Entrichtung der fälligen Steuer für verarbeitete Rüben gegen Sicherheitsbestellung Kredit auf einen allgemein vorzuschreibenden Zeitraum bis zu höchstens 6 Monaten bewilligt werden. Nach Massgabe der dem entsprechend vorgeschriebenen Kreditfrist wird der Fälligkeitstermin der Steuervergütungen (§ 2 und § 3) bestimmt.

Fällige Steuervergütungsscheine können bei allen Steuerstellen des Deutschen Reichs auf schuldige Rübenzuckersteuer angerechnet werden.

§ 4.

Für inländischen Zucker ist die Niederlegung gegen Steuervergütung (§ 2) in hierzu bestimmten öffentlichen oder unter amtlichem Mitverschluss stehenden Privatniederlagen mit der Massgabe gestattet, dass der Zucker gegen Versteuerung durch Erstattung der Vergütung nach Massgabe des Einlagerungsgewichts wieder in den freien Verkehr gebracht werden kann. Die Lagerfrist beträgt zwei Jahre.

Der niedergelegte Zucker haftet der Steuerbehörde ohne Rücksicht auf die Rechte Dritter für den Betrag der gewährten Steuervergütung, sowie der nach Abs. 4 zu entrichtenden Zinsen und etwaigen Kosten.

Die näheren Anordnungen über diese Niederlagen, insbesondere auch über die an die Lagerinhaber zu stellenden Anforderungen trifft der Bundesrat.

Der Betrag der Steuervergütung für Zuckermengen, welche über den auf den Tag der Niederlegung zunächst folgenden 1. Oktober hinaus in der Niederlage verbleiben, ist im Falle der demnächstigen Zurücknahme in den freien Verkehr für die weitere Dauer der Lagerung mit fünf Prozent jährlich zu verzinsen.

Den Inhabern von Zuckerraffinerien kann zur Entrichtung der Steuer für den zu Raffineriezwecken aus den Niederlagen entnommenen Rohzucker Kredit bewilligt werden.

§ 5.

In Bezug auf die Bestrafung unrichtiger Deklaration von Zucker zur Aufnahme in das Lager (§ 4) finden die Bestimmungen im § 4 des Gesetzes vom 26. Juni 1869, die Besteuerung des Zuckers betreffend (Bundes-Gesetzblatt S. 282), sinngemässe Anwendung.

Wer die Steuer von dem niedergelegten Zucker hinterzieht oder zu hinterziehen versucht, begeht eine Defraudation, auf welche die für die Rübenzuckersteuerdefraudation geltenden Strafbestimmungen sinngemässe Anwendung mit der Massgabe finden, dass der hinterzogene Abgabenbetrag nach dem Steuervergütungssatze des Zuckers zu berechnen ist. Uebertretungen der Anordnungen des Bundesrats in Bezug auf die Lagerung des Zuckers werden, sofern nicht die Defraudationsstrafe verwirkt ist, mit Ordnungsstrafen von 30 bis 300 Mark belegt.

Der Lagerinhaber haftet subsidiarisch für seine Gewerbegehilfen und die in seinem Dienst oder Taglohn stehenden Personen rücksichtlich der Geldstrafen, Gefälle und Prozesskosten, in welche die zu vertretenden Personen wegen Defraudationen und wegen Verletzung der Verwaltungsvorschriften verurteilt worden sind.

§ 6.

Bei der Ausfuhr von Fabrikaten, zu deren Herstellung vergütungsfähiger inländischer Zucker verwendet worden ist, einschliesslich der Auflösungen von Zucker, oder bei Niederlegung solcher Fabrikate in öffentlichen Niederlagen oder Privattransitlagern unter amtlichem Mitverschluss kann nach näherer Bestimmung des Bundesrats die Steuer für die in den Fabrikaten enthaltene Zuckermenge vergütet werden.

§ 7.

Der Bundesrat kann unter Anordnung sichernder Kontrollen gestatten, dass für vergütungsfähigen inländischen Zucker, welcher zur Viehfütterung oder zur Herstellung von anderen Fabrikaten als Verzehrungsgegenständen verwendet wird, die Steuer vergütet werde.

Artikel II.

An die Stelle der Bestimmung im § 11 lit. b der von den Regierungen der Zollvereinsstaaten unter dem 23. Oktober 1845 vereinbarten Verordnung, die Besteuerung des im Inlande erzeugten Rübenzuckers betreffend, treten die folgenden Bestimmungen:

§ 1.

Die Inhaber der Rübenzuckerfabriken sind verpflichtet, über ihren gesamten Fabrikationsbetrieb, insbesondere über die am 31. Juli jedes Jahres vorhandenen Bestände an Zucker, sowie über die Menge und Art der verarbeiteten Zuckerstoffe und der gewonnenen Produkte, nach den von der Steuerbehörde mitzuteilenden Mustern Anschreibungen zu führen, Auszüge daraus in zu bestimmenden Zeitabschnitten der Steuerhebestelle des Bezirks einzureichen und die Anschreibungen, sowie die besonderen Fabrikbücher, welche etwa ausserdem über den Verbrauch von Zuckerstoffen und die Produktion von Zucker geführt werden, den Oberbeamten der Steuerverwaltung jederzeit auf Erfordern zur Einsicht vorzulegen.

§ 2.

Fabrikinhaber, welche die im § 1 angeordneten Anschreibungen nicht oder den gegebenen Vorschriften zuwider oder wider besseres Wissen unrichtig führen, werden mit einer Ordnungsstrafe von 30 bis 300 Mark bestraft.

§ 3.

Die Inhaber von Zuckerraffinerien, von Melasse- und Saftentzuckerungs-anstalten ohne Rübenverarbeitung, von Stärkezucker- oder Stärkesirupfabriken und von Maltose- oder Maltosesirupfabriken, sowie von gewerblichen Betrieben, in denen aus unversteuerten Rüben Säfte und zuckerhaltige Produkte gewonnen werden, in betreff der letzteren unter Vorbehalt etwaiger mit Rücksicht auf besondere Verhältnisse durch den Bundesrat zu gestattenden Ausnahmen, sind verpflichtet, bis zum 1. August 1886, sofern aber die Anstalt erst später errichtet wird, innerhalb 14 Tagen vor der Eröffnung des Betriebes, der Steuerhebestelle des Bezirks schriftliche Anzeige von dem Bestehen der Anstalt zu machen. Desgleichen ist ein Wechsel in der Person des Besitzers oder eine Verlegung des Betriebs in ein anderes Lokal oder an einen anderen Ort binnen 14 Tagen schriftlich anzuzeigen und zwar im Falle eines Ortswechsels mit Uebergang in einen anderen Steuerbezirk auch der Hebestelle des letzteren.

Die Inhaber der vorbezeichneten Anstalten unterliegen den im § 1 dieses Artikels hinsichtlich der Inhaber von Rübenzuckerfabriken ausgesprochenen Verpflichtungen.

Zuwiderhandlungen gegen obige Bestimmungen werden mit einer Ordnungs-strafe von 30 bis 300 Mark bestraft.

Die Oberbeamten der Steuerverwaltung sind befugt, die im Abs. 1 bezeichneten Anstalten jederzeit zwecks Kenntnisnahme vom Betriebe zu besuchen.

Artikel III.

Für Elsass-Lothringen tritt die von den Regierungen der Zollvereinsstaaten unter dem 23. Oktober 1845 vereinbarte Verordnung, die Besteuerung des im Inlande erzeugten Rübenzuckers betreffend, mit den durch das Gesetz vom 2. Mai 1870 (Bundes-Gesetzbl. S. 311) herbeigeführten Abänderungen und den folgenden ergänzenden Strafbestimmungen fortan in Kraft:

a. Wer die Rübenzuckersteuer hinterzieht oder zu hinterziehen versucht, hat die Strafe der Defraudation verwirkt.

b. Dieser Strafe verfällt namentlich auch derjenige, welcher durch Vorkehrungen, die zu einer unrichtigen Feststellung des Gewichts der zur Zuckerbereitung bestimmten Rüben zu führen geeignet sind, die Steuer verkürzt oder zu verkürzen versucht.

c. Lässt sich der Steuerbetrag, dessen Hinterziehung bewirkt oder versucht worden, nicht feststellen, so tritt eine Geldstrafe von 30 bis 300 Mark, im Unvermögensfalle verhältnismässige Freiheitsstrafe ein.

d. Weiset jedoch der Angeschuldigte in dem unter b. bezeichneten Falle nach, dass er eine Defraudation nicht habe verüben können oder wollen, so tritt nur eine Ordnungsstrafe von 3 bis 30 Mark, im Unvermögensfalle verhältnismässige Freiheitsstrafe ein.

Die unter a. bis d. enthaltenen Strafbestimmungen treten auch für diejenigen anderen Teile des Zollgebiets in Kraft, in welchen dieselben bisher nicht eingeführt worden sind.

Artikel IV.[1]

§ 1.

Der Bundesrat wird ermächtigt, die aus dem Betriebsjahr 1885/86 fälligen Rübenzuckersteuerkredite um drei Monate gegen eine von dem Kreditnehmer zu entrichtende und zur Reichskasse fliessende ratierliche Vergütung von vier Prozent der Kreditsumme zu verlängern.

---

[1] Die Ausführungsbestimmungen vom 10. Juni 1886 zu den §§ 1 und 2 des Art. IV. sind mitgeteilt im Centralblatt für das Deutsche Reich Nr. 24 S. 188.

§ 2.

Die Haftung der Einzelstaaten für die Sicherstellung der bewilligten Kredite bleibt auch für die verlängerte Frist bestehen.

. § 3.

Die im § 3 des Gesetzes, betreffend die Feststellung des Reichshaushalts-Etats pro 1886/87 (Reichs-Gesetzbl. 1886 S. 29), dem Reichskanzler erteilte Ermächtigung, Schatzanweisungen zur vorübergehenden Verstärkung des ordentlichen Betriebsfonds der Reichshauptkasse auszugeben, wird bis zum Betrage von 150 Mill. Mark ausgedehnt.

§ 4.

Die Vorschriften der §§ 4 bis 6 des vorangeführten Etatsgesetzes gelten auch für die vermehrte Ausgabe an Schatzanweisungen.

Reichsgesetz,

betreffend die Heranziehung von Militärpersonen zu den Gemeindeabgaben, vom 28. März 1886.

(Reichsgesetzblatt S. 65.)

Wir Wilhelm, von Gottes Gnaden Deutscher Kaiser, König
von Preussen etc. verordnen im Namen des Reichs, nach erfolgter Zustimmung
des Bundesrats und des Reichstags, was folgt:

§ 1.

Die Verordnung vom 22. Dezember 1868 (Bundesgesetzbl. S. 571) tritt
insoweit ausser Kraft, als dieselbe der Heranziehung des ausserordentlichen Einkommens der im Offiziersrang stehenden Militärpersonen, sowie der Pension der
zur Disposition gestellten Offiziere zu den Gemeindeabgaben entgegensteht.

§ 2.

Ueber die Heranziehung des ausserordentlichen Einkommens der im
Offiziersrang stehenden Militärpersonen und der Pension der zur Disposition ge-
stellten Offiziere zu den Gemeindeabgaben Bestimmung zu treffen, wird der
Landesgesetzgebung überlassen.

§ 3.

Dieses Gesetz tritt mit dem Tage seiner Verkündigung in Wirksamkeit.

Preussisches Gesetz,

betreffend die Heranziehung von Militärpersonen zu Abgaben für
Gemeindezwecke, vom 29. Juni 1886.

(Deutscher Reichsanzeiger Nr. 170.)

Wir Wilhelm, von Gottes Gnaden König von Preussen etc.
verordnen unter Zustimmung der beiden Häuser des Landtages der Monarchie,
was folgt:

§ 1.

Die im Offiziersrange stehenden Militärpersonen des Friedensstandes [1]),
welche der Heranziehung zur Klassen- oder klassifizierten Einkommensteuer
unterliegen, haben neben den nach den bestehenden Bestimmungen (§ 1 Ziff. 1
der Verordnung vom 23. September 1867, Gesetzsamml. S. 1648) bereits zu ent-

---

[1]) D. s. Offiziere, Sanitätsoffiziere und obere Militärbeamte, in der Marine ausserdem
die Ingenieure des Soldatenstandes. (Motive.)

richtenden Kommunalabgaben vom Grundbesitz und Gewerbebetrieb von dem aus sonstigen Quellen fliessenden ausserdienstlichen Einkommen nach Massgabe der folgenden Bestimmungen eine Abgabe zu Gemeindezwecken zu entrichten.

§ 2.

Gegenstand dieser Besteuerung ist das ausserdienstliche selbständige Einkommen der Abgabepflichtigen, unter Hinzurechnung des etwaigen besonderen Einkommens der zu ihrem Haushalte gehörigen Familienglieder. Ausser Ansatz bleibt jedoch:

    a. dasjenige Einkommen, welches bereits nach den bestehenden Bestimmungen der Kommunalabgabenpflicht unterliegt,

    b. in Ansehung der vor dem 1. April 1887 in den Ehestand getretenen Militärpersonen derjenigen Chargen, welche bei Nachsuchung des Heiratskonsenses zur Führung des Nachweises eines bestimmten ausserdienstlichen Einkommens verpflichtet sind, der vorschriftsmässige Satz des letzteren. [1]

§ 3.

Der der Veranlagung der abgabepflichtigen Militärperson zur Klassen- oder klassifizierten Einkommensteuer für das betreffende Steuerjahr zu Grunde gelegte Einkommensbetrag, vermindert um den Betrag des nach den §§ 1 und 2 ausser Betracht zu lassenden Einkommens, stellt den nach Massgabe dieses Gesetzes zur Versteuerung gelangenden Einkommensbetrag dar.

Von diesem Einkommensbetrage haben die im § 1 bezeichneten Militärpersonen für Gemeindezwecke an die Gemeinde des Garnisonorts — sofern die Garnison mehrere Gemeindebezirke umfasst, oder der Abgabepflichtige nicht in dem Garnisonorte selbst wohnt, an die Gemeinde des Wohnorts eine Abgabe zu entrichten, welche der nach den Bestimmungen der §§ 7 und 20 des Gesetzes vom 1. Mai 1851/25. Mai 1873 (Gesetzsamml. S. 213) von einem gleichen Jahreseinkommen zu entrichtenden Staatssteuer gleichkommt, mindestens aber den Satz der ersten Stufe der Klassensteuer beträgt.

Die Abgabe ist in den für die Entrichtung der Staatssteuern vorgeschriebenen Raten im voraus abzuführen. Dem Abgabepflichtigen steht frei, die Abgabe auch für einen längeren Zeitraum bis zum ganzen Jahresbetrage zu bezahlen. Durch die Vorausbezahlung wird die Verpflichtung der Gemeinde zur Erstattung eines ihr nicht gebührenden Abgabebetrages nicht berührt.

§ 4.

Die Feststellung des der Abgabe unterliegenden Einkommensbetrages und die Ermittelung der Steuerstufe erfolgt durch den Vorsitzenden der Einkommensteuer-Einschätzungskommission.

§ 5.

Jedem Abgabepflichtigen ist die erfolgte Feststellung der Steuerstufe mit dem Betrage der von ihm für das Steuerjahr zu entrichtenden Abgabe durch eine verschlossene Zuschrift bekannt zu machen. Die Benachrichtigung der berechtigten Gemeinde erfolgt durch Mitteilung einer Liste, welche die Personen der Abgabepflichtigen und den von ihnen zu entrichtenden Abgabebetrag nachweist.

Gegen die Feststellung steht dem Abgabepflichtigen, sowie der Gemeinde binnen zwei Monaten vom Empfange der Zuschrift die Beschwerde bei der Bezirksregierung frei, bei deren Entscheidung es bewendet.

Die Beschwerde hat keine aufschiebende Wirkung.

---

[1] Im Entwurf lautete Abs. b.: in Ansehung der verheirateten Militärpersonen derjenigen Chargen, welche bei Nachsuchung des Heiratskonsenses zur Führung des Nachweises eines bestimmten ausserdienstlichen Einkommens verpflichtet sind, der vorschriftmässige Satz des letzteren.

Das Einkommen zu b. wird jedoch mit herangezogen, wenn das ausserdienstliche Gesamteinkommen der Militärperson den Betrag von dreitausend Mark übersteigt.

§ 6.

Die Abgabepflicht beginnt mit dem ersten desjenigen Monats, welcher auf den Monat folgt, in welchem die Ernennung, beziehungsweise die Verlegung des Wohnsitzes stattfindet, für die zur Klassen- bezw. klassifizierten Einkommensteuer einstweilen noch nicht herangezogenen Personen mit dem Zeitpunkt der Heranziehung; sie endet mit dem Ablauf des Monats, in welchem der Abgabepflichtige seinen Wohnsitz in dem Bezirk der berechtigten Gemeinde aufgibt, versetzt wird, stirbt oder aus dem aktiven Dienst ausscheidet.

§ 7.

Die Abgabepflicht ruht während der Zugehörigkeit zur Besatzung eines zum auswärtigen Dienst bestimmten Schiffes oder Fahrzeuges der Kaiserlichen Marine und zwar vom ersten desjenigen Monats ab, welcher auf den Monat folgt, in welchem die heimischen Gewässer verlassen werden, bis zum Ablauf des Monats, in welchen die Rückkehr in dieselben erfolgt.

Die Abgabepflicht ruht ferner während der Zugehörigkeit zu einem in der Kriegsformation befindlichen Teile des Heeres oder der Marine vom ersten desjenigen Monats ab, welcher auf den Monat folgt, in welchem die Zugehörigkeit begonnen hat, bis zum Ablauf des Monats, in welchem dieselbe endet.

§ 8.

Ab- und Zugänge am Einkommen während des Jahres, für welches die Veranlagung erfolgt ist, ändern an der einmal veranlagten Abgabe nichts. Nur wenn nachgewiesen werden kann, dass durch den Verlust einzelner Einnahmequellen das veranschlagte abgabepflichtige Einkommen um mehr als den vierten Teil vermindert worden, darf eine verhältnissmässige Ermässigung der veranlagten Abgaben gefordert werden.

Ueber den Antrag entscheidet der Vorsitzende der Einkommensteuer-Einschätzungskommission vorbehaltlich der Beschwerde an die Bezirksregierung (§ 5 Abs. 2).

§ 9.

Die mit Pension zur Disposition gestellten Offiziere werden, so lange dieselben nicht zum aktiven Dienst wieder herangezogen werden, hinsichtlich der Verpflichtung zur Entrichtung der Gemeindeabgaben den verabschiedeten Offizieren gleichgestellt, die vor dem 1. April 1886 mit Pension zur Disposition gestellten Offiziere jedoch nur dann, wenn ihre Militärpension auf Grund des Reichsgesetzes vom 21. April 1886 entsprechend [1]) erhöht worden ist. [2])

§ 10.

Dieses Gesetz gelangt zuerst für das mit dem 1. April 1887 beginnende Steuerjahr zur Anwendung.

Mit der Ausführung werden die Minister des Innern, der Finanzen und des Krieges beauftragt.

---

[1]) Das Wort „entsprechend" soll bedeuten, „dass ein zur Disposition gestellter Offizier, wenn er eine höhere Pension erhalte und infolgedessen bei der Kommunalsteuer herangezogen werde, dadurch nicht schlechter als früher gestellt werden dürfe. Die Kommunalsteuer dürfe über die erhöhte Pension nicht hinausgehen. Beispielsweise dürfe, wenn die Pensionserhöhung 100 Mark betrage, die Kommunalsteuer 100 Mark nicht übersteigen". (Kommissionsbericht.)

[2]) Zur Zeit sind die mit Pension zur Disposition gestellten Offiziere — eine Verabschiedung mit Inaktivitätsgehalt findet nicht mehr statt — hinsichtlich der Kommunalbesteuerung gegenüber den mit Pension verabschiedeten Offizieren insofern bevorzugt, als bei letzteren die Pension, nur insofern sie den Betrag von 750 Mark nicht erreicht, von allen direkten Kommunalauflagen gänzlich befreit ist. Es erscheint im dienstlichen Interesse angängig und mit den Rücksichten der Billigkeit vereinbar, diese Bevorzugung für die Zukunft zu beseitigen, sofern die zur Zeit bereits zur Disposition stehenden und an den Vorteilen eines neuen Pensionsgesetzes nicht teilnehmenden Offiziere von der Neuerung nicht betroffen werden. Auf reaktivierte Offiziere erstreckt sich die Vorschrift nicht, da für diese die Militärpension zu den Dienstbezügen gehört. (Motive.)

Die Begründung lautet in ihrem allgemeinen Teil:

Nach den bestehenden Bestimmungen sind die servisberechtigten Militärpersonen des aktiven Dienststandes nur zu den auf den Grundbesitz oder das stehende Gewerbe sowie auf das aus diesen Quellen fliessende Einkommen gelegten Kommunallasten beizutragen verpflichtet (Bundespräsidialverordnung vom 22. Dezember 1868 — Bundesgesetzblatt S. 571). Die Vorlage bezweckt, auch das aus sonstigen Quellen fliessende Privateinkommen der Offiziere und im Offiziersrang stehenden Militärpersonen zu Gunsten der Gemeinden mit einer Abgabe zu belegen.

Die Schwierigkeiten, welche sich der Lösung dieser von der königlichen Staatsregierung seit längerer Zeit ins Auge gefassten Aufgabe entgegenstellten, sind teils formeller, teils materieller Art.

Die Steuerbefreiungen der Militärpersonen des aktiven Dienststandes bezüglich der Kommunalauflagen sind in erster Linie nicht als ein ökonomisches Privilegium aufzufassen; sie bilden vielmehr wesentlich einen Ausfluss des Grundsatzes, dass die Militärpersonen nicht Angehörige der politischen Gemeinde sind. Dieser Grundsatz stellt einen wertvollen und fest-zuhaltenden Bestandteil der preussischen Militärverfassung dar. Aus diesem Grunde sind die bezüglichen preussischen Bestimmungen durch die Allerhöchste Verordnung vom 22. Dezember 1868 auf Grund des Artikel 61 der Verfassung Norddeutschen Bundes auf das Bundesgebiet ausgedehnt worden. War auf diesem Wege ein wünschenswerter Schritt zur Rechtseinheit geschehen, so stand anderseits die erwähnte Verordnung einer Fortbildung im Sinne einer erweiterten Heranziehung des Einkommens der Offiziere formell entgegen. Eine solche Fort-bildung kann, soweit es sich um den Erlass positiver Vorschriften handelt, nur durch die Landesgesetzgebung erfolgen. Durch das Reichsgesetz vom 28. März 1886, betreffend die Heran-ziehung von Militärpersonen zu den Gemeindeabgaben (Reichsgesetzblatt S. 65), ist die Zu-ständigkeit der Landesgesetzgebung in dem erforderlichen Umfange hergestellt worden.

In materieller Hinsicht ist nicht zu verkennen, dass eine gewisse Billigkeit dafür spricht, nicht nur das aus dem Grundbesitz und aus dem stehenden Gewerbe fliessende, sondern auch das aus dem sonstigen Privatvermögen der Offiziere pp. herrührende Einkommen der Besteuerung zu Gunsten der Gemeinden zugänglich zu machen. Es ist jedoch einmal Vorsorge zu treffen dafür, dass der Grundsatz der Nichtzugehörigkeit der Militärpersonen zu der politischen Gemeinde unberührt bleibt, anderseits dafür, dass der häufige und unfreiwillige Wechsel des dienstlichen Aufenthaltsortes, dem die Militärpersonen in höherem Masse, als andere Angestellte unterworfen sind, nicht zu einer verschiedenartigen Belastung innerhalb desselben Staats-gebiets führt.

Aus diesen Erwägungen empfiehlt sich die Heranziehung des Privateinkommens der Offiziere zu Gunsten der Gemeinden

1) formell durch die zur Leitung der Veranlagung zur Klassen- und klassifizierten Ein-kommensteuer berufenen Organe des Staates,

2) materiell nach einem festen, für den ganzen Umfang der Monarchie geltenden Satze unter Zugrundelegung der für die Staatsklassen- bezw. Einkommensteuer geltenden Bestimmungen.

Für die Beauftragung des Vorsitzenden der Einschätzungskommission mit der Fest-stellung des Abgabebetrages spricht in erster Linie der Umstand, dass das gesamte zur Feststellung des Betrages der Abgabe erforderliche Material sich teils — bezüglich der zur Einkommensteuer Veranlagten — bereits in seinem Besitz befindet, teils — bezüglich der Klassensteuerpflichtigen — ihm amtlich zugänglich ist; sodann die Erwägung, dass es zur Feststellung des Betrages der Abgabe keiner Einschätzung, sondern lediglich einer Berechnung bedarf, deren Elemente den Einkommensnachweisungen zu entnehmen sind oder anderweitig feststehen.

Für die Höhe der Abgabe sind die aus den Tarifen des Gesetzes vom 1. Mai 1851 bezw. 25. Mai 1873 sich ergebenden Steuersätze als massgebend angenommen worden. Hierbei wird davon ausgegangen, dass einerseits eine Prägravation der Militärpersonen um so mehr zu ver-meiden ist, als dieselben in den zahlreichen Orten, in denen die Kommunaleinkommensteuer 100 Prozent der Staatssteuer nicht erreicht, ohnehin höhere Beträge als die Privaten zu zahlen haben, anderseits aber den Gemeinden das zu teil wird, worauf sie billigerweise Anspruch haben. Von diesen Gesichtspunkten aus wird anzuerkennen sein, dass der vorgeschlagene Satz sich als ein angemessener, annähernd richtig gegriffener Durchschnittssatz darstellt.

Preussisches Gesetz,

betr. eine Erweiterung des Staatsschuldbuchs vom 12. April 1886,
und bisherige Benützung des letzteren [1]).

(Gesetzsammlung Nr. 12 S. 124.)

Wir Wilhelm, von Gottes Gnaden König von Preussen etc.
verordnen unter Zustimmung der beiden Häuser des Landtages der Monarchie
was folgt:

Einziger Artikel.

Die Bestimmungen des Gesetzes betreffend das Staatsschuldbuch vom
20. Juli 1883 (Gesetzsamml. S. 120) finden vom 1. Juli 1886 ab auf Schuldverschreibungen der dreieinhalbprozentigen konsolidierten Anleihe mit der Massgabe entsprechende Anwendung, dass die hiernach zu bewirkenden Eintragungen
in ein besonderes Buch erfolgen können.

Der Finanzminister ist mit der Ausführung dieses Gesetzes beauftragt.

Begründung. Die Ausgabe von dreieinhalbprozentigen Schuldverschreibungen
der konsolidierten Staatsanleihe hat mehrfach zu Anträgen auf Eintragung solcher Schuldverschreibungen in das Staatsschuldbuch Veranlassung gegeben. Diesen Anträgen hat bisher
nicht entsprochen werden können, weil das Gesetz vom 20. Juli 1883 nur die Eintragung vier-
prozentiger Konsols zulässt. Der Ausdehnung jenes Gesetzes auf dreieinhalbprozentige Konsols
steht indessen nichts entgegen, und sie wird angesichts der hervorgetretenen Wünsche, die in
erfreulicher Weise für die wachsende Einbürgerung der Einrichtung des Staatsschuldbuchs
sprechen, nicht zu versagen sein.

Rücksichten auf die Sicherheit und Uebersichtlichkeit der Geschäftsführung, sowie auf
die bestehenden Einrichtungen lassen es, in Uebereinstimmung mit dem Vorgang anderer
Länder, wünschenswert erscheinen, die Buchführung für die verschieden verzinslichen Schuldverschreibungen getrennt zu bewirken. Hierzu gibt der vorliegende Gesetzentwurf der Verwaltung die Befugnis. Die Einrichtung eines zweiten Buches hat die selbständige Anwendung
der gesetzlichen Bestimmungen auf dasselbe zur Folge und ermöglicht insbesondere, im Hinblick auf die Vorschrift im Schlussabsatz des § 4 des Gesetzes vom 20. Juli 1883, die Eröffnung
eines zweiten Kontos für einen in dem andern Buche eingetragenen Gläubiger.

Das preussische Staatsschuldbuch ist 1885,86 in viel erheblicherem Umfange benutzt
worden als im ersten Halbjahr seines Bestehens. Es haben in dem gedachten Jahre 3819 Eintragungen stattgefunden; neu angelegt sind 2392 Konten, gelöscht nur 25. Die Zahl der
Konten belief sich am 31. März 1886 auf 2918 mit einem Kapitalbetrage von 155,533,900 M. gegenüber dem an dem gleichen Tage des Jahres 1885 vorhanden gewesenen Bestande von 641 Konten
mit 52,192,700 M.[2]) Die Kontenzahl ist somit in der Zwischenzeit um das Viereinhalbfache, die
eingetragene Kapitalsumme um das Dreifache gestiegen.

---

[1]) Siehe Finanzarchiv I, 265 ff.

[2]) Vom 1. Oktober 1884 bis 31. März 1885 waren 31,977 Stück Schuldverschreibungen
über 52,300,200 M. zur Eintragung eingeliefert, davon aber wieder 107,200 M. gelöscht worden.

Von den Buchforderungen entfallen auf ein Kapital bis 4000 M. 29,1%, von 4000 bis 10,000 M. 22,3%, von 10,000 bis 50,000 M. 33,8%. Der Rest verteilt sich in der Weise auf Beträge über 50,000 M., dass auf ein Konto im Durchschnitt 53,300 M. kommen, gegenüber dem im ersten Geschäftshalbjahr (Oktober 1884 bis März 1885) ermittelten Durchschnittsbetrage von 81,000 M.

Die Zahl der kleineren Kapitalisten, welche von der Einrichtung des Staatsschuldbuchs Gebrauch machen, hat somit erheblich zugenommen.

1904 Konten sind für einzelne physische Personen und Handelsfirmen, 513 für juristische Personen und 499 für Vermögensmassen ohne juristische Persönlichkeit angelegt.[1] Die grosse Zahl der Zuschreibungen auf bestehende Konten, die etwa $30\frac{1}{2}$% der Konten überhaupt ausmachen, lässt erkennen, dass diejenigen, die einmal von der Einrichtung des Staatsschuldbuches Gebrauch gemacht haben, die Vorteile desselben fortgesetzt würdigen.

Von den Konteninhabern sind 2636 in Preussen ansässig, 255 in den anderen deutschen Staaten und 27 ausserhalb Deutschlands.

Schliesslich sei erwähnt, dass für diejenigen, welche die Einrichtungen des Staatsschuldbuchs benützen wollen, die Hauptverwaltung der Staatsschulden eine sehr fassliche Darstellung und Anleitung gegeben hat in dem Schriftchen „Amtliche Nachrichten über das preussische Staatsschuldbuch". Von demselben ist infolge des oben angegebenen Gesetzes im Mai 1886 eine zweite Ausgabe veranstaltet worden.

---

[1] Am 31. März 1885 trafen auf physische Personen 26,592,700 M., Handelsfirmen 3,425,650, juristische Personen 7,368,150 M., Vermögensmassen ohne juristische Persönlichkeit 14,806,200 M.

Preussisches Gesetz,

betr. die Beseitigung der schwebenden Schuld von 30 Millionen Mark[1]),
vom 23. Juni 1886.

(Deutscher Reichsanzeiger Nr. 152.)

. Wir Wilhelm, von Gottes Gnaden König von Preussen etc.
verordnen mit Zustimmung beider Häuser des Landtages der Monarchie, was
folgt:

§ 1.

Zur Beseitigung der schwebenden Schuld des Preussischen Staates von
30 Mill. M. ist eine Anleihe durch Veräusserung eines entsprechenden Betrages
von Schuldverschreibungen aufzunehmen.

§ 2.

Wann, durch welche Stelle und in welchen einzelnen Beträgen, zu welchen
Bedingungen der Kündigung, zu welchem Zinsfuss und zu welchen Kursen die
Schuldverschreibungen zu verausgaben sind, bestimmt der Finanzminister.

. Im übrigen kommen wegen der.Verwaltung und Tilgung der Anleihe,
sowie wegen der Verjährung der Zinsen die Vorschriften des Gesetzes vom
19. Dezember 1869 (Gesetzsamml. S. 1197) zur Anwendung.

§ 3.

Die im § 2 des Gesetzes vom 31. März 1886, betr. die Feststellung des
Staatshaushaltsetats für das Jahr vom 1. April 1886/87 (Gesetzsamml. S. 55),
dem Finanzminister erteilte Ermächtigung, im Jahre vom 1. April 1886/87 verzinsliche Schatzanweisungen bis auf Höhe von 30,000,000 M., welche vor dem
1. Januar 1888 verfallen müssen, wiederholt auszugeben, bleibt mit der Massgabe bestehen, dass die Schatzanweisungen zur vorübergehenden Verstärkung
des Betriebsfonds der Generalstaatskasse ausgegeben werden können.

Urkundlich unter Unserer Höchsteigenhändigen Unterschrift und beigedrucktem Königlichen Insiegel.

Motive. Auf Grund des Gesetzes vom 28. September 1866, betreffend den ausserordentlichen Geldbedarf der Militär- und Marineverwaltung und die Dotierung des Staats-
schatzes (Gesetzsamml. S. 667), waren im Jahre 1867 zur teilweisen Deckung der durch den
Krieg gegen Oesterreich und in Deutschland veranlassten Ausgaben 10 Millionen Thaler in verzinslichen Schatzanweisungen ausgegeben worden, deren Umlaufszeit durch § 3 des gedachten
Gesetzes auf längstens Ein Jahr bestimmt war. Zur Einlösung derselben wurden auf Grund
des Gesetzes vom 24. Februar 1868, betreffend die Feststellung des Staatshaushaltsetats für

---

[1]) Haus der Abgeordneten, 16. Legislaturperiode, I. Session 1886 Beil.
Nr. 185, 215; stenographische Berichte S. 2146, 2333, 2406.

1868 (Gesetzsamml. S. 93), in gleichem Betrage neue Schatzanweisungen, wiederum längstens auf ein Jahr lautend, ausgegeben.

Ferner waren auf Grund des Gesetzes vom 3. März 1868, betreffend die Verstärkung der Geldmittel zur Abhilfe des in den Regierungsbezirken Königsberg und Gumbinnen herrschenden Notstandes (Gesetzsamml. S. 174), in gleicher Weise Schatzanweisungen im Betrage von 3 Millionen Thalern ausgefertigt.

Behufs Einlösung der hiernach im Jahre 1868 ausgefertigten Schatzanweisungen im Betrage von zusammen 13 Millionen Thalern wurde durch das Gesetz vom 1. Februar 1869, betreffend die Feststellung des Staatshaushalts für 1869 (Gesetzsamml. S. 217), der Staatsregierung die Ermächtigung zur Ausgabe neuer Schatzanweisungen in gleichem Gesamtbetrage und unter gleichen Modalitäten für das Jahr 1869 erteilt.

In demselben Jahre wurde dem Landtage ein Gesetzentwurf vorgelegt, nach welchem zur Einlösung der Schatzanweisungen eine 4½prozentige Staatsanleihe von 13 Millionen Thalern aufgenommen werden sollte. Der Gesetzentwurf gelangte jedoch nicht zur Annahme, und zwar im wesentlichen wegen der für die beabsichtigte Massnahme nicht günstigen damaligen Verhältnisse des Geldmarktes, indem die 4½prozentige Staatsanleihe damals einen Börsenkurs von nur 93 Prozent hatte (stenographische Berichte des Hauses der Abgeordneten 1869/70 Band 2 S. 1331 ff.). Vielmehr wurde durch das Gesetz vom 21. Dezember 1869, betreffend die Feststellung des Staatshaushaltsetats für 1870 (Gesetzsamml. S. 1205), die Regierung ermächtigt, im Jahre 1870 neue Schatzanweisungen im Betrage von 12,500,000 Thalern, welche vor dem Oktober 1871 verfallen sollten, wiederholt, jedoch nur zur Deckung in Verkehr gesetzter Schatzanweisungen, auszugeben. Zugleich bestimmte das gedachte Gesetz, dass die im Jahre 1869 eingegangenen und die im Jahre 1870 eingehenden Rückzahlungen und die nach dem Gesetze vom 3. März 1868 zur Abhilfe des Notstandes in Ostpreussen gewährten Darlehne, sowie der etatsmässigen Ueberschüsse des Jahres 1870 zur teilweisen Einlösung der Schatzanweisungen zu verwenden seien.

In Gemässheit dieser Bestimmung, welche, soweit sie die Verwendung der gedachten Rückzahlungen betrifft, in den Etatsgesetzen für die folgenden Jahre, nämlich vom 29. Januar 1871 (Gesetzsamml. S. 25), vom 17. März 1872 (Gesetzsamml. S. 185) und vom 24. März 1873 (Gesetzsamml. S. 49) bei gleichzeitiger allmählicher Ermässigung des Betrages der neu auszugebenden Schatzanweisungen entsprechend wiederholt wurde, und nach Massgabe der Bestimmung in dem Etatsgesetze vom 26. Februar 1874 (Gesetzsamml. S. 27), wonach die im Jahre 1873 eingegangenen Rückzahlungen nur insoweit zur teilweisen Einlösung der Schatzanweisungen verwendet werden sollten, als erforderlich sei, um den Gesamtbetrag der letzteren bis auf die Summe von 10 Millionen Thalern zu reduzieren, ist der diese Summe übersteigende Betrag der ausgegebenen Schatzanweisungen zur Einlösung gelangt.

Im übrigen aber ist seit dem Jahre 1873 alljährlich durch das Etatsgesetz die Staatsregierung ermächtigt worden, verzinsliche Schatzanweisungen bis auf die Höhe von 10 Millionen Thalern oder 30 Millionen Mark wiederholt auszugeben.

In der Höhe von 30 Millionen Mark besteht demnach gegenwärtig die schwebende Schuld der Staatskasse.

Eine solche Schuld dauernd fortbestehen zu lassen, würde mit den Grundsätzen einer vorsichtigen Finanzpolitik nicht im Einklange stehen. Auf eine Begleichung der zu beschaffenden Summe von 30 Millionen Mark aus Ueberschüssen des Staatshaushalts ist für absehbare Zeit nicht zu rechnen; dagegen ist für die Fundierung der Schuld der gegenwärtige Zeitpunkt günstig, da der Stand der Kurse erwarten lässt [1]), dass die aufzunehmende Anleihe zum Zinsfusse von 3½ Prozent wird begeben werden können. Die Bedenken, welche gegen diese Massregel im Jahre 1869 geltend gemacht wurden, treffen sonach jetzt nicht mehr zu, es empfiehlt sich vielmehr, die Beseitigung der fraglichen schwebenden Schuld durch ihre Umwandlung in eine fundierte Anleihe jetzt herbeizuführen, zumal zu deren selbst nur zeitweiser Deckung die regelmässigen Bestände der Generalstaatskasse längst unzureichend geworden sind.

Der Betriebsfonds der Generalstaatskasse beläuft sich, wie in den Anlagen zum Staatshaushaltsetat für 1886/87 Bd. II S. 18 angegeben ist, auf denselben Betrag von 30,330,000 Mark, auf welchen er im Jahre 1868 nach Hinzufügung des Betriebsfonds der Kassen in den neuen Landestheilen gebracht war. Damals betrugen nach dem Staatshaushaltsetat die Ausgaben

---

[1]) Am Tag vor der ersten Beratung des Gesetzentwurfs (13. Mai 1886) war der Kurs der 3½prozentigen Konsols 102,50.   D. H.

im Ordinarium . . . .   461,192,192 M, im Extraordin. 18,249,000 M., zusammen   470,271,192 M.
nach dem durch das Gesetz
vom 31. März d. J. (Gesetzsamml. S. 55) festgestellten
Etat für 1886/87 betragen
dieselben im Ordinarium 1,262,836,621 M., im Extraordin. 36,637,691 M., zusammen 1,299,474,312 M.

mithin jetzt gegen 1868 mehr 820,203,120 M.
oder jetzt circa 271 Prozent des Betrages von 1868.

Schon dieser Vergleich lässt die Annahme begründet erscheinen, dass der seit 1868 nicht erhöhte Betriebsfonds, welcher nur nach dem damaligen Bedürfnisse bemessen war, zu einer geordneten Wirtschaftsführung nicht mehr ausreichen kann. Die Richtigkeit dieser Annahme ergibt sich zur Evidenz aus folgendem:

Die Generalstaatskasse gelangt im Laufe des Rechnungsjahres nicht in den vollen baren Besitz der sämtlichen Einnahmen. Ein erheblicher Teil der letzteren muss vielmehr von den Provinzial- und Specialkassen zur Bestreitung der von ihnen zu leistenden Ausgaben zurückbehalten werden. Wenn auch nur so viel zurückbehalten wird, als für die nächste Zeit unumgänglich nötig ist, erreichen die solchergestalt dauernd bei den Regierungshauptkassen zu reservierenden Bestände durchschnittlich monatlich doch den Betrag von über 16 Millionen Mark.

Dazu kommt, dass das Guthaben der preussischen Staatskasse bei der Reichsbank, welche die grösseren Ein- und Auszahlungen der Provinzialkassen vermittelt, dauernd auf einer gewissen Höhe erhalten werden muss, wodurch ebenfalls ein nicht unerheblicher Teil der überhaupt vorhandenen Bestände der Generalstaatskasse festgelegt wird.

Dadurch ist der weitaus grösste Teil des Betriebsfonds der Generalstaatskasse dieser selbst thatsächlich entzogen.

Von nicht minderem Gewicht erscheint der Umstand, dass regelmässig an den Quartalsersten sehr erhebliche Ausgaben zu leisten sind, während die dem betreffenden Quartal angehörigen Einnahmen zumeist erst im Laufe des letzteren eingehen. Von diesen Ausgaben sind hervorzuheben:

1) Die nach dem Gesetze vom 6. Februar 1881 (Gesetzsamml. S. 17) vierteljährlich im voraus zu zahlenden Gehälter und Wohnungsgeldzuschüsse der Staatsbeamten, welche — abgesehen von den Besoldungen der Beamten bei denjenigen Staatsinstituten, für welche im Staatshaushaltsetat nur Zuschüsse ausgebracht sind — nach dem diesjährigen Etat ($\frac{1}{4}$ von rund 230,000,000 M.) . . . .   57,500,000 M. betragen;

2) die monatlich im voraus erfolgende Zahlung:
   a. der Civilpensionen ($\frac{1}{12}$ von 20,000,000 M.) . . . .   1,600,000 „
   b. der Rente an die Provinzialverbände für Zwecke der Selbstverwaltung nach Ausgabekapitel 43 Titel 6 des Etats ($\frac{1}{12}$ von 37,560,000 M.) . . . .   3,100,000 „
Ferner werden

3) von den Zinsen der Staatsschulden am 1. Juli jeden Jahres gegen 64,000,000 M. Halbjahrszinsen fällig, während bis zu dem genannten Tage in der Hauptsache die Einnahmezuflüsse erst für das erste Vierteljahr des betreffenden Rechnungsjahres zur Kasse gelangt sind. Der Betriebsfonds wird also belastet mit der Hälfte von 64,000,000 M. . . . .   32,000,000 „

4) Endlich ist zu berücksichtigen, dass die Anteile Preussens an dem Ertrage der Zölle, der Tabaksteuer und an der Reichsstempelabgabe, für das Etatjahr 1886/87 veranschlagt auf   . . . . 77,551,250 M.
und 13,493,600 „
zusammen auf 91,047,850 M.
vom Reiche in Quartalsraten in der Weise überwiesen werden, dass die Anteile für ein Vierteljahr erst im zweiten oder dritten Monat des folgenden Vierteljahrs zur Generalstaatskasse gelangen. Es hat dies eine fortdauernde Inanspruchnahme des Betriebsfonds in Höhe von mindestens ($\frac{1}{4}$ von rund 91,000,000 M.) . . . . . ,   22,800,000 „
zur Folge.

Schon hiernach ergibt sich für gewisse Termine eine Anforderung an die Barmittel der Generalstaatskasse in Höhe von . . . . 117,000,000 M.

welcher Betrag seine Deckung erst im Laufe des betreffenden Vierteljahrs resp. Monats durch die nach und nach aufkommenden Einnahmen findet.

Dazu kommt, dass die Betriebsverwaltungen des Staats, insbesondere die Eisenbahnverwaltung, genötigt sind, einen reichlichen Vorrat an den zum regelmässigen Betriebe erforderlichen Materialien stets bereit zu halten, ganz abgesehen davon, dass zur Befriedigung der nicht in gleichmässigen Zeitabschnitten hervortretenden ausserordentlichen Geldbedürfnisse der Eisenbahnverwaltung nicht selten in kurzen Zwischenräumen sehr hohe Beträge aus der Generalstaatskasse unverzüglich überwiesen werden müssen.

Es sind deshalb bisher nicht nur die am Finalabschlusse zu Restausgaben reservierten Deckungsmittel, welche am Ende des Rechnungsjahres 1884,85 64,488,000 M. und im Durchschnitte der letzten fünf Jahre 63,204,800 M. betragen haben, sowie die Bestände des infolge des Gesetzes vom 22. April 1875, betreffend die Einstellung der Leistungen aus Staatsmitteln für die römisch-katholischen Bistümer und Geistlichen (Gesetzsamml. S. 194) gebildeten Sammelkontos von rund 15,500,000 M. zu den vorbezeichneten Zahlungen vollauf in Anspruch zu nehmen gewesen, sondern es haben auch die für die Bedürfnisse der Eisenbahnverwaltung bewilligten Kredite frühzeitiger und in höheren Beträgen flüssig gemacht werden müssen, als es beim Vorhandensein ausreichender Betriebsmittel erforderlich gewesen wäre[1]).

Diesen Uebelstand zu beseitigen und den Verlegenheiten vorzubeugen, welche der Generalstaatskasse aus dem niedrigen Barbestande entstehen können, erscheint um so mehr geboten, als auf das Vorhandensein anderweiter vorübergehend verfügbarer und ausreichender Mittel nicht unter allen Umständen gerechnet werden kann.

Ueber die Frage, um welchen Betrag die Verstärkung des Betriebsfonds zu erfolgen haben muss, lässt sich zwar ein absolut sicheres Urteil nach der Natur der Sache nicht gewinnen. Es wird jedoch angenommen werden können, dass eine Summe von 30,000,000 M. vorerst ausreichen wird, um zu einem befriedigenden Zustande hinüberzuführen[2]).

Dass dieser Betrag nur sehr mässig ist, zeigt auch die Vergleichung mit den entsprechenden Verhältnissen des Reichs. Während die Ausgaben desselben nach dem durch das Gesetz vom 8. März d. J. (Reichsgesetzblatt S. 29) festgestellten Etat für 1886,87 im Ordinarium und Extraordinarium zusammen genommen 696,615,509 M. betragen, belaufen sich die festen Betriebsfonds der Reichshauptkasse, der Legationskasse, der Militär-, der Post- und der Reichsdruckereiverwaltung auf zusammen 30,210,000 M. und ist ausserdem durch das vorgedachte Gesetz, wie schon alljährlich seit 1883, die Ermächtigung erteilt, zur vorübergehenden Verstärkung des ordentlichen Betriebsfonds der Reichshauptkasse nach Bedarf Schatzanweisungen bis zur Höhe von 70 Millionen Mark auszugeben[3]).

In gleicher Weise auch dem Betriebsfonds der Generalstaatskasse die nötige Verstärkung zuzuführen, empfiehlt sich um deswillen, weil es sich hierbei nicht um die Deckung

---

1) Wie aus den Verhandlungen hervorgeht, wurde es dadurch auch möglich, von der Verausgabung der Schatzanweisungen zur Deckung der oben genannten 30 Millionen vielfach abzusehen. So wurden in den Jahren 1872/77 keine Schatzanweisungen, 1877/82 nur in beschränktem Betrage und von 1882/86 wiederum gar keine ausgegeben. Für die nicht ausgegebenen Schatzanweisungen waren selbstverständlich auch keine Zinsen zu bezahlen, und es trat gegenüber dem Budgetansatz (1,200,000 M.) eine entsprechende Ersparnis ein. Dieser Ersparnis stand aber eine Mehrausgabe gegenüber, insoweit infolge der Nichtausgabe von Schatzanweisungen die der Regierung zu anderen Zwecken bewilligten Kredite früher realisiert werden mussten, also hier früher Zinsen gezahlt werden mussten, als sonst erforderlich gewesen wäre. Ob diese Mehrausgabe die Ersparnis wirklich kompensierte, wurde bezweifelt, da bis jetzt der Zinsfuss der fundierten Schuld doch immer höher war, als für kurzfristige Darlehen. Von seiten der Regierung wurde aber geltend gemacht, dass zur Deckung dauernder Verbindlichkeiten die schwebende Schuld ungünstig sei, weil man zu einem bestimmten Zeitpunkt dann an den Markt kommen müsse und unter Umständen einen recht ungünstigen Kurs sich gefallen zu lassen habe (z. B. 1885 zur Zeit der in Afghanistan stockenden Grenzregulierung war der Berliner Diskont 4¹/₄%). D. H.

2) Anlässlich der Verhandlungen wurde von der Regierung auch geltend gemacht, dass es ungemein schwer sei, im voraus zu bestimmen, welcher Betrag an einem Tage durch Kredite flüssig zu machen sei, man könne sich da leicht um 30 Millionen irren, für einen solchen Fall böten die Schatzanweisungen eine sehr erwünschte Reserve. D. H.

3) Jetzt bis zu 150 Millionen Mark. Vergl. oben S. 440.

eines dauernden, sondern eines intermittierenden und in seiner Höhe schwankenden Bedarfs handelt, zu dessen Befriedigung sich die Ausgabe von Schatzanweisungen als das geeignetste Mittel darbietet.

Der vorliegende Gesetzentwurf schlägt deshalb zugleich mit der Fundierung der bisherigen schwebenden Schuld, welche die im einzelnen einer besonderen Begründung nicht bedürfenden §§ 1 und 2 anordnen, im § 3 vor, die durch das diesjährige Etatsgesetz vom 31. März 1886 dem Finanzminister erteilte Ermächtigung zur Ausgabe verzinslicher Schatzanweisungen in Höhe von 30,000,000 M. mit der Massgabe aufrechtzuerhalten, dass die Schatzanweisungen zur vorübergehenden Verstärkung des Betriebsfonds der Generalstaatskasse auszugeben sind.

Eine gleiche Ermächtigung zur Ausgabe von Schatzanweisungen für den vorbezeichneten Zweck wird auch für künftige Jahre und zwar durch die betreffenden Etatsgesetzentwürfe nachzusuchen sein.

Ausführungsverordnung vom 12. April 1886 zu dem preussischen Ueberweisungsgesetz vom 14. Mai 1885 [1]).

Durch das Gesetz, betr. die Ueberweisung von Beträgen, welche aus landwirtschaftlichen Zöllen eingehen, an die Kommunalverbände, vom 14. Mai v. Js. (Gesetzsamml. S. 128), sind die auf Grund des Reichsgesetzes vom 15. Juli 1879 dem preussischen Staatshaushalte zufliessenden Einnahmen aus dem Ertrage der Getreide- und Viehzölle, abzüglich eines Betrages von 15 Mill. M., zur Ueberweisung an die Kreise (Land- und Stadtkreise) und in den hohenzollernschen Landen an die Gemeinden bestimmt worden.

In Ausführung dieses Gesetzes bemerken wir ergebenst folgendes:

Zu § 1. Bei dem Umfange der vorzunehmenden Abrechnungsarbeiten lässt sich die Ermittelung und Feststellung der den einzelnen Kreisen zufallenden Anteile an den überwiesenen Beträgen aus dem jedesmaligen Vorjahre frühestens im Monate Juni beziehungsweise Juli bewirken. Erst zu diesem Zeitpunkte wird daher auch die Ueberweisung, zum erstenmale also für das abgelaufene Jahr im Monate Juni oder Juli d. Js., erfolgen können.

Nach § 2 haben in denjenigen Landesteilen, in welchen Kreisausschüsse nicht bestehen, die Kreistage zur Vorbereitung und Ausführung ihrer Beschlüsse über die Verwendung der ihnen zu überweisenden Beträge Kommissionen unter dem Vorsitze des Landrats einzusetzen. Um Verzögerungen in der Beschlussfassung zu vermeiden, erscheint es zweckmässig, in den betreffenden Provinzen schon jetzt mit der Bildung der in Rede stehenden Kommissionen vorzugehen, wobei den Kreistagen zu empfehlen sein wird, nicht nur über die Zahl der Mitglieder dieser Kommissionen und ihrer Stellvertreter, sondern auch über die Amtsdauer derselben, welche letztere auf drei bis sechs Jahre zu begrenzen sein dürfte, Bestimmung zu treffen.

Gemäss § 3 soll bis zu der in Abs. 2 vorgesehenen Revision die Verteilung der überwiesenen Summen auf die einzelnen Kreise zu zwei Dritteln nach dem Massstabe des Solls an Grund- und Gebäudesteuer des Jahres 1885/86 unter Hinzurechnung der fingierten Grund- und Gebäudesteuer, soweit solche nach den Grundsätzen der Kreisordnung vom 13. Dezember 1872 durch Zuschläge zu den Kreissteuern herangezogen werden kann, und zu einem Drittel nach der durch die Volkszählung vom 1. Dezember 1885 festgestellten Zahl der Civilbevölkerung erfolgen. In gleicher Weise hat gemäss § 4 Abs. 3 eine etwaige Unterverteilung zu geschehen. Die Ermittelung der fingiert zu veranlagenden Grund- und Gebäudesteuer für diejenigen Liegenschaften und Gebäude, welche nicht zu den gemäss §§ 17 und 18 der Kreisordnung vom 13. Dezember 1872 von den Kreislasten befreiten Liegenschaften und Gebäuden gehören, ist inzwischen auf Grund der von mir, dem Finanzminister, erlassenen Zirkularverfügung an die Königlichen Regierungen vom 18. November v. Js. bewirkt worden, so dass es bezüglich dieses Punktes weiterer Anordnungen nicht bedarf. Was dagegen die Bevölkerungsziffer betrifft, so werden aller Wahrscheinlichkeit nach zu dem Zeitpunkte der Verteilung der Ueberweisungssummen die

---

[1]) Finanzarchiv II, S. 1104.

endgültigen Ergebnisse der Volkszählung vom 1. Dezember v. Js. noch nicht durchweg festgestellt sein, und es werden infolgedessen möglicherweise der Verteilung die provisorisch festgestellten Ziffern unter Vorbehalt eines etwa erforderlichen Ausgleiches für das nächste Jahr zu Grunde gelegt werden müssen. Im übrigen ist mit Rücksicht auf hierüber laut gewordene Zweifel an dieser Stelle zu erwähnen, dass unter Civilbevölkerung nicht die Wohnbevölkerung, sondern die ermittelte ortsanwesende Bevölkerung, abzüglich der aktiven Militärpersonen, zu verstehen ist.

Der **§ 4** trifft vorbehaltlich des Erlasses eines die Verwendungszwecke endgültig regelnden Gesetzes über die Verwendung der überwiesenen Summen Bestimmung.

Dabei ist in Absatz 1 der Grundsatz an die Spitze gestellt, dass über die Ueberweisungsbeträge zunächst zur Erfüllung solcher Aufgaben verfügt werden muss, für welche seitens der Land- und Stadtkreise die Mittel durch Zuschläge zu den direkten Staatssteuern oder durch direkte Gemeindesteuern aufgebracht werden. Werden zu diesem Zwecke die betr. Summen überhaupt nicht oder nicht voll in Anspruch genommen, so können dieselben nach Abs. 2 in den Landkreisen durch Beschluss des Kreistages zur Entlastung der Schulverbände und zur Gewährung von Beihilfen an Ortsarmenverbände verwandt werden.

Kommt ein solcher Beschluss nicht zustande, so muss nach Abs. 3 die Unterverteilung der verfügbaren Beträge auf die Stadt- und Landgemeinden des Kreises, beziehungsweise Gutsbezirke, erfolgen.

Im einzelnen ist zu diesen Vorschriften und zwar zunächst zum Abs. 1 zu bemerken, dass in demselben kein Unterschied gemacht wird, ob die betr. Abgaben für die eigenen Zwecke des Kreises selbst oder von dem Kreise für die Zwecke anderer Verbände erhoben werden. Dementsprechend fallen insbesondere auch die in Gemässheit des § 29 des Gesetzes vom 8. März 1871 (Gesetzsamml. S. 130 ff.) auf die Kreise verteilten Kosten des Landarmenwesens unter diejenigen Aufgaben, zu deren Erfüllung gemäss Abs. 1 die Ueberweisungsbeträge verwendet werden müssen. Das gleiche gilt im Geltungsbereiche der Provinzialordnung vom 29. Juni 1875 von den Provinzialabgaben, die nach § 108 a. a. O. den Charakter von Kreisabgaben an sich tragen. Auch in den Provinzen Posen, Westfalen und Schleswig-Holstein sind nach den vorliegenden Materialien die Ausschreibungen der Provinzialverbände — mit Ausnahme der Kosten der Provinziallandtage in den beiden erstgenannten Provinzen, für welche besondere Bestimmungen gelten — im allgemeinen als Lasten der Kreise anzusehen, und nur in der Rheinprovinz hat bisher ein abweichendes Verhältnis obgewaltet.

Durch einen inzwischen gefassten Beschluss des Provinziallandtages soll indessen dasselbe dahin abgeändert werden, dass fortan ebenfalls die Kreise als solche die Provinzialumlagen zu tragen haben. Für den Fall, dass der in Rede stehende Beschluss die noch ausstehende Allerhöchste Genehmigung erhält, würden daher letztere auch hier eventuell aus den Ueberweisungsbeträgen zu entnehmen sein. Abgesehen hiervon ist in Bezug auf die in § 4 Abs. 1 gegebenen Bestimmungen darauf aufmerksam zu machen, dass zwar den Kreisen und Gemeinden die Verfügung über die Ueberweisungsbeträge innerhalb des durch diese Bestimmungen gezogenen Rahmens freisteht und dass ihrer Beschlussfassung insbesondere überlassen bleiben muss, zu Gunsten welcher Aufgaben, bezw. für welche zur Erfüllung derselben dienenden Abgaben dieselben verwendet werden sollen. Hierbei ist indessen daran festzuhalten, dass das Gesetz lediglich darauf gerichtet ist, den Abgabepflichtigen eine Erleichterung zu gewähren, dass es aber ausserhalb seiner Zwecke liegt, in der Art der Besteuerung Aenderungen herbeizuführen. Es würde daher mit demselben in Widerspruch stehen und als unzulässig zu bezeichnen sein, wenn die Verwendung dergestalt erfolgen sollte, dass durch dieselbe das in einem Kreise oder in einer Gemeinde bestehende Abgabensystem einseitig modifiziert wird. In denjenigen Fällen, in welchen die Abgaben durch Zuschläge zu den Staatssteuern aufgebracht werden, sind infolgedessen die Ueberweisungsbeträge, falls dieselben nicht zur Bestreitung des gesamten Abgabebetrages ausreichen, auf die verschiedenen Zuschläge nach dem gleichen Verhältnisse, nach welchen die einzelnen Staatssteuern mit Zuschlägen belegt sind, pro rata in Anrechnung zu bringen und in derselben Weise ist zu verfahren, wenn für bestimmte Kreiseinrichtungen, wie beispielsweise für den Bau und die Unterhaltung von Chausseen, einzelne Teile des Kreises gegenüber dem Gesamtkreise höher belastet sind. Auch in diesem Falle sind, vorbehaltlich einer anderweitigen Beschlussfassung unter Bestätigung der zuständigen Instanzen, die Ueberweisungssummen stets nach gleichem Verhältnisse auf die von den ganzen Kreise zu entrichtenden Abgaben und auf die Mehrbelastungsbeträge zu verteilen.

Soweit die überwiesenen Summen nach Abs. 1 nicht Verwendung finden, können dieselben nach Abs. 2, wie bereits erwähnt, durch Beschluss des Kreistages zur Entlastung der Schul- bezw. engeren Kommunalverbände hinsichtlich der Schullasten, sowie zur Gewährung von Beihilfen an die Ortsarmenverbände, insoweit nicht die Landarmenverbände dazu verpflichtet sind, unter Gleichstellung beider Zwecke verwandt werden. Es muss als besonders wünschenswert bezeichnet werden, und es ist daher hierauf speziell hinzuwirken, dass die Vertretungen der betr. Kreise von dieser Befugnis insbesondere im Interesse der Erleichterung der Gemeinden in den Volksschullasten in thunlichst weitem Umfange Gebrauch machen, und dass bei Zuwendungen zu diesem Zwecke vorzugsweise die minder wohlhabenden Schulverbände berücksichtigt werden. Soweit es sich um Beihilfen an Ortsarmenverbände handelt, werden dieselben in der Regel nur denjenigen Verbänden zu gewähren sein, welche entweder infolge ausnahmsweiser Verhältnisse, z. B. epidemischer Krankheiten, zu besonders hohen Aufwendungen genötigt werden, ohne dass gleichwohl die Voraussetzungen zu einem Eintreten des Landarmenverbandes gegeben sind, oder die für die dauernde Verbesserung des Armenwesens, namentlich zur Errichtung von Armenhäusern, grössere Ausgaben beschliessen sollten. Die Genehmigung der gefassten Verwendungsbeschlüsse, welche mit Rücksicht auf die schwankende Höhe der Ueberweisungen stets auf ein Jahr zu beschränken sein werden, liegt in den Kreisordnungsprovinzen dem Regierungspräsidenten, in den übrigen Provinzen der Regierung ob.

Was endlich den sonstigen Inhalt des § 4 betrifft, so ist nur noch hervorzuheben, dass in Bezug auf die in Abs. 3 und 4 vorgesehene Unterverteilung und demnächstige Verwendung der den Gemeinden für den Fall des Nichtzustandekommens eines Beschlusses gemäss Abs. 2 zu überweisenden Beträge die bereits besprochenen allgemeinen Grundsätze Anwendung zu finden haben. In den Gutsbezirken werden demzufolge für die Verwendung die auf die Gutseingesessenen statutenmässig zu verteilenden Armenbeiträge in Betracht kommen. Beschwerden gegen die Richtigkeit der Unterverteilung, welche durch die Kreisausschüsse und Kreiskommissionen zu bewirken ist, sind gemäss Abs. 4 binnen zwei Wochen von der Ausgabe des die Unterverteilung veröffentlichenden Kreisblatts ab gerechnet, bei der zuständigen Aufsichtsbehörde — Regierungspräsident bezw. Regierung — anzubringen.

Ew. Excellenz ersuchen wir ganz ergebenst gefälligst nach vorstehenden Andeutungen die Landräte und Magisträte (ersten Bürgermeister [1]) der Stadtkreise mit weiterer Anweisung versehen zu lassen, und dafür Sorge zu tragen, dass die Kreistage nach demnächst erfolgter Ueberweisung der bezüglichen Anteile ungesäumt zur Beschlussfassung über die Verwendung der überwiesenen Beträge schreiten.

Zugleich ist es uns erwünscht, behufs Ausführung des im Eingange des § 4 gemachten Vorbehaltes über die gesetzliche Feststellung der definitiven Verwendungszwecke Ihre gutachtliche Ansicht darüber zu vernehmen, nach welchen Gesichtspunkten unter entsprechender Berücksichtigung der besonderen Verhältnisse und Bedürfnisse der Ihrer Leitung unterstellten Provinz die Vorschriften über die Verwendung der den Kommunalverbänden überwiesenen Be-

---

[1]) Zusatz für den Oberpräsidenten zu Potsdam, sowie den Magistrat der Stadt Berlin.

träge endgültig umzugestalten sein möchten. Ew. Excellenz wollen uns daher hierüber nach Anhörung der Regierungspräsidenten (bezw. Regierungen) unter Beifügung der bezüglichen Berichte bis zum 1. Juli d. Js. gefälligst mit einer Aeusserung versehen.

Der Minister des Innern.   Der Minister der geistlichen   Der Finanzminister.
Unterrichts- und Medizinal-
angelegenheiten.

Puttkamer.   v. Gossler.   Scholz.

An sämtliche Herren Oberpräsidenten.

Zusatz für den Oberpräsidenten der Rheinprovinz. Mit Bezug auf die mittelst der gefälligen Berichte vom 16. Juni v. Js. uns vorgelegten Vorschläge des Landesdirektors der dortigen Provinz in dem an die Landräte gerichteten Schreiben vom 1. Juni v. Js. bemerken wir, die Minister des Innern und der Finanzen, schliesslich noch in gleichzeitiger Erwiderung auf den Bericht vom 16. Juli v. Js. ganz ergebenst, dass, nachdem der Provinziallandtag für die Aufbringung der Provinzialabgaben einen anderweiten Modus beschlossen hat, den vorerwähnten Vorschlägen in der Voraussetzung Bedenken nicht weiter entgegenstehen, dass der in Rede stehende Beschluss die Allerhöchste Genehmigung erhält.

Ich, der Finanzminister, erkläre mich daher für diesen Fall bereit, die auf Grund des Gesetzes vom 14. Mai v. Js. zu überweisenden Anteile derjenigen Kreise der Provinz, welche von dem Anerbieten des Provinzialverwaltungsrats Gebrauch zu machen beabsichtigen, nicht an die betr. Kreiskommunalkassen, sondern an die rheinische Provinzialhilfskasse auszahlen zu lassen und sehe zu diesem Zwecke spätestens bis zum 1. Juni d. Js. einer gefälligen Mitteilung darüber ganz ergebenst entgegen, von welchen Kreisen ein dahin gehender Beschluss gefasst worden ist.

In der Ausführung des Gesetzes erging am 8. Juli 1886 (Reichsanzeiger Nr. 162) folgende Bekanntmachung des Ministers des Innern und des Finanzministers.

„Nachdem der aus dem Ertrage der Getreide- und Viehzölle für das Etatsjahr 1885/86 auf Preussen entfallende Anteil auf die Summe von 19,002,116 Mark ermittelt ist, wird nach Abzug des Staatskasse verbleibenden Betrages von 15,000,000 Mark der auf Grund des Gesetzes vom 14. Mai 1885 (Ges.-Samml. S. 128) den Kommunalverbänden zu überweisende Betrag auf 4,002,116 Mark hiermit festgesetzt.

Die nach der gesetzlich vorgeschriebenen Verteilung dieses Betrags auf die einzelnen Kreise und hohenzollernschen Lande entfallenden Summen haben wir durch gemeinsame Verfügungen vom heutigen Tage festgestellt und deren Veröffentlichung durch die Amtsblätter angeordnet.

Insoweit jedoch hierbei die nach der Volkszählung vom Dezember vorigen Jahres provisorisch festgestellten Bevölkerungsziffern haben zum Grunde gelegt werden müssen, weil die definitive Feststellung der Zählungsergebnisse für die betreffenden Kreise noch nicht erfolgen konnte, bleibt ein etwa erforderlich werdender Ausgleich der nächstjährigen Verteilung vorbehalten.

Die auf die einzelnen Kreise entfallenden Summen betragen im ganzen für

1) die Provinz Ostpreussen	226,469 M.	Transport	1,926,677 M.
2) „ „ Westpreussen	167,999 „	8) die Provinz Sachsen	397,235 „
3) „ Stadt Berlin	284,322 „	9) Schleswig-Holstein	227,837 „
4) „ Provinz Brandenburg	319,901 „	10) Hannover	345,699 „
5) „ „ Pommern	217,082 „	11) Westfalen	279,235 „
6) „ „ Posen	200,250 „	12) Hessen-Nassau	231,382 „
7) „ „ Schlesien	510,654 „	13) Rheinland	582,251 „
	1,926,677 M.	14) Hohenzollernsche Lande	8,800 „
			4,002,116 M.

Wegen Auszahlung der überwiesenen Beträge an die Kommunalverbände ist heute das Erforderliche verfügt worden.

Der Lotterieetat in der preussischen Kammer 1886.

Das Finanzarchiv hat bisher die preuss. Lotteriefrage genau verfolgt (I. S. 530 f., II. S. 1066 f.).

Es empfiehlt sich deshalb auch die letzten Verhandlungen hierüber kurz zu registrieren, umsomehr als dadurch die Frage zu einem vorläufigen Abschluss gekommen ist. Eines Urteils können wir uns enthalten, nachdem wir unsern Standpunkt bereits im Vorjahr II. S. 1083 näher dargelegt haben.

Der Regierungsetat pro 1886/87 war mit geringen Aenderungen den Ansätzen des vorigen Etats gefolgt. Die persönlichen und sachlichen Ausgaben waren auf 90,500 Mark veranschlagt, die Einnahmen aus den Losen auf 4,054,646.52, mit sonstiger Einnahme (aus Witwen- und Waisengeldbeiträgen etc.) auf 4,058,600 Mark.

Ueber die Lotterie waren im Etat folgende Bemerkungen beigefügt:

In dem Jahre vom 1. April 1886,87 sollen zwei Lotterien, nämlich die 174. und 175. zur Ausführung gebracht werden, welchen der Plan für die 173. Lotterie, bestehend aus 80,000 Stammlosen und 15,000 zu den Gewinnen der drei ersten Klassen auszugebenden Freilosen, welche bis zu ihrer Ausgabe für Rechnung der Lotteriekasse mitspielen, zum Grunde gelegt wird. Nach dem Plane betragen die gesamten Einsätze resp. die Nachzahlungen auf die Vorklassen der Freilose:

zur 1. Klasse für	80,000	Stammlose	à 39 Mark	. . . .	3,120,000	Mark,
„ 2. „ „	76,000	„	à 39 „	. . . .	2,964,000	„
und „	4,000	Freilose	à 39 „	. . . .	156,000	„
„ 3. Klasse „	75,000	Stammlose	à 39 „	. . . .	2,925,000	„
und „	5,000	Freilose	à 78 „	. . . .	390,000	„
„ 4. Klasse „	74,000	Stammlose	à 39 „	. . . .	2,886,000	„
und „	6,000	Freilose	à 117 „	. . . .	702,000	„

zusammen 13,143,000 Mark.

Dazu tritt der Wert der Freiloose mit . . . . 585,000 „

Summa 13,728,000 Mark.

Dieser Einnahme stehen planmässig an Ausgaben gegenüber:

a) bare Gewinne . . . . 13,062,270 Mark,

b) der Wert der Freilose mit . . . . 585,000 „

c) der auf den Wert der Freilose fallende und nicht, wie bei den baren Gewinnen, durch Abzug erhebbare Gewinnanteil des Staats von 134⅗ Procent mit . . . . 80,730 „

Summa wie oben 13,728,000 Mark.

Der planmässig von den unter a und b aufgeführten Gewinnbeträgen mit zusammen 13,647,270 Mark zu erhebende Gewinnanteil des Staats zu 134⅗ Prozent berechnet sich auf 1,883,323 Mark 26 Pf.

Dies macht für die zwei Lotterien im Etatsjahre . . . . . . 3,766,646 Mark 52 Pf.
Dazu treten nach dem Durchschnitt der wirklichen Einnahmen
in den drei Jahren vom 1. April 1882/85:

   1. aus dem planmässig für Rechnung der Lotteriekasse stattfindenden Spiel von Frei- oder Ersatzlosen in den drei ersten
   Klassen . . . . 227,300 „ — „
   2. aus dem Verkauf verlassener Lose und abgelehnter Freilose . 57,800 „ — „
   3. an nicht abgehobenen Gewinnen . . . . 2,900 „ — „

                 Sind zusammen, wie nebenstehend 4,054,646 Mark 52 Pf.
An Reichsstempelabgaben sind aufgekommen:

pro 1. April 1882/83 . . . . 1,340,515 Mark 36 Pf.
„ 1. „ 1883/84 . . . . 1,346,249 „ 03 „
„ 1. „ 1884/85 . . . . 1,346,755 „ 08 „

                        zusammen 4,033,519 Mark 47 Pf.
                  durchschnittlich 1,344,506 „ 49 „
                    oder rund 1,345,000 Mark.

Der Antrag der Budgetkommission ging nun dahin, an Einnahmen aus dem Lotteriespiel 6,081,969.78, an sonstigen Einnahmen 4,617.53, an Ausgaben 114,000 Mark einzusetzen und die Staatsregierung aufzufordern, für das Etatsjahr 1887/88 durch Vermehrung der Lose um die doppelte Anzahl eine Erhöhung der Einnahmen um das Doppelte herbeizuführen.

Die Gründe, die zu diesem Antrag geführt haben, sind von dem Berichterstatter der Kommission Grafen zu Limburg-Stirum mündlich in der Sitzung vom 17. März 1886 folgendermassen dargelegt worden:

Meine Herren! Die Frage der Lotterie hat das Haus im vorigen Jahre in ausgiebigster Weise beschäftigt; in zweiter und dritter Lesung haben lange Diskussionen stattgefunden, und der im vorigen Jahre gestellte Antrag der Budgetkommission, die Lotterielose zu vermehren und dem entsprechend den Einnahmeetat der Lotterie zu erhöhen, ist mit einer sehr geringen Majorität abgelehnt worden, dagegen ist mit der entsprechenden Majorität ein Antrag des Abgeordneten Wagner angenommen worden, die Kgl. Staatsregierung zu ersuchen, entweder im Wege der Reichsgesetzgebung oder, wenn das nicht zu ermöglichen, durch besondere Verhandlungen mit den Regierungen derjenigen deutschen Staaten, welche noch Staatslotterien haben, darauf hinzuwirken, dass sämtliche Staatslotterien im Deutschen Reich baldmöglichst aufgehoben werden.

Es hat sich seitdem die öffentliche Meinung mit dieser Frage ziemlich viel beschäftigt, und da auch das Haus neu gewählt ist, so ist von vielen Seiten der Wunsch hervorgetreten, die Frage hier wiederum zur Erörterung zu bringen. Die Budgetkommission hat deshalb auch diese Angelegenheit ihrer Erwägung unterzogen und bringt Ihnen nun ihren Antrag, dessen Absichten Ihnen in der Resolution ad 2 dargelegt werden: Die Kgl. Staatsregierung aufzufordern, für das Etatsjahr 1887/88 durch Vermehrung der Lose um die doppelte Anzahl eine Erhöhung der Einnahmen um das Doppelte herbeizuführen.

Also die Budgetkommission schlägt vor, die Lotterielose überhaupt um das Doppelte zu vermehren und schon im nächsten Etatsjahr 1886/87 eine Vermehrung der Einnahmen, aber nicht um 100 Prozent, sondern nur um 50 Prozent einzustellen, und zwar aus dem Grunde, weil es unmöglich sein würde, für die schon im April dieses Jahres stattfindende Ziehung die Lose zu verdoppeln; die Verdoppelung könnte erst im Oktober dieses Jahres eintreten, und deshalb konnte man für das nächste Jahr, falls der Antrag der Budgetkommission angenommen werden sollte, nur eine Vermehrung der Einnahme um 50 Prozent und nicht um 100 Prozent eintreten lassen.

Dem in der Budgetkommission gestellten Antrag, die Lose zu verdoppeln, wurde der Präjudizialeinwand entgegengestellt: es hiesse das Verhältnis von

Landtag und Regierung verschieben, umkehren, wenn der Landtag mit dem
Antrag käme, die Einnahmen zu erhöhen, und die Regierung dem zustimmte;
es gehöre sich, dass die Regierung mit solchen Anträgen käme und der Landtag
zustimme. Jedoch die Budgetkommission hat sich in ihrer Majorität dem nicht
angeschlossen. Man war der Ansicht, dass, nachdem der Antrag Wagner im
vorigen Jahre wenn auch mit geringer Majorität angenommen worden ist,
man nun nicht von der Regierung verlangen könne, dass sie einem solchen
Antrage gegenüber aus eigener Initiative mit der Vermehrung der Lose vorgehe,
sondern die Anregung müsse dann auch aus dem Schosse des Hauses kommen,
wo eben im vorigen Jahre die Diskussionen stattgefunden hätten.

Die Kgl. Staatsregierung hat in der Kommission diesmal eine ganz bestimmt zustimmende Erklärung zu dem Antrage der Budgetkommission gegeben
und sich dahin ausgesprochen, dass für den Fall der Annahme des Antrages
die Regierung damit einverstanden sei, die entsprechenden Beträge in den
Staatshaushaltsetat für 1886/87 einzustellen.

Ich will auf die ethische Frage, die hier viel erörtert worden ist, nicht
eingehen; ich will das den Herren Rednern in der Debatte überlassen. Ich bin
der Meinung, dass das jeder mit seinem Gewissen abzumachen hat. Ich sage
nur, die Majorität der Budgetkommission ist der Meinung, dass die Lotterie
zwar nicht bestimmt ist, die Moralität im Lande zu fördern, dass sie aber auch
die Moralität nicht schädigt, und zwar muss man in dieser Beziehung die
Klassenlotterie, die uns vorliegt, scharf unterscheiden von der Zahlenlotterie
und von dem Hazardspiel. Die Zahlenlotterie und das Hazardspiel sind darum
so verderbliche Dinge, weil sie denjenigen, der sich jenen Spielen hingibt, in
die Lage versetzen, dies zu jeder Zeit zu thun, dass sie den Betreffenden in
Gefahr bringen, seinen gewöhnlichen, arbeitsamen Lebenslauf zu verlassen und
sich wirklich dem Versuche hingeben, mühelos reich zu werden. Das ist bei
der Klassenlotterie nicht möglich. Das Spiel findet nur zweimal im Jahre statt,
und deshalb ist es undenkbar, dass ein Spieler sich von seiner regelmässigen
Thätigkeit abziehen lässt.

Die Kgl. Staatsregierung hat uns in der Kommission in dieser Beziehung
auch Mitteilung gemacht. Es wurde erklärt:

In Erörterung des Einflusses der Staatslotterie auf die wirtschaftlichen
Verhältnisse der Spieler wird angeführt, dass nach den im Jahre 1883 stattgehabten amtlichen Erhebungen in sämtlichen Kollekten ca. 97$\frac{1}{2}$ Prozent der
Lose von Personen der wohlhabenden Klassen gespielt werden, auf die minder
wohlhabenden sonach nur etwa 2$\frac{1}{2}$ Prozent der Lose entfallen. In 30 Kollekten
findet der Absatz von Losen überhaupt ausschliesslich an Personen der wohlhabenden Klassen statt. Es wird auch grundsätzlich darauf gehalten, dass frei
werdende Lose nur an besser situierte Reflektanten — solche sind überall in
erheblicher Anzahl von den Lotterieeinnehmern notiert — abgegeben werden.
Als Spieler der minder wohlhabenden Klassen werden namentlich kleine Beamte,
Handwerker, kleinere Haus- und Grundbesitzer, Dienstboten und Arbeiter erwähnt
und hervorgehoben, dass dieselben in der Zahlung des Einsatzes besonders
prompt sind, eine Erscheinung, welche einerseits daraus erklärt wird, dass die
Spieler meistens in geordneten Verhältnissen leben, regelmässigen Verdienst,
bezw. sichere und lohnende Beschäftigung haben, andererseits darauf zurückgeführt, dass an einem Viertellose 10 bis 20, ja 25 Mitspieler beteiligt sind,
die Aufbringung des Einsatzes sich daher aus der Erhebung minimaler Beiträge
zusammensetzt und deshalb ohne Schwierigkeit vollzieht.

Fälle, in welchen sich Spieler der Staatslotterie ruiniert haben oder durch
Gewinne in unwirtschaftliche Bahnen geführt sind, haben nicht eruiert werden
können, wogegen Fälle, in denen namentlich kleinere Gewinne wirtschaftlich
förderlich gewirkt haben, mehrfach erwähnt sind.

Die Gründe, welche für die Majorität massgebend sind, wieder mit einem
Vorschlag hervorzutreten, die Lose zu vermehren, sind die unhaltbaren Zustände,
welche sich bei uns in Preussen entwickelt haben durch die der Nachfrage
gegenüber ungenügende Menge von Losen und durch den unangenehmen Einfluss,

den die Lotterien der Nachbarstaaten bei uns gehabt haben. In erster Beziehung
ist daran zu erinnern, meine Herren, dass wir im Jahre 1867 die Lotterien in
Hannover und Frankfurt a. M. aufgehoben haben, dass deshalb in den neuen
Landesteilen gar keine Lotteriekollekteure bestehen, und dass deshalb diejenigen,
welche in der Lotterie zu spielen wünschen, dort sich an fremde Lotterien zu
halten haben.

Dann aber, und das ist die Hauptsache, tritt der Einfluss der sächsischen,
braunschweigischen und hamburgischen Lotterien hinzu. Es ist schon im vorigen
Jahre erwähnt worden, dass in die Lotterien im Königreich Sachsen pro Kopf
der Bevölkerung 6 Mark, in der Stadt Hamburg 22 Mark, im Grossherzogtum
Braunschweig 26 Mark eingesetzt werden, wogegen in Preussen nur ¹/₂ Mark
pro Kopf der Bevölkerung für jede Lotterie kommen. Aus diesen Zahlen kann
man schon entnehmen, welches Missverhältnis hinsichtlich dieser auswärtigen
Lotterien besteht, und es ist auch ganz bekannt und wird von allen mit den
Dingen vertrauten Leuten bestätigt, dass der Hauptabsatz der Lose der auswärtigen Staaten bei uns in Preussen stattfindet, und in dieser Beziehung
hat die Kgl. Staatsregierung in der Budgetkommission folgende Erklärung abgegeben:

> Hinsichtlich des Umfangs des Spiels in auswärtigen Lotterien wird
> bemerkt, dass nach ungefährem Ueberschlag etwa drei Fünftel der
> Lose derselben in Preussen gespielt werden, und dadurch den anderen
> Lotteriestaaten an Lotterieabgaben und Kollekteurgebühren jährlich
> etwa 9 Mill. Mark zufliessen.

Wenn Sie nun bedenken, meine Herren, dass der preussische Staat aus
seiner Klassenlotterie jährlich etwa 4 Millionen einnimmt, so würden Sie diese
Zahl wohl für ziemlich enorm halten müssen. Es steht fest, meine Herren, dass
diese auswärtigen Staaten Sachsen, Braunschweig und Hamburg in einem erheblichen Masse die Steuerkraft der preussischen Unterthanen für ihre Zwecke
ausnutzen. Das ist nicht zu bestreiten.

Um nun diesen Uebelstand abzuschaffen, gibt es zwei Wege: entweder
man hebt sämtliche Lotterien auf, oder man vermehrt unsere Lotterie so, dass
die Versuchung für unsere Landesangehörigen nicht mehr vorliegt, in fremden
Lotterien zu spielen.

Was den ersten Weg betrifft, den Ihnen der im vorigen Jahre angenommene Antrag des Abgeordneten Wagner vorschlägt, so liegt es doch auf
der Hand, dass dieser Weg nur einen frommen Wunsch impliziert, dass er aber
nicht gangbar ist. Es ist doch undenkbar, dass die Staaten Sachsen, Braunschweig und Hamburg freiwillig auf diese sehr schöne und für sie angenehme
Einnahme verzichten werden, und ich halte es für ebenso undenkbar, dass unsere
Regierung den Einfluss, den sie auf das Reich und die anderen Staaten besitzt,
zu einem starken Druck benutzen wird, um diese Staaten zu bewegen, ein
Recht aufzugeben, welches ihnen unzweifelhaft kraft unserer Reichsverfassung
zusteht. Also ich halte den im vorjährigen Beschluss des Hauses angegebenen
Weg für unpraktisch. Es bleibt also doch nur übrig, den Weg zu gehen, den
Ihnen die Budgetkommission vorschlägt, das heisst die Lose der preussischen
Klassenlotterie derartig zu vermehren, dass dem legitimen Spielbedürfnis, welches
die Leute nicht zu einer unwirtschaftlichen Vergeudung ihrer wirtschaftlichen
Kraft verführt, dass diesem Spielbedürfnis durch die preussische Klassenlotterie
genügt wird. Allerdings ist uns dem gegenüber in der Budgetkommission der
Einwand entgegengesetzt, das Spielen würde auch dann in fremden Lotterien
nicht geringer werden, sondern die Spieler würden alle Lose der preussischen
Lotterie kaufen und würden ausserdem noch in fremden Lotterien spielen.
Jedoch, meine Herren, das ist unwahrscheinlich. Wenn es demjenigen, der zu
spielen wünscht, ermöglicht wird, bei einer preussischen Lotteriekollekte sein
Los zu kaufen, so wird er keine Versuchung mehr haben, sich der Unannehm-
lichkeit der Polizeistrafe und den anderen Unannehmlichkeiten auszusetzen,
welche das Spielen in fremden Lotterien dadurch bringt, dass dort mitunter
die Gewinne schlecht und unpünktlich ausgezahlt werden. Und es ist uns auch

von Herren, die in Schleswig-Holstein und in Hannover bekannt sind, gesagt worden, viele Leute in diesen Landesteilen würden sehr gern in der preussischen Lotterie spielen, könnten es aber nicht, weil sie keine Lose bekämen.

Es ist auch darauf hingewiesen worden, dass man durch strenge Strafen dem Lotteriespiel in fremden Lotterien entgegentreten könne. Jedoch unsere Strafgesetzgebung hat sich in dieser Beziehung als unwirksam erwiesen; einmal ist es ja rein unmöglich, dem Spiele, welches doch geheim gehalten wird, überall nachzugeben und den Spieler abzufassen, und dann in der That herrscht auch bei unseren Gerichten nicht die Auffassung, dass das Spielen in fremden Lotterien eine sehr tadelnswerte Sache sei, und das Spielen wird sehr milde mit ganz geringen Strafen bestraft, die den Betreffenden nicht schwer treffen und ihn nicht abschrecken von fernerem Spiel.

Die Budgetkommission hat also nicht der Meinung sein können, dass die gemachten Einwände schlagend seien, und schlägt Ihnen also, wie im vorigen Jahre, eine Verdoppelung der Lotterielose vor.

Es sind nun noch andere Fragen in der Budgetkommission zur Sprache gekommen, welche auch im vorigen Jahre erörtert wurden; einmal die Frage, ob man nicht kleinere Appoints als ¼ Lose seitens der Kgl. Lotterieverwaltung ausgeben solle. Im vorigen Jahre hatte sich die Kgl. Staatsregierung dem gegenüber prinzipiell zustimmend geäussert und die Meinung ausgesprochen, dass es wohl denkbar sei, kleinere Anteile als ¼, also ⅛, oder vielleicht ¹/₁₆ auszugeben, ohne das Spiel dadurch in solche Kreise zu tragen, wo es wirtschaftlich schädigend wirken könnte. In dieser Beziehung muss noch darauf hingewiesen werden, dass jetzt schon ein höchst verderblicher Zwischenhandel mit kleineren Appoints von Losen besteht, ein Zwischenhandel, der den kleineren Leuten, welche geringere Anteile von Losen spielen wollen, die Lose unendlich verteuert. Es ist von den Vertretern der Kgl. Regierung in der Kommission im vorigen Jahre mitgeteilt worden, dass die Zwischenhändler allein 185 Mark an jedem Lose in jeder Ziehung verdienen, ungerechnet den Verdienst, welchen der Vermittler des Loses für sich nimmt, den man ungefähr auf 151 Mark rechnen kann, denn die Zwischenhändler, welche an den kleinen Mann die Appoints wieder verkaufen, bekommen nicht die Lose direkt von der Lotterieverwaltung und von dem Lotteriekollekteur; diesen Leuten würde ja der Lotteriekollekteur nicht verkaufen, sondern es hat sich da ein vollständiges Geschäft herausgebildet, indem angesehene Leute bei der Kollekte entnehmen, und diese Lose dann wieder an die Zwischenhändler ablassen.

Mit der Vermehrung der Lose, und mit der Möglichkeit von seiten der Staatsregierung, angemessene kleinere Appoints herauszugeben, würde dem Uebelstande des Zwischenhandels auch gesteuert werden können.

Ferner haben wir die Frage der Lotteriekollekturen erörtert. Es ist im vorigen Jahre darauf hingewiesen worden, dass der jetzige Zustand, wo die Lotteriekollekturen an reiche Geschäftsleute, die einen grossen Geschäftsverkehr haben, vergeben werden, nicht mehr den augenblicklichen Verhältnissen entspricht. Der Grundsatz, nur Geschäftsleuten, die angesehen in der Geschäftswelt dastehen, die Kollektur zu vergeben, war früher richtig, als es sich darum handelte, die Lose zu vertreiben, als die Nachfrage nach Losen nicht so gross war wie das Angebot, welches der Staat entgegenbrachte. Jetzt dagegen, wo die Nachfrage nach Losen sehr viel grösser ist als das Angebot, ist es nicht mehr nötig, den Betrieb zu unterstützen, sondern es wird wohl möglich sein, die Lotterielose analog der Post- und Stempelmarken veräussert, und der Regierungskommissarius äusserte die Geneigtheit, einer anderen Organisation der Lotteriekollektur näher zu treten und Beamte, auch pensionierte Beamte, vielleicht pensionierte Offiziere damit zu betrauen; jedoch könne die Regierung dieser Frage nicht eher näher treten, bis nicht durch eine Vermehrung der Lose die Möglichkeit gegeben sei, an eine neue Organisation heranzutreten.

Endlich und zuletzt — und nun, meine Herren, möchte ich Ihnen anheimstellen, etwas zuzuhören, denn das, was ich Ihnen jetzt vorzutragen habe, ist neu und nicht uninteressant — sind über die Privatlotterien seitens der Königlichen Staatsregierung ganz interessante Mitteilungen gemacht worden, statistische Mitteilungen, deren Hauptergebnisse ich hier verlesen will.

Man hat uns mitgeteilt die Statistik der Privatlotterien sowohl der ausländischen als der inländischen für die Jahre 1880/84, und zwar getrennt für die Geld-, Silber- und Warenlotterien.

Was die Geldlotterien anbelangt, so hat sich ergeben, dass wir in diesen fünf Jahren gehabt haben: ausländische Lotterien mit einem Spielkapital von 3,150,000 Mark und inländische Lotterien mit 4.200,000 Mark. Die Gesamtsumme des Spielkapitals der in- und ausländischen Geldlotterien in diesen Jahren betrug 7,350,000 Mark. Bei den Geldlotterien war der Gesamtbetrag der Gewinne 2,700,000 Mark, also 36,7 Prozent; die Verwaltungskosten und Provisionen betrugen 1,650,000 Mark, also 22,5 Prozent, und der Ueberschuss der Lotterieunternehmer betrug 3 Millionen, also 40,8 Prozent.

Bei den Silberlotterien gestaltete sich die Sache so, dass in diesen fünf Jahren in 36 Silberlotterien ein Kapital von 4,147,500 Mark umgesetzt wurde, dass der Gesamtbetrag der Gewinne 1,900,300 Mark betrug, also 45,8 Prozent, dass die Verwaltungskosten und Provisionen sich beliefen auf 1,252,900 Mark, also 30,2 Prozent, und dass der Ueberschuss der Lotterieunternehmen 994,000 Mark betrug, also 24 Prozent.

Nun aber kommt die Warenlotterie. Da betrug die Gesamtsumme des Spielkapitals in den fünf Jahren 24,965,600 Mark. Der Gesamtwert der Gewinne war 14,188,600 Mark, also 56,8 Prozent; die Verwaltungskosten und Provisionen betrugen 7,834,200 Mark, also 31,4 Prozent, und der Ueberschuss der Lotterieunternehmer nur 2,942,800 Mark, also 11,8 Prozent. Der hohe Prozentsatz (bis zu 33⅓ Prozent) bei den Warenlotterien ergibt sich hauptsächlich daraus, dass bei diesen Lotterien gewöhnlich ein Unternehmer als Generalagent angenommen wird, welcher gegen Gewährung der betreffenden Provision nun auch die gesamten Unkosten für Druck der Lose, Listen, Inserate zu tragen hat.

Ich habe also als Gesamtresultat dieser Statistik anzuführen, dass jährlich durchschnittlich ein Kapital von 7,292,620 Mark in Privatlotterien, also Silber-, Gold- und Warenlotterien, inländischen und ausländischen, umgesetzt wird, wobei indes zu bemerken ist, dass die ausländischen Lotterien hier mit ihrem vollen Kapital zum Ansatz gebracht sind, während doch nicht anzunehmen ist, dass dieselben ihre gesamten Lose bei uns in Preussen abgesetzt haben.

In Bezug auf diese Privatlotterien ist in der Budgetkommission allseitig anerkannt worden, dass Lotterien, wie für den Kölner Dombau, für Marienburg u. s. w., wünschenswerte Unternehmen seien, dass man ferner die Lotterien zu Kunstzwecken, für Wohlthätigkeitszwecke nicht geneigt sei auszuschliessen. Jedoch wurde darauf hingewiesen, dass viele Warenlotterien in der Art des Betriebes und in der Weise, wie die Lose abgesetzt werden, einen verwerflichen Anreiz zum Spiel bilden. Bei diesen Warenlotterien ist der Preis der Lose in der Regel zwei bis drei Mark, in einzelnen Fällen auch fünf bis sechs, bei kleinen Lotterien geht er auf 25 Pfennig herunter. Es wurde darauf hingewiesen, dass durch die Ausstellung von Gewinnen und grossartigen Anpreisungen gerade die kleinen Leute angereizt würden, ihr Geld in diese Lotterien hineinzutragen, in viel schlimmerer Weise, als es irgend bei Klassenlotterien geschehen kann, und es wurde die Erwartung ausgesprochen, dass die Kgl. Staatsregierung den Missbräuchen entgegentreten werde, die bei den kleinen Privatlotterien aufgetreten sind. Ich darf wohl erwarten, dass seitens des Herrn Regierungsvertreters eine Erklärung in dieser Richtung abgegeben wird.

Ich bin am Schluss meiner Ausführungen und kann Ihnen nur den Antrag der Budgetkommission zur Annahme empfehlen. Wir haben keinen andern Weg, um in Preussen aus den Uebelständen herauszukommen, die sich bei unserem Lotteriewesen entwickelt haben, als wenn wir die Lotterielose vermehren, um dadurch das höchst unerwünschte Spielen in den ausländischen Lotterien aus Preussen zu verbannen.

An der Debatte beteiligten sich v. Gerlach, Dr. Meyer, Gneist, Dr. Windt-
horst gegen, v. Rauchhaupt, Kieschke, Cremer für den Antrag; die Regierung
hielt in der Hauptsache an ihrem früheren Standpunkt fest.

Erheblich Neues wurde nicht vorgebracht. Die hauptsächlichsten Argumente der Gegner waren: Die Lotterien täuschen die ärmeren Staatsbürger
durch ein trügerisches Bild, sie ziehen diese vom Sparen ab; zwar werden
97½ Prozent der Lose nur von wohlhabenden Personen entnommen, sie bilden
aber die Unterkollektanten für die kleineren Leute; durch Vermehrung der
Lose wird das Lotteriespielen noch mehr verbreitet, die Leidenschaft immer
grösser, so dass auch in den auswärtigen Lotterien nicht weniger gespielt wird;
man erschwert die Abschaffung der Lotterie ungemein, ja man reizt die grosse
Zahl von deutschen Staaten, die keine Lotterie haben, auch mit Einrichtung
derselben vorzugehen; der Lotteriekollekteur ist ein anderer Exekutor, er droht
nicht mit Zwangsvollstreckung, aber mit dem Verfall des Loses. Der Gewinn
des konzessionierten und nicht konzessionierten Zwischenhändlers ist ein hoher
und wenig gerechtfertigter. Das Lotteriespiel ist ein Nährboden für den aller-
blödesten Aberglauben. Der Staat muss vieles, was nicht lobenswert ist, tole-
rieren, aber er soll nicht als Unternehmer für diese Dinge auftreten. Es ist
leicht, eine Reihe praktischer Gründe gegen die Abschaffung der Lotterien anzuführen, allein das gleiche war der Fall bei vielen Strafrechtsparagraphen,
ohne dass man sich dadurch irre machen liess. Preussen kann, wenn es sich
an die Spitze stellt, die Abschaffung der Lotterien in den deutschen Staaten
durchsetzen.

Unter den Befürwortern des Antrags machte Rauchhaupt geltend, dass
er an sich ein Gegner der Lotterie sei, aber nachdem man sich geweigert, den
Reichs- und damit auch den Staatsfinanzen durch eine entsprechendere Besteuerung des Branntweins aufzuhelfen, stimme er für Vermehrung der Lose,
auch der Finanzminister meinte, die 4 Millionen seien immer besser wie nichts.
Andere wiesen darauf hin, dass das vorjährige Gesetz (Finanzarchiv II, S. 1083)
die beabsichtigte Wirkung gar nicht erreicht, sondern nur Konflikte der erkennenden Richter unter einander hervorgerufen habe. Man übertreibe die
Nachteile der Lotterie, es gebe viel schlimmere Spiele, schon die Privatlotterien
wirkten durch ihr Reklamenwesen schädlicher, auch sei deren Unternehmergewinn meist viel bedeutender (in Berlin wurde eine Lotterie mit 100,000 Losen
à 1 Mark für 80,000 Mark an einen Unternehmer vergeben), die Staatslotterie
vermeide alle Aufforderung zum Spiel. Der Kollekteur habe nicht nötig, Exekutor zu sein, man renne ihm das Haus ein und bringe 3 Tage vorher das
Geld, auch gebe es noch ganz andere Schmarotzergewinne, als die Gewinne
der Kollekteure. Ebenso unverständlich sei, wie die preussische Lotterie den
Aberglauben befördern könne, da eine bestimmte Nummer gar nicht erhältlich
sei, und Kirchen wie Wohlthätigkeitsanstalten von der Lotterie Gebrauch machten.
Wenn in Bezug auf die Lotterie die deutschen Staaten nicht gleiche Einrichtung hätten, so möchte die Einheit nicht durch Abschaffung der vorhandenen
Lotterien, sondern durch Einrichtung einer allgemeinen deutschen Lotterie erreicht werden.

Ueber den Antrag der Budgetkommission auf Erhöhung des Etatspostens
wurde in zweiter Lesung namentlich abgestimmt, zwei enthielten sich der Ab-

stimmung, dafür erklärten sich 191, dagegen 131; der Antrag, die Regierung aufzufordern, für das Etatsjahr 1887/88 durch Vermehrung der Lose um die doppelte Anzahl eine Erhöhung der Einnahmen um das Doppelte herbeizuführen, erhielt ebenfalls die Mehrheit, dagegen wurde ein Antrag des Freih. v. d. Reck, die Regierung aufzufordern, womöglich noch im Laufe dieser Session einen Gesetzentwurf einzubringen, durch welchen die Gewährung von Tantièmen und Gewinnanteilen für den Vertrieb von Losen beseitigt und dem Zwischenhandel mit Losen gesteuert werde, abgelehnt, weil der Antrag mit einem Verbot der Privatlotterie identisch sei, dem Zwischenhandel aber schon durch Vermehrung der Lose und Ausgabe kleinerer Anteile entgegengetreten werden könne.

Nachtrag zu dem rev. Gesetz über die Steuerverfassung des Grossherzogtums Sachsen-Weimar vom 18. März 1869.

Durch Gesetz vom 28. Februar 1872 wurde, um das Steuerverfassungsgesetz mit dem Reichsgesetz wegen Beseitigung der Doppelbesteuerung vom 13. Mai 1870 in Uebereinstimmung zu bringen, der § 4 des erstgenannten Gesetzes (Finanzarchiv II. S. 924) zum Teil geändert.

§ 4 Ziff. 1 blieb unverändert.

§ 4 Ziff. 2 lautet: Die indirekten Steuern (§ 22) haben sämtliche Einwohner des Grossherzogtums mit Einschluss der nur zeitweise sich in demselben Aufhaltenden, überhaupt alle, welche im Grossherzogtum ein steuerpflichtiges Gewerbe treiben oder sonst eine steuerpflichtige Handlung vornehmen, zu entrichten.

§ 4 Ziff. 3: Hinsichtlich der direkten Steuern vom Einkommen (§ 23) unterliegen der Steuerpflicht:

A. Angehörige des Deutschen Reichs — d. i. Angehörige des Grossherzogtums oder eines anderen deutschen Landes, für welches die reichsgesetzlichen Bestimmungen wegen Beseitigung der Doppelbesteuerung in Geltung sind — seien es physische oder juristische Personen — unter den Voraussetzungen, unter welchen sie nach den reichsgesetzlichen Bestimmungen zu den direkten Staatssteuern im Grossherzogtum herangezogen werden dürfen, und hinsichtlich derjenigen Gattungen ihres Einkommens, hinsichtlich deren sie nach den reichsgesetzlichen Bestimmungen im Grossherzogtume besteuert werden können, mit folgenden weiteren Beschränkungen:

1) Wenn ein Reichsangehöriger, welcher neben seinem Wohnsitze im Grossherzogtum einen solchen auch in einem anderen deutschen Lande hat, entweder zugleich in beiden Staaten oder in keinem derselben die Staatsangehörigkeit besitzt, aber am Orte seines Wohnsitzes im anderen Lande des Reichs sich aufhält und daselbst zu den direkten persönlichen Steuern zugezogen ist, hat derselbe nur das Einkommen aus denjenigen Quellen im Grossherzogtum zu versteuern, welches er auch ohne Wohnsitz in demselben zu versteuern hätte.

2) Das Einkommen aus Gewerbsanstalten, welche selbständig ausserhalb des Reichsgebietes betrieben werden, z. B. Manufakturen und Fabriken, Berg-, Salz- und Hüttenwerke, Handelskommanditen u. dgl., ist im Grossherzogtum nicht zur Besteuerung zu ziehen.

3) Das Einkommen aus Wartegeldern und Pensionen, welches ein Reichsangehöriger aus einem fremden, d. i. nicht zum Reich gehörigen Staat bezieht, unterliegt der Besteuerung im Grossherzogtum nicht, und das Diensteinkommen von einem solchen Staate nur dann, wenn er seinen dienstlichen Wohnsitz im Grossherzogtum hat.

4) Nehmen Reichsangehörige, welche einen Wohnsitz im Grossherzogtum haben, ausserhalb des Reichsgebietes wesentlichen Aufenthalt, so sind dieselben auch von der Besteuerung

    a. ihres Einkommens aus Gewerbe- und Geschäftsthätigkeit, soweit sie dasselbe nicht aus dem Grossherzogtum beziehen, ingleichen

    b. des Diensteinkommens, welches sie von einer dem Grossherzogtum nicht angehörigen Gemeinde., Stiftung oder öffentlichen Anstalt beziehen, frei zu lassen.

5) Reichsangehörige, welche ohne Wohnsitz im Reichsgebiet ihren Aufenthalt ausserhalb des Reichs nehmen, haben im Grossherzogtum nur ihr Einkommen

    a. aus innerhalb des Grossherzogtums gelegenen Grundstücken;

    b. aus im Grossherzogtum betriebenen selbständigen Gewerbsanstalten;

    c. aus Gehalt, Wartegeld und Pension, welche sie aus einer grossherzoglichen Kasse beziehen
        und wenn sie Angehörige des Grossherzogtums sind, so lange sie nicht zugleich die Staatsangehörigkeit des fremden Staates besitzen, in welchem sie ihren Aufenthalt genommen haben, auch das Einkommen;

    d. aus Gehalt, Wartegeld und Pension von einer dem Grossherzogtum angehörigen Gemeinde, Stiftung und öffentlichen Anstalt, sowie

    e. aus Zinsen und Dividenden von Aktivkapitalien bezüglich Aktien oder Leibrenten
zu versteuern.

6) Endlich bleibt von der Besteuerung im Grossherzogtum frei:
    Das Einkommen aus Zinsen und Dividenden aus denjenigen Aktivkapitalien, welche und so lange dieselben infolge eines Dienst- oder Geschäftsverhältnisses ausserhalb des Reichsgebietes von Behörden oder Privatpersonen als Kaution eingezahlt oder hinterlegt worden sind.

§ 4 Z. 3 B. Nr. 1—5 (a—e) unverändert. Der folgende Passus lautet:

Nehmen Fremde im Grossherzogtum ihren wesentlichen Aufenthalt, so haben dieselben

6) auch das Einkommen aus ihrer Erwerbs- und Geschäftsthätigkeit überhaupt in demselben Umfange wie die Staatsangehörigen, ingleichen

7) das Diensteinkommen, welches sie von einem fremden Staate, ingleichen von einer dem Grossherzogtum nicht angehörigen Gemeinde, Stiftung oder öffentlichen Anstalt beziehen, hier zu versteuern.

§ 4 Z 3 C. kommt in Wegfall.

Durch Gesetz vom 6. Mai 1874 wurden folgende Zusätze zur Steuerverfassung erlassen:

I. zu §§ 7—11.

§ 1. Der terminliche Grundsteuerbetrag, welcher in Gemässheit der Bestimmungen in den §§ 7—11 des revidierten Gesetzes über die Steuerverfügungen des Grossherzogtums vom 18. März 1869 jedem Gute und jedem Grundstücke nach dem Grundsteuerkataster in Thalern, Groschen und Pfennigen zugeteilt ist, wird vom 1. Januar 1875 an dergestalt entrichtet, dass an Stelle eines jeden Pfennigs der seitherigen Währung ein Pfennig der in dem Reichsgesetze vom 9. Juli 1873 festgesetzten Währung zu berechnen ist.

§ 2. Vom 1. Januar 1875 an gilt daher in allen v o r diesem Tage errichteten Grundsteuerkatastern und anderen Urkunden jeder darin angegebene Pfennig als ein Pfennig neuer Währung, d. i. als ein Hun-
dertstel der durch das Reichsgesetz vom 9. Juli 1873 festgesetzten
Mark, jeder Groschen als zwölf solcher Pfennige, jeder Thaler als
dreihundert und sechzig dieser Pfennige.

§ 3. So oft künftig ein Grundsteuerkataster neu errichtet oder ein Auszug
aus einem bestehenden Kataster ausgefertigt wird, soll der terminliche
Grundsteuerbetrag nach dem angegebenen Verhältnisse umgerechnet
und in Mark und Hundertsteln derselben (in Pfennigen) des neuen
Münzsystems ausgedrückt werden.

Auch sollen in den alten Katastern da, wo darin Thaler und
Groschen vorkommen, diese n a c h und n a c h in der durch die §§ 1
und 2 dieses Gesetzes bestimmten Weise umgerechnet werden.

§ 4. Die Grundsteuer, welche von den Grundstücken mit Einschluss der
Gebäude dermalen in zehn Terminen jährlich erhoben wird, soll wegen
jener infolge der Münzveränderung eintretenden Aenderung der einzelnen Steuerbeträge (§§ 1 und 2) vom 1. Januar 1875 an in a c h t
und e i n d r i t t e l Terminen jährlich erhoben werden.

§ 5. Alles, was hinsichtlich der seitherigen jährlichen z e h n Termine
alter Grundsteuer gesetzlich geordnet war, gilt vom 1. Januar 1875
an von den a c h t und e i n d r i t t e l Terminen, in welche verteilt
die Steuer künftig jährlich erhoben werden soll.

II. zu § 15.

§ 6. An Stelle der Worte im § 15 Ziff. 4 des revidierten Gesetzes über
die Steuerverfassung des Grossherzogtums, „sofern dieses nicht einmal
volle fünfzehn Thaler jährlich betrüge", treten vom 1. Januar 1875
an die folgenden: „sofern dieses nicht einmal volle fünfzig Mark
jährlich betrüge."

Finanzrechtsprechung.

Entscheidungen des Reichsgerichts in Finanzfragen.

Bearbeitet

von

Wilhelm Burkhard,
Regierungs- und Fiskalrat in Würzburg.

Fortsetzung.

(Vergl. III. Jahrgang, Band 1, S. 295—377.)

Zu V. S. 311—324.

Zölle.

1.

St.P.O. § 446, 467—469; Zolltarif vom 15. Juli 1879 § 5 Nr. 2.

III. Senat. Urteil vom 2. Juli 1885, R. Nr. 1631/85.

Falls die Verwaltungszubehörde sich dem Verfahren als Nebenklägerin angeschlossen, ihrerseits aber nicht Revision eingelegt hat, kann sie von der erweiterten Frist zur Anbringung von Revisionsanträgen behufs Verfolgung des von der Staatsanwaltschaft rechtzeitig eingelegten Rechtsmittels Gebrauch machen. Im übrigen bleiben auch im Fall des nur von der Nebenklägerin verfolgten Rechtsmittels die zugestandenen Gerechtsamen der Staatsanwaltschaft unberührt.

Der Umstand allein, dass ein Kleidungsstück im Augenblicke der Ueberschreitung der Zollgrenze gerade auf dem Leibe eines Menschen getragen wird, ist nicht allein massgebend für den Begriff eines „gebrauchten Kleidungsstückes" nach § 5 des Zolltarifes vom 15. Juli 1879 (vgl. Tarifzusätze vom 17. Mai 1870 und 12. Juli 1873). Die Bekleidung könnte damit gar nicht zum Zwecke des Gebrauches, sondern lediglich zwecks Hinterziehung des Eingangszolles in trügerischer Weise bewerkstelligt werden. Es muss zum persönlichen Gebrauche erworben, hierfür angezogen und als ein zu normaler Bekleidung gehöriges Garderobestück eine Zeitlang im Zollauslande gebraucht worden sein, ehe es die Zollgrenze überschreitet.

Bd. XII S. 342.

2.

Vereinszollgesetz vom 1. Juli 1869 § 134, 135, 158.

IV. Senat. Urteil vom 24. November 1885. R. Nr. 2544/85.

Nach der — gemäss § 2 Abs. 2 des E.G. zum St.G.B. in Kraft gebliebenen — Vorschrift des § 158 V.Z.G. kommt, wenn mit einer Konterbande oder Defraudation andere strafbare Handlungen zusammentreffen, die für erstere

bestimmte Strafe zugleich mit der für letztere vorgeschriebenen zur Anwendung,
auch wenn ideale, nicht bloss wenn reale Konkurrenz vorliegt, hat das Reichsgericht schon mehrfach anerkannt (s. oben Ziffer 21, S. 319). Dies leidet nur
insofern bei der idealen Konkurrenz einer Konterbande mit anderen Delikten
eine Einschränkung, als nach der ausdrücklichen Vorschrift im § 134 Z.V.G.
auf die für Konterbanden angedrohte Geldbusse nur dann erkannt werden darf,
wenn nicht in besonderen Gesetzen eine höhere Strafe festgesetzt ist. Diese
Einschränkung besteht für die Defraudationsstrafe nicht.

Bd. XIII S. 69.

3.

Vereinszollgesetz § 33, 41, 42, 94, 96, 159. St.G.B. § 267.

I. Senat. Urteil vom 23. Dezember 1885, R. Nr. 2786/85.

Der Warenverschluss durch Plomben ist eine Urkunde im Sinne des
Strafgesetzes. Der Warenverschluss ist das Mittel, sich zu versichern, dass die
Ware bis zur Lösung des Verschlusses durch das berechtigte Amt nach Menge,
Gattung und Beschaffenheit unverändert erhalten bleibe. Das Verschlussmittel
durch eine oder mehrere Plomben bekundet, dass der Inhalt des verschlossenen
Kollo mit demjenigen übereinstimmt, welcher dem Eingangszollamte zur Abfertigung in das Binnenland zugeführt wurde. Der Warenverschluss fällt damit
unter den Begriff einer öffentlichen Urkunde, für deren fälschliche Anfertigung
— an Stelle des amtlichen Verschlusses — oder Verfälschung — durch Abänderung desselben, sei es in unverletztem Zustande, sei es zum Ersatze unabsichtlich verletzten Verschlusses — der § 267 des St.G.B. Anwendung findet.
Für den Fall des Zusammentreffens einer solchen Fälschung mit einer Konterbande oder Defraudation lässt § 159 des V.Z.G. neben der Zollstrafe die durch
die Landesgesetze für die Fälschung einer öffentlichen Urkunde festgesetzte
Strafe eintreten.

Bd. XIII S. 192.

4.

V.Z.G. § 164. St.G.B. § 67.

I. Senat. Urteil vom 7. Juni 1886, R. Nr. 2299/85.

Neben der im § 164 des V.Z.G. für die Vergehen der Zolldefraude angewendeten dreijährigen Verjährungsfrist besteht keine weitere, insbesondere auch
nicht die dreimonatliche Verjährungsfrist des § 67 Abs. 3 des St.G.B. für
diejenigen Defraudationen, welche mit keiner höheren als der Geldstrafe von
150 Mark bedroht sind. Der § 164 V.Z.G. hat, was das E.G. zum St.G. § 2,
Abs. 2 aufrecht erhalten, besondere umfassende Vorschrift für alle im Zollgesetze
durch die §§ 134, 135, 151 und 152 unter Strafe gestellten Handlungen gegeben.
Die gegenteilige Annahme, dass für einen Teil der Konterbanden oder Defraudationen und für solche, welche nach dem St.G. den Charakter der Uebertretungen haben würden, die allgemeine Normierung des Reichsstrafrechtes über
die Verjährungszeit offen bleibe, müsste schon in der Erwägung Bedenken erregen, dass der § 164 zugleich für Ordnungswidrigkeiten eine Verjährungszeit
und zwar in dem Masse festsetzt, dass die beabsichtigte Gefällshinterziehung,
also die schwerere Verschuldung, wenn sie nicht mit über 150 M. Strafe bedroht
ist, in kürzerer Zeit verjähren würde als eine das Zollinteresse nicht verletzende,
sondern nur gefährdende (Denkschrift zum Entwurfe des V.Z.G. Nr. 75) Ver-
waltungsmassnahme und die Verwaltungsvorschriften (§ 151) einen längeren
Strafschutz gewähren als die Gesetznormen (§ 152).

„Vergehen" in § 164 ist keine technische Bezeichnung solcher Straftaten,
welche mit einer in bestimmten Rahmen liegenden Strafe bedroht sind, sondern
bedeutet Straftat überhaupt. Der Ausdruck ist auch in anderen Gesetzen nicht
mit der Terminologie des Reichsrechtes gebraucht. —

Wo ein als Konterbande sich darstellender Transport von Vieh über die Zollgrenze aus einer Reihe von Massnahmen und Ausführungsakten sich zusammensetzt, die in der Gesamtheit eine Einfuhr ausmachen, so ist nicht jede Thätigkeit der an dem Hinüberschaffen beteiligten Mitwirkenden deshalb, weil sie deren Schritten über die Grenze vorausgeht oder nachfolgt, nur als Vorbereitungs-, Versuchs- oder Begünstigungshandlung aufzufassen, sondern es setzt die gemeinschaftliche Ausführung ein nach Zeit und Raum verbundenes Zusammenwirken voraus (s. oben Ziffer 2 S. 312, 14 S. 317 und Entscheidungen des R.G. in Strafsachen vom 15. Mai 1882 Nr. 1024, 4. Januar 1883 Nr. 3091, 26. Mai 1884 Nr. 1147 und 30. Juni 1885 Nr. 1608).

Bd. XIII S 223.

Zu II S. 298—306 und IV S. 308—311.

Urkundenstempel. Wechselstempelsteuer.

1.

Gesetz vom 1. Juli 1881 § 23, 24.

Wechselstempelsteuergesetz vom 10. Juni 1869 § 17.

III. Senat. Urteil vom 2. Juli 1885, R. Nr. 1555/85.

Auch im Falle der Verwirkung einer Ordnungstrafe gemäss § 23 des Gesetzes vom 1. Juli 1882 (Urkundenstempel) verjährt die Strafverfolgung erst mit dem Ablauf von 5 Jahren von Begehung der Handlung an. Nach § 24 dieses Gesetzes sind hinsichtlich des administrativen Strafansatzes wegen der Zuwiderhandlungen gegen das Gesetz, insbesondere auch wegen der Verjährung der Strafverfolgung die Vorschriften des § 17, 18 und 19 des Wechselstempelsteuergesetzes vom 16. Juni 1869 massgebend. Nach diesen Bestimmungen sollte aber eine gleichmässige Verjährung der Wechselstempelsteuerhinterziehung innerhalb 5 Jahren im ganzen Bundesgebiete eintreten (Motive, Drucksachen des Reichstages von 1869 Nr. 154 S. 17) und zwar ohne Rücksicht auf die Höhe der Strafe und auf die Absicht der Defraudation, ob die unterlassene Stempelanwendung auf Defraudationsabsicht beruhe oder nicht.

Bd. XII S. 345.

2.

Gesetz vom 29. Mai 1885 § 23, Gesetz vom 1. Juli 1881 § 34; Tarif vom 1. Juli 1881 Nr. 4; St.G. § 2 Abs. 2.

II. Senat. Urteil vom 12. Januar 1886, R. Nr. 3309/85.

Der § 23a des Gesetzes vom 29. Mai 1885, „Abänderung des Reichsstempelsteuergesetzes vom 1. Juli 1882 betr.", findet keine Anwendung, wenn wegen einer Verfehlung, die vor dem 1. Oktober 1885 begangen war, erst nach dem 1. Oktober 1885 auf Strafe zu erkennen ist. Nach dem Gesetze vom 29. Mai 1885 ist der Abschnitt II „Schlussnoten und Rechnungen" (§ 6—11 des Gesetzes vom 1. Juli 1882 und Nr. 4 des Tarifes) aufgehoben. Es sind also nach dem 1. Oktober 1885 Rechnungen nicht mehr steuerpflichtig und Schlussnoten nicht mehr als Urkunden einer fixen Steuer unterworfen. Gegenstand der Besteuerung ist vielmehr das abgeschlossene Geschäft nach dem Werte des Gegenstandes in Abstufungen. Nur der Kontrolle halber ist die Ausstellung einer Schlussnote erfordert, dergestalt, dass auch die unterlassene oder nicht rechtzeitige Ausstellung die Strafe der Steuerhinterziehung begründet. Damit sind aber nur vor dem 1. Oktober 1885 begangene Verfehlungen nicht straflos geworden. Der § 2 Abs. 2 des R.St.G.B. hat damit gar nichts zu thun, denn die Rechtsauffassung hinsichtlich der Strafbarkeit der bis zum 1. Oktober 1885 begangenen Verfehlungen oder hinsichtlich des Strafmasses hat der Gesetzgeber nicht geändert; es ist also auch von einer milderen Auffassung des Gesetzgebers

über Bestrafung und deren Mass nicht die Rede. Hierin hat das Gesetz vom
29. Mai 1885 eine Aenderung nicht herbeiführen wollen und nicht herbeigeführt.
Bd. XIII S. 250.

Zu XX.
Reichsbrausteuer vom 31. Mai 1872.
Nahrungsmittelgesetz vom 14. Mai 1879.
1.
I. Senat. Urteil vom 2. Oktober 1885, R. Nr. 2173/85.

Die Grenze für die Zulässigkeit der Veränderung eines Nahrungsmittels,
auch Bier, ergibt sich aus der Beschaffenheit der Ware, welche der Abnehmer
nach dem Massstabe des reellen Verkehres zu fordern berechtigt ist. Es
braucht nicht immer ein fremdartiger Stoff zu sein, welcher zugesetzt wird, auch
verdorbene oder minderwertige Qualität desselben Nahrungsmittels können Fälschung erzeugen.
Bd. XII S. 400.

2.
Gesetz vom 14. Mai 1879 § 10 Nr. 2.
III. Senat. Urteil vom 28. September 1885, R. Nr. 2036/85.

Die Frage, ob ein Nahrungsmittel verdorben sei, kann nicht bloss die Ansicht des Publikums bestimmen, sondern dieselbe entscheidet in Verbindung mit
der objektiven Eigenschaft des Nahrungsmittels, wodurch eine die Benutzung derselben zur Nahrung beeinträchtigende Wirkung thatsächlich herbeigeführt wird.
Bd. XII S. 407.

3.
Gesetz vom 31. Mai 1872 § 29, 30, 32.
I. Senat. Urteil vom 23. November 1885, R. Nr. 2476/83.

Das Gesetz reiht an die Bestimmungen der §§ 27, 28, 29 unter dem Mar-
ginale „Begriff der Defraudation" die §§ 30—32 über die Strafen der Defraudation und bestimmt, nachdem in § 30 eine einheitliche Strafe für die Fälle der
Defraudation §§ 27 und 29 festgesetzt wurde in § 32 ohne Unterscheidung zwischen
diesen §§ für den Fall des Nachweises der nicht beabsichtigten Defraudation
die Anwendung des § 35. Der Mangel der Defraudation schliesst daher auch in
den Fällen des § 29, welche der Defraudation gleich geachtet werden, die Strafe
des vierfachen Betrages der vorenthaltenen Abgabe nicht aus; der §. 32 gilt
für die Steuerhinterziehung der §§ 27 und 29. Dies entspricht auch dem Inhalt der andern Reichsfinanzgesetze, so über Erhebung der Salzabgabe vom
12. Oktober 1867 § 13 Abs. 2, Vereinszollgesetzes vom 1. Juli 1869 § 137,
Tabaksteuergesetz vom 16. Juli 1867, § 32—34.
Bd. XIII S. 133.

4.
Gesetz vom 31. Mai 1872 § 29.
IV. Senat. Urteil vom 15. Dezember 1885, R. Nr. 3050/85.

Bei Anwendung des § 29 Nr. 2 des Brausteuergesetzes macht es keinen
Unterschied, ob ein Brauer einen bestimmten Aufenthaltsort der Malzsurrogate
angegeben und solche dann an einem andern Orte gelagert, oder ob bei ihm
Malzsurrogate vorgefunden wurden, ohne dass er vorher der Steuerbehörde einen
Aufenthaltsraum angezeigt hat. Es hat damit jede Zuwiderhandlung gegen den

§ 13 Abs. 1, insoweit es sich um Stoffe der in § 1 unter 5—7 bezeichneten Gattung handelt, getroffen werden wollen und bedeuten sonach die Worte „ausserhalb des bestimmten Aufenthaltsortes" nichts anders als „an einem vorher nicht angezeigten Orte".

Bd. XIII S. 176.

Zu XXL
Malzaufschlag in Bayern.

Bayer. Gesetz vom 16. Mai 1868 Art. 3, 7, 51, 54, 71.

Nahrungsmittelgesetz vom 14. Mai 1879 § 10.

I. Senat. Urteil vom 30. November 1885, R. Nr. 2300/85.

Wiederholt wird der Grundsatz ausgesprochen, dass die Frage, ob ein Bier als ein normales und rechtes anzusehen ist, unbedingt nach der Landesgesetzgebung zu beurteilen sei, dass aber die weitere Frage, ob das mit irgend einem nicht normalen Zusatze versehene Produkt damit zum verfälschten geworden sei, von der weiteren Voraussetzung abhänge, dass an der vorgeschriebenen stofflichen Zusammensetzung des Getränkes auch eine Veränderung eingetreten sei, durch welche dasselbe einen seinem wahren Wesen nicht entsprechenden Schein erhält. Wenn Salicyl ein Konservierungsmittel ist, das das Bier weder besser noch schlechter macht, und weder in Beziehung auf Aroma, noch Geschmack und Aussehen eine Veränderung herbeiführt, worüber der Unterrichter zu entscheiden hat, so ist § 10 des Nahrungsmittelgesetzes ausgeschlossen. Prinzipiell ist eine Verfälschung des Bieres mit Salicyl nicht ausgeschlossen (vergl. Urteil des R.G. vom 21. Mai 1885, R. Nr. 1048/85).

Malz ist im Stadium seiner Herstellung aus Gerste noch nicht Gegenstand des Malzaufschlages in Bayern; denn das Gesetz vom 16. Mai 1868 beschäftigt sich nur mit der Bierbereitung im letzten Stadium. Ein Zusatz zum Malze vor dem Momente des Steuerbarwerdens kann an sich weder eine Hinterziehung noch Gefährdung der Steuer enthalten. Die Strafbestimmungen des Gesetzes beschäftigen sich nur mit Vorgängen vor der Zeit der Abgabe des Malzes zum Brechen, und es beginnen auch die für das Verhalten der Betriebsberechtigten erteilten Vorschriften erst mit dem Zeitpunkt der Deklaration und Rabatteinholung, Bezeichnung der zum Brechen des Malzes zulässigen Mühlen und befassen sich nicht mit dem früheren Stadium der Malzbereitung. Ehe das Malz zur Bierbereitung verwendet wird, kann es also mit Salicylsäure behandelt werden.

Dagegen ist die Einstreuung von Salicyl in die mit Bier gefüllten Fässer eine Uebertretung des Malzaufschlaggesetzes. Ob dieser Stoff später im Bier nachweisbar ist oder nicht, erscheint gleichgültig, da stoffliche Zusätze während des vom Malzaufschlaggesetze als zur Bierbereitung gehörig angesehenen Stadiums vom bayerischen Gesetze schlechthin verboten sind.

Also nur, wenn wirklich von dem bei der Verarbeitung der Gerste zu Malz verwendeten Salicyl nichts bei dem zur eigentlichen Bierbereitung zu verwendenden Malze zurückbleibt, kann in der Verwendung eines früher mit Salicyl behandelten, aber zur Zeit der Verwendung zur Bierbereitung salicylfreien Malzes auch eine nach dem bayerischen Gesetze strafbare Handlung nicht gefunden werden.

Das bayerische Malzaufschlaggesetz hat den fiskalischen Standpunkt der unbedingten strafrechtlichen Verantwortlichkeit ohne Unterschied zwischen Vorsatz und Fahrlässigkeit nur für den Thäter, nicht aber für den Teilnehmer, bei welchem ausdrücklich der auf Verkürzung oder Gefährdung des Gefälles gerichtete dolus gefordert ist; eine Frage, die thatsächlicher Natur ist.

Bd. XIII S. 97.

Zu XXIV.
Viehseuchen.
R. Nr. 357—359.

1.

Reichsgesetz vom 21. Mai 1878 § 1, 2. Bekanntmachung des bayer. Ministerium d. Innern vom 25. Januar 1882, Massregeln gegen die Rinderpest § 4. St.G.B. § 48.

I. Senat. Urteil vom 28. Januar 1886, R. Nr. 74/86 (ebenso erkannt in dem Urteil vom 12. Mai 1884, R. Nr. 837/84).   .

In Bayern ist die Einfuhr von Zucht- und Nutzvieh aus Oesterreich-Ungarn, welche in den Grenzbezirken den Einführenden zu eigenem Bedarf gestattet ist, zur Abwehr der Rinderpest nicht dadurch beschränkt, dass dem Einführenden das Eigentum an dem eingeführten Vieh zustehen muss. Die Vorschrift des § 4 der Bekanntmachung vom 25. Januar 1882 hat die Absicht, den Betrieb der Mästung und Milchwirtschaft mit österreichischem Vieh, welcher als besonderer Zweig der Landwirtschaft aufzufassen ist, zu ermöglichen, insoferne die Vorsichtsmassregeln beobachtet werden. Die wirtschaftliche Nutzung setzt aber kein Eigentum an den Betriebsmitteln voraus, und nur der eigene Wirtschaftsbedarf kann als entscheidend erachtet werden. Es läuft auch .dem Gesetz nicht zuwider, wenn nach Ablauf der auf 45 Tage festgesetzten Kontumazfrist und nach Erreichung des Zweckes der Einstellung vom Wirtschaftsbesitzer das bisher wirtschaftlich ausgenützte Vieh an dessen Eigentümer abgelassen wird.

Bd. XIII S. 300.

Finanzlitteratur.

O. Frhr. v. Aufsess. Die Zölle und Steuern sowie die vertragsmässigen auswärtigen Handelsbeziehungen des Deutschen Reichs.
3. Aufl. Separatabdruck aus den Annalen des Deutschen Reichs.
München und Leipzig. G. Hirths Verlag.

Bei der wichtigen Stellung, welche Zölle, Verbrauchssteuern und Stempelabgaben im Finanzwesen des Deutschen Reiches einnehmen, muss es als eine
auffallende Erscheinung angesehen werden, dass die Finanzwissenschaft für
dieselben bisher ein verhältnismässig geringes Interesse an den Tag gelegt hat.
Die Erklärung hierfür wird aber in denselben Umständen zu finden sein, welche
von Wagner — Finanzwissenschaft II. Theil S. 566 — für die Dürftigkeit der
finanzwissenschaftlichen Behandlung der Steuerverwaltung im allgemeinen geltend gemacht werden. „Weder der reine Praktiker noch der reine Theoretiker
kann dieses wichtige und schwierige Thema in ganz genügender Weise behandeln. Dem ersteren fehlt meistens Fähigkeit und Lust zur Zurückführung
der einzelnen Einrichtungen und Bestimmungen auf allgemeine Schemate und
zu der hier wie in jeder wissenschaftlichen Arbeit notwendigen Generalisierung.
Der reine Theoretiker wird umgekehrt vollends gerade hier zu leicht generalisieren und wegen ungenügender Beherrschung des Details Fehler begehen. Der
geeignetste Bearbeiter dieses Gebiets ist der theoretisch durchgebildete, aber
berufsmässig von unten auf mit der steuertechnischen Praxis vertraute, schliesslich zu hohen Verwaltungsämtern im Finanzdepartement gelangte Praktiker."
    Unter diesen Umständen ist es gewiss dankbar anzuerkennen, dass der
Verfasser, welcher vermöge seiner amtlichen Stellung mit der gesamten Zoll-
und Steuerverwaltung auf das innigste vertraut ist, einer Bearbeitung derselben
sich unterzogen hat. Leider ist es ihm indes nicht gelungen, die eben beschriebenen Klippen, welche einem Praktiker bei einer solchen Arbeit drohen,
glücklich zu vermeiden, und wenn sein Buch auch einen zahlreichen Leserkreis
gefunden — im Laufe von noch nicht fünfzehn Jahren ist bereits die dritte
Auflage erschienen — so ist dieser äussere Erfolg doch viel weniger seinem
inneren Werte als dem grossen Mangel an anderweiten Bearbeitungen zuzuschreiben. Jedenfalls hat der Verfasser das Versprechen, welches er in der
Vorrede zur ersten Auflage gegeben: eine historisch-dogmatische Bearbeitung
vom Standpunkte der Volkswirtschaft und Verwaltung zu liefern, nicht erfüllt;
statt einer solchen wird uns vielmehr nur eine Sammlung von Detailbestimmungen geboten, ohne dass auch nur der Versuch unternommen wäre, den
inneren Zusammenhang derselben klarzulegen und sie auf allgemeine Grundsätze zurückzuführen. Dies im einzelnen näher nachzuweisen, soll nachstehend
unsere Aufgabe sein.
    Nachdem der Verfasser in den ersten drei Abschnitten seines Werkes einen
kurzen Ueberblick über die geschichtliche Entwickelung der Zollverhältnisse in
Deutschland, über Quellen und Litteratur des Zoll- und Steuerwesens sowie über

Umfang und Grösse des deutschen Zoll- und Reichsgebiets gegeben, gelangt er im vierten Abschnitte zu den vertrags- und verfassungsmässigen Hauptgrundsätzen für die Zoll- und Steuerverwaltung des Deutschen Reichs. An die Darstellung der Einrichtungen des Zollvereins, wie dieselben nach Massgabe der Verordnungen vom 22. und 30. März sowie vom 10. Mai 1833 sich gestaltet haben, wird eine Aufzählung der durch die späteren Vereinsverträge und die Reichsverfassung herbeigeführten Veränderungen geknüpft und schliesslich — unter 32 Nummern — eine Zusammenstellung der für die Gesetzgebung und Verwaltung zur Zeit geltenden Hauptgrundsätze geliefert. Da nun aber bereits in der Einleitung eine Geschichte des Zollvereins enthalten ist, so führt diese nochmalige Behandlung desselben Gegenstandes zu mancherlei unnützen Wiederholungen. Insbesondere aber fehlt es bei der Darstellung an einem leitenden Prinzipe, die Einzelbestimmungen werden völlig willkürlich ohne Rücksicht auf innere Zusammengehörigkeit aneinandergereiht; Wesentliches wird gänzlich übergangen, Unwesentliches mit übermässiger Ausführlichkeit behandelt.

So wird bei der Besprechung derjenigen Veränderungen, welche in den Verhältnissen des Zollvereins durch den Vertrag vom 8. Juli 1867 herbeigeführt sind, das in der historischen Einleitung Gesagte wiederholt. S. 15 und 39. Wichtige Punkte, welche mit Recht in der letzteren hervorgehoben waren, blieben jedoch hier wieder unberücksichtigt. Wir rechnen dahin: die Erweiterung der Zollgemeinschaft durch Hinzuziehung neuer Gebiete und Ausdehnung derselben auf Salz- und Tabaksteuer, die Uebertragung der formellen Leitung aller Geschäfte auf die preussische Regierung als Präsidialmacht und das Veto des Präsidiums bei der Beschlussfassung über Gesetze sowie über die zur Ausführung derselben dienenden Verwaltungsvorschriften und Einrichtungen.

Nicht zu billigen ist es ferner, dass über die Norddeutsche Bundesverfassung, obwohl gerade durch sie die tief einschneidendsten Veränderungen in der Organisation des Zollvereins hervorgerufen sind, hier mit vollkommenem Stillschweigen hinweggegangen wird. Gesetz und Verfassung und nicht bloss ein kündbarer Vertrag bildeten fortan für die dem Norddeutschen Bunde angehörigen Staaten die Grundlage des Zollvereins; an die Stelle des völkerrechtlichen war ein staatsrechtliches Verhältnis getreten, doch blieb ersteres zwischen dem Norddeutschen Bunde und den süddeutschen Staaten zunächst auch noch fernerhin bestehen. Die Einrichtungen des Norddeutschen Bundes fanden aber gleichwohl im nun begründeten Zollvereine analoge Anwendung.

Auf den Wirkungskreis der Organe des neuen Zollvereins geht der Verfasser gleichfalls nicht ein; wohl werden die Befugnisse der früheren Generalzollkonferenzen genau aufgezählt; über die einzelnen Funktionen des Bundesrats erhalten wir dagegen keine Auskunft. Indes die Lückenhaftigkeit der Darstellung tritt nicht bloss bezüglich der organisatorischen, sondern auch der sonstigen, durch den Vertrag vom 8. Juli 1867 herbeigeführten Modifikationen hervor. Weder der Generalisierung der früher nur dem Vereinsstaate Oldenburg eingeräumten Vergünstigung: Roh- und altes Brucheisen, welches für Eisenwerke mit der Bestimmung eingeht, die daraus gefertigten Waren in das Ausland auszuführen oder für den Bau von Seeschiffen zu verwenden, auf Vereinsrechnung zollfrei einzulassen — Nr. 2 des Schlussprotokolls — noch der für den Verkehr der Handelsreisenden zugelassenen wesentlichen Erleichterungen — Art. 26 Abs. 3 des Vertrages — geschieht irgend eine Erwähnung, obwohl beide Zugeständnisse auch noch heute in Wirksamkeit, und insbesondere aber das erstere von nicht geringer wirtschaftlicher Bedeutung sind. Andererseits werden die Bestimmungen über die Befugnisse der einzelnen Vereinsstaaten zum selbständigen Erlasse von Ausfuhrverboten kurz hintereinander zweimal — S. 38 und 39 — sowohl bei dem Vertrage vom 16. Mai 1865 als bei demjenigen vom 8. Juli 1867 besprochen, obwohl dieselben unverändert aus jenem — Art. 7 — in diesen — Art. 4 — übergegangen sind.

Der Einfluss, welchen die Gründung des Deutschen Reichs auf die Verhältnisse des Zollvereins ausgeübt hat, wird ebenfalls nicht in genügender

Weise gewürdigt. Namentlich wird nicht hervorgehoben, dass nunmehr auch das zwischen den süddeutschen Staaten und dem Norddeutschen Bunde bisher noch aufrecht erhaltene Vertragsverhältnis in ein verfassungsmässiges verwandelt ist, sowie dass trotz der Auflösung des Zollvereins die Bestimmungen der Zollvereinsverträge in Kraft verblieben sind, ihren vertragsmässigen Charakter jedoch verloren und reichsrechtliche Qualität angenommen haben. Alles dagegen was der Verfasser anführt, ist nichts weiter als eine Folge davon, dass an Stelle des Zollvereins das Deutsche Reich, an Stelle des Präsidiums des Zollvereins der Kaiser, an Stelle des Zollparlaments der Reichstag und an Stelle der Organe des Zollvereins die Organe des Reichs getreten sind.

Es liegt in der Natur der Sache, dass unter solchen Umständen auch die Zusammenstellung der Hauptgrundsätze an grossen Unvollständigkeiten leidet; wozu ausserdem noch kommt, dass dieselbe einer systematischen Anordnung vollständig ermangelt. Von der gemeinschaftlichen Gesetzgebung und den gemeinschaftlichen Verwaltungseinrichtungen wird unter Nro. 1, von dem Veto des Präsidiums dagegen am Schlusse unter Nr. 32 gehandelt. Die Bestimmungen über die Erhebung und Verwaltung der gemeinschaftlichen Abgaben durch die Einzelstaaten haben ihre Stelle unter den Nrn. 6, 7, 12 und 13, diejenigen über die Bildung und Einrichtung der Direktivbehörden dagegen unter Nr. 25 gefunden, nachdem inzwischen von Stapel- und Umschlagsrechten, von Wasserzöllen, Chausseegeldern u. a. m. die Rede gewesen ist. Die Zollbegünstigungen werden unter den Nrn. 16—20, die Privilegien einzelner Messplätze dagegen getrennt hiervon unter Nr. 27 aufgeführt.

In den beiden nächsten Abschnitten geht der Verfasser zum Hauptgegenstande seines Buches: den Zöllen und Steuern des Reiches über. Die Darstellung erfolgt jedoch nicht nach einem einheitlichen, gleichförmigen Plane, vielmehr werden die einzelnen Abgabenzweige ganz willkürlich, der eine in dieser, der andere in jener Weise behandelt. Vielfach beschränkt sich der Verfasser darauf, den Inhalt der Gesetze bald kürzer bald ausführlicher wiederzugeben und die zur Erläuterung und Ausführung derselben ergangenen Bundesratsbeschlüsse — in der Regel wörtlich — zum Abdruck zu bringen.

1) Die Darstellung der Eingangszölle beginnt mit einer Zusammenstellung derjenigen Punkte, in welchen die neuere Zollgesetzgebung von der früheren abweicht. Diese Zusammenstellung ist, ohne dass indes hierüber auch nur eine Andeutung gegeben wurde, der Bundesratsdrucksache Nr. 63 aus dem Jahre 1869 entlehnt. Weiterhin werden dann aus den 167 Paragraphen des Vereinszollgesetzes vom 1. Juli 1869 willkürlich 28 herausgegriffen und an diesselben Erörterungen der verschiedensten Art geknüpft, welche jedoch meistenteils weder erschöpfend, noch frei von Unrichtigkeiten sind. Allgemeine Erörterungen über Natur und Wesen der Zölle, über Finanz-, Schutz-, Wert-, spezifische Zölle, über die zollpflichtigen Personen und Akte, über die Verzollung nach Brutto- und Nettogewicht, über generelle und spezielle Deklarationen u. s. w. finden sich nirgends vor, wie denn auch an keiner Stelle versucht wird, vom volkswirtschaftlichen Standpunkte aus den Einfluss der verschiedenen Zollsysteme darzulegen.

Bei den §§ 3, 5 und 11 bespricht der Verfasser die Zolltarifgesetzgebung seit dem Jahre 1870. Da aber derselbe Gegenstand bereits in der historischen Einleitung behandelt ist, so fehlt es nicht an vielfachen Wiederholungen. Um jedoch wenigstens äusserlich eine Verschiedenheit herzustellen, wird in dem einen Abschnitte diese, in dem anderen wieder jene Tarifperiode ausführlicher erörtert. So findet die Tarifgesetzgebung von 1873 und 1879 in der historischen Einleitung, diejenige von 1870 und 1885 dagegen bei den Eingangszöllen eine eingehendere Darstellung.

Die Angaben über die zollamtlichen Abfertigungen sind sehr dürftiger Natur. Die Abfertigungen zum freien Verkehr und im Ansageverfahren werden überhaupt nicht erwähnt, der Begleitschein-, Eisenbahn-, Post- und Deklarationsscheinverkehr wird zu den §§ 58, 73, 91 und 111 durch die Bemerkung erledigt, dass darüber besondere Regulative erlassen seien, welche so und so viele

Abschnitte und Paragraphen enthielten. Die zur Ausführung ergangenen Bundesratsbeschlüsse werden dagegen in extenso mitgeteilt. Ein ähnliches Verfahren wird bei Darstellung des Niederlageverkehrs eingeschlagen.

Bei § 57 — Wareneinfuhr und Durchfuhr auf Flüssen — geschieht auch des Regulativs über die zollamtliche Behandlung der Waren-Ein-, Aus- und Durchfuhr auf der Unterelbe Erwähnung und wird dabei bemerkt, dass für diesen Verkehr mit Ausnahme desjenigen, welcher unter Flagge und Leuchte erfolgt, in der Regel die allgemeinen zollgesetzlichen Vorschriften zur Anwendung kämen; doch seien für Cuxhaven durch sogenannte Zollkreuzer erleichterte Zollabfertigungen zugelassen. S. 60. Die letztere Angabe bedarf der Richtigstellung. Die Zugeständnisse, welche an die seewärts in Cuxhaven eingehenden Schiffe gemacht sind, bestehen nämlich darin, dass dem Nebenzollamte auf dem Wachtschiffe daselbst die Funktionen eines Ansagepostens für sämtliche Häfen der Unterelbe übertragen sind und ausserdem gestattet ist, falls bei dem Amte wegen ungünstiger Witterung Abfertigungen nicht vorgenommen werden können, solche bei einem Zollkreuzer oder der dem Bestimmungsorte zunächst belegenen Zollstelle, spätestens aber bei dem Nebenzollamte zu Brunshausen in Antrag zu bringen. Die Schiffe müssen aber während der Fahrt eine bestimmt vorgeschriebene Flagge bezw. Leuchte führen.

Der so wichtige Mess- und Markt-, Retour-, Veredelungs- und Grenzverkehr — §§ 112—116 des Vereinszollgesetzes — wird von volkswirtschaftlichem Standpunkte aus gar nicht, von zolltechnischem nur mangelhaft gewürdigt. Die allgemeinen Bestimmungen über die Behandlung derjenigen Waren, welche Ausländer auf inländische Märkte bringen, werden gänzlich übergangen und wird nur auf die besonderen Vorschriften in den mit der Schweiz und Oesterreich abgeschlossenen Handelsverträgen hingewiesen. Bei dem Veredelungsverkehr wird zwar auf den Handelsvertrag mit der Schweiz vom 23. Mai 1881 Bezug genommen, eine Aufzählung derjenigen Waren aber, welche nach § 6 desselben behufs Veredelung zollfrei eingelassen werden dürfen, ist nicht geliefert. Die Frage, ob nur Gegenstände vereinsländischen Ursprungs oder auch verzollte ausländische im Veredelungsverkehr zuzulassen sind, ist nach des Verfassers Angabe — S. 80 Abs. 6 — durch einen Bundesratsbeschluss vom 17. April 1871, welcher gleichzeitig auch auf den Verkehr mit der Schweiz und Oesterreich Anwendung finden soll, in bejahendem Sinne entschieden. Diese Angabe beruht jedoch auf einem Missverständnis. Infolge einer in den einzelnen Vereinsstaaten bestehenden verschiedenartigen Praxis hat nämlich der Bundesrat mit Rücksicht auf die Fassung des § 15 des Vereinszollgesetzes es im allgemeinen nicht für unzulässig erklärt, verzollte ausländische Waren vom Veredelungsverkehre auszuschliessen, gleichzeitig aber verordnet, dass die Angelegenheit Oesterreich und der Schweiz gegenüber anders liege, da die wechselseitige Gestaltung des Veredelungsverkehrs hier vertragsmässig stipuliert sei, ohne dabei irgend anzudeuten, dass die zollfreie Wiedereinfuhr der im Gebiete des anderen Teils zu vervollkommenden Gegenstände von dem Ursprunge der Waren abhängig gemacht werden dürfe. Uebrigens ist diese Entscheidung Oesterreich gegenüber nach Aufhebung des vertragsmässigen Veredelungsverkehrs nicht mehr von praktischer Bedeutung, während der Schweiz gegenüber bei Garnen und Geweben die Zollfreiheit jetzt vom Nachweise · der einheimischen Erzeugung der zur Veredelung ausgeführten Waren abhängig gemacht werden kann. Art. 6 Abs. 2 des Vertrages vom 23. Mai 1881.

Bei § 116 weist der Verfasser nur auf die Bestimmungen hin, welche für den Grenzverkehr an der österreichisch-bayerischen und an der französisch-deutschen Grenze bestehen; auf eine Erörterung der ungleich wichtigeren Vorschriften des Vereinszollgesetzes über den kleinen Grenzverkehr und die vertragsmässigen Vereinbarungen mit Oesterreich und der Schweiz geht er dagegen nicht ein.

Die im Zollvereinigungsvertrage vom 4. April 1853 für metallene Materialien, welche zum Bau von Seeschiffen. aus dem Auslande bezogen werden, zugestandene Vergünstigung wird unzutreffenderweise bei § 118 des Vereinszollgesetzes erwähnt. Denn der letztere bezieht sich nicht allgemein auf Zollerlasse aus Billigkeitsrücksichten, sondern nur auf solche, welche für die aus dem freien Verkehre des Zollvereins nach dem Auslande gesandten Gegenstände beim Wiedereingange oder für die vom Auslande eingegangenen Gegenstände beim Wiederausgange zu gewähren sind. Die wirklich hierher gehörigen Fälle, wie solche z. B. in der Denkschrift zu dem Gesetze wegen Abänderung einzelner Bestimmungen der Zollordnung und der Zollstrafgesetzgebung vom 18. Mai 1868 — Hirths Annalen Bd. 2 S. 585 — aufgeführt worden, haben dagegen keine Beachtung gefunden.

Nicht zu billigen ist es ferner, dass der Verfasser anzugeben unterlässt, wie die im Zollvereinigungsvertrage vom 4. April 1853 eingeräumte Vergünstigung von der im Vertrage vom 8. Juli 1867 zugestandenen, welche bei dem Veredelungsverkehr S. 81 angeführt wird, sich unterscheidet, sowie, unter welchen Bedingungen und Kontrollen diese Vergünstigungen gewährt werden, zumal er in letzterer Beziehung bezüglich der unterm 21. April 1868 vom Bundesrate für das aus dem Auslande bezogene, auf inländischen Werken zu Stabeisen, Blechen oder Platten verarbeitete Eisen gewährten Zollbegünstigung, obgleich dieselbe von ungleich geringerer Tragweite ist als die beiden eben erwähnten, ausführliche Mitteilung macht, indem er die betr. Vorschriften wörtlich zum Abdruck bringt. — S. 82 und 83. — Wenn aber weiter angeführt wird, dass diese Vorschriften durch die Bundesratsbeschlüsse vom 28. März 1882, 5. Juli und 14. Dezember 1884 Abänderungen erfahren hätten, so ist hierbei vollständig übersehen, dass dieselben gar nicht auf die durch den Vertrag vom 4. April 1853 und den Bundesratsbeschluss vom 21. April 1868, sondern auf die durch den Vertrag vom 8. Juli 1867 zugestandene Vergünstigung sich beziehen.

Ein Mangel in der systematischen Anordnung zeigt sich auch darin, dass der Verfasser, nachdem er unter Nr. 29 von den Zollerlassen aus Billigkeitsrücksichten gesprochen, unter den Nr. 30 und folgenden auf die Fälle des Veredelungsverkehrs zurückgreift, welche ihre Stelle unzweifelhaft mit unter Nr. 27 hätten finden müssen. Unter Nr. 35 wird die den Inhabern von Oelmühlen für die Ausfuhr der von ihnen hergestellten Fabrikate gewährte Zollerleichterung aufgeführt, während die ganz analoge, den Inhabern von Getreidemühlen bei der Ausfuhr von Mühlenfabrikaten zugestandene bereits unter Nr. 18 — bei den Privatlagern — ecwähnt wird. S. 74.

Die auf der XIII., nicht wie Verfasser angibt, auf der XII. Generalkonferenz vereinbarten Bestimmungen über die Gewährung einer Zollbegünstigung für den auf inländischen Reismühlen verarbeiteten Reis — S. 84 Nr. 30 — sind nicht mehr in Kraft, vielmehr durch anderweite, im Jahre 1862 unter den Vereinsregierungen getroffenen Vereinbarungen ersetzt — Preussisches Centralblatt für Abgaben 1862 S. 195. — Die Behauptung endlich — S. 86 Nr. 39 — dass durch Bundesratsbeschluss vom 13. Februar 1875 für den kleinen Grenzverkehr nachgelassen sei, Zollbeträge unter 10 Pfennigen unerhoben zu lassen, ist durchaus unzutreffend. In Bayern, Württemberg und Baden wurden früher Gegenstände, deren Zollwert 1 Silbergroschen oder 3½ Kreuzer nicht erreichte, im kleinen Grenzverkehre freigelassen, während in den übrigen Staaten nach den Vorschriften des Zolltarifs das Minimum des Zollbetrages 6 Pfennig oder 1 Kreuzer betrug. Hierdurch trat nach Eröffnung der Rheinbrücke bei Hüningen eine verschiedene Behandlung des Verkehrs mit Basel ein, je nachdem die Passanten direkt auf Elsässer Gebiet gingen oder vorher eine badische Zollstelle berührten. Zur Beseitigung dieses Missstandes beschloss der Bundesrat unterm 25. November 1873, dass es bis zur Einführung der neuen Reichswährung bei dem Minimalbetrage von 3½ Kreuzer zu belassen, dass aber für den Verkehr der Elsässer Bewohner mit Basel Beträge unter 10 Centimes unerhoben bleiben sollten. Durch den vom Verfasser angeführten Bundesratsbeschluss ist nun die letztere Anordnung dahin abgeändert, dass für den gedachten Verkehr Beträge unter 10 Pfennigen unerhoben bleiben sollten. Demnächst ist aber unterm 13. November 1875 beschlossen worden, für den kleinen Grenzverkehr den Mindestbetrag der Zollerhebung allgemein auf 5 Pfennige herabzusetzen. Die Angaben des Verfassers sind somit nach allen Richtungen hin unrichtig.

2) Einer völlig anderen Behandlungsweise unterliegt die Rübenzuckersteuer, indem von derselben eine historisch-dogmatische Darstellung geliefert
wird — S. 92—97. — Dieselbe ist indes nicht das Werk des Verfassers, vielmehr bis auf die Angabe des Inhalts der Verordnung vom 23. Oktober 1845
wortgetreu aus Webers Geschichte des Zollvereins S. 413 ff. entlehnt. Uebrigens
wird — übereinstimmend in allen drei Auflagen — die Paragraphenzahl dieser
Verordnung fälschlich auf 27 angegeben, während dieselbe auf 30 sich beläuft.
Der in der Verhandlung d. d. Karlsruhe 23. Oktober 1845 vorgelegte Entwurf
umfasste sogar 32 Paragraphen, bei der Beratung wurde aber beschlossen, zwei
— die damaligen §§ 21 und 24 — in Fortfall zu bringen.

Zu dem Gesetze vom 26. Juni 1869 führt der Verfasser diejenigen Bundesratsbeschlüsse an, durch welche Probeverwiegungen bei der Abfertigung des mit
dem Anspruche auf Steuervergütung zur Ausfuhr angemeldeten Zuckers zugelassen sind. Die Anführungen sind jedoch unvollständig und vermögen keinen
klaren Einblick in die Sachlage zu gewähren, weshalb zur Richtigstellung
folgendes bemerkt wird:

Nach den Bestimmungen unter Nr. I A d. 2 des Schlussprotokolls zu der
Uebereinkunft vom 25. April 1861 musste die Ermittelung des Nettogewichts
bei der Ausfuhr von Zucker für jedes einzelne Kollo besonders vorgenommen
werden. Letzteres sollte nach einer im Jahre 1862 getroffenen Vereinbarung
nur dann noch erforderlich sein, wenn bei der Vereinigung Abweichungen von
der Deklaration sich herausstellten, sonst aber für die Feststellung des Nettogewichts von Zucker in Säcken eine probeweise Vereinigung des weiteren Teiles
der Kolli genügen, was im Jahre 1867 auf den 8. Teil und durch Bundesratsbeschluss vom 4. Mai 1873 — Verfasser, welcher mit letzterem seine Darstellung
beginnt, gibt gar nicht an, ob dasselbe sich auf die Feststellung des Netto-
oder Brutto-Gewichts bezieht — auf 2 Prozent der Kolli ermässigt ist. Letztere
Vergünstigung ist unterm 21. Mai 1885 auch auf Kandiszucker in Kisten ausgedehnt. Durch die Beschlüsse vom 19. November 1871 und 16. Dezember 1880
wurde für die Abfertigung von Rohzucker in Säcken und Fässern sowie für
Krystall-, Krümel- und Mehlzucker in Fässern ausserdem bestimmt, dass bei
Abweichungen zwischen dem Deklaristen- und dem ermittelten Nettogewicht nur
dann die Nettoverwiegung der ganzen Warenpost einzutreten hat, wenn das
ermittelte Gewicht der einzelnen, netto verwogenen Partien oder Kolli um mehr
als zwei Prozent hinter dem deklarierten Gewicht zurückbleibt.

Für die probeweise Ermittelung des Nettogewichts des in Kisten ausgehenden rangierten Würfelzuckers bestimmte der Bundesratsbeschluss vom
1. Februar 1879, dass bei Posten bis zu 100 Kisten mindestens 18 Kisten davon
auszusondern, und aus diesen durch Herausnahme von je einer Seite mindestens
drei Kisten zu bilden und zu verwiegen seien. Eine Erweiterung erfuhr diese
Bestimmung durch den Bundesratsbeschluss vom 24. Juni 1884. Verfasser erwähnt nun den oben gedachten Beschluss vom 1. Februar 1879 gar nicht, wohl
aber einen anderen von demselben Tage, welcher sich jedoch auf die probeweise
Ermittelung des Bruttogewichts bezieht, so dass es auf einem völligen
Missverständnisse beruht, wenn S. 98 angegeben wird, dass zur Ergänzung
dieses Beschlusses der Beschluss vom 24. Juni 1884 ergangen sei.

Was nun die probeweise Ermittelung des Bruttogewichts des mit dem
Anspruch auf Steuervergütung ausgehenden Zuckers betrifft, so ist dieselbe zuerst
bei Zucker in Säcken und zwar durch Bundesratsbeschluss vom 15. November 1877
zugelassen. Wenn nun Verfasser S. 97 behauptet, dass derselbe zur Ergänzung
des oben bereits erwähnten Beschlusses vom 4. Mai 1873 ergangen sei — S. 97 —
so ist dies durchaus unzutreffend, da letzterer die probeweise Ermittelung des
Nettogewichts und nicht des Bruttogewichts zum Gegenstand hat.
Ausserdem ist es nicht zu billigen, dass die Bundesratsbeschlüsse über beide
Materien bunt durcheinander geworfen und dazwischen auch noch diejenigen
über die Bewilligung eines Vergütungssatzes von 11,50 Mark für Zucker in
Blöcken und Stangen — S. 98 — eingeschoben werden. Endlich ist aber auch
der Bundesratsbeschluss vom 21. Mai 1885 übergangen, durch welchen die in

den früheren Beschlüssen vom 19. November 1871, 4. Mai 1873, 15. November 1877, 1. Februar 1879 und 14. Mai 1883 enthaltenen Vorschriften über die Ermittelung des Brutto- und Netto-Gewichts für den nach dem Auslande zu versendenden Rohzucker in Säcken auf Krystallzucker in Säcken ausgedehnt werden.

3) Wieder eine andere Art der Darstellung tritt uns bei der Tabak- und Salzsteuer entgegen. Verfasser beschränkt sich nämlich hier im wesentlichen auf eine Inhaltsangabe der betreffenden Gesetze und Regulative unter Einschaltung der zur Ausführung derselben ergangenen Bundesratsbeschlüsse. Uebrigens hätten nach dem Erlasse des neuen Tabaksteuergesetzes vom 16. Juli 1879 die Erörterungen über das frühere vom 26. Mai 1868 und die dazu gehörigen Regulative nicht in extenso aus der ersten Auflage übernommen werden sollen; eine Ueberarbeitung wäre vielmehr dringend wünschenswert gewesen.

4) Bei der Brausteuer wird wiederum in anderer Weise verfahren. Verfasser verzichtet auch hier auf eine selbständige Darstellung und gibt nur ein Excerpt aus den Motiven zu dem Gesetze vom 31. Mai 1872, wobei die inzwischen zur Erläuterung der einzelnen Vorschriften ergangenen Bundesratsbeschlüsse mitangeführt werden. Wir erfahren hierbei wohl die Gründe, welche für die Annahme der einen oder anderen steuerlichen Einrichtung massgebend gewesen sind und lernen auch die Verschiedenheiten kennen, welche zwischen den früheren und jetzigen Vorschriften bestehen, aber ein klares und übersichtliches Bild von dem geltenden materiellen und formellen Brausteuerrechte, wie solches nach dem Zwecke des Buches wohl verlangt werden konnte, wird uns nicht geboten. Wenn übrigens als ein Hauptgrundsatz der preussischen Einmaischungssteuer, welche von der heutigen nicht abweicht, hingestellt wird, dass kein Malzschrot eingemaischt werden dürfe, für welches nicht seinem Gewichte nach ein Brauschein gelöst und zugleich die Brausteuer entrichtet sei — S. 121, Anm. 3 — so ist hierbei das wesentlichste Moment dieser Erhebungsform: die verbindliche Deklaration des Brauers über Art und Menge der zu verwendenden Braustoffe völlig unberücksichtigt geblieben. Dieselbe muss dem steuerpflichtigen Akte — der Einmaischung bezw. der Vermahlung — vorhergehen und dient als Grundlage für die Steuerberechnung. Die amtliche Kontrolle des steuerpflichtigen Aktes erfolgt dann auch nicht, wie bei der süddeutschen Vermahlungssteuer, zur Feststellung der Steuer, sondern nur zur Prüfung der Angaben in der Deklaration. Deshalb ist sie auch nicht obligatorisch, sondern nur fakultativ vorgeschrieben.

Auch sonst begegnen wir noch mancherlei Unrichtigkeiten. So wird die Erhebung der Brausteuer im Anschlusse an eine örtlich bestehende Mahlsteuer als ein noch gültiger Steuermodus aufgeführt — S. 125, während sie mit Aufhebung der preussischen Mahlsteuer bereits seit dem 1. Januar 1875 in Fortfall gekommen ist.

Die Bestimmungen in § 13 Abs. 3 und § 16 des Gesetzes vom 31. Mai 1872 sind nicht, wie der Verfasser angibt, neu S. 128, waren vielmehr schon in der preussischen Kabinettsordre vom 10. Januar 1824 unter Nr. 1 und 2 enthalten.

Der Abs. 2 des § 44, in welchem verschiedenen Staaten die Forterhebung eines höheren Steuersatzes von Malzschrot für privative Rechnung zugestanden ist, hat keine Gültigkeit mehr, da die für diese Begünstigung zuletzt in dem Gesetze vom 23. Dezember 1876 gestellte Frist mit dem 31. März 1878 abgelaufen ist.

5) Die Branntweinsteuer wird in derselben Weise wie die Tabak- und Salzsteuer behandelt. Die Bestimmungen des Gesetzes vom 8. Juli 1868 werden unter Angabe der zu denselben ergangenen Bundesratsbeschlüsse und zwar meistens wörtlich reproduziert. Die als Einleitung vorausgeschickte geschichtliche Darstellung der preussischen Branntweinsteuer S. 132 ff. ist aus Dittmars Handbuch der preussischen Branntweinsteuer entnommen.

6) Eine ganz abweichende Behandlung erfährt die Wechselstempelsteuer. Es wird nämlich einfach das Gesetz vom 10. Juni 1869 nebst den dazu erlassenen Ausführungsbestimmungen ohne jedwede sonstige Erläuterung zum Abdruck gebracht.

7) Bei der Spielkartenstempelsteuer wird der Inhalt des Gesetzes vom
3. Juli 1878 kurz angegeben. Bei der Aufzählung der zur Ausführung desselben
erlassenen Bestimmungen ist die Instruktion für die Erhebung, Vermehrung und
Kontrollierung des Spielkartenstempels — § 407 der Protokolle des Bundesrats
vom Jahre 1878 — übergangen. Die auf das Spielkartenstempelgesetz bezüglichen Bundesratsbeschlüsse werden ohne Rücksicht auf ihren materiellen Inhalt
aufgeführt. Infolge einer Entscheidung des Reichsgerichts vom 29. Dezember 1880
hatte der Bundesrat unterm 5. Juli 1882 den Beschluss gefasst, dass als Spielkarten im Sinne des Gesetzes vom 3. Juli 1878 nur solche Karten anzusehen
seien, mit welchen irgend eins der gewöhnlichen Kartenspiele gespielt werden
könne. Anstatt nun diese prinzipielle Entscheidung der Zusammenstellung der
Bundesratsbeschlüsse voraufzuschicken, welche die Frage über die Stempelpflichtigkeit verschiedener anderer als der gewöhnlichen Kartenspiele behandeln,
erscheint sie am Schlusse derselben und ist auch eine Prüfung darüber nicht
vorgenommen, ob ihr gegenüber diese Spezialentscheidungen noch aufrecht
erhalten werden können. Dass hierüber Zweifel sehr wohl bestehen können,
ergibt der Bundesratsbeschluss vom 17. Februar 1883, in welchem näher erörtert
wird, ob die Stempelpflichtigkeit der Lenormandschen Wahrsagekarten auch
nach den in dem Beschlusse vom 5. Juli 1882 vorgenommenen Grundsätzen
noch anzuerkennen sei.

8) Die Darstellung der Reichsstempelsteuer besteht in einer blossen Para-
phrase der Gesetze vom 1. Juli 1881 und 29. Mai 1885. Gleichwohl kommen
auch hier mehrfach Ungenauigkeiten vor. So wird in § 3 Abs. 1 des Gesetzes
— nach der Redaktion vom 3. Juni 1885 — die Nichtbeachtung der Kontrollvorschriften des Bundesrats nicht bloss in den unter der Tarifnummer 2 Litt. cc
und 3 Litt. b., sondern auch in den in der Befreiung zur Tarifnummer 1 bezeichneten Fällen mit Strafe bedroht — S. 168, Abs. 6. — Die Angabe auf
S. 169, Abs. 1, dass nach Tarifnummer 1 inländische und ausländische Aktien.
wenn sie im deutschen Bundesgebiet ausgehändigt werden, der Besteuerung
unterliegen, kann leicht zu Missverständnissen Veranlassung geben. Gegenstand
der Besteuerung ist vielmehr bei inländischen Aktien pp. die Ausgabe — Emission —, bei ausländischen dagegen das erste Rechtsgeschäft unter Lebenden,
welches mit denselben gemacht wird. Die Bestimmung in § 10 Abs. 4, nach
welcher der zur Abgabenentrichtung Verpflichtete unversteuerte Schlussnoten
über das abgabenpflichtige Geschäft nicht ausstellen und aus der Hand geben
darf, wird in unverständlicher Weise durch den Satz wiedergegeben: Selbstverständlich ist das Verbot ungestempelter Schlussnoten durch die Verpflichteten,
S. 172, Abs. 1. Die in § 11 vorgeschriebene nachträgliche Versteuerung zu
gering gestempelter Schlussnoten hat nicht innerhalb 14 Tagen „vom Tage der
Zustellung an den Kontrahenten" — S. 172, Abs. 2 — sondern binnen 14 Tagen
nach dem Tage des Geschäftsabschlusses zu erfolgen. S. 172 Abs. 7 muss es
heissen statt: bei Geschäften, für welche nach § 6 Abs. 2 nur der halbe Steuerbetrag erhoben wird, „soll sich diese Verpflichtung „meist auf den im Inlande
wohnenden Kontrahenten erstrecken" „nicht auf den nicht im Inlande wohnenden Kontrahenten erstrecken". Abs. 3 S. 173 ist in der Fassung unrichtig.
Durch den ersten Satz des § 17 ist nicht die Doppelbesteuerung der Börsen-
geschäfte „ausgesprochen", sondern „ausgeschlossen", und wenn weiter angeführt
wird, dass Satz 2 die landesgesetzlichen Abgaben für gerichtliche und notarielle
Akte zulasse, so hätte wohl hinzugefügt werden müssen, dass solche Abgaben
auch von den in der Anmerkung zur Tarifnummer 4 aufgeführten Geschäften
erhoben werden könnten. Im § 18 ist die Strafe für Hinterziehungen nicht
bloss der „im § 10 Abs. 1 und 2 und § 11", sondern auch der im § 14 vorgeschriebenen Abgabe festgesetzt S. 133 Abs. 5. Die Ordnungsstrafe von 3 bis
30 Mark tritt nach § 33 Abs. 2 in den Fällen der §§ 3, 18 und 25 nicht an
die Stelle der „höheren" — wie S. 174 Abs. 4 behauptet wird — sondern der
Defraudations-Strafen, wenn aus den Umständen sich ergibt, dass eine Steuerhinterziehung nicht hat verübt werden können oder nicht beabsichtigt worden
ist. Dass die Strafe ihrem Betrage nach nicht immer eine höhere zu sein

braucht, ergibt sich schon daraus, dass das in den §§ 3 und 18 festgesetzte Strafminimum nur 20 Mark beträgt.

Zum Schlusse wollen wir noch einen Blick auf die Behandlung des Zoll- und Steuer-Strafrechts werfen. Gerade hier hätte sich dem Verfasser ein ergiebiges und dankbares Feld der Thätigkeit geboten, denn es ist eine bekannte Thatsache, dass die Behandlung der vorliegenden Materie bisher eine ausserordentlich dürftige gewesen ist: die Strafrechtswissenschaft hat sich um dieselbe fast gar nicht gekümmert und auch die Finanzwissenschaft ist ihr nicht gerecht geworden. Leider hat der Verfasser nichts gethan, um diese Lücke auszufüllen. Seine Darstellung leidet an denselben Mängeln wie die Behandlung des Steuerrechts. Nirgends findet sich ein prinzipielles Eingehen auf die Sache, nirgends auch nur ein leiser Versuch, die Masse der Detailbestimmungen auf allgemeine Grundsätze zurückzuführen. Begriff und Wesen der Zoll- und Steuervergehen, ihr Verhältnis zum Betruge im allgemeinen strafrechtlichen Sinne, die Art der Strafen, ihre Bemessung und Höhe, die vielfach vorkommenden Schuldpräsumtionen, die subsidiäre Haftung dritter Personen für die vom Schuldigen verwirkten Strafen, die Rückfallstrafen, die Verjährungsfristen, alle diese dem Zoll- und Steuergebiete so eigentümlichen Fragen bleiben unerörtert. Verfasser beschränkt sich darauf, bei den einzelnen Steuergesetzen einen kurzen Ueberblick über die strafrechtlichen Bestimmungen derselben zu geben und hie und da einzelne gerichtliche Entscheidungen anzuführen, welche bald der Praxis des früheren preussischen Obertribunals und des Reichsgerichts, bald auch nur der des letzteren allein entnommen sind. Sachliche Gründe für die Verschiedenheit dieses Verfahrens liegen sicherlich nicht vor; aber auch sonst lassen sich gegen die Art und Weise, wie die Erkenntnisse der Gerichte uns vorgeführt werden, mancherlei Einwendungen erheben. Wir wollen hiefür nur ein Beispiel anführen.

Bei den Eingangszöllen gibt Verfasser eine Zusammenstellung von 14 Erkenntnissen des Reichsgerichts S. 86—88. Ausser diesen sind aber in der bekannten „Rechtsprechung des Reichsgerichts in Strafsachen" noch mindestens zwanzig Entscheidungen veröffentlicht, welche sicherlich dasselbe Interesse, wie die vom Verfasser angeführten, in Anspruch nehmen können. Die so zahlreichen und wichtigen Entscheidungen des früheren preussischen Obertribunals in Zollstrafsachen werden gänzlich übergangen. Von den mitgeteilten Erkenntnissen behandeln zwei — unter Nr. 4 und 6 — denselben Gegenstand: die Zuwiderhandlung gegen den § 136 Nr. 5 Litt. d. des Vereinszollgesetzes. Der Inhalt des einen — vom 24. Oktober 1881 — ist völlig unverständlich wiedergegeben, wenn gesagt wird, dass der gedachte Paragraph sich nicht bloss auf den Fall beziehe, wo jemand während des Transports von den Aufsichtsbeamten betroffen werde, sondern auch auf den Fall, wo nachweislich ein Transport im Grenzbezirke ohne Legitimationsschein betroffen wurde. Es muss vielmehr heissen: wo nachweislich ein Transport im Grenzbezirk ohne Legitimationsschein stattgefunden hat. Obwohl nun beide Erkenntnisse auf dieselbe Strafthat sich beziehen, sind sie doch nicht miteinander verbunden, zwischen beide ist vielmehr ein anderes Erkenntniss, welches eine Zuwiderhandlung gegen den § 136 Nr. 7 betrifft, eingeschaltet. Ueberhaupt fehlt es der Zusammenstellung an jeder systematischen Anordnung: die einzelnen Erkenntnisse sind weder chronologisch noch nach sachlichen Gesichtspunkten geordnet.

Die Bestimmung im § 165 des Vereinszollgesetzes, nach welcher die Vorschriften der Bundesgesetze hinsichtlich des Strafverfahrens in Kraft verbleiben sollen, veranlasst den Verfasser, das letztere bei den Eingangszöllen zu behandeln. S. 90 ff. Es geschieht dies in der Weise, dass sowohl die im Jahre 1836 auf der ersten Generalkonferenz in München vereinbarten Grundsätze, das Strafverfahren in Zollstrafsachen betreffend, sowie die §§ 459 bis 469 der Strafprozessordnung vom 1. Februar 1877 zum Abdruck gelangen. Auf eine weitere Erörterung des Strafverfahrens wird nicht eingegangen. Die vielen Zweifel, ob und inwieweit jene Grundsätze den neueren Reichsjustizgesetzen gegenüber noch in Gültigkeit sich befinden — auf die Abhandlung von Arndt in der Zeitschrift für die gesamte Strafrechtswissenschaft von Liszt und Lilienthal, Bd. 5 S. 227 ff.,

sowie die mancherlei Kontroversen, welche an die neueren Bestimmungen der
Strafprozessordnung sich bereits geknüpft haben — cf. die eben gedachte Abhandlung und Voitus in Goltdammers Archiv für Strafrecht, Bd. 29. S. 33 ff. —
bleiben vollkommen unberücksichtigt.

Im 7. Abschnitte wird demnächst die Organisation, im 8. die Statistik
und im 9. das Abrechnungswesen der Zoll- und Steuerverwaltung behandelt.
Der 10. Abschnitt hat die Uebergangsabgaben und die Verbrauchssteuergruppen,
der 11. die Reichskontrolle und der 12. die Zoll-, Handels- und Schiffahrts-
verträge des Deutschen Reichs mit fremden Staaten zum Gegenstande.

Unser Gesamturteil über das Buch müssen wir dahin zusammenfassen,
dass dasselbe einen Anspruch auf wissenschaftlichen Wert nicht erheben kann,
aber auch wegen seiner vielfachen Mängel als Lern- und Lesebuch denjenigen
kaum empfohlen werden kann, welche sich mit den Zöllen und Steuern des
Deutschen Reichs näher vertraut machen wollen.

Altona.   Dr. Kindervater, Regierungsrat.

Theodor Eglauer, königl. Finanzkommissär. Das österreichische
  Steuerstrafrecht. Grundlagen und Reformvorschläge. Innsbruck,
  Wagner, 1886.

Oesterreich besitzt in seinem „Strafgesetz über Gefällsübertretungen"
schon seit dem Jahre 1835 eine Spezialität, eine Kodifikation, welche die Bestrafung der Vergehen gegen die meisten auf die öffentlichen Abgaben bezüglichen Gesetze und zugleich die Regelung des einschlägigen Verfahrens zum
Gegenstande hat. Dieses umfangreiche Gesetz (es umfasst 934 Paragraphen)
ist ein echtes Kind der vormärzlichen Zeit, ein treues Spiegelbild des alt-öster-
reichischen Bureaukratismus mit seiner breitspurigen Gründlichkeit und seiner
wohlwollenden Biederkeit, die aber doch des Polizeisystems nicht entraten zu
können glaubt, vornehmlich aber mit seinem ängstlichen Bestreben, alles und
jedes selbständige Denken überflüssig zu machen.

Anfänglich viel bewundert, wurde dieses Gesetz mehrfach kommentiert,
in einzelnen Teilen wissenschaftlich behandelt und zum obligaten Lehr- und
Prüfungsgegenstand an den österreichischen Universitäten gemacht. Bald aber
erkaltete das Interesse an diesem Strafkodex, er wurde vom Zeitgeist rasch überholt, und schon seit geraumer Zeit ragt er mit seinen starren Formen wie ein
Bauwerk aus längstvergangenen Zeiten in die modernen Institutionen hinein, bei
allen, welche nicht in unmittelbare Berührung mit ihm kommen, kaum ein anderes,
als ein archäologisches Interesse hervorrufend. Dementsprechend versiegte auch
schon in der Mitte der 1840er Jahre die Litteratur über diesen Gegenstand
gänzlich, das Gefällstrafgesetz wurde von dem Lehrplan der österreichischen
Hochschulen abgesetzt und geriet ausserhalb der Finanzbehörden nahezu in
Verschollenheit.

Erst mit dem Beginn der 70er Jahre, nachdem ein frischer reforma-
torischer Geist in die Gesetzgebung gedrungen war, erinnerte man sich wieder
des alten „Gefällstrafgesetzes", diesmal aber nicht mehr um es zu loben und
zu interpretieren, sondern um es anzugreifen, um für seine Reformierung zu
plaidieren. Aber auch da begegnen wir in der Litteratur wie im politischen
Leben vorerst nur vereinzelten und schüchternen Versuchen und erst der neuesten
Zeit blieb es vorbehalten, mit einiger Energie gegen unser antiquiertes Gesetz
zu Felde zu ziehen.

Unter den Schriftstellern, welche sich an dieser Bewegung beteiligen,
müssen wir nun dem Verfasser des oben genannten Buches, sowohl was Eifer
als auch was Sachkenntnis betrifft, den ersten Platz einräumen. Schon in den
Jahren 1881/82 veröffentlichte er in der „Oesterreichischen Zeitschrift für Verwaltung" eine Reihe von Artikeln unter dem Titel: „Beiträge zur Reform des

österreichischen Strafgesetzes über Gefällsübertretungen", und nun liegt uns das genannte Buch vor, in welchem Eglauer in erweiterter und vervollständigter Form den Inhalt der erwähnten Artikel wiedergibt. Es ist eine gründliche und wohldurchdachte Arbeit, die umsomehr Anerkennung verdient, als sie die erste ist, welche an unser Gesetz in systematischer Weise die kritische Sonde legt und ebenso die Reformvorschläge systematisch entwickelt. Nebst dem Verdienste, in dem Feldzuge gegen das veraltete und fehlerhafte Gesetz als Pionier aufzutreten, erwirbt sich Eglauer aber noch ein weiteres, vielleicht noch grösseres Verdienst, indem er es unternimmt, ein wichtiges theoretisches Gebiet aufzudecken, das bisher fast vollkommen brachgelegen war, nämlich jenes des Steuerstrafrechts im allgemeinen. Dieser interessante Gegenstand wurde bisher nur in einigen grösseren theoretischen Werken über Finanzwissenschaft kurz berührt u. z. meines Wissens nur von Hock, Stein und relativ noch am eingehendsten von A. Wagner; der Strafrechts-Litteratur ist er vollkommen fremd geblieben, trotzdem die wissenschaftliche Untersuchung des Steuerstrafrechts so wie jene des „Verwaltungsstrafrechts" überhaupt manche erhellende Streiflichter auf die allgemeine Strafrechtslehre werfen könnte. Auch in dieser Richtung bietet nun das Eglauersche Buch viel Treffliches und wirkt im hohen Grade anregend.

Die Abhandlung zerfällt in zwei Teile, wovon sich der erste mit den Grundsätzen des Steuerstrafrechts und einer allgemeinen Kritik der österreichischen Kodifikation beschäftigt; dieser interessante Abschnitt ist fast gänzlich neu gearbeitet; leider wurde an ihn, insbesondere hinsichtlich der Anordnung des Stoffes, nicht die genügende Feile gewendet. Der zweite Teil, welcher zumeist den Inhalt der früher erwähnten Artikel wiedergibt und sofort die gründlichere Durcharbeitung erkennen lässt, entwickelt hauptsächlich die Reformvorschläge, unterzieht aber zugleich auch die einzelnen Rechtsinstitute des bestehenden Gesetzes einer eingehenden Prüfung. Den speziellen Teil des materiellen Steuerstrafrechts lässt Eglauer ausser Betracht, teils weil für dessen erschöpfende Behandlung Fachkenntnisse erforderlich sind, die ein einzelner kaum zu vereinen vermag, teils weil der Verfasser die begriffliche Bestimmung der einzelnen strafbaren Handlungen und die Strafsanktionen nicht in ein allgemeines Steuerstrafgesetz aufgenommen, sondern in den einzelnen Steuergesetzen festgestellt wissen will, wie dies ja in neueren derartigen Gesetzen, auch in Oesterreich, trotz des Bestandes eines gemeinsamen Strafgesetzes für notwendig befunden wurde.

Eglauer beginnt mit der Erörterung einer Reihe grundlegender Begriffe, wobei er bis auf eine Definition des Rechtes zurückgreift; ich meine, dass er das Wagnis, Definitionen zu formulieren, besser unterlassen hätte, er war dabei nicht sonderlich glücklich. So definiert er das Steuervergehen als „eine vom Gesetz mit Strafe bedrohte Handlung oder Unterlassung einer willensfähigen steuerpflichtigen Person, wodurch eine (zu Recht bestehende) Steuervorschrift übertreten wird". Abgesehen davon, dass die „Willensfähigkeit" der Person an der objektiven Qualifikation der Handlung nichts zu ändern vermag und nur die Zurechenbarkeit bedingt, wäre dieser Definition gegenüber insbesondere hervorzuheben, dass eine grosse Zahl von Gesetzesübertretungen von Personen begangen wird, welchen gar keine Steuerpflicht obliegt, ohne dass man sie deshalb aus der Reihe der Steuerdelikte ausscheiden könnte; auch an dem Ausdrucke „Steuervorschrift" liesse sich übrigens mäkeln.

Nachdem Eglauer sodann nachgewiesen, dass das österreichische Gefällstrafgesetz seine Wirksamkeit einerseits auf Delikte ausgedehnt hat, die eigentlich krimineller Natur sind, andererseits einige wichtige Gruppen von Steuervergehen, insbesondere alle jene, welche sich auf die direkten Steuern beziehen, nicht umfasst, geht er (im 3. und 4. Kapitel) zur Untersuchung des Wesens der Steuervergehen und Steuerstrafen (NB. nachdem er bereits früher Definitionen dafür gegeben), dann des Rechtsgrundes, der Mittel und des Zweckes dieser Strafen über. Leider ist es mir gegenwärtig nicht möglich, die diesfälligen Ansichten Eglauers eingehender darzustellen und mich über einige Punkte, welche mir nicht haltbar erscheinen, mit ihm auseinanderzusetzen; indem ich mir vorbehalte, in einem späteren Zeitpunkte der von ihm gebotenen Anregung zu folgen, muss ich mich hier auf kurze Andeutungen beschränken. Eglauer sieht als das allen Vergehen Gemeinsame den Ungehorsam gegen eine höhere Willensordnung an, die Steuervergehen haben die Besonderheit, dass der Staat bei ihrer Bekämpfung keine moralische Unterstützung findet. Aus dem Besteuerungsrecht fliesst das weitere Recht des Staates, diejenigen zu strafen, welche sich jenem Rechte widersetzen; die Bestrafung ist ein Gebot der Selbsterhaltung. Der Staat droht Strafen an und vollzieht sie, um den übel gesinnten Steuerpflichtigen zur Einsicht zu bringen, dass es für ihn klüger sei, den ihm auferlegten Verbindlichkeiten nachzukommen; deshalb sollen die Strafen derart bemessen werden, dass auch der gewerbsmässige Defraudant, welcher nur selten ertappt wird, durch die Strafe zu materiellem Schaden komme, dagegen soll sie auch nicht härter sein, als zur Erreichung dieses Zieles erforderlich ist; die Strafe soll also nach dem Utilitätsprinzip bestimmt sein. Die Anwendbarkeit der absoluten Strafrechtstheorien auf diesem Gebiete perhorresziert Eglauer mit Entschiedenheit, das Präventionsprinzip soll allein Geltung haben; trotzdem aber sagt er weiter: „der Zweck der Strafe ist die Wiederherstellung der durch den Ungehorsam des Einzelwillens gestörten staatlichen Willensordnung und zwar durch Repression der feindlichen Willenskraft."

Da den Steuervergehen in der Regel Gewinnsucht und zum Teile Unachtsamkeit zu Grunde liegt, und da der Finanzzweck der Steuern auch bei der Bestrafung nicht übersehen werden darf (?), erklärt Eglauer die Vermögensstrafen als die natürlichsten und entsprechendsten Mittel, um diese Willensrepression zu erreichen; nur im Falle der Uneinbringlichkeit der Geldstrafen sollen Freiheitsstrafen angeordnet werden; um aber diese thunlichst zu vermeiden, müssen die Gegenstände des Steuervergehens und die damit in verantwortlicher Beziehung stehenden Personen haftbar erklärt werden.

Als charakteristisches Merkmal des Steuervergehens wird der offenbare und zurechnungsfähige Ungehorsam gegen ein zu Recht bestehendes Gebot oder Verbot bezeichnet.

Die Grenze zwischen jenem Unrecht, welches als strafwürdiger Ungehorsam zu betrachten ist, und dem einfachen Steuerrückstand ist aber nach Eglauer so schwankend, dass erst durch das Strafgesetz die Rechtswidrigkeit zum Vergehen gestempelt wird, analog wie dies hinsichtlich des Verhältnisses zwischen civilem Unrecht und krimineller Handlung der Fall ist. Entgegen der Ansicht A. Wagners findet Eglauer in den Steuerdelikten nur ausnahmsweise die charakteristischen Merkmale des Betrugs, wo aber ein solcher nach den allgemeinen Strafrechtsbestimmungen vorliegt, da soll er als solcher und nicht als Steuerdefraudation geahndet werden.

Das fünfte Kapitel enthält eine mit grossem Fleisse gearbeitete historische Skizze der Entwickelung des österreichischen Steuerstrafrechts. Wir entnehmen ihr, dass die ersten Anläufe zu einer Ordnung des Steuerstrafwesens, insbesondere des Verfahrens, in die Regierungsperiode Maria Theresias fallen, in welcher Zeit aber auch die sich allmählich steigernden Strafen die grösste Schärfe erlangt hatten, dann dass die ersten umfassenden Strafbestimmungen im Zollpatent vom Jahre 1788 enthalten waren; sie bildeten die Grundlage für die fernere Ausbildung des Steuerstrafrechts, aber auch für die Kasuistik, welche sich in letzterem breit macht.

Weiterhin befasst sich das Buch fast nur mehr mit der kritischen Beleuchtung des positiven österreichischen Gesetzes und mit dessen Reformierung. Die Beurteilung, welche Eglauer dem Gesetze im ganzen und seinen einzelnen Grundbestimmungen angedeihen lässt, müssen wir im allgemeinen als vortrefflich bezeichnen; wenn er dabei, wie ich glaube, hie und da etwas zu milde vorgeht und sich bei den Reformvorschlägen in einigen Punkten zu wenig von den Grundsätzen des zu reformierenden Gesetzes entfernt, so dürfte dies wohl hauptsächlich darauf zurückzuführen sein, dass der Verfasser Finanzbeamter ist und dass die Mehrzahl der österreichischen Finanzbeamten berufsmässig in so inniger Beziehung zu ihrem Gefällstrafgesetze steht, dass sie sich nur schwer jeden Einflusses des dieses Gesetz beherrschenden Geistes erwehren können. Was dadurch an Objektivität des Urteils verloren geht, wird aber (wenigstens im vorliegenden Falle) durch innige Vertrautheit mit dem Gegenstande reichlich aufgewogen. Deshalb verübeln wir es dem Verfasser nicht, wenn er dem berüchtigten „Ablassungsverfahren" manches Gute nachzusagen weiss und wenn er auch das sonderbare Institut der persönlichen Haftung für die einem anderen auferlegte Strafe (wodurch häufig die Strafe gänzlich vom Schuldigen auf einen Unschuldigen überwälzt wird) unter gewissen Beschränkungen beibehalten wissen will.

Gegen die ganz schauderhafte Schwerfälligkeit und Kasuistik des österreichischen Gesetzes hätte Eglauer aber etwas entschiedener Stellung nehmen können, denn sie bilden einen der Kardinalfehler des Gesetzes, sie beeinflussten auch die neuere Gesetzgebung und bringen es mit sich, dass jede Aenderung in der administrativen Gesetzgebung neue Strafbestimmungen erforderlich macht. Aber schon die relativ milde Kritik des Verfassers muss vollauf genügen, um selbst den entschiedensten Anhänger unseres Gesetzes von der Richtigkeit des von Dr. H. Jaques[1]) ausgesprochenen Satzes zu überzeugen: „Die Reform des Gefällstrafgesetzbuches ist nichts anderes als eine Aufhebung." Ein Strafgesetz, welches den Abgang des dolus bloss als mildernden Umstand behandelt, welches einen „fahrlässigen Versuch" und eine „fahrlässige Anstiftung" kennt und straft, welches die zwei- und dreifache Bestrafung ein und derselben Handlung anbefiehlt, welches an dem geheimen und schriftlichen Inquisitionsprozesse und an strengen Beweisregeln festhält, welches noch die Lossprechung wegen Mangel an Beweisen zulässt u. dergl. kann offenbar nicht rasch genug beseitigt werden. Eglauers Buch trägt seinen redlichen Teil dazu bei, um dies zu erweisen.

Es will aber im Gegensatze zu Jaques nicht mit dem Grundsatze brechen, dass für die Behandlung der Steuerdelikte ein besonderes materielles und formelles Strafgesetz bestehe, sondern es will an Stelle des aufzuhebenden ein neues vervollständigtes und verbessertes derartiges Gesetz aufstellen u. z. meines Erachtens mit vollem Rechte, da die Besonderheiten des Steuerstrafrechts zu wesentlich sind, als dass man sie ohne weiters übergeben könnte. Wohl aber verdient es volle Anerkennung, dass Eglauer bei seinen Reformvorschlägen stets die Fühlung mit den analogen Bestimmungen des allgemeinen Strafrechts zu erhalten sucht. Zum grossen Teil müssen auch seine Ausführungen hinsichtlich der wünschenswerten Reform als ganz zutreffend bezeichnet werden. Unter den Punkten, in welchen ich mich mit seinen Anträgen nicht einverstanden erklären kann, möchte ich seine Einteilung der Steuerdelikte nebst der darauf basierten Abstufung der Strafen nennen, insbesondere aber die proponierte ausschliessliche Anwendung von Vermögensstrafen, welche nur im Falle der Uneinbringlichkeit durch Freiheitsstrafen ersetzt werden sollen. Durch dieses Strafmittel kann niemals der Erfolg herbeigeführt werden, dass die Verwerflichkeit der Steuerdefraudationen von der Volksmoral anerkannt, dass auch diese Gesetzwidrigkeiten zu unehrenhaften Handlungen gestempelt werden. Eine gute und gerechte Steuergesetzgebung vermag dieser Anschauung wohl das Terrain zu ebnen, nicht aber sie bei der grossen Masse festzusetzen; das letztere wird erst der Fall sein, wenn die rechtlichen Folgen des dolosen Steuerdeliktes dieselben sind, wie jene einer unrechten Handlung, welche die Volksmoral schon jetzt verdammt. Erst dann wird die Erwägung, ob man einem Steuergesetz nachkommen soll, aufhören, ein Rechenexempel zu sein, erst dann wird der Schmuggel und die Verheimlichung für gewisse Leute nicht mehr ein anständiges, höchstens riskiertes Bereicherungsmittel, für andere nicht mehr einen Sport bilden.

Graz, im Juni 1886. Dr. von Myrbach.

---

[1]) Die Reform des österr. Gefäll-Strafgesetzes-, Vortrag etc. Wien, 1885.

Dr. Julius von Roschmann-Hörburg. Der Bodenwert Oesterreichs. Eine volkswirtschaftlich - statistische Studie. Wien,
Hölder, 1885.

Das reiche Material, welches in dem österreichischen Grundsteuerkataster
niedergelegt ist, musste naturgemäss die Statistiker zur wissenschaftlichen Ausbeutung reizen. Nach erfolgtem Abschluss der Regulierungsarbeiten hat zunächst Professor von Jnama-Sternegg in der Schrift: „Die definitiven Ergebnisse der Grundsteuerregelung in Oesterreich" (Wien 1884) eine interessante
statistische Studie geliefert, deren Schwergewicht in einer Vergleichung der
neuesten Agrikultur-Verhältnisse Oesterreichs mit jenen, welche im stabilen
Kataster und in den Grundsteuerprovisorien zum Ausdruck gebracht wurden,
liegt, die sich also vorwiegend mit den inzwischen eingetretenen Veränderungen
befasst. Die hier zu besprechende Arbeit von Roschmanns hat sich ein von
dem obigen ganz abweichendes Ziel gesetzt, sie will den Wert des gesamten
Immobilarbesitzes in Oesterreich in möglichst exakter Weise feststellen und daneben durch eingehende Vergleichung der Verhältnisse in den einzelnen Provinzen ein übersichtliches Bild der ökonomischen Lage des Staates liefern. Der
Verfasser hat seine Aufgabe mit Ernst erfasst und auf ihre Lösung viel Geist
und Fleiss verwendet, er hat aber den Fehler begangen, sich ein von vornherein
unmöglich lösbares Problem zu stellen, denn es ist nicht nur ein vergebliches
Beginnen, den Bodenwert aus einem Parzellenkataster berechnen zu wollen,
sondern es ist u. E. überhaupt die Ermittelung des Kapitalwertes des gesamten
Immobilarbesitzes eines Landes eine unlösbare Aufgabe. Hätten wir daran je
gezweifelt, so würde uns der Verfasser durch seine Auseinandersetzungen über
das Wesen des Wertes, welche er der statistischen Untersuchung vorangeschickt
hat, davon selbst am vollständigsten überzeugt haben.

Nach einem kurzen Ueberblick über die Anlage der österreichischen
Grundsteuerkataster seit dem ceusimento milanese schreitet Roschmann zur
Untersuchung der „nationalökonomischen Grundsätze für die Bodenbewertung."
In diesem Abschnitte, welcher zahlreiche treffliche Beobachtungen enthält, wird
zunächst betont, dass die Bedeutung, welche Grund und Boden für ein Volk
besitzt, unmöglich nach dem Verkehrswerte des Bodens gemessen werden könne;
denn diese Bedeutung liegt nicht in der Vertauschbarkeit, in dem Warencha-
rakter des Bodens, sondern in der Rolle, die er als Produktivmittel spielt; nur
die Nutzung des Bodens ist es, die ihm Wert verleiht und darum muss auch
bei der Bewertung des Bodens auf seine Güterfunktion, auf den von ihm dauernd
gespendeten Nutzen zurückgegangen werden.

Der Wert eines Gutes, d. i. „das Interesse, welches wir an der wirtschaftlichen Beherrschung desselben als Zweckmittel hegen", fusst nach der sehr
richtigen Bemerkung des Verfassers auf der objektiv gegebenen Funktion desselben und seine Grösse ist abhängig von der Vorstellung des Individuums über
die Intensität der Funktion des Gutes. Eine Fixierung der Grösse des Wertes
in einem bestimmten Masse können wir aber nur dann vornehmen, wenn wir
imstande sind, für den Effekt der Funktion eine solche Fixierung vorzunehmen.
Das ist aber nur dort der Fall, wo der Effekt der Güteranwendung an Gütern
gegenständlich zu Tage tritt Darum lässt sich diese Messung bei den von
Roschmann nach der Art der Funktion in drei Gruppen eingeteilten Kategorien
von Gütern — a. Gebrauchsgüter mit Gebrauchswert. b. Tauschgüter mit Tauschwert und c. Produktivgüter mit Produktivwert — nur in sehr ungleicher Weise
durchführen. Da die Bedeutung der Güterfunktion wieder das Produkt ist aus
der „Wichtigkeit (wohl Dringlichkeit?) der Bedürfnisse einerseits und der Tauglichkeit des Gutes und Abhängigkeit von diesem anderseits", welche Momente
ihrerseits wieder das Produkt einer grossen Reihe persönlicher und gegenständ-
licher, oft nur äusserst schwieriger, oft gar nicht exakt fixierbarer und messbarer
Beziehungen und Verhältnisse sind, so ist die Aufstellung eines allgemein an-
wendbaren Wertmassstabes bei den Gebrauchsgütern schon deshalb unmög-

lich, weil es nicht gelingen kann, die abstrakte Wichtigkeit jeder Gattung von Bedürfnissen absolut zu fixieren.

Bei den Tauschgütern gewinnen wir durch die Anwendung des Geldes als tertium comparationis wenigstens ein relatives, nämlich für alle Personen von gleichartiger ökonomisch-socialer Stellung anwendbares Wertmass.

Bei der dritten Gruppe, den Produktivgütern, ist der Effekt ihrer Funktionen immer an ein Objekt gebunden, und damit wäre allerdings ein Substrat für die Messung gegeben, dagegen tritt die nach den eingehenden Erörterungen Roschmanns gegenwärtig kaum zu lösende Frage auf, „inwieweit ein Kausalnexus zwischen der Qualität und Quantität dieser Objekte und der Funktion des gemäss dieser zu bewertenden Gutes besteht", d. h. welcher Teil der Produkte der Mitwirkung des Kapitals und insbesondere des stehenden Kapitals, hier des Bodens, an dem Produktionsprozesse zuzuschreiben ist.

Wenn wir uns nun auch mit dem Verfasser über diesen heiklen Punkt hinwegsetzen, indem wir annehmen, dass der ermittelte Katastral-Reinertrag, wenn auch nur in annähernder Weise, den Anteil des stehenden Kapitals des Bodens und der Gebäude, am Ertrag des unbeweglichen Besitzes darstellt, indem „wenigstens der Versuch gemacht" wurde, die Wertquote, welche den anderen Produktionsfaktoren (flüssiges Kapital und Arbeit) zukömmt, vom Ertrage auszuscheiden, so tritt uns doch die weitere Frage entgegen, ob denn der Gesamtertrag selbst bei der Katastrierung in exakter Weise fixiert und gemessen werden konnte, und da müssen wir schon auf Grund der früheren Auseinandersetzungen Roschmanns antworten: Nein, denn die landwirthschaftliche Produktion liefert nur zum kleineren Teil Tauschgüter, zum grösseren Teil aber Gebrauchsgüter, und auch von den Nutzungen der Gebäude bildet nur ein Teil einen Gegenstand des Verkehrs, während die übrigen derartigen Nutzungen naturalwirtschaftlich verzehrt werden. Da uns nun aber für den Gebrauchswert ein absolutes Mass fehlt, da es ferner nicht angeht, einen „imaginären Tauschwert" auf Güter zu übertragen, deren Funktion in der unmittelbaren Befriedigung von Bedürfnissen besteht, so dürfte aus den vom Verfasser selbst gelieferten Prämissen der Schluss zu ziehen sein, dass es unmöglich ist, für ein zum grossen Teil noch in der Naturalwirtschaft befindliches Land eine Bewertung des Bodens vorzunehmen, welche ihren Ausdruck in einer absoluten Ziffer fände. Sollte noch irgend ein Zweifel über die Richtigkeit dieses Satzes bestehen, so lese man nach, was der Verfasser selbst (S. 24—29) über die Unzulässigkeit sagt, die in Tirol bestehenden Marktpreise der Bodenprodukte als Grundlage für die Feststellung des Bodenertrags überhaupt in diesem Lande anzunehmen. Roschmann führt da in sehr zutreffender Weise aus, dass unsere Katastrierungsmethode zu einer argen Bedrückung des noch tief in der Naturwirtschaft steckenden Tiroler Bauers geführt hat. Offenbar ist er ein genauer Kenner der Verhältnisse Tirols; hätte er an die Ziffern des Katasters auch hinsichtlich anderer Kronländer die kritische Sonde mit gleicher Sorgfalt und gleicher Sachkenntnis gelegt, er wäre wahrscheinlich dazu gelangt, den Wert des österreichischen Grundsteuerkatasters nicht höher zu erörtern, anstatt auf die Daten dieses Katasters eine Bewertung des Bodens aufzubauen und aus dieser noch weitere, auf die ökonomischen Verhältnisse des Staates bezügliche Konsequenzen zu ziehen. Roschmann hat dies nun aber doch unternommen und zwar in der Weise, dass er bezüglich der Kulturflächen die Katastralreinerträgnisse, bezüglich der hauszinssteuerpflichtigen Gebäude den ermittelten steuerpflichtigen Zinsertrag nach Abzug der gesetzlichen Erhaltungs- und Amortisationsquote und bezüglich der hausklassensteuerpflichtigen Gebäude einen imaginären Zinswert, welcher der Klassensteuer entsprechen würde — wenn sie eben eine Hauszinssteuer wäre — zu 5 Prozent kapitalisierte, was aber auch wieder nicht ganz im Einklange mit seinen theoretischen Voraussetzungen steht. Abgesehen von den prinzipiellen Bedenken gegen den ganzen Versuch im allgemeinen, möchten wir noch folgendes im speziellen bemerken: 1) Dass die Katastralerträgnisse den wirklichen nicht nur „kaum irgendwo völlig gleichkommen", sondern hinter den letzteren ganz entschieden weit zurückbleiben. Das wird

nicht nur durch die effektiven Pachtzinse erwiesen, welche nach den Katastral-
operationen im Durchschnitt nahezu doppelt so hoch sind, als die Katastralerträgnisse, [1]) sondern auch dadurch, dass wenigstens in einigen Ländern die Grundsteuer nicht gar zu schwer getragen wird, obgleich der Landwirt an Staats-,
Landes-, Bezirks- und Kommunalabgaben selten weniger, häufig aber bedeutend
mehr als die Hälfte seines Katastralreinertrags zu zahlen hat, und endlich die
Höhe des Hypothekenlastenstandes, wonach die sämtlichen Liegenschaften mindestens bis zur Hälfte ihres Wertes verschuldet sein müssten. Dem Referenten
liegt zufällig gerade der Bericht der Handelskammer in Bozen für 1880 vor,
darin (S. 85 und 85) ist der Wert der im Kammerbezirk in diesem Jahr gewonnenen Forstprodukte mit 2,768,800 fl. veranschlagt. Da die Forste dieses
Bezirks nur 367,397 Hektar, d. i. 35 Prozent des gesamten Waldlandes in Tirol
umfassen, so könnte man mit Rücksicht auf die begünstigten Absatzverhältnisse
dieses Bezirks den Bruttoertrag der Forstprodukte von ganz Tirol etwa auf
$7^1/_2$ Mill. fl. veranschlagen. Entspricht diesem Bruttoertrag etwa der Katastral-
reinertrag von 865,197 fl. 60 kr. und der von Roschmann angenommene Kapitalwert von 17,303,952 fl.? 2) Dass bei den Gebäuden in jenen Orten, welche
dem Hauszinssteuersatze von $26^2/_3$ Prozent unterliegen, der vom Gesetze festgestellte 15-prozentige Abzug anerkanntermassen nicht ausreicht, um die effektiven Erhaltungskosten zu decken, dass also hier die Bewertung mit Zugrundlegung des sog. „steuerpflichtigen Reinertrags“ entschieden zu hoch ausfallen
muss. 3) Dass für eine Bezifferung des Nutzungswertes der hausklassensteuerpflichtigen Gebäude absolut jeder verlässliche Anhaltspunkt fehlt und dass es
insbesondere ganz willkürlich ist, denselben aus der nach der Zahl der Wohnräume bemessenen Klassensteuer und zwar nach Analogie der Besteuerung nach
dem Zinsertrag konstruieren zu wollen, denn zwischen dem Werte dieser Gebäude
oder ihrer Nutzungen und der Klassensteuer besteht nicht der mindeste Zusammenhang. 4) Dass die Annahme eines Zinsfusses von 5 Prozent bei der
Kapitalisierung der Erträgnisse ebenfalls auf einer nicht zulässigen Verallgemeinerung beruht, auch hier hat der Verfasser, seinem leitenden Prinzip entgegen, eine vom Verkehr gebildete Grösse auf Objekte übertragen, welche vollkommen ausser dem Verkehr stehen, und er hat dabei noch unberücksichtigt
gelassen, dass thatsächlich gerade für Immobilien in der Regel eine weit höhere
Kapitalzahlung bewilligt wird, als das zwanzigfache des Jahresreinertrags.
Sollte damit das wirtschaftliche Leben einen Fehler begehen?

Nach dem vorausgeschickten ist es wohl verzeihlich, wenn wir auf jene
ziffermässigen Resultate der Untersuchung, welche die Bewertung des Bodens
und der Gebäude zum Gegenstande haben, oder welche auf solchen Bewertungen
fussen, nicht näher eingehen, wir können ihnen eben eine ernstliche Bedeutung
nicht beilegen und zwar sowohl den absoluten als auch den meisten relativen
Ergebnissen nicht, weil die Differenz zwischen dem wahren und dem Katastral-
ertrag durchaus keine gleichmässige zu sein scheint und weil die Zusammenfassung von Ziffern, welche auf so verschiedener Grundlage gewonnen sind, wie
es hinsichtlich der landwirtschaftlichen Erträgnisse einerseits und der Erträgnisse
der verschiedenen Arten von Wohngebäuden andererseits der Fall ist, ganz
verschobene Bilder geben muss. Wir werden uns nunmehr auch über die Ursache des im ersten Moment vielleicht etwas verblüffenden Verhältnisses zwischen
den vom Verfasser ermittelten Ziffern für den Wert des gesamten Kulturlandes
(3299 Mill. fl.) und jenen für den Wert der Wohngebäude allein (rund 3198 Mill. fl.)
klar sein, sowie wir uns auch darüber nicht wundern, dass jeder dieses Problem
behandelnde Statistiker zu einem von den übrigen weit abweichenden Ergebnis
gelangt (es hat Jnama in der erwähnten Schrift mit Zuhilfenahme der Pachtzinse den Kapitalwert des Kulturlandes allein auf die grossen Vorbehalten auf
rund 4265 Mill. fl. veranschlagt, Fillmeyer gar auf 7228 Millionen fl.).

Zum Glück beschränkt sich Roschmann nicht auf solche Untersuchungen,
welche auf die schwankende Grundlage von Ertrags- und Kapitalbewertungen

---

[1]) Siehe die obenerwähnte Schrift von Jnama-Sternegg, S. 26.

basiert sind. Der österreichische Grund- und Gebäudesteuerkataster enthält naturgemäss auch Daten, welche auf fast absolute Richtigkeit Anspruch erheben dürfen, so das Flächenausmass und die Kulturgattung der Parzellen, dann die Zahl der durch Vermietung einen Ertrag abwerfenden und der nur vom Eigentümer benützten Wohngebäude, sowie die Zahl der in jede Tarifklasse eingereihten hausklassensteuerpflichtigen Gebäude. Diese Daten benützt der Verfasser zu einer Reihe von Untersuchungen über die Verteilung des produktiven und unproduktiven Bodens, und der verschiedenen Kulturgattungen in den einzelnen Provinzen, er beobachtet insbesondere das Verhältnis der intensiven zur extensiven Bodenkultur und gelangt dabei zu höchst beachtenswerten Resultaten. Nicht minder interessant sind die Ergebnisse seiner Berechnungen über die Besiedlungsverhältnisse und über die Art, wie die Bevölkerung in den einzelnen Teilen des Staates ihr Wohnungsbedürfnis befriedigt. Leider kann hier auf diese Ergebnisse aus Rücksicht des Raumes nicht näher eingegangen werden, doch ruht in ihnen das Schwergewicht der ganzen Arbeit, auf diese Partieen hat der Verfasser seinen Fleiss nicht umsonst angewendet. Am meisten Anerkennung verdient unseres Erachtens die oben bereits erwähnte Studie über die landwirtschaftlichen Verhältnisse von Tirol, bei welcher die Heranziehung anderweitigen statistischen Materials und eigener Beobachtungen dazu beigetragen hat, um die Daten des Katasters in wirklich fruchtbringender Weise verwerten zu können und welche in der richtigen positiven Bemerkung gipfelt, dass nur ein rationeller Betrieb der Viehwirtschaft bei gleichzeitigem Verzicht auf den prekären Ackerbau in den Hochlagen zu einer wesentlichen Verbesserung der ökonomischen Situation dieses reinen Gebirgslandes führen könne.

Graz im Jauuar 1886.   Dr. Myrbach.

F. S. van Nierop. Van de inkomstenbelasting te Amsterdam. Amsterdam 1886. 8⁰. 13 S.

Die vorstehend genannte kleine Broschüre des Dr. F. S. van Nierop, Direktors der Amsterdamschen Bank, behandelt in kurzer und übersichtlicher Form die Entwickelung, welche die städtische Einkommensteuer in Amsterdam seit ihrer letzten Umgestaltung erfahren hat. Die Resultate, die sich hierbei ergeben, sind auch für den deutschen Leser von Interesse.

Die städtische Einkommensteuer wurde am 1. Mai 1877 in Amsterdam eingeführt. Ihre Grundlage war das jährliche Reineinkommen der Steuerpflichtigen. Letztere wurden in Klassen eingeteilt und hatten immer nur den Anfangsbetrag der Klasse, zu der sie gehörten, zu zahlen, ähnlich wie bei der preussischen Klassensteuer. Von dem Betrag, für den sie dementsprechend hätten veranlagt werden müssen, wurden 5 Prozent für ein in der Familie wohnendes minderjähriges eigenes Kind oder Enkelkind und 3 Prozent für jedes weitere derartige Kind in Abgang gebracht. Die Selbstdeklaration war Regel; wo die eigenen Angaben ganz unterblieben oder als unvollständig angesehen wurden, geschah die Einschätzung von Amts wegen. Dem Steuerpflichtigen wurde deshalb die Frage vorgelegt, ob er ein eigenes steuerpflichtiges Einkommen besitze und in welche Klasse er nach diesem Einkommen eingereiht werden müsse, und ferner, ob er die Einschätzung von Amts wegen verlange.

Diese Steuer blieb in Kraft bis zum 1. Mai 1881. Die Zweite Kammer erklärte sich für die Oeffentlichkeit der Steuerbücher und dies war der Anlass, weshalb der Gemeinderat die Einkommensteuer im Juni 1881 aufhob. Er war der Ansicht, dass eine Steuer, deren Hauptgrundlage die Selbstdeklaration ist, nicht mehr angängig sei, sobald die Angaben der Steuerpflichtigen nicht mehr geheim gehalten werden können. Deshalb wurde zunächst eine Personalumlage eingeführt; im folgenden Jahr wurde diese durch eine neue Einkommensteuer ersetzt, die sich von der früheren vornehmlich in folgenden Punkten unterschied:

1) Die Zahl der Klassen ist beinahe verdoppelt, da die älteren weiten Grenzen jetzt enger gezogen wurden.

2) Das „Kindergeld", d. h. die oben erwähnten Abzüge für minderjährige Kinder sind beseitigt.

3) Die Veranlagung der Steuerpflichtigen geschieht von Amts wegen. Dem Steuerpflichtigen steht es frei, diejenigen Angaben zu machen, die ihm behufs Erzielung einer gerechten Einschätzung wünschenswert erscheinen.

Ob die in diesen Abweichungen liegende Annäherung an das preussische Klassen- bezw. Einkommensteuersystem ein Fortschritt war, ergibt sich aus denjenigen Betrachtungen, die der Verfasser auf Grund der thatsächlichen Entwickelung anstellt.

Der Ertrag der Steuer war

1877/78 bei einer Erhebung von 2 Proz.					1163,1 Tausend fl.	
1878/79 „ „ „ „ 3 „					1766,7 „ „
1879/80 „ „ „ „ 3 „					1741,1 „ „
1880/81 „ „ „ „ 3 „					1755,0 „ „
1881/82 (Personal-Umlage)					1909,9 „ „
1882/83 bei einer Erhebung von 3 Proz.					2062,6 „ „
1883/84 „ „ „ „ 3 „					2040,0 „ „ [1]
1884/85 „ „ „ „ 2¼ „					1827,7 „ „ [1]

Auf eine Steuer von 1 Prozent berechnet, stellt sich der Ertrag auf

1877/78	581,5 Tausend fl.
1878/79	588,9 „ „
1879/80	580,4 „ „
1880/81	585,0 „ „
1881/82	636,6 „ „
1882/83	687,5 „ „
1883/84	680,0 „ „
1884/85	664,6 „ „

Bei Beurteilung dieser Zahlen ist jedoch zu berücksichtigen, dass durch die Abschaffung des Kindergeldes und die Vermehrung der Klassen naturgemäss ein höherer Steuerertrag veranlasst werden musste. Unter Berücksichtigung dieser Umstände und unter Zugrundelegung eines gleichen Steuersatzes, sowie unter Berücksichtigung der Volksvermehrung berechnet der Verfasser, dass der Ertrag der Steuer folgende Verhältniszahlen aufweist:

1877/78	= 100
1878/79	= 99,65
1879/80	= 95,31
1880/81	= 93,40
1881/82	= 98,09
1882/83	= 92,23
1883/84	= 88,52
1884/85	= 85,30

Die seit der letzten Aenderung der Steuer fortgefallene Verpflichtung der Selbstdeklaration ist nach dem Verfasser hierbei nicht ohne Einfluss.

Von Amts wegen mussten nämlich eingeschätzt werden

1877/78 von 29,278 Veranlagten	871
1878/79 „ 31,629 „	339
1879/80 „ 33,913 „	165
1880/81 „ 33,847 „	140

Die nötigen Angaben wurden also in immer grösserem Umfange geboten, und 1880/81 war die Selbstangabe fast allgemein geworden.

Seit der neuen Regelung betrug die Anzahl der eingegangenen Steuereinschätzungsbriefe

1882/83 38,460, darunter mit Bezeichnung einer Steuerklasse 17,832
1883/84 35,336, „ „ „ „ „ 16,175

---

[1] Geschätzt.

Dabei hatten von den 16,175 Personen, die 1883/84 eine Klasse angaben, nur 9738 dies auch in 1882/83 gethan, und von den 19,161 Personen, die 1883/84 keine Klasse bezeichneten, hatten nur 12,855 dies auch im Vorjahr unterlassen. Ob diejenigen, die 1883/84 eine Klasse angaben, obgleich sie es im Vorjahr nicht gethan, dies nur in der Absicht thaten, um niedriger eingeschätzt zu werden, und ob diejenigen, die 1883/84 Stillschweigen bewahrten, obwohl sie 1882/83 die Angaben geliefert, im letzten Jahr höher eingeschätzt sind, lässt sich aus den amtlichen Publikationen nicht ersehen. Doch lässt sich erkennen, wieviel von den Personen, die in 1882/83 und 1883 84 keine bezw. eine Klasse bezeichnet hatten, gleich, höher oder geringer als 1882/83 veranlagt wurden.

Es wurden 1883/84 veranlagt

	gleich		höher als 1882/83		niedriger	
	Personen.	Proz.	Personen.	Proz.	Personen.	Proz.
a. von den 9738 Personen, die in beiden Jahren eine bestimmte Klasse angegeben	7305	75,01	1083	11,12	1350	13,87
b. von den 12,855 Personen, die in beiden Jahren keine Klasse angegeben . .	8374	65,1	846	6,6	3635	28,3

Diese Zahlen berechtigen nach dem Verfasser zu der Annahme, dass der Steuerertrag verhältnismässig höher gewesen wäre, wenn die Selbstdeklaration bestehen geblieben wäre. Auch ohnedies wäre diese Annahme berechtigt. Wer zu hoch eingeschätzt ist, wird immer reklamieren, gleichviel, ob er selbst deklariert hat oder nicht; wer niedriger eingeschätzt ist, als er selbst angegeben haben würde, wenn man ihn gefragt hätte, wird im allgemeinen Stillschweigen bewahren.

Aber noch ein anderer Umstand kommt hierbei in Betracht. In den letzten Jahren war in der Regel der Zuzug nach der Stadt stärker als die Auswanderung aus derselben; das steuerpflichtige Einkommen der hinzugezogenen Personen aber war kleiner als das der ansässigen Bürger und auch der fortgezogenen. Letzteres Verhältnis war so stark, dass seit 1878/79 regelmässig — mit Ausnahme des Jahres 1883/84 — das steuerfähige Einkommen der Hinzugezogenen erheblich geringer war als das der Fortgezogenen, obwohl die Zahl der letzteren geringer war als die Zahl der ersteren.

Dieser starke Anwachs von schlecht situierten Leuten hatte einen nicht zu unterschätzenden Einfluss auf den Gesamtertrag der Einkommensteuer. Um zu erkennen, wie stark dieser Einfluss sei, berechnet der Verfasser, in welchem Verhältnis der Steuerertrag unter der Voraussetzung eines gleichen Steuerfusses in den einzelnen Jahren zu 1877/78 gestanden haben würde, falls die fort- und hinzugezogenen Personen ein gleiches Einkommen wie die übrigen Einwohner gehabt hätten und stellt daneben die schon oben erwähnten Verhältnisziffern des thatsächlichen Steuerertrags der einzelnen Jahre.

Dies ergibt folgendes Bild:

Jahr.	Verhältniszahl auf Grund der faktischen Steuererträge.	Verhältniszahl auf Grund der Annahme, dass die fort- und hinzugezogenen Personen ein relativ gleiches Einkommen wie die übrigen Einwohner haben.
1877/78	100	100
1878/79	99,65	100,7
1879 80	95,31	98,1
1880 81	93,40	98,3
1881/82	98,09	105,9
1882 83	92,28	101,7
1883/84	88,52	99,3
1884/85	85,30	96,0

Von einer dauernden und erheblichen Abnahme des Volkswohlstandes in dem besprochenen Zeitraum kann nach dem vorgeführten Material nicht geredet werden; nur für 1879/80 und eventuell auch· für die letzten 3 Jahre scheint dem Verfasser eine derartige Abnahme aus den angegebenen Zahlen hervorzugeben. Immerhin ist die Erscheinung, dass der Steuerertrag trotz zunehmender Bevölkerung abnimmt, um so bedenklicher, als die Ausgaben in vielen Zweigen mit der Zahl der Seelen in die Höhe gehen.

Aachen.   Dr. R. van der Borght.

G. M. Boissevain. Gewone en buitengewone uitgaven. 8°. 90 S.
Amsterdam, P. N. van Kampen & Zoon. 1886.

Die allgemein anerkannte Regel, dass in jedem Jahr die Einnahmen die Ausgaben decken müssen, ist durch die Einführung der Unterscheidung zwischen „gewöhnlichen" und „aussergewöhnlichen" Ausgaben verlassen worden. Diese Unterscheidung führte zur Aufnahme von Anleihen für Ausgaben, für welche eine gute Finanzverwaltung nur Einnahmen aus den Steuern hätte verwenden dürfen, und sie veranlasste manche Ausgaben, die sehr wohl hätten beschränkt oder ganz unterlassen werden können. Dies hat sich in Portugal, Russland und Frankreich gezeigt. Auch in den Niederlanden ist jetzt schon seit mehreren Jahren, seitdem die „indischen Beiträge" in Wegfall gekommen sind, die genannte Unterscheidung an der Tagesordnung und hat in letzter Zeit an offizieller Stelle eine Auslegung gefunden, die, wenn sie beibehalten wird, nach Ansicht des Verfassers nachteilig auf die Finanzen und die socialen Verhältnisse der Niederlande einwirken muss.

Damit rechtfertigt der Verfasser den Versuch einer zusammenhängenden Darstellung der in Rede stehenden Frage. Er scheidet dabei das Gebiet in zwei Teile, nämlich

I. Die einschlägige Geschichte der letzten Jahre, und

II. Die Verhandlungen der jüngsten Session der Generalstaaten.

Das infolge der gesteigerten Kriegskosten auf Sumatra eingetretene unerwartete Ausbleiben der „indischen Beiträge" hatte für die Jahre 1876/78 ein Deficit von 38,865,000 fl. zur Folge. Der Finanzminister Gleichnam deckte dies Defizit aus den Ueberschüssen früherer Jahre, aus der Ablösung einer Anleihe der Amsterdamschen Kanalgesellschaft und aus dem Ertrag der Staatsanleihe pro 1878. Der Minister sah indes ein, dass seine Aufgabe erst damit begonnen habe, da er das Ausbleiben der indischen Beiträge nicht als vorübergehend betrachtete. Er musste desshalb der Frage näher treten, welche Staatsausgaben durch Steuern, welche durch Anleihen zu decken seien. Bei der Einbringung des Etatsentwurfes pro 1879 stellte sich der Minister nun auf den Standpunkt, dass nur zur Deckung der Ausgaben für neue Verkehrswege, die zu bleibenden Hilfsmitteln der gesellschaftlichen Produktion bestimmt sind, Anleihen zulässig seien. Im übrigen sollten die bisher in der Rubrik „andere Ausgaben" aufgeführten aussergewöhnlichen Ausgaben durch Steuern gedeckt werden. insbesondere die Ausgaben für Festungsbauten.

Das auf diesen Grundsätzen beruhende Programm konnte Gleichnam nicht zur Ausführung bringen, da er 1879 durch den Professor Dr. S. Vissering ersetzt wurde.

Vissering fasste die ganze Sachlage nicht so ernst auf, wie sein Vorgänger und stand hinsichtlich der Deckung durch Anleihen auf anderem Standpunkt als Gleichnam. Nach ihm kam es bei dieser Frage nicht ausschliesslich darauf an, ob die beabsichtigte Ausgabe produktiv oder unproduktiv ist. Er hielt deshalb auch die Ausgaben für Festungsbauten für solche, die durch Anleihen gedeckt werden können, da dieselben, wenn sie auch keinen direkten

Ertrag abwerfen, doch im Interesse des Landes nötig sind und auch den späteren Generationen zu gute kommen.

Auf diesem Wege ging sein Nachfolger, der Minister van der Linden noch weiter. Er sah nicht nur die Verhältnisse sehr sanguinisch an — er liess das Defizit zwischen den gewöhnlichen Ausgaben und Einnahmen einfach ungedeckt in der Annahme, dass wie in den letzten Jahren auch fernerhin der Ertrag der gewöhnlichen Einnahmen die Erwartungen überschreiten werde, — sondern hielt überhaupt eine strenge und prinzipielle Unterscheidung der Ausgaben, die durch Steuern oder durch Anleihen zu decken sind, nicht für angebracht. Seiner Meinung nach rechtfertigte schon der Umstand, dass ein Werk von belangreichem öffentlichem Interesse ist, die Inanspruchnahme des Staatskredites behufs Aufbringung der erforderlichen Mittel.

Der Minister Grobbee, der ihm im April 1883 folgte, rechnete bei dem Budgetvoranschlag pro 1884 für 1883 und 1884 ein Defizit von ca. 40 Mill. fl. aus (für 1884 allein 27½ Mill. fl., darunter 7,6 Mill. auf Rechnung der gewöhnlichen Ausgaben). Diese Zahlen wurden allerdings von vielen für zu günstig gehalten. Auch machte es einen schlechten Eindruck, dass der Minister trotz dieser Sachlage wenig auf Ersparungen bedacht war. Die Vorschläge der Regierung hinsichtlich der Erhöhung der Einnahmen aus Steuern fanden keinen Beifall. Der Mangel an kräftiger Leitung bei der Regierung und die durch Parteizersplitterung hervorgerufene Machtlosigkeit der II. Kammer bewirkten, dass die Streitfrage auch in den nächsten zwei Jahren nicht zur Lösung gebracht wurde.

In der jüngsten Session der Generalstaaten war die Sachlage nun folgende. Von 1876—1885 betrugen die aussergewöhnlichen Einkünfte 153,506,000 fl.. (darunter Anleihen 118,132,000 fl.); die aussergewöhnlichen Ausgaben betrugen in derselben Zeit 143,994,000 fl., also ca. 10 Mill. weniger als die aussergewöhnlichen Einnahmen. Unter den Ausgaben sind 21,7 Mill. fl. für Festungsbauten, ca. 15.2 Mill. fl. für Verbesserung des Rotterdamschen Wasserwerkes und ca. 2,6 Mill. fl. für Verlegung der Maasmündung, alles Ausgaben, die nach Ansicht des Verfassers aus den gewöhnlichen Einkünften hätten gedeckt werden müssen, so dass im ganzen ca. 49 Mill. fl. mehr aussergewöhnliche Einnahmen aufgebracht sind, als nötig war.

Der Budgetvoranschlag pro 1886 wies an Einnahmen 117,655,760 fl., an Ausgaben 130,943,648 fl., also ein Defizit von 13.287,888 fl. auf. Unter den Ausgaben wurden als aussergewöhnliche, durch Anleihen zu deckende 13,378,970 fl. aufgeführt[1]). also etwa ebensoviel wie das Defizit.

Dies Defizit, vermehrt um die noch ungeregelten Defizits früherer Etatsjahre und vermindert um den Saldo der jüngsten Anleihe, stellt sich nach Genehmigung der von dem neuen Finanzminister Bloem beantragten Steuererhöhungen und in der Annahme, dass von dem Kredit für Silberentmünzung auch im Jahre 1886 kein Gebrauch gemacht werde, definitiv auf 12½ Mill. fl. Dazu würden noch ca. 32½ Mill. fl. für verschiedene geplante öffentliche Werke treten, so dass im ganzen ca. 65 Mill. fl. durch Anleihe zu decken wären. Der Minister Bloem sprach sich hierbei über die in Rede stehende Frage dahin aus, dass seines Ermessens, wenn das Landesinteresse grosse Werke von allgemeinem Nutzen — mögen sie nun direkt oder nur indirekt produktiv sein — verlangt, welche einen Aufwand von Millionen erfordern und nicht nur dem gegenwärtigen, sondern auch dem zukünftigen Geschlecht zu gute kommen, die erforderlichen Mittel nicht lediglich durch Steuern aufgebracht werden könnten, dass vielmehr hier eine Anleihe unter der Bedingung einer regelmässigen Ablösung binnen ca. 50—60 Jahren angebracht sei. Er schloss sich also seinen Amtsvorgängern an und war mit ihnen der Ansicht, dass jede Scheidung der grossen öffentlichen Werke, deren Kosten nicht bleibender, sondern „ablaufender"

---

[1]) Und zwar für den Rotterdamschen Wasserweg, für den Kanal Amsterdam-Merwede, für Verlegung der Maasmündung, für Anlage von Staatseisenbahnen, für Festungsbauten und für Münzwesen.

Art sind, unbegründet sei, ebenso die Scheidung in produktive und unproduktive Werke. Die Anlage oder Verbesserung eines Wasserwegs, der Bau eines Hafens, einer Eisenbahn, die Anlage von Festungen u. s. w., alles das seien Werke, aus denen das Land auf mehr denn 30 Jahre Nutzen zieht. Sei nun die Anlage vieler derartiger kostspieliger Werke in kurzer Zeit erforderlich, und wollte man die ganzen Ausgaben dafür durch Steuern decken, so würde dadurch der Nation eine „schier unerträgliche Last" aufgebürdet, eine Last, die zum Teil durch ein folgendes Geschlecht getragen werden kann und, soweit dasselbe davon Nutzen zieht, getragen werden muss.

Der Minister erhob in den Diskussionen die von seinen Vergängern praktisch zur Durchführung gebrachte Auffassung zum Grundsatz und vertrat sie prinzipiell. Die seit 7 Jahren geführte Diskussion über die vorliegende Frage ist nunmehr zu einem gewissen Ruhepunkt gekommen, ohne dass eine wirkliche Lösung der Frage erzielt wäre.

Nach Ansicht des Verfassers irrt der Minister Bloem in zwei Hauptpunkten: Er irrt, wenn er glaubt, dass durch die Deckung aussergewöhnlicher Ausgaben mittelst Anleihen das gegenwärtige Geschlecht eines Teiles der Last dieser Ausgaben enthoben und dass dieser Teil auf ein zukünftiges Geschlecht übergewälzt werde; er irrt ferner, wenn er glaubt, das Kriterium, ob eine Ausgabe durch Anleihen gedeckt werden könne, sei nicht darin zu suchen, ob eine Ausgabe produktiv oder unproduktiv sei, sondern darin, dass die Ausgabe für ein grosses Werk von öffentlichem Interesse gemacht werde, aus welchem nicht nur das gegenwärtige Geschlecht Nutzen ziehe.

Zum Beweise dessen führt der Verfasser folgendes an: Der Staat kann nicht wie der Privatmann für jede, das Budget momentan sehr drückende und auch dem folgenden Geschlecht zu gute kommende Ausgabe Anleihen aufnehmen, denn bei ihm ist der Geldleiher und der Geldnehmer dieselbe Person. Der Staat ist die Gemeinschaft aller Bürger: „l'état c'est nous-mêmes." Die Anleihen und Steuern werden durch alle Bürger zusammen, durch die Gemeinschaft aufgebracht. Für die Gemeinschaft als solche, in ihrer Einheit betrachtet, macht es nichts aus, ob die Ausgabe durch Steuern oder durch Anleihen bestritten wird. Denn in beiden Fällen müssen die Mittel durch die Gemeinschaft aufgebracht werden. Für die staatliche Gesellschaft kann also die Last der Ausgabe nicht auf einen längeren Zeitraum verteilt werden, als während dessen die Ausgabe geschieht. Nur bei jungen, kapitalarmen Staaten erleidet dieser Satz eine gewisse Modifikation.

Die vielfach verbreitete irrtümliche Auffassung über die durch Anleihen zu deckenden Ausgaben beruht auf der verkehrten Ansicht, dass die Steuern ein notwendiges Uebel sind. Aber die Zahlung von Steuern ist nichts anderes, „als die Vergütung für genossene Dienste." Ein Uebel liegt nur dann vor, wenn „wir Steuern aufbringen müssen, wo uns keine Dienste erwiesen sind". Das Uebel liegt dann an der falschen Verteilung der Steuern.

Weil nun für die Gemeinschaft die Ausgabe sich nicht verschieben lässt, so ist die Art und Weise, wie die Ausgabe bestritten wird, von grösstem Einfluss auf die Wohlfahrt des Landes.

Bei der Steuerzahlung wird aus dem Ertrage eines neuen Produktes, welches die Frucht des gesamten Gewerbfleisses des Volkes, der Zusammenwirkung von Grund und Boden, Kapital und Arbeit ist, an den Staat, d. h. an das Organ der Gemeinschaft derjenige Teil des neuen Produktes ausgekehrt, der ihm für seinen Anteil an dem allgemeinen Gewerbfleisse zukommt. Die Dienstleistungen des Staates gehören zu der Totalsumme der jährlichen Produktionskosten; sie müssen also in dem neuen Produkt des allgemeinen Gewerbfleisses ihre Belohnung finden. Werden hiefür Anleihen aufgenommen, so bleibt von den Früchten des Gewerbfleisses ein Teil verfügbar, der grösser ist als der wirkliche Gewinn, denn es hat ein Teil der Produktionskosten in dem Ertrage des Produktes keine Vergütung gefunden. Vielmehr ist der betreffende Teil der Produktionskosten durch Zuhilfenahme des Gesellschaftskapitals gedeckt. Hiedurch wird der Anschein erweckt, als ob das Gesellschaftseinkommen grösser sei, als thatsächlich der Fall; dadurch nimmt der Konsum grössere Dimensionen an, als die vorhandenen Mittel erlauben, und ferner entsteht dadurch eine Kapitalvernichtung, die durch Mehrersparnisse infolge der Vergrösserung des Einkommens nicht gedeckt wird.

Ferner muss in einem geordneten Steuerwesen der Druck vornehmlich auf den Mehrvermögenden und Leistungsfähigeren ruhen. Wenn man nun die Kosten der allgemeinen Produktion nicht mittelst der Steuern auf das gesamte gesellschaftliche Einkommen verteilt, sondern statt dessen Anleihen aufnimmt, so kommt dies lediglich den Bestsituierten zu gute. Ausserdem führt die notwendige Steuererhöhung die einen zur Einschränkung ihres Konsums, die anderen zur stärkeren Kraftanspannung behufs Vermehrung ihres Verdienstes, so dass also eine Abnahme der Kapitalbildung nicht zu befürchten ist, wenn die betreffenden Ausgaben durch Steuern anstatt durch Anleihen gedeckt werden. Wenn nun der Staat die Eisenbahnen auf dem Wege der Verstaatlichung übernimmt, oder sie selbst anlegt, so werden damit bleibende Hilfsmittel des allgemeinen Gewerbsfleisses geschaffen, die nun gebraucht, aber nicht verbraucht werden. Die hiezu nötigen Mittel auf dem Wege der Anleihen zu beschaffen, ist gerechtfertigt. Die Rente dagegen für das in die Eisenbahnen gesteckte Kapital, die durch die Bahnen selbst nicht aufgebracht wird, muss aus den Früchten des allgemeinen Gewerbsfleisses, also aus dem allgemeinen Einkommen gedeckt werden.

Bei Anleihen für wirklich produktive Anlagen von öffentlichem Nutzen treten die vorerwähnten Schäden nicht ein. Die Frage, ob eine Ausgabe produktiv ist, oder nicht, muss also bei der Aufnahme von Anleihen in erster Linie berücksichtigt werden. Wollte man, wie der Minister Bloem, alles das durch Anleihen decken, was für grosse, in nicht nur der gegenwärtigen, sondern auch den künftigen Generationen zu gute kommende Werke von öffentlichem Nutzen auszugeben ist, so könnte man fast alles unter diesen Begriff reihen. ein Gebäude für das Ministerium ebenso wie ein Museum, eine Kaserne, ein Gefängnis, ein Irrenhaus, eine Schule, eine Universität etc.

Derartige Ausgaben, die überdies bei dem Staat Regel sind, können nicht durch Anleihen gedeckt werden, wie bei dem Privatmann, wo entsprechende Ausgaben nur Ausnahmen sind. Die Rentenzahlungen würden in solchen Fällen schwerer auf dem gesellschaftlichen Einkommen lasten, als die direkte Bestreitung durch Steuern jemals gethan hätte, und das Einkommen selbst würde durch Kapitalvernichtung gelitten haben.

Von den Ausgaben, die nach Ansicht des Ministers unzweifelhaft durch Anleihen zu decken sind, ist zunächst die für Festungsbauten nach Ansicht des Verfassers keineswegs auf dem Wege der Anleihen zu bestreiten. Denn diese Ausgabe ist weder direkt noch indirekt produktiv, sie bringt nichts der Fruchtbarkeit des Gewerbfleisses hinzu. Wenn man diese Ausgaben mit den Assekuranzprämien des Kaufmanns verglichen hat, die insofern produktiv seien, als sie zur Erhaltung des in die Güter gesteckten Kapitals dienen, so ist das ein sehr treffender Vergleich. Aus ihm folgt aber thatsächlich, dass die Ausgaben für Festungswerke nicht durch Anleihen zu bestreiten sind; denn jeder Kaufmann bucht die Ausgaben für Versicherung in seiner jährlichen Gewinn- und Verlustrechnung, aber nicht in seiner Kapitalsrechnung. Ueberdies stellen sich die geplanten Ausgaben für Festungswerke doch nur als Unterhaltungskosten für den Verteidigungszustand des Landes dar. Das letztere trifft auch für die Ausgaben behufs Verbesserung des Rotterdamschen Wasserweges zu.

Die Kosten der Silberentmünzung sind ein direkter Verlust, den der Staat sich aufbürdet, um einem noch grösseren indirekten Verlust für den allgemeinen Gewerbfleiss vorzubeugen. Diese Ausgabe kann also ebenfalls nicht durch Anleihen bestritten werden.

An die ziemlich breite Ausführung dieser Gesichtspunkte knüpft der Verfasser eine Erörterung darüber an, ob es wünschenswert sei, den Budgetvoranschlag zu scheiden in ein Budget von gewöhnlichen und ein Budget von aussergewöhnlichen Einnahmen und Ausgaben. Der Verfasser beschränkt sich hierbei darauf, durch längere Citate aus Reden des früheren Ministers Vissering und des französischen Finanzmannes Henri Germain die Frage zu verneinen. Ausserdem soll auch nach Ansicht des Verfassers die übliche Scheidung in „Ausgaben der allgemeinen Verwaltung" und „andere Ausgaben", die nur zu Verschleierungen dient, abgeschafft werden. Bezüglich der Deckung durch Anleihen verlangt der Verfasser, dass, sobald die Deckung einer Ausgabe durch Anleihe beschlossen ist, in das betreffende Gesetz selbst ein Artikel aufgenommen wird, wonach die betreffende Ausgabe, falls es nötig ist, durch Anleihe gedeckt werden kann. Alsdann soll die Regierung das Mittel zur Deckung der Ausgabe prinzipiell in der Kammer beleuchten und verteidigen, damit darnach die Generalstaaten sich schlüssig machen können. Jeder Posten, betreffs dessen ein solcher Beschluss nicht gefasst ist, gehört dann zu den Ausgaben, die durch die gewöhnlichen Einkünfte gedeckt werden müssen.

Dies der Inhalt der Schrift. In den Grundgedanken ist die Auffassung des Verfassers gewiss anzuerkennen. Es kann in der That nicht gleichgültig sein, ob die Ausgaben, für welche Staatsanleihen aufgenommen werden, produktiv oder unproduktiv sind, ob sie sich als Kapitalsanlagen oder nur als Unterhaltskosten bestehender Einrichtungen darstellen. Die ganze Art der Begründung ist aber zu wenig durchgearbeitet und auch zu einseitig, als dass sie überzeugend wirken könnte. Ueberhaupt ist die Anlage der Schrift nichts weniger als glücklich. Der ganze erste Teil, der die Entwickelung der letzten Jahre darstellt, ist viel zu breit. Thatsächlich kann dieser Teil doch nur die Bedeutung einer Einleitung haben, da die eigentliche Aufgabe, die der Verfasser sich gestellt, die Behandlung einer reinen Prinzipienfrage ist. Auch die sehr ausführliche Schilderung der Diskussionen in der jüngsten Session der Generalstaaten hätte kürzer gehalten werden müssen. Der Verfasser hat sich mit den vorbereitenden Erörterungen so sehr aufgehalten, dass er sein eigentliches Thema nur oberflächlich und keineswegs erschöpfend behandelt. Der Mangel an selbständiger Arbeit tritt bisweilen störend hervor. Die Präzision der Ausdrucksweise lässt mehrfach zu wünschen übrig. Alles in allem trägt die Schrift mehr den Charakter einer zu kurzem Dasein bestimmten Broschüre über eine Tagesfrage, als einer wissenschaftlichen Untersuchung von dauernder Bedeutung.

Aachen.   Dr. R. van der Borght.

Max Seydel. Bayerisches Staatsrecht, II. Band, München. Litterar.-artistische Anstalt (Theodor Riedel) 1885. 581 S. [1])

Der vorliegende Band des Seydelschen Werkes behandelt das Verfassungsrecht Bayerns, indem es nach einander den Landtag, den Reichstag, die Staatsbehörden und die Reichsbehörden darstellt. Das für die Finanzwissenschaft Wichtige konzentriert sich naturgemäss bei einer in ihren Grundzügen staatsrechtlichen Materie nur auf einige Punkte.

Was zunächst den Landtag betrifft, so ist hervorzuheben, dass derselbe in eine erste und zweite Kammer sich gliedert. Die Abgeordnetenkammer hat zunächst die Anträge über die Staatsauflagen zu empfangen. Die Regierungsthätigkeit wird, soweit nicht das Steuerbewilligungsrecht des Landtags beschränkend eingreift, ausschliesslich von dem Willen des Königs bestimmt. Die Stände können die Bewilligung der Steuern mit keiner Bedingung verbinden. Der Landtag hat daher noch viel weniger das Recht der willkürlichen Steuerverweigerung, ein Recht, dessen Besitz in der That die parlamentarische Regierungsform begründen würde.

Die Kammer der Reichsräte besteht aus erblichen Reichräten zwar in unbeschränkter Zahl; der König ist jedoch in der Auswahl der zu ernennenden

---

[1]) Vergl. Finanzarchiv, II. Jahrgang, Seite 536.

Personen gesetzlich beschränkt, dadurcn, dass die Fähigkeit erblicher Reichsrat zu werden, abhängig ist neben dem Besitze der Staatsangehörigkeit und des Adels von dem Besitze eines mit dem Lehen oder fideikommissarischen Verbande belegten Grundvermögens, von welchem an Grund- und Dominikalsteuern in simplo 300 fl. zu entrichten sind.[1]

Die Bildung der Abgeordnetenkammer geschieht bekanntlich in indirekter Wahl. Um Urwähler zu sein, wird auch vorausgesetzt die Entrichtung direkter Staatssteuern seit mindestens 6 Monaten. Die Abgeordneten erhalten, wenn sie nicht am Orte der Versammlung wohnen, für deren Dauer unter Einrechnung des vorausgehenden und nachfolgenden Tages ein Taggeld von 10 Mark. Das Taggeld des Abgeordneten ist kein Entgelt für seine Dienstleistung, letztere ist vielmehr unentgeltlich. Es ist eine Entschädigung für den persönlichen Aufwand, welcher dem Abgeordneten durch die Abwesenheit von seinem Wohnorte erwächst. Es liegt im Wesen des Taggeldes, dass es nur mit Rücksicht auf wirklich geleistete Anwesenheit gewährt wird; die Diätenzahlung an Beurlaubte wird daher eingestellt. Die Abgeordneten haben während der Landtagsversammlung, sowie während der vorausgehenden und nachfolgenden acht Tage freie Fahrt auf den vom bayerischen Staate betriebenen Eisenbahnen nach den verordnungsmässigen Bestimmungen zu beanspruchen. Diese freie Fahrt kann im Wege der Vereinbarung mit den betreffenden Betriebsleitungen auch auf andere Eisenbahnen erstreckt werden. Die Abgeordneten erhalten ferner bei Beginn und bei Beendigung der Landtagsversammlungen für die Reise zwischen dem Wohn- und dem Versammlungsorte, soweit dabei nicht die Eisenbahnfreikarte benutzt werden kann, als Reisekostenentschädigung 50 Pfennig für den Kilometer.

Von den Ehrenämtern, welche die Kammern verleihen, sind hervorzuheben die Kommissäre und deren Stellvertreter, welche zur Ueberwachung der Geschäftsführung bei der Staatsschuldentilgungskommission von den Kammern zu ernennen sind. Jede Kammer wählt einen Kommissär und einen Stellvertreter

---

[1] Die Grundsteuer vom 15. August 1828/19. Mai 1881 klassifiziert die Grundstücke nach Bonitätsklassen und reduziert deren Erträgnisse zur gleichförmigen und unveränderlichen Anwendung auf den Kornpreis, welcher unveränderlich auf 8 fl. per Scheffel festgesetzt wurde — jetzt 222,3 Liter Korn = 13⁵/₇ Mark. — Die Berechnung ist also derartig, dass ein mitteljähriger Ertrag von ¹/₈ Scheffel Korn, oder was dem gleich geachtet wird, von einem bayerischen Tagwerk = 3407,27 Quadratmeter eine Klasse darstellt. Wird also von einem Acker gesagt, er habe einen mittleren Jahresertrag von zwei Scheffel Korn, so steht dieser Acker in der 16. Bonitätsklasse, d. h. er erträgt 16 fl., und weil jeder Gulden des Ertrages die Grundlage eines Steuersimplums ist, so werden von diesem Acker 16 Steuersimpla entrichtet. Die Steuer von jedem solchen Ertragsgulden im Betrage von 1 kr. nannte man ein Steuersimplum. Angenommen nun der Staat erhebt für seinen Bedarf 3 kr. oder 9 Pf. von dem Gulden des Ertragswertes, so sagt man, er erhebt 3 Steuersimplen. Augenblicks werden jedoch nur 8⁴/₁₀ Pf. von der Einheit der Steuerverhältniszahl erhoben. Da nun zur Fähigkeit, Reichsrat zu werden im simplo 300 fl. an Grund- und Dominikalsteuern entrichtet werden, — unter Dominikalrenten werden alle und jede ständige sowie unständige Reichnisse in Geld und Naturalien verstanden, welche dem Rentenbesitzer aus dem geteilten Eigentum fliessen. Die Steuern hieraus heissen Dominikalsteuern — so wird in der That bei der Fähigkeit Reichsrat zu werden, vorausgesetzt, dass der Kandidat mindestens einen Ertrag aus seinen Gütern von $60 \times 300 = 18\,000$ fl. habe. Es ist jedoch nicht notwendig, dass dieser Ertrag aus schuldenfreiem Grundvermögen stamme. Es ist vielmehr nur nötig, dass der Betrag von 25 fl. Steuersimplum, also von $60 \times 25 = 1500$ fl. Ertrag aus den Grundstücken frei von Schulden und Lasten sei, das übrige ist als Fideikommissüberschuss zu betrachten, welcher zwar im Grundvermögen bestehen muss und niemals veräussert oder vermindert werden darf, übrigens mit Schulden belastet sein oder werden kann.

desselben sogleich nach der Wahl der Ausschüsse. Diese Kommissäre und Stellvertreter haben ihre Funktionen auch nach Ablauf der Wahlperiode und selbst im
Falle der Auflösung der Abgeordnetenkammer bis zur Ernennung von Nach-
folgern fortzusetzen.

Die Kammer der Reichsräte wählt unmittelbar nach Eröffnung des Landtages auf dessen Dauer sechs Ausschüsse, darunter einen zweiten Ausschuss für
Finanzen mit Einschluss der Staatsschuld („Finanzausschuss"). Die Kammer der
Abgeordneten wählt mit relativer Mehrheit für die Dauer der Session fünf
ständige Ausschüsse und zwar als den zweiten einen für Gegenstände der Finanzen
und der Staatschuld („Finanzausschuss").[1]

Nun zu den Staatsbehörden. Die Befugnis zur Schaffung der Behörden, welche bei Erfüllung der Staatsaufgaben notwendig sind, ist mit der
Staatsgewalt von selbst gegeben, welche nur beim Könige steht. Die Mitwirkung
des Landtags ist nach bayerischem Staatsrecht im wesentlichen auf zwei Gebiete
der Staatsthätigkeit beschränkt, auf die Gesetzgebung und auf die Führung des
Staatshaushaltes. Die nähere Erörterung des Inhalts des Budgetrechts des
Landtags muss der Darstellung des Finanzrechts vorbehalten bleiben. Hier
sind nur jene Hauptsätze des bayerischen Budgetrechts hervorzuheben, welche
auf das Recht der Behördenorganisation Einfluss äussern.

Das Budget ist nach bayerischem Staatsrechte auch formell kein Gesetz.
Es wird vom Landtage geprüft und wenn es nach erzielter Vereinbarung mit
der Staatsregierung Grundlage der Steuerbewilligung geworden ist, wird es zu
einer für die Staatsregierung bindenden Verwaltungnorm. Das Budget kann
nach bayerischem Staatsrechte um so weniger für ein formelles Gesetz erachtet
werden, als staatsrechtlich die Möglichkeit einer Steuerbewilligung ohne verein-
bartes Budget besteht, die Möglichkeit also einer einseitigen Festsetzung des
Budgets durch die Staatsregierung.

Daraus ergibt sich zunächst, dass die Lehre von einer Organisation
durch das Budget, wie im allgemeinen, so für das bayerische Staatsrecht insbesondere keinen Boden hat.

Dagegen erzeugt der Umstand, dass durch die Steuerbewilligung auf
Grund vereinbarten Budgets alle Staatseinnahmen auf bestimmte Staatsausgaben
zugeeignet (appropriiert) sind, eine Beschränkung des Organisationsrechtes dann,
wenn eine beabsichtigte neue Organisation Geldmittel erheischt. Da die vorhandenen Mittel durch das Budget vergeben sind, so kann in solchem Falle das
der Krone zustehende Organisationsrecht erst dann geübt werden, wenn durch Bereit-

---

[1] Es wird vielleicht noch von Interesse sein, den Etat der Landtagsversammlung und
des Landtagsarchivs kennen zu lernen. Derselbe teilt sich:

1) In Besoldungen und Bureauausgaben:

A. Landtagsversammlung:

Bureauvorstand	3,720 M.	
Sächliche Ausgaben:		
Kanzlei etc.	300 „	
Bibliothek , ...	3,000 „	
Kataloge	2,200 „	
Kosten der Landtagsversammlung	430,000 „	
B. Landtagsarchiv:		
Archivar	4,980 „	
Bedienstete	5,380 „	
Sächliche Ausgaben	950 „	
2) In ständige Bureauausgaben	920 „	
3) In Landbauausgaben auf die Landtagsgebäude	1,800 „	
	Gesamtausgaben . . .	453,270 M.

Da sich der Landtag nur alle zwei Jahre auf ungefähr 6 Monate zu versammeln pflegt,
und da die hiefür erwachsende Ausgabe auf zwei Jahre im obigen Betrage verteilt zu werden
pflegt, so beläuft sich in der That der Aufwand für eine Landtagsversammlung auf ungefähr
906,540 Mark.

stellung der erforderlichen Mittel im Budget die finanzielle Grundlage hierfür
gegeben ist.

Es hängt von dem Grade der Spezialisierung des Budgets ab, wie weit
die Gebundenheit der Staatsregierung in organisatorischer Beziehung reicht.
Dabei ist hervorzuheben, dass die Nichtbenützung des für eine Organisation
verfügbaren Kredits der Staatsregierung die rechtliche Möglichkeit nicht gibt,
die frei gewordenen Mittel für eine beliebige andere Organisation zu verwenden.

Das Organisationsrecht der Krone ist also durch das Budgetrecht des
Landtages gebunden, aber nicht umgekehrt dieses durch jenes. Man darf z. B.
nicht sagen, dass, weil die Krone das Recht hat, im Wege der Verordnung
Ministerien zu organisieren, der Landtag verpflichtet sei, nun auch die Mittel
für so viele Ministerien zu bewilligen, als die Krone zu errichten für gut findet.

Allerdings besitzt der Landtag kein schrankenloses Recht, die Mittel für
Behördenorganisation abzulehnen. Aber die Beschränkungen seines Rechtes sind
nicht aus dem Organisationsrechte der Krone, sondern aus anderen Rechtsgründen
abzuleiten.

Der Landtag muss nämlich die Mittel für alle diejenigen Organisationen
bewilligen, deren Bestand nach den Gesetzen notwendig ist, ferner für alle diejenigen, deren dauernde Notwendigkeit zwischen Landtag und Staatsregierung
einmal anerkannt worden ist, beides in so lange als nicht das Gesetz geändert
oder die Zulässigkeit der Beseitigung einer Organisation von der Staatsregierung
zugestanden ist.

Zu den „Staatsmerkwürdigkeiten" mag es gerechnet werden, wenn wir zum
Schlusse erwähnen, dass seit Beginn des konstitutionellen Lebens in Bayern (1818/86)
im ganzen 17 Finanzminister (samt dem Verwesern == V.) ernannt wurden, nämlich:

von Lerchenfeld 1817/25	Gr. von Lerchenfeld 1848
von Neumayr V. 1825	von Weigand 1848/49
Graf Armansperg 1826/32	Dr. von Aschenbrenner 1849/58
von Mieg 1832	von Fischer V. 1858
von Lerchenfeld 1833/34	B. von Pfeufer 1859/66
von Wirschinger 1835/40	von Pfretzschner 1866/72
von Seinsheim 1840/47	von Berr 1872/77
von Zu-Rhein 1847	Dr. von Riedel, von 1877 an.
von Heres V. 1847/48	

Ludwig Hoffmann.

P. H. de Clercq. Les finances de l'empire de Russie. Amsterdam,
M. M. Olivier, 1886. 315 S.[1])

Bei dem verstärkten Interesse, das sich in der neueren Zeit dem Finanzwesen der Staaten zuwendet, ist es sehr erklärlich, wenn sich die Versuche
mehren, durch übersichtliche Darstellungen der Finanzhaushalte und ihrer
Entwicklung dem Wissensbedürfnis des Staatsmanns, Gelehrten und Kapitalisten
entgegenzukommen. Ich brauche nur aus der neueren Zeit auf die Arbeiten
Beers, Sachs', Kaufmanns zu verweisen.

Ein Staat, für den eine solche Arbeit ein ganz besonderes Bedürfnis ist,
ist unstreitig Russland. Das kleine Werkchen von Raffalovich konnte nicht als
ausreichend betrachtet werden, den an sich vortrefflichen Arbeiten Leroy-Beau-
lieus und Mattheeis war für die Behandlung der Finanzen ein enger Raum
gesteckt. Die Lücke ist nun für die letzten 10 Jahre glänzend ausgefüllt durch
das oben angeführte Buch. Mit wohlthuender Sicherheit, überlegener Sachkenntnis, frei von aller Tendenzmacherei rollt Clercq das Bild des russischen
Haushalts vor unsern Augen auf. Die Zeichnung ist scharf und klar und dabei
doch nicht hart und eckig; das Zahlenmaterial erdrückt nicht, es wird belebt
und der geistigen Betrachtung unterthan gemacht.

---

[1]) Vgl. hierzu die oben S. 650 mitgeteilten Tabellen.

Für deutsche Leser dürfte es wünschenswert sein, die wesentlichen Resultate herauszuheben.

Bis zum Jahr 1862 war das russische Finanzwesen dezentralisiert. Neben den allgemeinen Einnahmen und Ausgaben hatte jedes Ministerium besondere Einnahmsquellen, über die es nach Belieben verfügte. Es war nahezu unmöglich, die Lage des Finanzhaushalts zu übersehen. Durch das Budgetgesetz vom 22. Mai 1862 wurde diesem Zustand ein Ende zu machen und die westeuropäische Einrichtung nachzuahmen gesucht. Zum grössten Teile ist dies auch gelungen. Doch ist nicht nur das finnländische Budget und die polnische Schuld ganz abgetrennt, sondern es bestehen auch noch eine Reihe von Spezialfonds, die nicht in das Budget aufgenommen sind, auch vollständig demselben gar nicht einverleibt werden können, da sie zum Teil auf Schenkungen für bestimmte Zwecke beruhen. Es stehen dadurch den verschiedenen Verwaltungen noch etwa 30 Millionen Rubel zur Verfügung; die Ausgaben dieser Spezialfonds machen 4 Prozent der ordentlichen Budgetausgaben aus. Aus denselben werden zu den Pensionen der Beamten und Militärs 27 Prozent, für öffentlichen Unterricht 18 Prozent, für den Bau von Kasernen 23 Prozent, für den Bau von Gefängnissen 25 Prozent den Budgetsätzen zugefügt. Der Verfasser behandelt dieselben S. 272—284 und macht auch Reformvorschläge, um eine grössere Einheit des Budgets zu erzielen.

Was nun dieses letztere betrifft, so geschieht die definitive Feststellung des auf Grund der Spezialbudgets aufgestellten Generalbudgets durch den Reichsrat, der aus 60 Mitgliedern (meistens pensionierte hohe Zivil- und Militärbeamte, sowie Minister) besteht und zur Prüfung eine eigene Abteilung bestellt. Uebertragungen unter den Hauptposten (Paragraphen) sind nicht gestattet, wohl aber unter den sekundären Positionen (Artikeln).

Das Rechnungsjahr schliesst mit dem 31. Dezember, Ausgaben und Einnahmen an direkten Steuern können auf Rechnung des verflossenen Jahres noch 5 Monate gemacht werden. Zahlungen, die darüber hinaus zu machen sind, werden noch 4 Jahre als Reste fortgeführt; 5 Jahre nach seiner Entstehung wird das Budget definitiv abgeschlossen, ausgenommen die Kredite für den Dienst der öffentlichen Schuld, die perpetuierlich sind.

Die Kontrolle ist einer Behörde unterstellt, welche den Ministern koordiniert ist. Ihre Befugnisse sind ausgedehnter, als in andern Ländern Europas. Dem Reichskontrolleur unterstehen 60 Provinzialkammern, welchen die Zahlbeamten alle Ein- und Auszahlungs-Belege senden. Auf Grund dieser Originalbelege werden eigene Rechnungen aufgestellt und mit denen der Behörde verglichen. Die Fonds und das Staatsvermögen unterliegen gleichfalls der Revision der Kontrollbehörde. Dieselbe publiziert jährlich einen eingehenden Bericht über das abgeschlossene Budget, der Kaiser erhält einen Geheimbericht über die beobachteten Missbräuche.

Der erst genannte Bericht, der 2 Jahre nach dem Budget erscheint, bildet die Hauptunterlage für das Studium der russischen Finanzverhältnisse und besteht aus 3 Bänden. Der erste enthält eine detaillierte Rechnung über die Einnahmen und Ausgaben unter Angabe des für jeden Artikel ausgeworfenen Kredits, über die wirklich gemachten Ausgaben oder noch zu zahlende Reste. Der zweite enthält detaillierte Tabellen über die Lage und Bewegungen der Kasse, der Schuld und sonstige wichtige Dokumente. In dem dritten finden wir ein Resumé des ersten Bandes mit einer Klassifikation der Einnahmen und Ausgaben in Uebereinstimmung mit dem Budget, den erläuternden Bericht des Kontrolleurs, einen Vergleich mit den früheren Jahren. Dieser letzte Band erscheint auch in französischer Sprache im Journal de St. Pétersbourg. Die deutschen Journale in Berlin, sowie die russische Revue veröffentlichen gleichfalls Uebersetzungen der wichtigsten Teile. Die belangreichen Daten aus den Rechnungen pro 1869/80 finden sich auch in den Annuaires des finances russes par A. Vessélovsky, die leider von nun an nur noch in russischer Sprache veröffentlicht werden. Die Einnahmen und Ausgaben des laufenden Jahres werden monatlich im offiziellen Blatt und französisch im Journal de St. Pétersbourg mitgeteilt. Die Budgets spezifiziert nach Paragraphen (jedoch nicht auch die Artikel) erscheinen im offiziellen Journal, sowie im Journal de St. Pétersbourg am 1. oder 2. Januar.

So besteht in Russland eine formelle Ordnung und Publizität, welche hinter der der konstitutionellen Staaten wenig zurücksteht. Die definitive Feststellung des Budgets kann, da der schwerfällige Apparat der Volksvertretung wegfällt, kurz vor Beginn des neuen Jahres gelegt werden, und die Veröffentlichungen erfolgen sehr rasch, so dass die neuesten Daten nicht weit zurückliegen.

Gleichwohl haben die russischen Budgetziffern vielfach nicht den Wert wie anderswo, sind nicht so zuverlässig. Das Reich hat einen enormen Umfang, fast jedes Jahr verhindern lokale Notstände das Eingehen der Steuern, die Schwankungen des Wechselkurses sind unberechenbar, und man weiss deshalb nicht, wieviel für auswärtige Zahlungen und infolge von Preissteigerungen aufzuwenden sein werden. Es fehlt auch noch die Uebung in exaktem Budgetieren bei den untergeordneteren Aemtern. Ganz besonders schwer fällt aber ins Gewicht, dass Ueberschreitungen oder Supplementarkredite nicht die gleichen Schwierigkeiten finden wie in parlamentarischen Staaten. Zwar enthält das organische Budgetgesetz von 1862 sehr rigorose Bestimmungen in betreff der Supplementarkredite; es ist für dieselben der nämliche Instanzenzug, wie für die ordentlichen vorgeschrieben, nur vom Plenum des Reichsrats ist abgesehen. Allein es scheint, dass diese Vorschriften ausser Uebung kamen, 1880 betrugen die Supplementarkredite gegen 9 Prozent der ordentlichen. Den energischen Bemühungen Bunges ist es jedoch gelungen, diesen Mangel etwas zu mindern, indem er eine Reihe jährlich sich wiedererholender Kredite ins ordentliche Budget mit aufnahm. Im Jahr 1884 betrugen die Supplementarkredite nur 15 Millionen. Die ordentlichen Ausgaben, überstiegen die budgetierten in den Jahren 1874/83 um 227 Mill. Rubel, die ordentlichen Einnahmen die geschätzten um 220, bezw. nach Abzug der zu hoch geschätzten Beträge um 199.

Unter den Ausgaben nehmen die erste Stelle die für die Schulden ein. Sie haben sich seit 1874 verdoppelt. Ursache war der Krieg mit der Türkei, welcher das Jahreserfordernis für die Schuld um 64,6 Mill. Rubel, die Entwertung der Valuta, welche dasselbe um 17 Mill. Rubel, der Bau der Eisenbahnen, der dasselbe um 17,2 Mill. Rubel gesteigert hat. Vor dem orientalischen Krieg beanspruchte das Erfordernis für die Schuld 19 Prozent der ordentlichen Ausgaben, 1883 28 Prozent, darunter sind aber 4 Prozent für Tilgungsbeträge, so dass auf das Zinsenerfordernis nur 24 Prozent treffen. Es ist der Prozentsatz niedriger als in Frankreich (42 Prozent). England (33 Prozent), Italien (37 Prozent), teils weil Russland später mit dem Schuldenmachen angefangen, teils viel Papiergeld ausgegeben hat.

Wenig stehen an Bedeutung zurück die Ausgaben für das Kriegsministerium (27,74), ja in Verbindung mit den Ausgaben für Marine belaufen sie sich auf 32 Prozent aller ordentlichen Ausgaben (in England 32 Prozent, Frankreich 26 Prozent, Italien 19 Prozent). Grossen Einfluss auf diesen Posten haben die Lebensmittel- und Fouragepreise; z. B. 1880 infolgedessen 13 Mill. mehr, 1882 15 Mill. weniger.

Die nächst höchste Summe der Ausgaben fällt auf das Finanzministerium (14 Prozent). Darunter ist ein sehr erheblicher Posten für Zins- und Amortisationsgarantien von Eisenbahnen (13 Mill.) und ein noch grösserer für Pensionen. von Civilbeamten (28 Mill.), welche beide fast die Hälfte der Ausgaben des Finanzministeriums ausmachen, wozu aber noch bedeutende Zuschüsse aus Spezialfonds kommen. Der enorme Pensionsaufwand ist Folge der Ueberzahl von Beamten, namentlich der höheren. Für den zahlreichen Adel bildet der Regierungsdienst fast die einzige Carriere. Der Grund dazu wurde von Peter dem Grossen gelegt, der verlangte, dass jeder Adelige sein ganzes Leben dem Regierungsdienst widme, auch hatte er bestimmt, — und das gilt noch —, dass verschiedene Rangstufen mit dem persönlichen oder erblichen Adel verknüpft sein sollten. Das bringt die Ueberfüllung und die vielen Pensionen.

Nur durch Erschwerung der Zulassung ist da allmählich eine Wendung zum
Bessern zu erzielen.

Die übrigen Ausgabeposten treten gegenüber den bisherigen zurück. Die
Ausgaben für die grossen Staatsämter umfassen die des Staatsrats, der Staatsdruckerei, des Sekretariats des Ministerrats, des Kabinettssekretariats, der Bitt-
schriftenkommission. Die Ausgaben für das kaiserliche Haus sind seit 1874 ziemlich
stabil geblieben, es sind darauf angewiesen der Kaiser mit der kaiserlichen Familie,
die Unterhaltung der Schlösser, der kaiserliche Sicherheitsdienst, Unterstützung
von Kunst u. s. w. Ausser dieser Dotation von ca. 12 Mill. Rubel stehen der
kaiserlichen Familie noch die in ihrer Grösse unbekannten Revenuen der
Apanagegüter zur Verfügung. Die Krönungskosten im Mai 1883 stehen in der
Rechnung mit 4,380,000 Rubel, es wird angenommen, dass der Kaiser den beträchtlichen überschiessenden Teil aus seiner Kasse gedeckt habe.

Die Ausgaben des Ministeriums des Auswärtigen sind in den letzten
10 Jahren von 2,7 auf 4,3 Mill. Rubel, hauptsächlich infolge des schlechten
Wechselkurses gestiegen.

Das Domänenministerium braucht 10 Millionen für Verwaltungskosten,
der Rest ist zum Teil für produktive Zwecke, für Hebung der Bergwerksindustrie,
Agrikultur und Forstwirtschaft verwendet.

Das Ministerium des Innern beansprucht nicht ganz 10 Prozent der Ausgaben, seit 1874 ist sein Etat um $^1/_3$ gestiegen. Nahezu die Hälfte wird aufgebraucht für Strafanstalten (12 Mill.), die noch sehr unzureichend sind, und
für die Unterhaltung der Post und Telegraphen (23 Mill.). Die Ministerien für
Justiz, öffentlichen Unterricht, Kommunikationswege beanspruchen je den be-
scheidenen Betrag von ca. 2$^1/_2$ Prozent.

Im allgemeinen treten die produktiven Ausgaben im engern Sinn in
Russland ungemein zurück, und man muss dem Verfasser zustimmen, wenn er
dies beklagt, namentlich mit Rücksicht auf die schwach entwickelte private
Initiative in Russland.

Hinsichtlich der Einnahmen können wir uns sehr kurz fassen. Das
Finanzarchiv hat sowohl in betreff der direkten und indirekten Steuern den
Stand bis auf die neueste Zeit verfolgt (siehe I, 914; II, 217; III, 264); doch
finden sich auch da noch beachtenswerte Einzelheiten in dem Buch.
Die direkten Steuern betragen in Russland 18$^1/_2$ Prozent der ordentlichen Einnahmen, in England 17$^1/_2$ Prozent, in Frankreich 15 Prozent, in Italien 27 Prozent.
Ihre Umgestaltung in der Weise, dass die Last von der untern Klasse auf die
leistungsfähigeren verschoben wird, ist im Finanzarchiv bereits dargestellt; doch
sind immer noch Adel, Geistlichkeit, Beamte, Advokaten, Mediziner, Ingenieure
u. dergl. nur besteuert, insofern sie Grund und Boden oder Kapital haben.
Der Verfasser proponiert an Stelle der zur Zeit schwer durchführbaren Einkommensteuer die denselben Dienst leistende Mietsteuer — Erfassung des Einkommens in den Ausgaben.

Interessant sind die Mitteilungen über den Branntweinschmuggel (S. 46).
Die Erhebungskosten für Getränke-, Tabak- und Zuckersteuer belaufen
sich auf 3,1 Prozent, (in Grossbritannien auf 3,2, in Frankreich auf 6 Prozent,
in Deutschland auf 15 Prozent).

Der erheblichste Einnahmeposten nach den Accisen und direkten Steuern
sind die Zölle, sie betragen 14 Prozent der ordentlichen Einnahmen und sind
seit 1874 um 67 Prozent gestiegen. Seit dem 1. Januar 1877 müssen die Zölle
in Gold (oder Goldcoupons etc.) gezahlt werden; infolge der starken vorherigen
Einfuhr sank der Ertrag von 63 und 72 Mill. in 1875 und 1876 auf 52 Mill.
in 1877, stieg aber dann auf 80, 93, 96. Am 1. Juli 1881 trat eine Erhöhung
der Zölle um 10 Prozent ein und am 1. Juli 1882 wurde für manche Waren
abermals eine Erhöhung eingeführt, manche bisher noch freie wurden belastet,
1885 die Thee- und einige andere Zölle erhöht.

Viele dieser Zollerhöhungen hatten einen Schutzzollcharakter und haben
die Einfuhr der Waren herabgedrückt, eben deshalb ist seit 1880 die Zolleinnahme nicht mehr gewachsen. Die grösste Zolleinnahme fällt auf Thee

(18,5 Mill.), Rohmetalle (4,7 Mill.), rohe Baumwolle, Spirituosen, Olivenöle (je 3 Mill.).

Die Kosten für den Zolldienst sind 9 Prozent der Einnahmen.

Die Erbschafts- und Schenkungssteuer besteht seit 1873 (1 Prozent in direkter Linie, 4—8 Prozent in der Seitenlinie).

Die Passgebühren sind sehr verhasst und drücken schwer auf die unteren Klassen, weshalb man an ihre Abschaffung denkt. Die Transportsteuer besteht seit 1879 und beträgt 25 Prozent für Billets 1. und 2. Klasse, 15 Prozent für Billets 3. Klasse und 25 Prozent für Güter in Schnellzügen. Die Versicherungssteuer beträgt $^3/_4$ Prozent. Die Einkünfte aus Post und Telegraphen zusammen decken gerade ihre Ausgaben; der Ueberschuss der Telegraphen (1$^1/_4$ Mill.) deckt das Defizit der Post.

Die Domäneneinnahmen weisen eine Steigerung auf und lassen beim Fortschreiten der Eisenbahnen und besserer Verwaltung derselben noch mehr erwarten. Will man die Entwickelung des Staatshaushalts in den letzten 20 Jahren überschauen, so kann man sich leider nicht der Rechnungen bedienen, sondern muss zu den Budgets greifen, auch einige Aenderungen in der Gruppierung vornehmen. Geschieht das, so ergibt sich folgendes Bild:

Einnahmen:

	1865	1875	1885
Direkte Steuern	99	134	136
Indirekte Steuern	190$^1/_2$	293	435
Regalien	15$^1/_2$	23	28
Domänen	23$^1/_2$	29	48
Verschiedenes	21$^1/_2$	53	79
	350	532	726

Ausgaben:

Schuld	64	107	207
Grosse Staatsämter	1	2	2
Hl. Synode und Kultus . . .	6	9$^1/_2$	10$^1/_2$
Minist. des kaiserl. Hauses . .	8	9	10$^1/_2$
„ „ Auswärtigen . . .	2	3	4
„ „ Kriegs	128	175	200$^1/_2$
„ der Marine	22	25	35$^1/_2$
„ „ Finanzen	66$^1/_2$	80	97
„ „ Domänen	10$^1/_2$	20	22
„ des Innern	29	53	71
„ „ öff. Unterrichts . .	7	16	20
„ „ „ Wege	15$^1/_2$	9	23
„ der Justiz	6$^1/_2$	13	20
Rechnungshof	1	2	3
Gestütsverwaltung	1	1	1
	368	525	727
In Metall nach dem jeweiligen Kurs	300	446	486

Die Ausgaben haben sich seit 1865 verdoppelt, zum grössten Teil infolge der Entwertung der Valuta. Legt man den Metallwert zu Grunde, so ist die Steigerung seit 1875 7$^1/_2$ Prozent, seit 1865 60 Prozent.

Keine der beiden Berechnungen gibt aber das richtige. Manche Posten, wie die inneren Anleihen sind vom Wechselkurs ganz, andere, wie die Ausgaben für Beamte nur indirekt und wenig abhängig. Sicher kann man aber sagen, dass beim Kurs von 1875 eine Ersparnis von 24 Mill. hinsichtlich der auswärtigen Anleihen und von $^3/_4$ Mill. beim auswärtigen Amt eintreten würde.

Im übrigen ist das Steigen der Ausgaben nichts Auffälliges und Russland nicht Eigentümliches. Länder mit Volksherrschaft zeigen die gleiche Erscheinung. Frankreichs Ausgaben waren 1865 2147 Mill., 1875 2945 Mill., 1885 3256 Mill. Francs; Englands Ausgaben 66, 74, 89 Mill. Pfd. St. Die Steigerungen in Frankreich 1865/85 52 Prozent, 1875/85 10$^1/_2$ Prozent, in England 35 Prozent, 20 Prozent.

Vergleicht man die ordentlichen Einnahmen und Ausgaben von 1874/83, so haben 4 Jahre einen Ueberschuss ergeben, 6 ein Defizit, und alle 10 Jahre zusammen haben ein Defizit von 109 Mill. (= 1³/₄ Prozent der Ausgaben) hinterlassen. Das Jahr 1883 mit einem Defizit von 22 Mill. = 3 Prozent kann als das normalste in der Reihe angesehen werden.

Neue und mehr Einnahmen und Sparen sind der einzige Ausweg. Neben den ordentlichen Einnahmen und Ausgaben hat Russland auch ausserordentliche. Die ausserordentlichen Ausgaben rühren her von den Kriegen, dem Bau der Eisenbahnen und Häfen. In der Zeit von 1874/83 wurden für Kriegsführung 1105 Mill. Rubel, über deren Verteilung der Verfasser interessante Mitteilungen macht, ausgegeben, wozu noch 8 Mill. für Fortifikation u. dergl. im ordentlichen Budget kommen. Davon treffen 28 Mill. auf transkaspische Expeditionen und 13 Mill. für Schutz an der chinesischen Grenze, welche aber von China wieder ersetzt wurden. Der Rest kommt auf Rechnung des Orientkriegs. Die Türkei sollte nach der Konvention vom 2. Mai 1882 200,625,000 Frs. Kriegsentschädigung zahlen, als erste Rate im Jahre 1853 wurden aber statt 3 Mill. nur 839,673 Rubel bezahlt. Der Krimkrieg 1853/56 kostete Russland viel weniger als der neue, nämlich 482 Mill. Rubel. Einen weiteren Posten ausserordentlicher Ausgaben stellen die Rückzahlungen an die Bank dar (100 Mill.), sowie die Ausgaben für die Eisenbahnen und Häfen (67 Mill.). Zu diesen Ausgaben von 1272 Mill. Rubel kommen noch die oben genannten 109 Mill. Rubel Defizit im Ordinarium.

In der Hauptsache stehen diesen Ausgaben naturgemäss neue Schulden als Einnahme gegenüber; bezüglich der Eisenbahnen hat das auch nichts Bedenkliches, nur die Niederlande haben ohne Schulden ein ganzes Netz gebaut, aber auch sie konnten das nur infolge der früheren Kolonialeinnahmen.

Die ausserordentlichen Einnahmen setzen sich zusammen 1) aus disponibeln Resten von verfallenen Krediten (59 Mill.), Anleihen (1019 Mill.), Uebertragungen aus dem früher bestandenen Eisenbahnbaufonds (114 Mill.), in Summa 1192 Mill., die gegenüber den Ausgaben von 1384 Mill. noch fehlenden 200 Mill. hat die Bank vorgeschossen.

Für die ausserordentlichen Ausgaben gelten die Bestimmungen des organischen Budgetgesetzes nicht; entsprechend dem dringlichen Charakter ist die Regelung eine einfachere; vergleiche das mitgeteilte Reglement S. 77.

In recht anschaulicher Weise werden in einem eigenen Kapitel · die Schuldverhältnisse Russlands entwickelt. Wir müssen uns versagen, dem Detail zu folgen. Nur Einiges sei hervorgehoben. Unter den Schuldformen fehlen ganz die Zeitrenten, Leibreuten und die Obligationen mit einmaliger fest bestimmter Heimzahlung. Ewige Renten besitzt Russland in einem Kapitalwert von 289 Mill. Rubel. Dieselben können nicht gekündigt, sondern nur an der Börse zurückgekauft werden. Infolgedessen steht ein dazu gehöriges 6prozentiges Papier auf 114. Der Kredit des russischen Staates ist ein sehr schwankender gewesen. Legt man die Emissionsbedingungen zu Grunde, sieht aber von den Provisionen und anderen Auslagen ab, so ergibt sich folgendes Bild. Am Anfang des Jahrhunderts liehen ihm holländische Kapitalisten zu 5 Prozent, infolge der Napoleonischen Kriege verschlechterte sich die Finanzlage des Reichs, 1820 musste es 7⁶/₁₀ Prozent zahlen. In der Friedensperiode des Kaisers Nikolaus hob sich der Kredit, 1844 konnte man Geld zu 4¹/₂ Prozent erhalten; nach dem Krimkrieg hob sich der Satz auf 5¹/₂, nach der polnischen Insurrektion und infolge besonderer Umstände auf 6 Prozent. 1870/75 lieh man zuletzt Geld zu 4.95 Prozent, während des türkischen Kriegs aber wieder zu 6³/₄ Prozent. Die Orientanlehen in Rubel wurden zwar zu 5,55 und 5,40 Prozent plaziert, aber der Kredit verschlechterte sich fortwährend infolge des Fortgangs des Kriegs, des schlechten Eingangs der Steuern, der nihilistischen Unruhen, des Attentats vom 1/14. März 1881, der Judenverfolgung, Feindseligkeit der ausländischen Presse, so dass 1883 für das Goldanlehen 6¹/₂ Prozent bezahlt werden musste. Seitdem hat sich die Situation erheblich gebessert; im April 1884 zahlte man 5³/₄ Prozent, vom 1. Januar 1885 5,3 Prozent. An der Börse stehen die Papiere jetzt so, dass unter Berücksichtigung der Couponsteuer die Papiere weniger als 5 Prozent ergeben.

Die Amortisation der älteren Anlehen war derart, dass ein bestimmter Prozentsatz der ursprünglichen Schuld jährlich getilgt wurde. Die Tilgungssumme war jedes Jahr gleich, während die Zinsen jedes Jahr weniger wurden. Infolgedessen ist am Anfang die Last eine sehr drückende, oft 7 Prozent des Kapitals. Seit 1860 hat man diese Methode verlassen und meist die moderne einer fixen Annuität gewählt. Die Amortisationsquote beträgt dann meist weniger als ½ Prozent (höchstens 1 Prozent); dadurch dass man aber die ersparten Zinsen auch zur Tilgung verwendet, schreitet die Tilgung später rasch vorwärts.

Ein eigentümliches Verhältnis besteht bezüglich der Orientanleihe; ½ Prozent der Anleihe ist zur Tilgung bestimmt. Die Tilgung geschieht durch Ankauf an der Börse, bei Ueberparistand durch Auslosung. Die Differenz, um welche man die Papiere niedriger kauft, fliesst der Staatskasse zu; es wird der budgetmässige Tilgungsbetrag thatsächlich nicht ganz zur Tilgung verwendet. Bei der perpetuierlichen Schuld ist meist gesetzlich eine Tilgung bestimmt, oft diese gesetzliche Bestimmung auf die Titres gedruckt, es bindet dies aber den Staat nicht gegenüber den Gläubigern, wie er denn auch z. B. während des Orientkrieges die Tilgung reduzierte, ohne dass,. wie es scheint, das Gesetz selbst aufgehoben wurde. Ueberhaupt unterliegt die Verwendung der Tilgungskredite einer besonderen Kommission, welche nichts publiziert.

Der Verfasser hält, solange ein Defizit vorhanden ist, das Tilgen mit Recht für eine sehr problematische Sache. Man leiht mit der einen Hand, um mit der andern zu tilgen und verliert dabei jedesmal, weil der Begebungskurs der neuen meist unter dem Kurs der gekauften steht, wie das ziffernmässig nachgewiesen wird. Würde man die Tilgung der Anlehen, bei denen man freie Hand hat, suspendieren, so würde das Budget jährlich um 6 Mill. erleichtert und rascher das Gleichgewicht im Budget hergestellt, wo dann die Tilgung wieder aufgenommen werden könnte.

Die Coupons der russischen Papiere verjähren nicht, ausgenommen die der Bankscheine nach 10 Jahren. Die Coupons der ausgelosten Papiere werden fortgezahlt, bei Heimzahlung des verlosten Papiers die bezüglichen seit der Ziehung ausbezahlten Beträge aber abgezogen.

Die neue Couponsteuer wird auch besprochen; wegen der gleichzeitigen Störungen sei ihre Wirkung nicht genau nachweisbar, jedenfalls erschwere sie das Emporsteigen der russischen Werte auf Pari; namentlich müsse der Käufer mit einer weitern Erhöhung der Steuer rechnen, die im Betrag von 5 Prozent gegenüber den 13,2 Prozent, die Italien, und den 16—20 Prozent, die Oesterreich erhebt, gering sei. Der Verfasser bedauert, dass man für die ausländischen Gläubiger nicht das englische System der Affidavits gewählt und die Steuer nicht zu einer partiellen russischen Einkommensteuer gemacht habe. Zwar seien die betroffenen Anleihen nur in Russland zur Subskription aufgelegt worden, allein für den ausländischen Besitz entscheide das bekanntlich nicht, ein Schatten sei es doch und die Ausländer würden bei neuen Anleihen misstrauisch sein.

Sehr eingehend — es ist das von Interesse für die Kapitalistenkreise — wird der Wert bezw. die effektive Rente der verschiedenen russischen Schuldgattungen behandelt und unter Berücksichtigung der Tilgungsbedingungen für eine Reihe von Kursen rechnerisch festgestellt. Interessant ist zu erfahren, dass die Prämienanleihen, die 1864 und 1866 begeben wurden, weil in der schwierigen Zeit die gewöhnliche Form der Anleihe versagte, sehr unvorteilhafte Emissionskurse hatten, das eine 98,6 Prozent, das andere 107,65 Prozent, welche jetzt zu 220 Prozent und 210 Prozent stehen. Der rechnerische Wert der beiden ist 131, 129½. Sie haben einen Spielcharakter. Bei der wachsenden Beliebtheit derselben könnte Russland aber in dieser Weise billig Geld erhalten.

Eine eigentümliche Bewandtnis hat es mit dem sechsten fünfprozentigen Anlehen von 1855. Die Schuldtitel lauten nur auf Rubel, die Coupons aber sind in Rubel, Reichsmark oder holländischen Gulden zahlbar. Das Publikum betrachtet das Papier als ein Goldpapier, was es nicht ist; der Staat könnte es (seit 1875) zu Pari in Rubel zurückzahlen, allein man fürchtet, dem Kredit des Staates zu schaden und amortisiert nur durch Ankauf an der Börse.

Die Konversionsprojekte werden von dem Verfasser sehr nüchtern gewürdigt, die meisten verworfen. Die zuweilen vorgeschlagene Umwandlung der Orientanleihen in Goldanleihen z. B. würde den Staat abhängig machen von allen Schwankungen der Valuta; eine Konsolidation aller Papiere, indem man sie in Papier- und Metallwerte umwandelt, ist durch die Bedingungen bei einer Reihe von Darlehen gar nicht möglich, auch nicht wünschenswert; die Schuld, die in zwei gigantischen Massen auf dem Markt sich umtreibt, würde viel sensibeler sein als eine, die sich reich gliedert und von der jeder Teil sein besonderes Kapitalistenpublikum hat.

Neben der fundierten Schuld gibt es auch eine unfundierte. Den Uebergang bilden die Schatzscheine mit langer Verfallzeit, die nach dem Muster von England (vergl. Philippovich, Die Bank von England im Dienste der Finanzverwaltung des Staates 1885, S. 155) Russland geschaffen hat. So gibt es dort Schatzscheine mit 8jähriger Verfallzeit im Betrag von 240 Mill. Sie haben Coupons (4,32 Prozent) und werden auch als Zahlmittel angenommen unter Zurechnung von 0,36 Prozent Zins für jeden Monat nach Abtrennung des jährlichen Coupons. Das Papier kostet 1 Prozent weniger als die übrigen fundierten Schulden, was jährlich eine Ersparnis von 2,4 Mill. ausmacht.

Daneben gibt es auch sogen. unverzinsliche Schatzscheine mit 4jähriger Verfallzeit; die Interessen werden bei Rückerstattung des Kapitals gezahlt.

Schatzscheine mit 6monatlicher Verfallzeit haben denselben Charakter wie anderswo; im Budget von 1885 sind keine vorgesehen.

Zur schwebenden Schuld gehören ferner das Papiergeld oder die Kreditbillete, es sind deren 716,515,000 ausgegeben, denen 171,472,000 Metallvorrat gegenüberstehen; ferner die Schuld an die Bank, entstanden während des Orientkriegs, wovon noch 200 Mill. zu bezahlen sind.

Die gesamte Staatsschuld berechnet sich am 1. Januar 1886 auf 5,2 Milliarden.

Dieser Schuldenlast stehen die Steuerkraft, der Wert der Domänen, Eisenbahnen, auch Forderungen im Betrage von 1034 Mill. (am 1. Januar 1884) gegenüber. Der grösste Teil dieser Forderungen sind Garantieleistungen an die Privatbahnen, die übrigen sind noch nicht eingegangene Steuern, Strafen u. dergl. — meist uneinbringlich und wertlos.

Mit dem Kredit hängt aufs engste zusammen der Rubel- bezw. Wechselkurs, dem der Verfasser ein sehr belehrendes Kapitel widmet. Dass das uneinlösbare Papiergeld mit Zwangskurs eine Plage ist, erkennt der Verfasser an, doch betont er seine Nachteile nicht gerade sehr stark; für den Finanzhaushalt bedeutet der niedere Kurs auf die Schuldzinsen und Gesandtschaftsausgaben allein 38 Mill. Verlust, dieser würde bei Parität wegfallen, dafür aber auch der Gewinn entgehen, den man von 65 Mill. Eingangszöllen (die sich zu 97 in Papier berechnen; eine Zollerhöhung, welche das ausgliche, hält der Verfasser für unmöglich. Wir übergehen die Geschichte des Zwangskurses, sowie die interessanten Aufschlüsse über die Aenderungen des Kurses. Es ist diese Partie ein hübsches Seitenstück zu der Kramář'schen Untersuchung. Unter dem vielen Beachtenswerten verweisen wir besonders auf die S. 171 hergestellte russische Zahlungsbilanz, die einer Steigerung des Rubelkurses ungünstig ist. Scharfe Kritik wird an den angeratenen und zum Teil versuchten Methoden, den Kurs zu verbessern, geübt — in Russland hat man darin zum Teil ganz eigentümliche Erfahrungen hinter sich — und Berechtigtes, wie Unberechtigtes auseinanderzuhalten gesucht. Gleichwohl möchten wir hierin dem Verfasser nicht in allen Punkten beitreten (z. B. S. 196, 197). Minderung der cirkulierenden Kreditbillete, Steigerung der Produktion bezw. Exportfähigkeit, Gleichgewicht im Budget werden als die wirksamsten Besserungsmittel bezeichnet; auch der Plan, Verträge in Gold zuzulassen, wird günstig beurteilt, weil dadurch Gold im Lande cirkulationsfähig und die Einziehung von Papiergeld erleichtert würde.

Ein wenig erfreuliches Bild stellen im russischen Haushalt die Eisenbahnen dar. Sie bilden, wie der Verfasser sich ausdrückt, eine der schwächsten Seiten russischer Finanzpolitik. Gegen 1850 entschloss sich der Staat, die Linie Petersburg-Moskau zu bauen. Sie kostete die wahnsinnige Summe von 143 Mill. oder 222,000 Metallrubel per Kilometer; zum Vergleich mag angeführt sein, dass die finnländischen Eisenbahnen 13—30,000 pro Kilometer kosteten; 1857 baute die Regierung noch Warschau-Wien; zur Linie Warschau-Petersburg war eben der Anfang gemacht, als man Privatgesellschaften herbeizog. Dies System erwies sich gleich kostspielig durch die Opfer, welche der Staat für die Gesellschaften bringen musste.

1867 inaugurierte v. Reutern ein neues System; er schuf einen eigenen Eisenbahnfonds, der die Kosten für die Eisenbahnen bestreiten sollte, aber dazu nicht ausreichte (bis zum Jahr 1884 wurden 90 Mill. mehr ausgegeben). Der Unterstützungsmodus war nun folgender: Privatgesellschaften erhalten die Konzession und bilden ein Kapital, grösstenteils in Form der Kapitalobligationen. Der Staat kauft diese Obligationen zu einem mit dem Tageskurs für garantierte Werte im Verhältnis stehenden Preis und zahlt ihn aus im Mass der Vollendung der Arbeiten. Der Staat gibt für die Obligationen seine eigenen aus unter der Bezeichnung „Konsolidierte Eisenbahnobligationen". Beide lauten auf Metallrubel. Erfüllen die Gesellschaften ihre Verpflichtungen, so erhält der Schatz die zur Verzinsung nötige Summe. Der Vorteil ist, dass man stärkere Emissionen machen und günstigere Momente abwarten kann, wodurch den Compagnien unmittelbar die nötigen Summen zur Verfügung gestellt werden. Zwei Drittel des Netzes sind unter diesem System entstanden 1871/79. Das Risiko des Staates hat sich nicht gemindert, die enormen Rückstände der Eisenbahnen lasten schwer auf dem Staatsbudget.

Seit 1882 — man kann es die vierte Periode der Entwickelung nennen — kehrt die Regierung zum Eigenbau und zur Eigenverwaltung zurück. Der Spezialfonds ist seit 1. Januar 1884 aufgehoben, alle Ausgaben erscheinen im Budget. Einige übernommene Linien haben bereits bessere Resultate ergeben.

Nach 70—80 Jahren von der Konzessionierung an, also Mitte des nächsten Jahrhunderts, fallen die Eisenbahnen kostenlos an den Staat, der Kauf zu bestimmten Bedingungen ist schon nach 20 Jahren möglich. Der Kauf würde in vielen Fällen rätlich sein, weil der Staat dadurch zu seinem Geld käme, dessen Rückzahlung selbst bei den guten Linien nach den verschiedenen Bestimmungen äusserst langsam, vielfach erst nach einer Dividendenverteilung von 6—10 Prozent erfolgt. Die Statuten sind nach dieser Seite sehr mangelhaft. Die Regierung hat die Gesellschaften sehr begünstigt, wurde auch beträchtlich ausgebeutet; der Staat hat das Kapital geschaffen, das Defizit gedeckt, schlechte Rückzahlungsbedingungen eingegangen und doch keine Macht über die Leitung.

Die Linie Losovo-Sebastopol hat 1 Mill. Aktien, diese hat sie deponiert und dafür vom Staat garantierte Obligationen ausgegeben. Die Unternehmer verwalten ein Unternehmen mit 37 Mill. Metallrubelobligationen und 34 Mill. Papierrubelschuld an den Staat. Die Kosten betrugen 1881 142 Prozent der Roheinnahmen. Um dem Staat möglichst hohe Lasten zuzuschieben, werden in die Kosten Materialkauf, Erweiterungen u. s. w. eingerechnet. Im Jahr 1883 hat der Staat 49 Mill. Rubel allein für direkte und indirekte Zinsgarantien zugeschossen; in den letzten 10 Jahren hat sich sein Zuschuss mehr als verdoppelt: er beträgt in Gesamtsumma seit 1874 393,3 Mill.

Ausserdem hat er in den letzten 10 Jahren Darlehen in Geld, Material gemacht, Tracestudien u. s. w. für die Gesellschaften anstellen lassen, was weitere 520 Mill. ausmacht, wovon bis jetzt nur 75 Mill. ersetzt worden sind, endlich für den Bau von Häfen, Brücken etc. 20 Mill. ausgegeben.

Die Forderungen des Staates an die Eisenbahncompagnien — freilich zum Teil unrealisierbar und wertlos — betragen 1½ Milliarden Papierrubel. 1884 gab es 24,577 Kilometer Eisenbahnen, in Finnland und Transkaukasien 1416 Kilometer. Durchschnittlich hat der Kilometer 60,000 Metallrubel gekostet — und dies, obwohl die Bahnen durch enorme Ebenen gehen, der Boden infolge der geringen Volksdichtigkeit sehr billig war, die Bahnen meist nur einfache Geleise haben und nicht für grosse Schnelligkeit gebaut zu sein brauchten. Der teuere Bau macht die Bahnen für lange unrentabel. So sehr die finanziell wenig glückliche Art bedauert werden muss, so muss doch zugegeben werden, dass die Eisenbahnen von allergrösster Bedeutung für Russland sind. Es gibt fast keine Chausseen, die Bahnen verbinden die Grenzen des enormen Reichs und seine Militärmacht, ermöglichen den Getreideexport und die Hebung der Industrie. Man war in einer Zwangslage, man konnte die Entwickelung des Landes nicht hemmen, man musste die Unerfahrenheit der Beamten und private Gewinnsucht mit in den Kauf nehmen.

Man ist neuerdings sehr bemüht, Reformen anzubahnen, teils durch Rückkauf, Uebernahme in eigene Verwaltung, teils strengere Rechnungskontrolle gegenüber den Privatcompagnien, teils durch Einsetzung eines Eisenbahnrats im Ministerium der Verkehrswege.

Ein weiteres Kapitel ist der Staatsbank gewidmet. Da sie eine reine Staatsbank ist, vom Staat dotiert und verwaltet wird, auch dem Staat Vorschüsse ohne Zinsen geben muss, bildet sie gewissermassen ein Departement des Schatzes. Das Bankwesen war vor 1857 sehr irrationell. Die staatlichen Kreditanstalten nahmen jederzeit rückforderbare Depots (1857 war ihr Betrag 1276 Mill Rubel), die sie meist an Grundbesitzer auf lange Zeit ausliehen. Man hob sie auf und bildete mit ihrem Kapital von 15 Mill. und 1 Mill. Reserve die russische Bank. Die Tilgung der Depots wurde näher geregelt und der Bank übertragen. Dieselbe hat sich grossartig entwickelt; 1860 betrug das Wechselportefeuille 62 Mill., 1885 252 Mill.; ihr Kapital wurde successive von 15 auf 25 Mill., ihr Reservefonds auf 3 Mill. erhöht. 1882 hatte sie 8 Haupt- und 54 Nebenstellen. Der durchschnittliche Gewinn von 1870—82 beträgt nahezu 6 Mill., so dass sich das Grundkapital mit 24 Prozent verzinst. Der Wechseldiskont seit Oktober 1876 beträgt immer 6 Prozent, der Lombardzinsfuss 7 Prozent. Der Verlust beträgt jährlich 788,000 Rubel. Eine Haupteinnahme bilden die postalischen und namentlich telegraphischen Anweisungen, sie betrugen 1882 420 und 293 Mill., zusammen 713. Der Bank kostet das 20,000, sie bezieht dafür aber 660,000. Die Gebühr ist ⅓—1 Prozent. Von den 110 Mill. Gewinn, die seit ihrer Begründung gemacht, erhielten die Beamten 5½ Mill., das Gründungskapital 12 Mill., 14 Mill. wurden zur Tilgung des dem Staat von den früheren Kreditinstituten gemachten Darlehns benützt, 42 Mill. zur Deckung des Verlustes der Umwandlung von Papiergeld in Metallgeld benützt, während 21 Mill. noch disponibel sind.

Die Bank ist mit der Auszahlung eines grossen Teils der Coupons beauftragt, auch besorgt sie die Subskription neuer Anlehen. Mit Recht lehnt der Verfasser den Vorschlag ab, sie in ein Privatinstitut zu verwandeln; es würde das auch gar nicht gehen, da die Gewinne naturgemäss zur Deckung der aus der Liquidation der alten Kreditinstitute hervorgehenden Verluste dienen sollen. Durch Dekret vom 3. Juni 1885 ist auch die polnische Bank als Filiale einverleibt.

Ein letztes Kapitel beschäftigt sich mit der Ablösung der Bauern, die gleichfalls bedeutende Folgen für den russischen Haushalt gehabt hat; der Verfasser schildert in prägnanter Kürze, aber ergreifend den Gang dieser Gesetzgebung. Bekanntlich wurde das Prinzip, wonach die Leibeigenschaft ohne Entschädigung aufgehoben, die Bauern aber gegen Entschädigung des Werts Eigentümer werden und zwar so viel Grund und Boden erhalten sollten, dass sie existieren und ihre Verpflichtungen gegen den Staat und ihre ehemaligen Herren erfüllen könnten, sehr mangelhaft ausgeführt.

In den Gegenden der fruchtbaren „schwarzen Erde" suchten die Herren möglichst viel für sich zu behalten, in den nördlichen unfruchtbaren Gegenden, wo das Verpachtungssystem bestand, dagegen zogen sie vor, alles Terrain gegen Zahlung von Annuitäten oder Barzahlung abzutreten. Diesen Wünschen gegenüber stellte das Regierungskomitee als Grundsatz auf, dass der letzte Besitzstand gelten sollte; allein die Gegner wussten dagegen anzukämpfen, die Zu-

sammensetzung des Komitees änderte sich — die Folge war, dass die Bauern
zu kurz kamen. Im Süden wurde die Ablösungssumme zwar nicht ungerecht
festgesetzt — die Fronarbeit bildete die Grundlage —, aber man gab den Bauern
zu wenig Land; im Norden, wo die Leibeigenen en bloc eine Kopfabgabe entrichteten und so viel Boden als sie wollten bewirtschafteten, wurden wegen
der schwierigen Wertfeststellung diese Kopfabgaben als Basis genommen,
was eine ungerechte Belastung bedeutete, denn in derselben bezahlte man auch
die Erlaubnis für den Gewerbebetrieb, dadurch wurde die Ablösungssumme so
hoch, dass die Annuität mit der Steuer vielerorts höher wurde als der Rohertrag. Der Ablösung ging die Fixation voraus; der Besitz und die geregelten
Leistungen an den Grundherrn wurden in einem Buch aufgeführt; diese Leistungen
hatte der bisherige Leibeigene zu zahlen, bis der Grundherr die Ablösung verlangte. In diesem Fall wurden die Geldleistungen zu 6 Prozent kapitalisiert,
$^1/_t$ des Kapitals musste der Grundherr nachlassen, $^4/_5$ oder 80 Prozent erhielt
er unter Gegenrechnung seiner Hypothekschuld an den Staat in Schuldbriefen
zum Nominalwert — es waren 3 Arten geschaffen, die anfangs sehr unter Pari
standen — vom Staat, gegen den die Bauern neue Schuldner wurden und dem
sie das Kapital in 49 Annuitäten (6 Prozent) zurückzablen sollen. Diese Annuitäten wurden mit der Kopfsteuer vereinigt und wurden wie diese von den
Gemeinden nach Massgabe der Landlose verteilt. Allein die Rückstände
wurden bei der Ueberlastung der Bauern infolge der unglücklich durchgeführten
Ablösung enorm, 1882 waren 62,1 Prozent der Annuität im Rückstand. Die
Exekution war rein unmöglich. Die Regierung musste, wollte sie nicht den
ganzen Bauernstand ruinieren, Milde walten lassen; 1882 wurden 12 Mill. Rubel
jährlich von der Annuität nachgelassen. Am 15. Mai 1883 wurden alle Rückstände aus Anlass der Krönung, darunter auch 778,960 Rubel an Annuitäten
gestrichen (vergl. auch F.-A. III, S. 269). Leider sind schon viele Bauern
ruiniert, die Abschaffung der Kopfsteuer wird einige weitere Milderung verschaffen.

So kommt es, dass die ganze Ablösungslast mehr und mehr dem Staat zufällt. Bis jetzt beträgt die Schuld des Staates aus diesem Geschäft 838 Mill.
Rubel, wofür er 50 Mill. Zinsen und Amortisation zahlt. Je schlechter die Verhältnisse der Bauern sind, um so grösser kann der Zuschuss des Staates werden;
es ist ein unbekanntes und unsicheres Element im russischen Budget. Ende
1881 waren noch 19,17 Prozent der Bauern zu Abgaben an die Grundherren
verpflichtet, weil letztere die Ablösung nicht velangten. Seit 1. Januar 1883
wird diese zwangsweise gefordert.

Enorm sind die Ansprüche, welche in den letzten 30 Jahren an die
Finanzen Russlands gestellt wurden. Zwei grosse Kriege haben zusammen
$1^1/_2$ Milliarden Rubel verschlungen, der Bau der Eisenbahnen und ihre Unter-
haltung nochmals $1^1/_2$ Milliarden, und musste der Staat noch 0,8 Milliarde den
Bauern behufs Ablösung leihen. Daneben die vielen wachsenden Bedürfnisse
des Staats.

Die ökonomische Entwicklung war bis in die 70er Jahre eine glänzende; die
agrikole Produktion betrug 1850 840 Mill. Rubel, 1880 2050,
die industrielle 1855 156 „ „ 1879 774,
der auswärtige Handel 1863 309 „ „ 1879 1215,
seitdem ist aber ein Stocken eingetreten, was die Herstellung des Gleichgewichts
im Budget erschwert.

Eine Besserung der wirtschaftlichen Lage, verbunden mit einer wirksamen
Besteuerung der oberen Klassen, einem Wachsen der Accise- und Eisenbahn-
erträge könnte leicht das Defizit beseitigen. „Das grösste Unglück für Russland vom finanziellen Standpunkt würde ein Krieg mit einer europäischen Gross-
macht sein."

G. Schanz.

Dr. Karel Kramář. Das Papiergeld in Oesterreich seit 1848.
Leipzig, Verlag von Duncker und Humblot, 1886. 188 S. und
122 S.

Das Buch ist Adolf Wagner gewidmet und wohl auch von ihm angeregt
worden. Dasselbe zerfällt in 5 Kapitel: geschichtlicher Ueberblick, das Agio,
die Preisbewegung, Industrie und Handel, die Staatsfinanzen; ein Anhang zum
2., 3. und 4. Kapitel gibt eine Menge wertvoller statistischer Tafeln, die als
Unterlage den Untersuchungen dienten. Mit ausserordentlich grossem Fleiss
sammelt der Verfasser jeweils alle Faktoren, die auf das Agio von Einfluss sein
konnten. Mit Hilfe der Induktion, die bei diesem Thema gut verwertbar ist,
gelingt es ihm dann auch, teils bisherige Theorien zu erhärten, teils zu verbessern, teils aber auch definitiv ad absurdum zu führen. Das letztere geschieht
besonders hinsichtlich der reinen Quantitätstheorie. Die Erklärung der Agio-
bewegung ist durch Kramář entschieden gefördert worden; er weist nach, wie
die verschiedenen Momente, die von Bedeutung sind, das Urteil der Börse beeinflussen, wie aber diese namentlich in bewegten Zeiten das Agio zum Gegenstand des Spiels macht und dadurch Sprünge verursacht, die nicht durch die
Verhältnisse gerechtfertigt sind. Bezüglich der Preisbewegung der Waren wird
interessantes Detail gebracht, erheblich neue Resultate treten aber hier nicht
auf. Mehr ist dies wieder in dem Abschnitt über Industrie und Handel der
Fall. Das Trügerische des Gewinns, den die Industriellen in der Regel von
dem Agio erwarten, wird hier durch die Thatsachen recht deutlich erwiesen.
Etwas dürftig ist der Abschnitt ausgefallen, der den Einfluss der Papiergeldwirtschaft auf die österreichischen Finanzen darlegt. Dass dieser Einfluss nach
jeder Seite hin ein unheilvoller war, wird nicht bestritten werden. Das Auf-
fallendste ist, dass der österreichische Staat nicht einmal die Vorteile aus der
Papiergeldausgabe zog, die als selbstverständlich erscheinen, nämlich die Zinsen-
ersparnis. Man gab in Oesterreich vorwiegend verzinsliches Staatspapiergeld
aus, was, da dasselbe für den Verkehr sehr unbequem ist, dazu führte, dass die
Bank dasselbe anhäufte, dafür unverzinsliche Noten ausgab und dadurch glänzende Dividenden erzielte. Der Nutzen für den Staat war bis 1866 sehr unbedeutend. Was man aber seit 1867 gewann, wurde durch andere Nachteile
mehr als kompensiert. 1861 betrug die Summe der in Silber zu zahlenden
Zinsen 40 Millionen Gulden bei einem Agio von 40 Prozent. Die Schwierigkeit
der Beschaffung des nötigen Silbers führte zur Einstellung der Zinszahlung
des Nationalanlehens in Metall. Die neuen Goldrenten bedingen gleichfalls
hohe Agioverluste. Eine weitere Folge des mit der Papiergeldwirtschaft verknüpften Misskredits sind die harten Anlehensbedingungen. Von den Lotterie-
anlehen wurden statt 200 nur 76 Millionen gezeichnet, das Steueranlehen desselben Jahres brachte statt 30 Millionen nur 26 Millionen ein, das Anlehen vom
Jahre 1864 statt 70 Millionen nur 23½ Millionen. Bei dem Anlehen vom
25. November 1865 bekam der Staat 61,25 fl. für 100 fl.; im Jahr 1866 konnte
ein Anlehen selbst gegen eine Verzinsung von 10 Prozent nicht abgeschlossen
werden. Es ist bedauerlich, dass der Verfasser hier lediglich mit den Beerschen
Daten sich begnügt und nicht eine vollständige Statistik gibt. Was für die
staatlichen Finanzen noch verhängnisvoller ist, ist die Preissteigerung, der er
als Käufer gegenüber steht, während es schwer ist, die Einnahmen entsprechend
zu steigern. Alle Materialien, welche das Militär braucht, werden verteuert,
es sind meist Gegenstände, welche einer ziemlich schnellen und direkten Ein-
wirkung der Agiobewegungen in der Preisbildung unterliegen; es ist dies der
Fall bei allen Getreidekäufen, bei der Tuchanschaffung, bei den verschiedenen
Bedürfnissen von Metall; viele Gegenstände, welche die Armee braucht, müssen
aus dem Auslande bezogen werden. Bei den Eisenbahn-, Hafen-, Strassen- und
Kanalbauten macht sich gleichfalls die Preissteigerung geltend, besonders bei
den Tabakankäufen, welche der Staat zu seiner Monopolfabrikation braucht
und bei denen die Preissteigerung der Fabrikate eine Kompensation nur so weit
möglich macht, als sie nicht die Konsumtion schwächt. Schliesslich verlangen

auch die Beamten eine Erhöhung ihrer unzureichend gewordenen Gehälter. Es ist nicht zu verwundern, dass die Etatsposten wachsen und die Defizits anschwellen. Strikte lässt sich natürlich der Beweis nicht führen, da die Etatssteigerungen auch andere Gründe haben können; vielleicht hätte aber durch passende Isolierungen und Detaillierungen doch etwas mehr erreicht werden können, als der Verfasser geboten hat. Interessant ist die Mitteilung über das Lotteriespiel, welche bei Gelegenheit der Erwähnung der durch die Valutaschwankungen genährten Spielwut gemacht wird. Der Verfasser meint, das kleine Lotto habe in Oesterreich fast allein die grösste Lebensfähigkeit gezeigt. Die bezüglichen Zahlen sind:

	Spieleinlagen.	Betrag.		Spieleinlagen.	Betrag.
1847	87,882,636		1864	103,968,326	20,307,373
1848	40,434,506		1865	107,359,776	21,636,226
1849	30,288,213		1866	93,856,866	17,036,738
1850	54,370,611	8,442,316	1867	87,065,810	16,472,670
1851	68,730,276	11,056,828	1868	75,996,069	13,775,513
1852	80,234,683	12,262,003	1869	73,571,110	13,618,735
1853	96,984,665	14,802,035	1870	74,012,600	13,722,244
1854	104,515,615	16,315,598	1871	80,695,350	15,213,130
1855	102,506,856	16,626,074	1872	84,486,270	16,002,780
1856	105,610,682	17,259,421	1873	96,737,050	19,299,883
1857	120,680,151	20,122,843	1874	100,136,650	20,199,572
1858	116,771,092	19,450,998	1875	104,855,240	20,736,866
1859	84,117,966	16,017,547	1876	114,579,930	22,648,206
1860	91,503,851	16,837,420	1877	115,715,050	21,703,628
1861	100,669,954	17,198,460	1878	107,578,450	19,899,993
1862	101,061,832	18,664,722	1879	112,320,300	20,910,523
1863	85,598,180	18,369,400	1881	113,348,350	21,878,497

Besonders interessant ist, dass in der Aufschwungsperiode 1867/73, wo anderswo genug zu verdienen war, wenig, in der Zeit der Krisis am meisten gespielt wurde; man sieht im Lotto Heil und Rettung.

Der Zweck des Verfassers ist nicht bloss der einer theoretischen Untersuchung; sein Buch will zugleich ein Mahnruf sein, dass man sich durch die Scheinruhe der letzten Jahre nicht täuschen lasse, sondern die Abschaffung der Papiergeldwirtschaft fest ins Auge fasse und namentlich bei der bevorstehenden fünften Erneuerung des Privilegiums der österreichischen Nationalbank dieser Aufgabe gedenke. Gewiss ist, dass zur Zeit die Aufnahme eines grösseren Anlehens auf keine Schwierigkeiten stossen würde; notwendig wäre aber, dass man gleichzeitig das Defizit beseitigte; dazu bedürfte es aber eines heroischen Entschlusses wie etwa nach dem Muster Italiens der vorübergehenden Einführung der Mahlsteuer. G. Schanz.

Sigmund Sonnenschein. Das Lokalbahnwesen in Oesterreich. Wien, A. Hartlebens Verlag, 1886. 151 S.

Es ist eine recht brauchbare Schrift, die uns hier vorliegt und die auch im Finanzarchiv besonders hervorgehoben zu werden verdient mit Rücksicht auf den Einfluss der Lokalbahnen auf die Finanzhaushalte. Haben die Finanzverwaltungen doch nicht meist bei der Finanzierung mitzuwirken, sondern erwarten sie von ihnen auch eine Hebung der Steuerkraft und ein gesteigertes Erträgnis der Normalbahnen. Die Schrift enthält mehr, als ihr Titel erwarten lässt, indem in sehr verdienstlicher Weise neben den österreichischen Verhältnissen auch die staatlichen Massnahmen anderer Länder dargelegt und verwertet werden. Was Oesterreich speziell betrifft, so untersucht der Verfasser die Gründe, weshalb der Bau von Lokalbahnen nach einem ersten momentanen Aufblühen so rasch ins Stocken geriet.

Als zwei .wesentliche Hemmnisse erscheinen ihm das freie Tarifierungsrecht in der Hand der Regierung — er plädiert für Restituierung des Maximaltarifs — und das jederzeitige Einlösungsrecht, wodurch die Realisierung eines Lokalbahnprojektes jedes natürlichen Anreizes entkleidet wurde. Auch wird es als ein schwerer Missstand angesehen, dass in Oesterreich eine grundsätzliche Regelung der Finanzierungsmodalitäten nicht besteht, namentlich jegliche Bestimmung fehlt, ob und wann eine Lokalbahn Prioritäten ausgeben darf. Dadurch, dass den einen die Ausgabe gewährt, anderen aber versagt wird, ruft man bezüglich letzterer Misstrauen hervor. Vorsicht ist freilich angezeigt, und eine generelle Bestimmung könnte kaum anders lauten, als dass die Ausgabe von Prioritätsobligationen in allen Fällen so lange ausgeschlossen bleibt. als nicht die Verzinsung und Tilgung in dem erzielten Reinertägnis der Bahn ausreichende Deckung finden. Neben Aenderungen in der angedeuteten Richtung wünscht der Verfasser eine gesetzliche Regelung der finanziellen Beihilfe. Er hält die Zinsengarantie für die von den Selbstverwaltungskörpern zu übernehmenden Verpflichtungen für die geeignetste Form. Auch wird der Vorschlag gemacht, die in Oesterreich garantierten Eisenbahngesellschaften zum Bau von Lokalbahnen auf Grund der Garantieforderungen des Staates (137 Mill.) heranzuziehen. Es sollen dieselben in der Höhe der Garantieschulden Anlehen aufnehmen, aus deren Erlös für Rechnung des Staates Lokalbahnen aufzuführen wären. Die zu diesem Zweck zu emittierenden Prioritäten sollen mit der Zinsengarantie des Staates versehen werden. Der Verfasser meint, der Schwerpunkt der Subventionierung müsse vom Bau auf den Betrieb gelegt werden — ein Standpunkt, den wir nicht teilen können, da bei diesem System nur auf Kosten des Staates gesündigt wird. Schliesslich sei erwähnt, dass in einem Anhang alle das österreichische Lokalbahnwesen betreffenden Gesetze und Verordnungen, sowie der wesentliche Inhalt sämtlicher bis 1. Juli 1885 erteilten Konzessionsurkunden mitgeteilt sind.　　　　　　　　　　　　　　　　　　　Georg Schanz.

Edm. James. The relation of the modern municipality to the gas supply. Publications of the American Economic Association Vol. I. Nr. 2 und 3. Baltimore 1886.

Neuerdings ist ein ungemein erfreulicher Aufschwung der staatswissenschaftlichen Studien in Nordamerika zu beobachten. Es dokumentiert sich derselbe namentlich in den neu auftauchenden periodischen Publikationen; ich erinnere an die rüstig fortschreitenden John Hopkins University studies in historical and political science, an die seit März 1886 in New York erscheinende Zeitschrift des Columbia College Political Science Quarterly, an die im vorigen Jahre begonnenen Wharton School Annals of Political Science. Zu diesen kommt nun aus allerjüngster Zeit eine von dem verdienten Professor an der John Hopkins Universität geleitete Zeitschrift „Publications of the American Economic Association", deren erstes Heft eine Rede Elys und eine Diskussion über die Nationalökonomie enthält, dagegen im zweiten Heft obige Abhandlung gegeben ist.

Die von James erörterte Frage der Gasversorgung hat auch für die deutschen Städte grosse Bedeutung. Zwar scheint das Gas durch die elektrische Beleuchtung bedroht, allein selbst wenn in dieser Hinsicht eine Einschränkung des Gaskonsums stattfinden sollte, so dürfte. wenn hinlänglich billig, dasselbe sehr an Ausdehnung gewinnen als Motor (zum Teil selbst wieder für elektrische Beleuchtung), sowie zum Kochen und Heizen. Namentlich der letztere Verwendungszweck dürfte in der That noch eine grosse Zukunft haben.

Die gewöhnlichen Oefen verwerten bloss 20 Prozent des Brennmaterials, die leicht regulierbaren Gasöfen dagegen 80 Prozent; wozu kommt, dass bei

unserer heutigen Einrichtung der Rauch in grossen Städten eine wahre Kalamität ist, die auf die Dauer kaum erträglich bleibt. Es wird die Frage der Gasversorgung also auch fernerhin ihre Wichtigkeit nicht verlieren.

Eins ist nun vor allem klar, dass die Gasfabrikation ihrer Natur nach
Monopolbetrieb bedingt. Die Herstellung im kleinen lohnt nicht, es ist Gross-
betrieb erforderlich. Dieser ist in der Konkurrenz schon dadurch eingeschränkt,
dass der Betrieb an den Ort gebunden ist, noch mehr aber dadurch, dass die
Legung der Röhren und die häufigen Reparaturen ein Aufreissen der Strassen
bedingen, das bei mehreren konkurrierenden Unternehmungen geradezu unaus-
stehlich werden müsste.

In England wurde 1821 das Unzweckmässige betont, 1842 gleichwohl
die Konkurrenz zugelassen. In der Londoner Oxfordstreet konkurrierten 6, in
ganz London 13 Gesellschaften; der Zustand war unhaltbar — Kapitalverschwendung ohne entsprechende Dividenden, dann Fusion und erhöhte Preise
waren die Folge, also ganz der gleiche Vorgang wie bei Eisenbahnen, Telegraphen. Im Jahre 1860 hat das Parlament die Zulassung von Konkurrenz-
unternehmungen auf dem gleichen Territorium ausgeschlossen. Im Jahre 1883
bestanden nur noch 3 in London. In Paris wies man jeder Gesellschaft 1839
einen District zu, 1853 wurden sie alle konsolidiert. In Deutschland wurde der
Monopolcharakter ebenfalls früh erkannt, in Amerika aber, dem Land der
Konkurrenz, herrscht auf diesem Gebiet noch der freie Wettbewerb, wogegen
die Wasserwerke meist im Eigentum und in der Verwaltung der Städte stehen.
Es mehren sich aber auch dort infolge der üblen Erfahrungen — der Verfasser
gibt zahlreiche Beispiele — die Stimmen, dass das Monopol das einzig Ver-
nünftige sei, und dass die Zulassung des Wettbewerbs als letzte Folge wegen der
eingetretenen Kapitalverschwendung teureres Gas für alle Zeiten hat.

Ist der Monopolcharakter entschieden, so handelt es sich um die Frage,
ob eine Privatgesellschaft oder die Gemeinde dasselbe ausüben soll. Jaines
tritt für das letztere ein, selbst für amerikanische Verhältnisse; er gibt zwar
die politische Misswirtschaft vieler Gemeinden zu, ist aber der Meinung, dass
die Privatkompanien auch Politik in der schamlosesten Weise treiben, indem
sie die einflussreichen Personen, inspizierende Beamten bestechen und stets als
Verbündete anderer Monopolwirtschaften auftreten; er hofft auch auf eine
Besserung der Verwaltung. Dass der Selbstbetrieb teurer sei und ungünstigere
Resultate ergebe, wird als unwahrscheinlich dargestellt und auch an der Hand
der Erfahrungen widerlegt; es werden Philadelphia, Richmond, Virginia, Whee-
ling, West-Virginia, welche seit einigen Jahren ihre eigenen Werke haben, zum
Beweis angeführt, auch auf zahlreiche englische Beispiele hingewiesen. Fast
alle Wochen hört man in England vom Ankauf eines Gasunternehmens durch
eine Stadt; man zahlt oft lächerlich hohe Preise (von 140—382 Prozent), oft
das vierfache vom Wert und hofft doch noch auf einen Vorteil. London, Edin-
burg, Dublin, Liverpool, Sheffield, Newcastle, Preston, Bristol sind die
einzigen grossen Städte, wo Privatbetrieb noch ist — und da wird er kaum
mehr lange dauern, namentlich in London. Bei 49 Privatgesellschaften beträgt
der Durchschnittspreis des Gases 9,26 per Cent., bei 50 öffentlichen nur 8,88 per
Cent. Im März 1884 gab es 160 öffentliche Gasbetriebe in England.

Es ist in England seit 1872 den Gemeinden der Erwerb sehr schwer
gemacht. Bis 1872 wandten sich die Städte, so Glasgow, Leeds, Aberdeen, an
das Parlament und baten um Ermächtigung zum Konkurrenzbetrieb. Die
Privatgesellschaften wehrten sich, soviel sie nur konnten, aber unter dem Druck
der drohenden Konkurrenz verstanden sie sich schliesslich zur Annahme der
angebotenen Kaufbedingungen. Durch die Borough Funds Act vom Jahre 1872
ist verboten, dass die Lokalverwaltungen Fonds ausgeben, die durch Steuern
gebildet wurden, um Bills zur Errichtung von Gas- oder Wasserwerken in
Konkurrenz mit den vom Parlament autorisierten Kompanien zu fordern. Seitdem sind die Gemeinden in die Hände der Gesellschaften gegeben und müssen
deren Verkaufsbedingungen acceptieren.

In Deutschland war von grossem Einfluss, dass die Berliner Stadtverwal-

tung im Jahre 1846 den Selbstbetrieb wählte. Im Jahre 1860 gab es 266 Gasanstalten, von denen 66 den Gemeinden gehörten. Im Jahre 1883 zählte man
600 Anstalten, von denen 290, also nahezu die Hälfte, Gemeindeanstalten waren.
Treten letztere an Zahl etwas zurück, so sind sie doch die bedeutenderen. Der
Wert der öffentlichen Gasanstalten beträgt 143 Millionen, der der privaten nur
76 Millionen, auf erstere kommen 7 Millionen Seelen, auf letztere nur 4½ Millionen. Die öffentlichen Anstalten konsumieren mehr als 65 Prozent aller in
den Gaswerken verbrauchten Kohle. Von 164 bedeutenderen Städten sind 88
mit gemeindlichen Gaswerken versehen.

Anders in Frankreich. Dort herrscht der Privatbetrieb fast ausschliesslich.
Die Folge ist, dass die meisten französischen Städte keine Gasbeleuchtung haben.
Die Stadt Paris hat einen grösseren Gasverbrauch als das ganze übrige Frank-
reich zusammen.

Ist bei Gemeindebetrieb das Gas im allgemeinen besser, billiger, die
Versorgung darum wirksamer, so ist auch zu beachten, dass die Gastechnik
grosse Fortschritte macht und die Produktionskosten namentlich infolge der
Verwertung der Abfälle zum Sinken bringt. Bei Privatgesellschaften fällt der
Gewinn daraus diesen zu, während das Publikum den gleichen Preis fortzahlen
muss. Das Risiko einer Entwertung infolge der elektrischen Beleuchtung könne,
meint der Verfasser, die Gemeinde ruhig auf sich nehmen, teils weil die Gefahr
überschätzt werde, teils weil die Erübrigung weit den Verlust decke, die
Privatgesellschaften würden auch durch hohe Versicherungszuschläge im Preis
sich schadlos halten. Die gemeindliche Gasanstalt gewähre ein schönes Einkommen, ermögliche eine Art Luxussteuer.

Aus der wertvollen Arbeit Herrfurths und Tzschoppes „Beiträge zur Finanzstatistik der Gemeinden in Preussen pro 1883/84" heben wir hervor, dass die
gemeindlichen Gasanstalten in Preussen 26,469,287 Mark Ausgaben (darunter
1,193,229 Mark ausserordentliche) und 36,972,768 Mark Einnahmen hatten.

Irrig sei, wenn man glaube, es liessen sich durch Aufsicht, Einflussnahme
auf Qualität und Preis, Beschränkung der Dividende die Interessen der Gemeinschaft hinlänglich wahren. Das Dividendenmaximum schwächt das Streben
nach weiteren Produktionsfortschritten und weiterer Verbilligung. Der kosten-
lose Uebergang der Anstalt an die Gemeinde nach Verlauf einer Reihe von
Jahren bewährt sich auch nicht. Als Köln 1873 die Gasanstalt übernahm, war
diese trotz aller vorherigen Aufsicht so defekt, dass man sie neu aufbauen und
fast durchweg neue Röhren legen musste.

Am besten habe sich noch bewährt das seit einigen Jahren in England benützte System. Danach wird ein Maximalpreis für Gas von bestimmter Qualität.
auch eine Normaldividende bewilligt. Für jede Preisreduktion wird eine weitere
Dividende zugestanden. In London beträgt für eine Kompanie die Normaldividende 10 Prozent, der Maximalpreis 3s 9d per 1000 Kubikfuss; für jede
Reduktion um 4d darf die Dividende um 1 Prozent erhöht werden. Im Jahr 1884
war der Preis bereits 3s, die Dividende 12 Prozent. Ob die Qualität immer
die gleiche ist? Strengste Kontrolle ist dabei erforderlich und in London auch
vorhanden.   G. Schanz.

Maas, Rechtsanwalt und Justizrat in Aachen. Der preussische
Landesstempel zu Kauf- und Lieferungsverträgen über Mobilien
seit Erlass der Reichsgesetze vom 1. Juli 1881 und 29. Mai 1885
und des preuss. Gesetzes vom 6. Juli 1884. Als Manuskript
gedruckt. Aachen 1886. Druck von J. J. Beaufort.

Den Anlass zu dieser Schrift hat eine neuerliche Entscheidung der
preussischen Steuerbehörde gegeben, welche grosse Beunruhigung in die Kreise
der Produzenten und Handeltreibenden getragen hat.

Zwischen einem Kohlenproduzenten und einem Kunden waren im Wege der üblichen Geschäftskorrespondenz (Maas teilt diese und die mit Zustimmung des Ministers erfolgte steuerbehördliche Entscheidung mit) Geschäfte über Kohlenlieferung abgeschlossen worden. Für diese Korrespondenz wurde der Landesstempel für Kaufverträge über Mobilien verlangt.

Ist dies berechtigt?

Nach dem preussischen Stempelgesetz vom 7. März 1822 beträgt der Stempel für Kauf- und Lieferungsverträge über Mobilien, sofern über den Kauf derselben ein besonderer schriftlicher Vertrag abgeschlossen wird, ¹/₃ Prozent des vertragsmässigen Kaufpreises. Der Stempel schien für Waren, die nicht behalten, sondern wieder verkauft werden sollten, zu hoch, er wurde durch Kabinetsordre für den kaufmännischen Verkehr auf 15 Sgr. oder wenn der Stempel zu ¹/₃ Prozent des Kaufpreises weniger als 15 Gr. beträgt, auf den geringeren Prozentsatz festgestellt.

Durch das Börsensteuergesetz vom 1. Juli 1881 wurde die Abgabe sehr eingeengt, indem Reichs- und Landesstempel nicht miteinander konkurrieren dürfen. Die Kabinetsordre vom 3. April 1847 war gegenstandslos geworden; man hob deshalb durch preussisches Gesetz vom 6. Juni 1884 die Kabinetsordre auf und liess für die vom Reichsgesetz nicht getroffenen Verträge wieder den alten Stempel von 1 Mark 50 Pfennig eintreten. (Vergl. Finanzarchiv I, S. 821 f.)

Das Gesetz war kaum erlassen, als die Börsensteuernovelle (Finanzarchiv II, S. 1115 f.) zustande kam und die frühere Abgrenzung über den Haufen warf. Es wird nun von den preussischen Finanzbehörden behauptet, das neue Reichsgesetz habe nur die unter Tarifnummer 4 aufgeführten und gewisse daselbst bezeichnete „Befreiungen" von dem Landesstempel exemiert. Die Verträge über alle anderen Geschäfte im kaufmännischen Verkehre, und das ist die grösste Masse, unterlägen wieder dem Landesstempel und zwar, da die Kabinetsordre aufgehoben sei, wieder im Betrage von ¹/₃ Prozent des Wertes.

Maas bestreitet diese Auffassung. „Die Schriftstücke über die unter Tarifposition 4 des Gesetzes vom 1. Juli 1881 bezeichneten Geschäfte, die wir kurzweg Geschäfte im Handelsverkehr nennen wollen, sollten — abgesehen von den Ausnahmen in den §§ 9 und 10 — gemäss § 11 l. c. in den einzelnen Bundesstaaten keiner weiteren Stempelabgabe unterliegen. Die betreffenden Landesgesetze wurden also insoweit aufgehoben und ausser Kraft gesetzt, als sie die Schriftstücke über die in § 11 l. c. erwähnten Geschäfte mit einer Stempelabgabe belastet hatten. Dieser Satz wird in den Motiven des Gesetzes vom 6. Juli 1884 und im § 1 desselben bestätigt. Die Vorschriften in dem Tarife des Gesetzes vom 7. März 1822 ... sind hinfällig geworden, erklärt der § 1 Alinea 2 l. c. Nachdem der Landesstempel für die Schriftstücke im Handelsverkehre durch das Reichsgesetz aufgehoben worden ist, bleibt er aufgehoben, bis er durch ein besonderes Gesetz wieder eingeführt wird. Das ist bis jetzt nicht geschehen. Im Gegenteil hat das preussische Gesetz vom 6. Juli 1884, und dieser Umstand ist beachtenswert, die Tarifposition Kauf- und Lieferungsverträge vom 7. März 1822 wesentlich umgestaltet und mit den §§ 9, 10 und 11 des Reichsgesetzes vom 1. Juli 1881 in Uebereinstimmung gebracht. Es hat sich keineswegs darauf beschränkt, die Kabinetsordre vom 30. April 1847 aufzuheben. Nur die schriftlichen Kaufverträge über Mobilien ausserhalb des kaufmännischen Verkehrs und die in den §§ 9 und 10 l. c. vorgesehenen Ausnahmen sollen noch den Landesstempel von ¹/₃ Prozent tragen. Die im § 11 l. c. erwähnten Kaufverträge sind in dem Gesetze vom 6. Juli 1884 dem Landesstempel entzogen; der diesbezügliche Teil des Tarifs vom Jahre 1822 ist hinfällig geworden. Ein späteres Reichsgesetz konnte daher nicht die Wirkung haben, dass der Landesstempel im Sinne der Entscheidung vom 15. v. Mts. wieder eingeführt wurde. Es war zu dem Ende nötig, dass zunächst das preussische Gesetz vom 6. Juli 1884 aufgehoben und das Gesetz vom 7. März 1822 vollständig wieder hergestellt wurde."

Der Reichstag und — wie aus den Aeusserungen des Reichskanzlers klar hervorgeht — die verbündeten Regierungen wollten den Handelsverkehr der inländischen Produzenten in selbst erzeugten Waren begünstigen. Unmöglich kann die Absicht gewesen sein, die Geschäfte der Produzenten von der Reichssteuer von ³/₁₀ pro Mille zu befreien, dafür sie aber mit 3¹/₂ pro Mille durch den Landesstempel treffen zu lassen.

Man hätte den Betroffenen eine weit grössere Wohlthat erwiesen, wenn man sie wie die wildeste Börsenspekulation behandelt hätte. Man war sich kaum bewusst, dass die Konsequenz des Gesetzes das Gegenteil von dem werde, was man wollte. Dass diese Konsequenz überhaupt eintreten konnte, liegt nicht sowohl in der Absicht des Gesetzgebers, als in einer Zufälligkeit. Als Handhabe der Steuerbehörde dient nämlich der Umstand, dass in der Tarifnummer 4 erst durch die dritte Lesung nur anmerkungsweise Kauf- und sonstige Anschaffungsgeschäfte über im Inlande von einem der Kontrahenten erzeugte oder hergestellte Mengen von Sachen oder Waren für steuerfrei erklärt wurden, also dieser Fall nicht auch äusserlich unter die „Befreiungen" aufgenommen wurde. Man übersah oder hielt es nicht für nötig, auch den § 17 des Gesetzes, der gar nicht Gegenstand der Diskussion wurde, entsprechend abzuändern. In diesem Paragraph heisst es aber: „Geschäfte, welche nach der Tarifnummer 4 abgabepflichtig sind oder auf welche die Vorschrift unter „Befreiungen" zu dieser Tarifnummer Anwendung findet, sowie Schriftstücke über solche Geschäfte sind in den einzelnen Bundesstaaten keinen Stempelabgaben (Taxen, Sporteln u. s. w.) unterworfen" — es ist also die Befreiung von Landesstempeln äuserlich nicht auch mit auf die Anmerkung ausgedehnt.

Wenn man nicht die Maassche Interpretation in betreff des preussischen Gesetzes vom 6. Juli 1884 und des Reichsgesetzes vom 1. Juli 1881 acceptiert, wonach der im § 11 des Gesetzes vom 1. Juli 1881 aufgehobene Landesstempel zu Verträgen über Geschäfte im kaufmännischen Verkehr auch heute noch aufgehoben ist, so ist Abhilfe nur möglich durch Landes- oder Reichsgesetzgebung. Letztere scheint uns rätlicher, weil dadurch auch anderen Bundesstaaten eine missbräuchliche Deutung und Verwertung des § 17 unmöglich gemacht würde.

Eine weitere Frage, die der Verfasser untersucht, ist die, wann ein durch Korrespondenz zustande gekommener Vertrag im Sinne des Gesetzes vom 7. März 1822 stempelpflichtig sei. Es war diese Frage von jeher wichtig und spielt auch in der Entscheidung des Kölner Provinzialsteuerdirektors vom 15. Februar 1866, welche den Anstoss zur vorstehenden Schrift gab, eine grosse Rolle. Der Verfasser scheint in Zweifel zu ziehen, dass das Reichsgericht im Sinne der Stempelpflichtigkeit sich ausgesprochen habe; allein es ist das thatsächlich der Fall nach einem im Reichsanzeiger vom 14. Januar 1882 mitgeteilten Erkenntnis vom 1. Dezember 1881 (vergl. auch Kühnemann, Die Stempelund Erbschaftssteuer in Preussen 1885, S. 89); wenigstens dürfte die Provinzialsteuerdirektion diese hauptsächlich im Auge gehabt haben, sie deckt sich mit dem vom Verfasser besprochenen Reskript des Finanzministers vom 11. März 1863.

Der Verfasser gibt zu, dass auch der „förmliche schriftliche Vertrag", der stempelpflichtig ist, in Briefform gekleidet werden kann, die Stempelpflichtigkeit könne aber nicht für die Masse der üblichen Geschäftskorrespondenz gelten, durch welche Geschäftsabschlüsse zustande kommen; das Gesetz besteuert nicht das Beweismittel, sondern nur die den gesetzlichen Vorschriften entsprechende Urkunde. Der Unterschied wird näher zu begründen gesucht und namentlich auch auf die Verhandlungen gelegentlich des Gesetzes vom 6. Juni 1884 hingewiesen, bei denen vom Landtag und von der Regierung die Freiheit der Korrespondenz ausgesprochen wurde (vergl. Finanzarchiv I, S. 400).

G. Schanz.

Dr. Adolf Bruder. Studien über die Finanzpolitik Herzog Rudolfs IV.
von Oesterreich, 1358—1365, mit Benützung zweier ungedruckter
Gutachten des 14. Jahrhunderts.

Es ist eine sehr fleissige Arbeit, die uns hier vorliegt. Ihre Resultate
haben Interesse für die Ablösungsgesetzgebung und für die Finanzgeschichte.
Die kräftige Regierung Herzog Rudolfs hatte einen erhöhten Finanz-
bedarf zur Folge, der seinerseits eine Steigerung der Einnahmequellen bedingte.
Unter den vielen Massregeln, die der Herzog ergriff, war auch die allgemeine
Ablösung der gekauften Renten (28. Juni 1360) und der den Grundherren schuldigen Zinse, deren Immobiliargerichtsbarkeit an den Stadtrat übergehen sollte
(2. August 1360). Diese Gesetze galten zunächst für Wien, wurden aber auch auf
andere landesfürstliche Städte in Oesterreich ausgedehnt. Dieser Vorgang verdient
besonders beachtet zu werden, weil es vor Mitte des 14. Jahrhunderts nur in
den Städten Norddeutschlands und den luxemburgischen Ländern solche Ab-
lösungen gab und auch diese keinen Zwangscharakter trugen. Dass nun diese
Ablösung einen finanziellen Erfolg haben konnte, lag vornehmlich darin, dass
bei steigendem Wohlstande die Bürger steuerfähiger wurden. Gar mancher war
aber nicht mehr imstande, bei eintretenden Unglücksfällen landesfürstliche Steuer
und Zinse und Renten zu entrichten; viele Häuser wurden öde und die Bürger-
steuer nahm entsprechend ab. Eine Ablösung der Zinse und Renten konnte da
bessern — wenn dem Pflichtigen eine grosse Begünstigung dabei zu teil wurde, und
das geschah, indem die Ablösung zum Achtfachen anbefohlen wurde. Der sich
Ablösende hatte von den eingelösten Renten den Herzogen Steuer zu entrichten.
Zugleich wurde dafür Sorge getragen, dass die Anhäufung des Besitzes in toter
Hand nicht immer mehr zur Schwächung der Steuerkraft führte (Beschränkung
der kirchlichen Immobiliarerwerbsfähigkeit), überhaupt den Steuerfreiheiten entgegen zu treten gesucht.
Die Ablösung zum Achtfachen wurde von vielen als eine ungerechte
Massregel und die zwangsweise Ablösung der der Kirche zustehenden Renten
überhaupt als unerlaubt erachtet. Es sind namentlich Schriften der Wiener
Professoren Johann Reutter und Heinrich Langenstein, welche der
Verfasser in dieser Hinsicht eingehend verfolgt. Die Ablösungsform wurde
später unter Albrecht V. in der That gemildert und selbst dafür die Zustimmung
der römischen Kurie nachgesucht. Die Erschütterung der Steuerfreiheiten gelang
auch nur teilweise.

G. Schanz.

Register.

(Die römischen Zahlen bedeuten den Jahrgang, die arabischen Ziffern die Seitenzahl.)

I. Materien.

II. Länder.

III. Register zu den Entscheidungen des Reichsgerichts in Finanzfragen.

Verfasst von Wilhelm Burkhard.

Bamberger, Ludwig, Die Arbeiterfrage unter dem Gesichtspunkte des Vereinsrechtes. 1873. IV und 359 S. 8°. M. 4. 50 Pf.

Bluntschli, Dr. J. C., Lehre vom modernen Staat. 3 Bände. gr. 8°.
I. Allgemeine Staatslehre. 6. Auflage. Durchgesehen von E. Loening. 1886. XX u. 639 S. M. 10. —
II. Allgemeines Staatsrecht. 6. Auflage. Durchgesehen von E. Loening. 1885. VIII u. 690 S. M. 10. —
III. Politik als Wissenschaft. 1876. X u. 664 S. M. 10. —

Bojanowski, B. von, Unternehmer und Arbeiter nach englischem Recht. 1877. VIII u. 128 S. gr. 8°. M. 4. —

Cohn, Gust., Volkswirtschaftliche Aufsätze. 1882. VIII u. 723 Seiten. 8°. M. 15. —
Inhalt: Parlamentar. Untersuchungen in England. — Der Staat und die Eisenbahnen. — Die Einkommensteuer im Kanton Zürich. — Die Wehrsteuer. — Ehre und Last in der Volkswirtschaft. — Arbeit und Armut. — Internat. Fabrikgesetzgebung. — Die Fremdenindustrie in der Schweiz. — Ueber Differenzgeschäfte. — Ueber Handelsakademien.

Hecht, Dr. Felix, Die Mündel- und Stiftungsgelder in den deutschen Staaten. 1875. VIII u. 292 S. 8°. M. 5. 50 Pf.

Ratzenhofer, Gustav, k. k. Hauptmann im Generalstabe, Die Staatswehr. Wissenschaftliche Untersuchung der öffentlichen Wehrangelegenheiten. 1881. XVI u. 322 S. gr. 8°. M. 7. —

Roscher, Dr. W., Ueber Kornhandel und Teuerungspolitik. Dritte, stark vermehrte und verbesserte Ausgabe. 1852. V u. 164 S. gr. 8°. M. 2. 10 Pf.

Schwicker, Prof. J. H., Statistik des Königreiches Ungarn. Nach den neuesten Quellen bearbeitet. 1877. XVIII u. 855 S. gr. 8°. M. 16. —

Stein, Dr. Lorenz von, Die Lehre vom Heerwesen. Als Teil der Staatswissenschaft. 1872. VI u. 274 S. gr. 8°. M. 6. —
— — System der Staatswissenschaft. Erster Band. System der Statistik, der Populationistik und der Volkswirtschaftslehre. gr. 8°. M. 9. —
— — Zweiter Band. Die Gesellschaftslehre. Erste Abteilung. Der Begriff der Gesellschaft und die Lehre von den Gesellschaftsklassen. gr. 8°. M. 7. 20 Pf.
— — Handbuch der Verwaltungslehre und des Verwaltungsrechts. Zweite vielvermehrte Auflage. 2 Bände. gr. 8°. M. 18. —
— — Die Verwaltungslehre. 8 Bände in 10 Teilen. gr. 8°.
Erster Teil, erste Abteilung. Die vollziehende Gewalt. Allgemeiner Teil. Das verfassungsmäßige Verwaltungsrecht. — Besonderer Teil. Erstes Gebiet. Die Regierung und das verfassungsmäßige Regierungsrecht. Zweite Auflage. M. 9. —
Zweite Abteilung. Die vollziehende Gewalt. Zweiter Teil. Die Selbstverwaltung und ihr Rechtssystem. Mit Vergleichung der Rechtszustände, der Gesetzgebung und Litteratur in England, Frankreich und Deutschland. Zweite durchaus umgearbeitete Auflage. M. 7. —
Dritte Abteilung. Die vollziehende Gewalt. Dritter Teil. Das System des Vereinswesens und des Vereinsrechts. Zweite umgearbeitete Auflage. M. 6. —
Zweiter Teil. Die Lehre von der inneren Verwaltung. Einleitung. Die Lehre vom Begriff, Inhalt, System und Recht der Verwaltung. — Die innere Verwaltung und das Verwaltungsrecht. Erster Teil. Das Bevölkerungswesen und sein Verwaltungsrecht. (Fehlt und erscheint neu.)
Dritter Teil. Die innere Verwaltung. Erstes Hauptgebiet. Zweiter Teil. Das öffentliche Gesundheitswesen. Zweite gänzlich umgearbeitete und vermehrte Auflage. M. 8. —
Vierter Teil. Innere Verwaltungslehre. Erstes Hauptgebiet. Dritter Teil. Das Polizeirecht. Das allgemeine Polizeirecht und die Sicherheitspolizei. Anhang (vierter Teil). Das Pflegschaftswesen und sein Recht. (Fehlt und erscheint neu.)
Fünfter Teil. Die innere Verwaltung. Zweites Hauptgebiet. Das Bildungswesen. Erster Teil. Das Bildungswesen der alten Welt. Zweite gänzlich umgearbeitete Auflage. M. 8. —
Sechster Teil. Die innere Verwaltung. Zweites Hauptgebiet. Das Bildungswesen. Zweiter Teil. Das Bildungswesen des Mittelalters — Scholastik, Universitäten, Humanismus. Zweite Auflage. M. ? —
Siebenter Teil. Innere Verwaltungslehre. Drittes Hauptgebiet. Die wirtschaftliche Verwaltung. (Volkswirtschaftspflege.) Erster Teil. Die Entwährung — Grundentlastung, Ablösung, Gemeinheitsteilung, Enteignung und Staatsnotrecht. M. 6. —
Achter Teil. Die innere Verwaltung. Zweites Hauptgebiet. Das Bildungswesen. Dritter Teil. Erstes Heft. Die Zeit bis zum neunzehnten Jahrhundert. M. 10. —
— — Gegenwart und Zukunft der Rechts- und Staatswissenschaft Deutschlands. 1876. X u. 339 S. gr. 8°. M. 6. 50 Pf.
— — Die Frau auf dem Gebiete der National-Oekonomie. Sechste erweiterte Auflage. 1886. VII u. 163 S. fl. 8°. M. 2. 25 Pf. — Eleg. geb. M. 3. —
— — Die Frau auf dem sozialen Gebiete. 1880. 142 S. Min.-Ausg. M. 1. 50 Pf. Eleg. geb. M. 2. 50 Pf.